盛京内务府档 · 乾隆朝

9

辽宁省档案馆 编

辽宁民族出版社

图书在版编目（CIP）数据

盛京内务府档．乾隆朝．9–11册：满文、汉文/辽宁省档案馆编．—沈阳：辽宁民族出版社，2023.7

ISBN 978-7-5497-2856-5

Ⅰ．①盛… Ⅱ．①辽… Ⅲ．①内政部—档案资料—中国—清代—满、汉 Ⅳ．①D691.22

中国国家版本馆CIP数据核字（2023）第146356号

盛京内务府档．乾隆朝．9–11册

SHENGJING NEIWUFU DANG. QIANLONGCHAO. 9–11 CE

出版发行者：辽宁民族出版社
地　　址：沈阳市和平区十一纬路25号　邮编：110003
印 刷 者：辽宁新华印务有限公司
幅面尺寸：210mm×285mm
印　　张：93
字　　数：1500千字
出版时间：2023年7月第1版
印刷时间：2023年7月第1次印刷
责任编辑：杜璐珊
封面设计：杜　江
责任校对：王　荷

标准书号：ISBN 978-7-5497-2856-5
定　　价：1200.00元

网　　址：www.lnmzcbs.com　　邮购热线：024-23284335
淘宝网店：http://lnmz2013.taobao.com
如有印装质量问题，请与出版社联系调换　联系电话：024-23284340

《盛京内务府档·乾隆朝（9—11）》
编辑委员会

编辑说明

《盛京内务府档》保存于辽宁省档案馆，是馆藏清代档案之一，为满汉文兼具的历史档案。《盛京内务府档》是清政府管理盛京地区皇家事务最高机构——盛京总管内务府及其内部机关收发公文形成的稿档，简称为“盛京内务府档”。

盛京，满语为“mukden”，意为“兴盛”，清太宗皇太极天聪八年（1634）定名，至宣统三年（1911）清代灭亡，这个名称使用了将近三百年。顺治元年（1644），清朝政治中心移往北京，东北作为清王朝的“龙兴之地”，统治者对其十分重视，将盛京定为陪都，除在这一地区设置盛京将军衙门、盛京五部、奉天府府尹衙门、吉林将军衙门、黑龙江将军衙门等机构外，还在盛京设置了包衣佐领，专门管理皇室在东北的事务。顺治三年（1646）在盛京设置了镶黄旗、正黄旗两个包衣佐领，顺治八年（1651）又增设一个正白旗包衣佐领。乾隆十七年（1752）正式设立盛京总管内务府，专司该地区的皇室事务。盛京内务府总管由盛京地区最高行政、军事长官盛京将军兼任，下设广储、会计、掌仪、都虞、营造五司及文溯阁、三旗织造库、黑牛馆、乳牛馆、内管领处等机关。光绪三十四年（1908），盛京总管内务府被盛京内务府办事处取代。1911年辛亥革命推翻清朝统治后，根据《优待皇室条件》，北京总管内务府、盛京内务府办事处依旧存在。1924年3月，盛京内务府办事处改为皇产事宜处。1925年春，奉天省长公署宣布接管皇产事宜处，将沈阳故宫及其藏品收归国有。盛京地区拥有大量皇室庄园、果园、鱼泡、牧场、山场等，用来满足皇室对故乡特产的需求。盛京是清王朝的发祥地，清皇室的祖先埋葬在这里，八旗制度形成于此处。盛京地区亦是边疆重地，备受清统治者重视。因此，盛京地区在整个清代具有特殊的、举足轻重的地位。

《盛京内务府档》所承载的信息十分丰富，涉及以盛京为主体整个东北地区的政治、经济、军事、教育、风俗、建筑、司法、民族、外交等内容，包罗万象，丰富多彩，许多档案文件具有原始及独一无二的特性。

《盛京内务府档》形成时间上起顺治十三年（1656），下至民国十五年（1926），贯穿清入关后的顺治、康熙、雍正、乾隆、嘉庆、道光、咸丰、同治、光绪、宣统十朝直至民国初年。该档案时间跨度大，历史脉络清晰，涉及面广，较为详细地记录了盛京地区社会历史发展的情况，为研究清代东北政治军事制度、经济发展状况、自然生态环境，以及研究清代盛京的特殊地位、宫廷礼制和皇室经济形态、清代文书制度等问题，提供了珍贵的第一手资料。

《盛京内务府档》文件数量众多，内容丰富，主要内容有：

行政管理　关于盛京内务府官员的任免、调补、休致、考核、引见、奖惩，报送官员经制册，领收敕命、诰命，关领官员俸银、养廉银等项事务。

皇庄管理　关于盛京内务府所属皇庄的设置，庄头的更补以及庄丁的管理，粮庄、盐庄、靛庄、棉庄、果园及山场的经营及生产统计，征解官赋，自然灾害及办理赈济等相关制度和办法。

兵丁事务　关于上三旗兵丁的统计、调拨、奖惩、抚恤，造报兵丁清册及军械清册，关领兵丁饷银，处理兵丁丢失或倒毙马匹等项事务。

皇帝东巡　关于筹办清帝东巡、谒陵、祭祖、围猎等相关事务，包括驻跸场所的选择、宫殿的修缮、帝后及其随行人员食宿的安排、崇政殿典礼及清宁宫祭祀的布置、沿途车马仪仗的备办等。

宫廷供给　关于向京城解送皇宫生活需用的各种贡品，诸如野牲、皮张、干鲜果品、鱼尾、箭杆、槽盆、蜂蜜、参品等，种类繁多，程序严格，反映了当时东北地区的生态环境和满族生活习俗。

宫殿藏品　清代皇帝尊崇陪都，将在北京贮藏的大量御用器物送往陪都，并将《满文老档》《满洲实录》《清实录》《清圣训》《清玉牒》等重要典籍、档案各移送一份至盛京宫殿尊藏，形成固定制度，延及后世。

普发上谕　盛京内务府档案中有一些由内阁或军机处发出的上谕，其内容多涉及全国的政治、经济、军事、文化等诸多方面，并非只与盛京内务府有关，如“钦定新清语”的推行就是以上谕形式普发全国，遵照施行。

司法诉讼　诉讼案件的公文数量众多，内容包括各种民刑案件，其中以土地财产纠纷、经济纠纷案件较为常见。

《盛京内务府档》原存于盛京内务府衙门，由档房专门管理。1924年溥仪被驱逐出皇宫，北京总管内务府停止活动，盛京内务府亦随之停止活动，档案文书被移至盛京宫殿（今沈阳故宫）西七间楼内，伪满洲国时期由奉天图书馆接管。1948年沈阳解放后，由东北图书馆接管。1960年东北档案馆成立，移交至该馆。1969年东北档案馆撤销，包括《盛京内务府档》在内的大部分档案归并到辽宁省档案馆保存至今。

整理影印出版《盛京内务府档》是辽宁省档案馆一次大规模的档案汇编工作，借鉴之前的出版经验，我们主要做了以下几个方面的工作：

一、图像处理。对数字化图像进行裁剪、拼接、精修，确保图像清晰、整理有序。原始档案缺失部分，保持原貌。

二、科学编排。为便于利用，将《盛京内务府档》按朝代划分，陆续出版。2019

年已编辑出版《盛京内务府档·顺康雍朝》（全一册），2020年编辑出版《盛京内务府档·乾隆朝（1—5）》，2022年编辑出版《盛京内务府档·乾隆朝（6—8）》，本次接续出版《盛京内务府档·乾隆朝（9—11）》，今后将陆续出版其余部分。

三、完整编目。此次整理出版的《盛京内务府档》将所有档案全部著录，力求将档案中的重要信息完整地体现在标题中，以便读者利用。

四、规范著录。《盛京内务府档》的著录工作始于20世纪80年代，在几十年的不断探索修正中，逐步形成了较为完善的清代档案著录规则，确保著录风格基本保持一致。此外，按照学术界约定俗成的惯例，对人名、地名、衙署、官衔等名称尽可能按不同历史时期进行规范统一，从而体现各个时期的变化沿革。

五、文件理顺。在《盛京内务府档》形成和保护过程中，存在页序混乱、前后文件颠倒错放等现象。在整理过程中，将理顺工作作为重点，仔细核对文件，调整混乱、颠倒的档案，确保恢复档案原貌。

六、量体排版。《盛京内务府档》主要是用满、汉两种文字写成，间有部分蒙古文文件。满文的行文习惯是自上而下、自左向右书写。鉴于满文文件居多这一情况，排版时所有文件，包括汉文文件，均遵从于满文的行文习惯，采用左翻的阅览模式。目录亦采用自上而下、从左向右的顺序排列。汉文文件的行文顺序是自右向左、由后向前，为了便于阅读和使用，在排版时未进行调整，仍维持文首在后、文尾在前的原状，目录下所注页号为文首页码。若公文后附印结，原印结篇幅较长，在数字化过程中，将其分上下两组画幅拍摄，在编辑排版过程中，若两组篇幅可以合于一页的，均将完整内容合于一页；但若两组篇幅合于一页，字迹略小无法看清内容，则按篇幅分为两页，部分内容重叠，力求保持印结原貌，保证内容完整。今年编辑出版的《盛京内务府档》乾隆朝部分以折子档为主，与册式档相比，折子档的排版难度大大增加。经过科学规划、合理布局，确定了较为合理的版心，以期达到还原档案原貌、方便查阅利用的效果。

《盛京内务府档》汇编工作相比以往专业性更强、难度更大，在编校过程中，遇到了许多新问题，我们群策群力、共同探索，寻求解决问题的最佳途径。虽然如此，仍会有许多不尽如人意之处，希望专家、同行和读者批评指正。

“大鹏之动，非一羽之轻也；骐骥之速，非一足之力也。”整理出版《盛京内务府档》是一项浩大的系统工程，在整理和编辑出版过程中得到了馆领导和各部门同事的鼎力相助，在此一并表示衷心的感谢。

2023年7月

盛京内务府档　目录

盛京内务府档·乾隆朝　第九册　目录

12	盛京工部为知会修缮宫殿采买砖灰照例自行拨给车辆拉运事咨盛京内务府	乾隆二十一年六月十二日	一六三
13	盛京户部为请速造送满州蒙古汉军陈蛮子投充汉人三代细册事咨盛京内务府	乾隆二十一年六月十三日	一七四
14	盛京将军衙门为请查明壮丁张国用呈控徐宽霸占房地不准回赎案内原告是否为壮丁项七之子事咨盛京内务府	乾隆二十一年六月十六日	一八六
15	三旗为查报所属三司众丁家下并无隐匿逃走跟役刘三呈请转咨盛京将军衙门事呈盛京内务府	乾隆二十一年六月十七日	一九四
16	正黄旗牛录处为壮丁张国位典卖名下红册地亩属实呈请转咨盛京户部更名事呈盛京内务府	乾隆二十一年六月十七日	二〇五
17	正白旗牛录处为棉丁高狗子等四人初次逃走呈请转咨盛京将军衙门记入逃档事呈盛京内务府	乾隆二十一年六月十七日	二〇六
18	正白旗牛录处为壮丁刘功德刘廷玉二人初次逃走呈请转咨盛京将军衙门记入逃档事呈盛京内务府	乾隆二十一年六月十七日	二一二
19	会计司为派员会同管官查核庄头徐良玉所典官地是否撤出呈请转咨盛京将军衙门事呈盛京内务府	乾隆二十一年六月十七日	二一七
20	会计司为庄头戴三各等地亩被灾恳讨荒地交纳钱粮呈请咨复盛京户部事呈盛京内务府	乾隆二十一年六月二十日	二三八
21	盛京户部为知会侯各处补报冲压地亩后再行补给庄头夏章保住等荒地纳粮事咨盛京内务府	乾隆二十一年六月二十七日	二四五
22	镶黄旗牛录处为闲散张文茂价买红册地亩属实呈请转咨盛京户部更名事呈盛京内务府	乾隆二十一年六月××日	二四六
23	乾隆二十一年五月盛京内务府三旗兵丁人等红白事件恩赏银两数目销算册	乾隆二十一年六月××日	二五六

24	都虞司为知会武备院所交弓箭撒袋等物由库使文德带回并另附返回日期及各项数目清单事咨盛京内务府	乾隆二十一年七月初三日	二六三
25	都虞司为奉旨员外郎佟福补授盛京佐领事咨盛京内务府	乾隆二十一年七月初四日	二七三
26	总管内务府为请依照大学士傅恒等所奏由盛京采买染皮方锅事咨盛京内务府	乾隆二十一年七月初七日	二七九
27	盛京将军衙门为严缉逃走甲丁麦禄事咨盛京内务府	乾隆二十一年七月初七日	二八七
28	都虞司为知会嗣后盛京文武官员依照京官考试事咨盛京内务府	乾隆二十一年七月十二日	二九八
29	都虞司为知会骁骑校徐元英依常阿孙恬等照例加级事咨盛京内务府	乾隆二十一年七月十四日	三一三
30	都虞司为查复已革笔帖式陈禹锡所属旗佐无据可查事咨盛京内务府	乾隆二十一年七月十四日	三二三
31	奉天府府尹衙门为请查明复州界内有无官地事咨盛京内务府	乾隆二十一年七月二十六日	三三七
32	广储司为报七月十一日至二十日库内原存并收放银两数目花名旗属事呈盛京内务府	乾隆二十一年七月二十七日	三四三
33	盛京礼部为派差之官学生李文炳已送回请将官学生三保送回事咨盛京内务府	乾隆二十一年七月二十九日	三四四
34	镶黄旗牛录处为执事人乌什布婶母病故呈请支借公项银两事呈盛京内务府	乾隆二十一年七月××日	三五五
35	广储司为报六月二十一日至三十日库内原存并收放银两数目花名旗属事呈盛京内务府	乾隆二十一年七月××日	三六四
36	档案房为造送太祖太宗忌日两陵祭祀抬桌官员衔名呈请转咨盛京礼部事呈盛京内务府	乾隆二十一年八月初五日	三六五

49	管理三仓事务处为请领解送奉先殿供品蜜饯及新鲜山里红所需驿马呈请转咨盛京兵部事呈盛京内务府	乾隆二十一年八月二十一日	四五三
50	管理三仓事务处为请领送供奉先殿山里红拴套银壶所需绳斤皮条呈请转咨盛京工部事呈盛京内务府	乾隆二十一年八月二十一日	四五八
51	管理三仓事务处为请更换包裹山里红银壶所需柳条皮包套呈请转咨盛京工部事呈盛京内务府	乾隆二十一年八月二十一日	四六九
52	掌仪司为知会照例将应送御用鲜山里红香水梨送往木兰围场事咨盛京佐领等	乾隆二十一年八月二十一日	四七〇

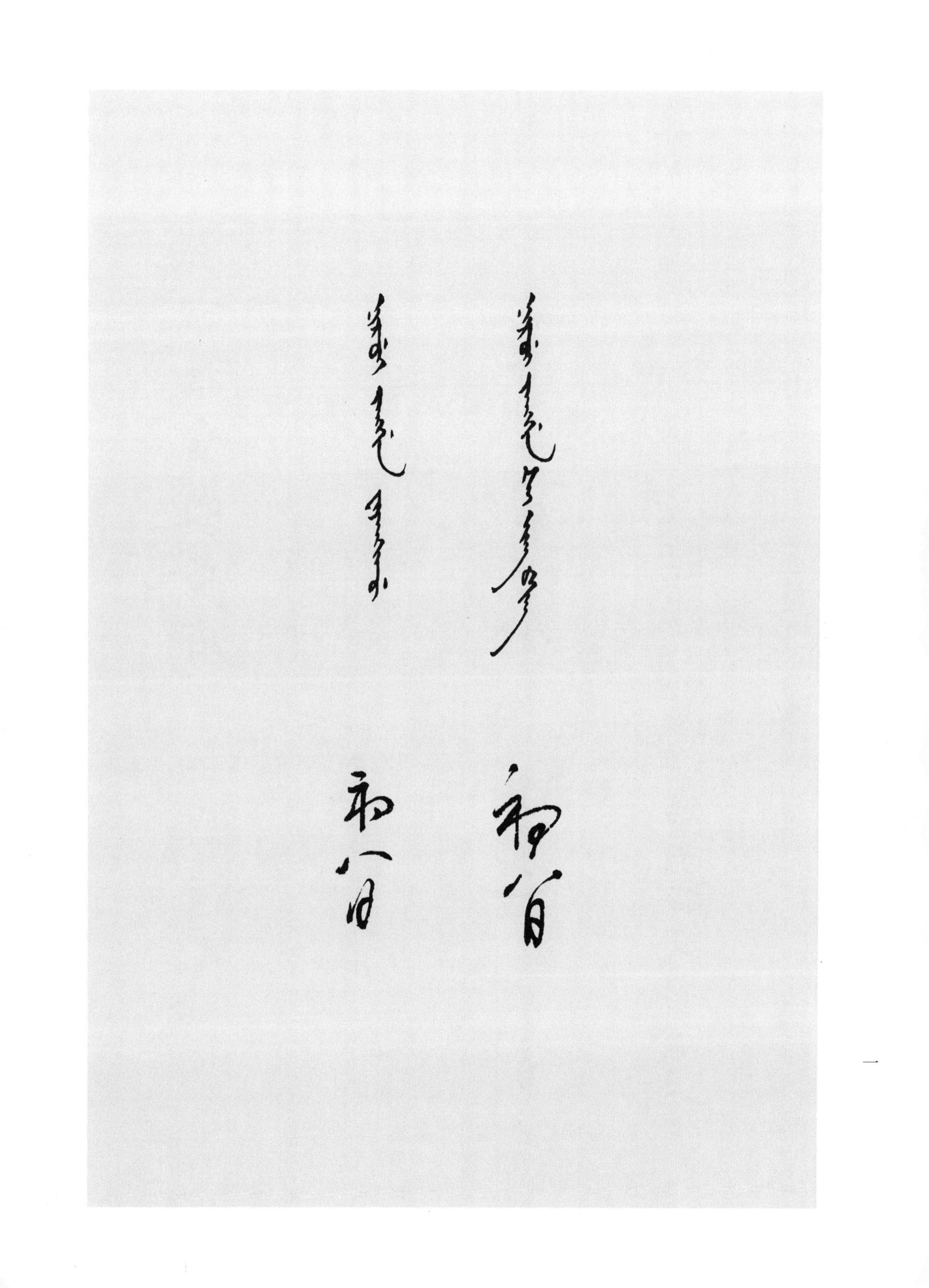

初七日

初八日

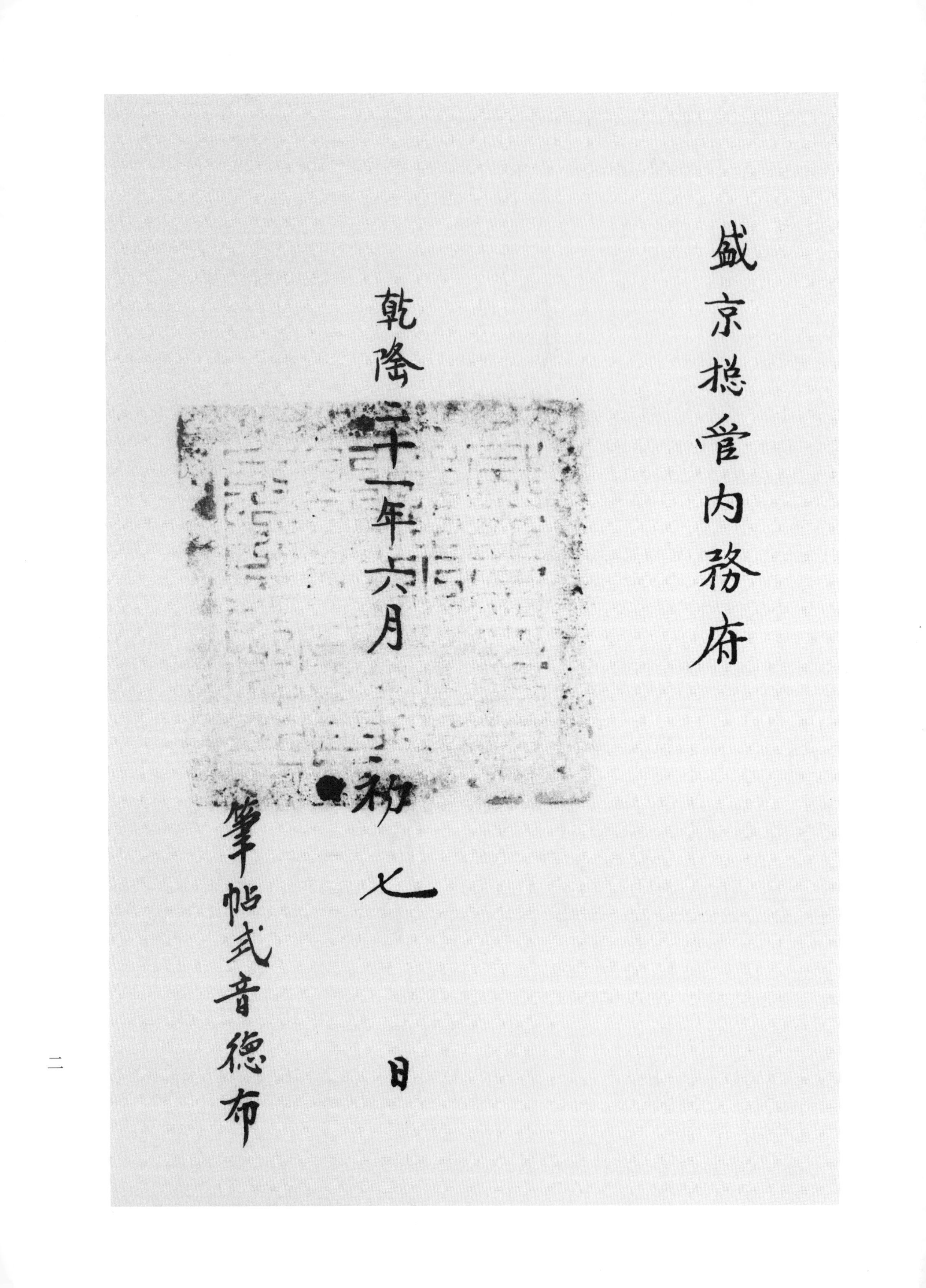

盛京總管內務府

乾隆二十一年六月初七日

筆帖式音德布

銀庫照領發給繩匠夸官銀兩按員給
發外相應咨行
盛京總管內務府將換下蔴斤照數即行
咨交可也須至咨者
右咨

盛京工部為咨行事右司案呈准

盛京總管內務府咨取由京運至弓箭撒

袋鎗鞍書籍等物包裹需用蘇蔴

四百二十二觔十二两前來除劄行本部

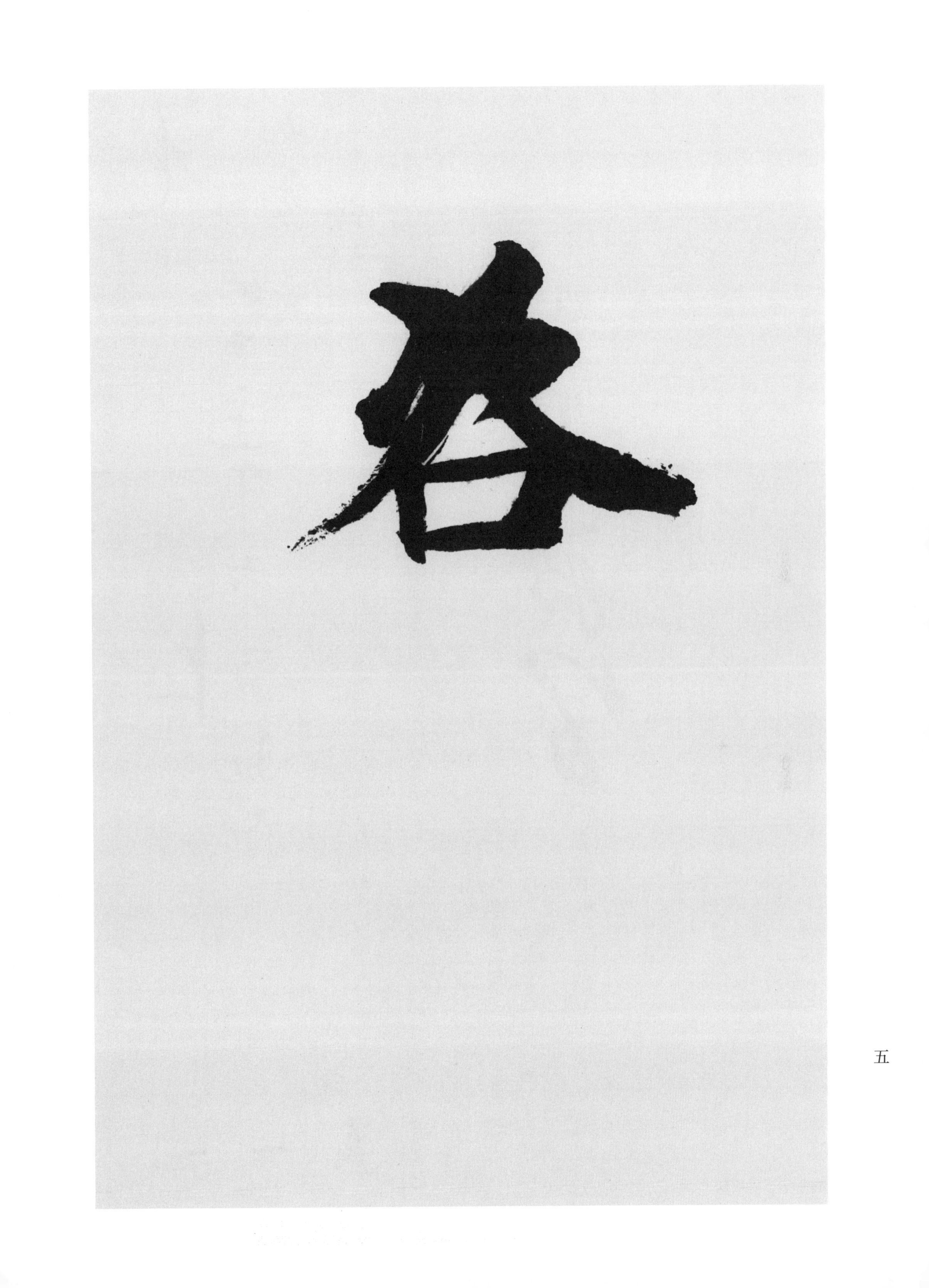

各

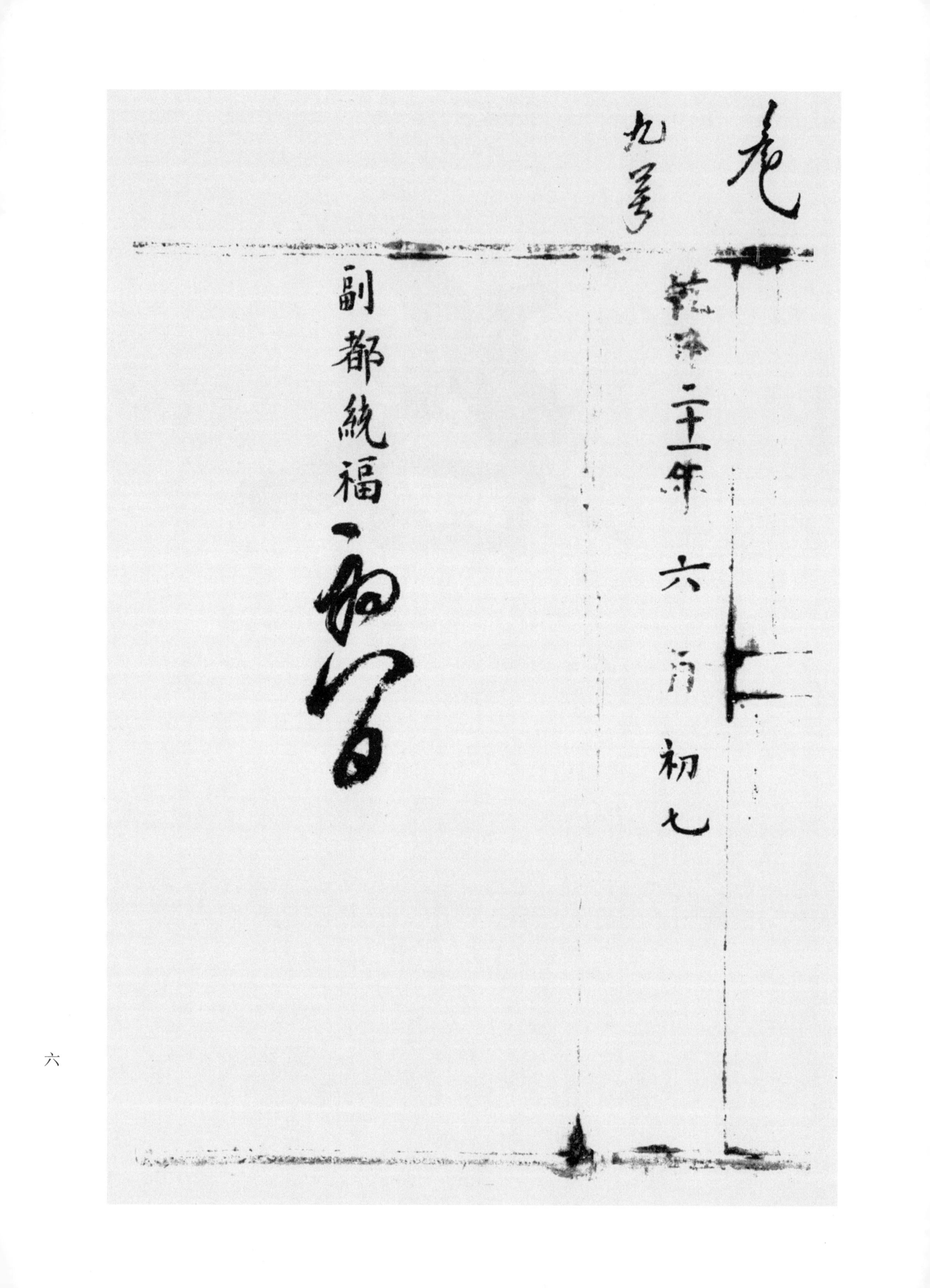

奄

九號

乾隆二十一年六月初九

副都統福 [illegible]

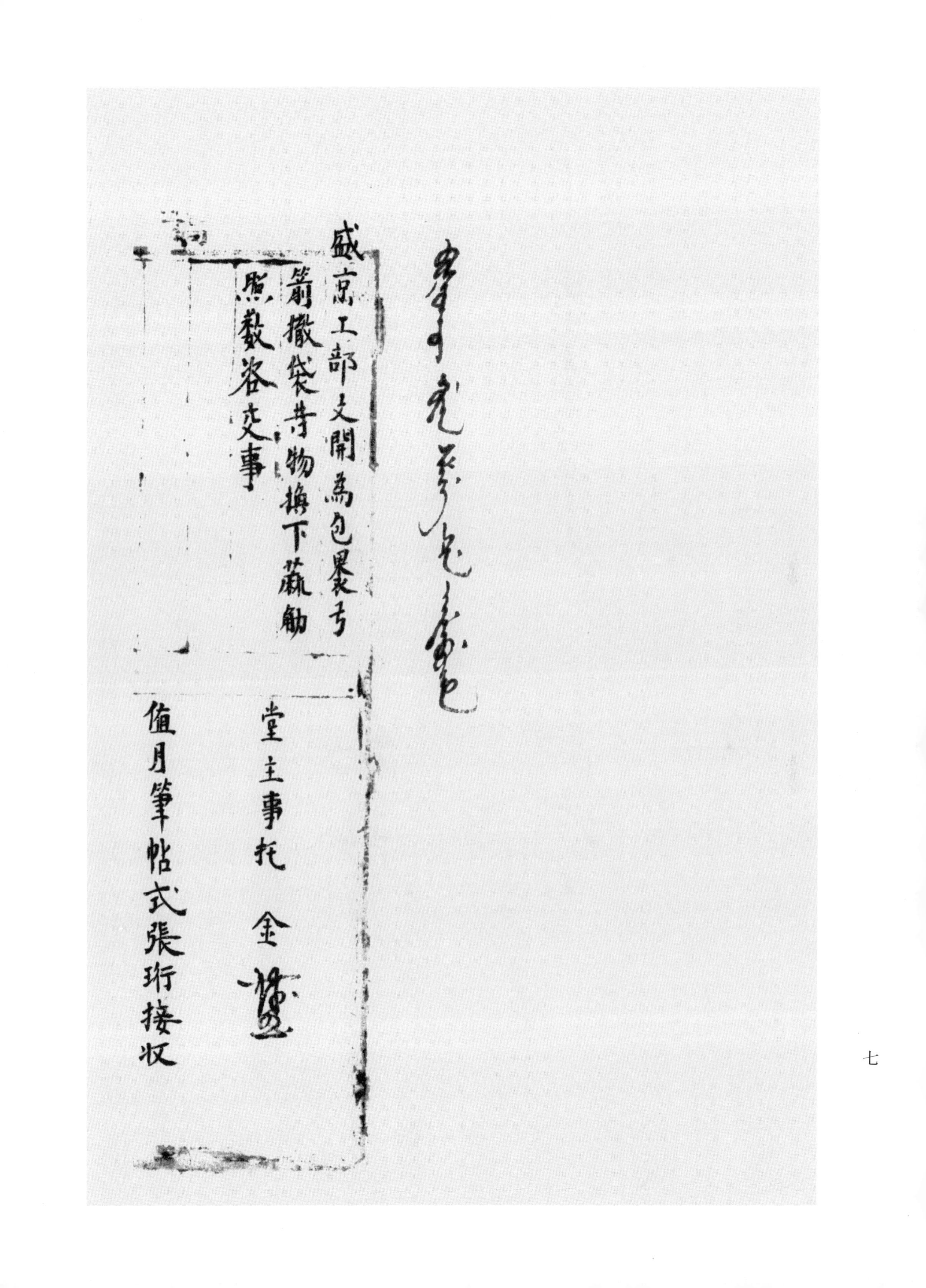

盛京工部文開爲包裹弓
箭撒袋等物換下蔴觔
照數咨交事

堂主事托　金

值月筆帖式張珩接收

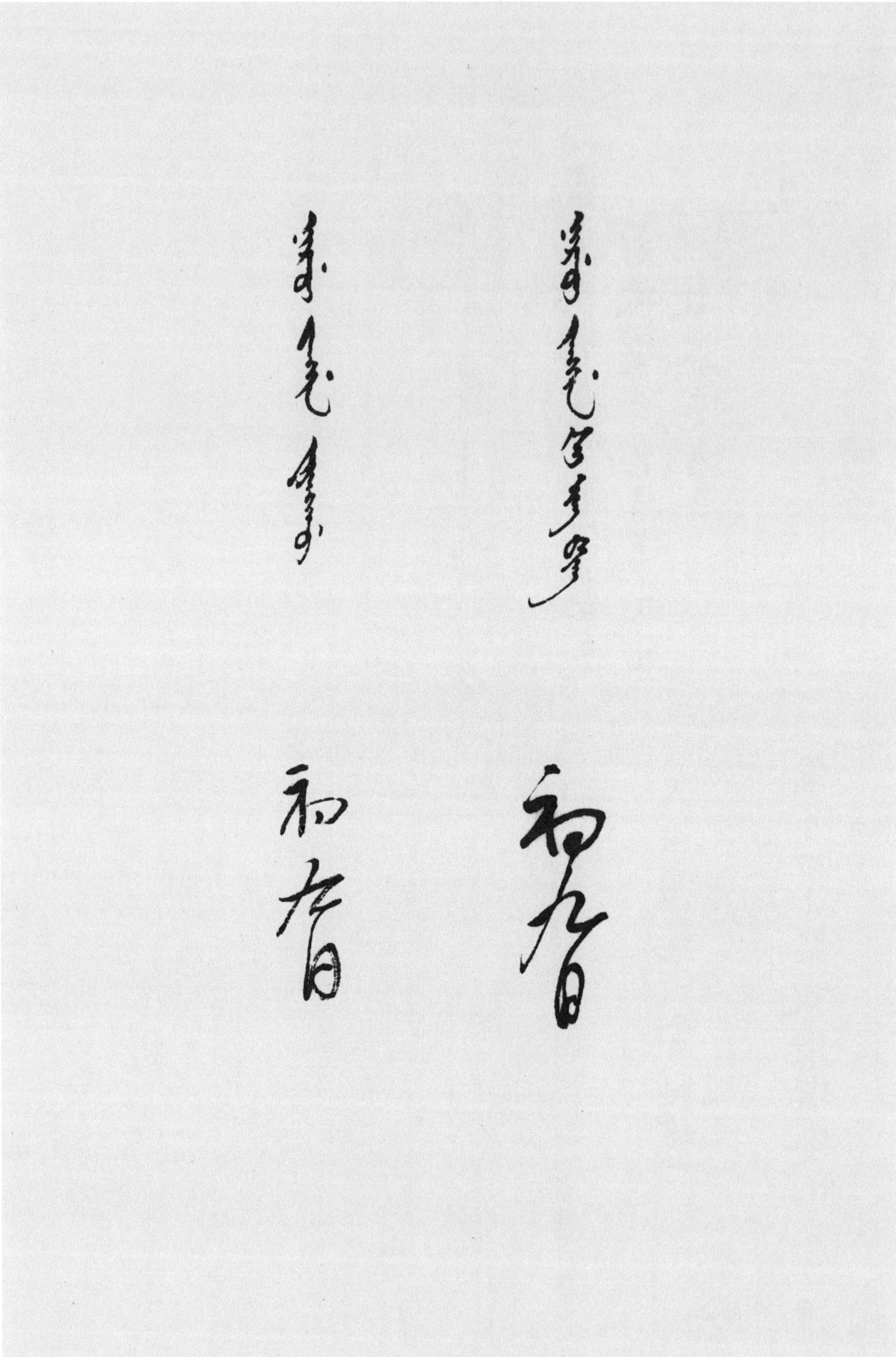

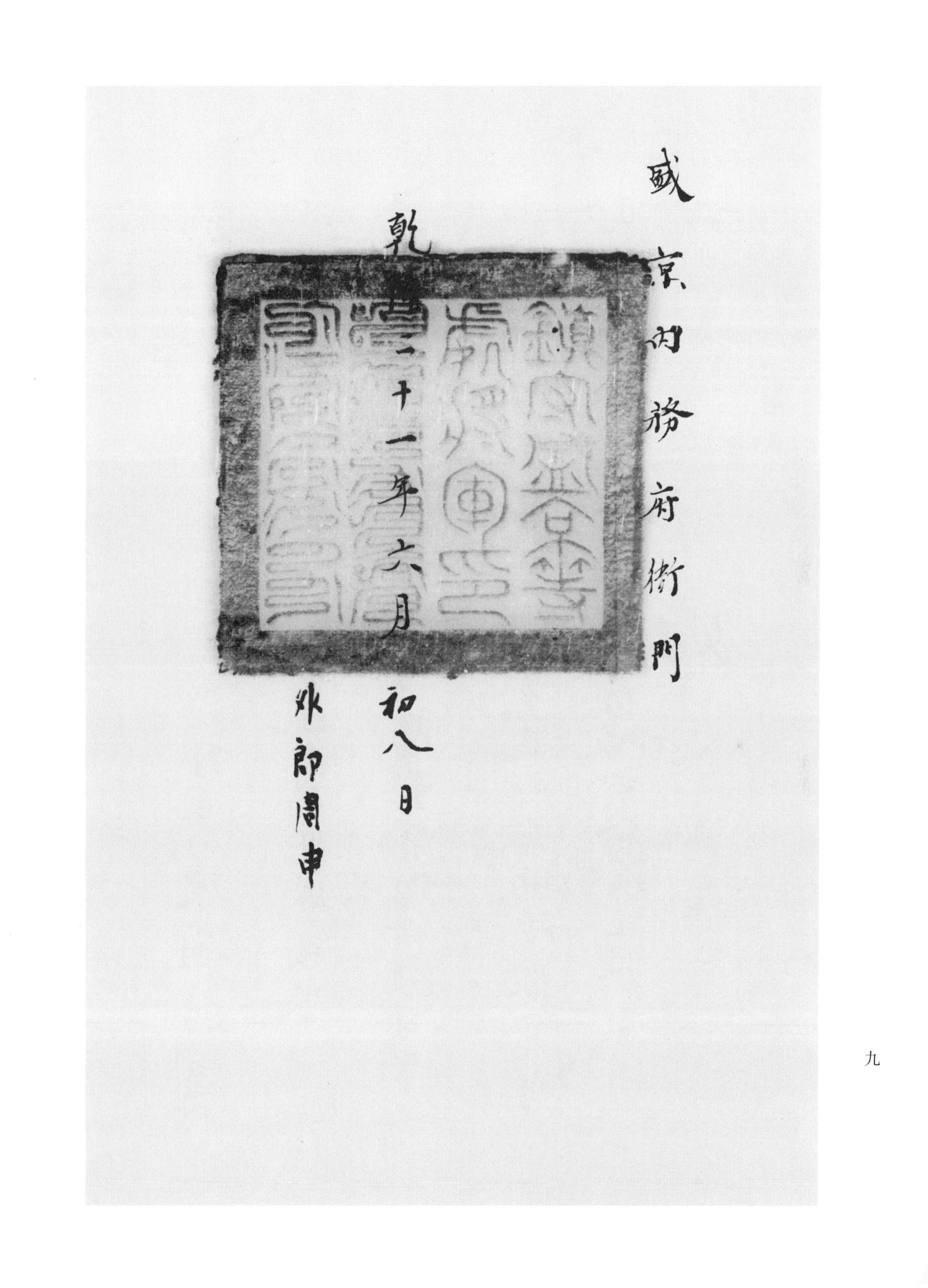

盛京内務府衙門

乾隆二十一年六月初八日

外郎周申

回之處前尚轉行查照賜覆到日以便劄飭遵行
可也為此合咨須至咨者等因前來相應移咨
盛京總管內務府衙門轉飭該管官即將趙自學之
地是否官地之處查明該管官出具印結咨覆到
月再行辦理可也等情據此為此合咨須至咨者

右　　咨

呈明案下恩准詳情施行等情據此查得趙自學
之地是否當差官地畝城無憑查考應否撤出之
處理合備由具文呈請衙門查照轉咨批示遵行
為此申呈須至呈者等因據此查得趙自學當差官
地俱在內倉納粮查此項地畝據七格呈稱實係趙
自學私開之地更兼在熊岳旗倉納粮可否准其撤

毋庸趙自學名下自立田地一分十七日趙自學在日陸

續借銀二十兩于乾隆三年趙自學病故身買棺殯

殮埋葬身窮苦無湊賴伏此地養贍家口使小的銀

地兩空閤家蟻命有死無生其趙自學當差官地坐

落遼陽西南碧闗堡在

盛京倉納糧此地在熊岳倉納糧並非當差官地為此

罪不意六常于去歲六月二病故至今歲伊弟七格言
稱此地係趙自學自開地畝並非官地今春將地仍竹耕
種為此呈明案下旋竹等情據此隨飭廟黃、旂防禦押
令七格將地交付庄頭陳恩敬承領呈报等因去後
續據該旂防禦梧桐保呈稱據七格呈稱情因身父
阿三太在日于康熙年間出價銀六十四兩典得身

庄頭陳、思、敬承領呈报在案、今歲五月十五日據庄頭

陳思敬呈稱為收領官地事情目身名下坐落、岳城

西北正紅旗界内大陳里地方紅册地七十六畝北被故丁

趙自學偷典與、與廟黄、旂丁常地十七日身領催査明帯

領呈报身于去歲六月[illegible]大將[illegible]有領呈

在案、此地並非私地寔係當差官地如盧頼甘昌領之

以備查核可也等情據此相應咨行
盛京將軍衙門查照辦理可也等因前來相應抄録原單咨
行熊岳副都統并劄行開原遼陽城守尉牛庄協領查
界協領查辦可也等因准此爲此合咨須至咨者等因准
此相應抄録原單劄行協領查辦可也須至劄者等因遵
此當飭管界正紅旗遵照粘單開寫地數查明撤出交付

題本衙業經抄録發咨去後至今民人徐自明等尚行霸種
蕪熟該界民員並未具結似此私典之風難以盡息理
合將伊等呈詞併民人等花名並未撤交地數開寫粘單
一紙一併呈請咨行將軍府户衙門查核如果係伊等細
數內之地即應速行撤交該庄頭收領外仍祈轉飭旗民
地方官詳查有無私典官地之處速行出具印結咨送

人私典庄頭等官地至今並未撤交以此看得似與原具
保結並無私典官之處不符再岫巖牛庄金州
盛京等界地方其有無私典官地之處至今尚未具結呈报
前來以致該界庄頭魏得榮閏六有徐小八兒周捷等
具訴旗民人等霸佔官地不遵撤交再前為查撤私典
官地一案准府尹衙門咨取原

于去歲十二月二十八日呈請咨行

盛京將軍衙門轉飭該地方官查明有無私典私買之處

遵行出具印結以備查核等因去後續據遼陽[illegible]州義州

興京撫順鳳凰城復州熊岳開原廣寧等處業經出具並

無私典官地印結前來並遼陽熊岳二界之頭申國印

陳思敬仍行呈訴旗人王自蘭傳六常民人焦啟等乞

屢向伊等撤取奈旗民人等竟自强霸不與撤田功
恩此地乃當差官地庄頭壯丁等賴以當差養生又係奉
旨撤田而莊民人等抗拒不遵似此不法之人無奈懇祈將
此房地追還等情據此職等查得軍機處議覆查撤
庄頭等私典官地每于歲底取具該地方官查明
並無私典官地之印結咨送户部内務府衙門詳查等因

盛京總管內務府衙門咨開掌關記佐領法保等呈稱據會計司催
總額尔德丹布等呈稱據屯頭周連申國印魏得榮閔六有徐小八兒
陳思敬等呈稱身等紅册官地內被旗民人等偷典耕種甚多前
蒙將軍
奏准凡有私典官地概行撤回欽遵在案是以各界將私典
官地俱已撤回惟身屬下庄丁所典之地未行給與身等

鎮守

盛京等處將軍衙門　為咨查事左户司案呈准熊岳副

都統咨開為咨行事據熊岳協領穫達禮呈稱為詳

請事乾隆二十年五月初四日奉衙門劄開為劄查事准將軍衙門

咨開為咨行事左户司案呈准

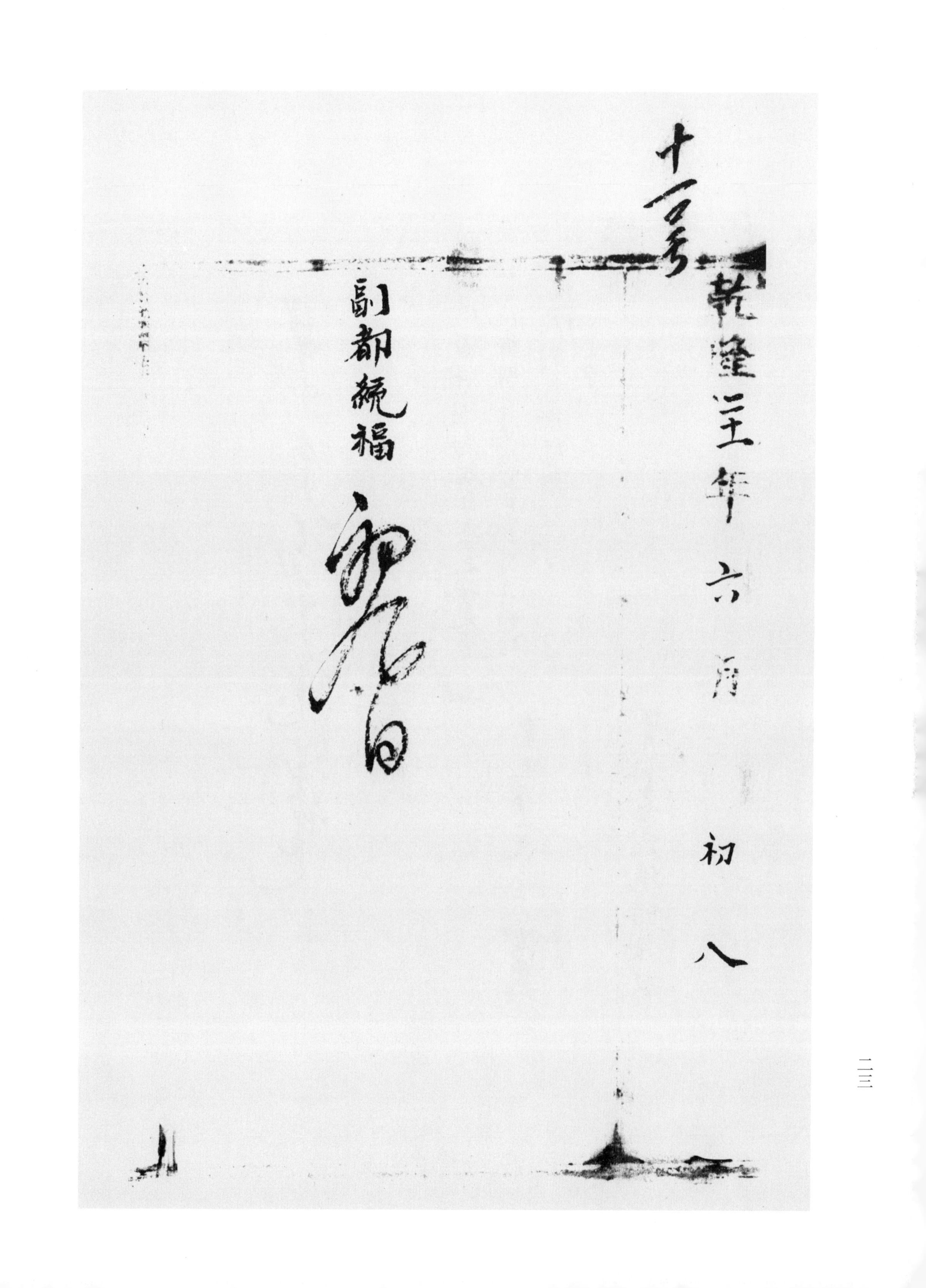

十一号

乾隆三十年六月初八

副都統福

盛京將軍衙門為趙自李之地是否
官地查明之處該管官出具印結
咨覆到日再行辦理事

堂主事托全

值月筆帖式張珩接收

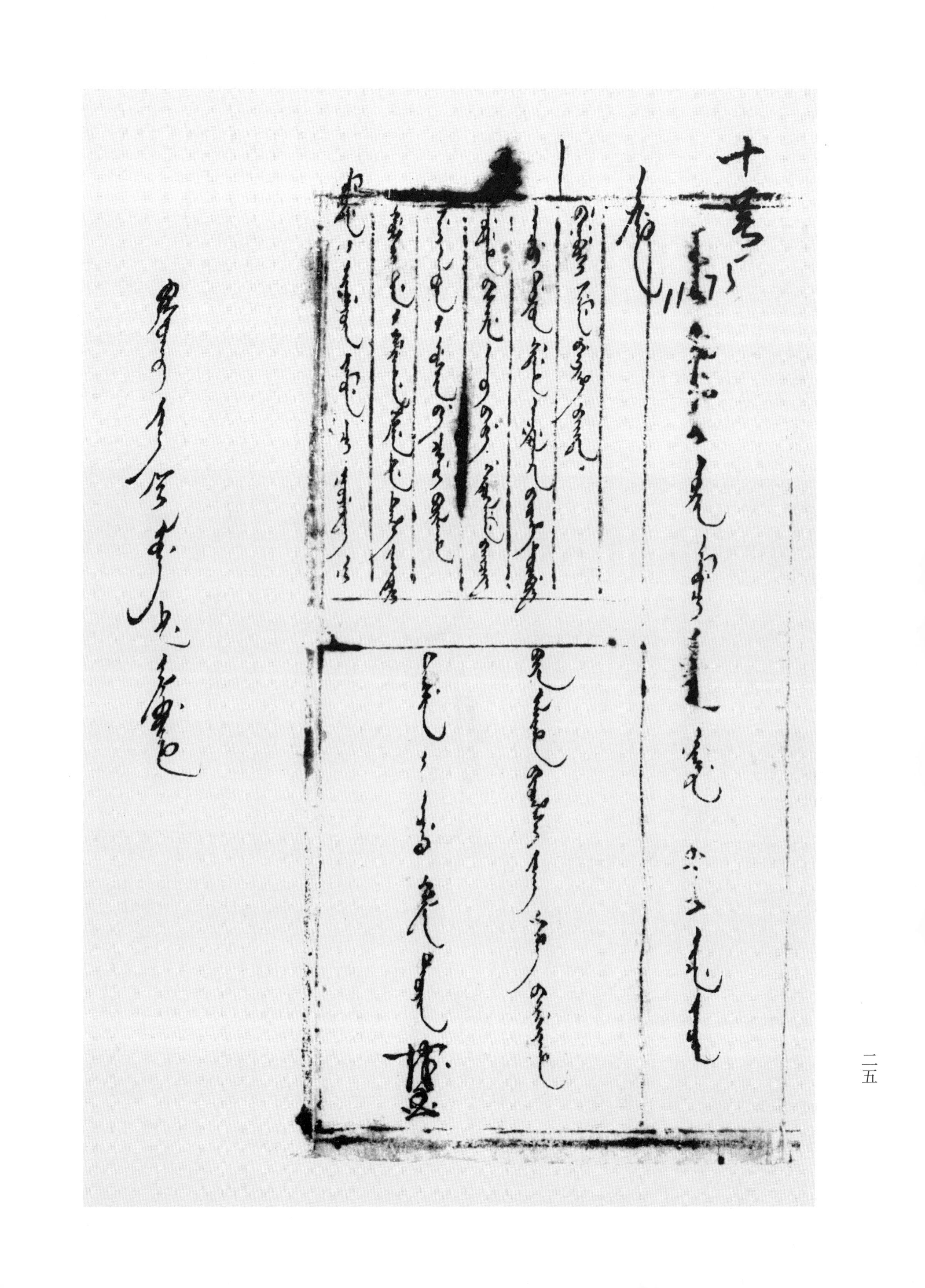

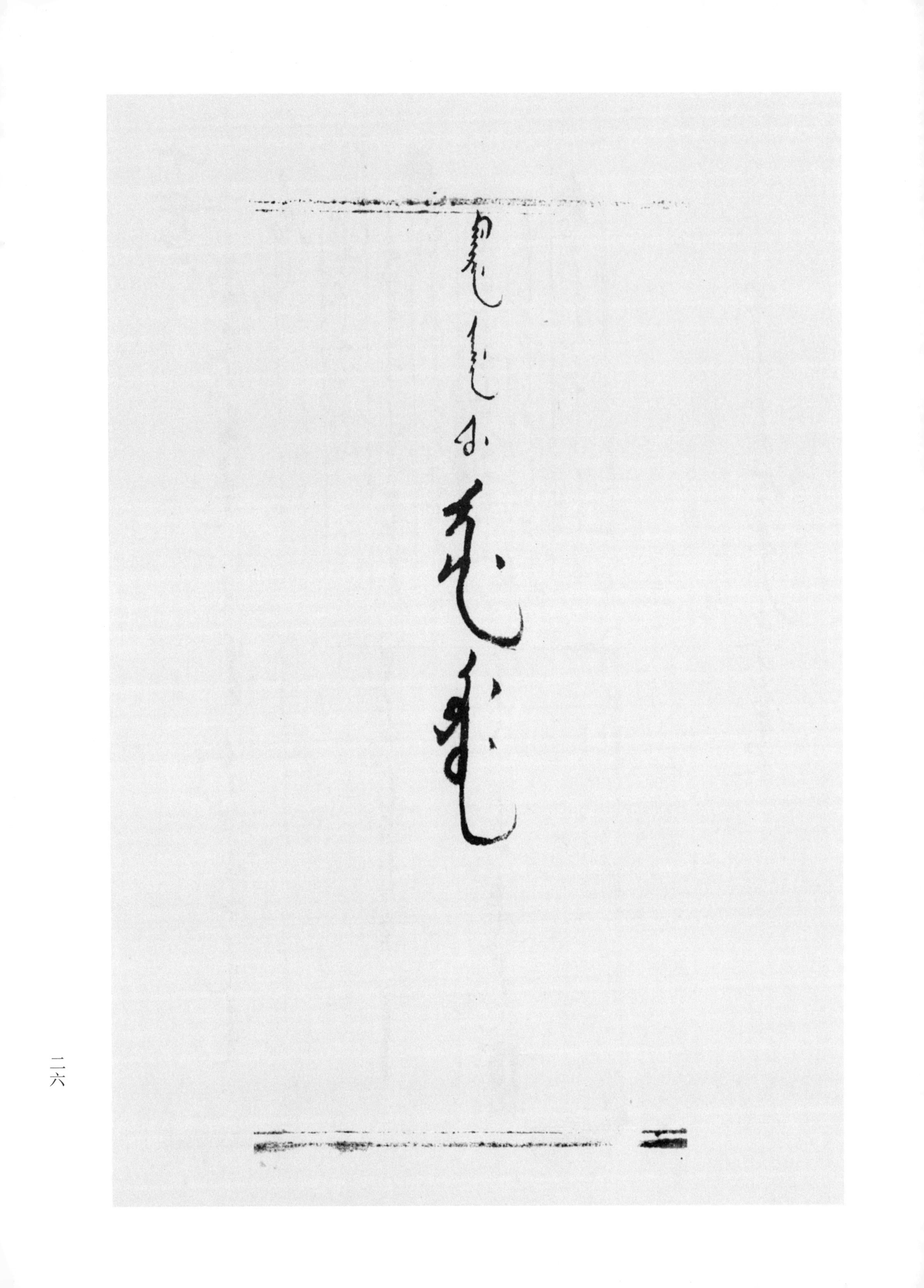

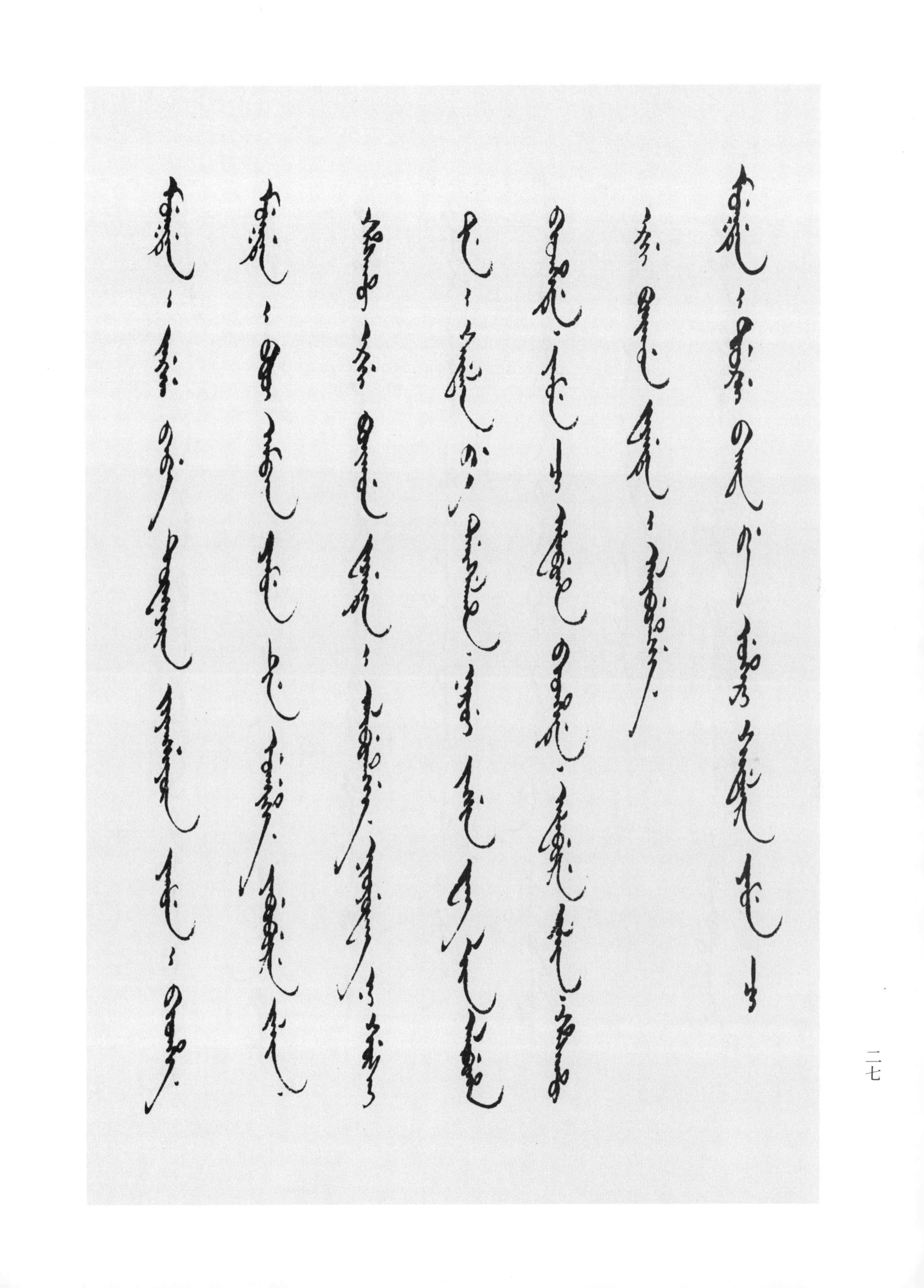

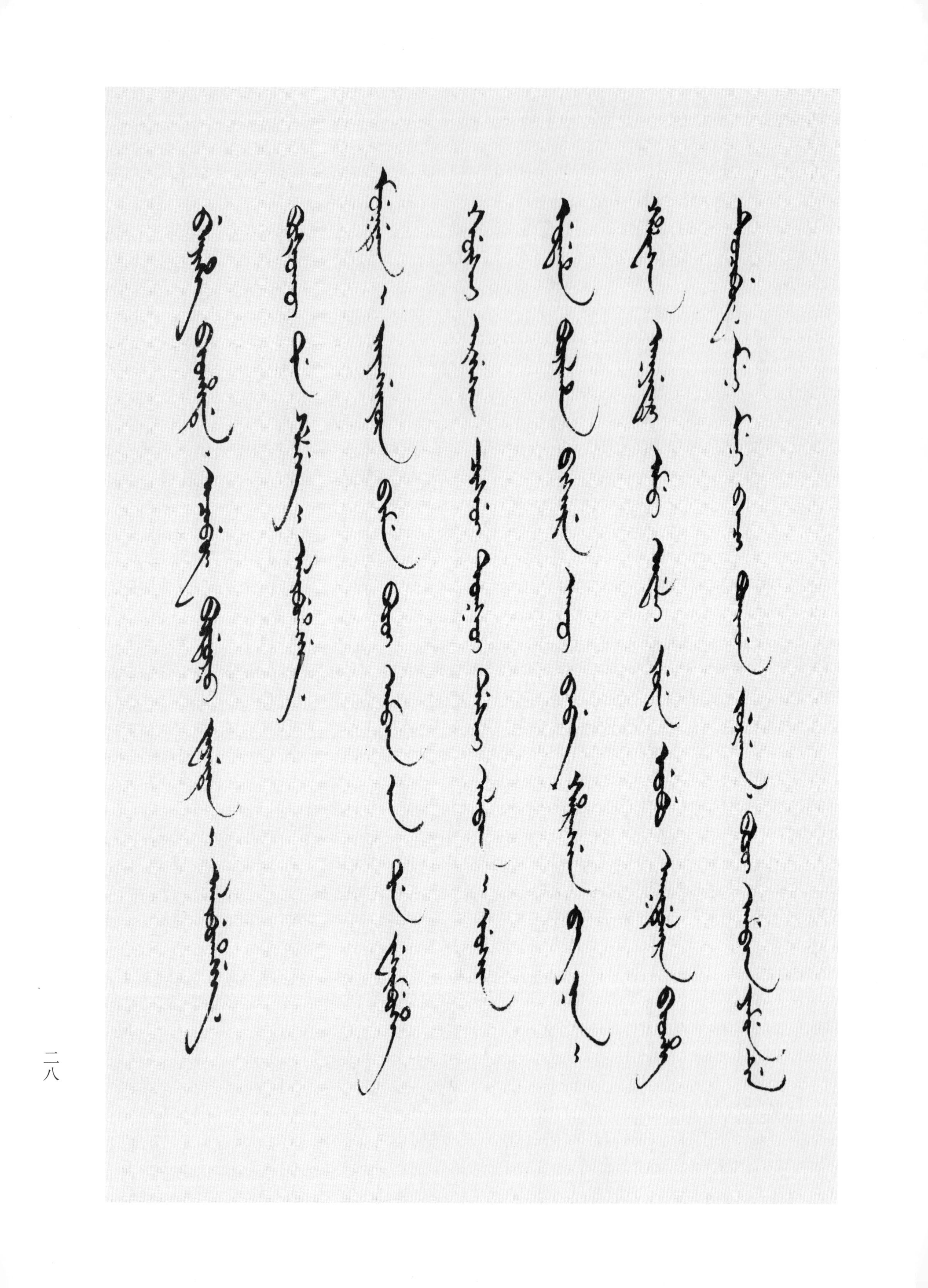

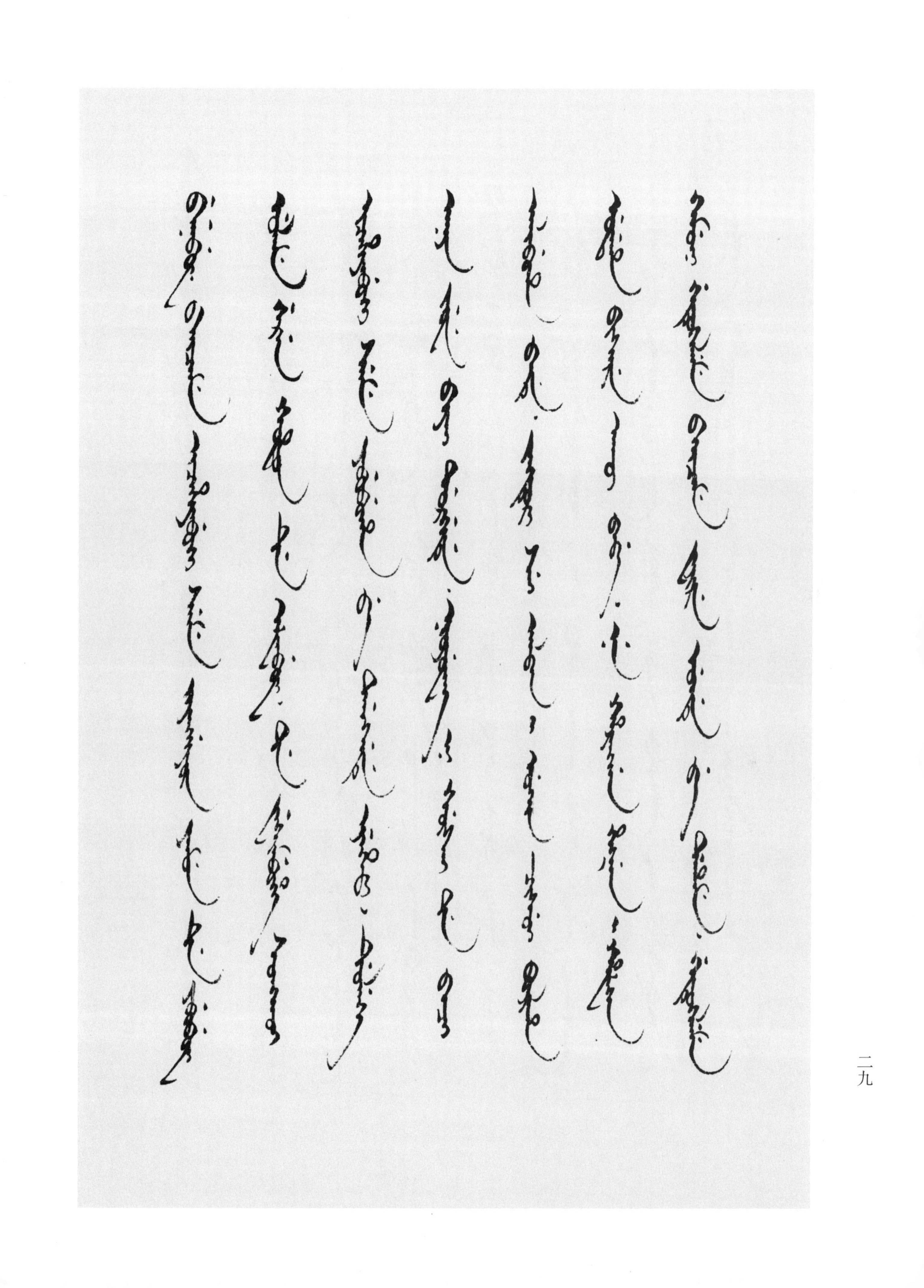

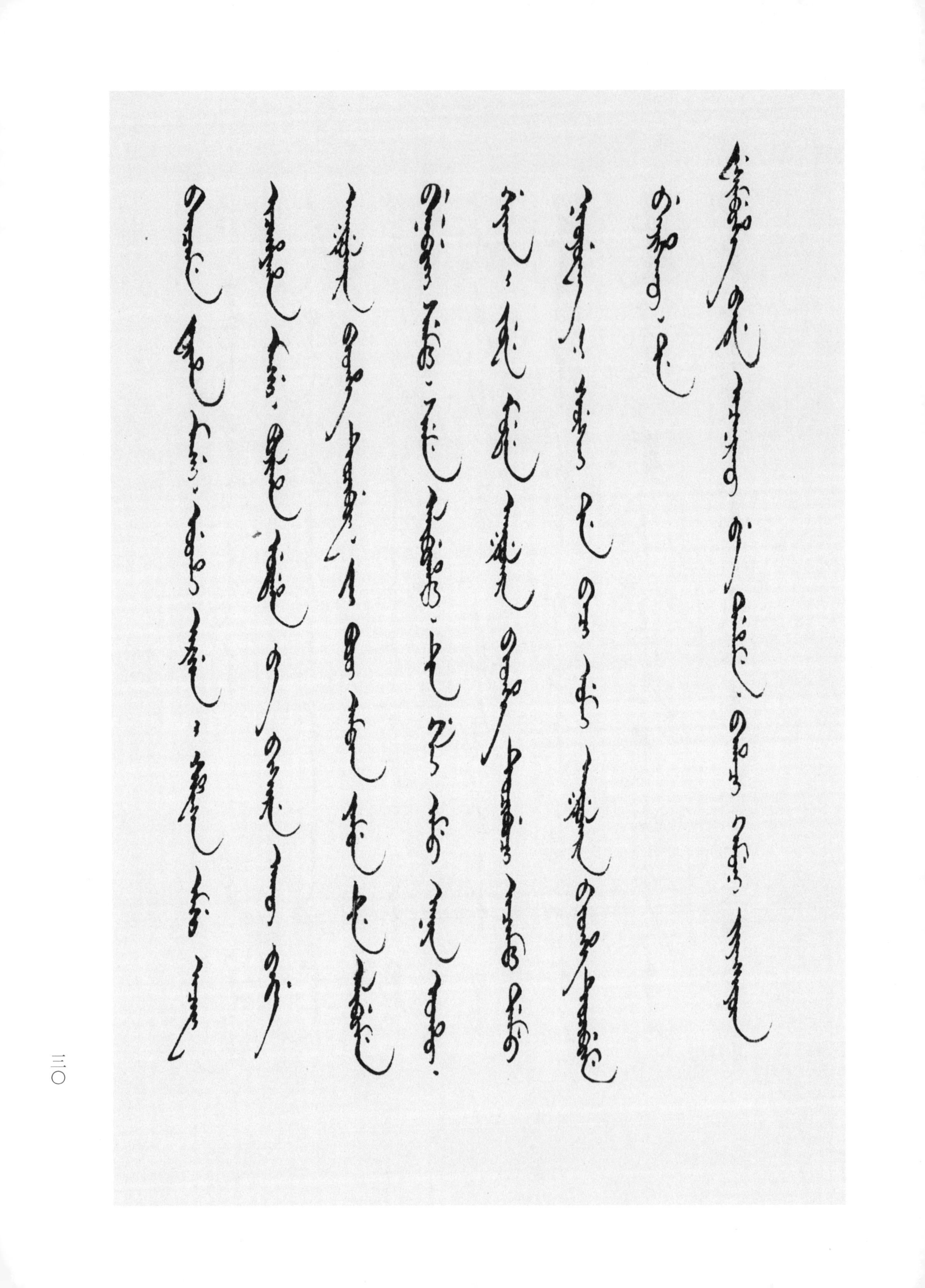

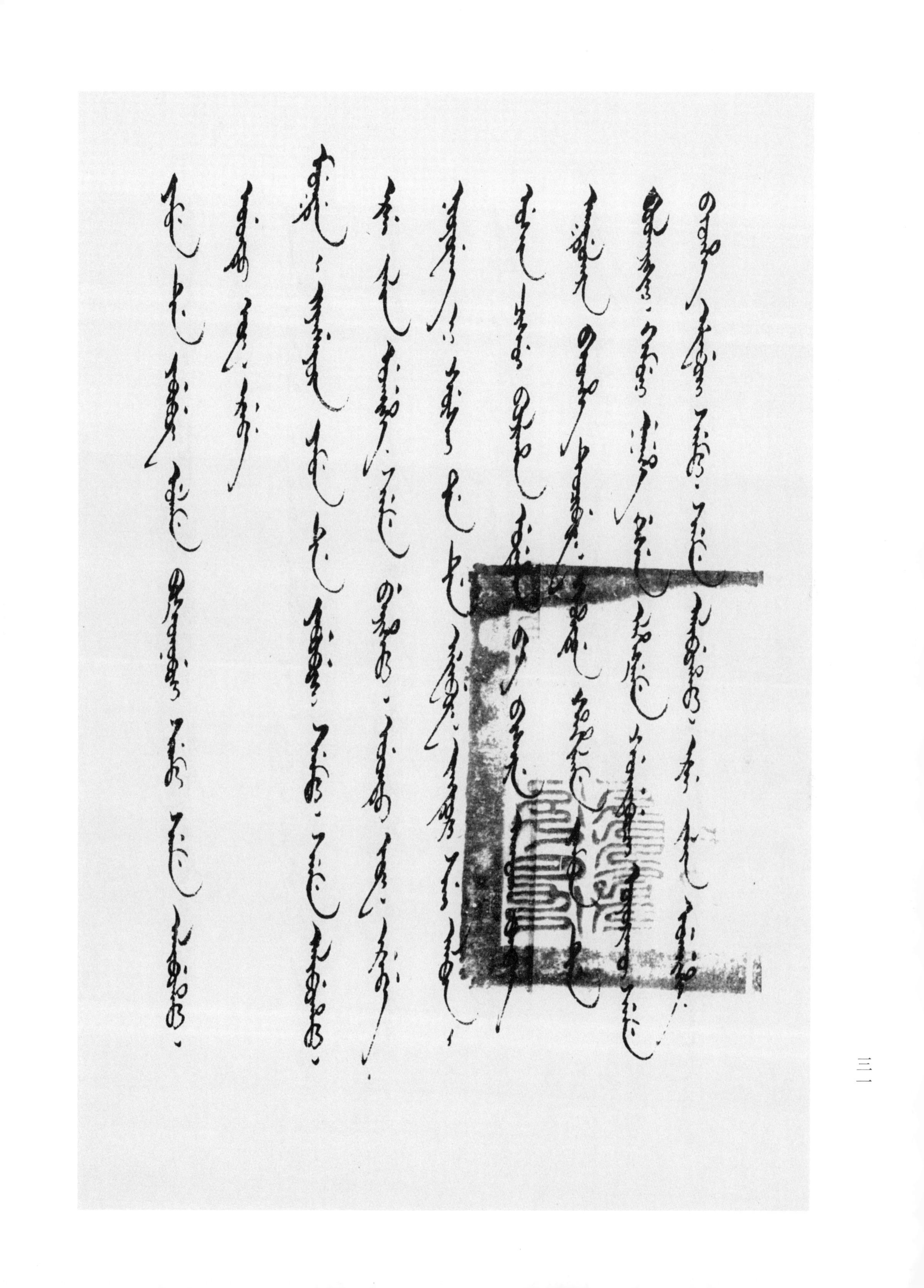

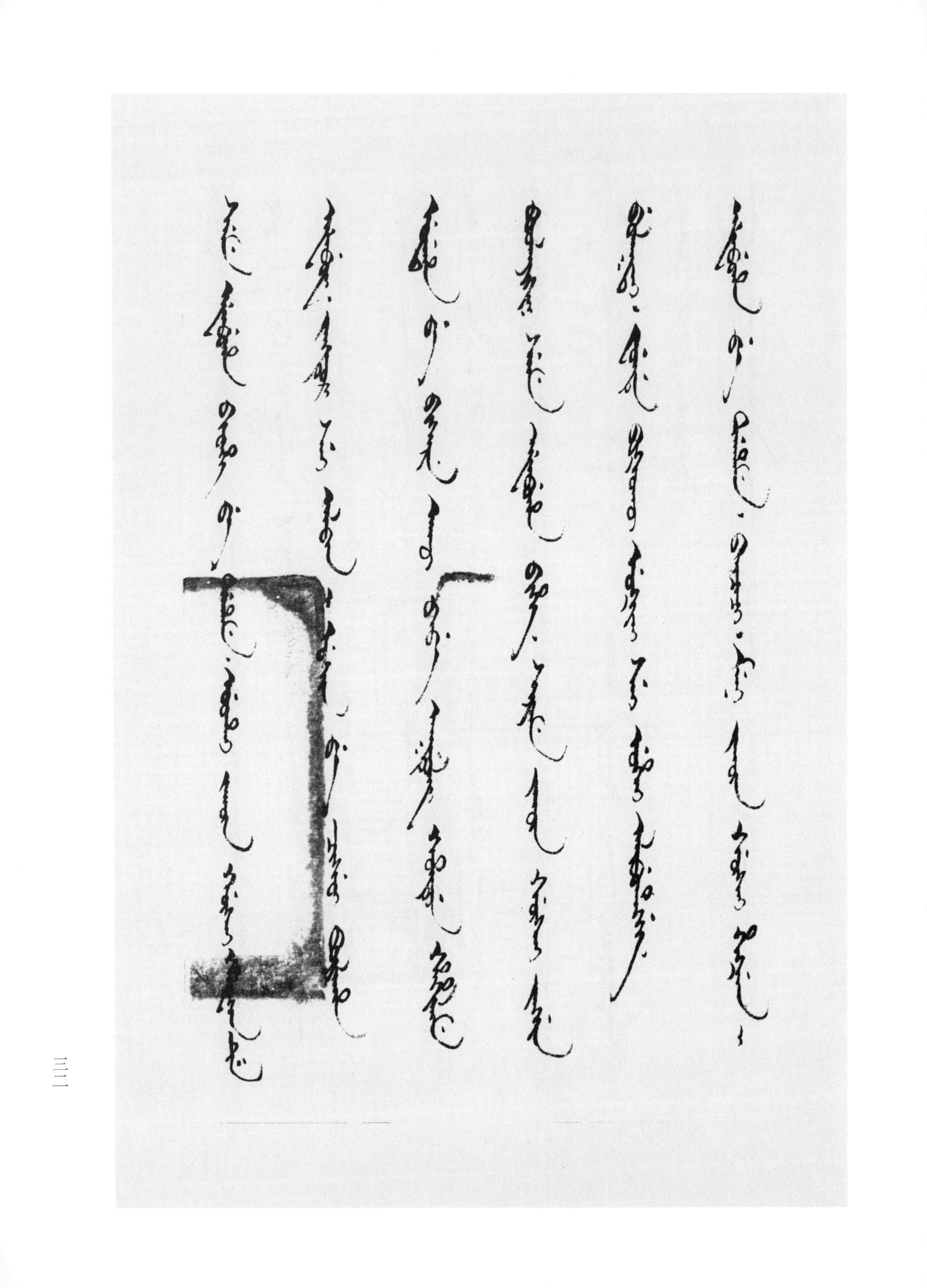

[illegible]

[illegible]

[illegible]

[illegible]

[illegible]

[illegible]

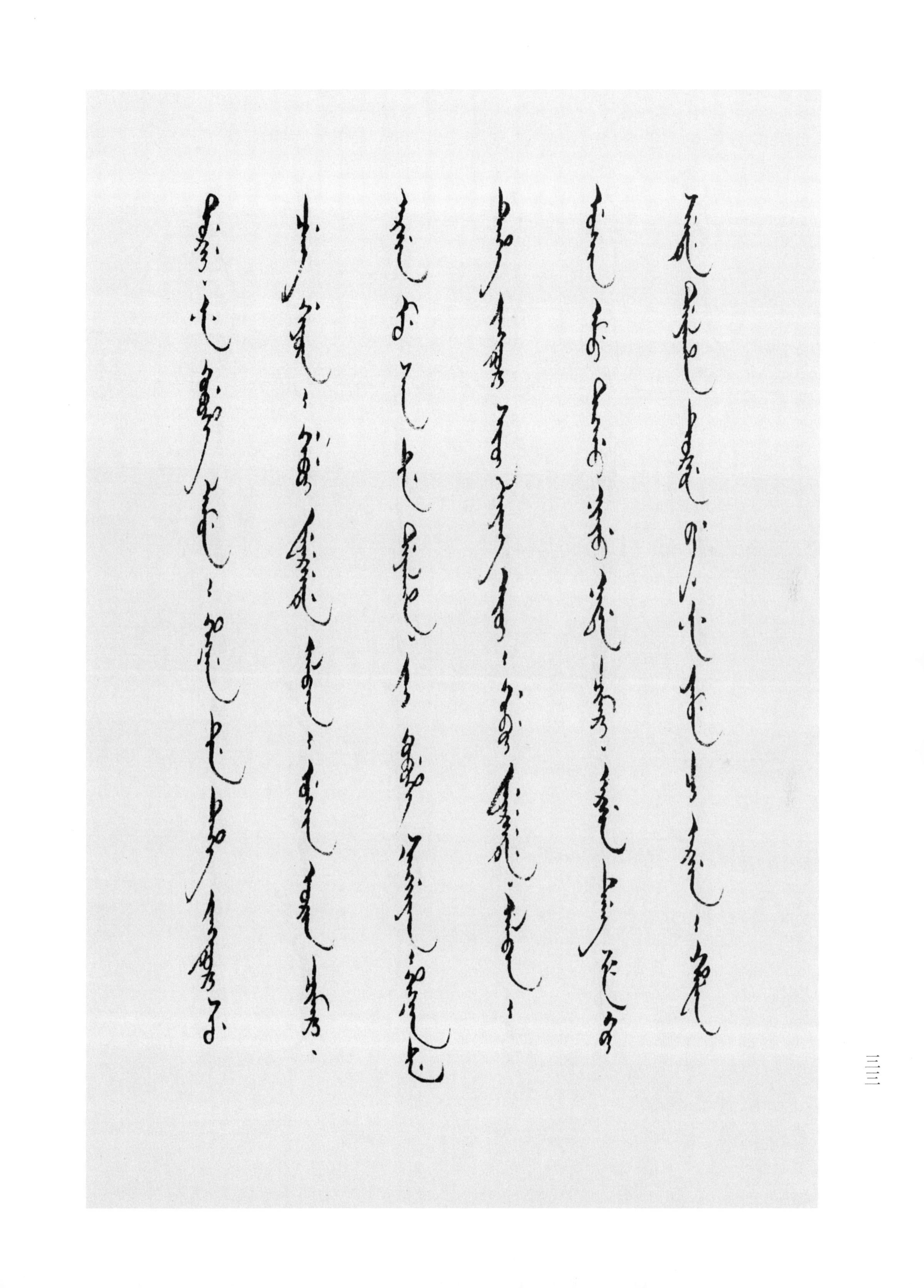

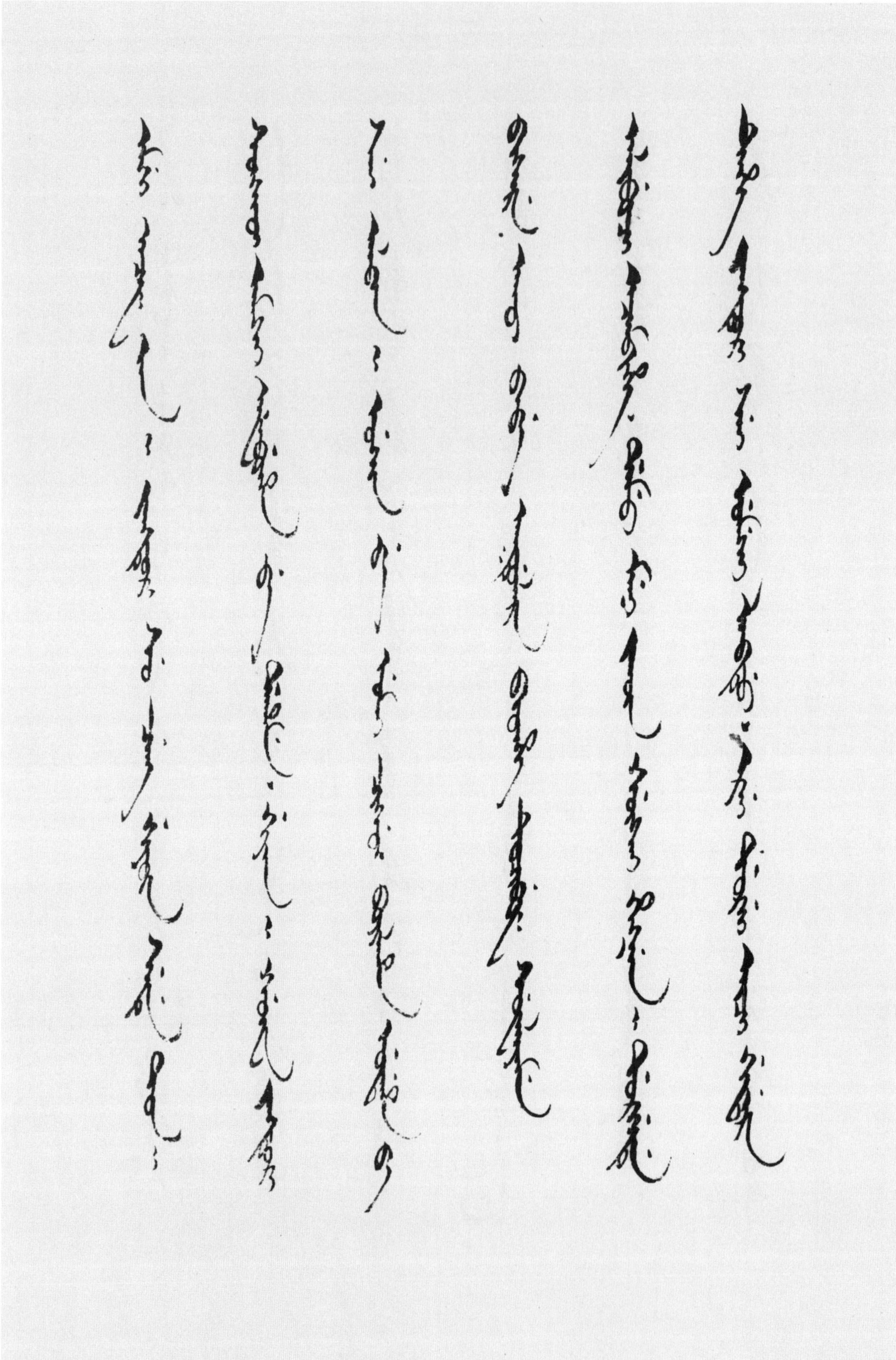

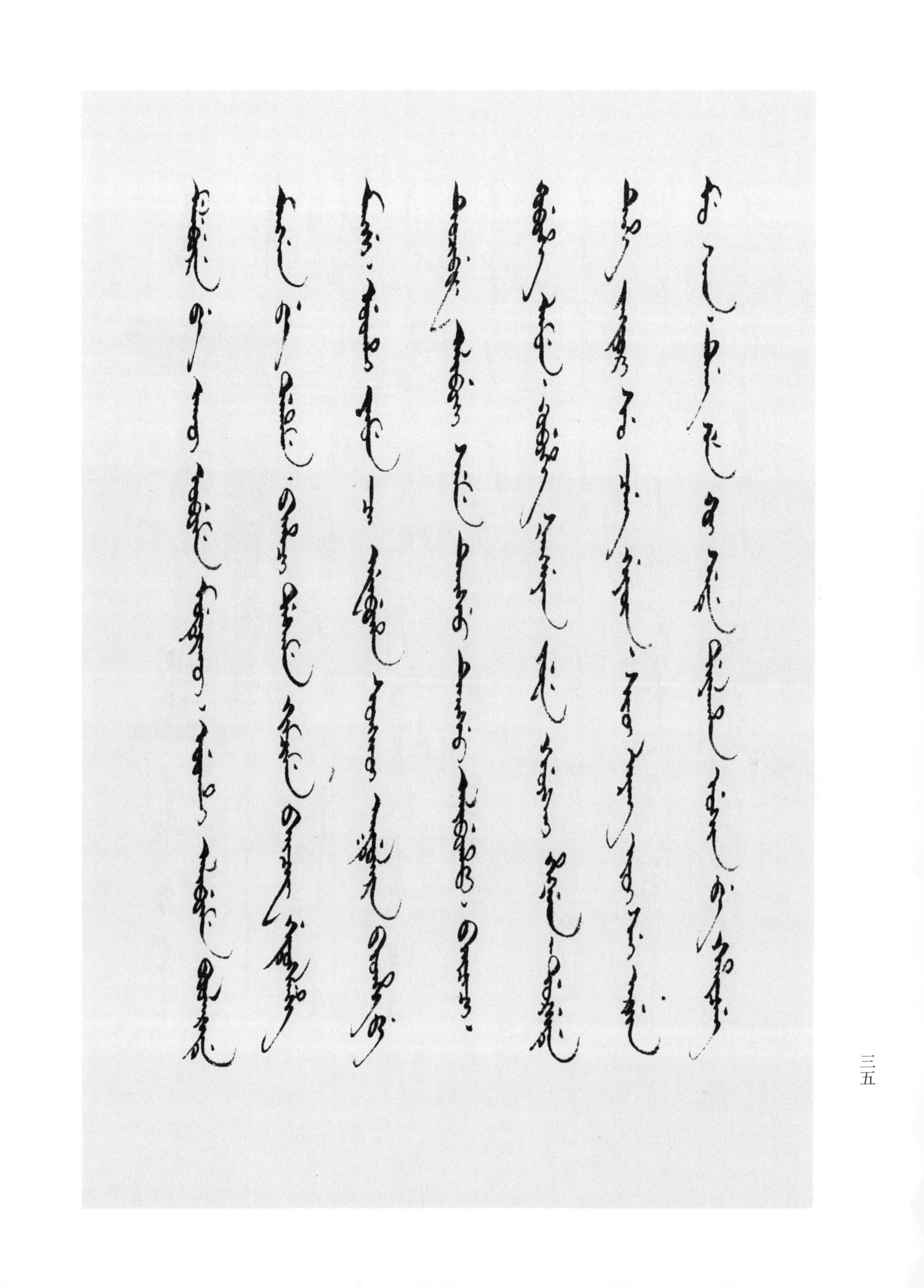

[illegible]

[illegible]

[illegible]

[illegible]

[illegible]

[illegible]

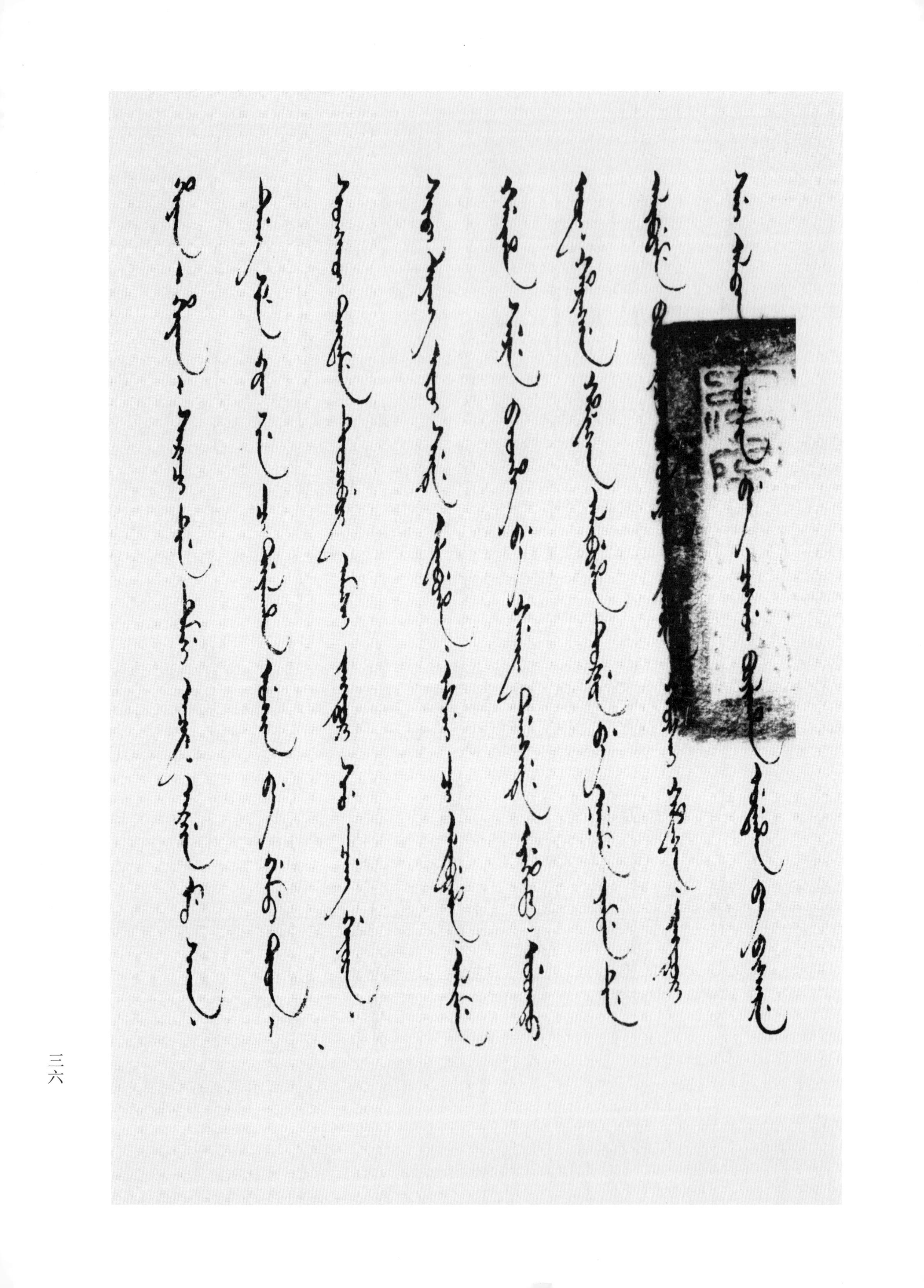

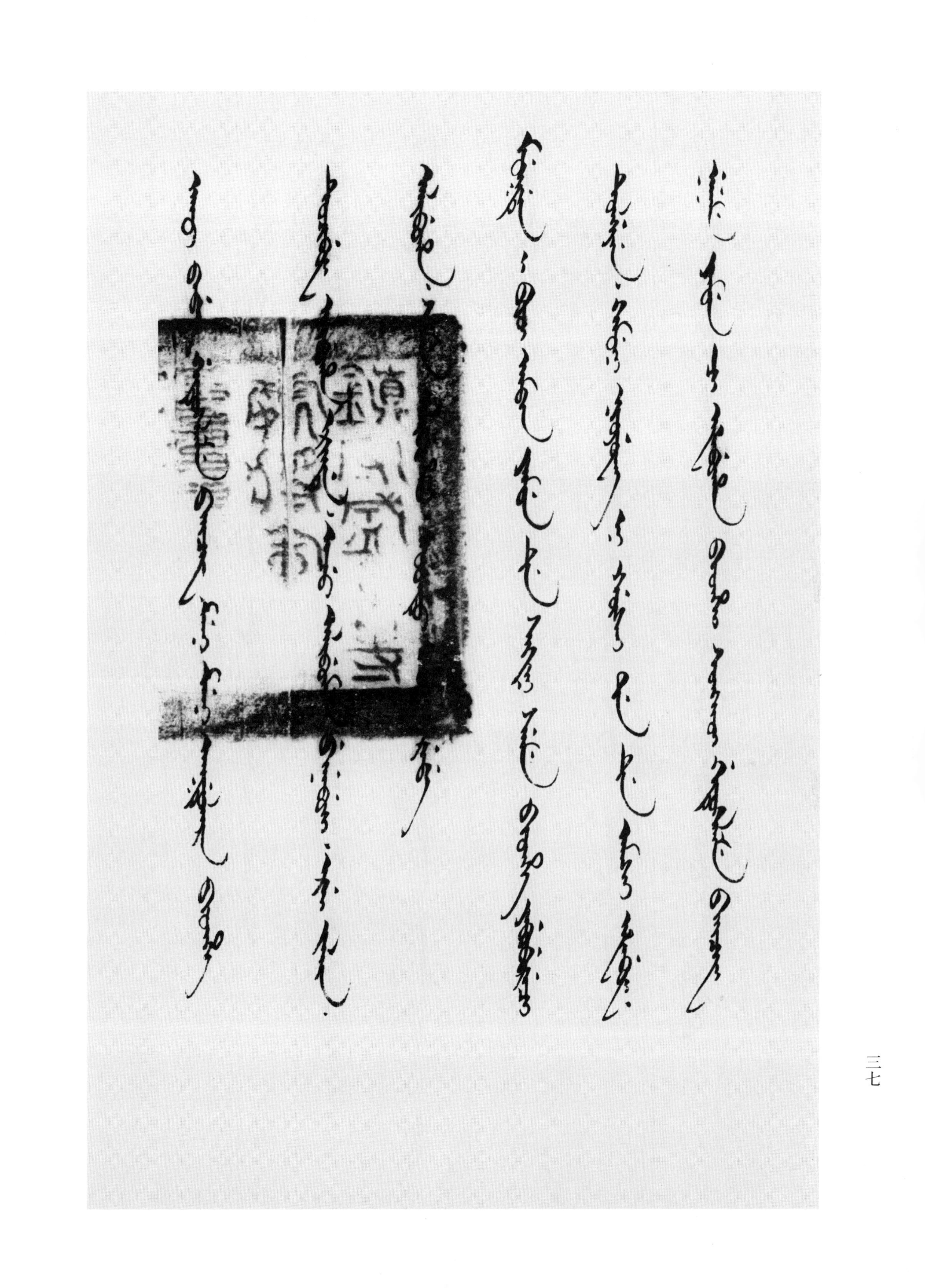

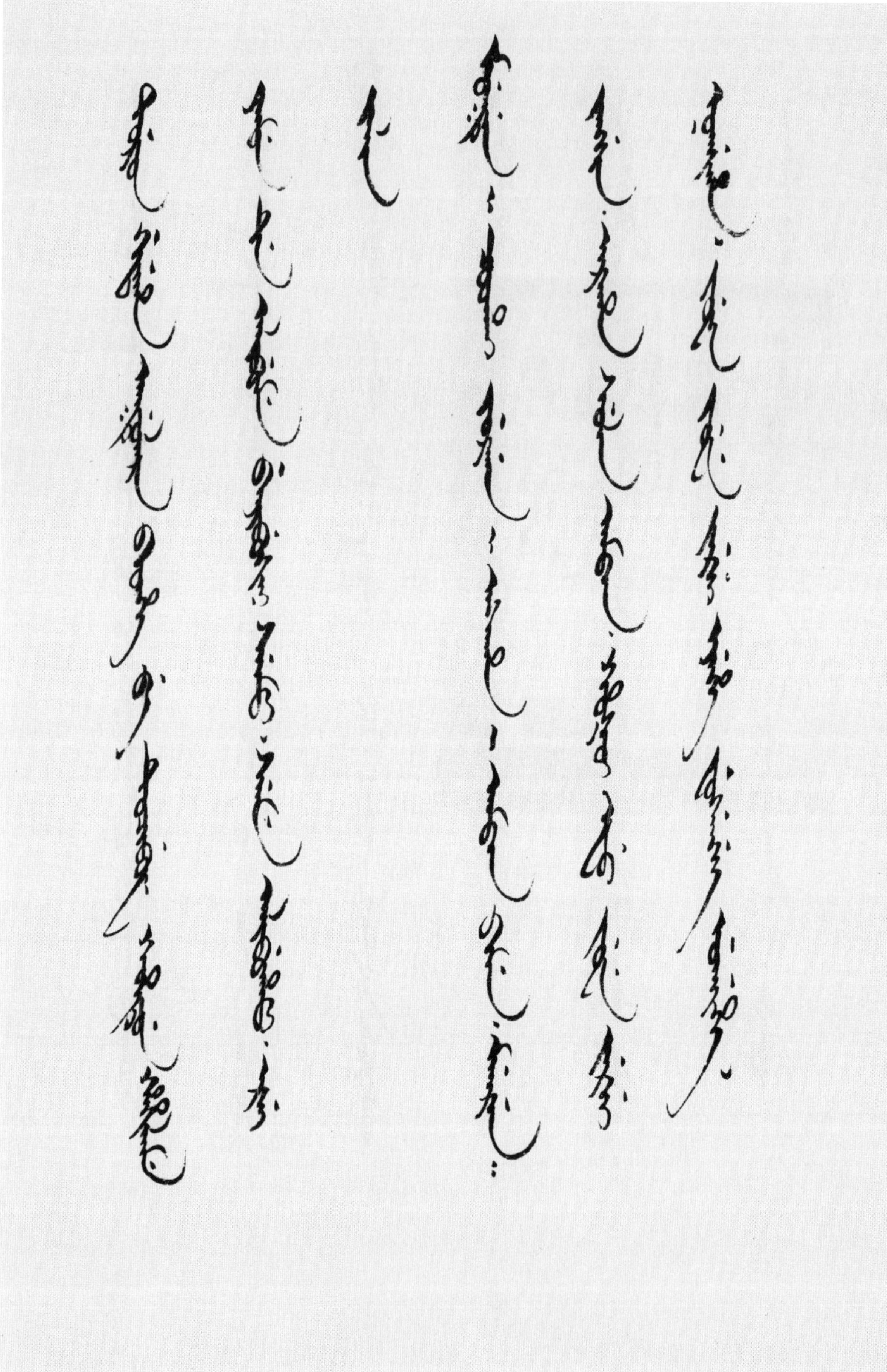

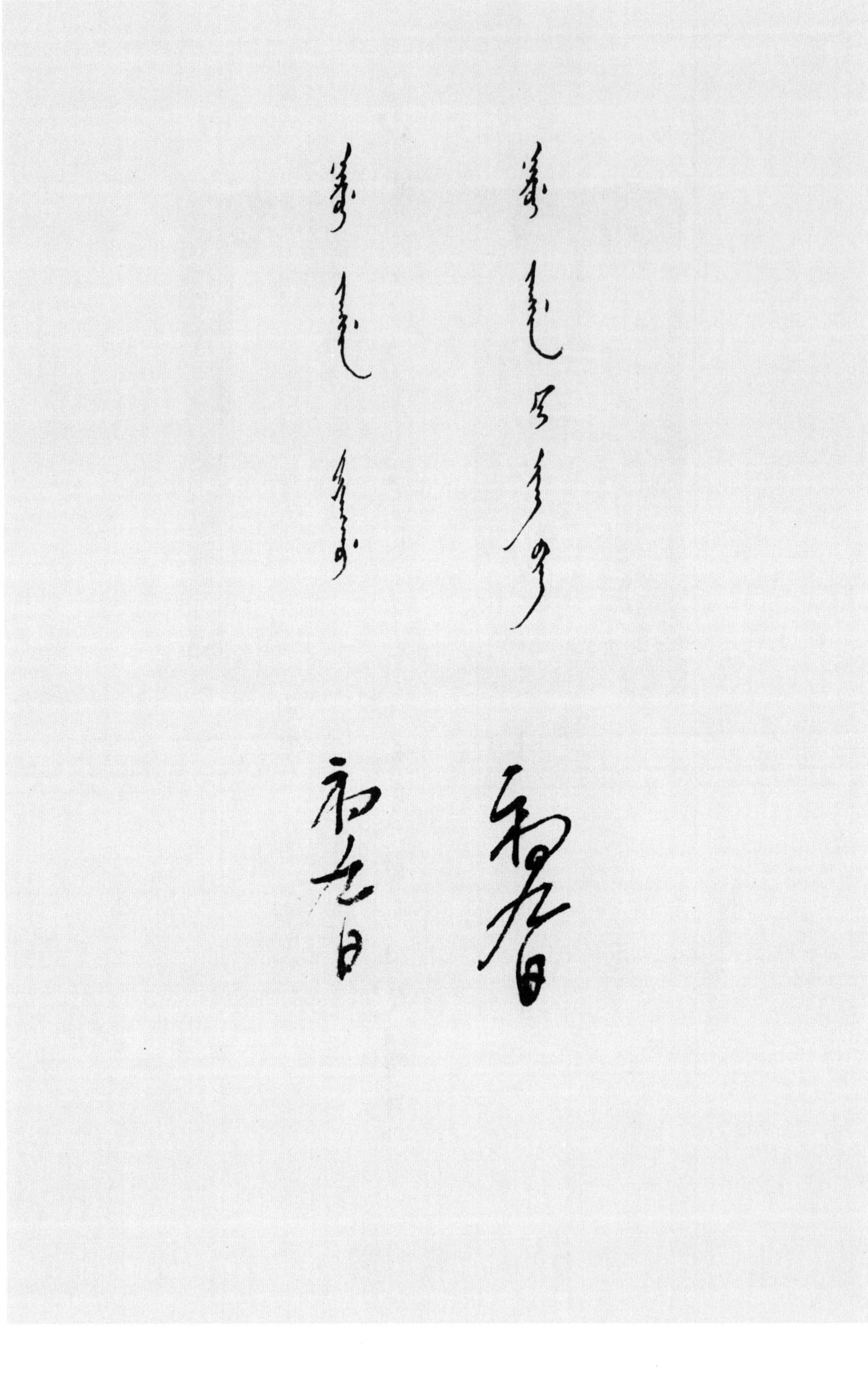

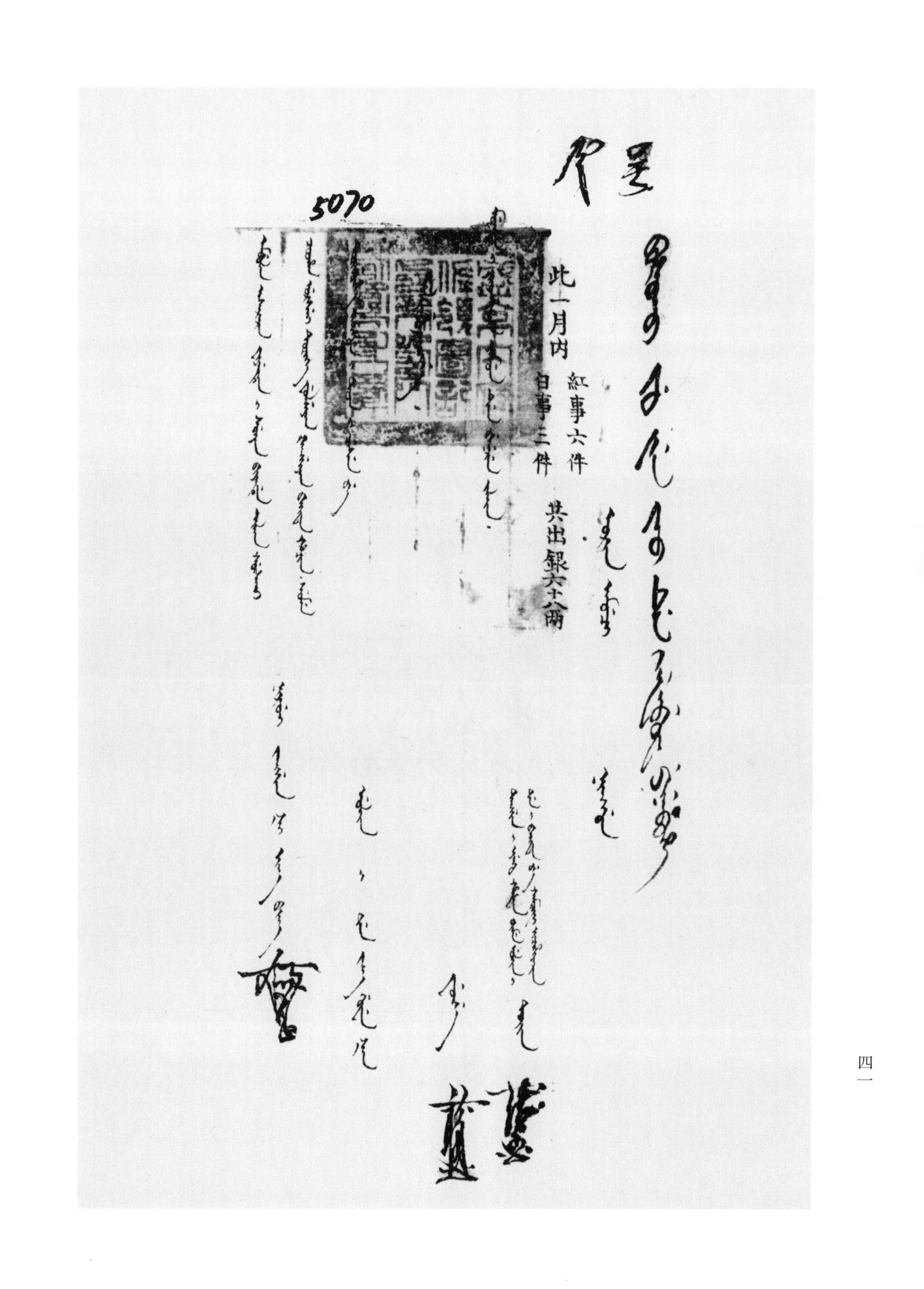

此一月内
紅事六件
白事三件
共出銀六十八兩

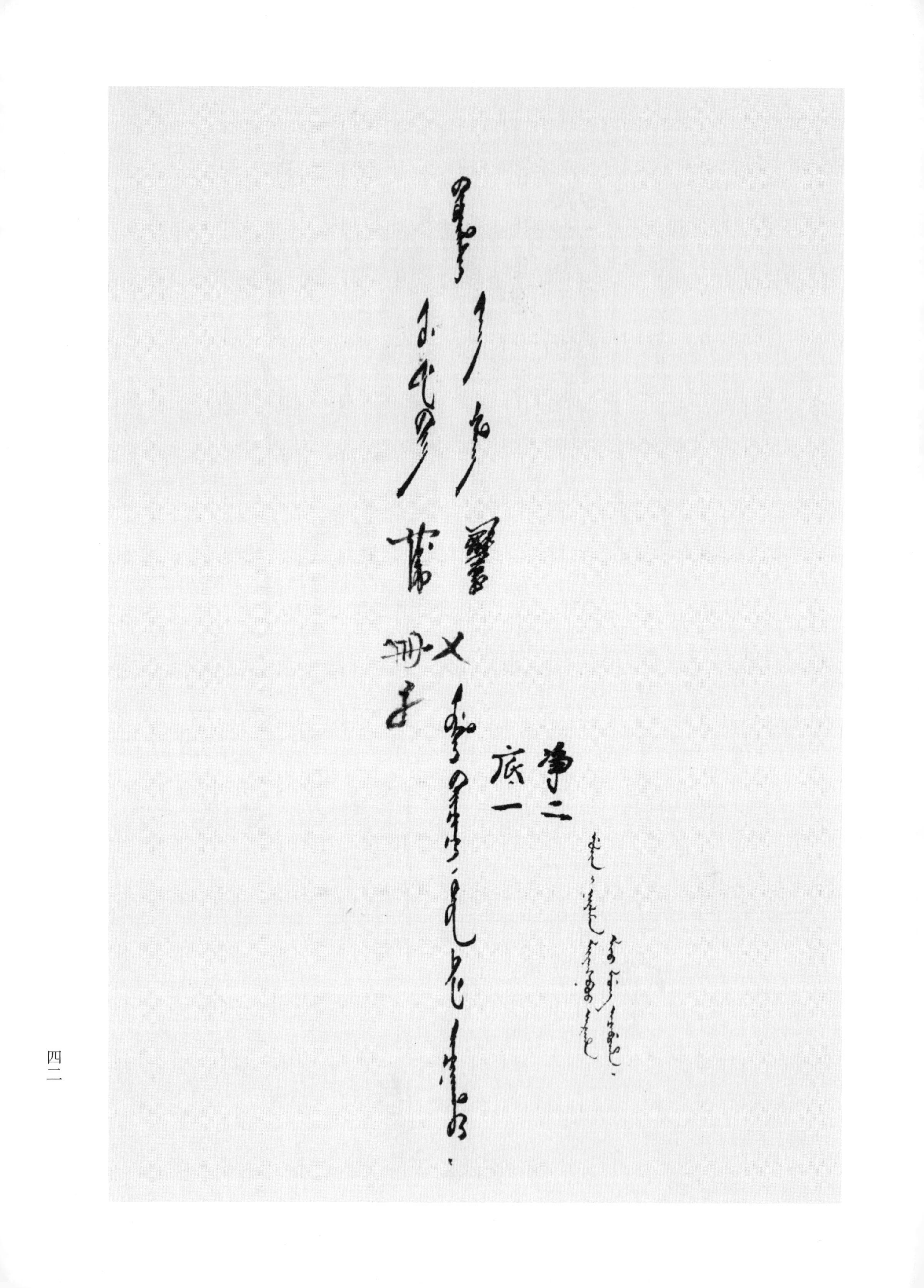

底一

第二

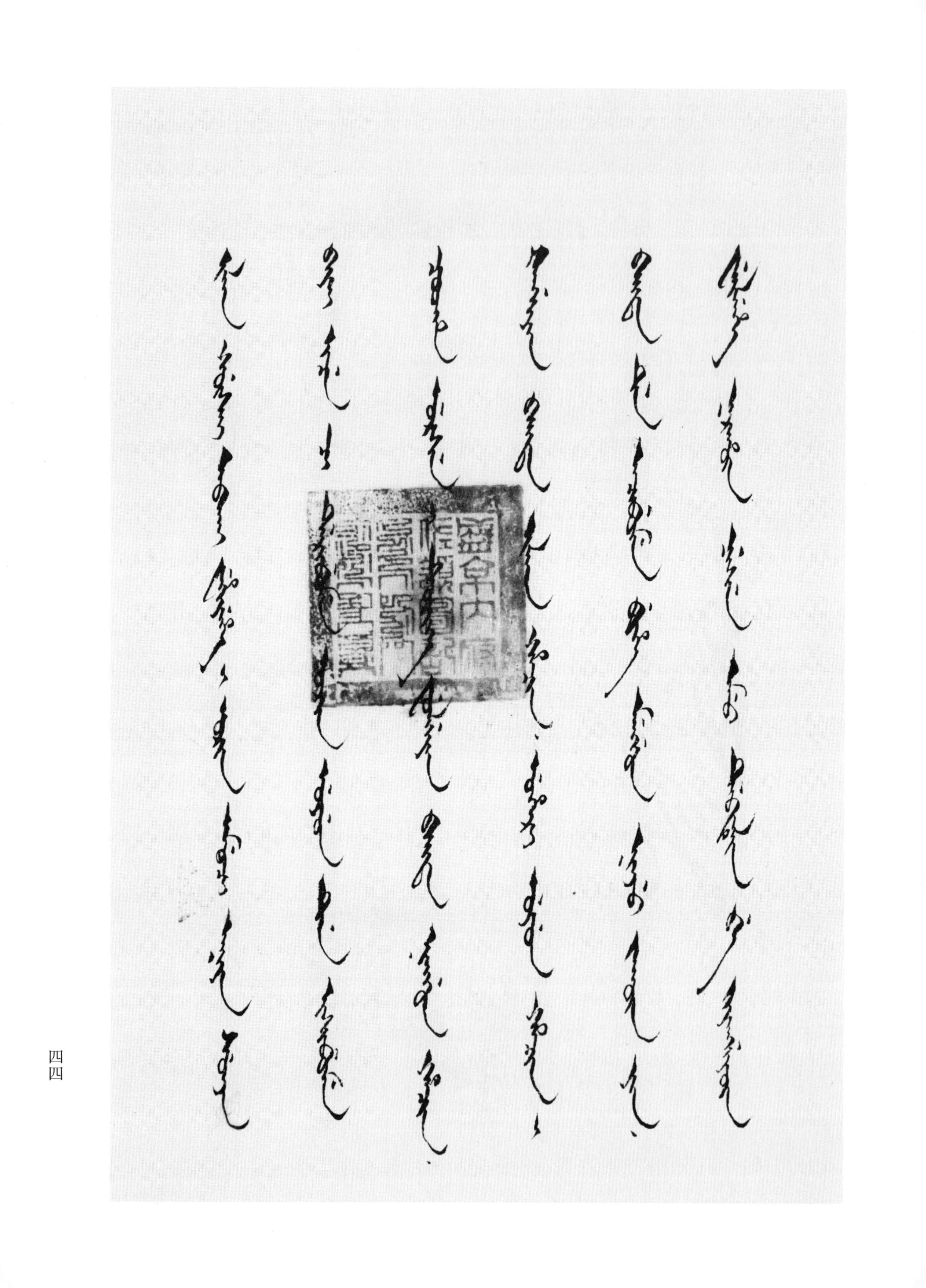

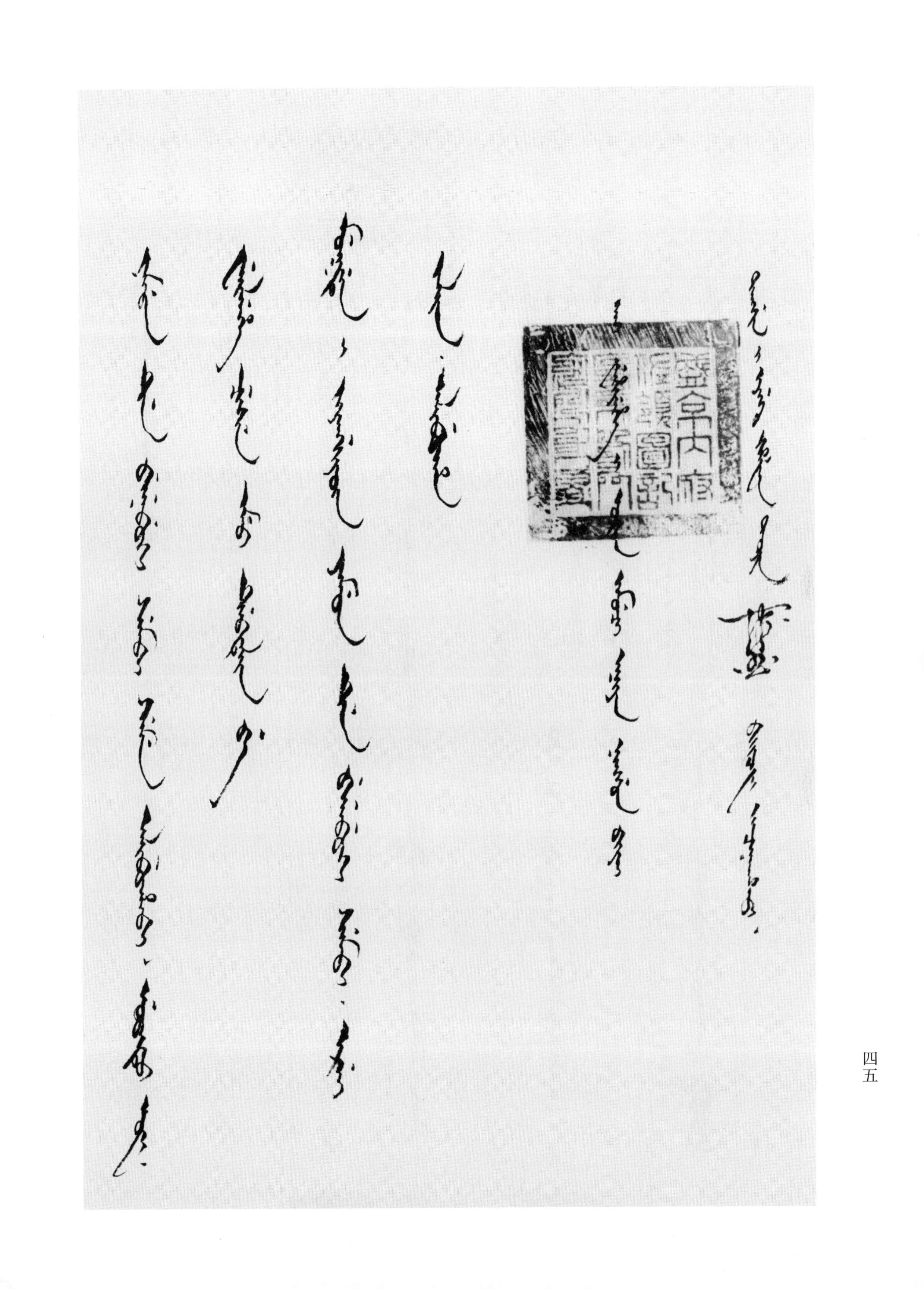

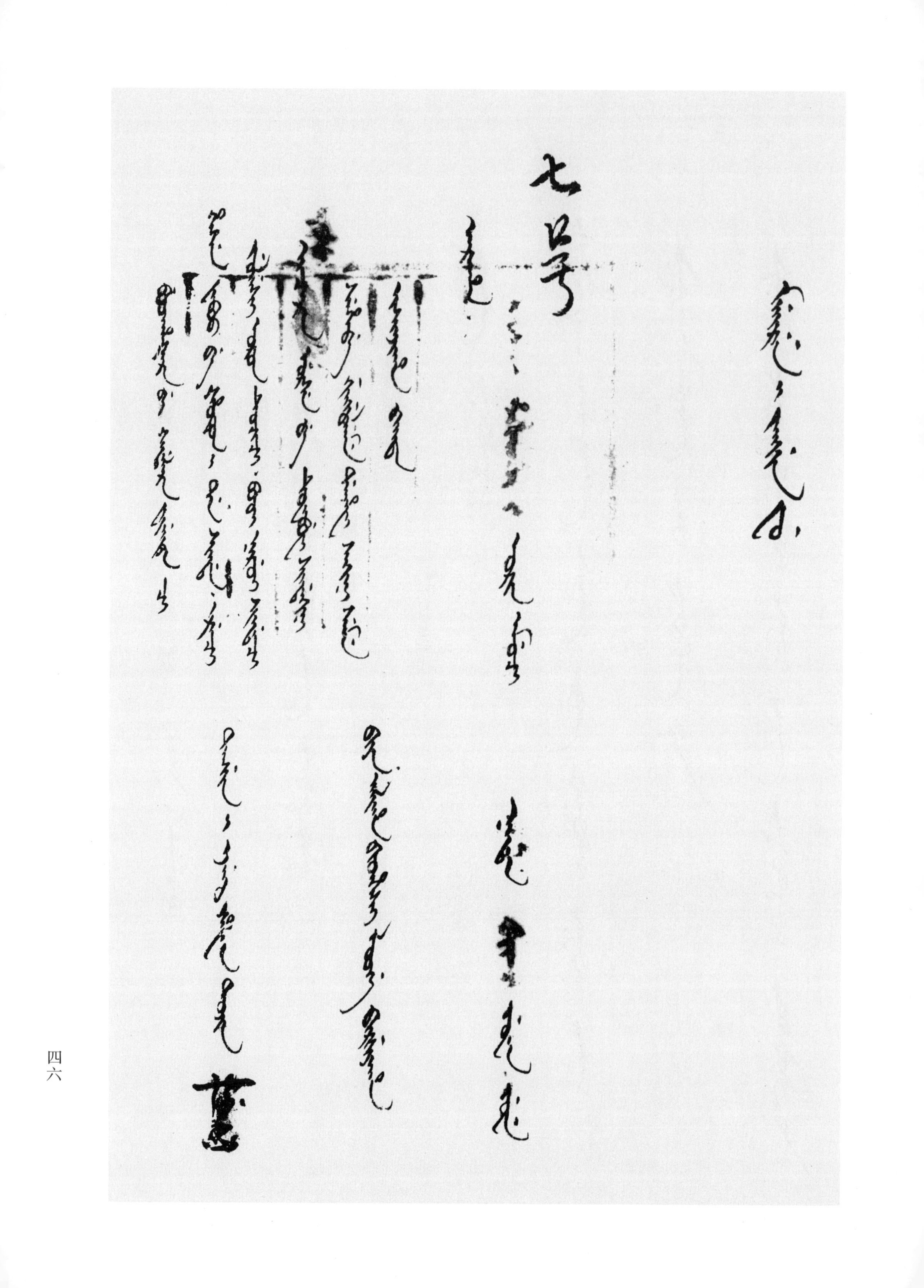

七号

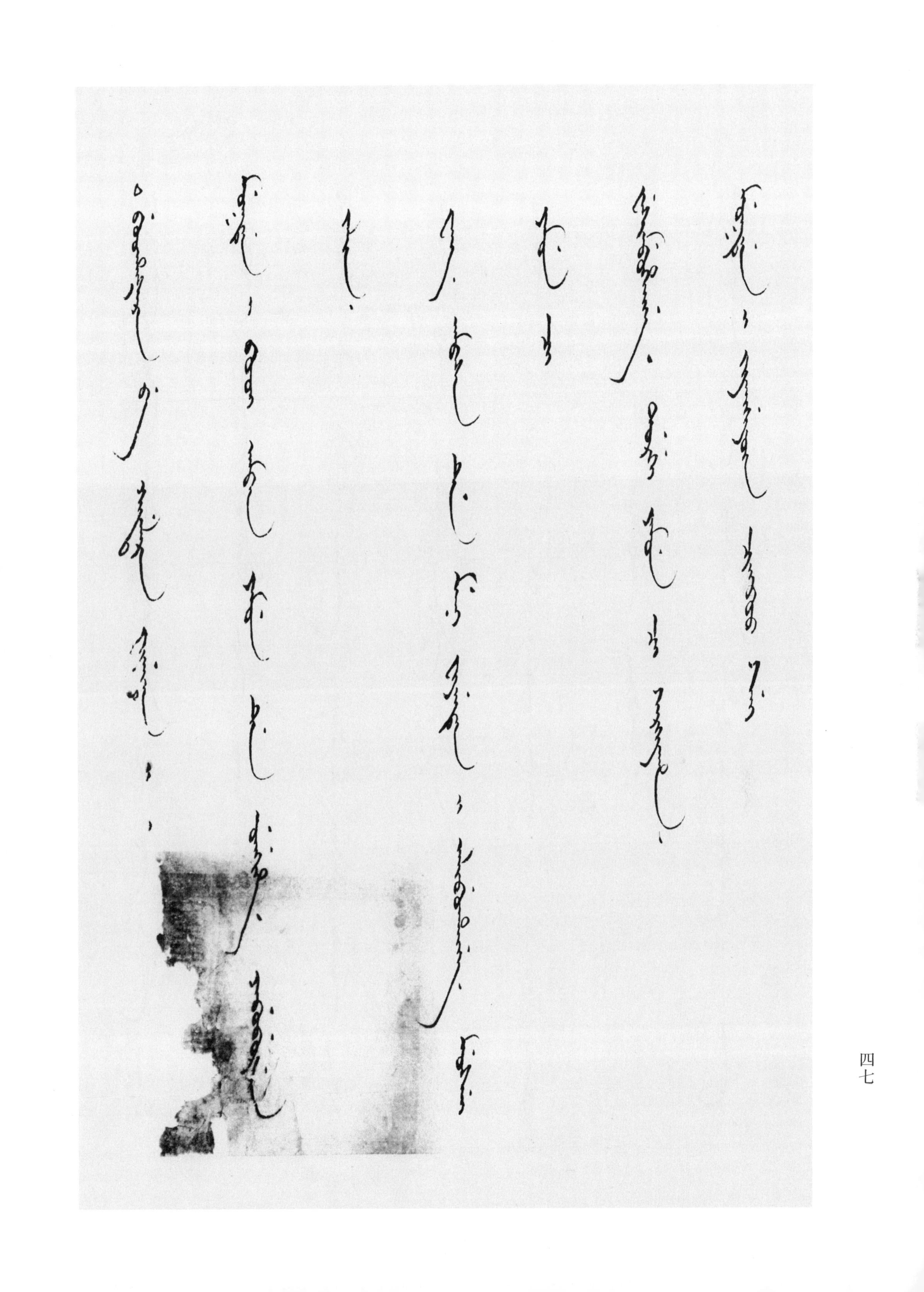

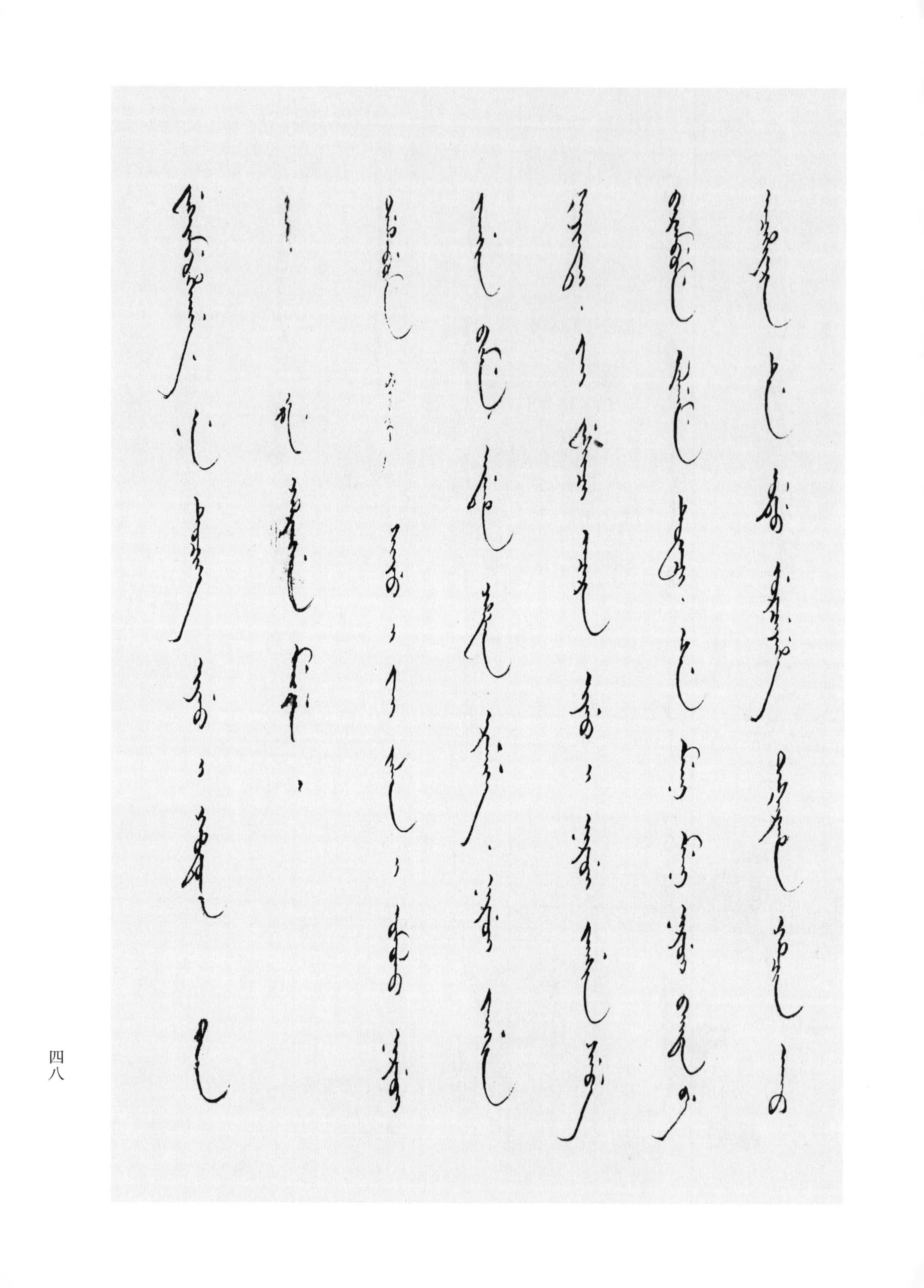

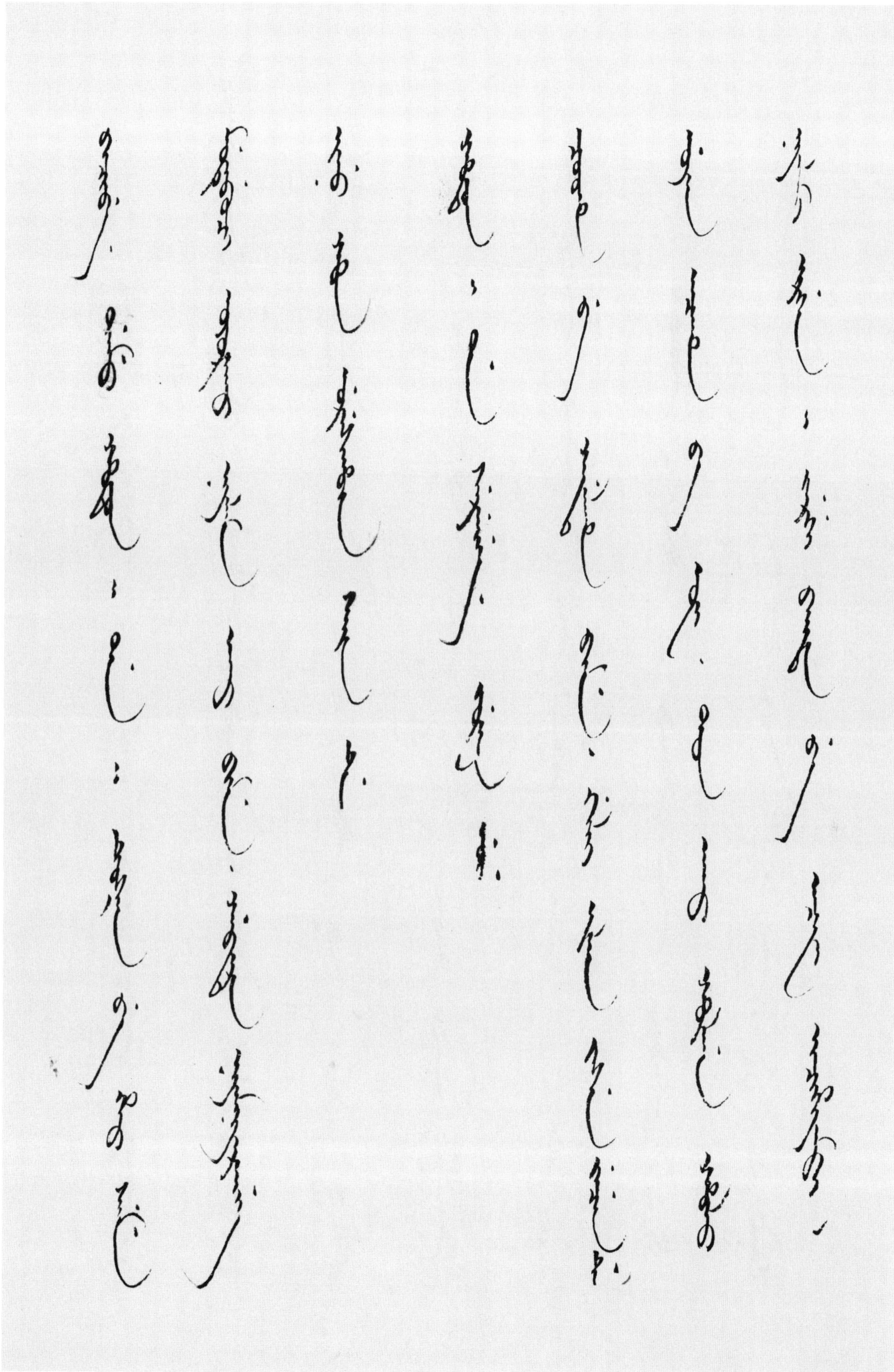

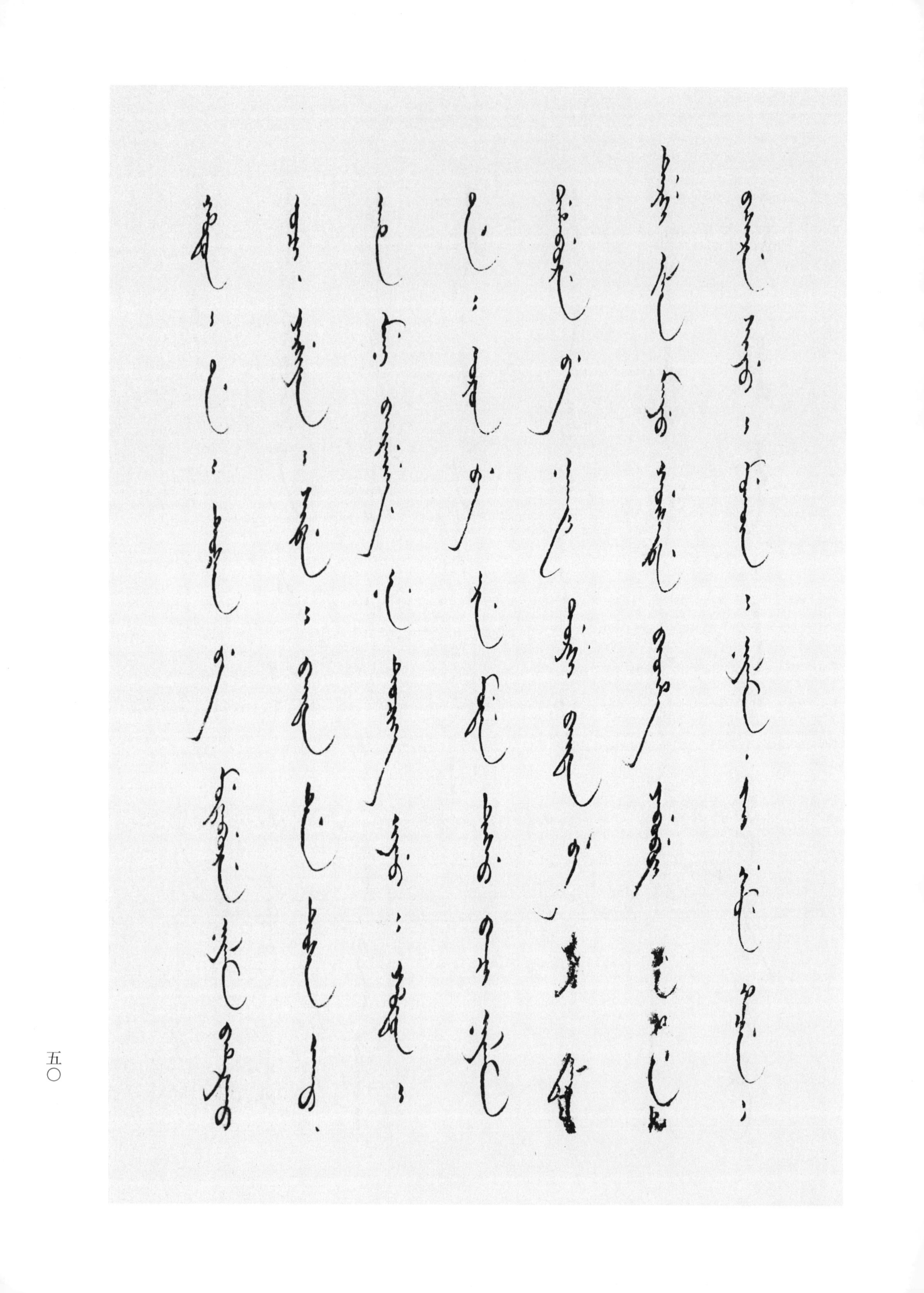

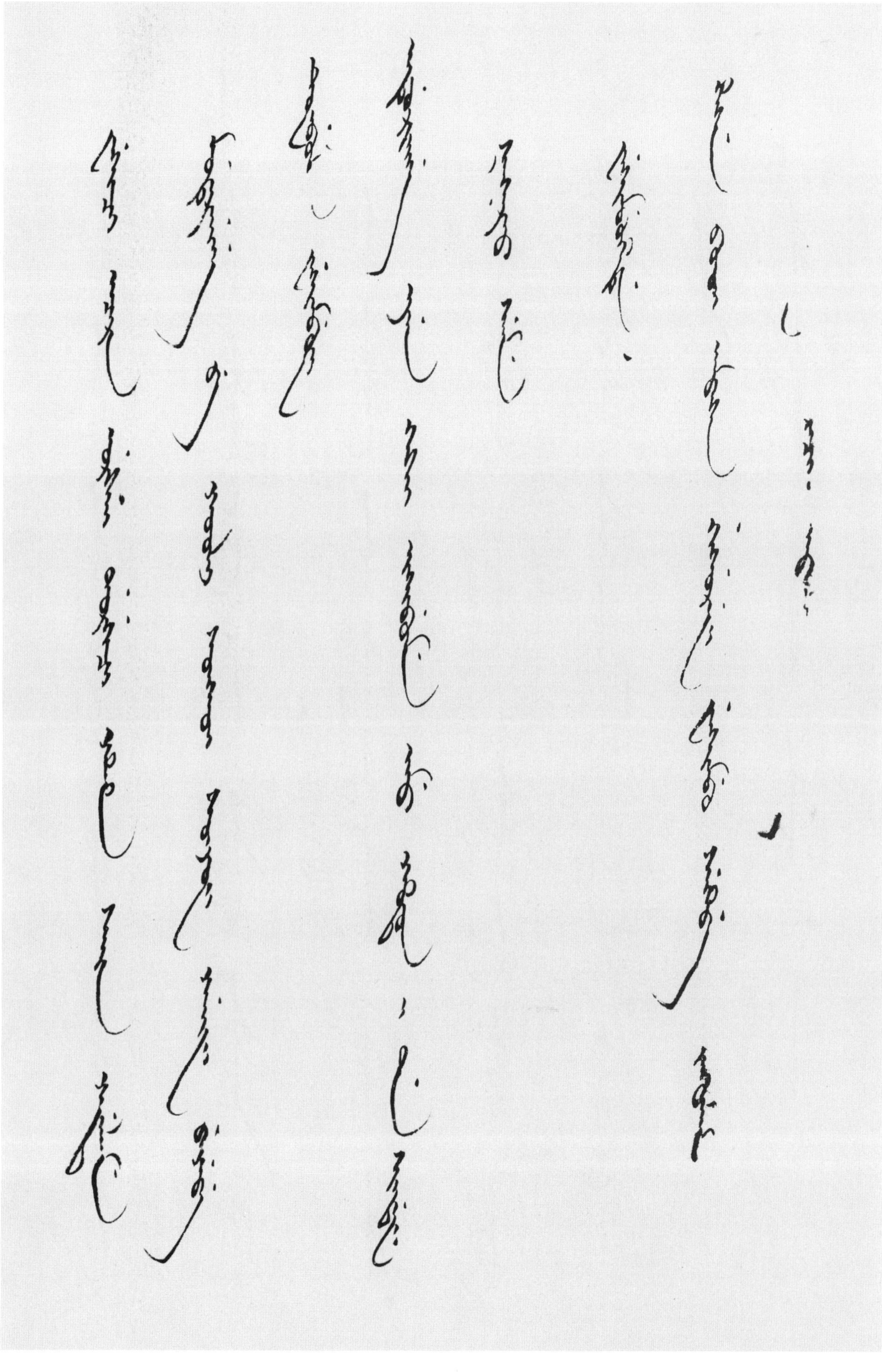

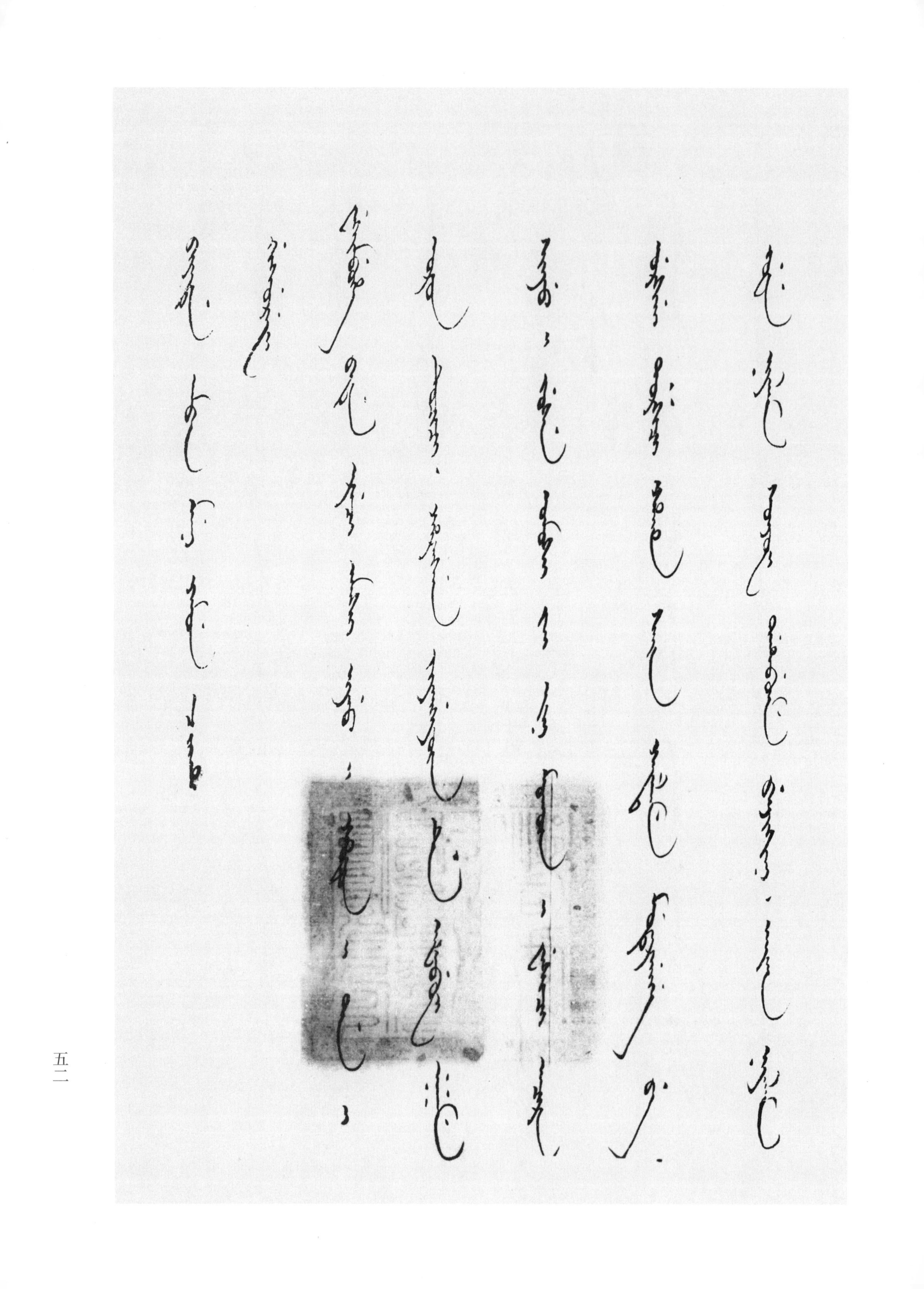

[illegible]

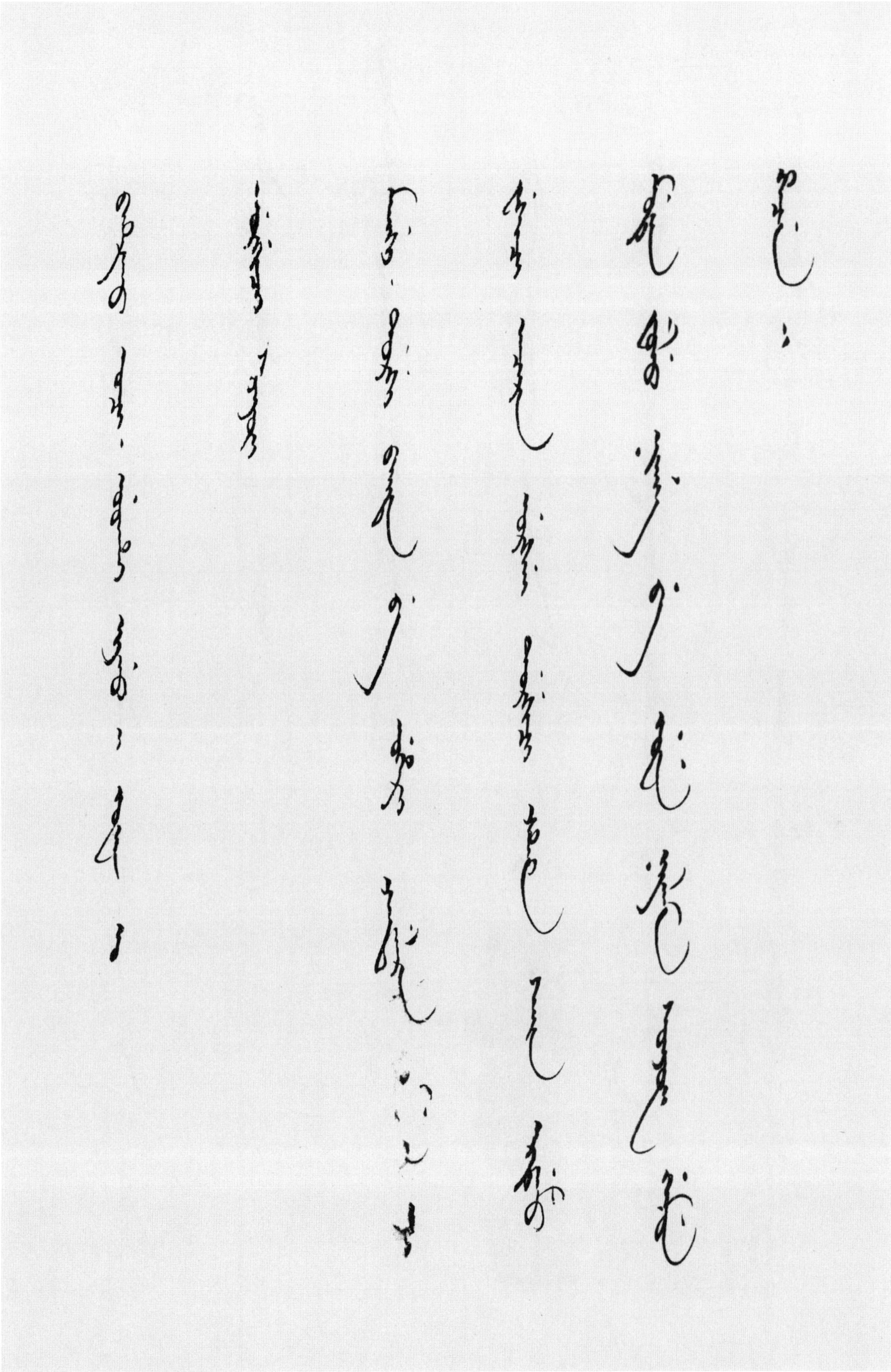

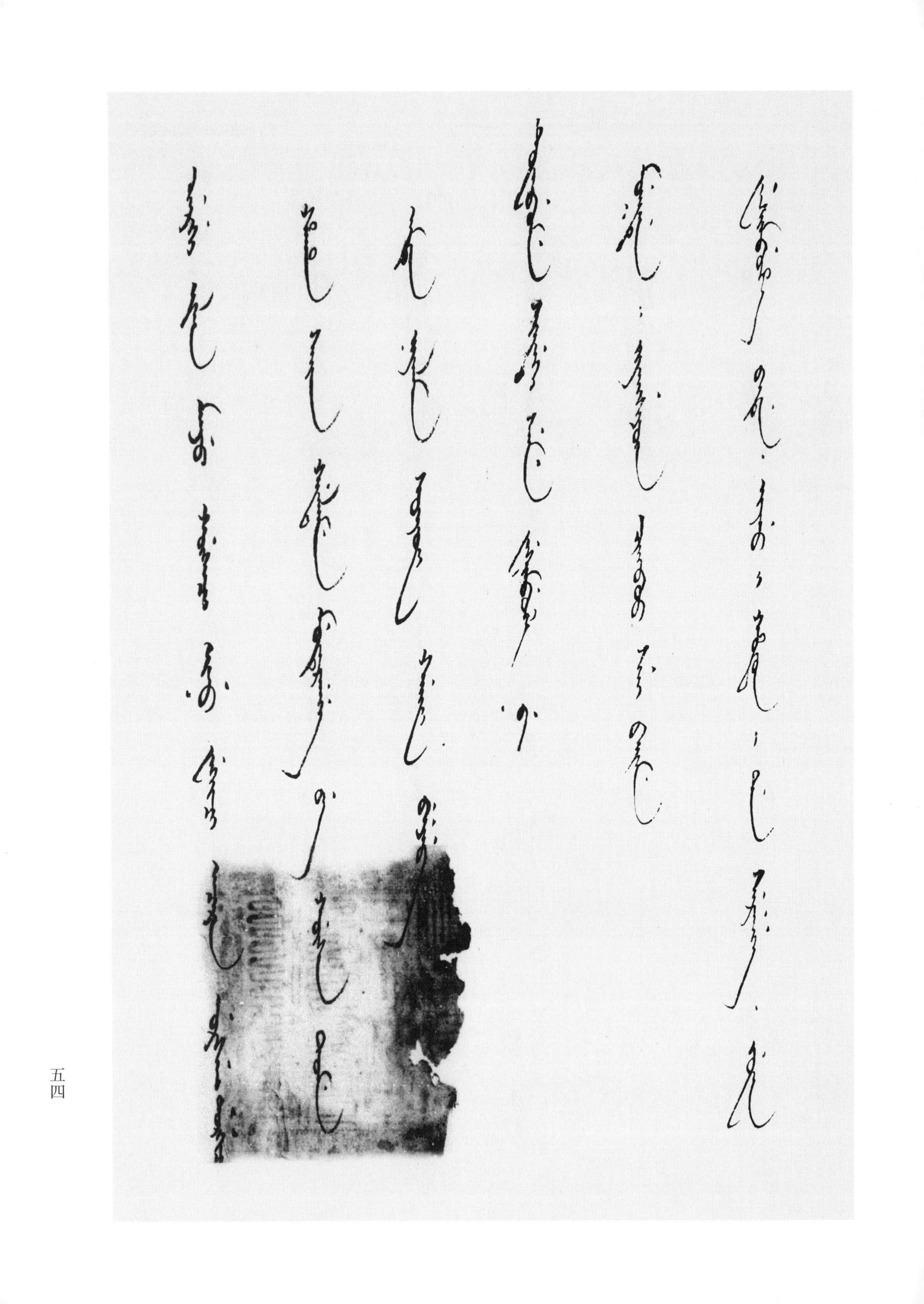

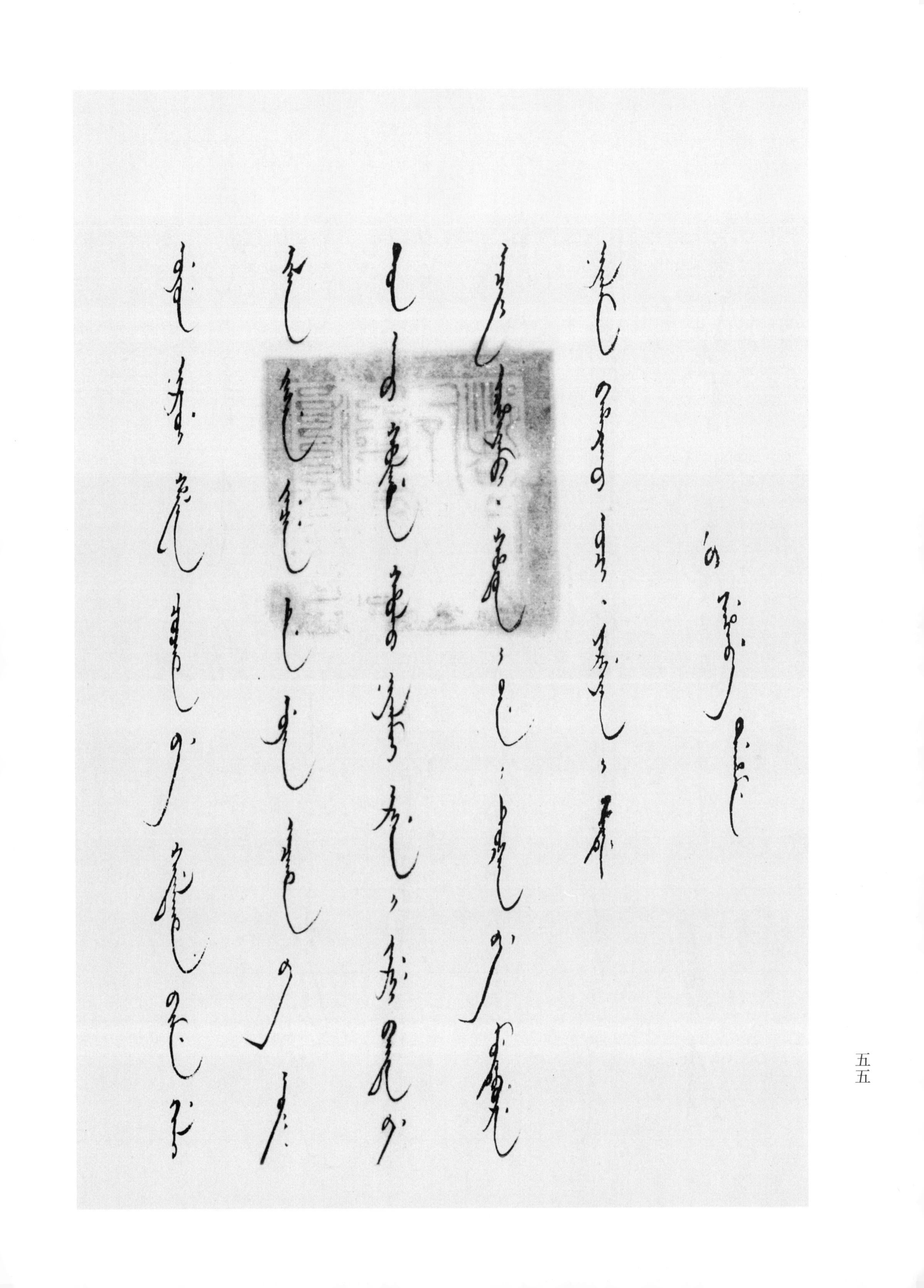

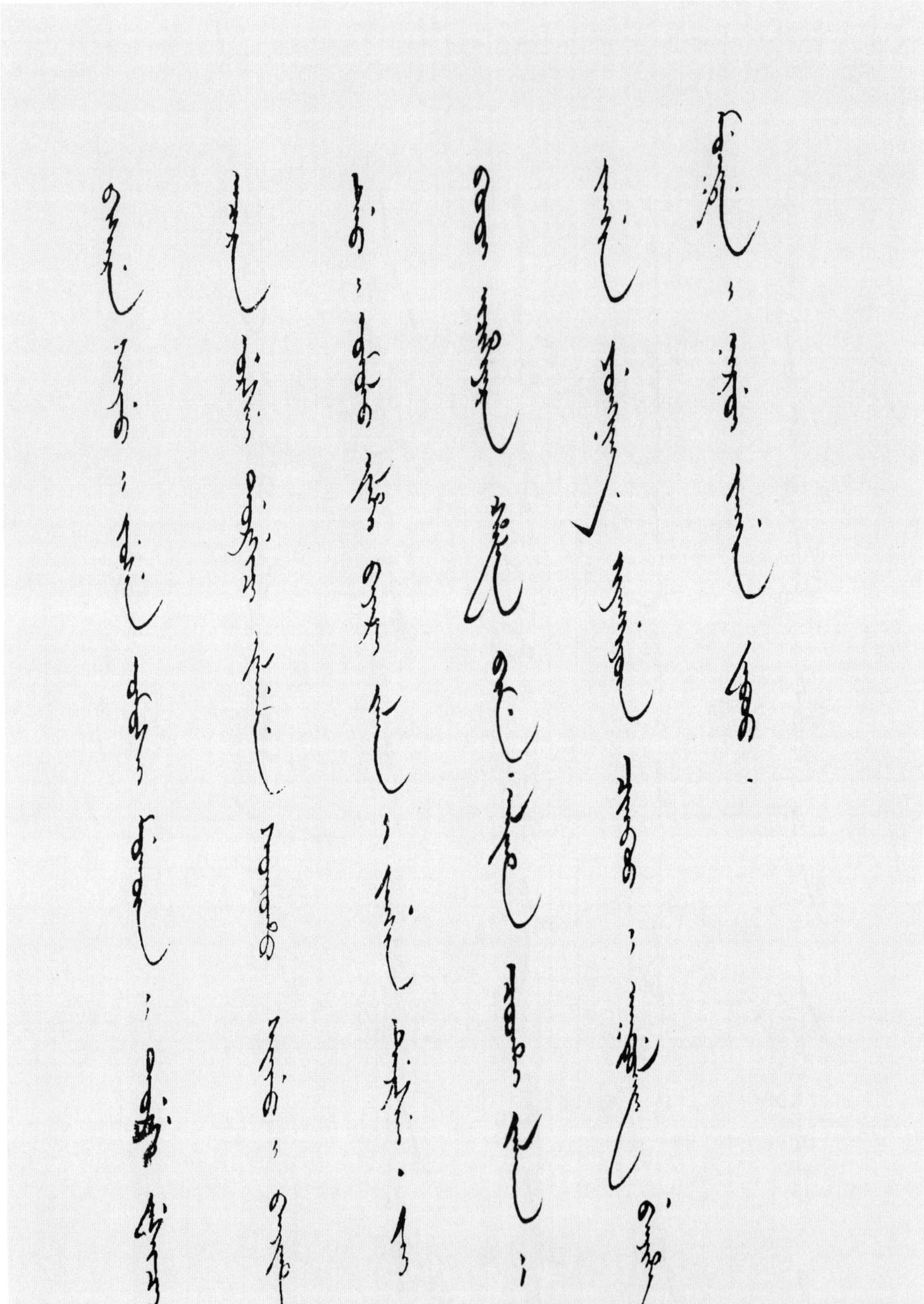

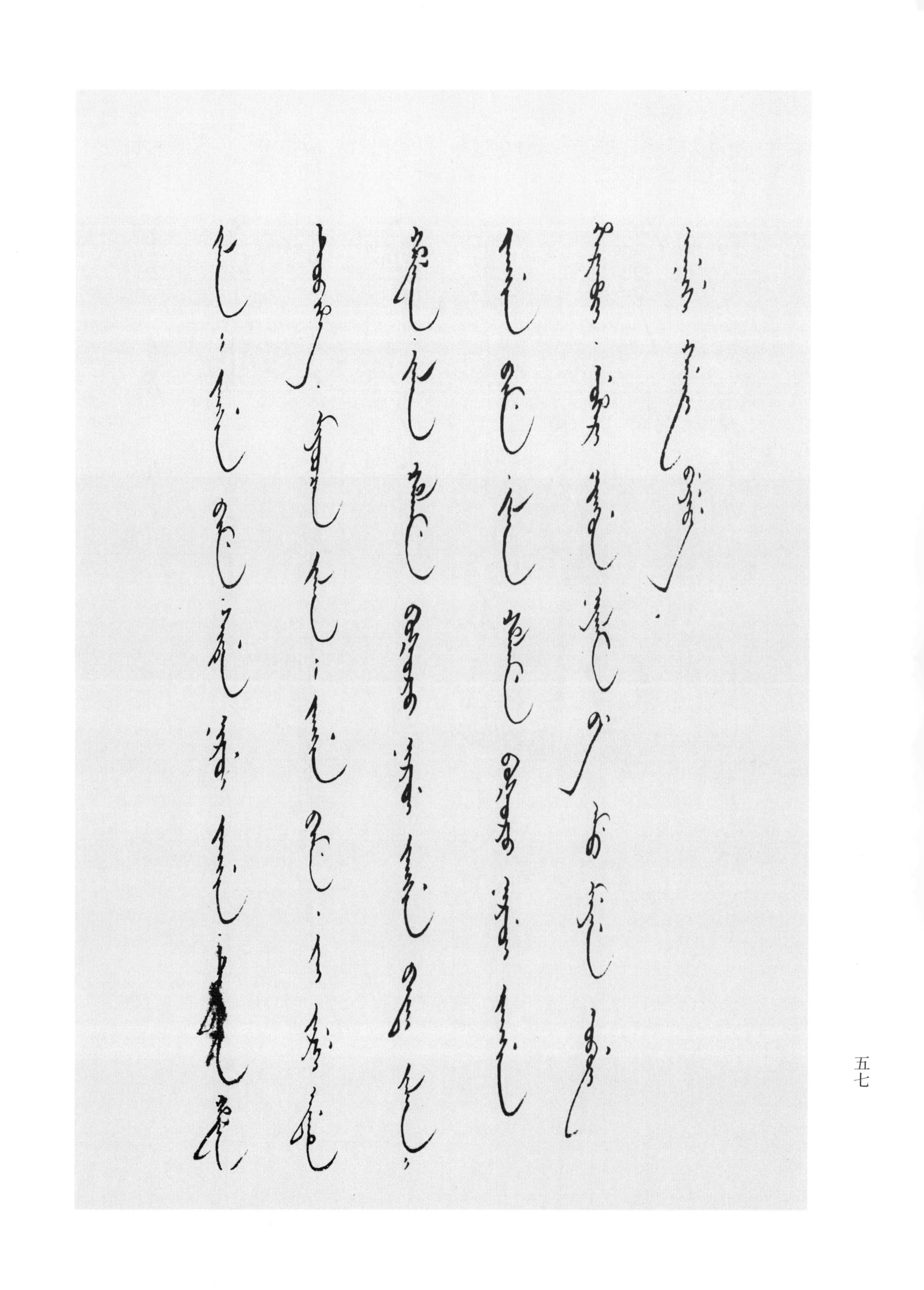

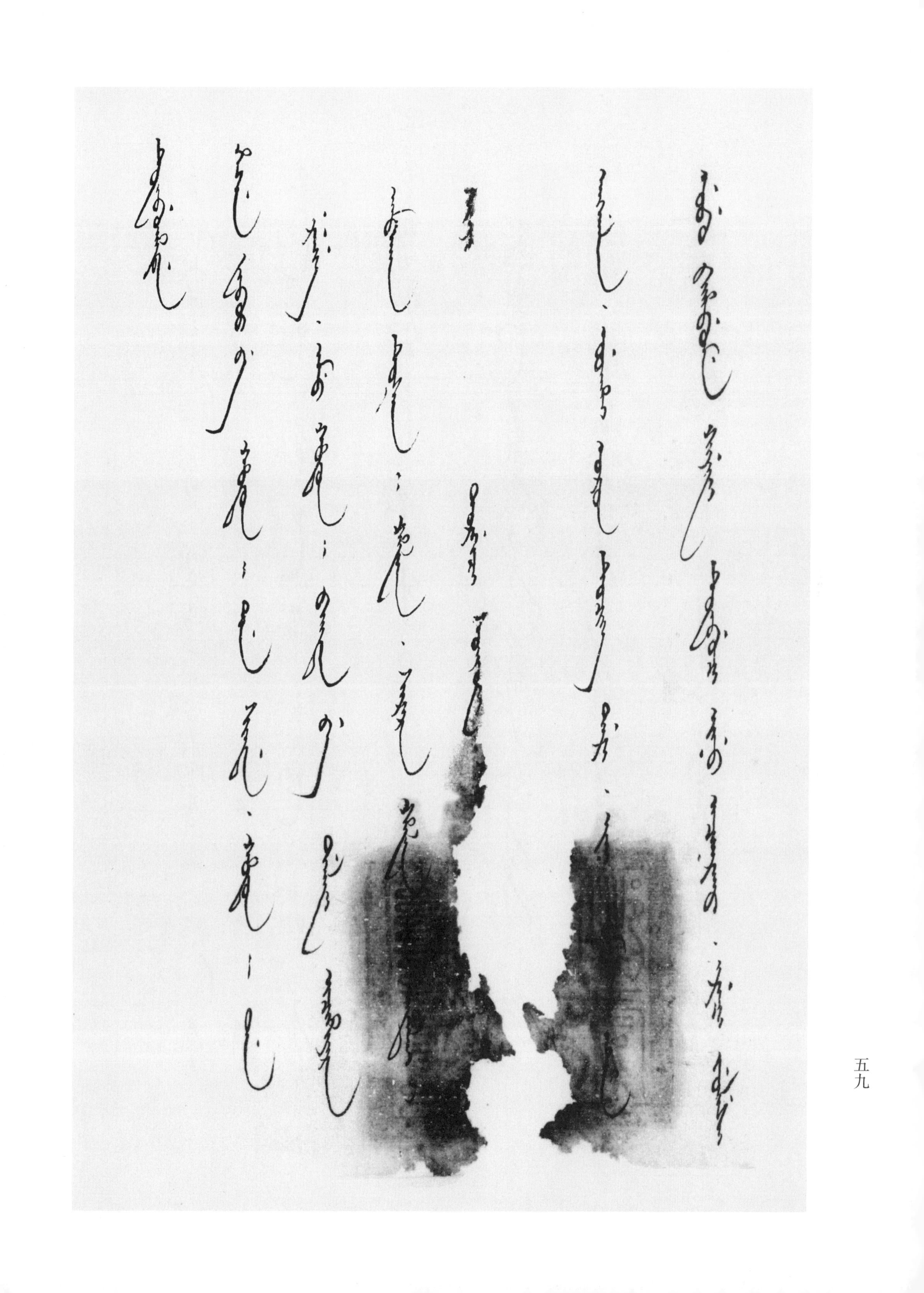

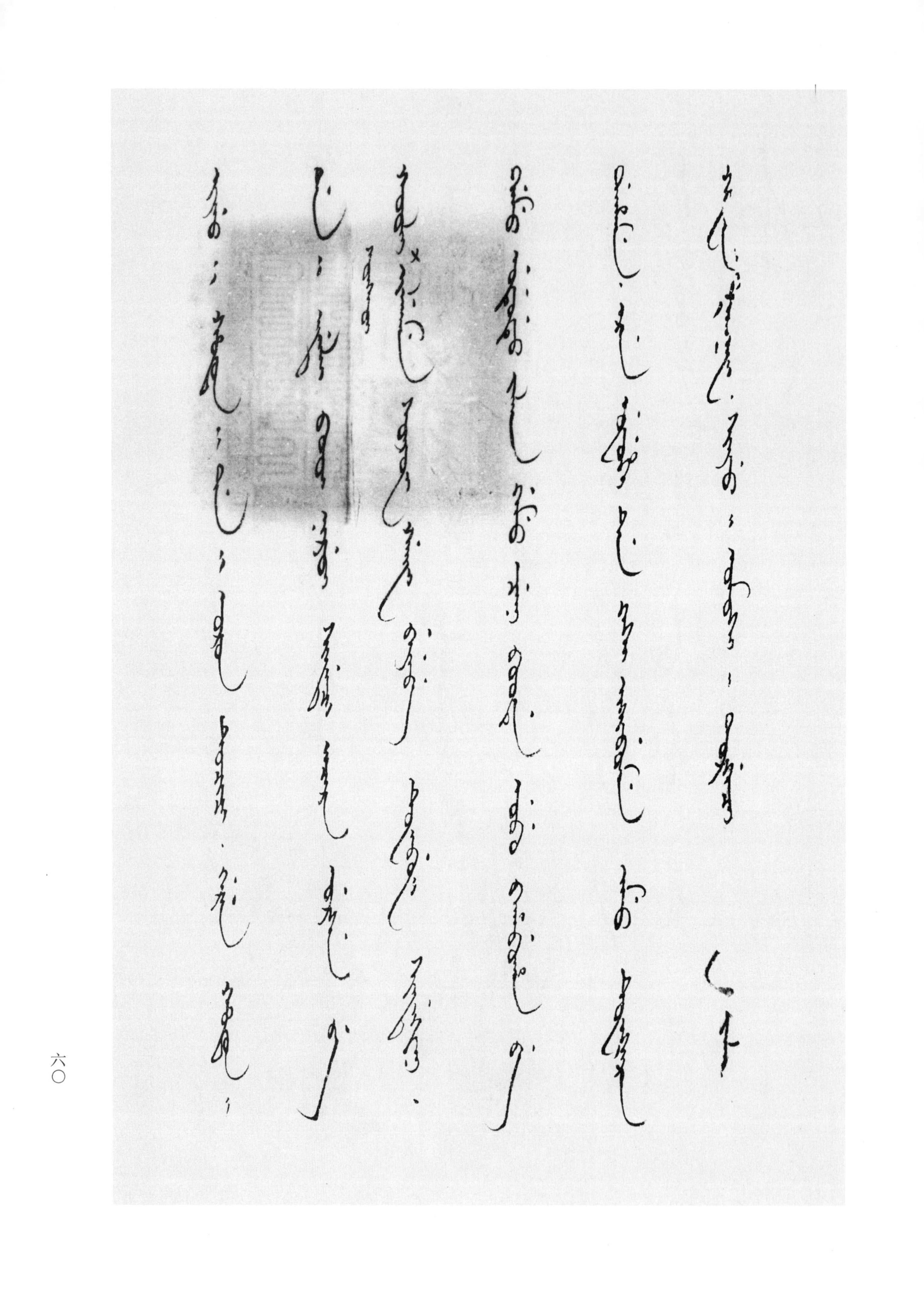

[illegible]

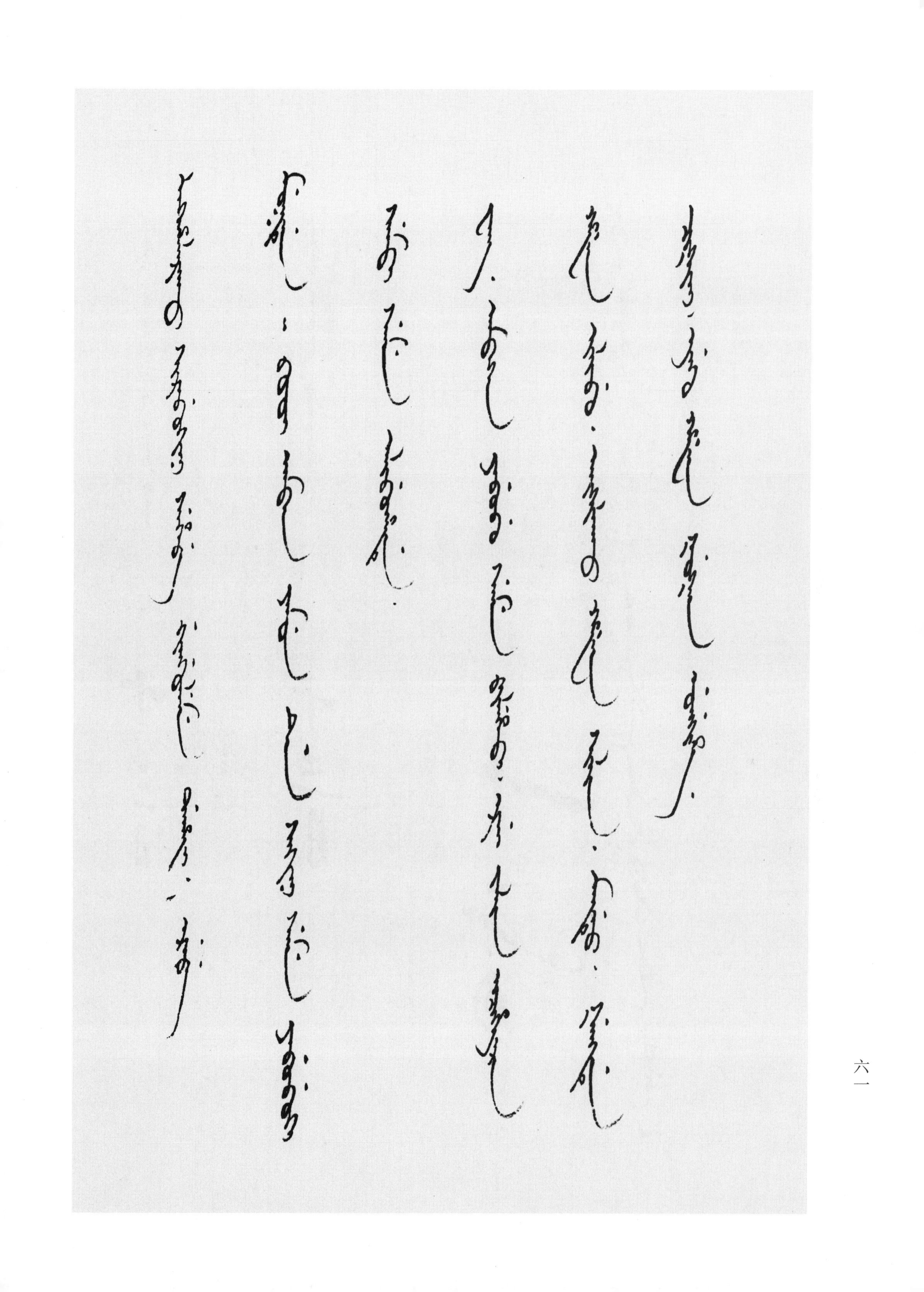

[illegible]

[illegible]

[illegible]

[illegible]

[illegible]

[illegible]

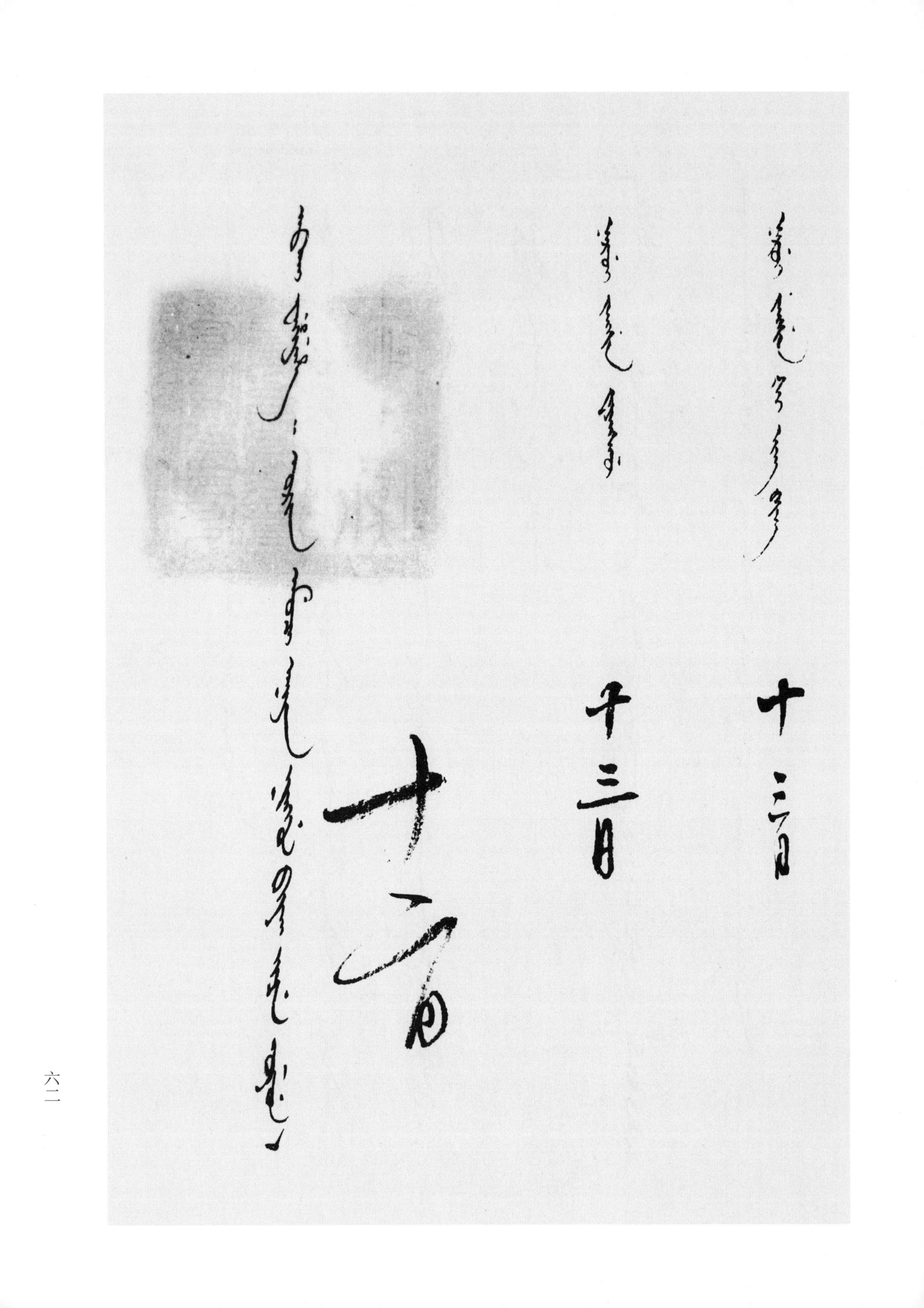

十二月

十三月

十二月

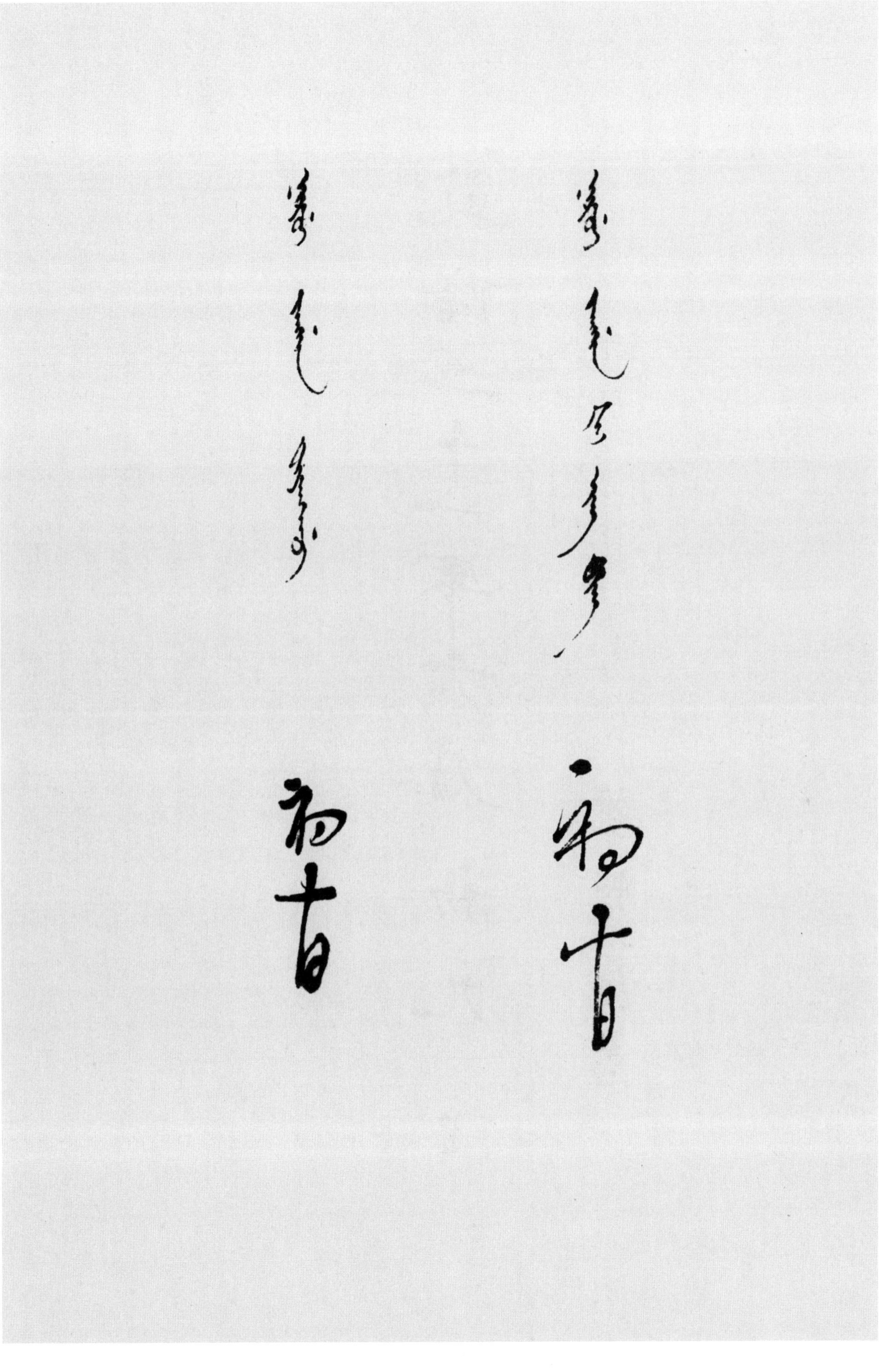

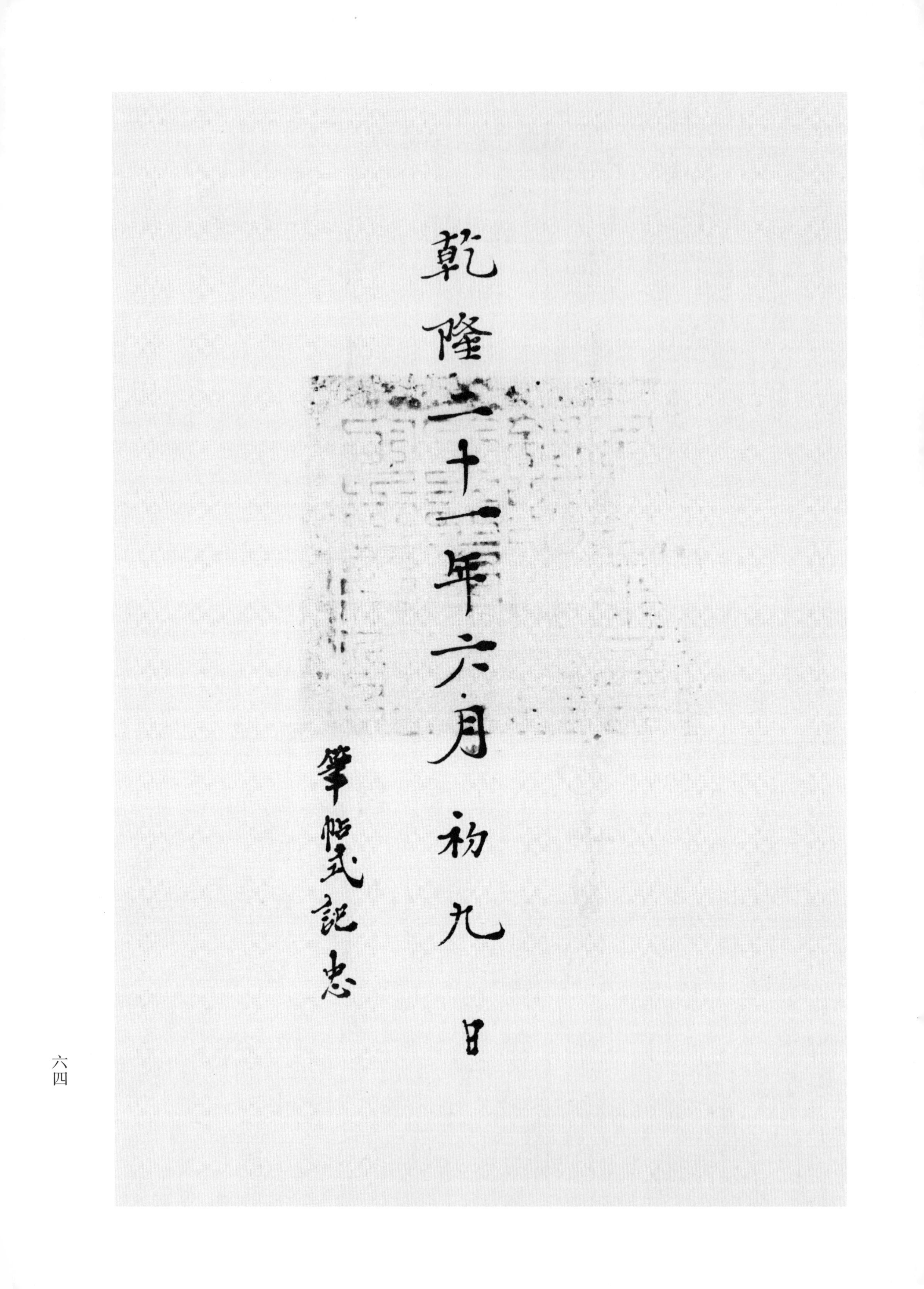

乾隆二十一年六月初九日

筆帖式記忠

盛京摠管內務府衙門查明咨覆到
日以便備案可也等情據此為此合
咨須至咨者
右　　　　　　　　咨
盛京摠管內務府

六間拆下板片來咨內雖稱改做攔墻

枋框板片應用但倉上做象品攔板

墻二道長寬尺寸上下枋框貼板數

目文內均未聲明本部礙難備案相

應仍咨

需枋桯板片請於拆卸朽爛板房料
內揀用其餘朽爛之木作為班房燒
柴應用等因移咨前來除將長一丈
四尺徑一尺四寸杉松木二十一根劄行
木税監督照數發給外再查班房

盛京工部為咨覆事右清吏司案呈本年
五月二十九日准
盛京總管內務府咨取修理班房六間共
用長一丈四尺徑一尺四寸杉松解木二十
一根並倉上做葦品欄板墻二道所

内

副都統福
壽

ᠮᡝᠰᡝᠯᡝ ...

十二號　批　扣

盛京工部文開爲做菓品攔板墻一道長寬尺寸上下枋框站板數目文内並未聲明查明咨覆到日以便備案事。

堂主事托金　押

值月筆帖式張珩接收

乾隆二十一年六月初九日

經取中各等因在案今乾隆二十一年丙子科文場鄉試所有

盛京八旗滿洲蒙古漢軍應試諸生及奉錦二府所屬州縣諸生相應移咨貴府

尹希即查照前閱定例將各生年貌三代籍貫旗分佐領經書曾否科舉次

數繕造方冊一樣七本務于六月初旬當差飛遞前來以憑發所進冊收卷其全員

務將廩增附分晰明白旗下諸生開註滿洲蒙古漢軍并將軍副都統驗射

馬步箭合式箭冊有名各字樣詳晰註明仍照例分别官民註明何項官

卷事關

大典幸勿遲緩施行

劄發順天府仍一面劄行順天學政廣傳八旗生員前赴科考及錄遺并令國子監傳示
貢監俱各憑文錄取造冊移送順天府該府尹查明科冊錄冊俱有名者方准入場如科
冊有名而錄冊無名及錄冊有名而科冊無名者俱不准應試又乾隆十六年八月內陞任
府尹蔣　等具奏近科以來監臣學臣咨送名冊每多任意逾期且有至丰考已經入場
尚為續送者承辦各員殊多錯謬仰請
勅下學臣監臣遵照定例於場期前月二十七日以前送齊如有違例逾限濫行續送一面照例參
一面奏請將違例送試各員交部議處又乾隆十八年十二月內大學士忠勇公傅　等議覆貴
州巡撫定　條奏黔省中額一疏內開五經士子果其淹通經術使改專經應試尤易見
長必無礙於登進之路若毫無實學惟事勦襲為能詎可復假以倖售之途應如
該撫所請嗣後貴州并直省五經中額均行停止所遺之額歸入每科　卷多文佳之事

酌改二十卷取中一名又十月内准礼部文開直隷每舉人一名錄科八十名查順天鄉
試滿合二字號共中四十一名奉天夾字號中四名宣化旦字號中四名長蘆
等處甬字號中一名南北皿字號中七十六名中皿字號每二十卷取中一名以上各
字號現在應試人數雖屬無多但不得濫行錄取以致冒濫應令該學臣及
監臣照加考試務以精通三場者方准送試嗣後即應試人多仍不得過八十名之
額又乾隆十二年三月内准礼部文開大學士等議覆陞任府尹蔣　條奏内稱行令
各省學臣于本省貢監有應就本省鄉試者錄科時不得預立成見務憑文字舉
員通較工拙以定去取擇其精通三場者即在本省照例送試又乾隆九年十二月内准礼
部議覆戶科給事中周祖榮條奏内開嗣後八旗鄉試礼部先期行文八旗將應考生
監人等造冊送部即咨送兵部考試馬步箭礼部將兵部所送考箭合式者造冊

伊子弟編入官卷之處亦行停止又乾隆十六年十一月內大學士傅等奏准八旗武職似應與副
都統以上方立官卷其參領及世職二品等官均不應列官卷又雍正八年正月內准禮部文
開凡應試官子弟如有因本房無官卷之例捏造出繼或已經出繼因本房有官卷例
改回本房已經降革而子孫弟侄猶稱官卷并以恩養螟蛉混入官卷者查出將本官革職
本生斥革治罪造送之教官州縣降二級調用知府知州降一級調用巡撫文學政罰俸一年又乾隆十年
四月內准禮部文開嗣後將文武鄉會互試之處永行停止又乾隆九年三月內准禮部議覆山東學
政李治運條奏凡武生捐監者仍其入文闈應試不得更入武闈以滋弊竇又乾隆九年九月內
准禮部文開順天鄉試上科額中二百五十四名內滿洲蒙古漢軍除撥加五經中額二名外滿洲蒙
古額中三十名酌減三漢軍額中十三名酌減一名南北皿除共加五經中額四名南
皿額中三十九名北皿額中三十九名各酌減三名中皿向例每十五卷取中一名今

案查雍正十二年九月內准吏部摺奏內開嗣後各旗於考試時應考人員詳加分別滿洲漢軍開註明晰咨送順天府註冊考試如有漢軍冒入滿洲額內中試者一經查出將咨送之都統佐領等官交部分別照朦混進冊例議處該員照冒籍考試例革退舉人文

康熙三十九年十二月內准禮部文開在內文官京堂以上及翰林科道吏禮兩部司官武官參領以上在外文官藩臬以上武官提鎮以上之子孫及同胞兄弟并同胞兄弟之子不論官貢蔭監生員俱編為官字號若已故及降革者不必編入又乾隆十五年十二月內准禮部議覆湖督永　保奏吏禮二部員外郎主事固與各部相同即郎中亦與各部無異其應試子弟應照戶兵刑工四部司員子弟均無庸編列官字號并奏准內閣侍讀照吏禮二部司官之例將

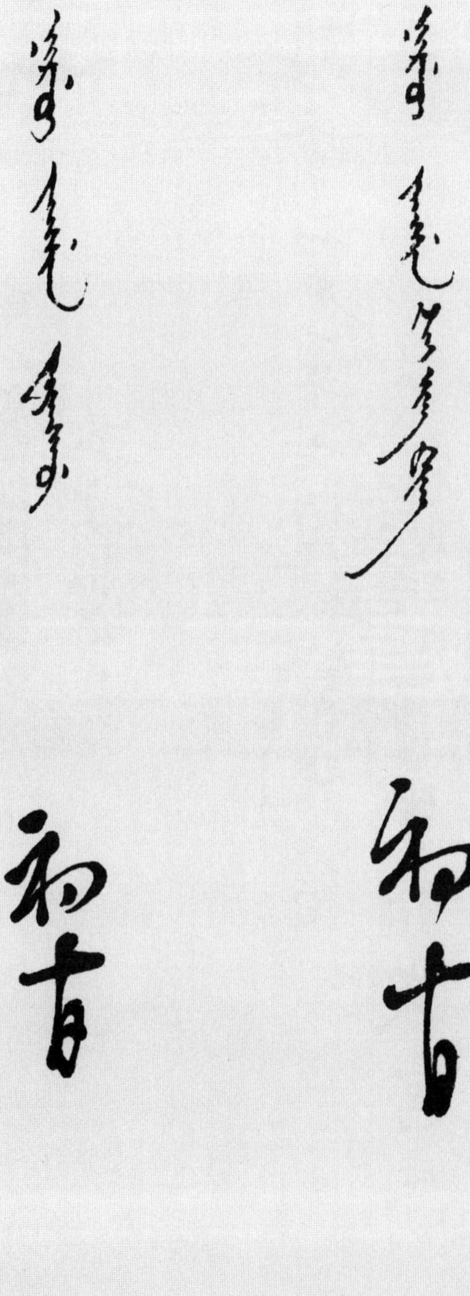
知道

知道

盛京内務府衙門

乾隆二十一年六月初九日

筆帖式常生

試事関
大典幸勿刻緩施行須至咨者等因准此相應抄録原
文粘単知會
盛京内務府衙門可也等情據此爲此合咨須至咨者
計粘単一紙
右
咨

咨送貴將軍查照在案今准尹堂轉開順天府
來文內開照例分別官民字樣務於六月初旬冊
咨到京等語相應將原文抄錄粘單併續考生
員何五諸豐覺羅德信豐覺羅福章阿一併咨會貴將軍
煩爲查照咨內粘單事理希將應試各生逐一分別滿洲
蒙古漢軍迅賜咨送本學政以便轉送順天府鄉

鎮守

盛京等處将軍衙門　爲知會事左禮司案呈准

奉天府學政衙門咨開爲欽奉

上諭事乾隆二十一年五月二十一日准尹堂閲開乾隆二十一年五

月十七日准順天府咨開爲前事等因准此查科試

諸生及考録遺才各生業經本學政開寫名单

内務府
洛

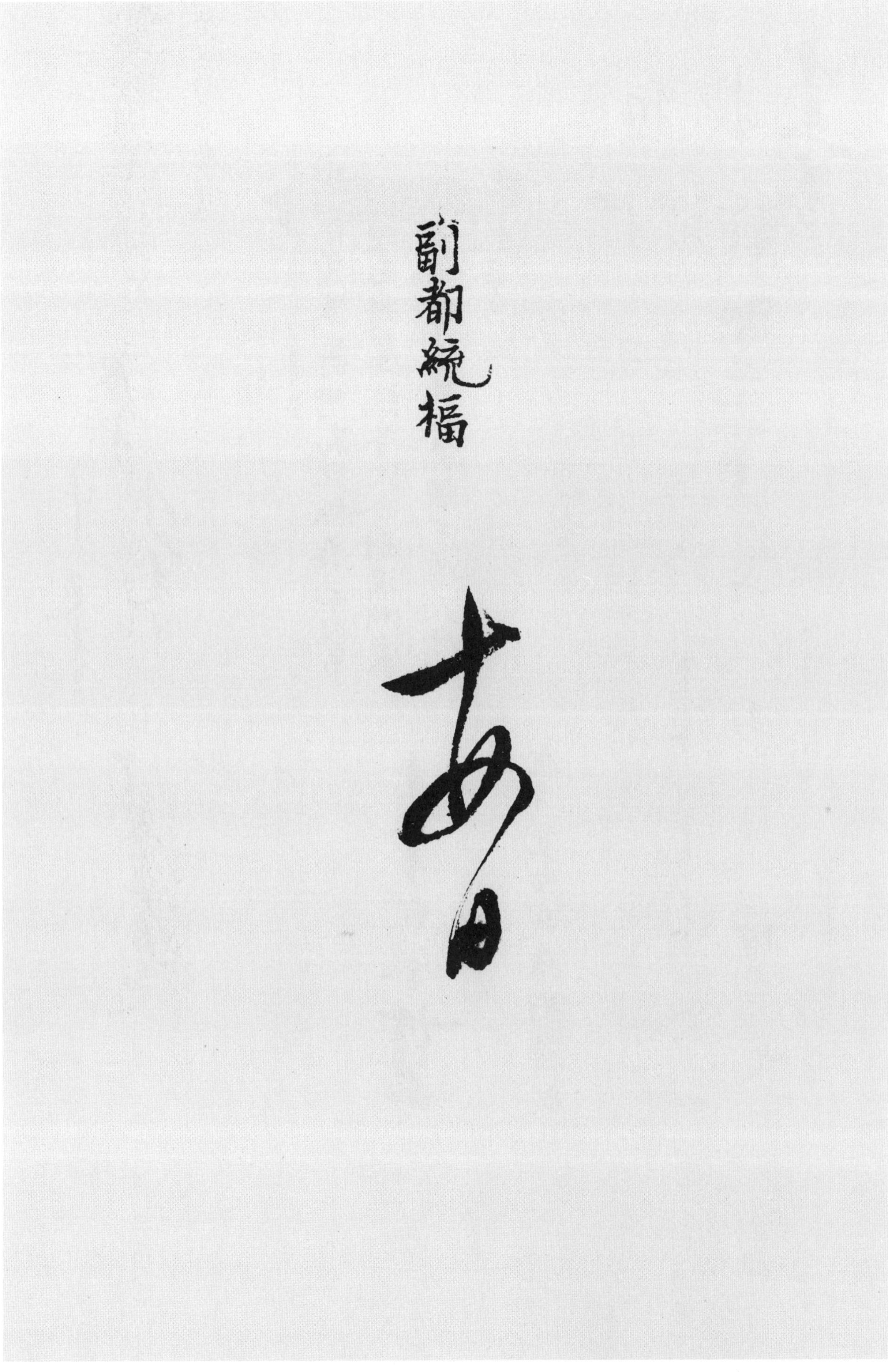
副都統福

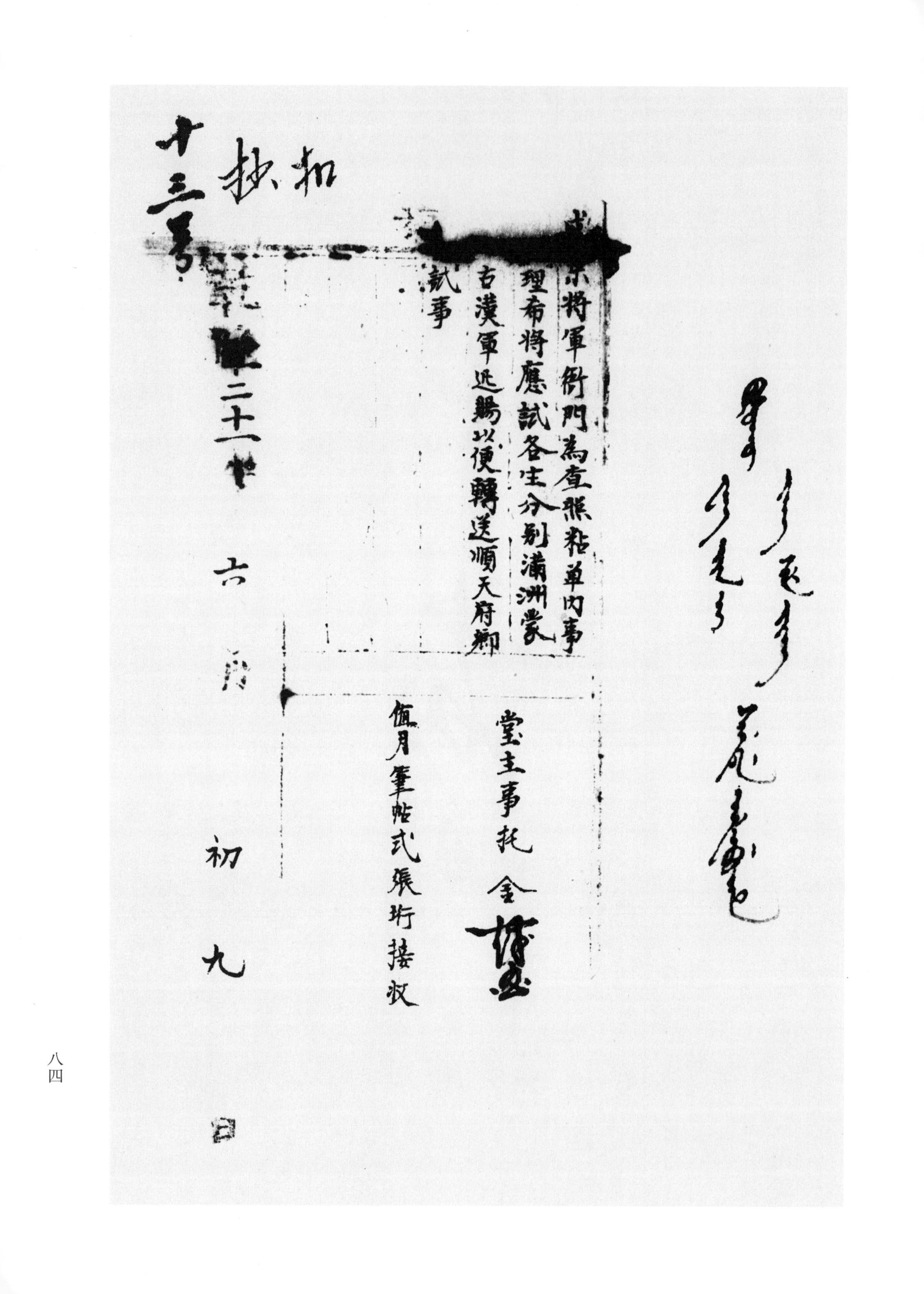

盛京將軍衙門為查照粘單內事
理希將應試各生分別滿洲蒙
古漢軍造賜以便轉送順天府鄉
試事

堂主事托 全 博

值月筆帖式張珩接收

乾隆二十一年 六 月 初 九 日

初 抄 十三號

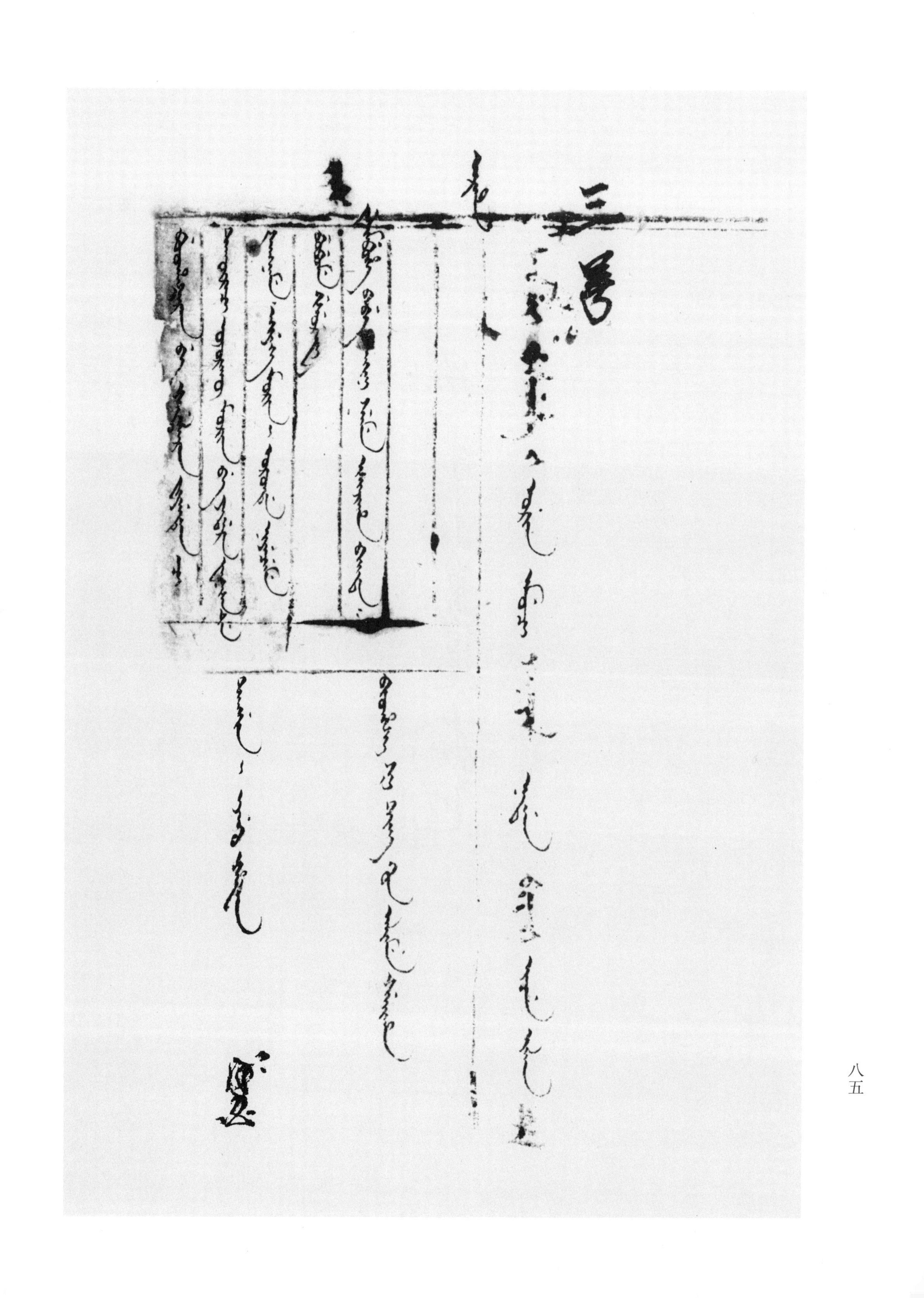

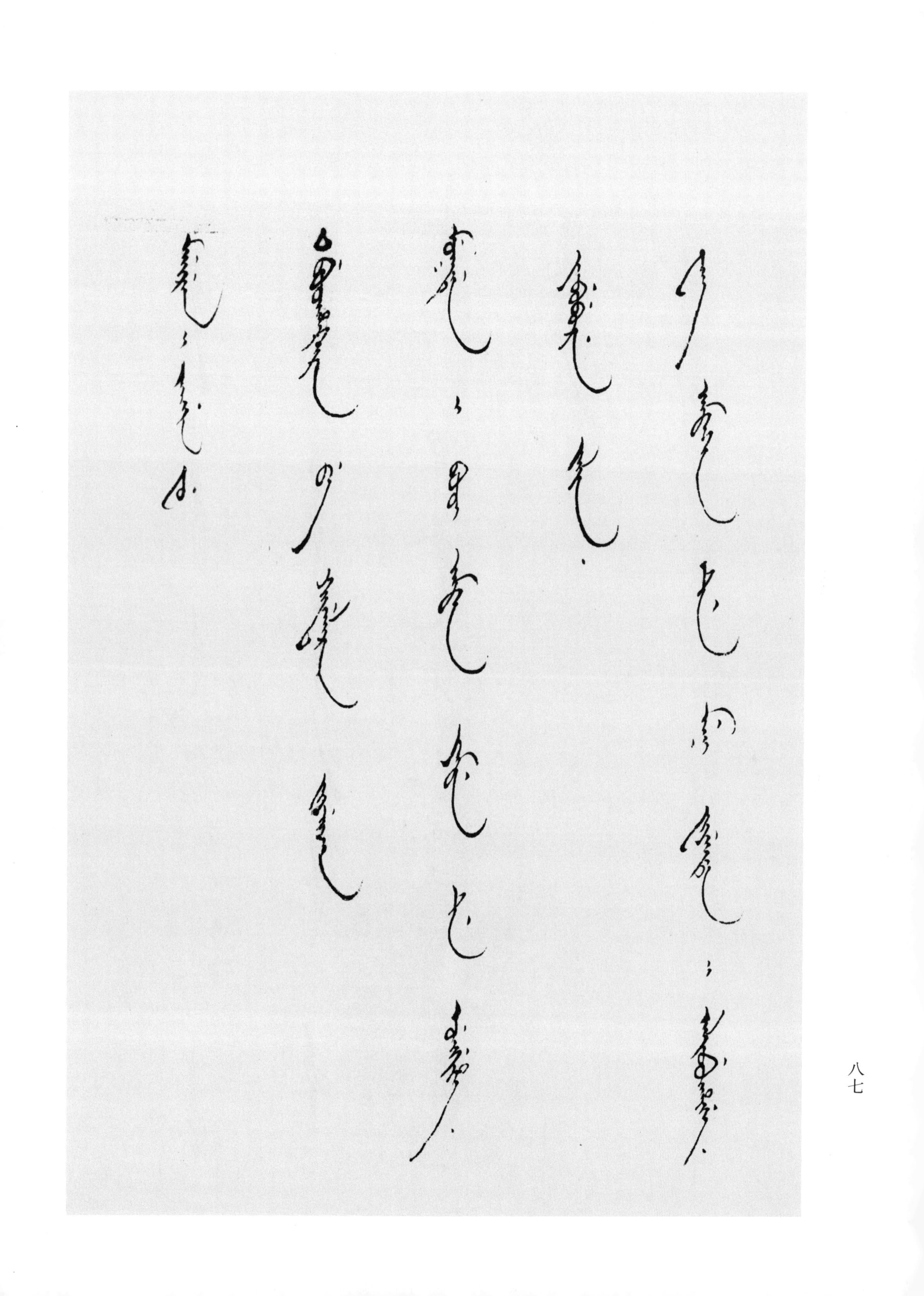

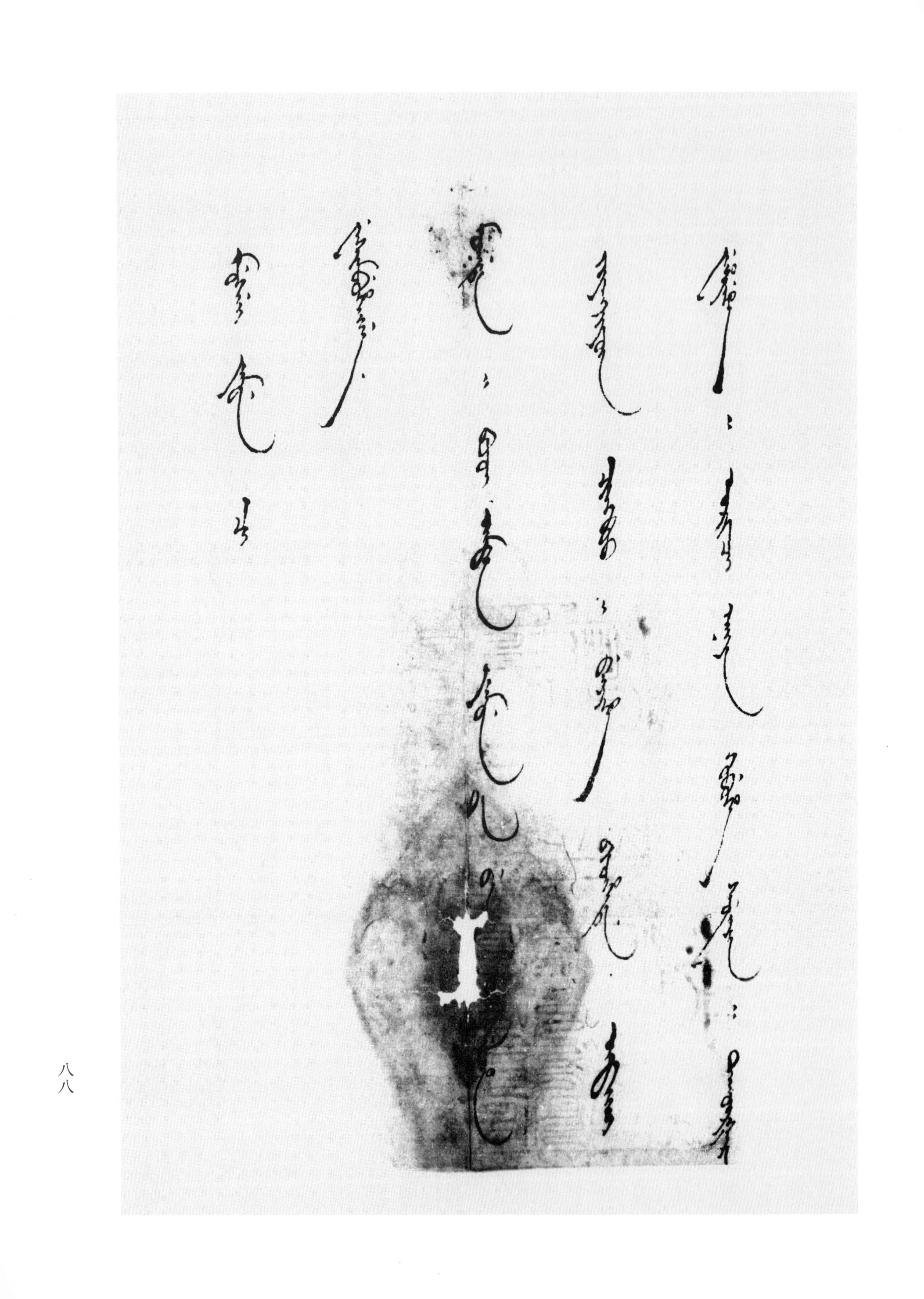

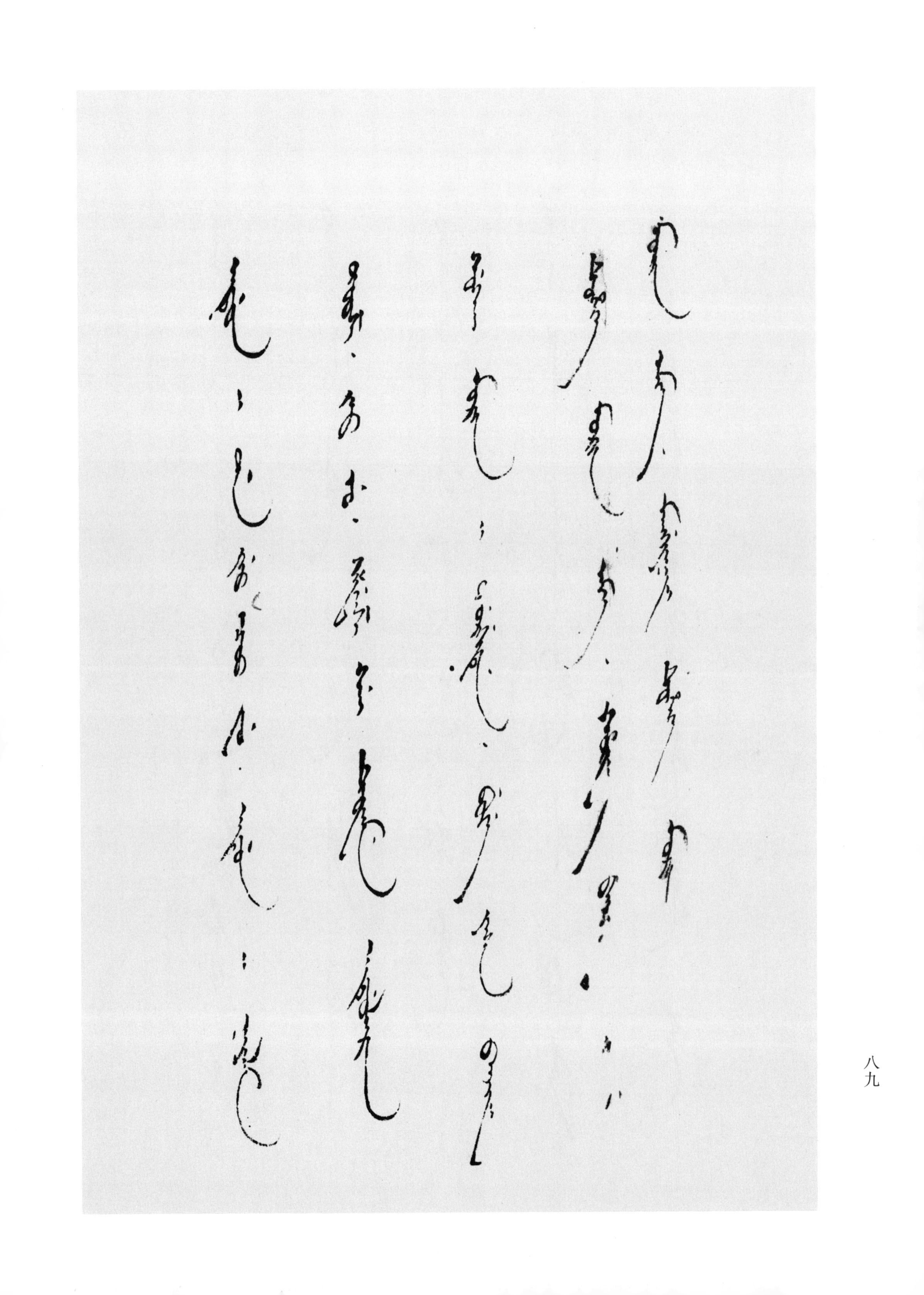

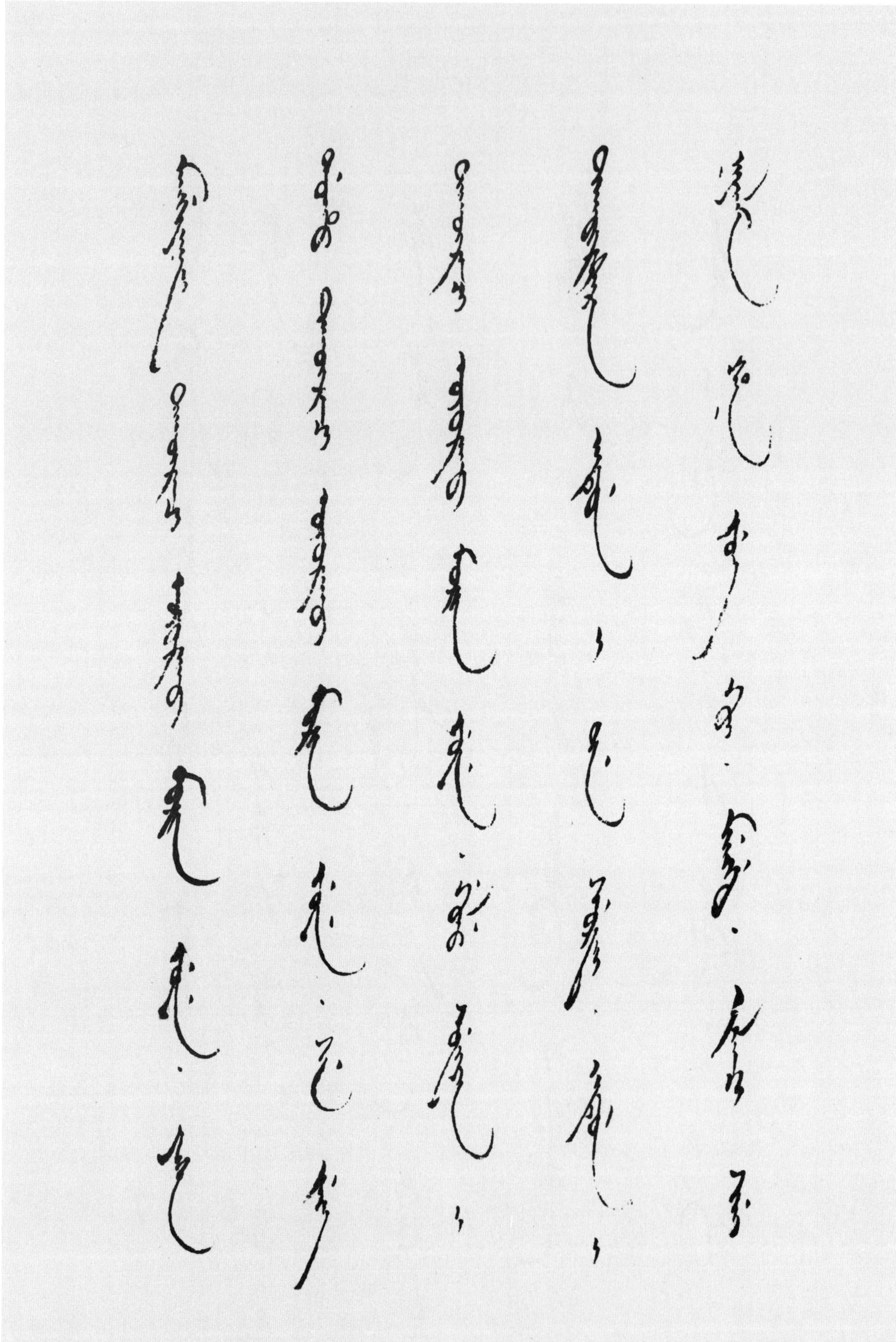

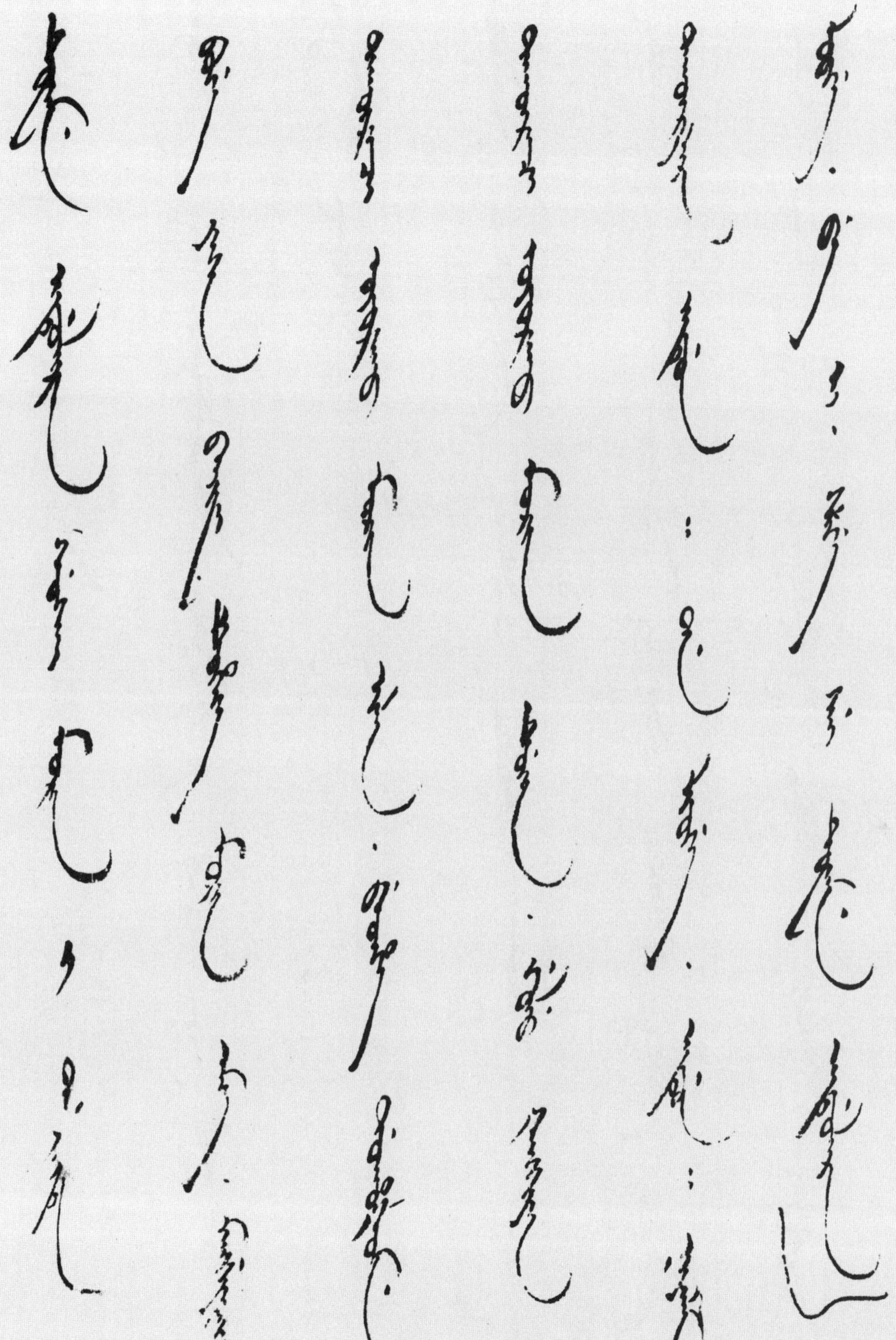

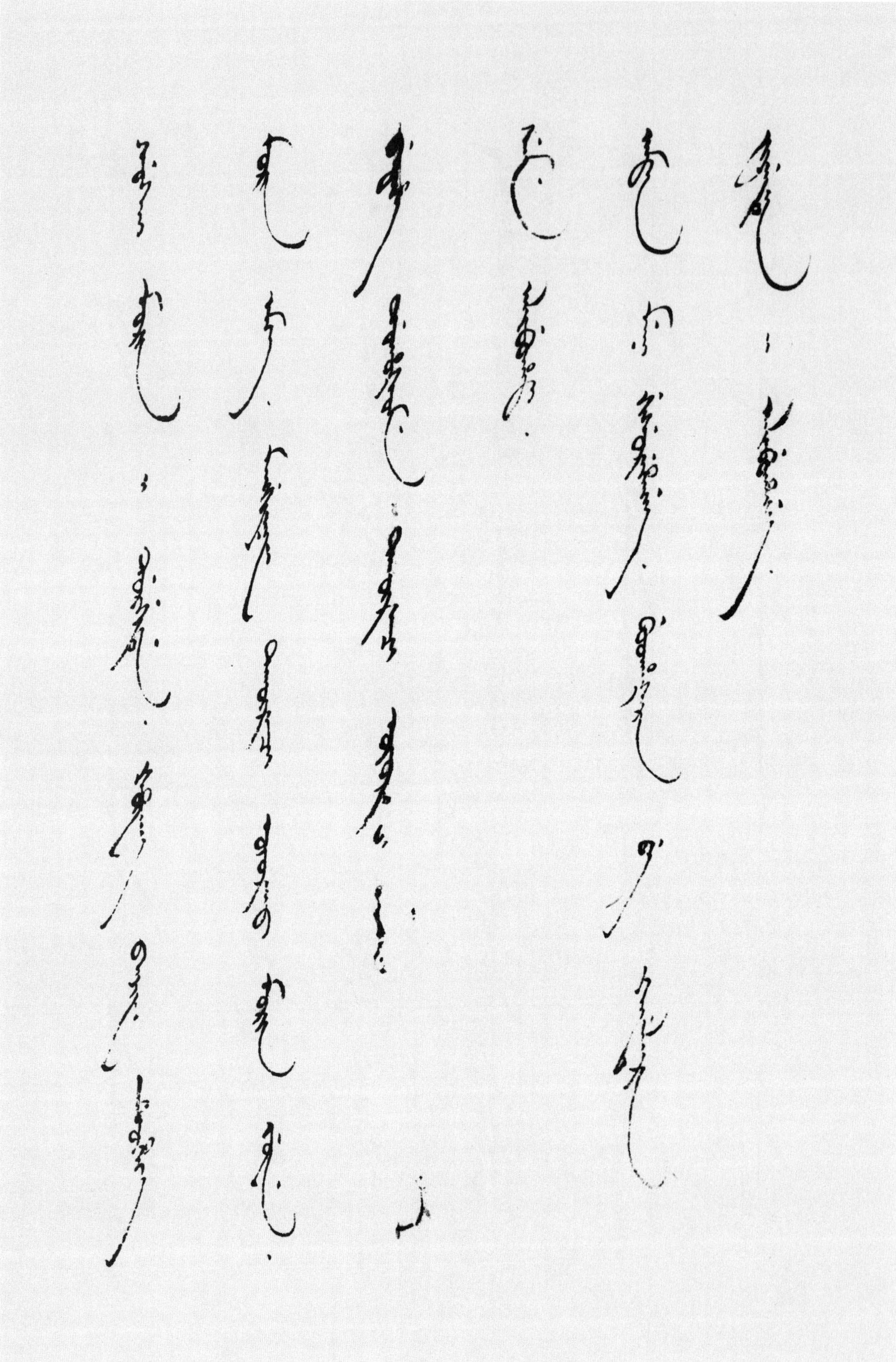

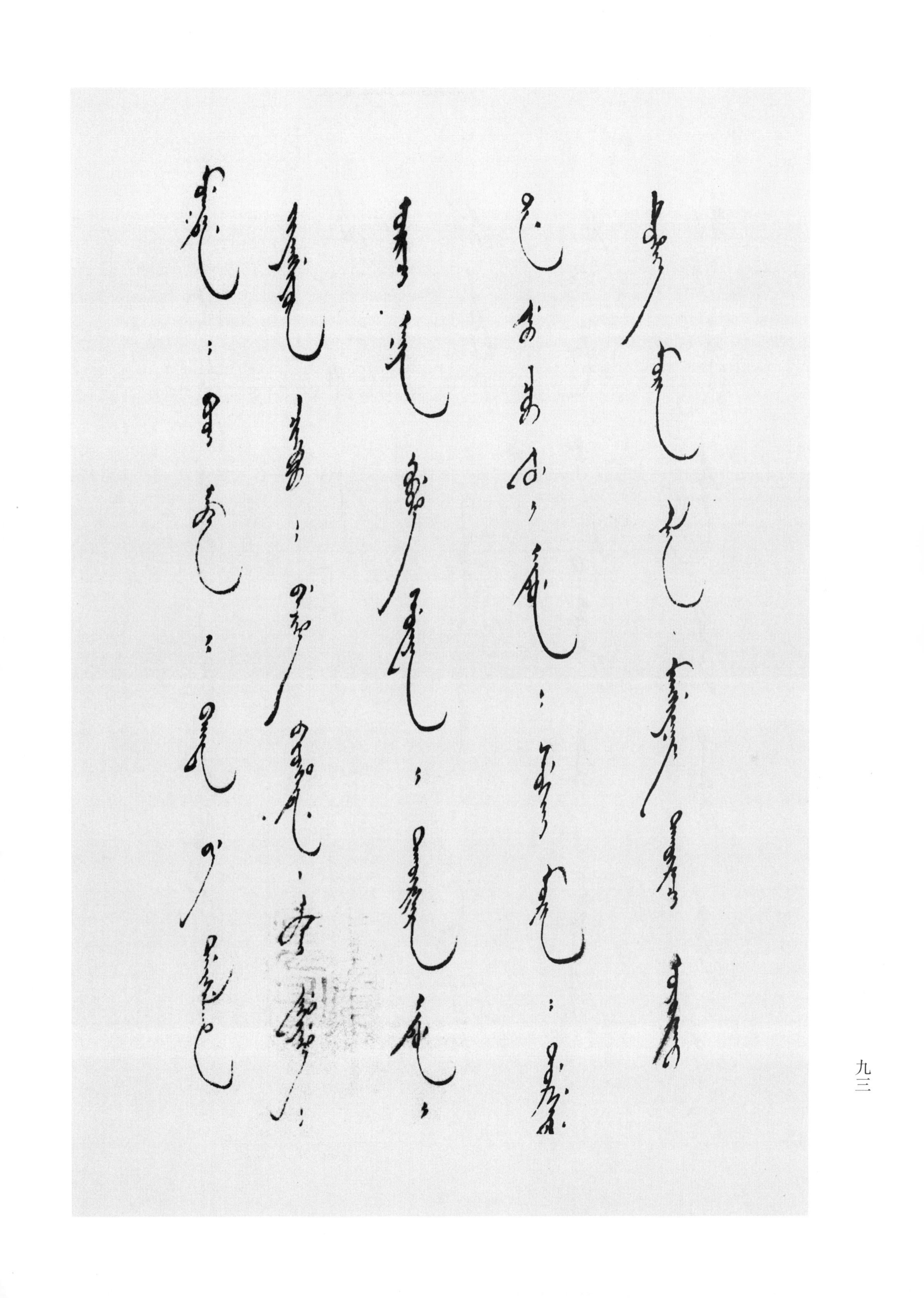

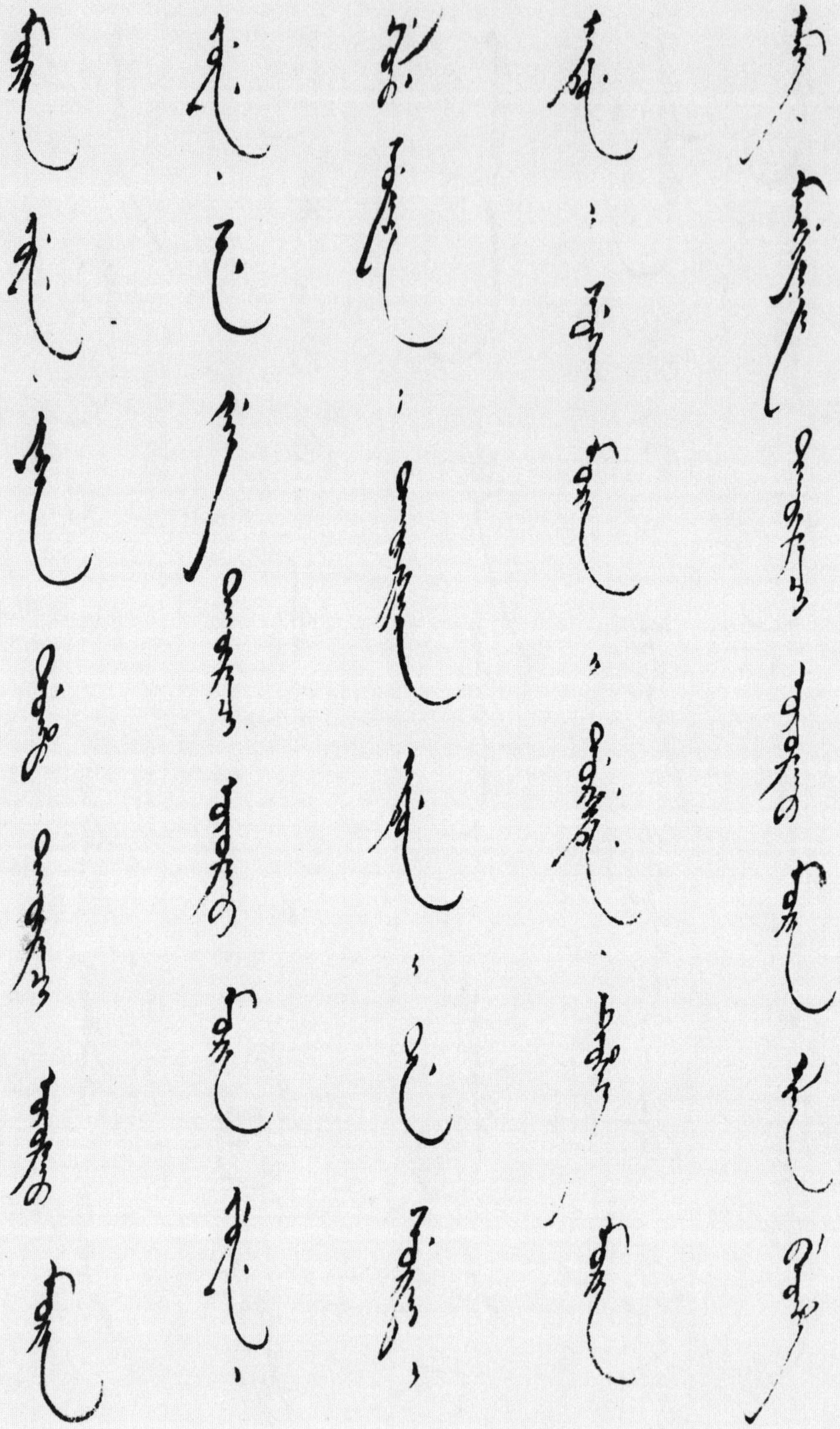

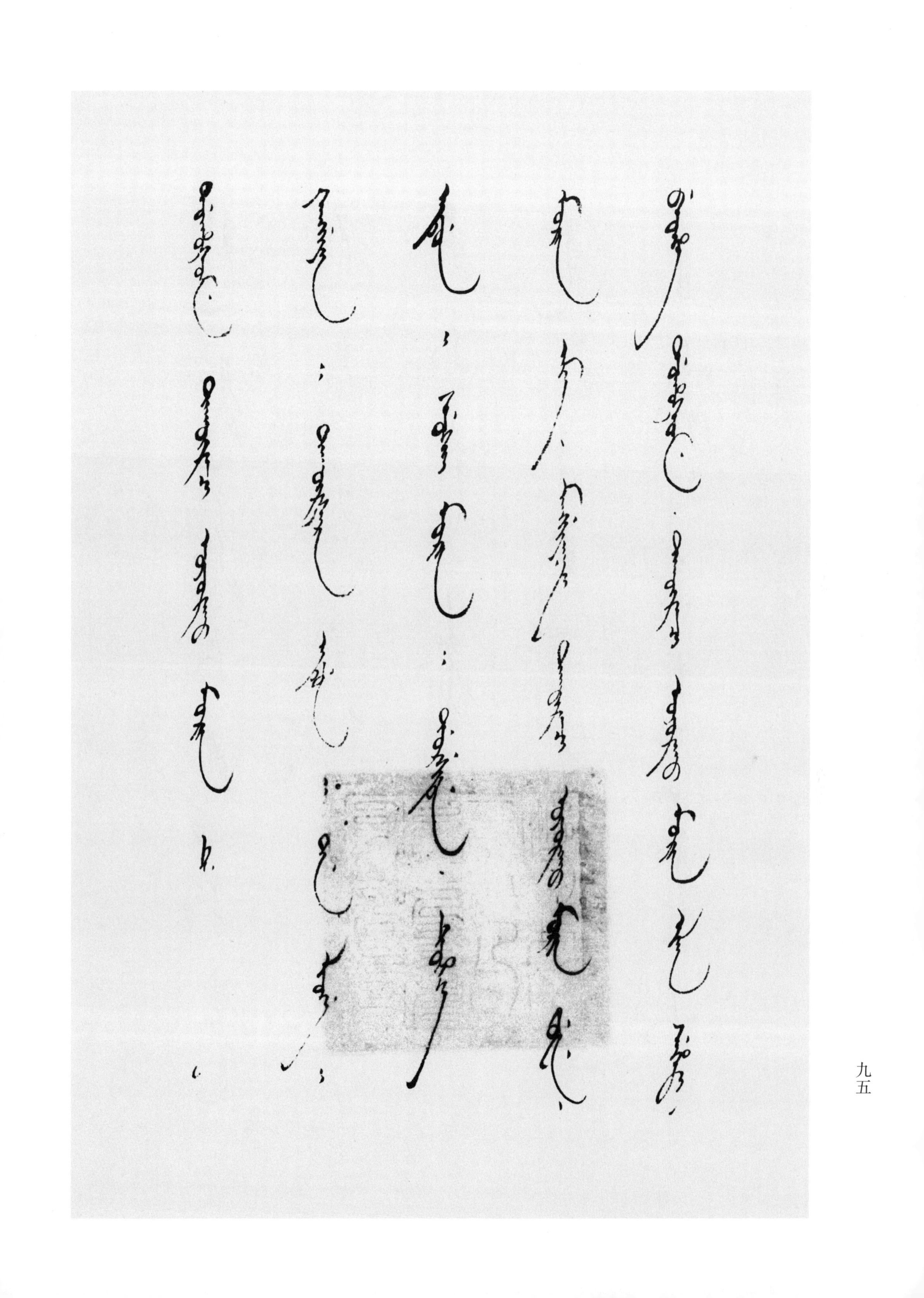

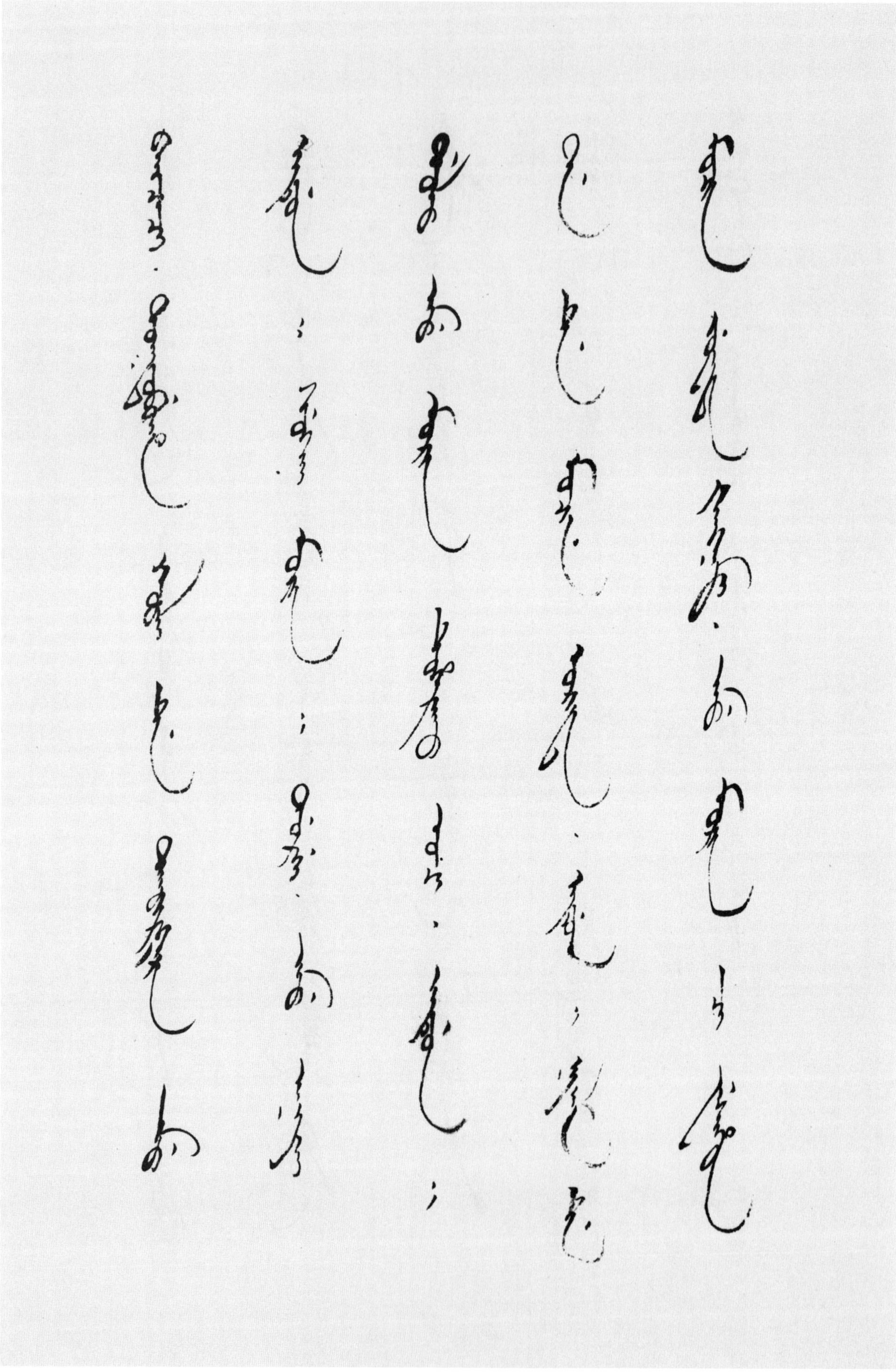

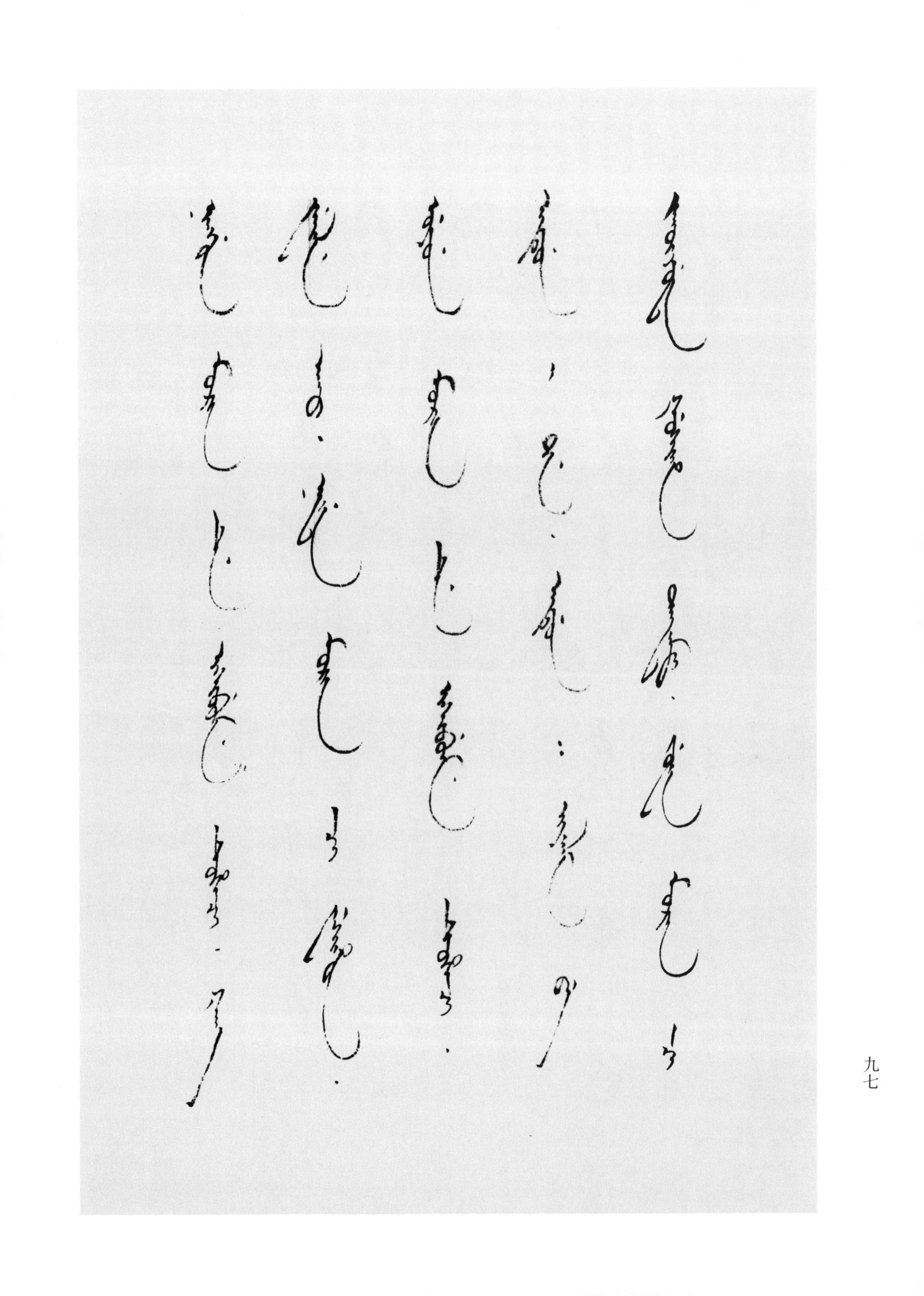

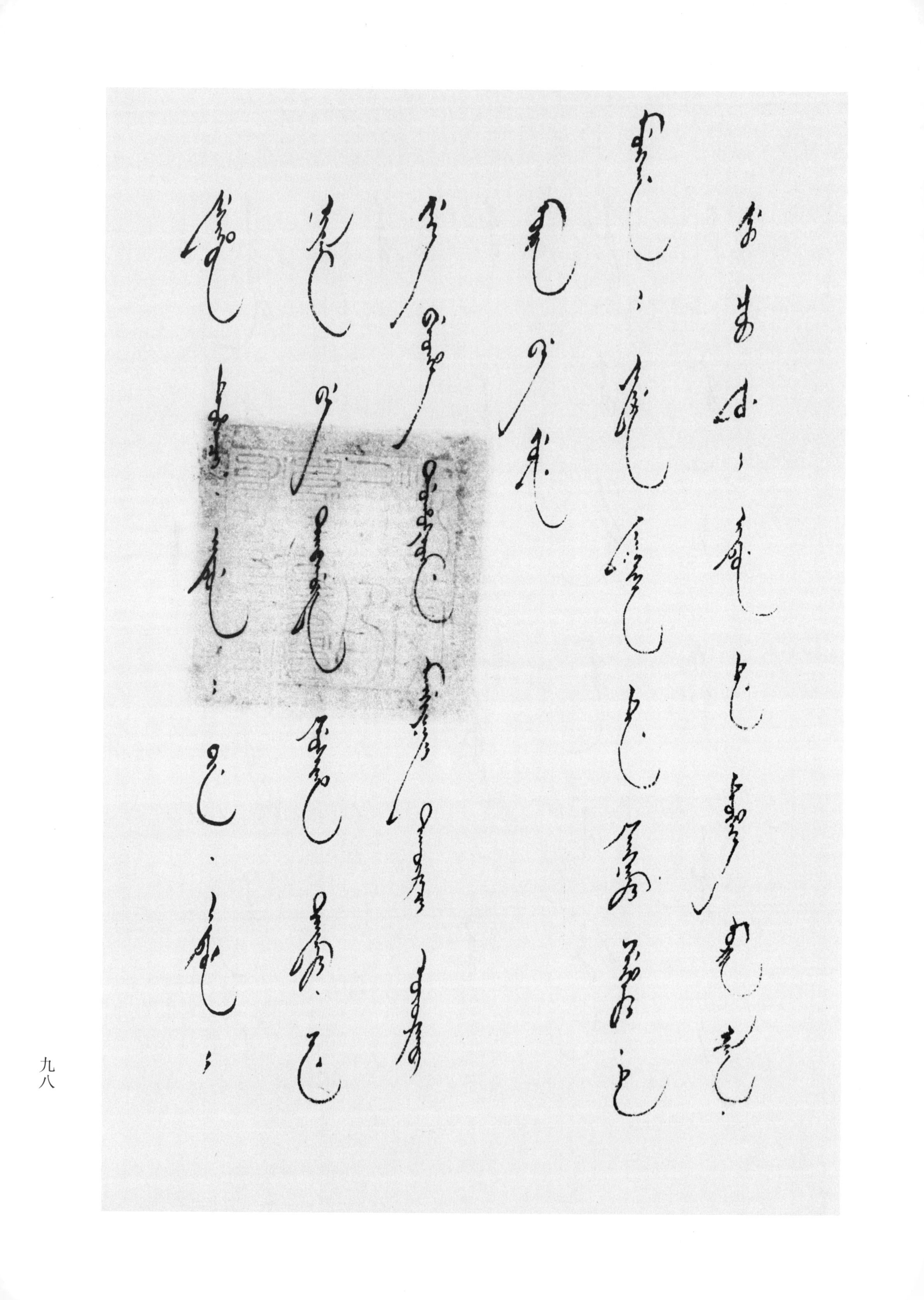

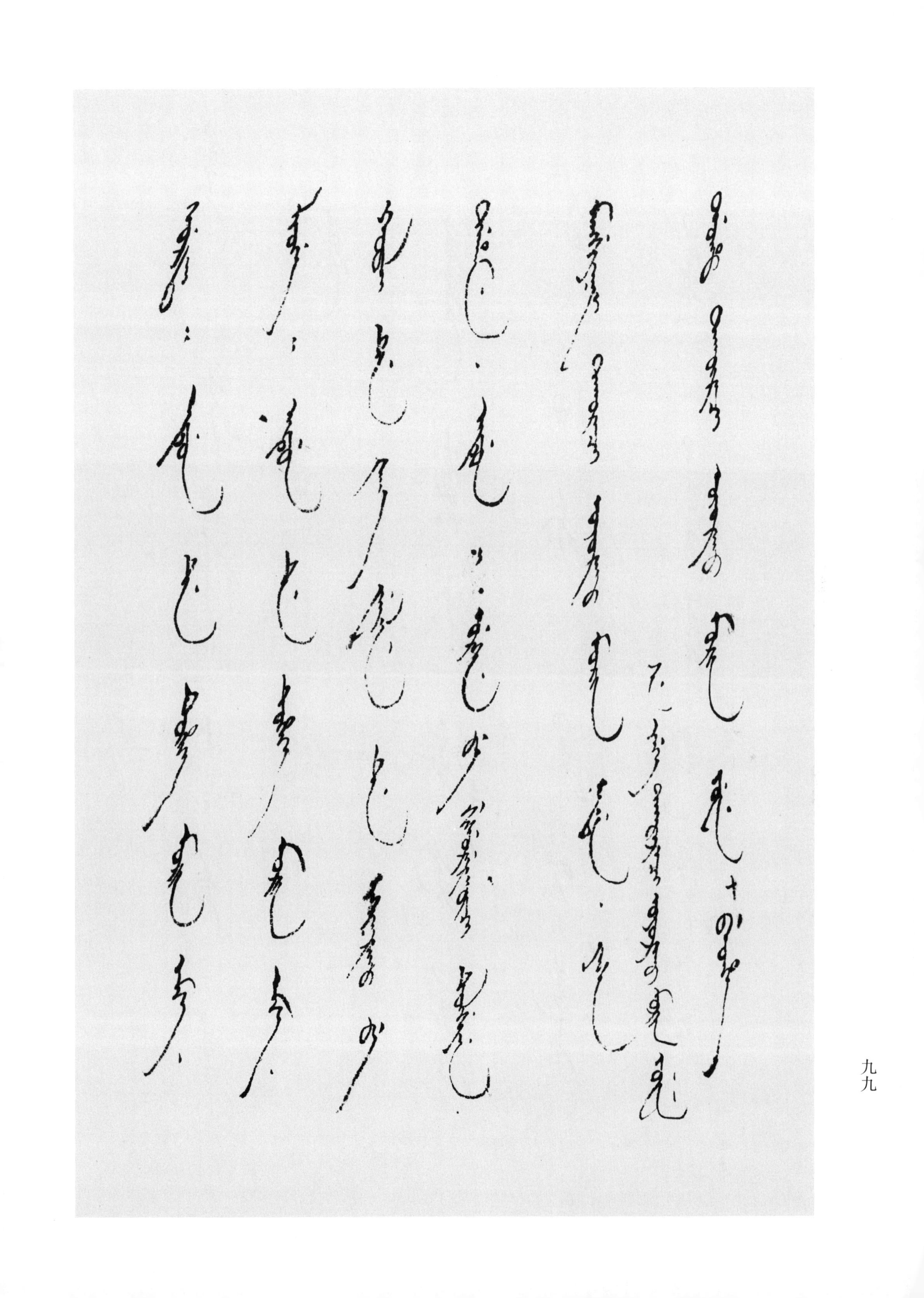

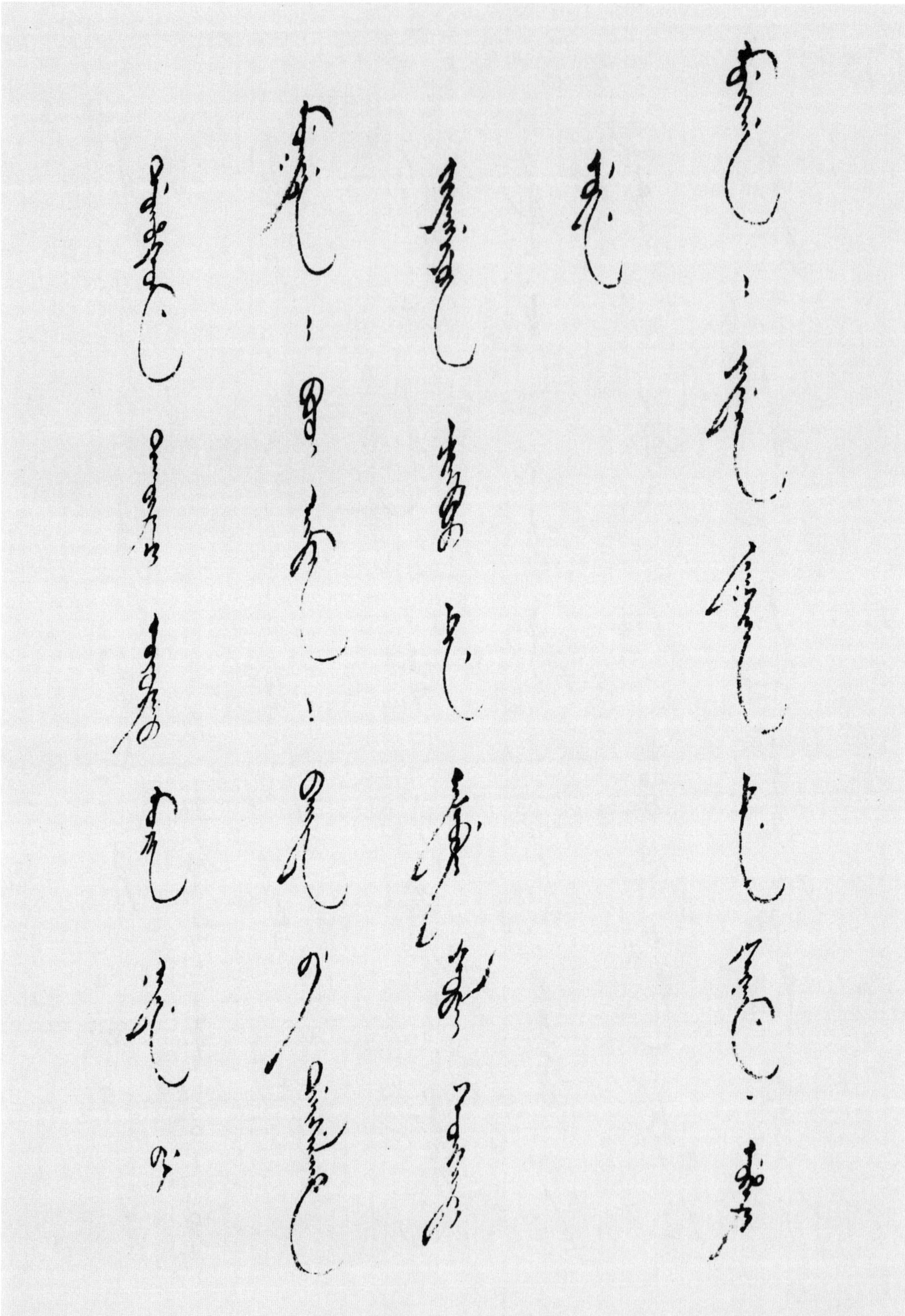

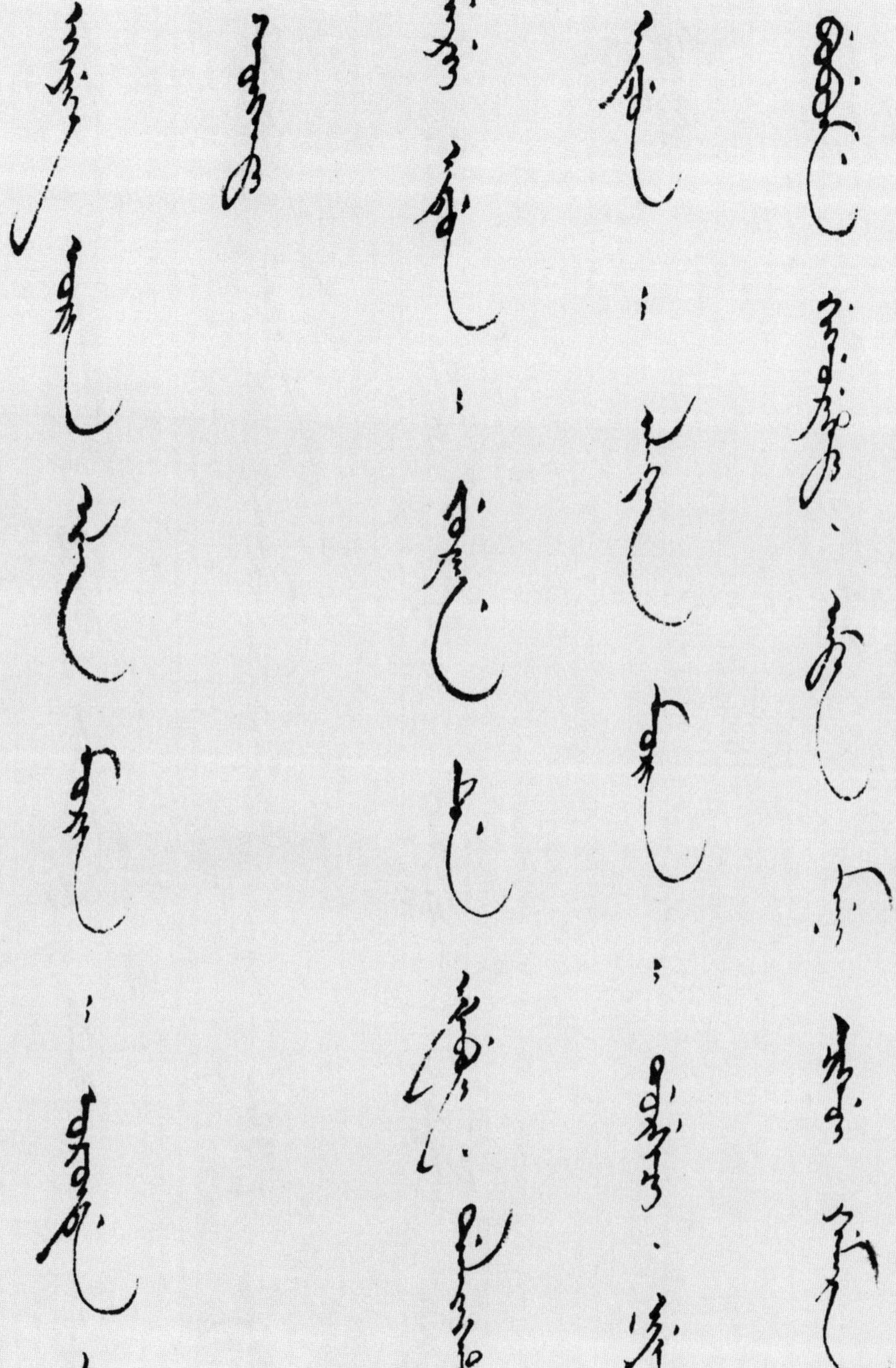

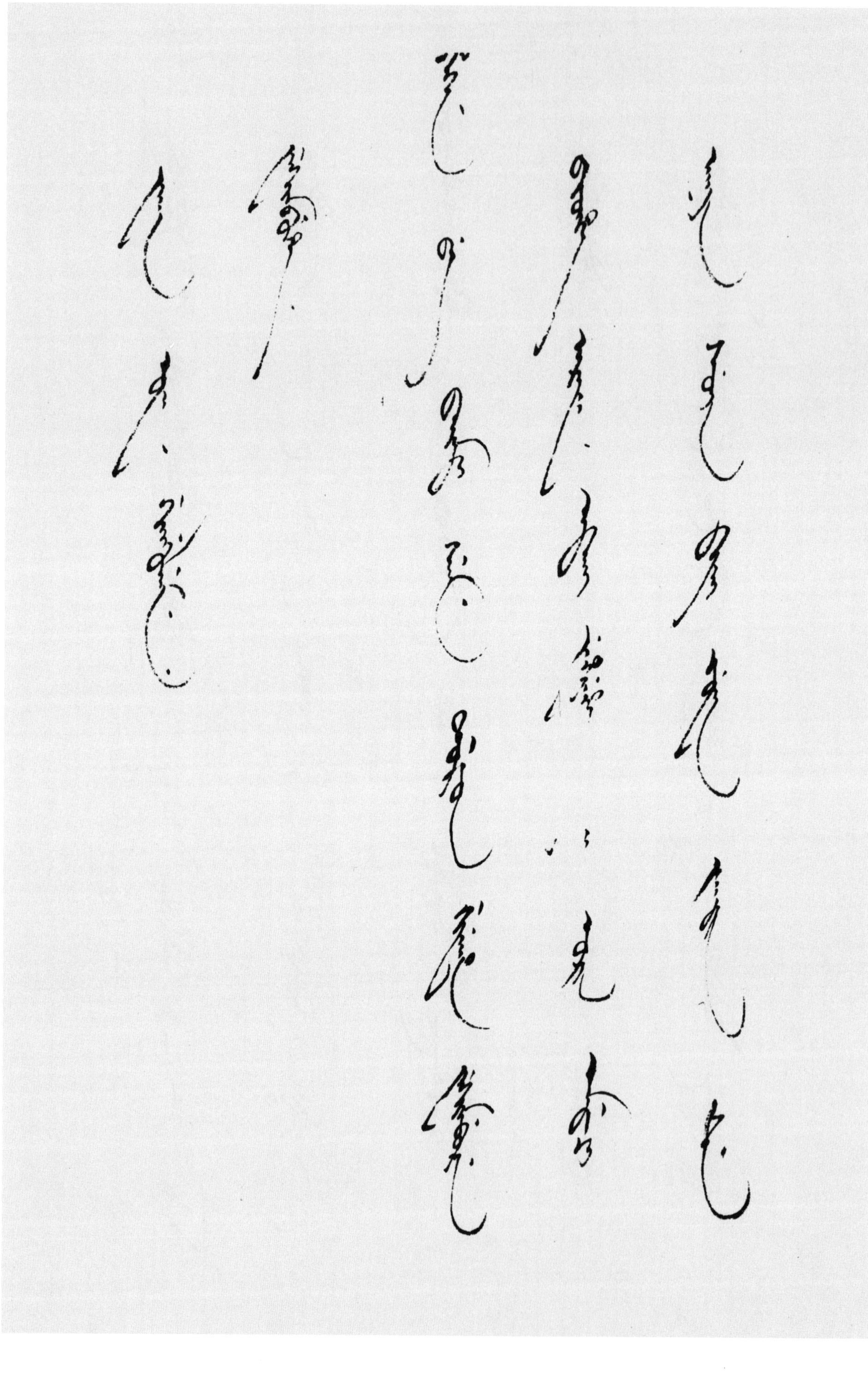

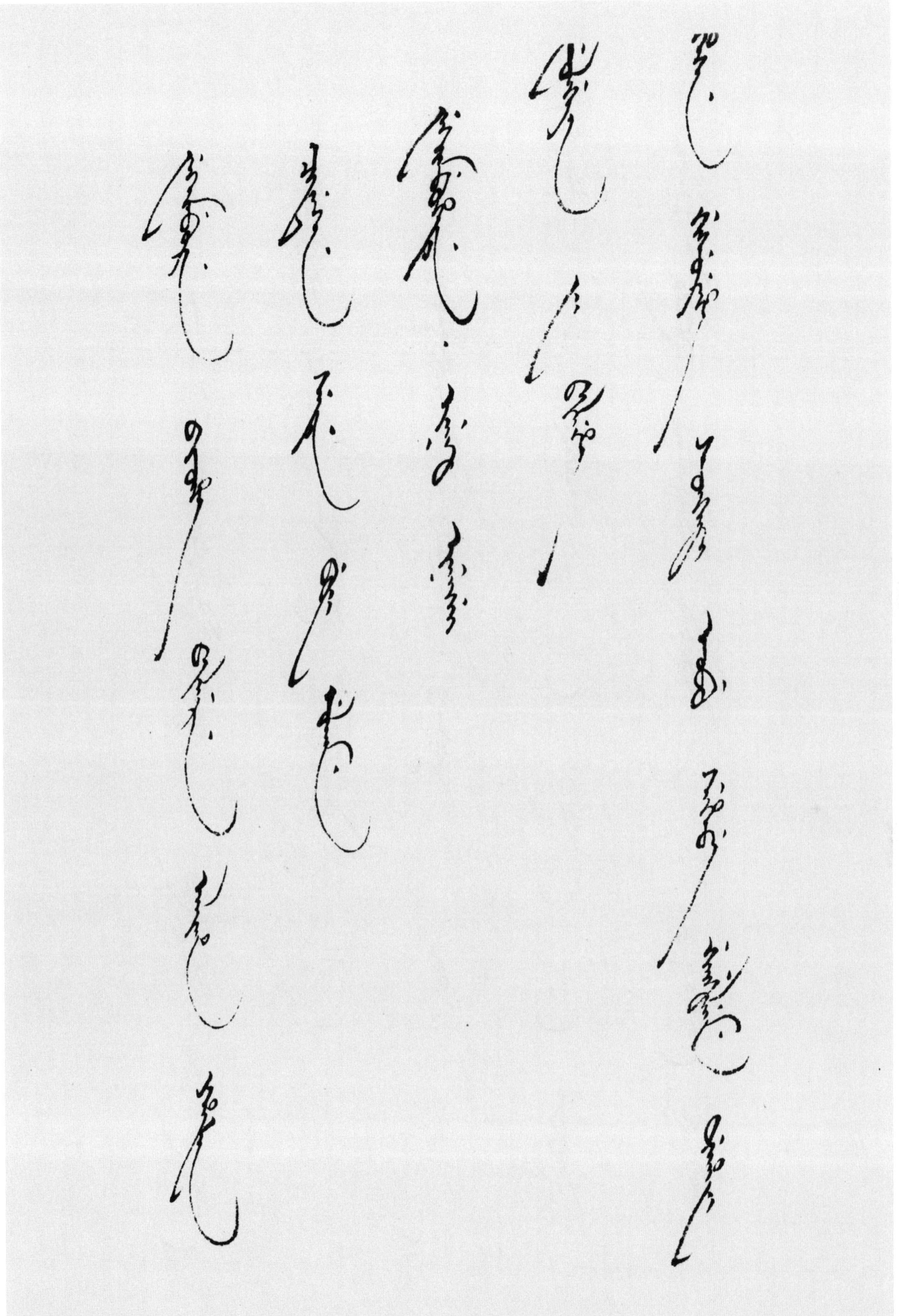

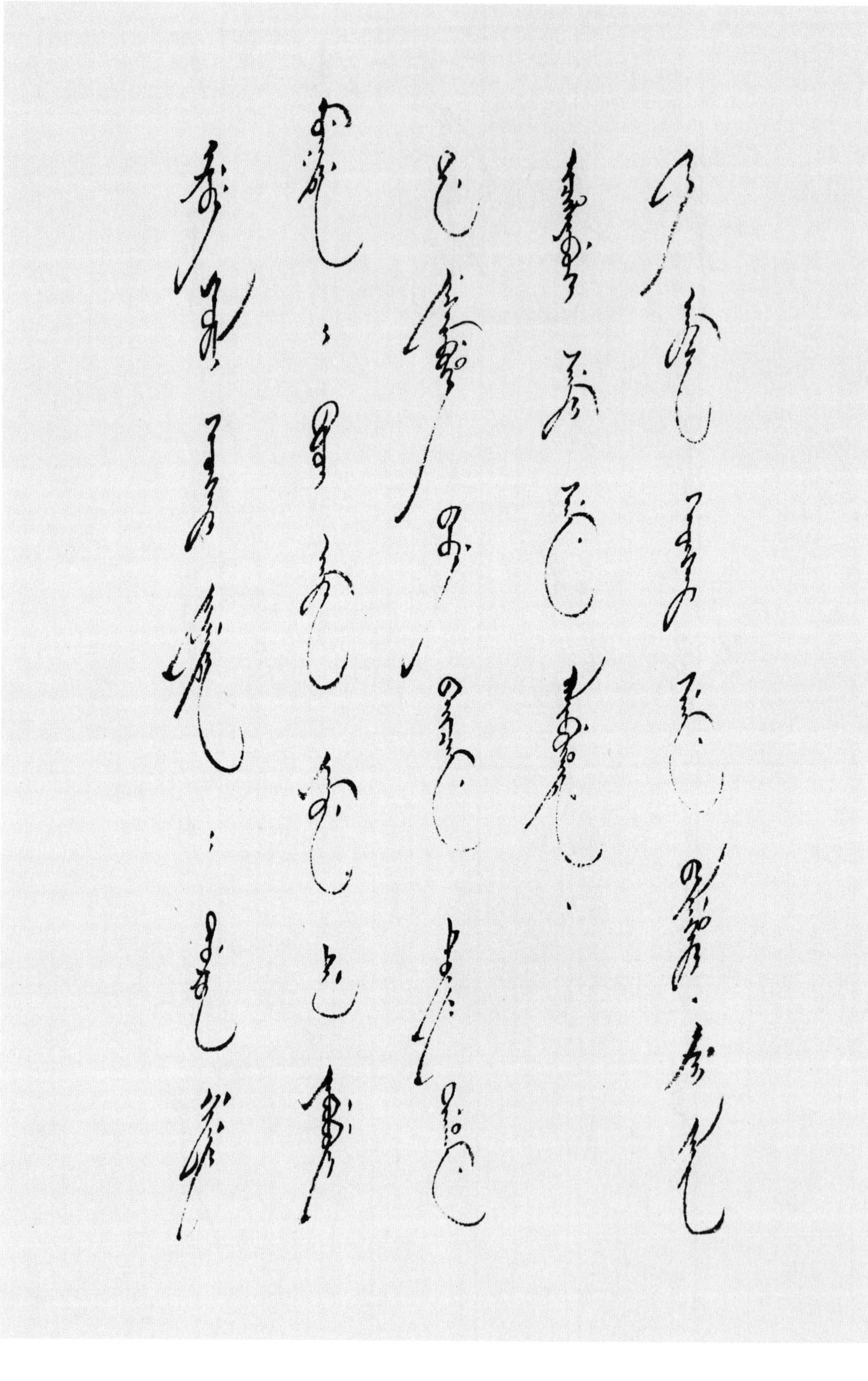

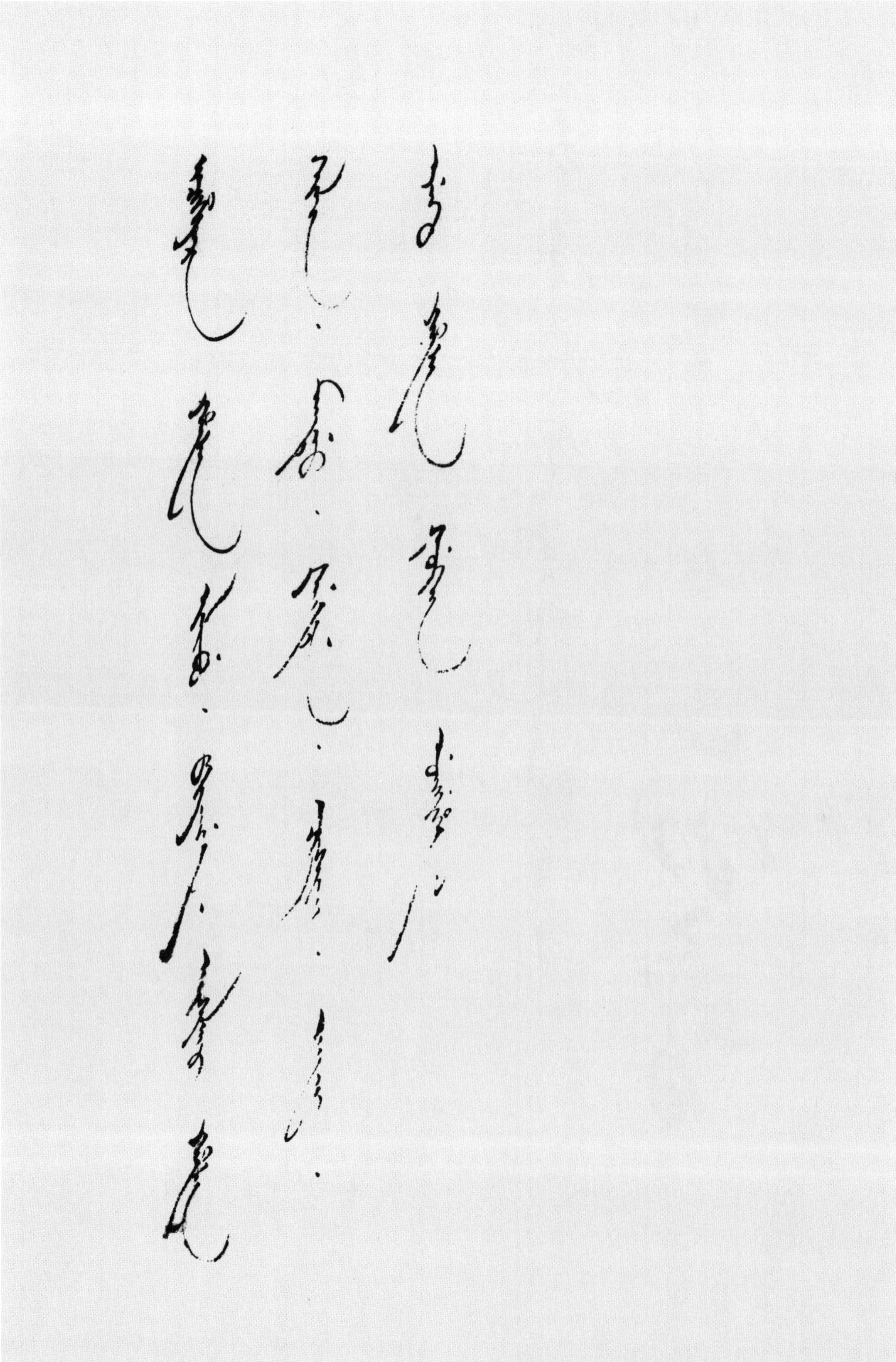

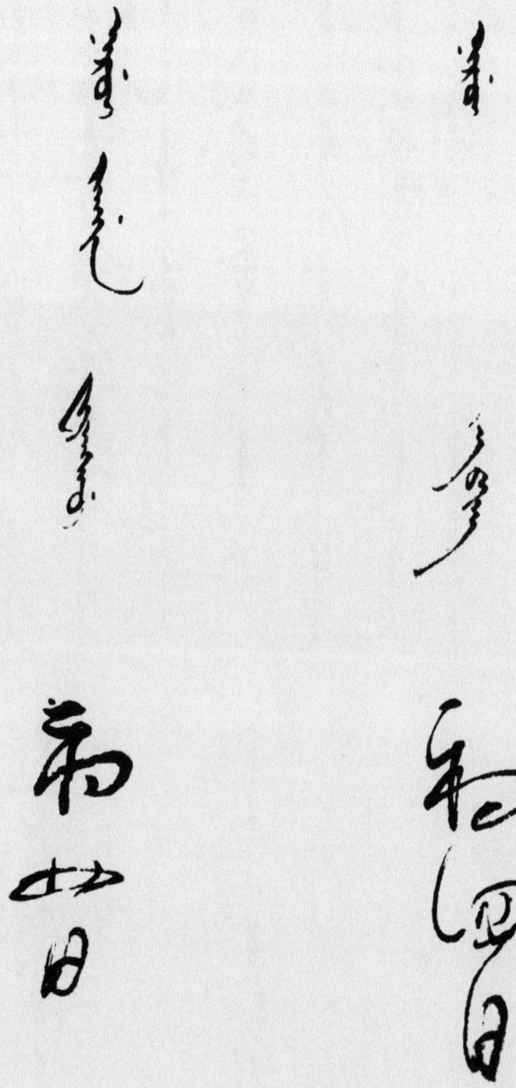

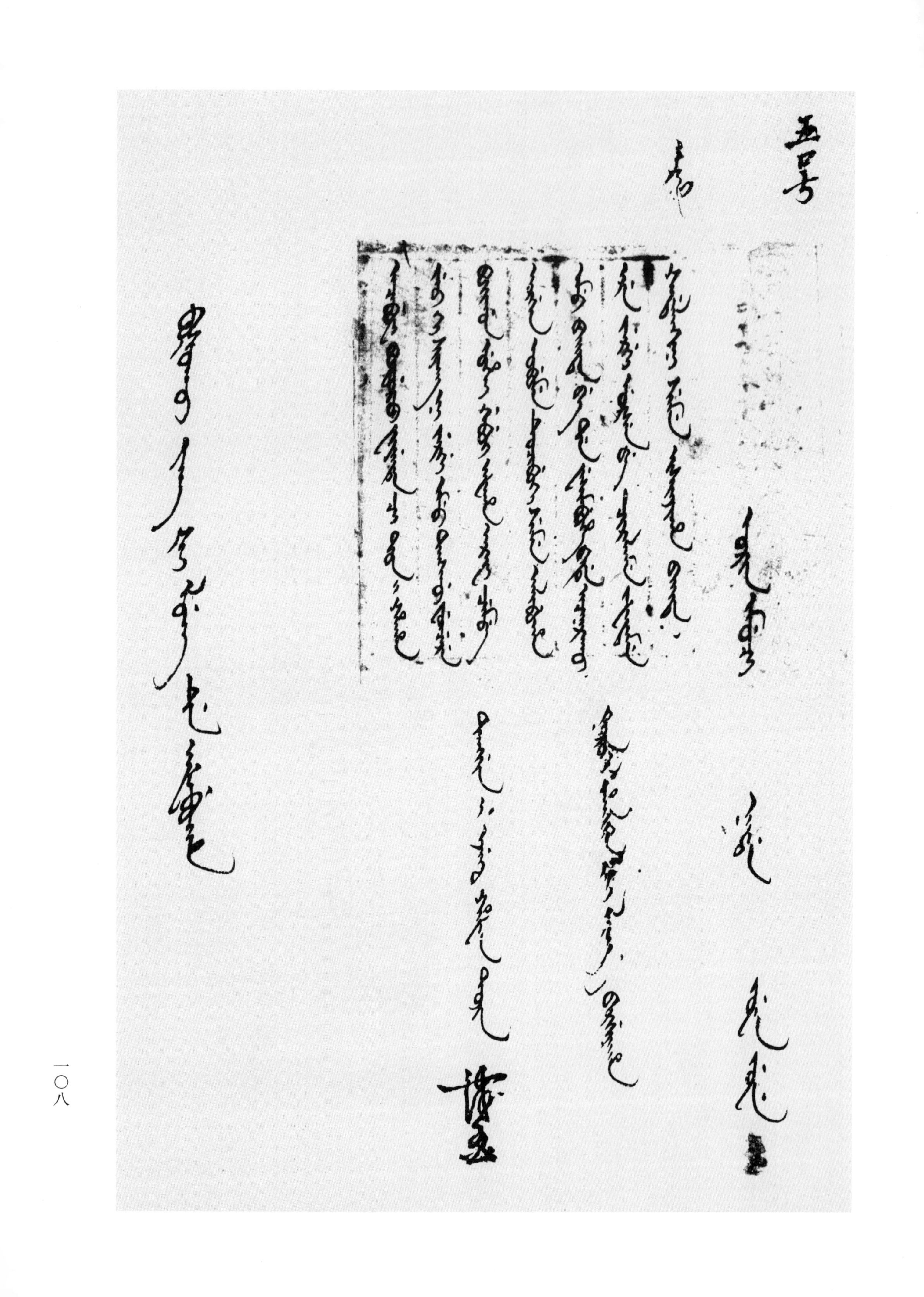

五号

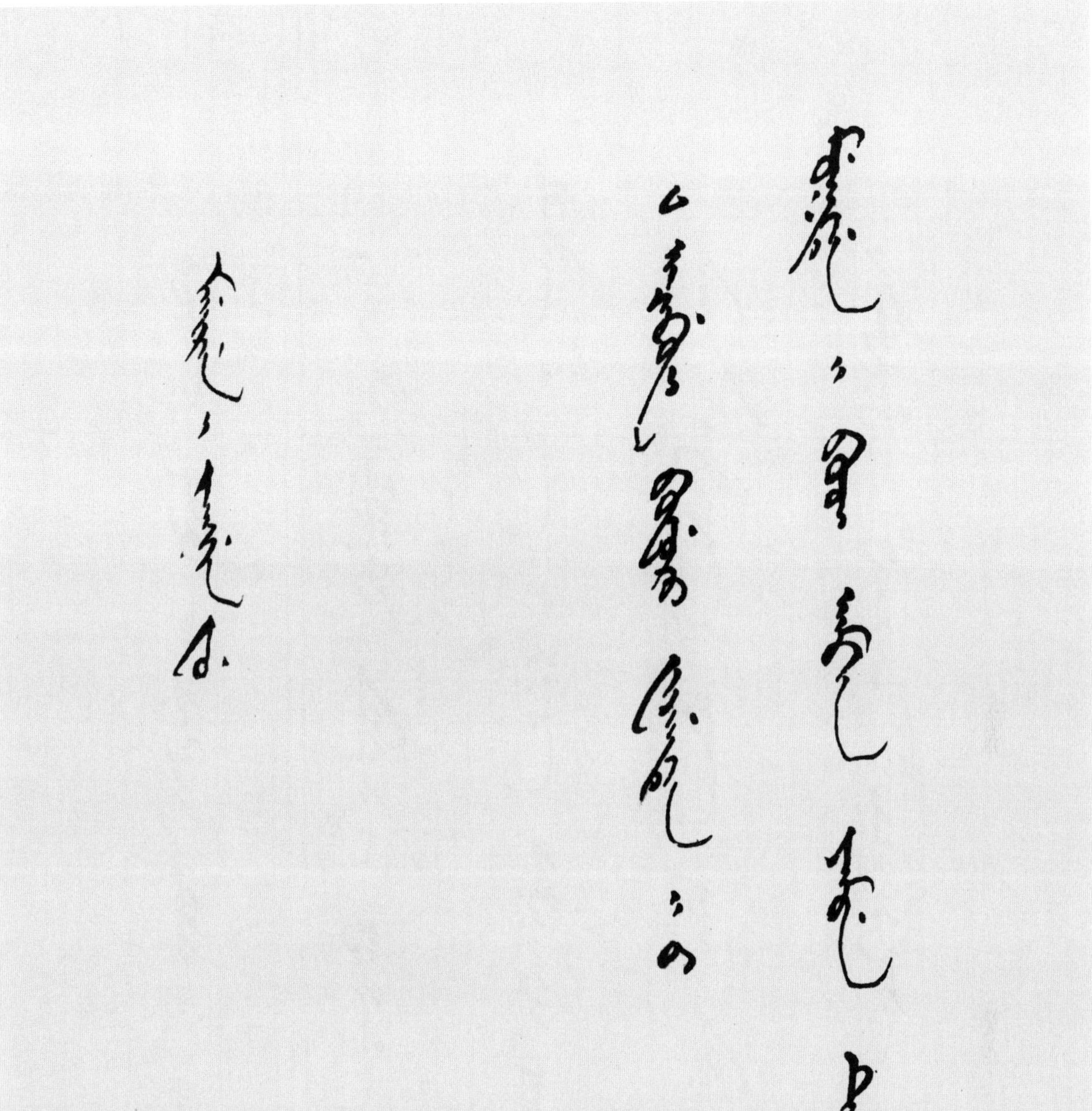

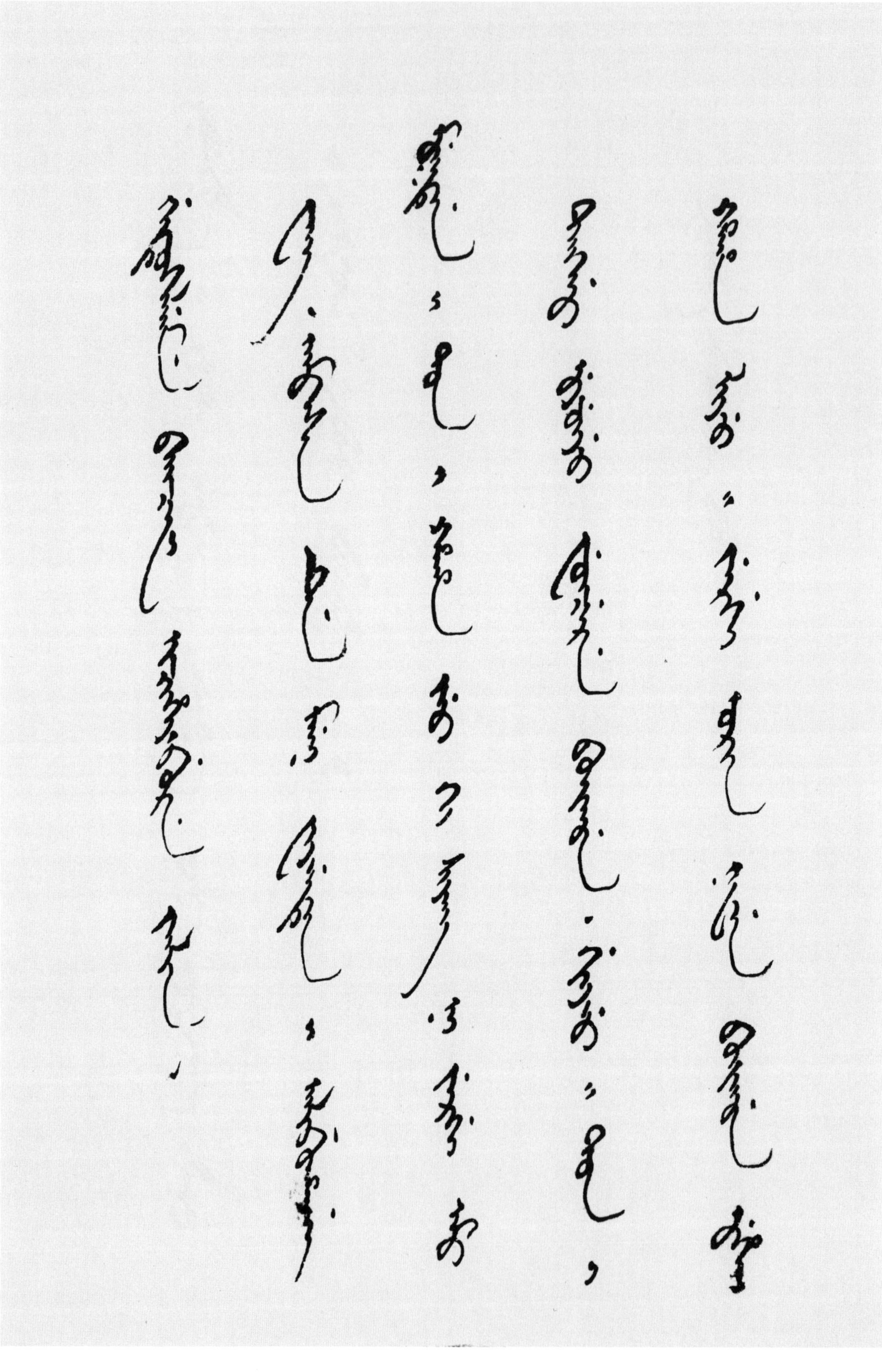

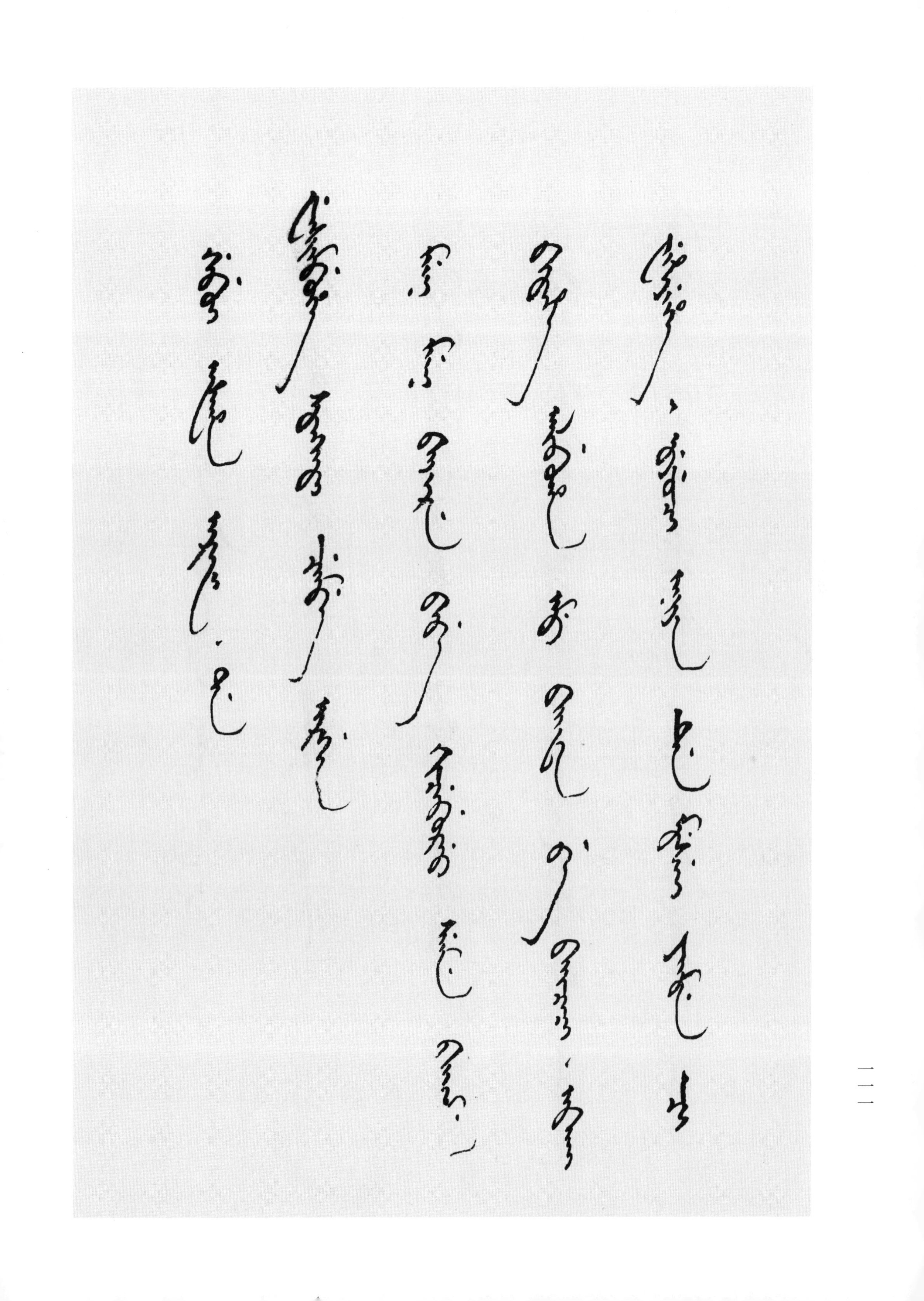

[illegible]

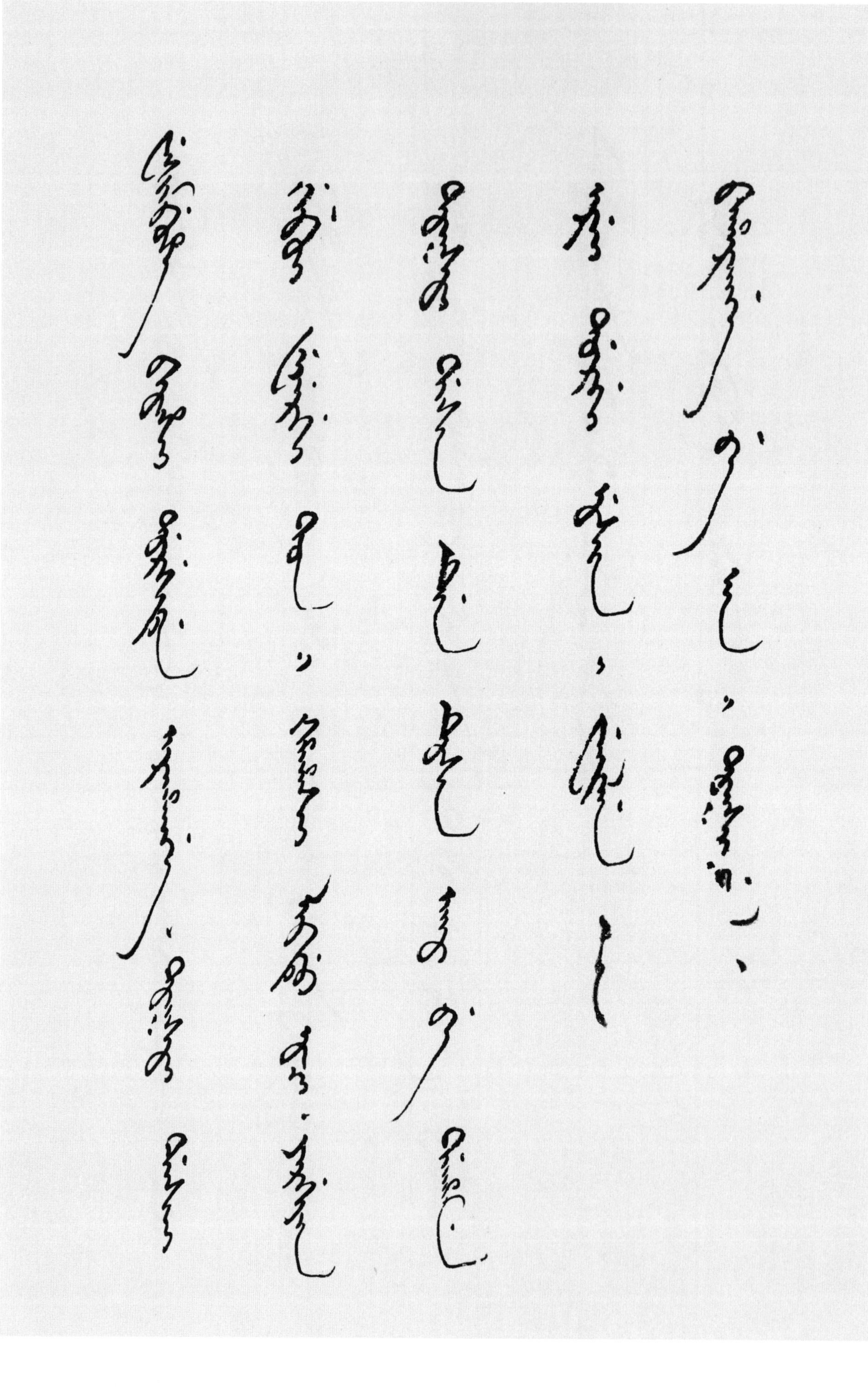

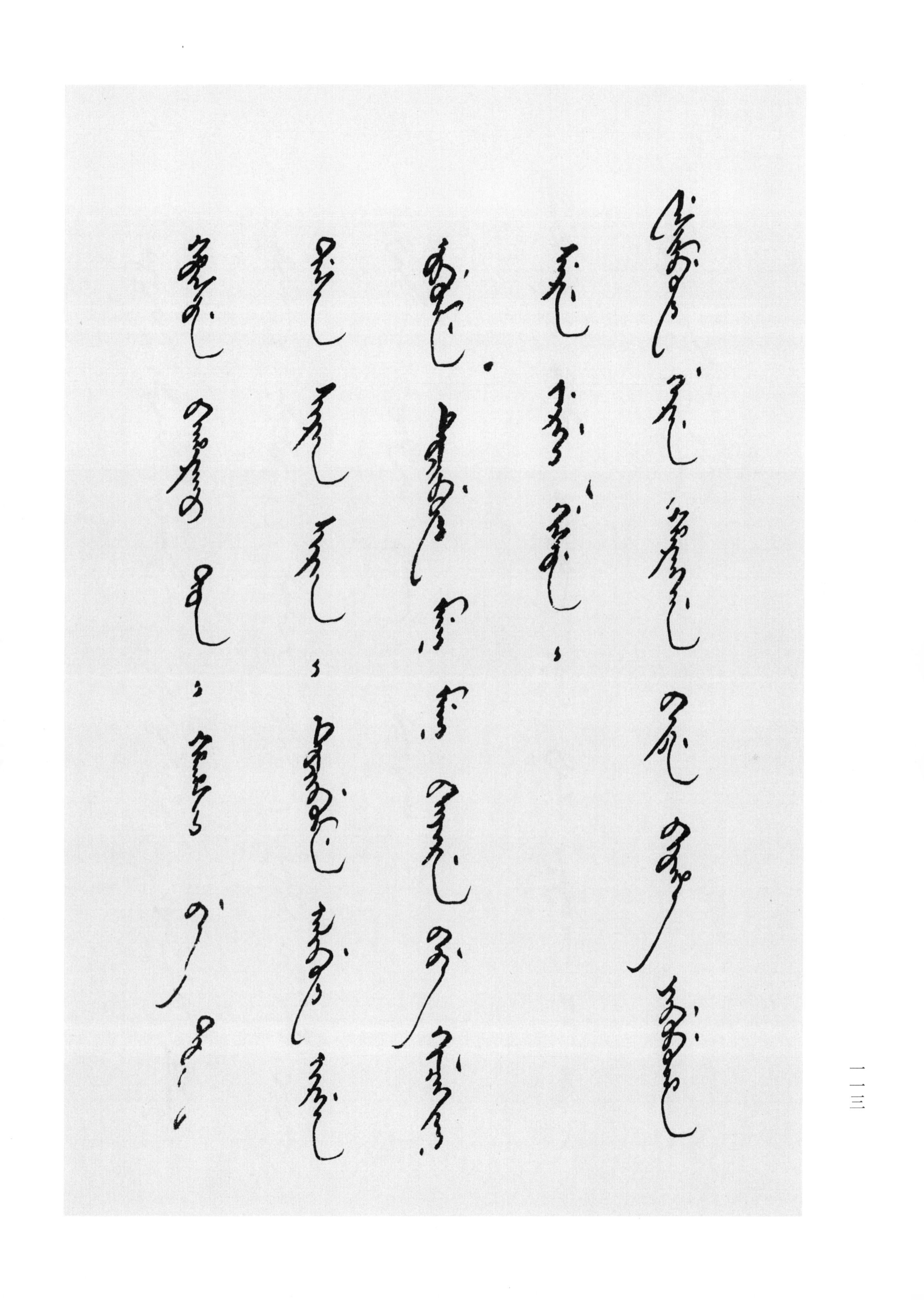

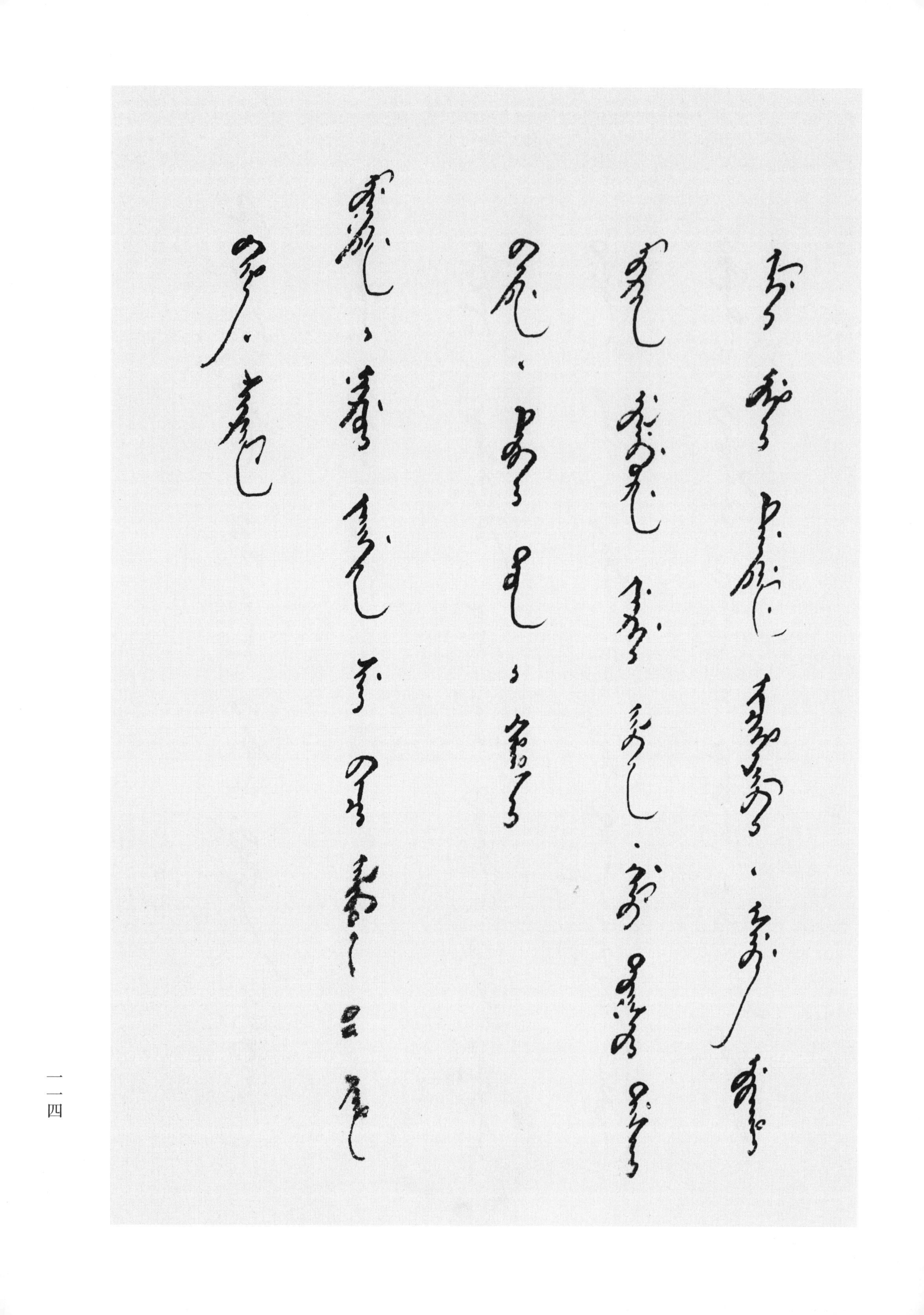

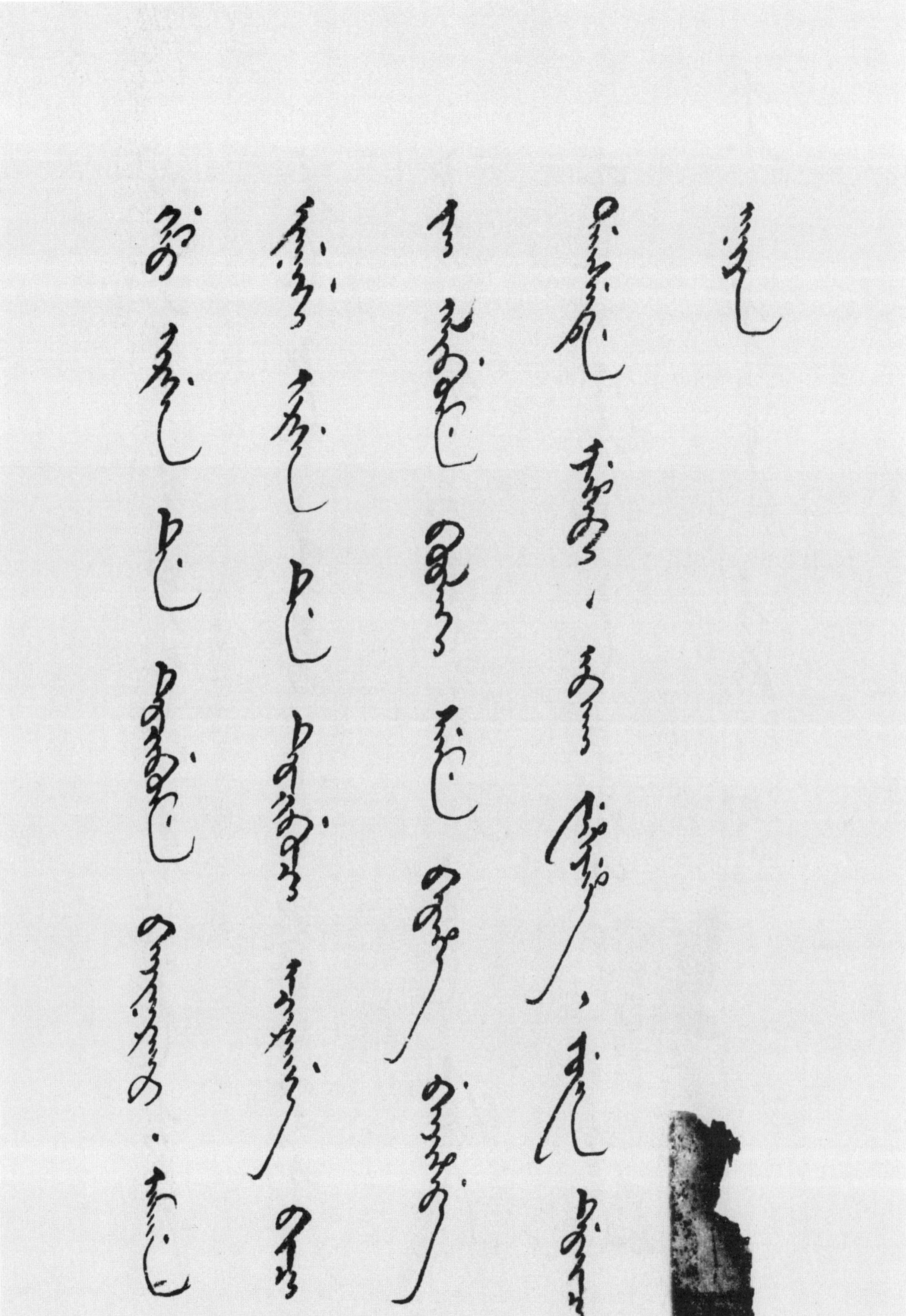

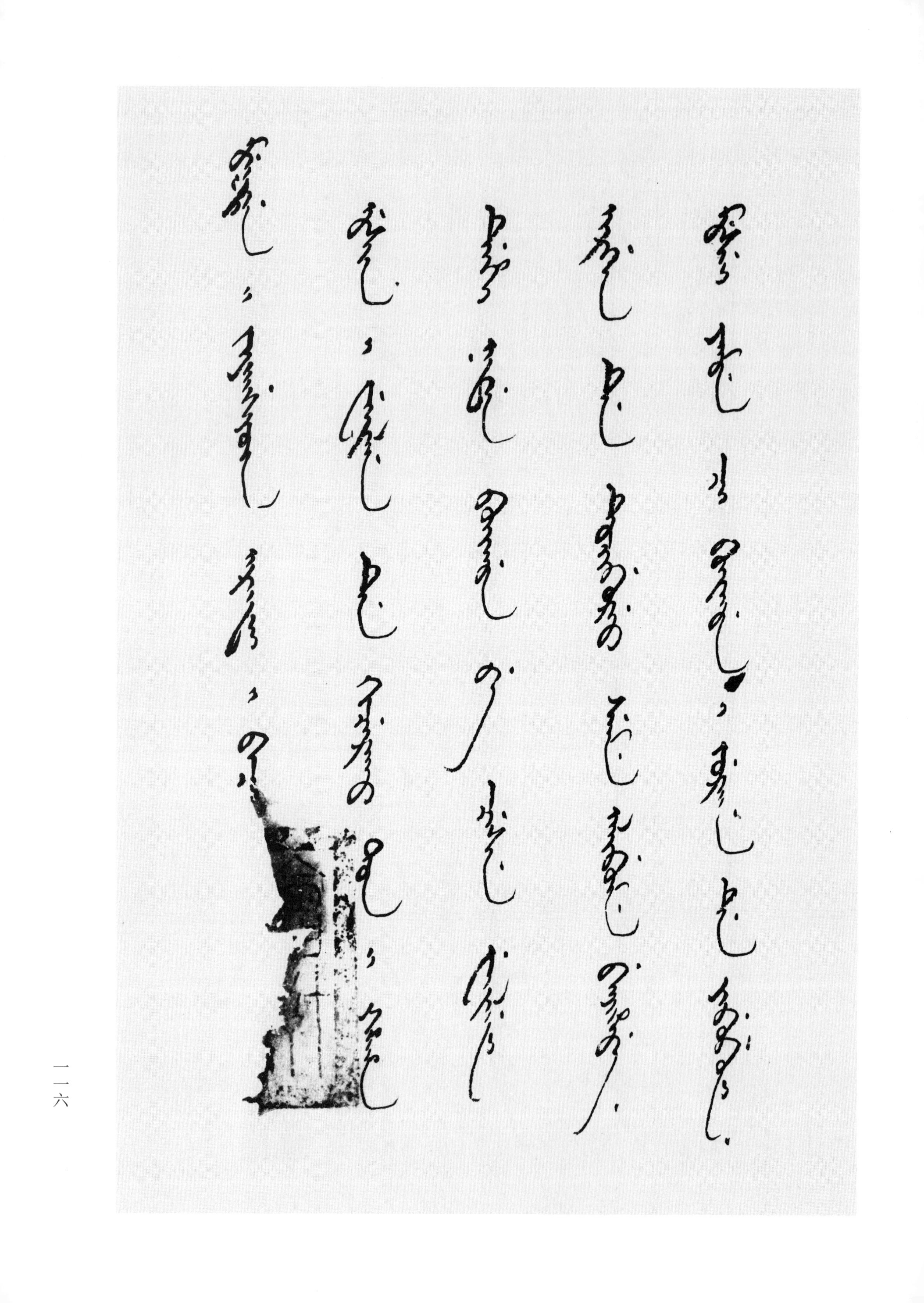

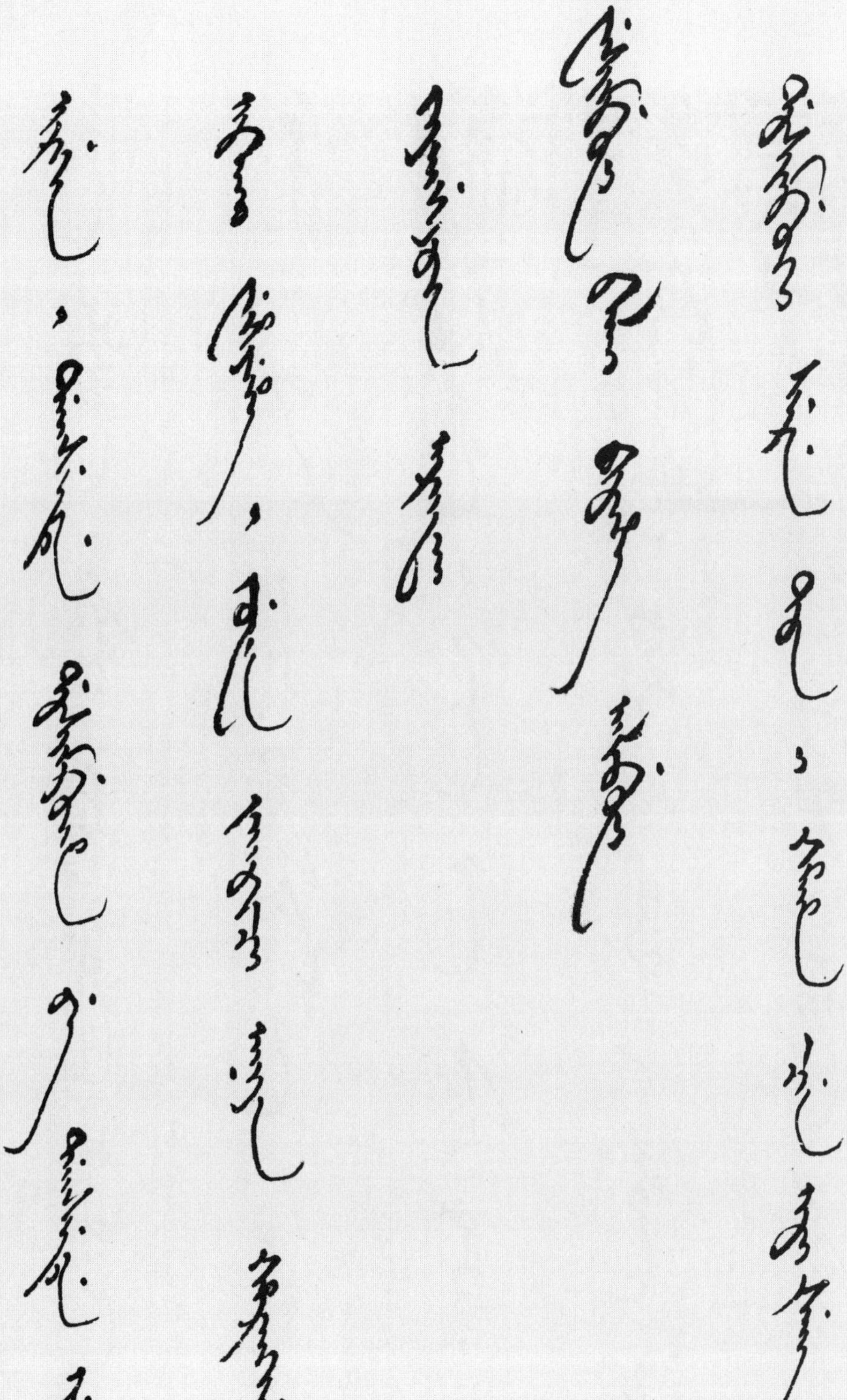

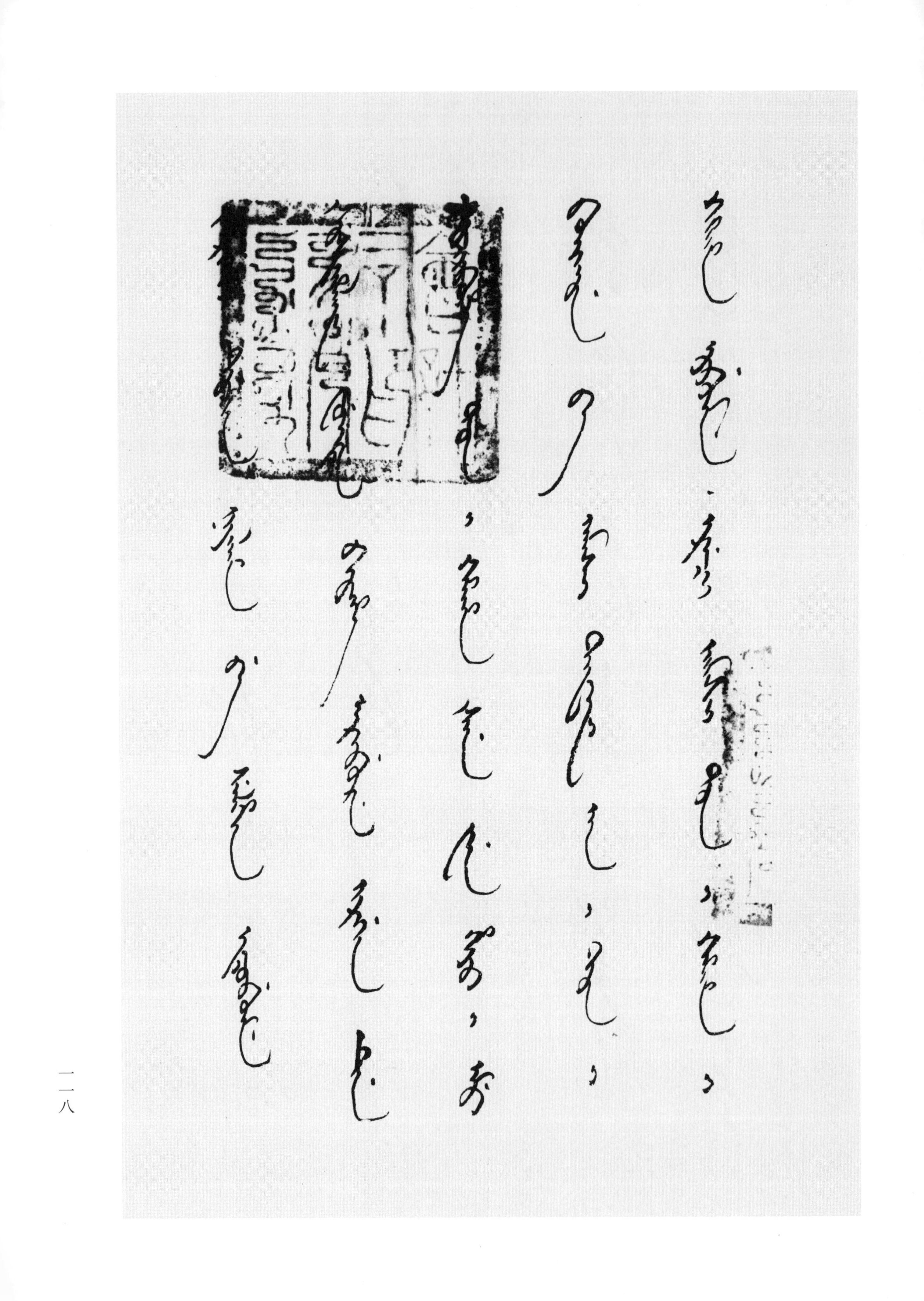

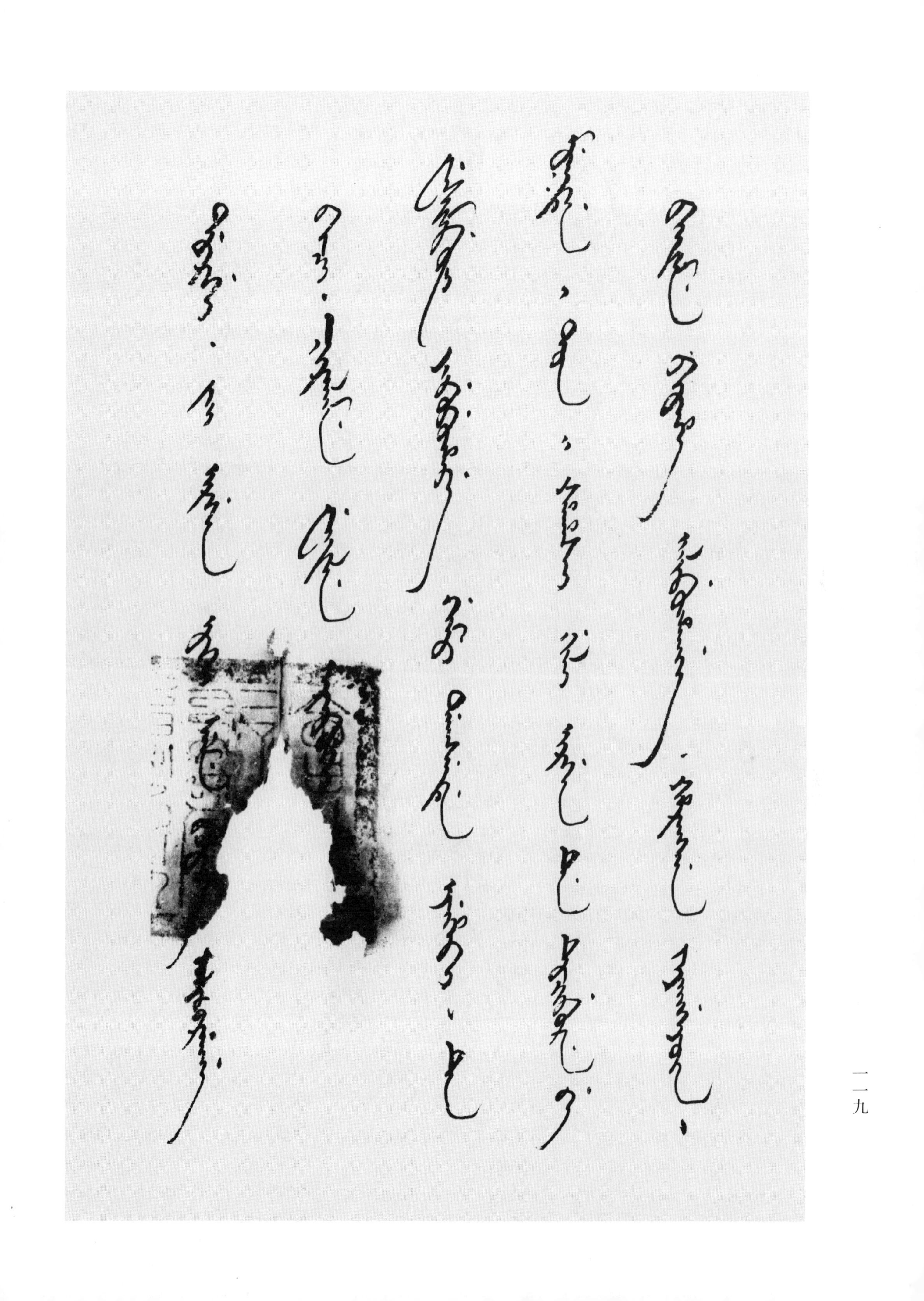

一一九

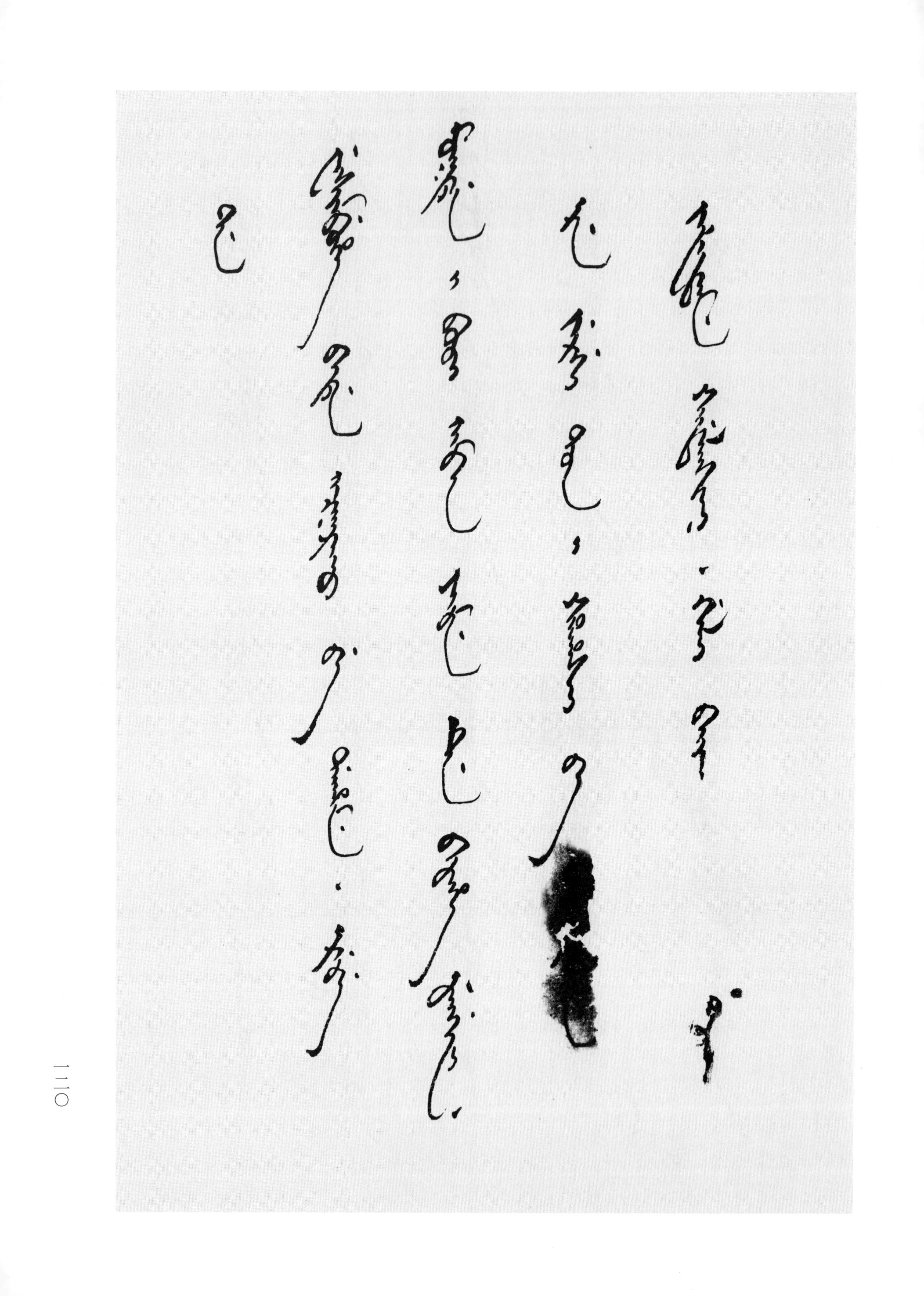

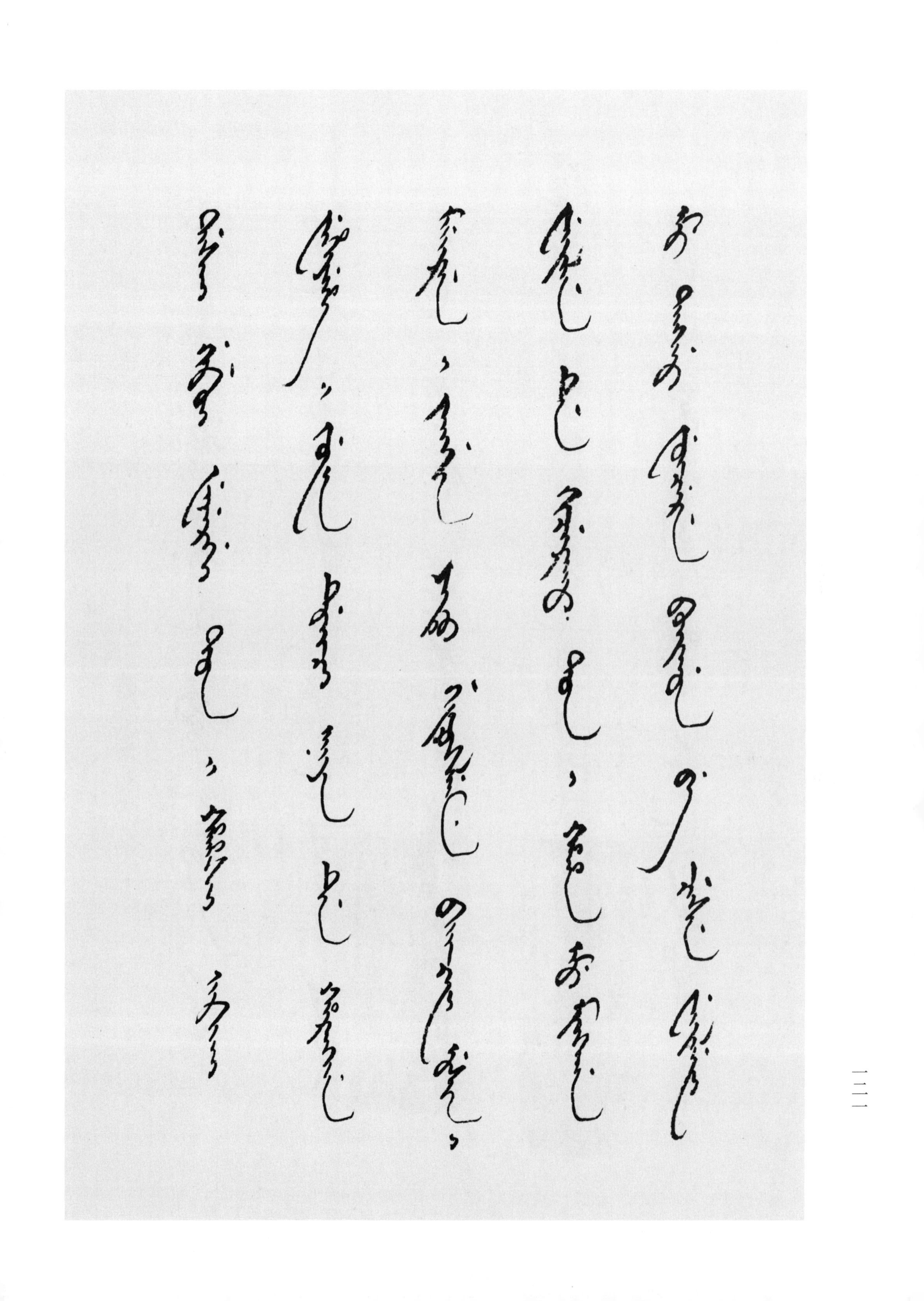

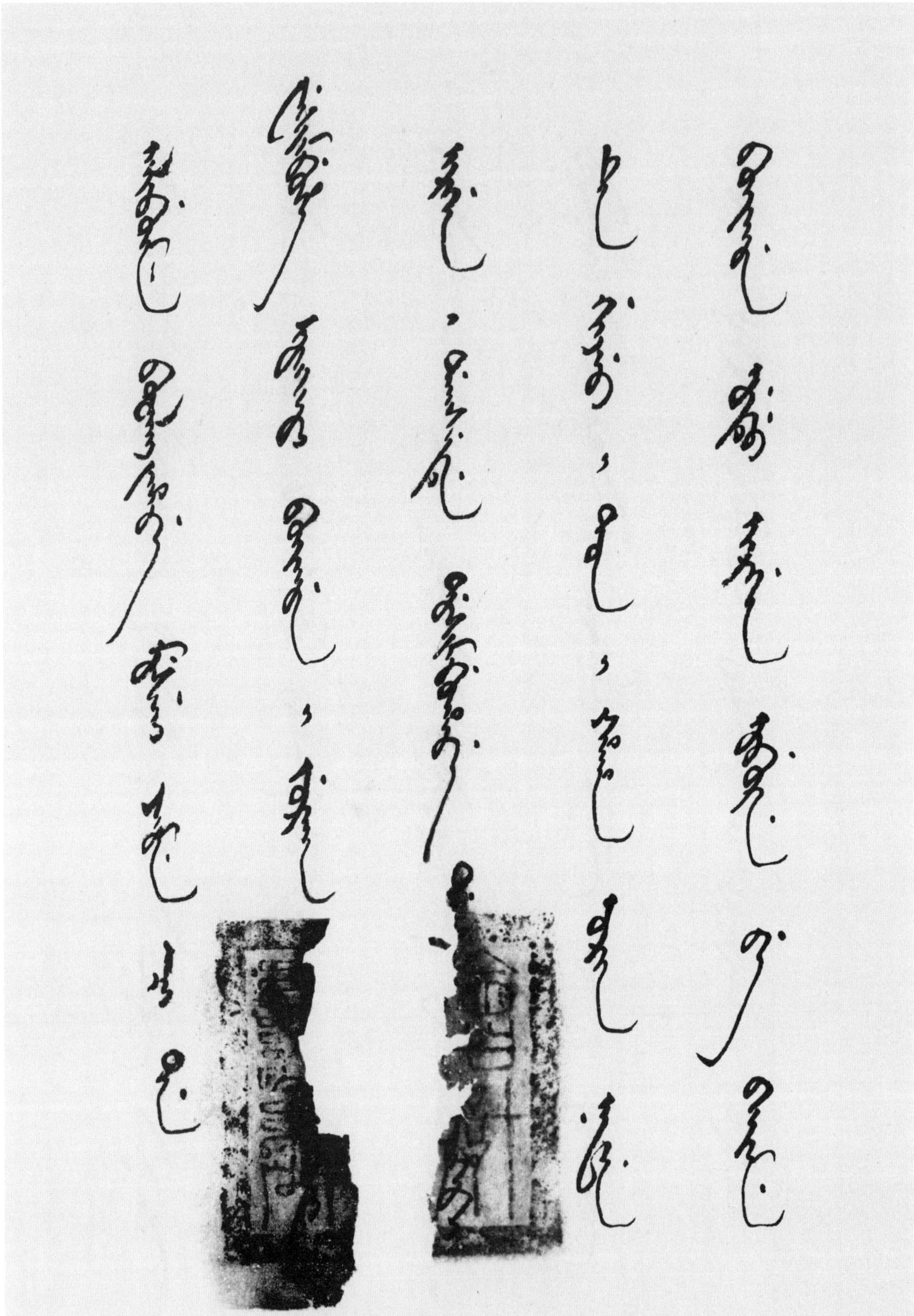

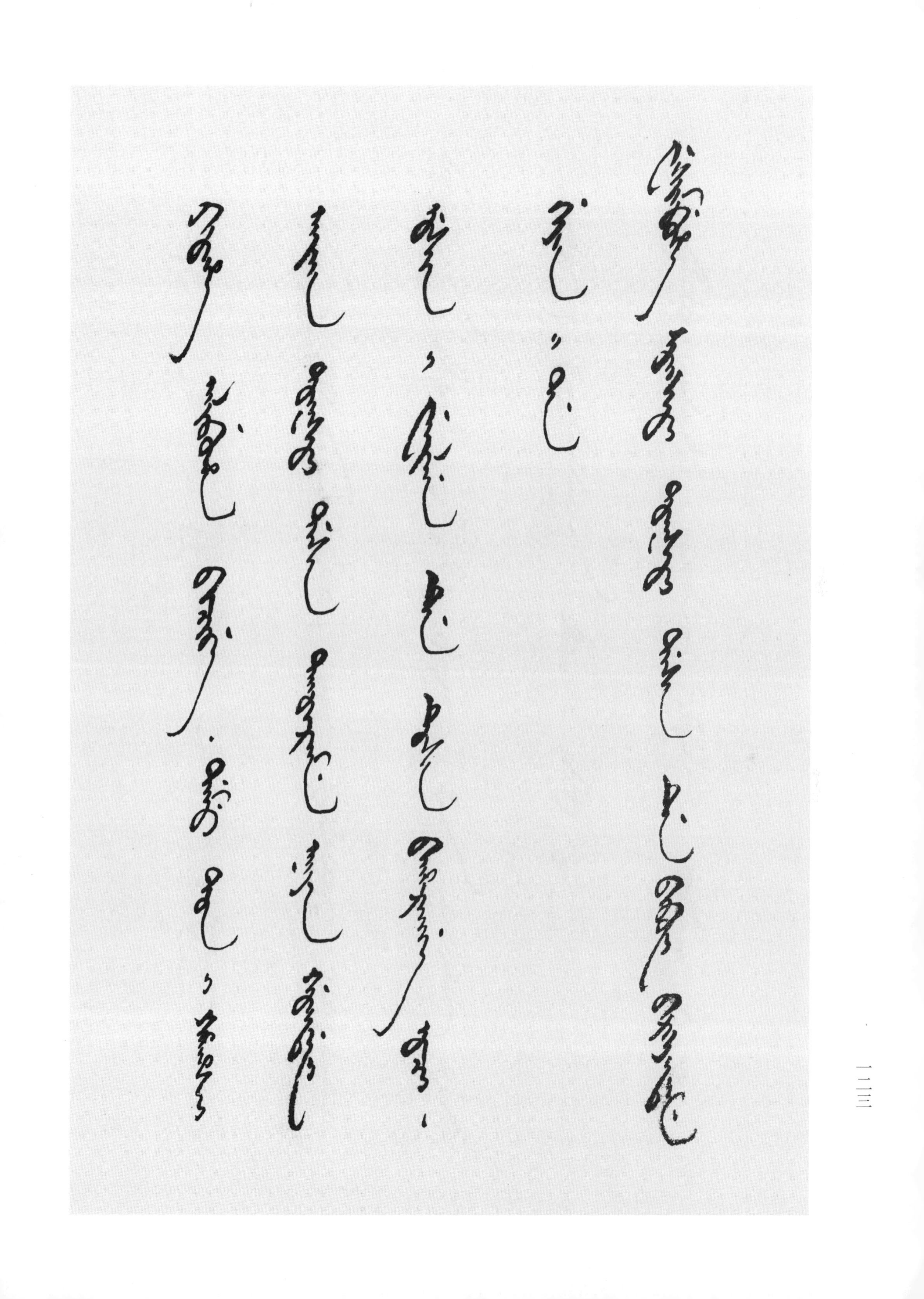

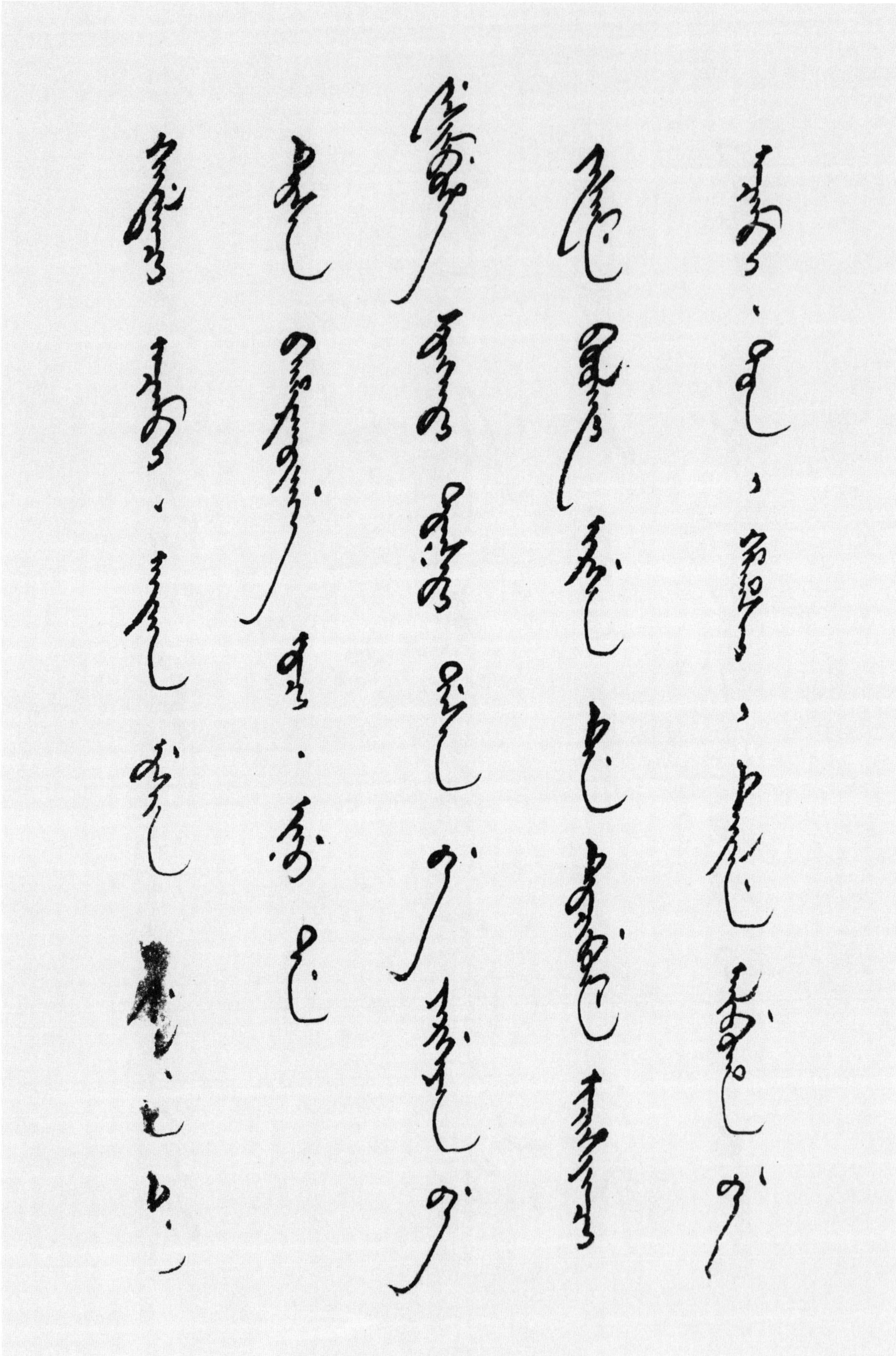

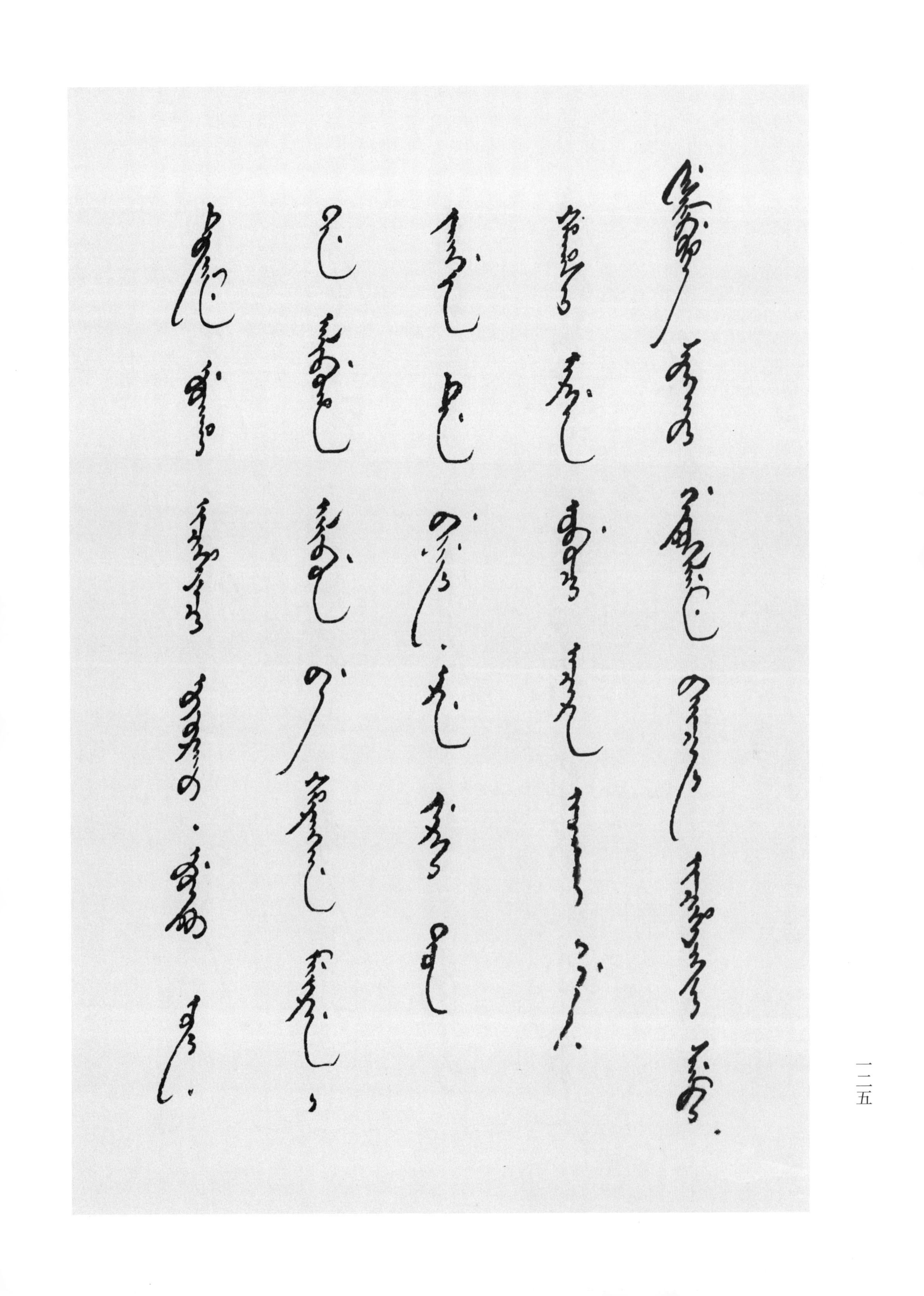

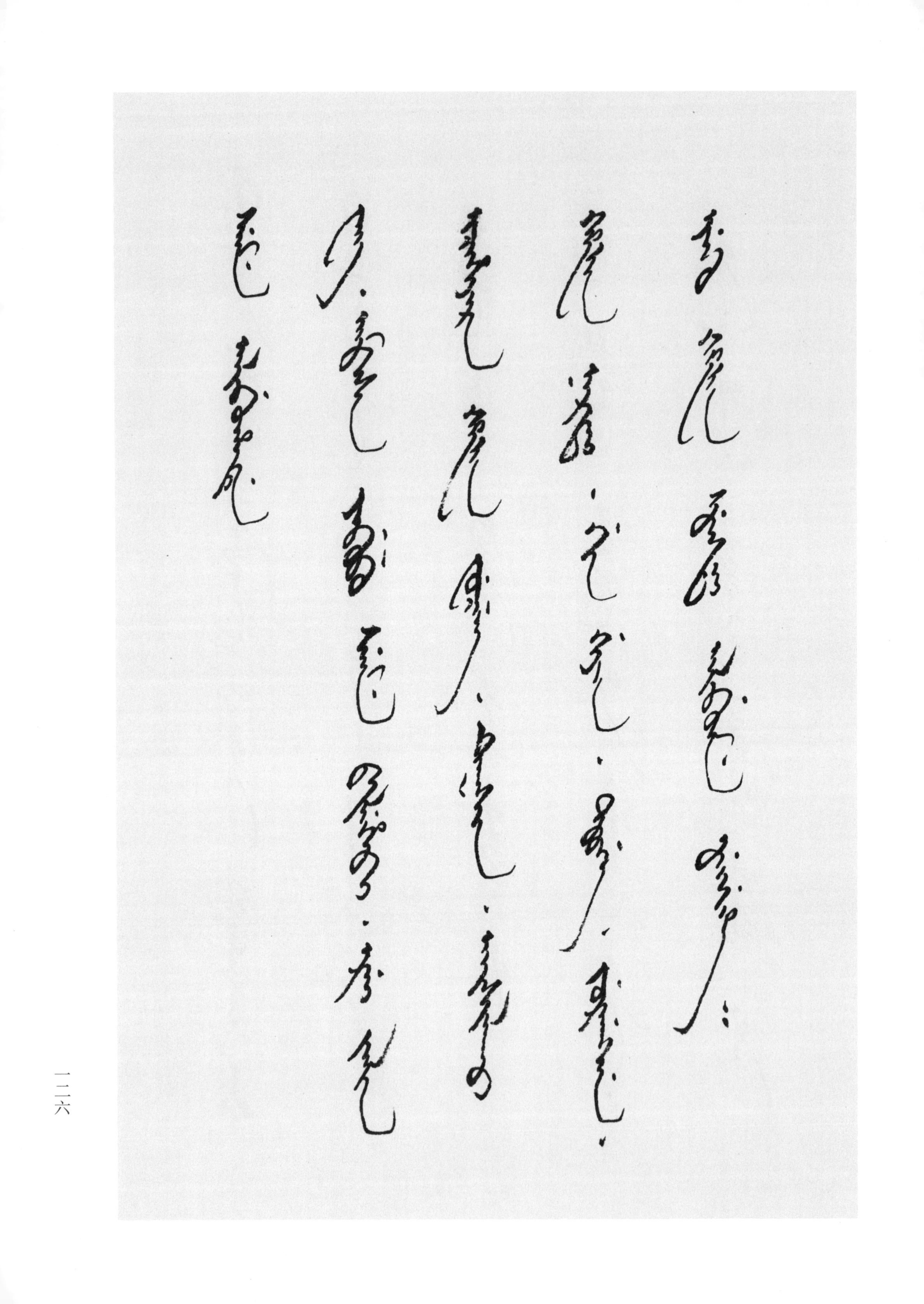

十日

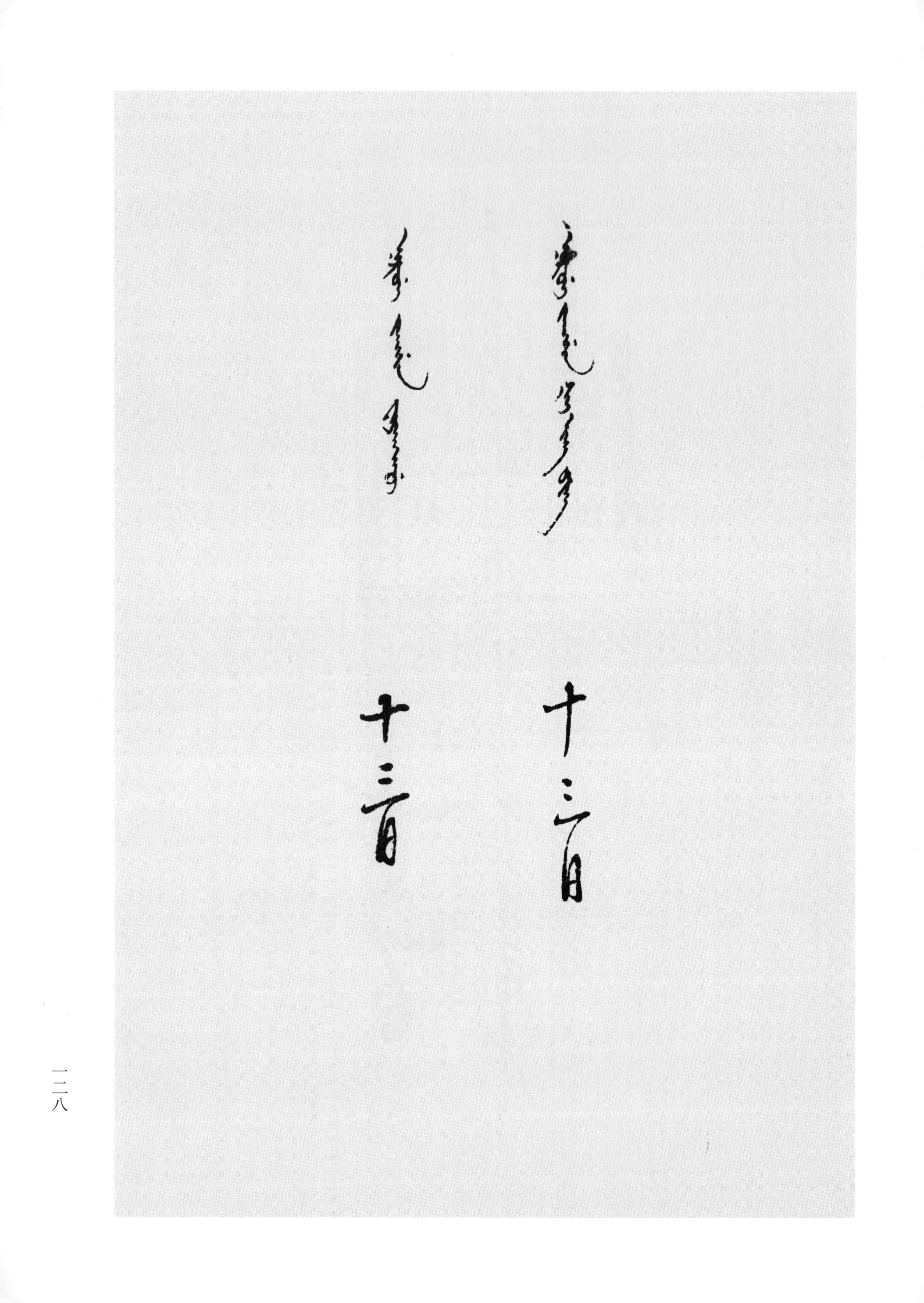

十三日

十三日

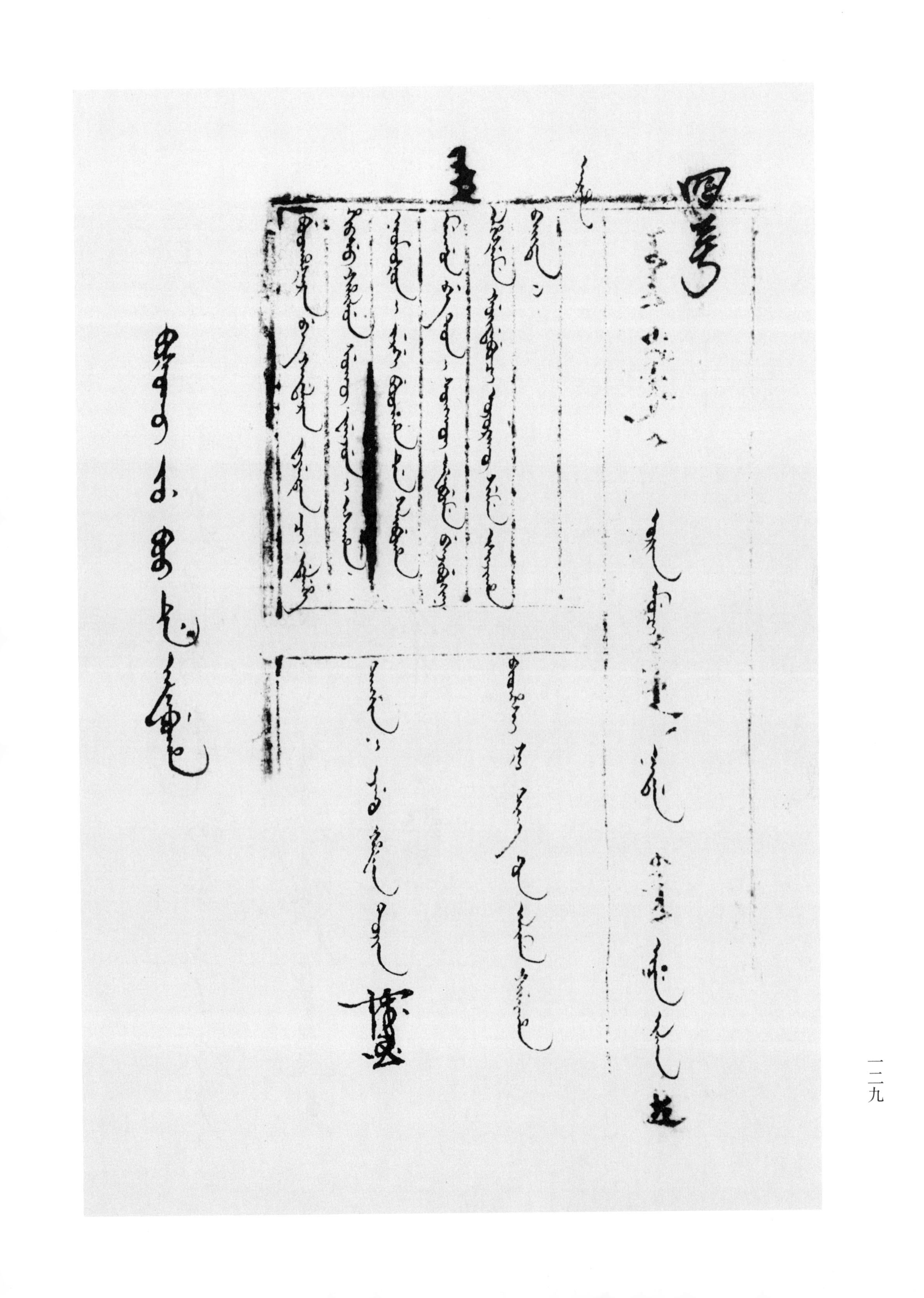

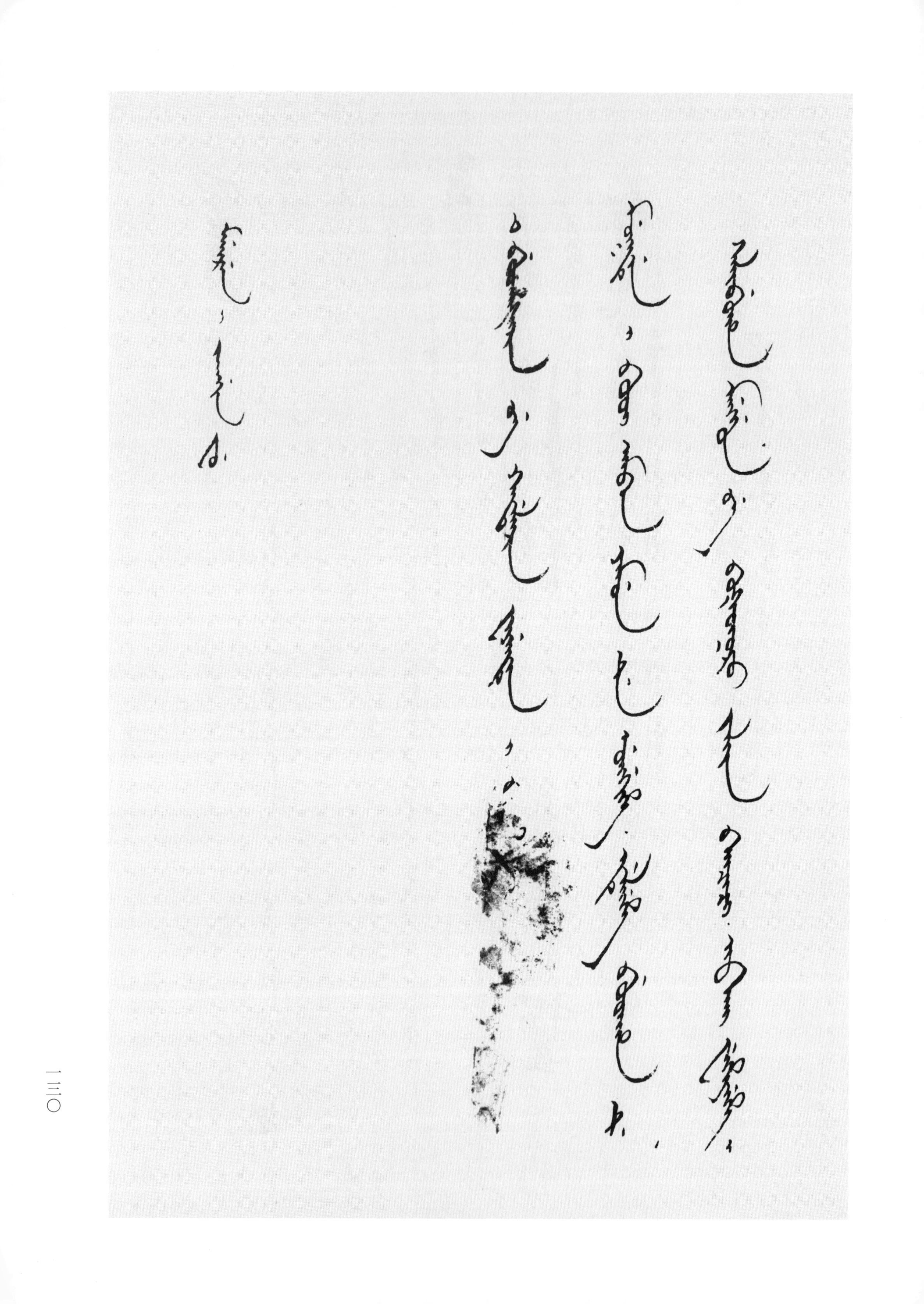

[illegible]

[illegible]

[illegible]

[illegible]

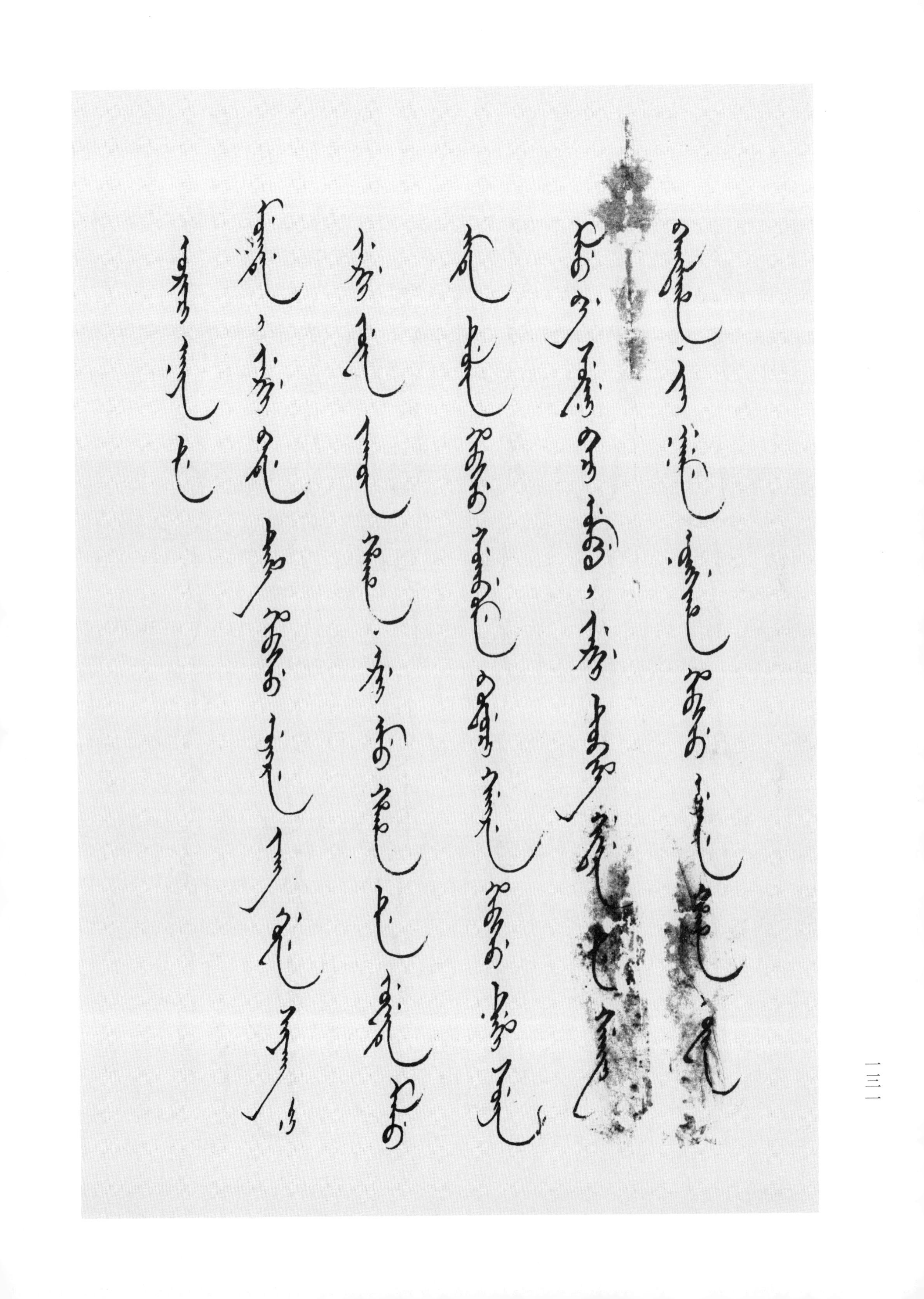

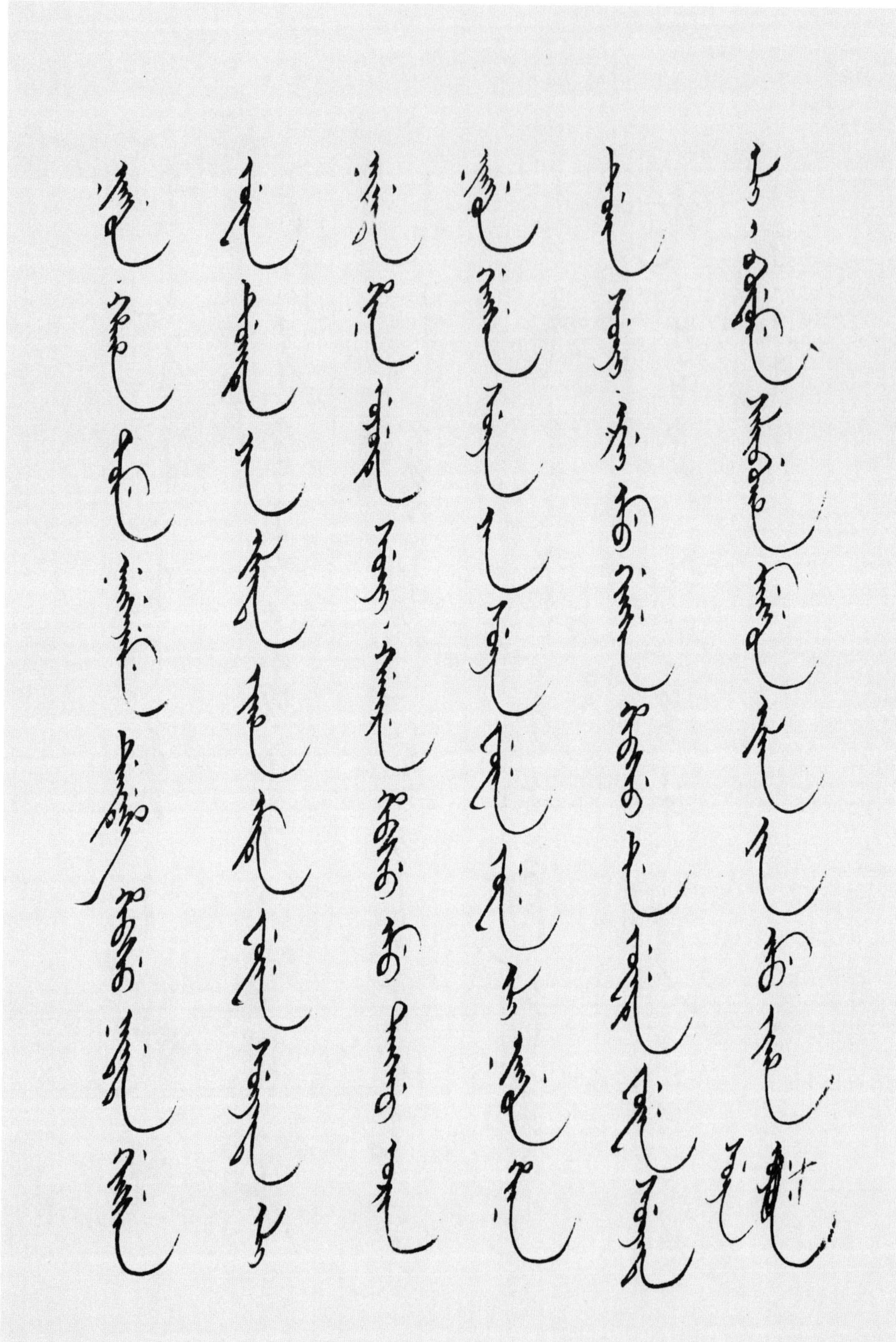

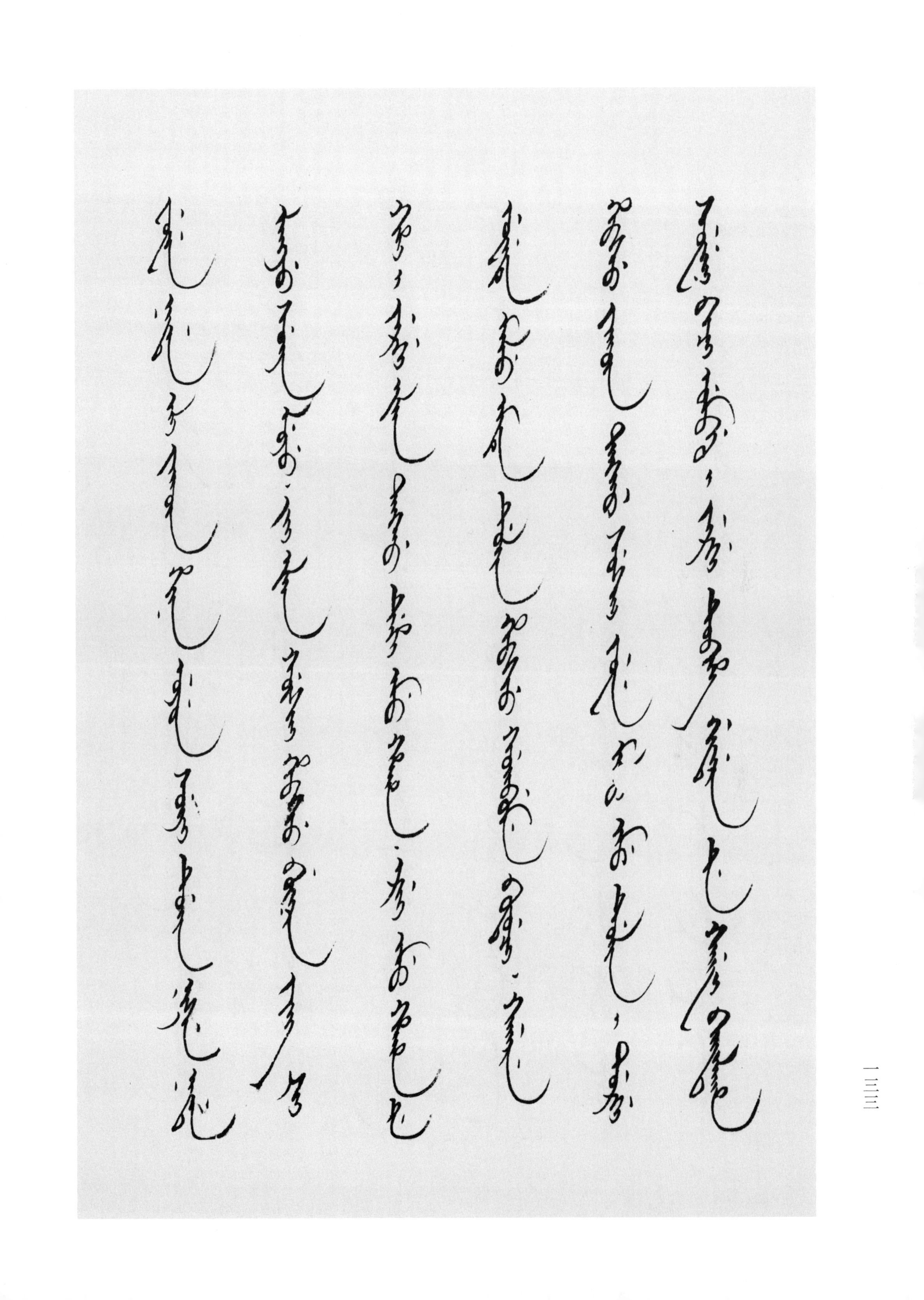

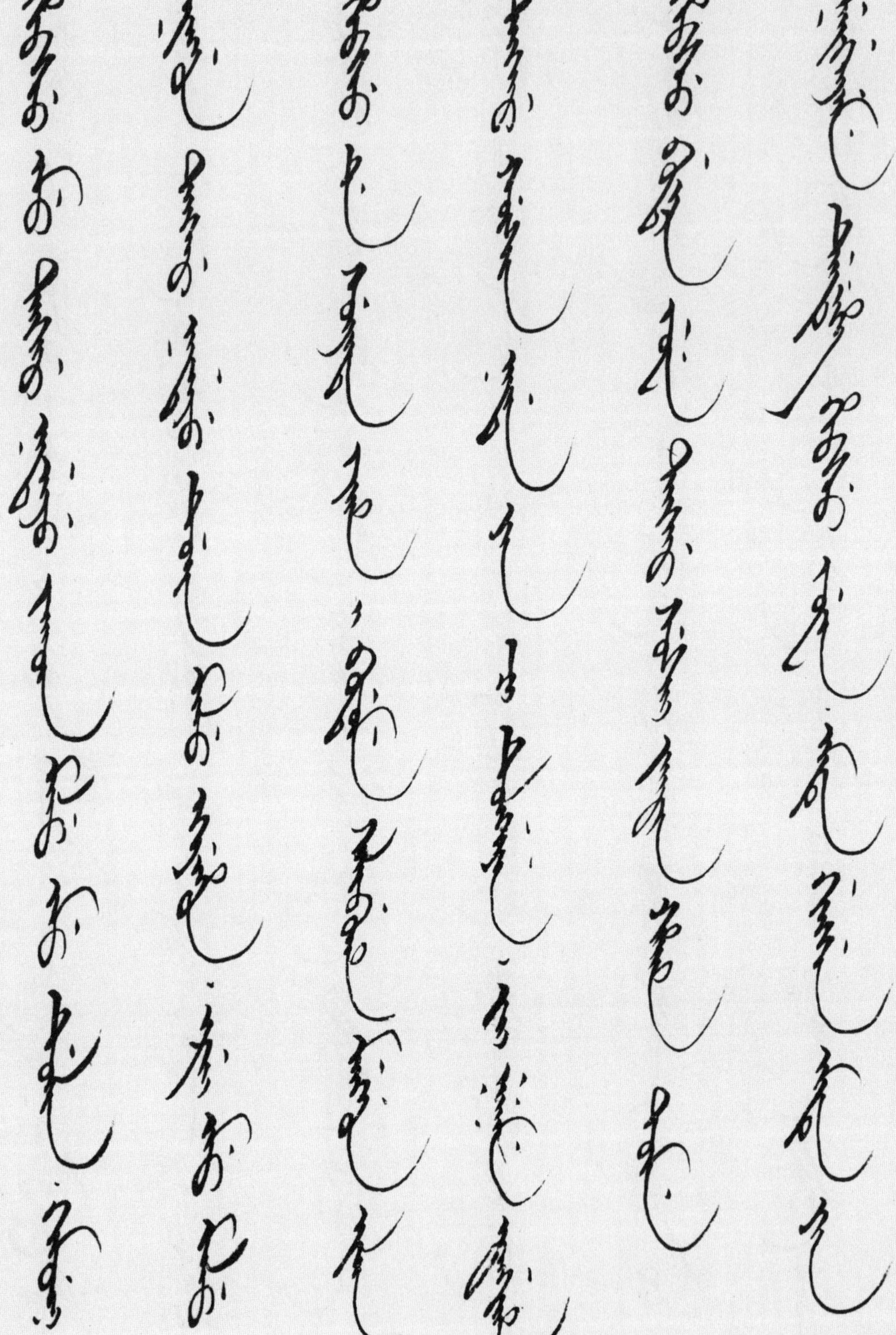

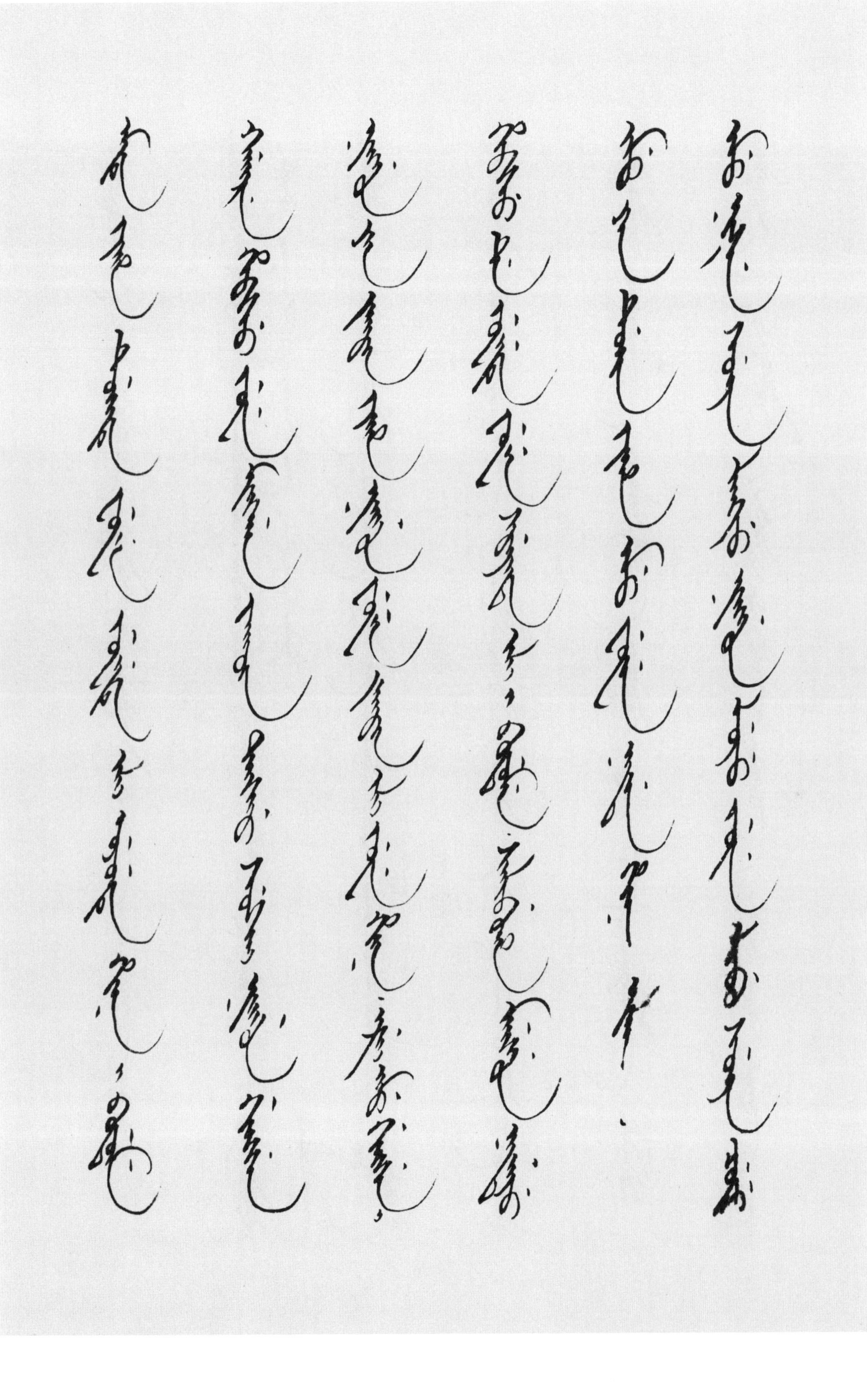

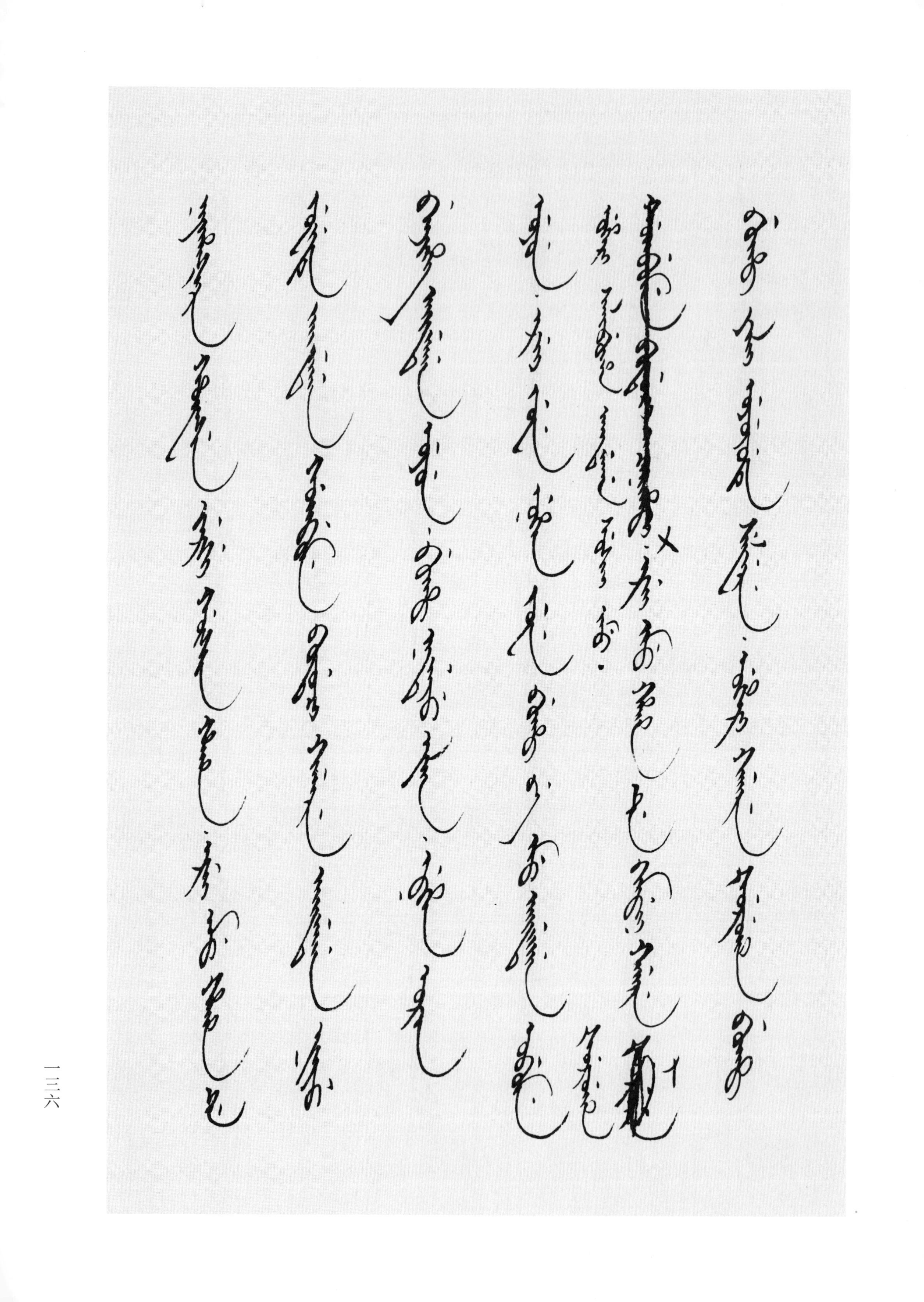

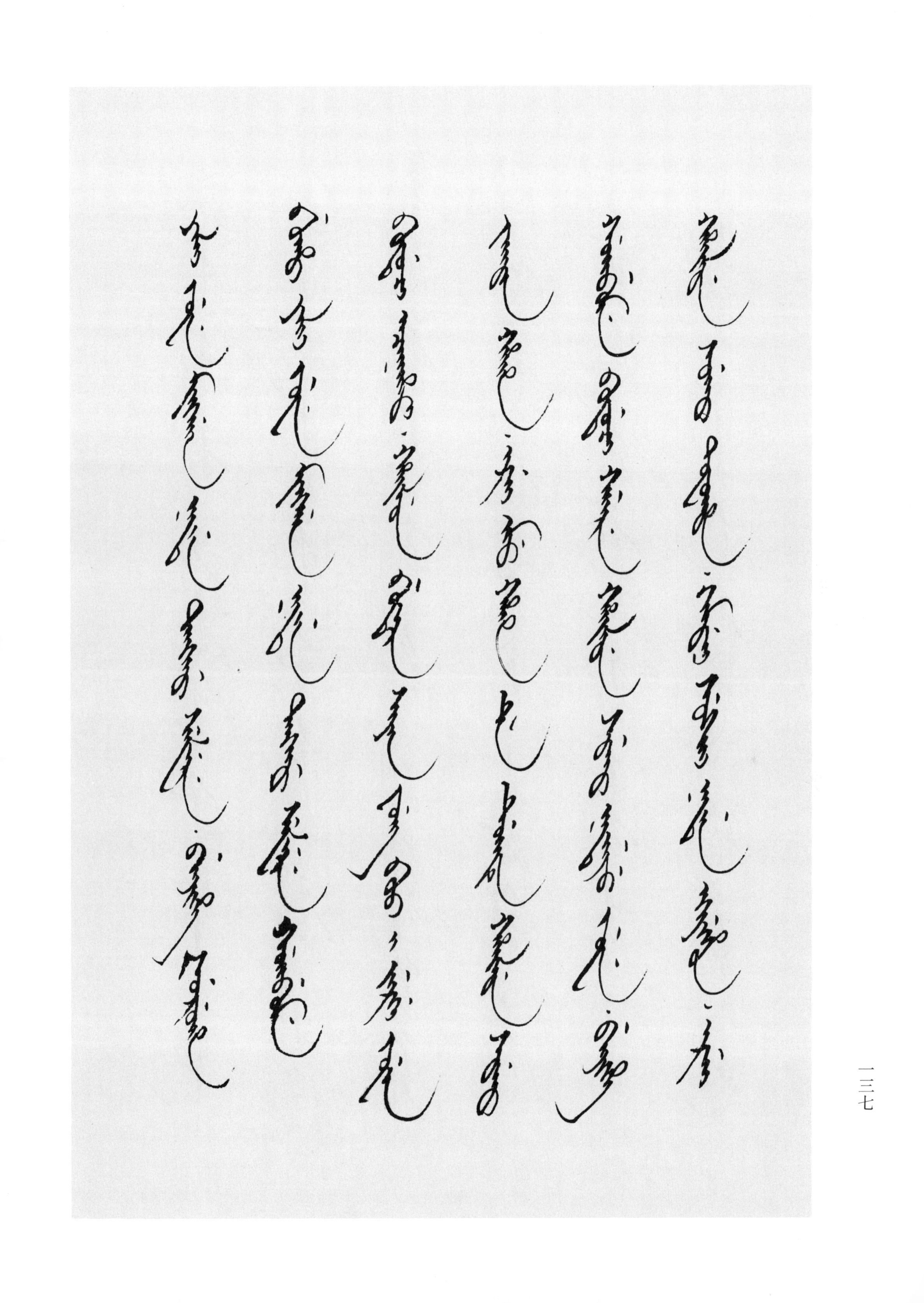

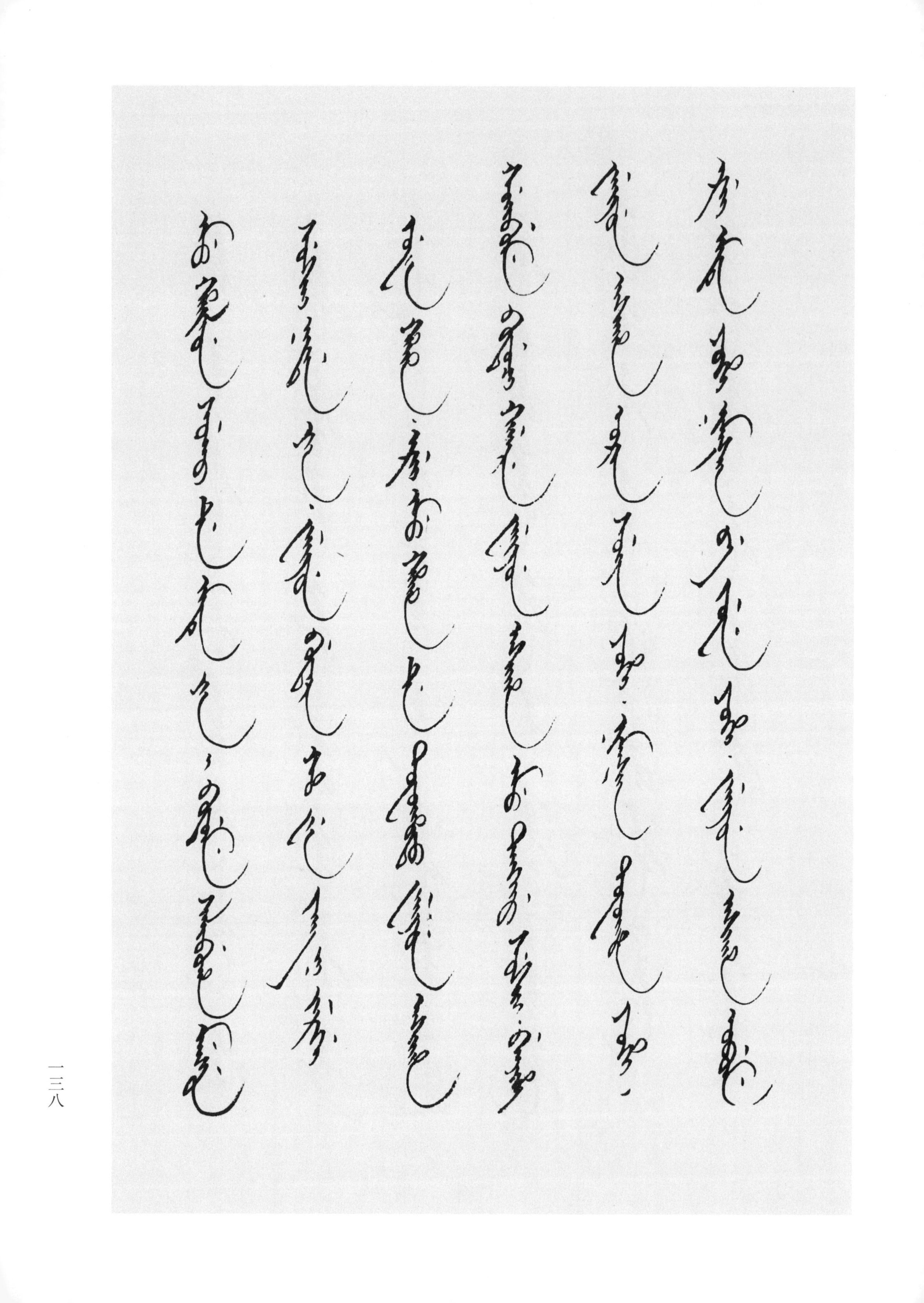

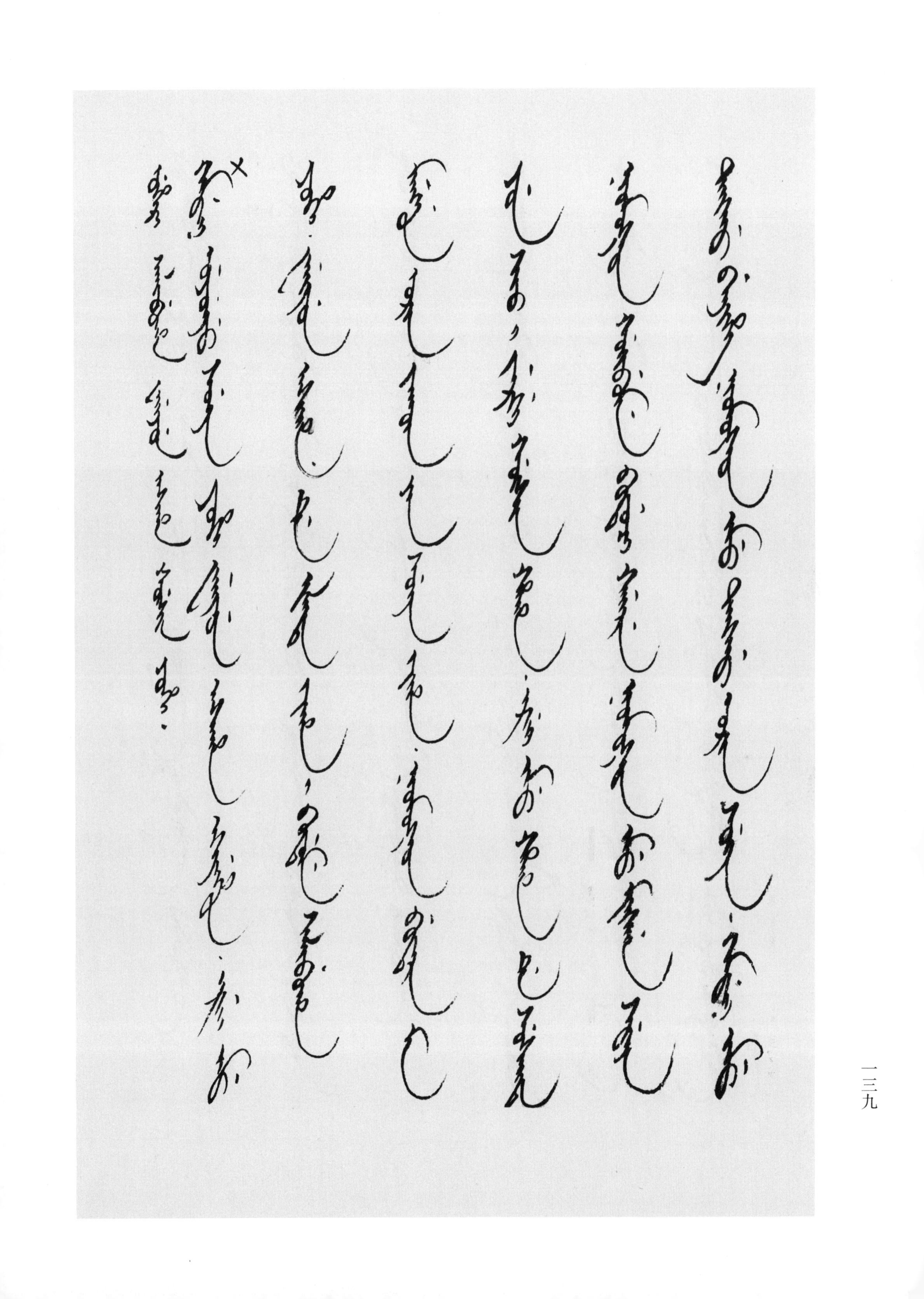

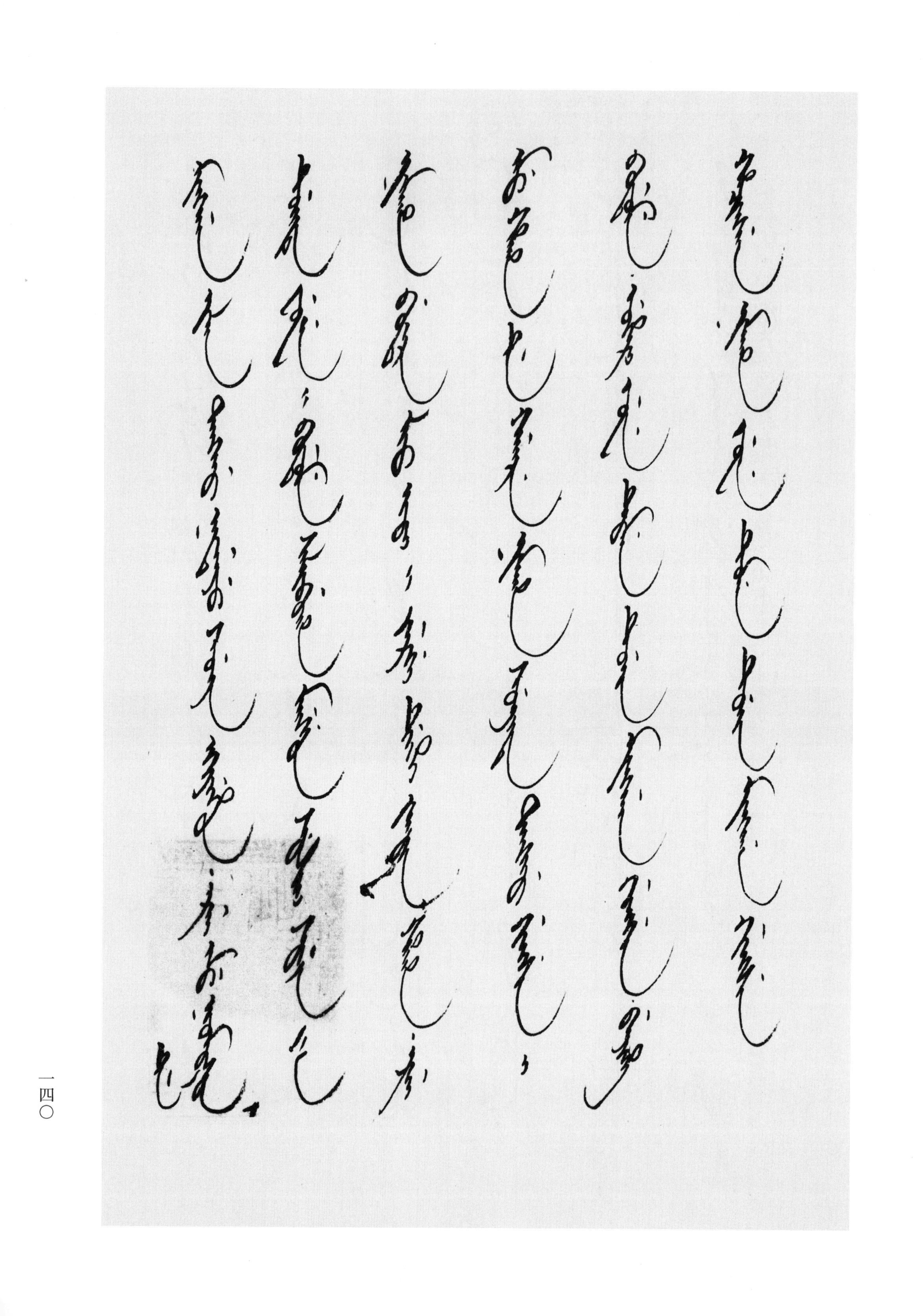

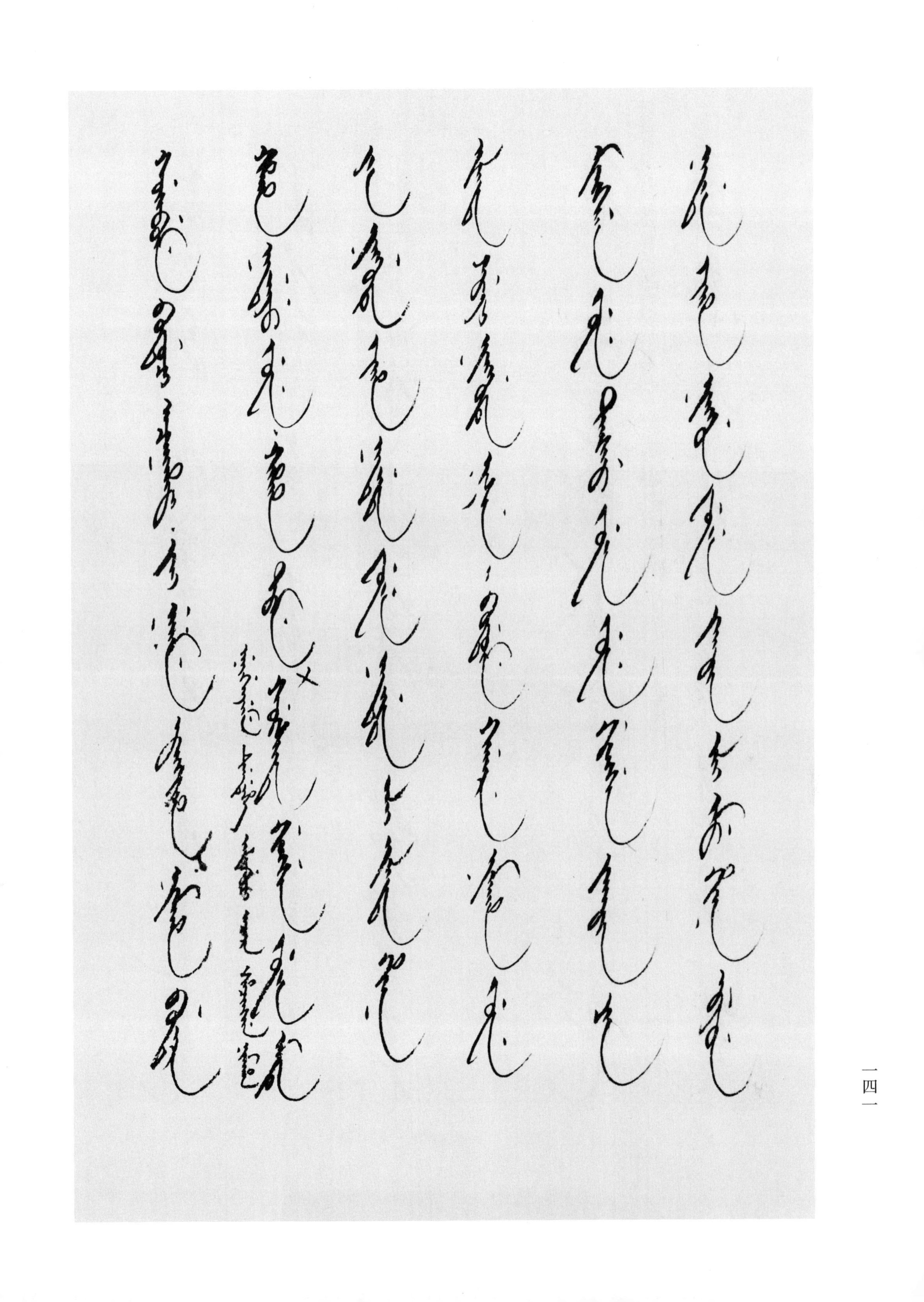

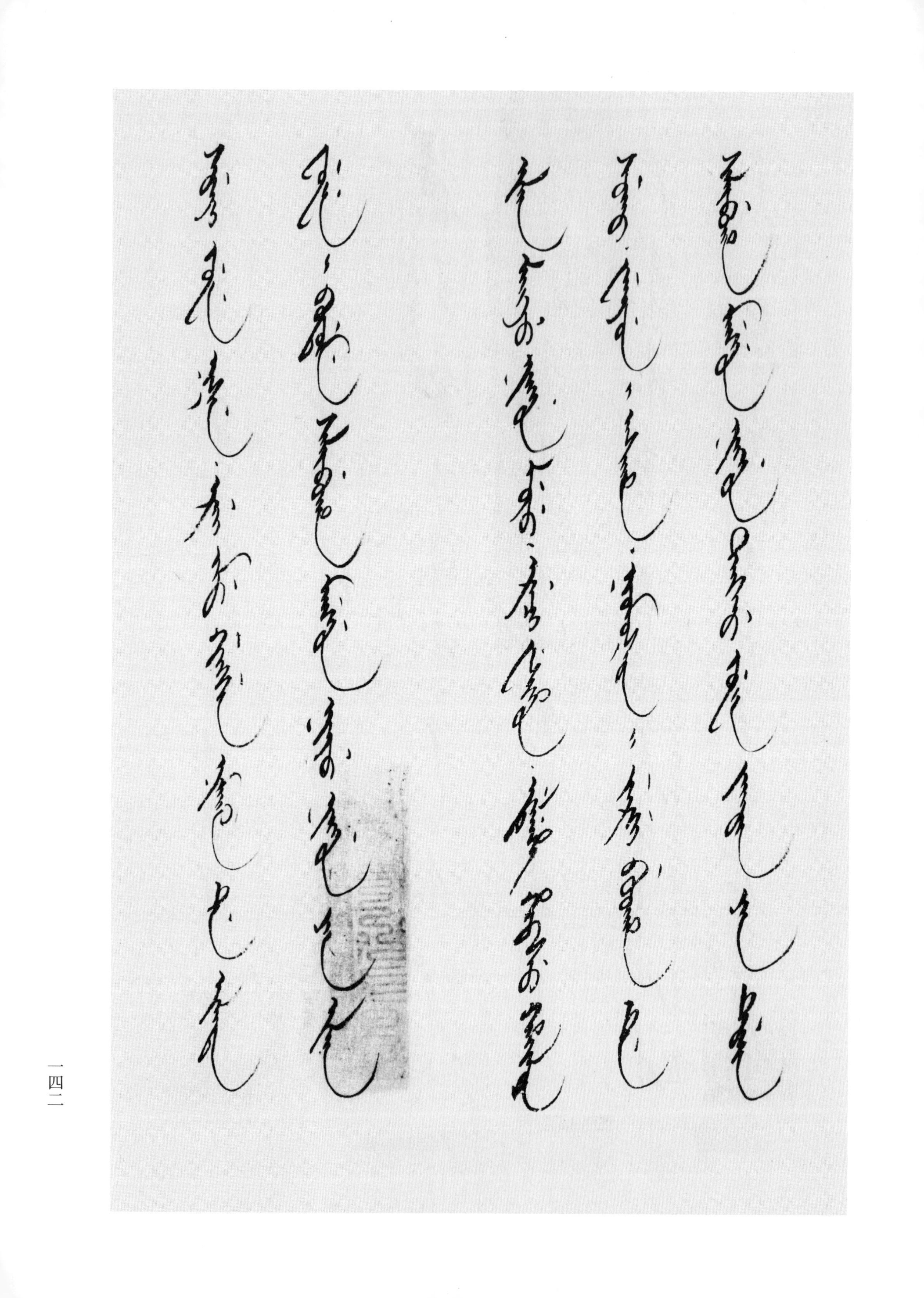

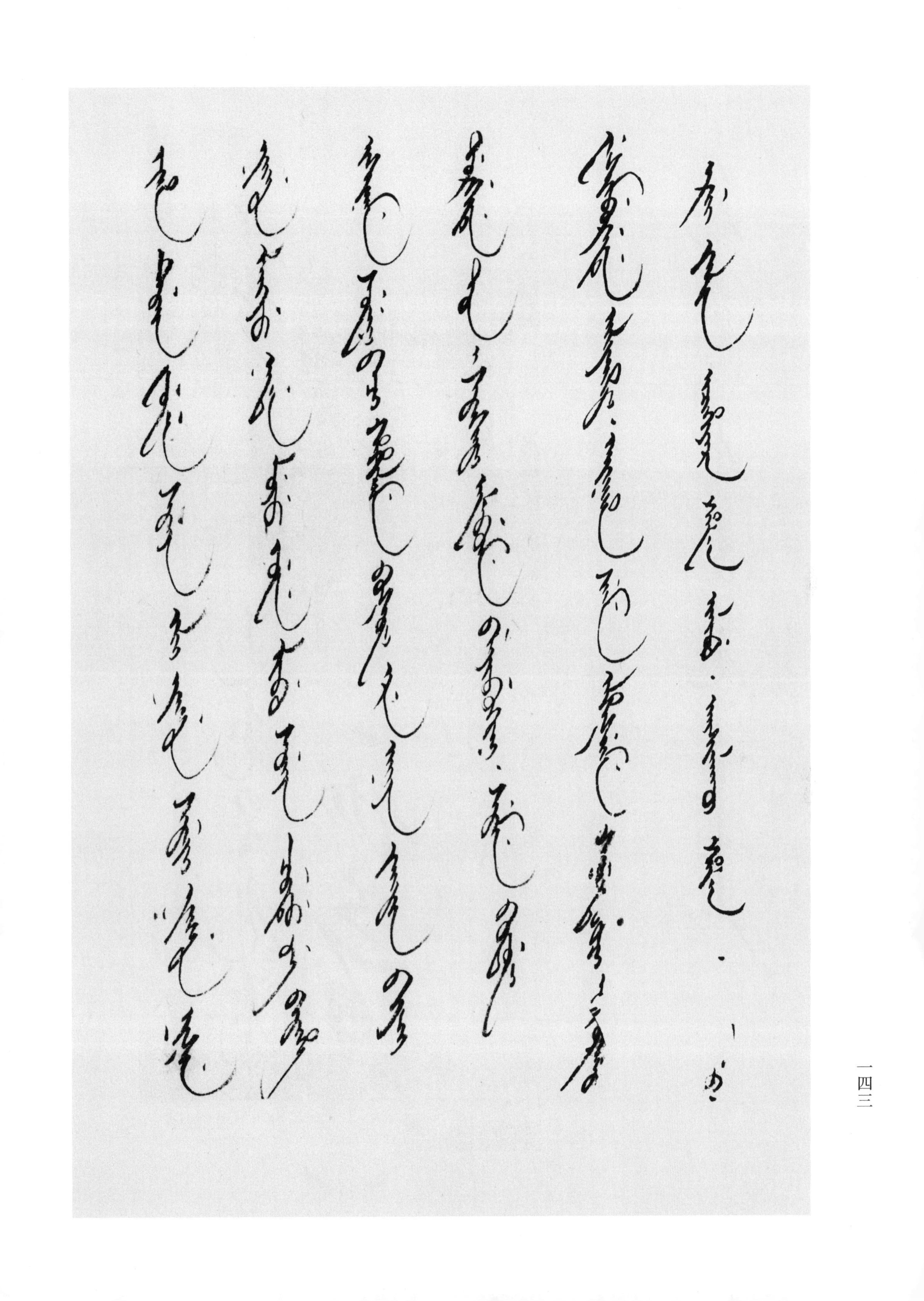

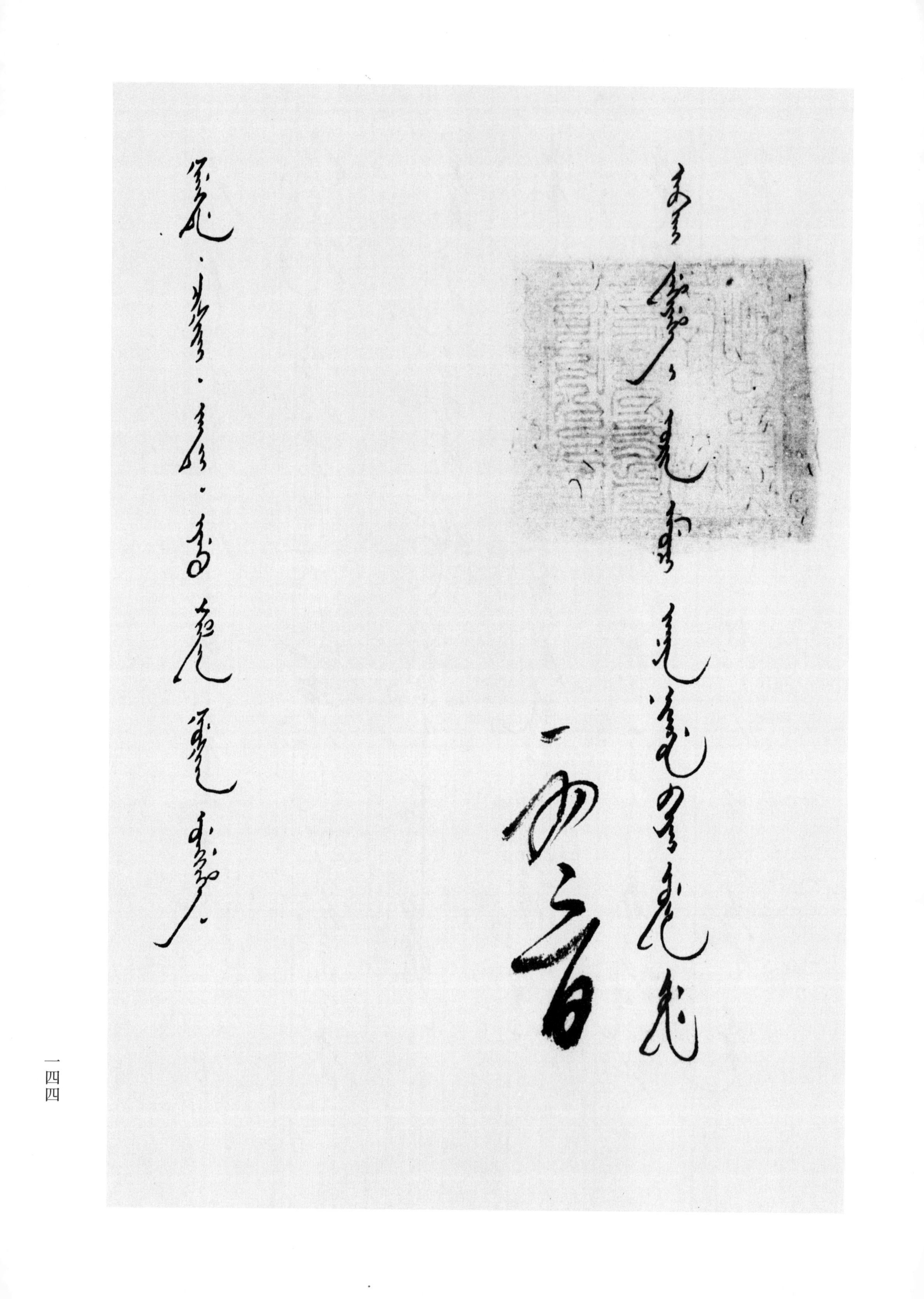

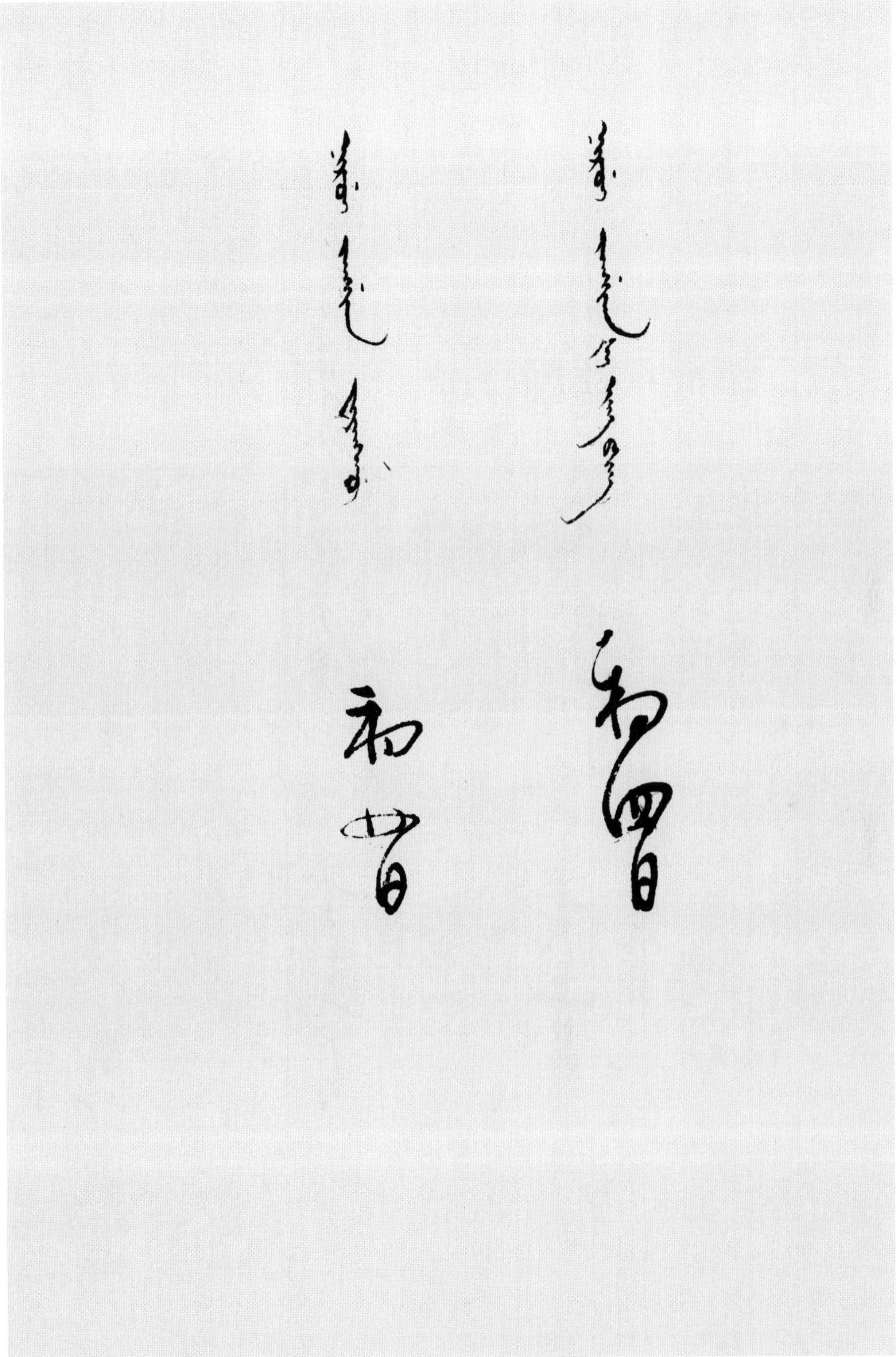

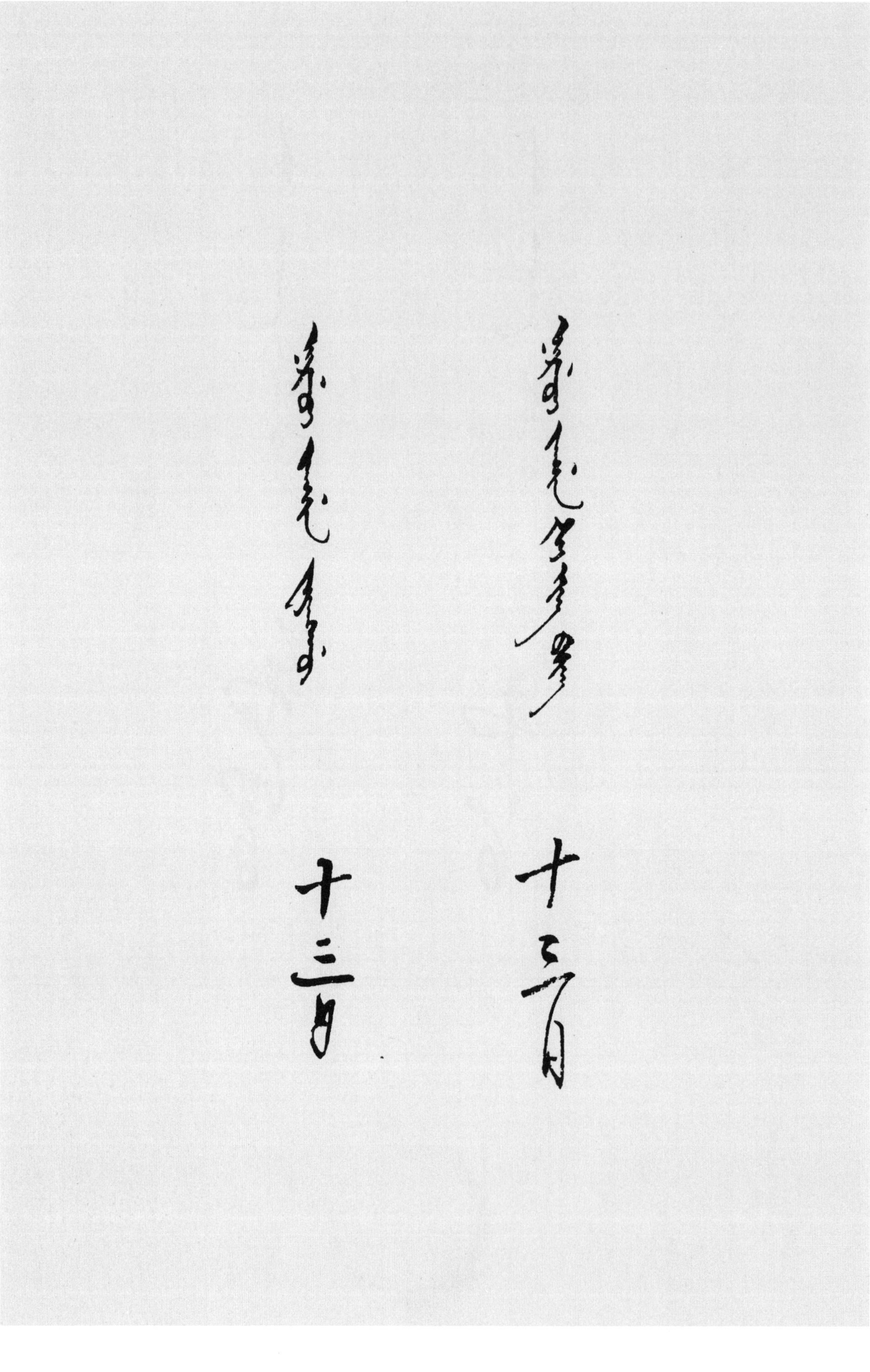
十二月
十三月

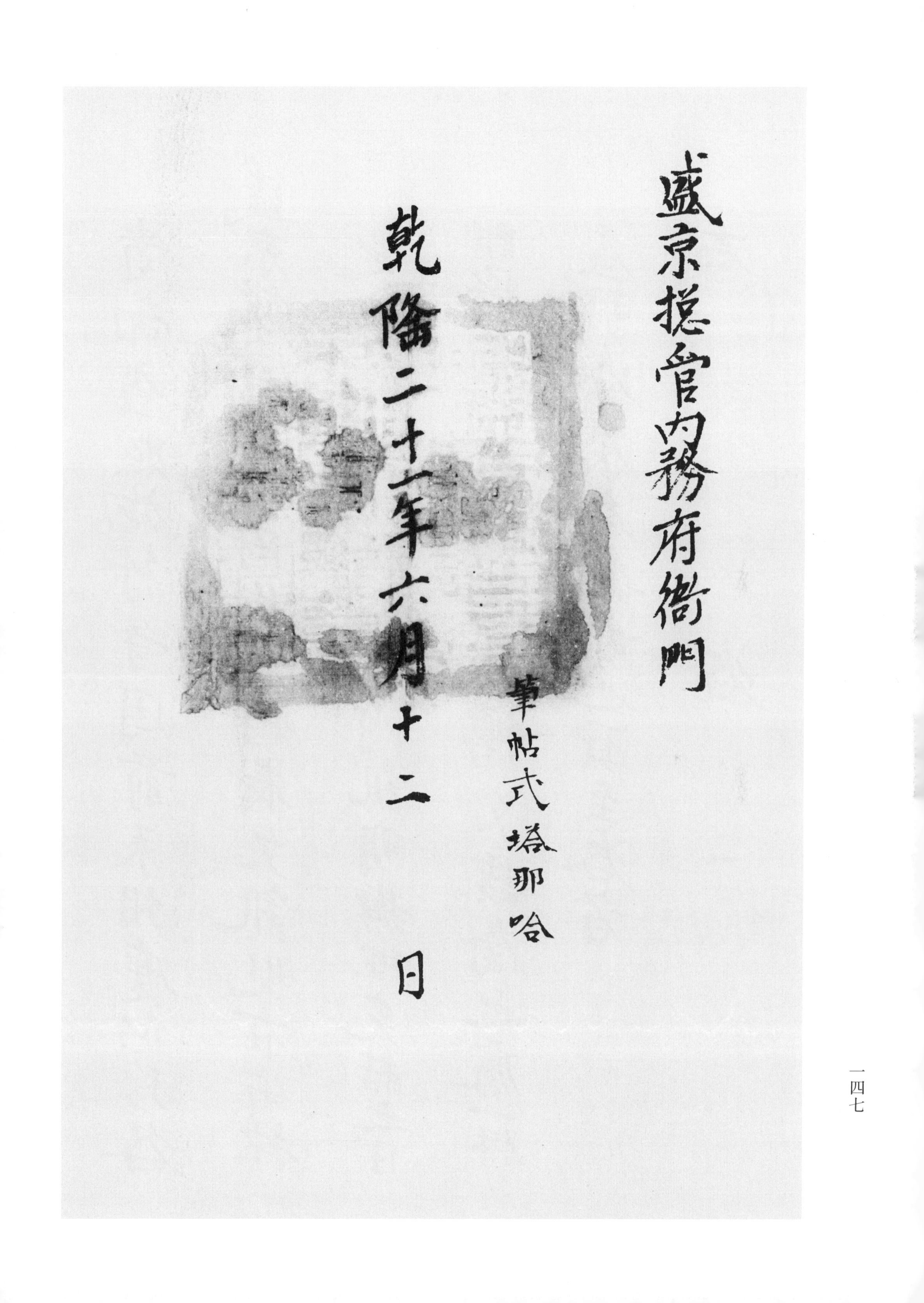

盛京摠管内務府衙門

筆帖式塔那哈

乾隆二十一年六月十二日

貴部查照施行等因前來相應仍移咨
盛京總管内務府衙門將張文凱現在所控
之案應俟内務府衙門訊明辦理完結之日
即將前項銀兩因何轉交該商之處一併
查明咨覆本部可也須至咨者
右　咨

盛京刑部去後今准衆称叁查乾隆六年八

月初四日准

盛京内務府衙門咨文張国衛因欠叁

票銀四十二两八銭咨送到部經本部于

十二月内將張国衛名下追出銀两照數咨送

盛京將軍衙門轉文該商在案相應咨衆

盛京户部為咨行事地畝司案呈前准

盛京總管内務府衙門咨查壯丁張文凱

之父張國衛願遇參票八張因托倉

䐧將伊家産变賣與本屬下壯丁羅相

卽將羅相認買産物所欠銀四十二两八錢照數交

盛京刑部在案等因前來本部隨咨查

浴

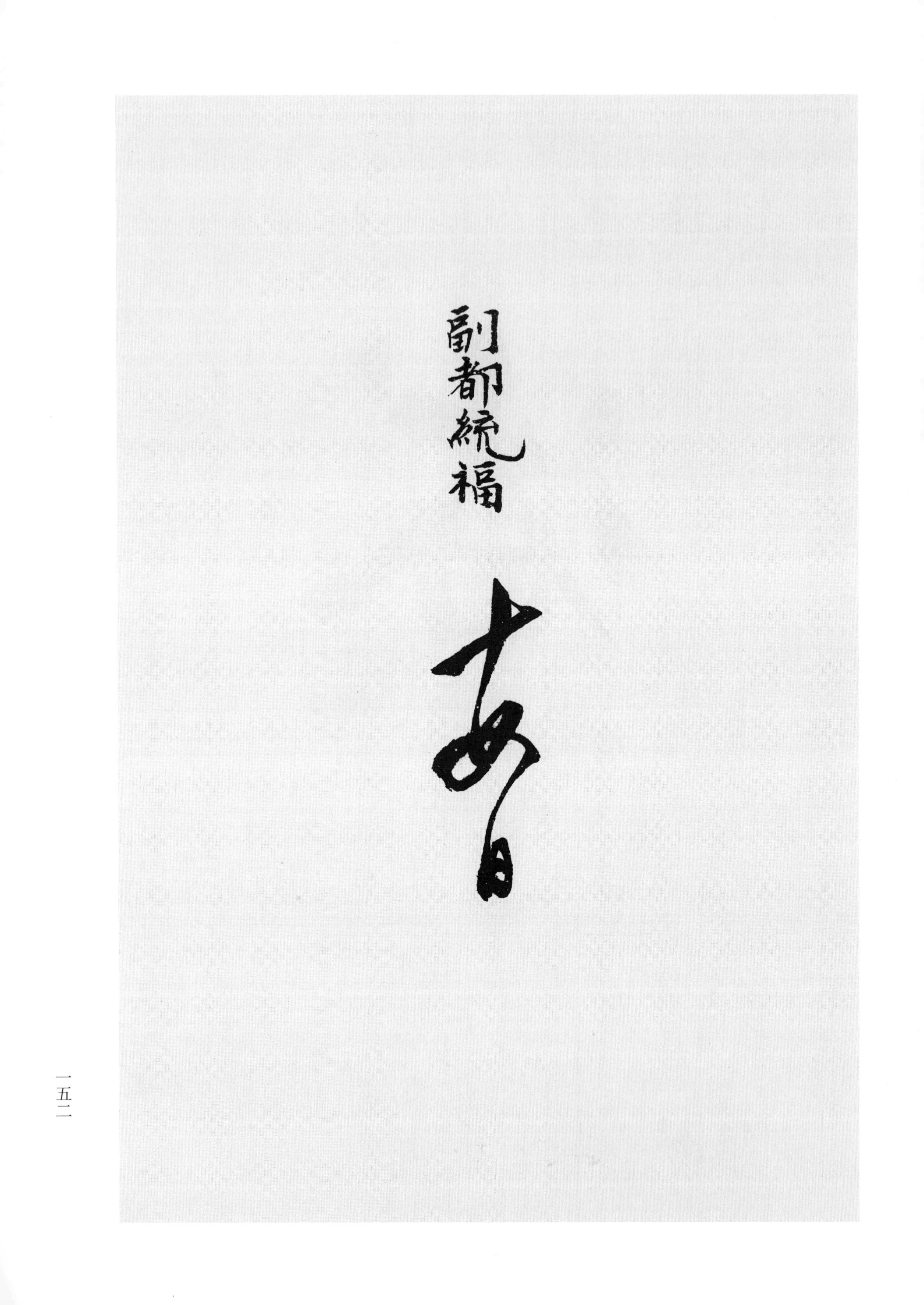

副都統福

盛京户部為將張文凱所控之案
俟訊明完結之日將前項銀兩
因何轉交該商之處查明咨
覆事

堂主事托 金 [signature]

值月筆帖式高超 接收

乾隆二十年六月十二日

抄一

十五號

ᠵᡠᠸᠠᠨ ᡳᠯᠠᠨ ᡳᠨᡝᠩᡤᡳ

十三日

ᠵᡠᠸᠠᠨ ᡳᠯᠠᠨ ᡳᠨᡝᠩᡤᡳ

十三日

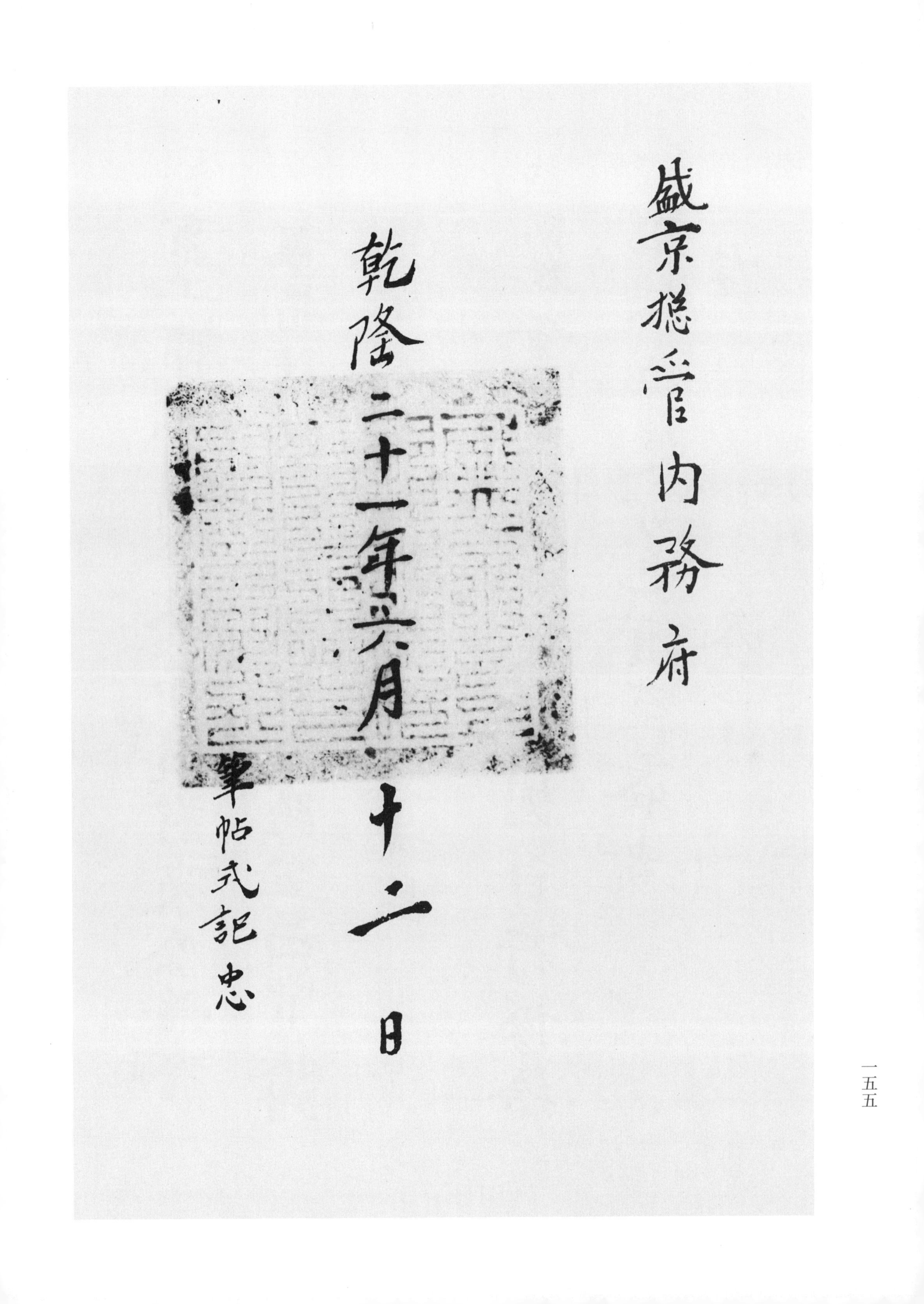

盛京總管內務府

乾隆二十一年六月十二日

筆帖式記忠

盛京工部照例給發等因前來除將本
部將磚灰劄行銀庫發給五品官侯瓚
銀兩採買給發外相應知照
盛京總管內務府查照舊例自行撥給
車輛拉運可也須至咨者
右　　咨

塊計用磚二百四十五塊炕墻三面湊長四丈
二尺砌磚一層計用磚四十七塊以上班房三
處共用磚四千七百一十四塊除旧照例添
新二成計添新沙滚子磚九百四十二
塊勾抿用白灰一百六十斤乞咨給發等
情移咨

用磚八百八十四塊。牆除門分位外湊長七丈九尺高一尺二寸，砌磚六層，每層裡外用磚一百七十六塊，計用磚一千零五十六塊。打炭炕二鋪，沿牆湊長二丈二尺高一尺二寸，砌磚五層，每層用磚二十五塊，計用磚一百二十五塊。鋪面磚五道，每道用磚四十九

四塊白灰一百六十斤應用在案今此板
班房做新搭蓋拆卸舊有磚塊不敷
應用合照例添新渣班房二處每處計
三間每間面闊一丈進深一丈一尺鋪基
面磚一層長三丈零六寸寬一丈二尺六寸
鋪磚二十六道每道用磚三十四塊計

五月二十九日准

盛京總管内務府咨開營造司案呈據

宫殿達福禄呈稱查得

宫殿内板班房二處前因做新搭盖所需

磚灰于乾隆十三年閏七月内呈行

盛京工部照例發給沙滚子磚四千七百一十

内

咨

盛京工部為知照事右清吏司案呈本年

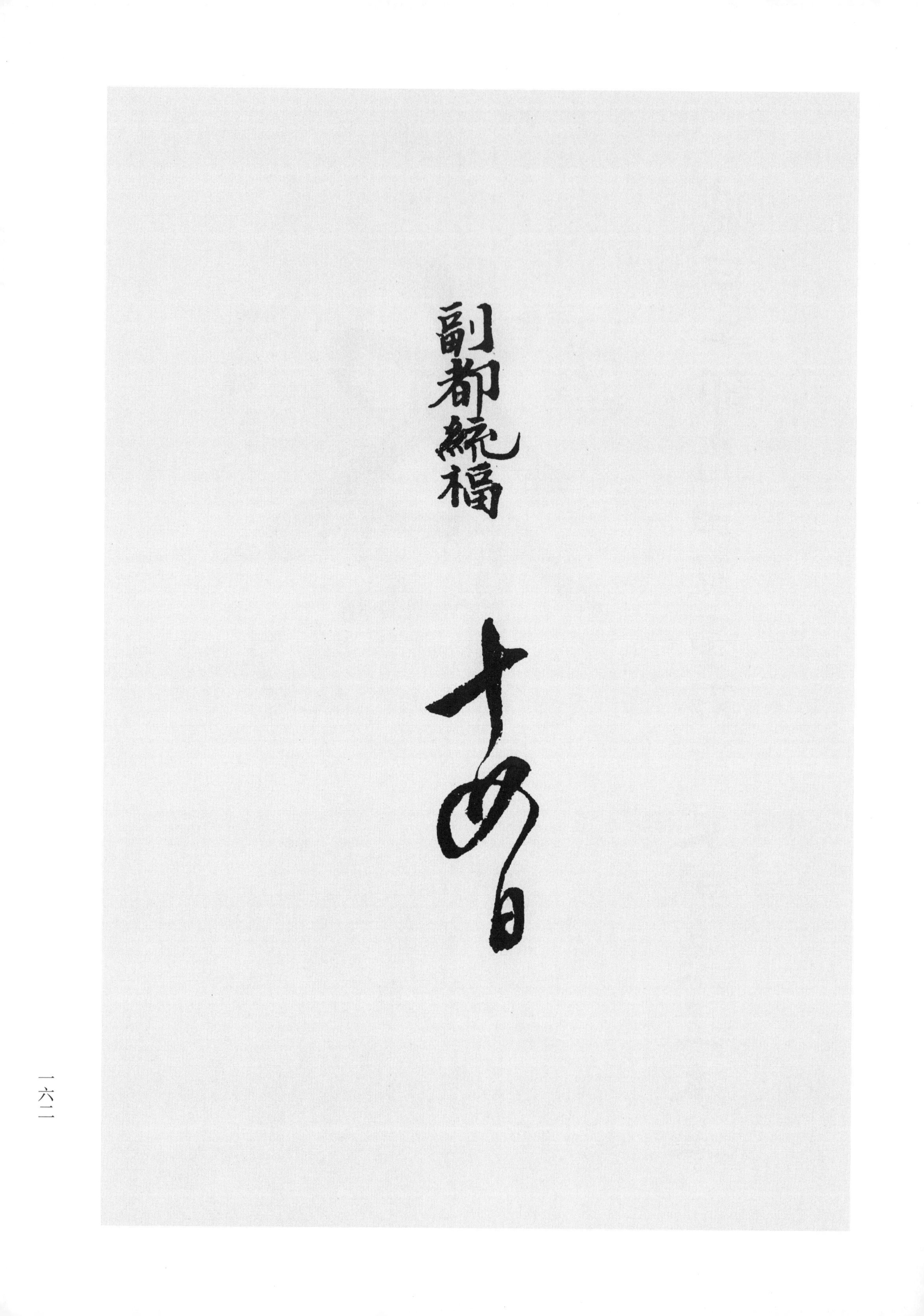

副都統福

十四日

盛京工部爲將採買磚灰查照
舊例自行拉運事

堂主事托金 [illegible]

值月筆帖式高超樓收

抄

十四号

乾隆三十年六月十二

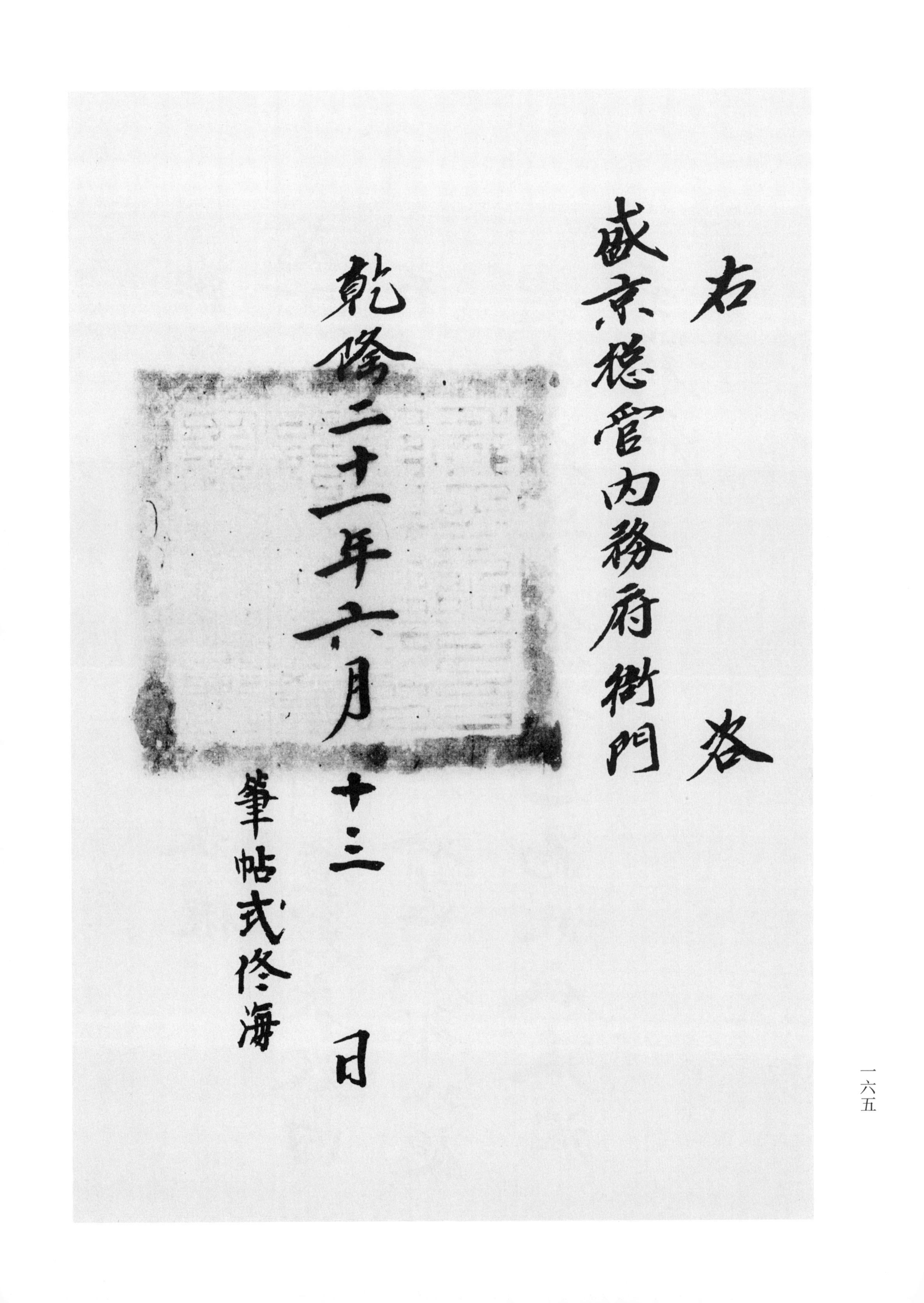

右　　　咨
盛京總管内務府衙門
乾隆二十一年六月十三日
筆帖式佟海

辦理等因前來相應咨催
盛京總管內務府衙門查照來咨內
事宜作速編審造册咨送本部以便
彙總咨送户部可也為此合咨須
至咨者

旨知道了欽此欽遵相應移付將應編審
丁壯三代細數造册務于九月十五日以
内俱各送部查核照例奏
聞等因前來相應行文
盛京户部如有應行之處一体轉行遵照

前往編審如有將不及五尺稚子除

名之丁壯隱匿等情自該都統將軍

副都統以至領催等議罪恭候奉

旨之日臣鄂遵行謹奏請

旨乾隆二十一年四月二十八日奏本日奉

九月十五日以内收齊送部其身不及
五尺可疑之稚手滿洲蒙古漢軍人
内有應除名壯丁着各該旗都統副
都統驗看果係寔情准令除名再烏
拉布褳哈丁壯臣部仍派章京筆帖式

盛京江寧等省駐防滿洲蒙古漢軍
都統將軍副都統交與各該佐領驍騎
校領催等將滿洲蒙古漢軍陳蛋子
投充漢人三代細數按戶開明合編審
之佐領驍騎校領催等出名具保于

盛京户部　為咨催事檔房案呈准户部咨開山東清吏司案呈乾隆二十一年四月三十日准南檔房傳抄內閣臣部于乾隆十八年查編丁壮記檔外今又三年係編審之年傳飭京城

副都統福

盛京戶部為將滿洲蒙古漢軍陳
蠻子投充漢人三代細數作速造
冊送部以備彙稽咨送事

堂主事托　金

值月筆帖式高超接收

乾隆二十一年六月十三

秋

十六號

ᠵᡠᠸᠠᠨ ᠨᠠᡩᠠᠴᡳ ᡳᠨᡝᠩᡤᡳ

十七日

ᠵᡠᠸᠠᠨ ᠨᠠᡩᠠᠨ ᡳᠨᡝᠩᡤᡳ

十七日

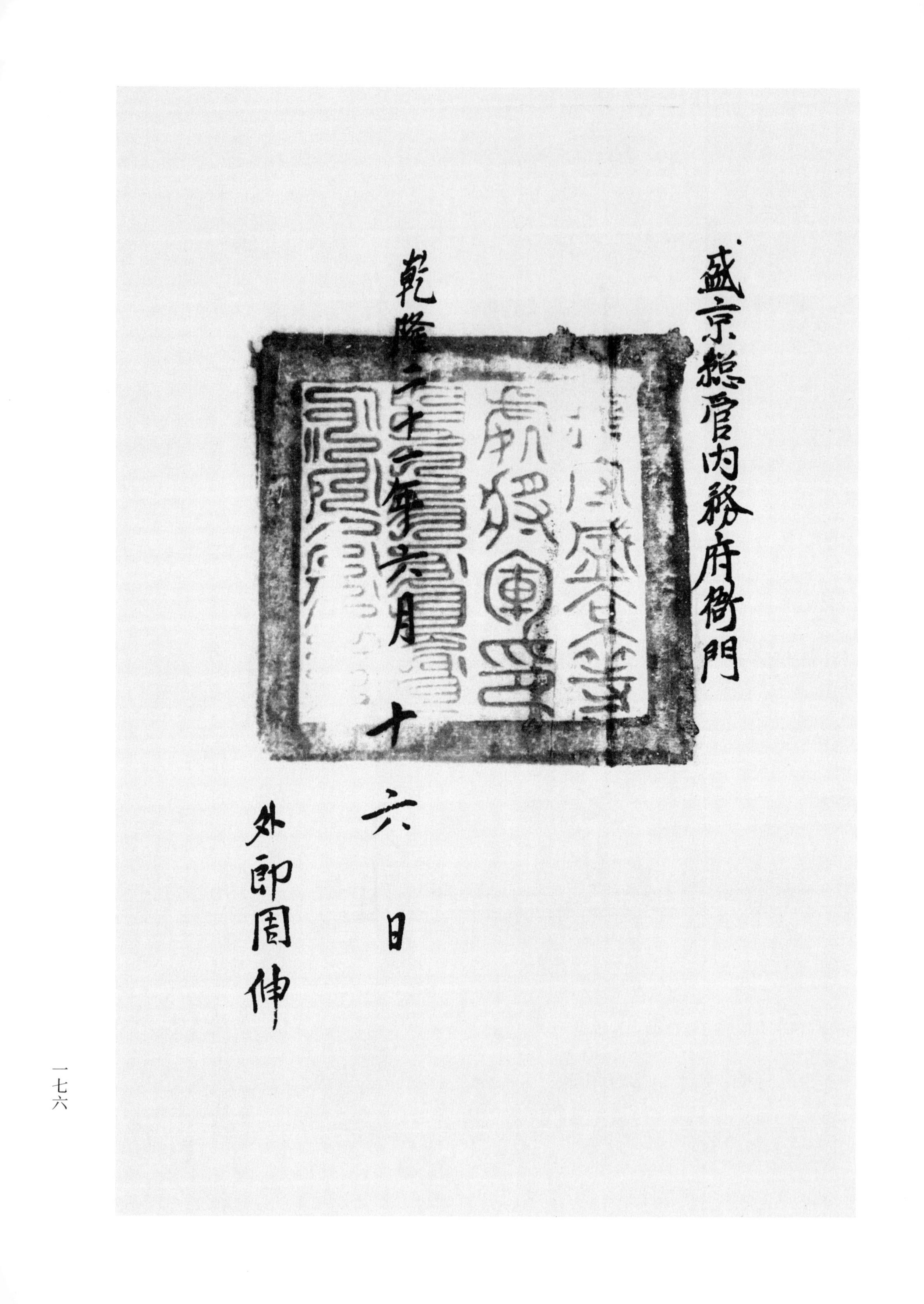

盛京總管内務府衙門

乾隆二十六年六月十六日

外郎周伸

盛京總管內務府衙門轉飭該佐領即將張国
用是否石英平佐領下壯丁項七之子之處查
明出具印結咨覆本衙門以便辦理可也等情
據此為此合咨須至咨者

右　咨

早戝寔無憑可考煩為轉行内務府衙門張

国用果係項乜之子是否之處查明劄交前來

早戝再行究結辦理可也并呈前來理合將該

界章京呈申之由呈明衙門煩為轉咨查内

務府衙門俟文到日再行交飭該界處查照

辦理可也并情擬此相應移咨

礼小的寔難憑信伏乞轉行查察張国用果係
項七之子是寔小的焉敢不容回贖等情據此
随詢原告人張国用據供小的寔係包衣廂黄
旗石英平佐領下壯丁項七之子現有二輩指
毋可照伏乞轉行查照小的如有假冒之處情
干認罪各等情據此查得兩造之是否之處

不知情等語據顧三[illegible]等供稱小的[illegible]親在日原
從元家興淂項七名下紅册地二十九日草房三
間住種小的父親死去多年今有張国用控告
徐寬霸佔不[illegible][illegible]由小的[illegible]史在不能
深知但現在紅册原係項七之名張国用口稱伊
係項七之子如寔係項七之子其有父子兩姓之

劄者等情奉劄文到隨飭該界章京查訊辦理去後茲據正紅旗查界佐領阿力善呈稱奉劄隨將案內人等傳喚前來逐一詳細究訊問據被控之徐寬供稱小的祖徐家祿在日原典得項七名下紅册地二十九日草房三間住種後來不知怎麼典到顧家之處彼時未生小的是

等因呈遞前來相應將原呈抄錄移咨

盛京將軍衙門轉飭該界就近秉公審訊完

結咨覆本部外並令原告張國用自赴該處聽

候審訊可也等因准此相應將原單抄錄一併

劄文查界協領轉飭該界官遵照部文辦理

完結呈報衙門可也等情據此爲此合劄須至

鎮守

盛京等處將軍衙門　為咨覆事左户司案呈

據查界協領查明阿呈稱奉衙門劄開左户

司案呈准

盛京户部咨開地畝司案呈據包衣廂黄旗壯

丁張國用呈控徐寬霸佔房地不准回贖一案

副都統福

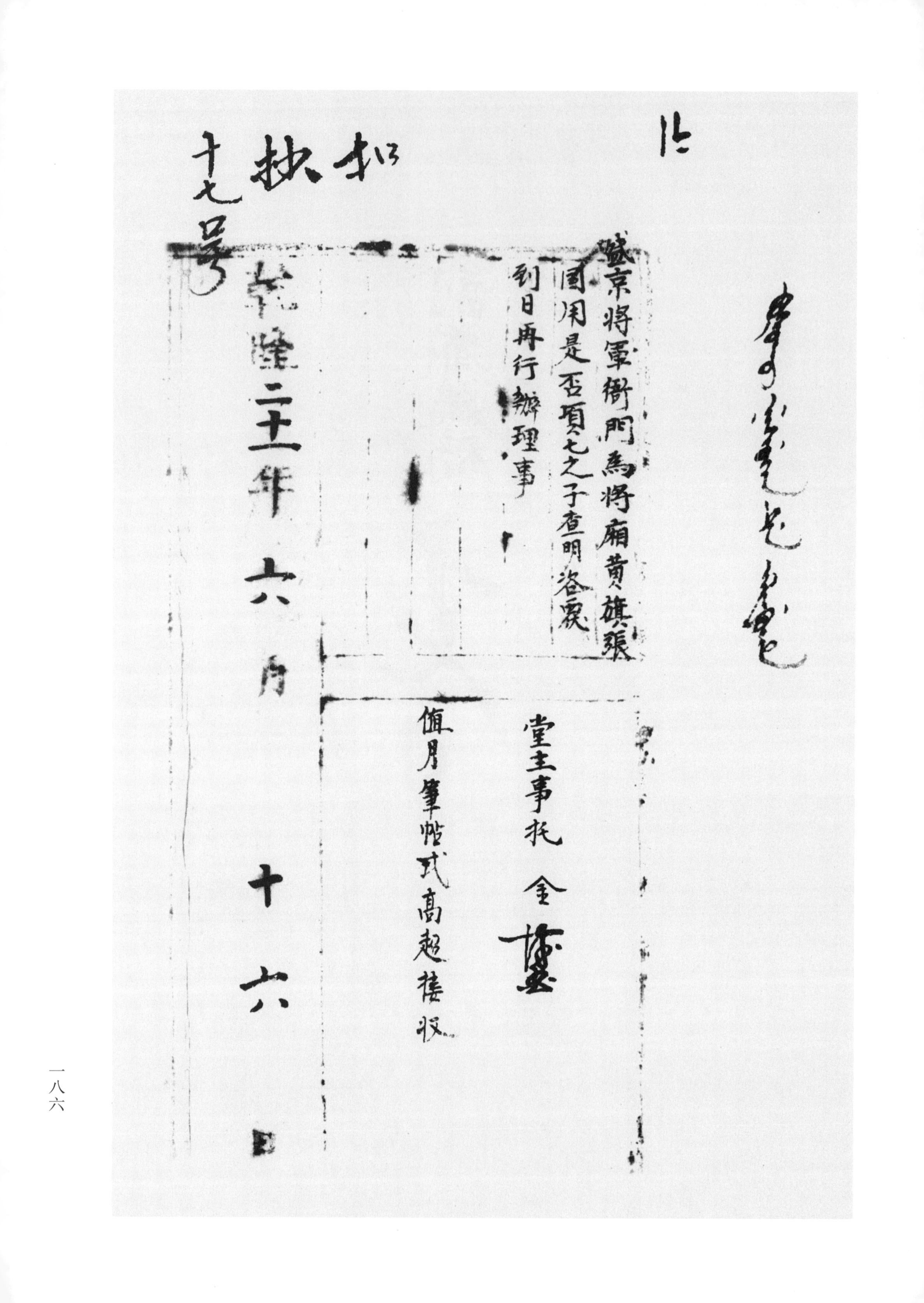

片

盛京将軍衙門為将廂黄旗張
國用是否頂七之子查明咨覆
到日再行辦理事

乾隆二十一年六月十六日

堂主事托　全

值月筆帖式高超揆收

十七号

盛京將軍衙門可也為此上呈等情據此為此上呈

乾隆二十一年六月

三司木匠領催園頭庄頭等速將跟役刘三亟嚴加查拿務獲呈報

若無所將無有之處具結呈報等因傳諭去後今據本三旗三司所

屬百總張維全千總德石國碧錦花盐啟庄頭呂文廣王士魁肖刘

住木匠領催李明珠趙國昌吳兆龍園頭將起政崔孔英李文奎

庄頭汪進龍耿忠齊國相等呈稱伊等遵飭隨將本屬壯丁等挨

門遍户逐一詳查並無逃跟役刘三今甘是定屬此具結呈報前來等情

據此相應咨覆

府轉行船廠將軍黑龍江將軍
盛京將軍將跟役刘三嚴拿務獲審訊明確遵照原奉
上諭及本部通行分別辦理可也等因准此相應移咨爲此合咨貴將
軍查照轉飭各屬嚴緝逃役刘三務獲審訊遵照辦理施行可也
等因准此相應移咨
盛京內務府總管衙門轉飭所屬將逃役刘三嚴緝務獲審訊遵照
辦理可也等因抄出隨出示曉諭本三旗六百撥掃花盐靛庄頭再

們住的舖內拔出刀子趕着我要殺被舖內的民人拉開了我係蒙
古人不知法律無處告訴就來了等語我起初僱了帶來的時
候泉立了中保帶來的契紙在伊存處已被偷夫刘三拿了二十
兩銀子躲避在下了以此看來逃走是寔等情據此應咨辦理烏
里雅蘇台事務大人處查明辦理等因據此相應咨部行文應行
處所辦理等因相應移咨刑部查辦等因前來據此相應劄行奉天

報事乾隆二十一年三月二十八日准刑部劄開安徽司案呈准兵
部咨稱辦理烏里雅蘇台事務參贊大臣
盛京將軍咨稱准定邊左副將軍信勇公等咨稱據察漢布爾噶
蘇藍翎侍衛佛爾鄉額報稱跟役剌三令他関取錢粮往烏里雅蘇
台辦理粮餉大人處去所有差往章京杜噶爾回來告訴說文書
已投遞了銀子得了沒有不知道跟役剌三找叫他回來剌三往找

副都統福

三旗呈爲咨覆事據驍騎校徐元英依常阿孫恬二倉事務達

多隆吞會計司催揔額爾得騰布掌儀司催總成守呈稱奉

堂批出准

盛京將軍衙門咨開右刑司案呈准奉天府府尹衙門咨開爲呈

淨友

底川

公同查對並無遺漏字樣

上〻

李孔亮寫

外郎王天培对

掌稿筆帖式祝文炳

值月筆帖式張珩

一件

三旗三司所屬壯丁之家並無隱
匿逃跟役剌三之處咨覆

呈

盛京將軍衙門事

佐　顧石應昇

掌圖記佐顧法　保

佐　顧費揚武

二十一年　六　十七

九號

行

具保結正黃旗驍騎校依常阿領催王進義等為給與保結事今本屬故丁張國位名下紅冊地二十五日於乾隆六年間

因欠參票銀兩奉官賣給廂黃旗壯丁[illegible]翔名下耕種此內並非冒名假賣等弊所具保結是實

乾隆二十一年六月

日具保結人驍騎校依常阿

領催王進義

甚神保

孫英

石廷瓏

福德

那尔江

具保結正黃旗驍騎校徐元英領催訥蘋肯等為給與保結事今結得本旗壯丁羅相于乾隆六年間奉旨用價銀買得正黃旗壯丁張國位名下紅冊地二十五日耕種此內並無冒名假買等弊所具保結是實

驍騎校徐元英（押）

領催訥蘋肯（押）

乾隆二十一年六月　日具

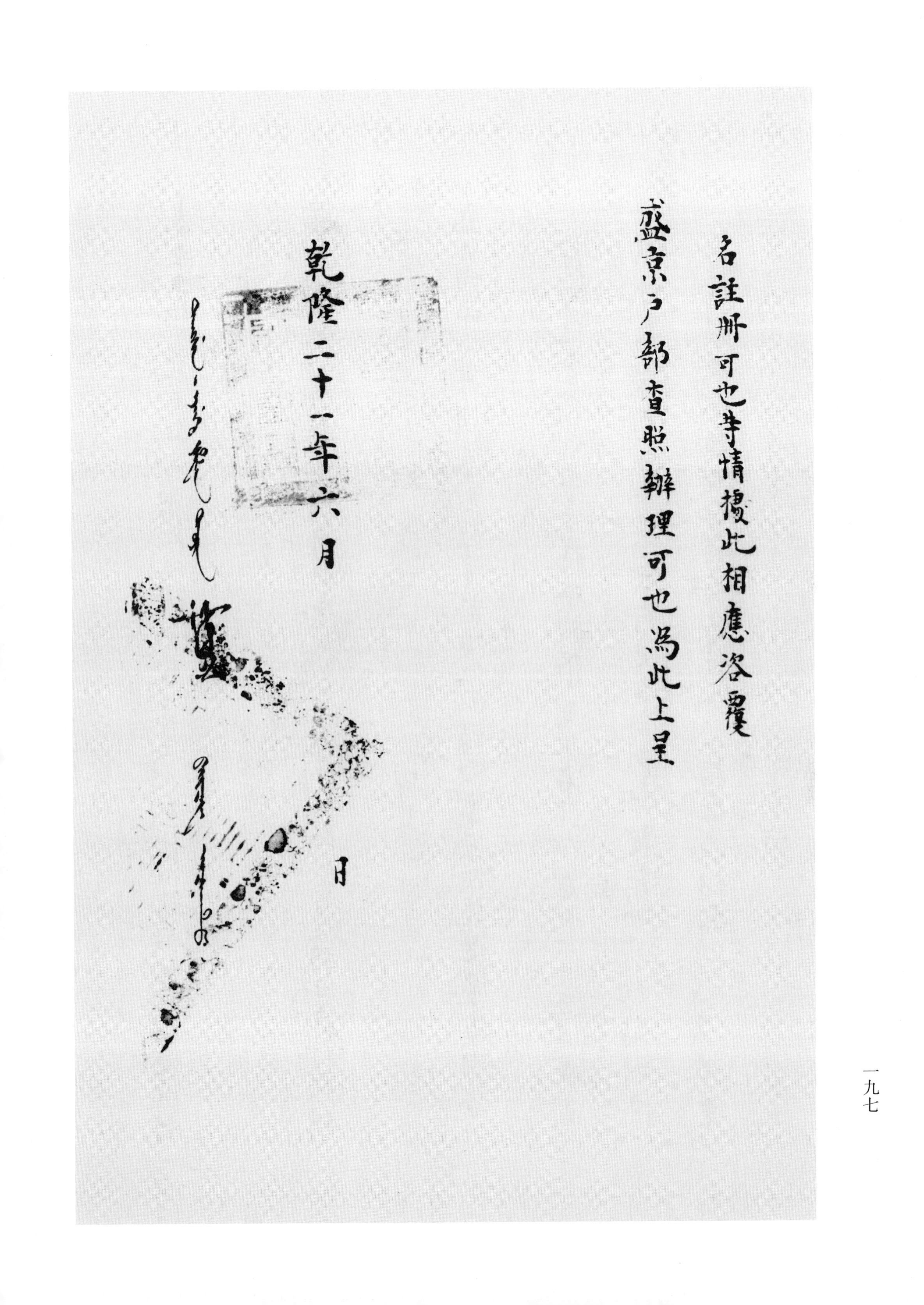

名註册可也等情據此相應咨覆

盛京户部查照辦理可也爲此上呈

乾隆二十一年六月　　日

盛京户部更名註册等語但該管官員並未加具印結本部難以遽准相

應仍移咨

盛京總管内務府衙門將前項地畝俟加具印結咨覆到日再行辦理

外并移咨

盛京刑部將羅相從前認買前項地畝銀兩曾否收訖之處查明咨

覆可也等因據此查得本旗張國佐名下紅冊地二十五日餘前

原係奉官變賣是以未行更名今户部既稱加具印結到日

再行辦理等語理合將廂黄正黄二旗出具印結二紙咨部更

完結咨覆等語相應声明咨覆

盛京戶部將張國位名下紅冊地二十五日銷出載入廂黃旂壯丁羅相名下交納錢粮如此辦理庶免日後爭控矣等情據此查得來咨內雖稱張文凱之父張國位從前領過參票八張因拖欠官賬將伊家產紅冊地畝等物折價招令羅有升之子羅相認買交銀在案彼時因奉官賣給之項並未咨部更名今戶部既稱就近查訊辦理完結相應声明咨覆

銀四十二兩八錢咨行將軍衙門續經將軍衙門咨催着令折辦交

項前來本衙門隨飭領催蘇爾太前去同張國位之孫小五子照依估

價折賣時有廂黃旂壯丁羅有升之子羅相具呈認買情願照依估

價交銀據此本衙門隨于乾隆六年六月間即將羅相所交銀四十二

兩八錢照數咨交將軍衙門轉交刑部在案但羅相用價買得張

國位名下地畝應將張國位名姓鉤銷載入羅相名下始屬當然

彼時因奉官賣給之項並未咨部更名今戶部既稱就近查訊辦理

盛京內務府總管衙門就近查訊辦理完結咨覆等因去後今准

盛京總管內務府衙門咨開查得本旂壯丁張文凱之父張國位于乾隆元年間領過參票八張因拖欠官賬經該部奏明折價令該旂催追正在催追之際不意張國位併伊子張文凱俱各潛逃無踪因無着追之項即應着落伊家產賠補是以將伊草正房五間草廂房五間門樓一間牛棚五間紅冊地二十五日乳牛一條牛犢一條場園一塊騾駒一頭園子一塊碾子一盤磨一盤碌子一張差人共估計得

盛京將軍衙咨據開原城守尉呈稱查訊得張文凱之子麟欠叅

票銀兩往邊外奏銀以致內務府佐領差派領催蘓尔太百揔康

元佑等將張文凱房地招令羅永與當銀兩又在刑部交納再証佐

人等供詞內稱寔係遵奉內務府佐領招買查紅冊內此地二十五日仍

在張文凱之父張國位名下現今承辦事之領催蘓尔太又在瀋界

居住眡慶未便越界傳提審訊理合將眡審訊緣由具文呈報等

因轉咨前來本部隨將原告張文凱被告羅永一併移咨

行

副都統福

正黃旗牛彔慶呈為咨覆事據驍騎校依常阿等呈稱奉

堂批出准

盛京戶部來文內開地畝司案呈准

脩文

展文

公同查對並無遺漏字樣

上

掌稿筆帖式祝文炳

值月筆帖式張珩

一件
[illegible]旂呈為奉官所賣張
國位地畝之處具結咨覆
皇

佐領費揚武

驍騎校依常阿

佐領石應屏

徐元美

二十一　六　十七

八年[illegible]

[illegible]

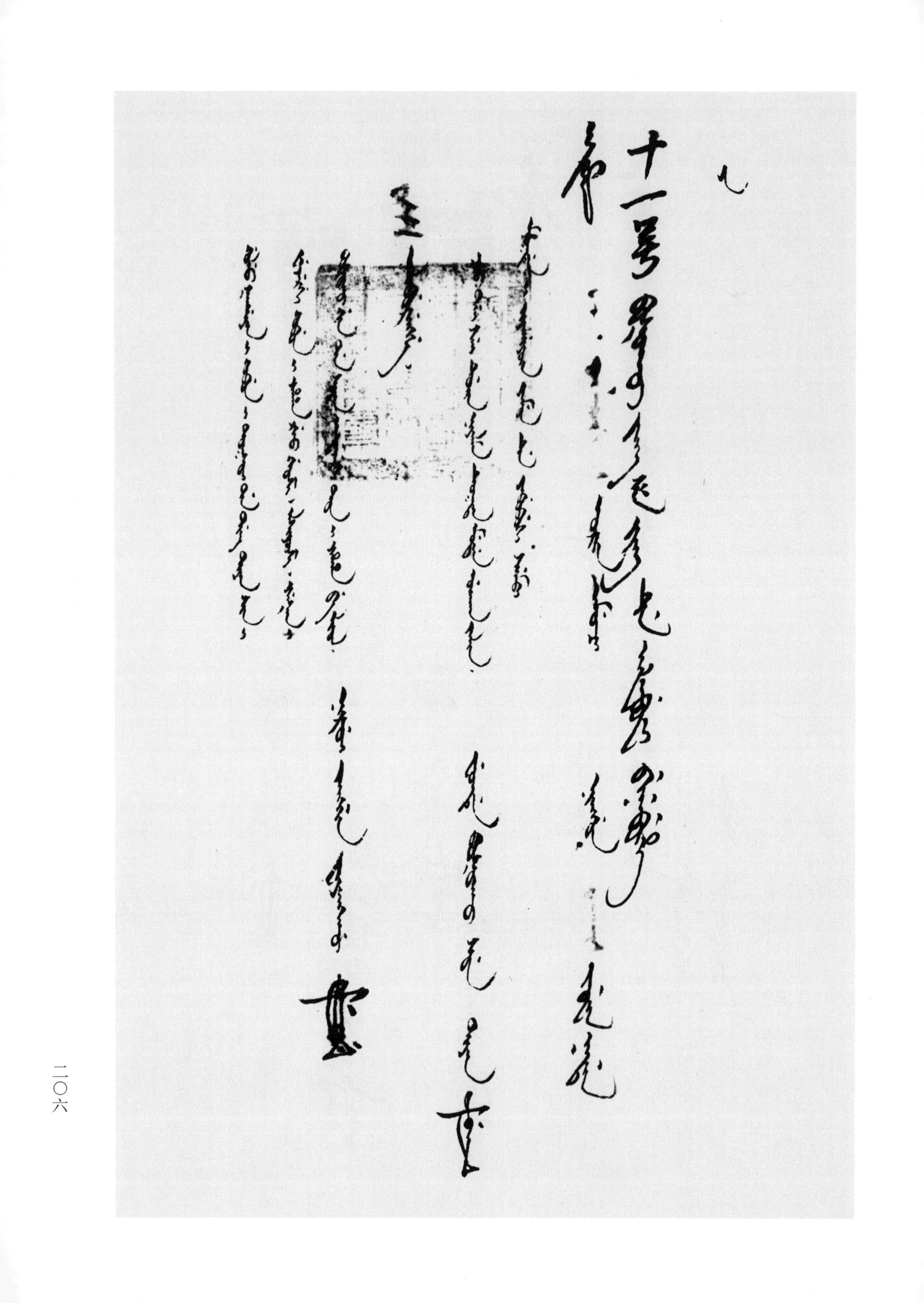

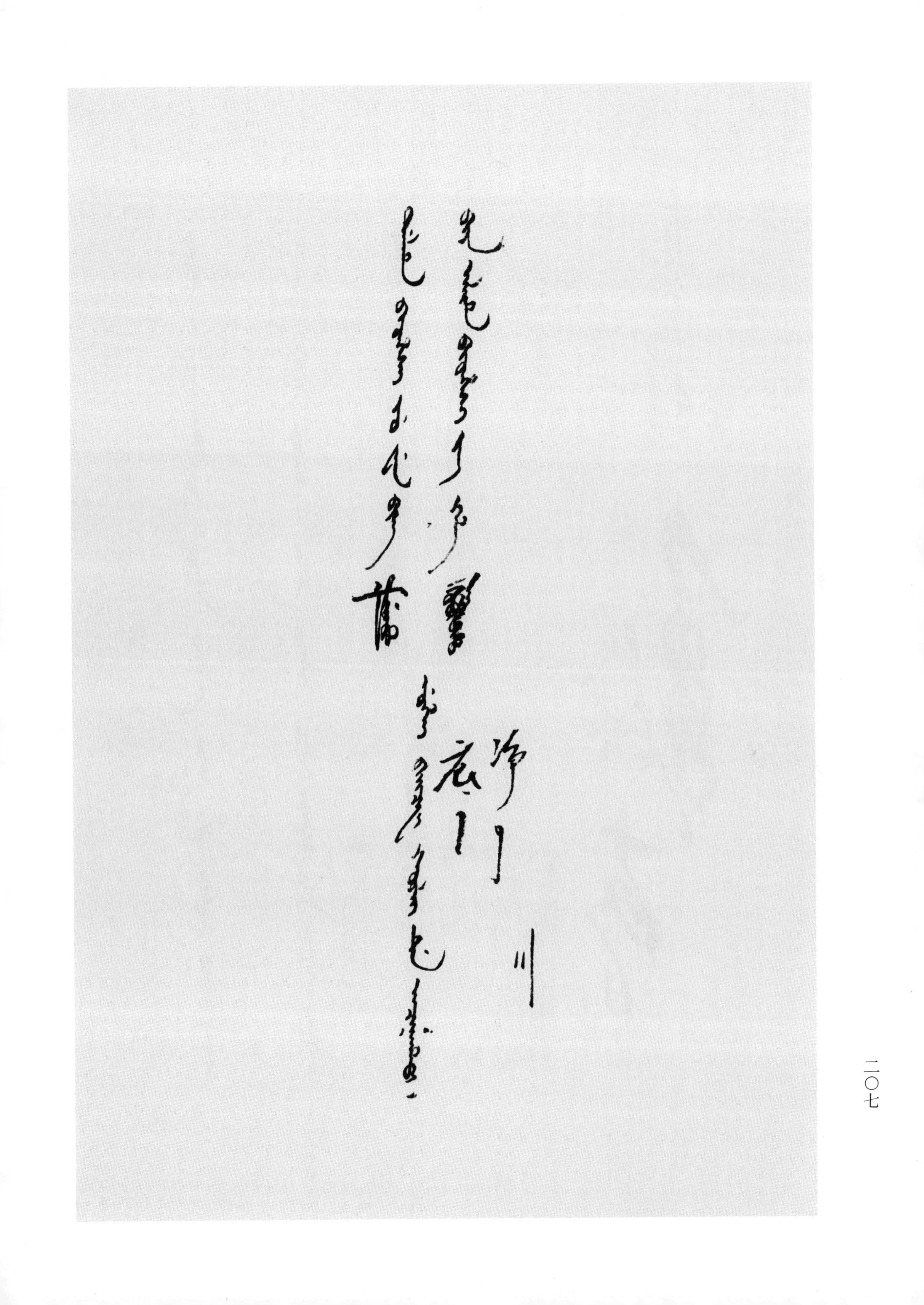

[illegible]

[illegible]

[illegible]

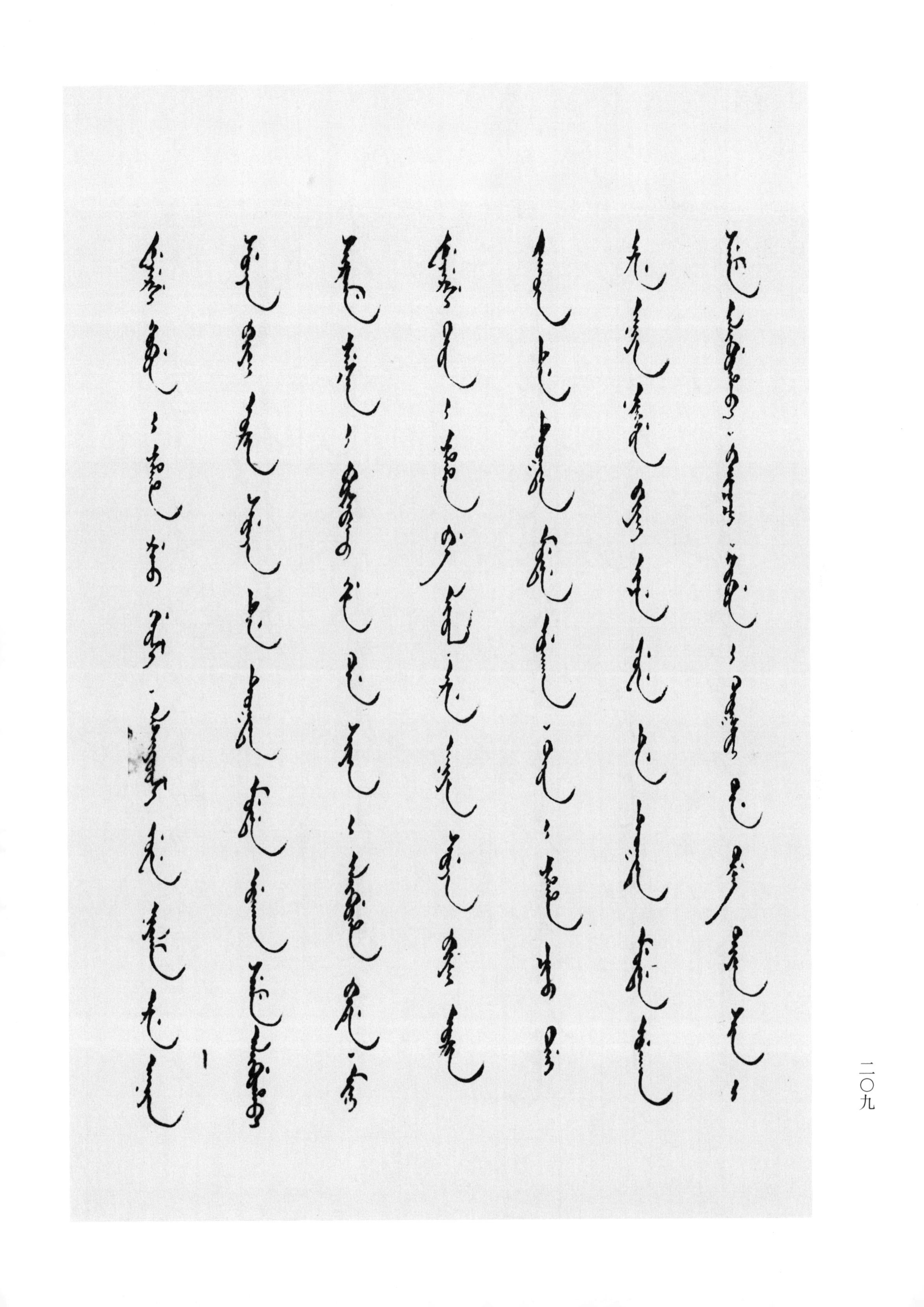

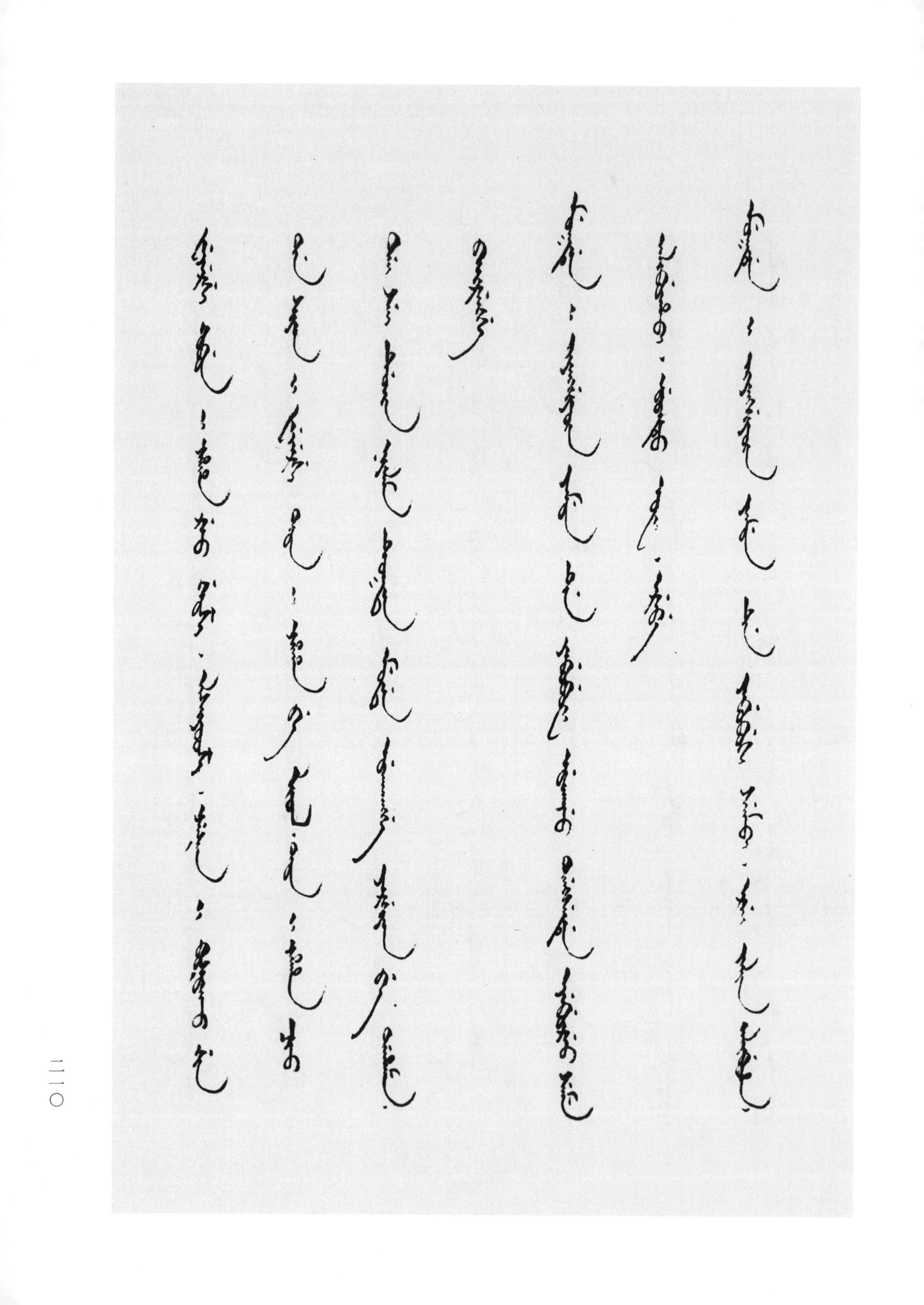

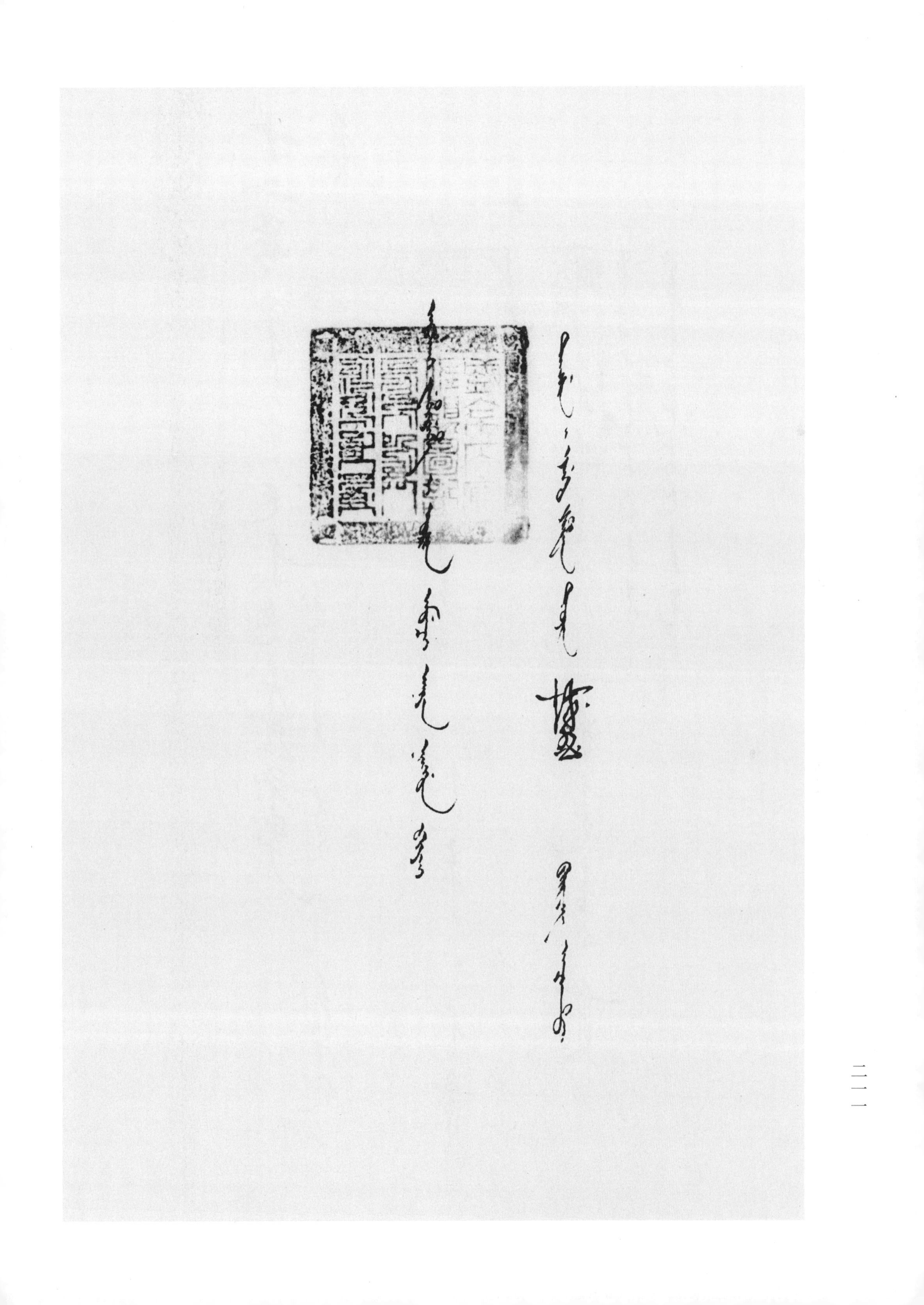

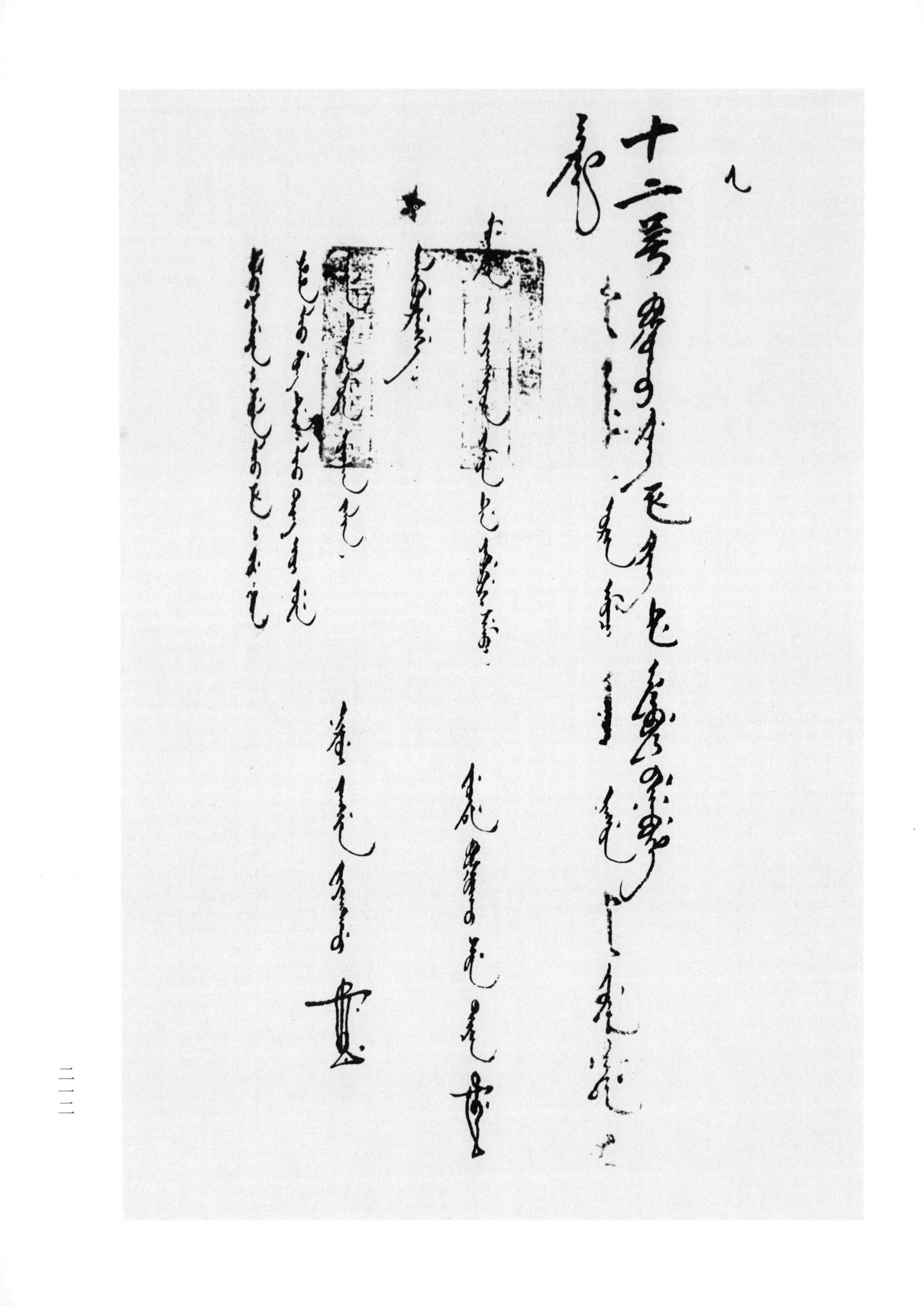

十二號

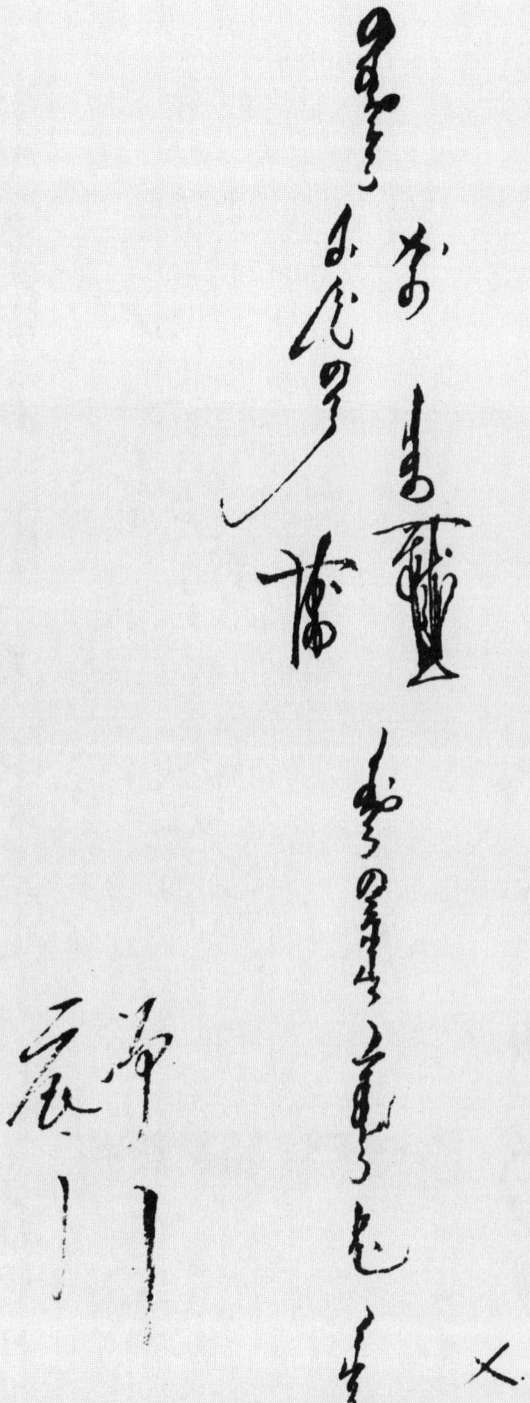

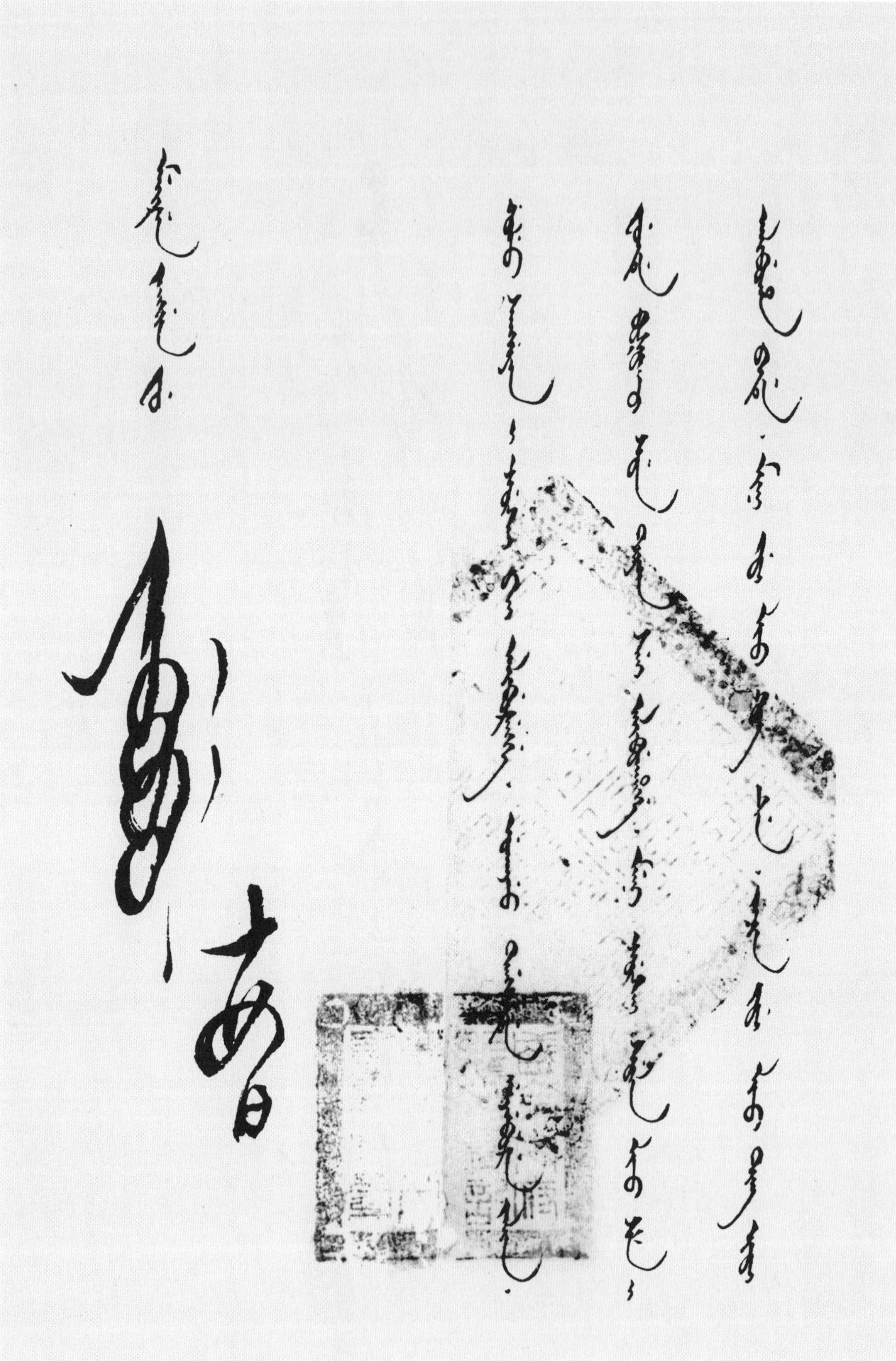

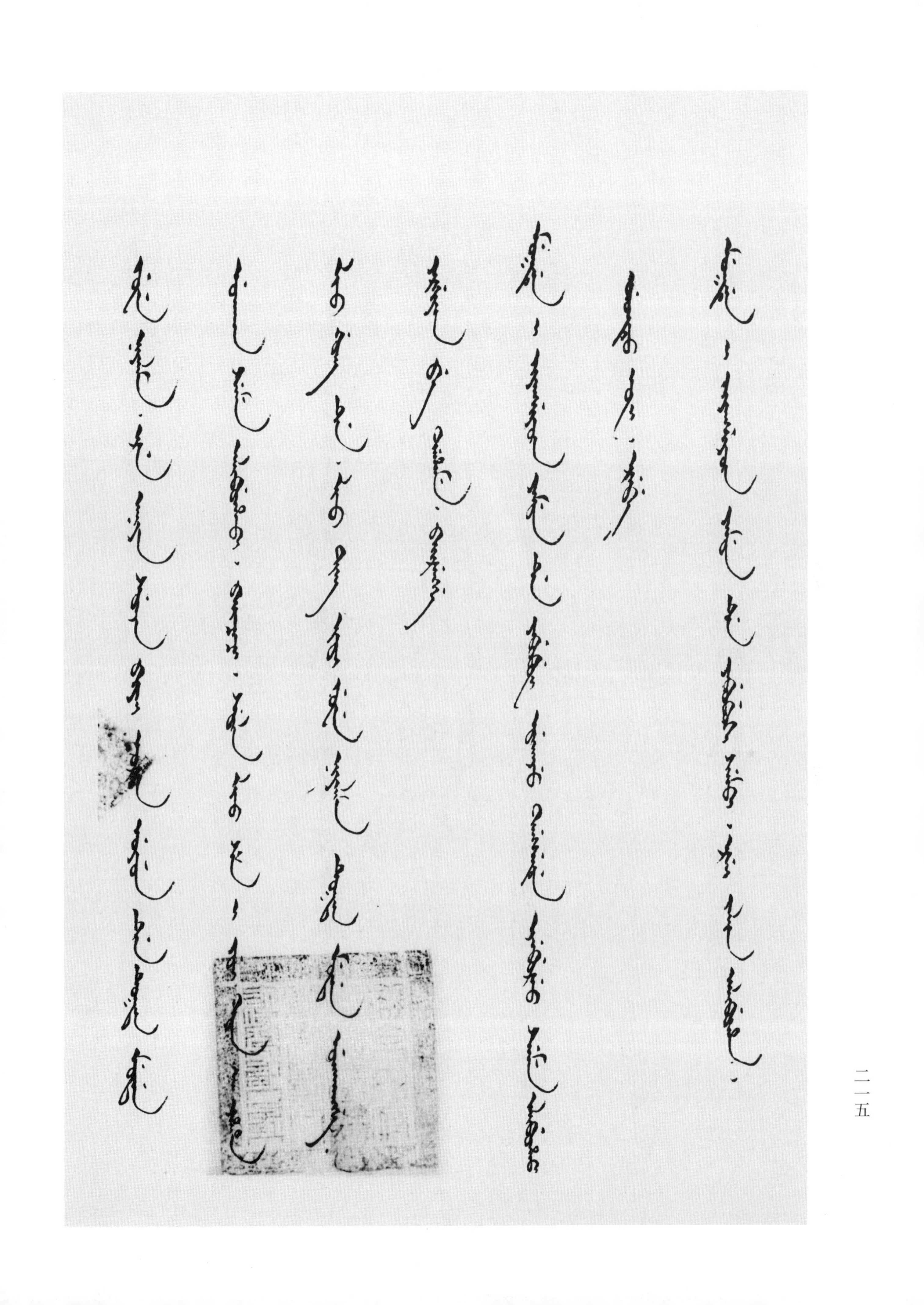

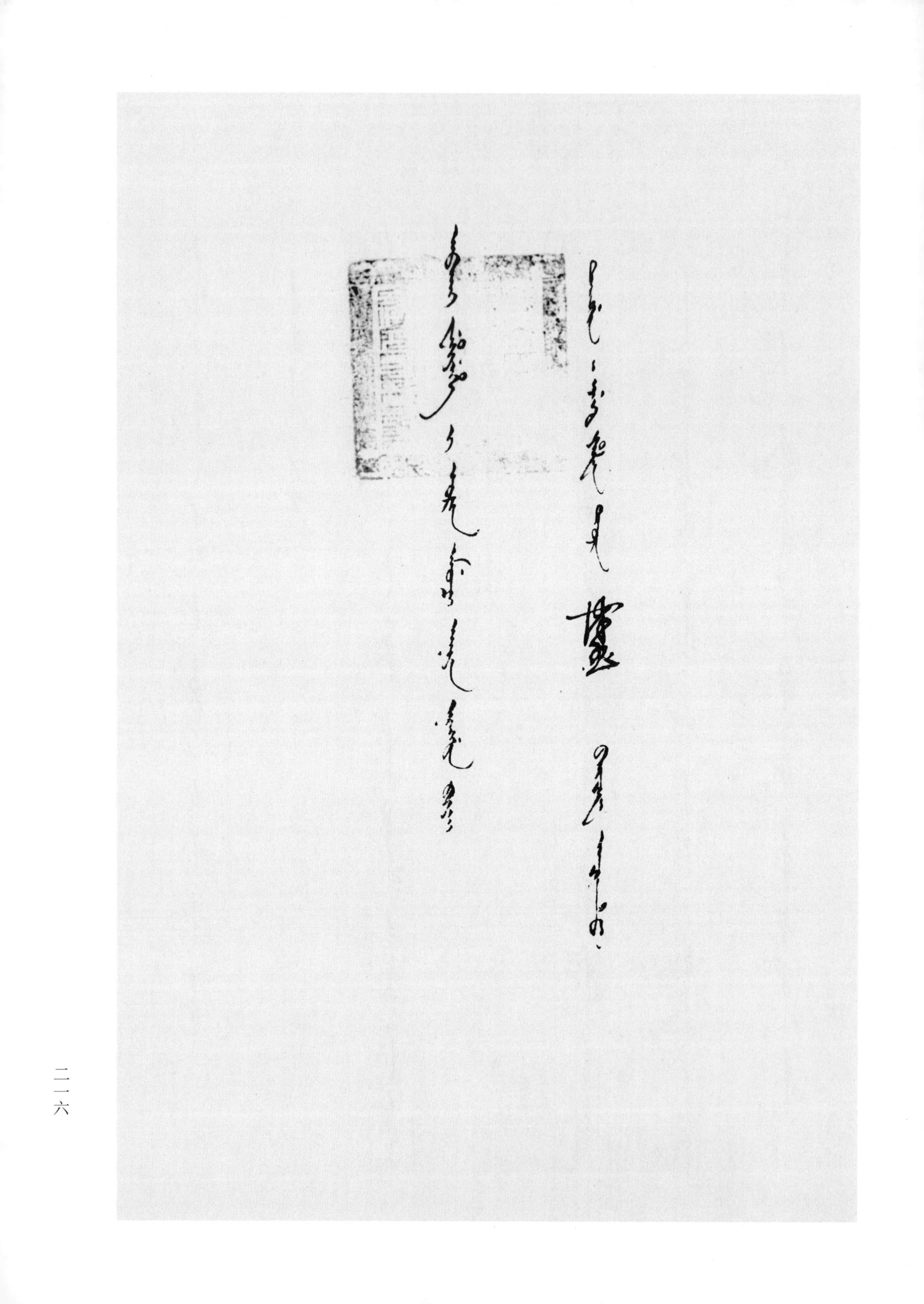

覽

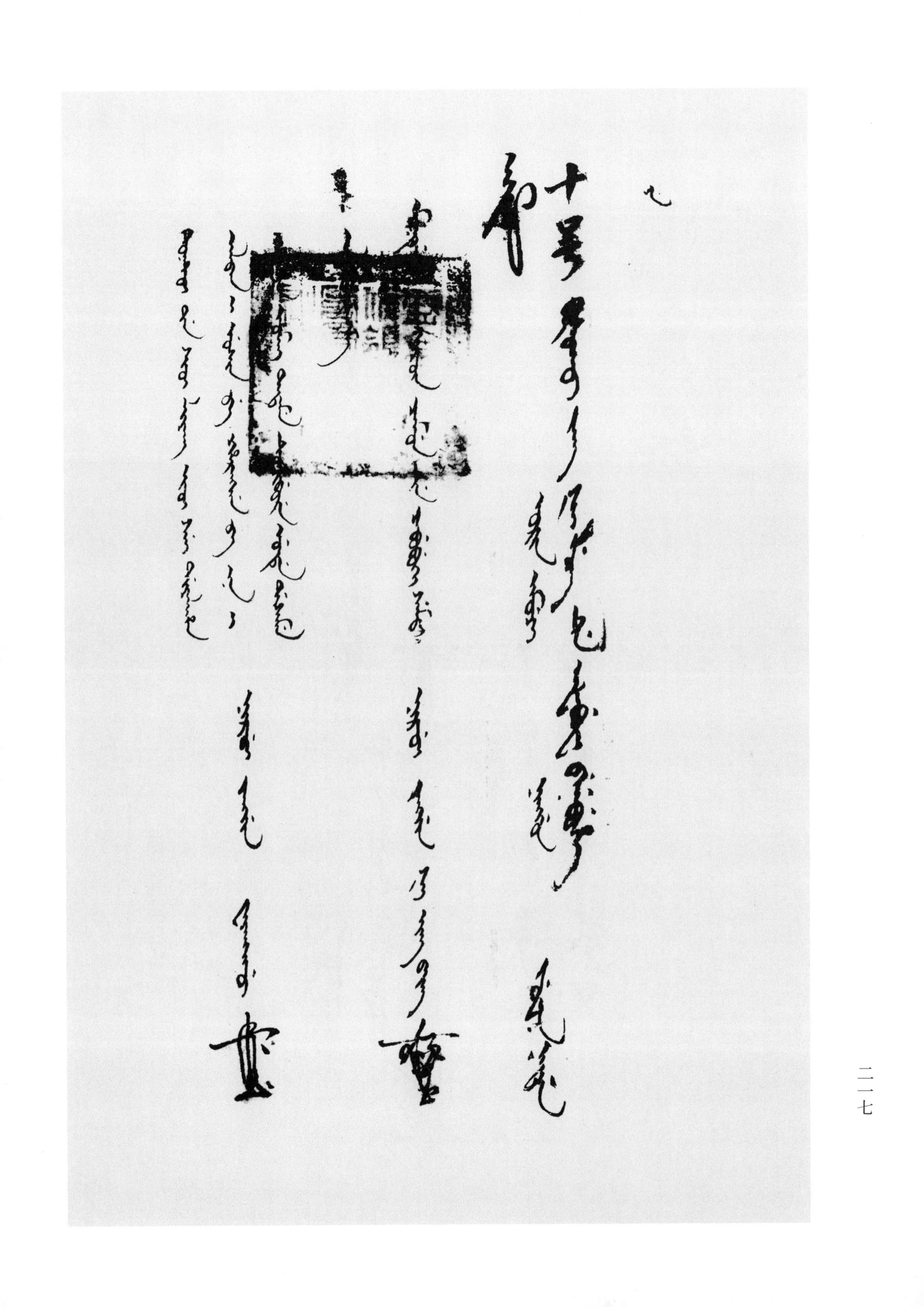

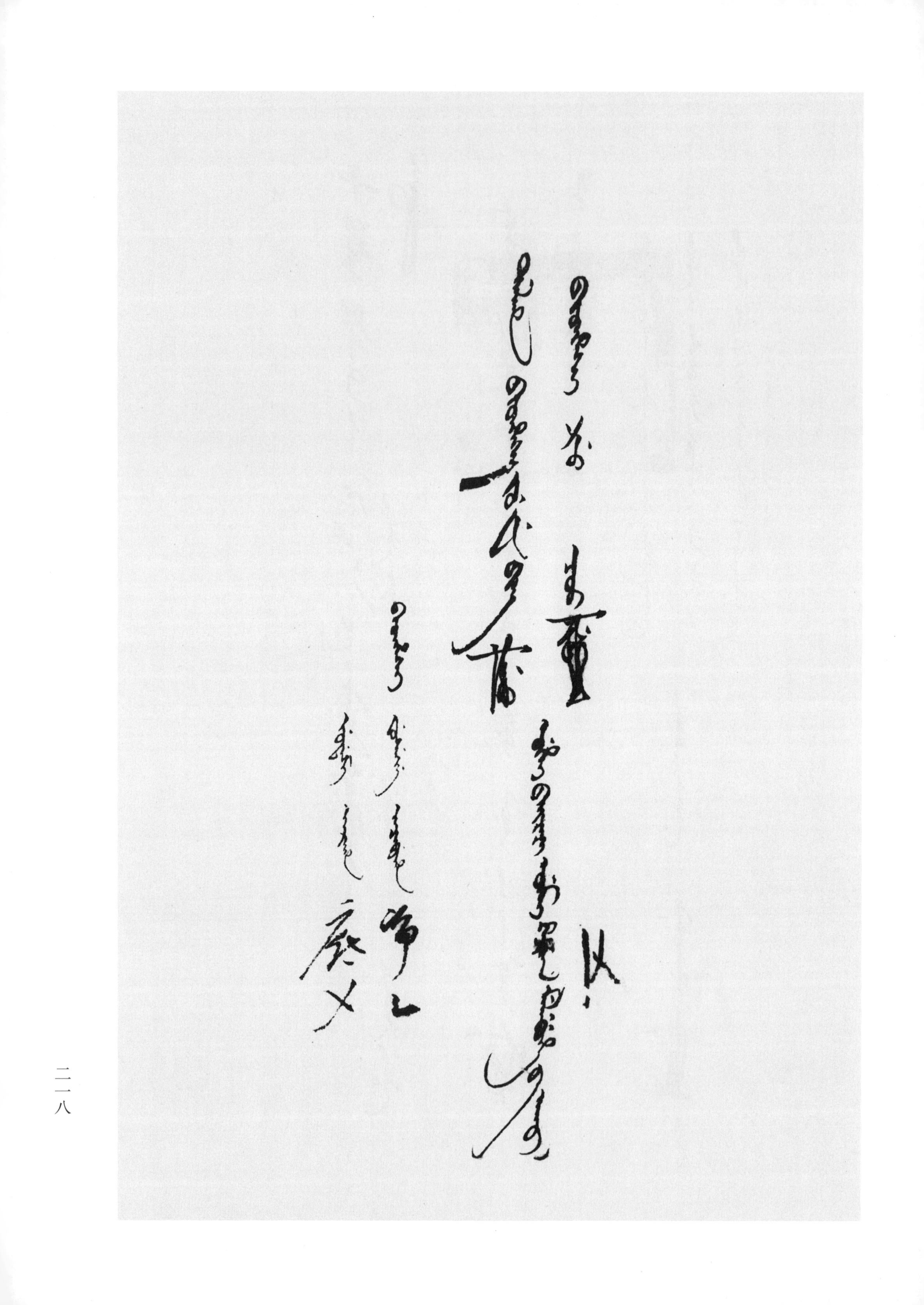

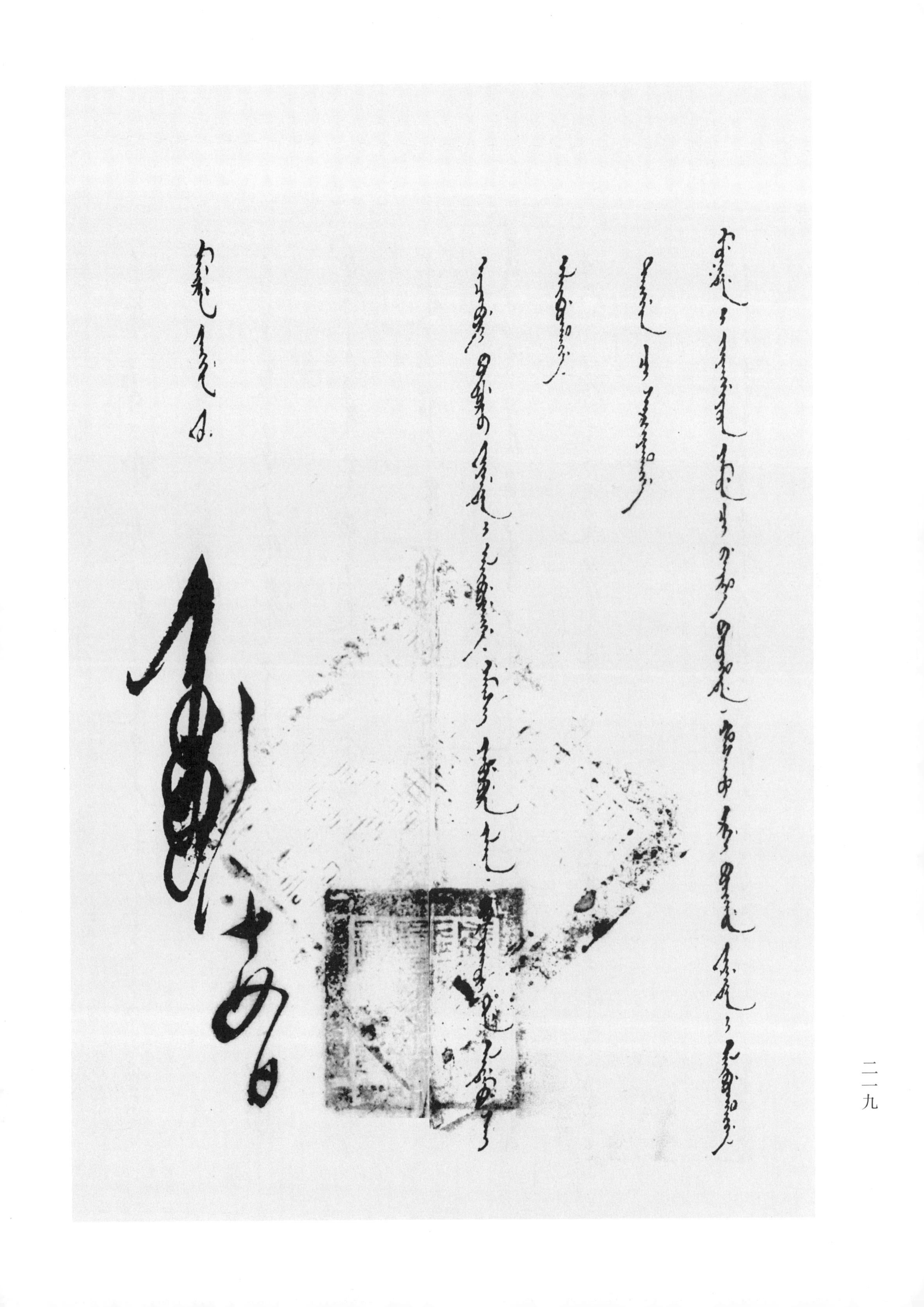

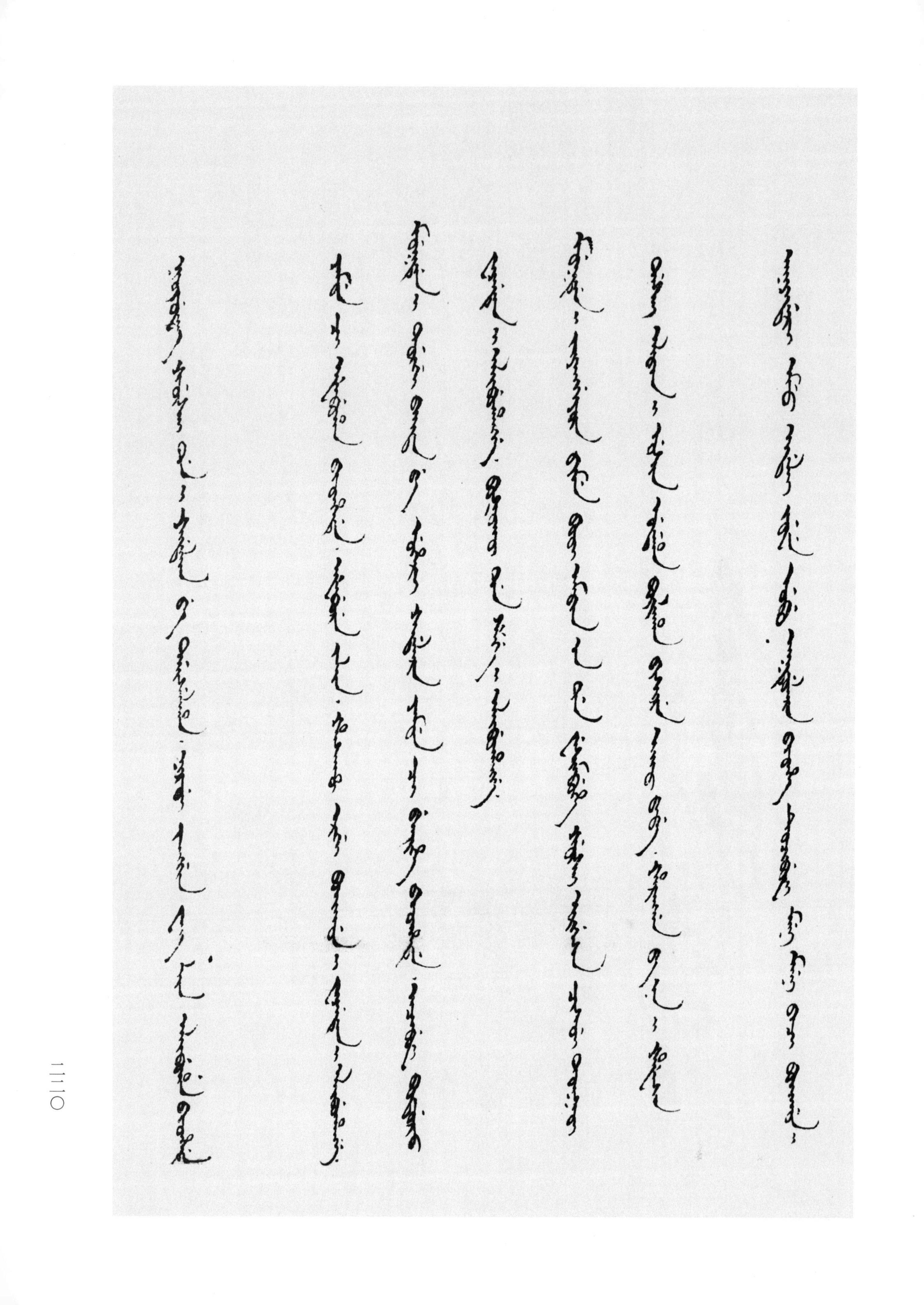

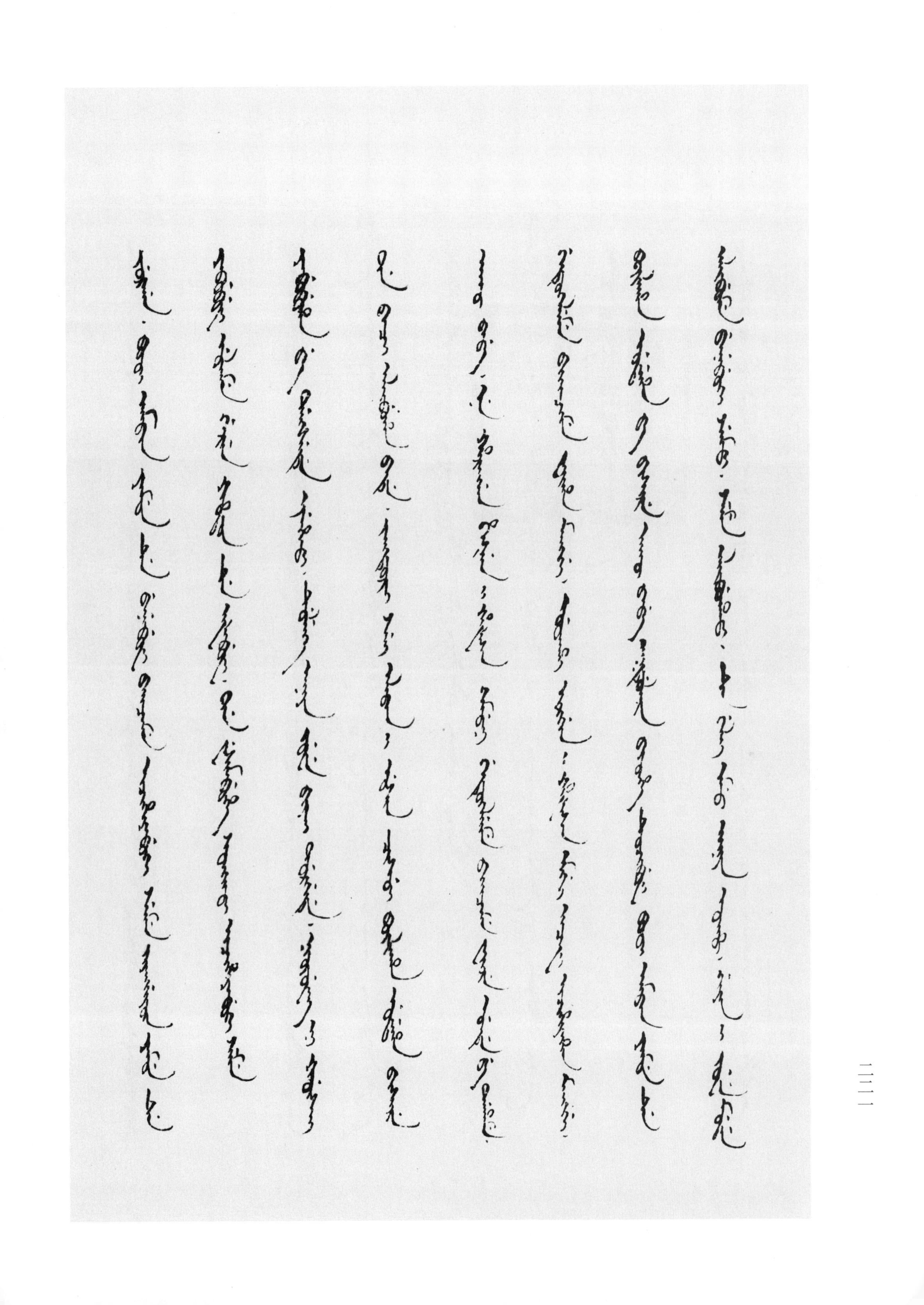

[illegible]

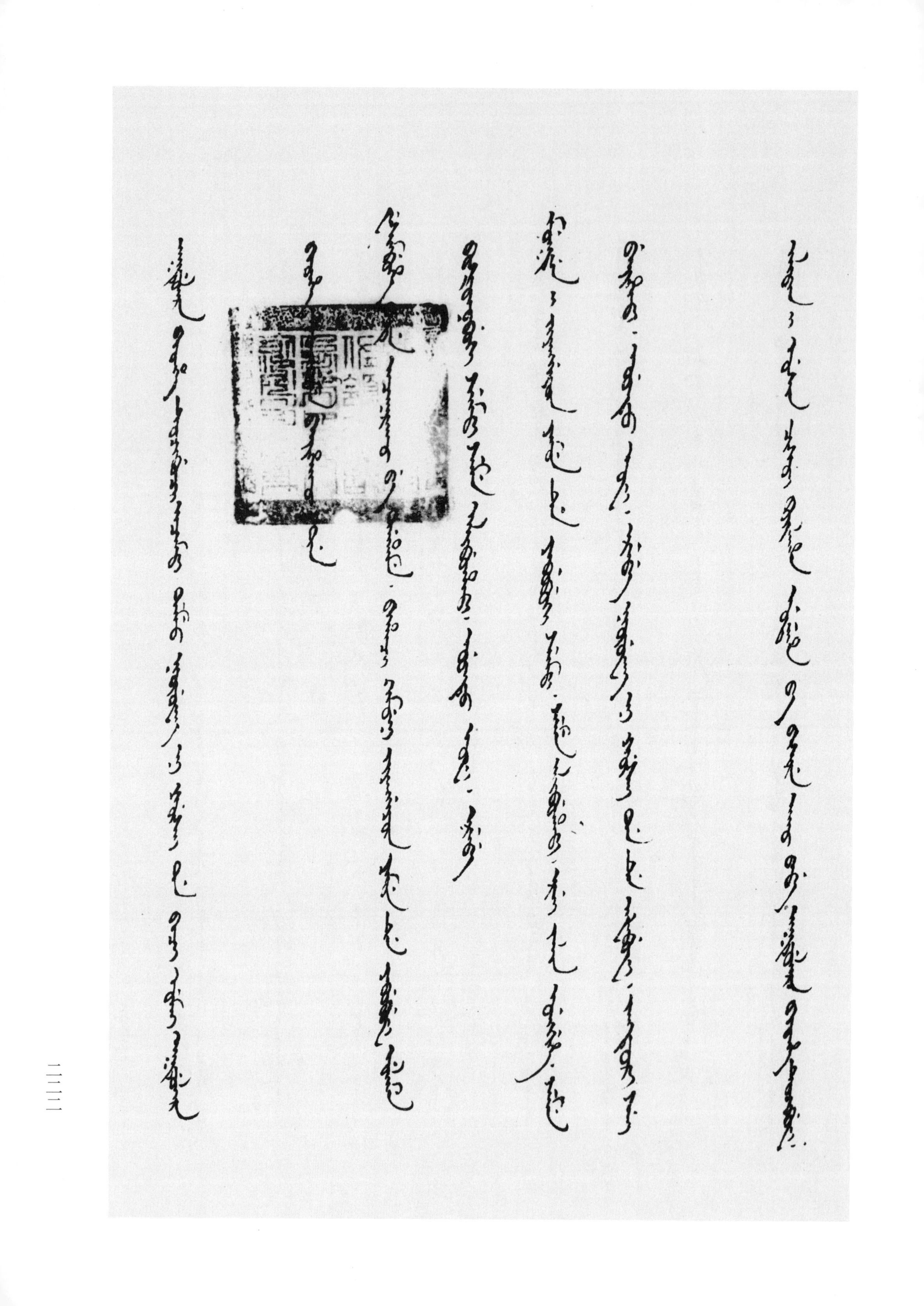

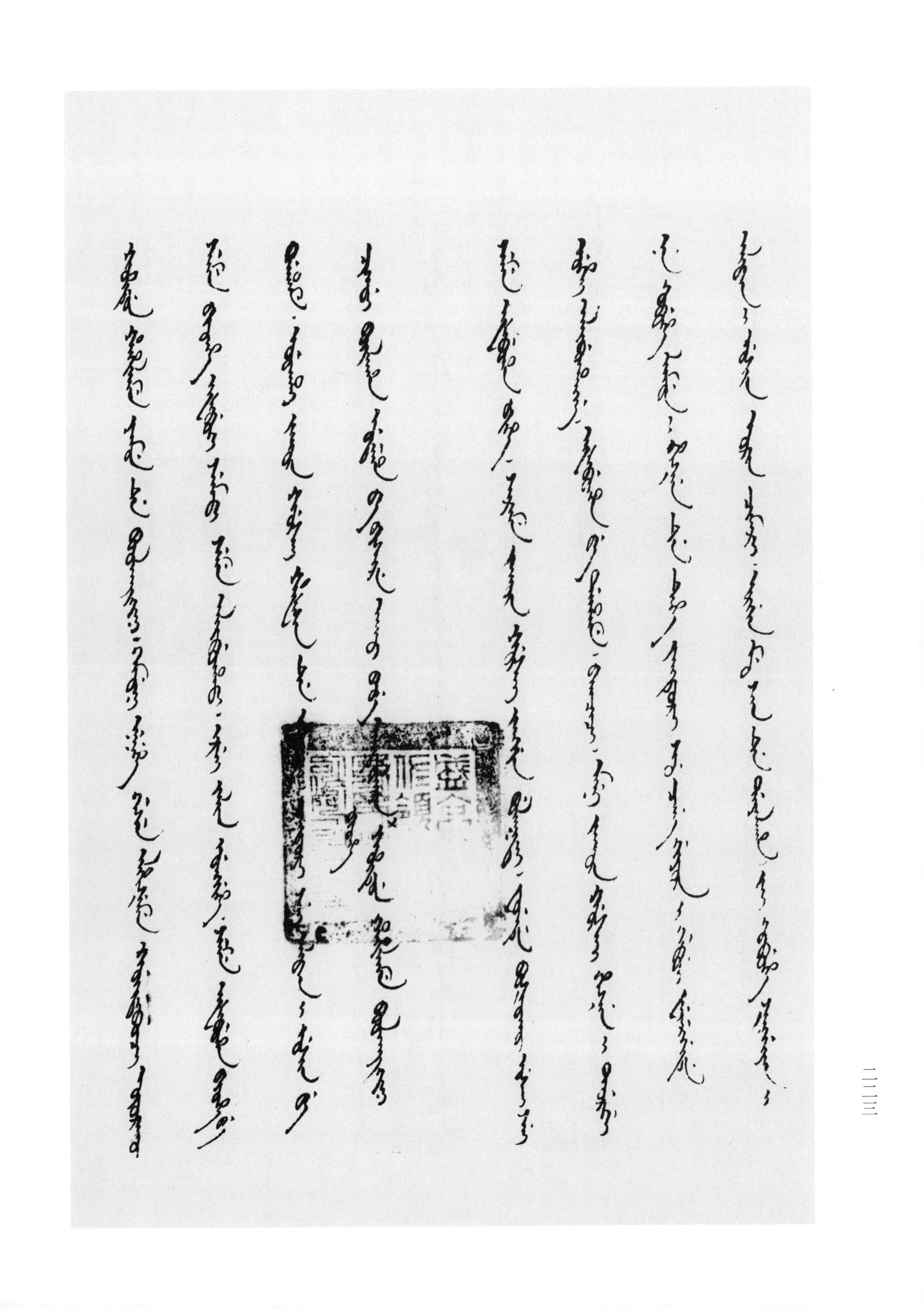

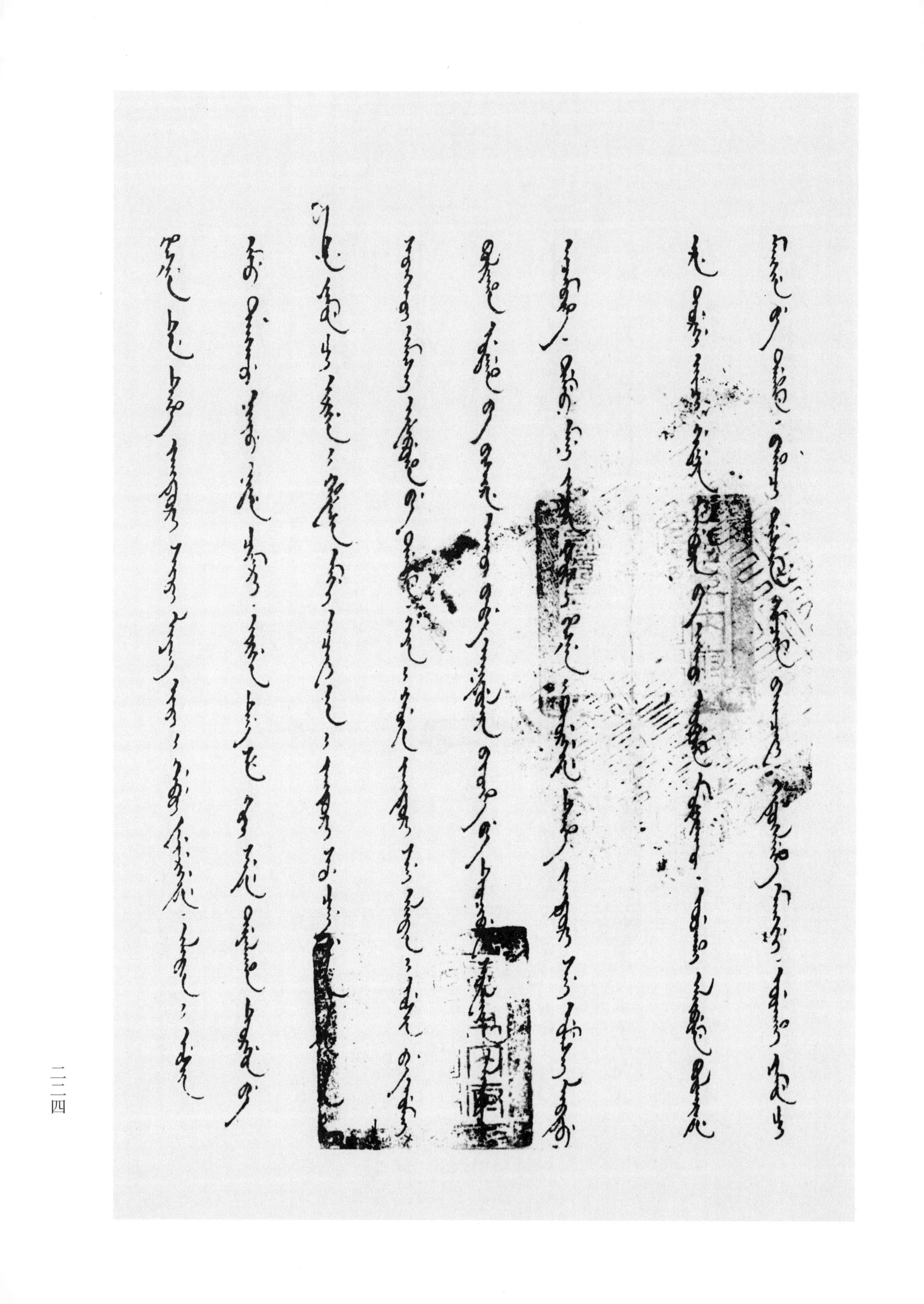

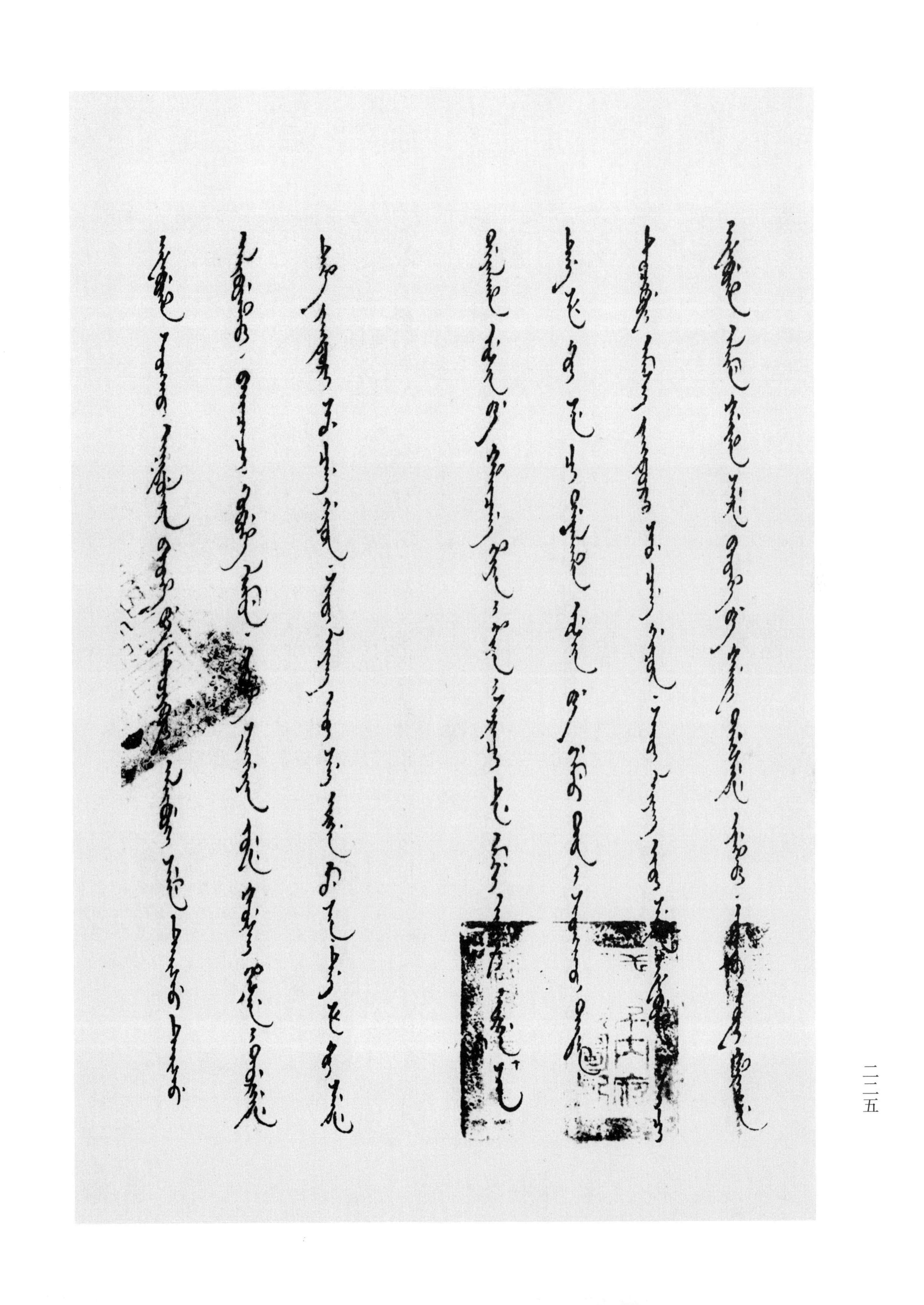

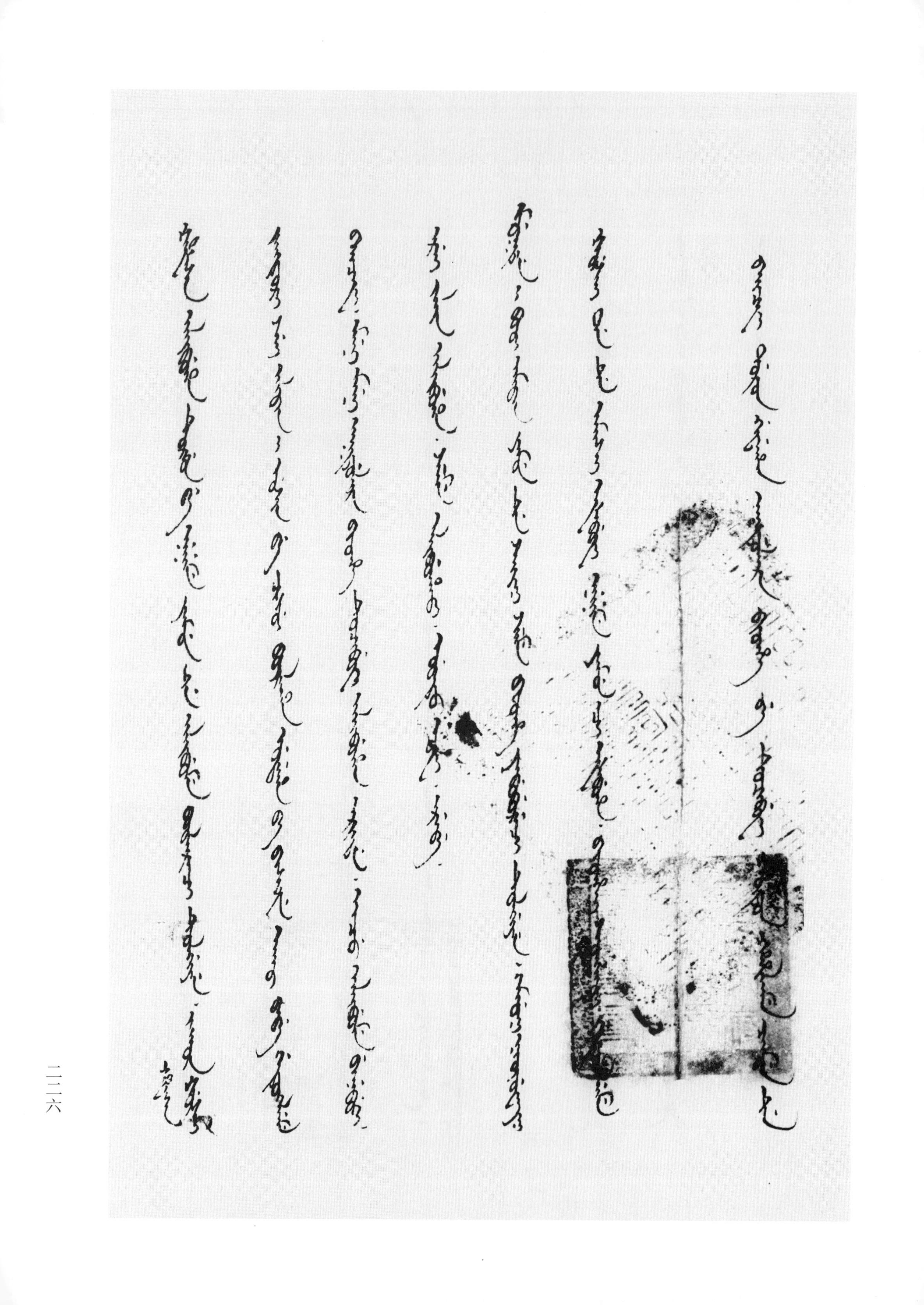

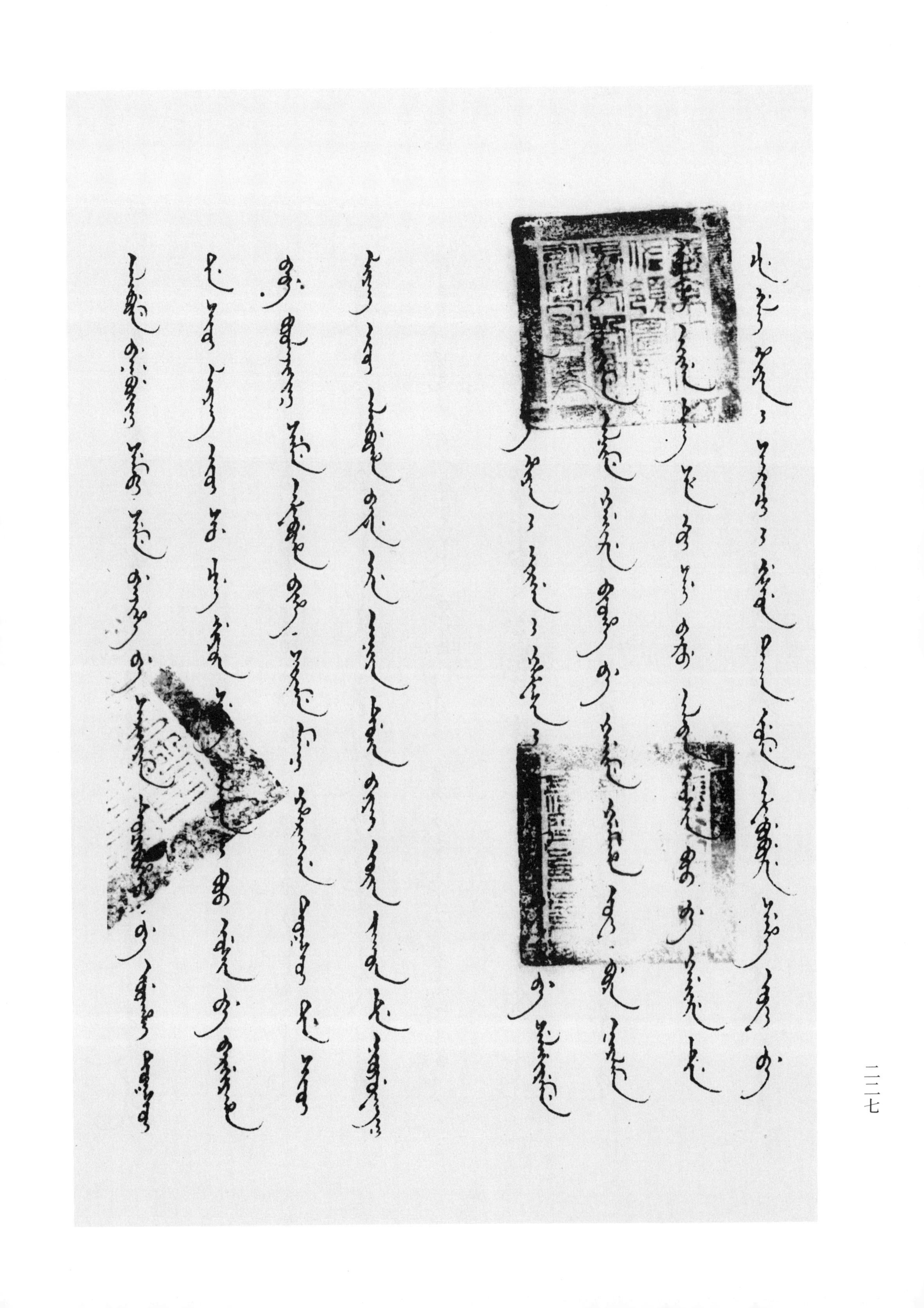

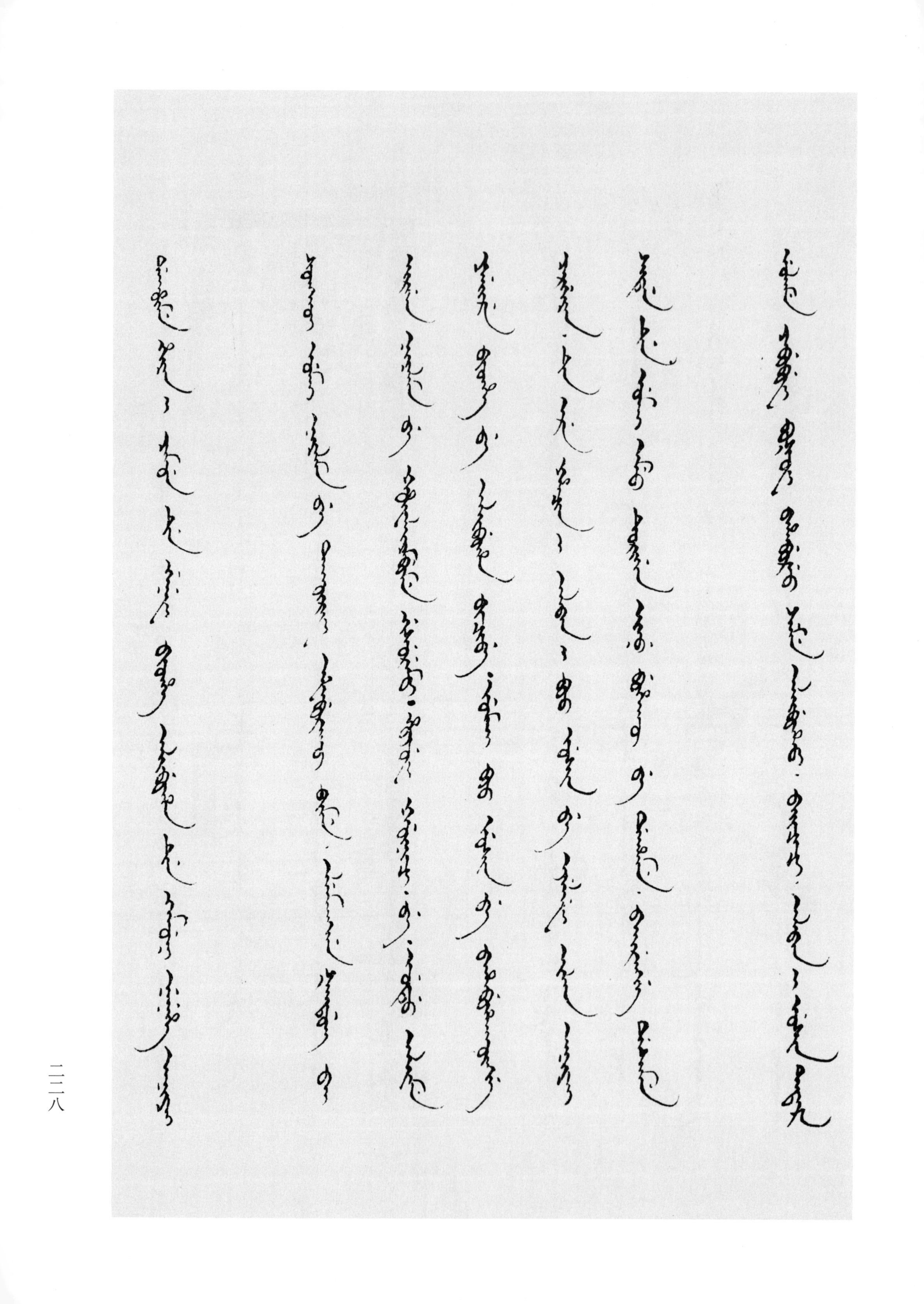

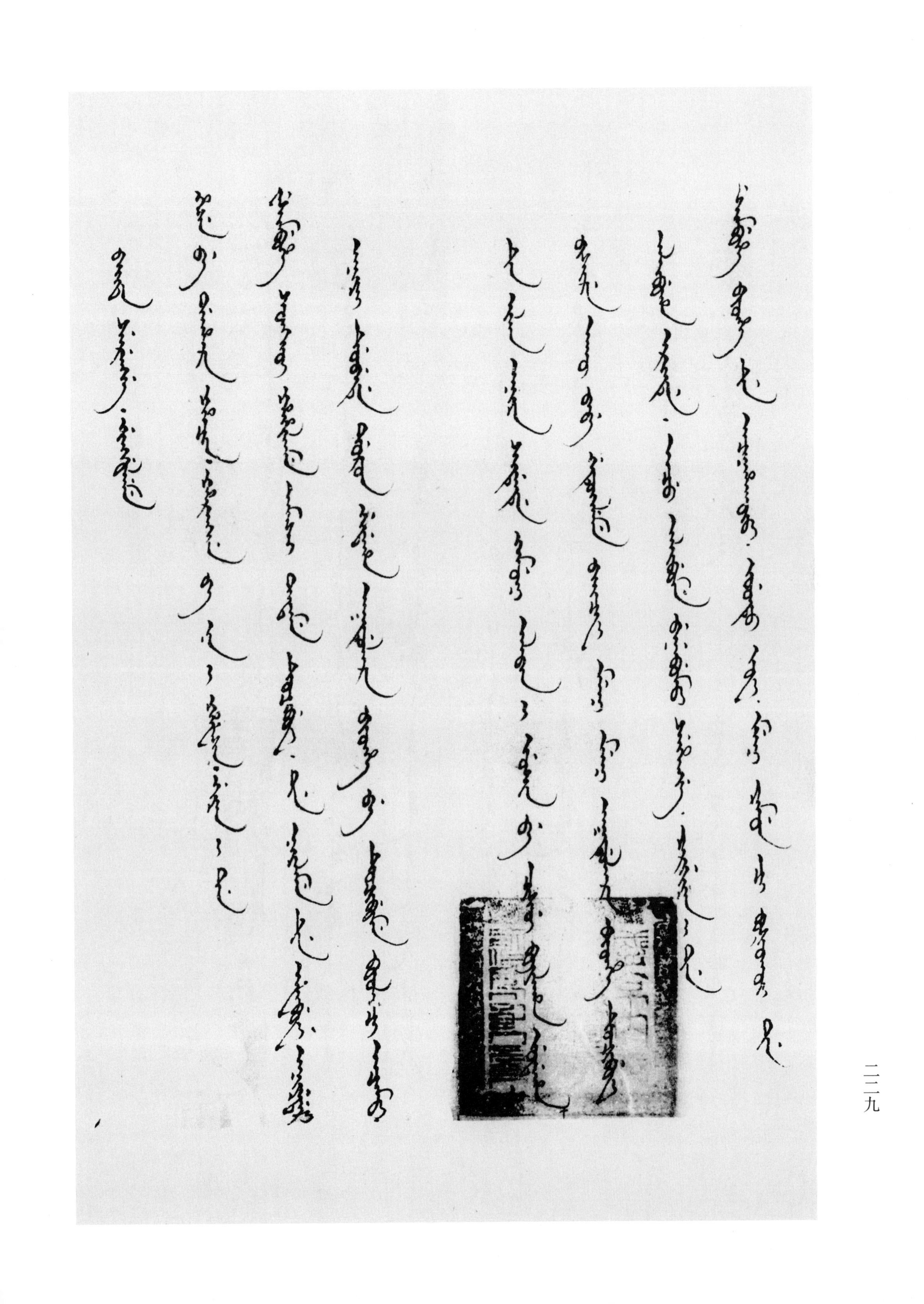

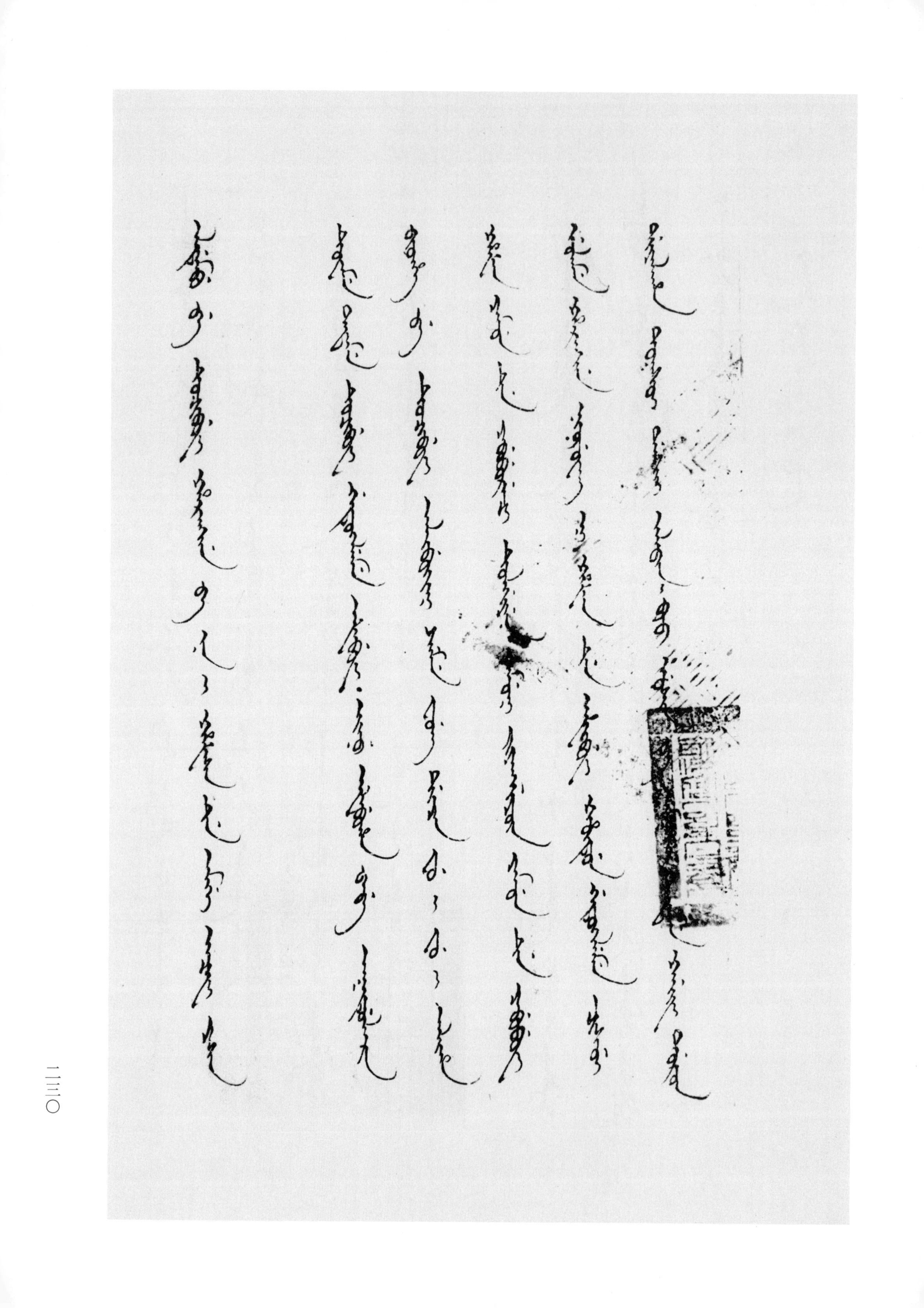

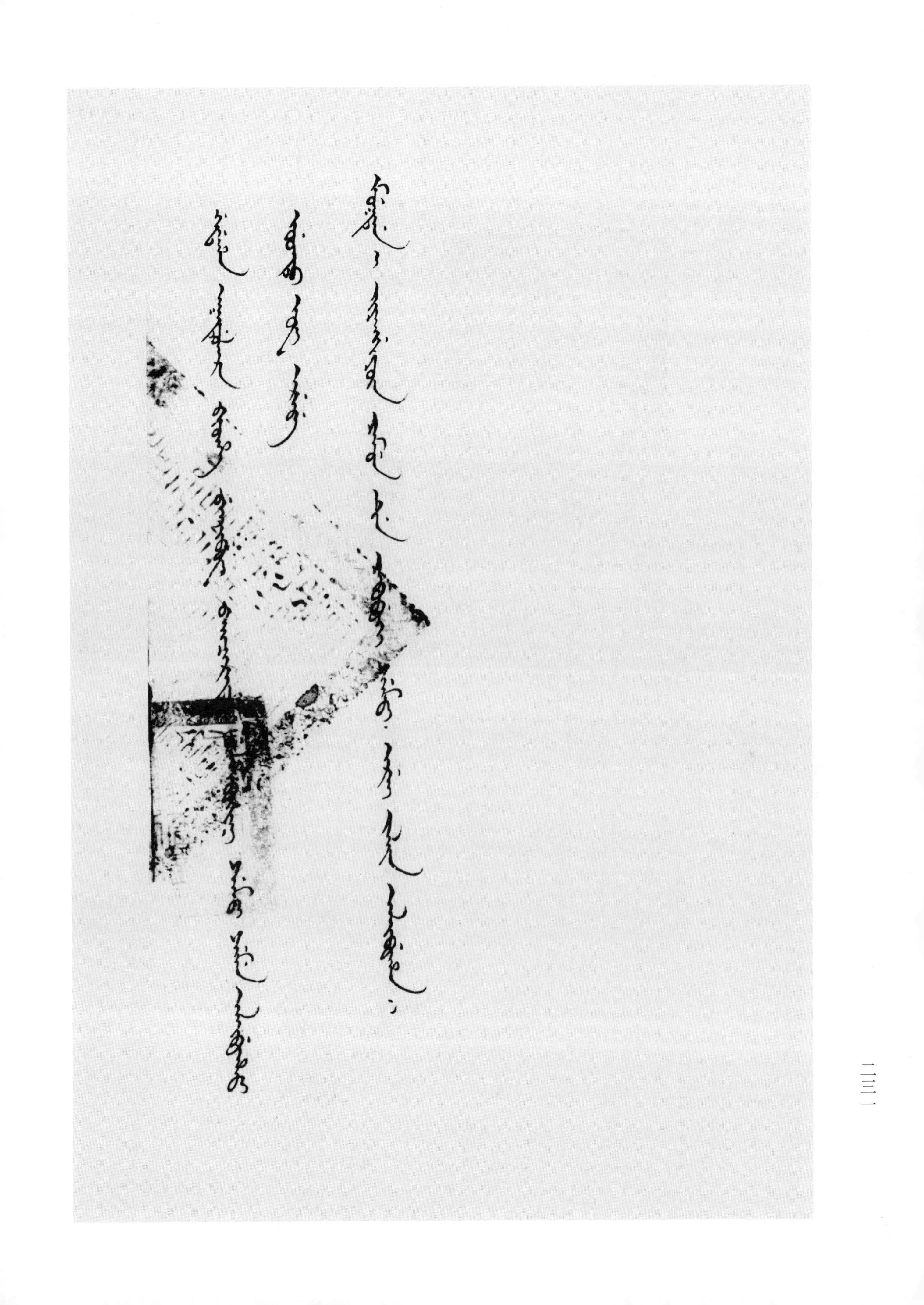

盛京户部仍照前咨查丈開墾可見等情據此相應咨覆

盛京户部可也爲此上呈

乾隆十三年六月　　日

堂主事托　金　[illegible]

查对相符

落既近險地不得不設未雨綢繆之計豈有必欲禾稼受災

希賑恤撥補之理無奈再叩案下恩准轉咨俾[illegible]

丈給身等開墾耕種認納錢粮庶二粮無悞以資[illegible]

情據此查得庄頭戴三各等所種紅冊官地[illegible]被水淹

差務每至遲悞是以採荒開墾今既呈[illegible]納

錢粮不惟官差不致拮据亦可以于

國課有增理合呈請咨覆

三各寺所種地畝雖稱係淹澇成災寺[illegible]但

沙壓案内具奏所討之荒本部不便邊准相

盛京總管内務府衙門可也寺因抄出在案今

邊七子夏章保住佛約落等呈稱切因身等祈為

事緣以坐落地近渾川所種禾稼屢被水沖 致每年納

糊口甚實拮据因採荒段乞恩丈給認納錢粮並非因地

沖沙壓有缺懇荒撥補況身等養馬當差賴以田地今

堂批出准

盛京户部咨開地畝司案呈准

盛京内務府衙門咨據庄頭代三各边七子々章々

坐落々占　君泡朴家坨子楊家湾等處紅冊々

平渾河水溢從潘家台趙家口門突開河口逆平被

淹是寔身等尋得牛庄界荒甸一段約可開墾地五百日

恩准討與小人等墾種納粮等因前來查得各城

壓地畝係奏准補給之項今各該處尚未[illegible]

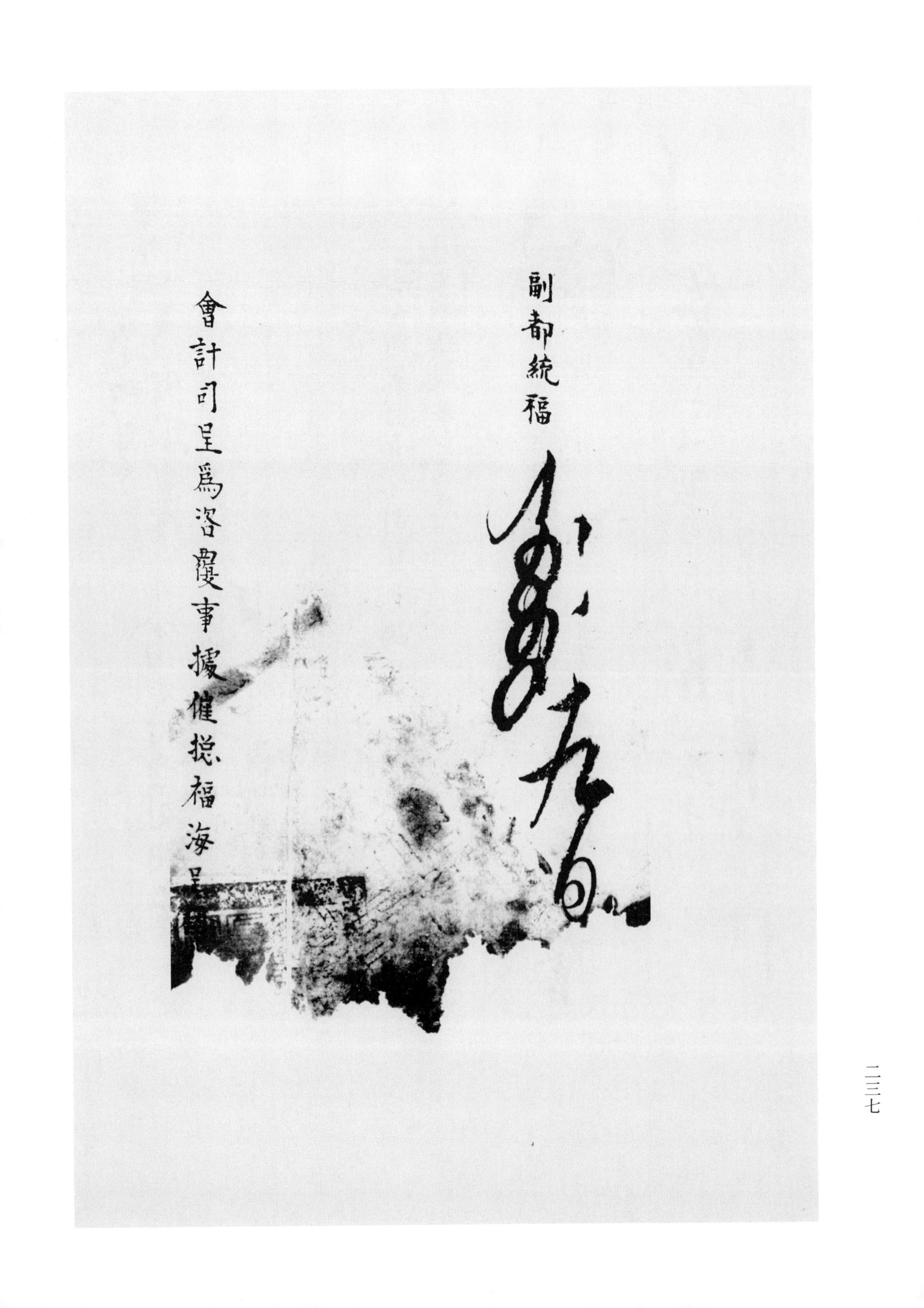

副都統福

會計司呈爲咨覆事據健捴福海呈

筆帖式 祝文炳

高超

公同查对與例相符

筆帖式福生石

帖寫人張起傑寫

一件

為庄頭戴三食等開墾荒地

交納錢粮事咨覆

户部

佐領費揚武

佐領石應昇

乾隆二十一年六月二十

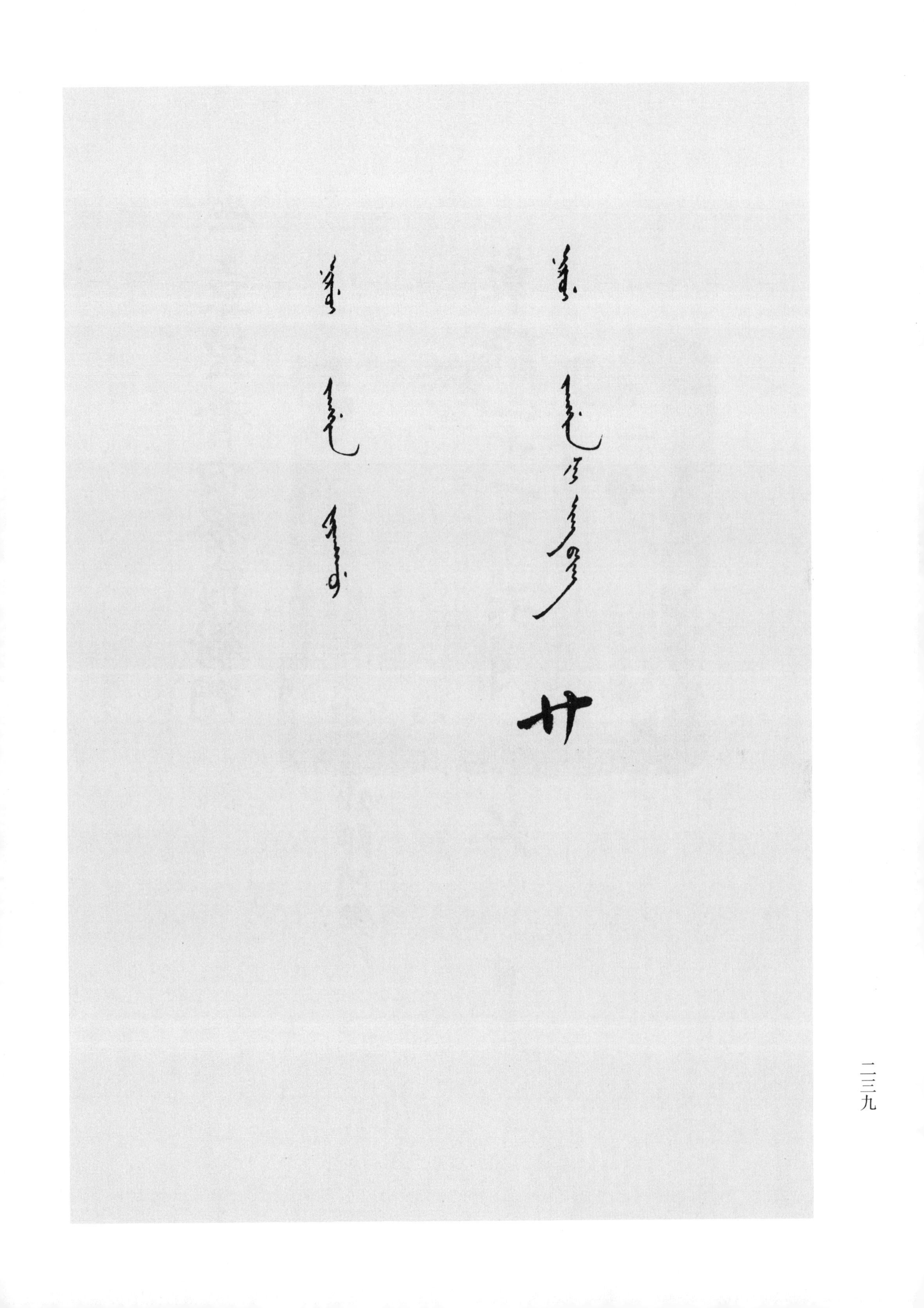

[illegible] 廿

[illegible]

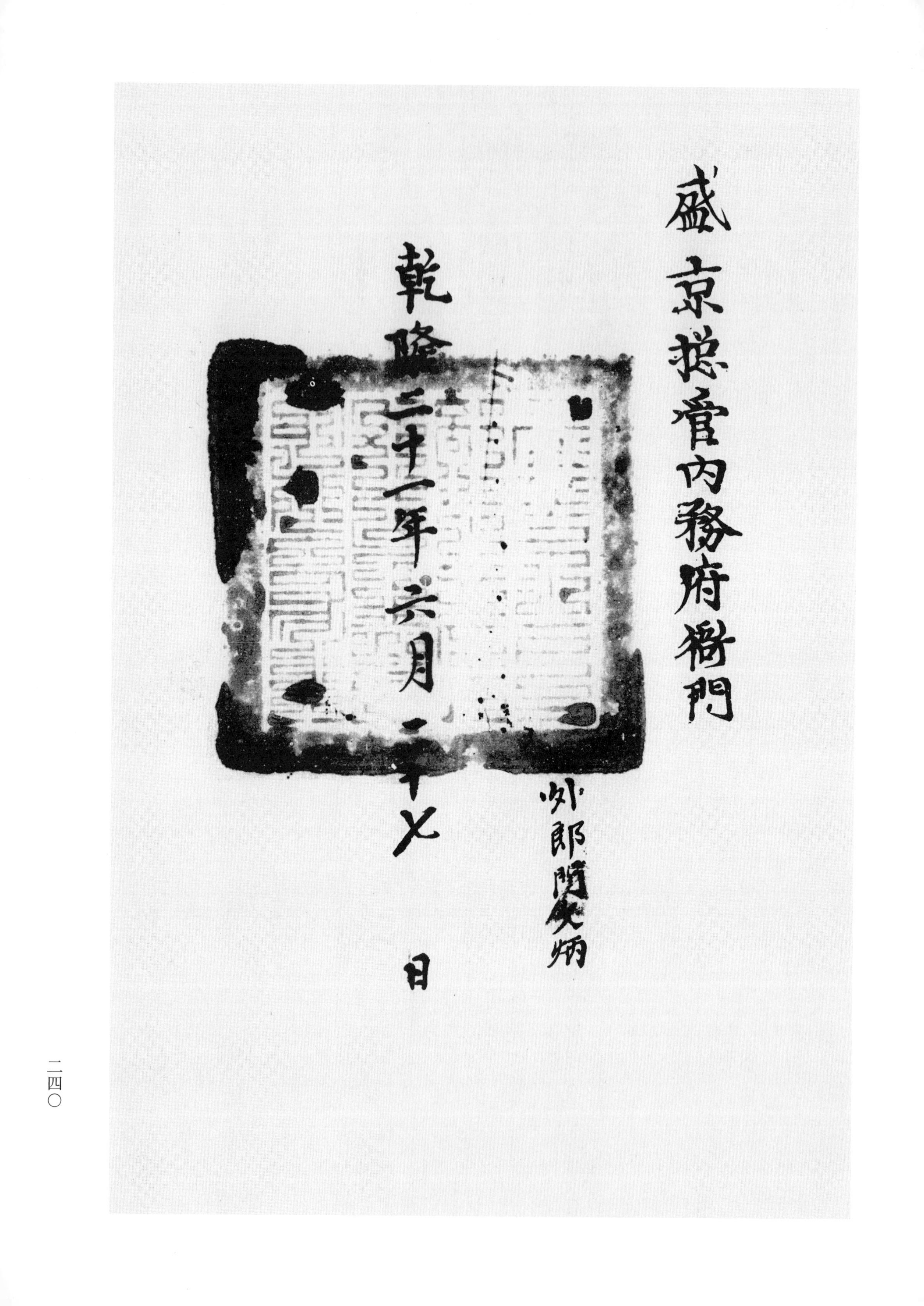

盛京揔管內務府衙門

外郎閻大炳

乾隆二十一年六月二十七日

部屢次劄催在案至今尚未補免應俟
各處將水冲沙壓地畝補免呈報到日再
將戛章保在等所討之荒辦理之處㮚
盛京揔管內務府衙門可也須至咨者
右
咨

盛京户部為咨行事地畝司案呈准
盛京揔管內務衙門咨為庄頭戛章保住
代三各边七子顧黑子等討荒甸一案前
来查得各處水冲沙壓地畝係奏明補
給之項而各該處詳称無荒可補縂本

副都統福

二十

盛京戶部為旻章保住等所討之
荒俟各處將水沖沙壓地畝補完呈
報到日再行辦理知會事

堂主事托[illegible] 金[illegible]

筆帖式金廣源接收

乾隆二十一年六月二十七

二十七

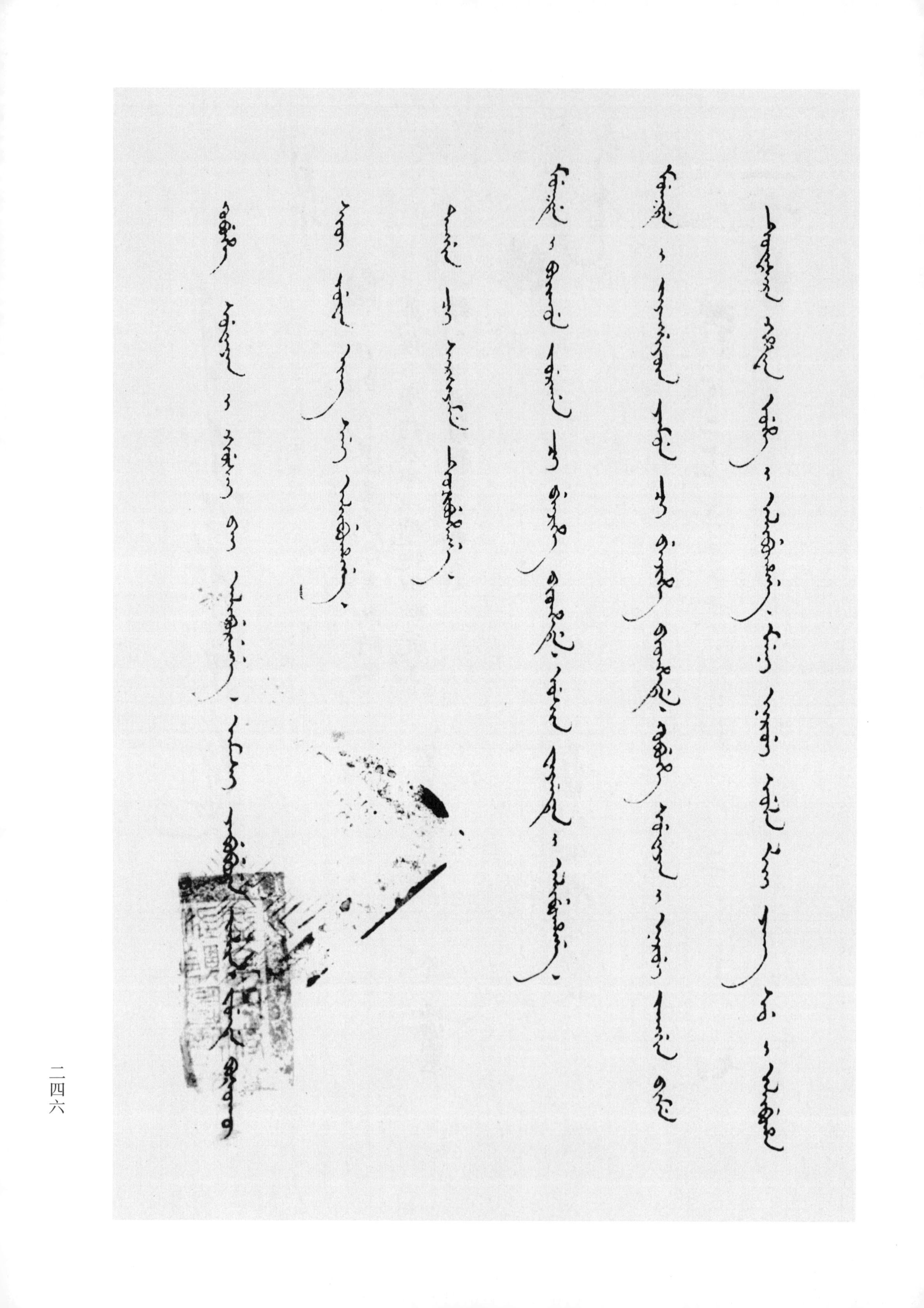

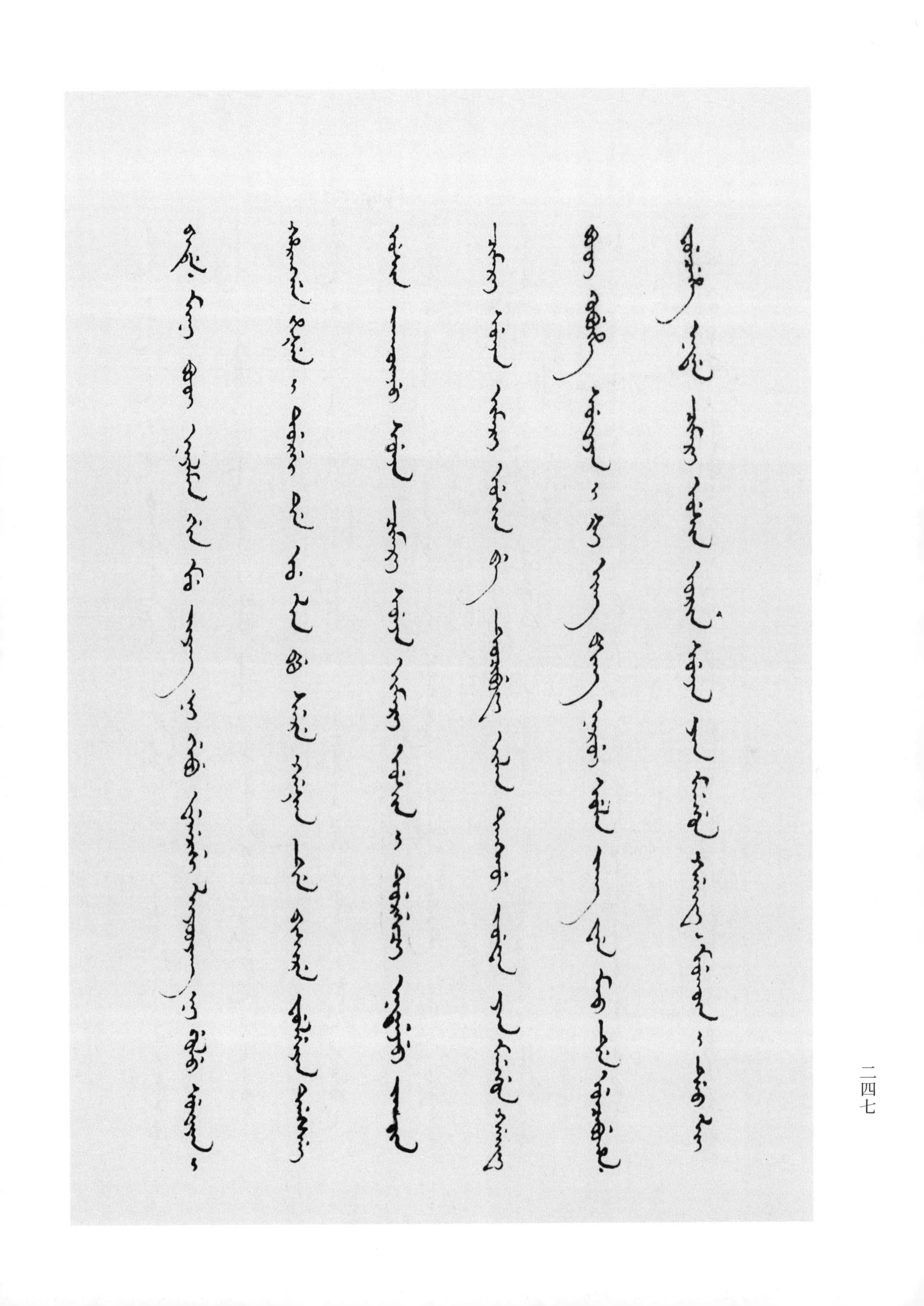

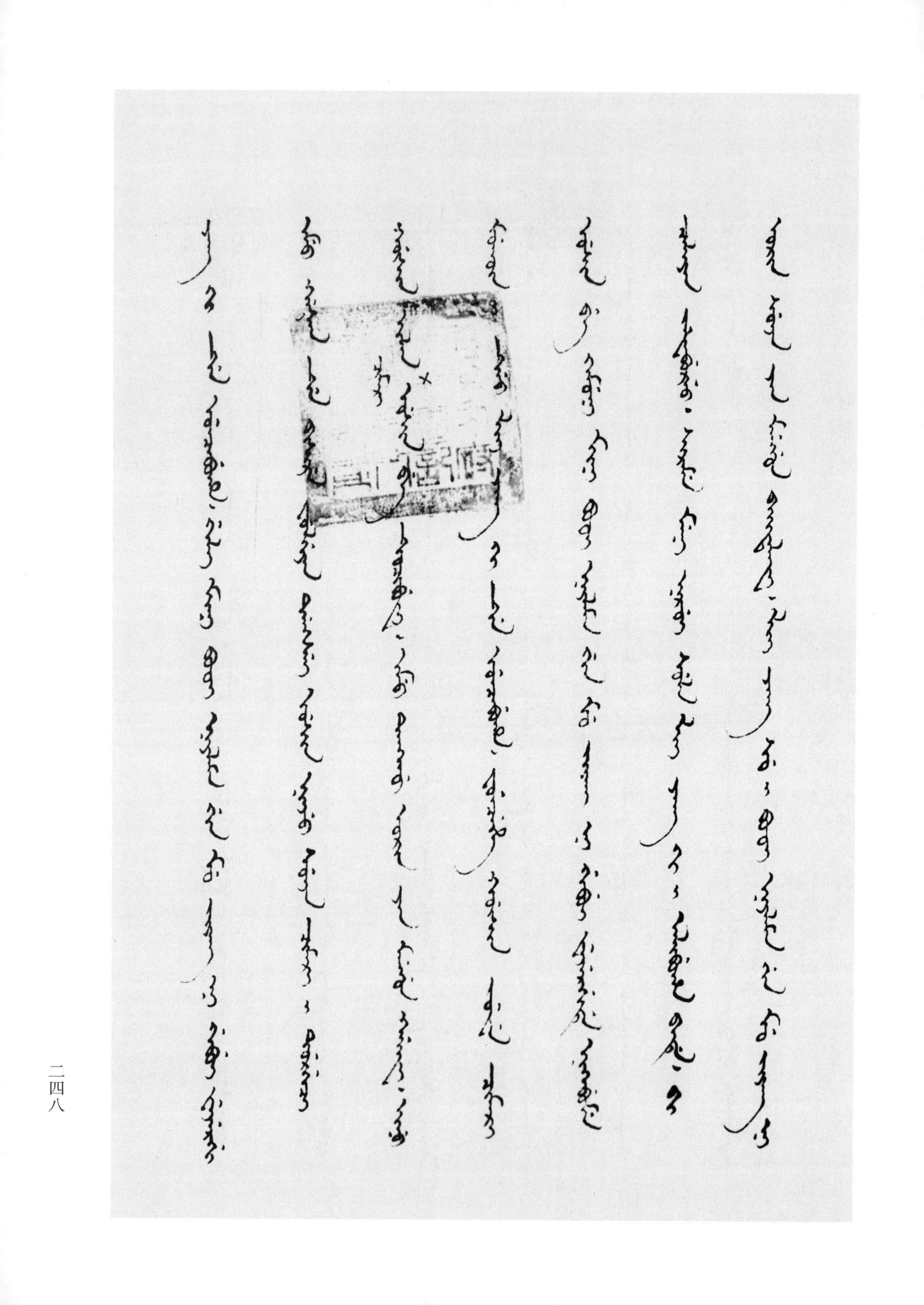

[illegible]

[illegible]

[illegible]

[illegible]

[illegible]

[illegible]

[illegible]

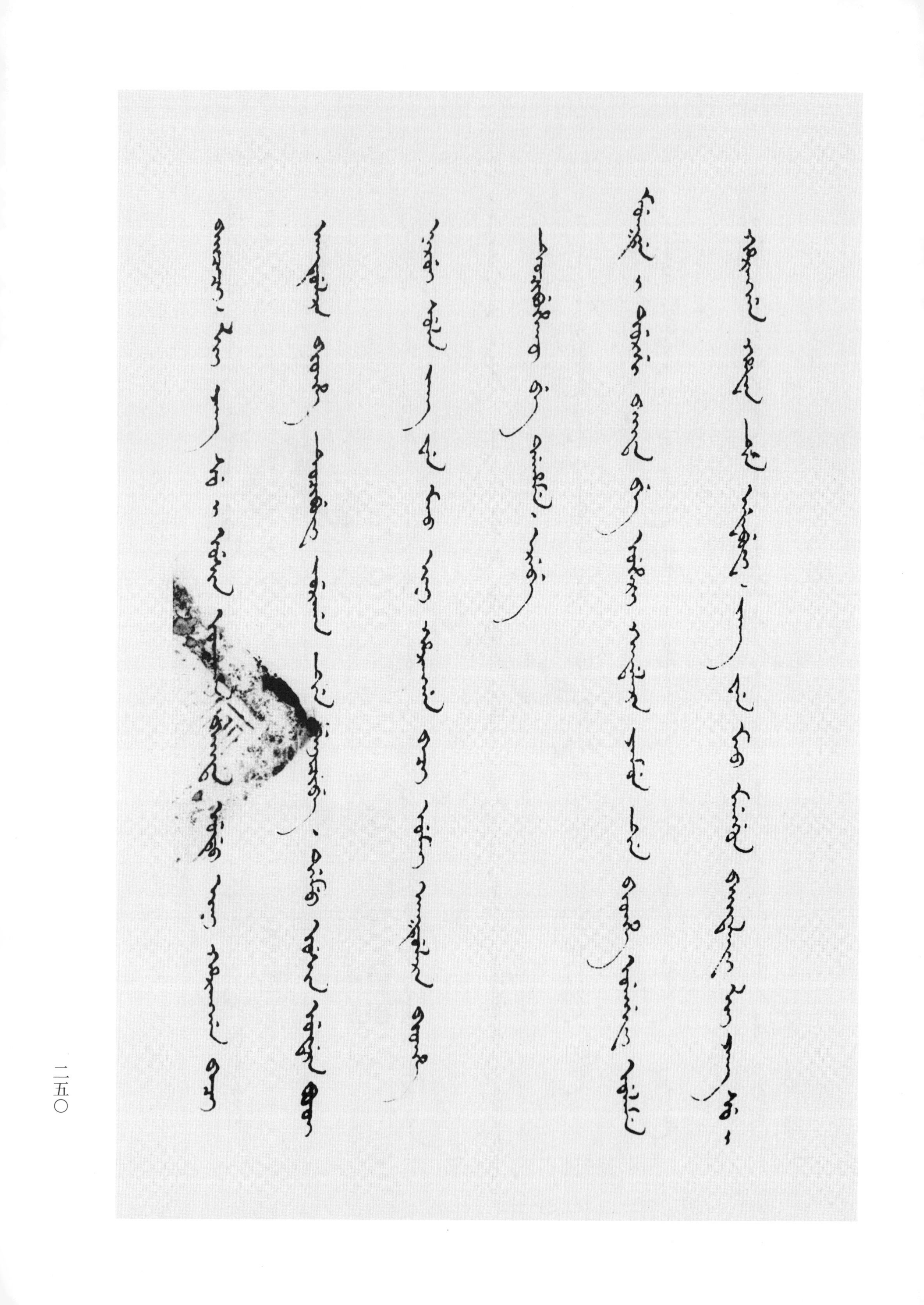

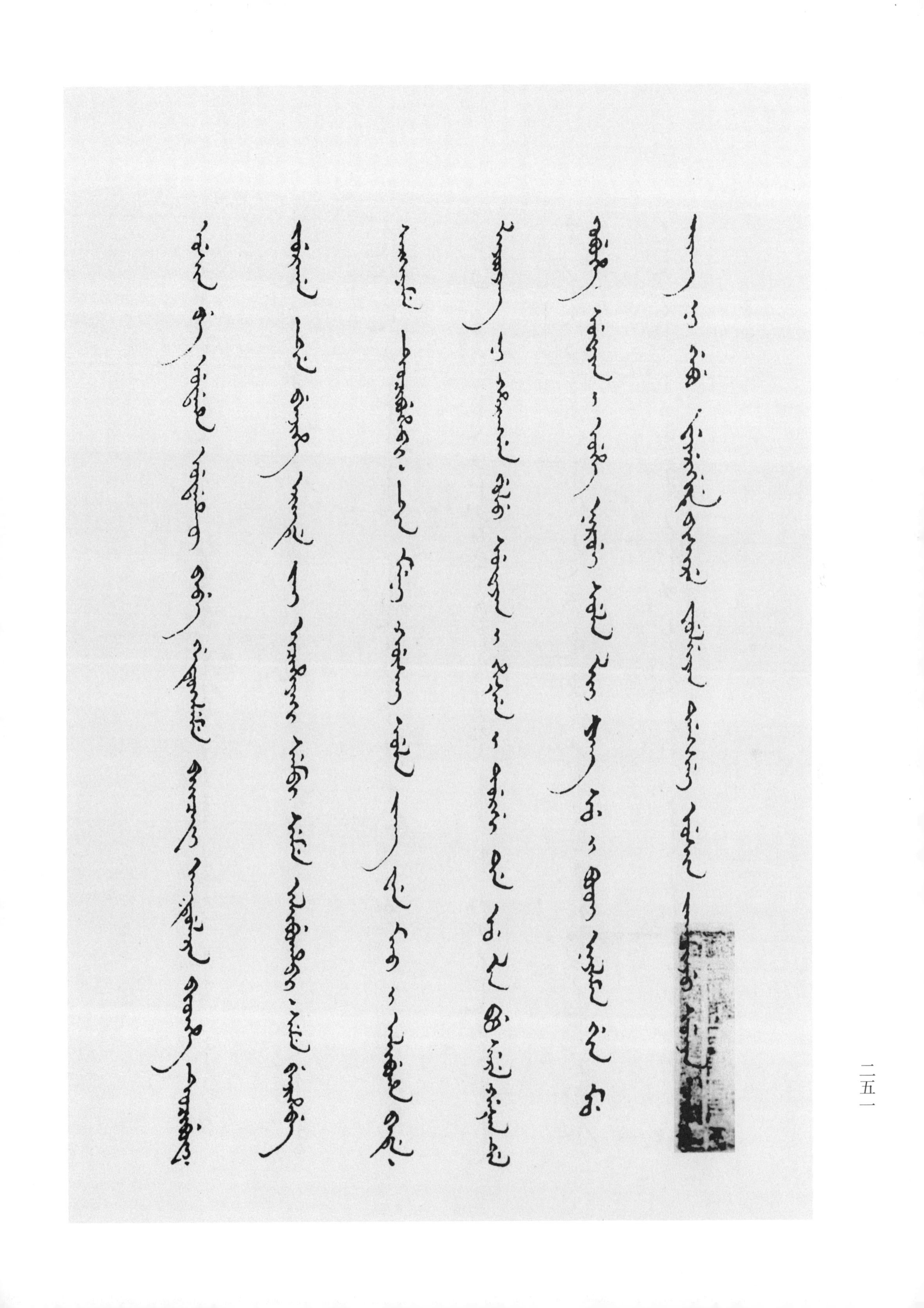

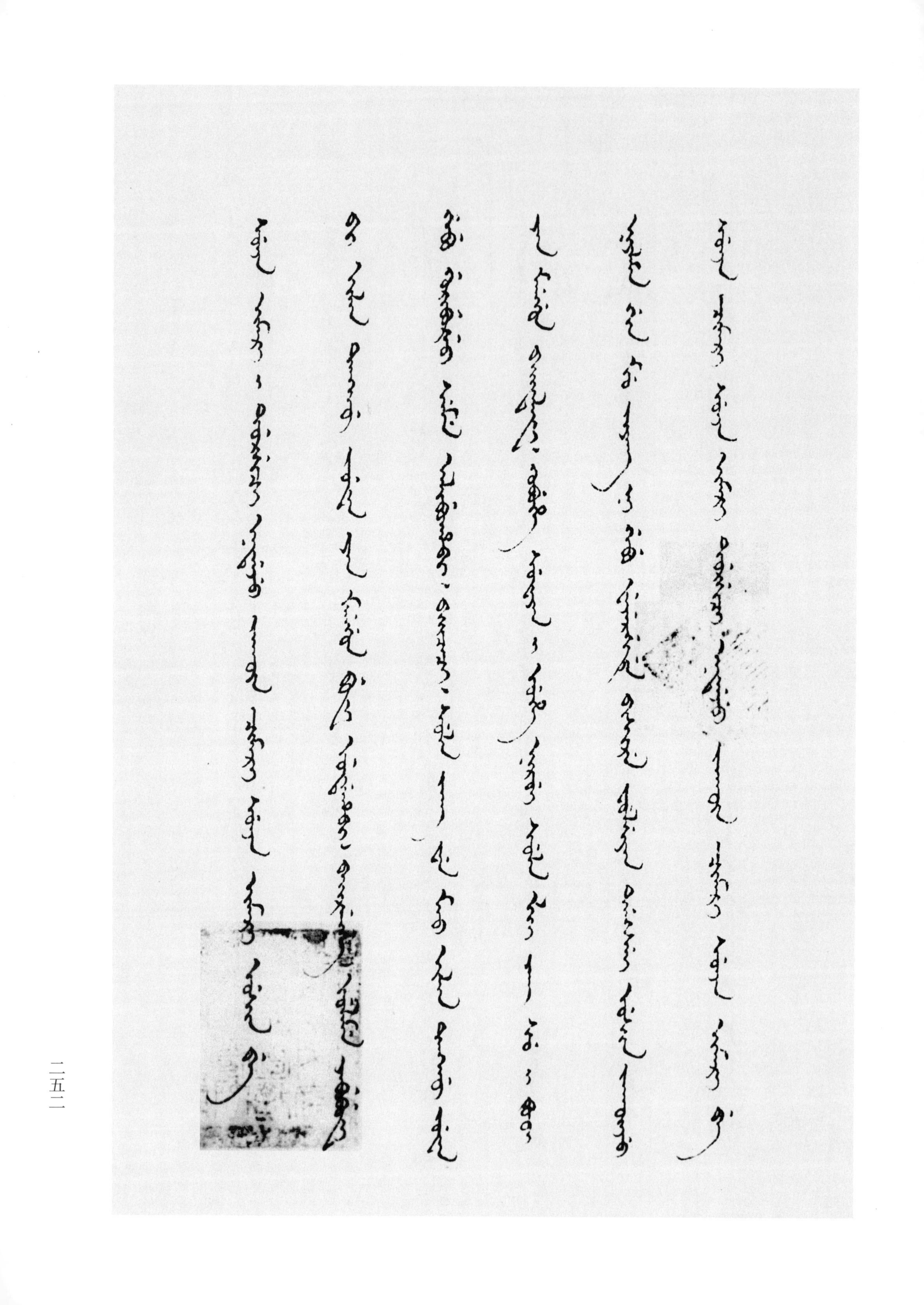

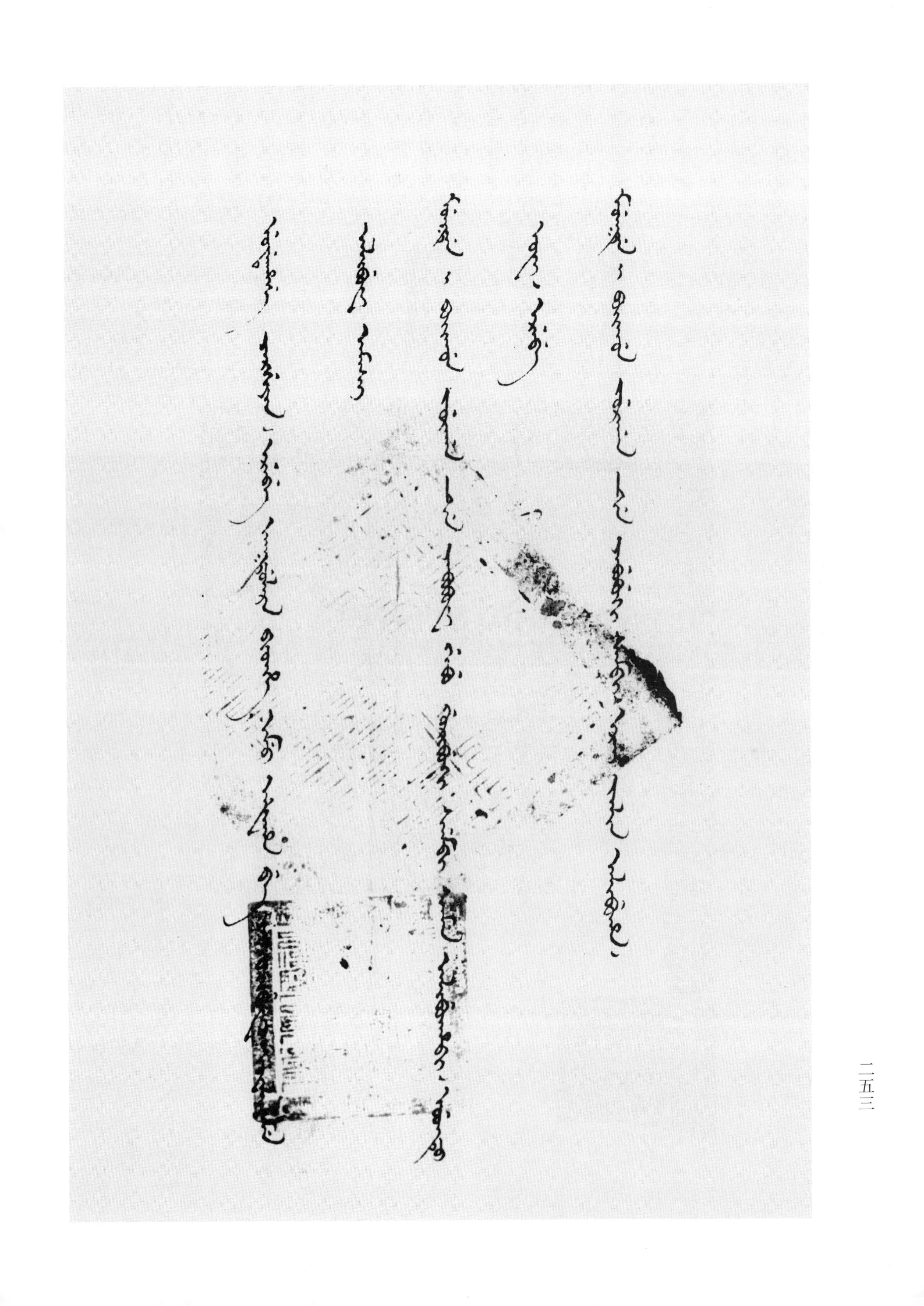

[illegible]

[illegible]

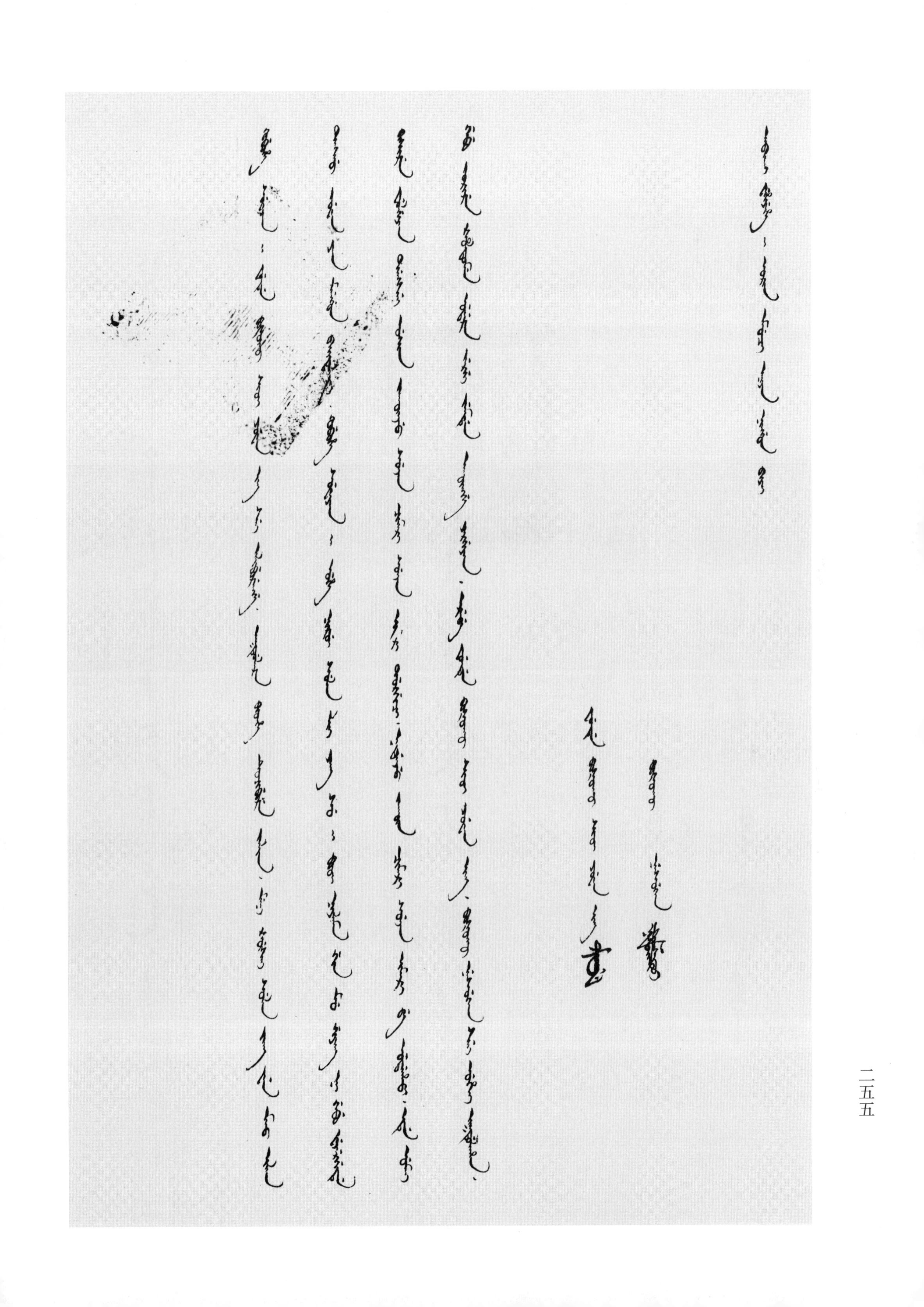

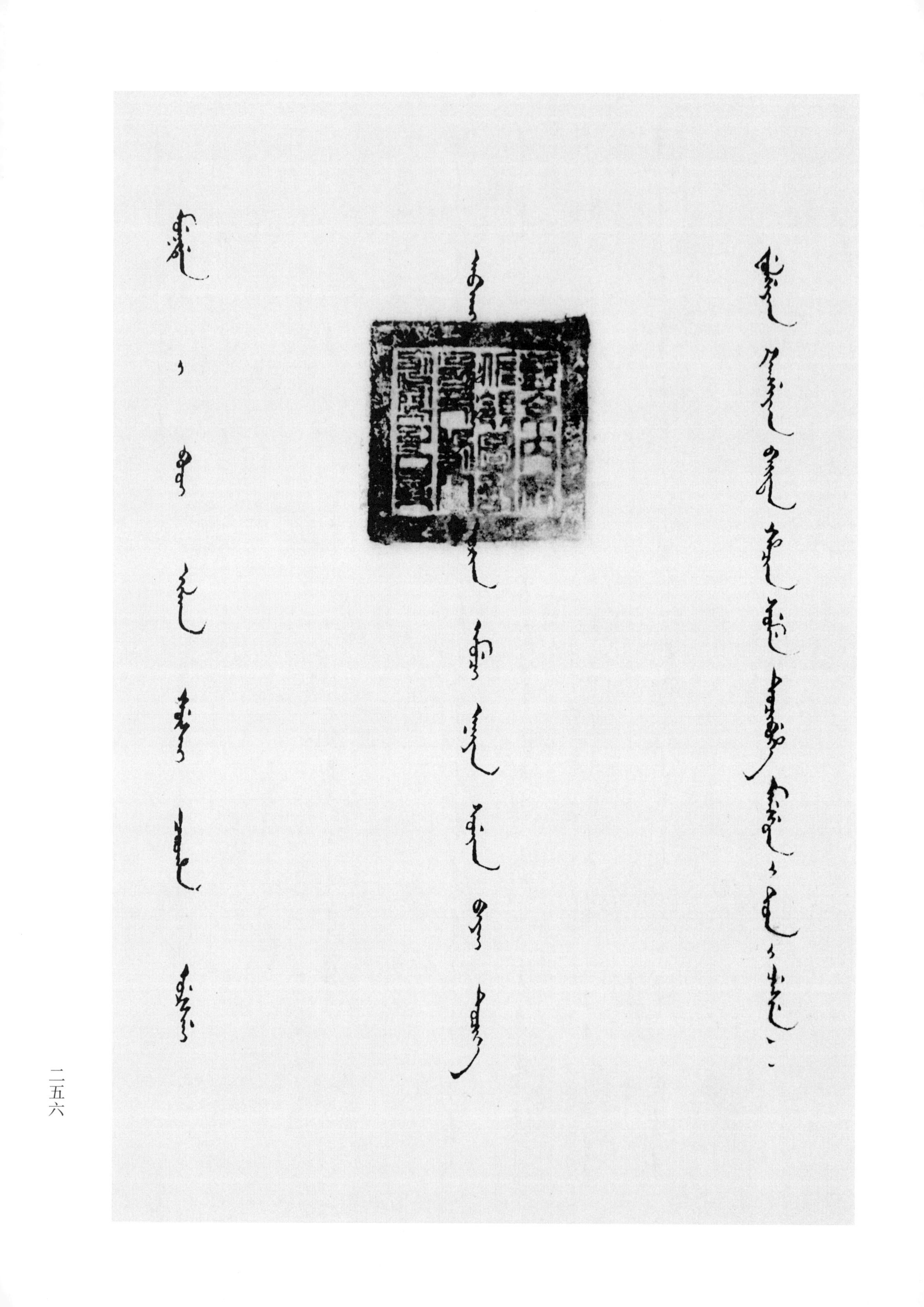

[illegible]

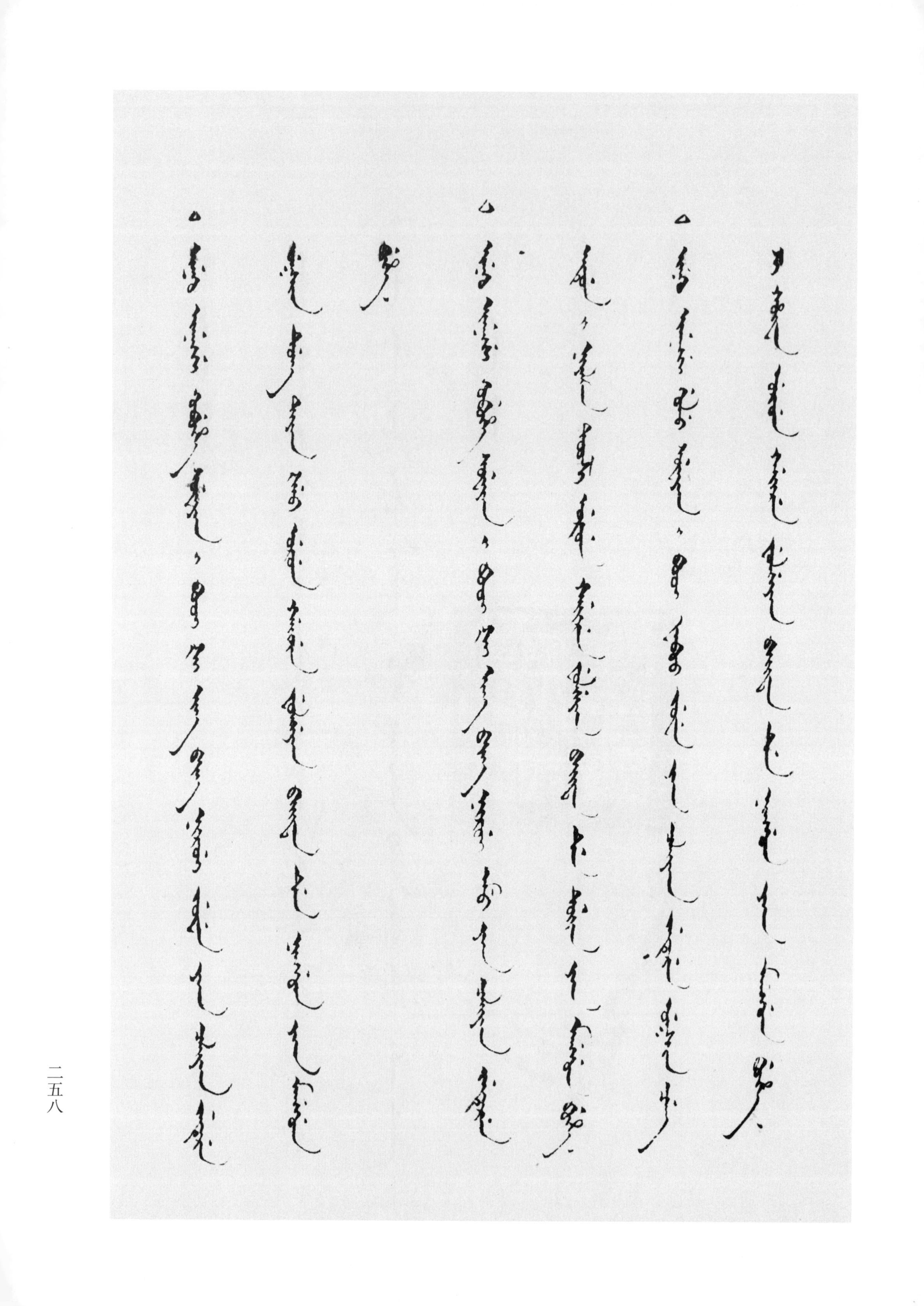

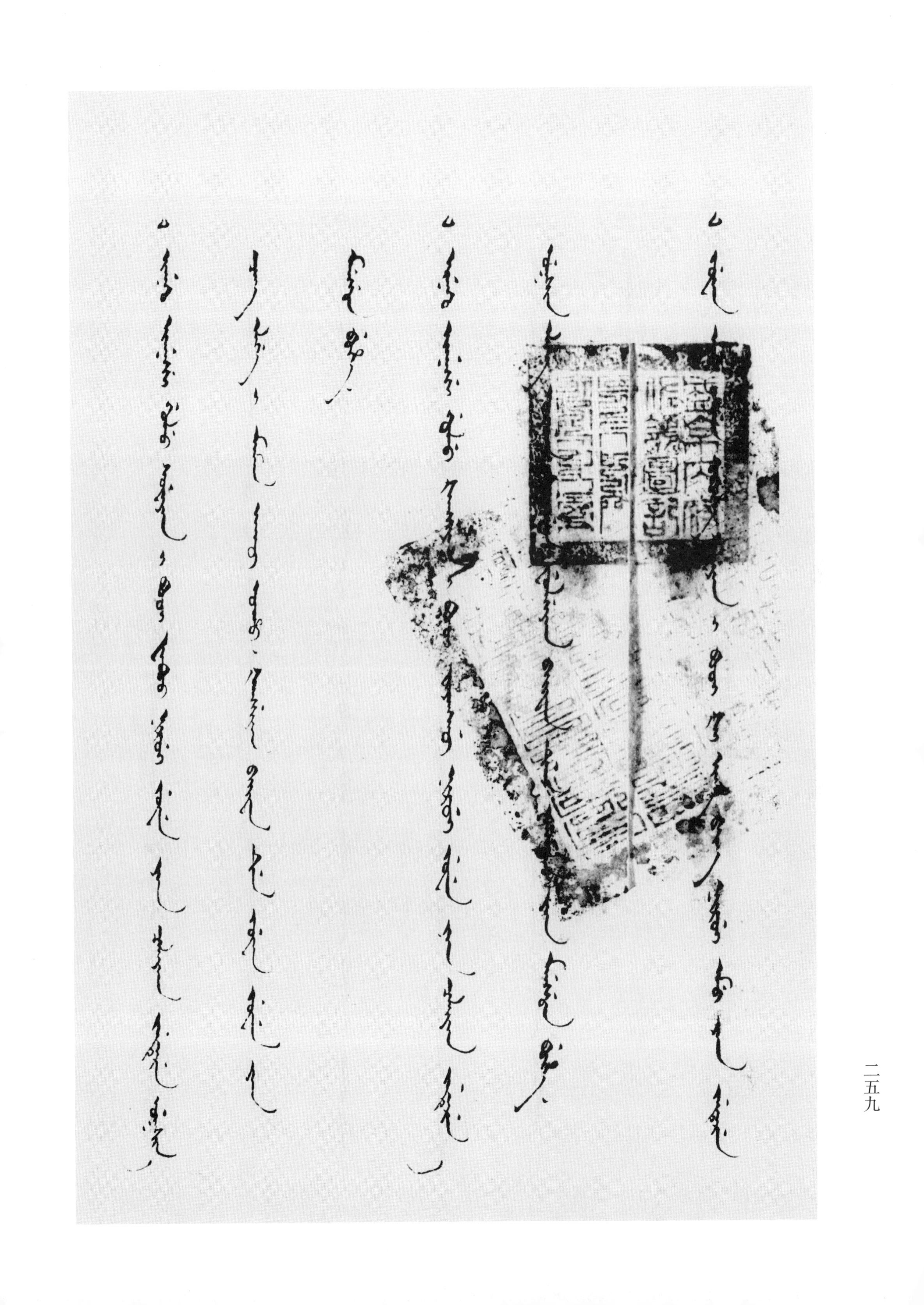

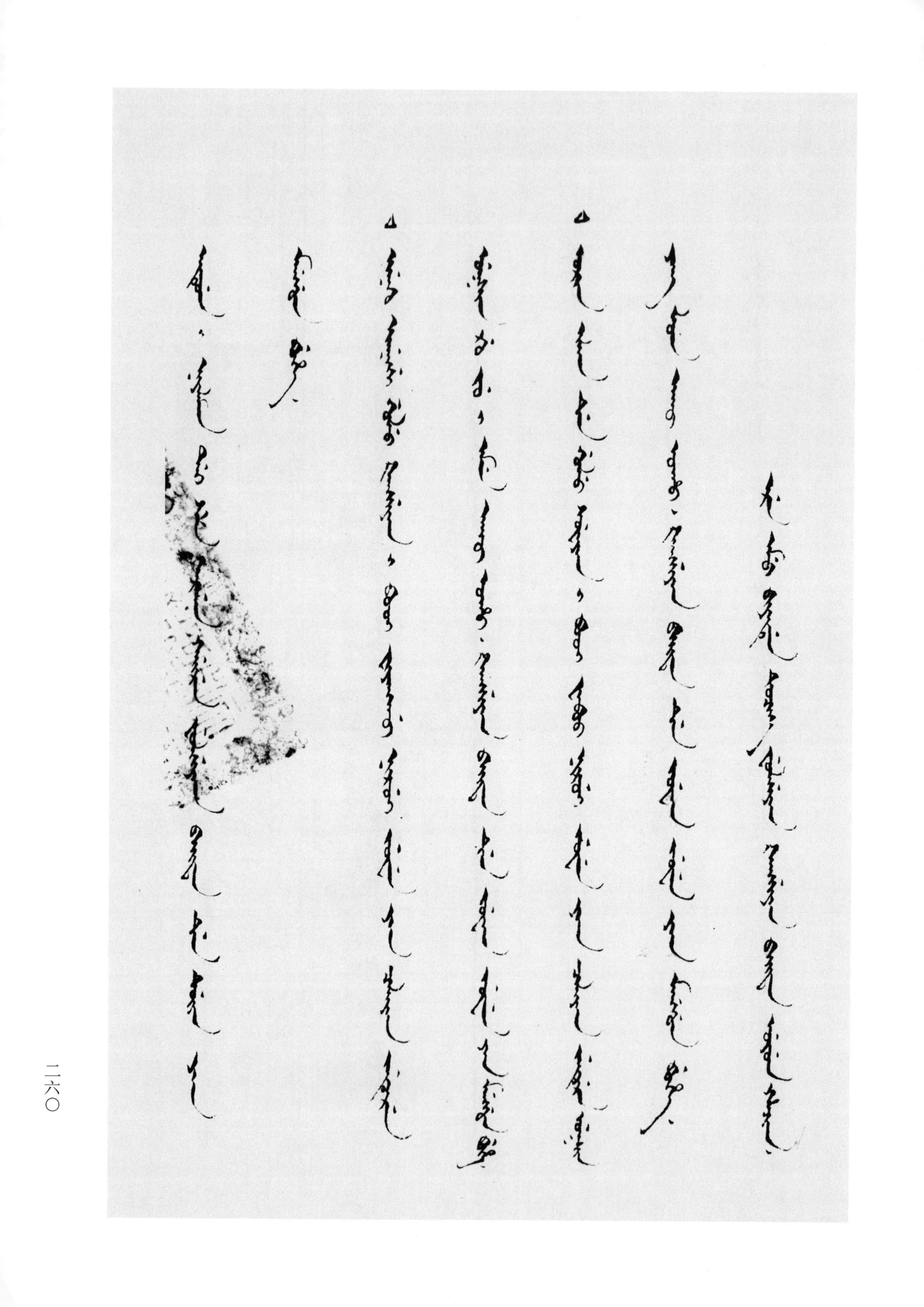

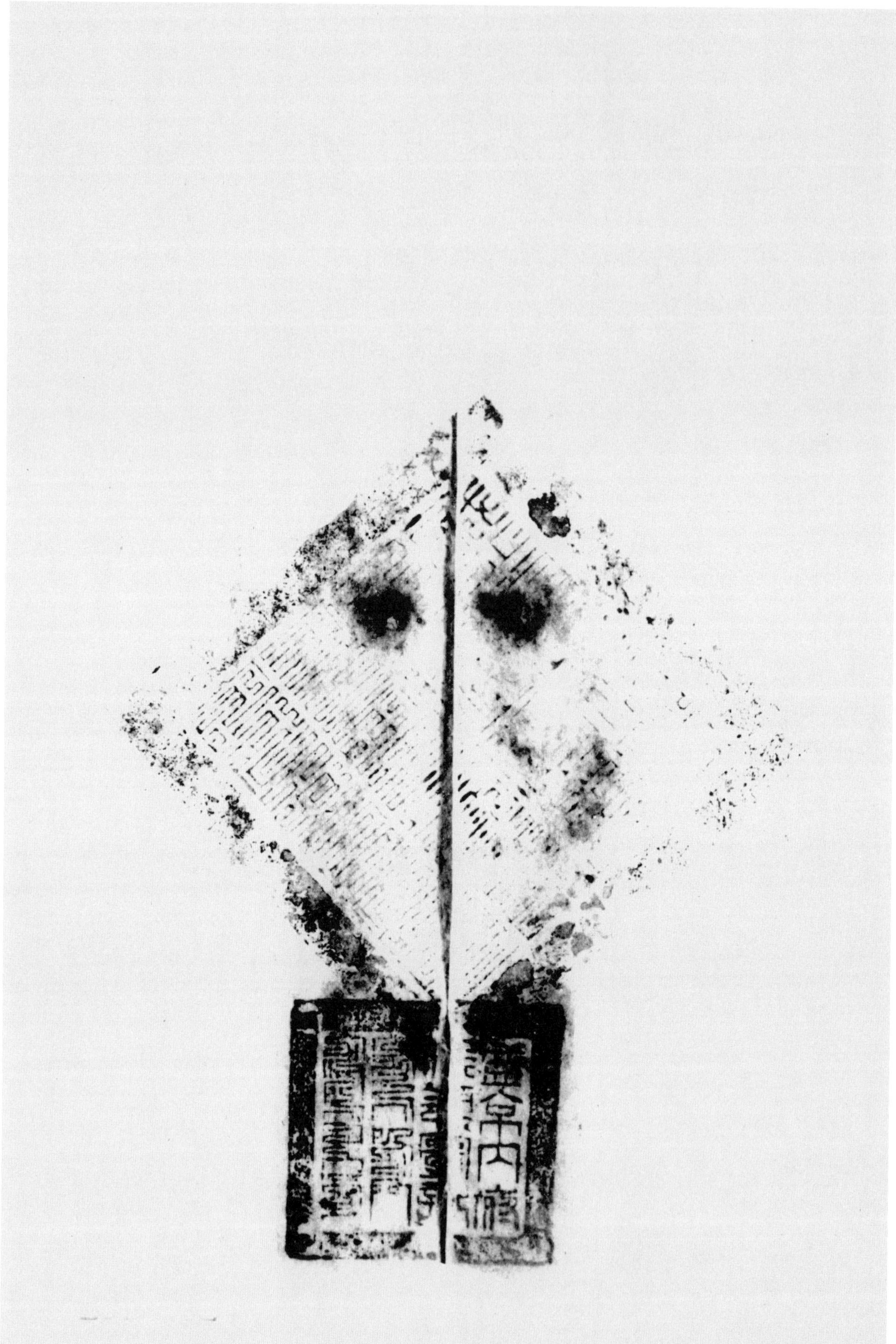

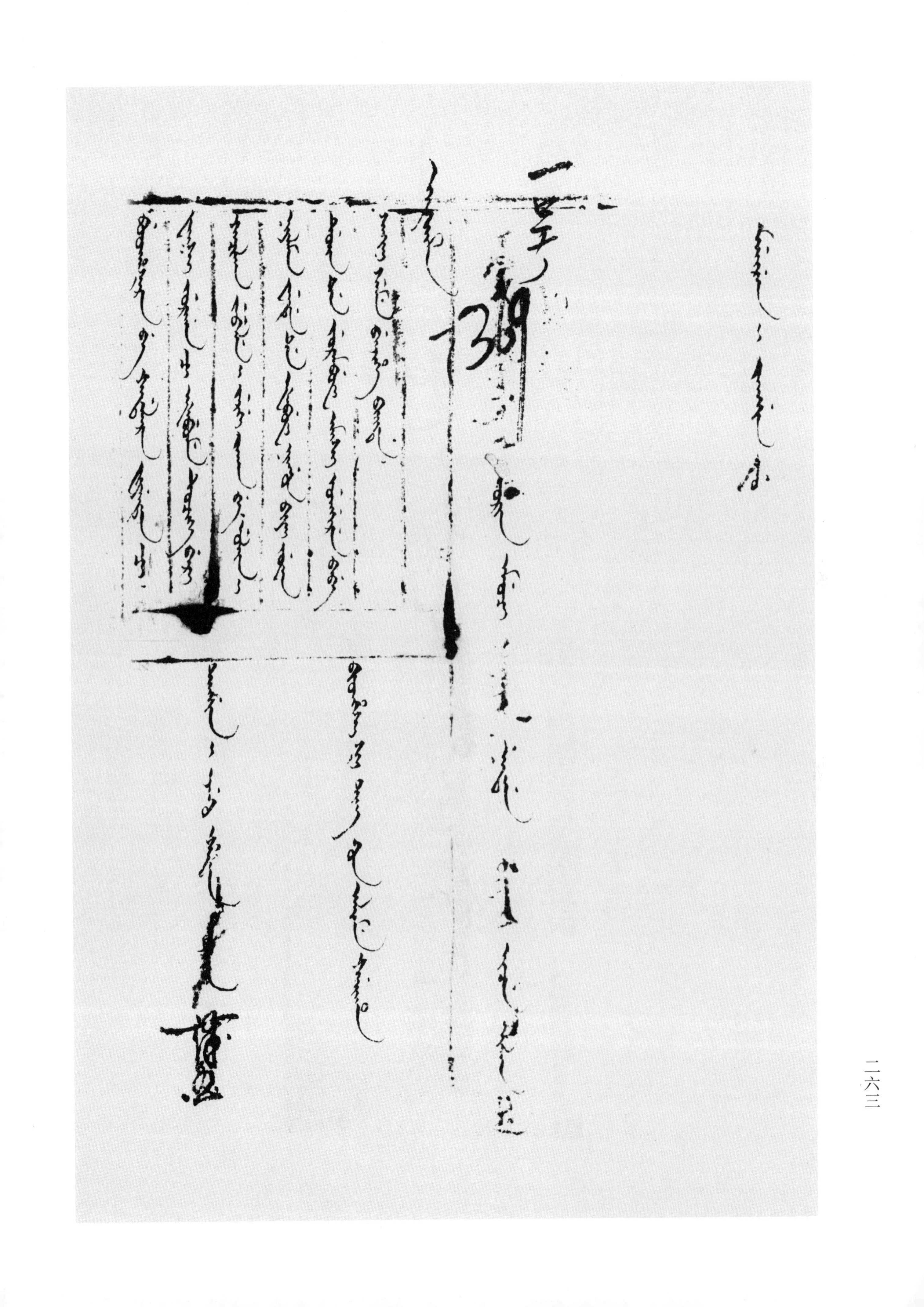

309

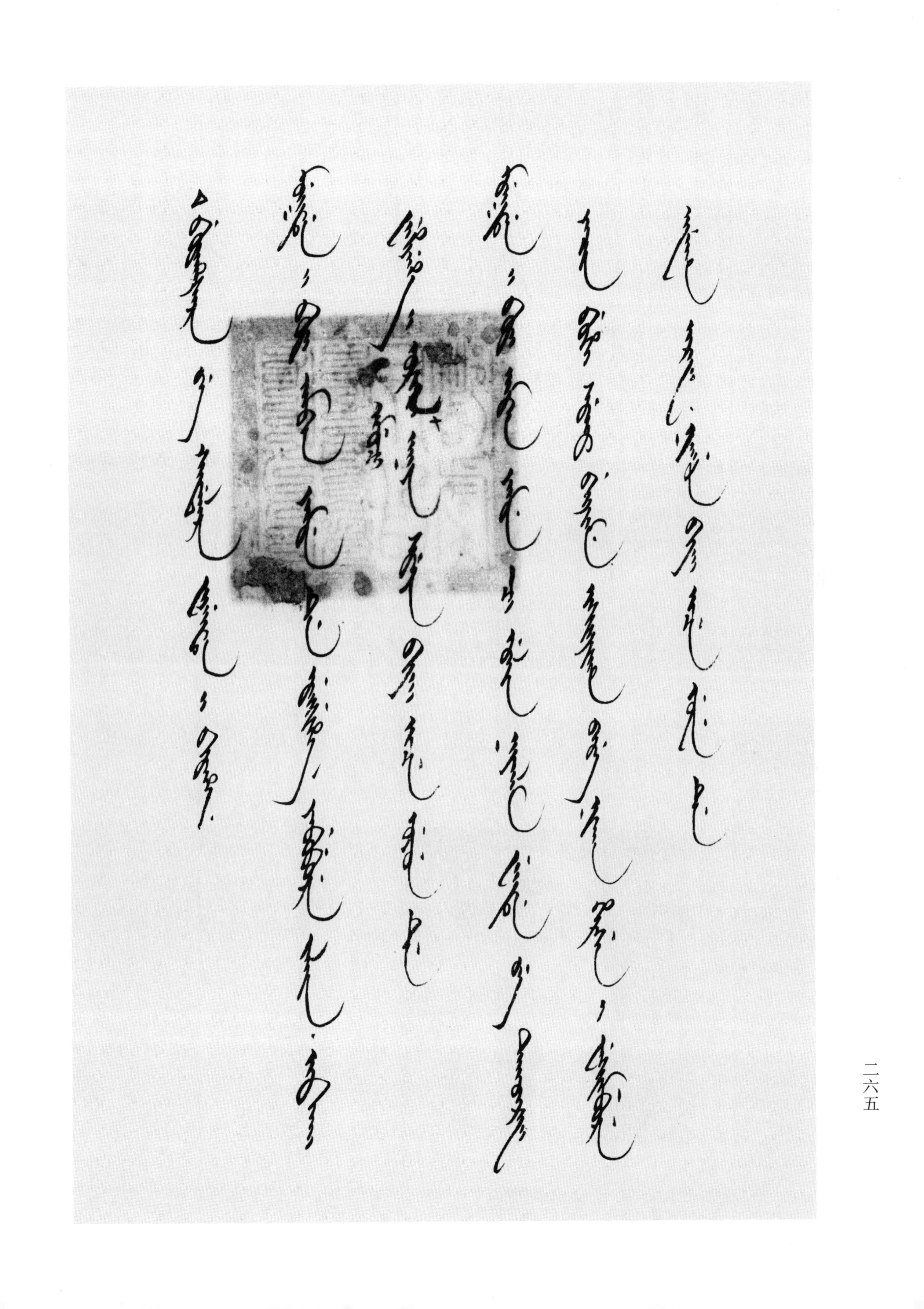

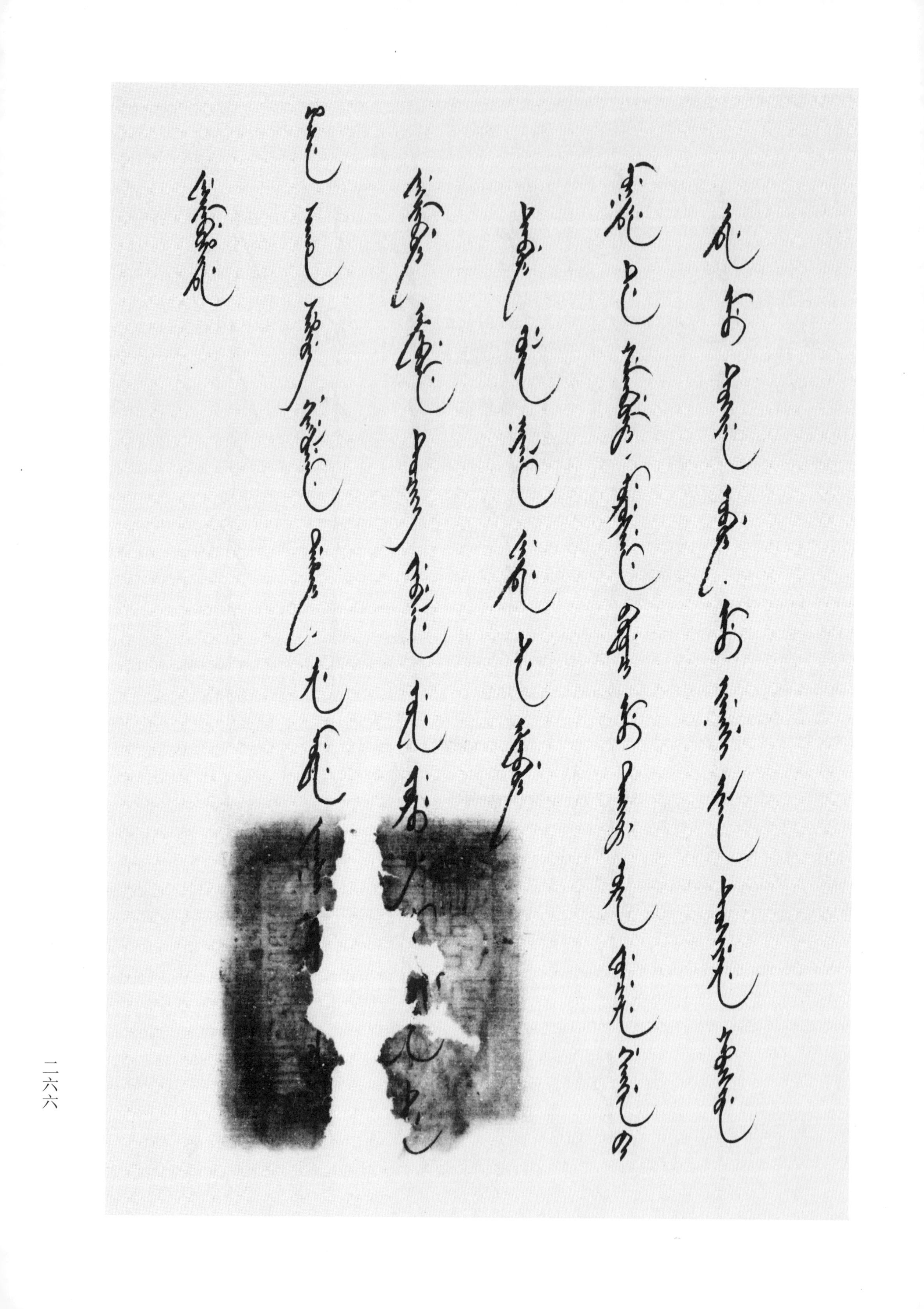

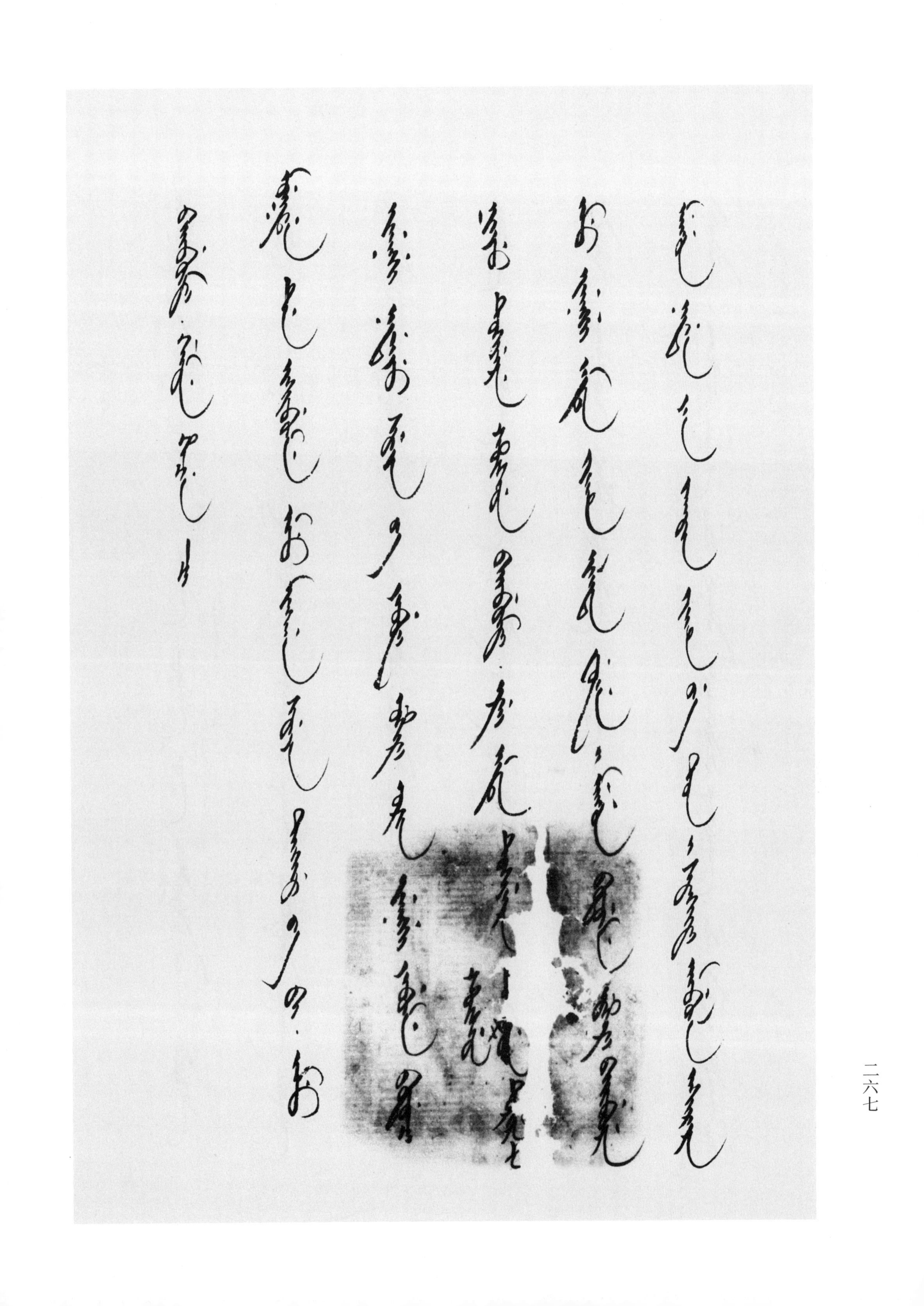

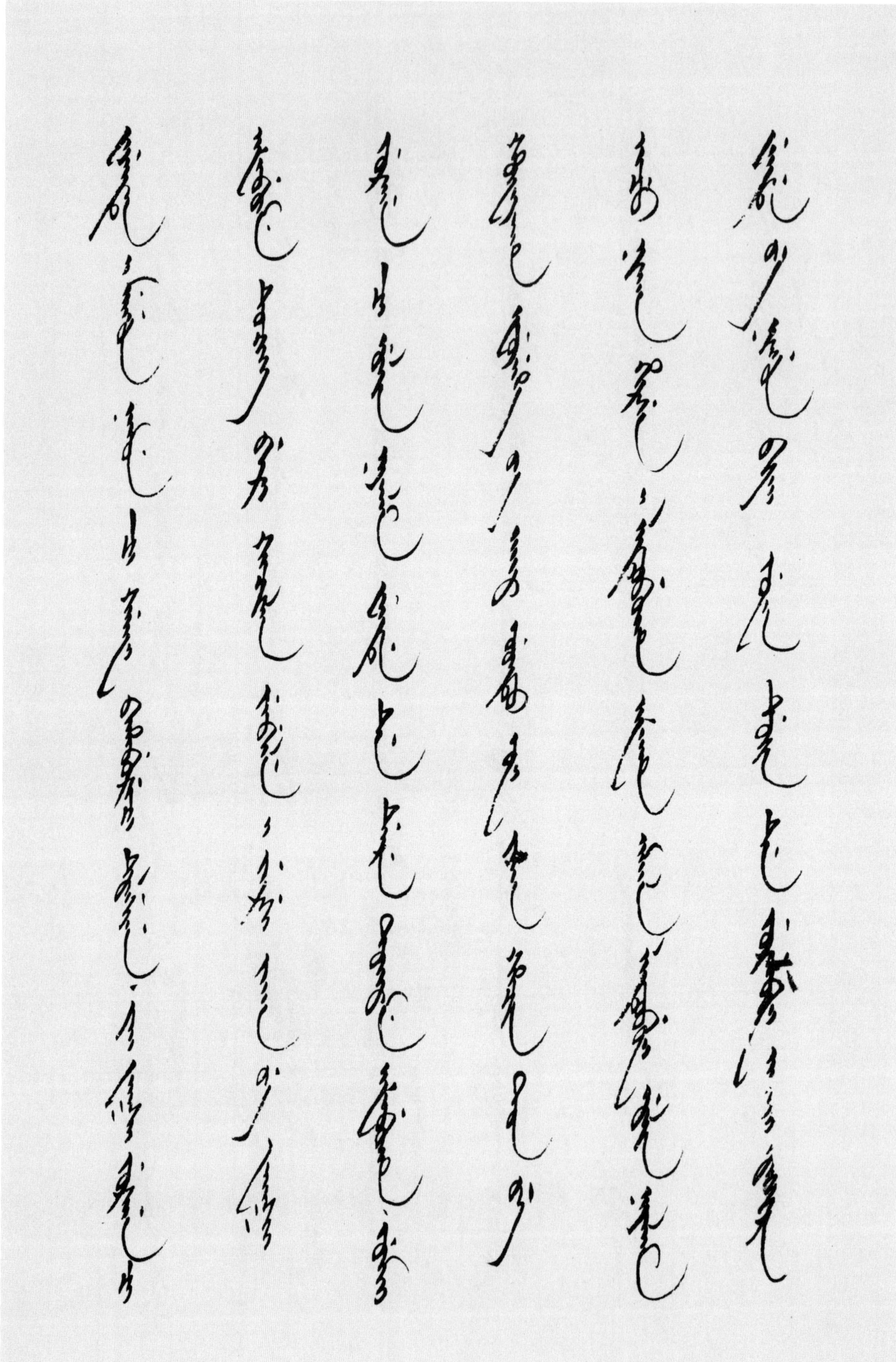

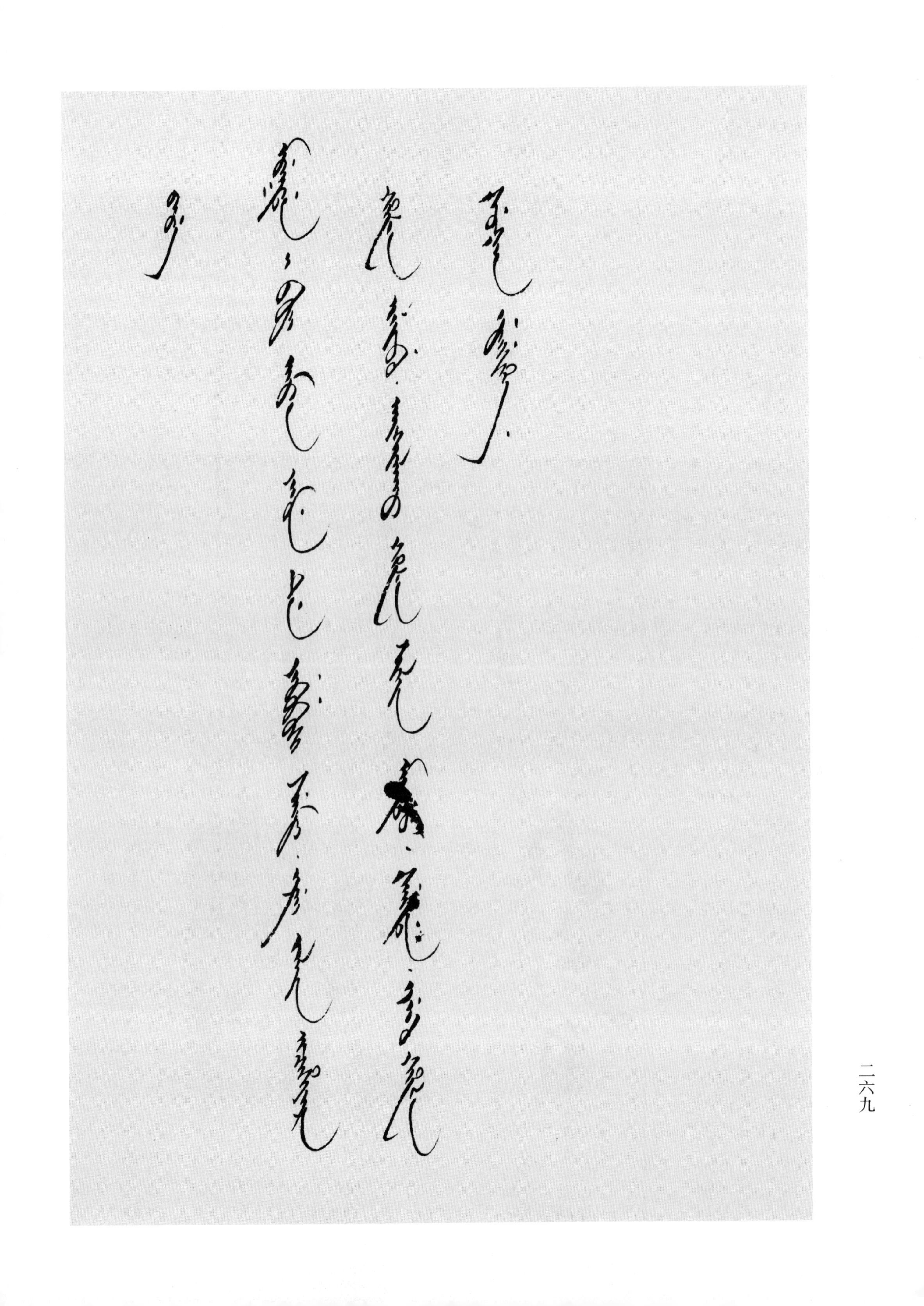

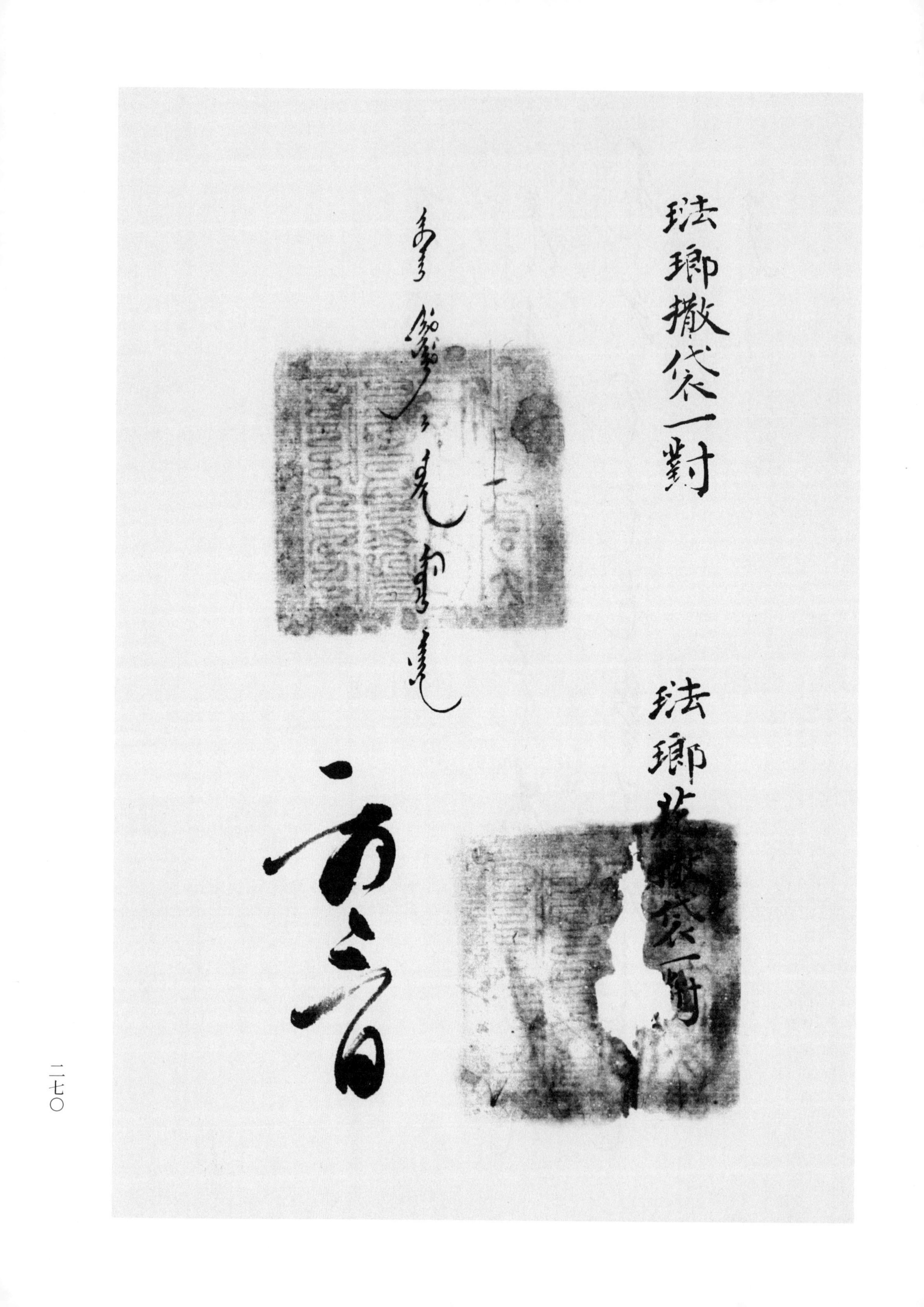

琺瑯撒袋一對

琺瑯撒袋一對

有旨

花箭四分共四十支（每分披箭七支哨箭二支骲頭一支）

花牛角面花色樺皮五力弓二張

野羊角面花色樺皮六力弓二張

共弓四張

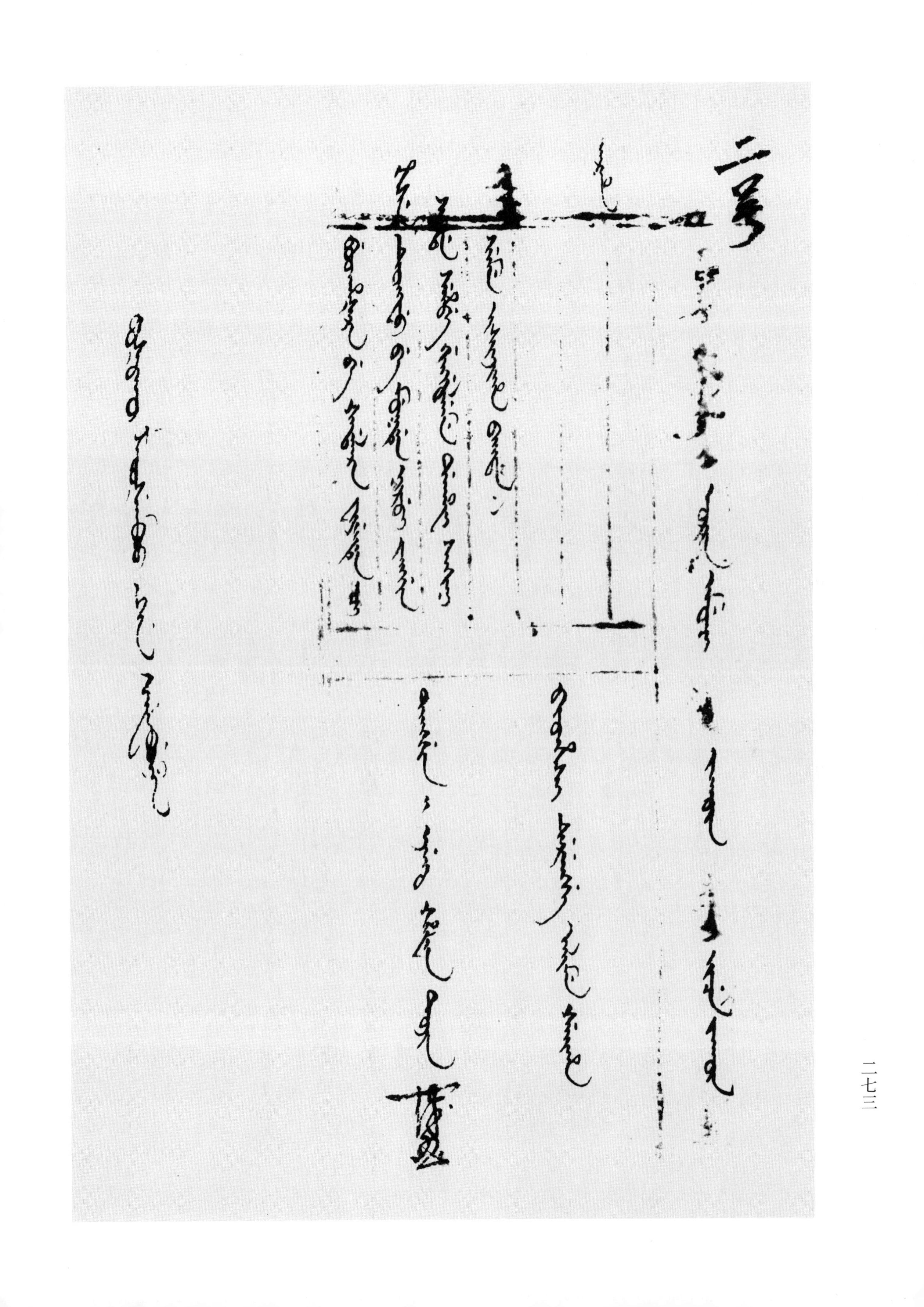

二号

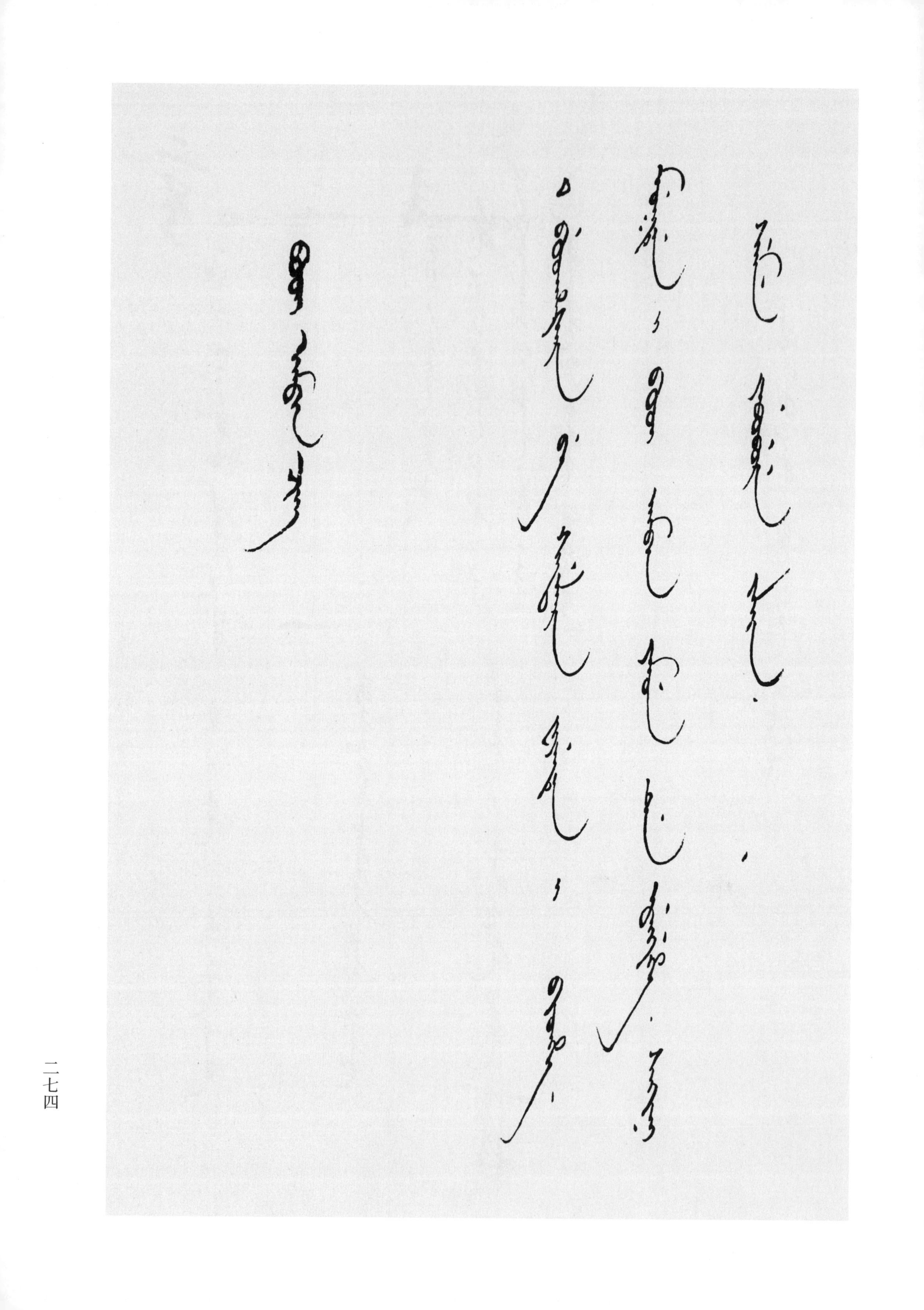

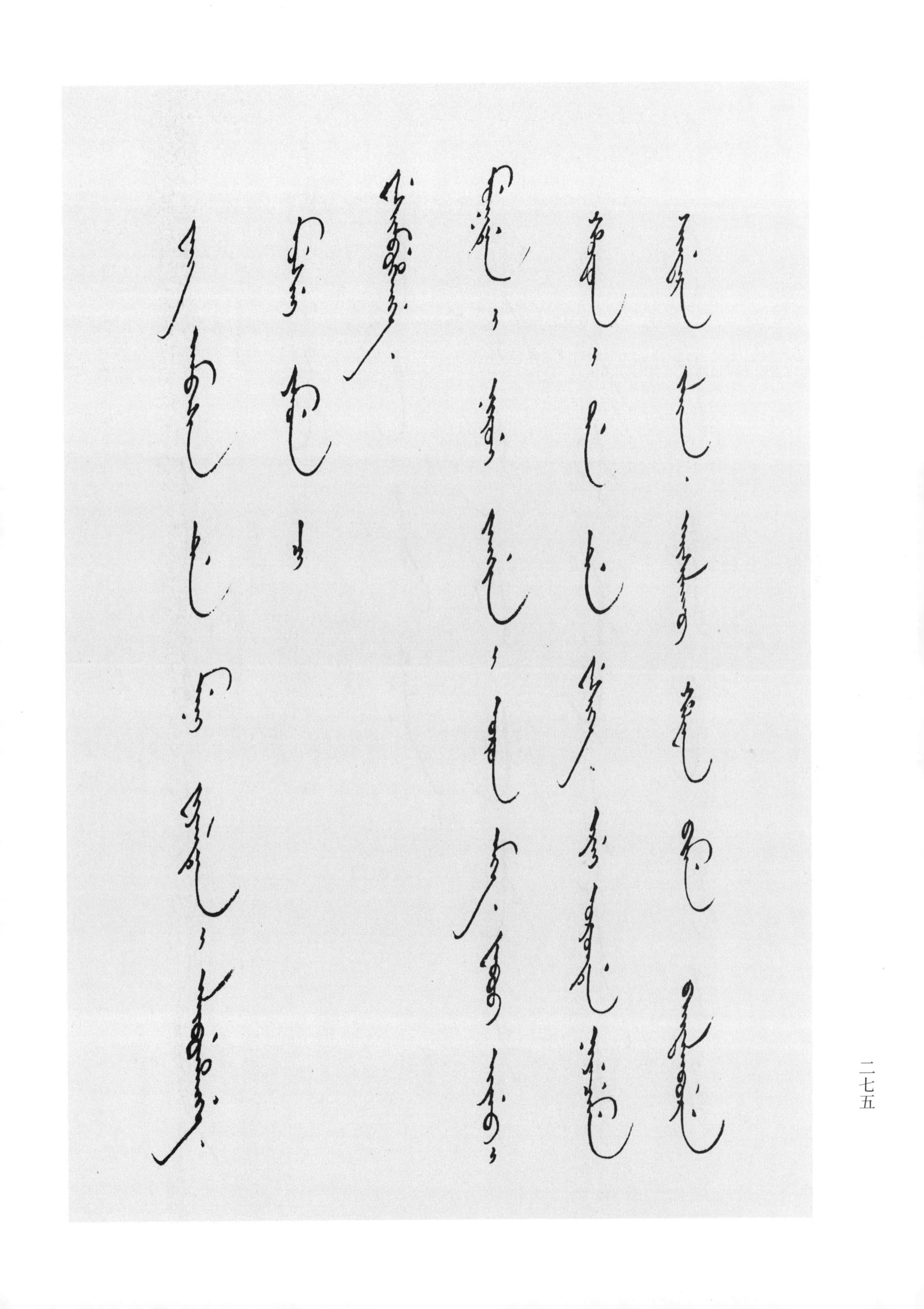

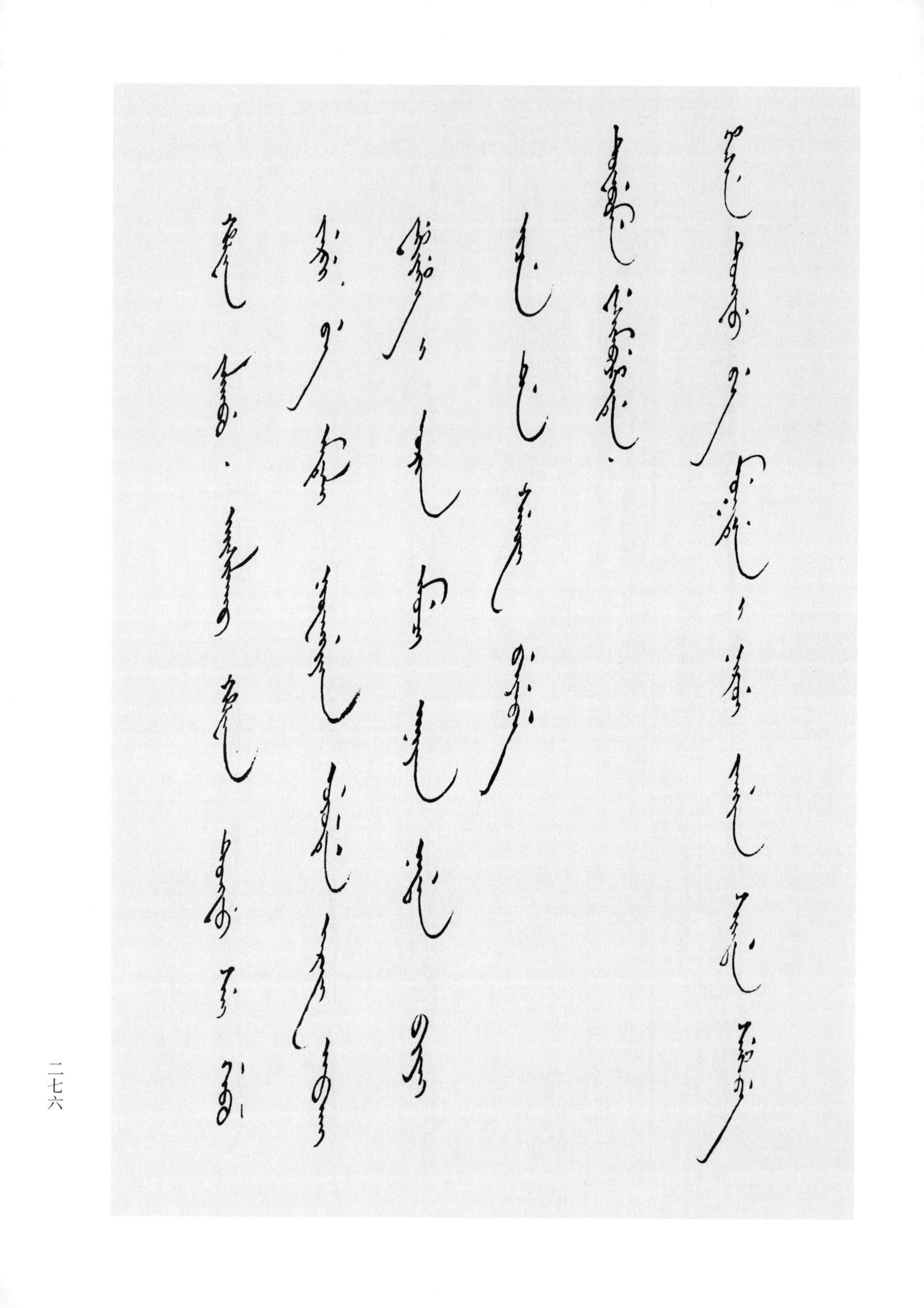

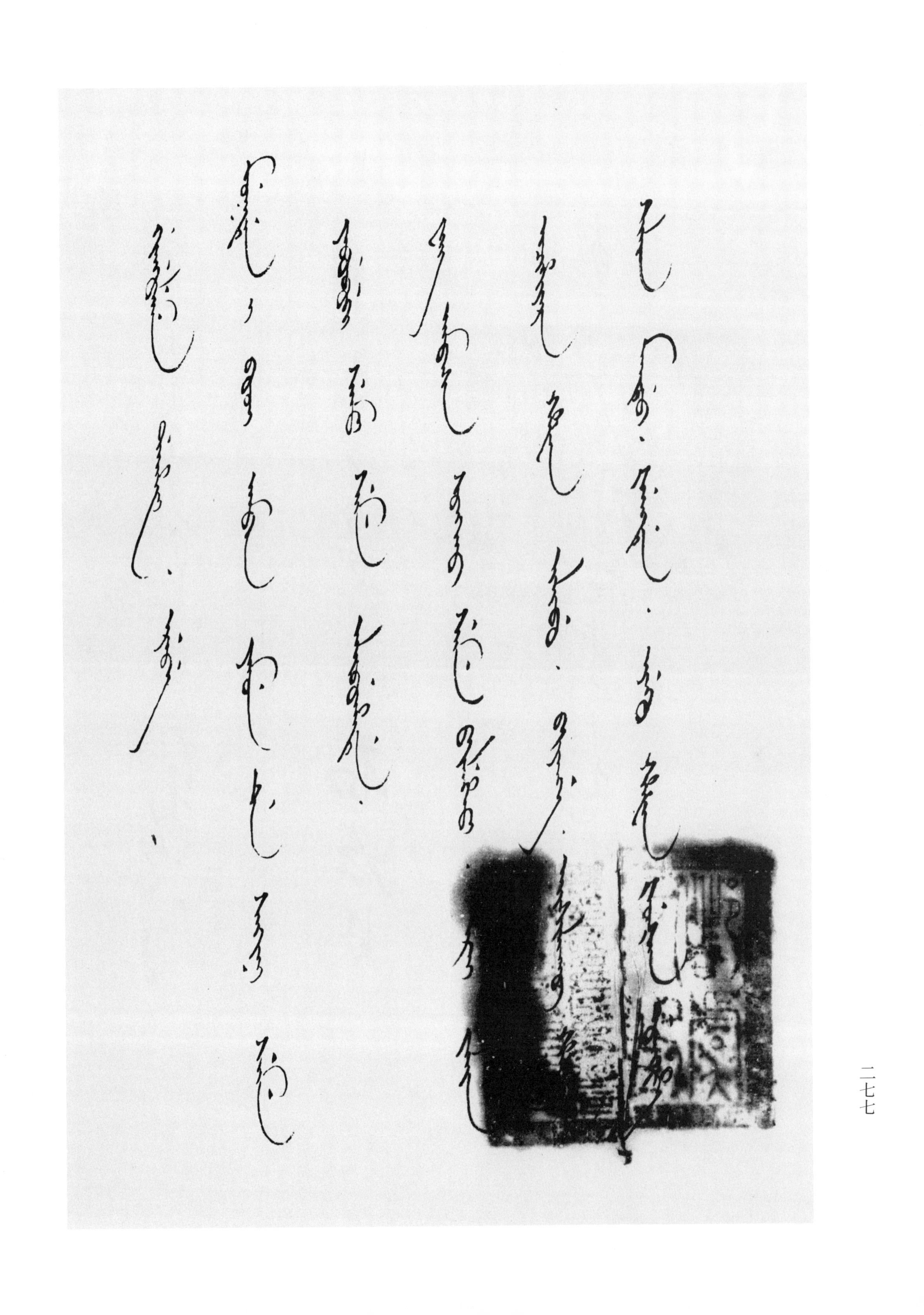

二七七

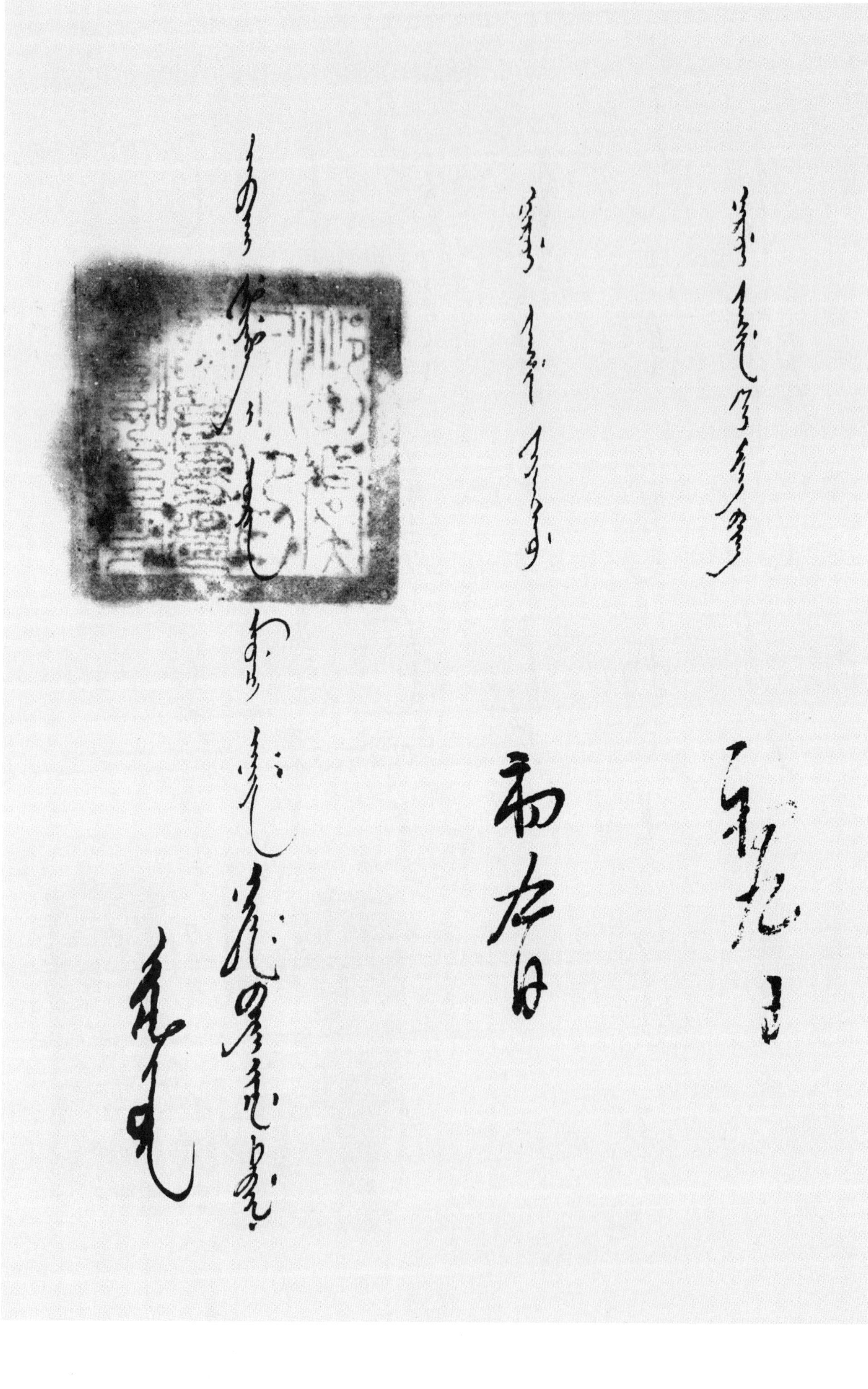

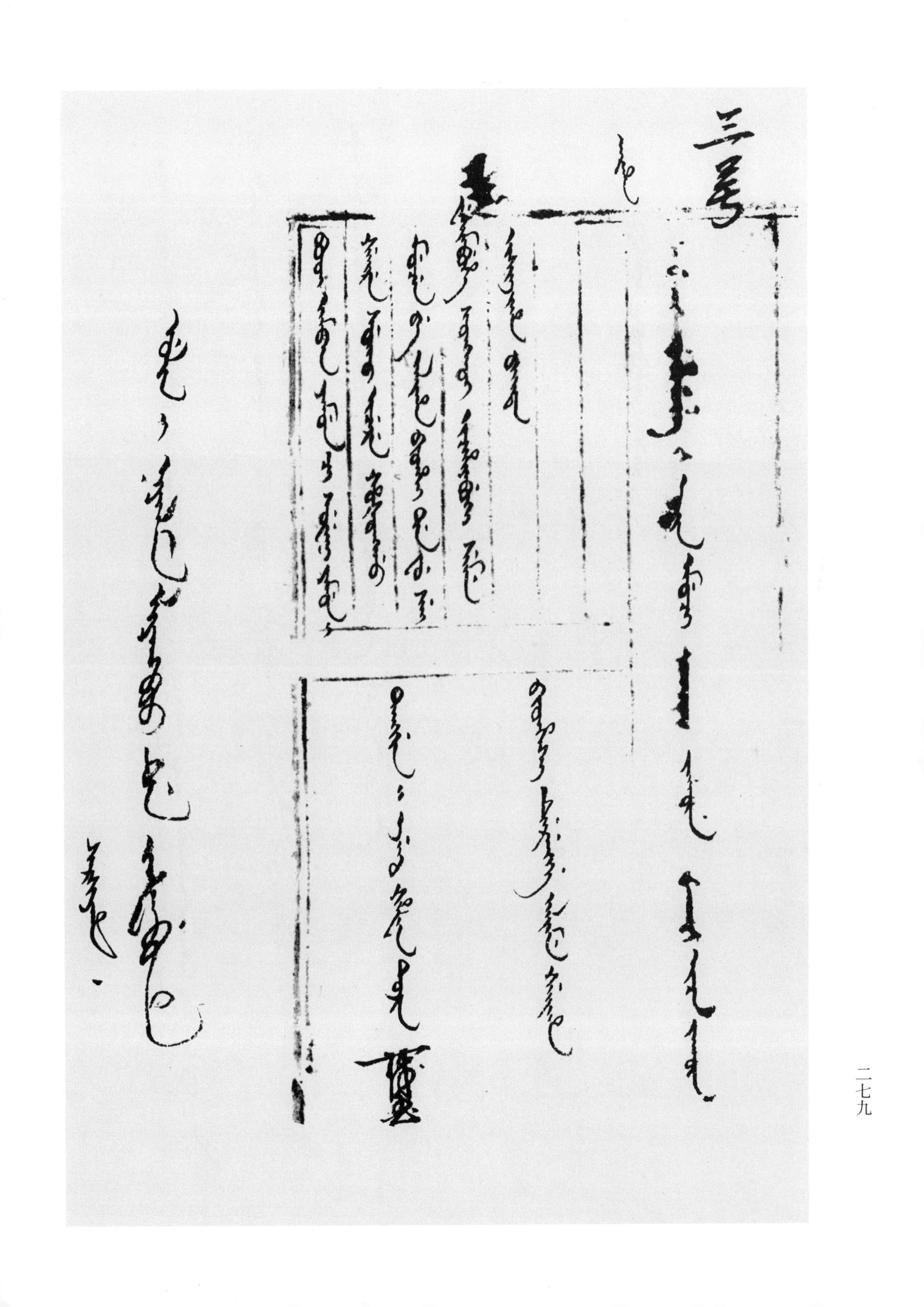

三号

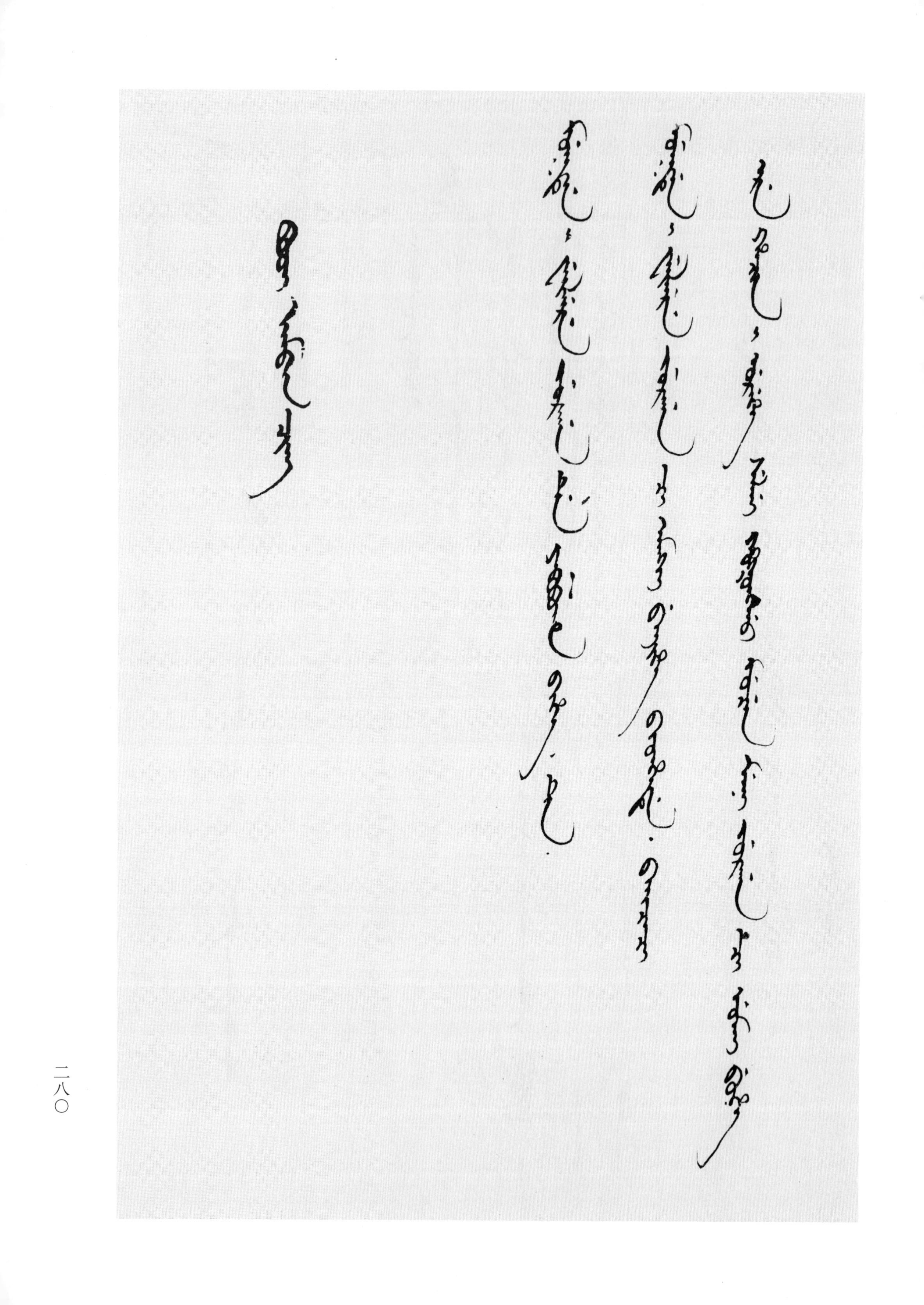

[illegible]

[illegible]

[illegible]

[illegible]

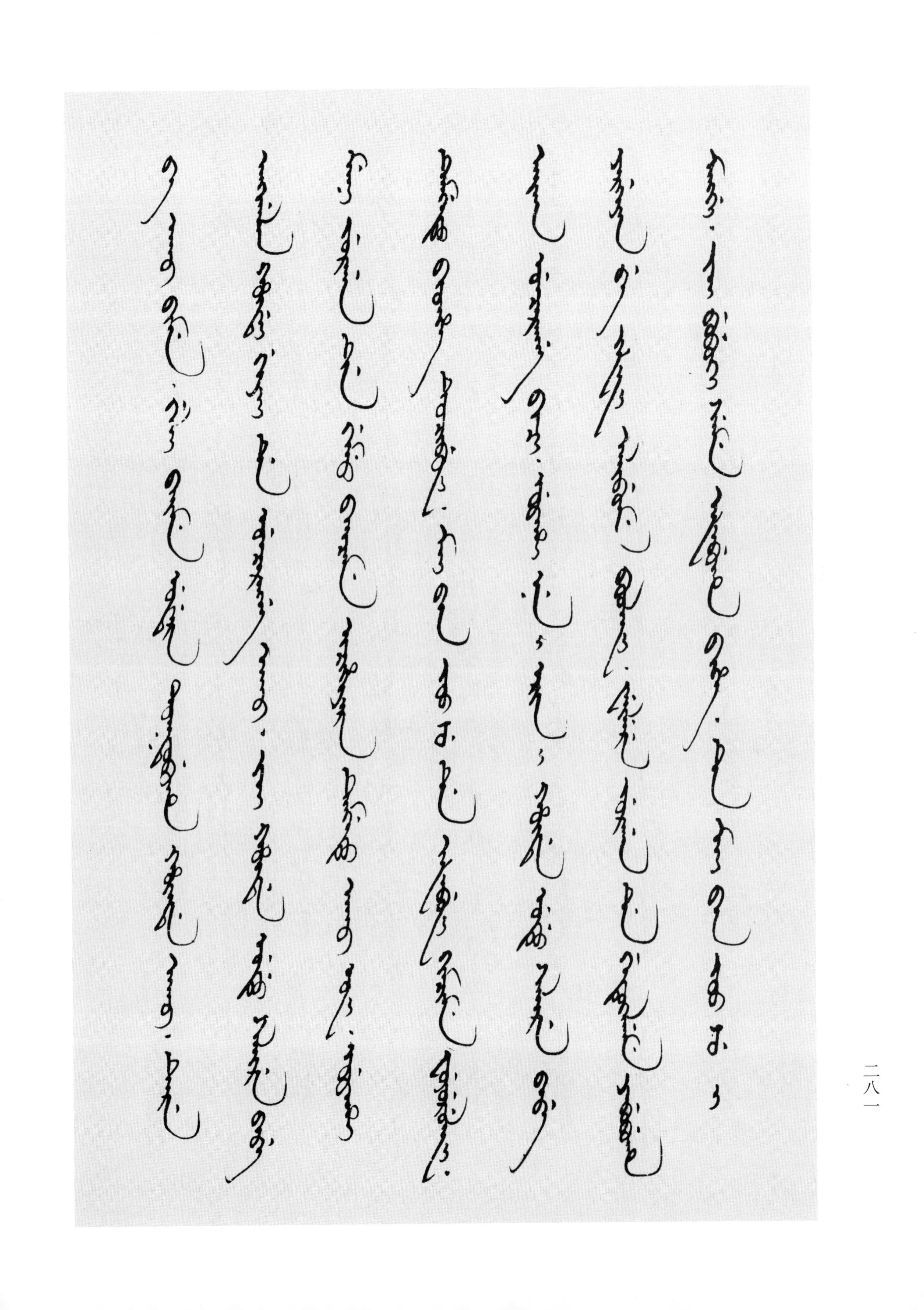

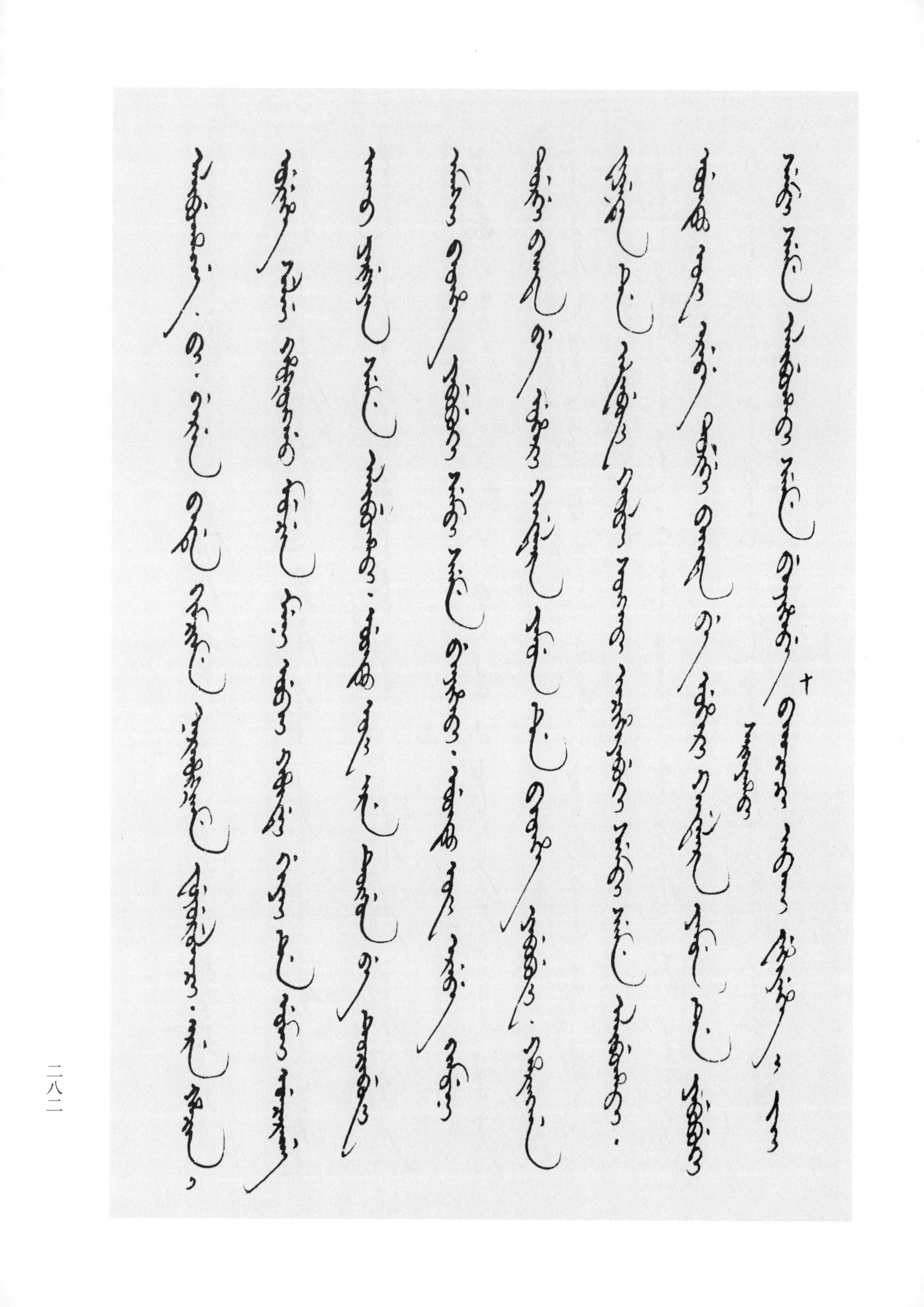

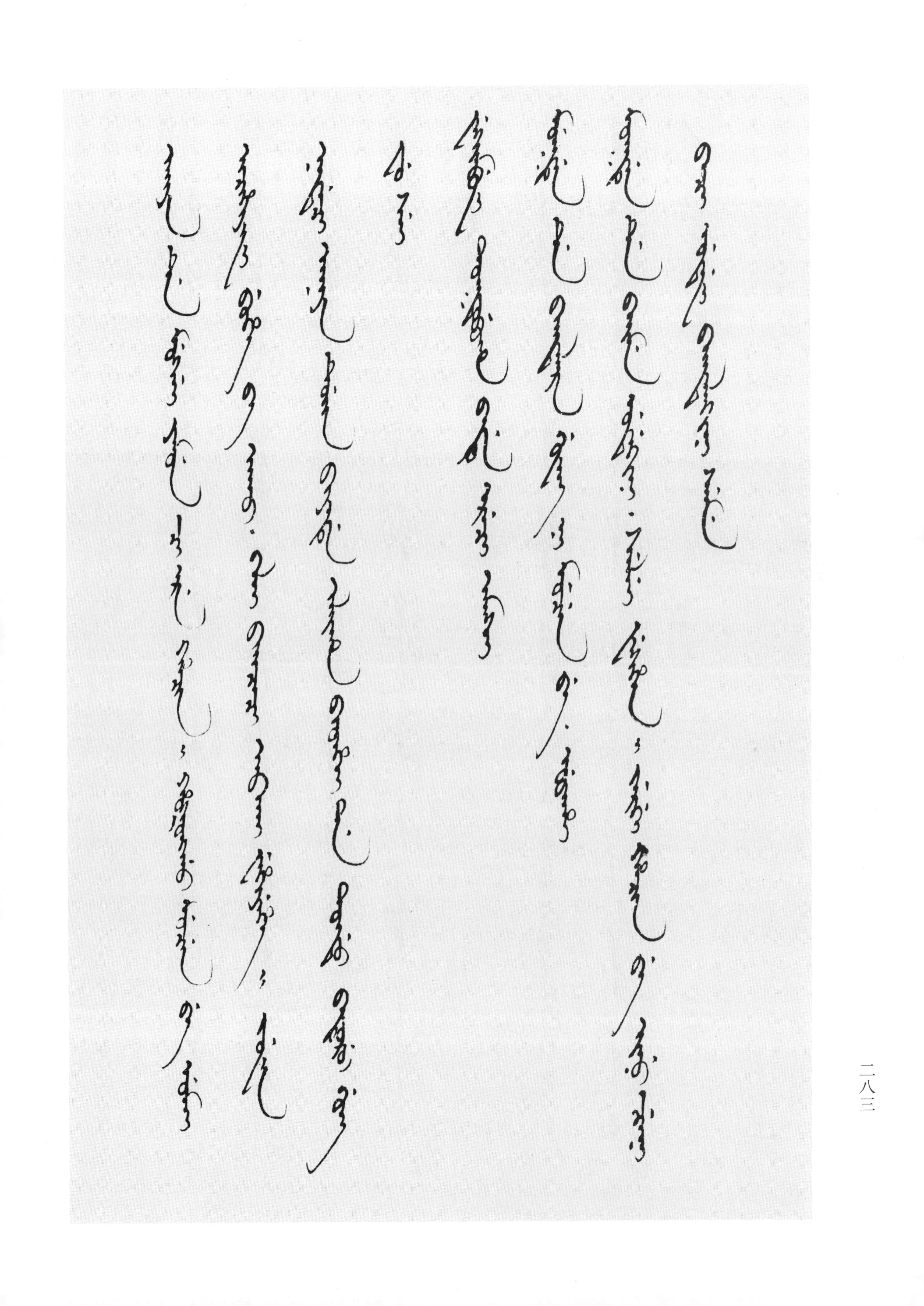

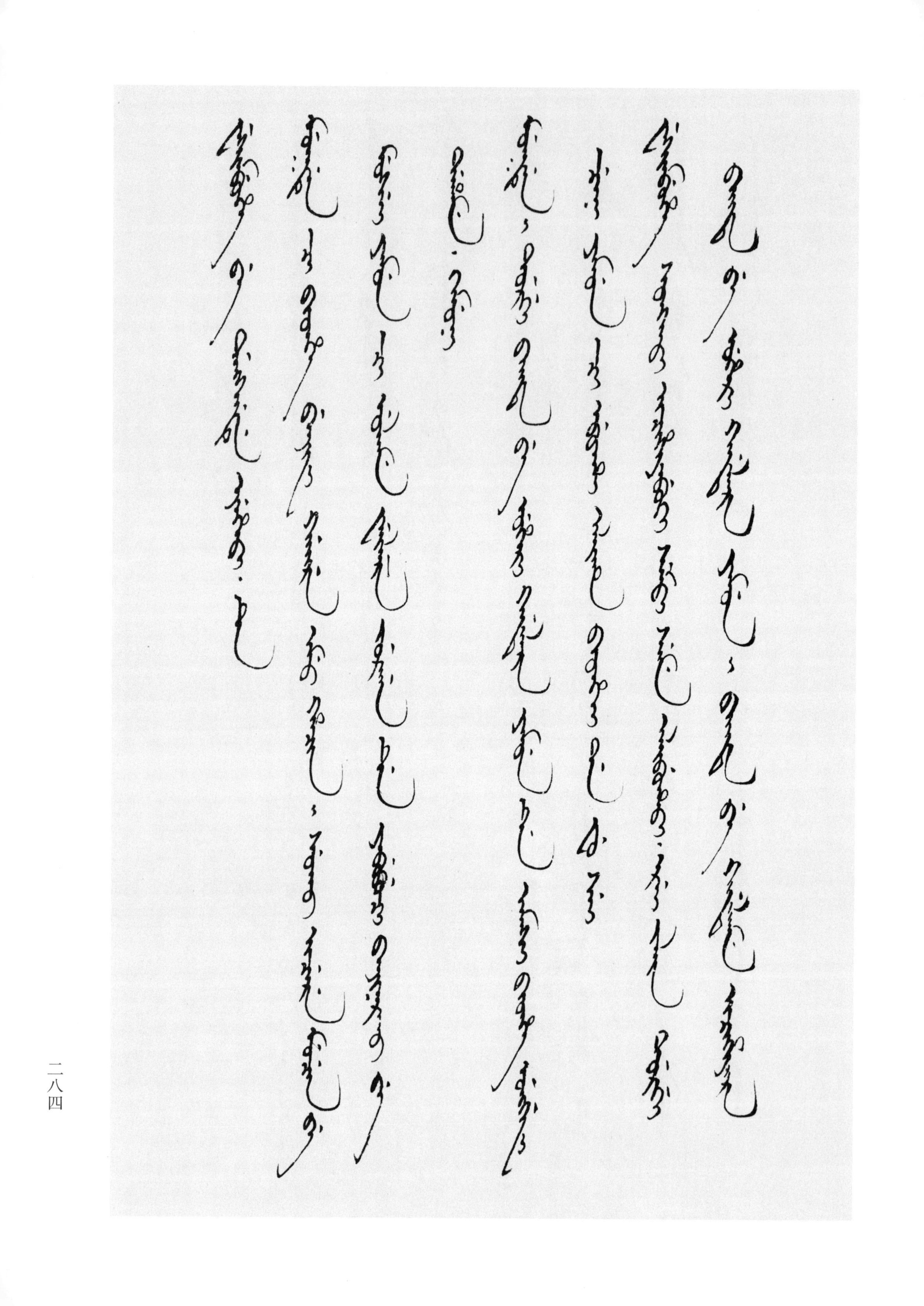

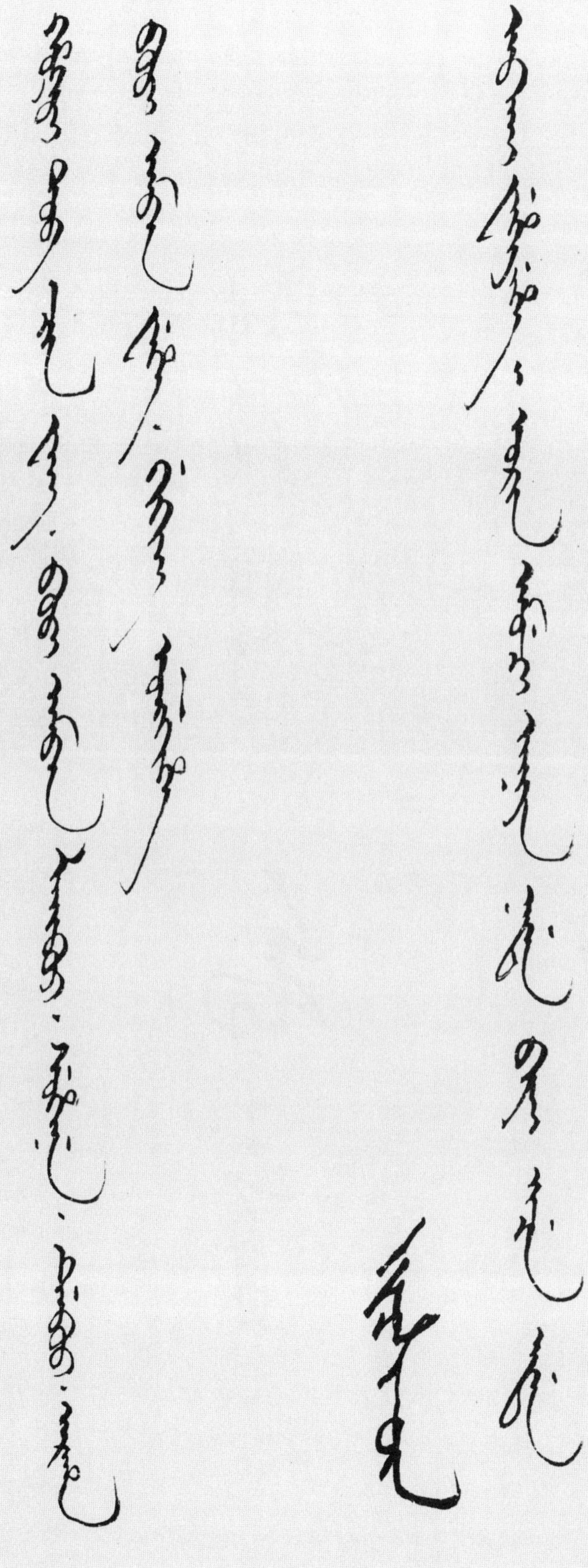

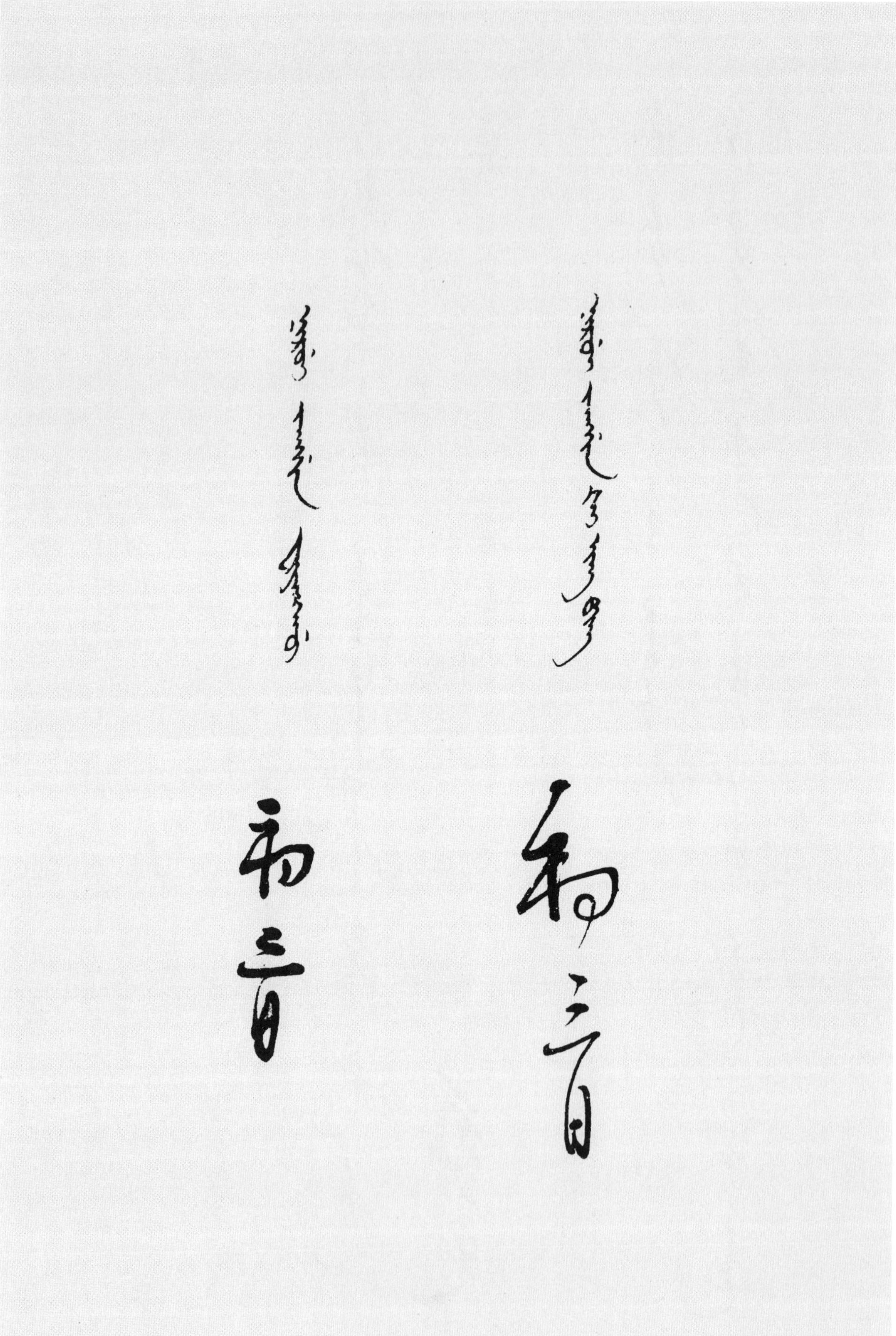
初三日
初三日

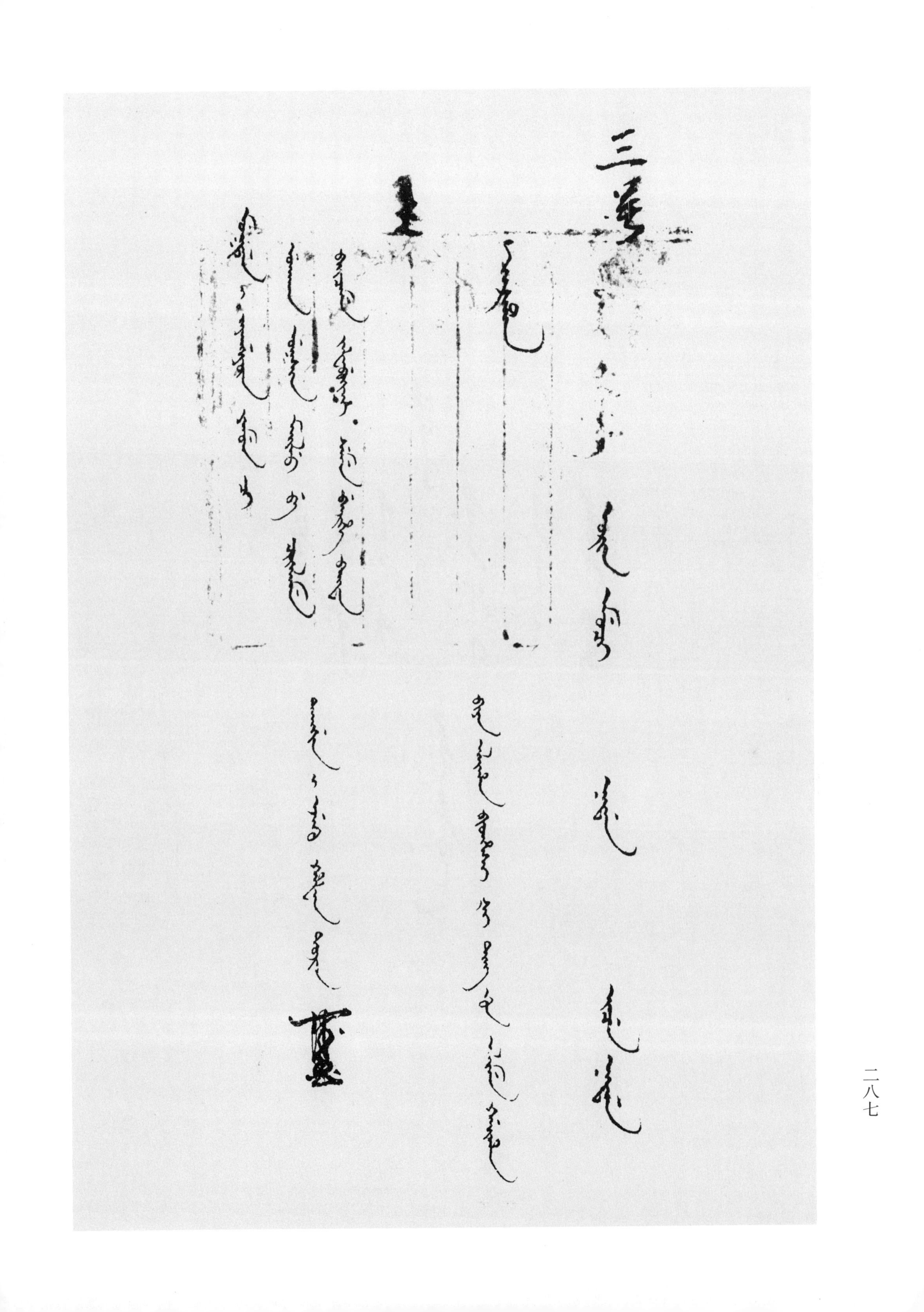

三等

[illegible]

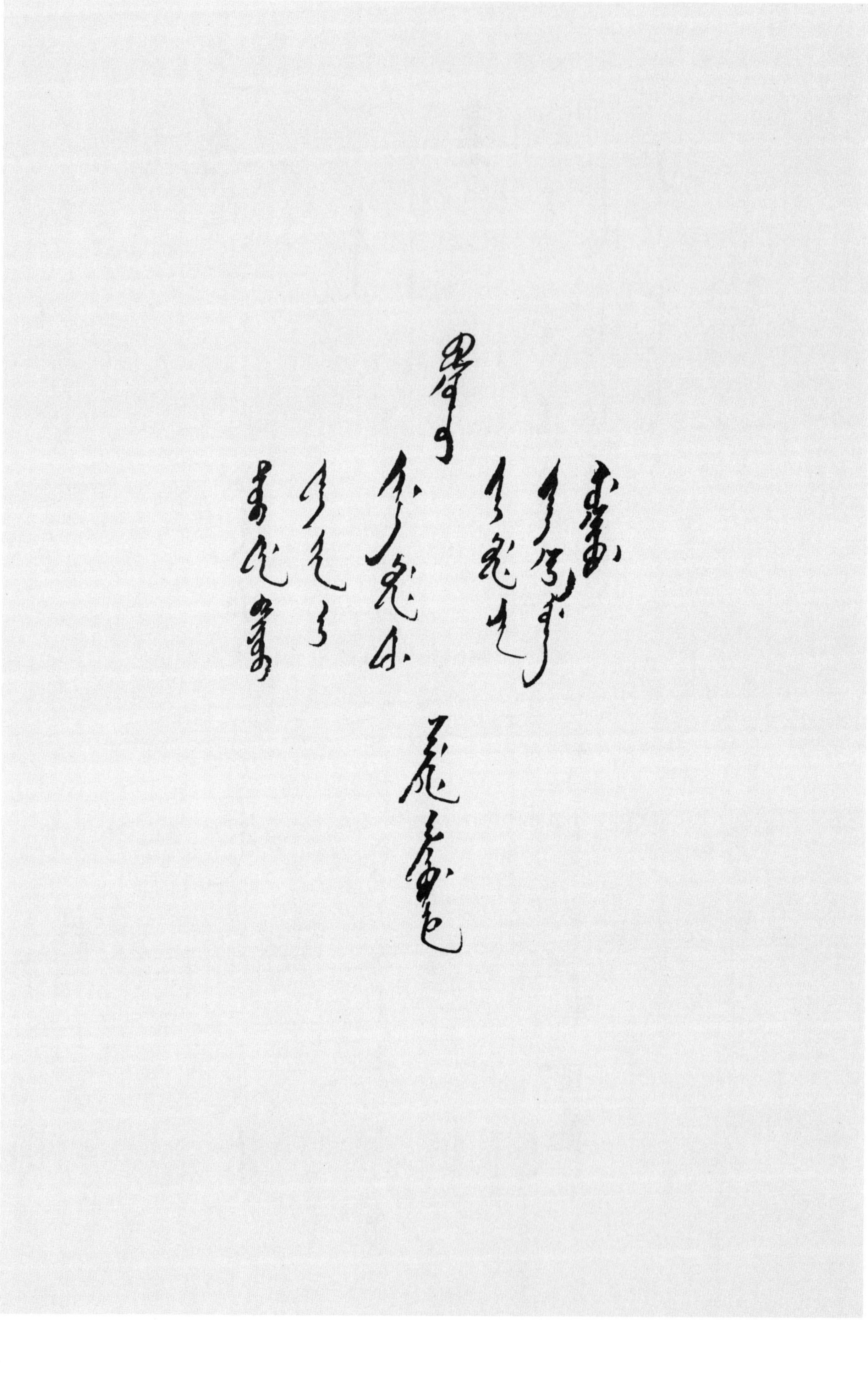

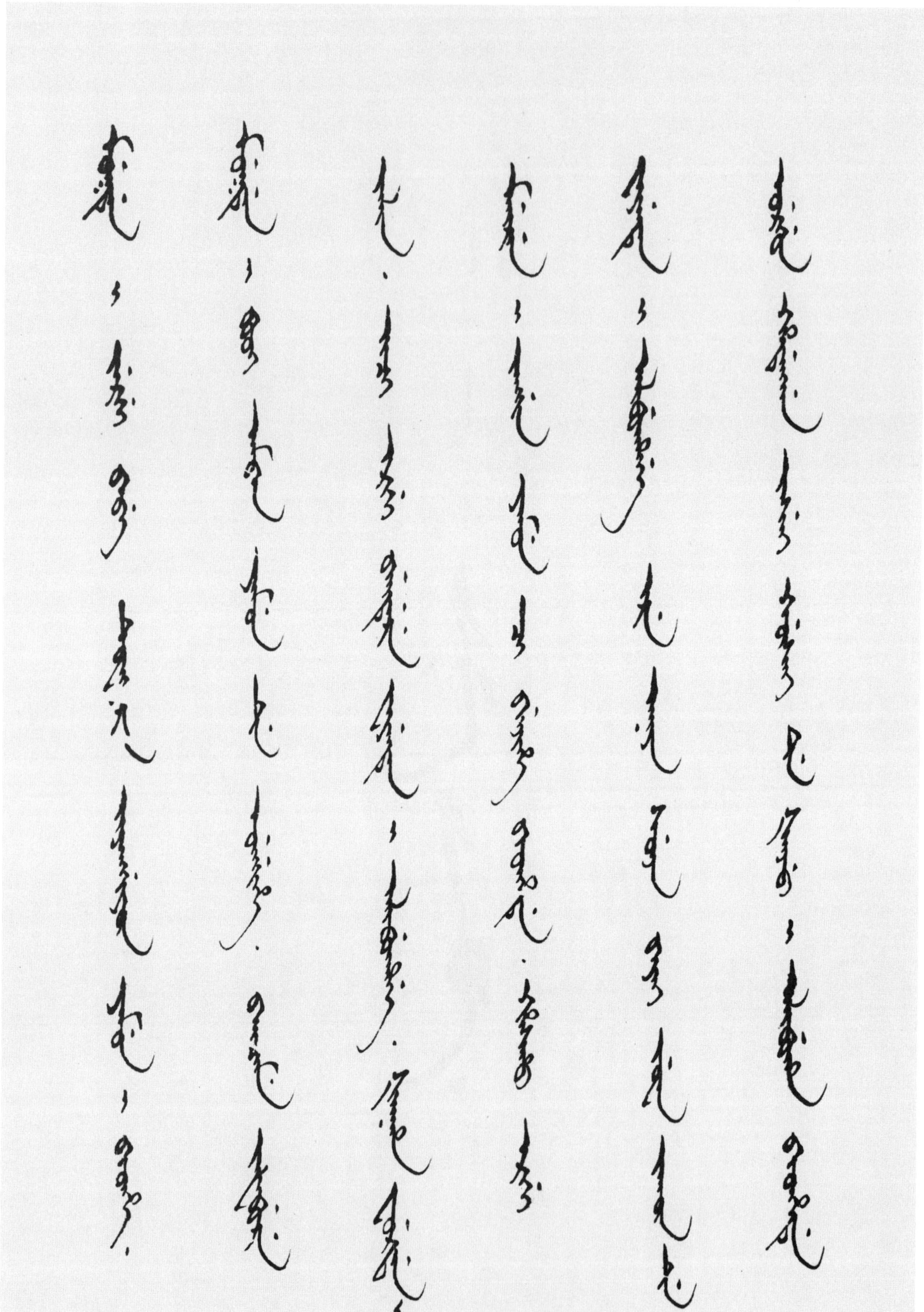

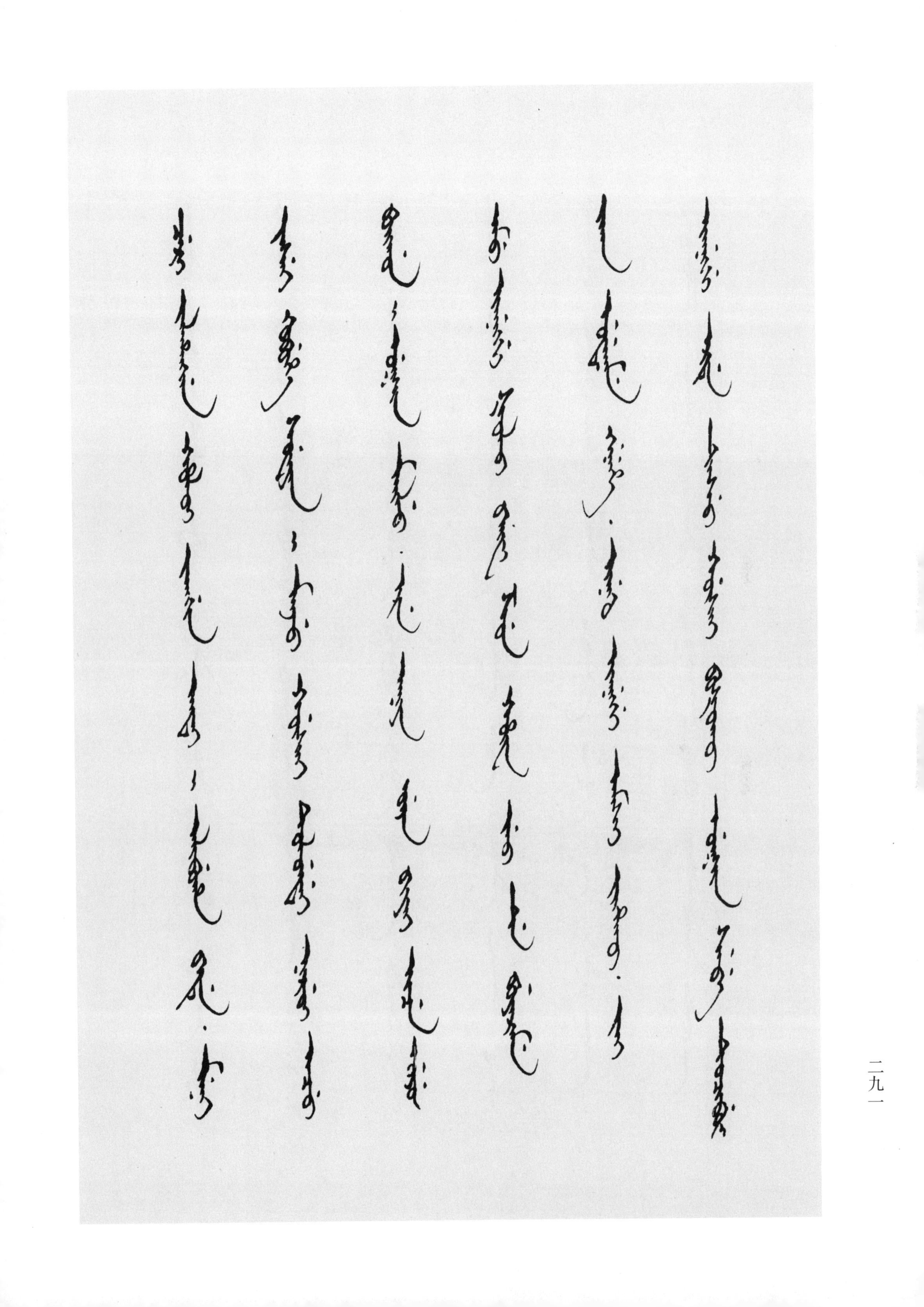

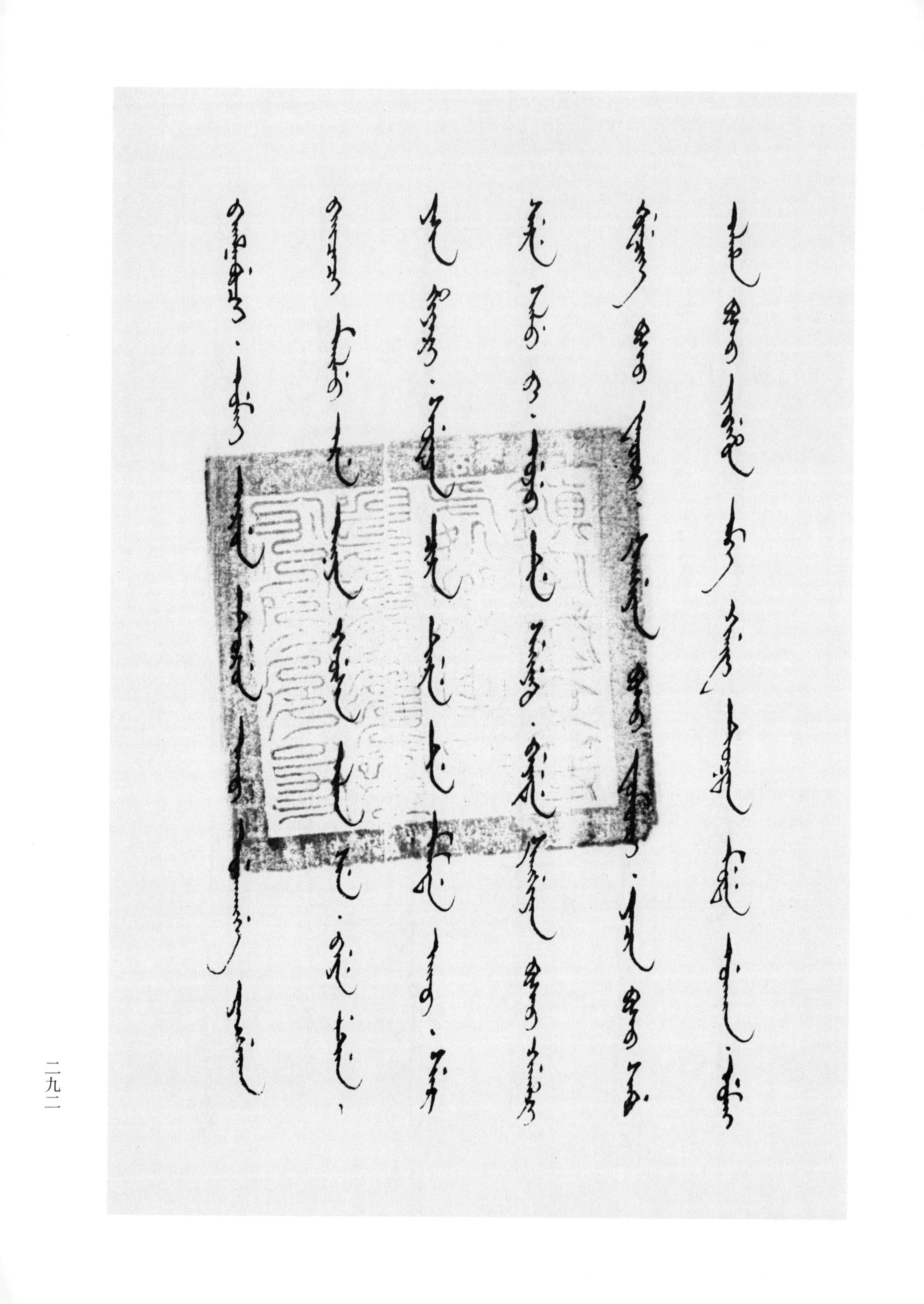

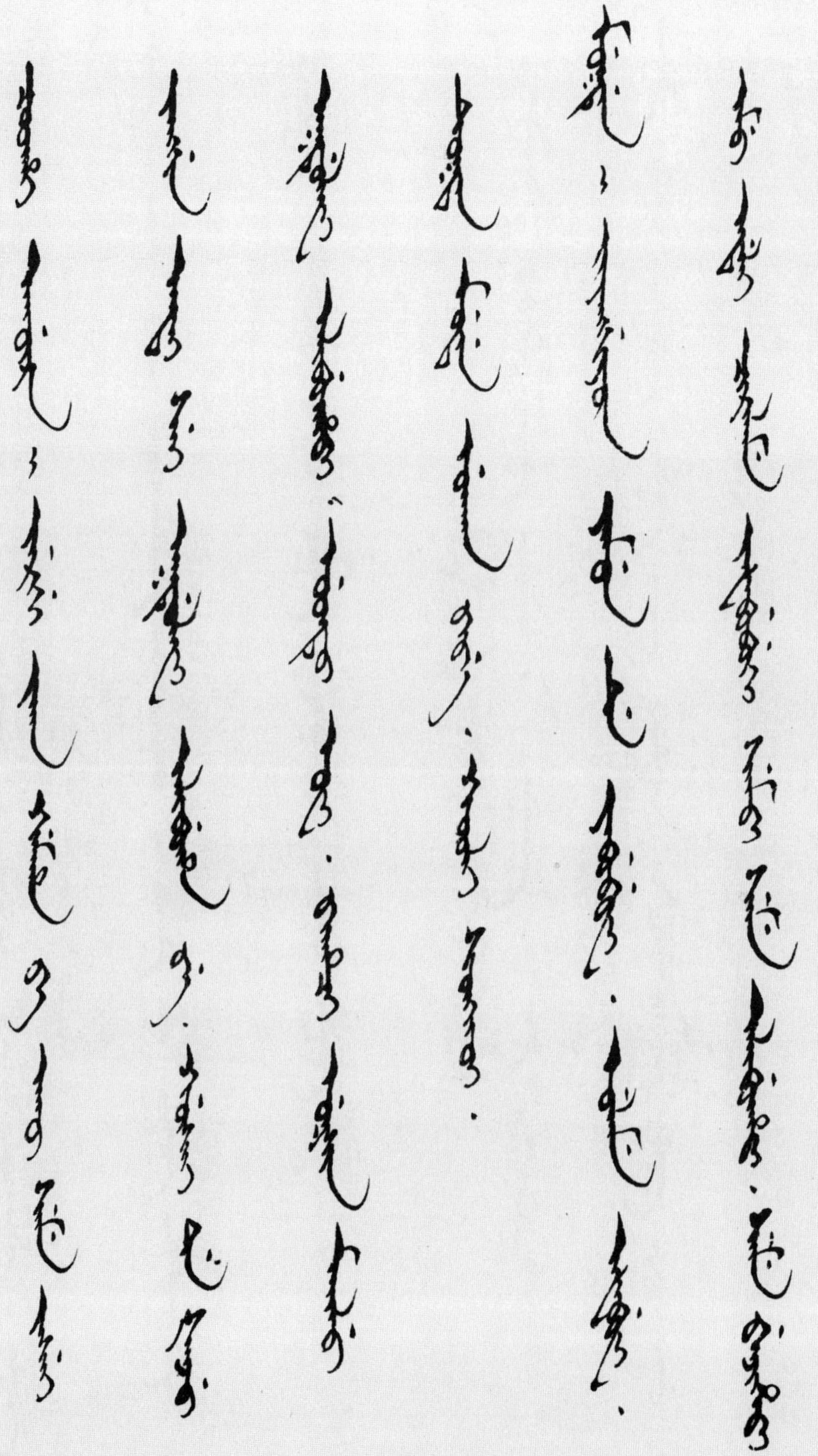

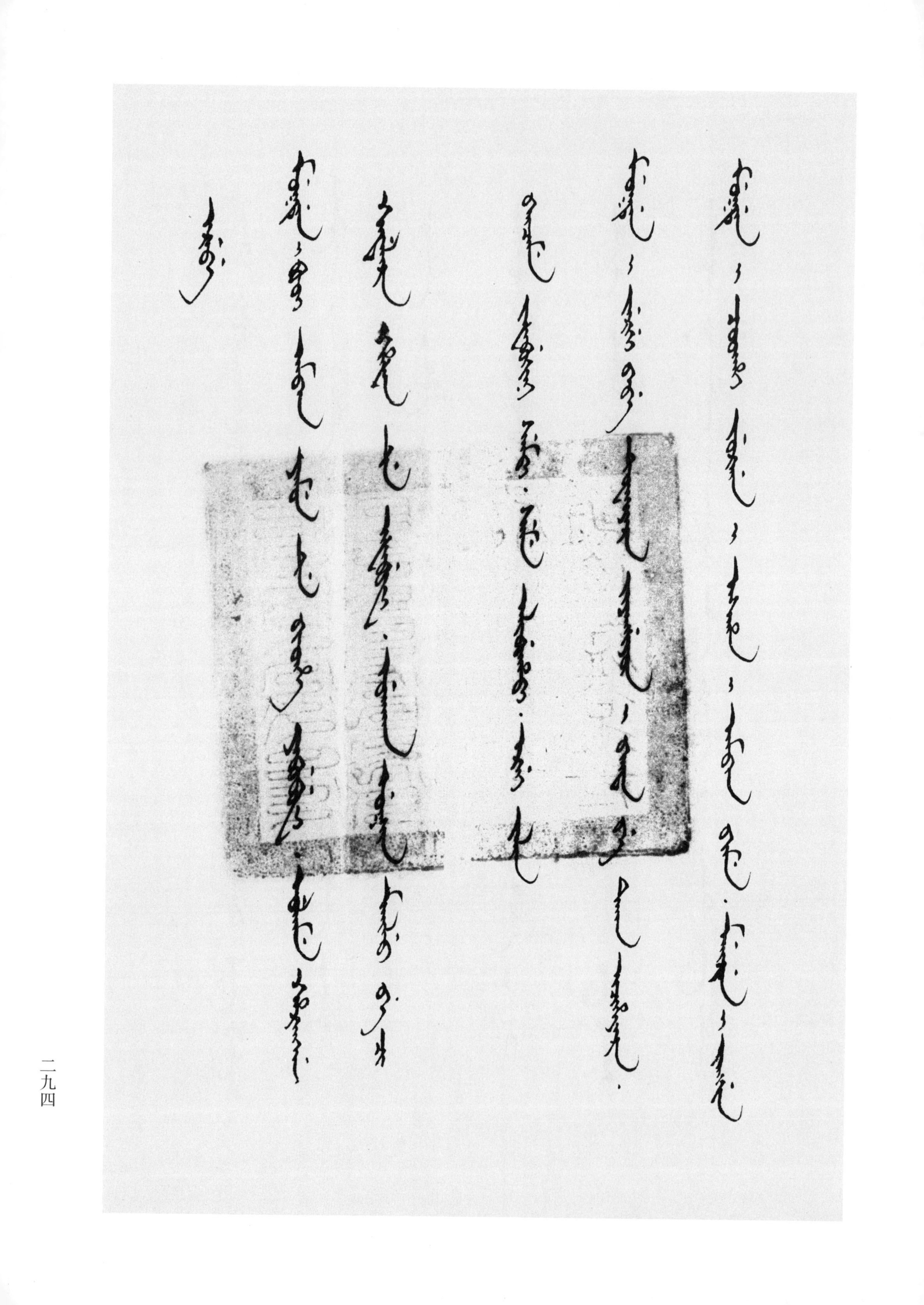

[illegible]

[illegible]

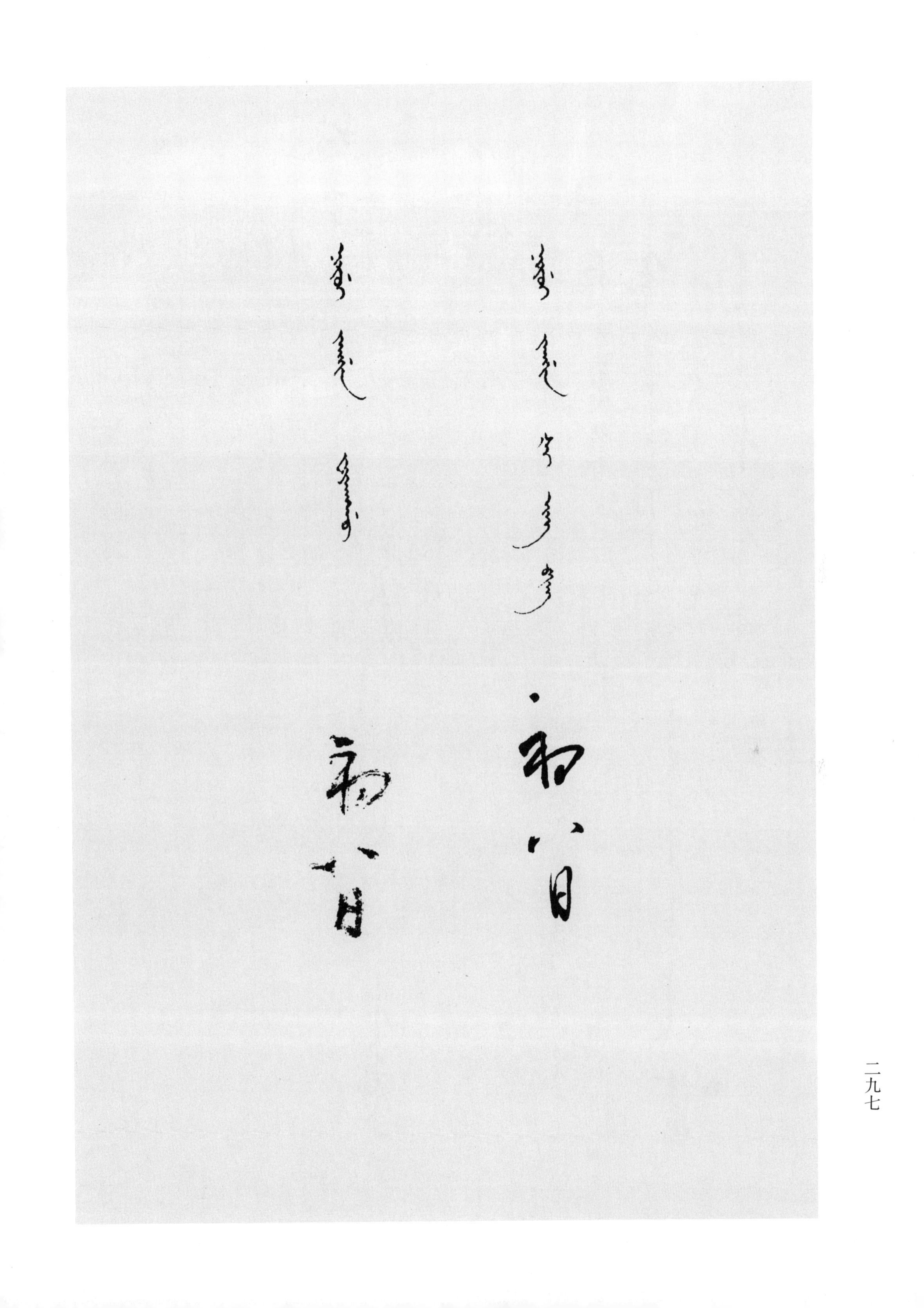

初八日

初八日

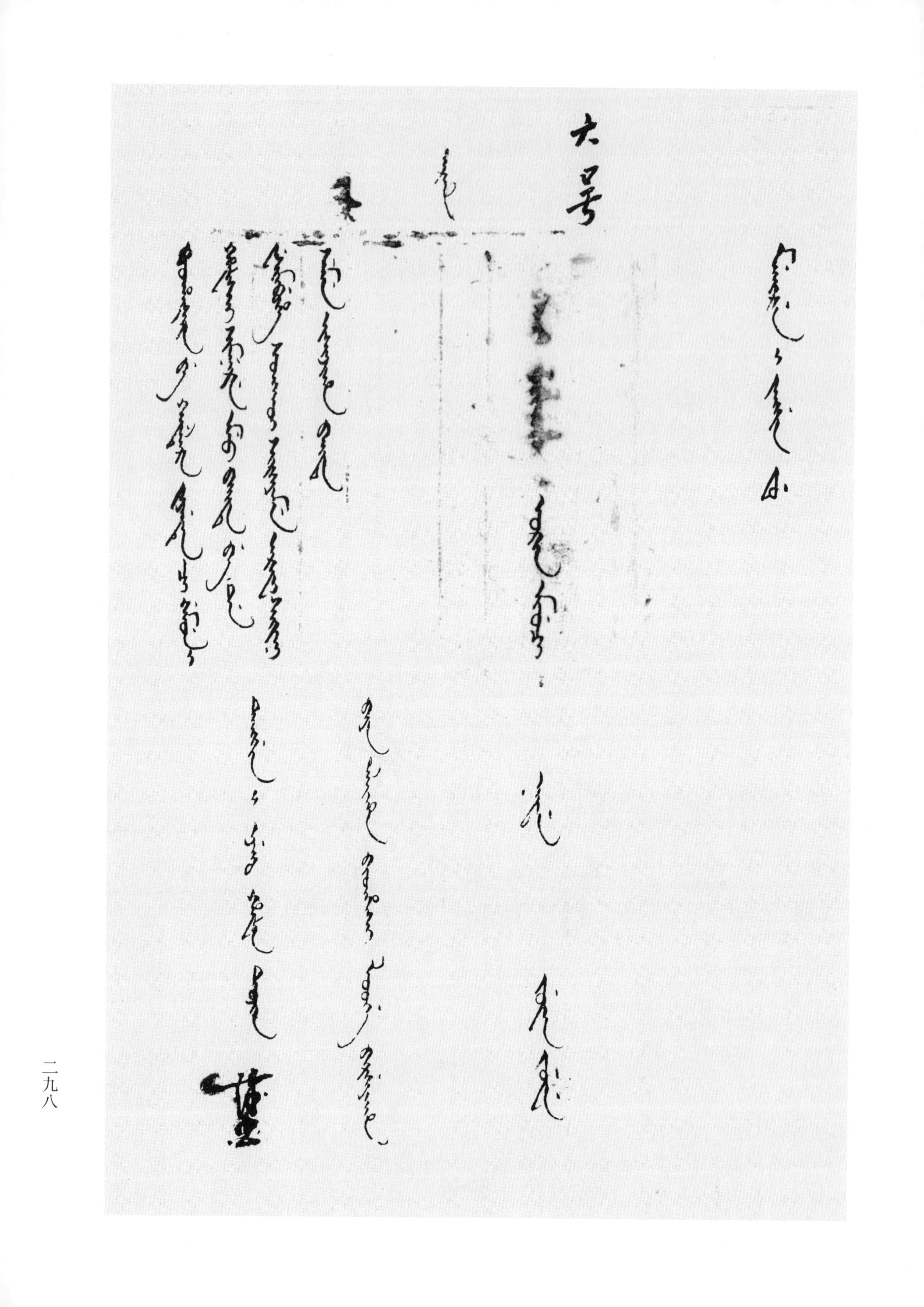

大号

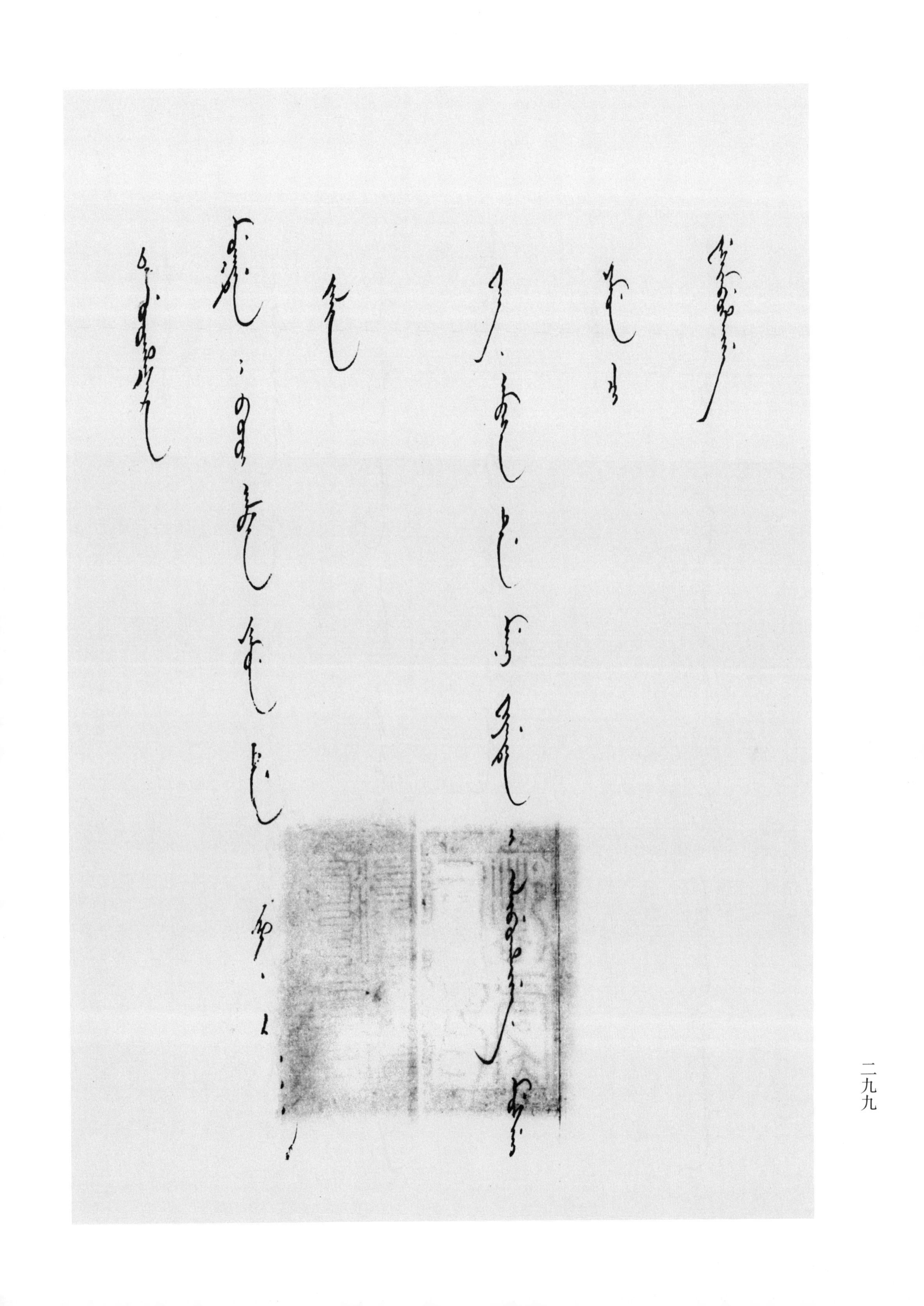

二九九

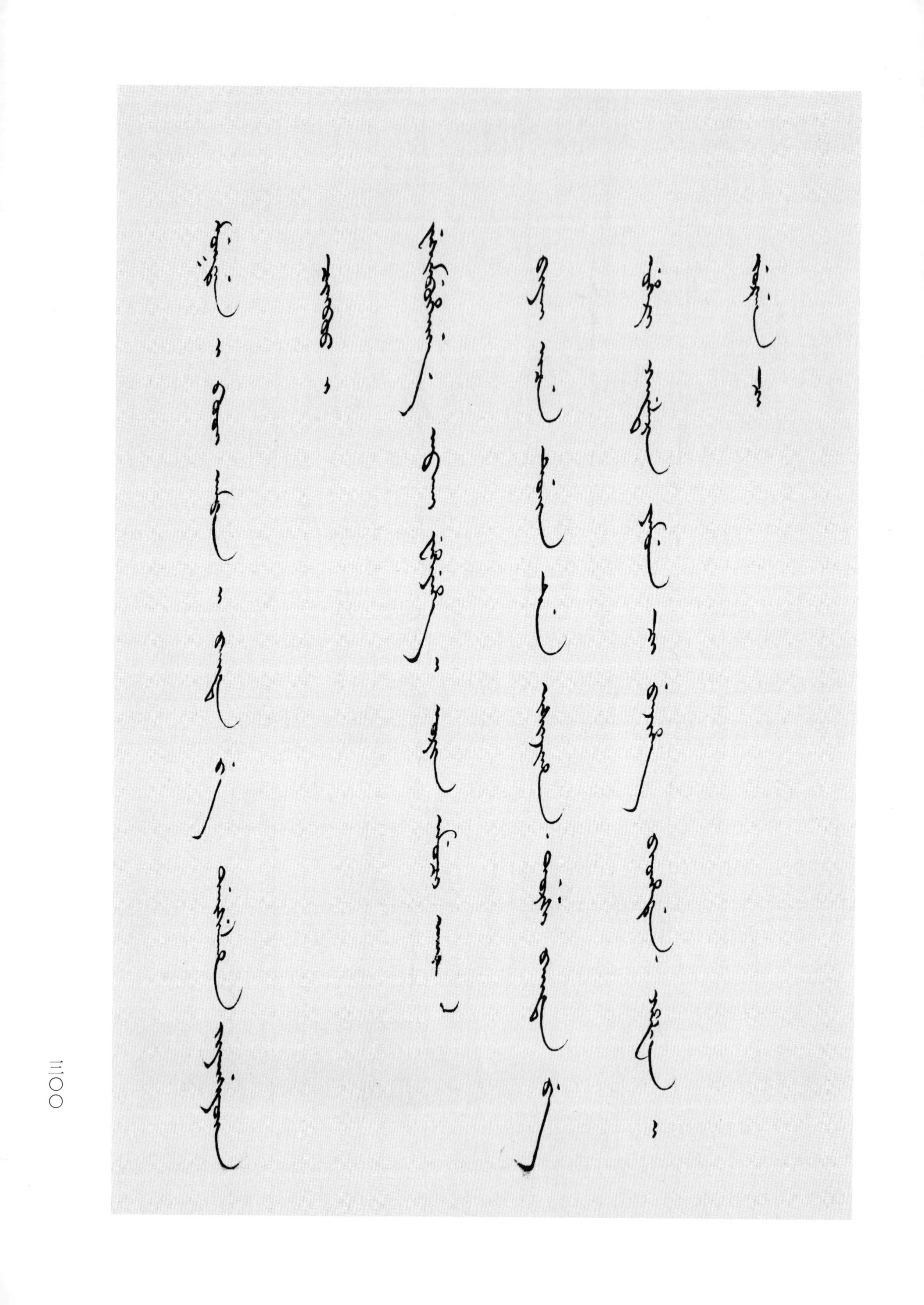

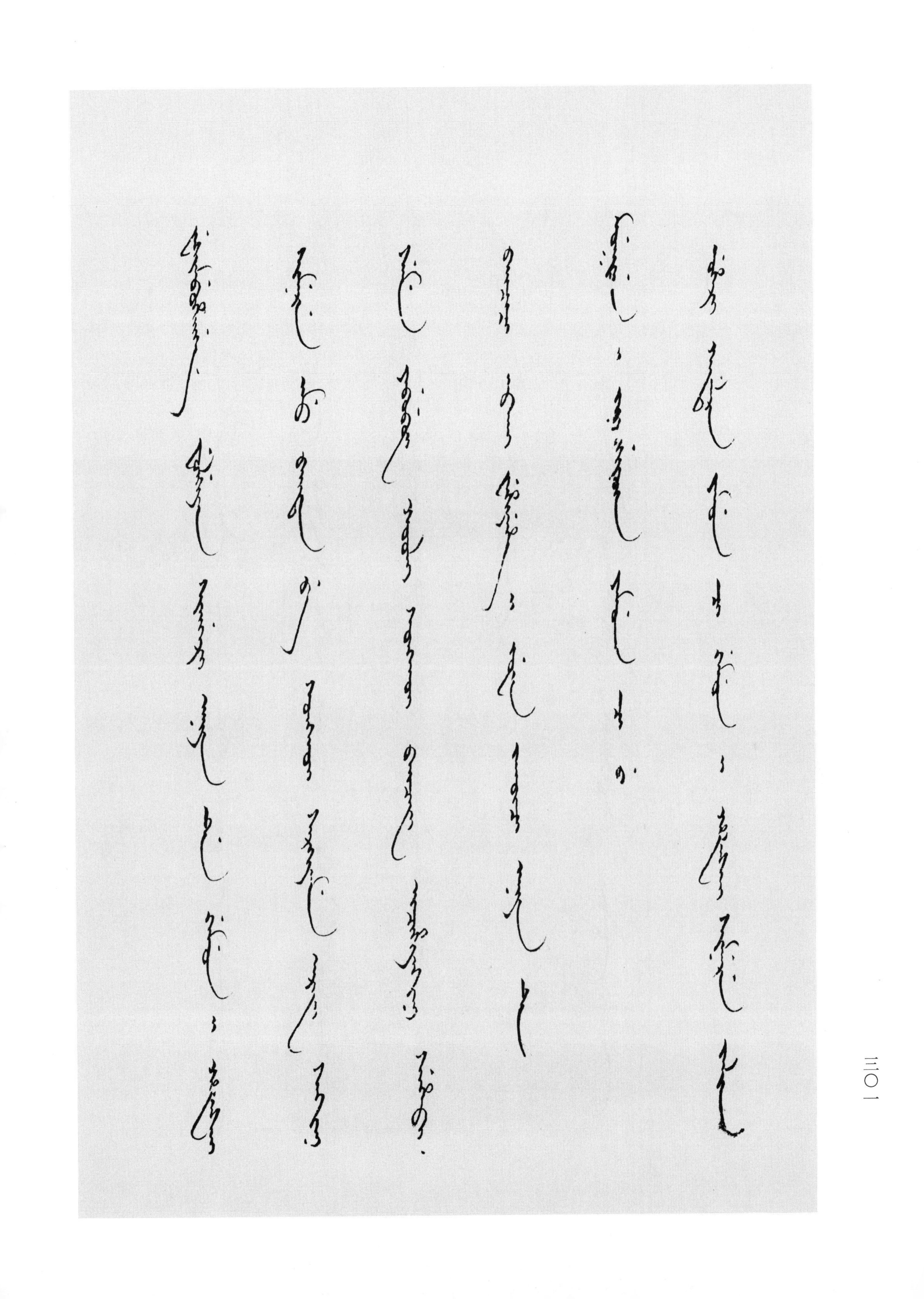

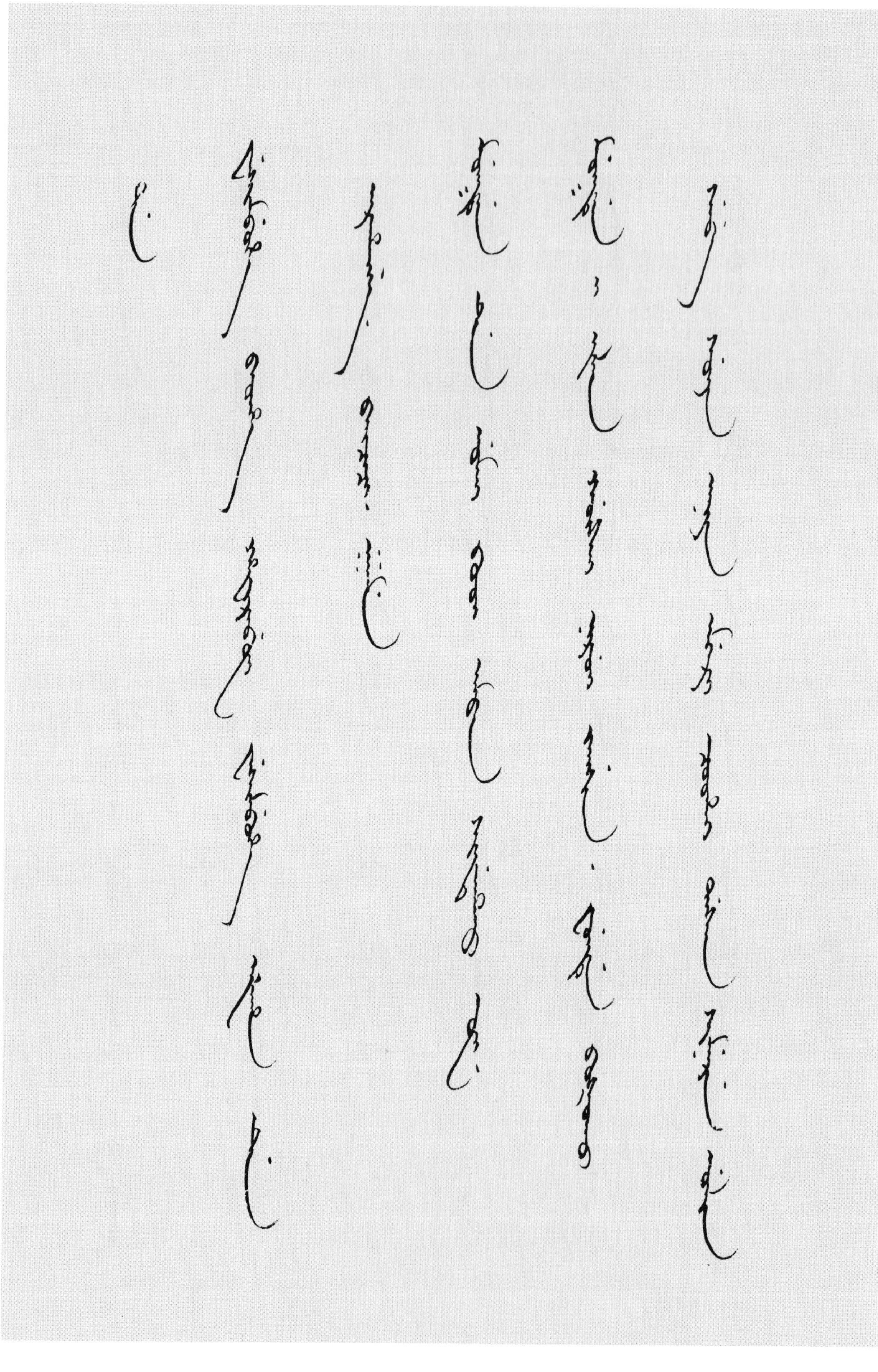

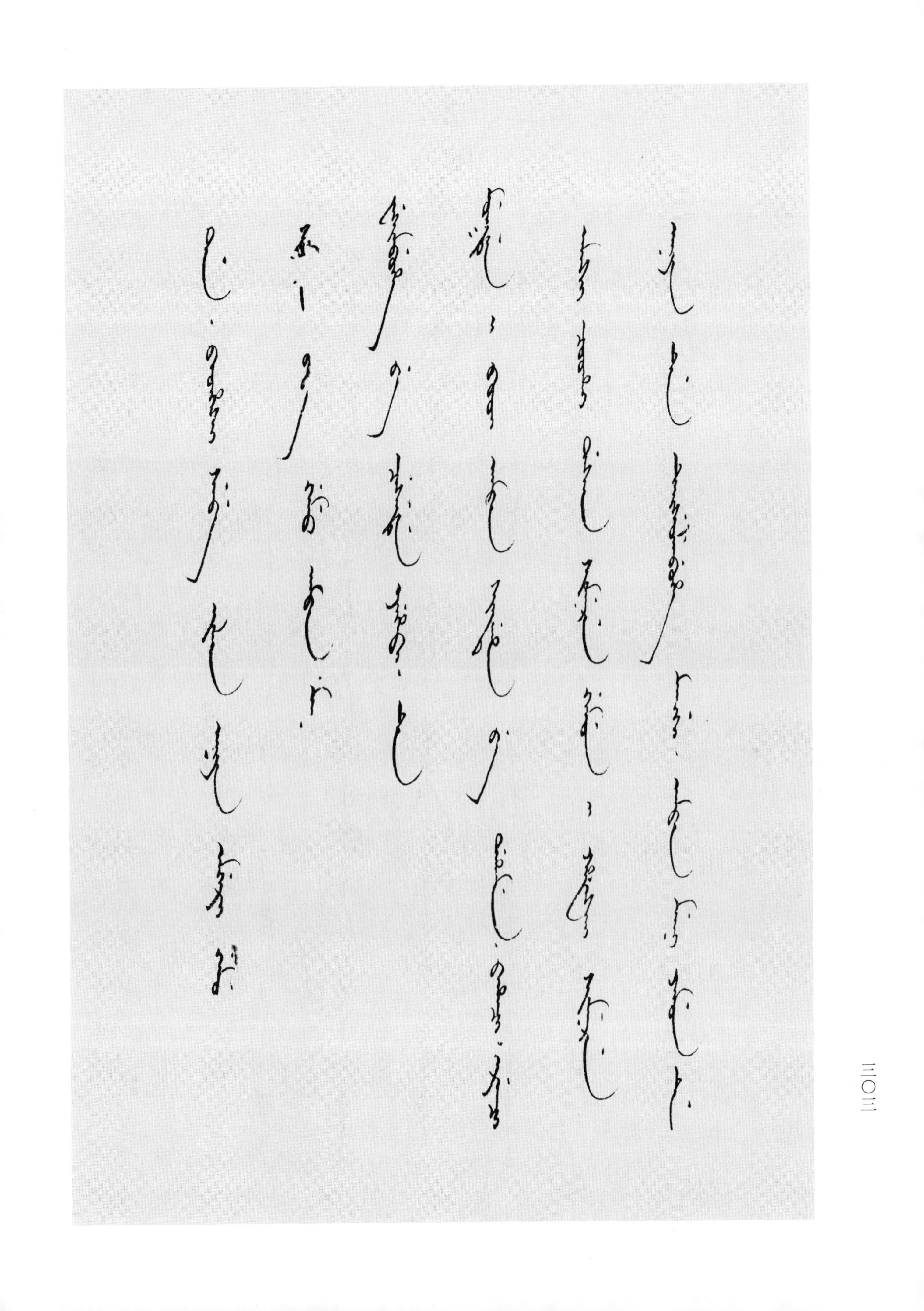

[illegible]

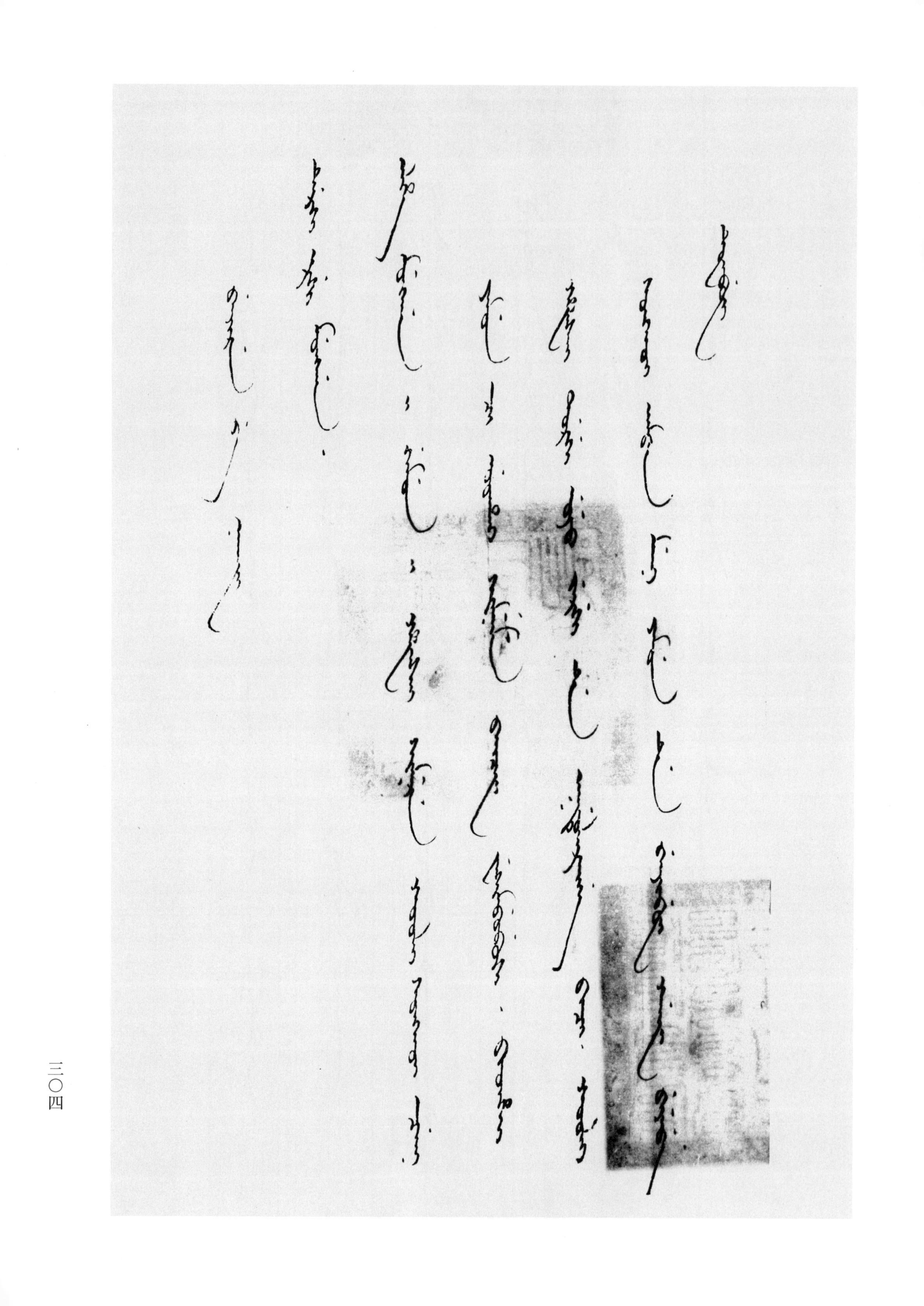

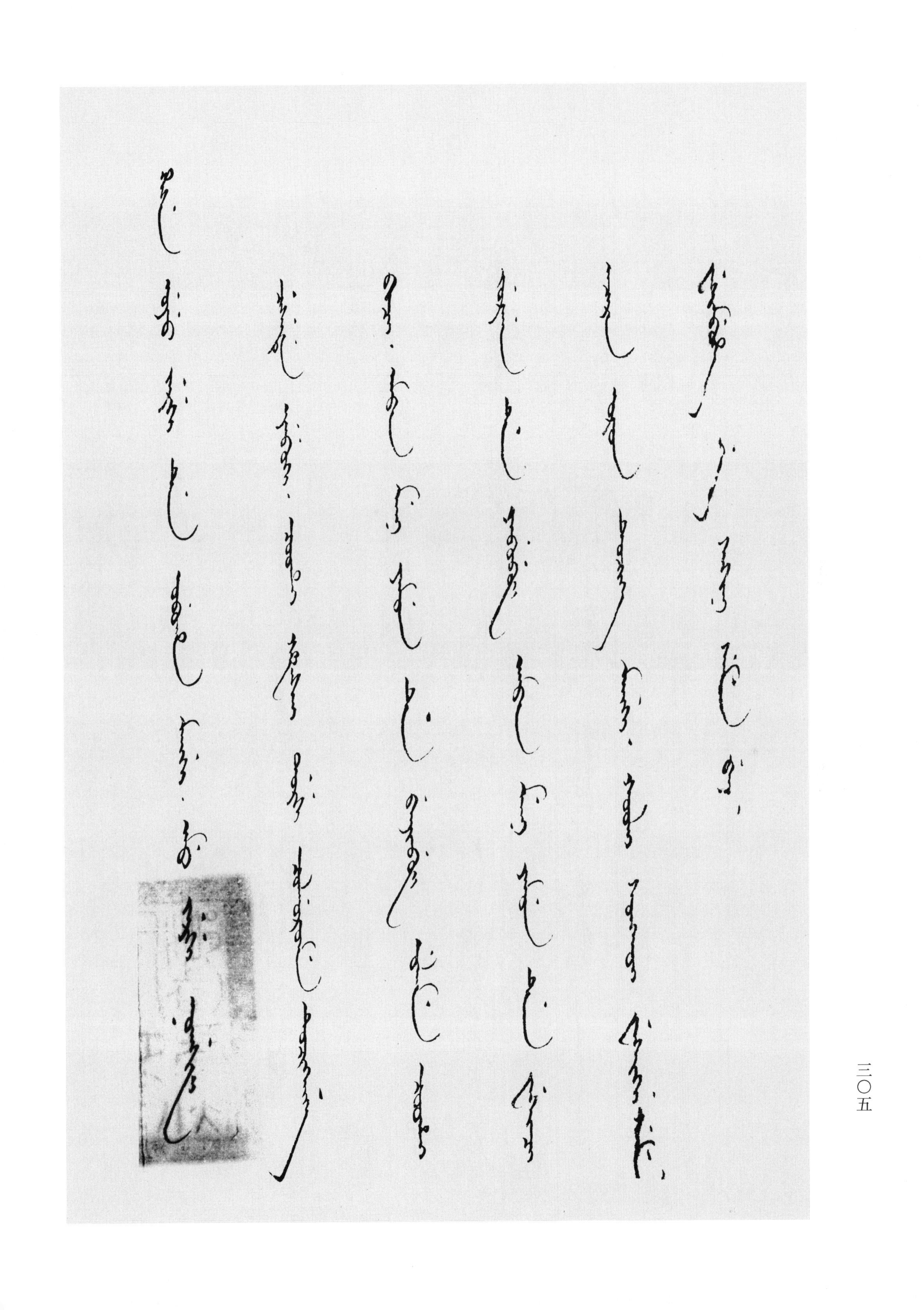

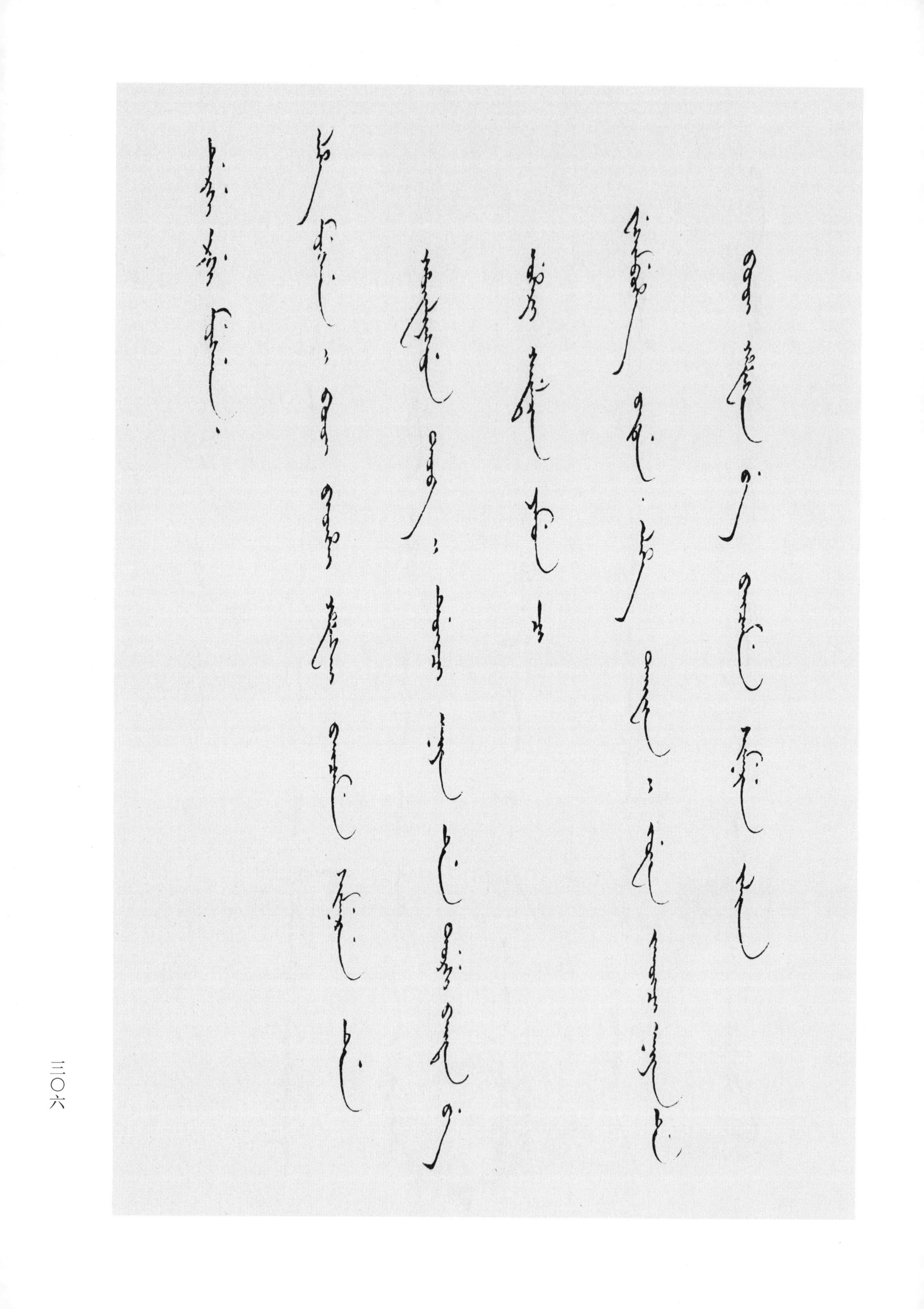

[illegible]

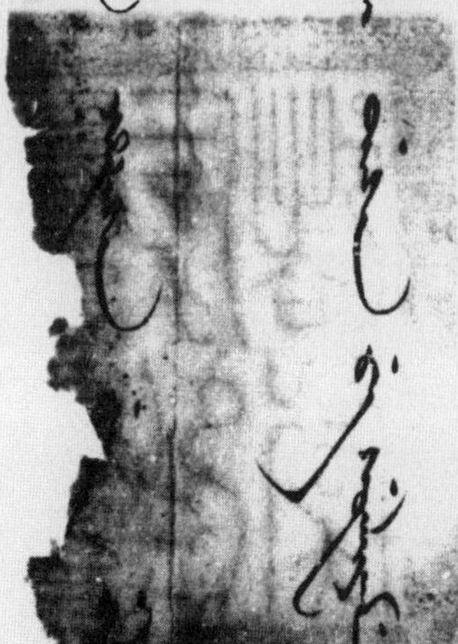

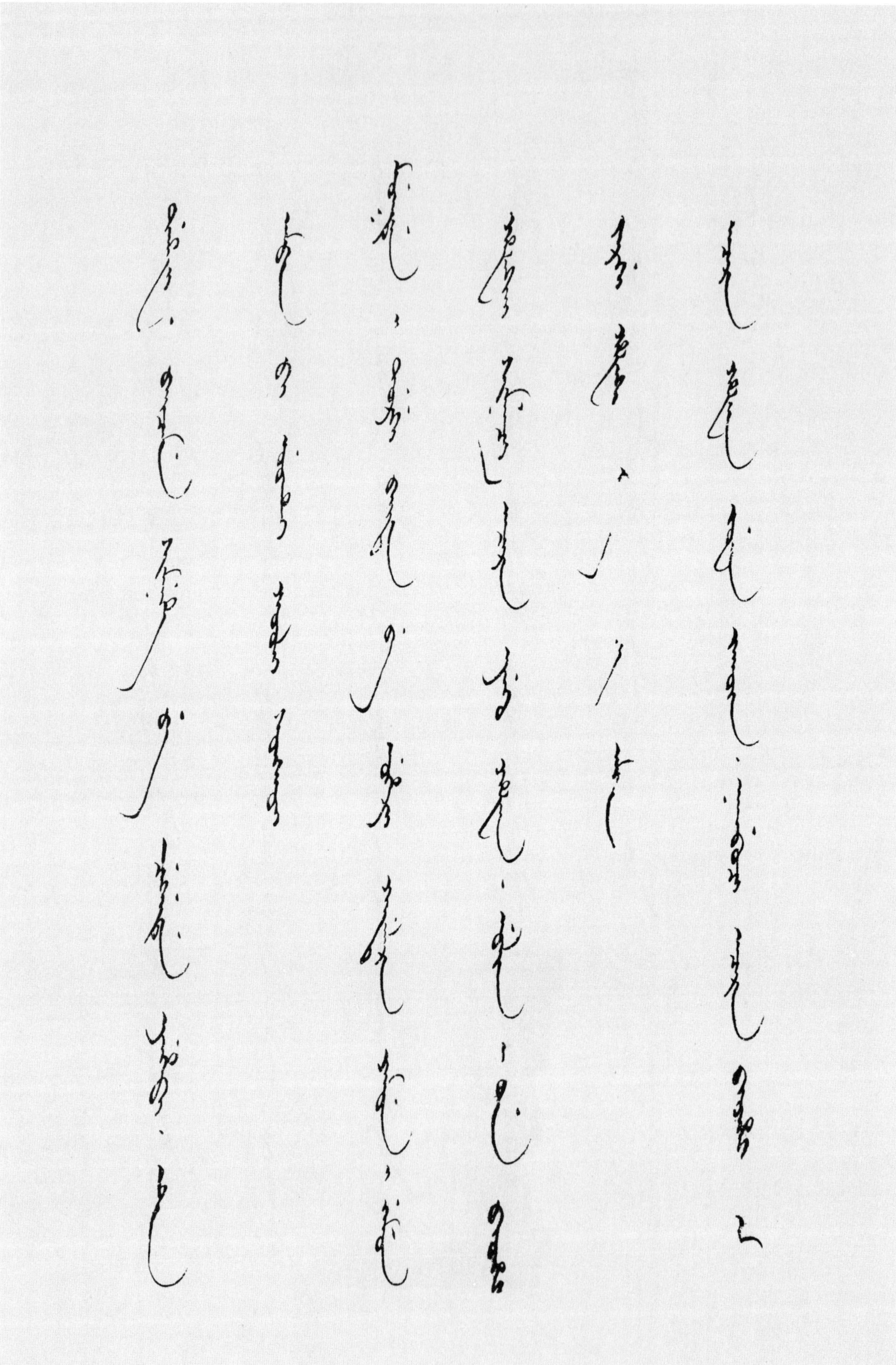

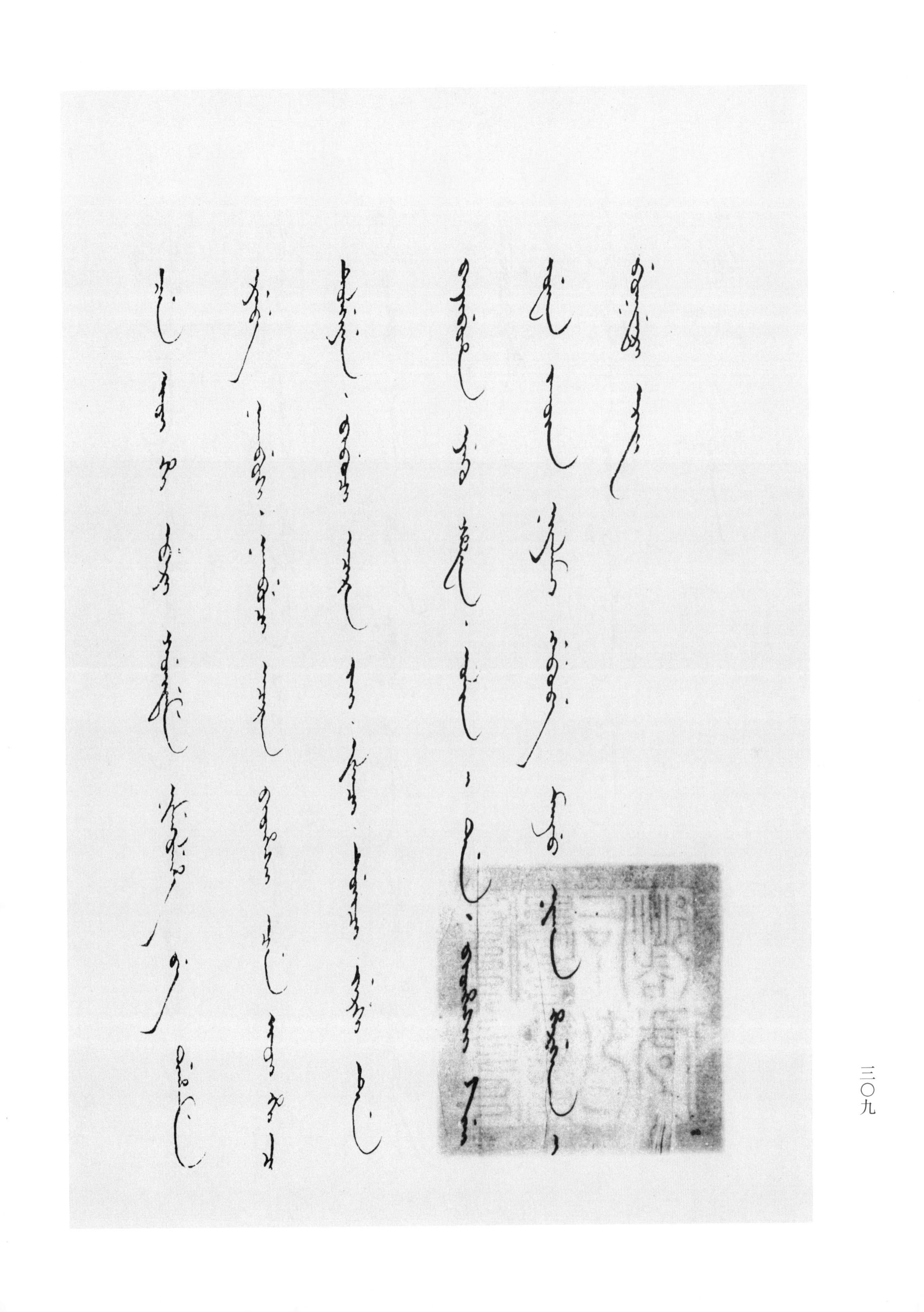

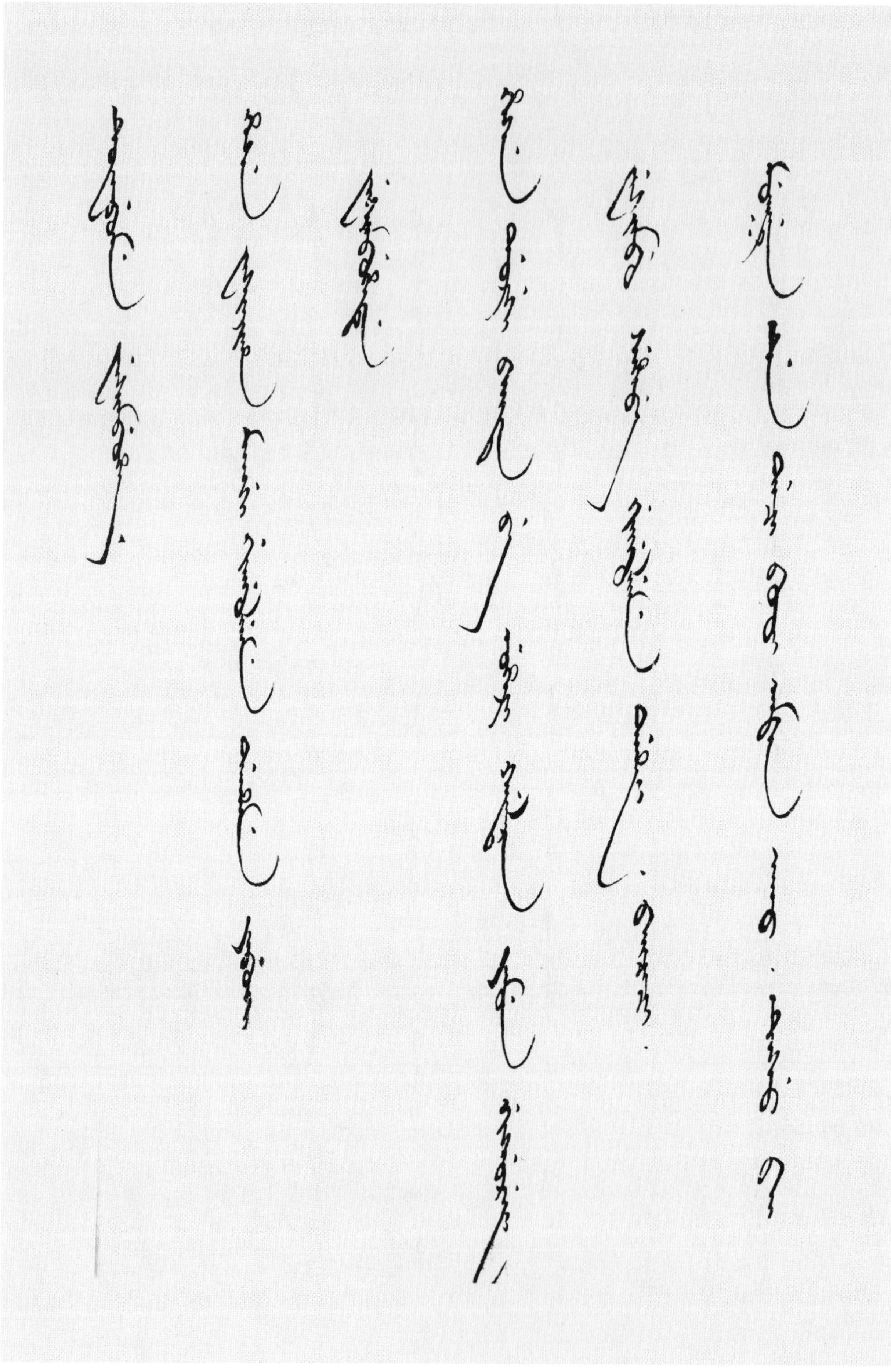

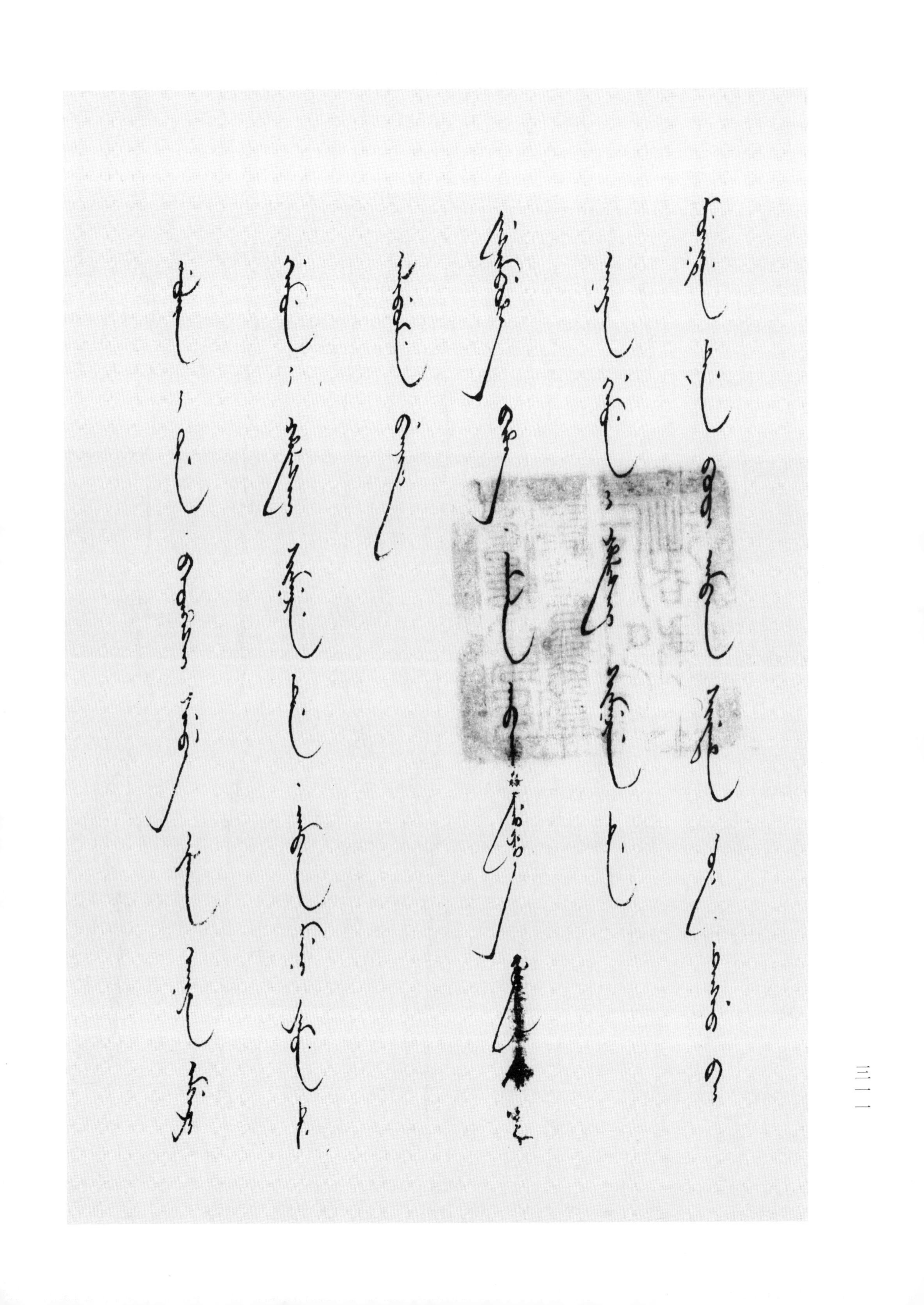

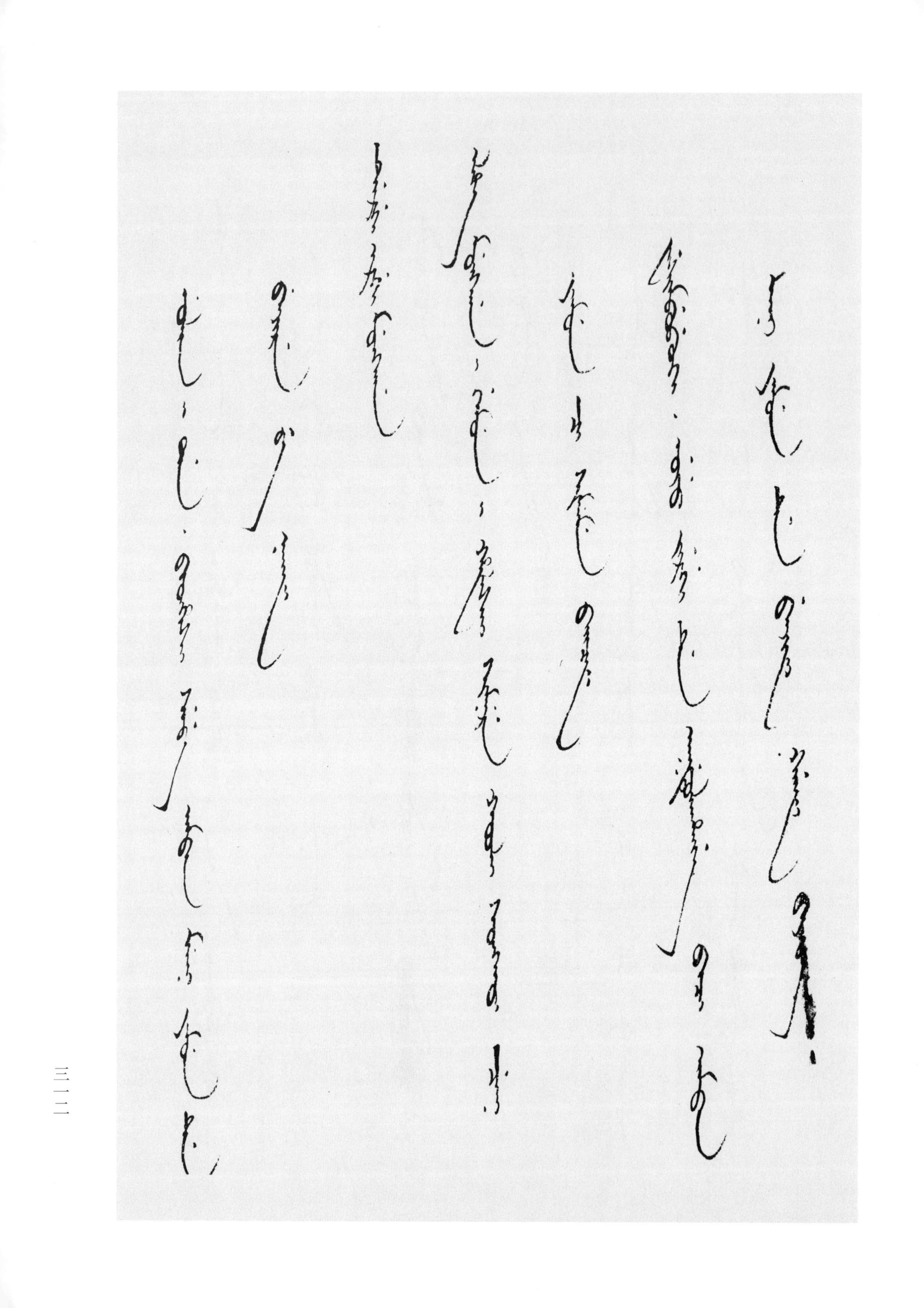

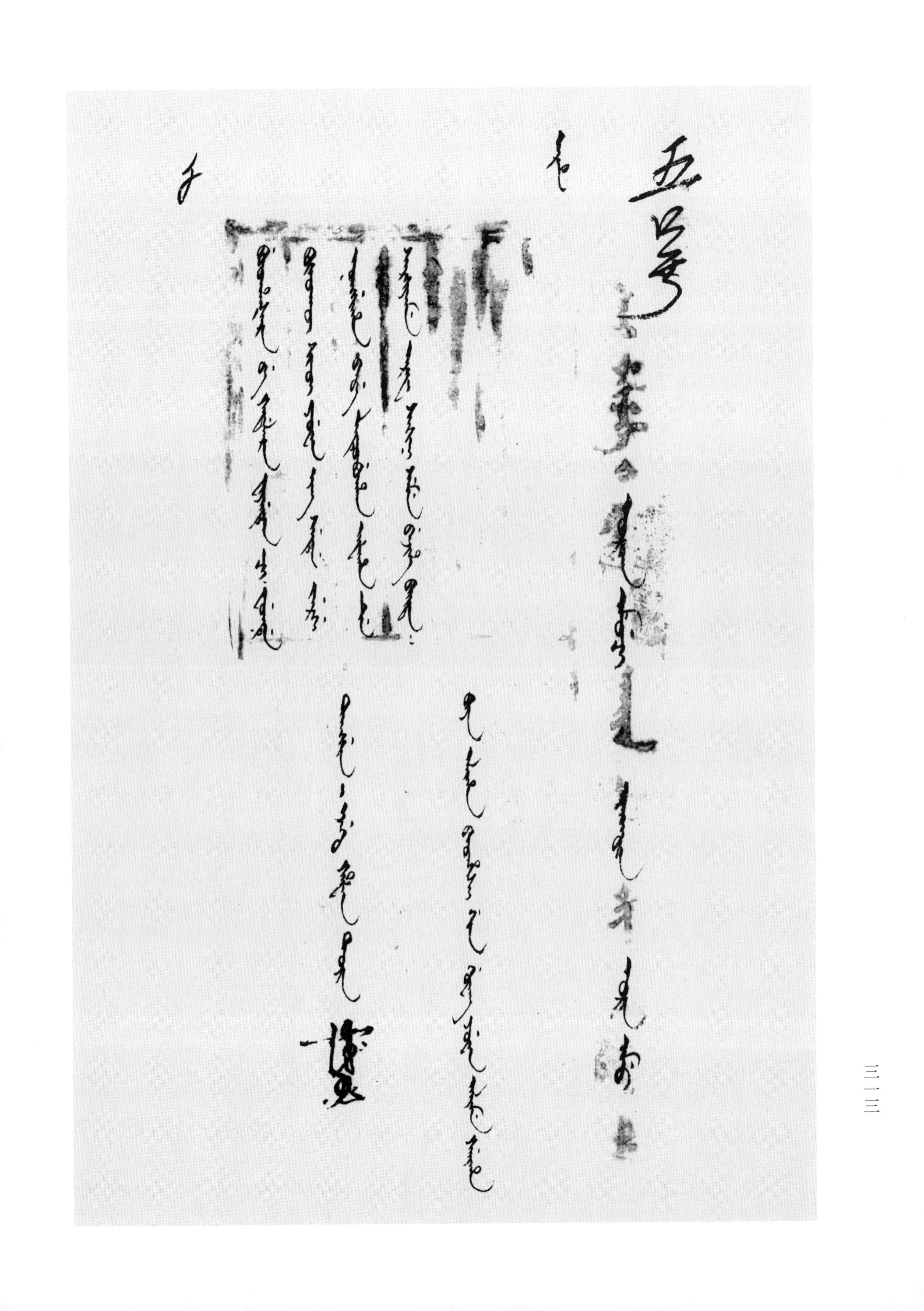

五号

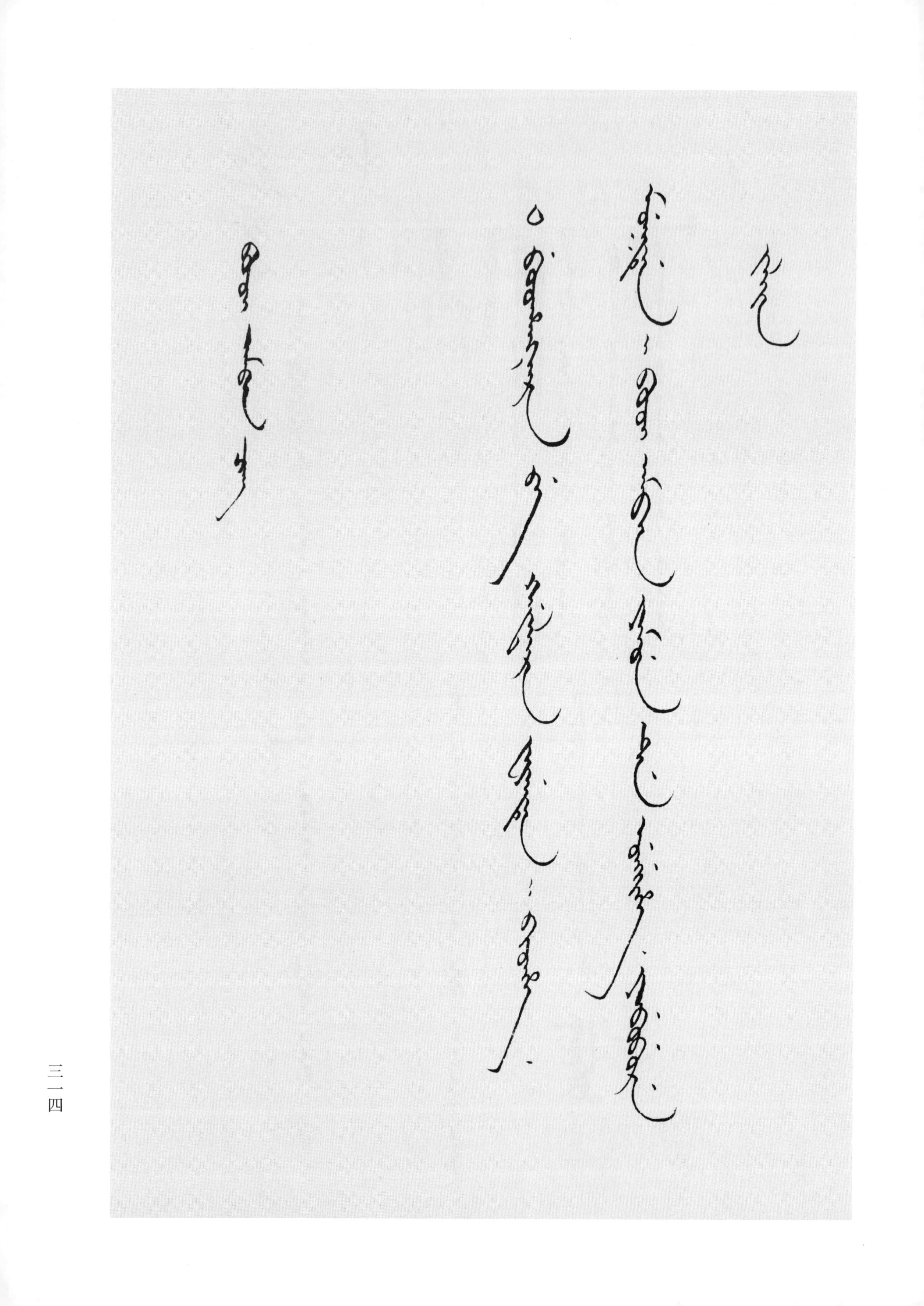

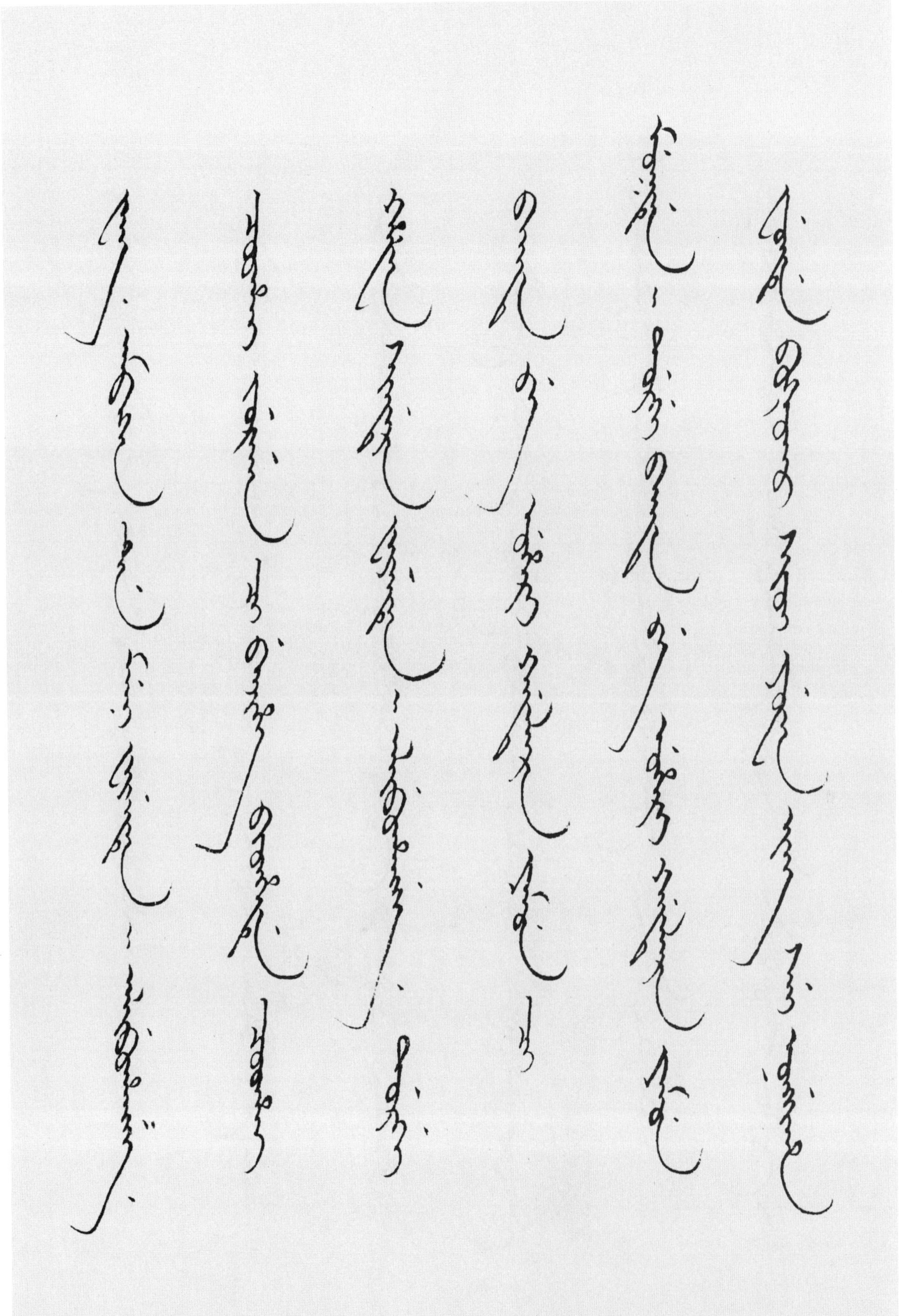

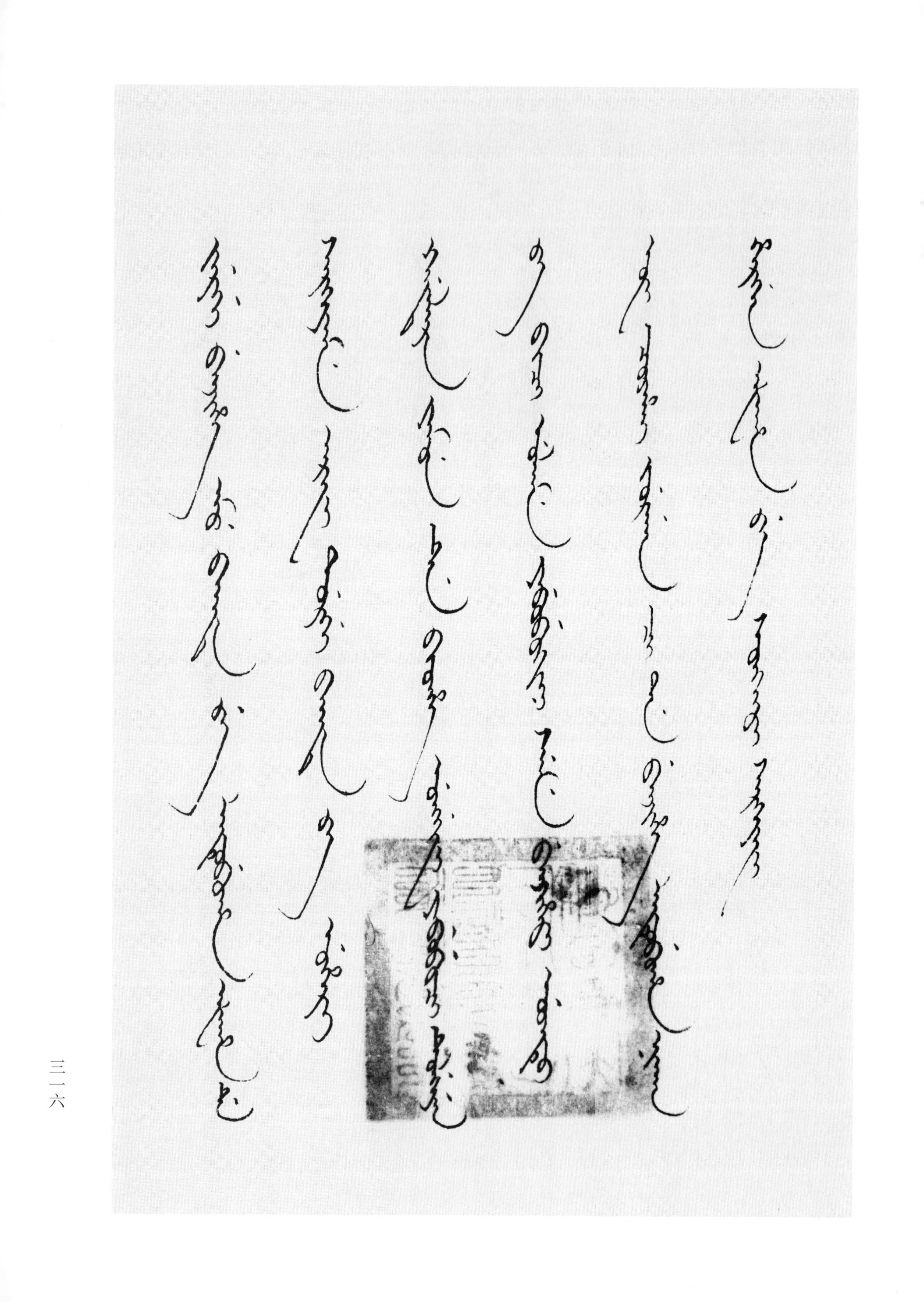

[illegible]

[illegible]

[illegible]

[illegible]

[illegible]

[illegible]

[illegible]

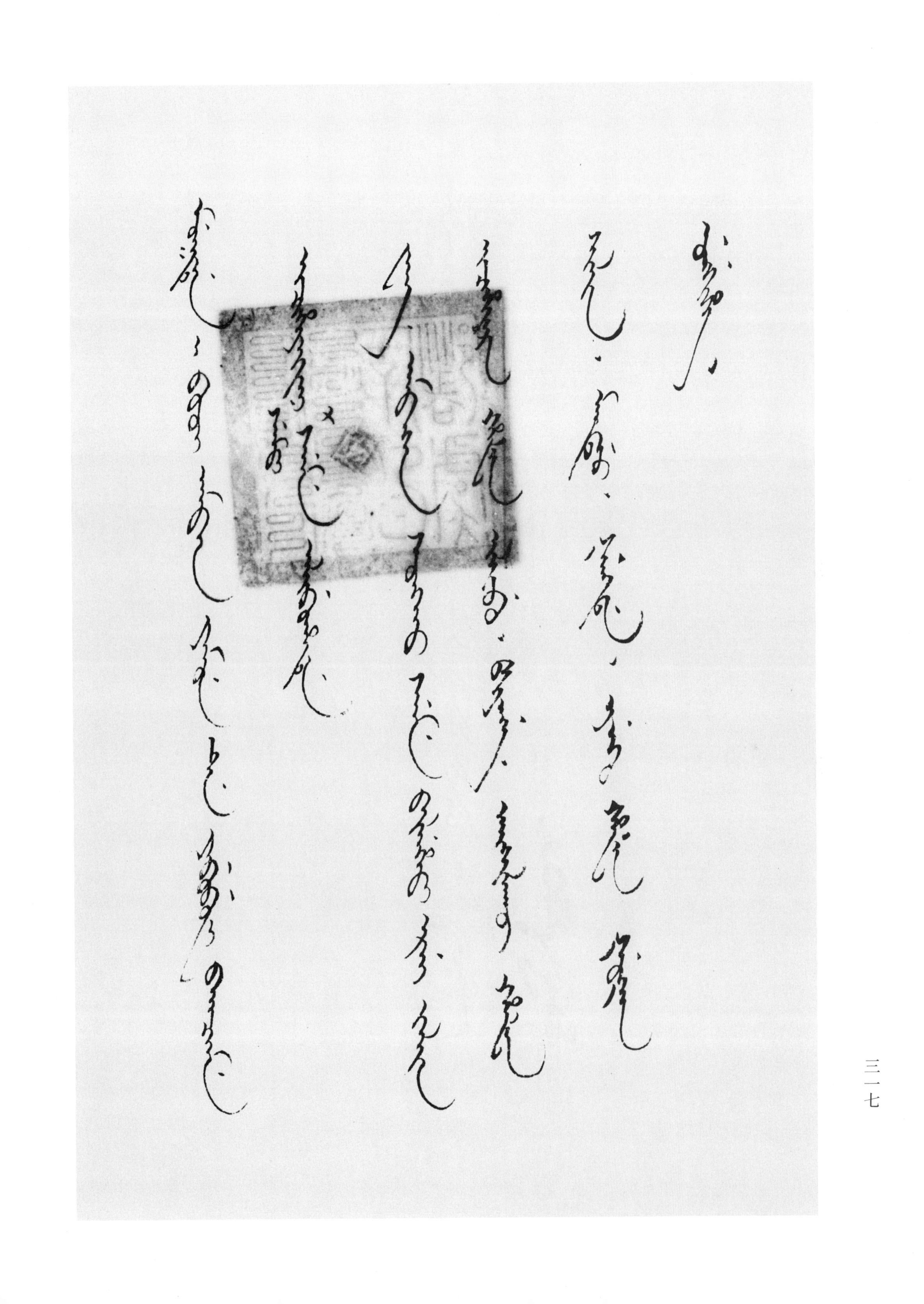

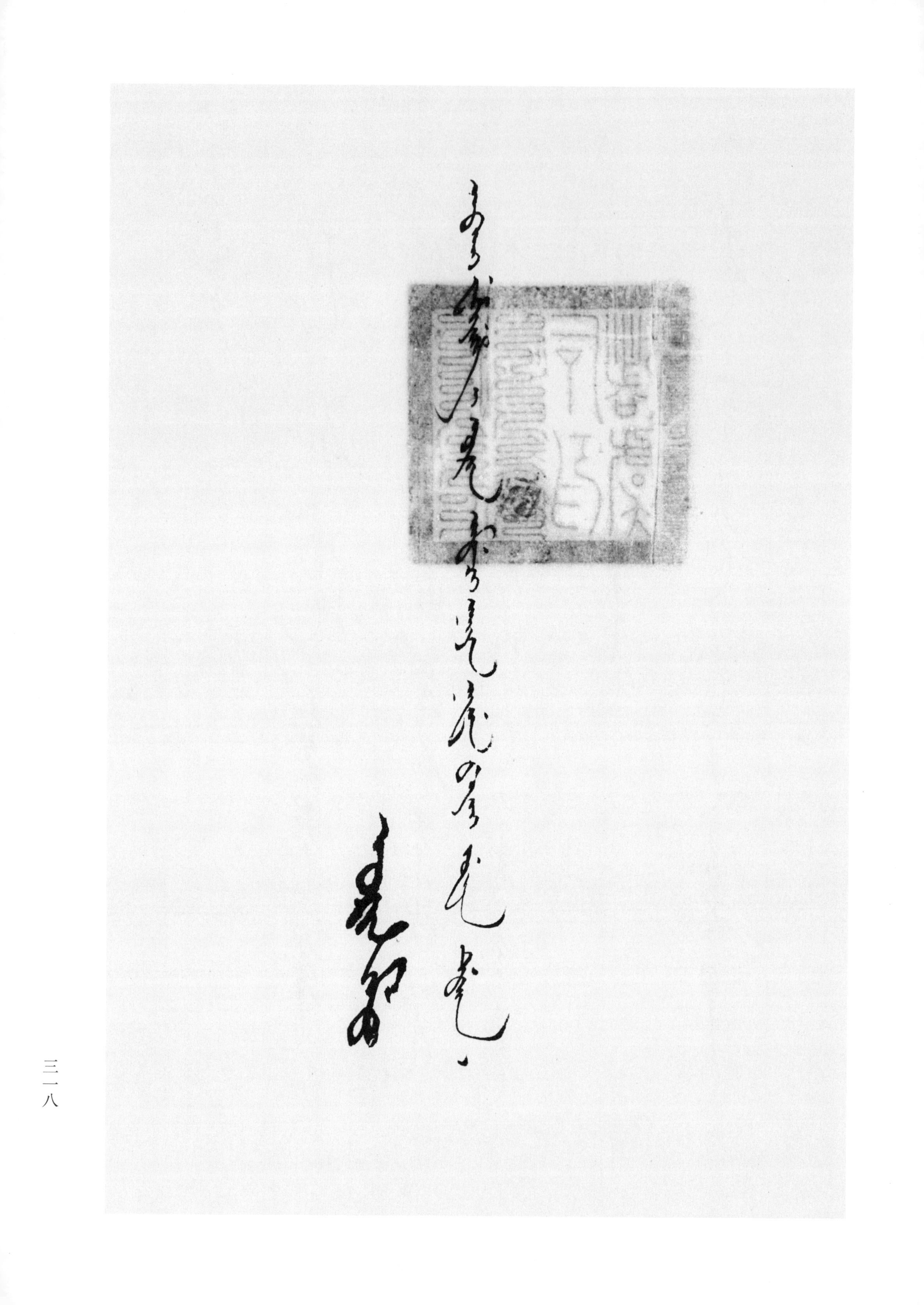

[illegible]

盛京內務府武職官員曾否一体加級之處應咨內務府查明咨覆到日再

行办理等因隨行查

盛京內務府去後今據覆稱查乾隆十六年十一月二十五日恭遇

恩詔本處官員俱各加一級至本處佐領等應給

封典之處業經造冊于乾隆十八年行文內務府在案等因相應咨覆兵部定

議到日以便咨覆

盛京內務府遵办等因前來查

盛京內務府官員該處既稱恭遇乾隆十六年

恩詔俱各加一級等語應將驍騎校徐元英依常阿孫佶等三員均各准其加

一級相應咨覆內務府可也

盛京內務府文職官員應否准予加級之處應咨吏部聲覆過部以便
將武職官員畫一辦理等因去後今准吏部覆稱查本年欽奉
恩詔
盛京五部官員俱照在京官員之例准其加級其
盛京內務府官員自與在京內務府官員一体准其加級但內務府官
員本部並無冊檔無從註冊即將原冊咨回內務府自行查核辦理在案相應
咨覆等因查
盛京內務府文職官員吏部雖称與在京內務府官員一体准其加級但乾
隆十六年十一月二十五日恭遇
恩詔其

盛京五部官員俱照在京官員之例各加一級之處行文吏部在案今職
等俱係
盛京內務府之員亦應照
盛京五部官員加級之例一体加級之處行文內務府轉行吏兵二部等情
應將加級之文武官員職名造冊二本咨送內務府轉行吏兵二部等因
應照
盛京內務府冊檔抄録二本咨送吏兵二部办理其伊等亦應否准照
盛京五部官員等加級之例一体加級之處俟兵部定議咨送本府以便
咨覆
盛京內務府遵照办理等因經本部以

准內務府咨稱准兵部咨稱先准內務府咨稱據

盛京內務府咨稱據掌 圖記佐領法保等呈稱查在京有六部

盛京有五部

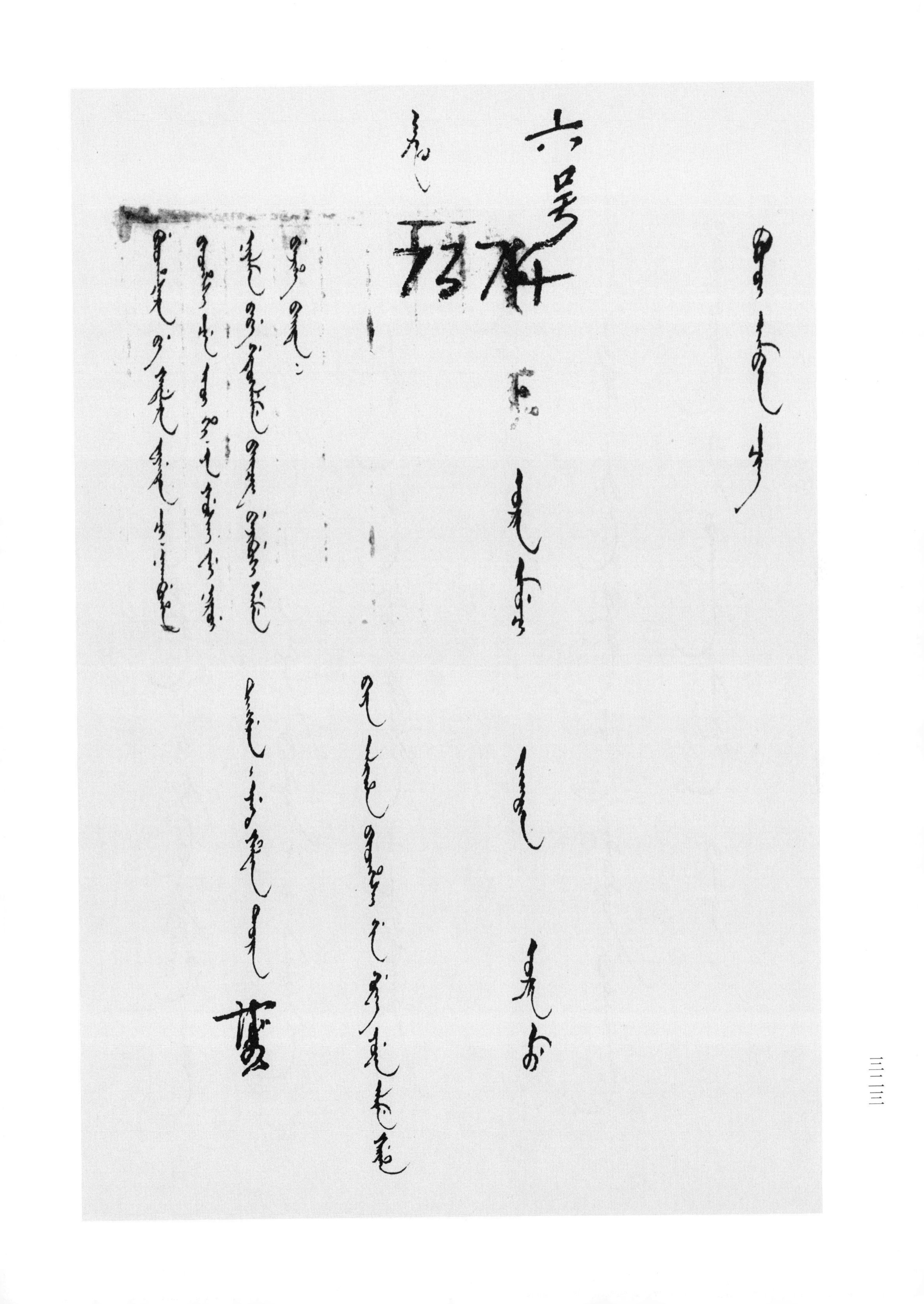

六号

五十五

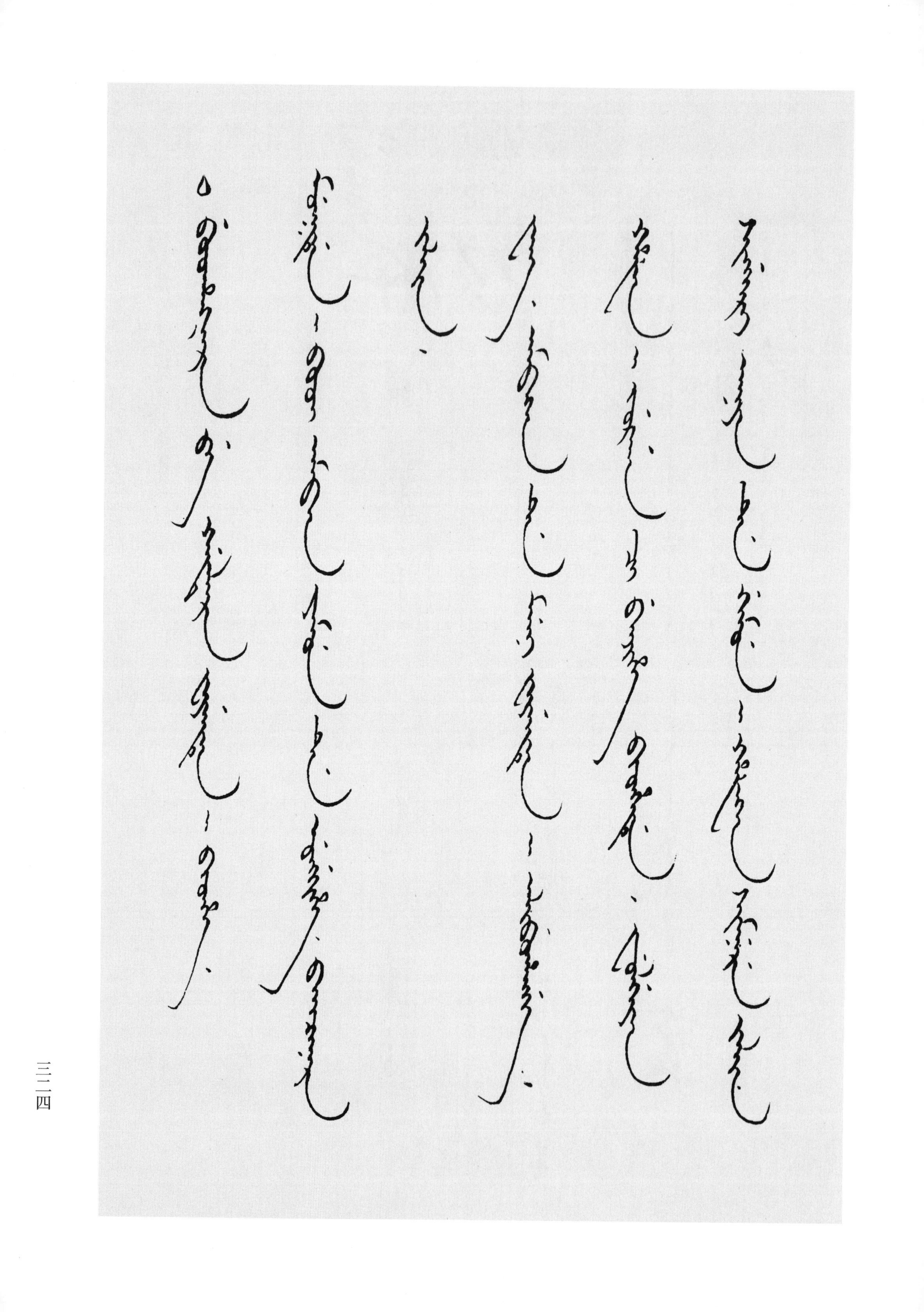

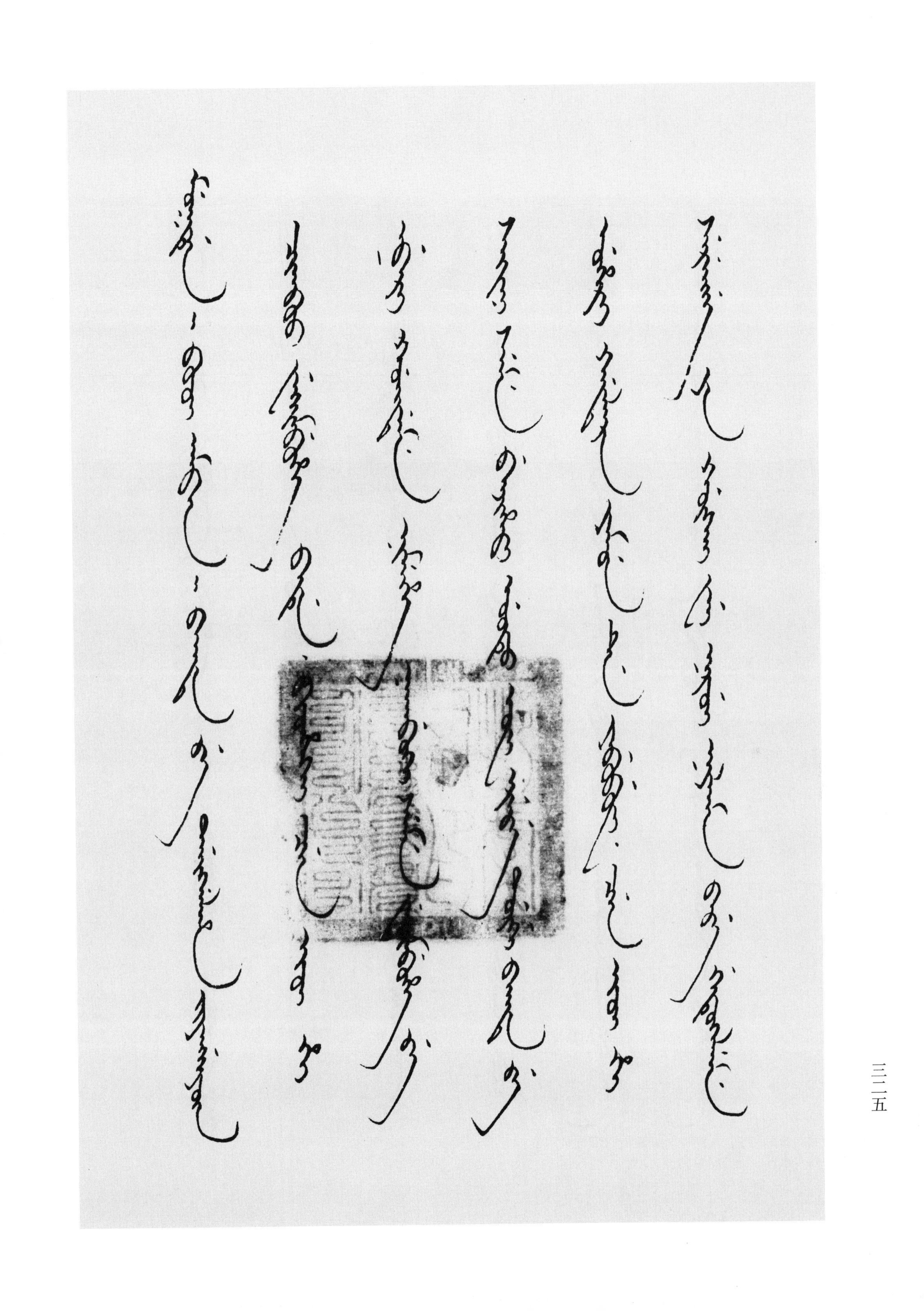

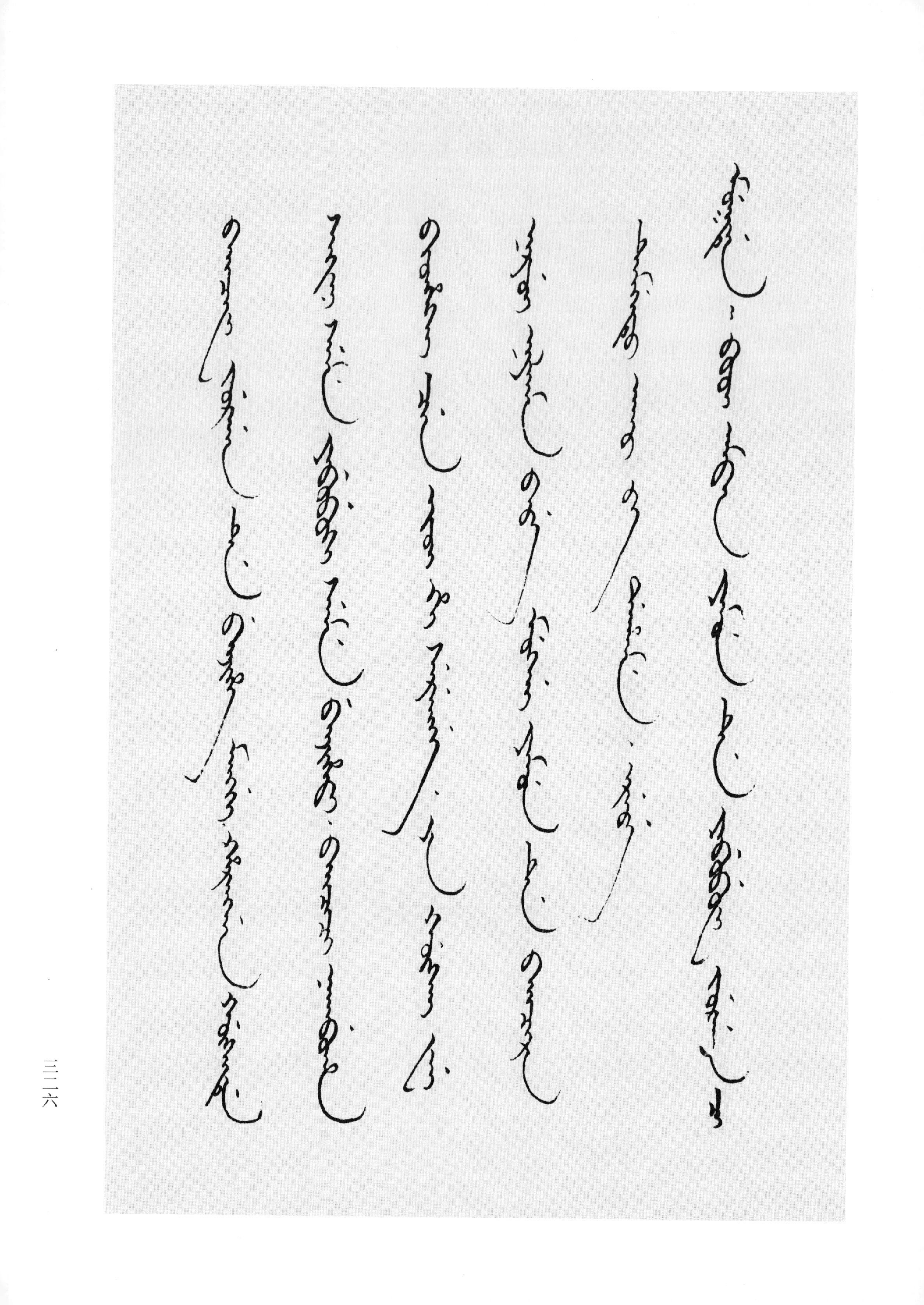

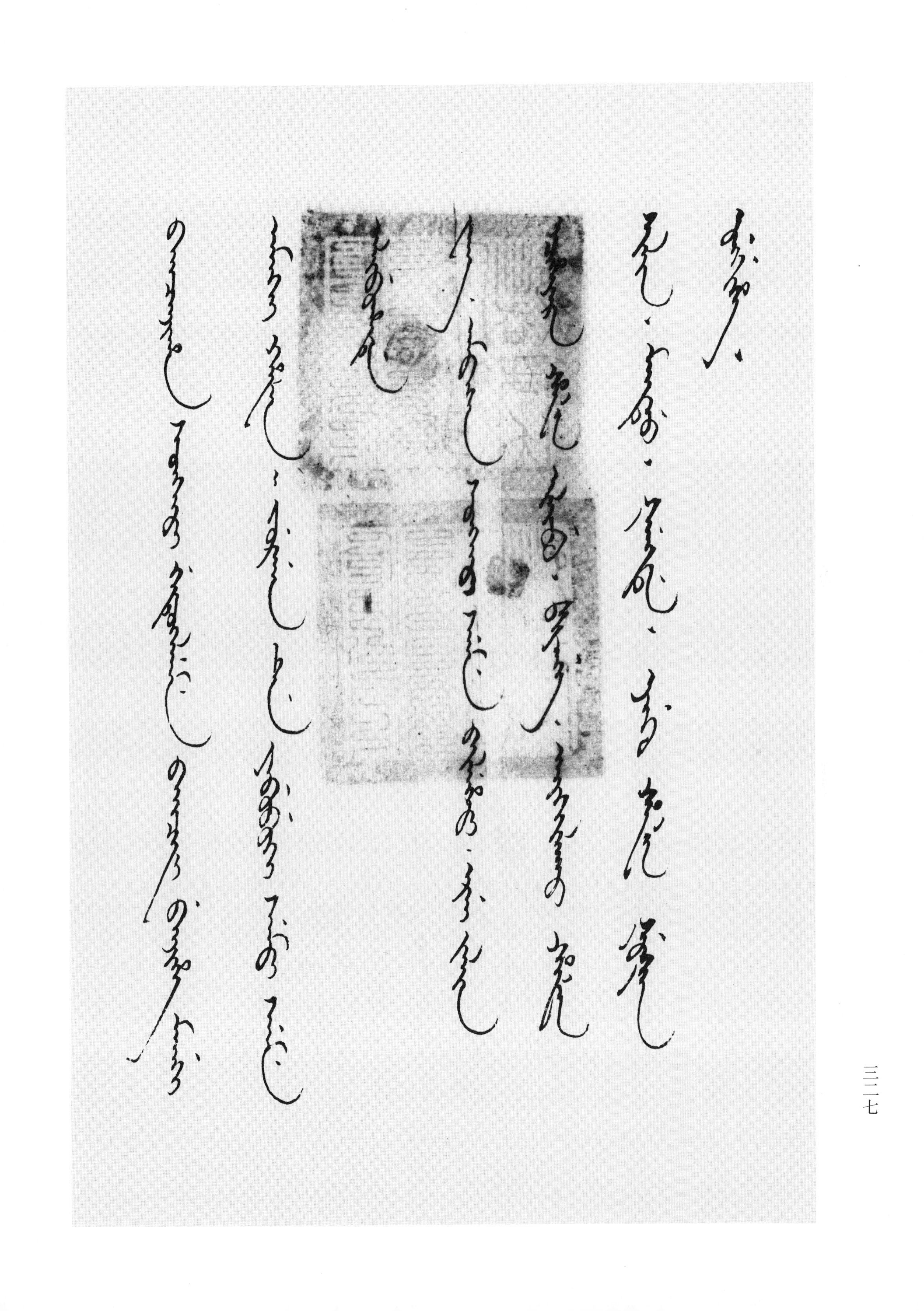

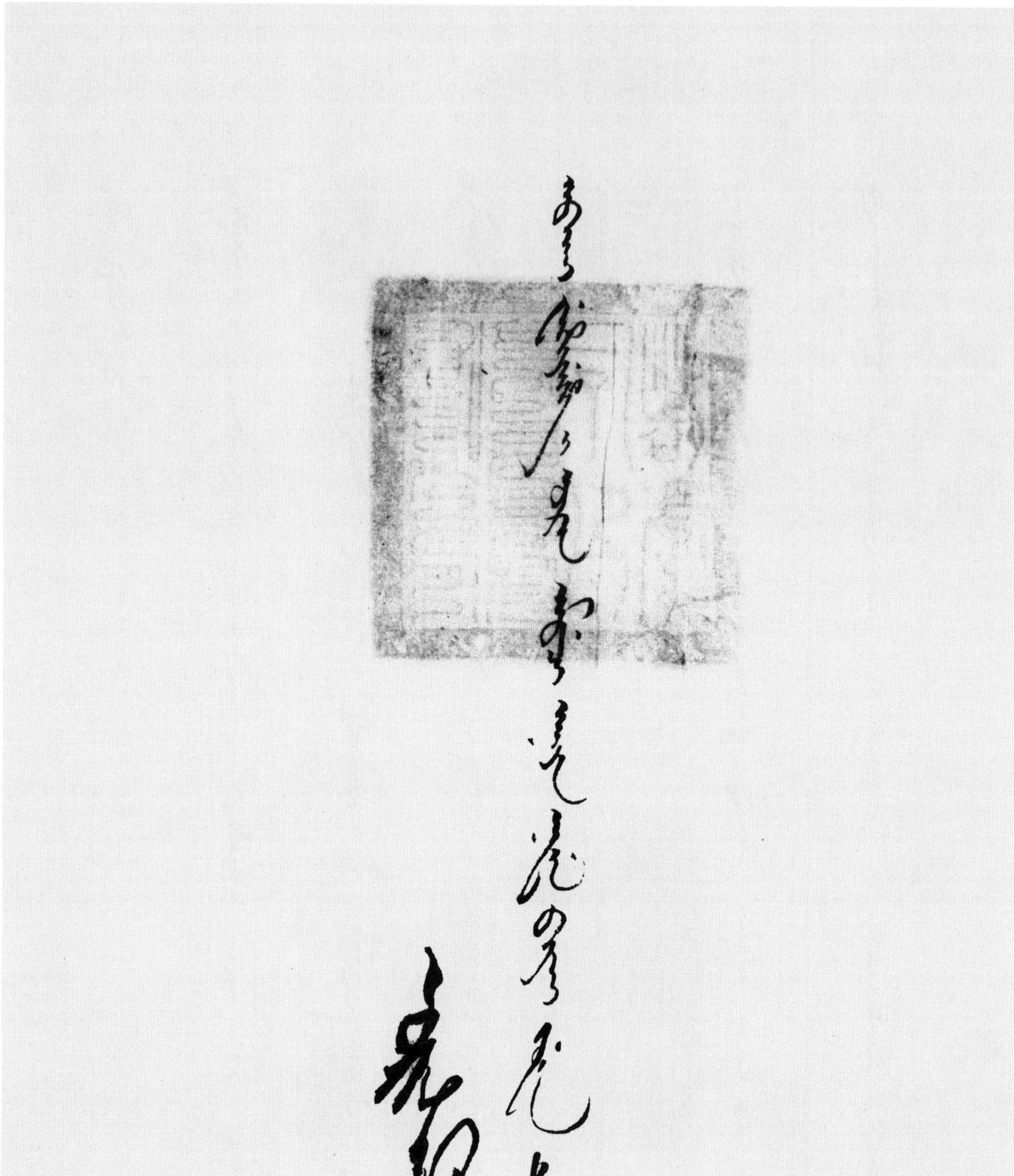

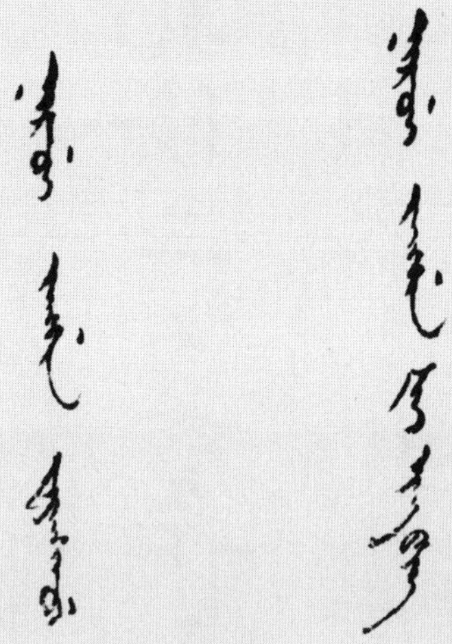

廿七日

廿七日

乾隆二十一年七月二十六日

公便等情據此擬合據情具文詳請核咨等
情據此相應移咨爲此合咨
貴衙門查照施行須至咨者
右　　　　　　　　咨
盛京總管内務府

若欲挨户懸空稽查非惟徒滋紛擾並恐
益致遲累且入官地畝坐落庄頭俱有檔冊可
稽擬合詳請核轉俯賜咨明內務府飭令各
庄頭查明卑州界內有無官地坐落明白咨
覆飭知下州以便卑職確查具結申送寔為

交庄頭收領仍轉飭地方官查明有無私典官地之處速行具結備查一案等因准此當經轉飭去後茲據治中朱汝琳詳據復州知州馬[illegible]詳稱遵查卑州地方更屬遼曠有無庄頭地畝並無冊檔可據

奉天府府尹世襲騎都尉紀録二十五次恩　爲
咨覆事乾隆二十年十一月二十九日准
貴衙門移咨民人偷典庄頭地畝詳查撤

谷

副都統福

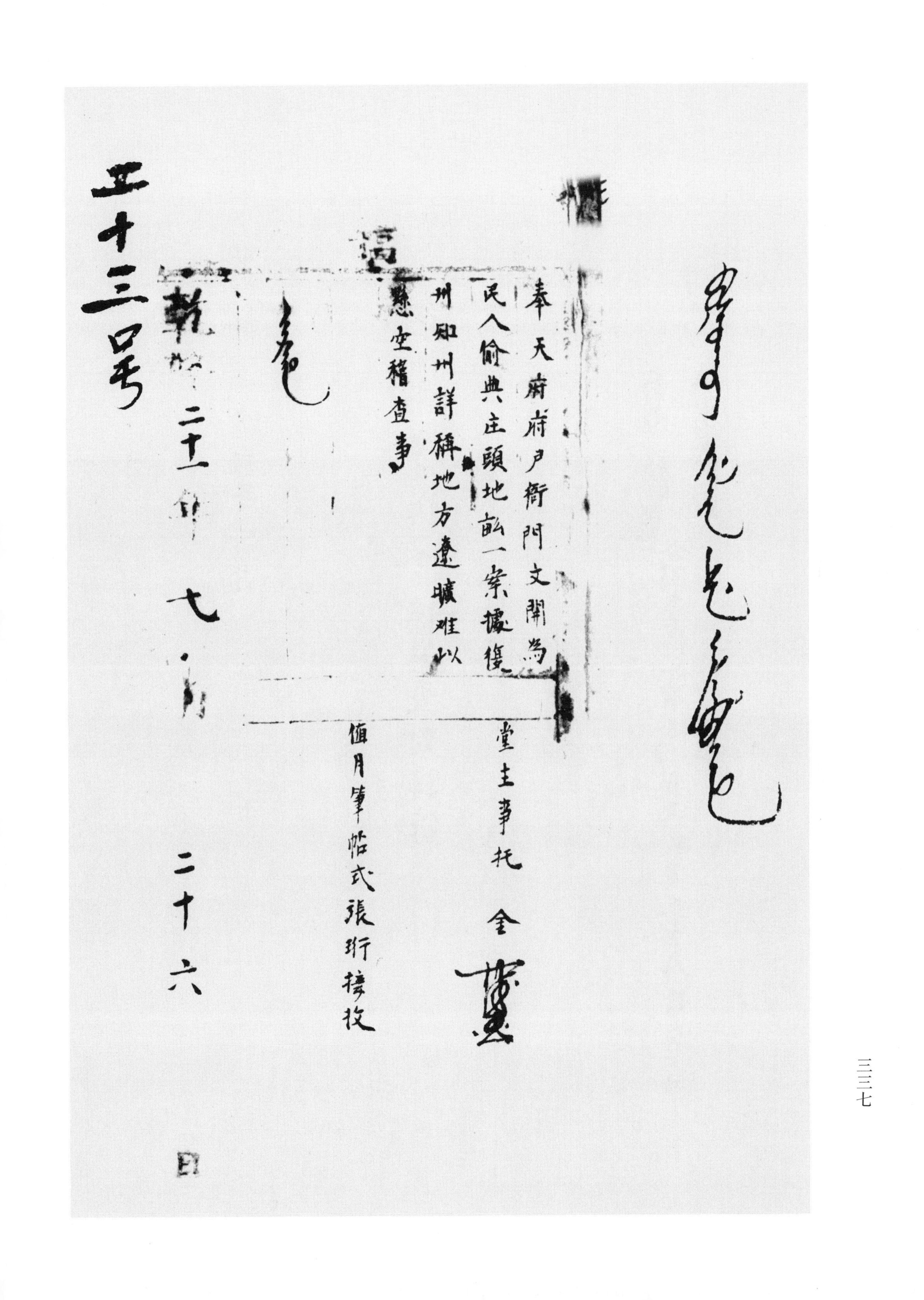

奉天府府尹衙門文開為
民人俞典六庄頭地畝一案據復
州知州詳稱地方遼曠难以
懸空稽查事

堂主事托　全

値月筆帖式張珩接收

乾隆二十七年七月二十六日

五十三號

乾隆二十一年七月　　日

堂主事托金　　查對相符

筆帖式　高超
　　　　張珩

公同查得此十日內銀兩數目並無舛錯遺漏

十一日起至二十日比十日内

廂黄旗執事人吾什布之孀母于七月初一日病故借銀十兩

于十三日抄出當日放給

正白旗送鹿肉乾子梅倫北京借銀三兩廂黄旗甲丁棠〻

棠佟連輔二人借銀六兩于十九日抄出當日放給

以上除放出銀十九兩外下剩實存銀壹千二百四十八兩五錢

一項庫内七月初十日存貯三旗滋生銀三百三十六兩以十一日起至〻

二十日比十日内無動用等情爲此一併呈報

十四两四钱三分九厘九毫七系八忽六微四纖六沙二塵七埃九渺四漠
送皀皮庫使文德補領偹用坐粮銀五两零五分于十三日抄出當
日放給
送鹿肉乾子梅倫北京領五日坐粮銀五两二錢五分于十九日
抄出當日放給
以上除放出銀十两零三錢外下剩實存銀三千九百一十四两一錢
三分九厘九毫七系八忽六微四纖六沙二塵七埃九渺四漠
一項庫内七月初十日存貯三旗借用銀壹千二百六十七两五錢以

七系八忽六微四纖六沙二塵七埃九渺四漠以十一日起至二十日止十日

内收

舖戶毛遂停交當年半季租銀二十八兩六錢畢玉交當年
半季租銀七兩一錢五分潘珩交當年半季租銀二十八兩六錢
李荣交當年半季租銀十二兩三錢七分五厘于十三日收訖
舖戶徐大年交當年半季租銀三十七兩四錢刘琳交當年半
季租銀七兩一錢五分于十九日收訖

以上收銀一百二十一兩二錢七分五厘併合原存銀数共銀三千九百

副都統福

[illegible]本庫內出入現存銀兩事據司庫張國善等呈稱原

乾隆九年將軍衙門送到

皇上賞人餘剩銀壹千九百一十八兩七錢五分不動用外

一項庫內七月初十日存正項銀三千八百零三兩一錢六分四厘九毫

廣儲司以七月十一日起至二十日庫內原
存銀兩并收放銀兩數目人名旗色事
故開寫呈報事

呈

收正項銀一百二十一兩二錢七分

此十日內出正項銀十兩零三錢
借用銀十九兩
滋生銀無動用

乾隆二十一年七

六千一百号

佐領石應屏

司庫張國善

福格

金

堂主事兼司庫事務托

花

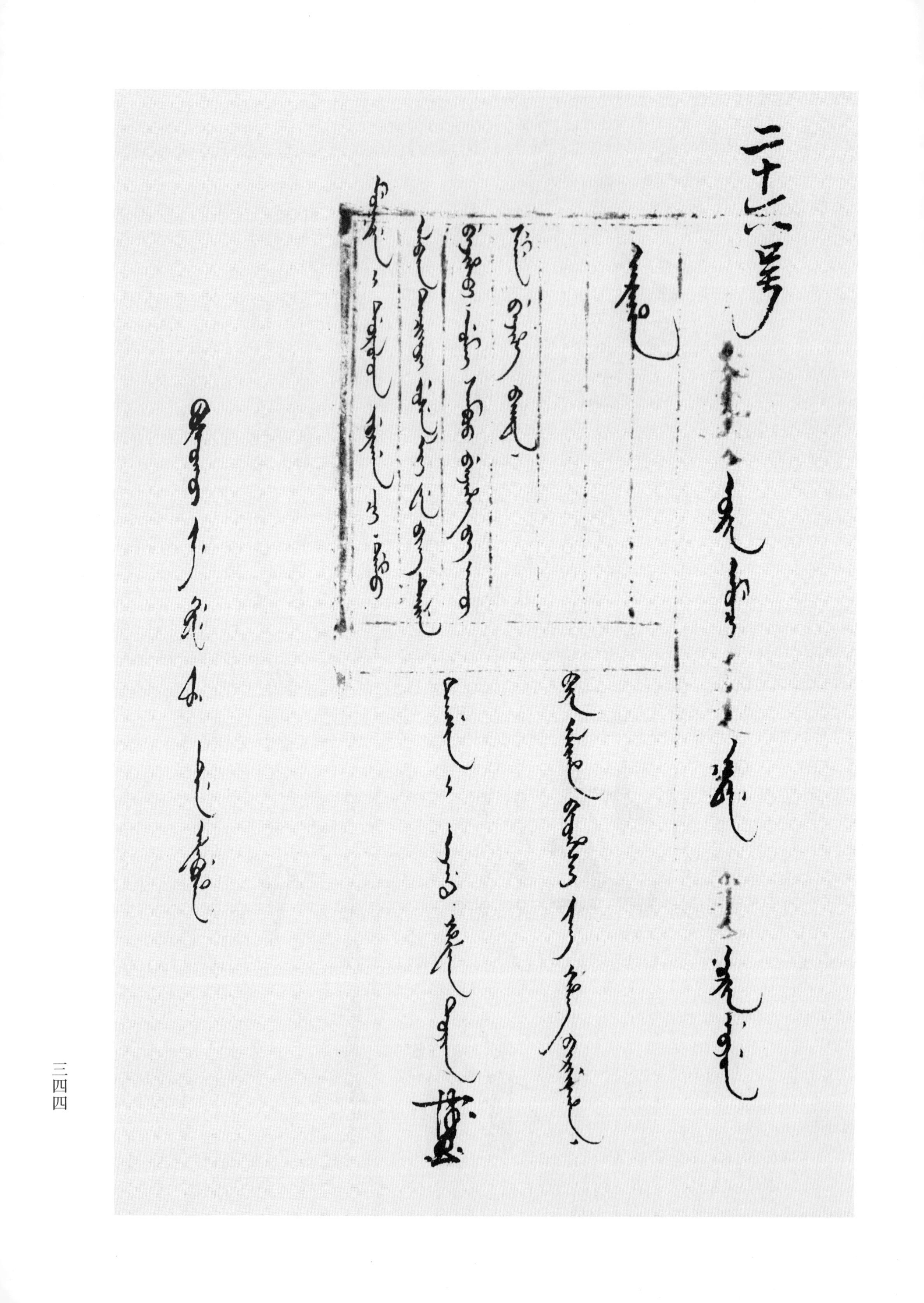

二十六号

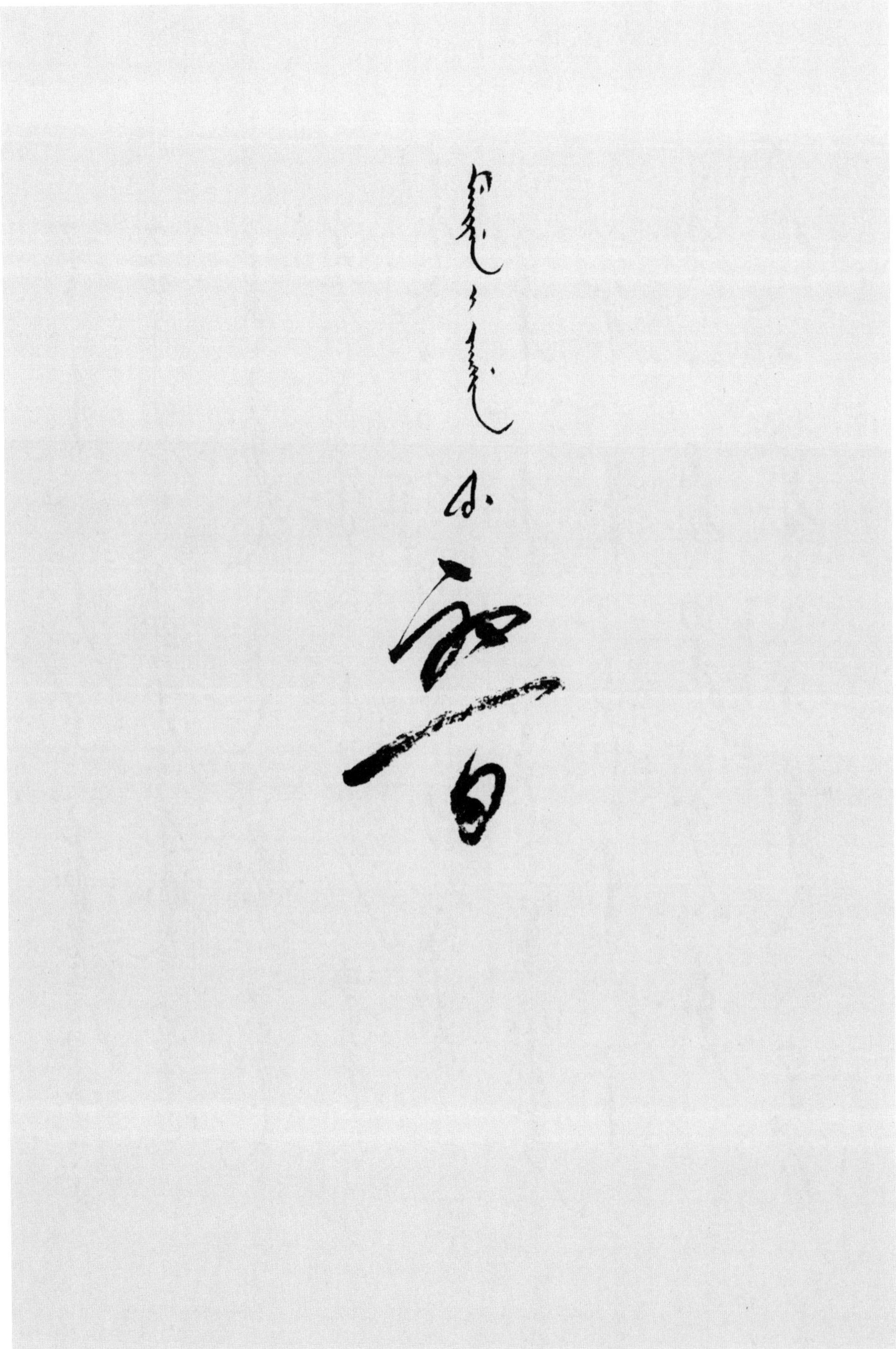

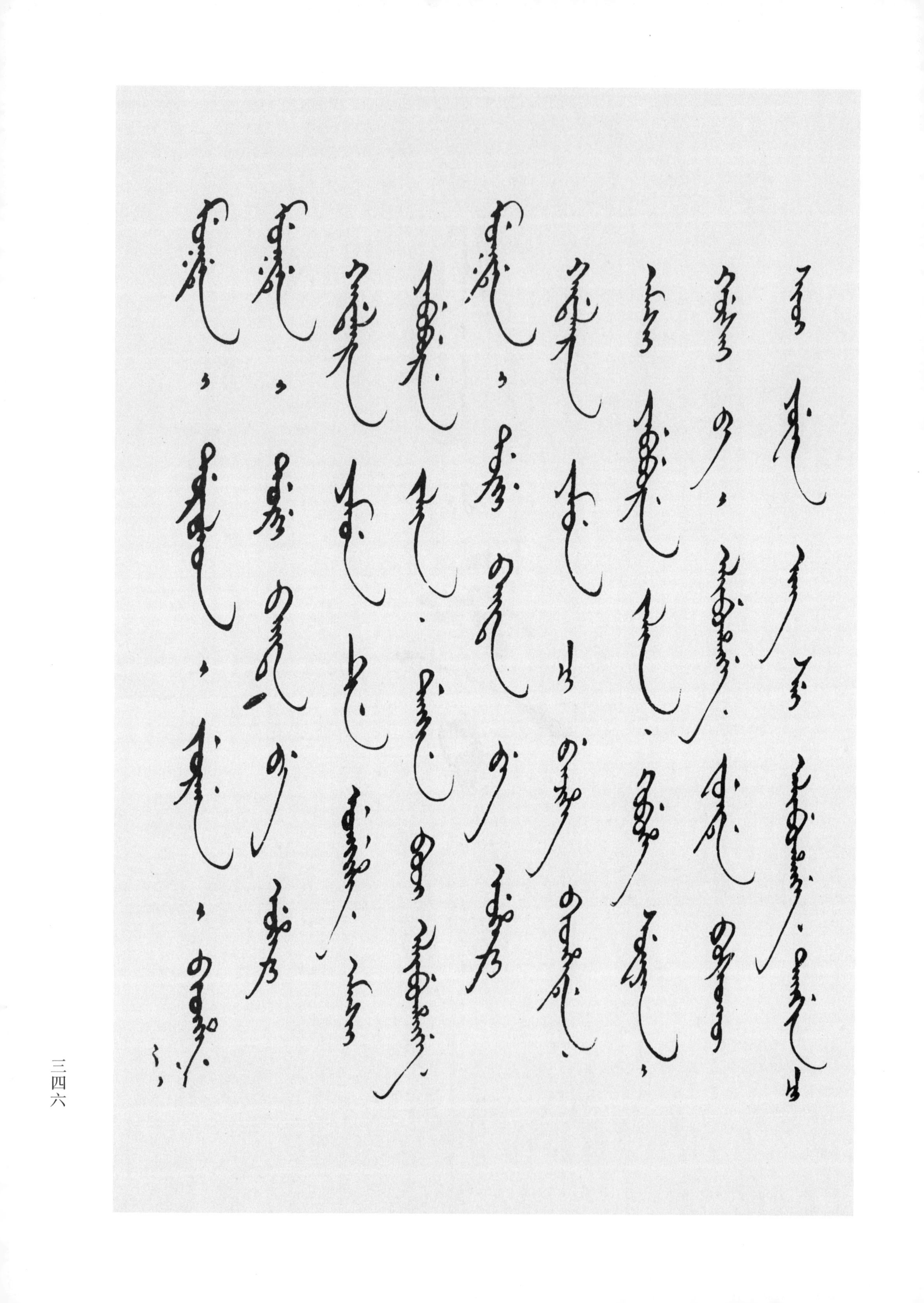

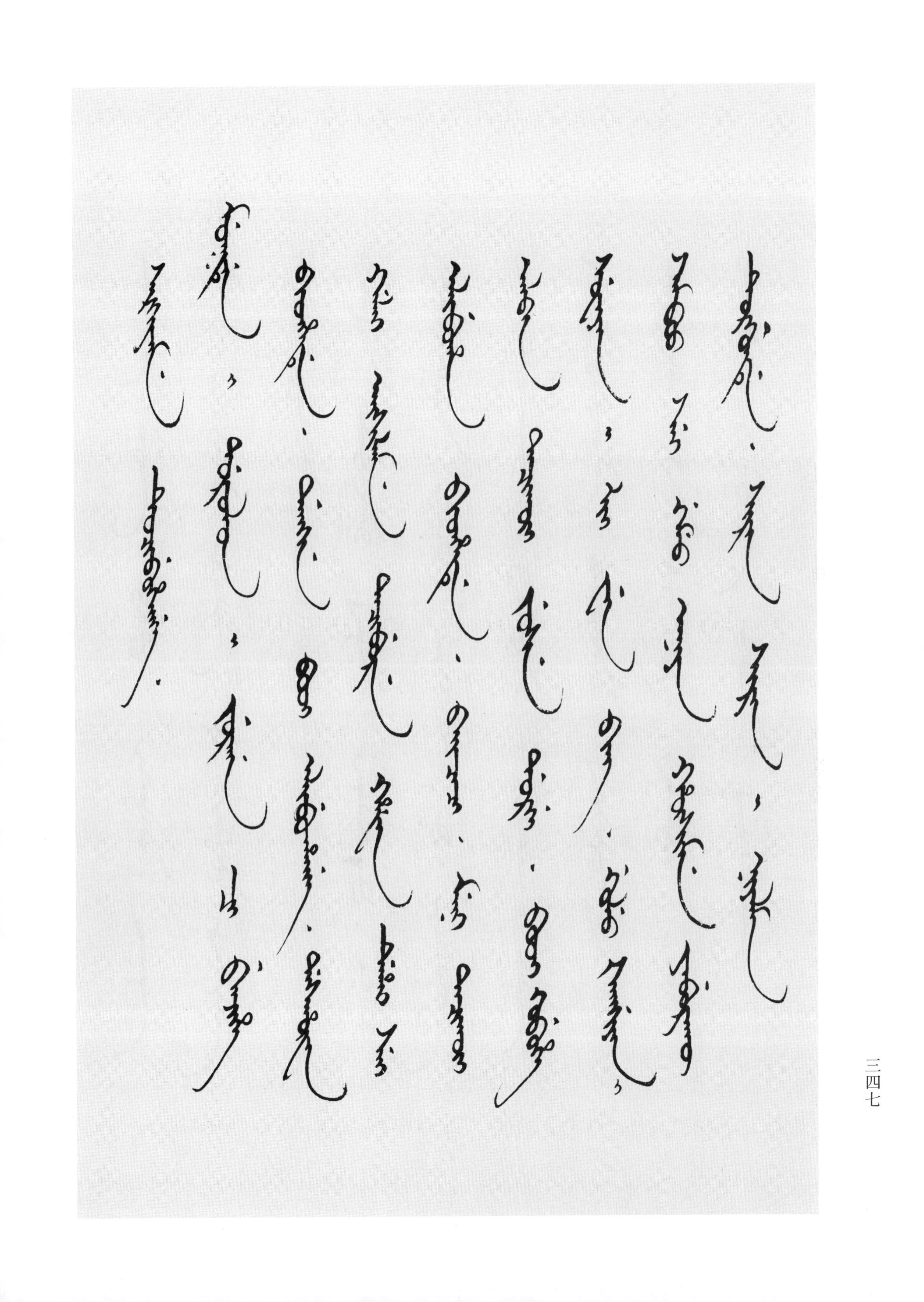

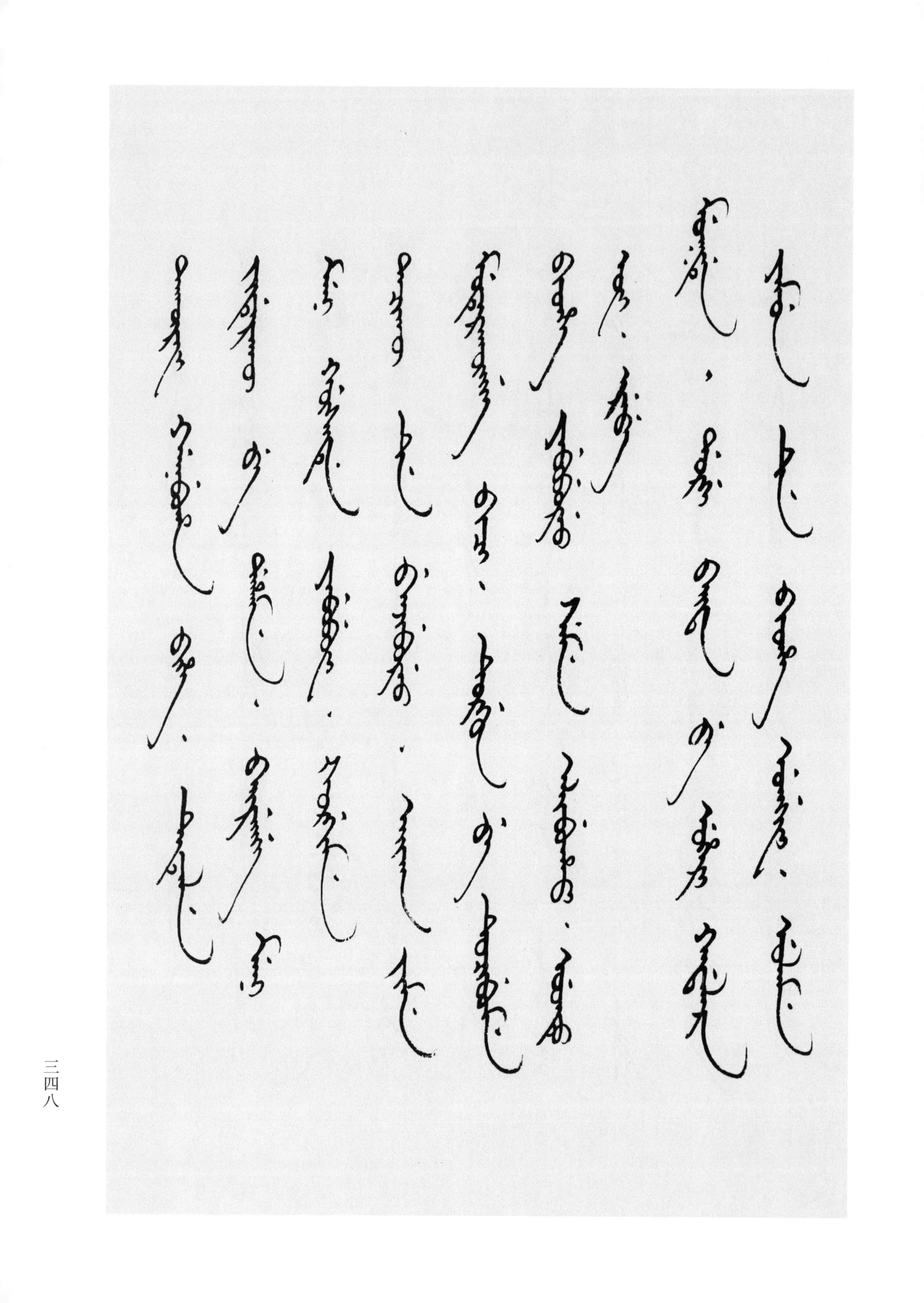

[illegible]

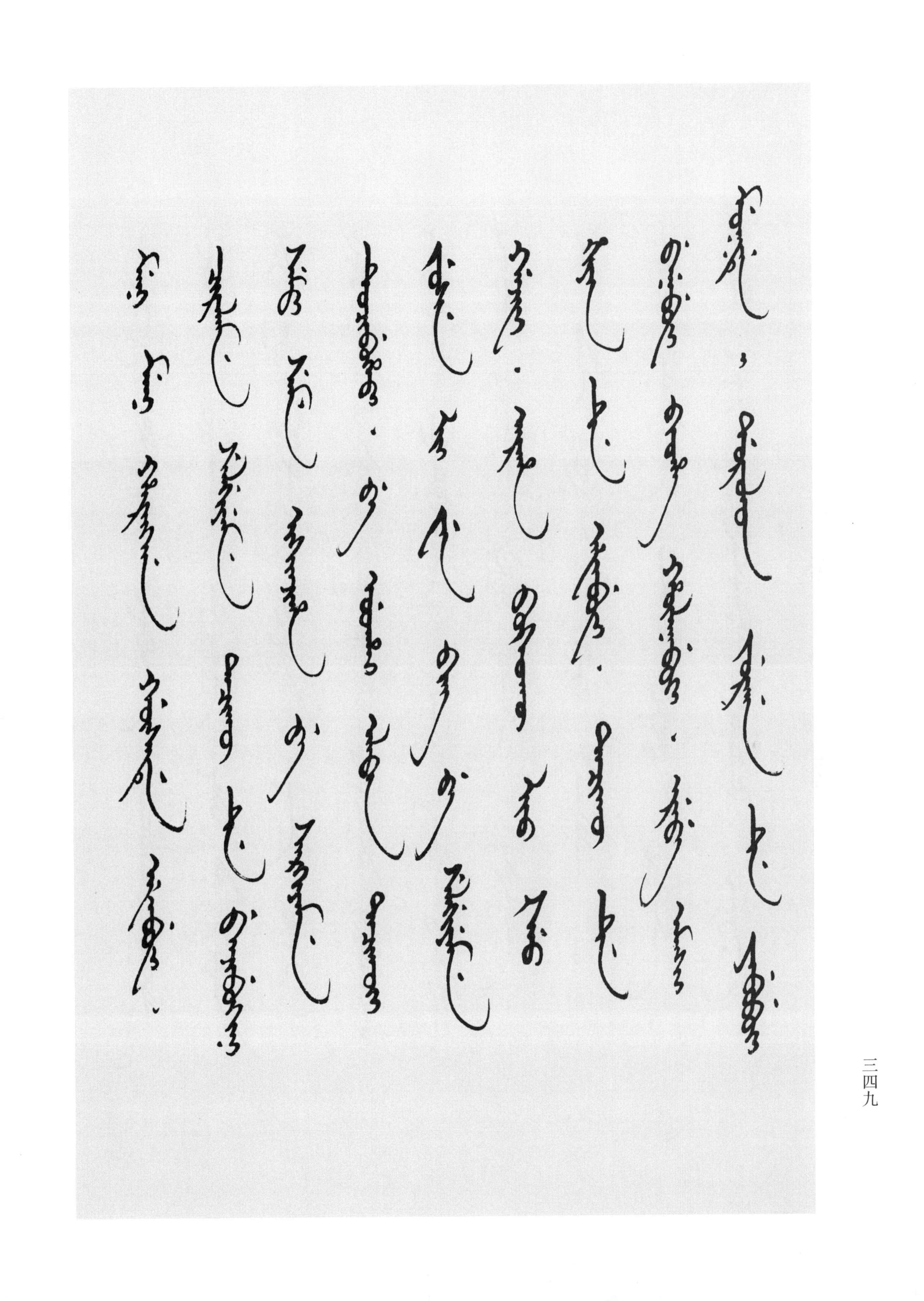

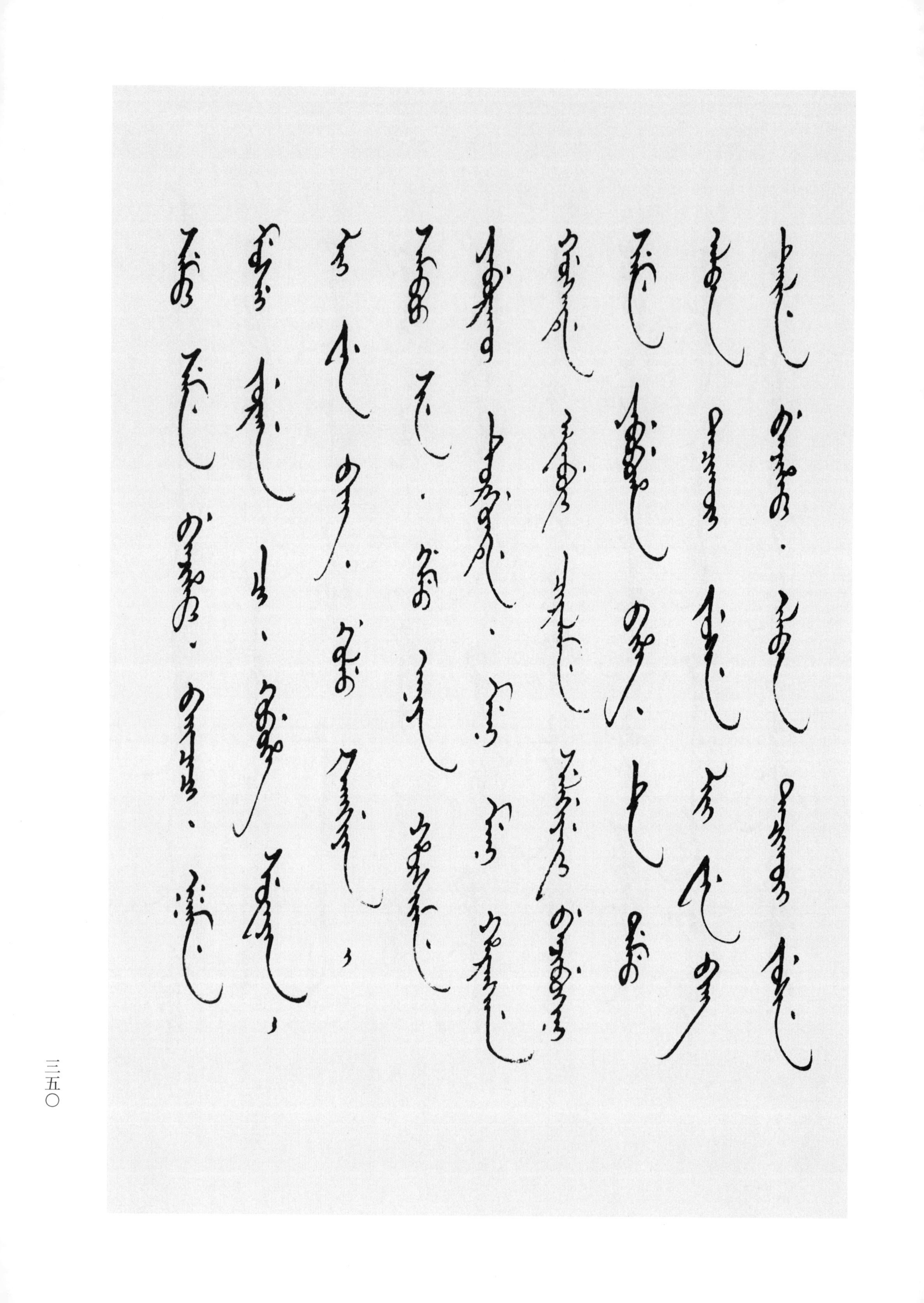

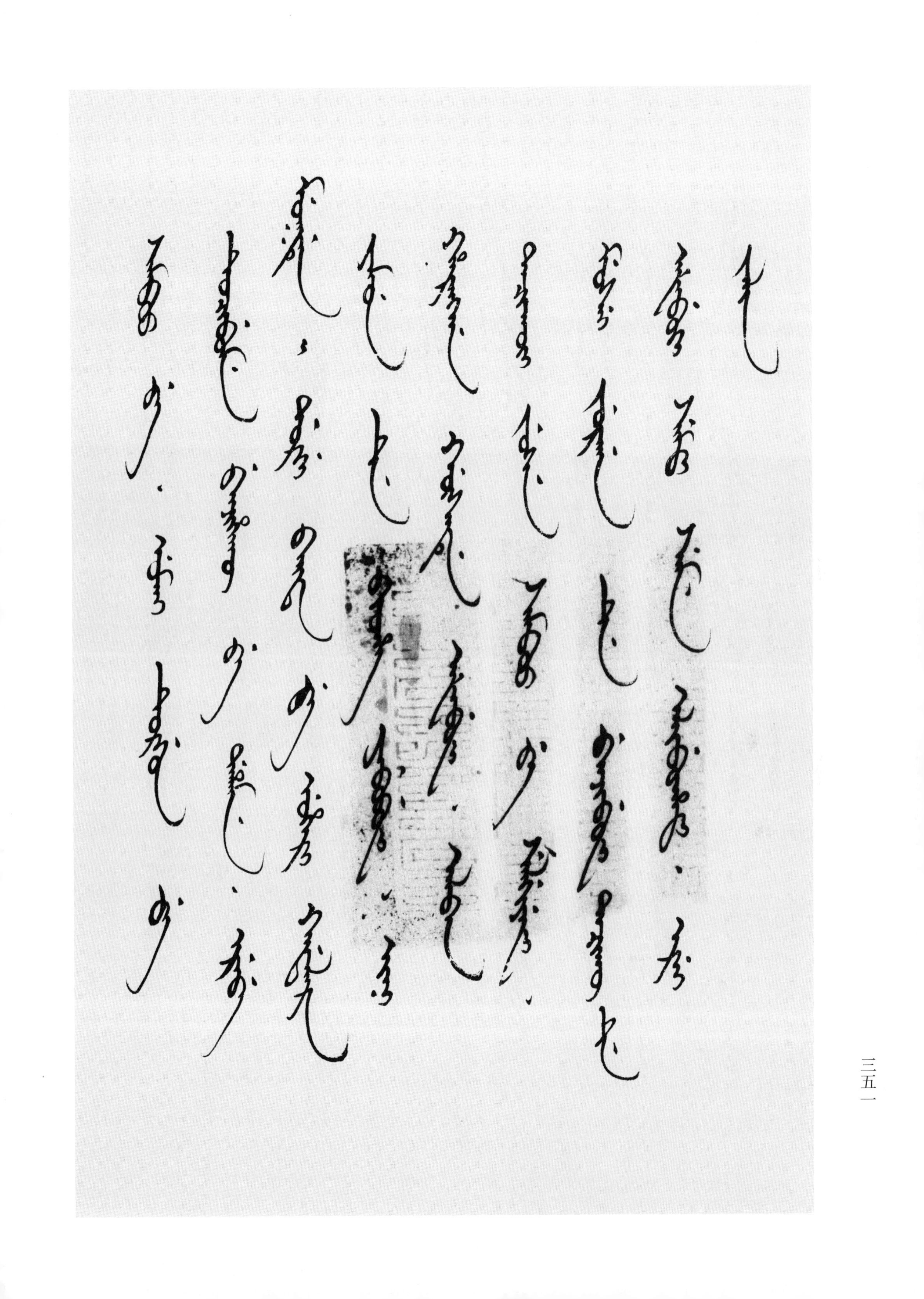

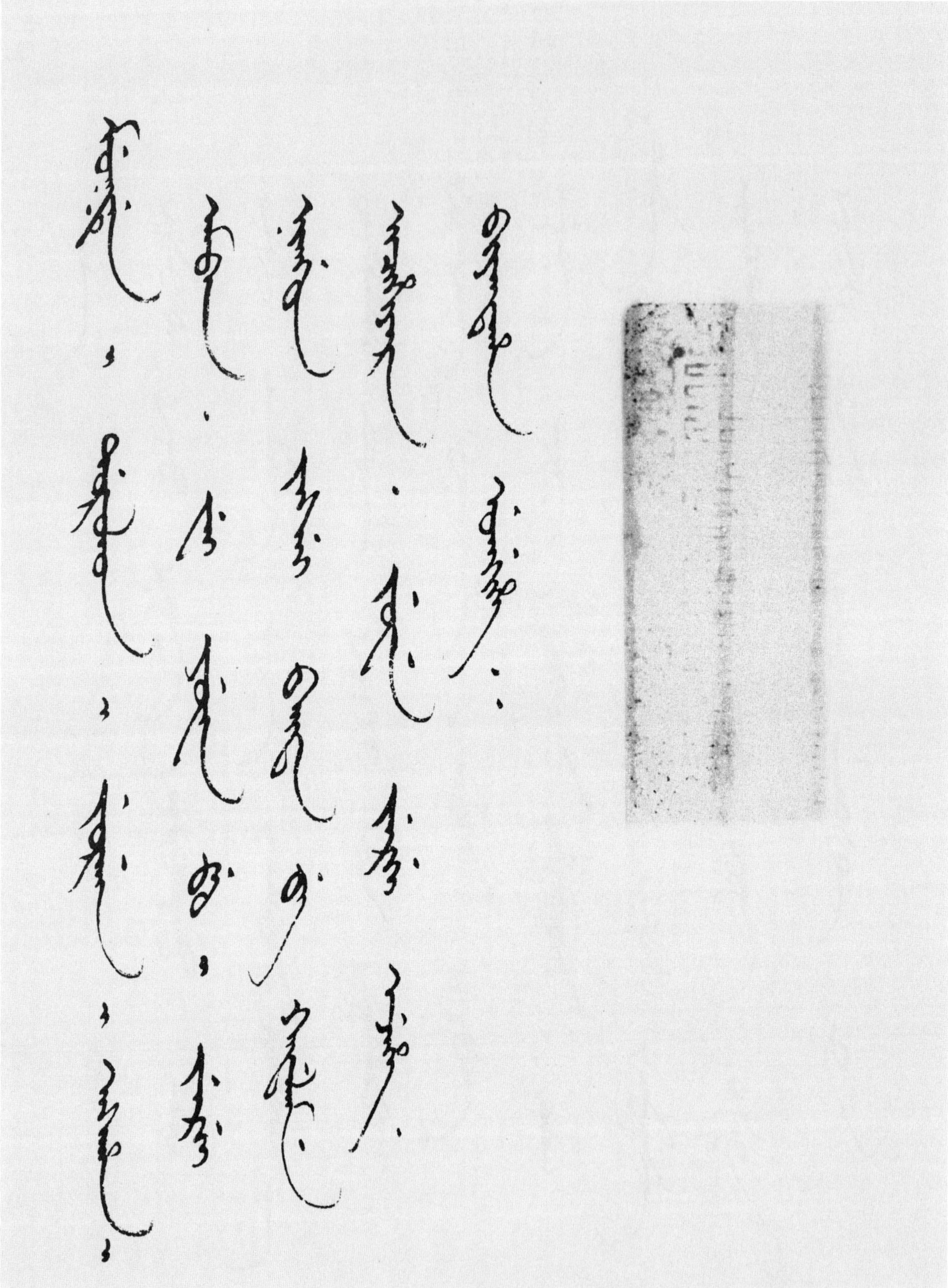

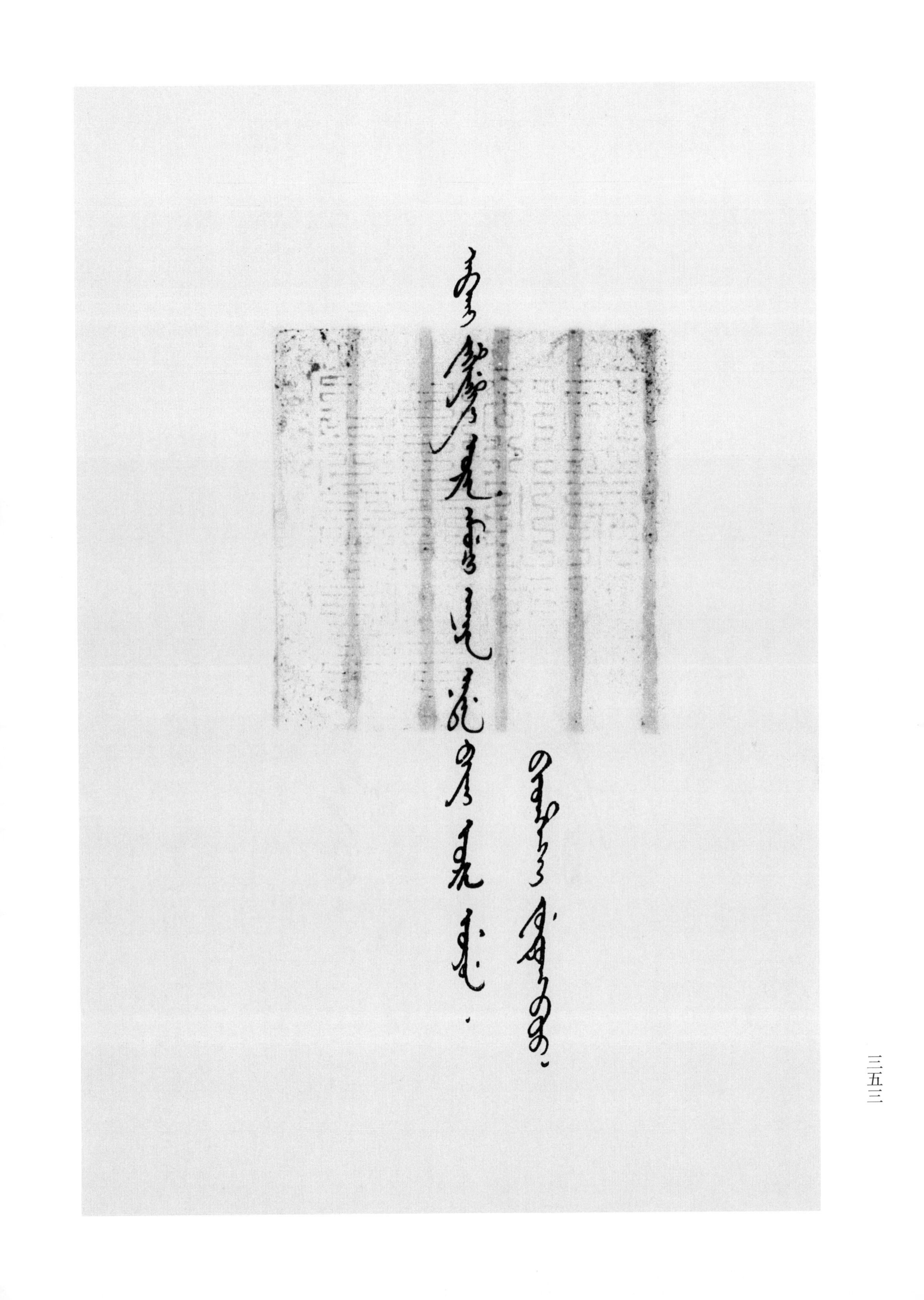

[illegible]

[illegible]

廿九日

三十一號

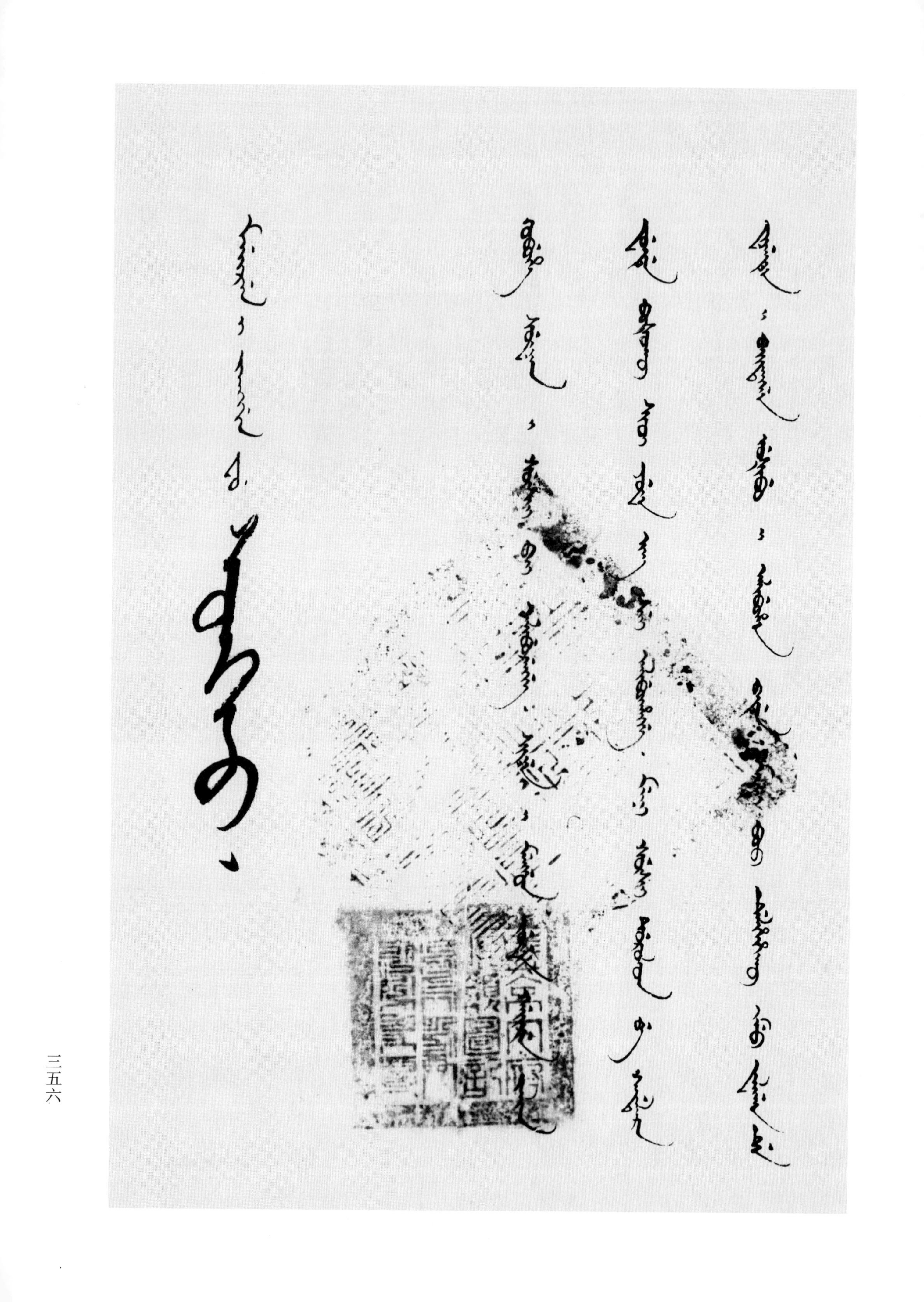

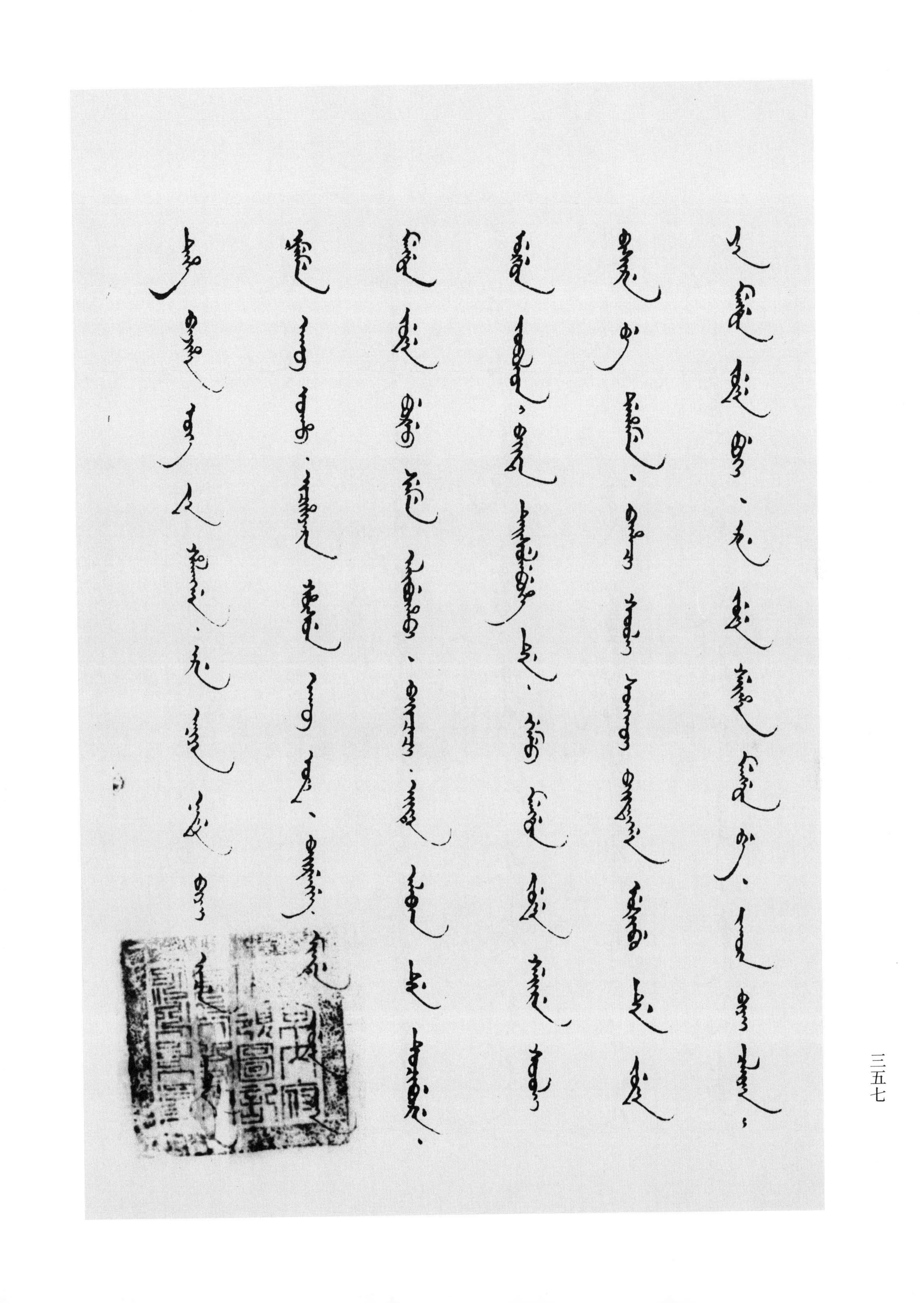

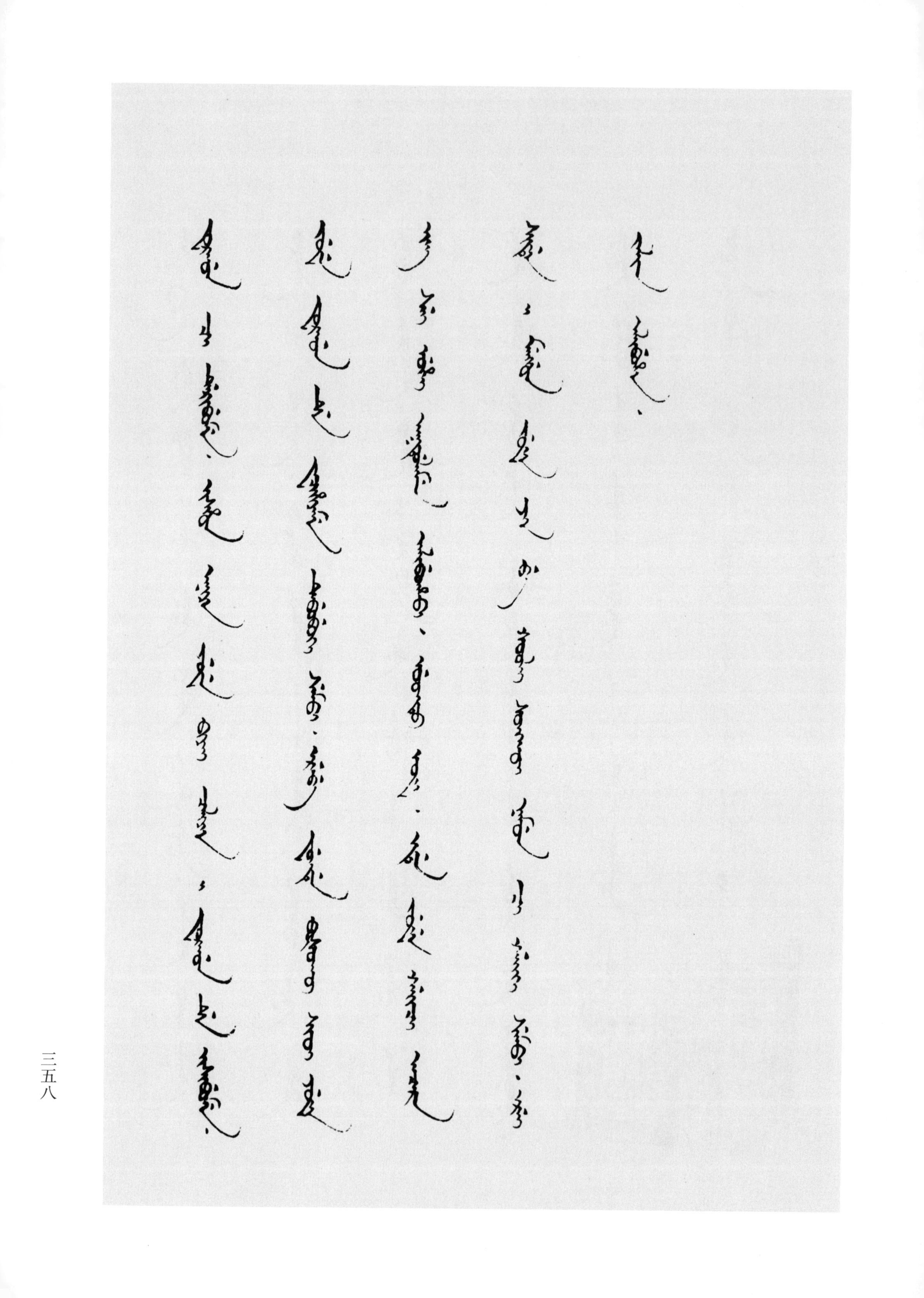

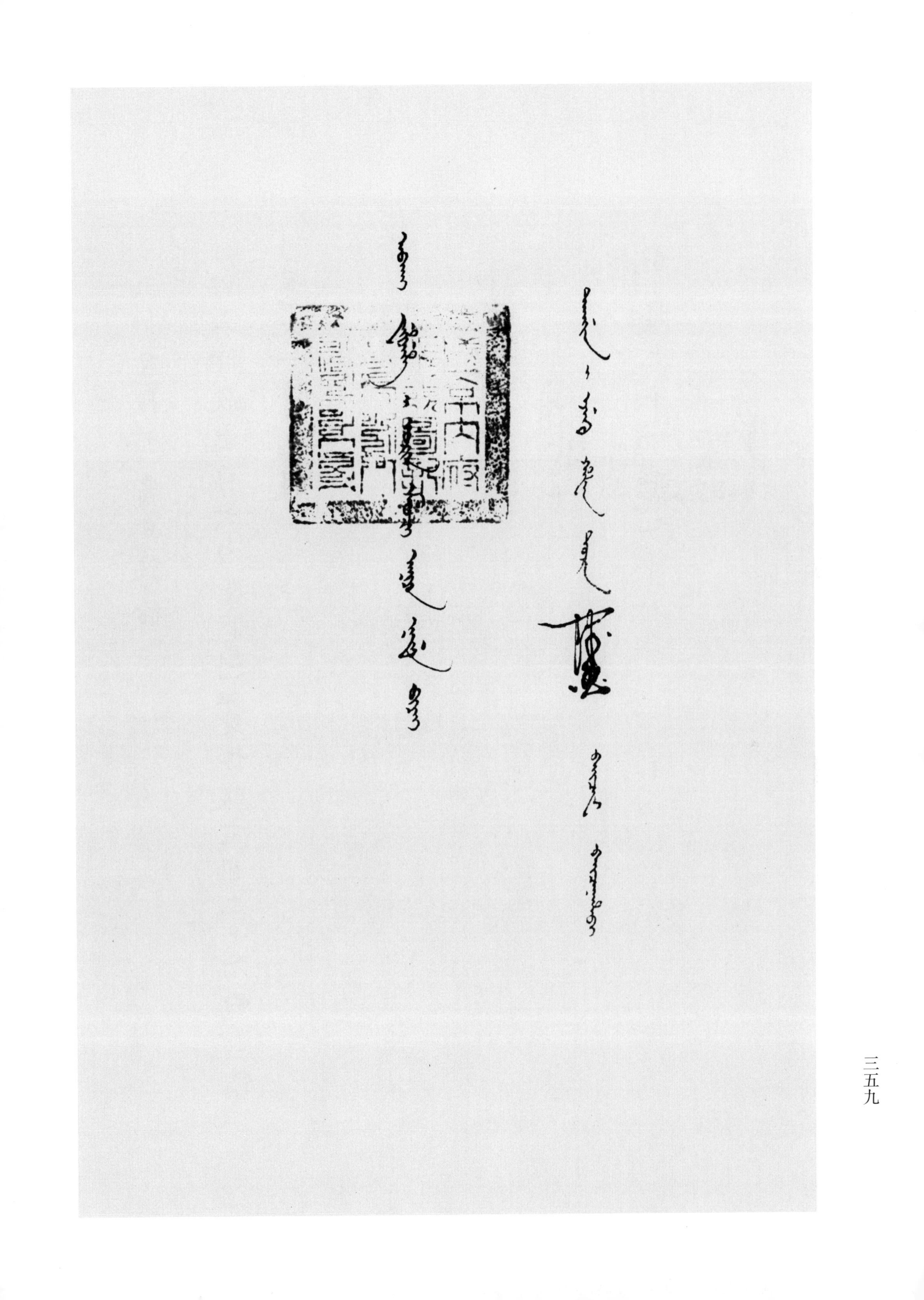

三十日抄出當日放給

以上除放出銀六两外下剩實存銀三百三十六两等情

爲此一併呈報

乾隆二十一年七月　日

一項庫内六月二十日存正項銀三千七百六十二两八錢六分
九釐九毫七系八忽六微四纖六沙二塵七埃九渺四漠以二十一日
起至三十日此十　無動用
一項庫内七月二十日存貯三旗借用銀一千二百九十一两
五錢以二十一日起至三十日此十日無動用
項庫内六月二十日存貯三旗滋生銀三百四十二两以二十一日
起至三十日此十日内
廂黄旗甲丁王朝宣之子于七月初九日娶妻領銀六两于

副都統福

廣儲司爲呈報庫內出入現存銀兩事據司庫張國善

等呈稱原存乾隆九年將軍何門送到

皇上賞入餘剩銀一千九百一十八兩七錢五分不動用外

掌稿筆帖式祝文炳

公同查对数目並無錯悞

值月筆帖式石廷琨

庫使奇成額寫

哈三太對

廣儲司以六月二十一日至三十日庫內
原存銀兩數目并收放銀兩數目
人名與事故開寫呈報事

呈

正項銀無動用

此十日借用銀無動用

出澌生銀六兩

佐領石應屏

司庫張國善

司庫福格

堂主事兼
司庫事務托　金

二十一　七

五十六号

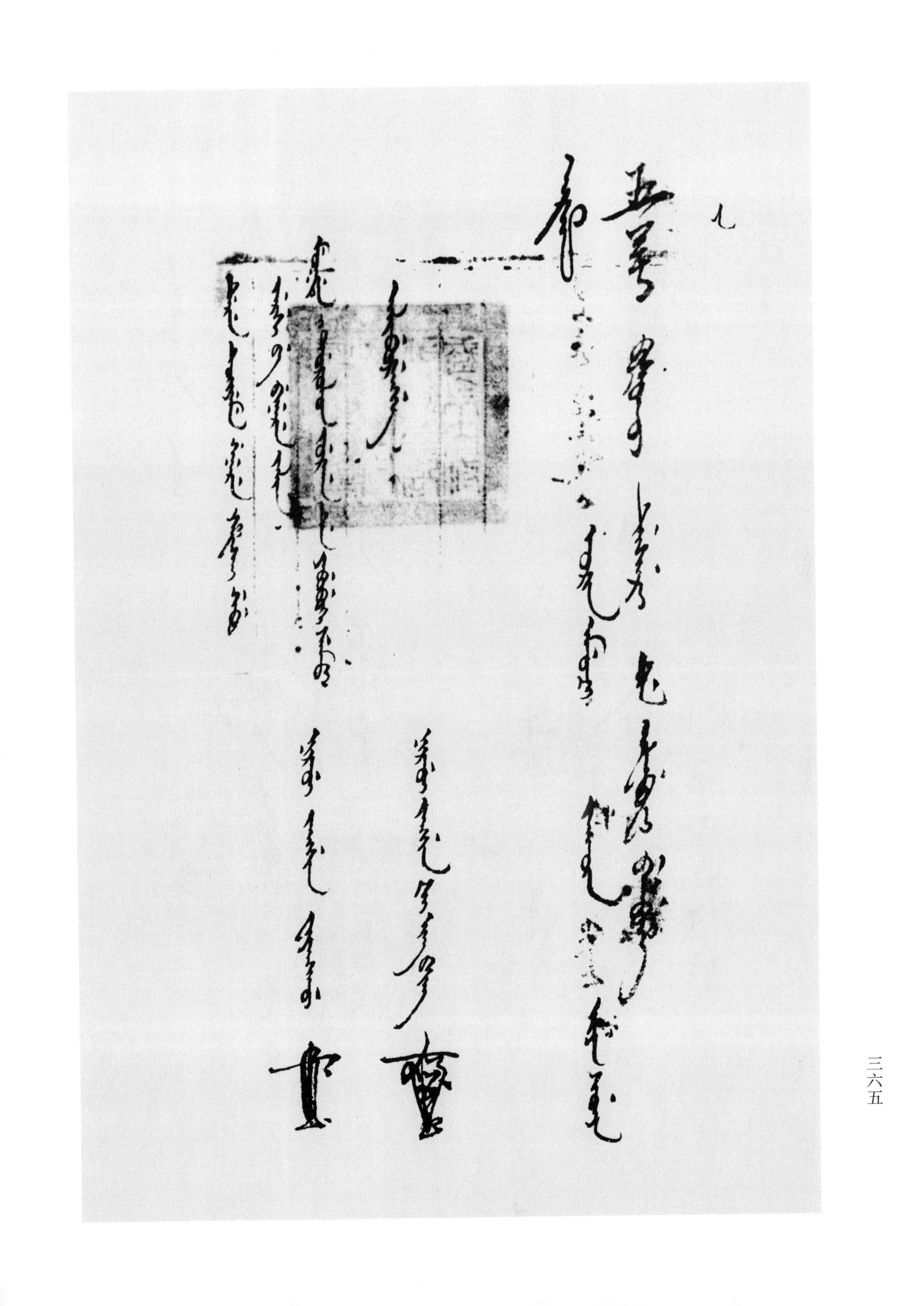

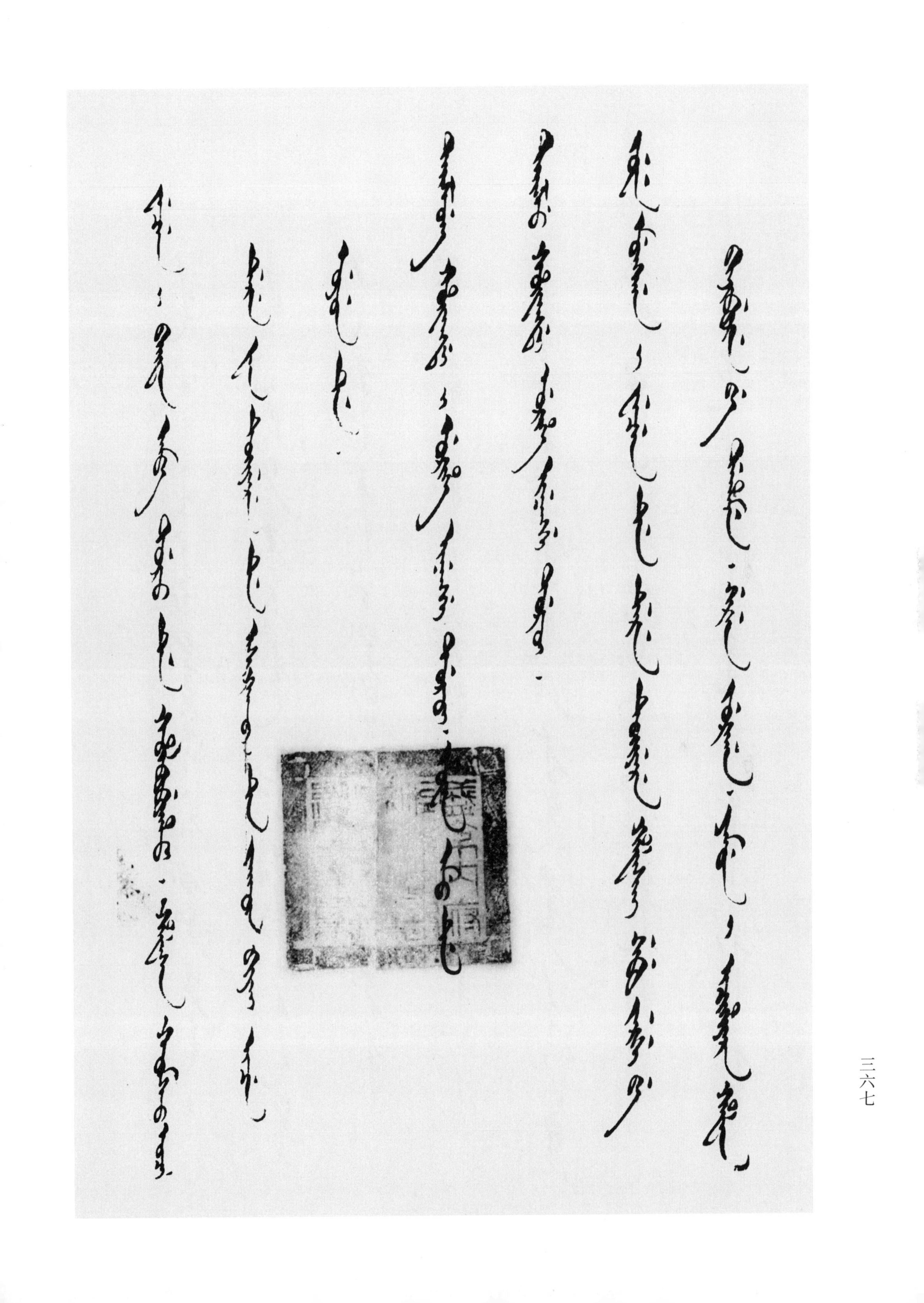

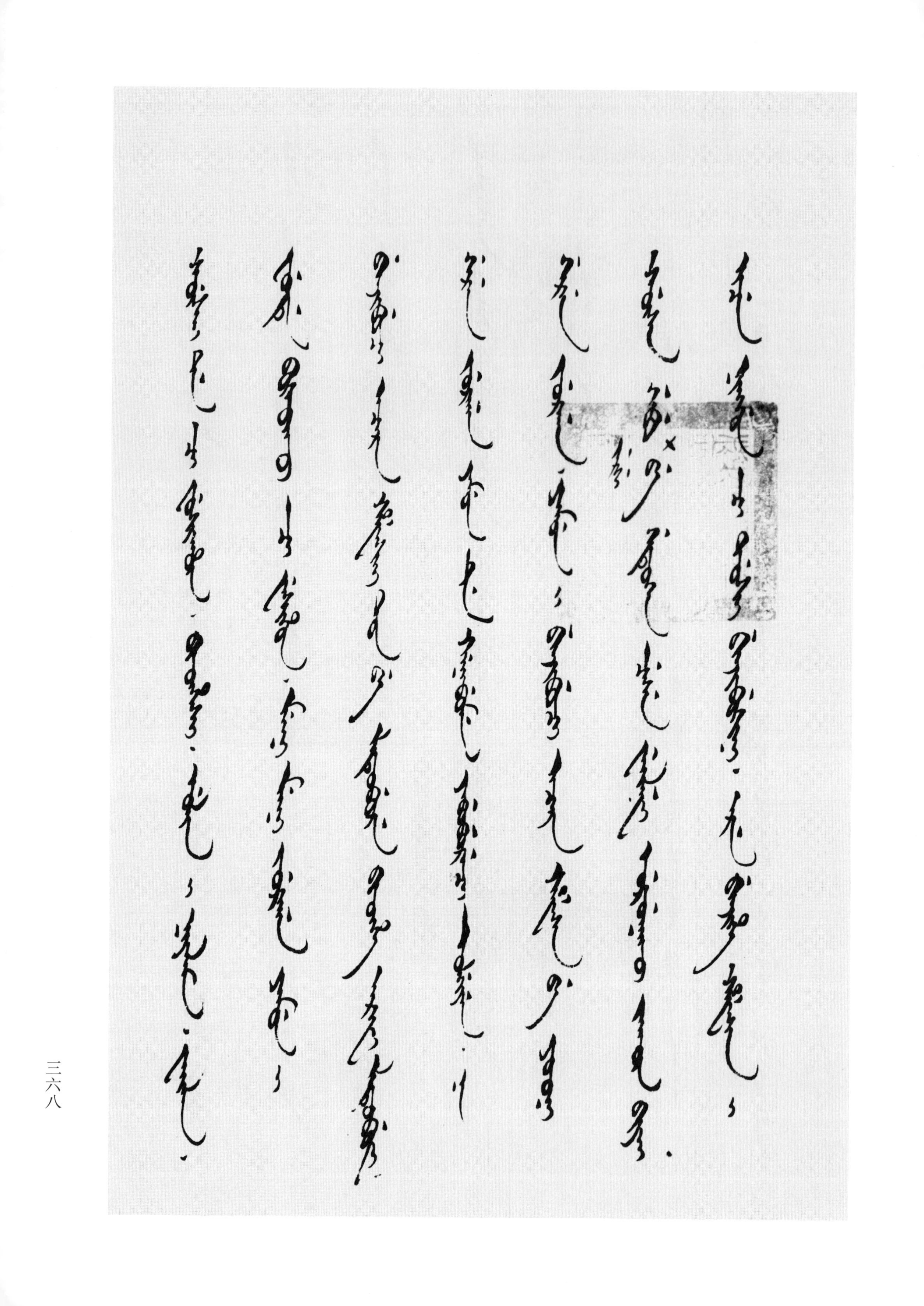

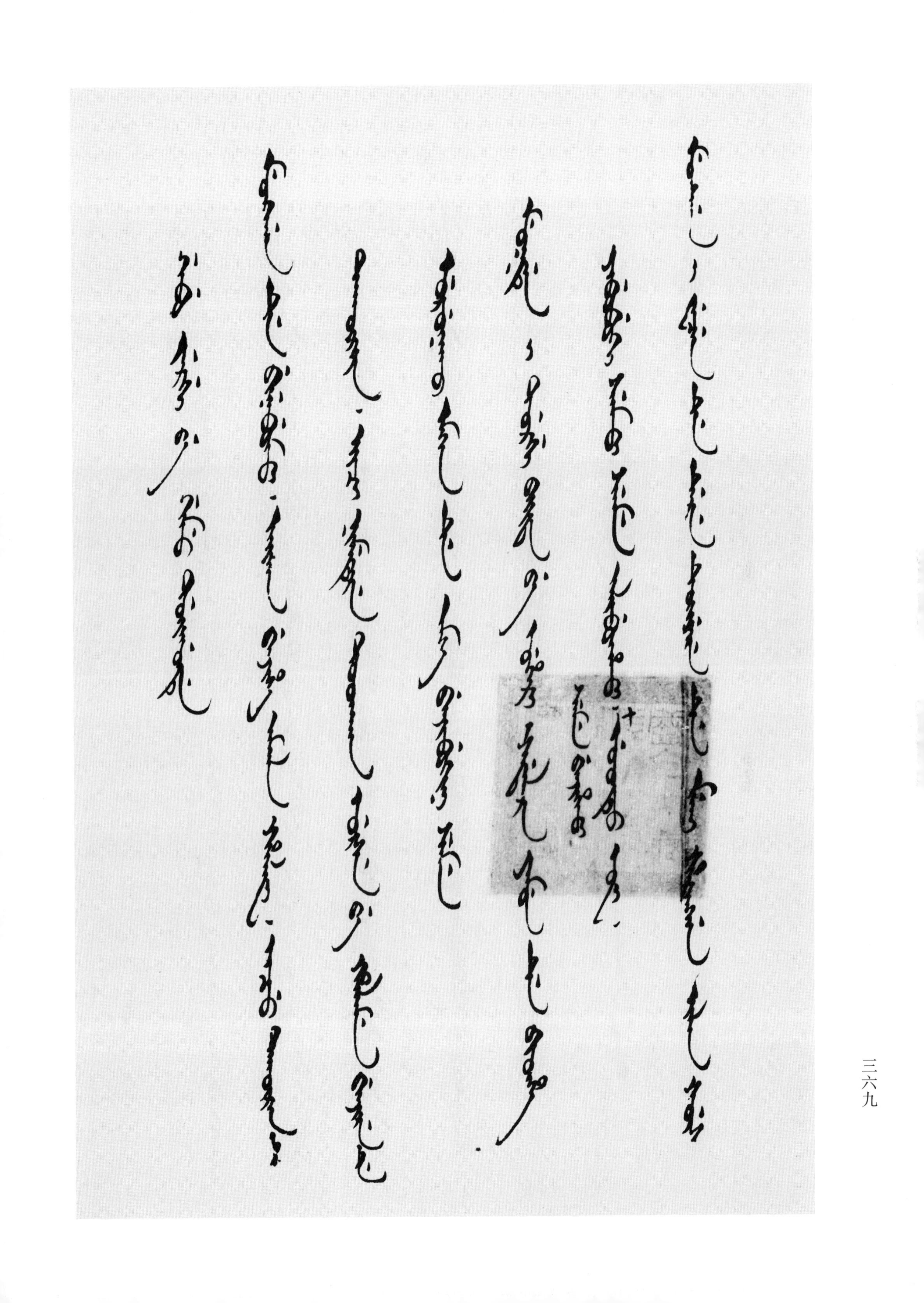

[illegible]

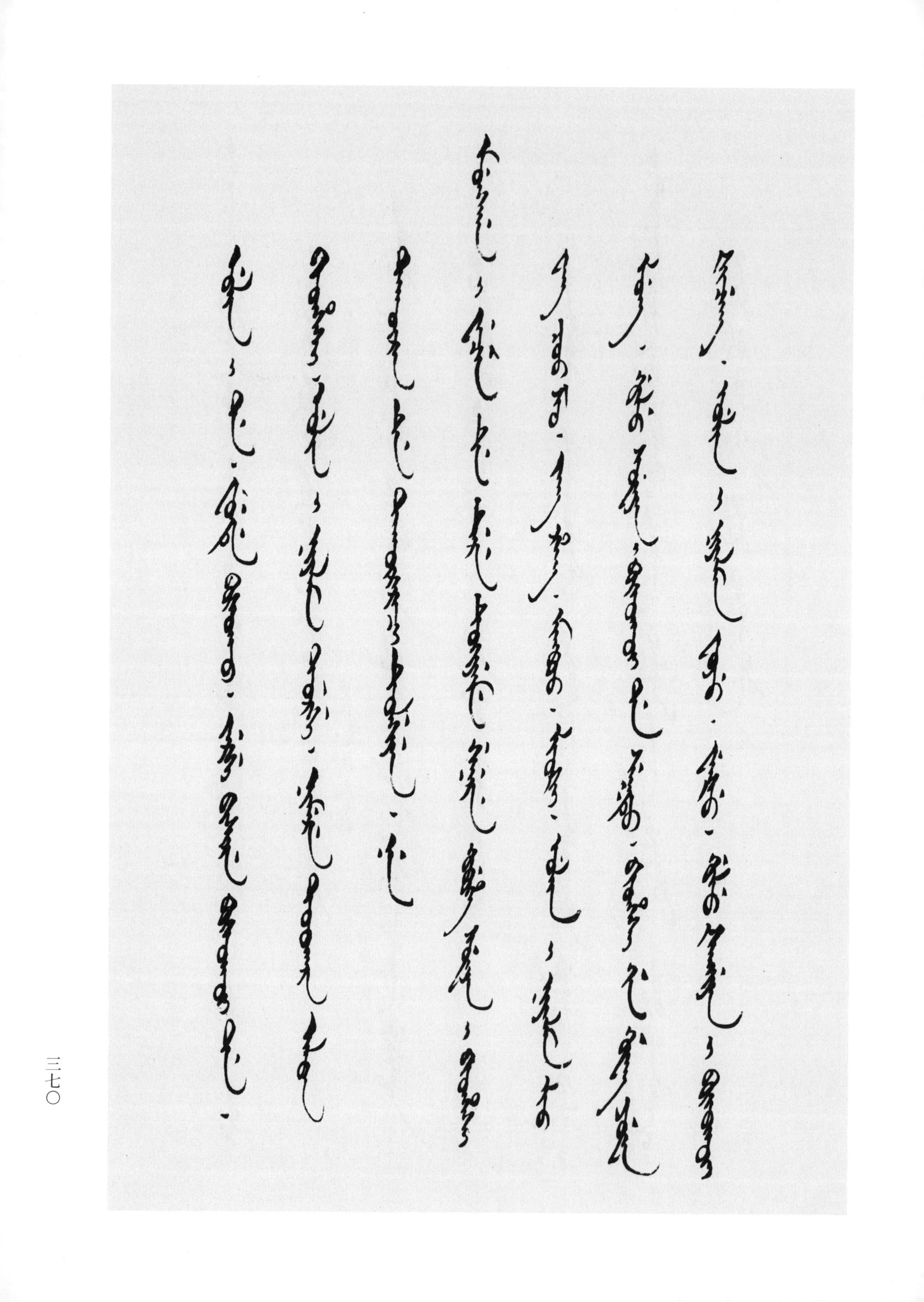

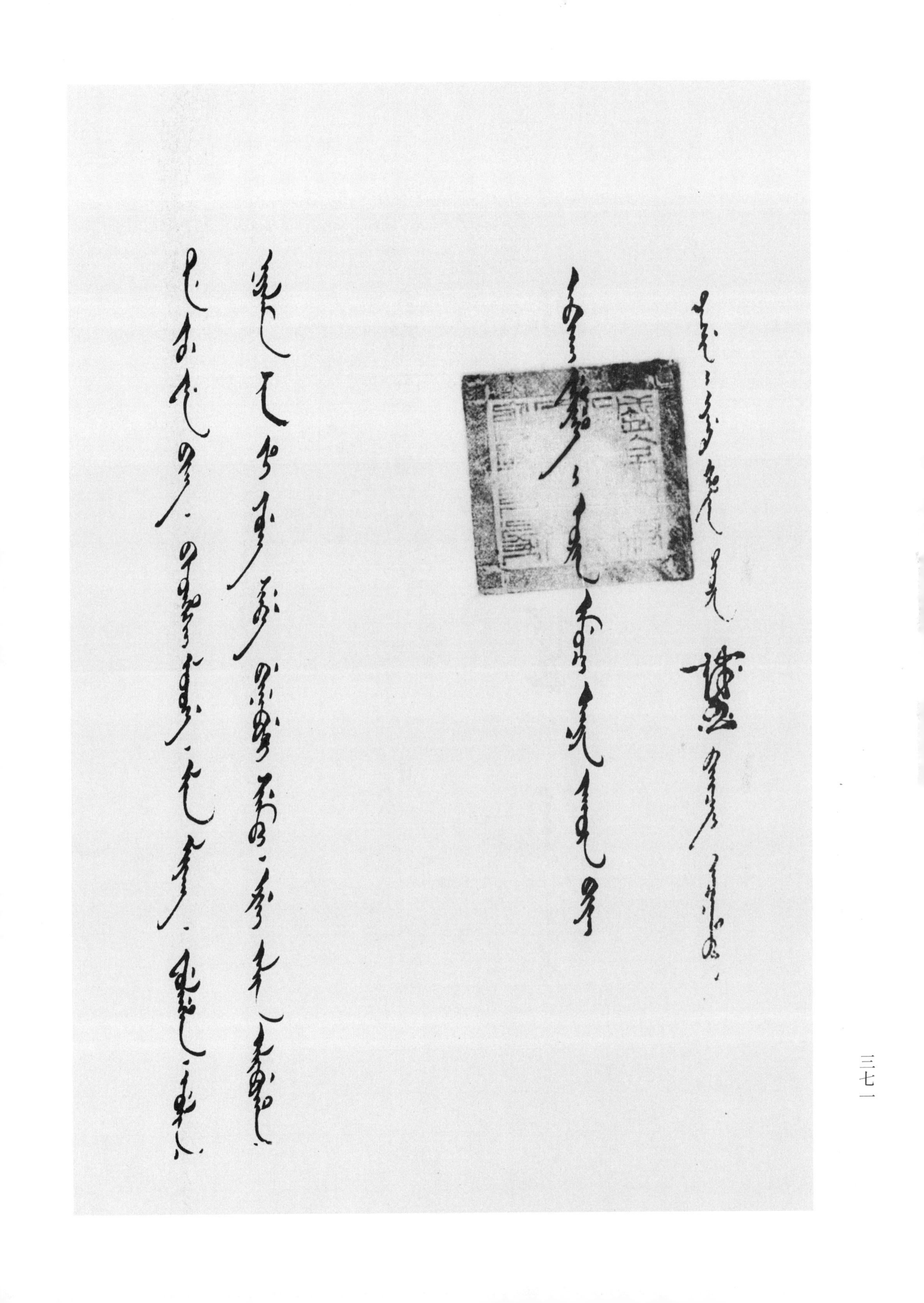

乾隆二十一年八月　日

有之處具結呈報等因傳諭去後今據本三旗三司所屬百總李朝勳
程天亨于成德棉花塩韃庄頭肖剢住呂文廣王世魁木匠顧催李明琛
趙國俊吳兆龍園頭姜起跋崔孔英李文舉庄頭汪進龍夏章保徐
良玉等呈稱自等遵諭隨將本屬壯丁等挨門逐户逐一詳察並無
脫逃披甲厄木得卡布濟沛朗跑走投[illegible][illegible][illegible]是實爲此具結呈
報前來等情據此相應洛覆
盛京將軍衙門可也等情據此爲此上呈

移咨
盛京將軍轉飭各屬將脫逃披甲厄木得卡布濟汗閑跑走披甲桃色
一体嚴拿務獲審明照例辦理可也等因准此相應移咨
盛京內務府衙門轉飭所屬將脫逃披甲厄木得卡布濟汗閑跑走披
甲桃色一体嚴緝務獲審明照例辦理可也等因批出嚴交三旗所屬
百搃棉花塩靛庄頭再三司木匠領催園頭庄頭等速將脫逃披甲厄
木得卡布濟汗閑跑走披甲桃色嚴加查拿務獲呈報若無即將無

分別議脱逃披甲厄木得卡布濟汗閉跑走披甲桃色臣部行文定

邊左副將軍及各該處嚴行查拿審明照例治罪等因乾隆二十一年

正月二十八日奏奉

旨依議欽此相應抄録原咨原奏知照刑部等因前來據此相應行文

盛京刑部轉行

盛京將軍並奉天府尹轉飭各屬將脱逃披甲厄木得卡布濟汗閉跑

走披甲桃色一体嚴拿務審明照例辦理等因前來相應抄録原文

嚴行查拿今黑龍江撤回兵丁二千帶領第二起兵丁之打牲總管
伊柱帶領第三起兵丁參領德寧將伊等管轄兵丁內有披甲厄木得
卡布濟逃走披甲桃色汗閉失迷並不派委官兵嚴行查找拏當
時又不呈報該管大臣轉奏至回到本處始行呈報將軍渾合報部
再黑龍江將軍綽爾多等將從前奏報撤回兵丁回到本處日期
亦並未查明俱係陸續接到即行奏報甚屬不合相應將領兵
打牲總管伊柱參領德寧及從前未查明奏報之將軍綽爾多等俱交部

回歸時齊齊哈爾正白旗喀什圖佐領下披甲厄木得呼蘭城鑲黃旗
巴格佐領下披甲卞布濟于本年七月二十八日自布特哈地方單身
逃走等情領第三起兵丁參
王報職帶領兵丁回歸時
城正白旗烏勒布善佐領下披甲挑色作本年七月二十八日自齊漢諾爾
地方因汗閉跑走等情查披甲厄木得卡布濟挑色自軍營回歸行至
中途逃走相應行文大部查照轉行北路軍營查拿等因前來臣等
查得帶領兵丁之章京理應管轄兵丁如有逃走失迷者當即派委官兵

三旗、牛彔處呈爲咨覆事據驍騎校孫恬等呈稱奉

堂批出准

盛京等處將軍衙門咨開爲查拿事右刑司案呈准

盛京刑部咨開檔子房案呈乾隆二十一年三月二十三日准刑部

爲請

旨事奉天司案呈准兵部咨稱本部奏稱准署黑龍江、、將軍印務咨報

據自北路軍營帶領撤回兵丁第二起打牲總管伊柱報職帶領兵丁

副都統福

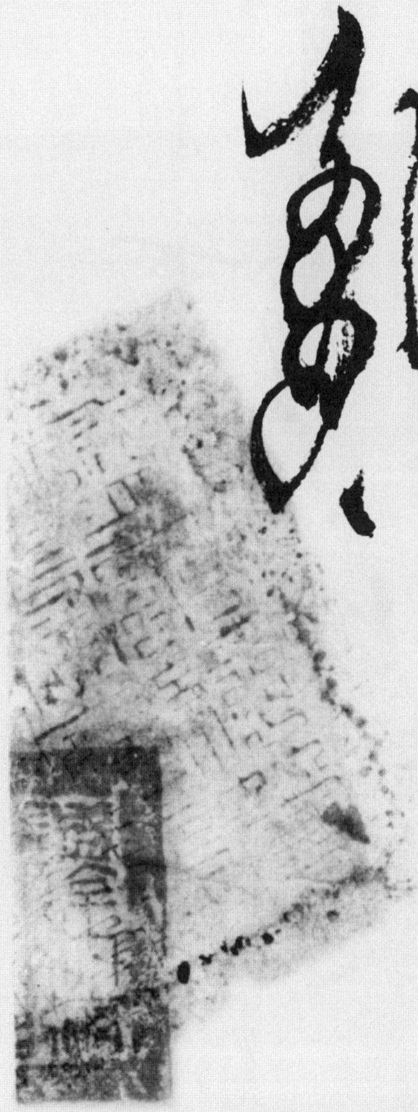

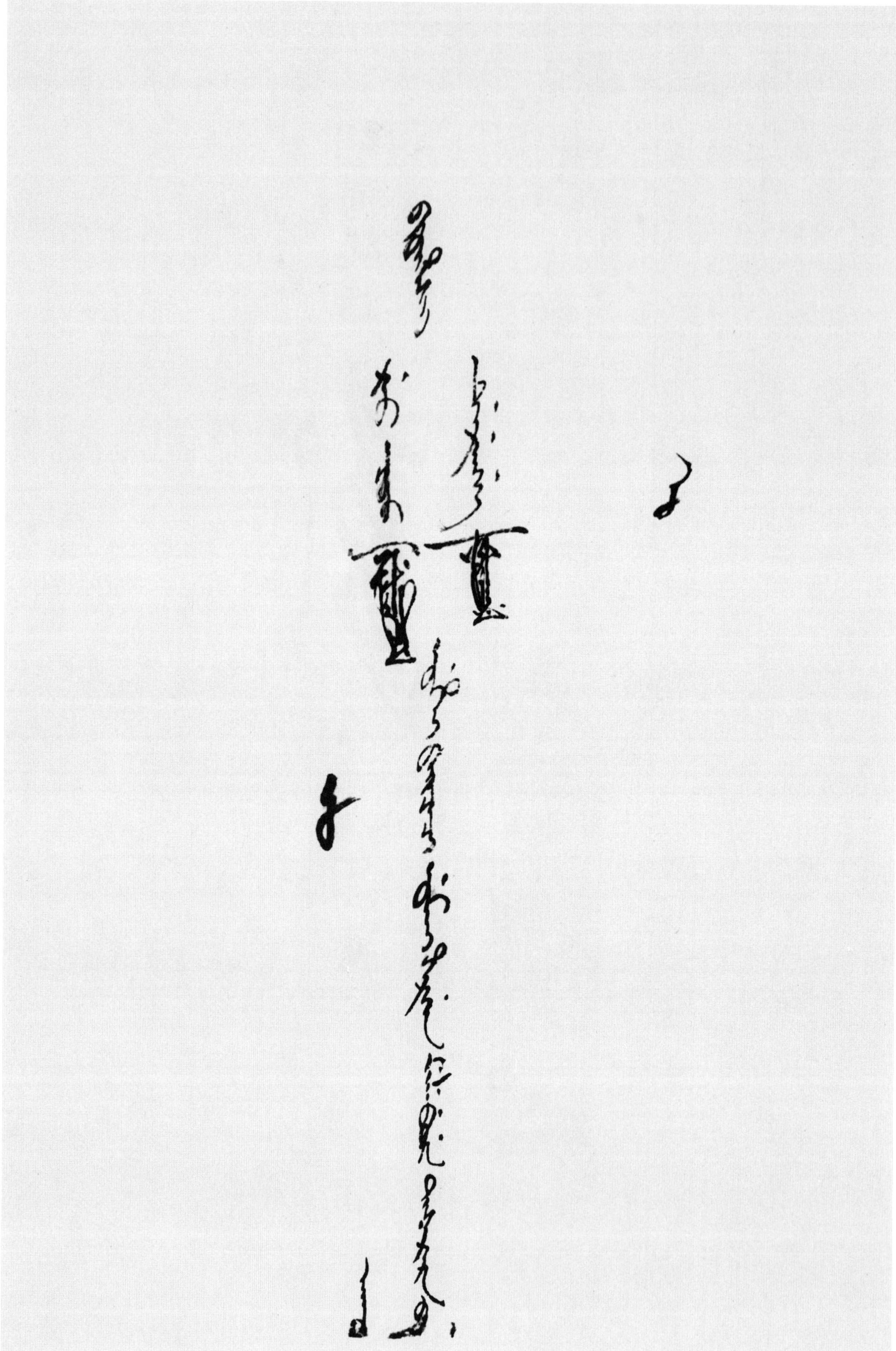

一件

三旗三司所屬甘寸之家並無隱匿脱逃披甲乞木得市布濟桃色等三人之

呈事

處咨覆

盛京將軍衙門事

二十一　八　初五

佐領費揚武

驍騎校孫恬

徐元奕

佐領石虎屏

依常阿

[illegible]

九

乾隆二十一年八月 日

左翊門窓户四扇風窓四扇
右翊門窓户四扇風窓四扇
大清門窓户四扇風窓五扇以上
宫殿大小窓户共七十五扇槅扇四十八扇大小風窓一百四十五扇煖閣十
六扇例應隔一年糊飾一次乾隆十九年糊過今二十一年應糊之年
理合呈請咨行
盛京工部委員敬謹齊截糊飾等情據此合咨
盛京工部委員糊飾可也為此上呈

關雎宮窓户九扇風窓十六扇㬉閣四扇

麟趾宮窓户九扇風窓十六扇㬉閣四扇

衍慶宮窓户九扇風窓十六扇㬉閣四扇

永福宮窓户九扇風窓十六扇

東配宮窓户五扇風窓六扇

西配宮窓户六扇風窓六扇

鳳凰樓槅扇八扇窓户四扇風窓六扇

崇政殿槅扇四十扇風窓三十扇

副都統福

營造司案呈為糊飾窗戶事據

宮殿達福禄呈稱查得

清寧宮窗戶十二扇風窗二十扇煖閣四扇

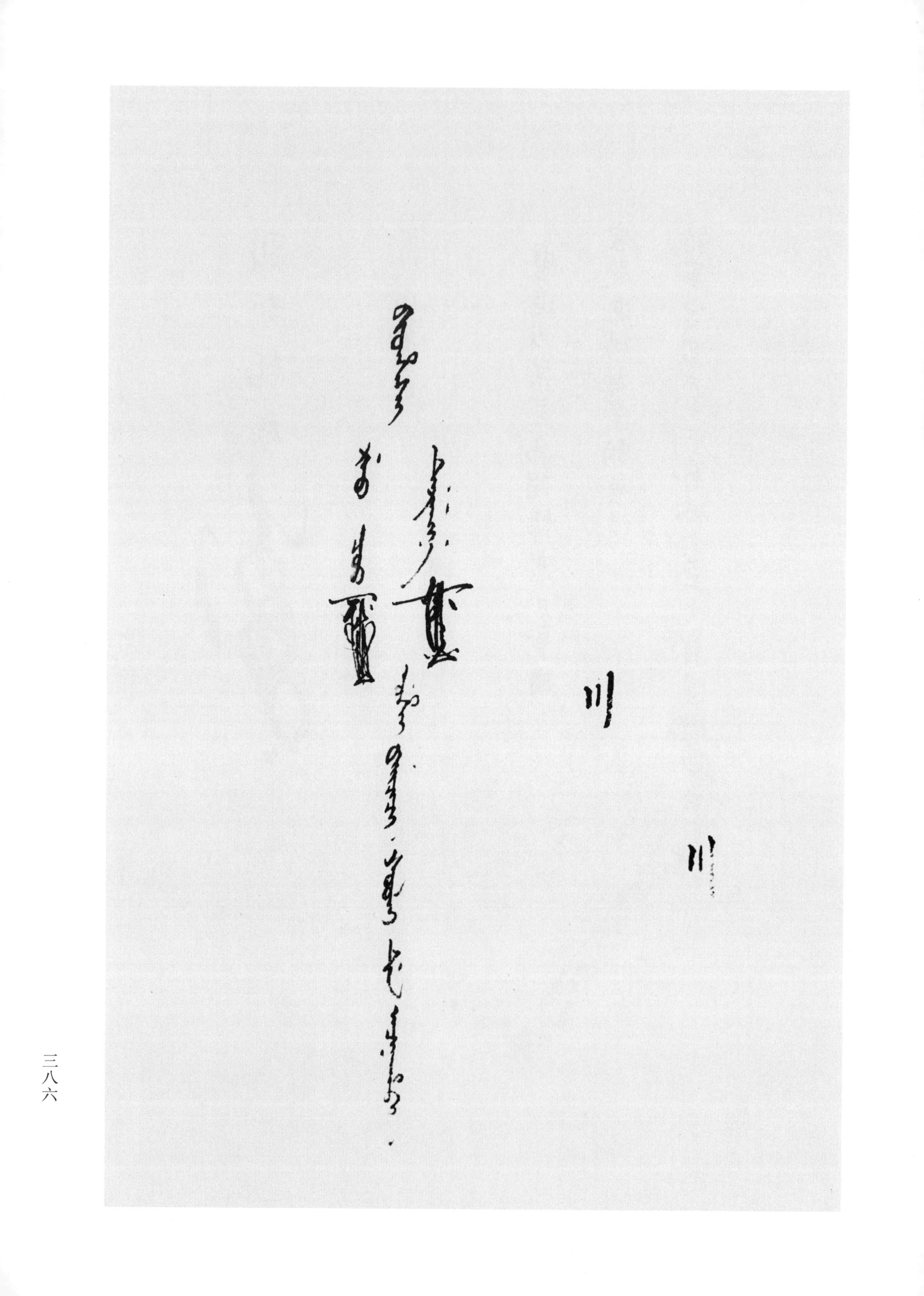

一件為糊飾
宮殿窗戶咨行
盛京工部事

堂呈

佐領費揚武

乾隆二十一年八月初五

[illegible]

[illegible]

九

乾隆十一年八月　日

盛京工部照例發給以便應用等情相應移咨

盛京工部發給等因除將蒹蘇伍百柒拾斤動價採買發給外相

應咨行

盛京總管內務府將換下蒹蘇照數即行咨交可也等因前來查得

前項包褁毛氊毡條共需用蒹蘇五百七十斤該匠俱已照數

送到今包褁已完將舊蘇換出因經用過三年不時梳捧抖晒除

折耗只剩下蘇三百三十斤理合呈明交回可也等情據此爲此上

呈

盛京工部咨開右清吏司案呈本年五月二十九日准

盛京摠管内務府咨開據

宮殿達福禄等呈稱查得由京送到

崇政殿鋪地毛毯拾捌塊湊長拾陸丈每丈用䕬蔴貳拾斤計用

䕬蔴叁百貳拾斤再新建

宮殿楼閣内鋪設毡條貳拾叁條湊長貳扒仆[illegible]每丈用䕬蔴拾

斤計用䕬蔴貳百伍拾斤共用䕬蔴伍百柒拾斤理合呈請咨行

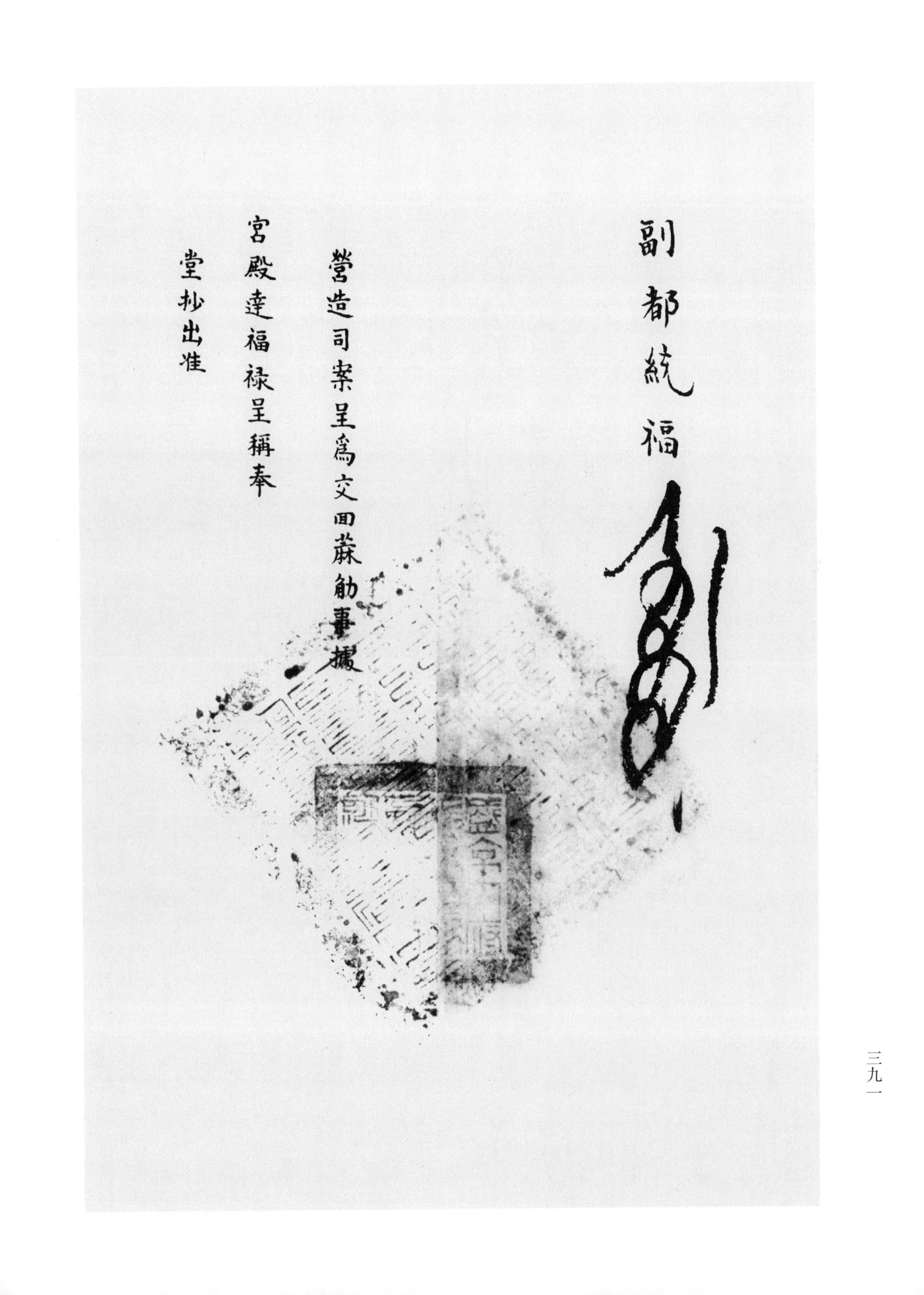

副都統福

營造司案呈爲交田蘇飭事據

宮殿達福祿呈稱奉

堂抄出准

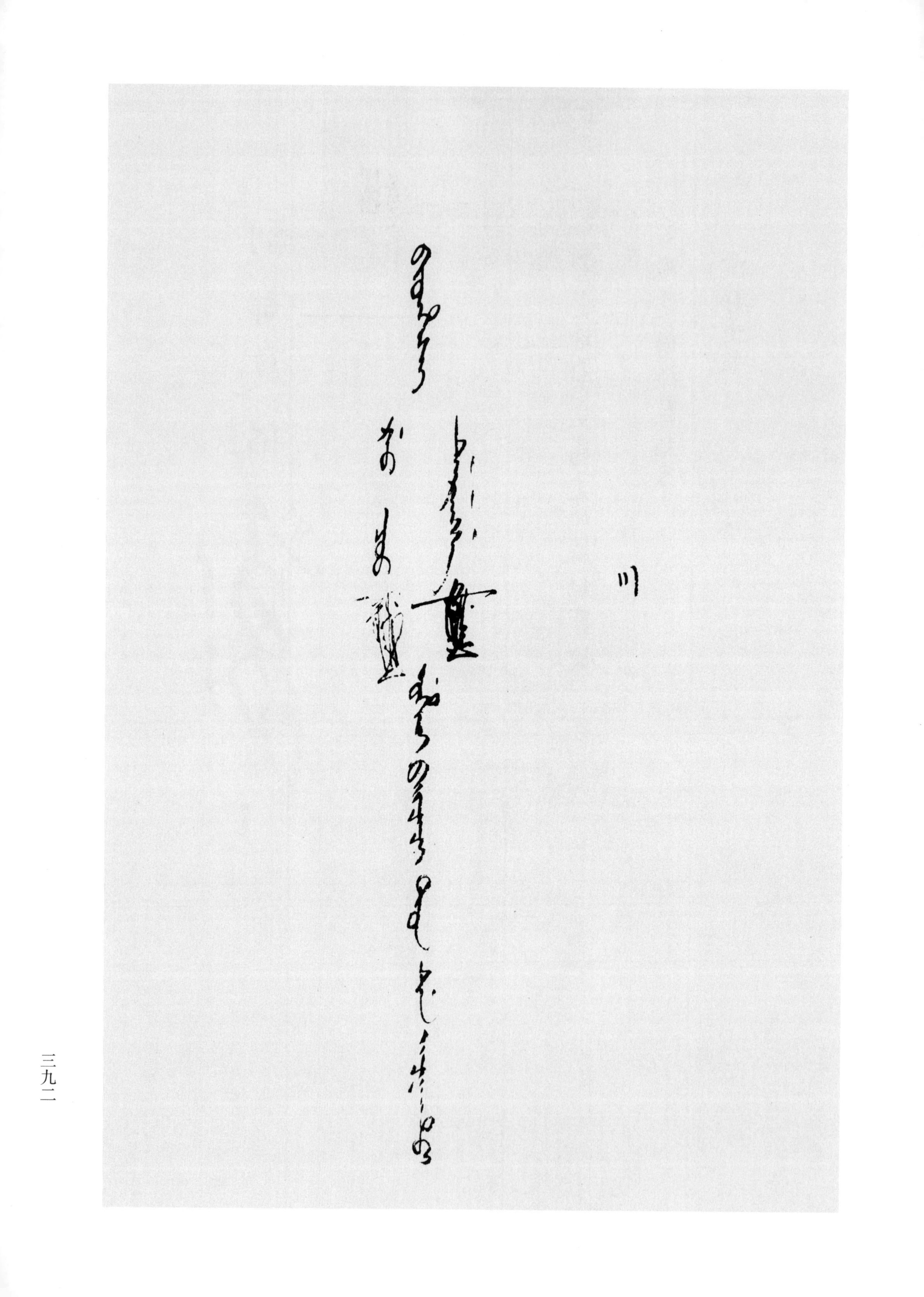

[illegible]

一件

爲換下包裹毡毯蘇蘇叚回咨行

盛京工部事

佐領費揚武

乾隆二十一年七月初五日

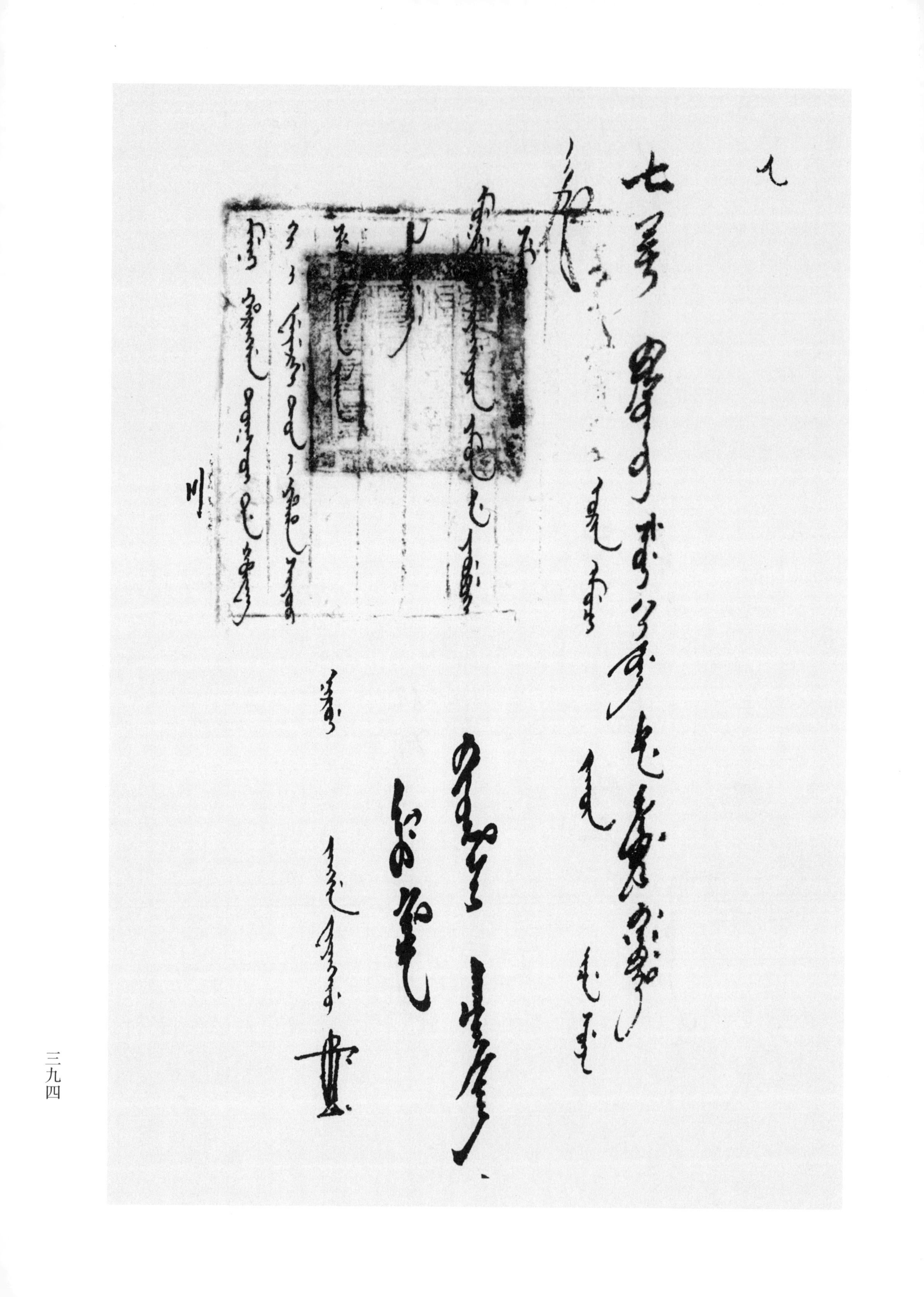

乙

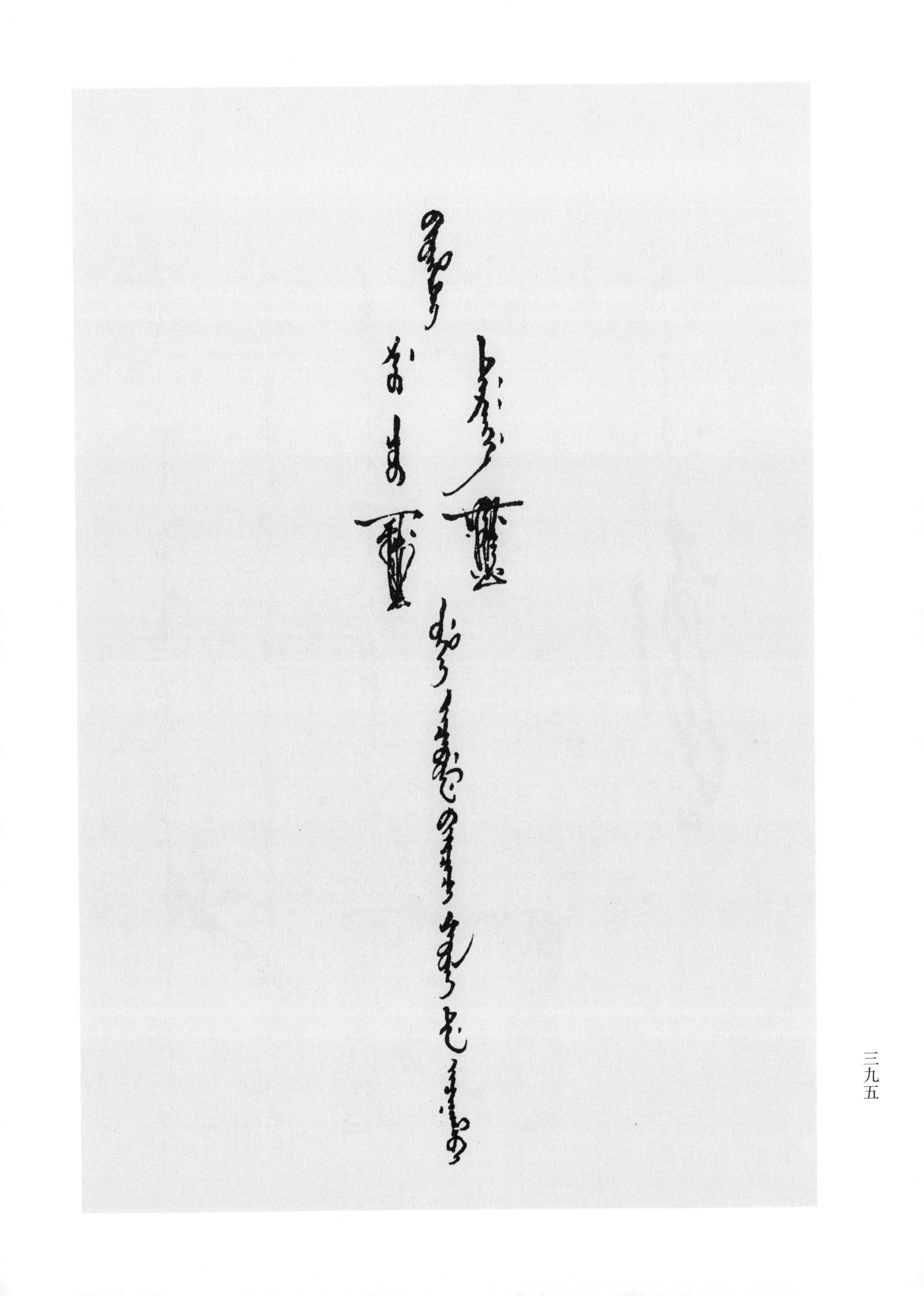

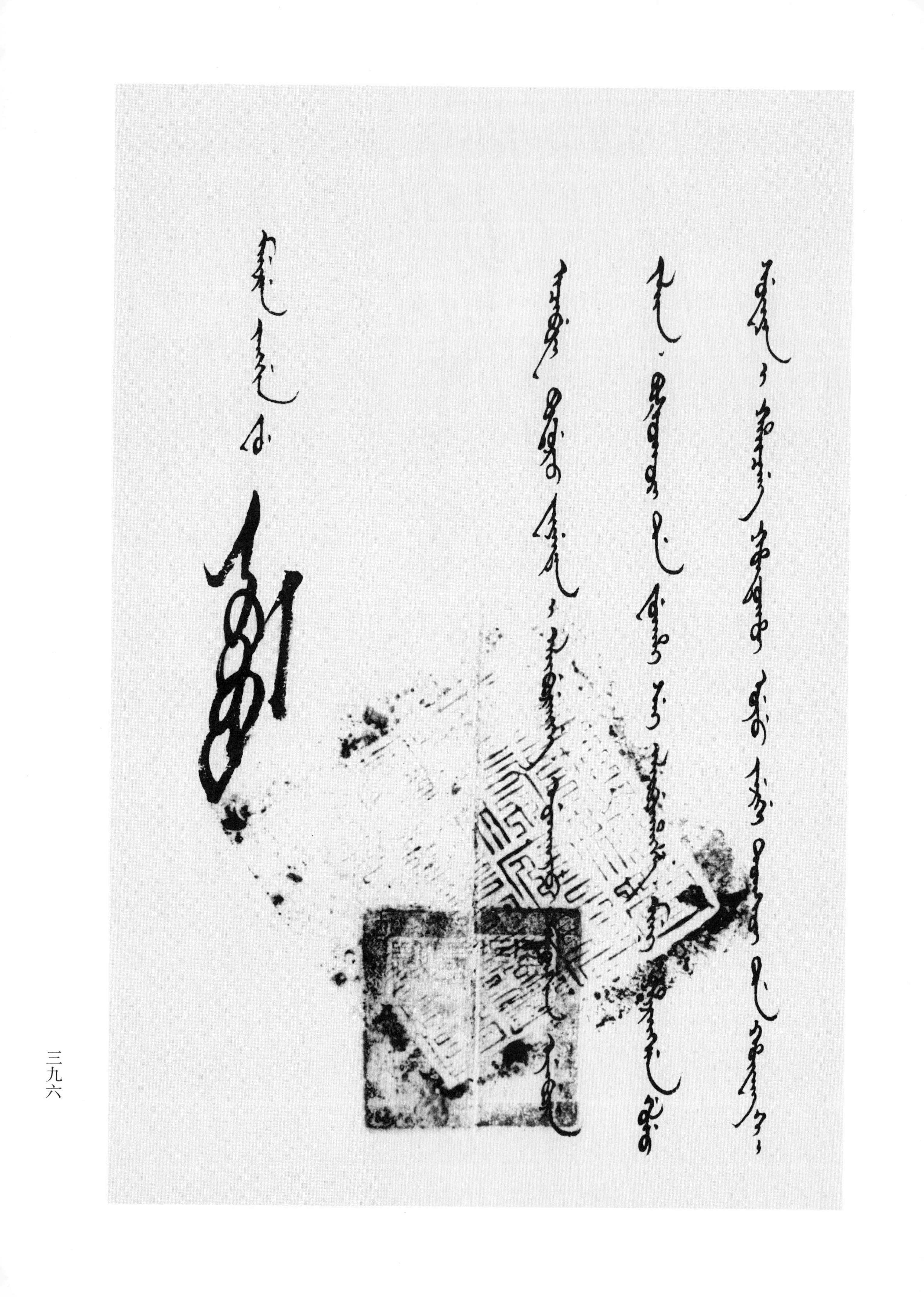

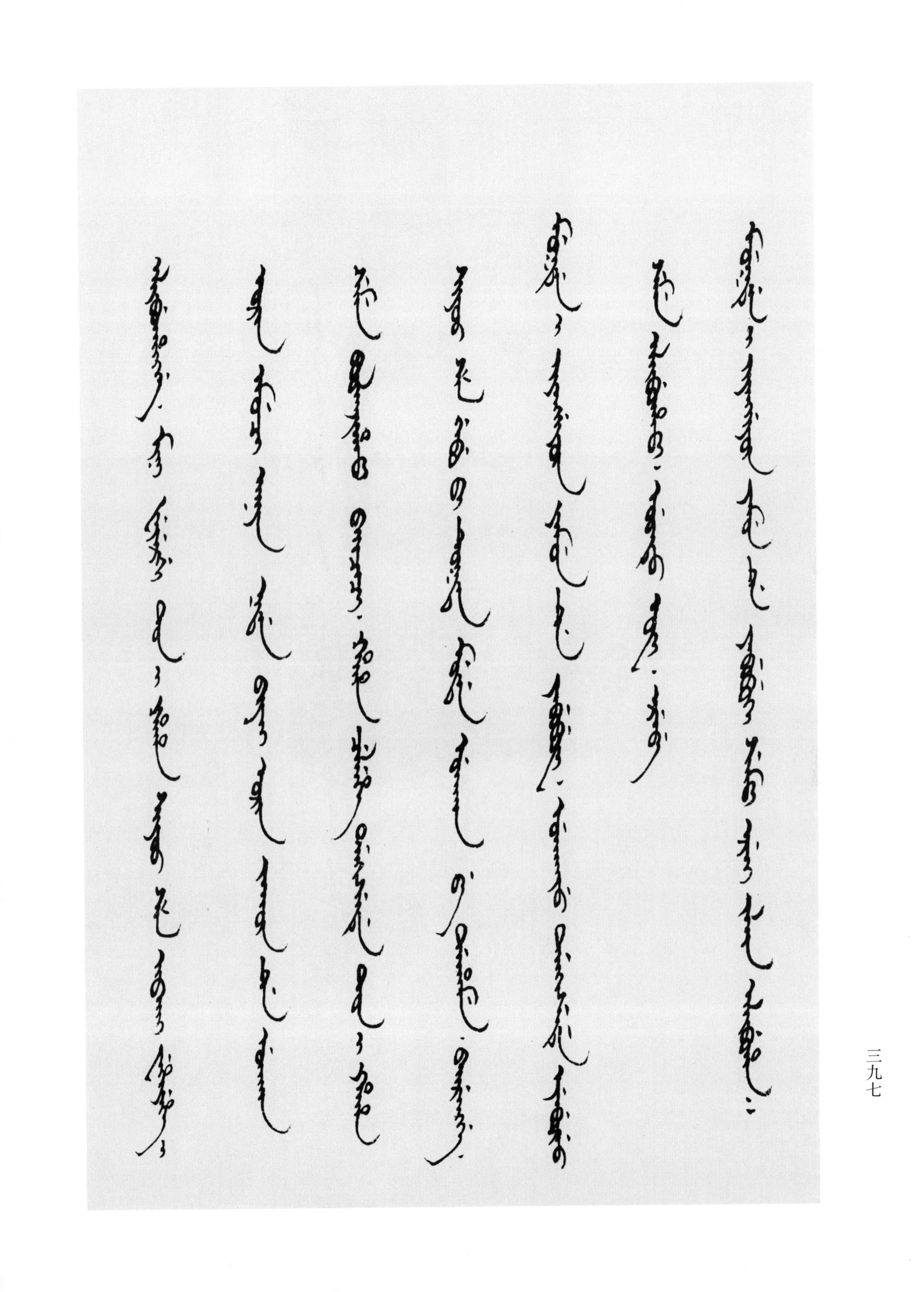

[illegible]

[illegible]

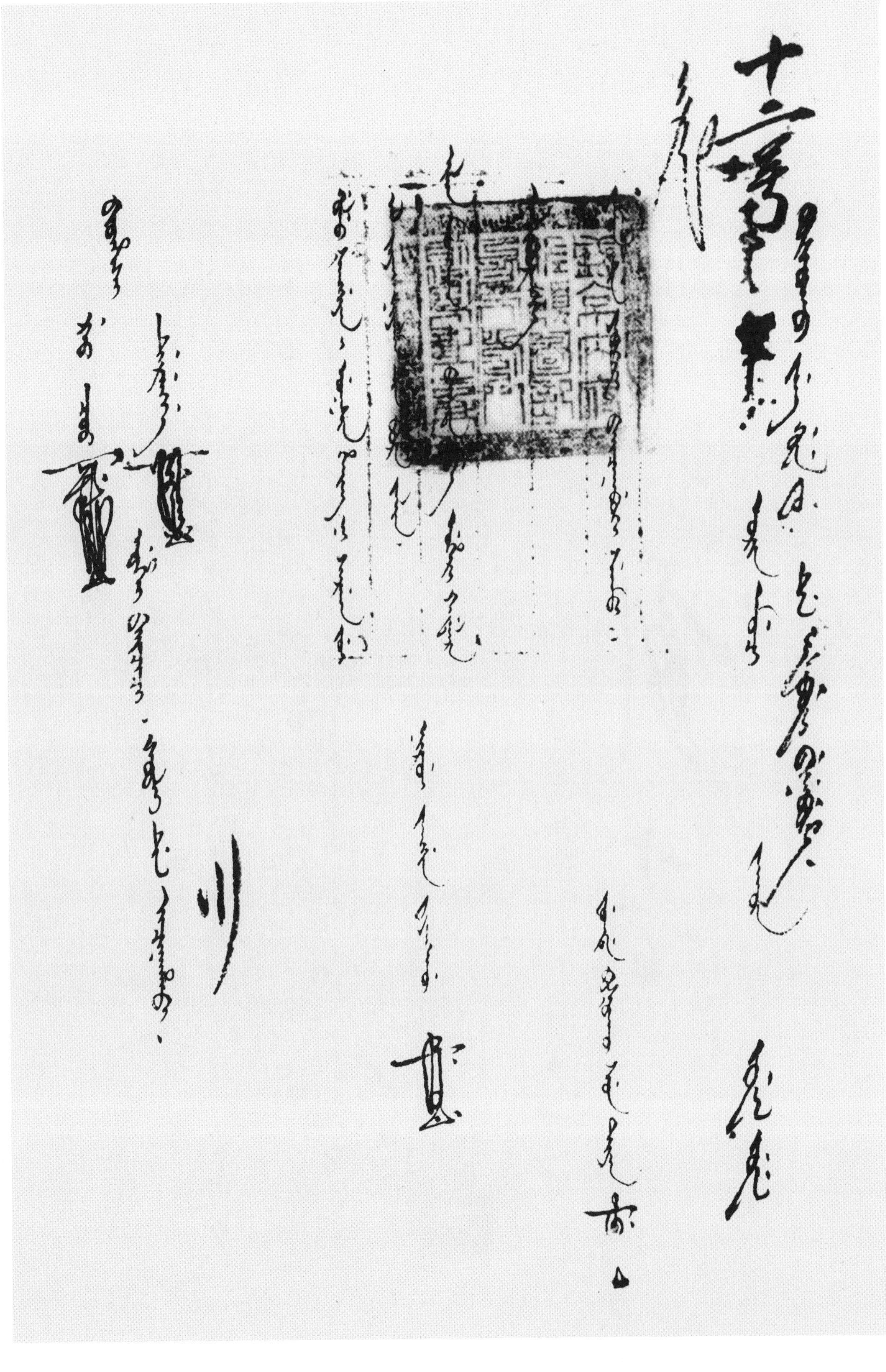

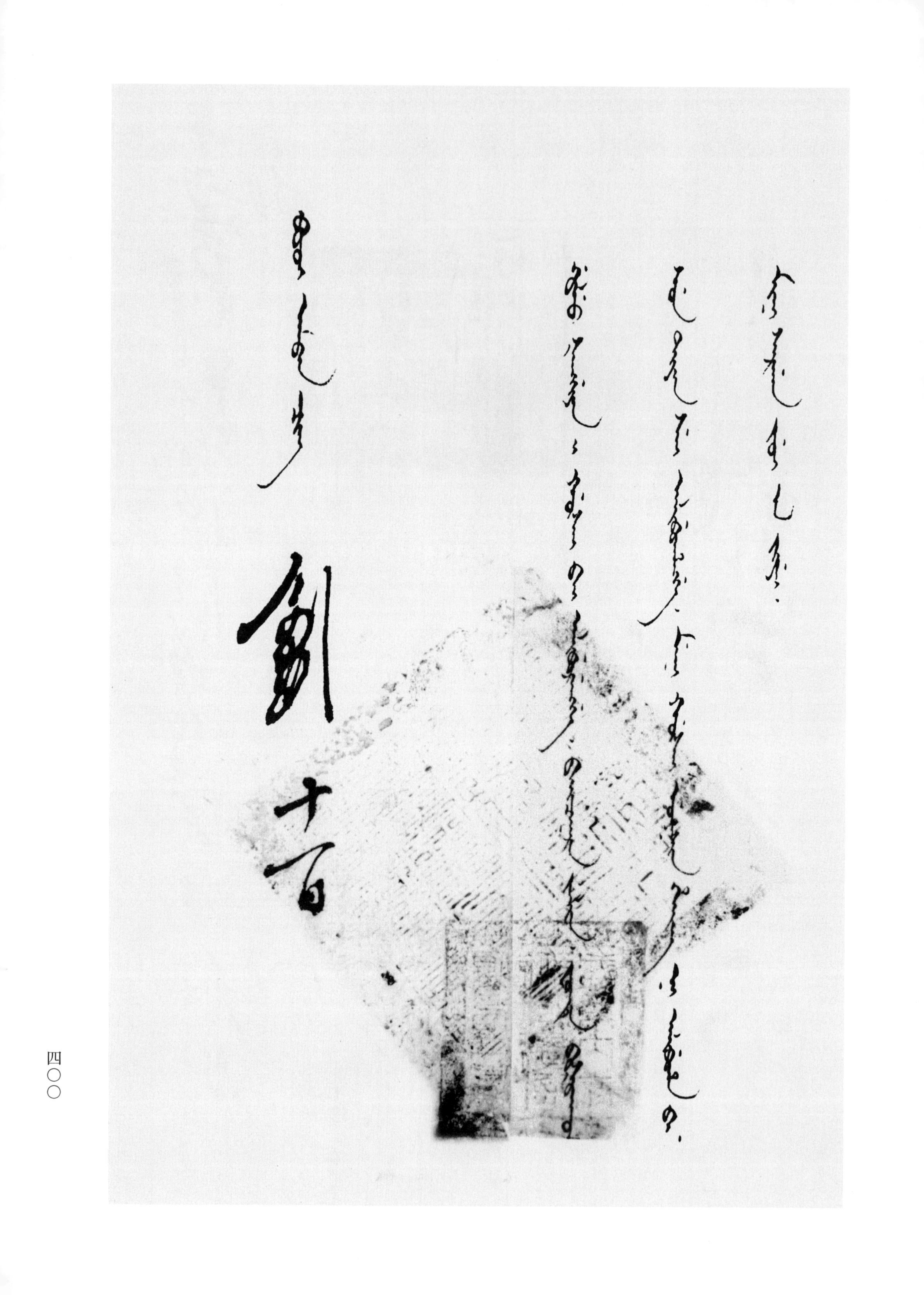

劉十百

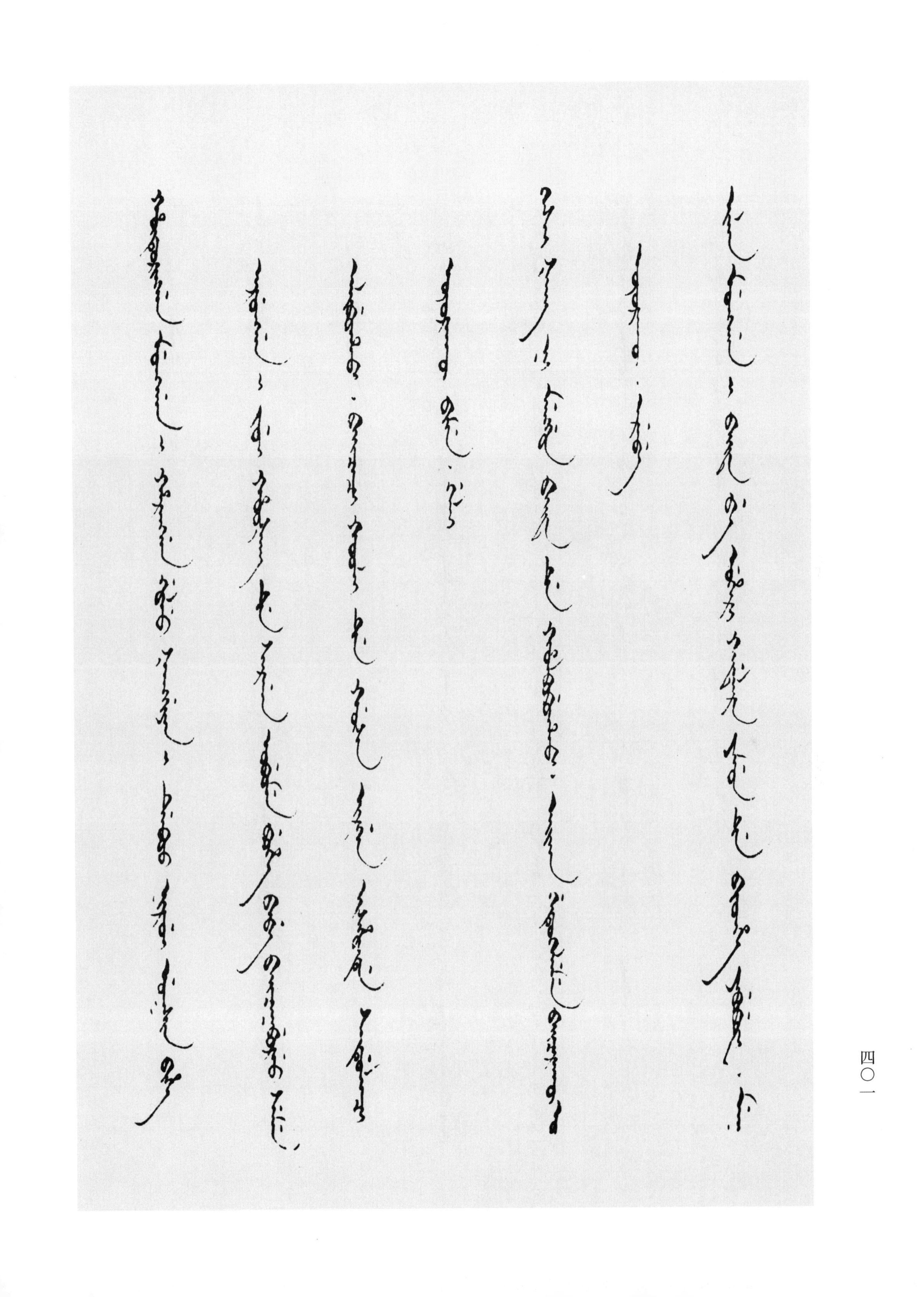

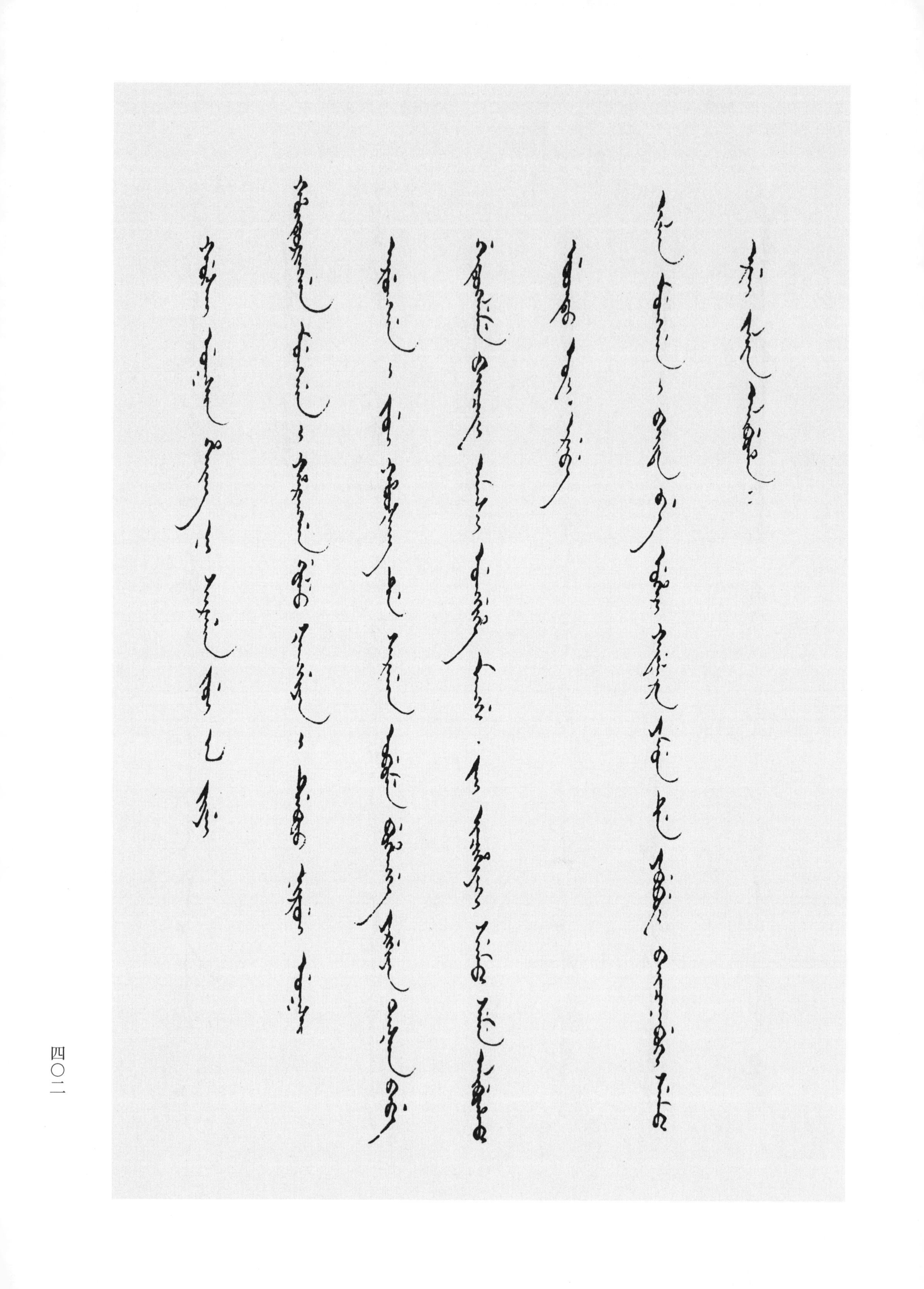

用過二年不時揀撫抖晾除折耗外剩蘇二百一十斤相應亦

回可也等情據此為此上呈

乾隆二十一年七月　日

廣儲司呈為交回蘇觔事據司庫張國善等呈稱奉

堂批出准

盛京工部咨開右司案呈准

盛京總管內務府咨取由京運至弓箭撒袋鎗鞖書籍等物包裹需用蘇蔴四百二十二斤十二兩前來除劄行本部關庫照領發給繩匠喬官銀兩採買給發外相應咨行

盛京總管內務府將換下蘇觔照數即行咨交可也等因批查得前項包裹弓箭撒袋鎗鞖書籍等項所需蘇蔴四百二十二斤十二兩照數送到今包裹已完其換出舊蘇因經

内務府大臣清

劉十百

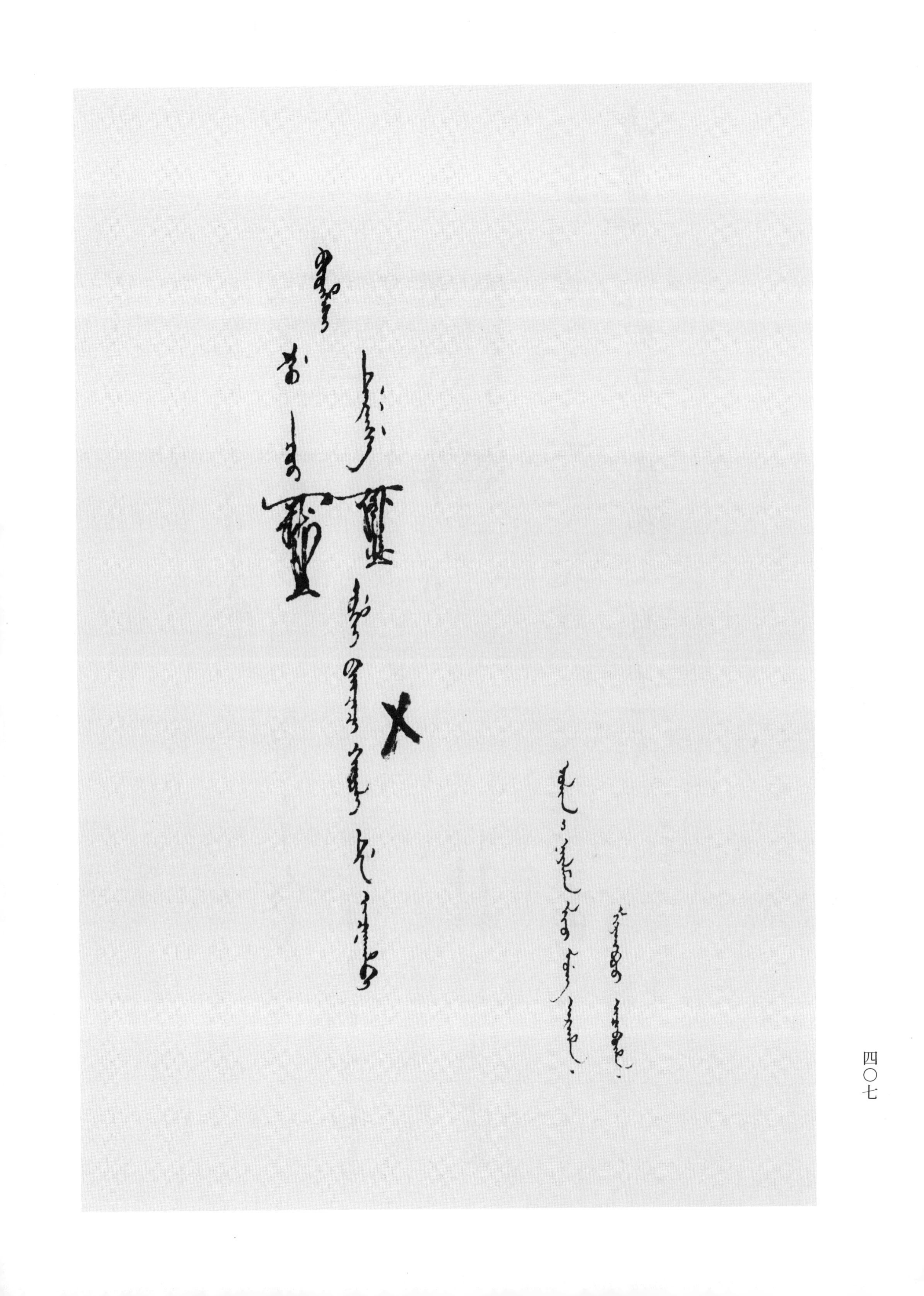

廣儲司爲包褁鞍韂等項換出

舊蘇洛交

盛

二百一十觔

佐領石應屏

司

庫 桑國善

福 格

堂主事兼司庫事務 托 金

乾隆二十一年八月十二日

交与領催林文彩送去

九號 都

行

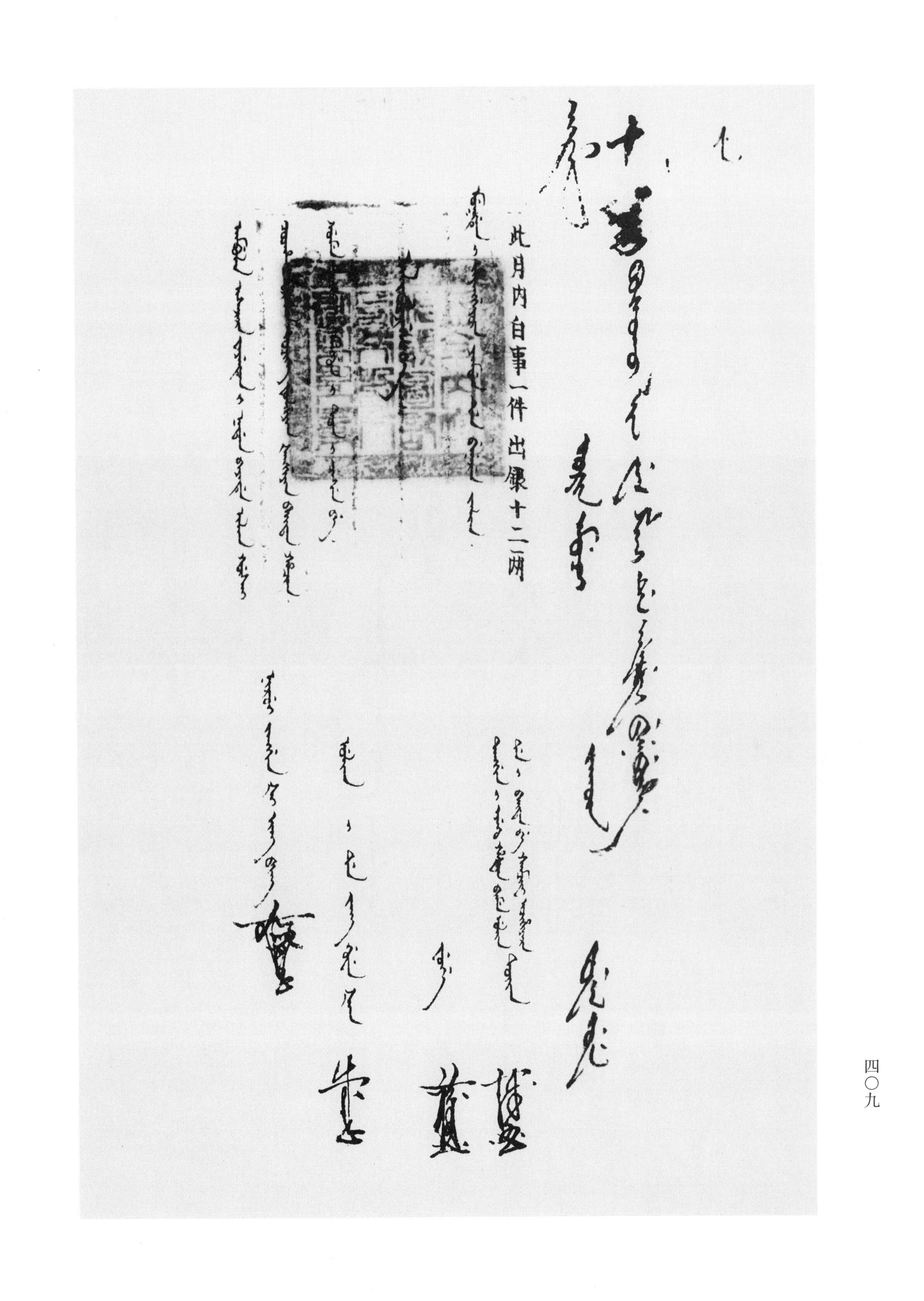

此月内自事一件出銀十二两

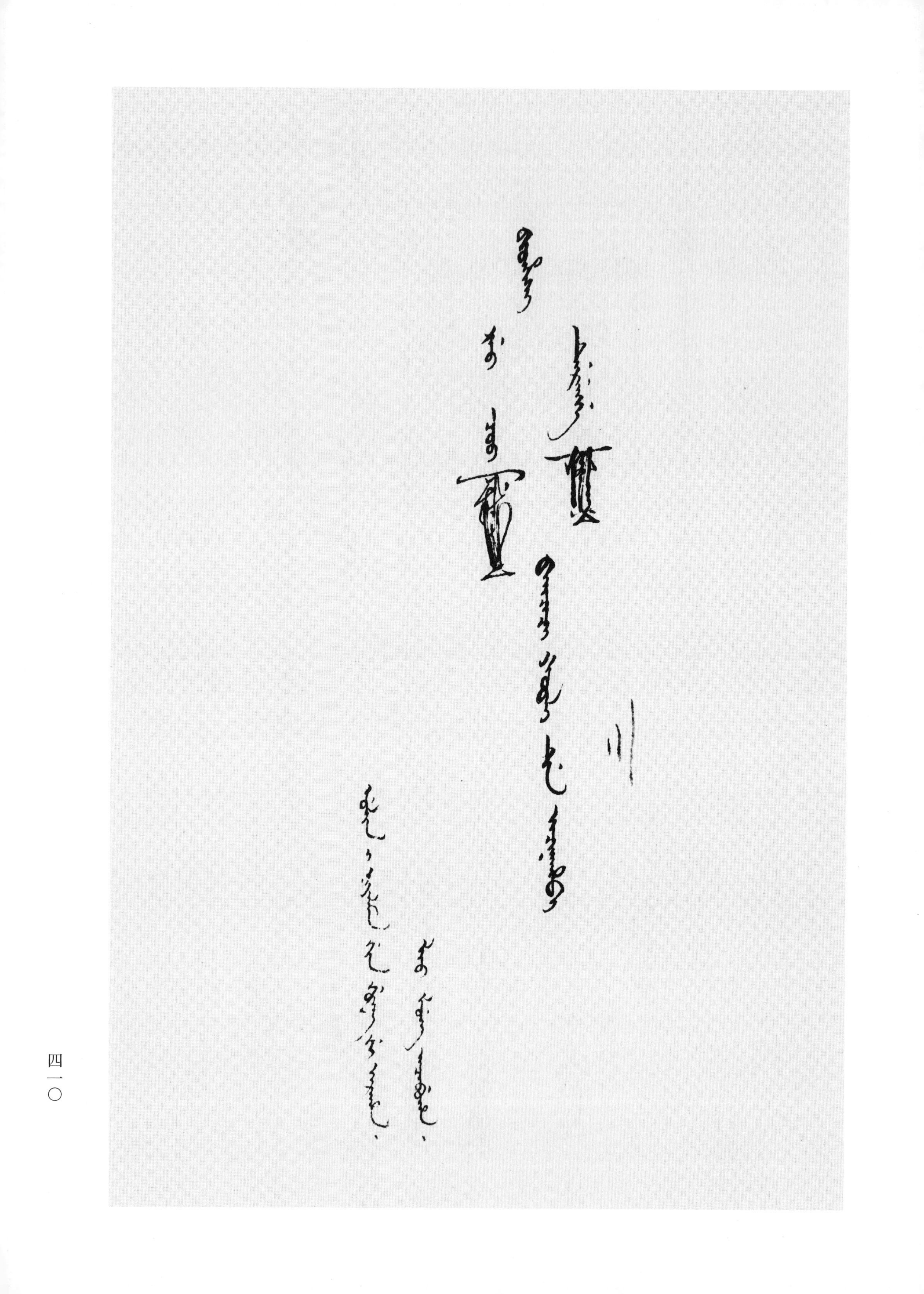

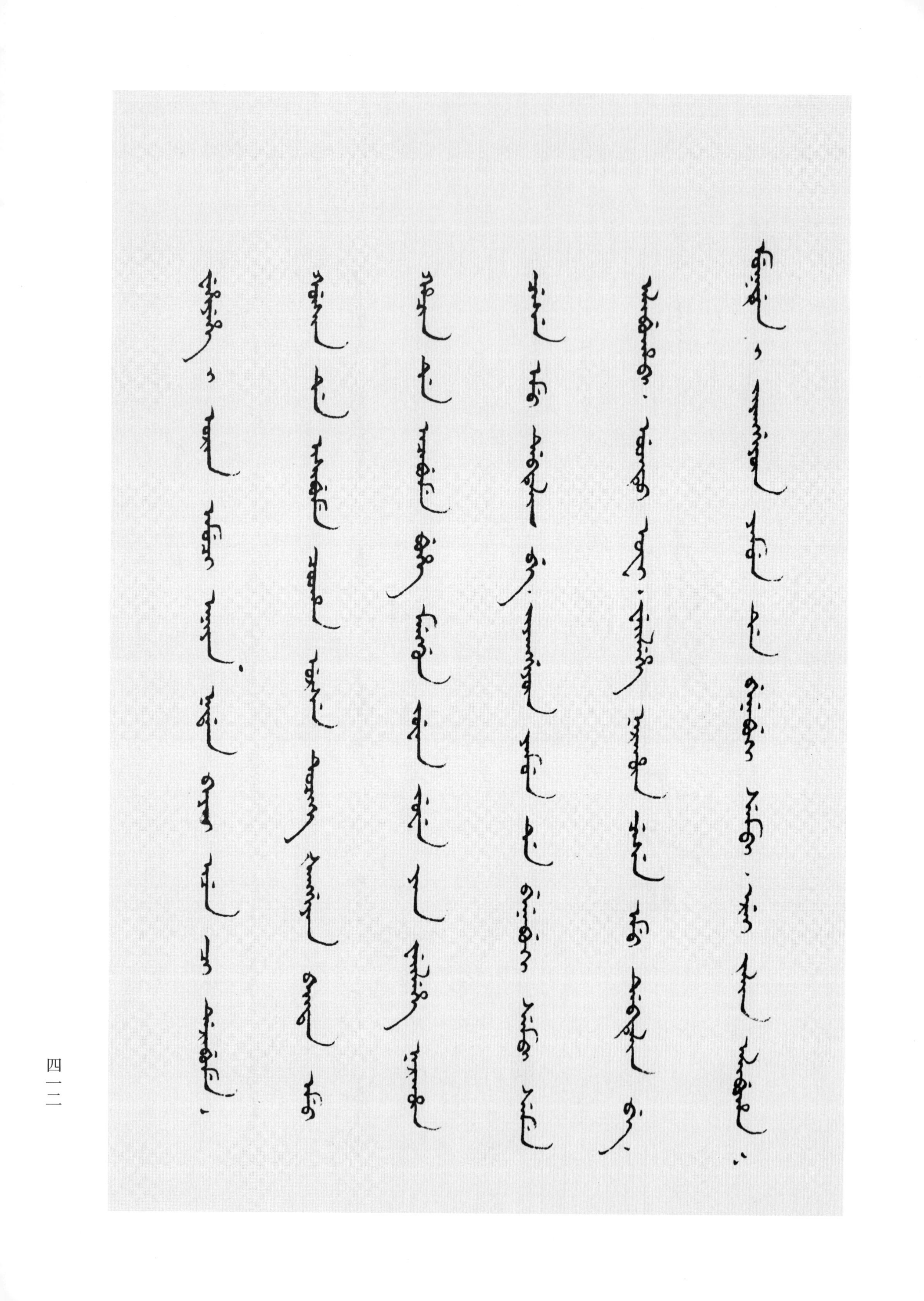

[illegible]

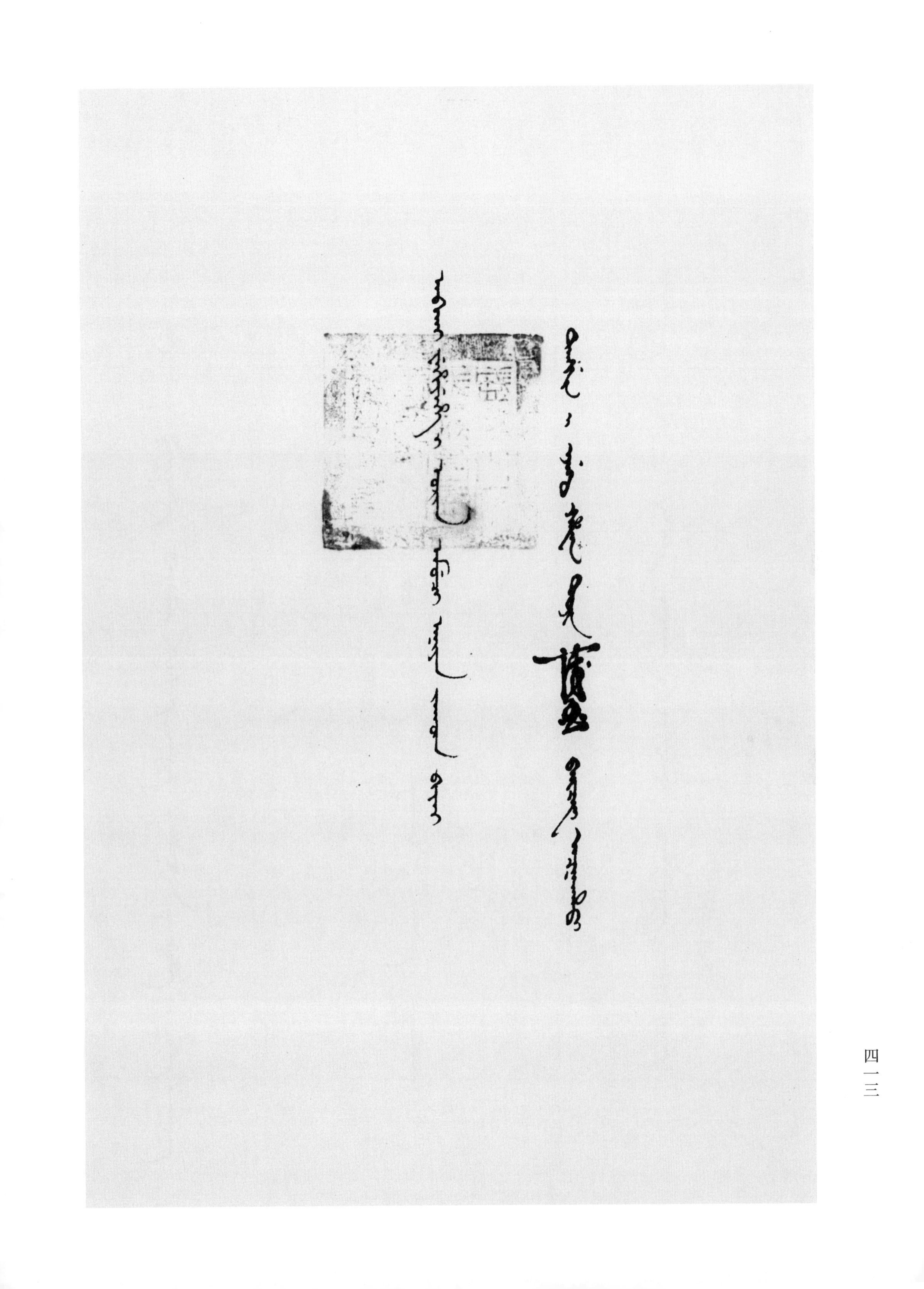

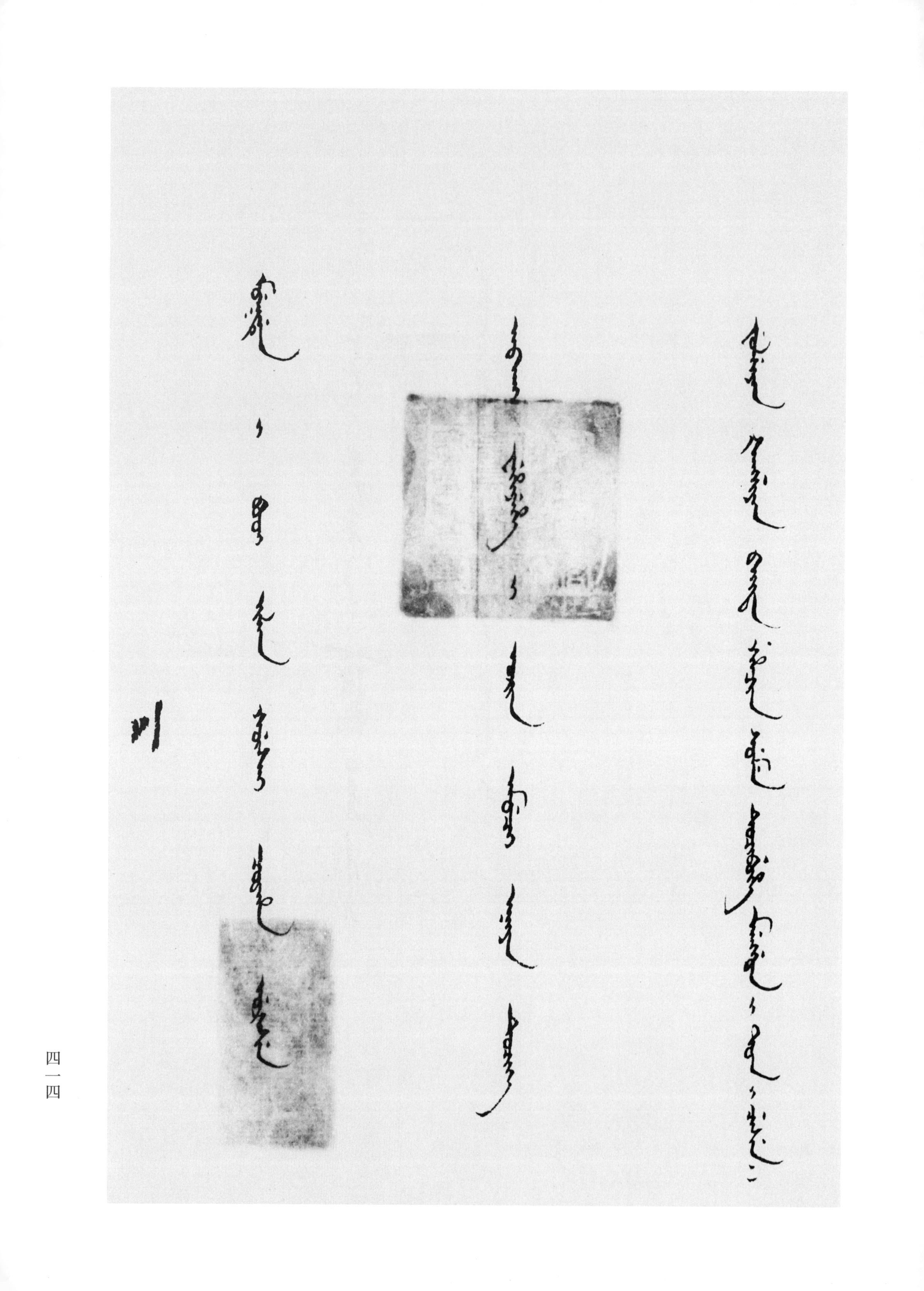

[illegible]

[illegible]

[illegible]

ᠰᠠᡥᠠ

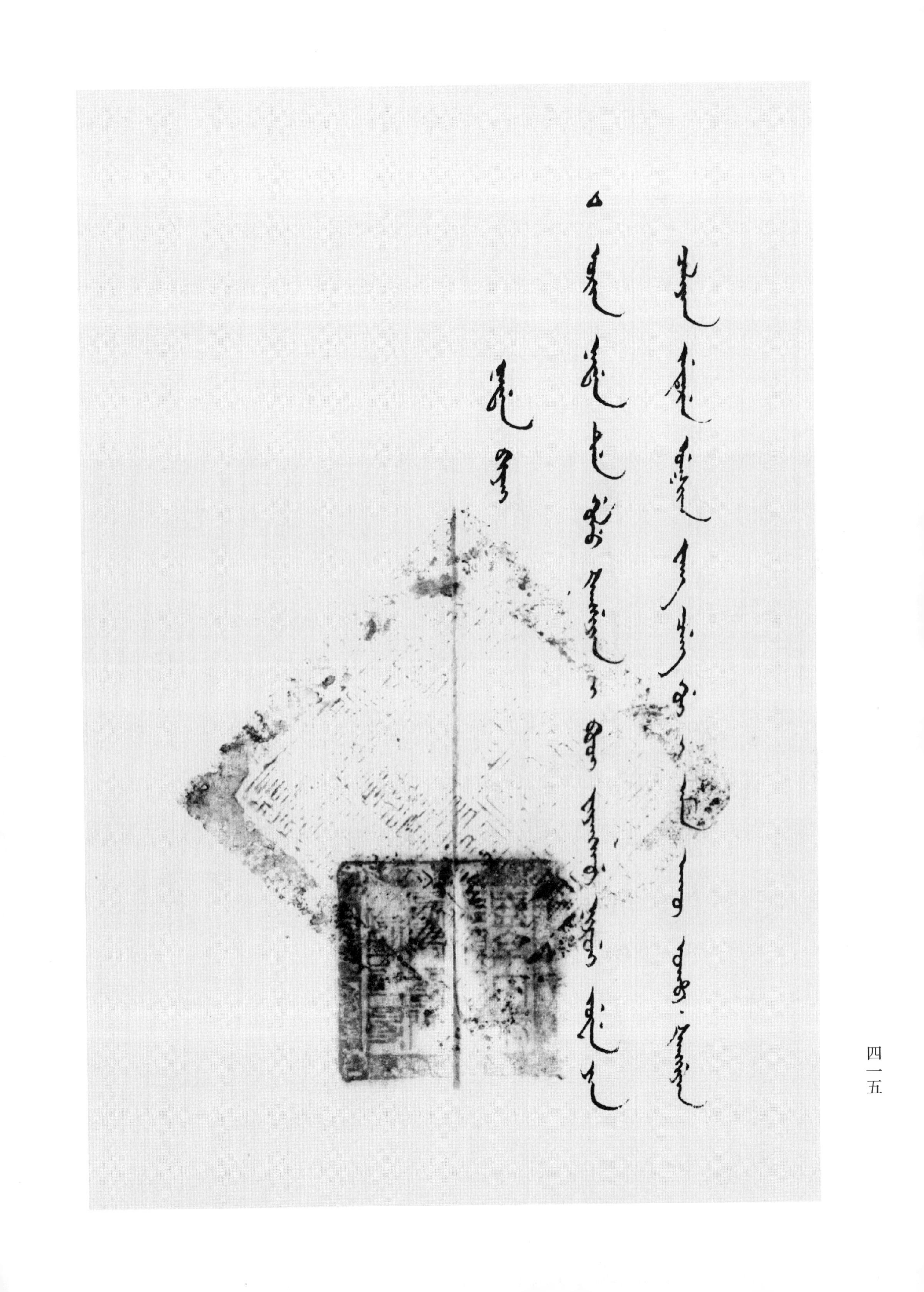

[illegible]

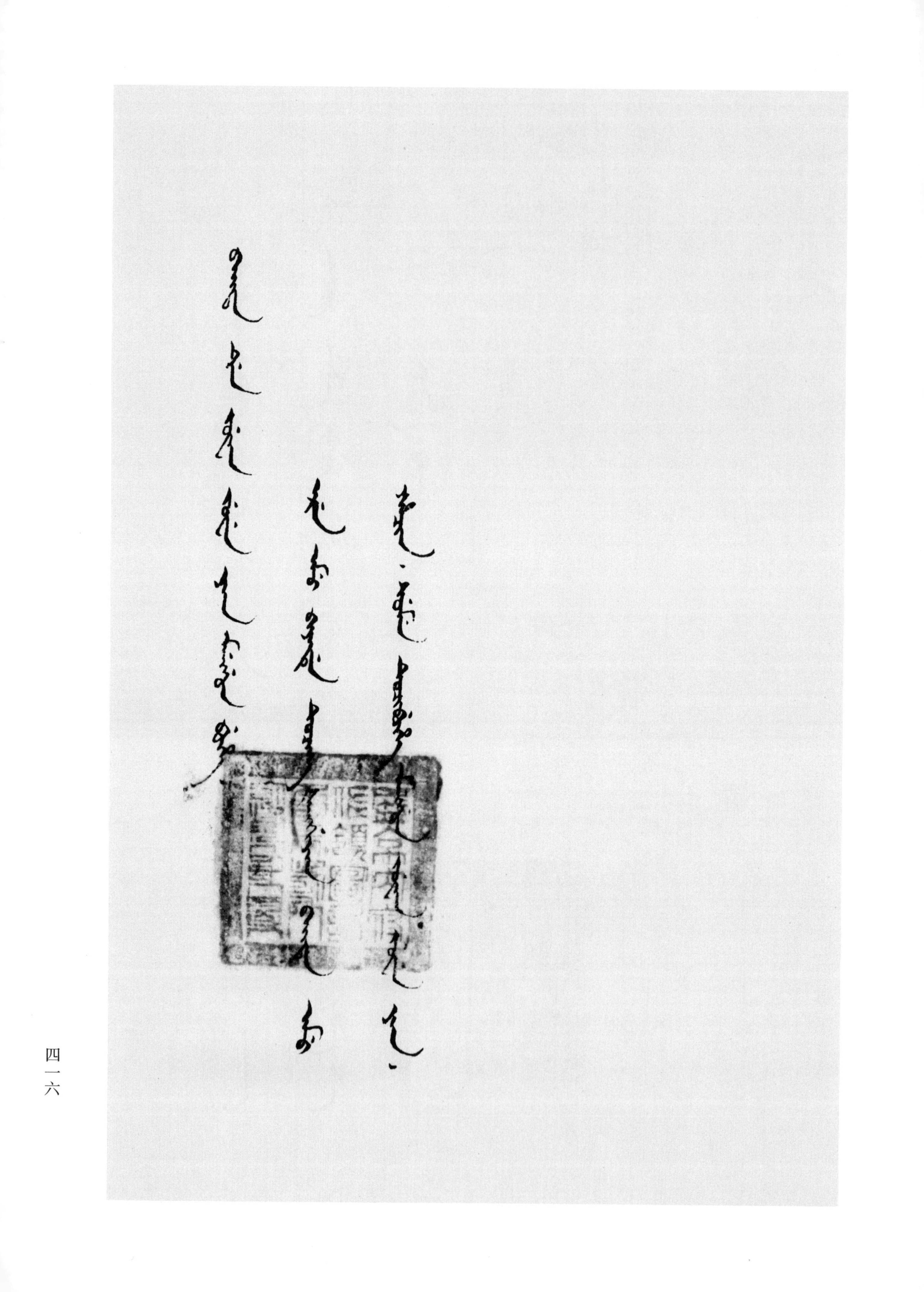

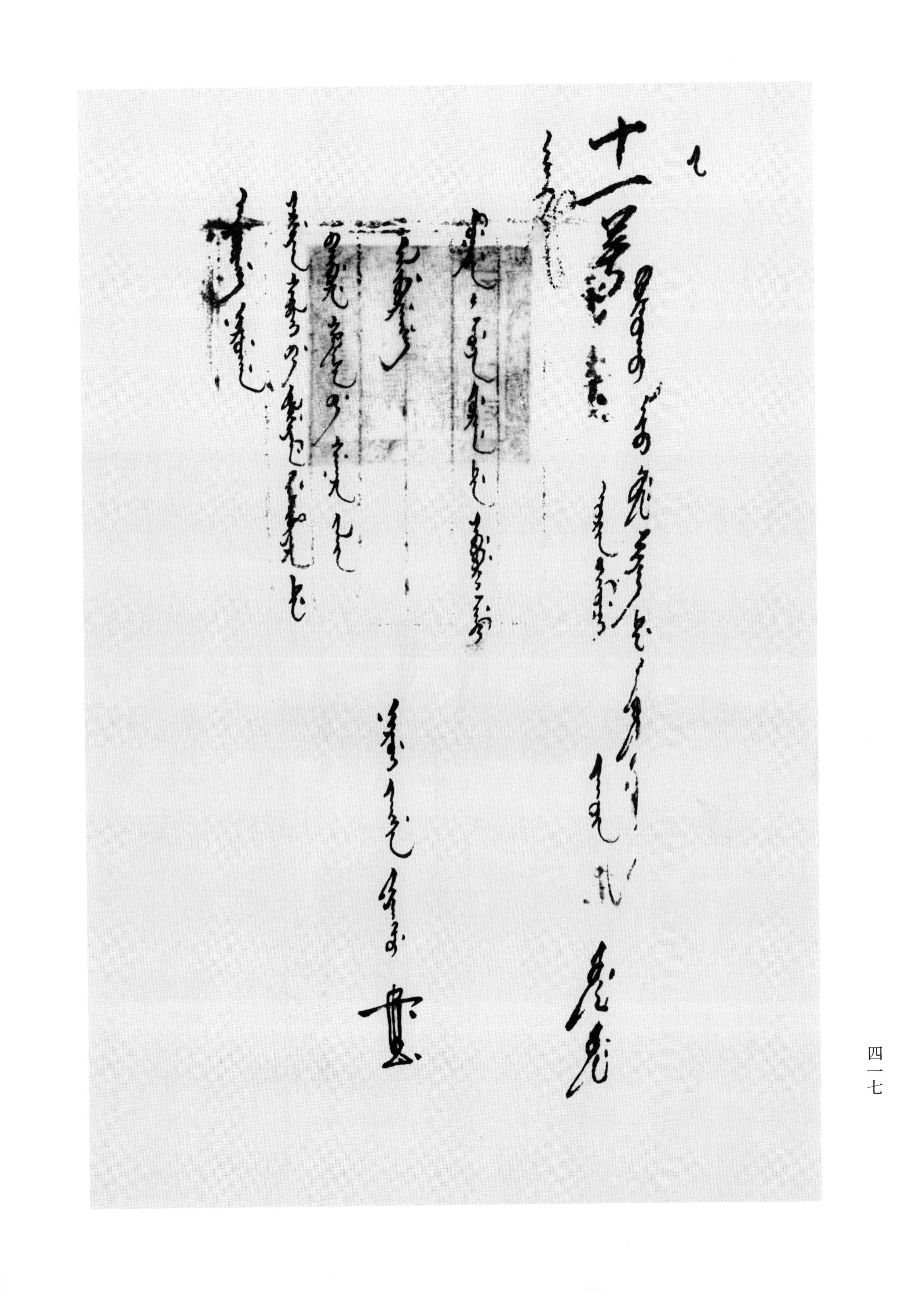

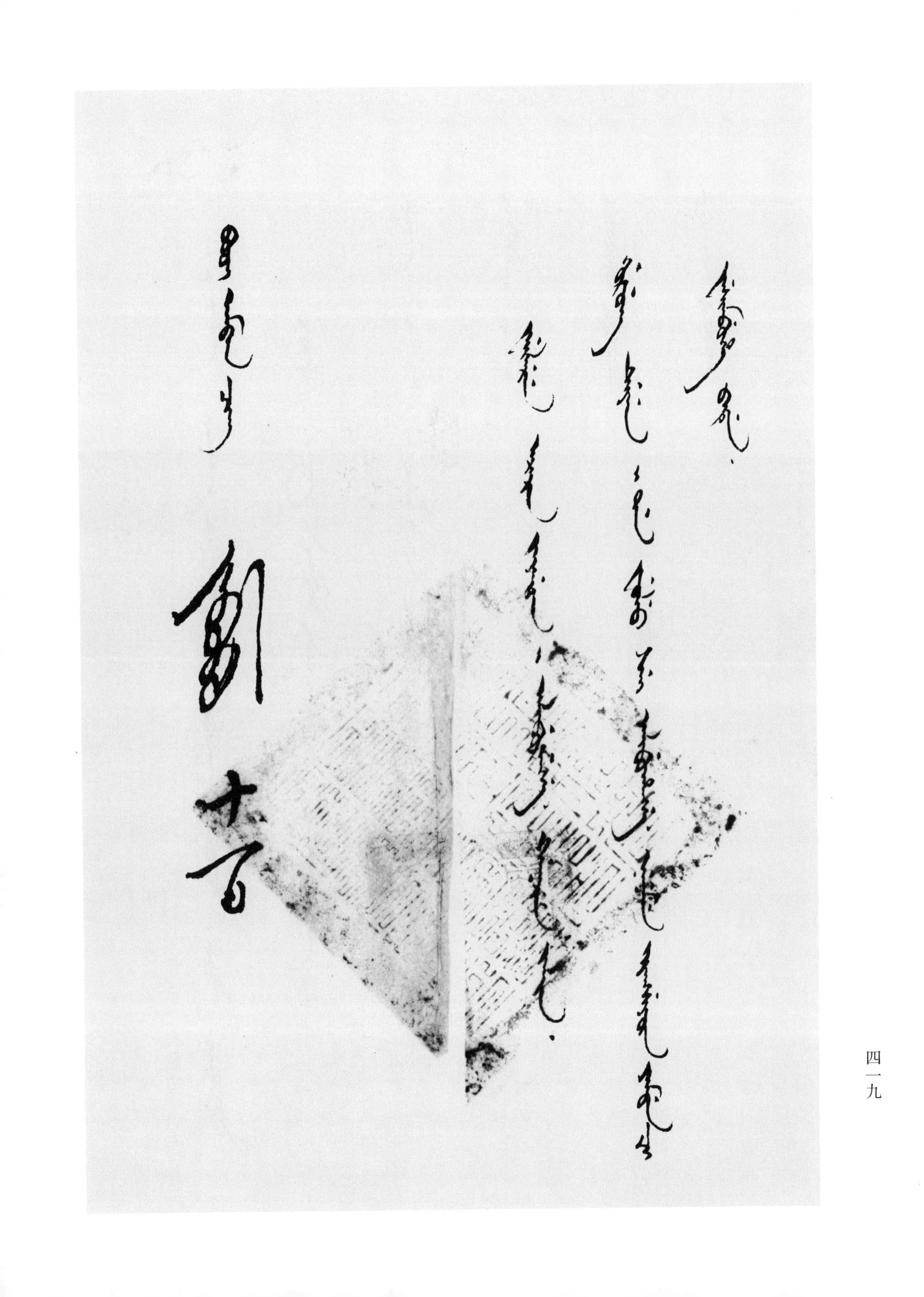

[illegible]

[illegible]

[illegible]

[illegible]

劉十百

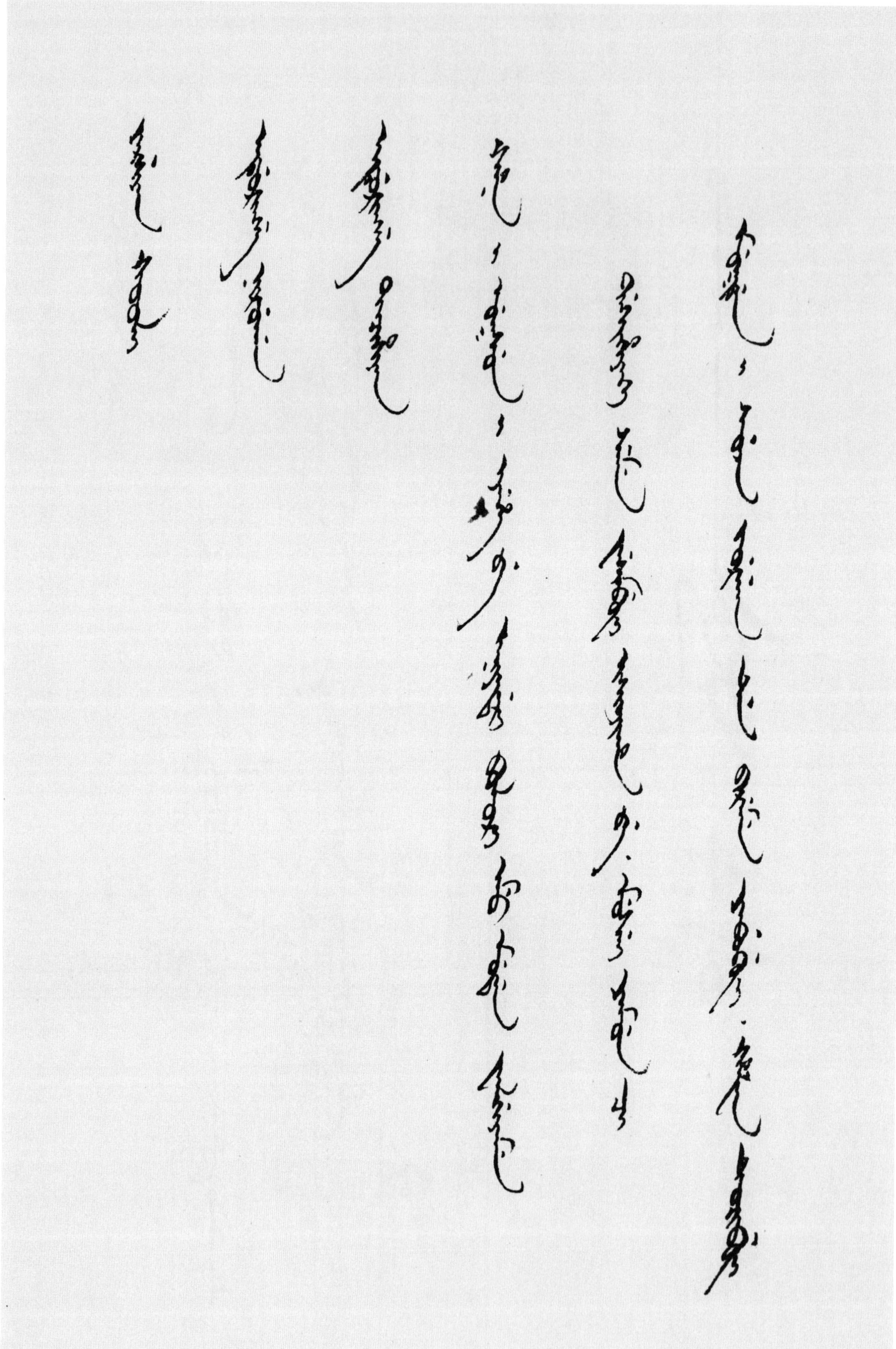

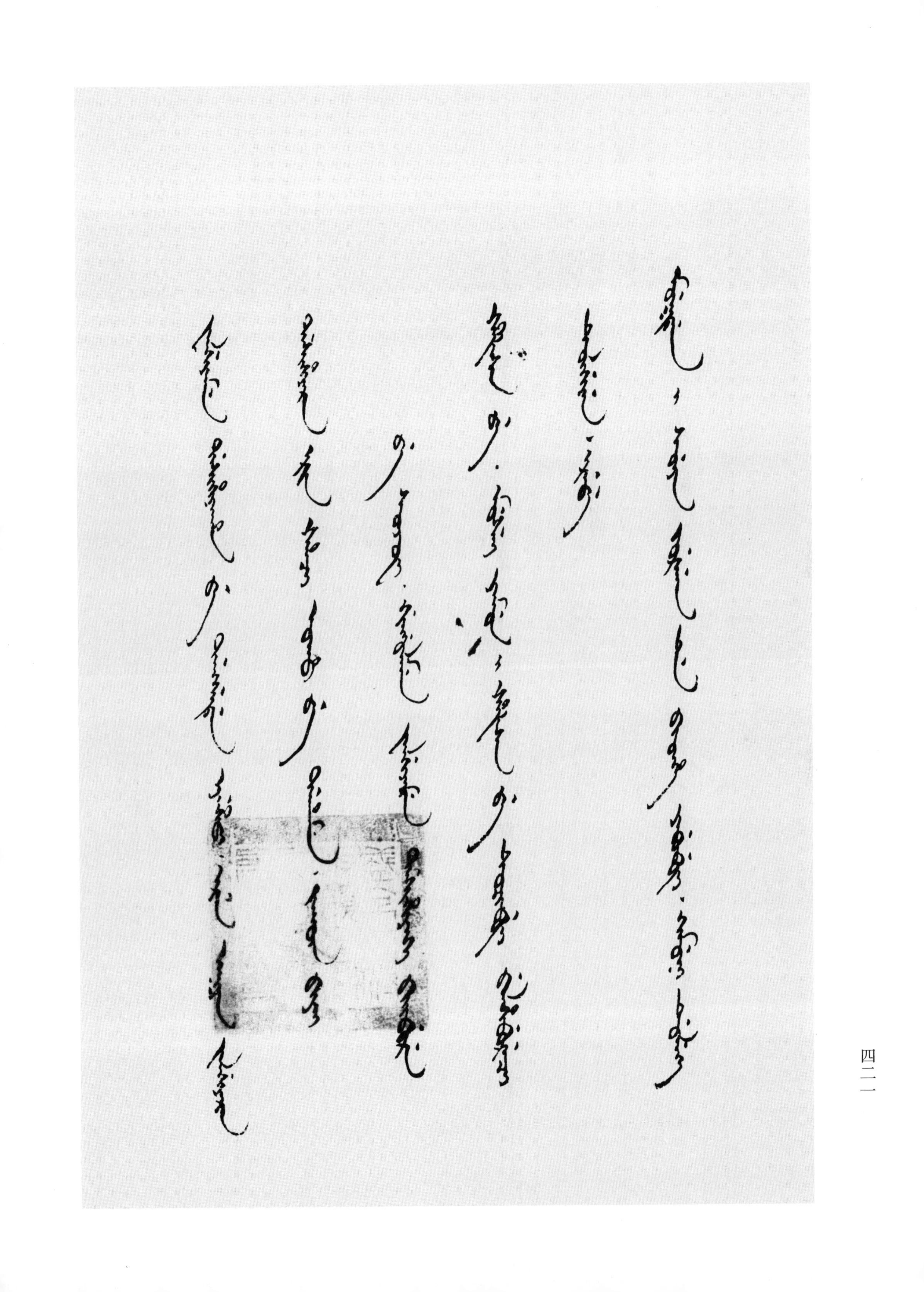

[illegible]

[illegible]

[illegible]

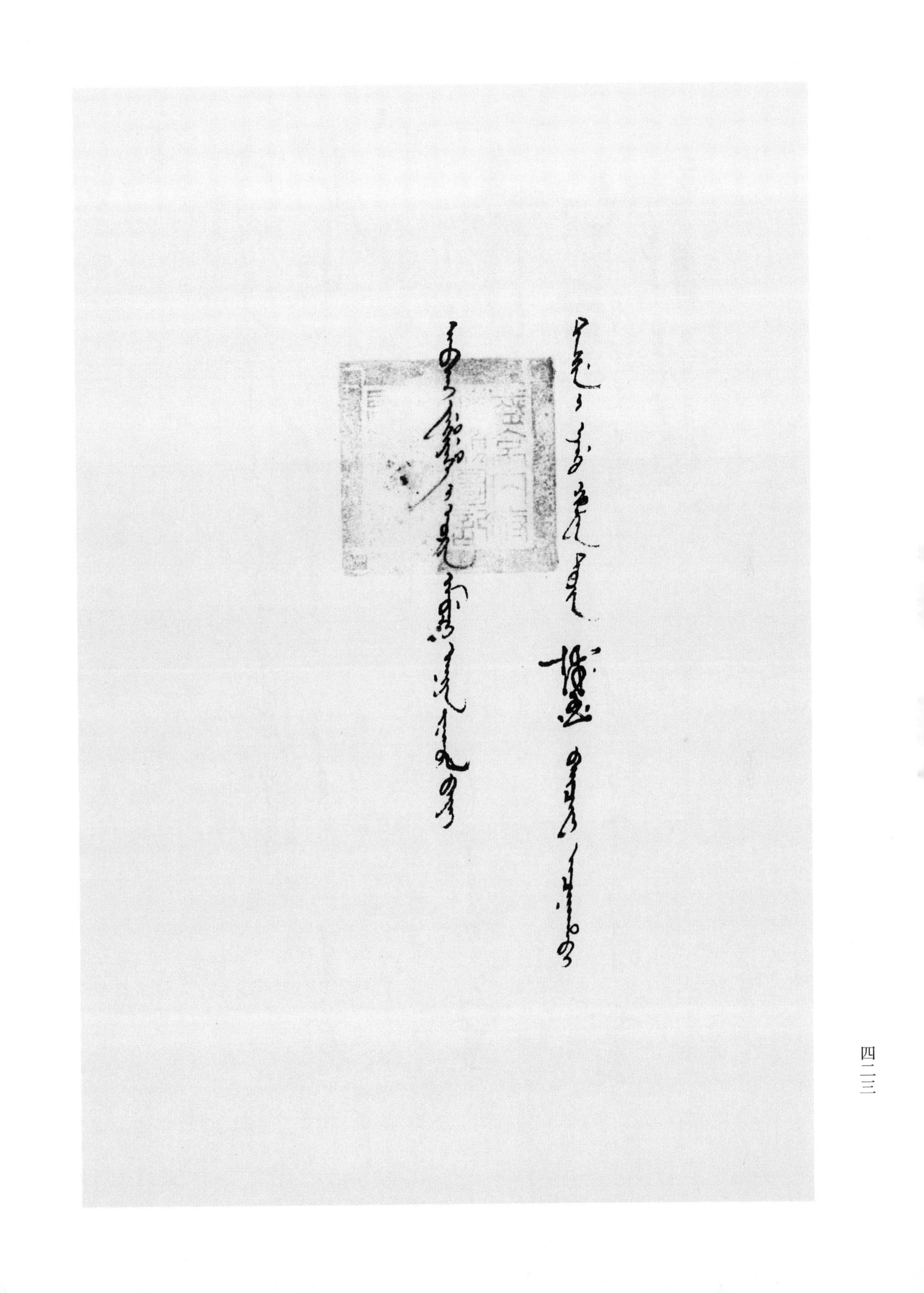

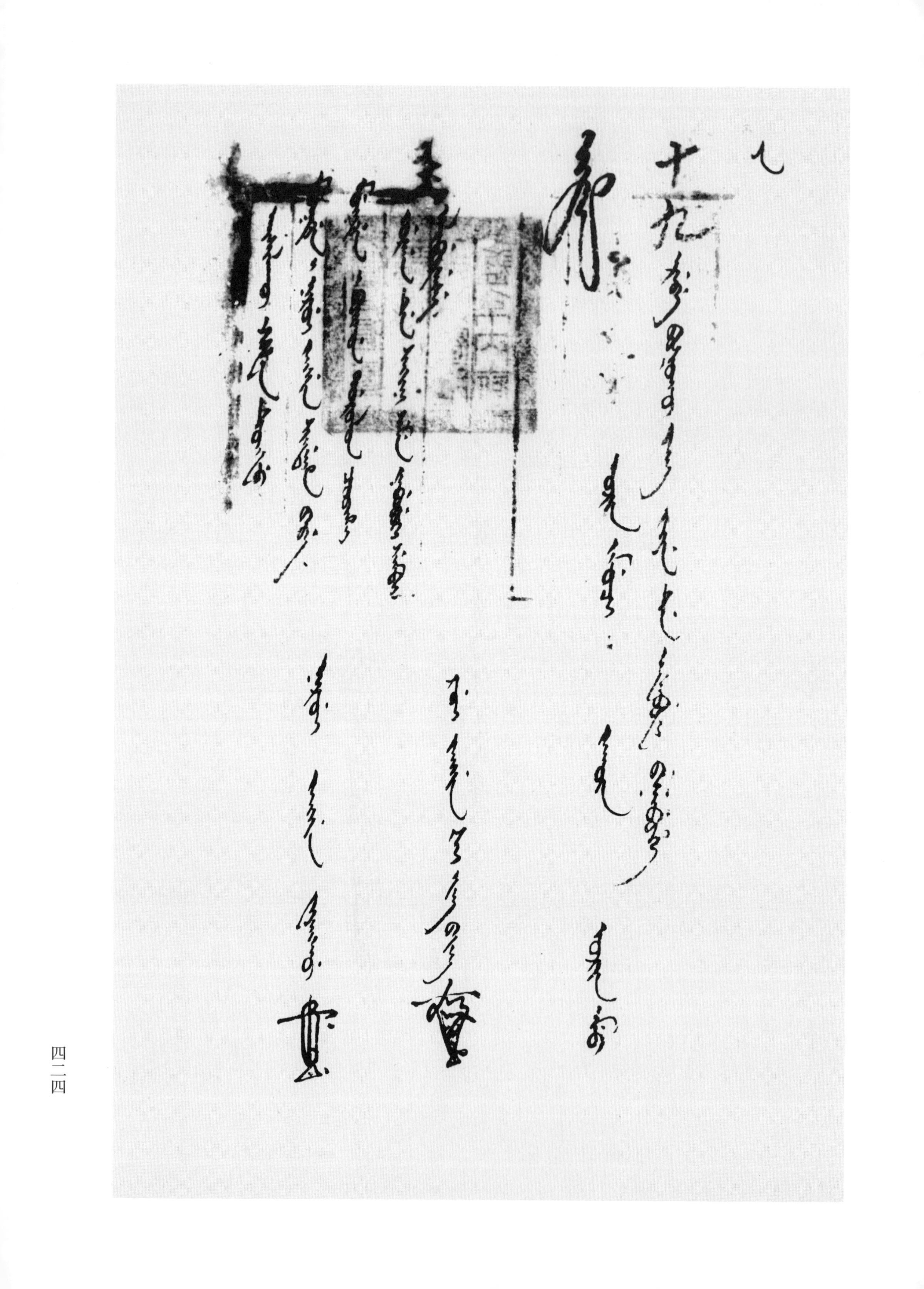

九

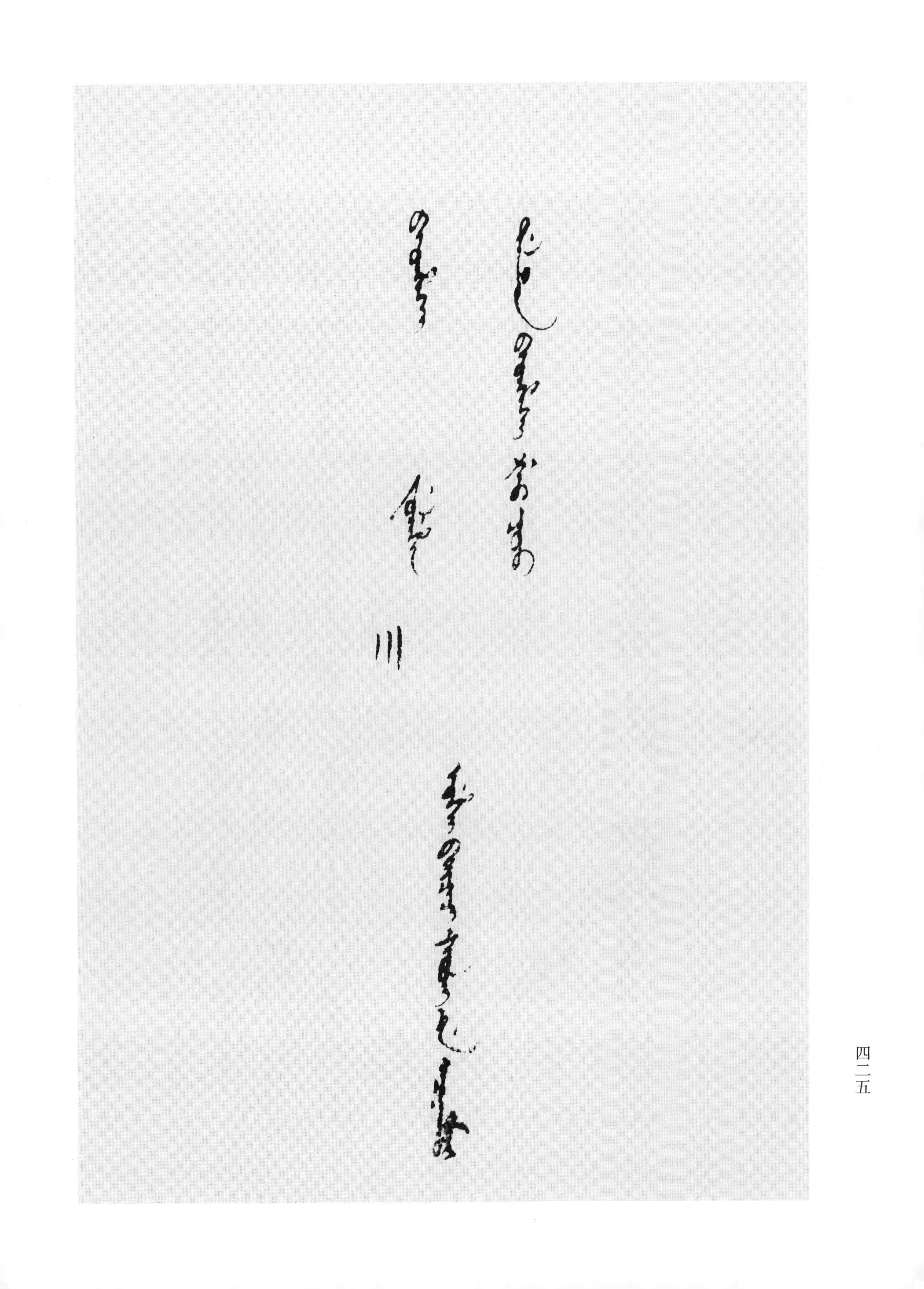

川

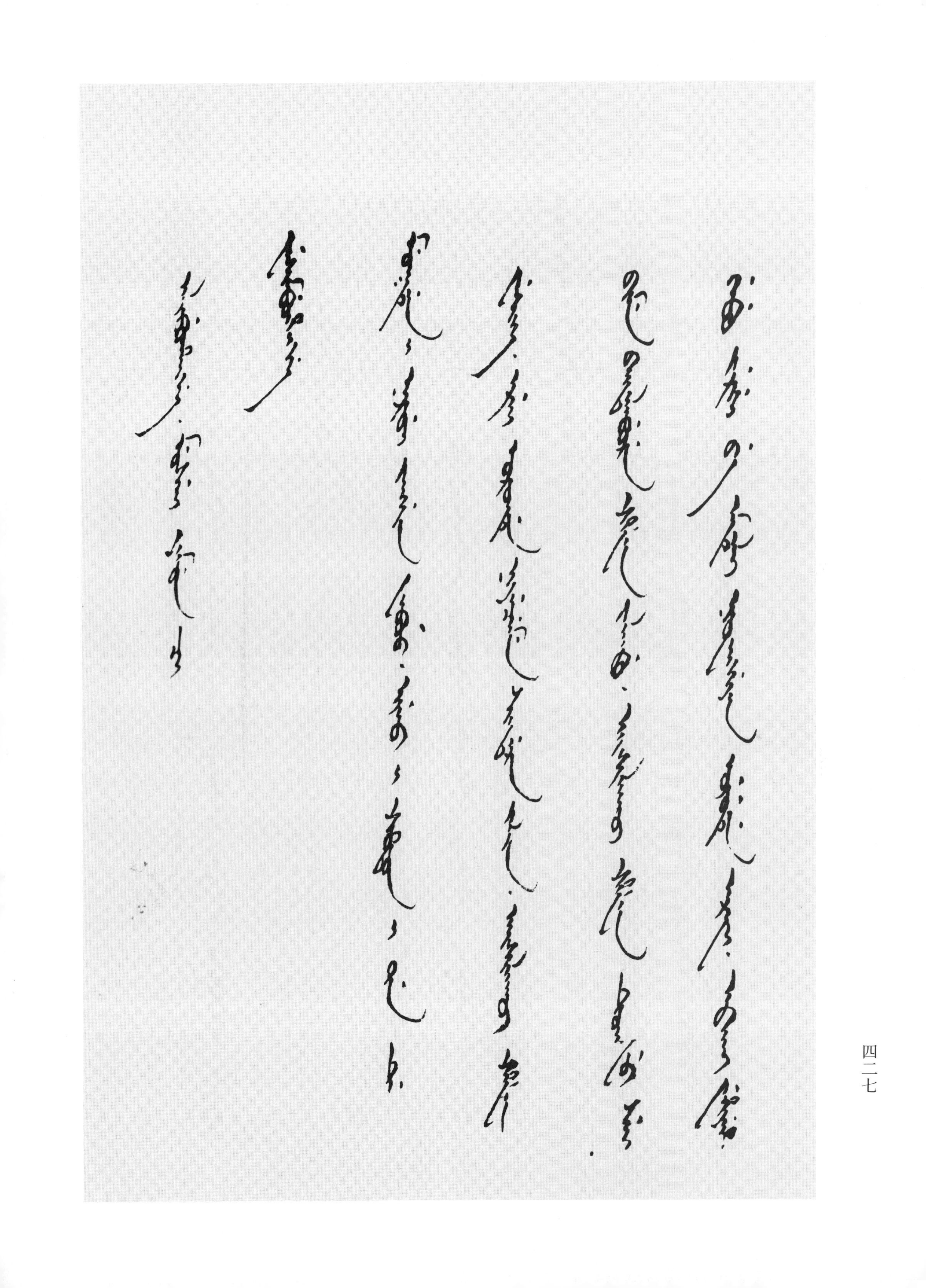

[illegible]

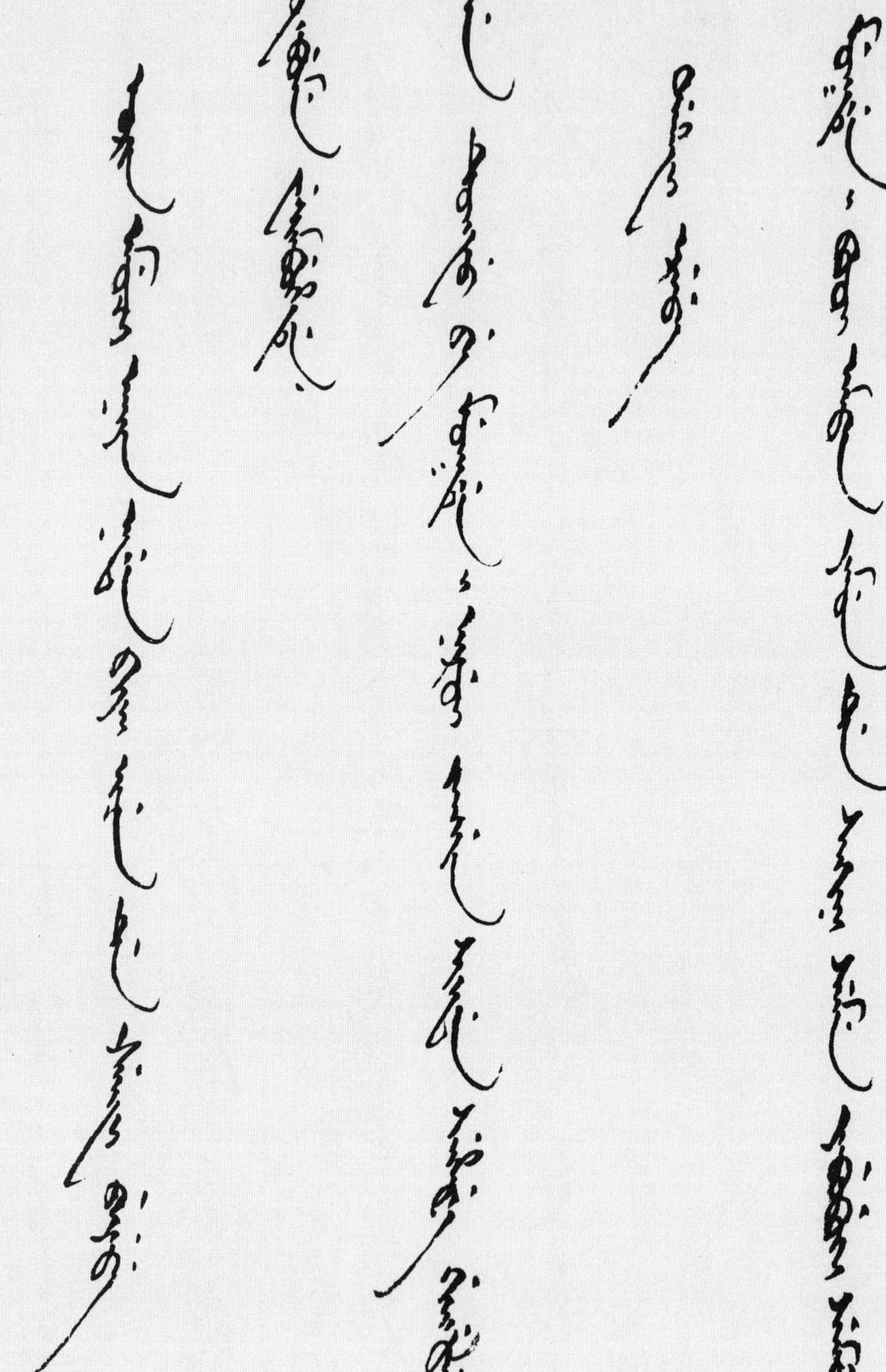

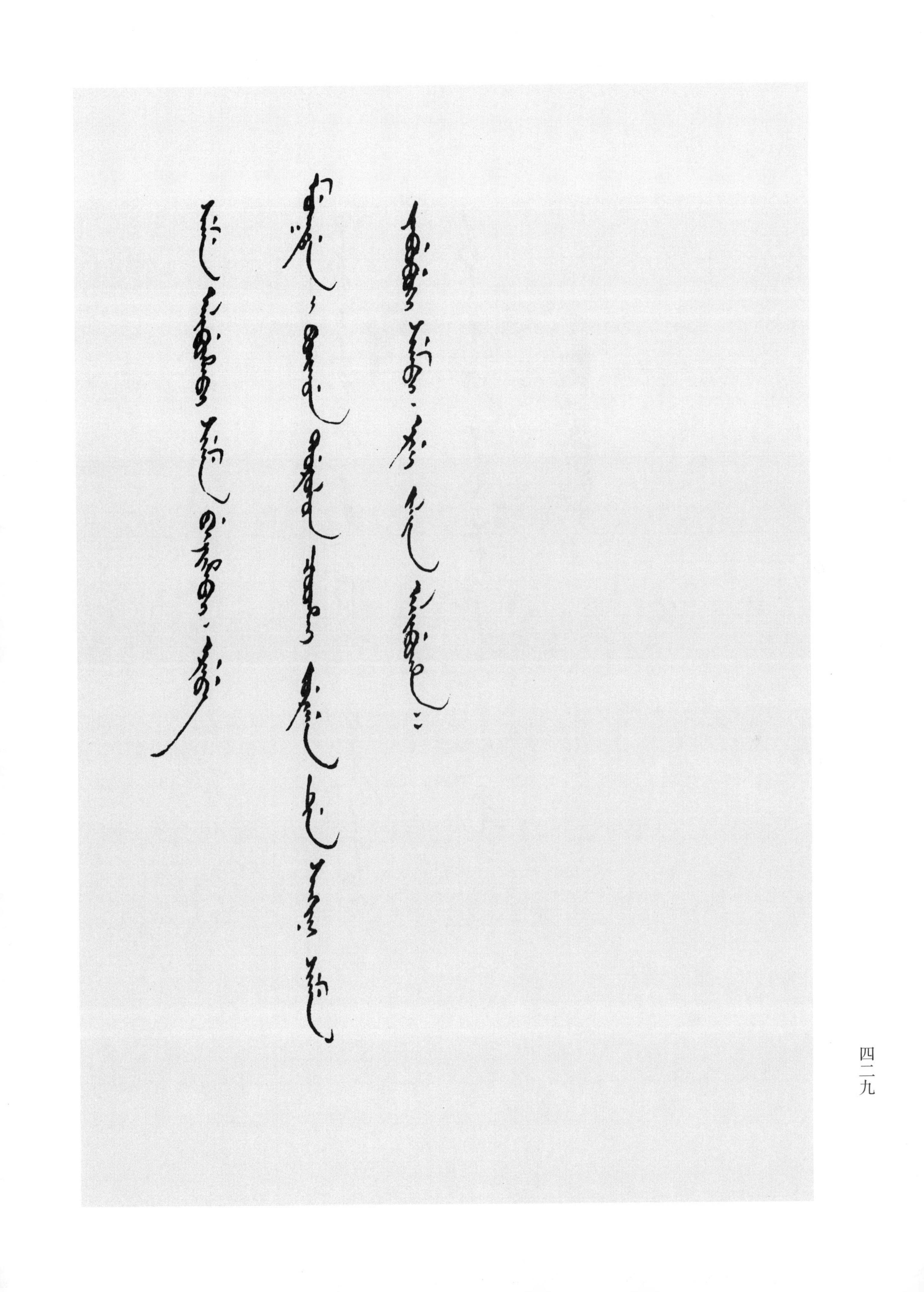

[illegible]

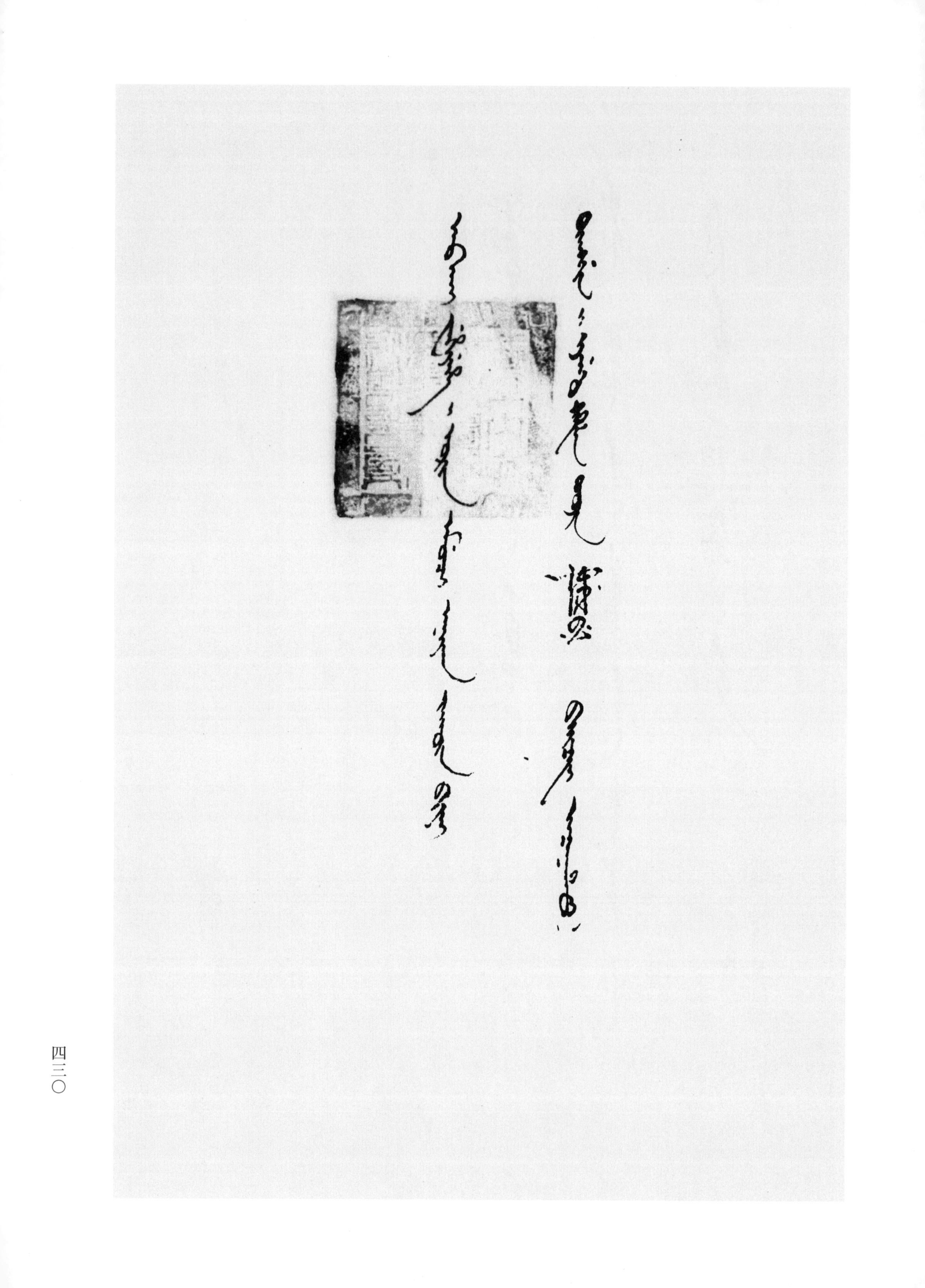

劉

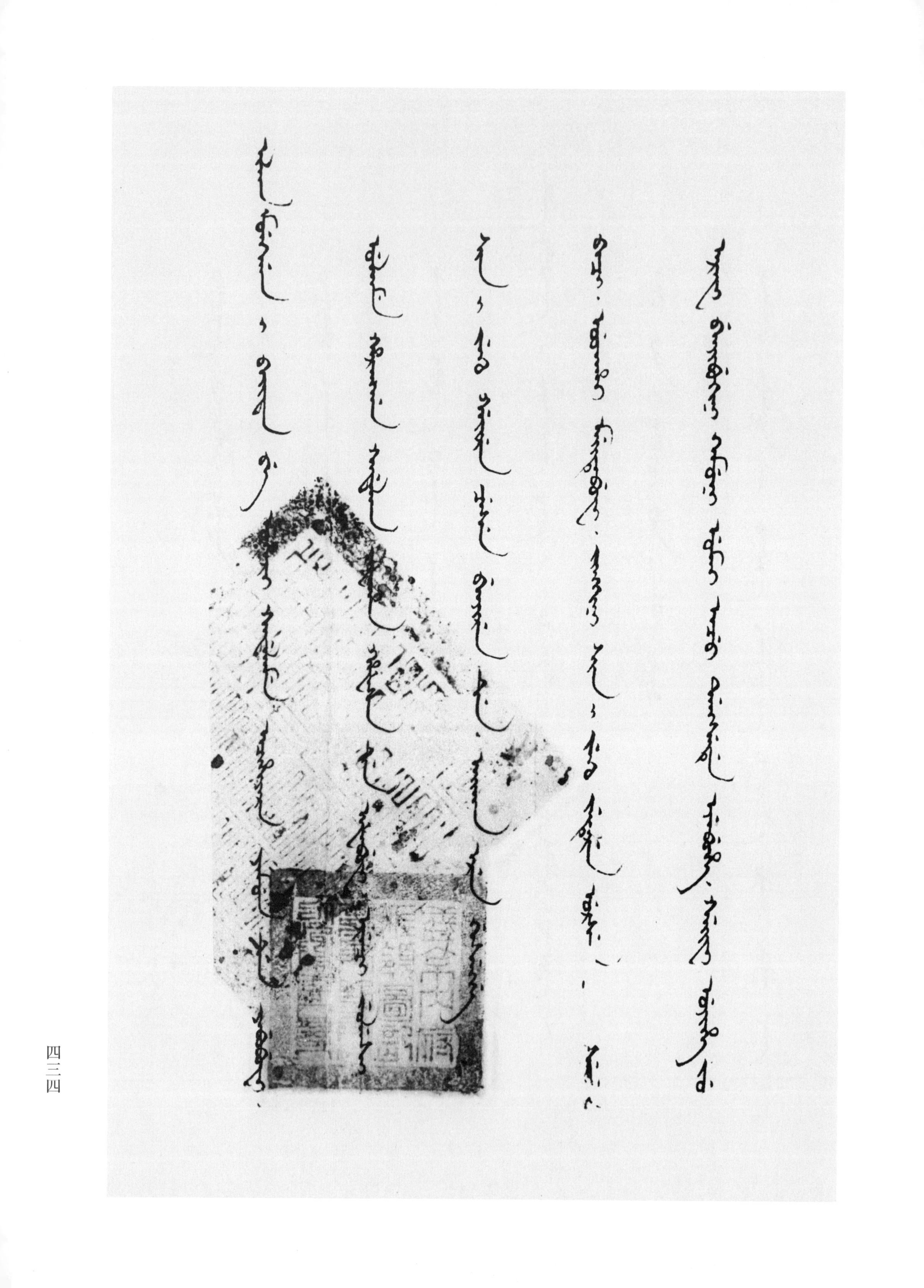

[illegible]

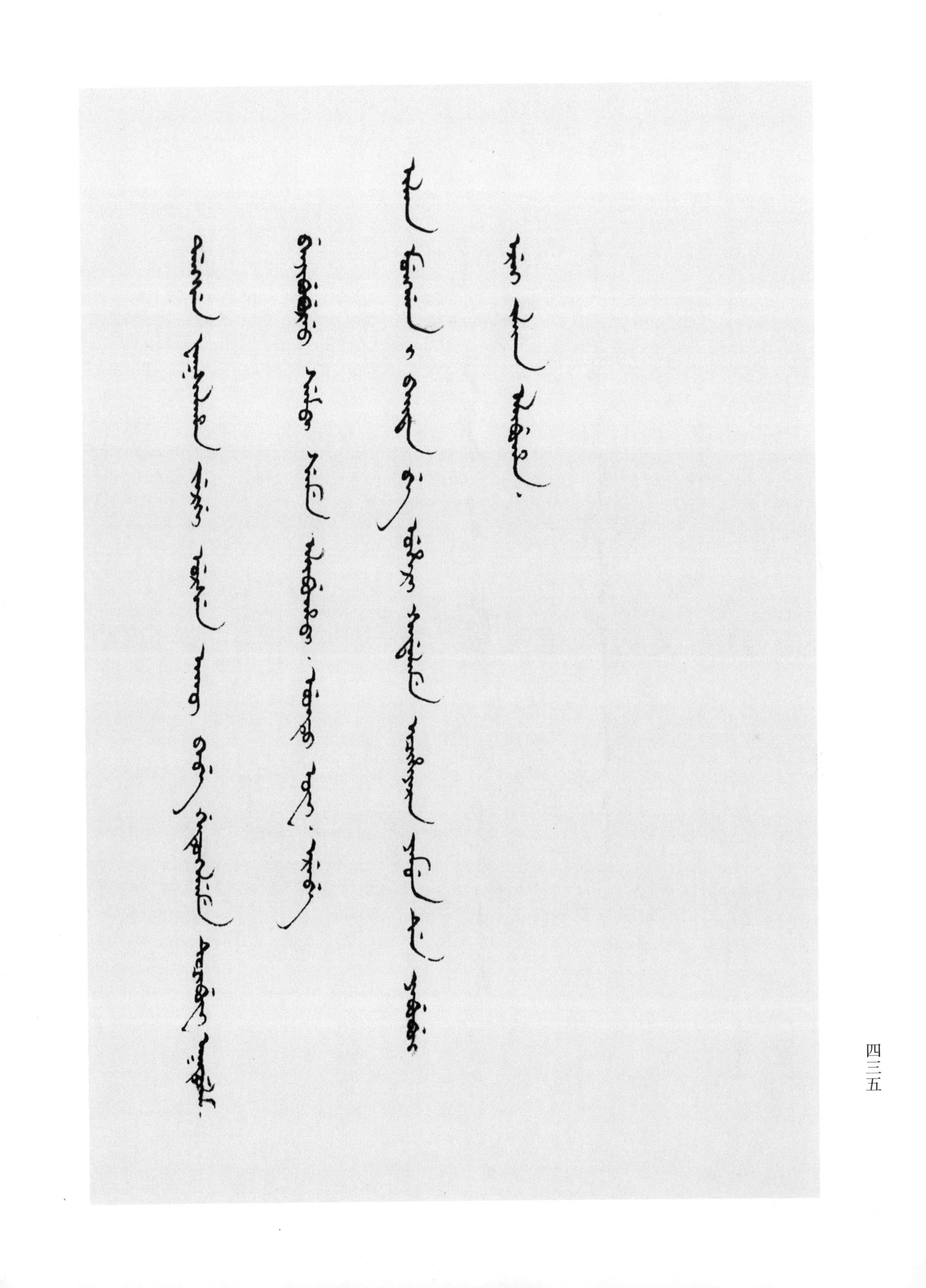

[illegible]

[illegible]

[illegible]

[illegible]

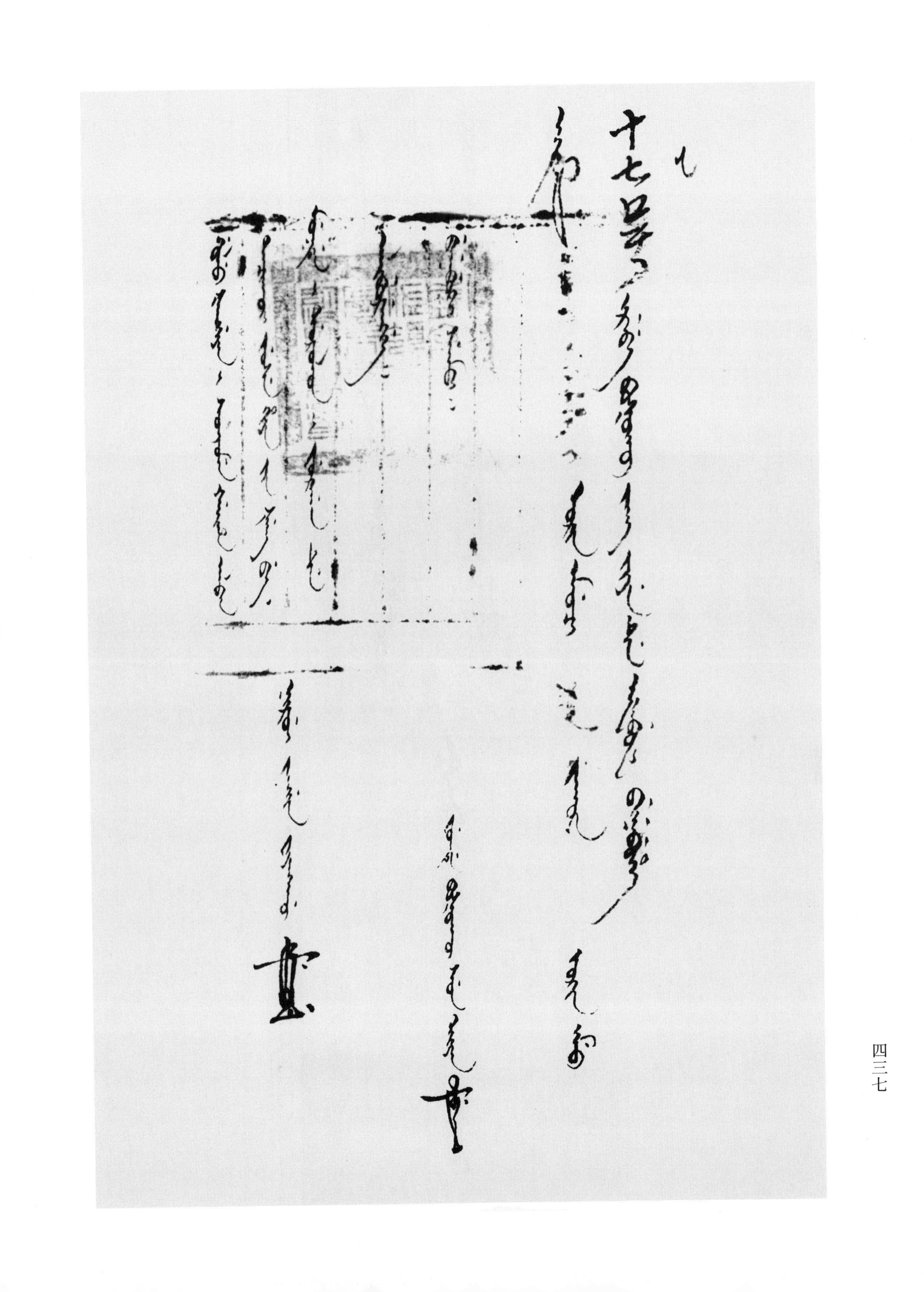

七

十七日

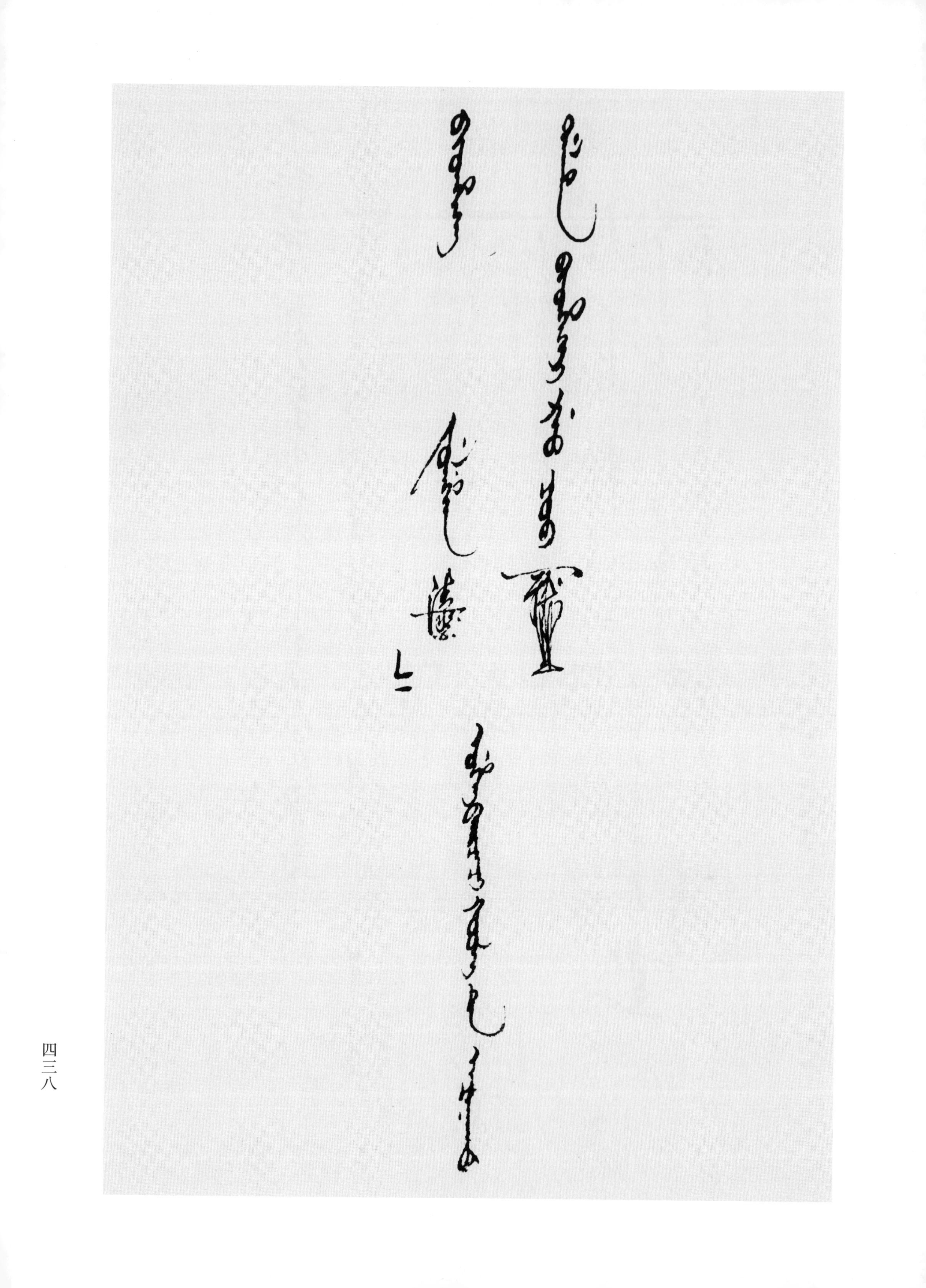

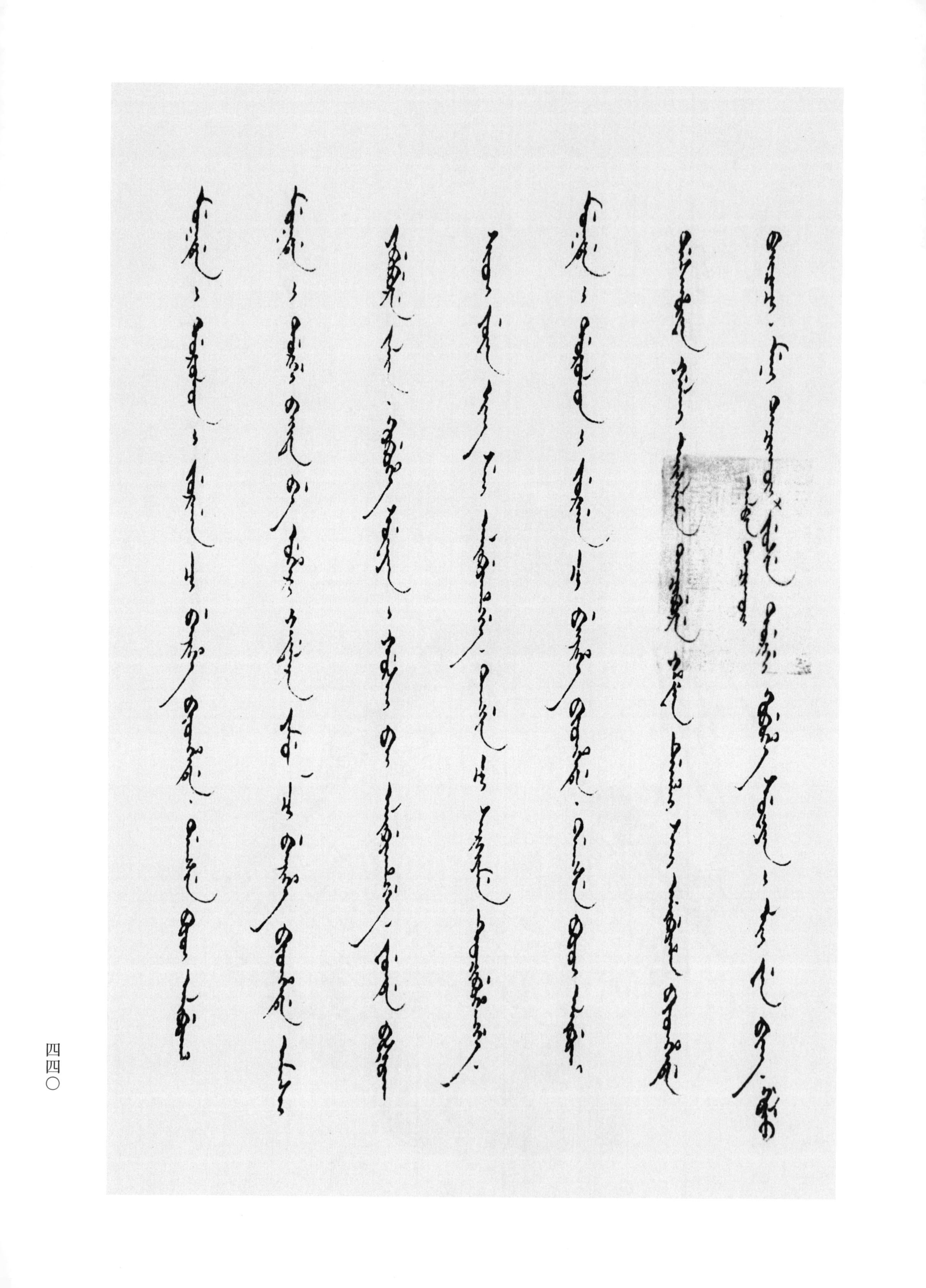

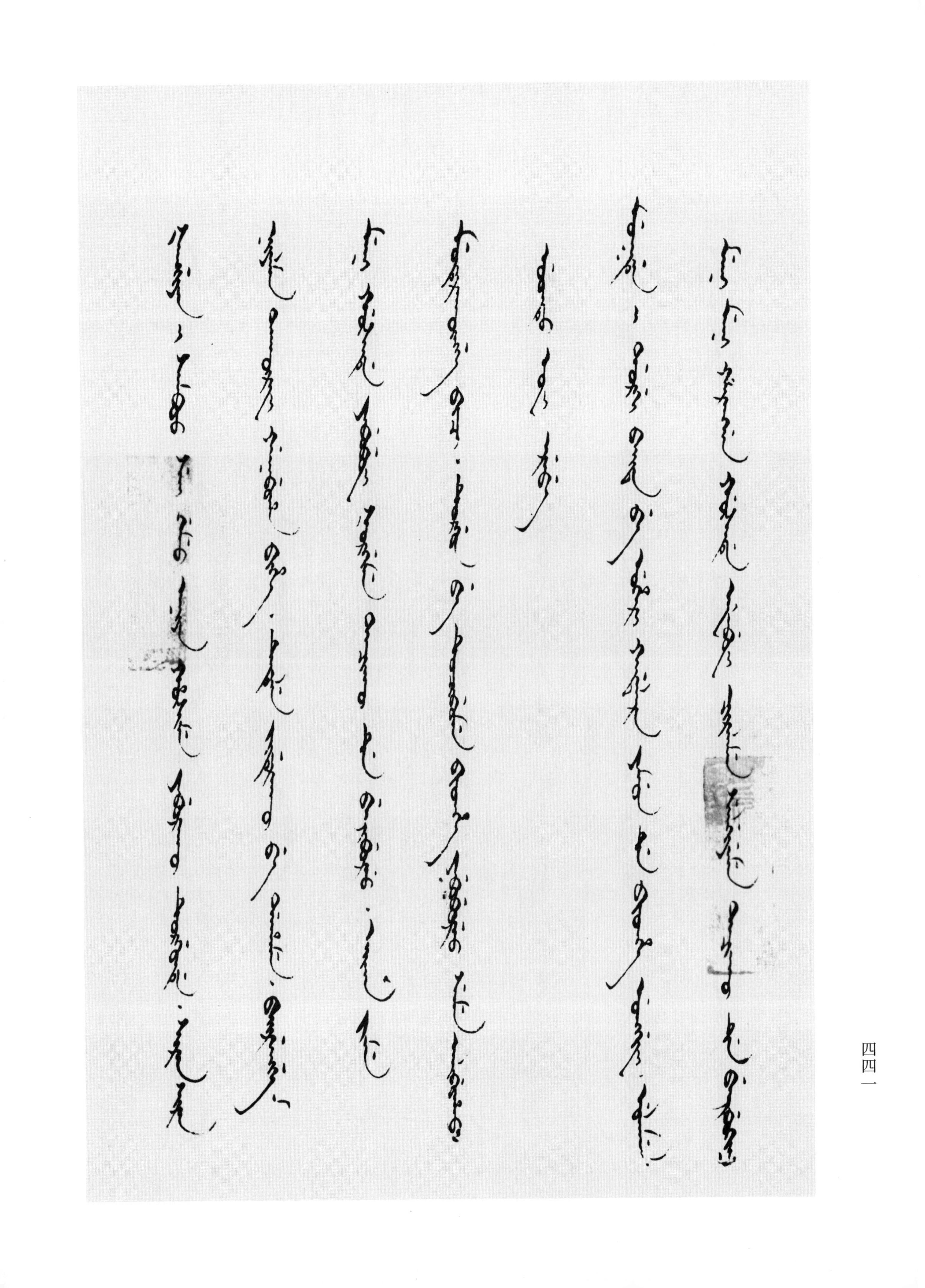

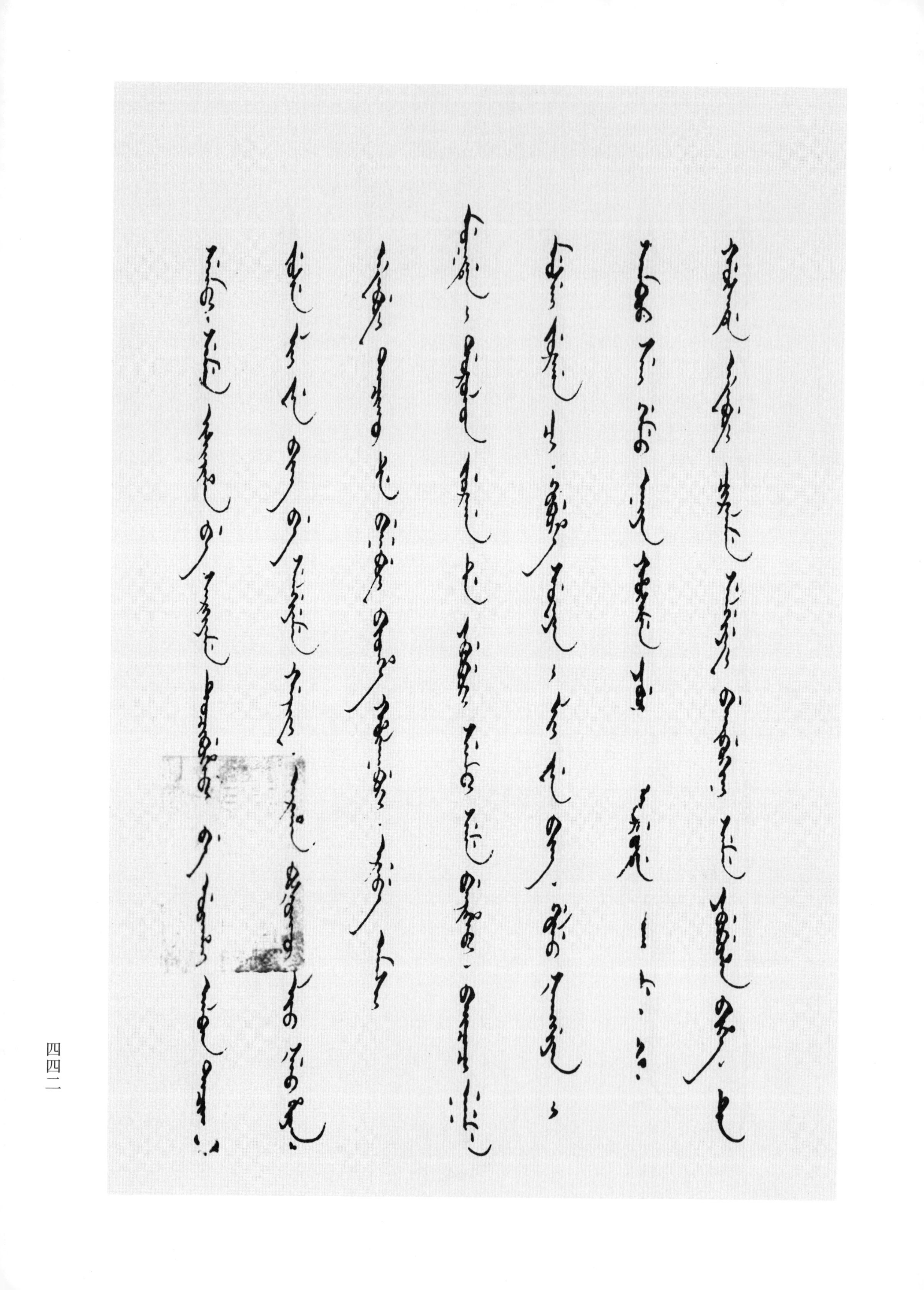

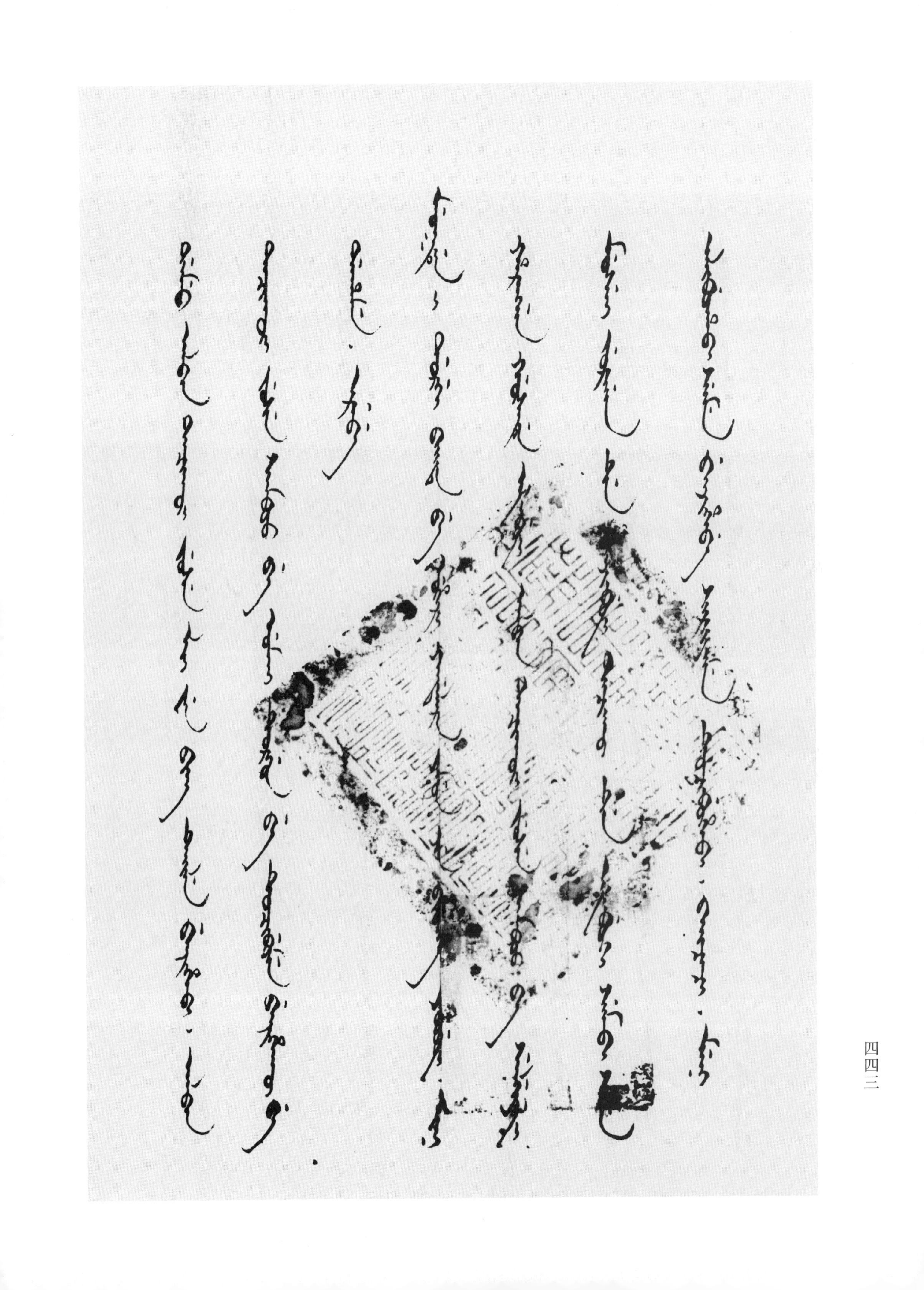

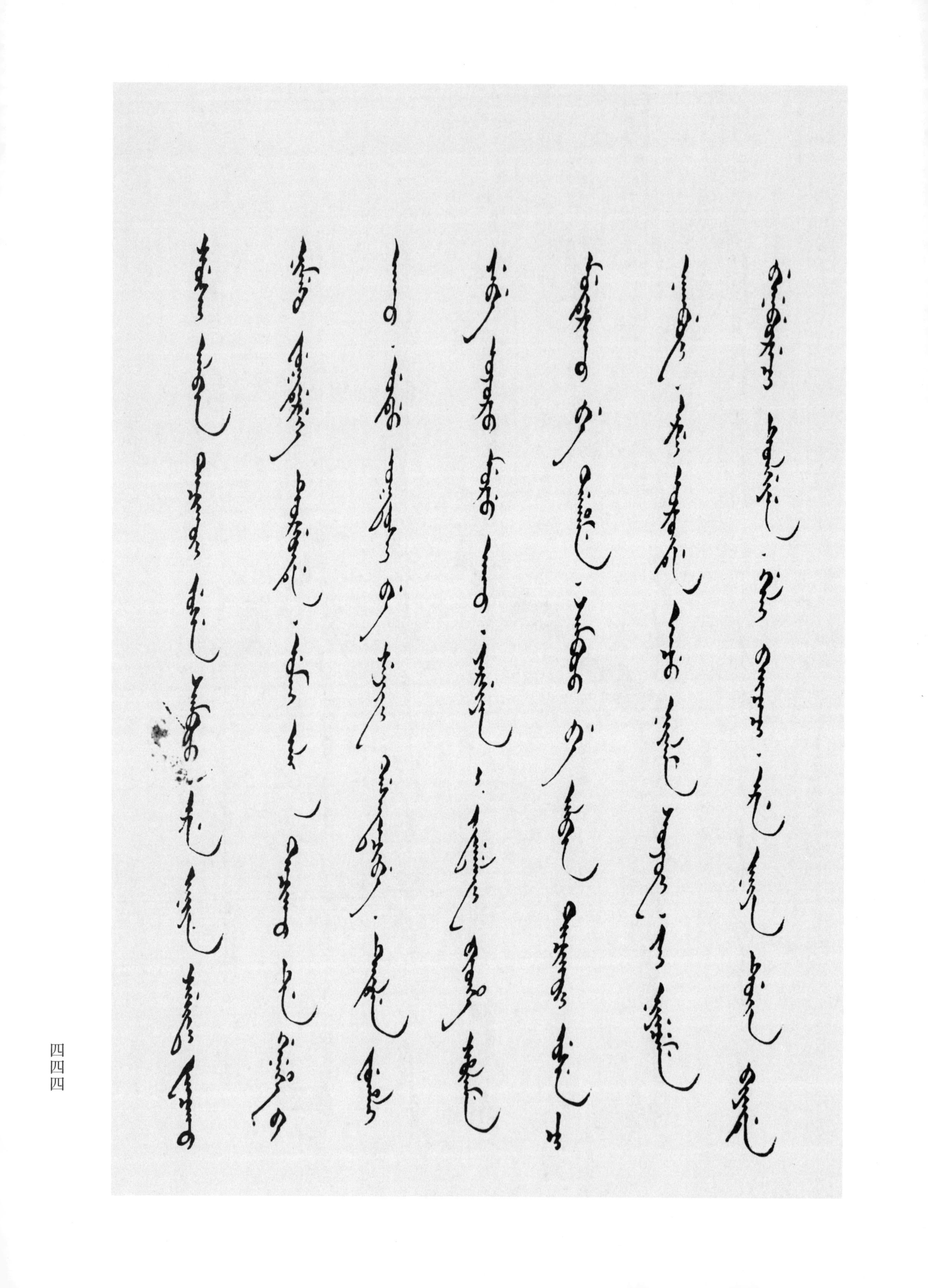

[illegible]

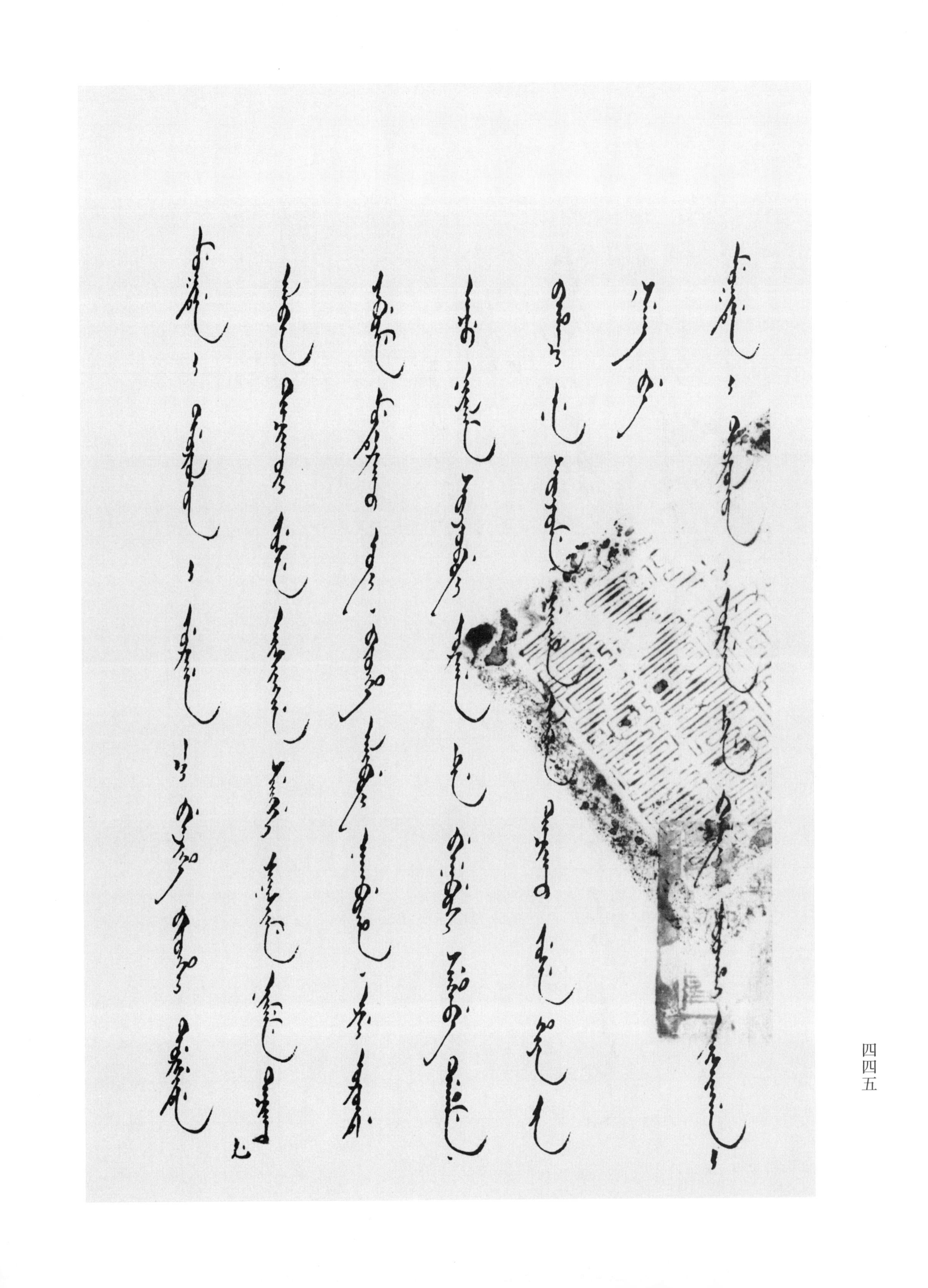

[illegible]

[illegible]

[illegible]

乾隆二十一年八月　日

ᠠᠪᡴᠠᡳ ᠸᡝᡥᡳᠶᡝᡥᡝ ᡳ ᠣᡵᡳᠨ ᡝᠮᡠᠴᡳ ᠠᠨᡳᠶᠠ ᠵᠠᡴᡡᠨ ᠪᡳᠶᠠ ᡳᠨᡝᠩᡤᡳ

宮殿達福禄等呈稱查得歷年盛裝冬季隨進鮮鹿東送京

上用魚鷟鴨箱九個每個長四尺寬一尺八寸高一尺七寸厚一寸一分裝糖匣

個每個長一尺七寸五分高七寸〻厚八分套箱壹個每個長四尺寬二〻

尺厚一寸一分用長一丈四尺徑一尺二寸椴木四根再盛裝年底進送

太后

皇上鷟箱二個鴨箱二個魚箱三個糖匣十個套箱二個用長一丈四尺

一尺二寸椴木三根以上共用長一丈四尺徑一尺二寸椴木七根祈爲轉

盛京工部照数給發以便應用可也等情據此爲此上呈

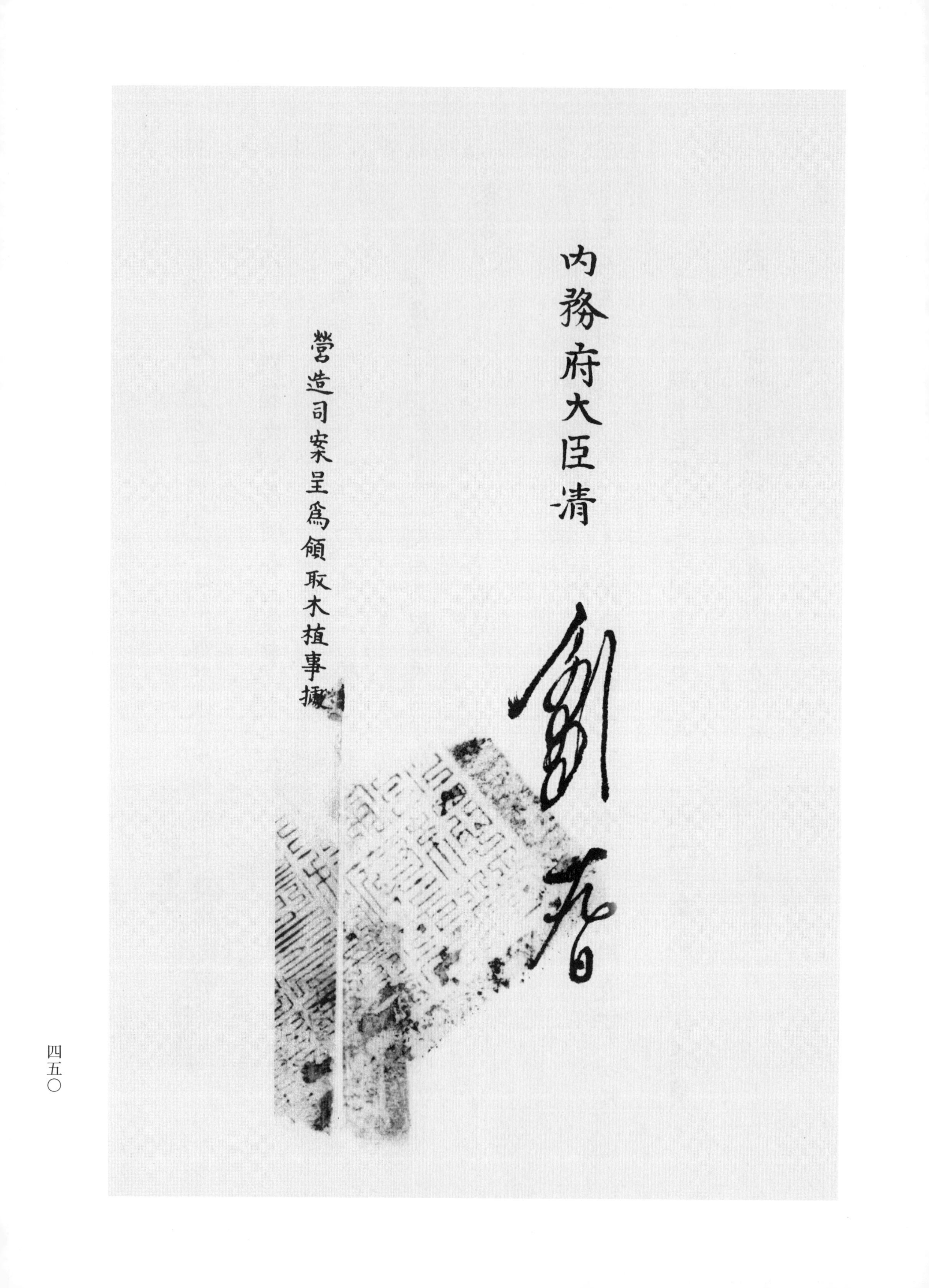

內務府大臣清

營造司案呈爲領取木植事據

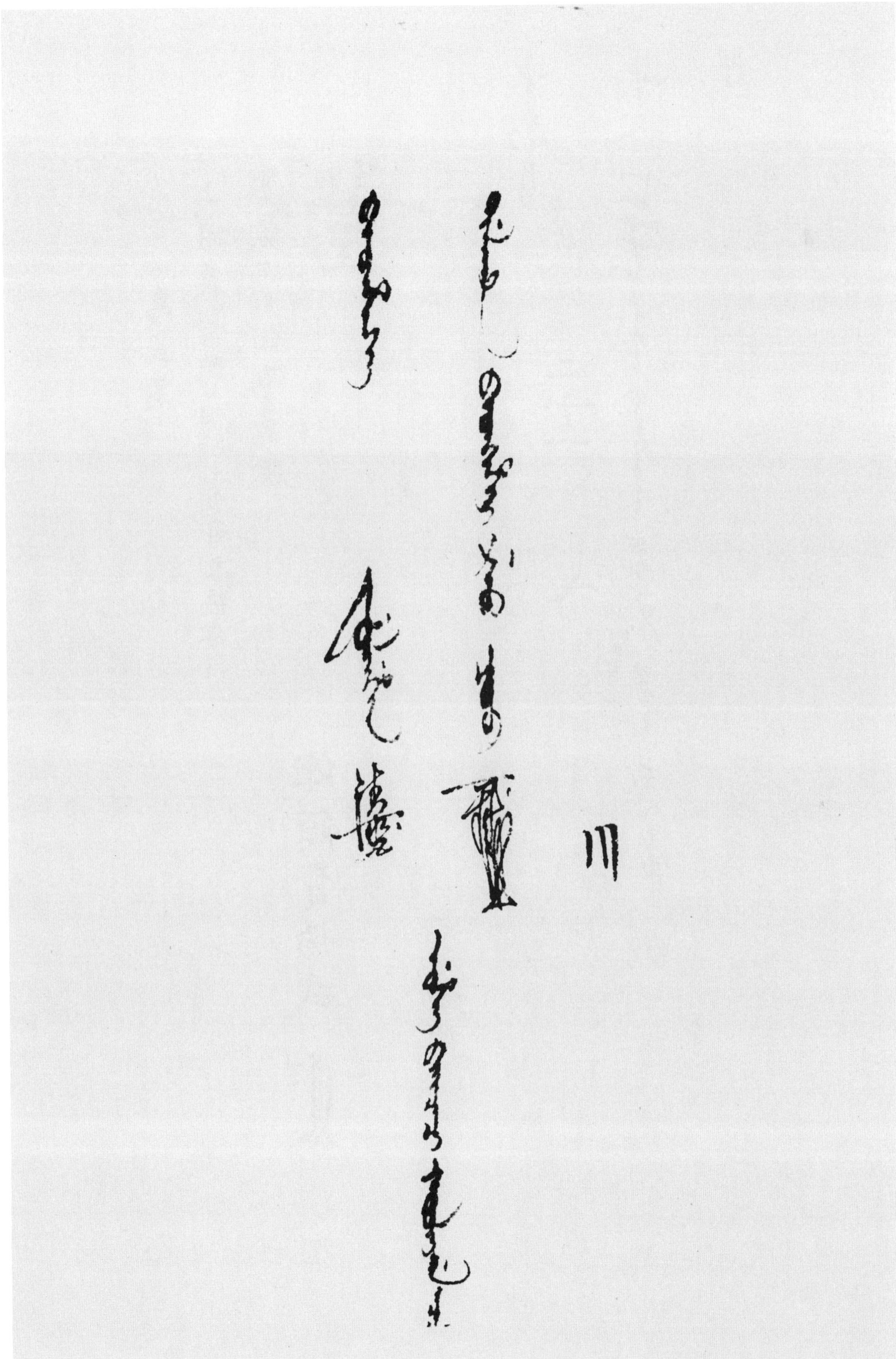

為盛裝

上用輿鸞鴨箱所需用木植咨行

盛京工部領取事

呈

佐領費揚武

二十一年

八

一

行

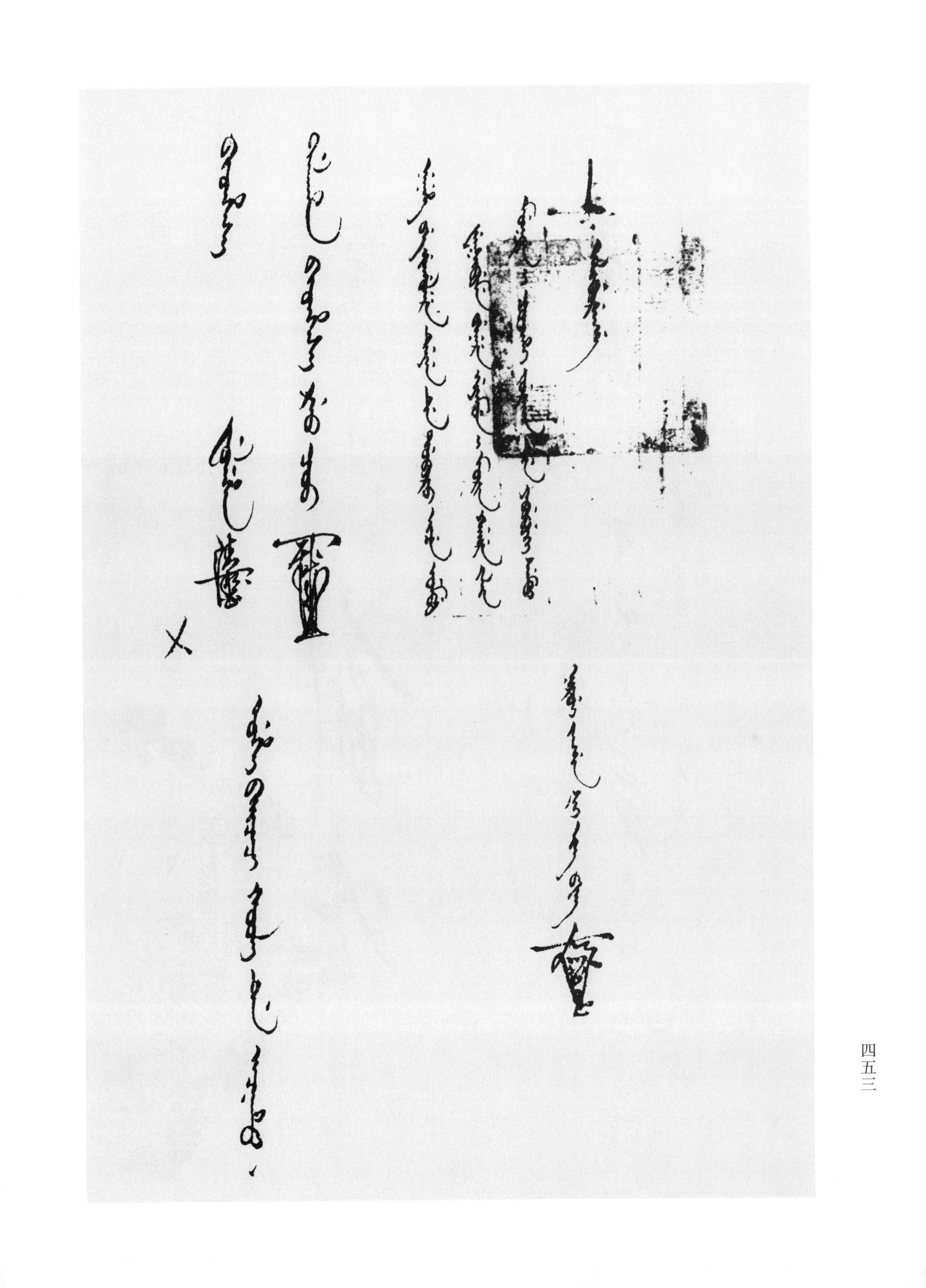

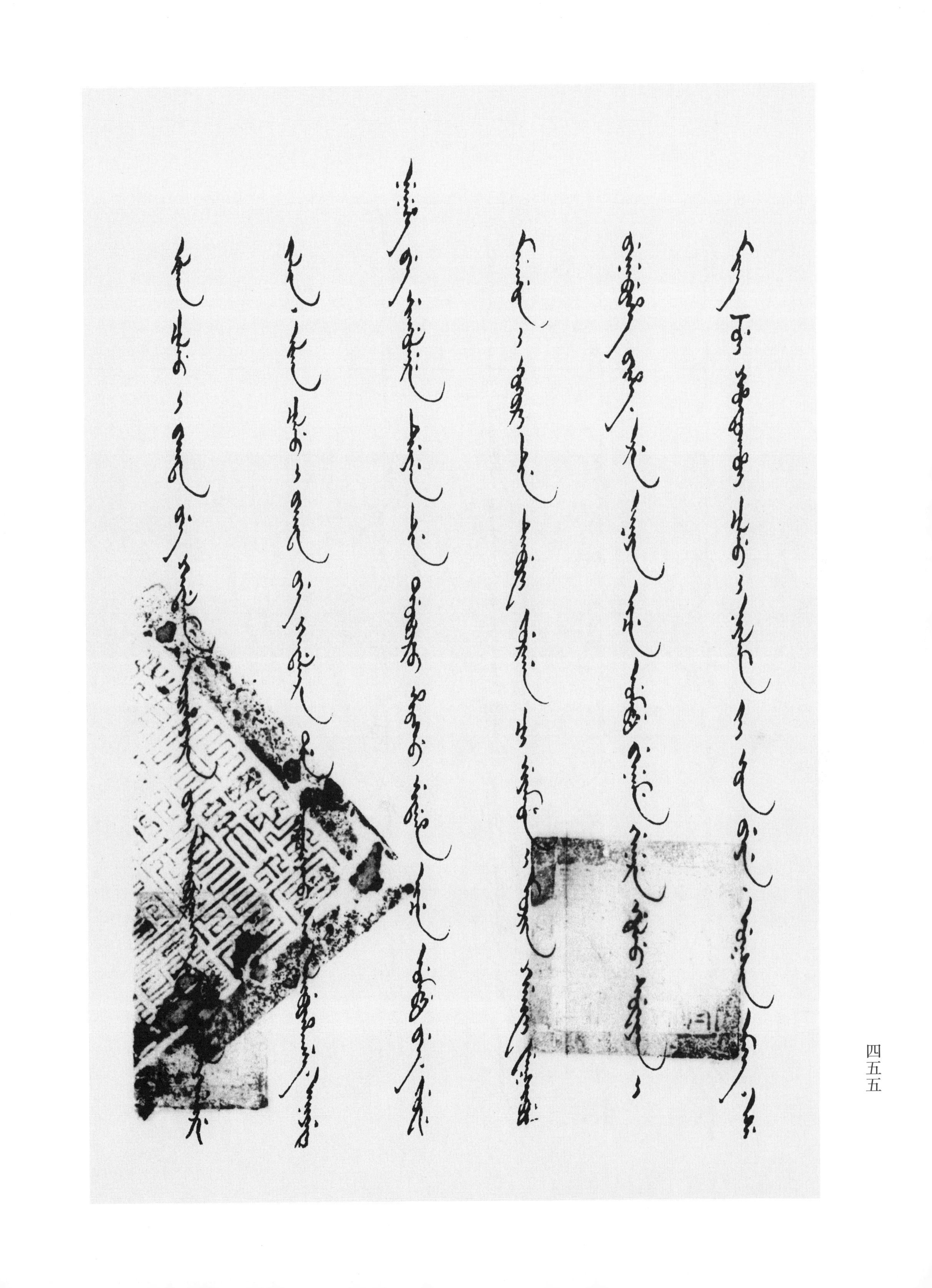

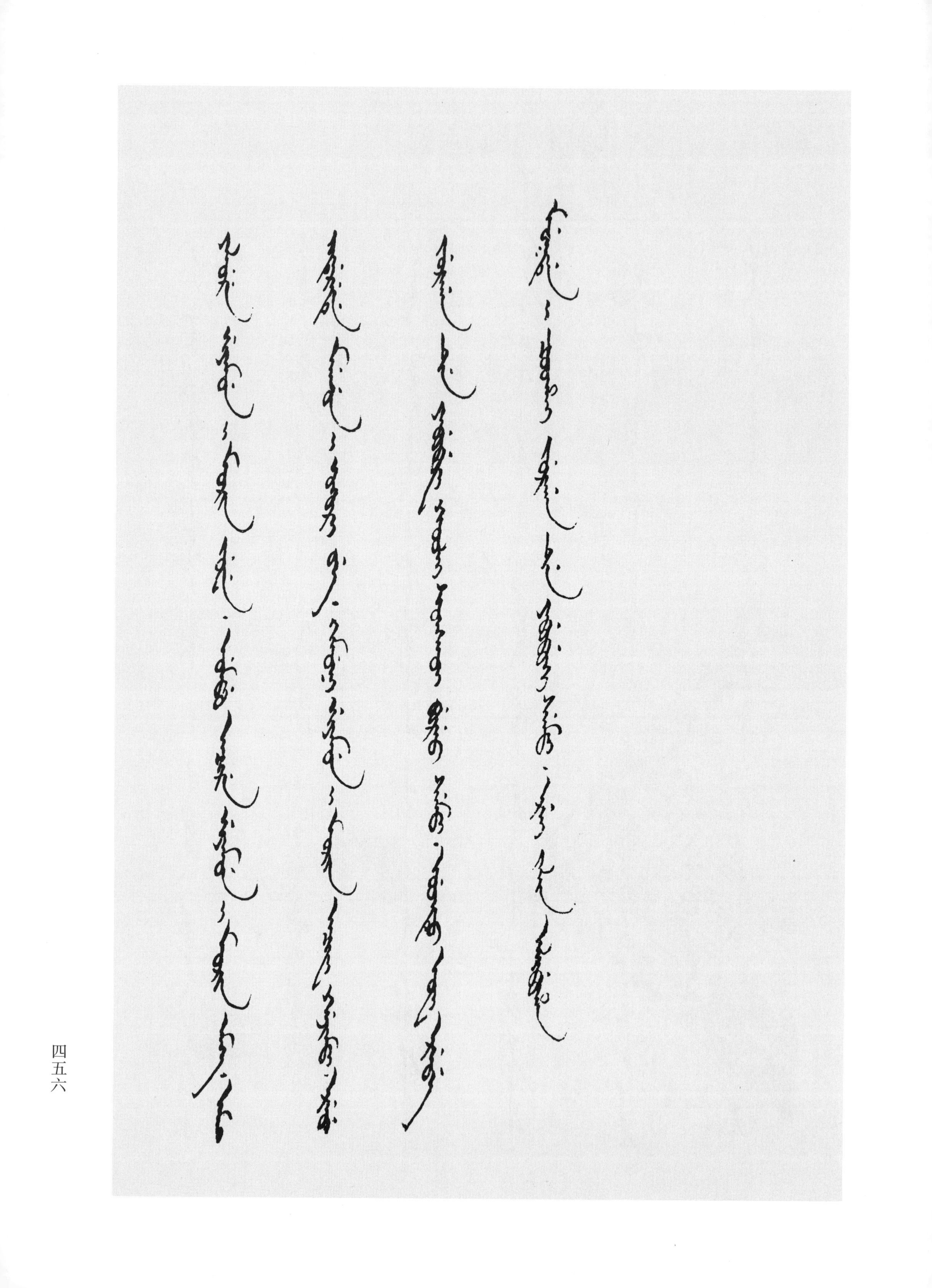

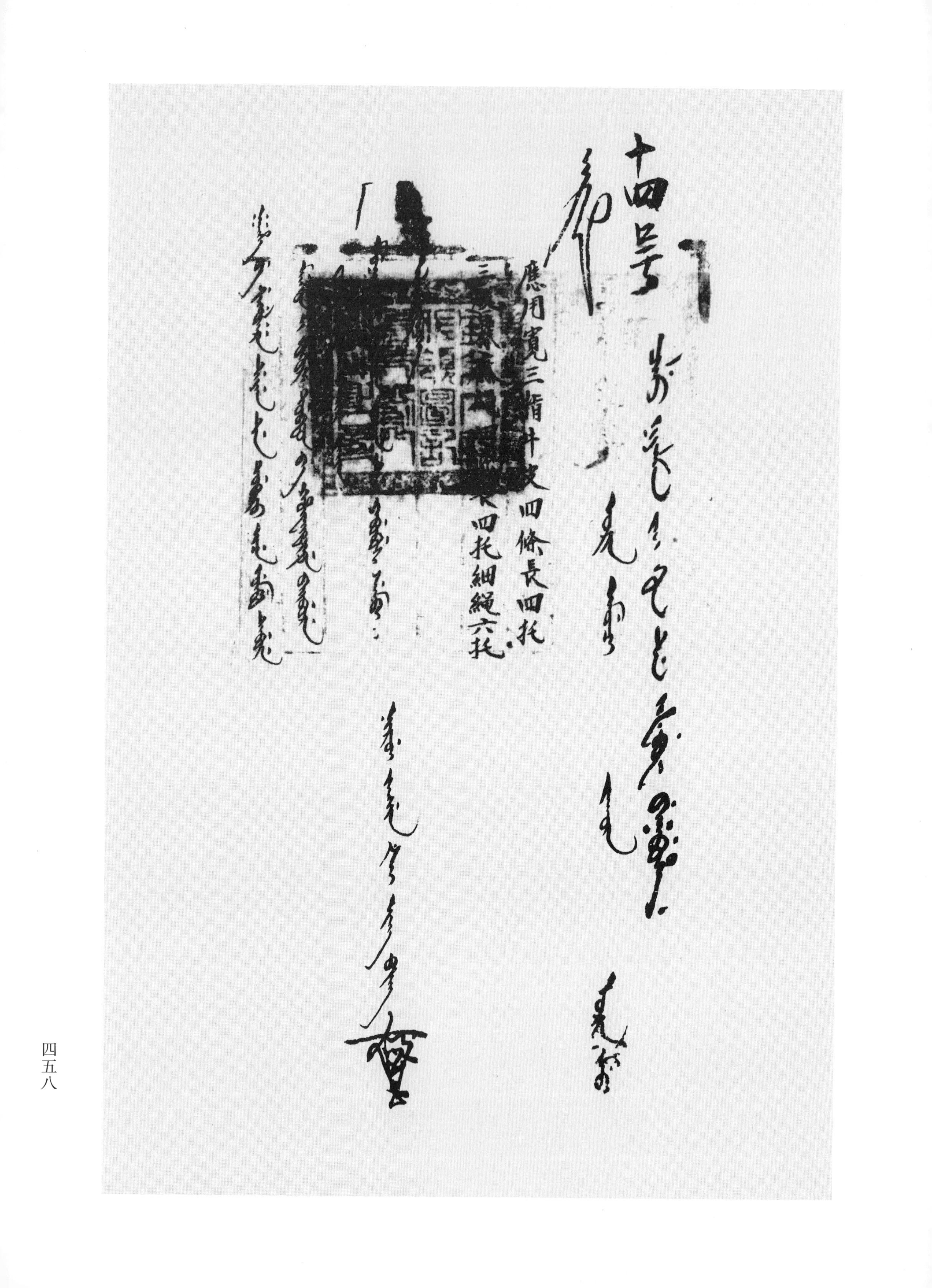

十四号

應用寬三指牛皮四條長四托

[illegible]長四托細繩六托

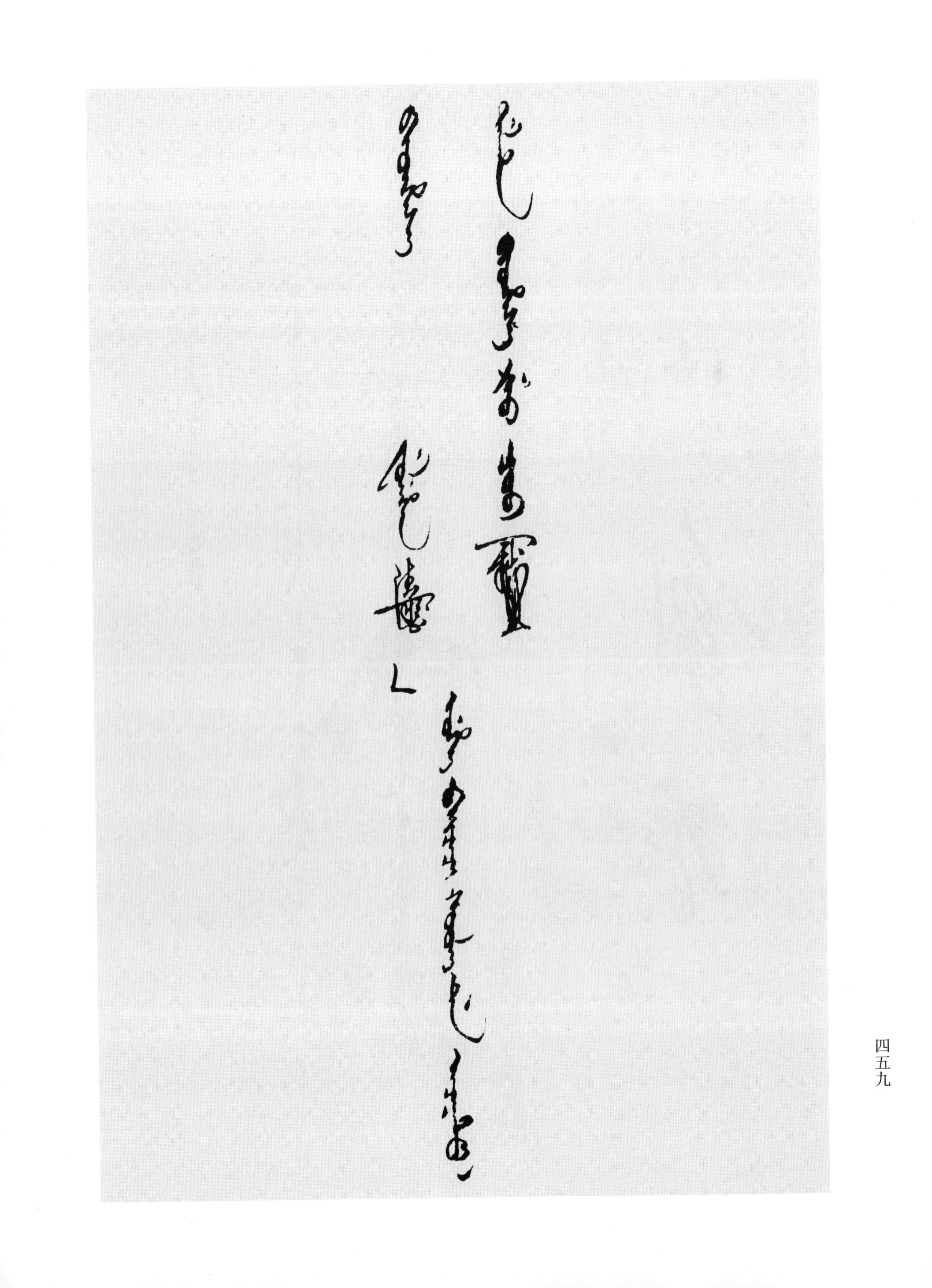

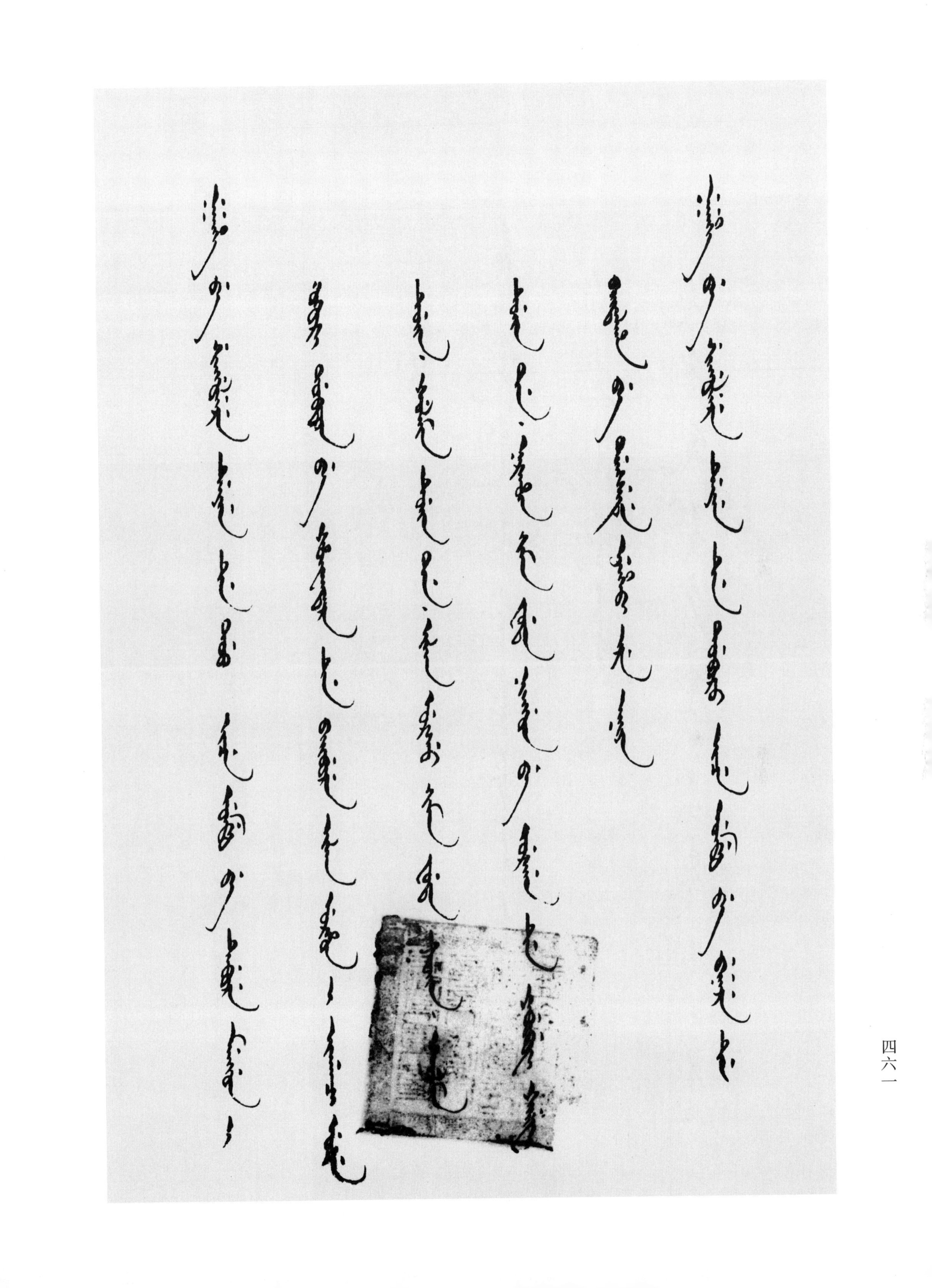

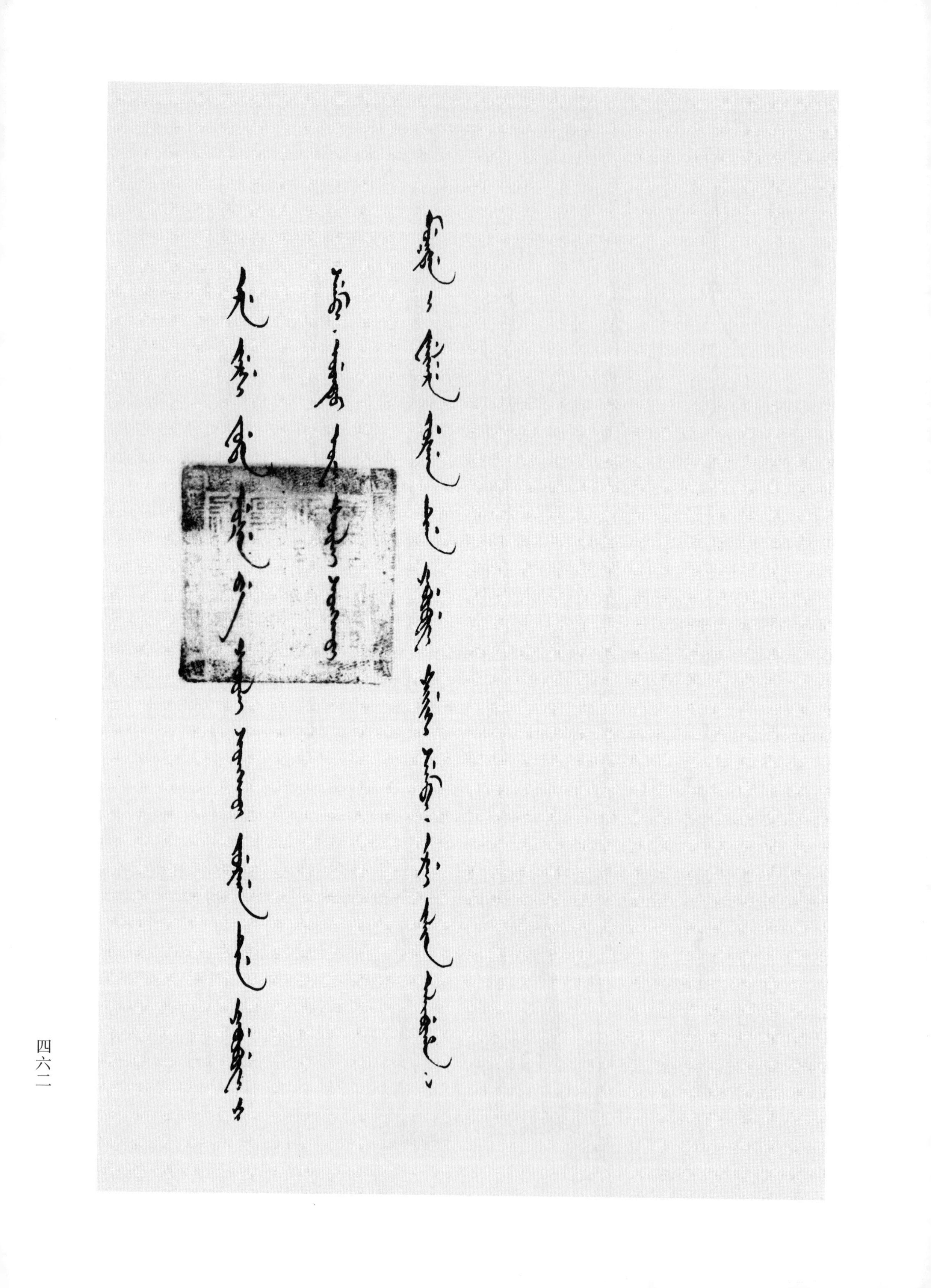

[illegible]

[illegible]

乾隆二十一年八月

[illegible]

管理三倉事務處呈爲咨取繩觔皮條事據管理三

倉事務達多隆吾等呈稱查得歷年盛裝送供

奉先殿山里紅眼壺套需用寬三指牛皮四條長四度三半

綁麻繩四條長四度細繩六條咨部領取應用在

獻送供

奉先殿山里紅應用此項牛皮繩條祈爲照例咨

可也等情據此相應照例咨行

盛京工部領取可也爲此上呈

ᠠᠪᡴᠠᡳ ᠸᡝᡥᡳᠶᡝᡥᡝ ᡳ ᠣᡵᡳᠨ ᡝᠮᡠᠴᡳ ᠠᠨᡳᠶᠠ ᠵᠠᡴᡡᠨ ᠪᡳᠶᠠ

乾隆二十一年八月

管理三倉事務處呈為換皮套事據管理三倉一一

務達多隆吾等呈稱查得盛京奉進庫

奉先殿山里紅餜盒需用柳條皮[illegible]套一個於乾隆十

七年八月內更換應用在案今復破壞不堪使用祈

為將破壞皮套二個送部以便換給新套應用可也等

情據此相應咨行

盛京工部以便換給新套應用可也為此上呈

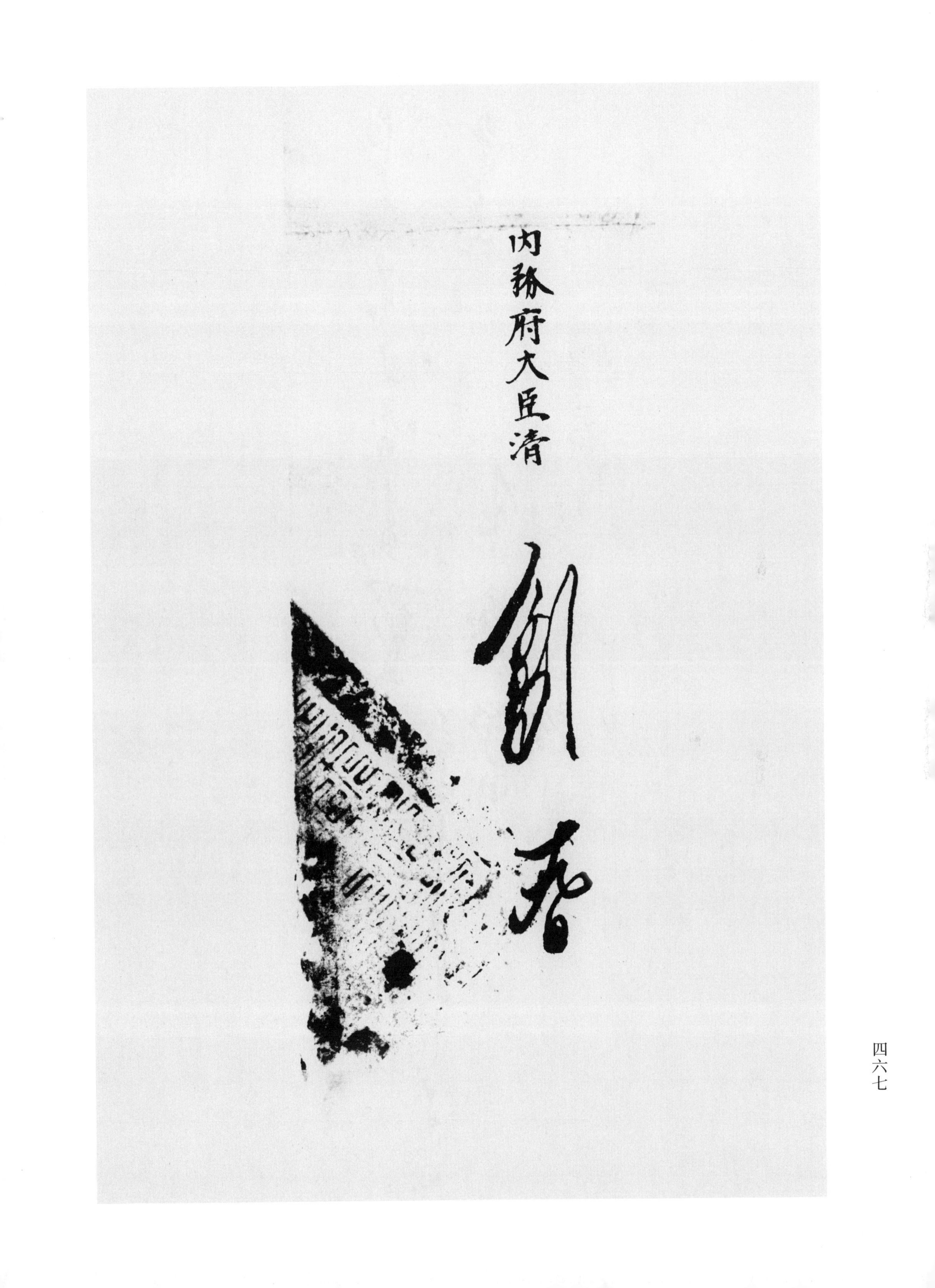

内務府大臣清

銳耆

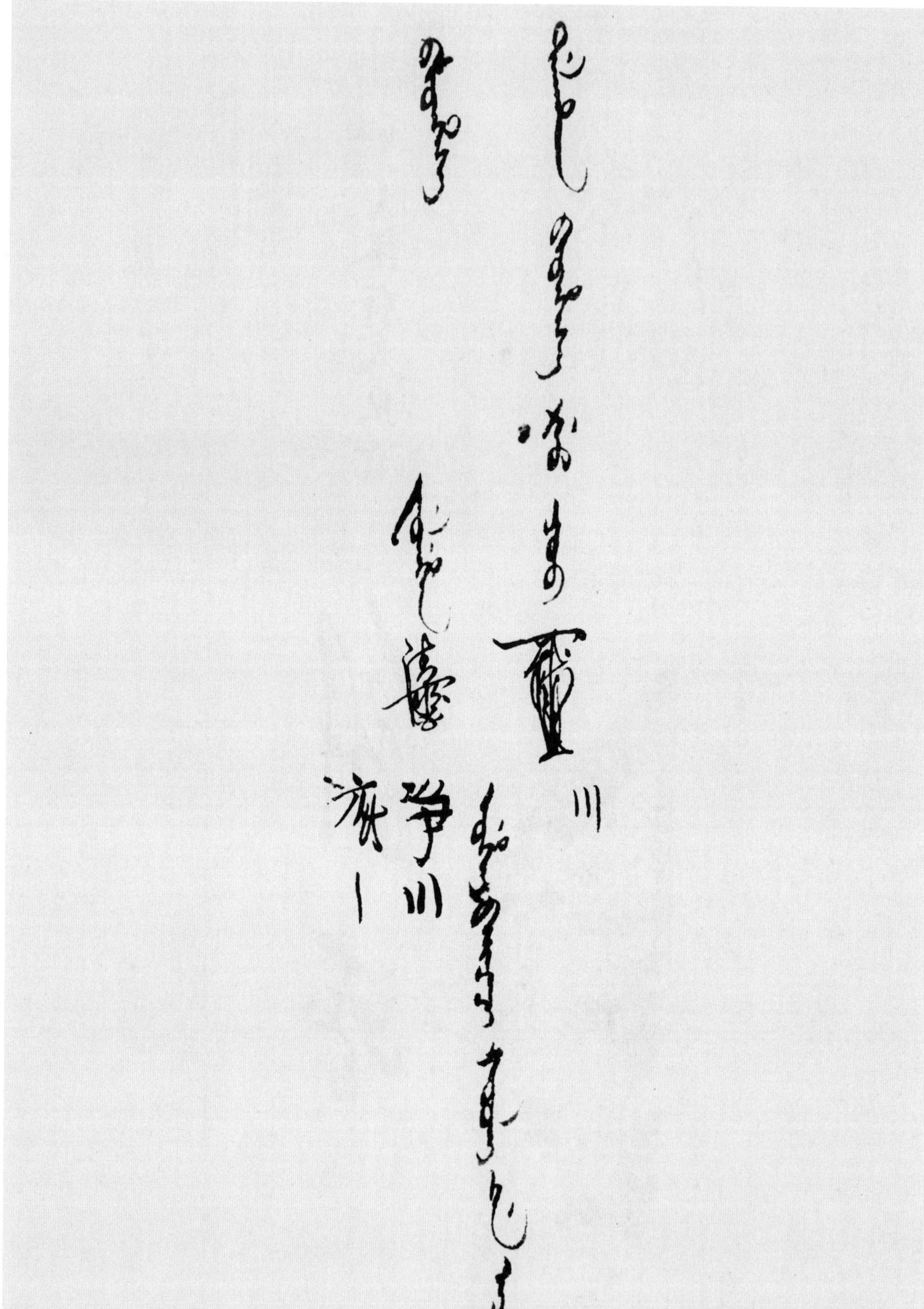

三倉爲更換磁裝山里紅腿盃

並需用綁條及包套事咨行

盛京工部

佐領石應屛

乾隆二十八年八月二十一

行

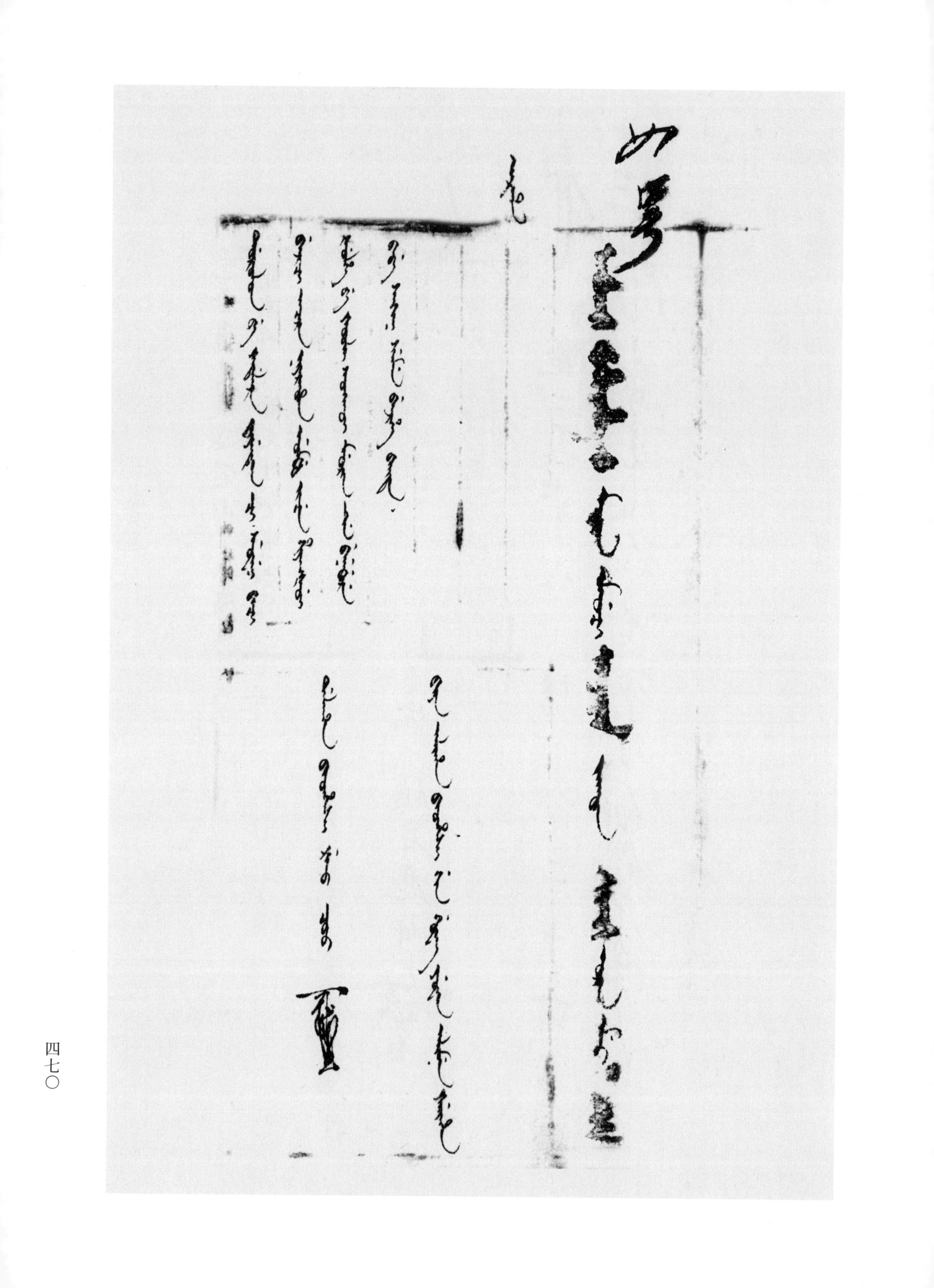

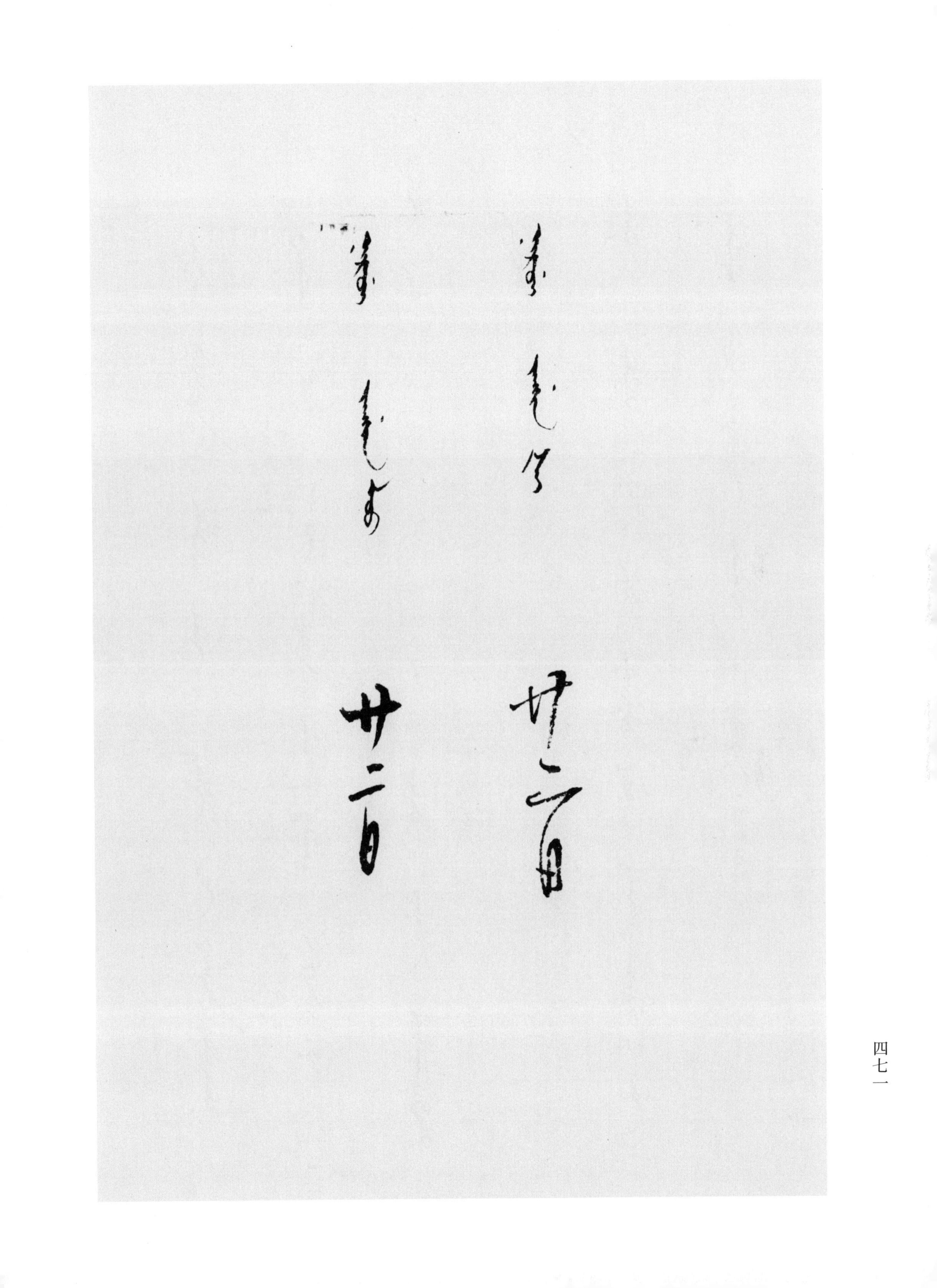

廿二日

廿二日

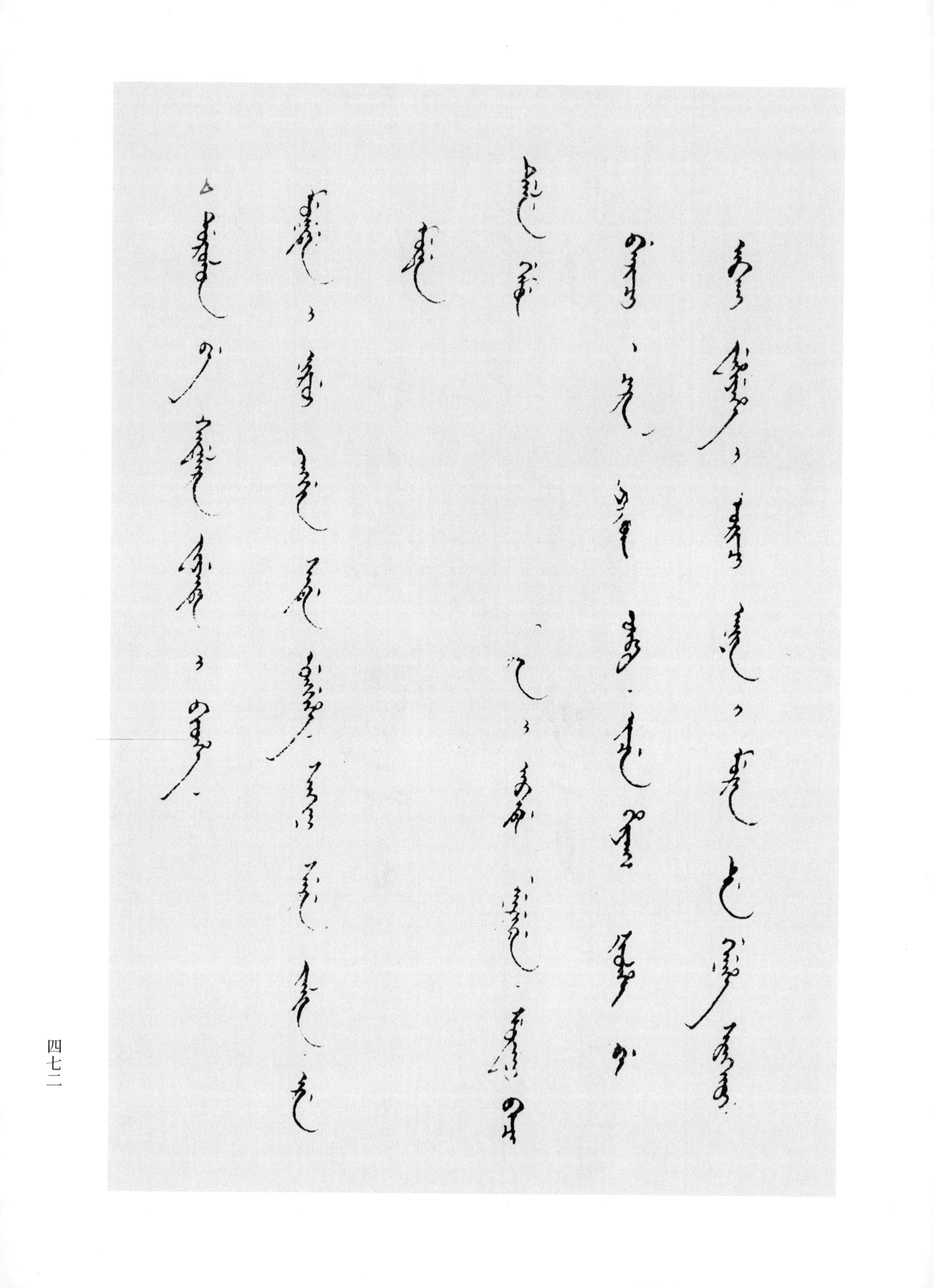

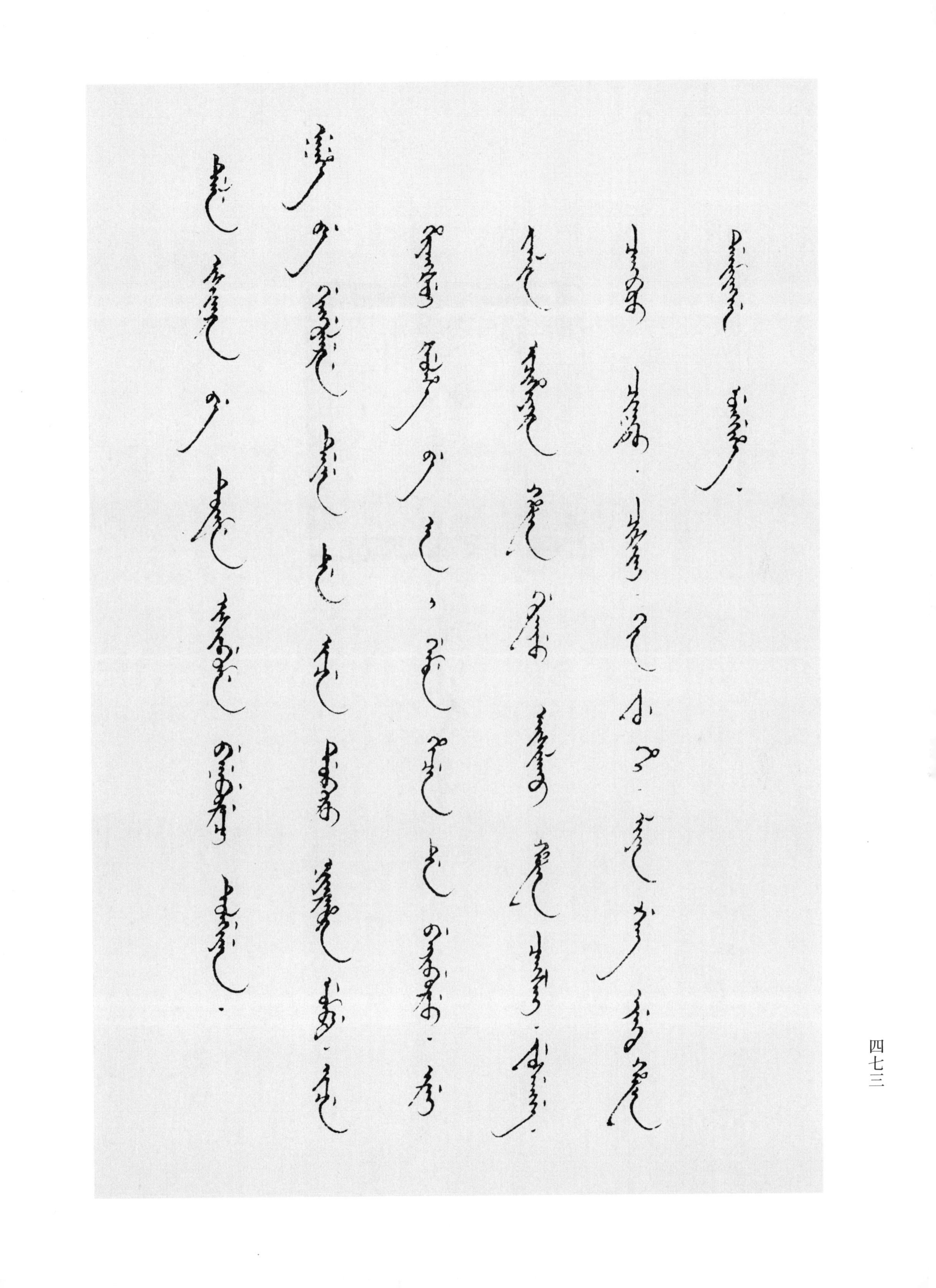

盛京内务府档 ◉ 乾隆朝

10

辽宁省档案馆 编

辽宁民族出版社

盛京内务府档　目录

盛京内务府档·乾隆朝　第十册　目录

编号	题名	时间	页码
12	正黄旗牛录处为请领仓长金奎之子娶妻应得恩赏银两事呈盛京内务府	乾隆二十一年八月××日	九七
13	营造司为请领糊饰内外班房窗户所需纸张白面事呈盛京内务府	乾隆二十一年八月××日	一〇八
14	掌仪司为请领前往木兰进送香水梨所需盘费银两事呈盛京内务府	乾隆二十一年八月××日	一〇九
15	掌仪司为请领赴京进送接梨所需盘费银两事呈盛京内务府	乾隆二十一年八月××日	一一五
16	镶黄旗牛录处为壮丁何成强价买正蓝旗那四达子之祖阿尔哈名下红册地属实呈请转咨盛京户部更名事呈盛京内务府	乾隆二十一年九月初二日	一二七
17	镶黄旗牛录处为请将霸占旗地案内候选州同杜芳英转送盛京户部讯问事呈盛京内务府	乾隆二十一年九月初三日	一三三
18	盛京内务府镶黄旗投充监生生员捐纳考中年月册	乾隆二十一年九月初三日	一三九
19	盛京将军衙门为知会员外郎佟福补授盛京佐领事咨盛京内务府	乾隆二十一年九月初三日	一四〇
20	盛京将军衙门为知会尽快确定拟陪人员名单并奉旨记名人员毋庸顶戴事咨盛京内务府	乾隆二十一年九月初四日	一四七
21	管理三仓事务处为请派赴京进送山里红郁李甜梨等所需封坛皮匠及马皮呈请转咨盛京工部事呈盛京内务府	乾隆二十一年九月初七日	一六四
22	盛京将军衙门为抄单知会各处奉谕肃吏治整士风事咨盛京内务府	乾隆二十一年九月初七日	一七八
23	盛京兵部为闰九月初二日点验军器请报送军械册以备查验事咨盛京内务府	乾隆二十一年九月初八日	一七九

编号	题名	日期	页码
24	档案房为催缴因保管不善需赔补乾隆八年造办筵宴桌张等项银两呈请转咨盛京工部事呈盛京内务府	乾隆二十一年九月十四日	一九四
25	广储司为造送乾隆二十一年八月三旗兵丁等红白事件恩赏银两数目销算册呈请转送盛京将军衙门事呈盛京内务府	乾隆二十一年九月十四日	一九五
26	掌仪司为请将由木兰进送御用香水梨归来交回之路引及蒙文执照咨送盛京刑部事呈盛京内务府	乾隆二十一年九月十四日	二〇〇
27	会计司为庄头徐世勋遵例首报私垦地亩呈请转咨盛京户部事呈盛京内务府	乾隆二十一年九月十四日	二一二
28	正黄旗牛录处为结报锞匠脑德富系随母改嫁杨姓民人实系内务府当差呈请转咨盛京刑部事呈盛京内务府	乾隆二十一年九月十八日	二一三
29	掌仪司为请将由窃盗沈梅名下追缴之赃款转送盛京刑部事呈盛京内务府	乾隆二十一年九月十八日	二二三
30	档案房为造送孝慈高皇后忌日福陵祭祀抬桌官员衔名呈请转咨盛京礼部事呈盛京内务府	乾隆二十一年九月二十日	二三一
31	都虞司为请领赴京解送打牲丁钱粮所需粮草单呈请转咨盛京户部事呈盛京内务府	乾隆二十一年九月二十日	二三八
32	广储司为请领腌制山里红采买白糖等所需银两事呈盛京内务府	乾隆二十一年九月二十日	二四六
33	都虞司为请领赴京解送打牲钱粮折银所需盘费银两事呈盛京内务府	乾隆二十一年九月二十日	二五五
34	掌仪司为知会照数收讫所送接梨事咨盛京佐领等	乾隆二十一年九月二十三日	二六〇
35	旗务处为造送三旗兵等军械册呈请转咨盛京兵部事呈盛京内务府	乾隆二十一年九月二十四日	二六四

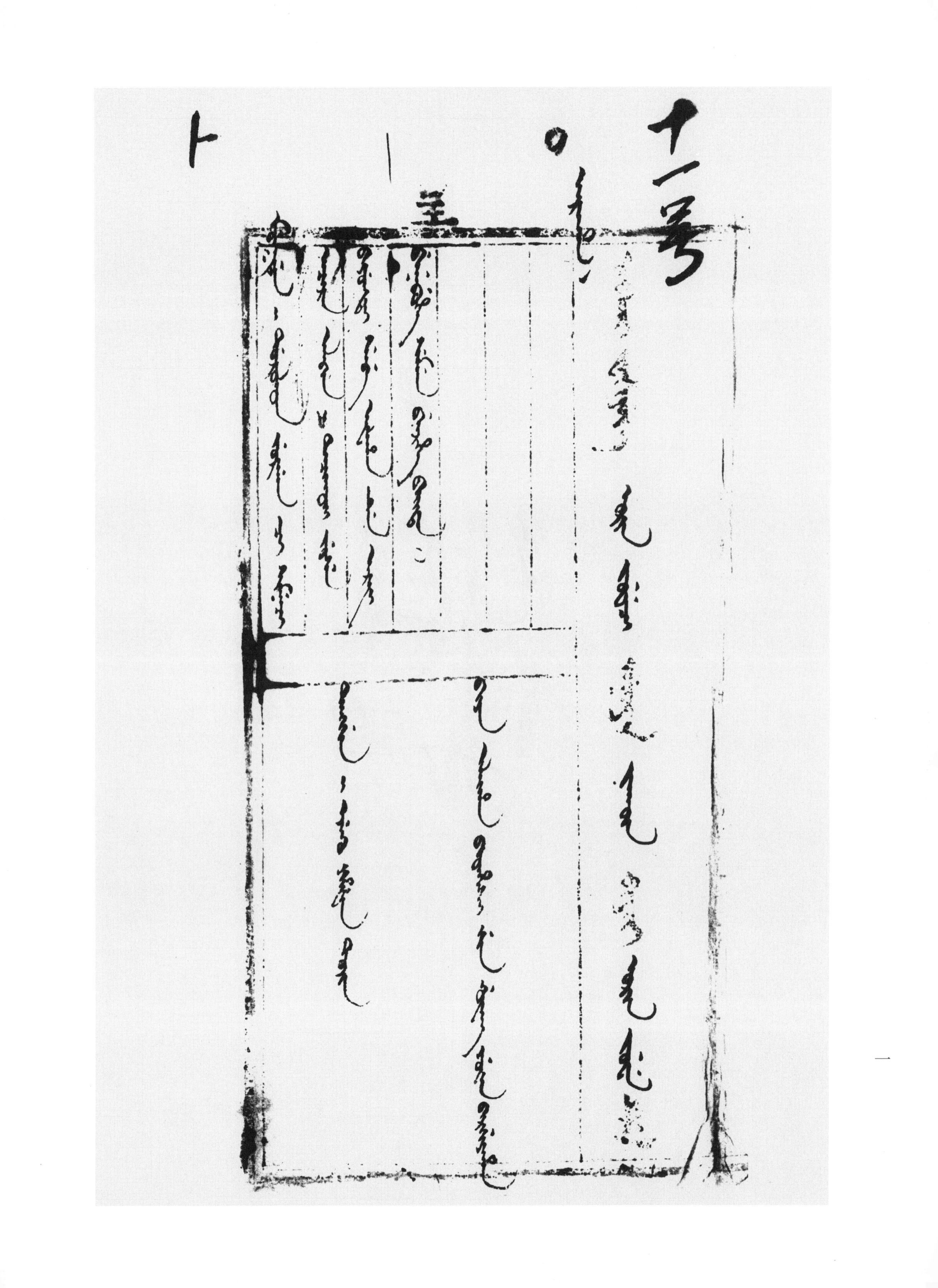

十一號

卜

至

一

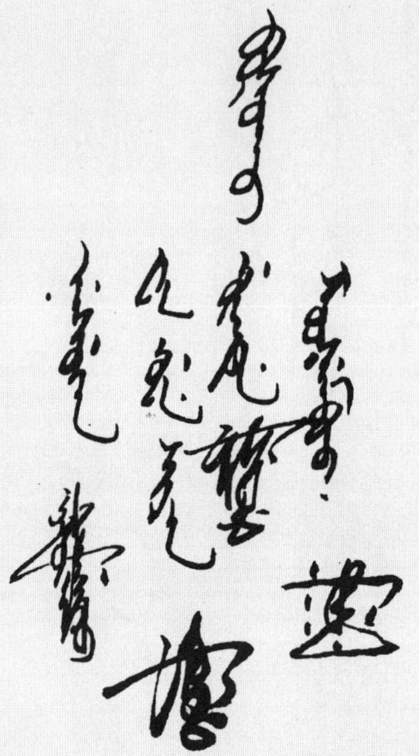

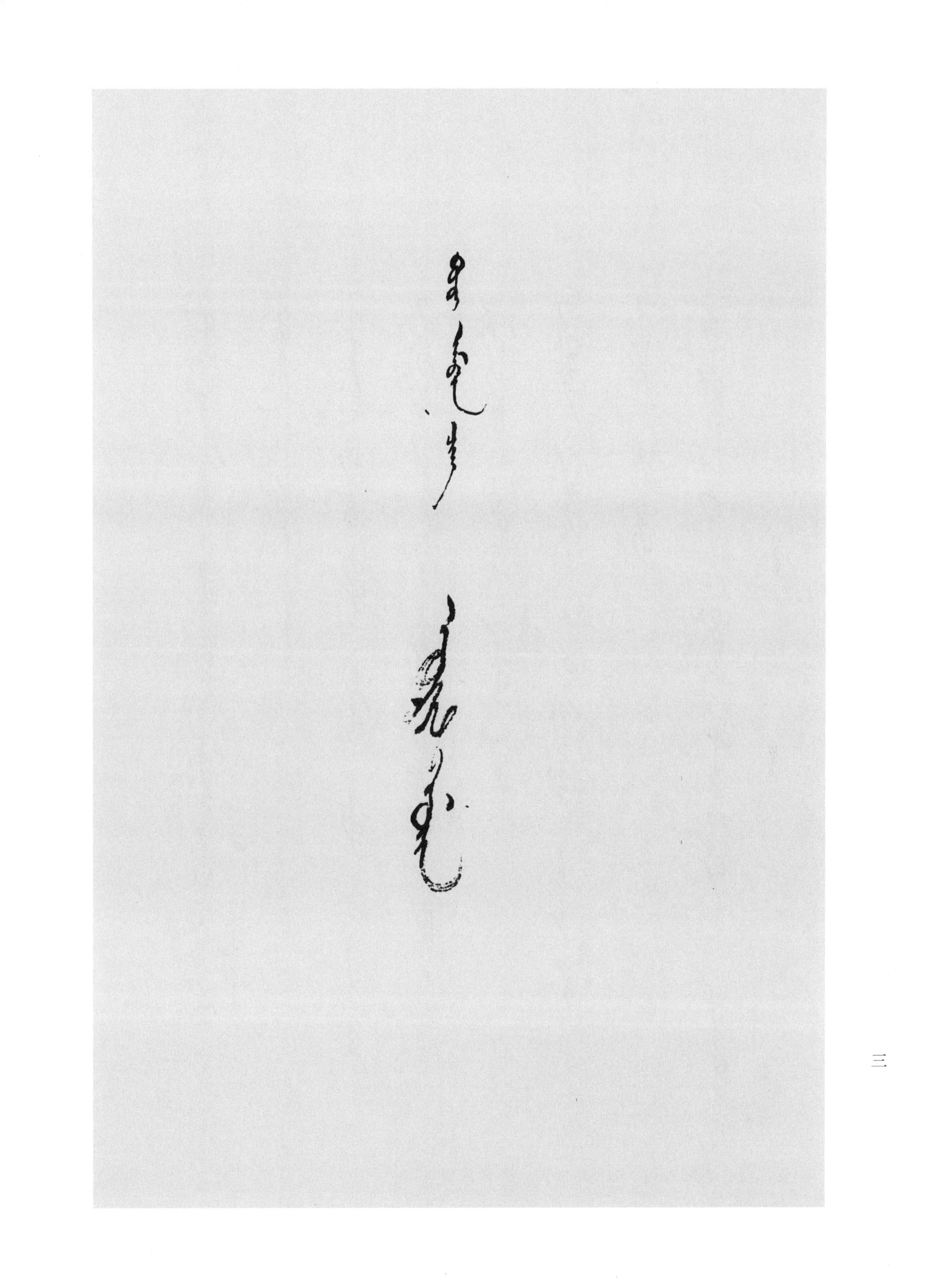

[illegible]

[illegible]

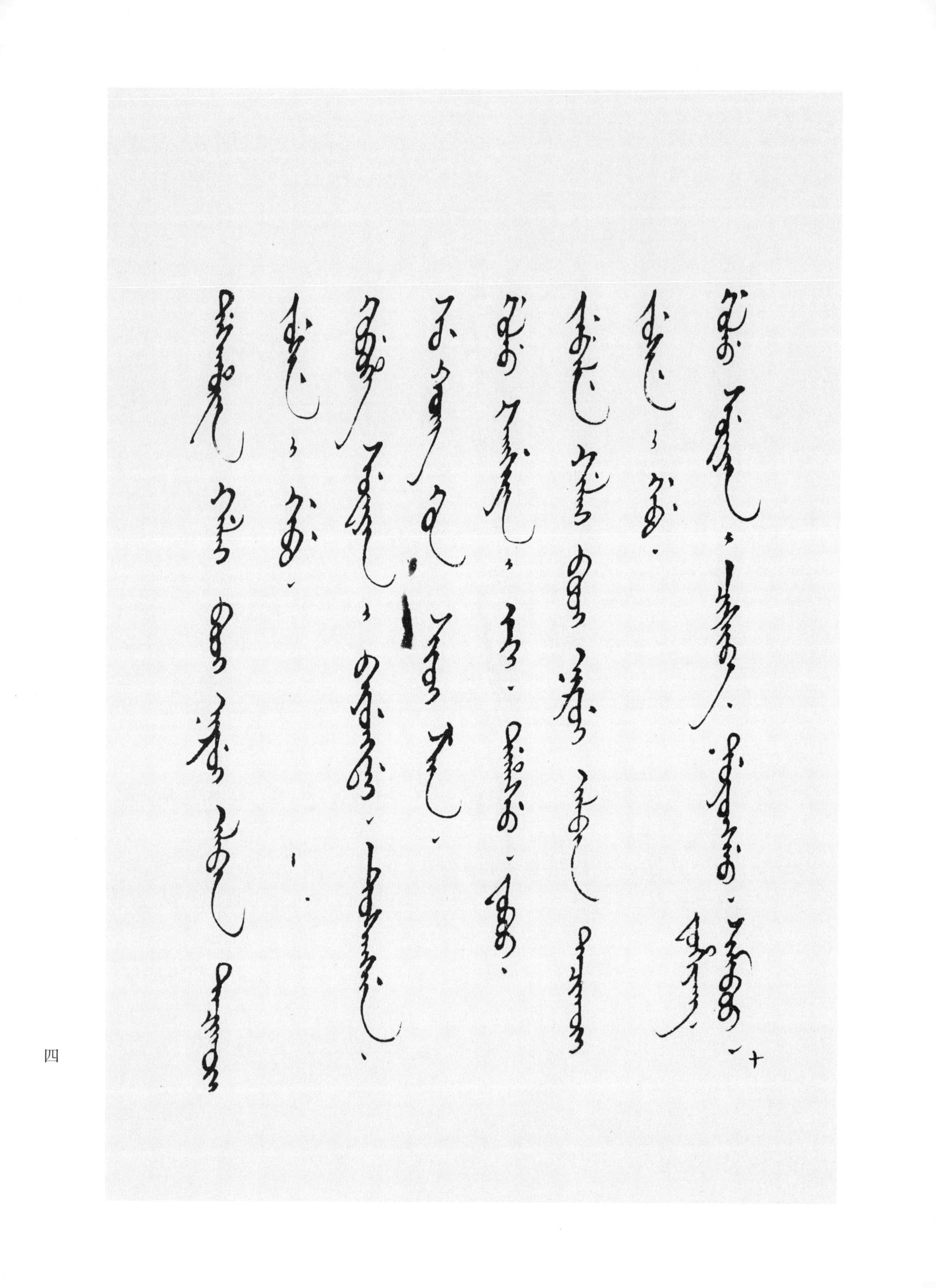

[illegible]

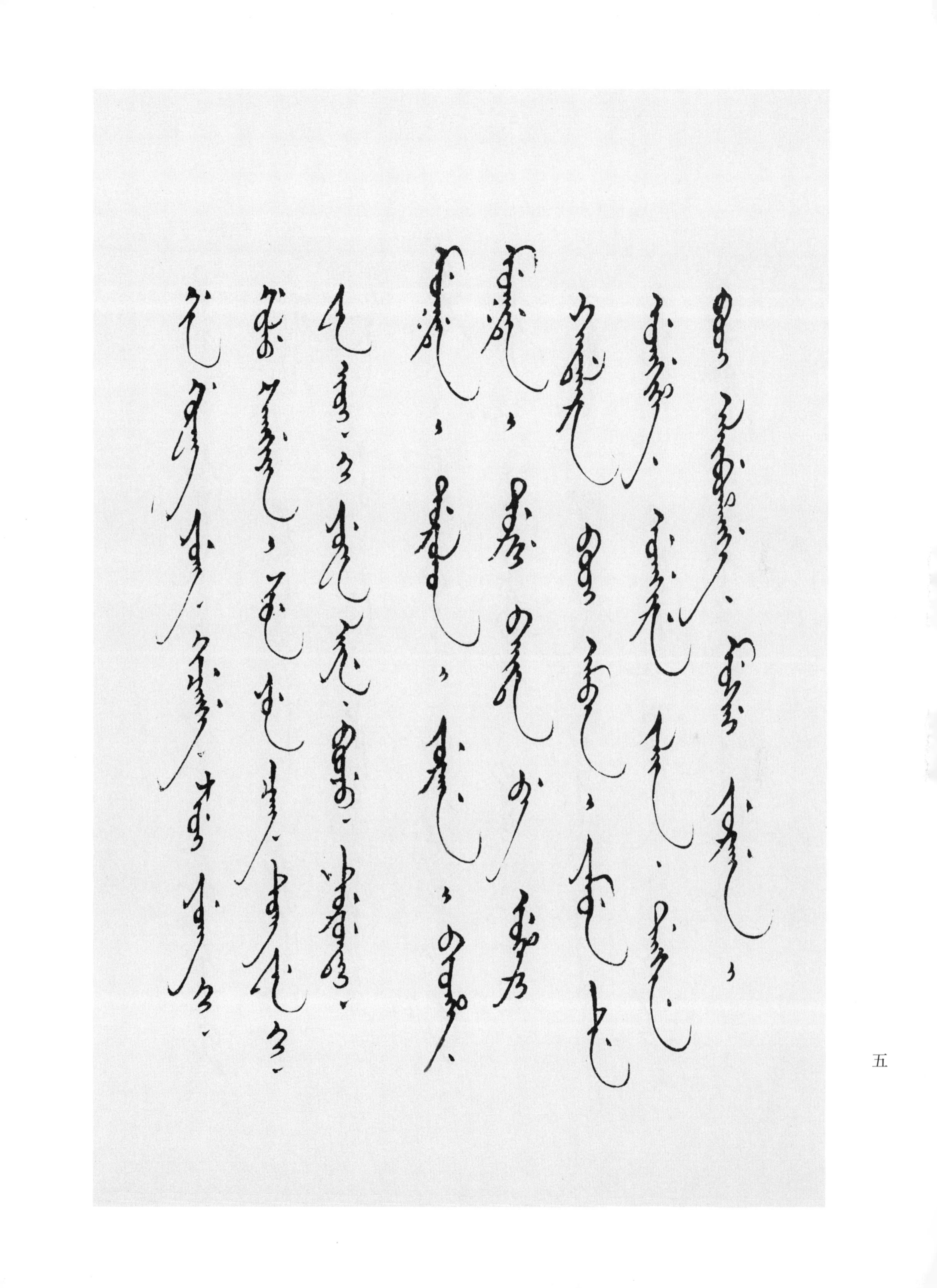

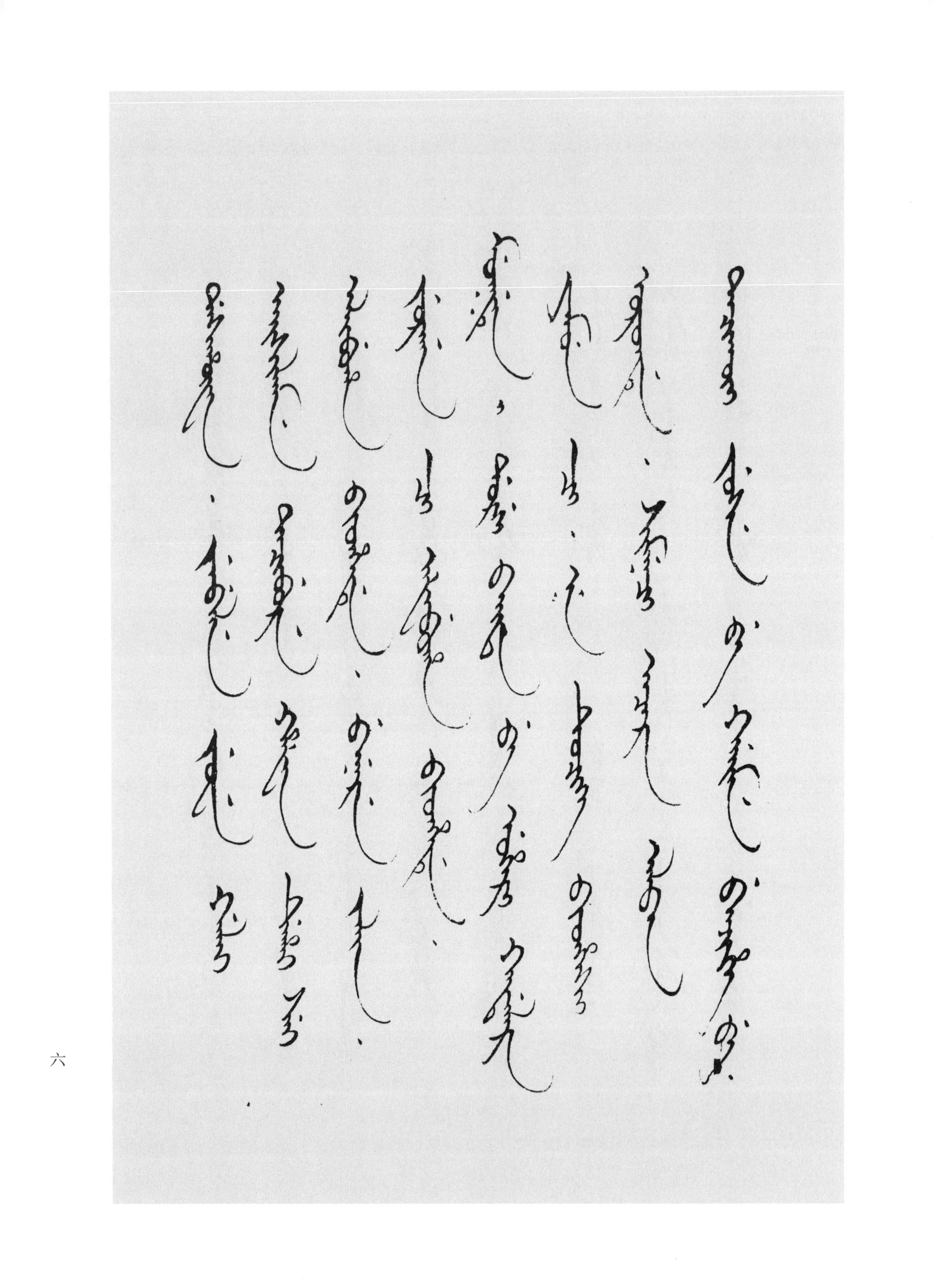

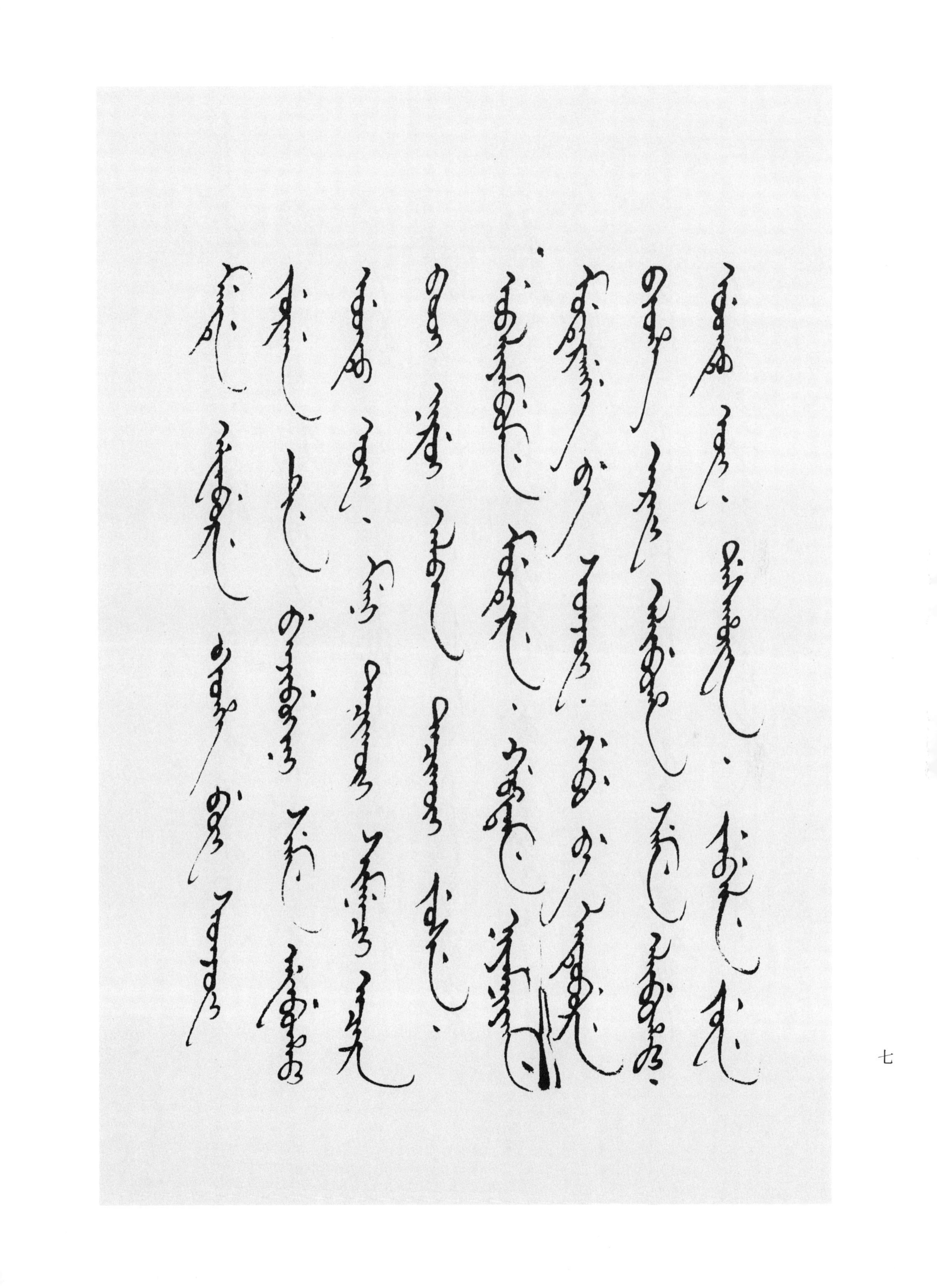

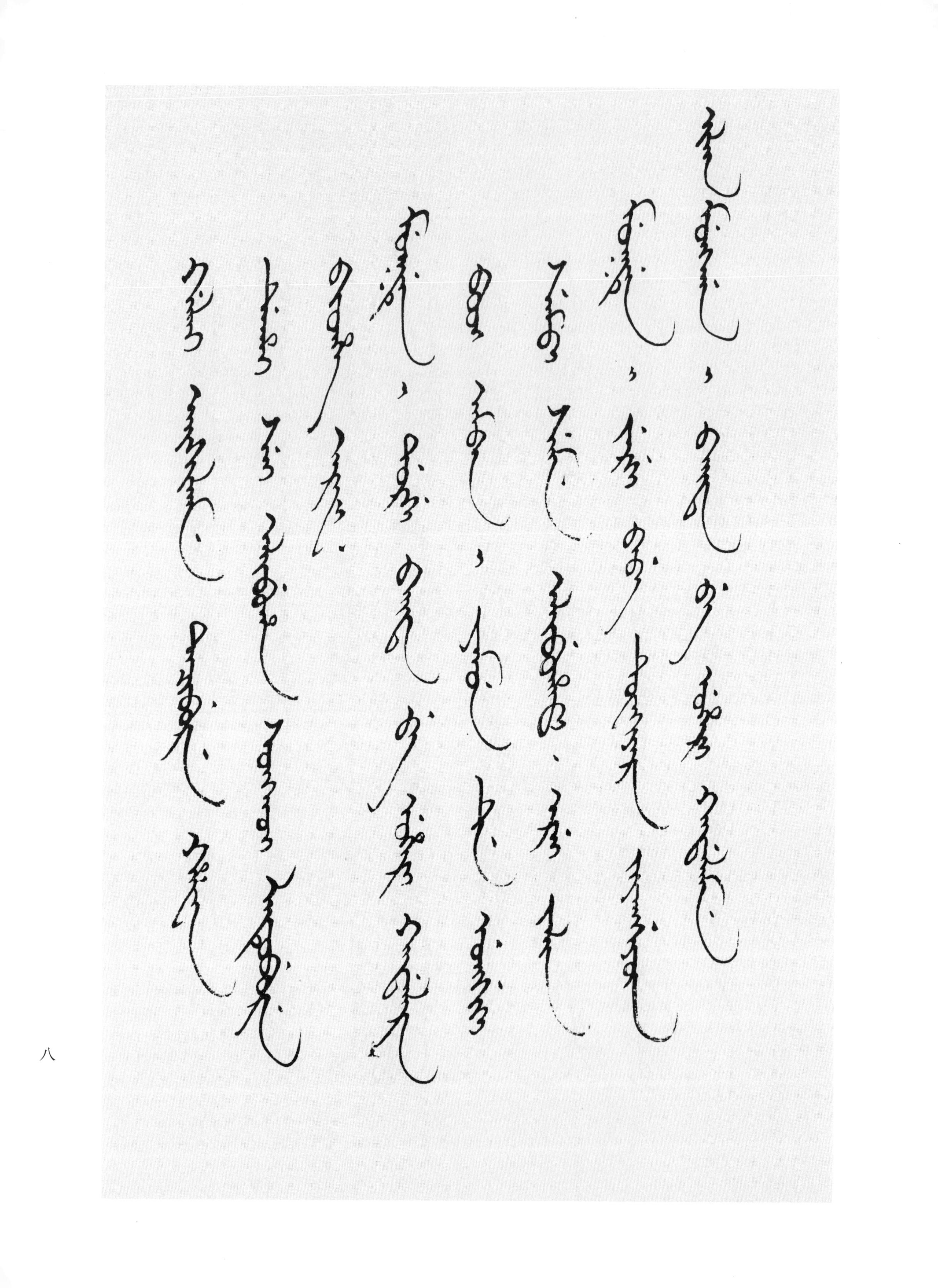

[illegible]

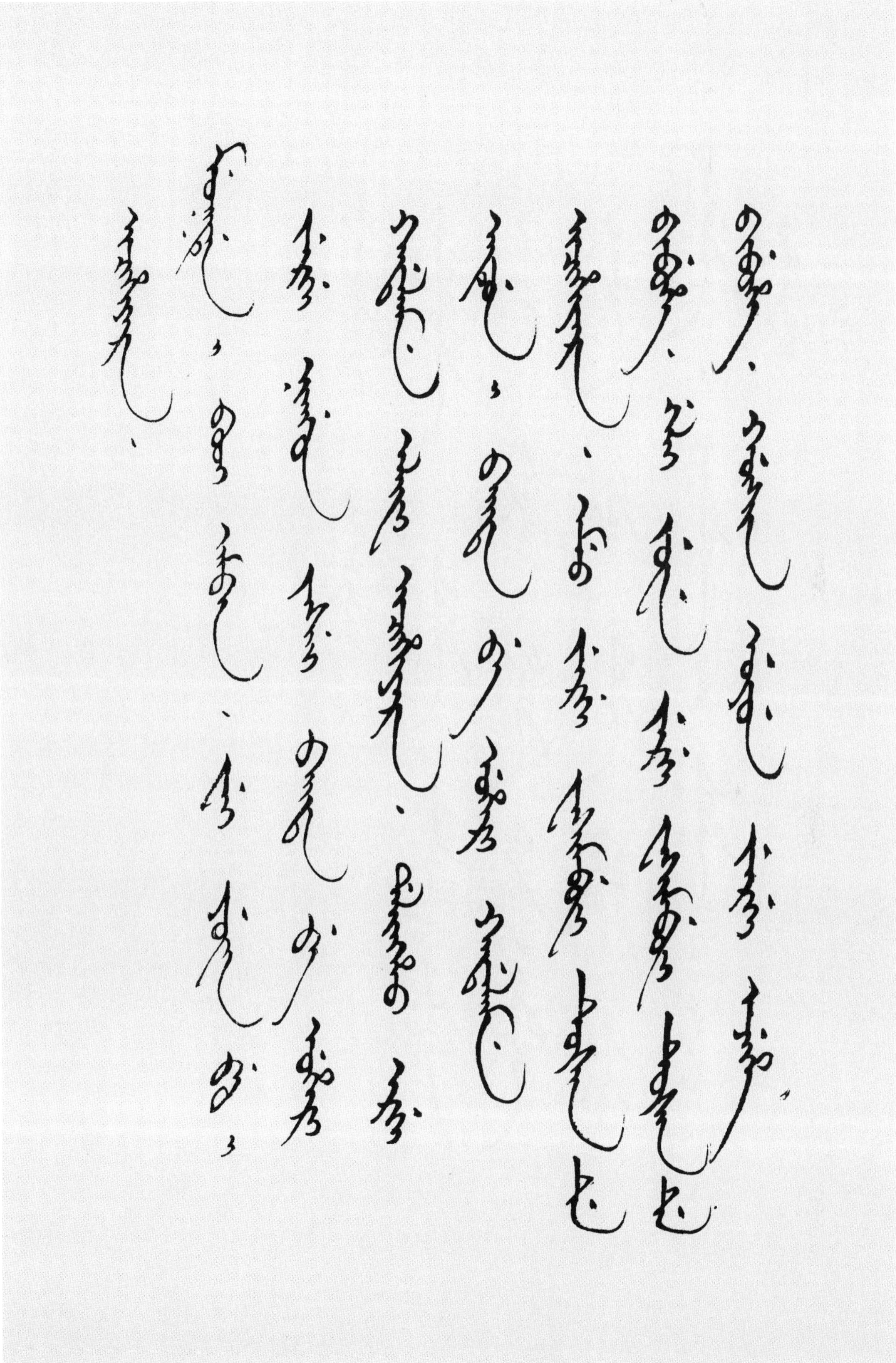

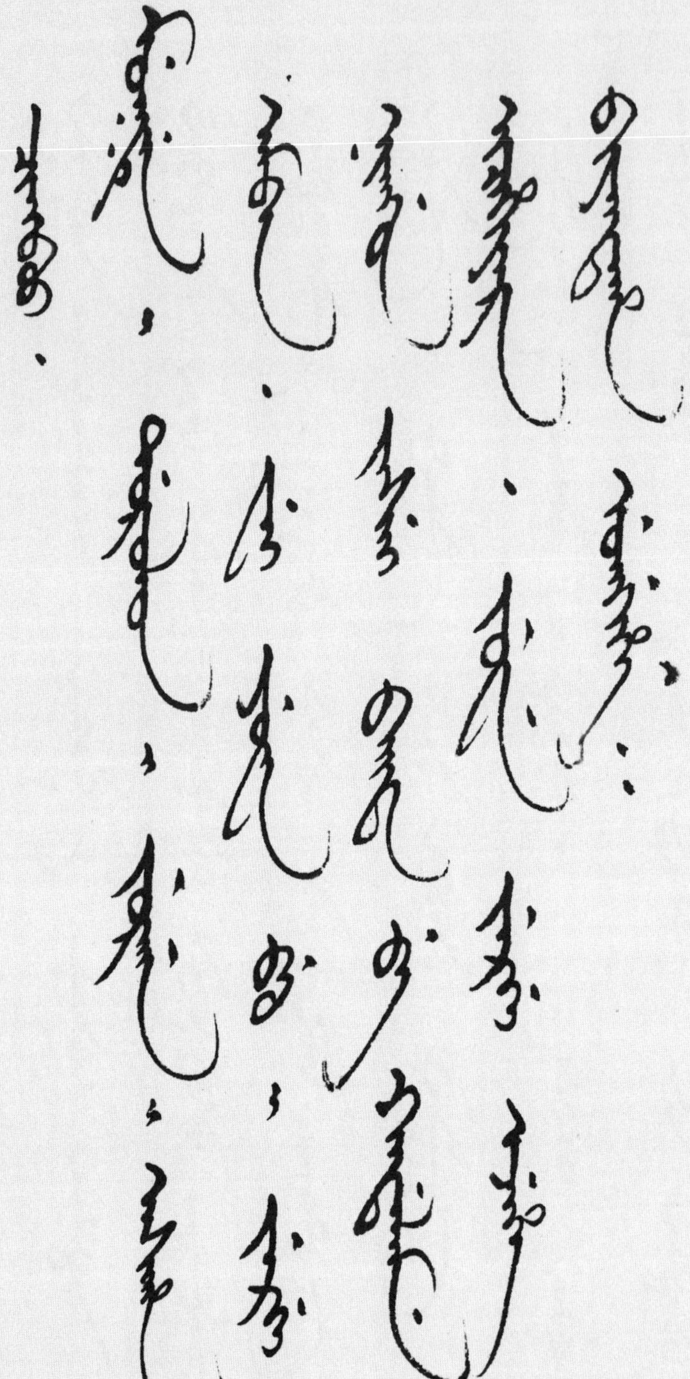

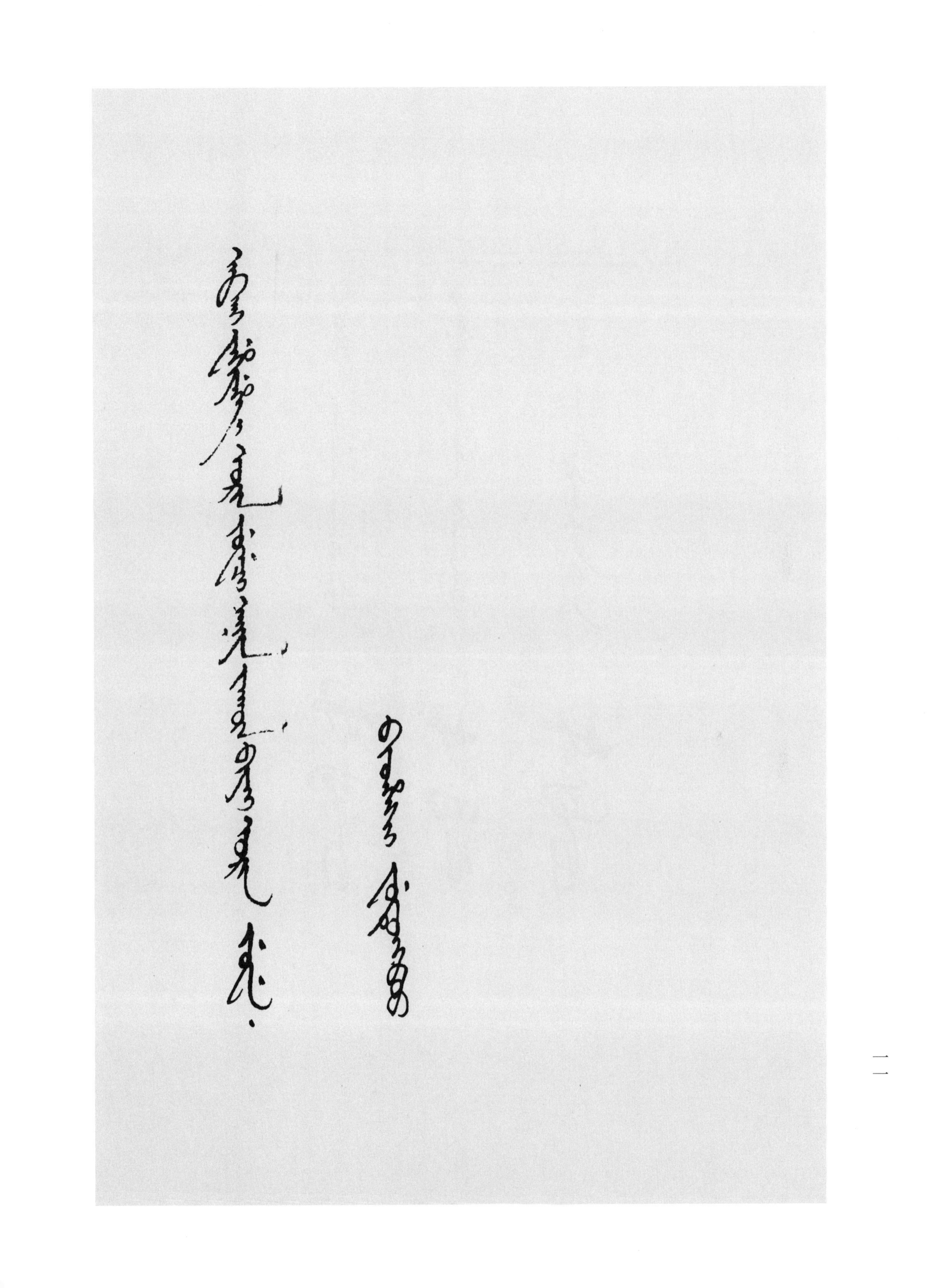

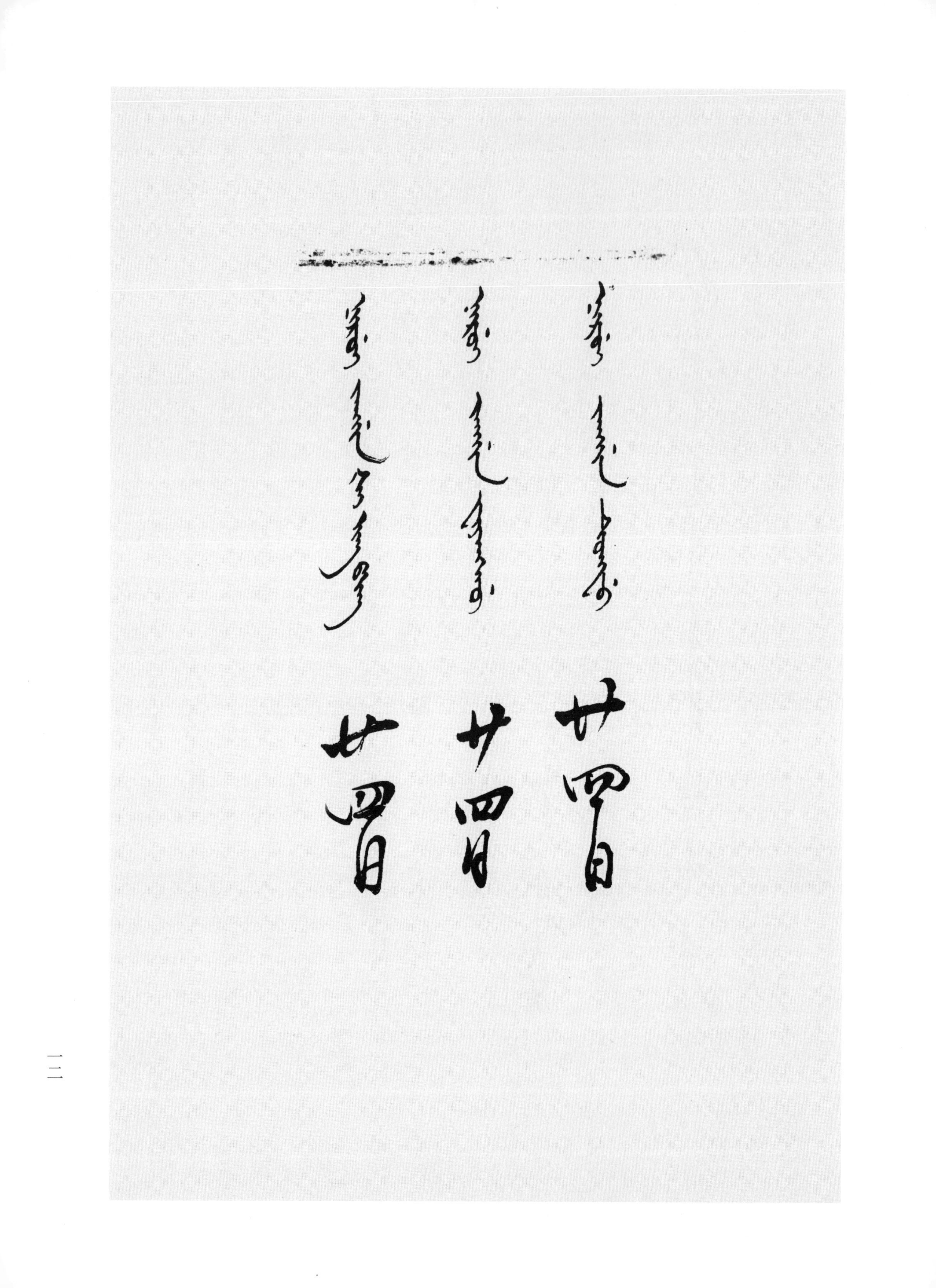

廿四日

廿四日

廿四日

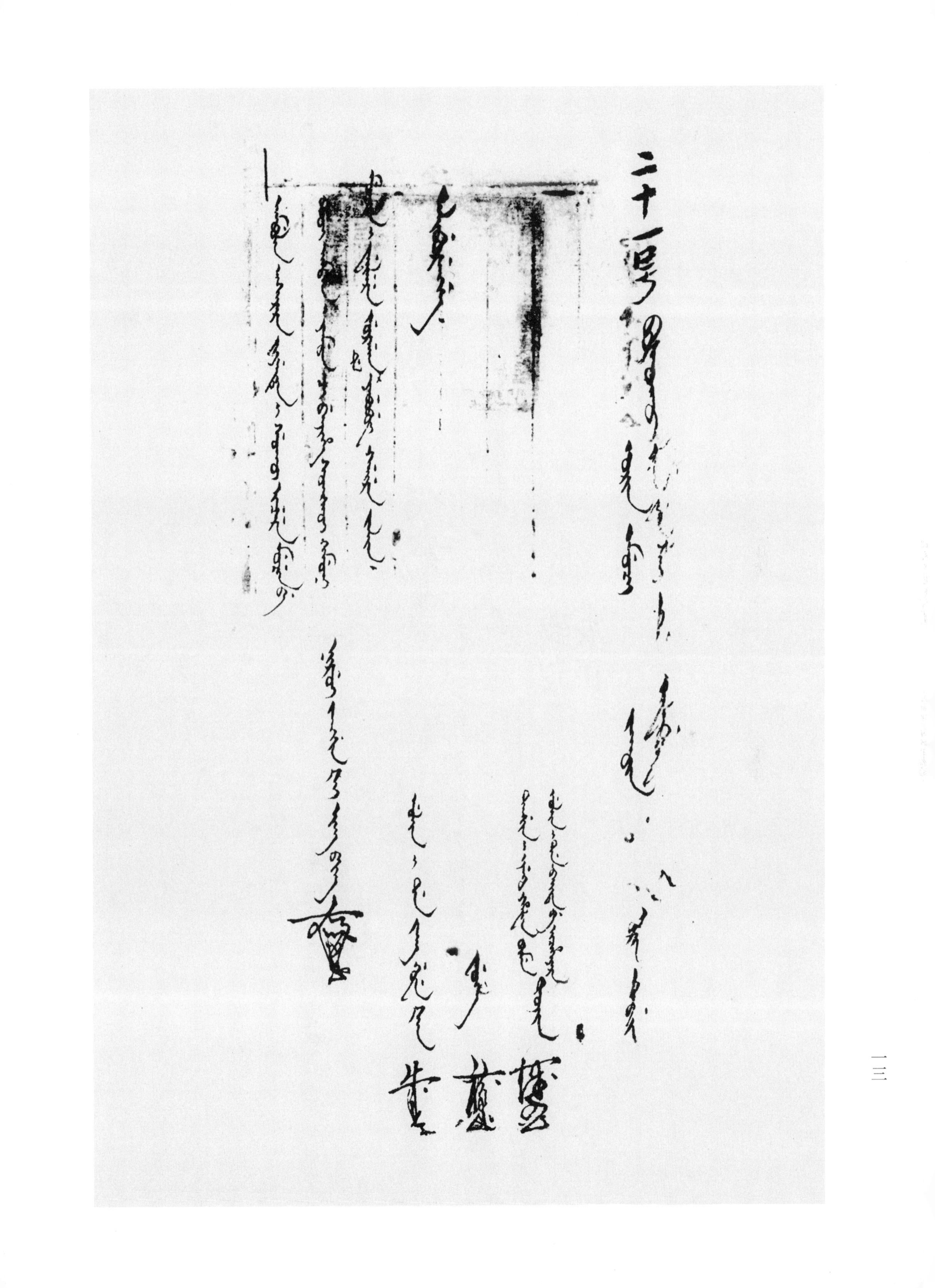

二十一号

庫使金廣吉寫

亮保対

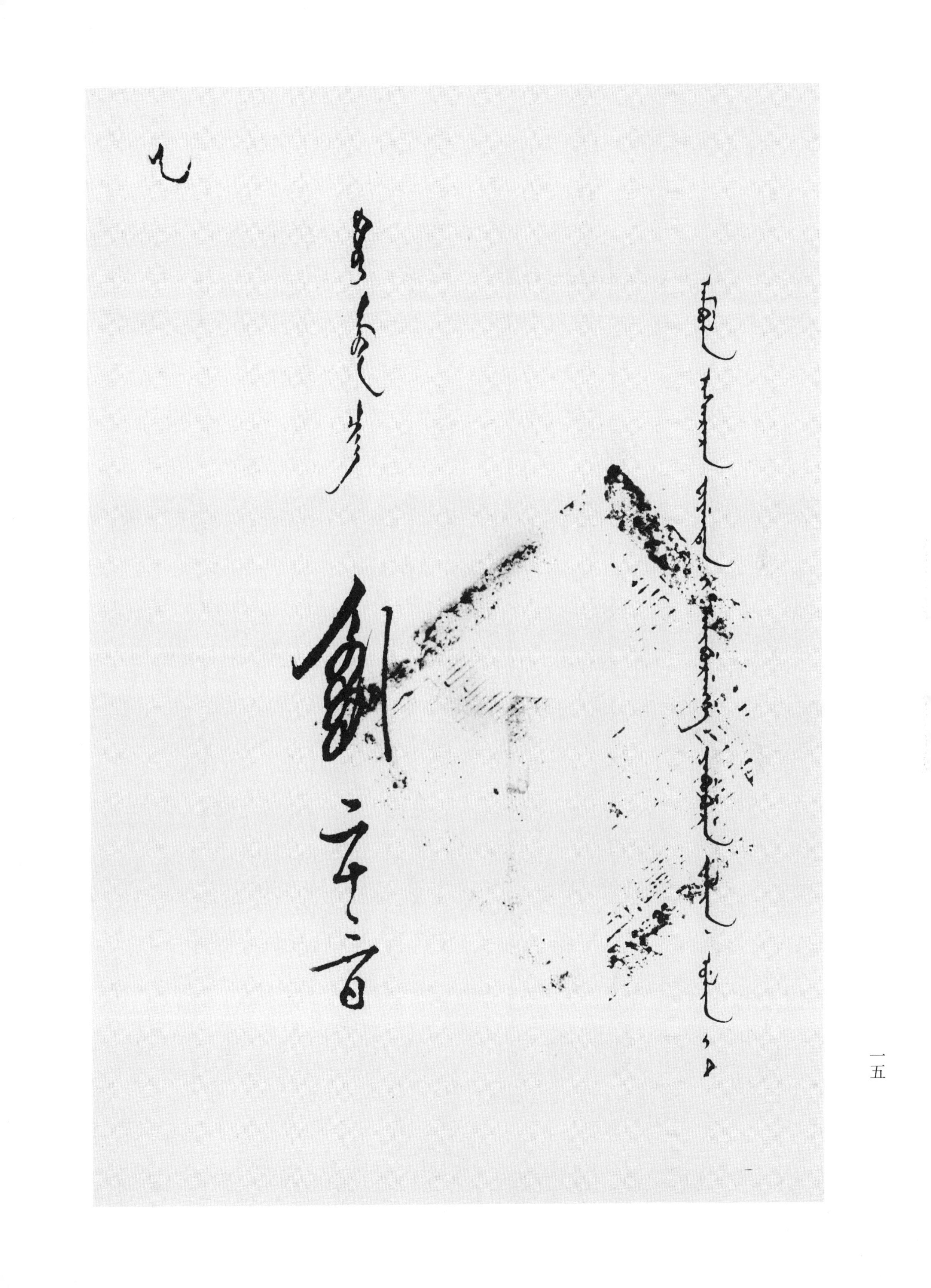

劉元吉

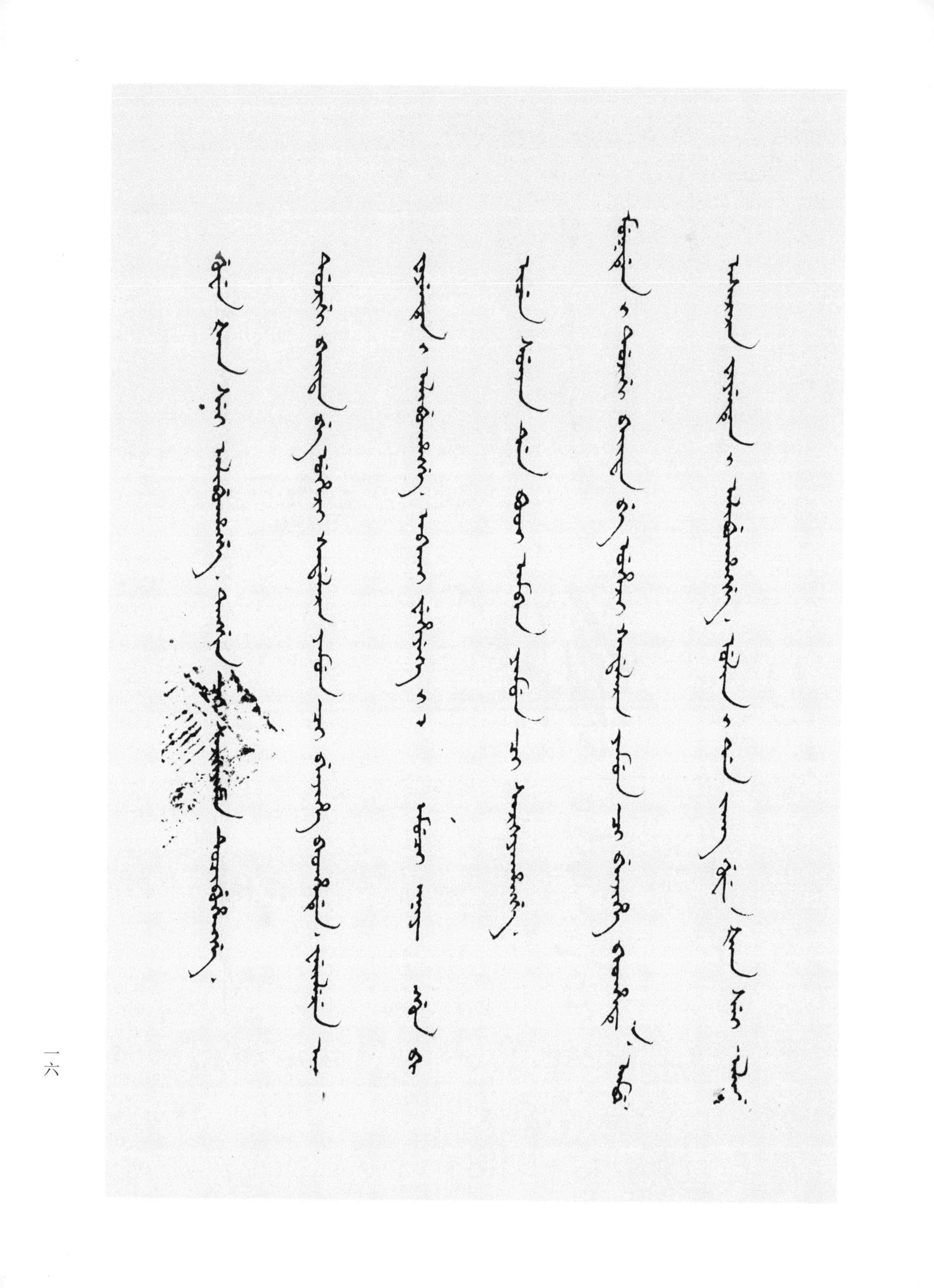

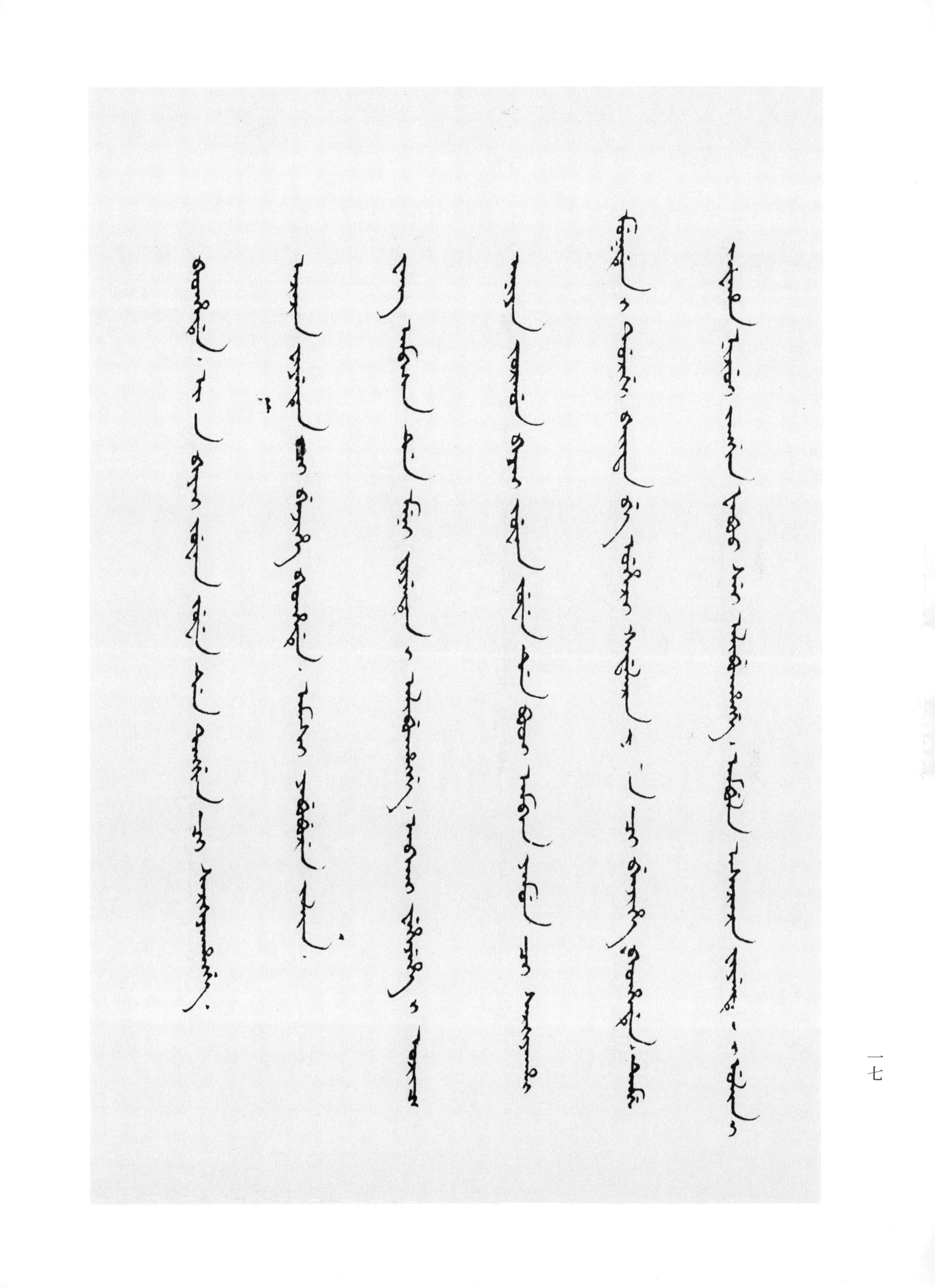

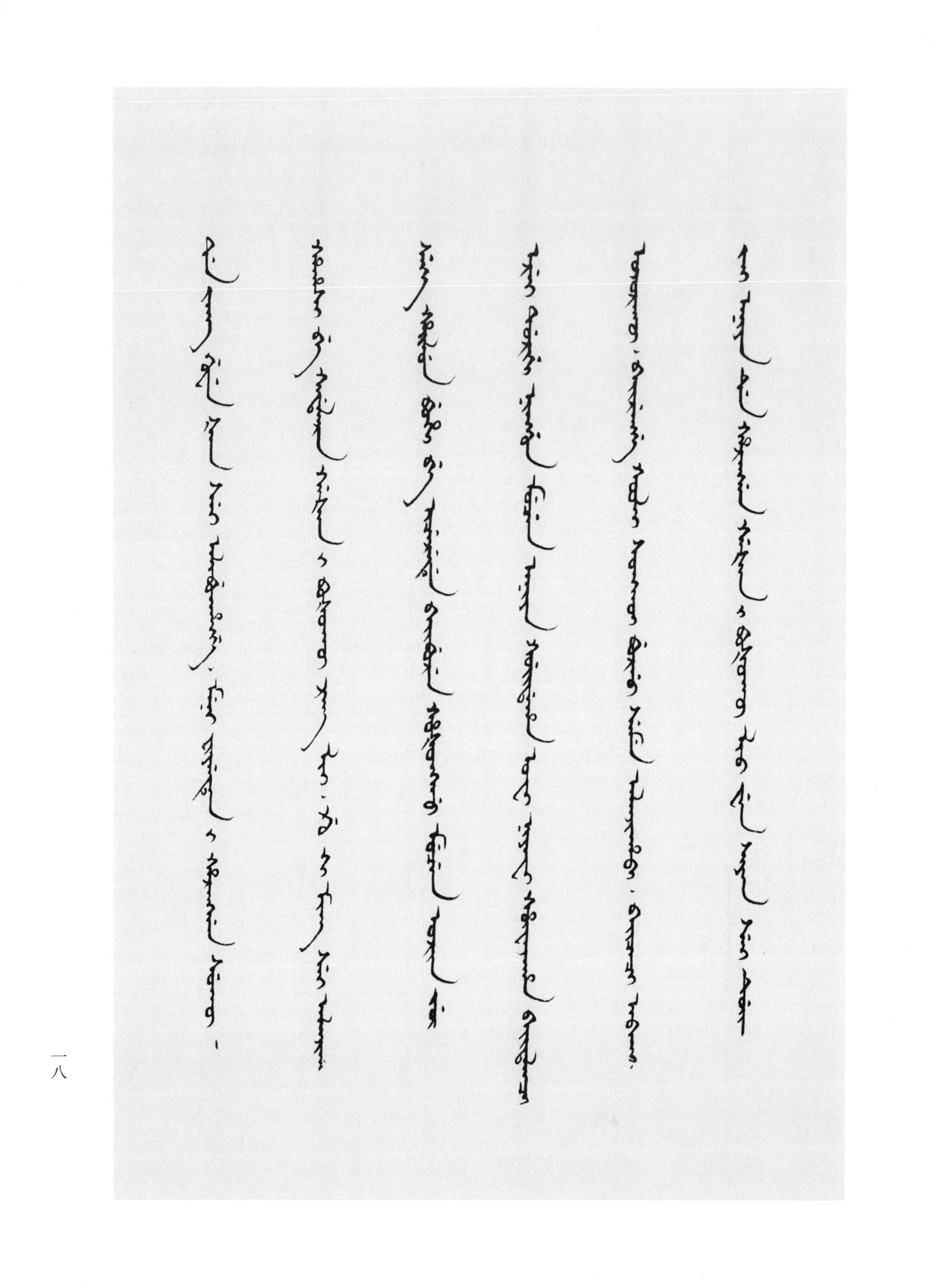

[illegible]

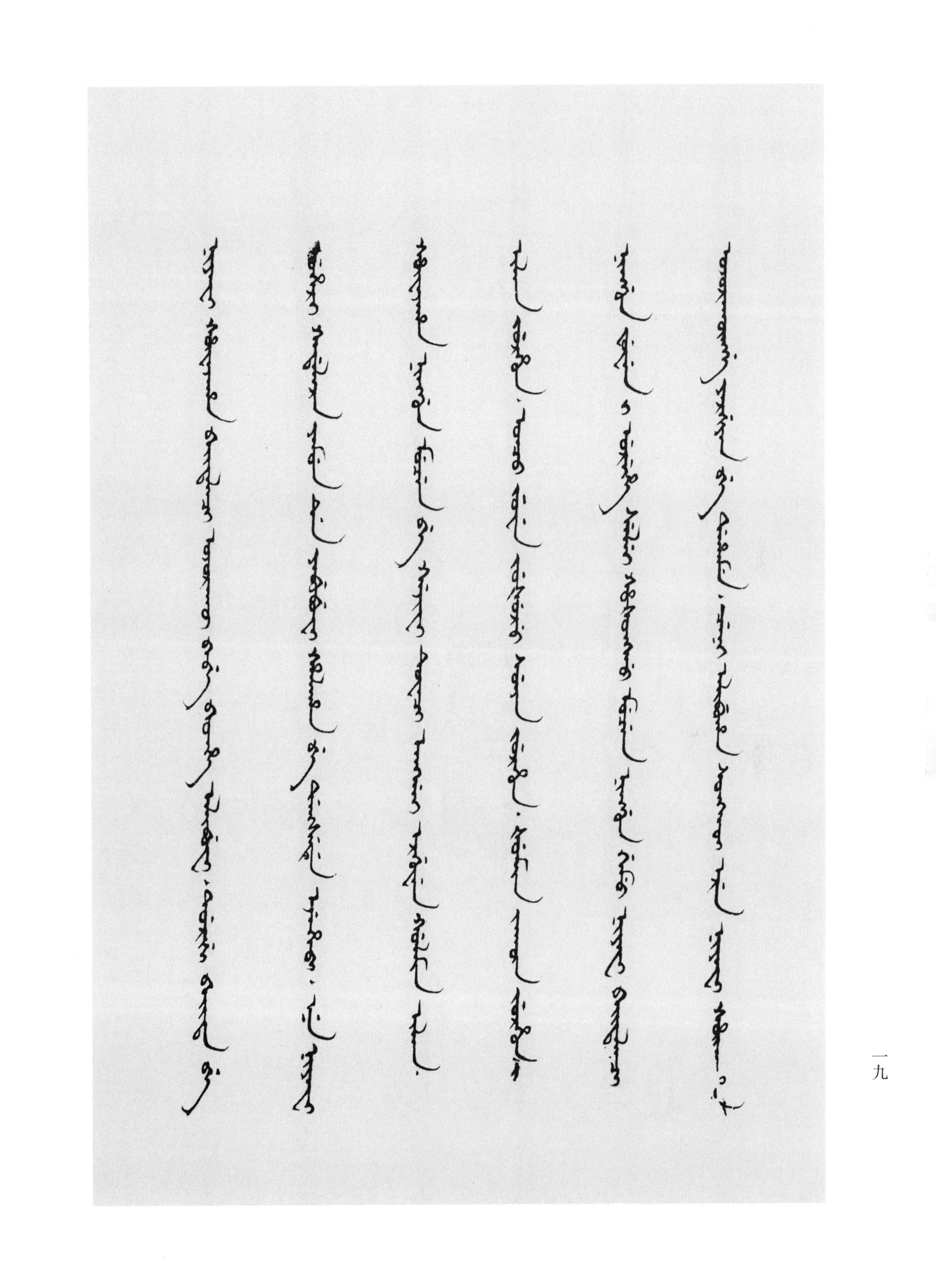

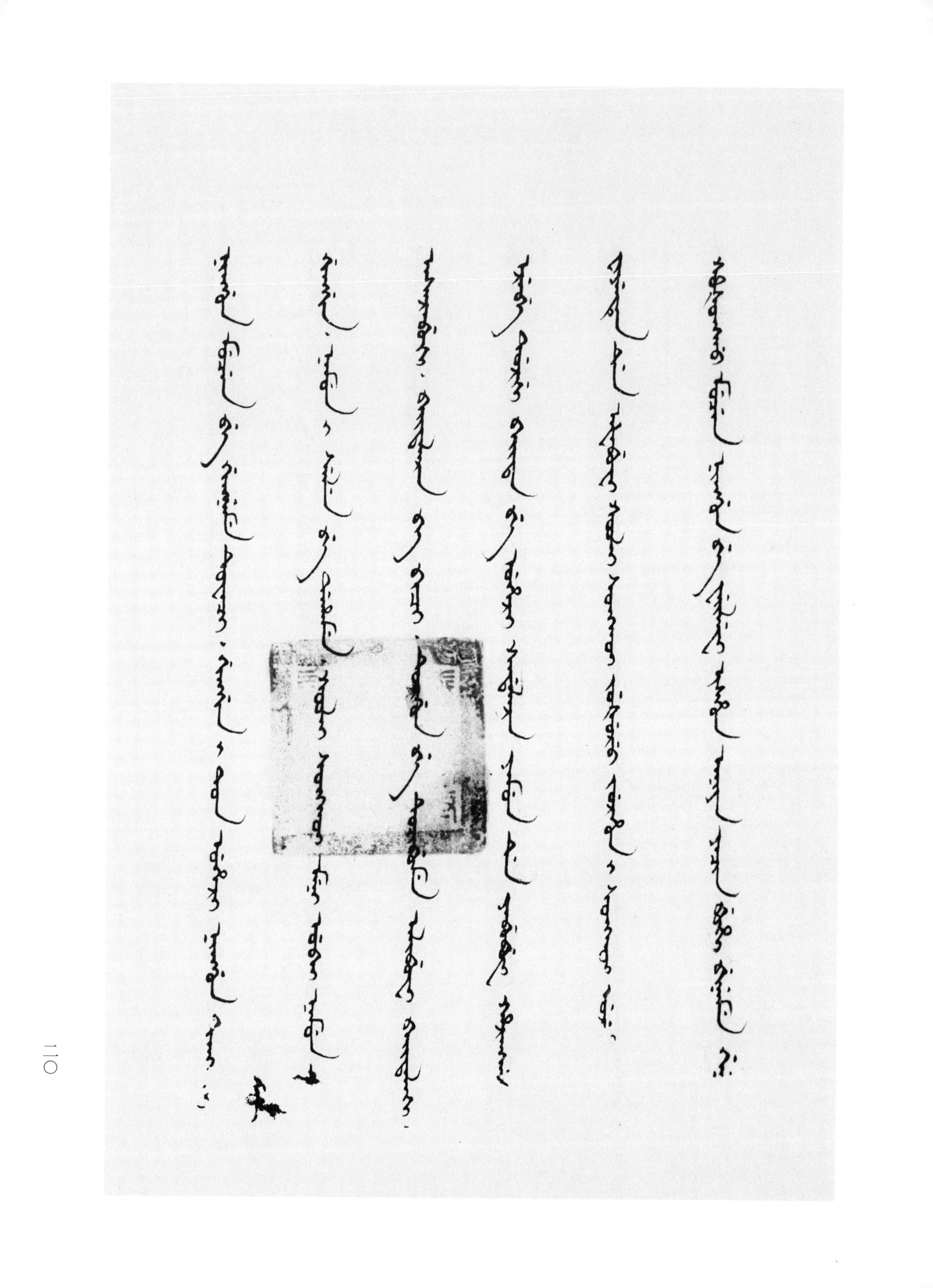

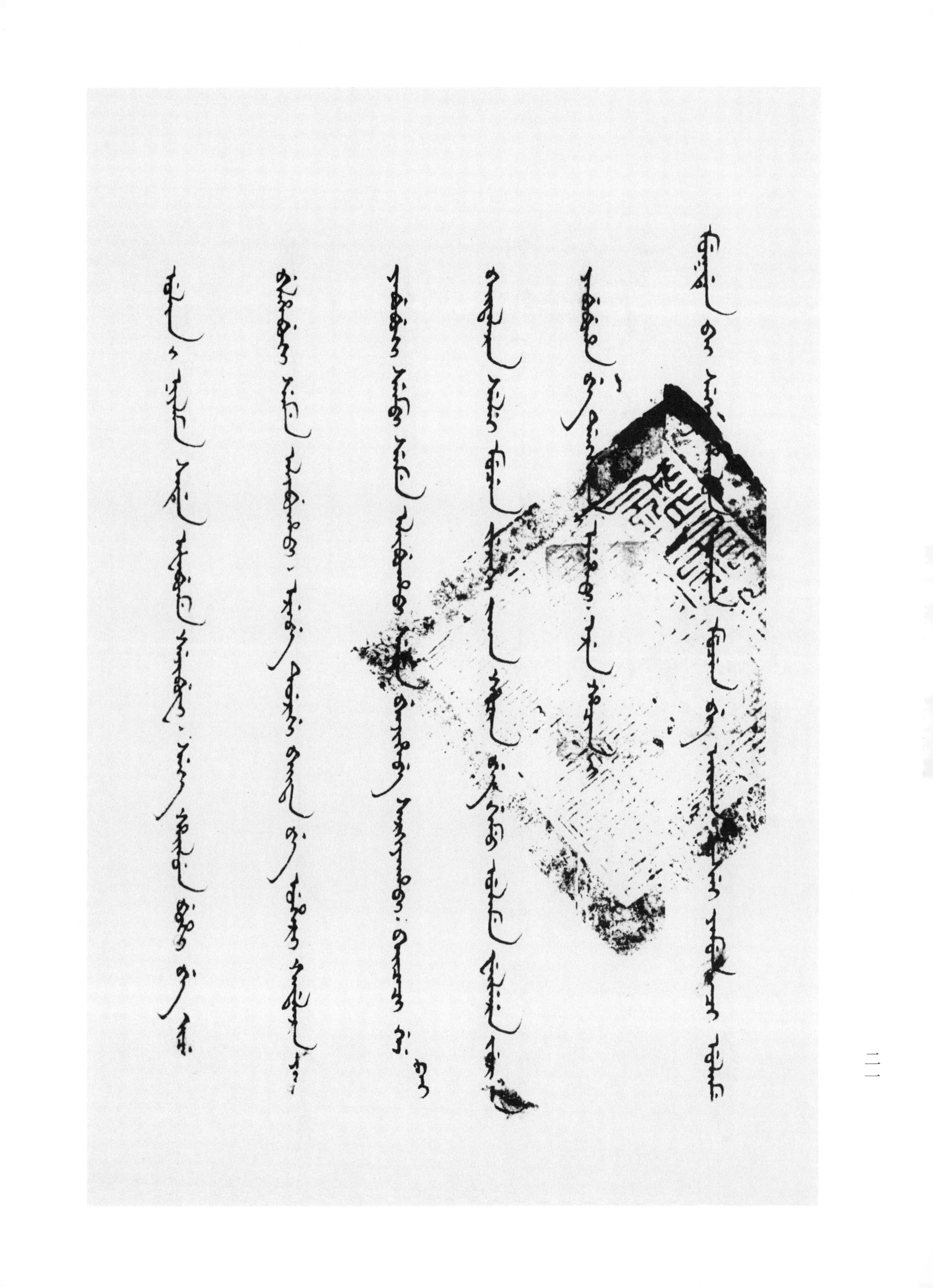

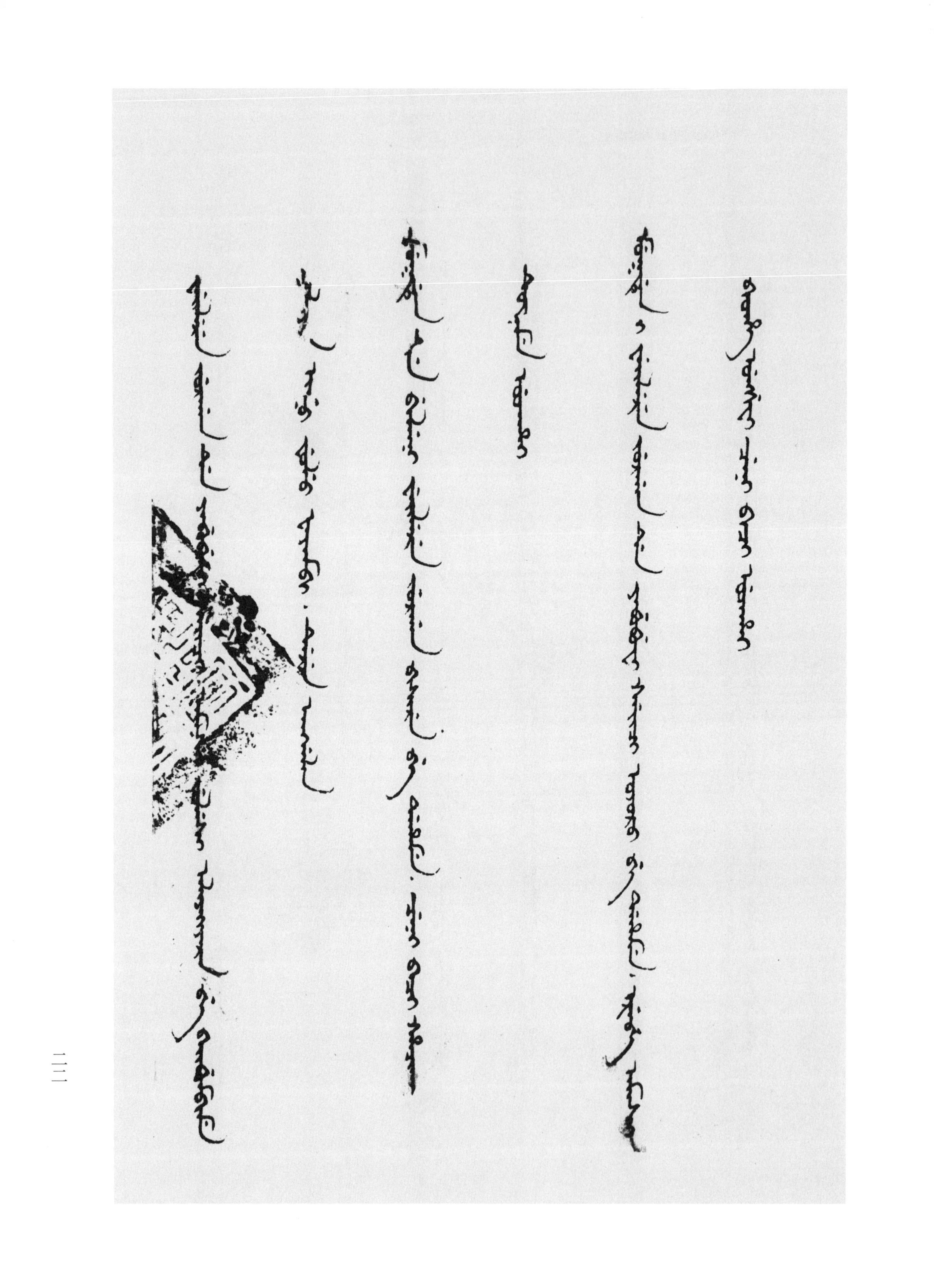

[illegible]

[illegible]

[illegible]

[illegible]

[illegible]

[illegible]

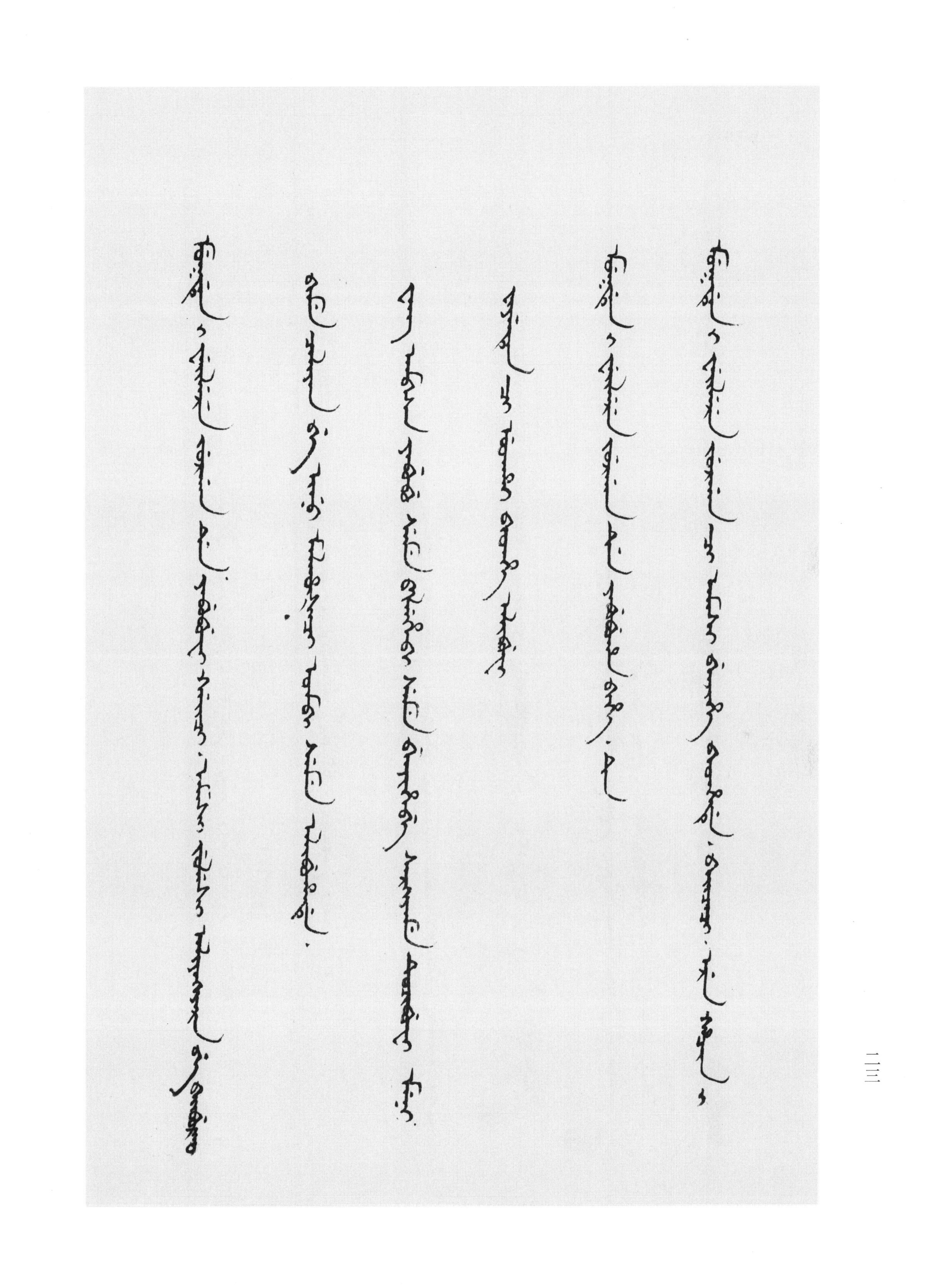

[illegible]

[illegible]

[illegible]

[illegible]

[illegible]

[illegible]

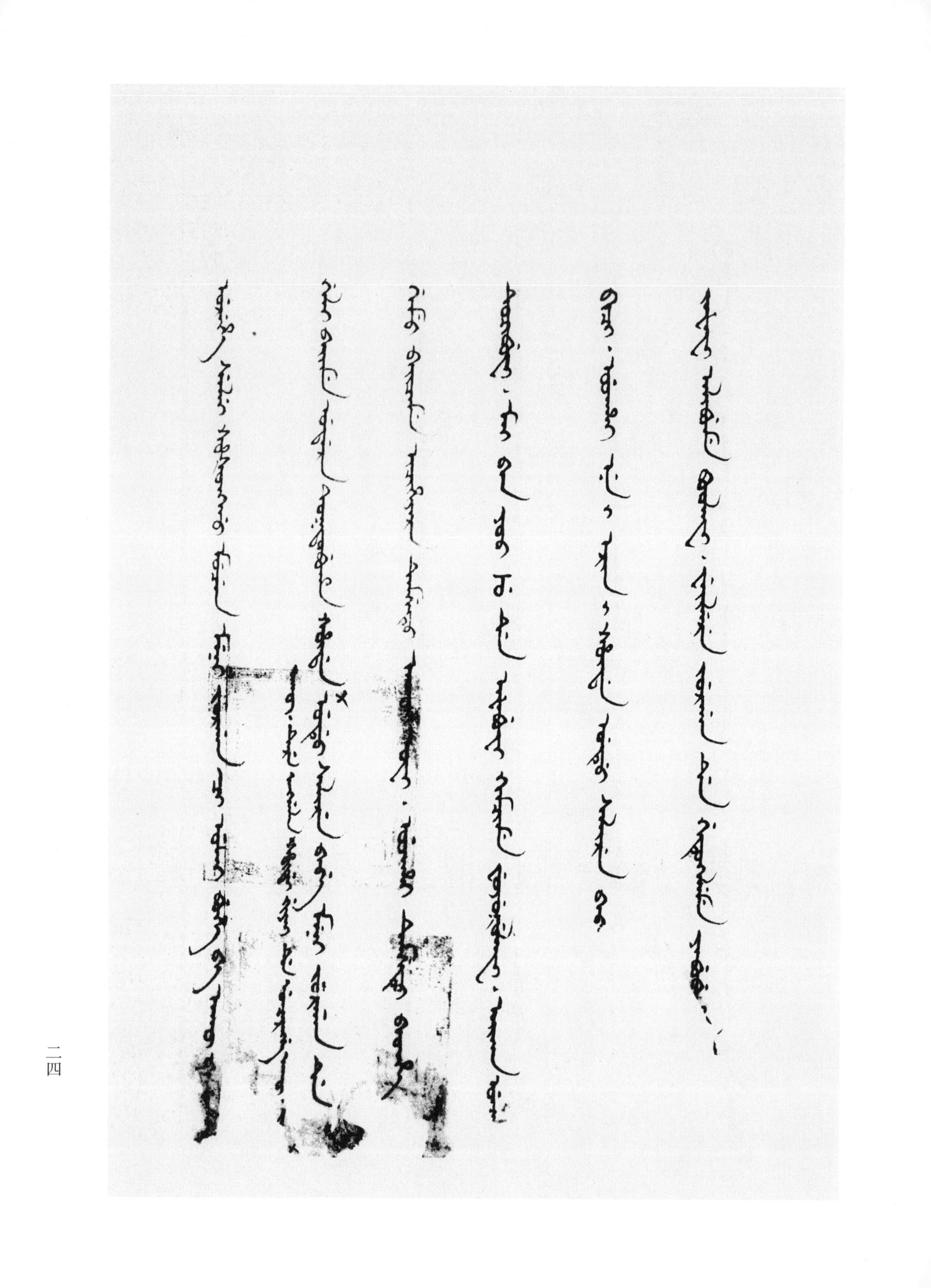

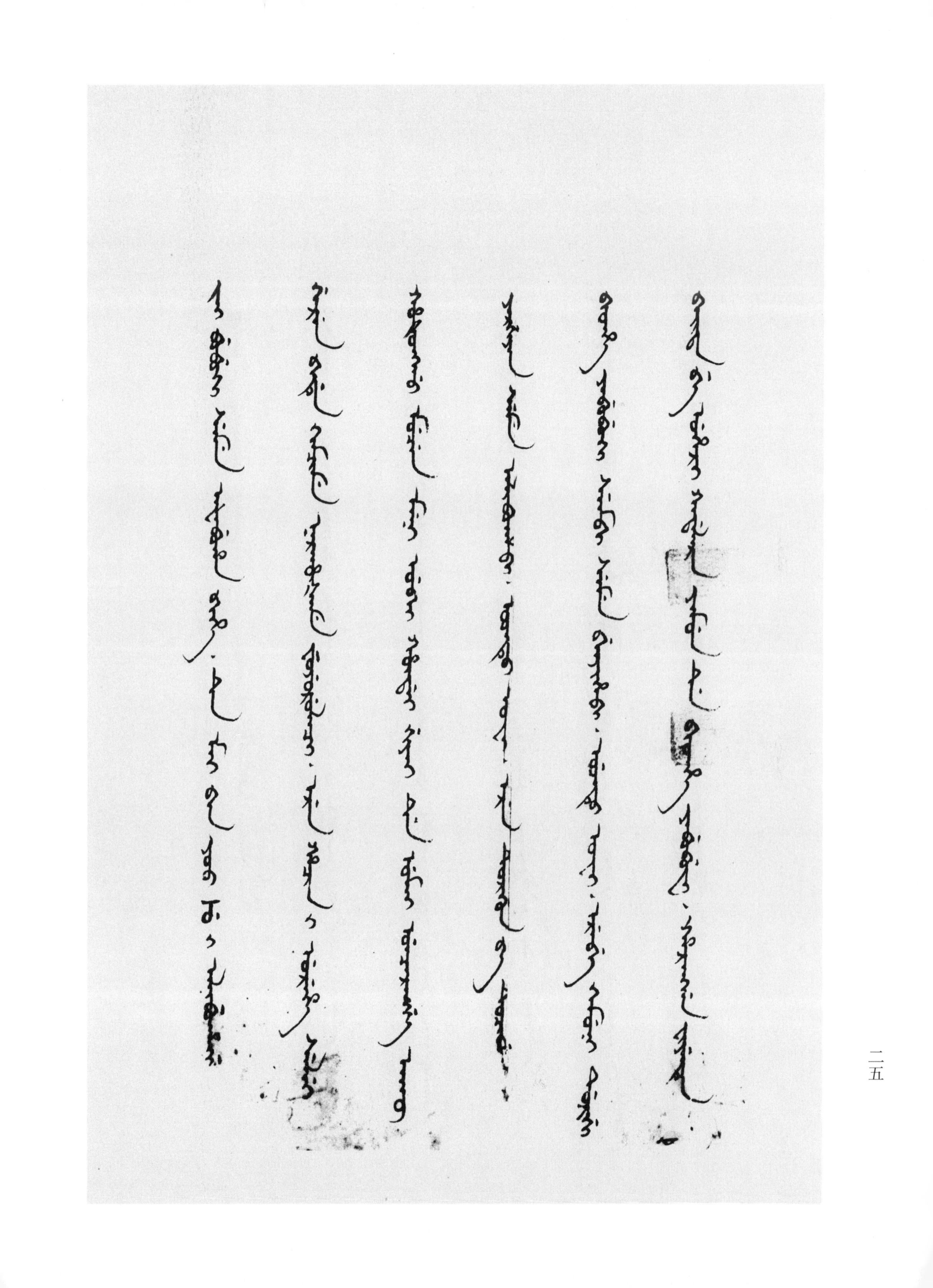

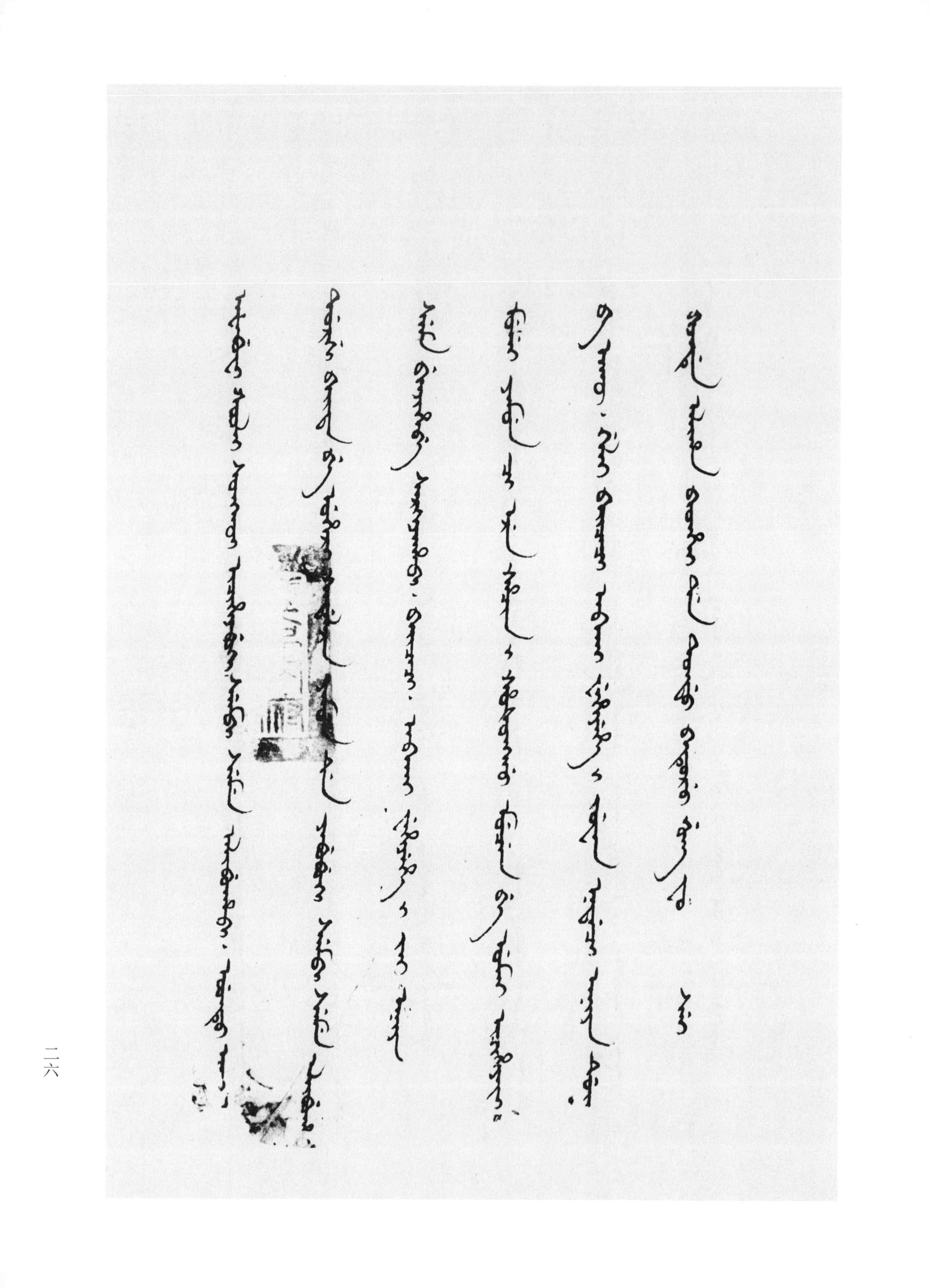

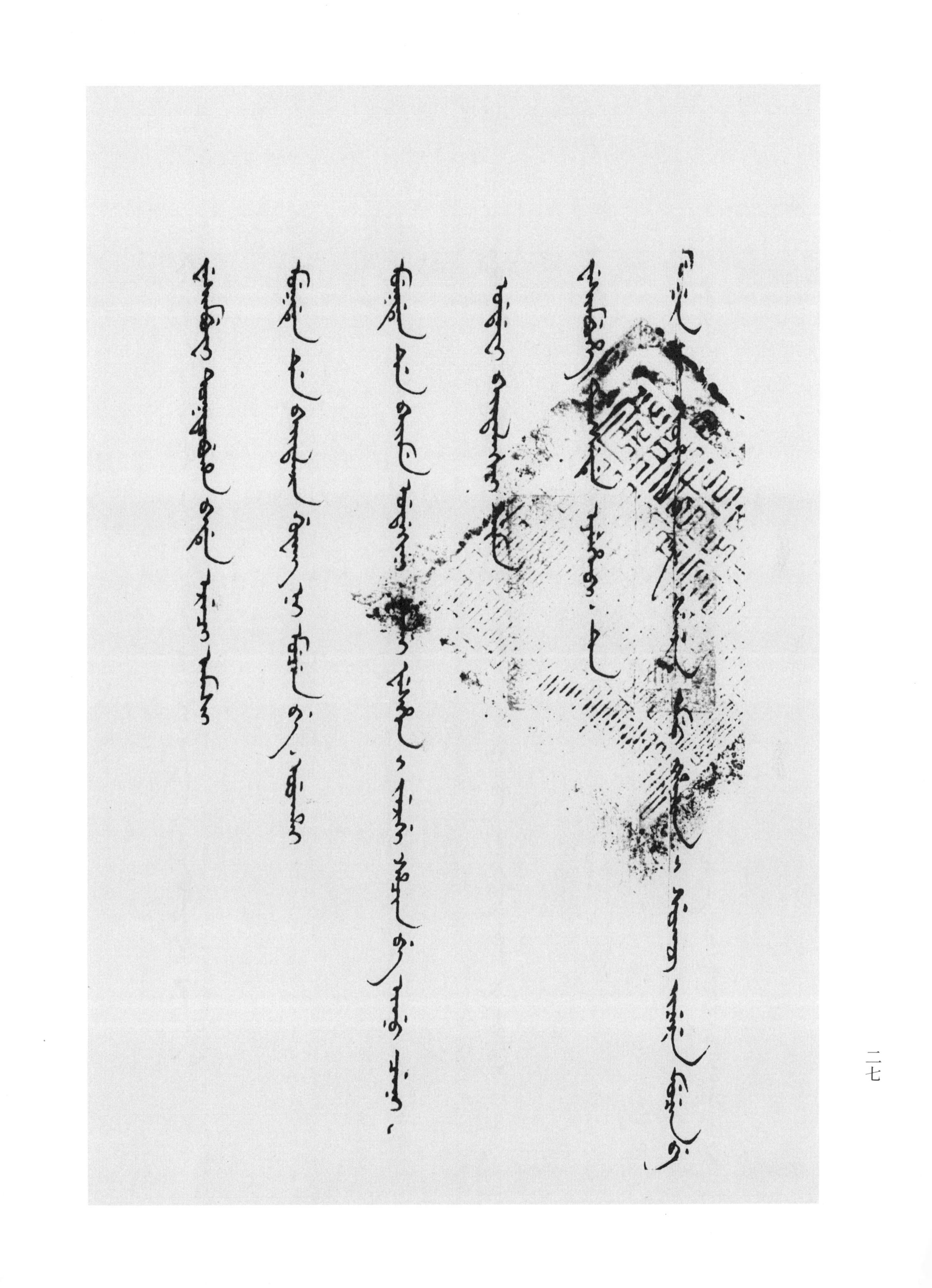

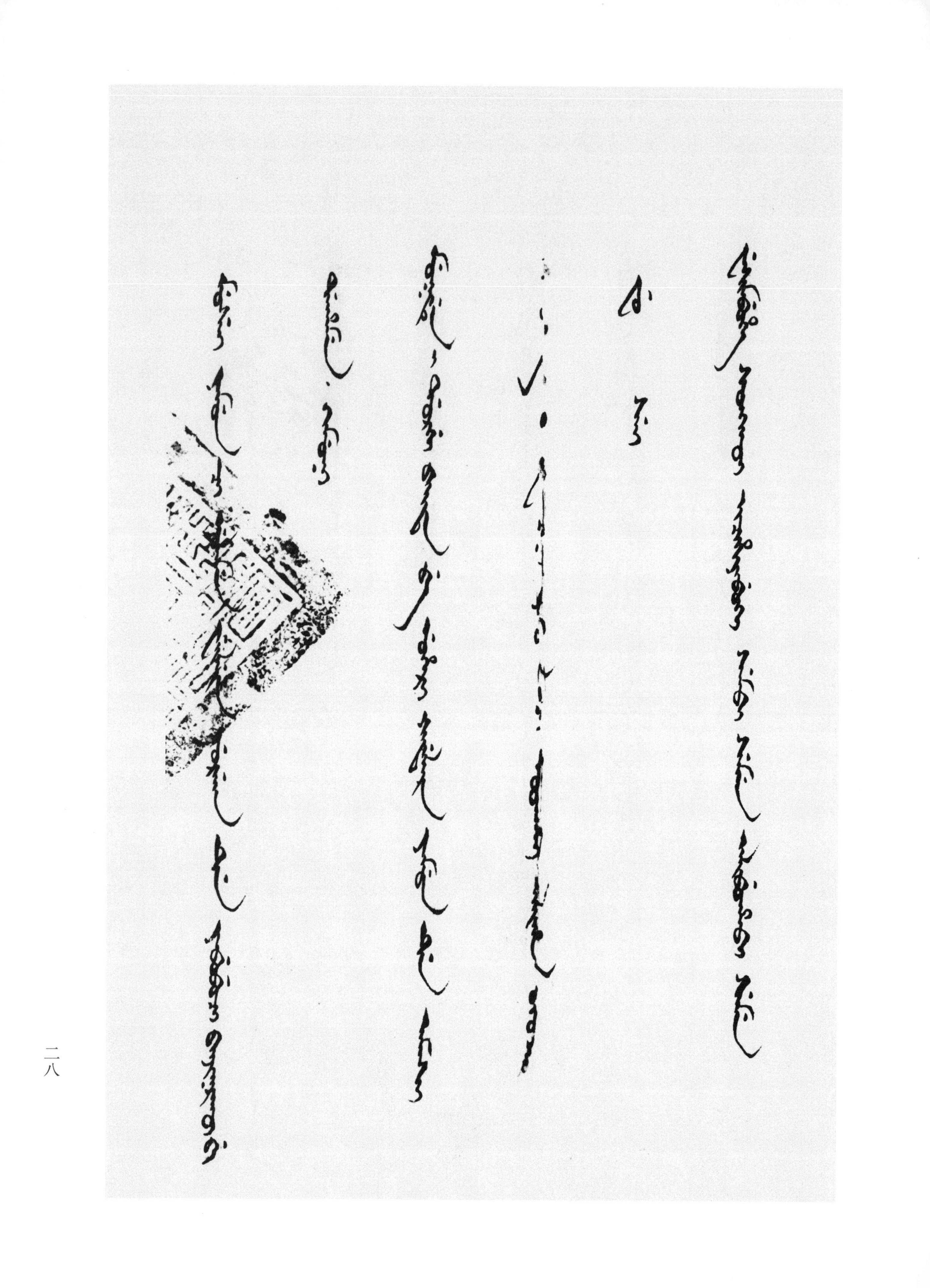

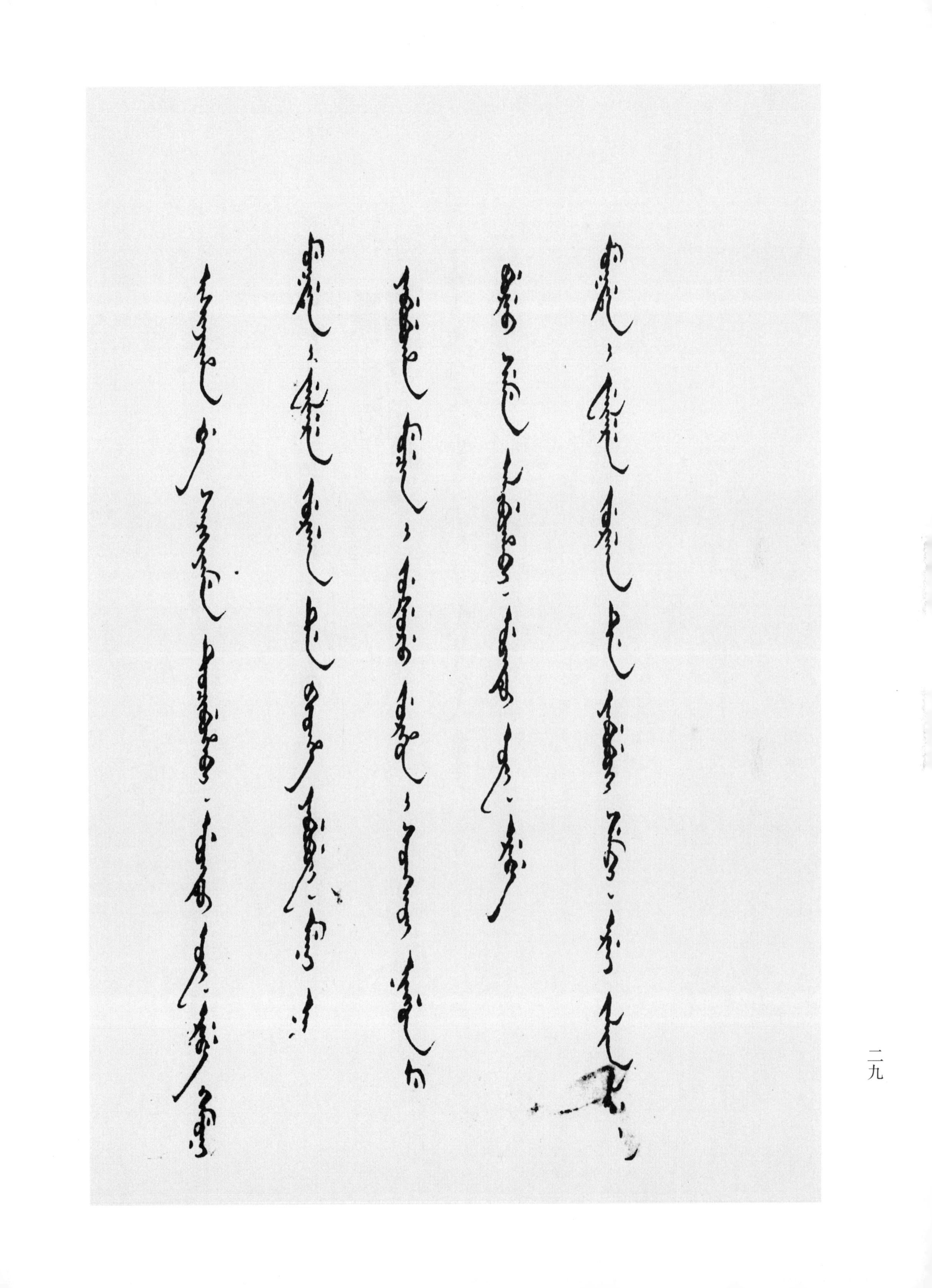

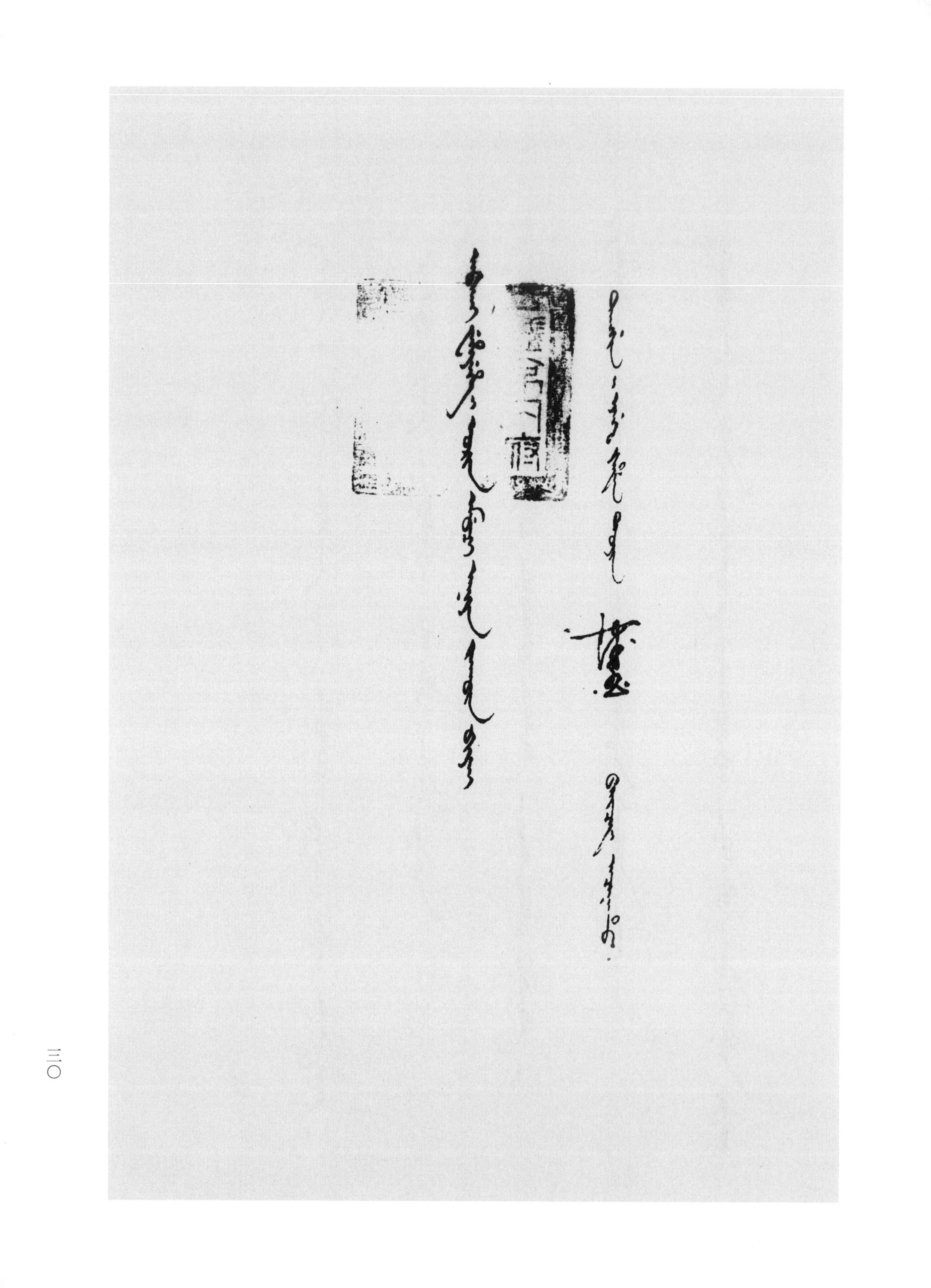

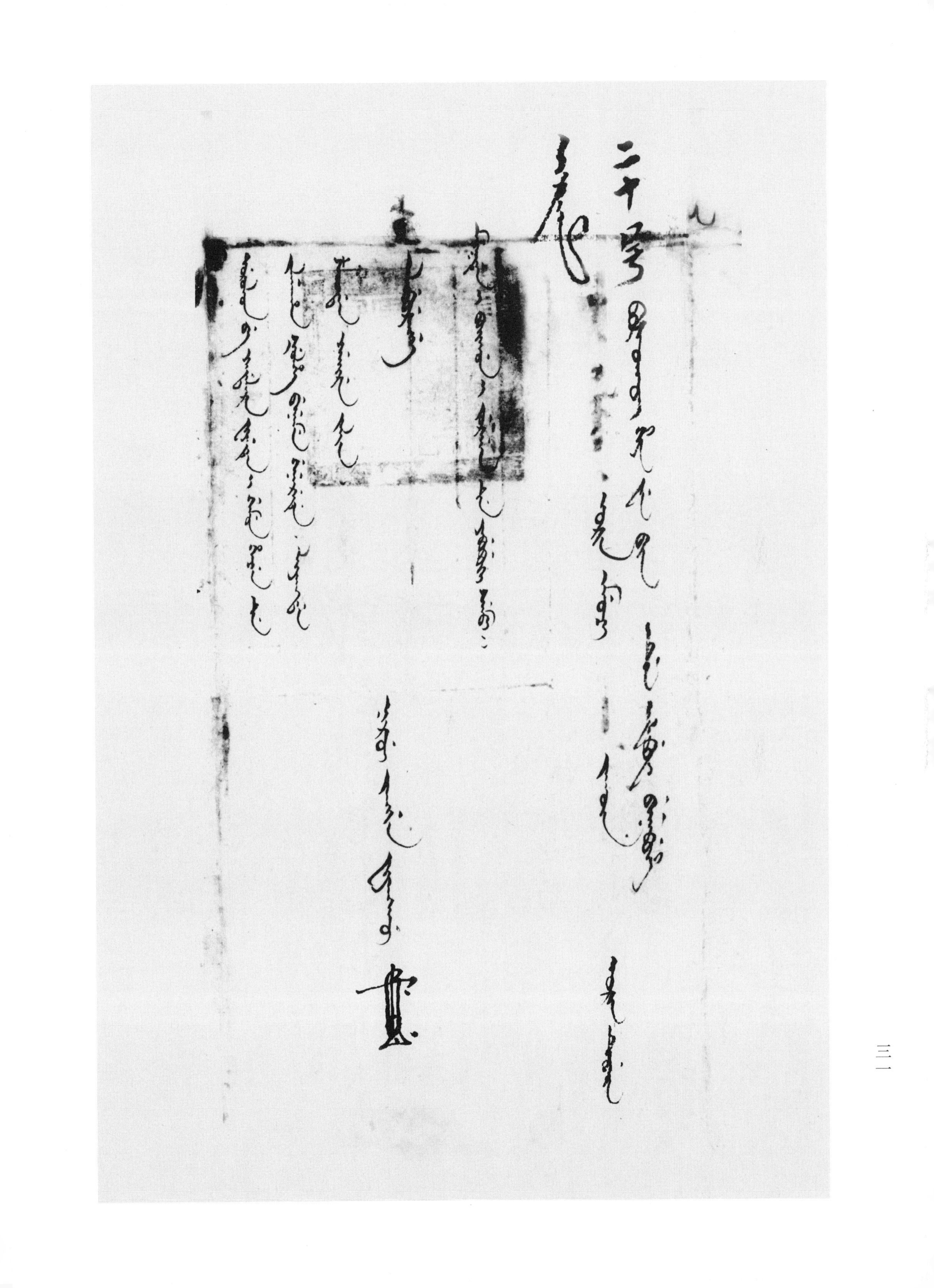

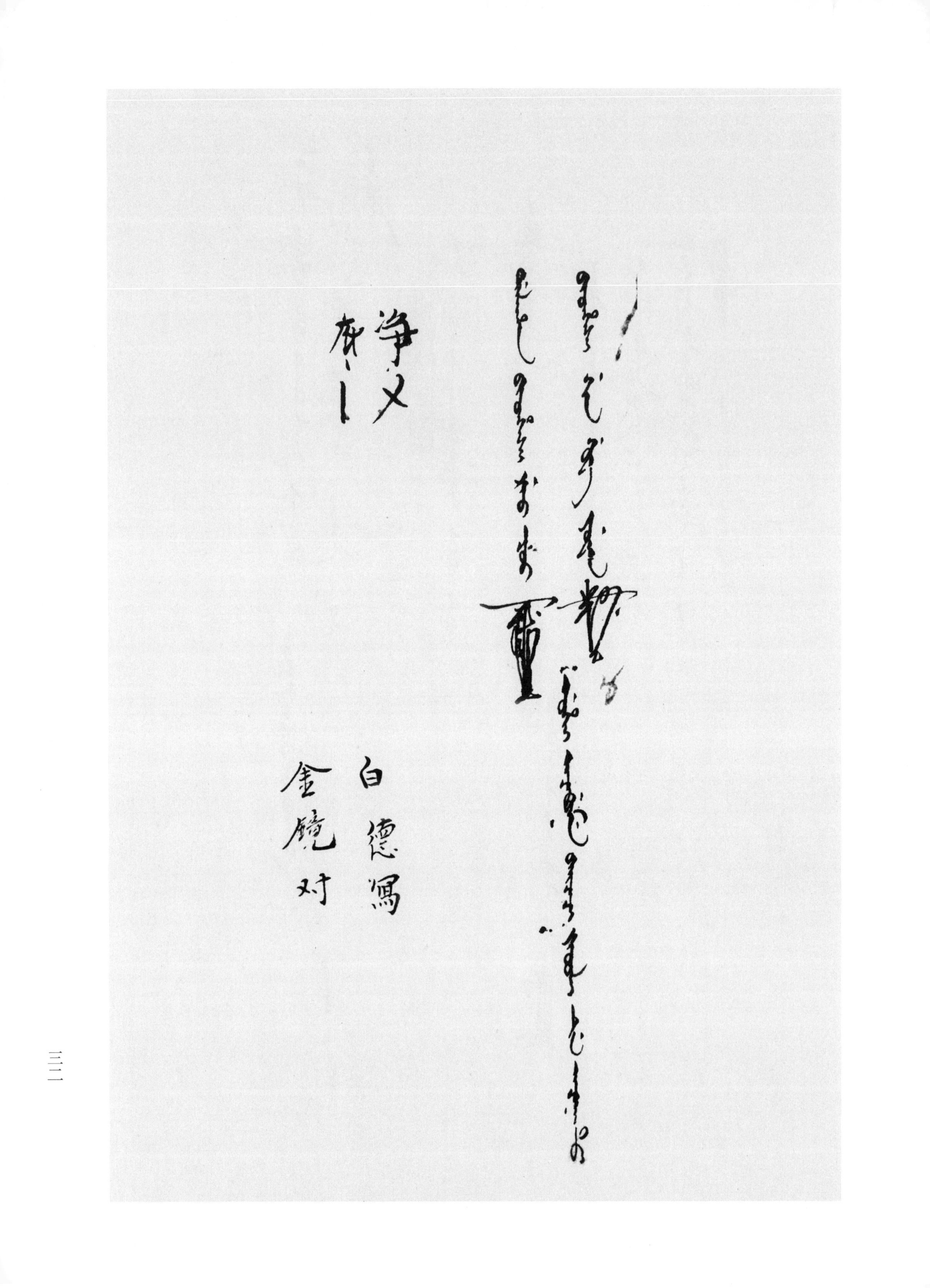

净文
底下

白德写
金镜对

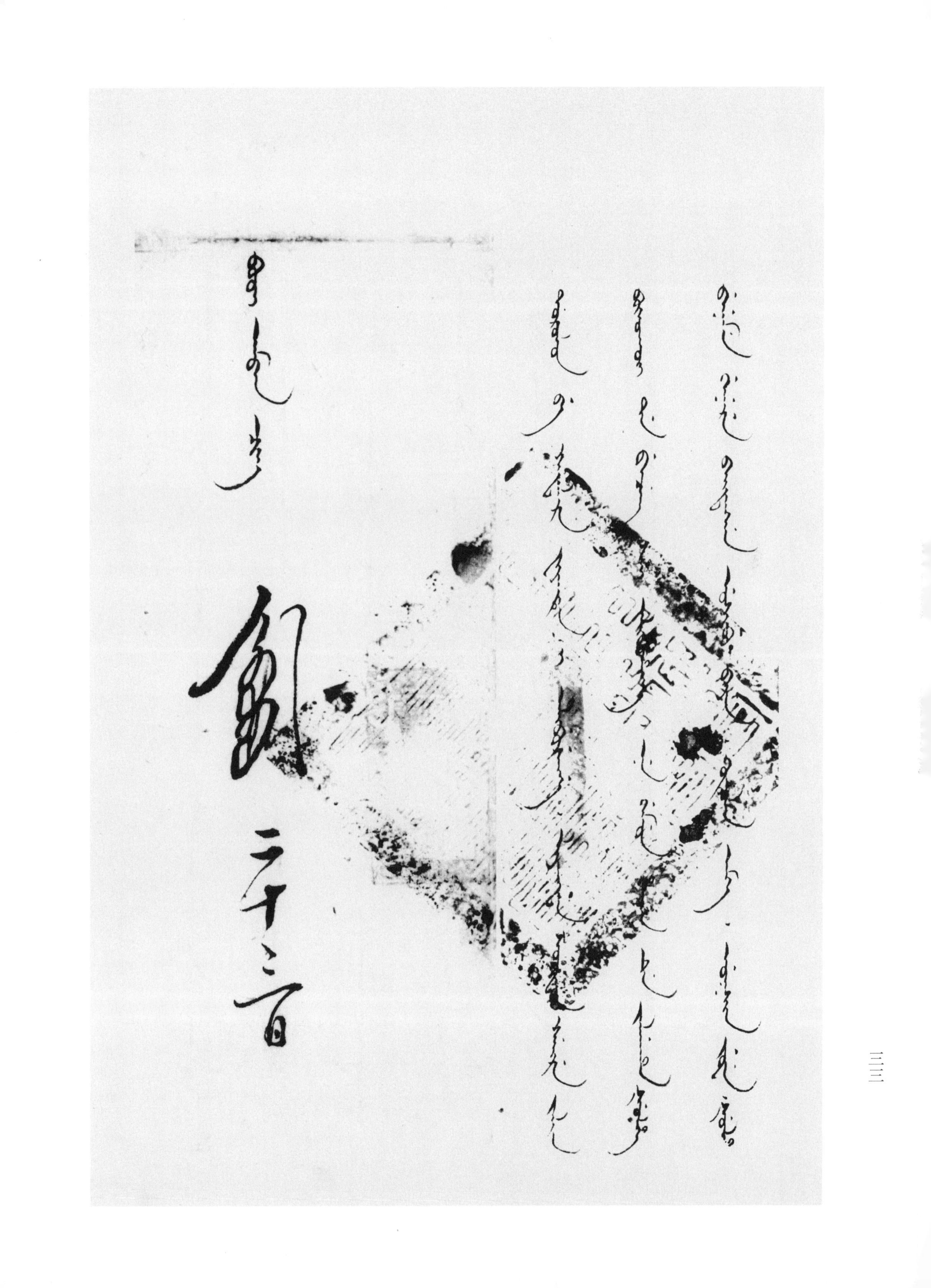

[illegible]

劉 二十二日

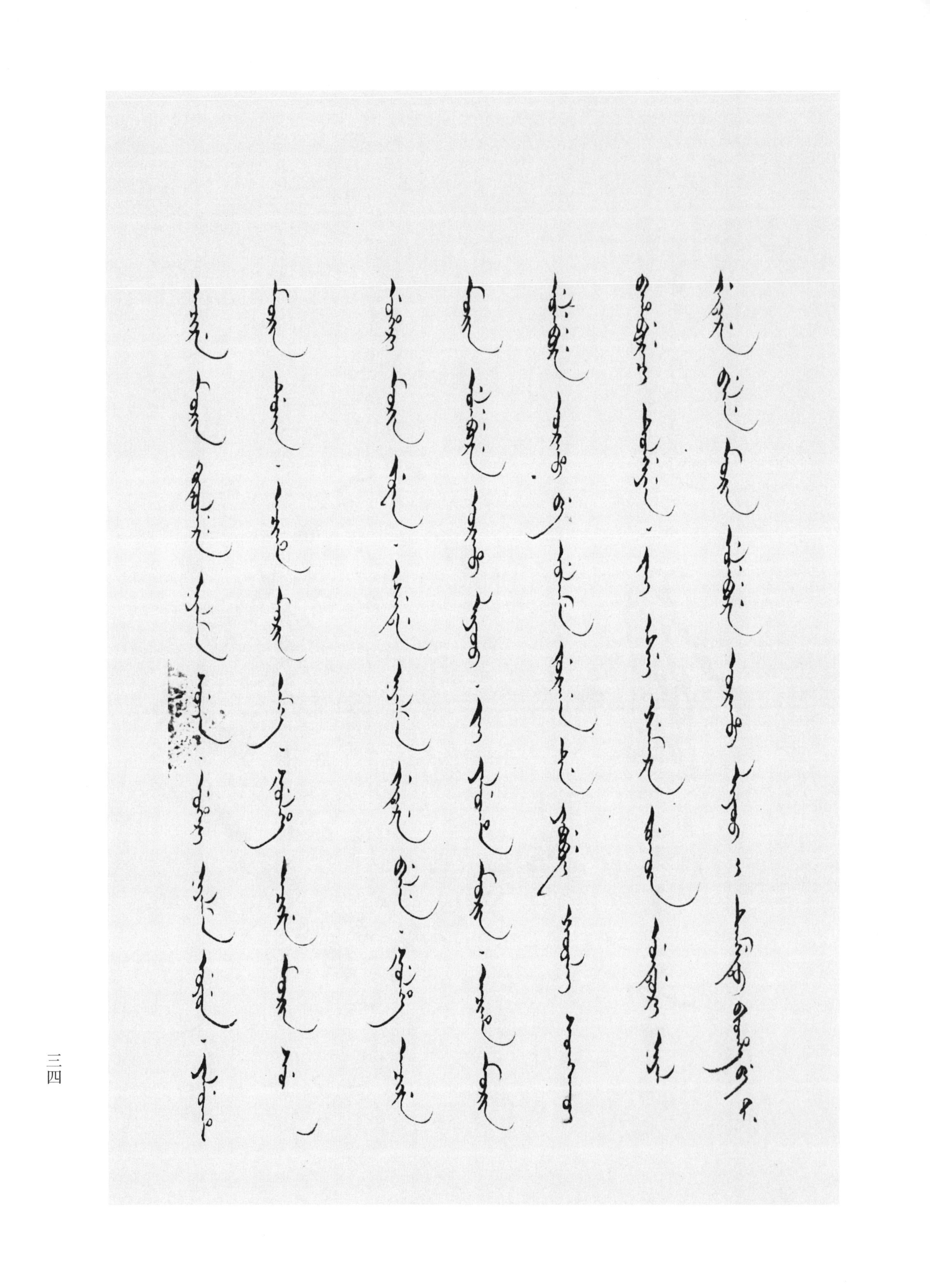

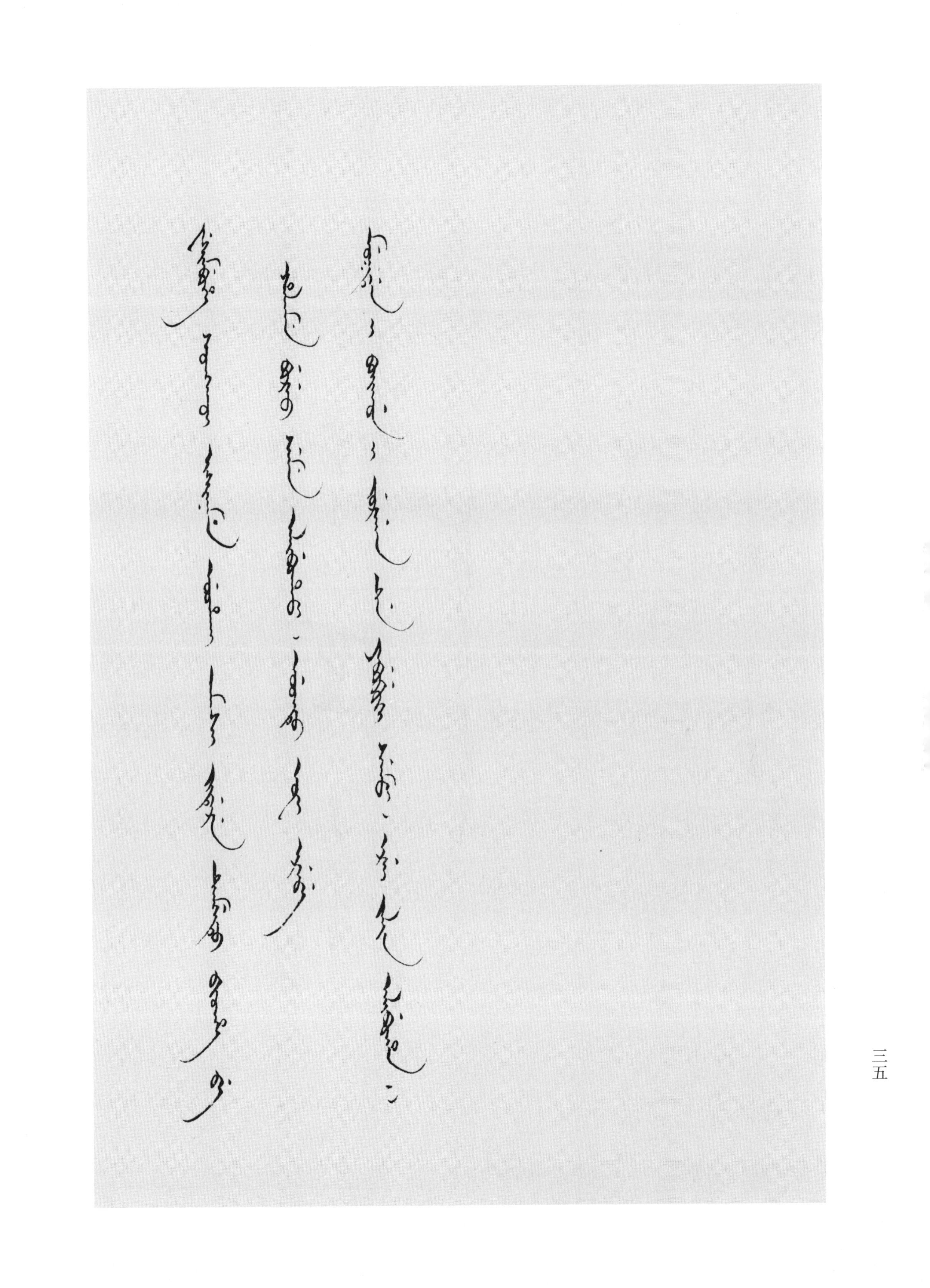

三五

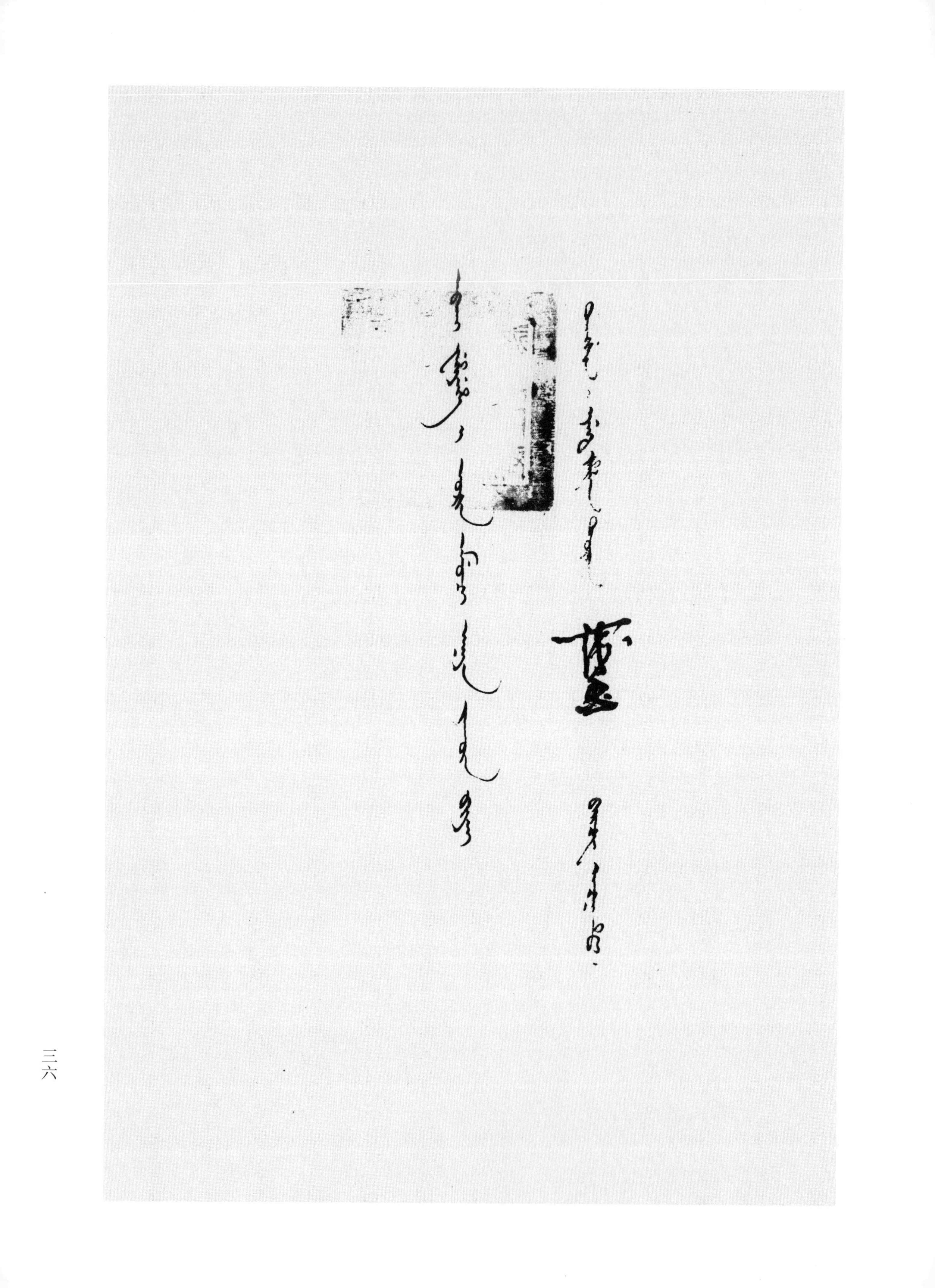

乾隆二十一年八月　　日

今前往京城送結梨去的執事人武什布限役一名甲丁二十名牽馱梨馬人五名共人九名騎馬四匹馱馬一匹馱梨馬五匹共馬十匹祈將伊等人食口米喂馱梨馬草料再馱馬馱馬草束咨部照例給發外再伊等持去沿路支領人食口米喂馬草料之票希照原

奏到日換給回票可也等情據此相應咨行

盛京戶部可也為此上呈

正

掌儀司呈為咨取粮草单事據催揔博成苛呈稱

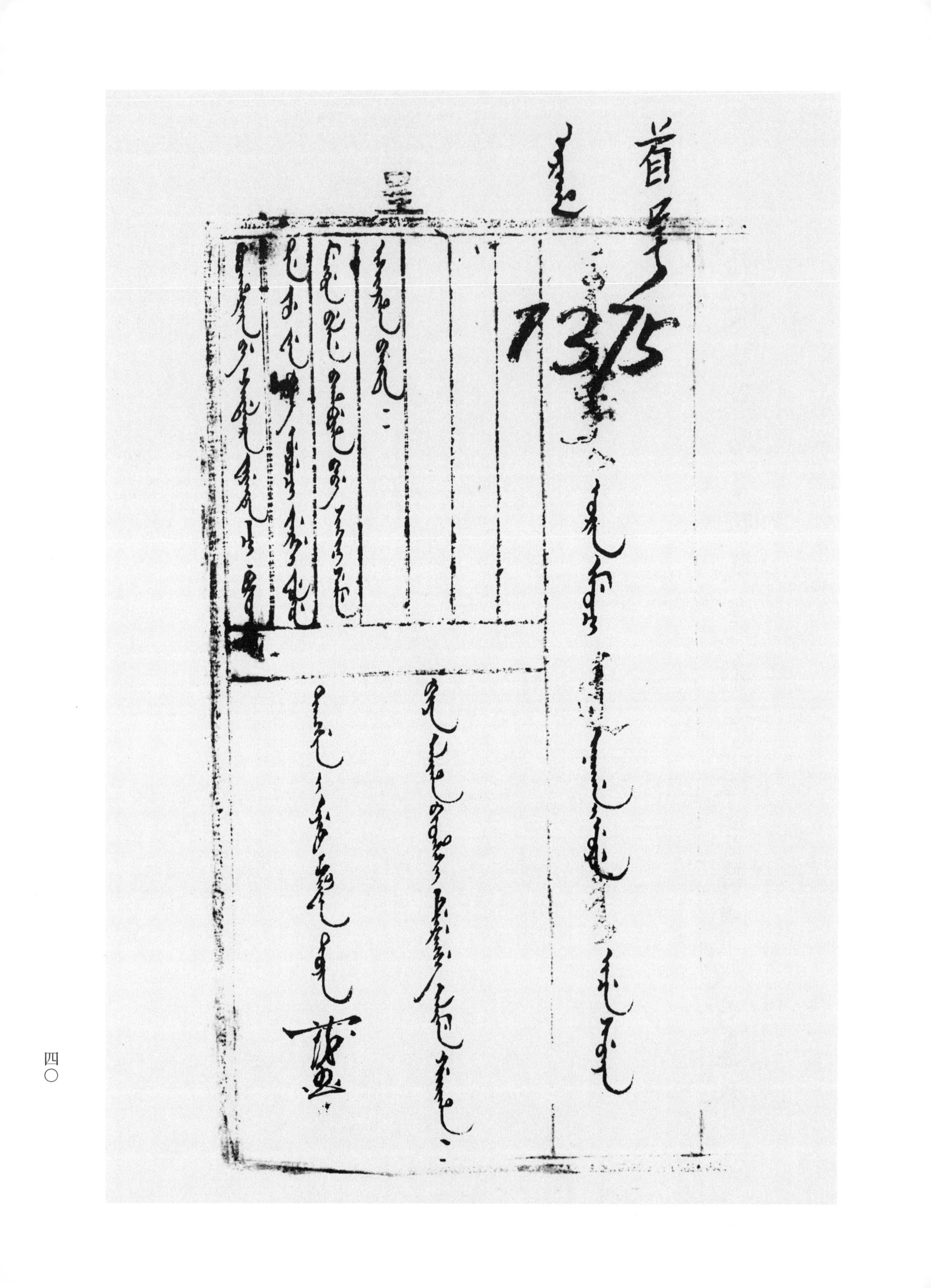

首呈

皇

7375

ᠪᠣᡳᡤᠣᠨ ᡩᠠᠩᠰᡝ

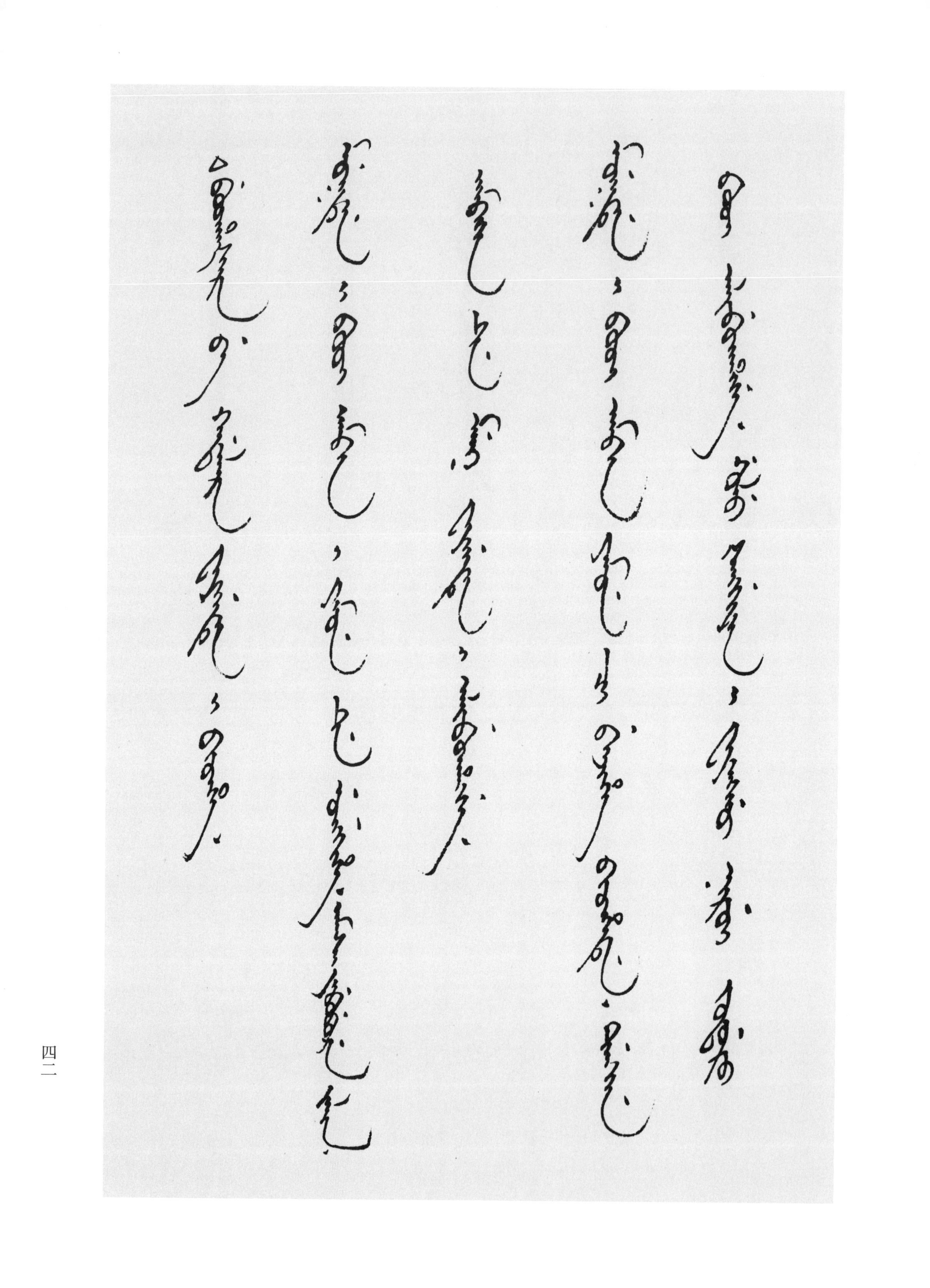

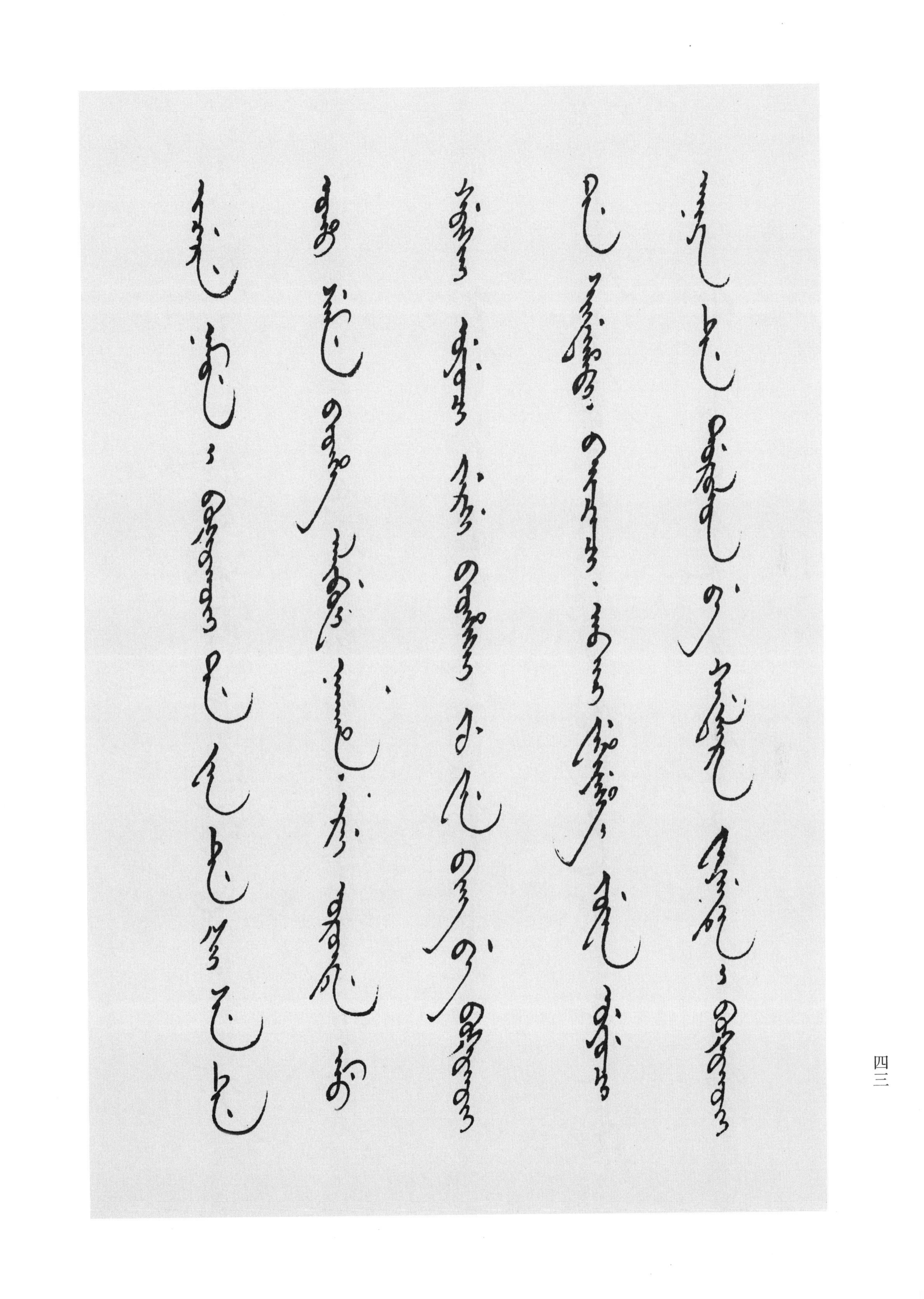

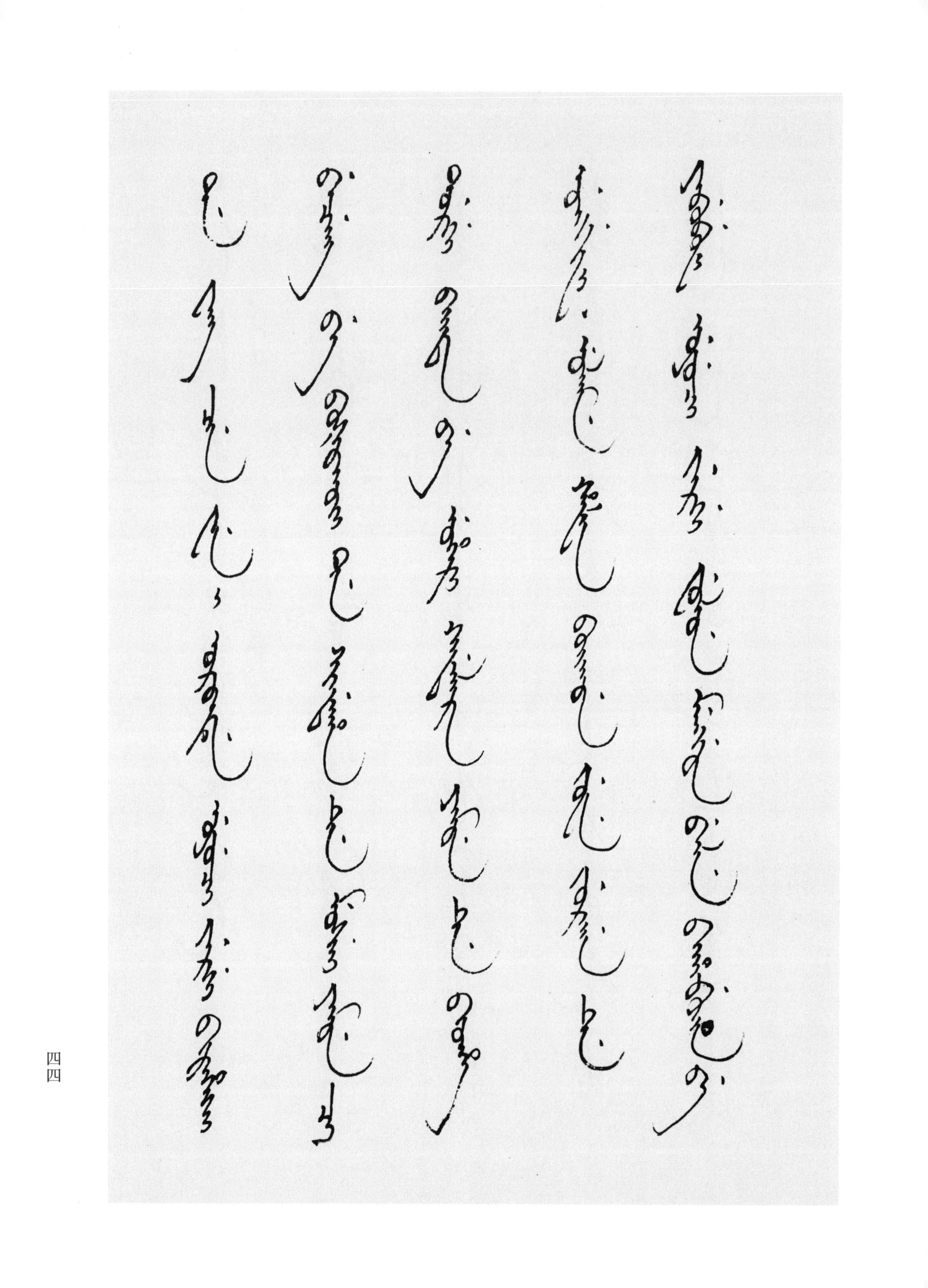

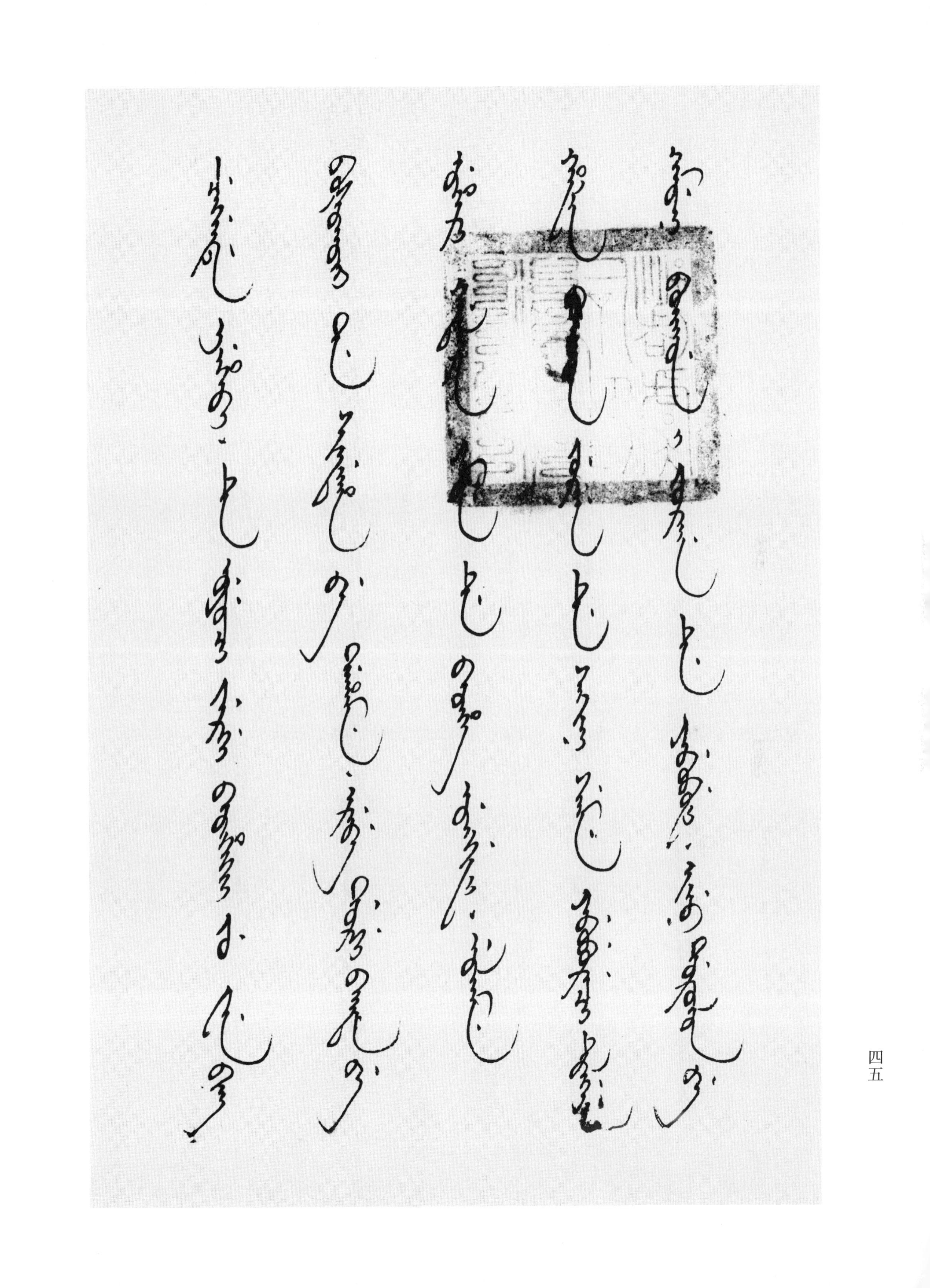

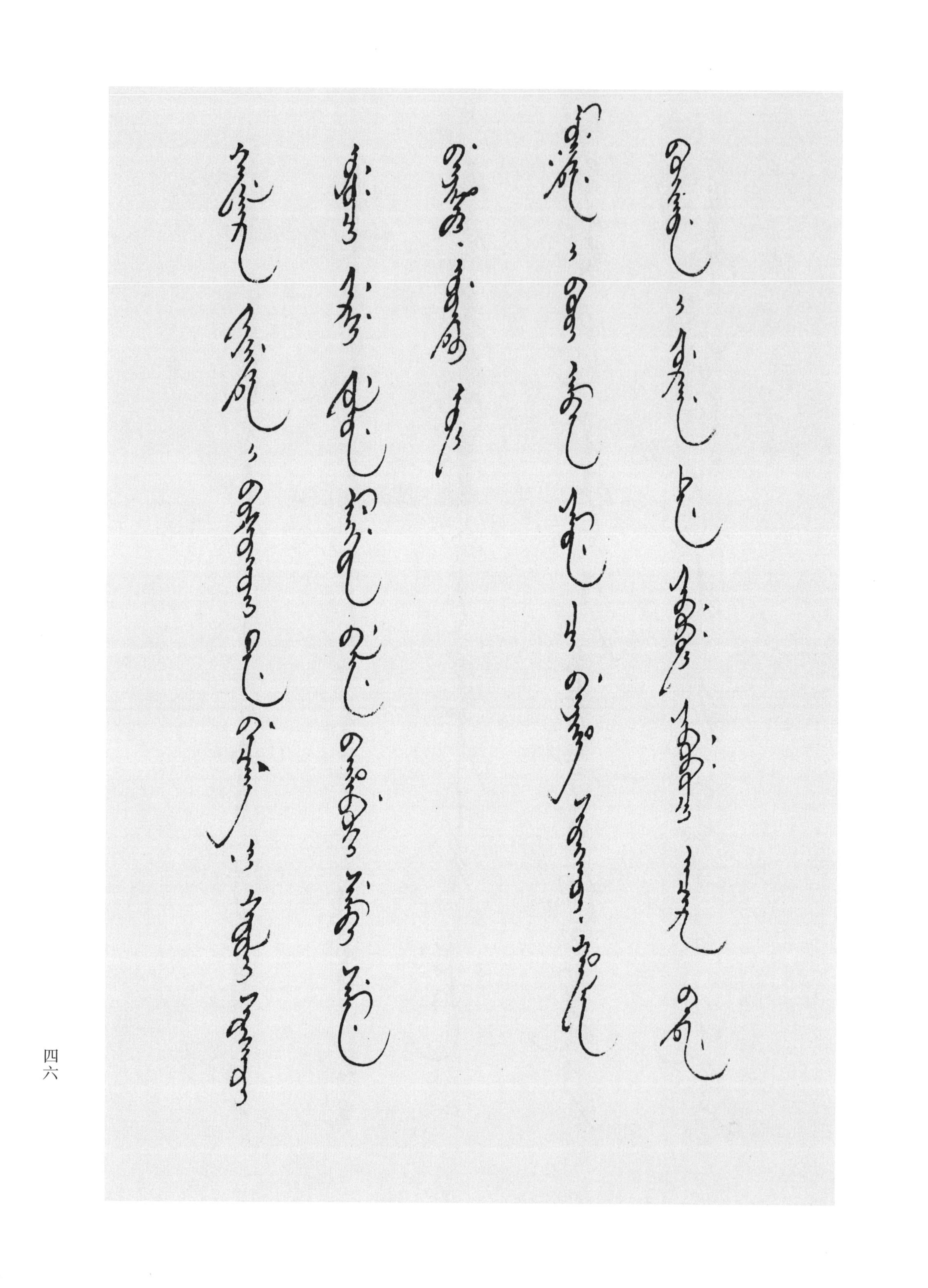

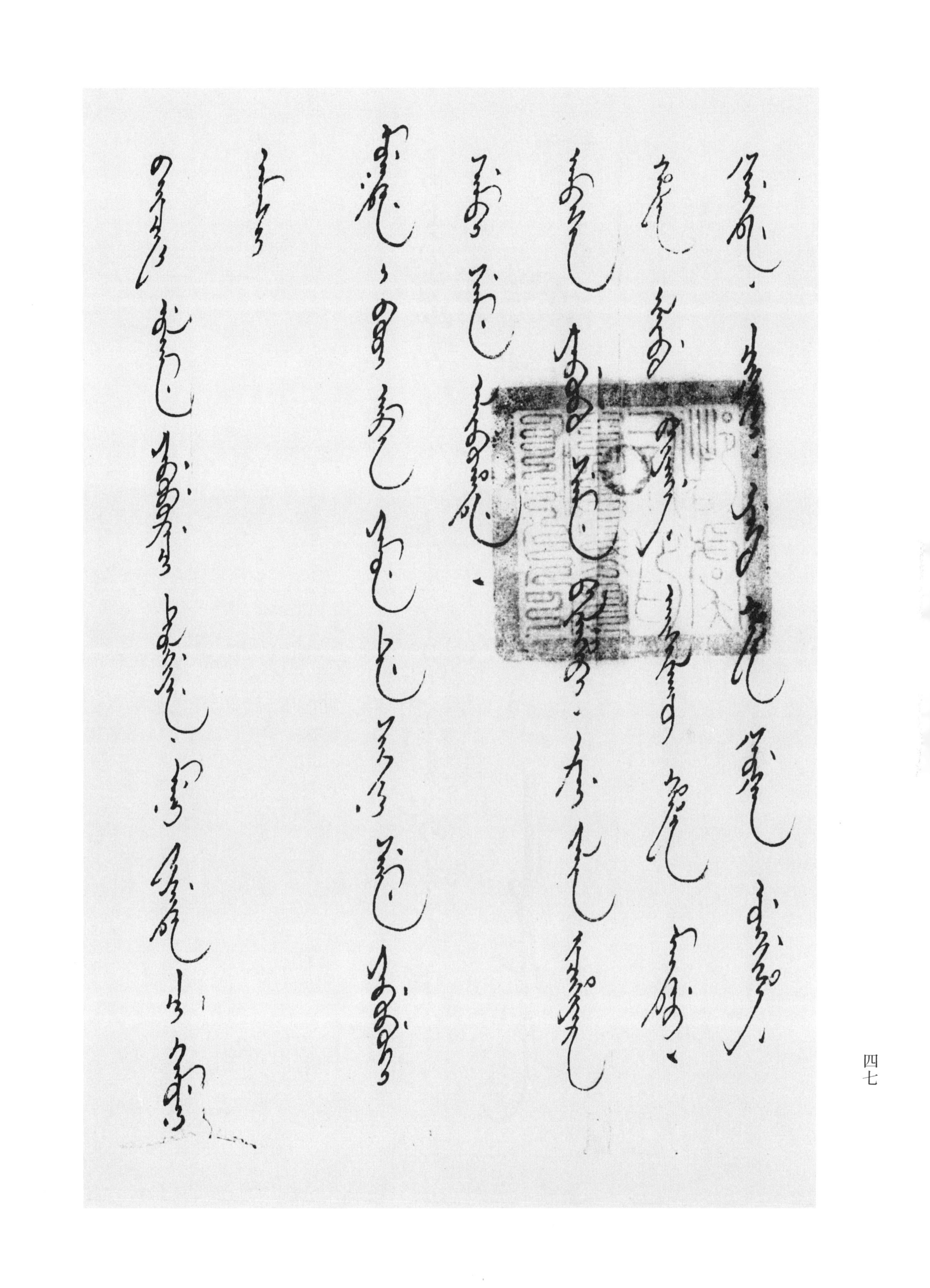

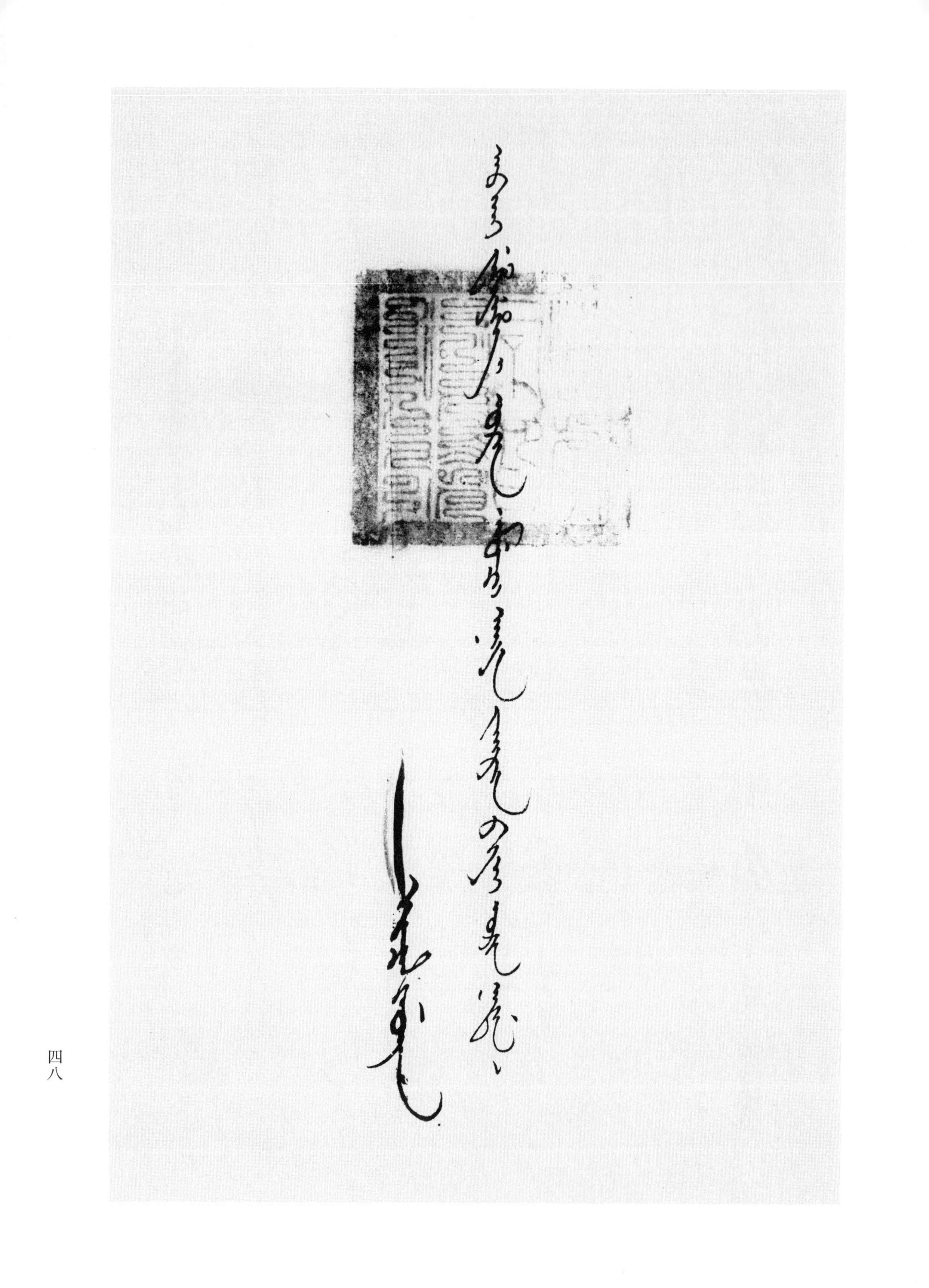

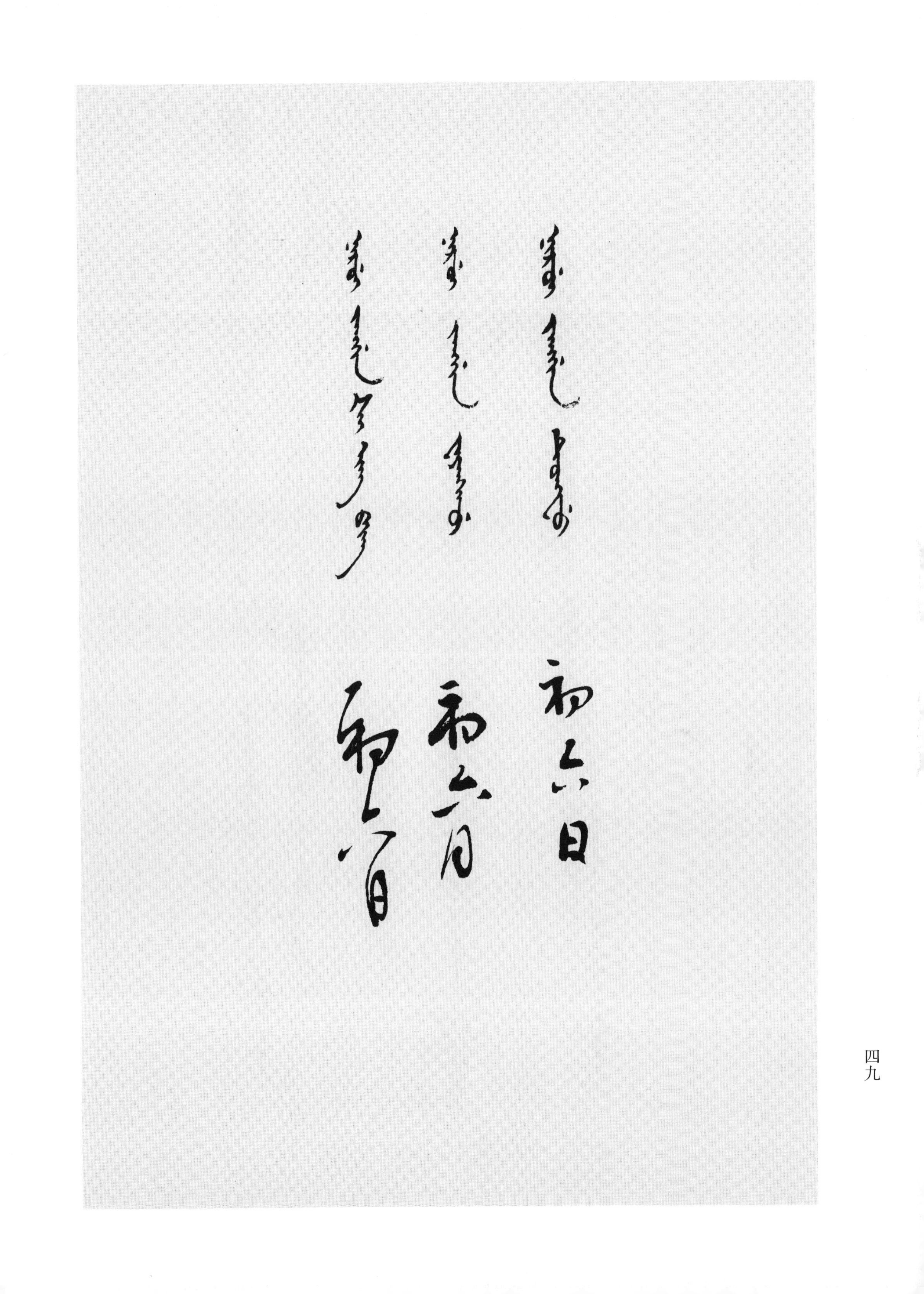

初六日

初六日

初六日

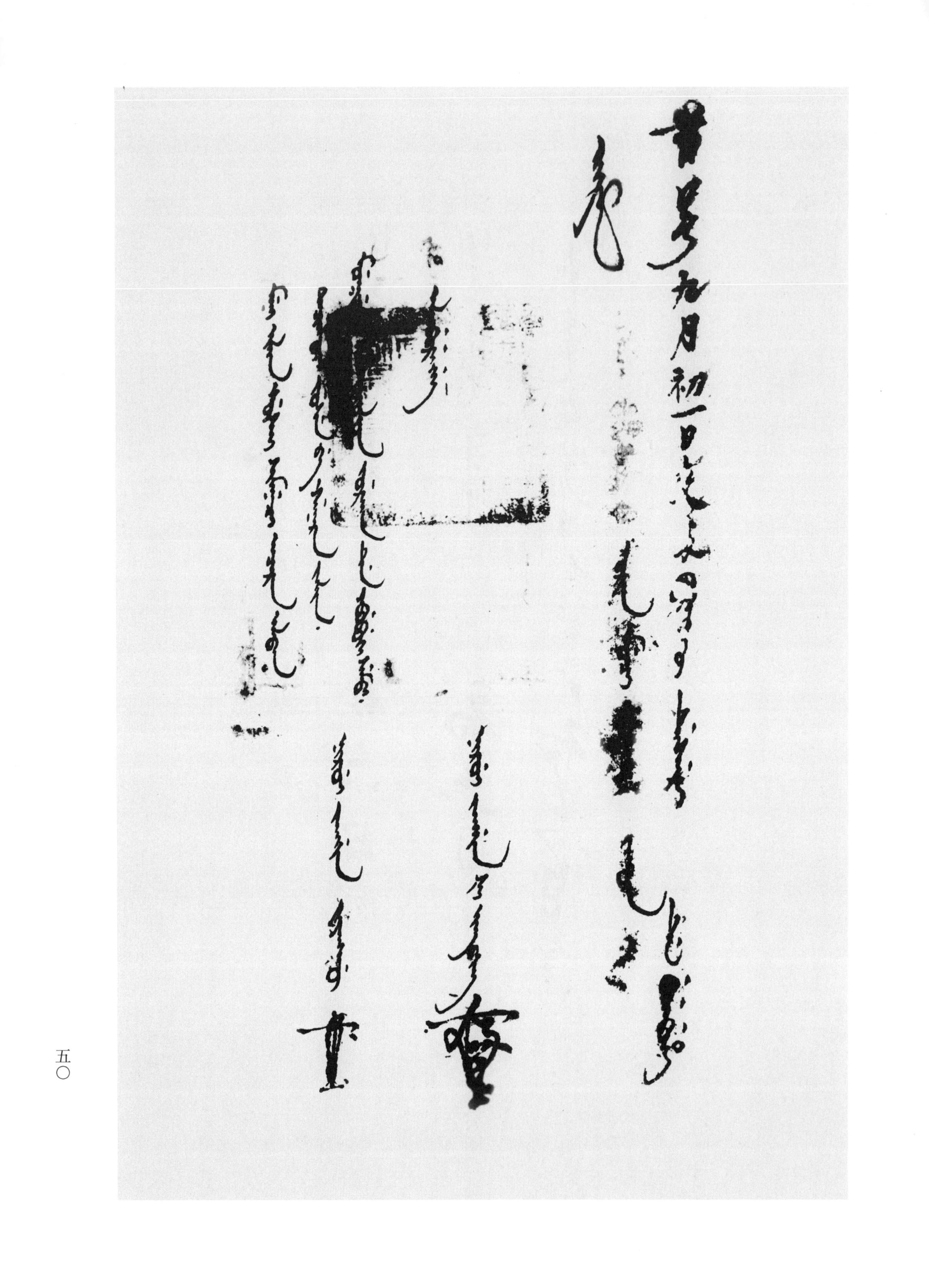

廿年九月初一日

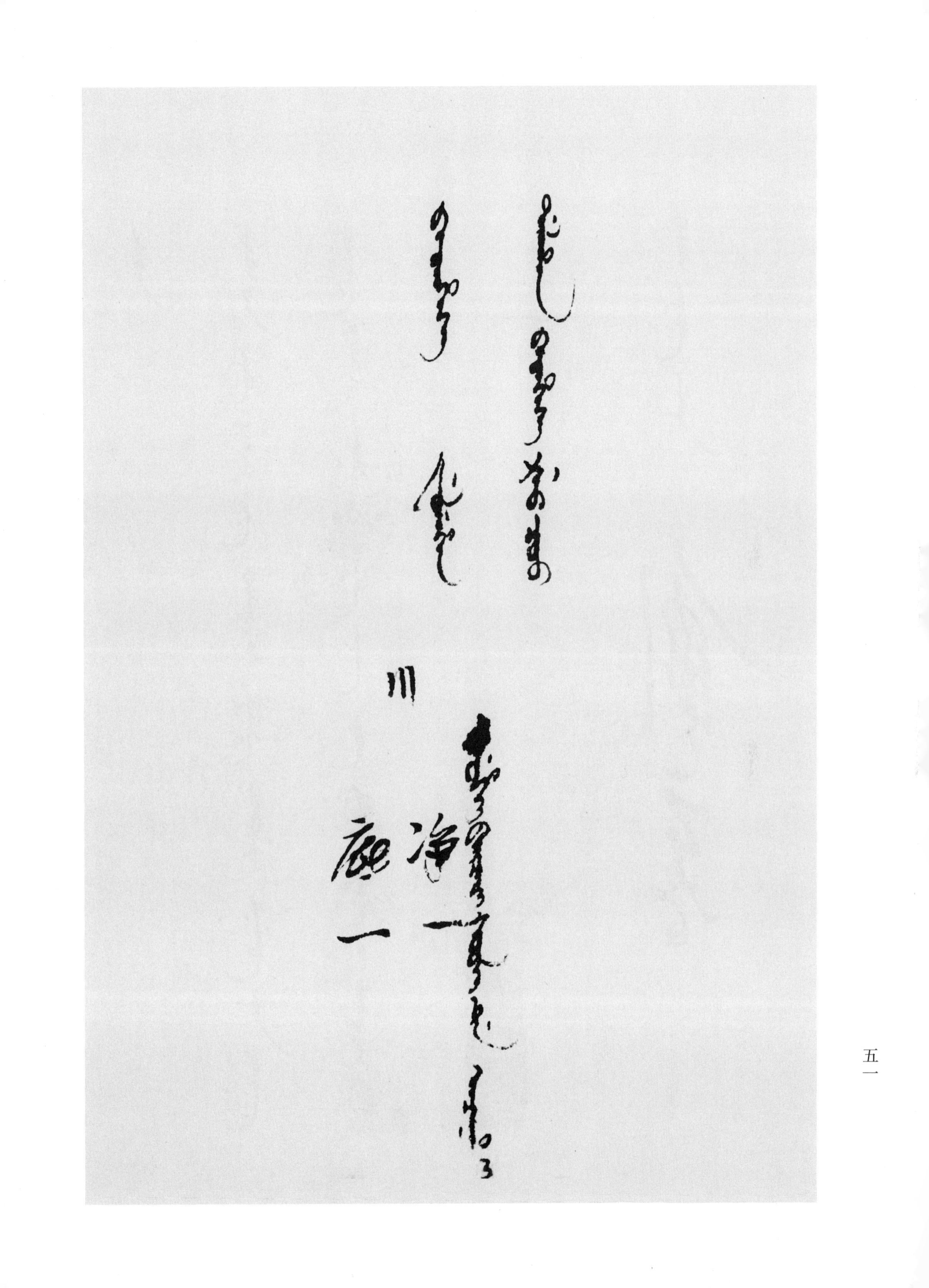

川

海一

鹿一

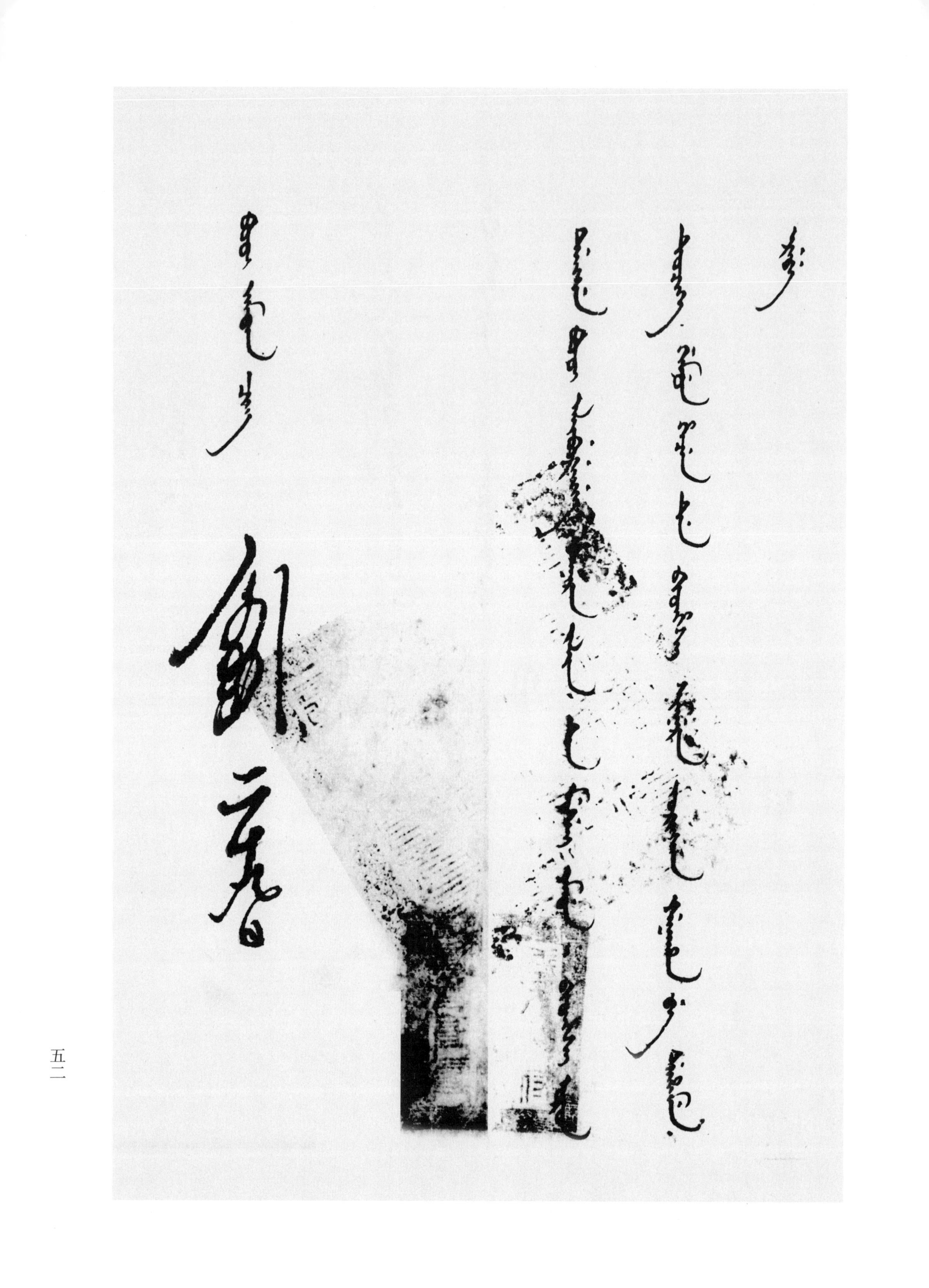

劉春

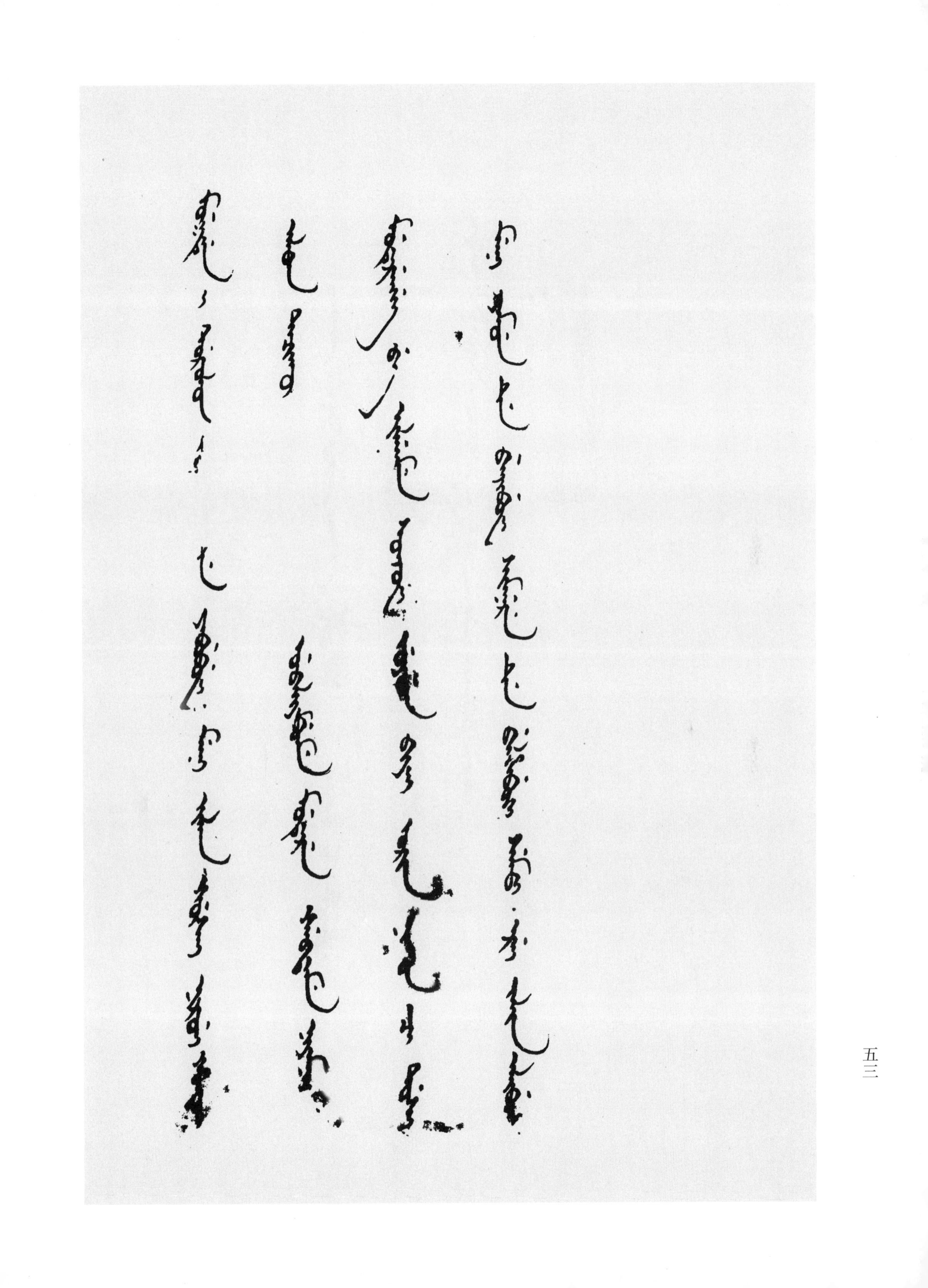

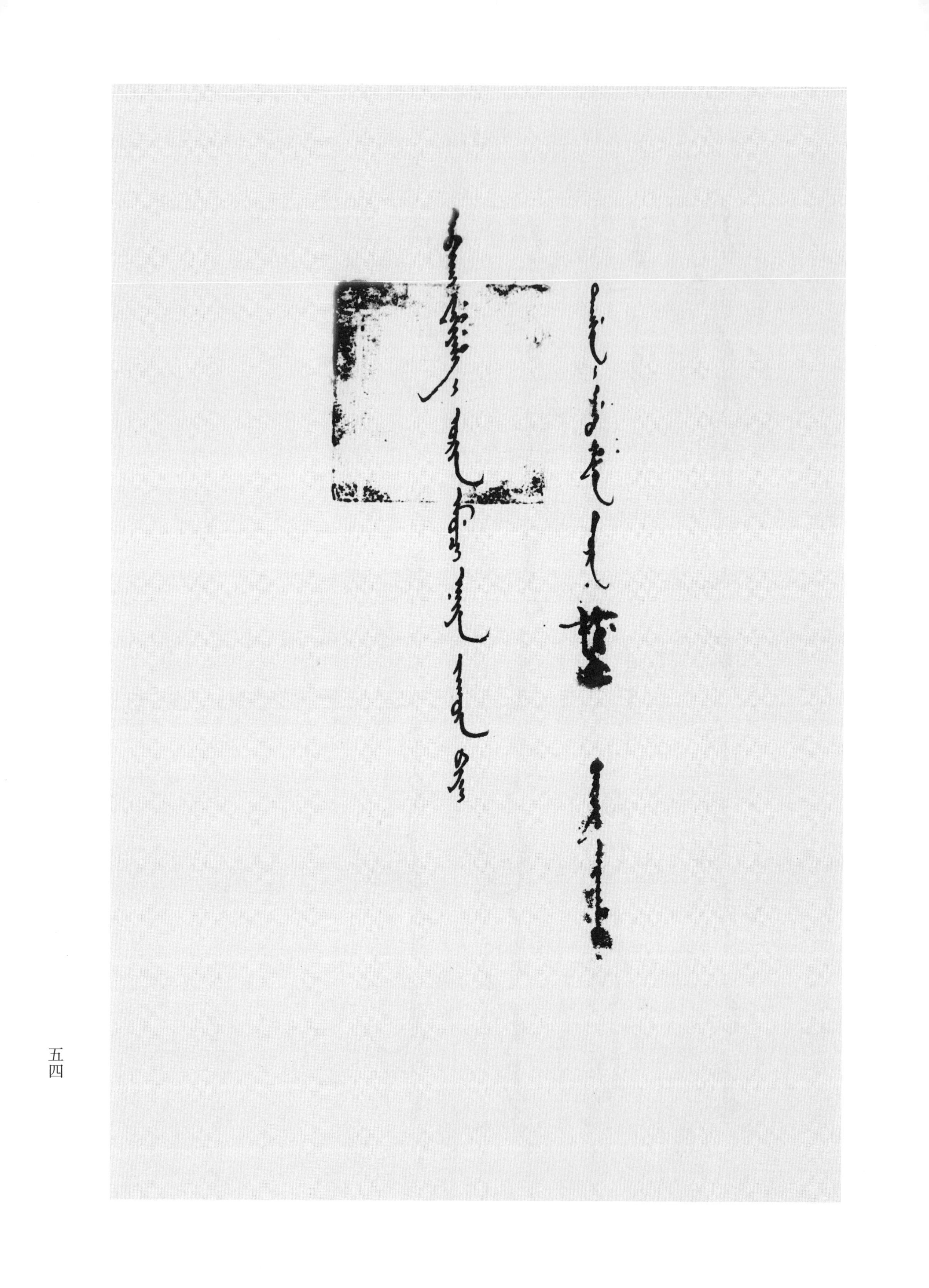

五四

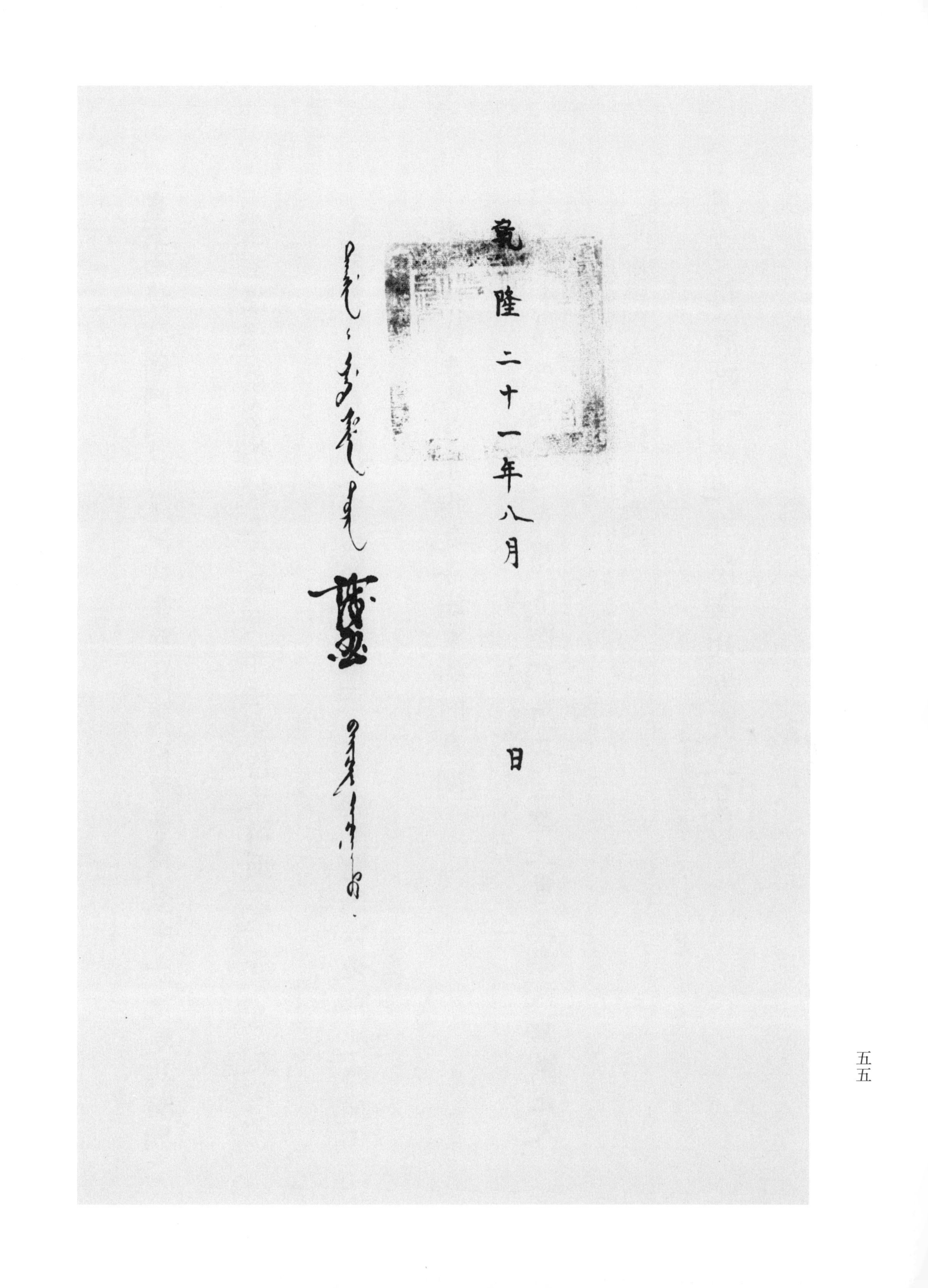

乾隆二十一年八月　日

覽

盛京内務府衙門即將應試武生并護軍領催等項查明分晰造具滿洲蒙古漢軍旗分年貌三代履歷并備造格眼清册一案各八本並同考武生互結每名一様八套鈐用印信作速咨送本衙門以便轉送鄉試和無應試武生人等亦作速咨送本衙門事關

大典幸勿遲滯等因抄出查得本衙門所屬三旗三司並無武鄉試之人是實理合呈請咨覆

盛京將軍衙門可也等情據此為此上呈

旨依議欽此欽遵等因到府相應將兵部題准武鄉試條例咨送貴將軍煩
為查照轉行所屬一体欽遵即將應試武生并護軍領催等俱造具旗分
年貌三代履歷并備造咨眼清册一樣七本並同考武生互結每名一樣七
套務于八月初旬差官送府以便先期委官對同編號造册咨部繕清
外仍于監場時各給印文着本生親賫投府驗明給巻以防假冒頂
替等弊事関
大典希為詳慎施行須至咨者等因前來相應抄録粘単咨行

舉事准兵部文開職方司案呈兵科抄出本部題前事內開查直隸
各省鄉試定于子午卯酉年舉行今乾隆二十一年歲次丙子例
應十月內武鄉試謹將應行事宜預為奏
聞恭候
命下臣部通行直隸各省并順天府一體遵行等因於乾隆二十一年五月十
六日題本月十八日奉

內大臣清

劉二十九日

三旗牛彔發呈為咨覆事據驍騎校徐元[illegible]常[illegible][illegible][illegible]事務

達多隆吾催總福海博茂等呈稱奉

堂批出准

盛京將軍衙門咨開左礼司案呈准順天府府尹衙門咨開為考試武

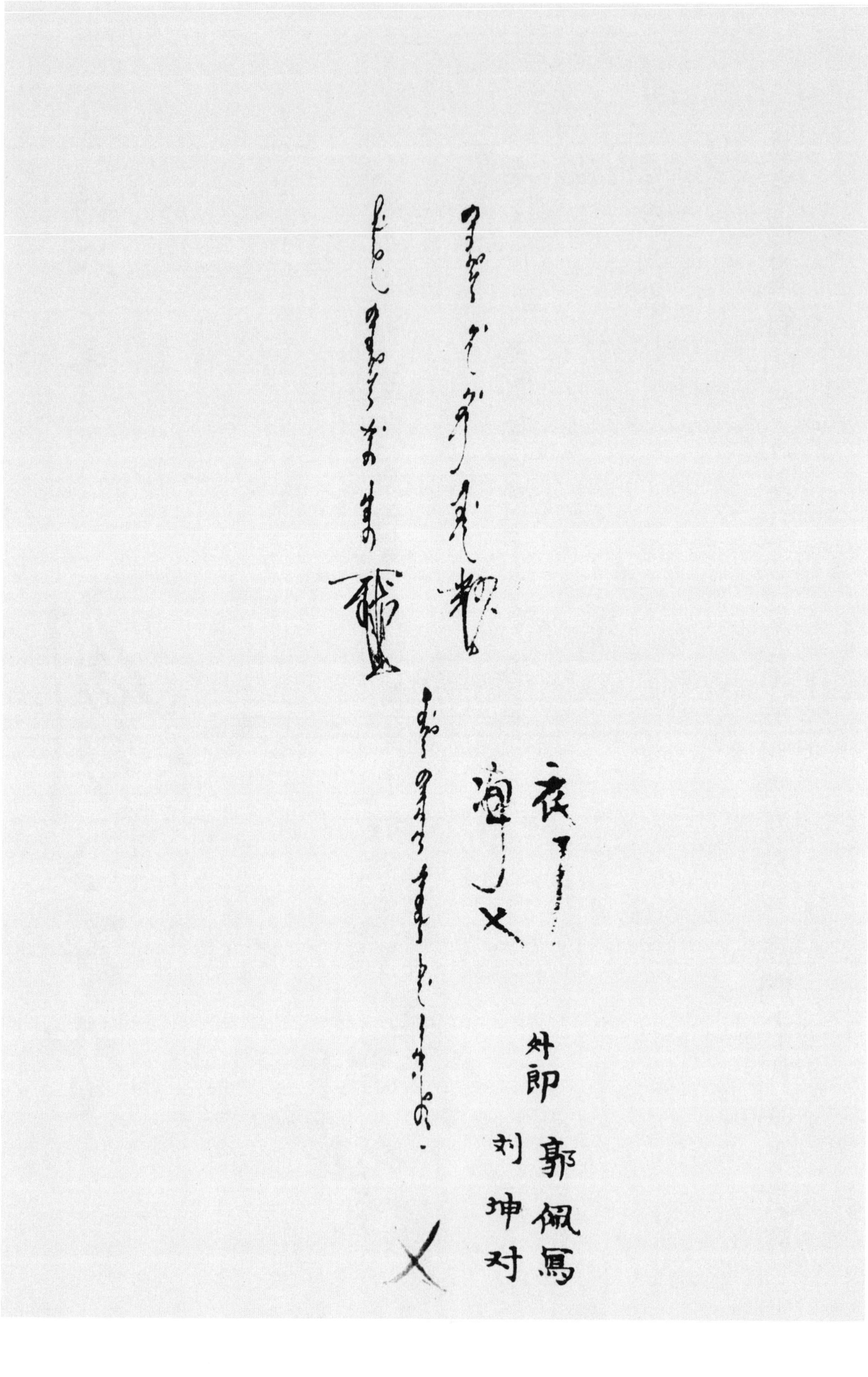
外郎郭佩焉
刘坤对

一件

三旗三司所屬並無武鄉試之人

之處咨覆

呈

盛京將軍衙門事

佐領石應昇

佐領費揚武

三

二十一　八

勅字九月初一日交友領催得色力送去

行

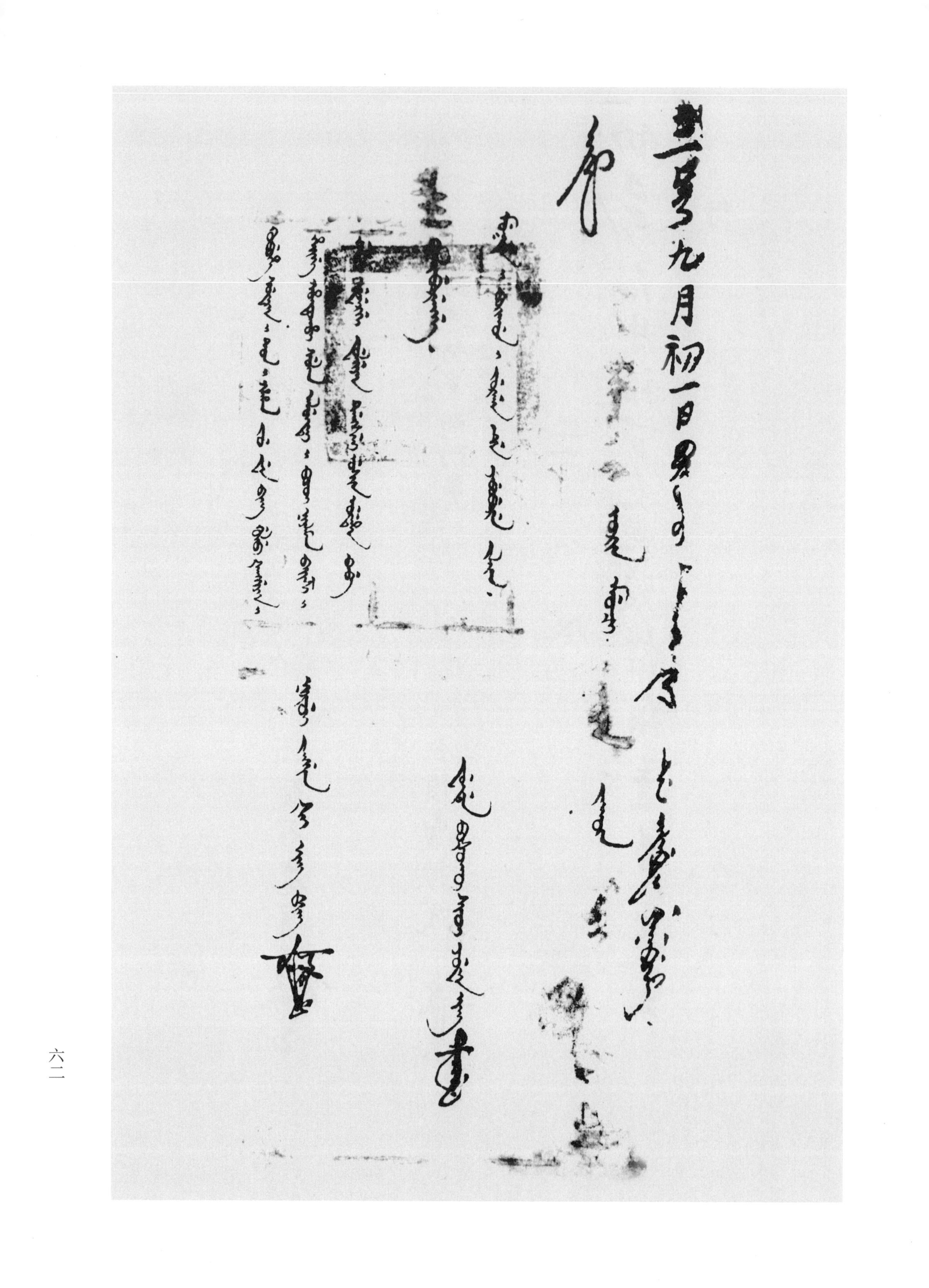

[illegible]二年九月初一日[illegible]

[illegible]

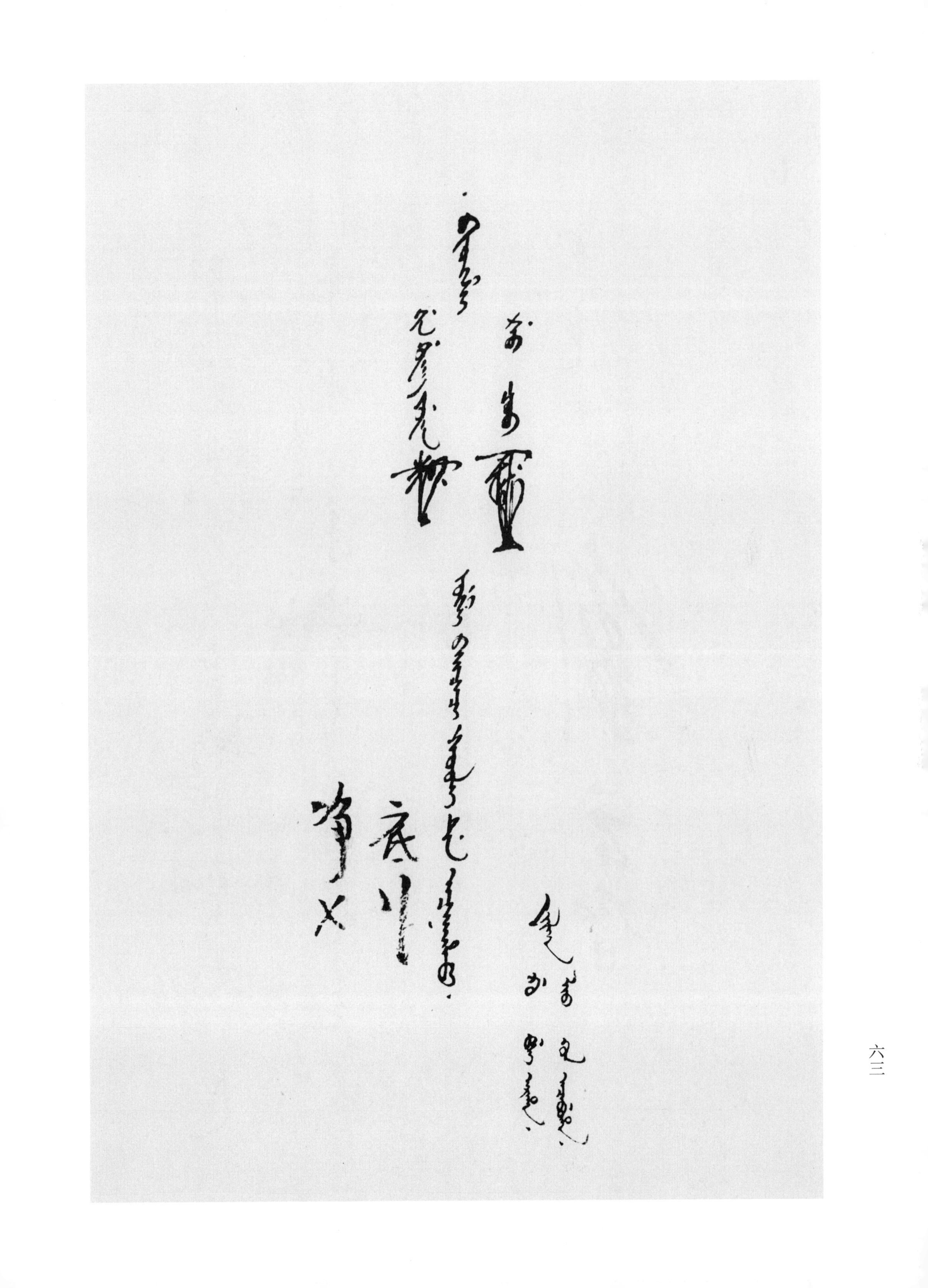

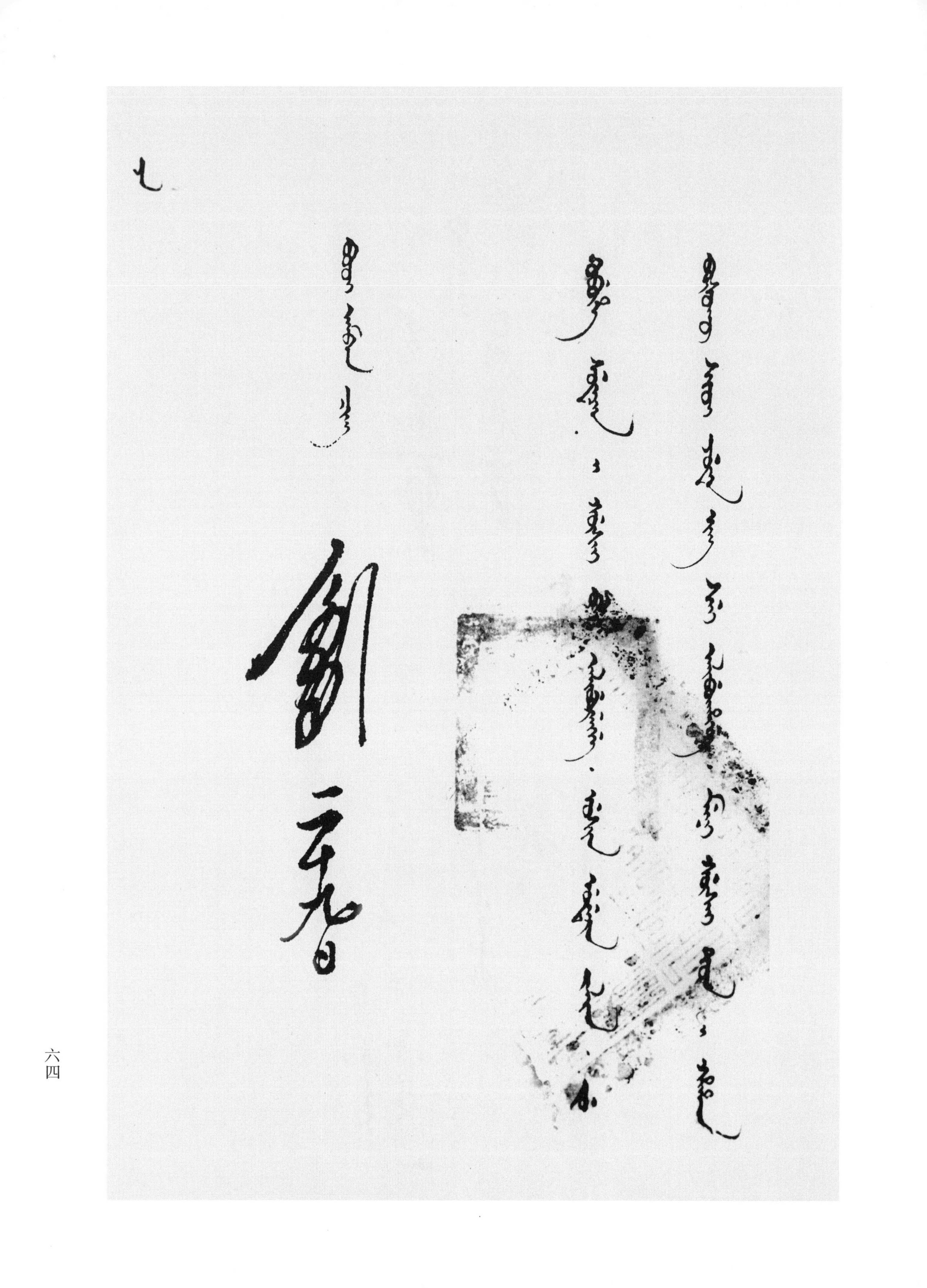

七

劉香

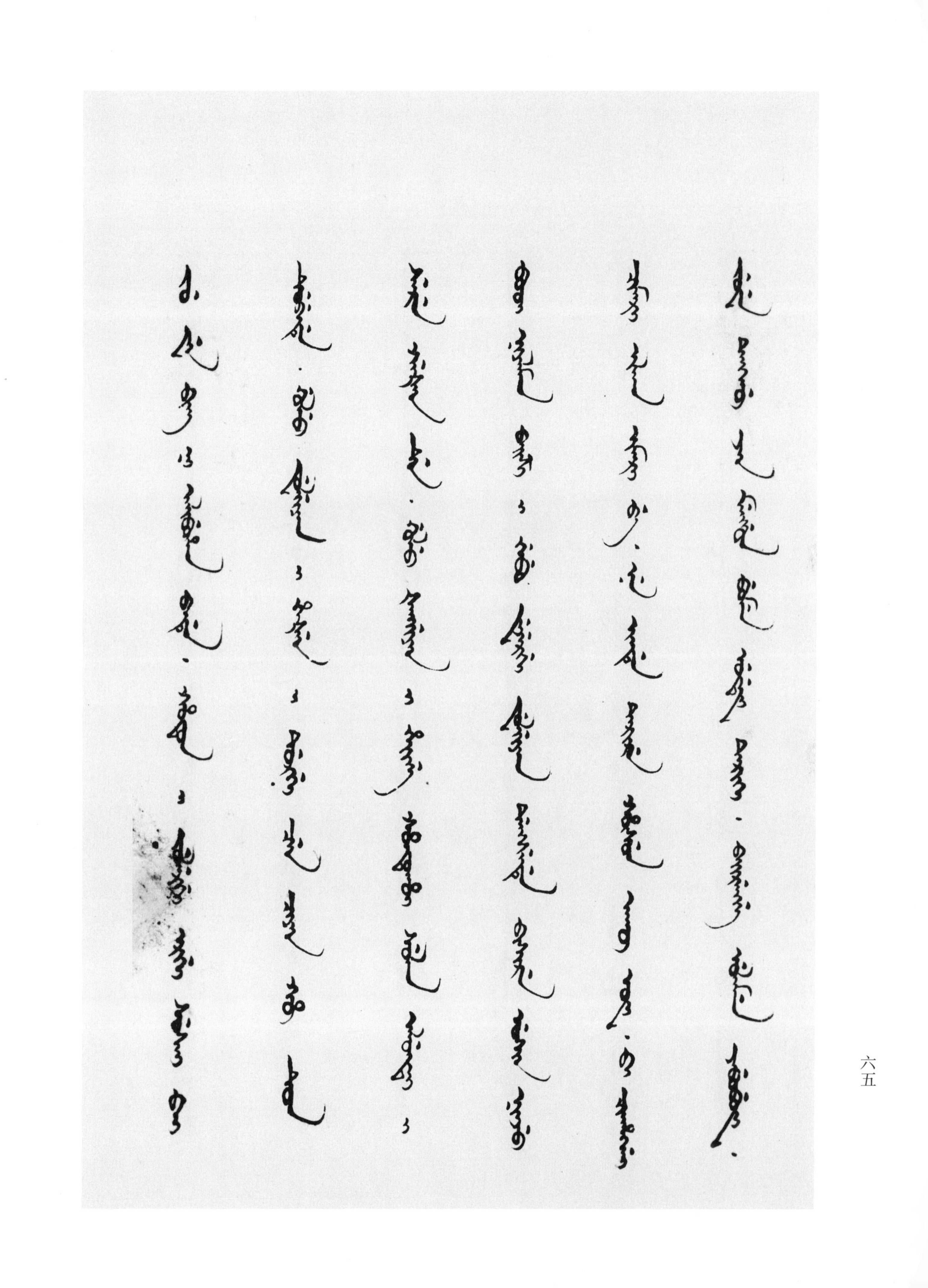

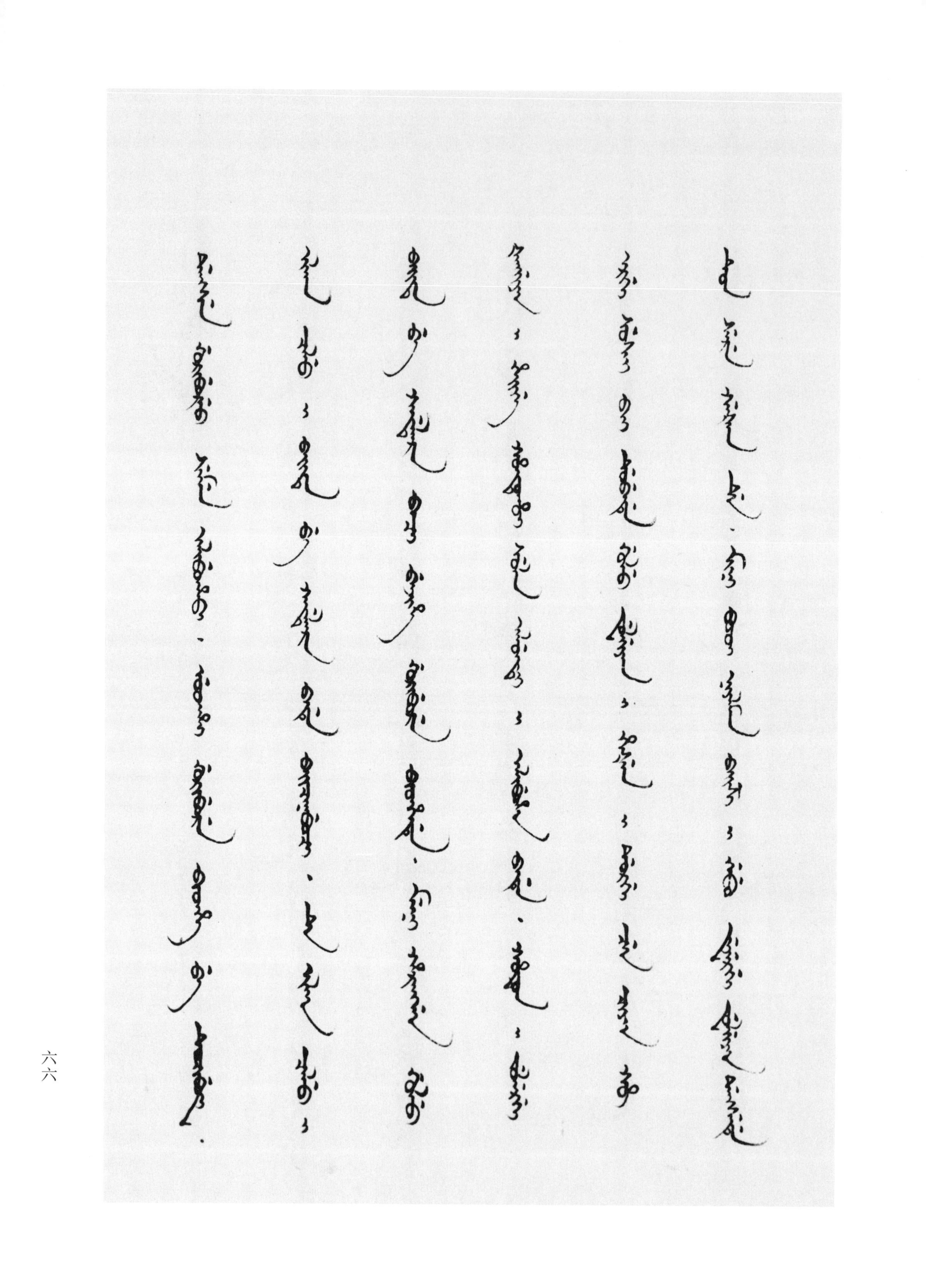

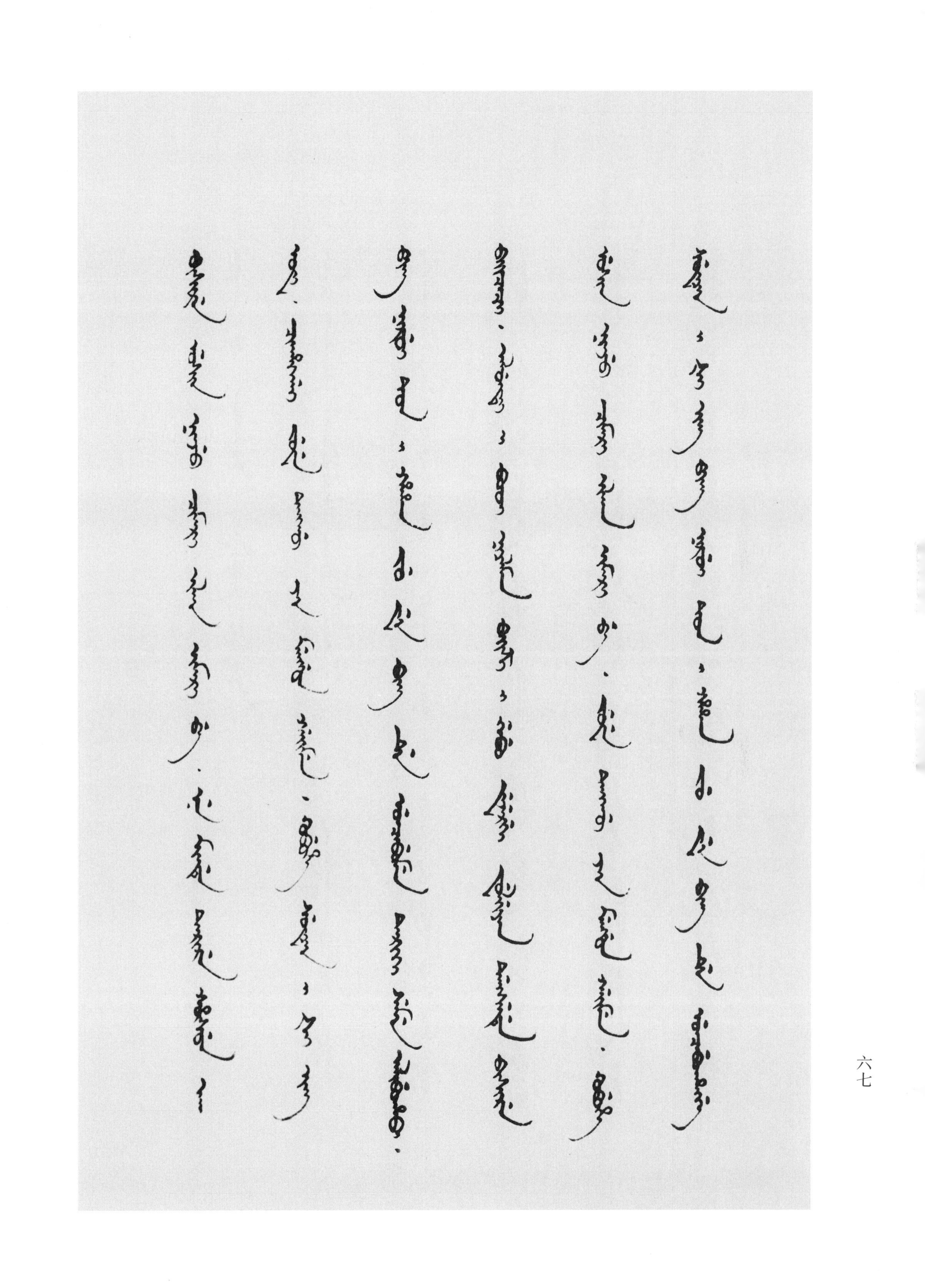

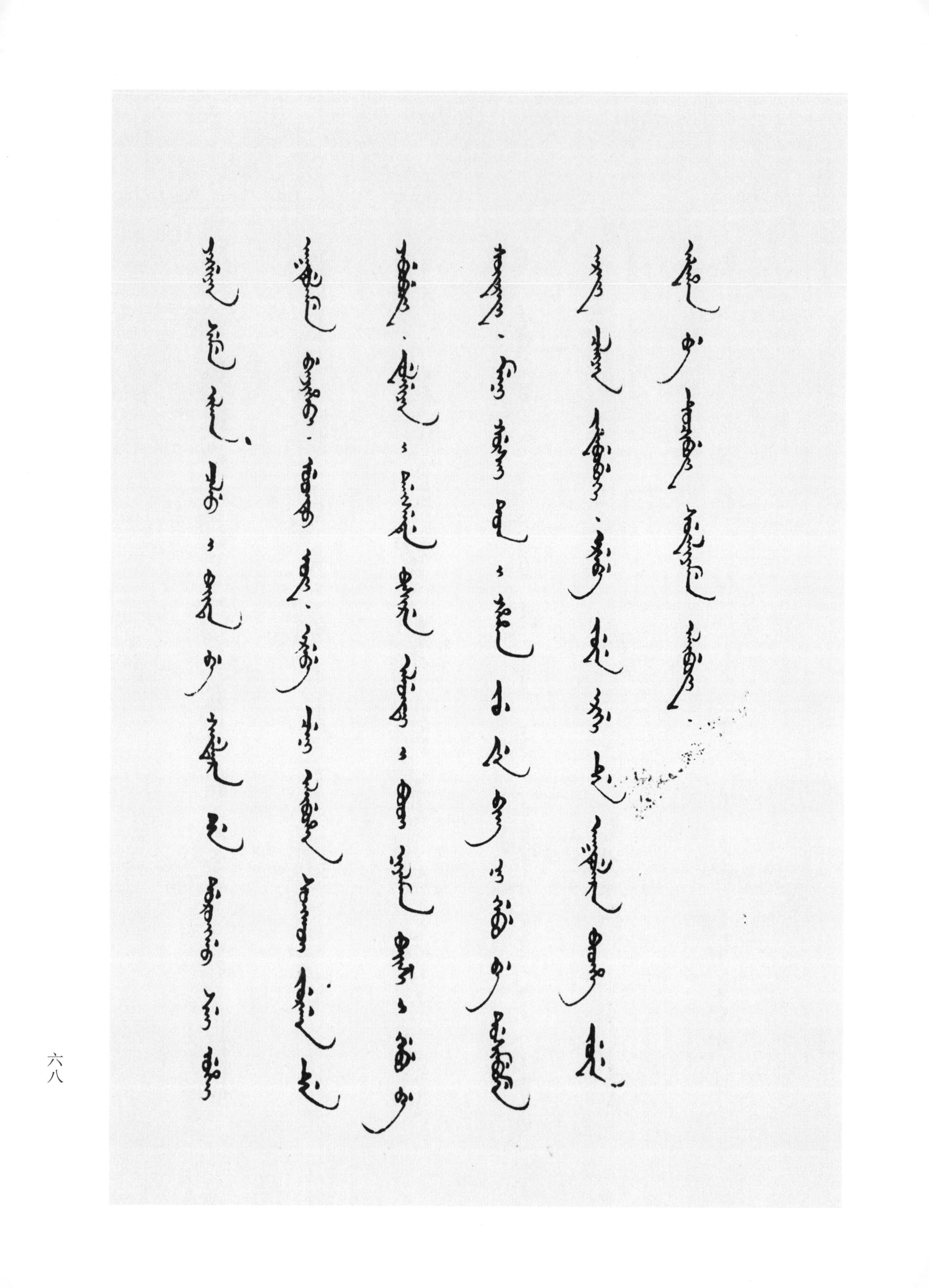

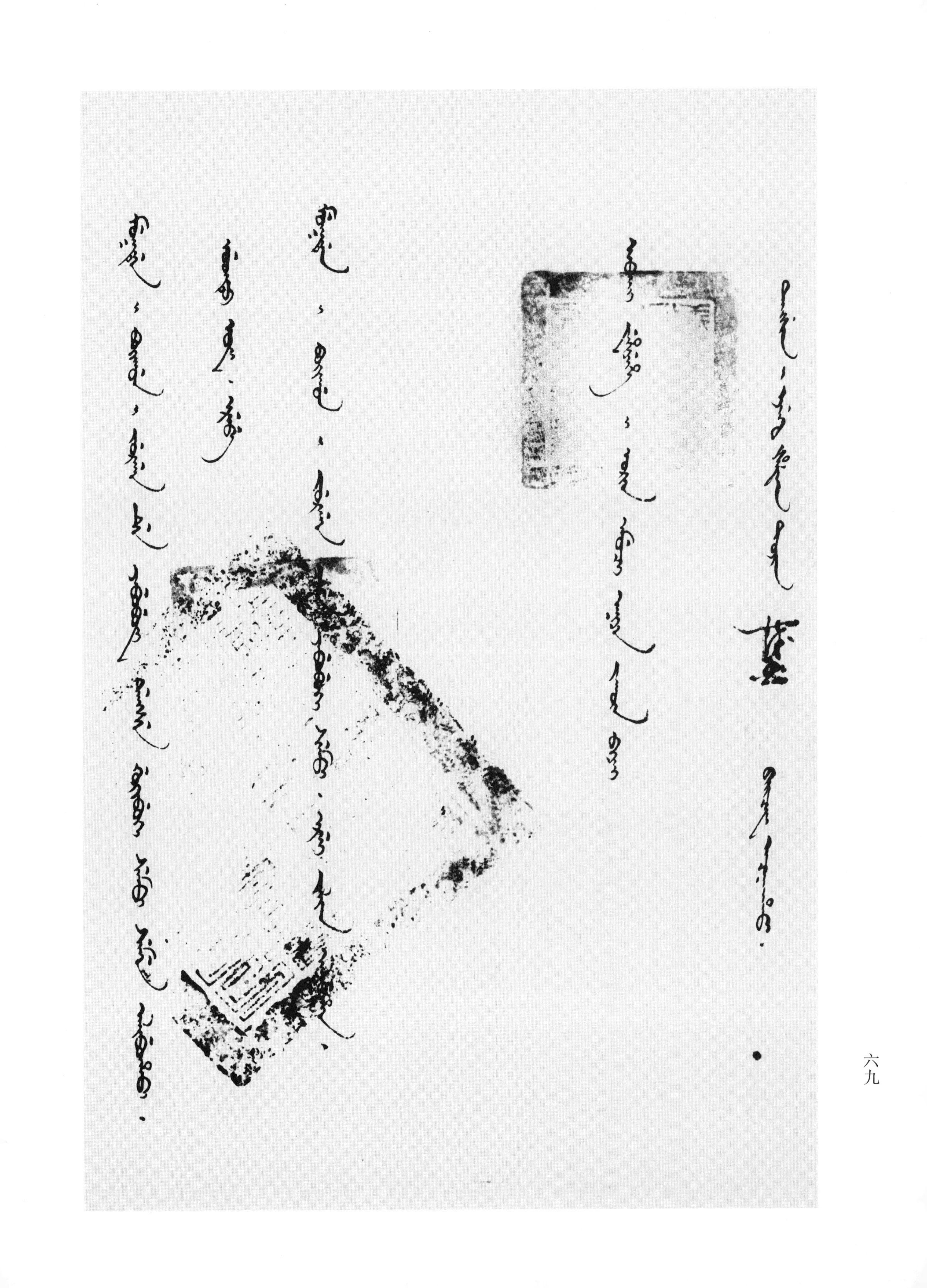

[illegible]

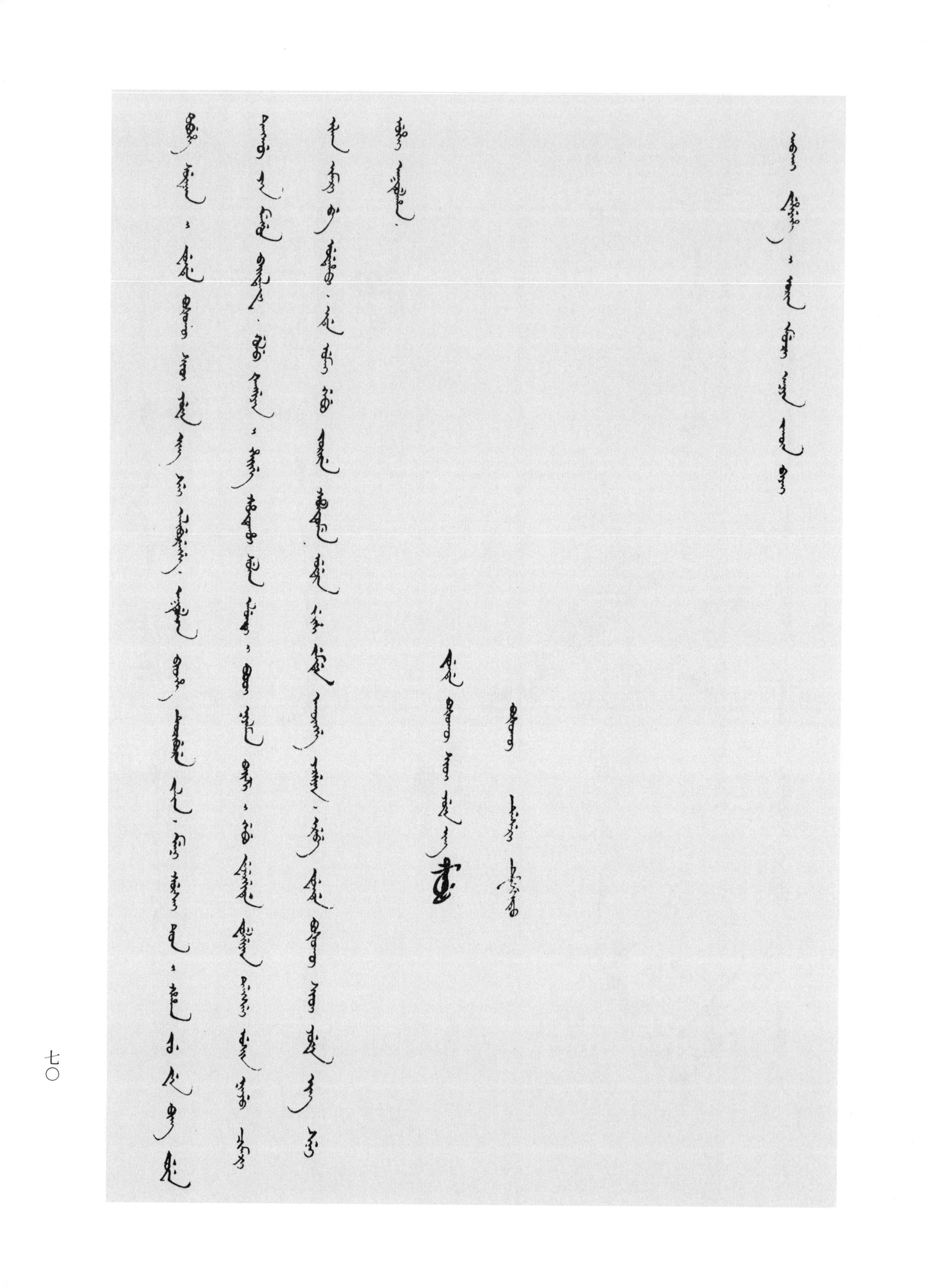

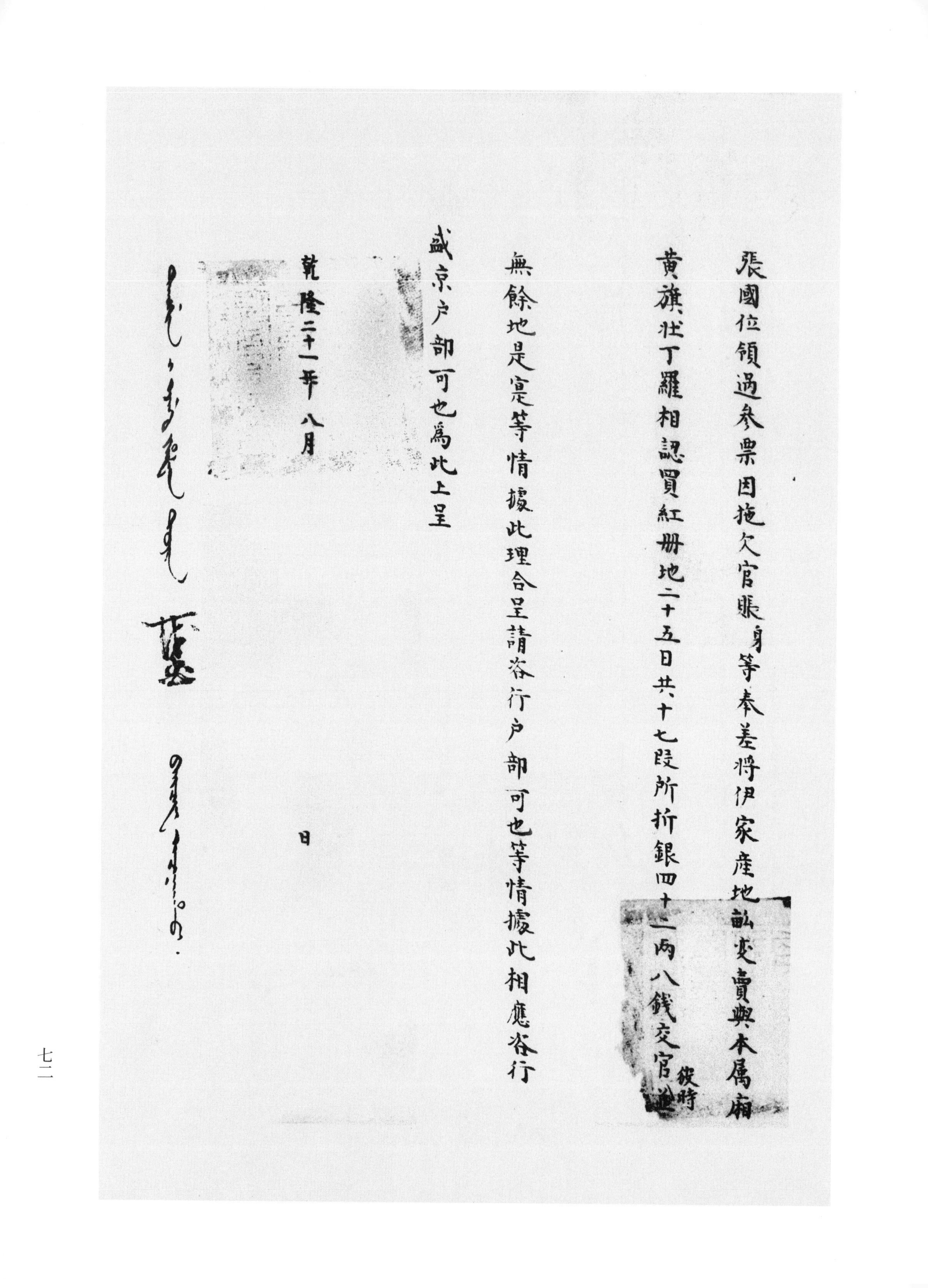

張國位領過參票因拖欠官賬身等奉差將伊家產地畝變賣與本屬廂

黄旗壯丁羅相認買紅册地二十五日共十七段所折銀四十二兩八錢交官訖彼時

無餘地是寔等情據此理合呈請咨行戶部可也等情據此相應咨行

盛京戶部可也爲此上呈

乾隆二十一年八月　日

張文凱原呈内称紅册餘地共六十餘日而内務府加具印結又称紅册地係二十五
日数目不符難以更名註册相應移咨
盛京捴管内務府衙門將張文凱之父張國位名下除二十五日紅册地畝之外曾否私開
餘地之處逐一查訊明確於文到日以便辦理外併飭行開原城守尉將張國位
名下紅册地二十五日内有私開餘地之處詳細查丈造册送部毋得稍有遺
漏可也等因抄出 戝等即將原辦之百捴康元溯牧長薩尔太執事人王維經
傳喚前来訊問據百捴康元溯等呈称于乾隆五年間因壯丁張文凱之父

家產变賣與本屬下壯丁羅相認買產物所交銀四十二兩八錢照数咨交

盛京刑部在案其刑部咨送將軍衙門轉交該商之處本衙門並無冊檔可稽再官

賣地畝更名註冊之處加具印結二紙等因前來本部隨咨查

盛京將軍衙門去後今准覆称查得乾隆七年正月内准

盛京刑部將包衣正黄旗壯丁張國位名下應追拖欠參商張玉銀四十二兩八錢咨交

該商張玉收領在案今准咨查相應咨覆

盛京户部等因查得將軍衙門来咨内雖称前項銀兩轉交該商在案等語但查

内務府大臣清

劉[illegible]

正黄旗牛录處呈爲咨覆事據[illegible]騎校〻　阿等呈稱奉

堂抄出准

盛京户部咨開地畝司案呈前准

盛京揔管内務府衙門咨開查得壯丁張文凱之父張國位領過參票因拖欠官賬將伊

一件

正黄旗壯丁張文凱之父張國位名下

並無餘地之處咨覆

城

京戶部事

呈

佐領費揚武 [signature]

佐領石應屏 [signature]

驍騎校依常阿 [signature]

乾隆二十一年 八

又九月初四日交友領催皇神保送去

行

九月初一日

線鎗拾伍杆牛叁拾條馬壹佰陸匹匠
人壹佰壹拾名食米貳拾陸倉石肆斗

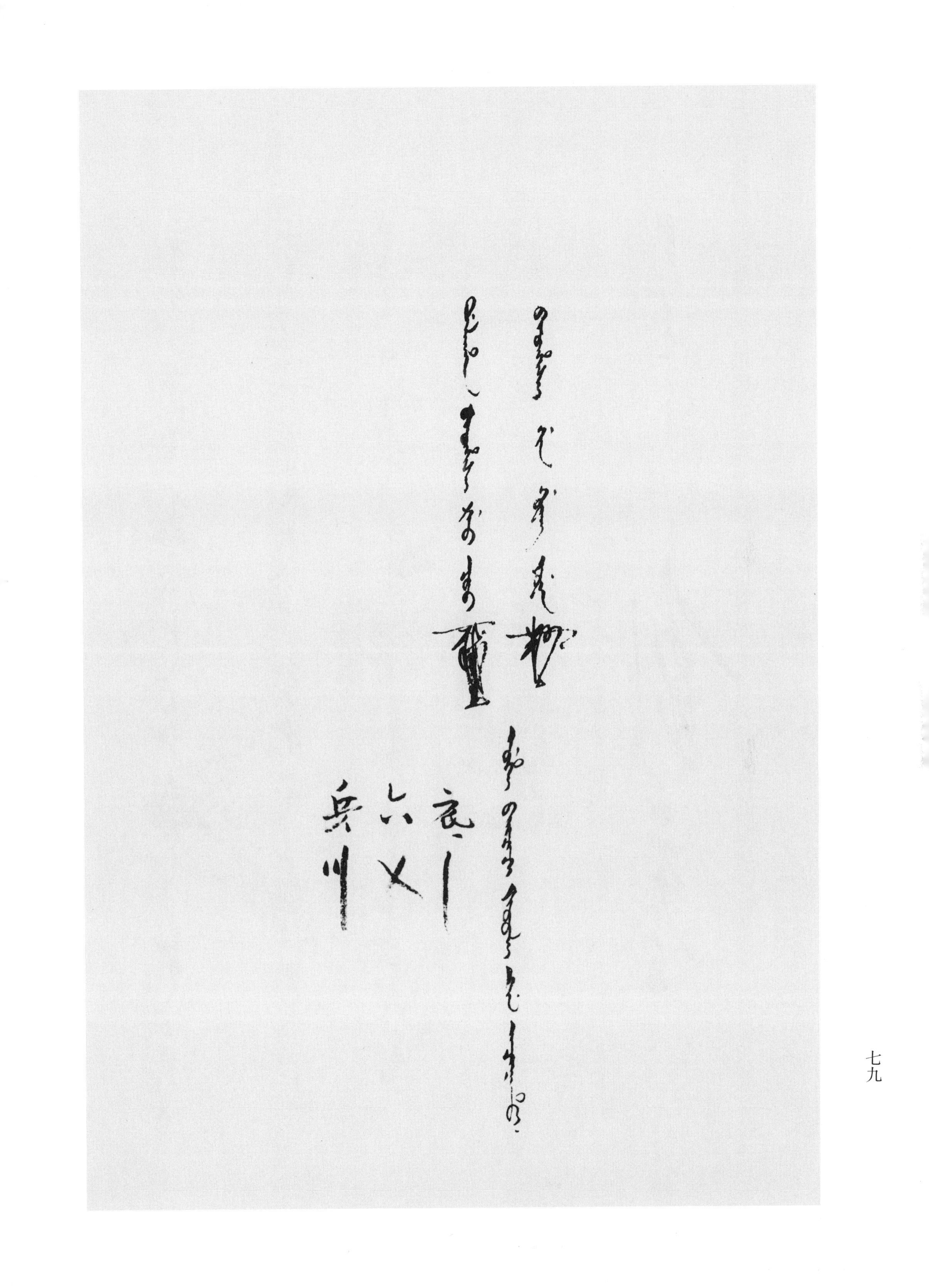

良

六又

兵川

七九

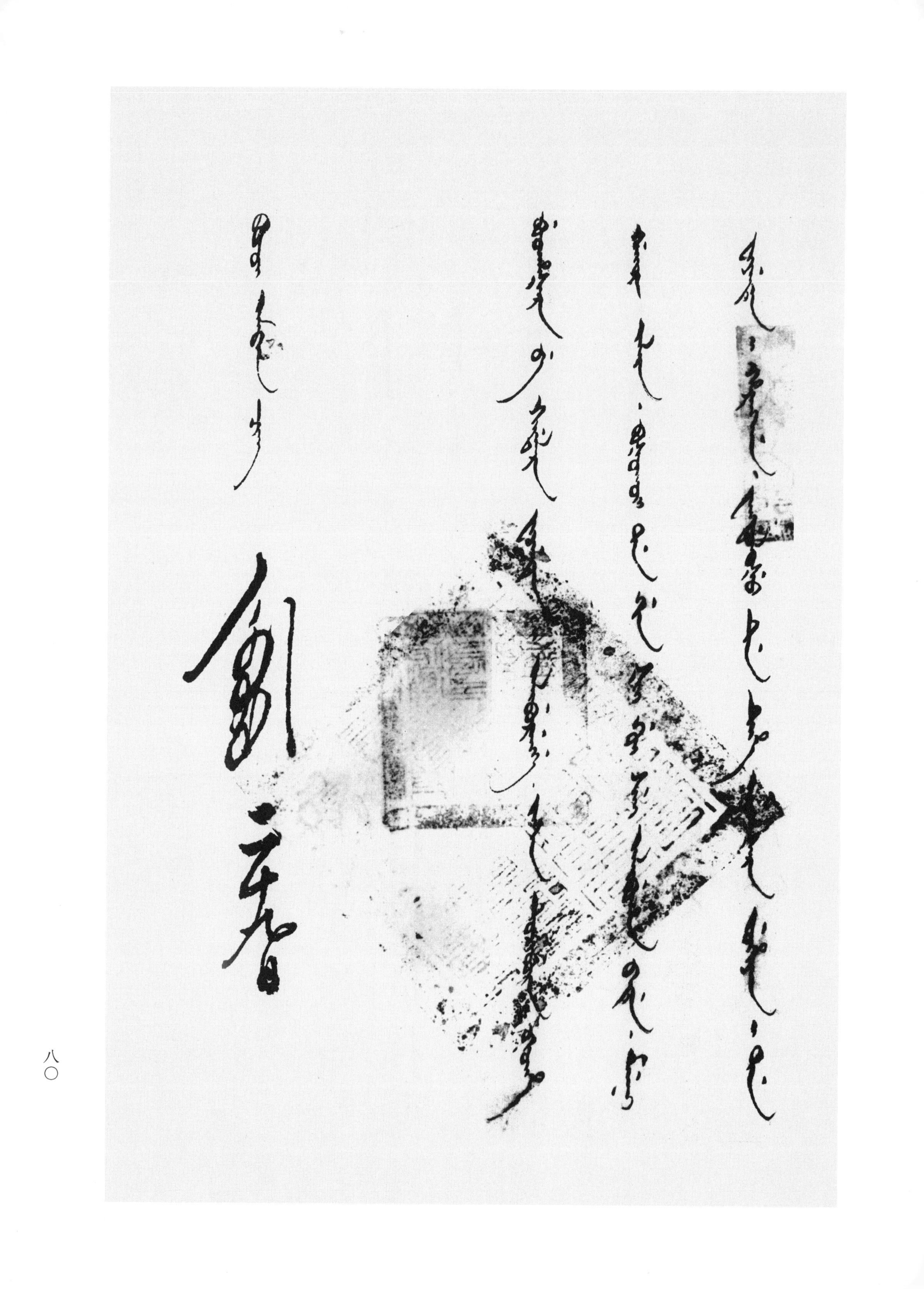

劉著

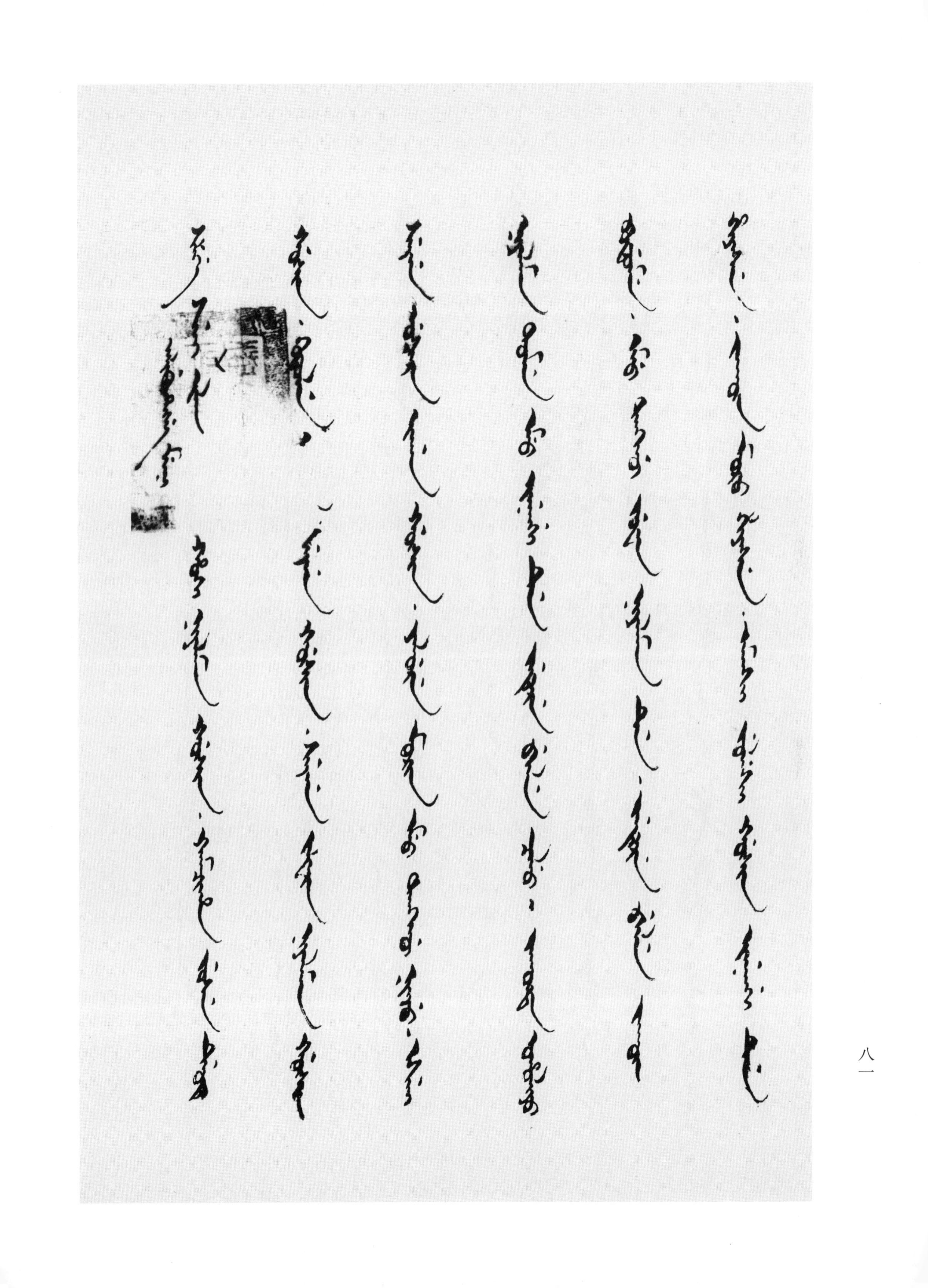

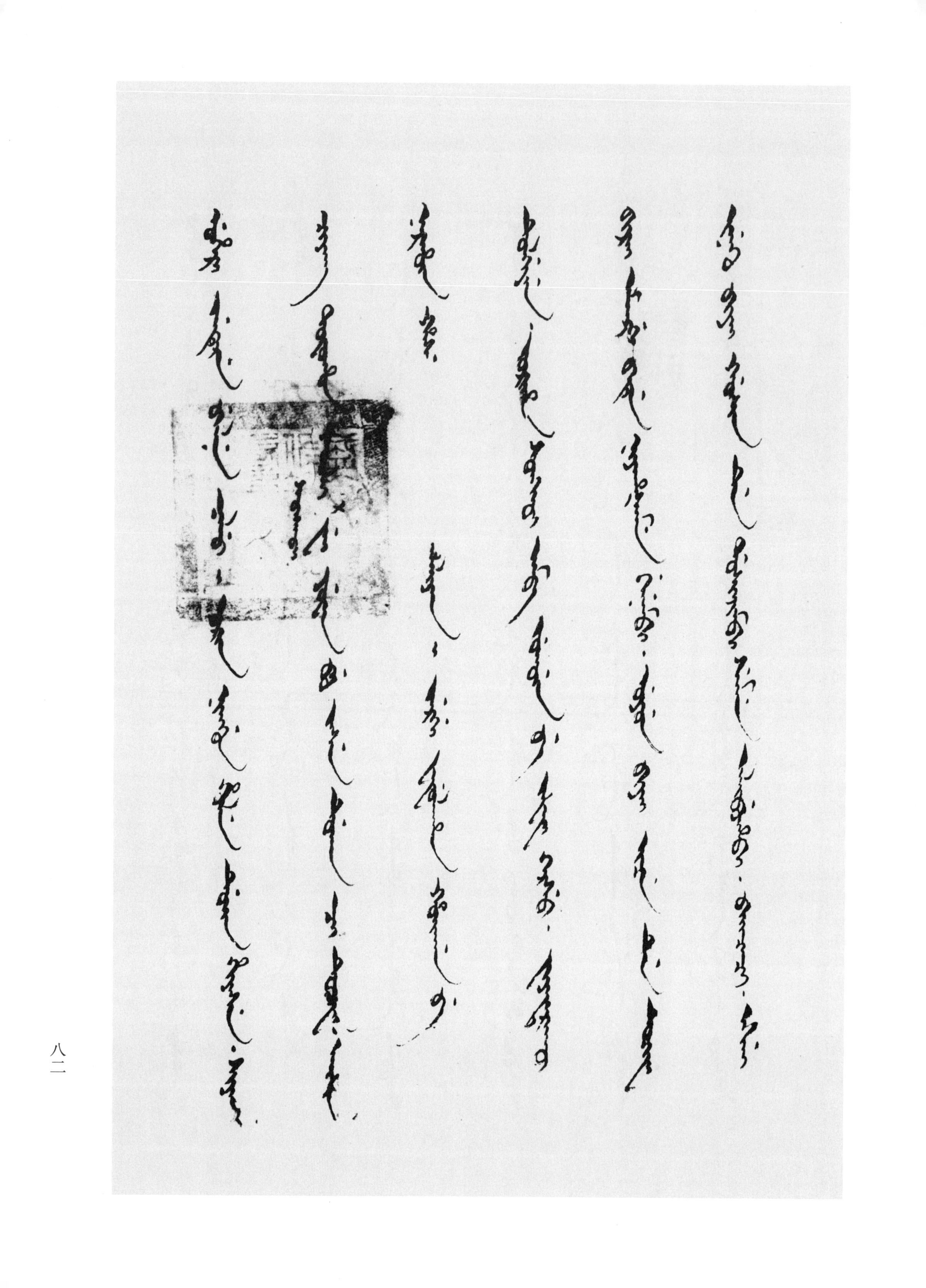

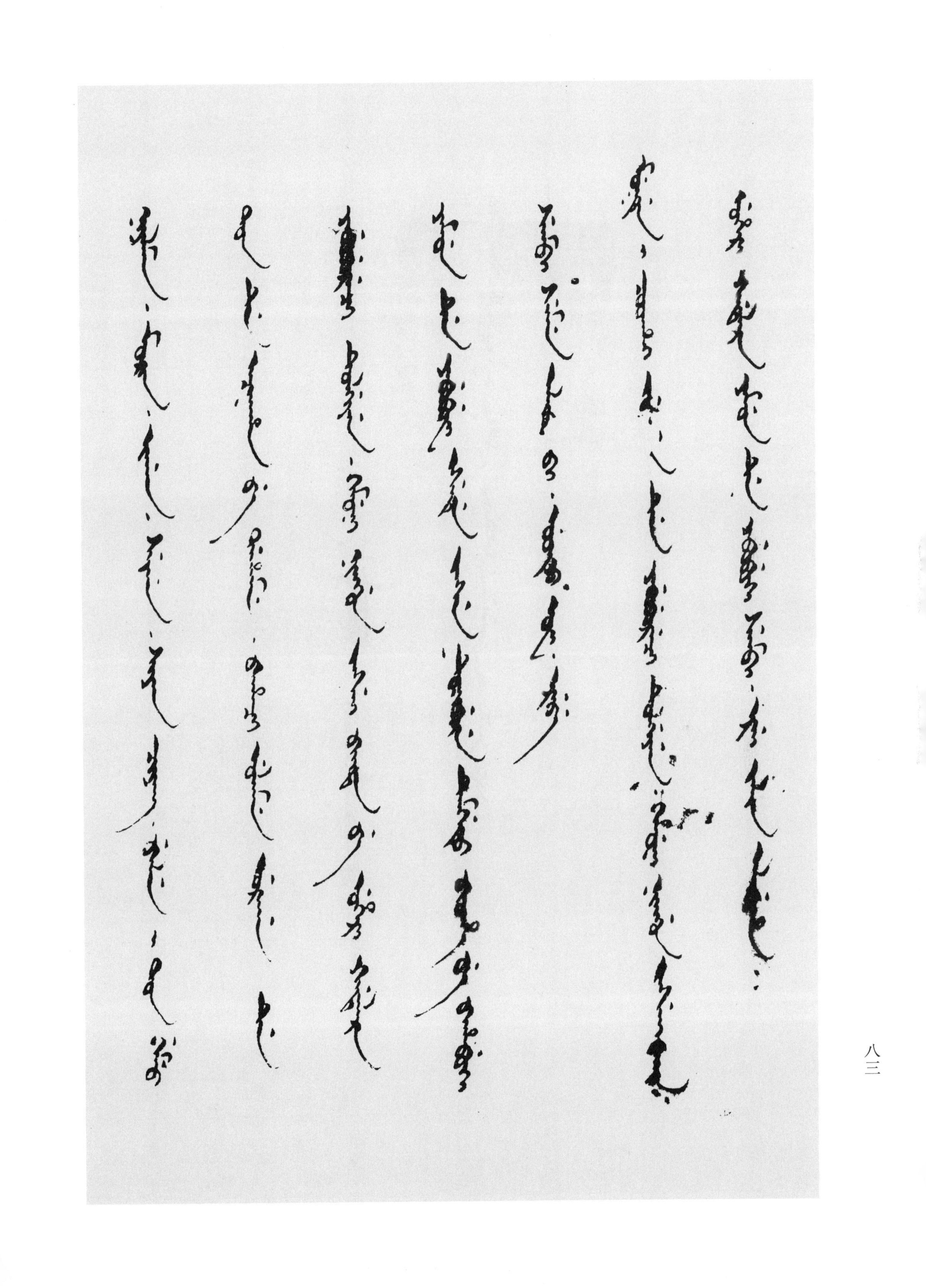

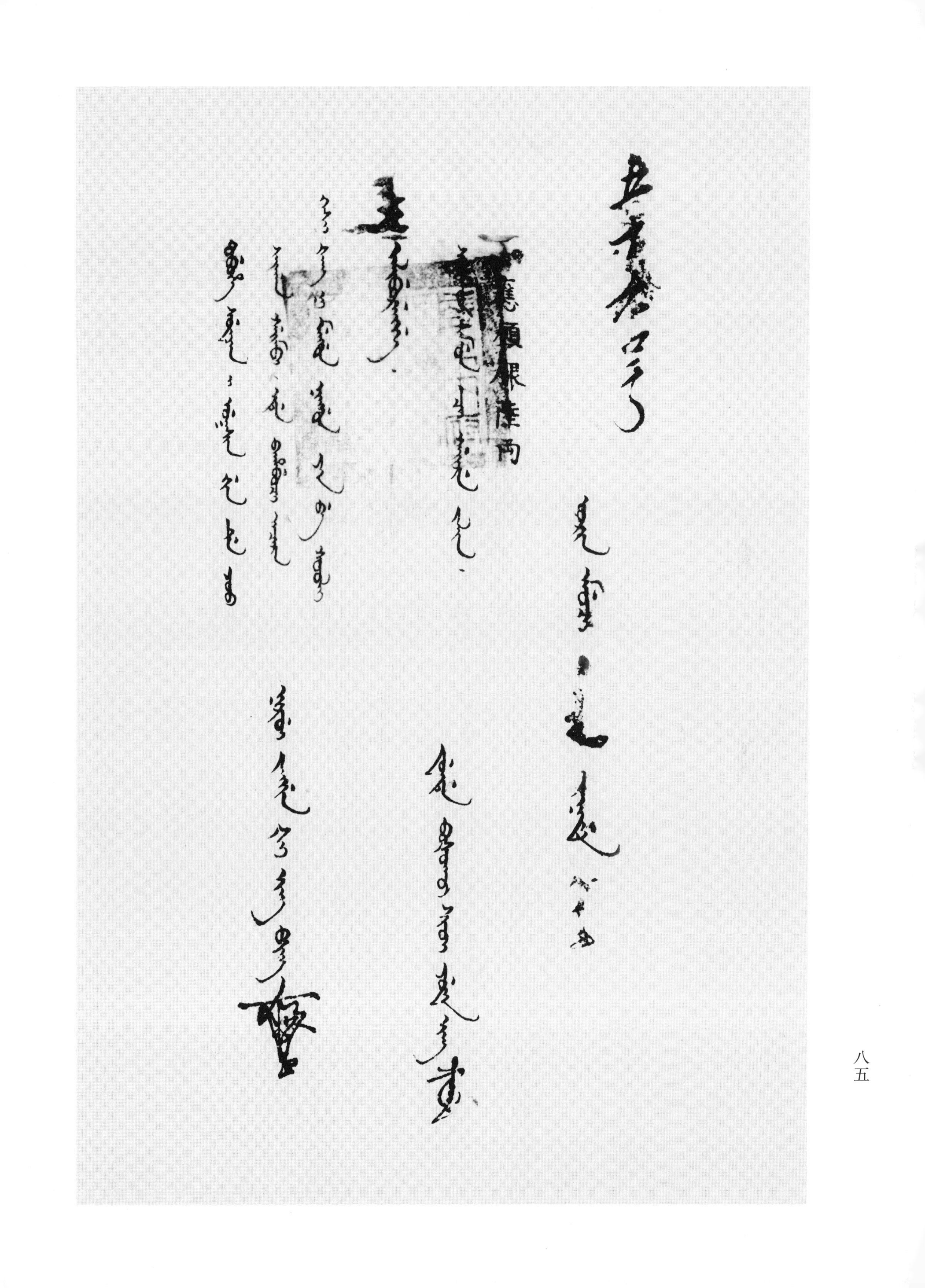

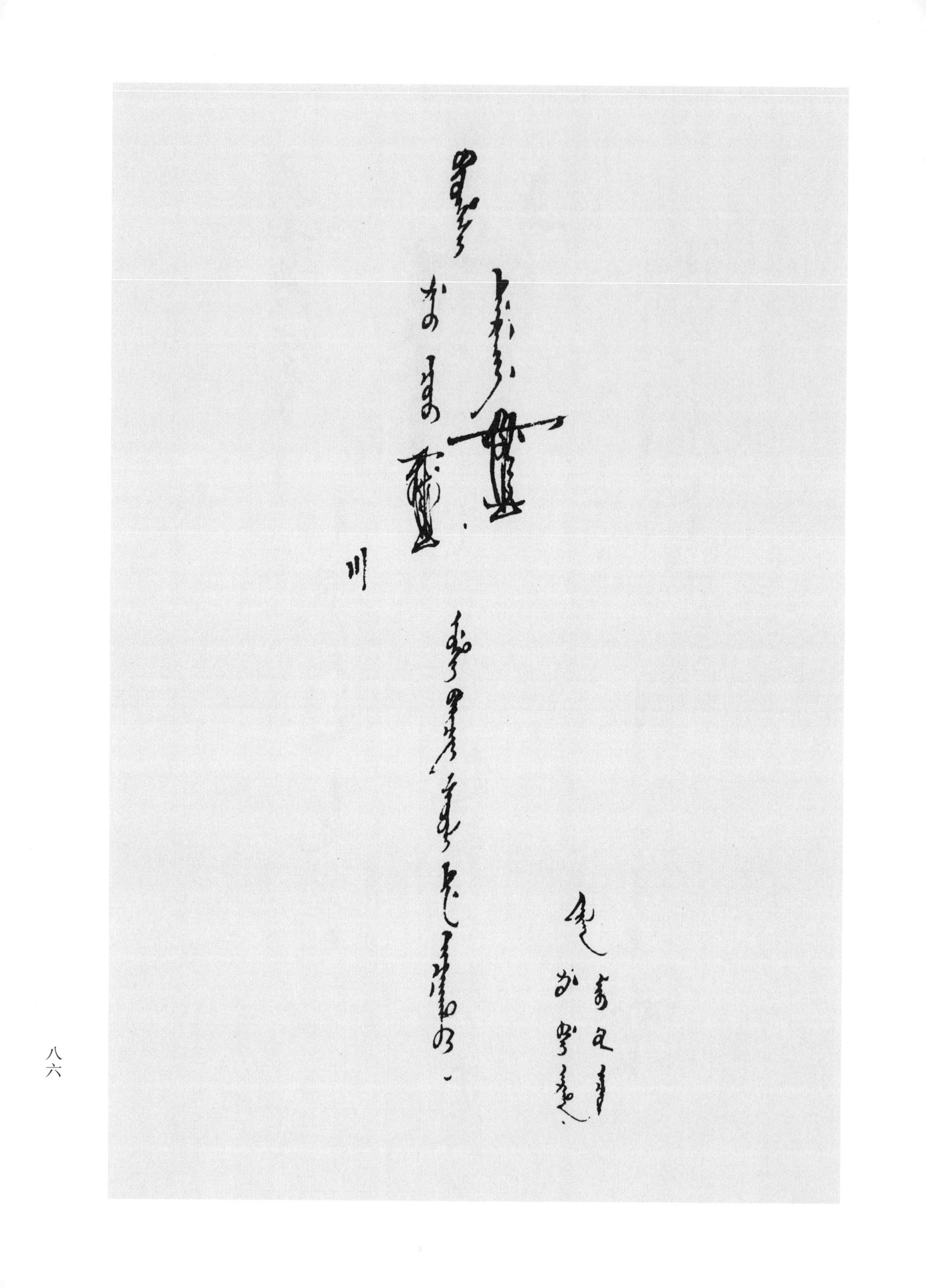

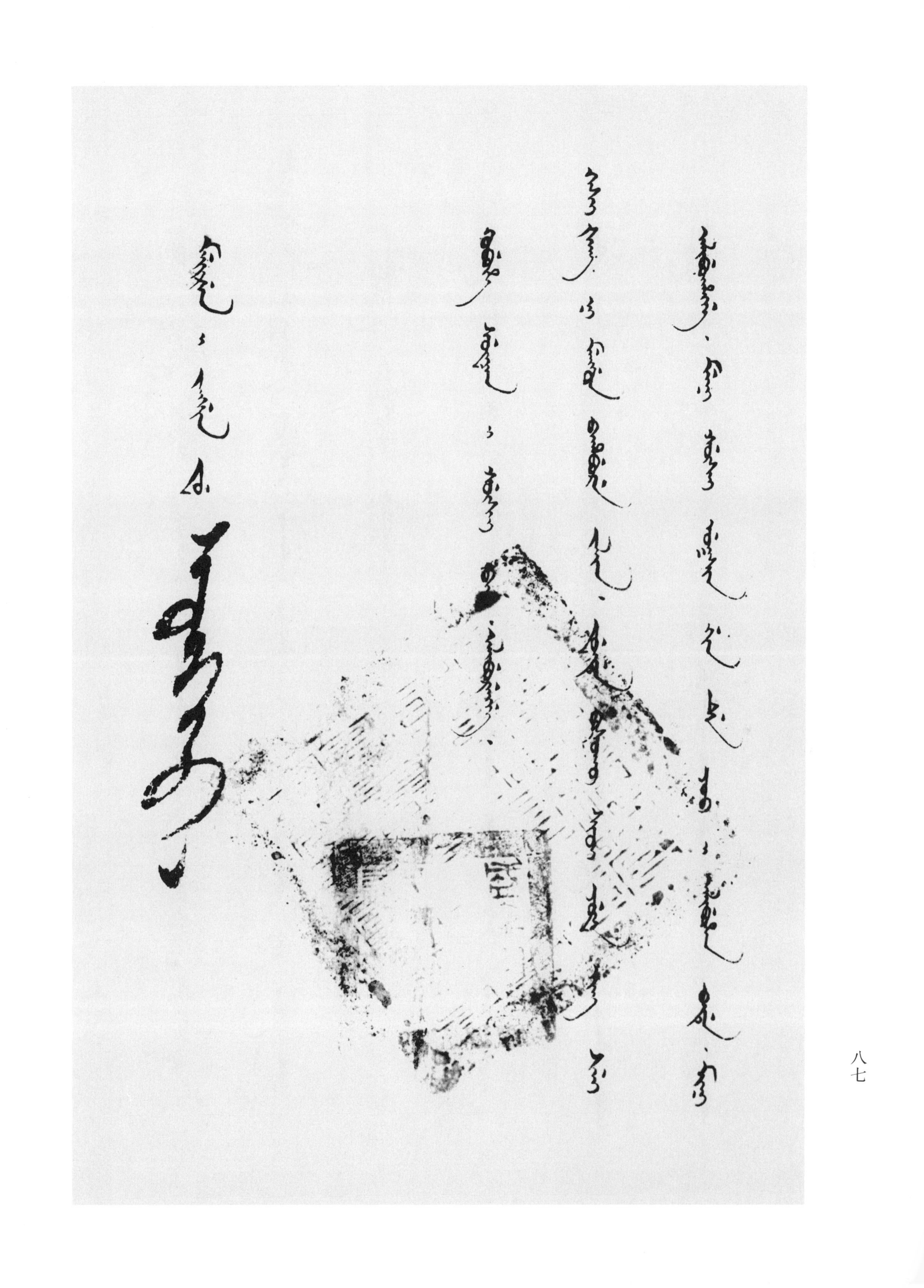

[illegible]

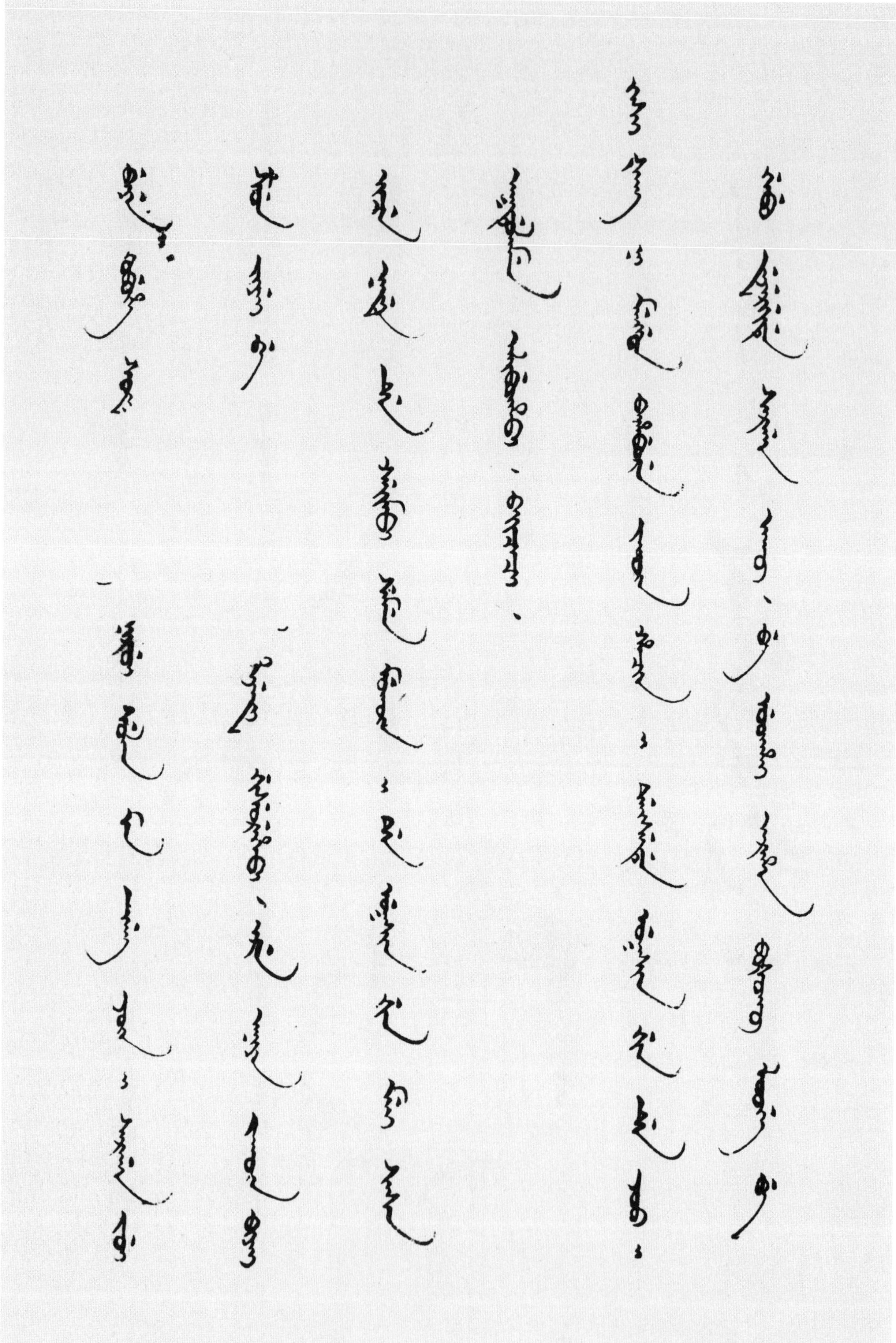

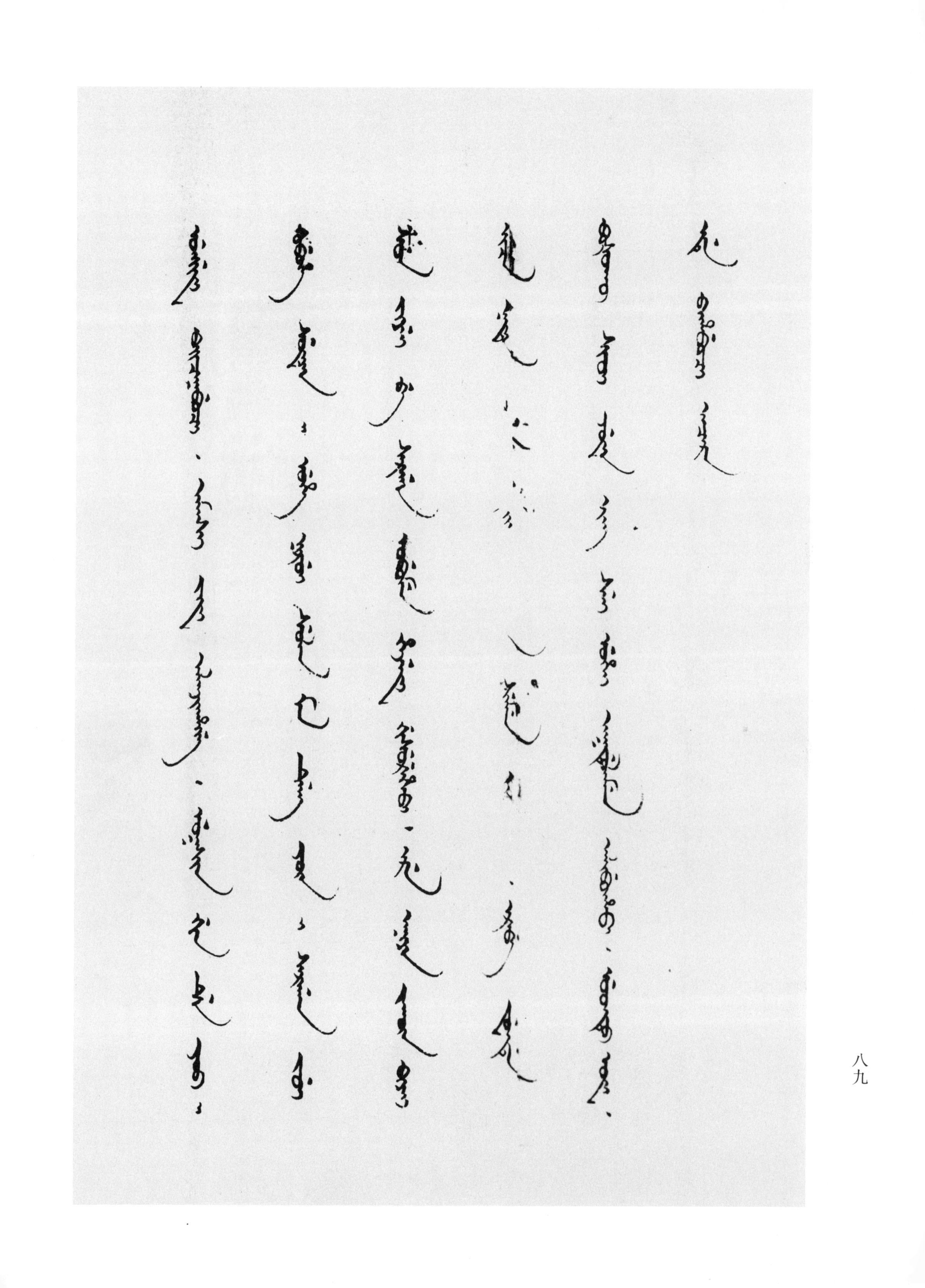

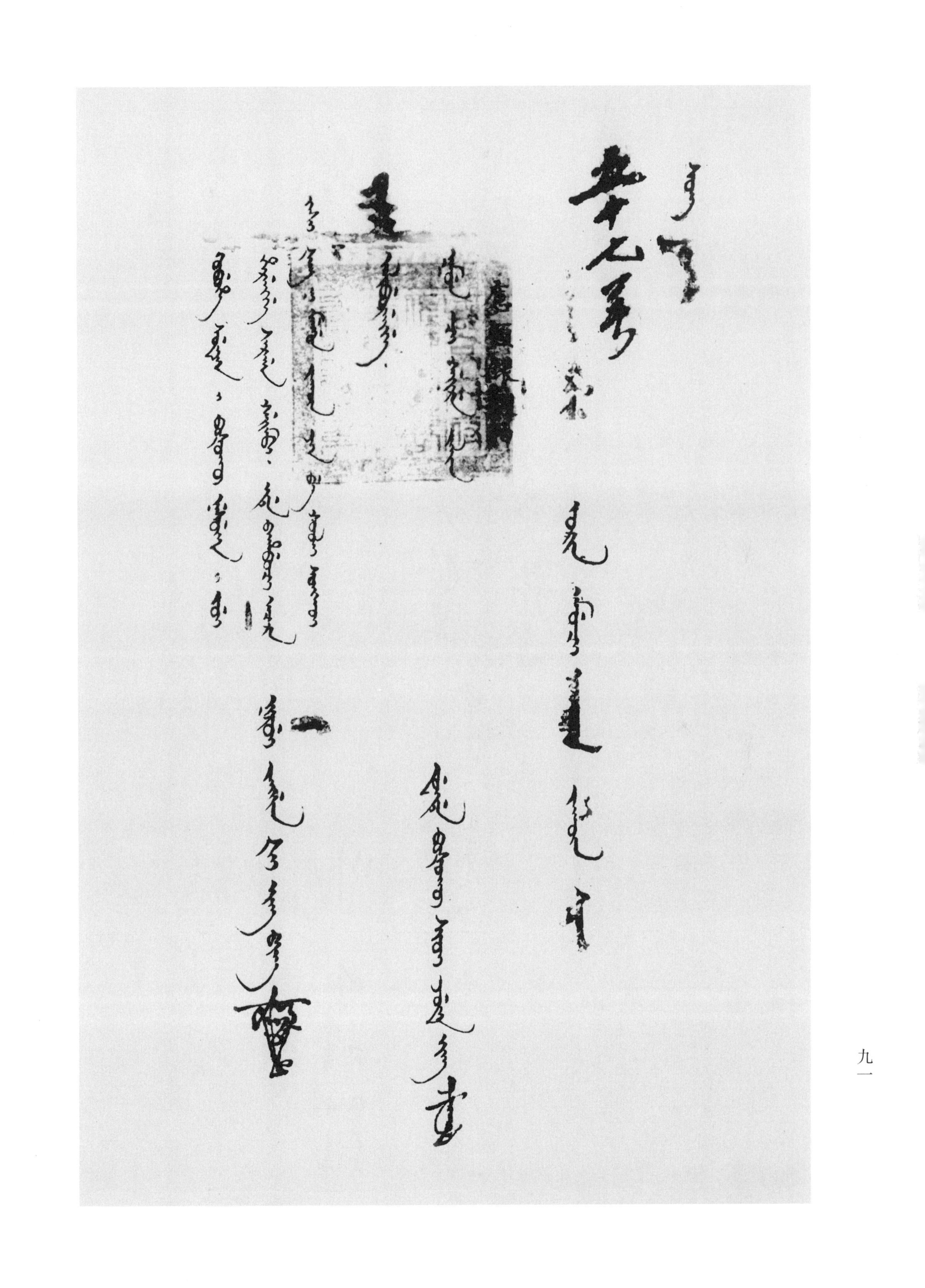

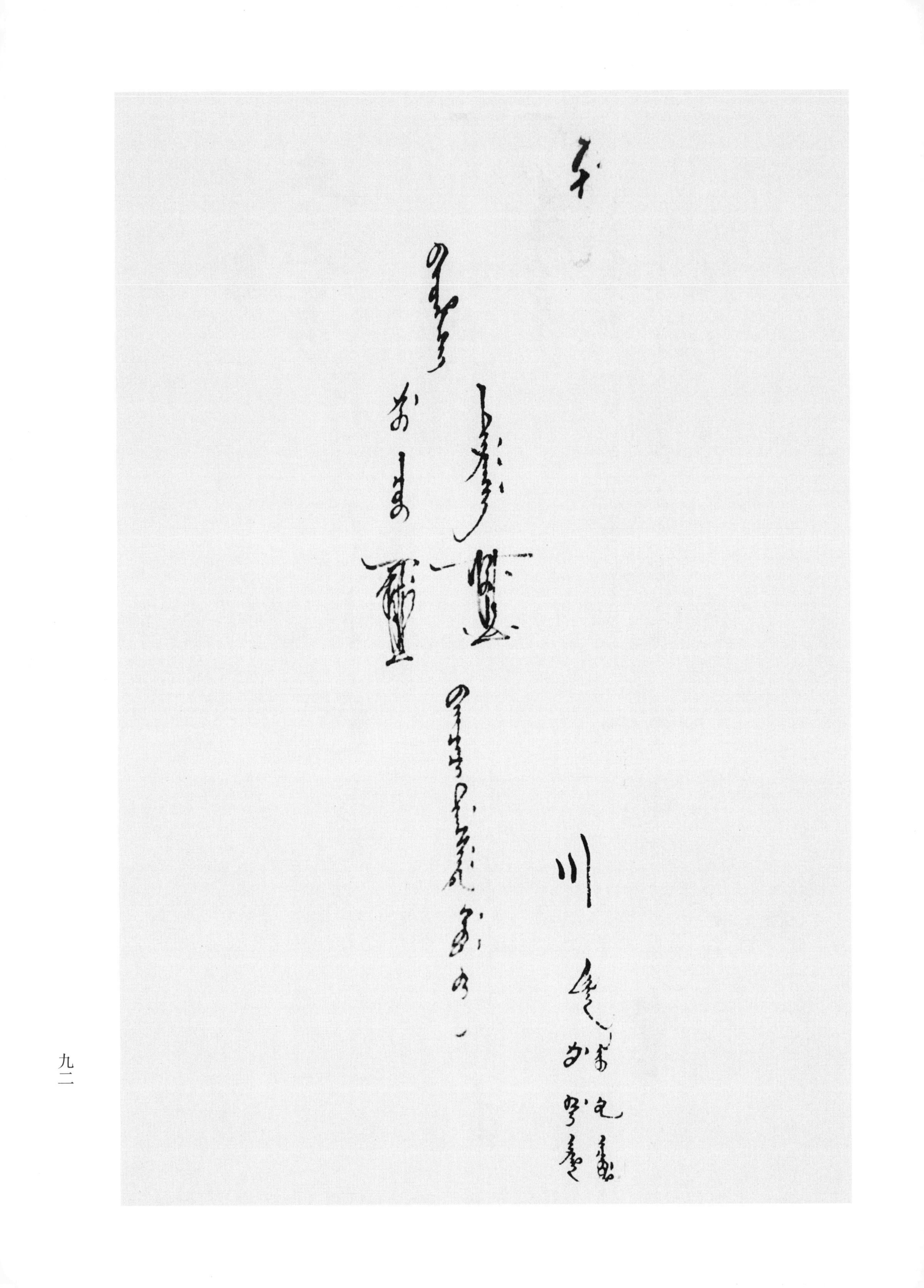

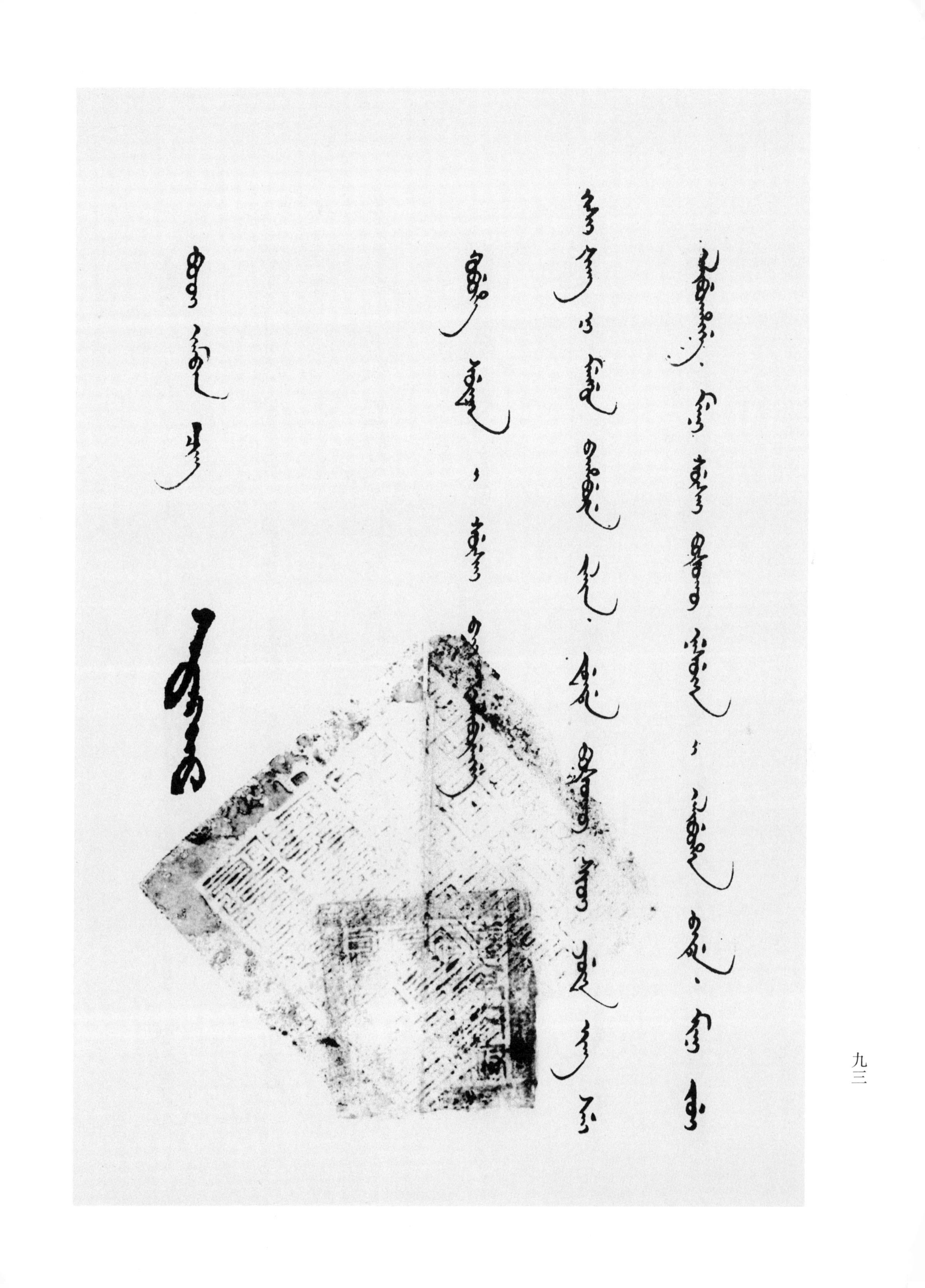

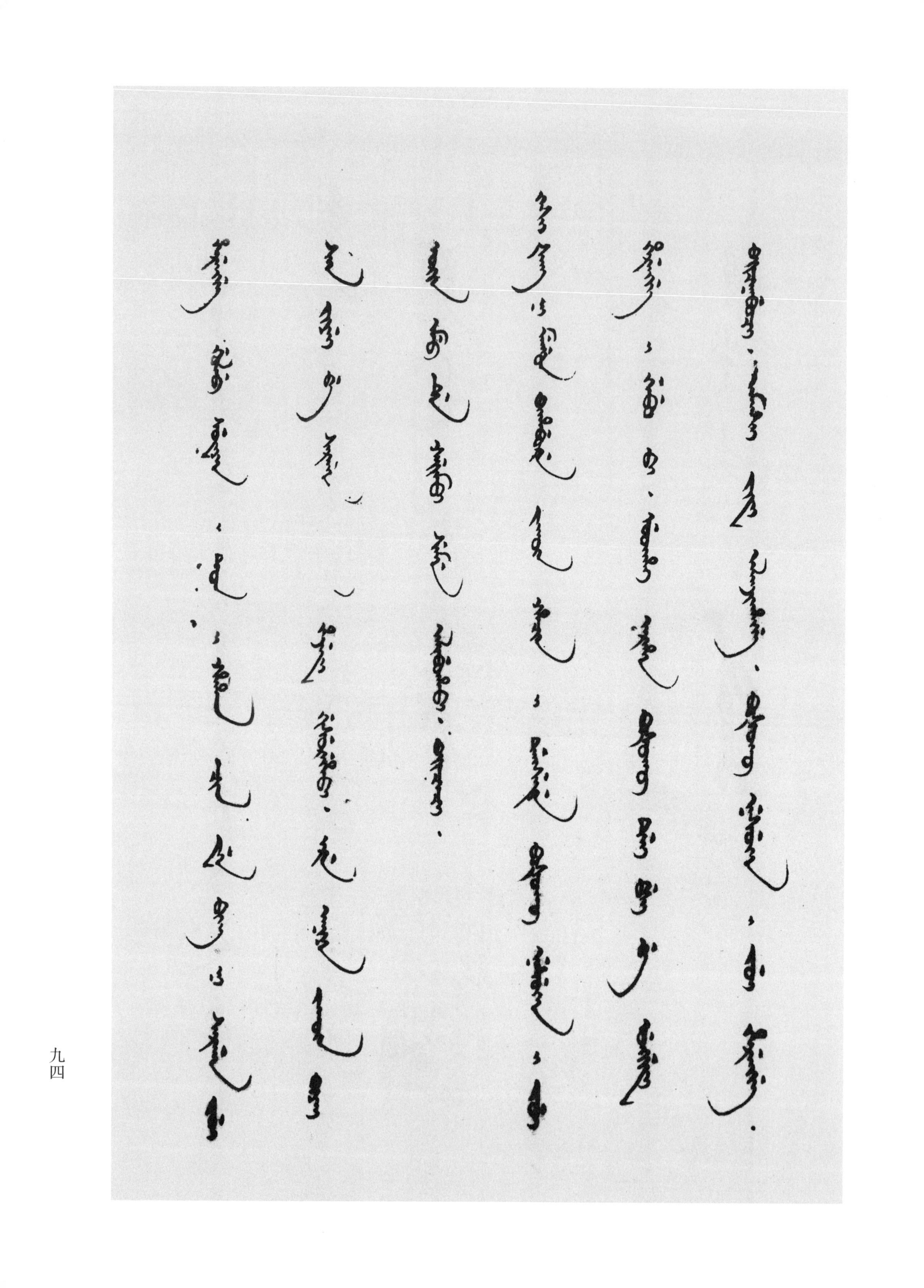

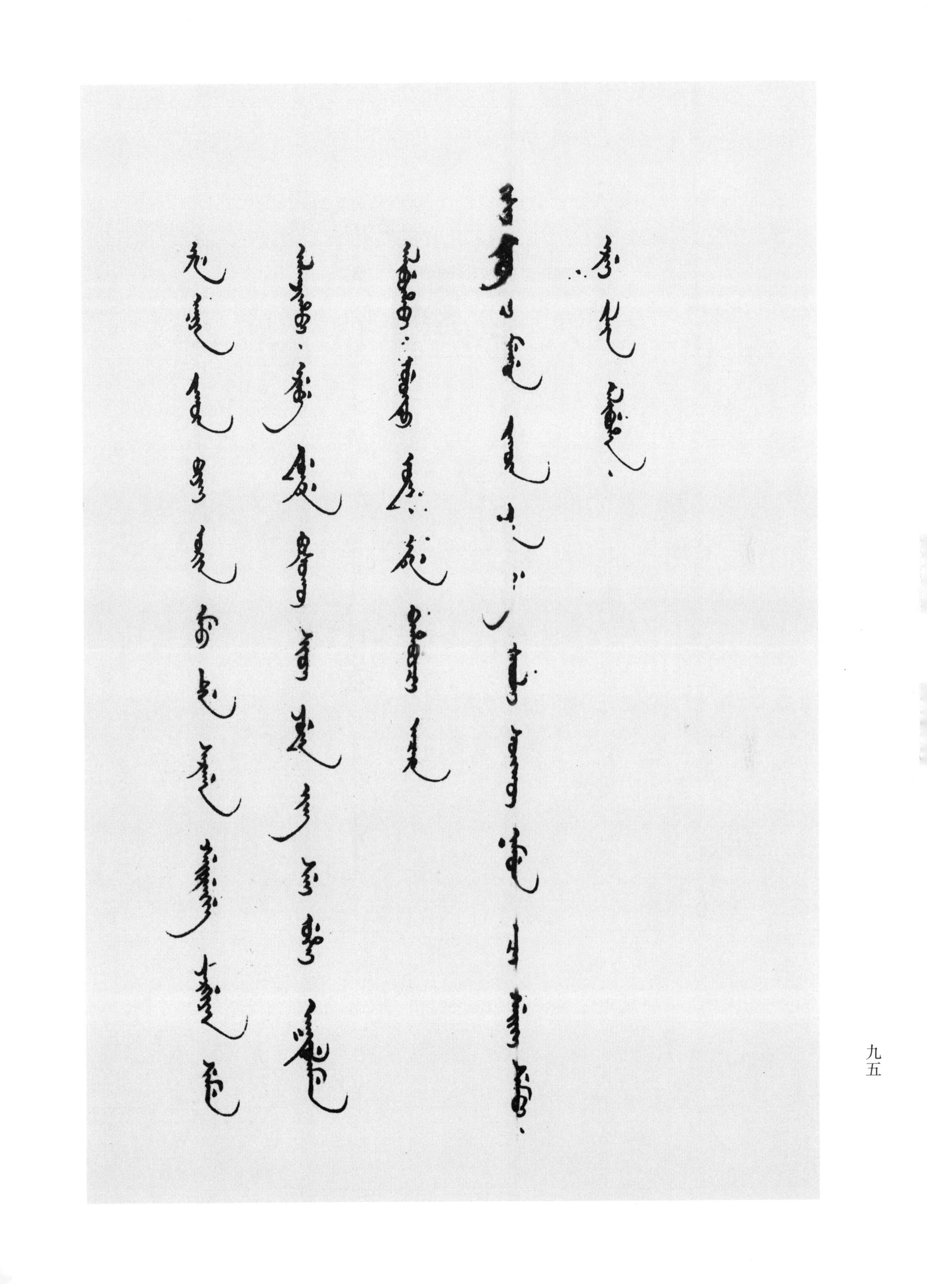

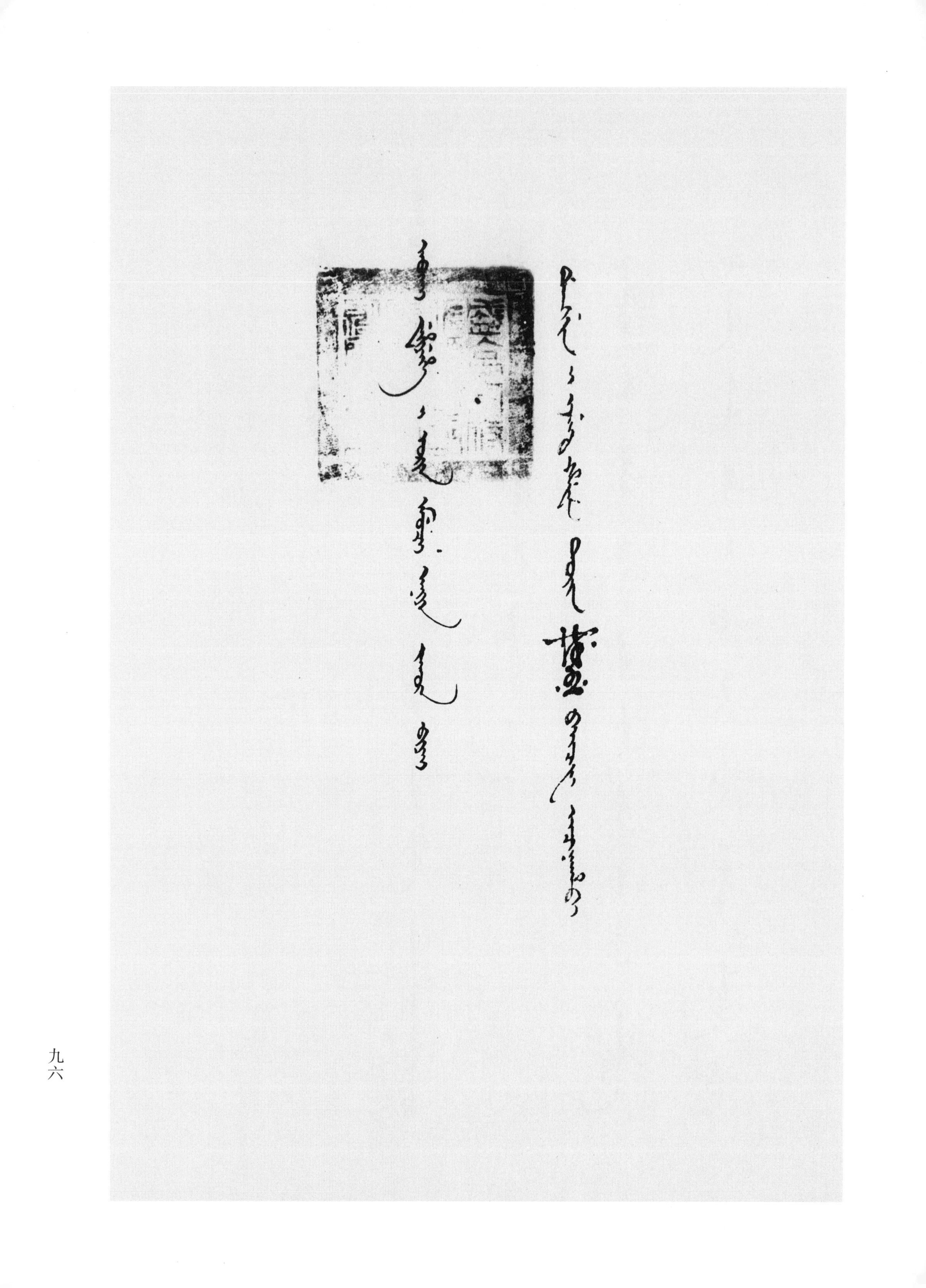

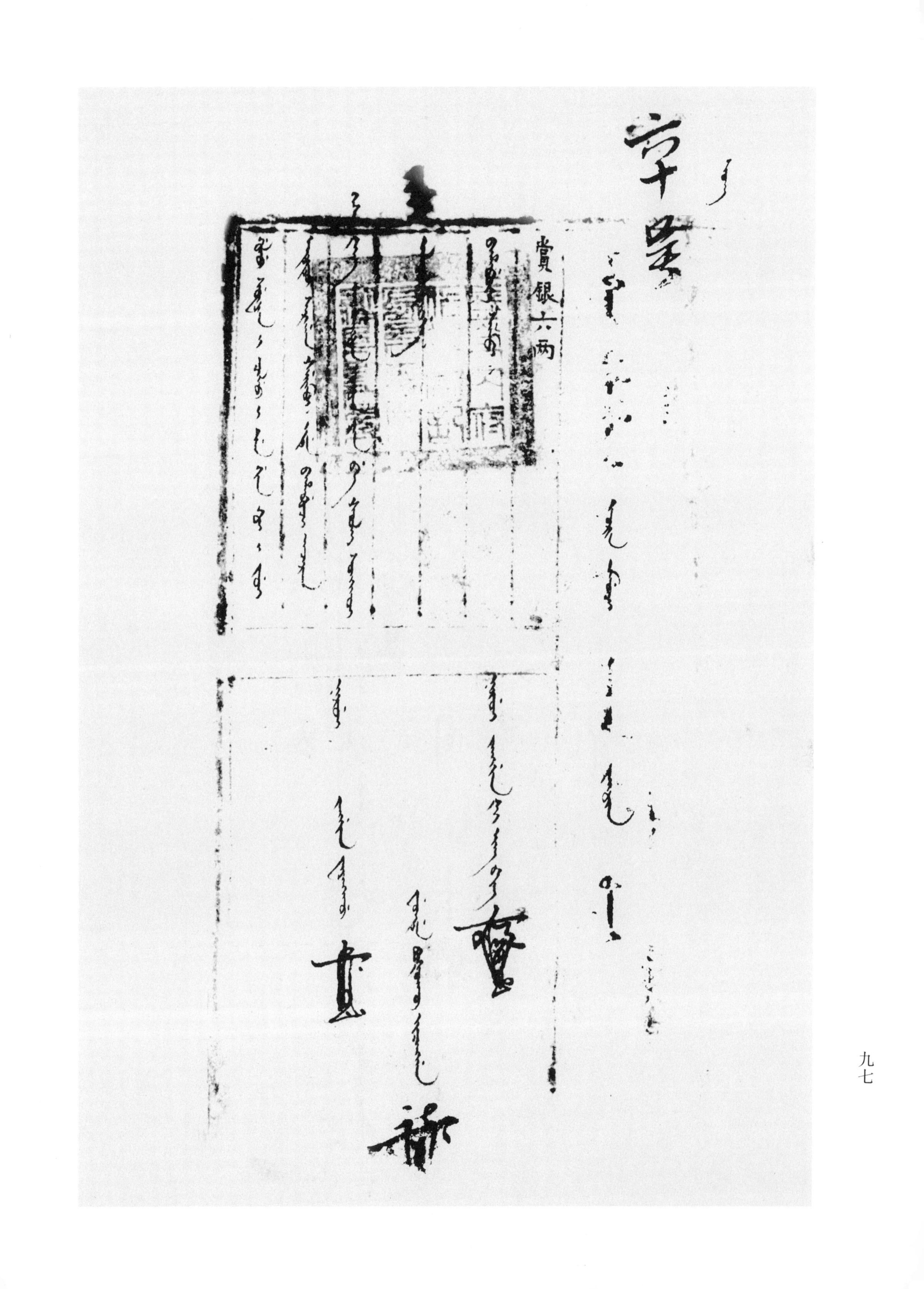

賞銀六兩

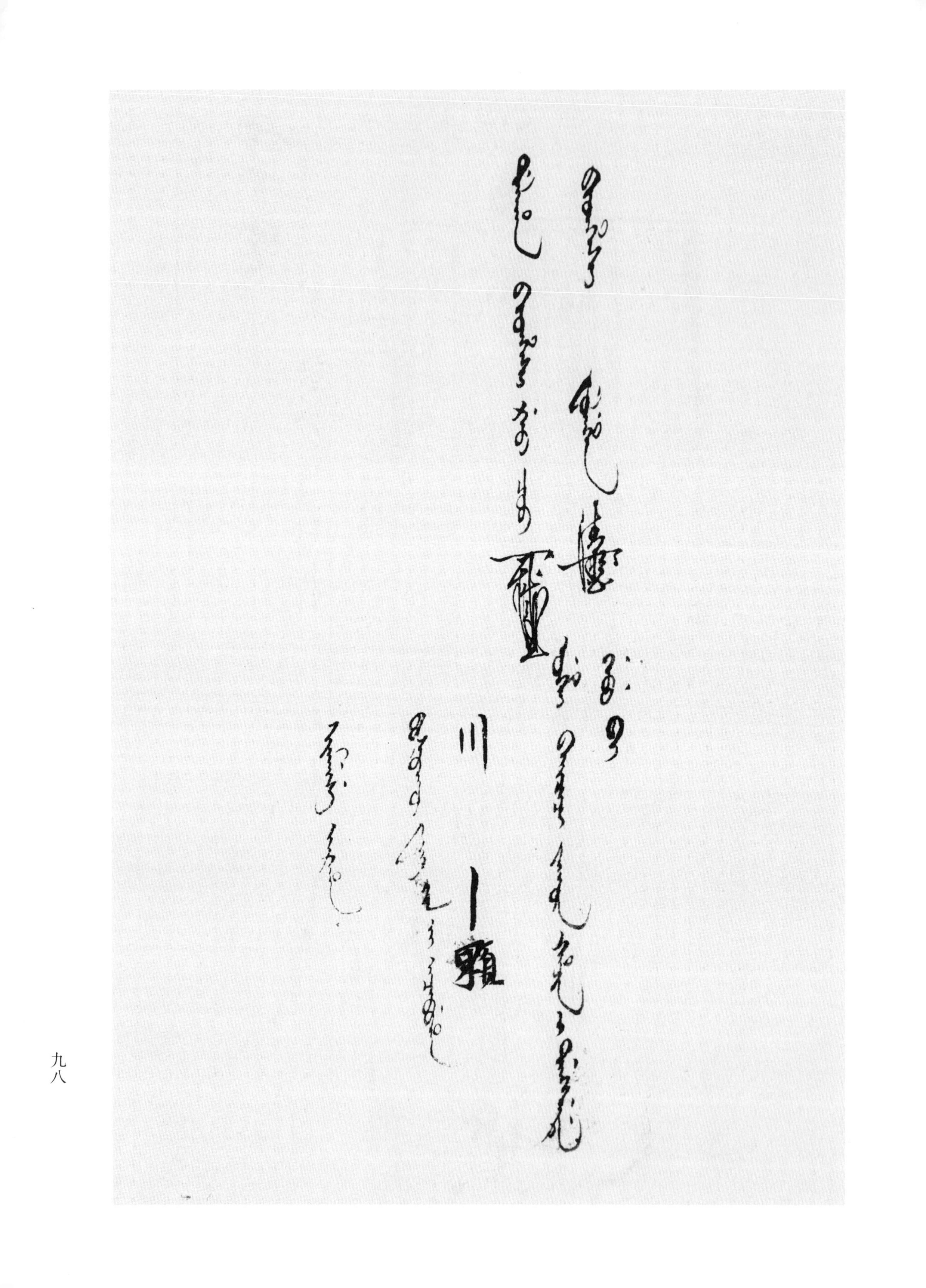

川

[illegible]

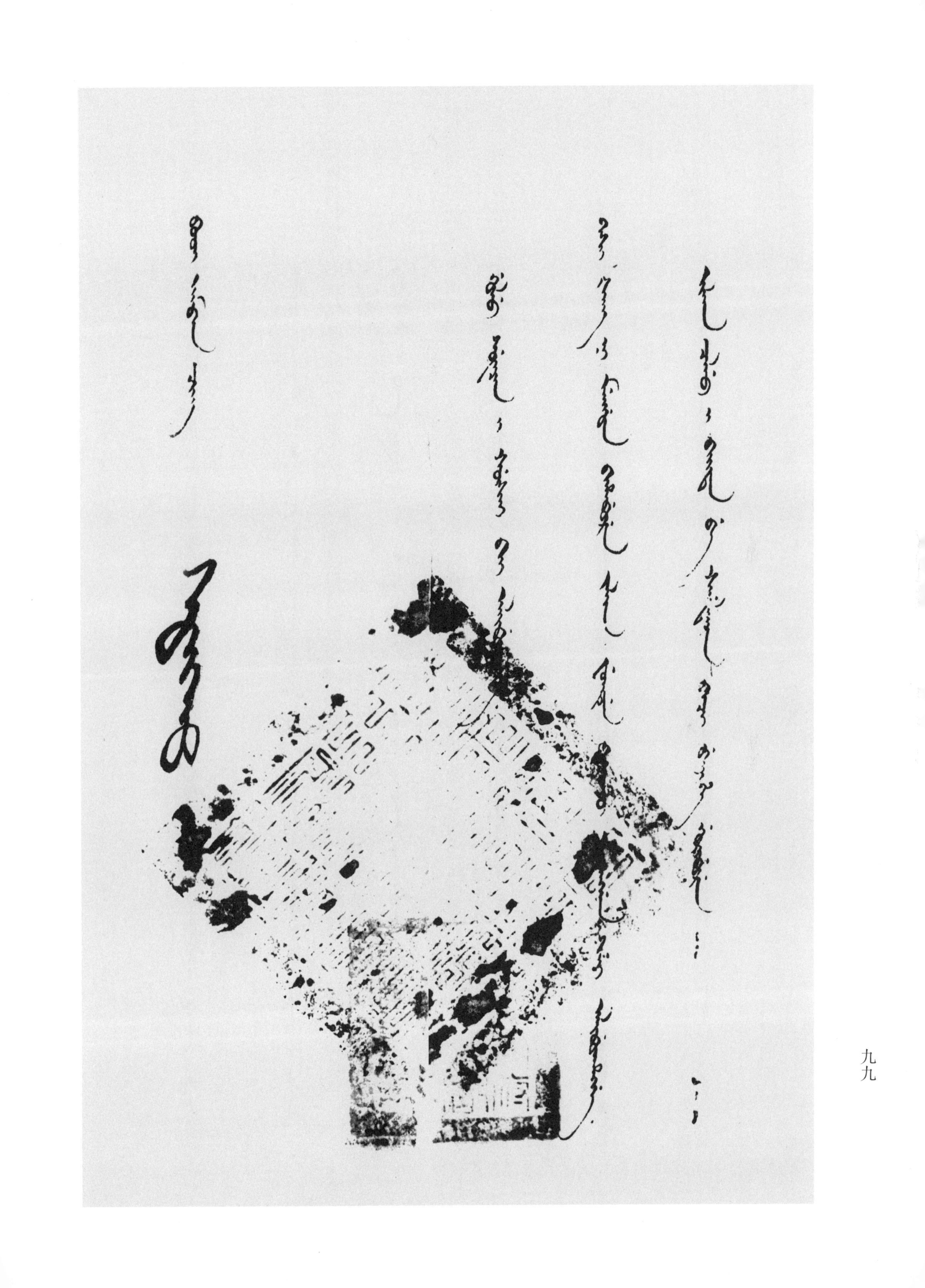

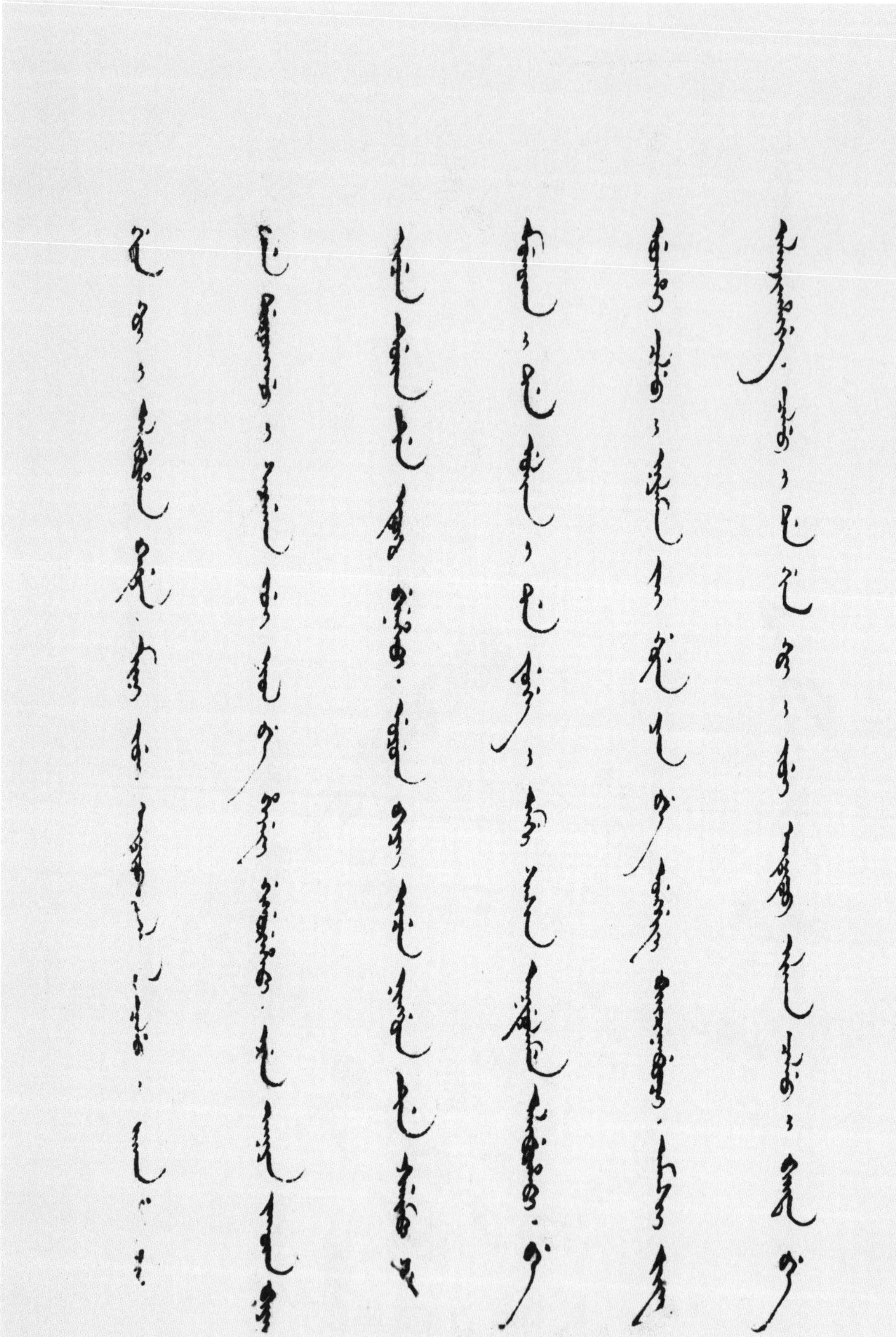

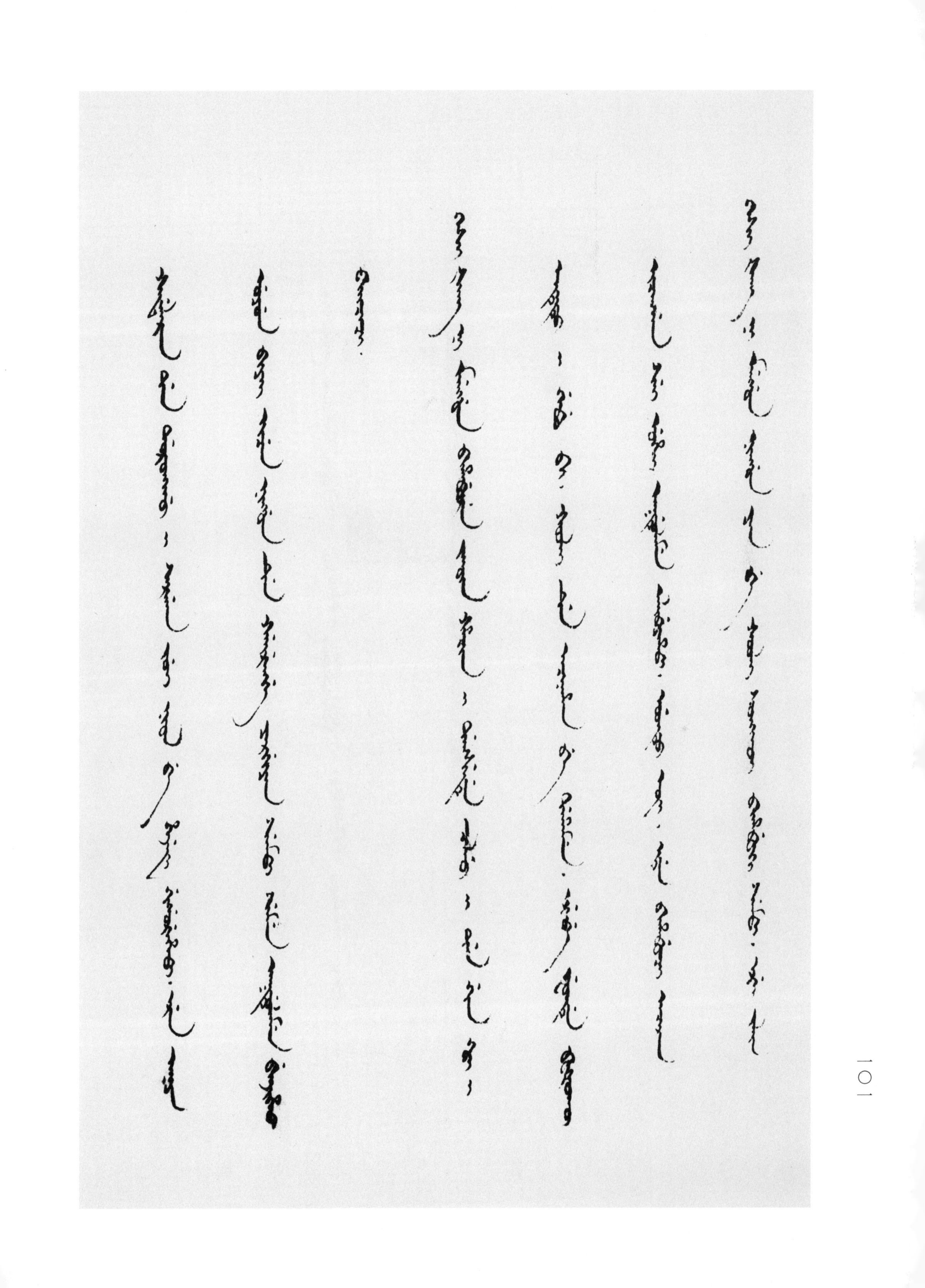

[illegible]

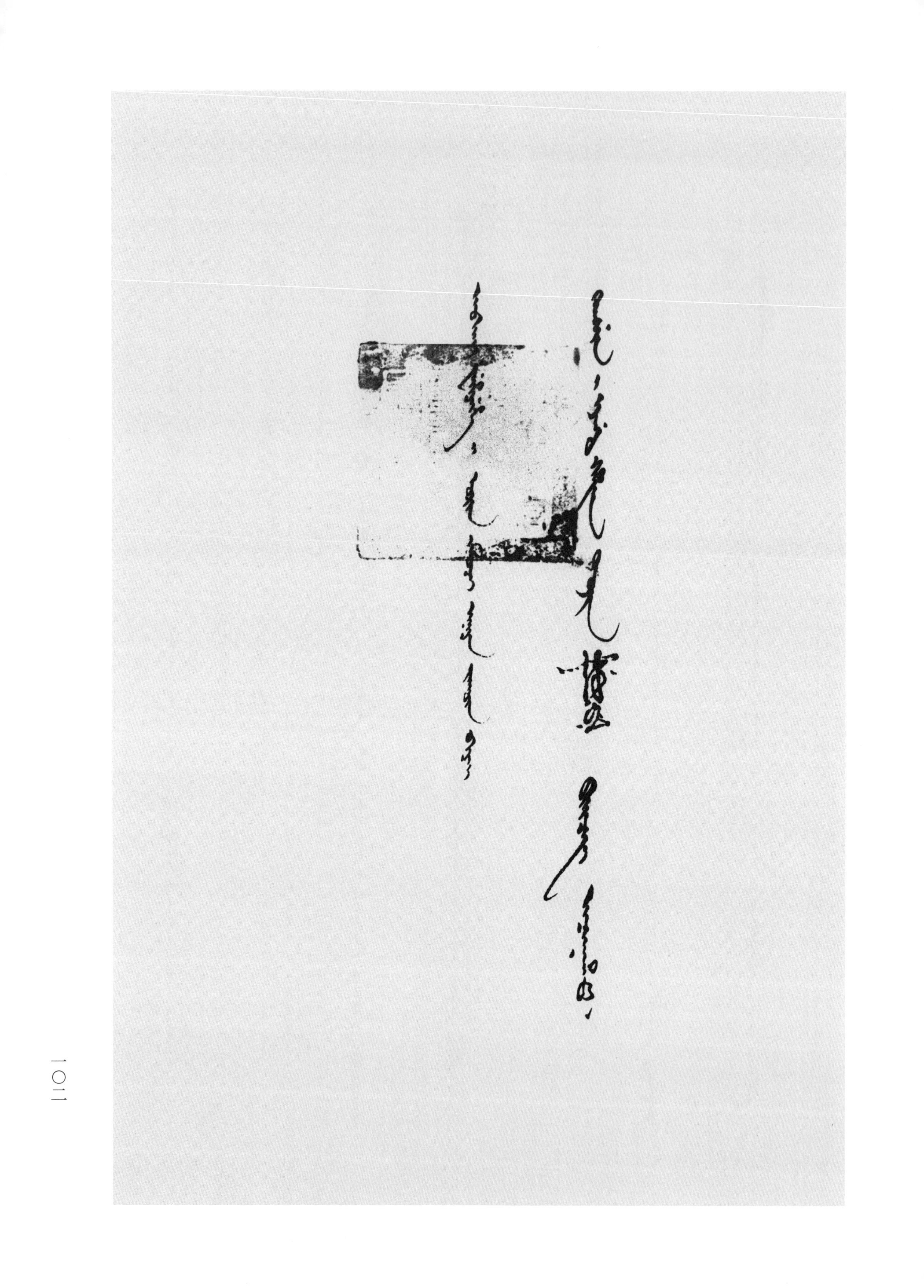

ᠠᠪᡴᠠᡳ ᠸᡝᡥᡳᠶᡝᡥᡝ ᡳ ᠣᡵᡳᠨ ᡝᠮᡠᠴᡳ ᠠᠨᡳᠶᠠ ᠵᠠᡴᡡᠨ ᠪᡳᠶᠠ ᡳᠨᡝᠩᡤᡳ

乾隆二十一年八月　日

武功坊班房窓戶三扇每扇用紙八張計紙二十四張西南紅墻班房窓戶三扇每扇用紙十二張計紙三十六張西中班房窓戶三扇每扇用紙十張計紙三十張西北角班房窓戶三扇每扇用紙十張計紙三十張後門班房窓戶九扇每扇用紙十張計紙九十張朝房二扇開窓四十扇槅扇二十四扇簾架窓六扇每扇用紙三張計紙三百一十張風窓四十八扇每扇用紙一張計紙四十八張以上共計用紙六百九十一張祈交廣儲司庫照數給發糊飾用白麵十一斤祈交三倉給發應用可也等情據此為此上呈

營造司案呈爲糊飾窗户東

宮殿達福禄等呈稱查得

大清門班房開窗八扇風窗一扇槅扇四扇每扇用紙三張計

紙三十九張内班房二處窗户八扇每扇用紙八張計紙六十四張

文德坊班房窗户三扇每扇用紙八張計紙二十四張東南紅墻

班房窗户三扇每扇用紙十二張計紙三十六張東中班房

窗户四扇每扇用紙十張計紙四十張東北角班房窗户三扇每扇

用紙十張計紙三十張

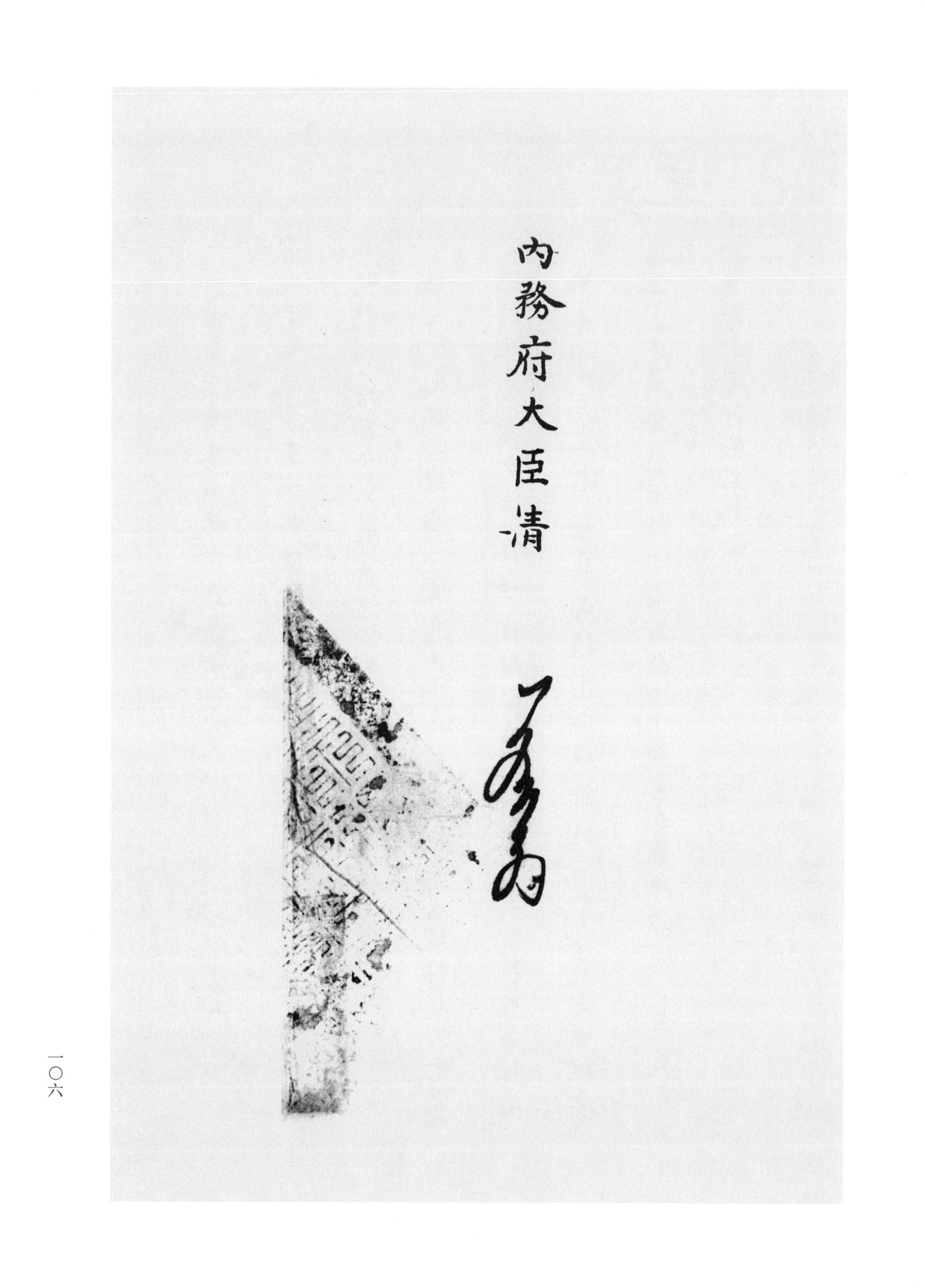

内務府大臣清

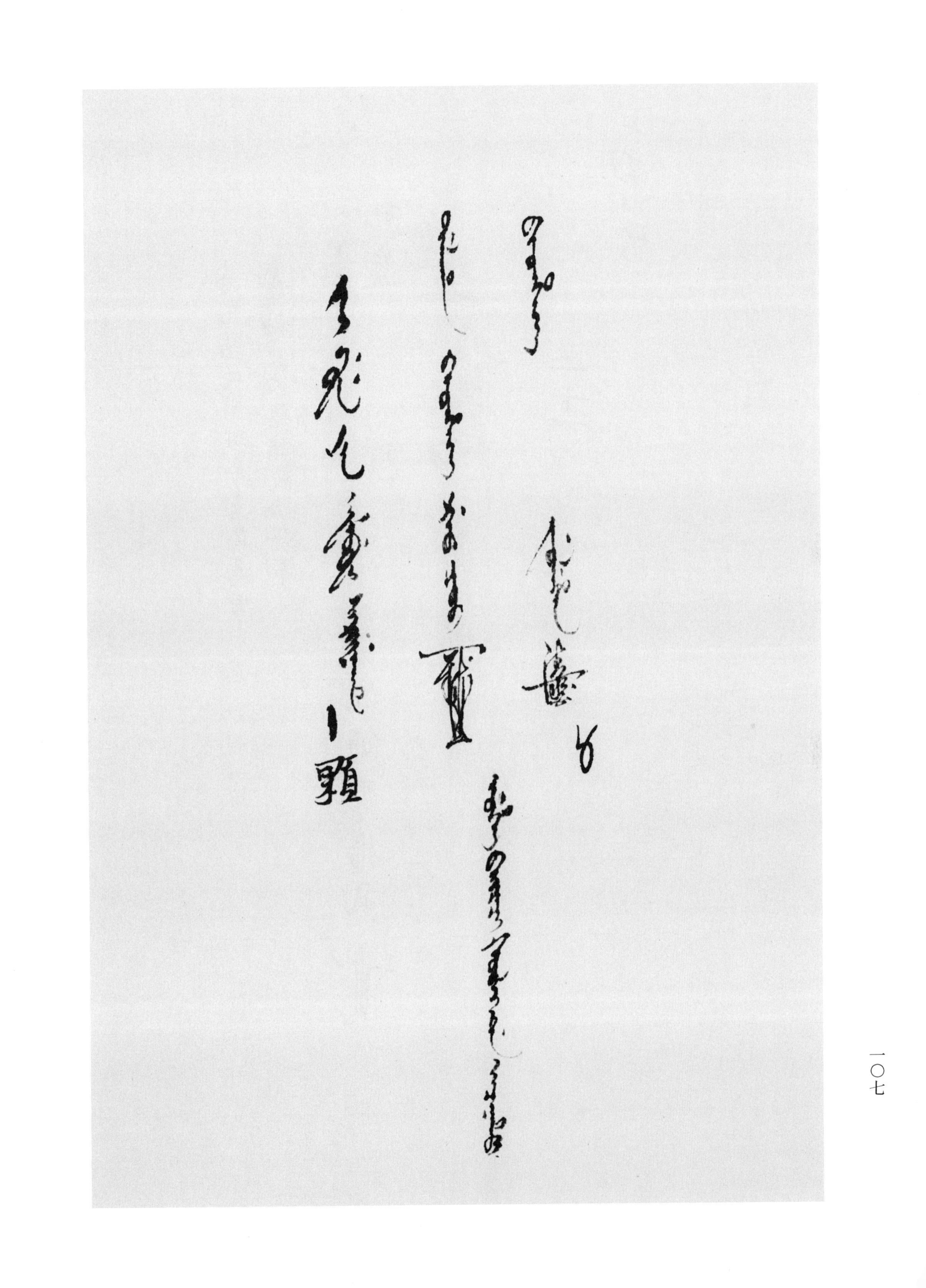

題

為糊飾内外班房窗糊需用
紙張行交内庫照数給發事

佐領費揚武

皇

二十一

八

十四日呈

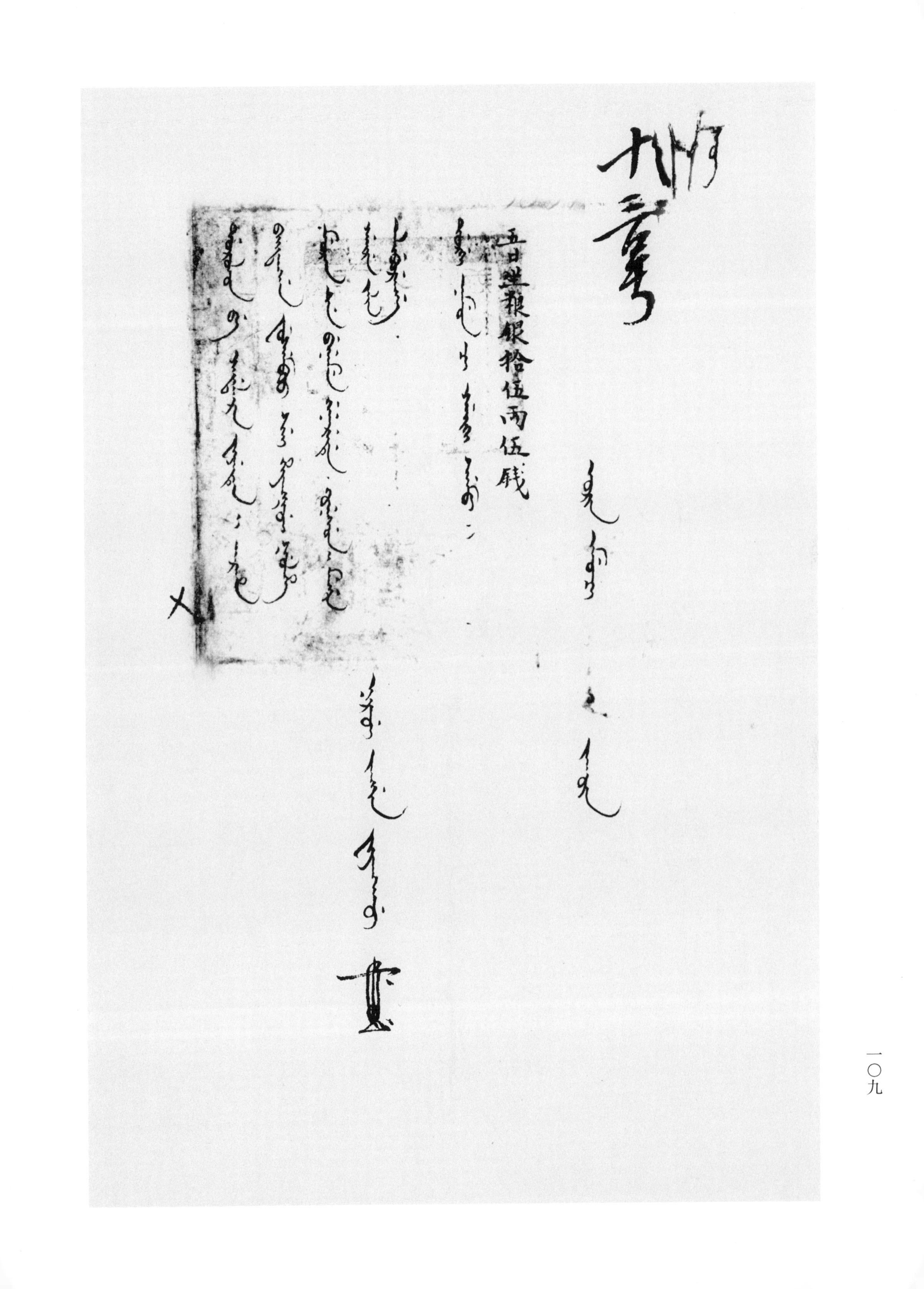

五日並糧銀拾伍兩伍錢

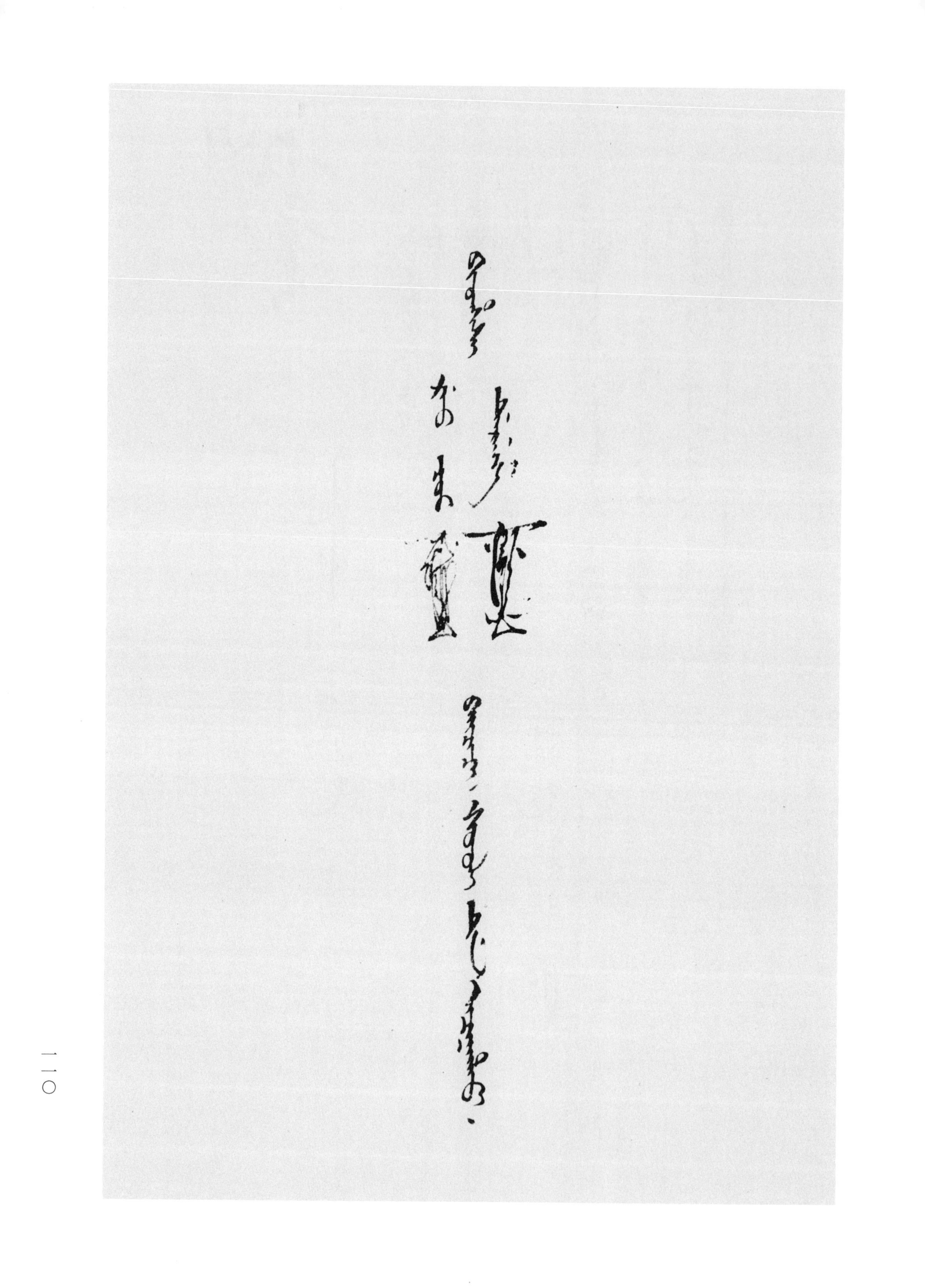

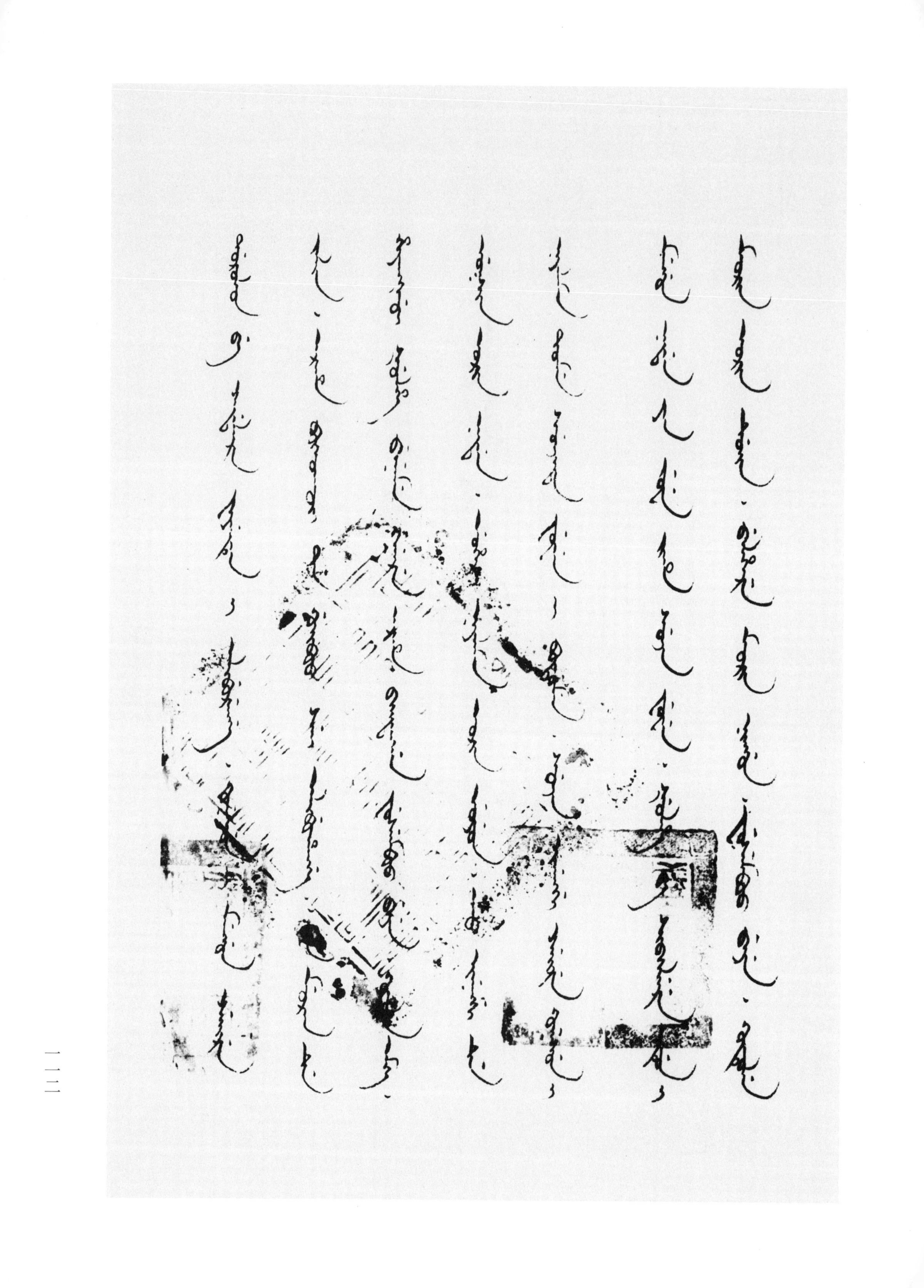

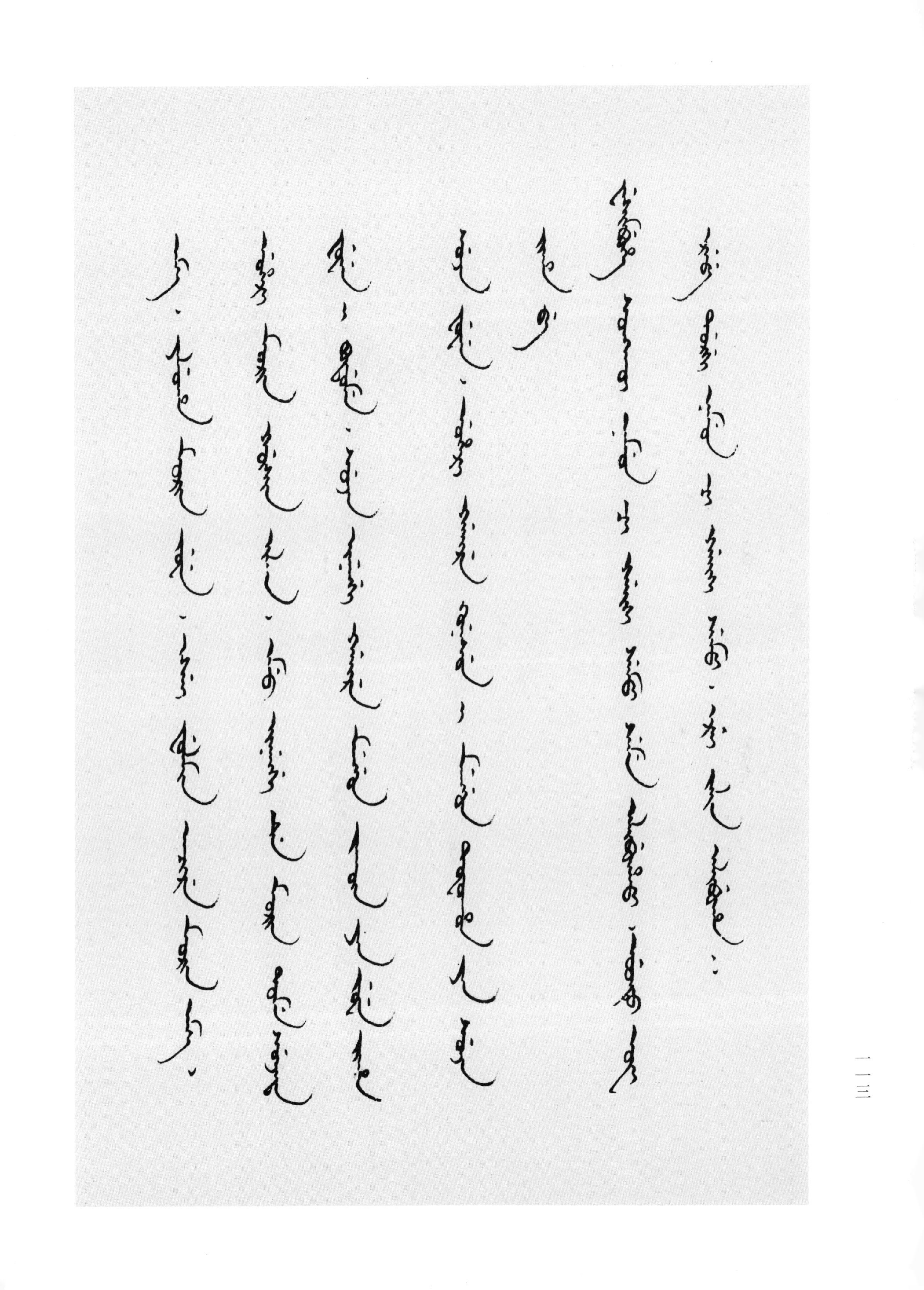

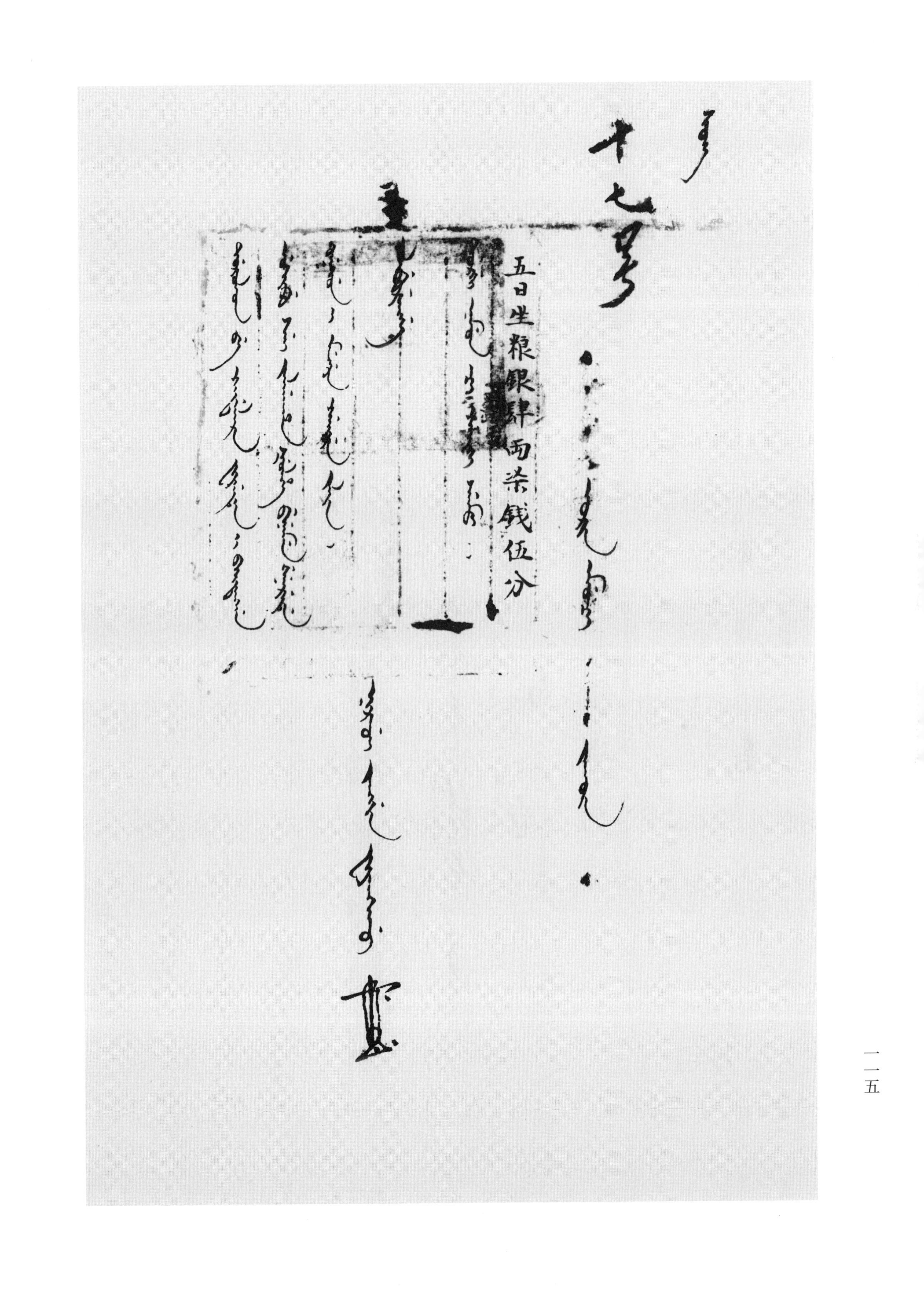

五日坐粮银肆两柒钱伍分

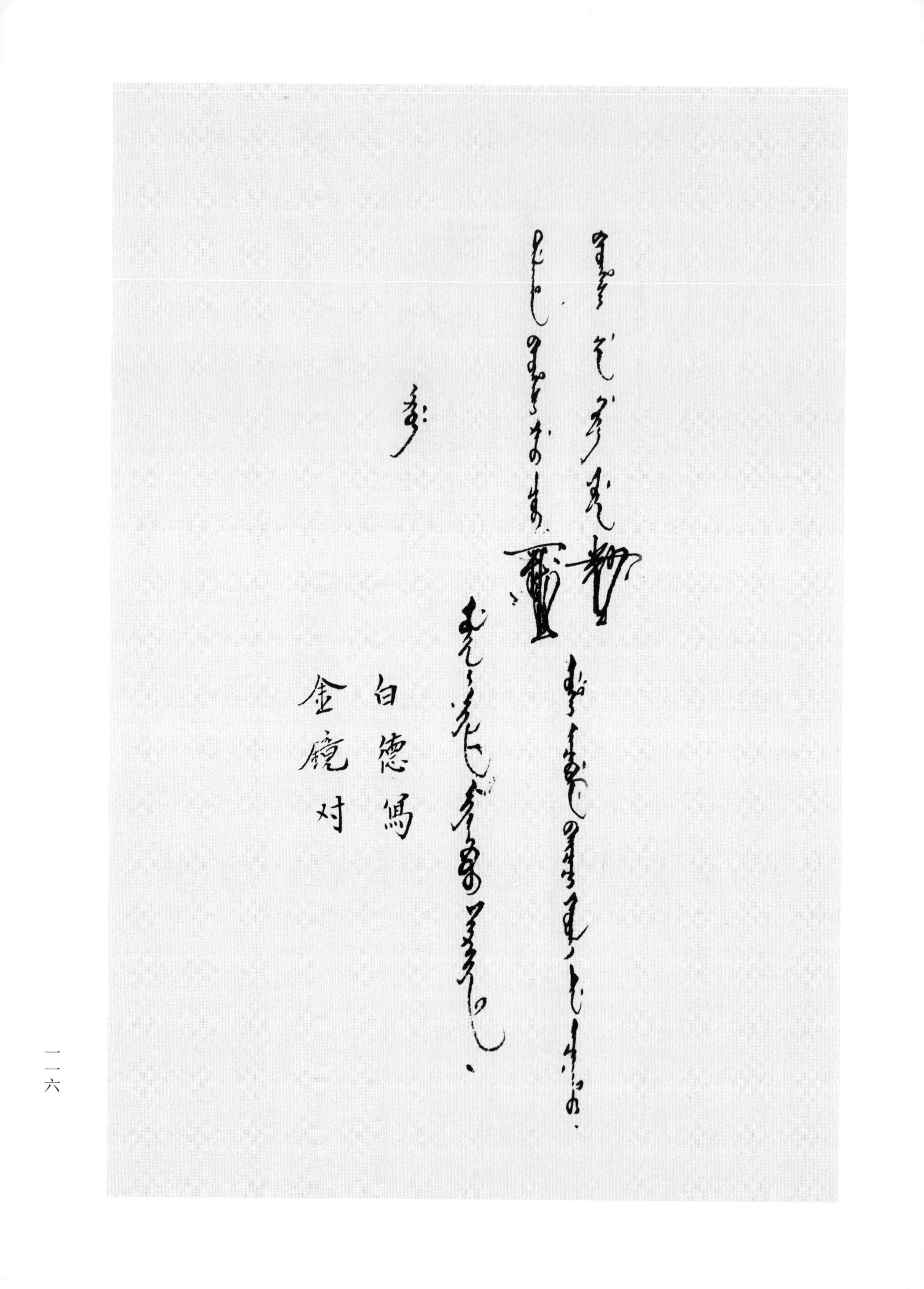

白德寫
金鏡对

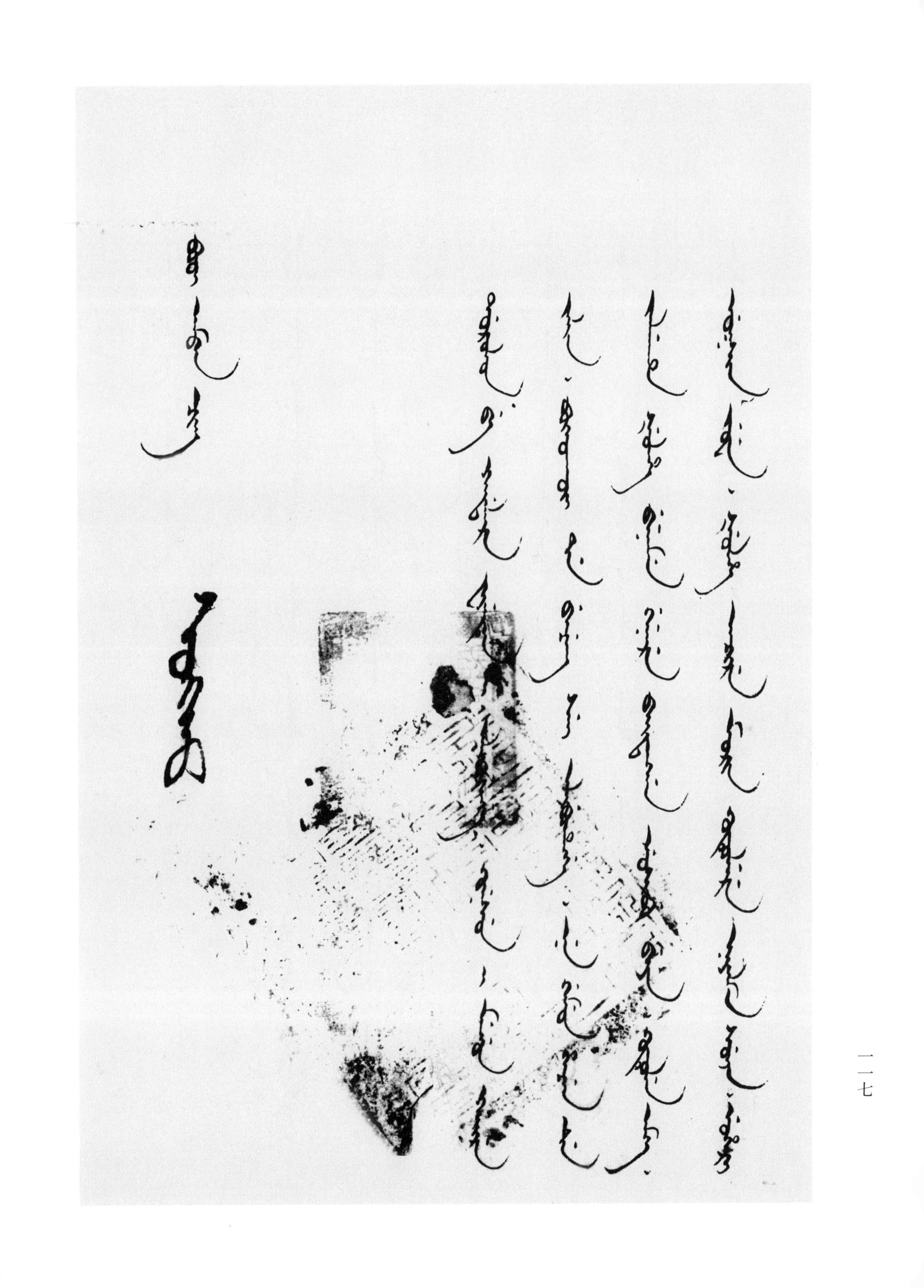

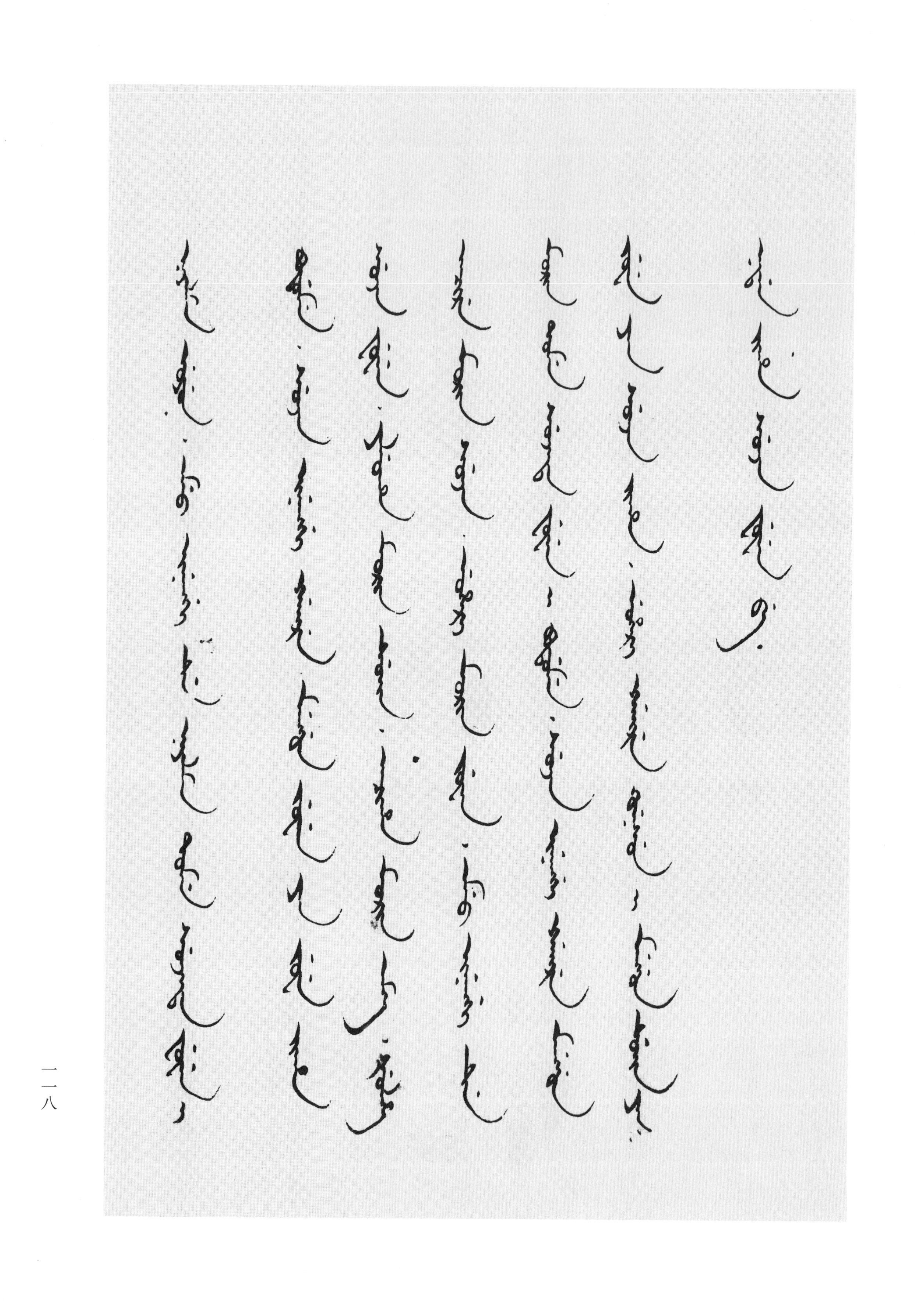

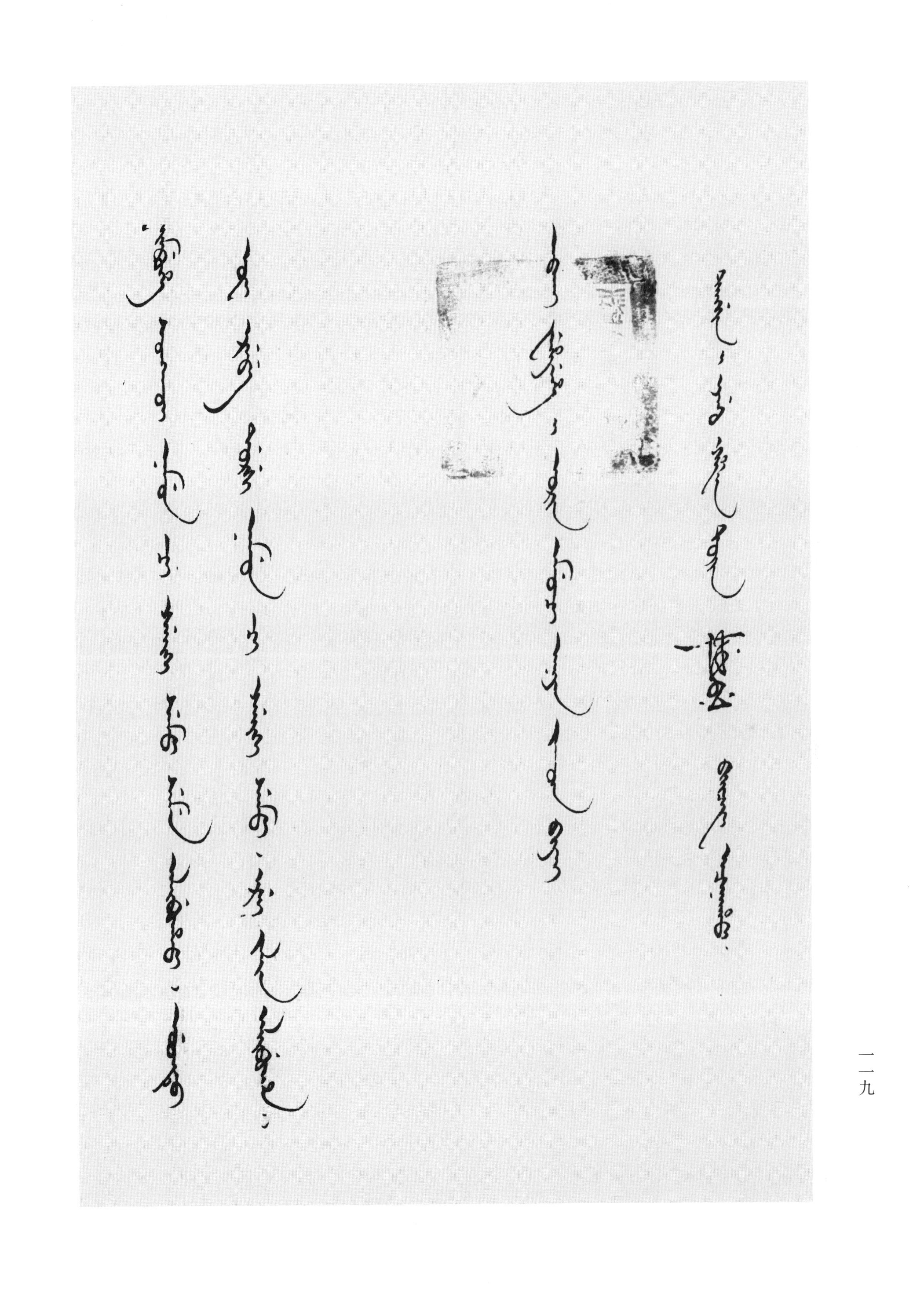

[illegible]

[illegible]

[illegible]

[illegible]

廂黄旗驍騎校徐元英等為出具保結事今結得本旗壯丁何成強用價銀壹伯两買得正藍旗六十一佐領下那四達子之祖阿尔咨名下紅册地三十一日耕種
此内並無指名冒買等弊是實為此驍騎校徐元英等公同保結

驍騎校徐元英（押）
領催得色里（押）

乾隆二十一年九月　日

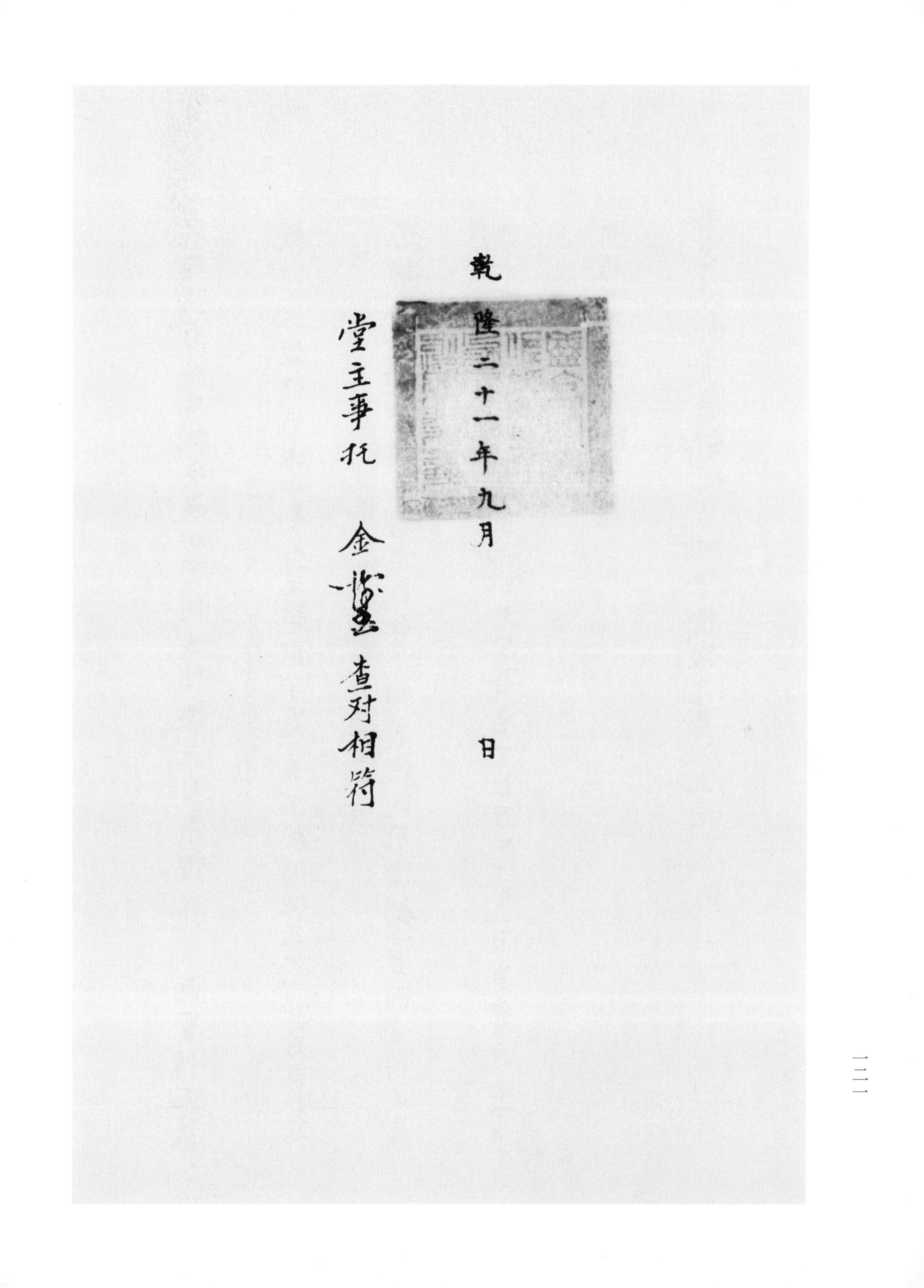

乾隆二十一年九月　　日

堂主事托　金[illegible]　查对相符

等因私出隨傳訊本旗壯丁何成強據呈身用價銀一百兩買得正藍

旗六十一佐領下郭四達子之祖阿尔咯名下紅册地三十一日是實懇

乞轉咨過册等因查得本旗壯丁何成強既用價銀一百兩買得正藍

旗六十一佐領下郭四達子之祖阿尔咯名下紅册地三十一日是實理合出具

保結一紙一併呈請咨覆

盛京戶部查照辦理可也等情據此為此上呈

何成強呈稱情因身無地耕種用價銀一百兩買得那四達子之祖阿尔咨

名下紅册地三十一日永遠為業耕種納粮等情據此相應移咨

盛京將軍衙門轉飭該旗查那四達子伊祖阿尔咨名下地畝曾否接價

銀賣與何成強名下耕種之處出具印結咨覆到日以便辦理外併移咨

總管内務府衙門轉飭將何成強名下有無用價銀買得那四達子

之祖阿尔咨名下地畝之處查明出具印結咨覆到日再行辦理可也

廂黄旗牛录處呈為咨覆事據驍騎校徐元英等呈稱奉

堂批出准

盛京户部咨開地畝司案呈據正藍旗六十一佐領下那四達子呈稱情因

身祖阿尔咯名下坐落正紅旗界桑林子處入内倉納粮紅册地三十

一日因無力耕種接價銀一百兩賣與包依廂黄旗石應舉佐領下壯

丁何成強名下永遠為業等情又據包依廂黄旗石應舉佐領下壯丁

内大臣清

劉初一日

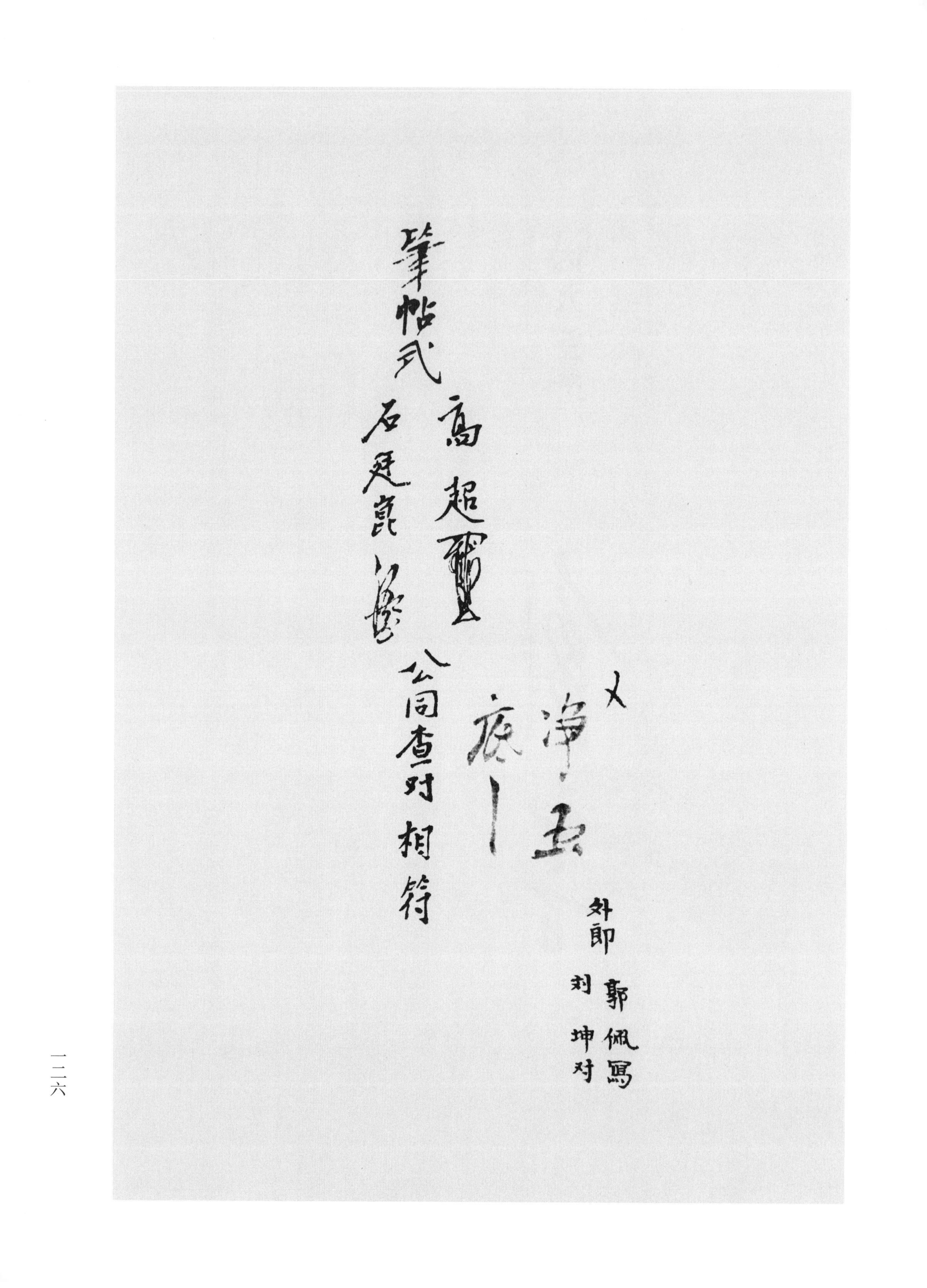

筆帖式 高超[illegible]

石廷崑 [illegible]

公同查对相符

又 淨玉 康丨

外郎 郭佩寫

刘坤对

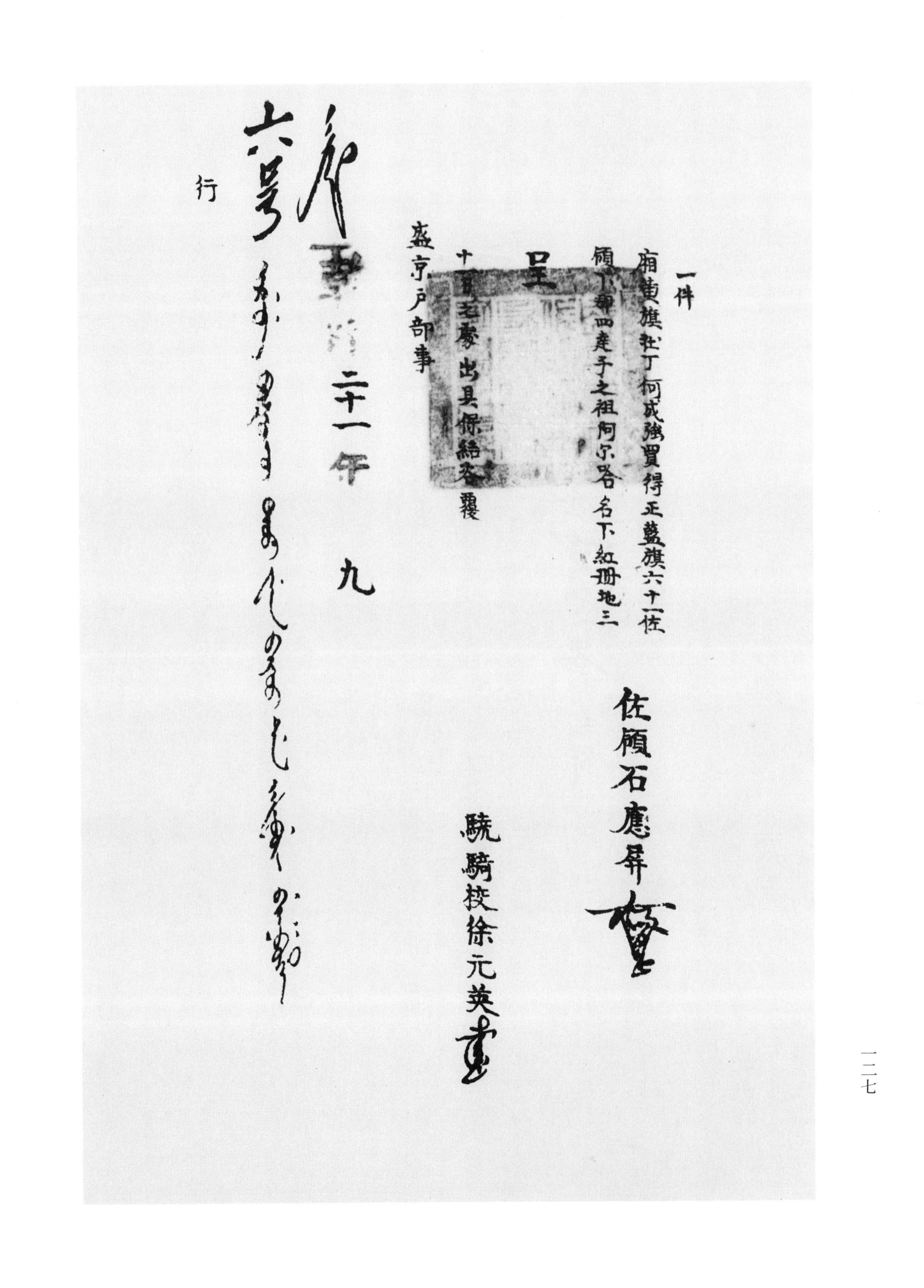

一件

廂黄旗壯丁何成強買得正藍旗六十一佐領下鄭四是子之祖阿尔格名下紅册地三十畝之處出具保結咨覆

呈

盛京户部事

佐領石應舜（押）

驍騎校徐元英（押）

二十一年九

六號

行

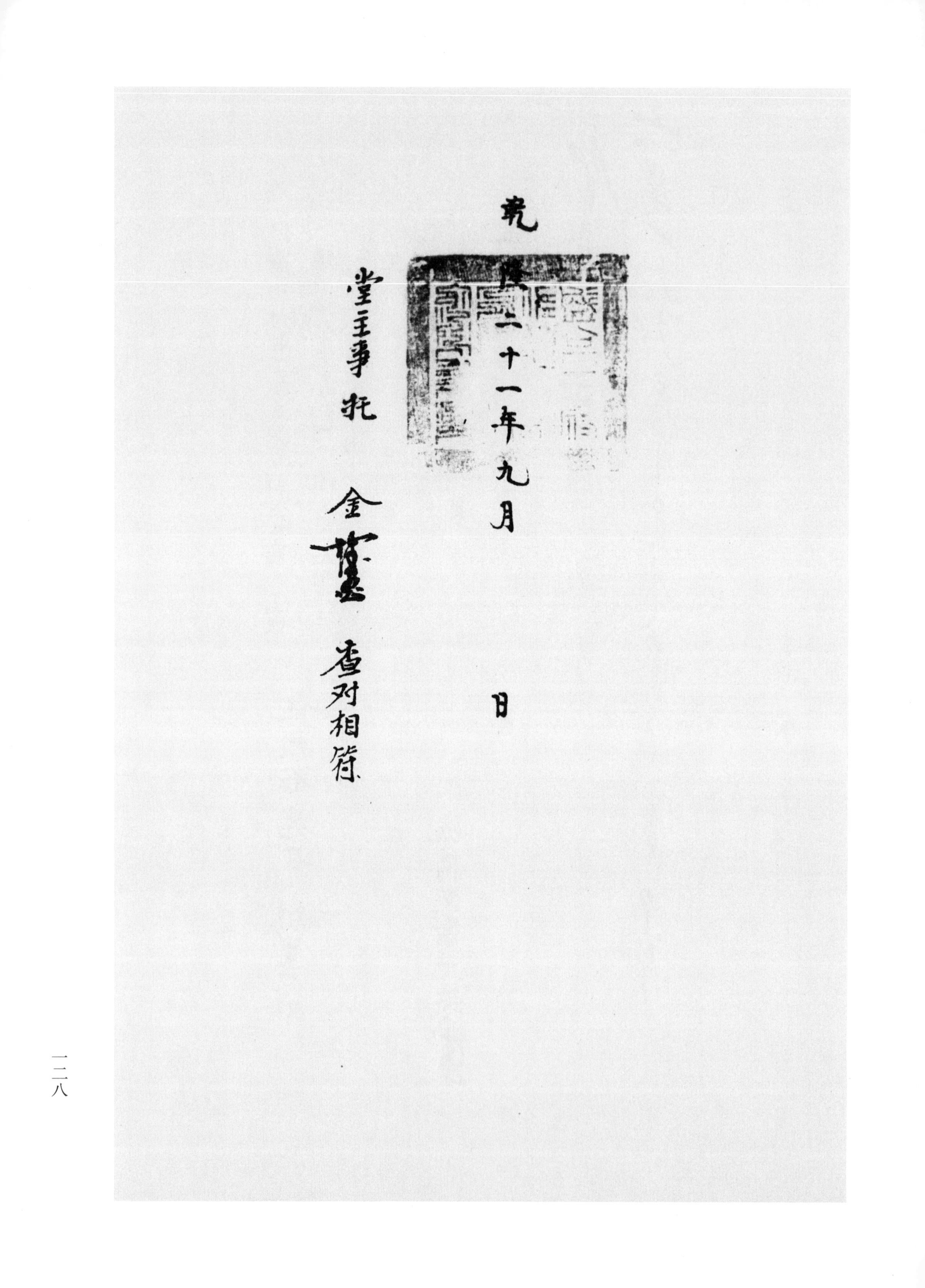

乾隆二十一年九月　日

堂主事托　金[illegible]　查对相符

德縣知縣裔堯章會審等因前來訊據宋田保供稱此項地畝轉

典與包衣厢黄旗候選州同杜芳英只求訊問就是恩典了等語

相應移咨

盛京總管內務府衙門將杜芳英轉喚送部以便質問可也等因

找出隨將本旗候選州同杜芳英傳到呈請咨送

盛京戶部可也等情據此為此上呈

廂黃旗牛录慶呈為咨送事據驍騎校徐元英等呈稱奉

堂批出准

盛京戶部咨開地畝司案呈前據工部四品官蘇蘭太呈控民人

宋田保霸佔旗地一案本部隨移咨奉天府尹衙門派委署承

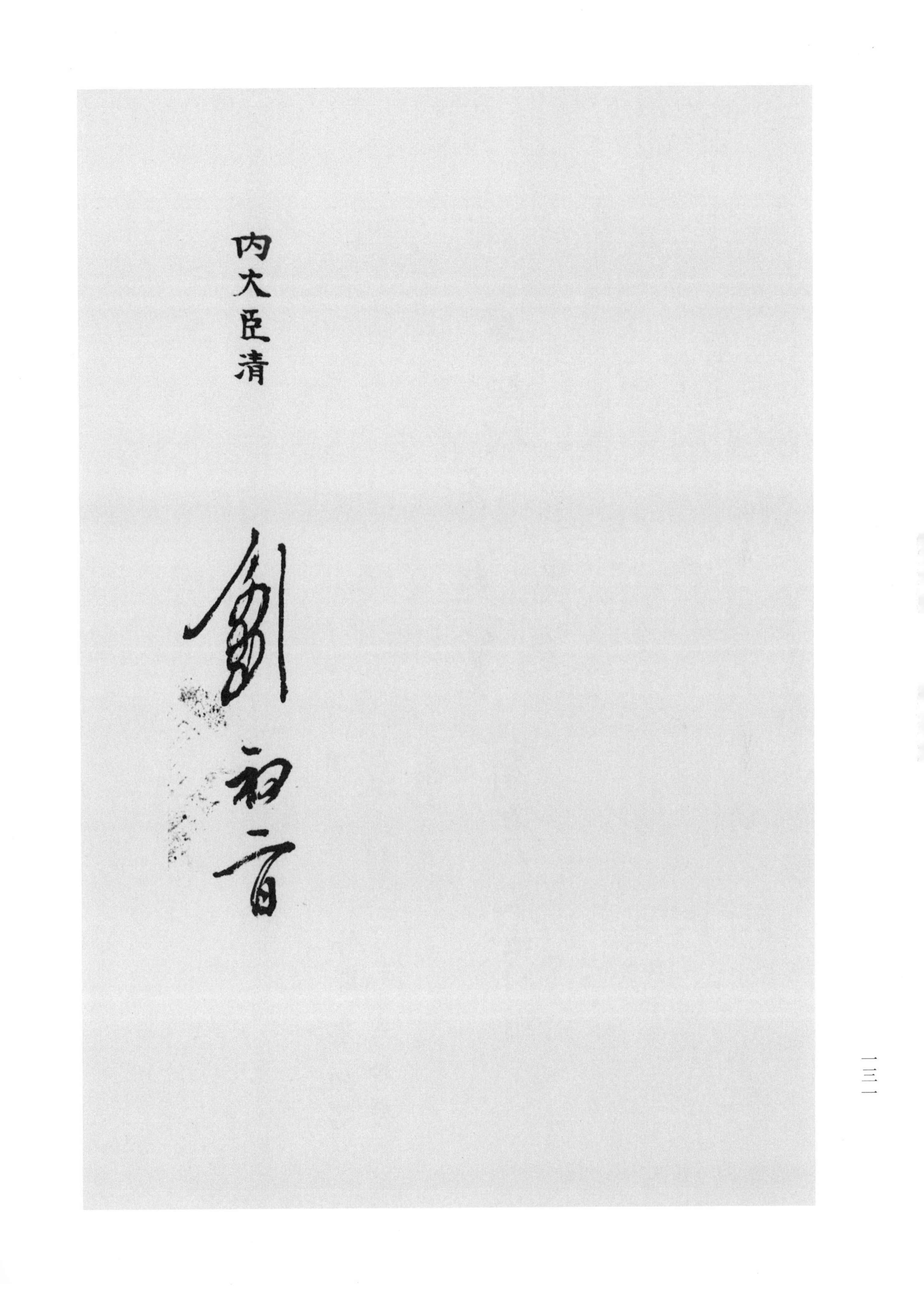

内大臣清

劉和言

外郎郭佩寫
刘坤对
川
淨川
底
公同查对並無舛錯
筆帖式高超覆
石廷寬覆

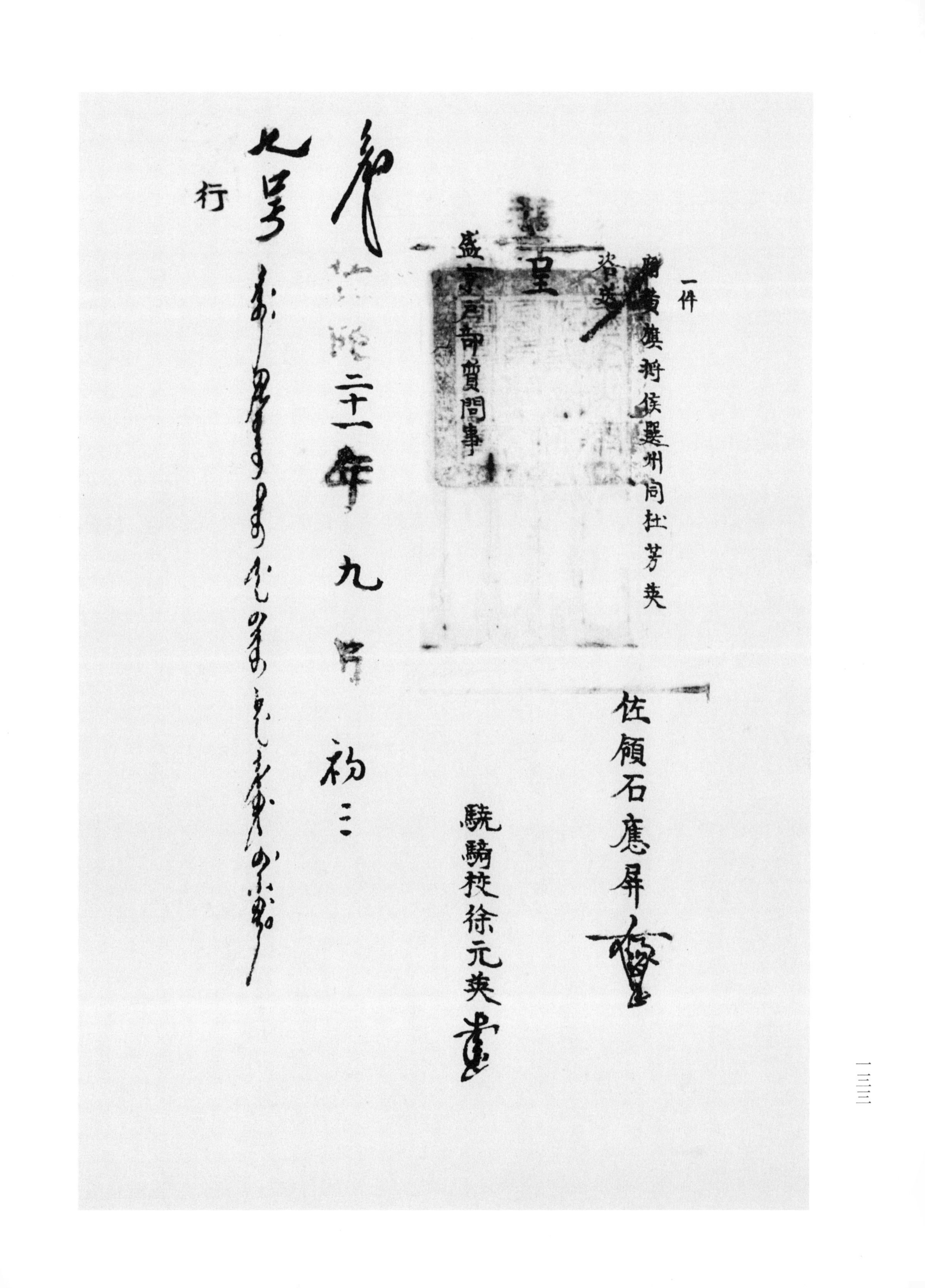

一件

廂黃旗將候選州同杜芳英　咨送

呈

盛京戶部質問事

佐領石應昇（押）

驍騎校徐元英（押）

乾隆二十一年九月初三

行

盛京總管内務府廂黄旗石應昇佐領下投充監生生員捐納考中
年月開列於後

計開

投充監生羅二保 係康熙五十四年七月内捐作監生並無就職

投充生員羅七十 係雍正五年四月内考中生員並無就職

盛京總管内務府廂黄旗

乾隆二十一年九月　日造得

投充監生生員捐納考中年月册

内大臣清

以冊

掌稿筆帖式高超[押]

查对並無遺漏舛錯

值月筆帖式石運昆[押]

廣川

寧川

一件
廂黃旗爲咨送捐充監生
生員捐納考中年月冊擋事行
呈
盛京將軍衙門
佐領石應屏
驍騎校徐元英
二十八年 九 初三
行

四号

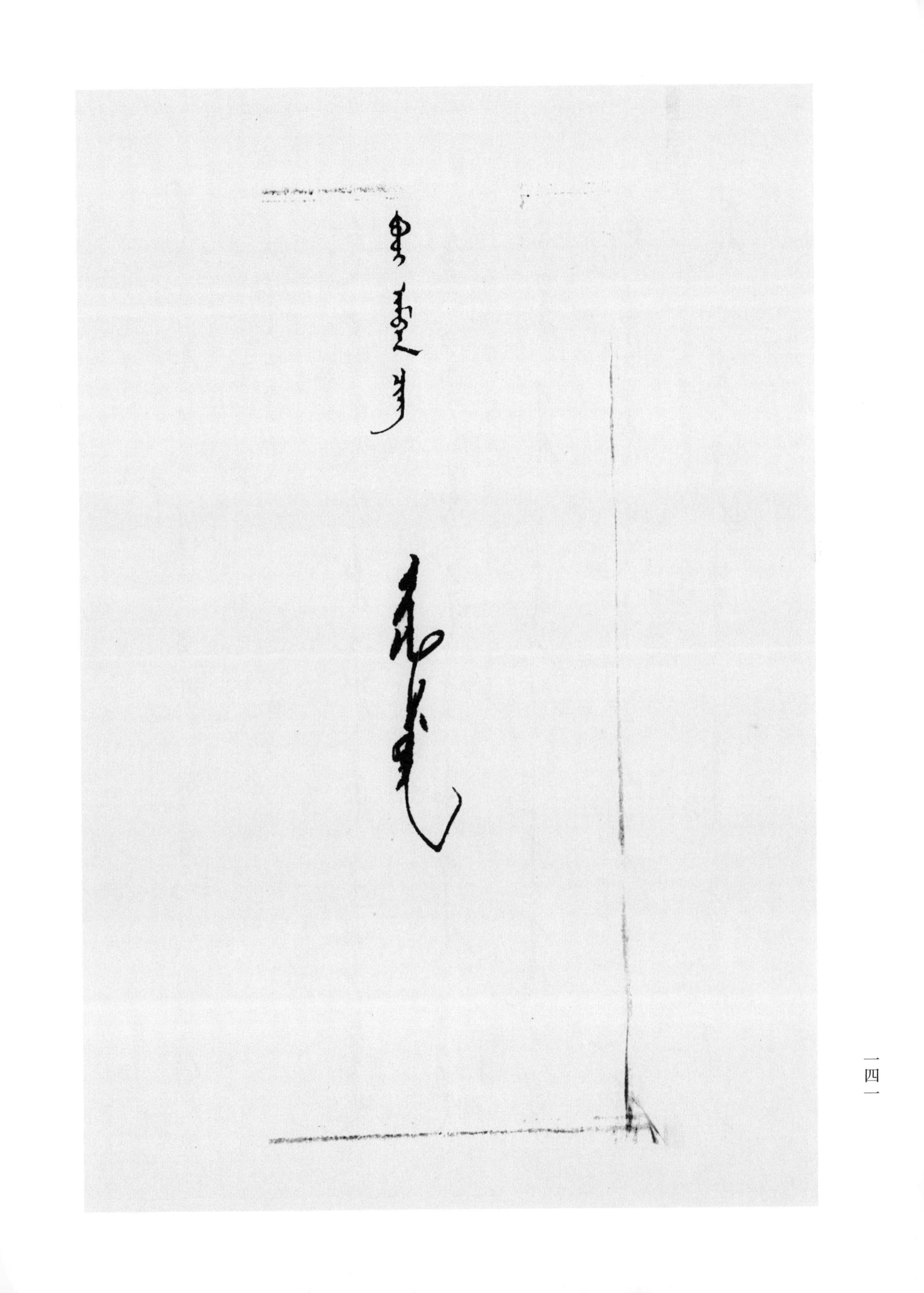

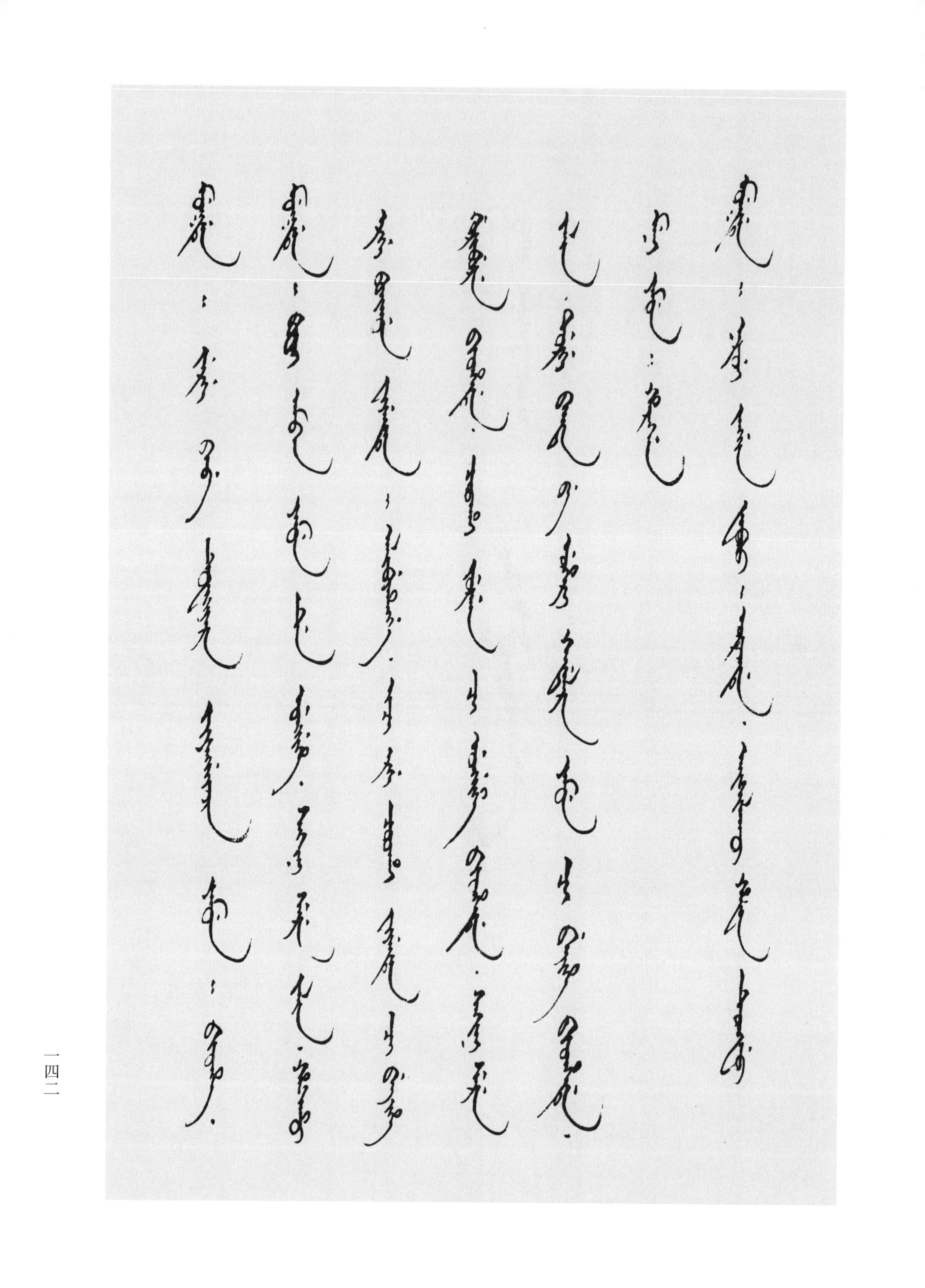

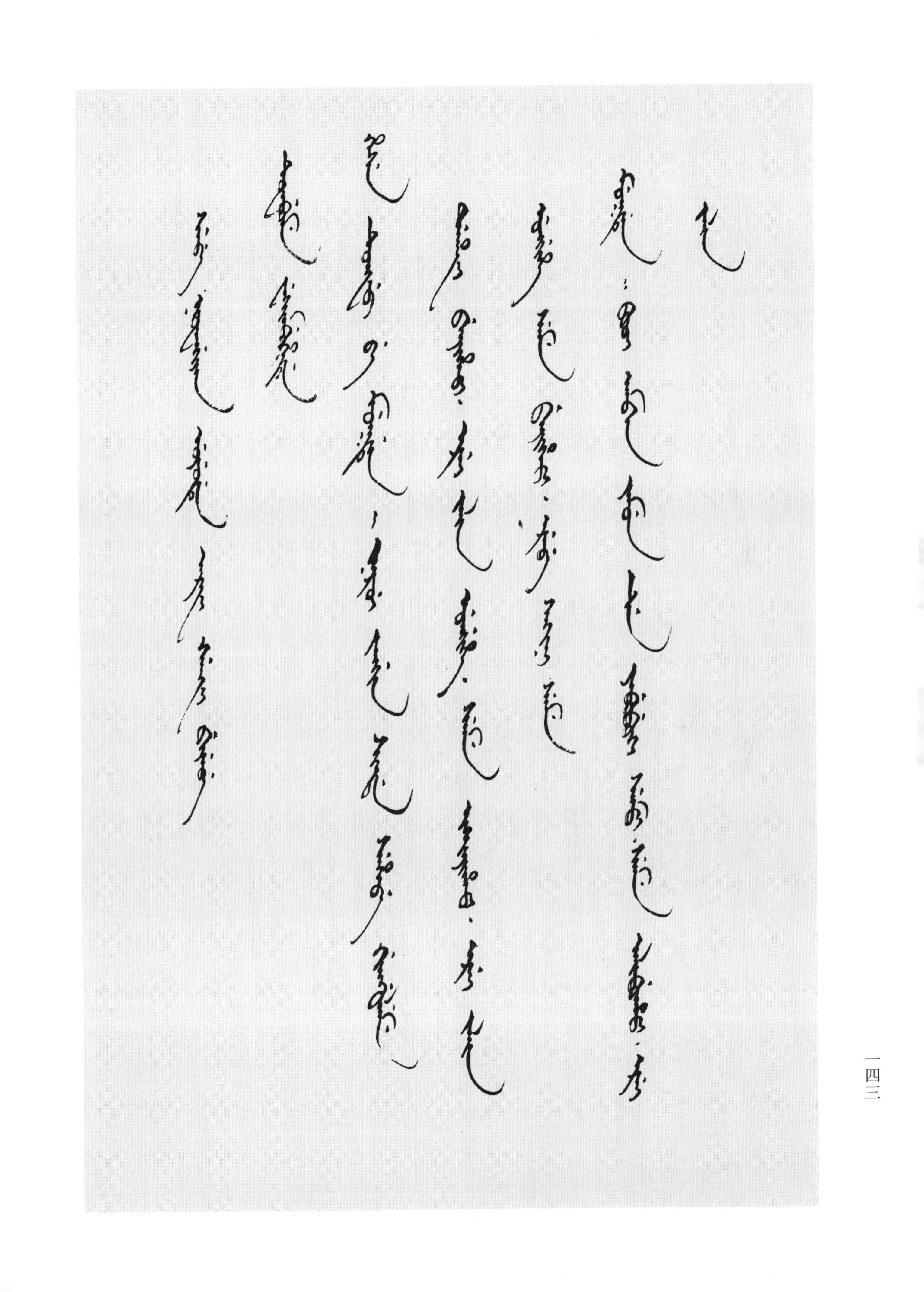

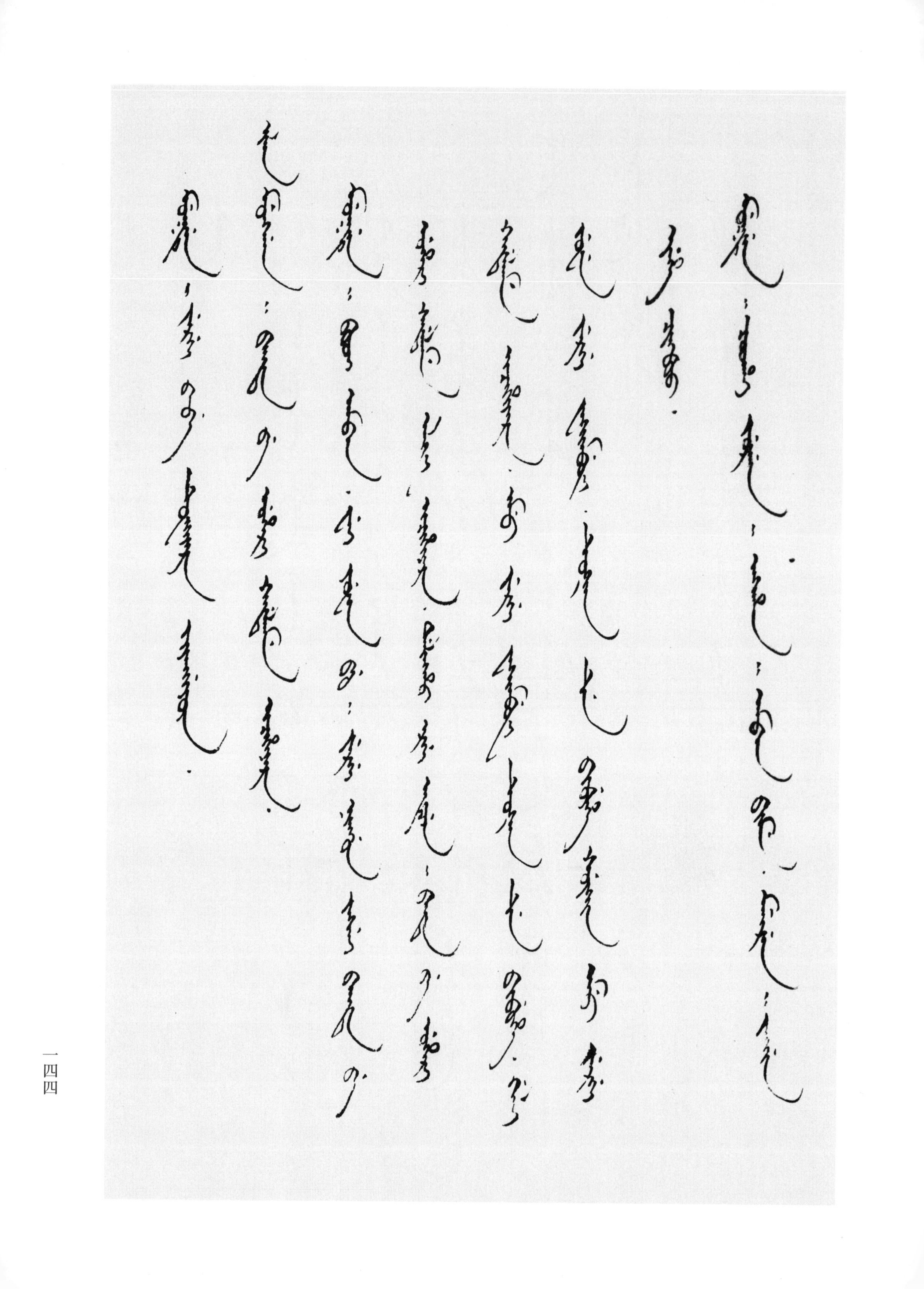

鎮守盛京等處將軍之印

ᡳᠴᡝ ᡩᡠᡳᠨ ᡳᠨᡝᠩᡤᡳ

初四日

ᡳᠴᡝ ᡩᡠᡳᠨ ᡳᠨᡝᠩᡤᡳ

初四日

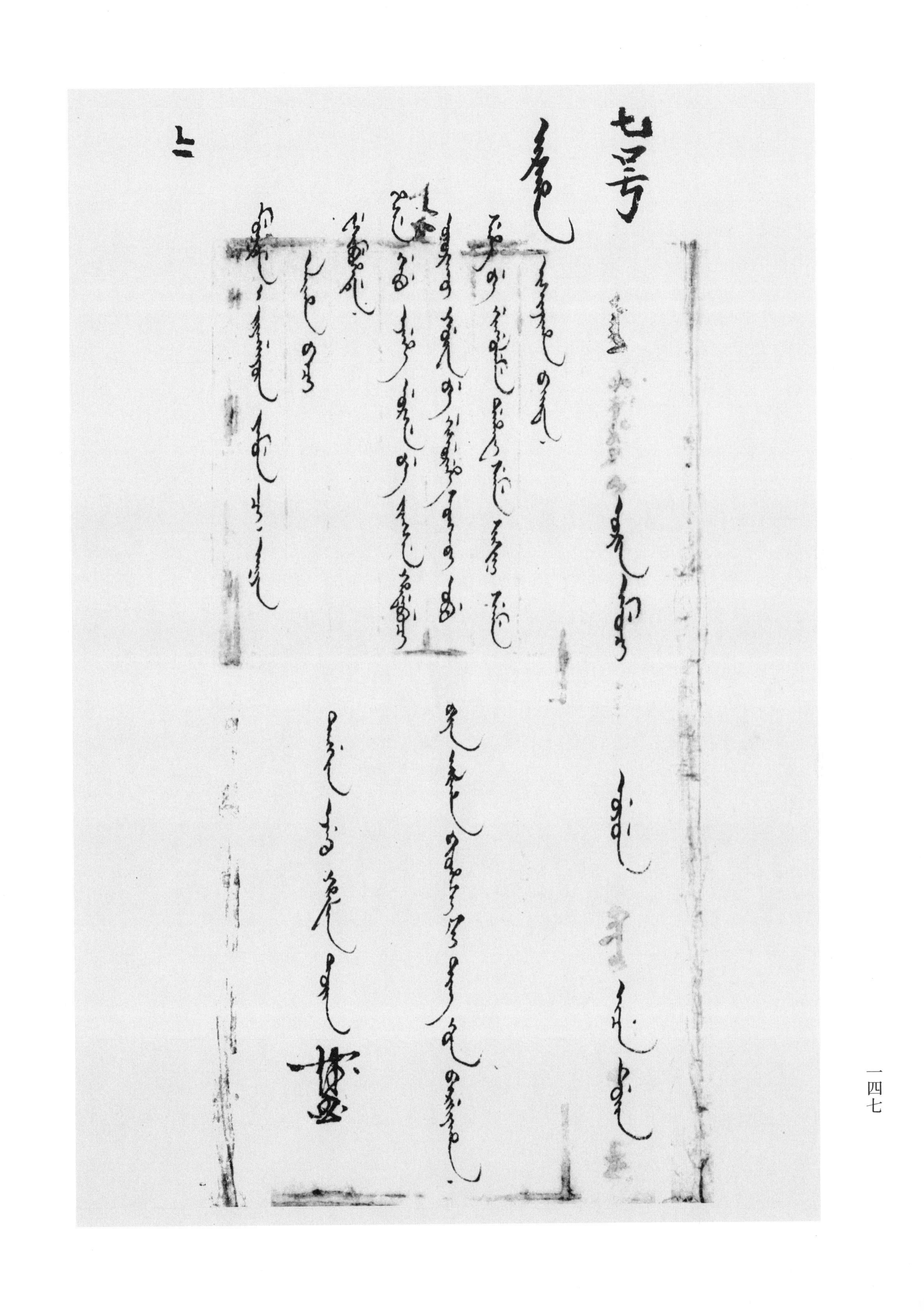

七号

上

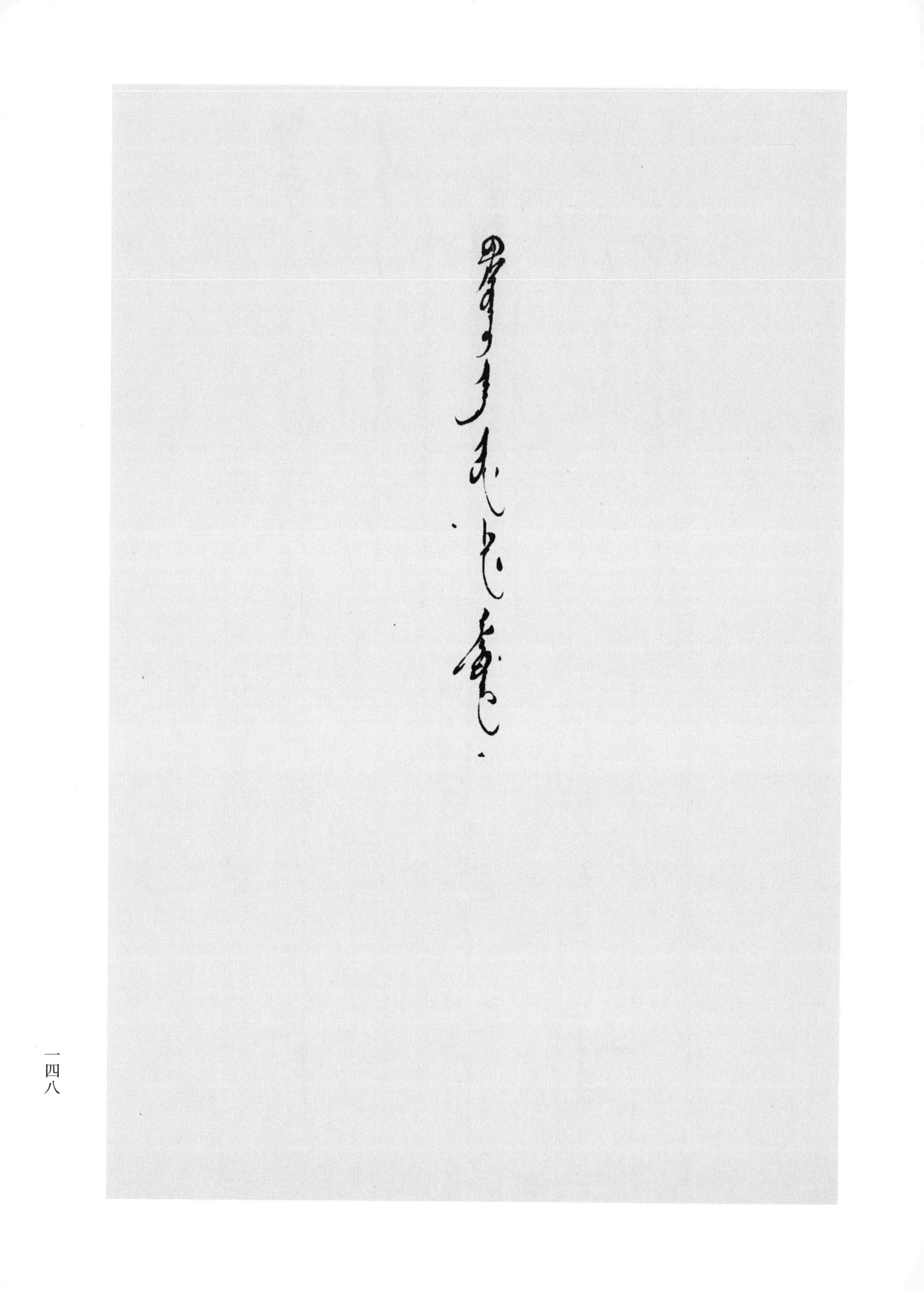

[illegible]

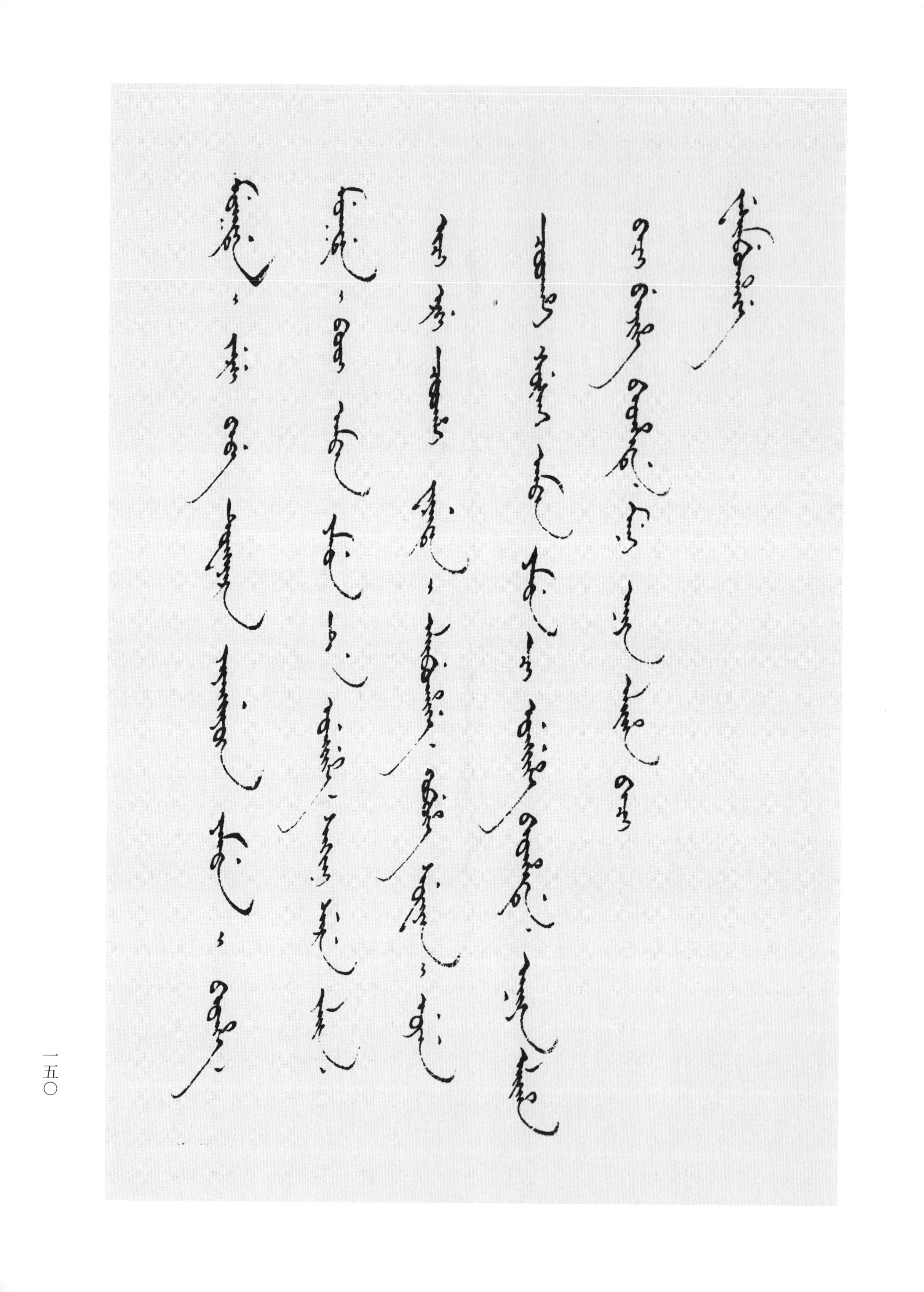

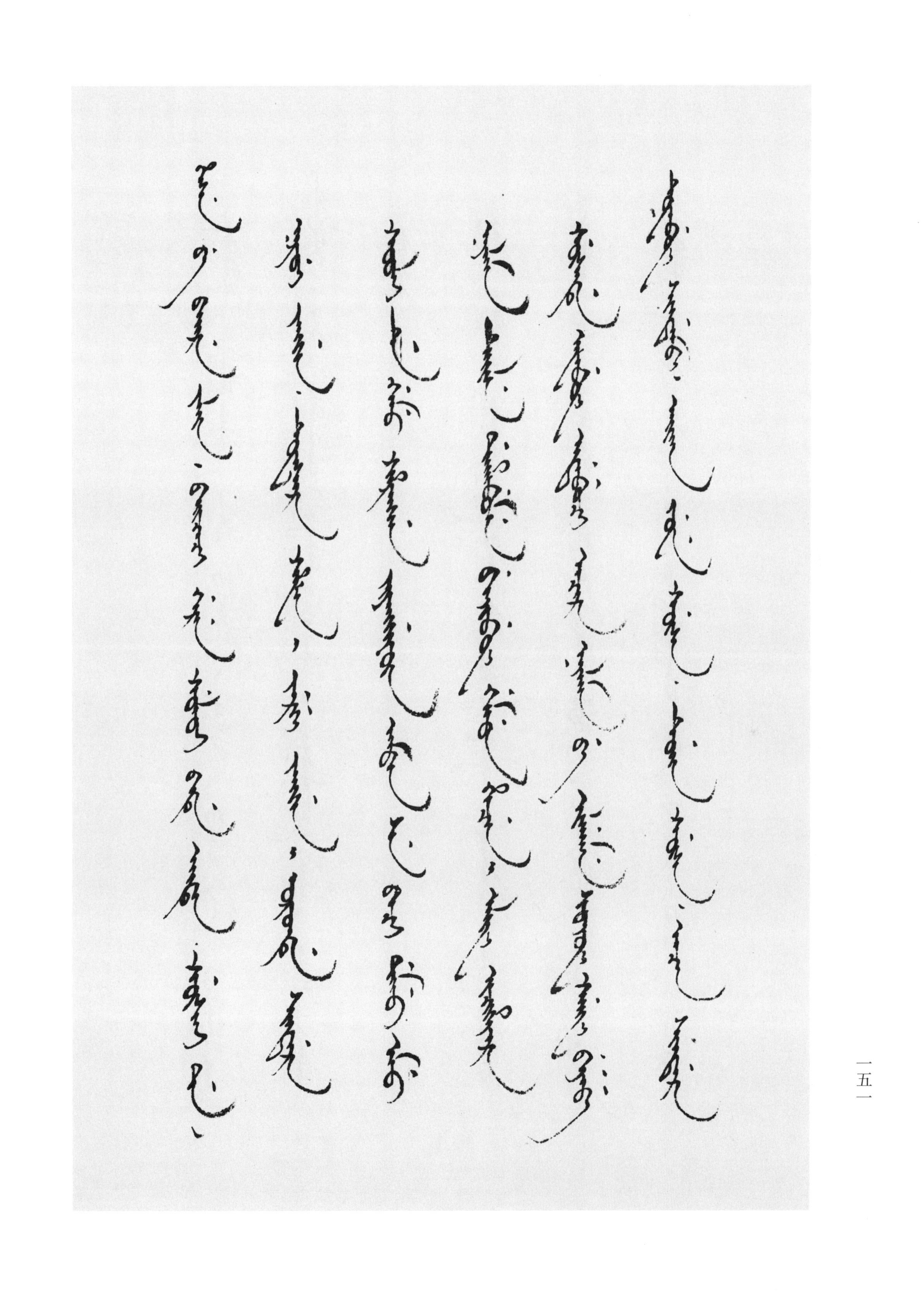

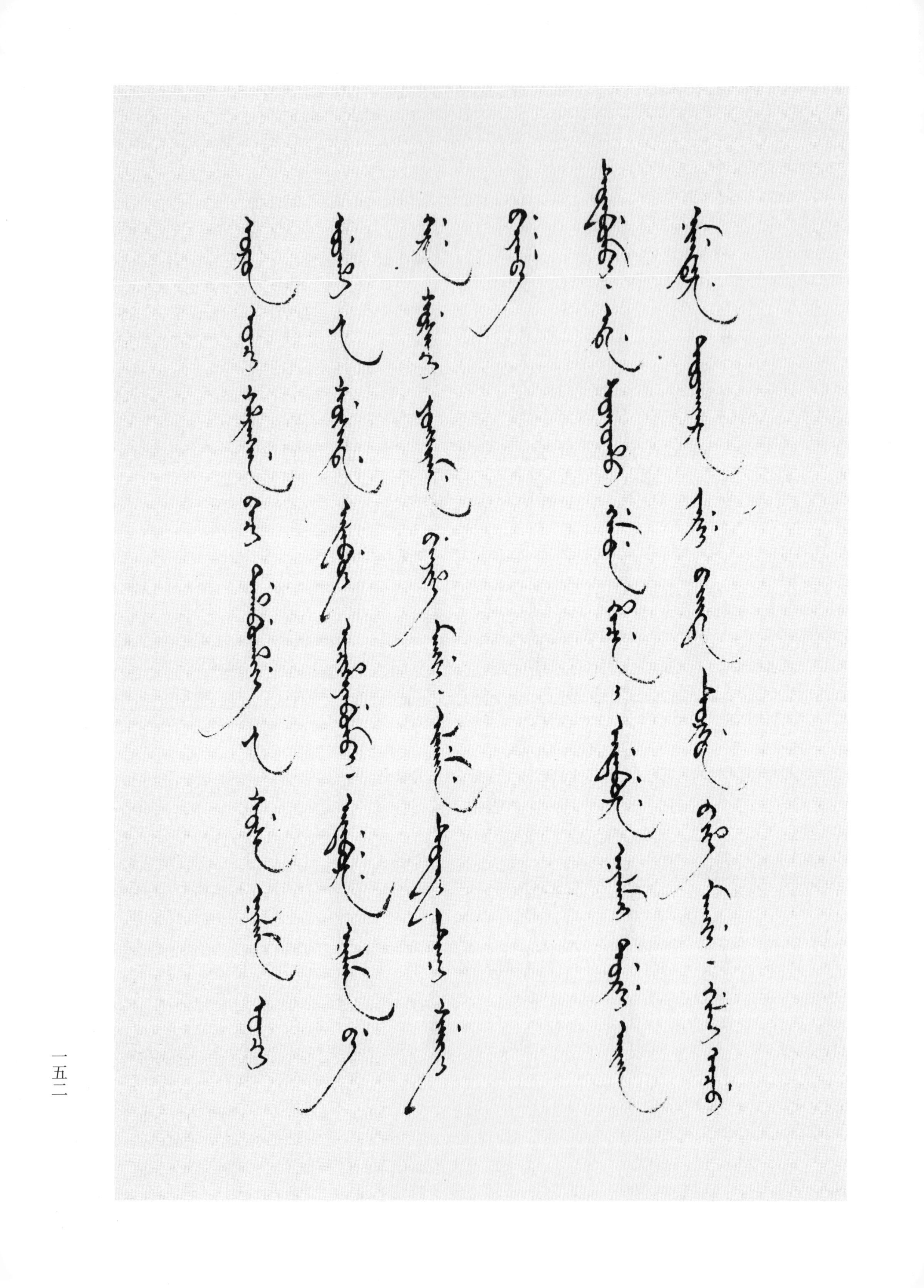

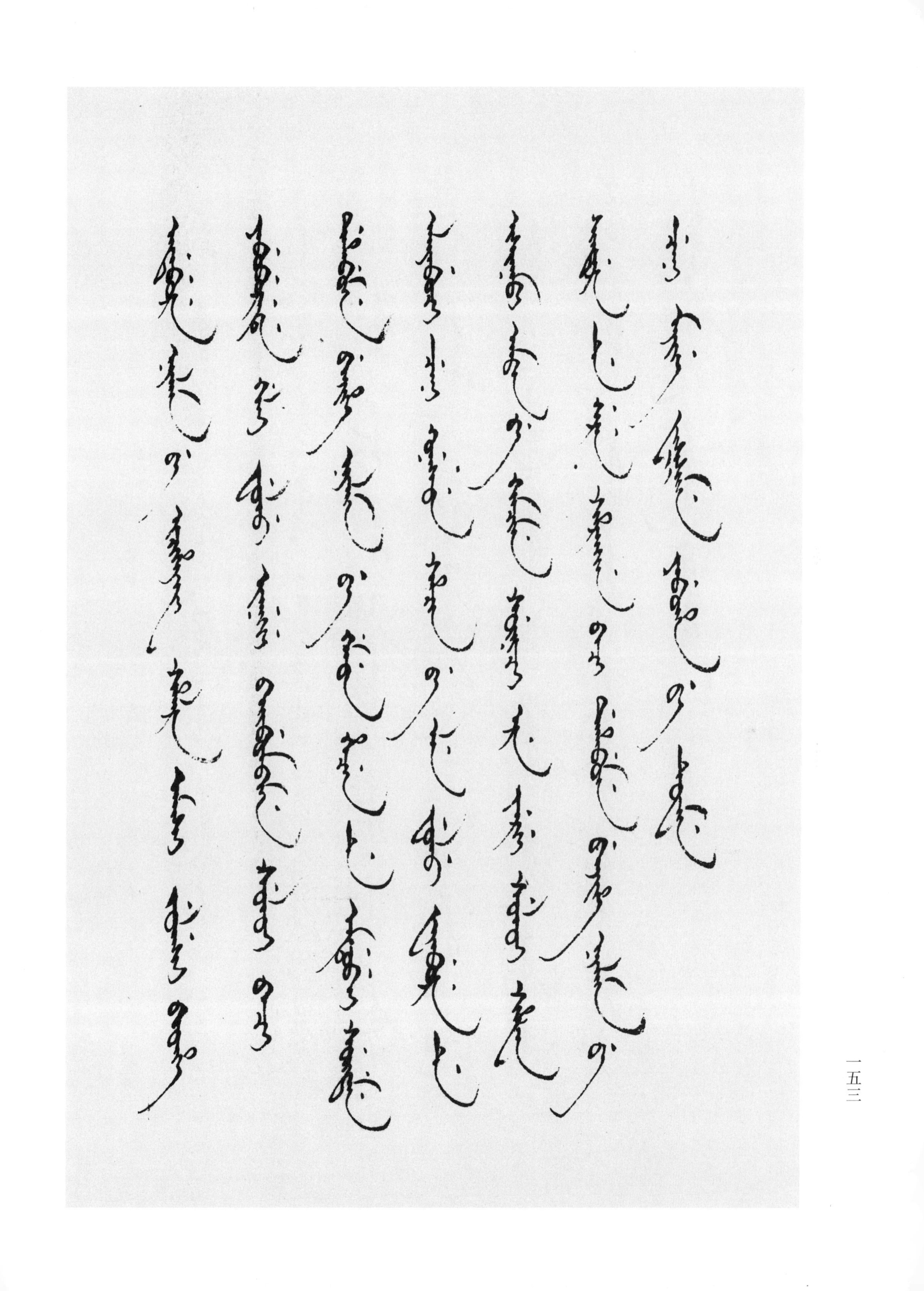

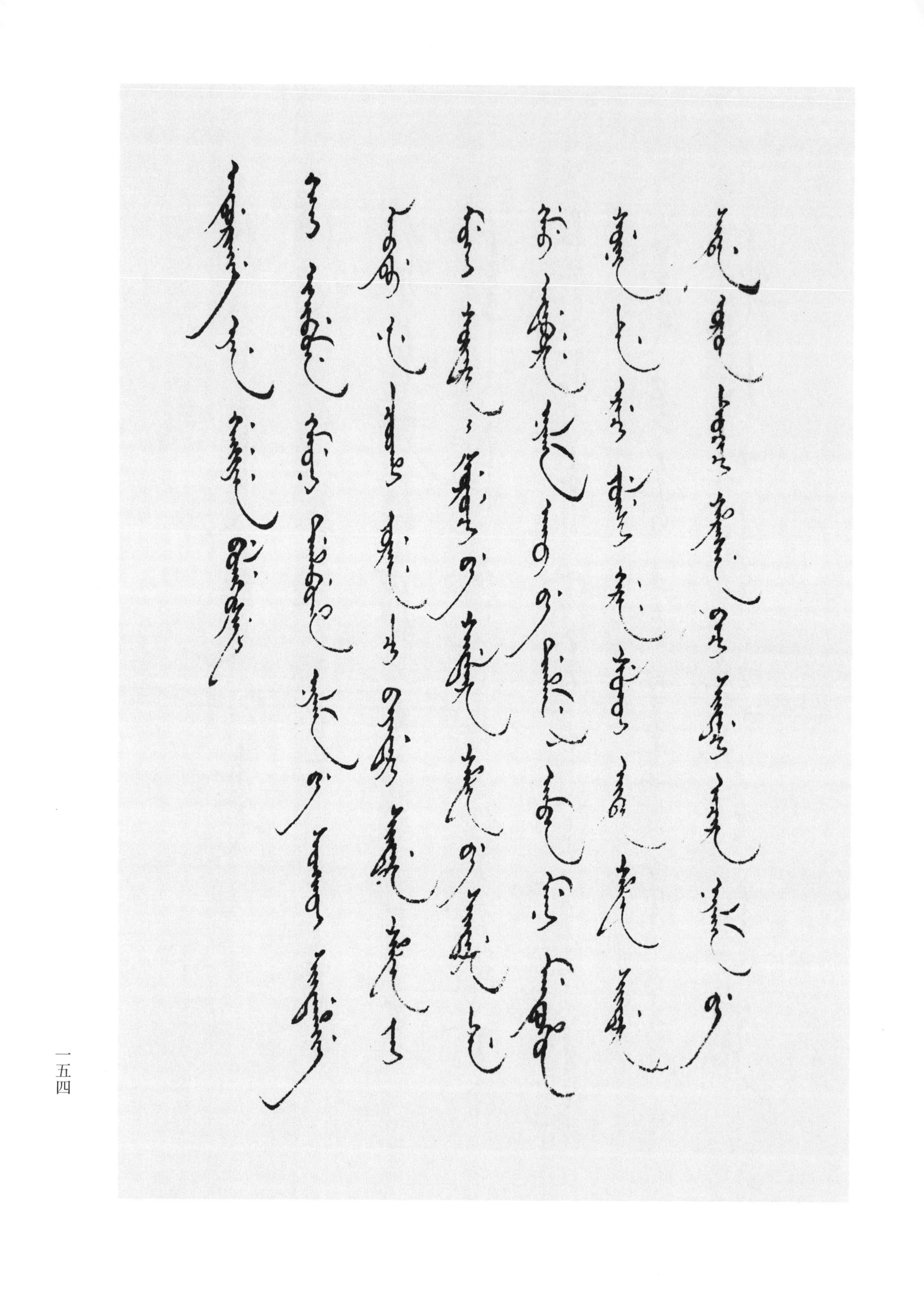

[illegible]

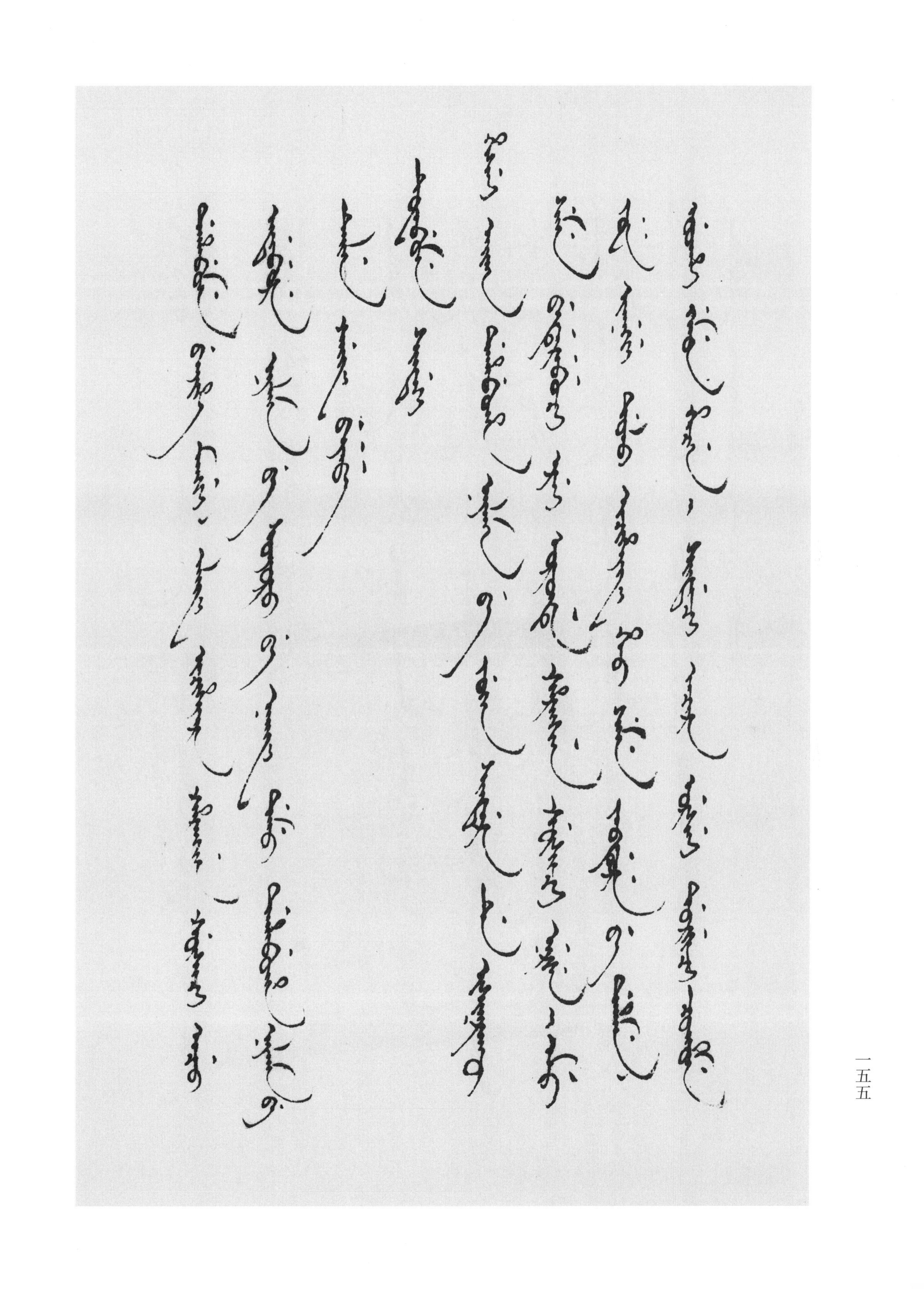

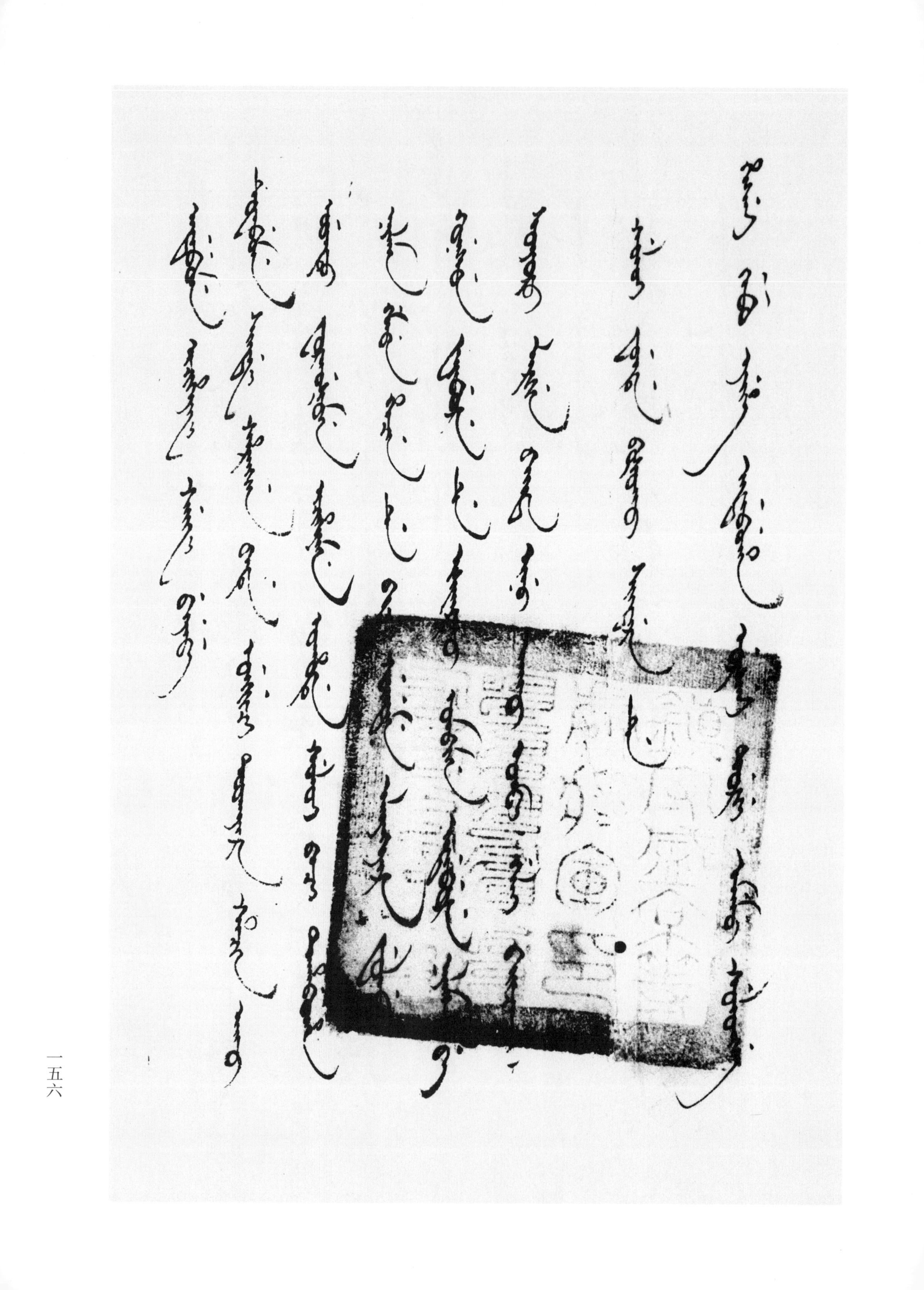

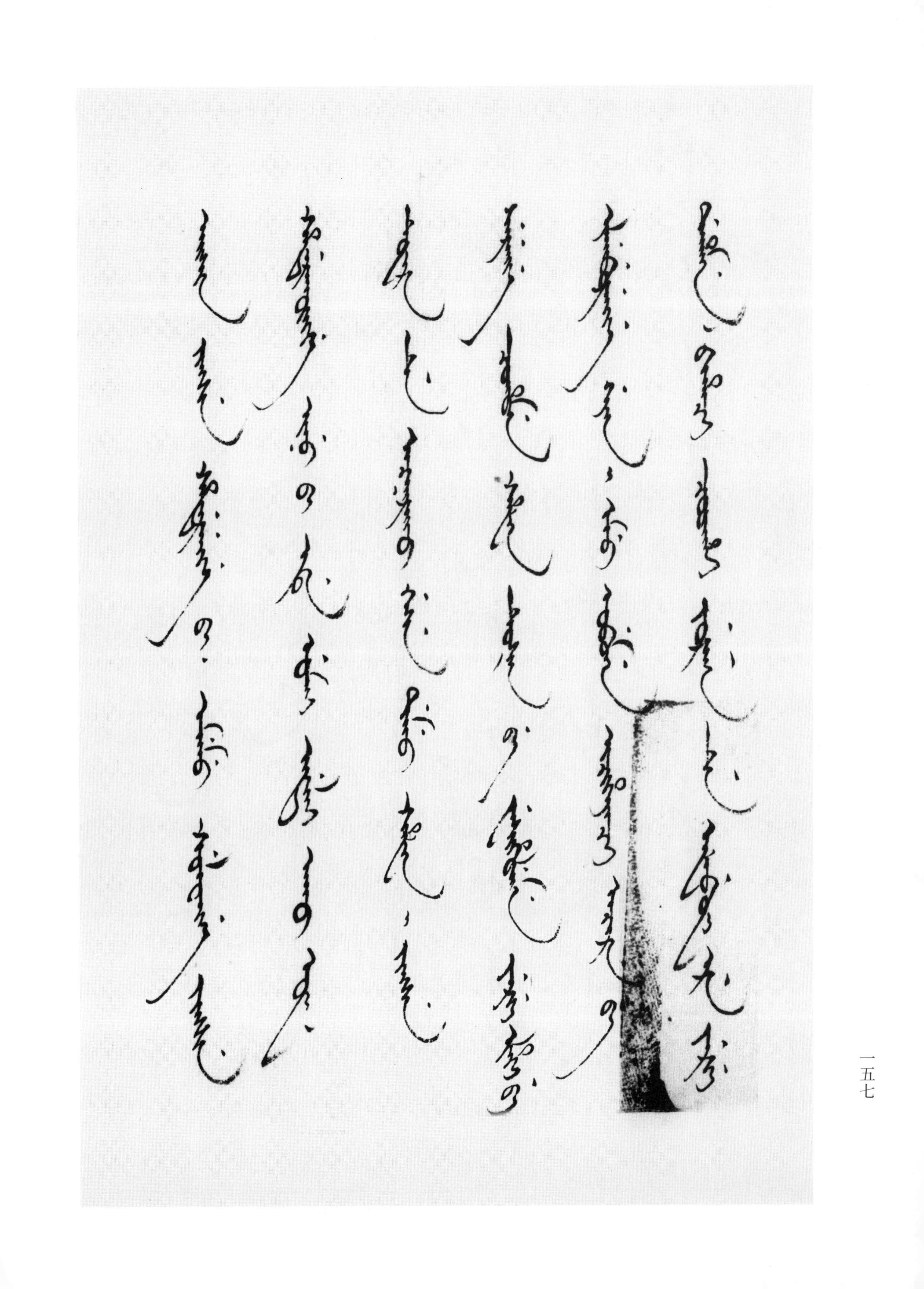

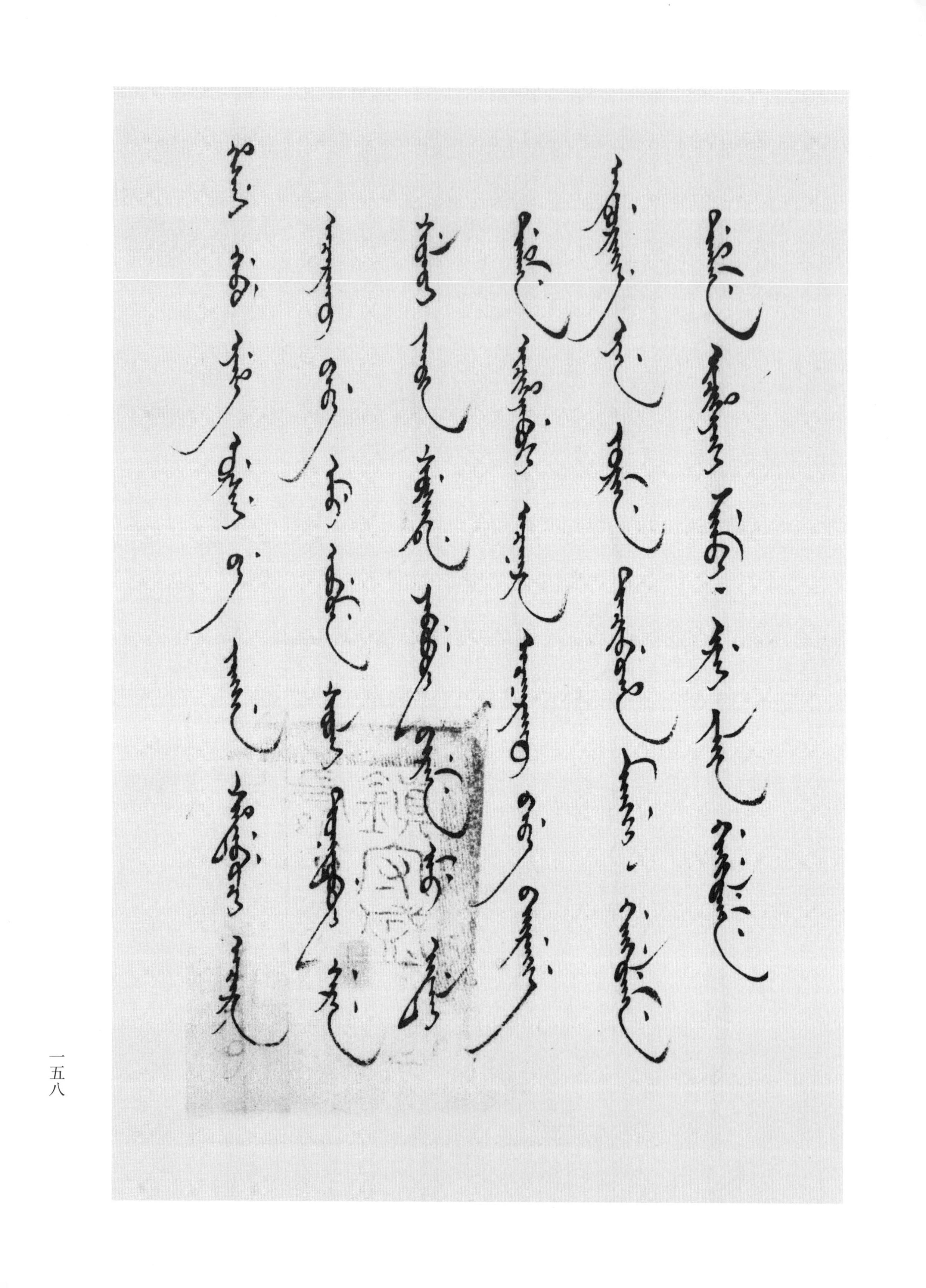

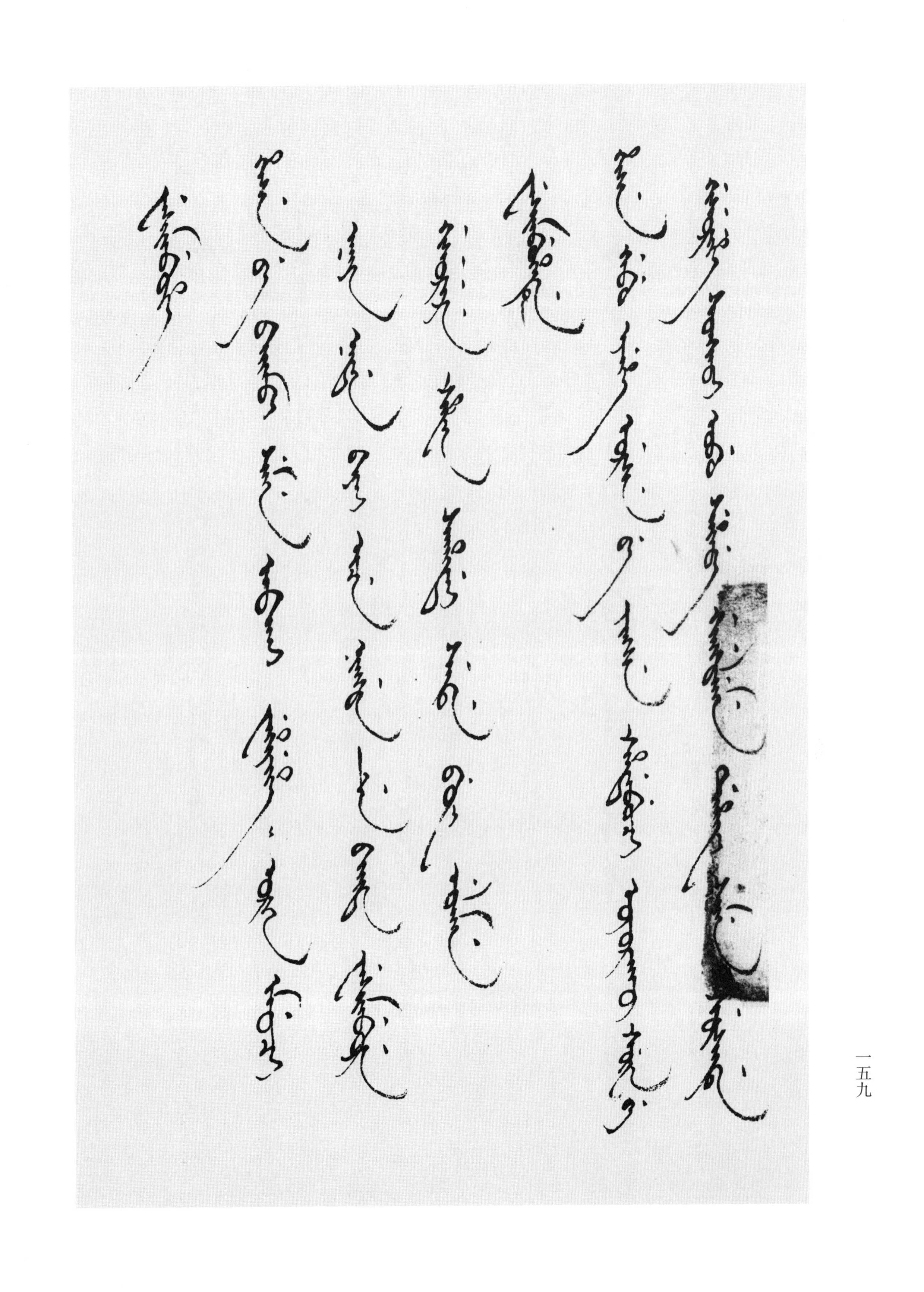

一五九

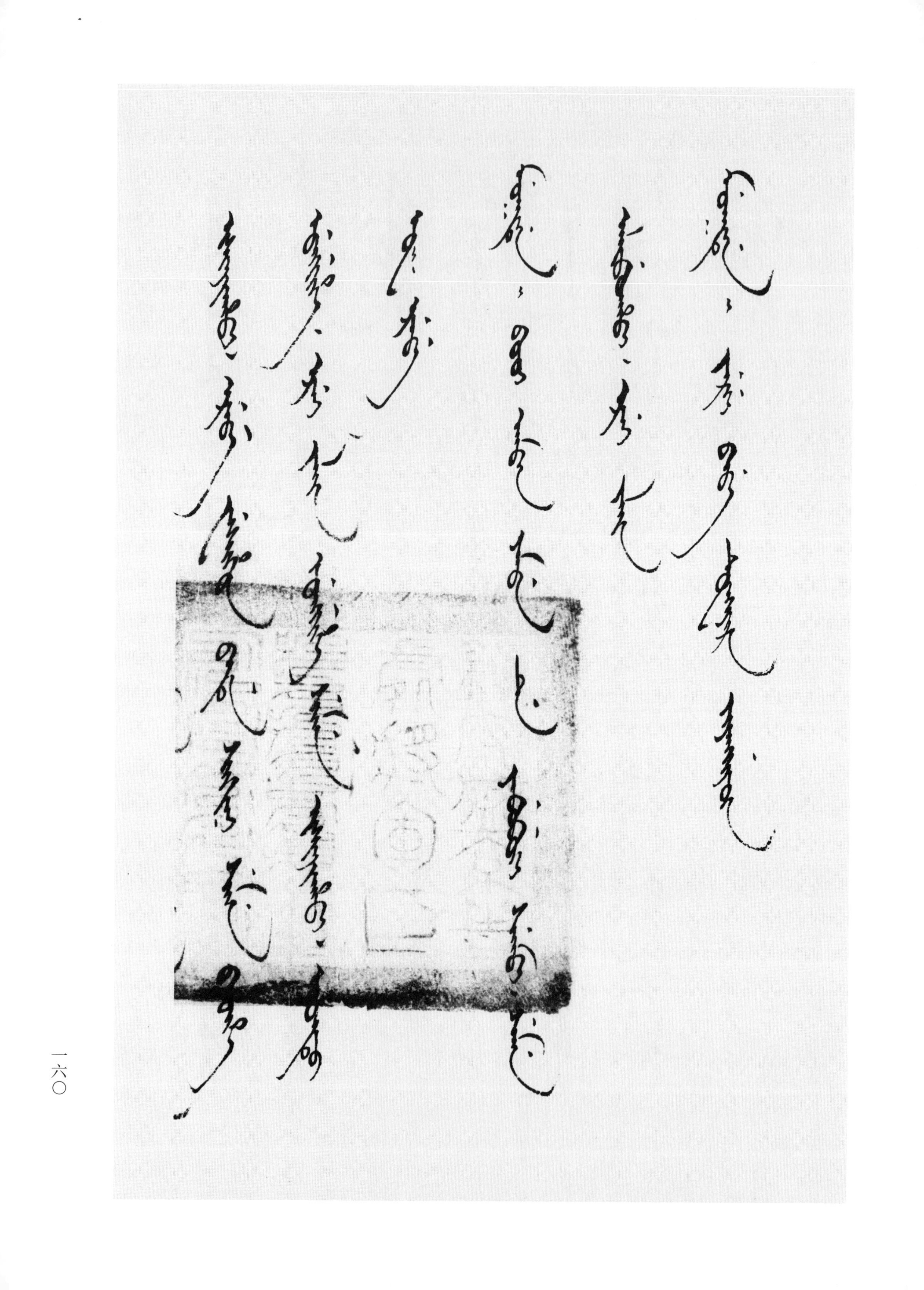

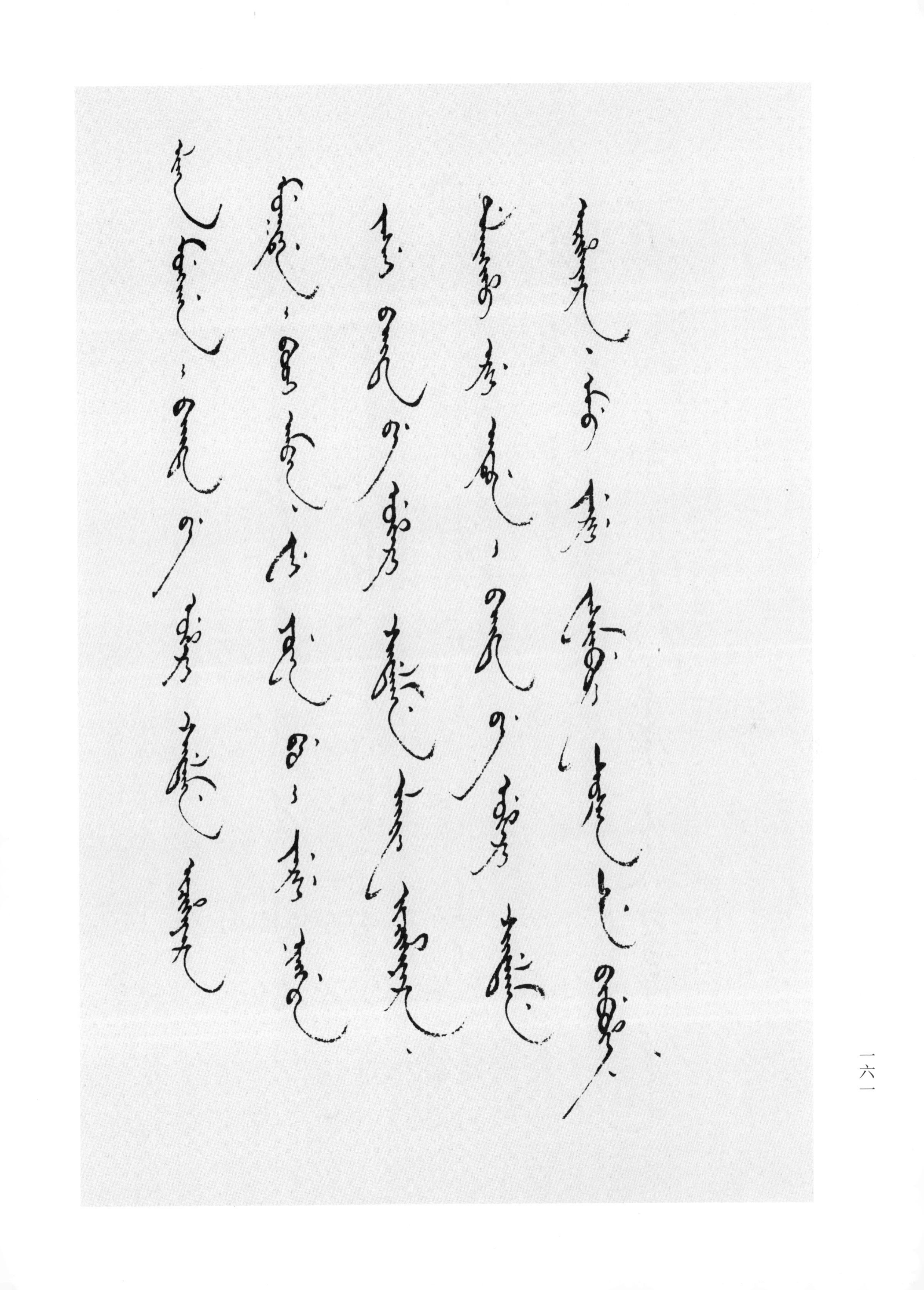

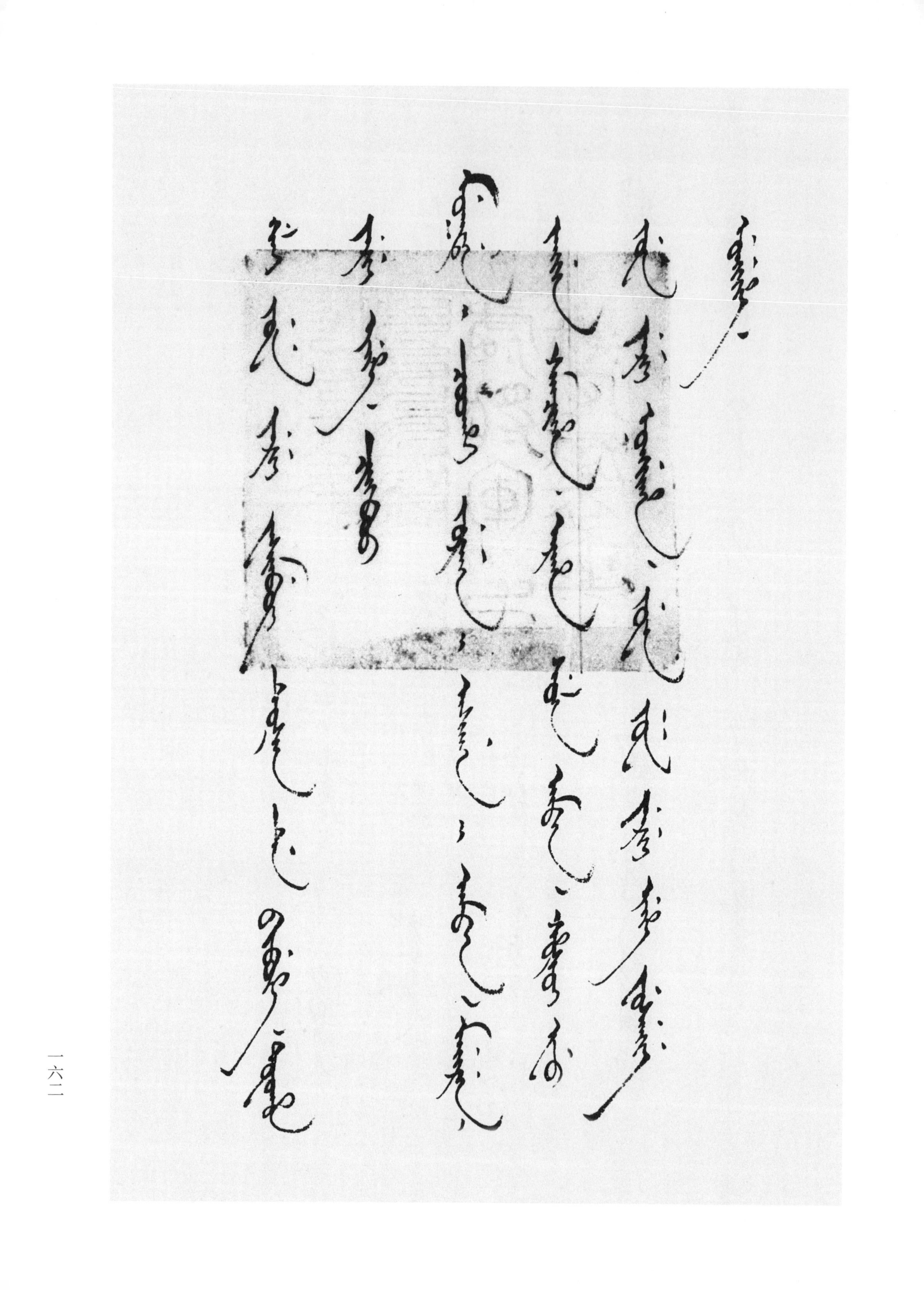

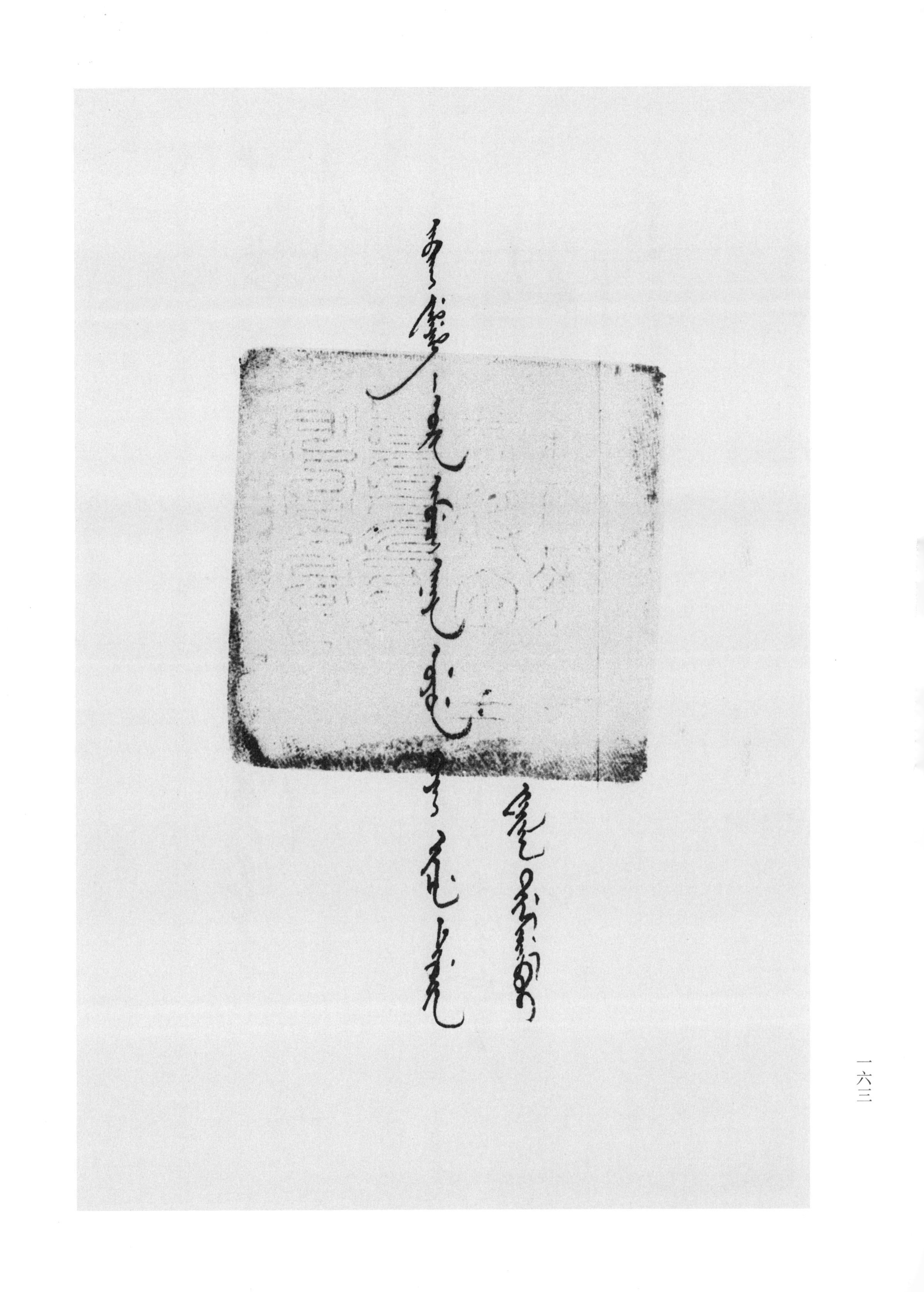

[illegible]

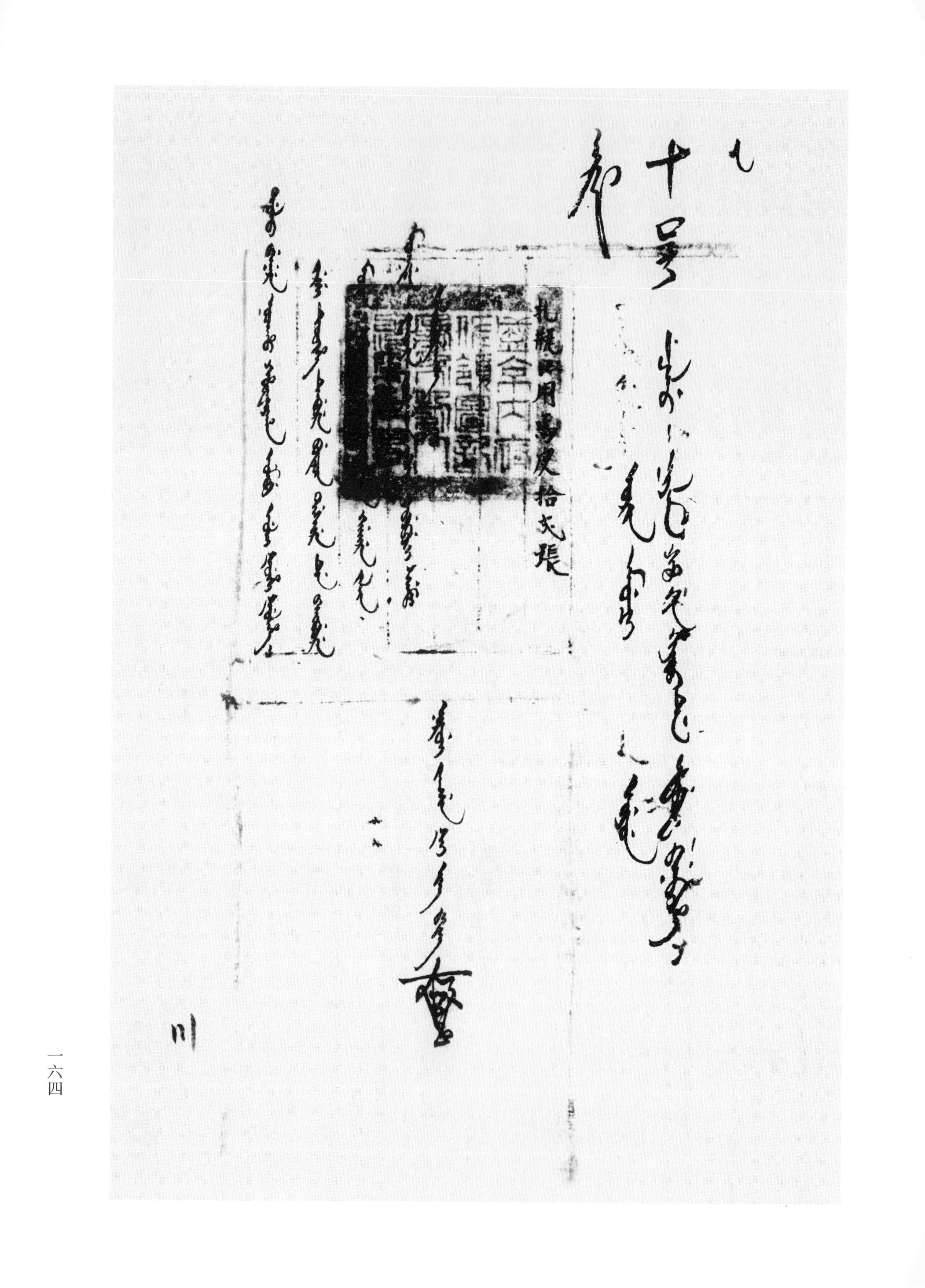

七

十号

札糧時用每處拾弍張

川

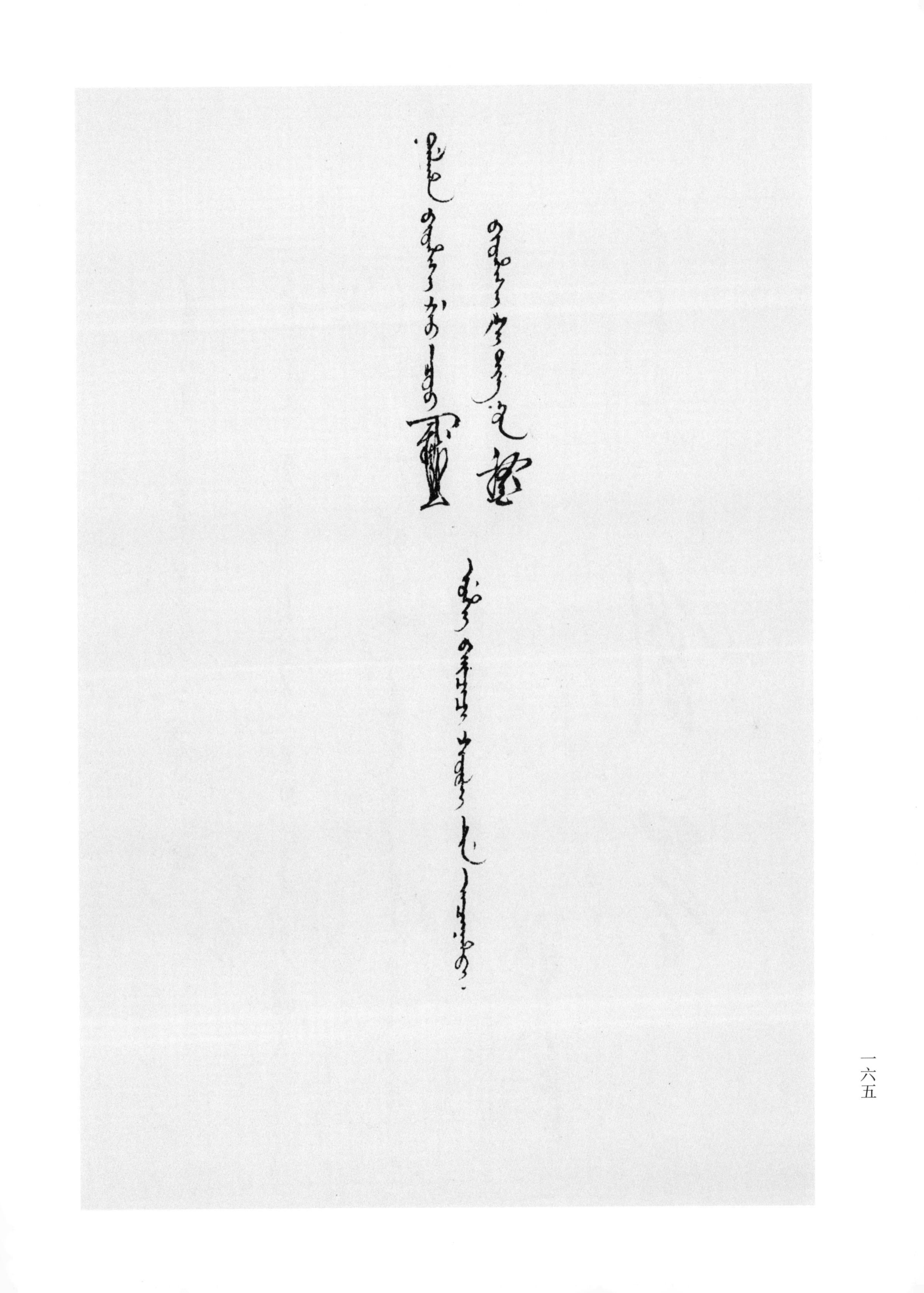

[illegible]

[illegible]

[illegible]

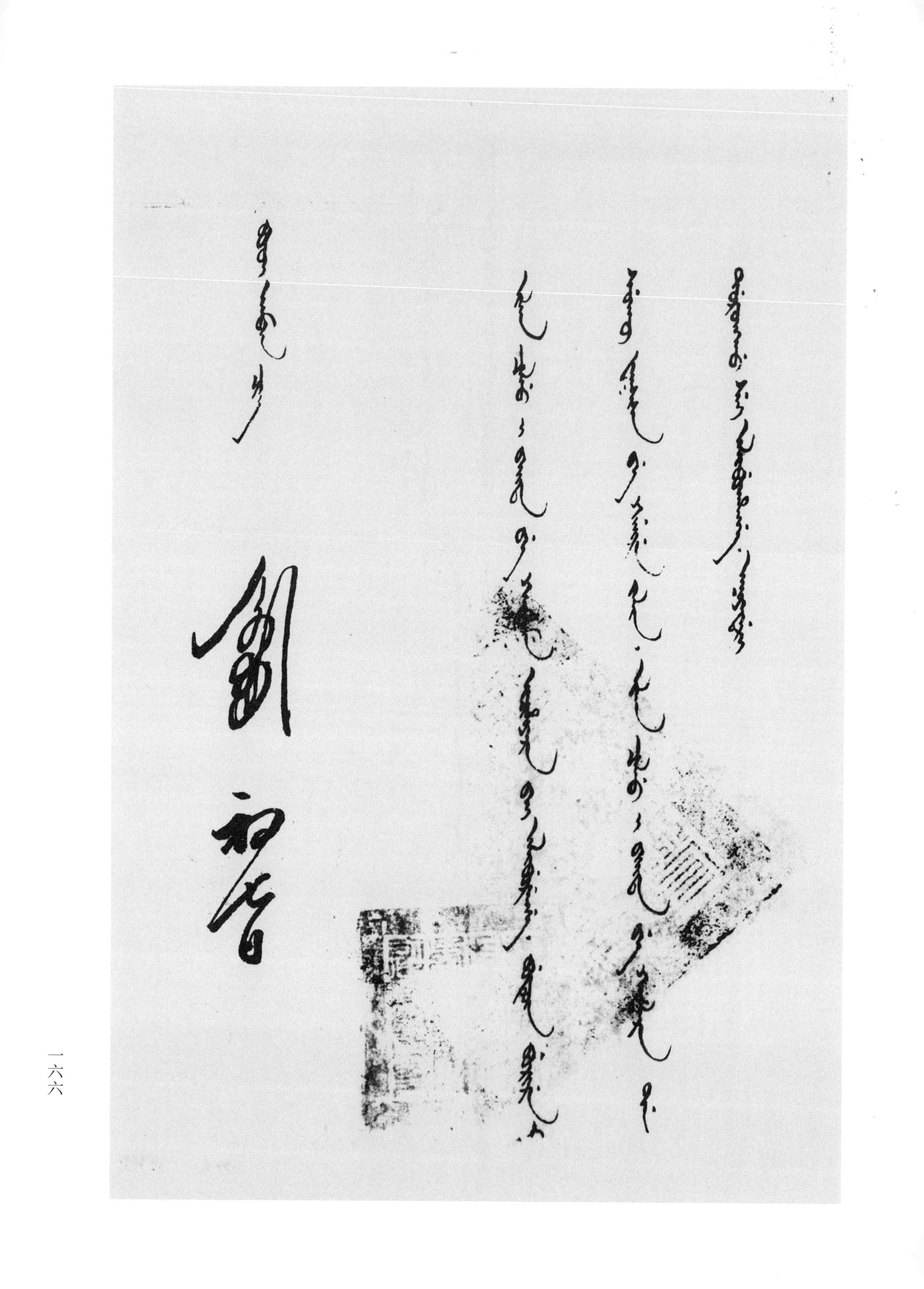

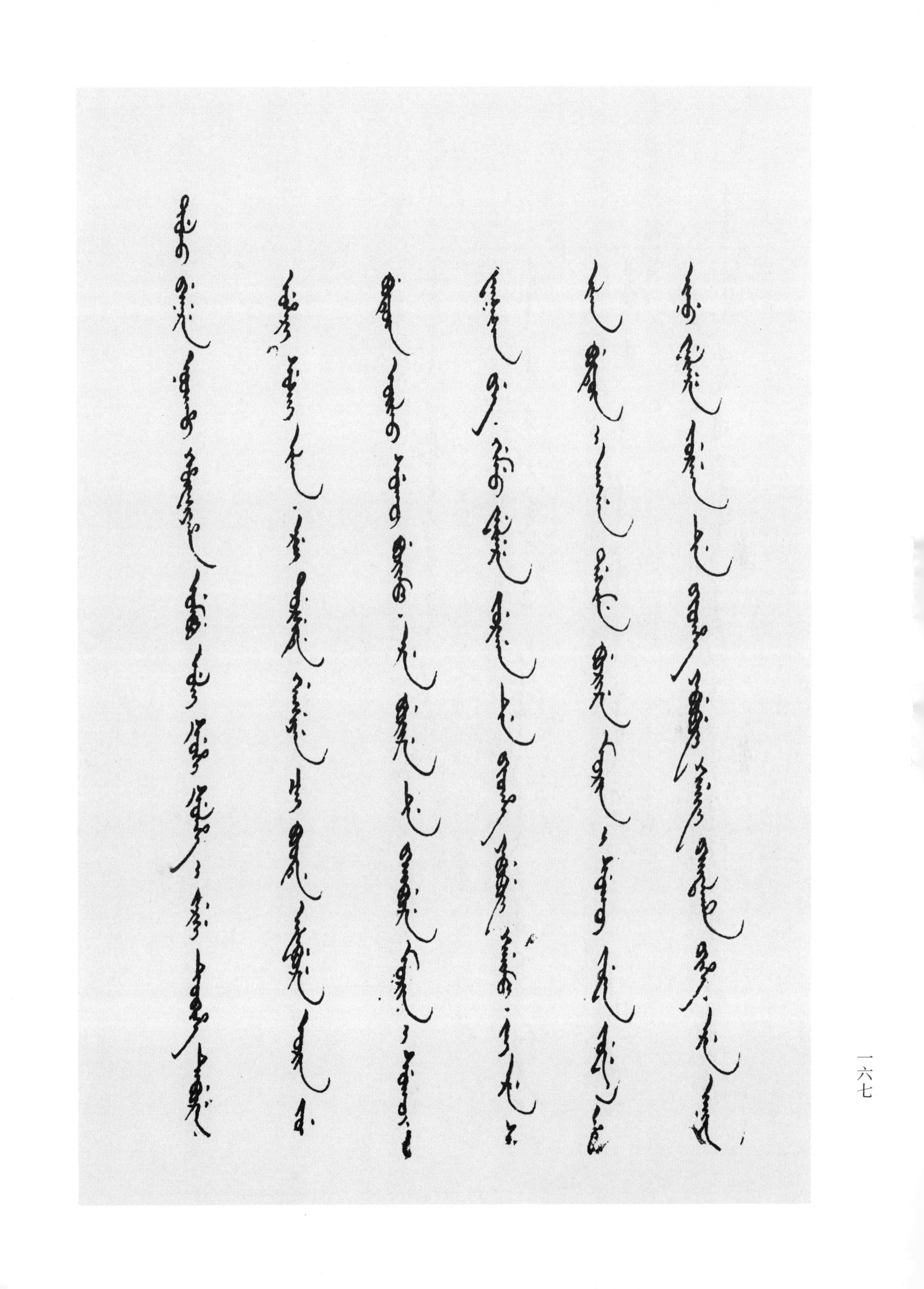

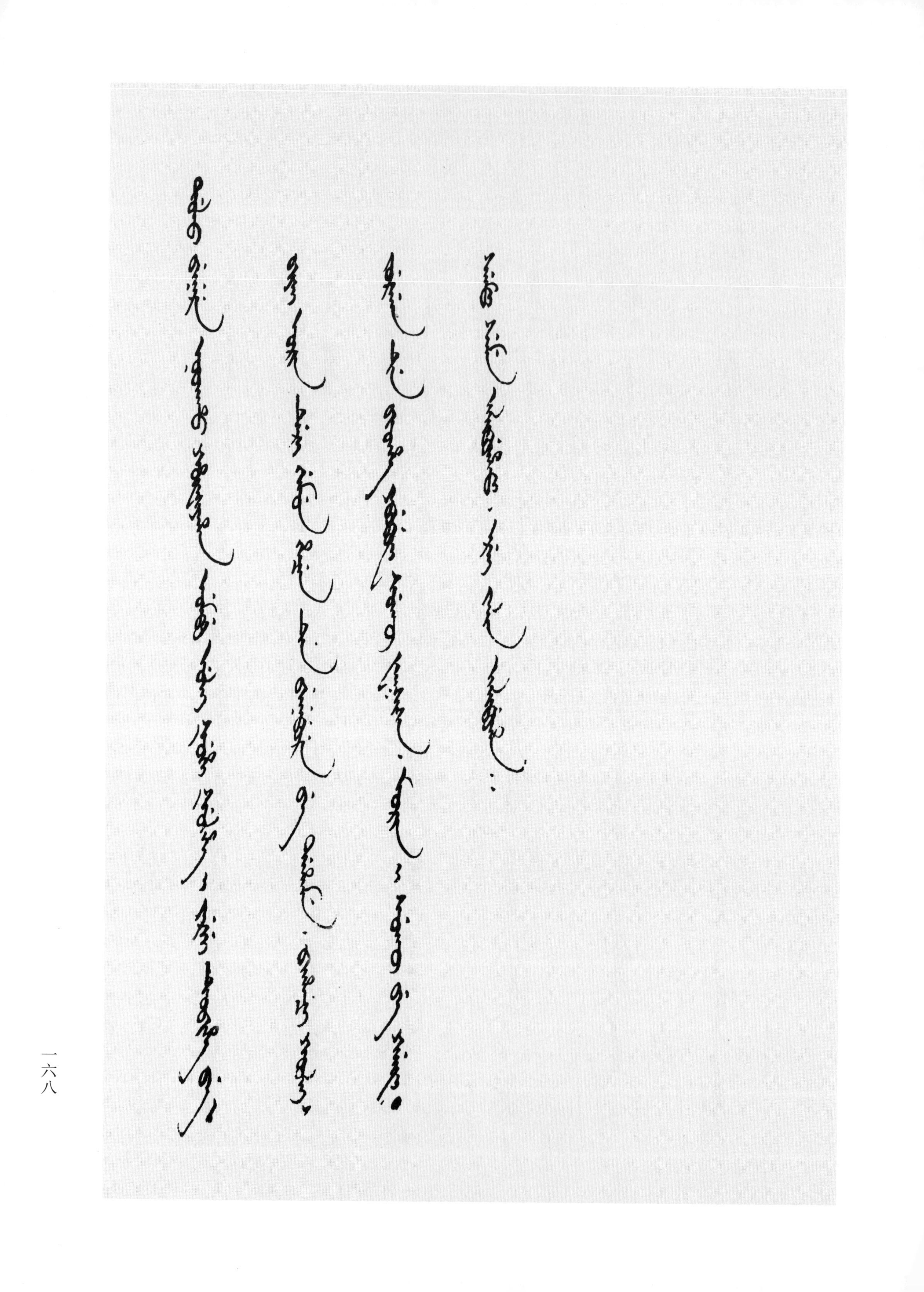

[illegible]

導王木擅買拐逃之女二案此皆富德任内批飭查審之案何至一二年之久尚未完結可見外省辦事因循遲玩之陋習未能振刷而學政批行之事地方官非以專管上司漫不經心更所不免此案若非謝溶生據實查辦竟至懸宕不結何以肅吏治而整士風恐他省似此亦復不少可通行傳諭各該督撫令其留心整飭并諭各學政知之欽此

乾隆二十一年七月初四日内閣抄出初三日奉

上諭向來各省州縣詳革生監經學政批查批審之案承辦官員以

處分不及率多任意遲擱寃抑者無從照雪而積劣之徒轉得遷延時

日無所懲儆即如山東學政謝溶生所奏教諭鄒國垣因事受賍訓

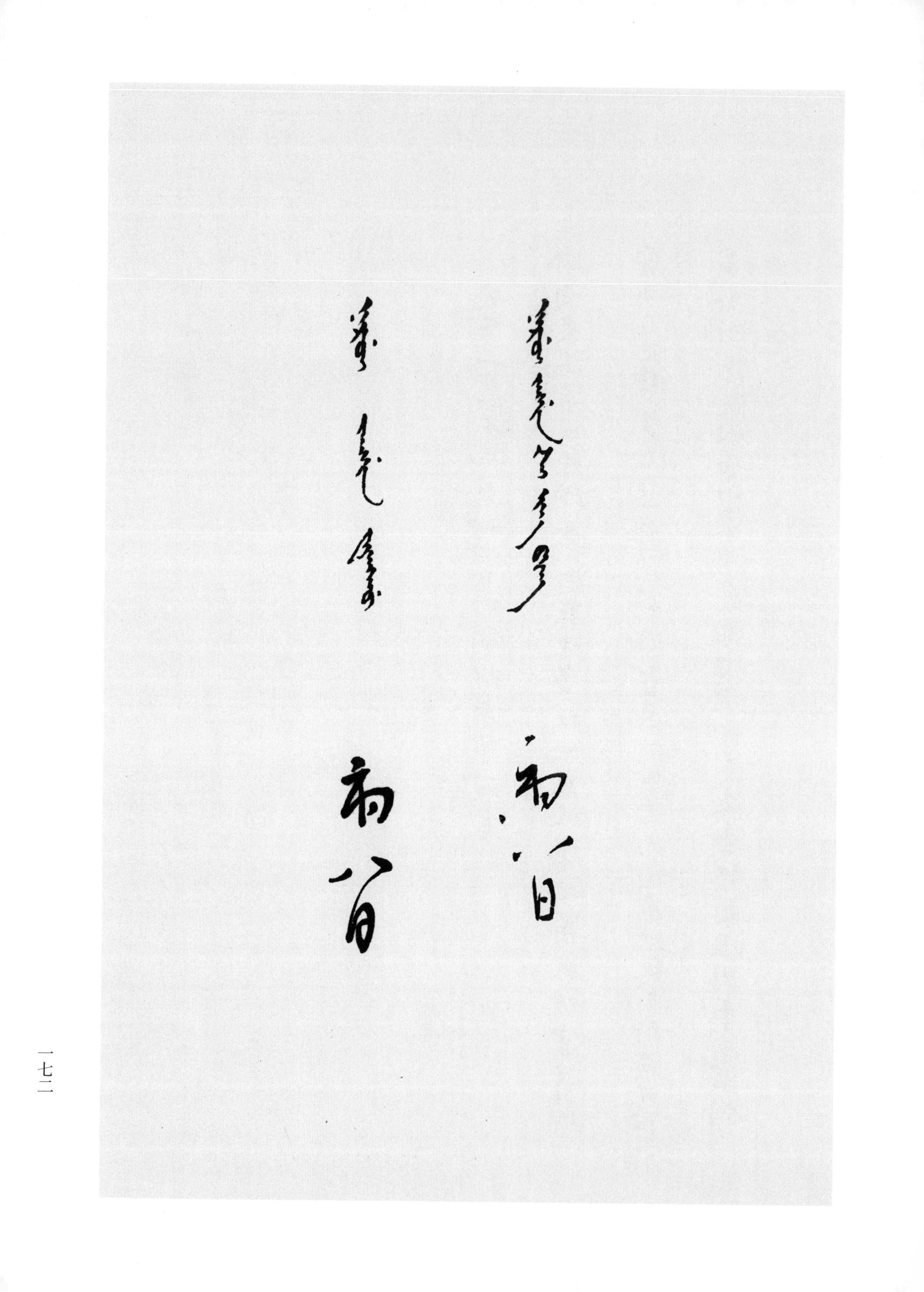

兩日

兩日

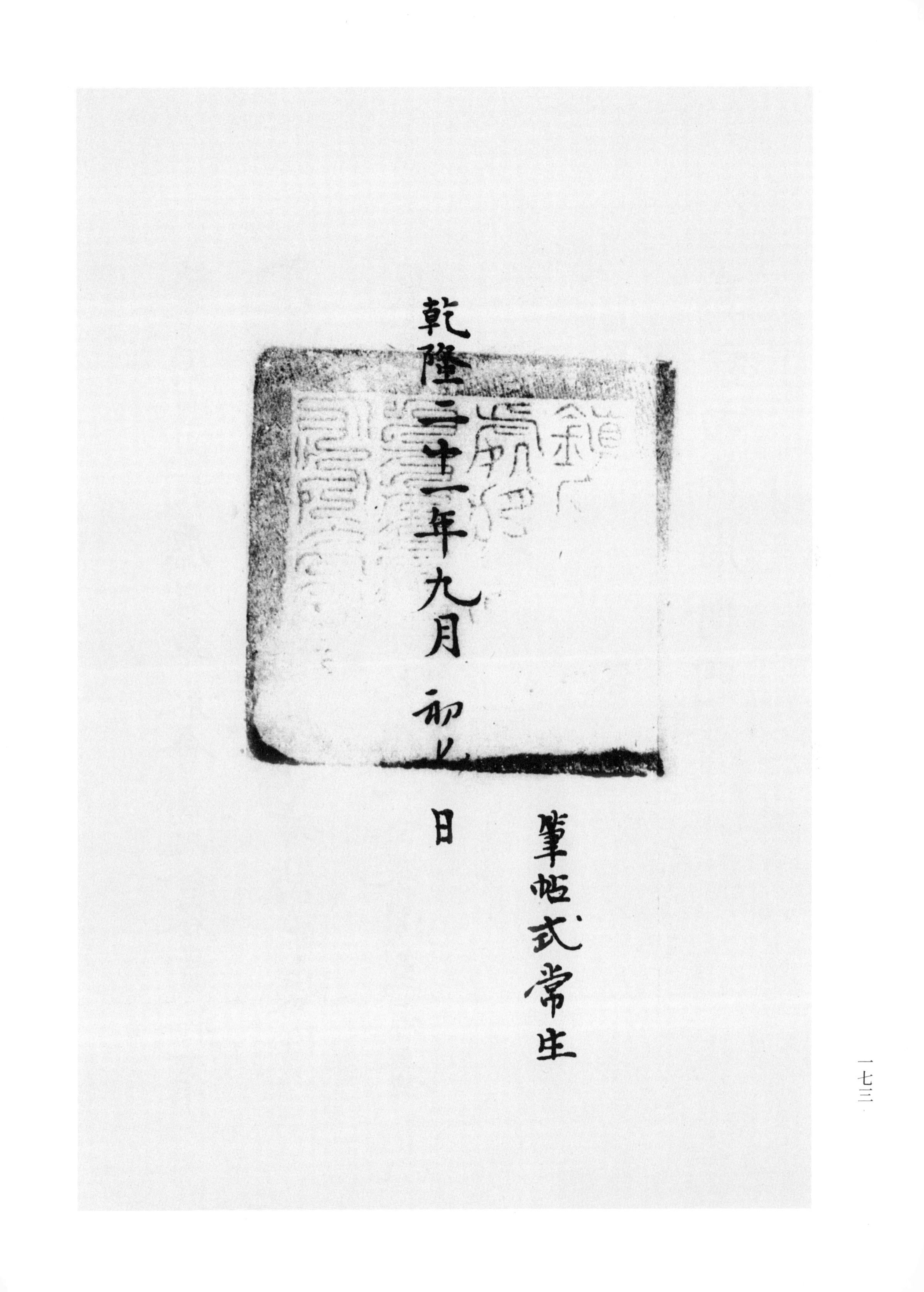

乾隆二十一年九月初八日

筆帖式常生

紙等因准此相應録单咨會為此合咨貴將軍

查照施行等因前來相應抄録粘单咨行

盛京内務府衙門可也為此合咨須至咨者

計粘单一紙

右　咨

盛京内務府衙門

鎮守

盛京等處将軍衙門　為欽奉

上諭事左礼司案呈准奉天府學政衙門咨開乾隆二

十一年八月二十日准礼部劄開儀制司案呈乾隆

二十一年七月初四日内閣抄出欽奉漢字

上諭一道相應恭録抄单劄行該府丞可也計粘单一

内

内務府大臣清

盛京将軍衙門文開為欽奉
上諭一道恭録抄单洛會事

肅吏治而整士風漢字

堂主事托　金〔押〕

值月筆帖式石廷崑接收

毛

八号

乾隆二十一年九月初七

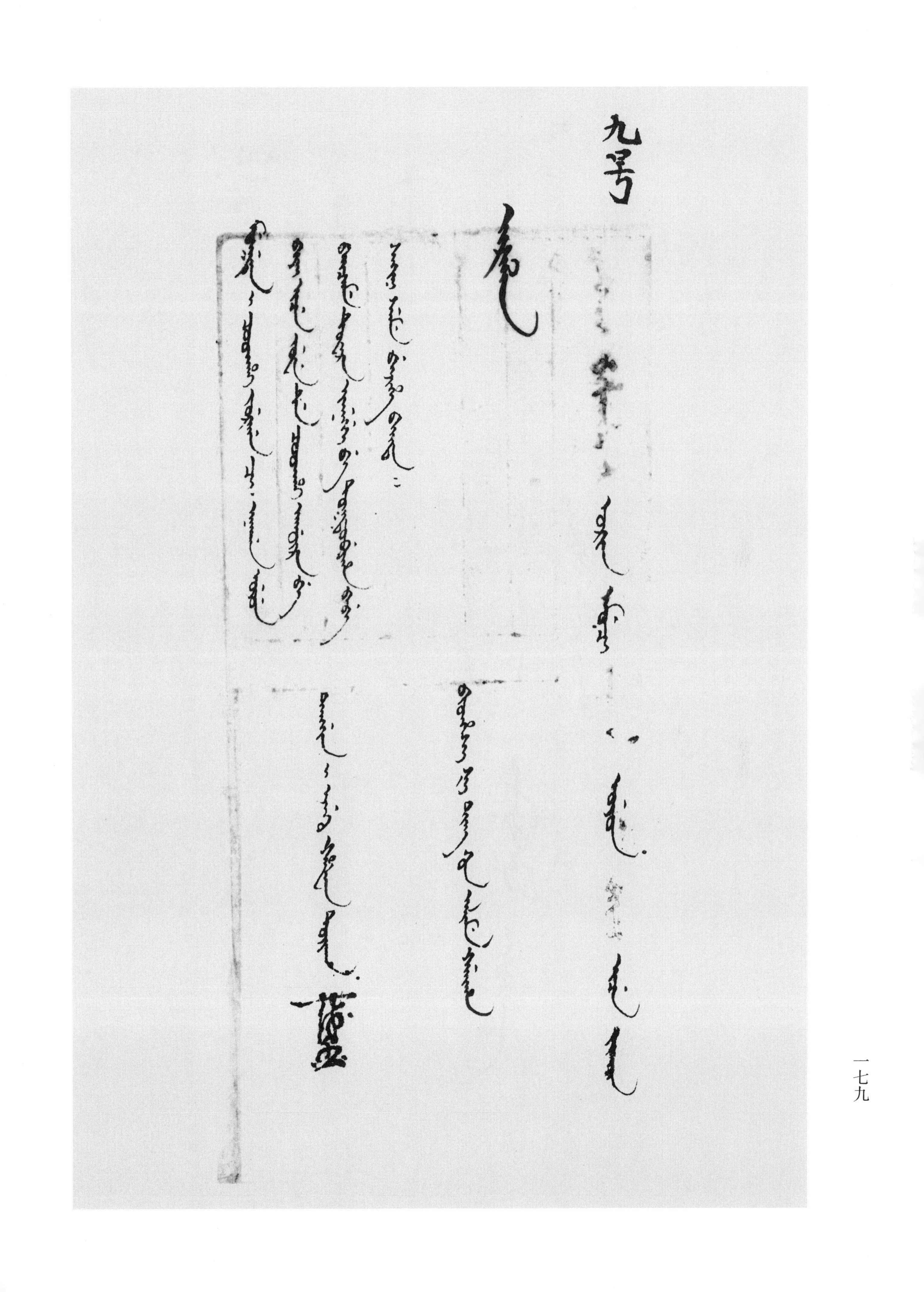

九号

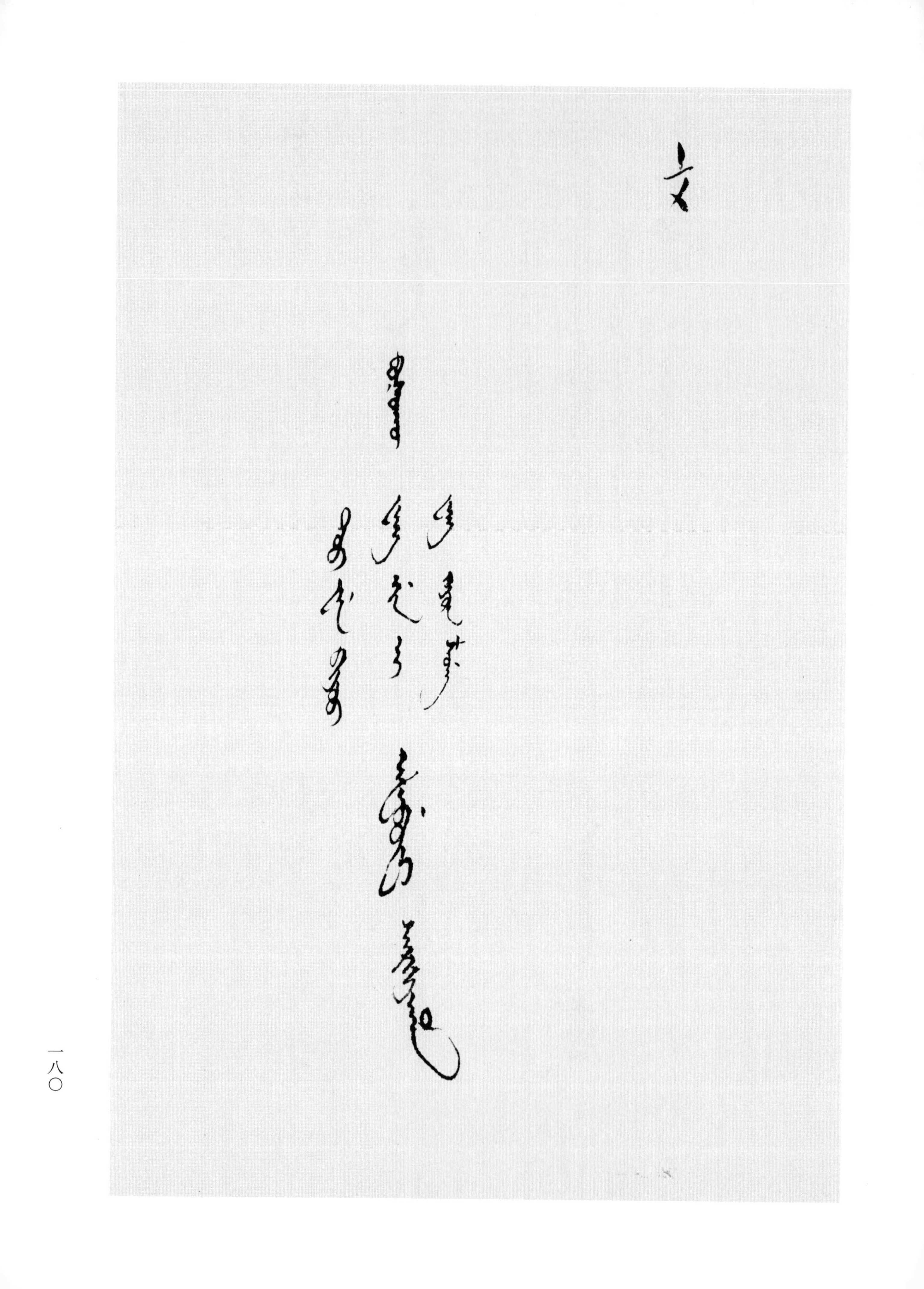

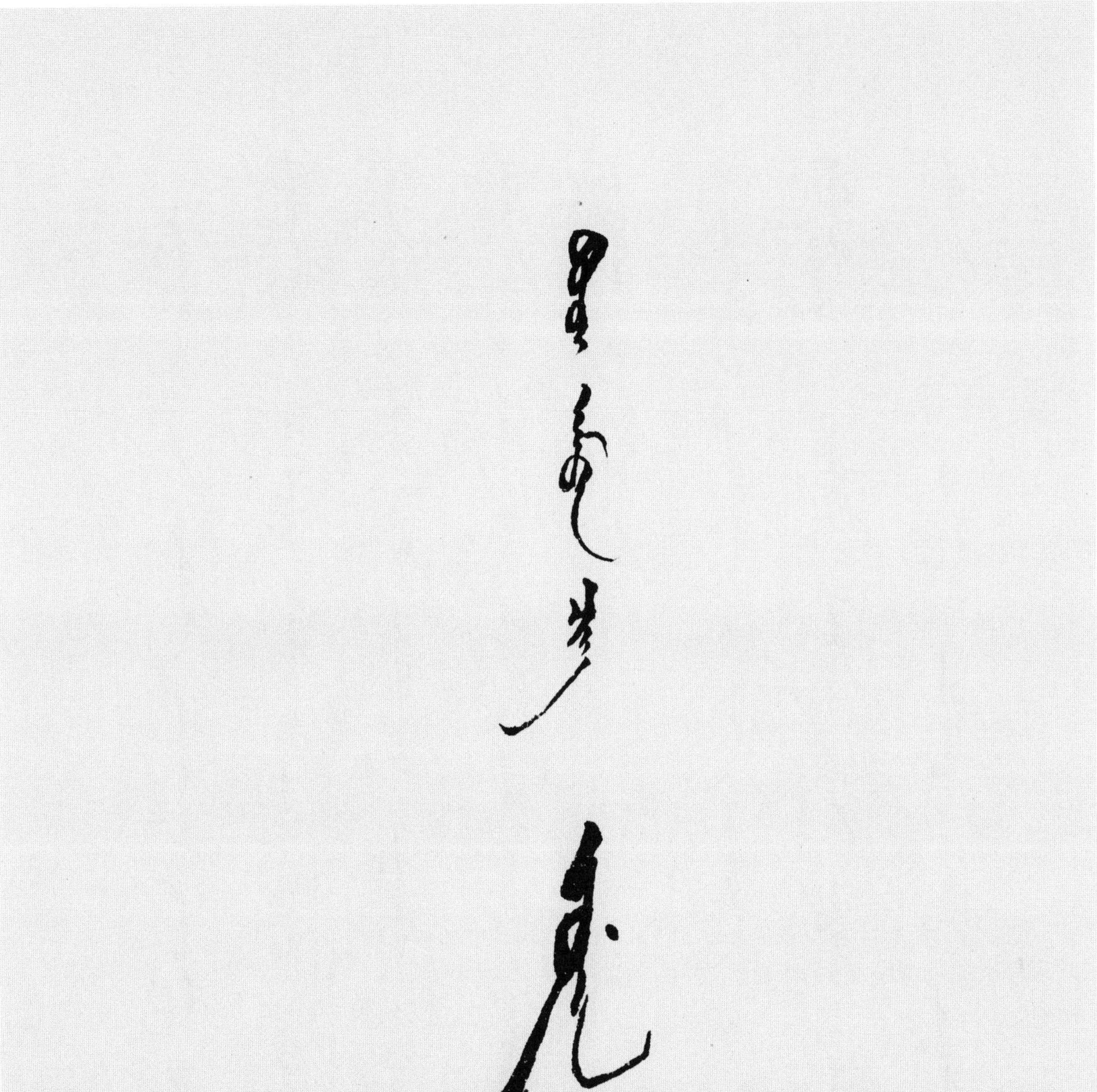

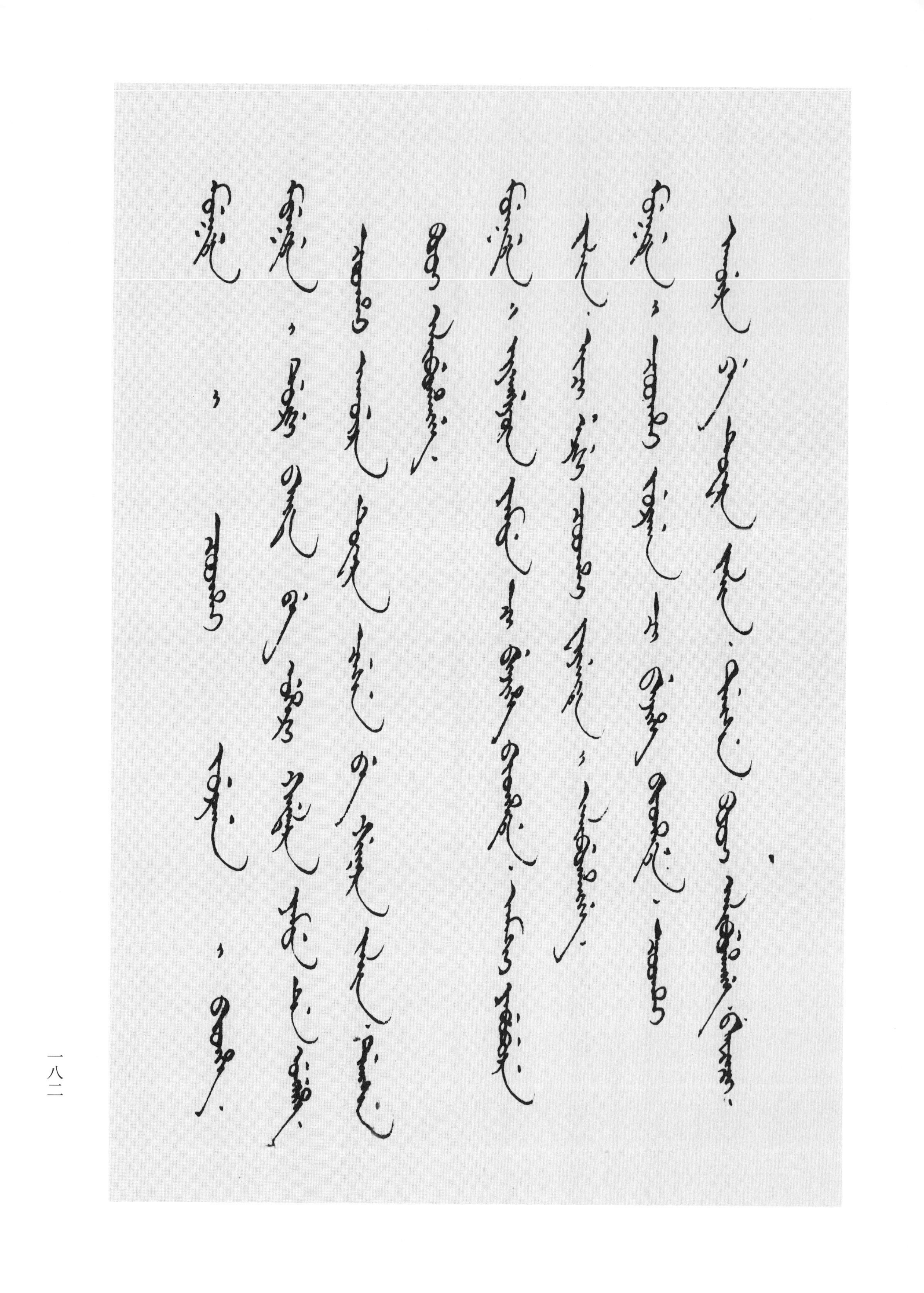

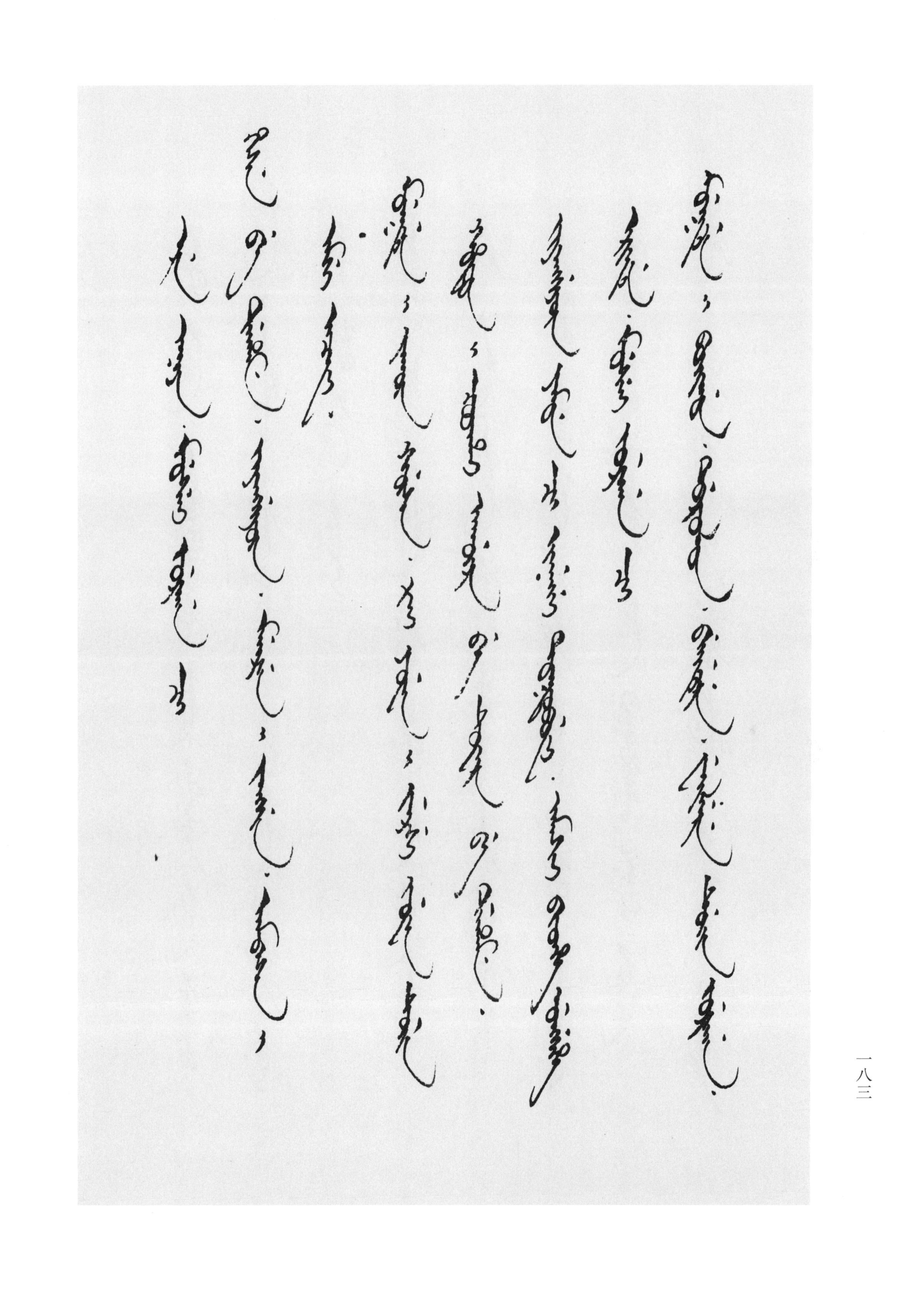

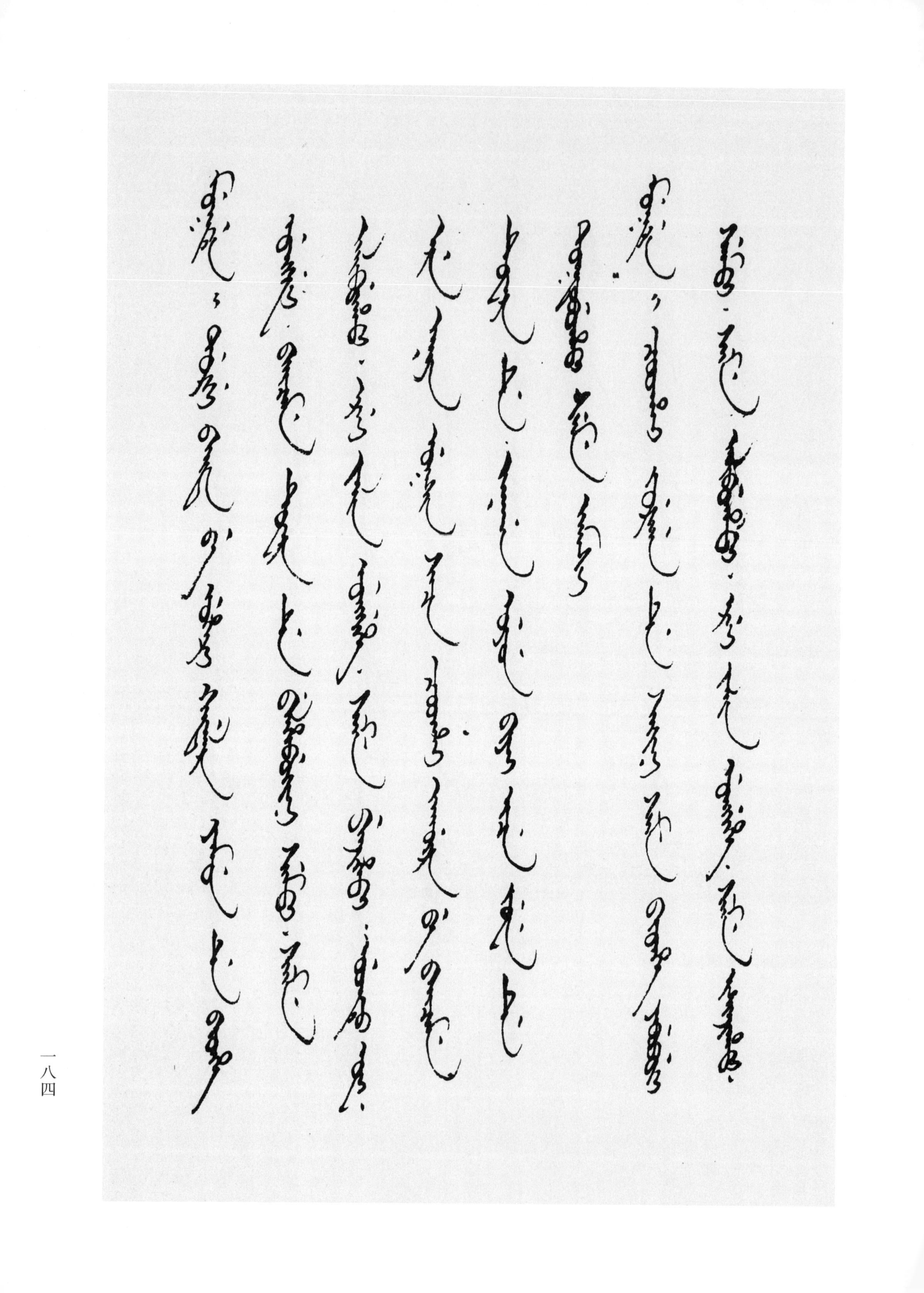

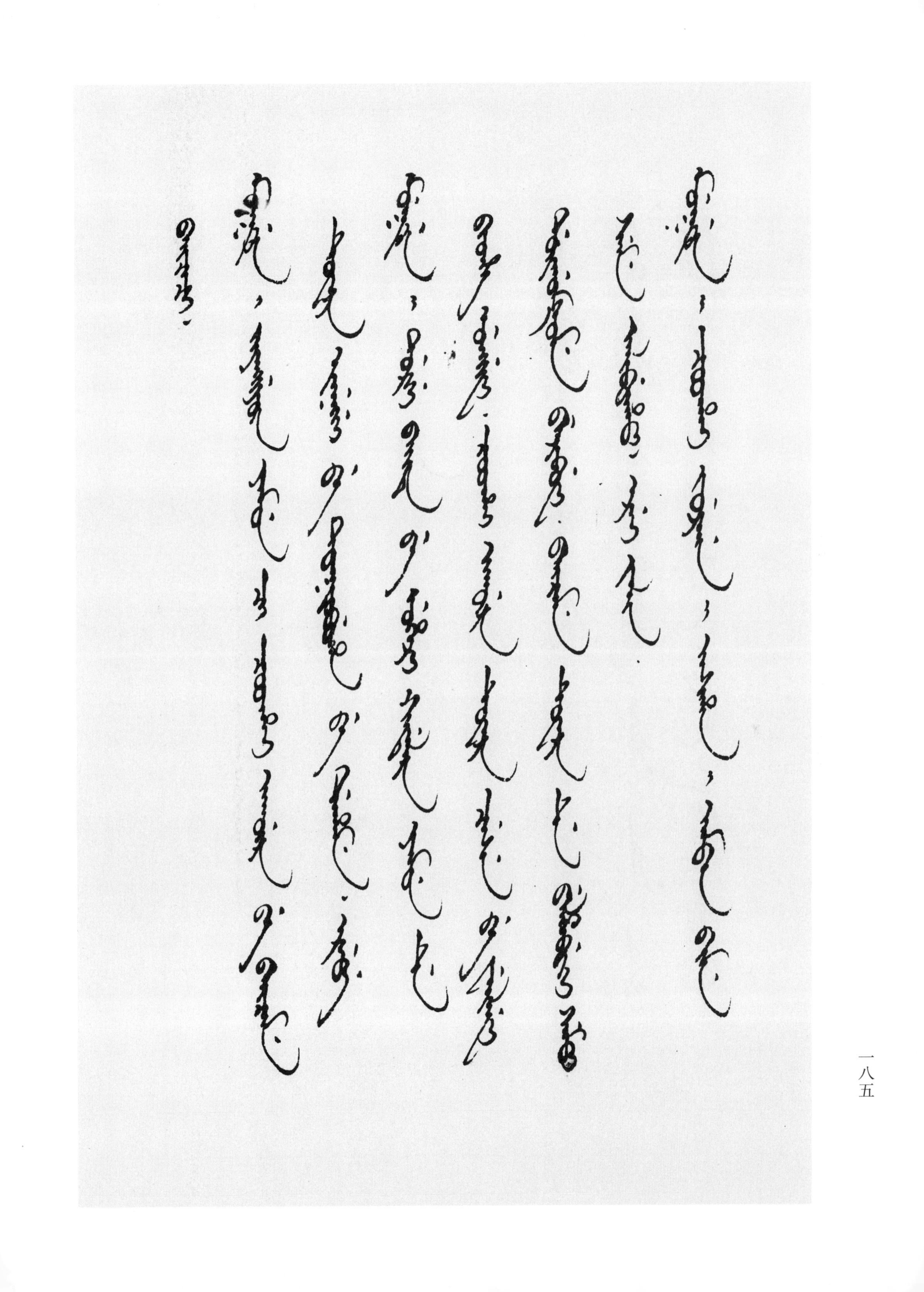

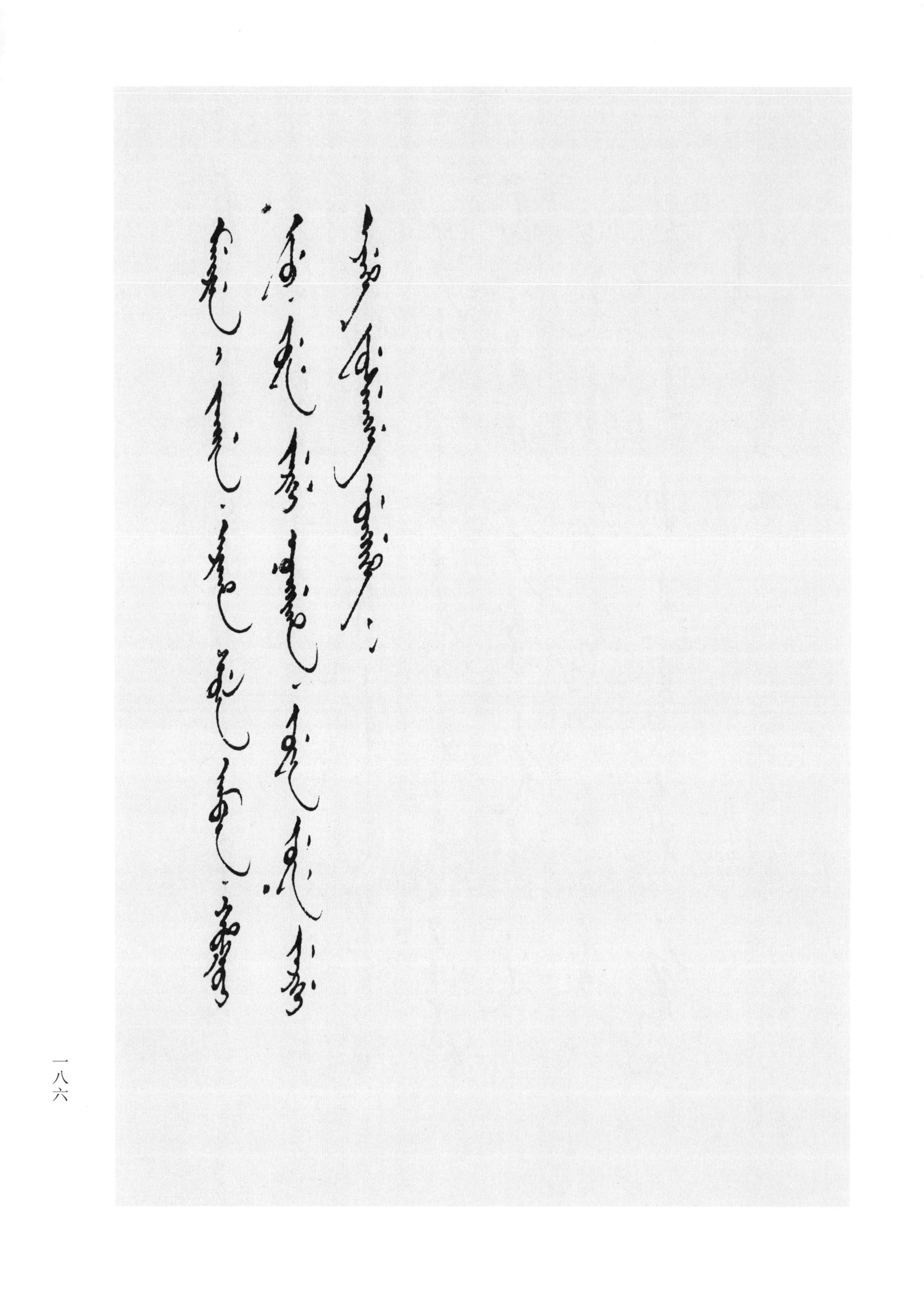

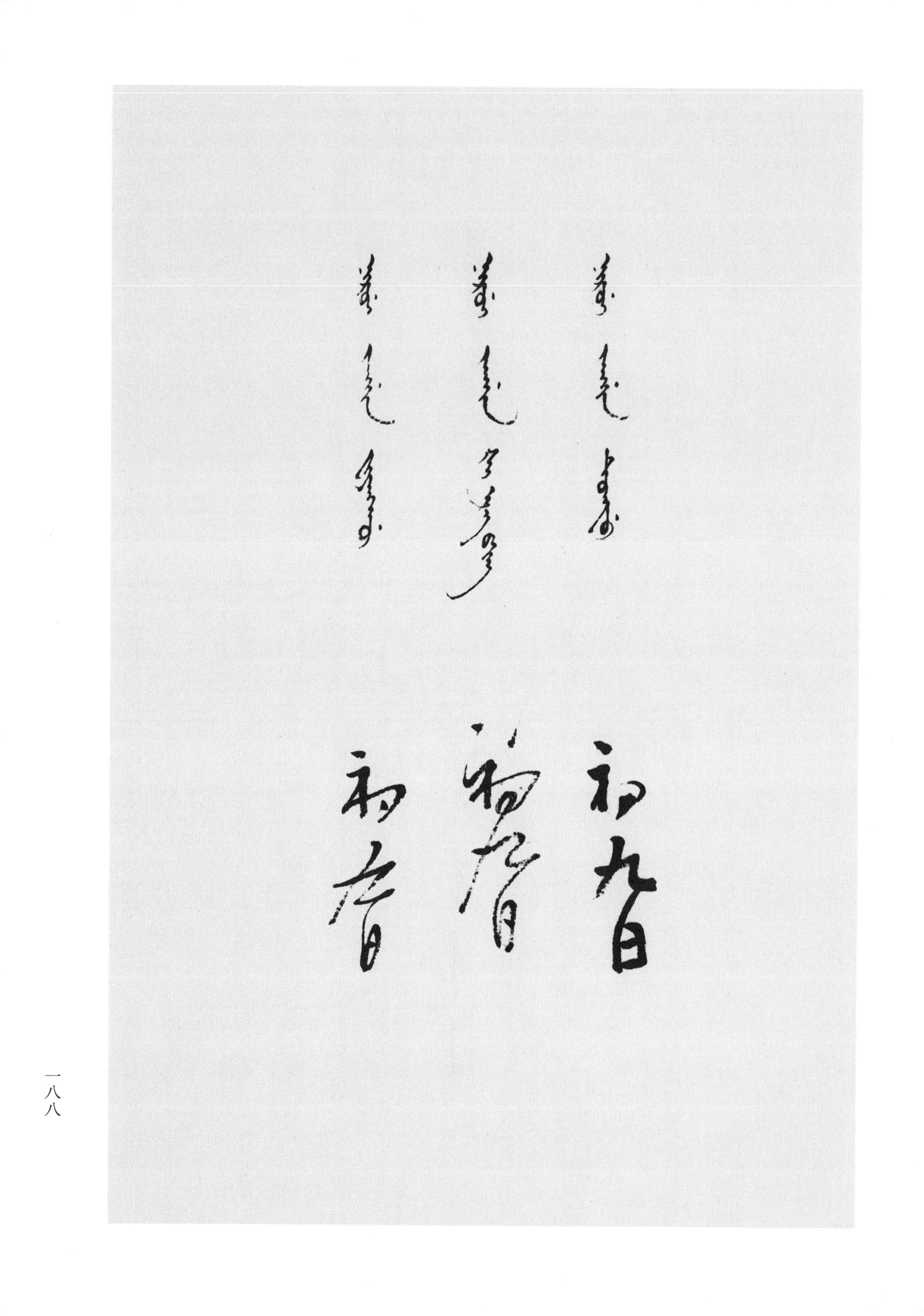

初九日

初九日

初九日

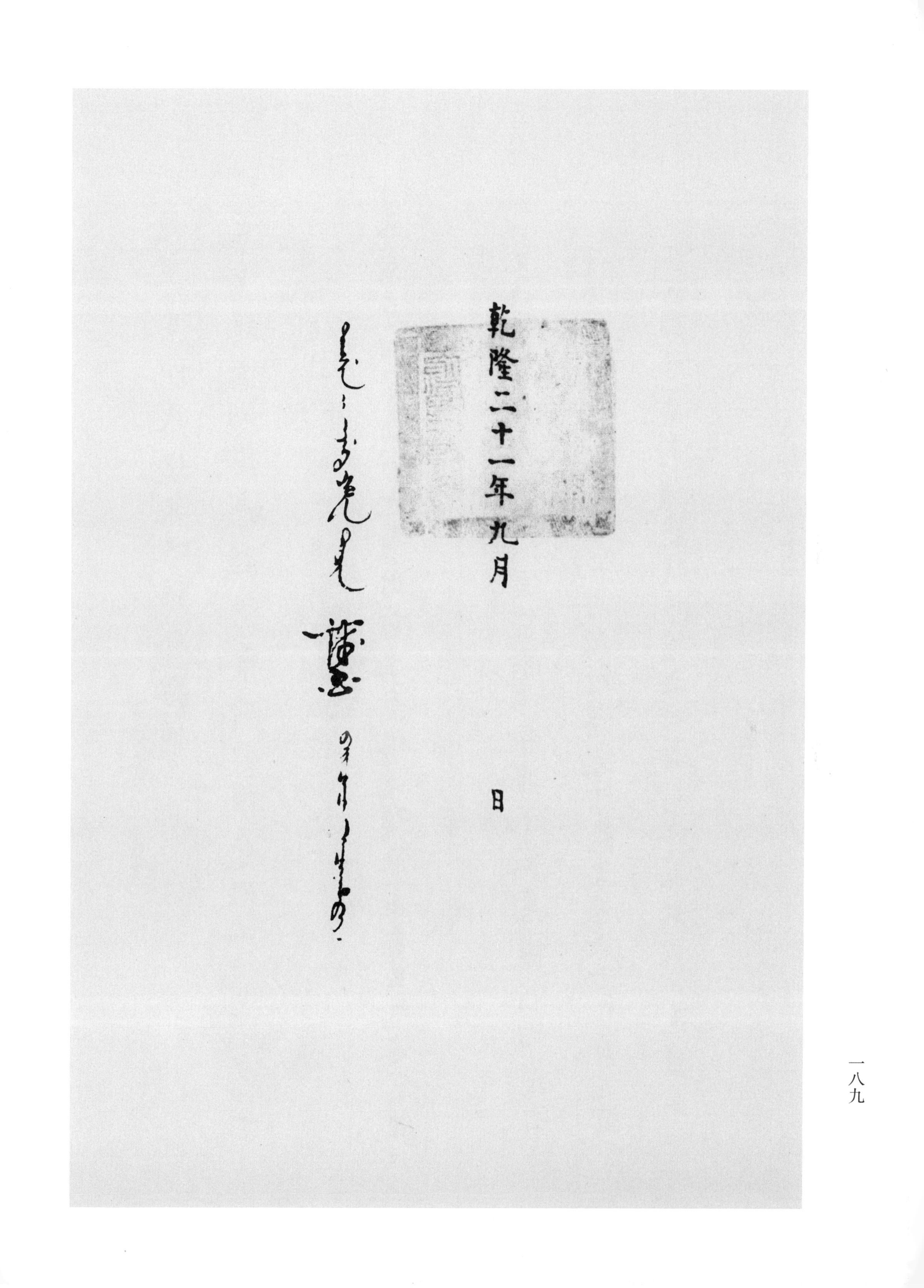

乾隆二十一年九月　　日

題明案件未便久延相應咨催
盛京總管內務府衙門希將前項應繳工料銀一百四十
四兩五錢五分照數追解本部以便咨交
盛京戶部歸款可也等因前來查得此項銀兩前准來咨業經
交該旗着落物故原派官員等子孫名下家產嚴行催追去
後今僅催得銀七十五兩先行咨交外尚欠銀六十九兩五錢
五分現今嚴行催追俟催得之日再行咨交歸款可也為此
上呈

盛京總管內務府衙門不行善烏扠財乾隆八年

筵宴辦造過食盒桌張按板肉槽等項應照原造價值

着落前派官員下賠補共應繳工料銀一佰四十四兩五

錢五分行令勒追還項等因當經本部遵照原題移咨

盛京總管內務府衙門希即照數勒追解交本部以便

咨交

盛京戶部还項去後迄今月餘未准追解事関

九

内務府大臣清

劉吉

檔案房呈為咨送事准

盛京工部咨開左司案呈查本年八月初三日准工部

題覆乾隆十九年辦理

皇差案内有

底二本

净了 ×

爲八年
[illegible]宴桌張等項賠補銀兩交
[illegible]京工部事
[illegible]年
呈
佐領石應昇 [illegible]
佐領費揚武 [illegible]
佐領佟福 [illegible]
郎
十四號
康熙二十一[illegible]九
十四

十三日

此月内紅事十二件白事一件出銀八十八兩

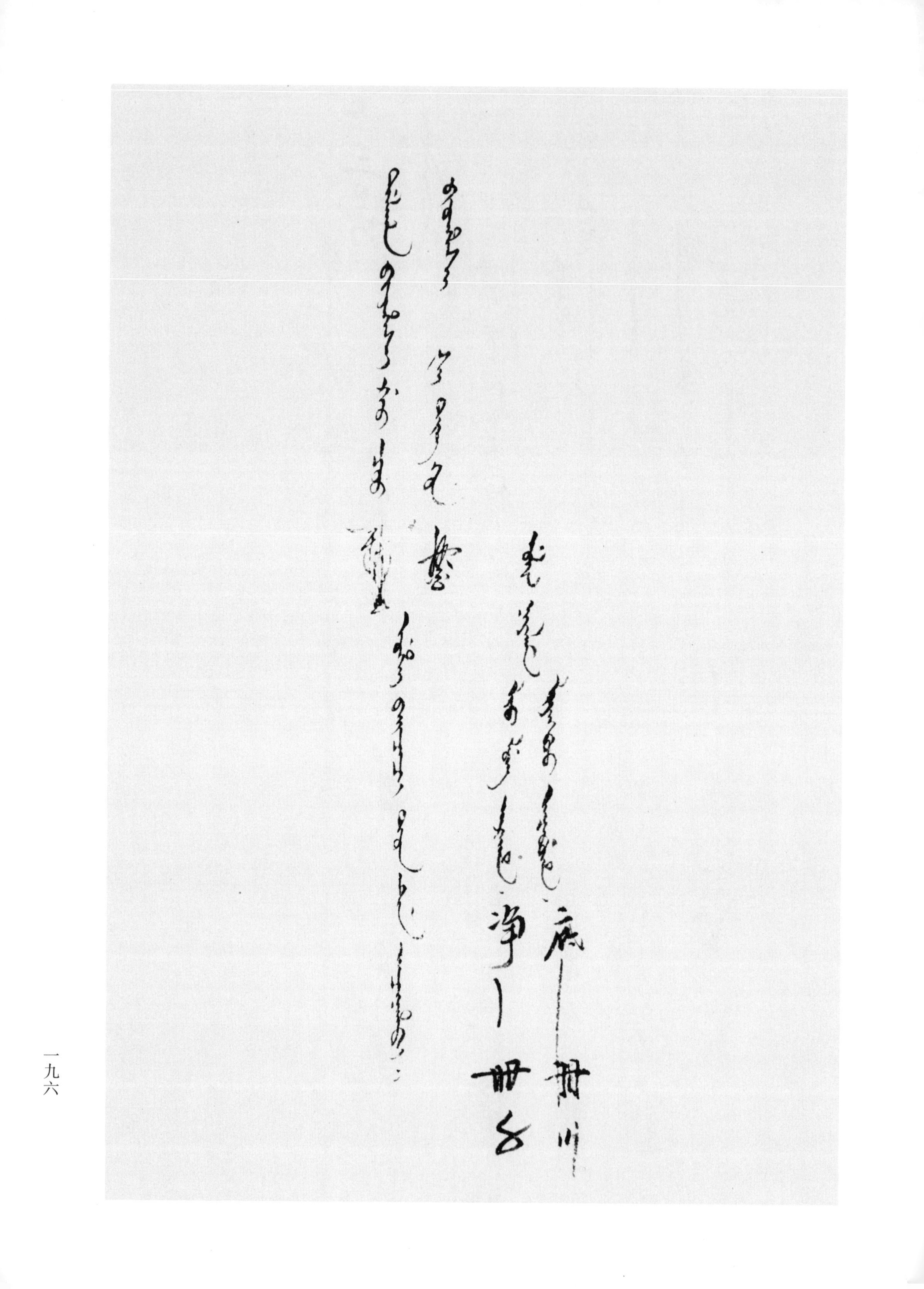

底冊

淨冊

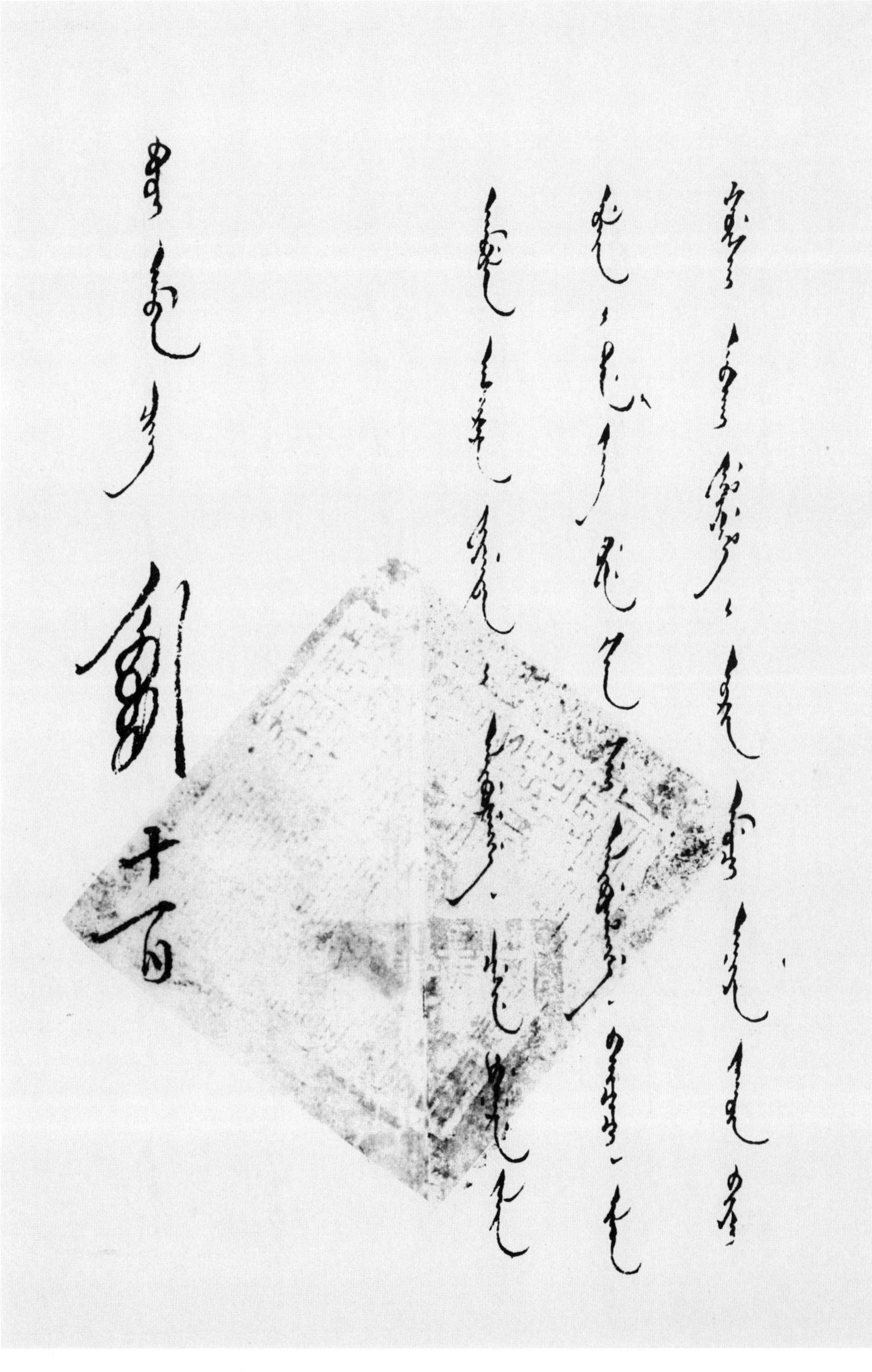

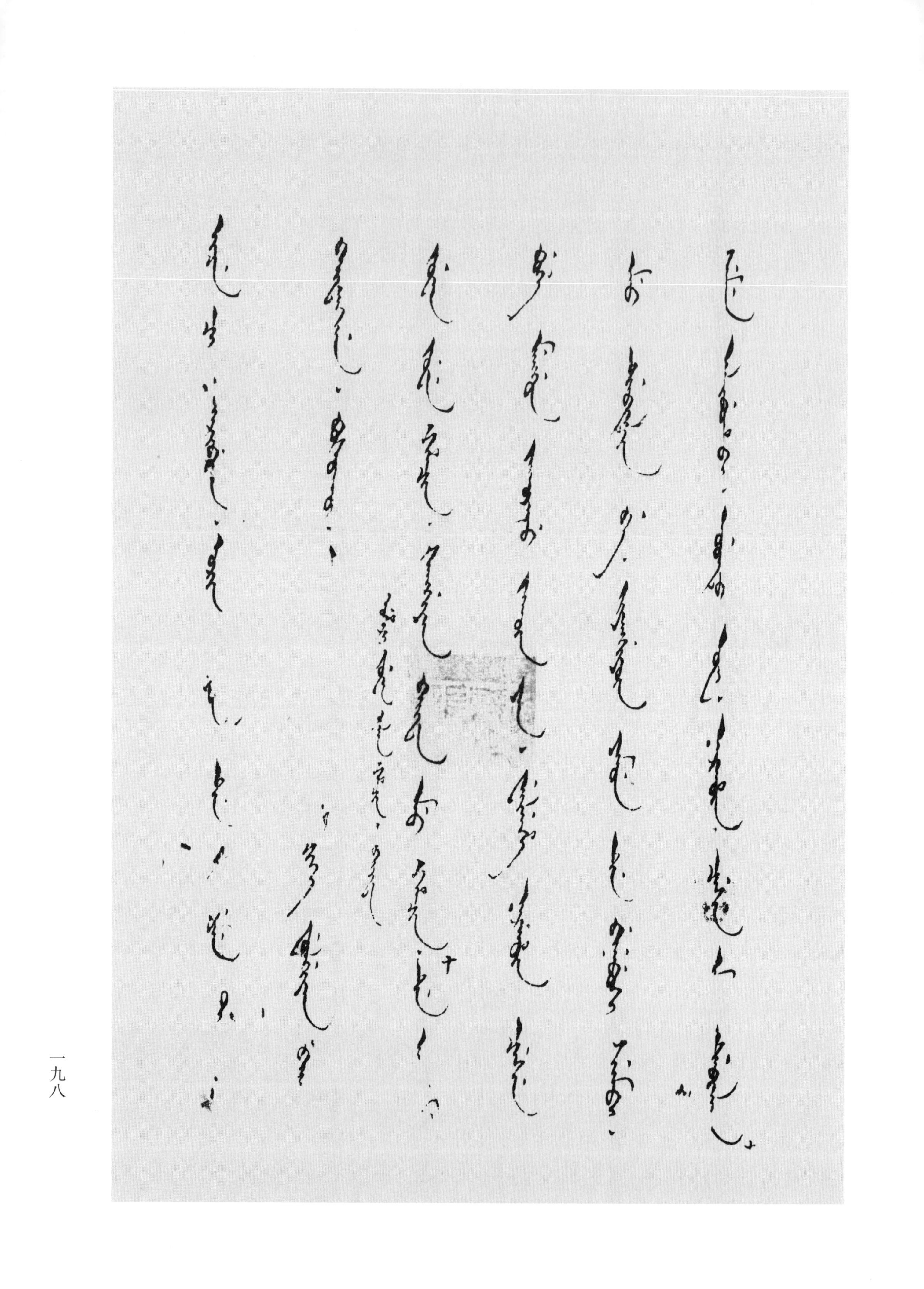

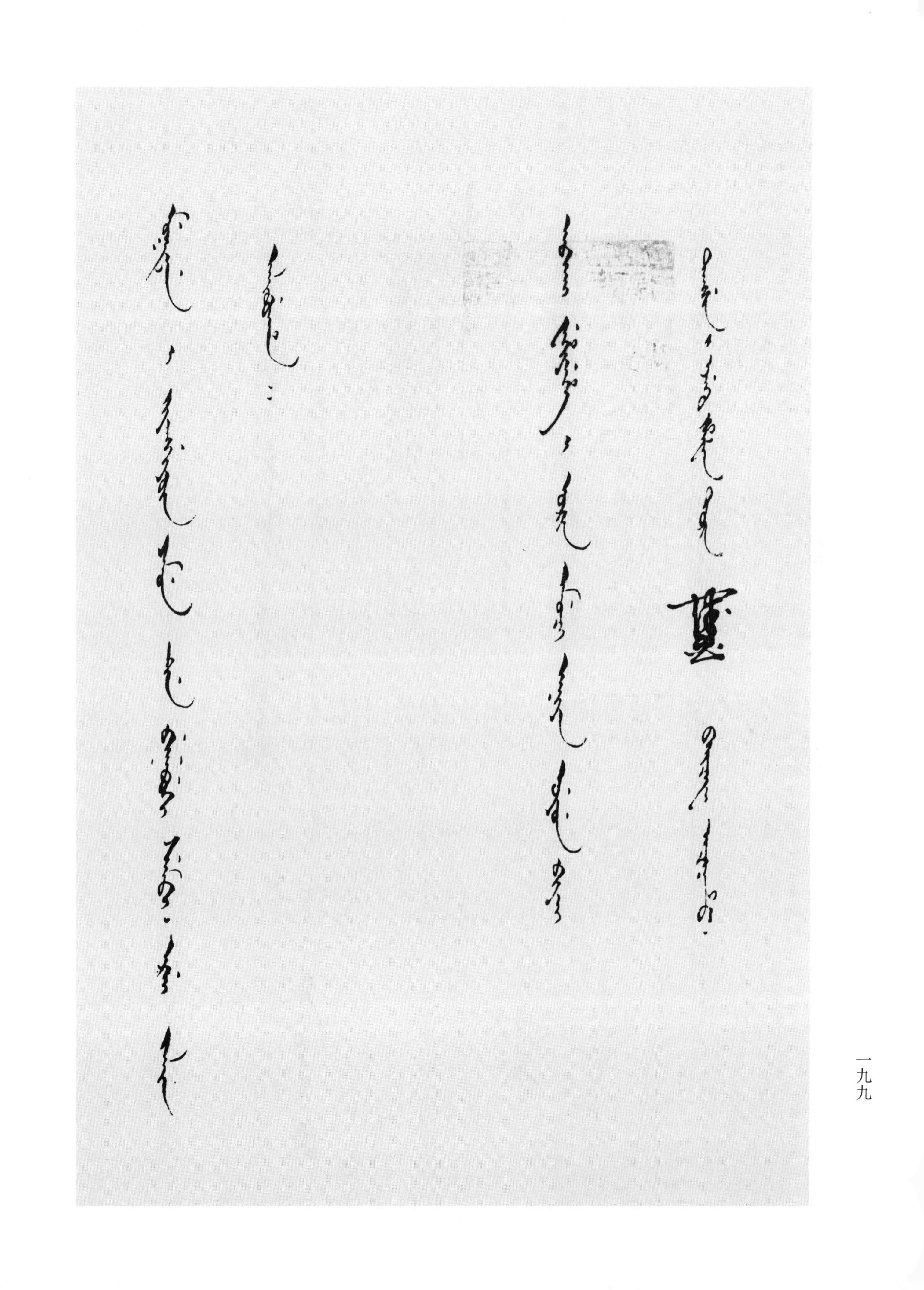

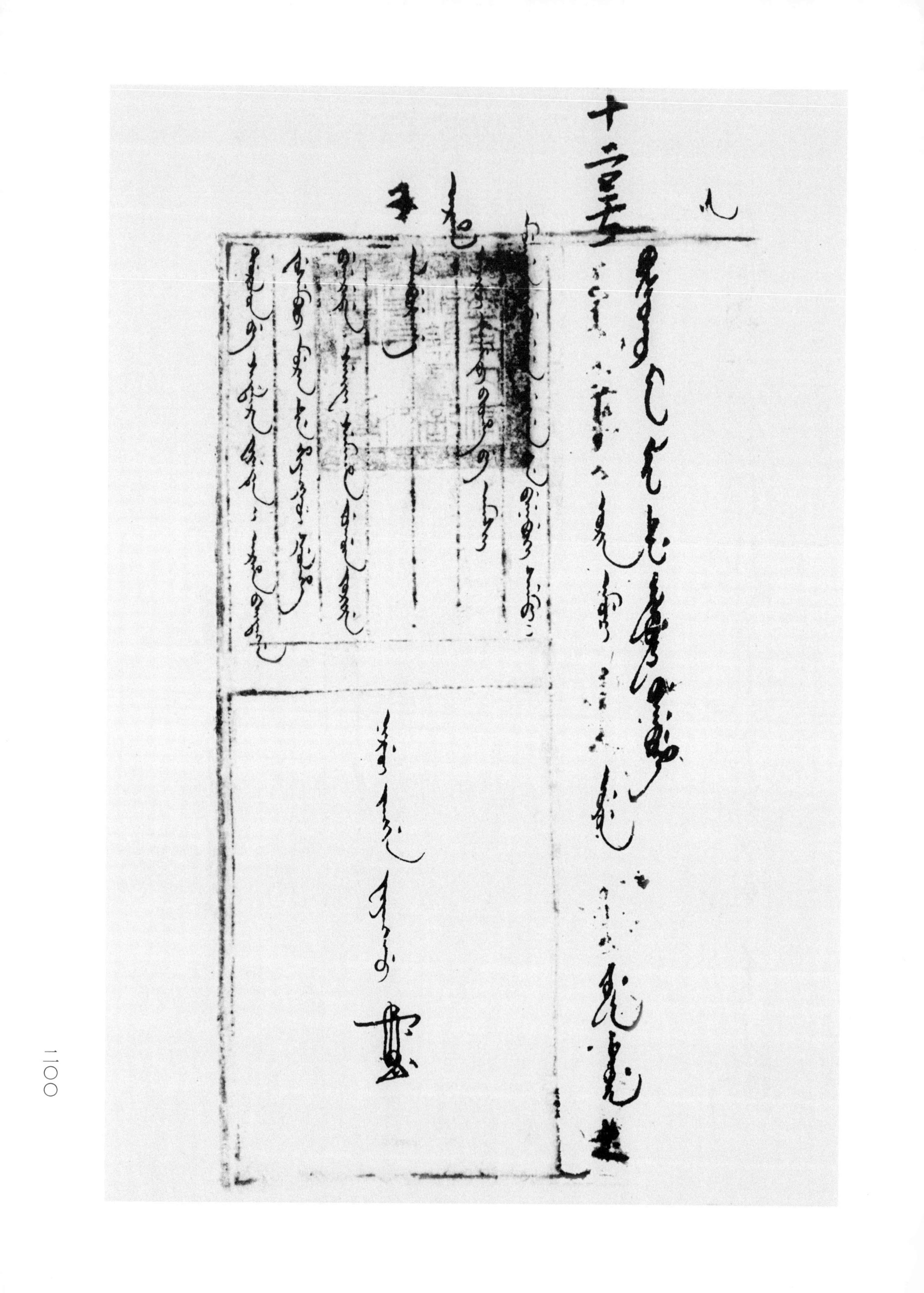

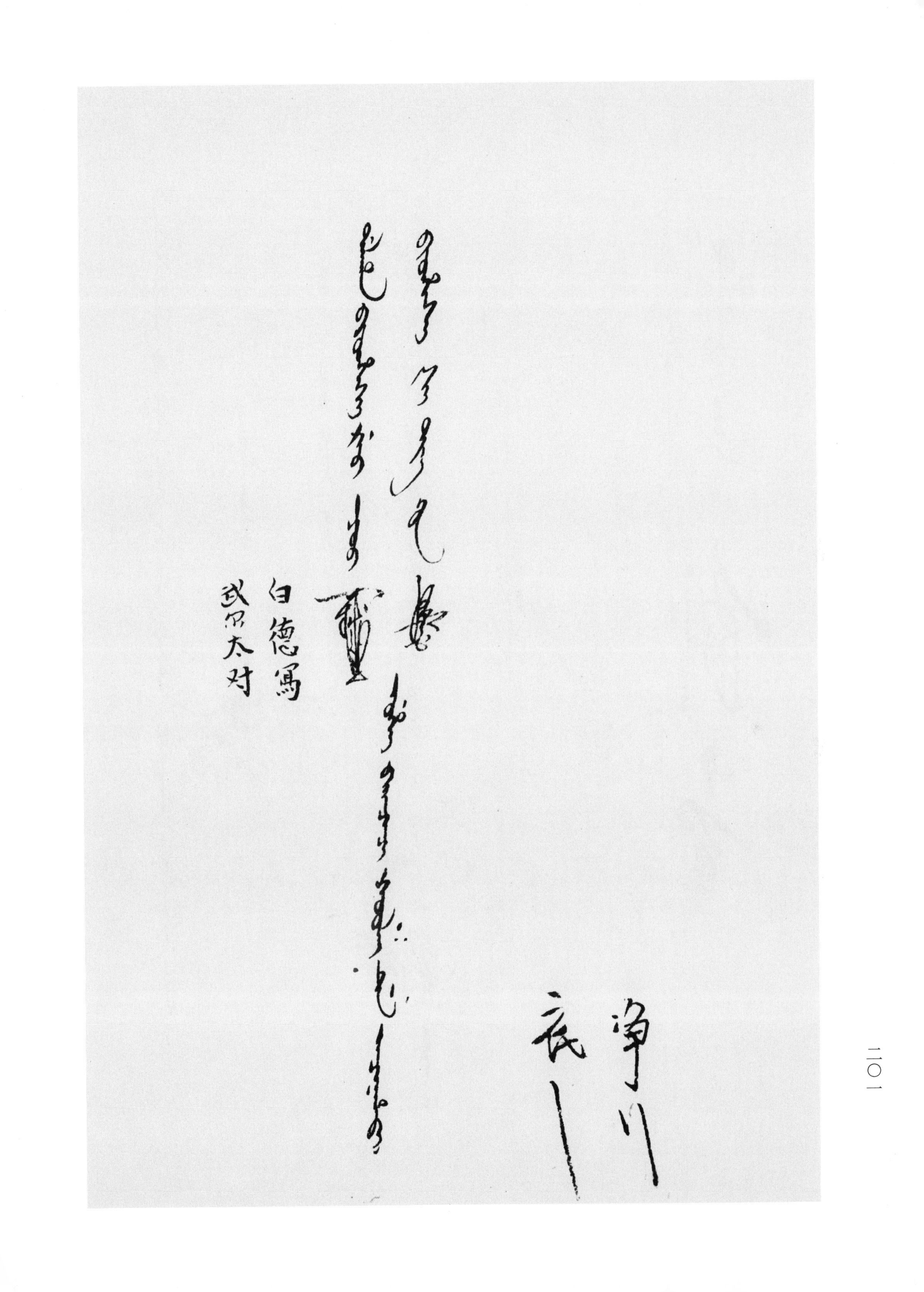

淨川

衣

白德寫

武尔太对

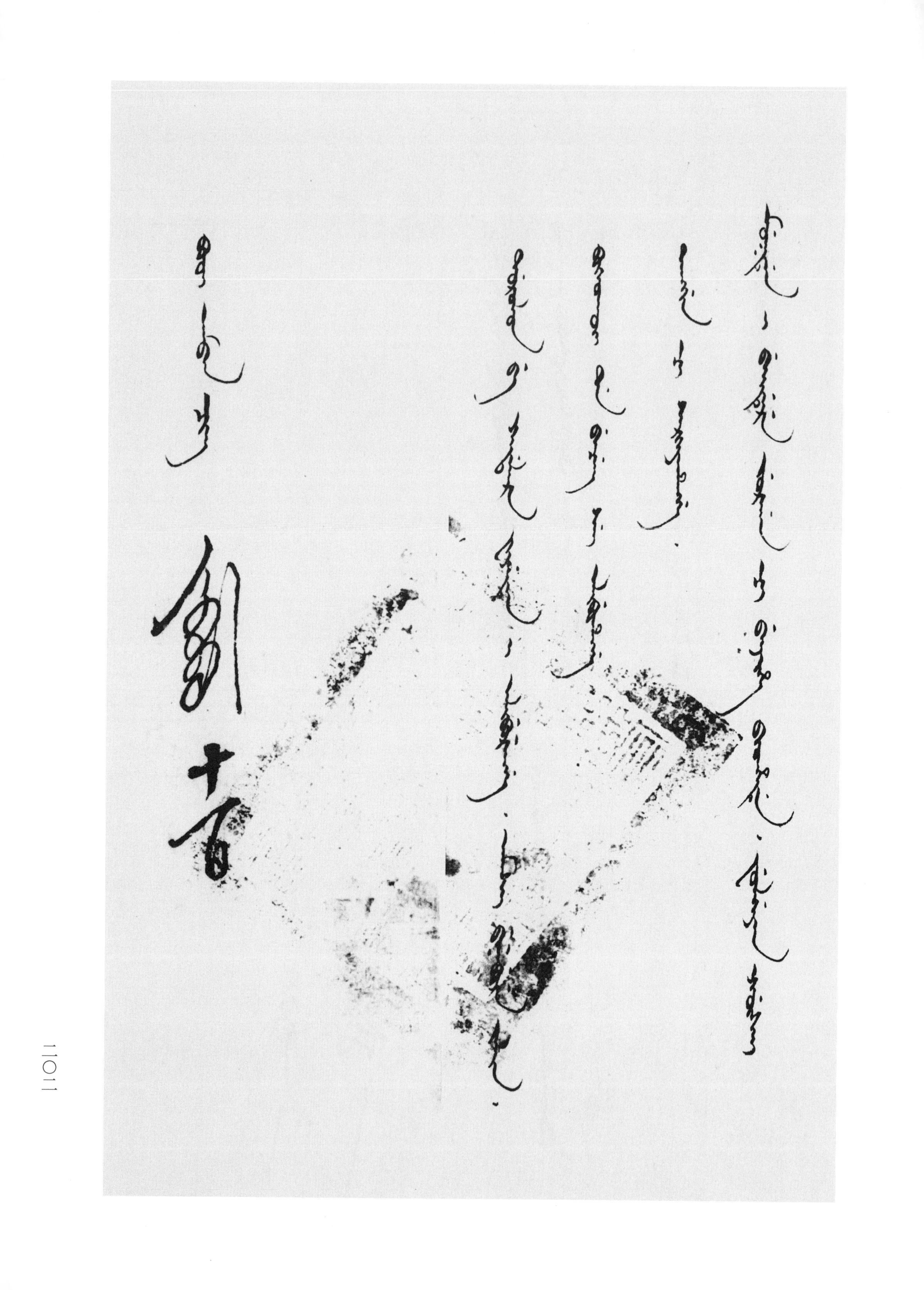

劉十吉

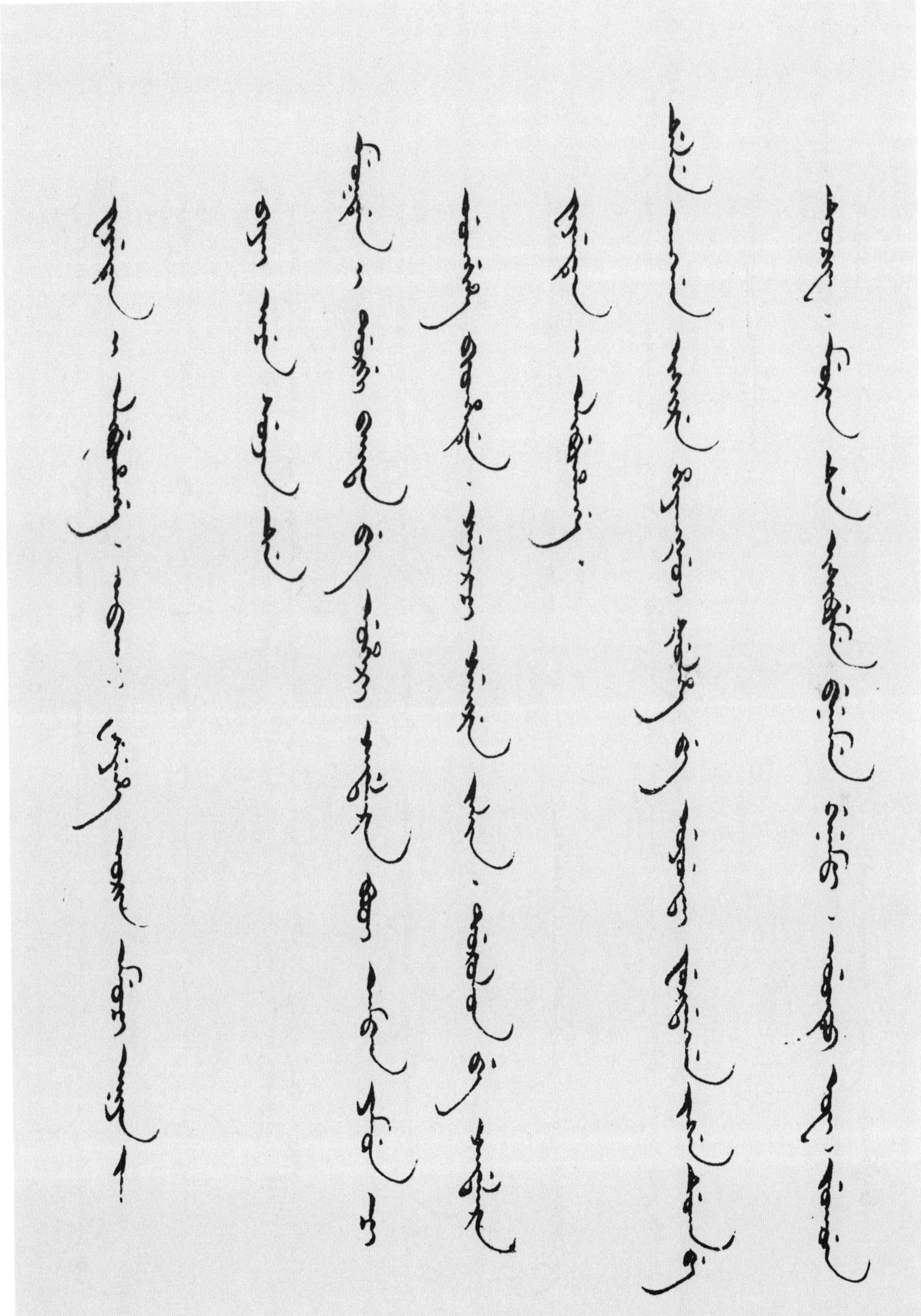

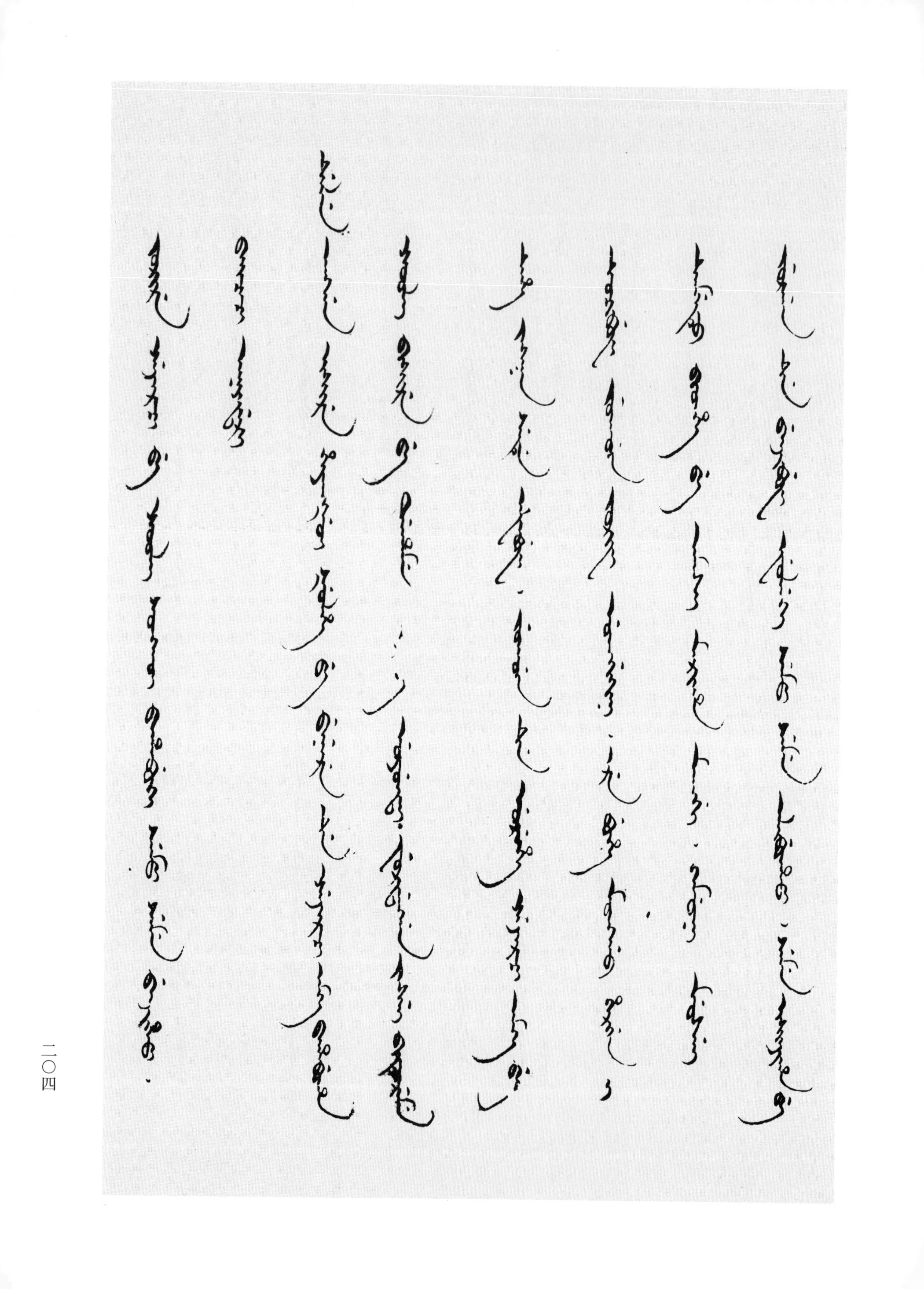

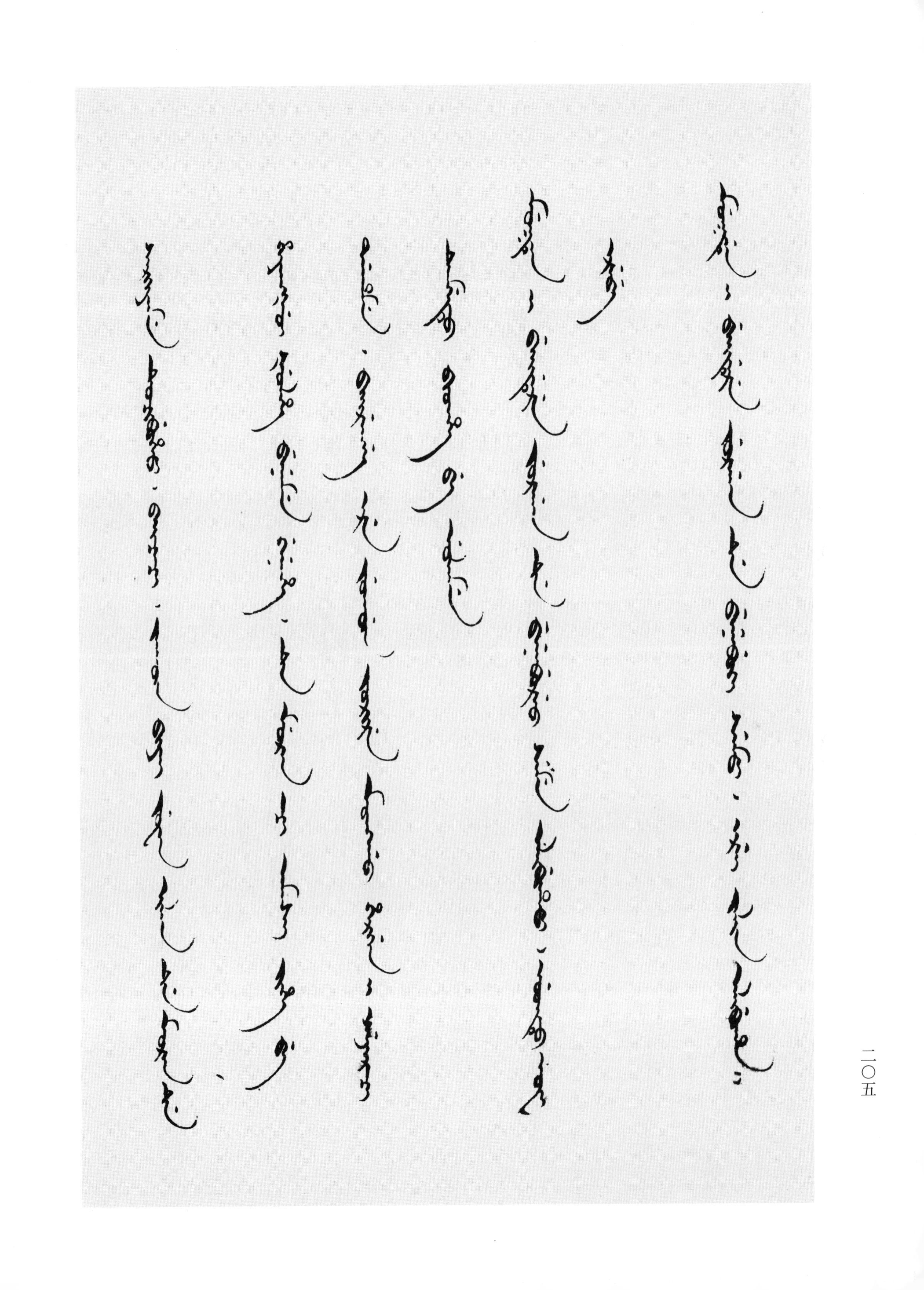

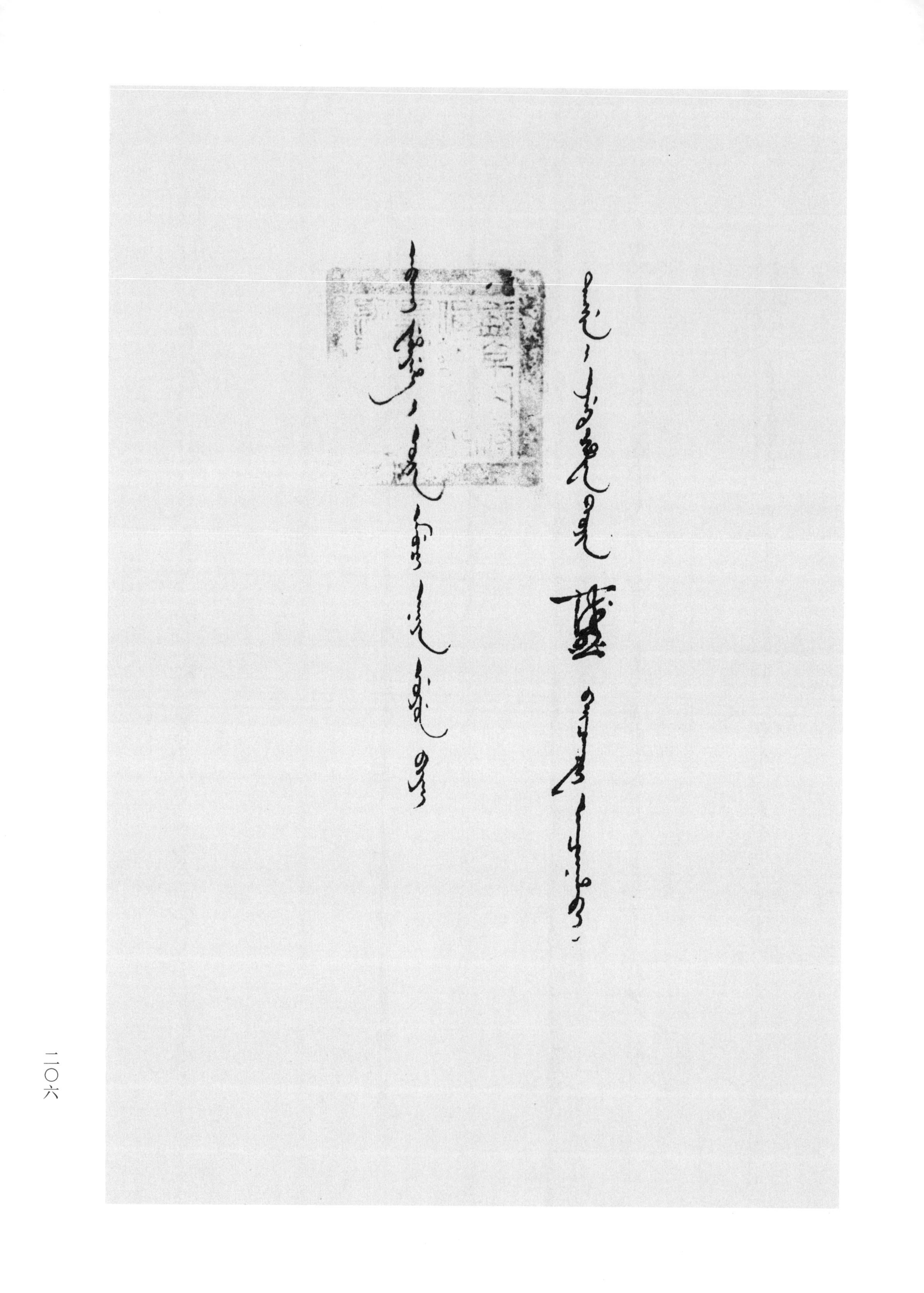

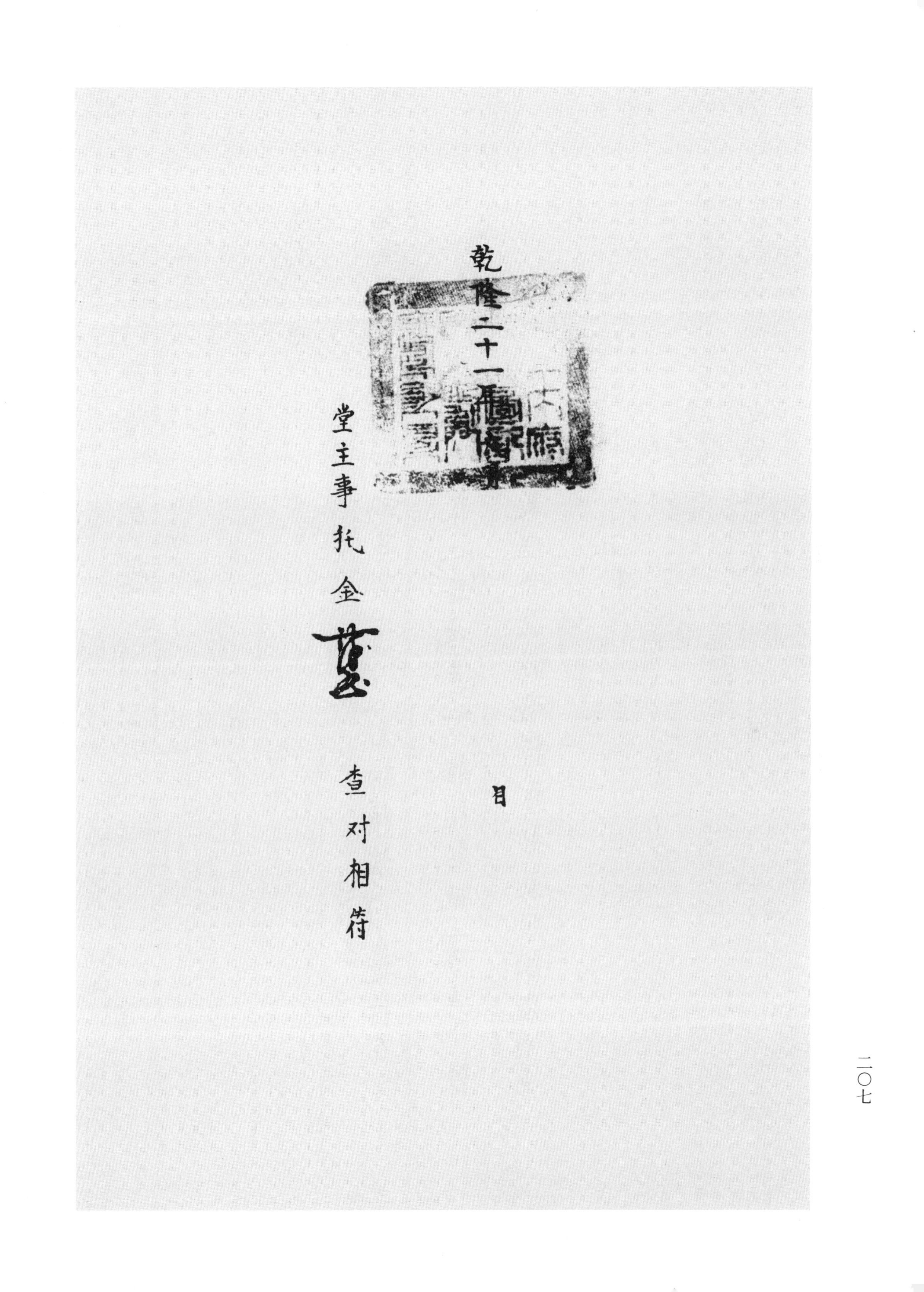

乾隆二十一年 月 日

堂主事托金 [illegible] 查对相符

此查得乾隆十一年經

盛京戶部

奏准凡係私墾地畝准其自首入册納粮等因遵行在案

今莊頭徐世勳在紅册地邊陸續開墾地三百五十餘

日遵例首報前來理合呈請咨行戶部查照辦理可也

等情據此相應咨行

盛京戶部可也爲此上呈

正黄旗觀音布内管領下莊頭徐世勳呈稱為懇恩
自首地畝入冊納糧事切因牛莊城西廂紅旗界内
田庄台地方原有身紅冊地二百三十五日因地不敷當
差身在紅冊地邊週圍陸續於乾隆十九年間開墾
地五十日又於二十年間開墾地一百日又於二十一年間開
墾地二百日三年内共約開墾地三百五十餘日必不敢
隱匿情愿遵例首出懇乞恩准轉行
盛京戶部劄交地方查明入冊納糧寔為恩便等因據

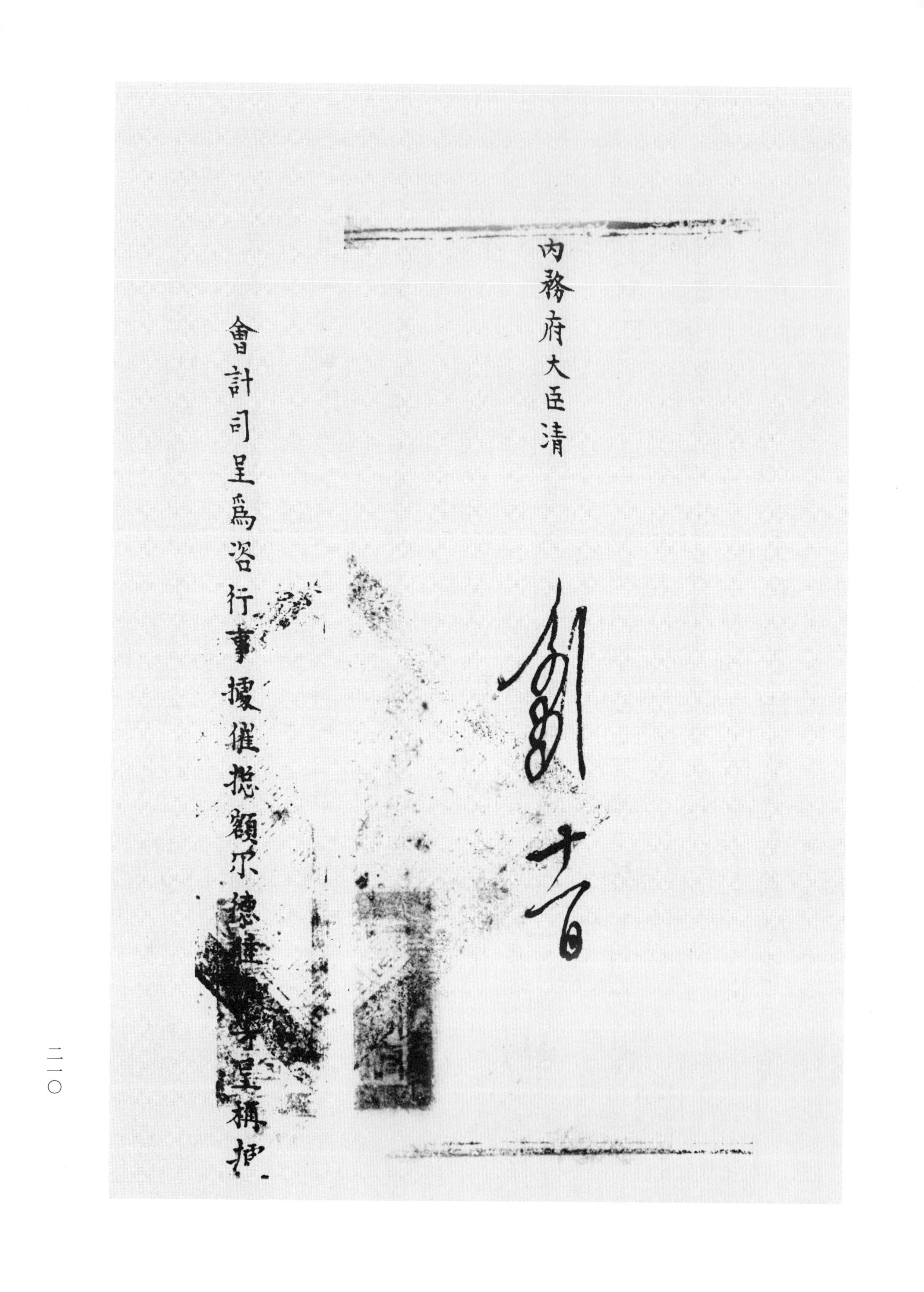

内務府大臣清

劄 十一日

會計司呈為咨行事據催總額尔德[illegible]等呈稱據

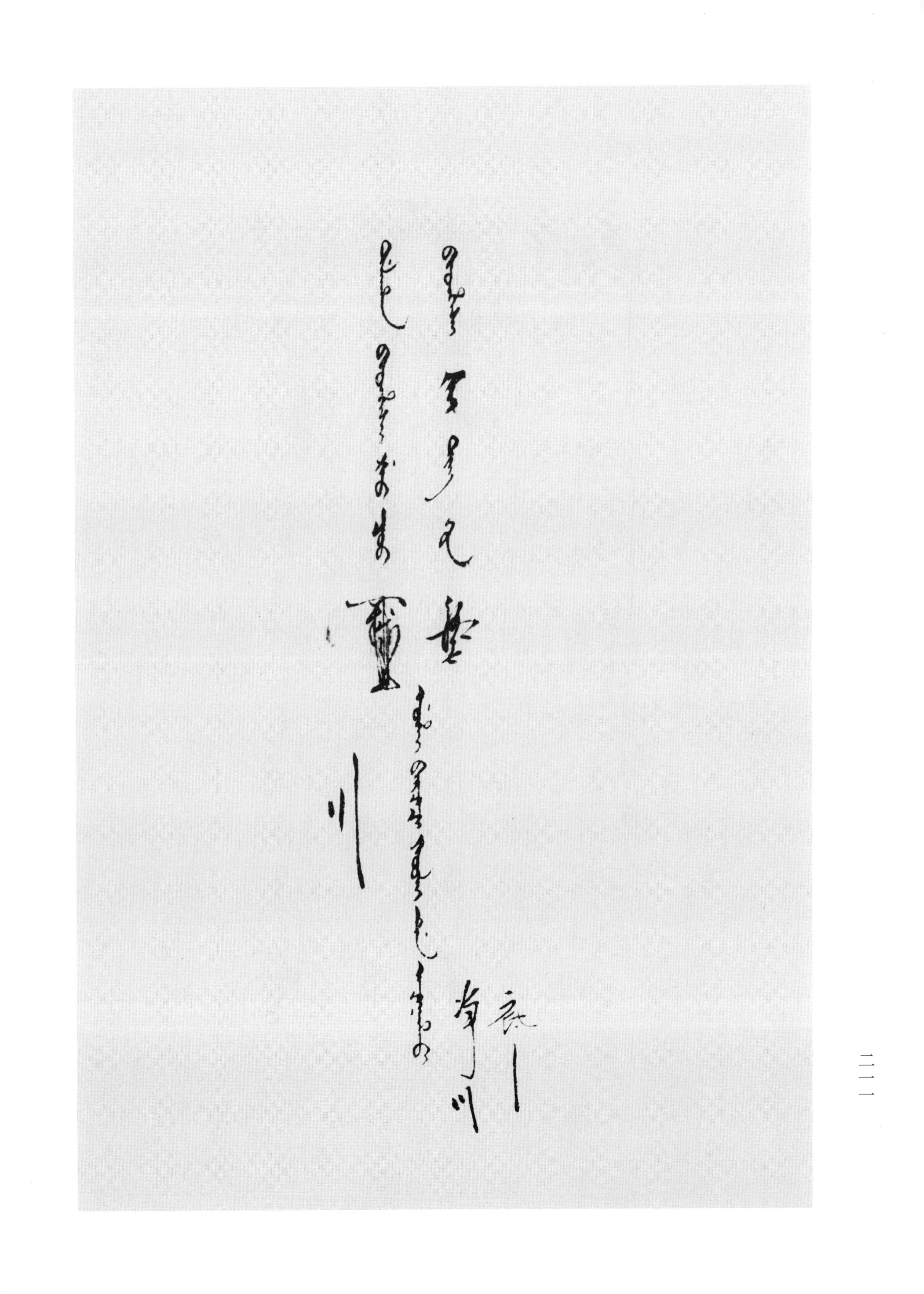

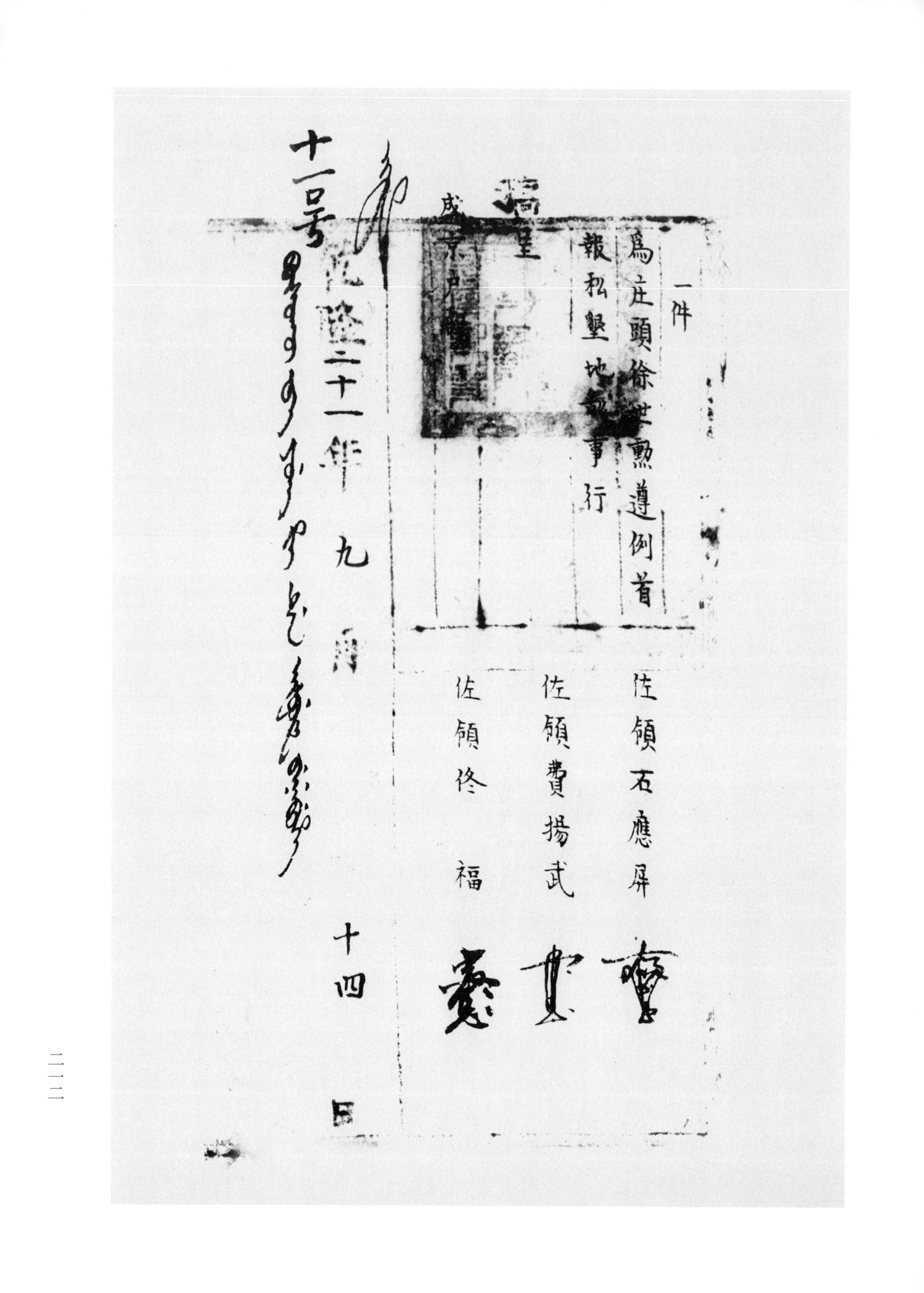

一件

為庄頭徐世勳遵例首報私墾地畝事行

盛京户部

呈

佐領石應屏

佐領費揚武

佐領佟福

乾隆二十一年九月十四日

十一号

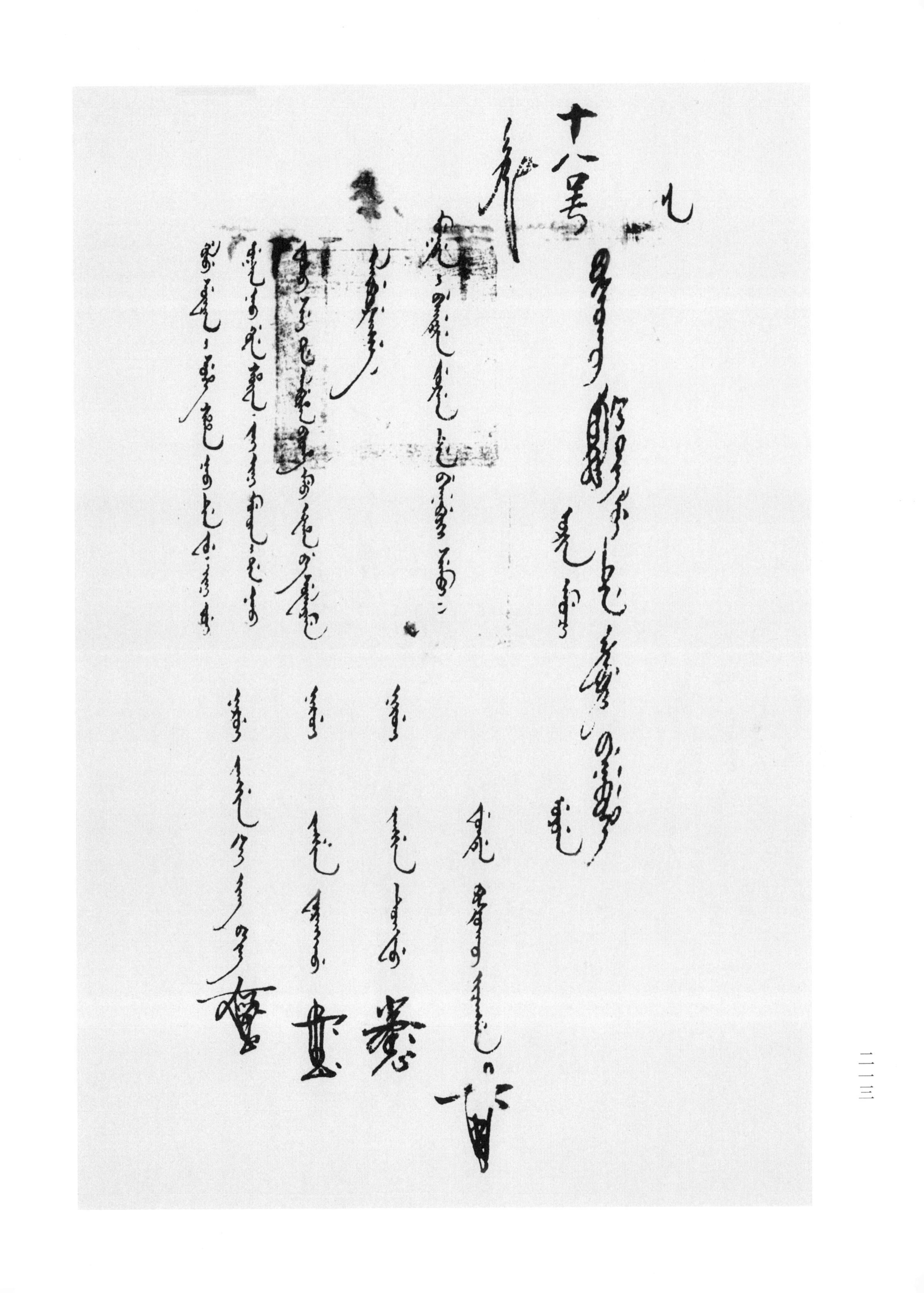

九

十八号

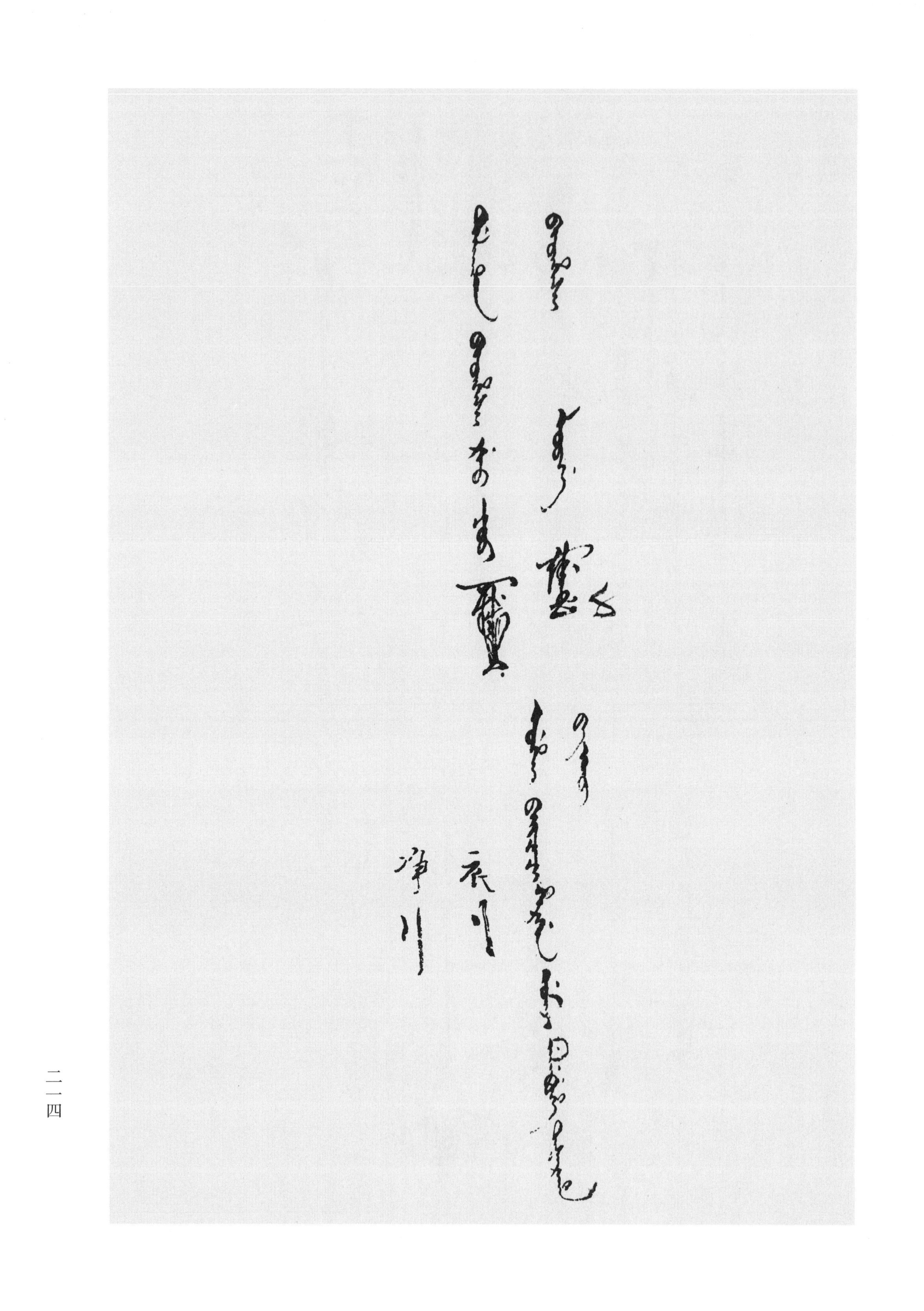

[illegible]

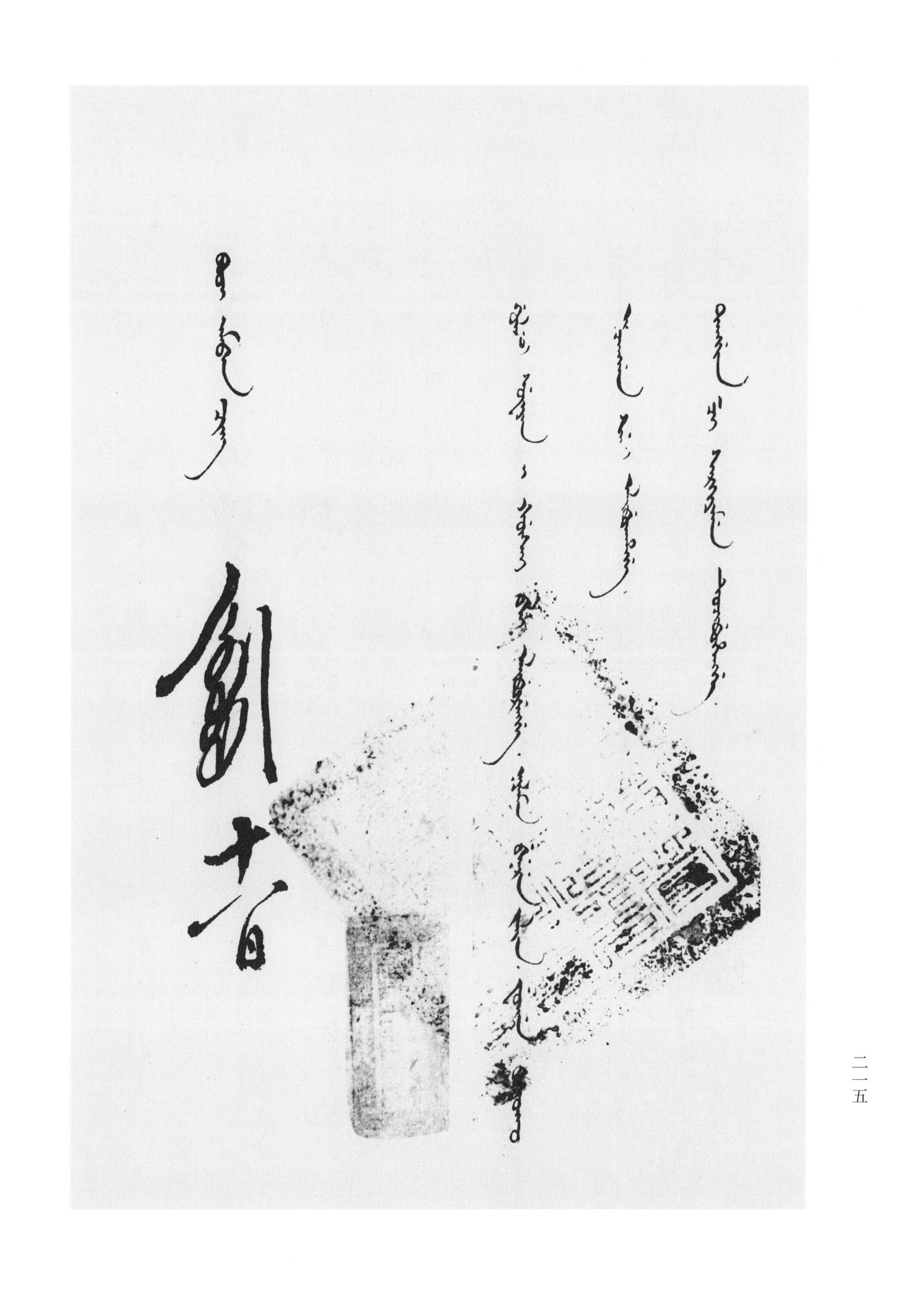

劉十旨

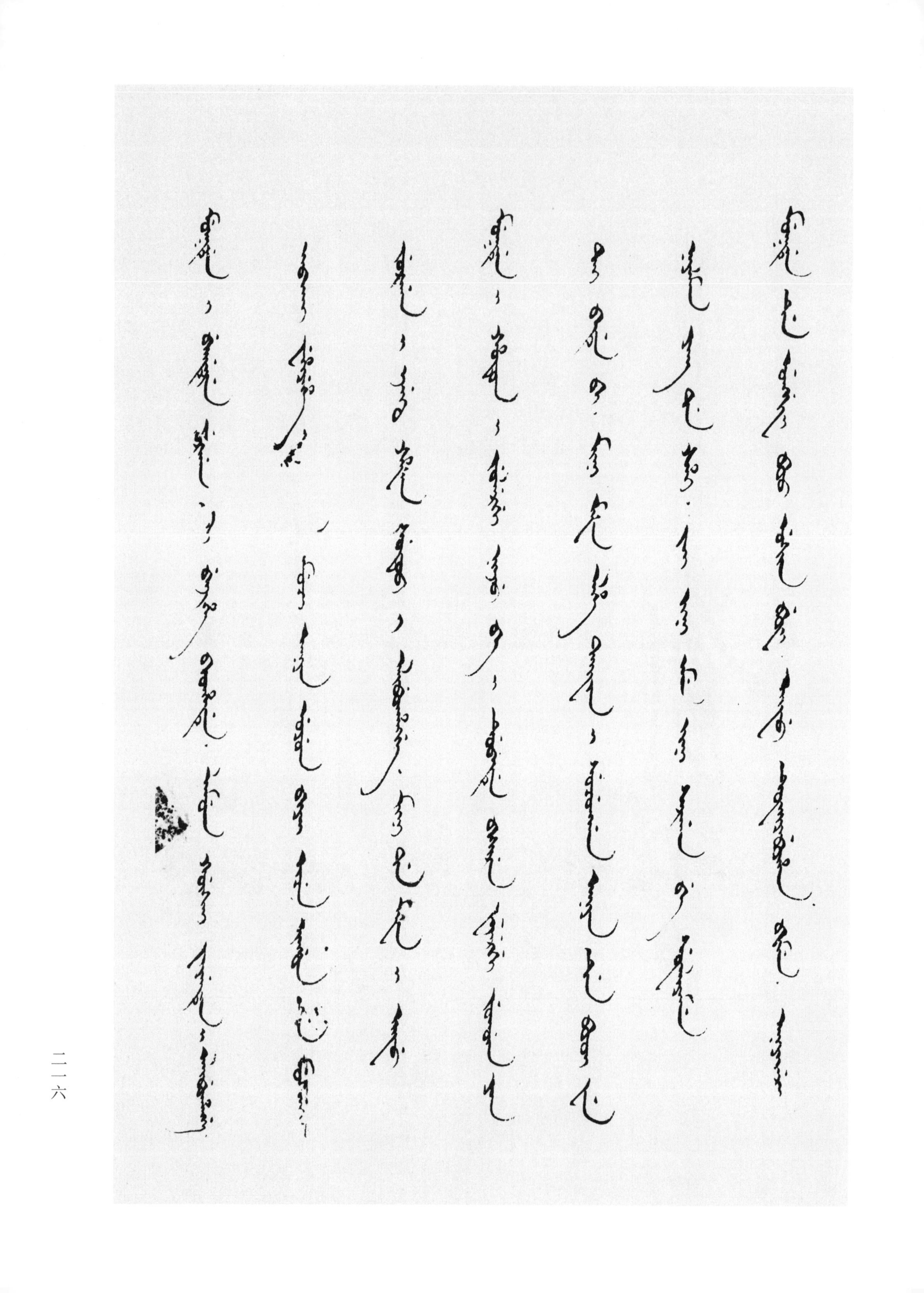

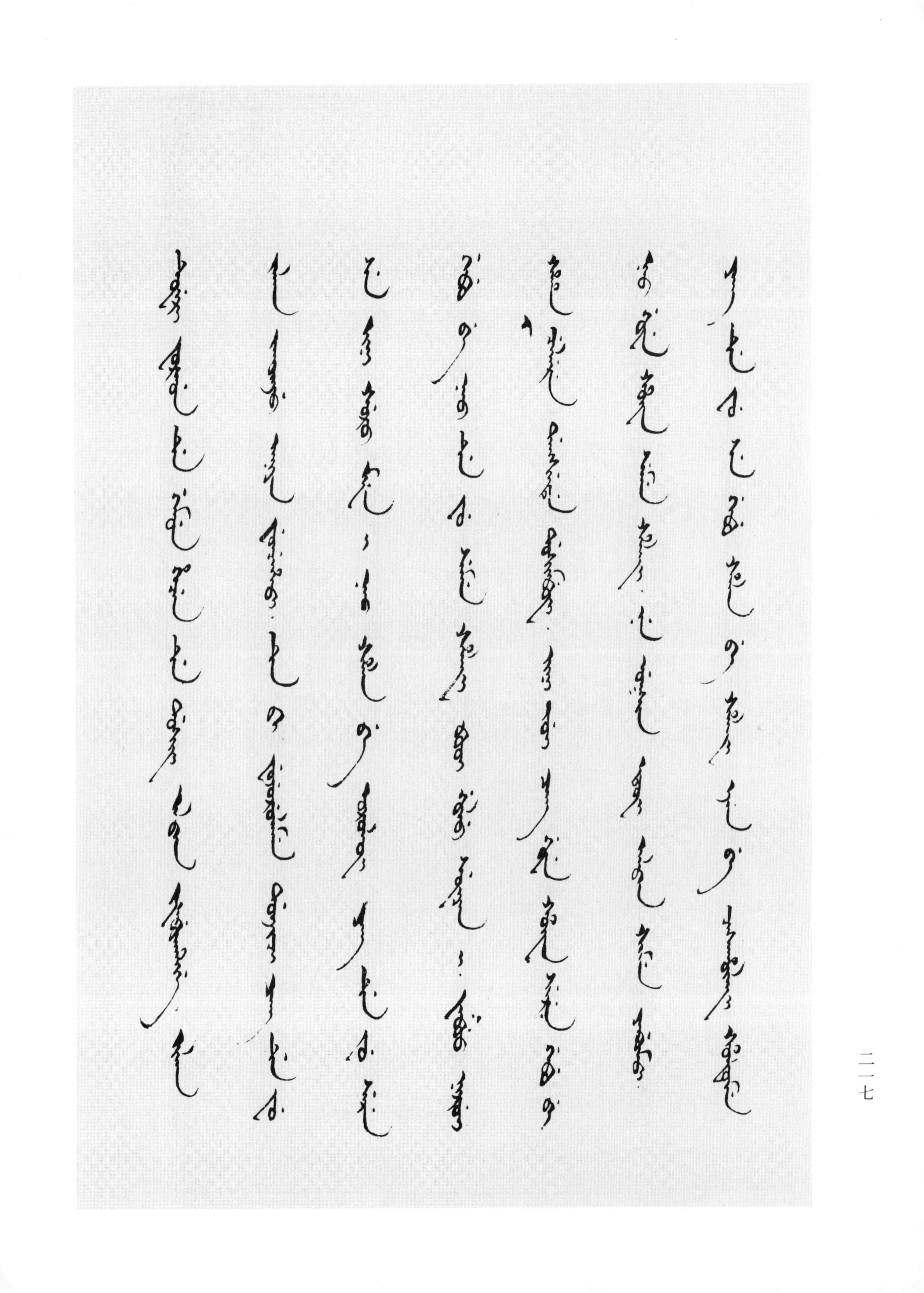

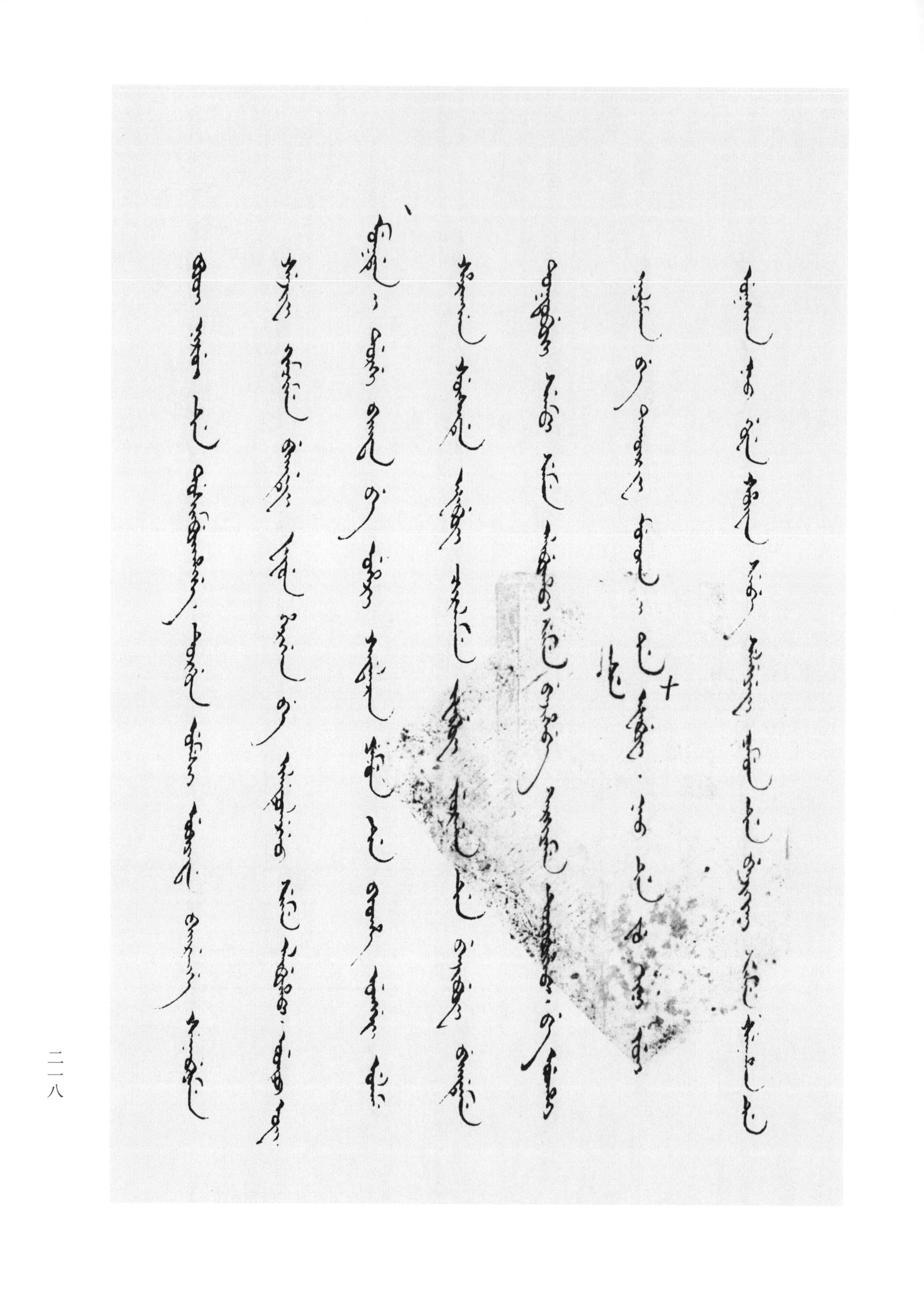

[illegible]

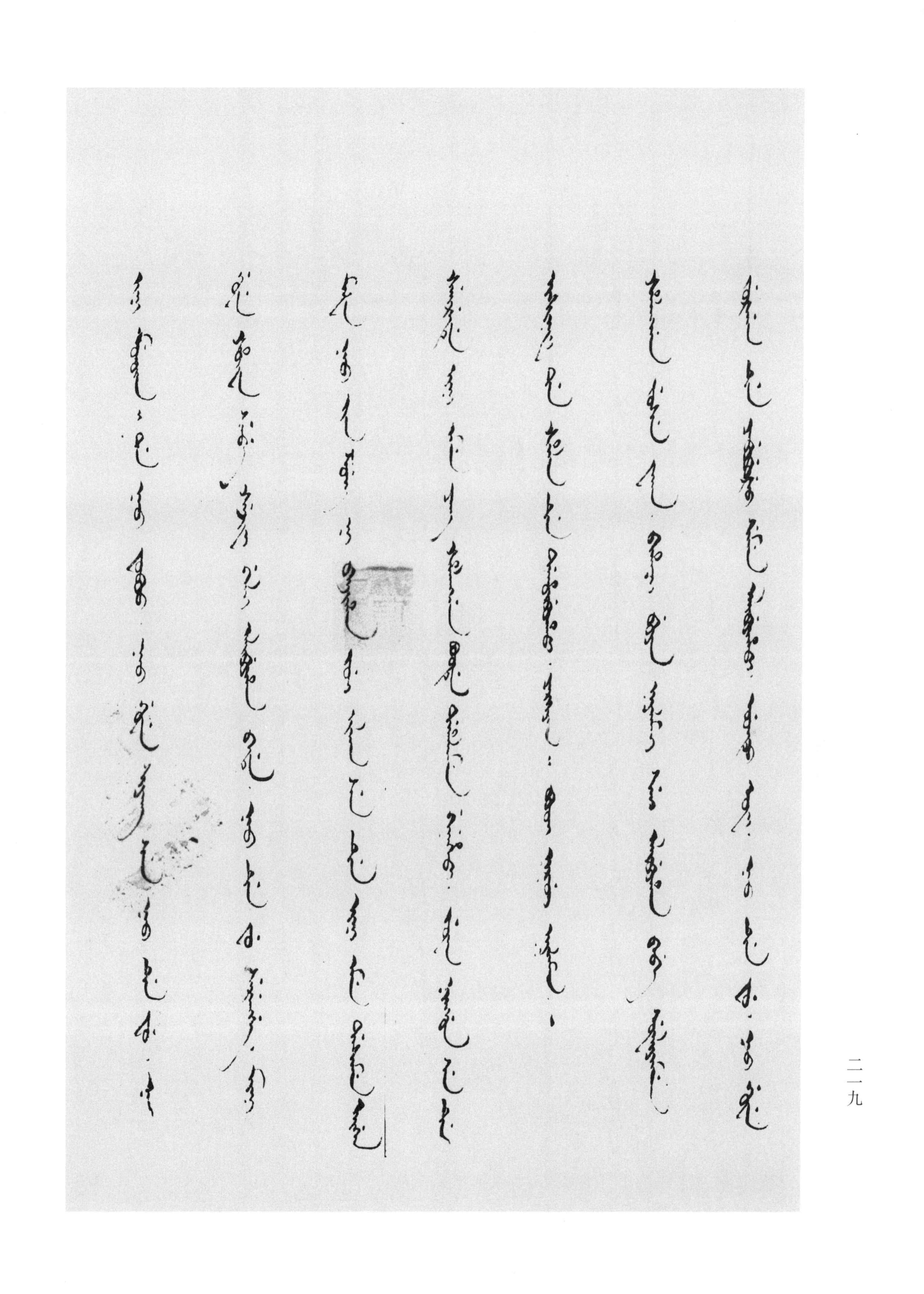

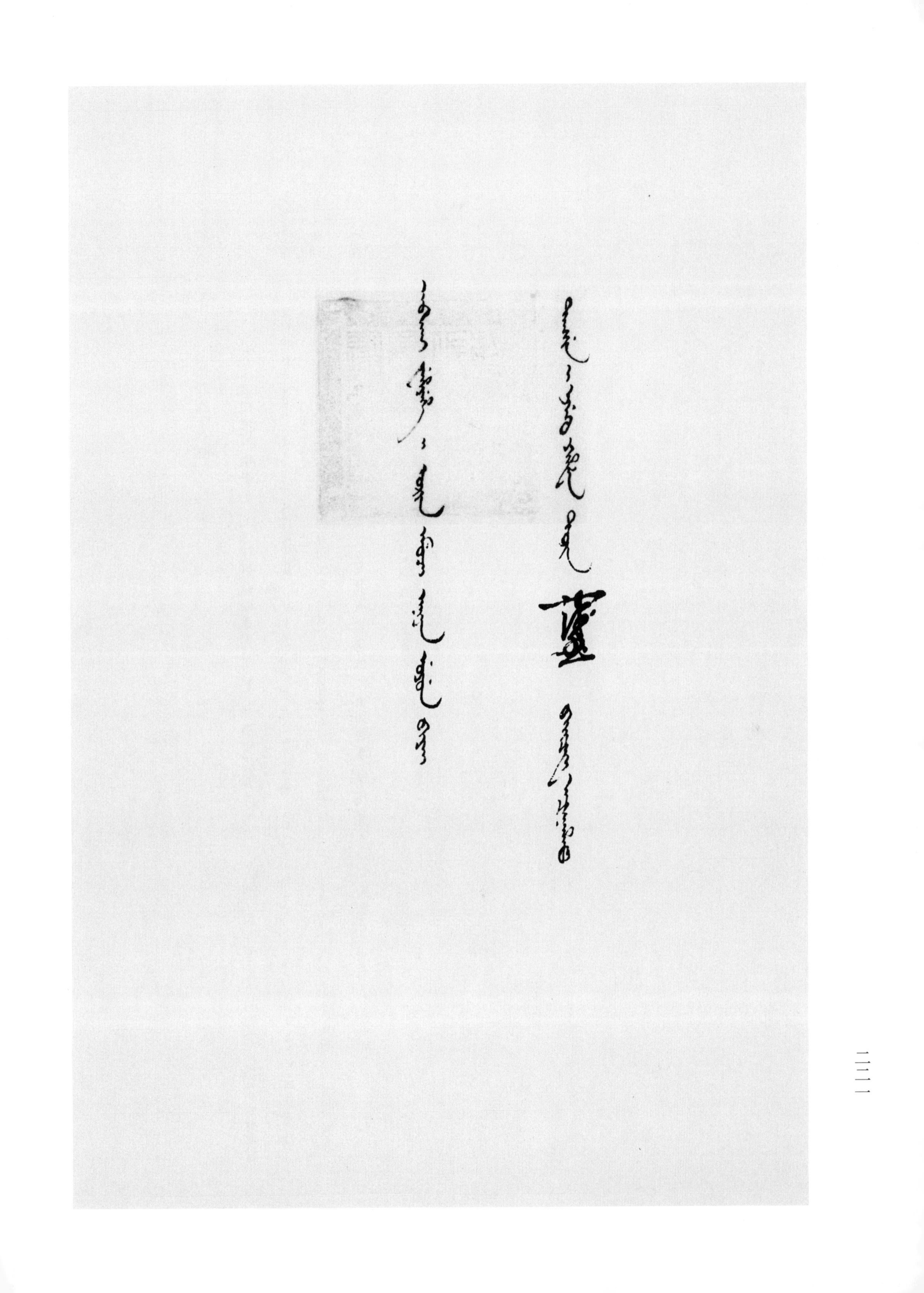

具保呈人贈佛保贈國相係內務府壯丁今於

與保結事依奉當堂保得胞叔贈德富實係身祖贈進忠親生從身祖棄世身叔年僅三歲因乳食未斷隨伊母改嫁

代至楊門至十六歲身父贈德龍代回歸宗又歸宗以後楊姓復恐身胞叔德富爭伊親生二子家財血產急請親友六人立永斷葛藤文約現在可據

熙意有刑部主事書濤控詞呈控身胞叔德富係楊姓所生假冒姓名入內務府當差于親臨上司票下致部來咨着令該旗嚴拿送部審訊等語痛

思身等與胞叔德富原屬一祖所生俱係　皇上官人伊何得伊何得依仗本部刑名硬誣官人為奴致部來咨為此出保叩懇

仁明大人台下恩准容留俾喚中人洞查原情則盆冤得白不致身保所保是實

乾隆二十一年九月　日具

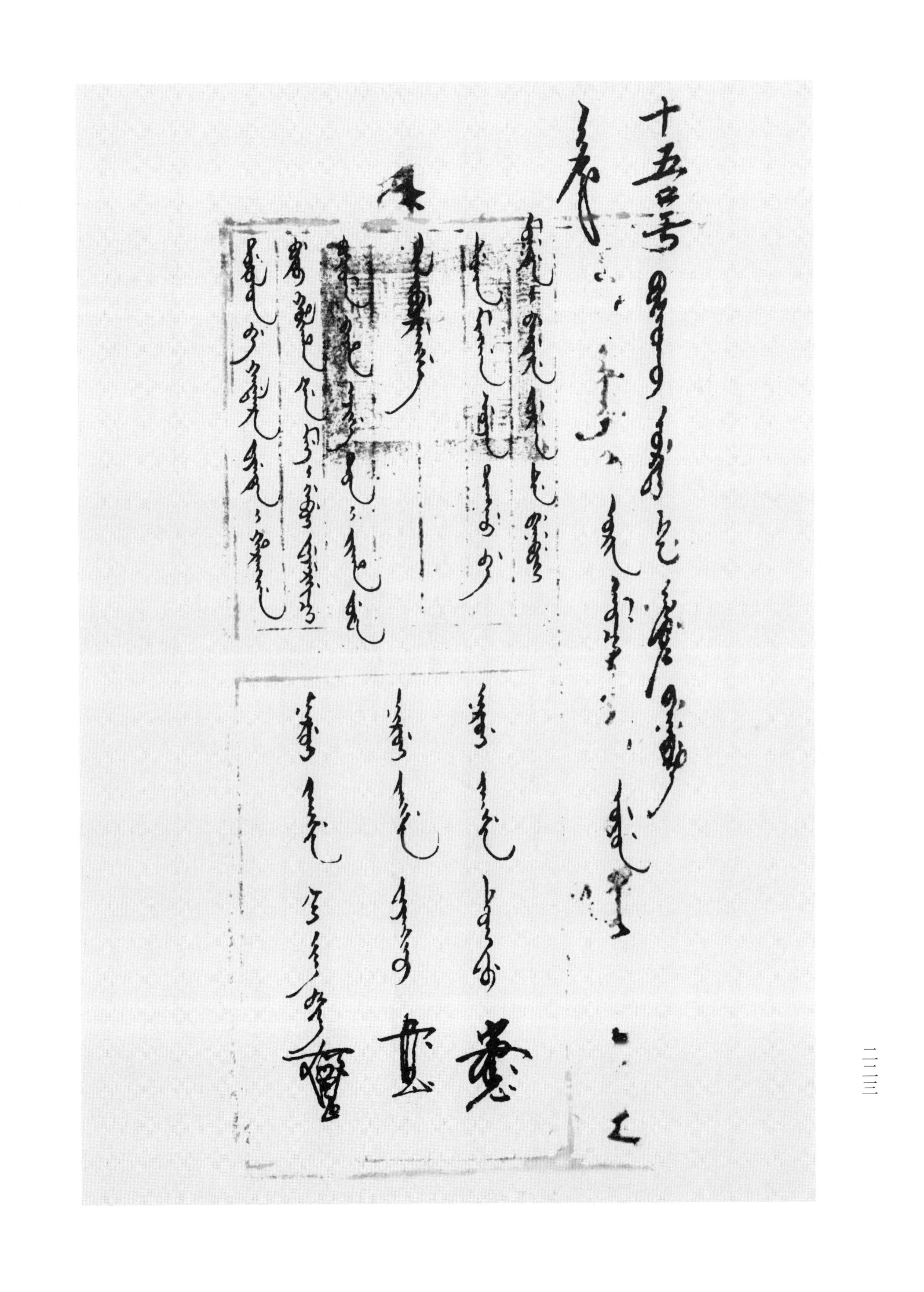

十五号

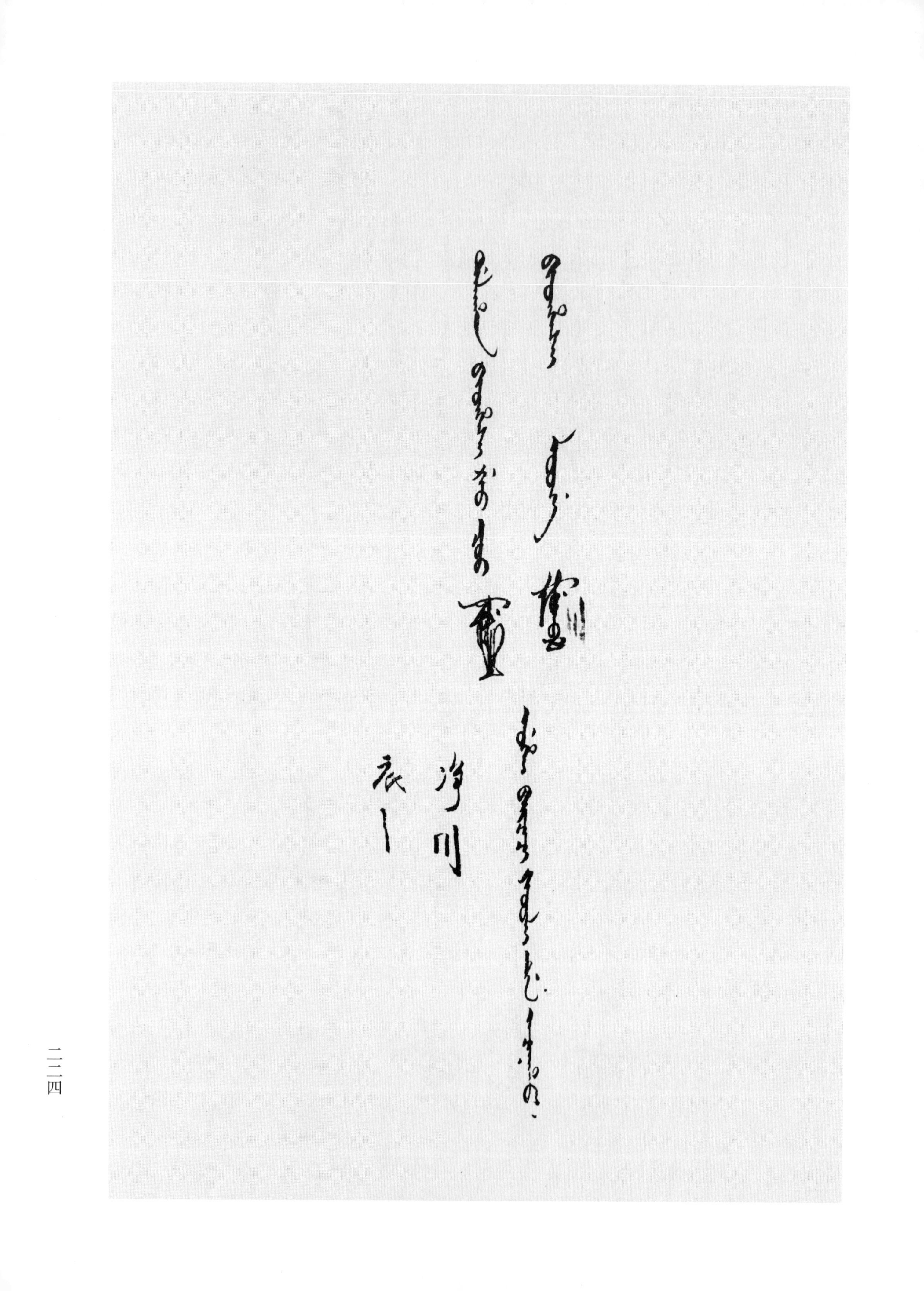

[illegible]

[illegible]

[illegible]

[illegible]

浄川

辰[illegible]

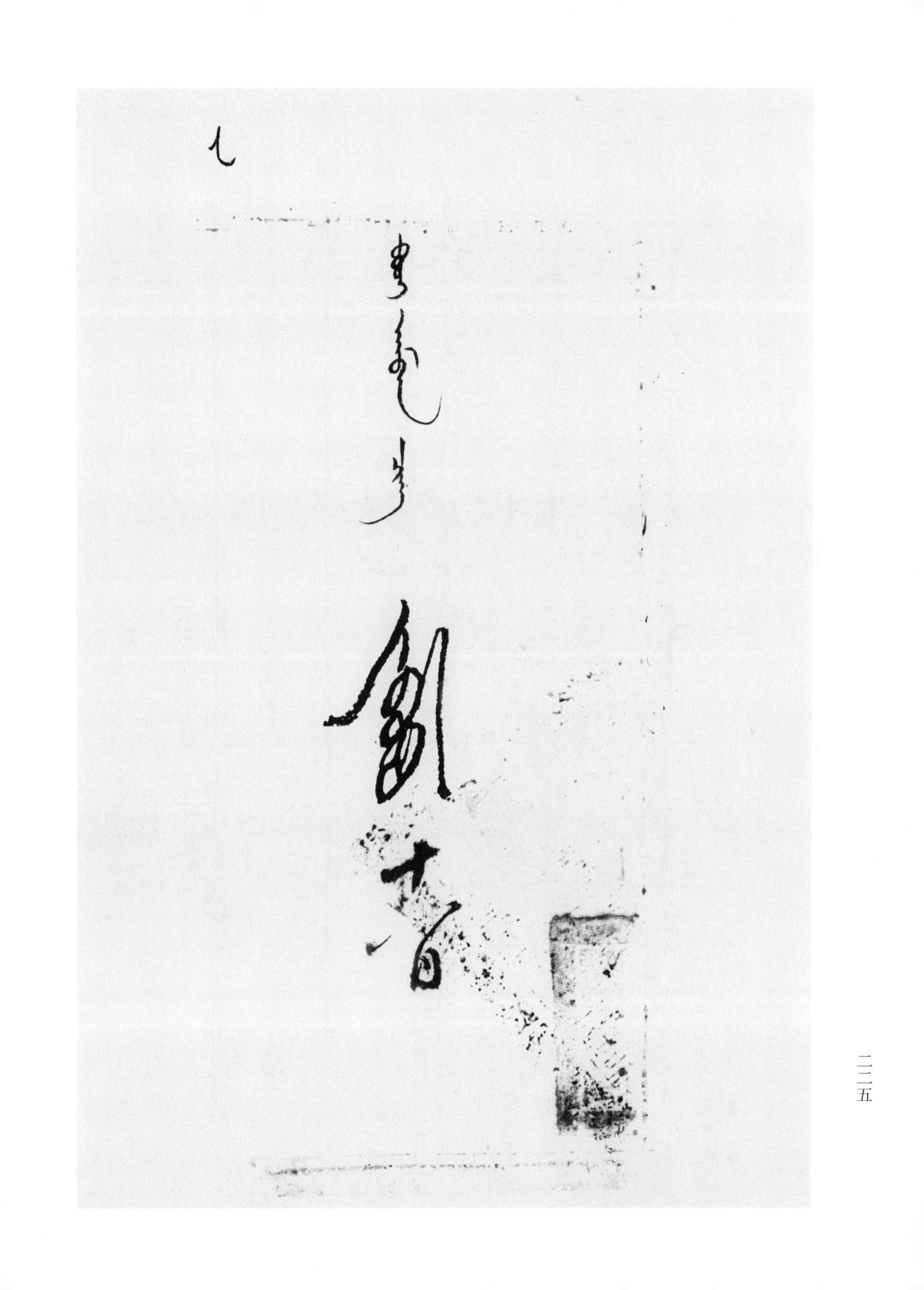

七

[illegible]

劉有

二二五

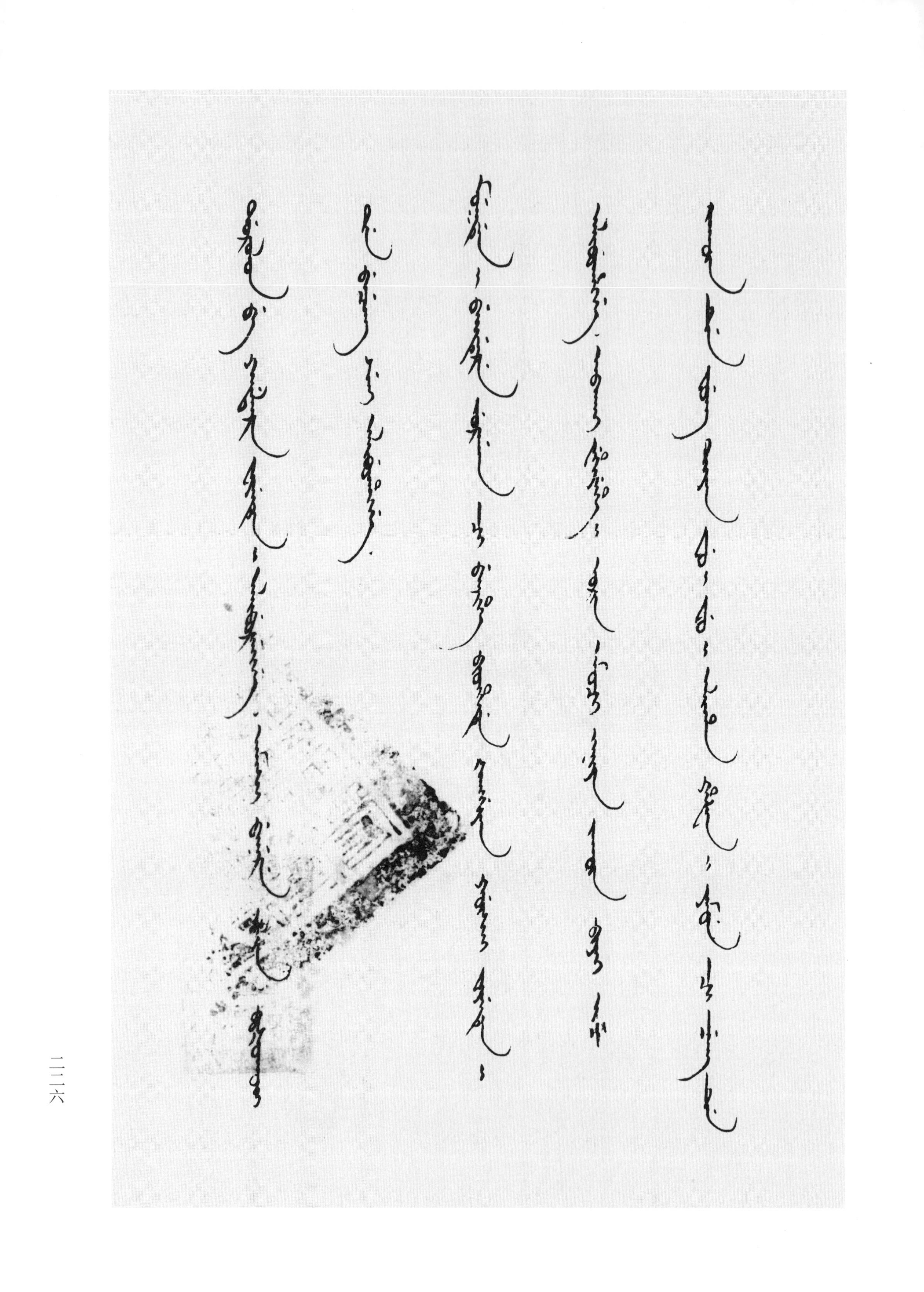

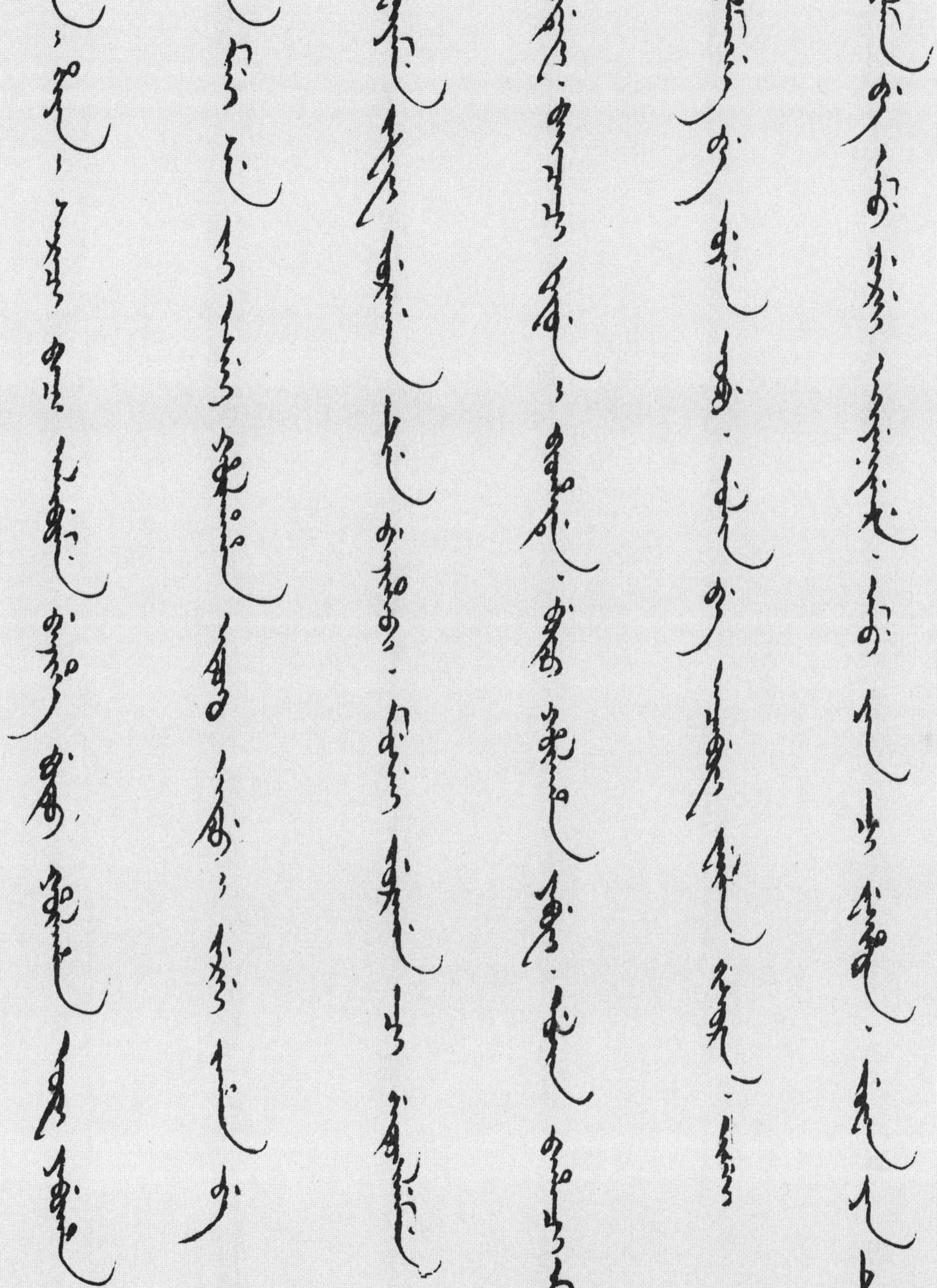

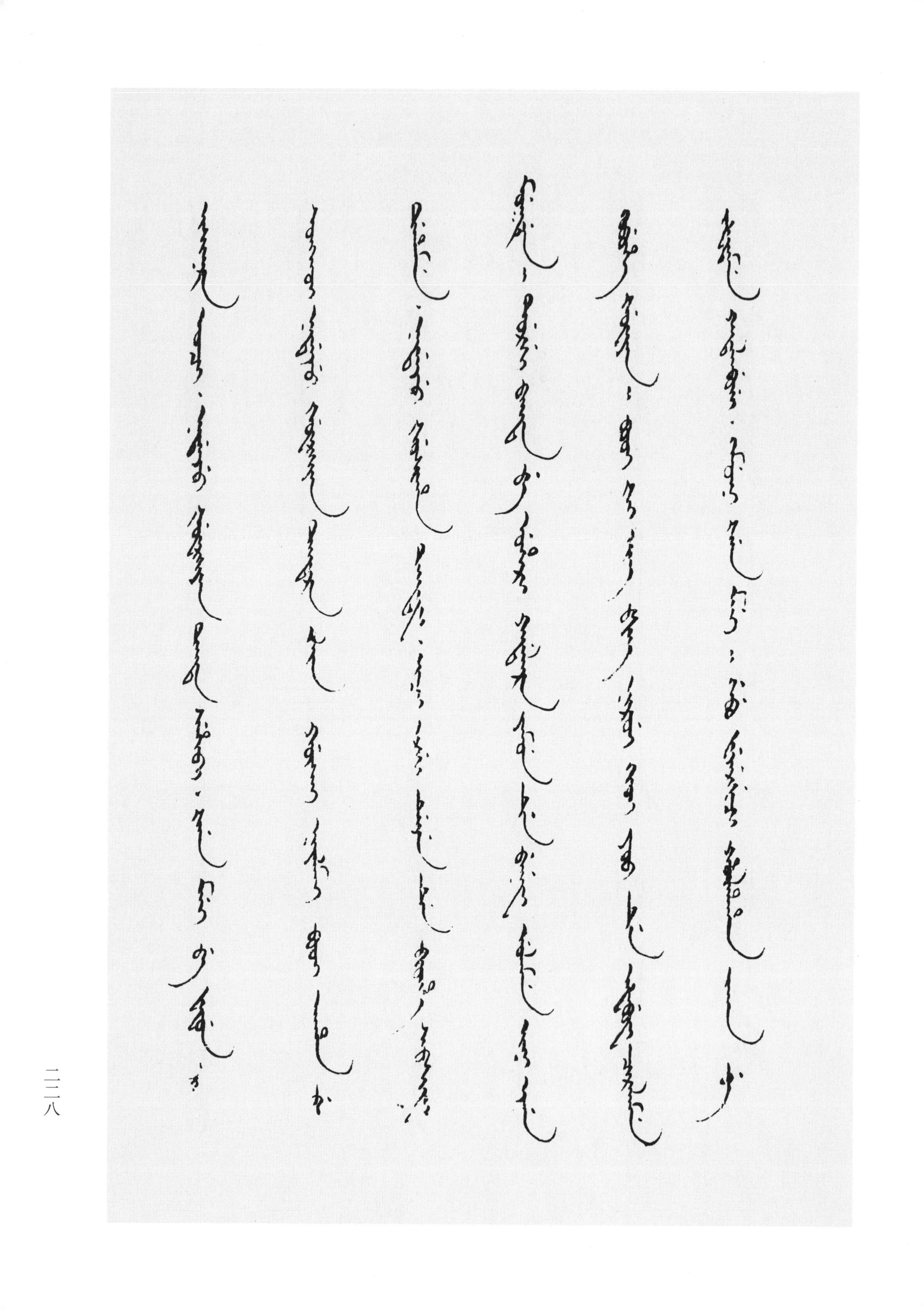

[illegible]

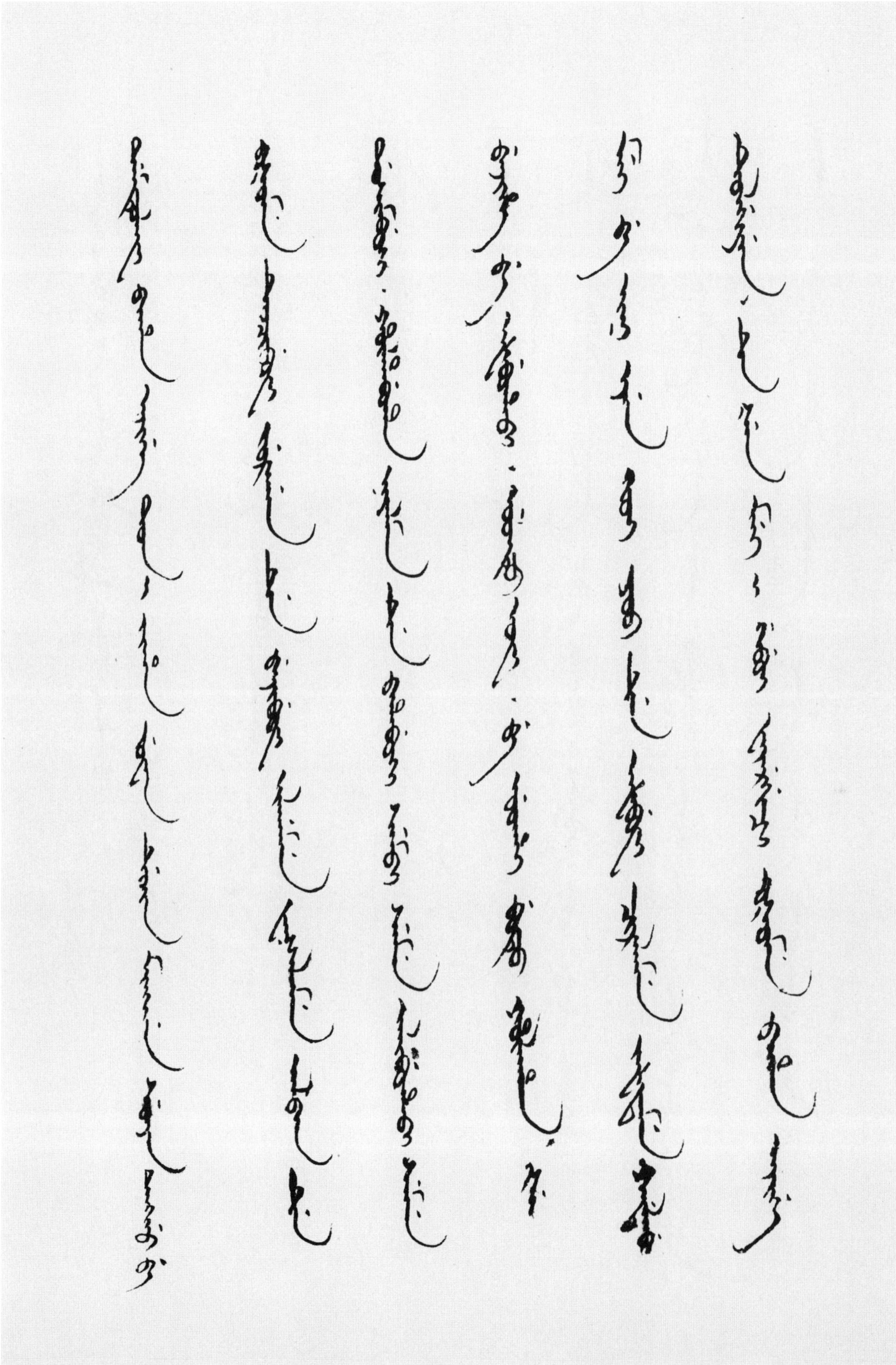

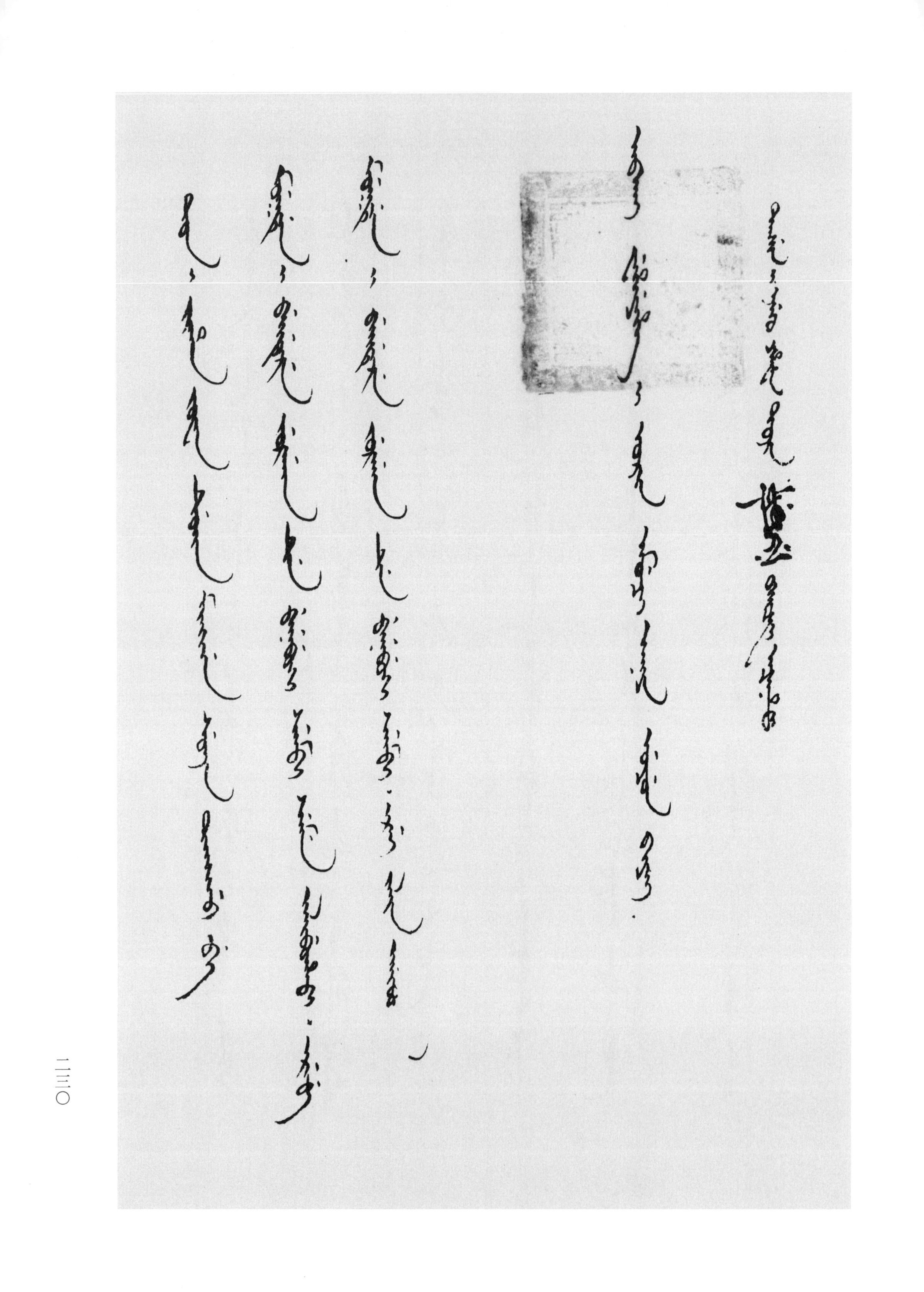

[illegible]

[illegible]

[illegible]

[illegible]

[illegible]

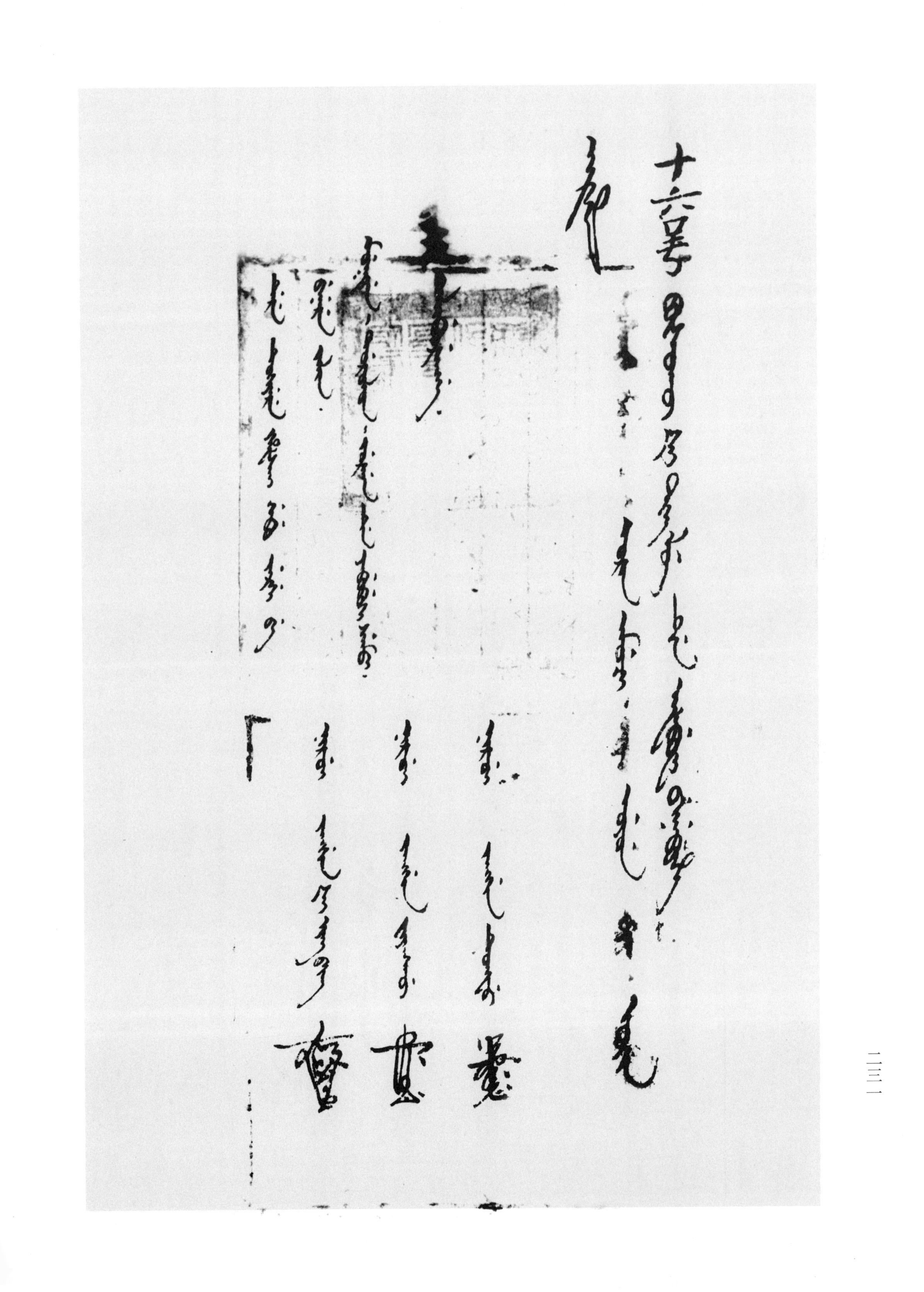

十六年

辰丨

净川

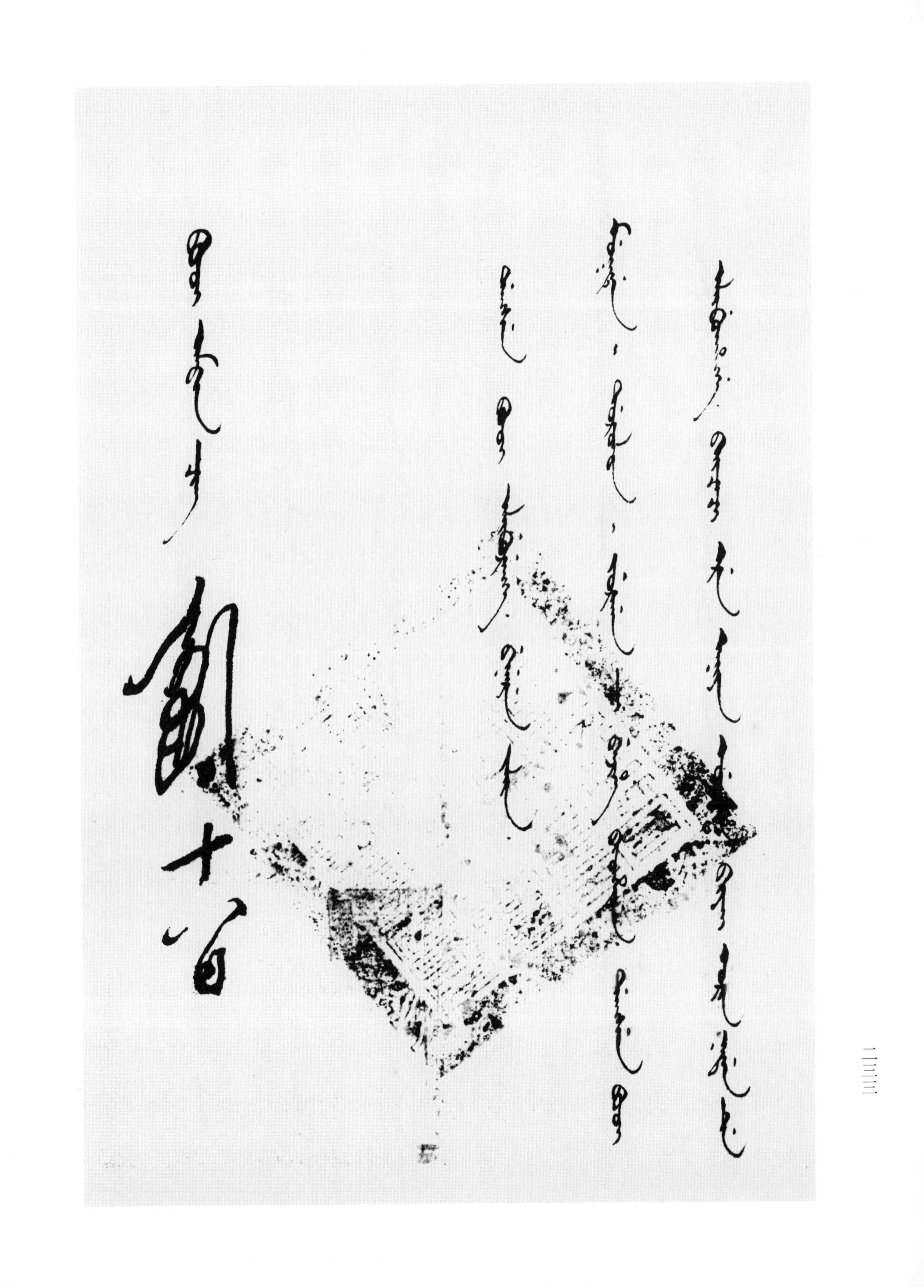

劉十官

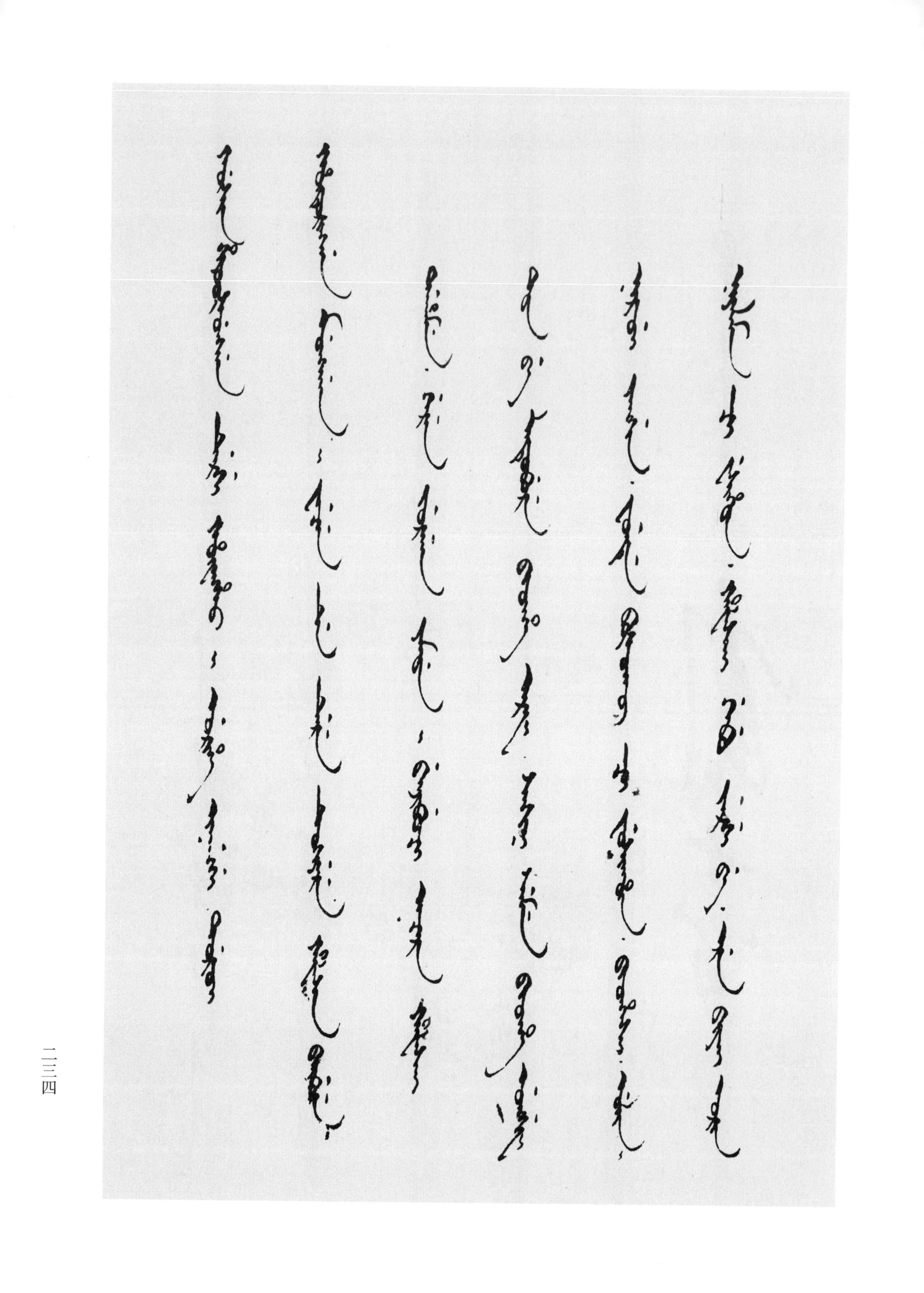

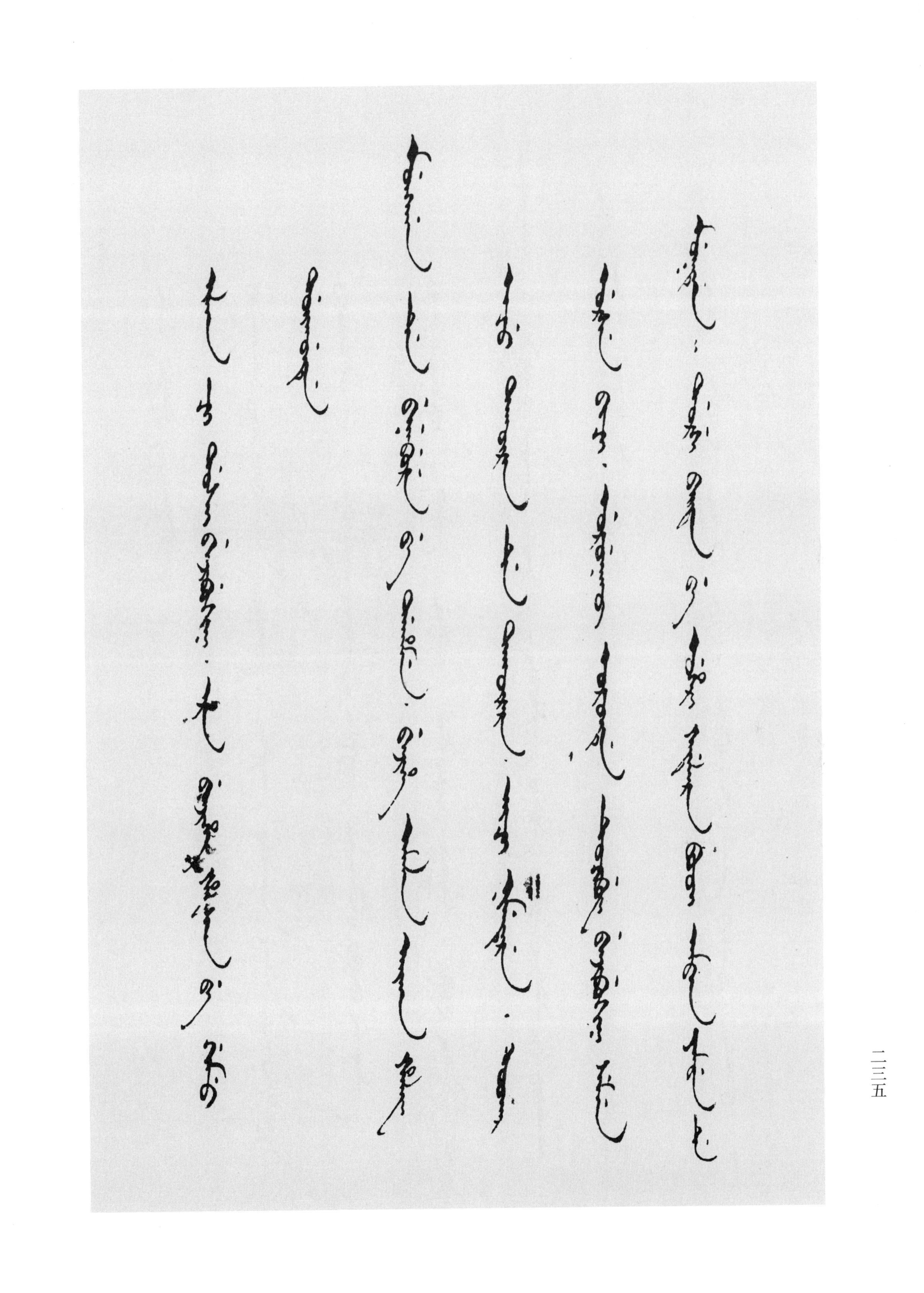

二三五

[illegible]

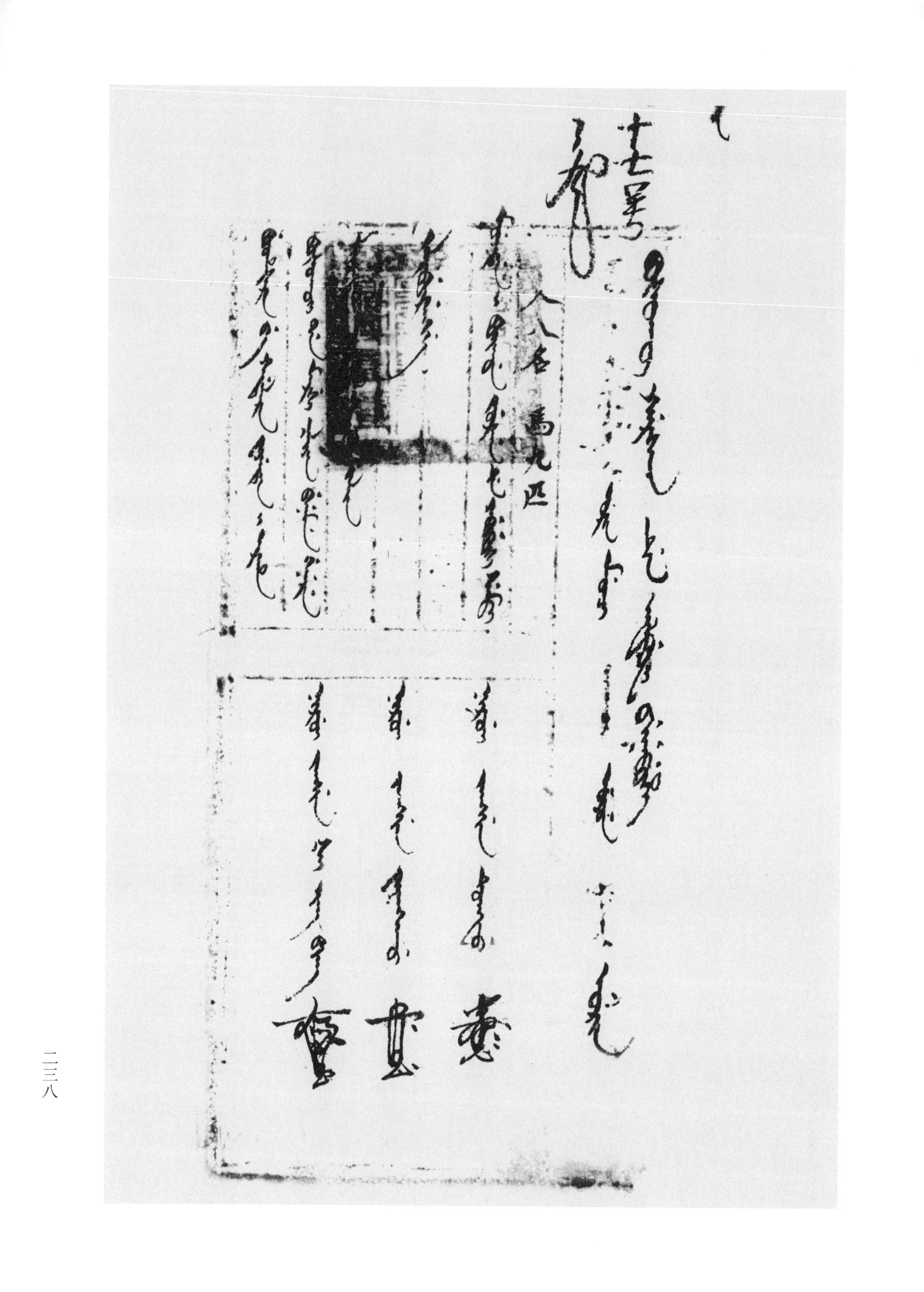

八各馬九匹

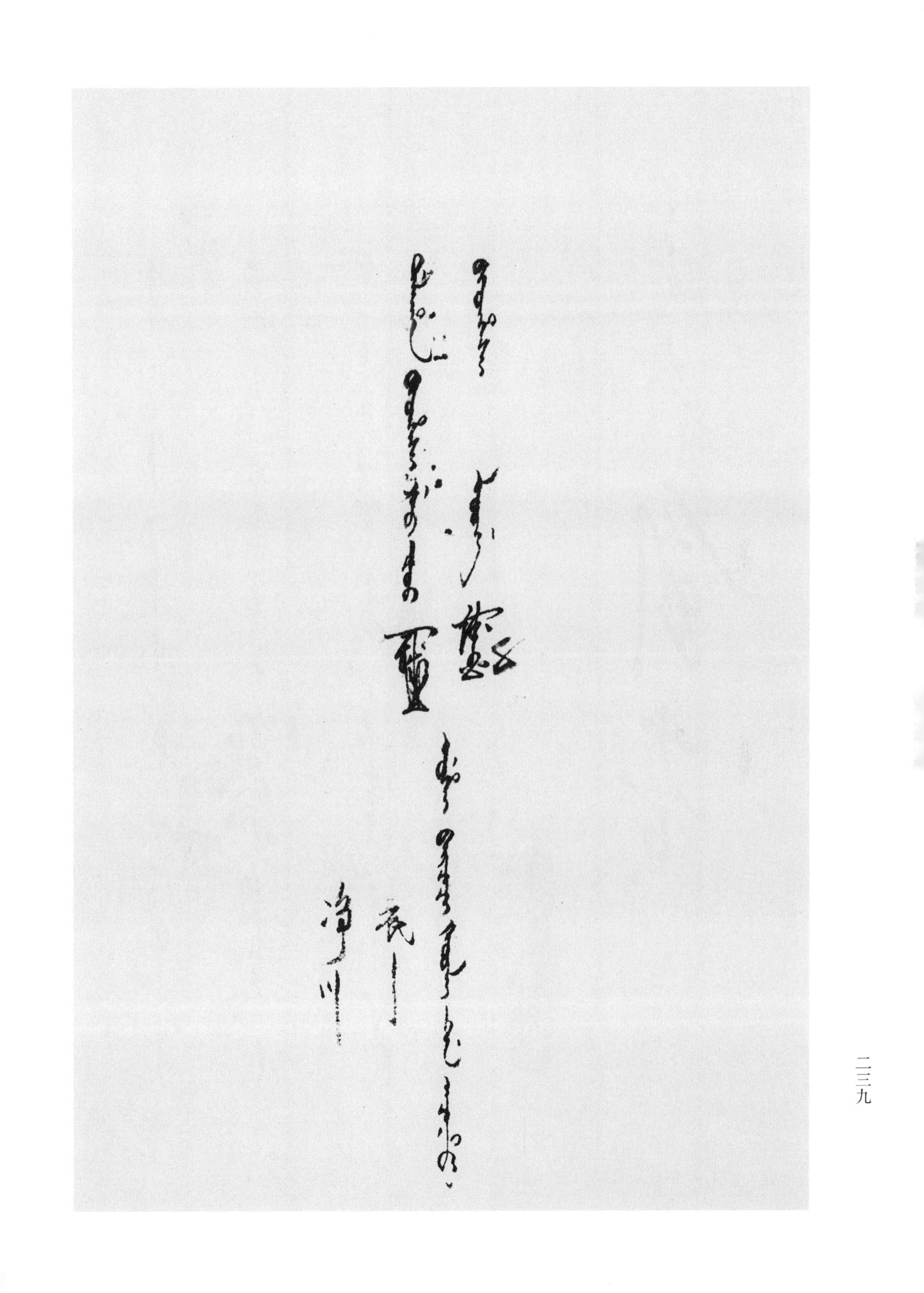

長

海川

劉十石

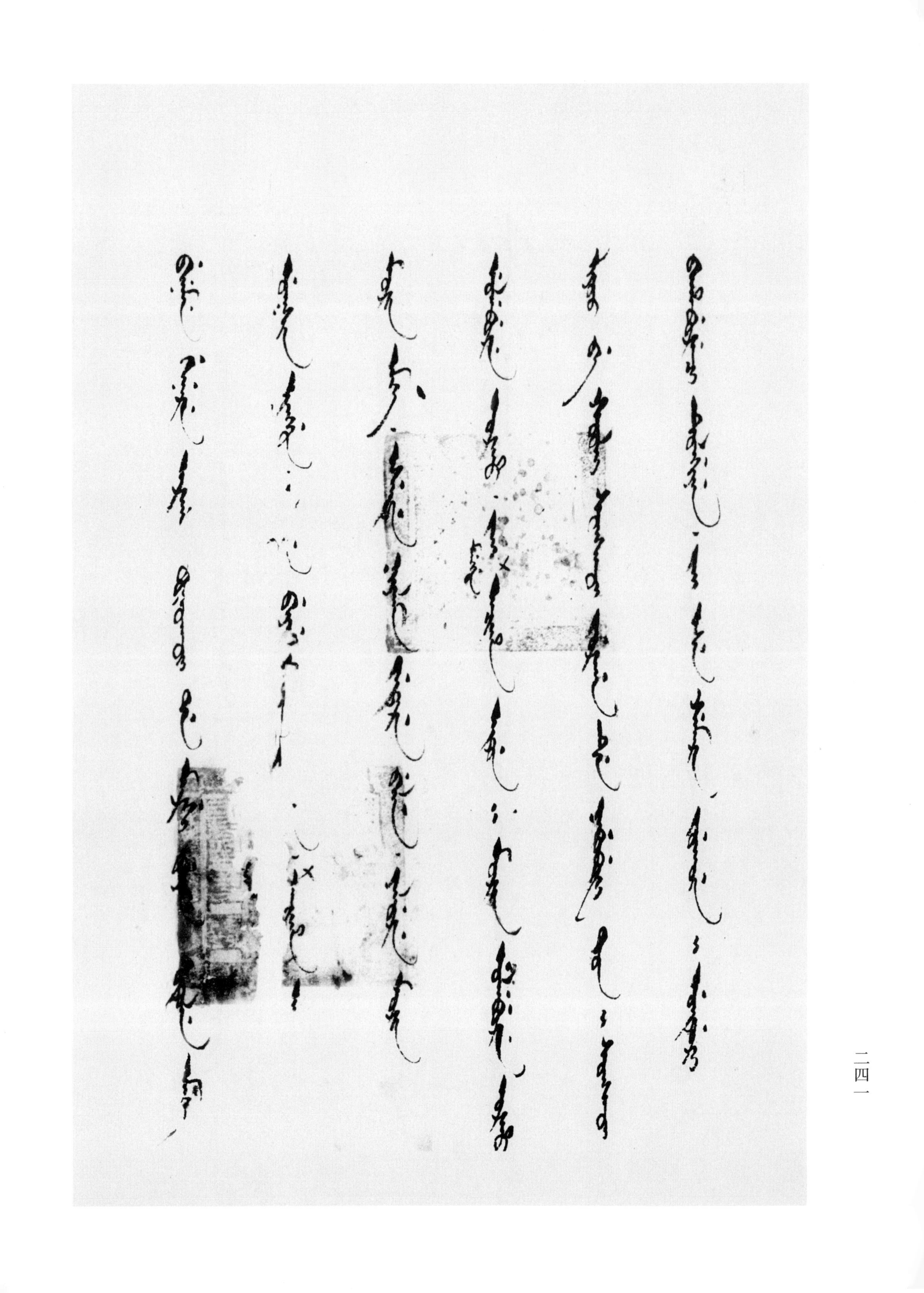

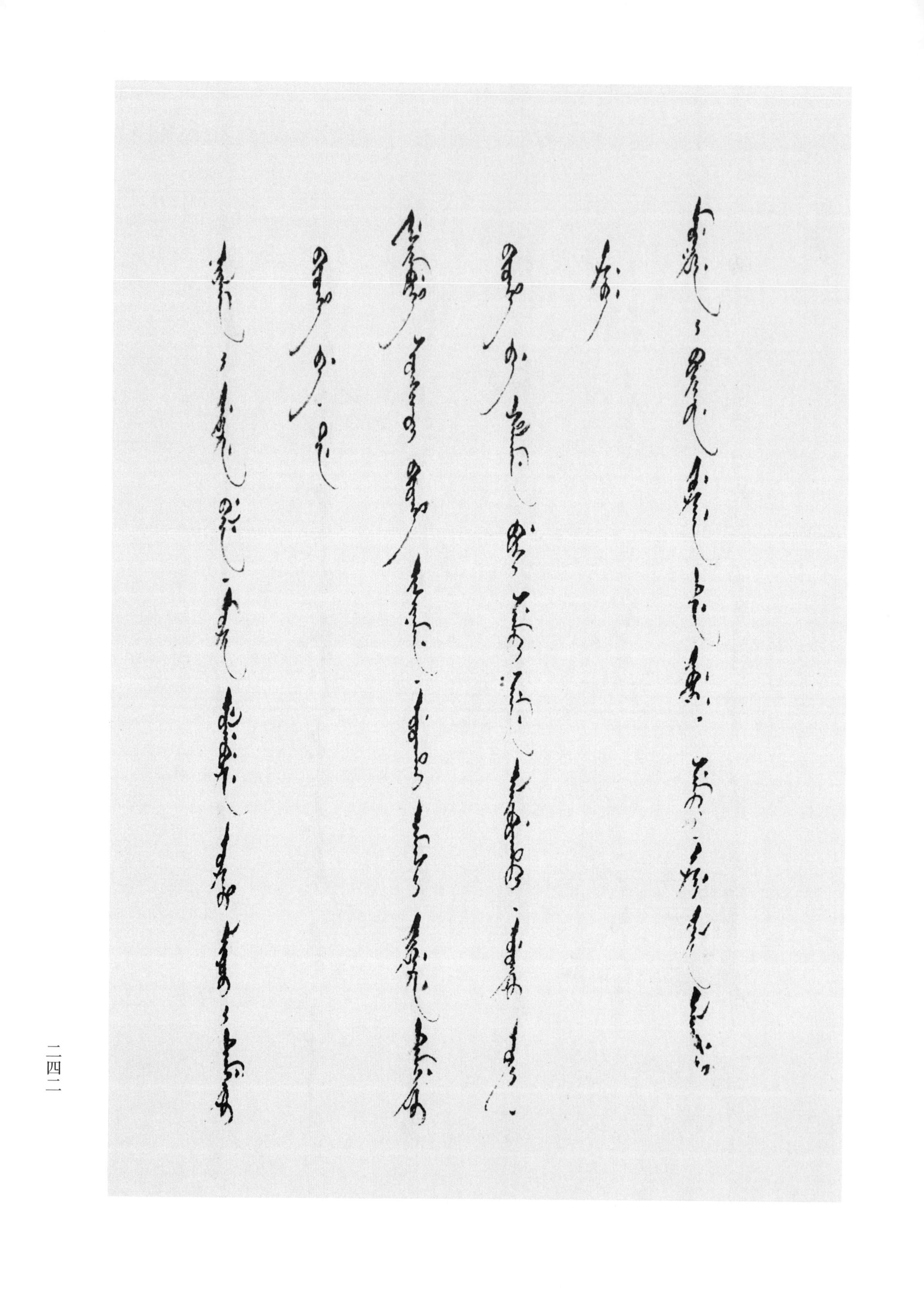

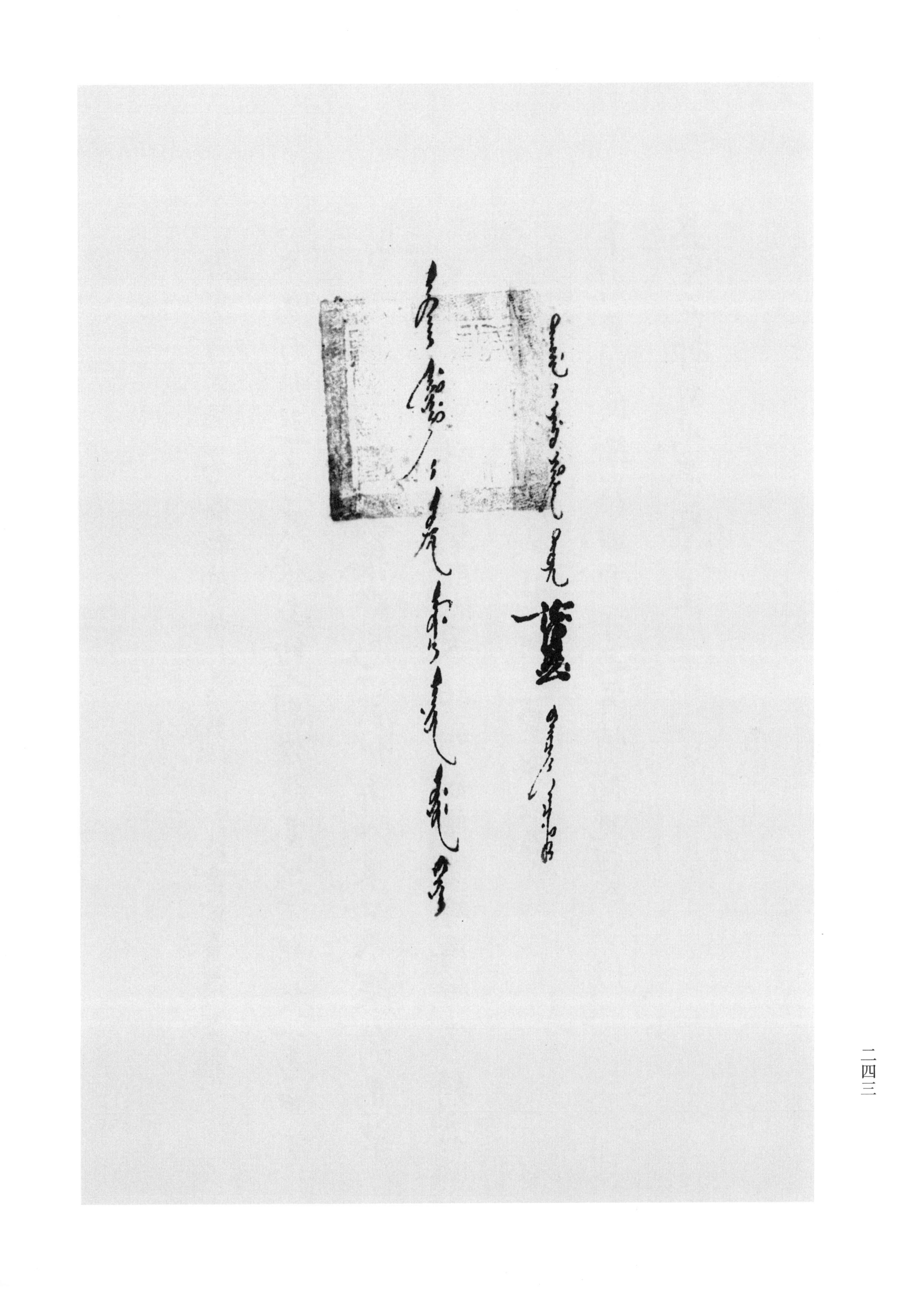

都虞司案呈為咨取糧草事據催摠金世貴等呈稱
本屬打牲壯丁等錢糧去的之副催摠馬尔吉跟役一名甲丁
六名騎馬八匹馱銀群馬一匹伊等人食口米喂騎馬草
束馱馬草料之票照例咨部如數給發外再伊等持去
沿路人食口米喂馬草料之票照依京
奏到日即便換給回票可也等情據此理合咨行
盛京戶部可也為此上呈

呈

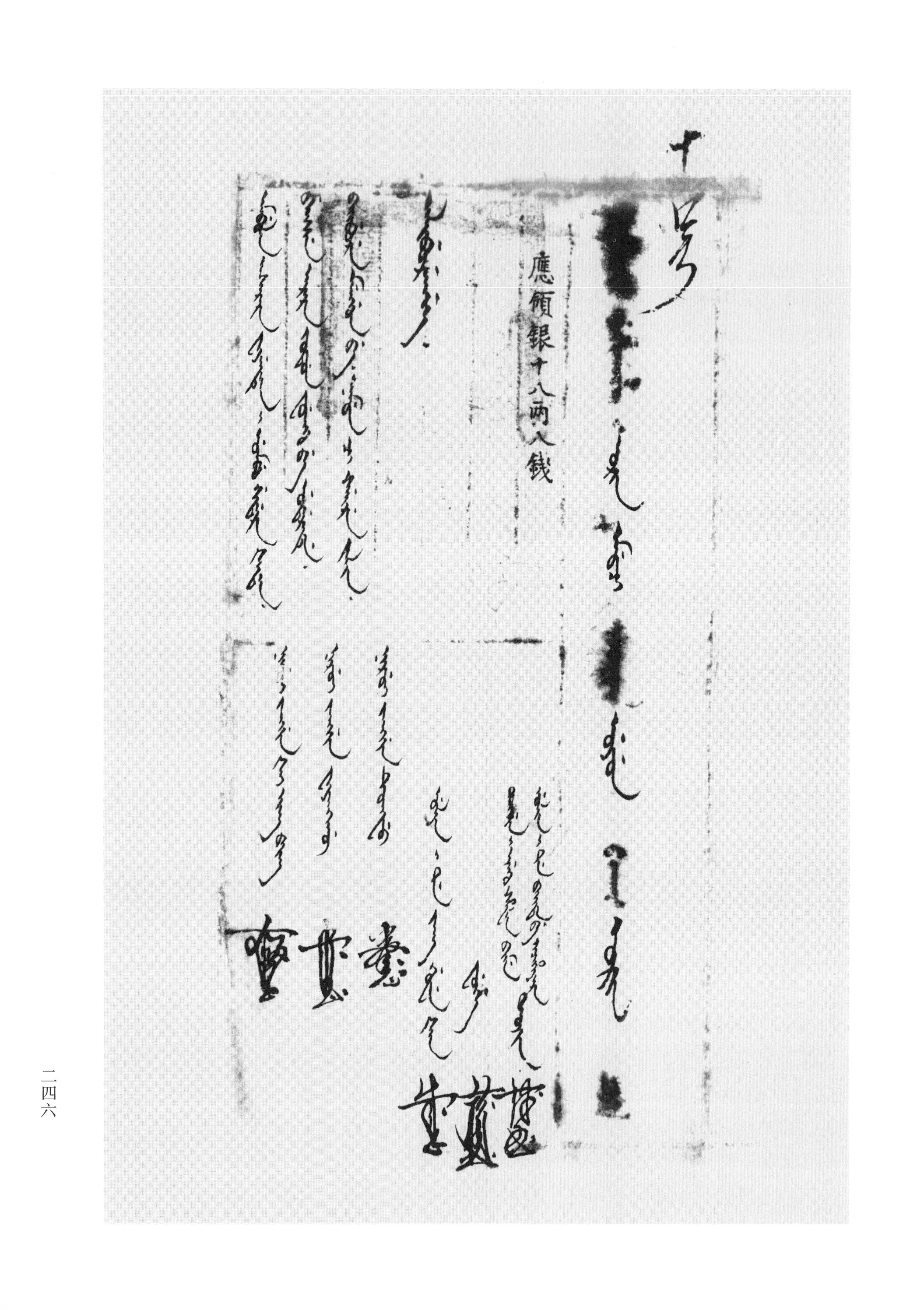

應領銀十八兩八錢

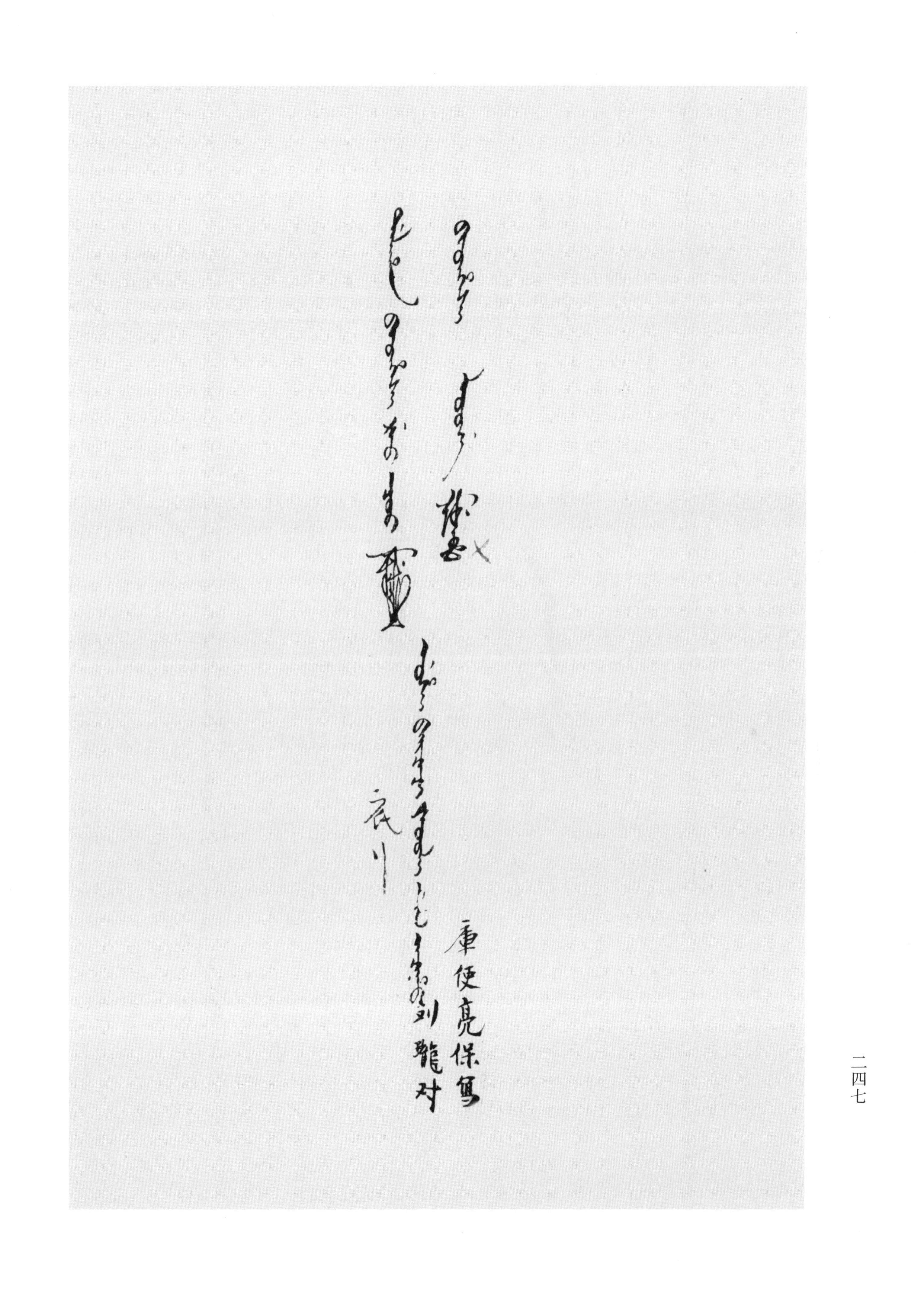

庫使亮保寫

劄龍対

辰川

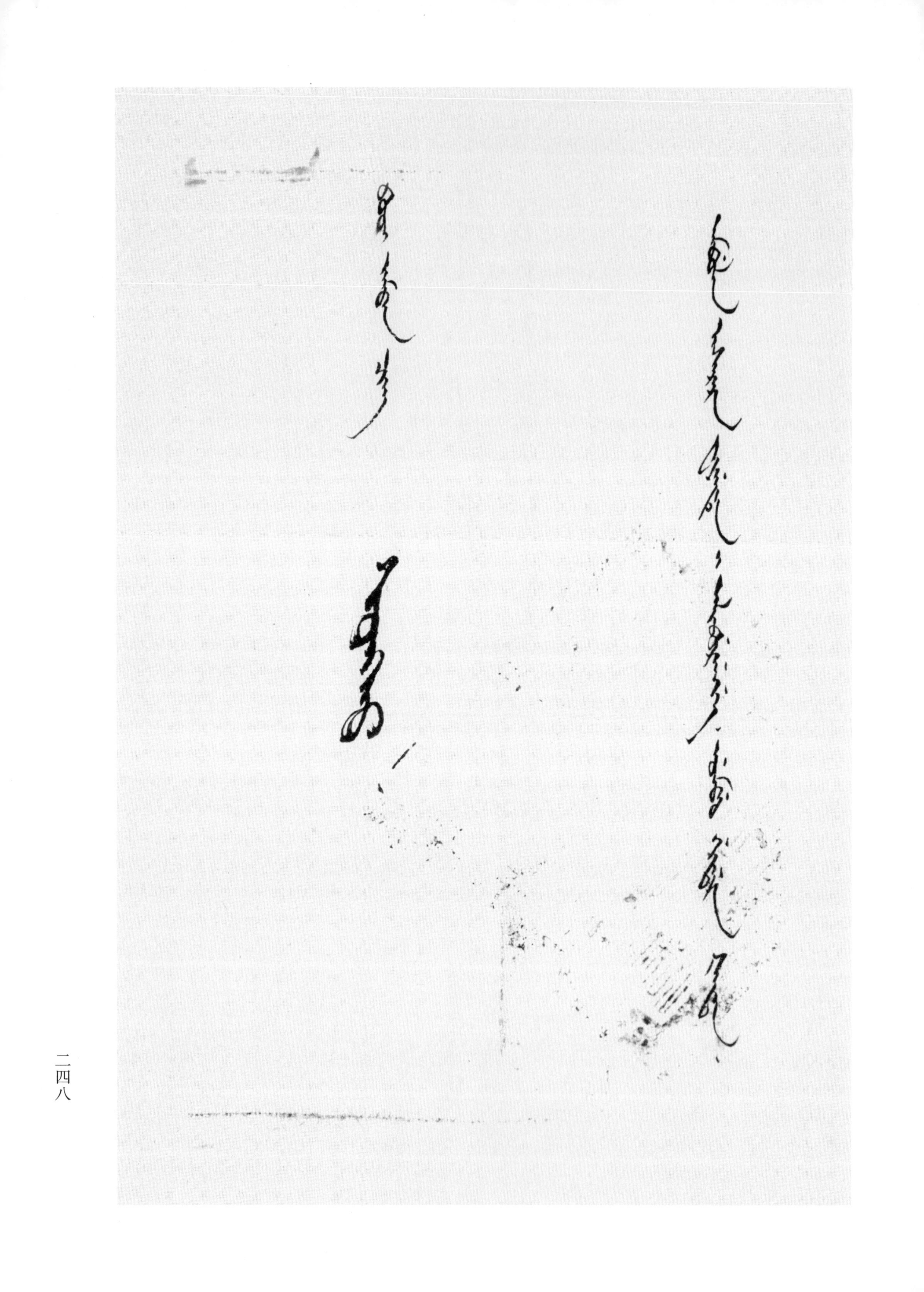

[illegible]

[illegible]

ᠰᠠᡥᠠ

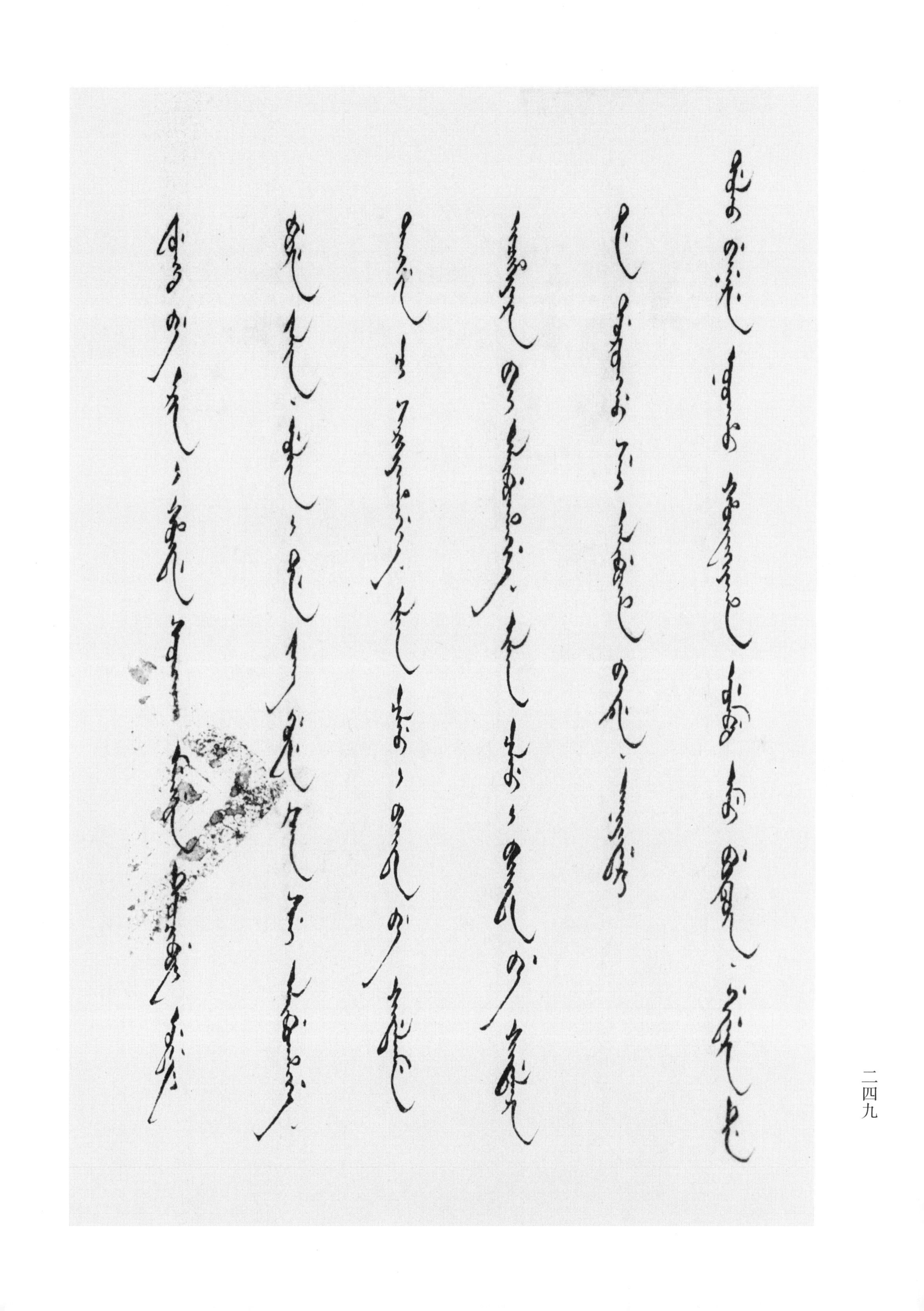

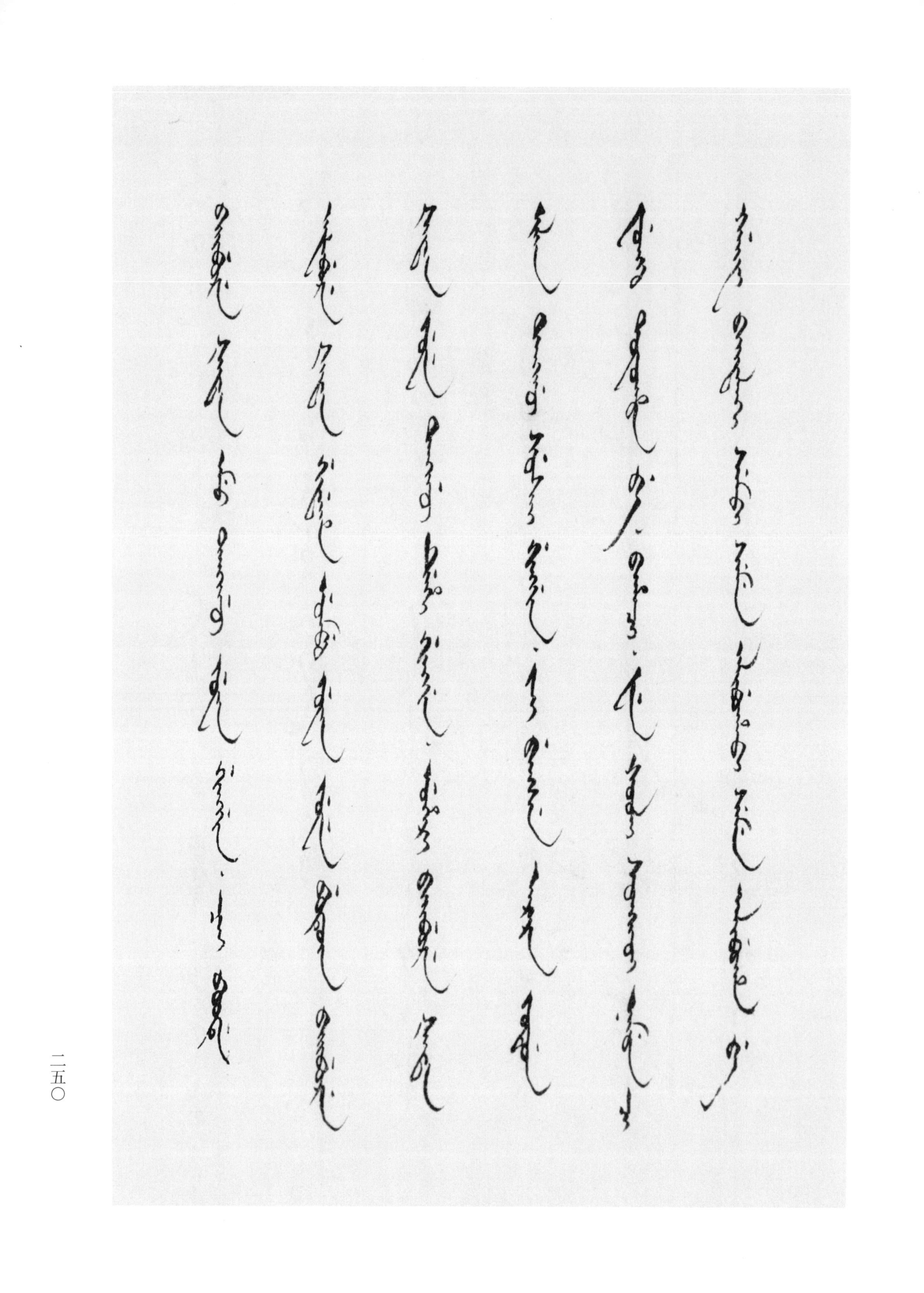

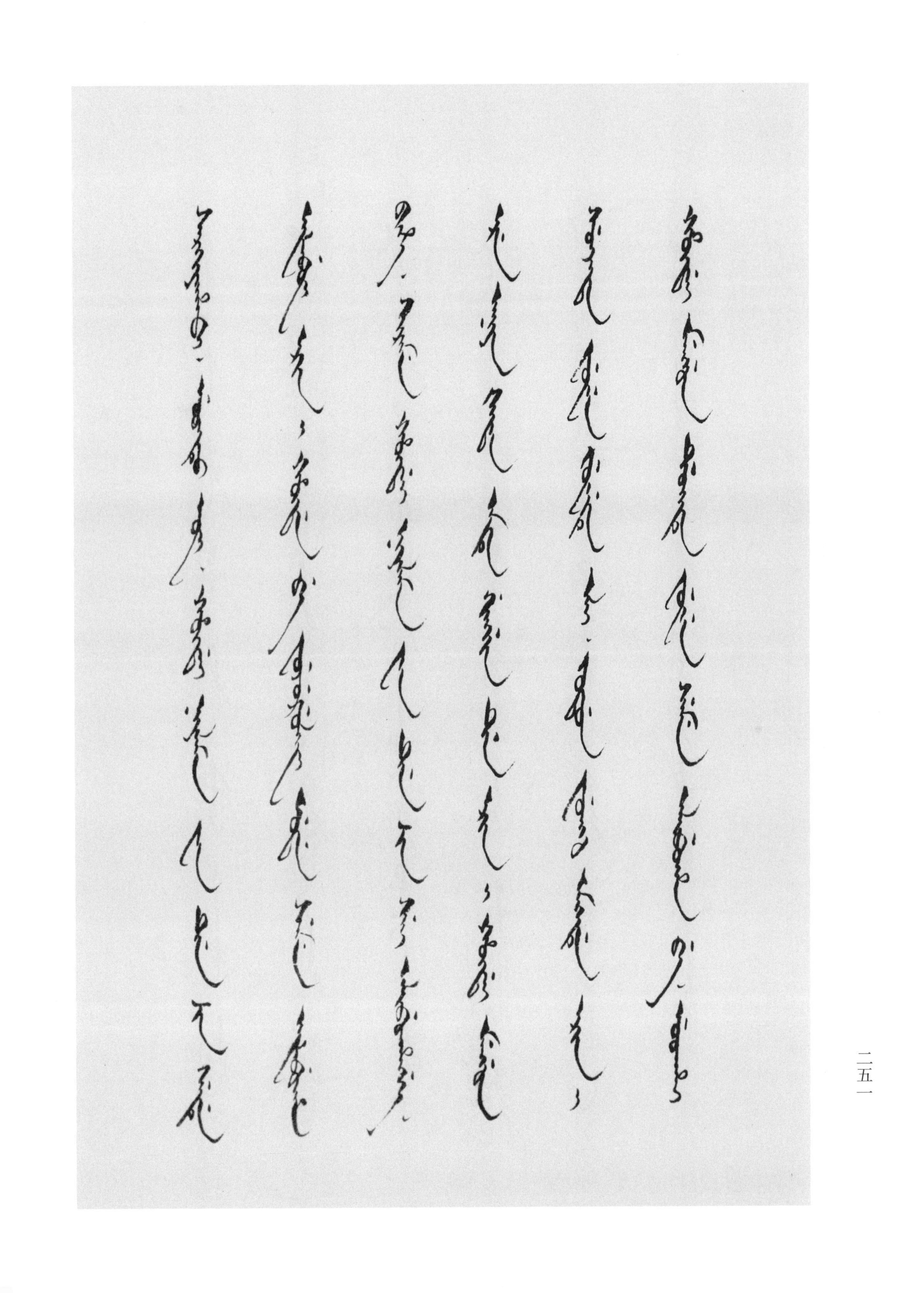

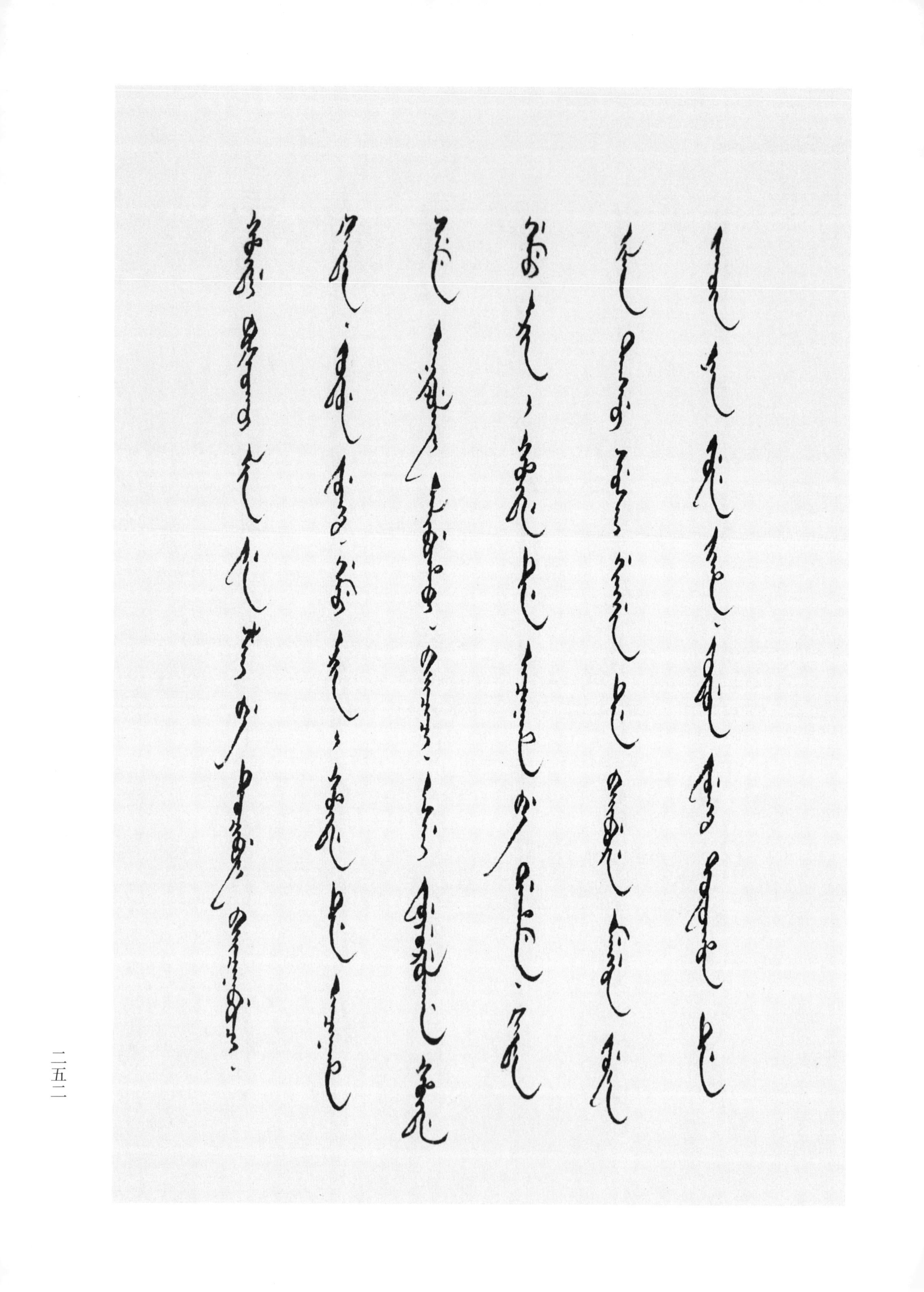

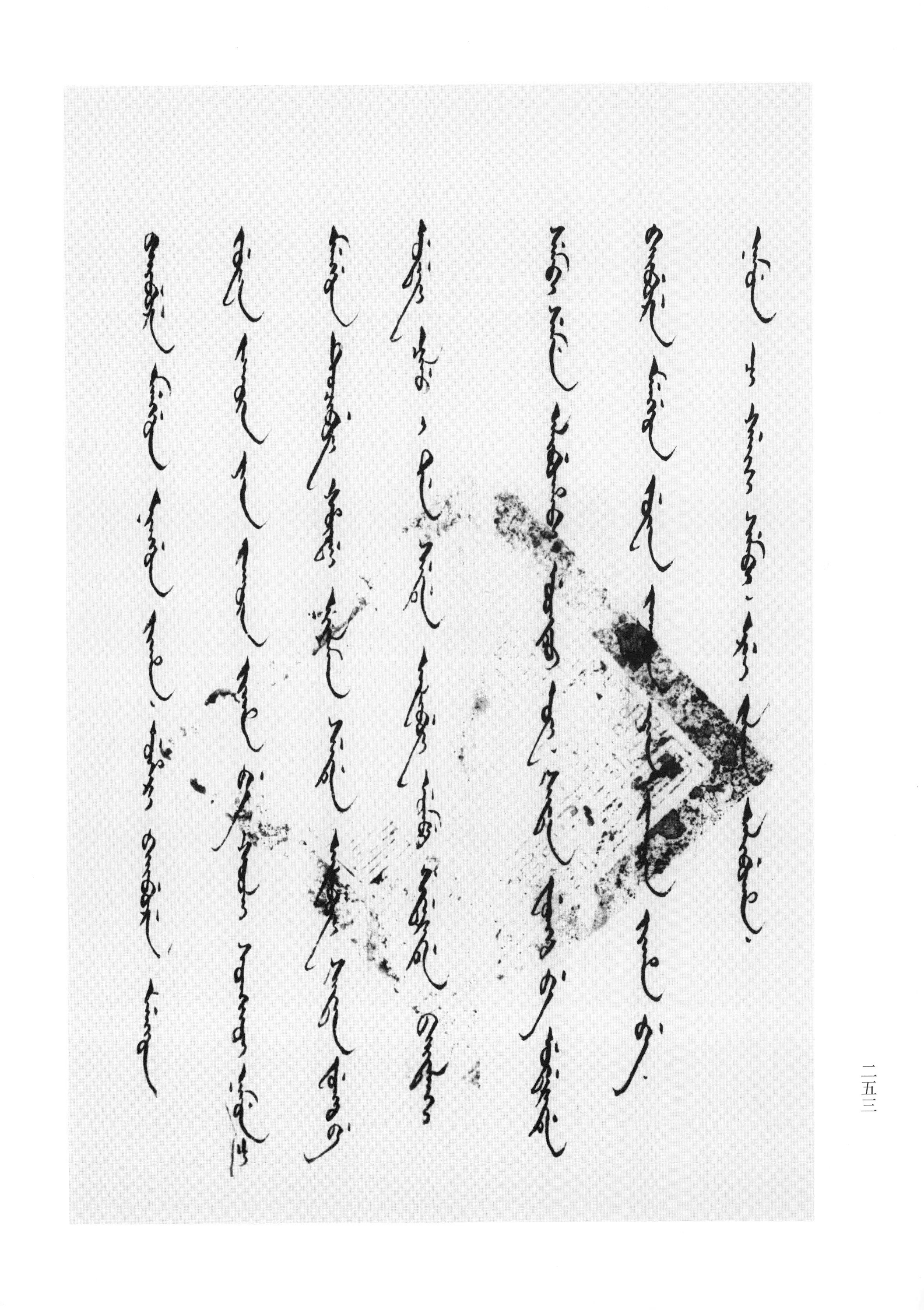

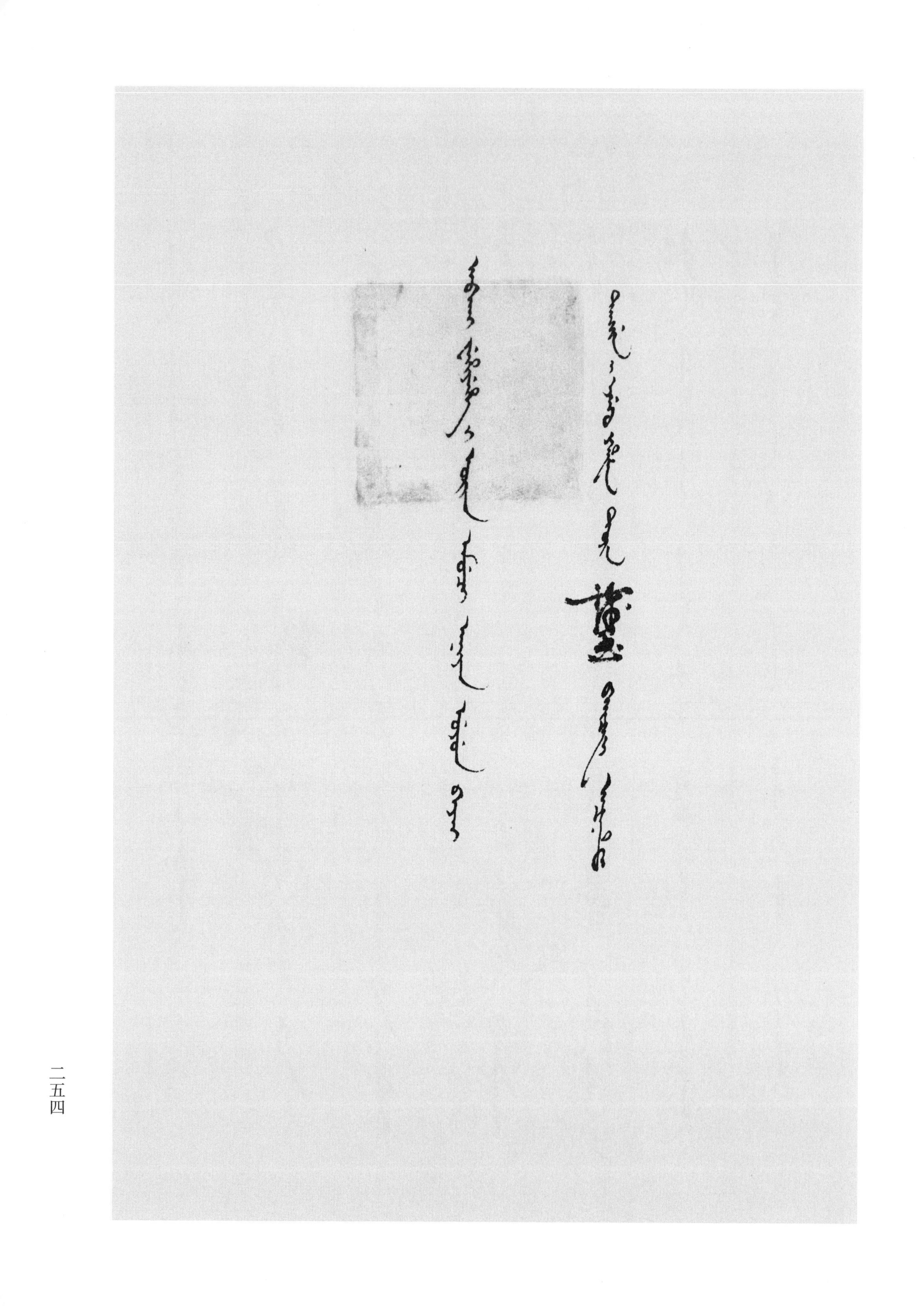

[illegible]

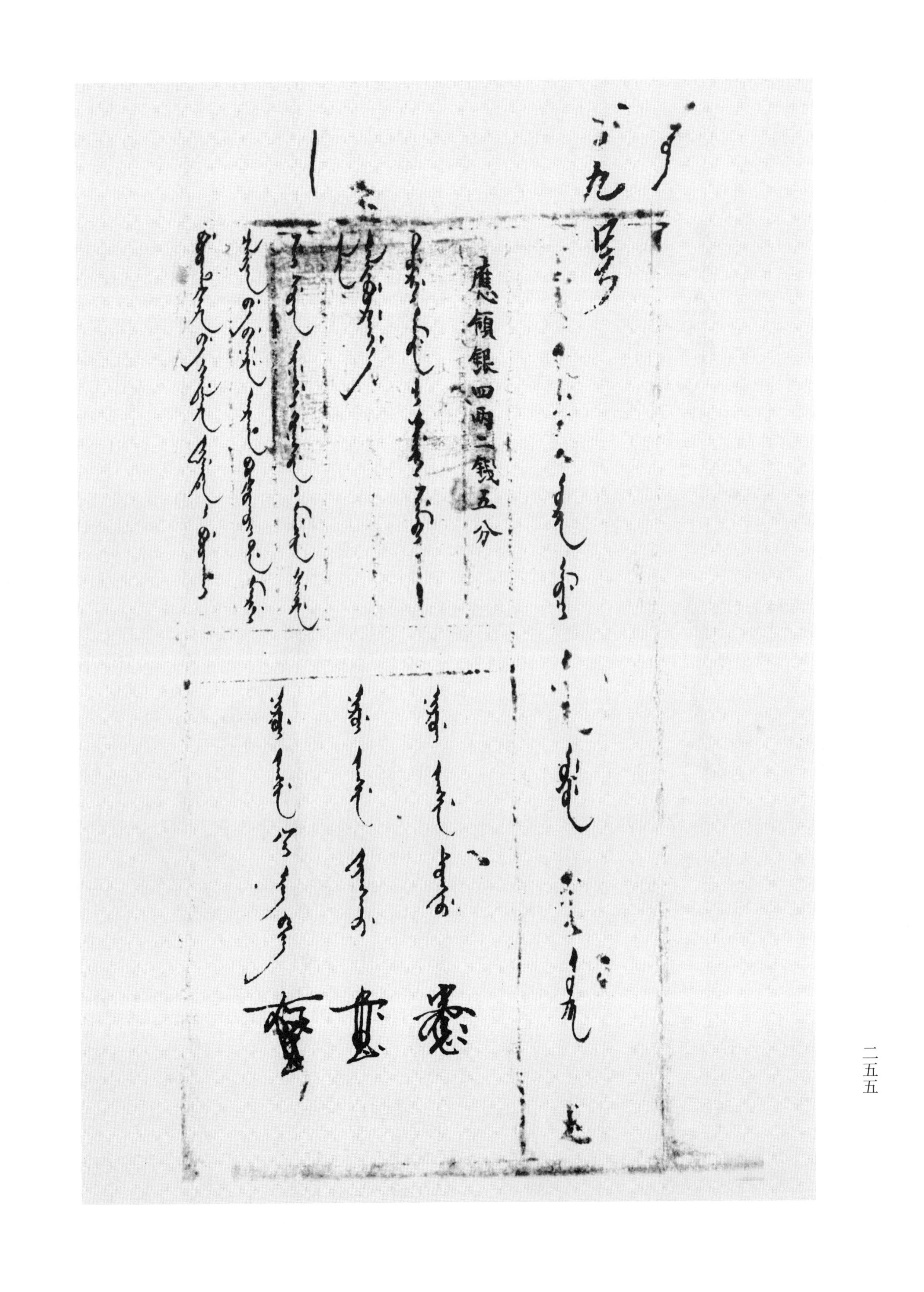

應領銀四兩二錢五分

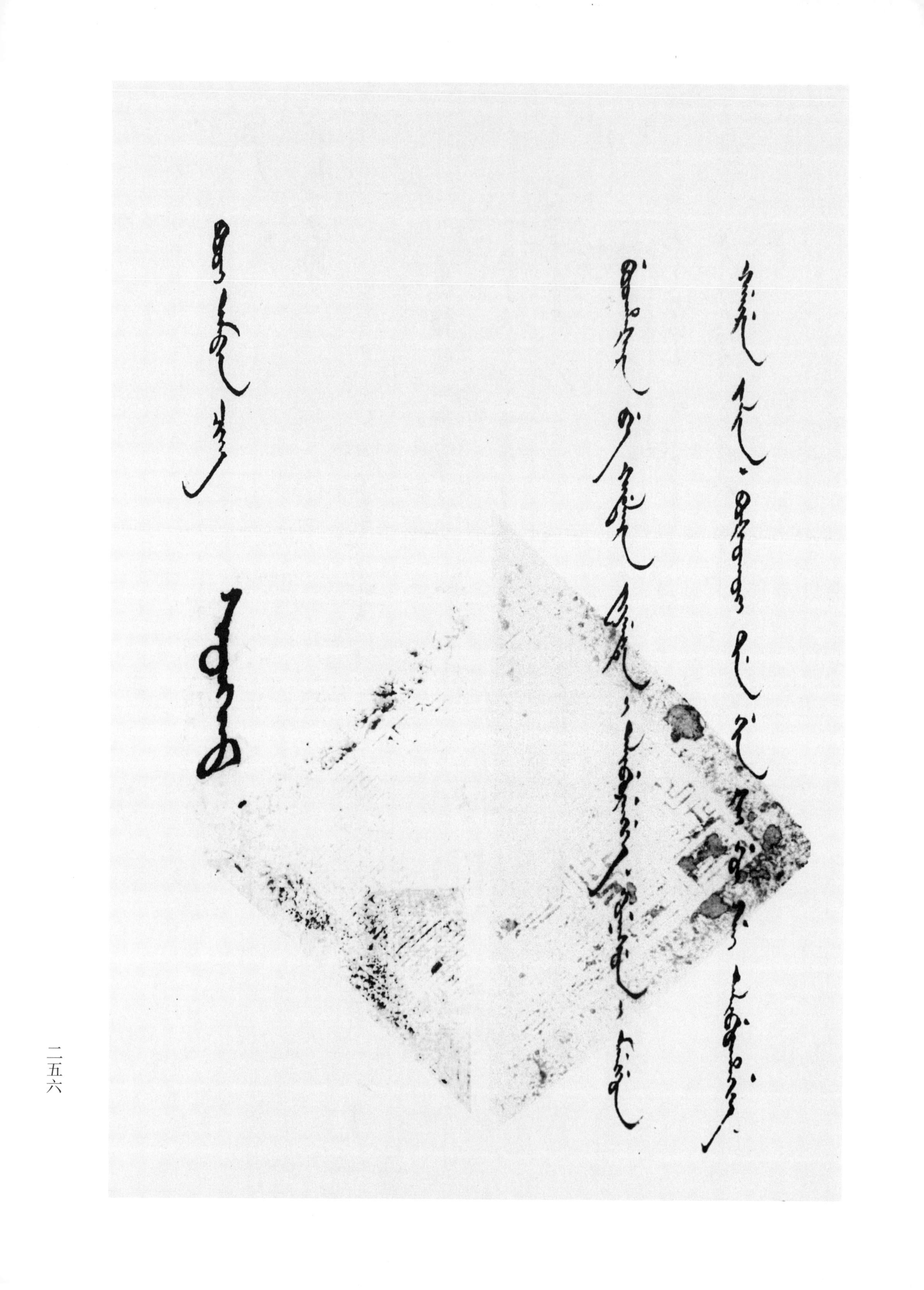

[illegible]

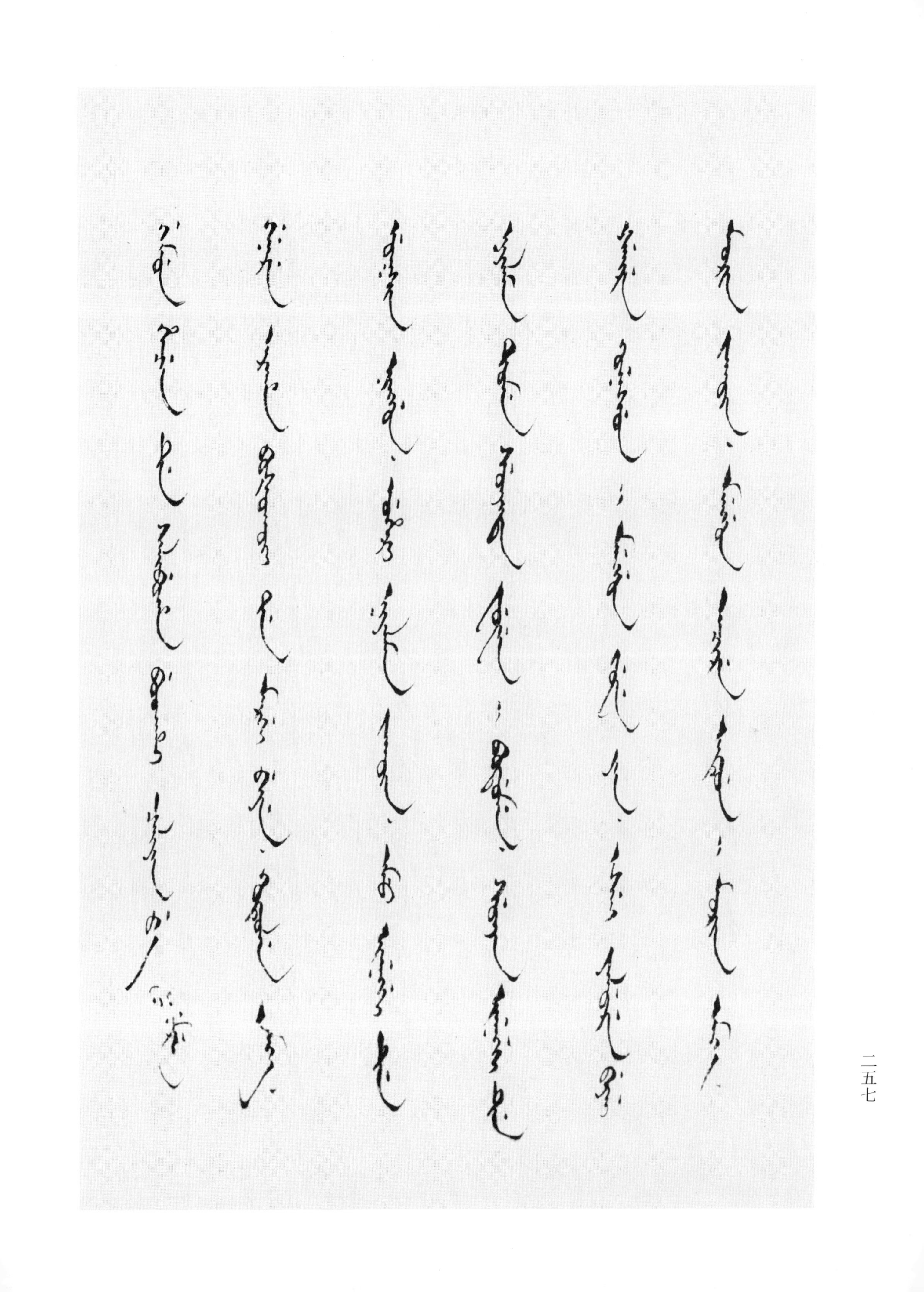

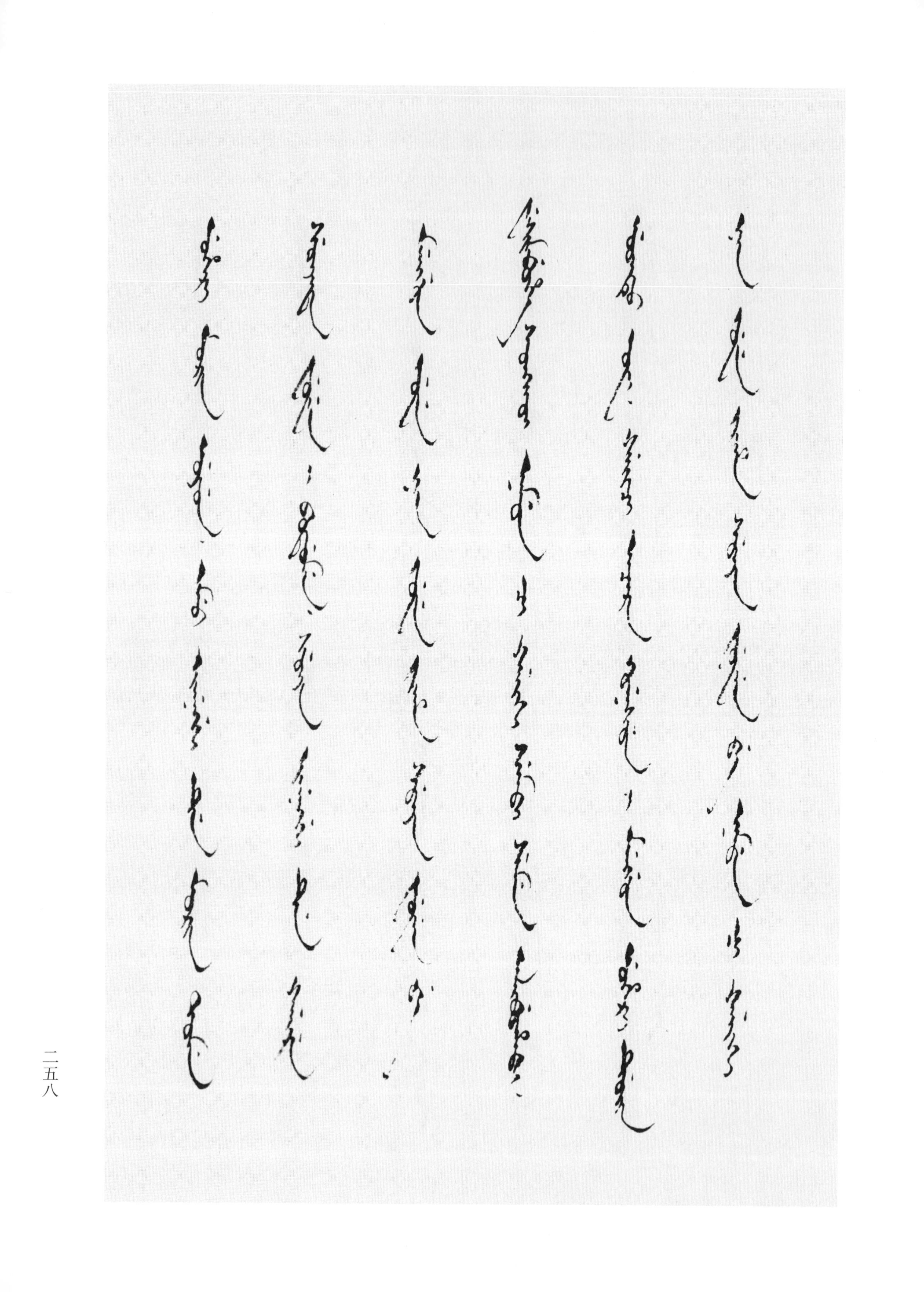

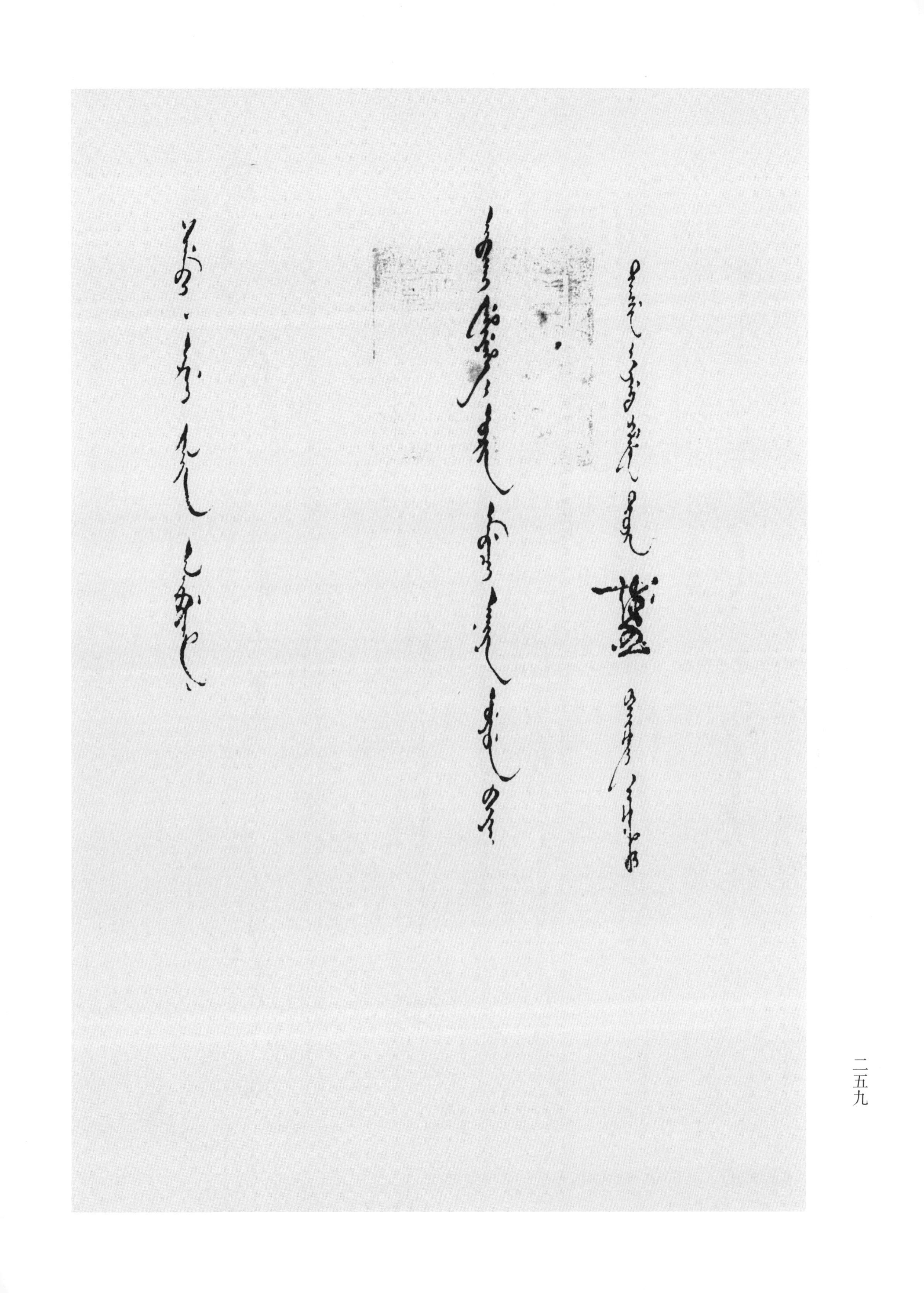

[illegible]

[illegible]

[illegible]

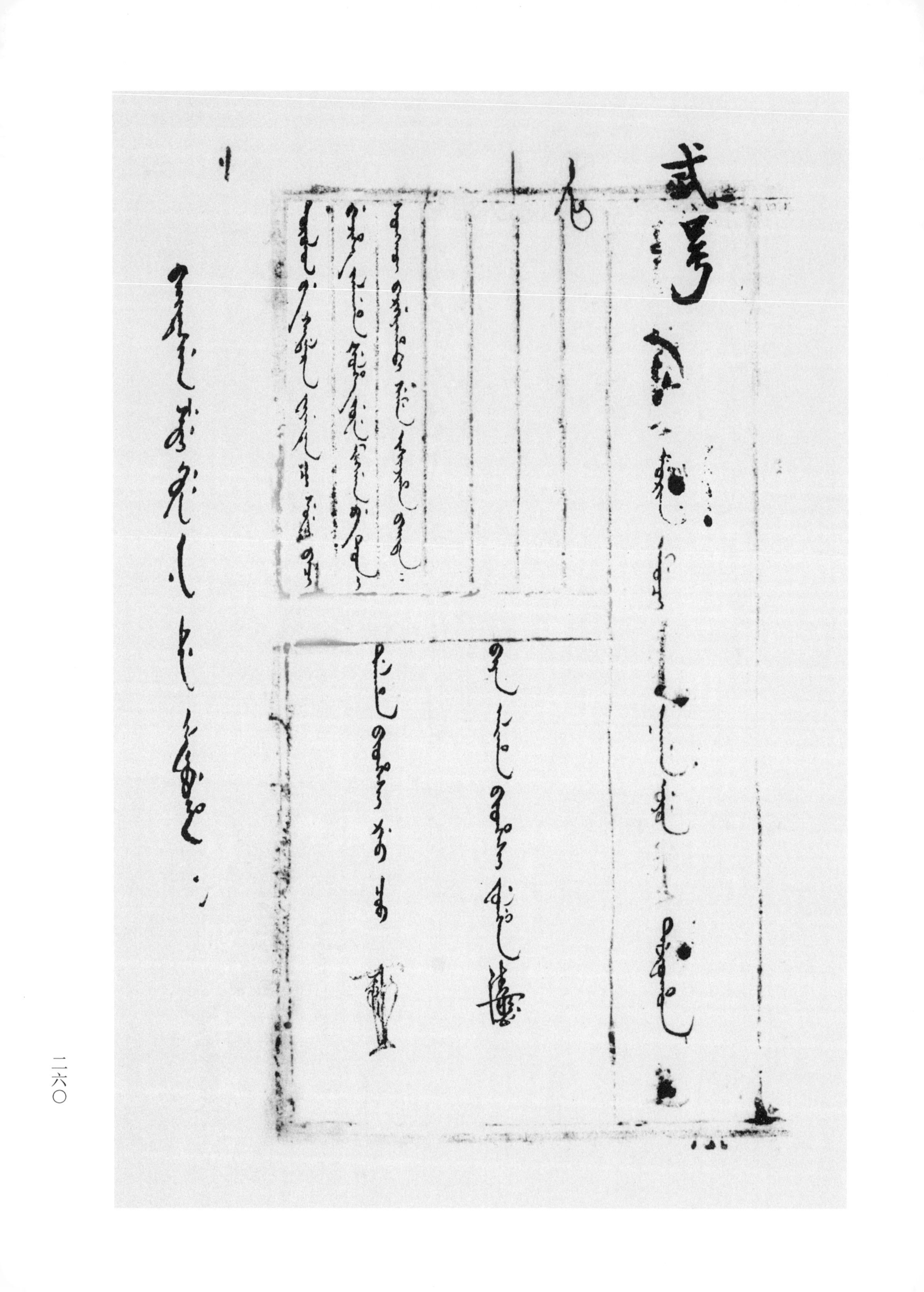

武号

ᠵᡠᠸᠠᠨ ᠨᡳᠩᡤᡠᠨ ᡩᡝ

ᠵᡠᠸᠠᠨ ᠨᡳᠩᡤᡠᠨ ᡩᡝ

ᠵᡠᠸᠠᠨ ᠨᡳᠩᡤᡠᠨ ᡩᡝ

十六日

十六日

十六日

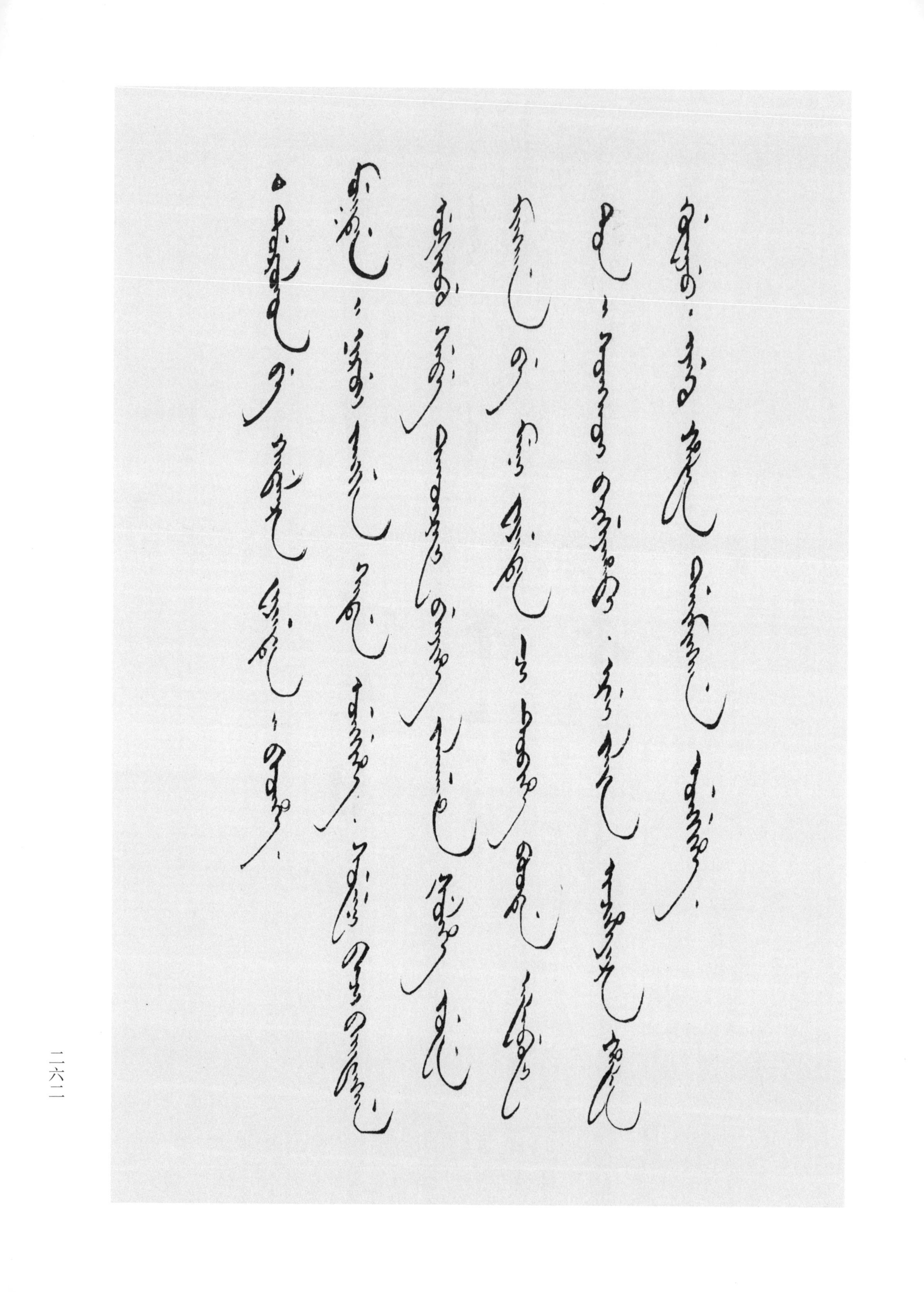

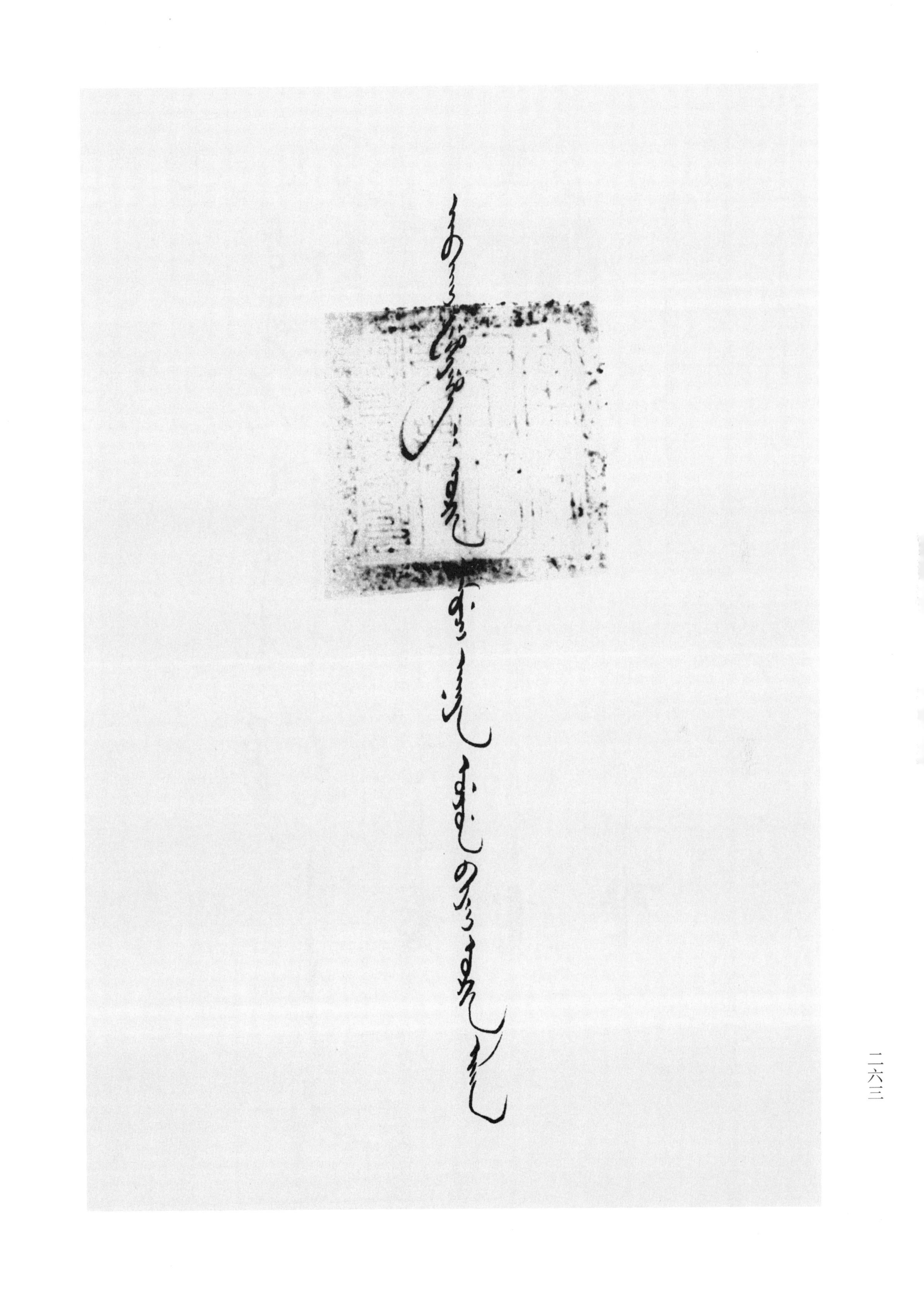

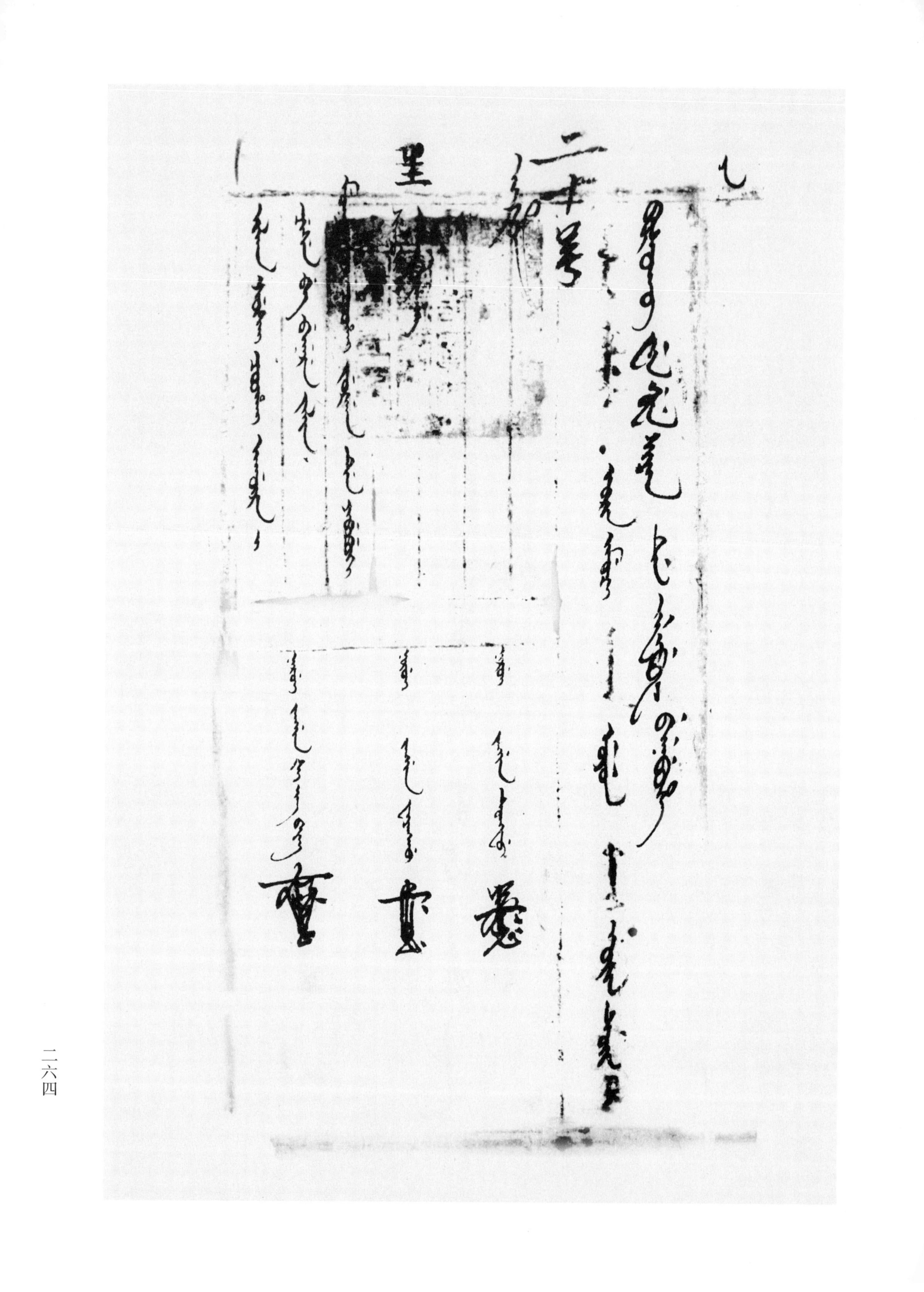

七

二十

呈

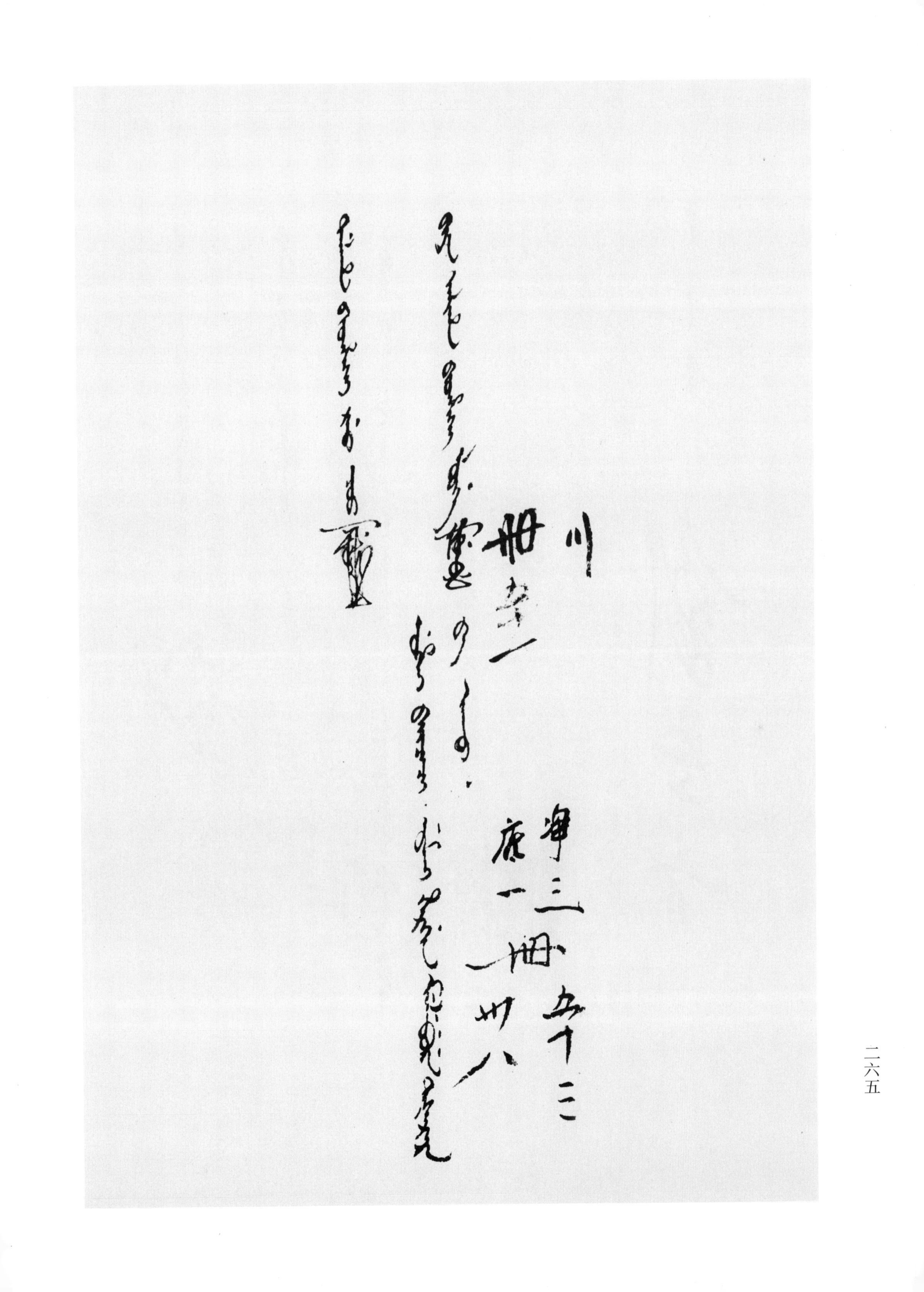

川

卌 李二一

[illegible]

海三 卌 五十二

底一 卌 廿八

[illegible]

[illegible]

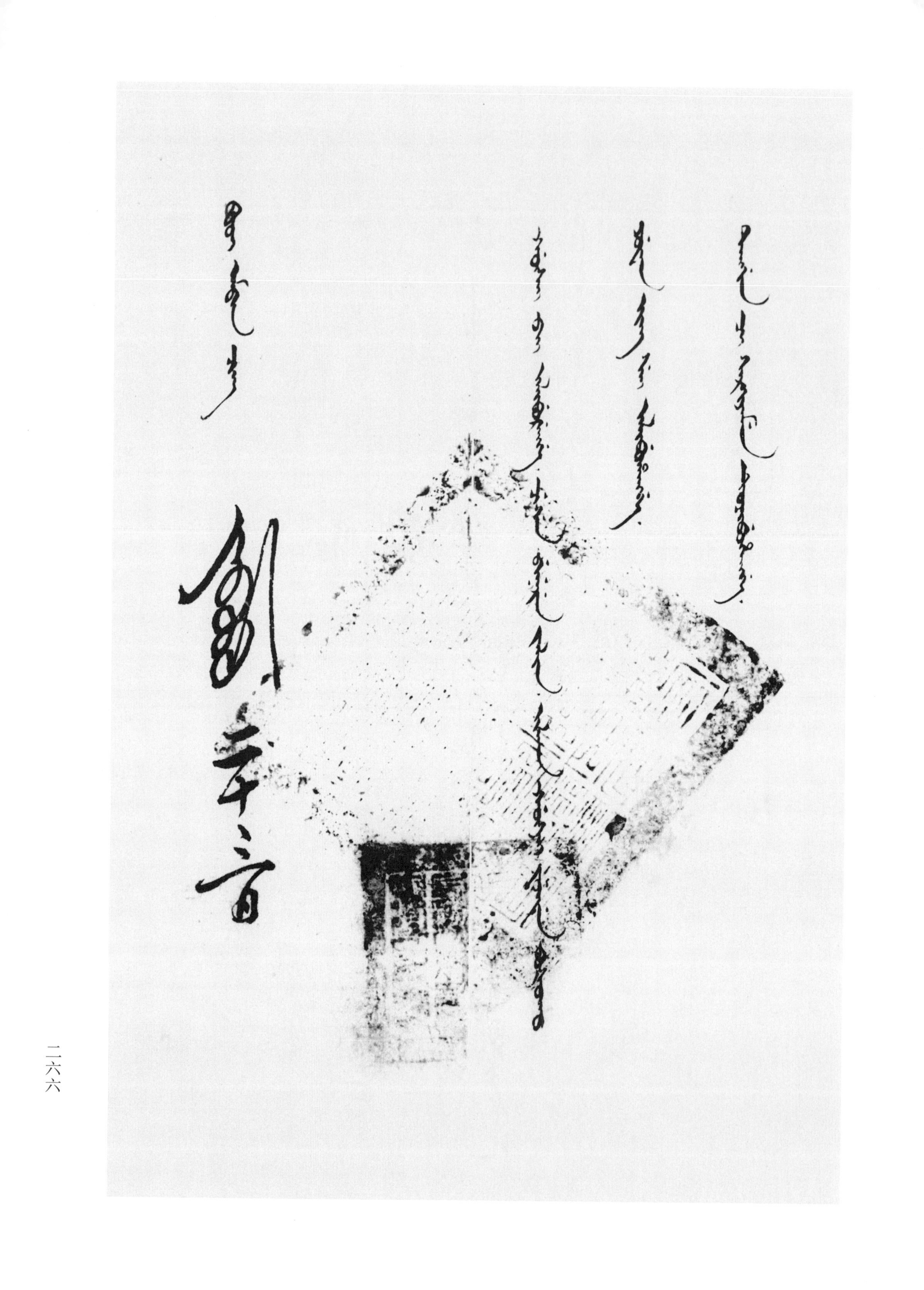

劉

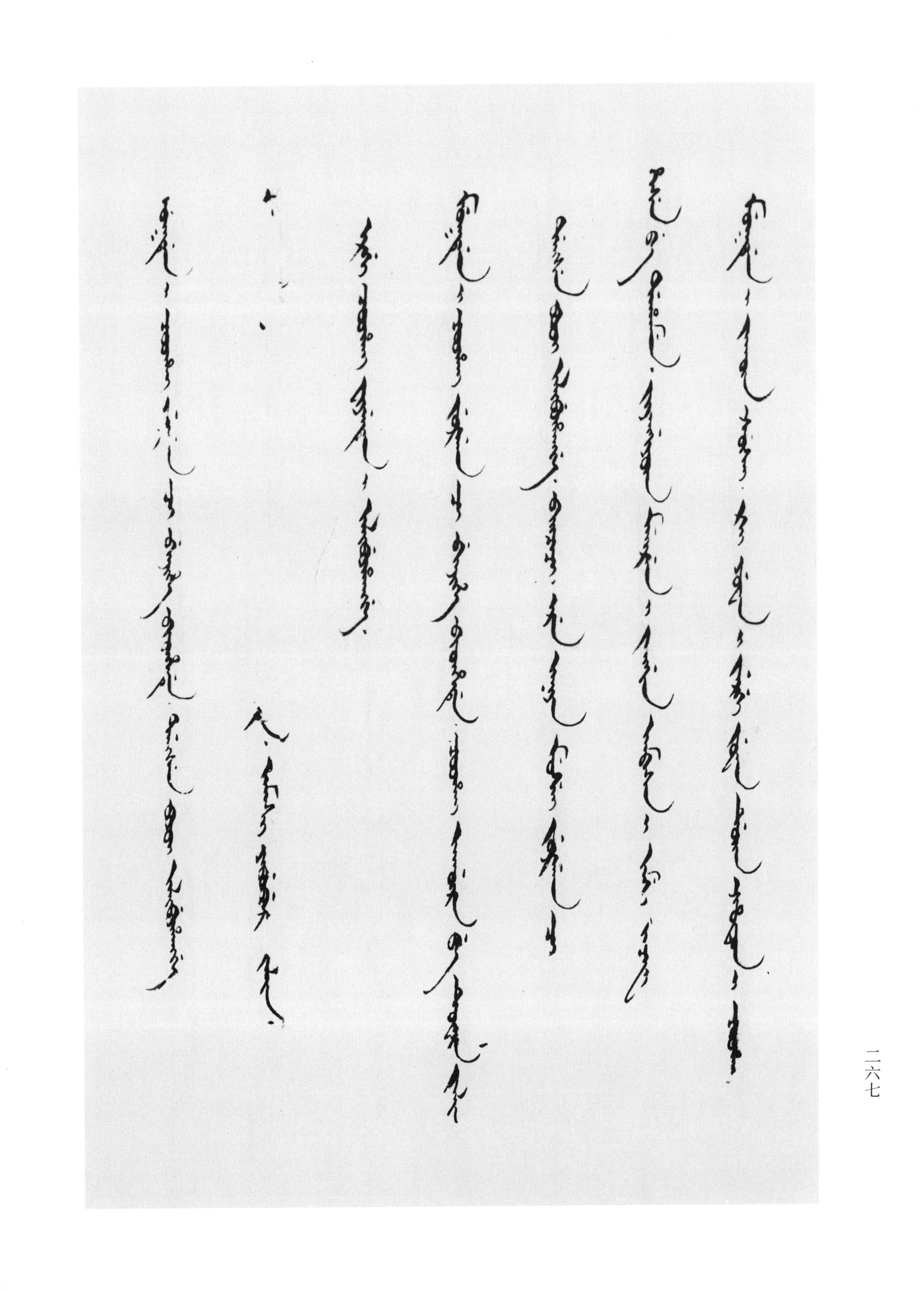

[illegible]

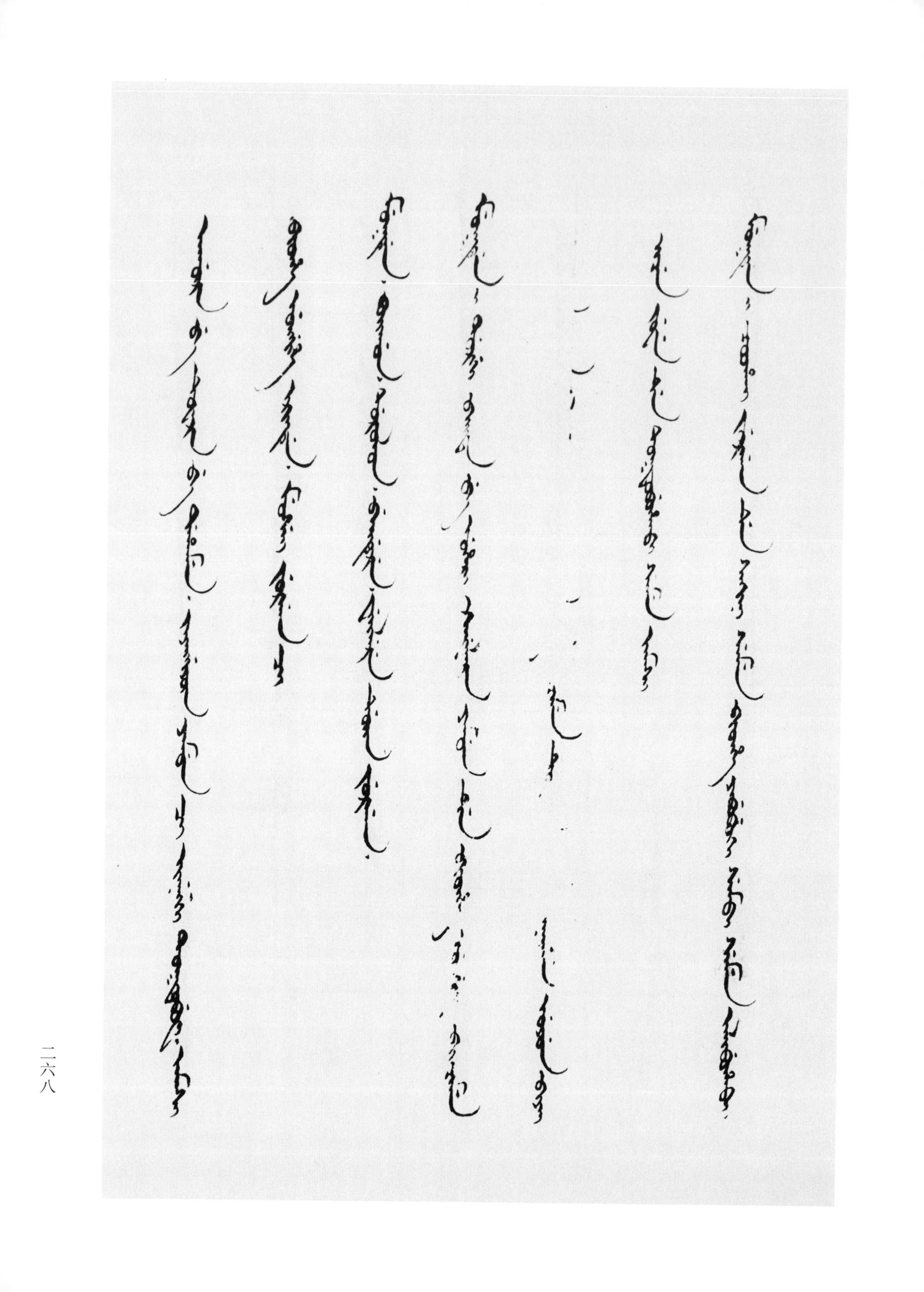

[illegible]

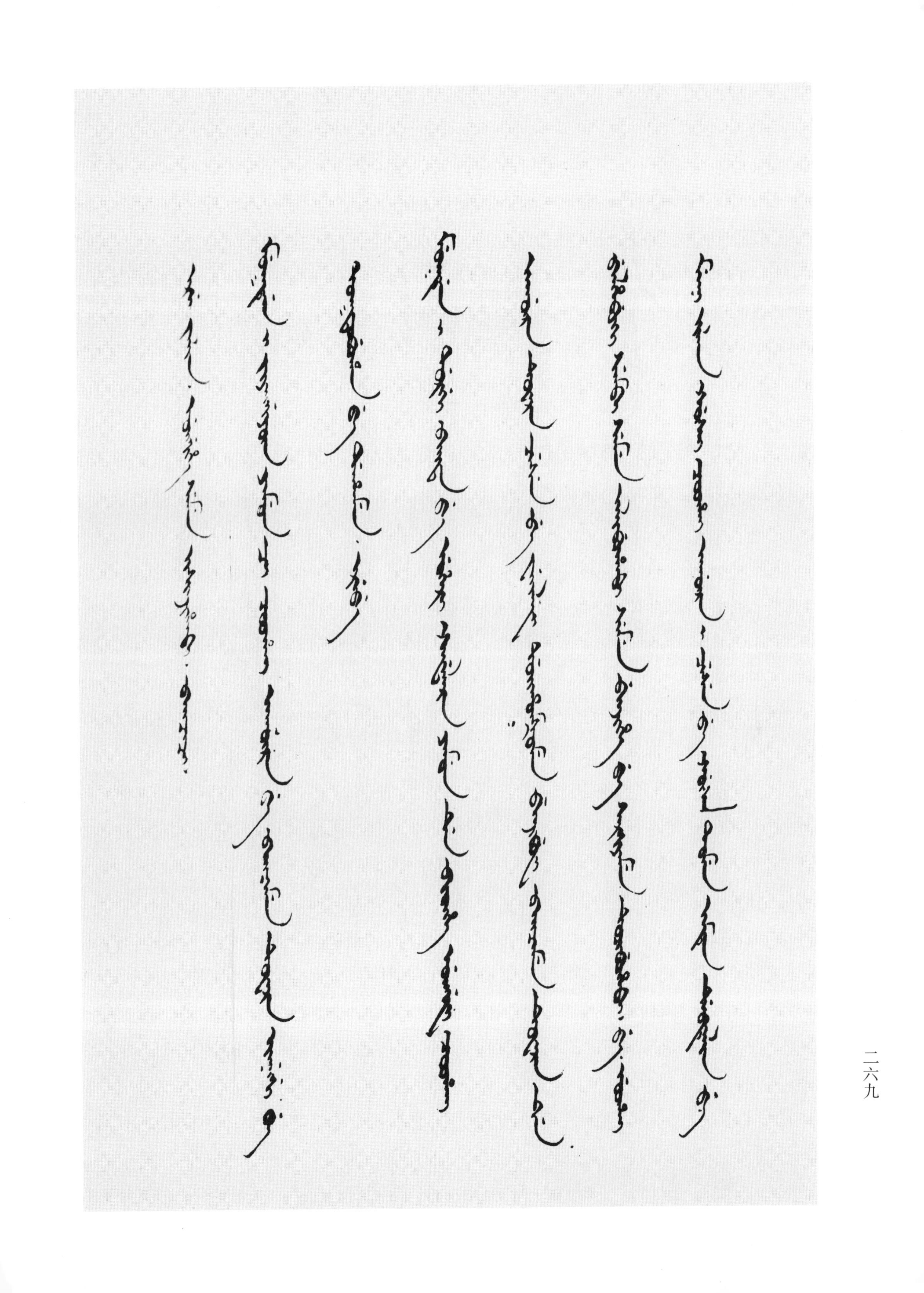

[illegible]

[illegible]

[illegible]

[illegible]

[illegible]

[illegible]

[illegible]

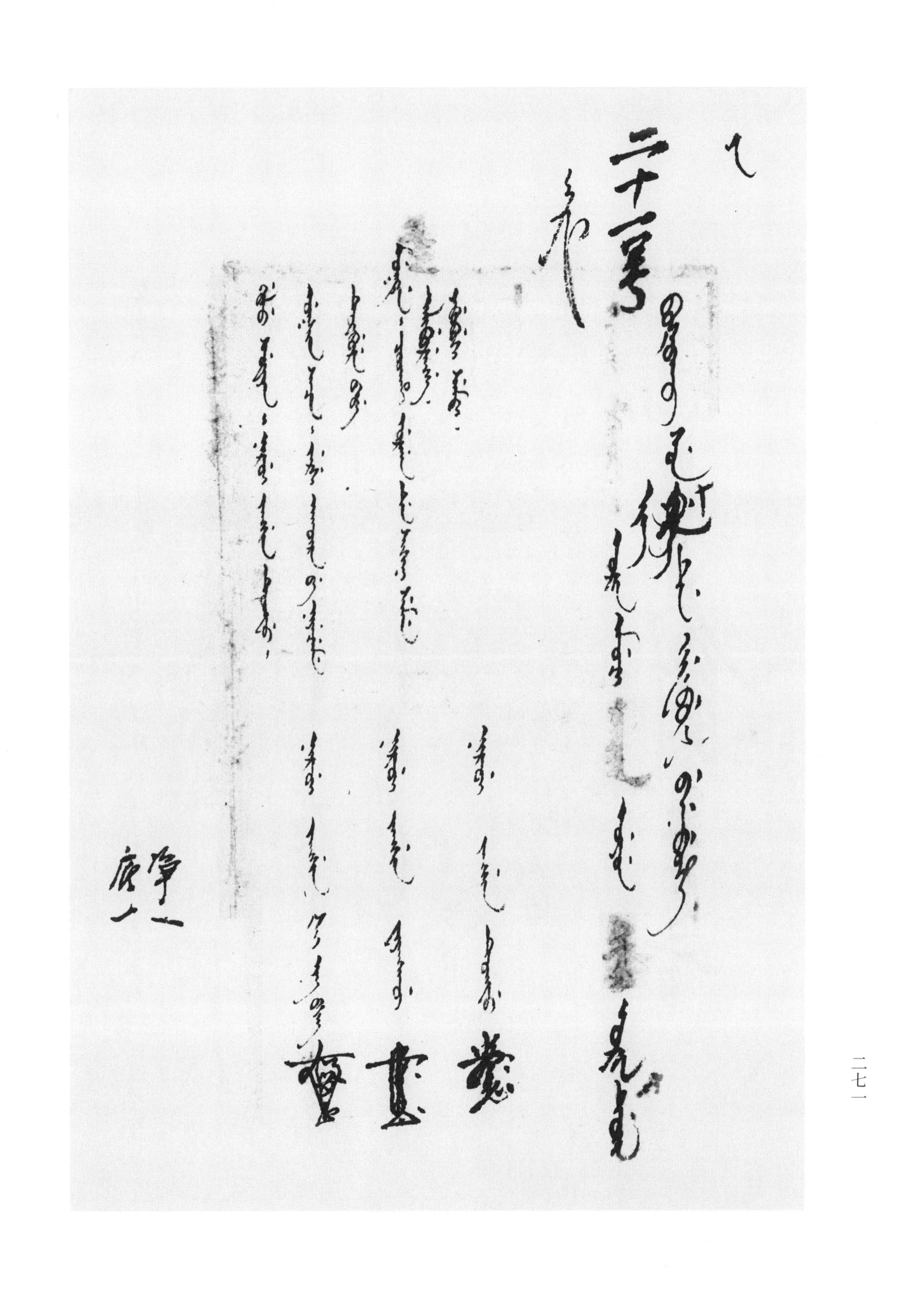

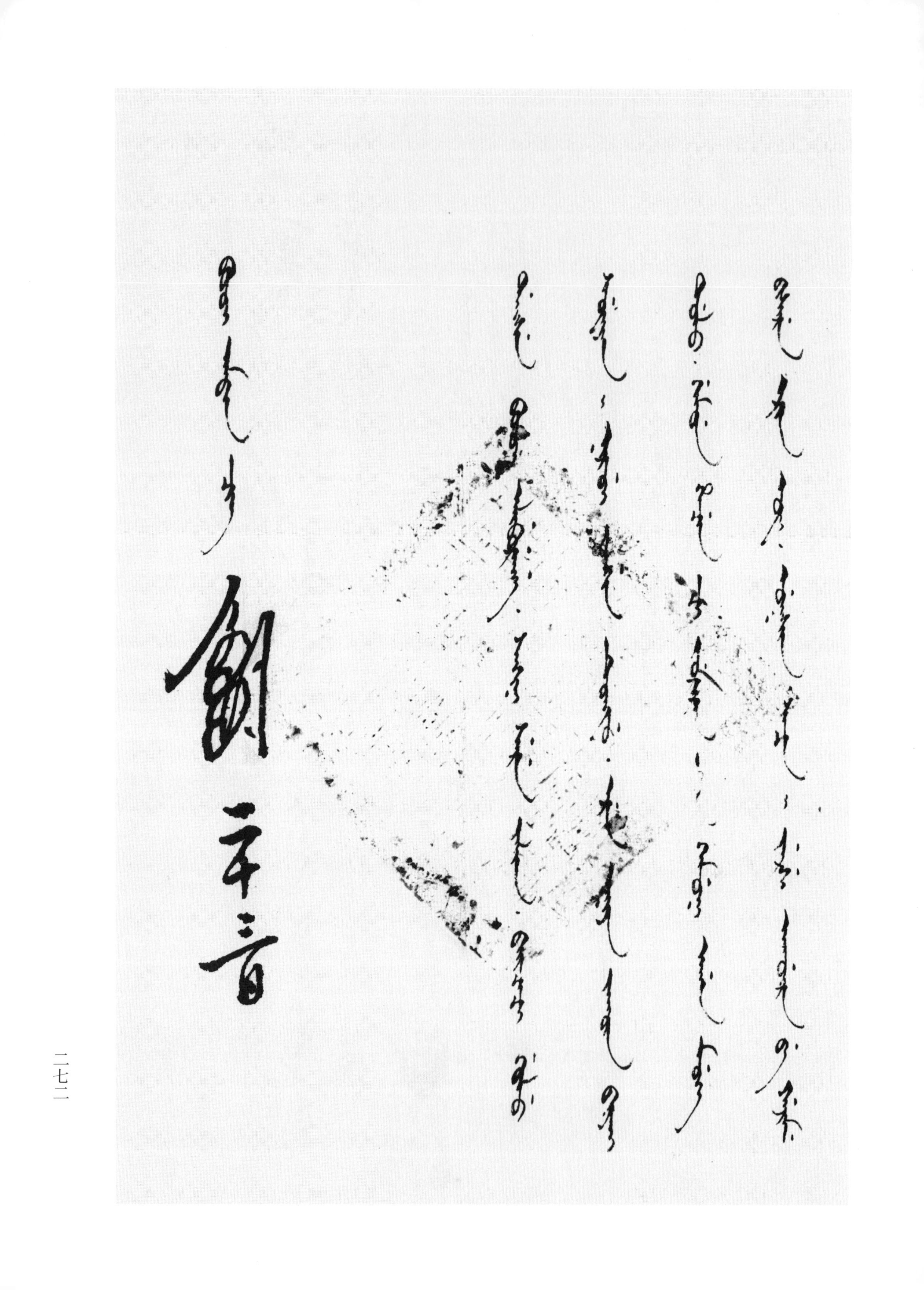

劉一平言

[illegible]

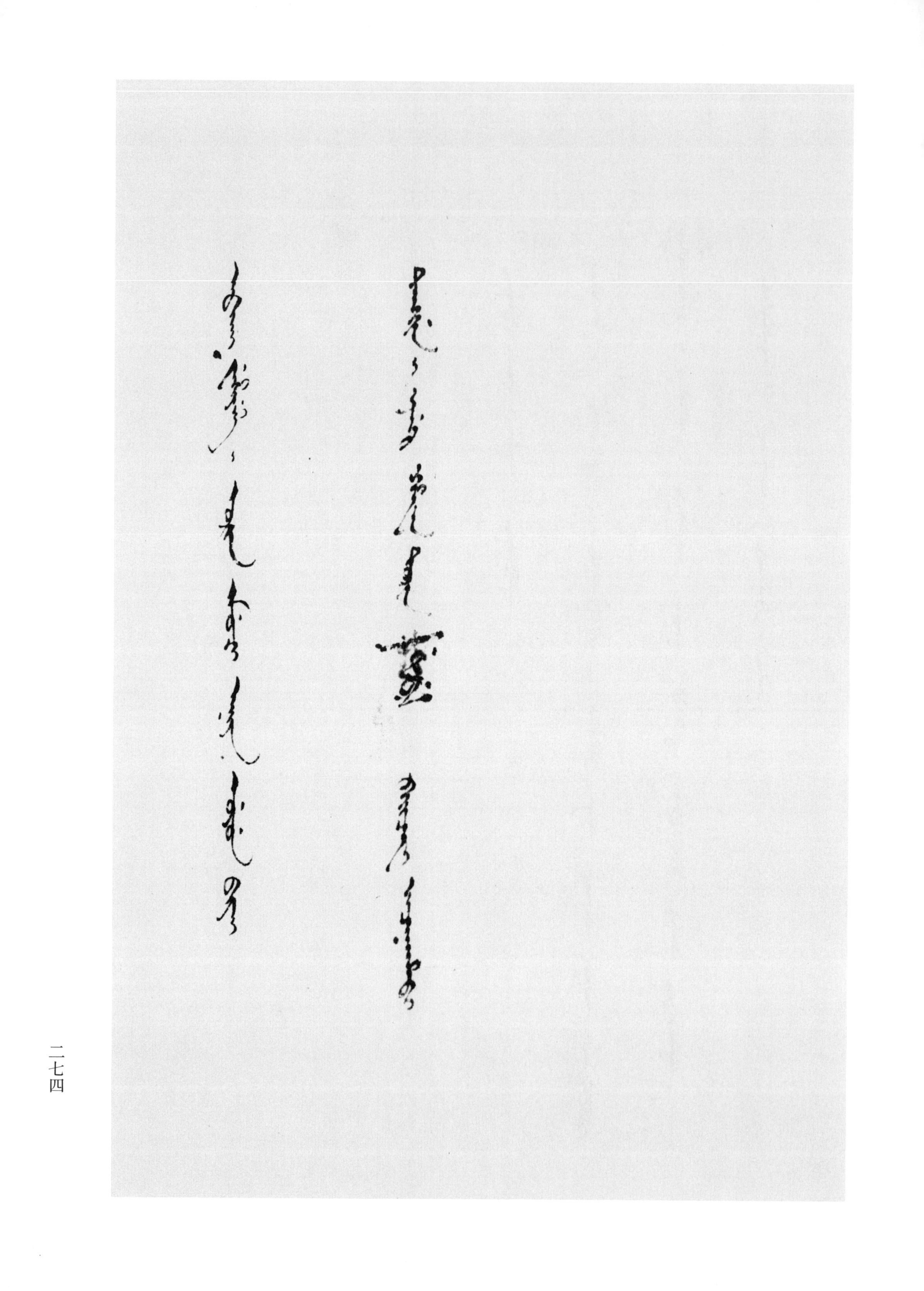

[illegible]

[illegible]

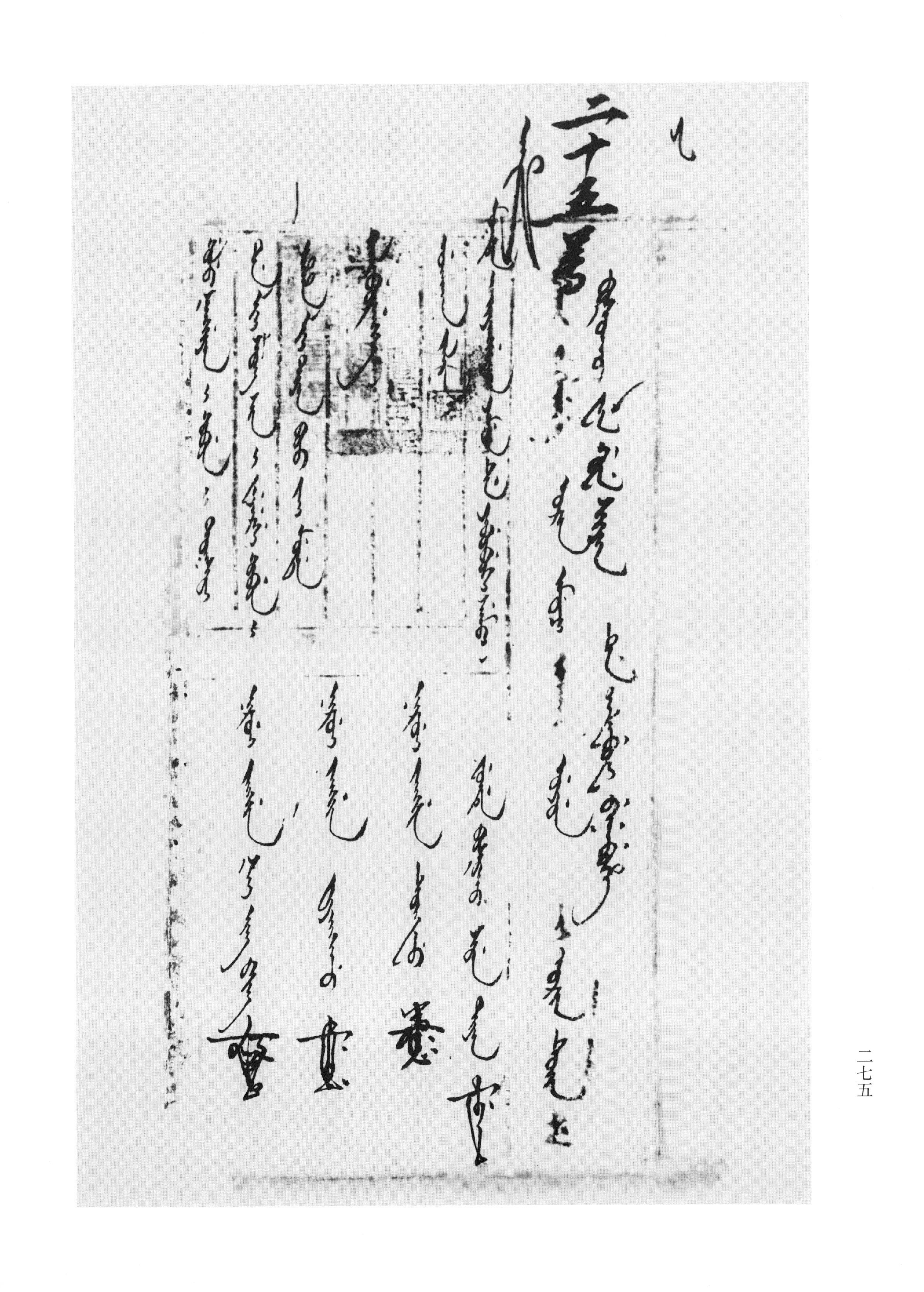

二十五号

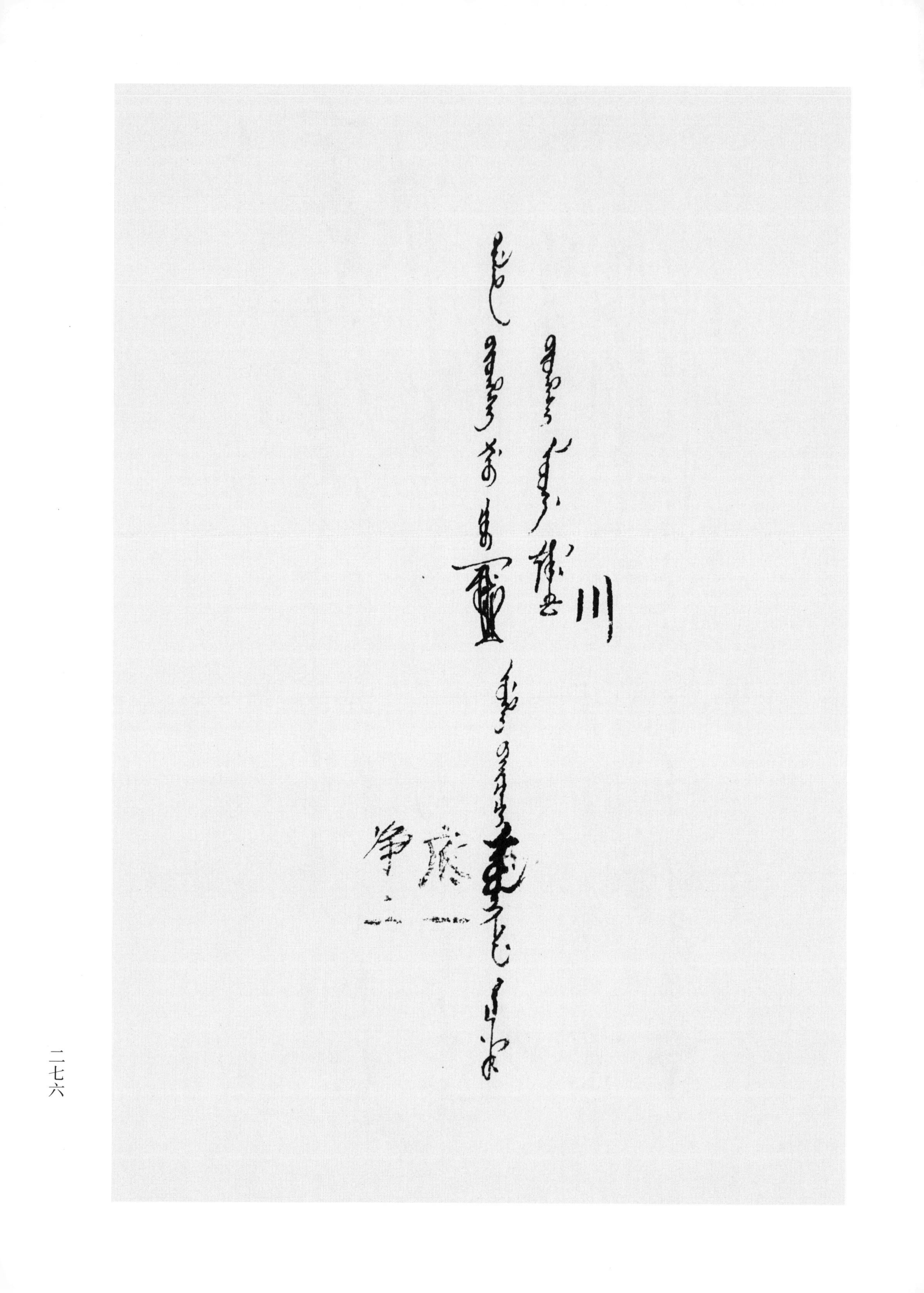

川

康 二

第 二

劉一年之首

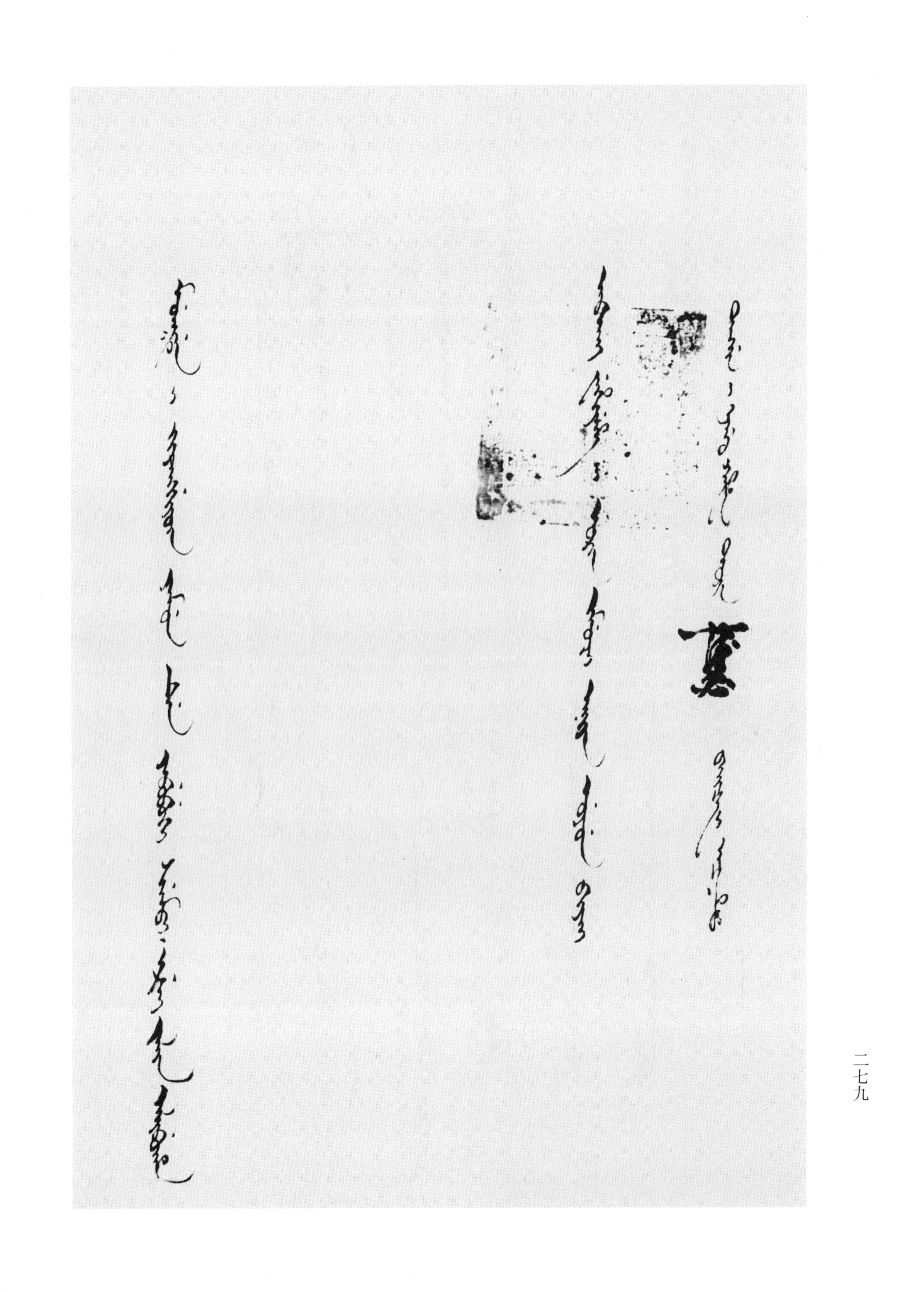

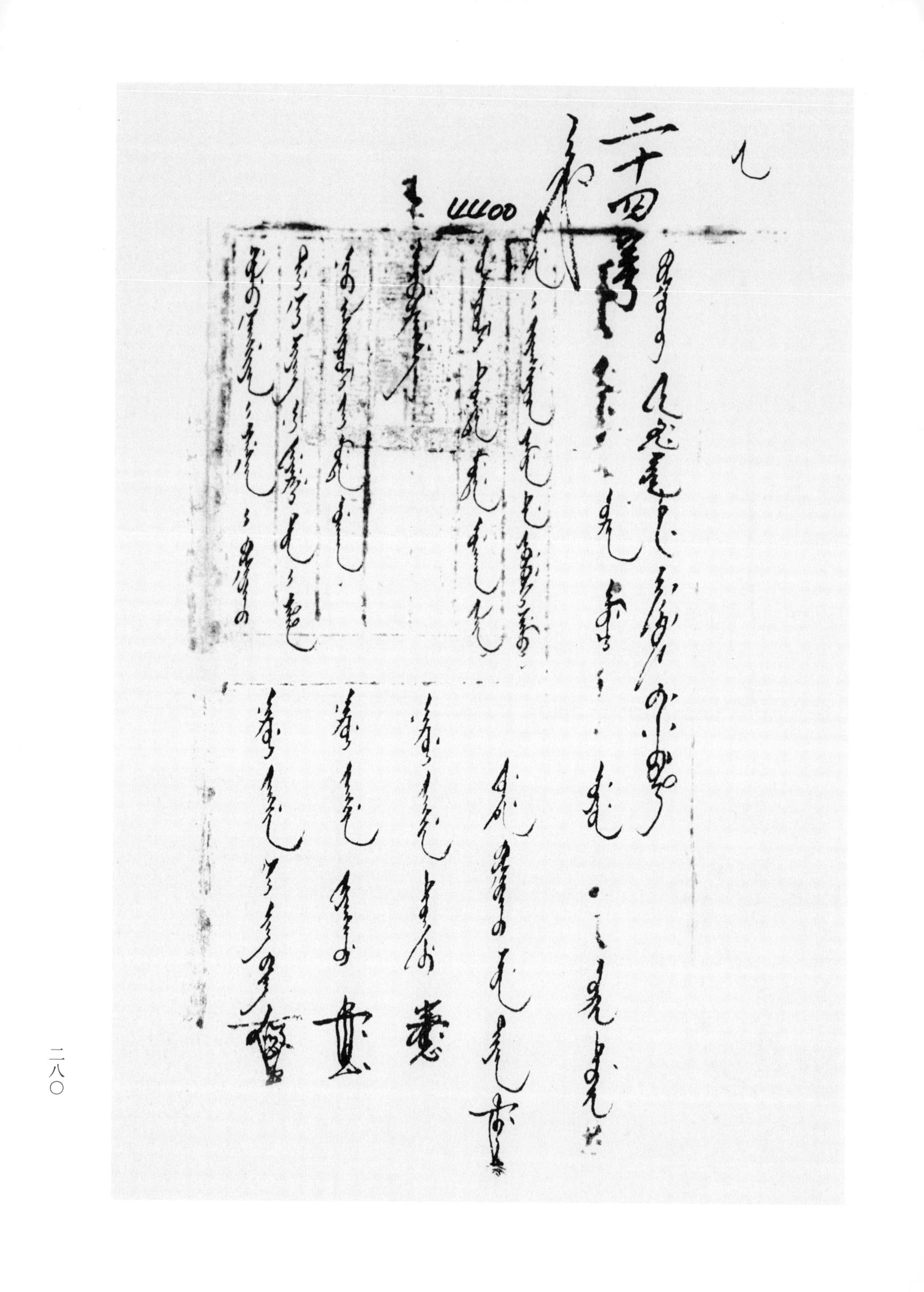

九

二十四號

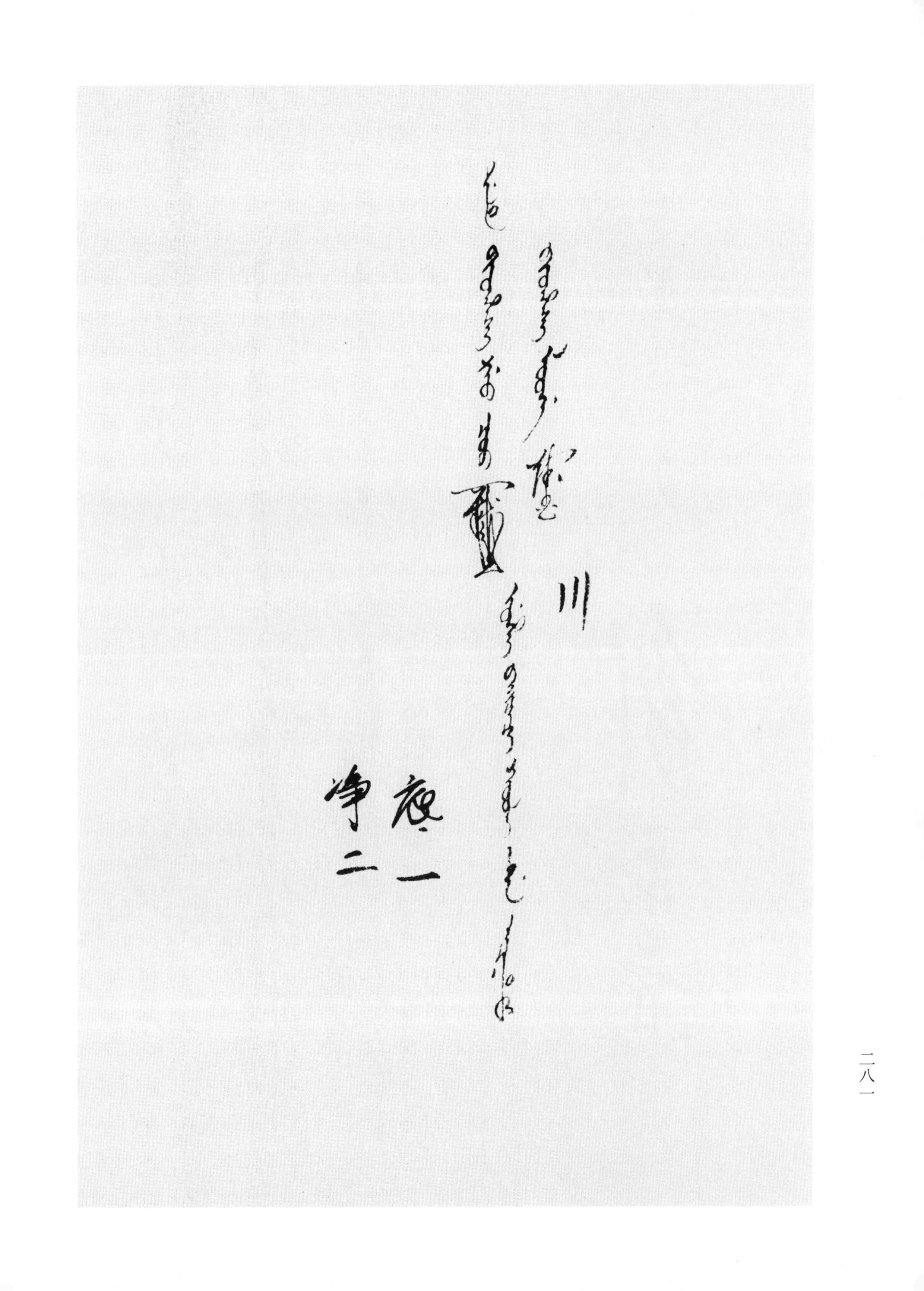

川

夜一

净二

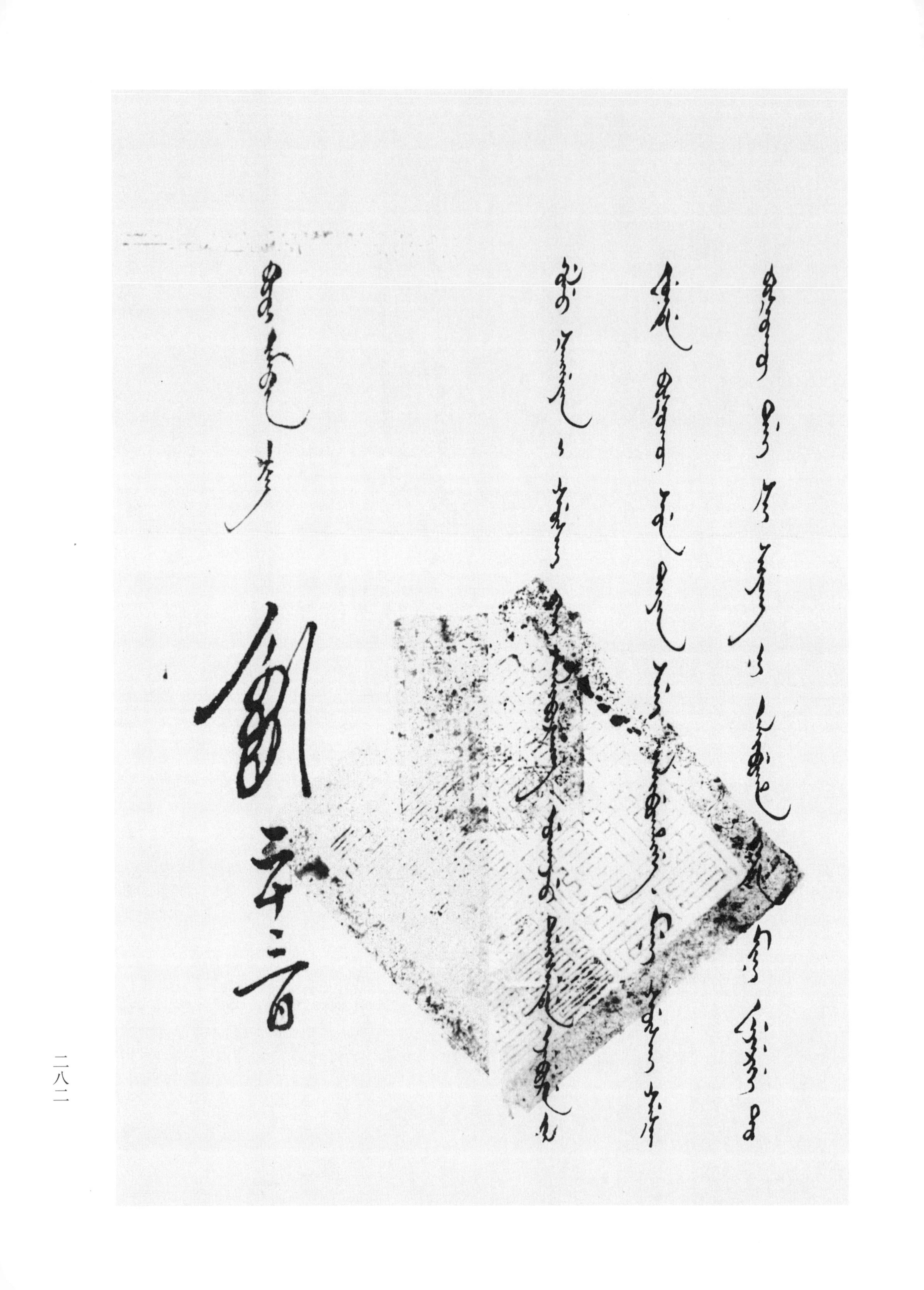

劉

率二百

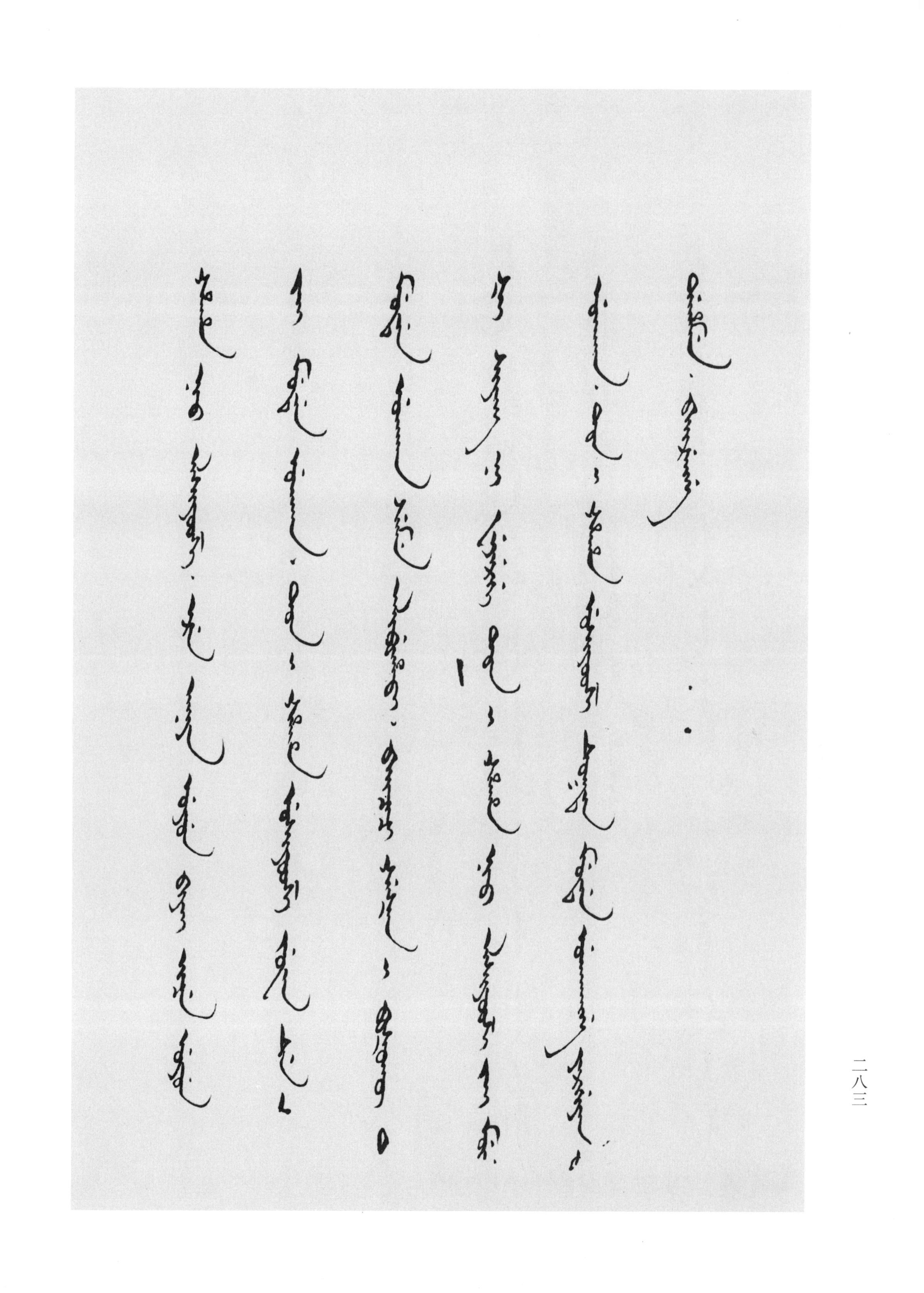

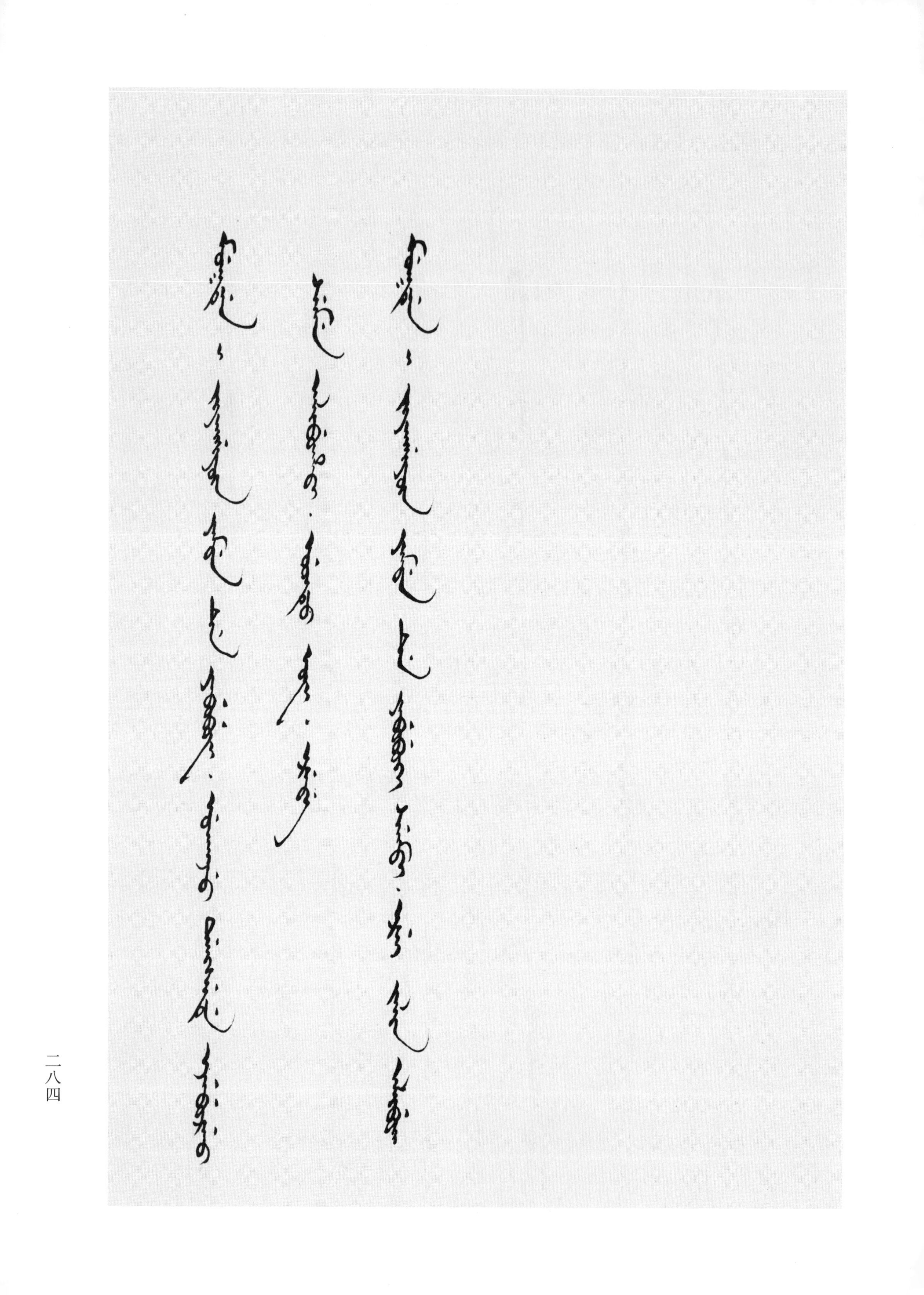

乾隆二十一年九月

給關防印票飭令該網戶等各持印票採捕之
處採捕等因知會戶部將軍衙門各在案今改換內務府大臣
印票仍照前票字號標頭丈尺併捕魚處所刷印
給發外再網戶王福德身故其所領票二張改註伊子
王克仁李國玉身故票二張改註伊孫李富榮徐尚德
身故票二張改註伊子徐國英外其餘網戶孟義伯徐
永慶等印票仍註本身名下之處一併呈請咨行
盛京戶部將軍衙門可也等情據此相應咨行
盛京戶部將軍衙門可也為此上呈

行

內務府大臣清

劉 一千二百

都虞司呈爲知會事據催總金世貴等呈稱

查得乾隆十四年間本衙門將採捕官魚船隻

逐一編號註明標頭丈尺併一定捕魚處所發

掌稿筆帖式高超

佐月筆帖式張珩

查對與例相符

都虞司呈為網户等更

換船票知會

盛京户部將軍衙門事

佐領石應屏

佐領費揚武

佐領佟福

乾隆二十一年九月二十四

十九號

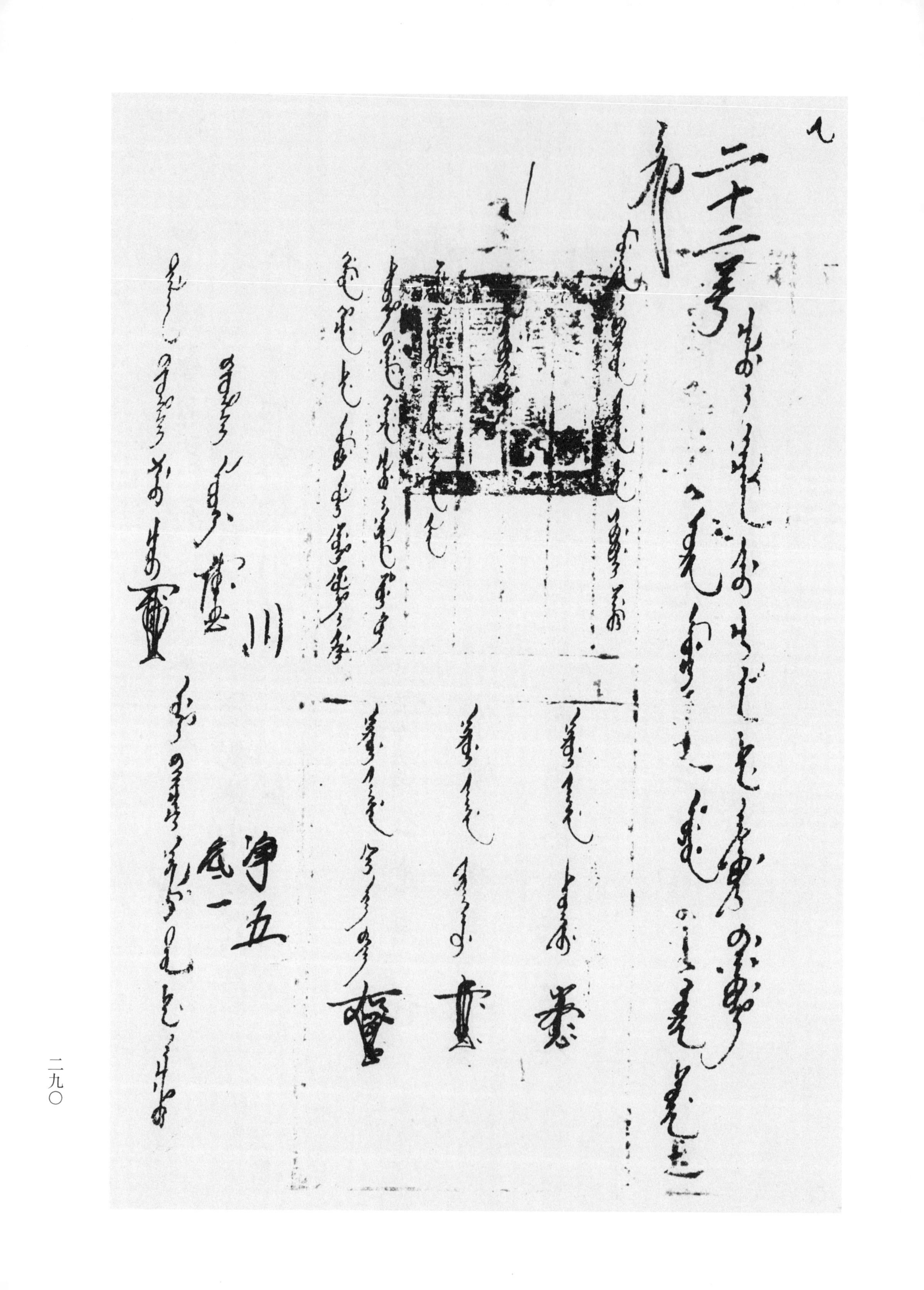

二十三号

川

浄五

成一

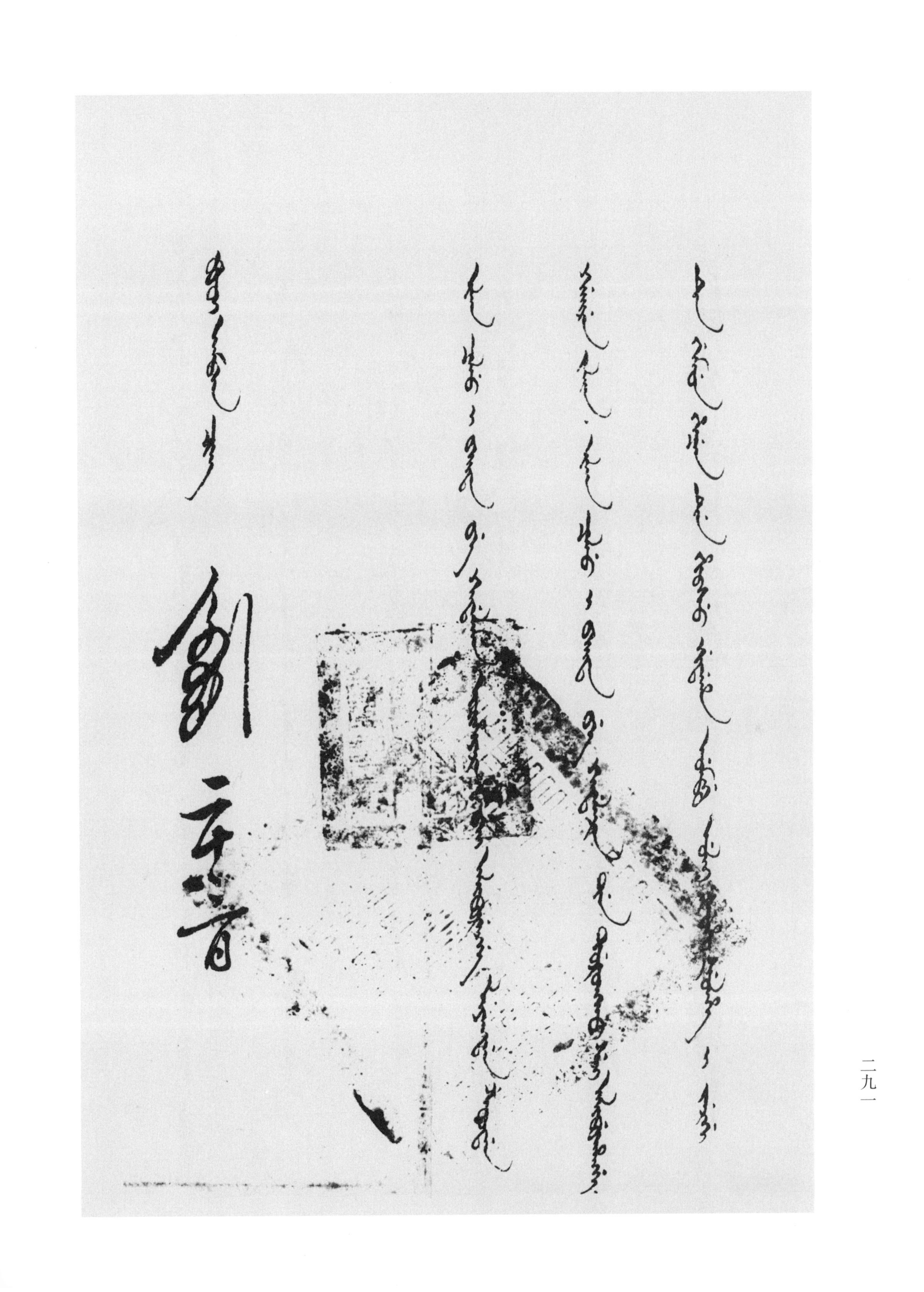

劉天音

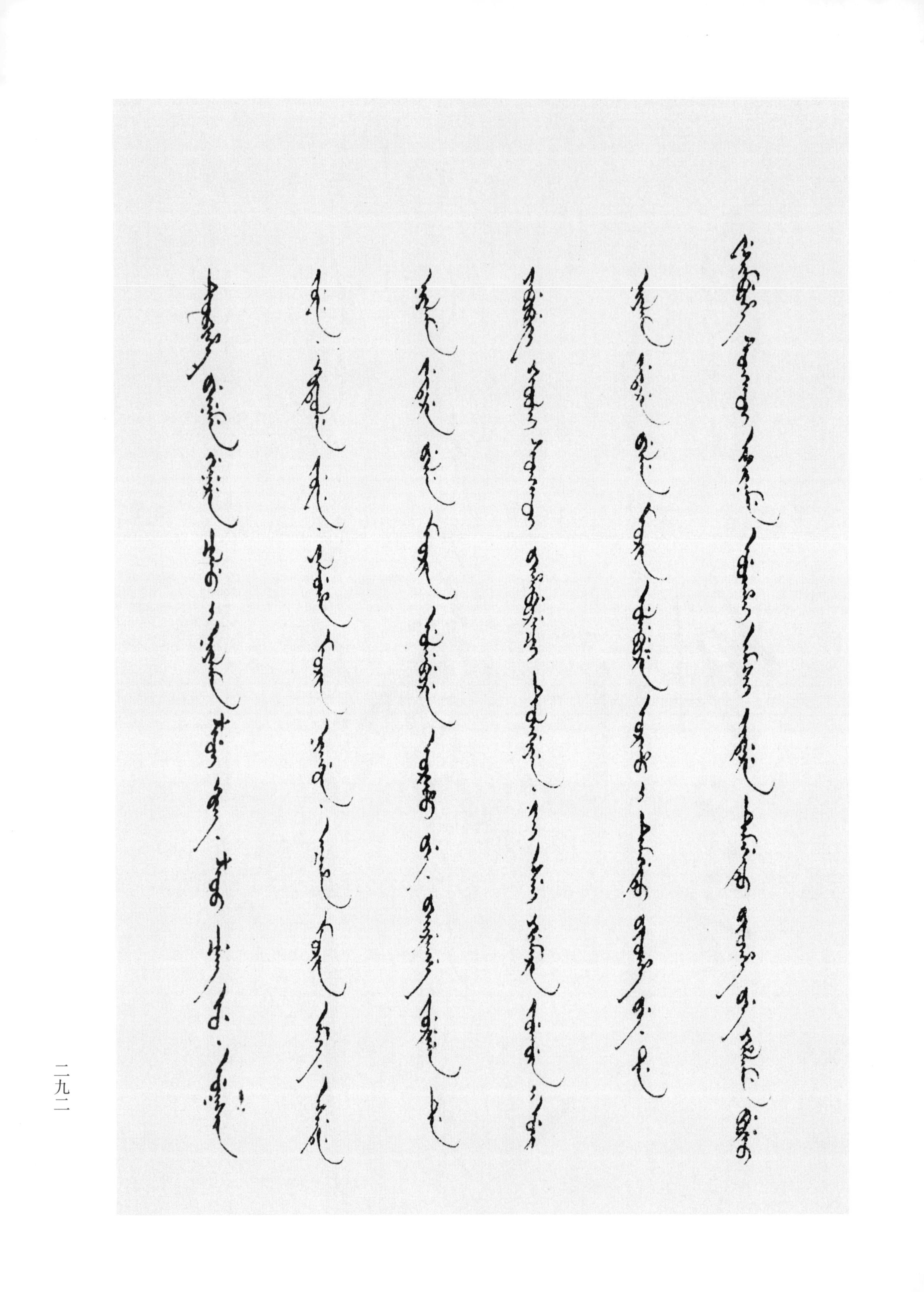

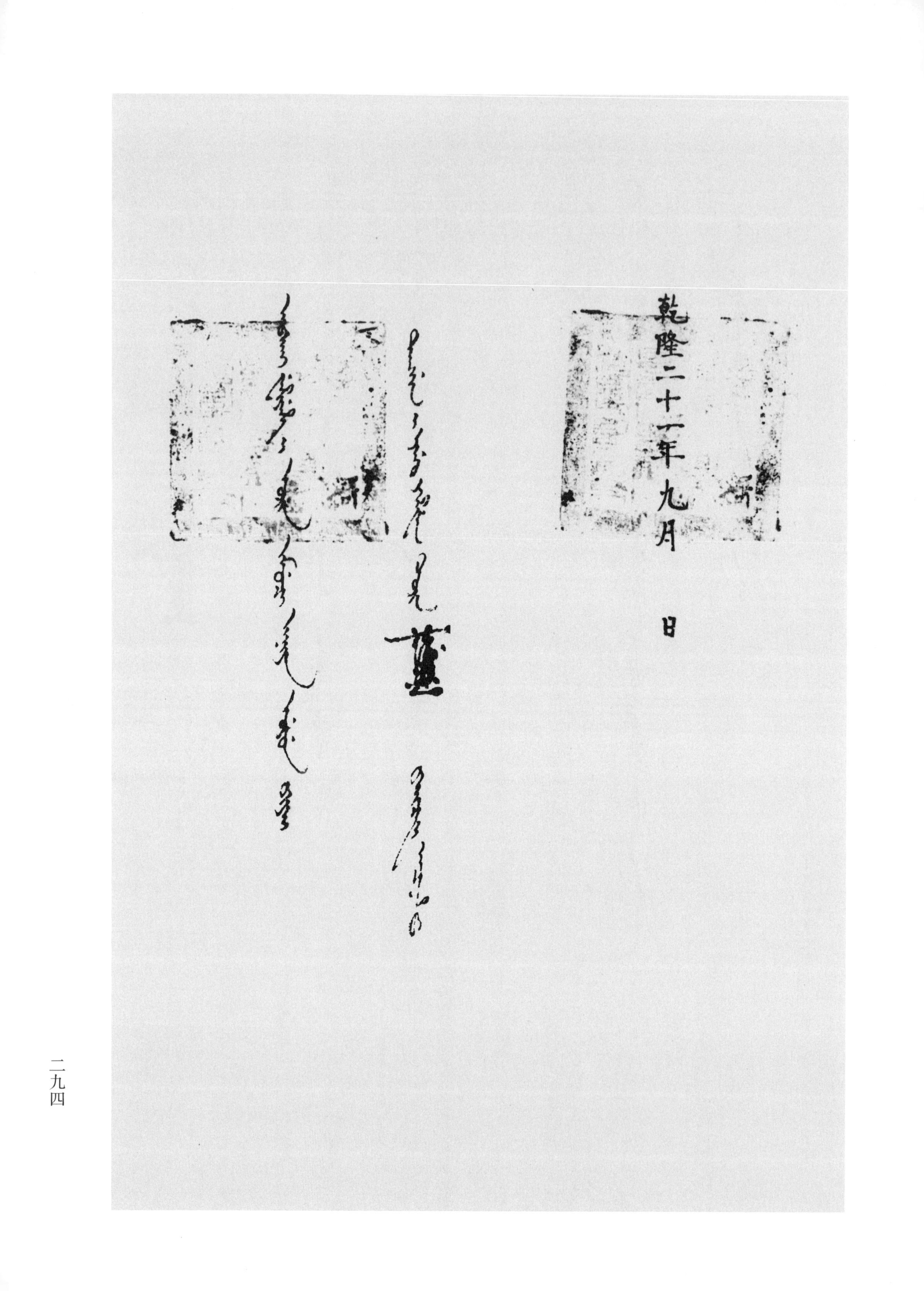

乾隆二十一年九月　日

管理三倉事務處呈為咨取粮草事據管理三倉

達多隆吾等呈稱今前往都京送蜜濺山里紅等項菓品去的

倉上人崔孔曹成武甲丁二名跟役二名騎馬六匹馱馬一匹伊等

人食口米喂馬草束祈為咨部照例給發外再伊等持去沿路

支領人食口米喂馬草束之票希照原

奏到日即便換給回票等情據此相應咨行

盛京户部可也為此上呈

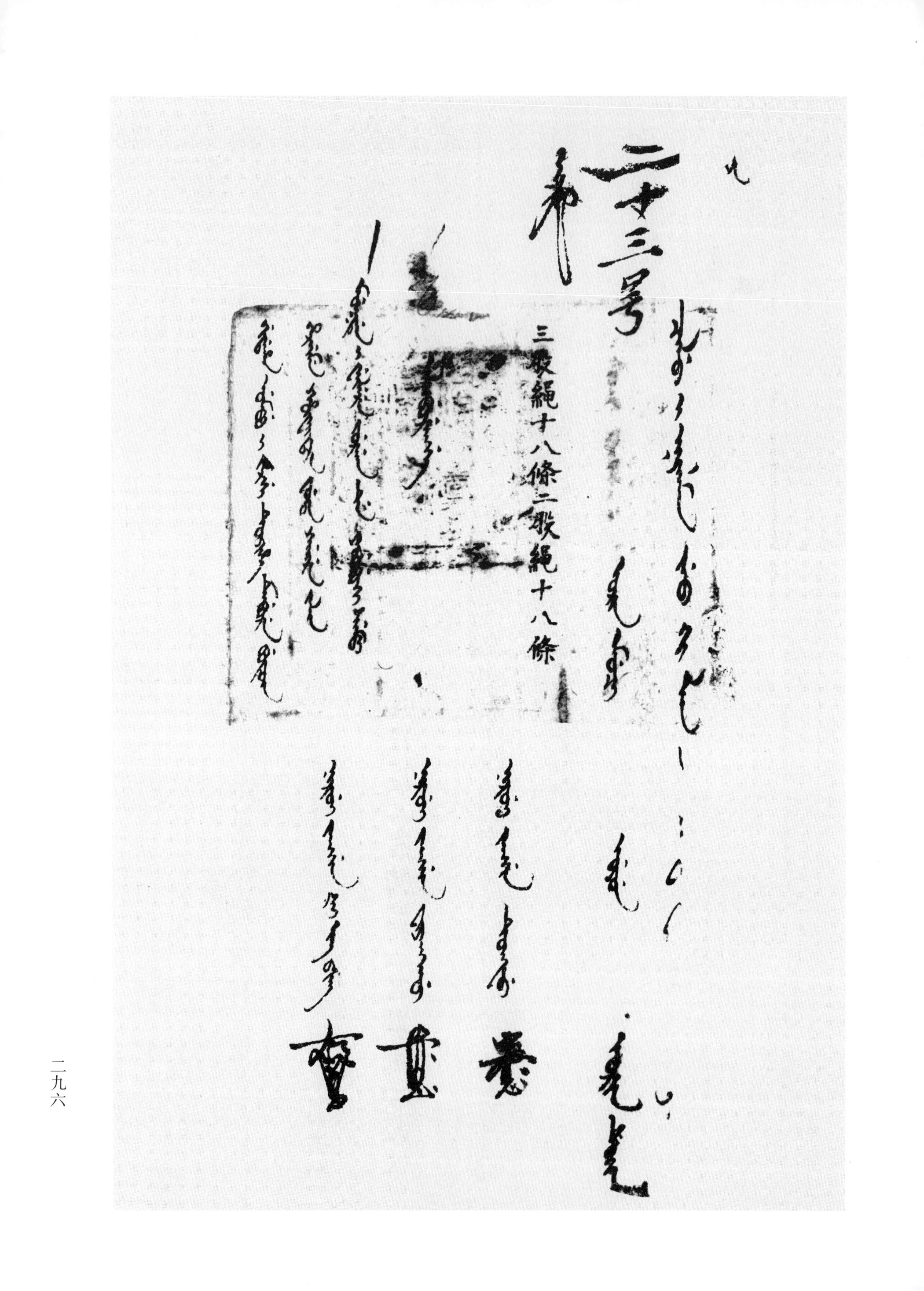

九

二十三号

三股繩十八條二股繩十八條

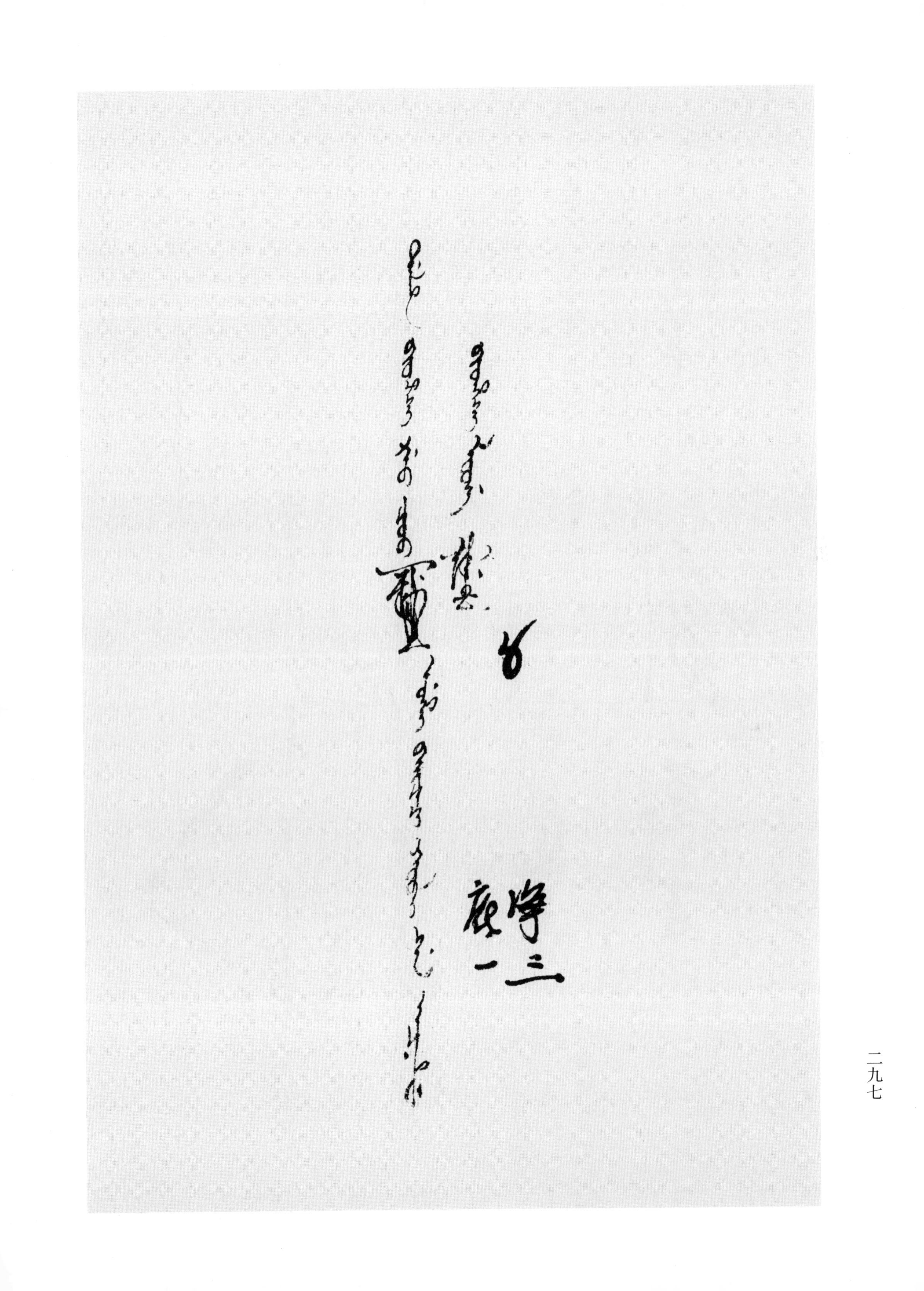

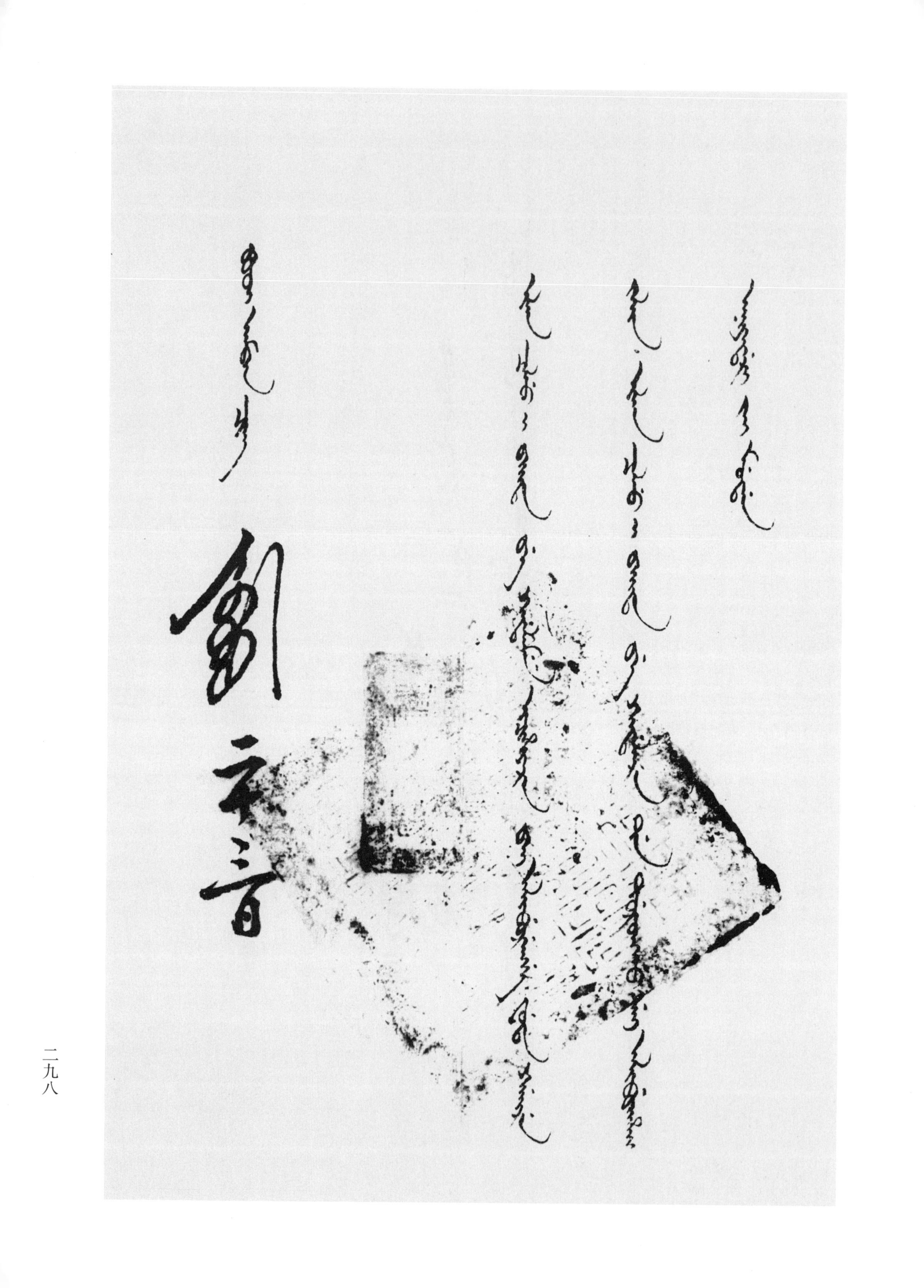

劉示音

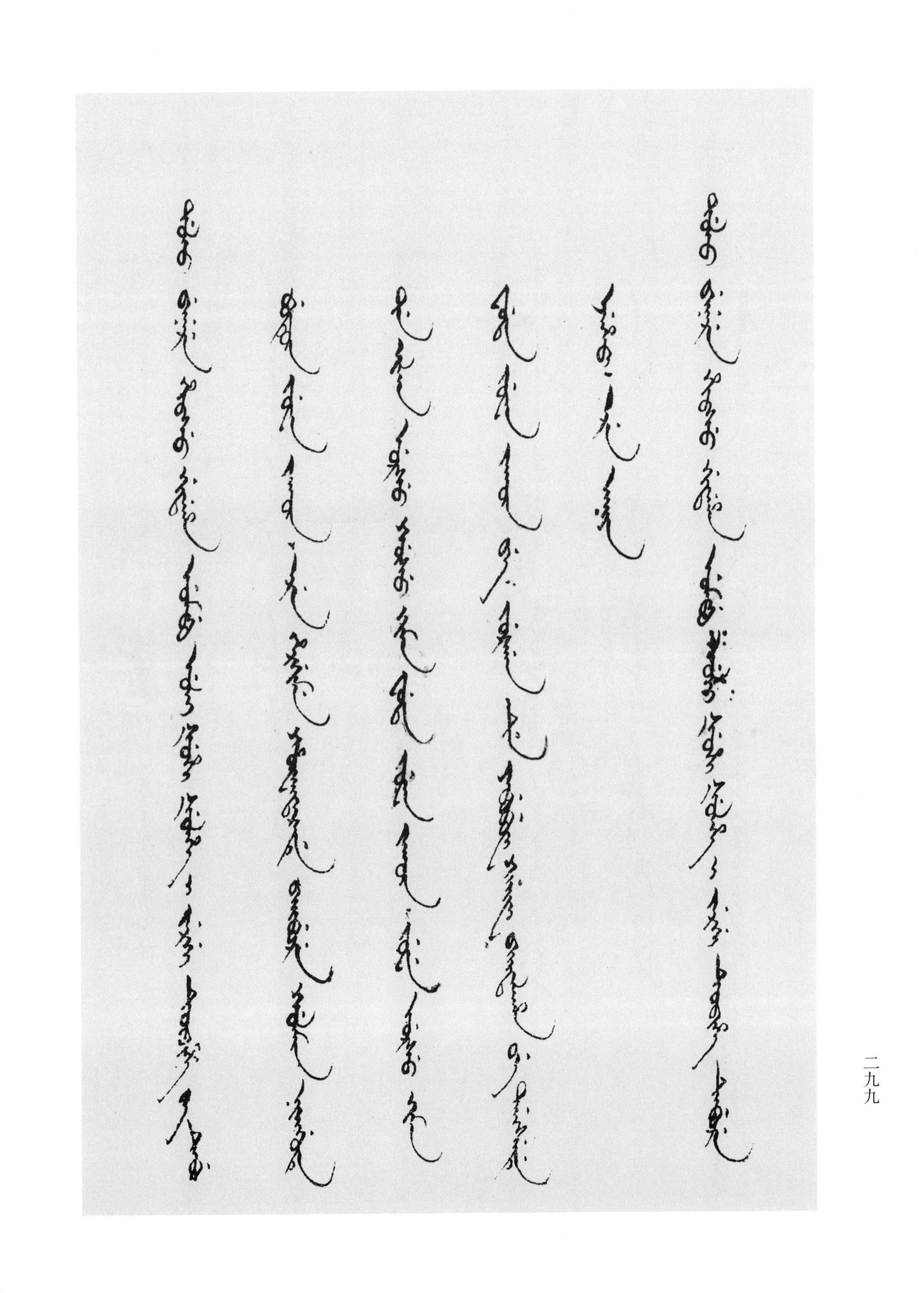

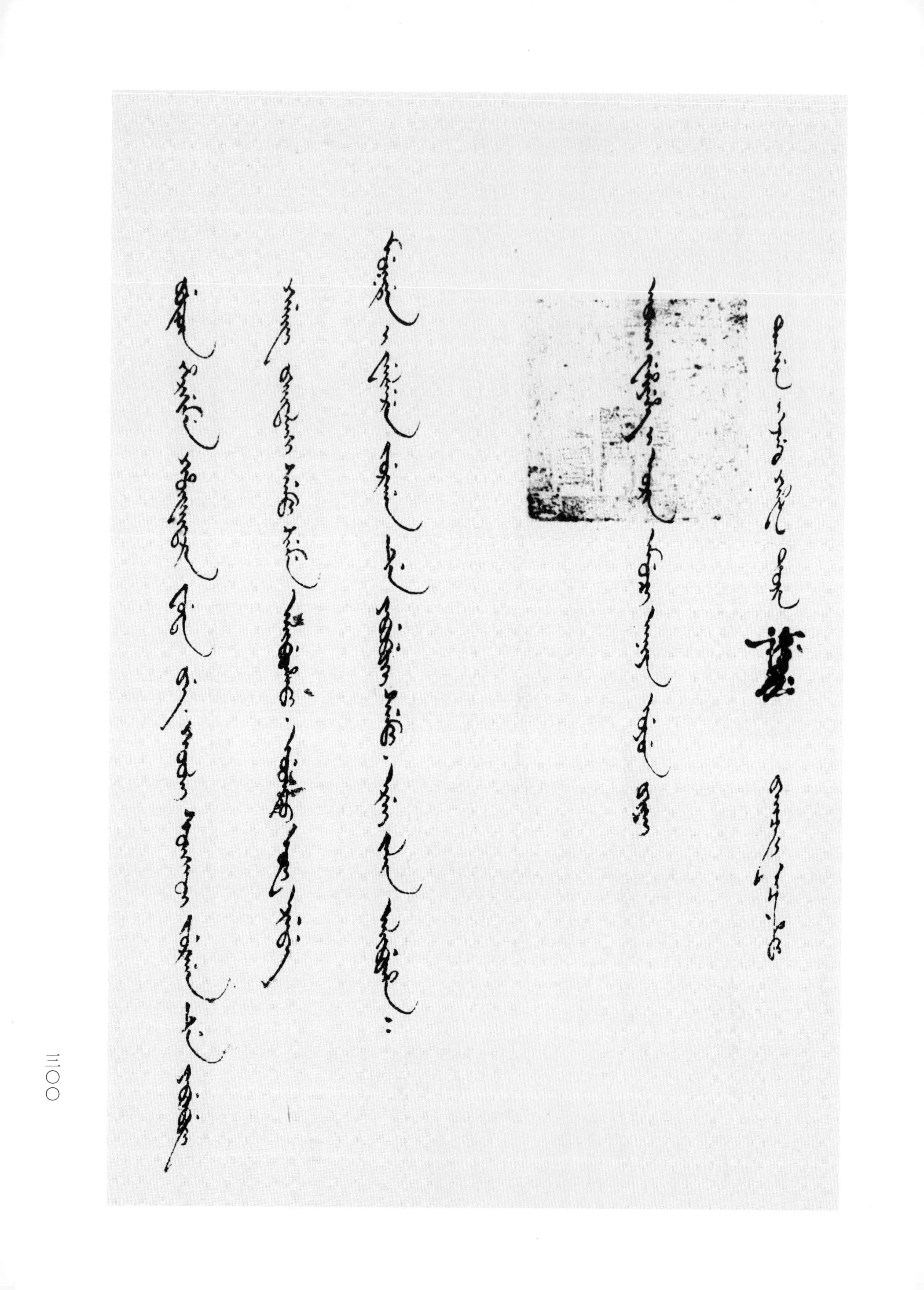

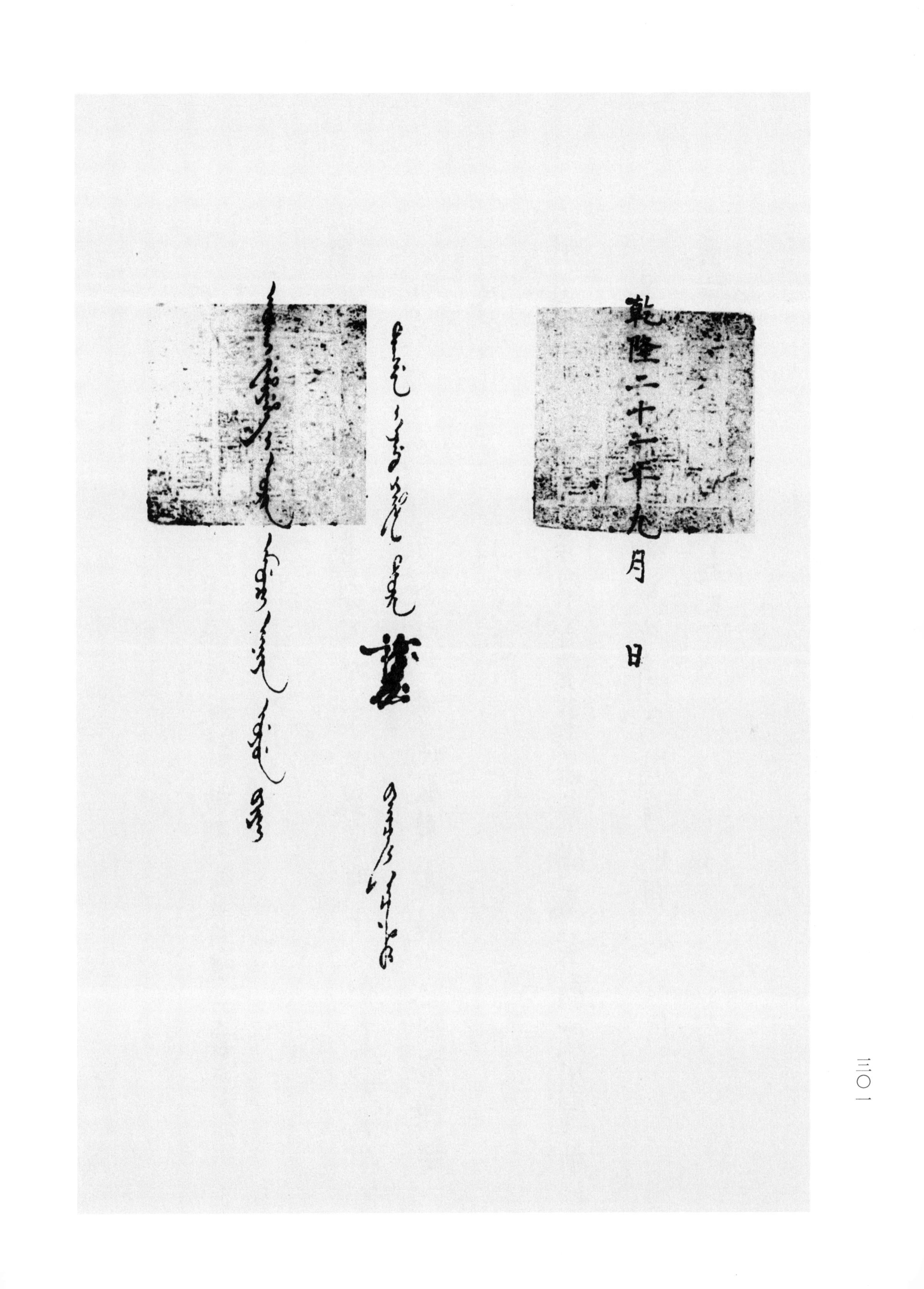

乾隆二十二年九月　日

管理三倉事務處呈爲洛取繩勅事。據管理三倉事務

多隆吾等呈稱，歷年貢送二次

上用山里紅花紅書喜梨等項菓品盛裝瓶十八個紮縛需用

長六庹三股蘇蘇繩十八條，兩股蘇蘇繩十八條，洛部領

取應用在案。今年貢送

上用山里紅花紅書喜梨等項菓品紮縛盛裝瓶需用繩勅

析爲照例洛部領取應用等情。據此相應洛行

盛京工部可也。爲此上呈

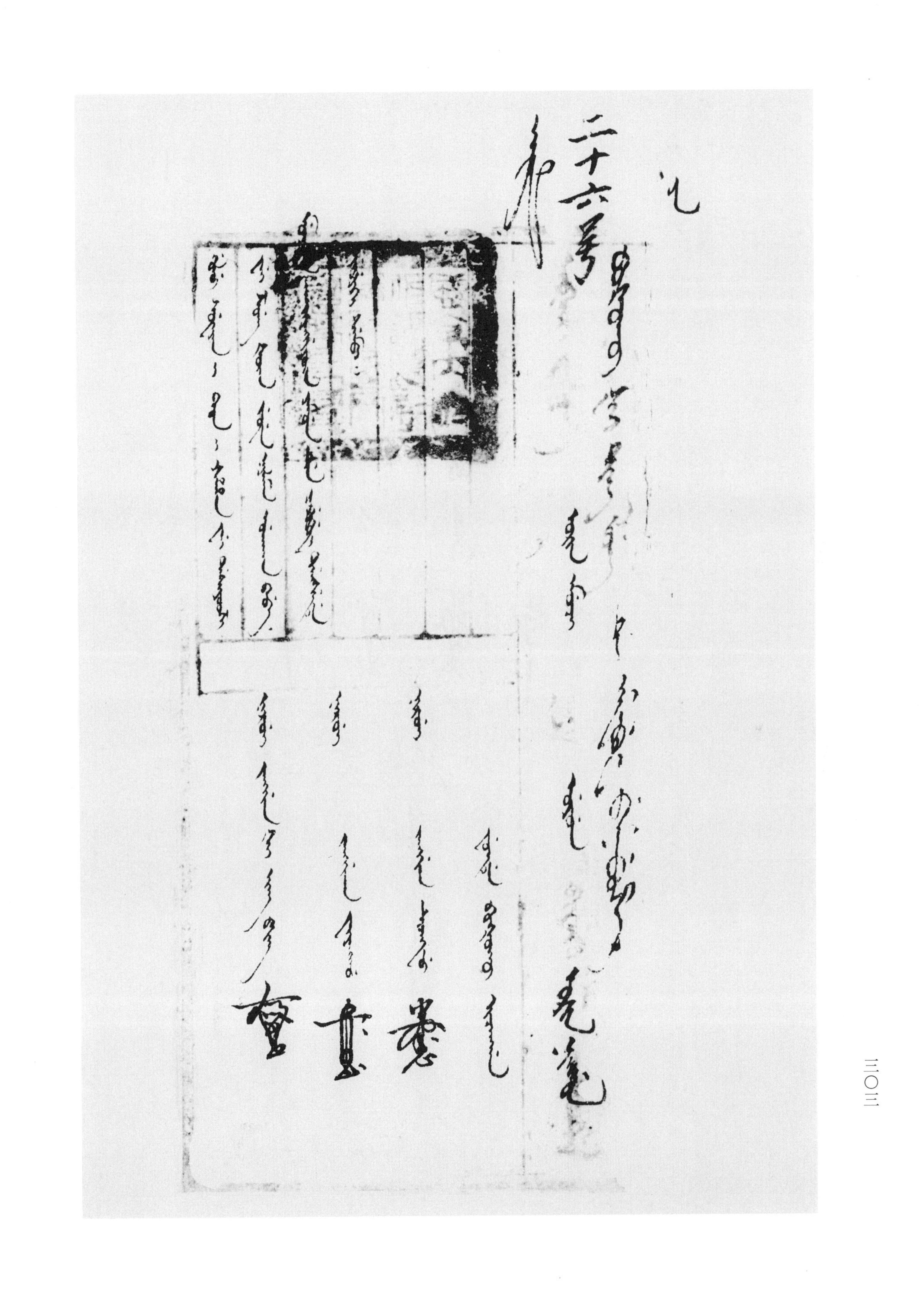

九

二十六号

和

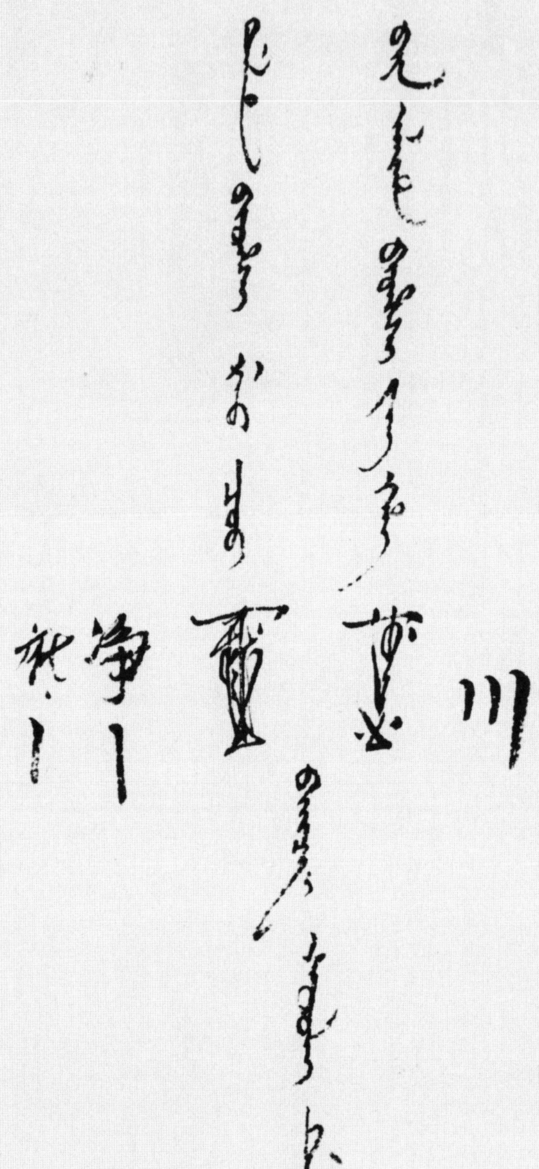

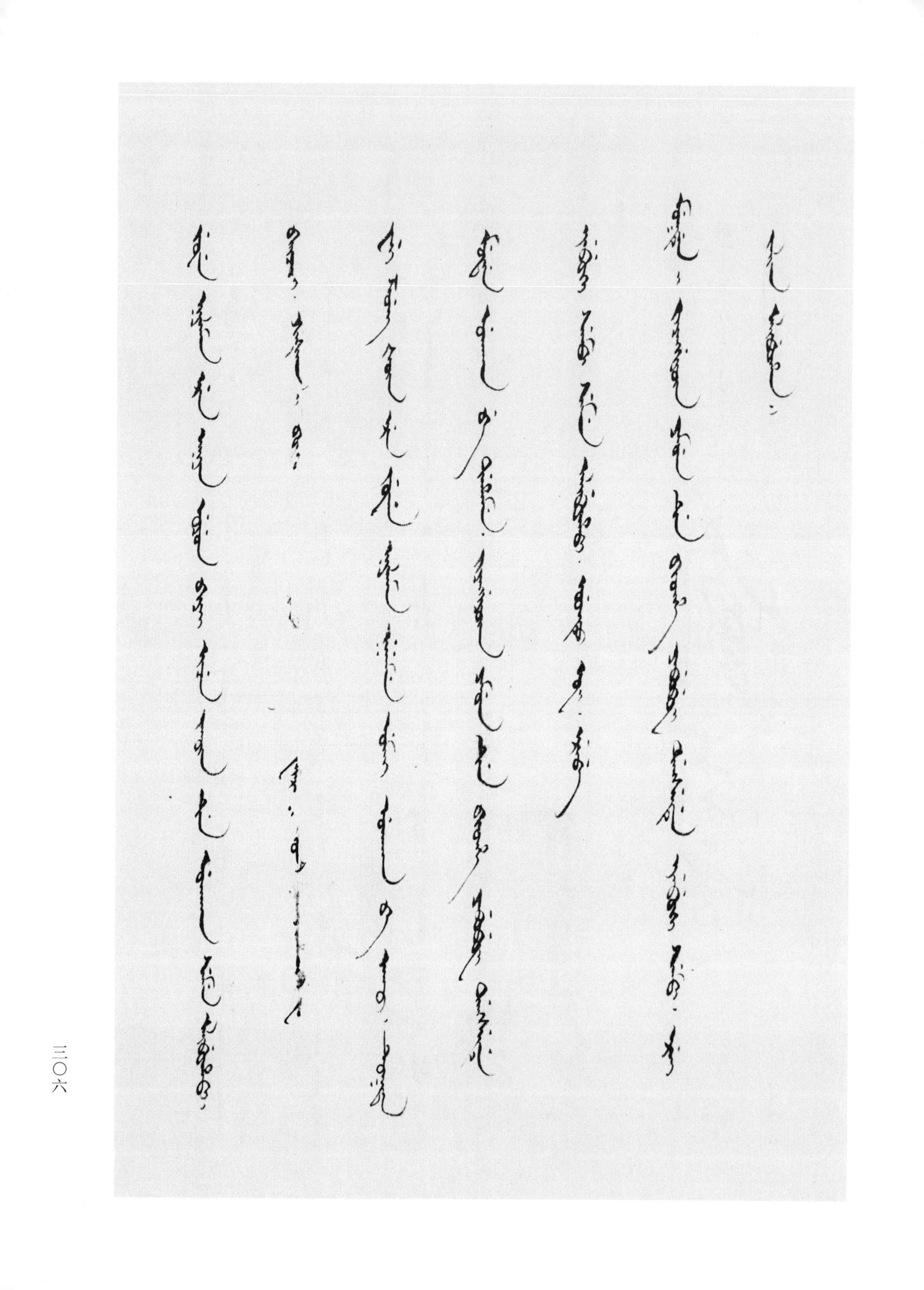

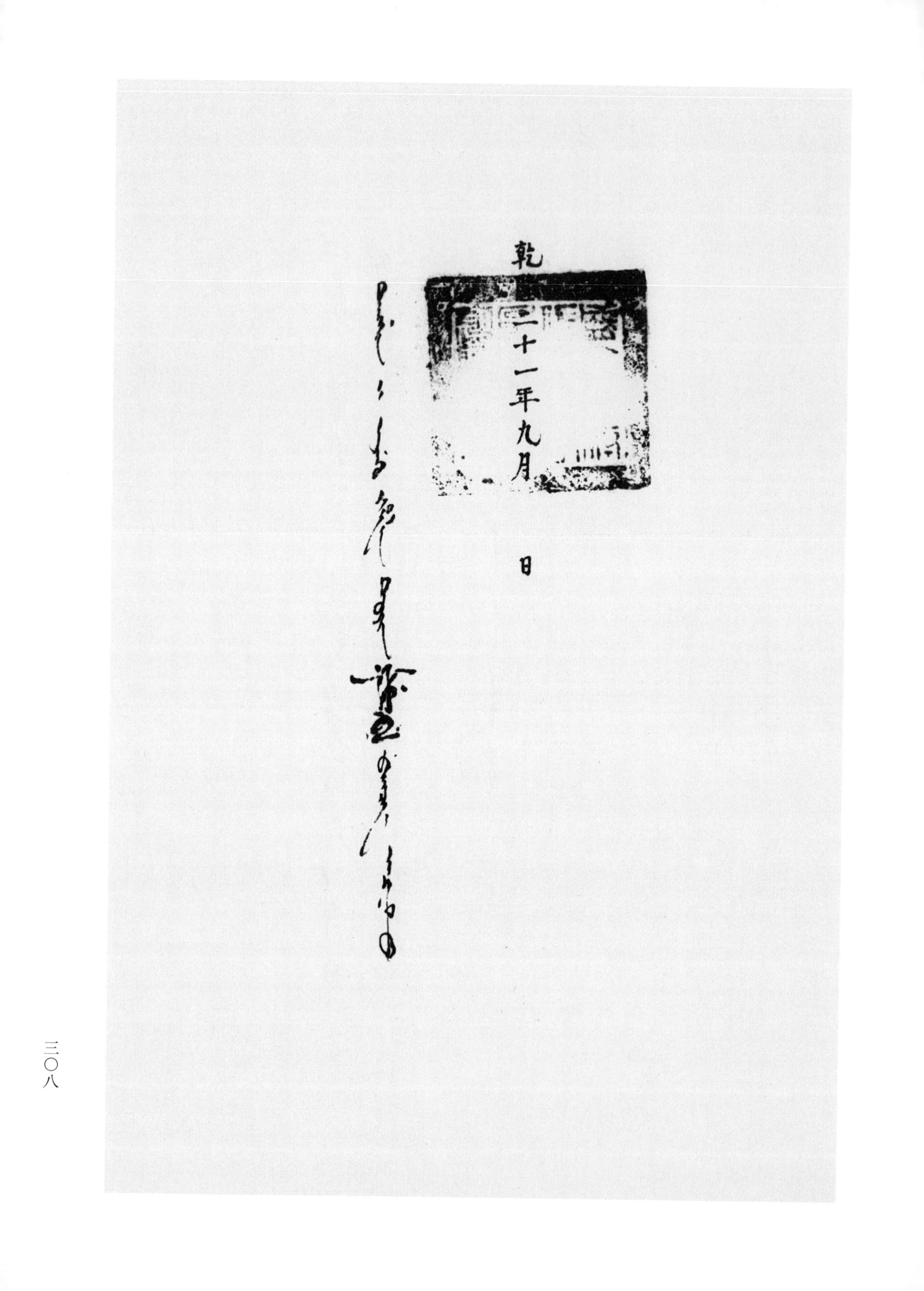

乾二十一年九月　日

管理三倉事務處呈為咨送火牌事據管理三倉事務達多隆吾等呈稱

盛京兵部來文內開查得各部衙門賫本進京所用勘合火牌俱以文取即

行給發其出差員役由都京兵部換回火牌勘合惟府尹衙門以文交〻

本部其各部衙門俱未以文交送驗其所差員役自行投交往往遲延

嗣後其各部衙門凡馳驛員役事竣回署者即將兵部換回火〻

以文咨送本部等因前來准此今倉上人璽坤前往盛京進送

業已事竣回署相應將由兵部換回火牌鈐記咨送

盛京兵部等情據此相應咨送

盛京兵部可也為此上呈

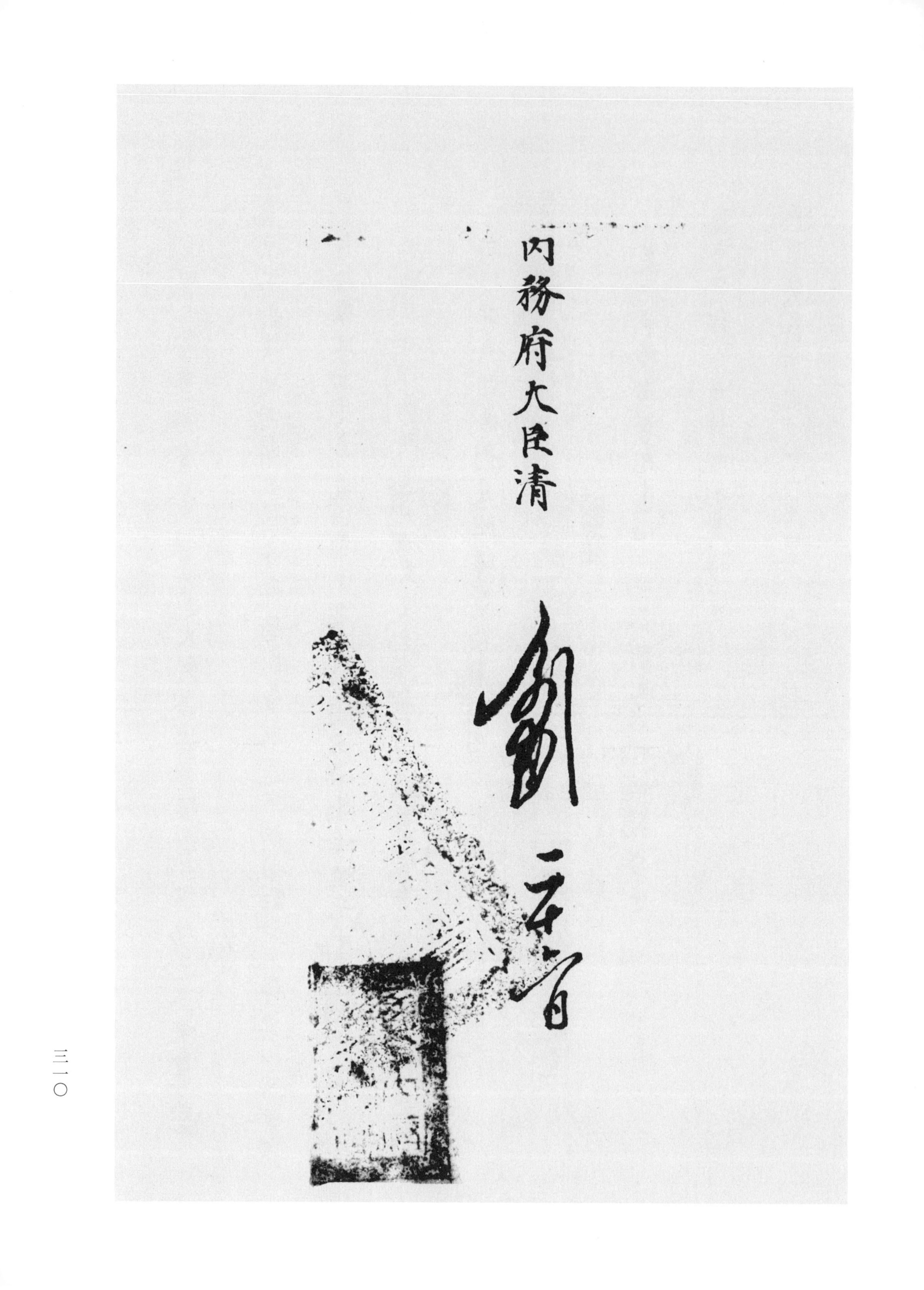

内務府大臣清

劉[illegible]

三一〇

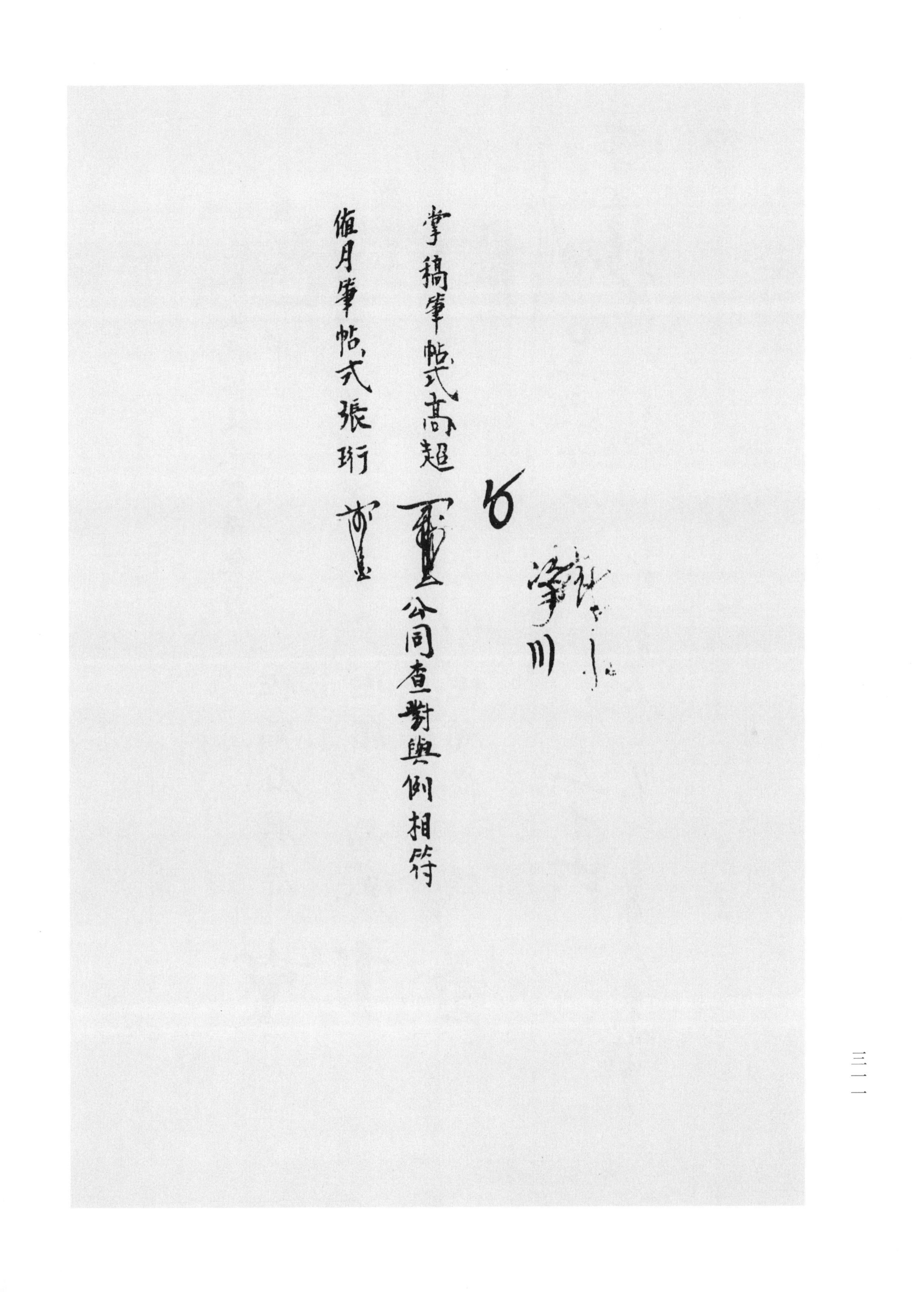

訖小

掌川

公同查對與例相符

掌稿筆帖式高超

值月筆帖式張珩

三倉呈爲咨送火牌路記行

盛京兵部事

佐領石應屏

佐領費揚武

佐領佟福

二十一　九　二十六

二十七

行

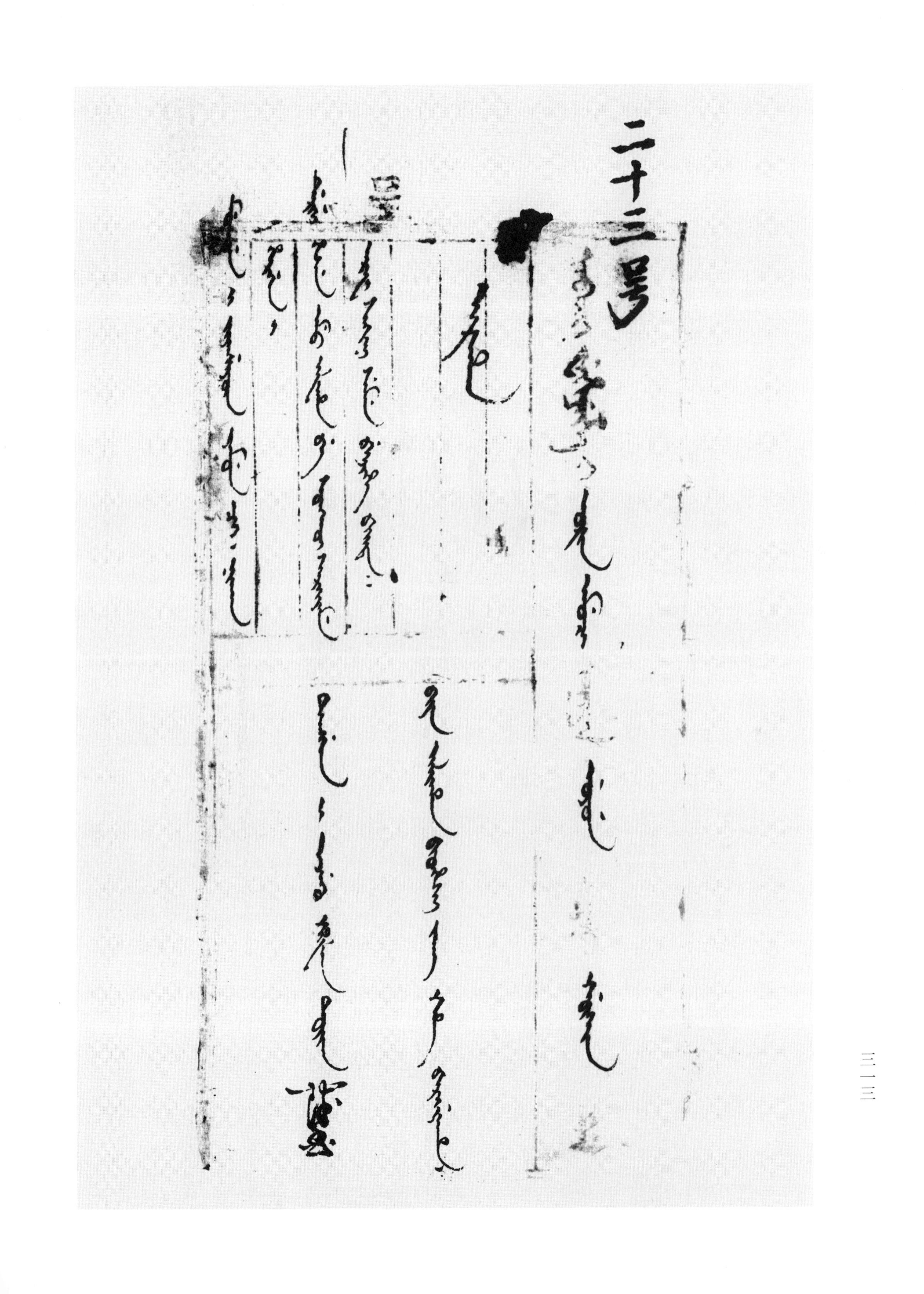

二十三号

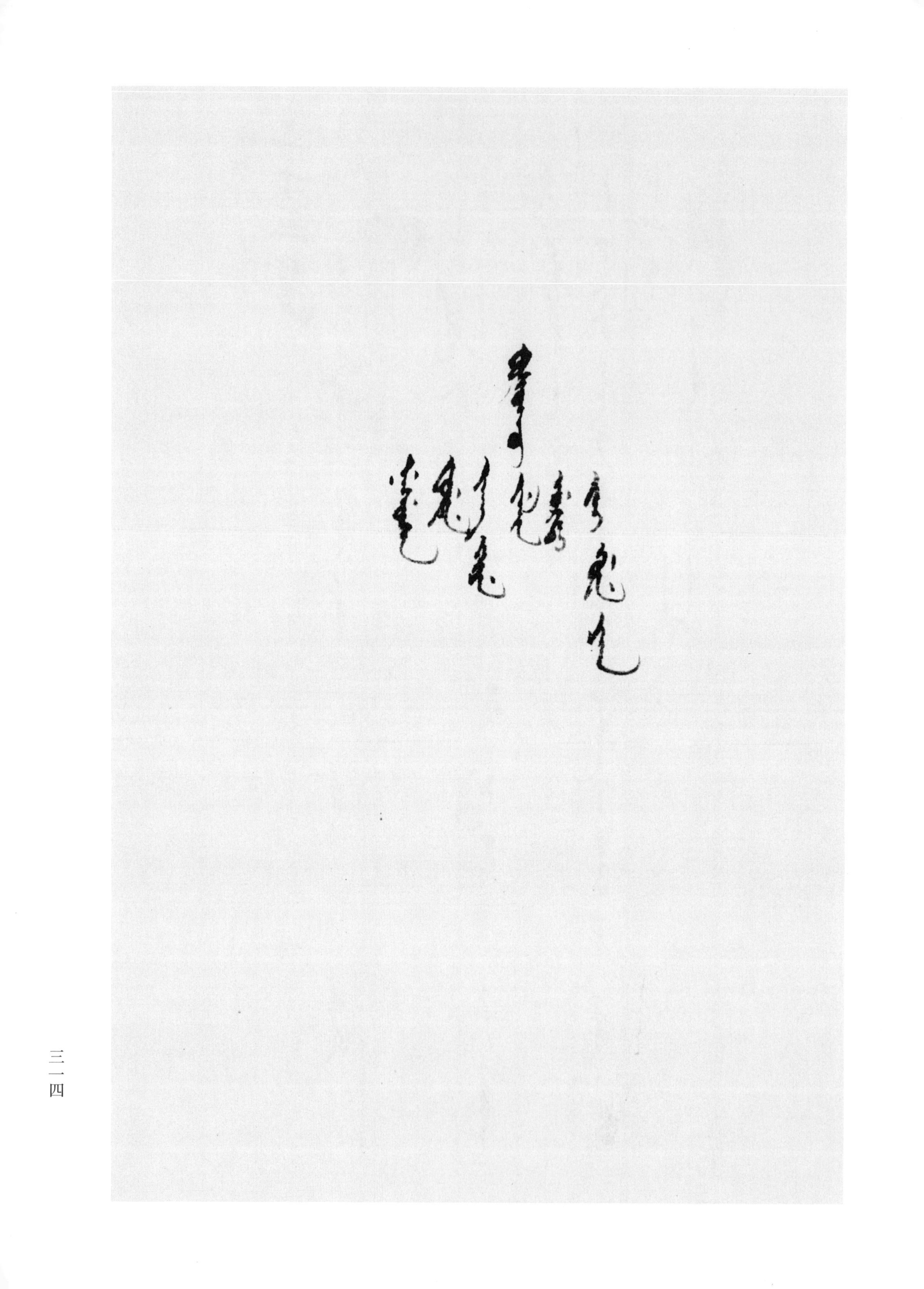

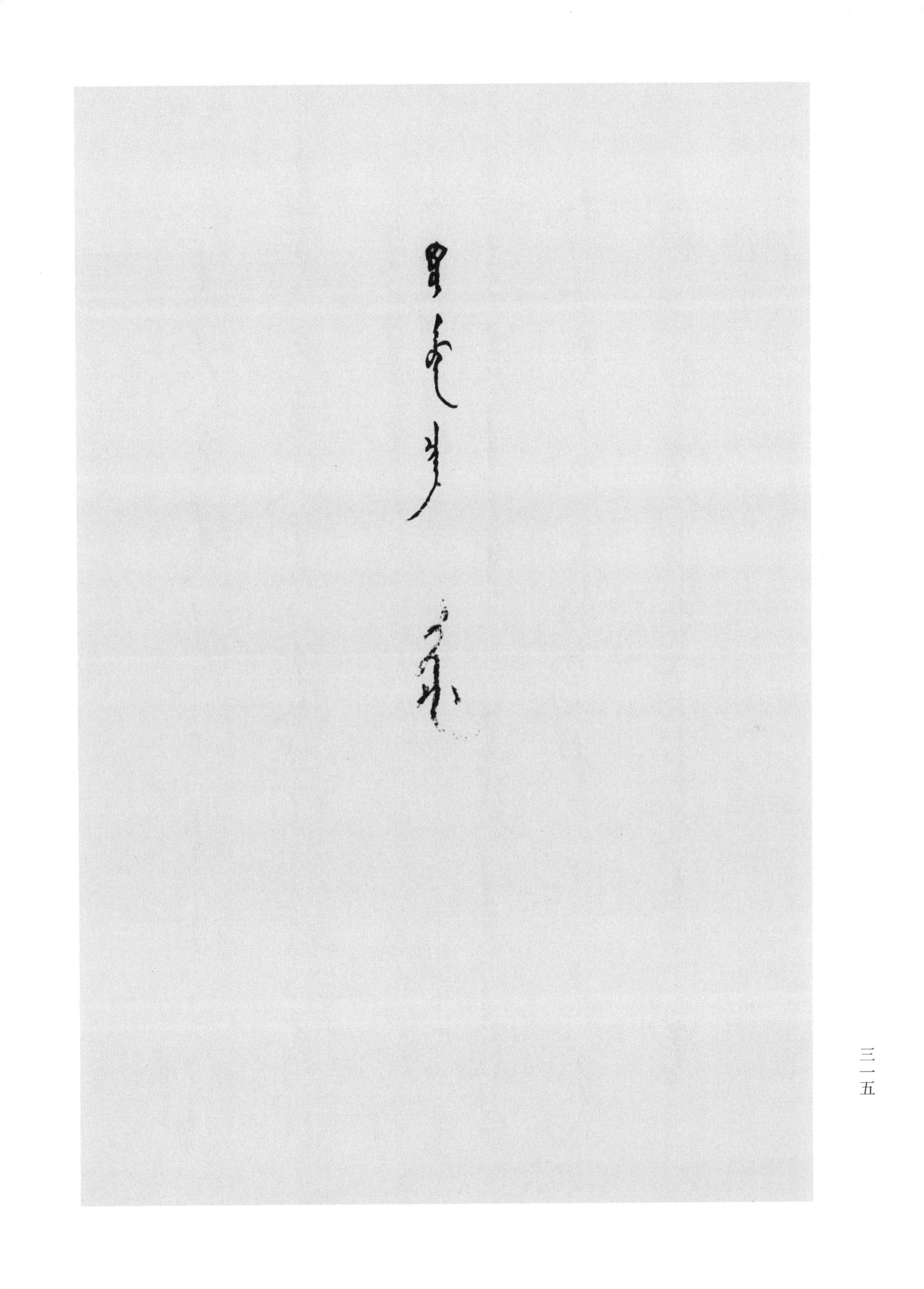

[illegible]

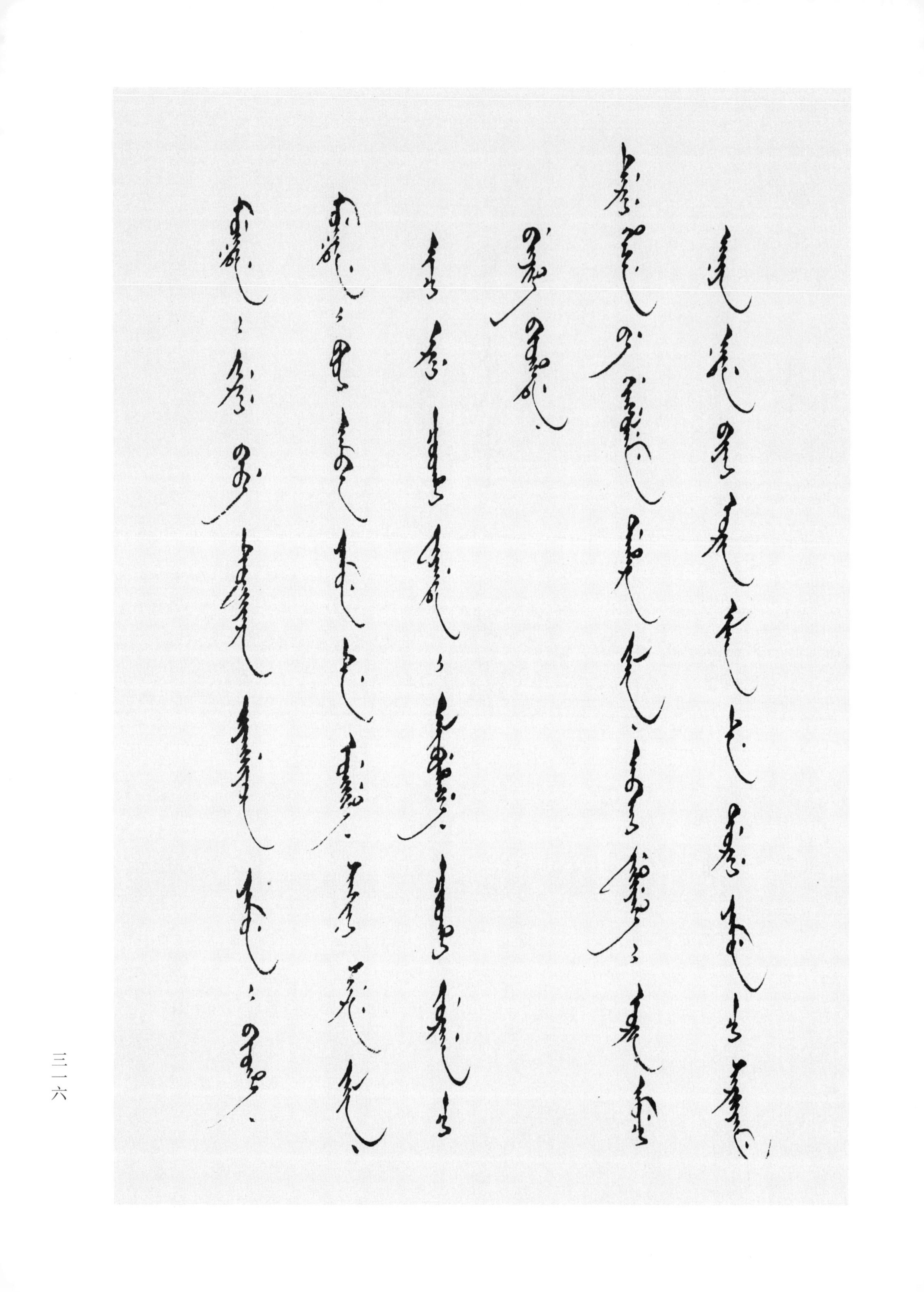

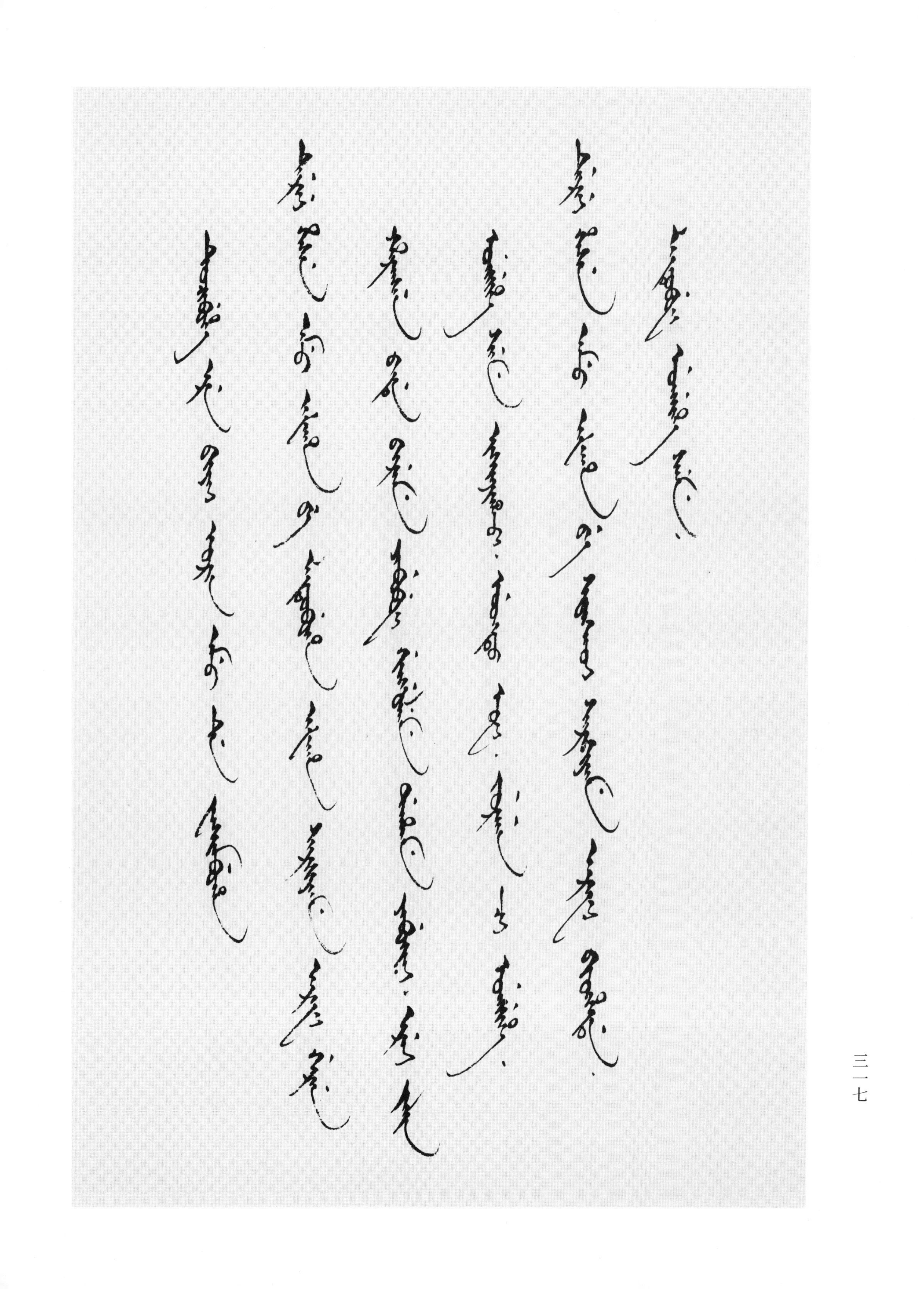

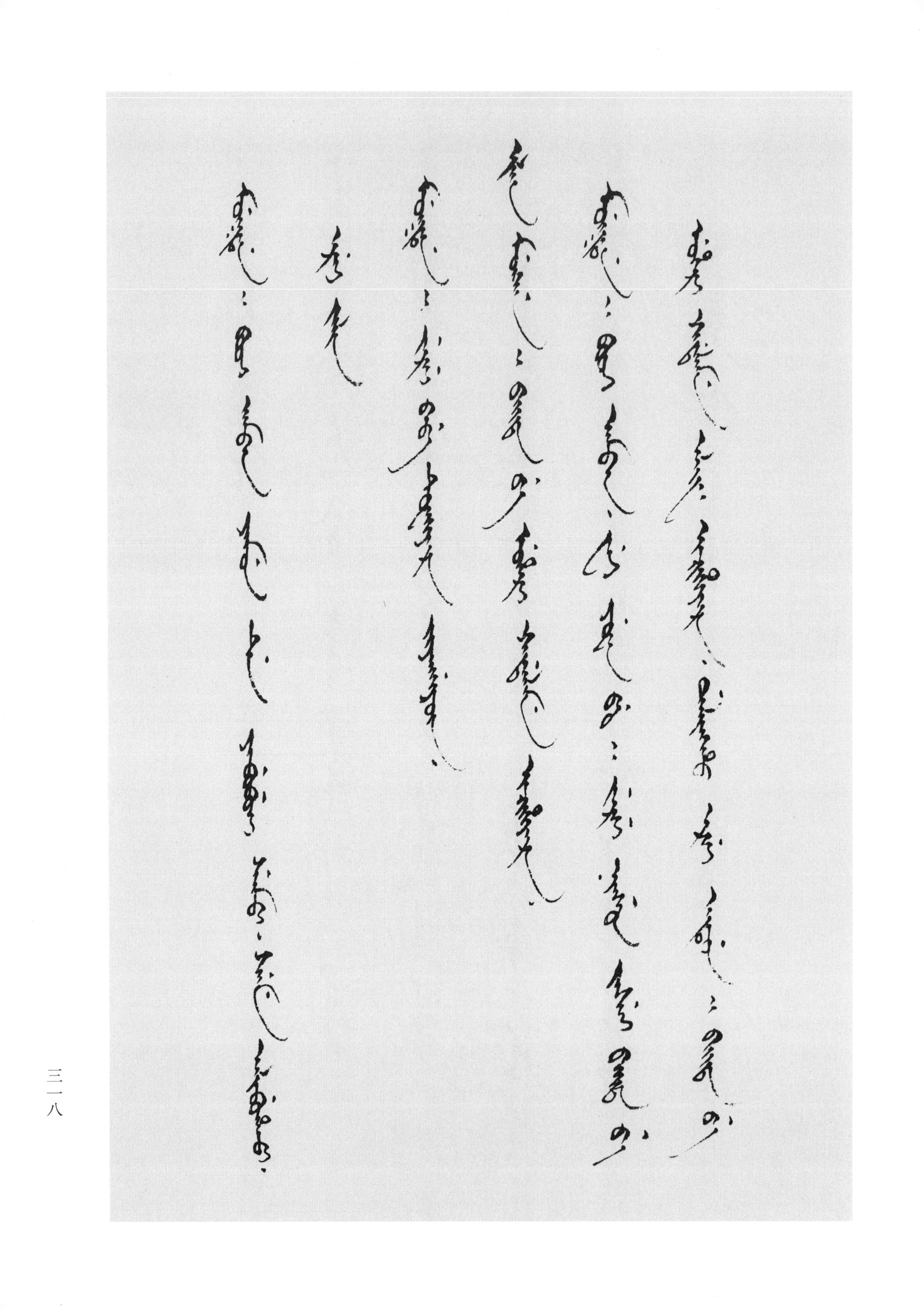

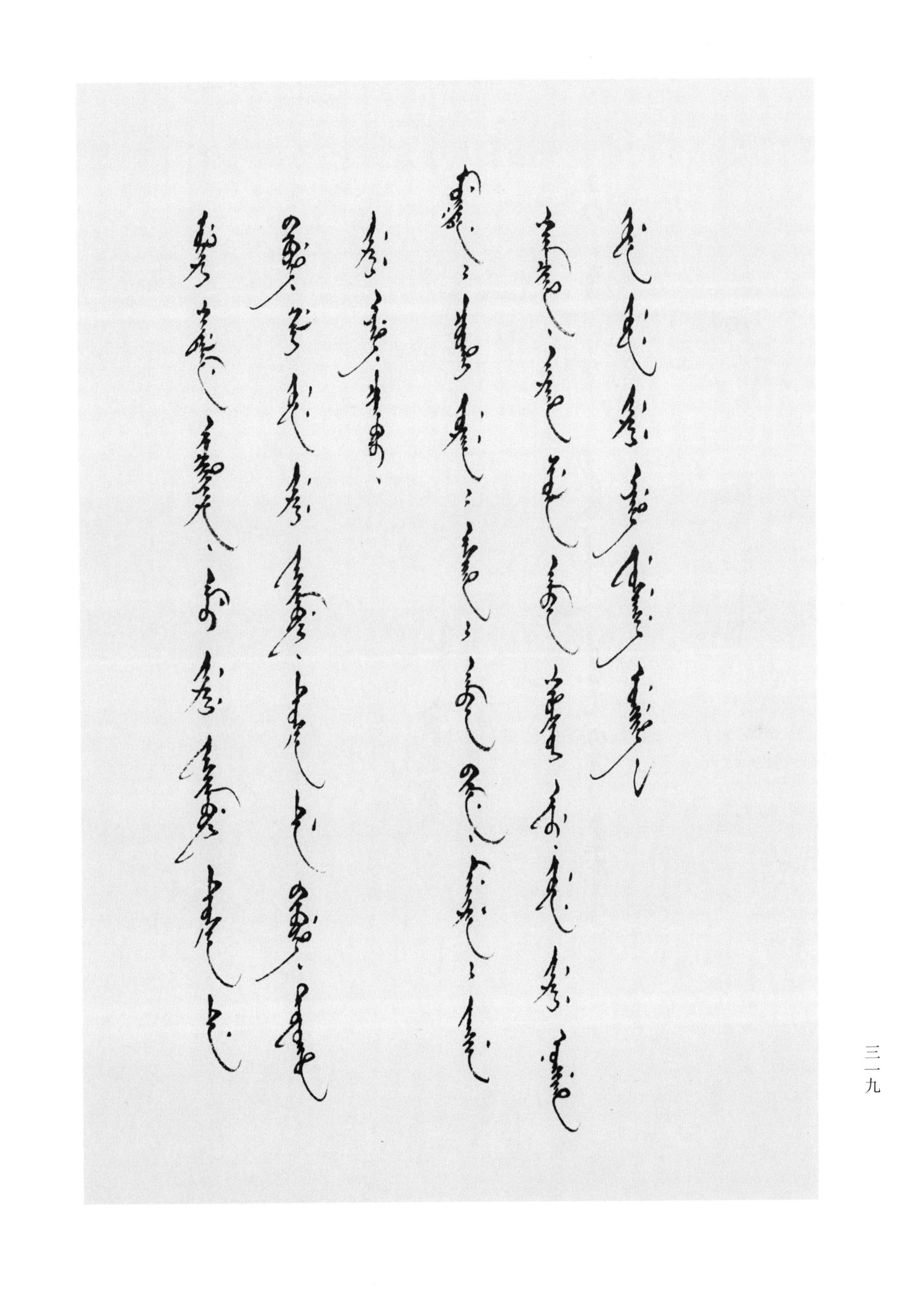

[illegible]

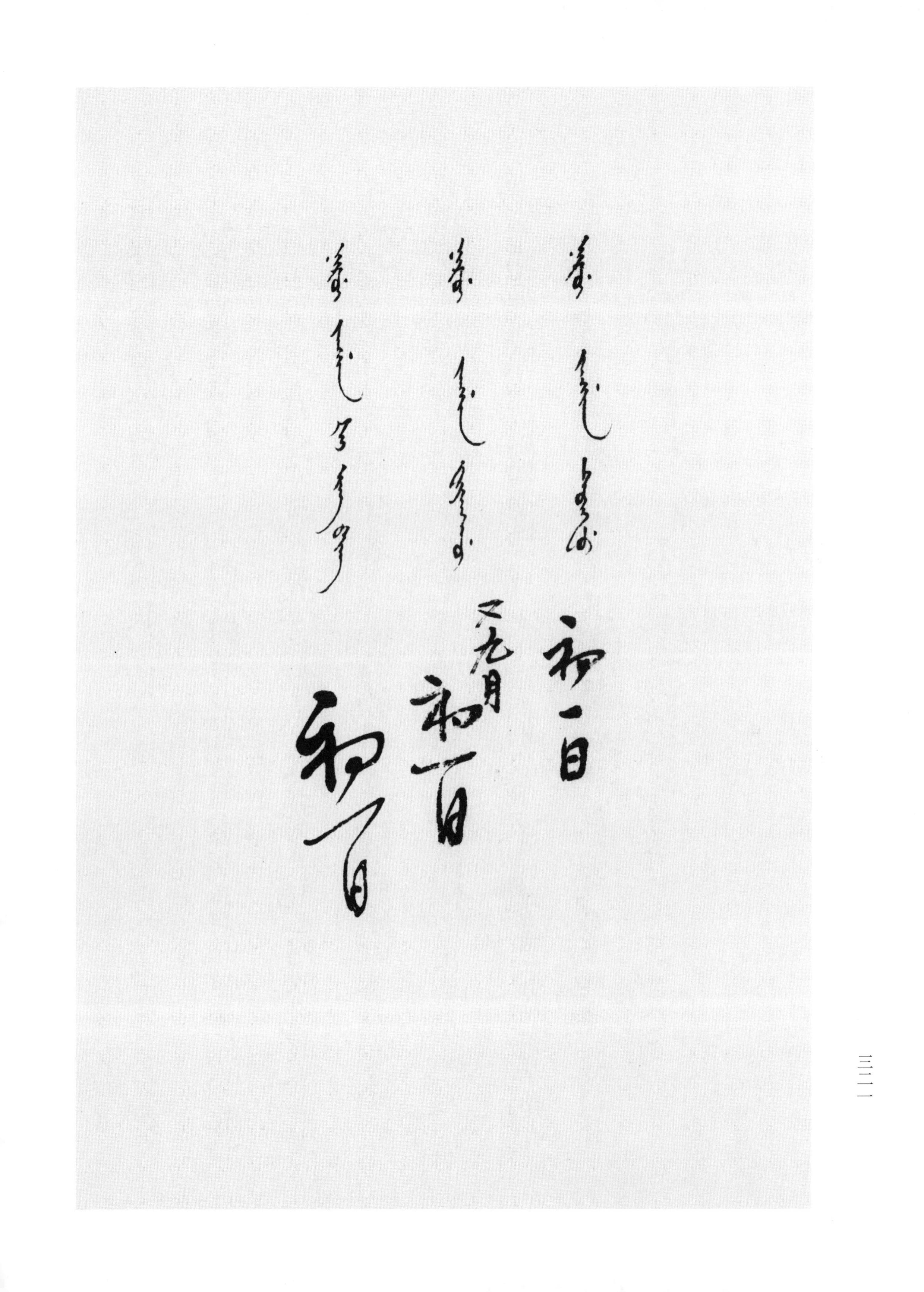

[illegible]

[illegible]

[illegible]

初一日

又九月初一日

初一日

情節相符并伙出脱逃時將朕所賜花翎拔去是其偷生負國已屬顯
然然在滿漢世受國恩之臣而臨難苟免如此自當明正典刑伊今係額魯特
新附之人不足責以死綏大義今班第鄂容安靈襯已到朕親臨奠優
予恤典靈襯俱令進城即着汪扎尔帶同薩拉尔前往班第鄂容安柩
前將逆党阿巴噶斯克什木先行馘耳祭奠令薩拉尔在旁看視夫人孰
無死使薩拉尔亦能如二臣之引決就義則今日哀榮之典自當一体同受乃顛越
至此使伊稍有人心能無愧乎其阿巴噶斯等俟阿睦尔撒納拿獲到日
一并正法以彰國憲薩拉尔着永遠拘禁將此傳諭中外知之欽此

乾隆二十一年七月二十三日内閣抄出本月二十二日内閣奉

上諭班第鄂容安與薩拉爾一同駐守伊犁當阿睦爾撒納叛亂之時班

第鄂容安捐軀殉節而薩拉爾獨自脱逃及拿解來京朕親加審訊據稱

彼時以賊衆四集恐力不能支是以帶兵逃出以圖再舉等語朕因其情

節尚有應需質對之處將伊暫行監禁今巴寧阿𥚃琨等到京質訊之下

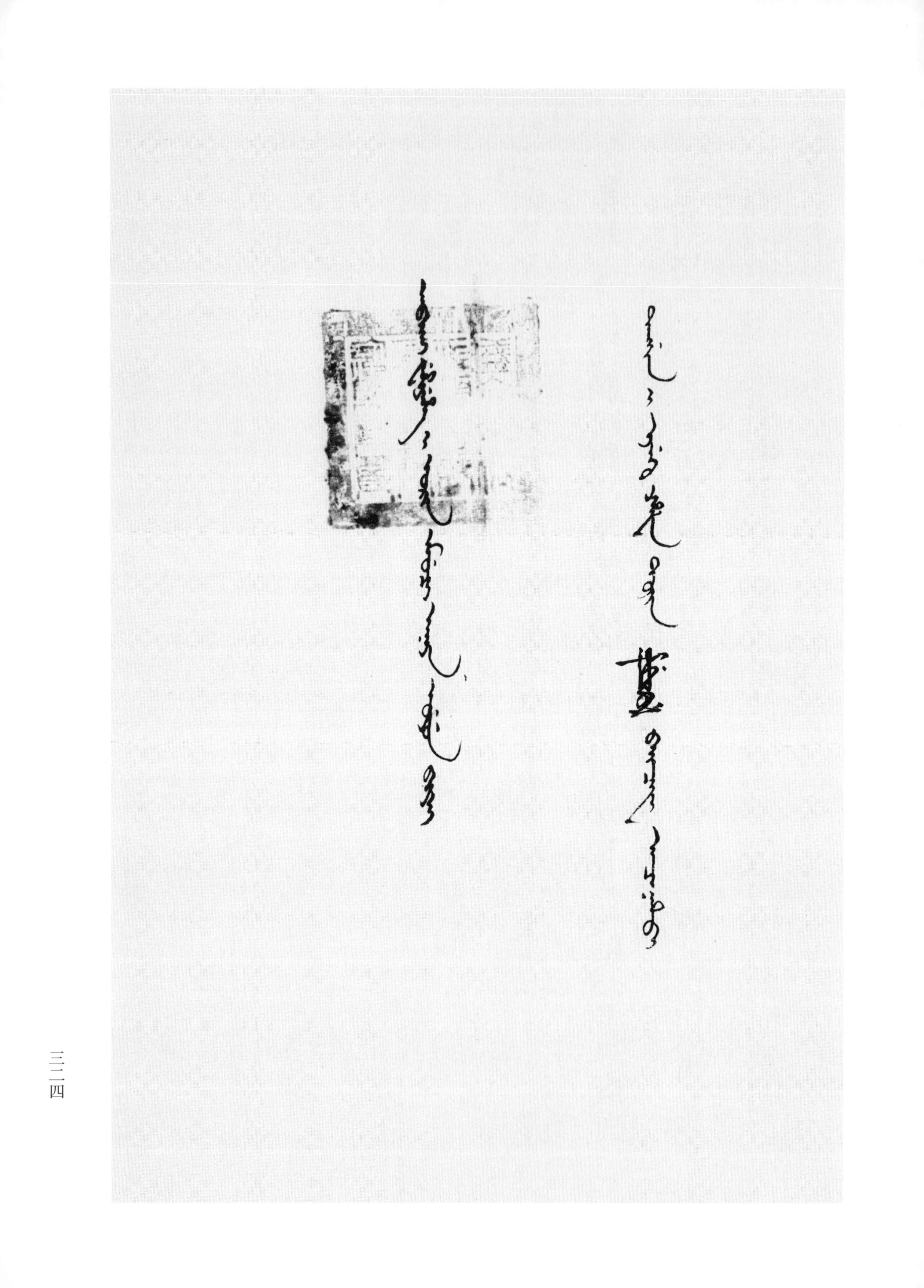

[illegible]

[illegible]

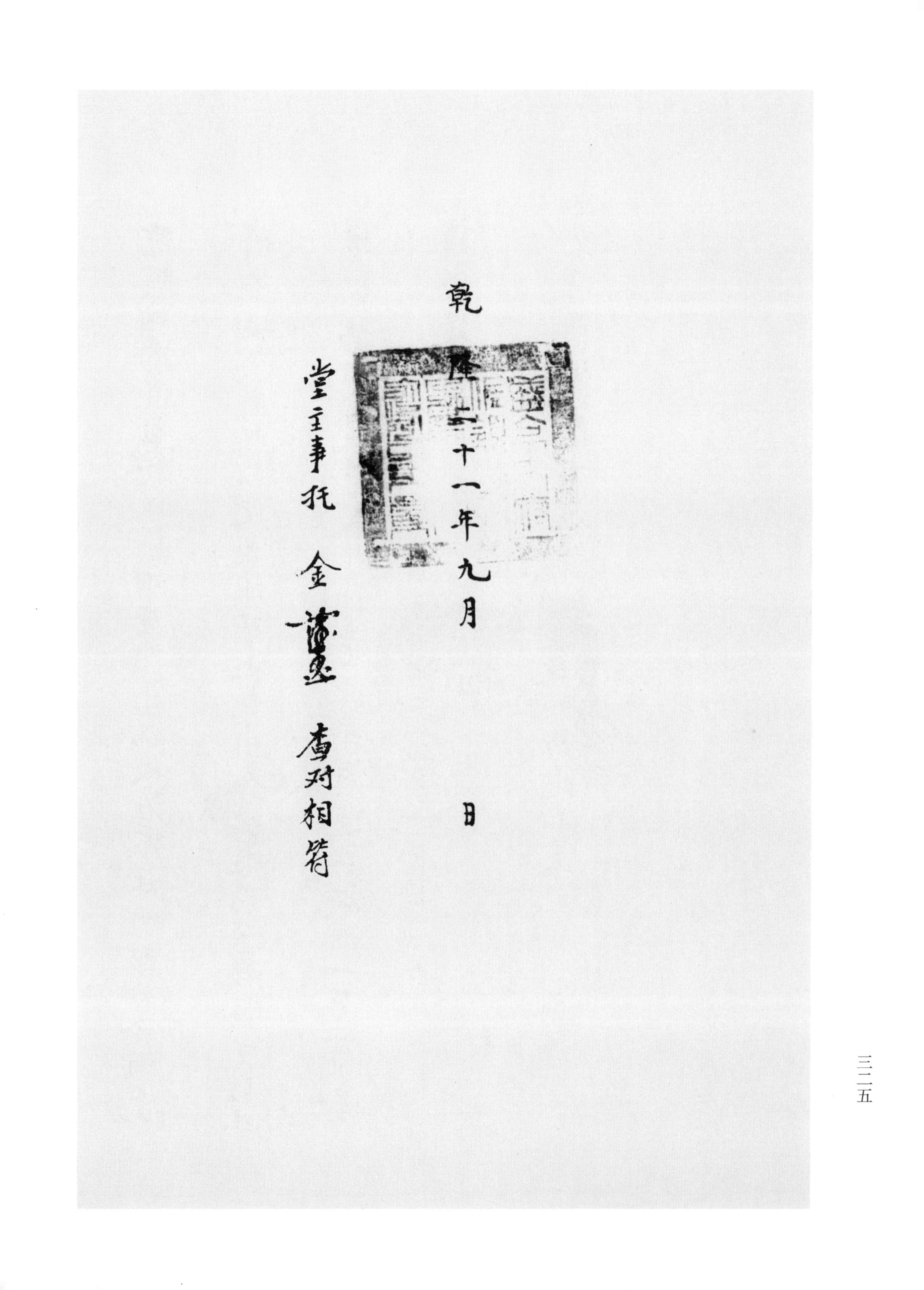

乾隆二十一年九月　日

堂主事托　金　[illegible]　查对相符

時捐納及曾否就職詳細查明于本人名下註明即日分晰造

册咨送本衙門以便送部可也等因隨將本旗投充監生

羅二保生員羅七十二人捐納考中年月造具細册一本一併呈

請咨送

盛京將軍衙門可也等因此爲此上呈

查明從前係由何項人作爲另記檔案並將此內之舉貢生監人等

于何年月考中並于何時捐納及曾否就職詳細查明于本人

名下註明即日分晰造册送部以便核

奏事關具奏之件毋再遲延可也等因前來相應抄録原文咨行

盛京內務府衙門將應行爲民之人前項人等查明從前係由何

項人作爲另記檔案並將此內舉貢監生等于何年月考中並何

三二七

礼兵等部辦理等語查另記檔案應行爲民之官員及候選
候缺人員并已就職之進士舉人及繙譯進士舉人等因如何分
别録用應聽吏兵二部辦理外所有未經就職及已經就職之
舉人貢監生員並繙譯舉人生員等俱關考試應行造册送部
查核業經吏部行查各旗造册并知照大部在案應再行文
咨催八旗并各省駐防將軍都統等將應行爲民之前項人等

旨議奏事儀制司案呈准户部咨稱本部會同八旗議奏另記檔
案并養子開檔人等爲民一案于乾隆二十一年三月十二日奏奉
旨依議欽此抄録原奏咨送到部查原奏内開另記檔案養子開
户人等既蒙
聖恩俱准爲民現在捐納候缺人員并閑散進士舉人生員繙譯進士
舉人生員等亦即准其爲民至如何考試録用之處應交吏

廂黃旗牛彔處呈爲咨送事據驍騎校僉亮英等呈稱奉

堂抄出進

盛京將軍衙門咨開左礼司案呈准礼部咨開爲遵

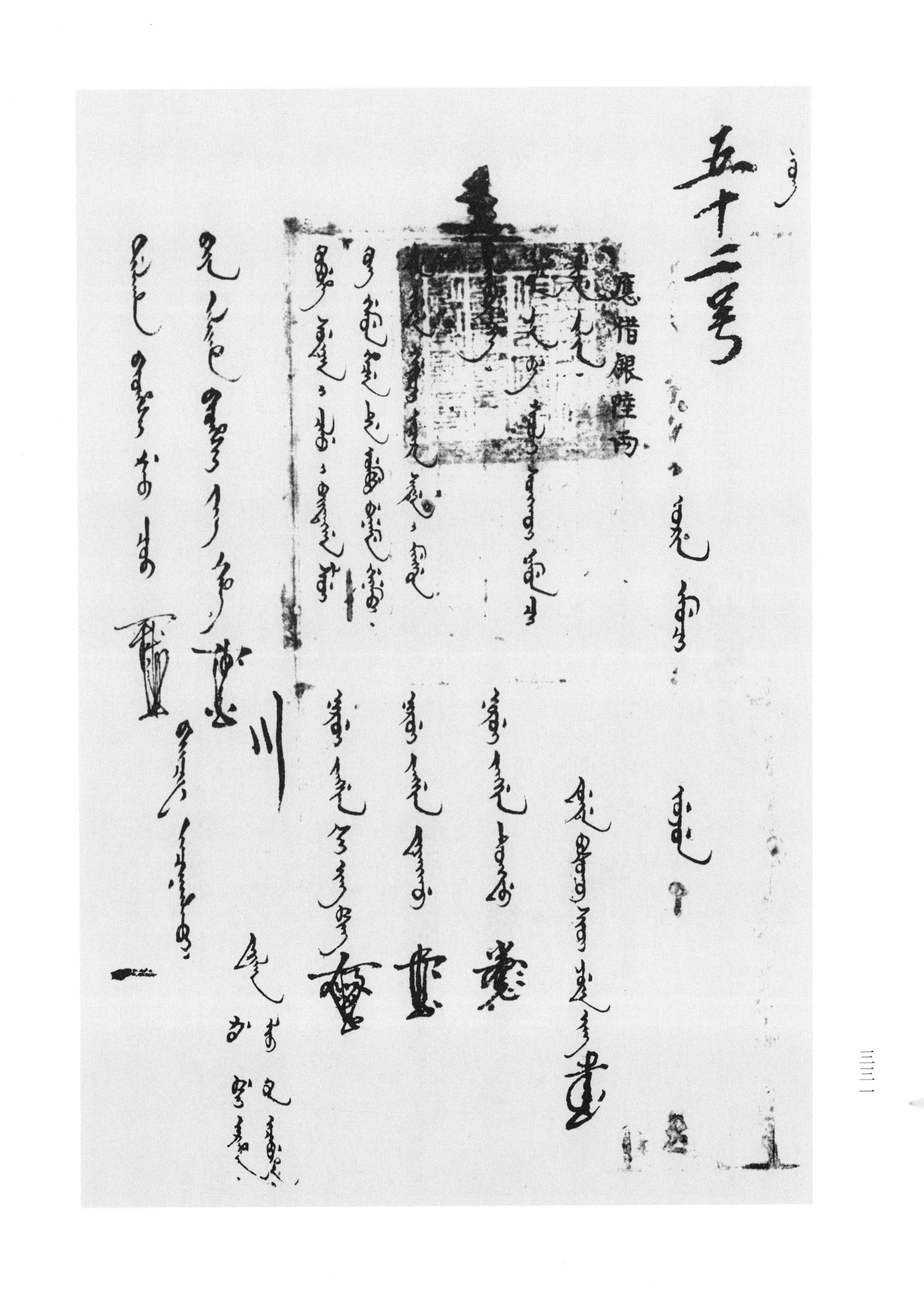

五十二号

應借銀陸兩

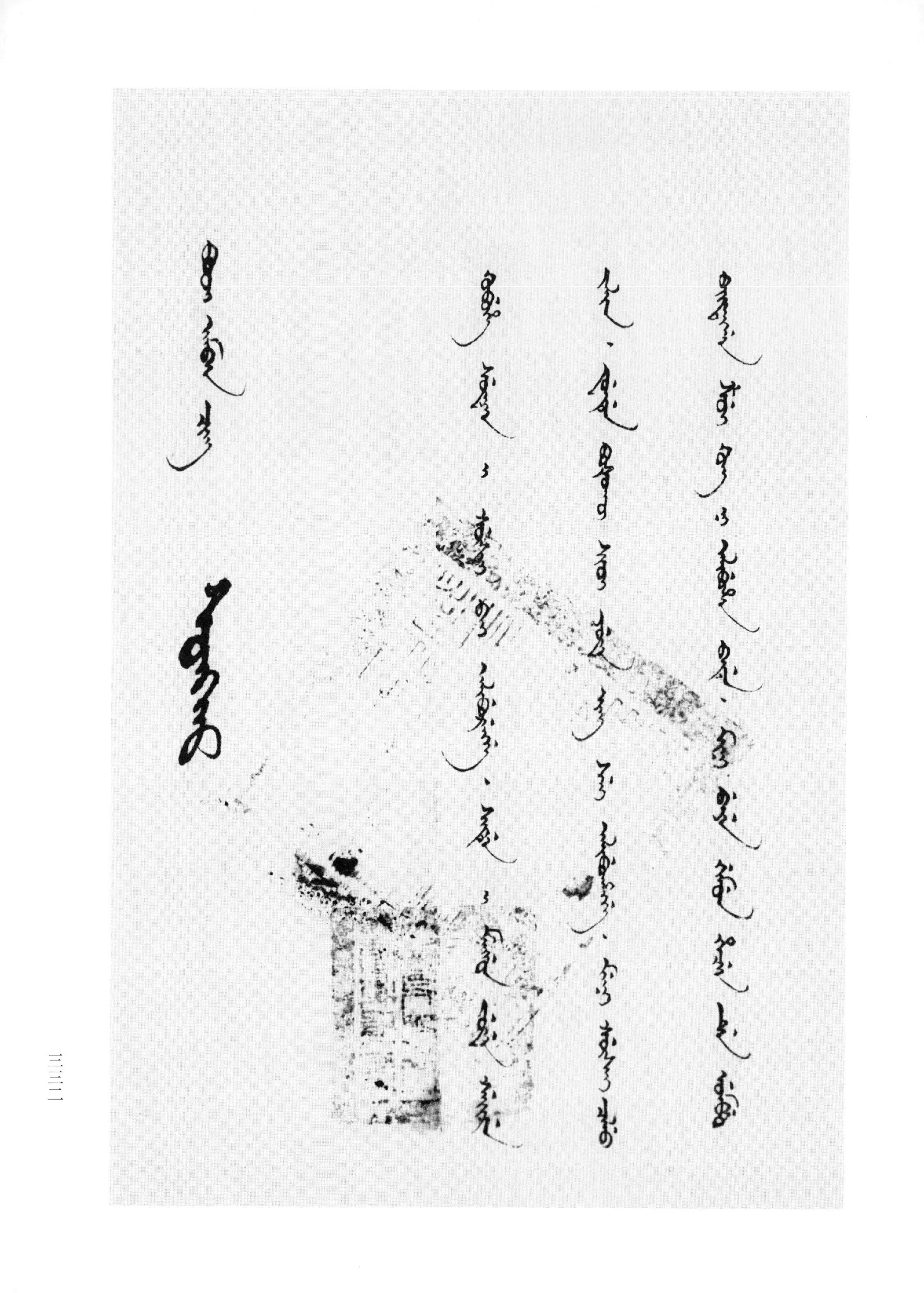

[illegible]

[illegible]

[illegible]

[illegible]

[illegible]

[illegible]

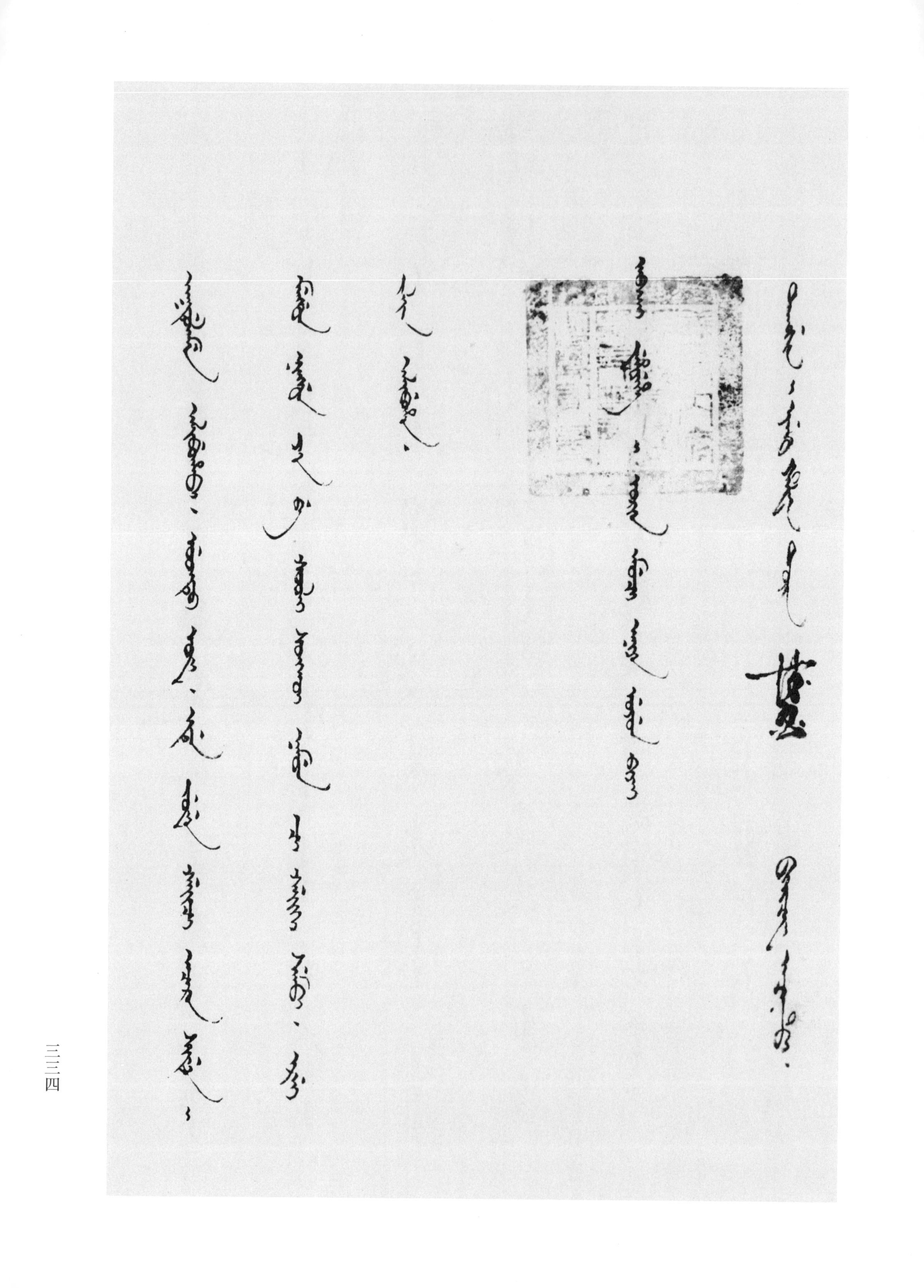

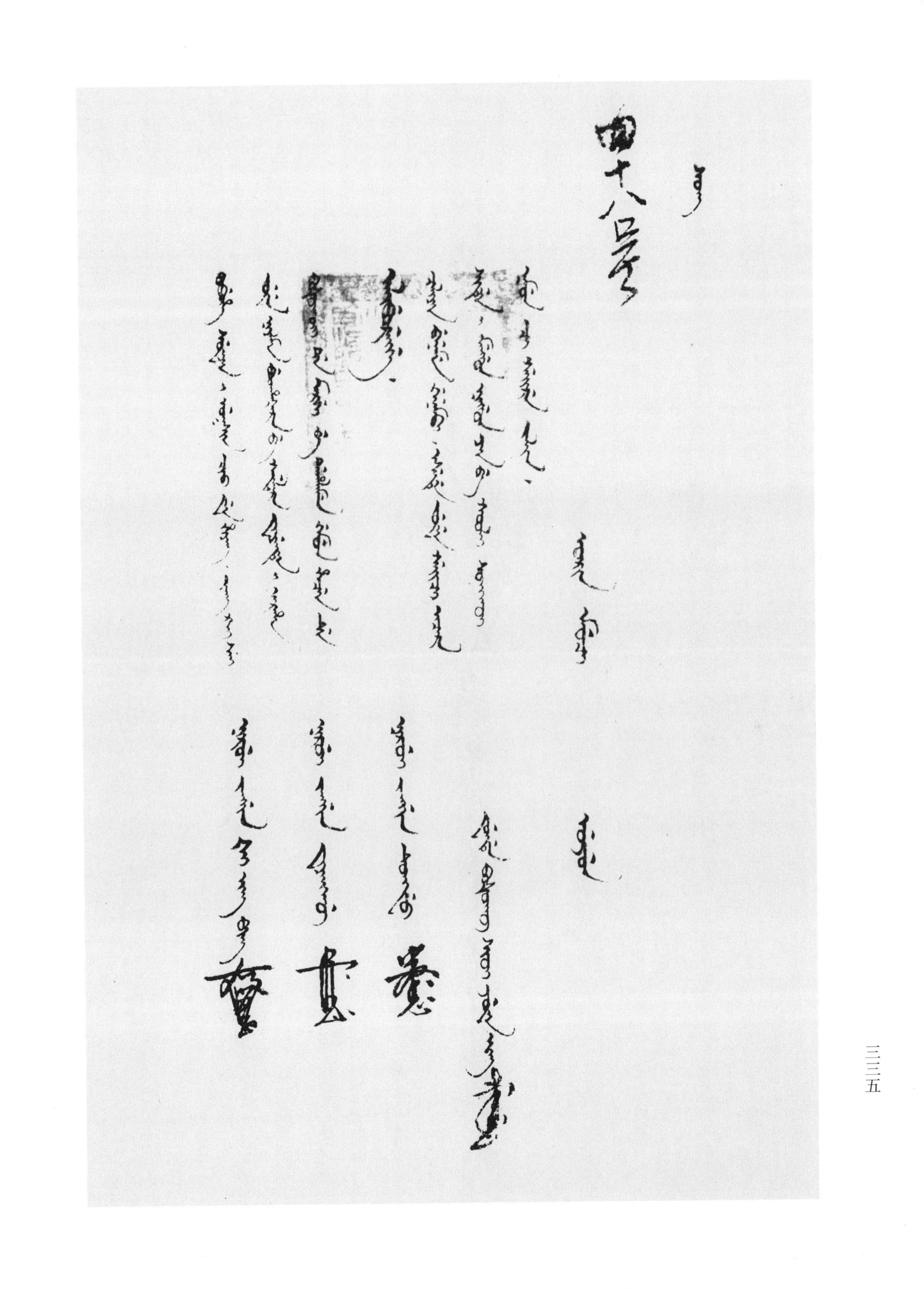

四十八号

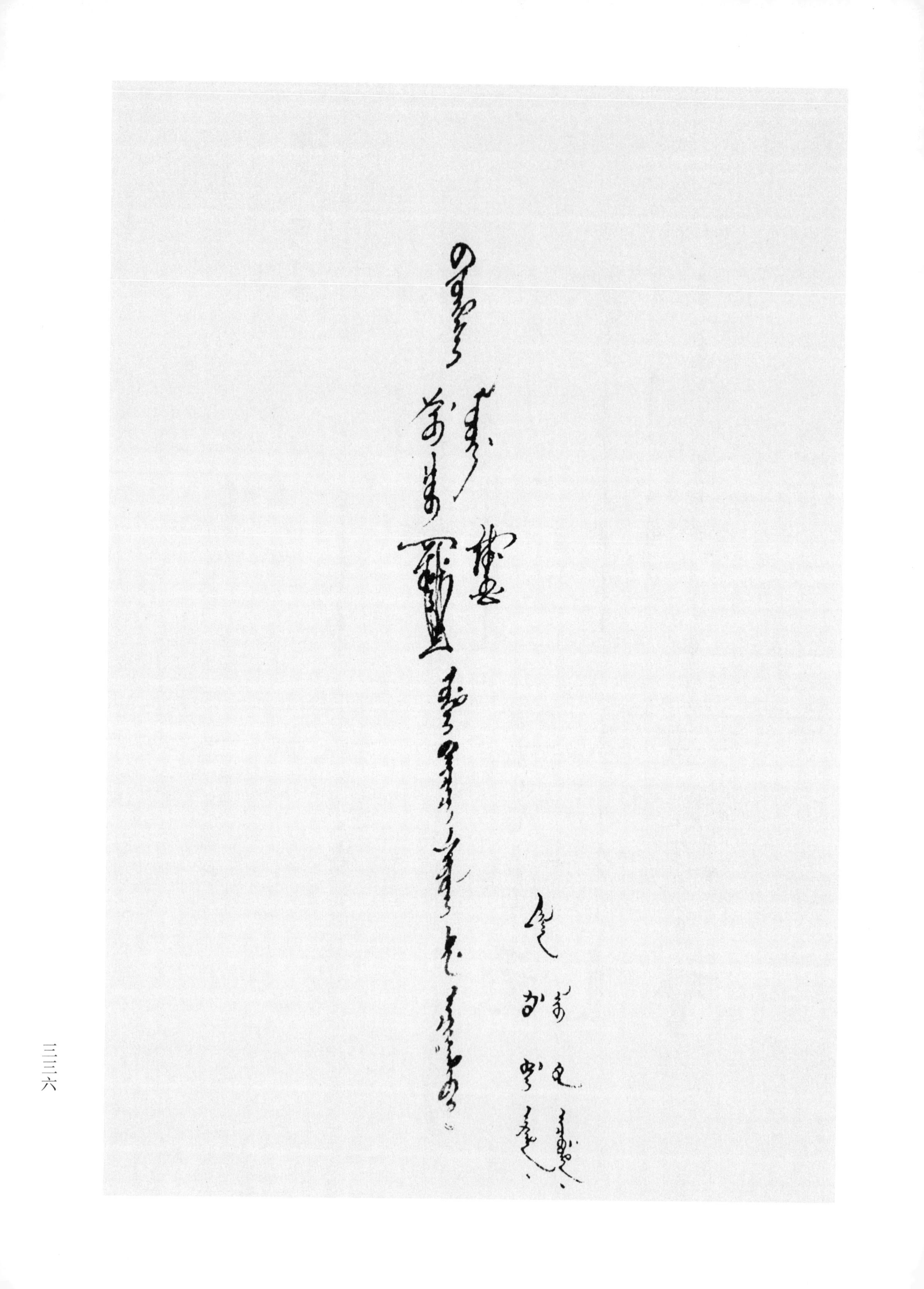

[illegible]

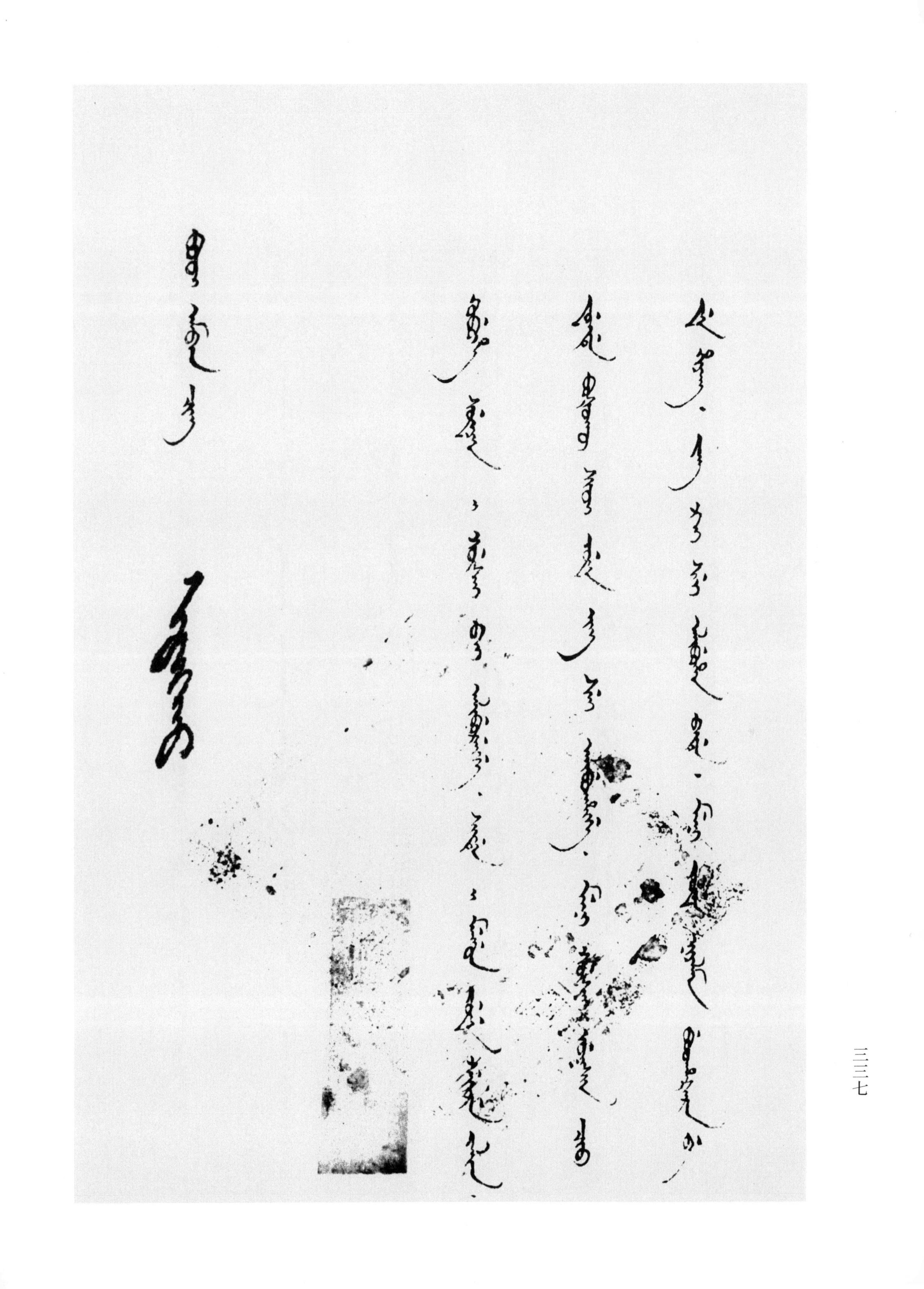

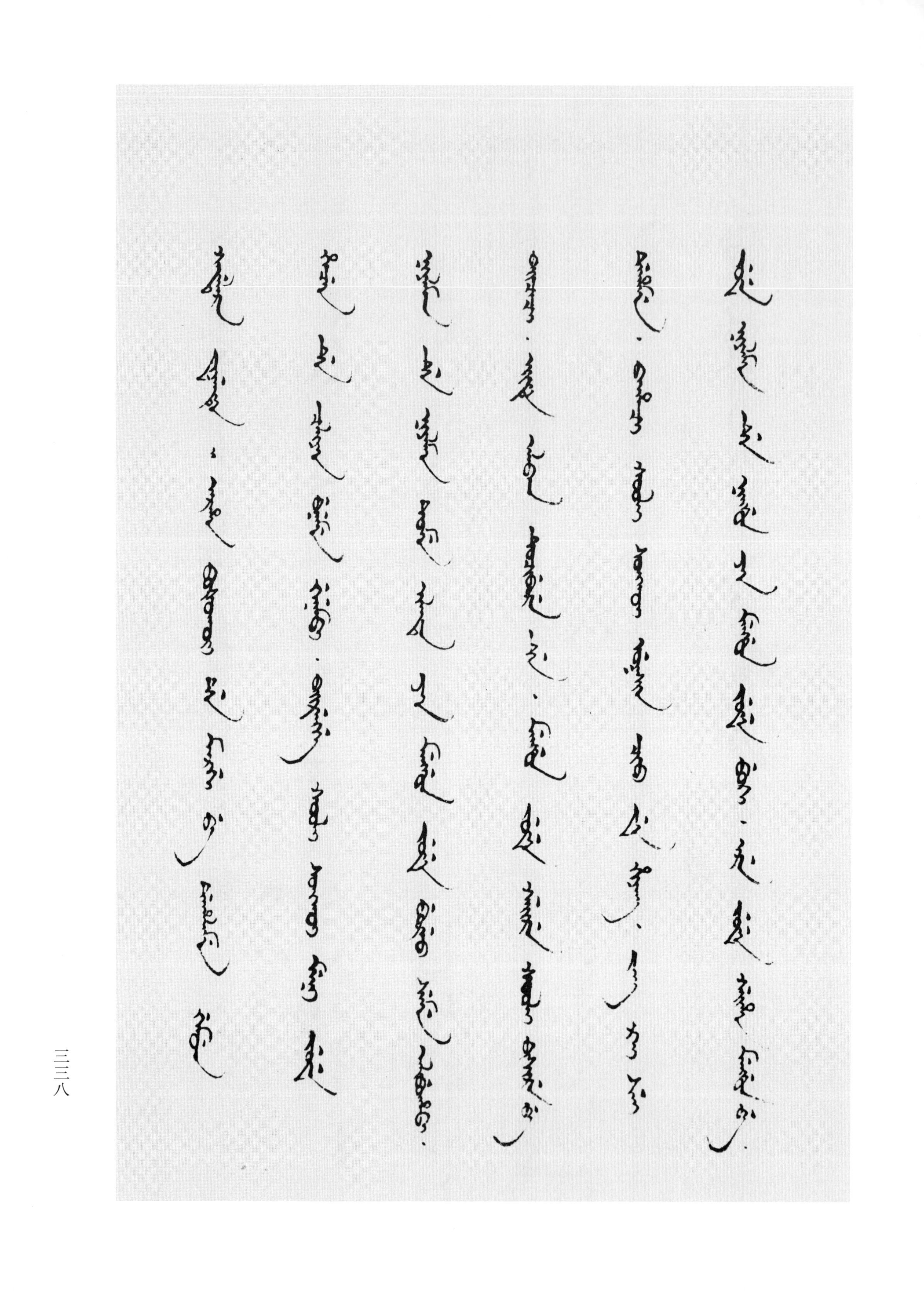

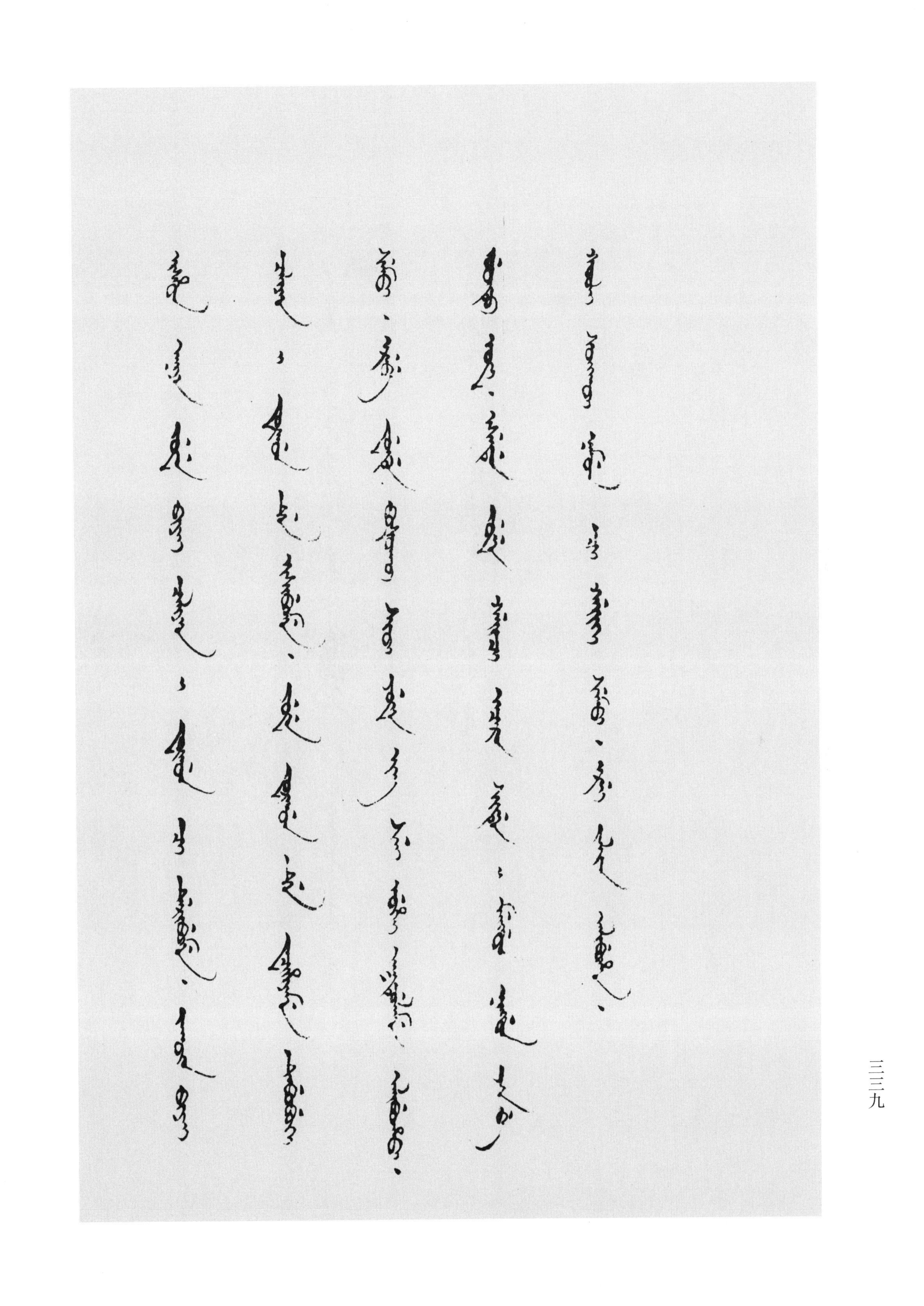

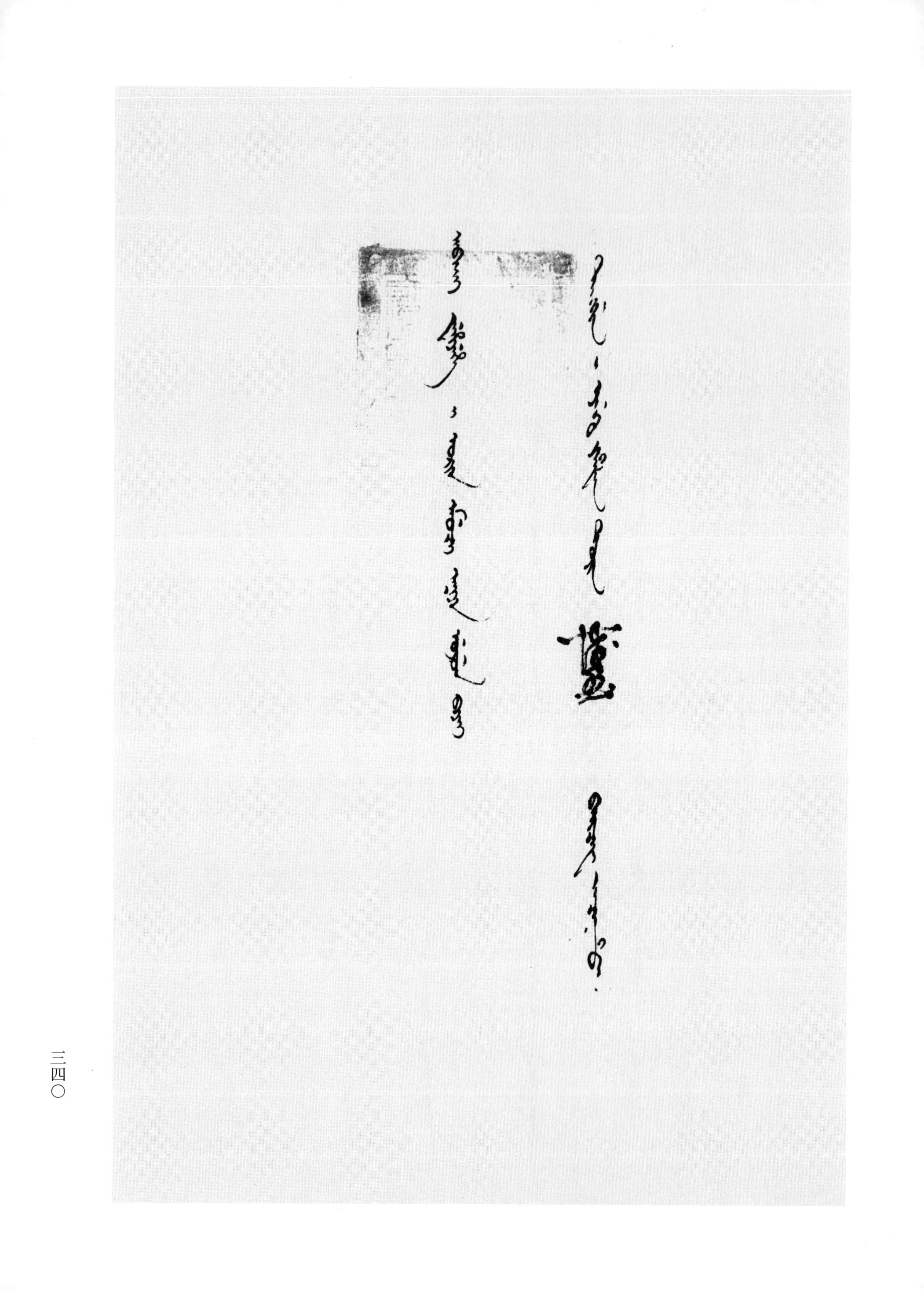

[illegible]

[illegible]

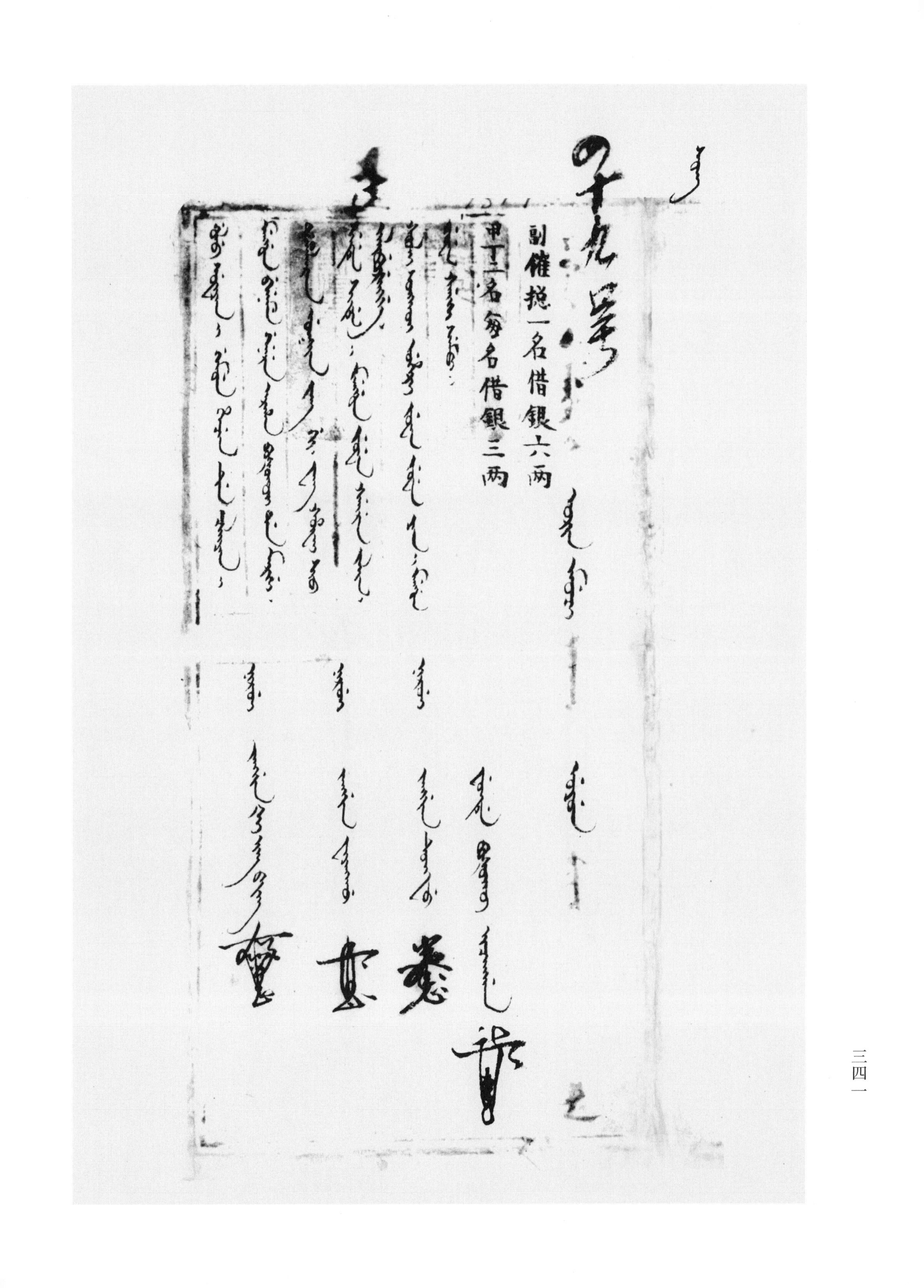

副催總一名借銀六兩

甲丁二名每名借銀三兩

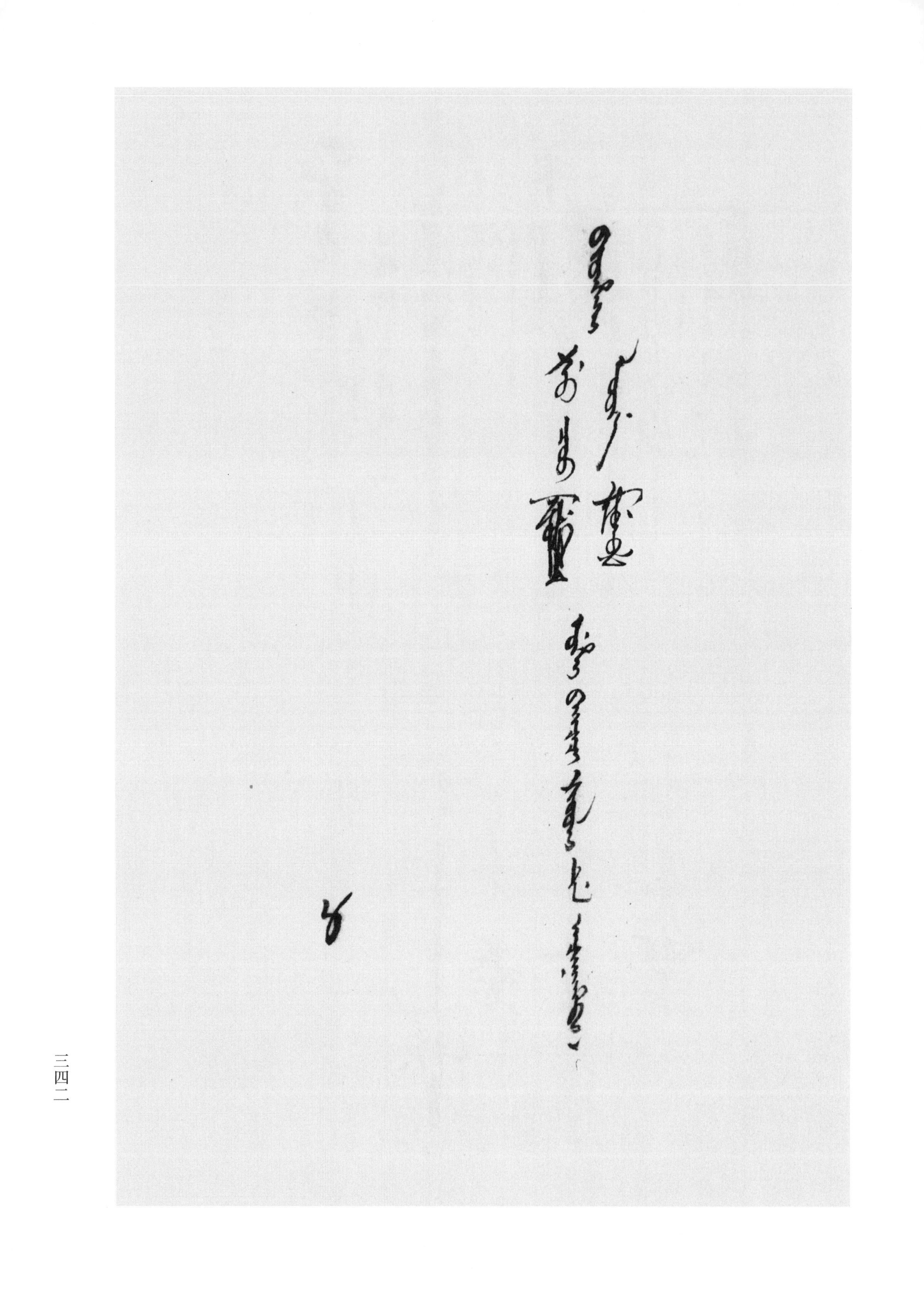

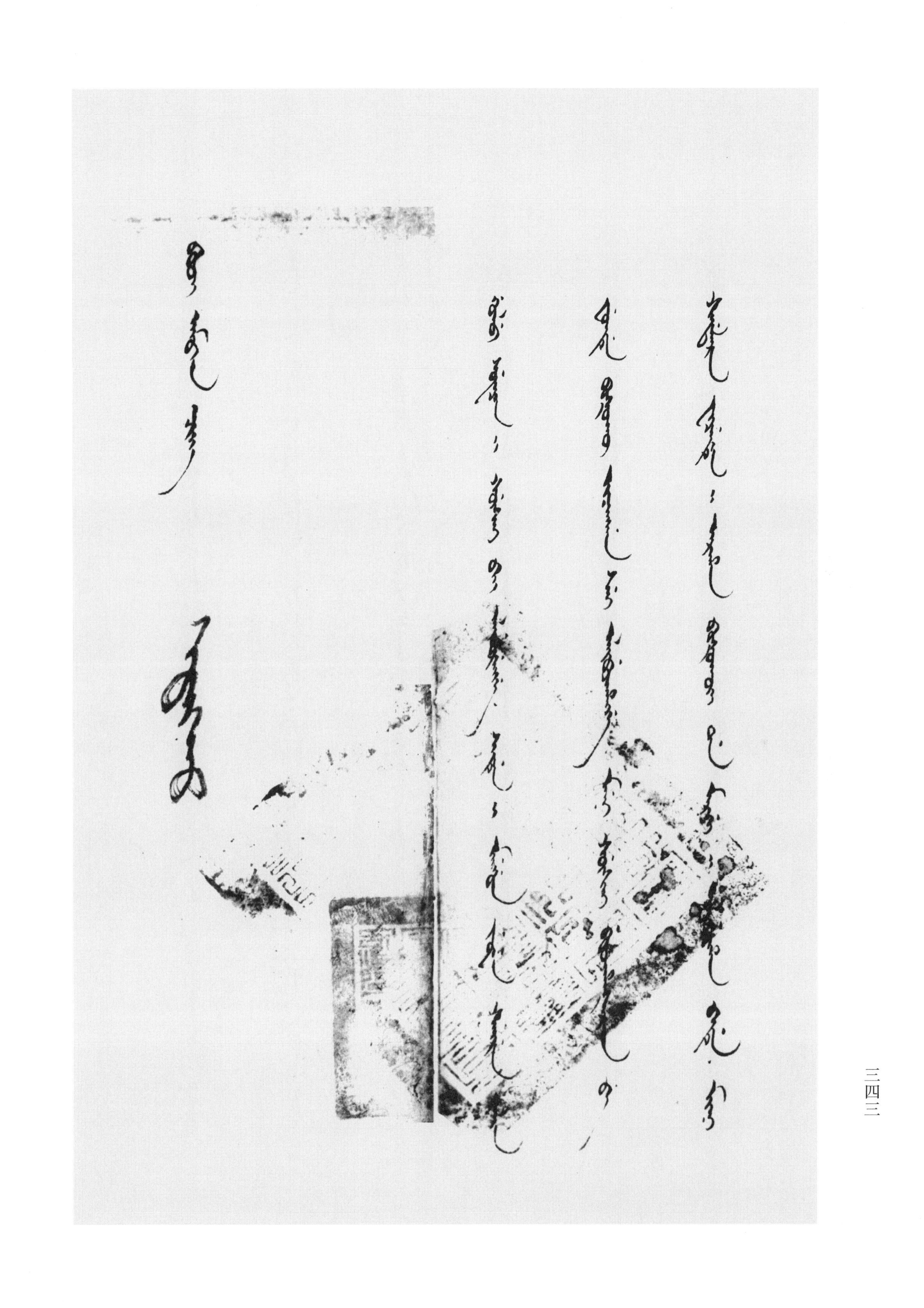

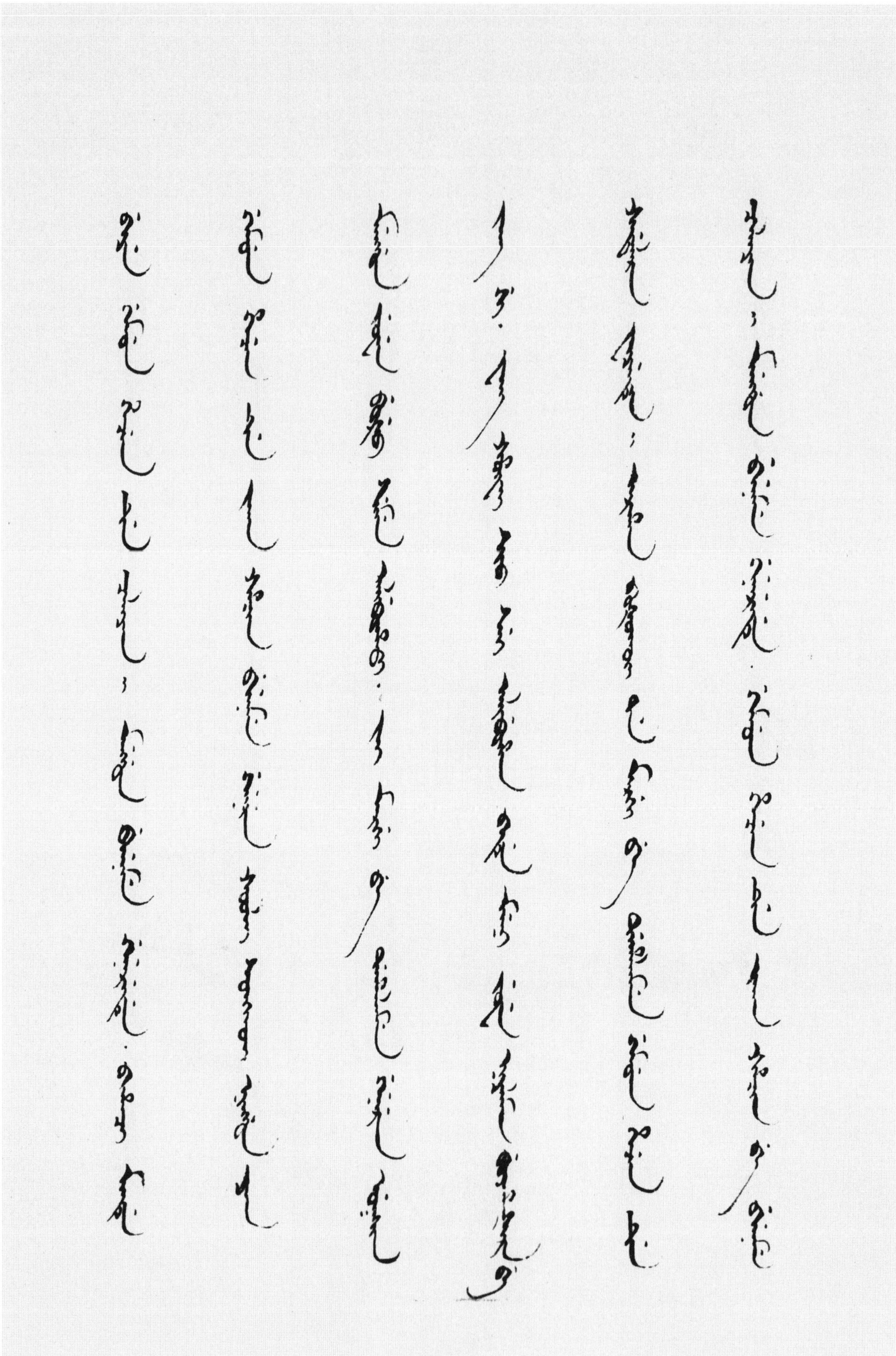

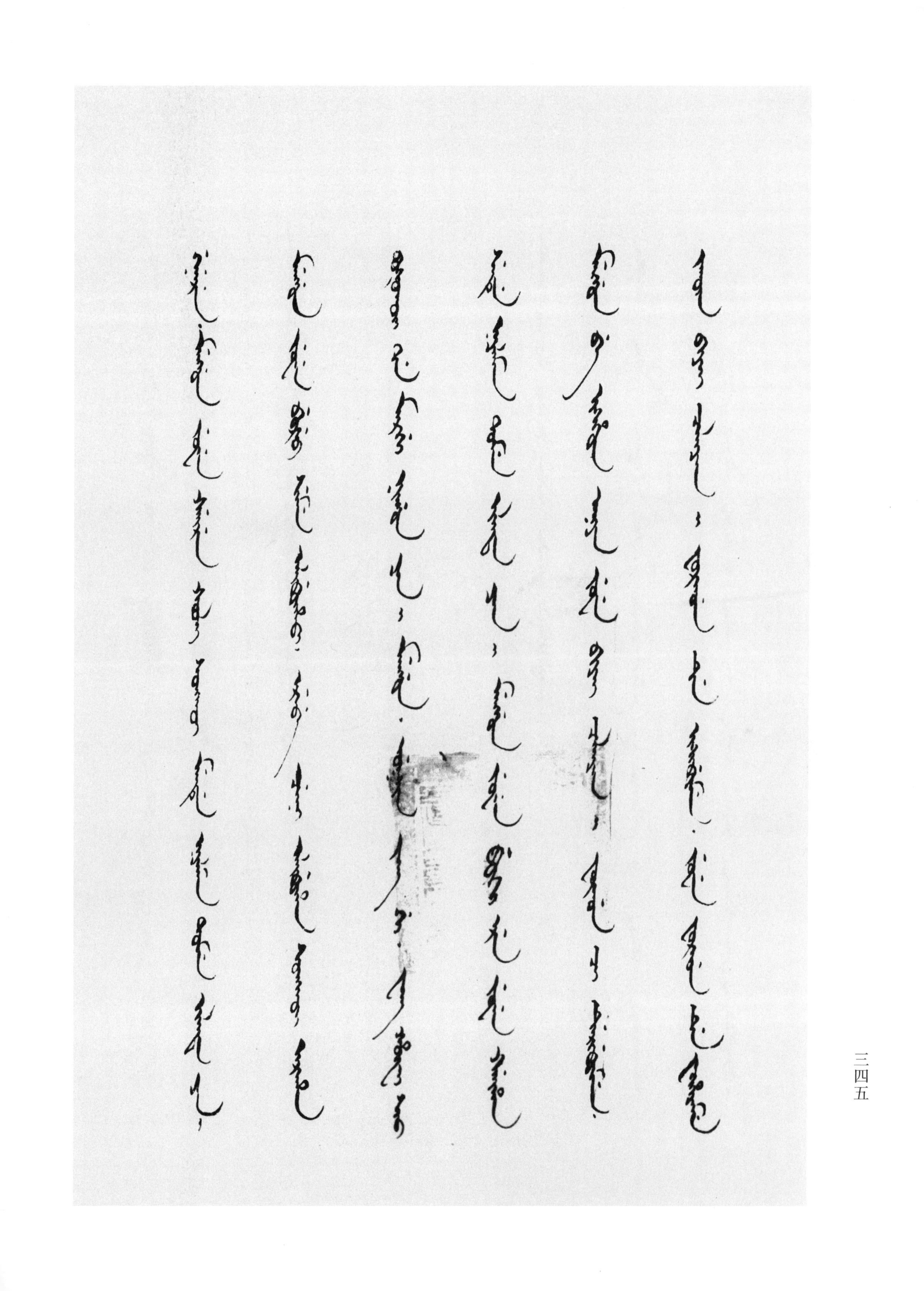

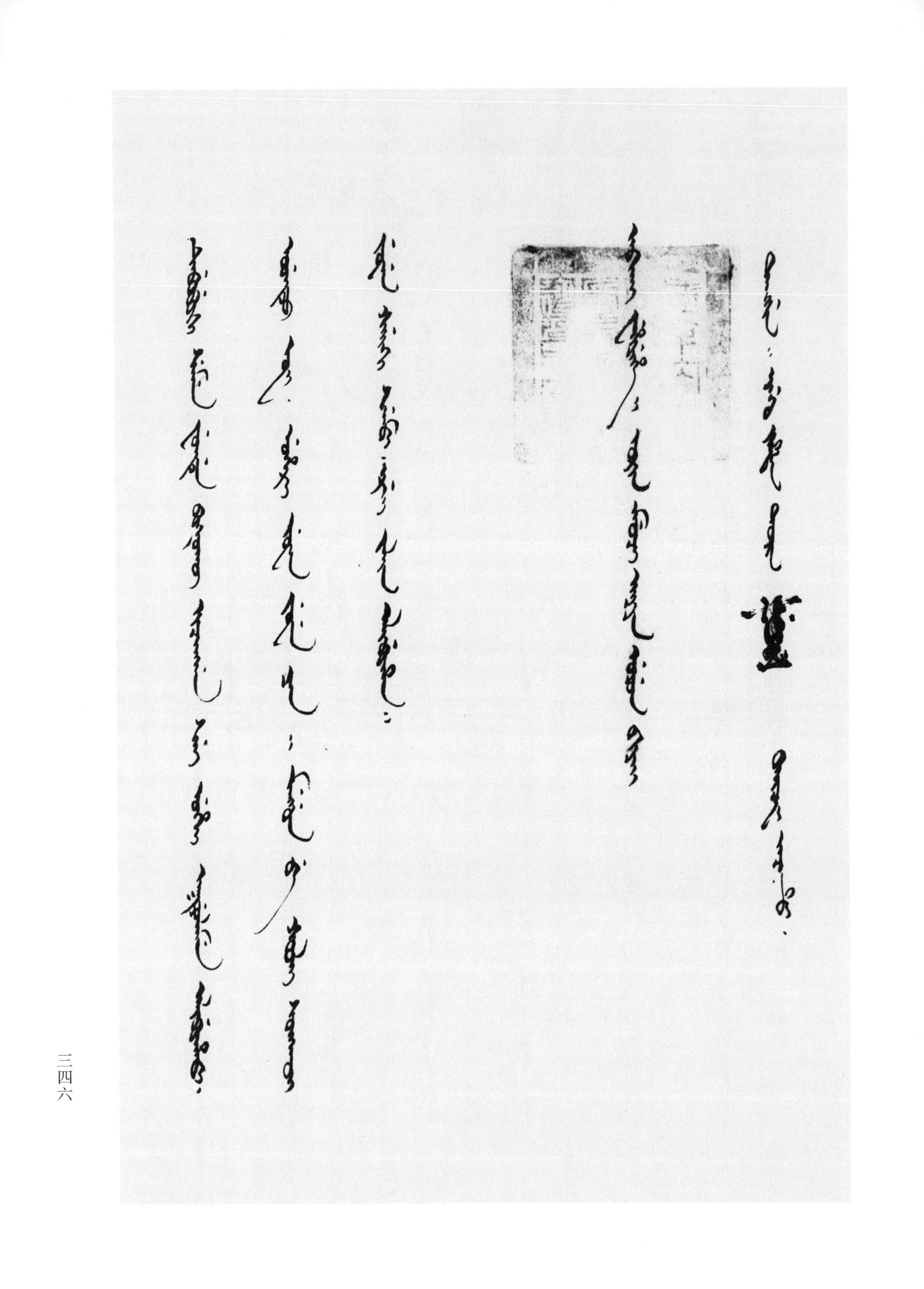

[illegible]

[illegible]

[illegible]

[illegible]

[illegible]

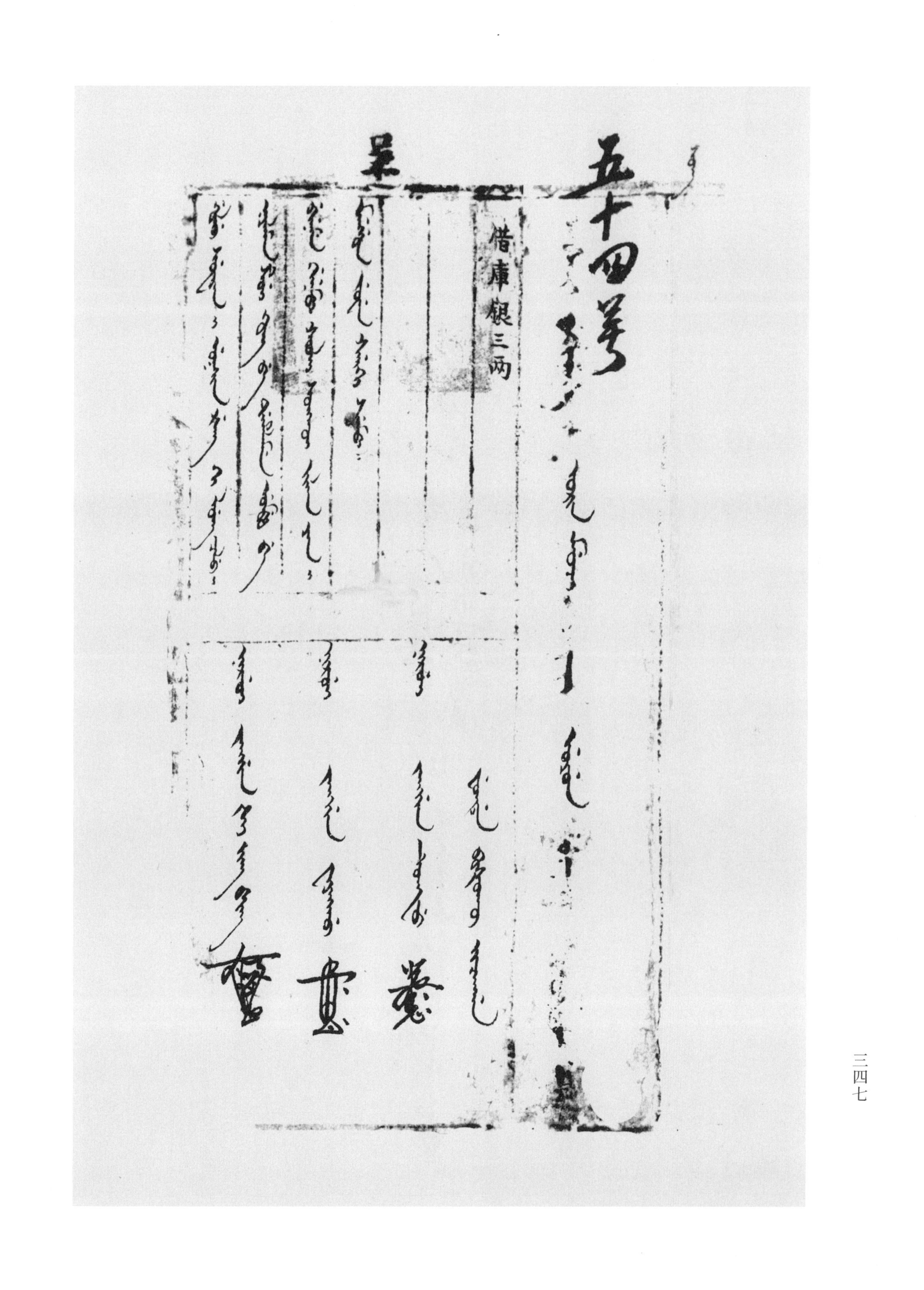

五十四號

吴

借庫銀三兩

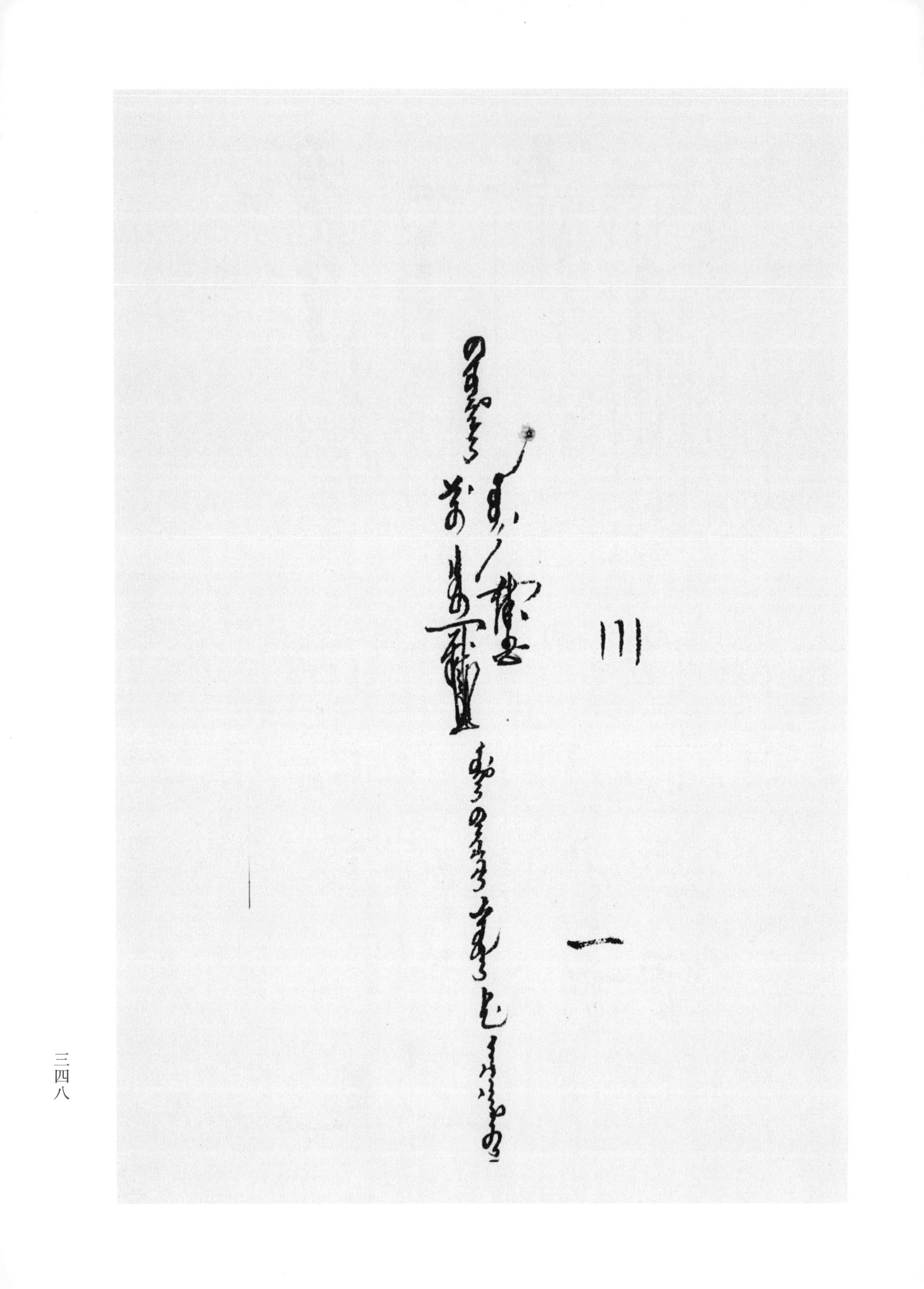

[illegible]

[illegible]

三

[illegible]

一

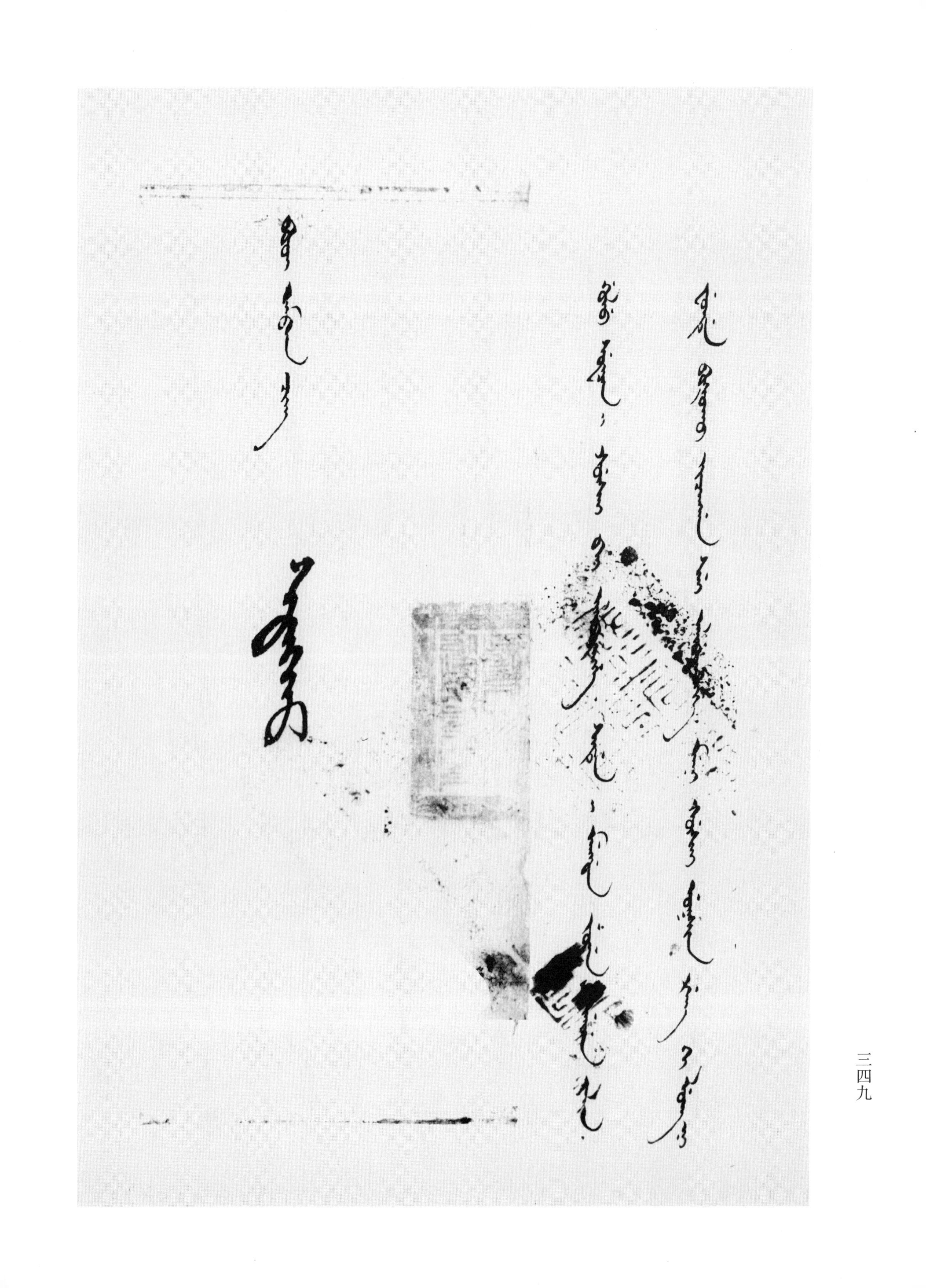

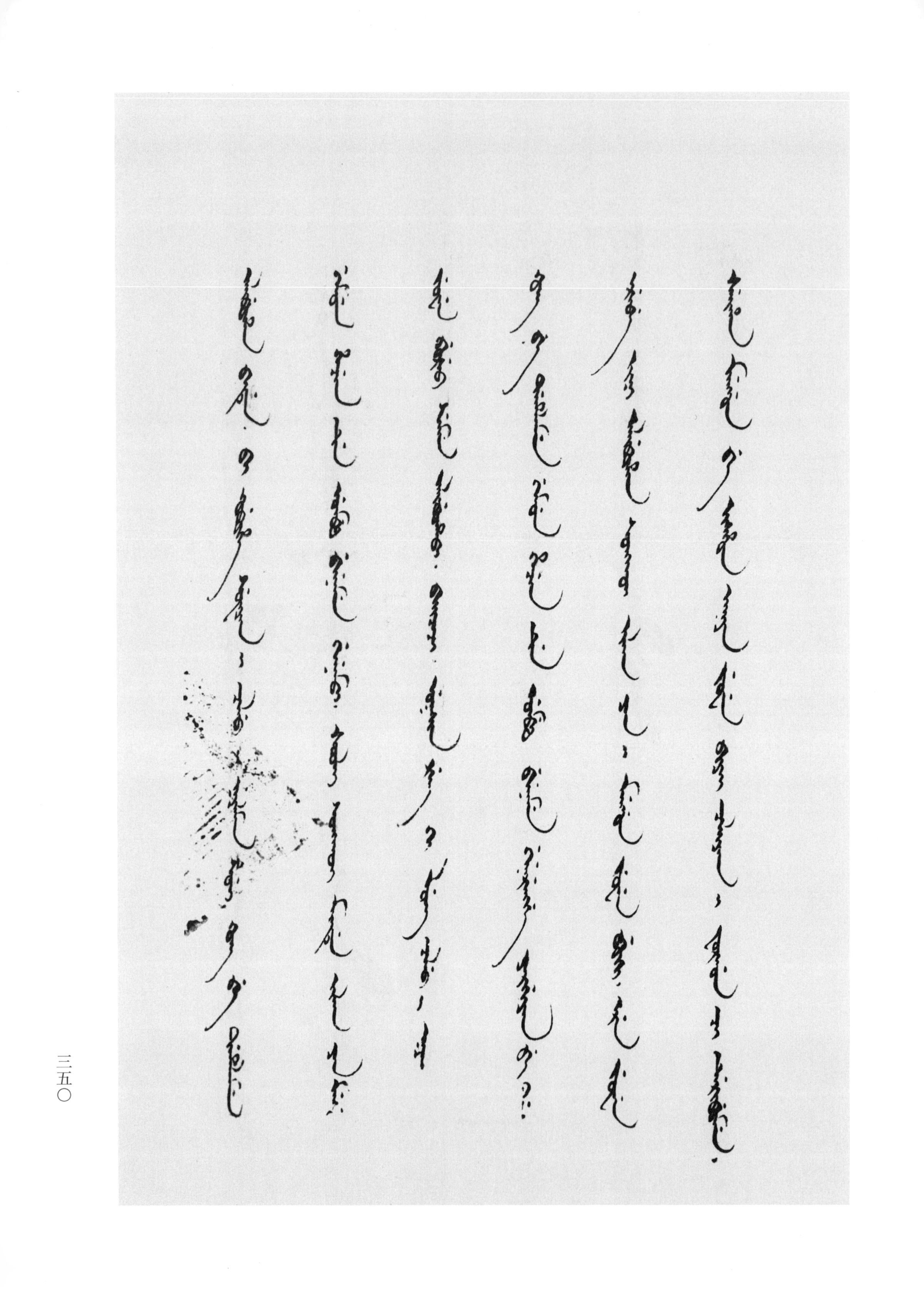

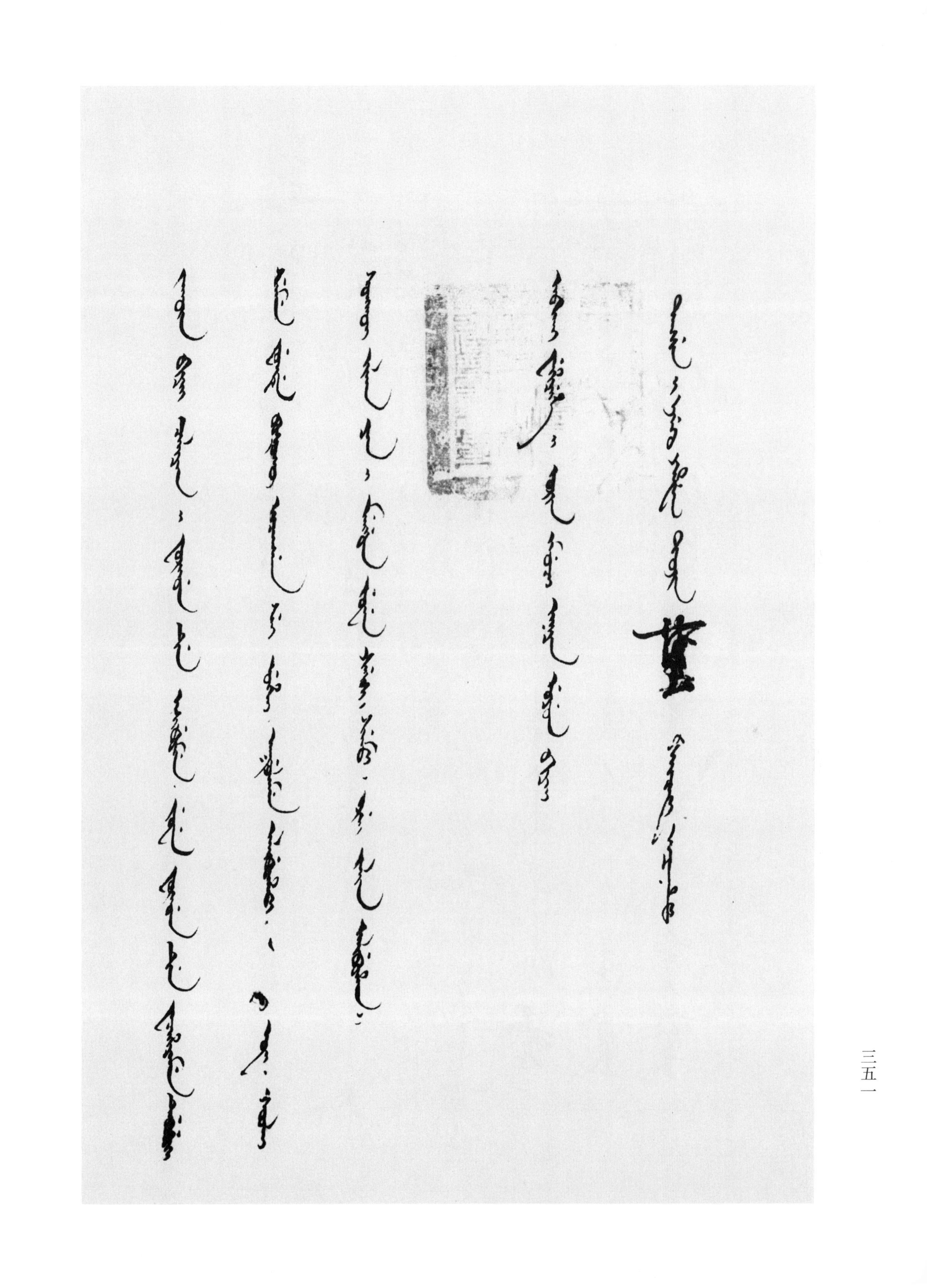

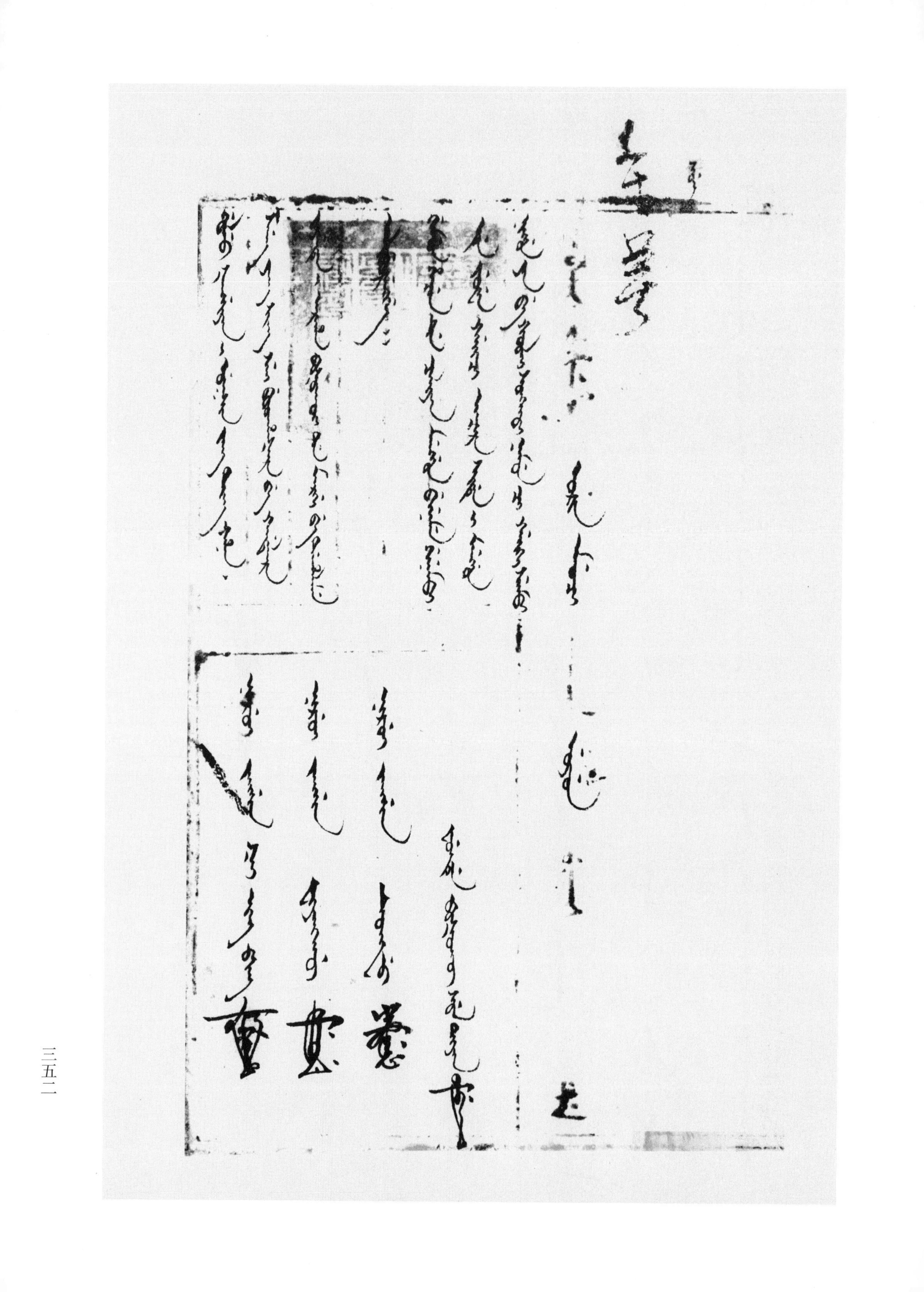

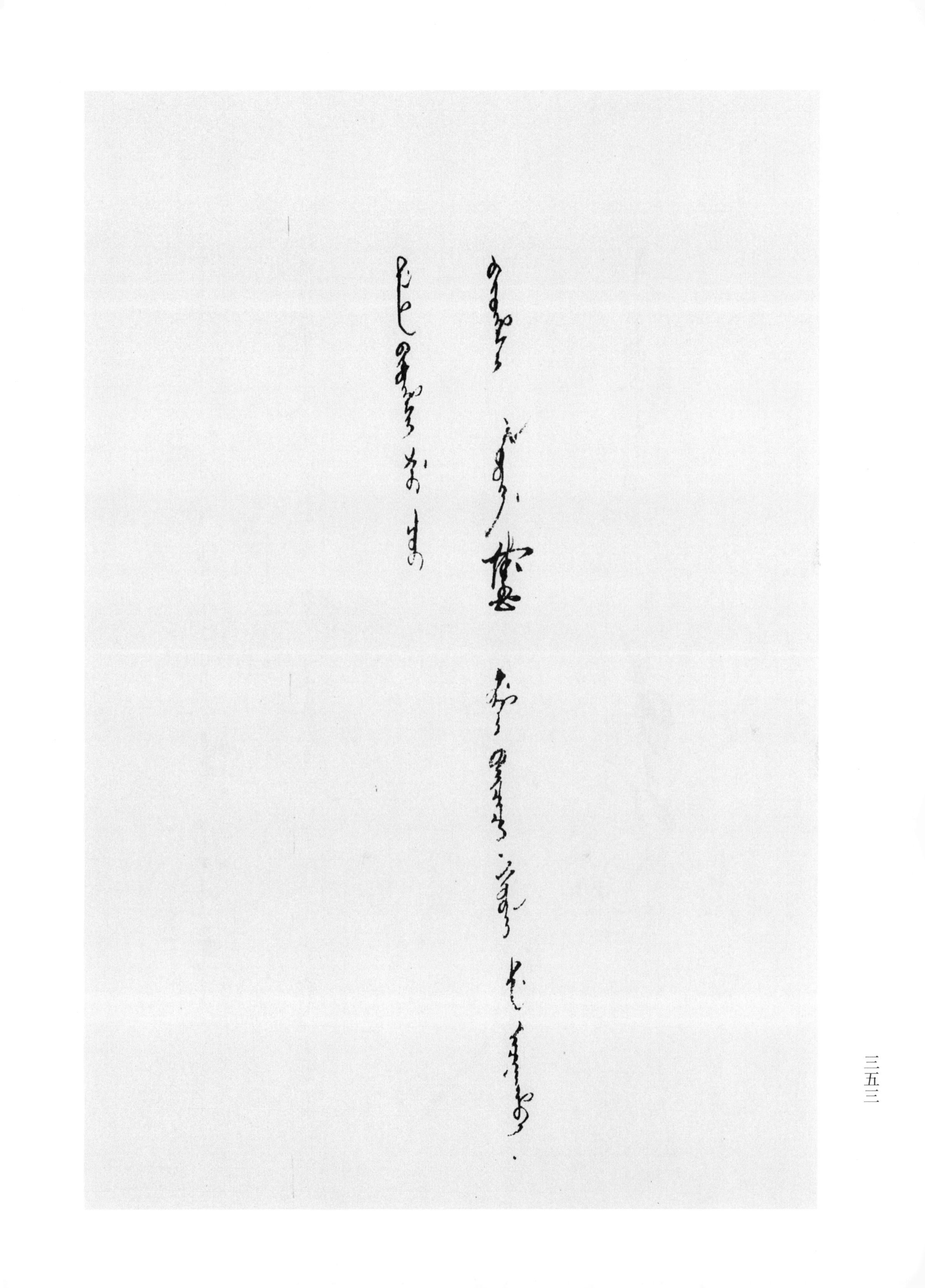

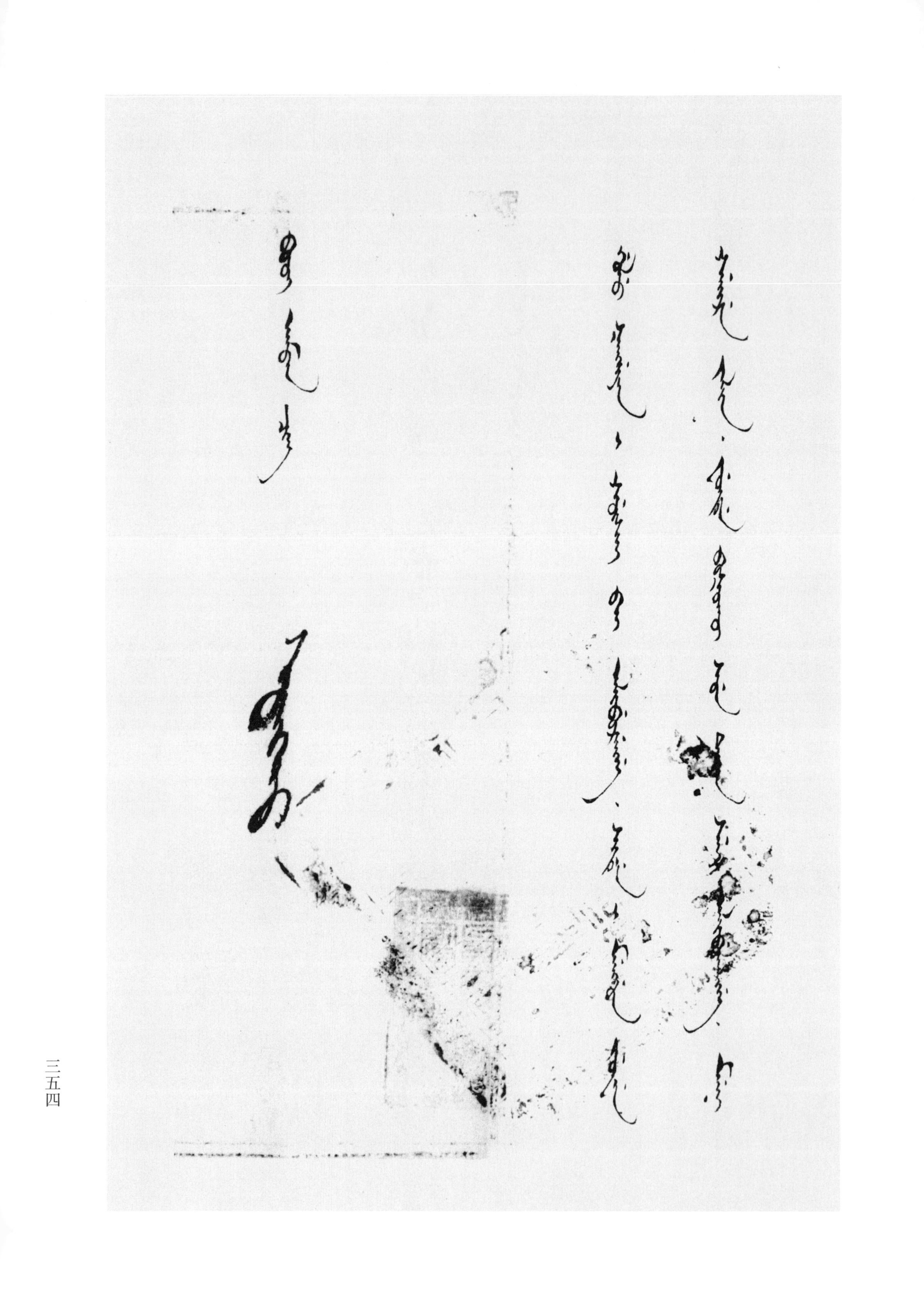

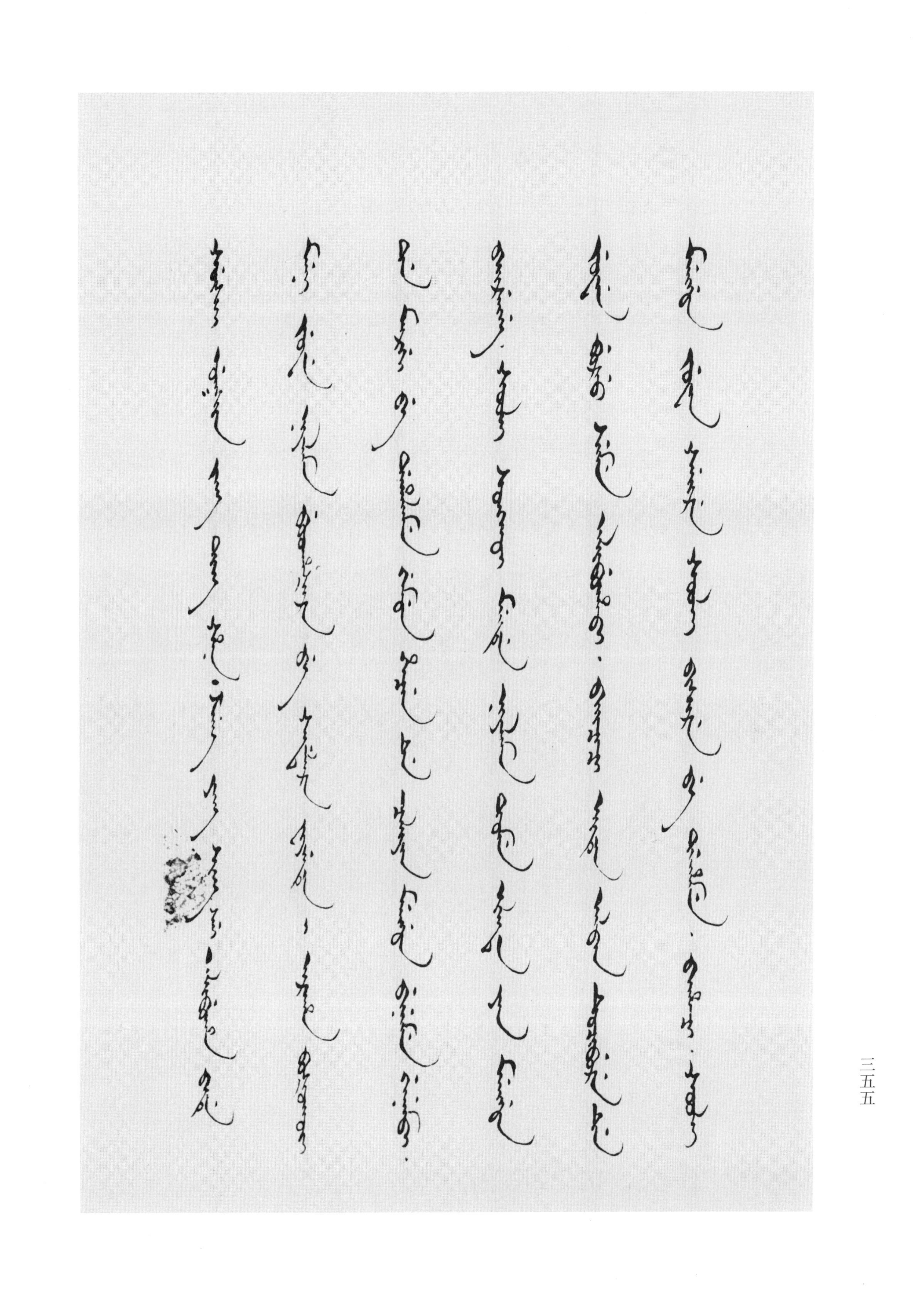

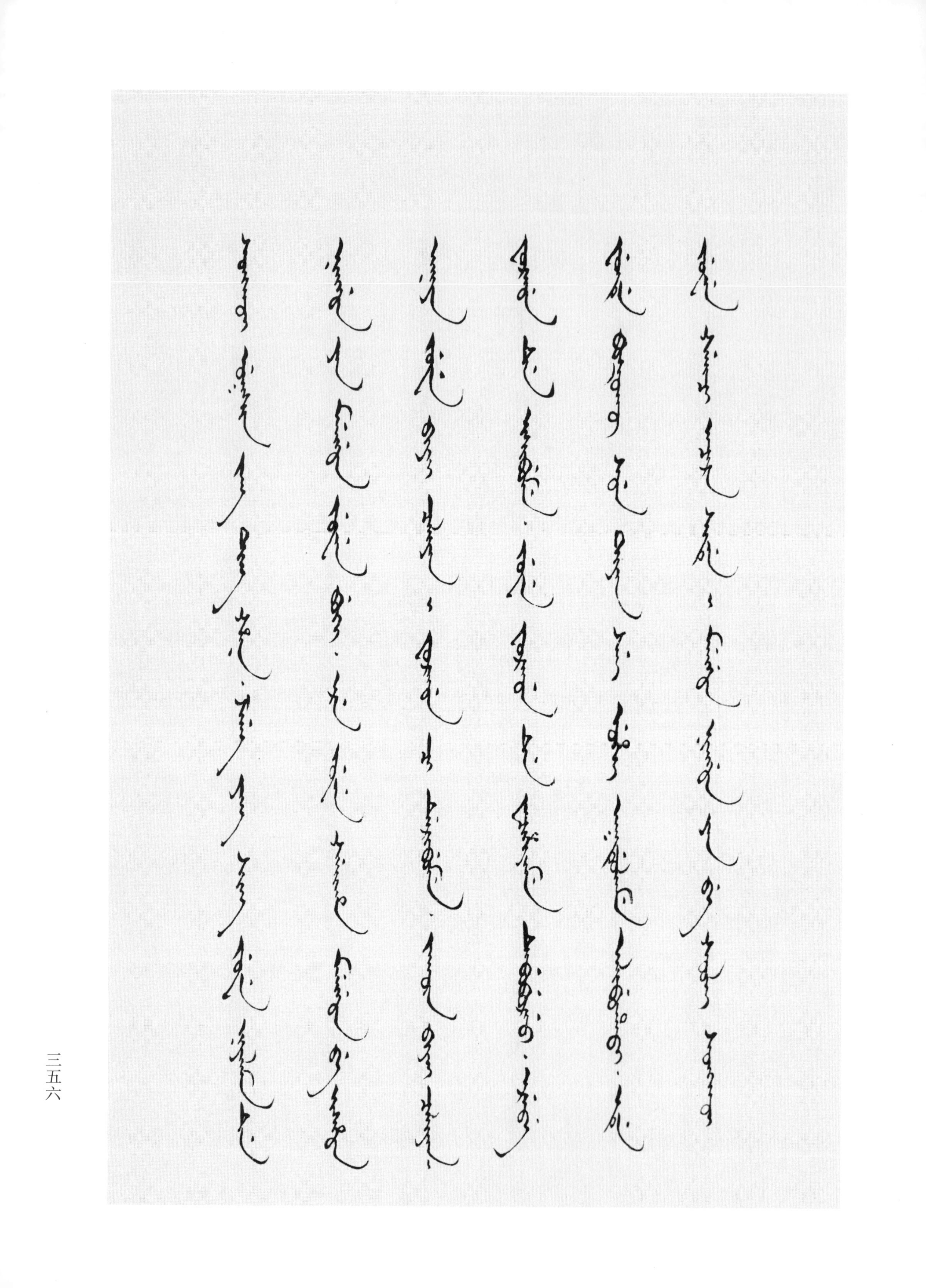

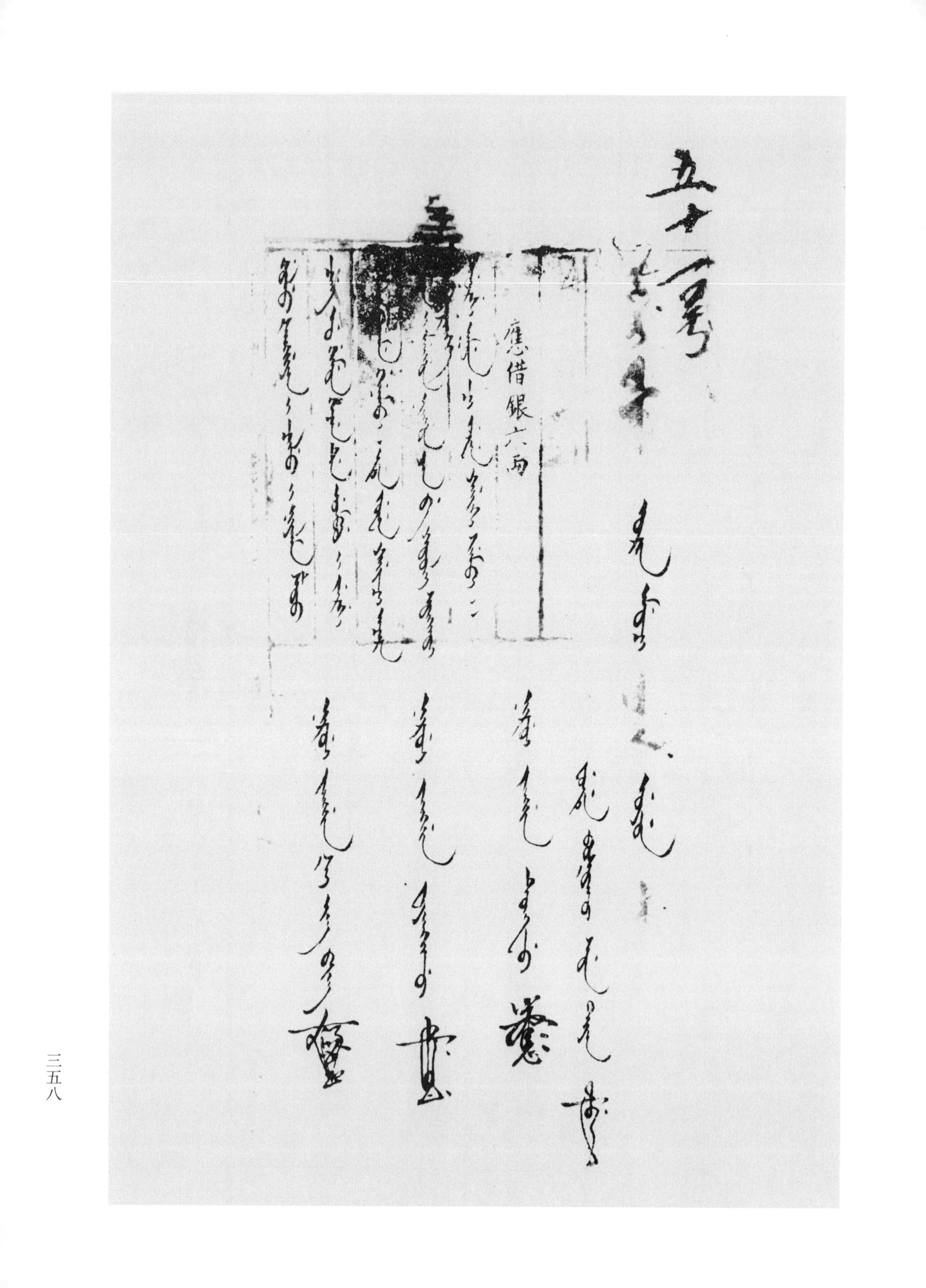

五十

應借銀六兩

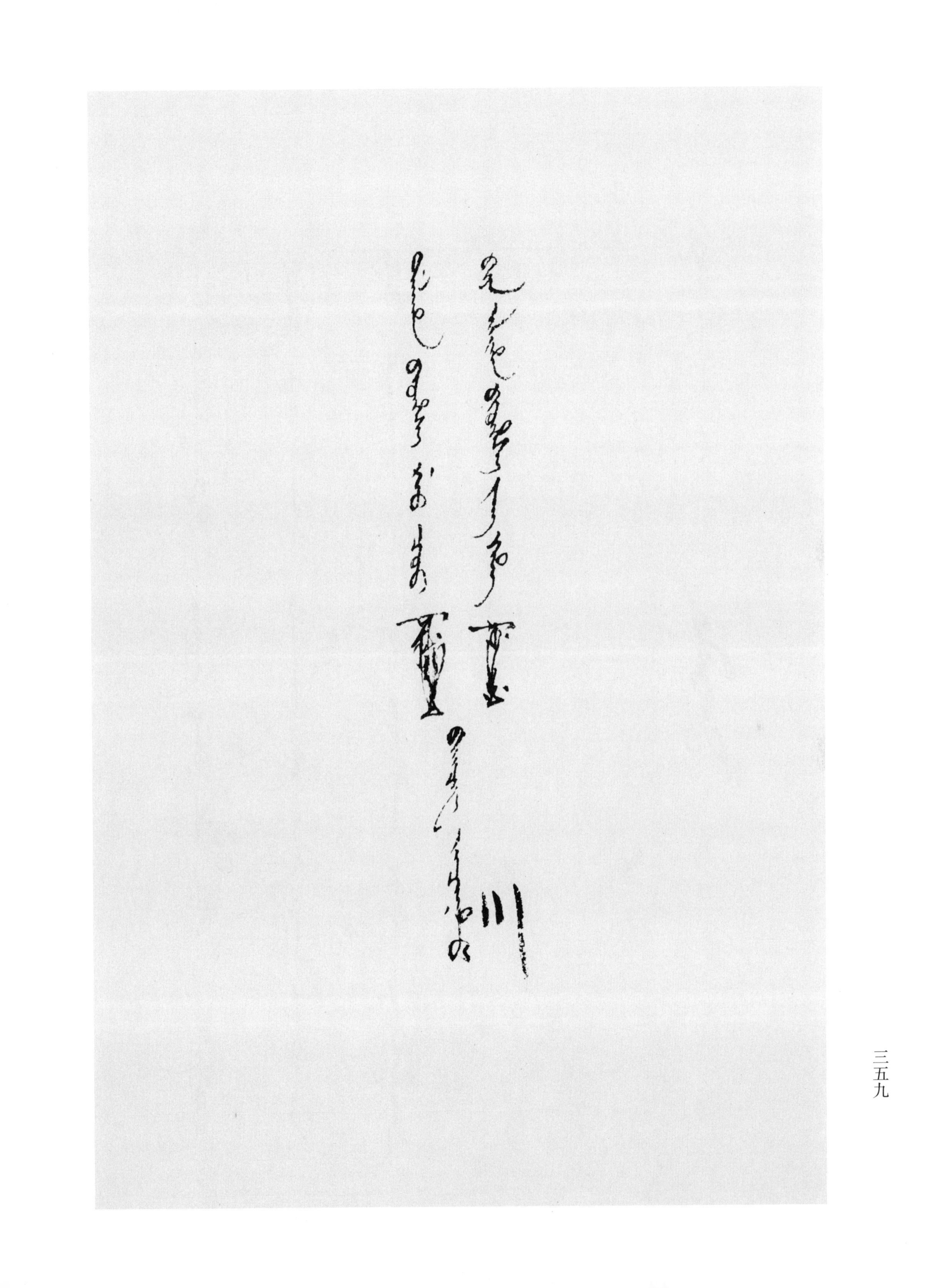

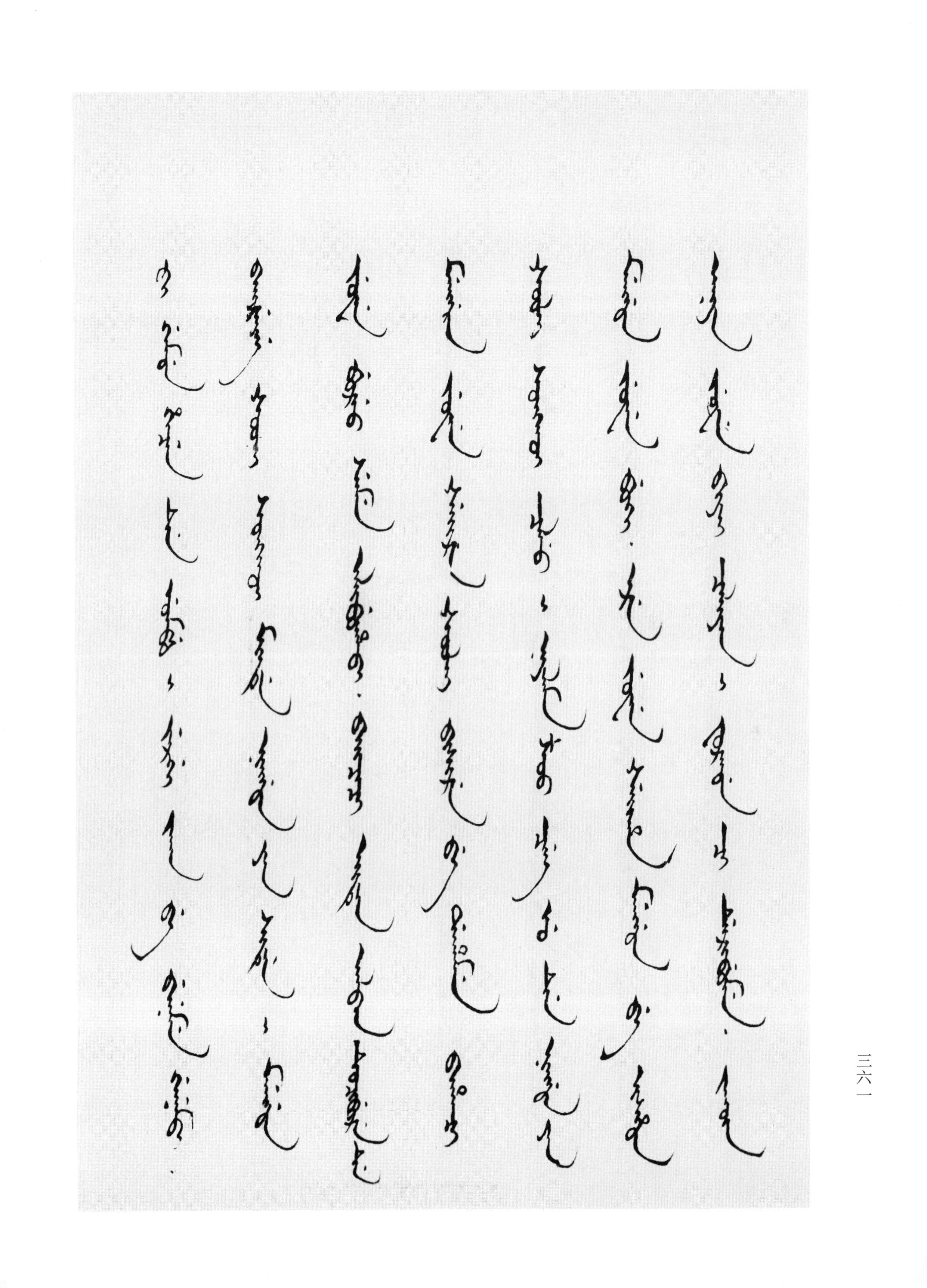

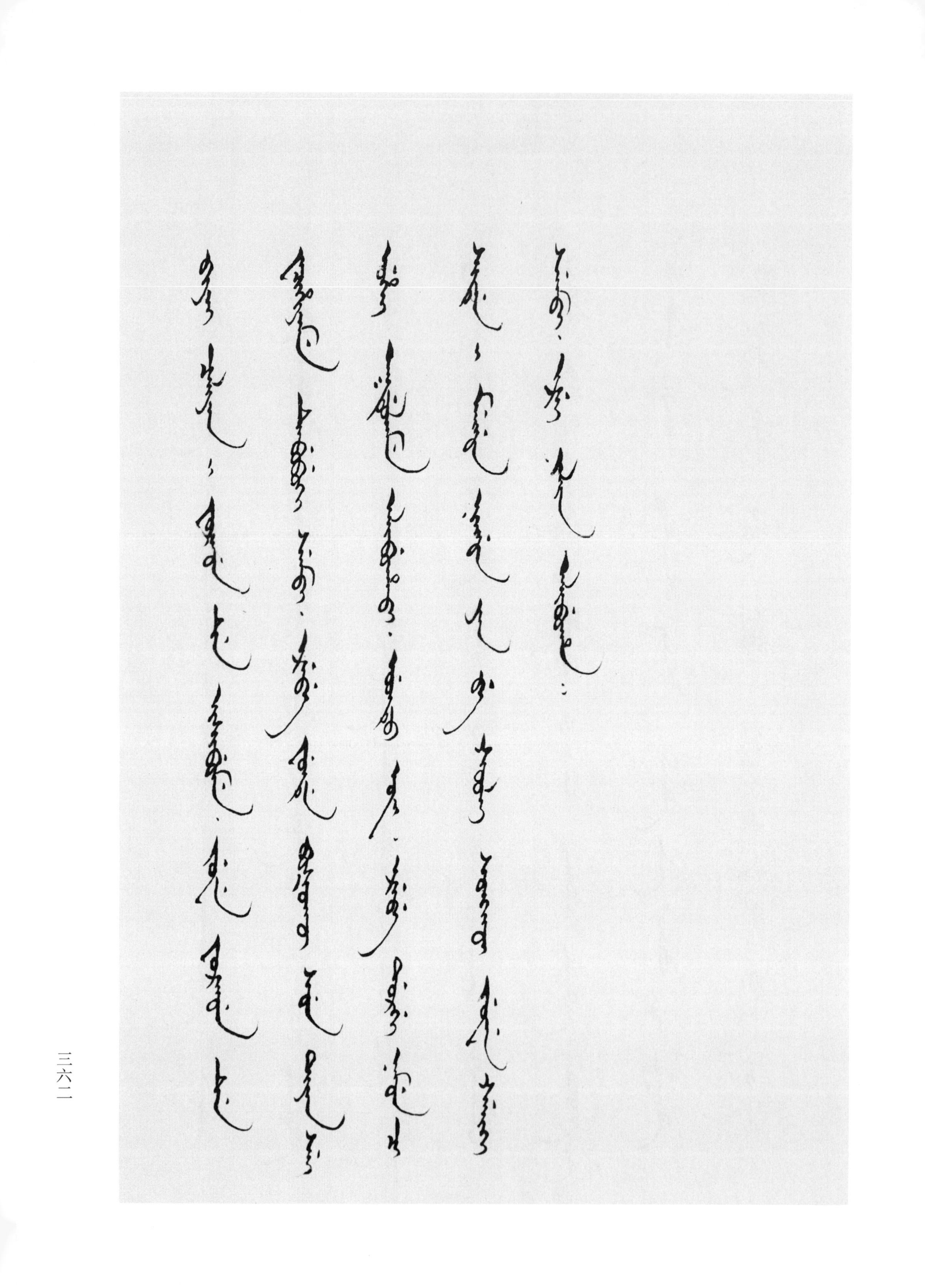

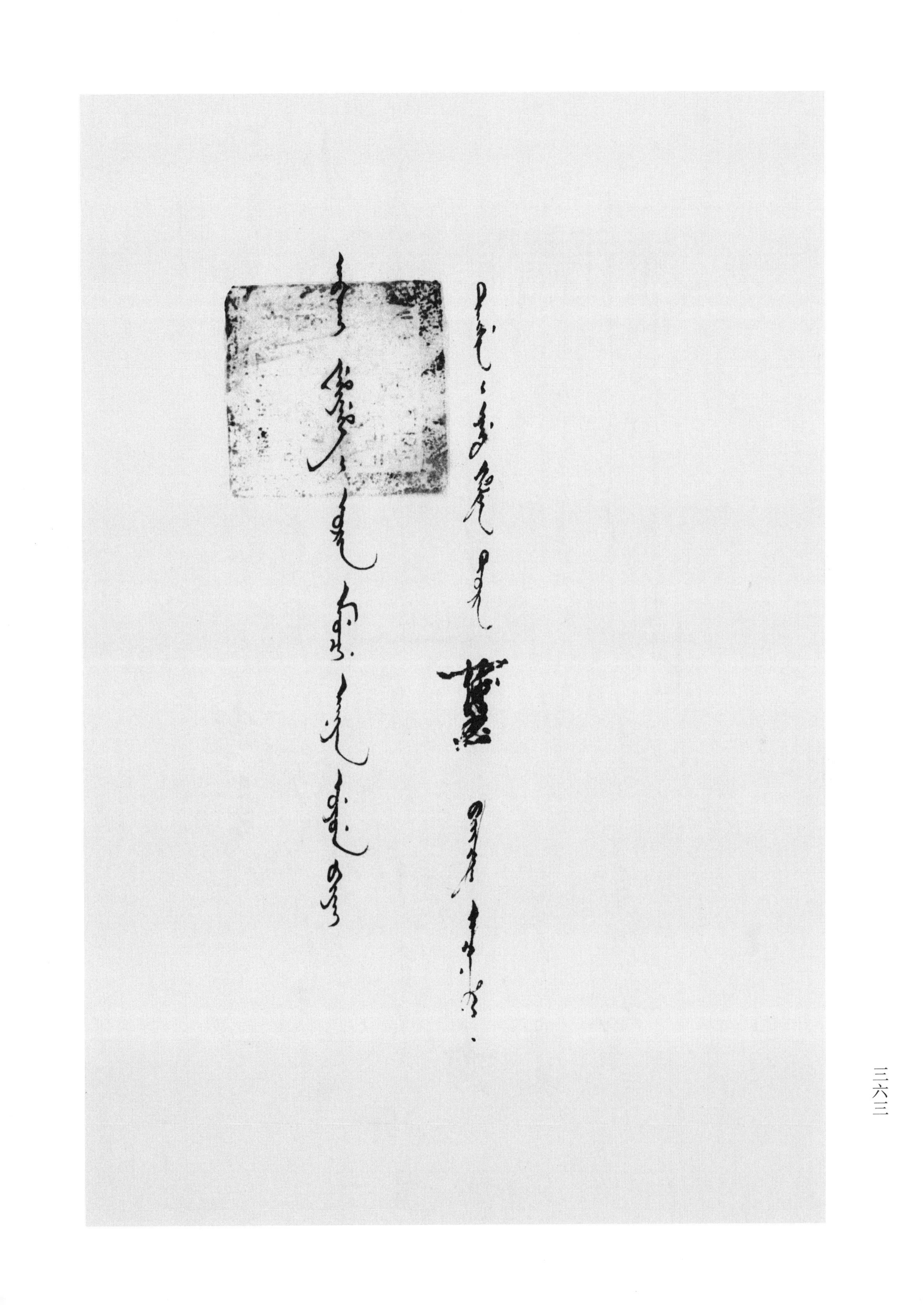

[illegible]

[illegible]

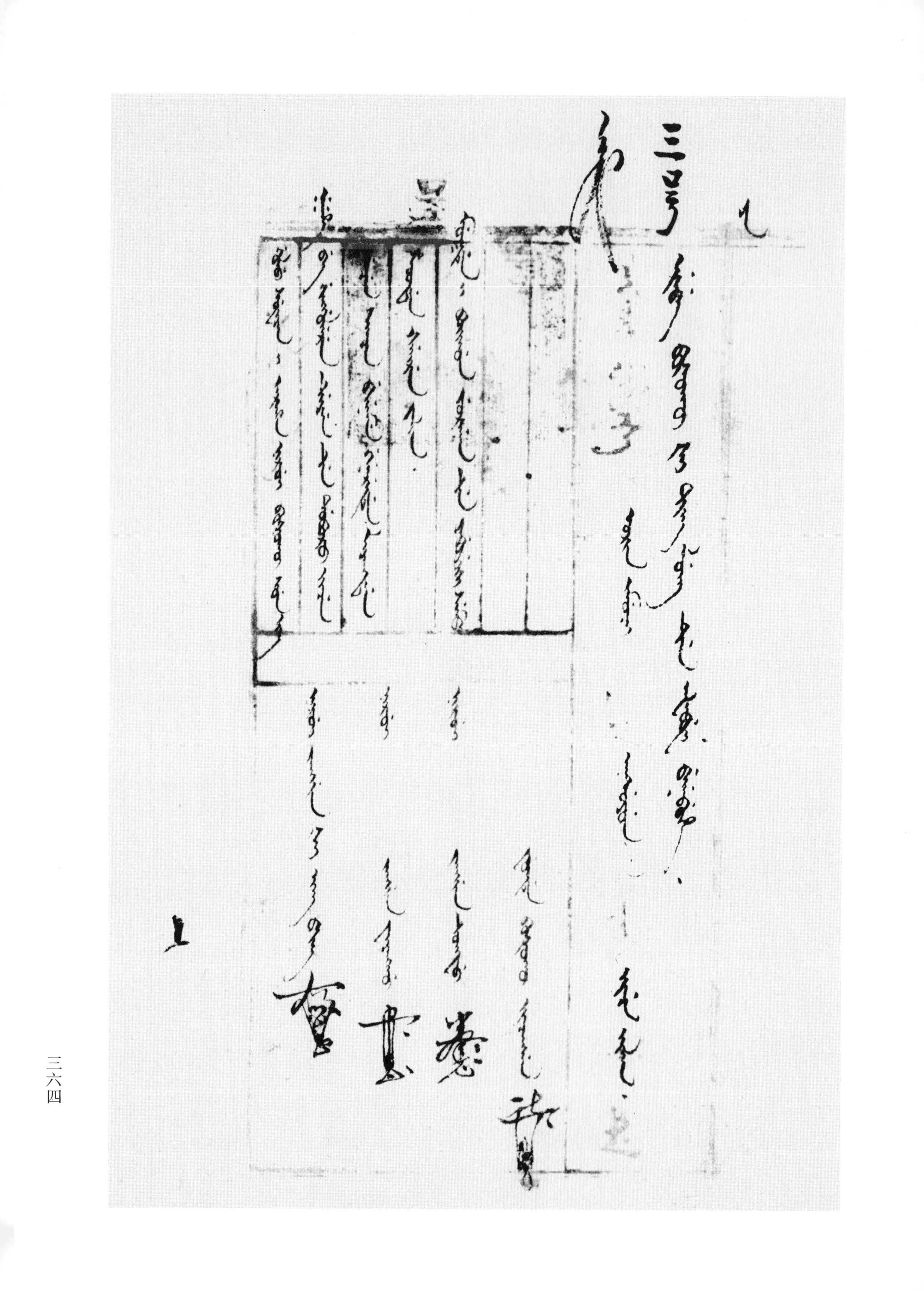

三号

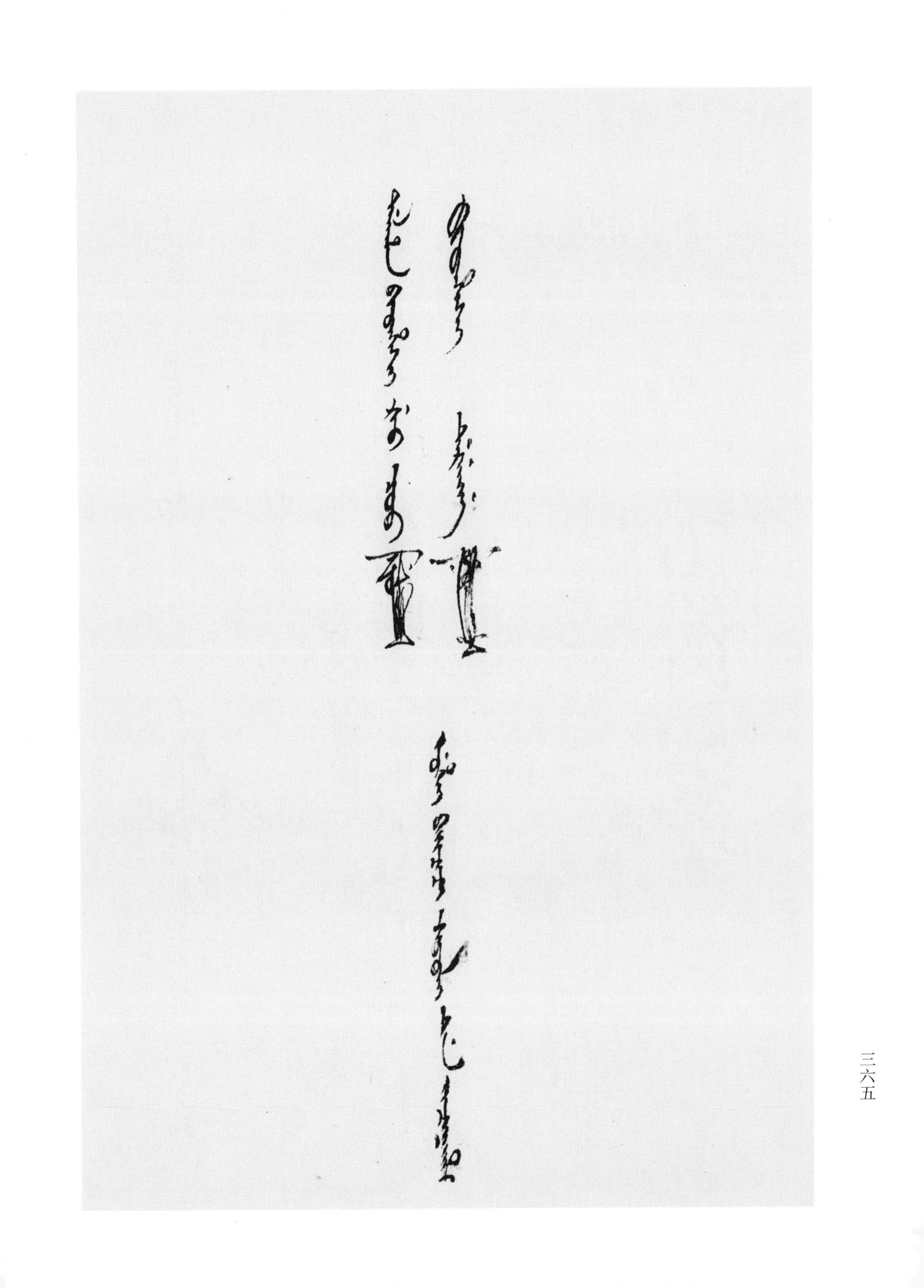

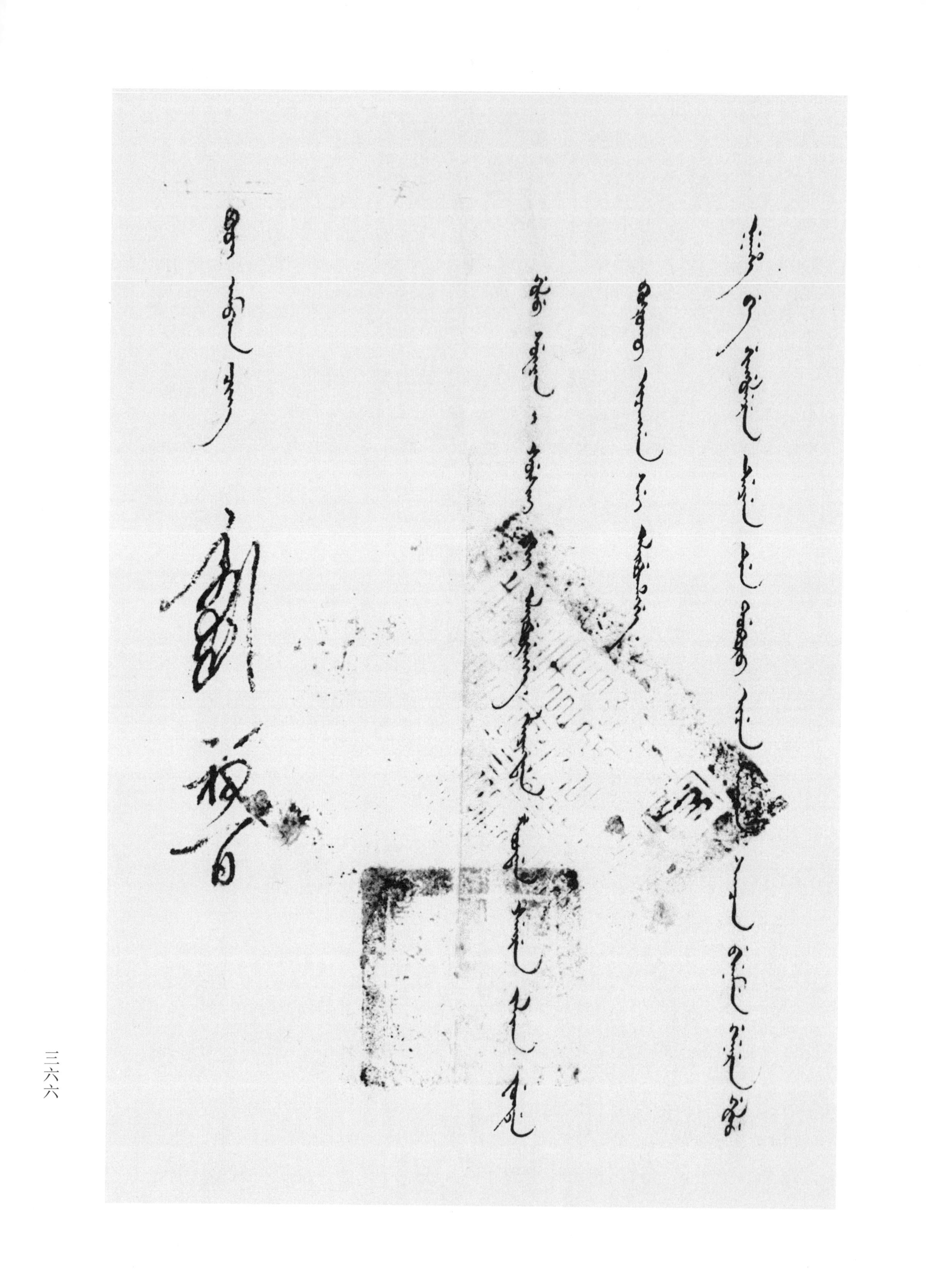

[illegible]

[illegible]

[illegible]

[illegible]

劉 稜 百

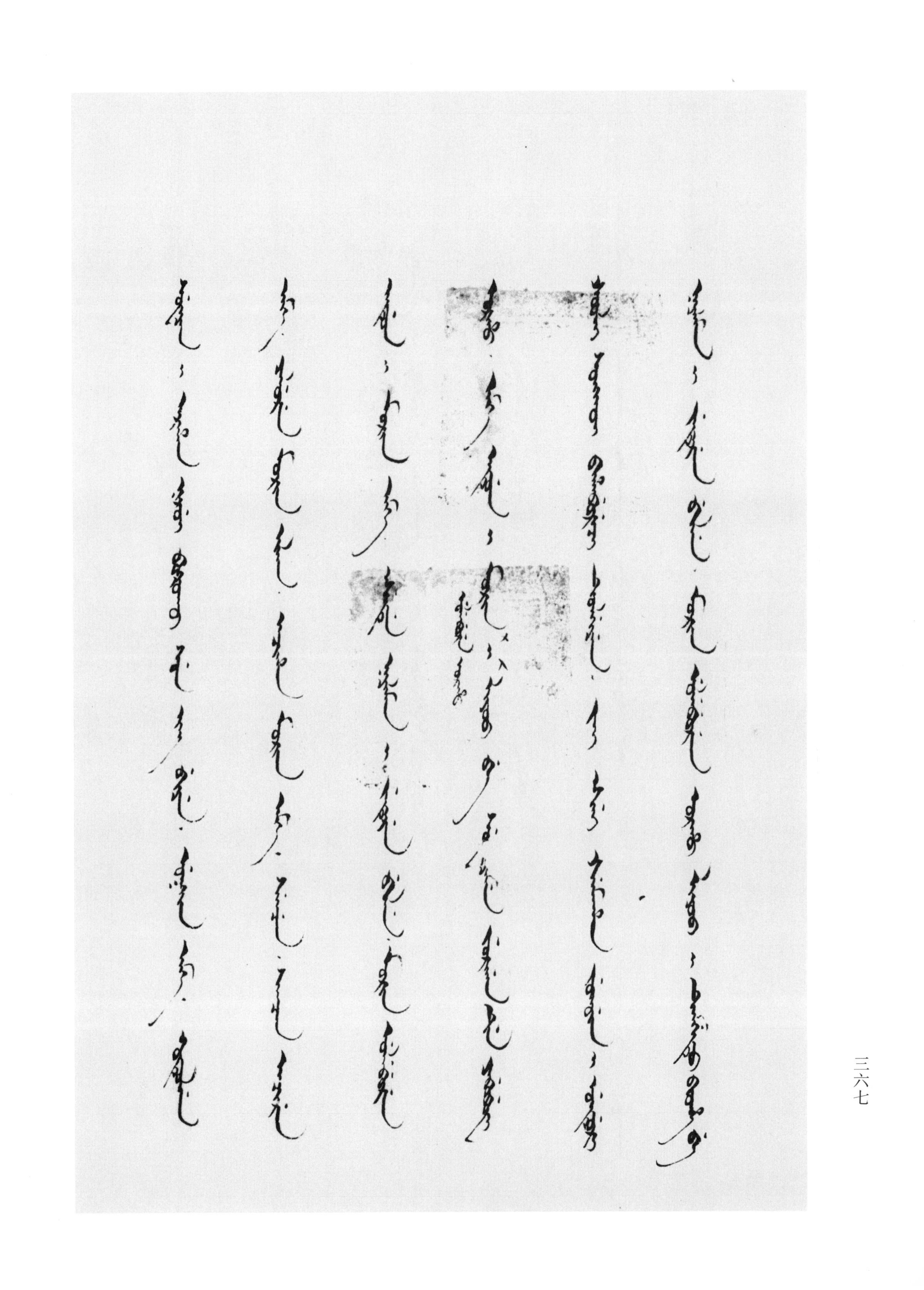

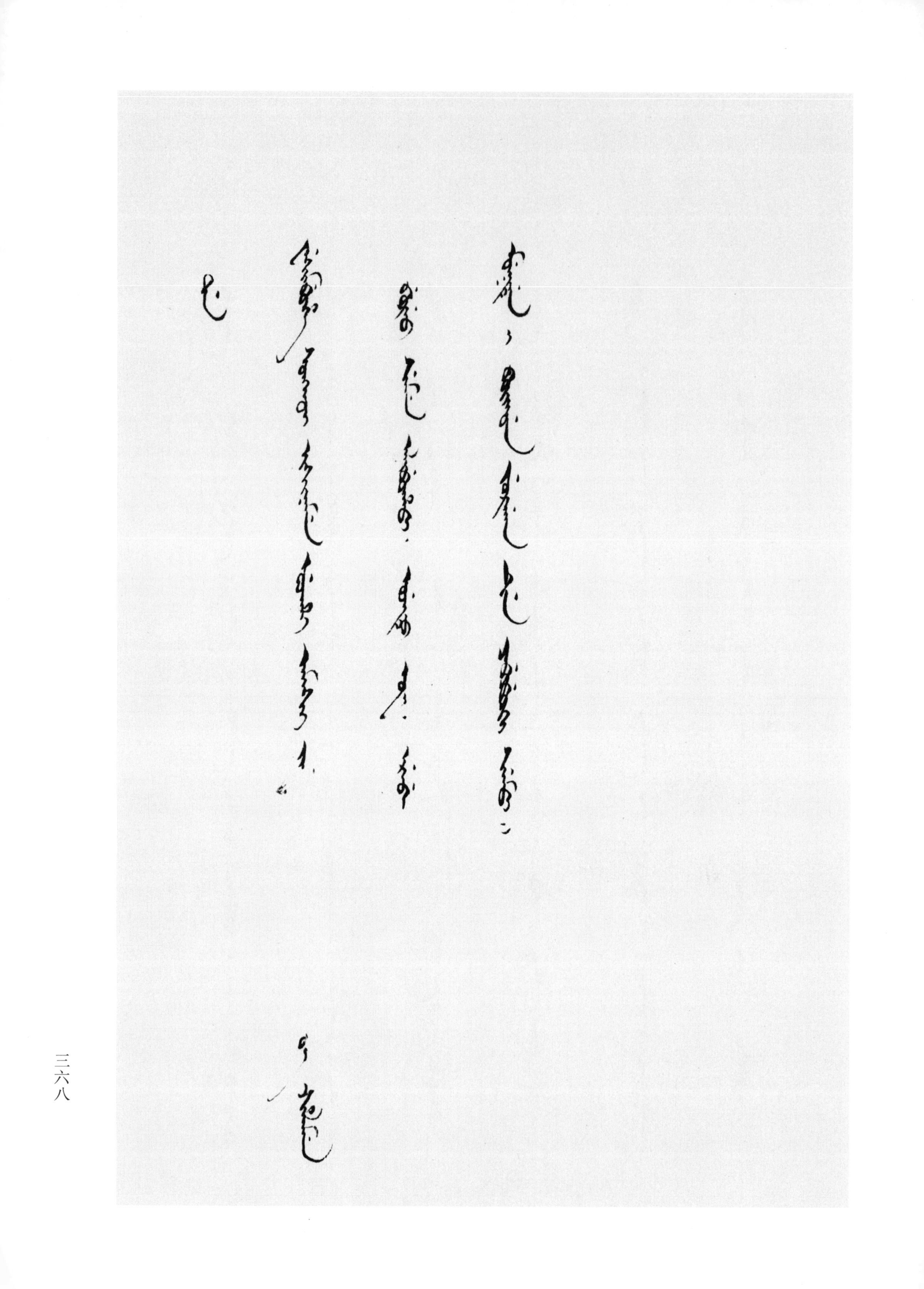

乾隆二十一年閏九月　　日

正黄旗牛彔處呈爲咨取粮草單事據驍騎校依常阿等呈稱今歲
送供
奉先殿鮮蘑菇木耳去的正黄旗副牛彔領　白丁一名跟役一
名騎馬三匹馱馬一匹馱蘑菇木耳群馬一匹所將伊等人食口米
喂馬草束喂群馬一匹之草料一併咨部照例給發外再伊等
持去沿路支領人食口米喂馬草料之票希照原
奏到日即便換給回票可也等情據此相應咨行
盛京户部可也爲此上呈

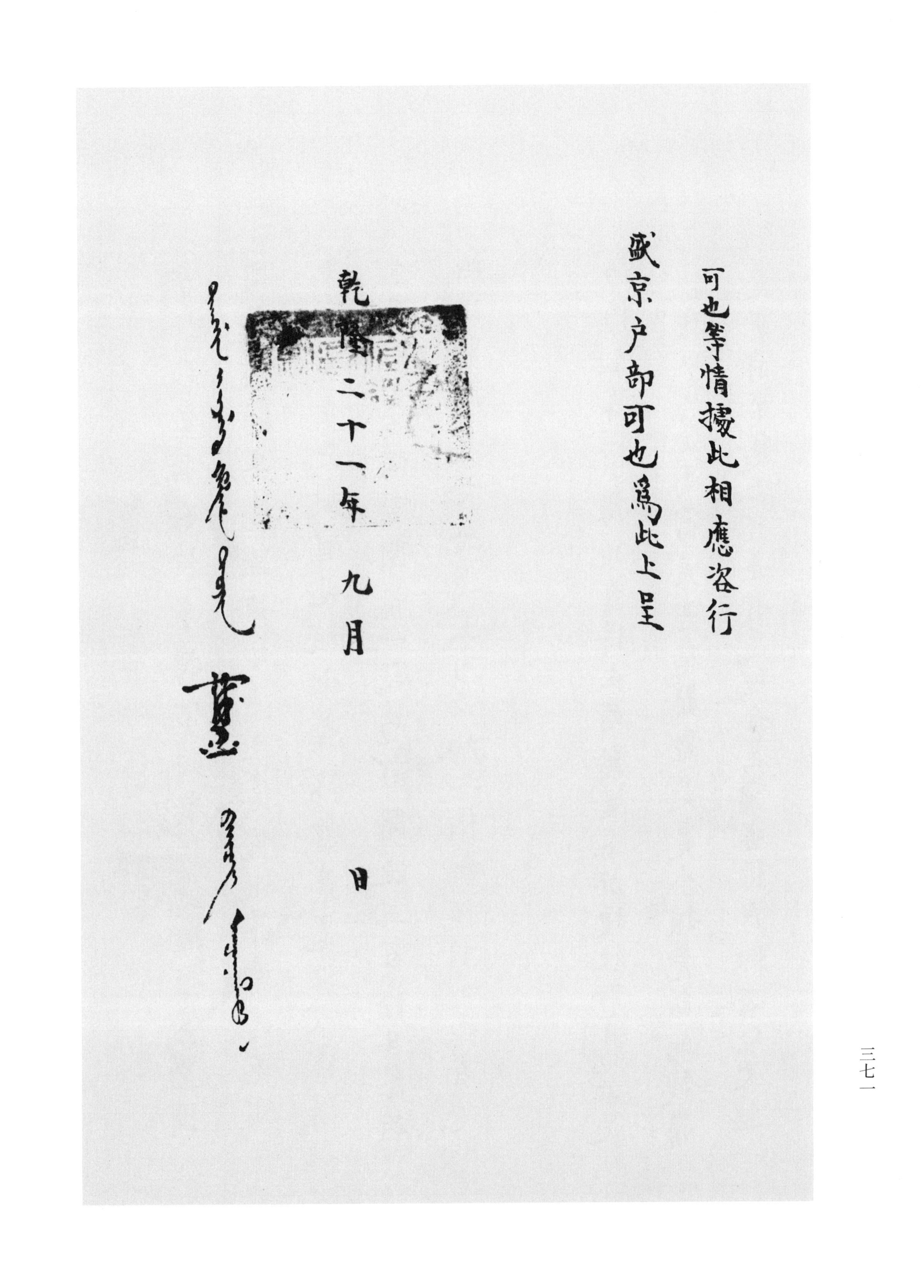

可也等情據此相應咨行

盛京户部可也爲此上呈

乾隆二十一年九月　日

會計司呈爲咨行事據催總額[illegible][illegible]騰布[illegible]呈稱

據庄頭顧黑子呈稱切身名坐落蓋州界常西屯處

原有當差紅冊官地短少難以當差是以小人尋得在

庄界內黃土坎處開荒一段約可開地三百餘日懇祈

將此段開荒丈給小人上可以納二粮無悮下可以育老

幼得生等情據此查得庄頭顧黑子所種紅冊官地不足

耕種以致養馬當差甚屬艱難是寔今既採荒願納錢粮

呈懇前來寔于官差有益理合呈請咨行戶部查照丈給

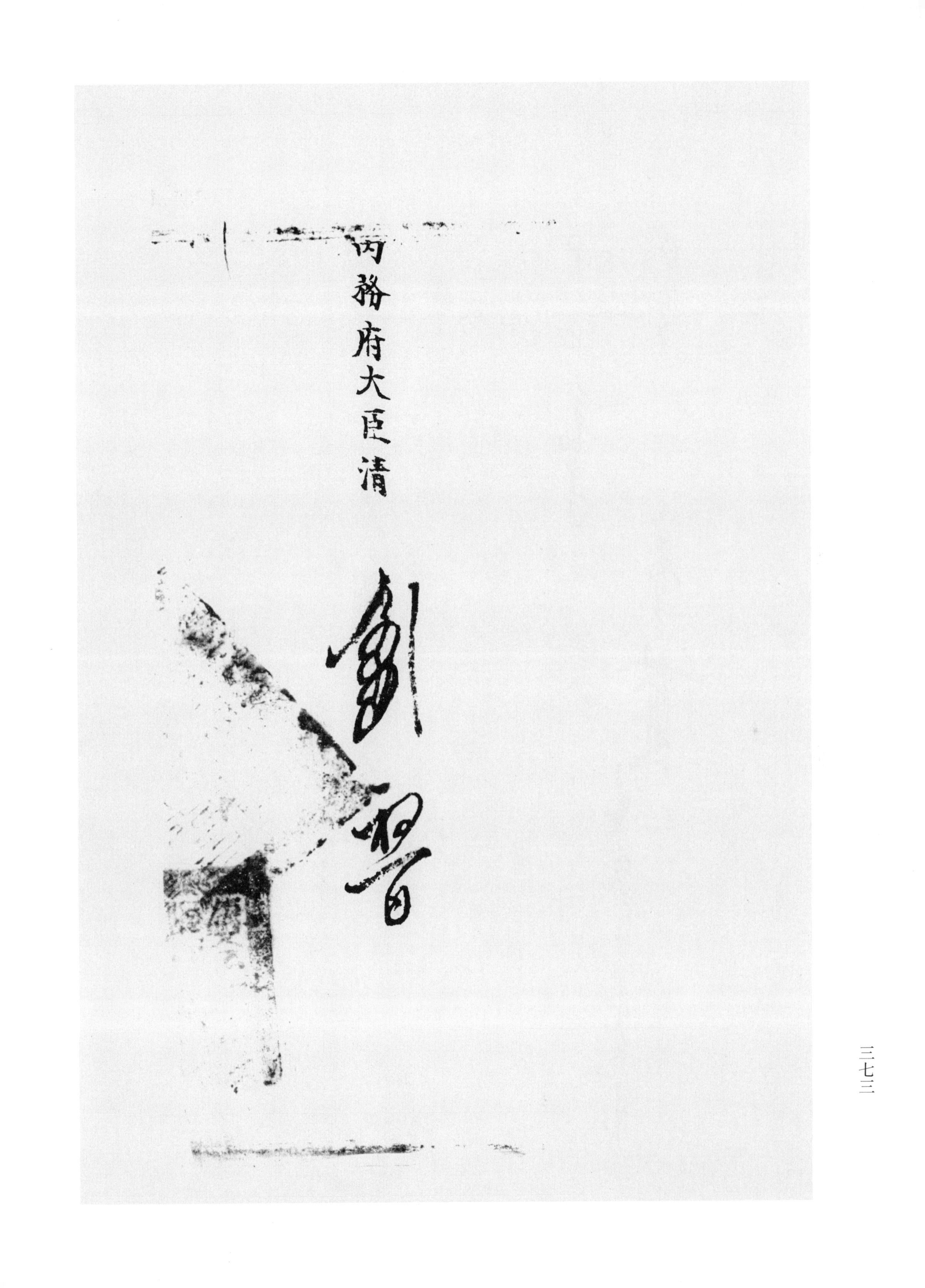

內務府大臣清

劉智

三七三

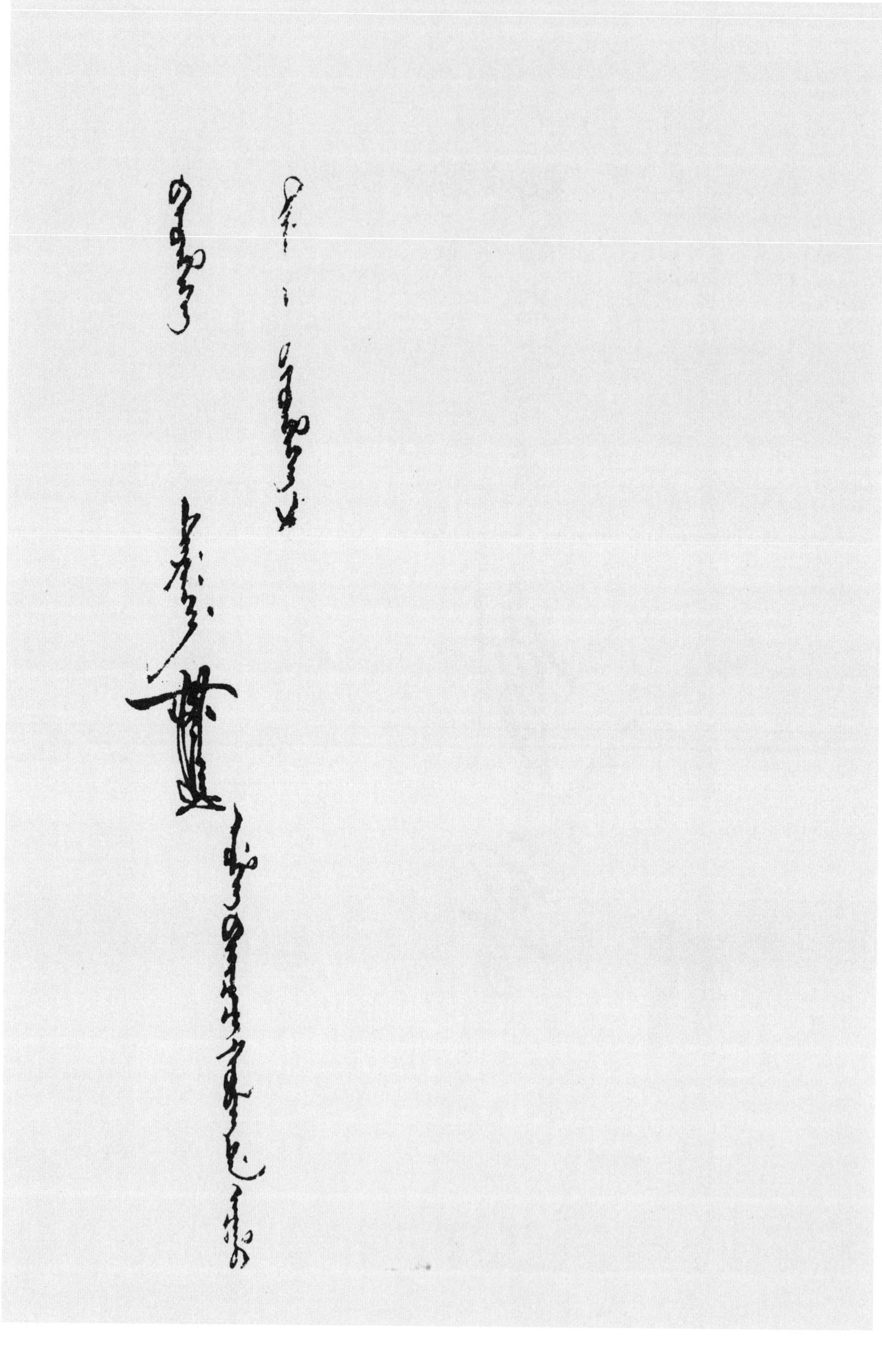

筆帖式福生　覈对
帖寫人五達子寫
佐領石應屏（押）
佐領費揚武（押）
佐領佟　福（押）

一件
逃領領黑子開墾荒地交
納錢粮事行

咨
户部

二十一年閏九月初三
行

又坐落八道河紅册地伍拾弍日

王國華坐落大鈌里紅册地拾柒日叁畝

又坐落八道河紅册地拾陸日

庄頭王小麻子坐落碧流河紅册地陸百零柒日

庄頭康二達子坐落碧流河紅册地伍百叁拾伍日

庄頭徐世勲坐落碧流河紅册地壹百玖拾叁日

庄頭蘇成鈞坐落碧流河紅册地壹百零叁日叁畝

庄頭陳士敬屬下壮丁

趙國祥坐落大鉄里紅冊地叁拾捌日叁畝

趙自學坐落大鉄里紅冊地叁拾柒日叁畝

庄頭馬登魁屬下壮丁

王世英坐落大鉄里紅冊地叁拾日

盛京内務府屬下庄頭併州界

内所有紅册地畝数目册

乾隆二十一年九月　日

合據情具文詳情核咨等情據此相應移咨爲此合
咨貴衙門查照施行等因遵此查得本屬莊頭所有
坐落復州界内紅册地畝造具清册咨送尹憲衙門祈
爲轉飭該州查核外並祈嚴飭該州界内有無私典
官地之處作速出具保結咨送本衙門存查可也等
情據此相應咨覆
奉天府府尹衙門可也爲此上呈

結俻查一案等因准此當経轉飭去後茲據治中朱汶琳
詳據復州知州馬趯詳稱遵查卑州地方更屬遼曠
有無庄頭地畝並無册檔可據若欲挨户懸空稽查非
惟徒滋紛擾並恐益致遅累且入官地畝坐落庄頭俱
有册檔可稽擬合詳情核轉俯賜咨明内務府飭令
各庄頭查明卑州界内有無官地坐落明白咨覆飭知
下州以便卑職確查具結申送寔為公便等情據此擬

内務府大臣清劄會

會計司呈爲咨覆事據催總額尔德赫布等呈稱奉

堂批出准

奉天府府尹衙門咨開乾隆二十年十一月二十九日准

貴衙門移咨民人偷典莊頭地畝詳查撤交莊頭收

領仍轉飭地方官查明有無私典官地之處速行具

掌稿筆帖式高起

値月筆帖式張珩

公同查對相符

催撥額外德淮布村

帖寫人張起傑寫

佐領石應屏

佐領費揚武

佐領佟福

一件

［印］界内所有庄

［印］紅冊地畝數目事行

呈

奉天府府尹衙門

［印］三十一年閏九月初三

行

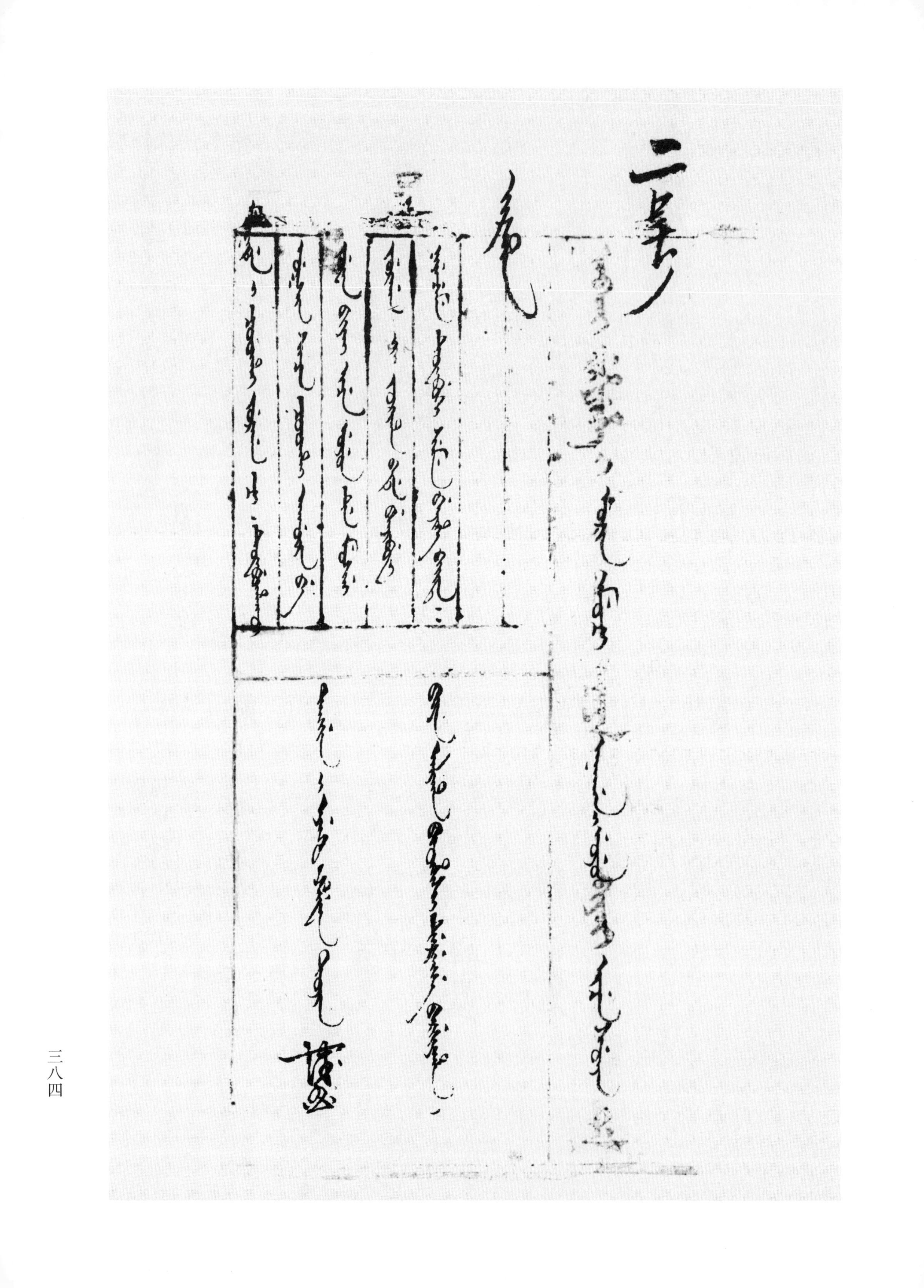

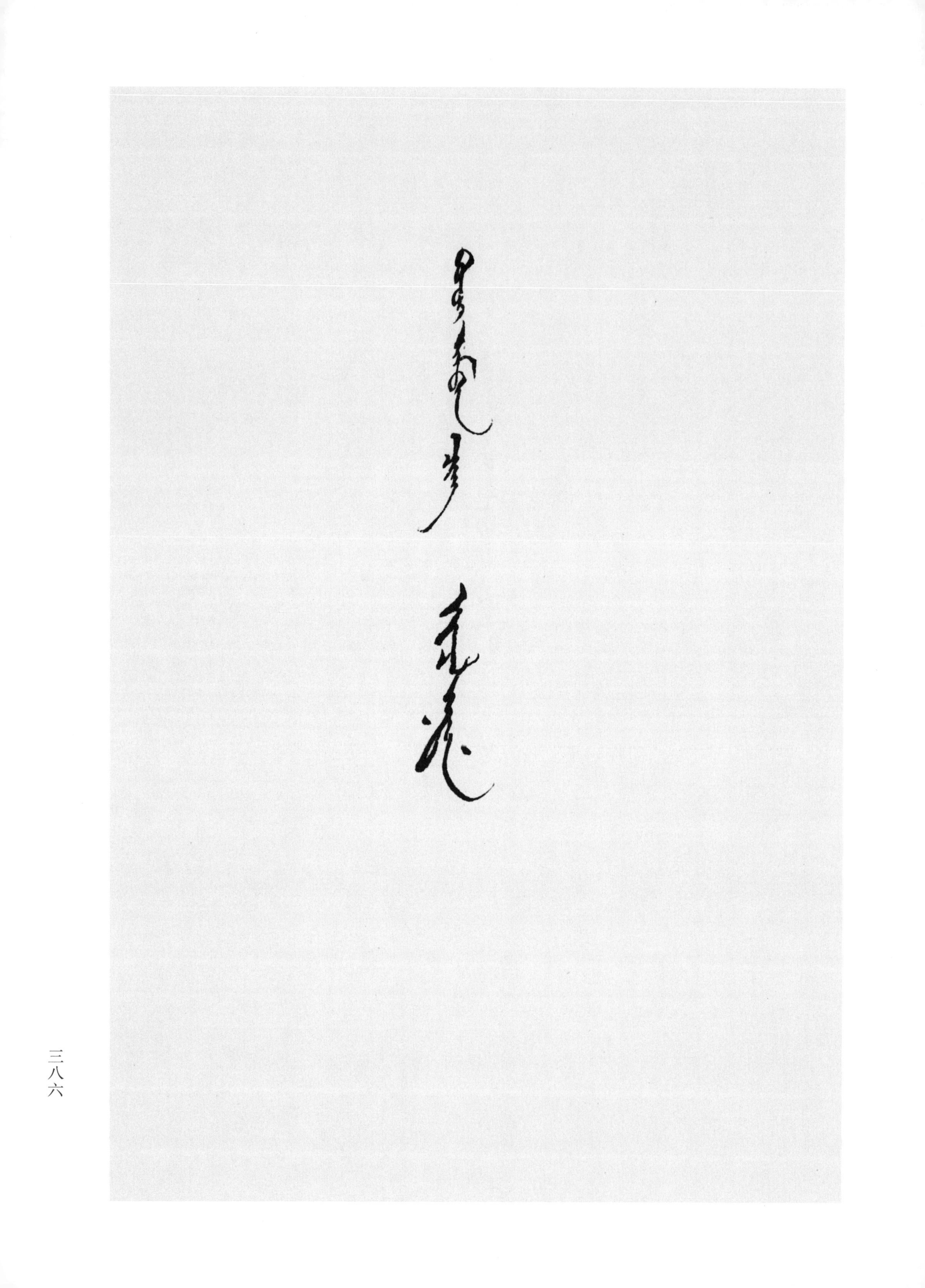

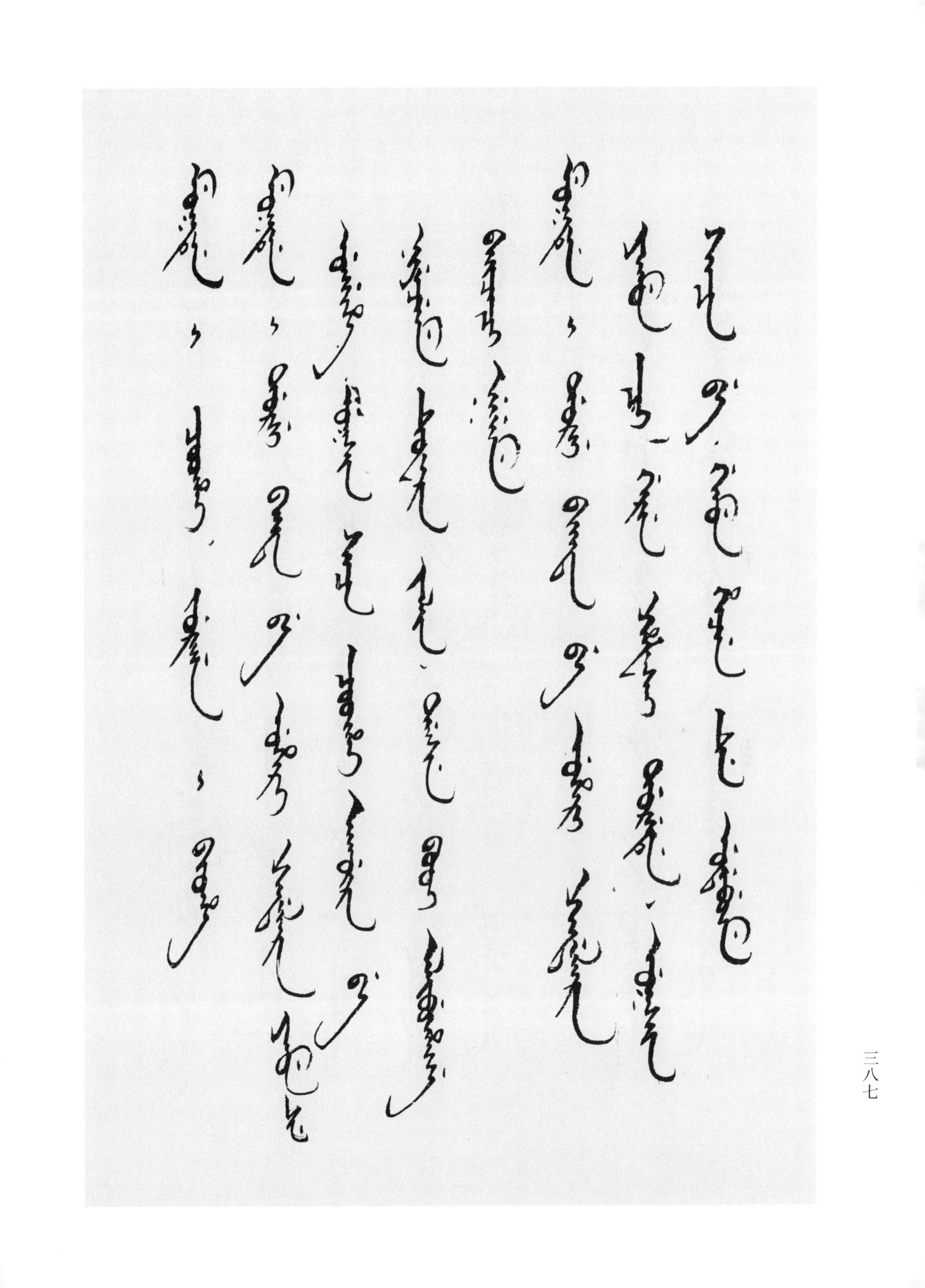

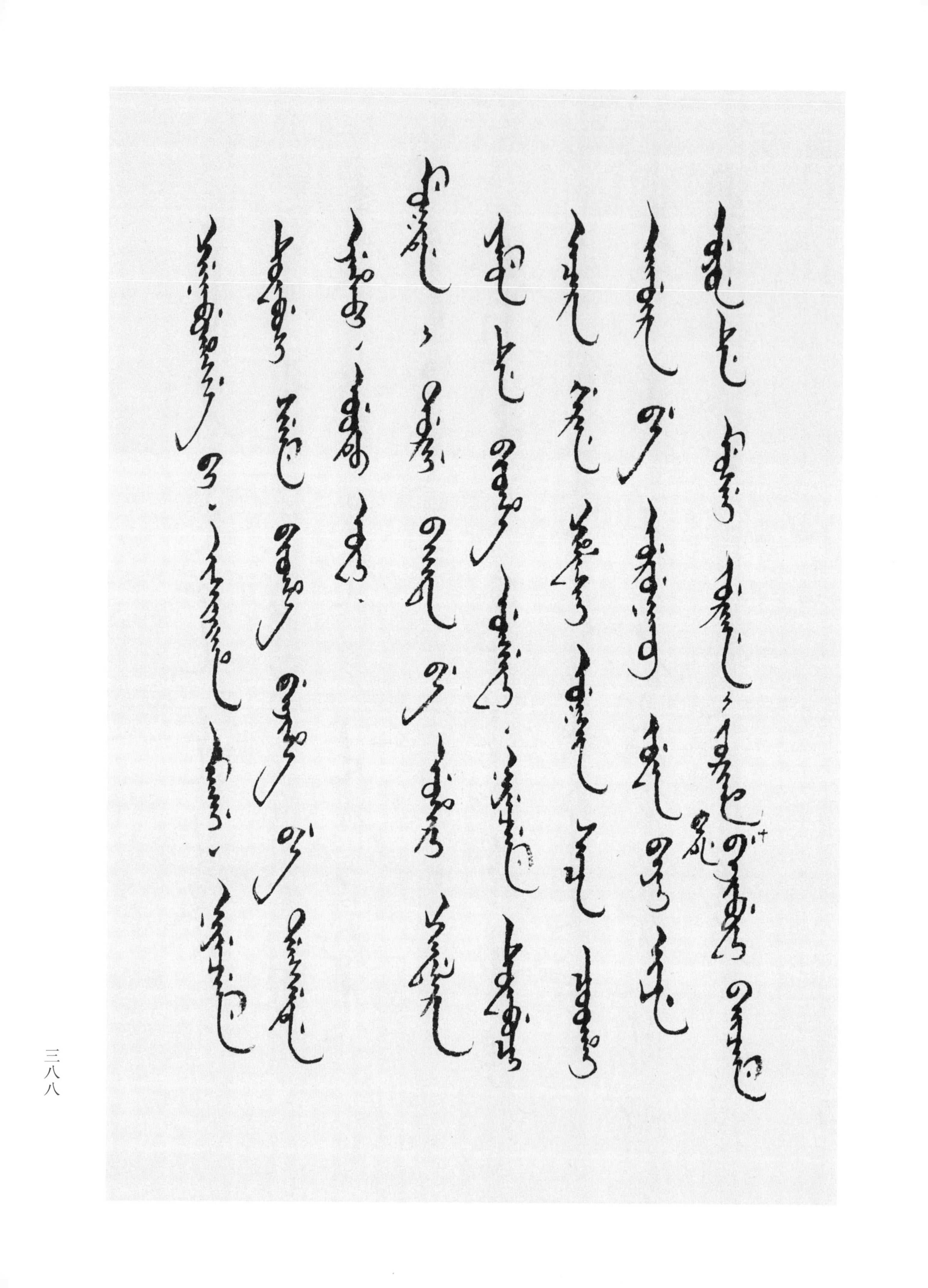

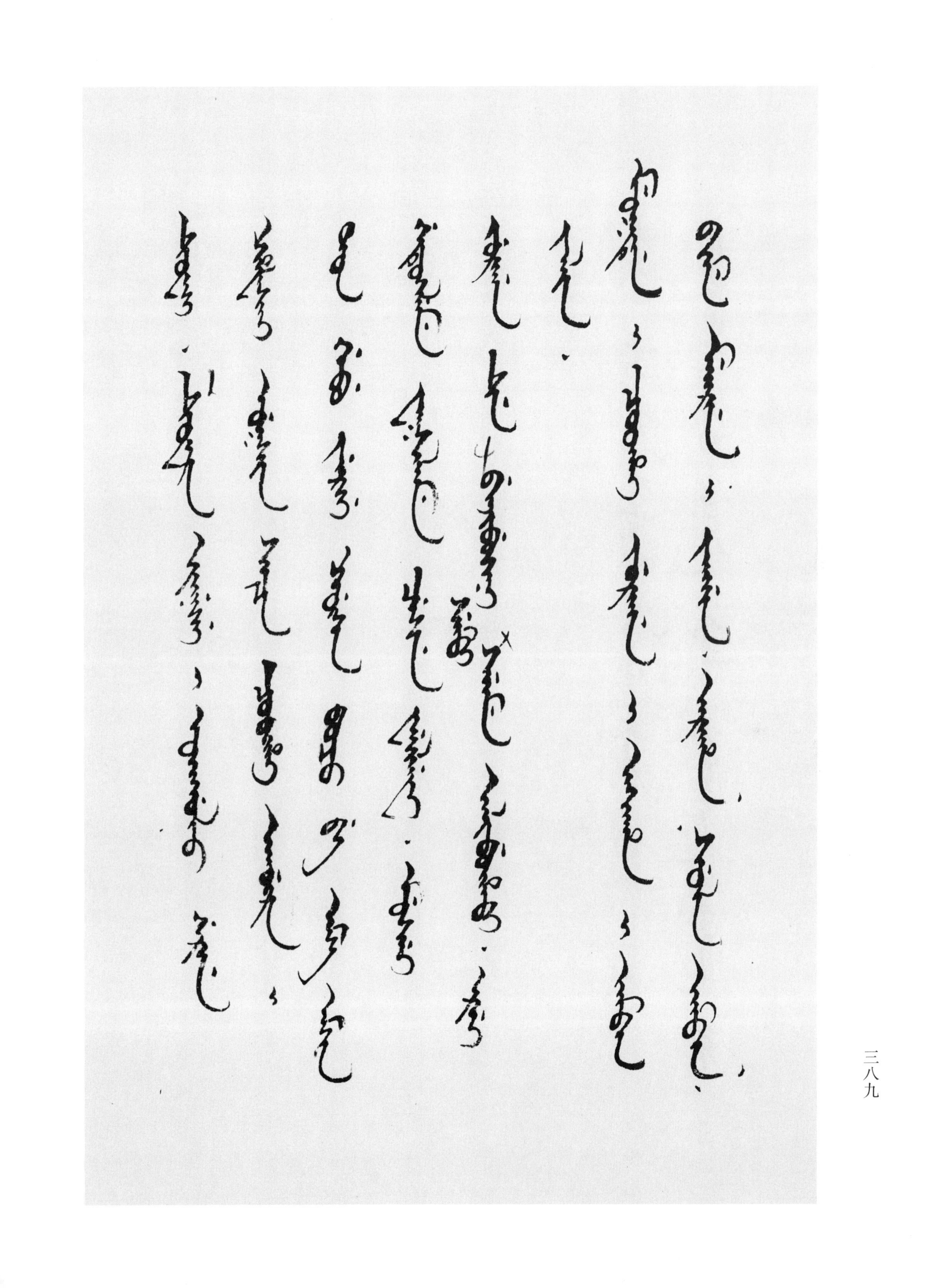

[illegible]

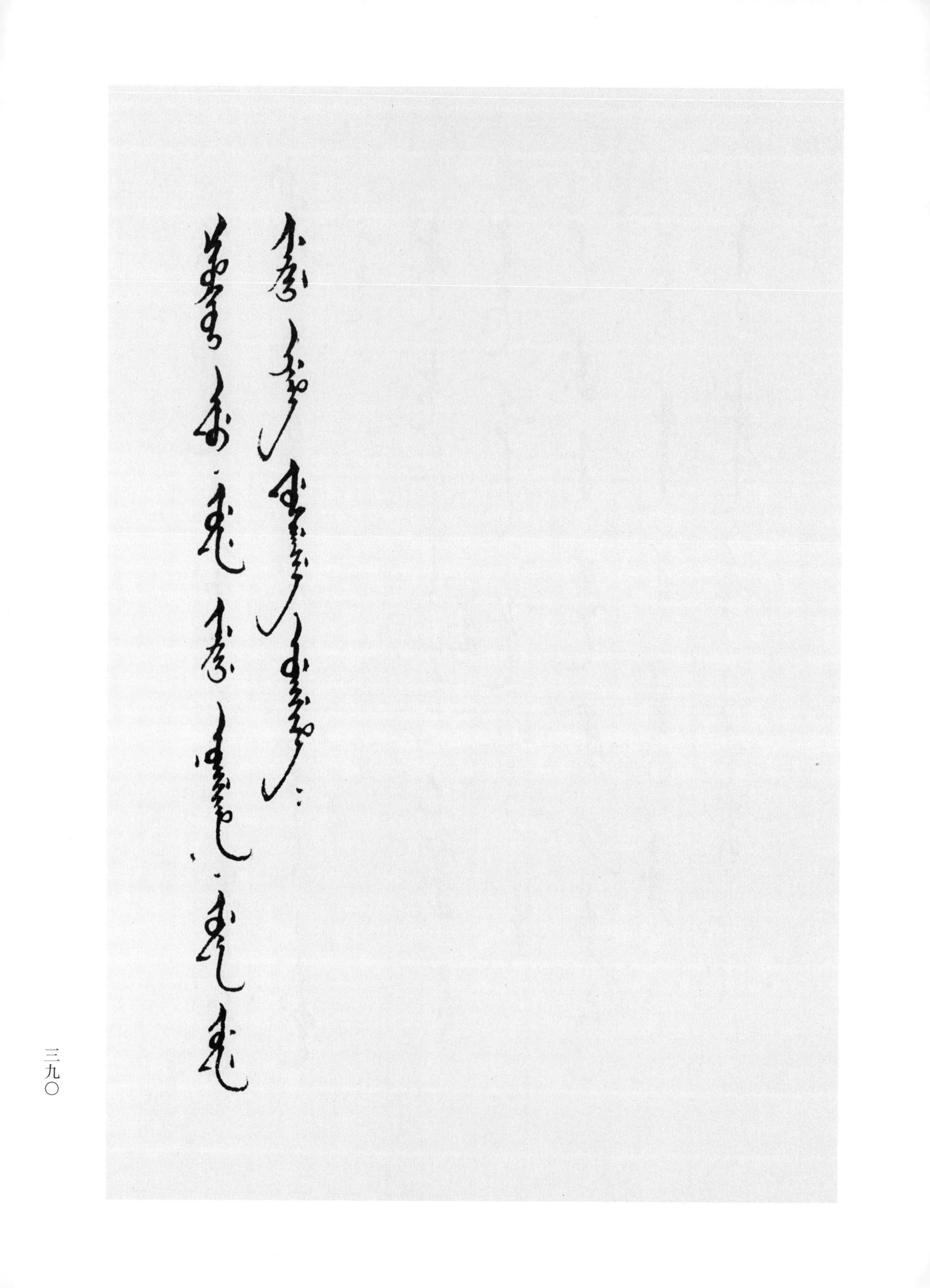

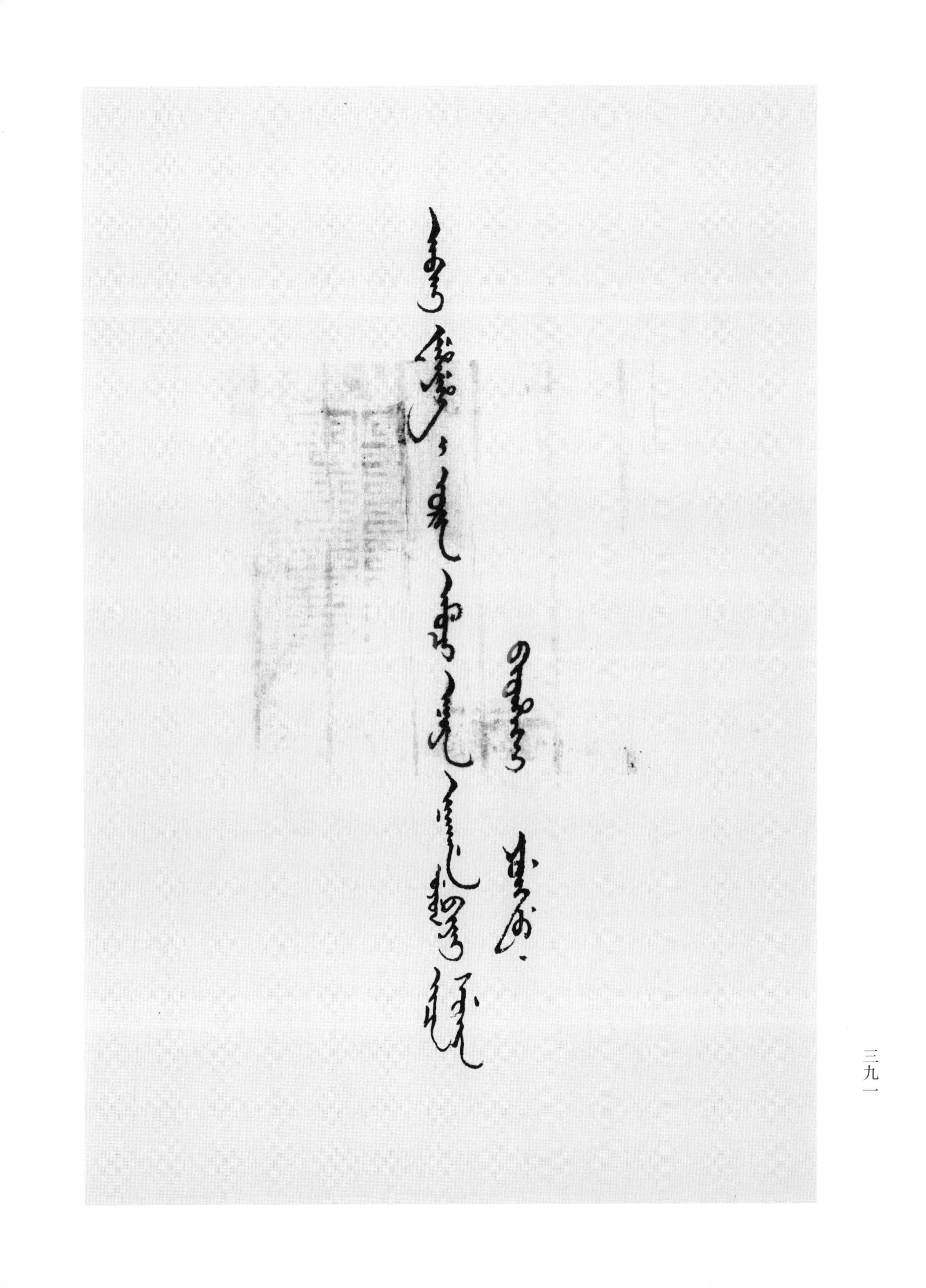

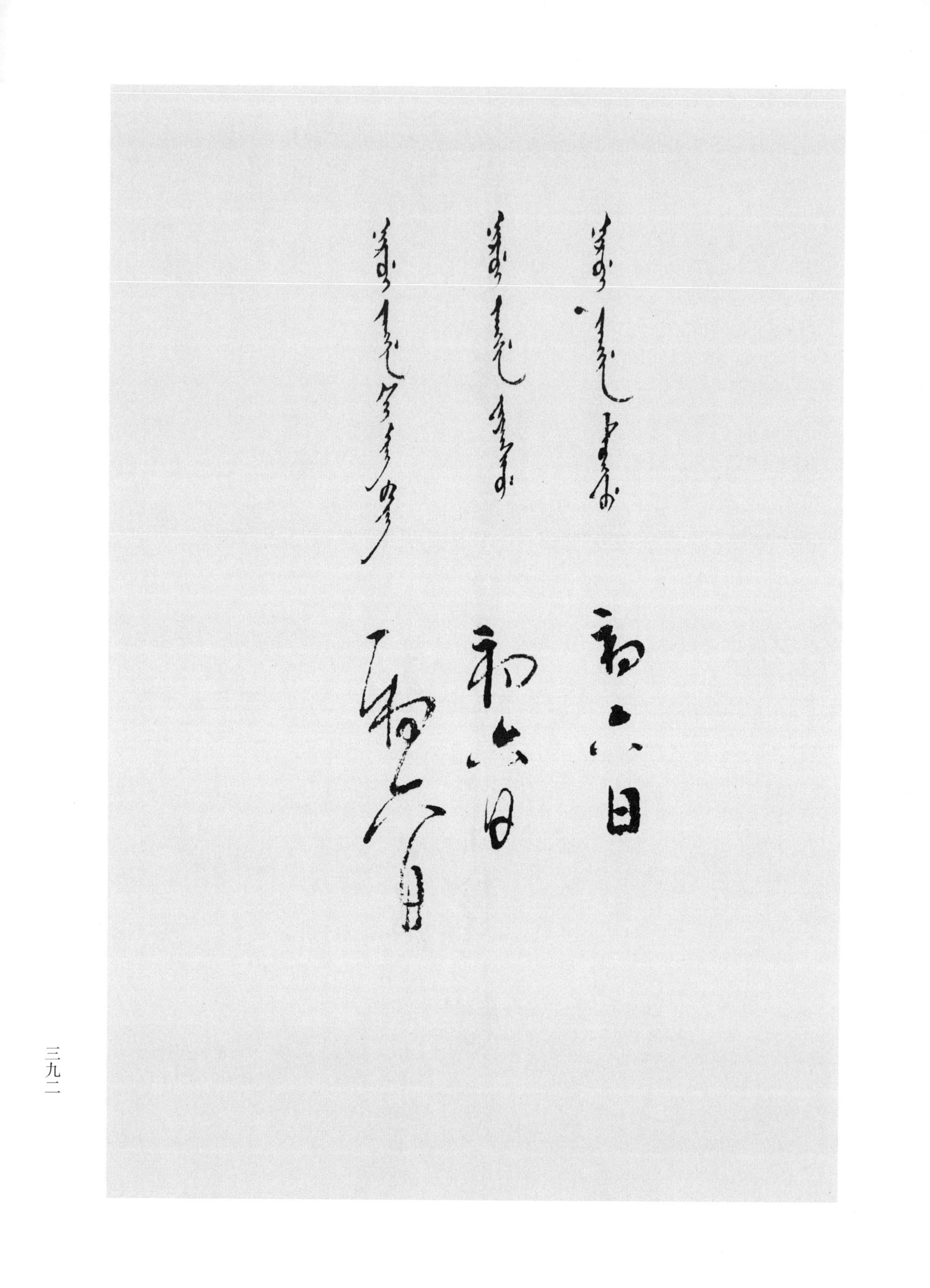

初六日

初六日

初六日

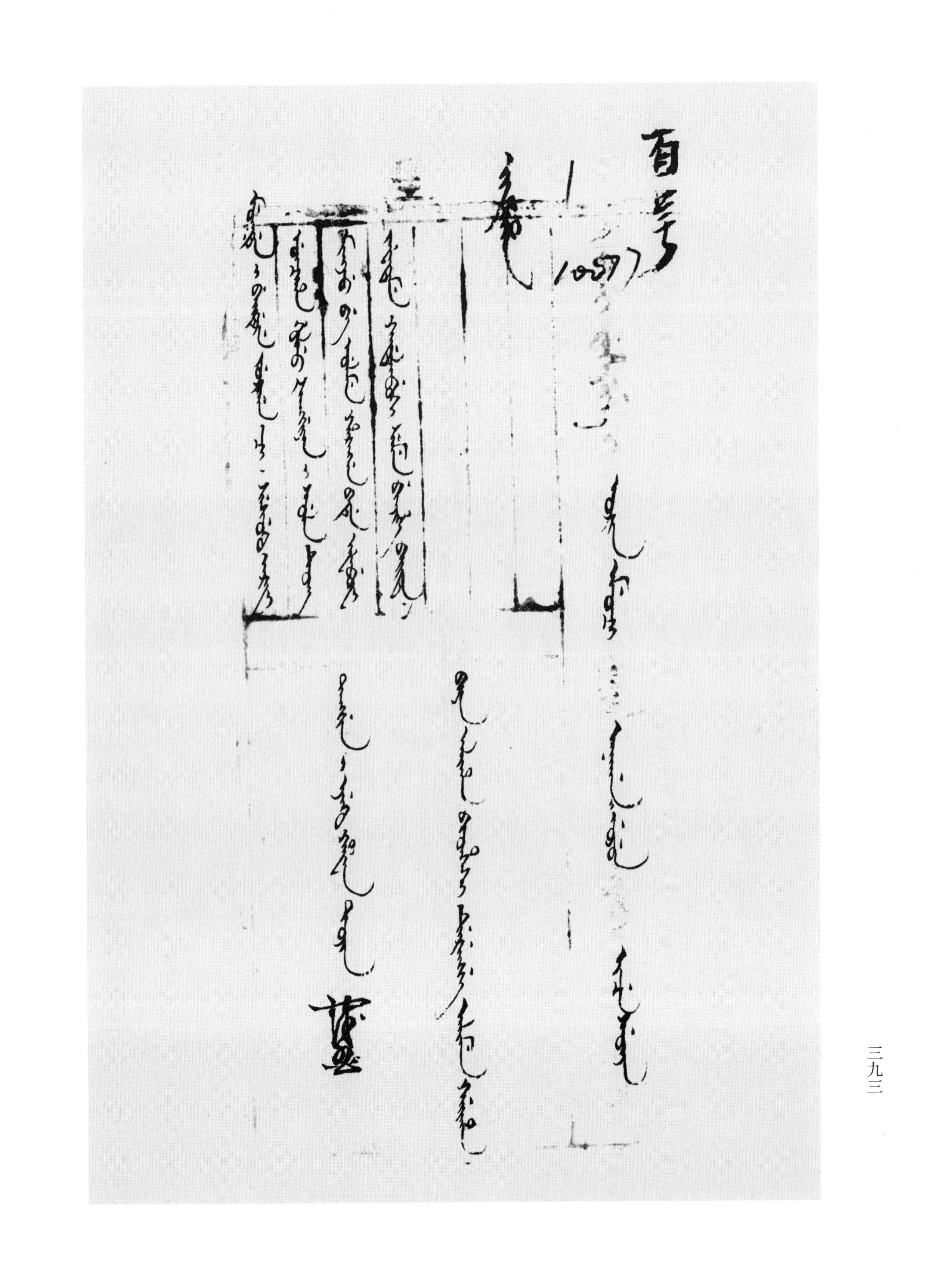

百号

1057

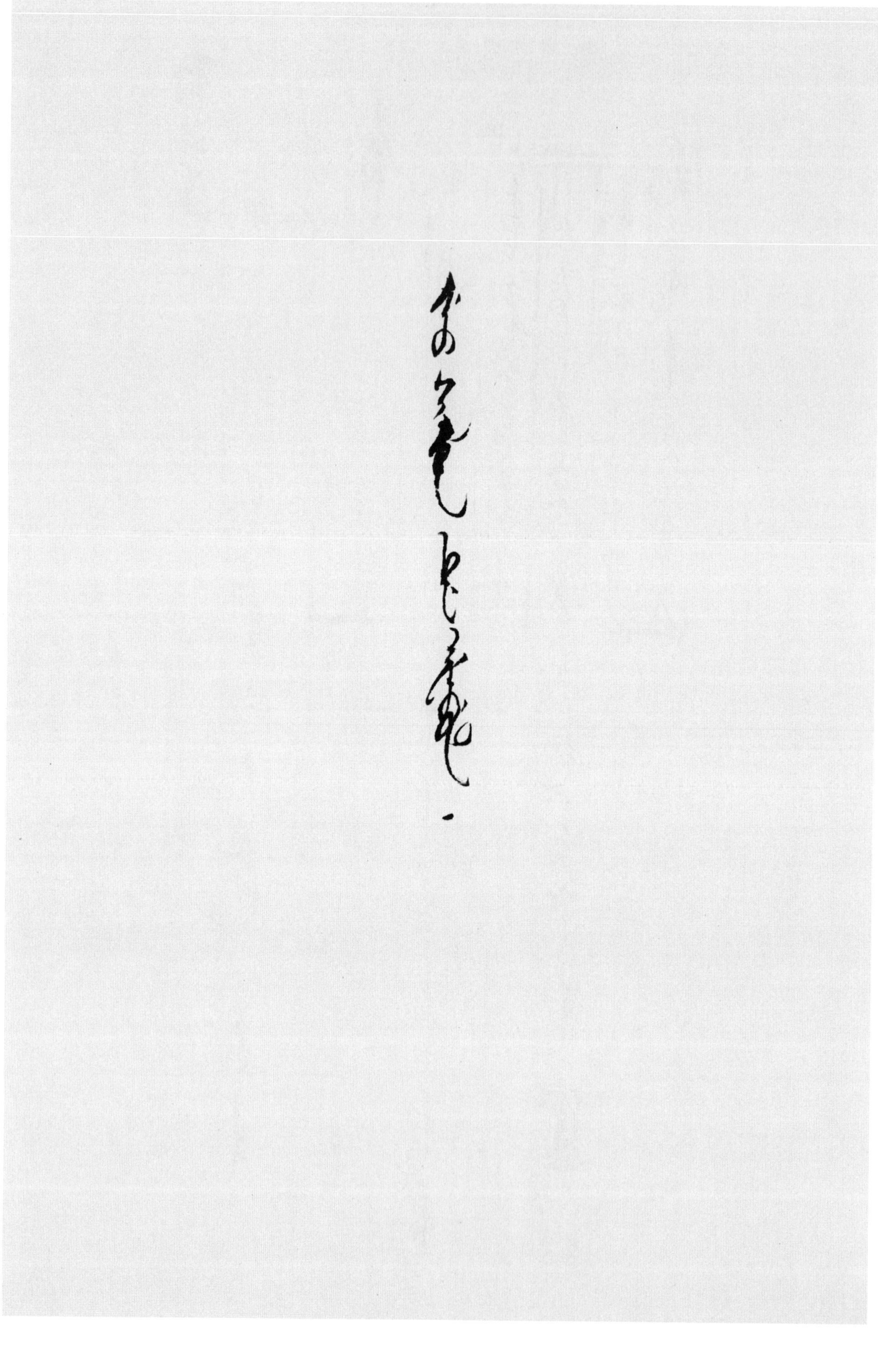

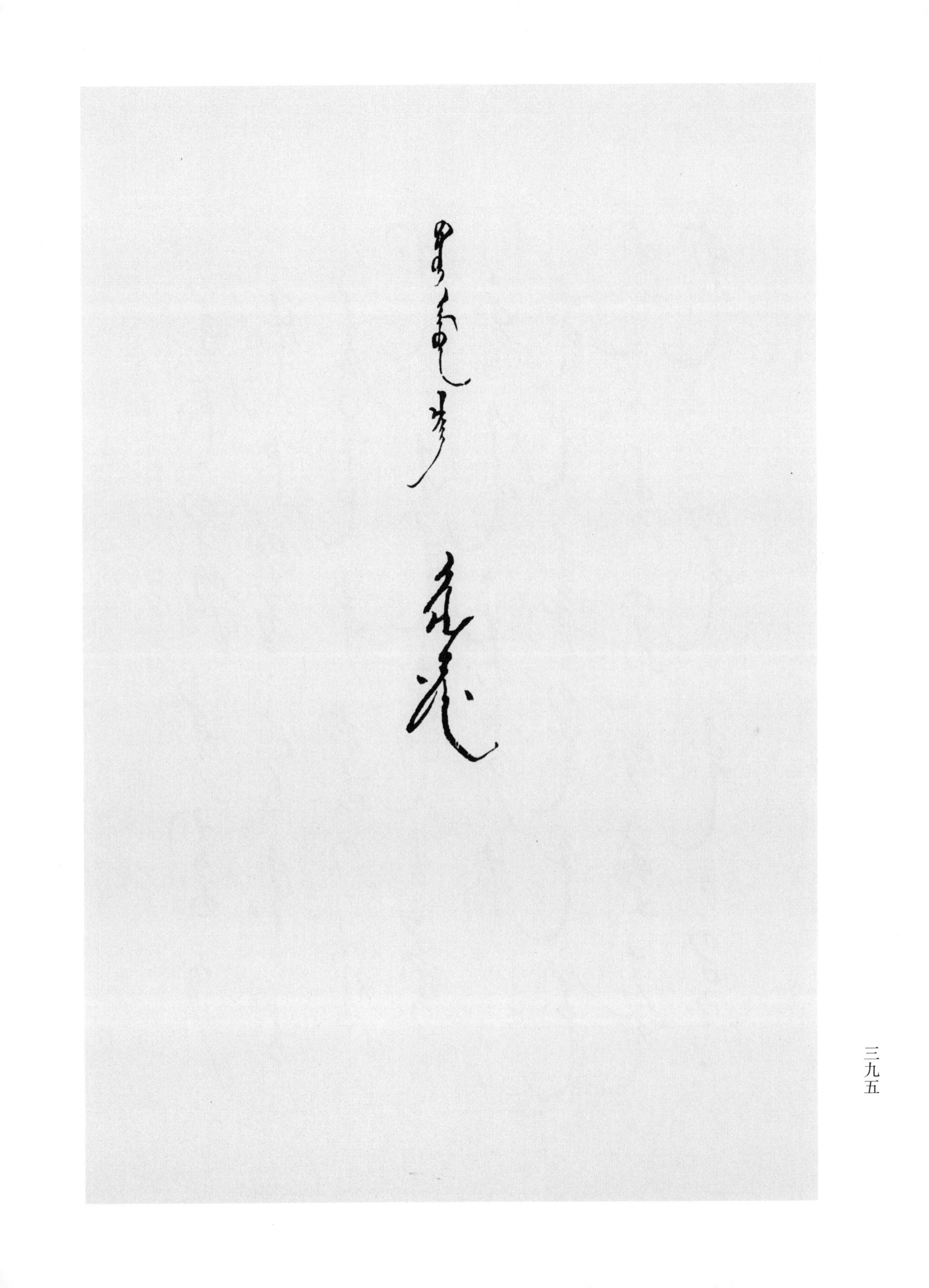

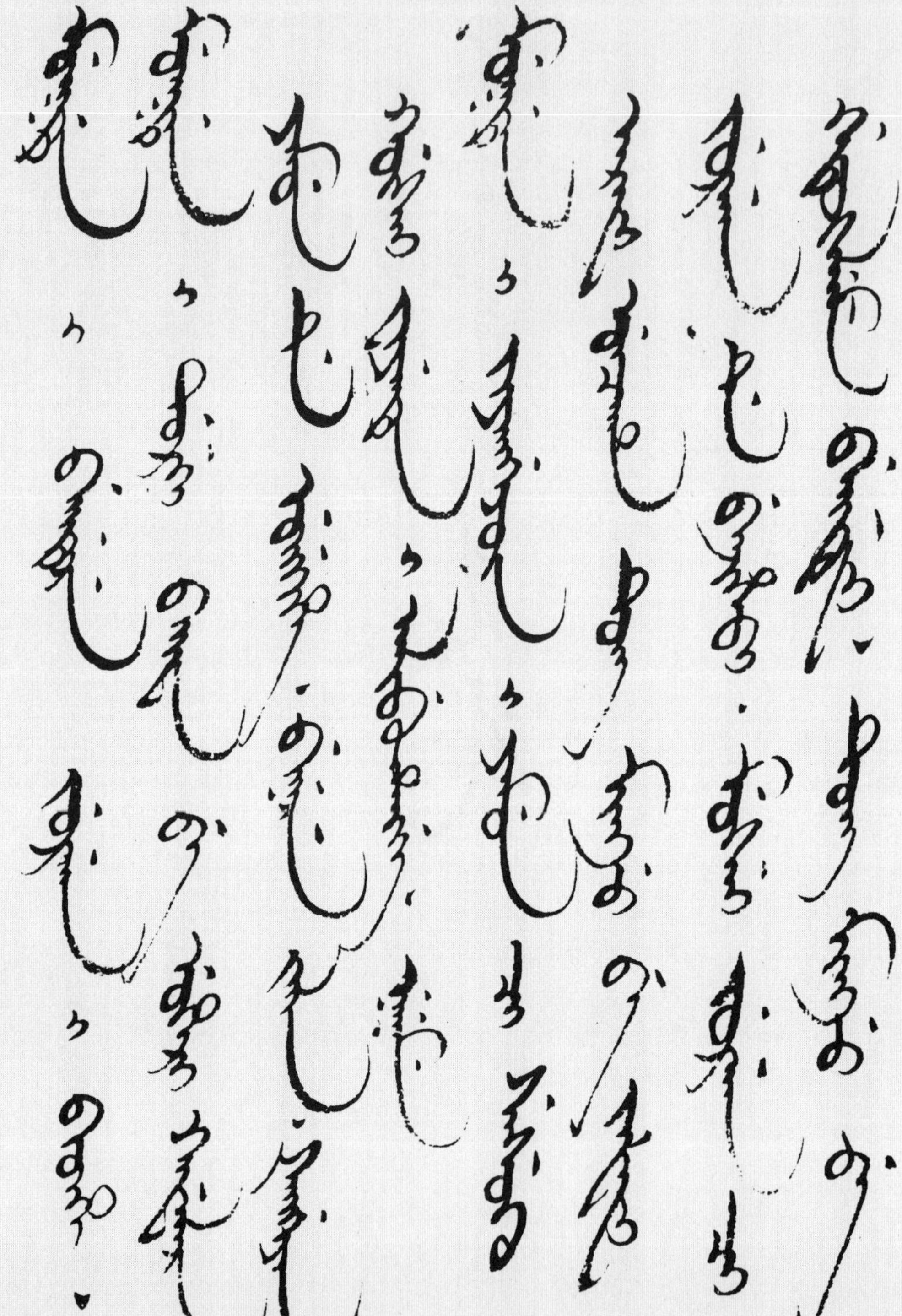

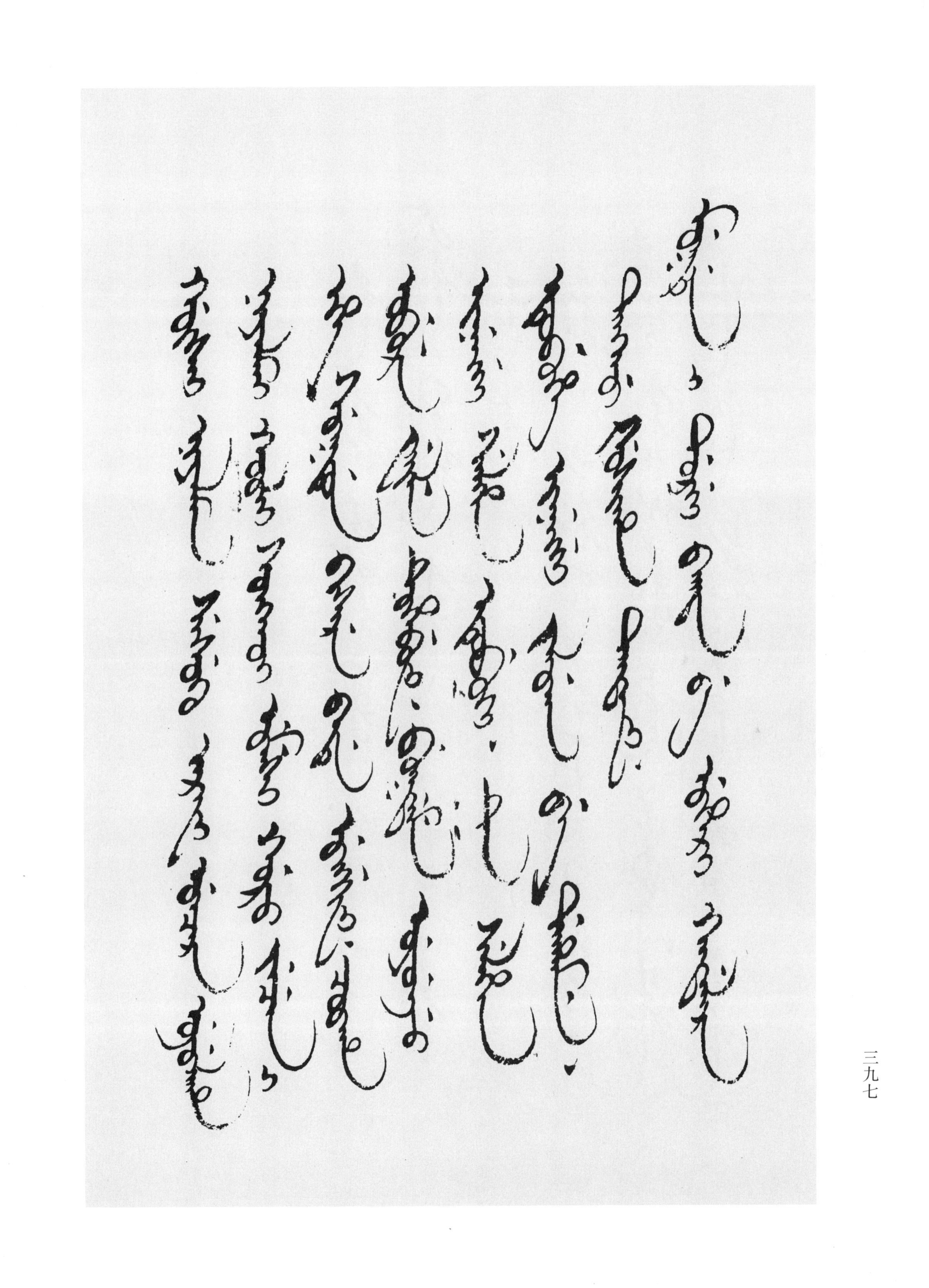

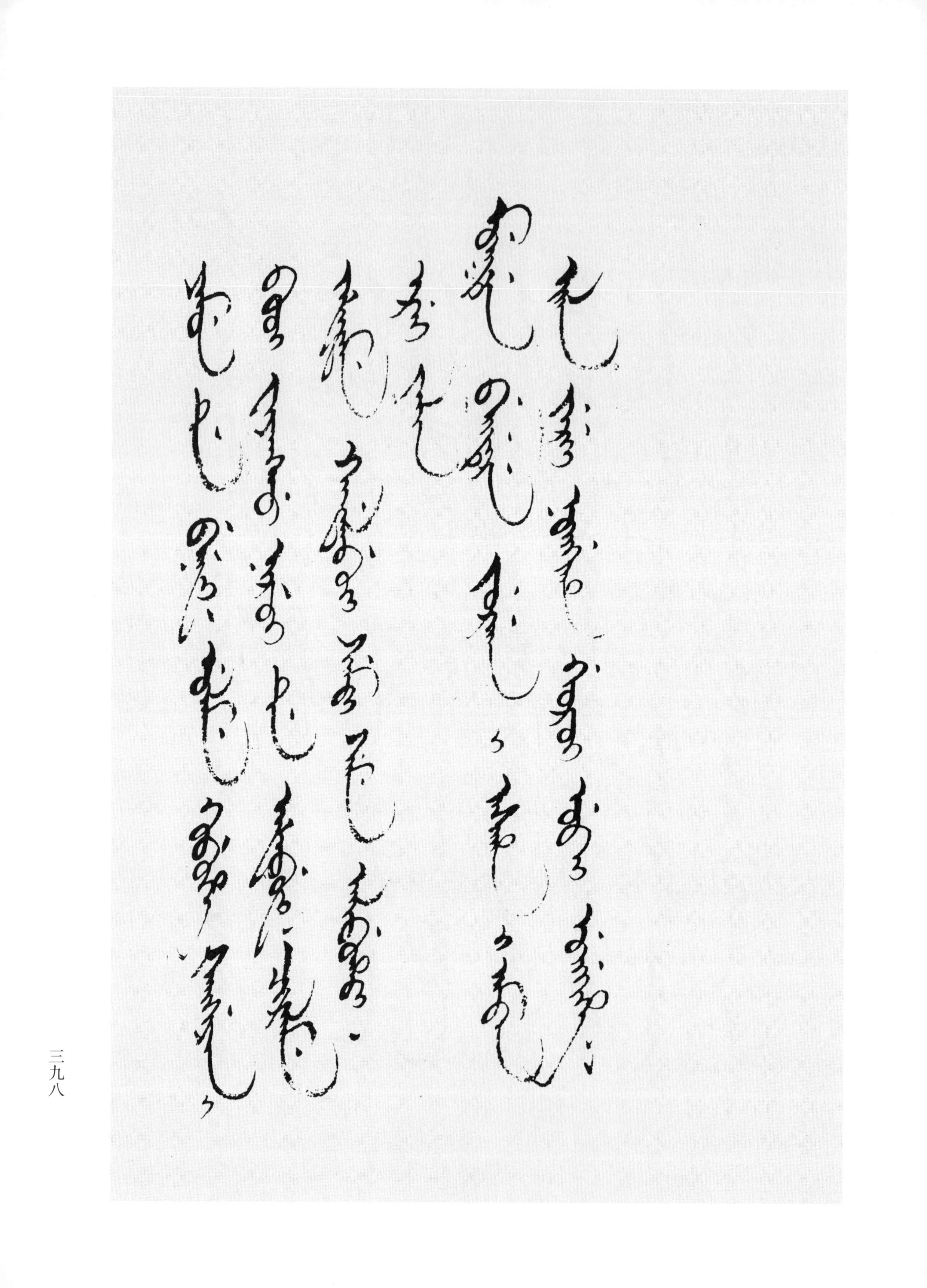

ᡳᠴᡝ ᠨᡳᠩᡤᡠᠨ ᡳᠨᡝᠩᡤᡳ

ᡳᠴᡝ ᠨᡳᠩᡤᡠᠨ ᡳᠨᡝᠩᡤᡳ

ᡳᠴᡝ ᠨᡳᠩᡤᡠᠨ [illegible]

初六日

初六日

初六日

乾隆二十一年閏九月　日

堂主事托金　查对相符

木匠領催李明柱趙國俊吳兆隆園頭姜赵啟崔孔英李文

舉庄頭汪進龍王懷遠徐世勳等呈稱身等遵劉隨將

本屬壯丁等挨門逐戶逐一詳察並無逃跟役家人康五家

生子堆勒德等是實爲此具結呈報前來等情據此相應

咨覆

盛京將軍衙門可也等情據此相應咨覆

盛京將軍衙門可也爲此上呈

將軍請煩查照轉飭一体嚴緝務獲審擬分别辦理施行

等因准此相應移咨

盛京内務府衙門一体嚴緝務獲可也等因抄出嚴交三旗所属

百總棉花盐靛庄頭再三司木匠領催園頭庄頭等速將逃跟役

家人康五弄麦洋保家生子班勤德等嚴加查拿務獲呈報若無即將

無有之處具結呈報等因傳諭去後今據本三旗三司所属百

總石國璽鄭萬本于成德棉花盐靛庄頭肖刘住李國珮王世魁

布西咨呈稱廂黄旗諸爾固里佐領下馬甲委署前鋒麦津保跟役家生子淮勒德年三十歲面黄身矬有麻將貂瓜皮帽一頂獺皮帽一頂羊皮袄一件穿鵰子鞋一双棗留花馬一匹黒馬一匹弓撒袋一副四披調翎箭十二根三披調翎箭三根銀三十両鍋一口於四月十四日在由那米爾沁鶉海地方潛逃等因相應行文刑部等因前來據此相應劄行奉天府轉行該將軍一体嚴緝務獲審擬遵照本部原奏分别辦理題報可也等因准此相應移咨貴

旗呈爲咨覆事據驍騎校孫楷等呈稱奉

堂批出准

盛京將軍衙門咨開爲查拿事右刑司案呈准奉天府戶衙門咨開

乾隆二十一年六月三十日准刑部劄開東司案呈准定邊左副將

軍等咨稱據副都統扎爾杭阿咨呈稱職家人康五

年四十二歲身中項長面黑微鬚持搭連佩小刀於四月十三日

由那米爾沁鷂海地方脫逃等情又據管理索倫兵之總管鄂

行

内務府大臣清

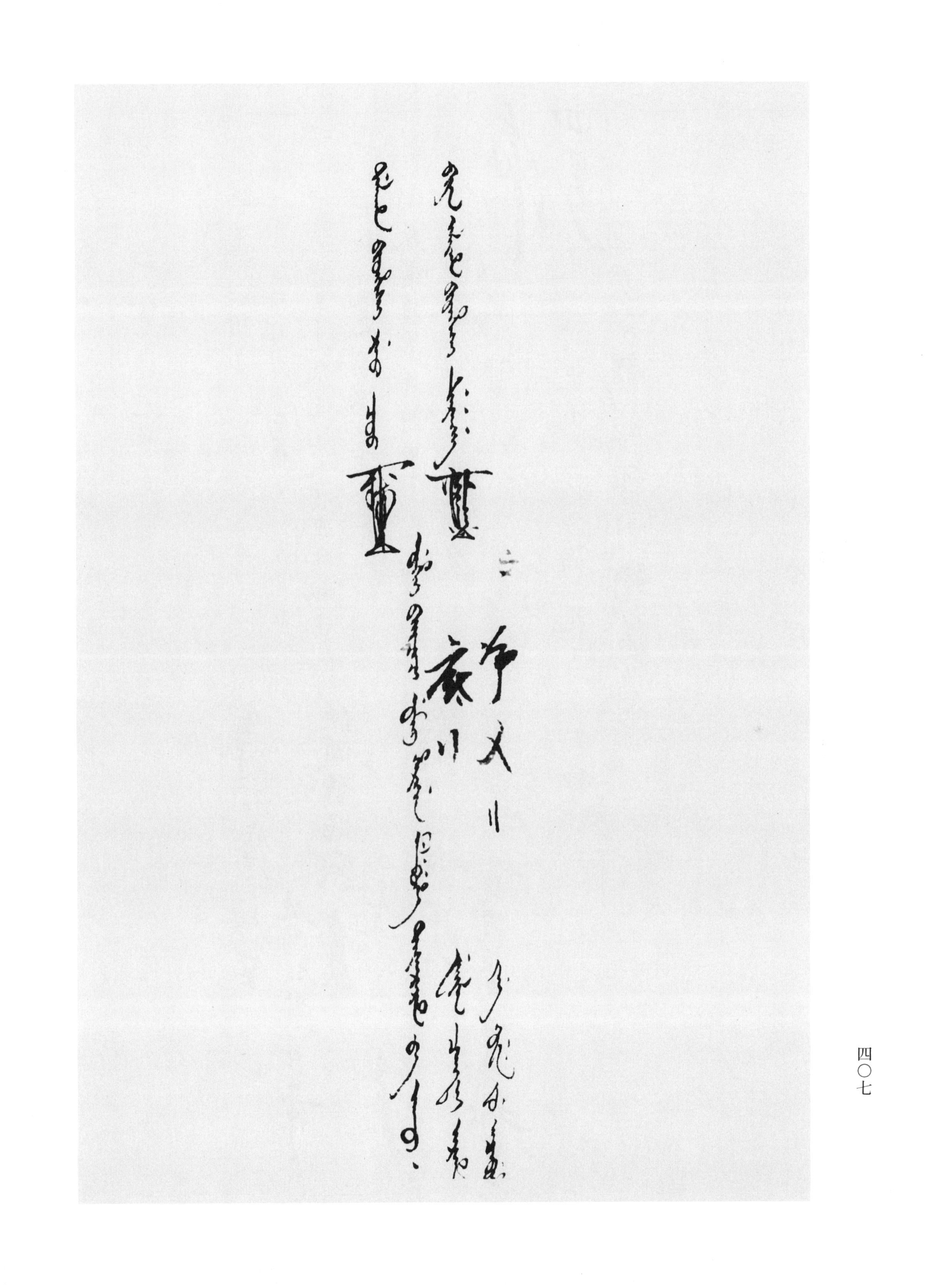

一件

三旗三司所屬壯丁之家並無

隱匿逃跟役家人康五推勒德

二人之處咨覆

盛京將軍衙門事

佐領石應昇

驍騎校孫 恬

佐領費揚武

驍騎校徐元英

佐領佟 福

驍騎校衣常阿

二十一 閏九 初八

四号

交与領催鄭國輔送去

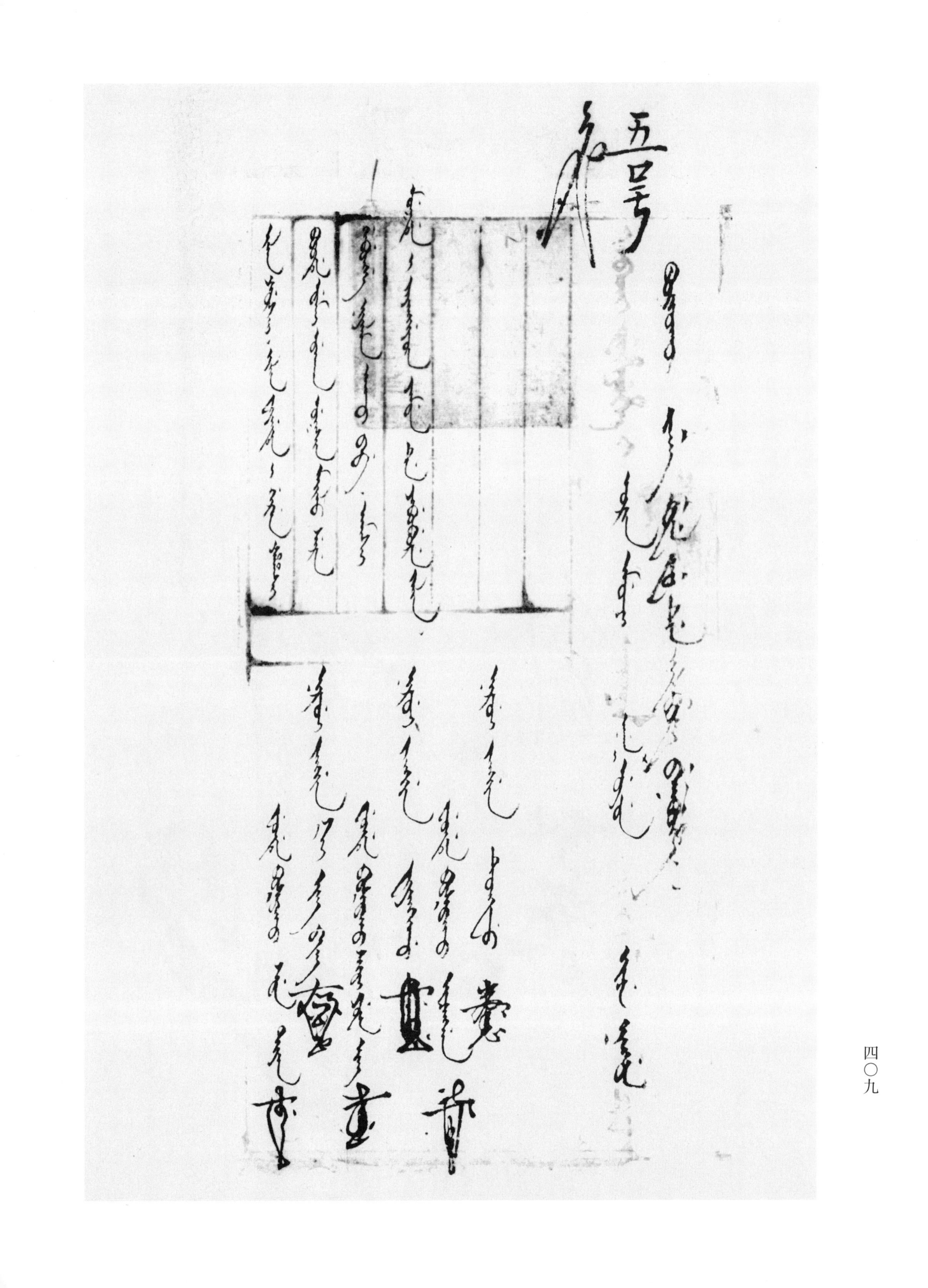

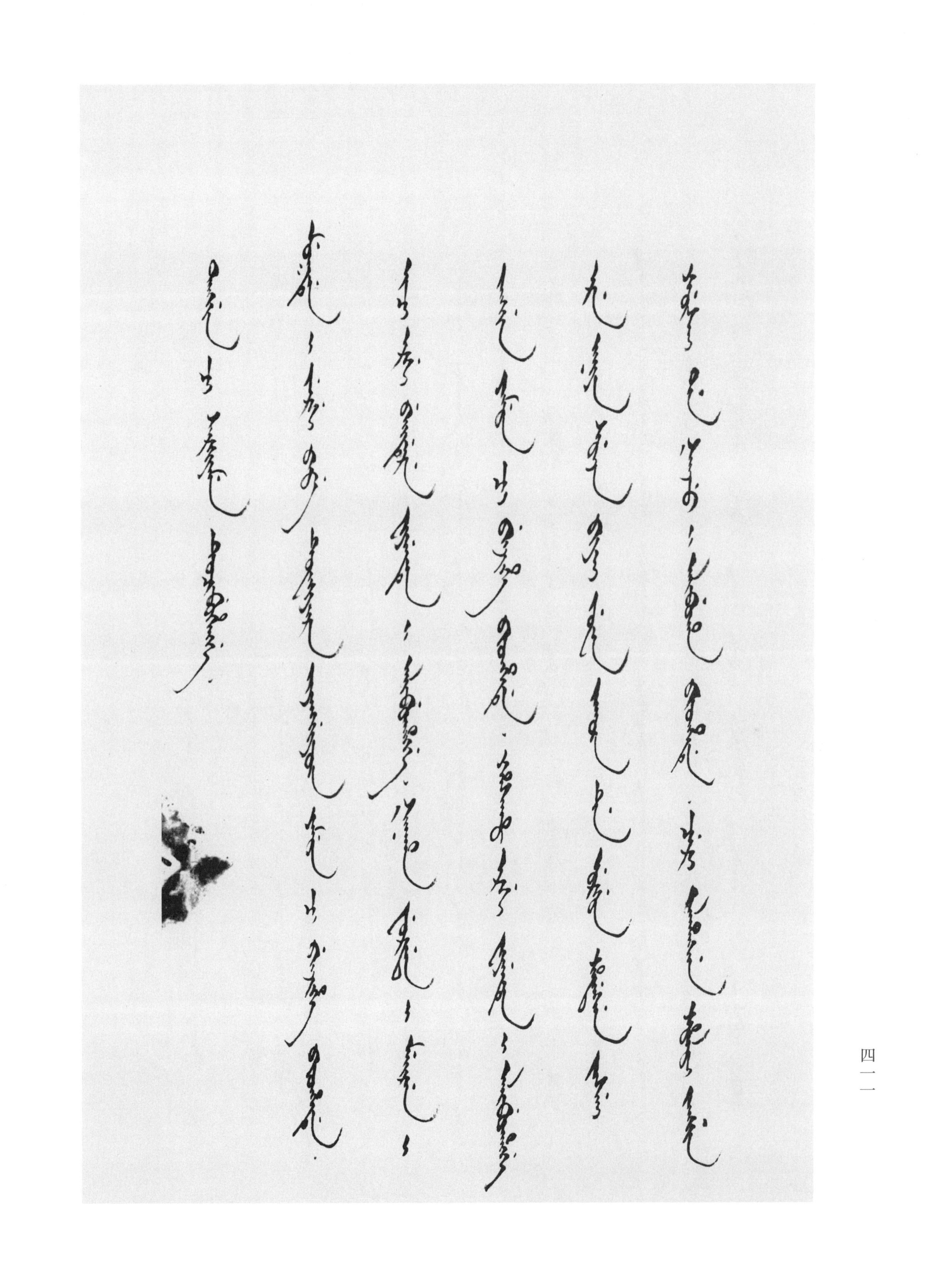

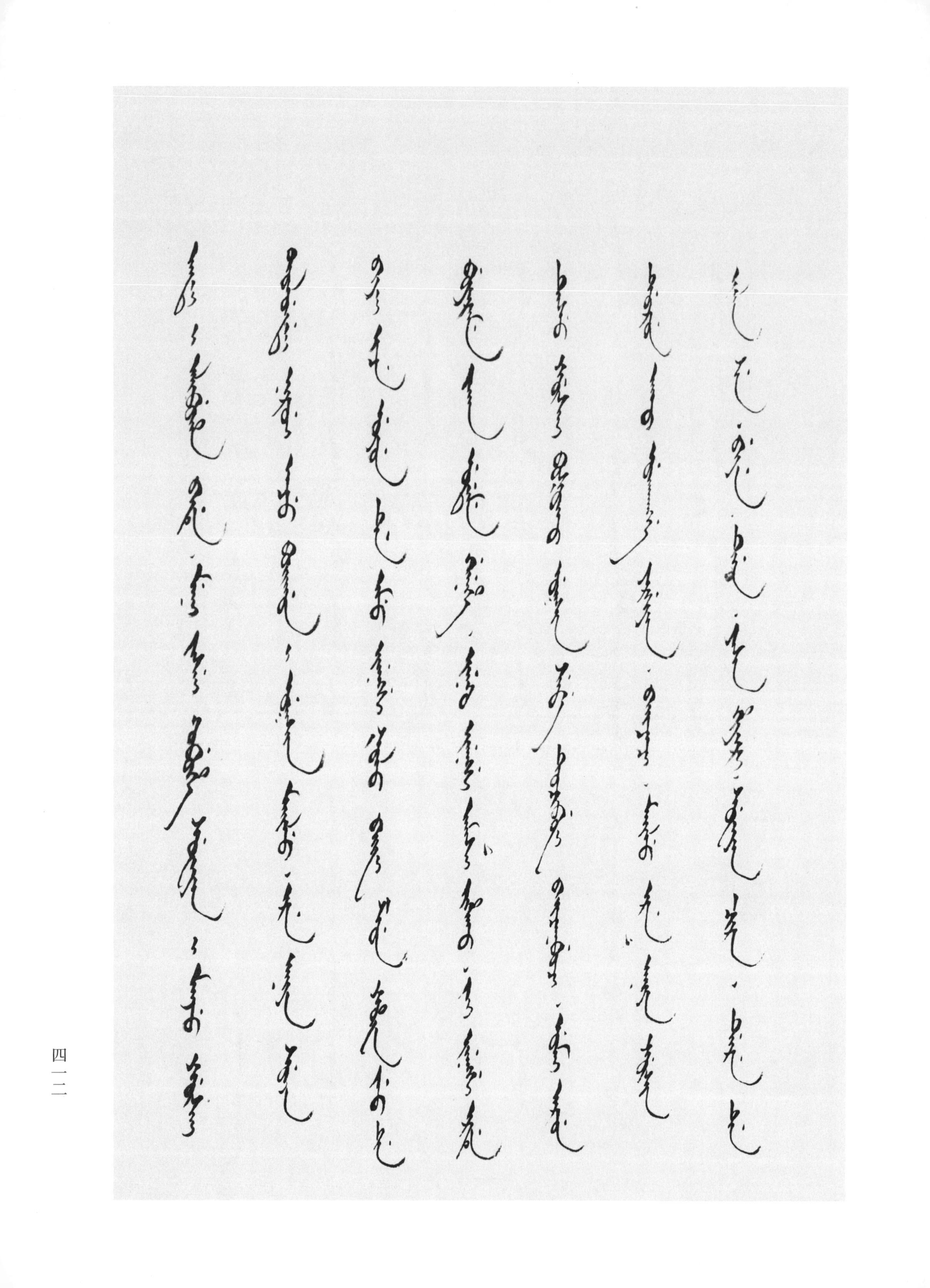

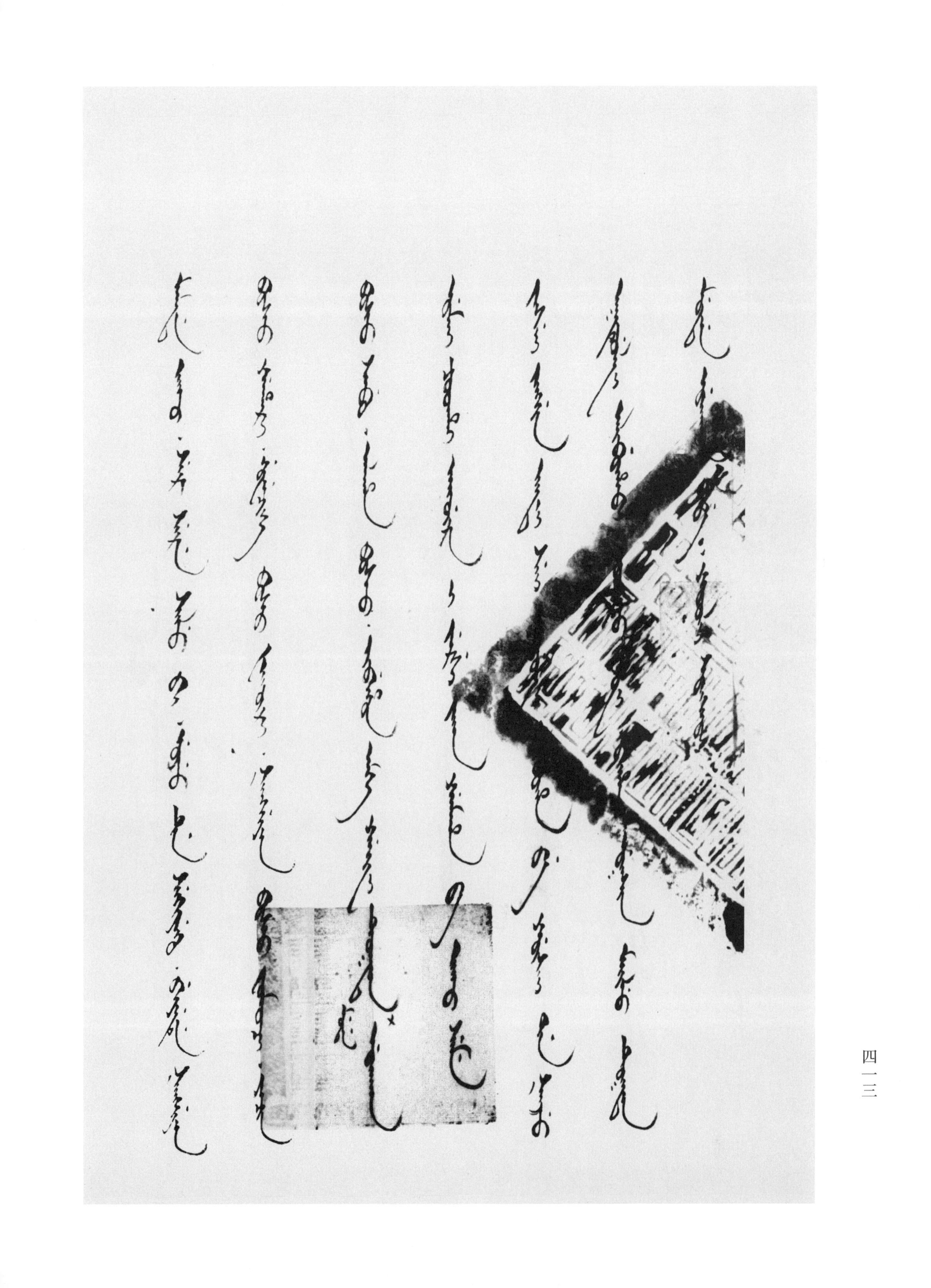

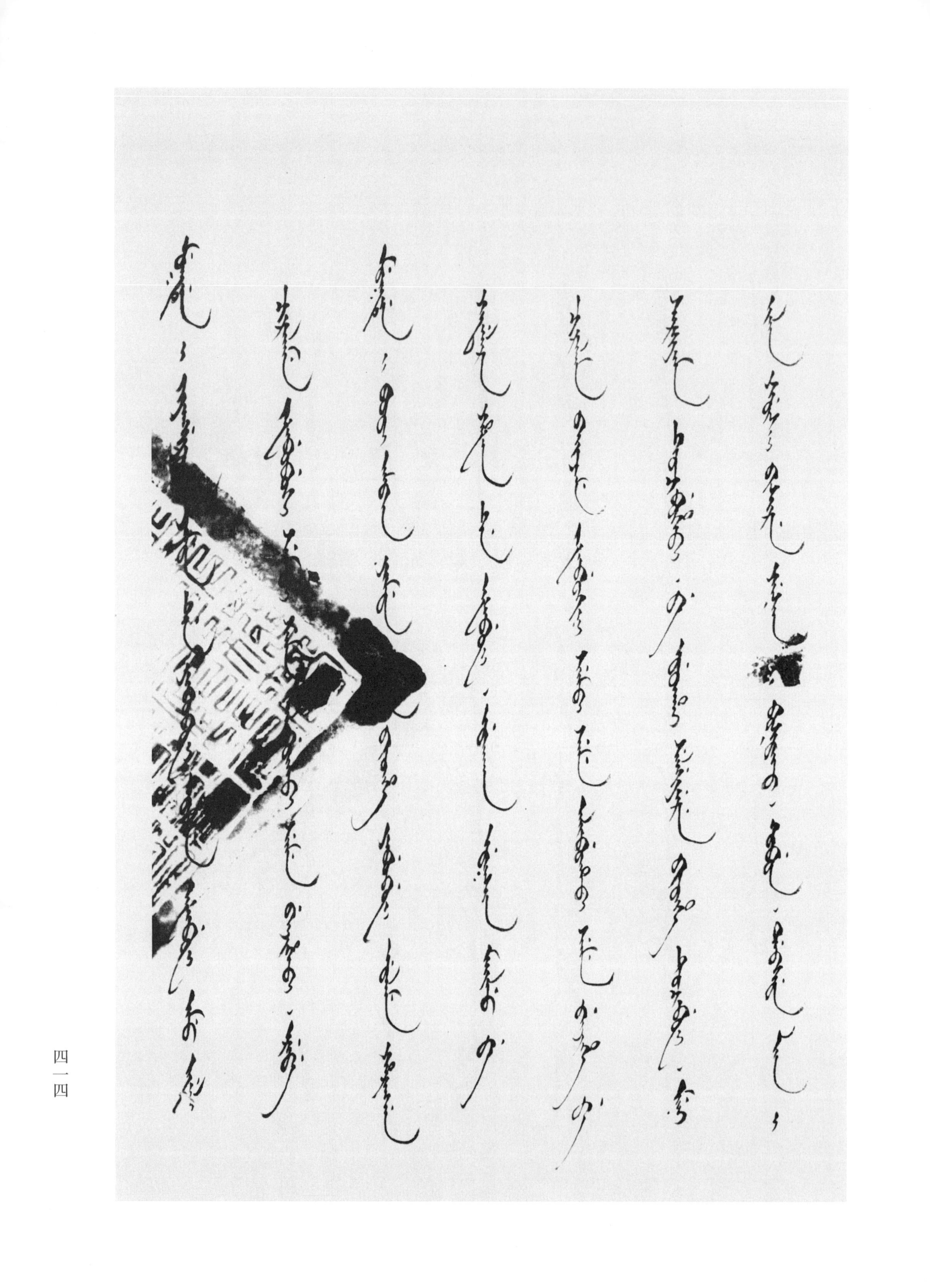

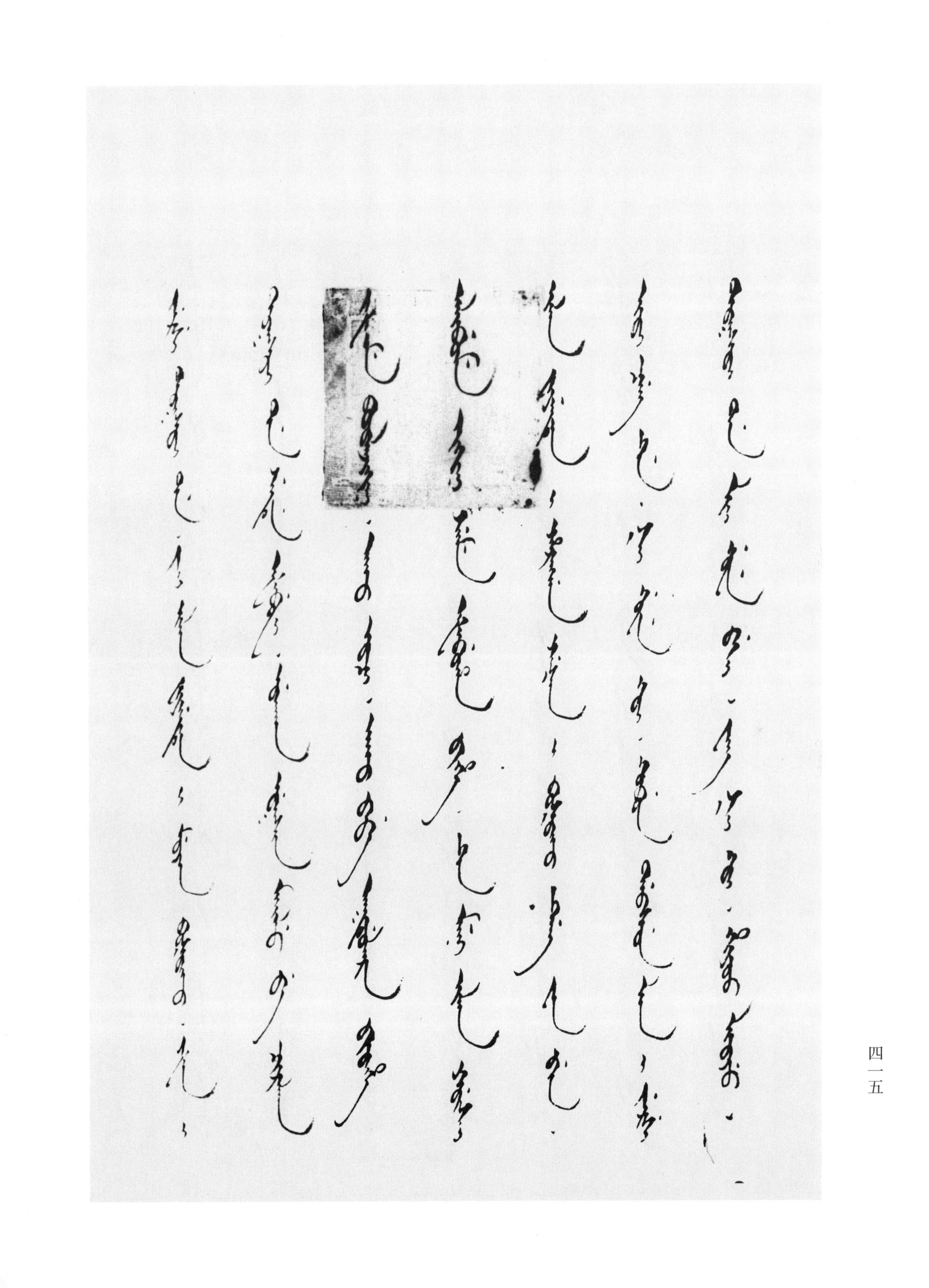

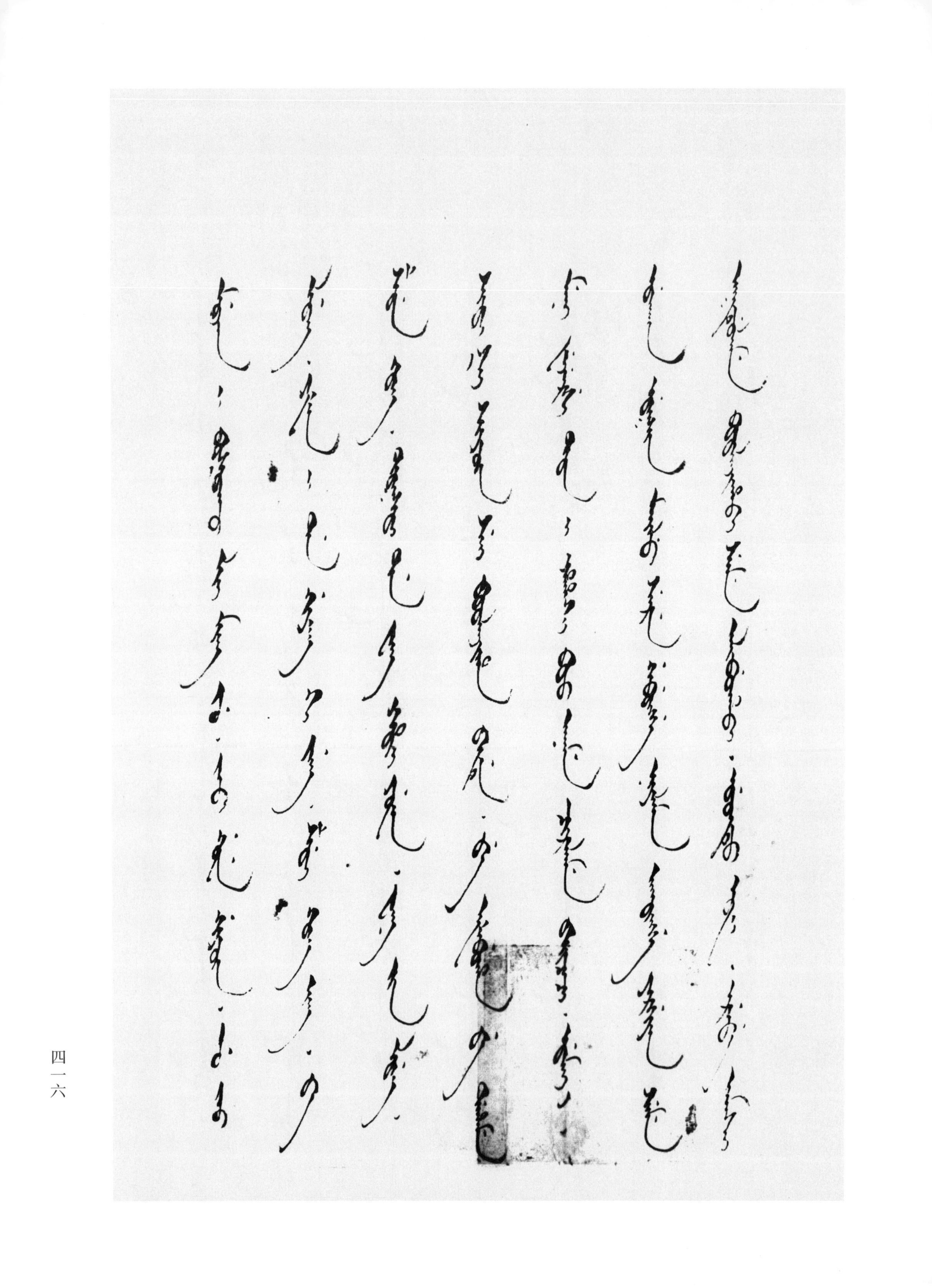

四一六

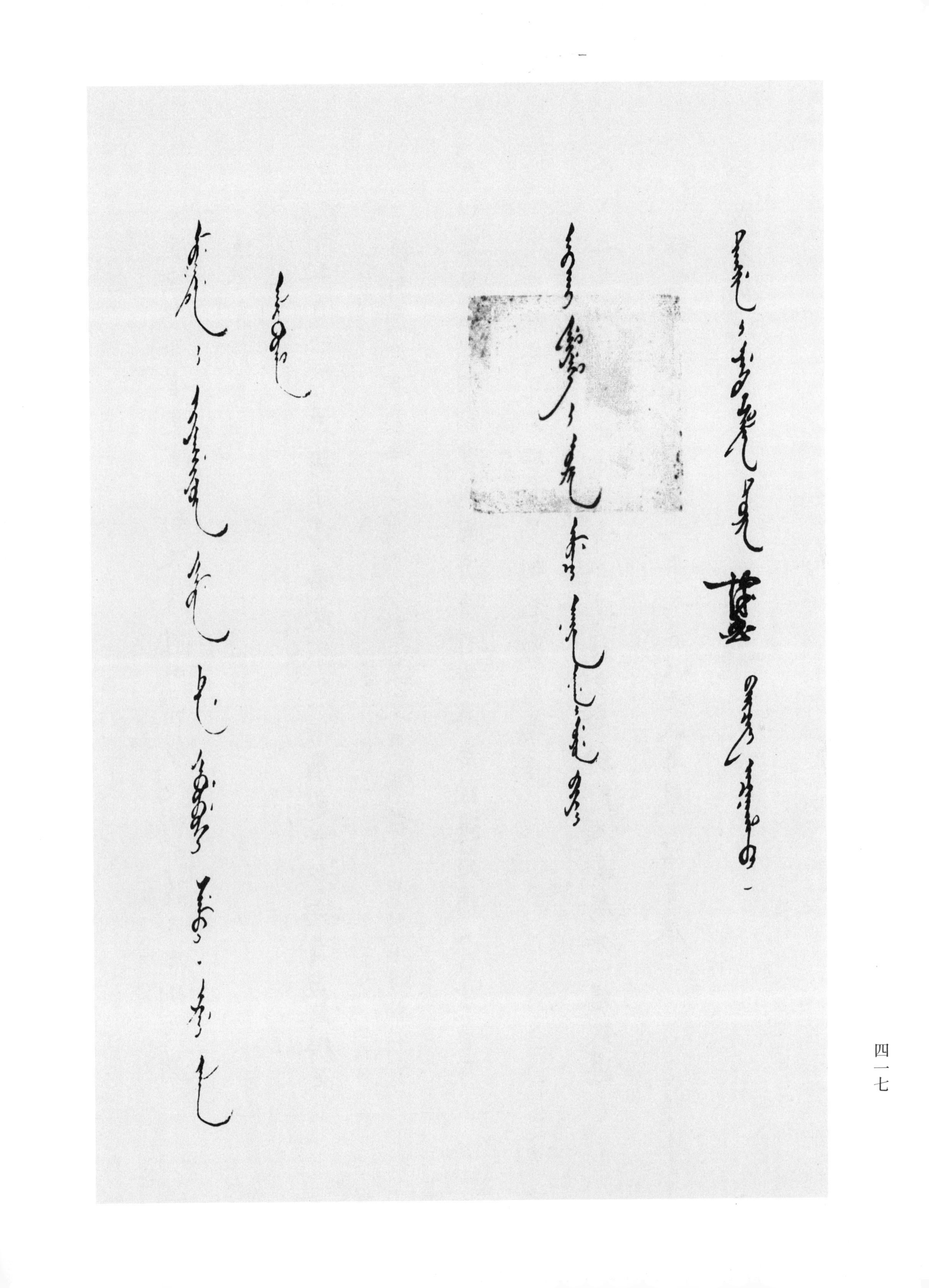

武京外各官吏兵二部及該衙門知照後均听該寺照例定期
傳令各該員謝
恩此内各員如有患病丁憂事故不能依限赴寺者京員由該旗及
該衙門知照該寺外員即令該員呈明鴻臚寺查核准其補行謝
恩如無故逾限不到者鴻臚寺自行查參庶陞遷補文武官員咸
知誠敬典礼聿昭而儀制允協矣恭候
命下之日臣部知照鴻臚寺令其行文各衙門及各旗分一体欽遵
辦理等因于乾隆二十一年七月二十八日題三十日奉
旨依議欽此

恩旨録用之文員及題陞揀發輪用滿員預行保奏及揀發衛守備
南漕效力武奏并分别營衛之門衛千總暨
軍政卓異保奏勘勝揔兵保列一等併降調革職奏
恩旨從寬留任之武員并各衙門各旗分
盛京各省駐防文武官員由吏兵二部帶領引
見者亦于奏
旨後由吏兵二部列名移送其有各該衙門自行帶領引
見者听各衙門自行開列移送在京文武各員有奏
特旨及議叙加叙紀録者亦令各該衙門開列職名移送該寺以上文

旨後即行開名移送按照定例帶領謝

恩如有遲延遺漏不到者照例題參其中如有患病丁憂事故者京員

則自該旂及該衙門知照臣寺外員由吏兵二部聲明移送臣寺

註册以便補行謝

恩等語臣等請嗣後吏兵二部陞遷遞補文武月選官員于具題奉

旨後將在京各員詳細造册按月開送其題陞調任揀發省分各

京察一等

大計卓異教職俸滿陞用并降調革職奉

恩如有無故不到者一題體參處各員知所敬謹而典禮愈肅矣等因具
奏前來查陞遷官員身受
天恩自應趨赴闕廷稽首謝
恩以昭誠敬而肅典礼今准鴻臚寺奏稱内外陞遷補選文武各員
名數縱不外吏兵二部請嗣後由吏兵二部將内外文武月選官員名
數於奏
旨後即按月開送其有各該旂各該衙門題補者亦由吏兵二部按月彙
送至外省保題由京揀發各項文武官員及京員之加級紀錄調任者
亦于奏

午門外五品以下於
天安門外謝
恩如有遲延遺漏不到者照例題參其中如有患病丁憂
事故者京員則自該旗及各該衙門知照臣寺外員
由吏兵二部聲名移送臣寺註册以便補行謝
恩至
盛京及各省駐防陞遷官員亦請由吏兵二部於奉
旨後即將該員職名開送臣寺照各省文武各官之例帶領謝

旨後即按月開送其由各該旗各該衙門題補者亦由吏兵
二部按月彙送至外省保題由京揀發各項文
武官員及京員之加級紀錄調任者亦于奉
旨後即行開名移送臣寺稽查仍令各該旗各該衙門
將在京文武各員陞遷緣由于
命下五日內造具詳細名冊咨送臣寺繕寫啟疏摺謝
恩至外員於領憑劄十日內赴臣寺投遞職名按照定例
四品以上派員帶於

恩其中即有遲延遺漏臣寺亦無憑稽查揆厥所由蓋以臣寺向無文武官

員陞補日期及銓補名數諮册其或該處不行開送該員不行投遞臣

寺則無由得知至

盛京官員及各省駐防俱係旗員亦宜一体謝

恩乃向来各員于引

見後並不謝

恩亦不知照徑行赴任殊於儀制未協請嗣後由吏兵二部將

内外文武月選官員名數於奉

吏部等部謹

題為請嚴謝

恩官員之稽查以肅典礼事該臣等會議得鴻臚寺奏称查一應陞轉官員京

員由各該衙門各該旗將職名咨送到寺始行繕入啓疏以備謝

恩外員或由吏兵二部移送及該員自投職名始行派員帶領謝

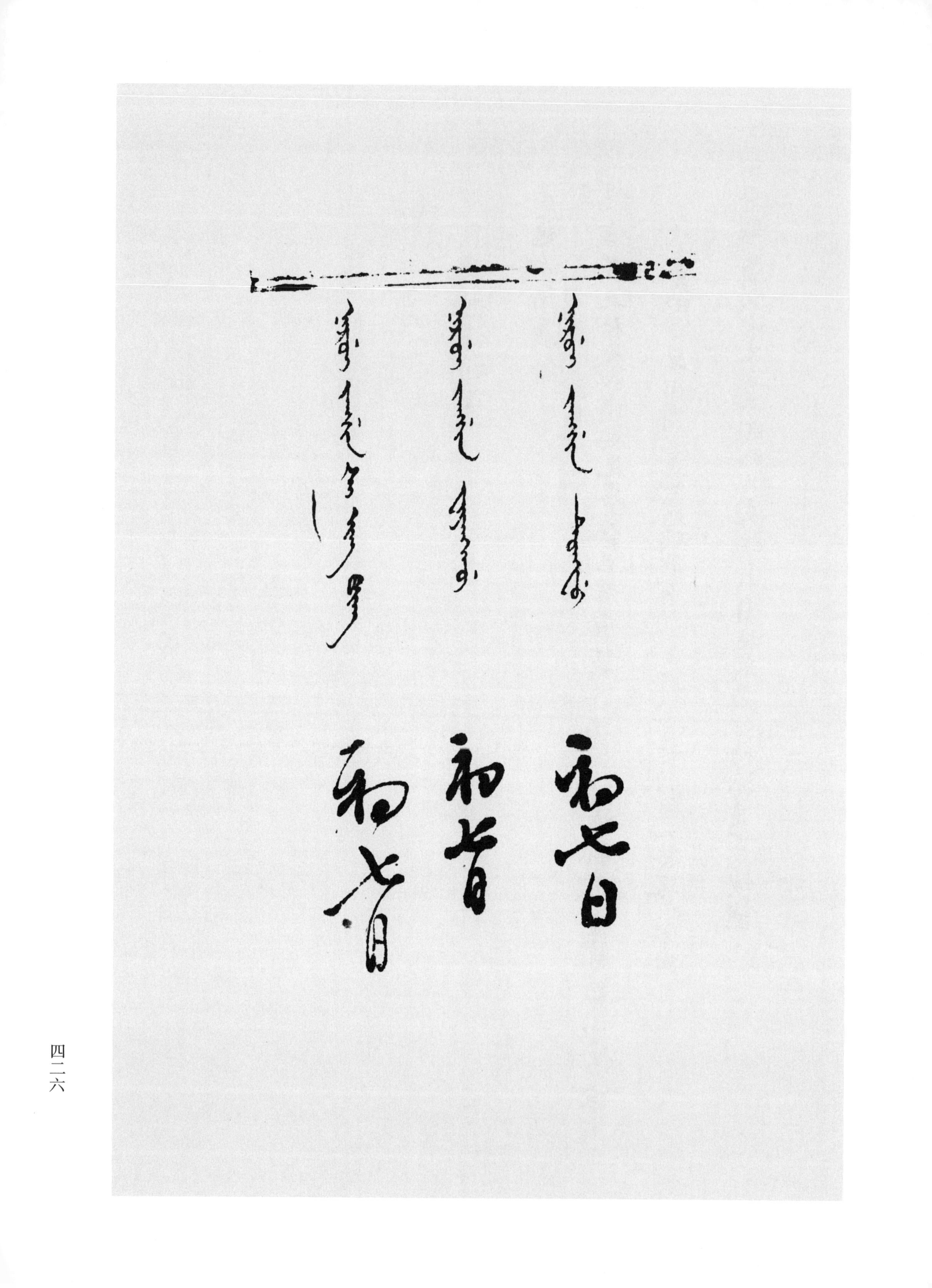

初七日

初七日

初七日

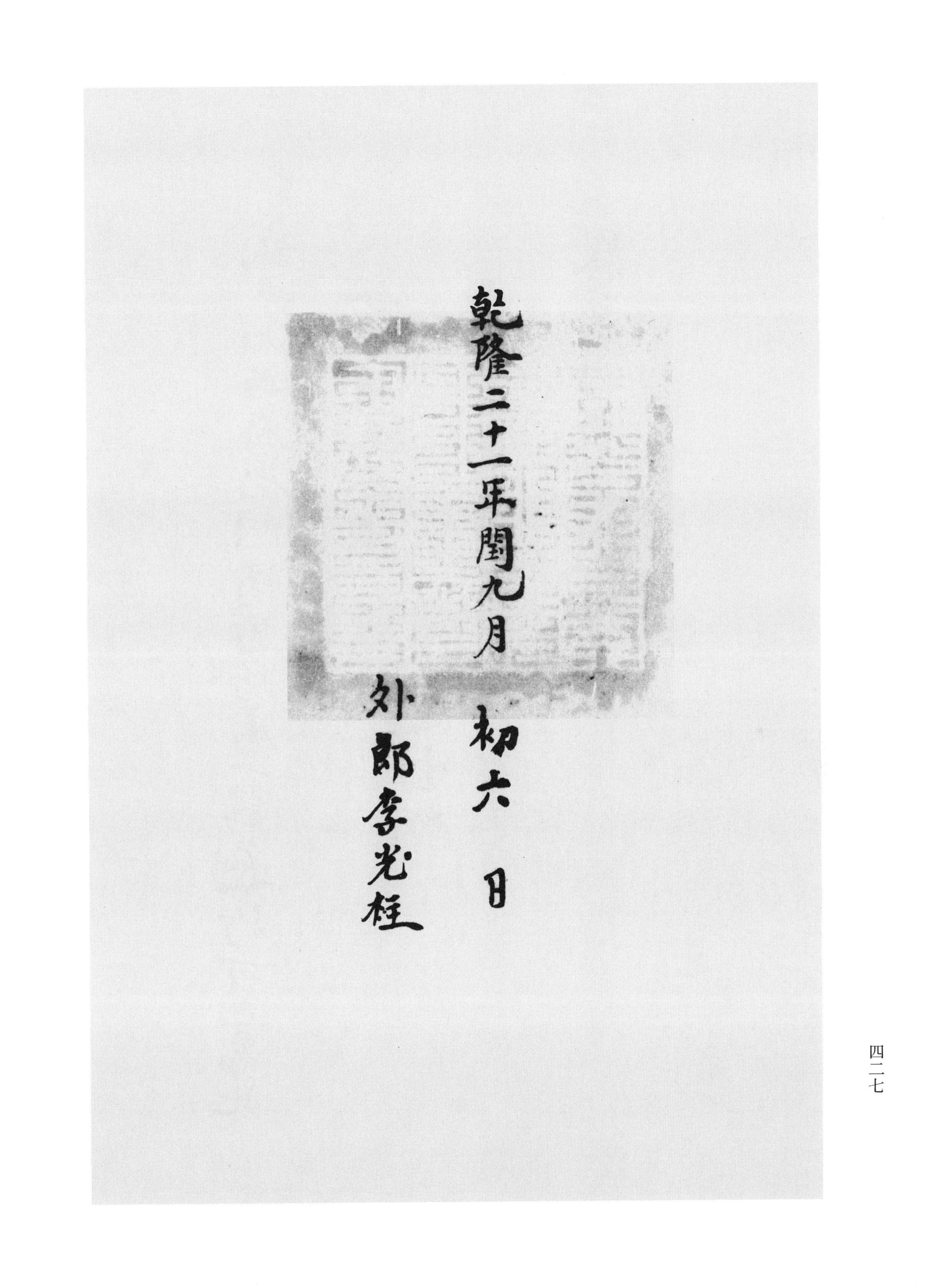

乾隆二十一年閏九月　初六　日

外郎李光梃

盛京内務府衙門轉行所屬一體遵行可也爲此

合咨須至咨者

右　　　咨

計原題壹紙

盛京内務府衙門

恩等事准吏部文開吏科出部議覆鴻臚寺條奏謝
恩官員一摺於乾隆二十一年七月二十八日會題三十日奉
旨依議欽此相應抄錄原題知照鴻臚寺凡有應行之
處遵照自行辦理等因前來相應抄錄原題移
咨貴部轉行所屬一體遵行可也等因前來相
應抄錄原題移咨

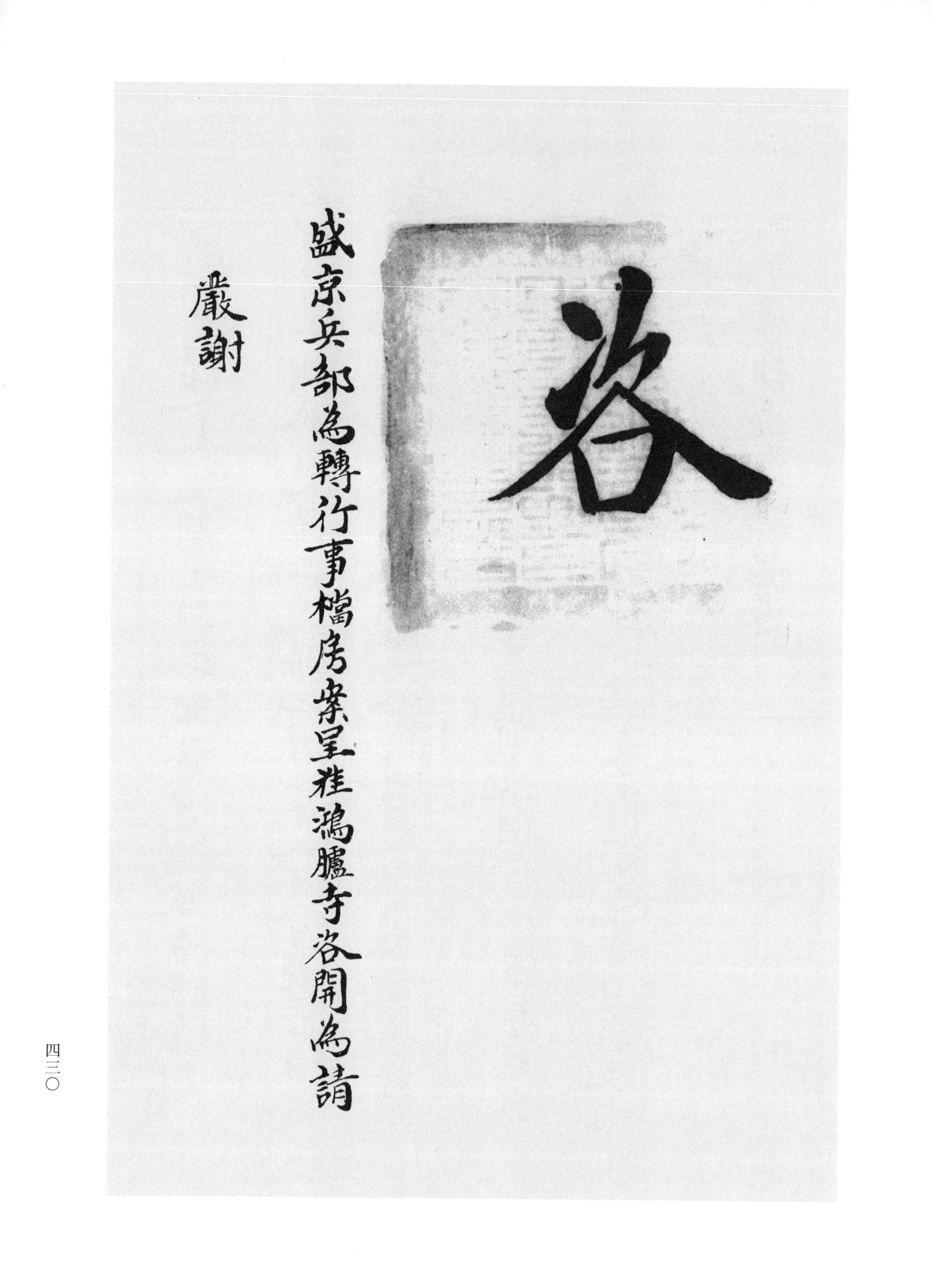

咨

盛京兵部為轉行事檔房案呈准鴻臚寺咨開為請

嚴謝

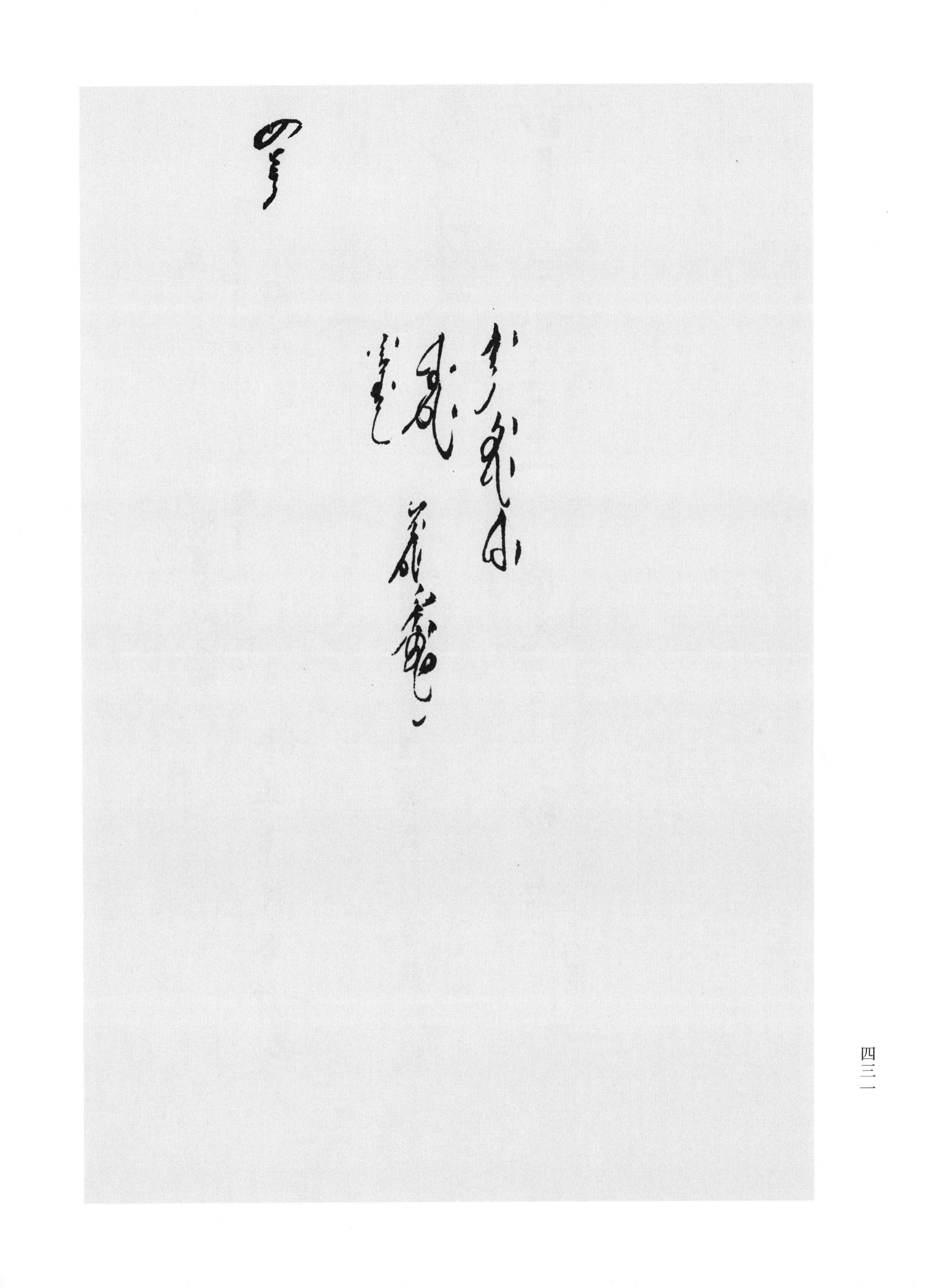

盛京兵部文開爲鴻臚寺條奏謝
恩官員一摺抄錄原題移咨轉行所
屬一體遵行事

呈

堂主事托金

筆帖式得冷額接収

乾隆二十一年閏九月初六

九
行

四七號

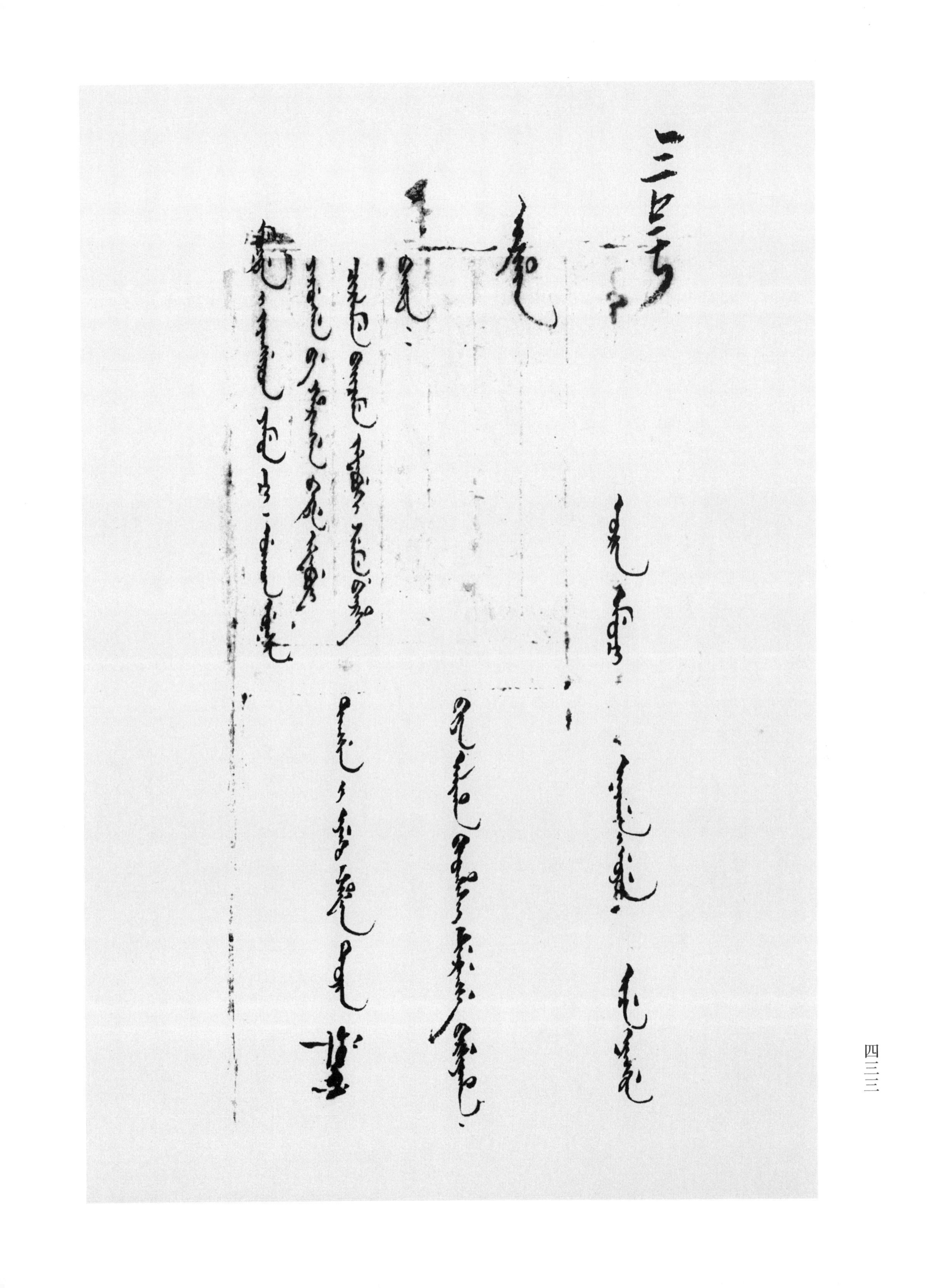

三四号

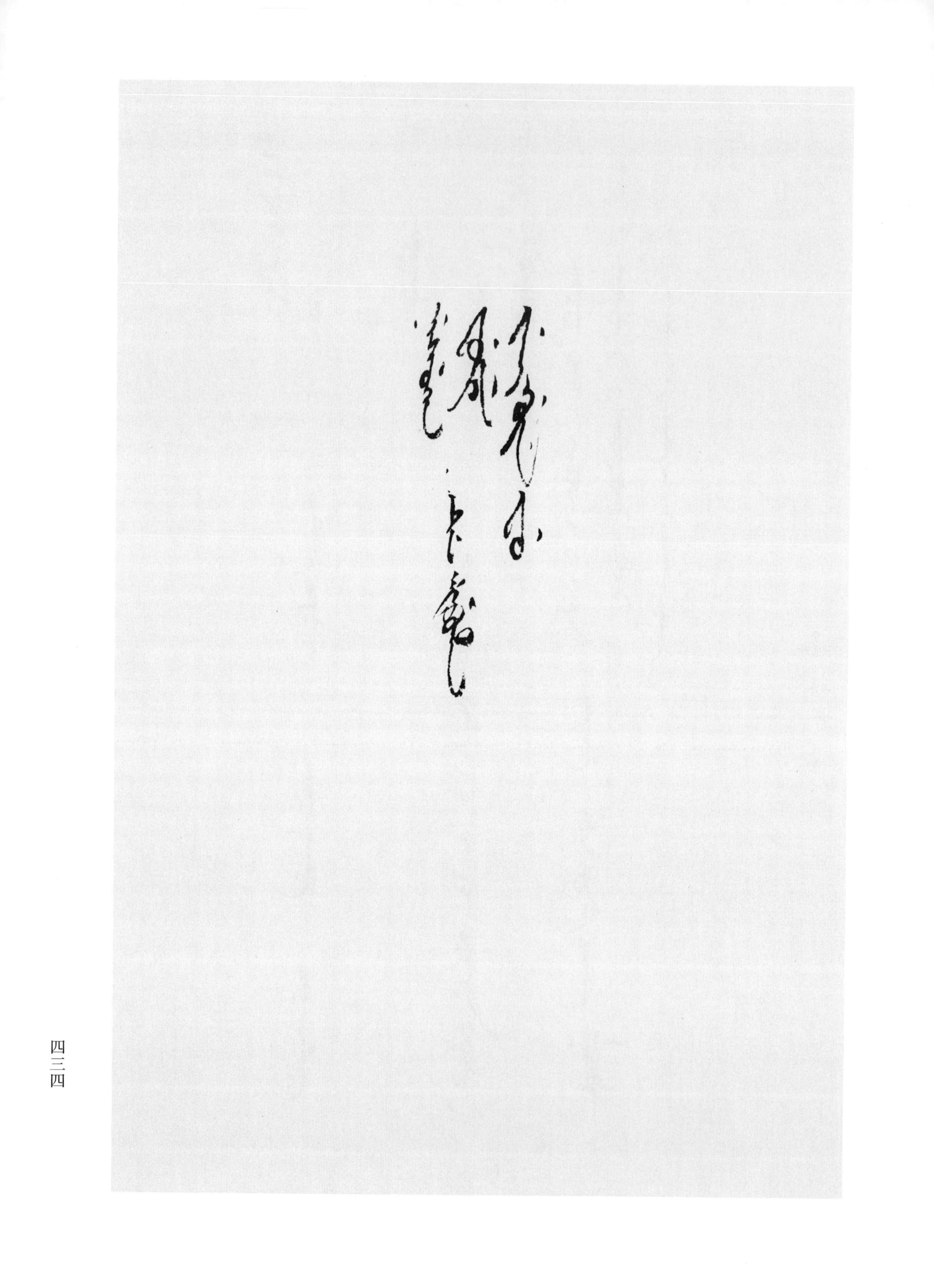

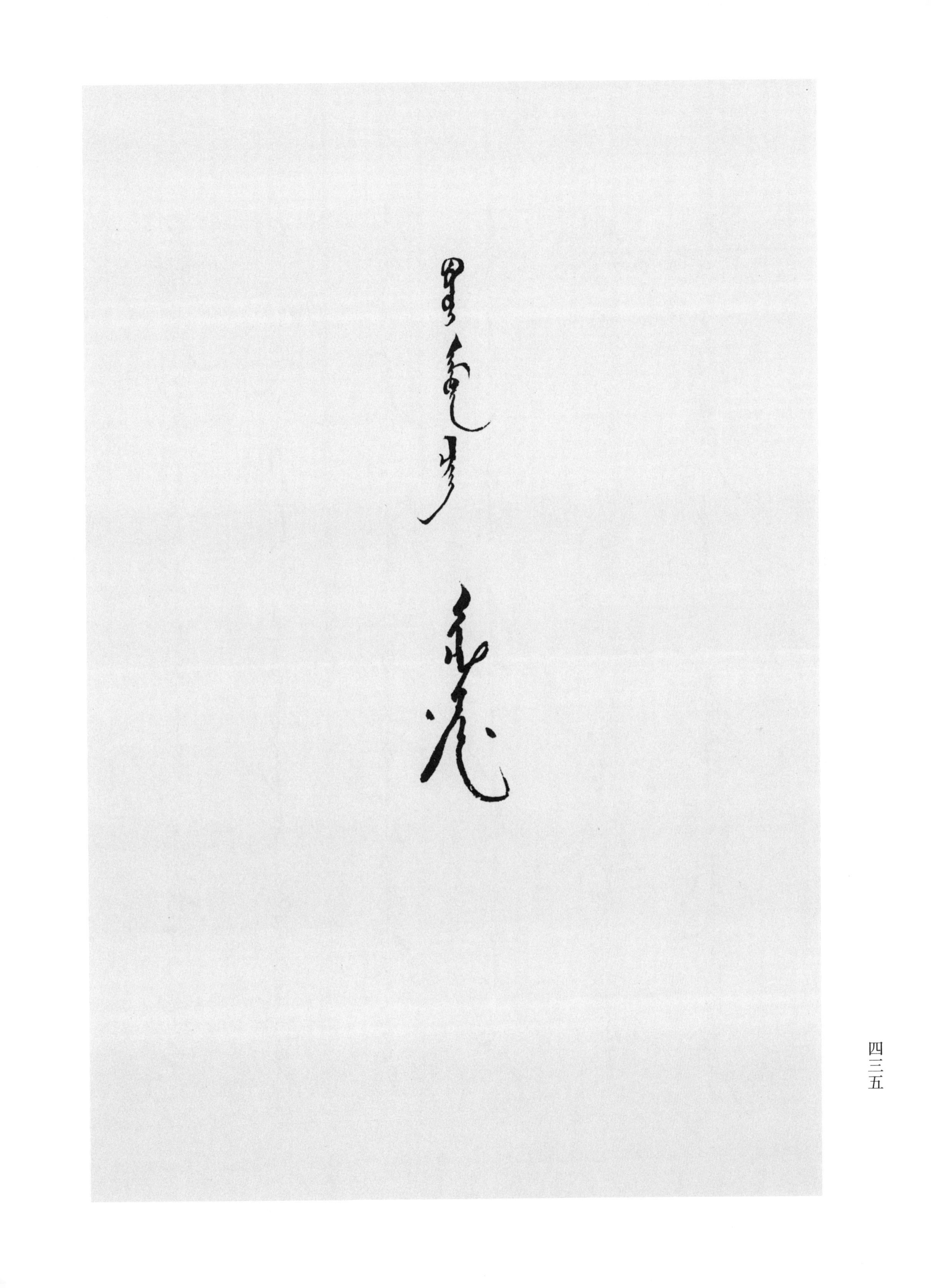

[illegible]

ᠰᠠᡥᠠ

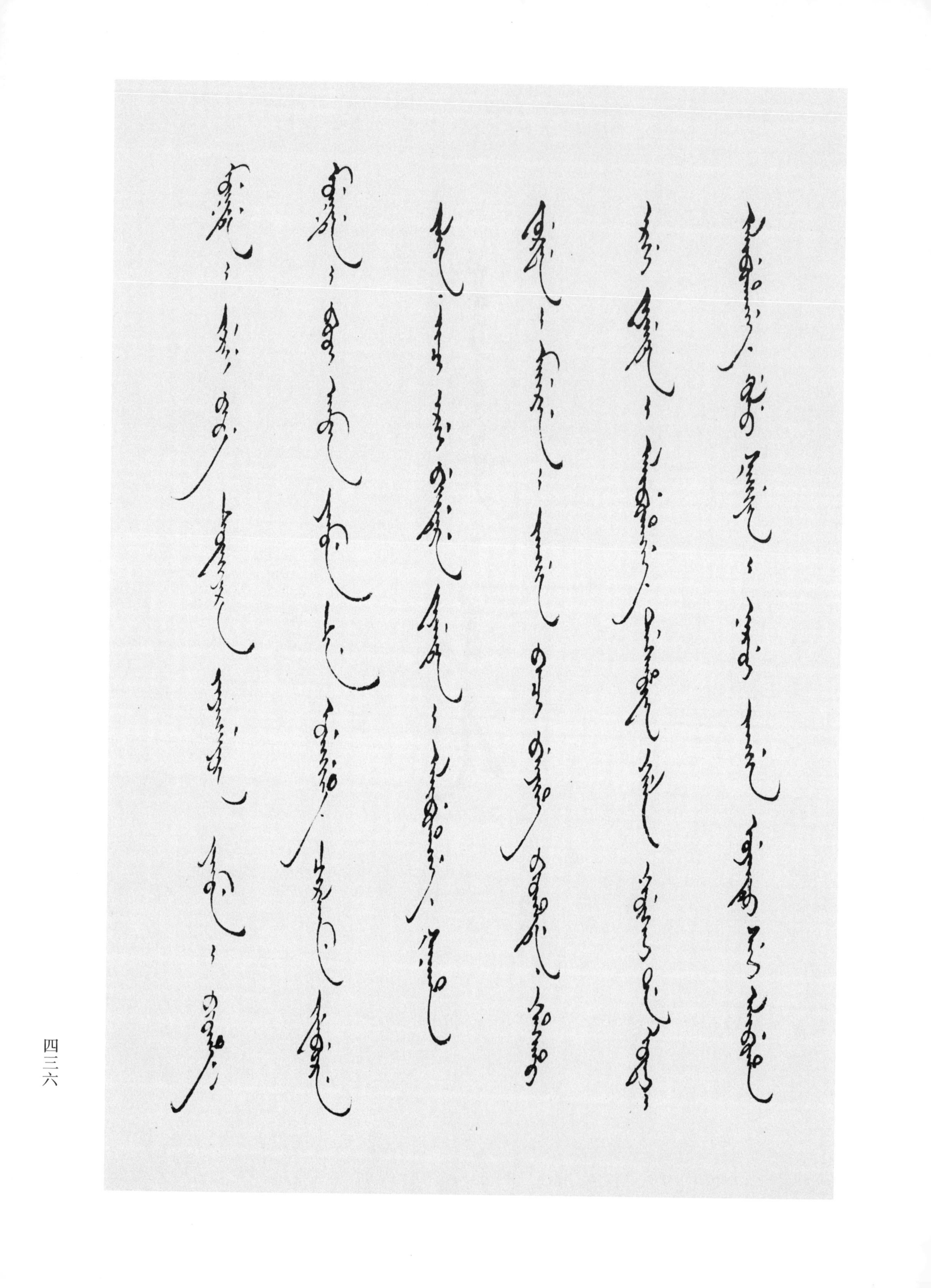

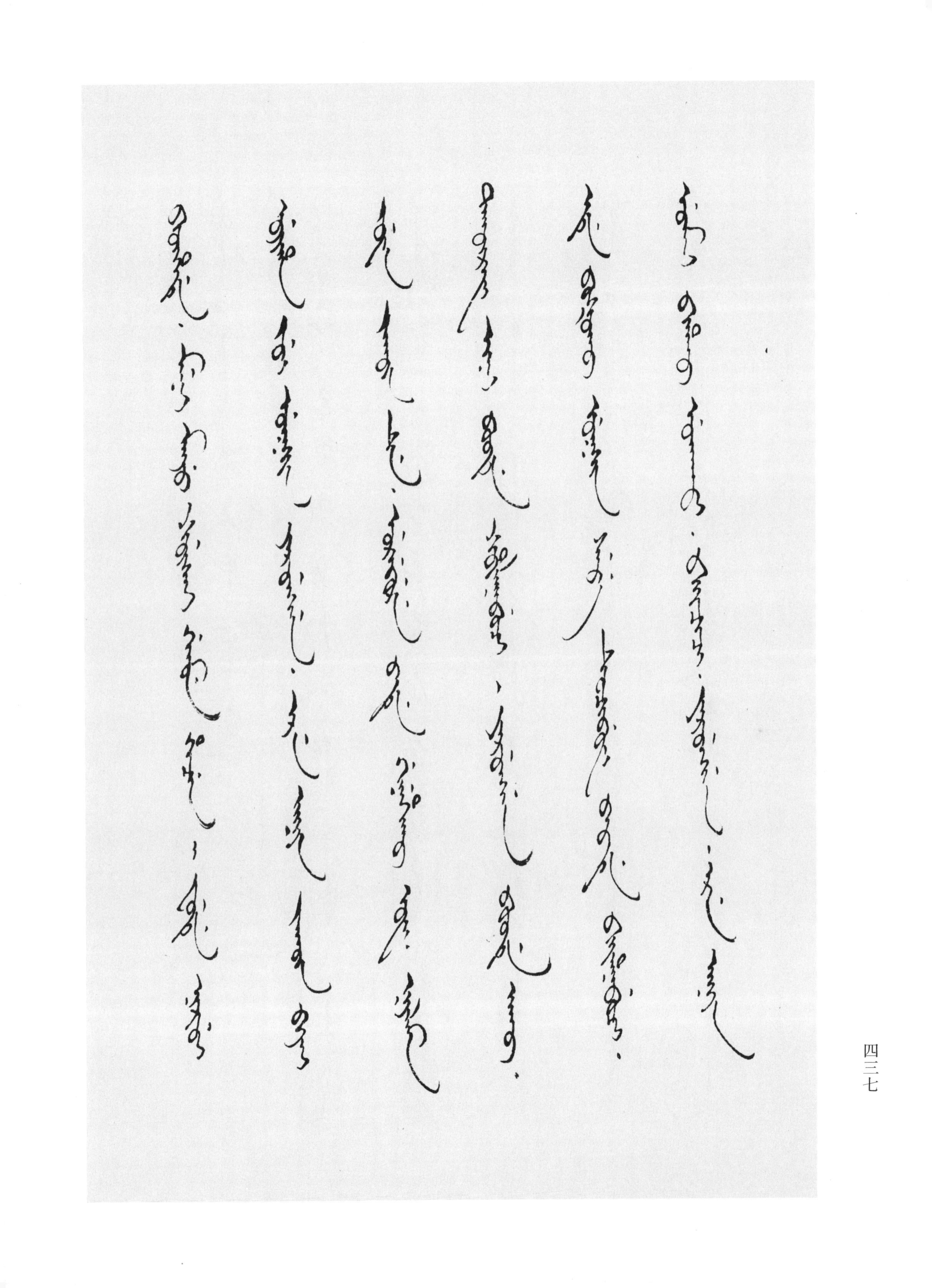

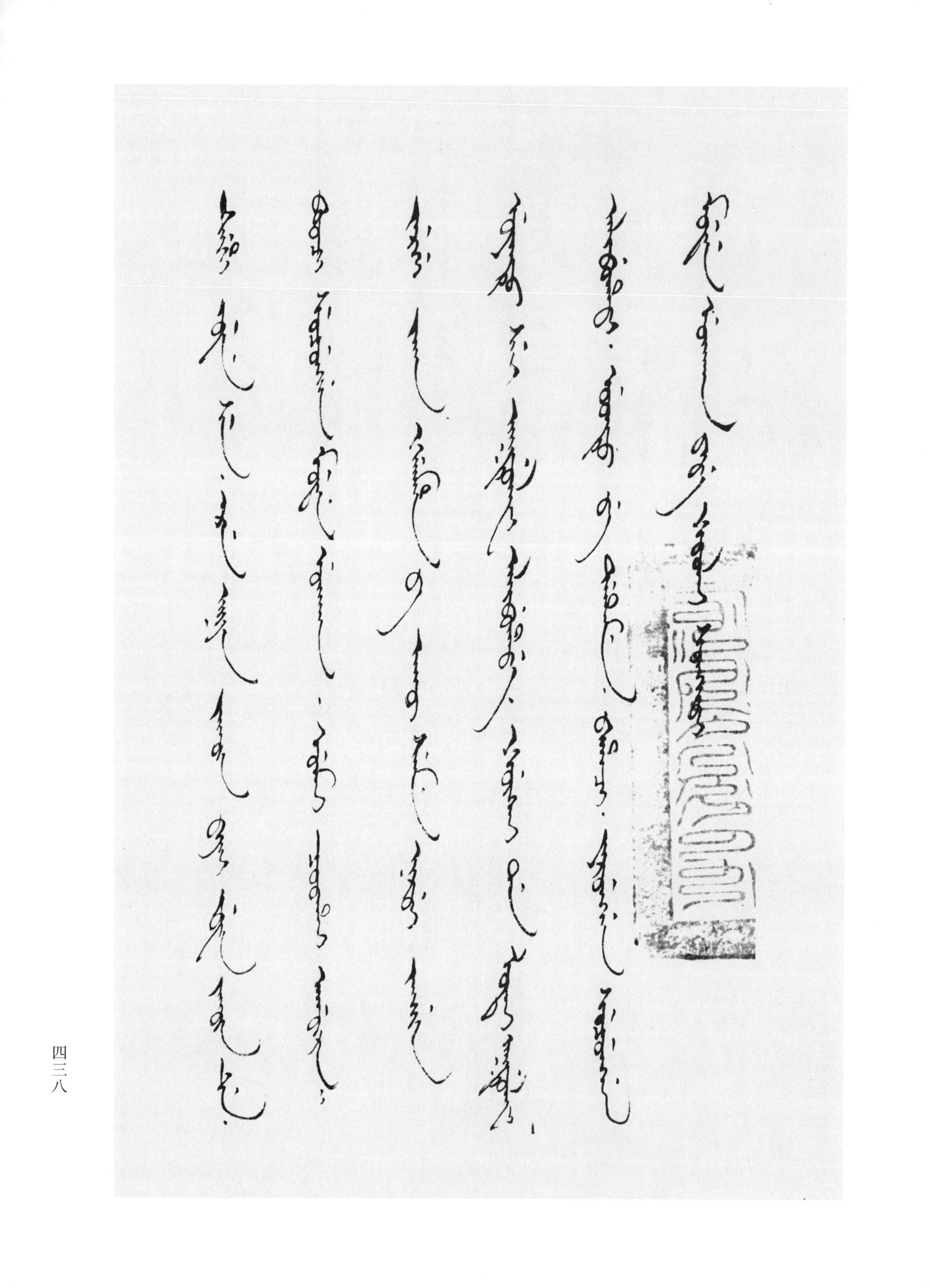

[illegible]

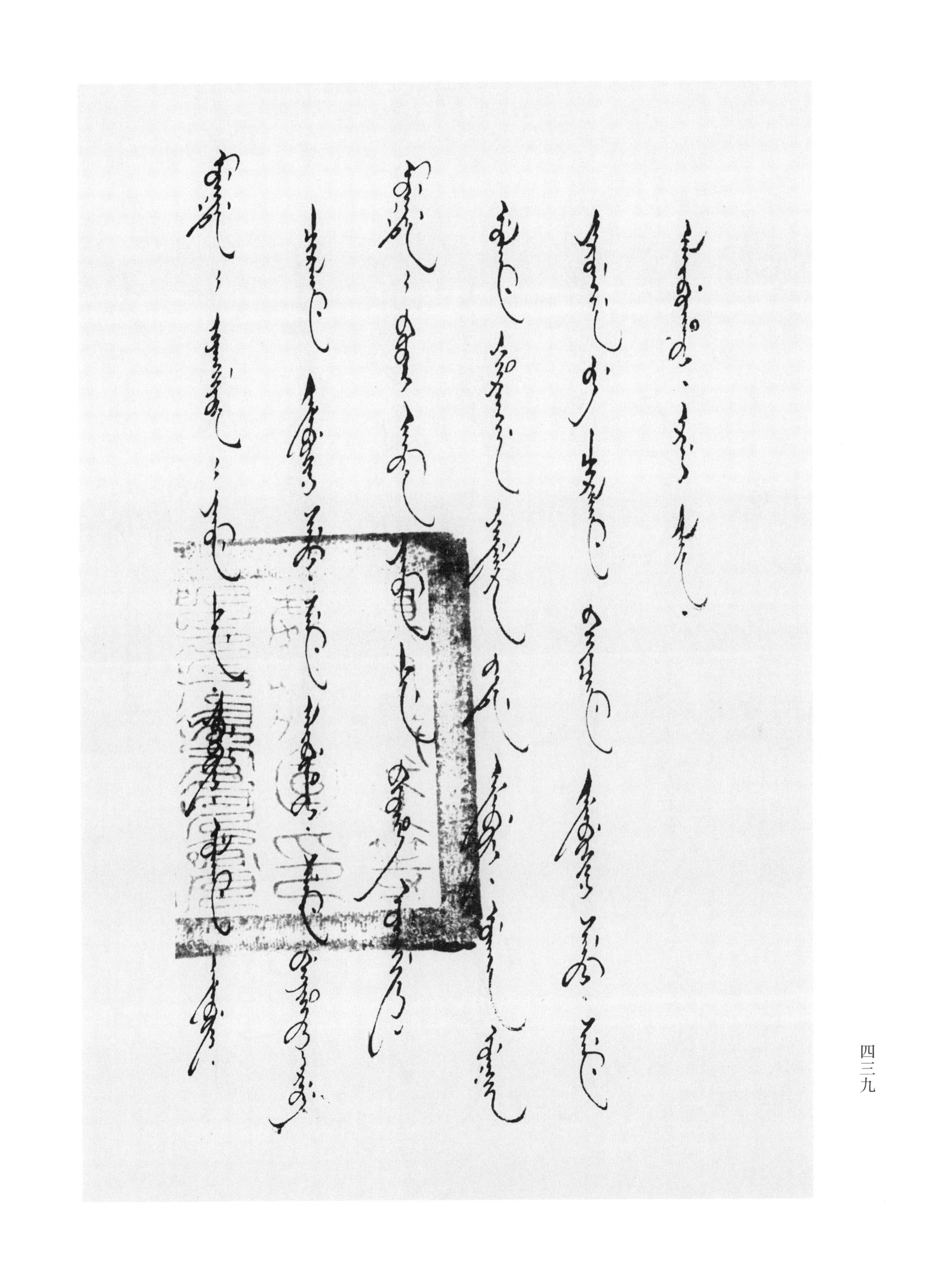

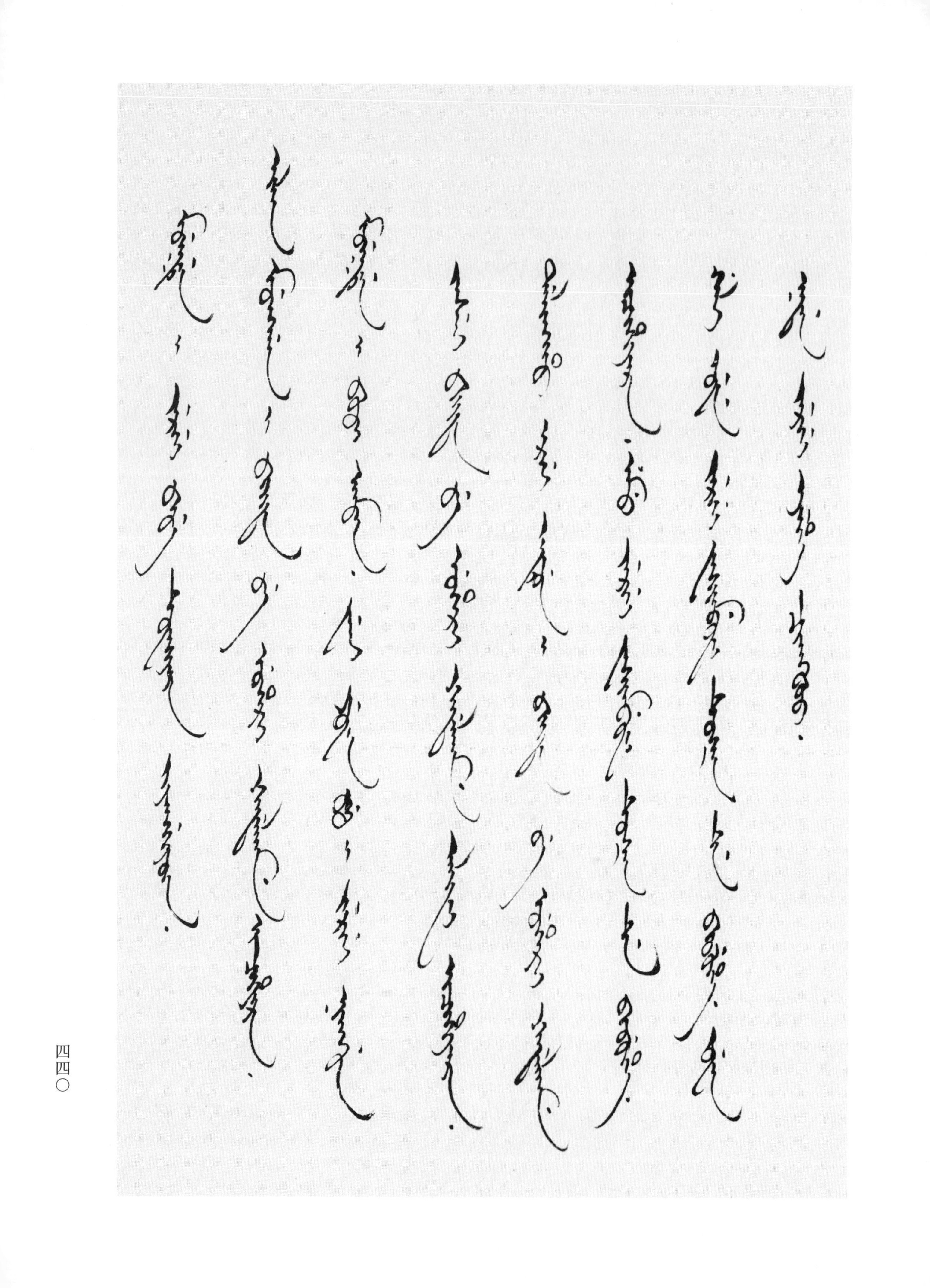

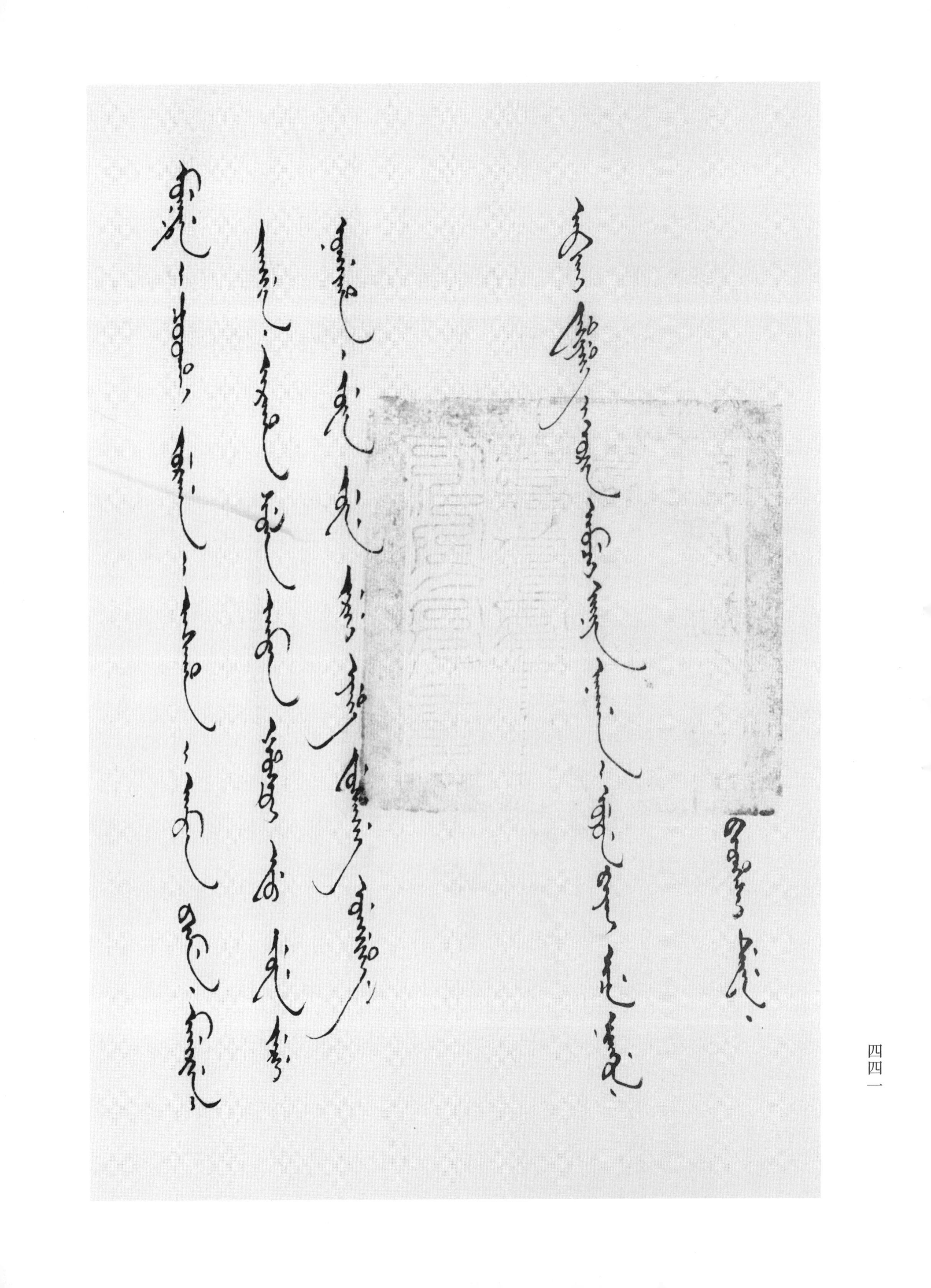

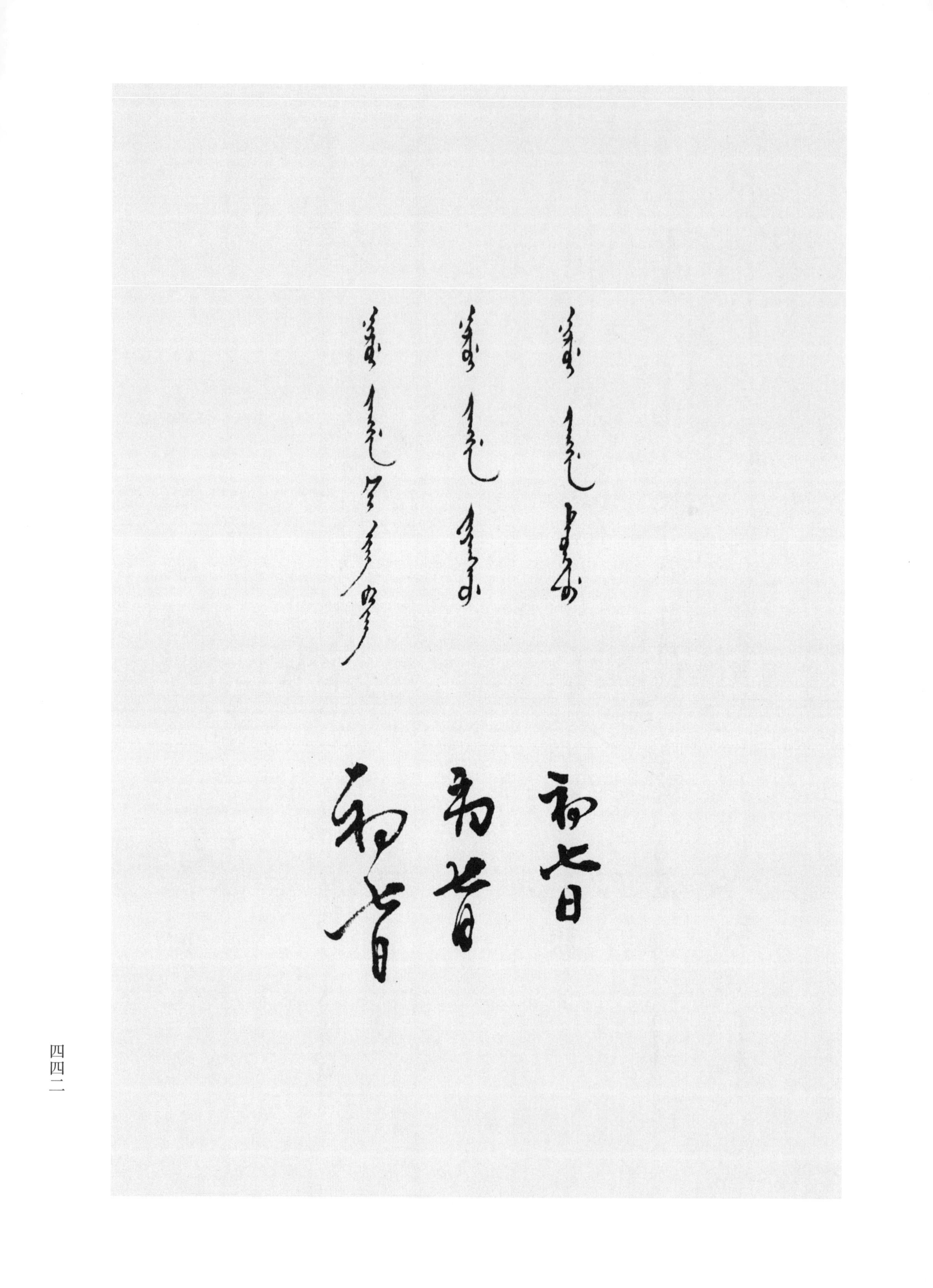

初七日

初七日

初七日

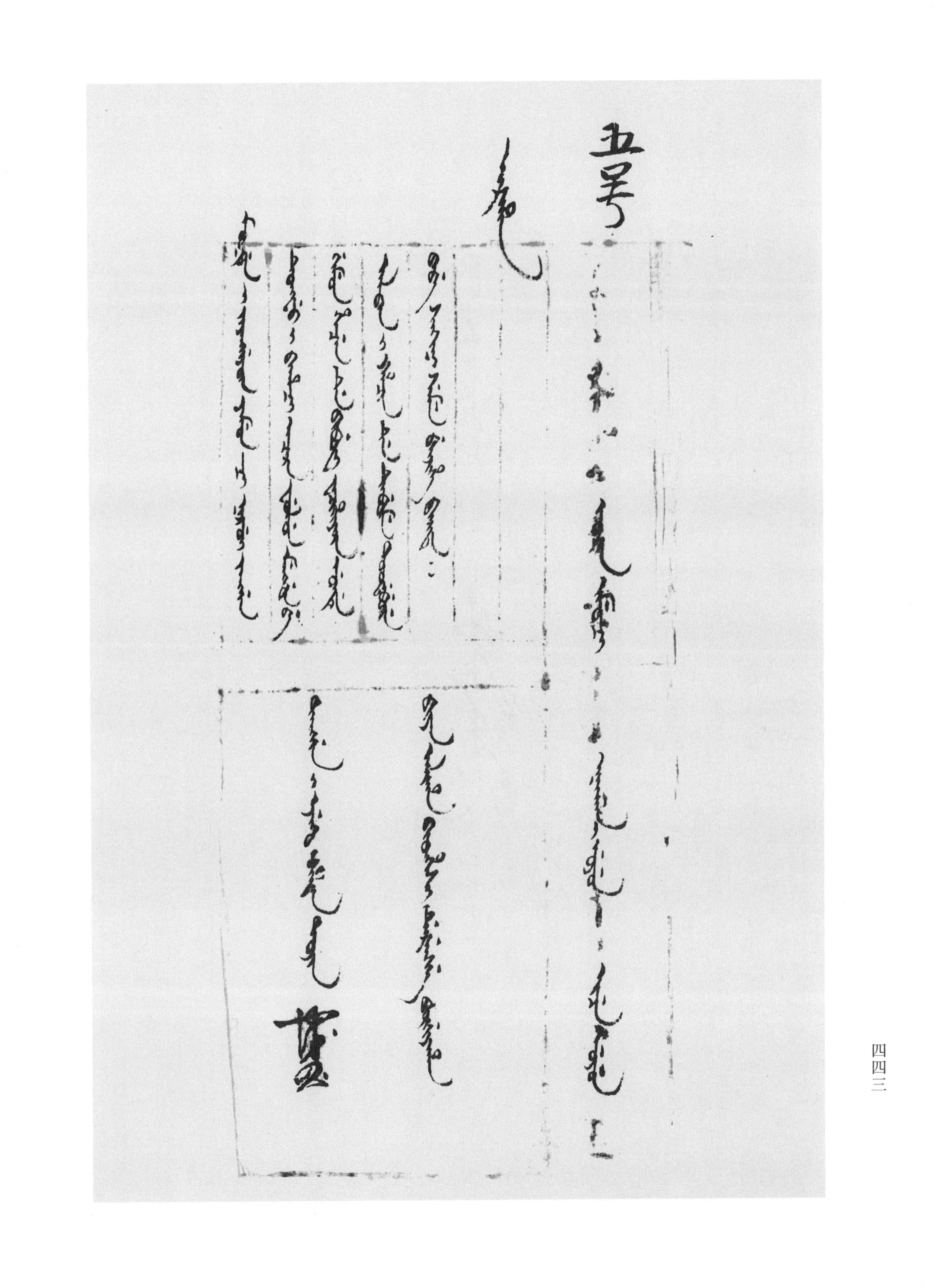

五号

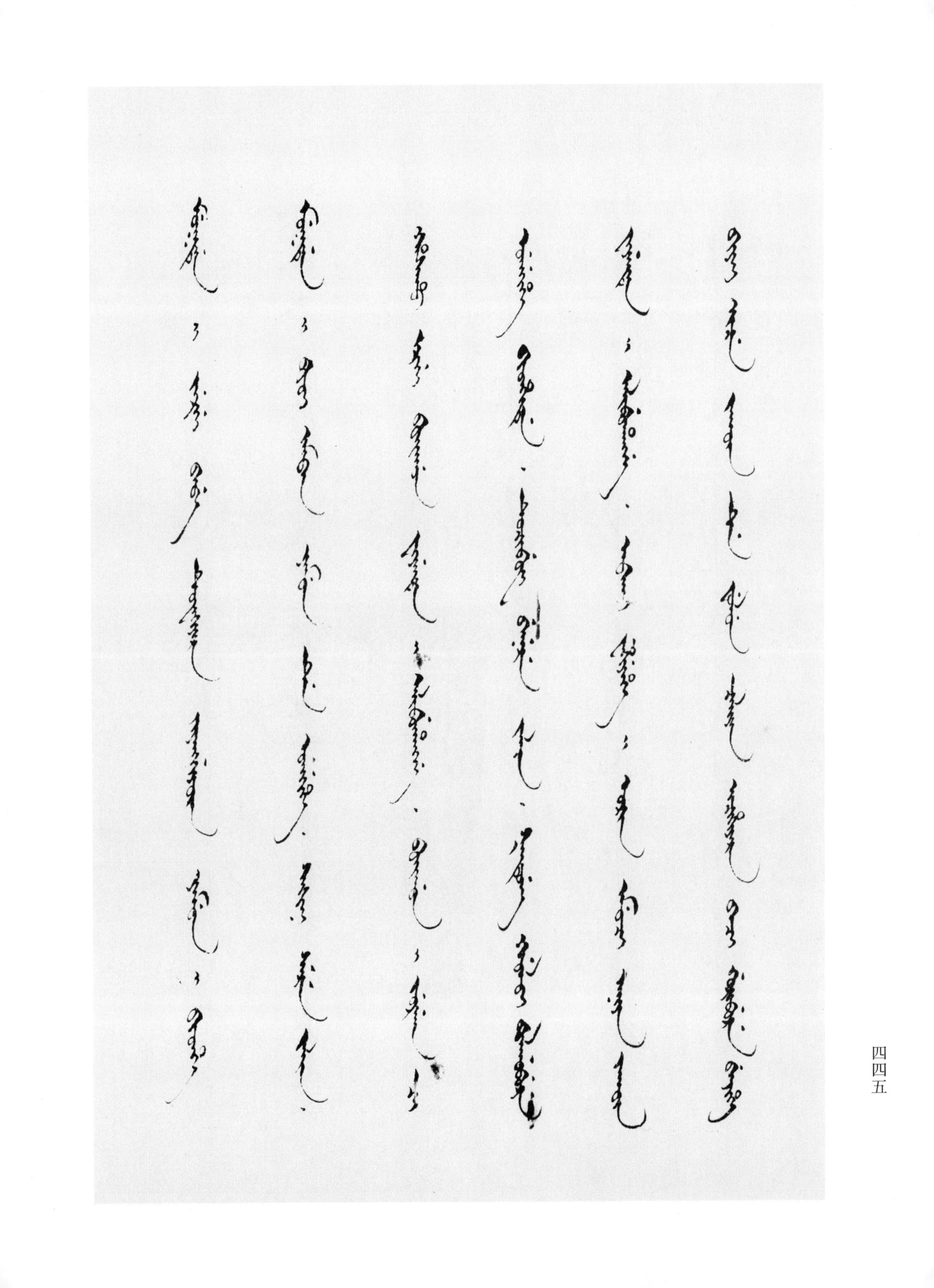

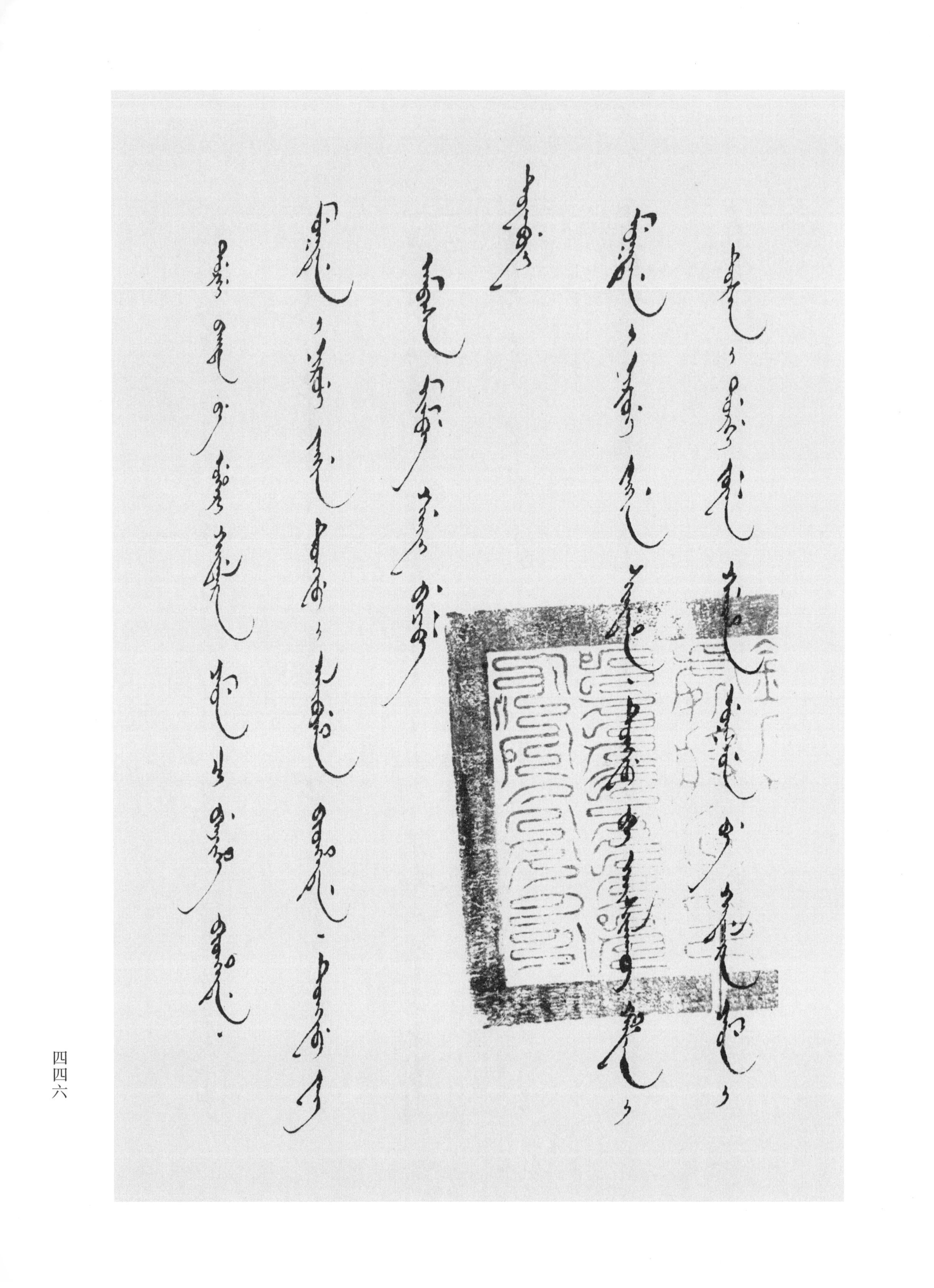

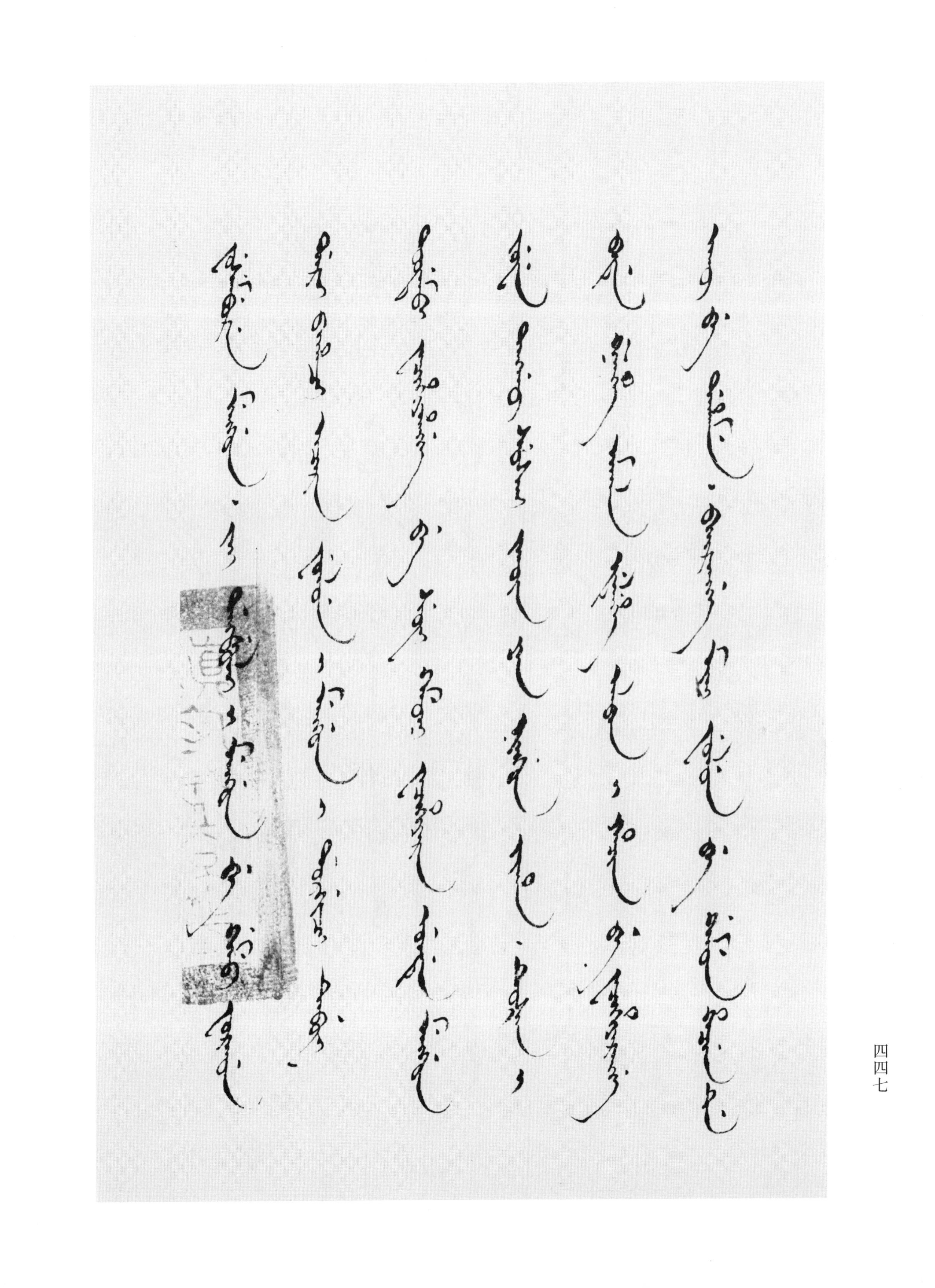

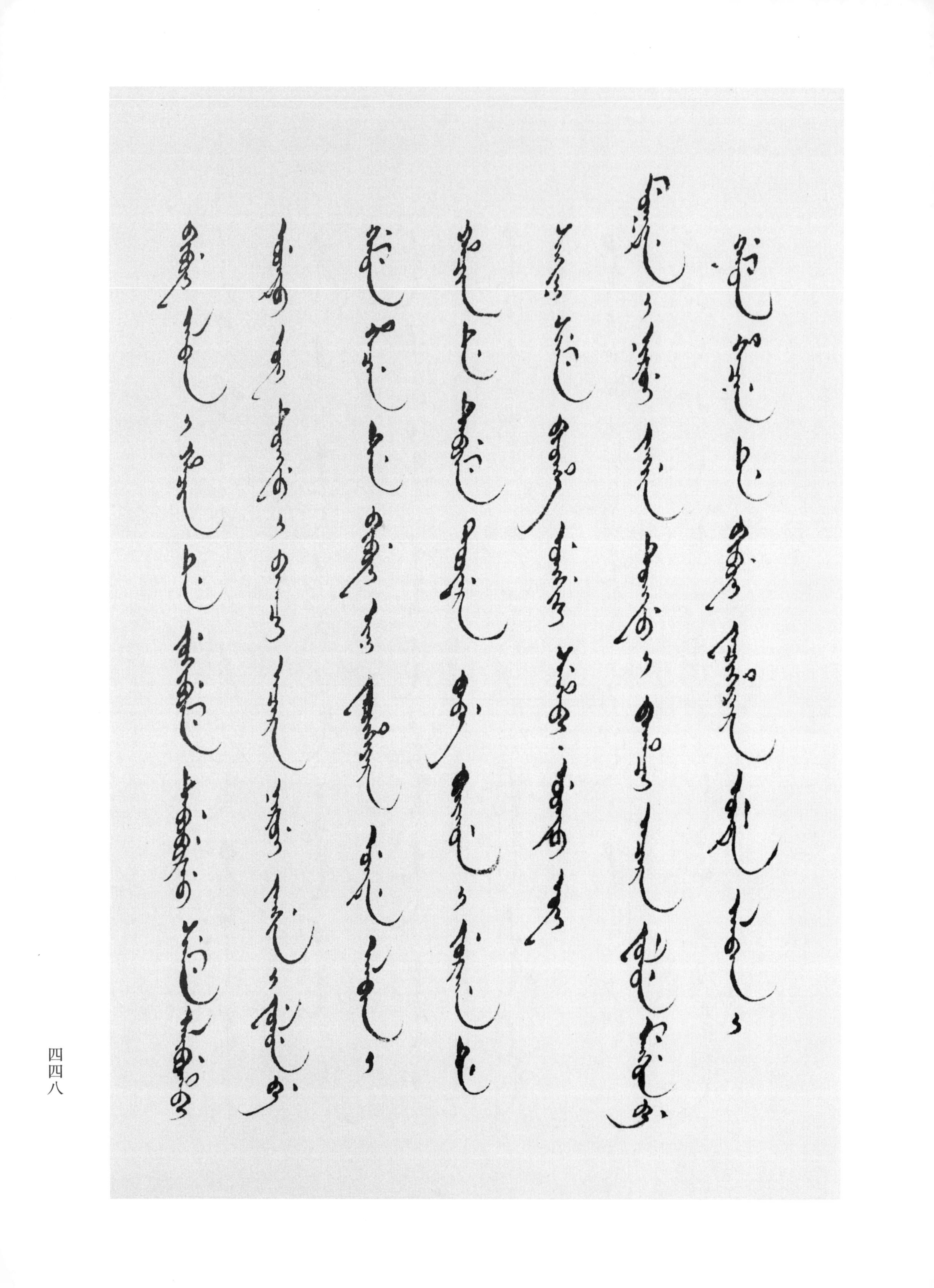

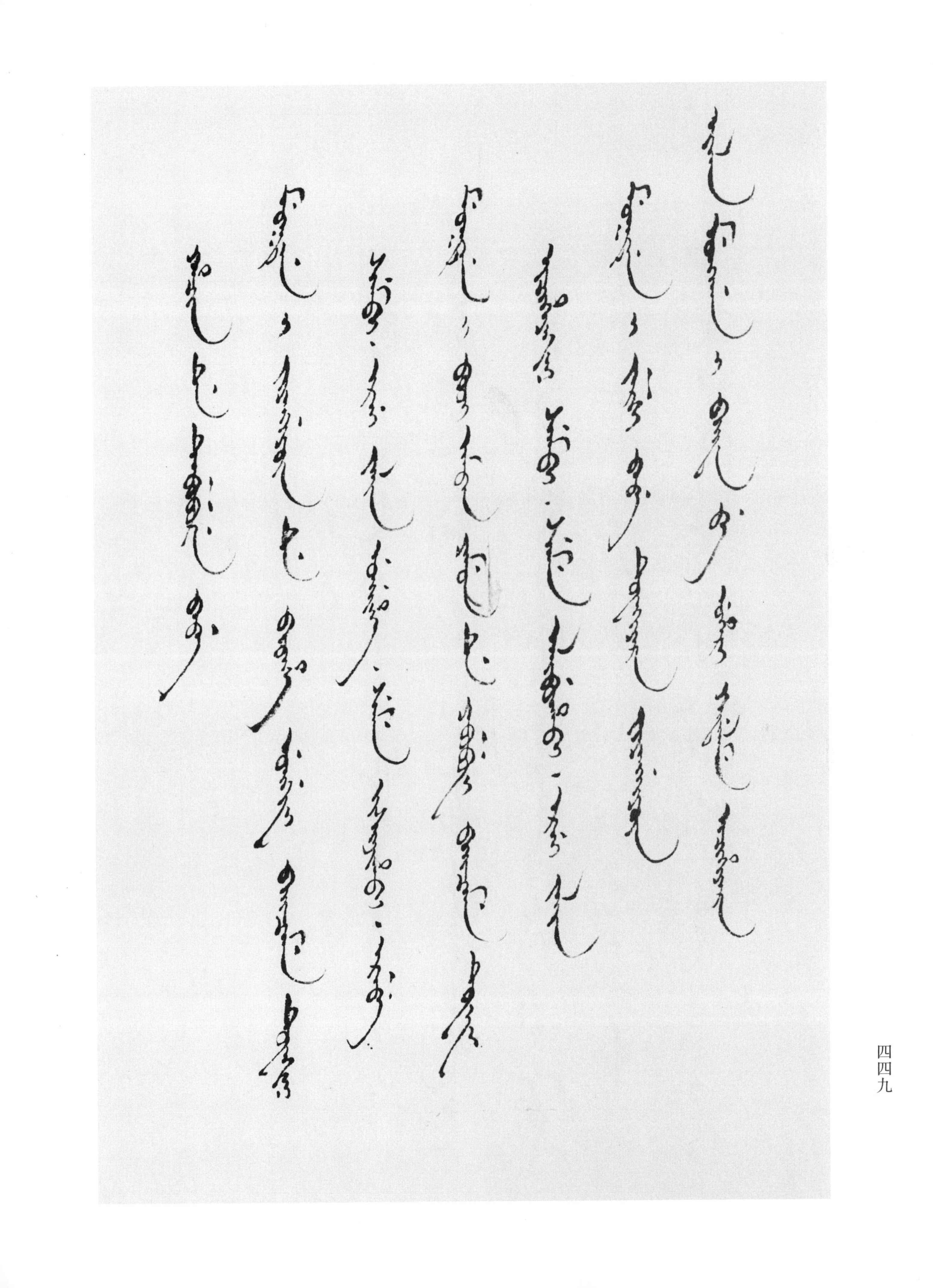

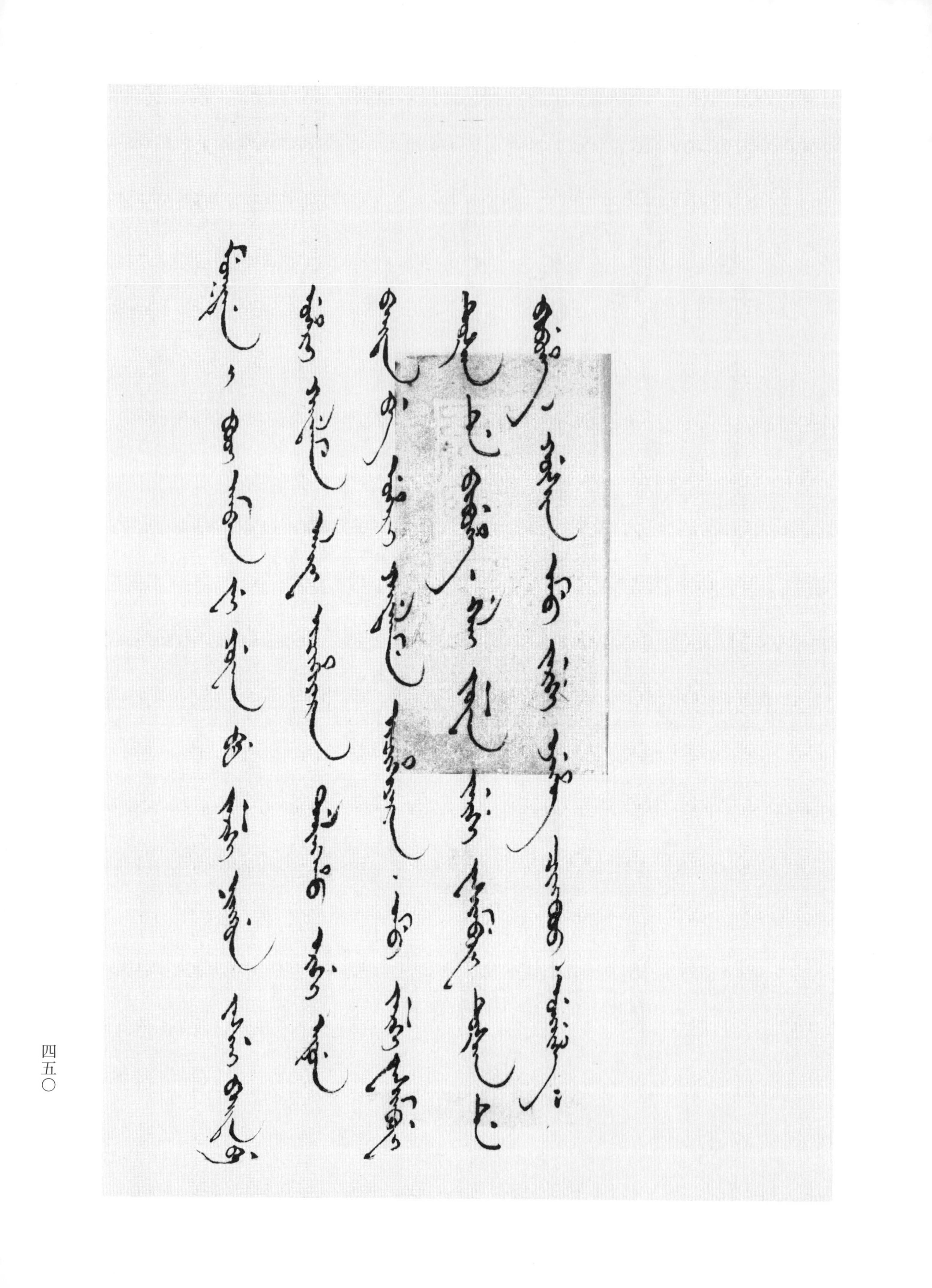

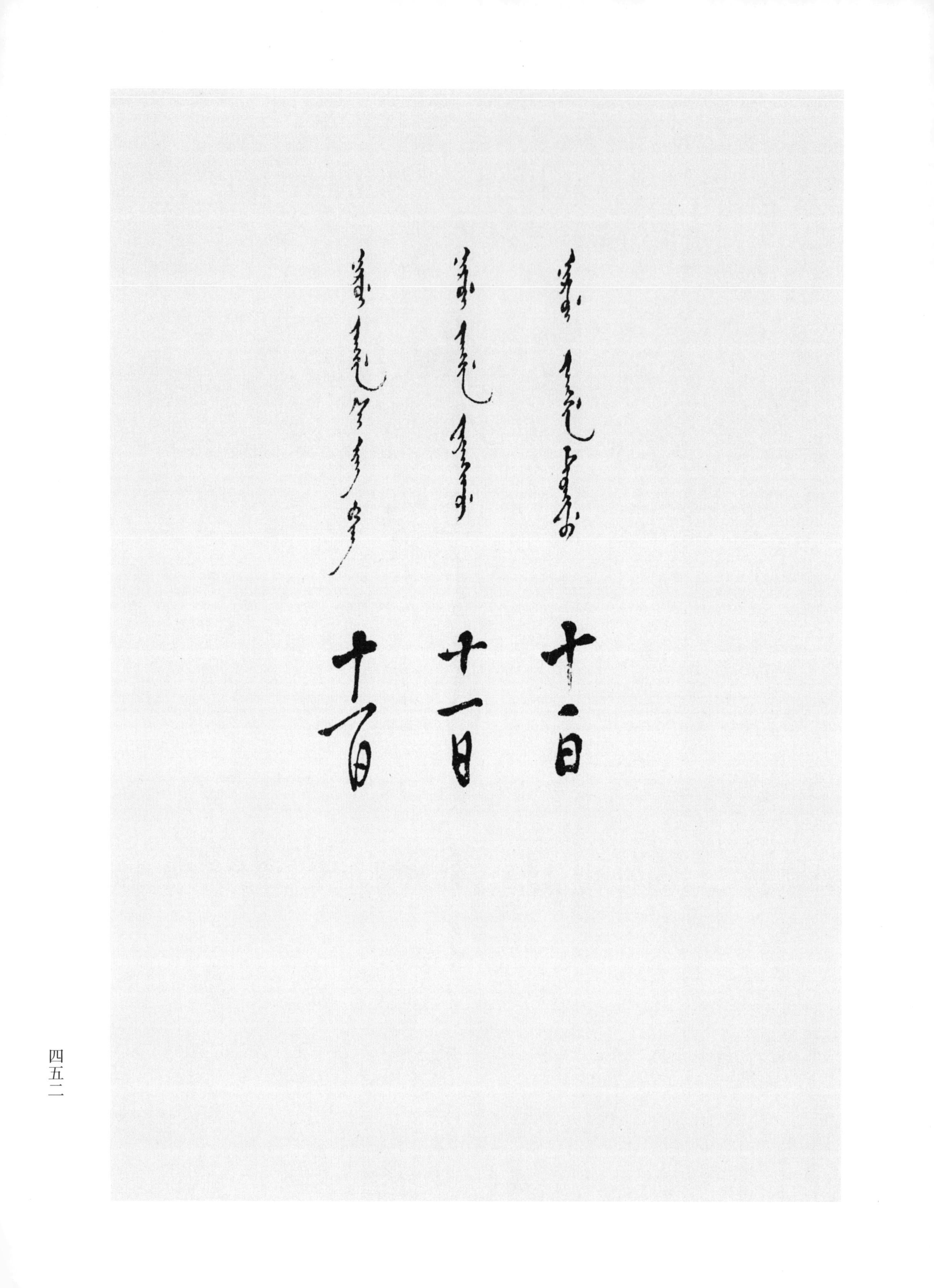

十日

十一日

十二日

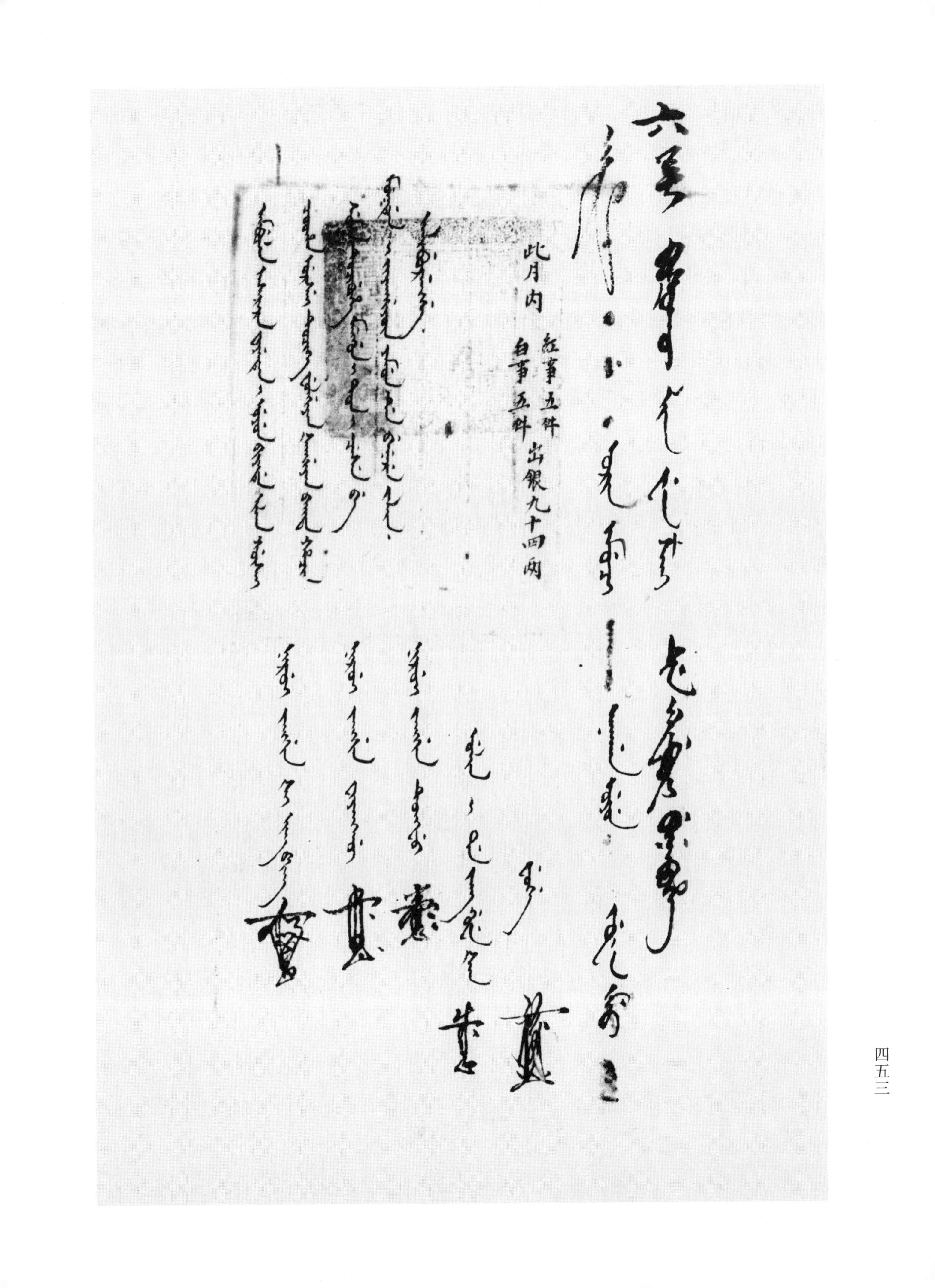

六

此月内 紅事五件 白事五件 出銀九十四兩

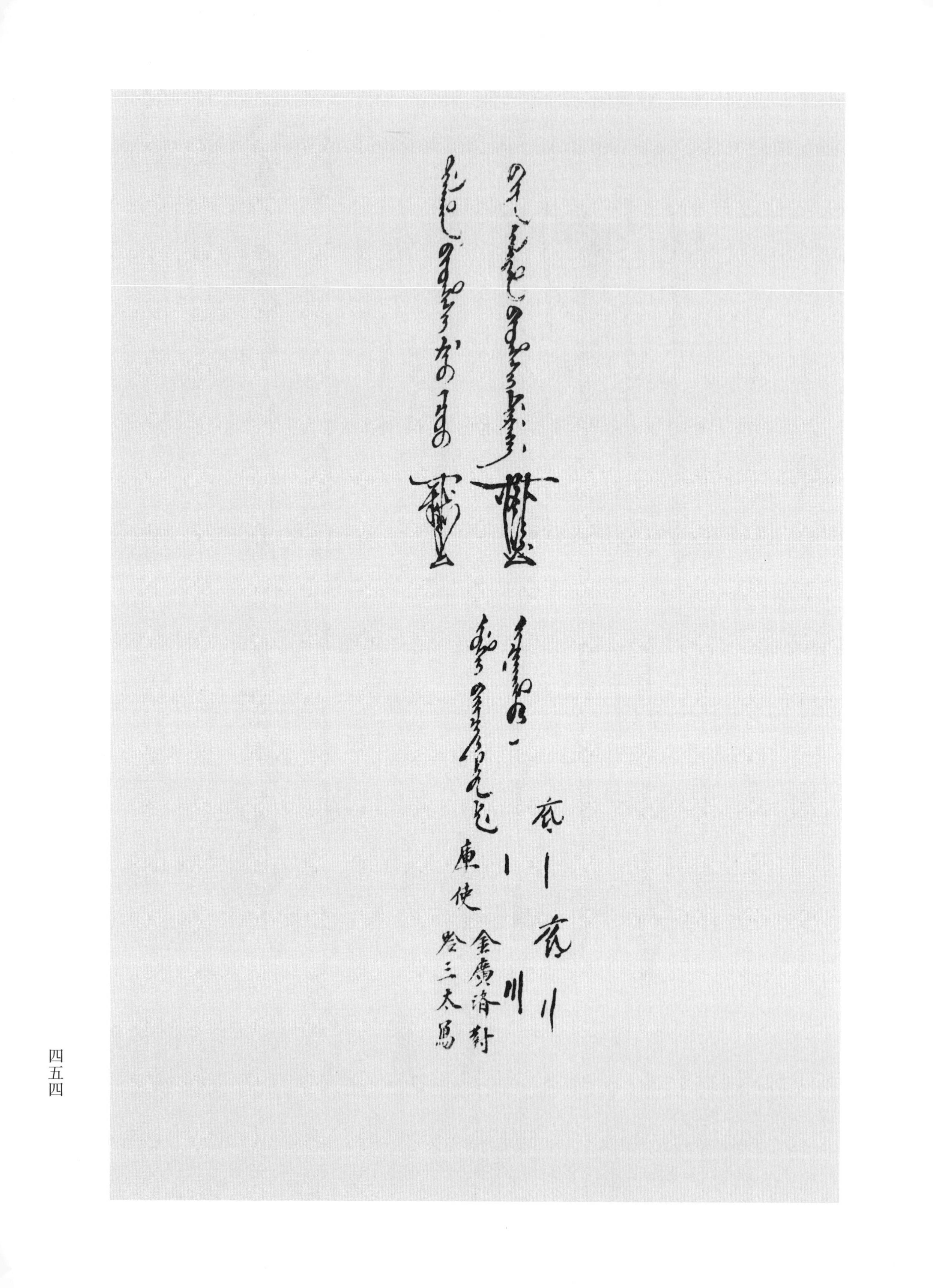

衣〡衣〢

〡川

庫使　金廣洛封

答三太爲

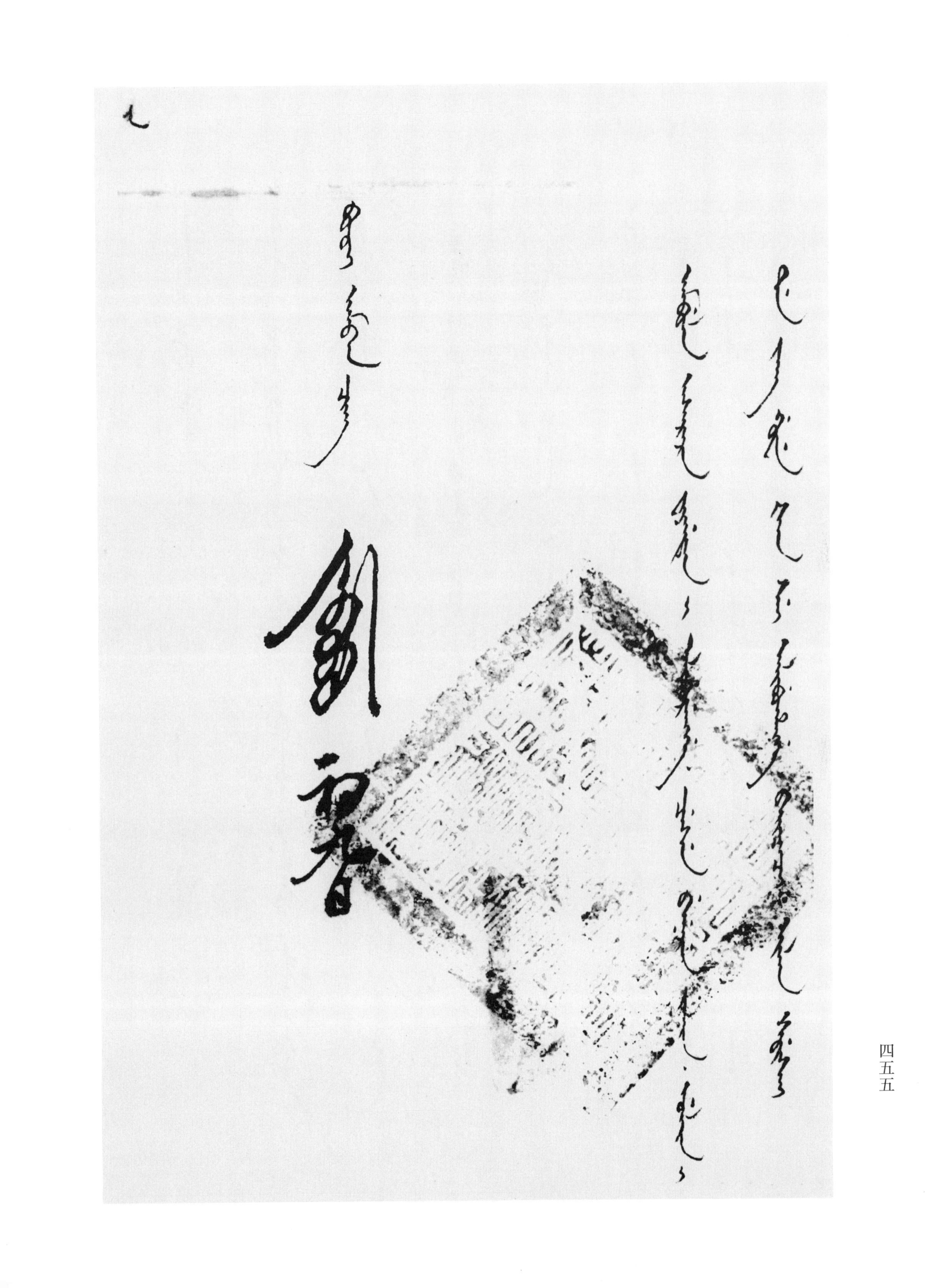

劉署

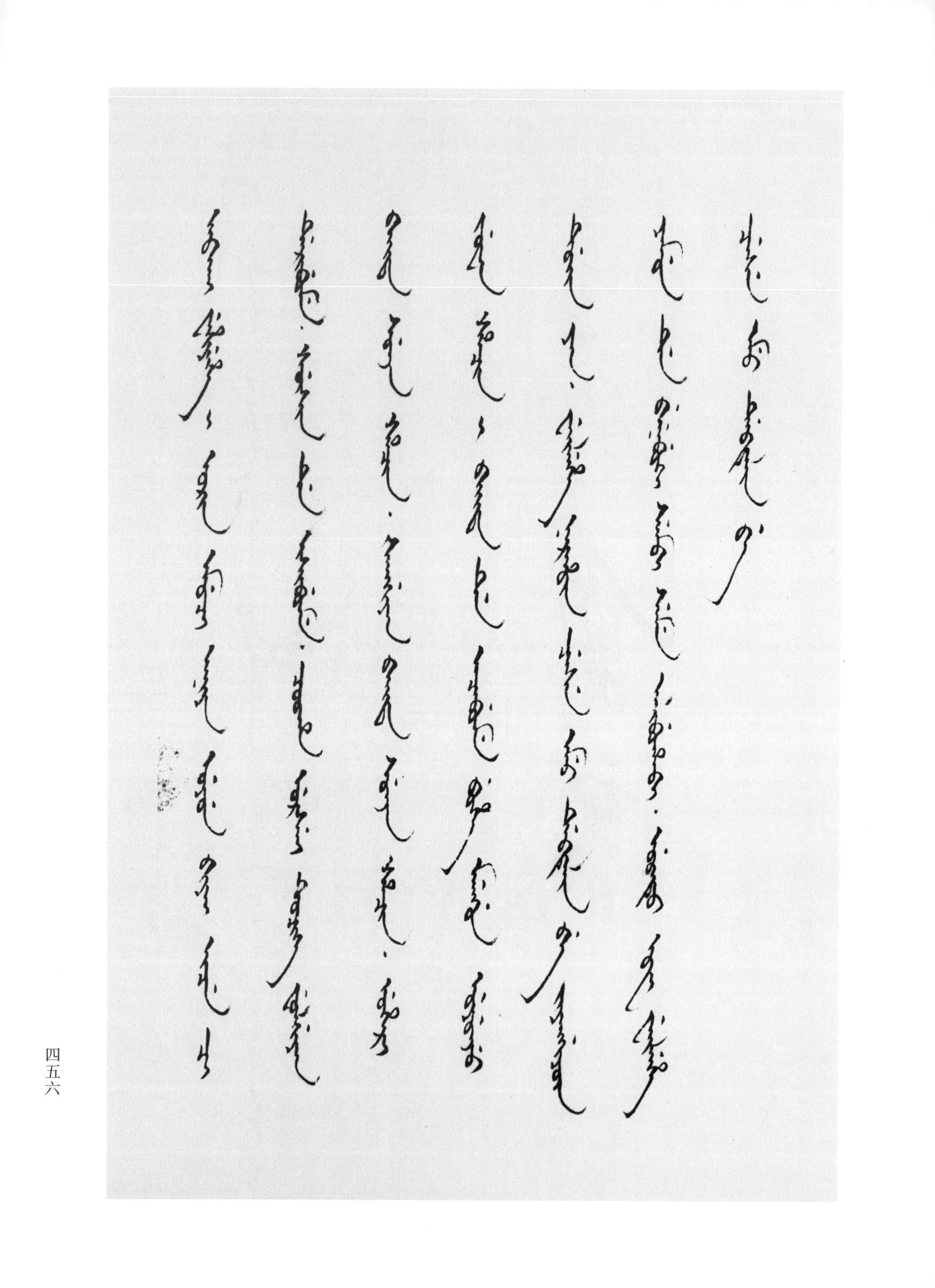

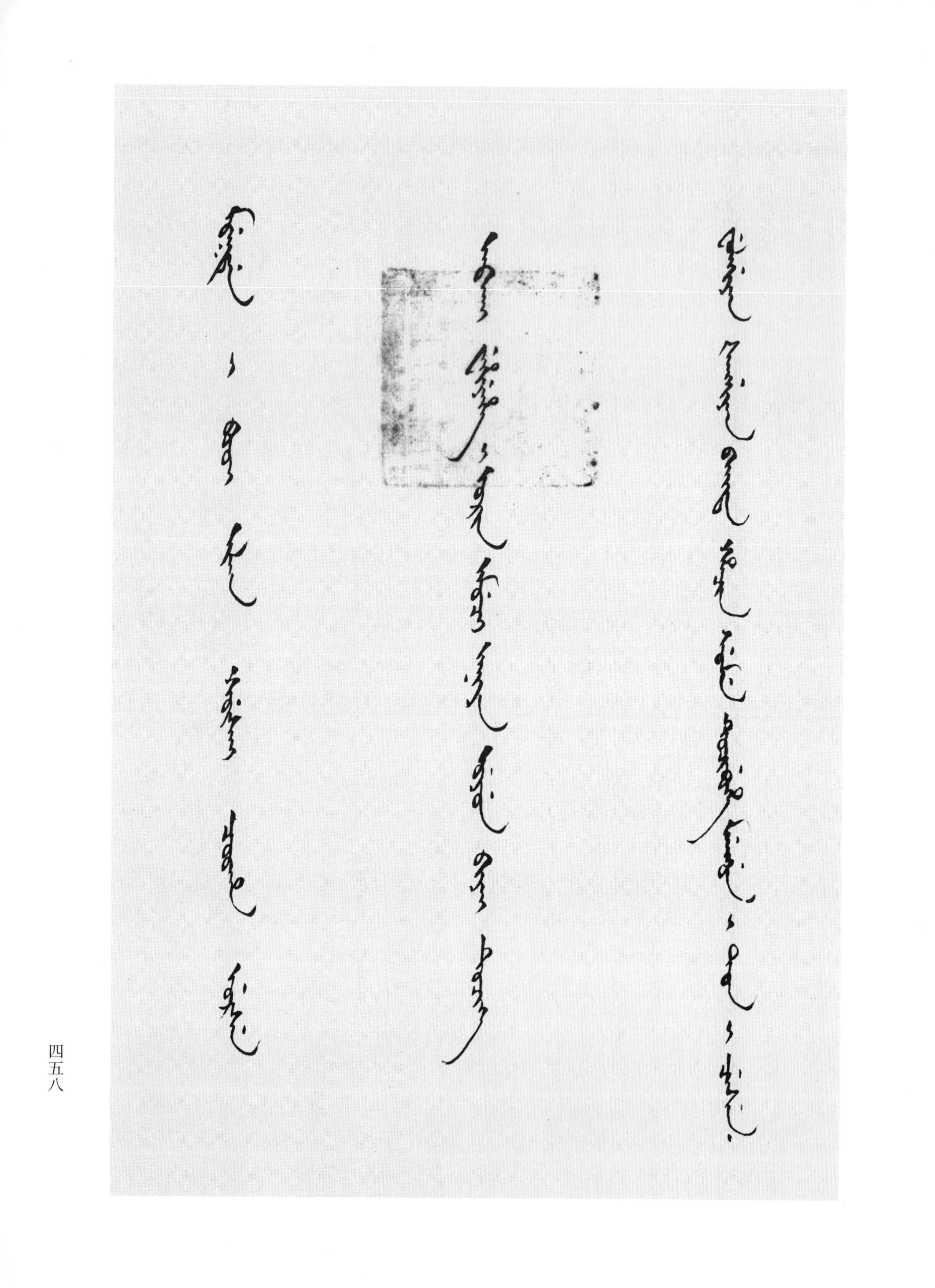

[illegible]

[illegible]

[illegible]

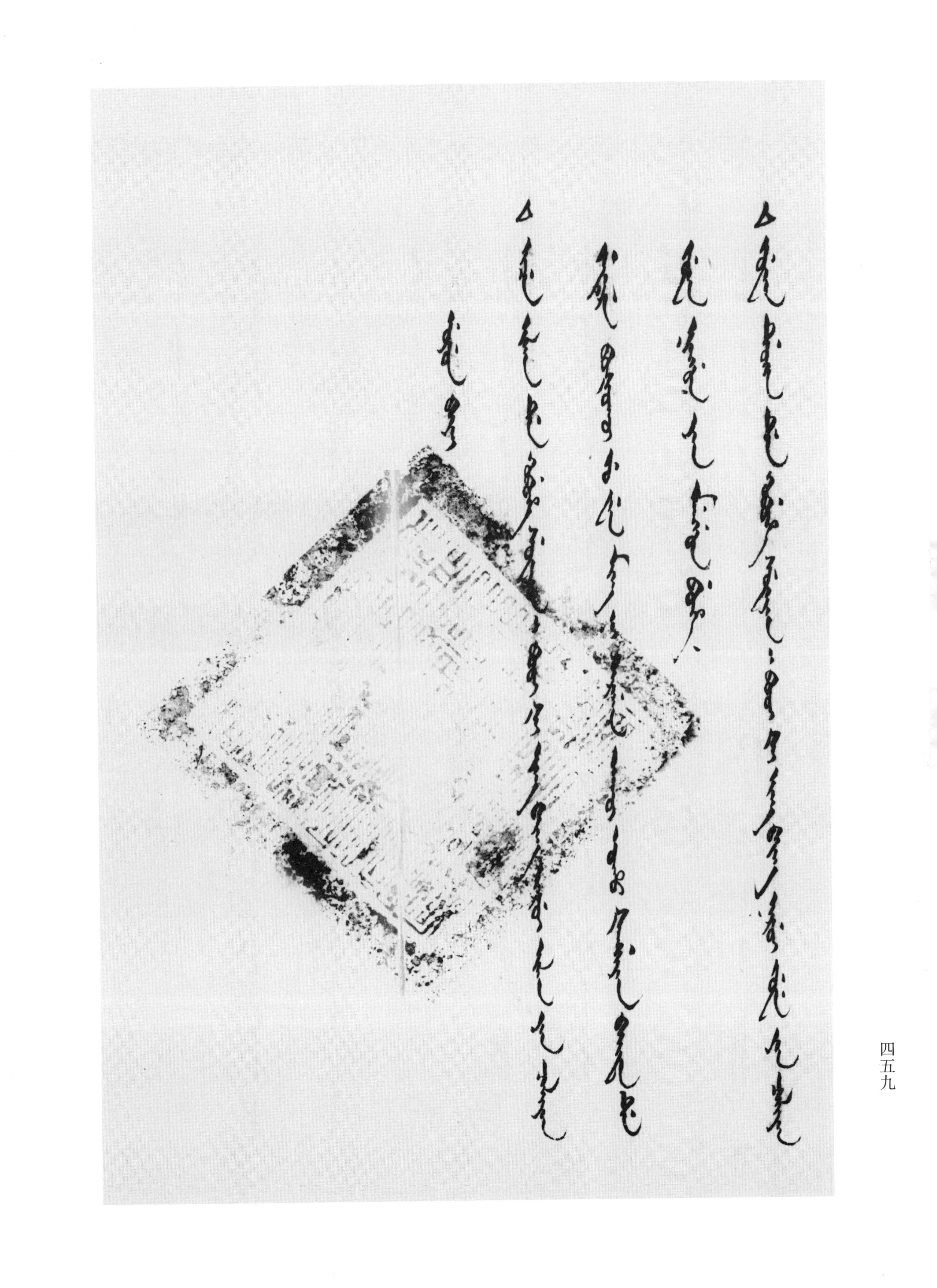

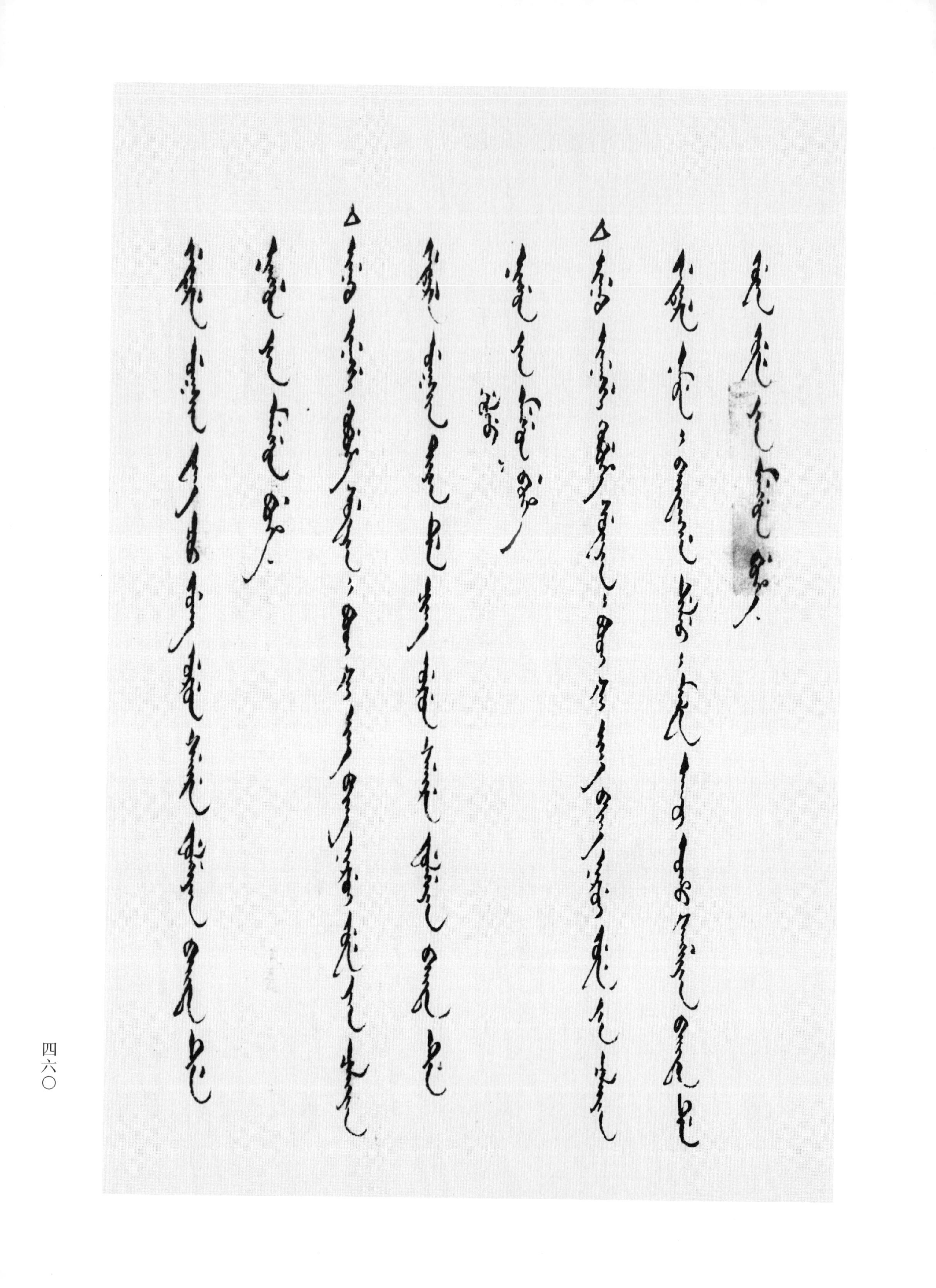

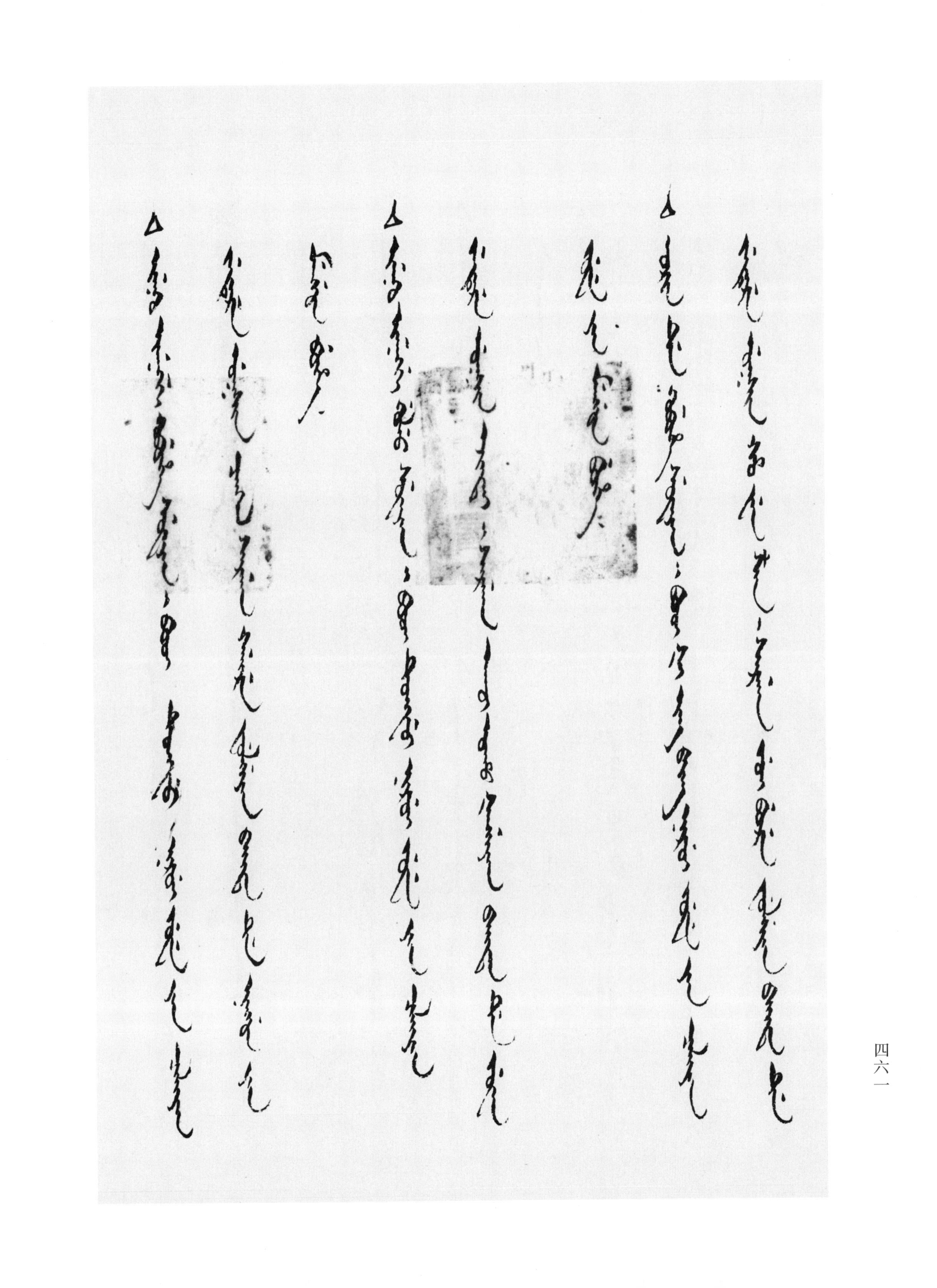

[illegible]

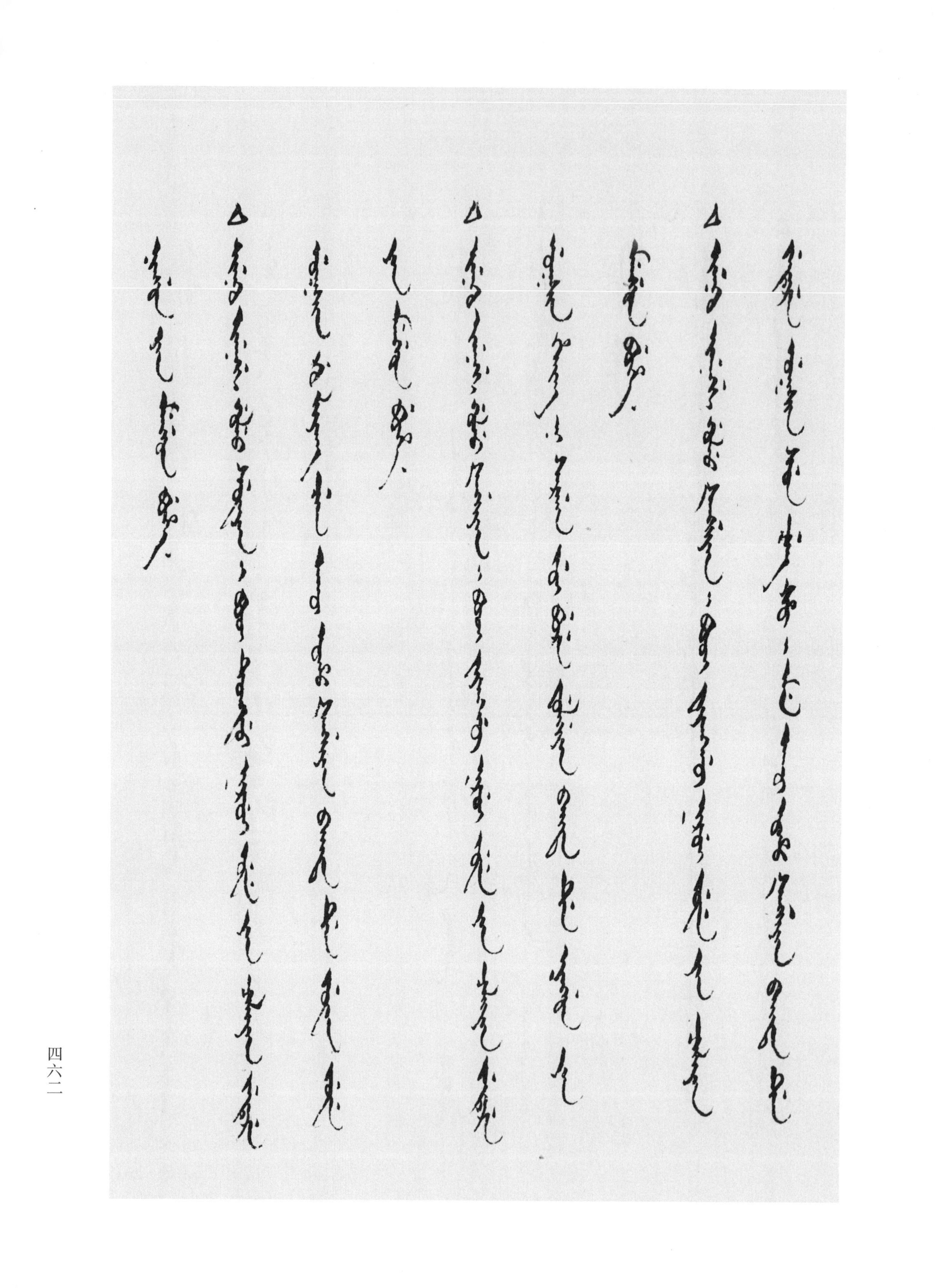

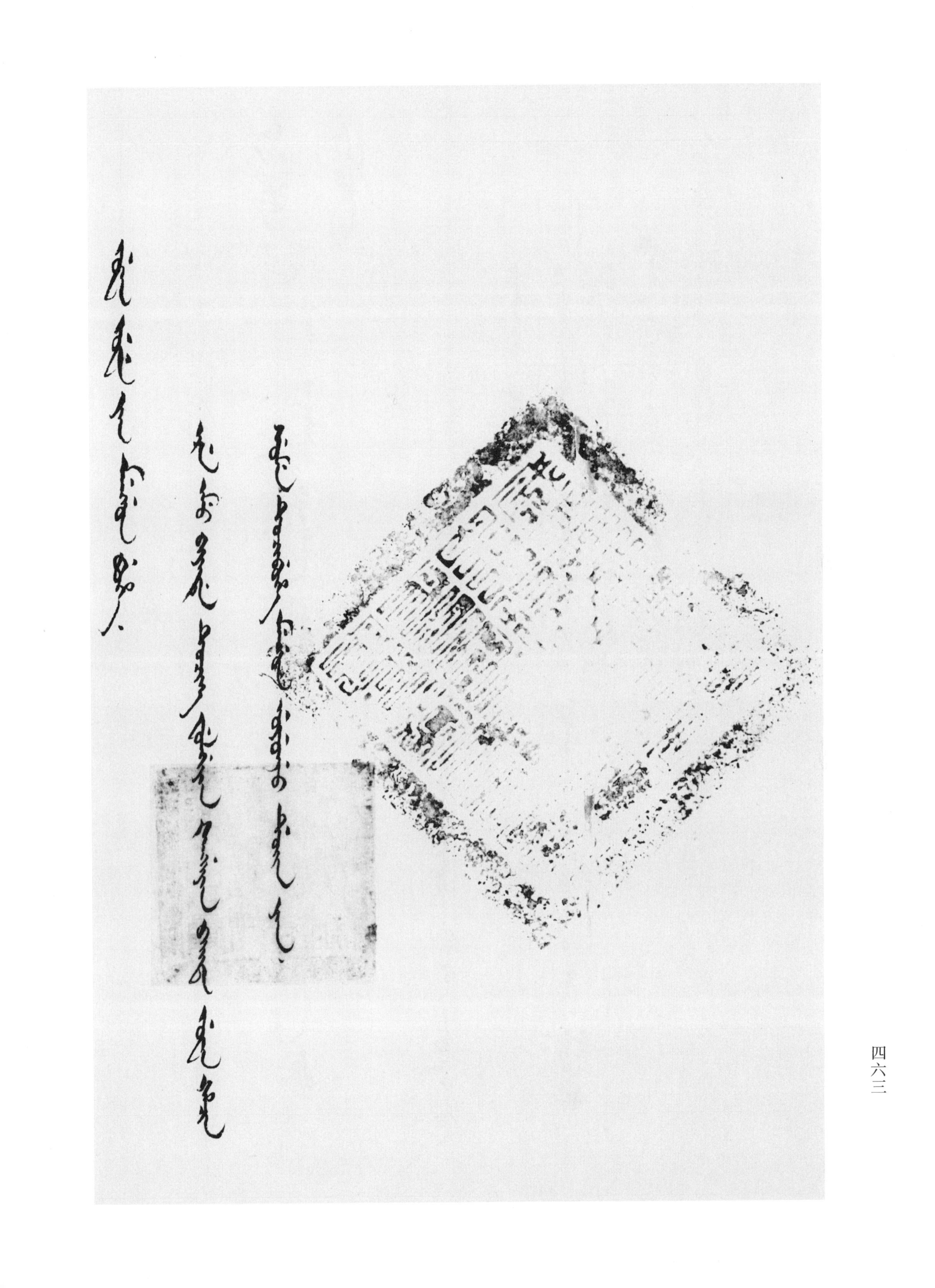

[illegible]

[illegible]

[illegible]

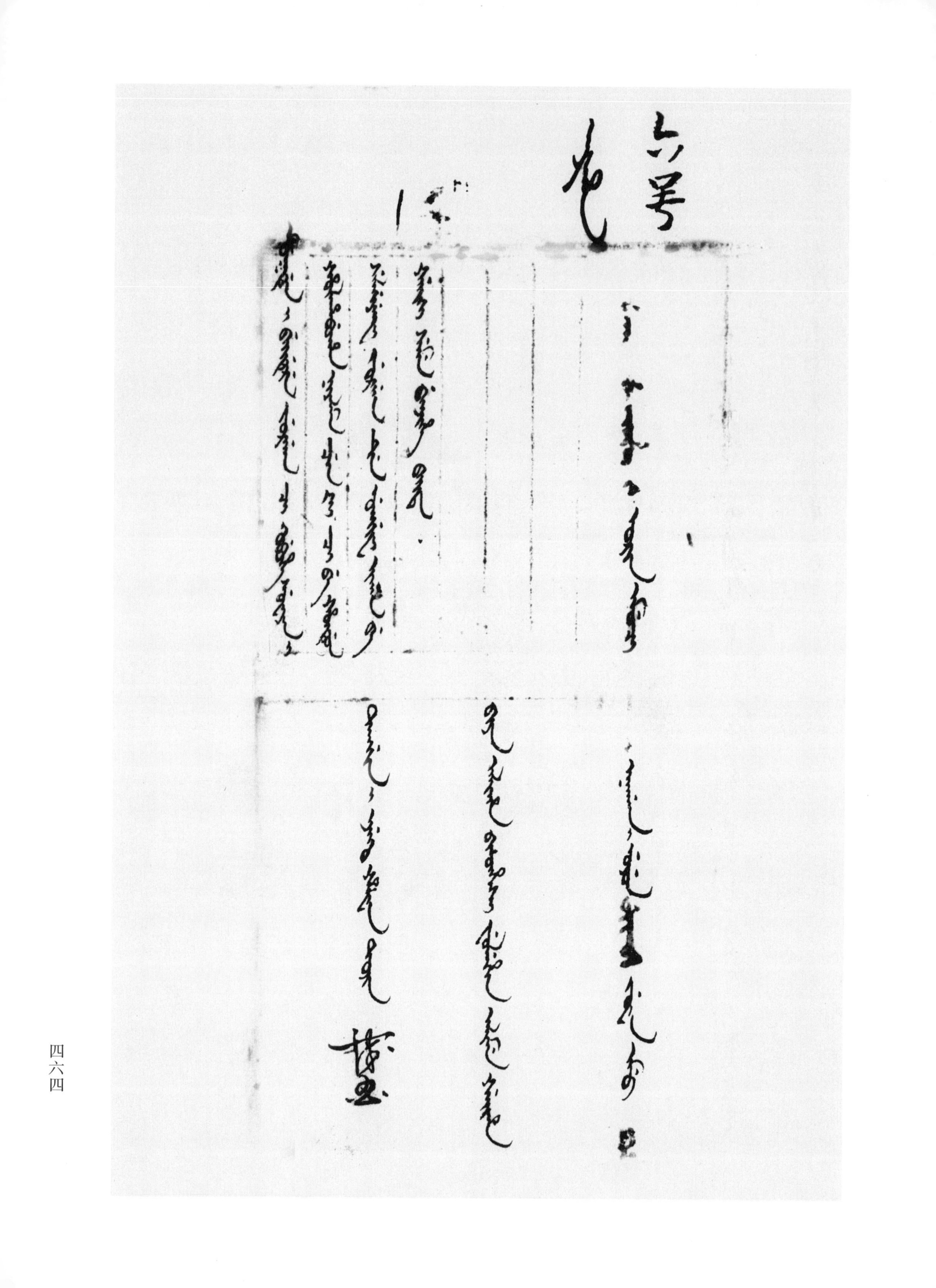

六號

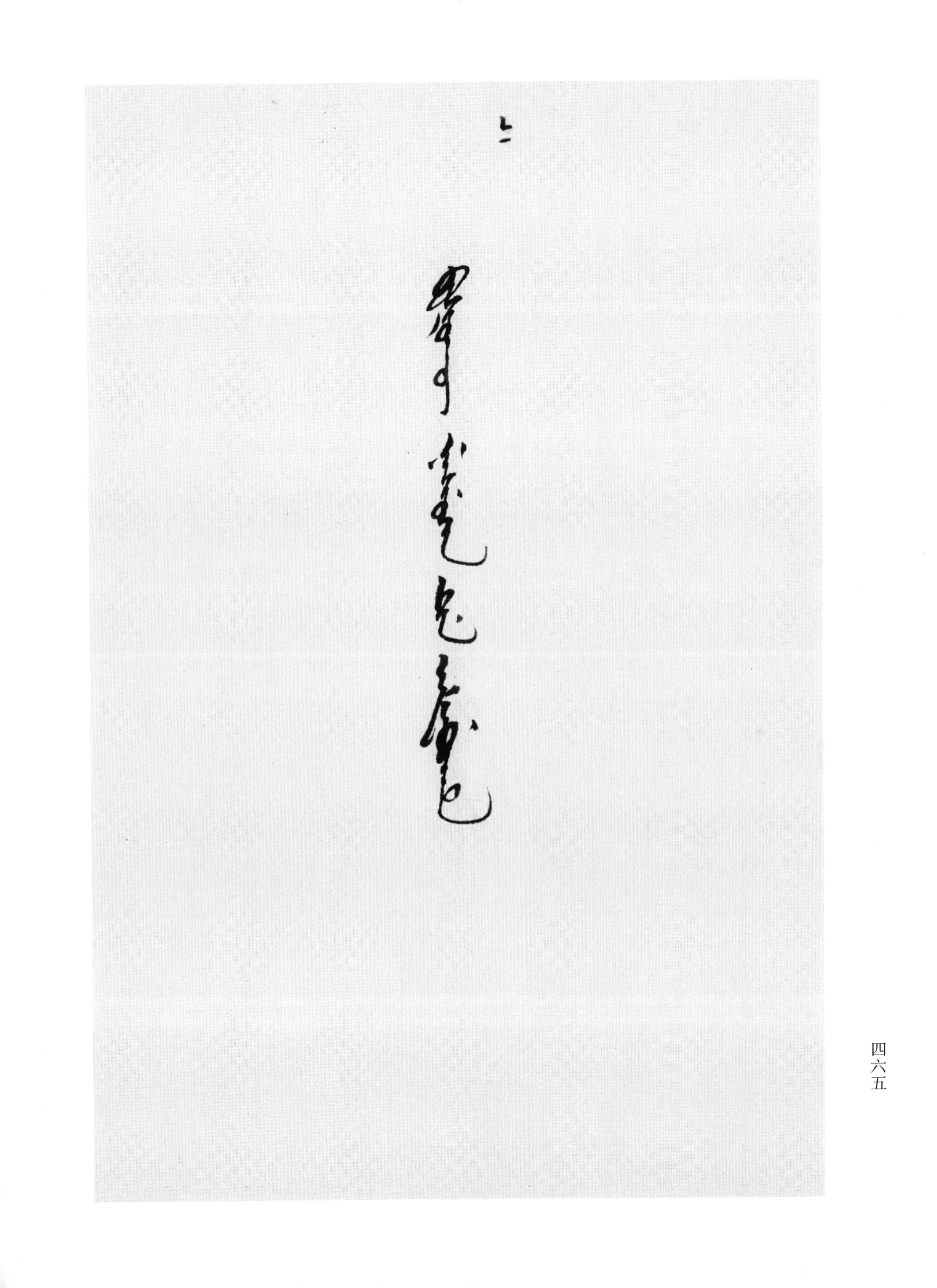

上

[illegible]

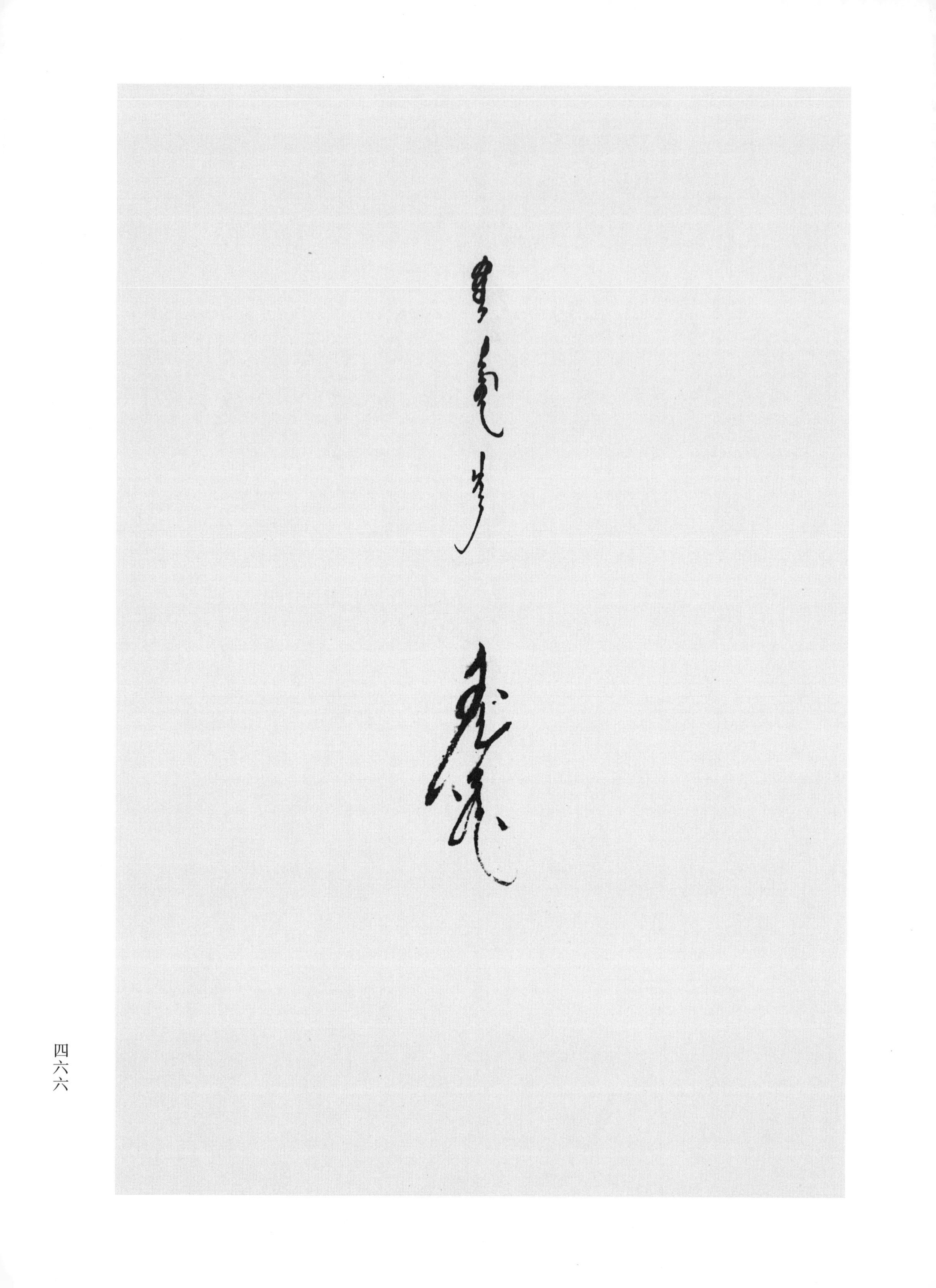

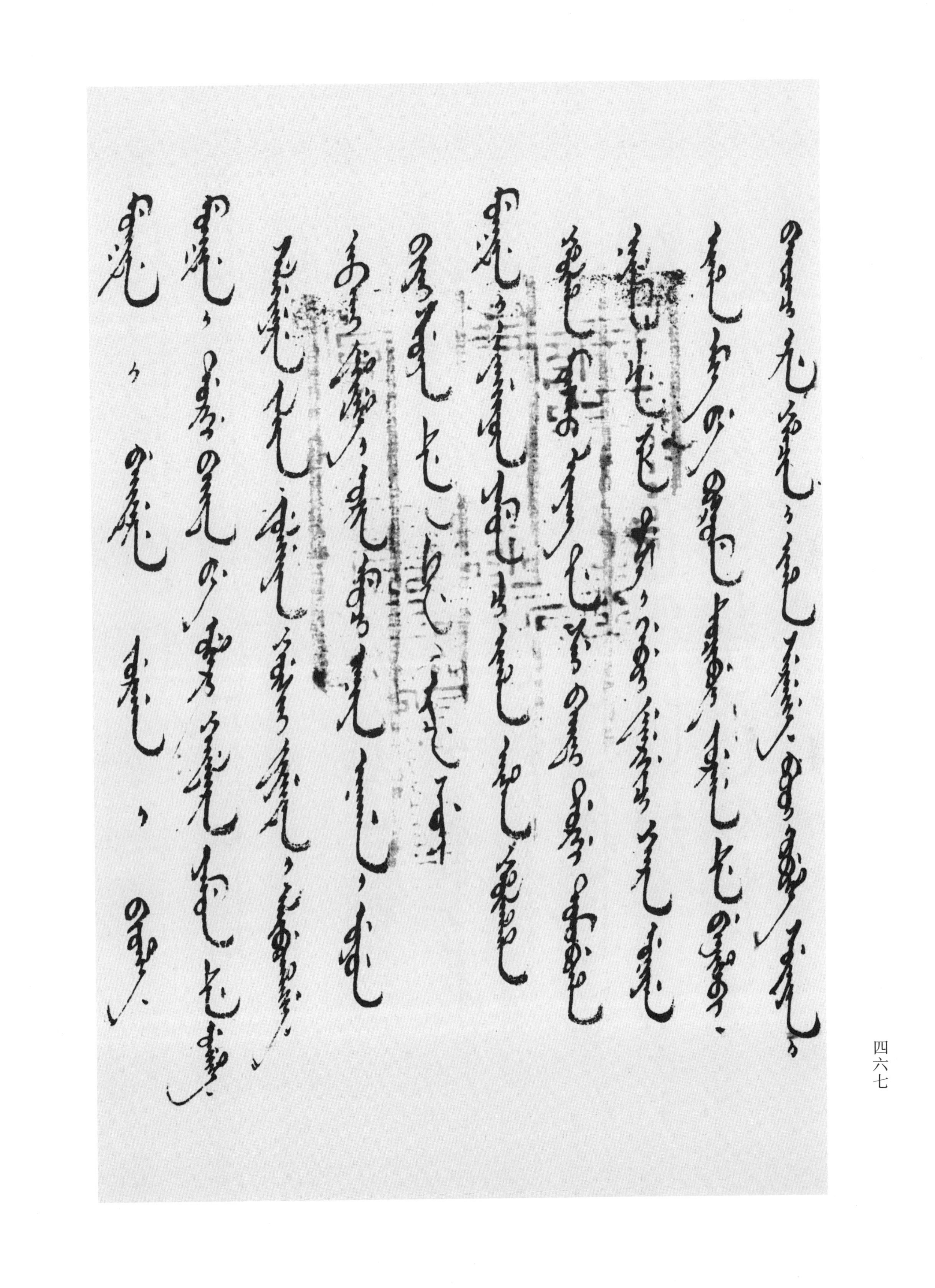

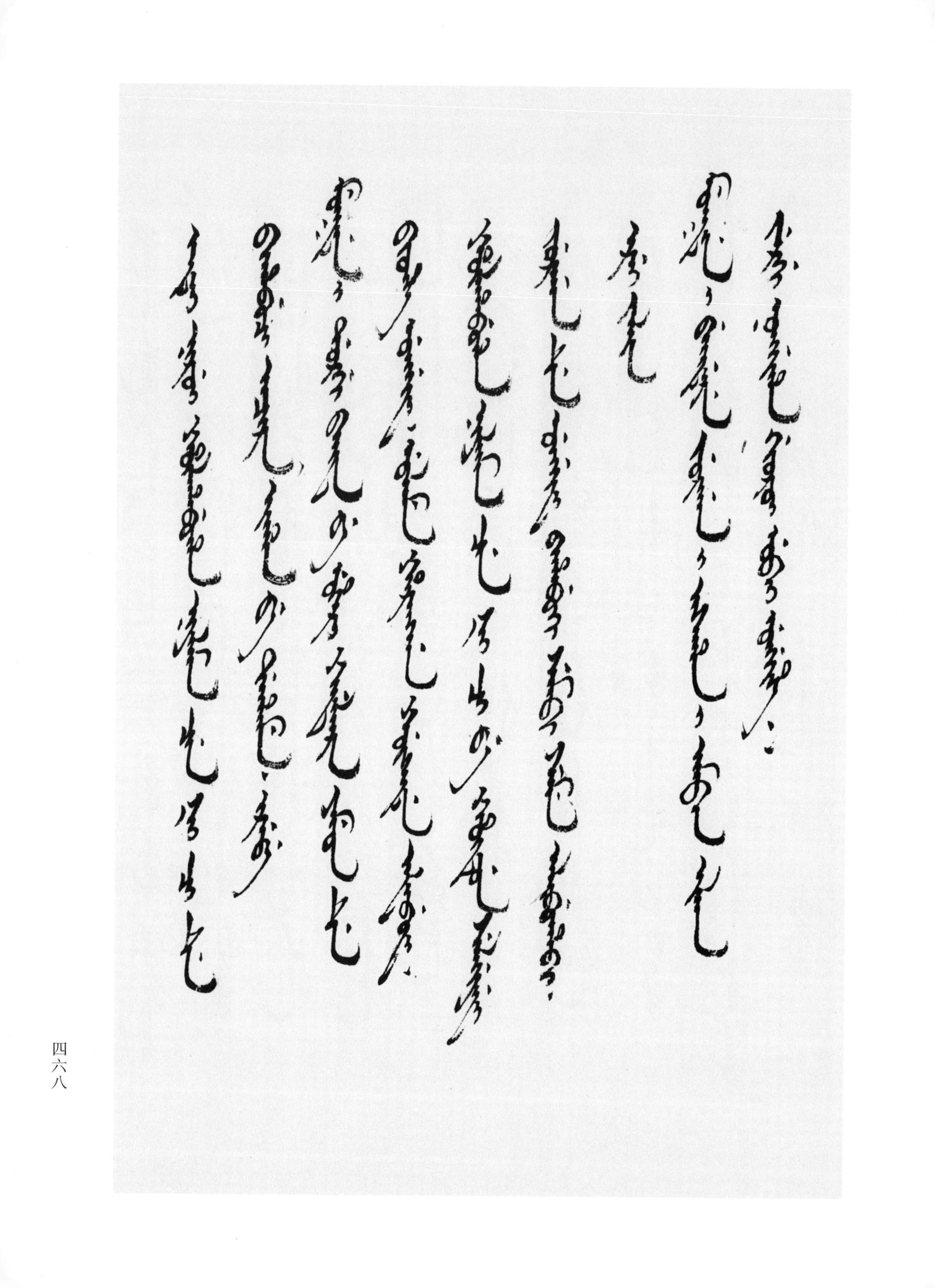

ᠵᡠᠸᠠᠨ ᠵᡠᠸᡝ ᡳᠨᡝᠩᡤᡳ

ᠵᡠᠸᠠᠨ ᡳᠯᠠᠨ ᡳᠨᡝᠩᡤᡳ

ᠵᡠᠸᠠᠨ ᡩᡠᡳᠨ ᡳᠨᡝᠩᡤᡳ

十二日

十三日

十四日

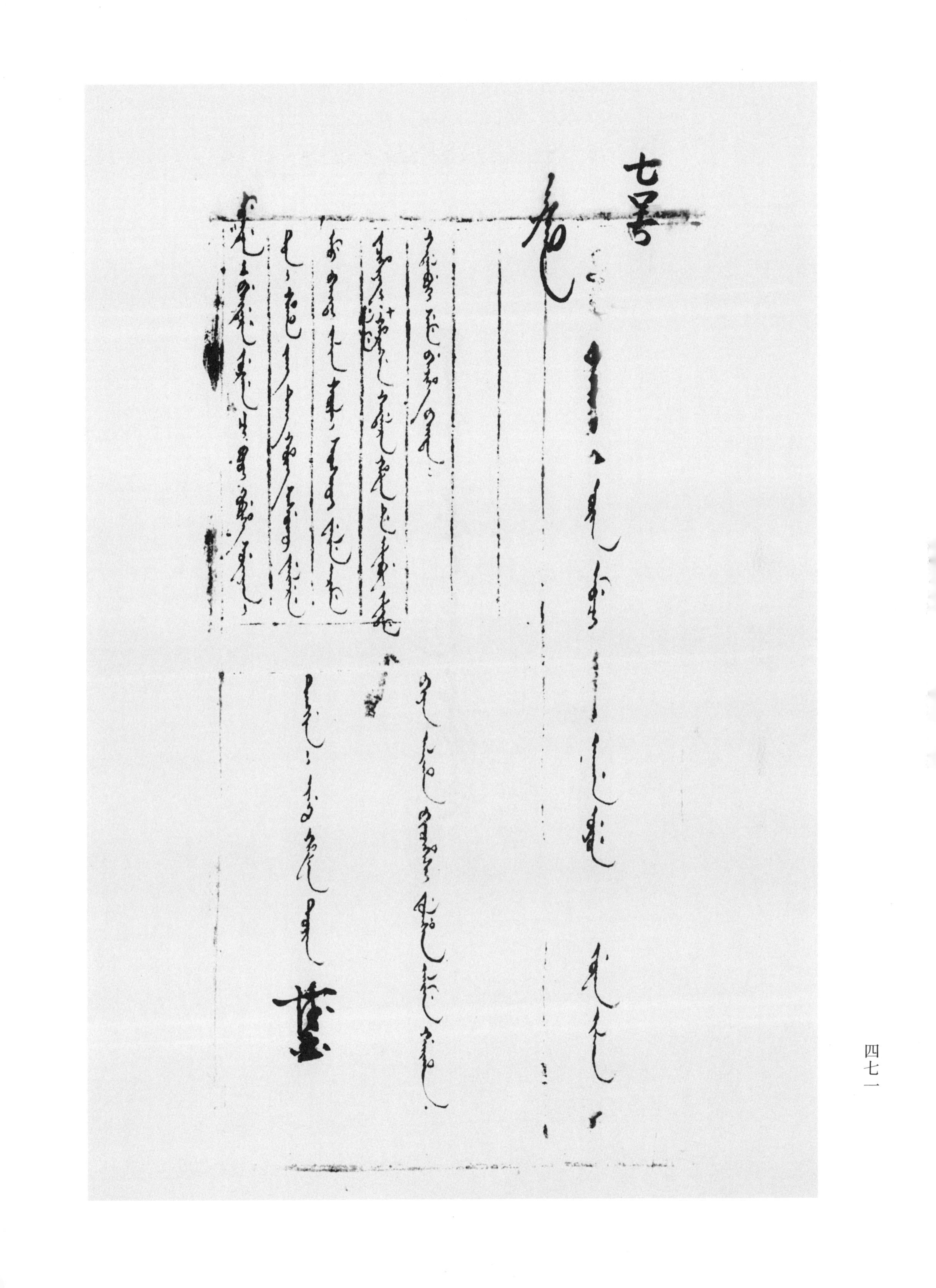

七号

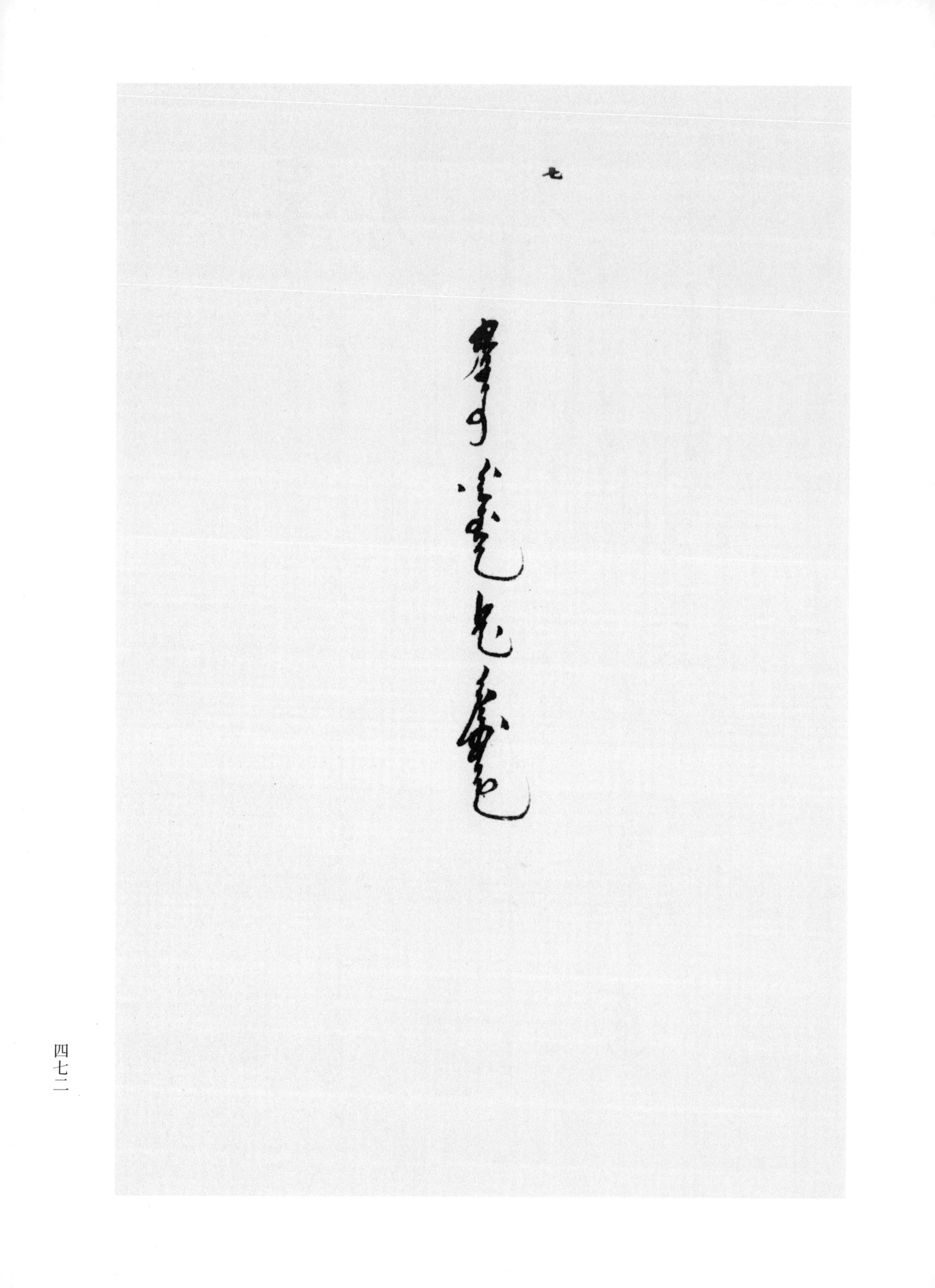

七

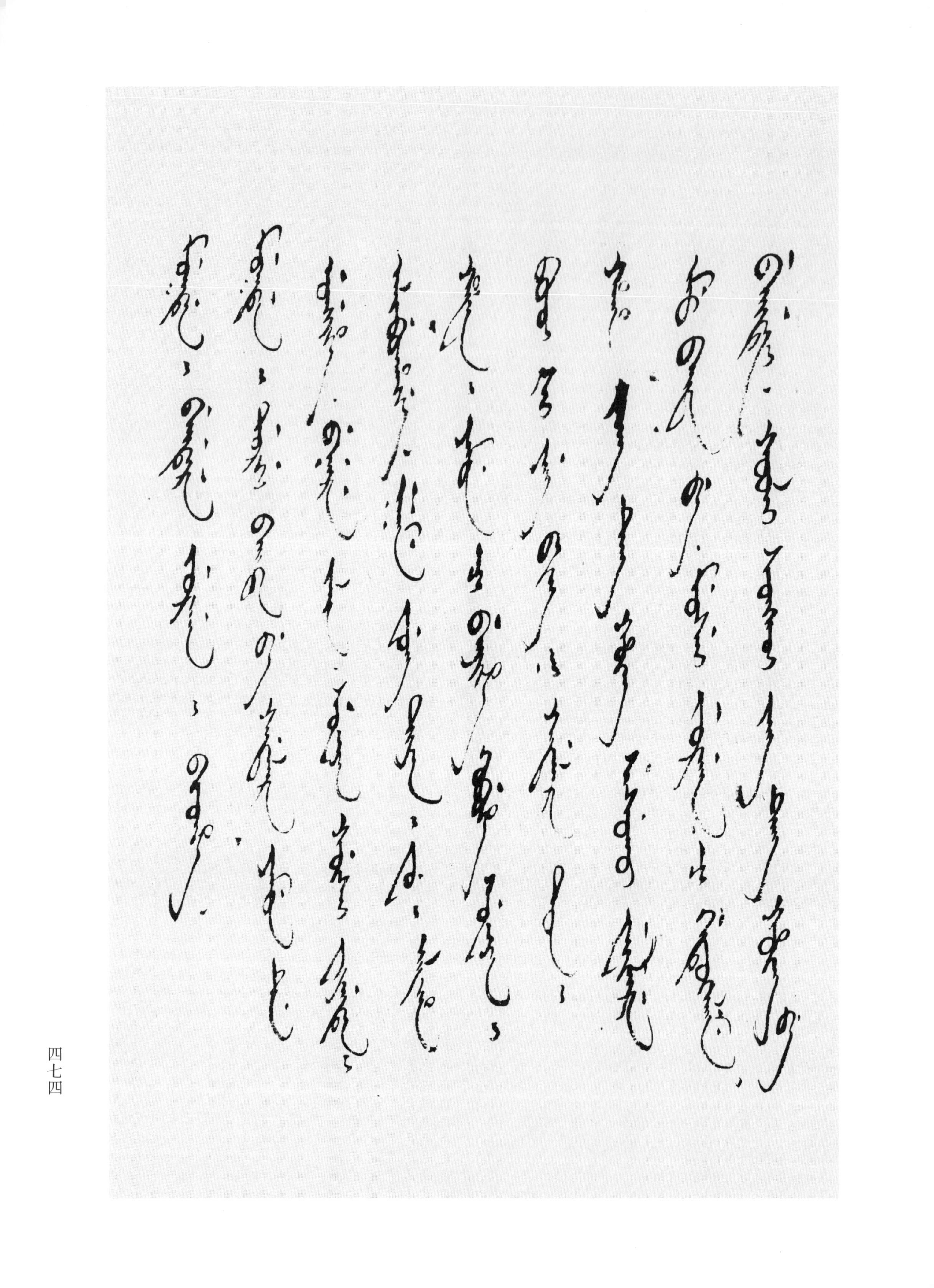

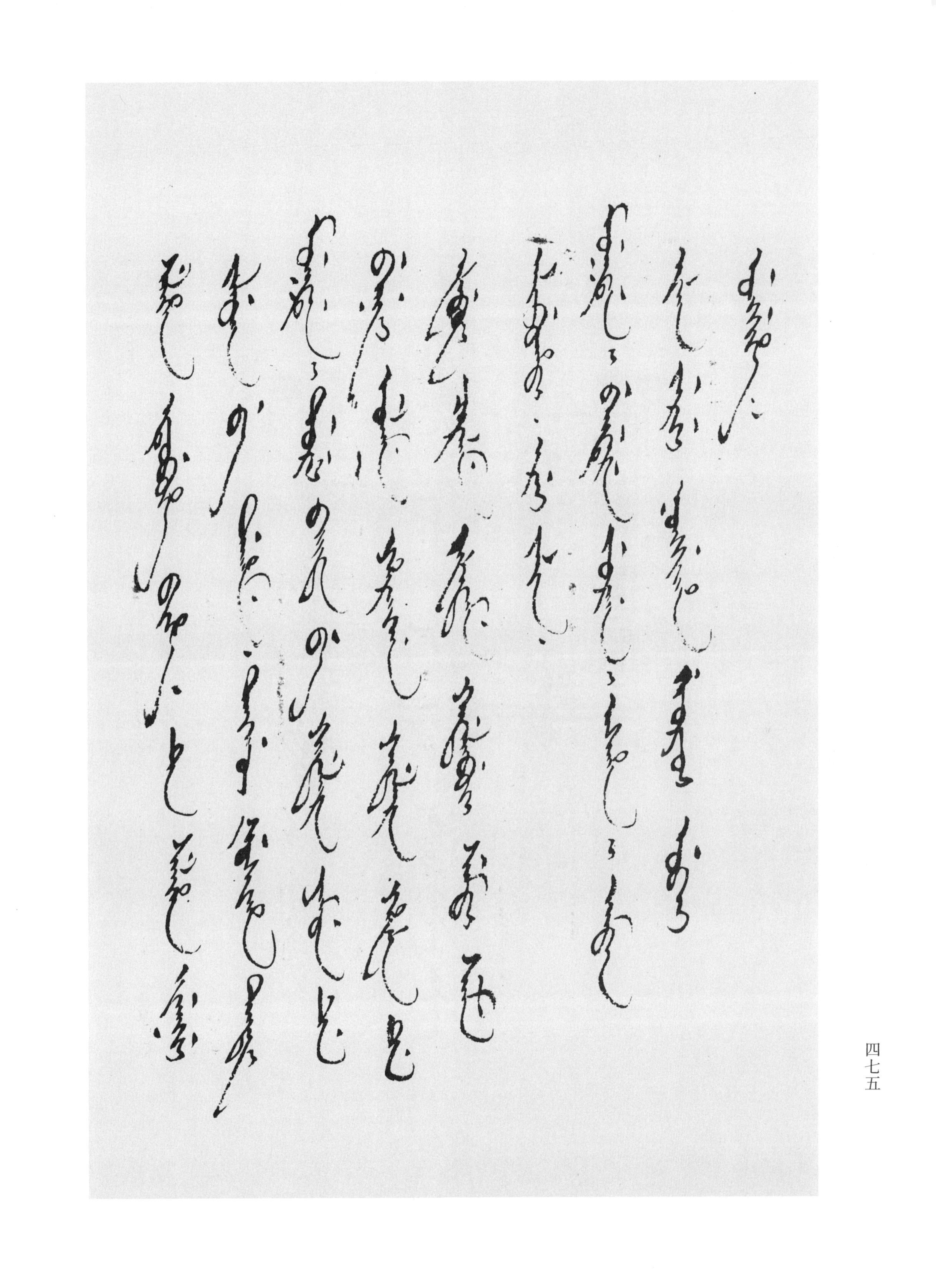

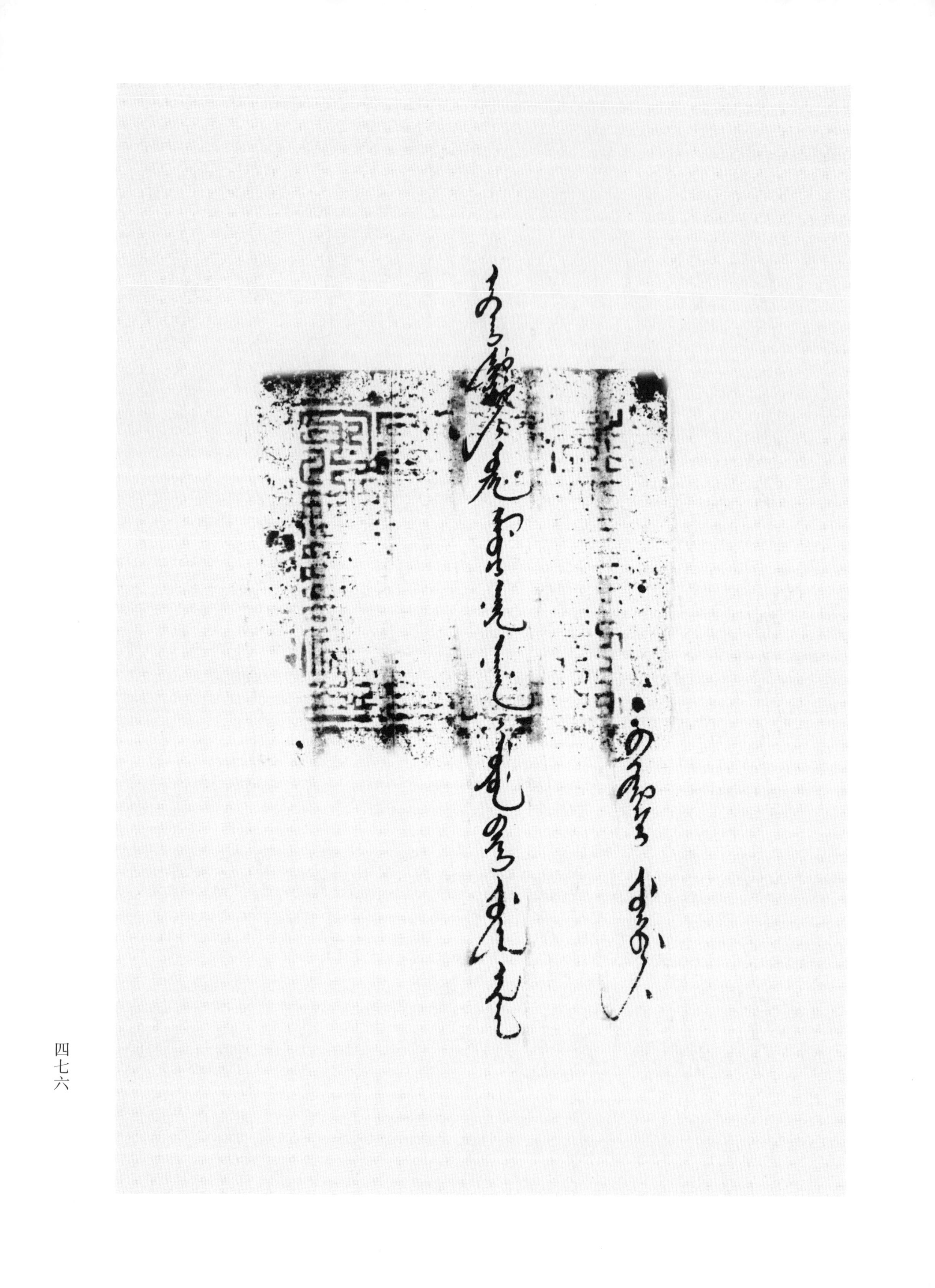

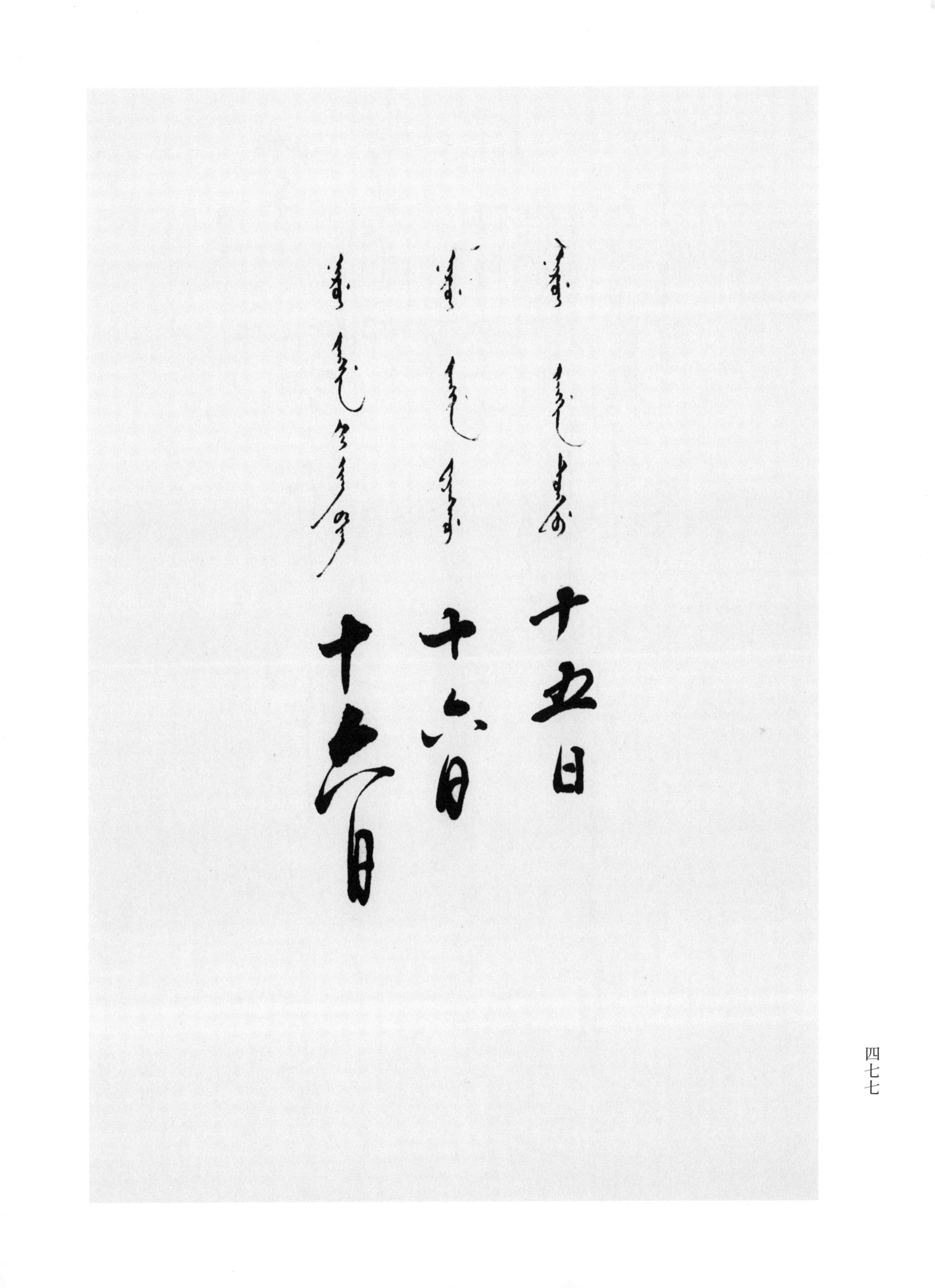

十五日

十六日

十七日

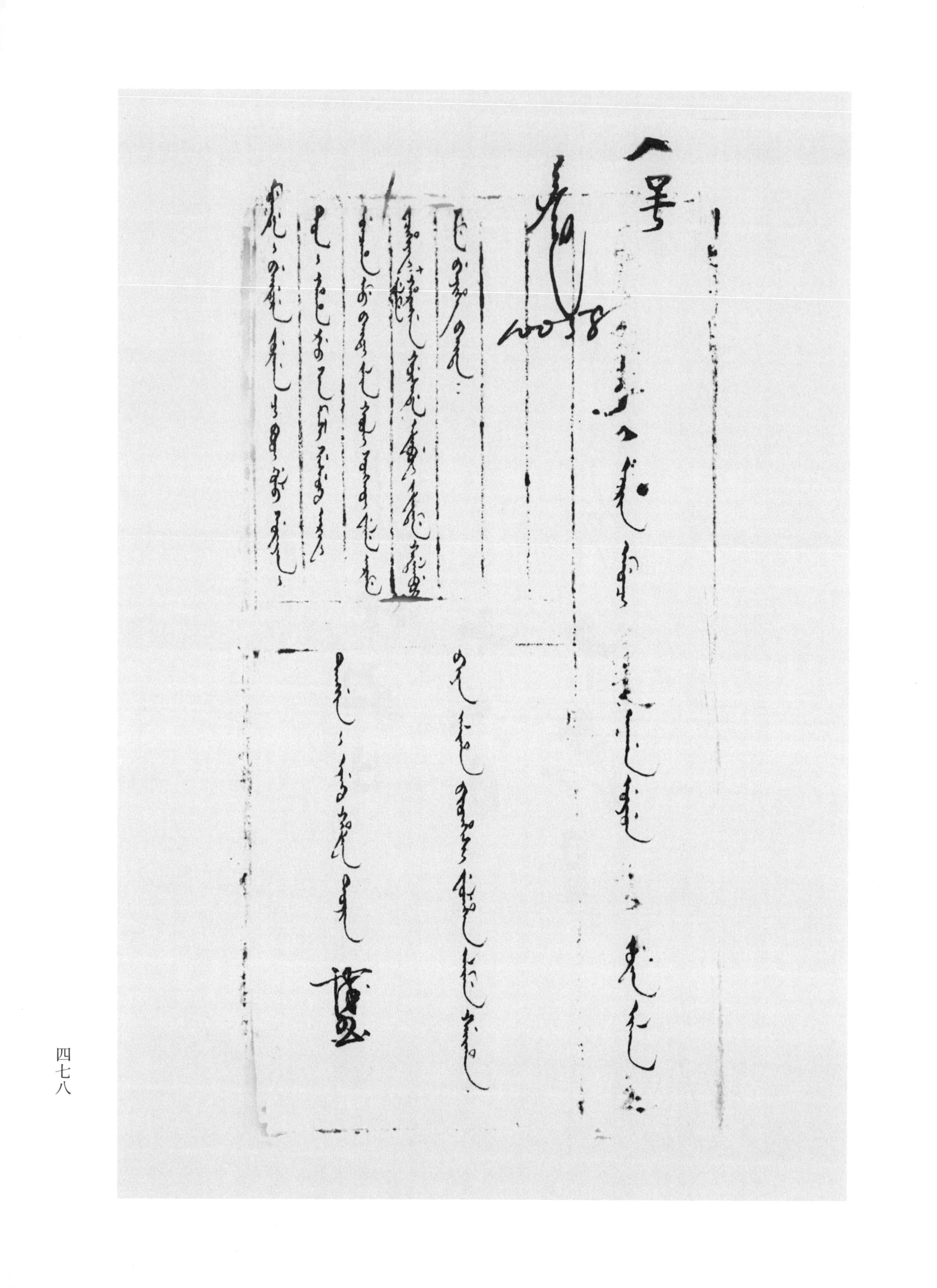

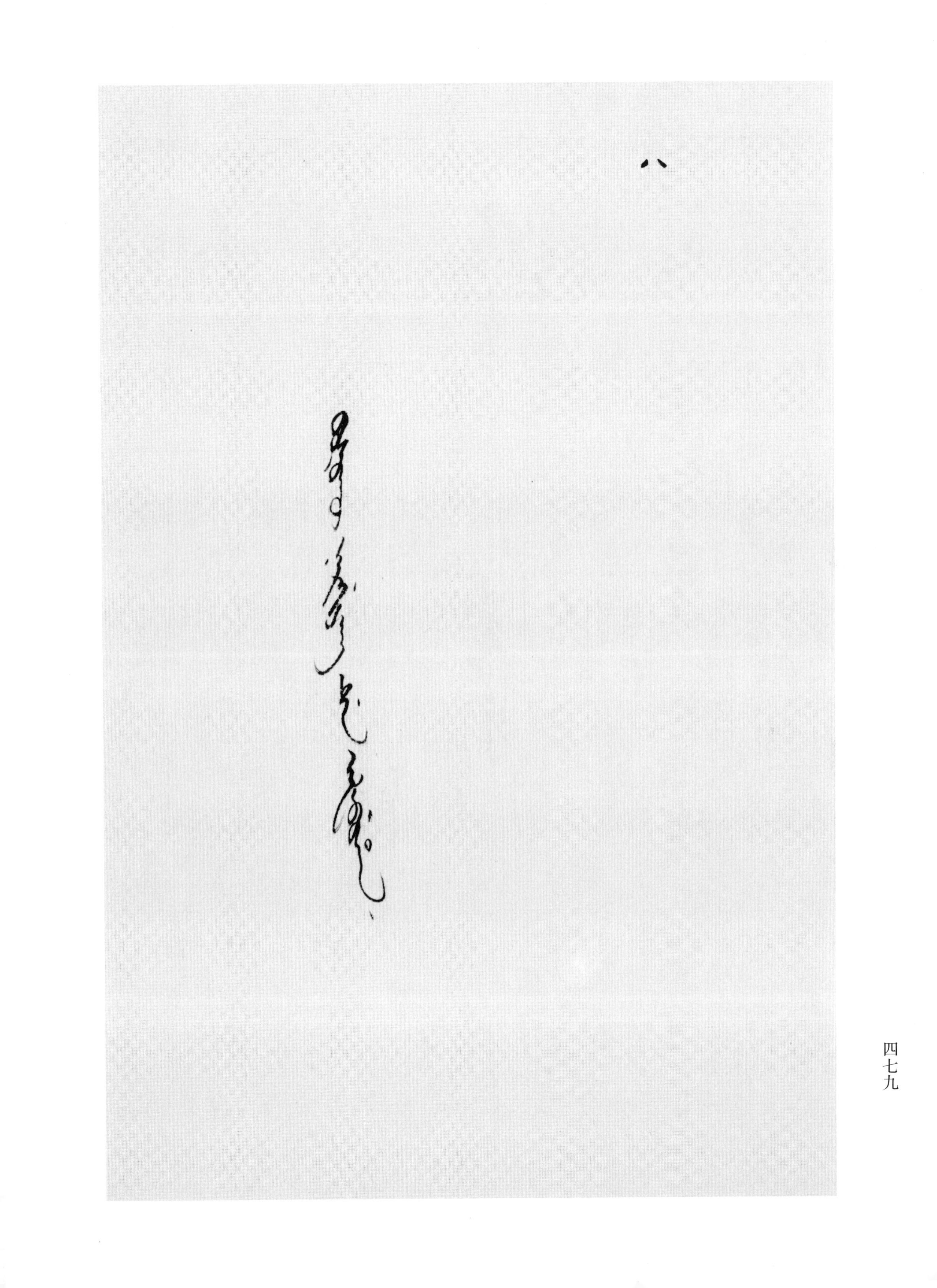

八

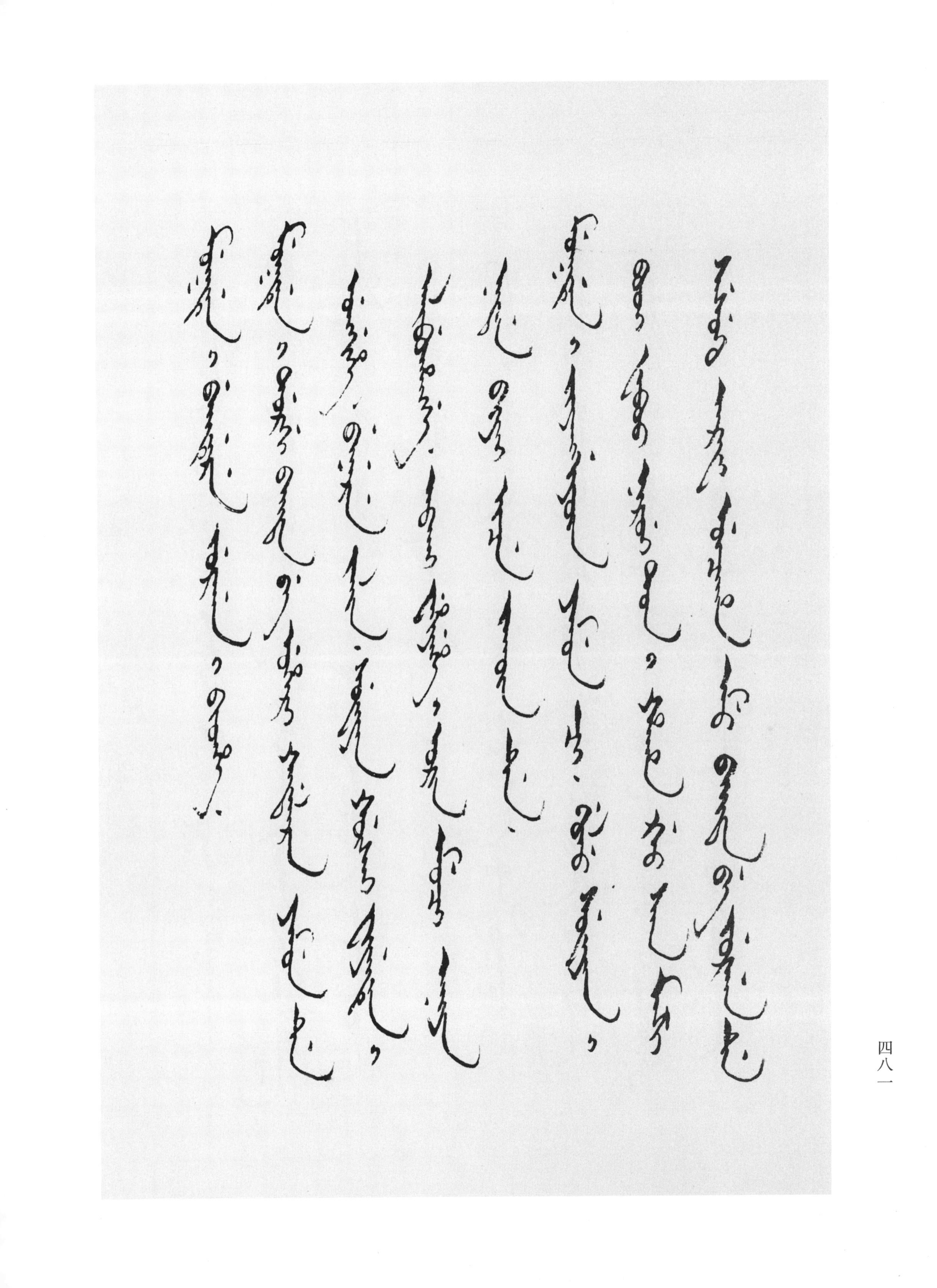

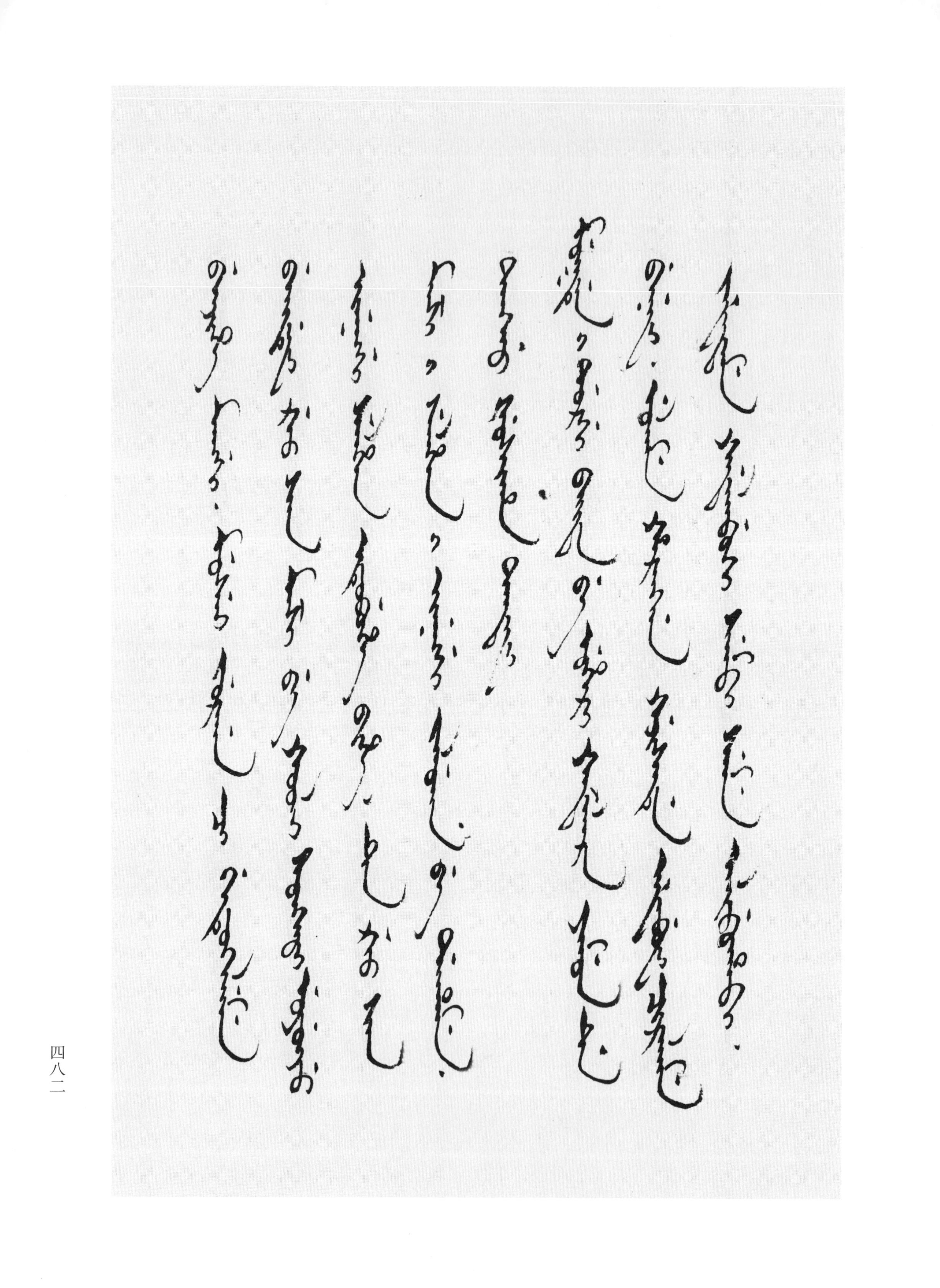

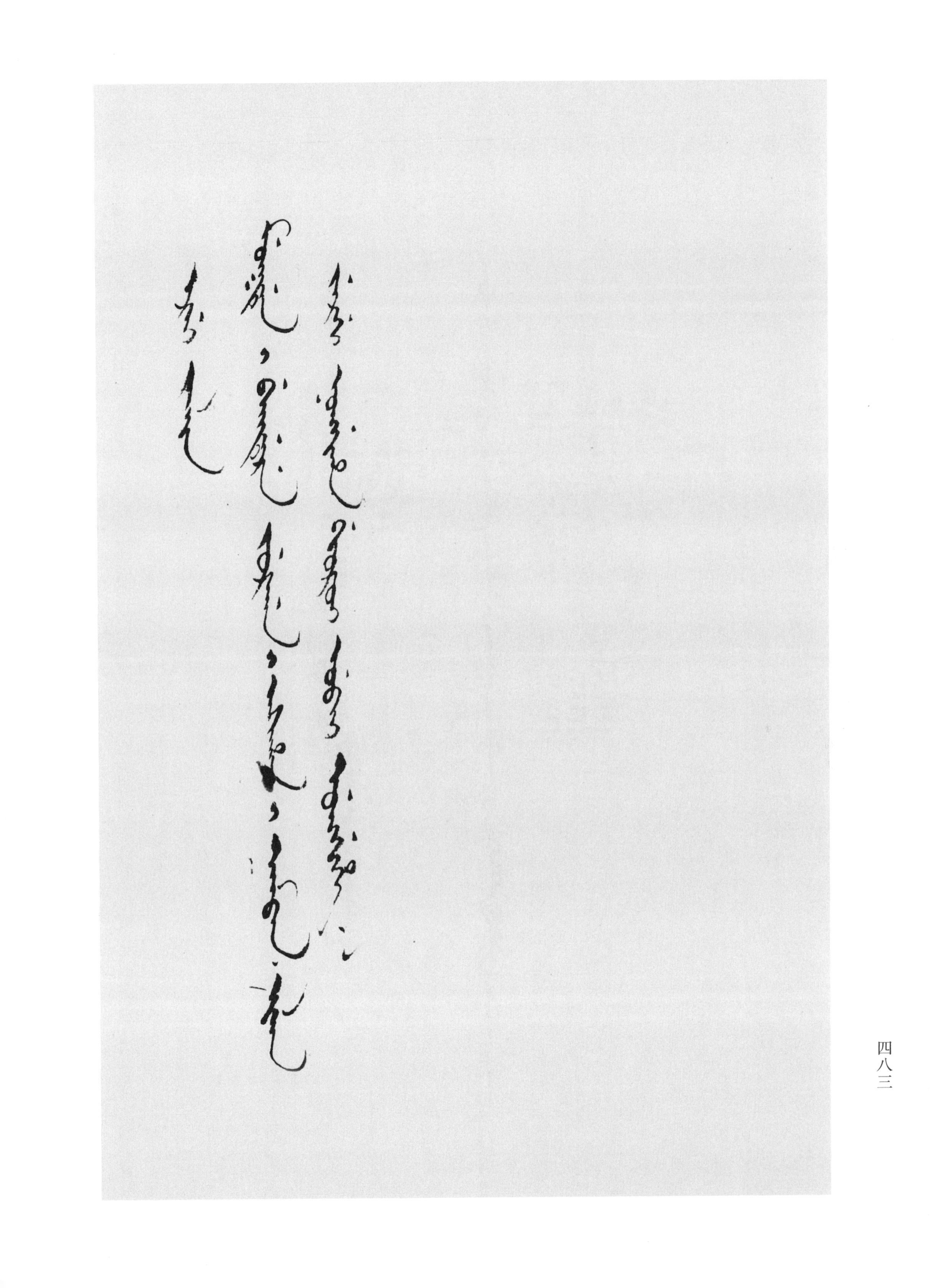

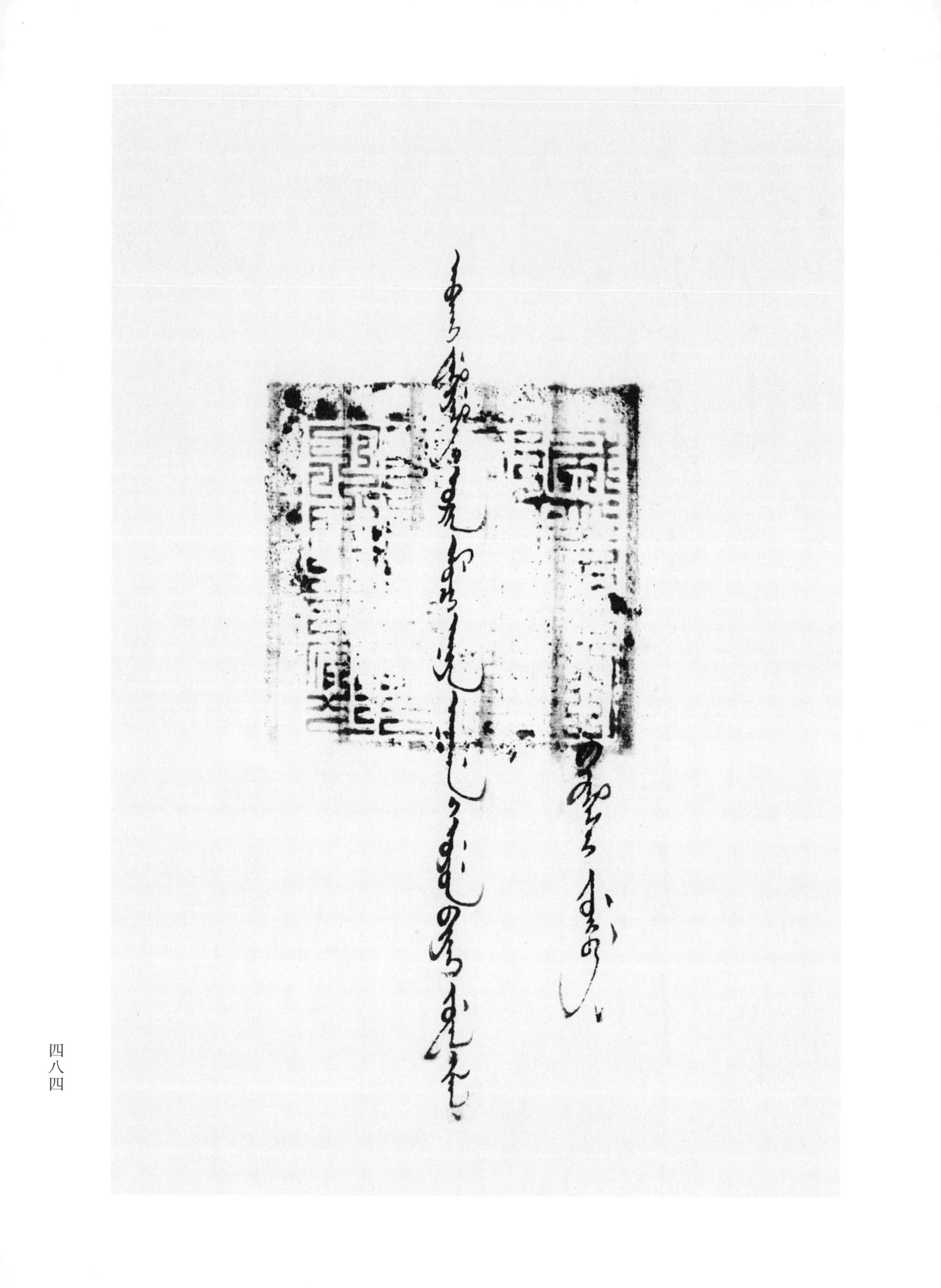

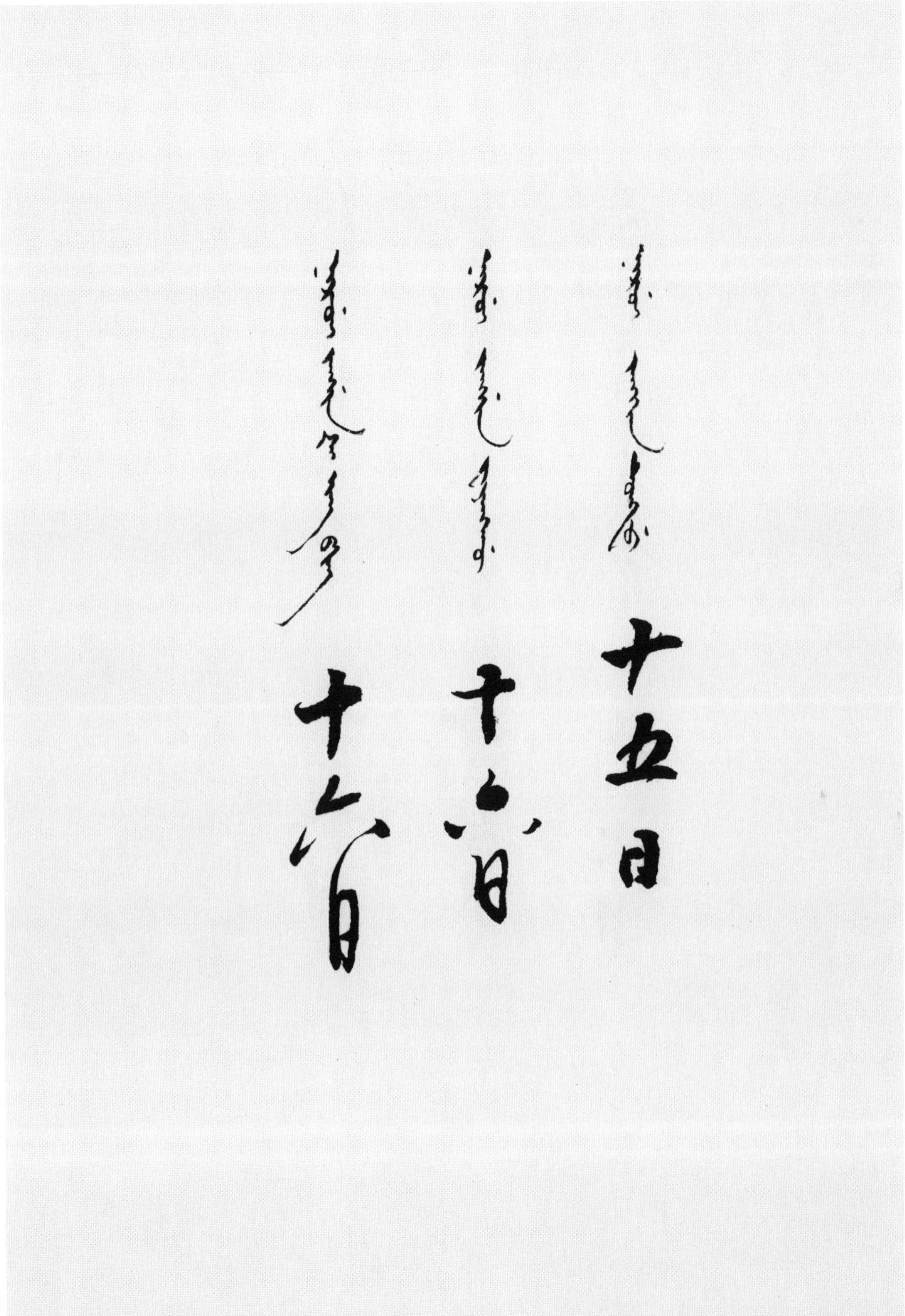
十五日
十六日
十七日

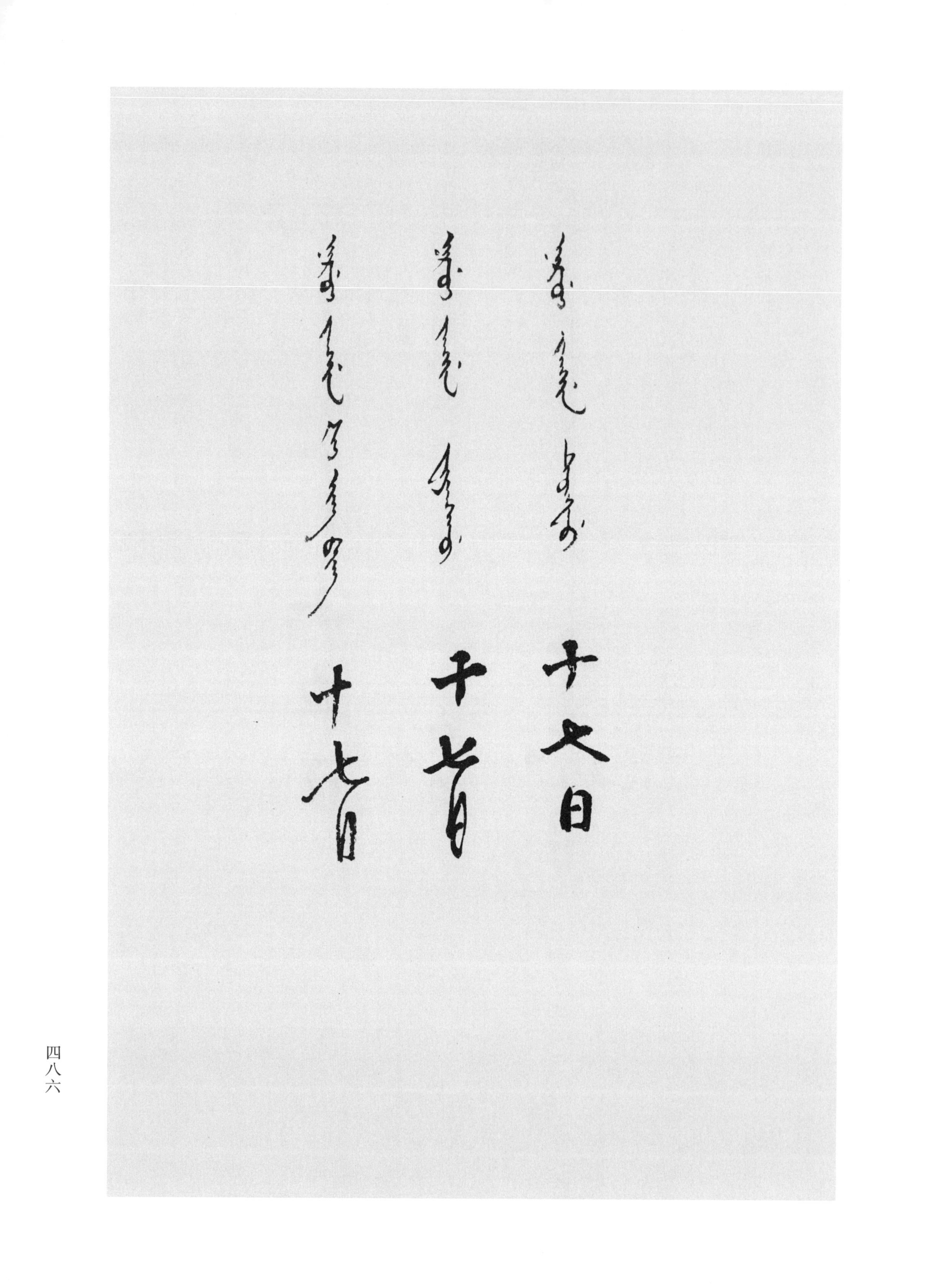

十六日

十七日

廿七日

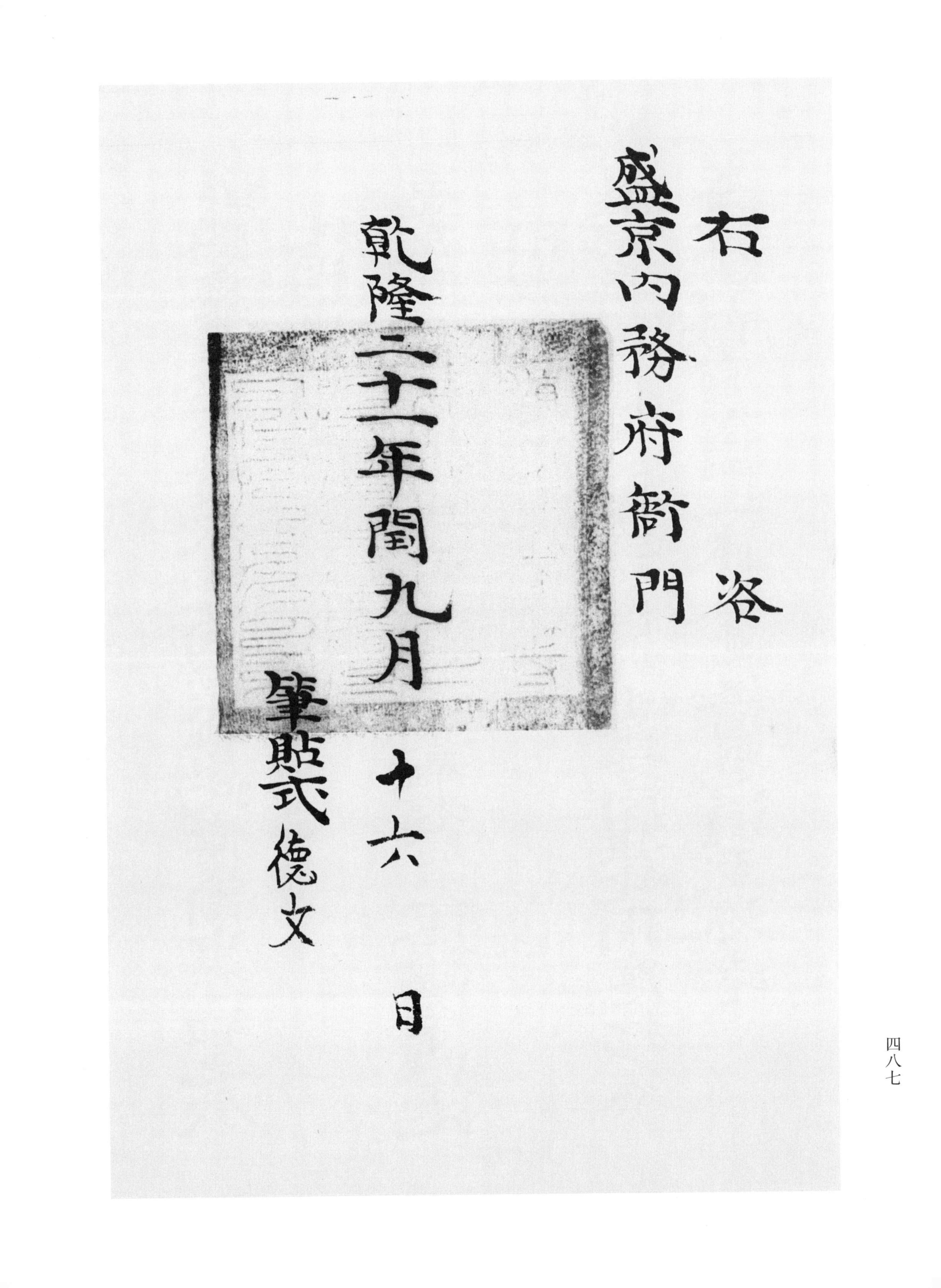

右　　　　　　咨

盛京内務府衙門

乾隆二十二年閏九月　　十六　　日

筆貼式德文

彰國憲薩拉爾着永遠拘禁將此傳諭中外知之欽

此相應行文

盛京刑部轉行船廠等處各將軍並奉天府尹一体欽遵等因准此

相應移咨

盛京將軍衙門一体欽遵可也等因准此相應移咨

盛京内務府衙門一体欽遵可也須至咨者

安靈櫬已到朕親臨奠優予卹典靈櫬俱令進城
即着汪扎尔帯同薩拉尔前往班第鄂容安柩前將逆
党阿巴噶斯克什木先行馘耳奠令薩拉尔在旁看
視夫人孰死使薩拉尔能如二臣之引就决義則今日
哀榮之典自當一体同受乃顛越至此使伊稍有人心能無
愧乎阿巴噶斯等俟阿睦尔撒納拿獲到日一併正法以

力不能支是以帶兵逃出以圖再舉等語
朕因其情節尚有應需質對之處將伊暫行監禁本
巴寧阿栢琨等到京質訊之下情節相符併供出脫逃
時將朕所賜花翎拔去是其偷生負國已屬顯然在滿
漢世受國恩之臣而臨難苟免如此自當明正典刑伊本係
額魯特新附之人不足責以死綏大義今班第鄂容

盛京刑部咨開檔子房案呈乾隆二十一年九月十三日

准刑部咨開爲欽奉

上諭事奉天司案呈准陝西司傳抄乾隆二十一年七月二十一日奉

上諭班第鄂容安與薩拉爾同駐守伊犁當阿睦爾撒納叛亂之時班第鄂容安捐軀殉節而薩拉爾獨自脫逃及拿解來京朕親加審訊據稱彼時以賊衆四集恐

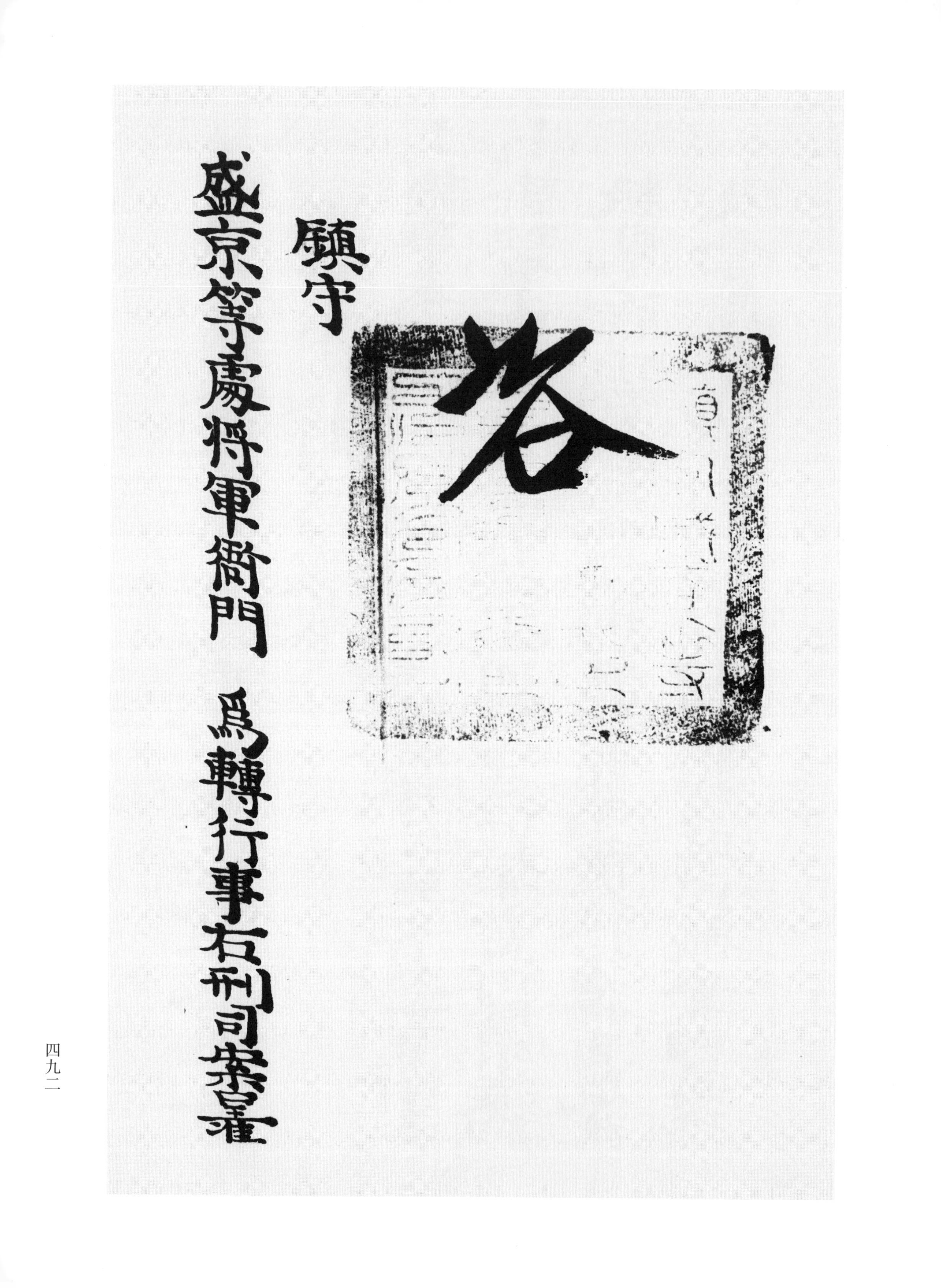

咨

鎮守

盛京等處將軍衙門　爲轉行事右刑司案呈

内務府大臣清

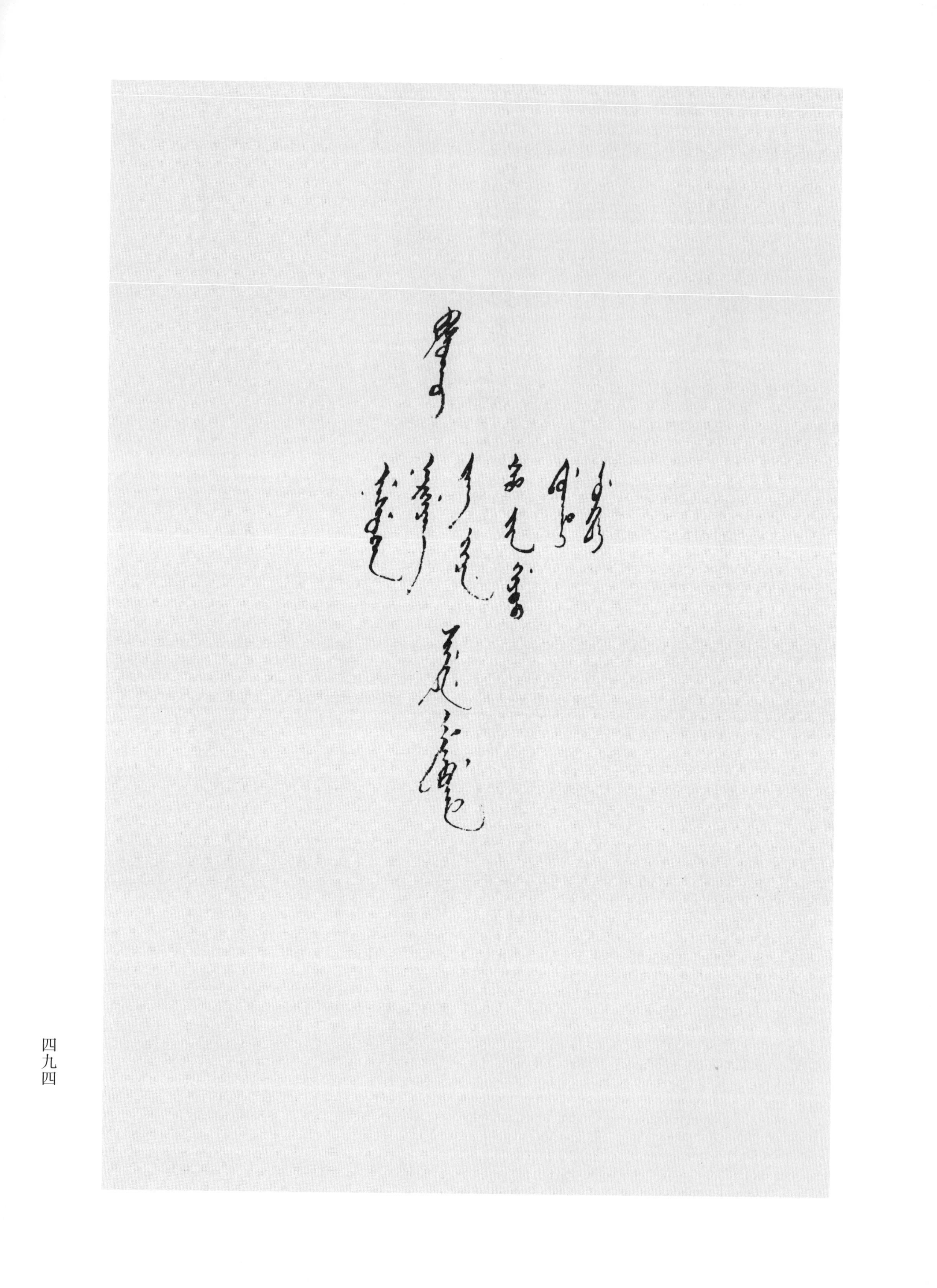

盛京將軍衙門文開爲薩拉尔
獨自脱逃今拿解來京質訊
之下情節相符將薩拉尔着永
遠拘禁事

堂主事托 全 畫

値月筆帖式楊勒恨接收

乾隆二十一年閏九月 十 六 日

行

十號

九号

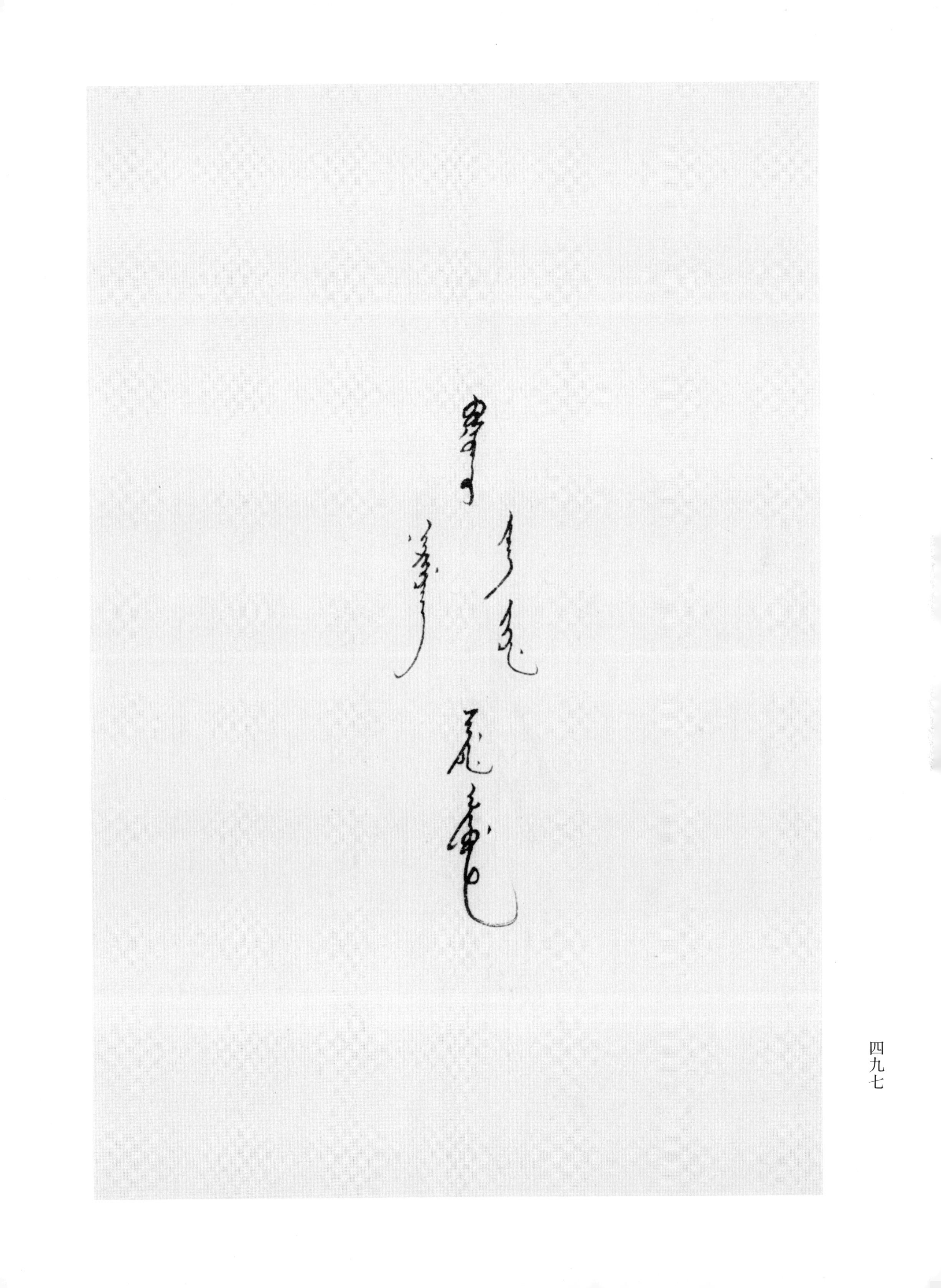

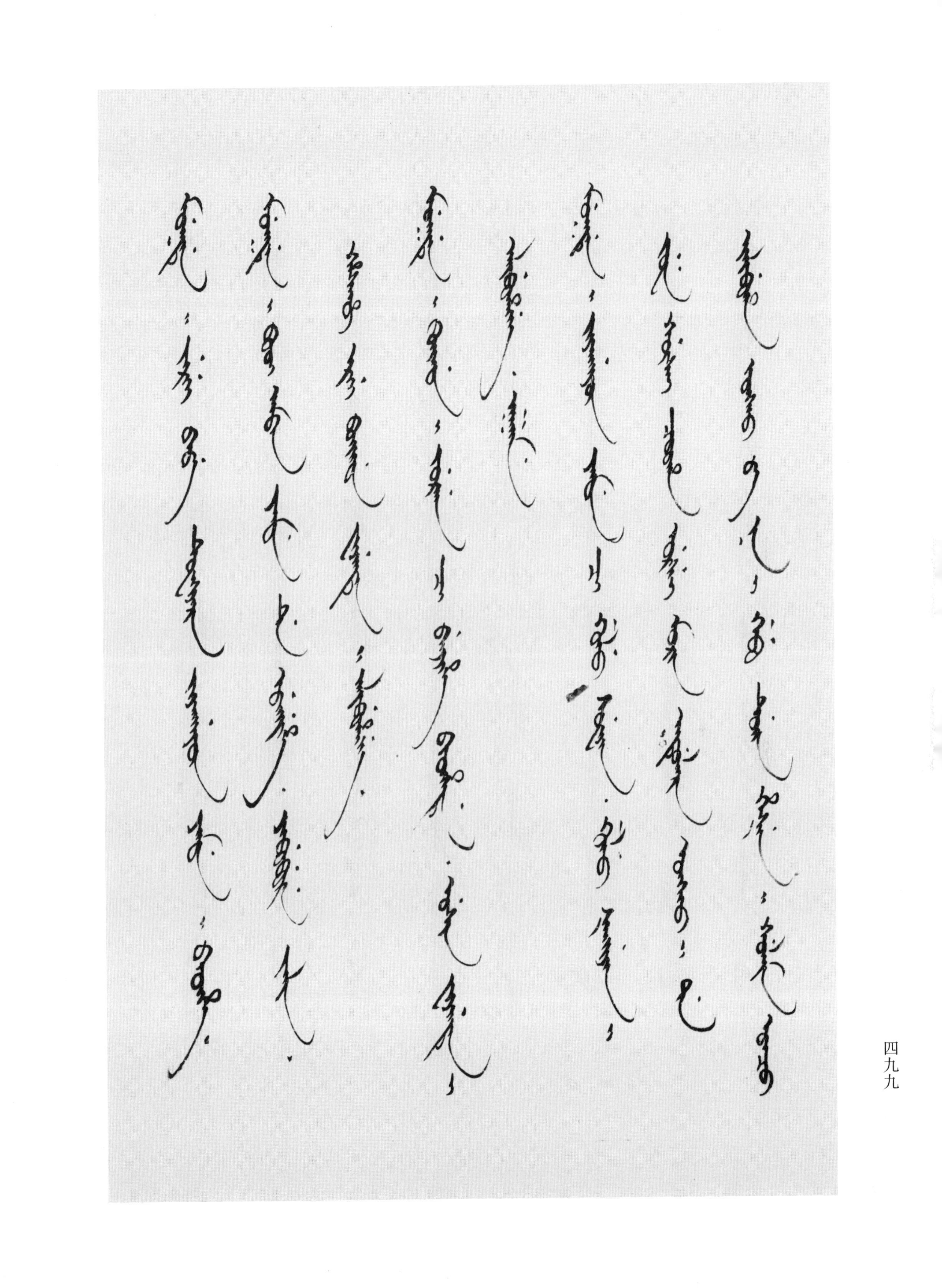

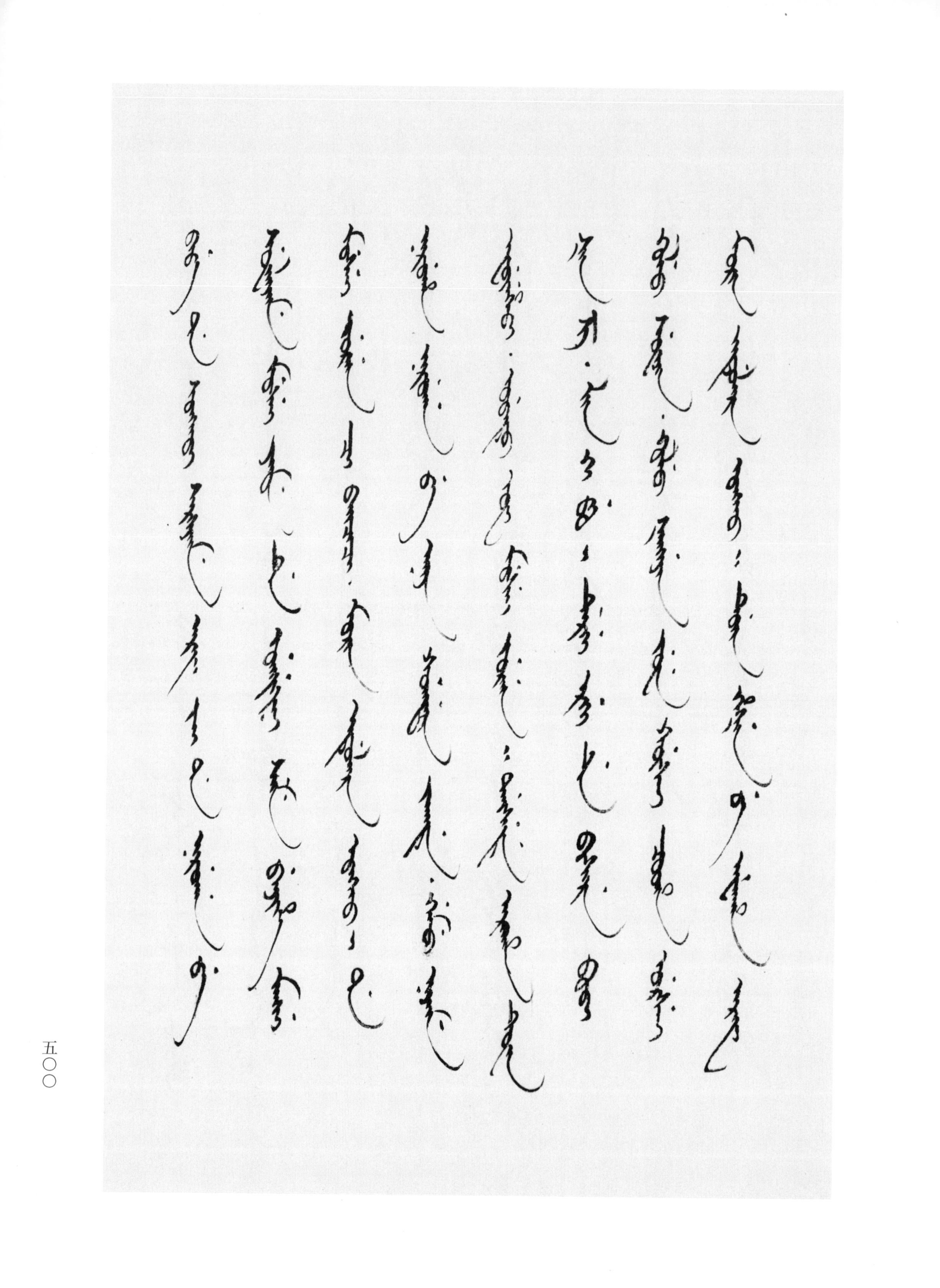

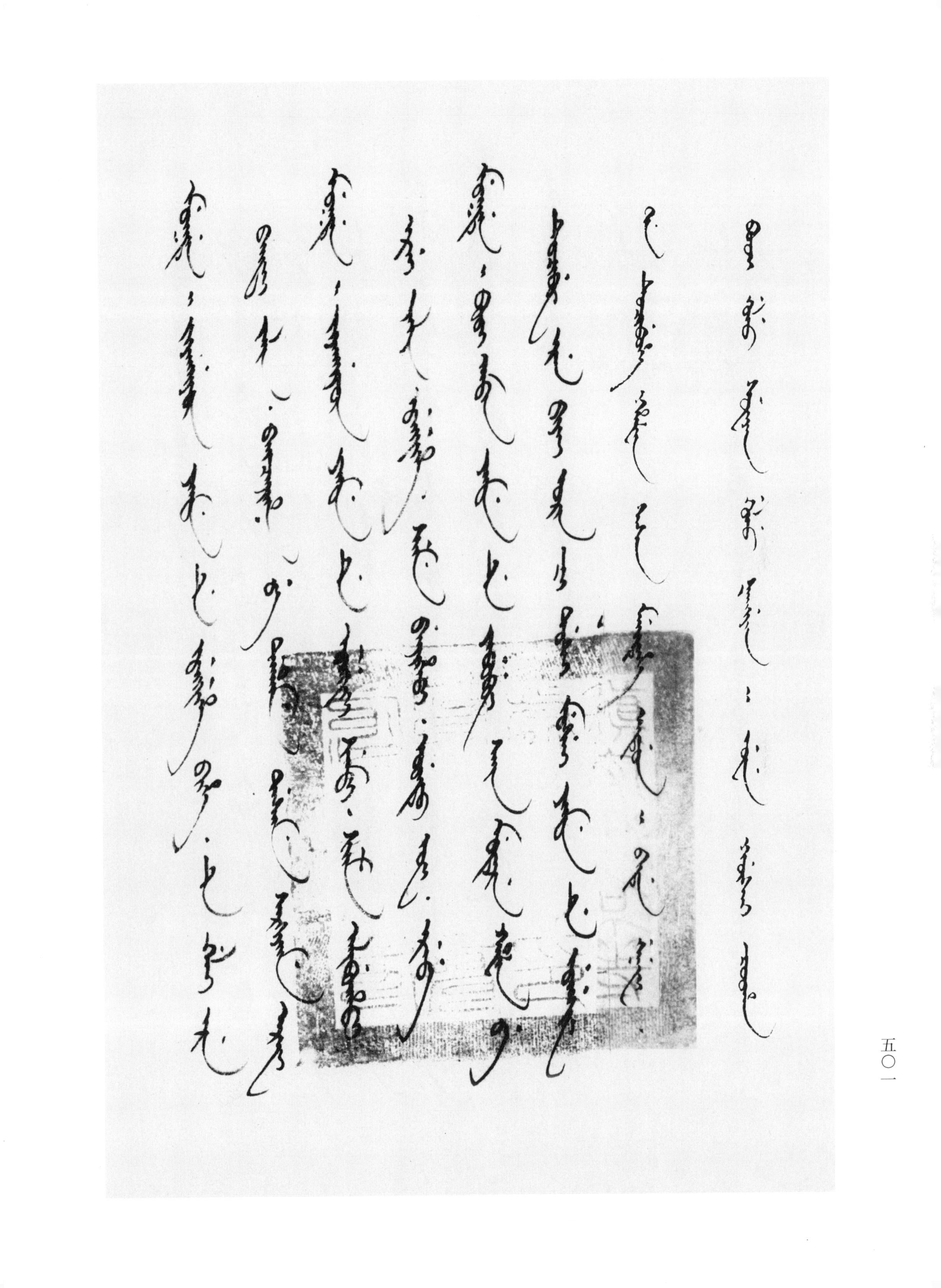

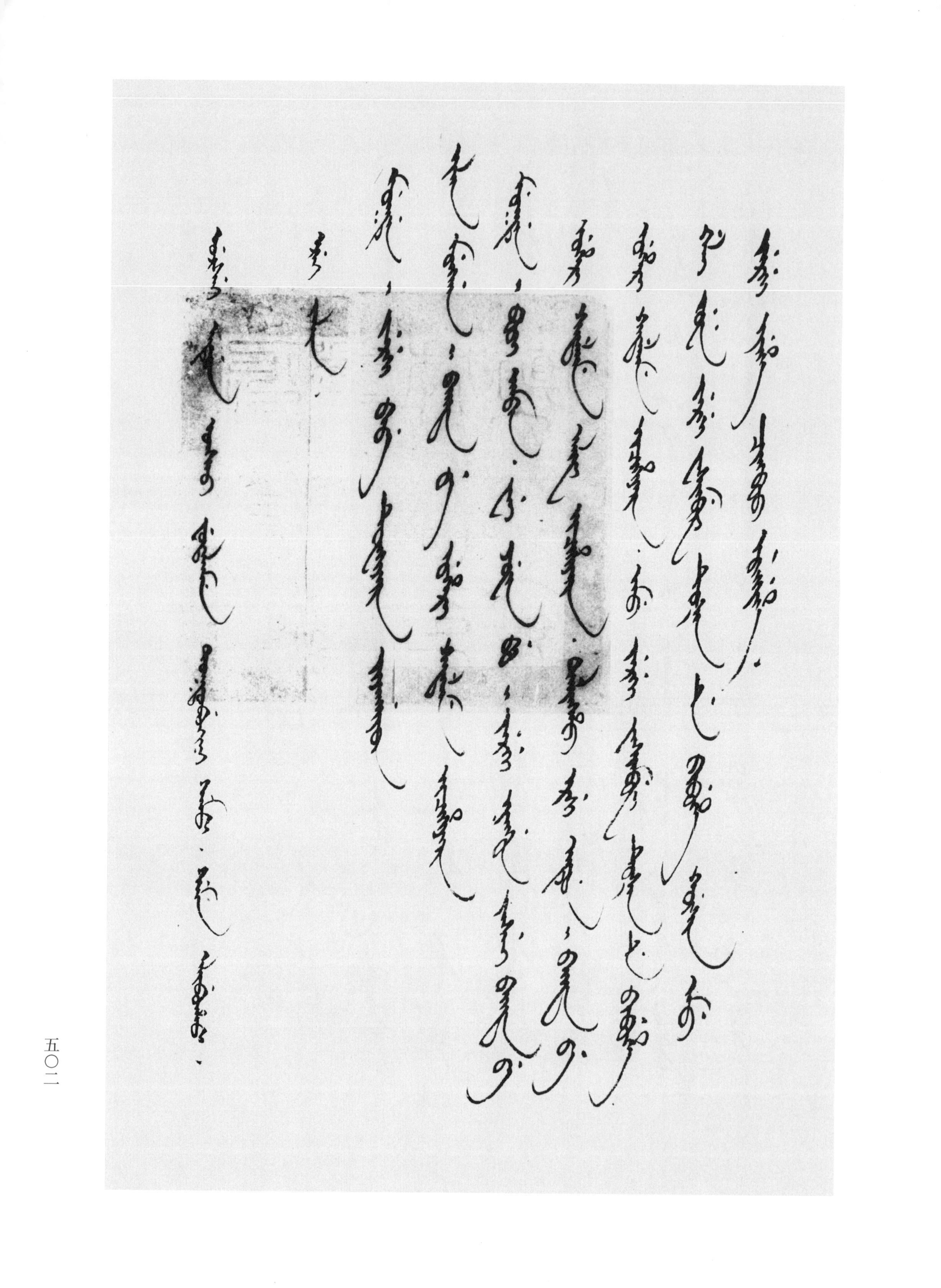

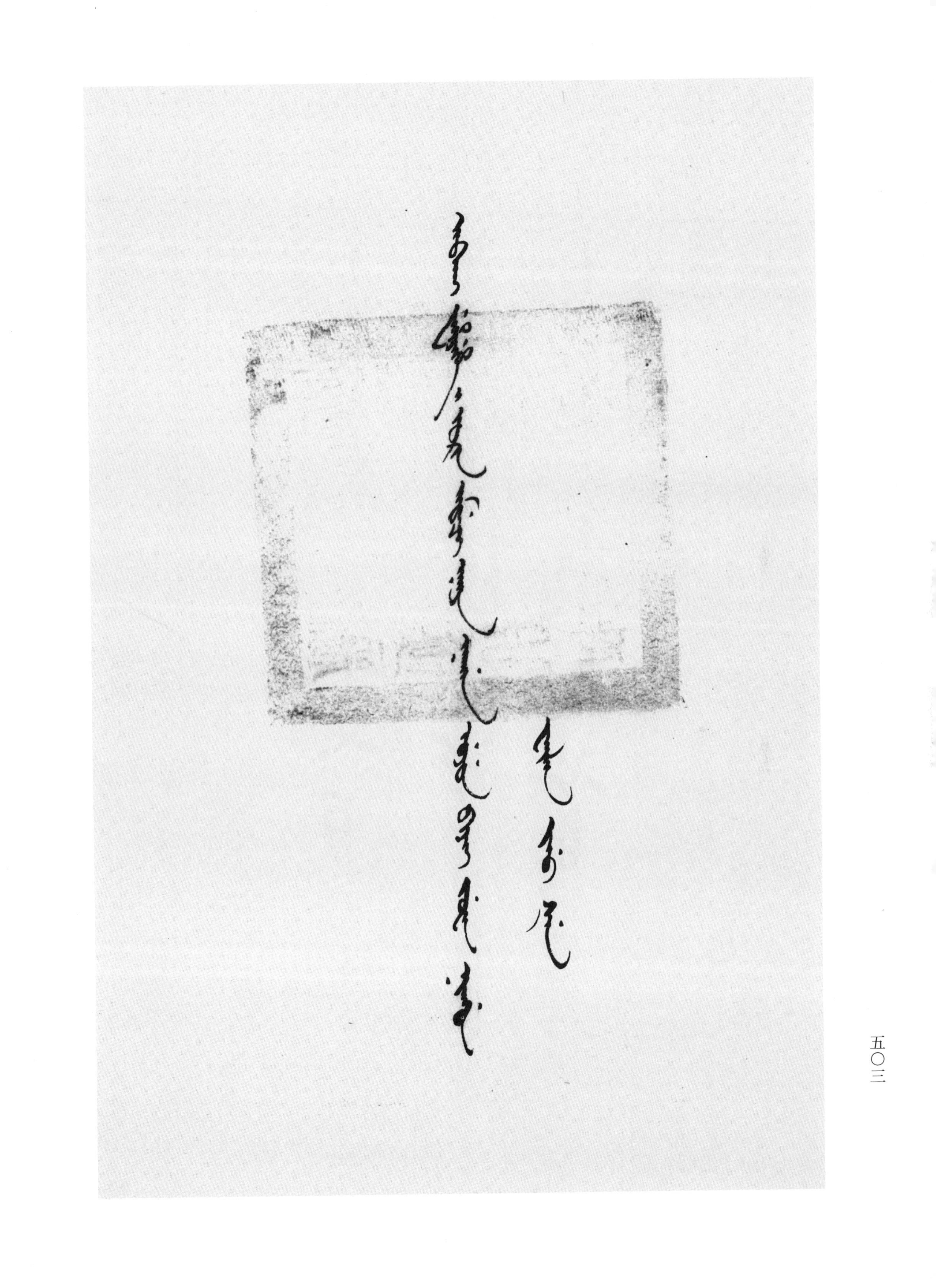

ᠠᠪᡴᠠᡳ ᠸᡝᡥᡳᠶᡝᡥᡝ [illegible]

[illegible]

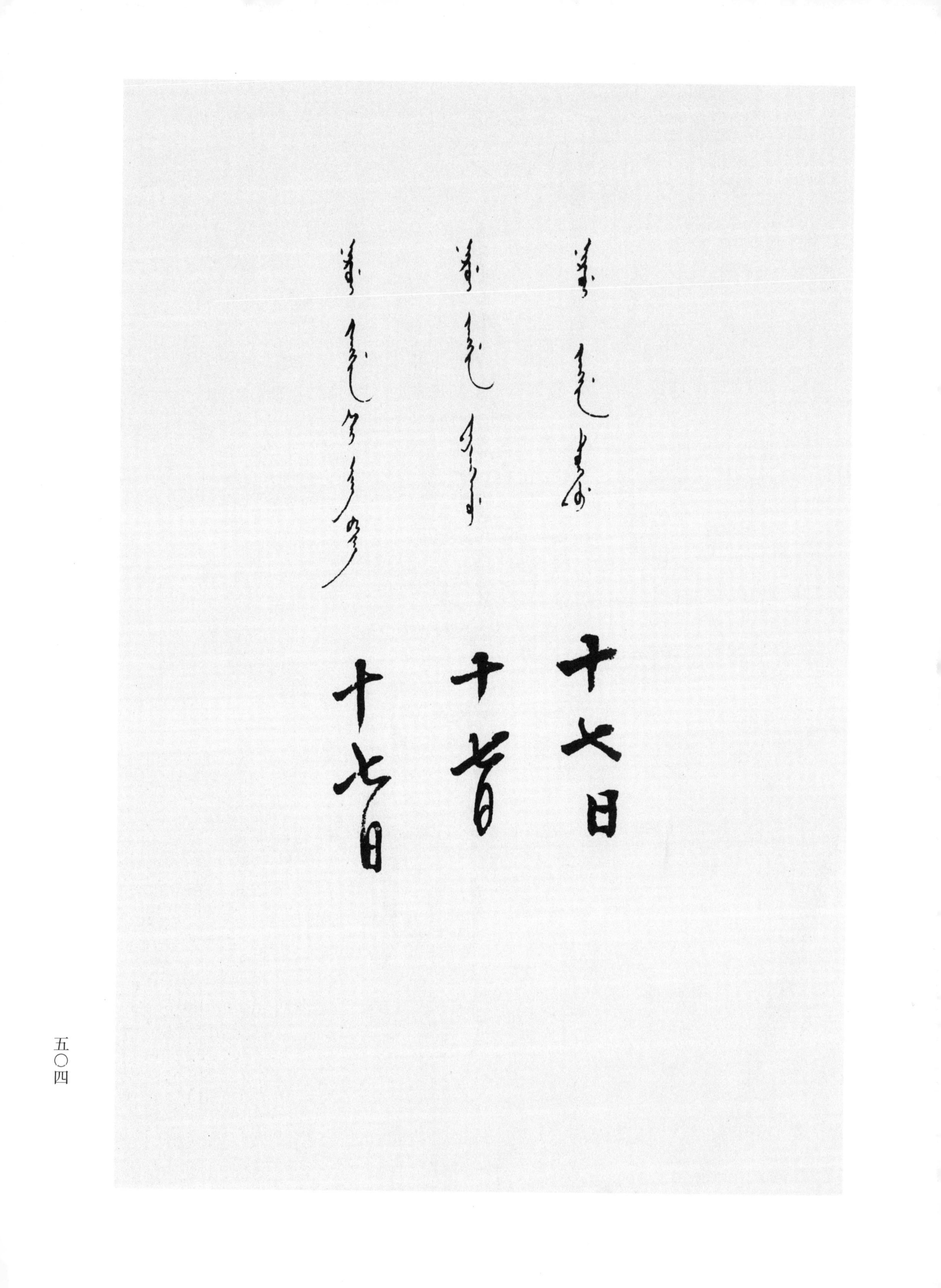

十七日

十七日

十七日

盛京内务府档

◉ 乾隆朝

11

辽宁省档案馆 编

辽宁民族出版社

盛京内务府档　目录

盛京内务府档·乾隆朝　第十一册　目录

40	正黄旗牛录处为执事人王维经之子娶妻呈请支借公项银两事呈盛京内务府	乾隆二十一年十月××日	三一三
41	正黄旗牛录处为甲丁孙良凤之侄娶妻呈请支借公项银两事呈盛京内务府	乾隆二十一年十月××日	三一九
42	正黄旗牛录处为执事人马世奎胞兄之女出聘呈请支借公项银两事呈盛京内务府	乾隆二十一年十月××日	三三五
43	正白旗牛录处为甲丁六十五之女出聘请领恩赏银两事呈盛京内务府	乾隆二十一年十月××日	三四一
44	正白旗牛录处为报甲丁曾扬兴之孙娶妻呈请支借公项银两事呈盛京内务府	乾隆二十一年十月××日	三四七
45	掌仪司为赴京进送干果榛子等物呈请转咨总管内务府事呈盛京内务府	乾隆二十一年十一月初四日	三五四
46	掌仪司为赴京进送野鸡冻梨呈请转咨总管内务府事呈盛京内务府	乾隆二十一年十一月初四日	三五九
47	掌仪司为进送取水冻梨呈请转咨清茶房事呈盛京内务府	乾隆二十一年十一月初四日	三六四
48	都虞司为奉旨佐领佛保等恩加一级事咨盛京内务府	乾隆二十一年十一月初五日	三六九
49	正黄旗牛录处为护卫西拉哈赴京纳贡呈请支借公项银两事呈盛京内务府	乾隆二十一年十一月初八日	三八一
50	正白旗牛录处为甲丁刘尚礼之子娶妻请领恩赏银两事呈盛京内务府	乾隆二十一年十一月初八日	三八六
51	都虞司为知会仓上人崔孔解送山楂等物业经具奏仓长任枢送来蜜渍山楂等物无需具奏事咨盛京内务府	乾隆二十一年十一月初十日	三九二
52	镶黄旗牛录处为家生子拴住初次逃走呈请转咨盛京将军衙门记入逃档事呈盛京内务府	乾隆二十一年十一月十二日	四〇〇

53	广储司为造送乾隆二十一年十月三旗兵丁等红白事件恩赏银两数目销算册呈请转咨盛京将军衙门事呈盛京内务府	乾隆二十一年十一月十二日	四〇五
54	都虞司为照数收讫仓上人送到蜜渍山楂等物并令带回武备院交刻金鞍子一份事咨盛京内务府	乾隆二十一年十一月十二日	四一九
55	三旗牛录处为解送损坏乾隆八年所造筵宴桌张等项赔补银两呈请转送盛京工部事呈盛京内务府	乾隆二十一年十一月十七日	四三〇
56	镶黄旗牛录处为壮丁叶六儿初次逃走呈请转咨盛京将军衙门记入逃档事呈盛京内务府	乾隆二十一年十一月十七日	四三一
57	正白旗牛录处为家下人韩都二次逃走呈请转咨盛京将军衙门记入逃档事呈盛京内务府	乾隆二十一年十一月十七日	四三七
58	都虞司为请领盛装包裹细鳞鱼所需荆筐及皮裹呈请转咨盛京工部事呈盛京内务府	乾隆二十一年十一月十七日	四四二
59	正黄旗牛录处为报升授义州城守尉之法保支借官铺未完银两由俸内坐扣呈请转咨盛京将军衙门事呈盛京内务府	乾隆二十一年十一月二十日	四四八
60	管理三仓事务处为进送蘑菇木耳等物呈请转咨总管内务府事呈盛京内务府	乾隆二十一年十一月二十五日	四五三
61	管理三仓事务处为更换砍伐箭杆执照呈请转咨总管内务府事呈盛京内务府	乾隆二十一年十一月二十五日	四五八
62	管理三仓事务处为赴京解送柳木椽子等物呈请转咨武备院事呈盛京内务府	乾隆二十一年十一月二十五日	四六四
63	都虞司为知会养心殿造办处交出送往盛京之匾额对子等物俟年终交由盛京佐领带回事咨盛京内务府	乾隆二十一年十一月二十八日	四七一

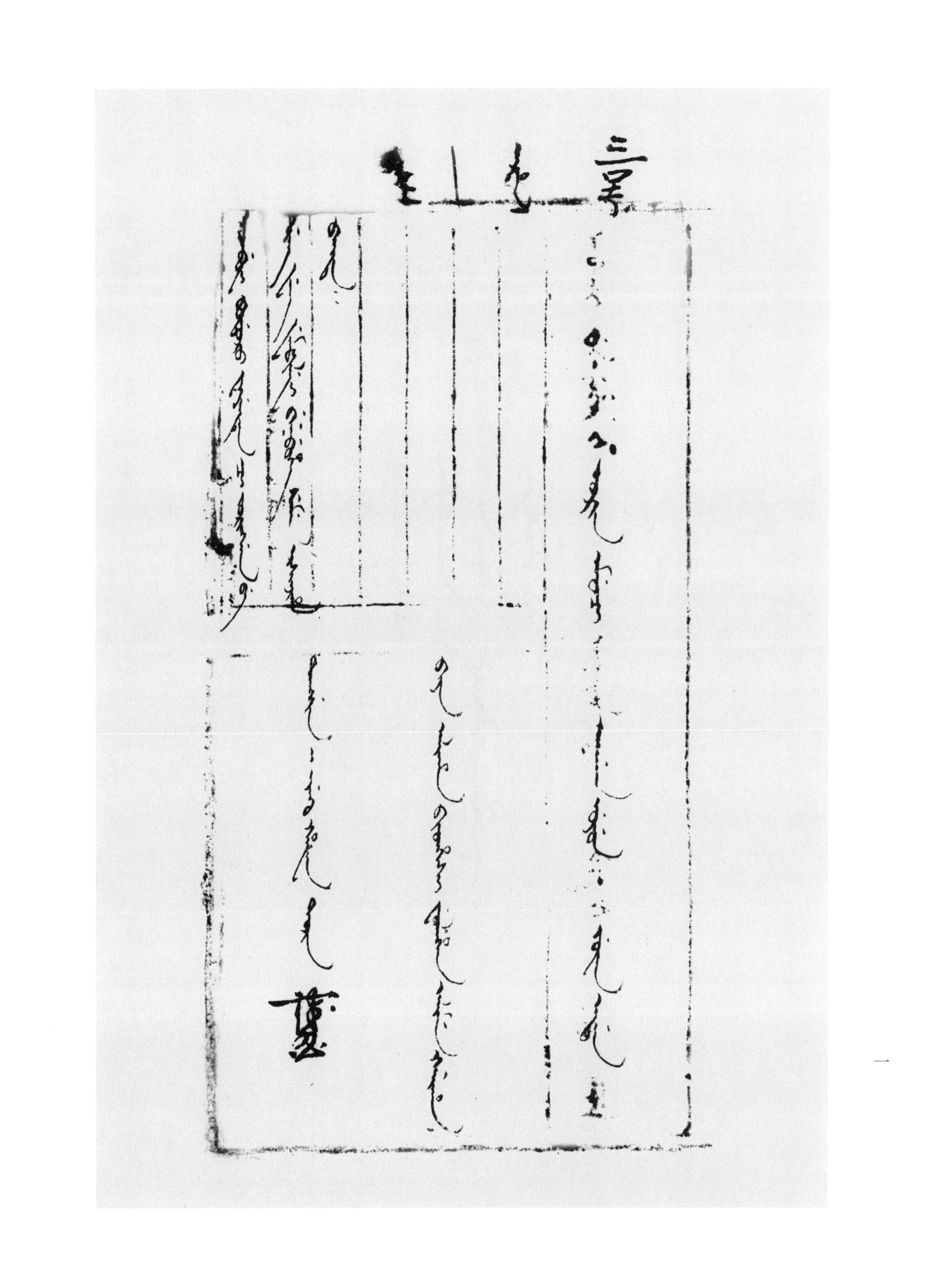

三号

一

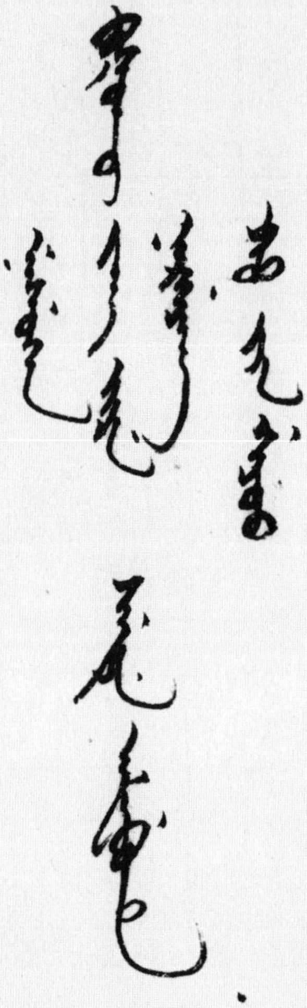

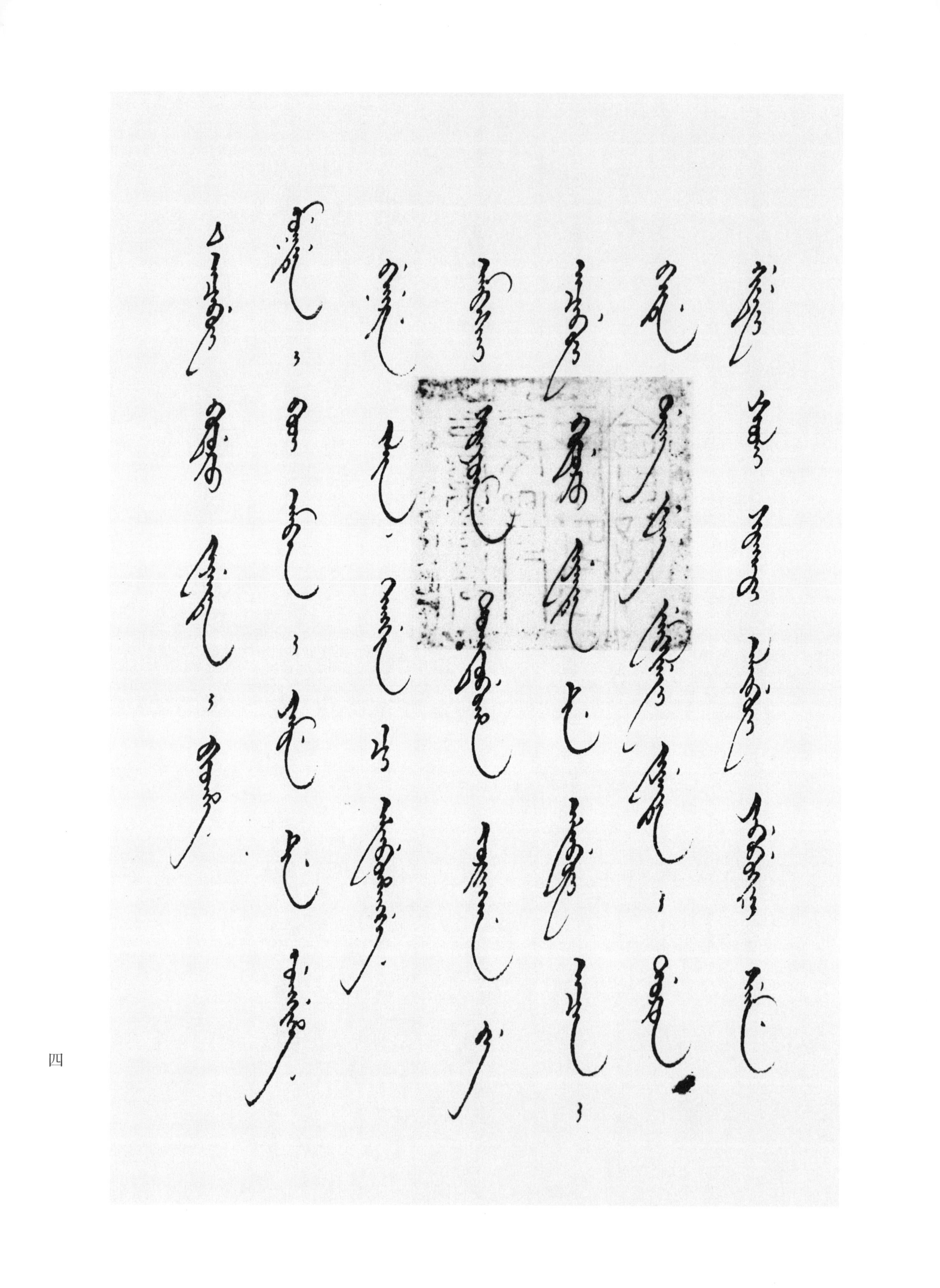

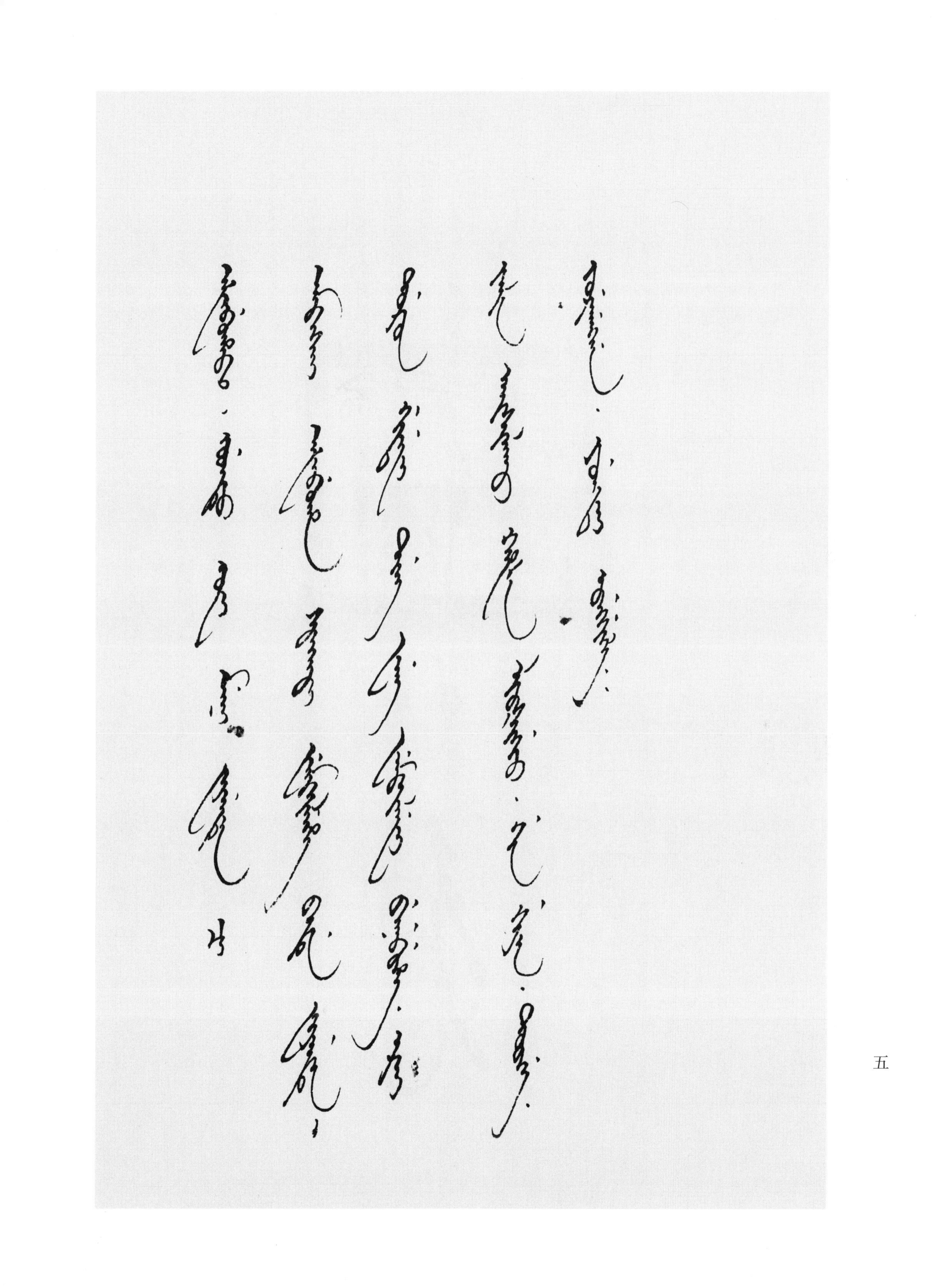

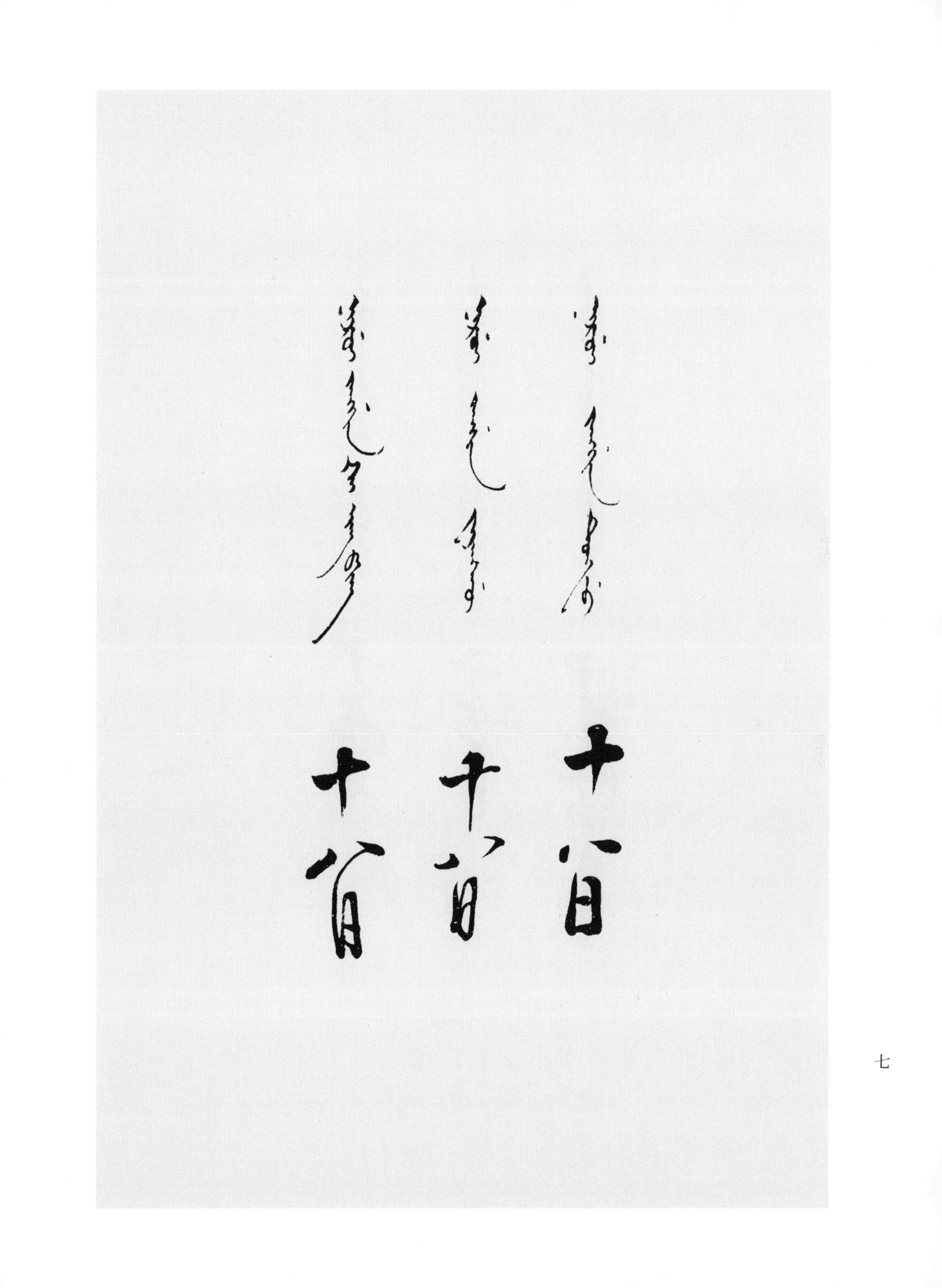

十八日

十八日

十八日

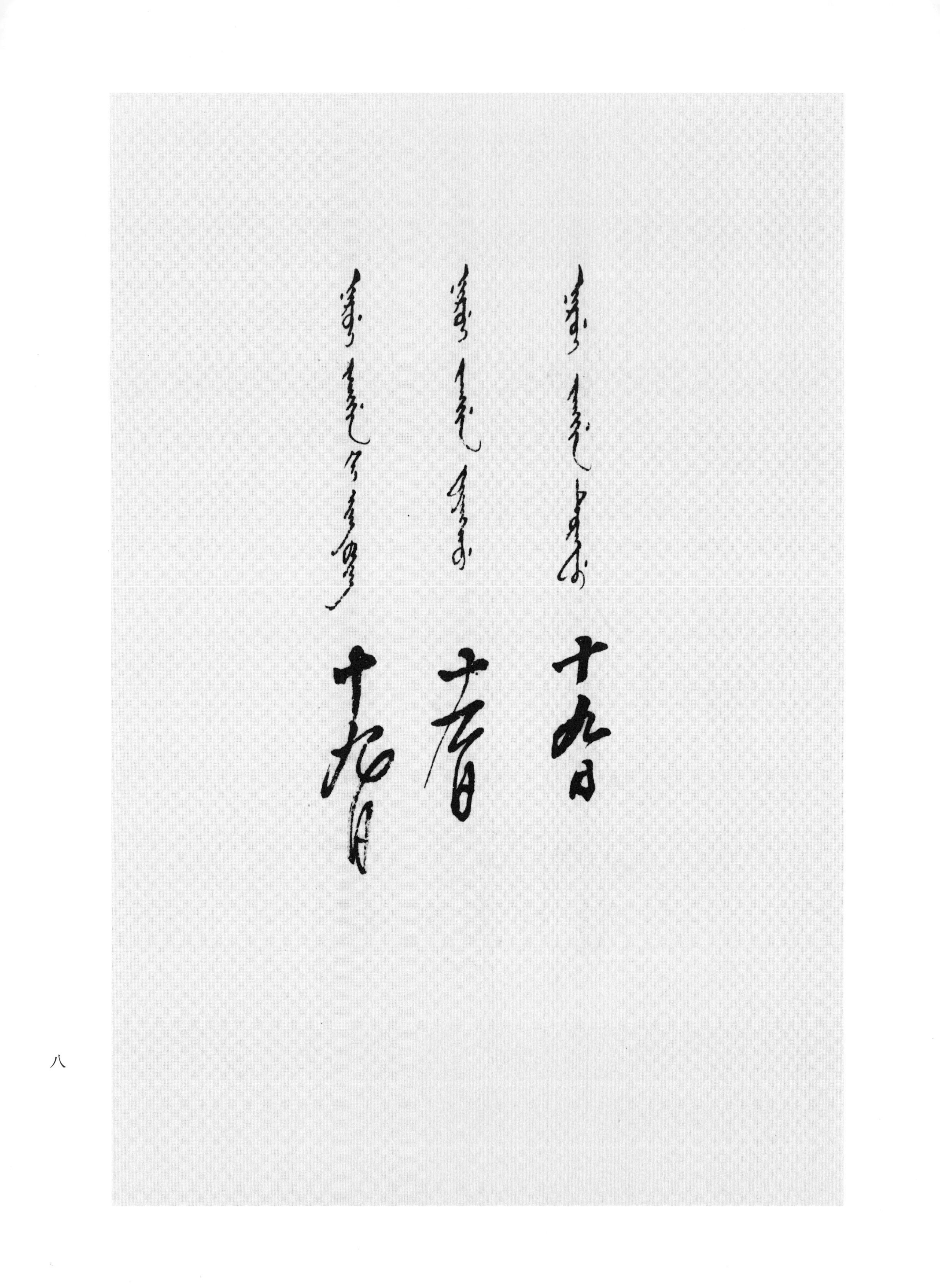

十九日

十八日

十九日

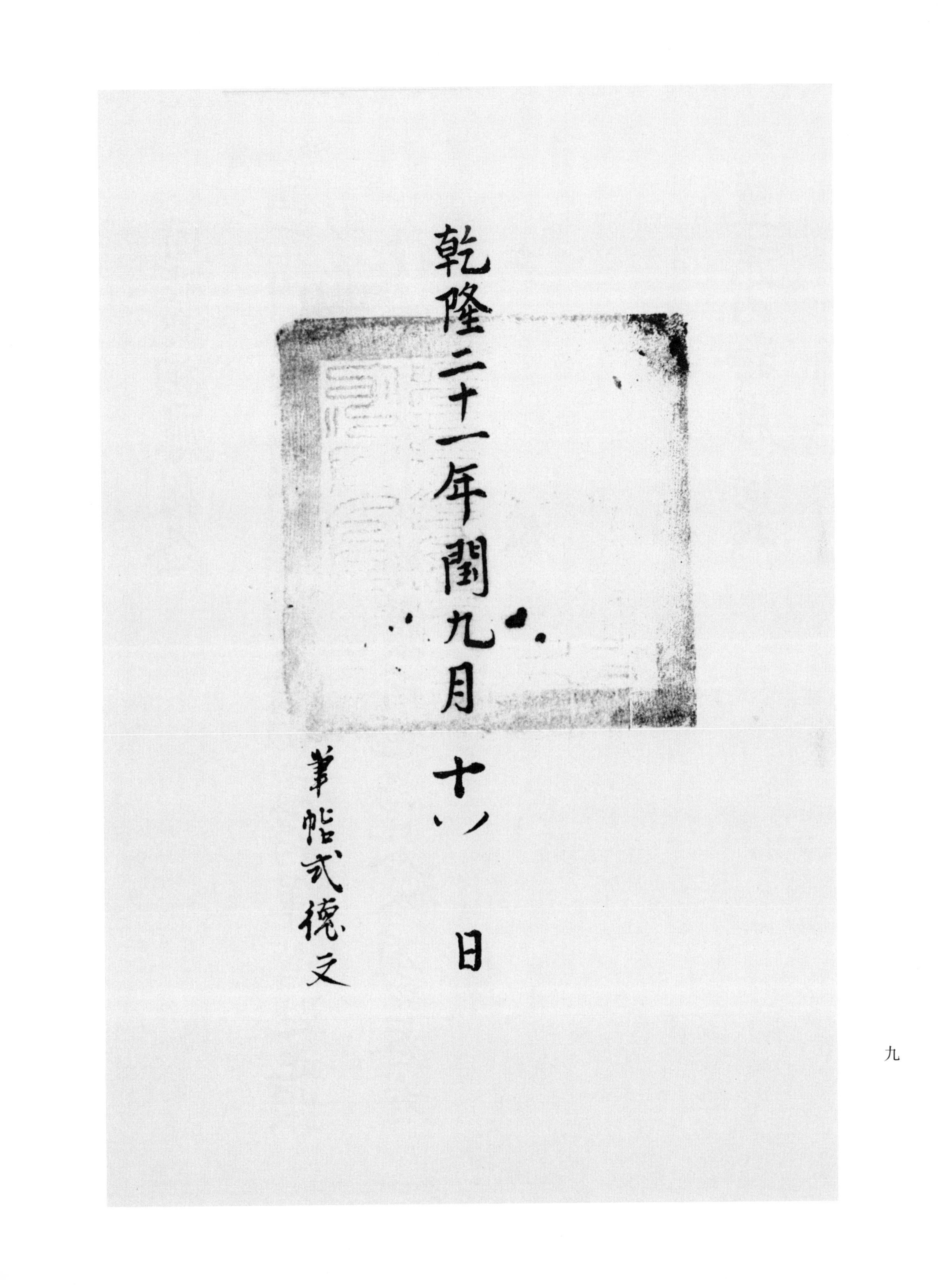

乾隆二十一年閏九月十八日

筆帖式德文

因准此相應移咨

盛京内務府衙門轉飭各該處將軍營迯走跟

役海書嚴緝務獲可也爲此合咨須至咨者

右　咨

盛京内務府衙門

駐劄大臣嚴行查拿外應知照兵部等因

前來據此應行文

盛京刑部轉飭各將軍併奉天府尹一体飭屬

嚴緝務獲照例辦理報部等因前來相應

抄録原文移咨

盛京將軍衙門一体飭屬嚴緝務獲可也等

年二十七歲有麻身中無鬚身穿藍布棉袍
脚穿氊牛皮靴於本年正月初一日逃走初三日自
行投回未曾呈報今又於五月二十六日逃走相
應呈報轉行各該處通行緝拿等情除行
文查薩克孫多布軍臺官員三十三處略倫
侍衛台吉等滿洲查哈尔緑旂那米兒石盖

案呈往

盛京刑部咨開檔子房案呈乾隆二十一年閏

九月初四日准刑部咨開爲緝拿逃人事河南

司案呈准兵部咨稱據辦理烏里雅蘇臺

事務副都統普　等咨稱據軍營糧餉處

郎中馬星阿呈稱筆帖式福祿家人海書

鎮守
盛京等處將軍衙門　為查拿事右司

内務府大臣清

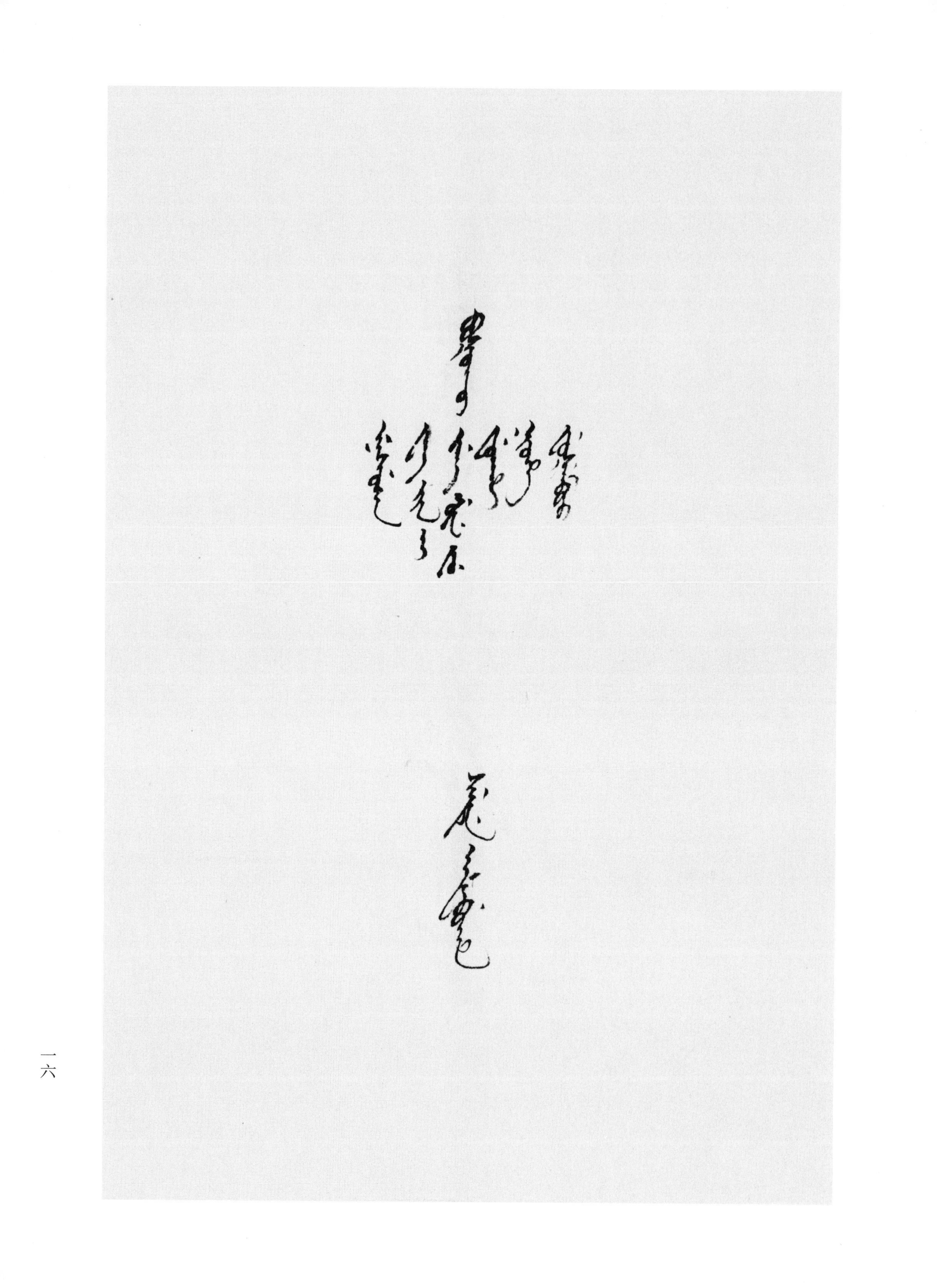

盛京将軍衙門文開為軍營逃走跟

役海書嚴行查拿事

堂主事托　全

值月筆帖式福勒恨接收

乾隆二十一年閏九月十八

十二日

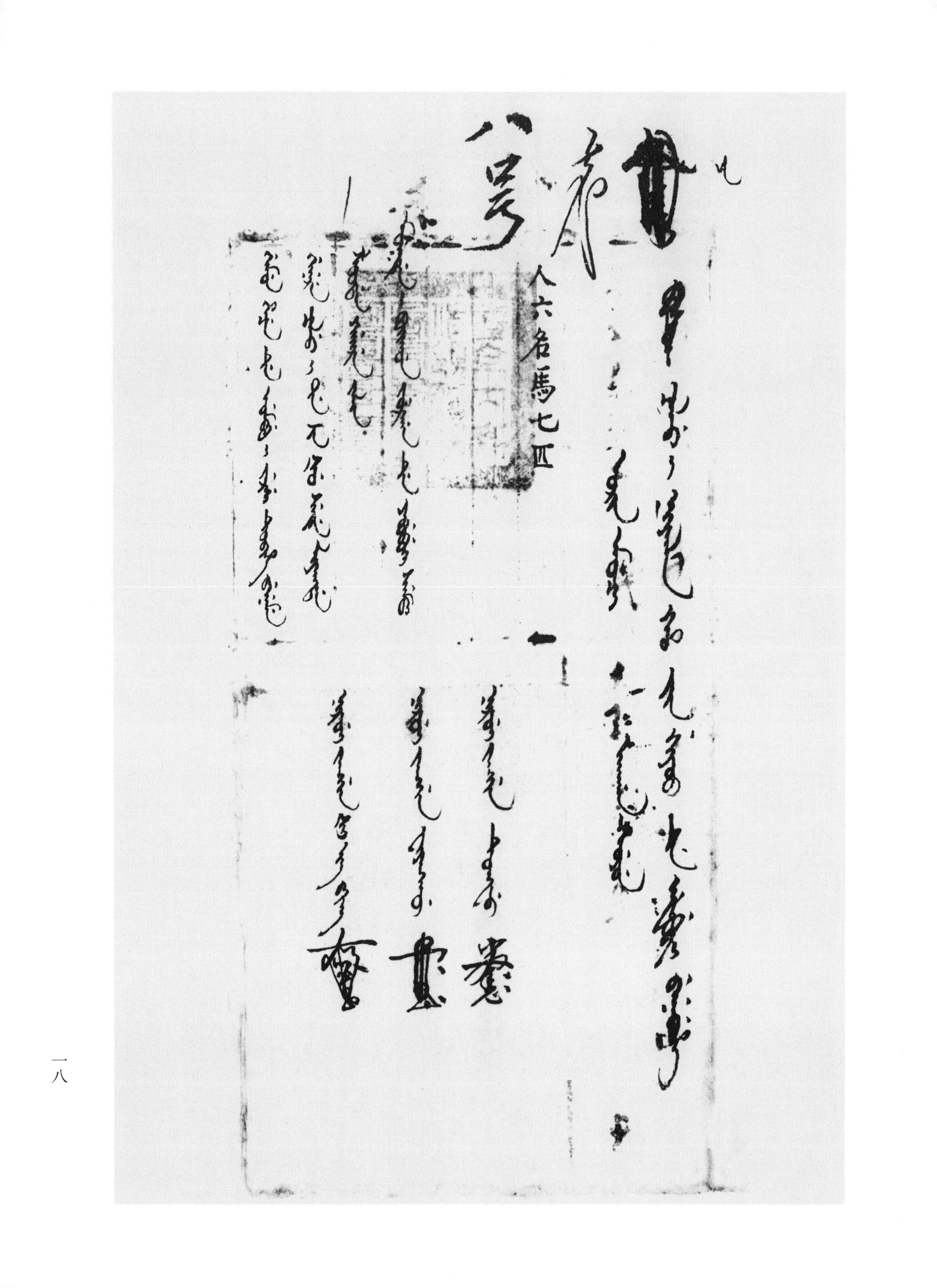

八号

人六名馬七匹

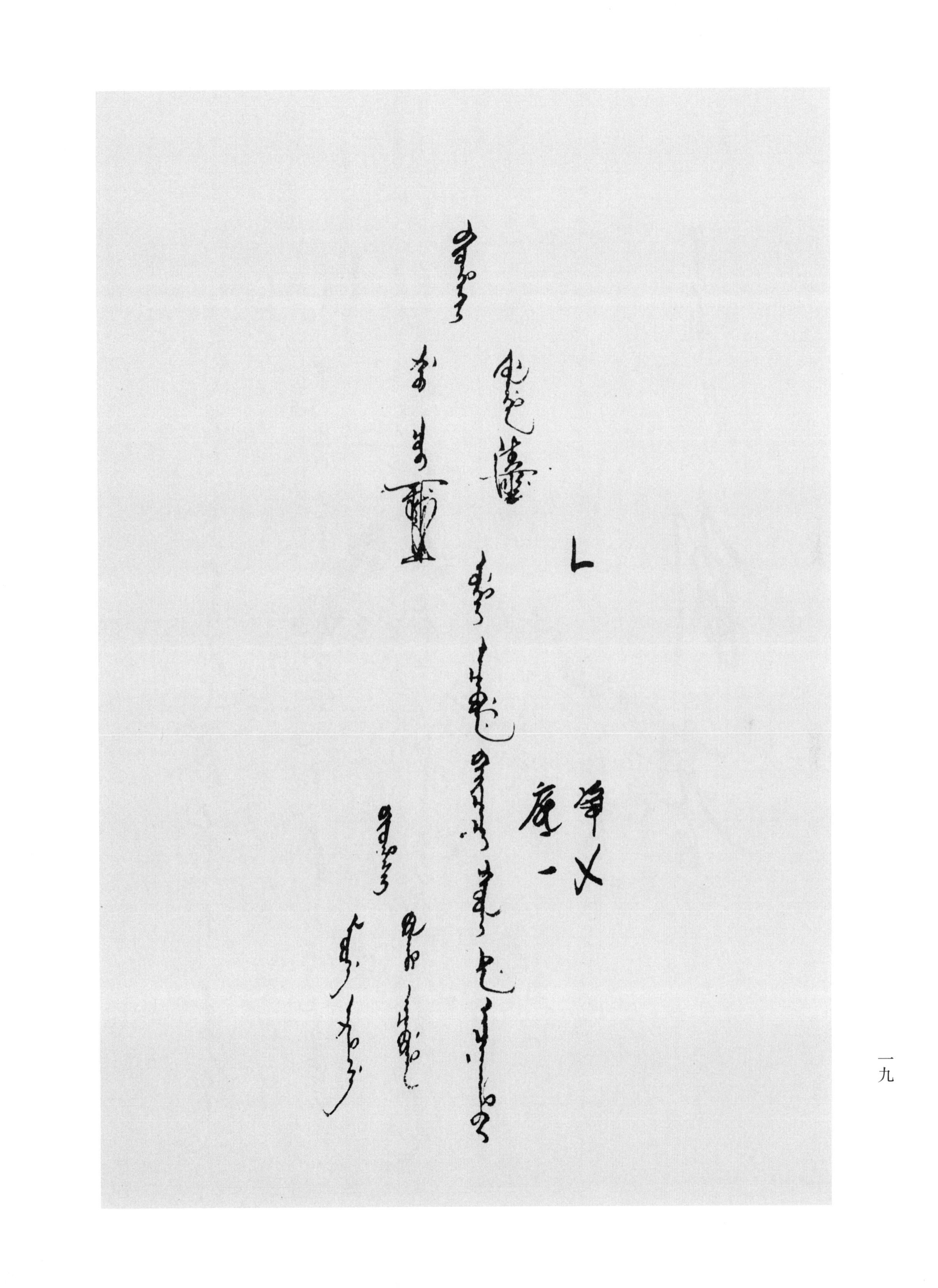

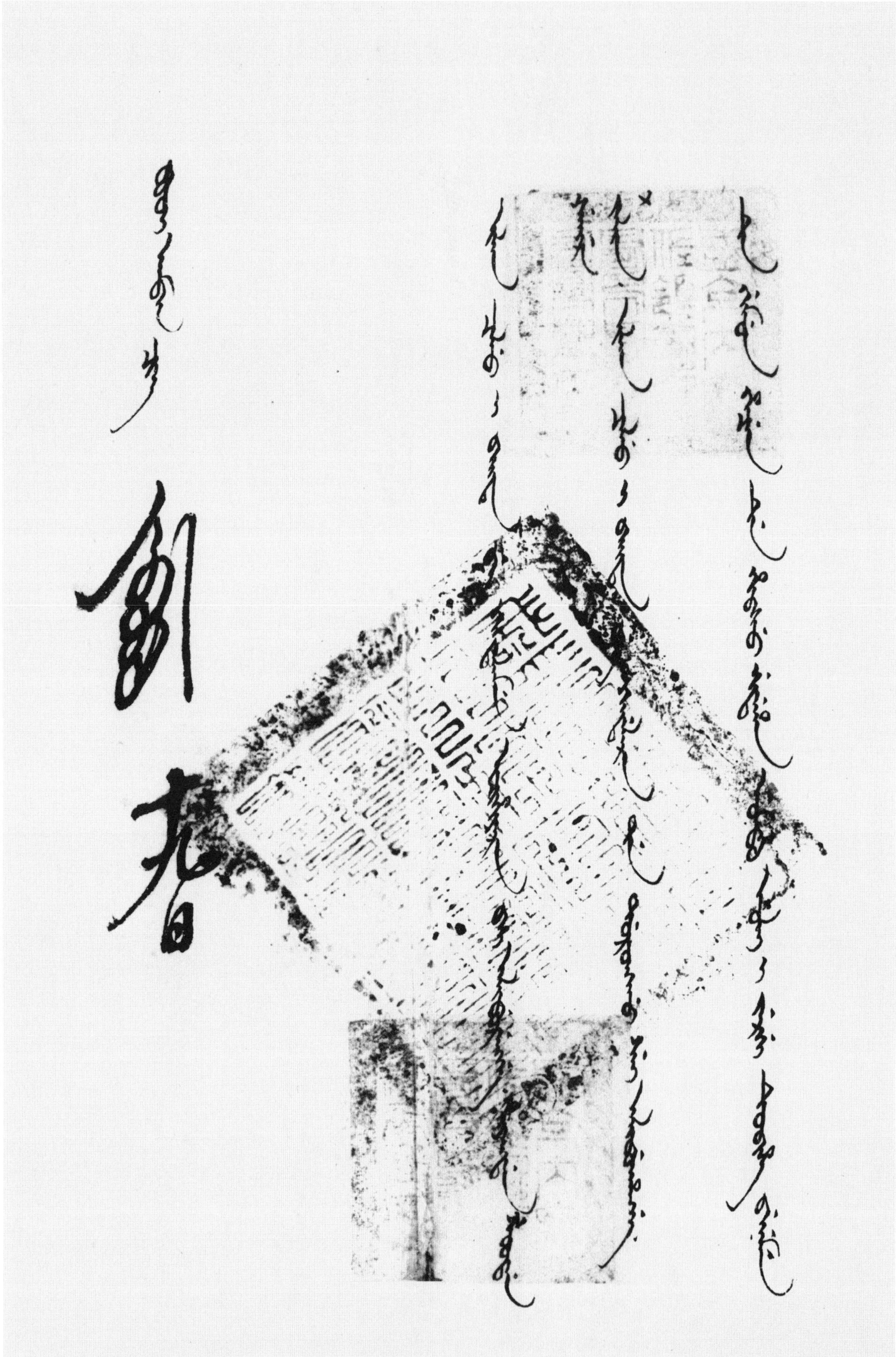
勅書

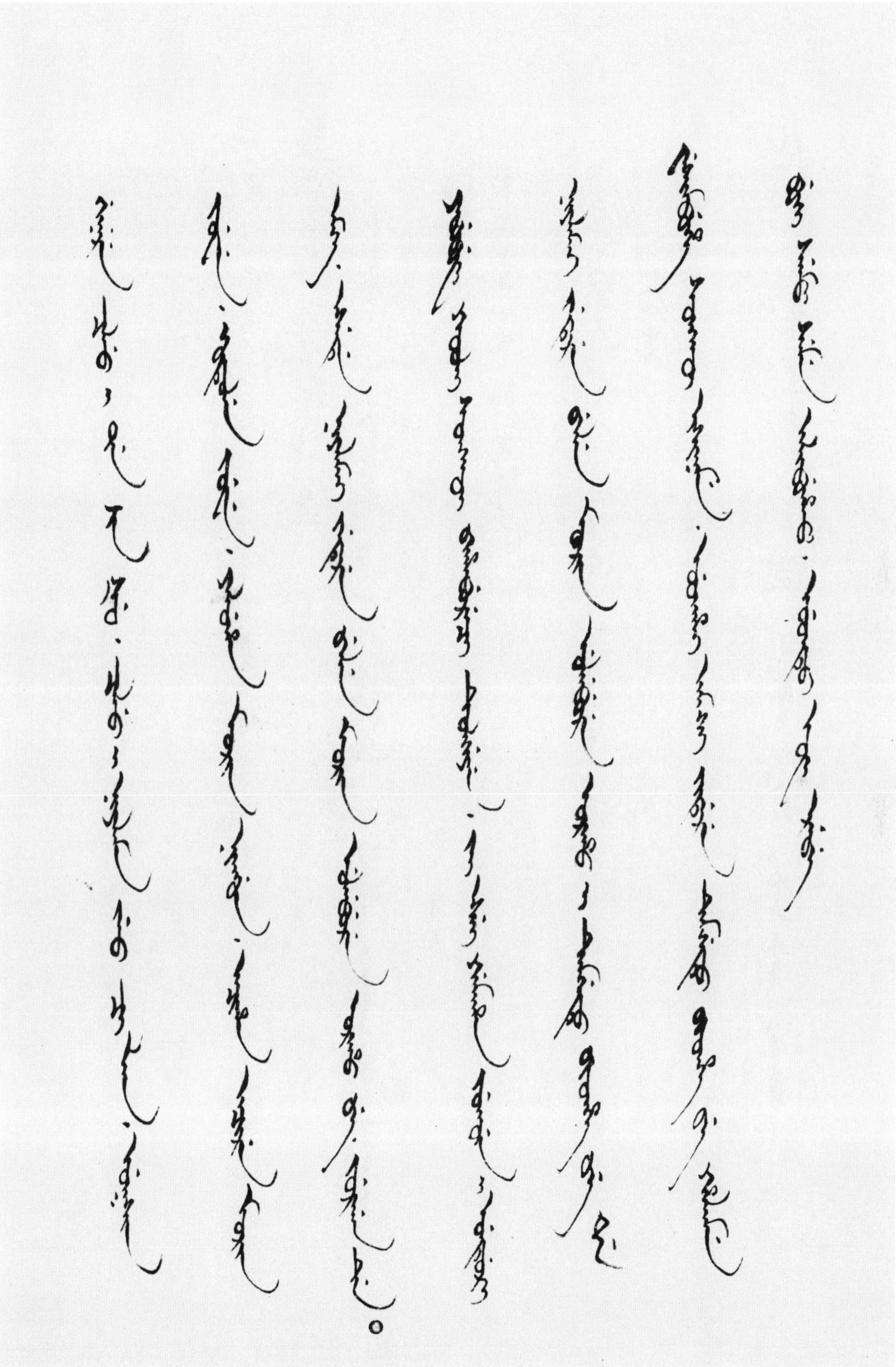

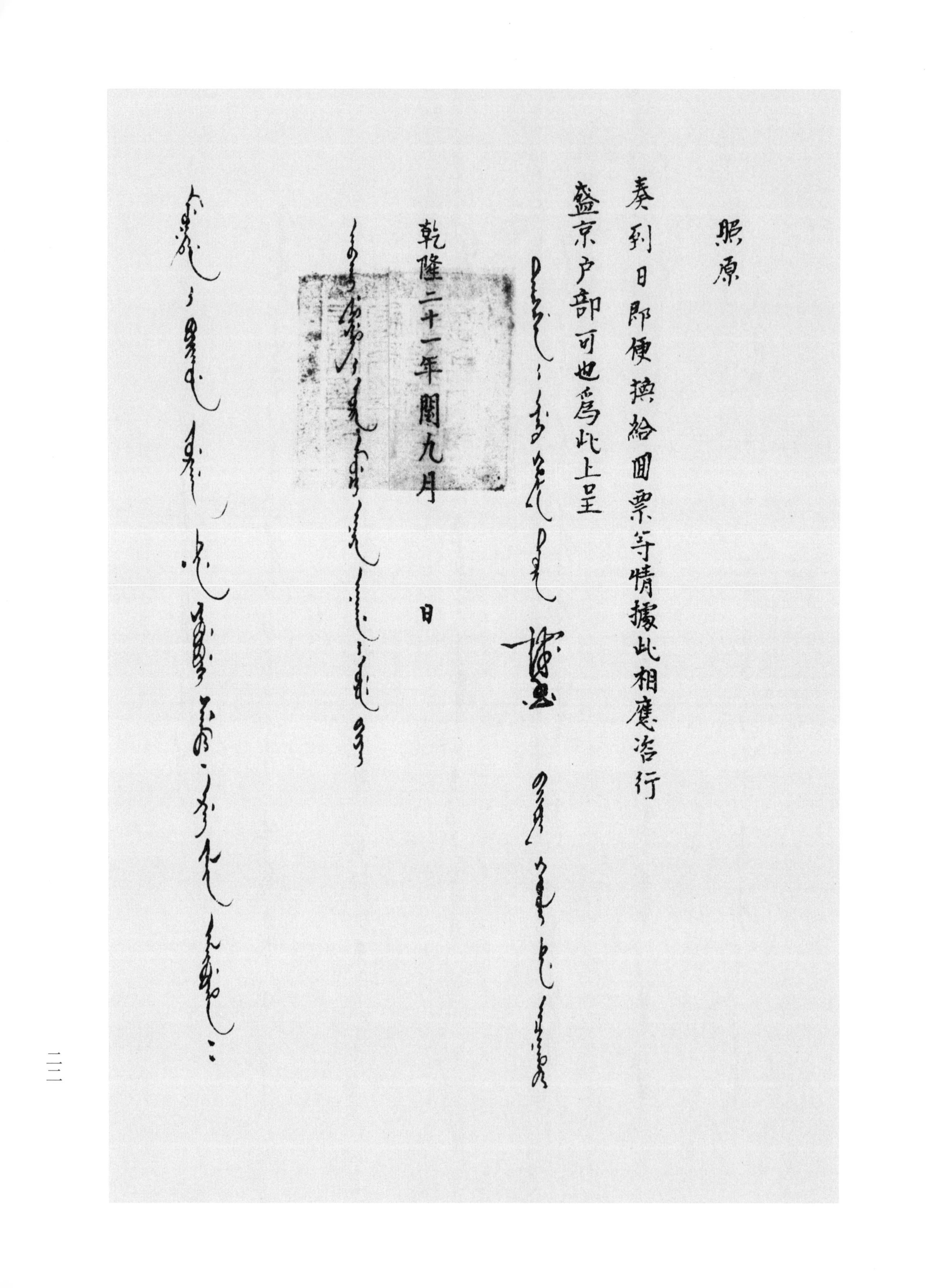

照原
奏到日即便換給圖票等情據此相應咨行
盛京戶部可也爲此上呈

乾隆二十一年閏九月　日

據管理三倉事務達多隆吾等呈稱

管理三倉事務處呈爲洛取粮草皁事今前往都京進送察濺山

里紅花紅等項菓品去的倉達任摳倉上人開趣蔦甲丁二名跟

役二名騎馬六匹馱馬一匹將伊等人食口米喂馬草束照例洛

部給發外再將伊等持去沿路支領人食口米喂馬草束之票希

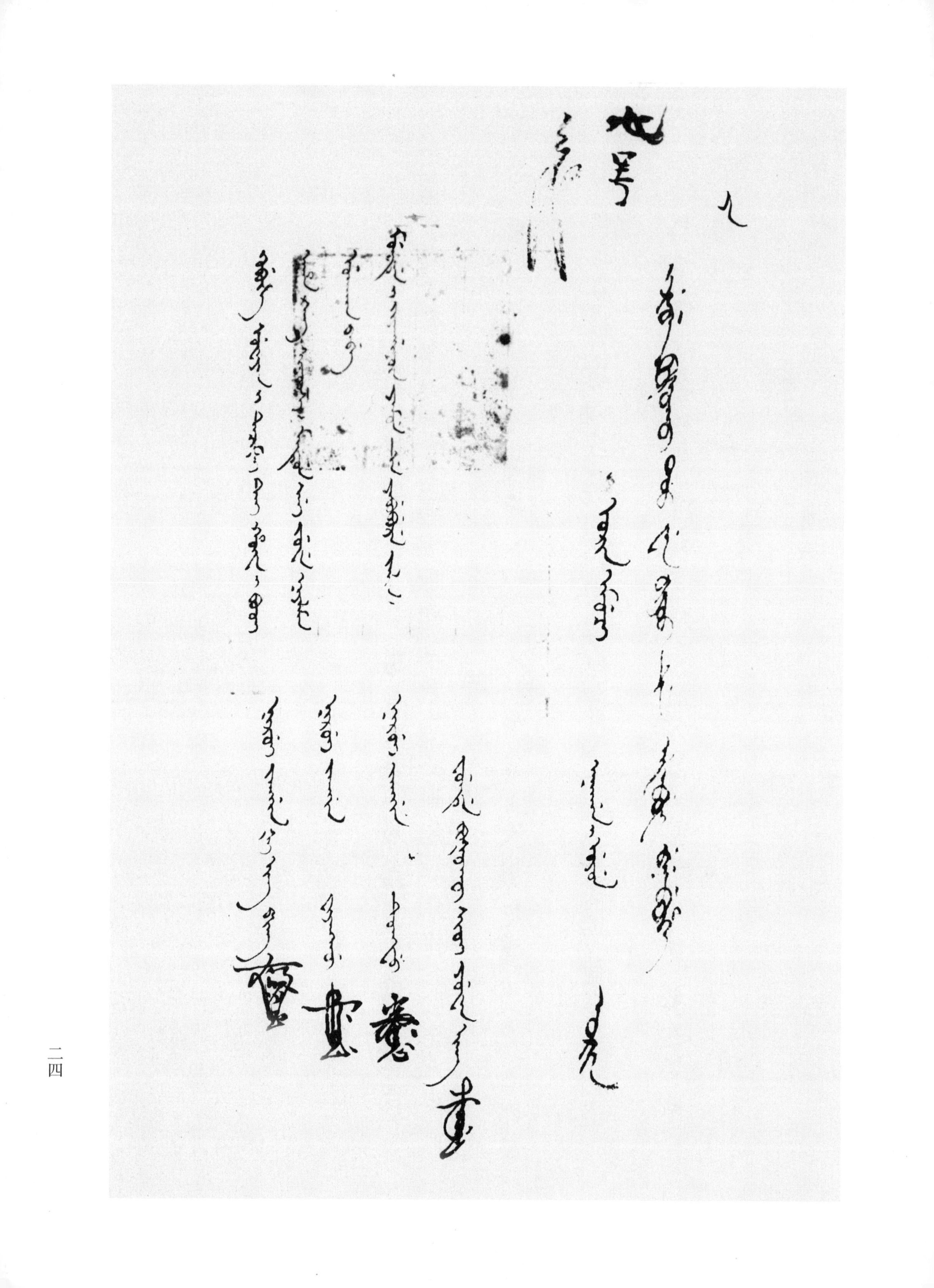

九

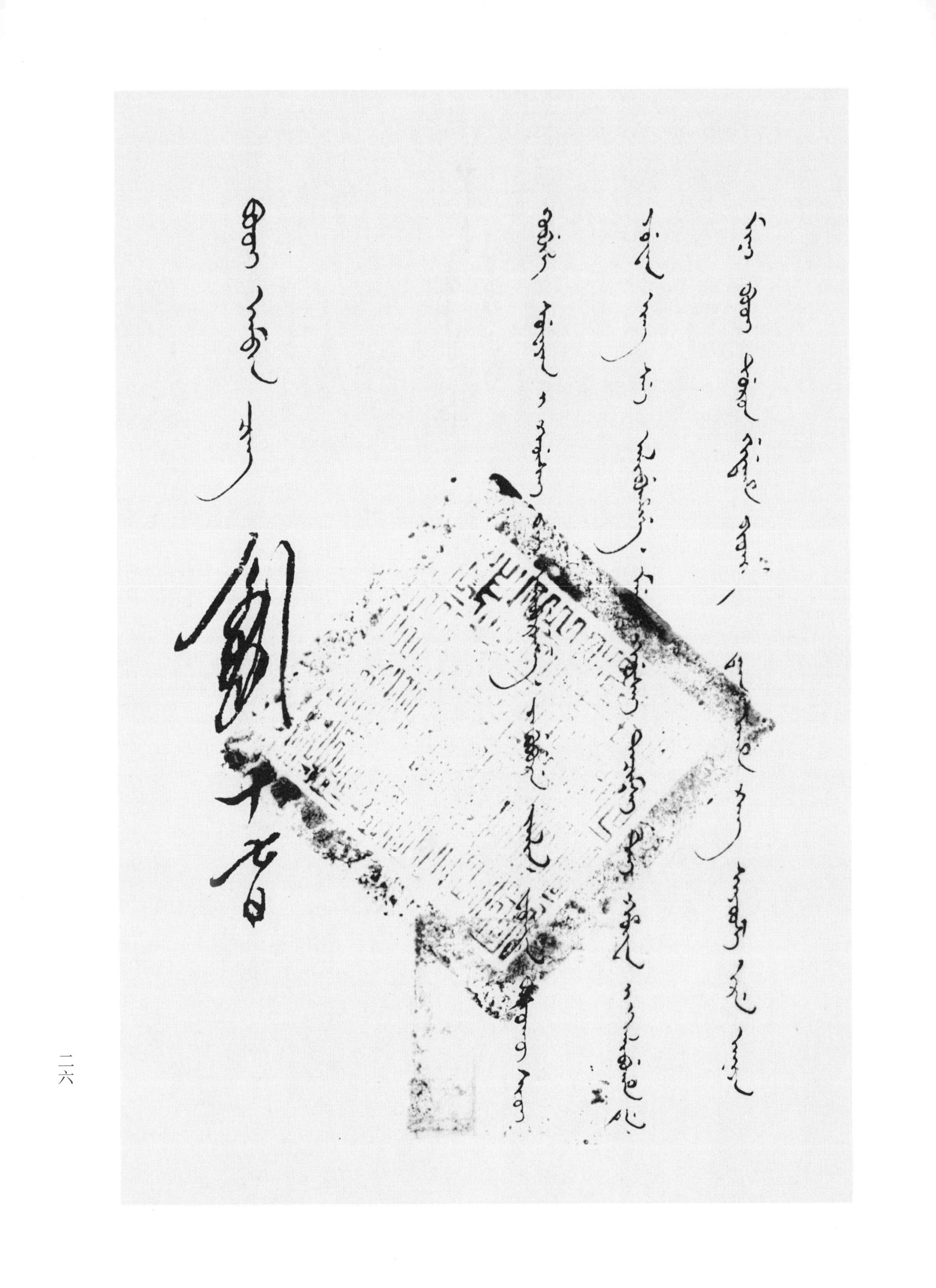

劉大有

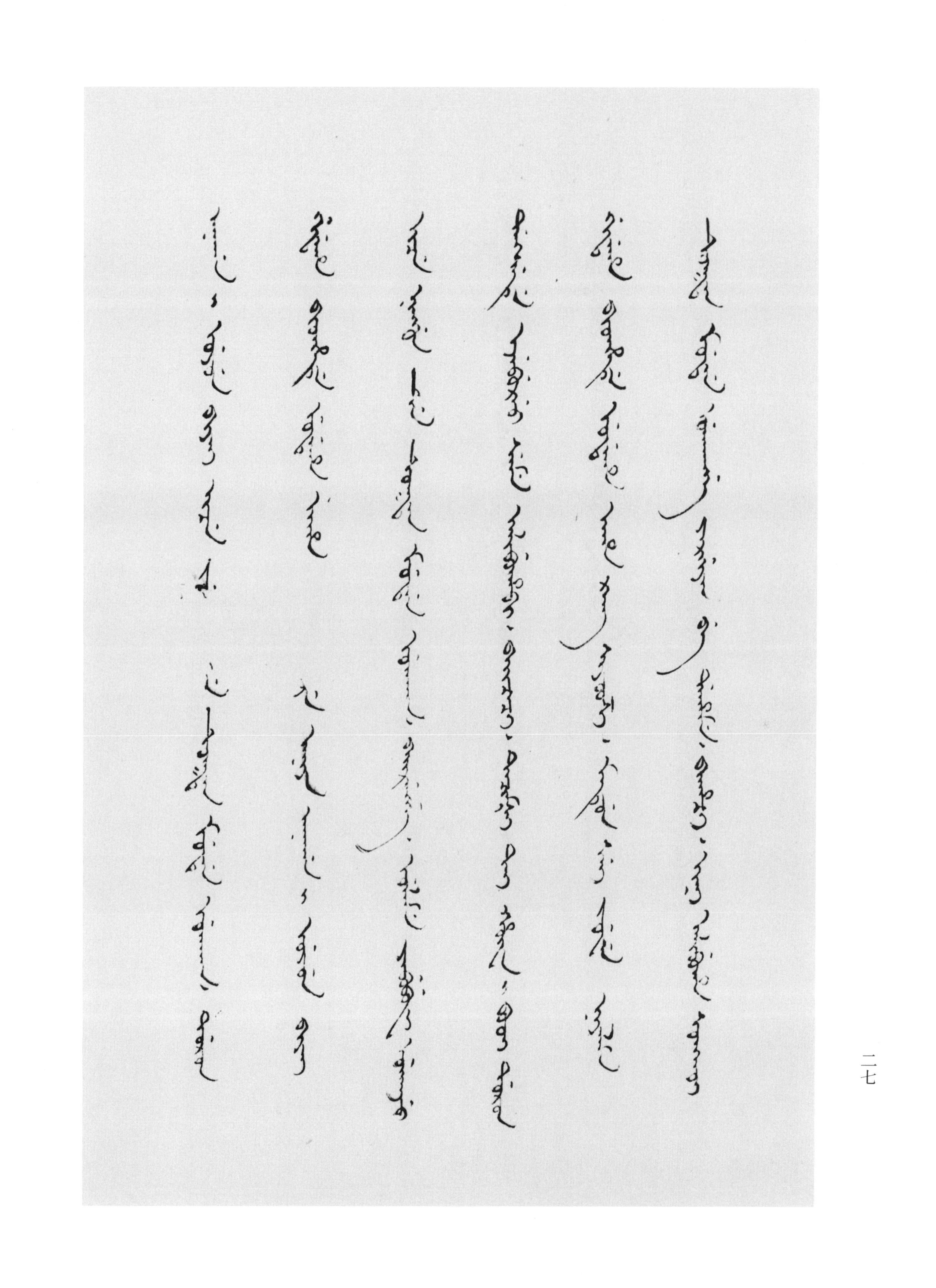

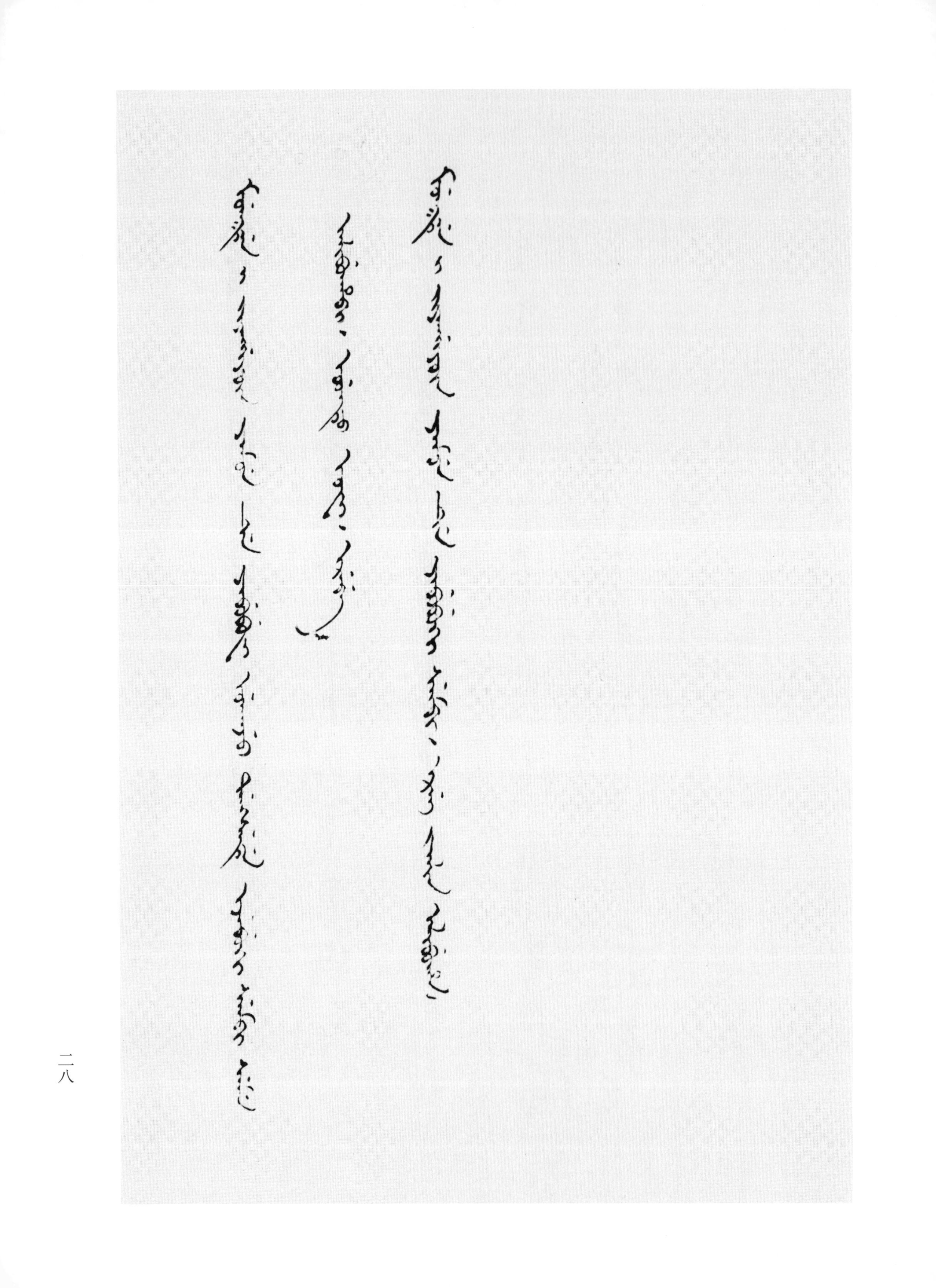

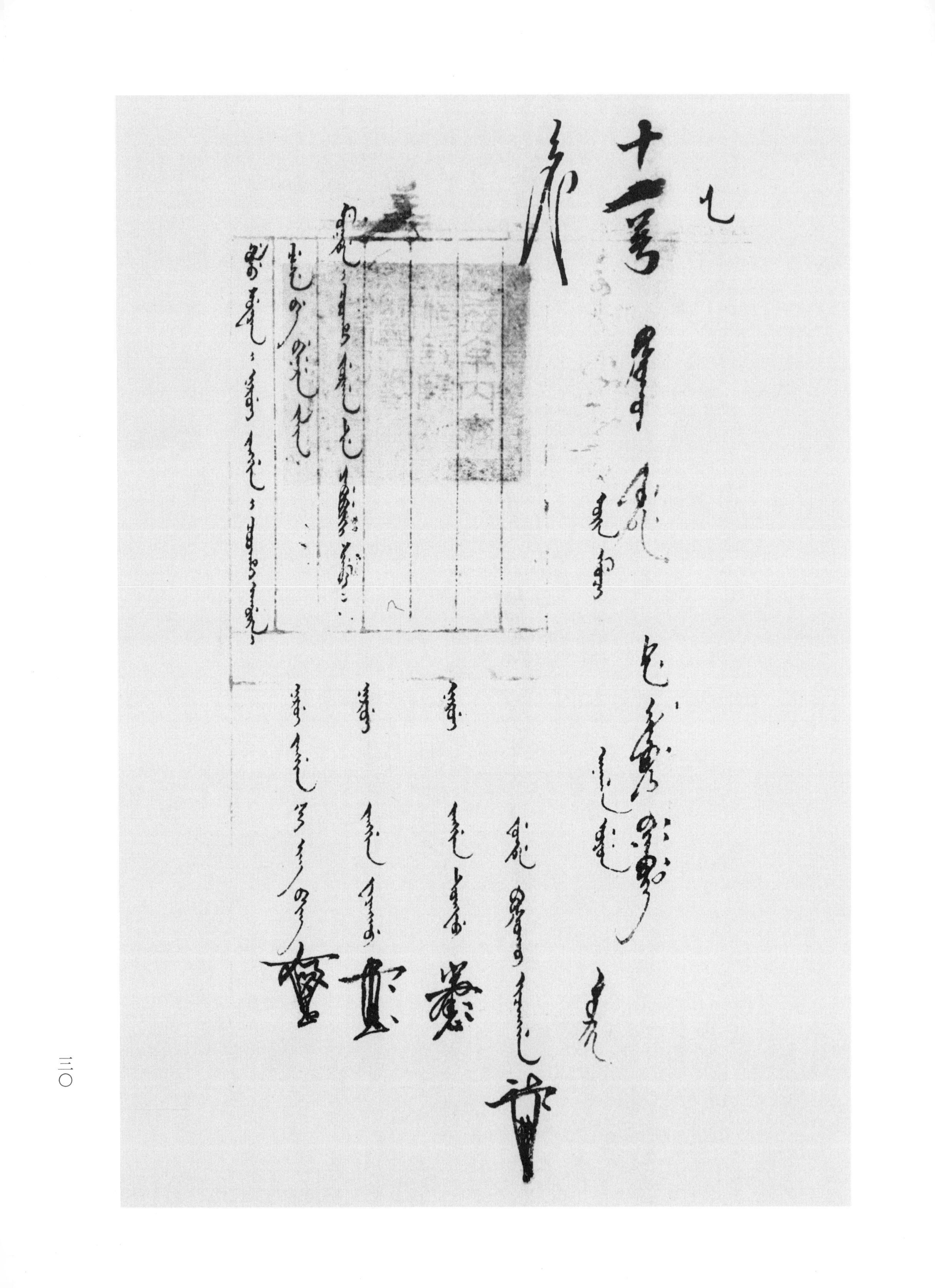

九

十二號

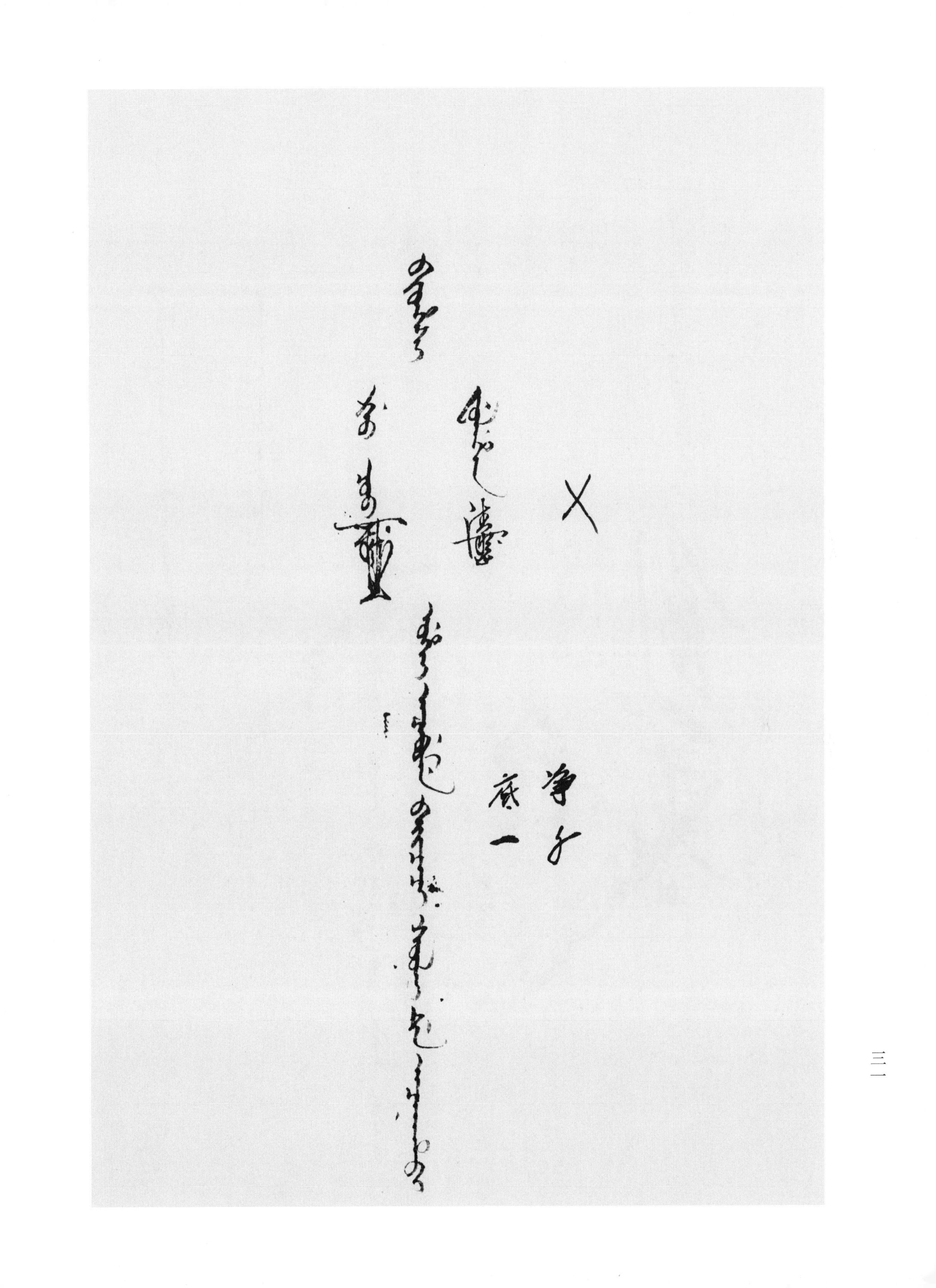

净手

底一

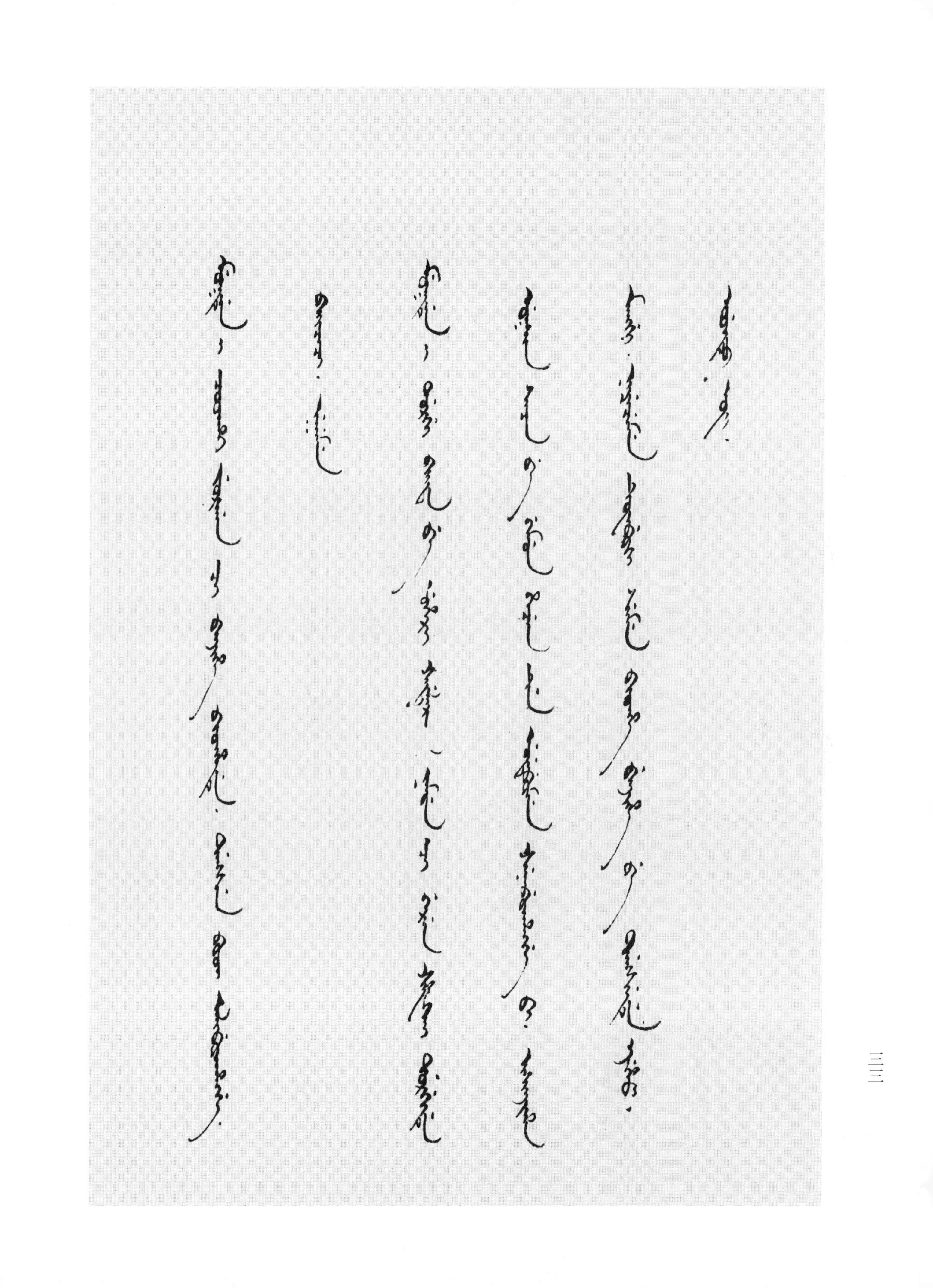

[illegible]

[illegible]

[illegible]

[illegible]

[illegible]

[illegible]

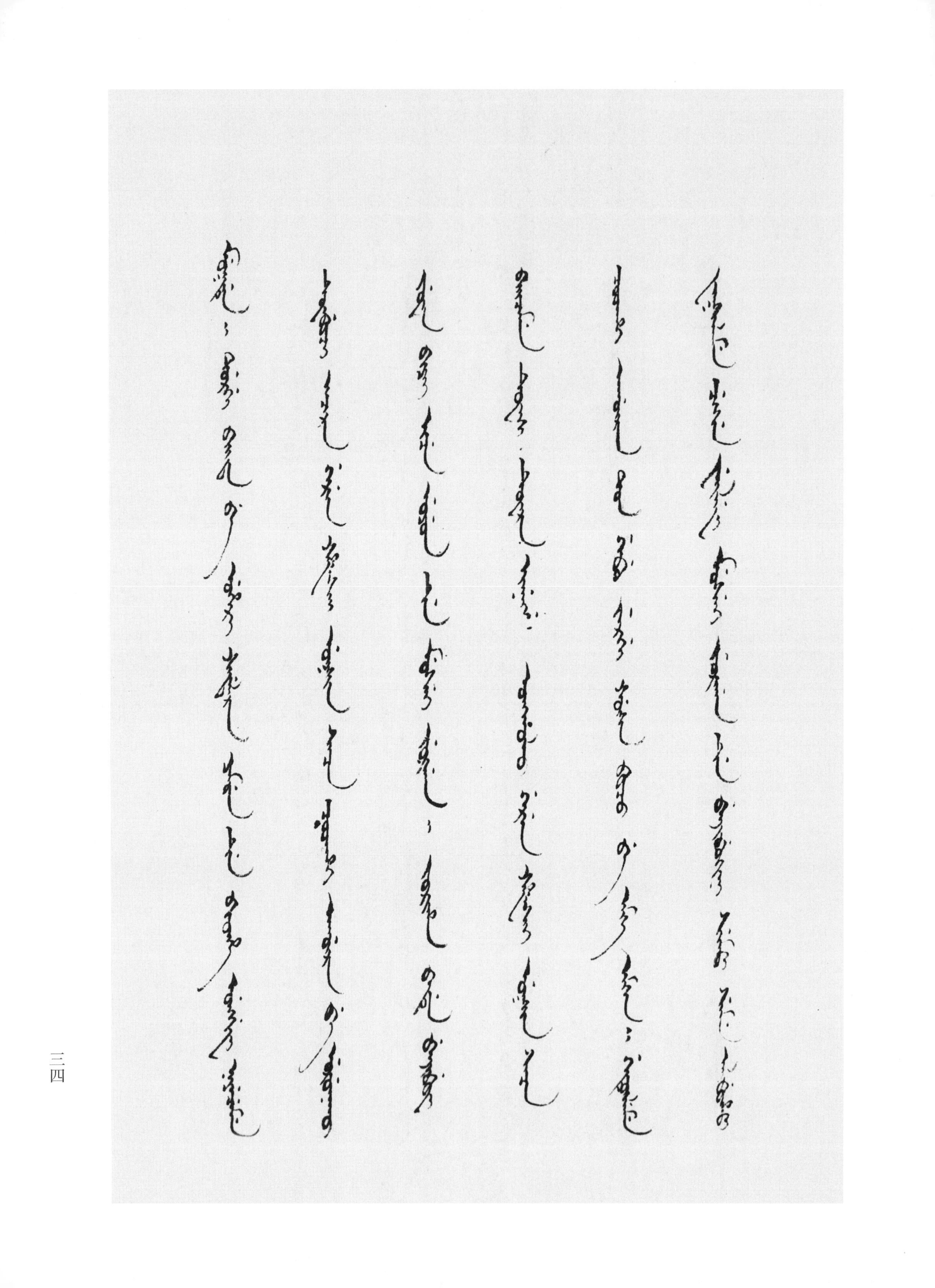

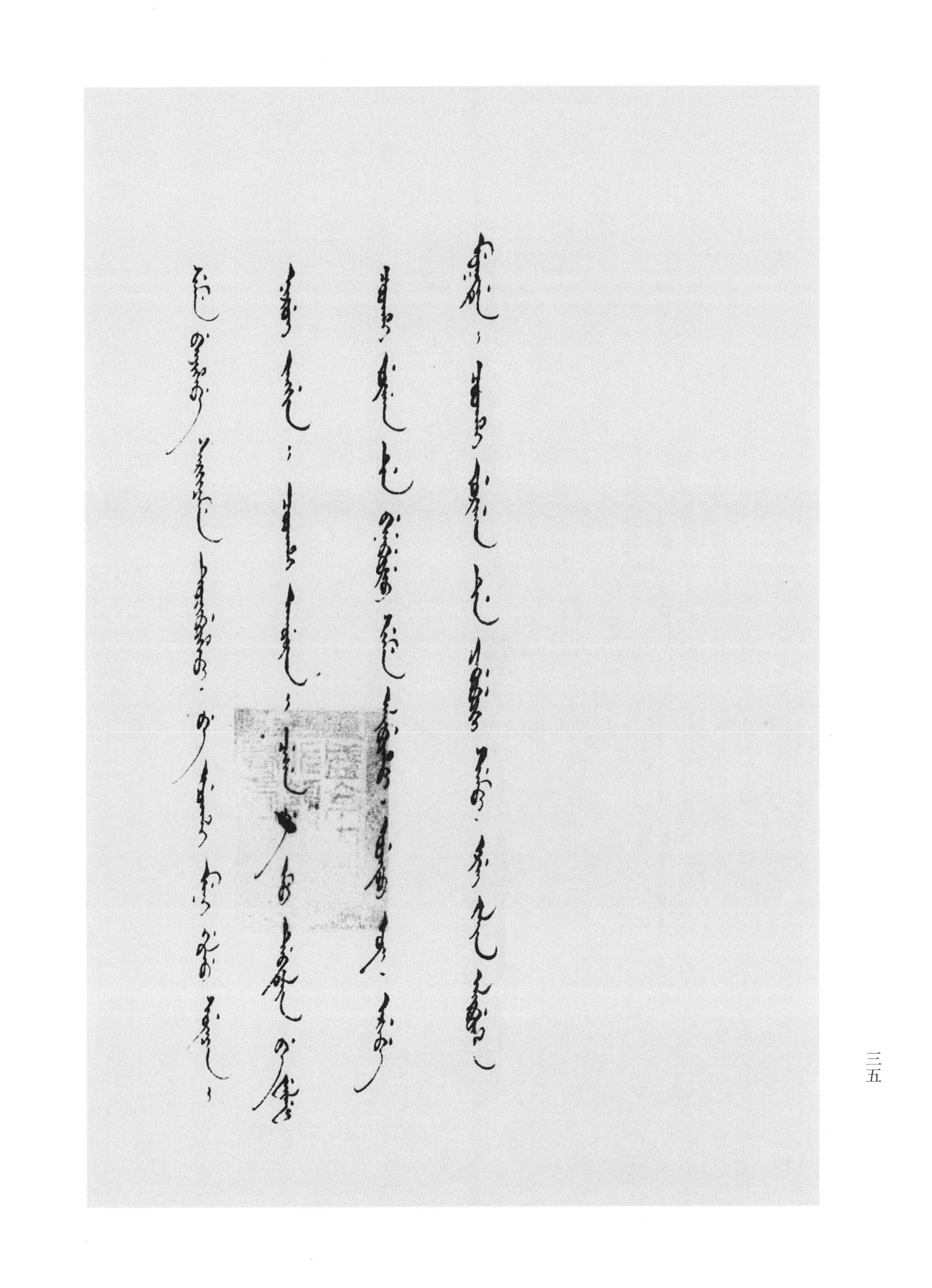

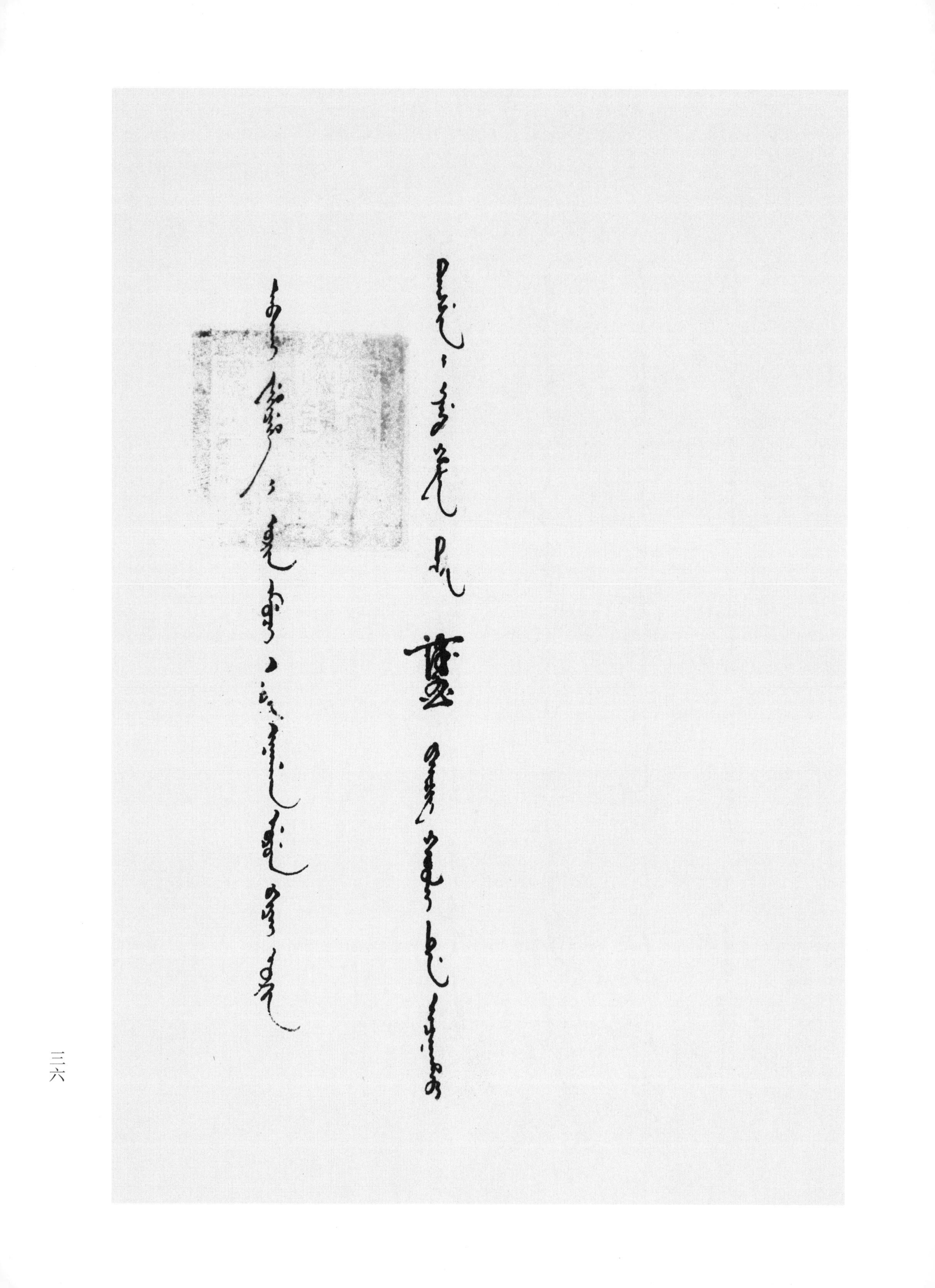

[illegible]

[illegible]

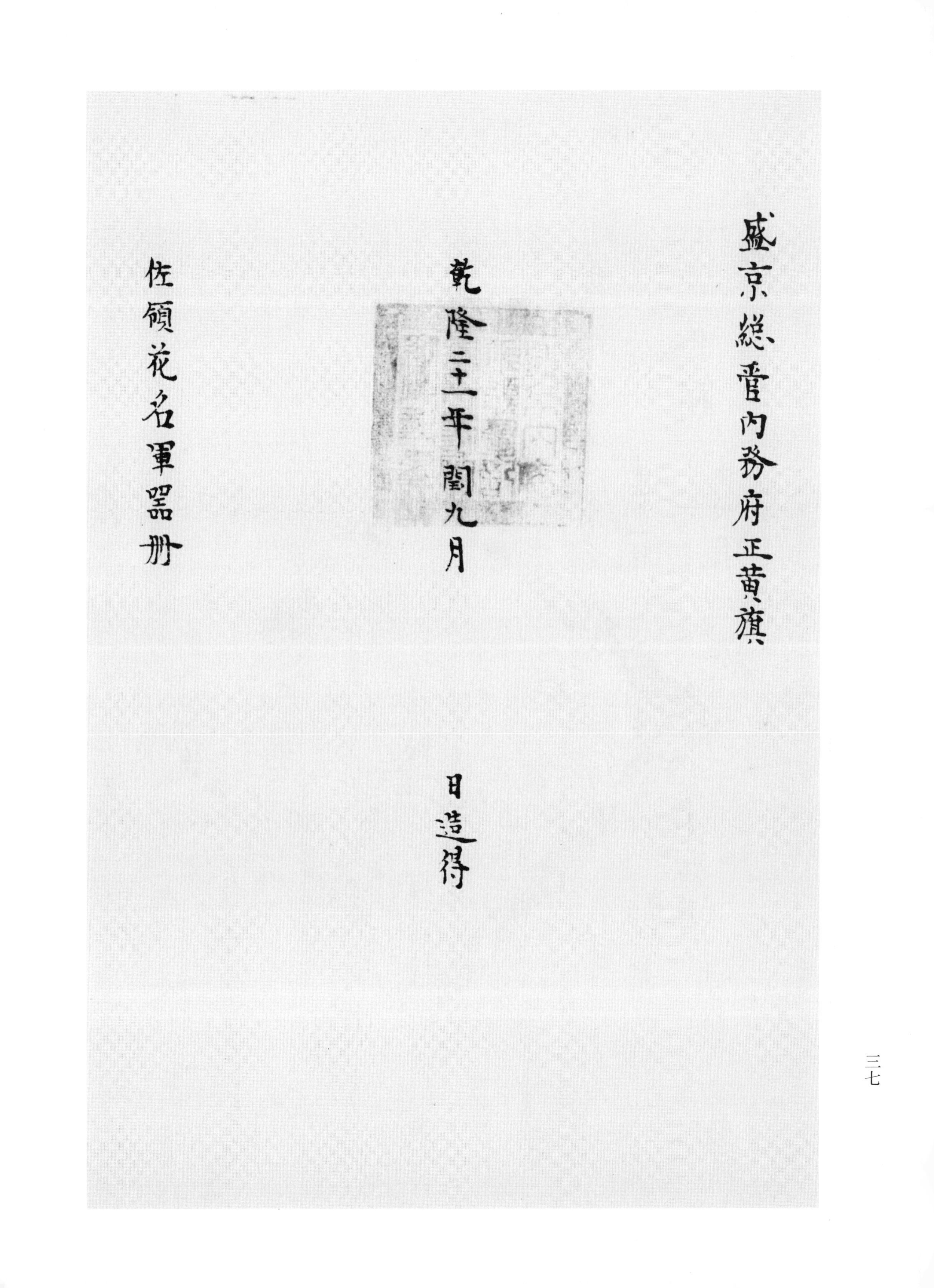

盛京總管內務府正黃旗

佐領花名軍器冊

乾隆二十一年閏九月　日造得

佐領

佟福

盔甲一付

撒袋一付

腰刀一口

箭二百枝

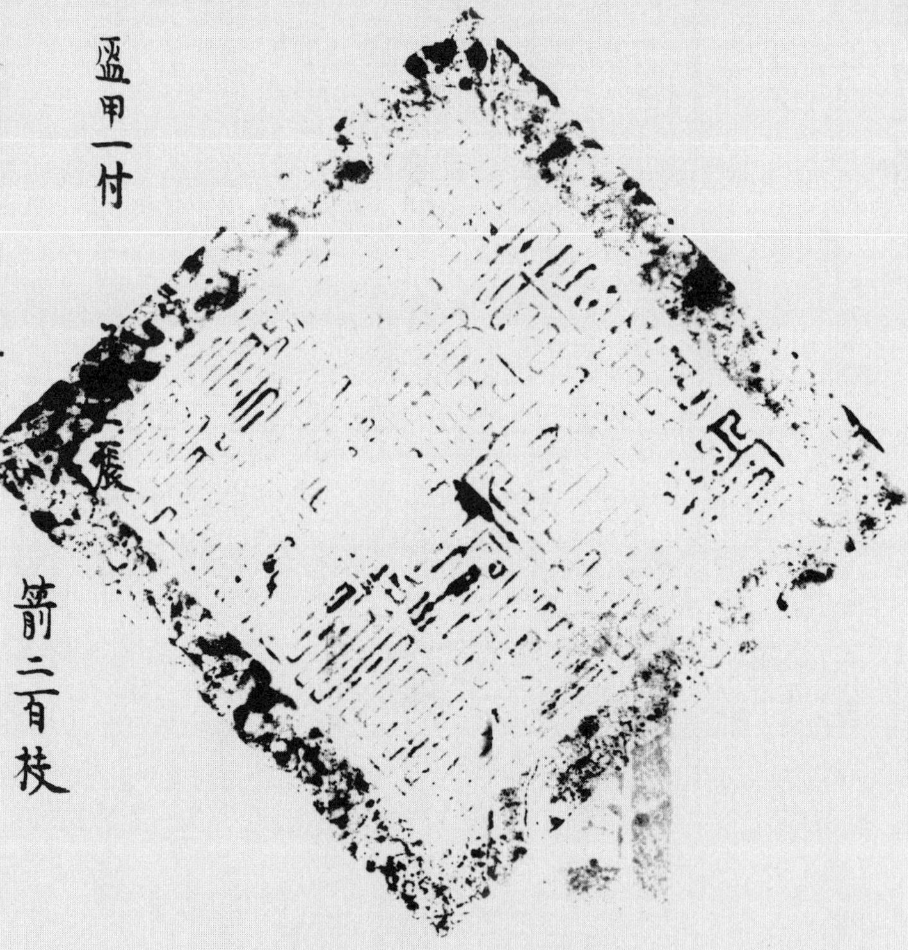

十二号

净文

底一

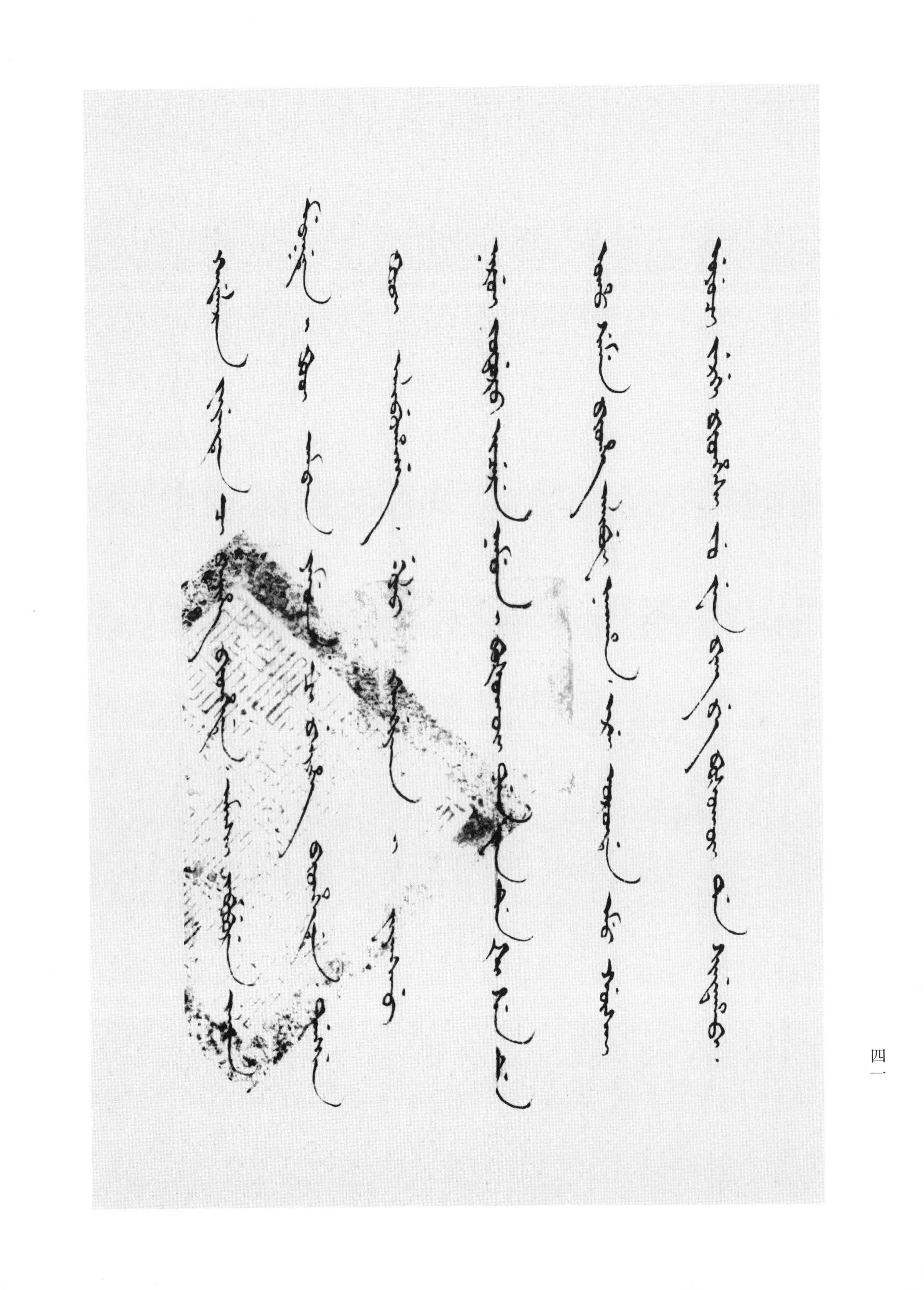

[illegible]

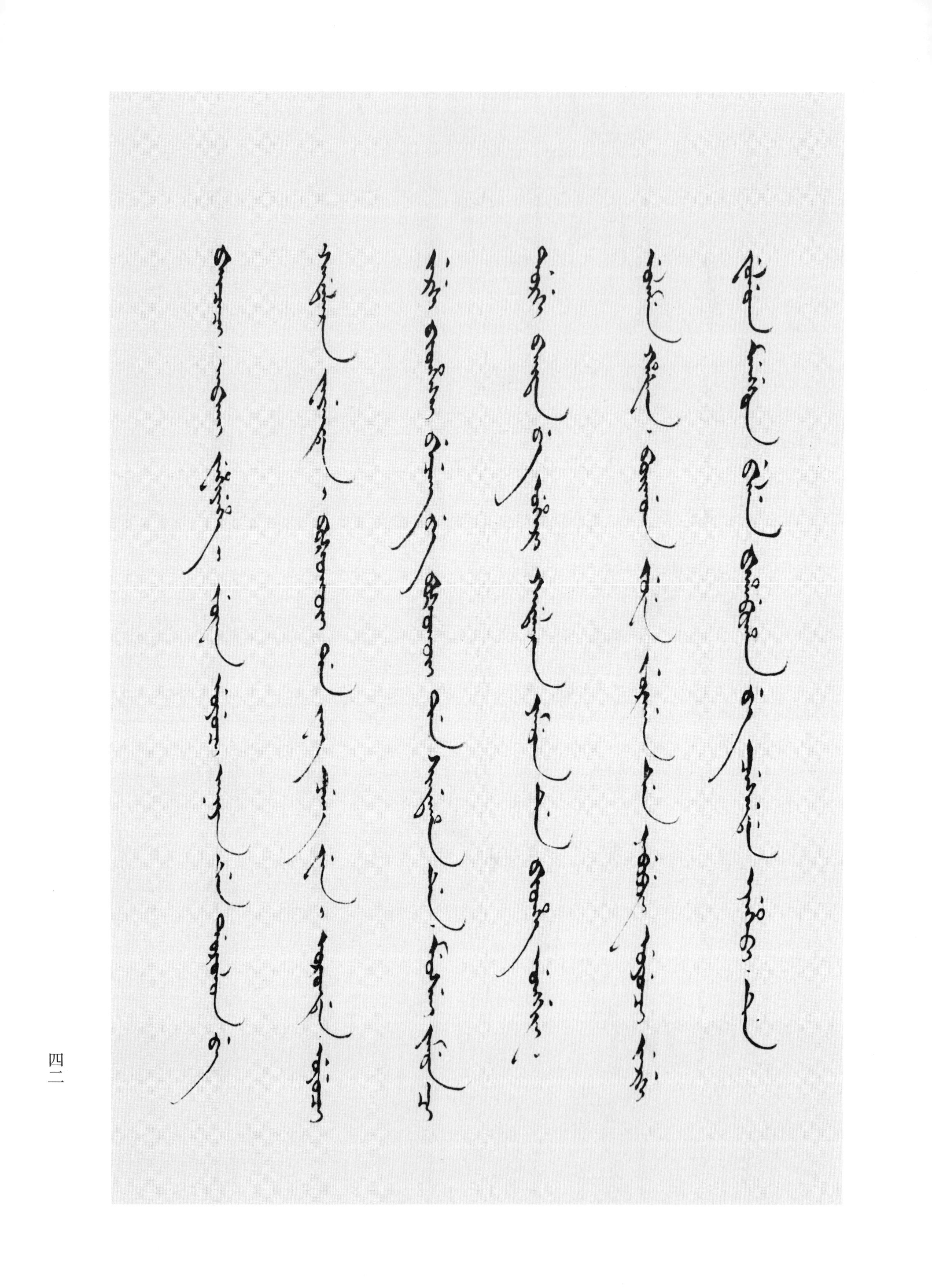

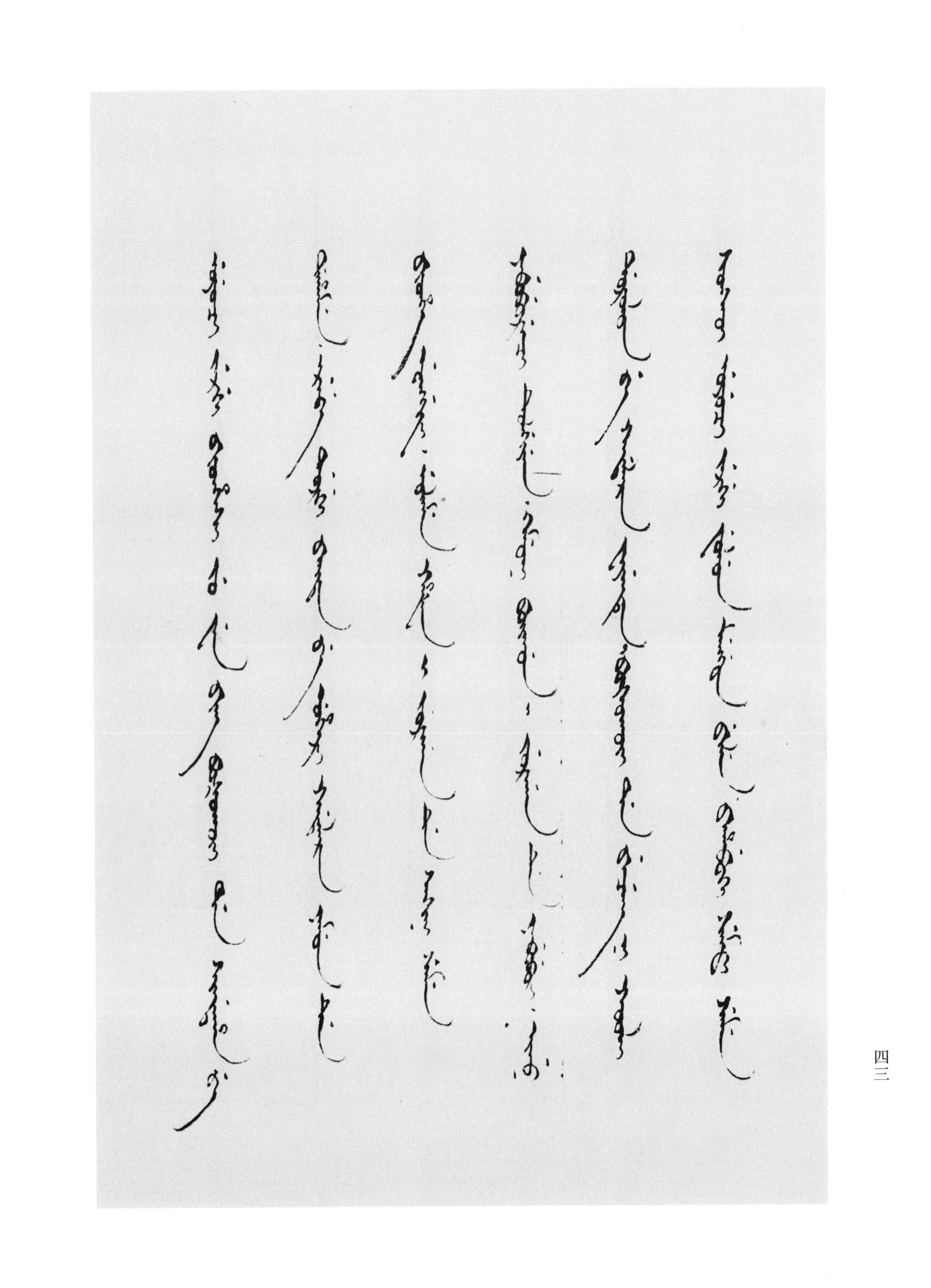

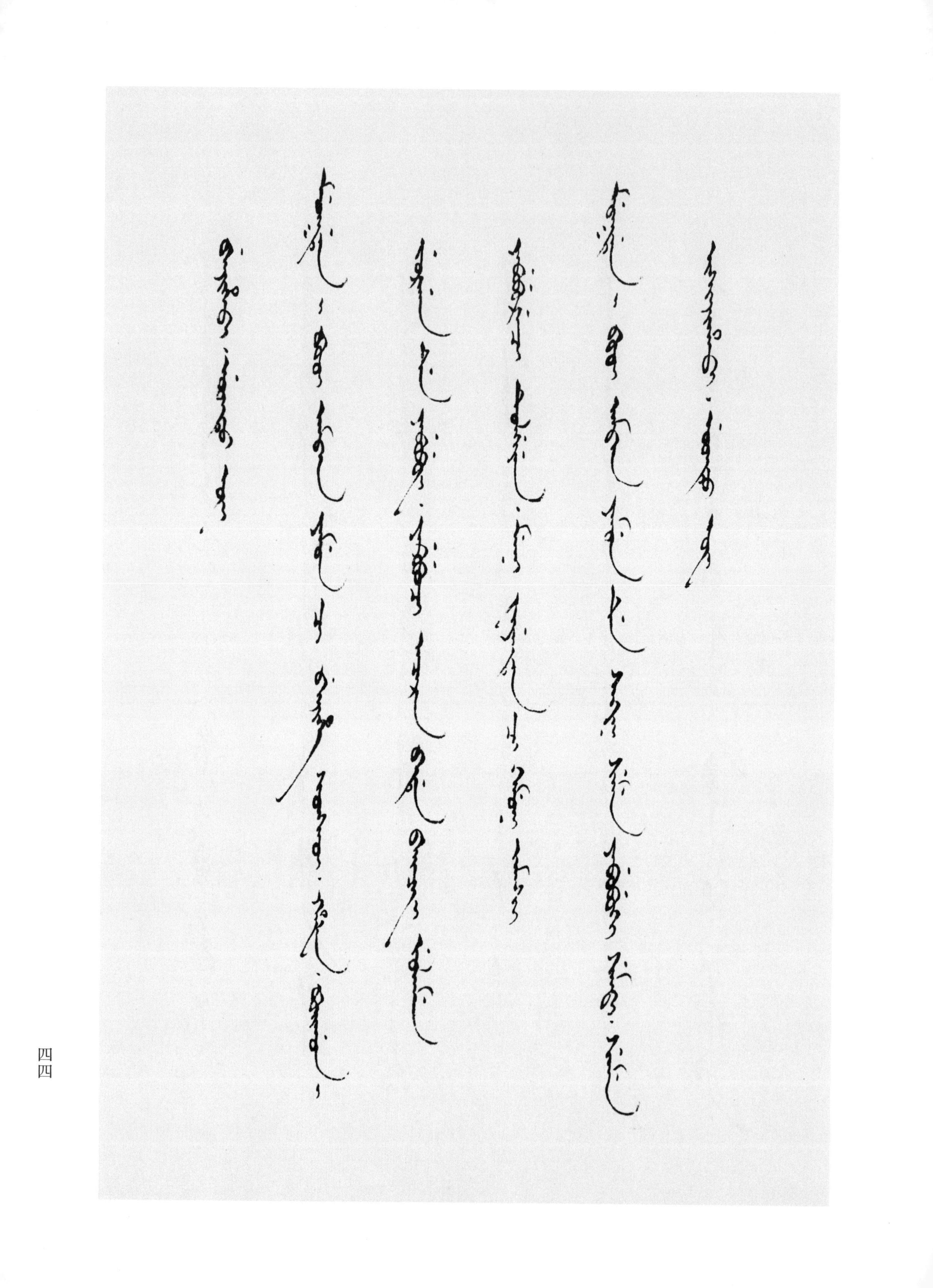

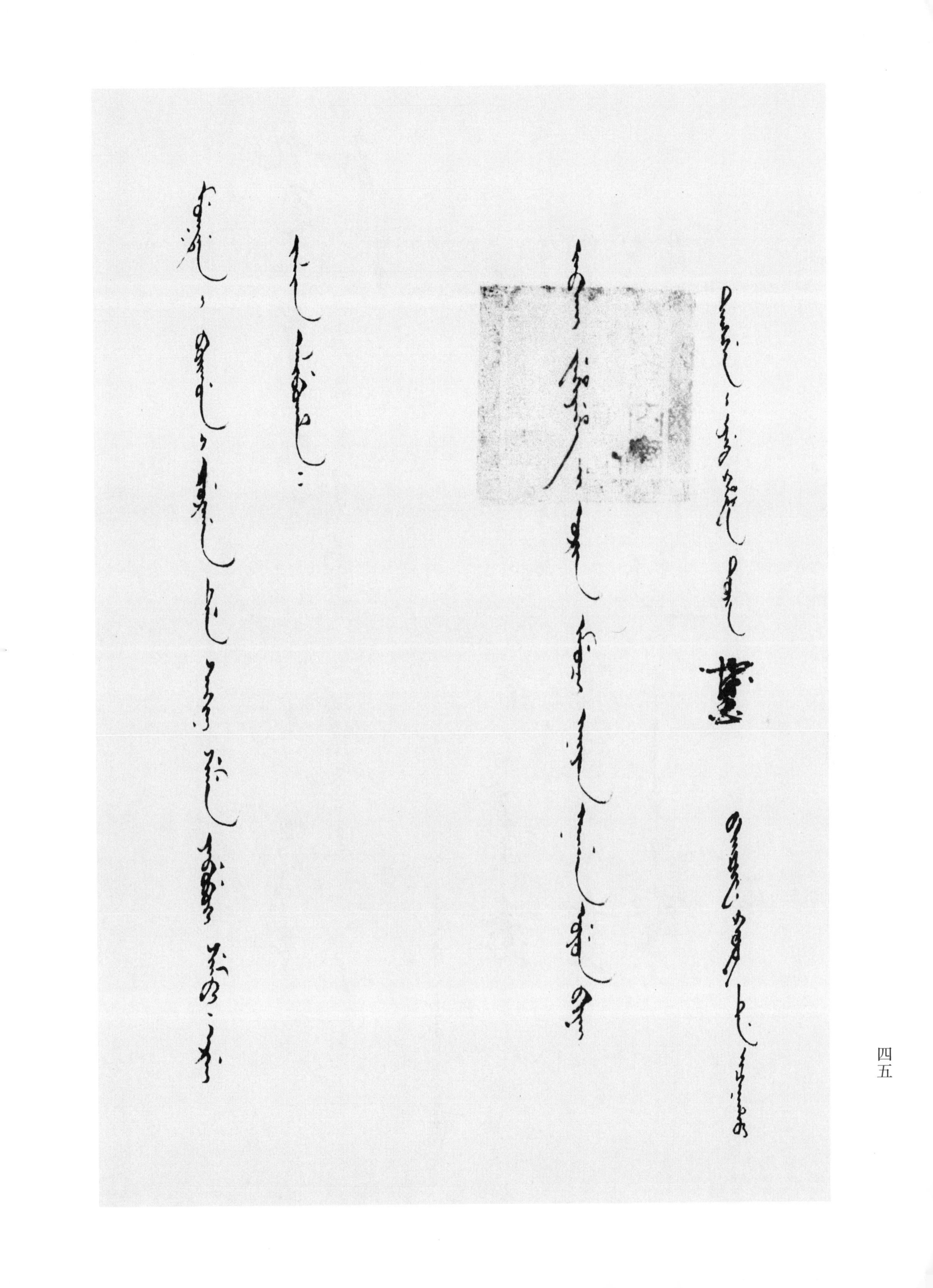

[illegible]

[illegible]

[illegible]

[illegible]

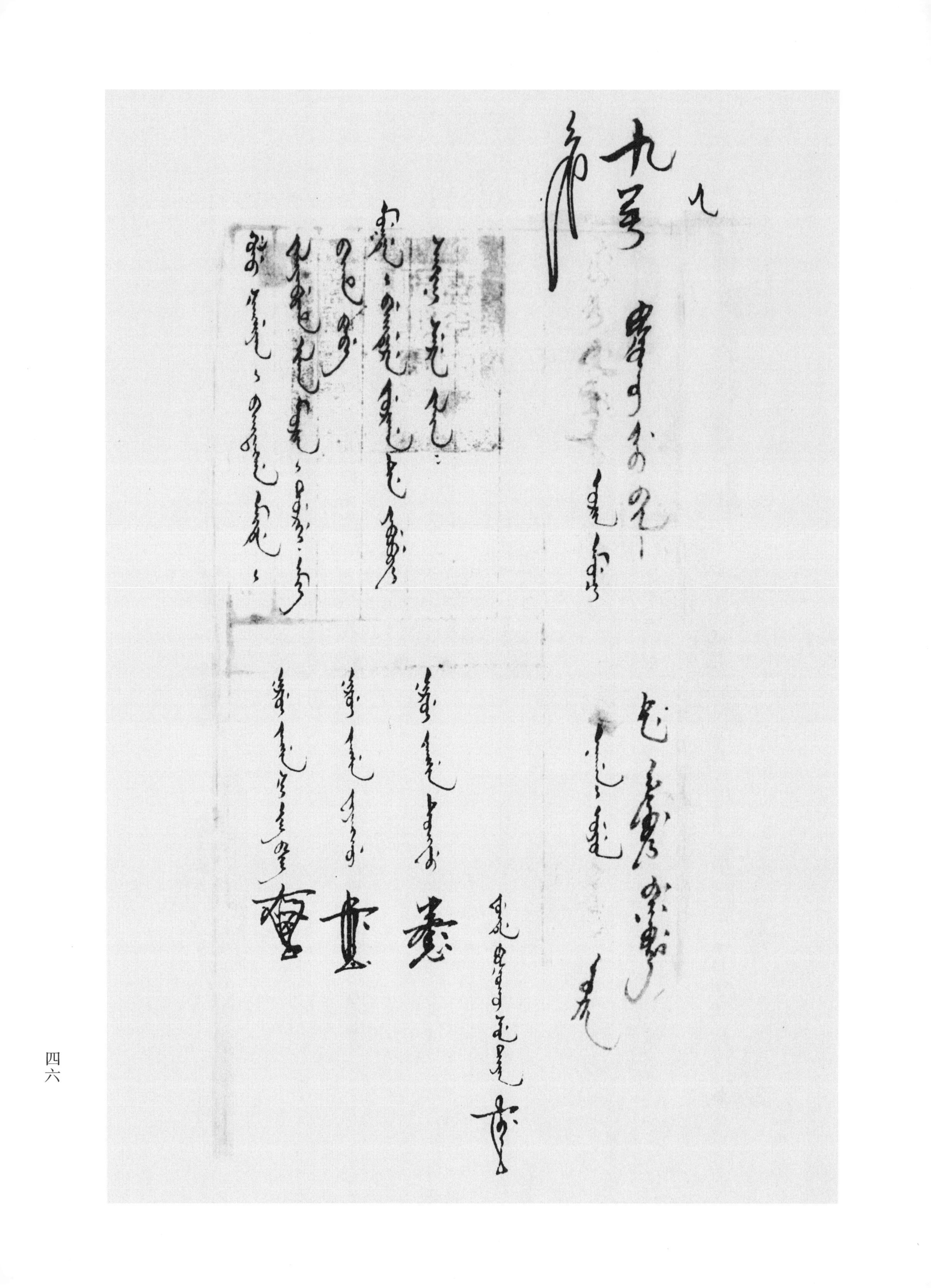

九号

九

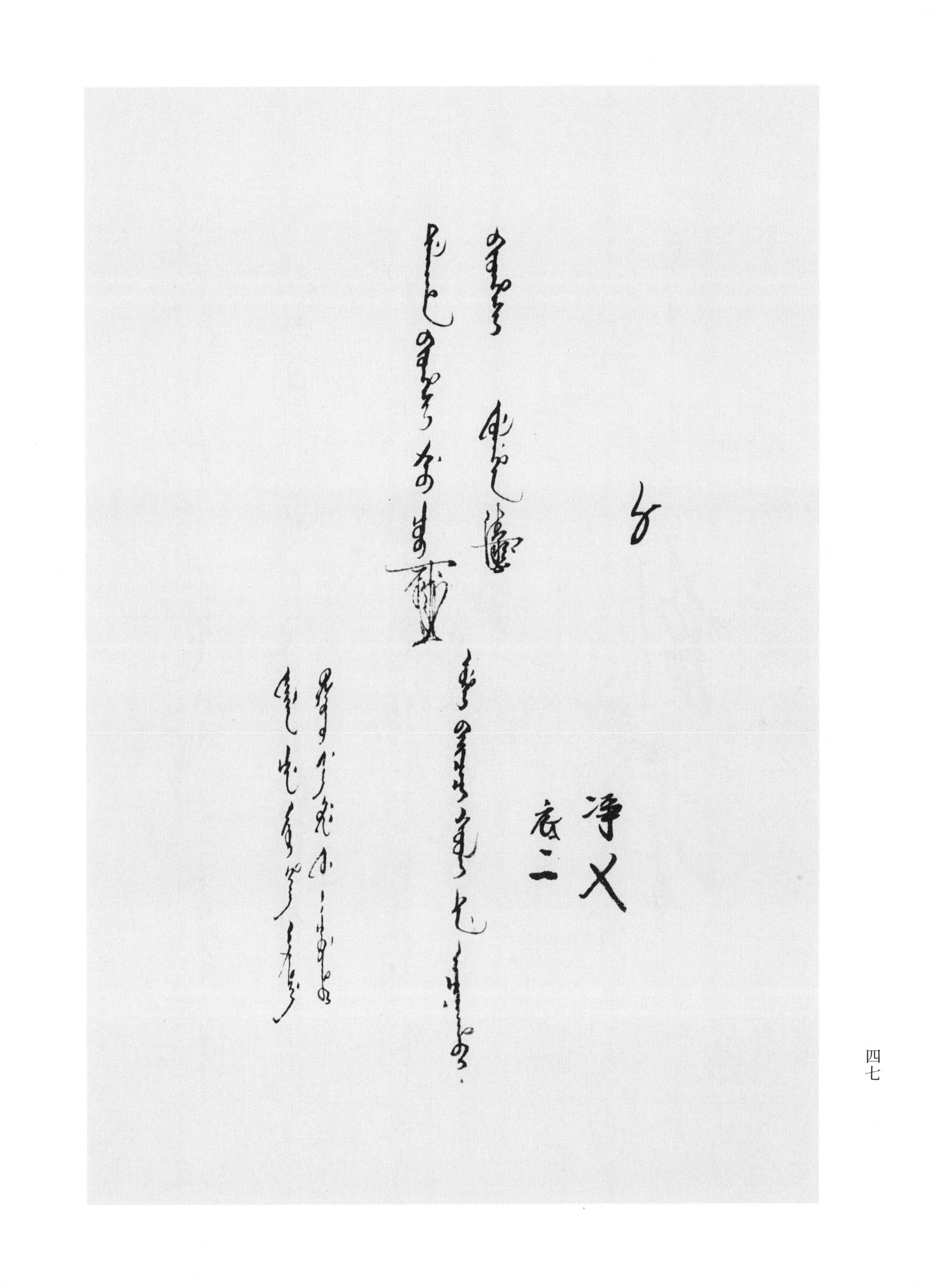

淨乂

底二

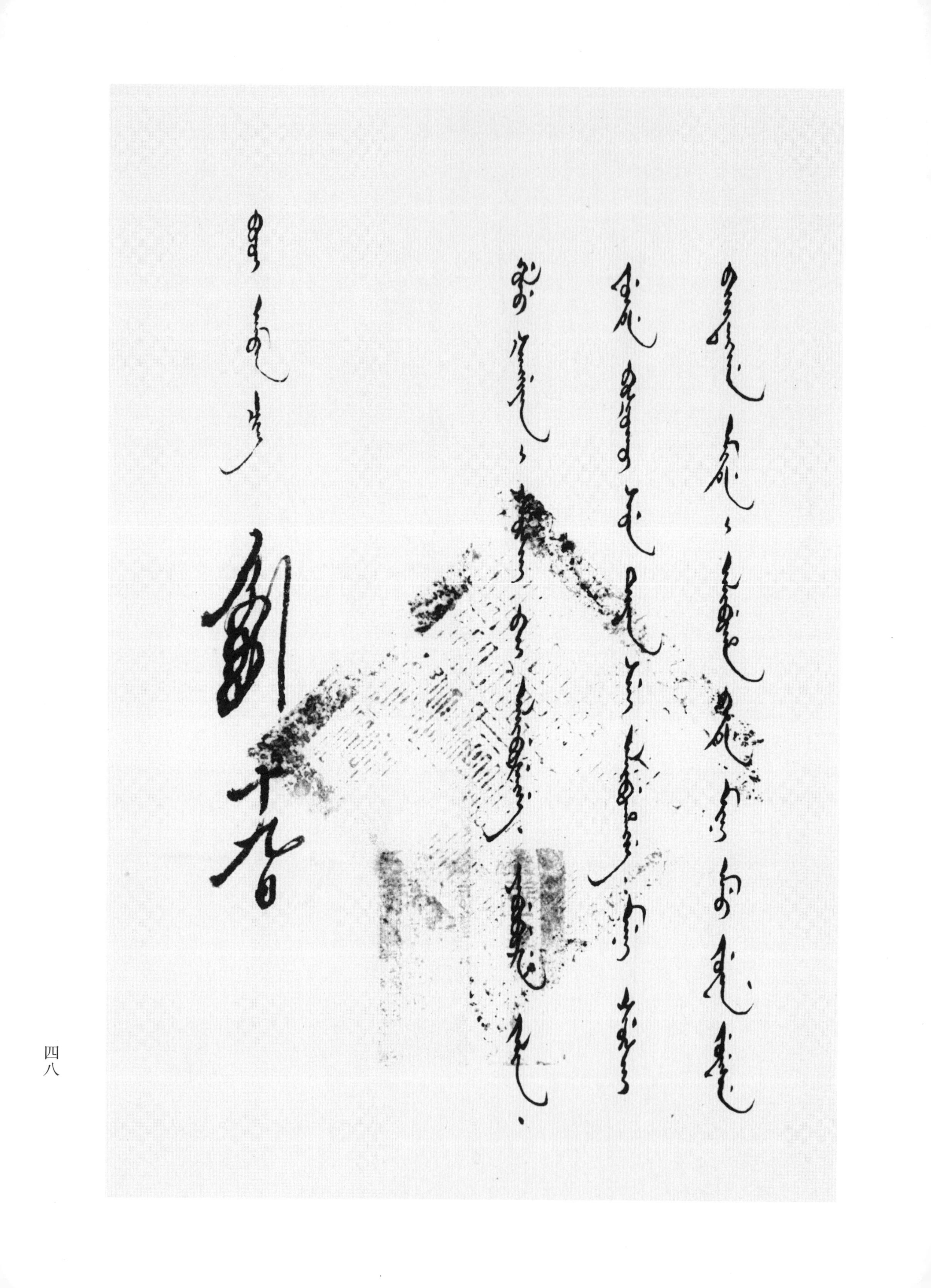

[illegible]

[illegible]

[illegible]

[illegible]

劉[illegible]

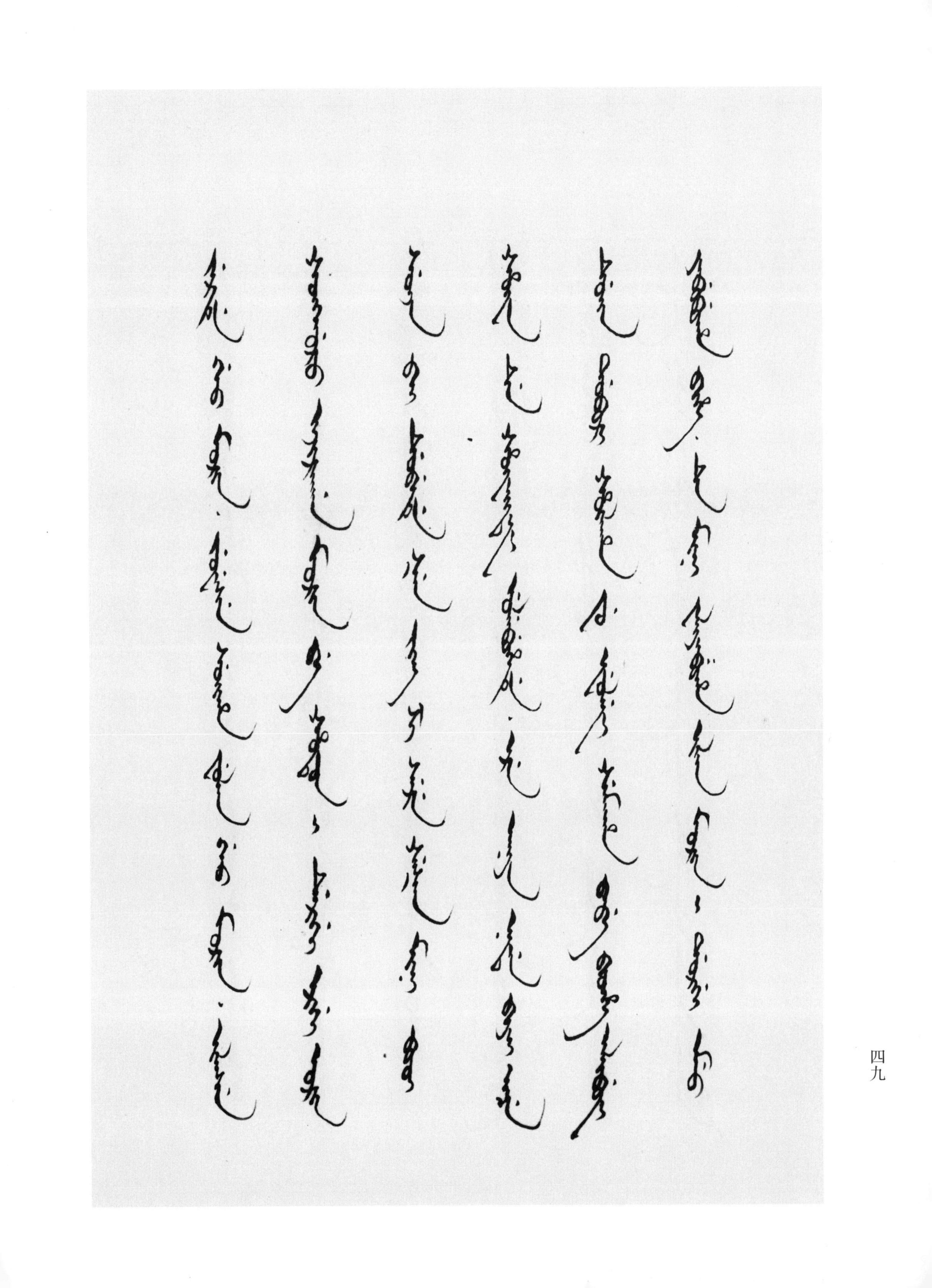

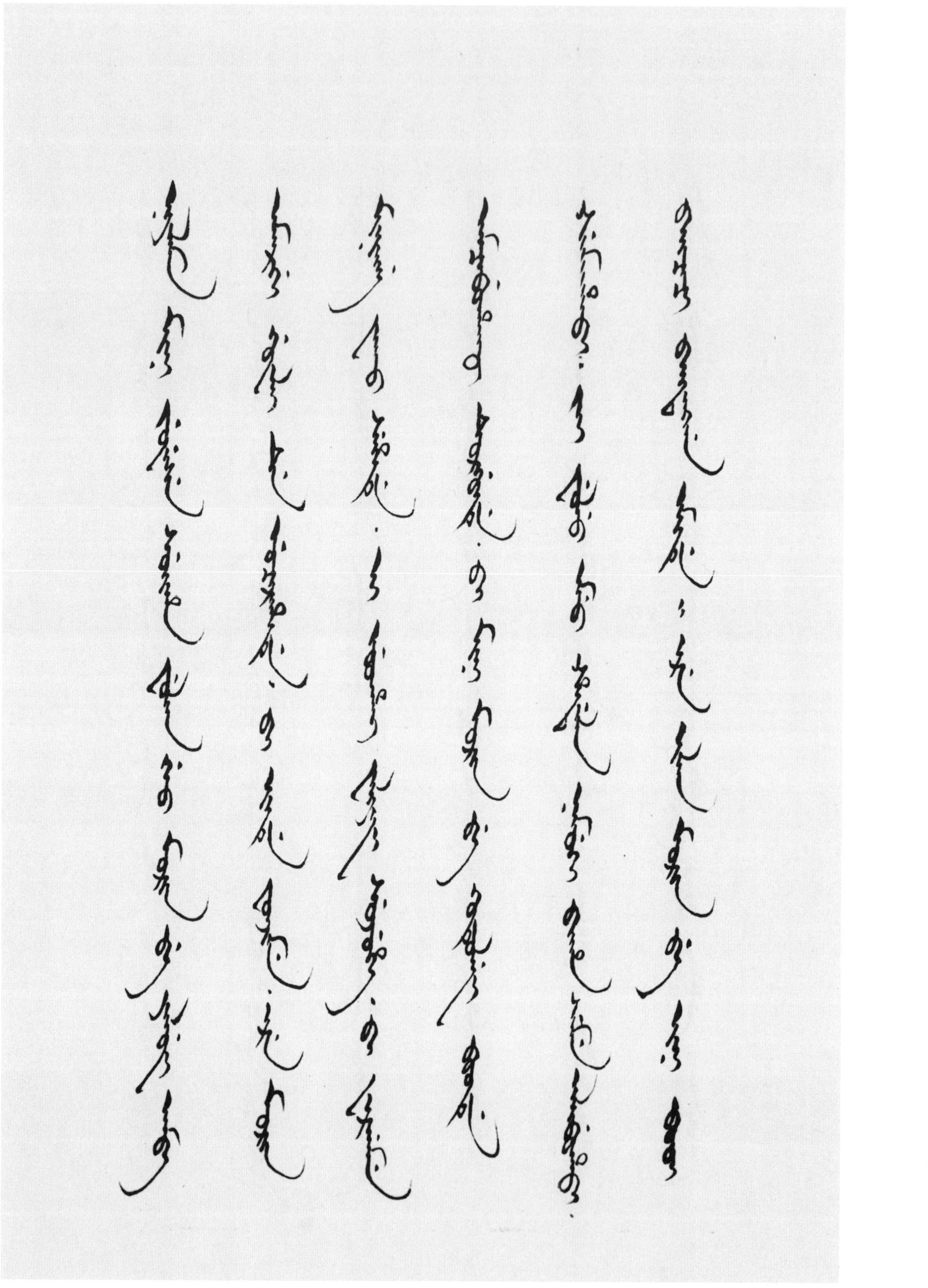

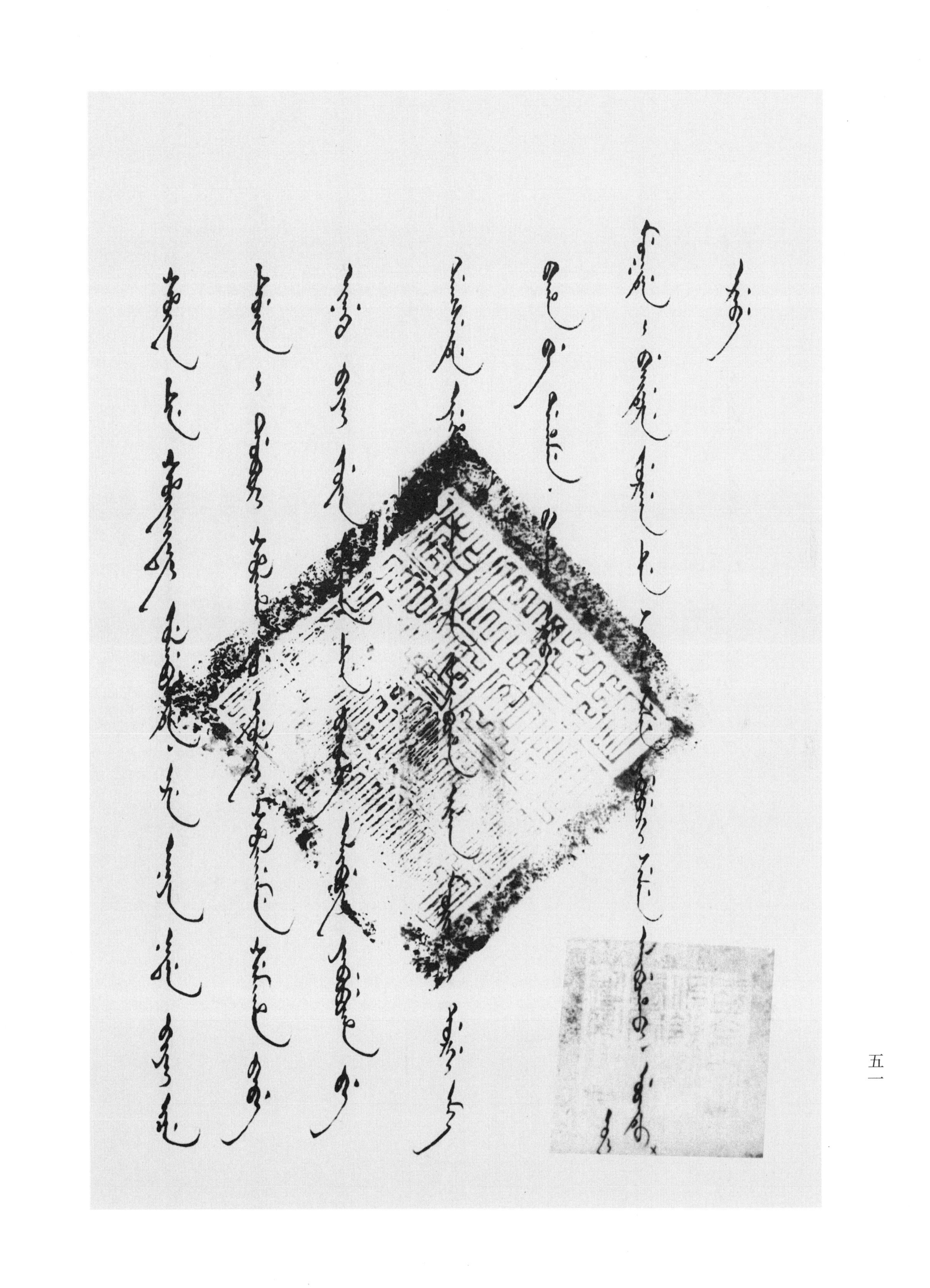

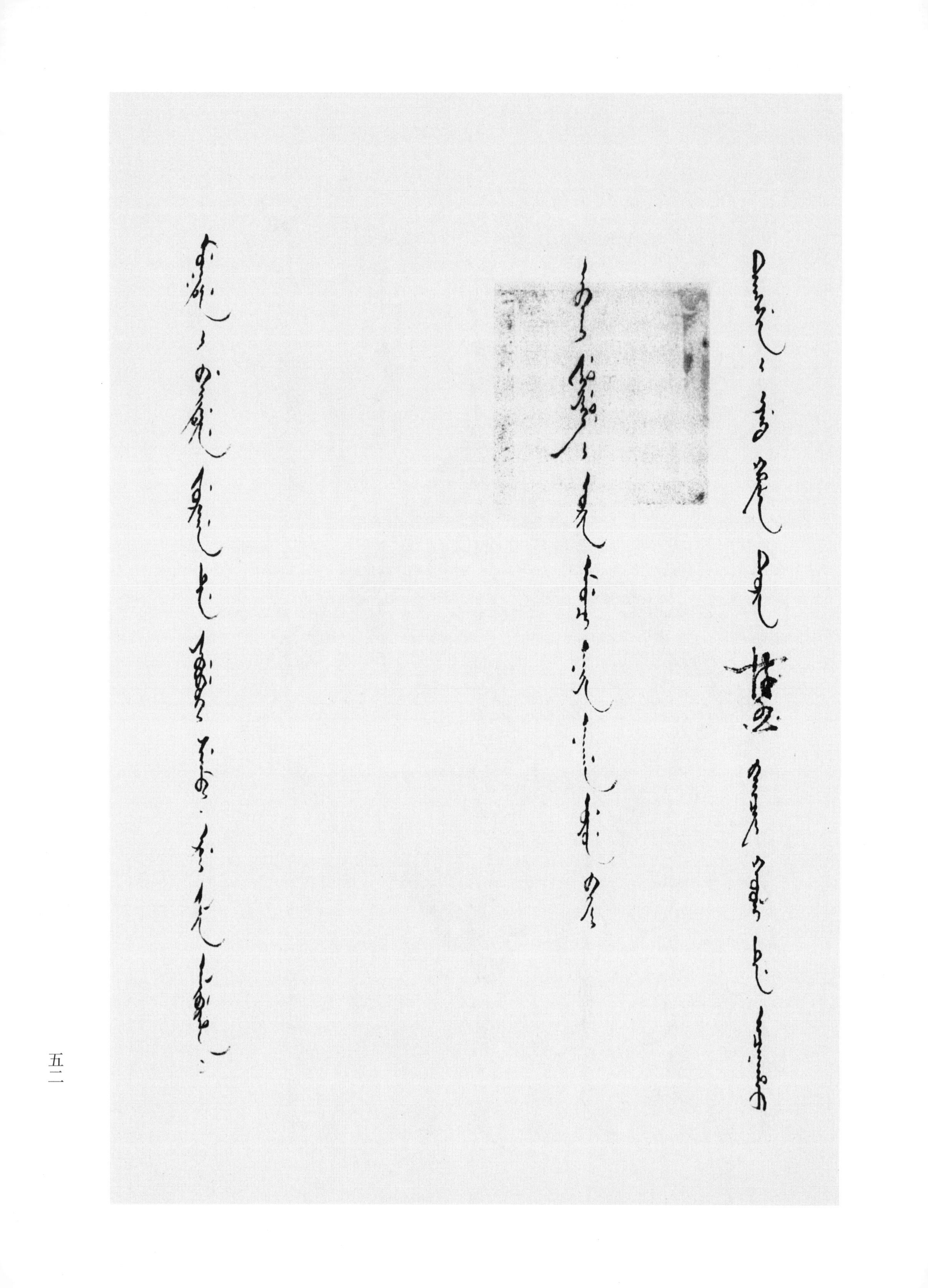

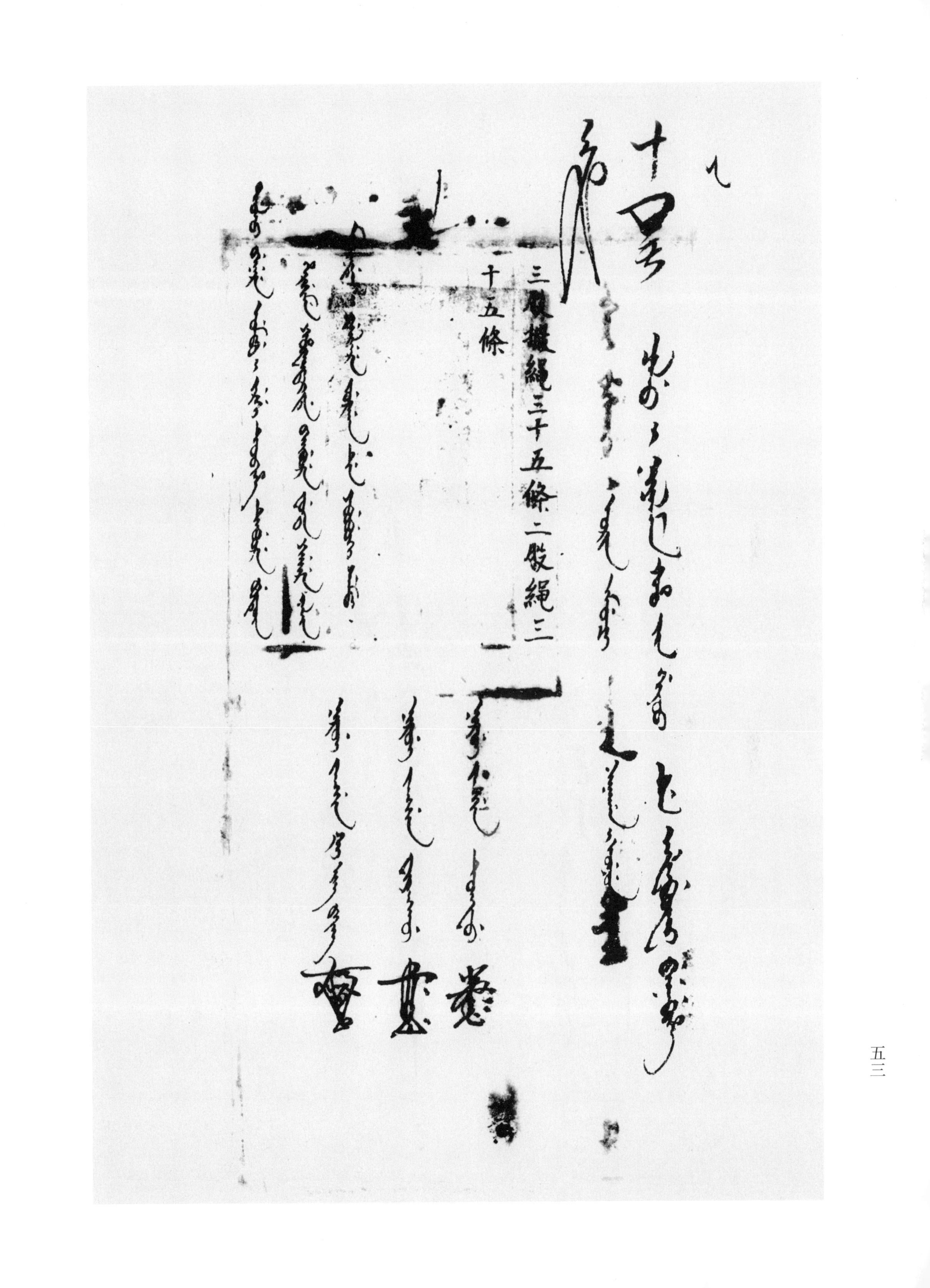

十四号

三股擺縄三十五條二股縄三
十五條

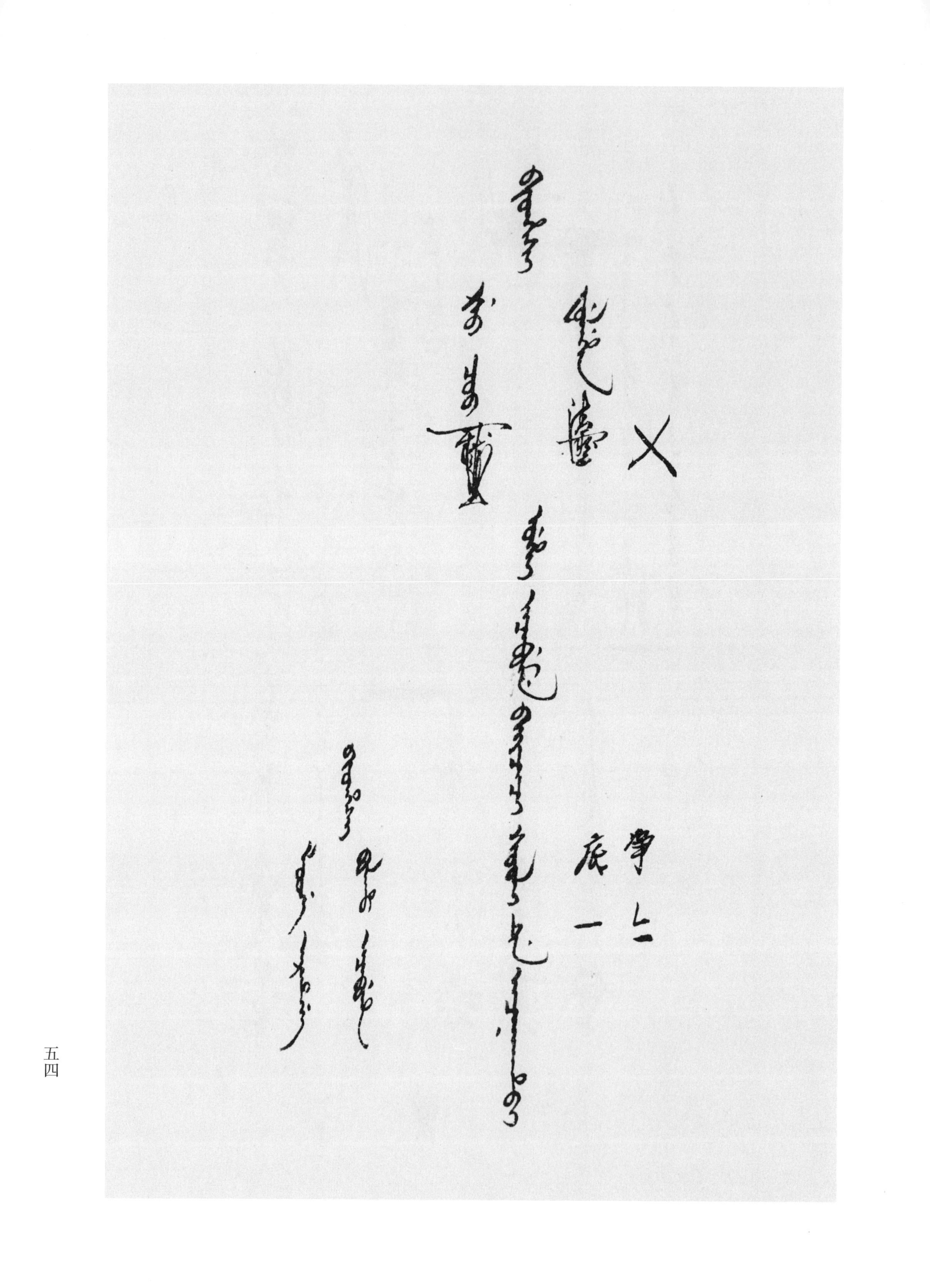

學上

底一

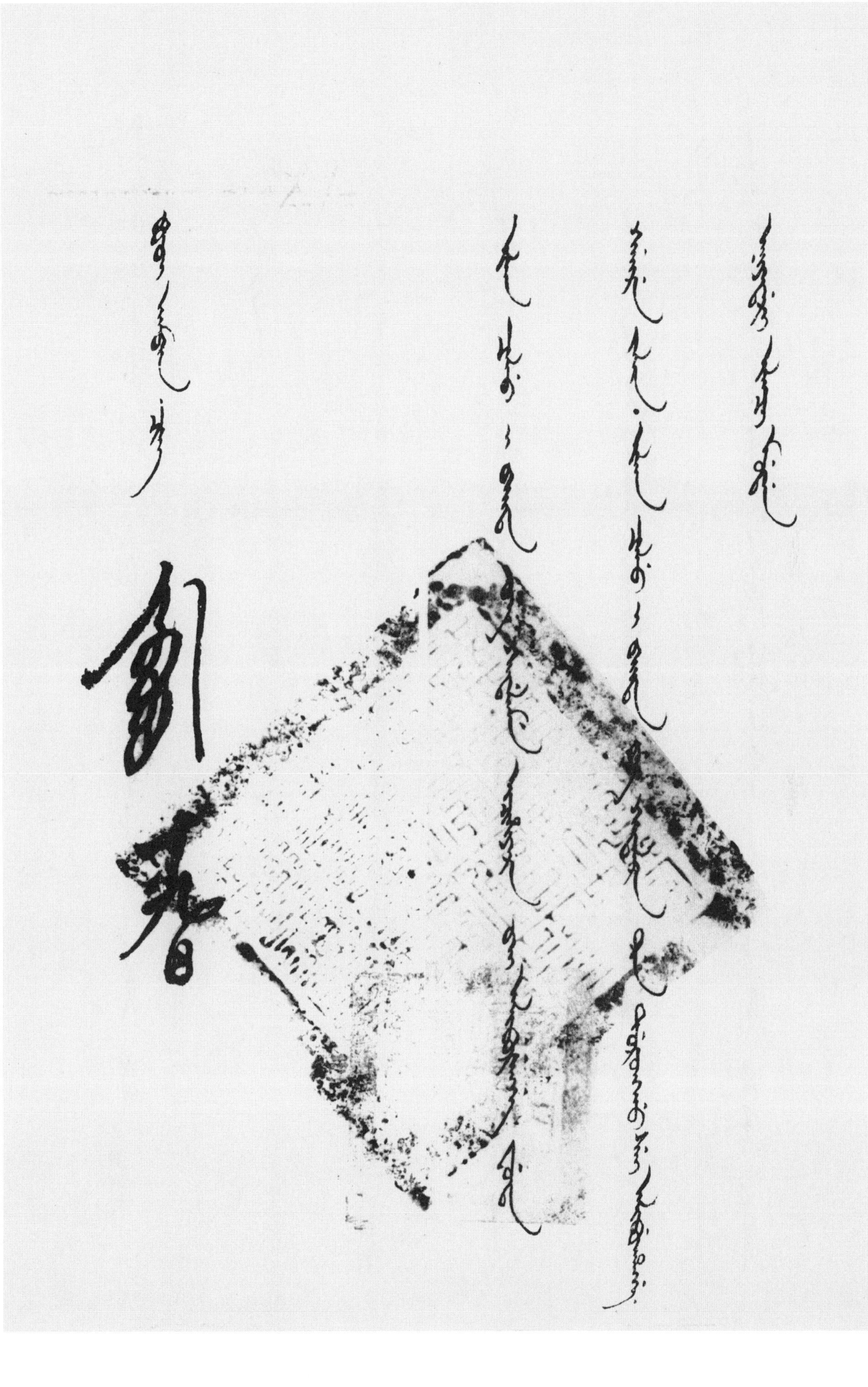

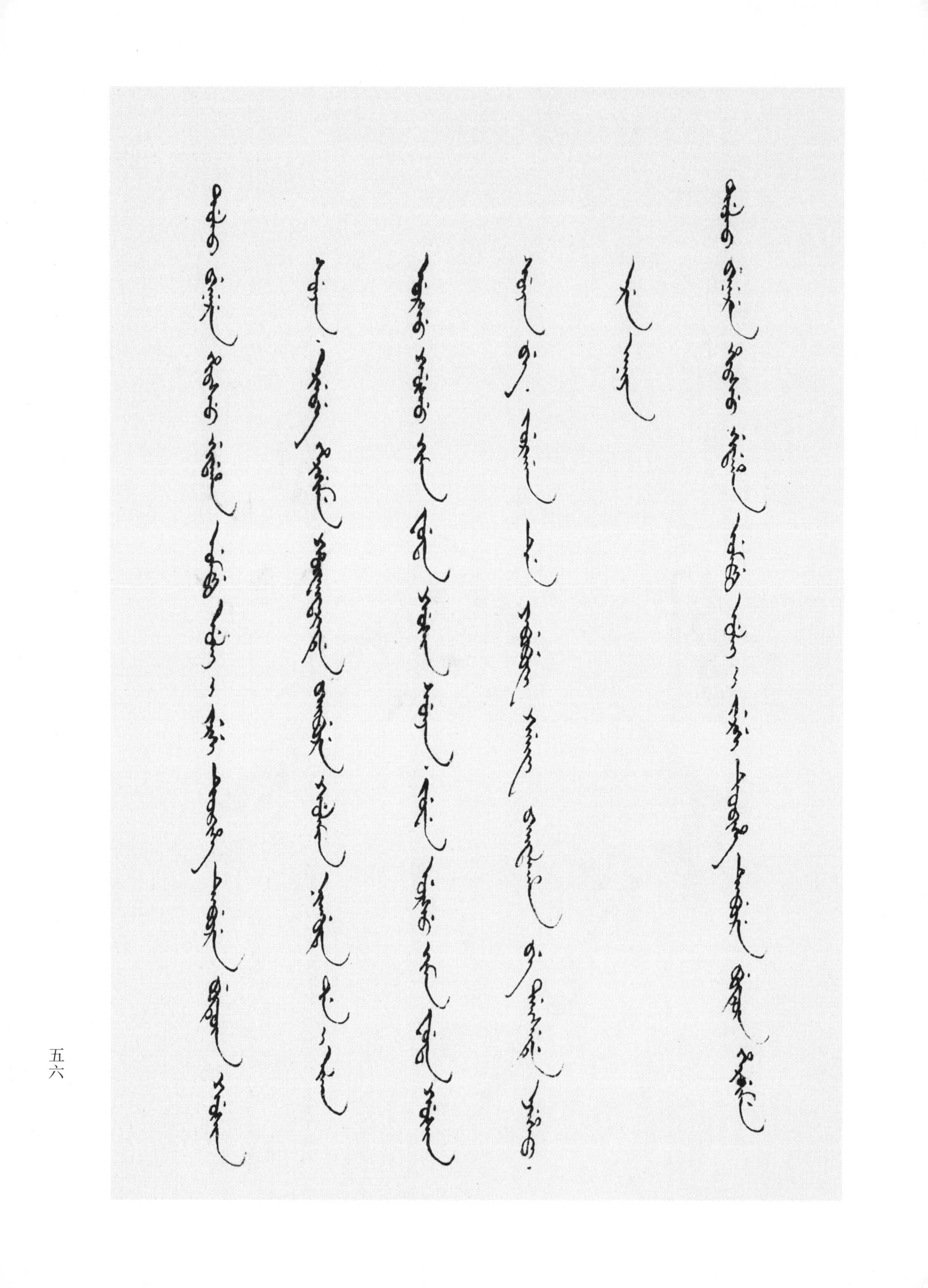

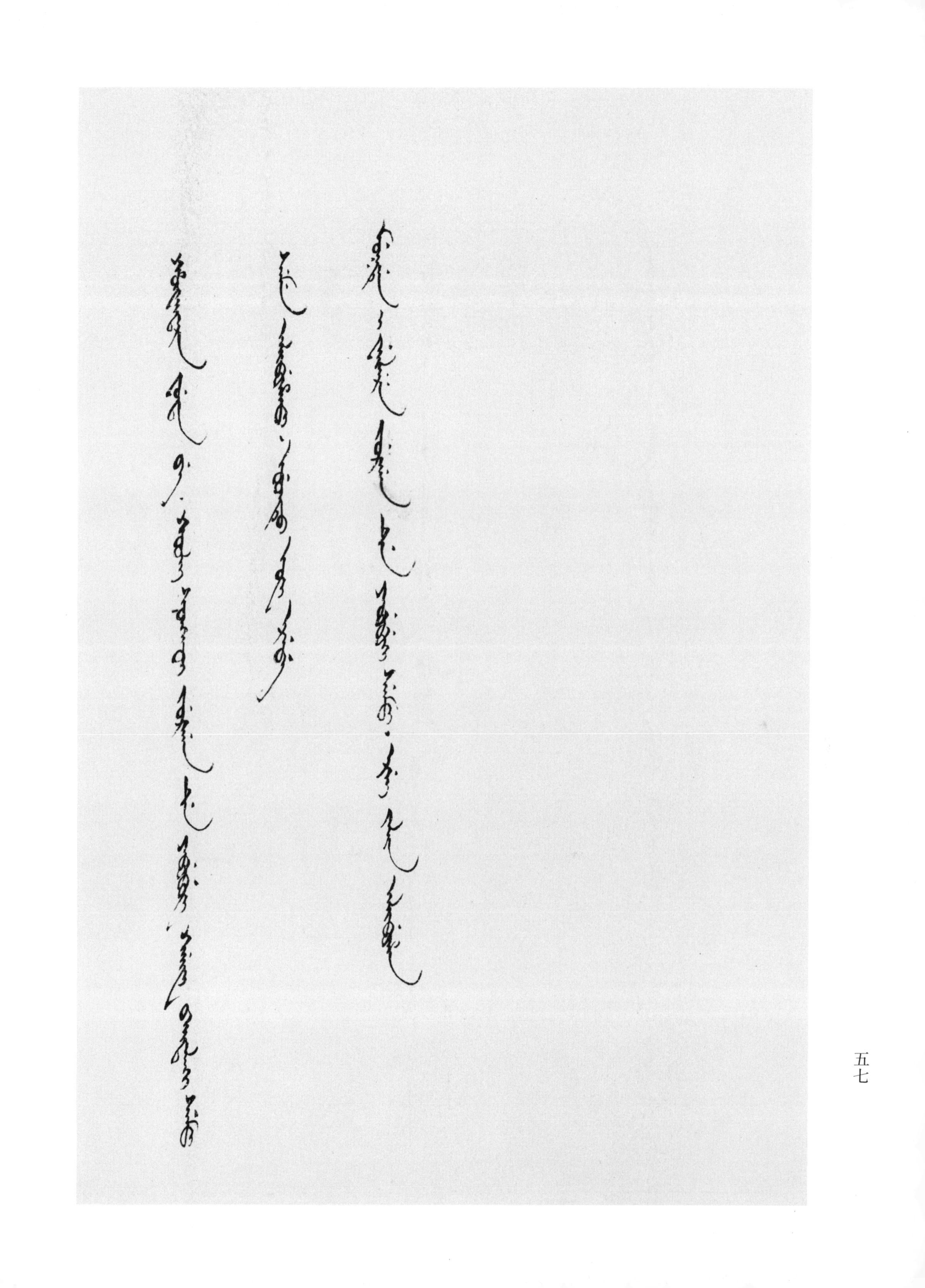

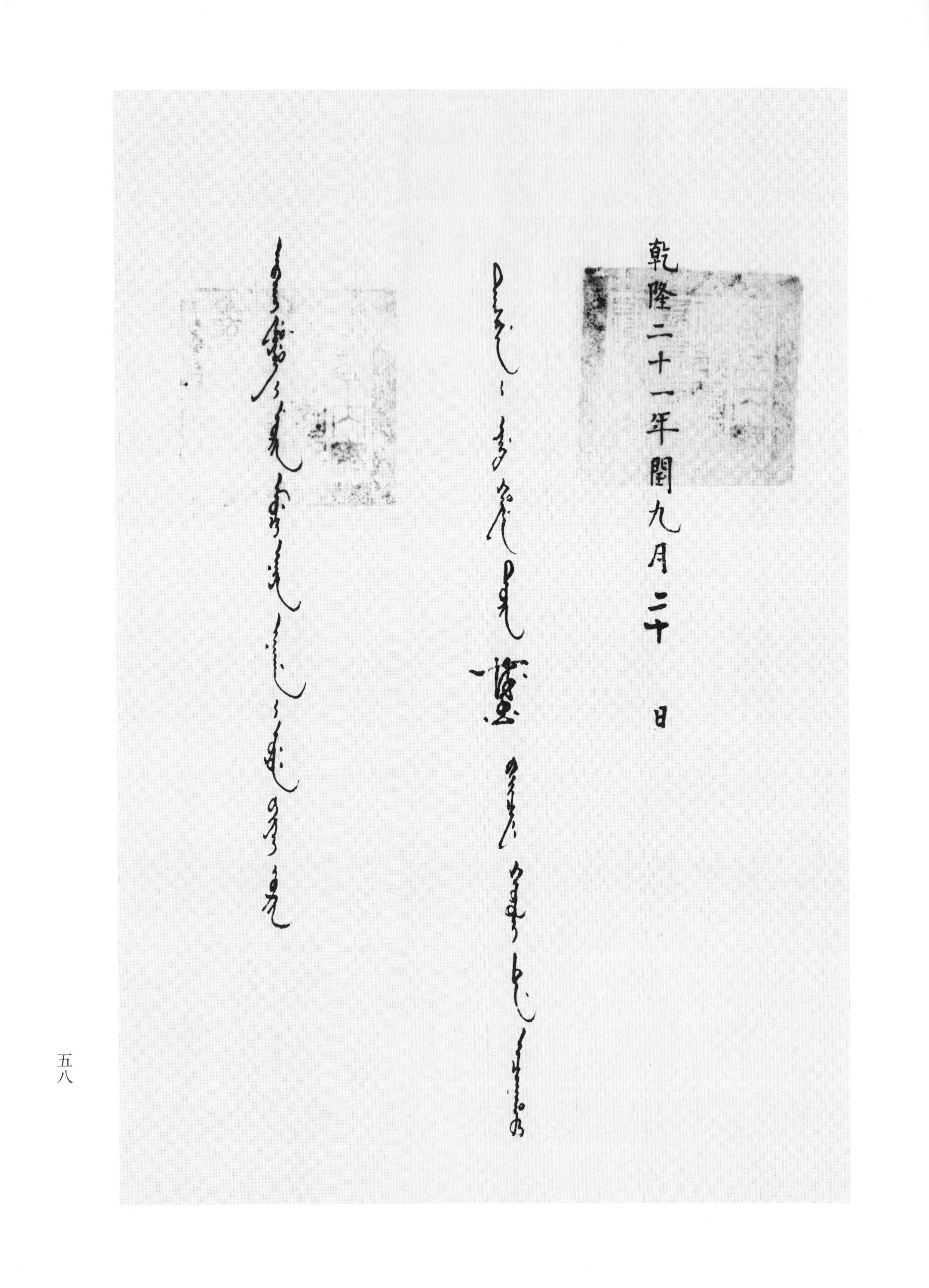

乾隆二十一年閏九月二十　日

管理三倉事務處呈爲咨取繩觔事據管理三倉事務達
多隆吾等呈稱歷年貢送三次盛裝
上用山里紅花紅等項菓品瓶三十五個紮縛需用長六庹三股
蘇蘇撒繩三十五條兩股蘇蘇繩三十五條咨部領取應用在
案今年貢送盛裝
上用山里紅花紅等項菓品瓶紮縛需用繩觔祈爲照例咨部
領取應用等情據此相應咨行
盛京工部可也爲此上呈

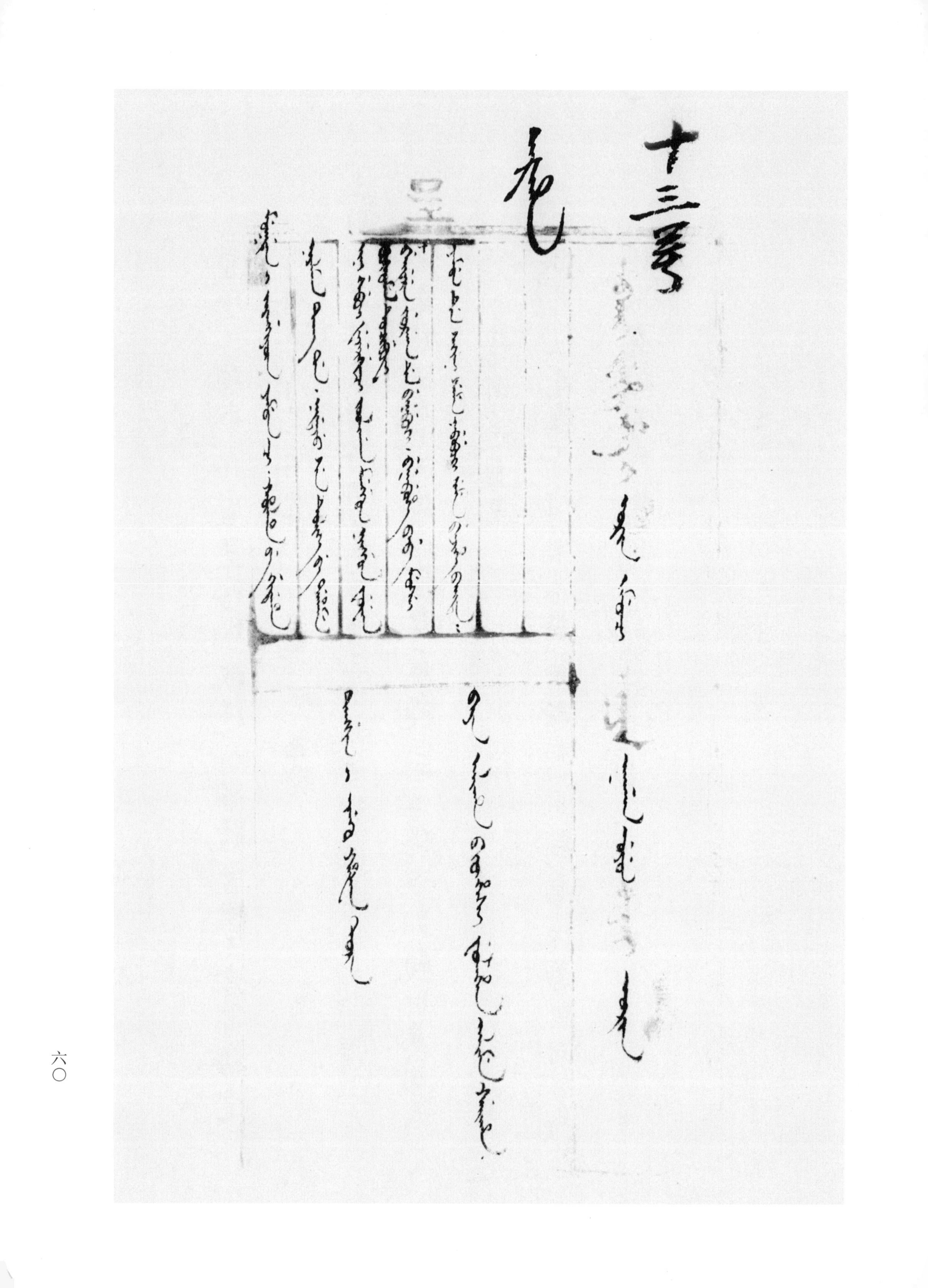

十三號

[illegible]

[illegible]

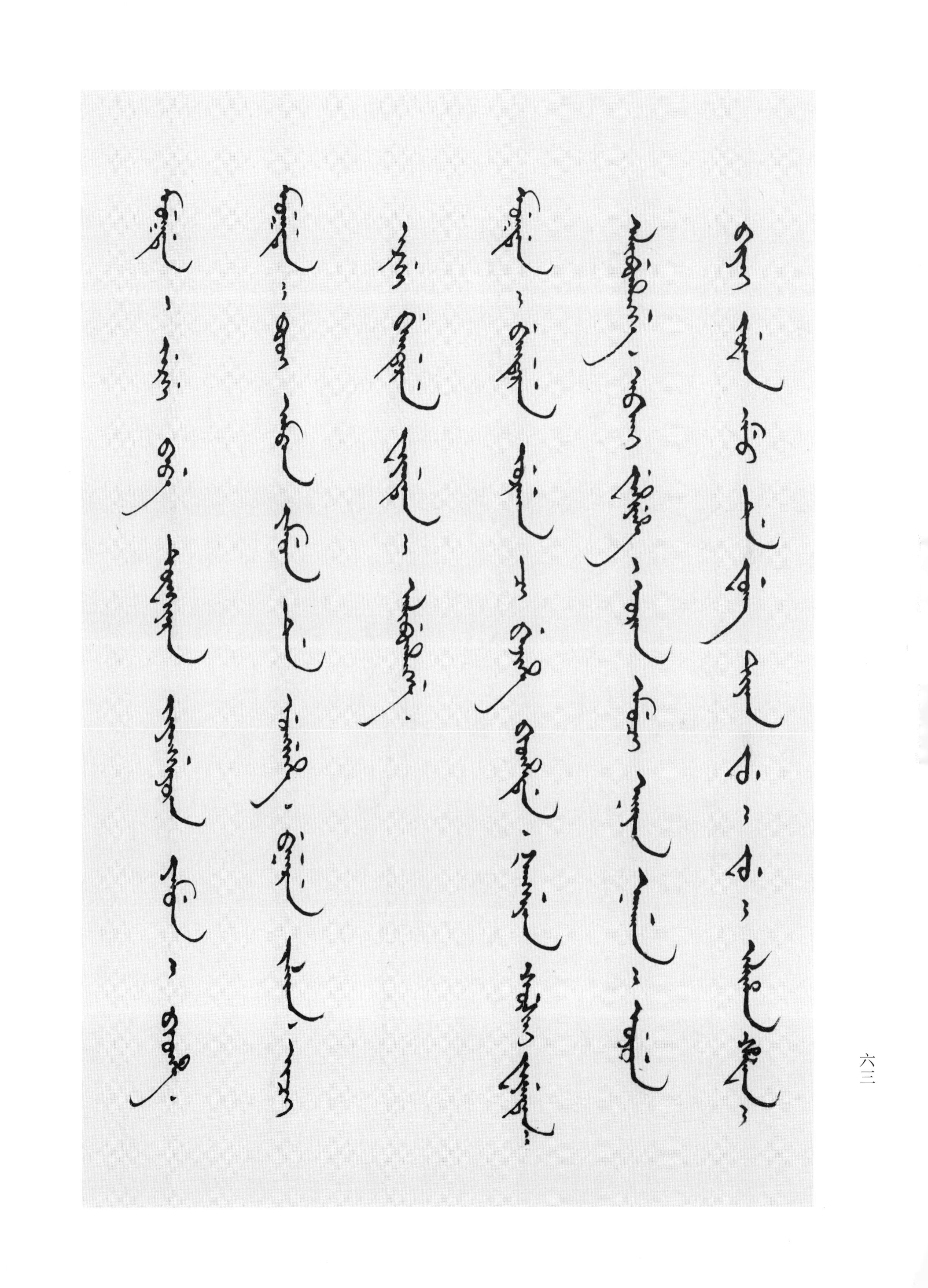

[illegible]

[illegible]

[illegible]

[illegible]

[illegible]

[illegible]

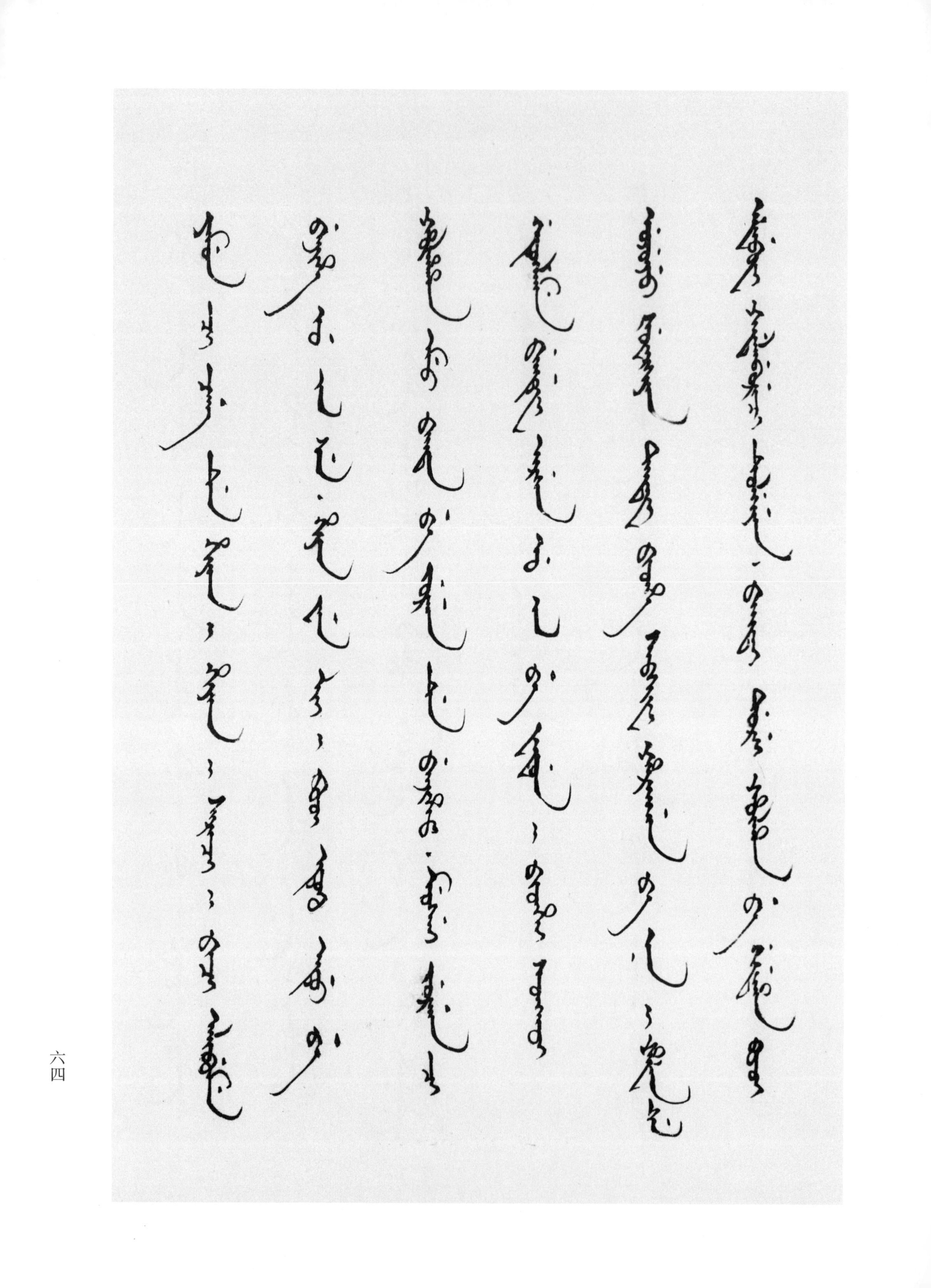

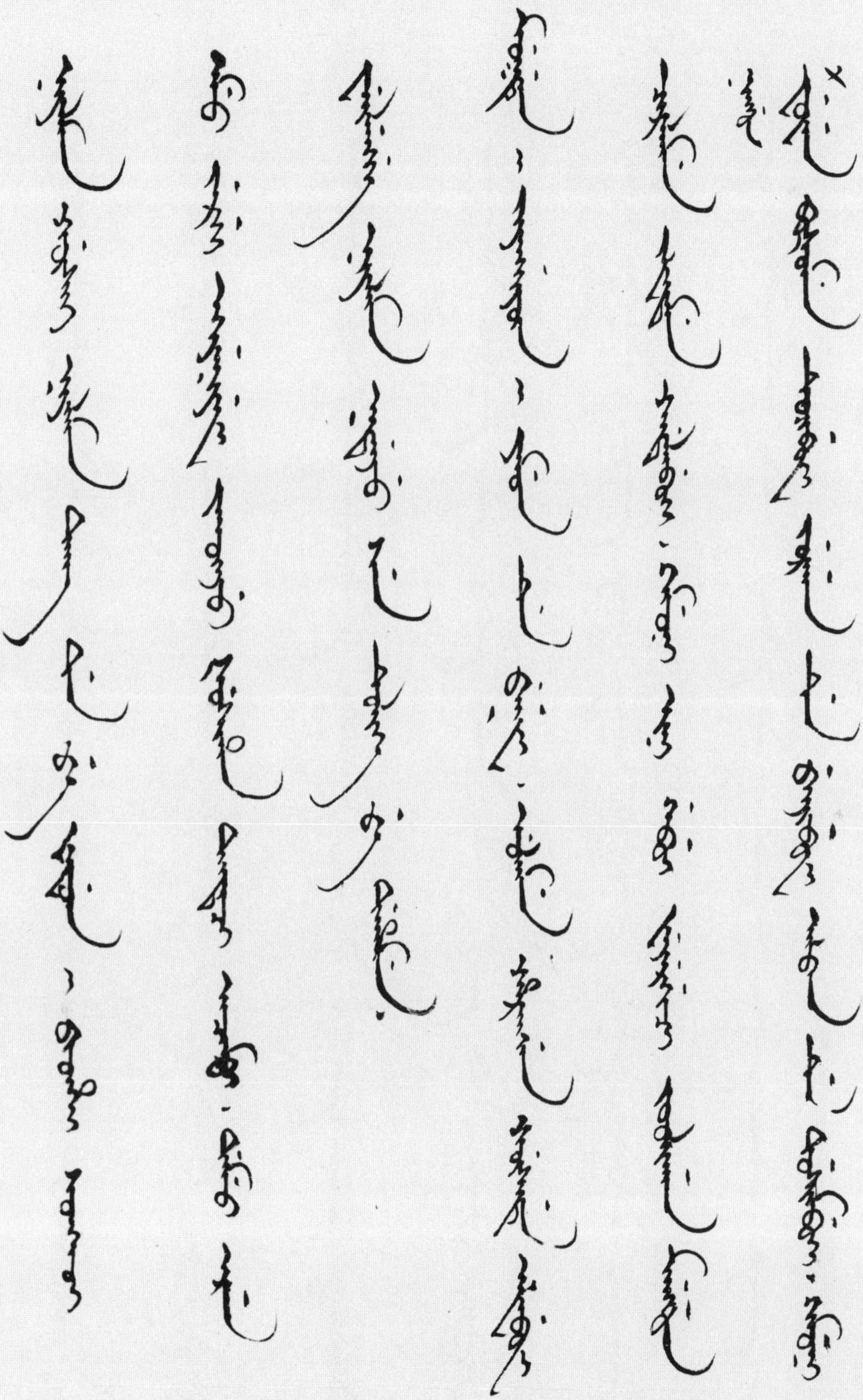

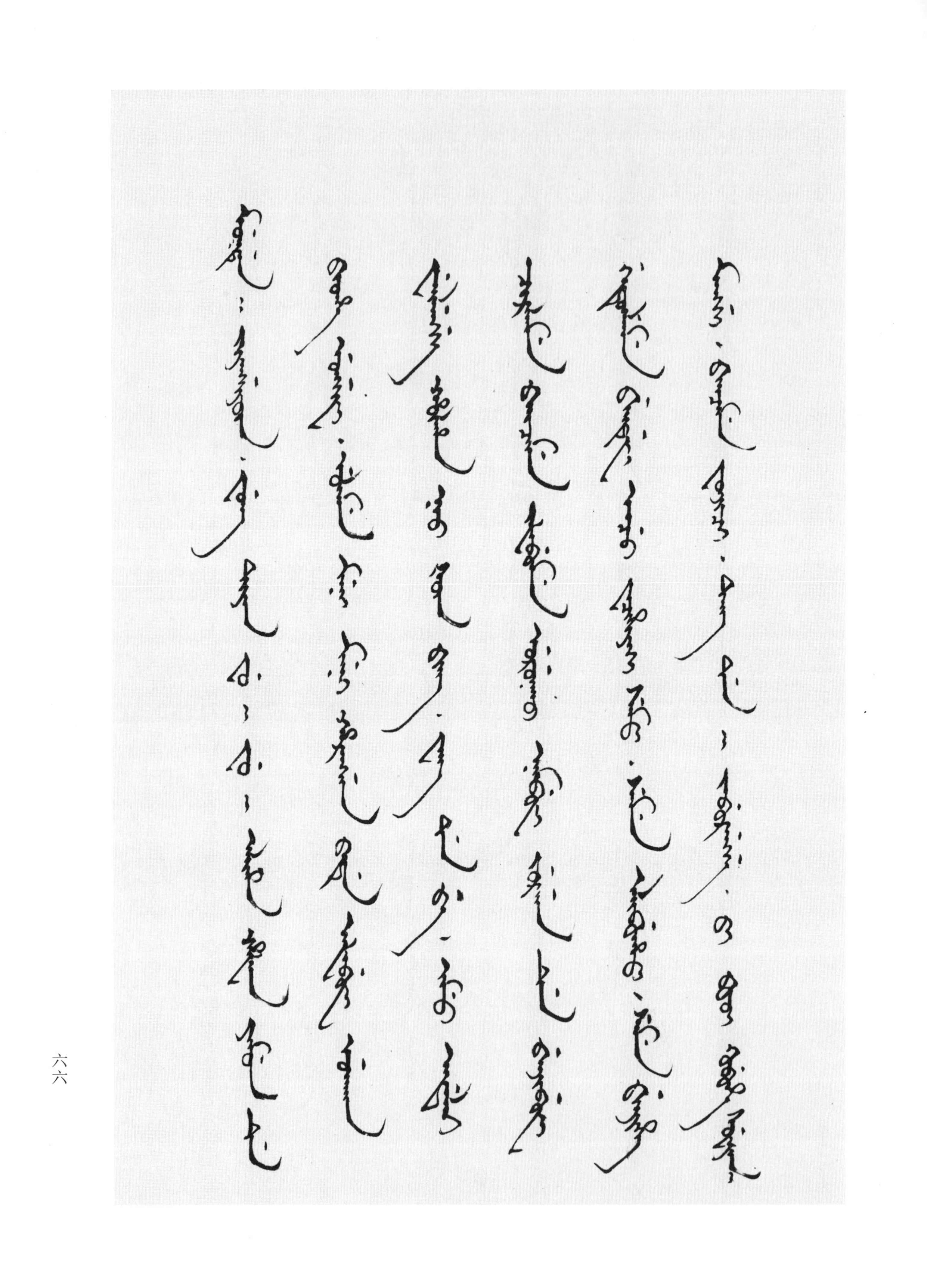

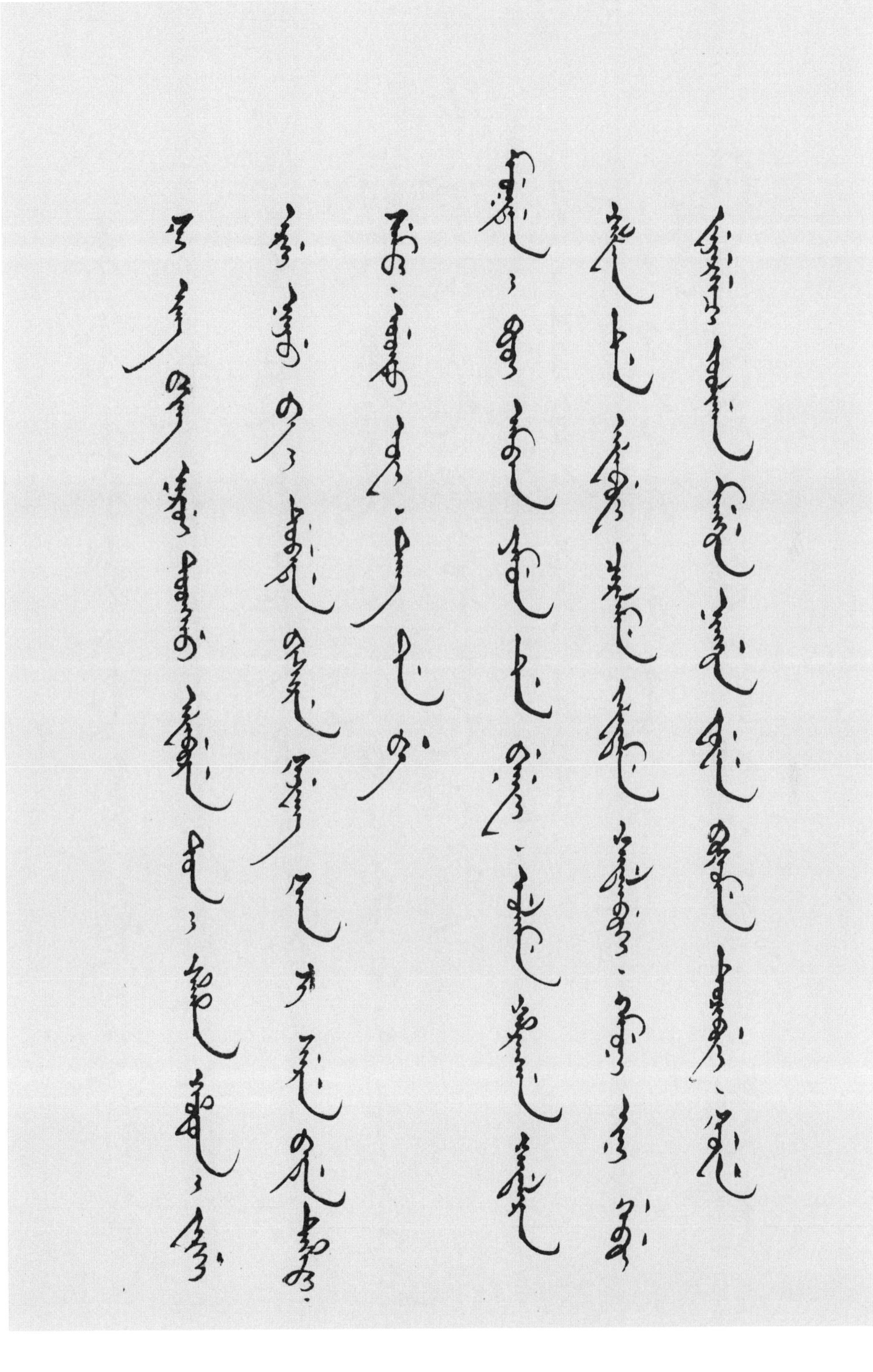

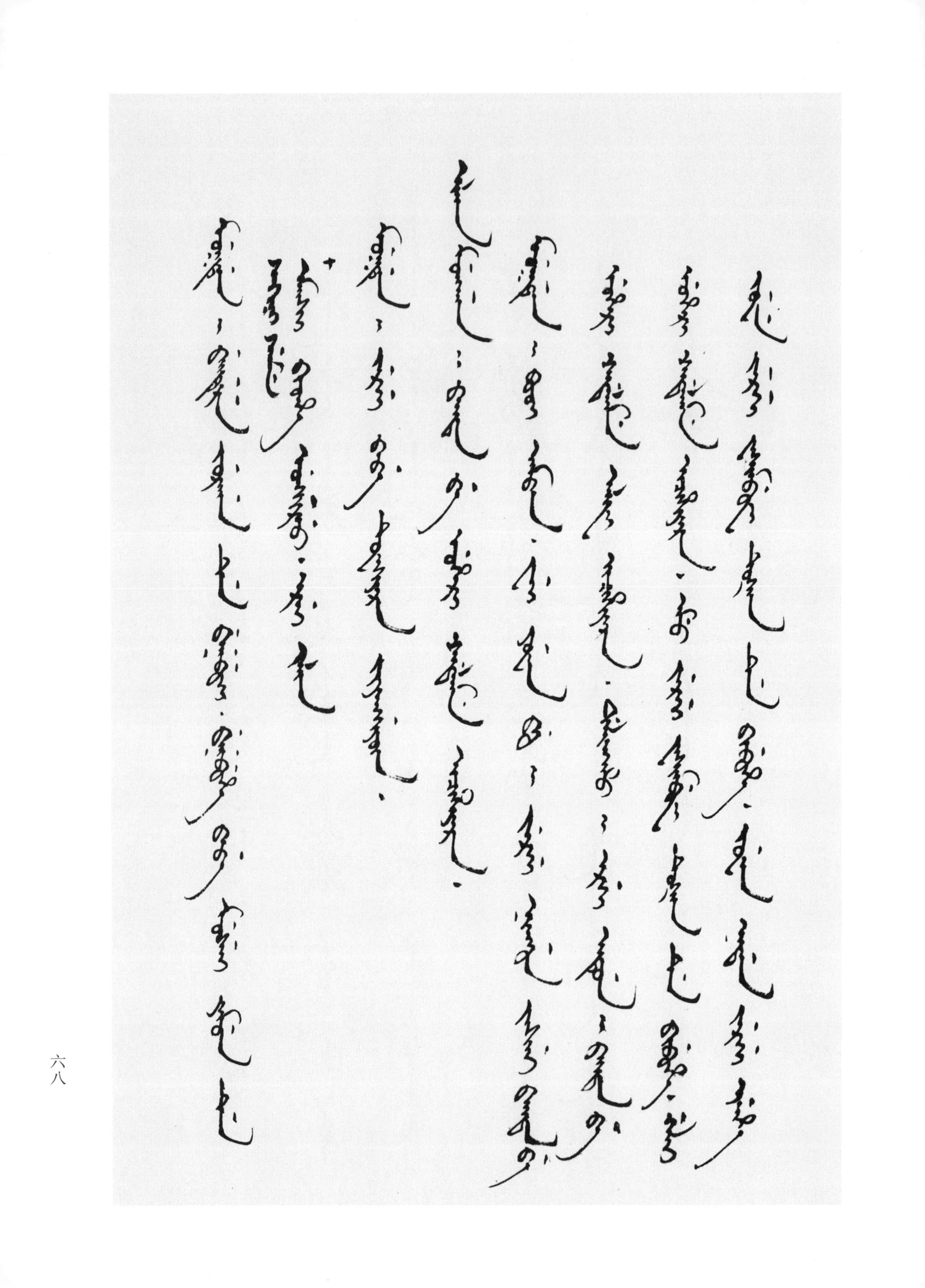

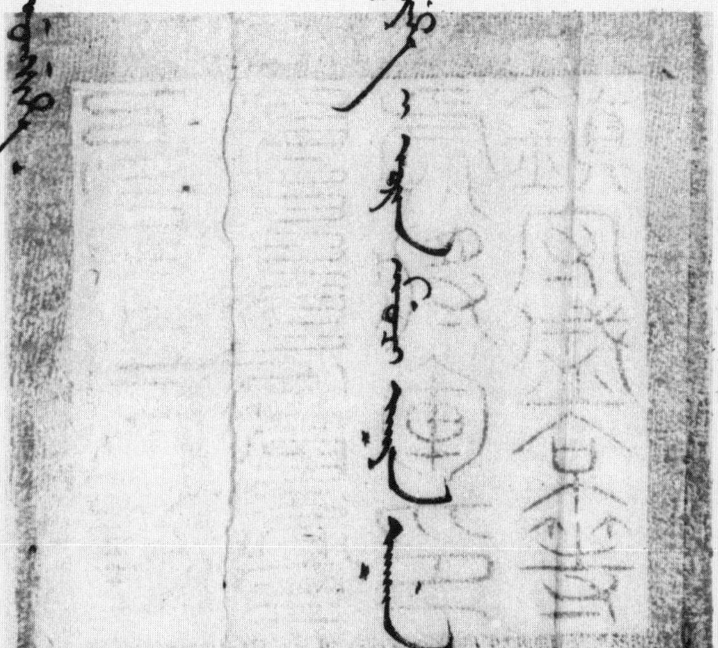

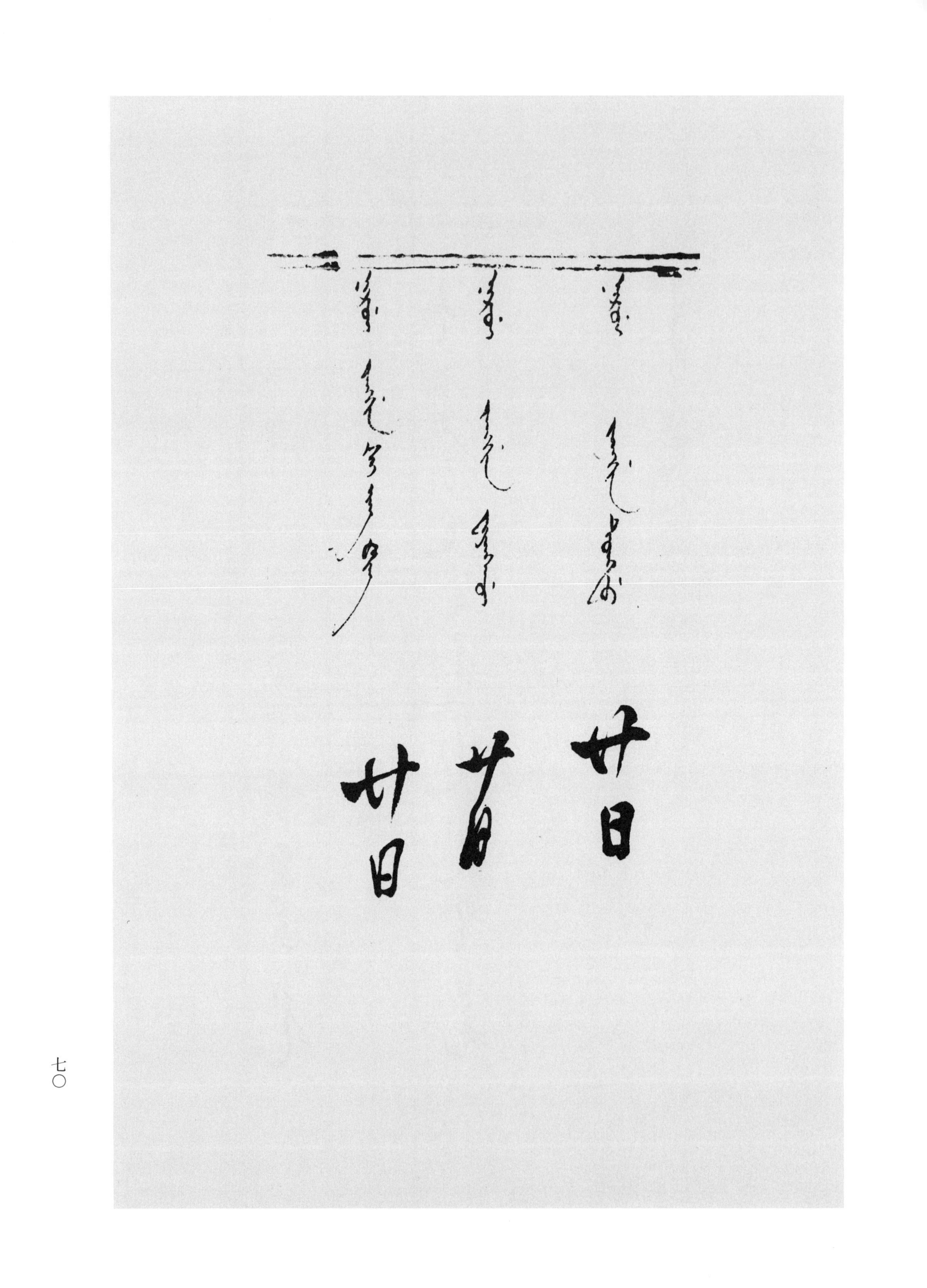

廿日

廿日

廿日

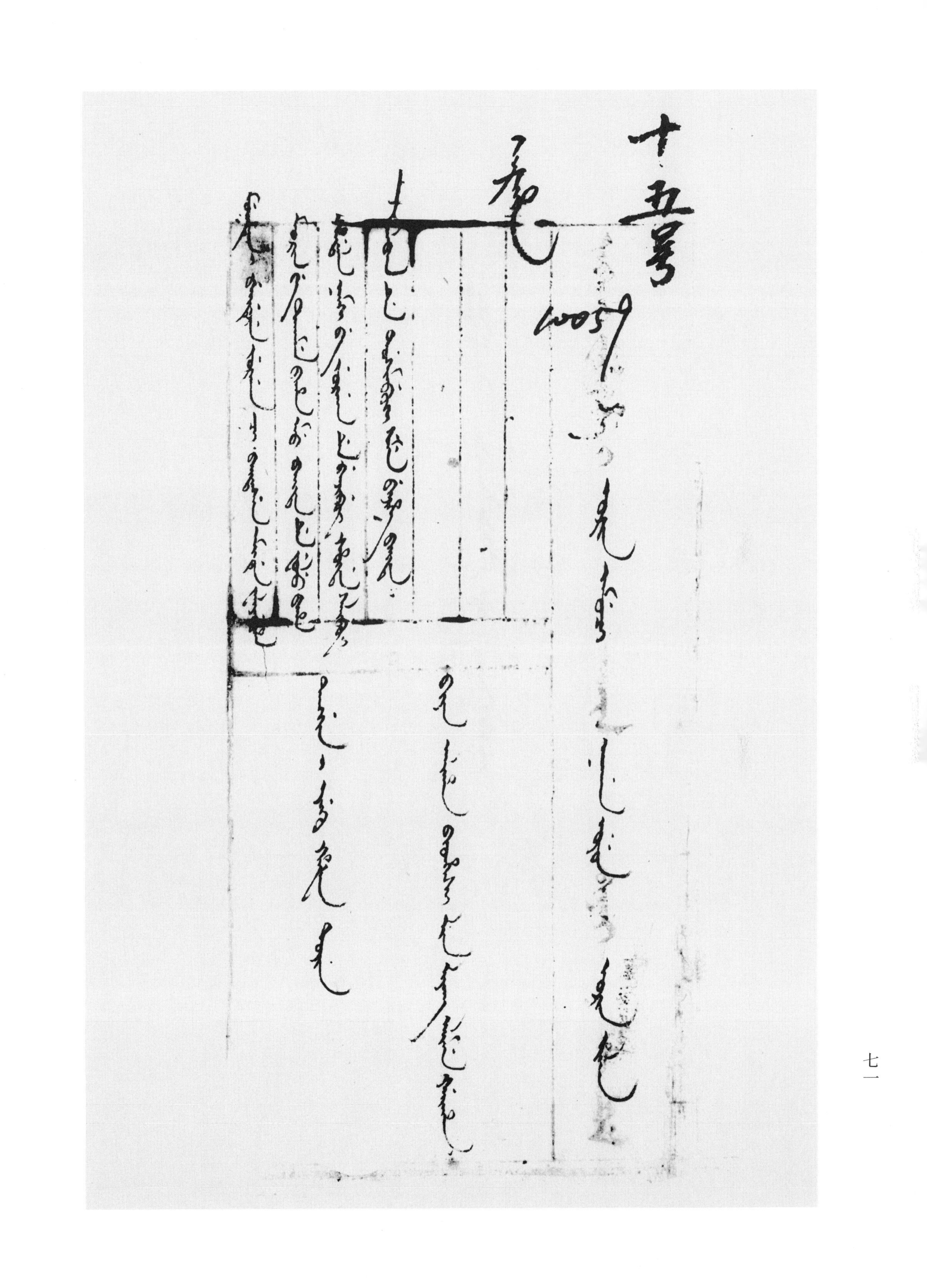

十五號

1005

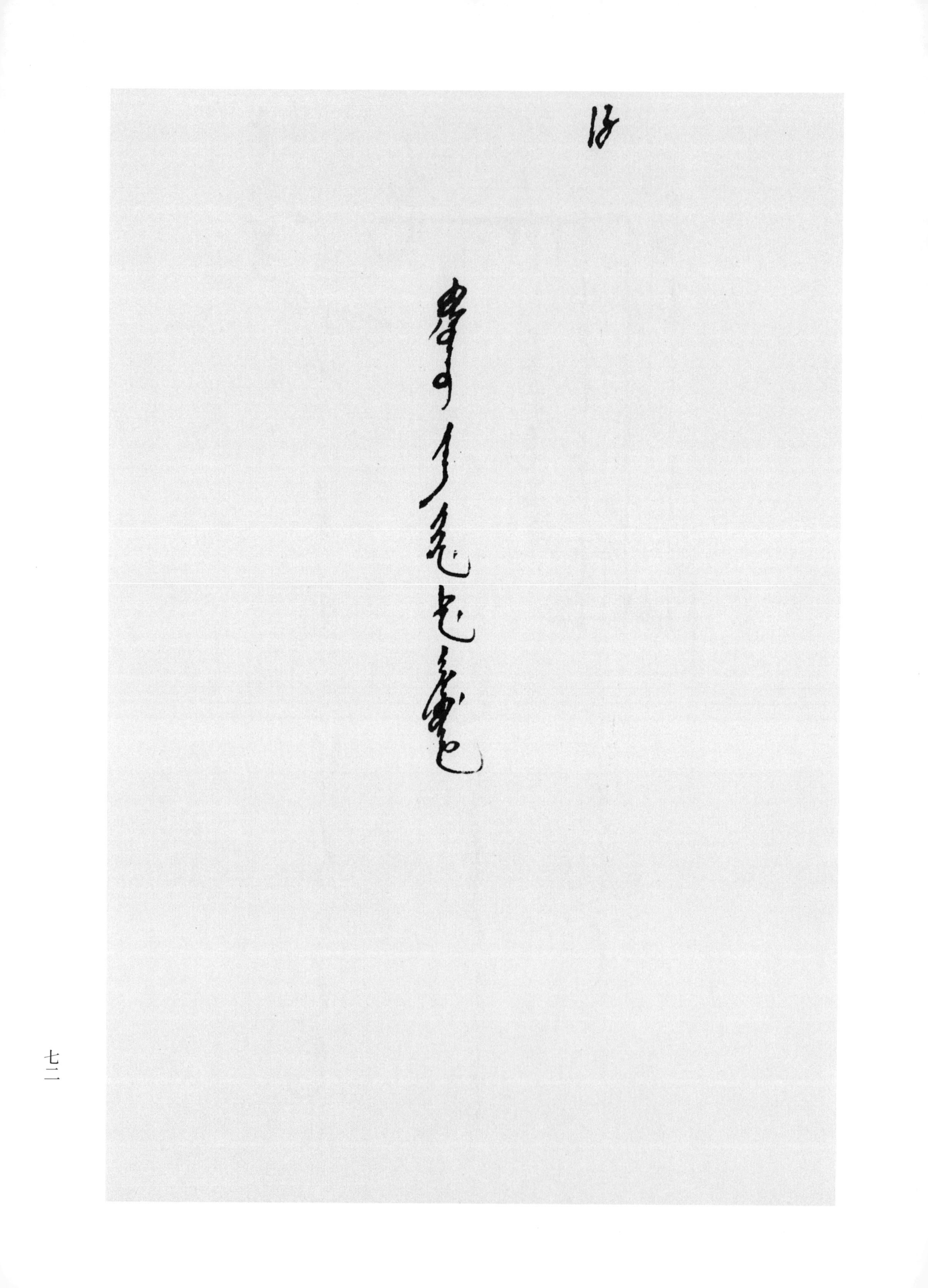

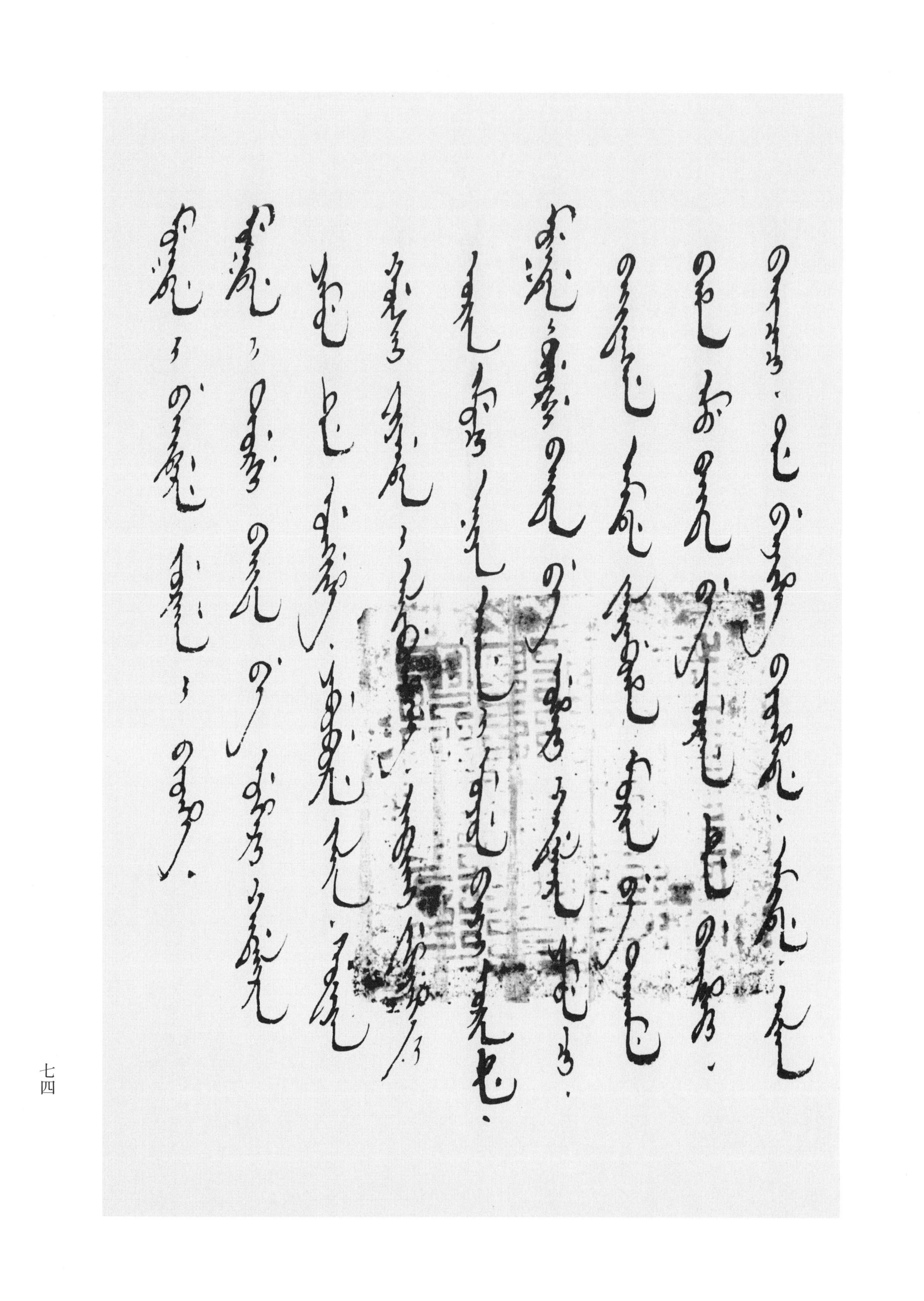

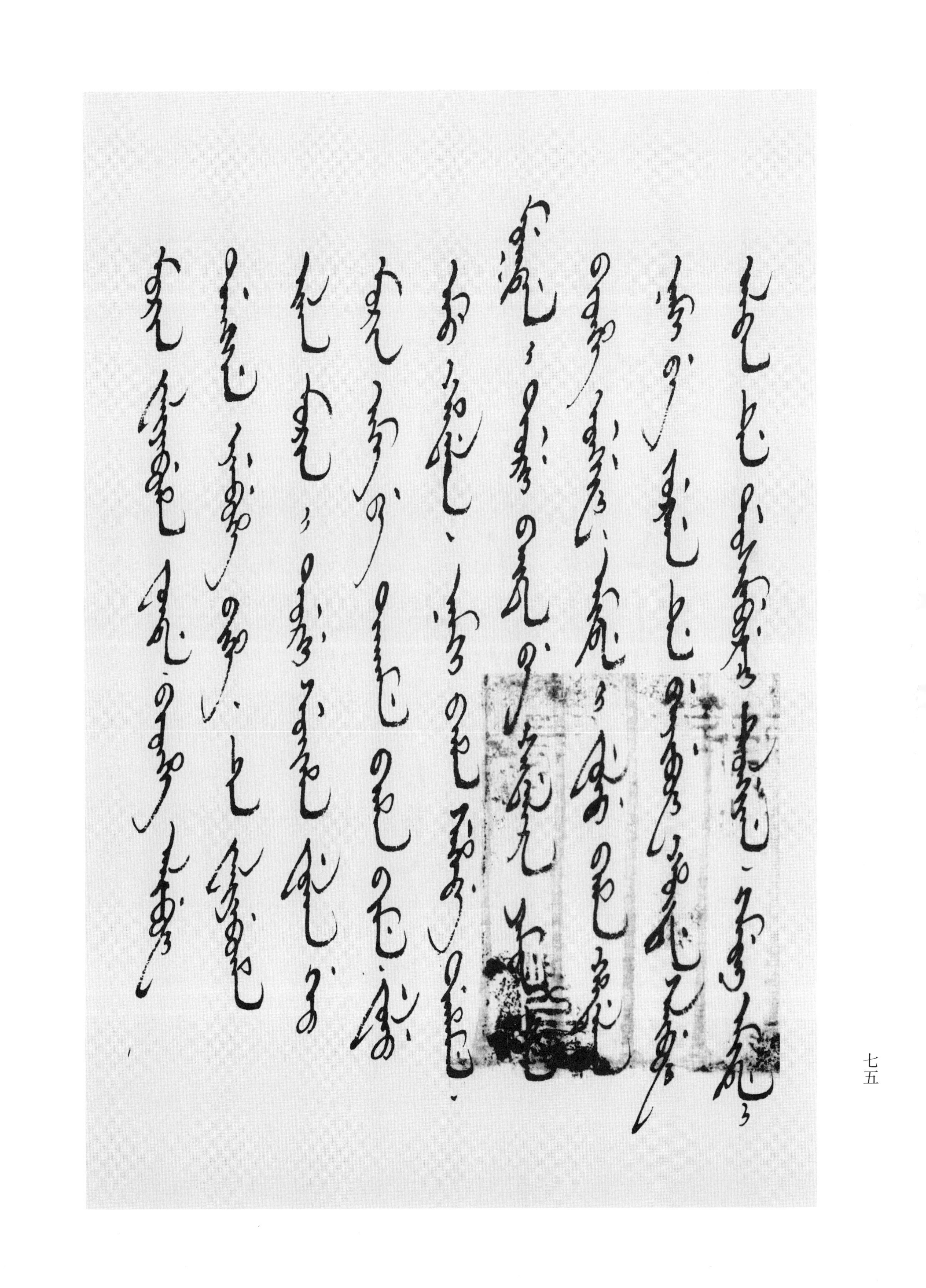

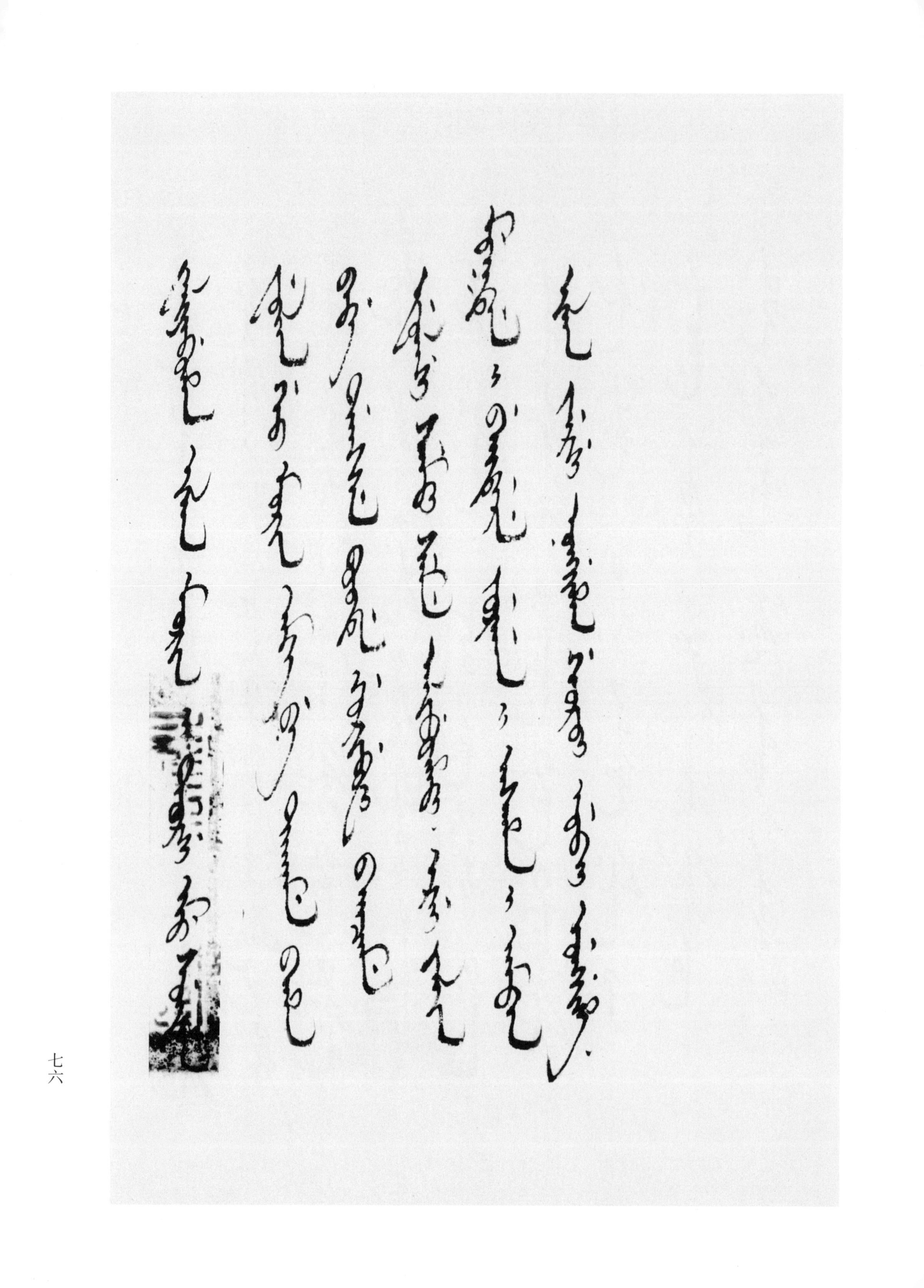

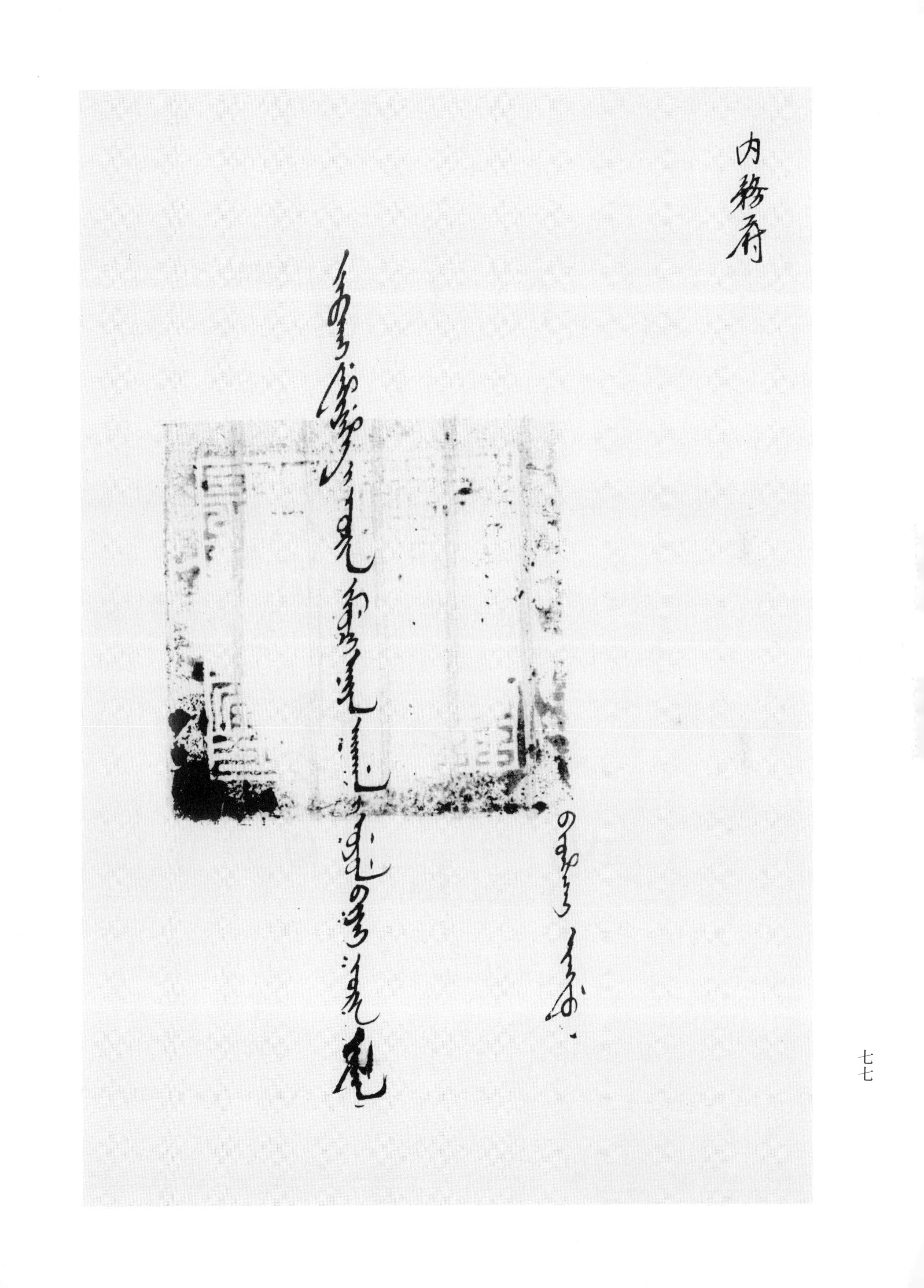

内務府

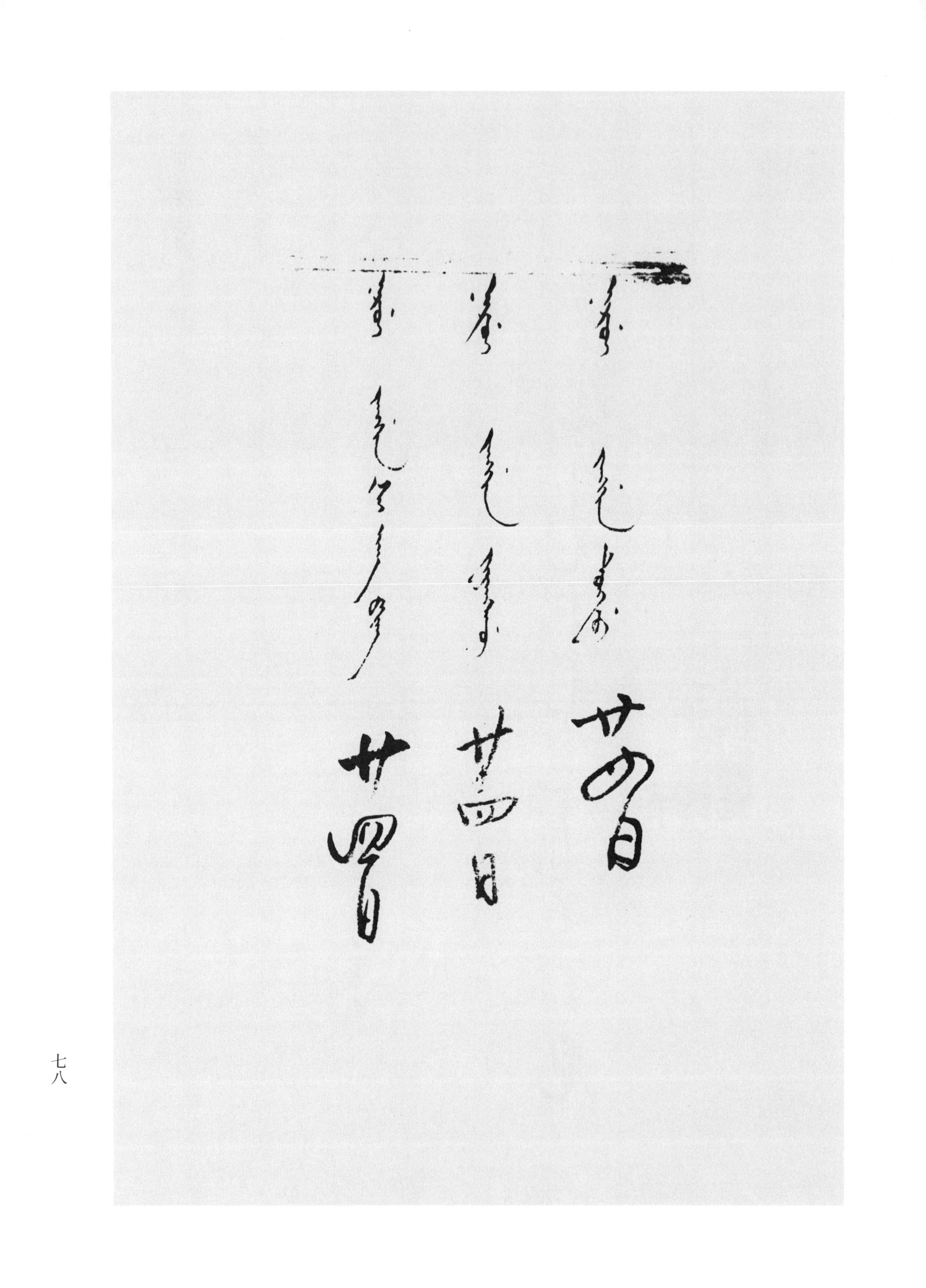

廿四日

廿四日

廿四日

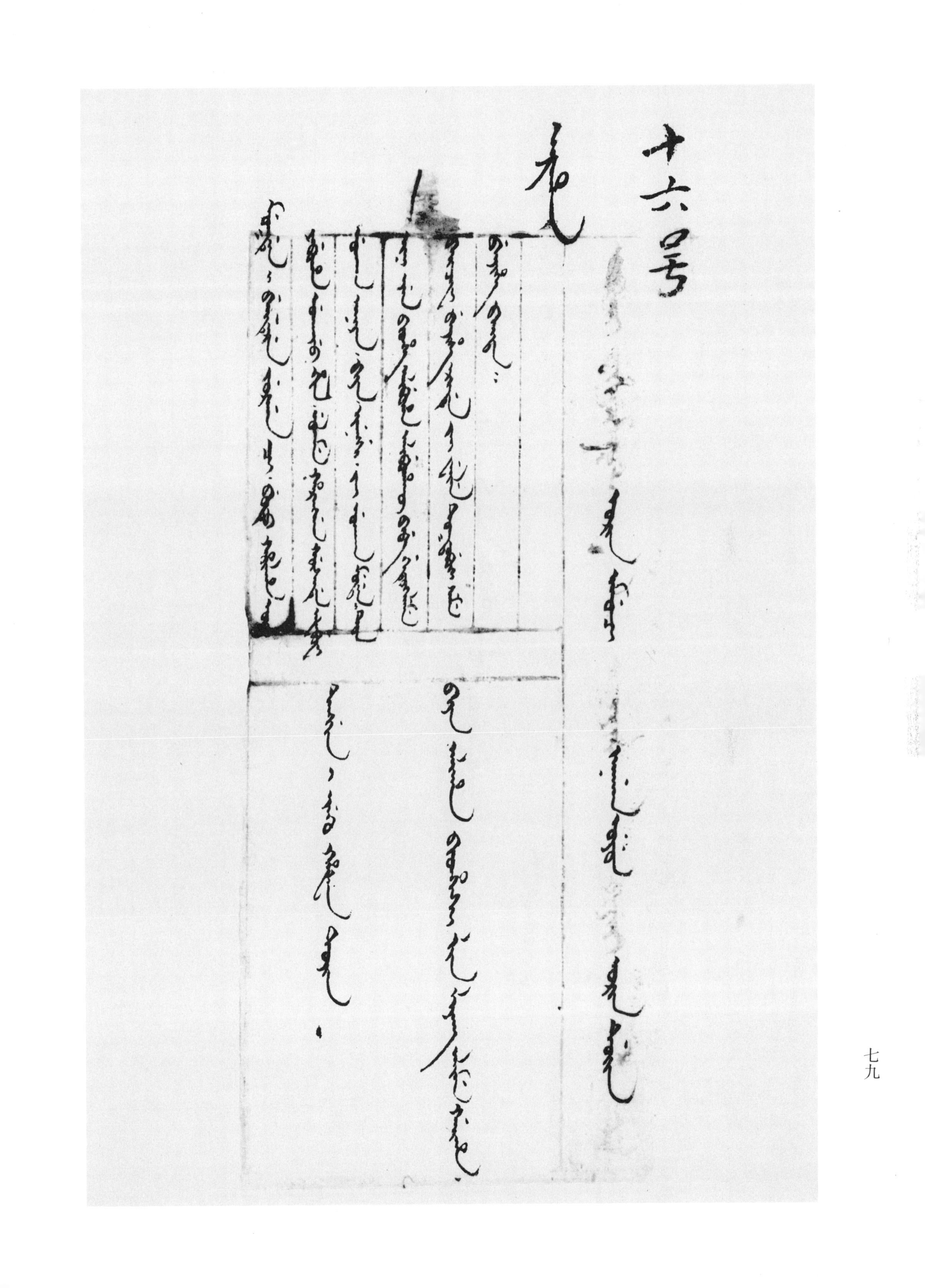

十六号

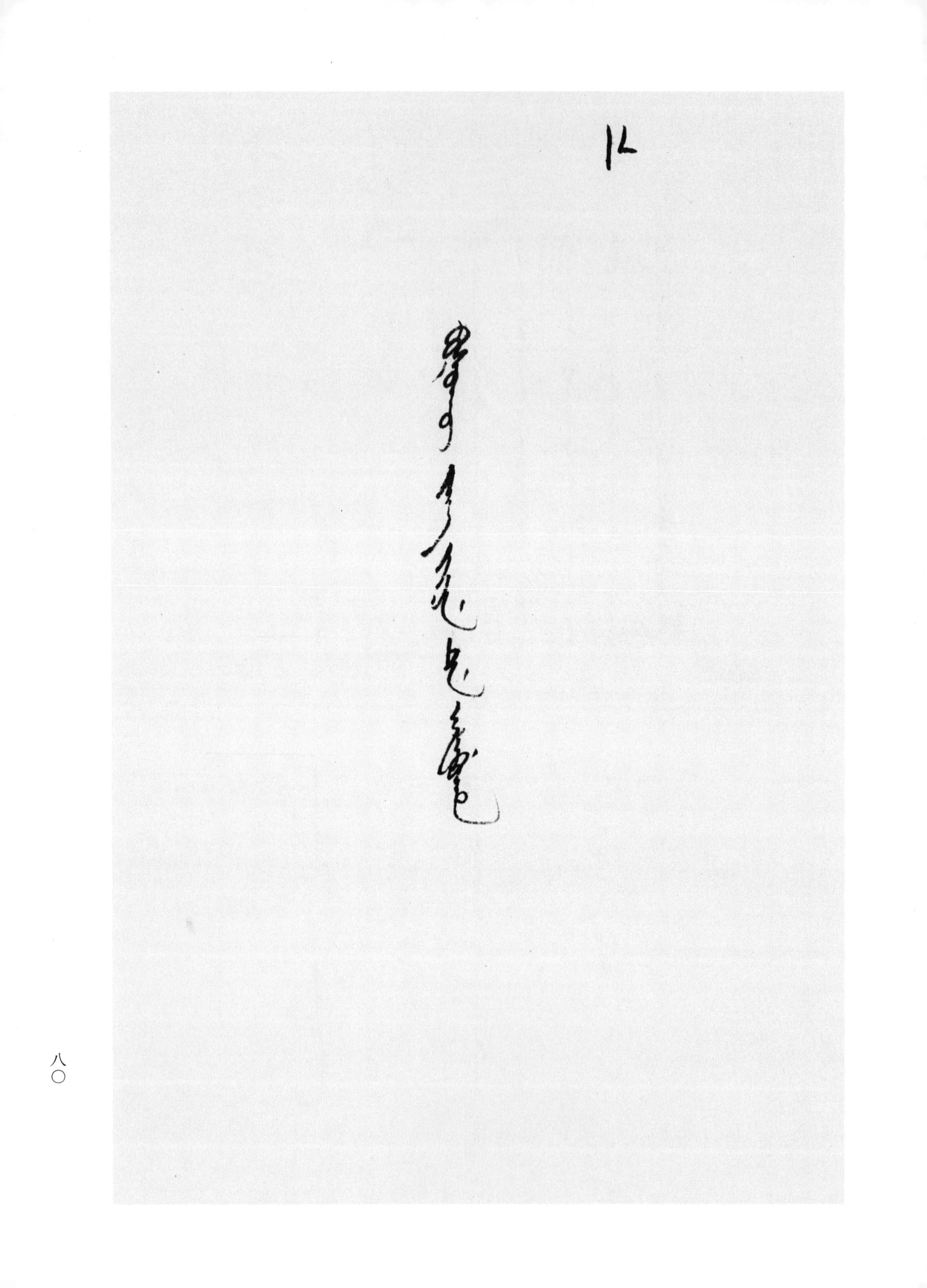

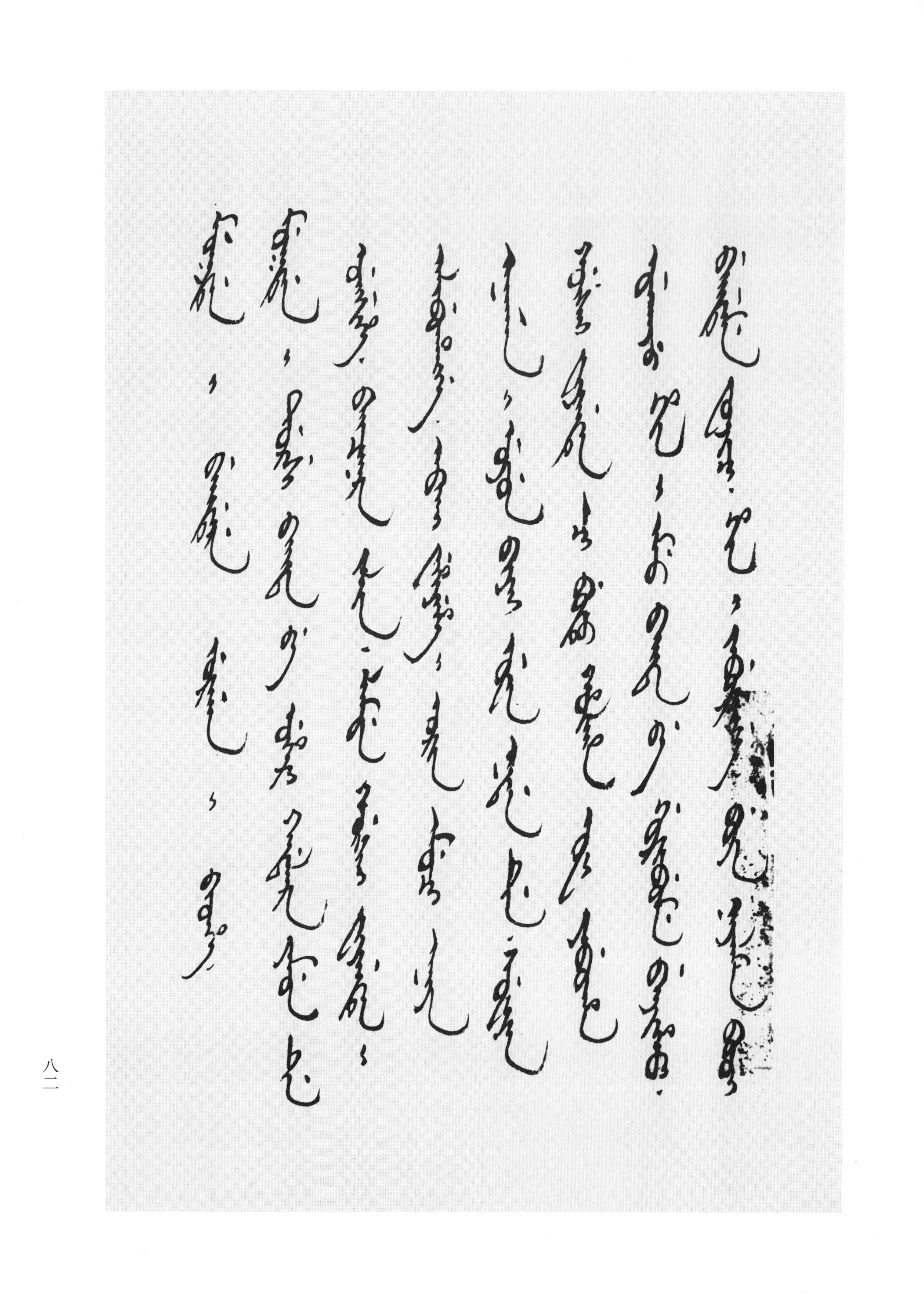

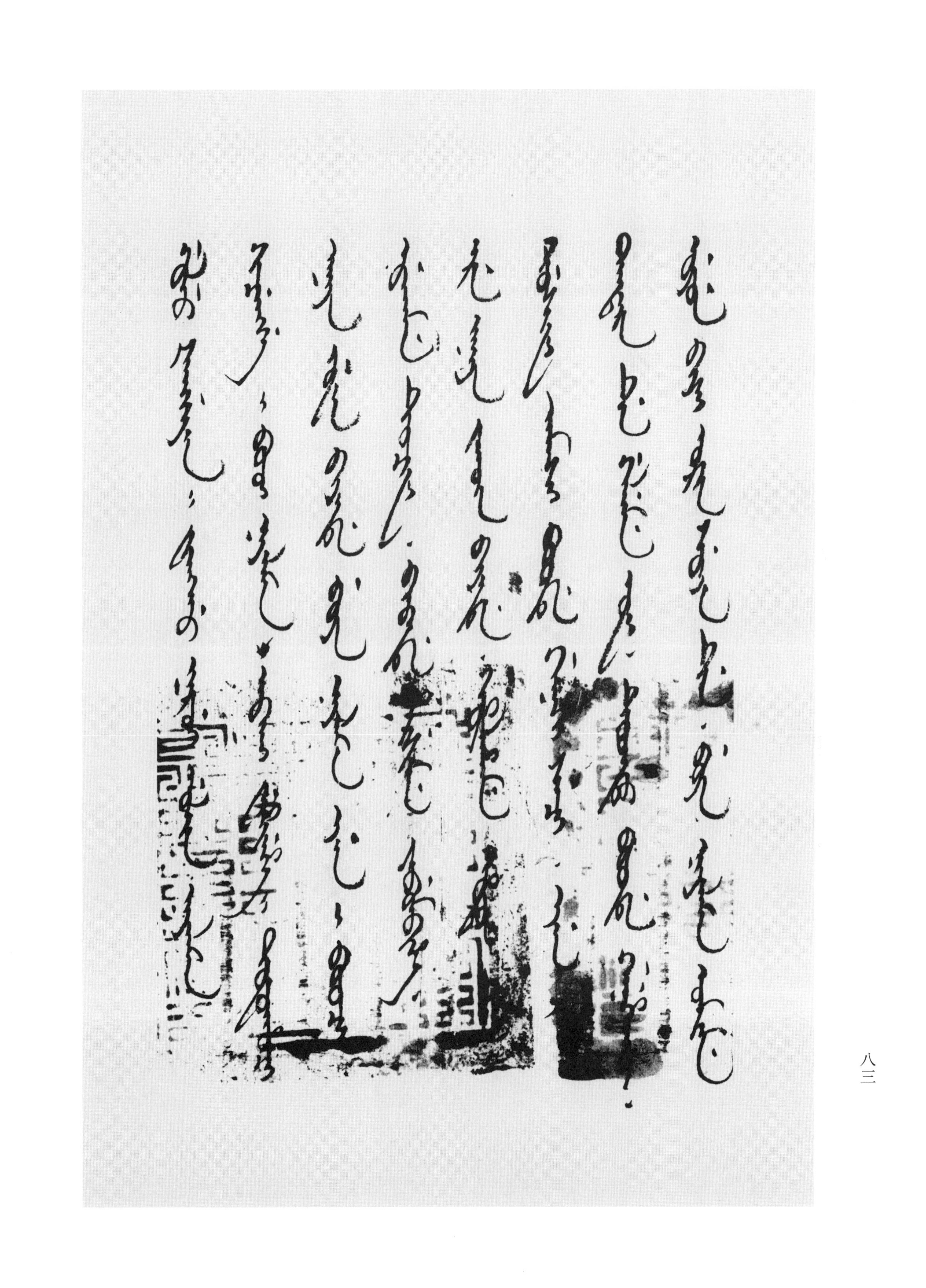

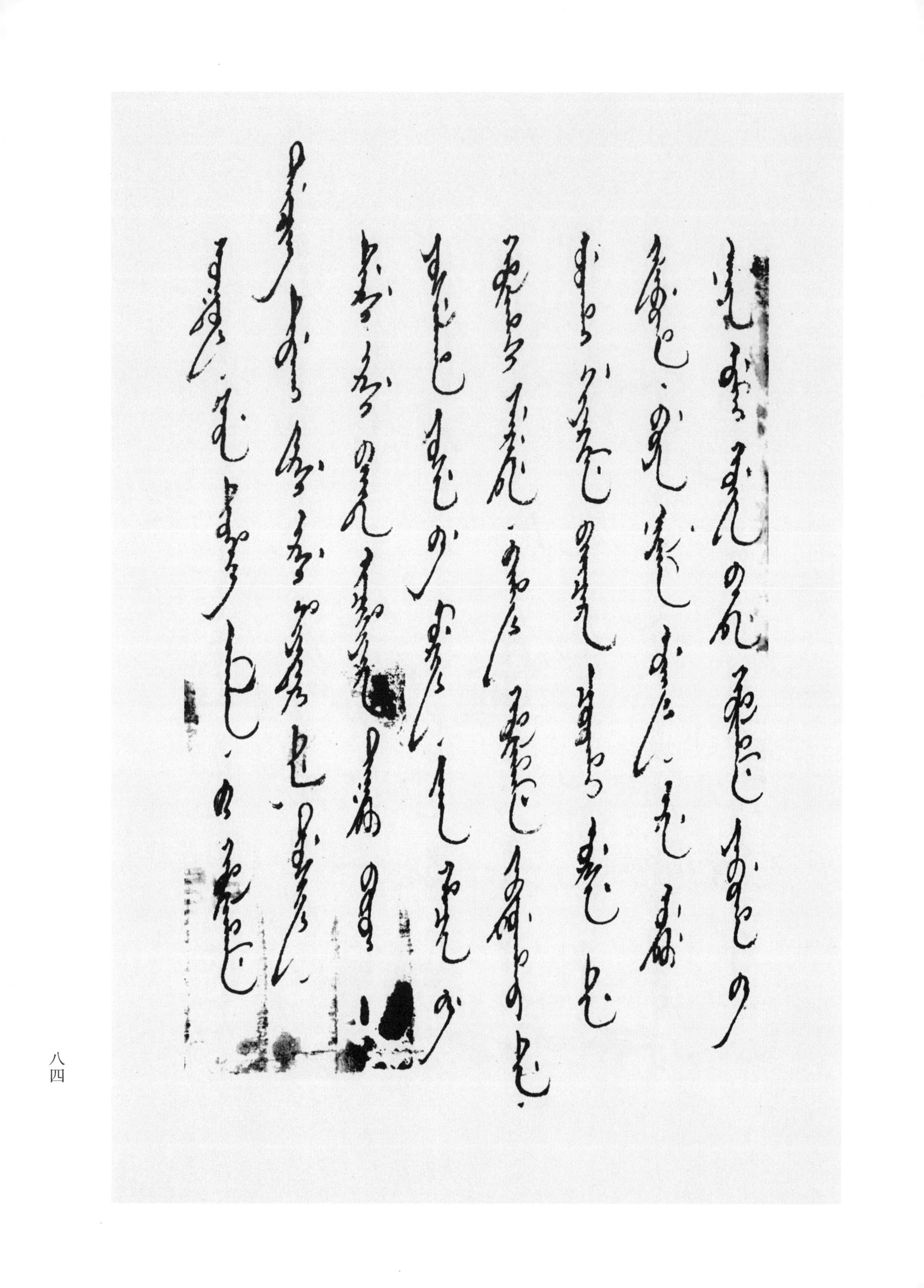

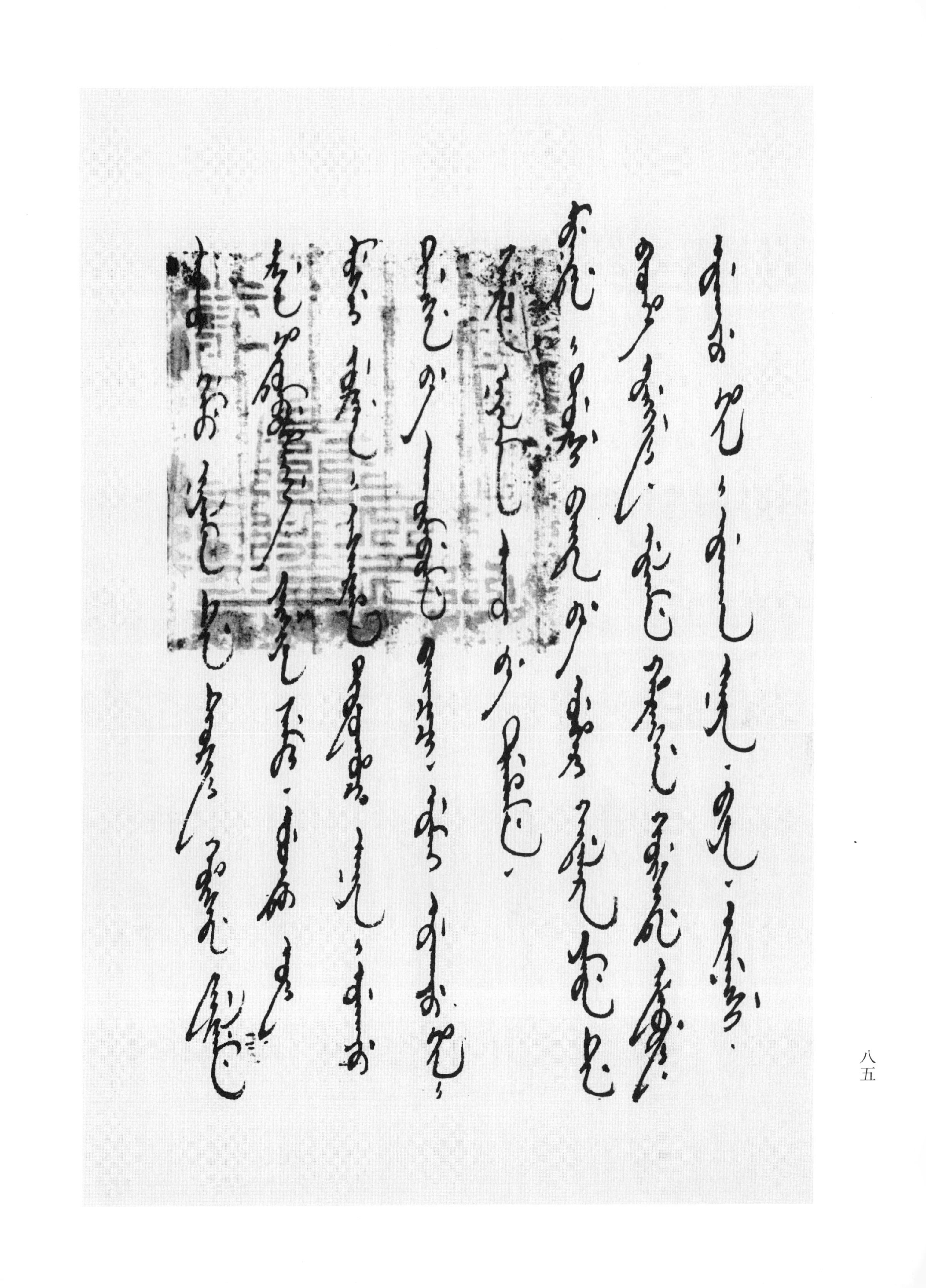

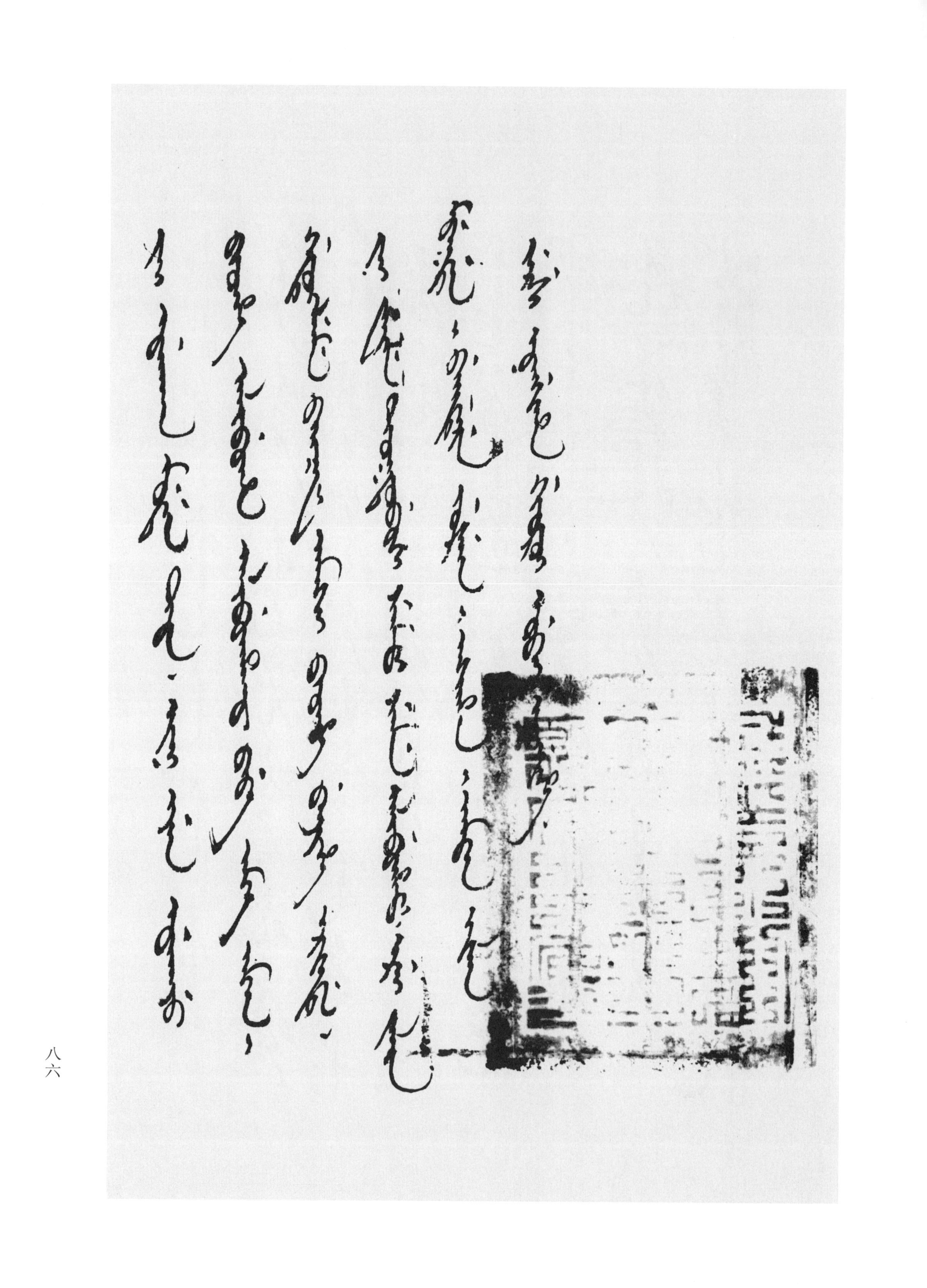

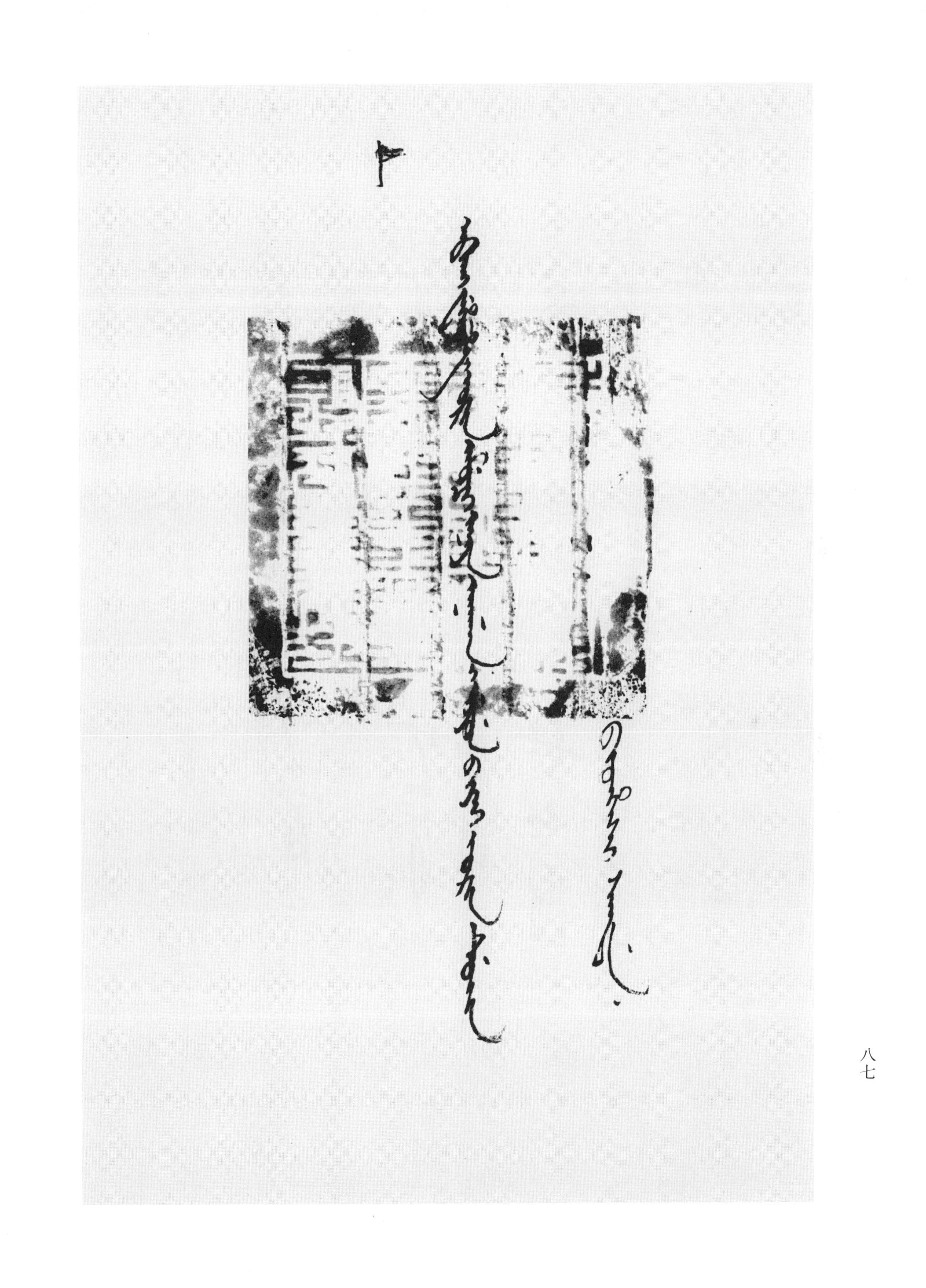

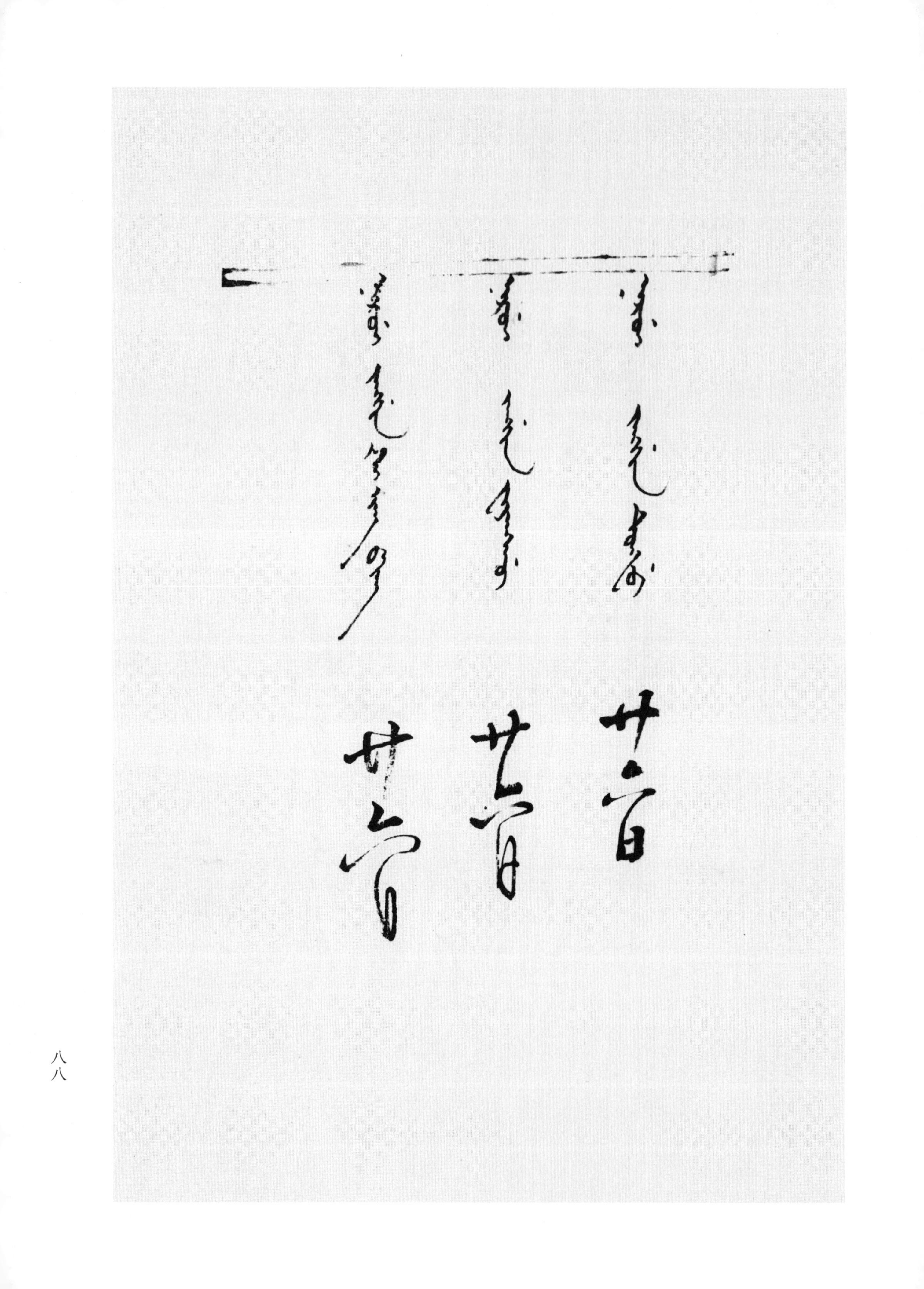

[illegible]

廿二日

[illegible]

廿三日

[illegible]

廿四日

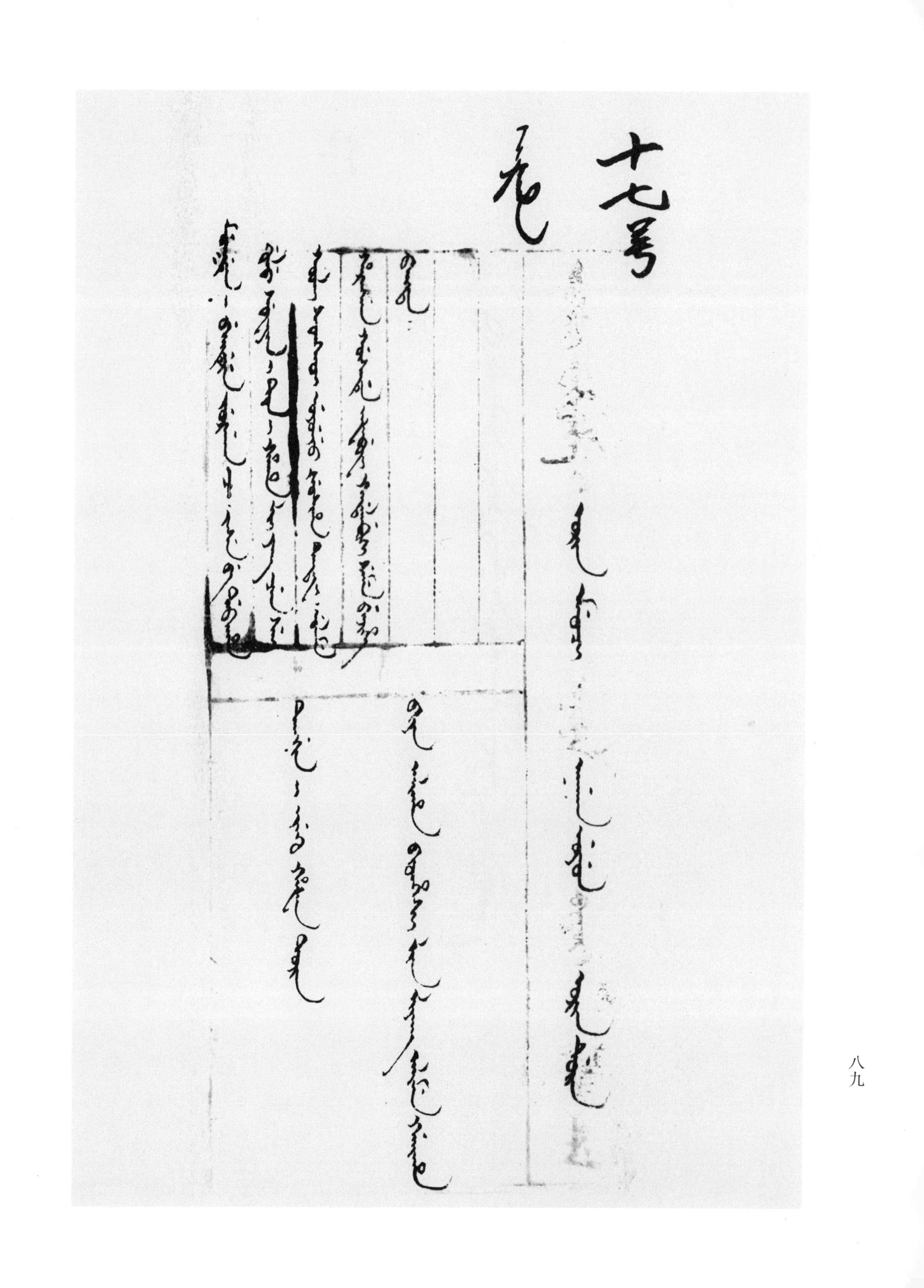

十七号

[illegible]

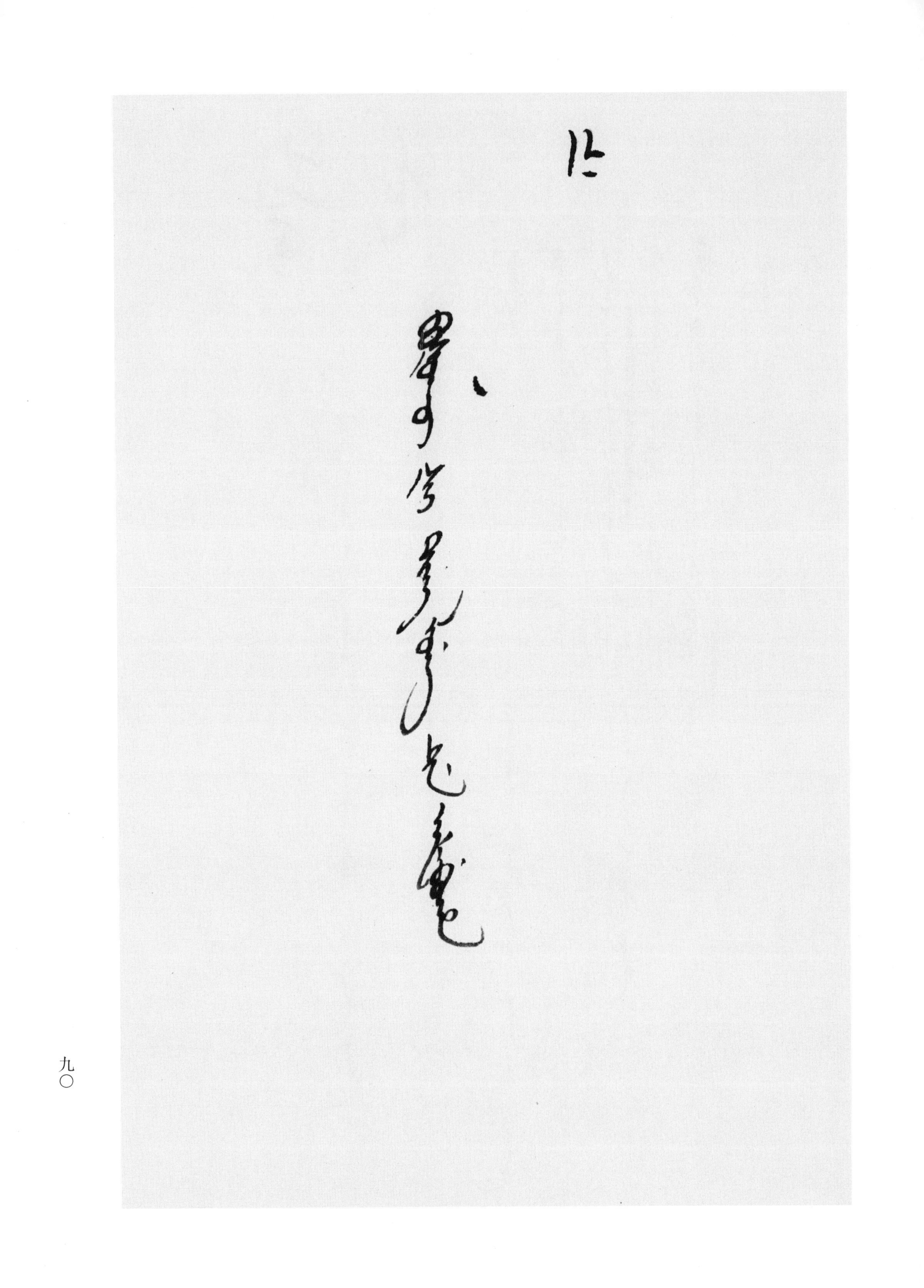

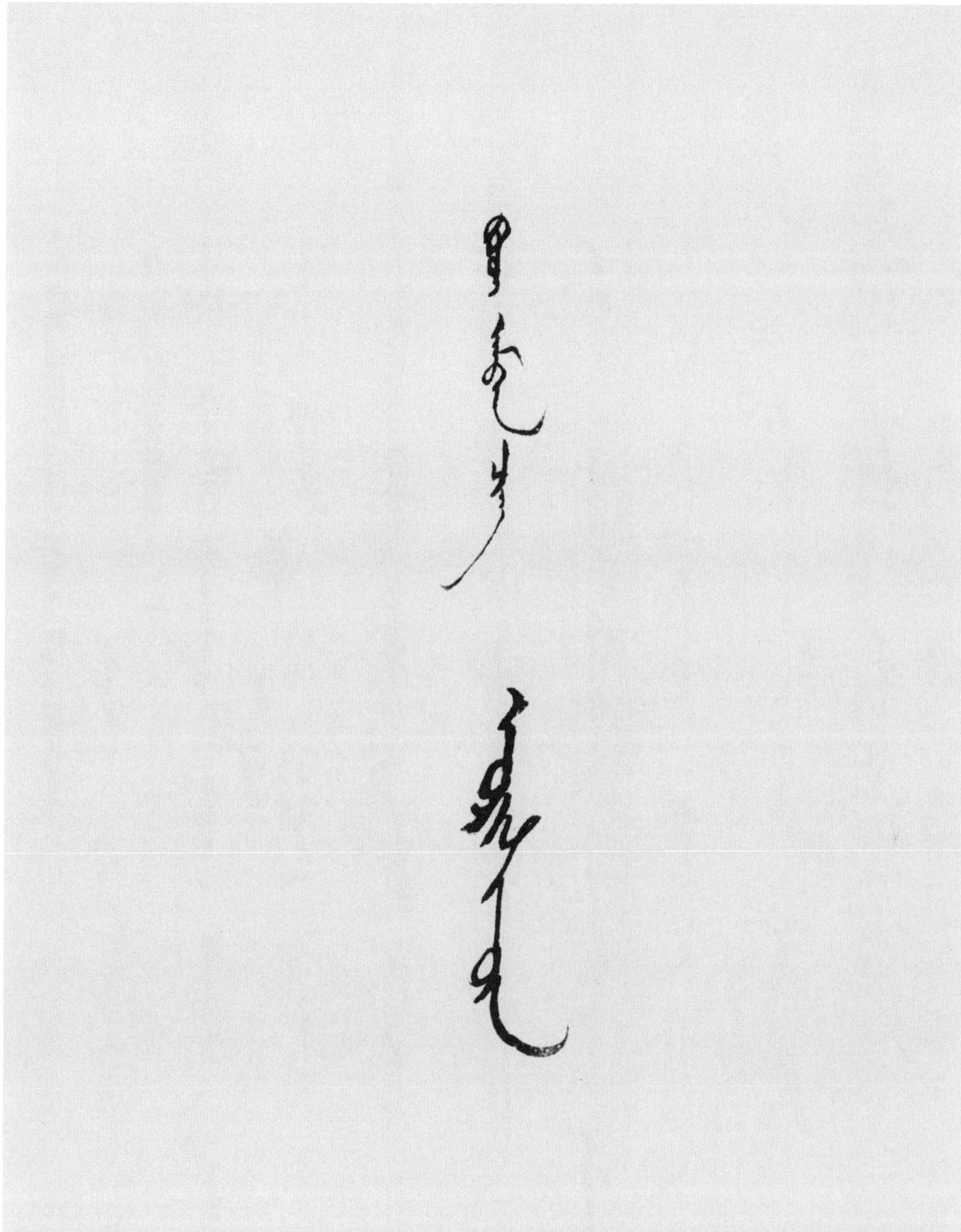

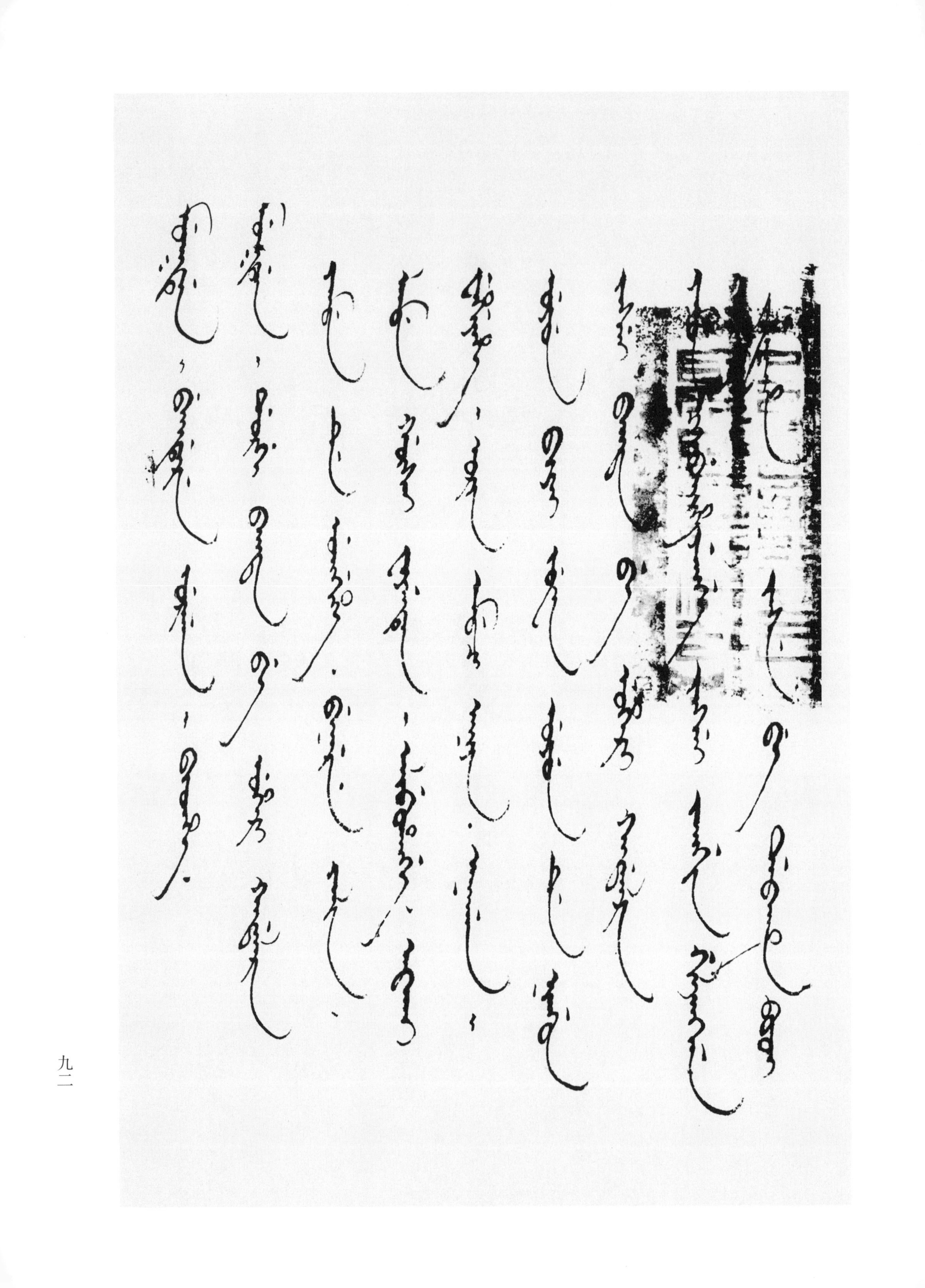

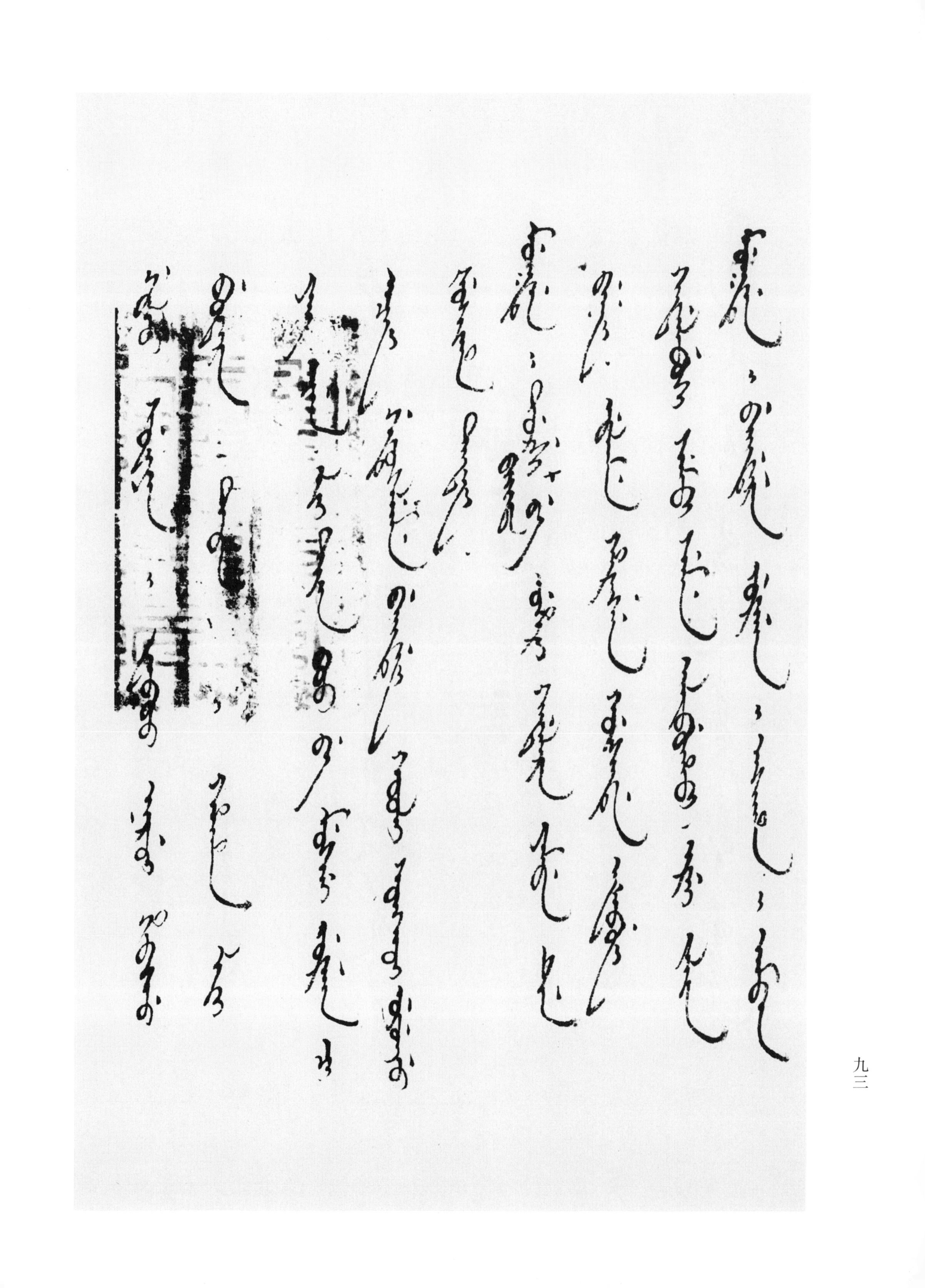

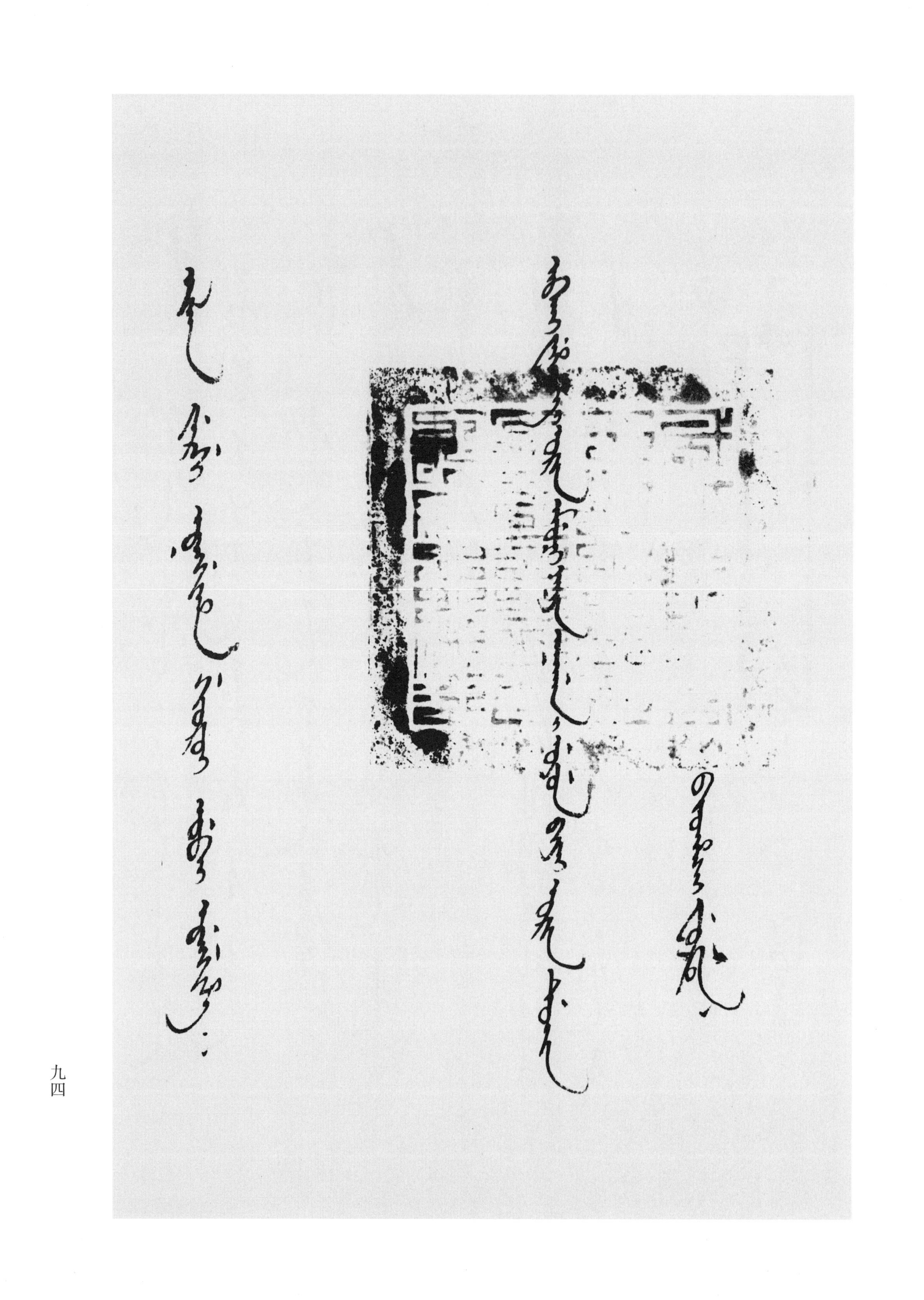

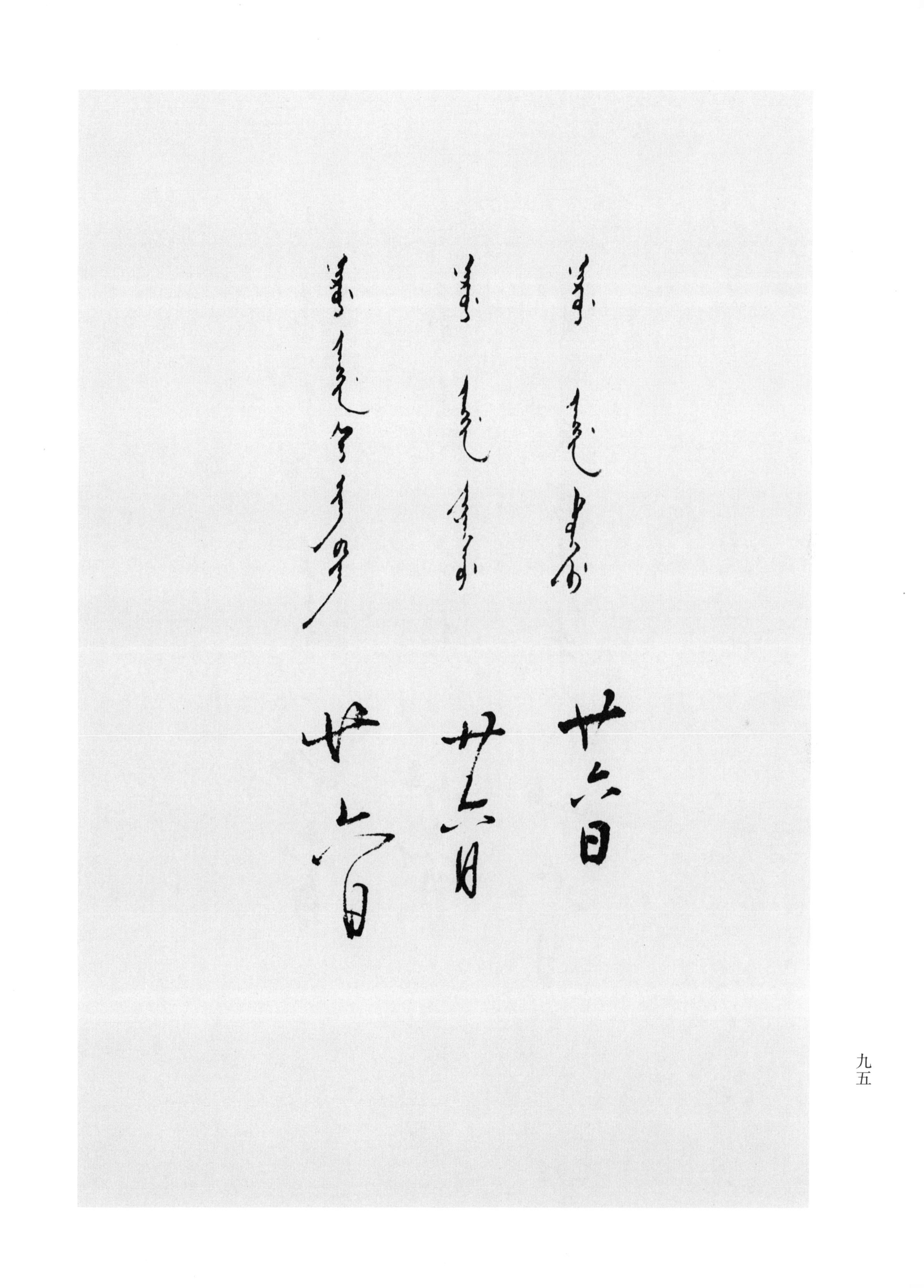

廿六日

廿六日

廿六日

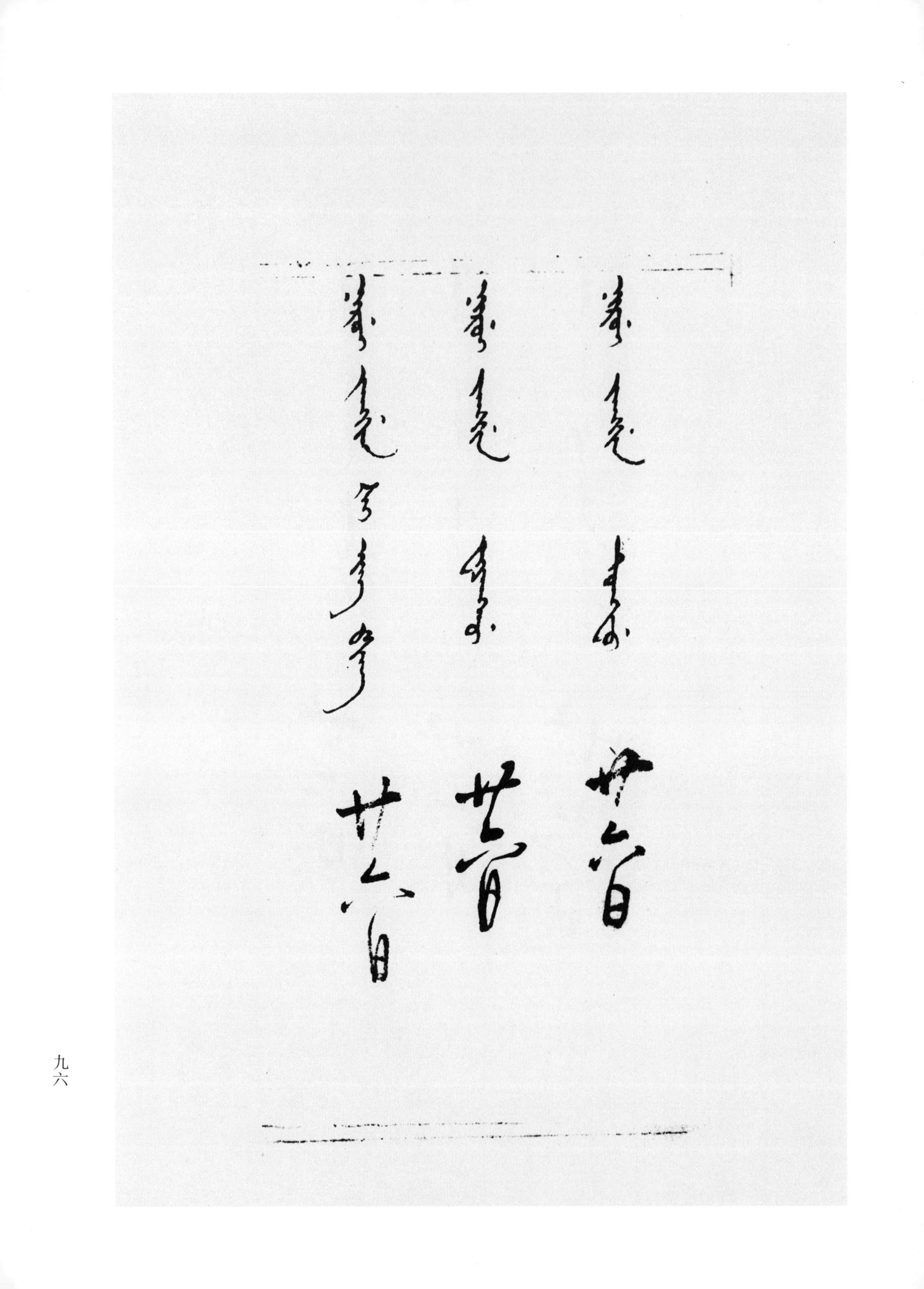

廿六日

廿六日

廿六日

乾隆二十二年閏九月二十四日

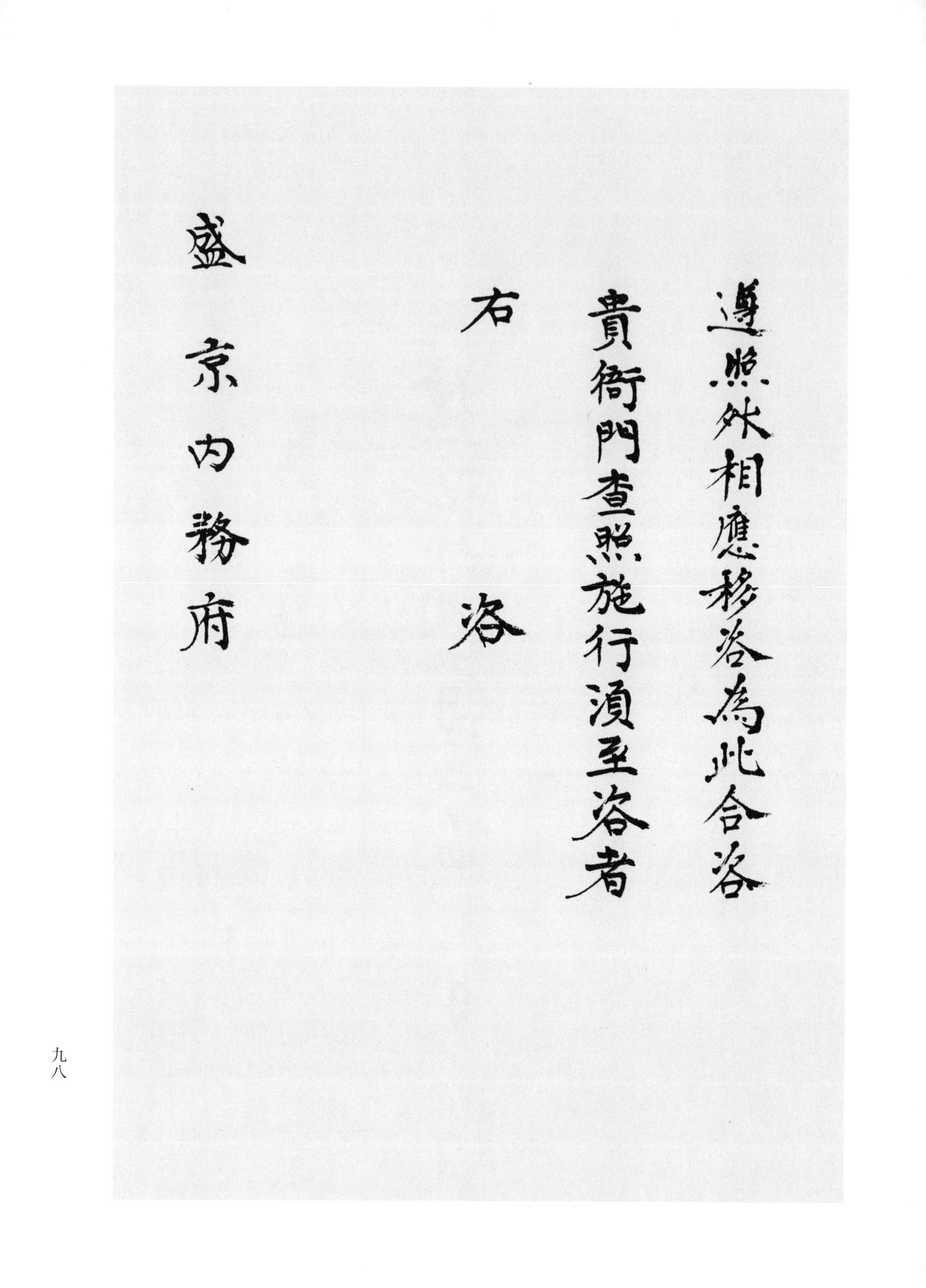

遵照外相應移咨為此合咨

貴衙門查照施行須至咨者

右　　　　咨

盛京內務府

日俟
命下之日通行各處等因於乾隆二十一年八月
二十九日題九月初四日奉
旨依議欽此欽遵相應奉天府轉行文武各
衙門一體遵行可也等因准此除轉行各屬

行辦理

元旦禮儀王等以下文武各官以上照定例自十二月二十七日起至正月初四日穿

朝服七日

上元節自正月十四日起至十六日穿朝服三

禮部劄開儀制司案呈禮科抄出本部題前事內開應照欽天監選擇日期於本年十二月二十日巳時封印乾隆二十二年正月二十一日卯時開印自封印日起至開印日止照例不理刑名不辦事有緊要事件仍

咨

奉天府府尹世襲騎都尉紀錄二十五次恩　為

年節等事乾隆二十一年閏九月十八日准

内務府大臣清

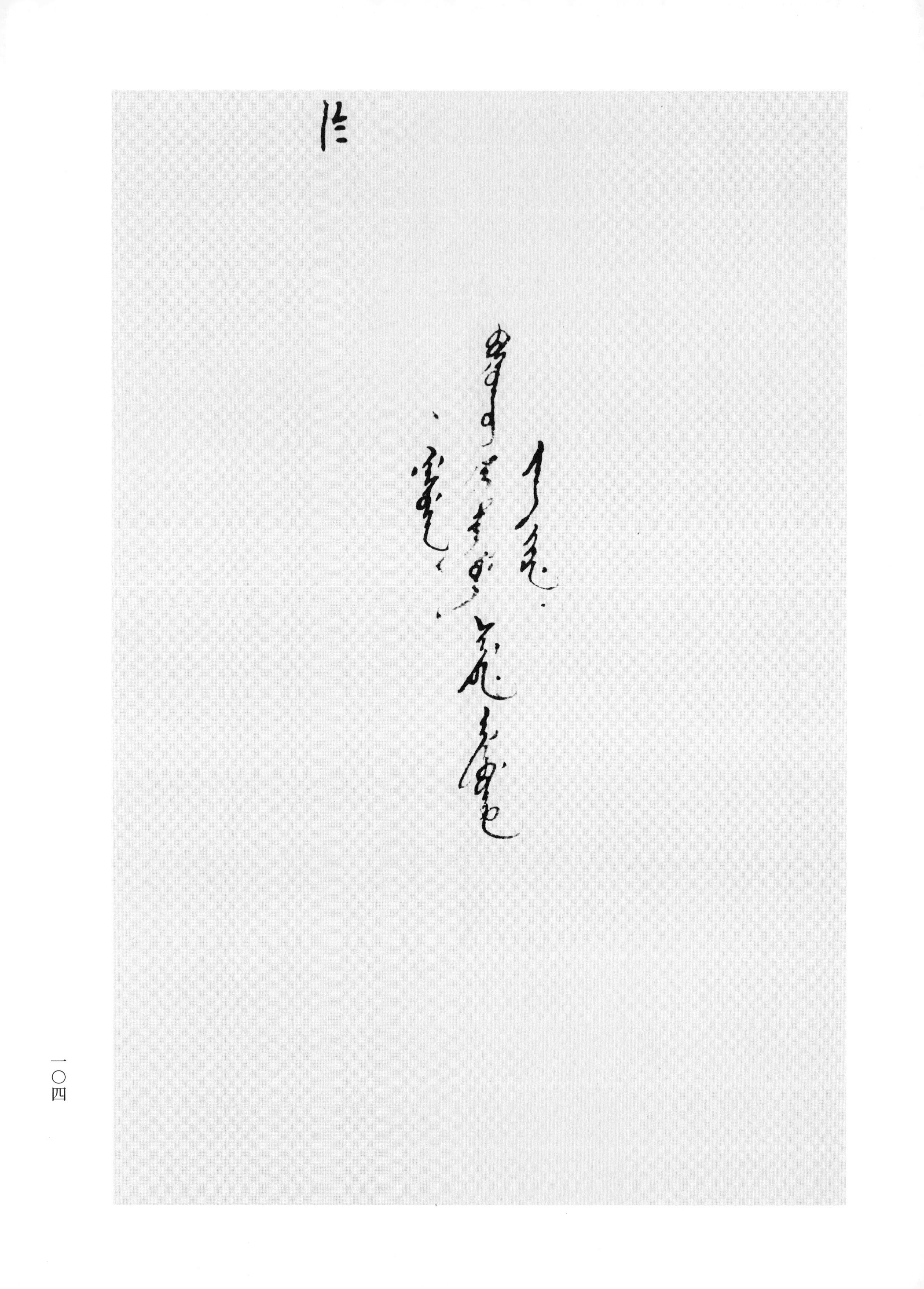

十八號

奉天府府尹衙門文開為

年節封開印信知會事

堂主事托金

值月筆帖式林亮接收

乾隆二十一年閏九

二十四

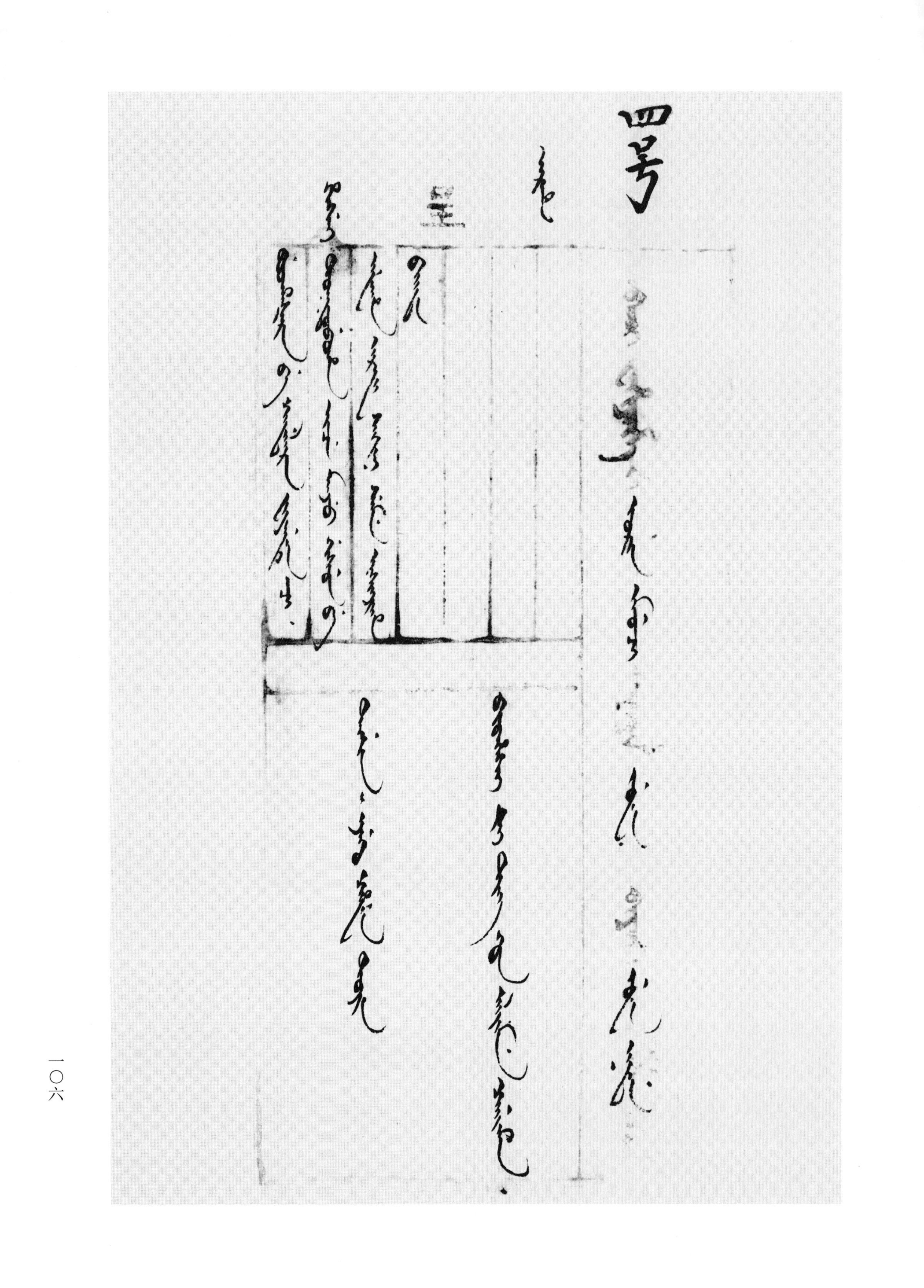

四號

呈

ᡥᡝᡵᡤᡝᠨ ᡳ ᠮᡝᡵᡤᡝᠨ ᠪᡳ

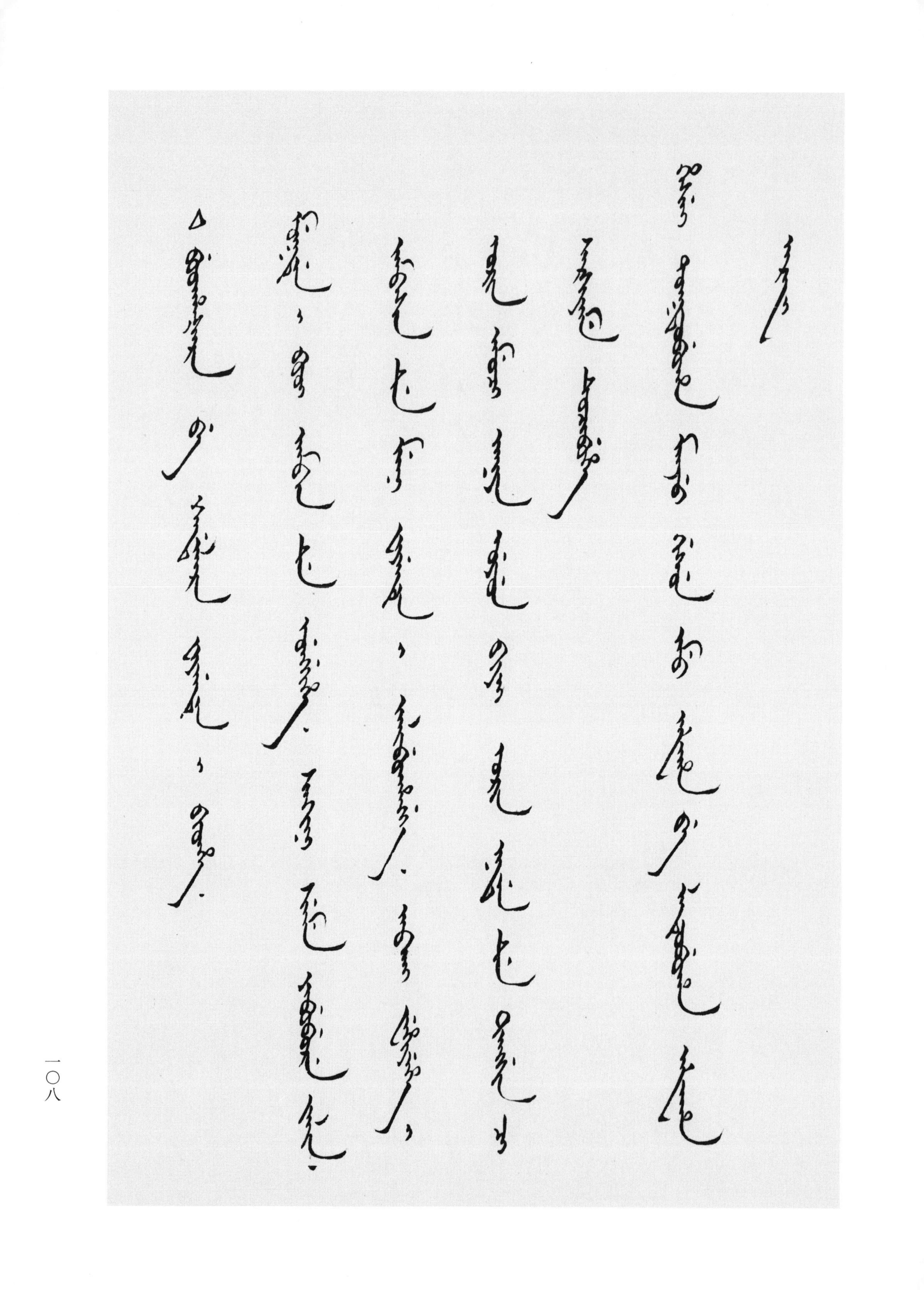

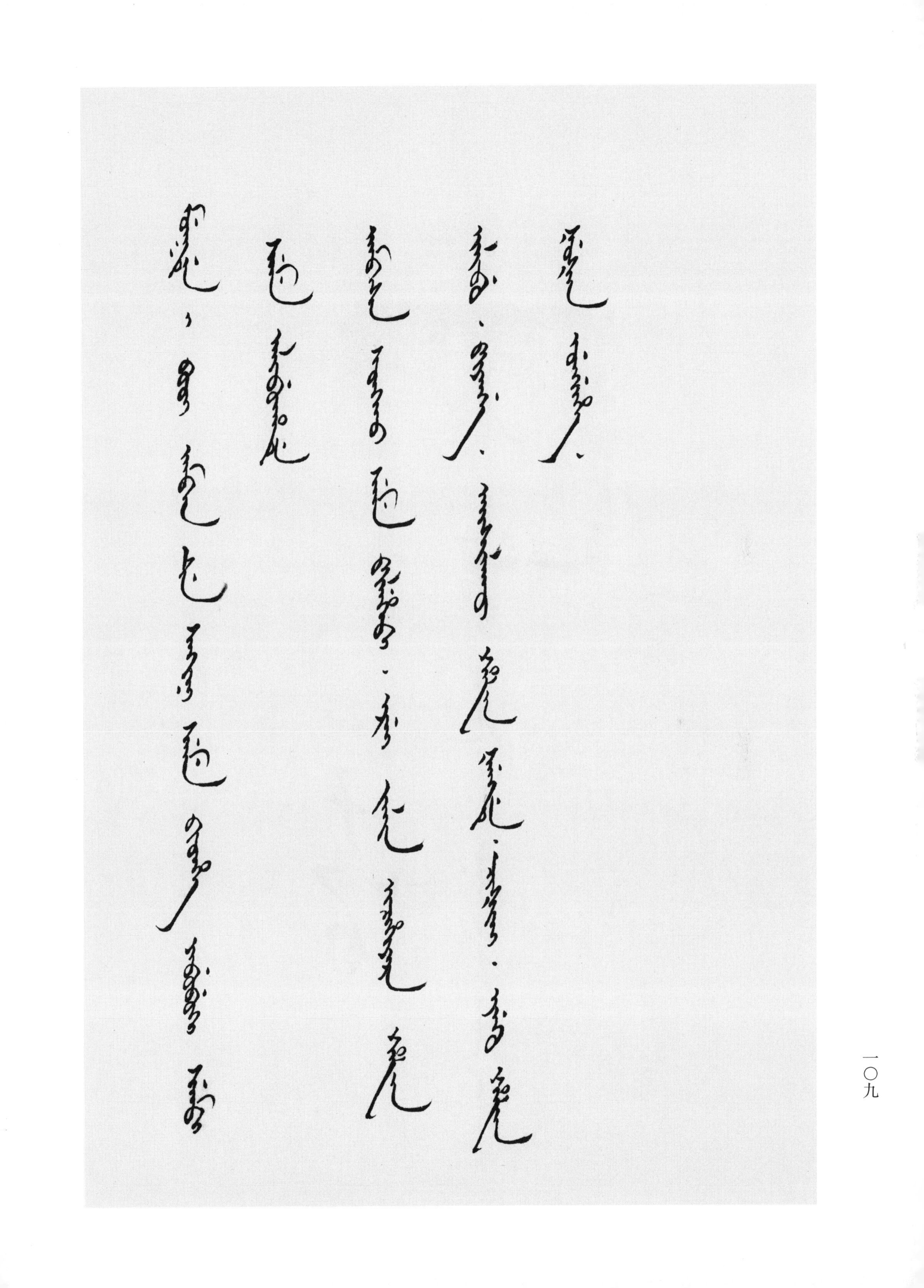

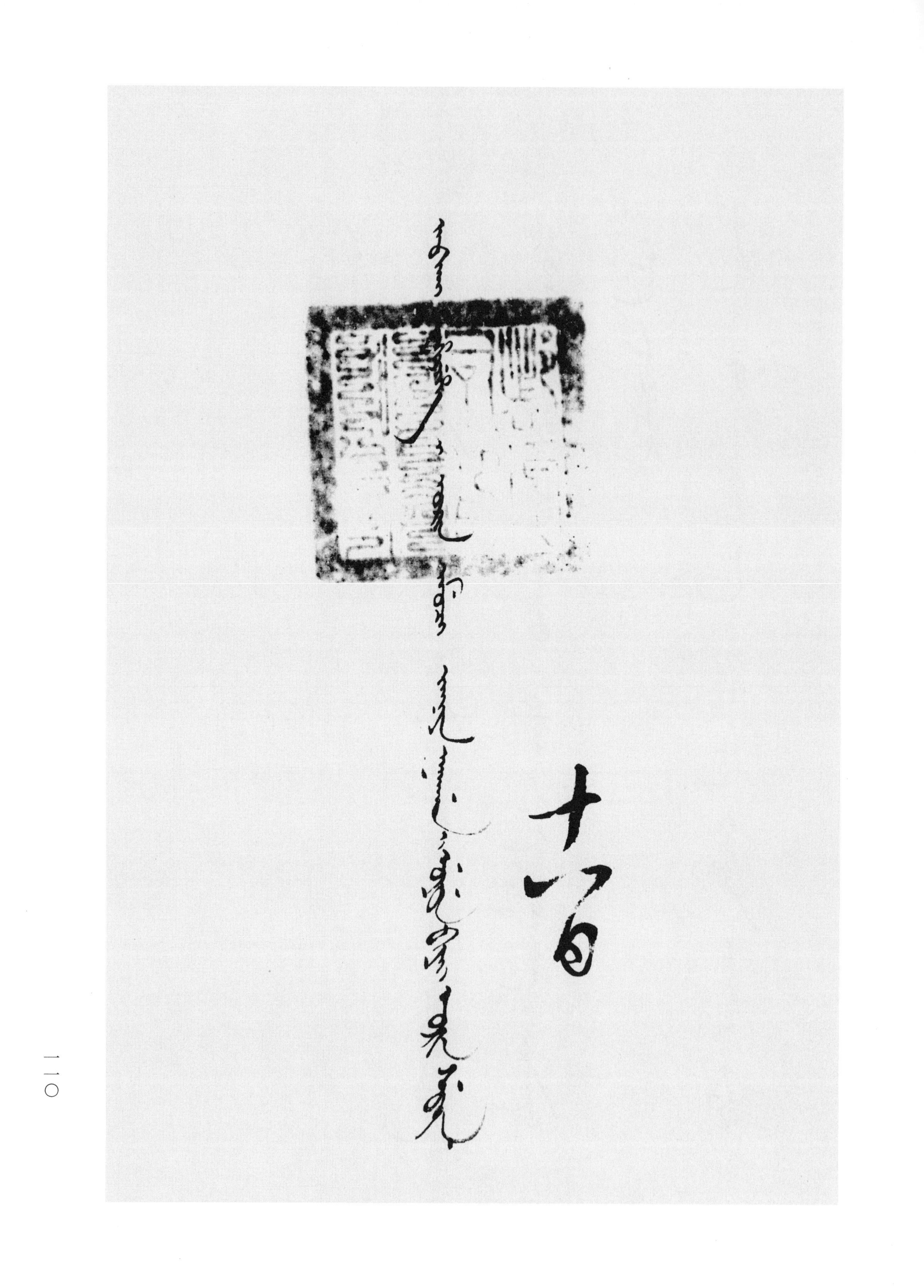

十四日

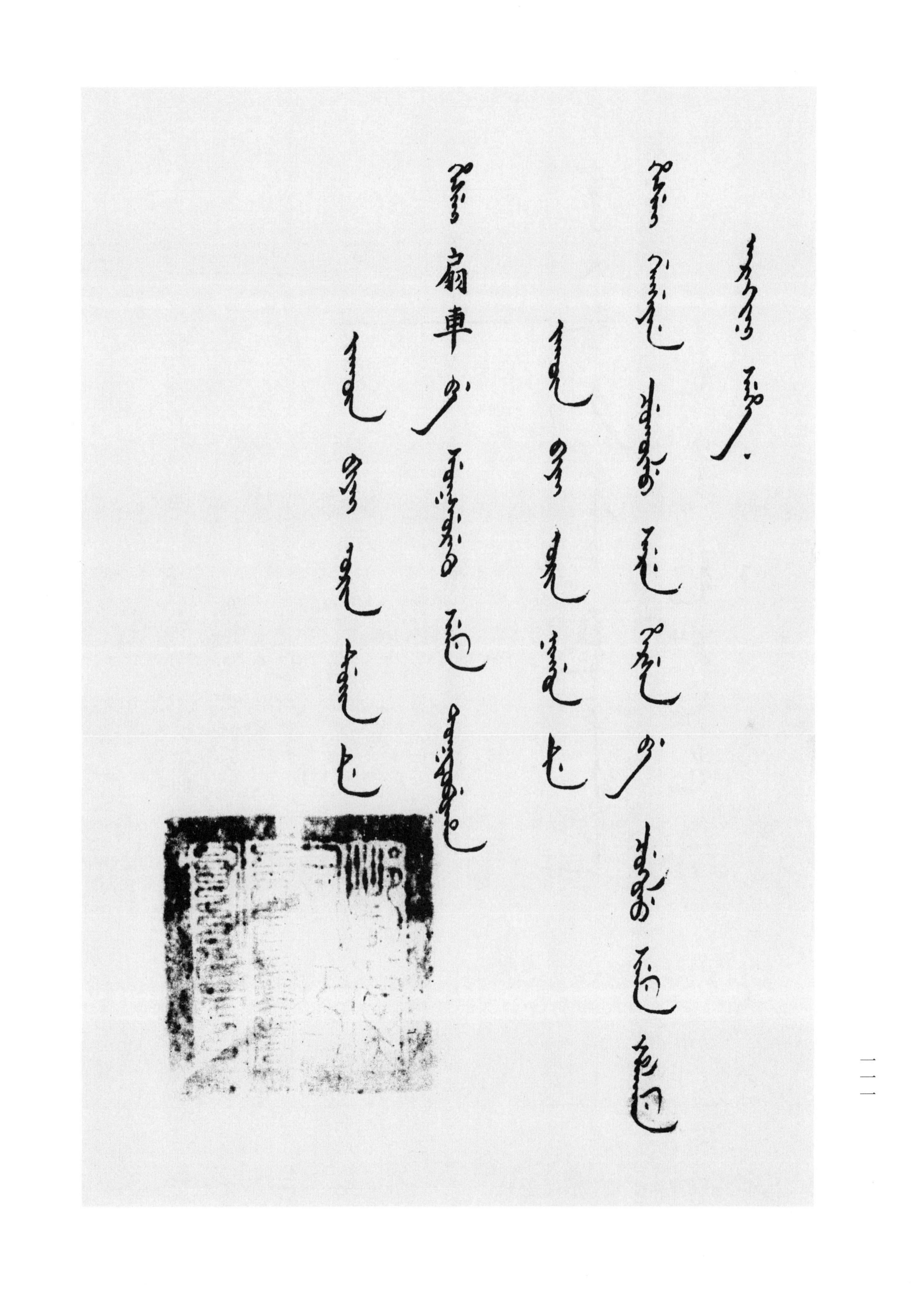

[illegible]

[illegible] 扇車 [illegible]

[illegible]

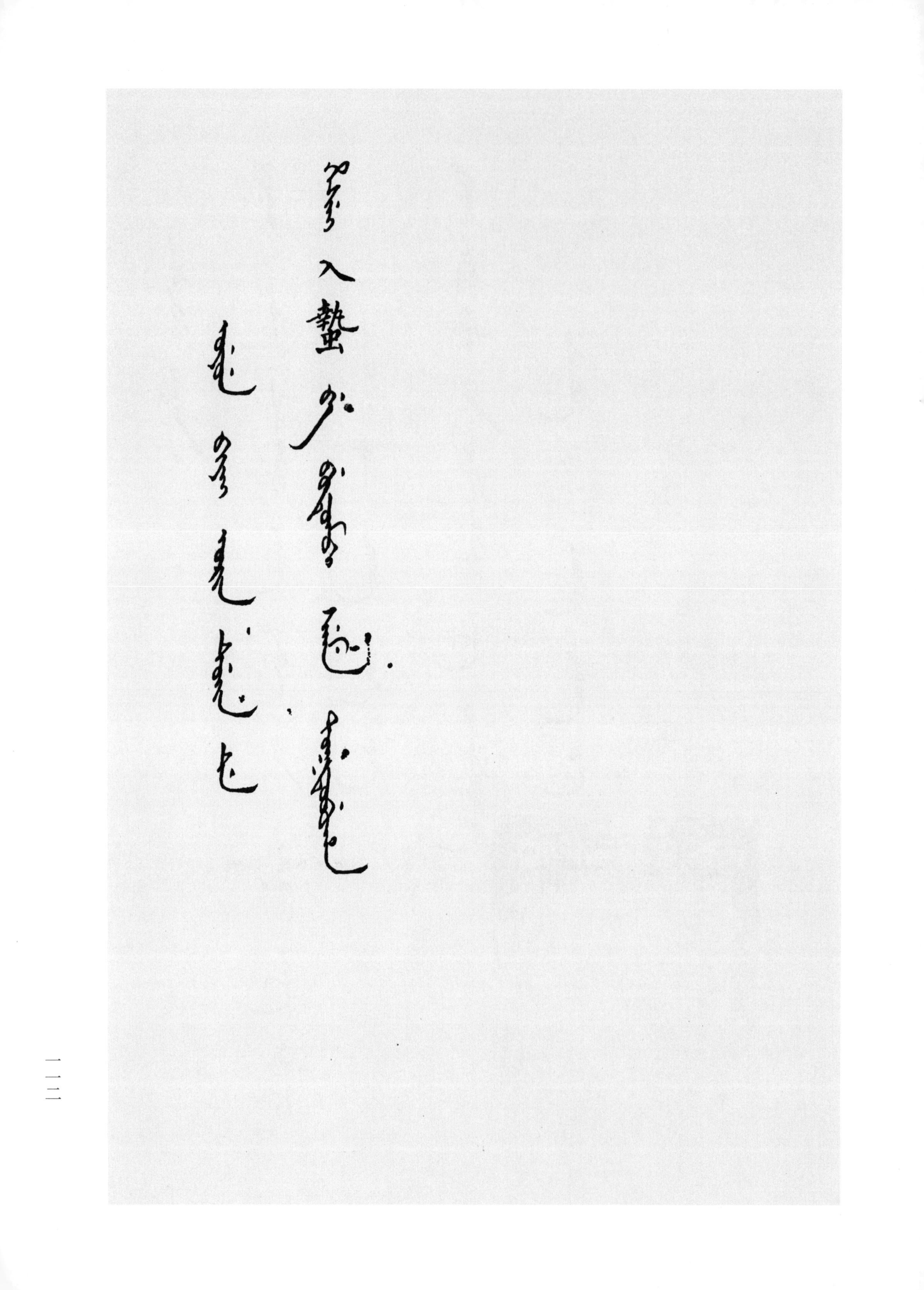

[illegible] 入蟄 [illegible] [illegible] [illegible] [illegible]

[illegible] [illegible] [illegible] [illegible] [illegible]

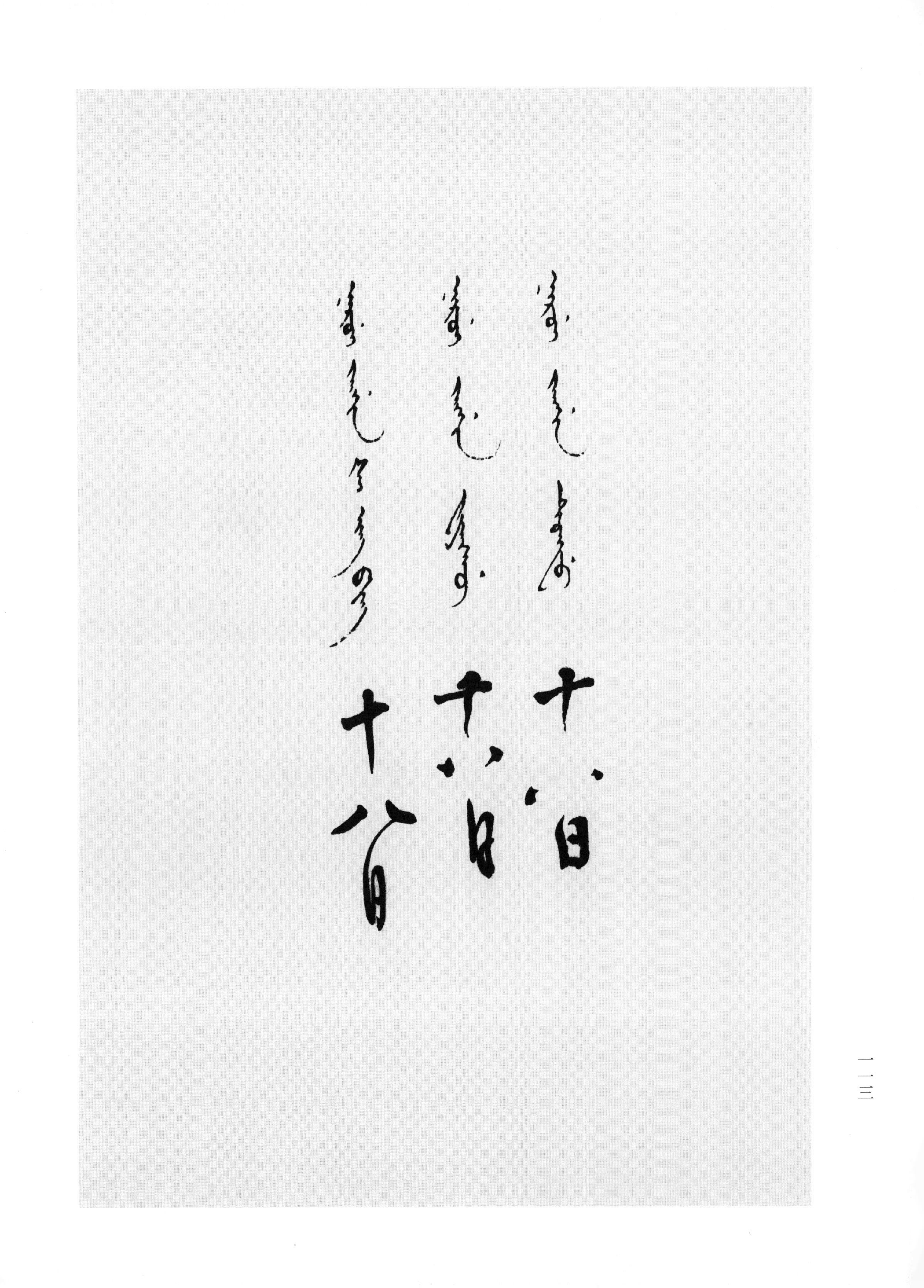

十日

十六日

十八日

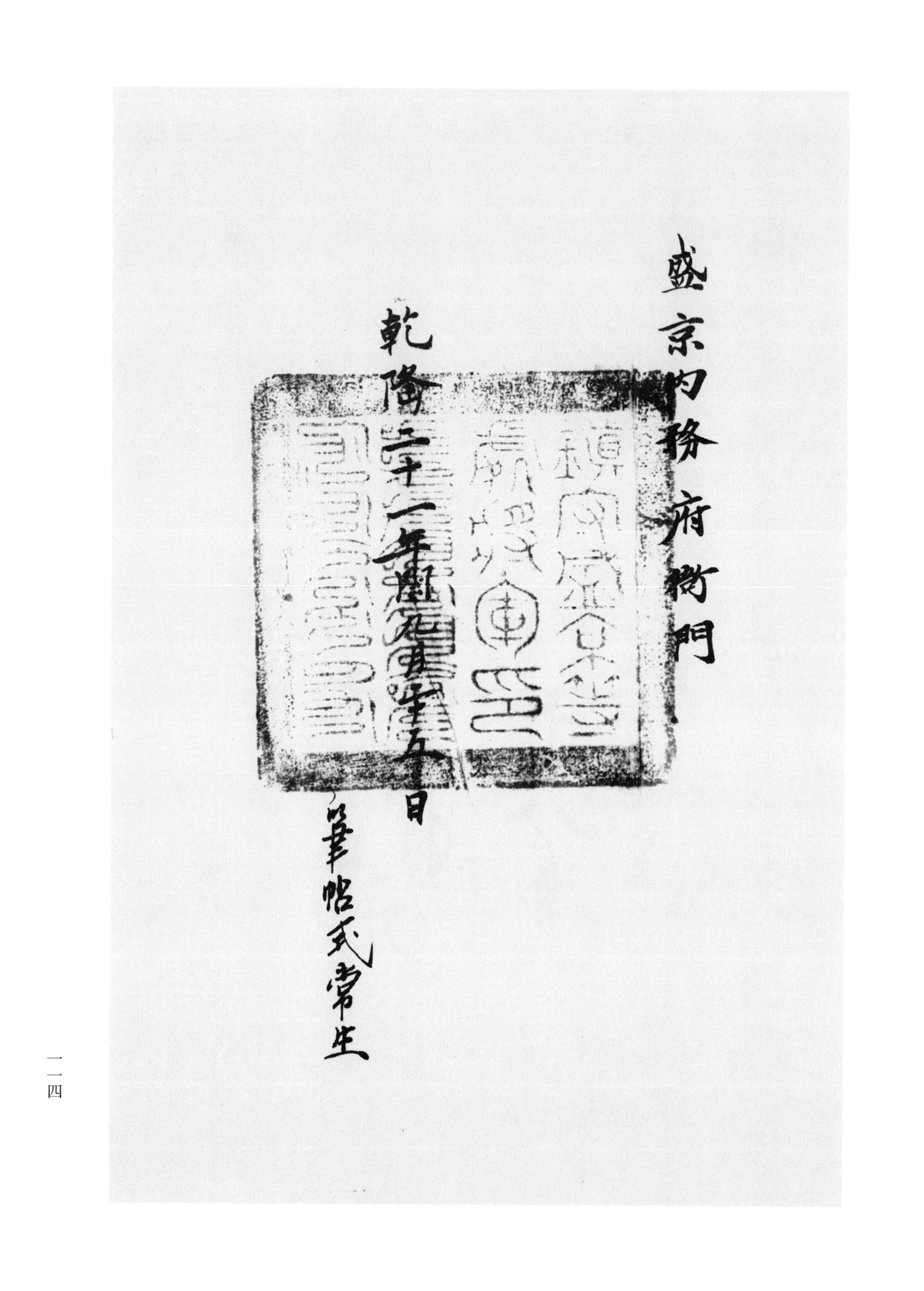

盛京内務府衙門

乾隆二十一年閏九月二十五日

筆帖式常生

盛京將軍衙門遵照可也等因前來相應抄錄

原文咨行

盛京内務府衙門一体遵行可也等情據此爲

此合咨須至咨者

右　咨

命下之日通行各處等因于乾隆二十一年八月二十
九日題九月初四日奉
旨依議欽此欽遵相應行文
盛京礼部轉行各部一体遵行等因前来相應
移咨

時閉印自封印日起至開印日止照例不理刑
名不辦事有緊要事件仍行辦理
元旦礼儀王等以下文武各官以上照定例自十
二月二十七日起至正月初四日穿朝服七日
上元節自正月十四日起至十六日穿朝服三日後

呈准
盛京礼部咨開档子房案呈准礼部咨開為
年節等事儀制司案呈礼科抄出本部題前
事内開應照欽天監選擇日期于本年十二月
二十日巳時封印乾隆二十二年正月二十一日卯

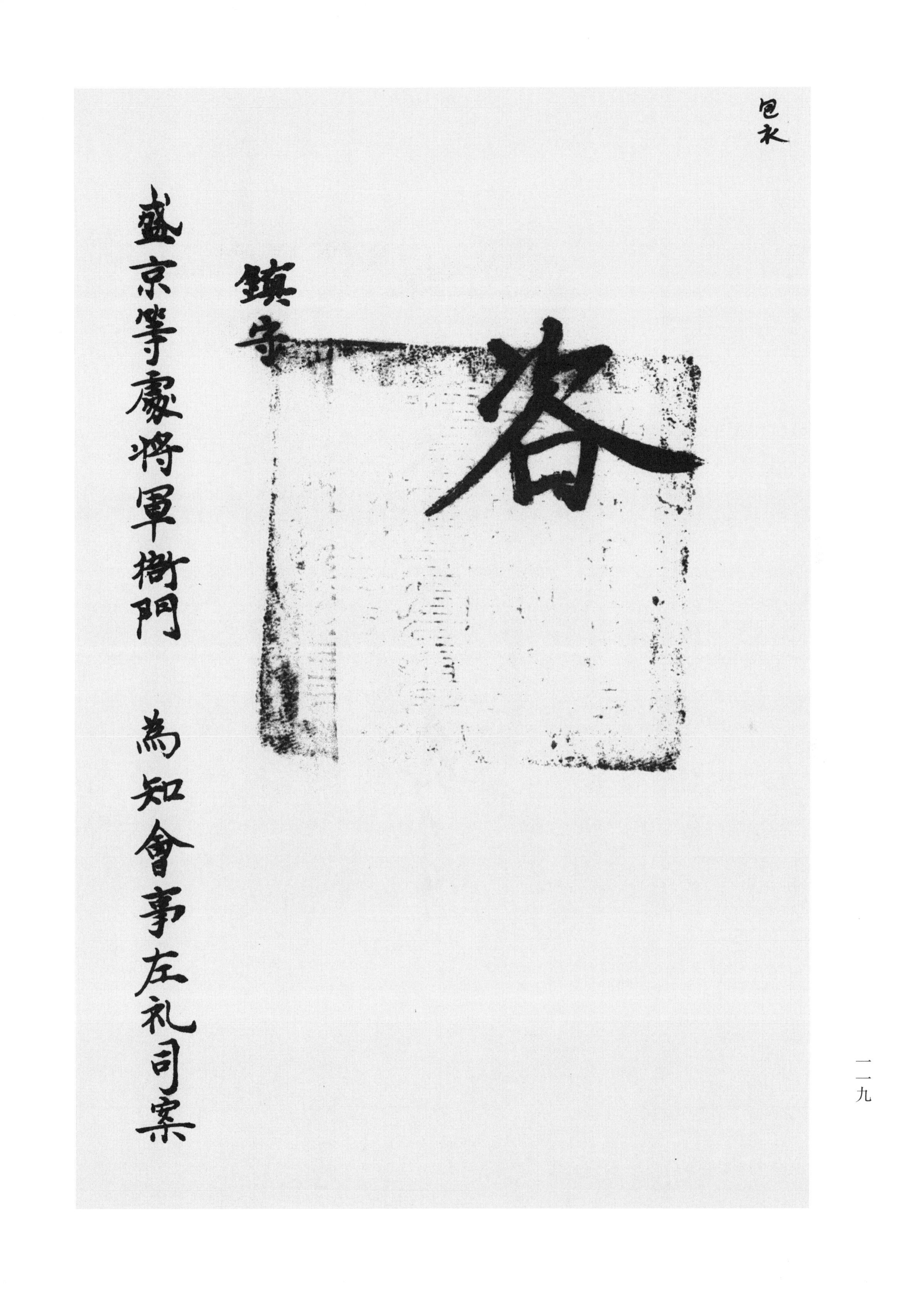

包衣

咨

鎮守

盛京等處將軍衙門 為知會事左礼司案

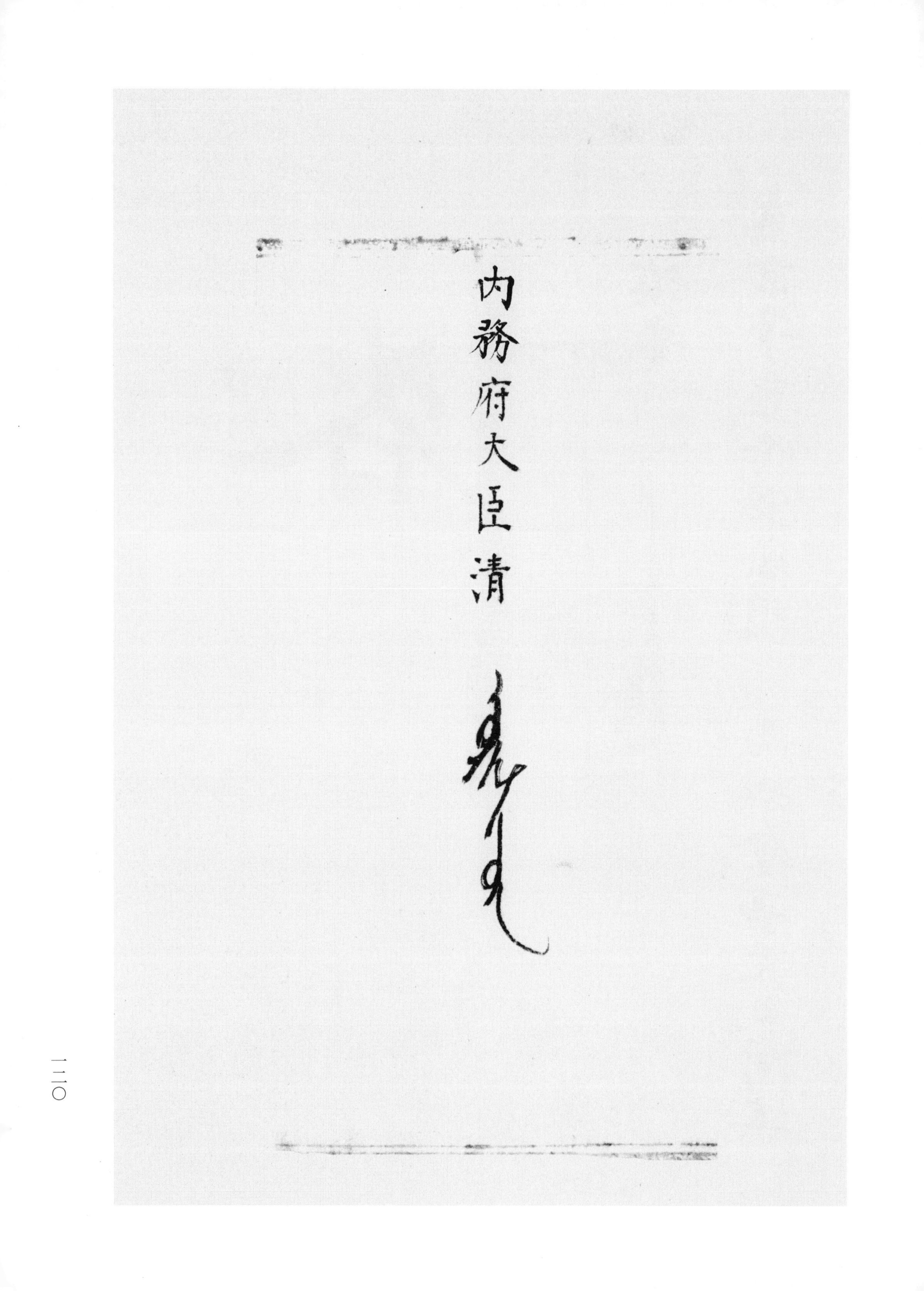

内務府大臣清

收

十九号

盛京將軍衙門文開爲年節封開印信知會事

堂主事托金

值月筆帖式林亮接收

乾隆二十一年閏九月二十五日

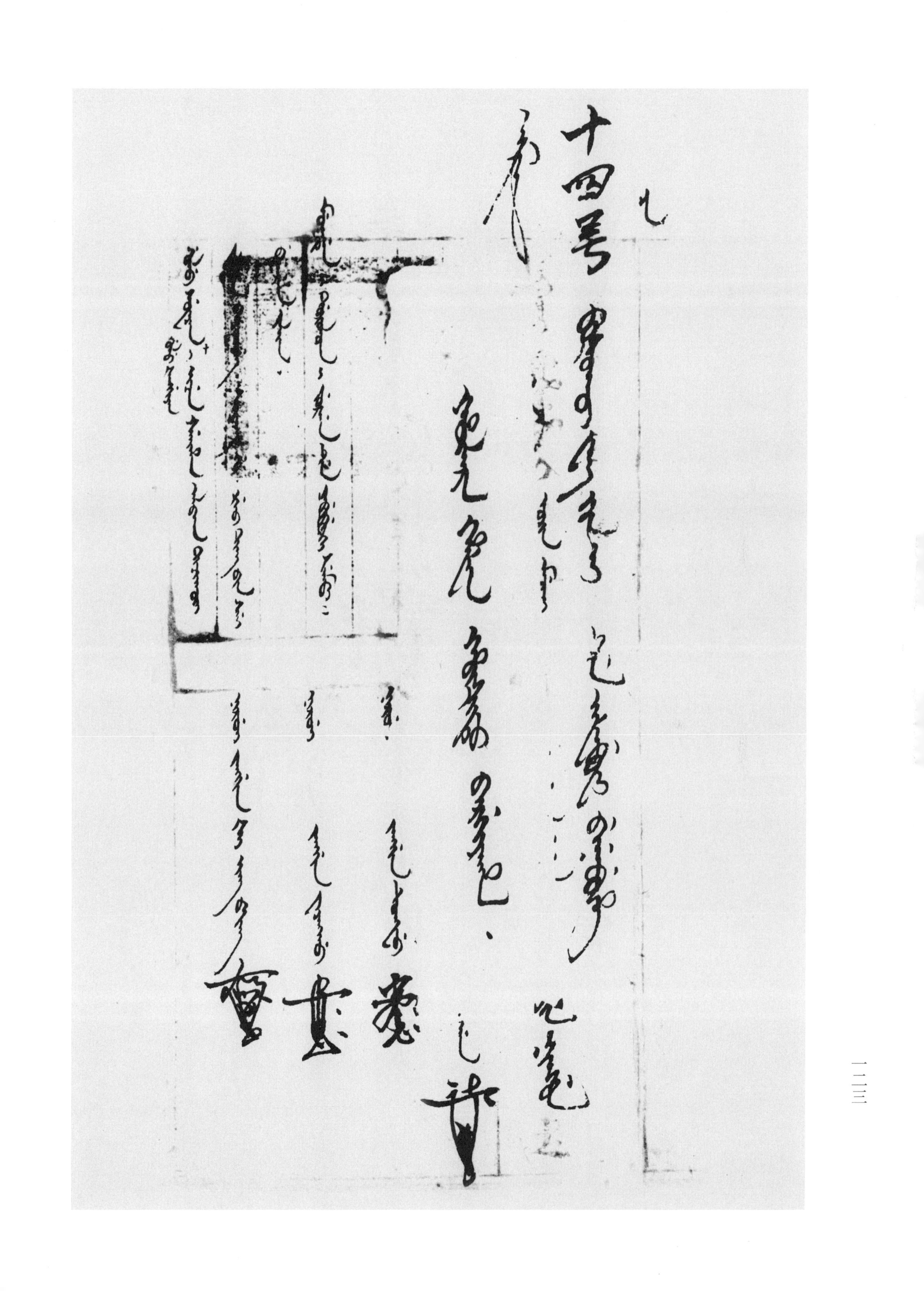

十四号

[illegible]

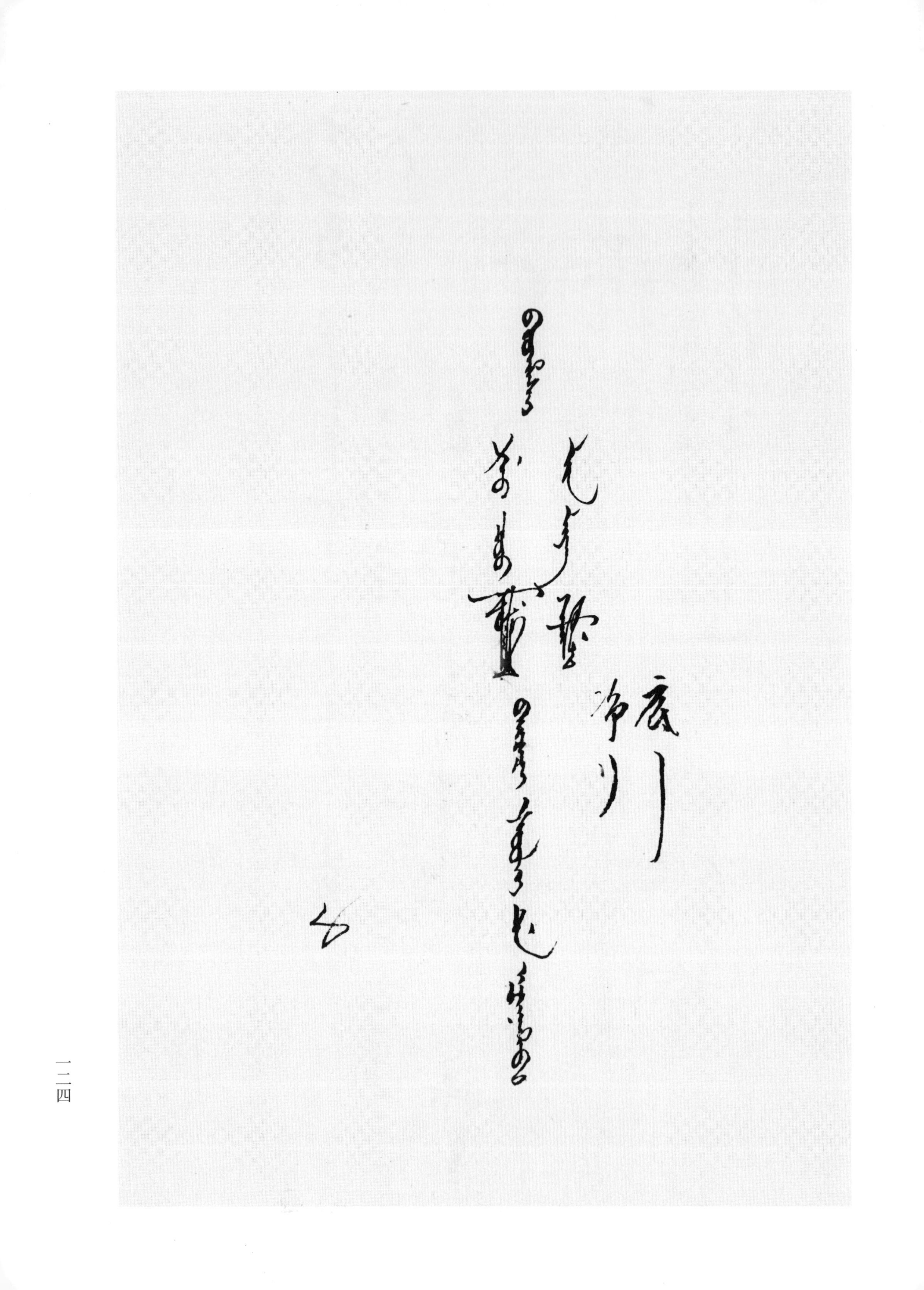

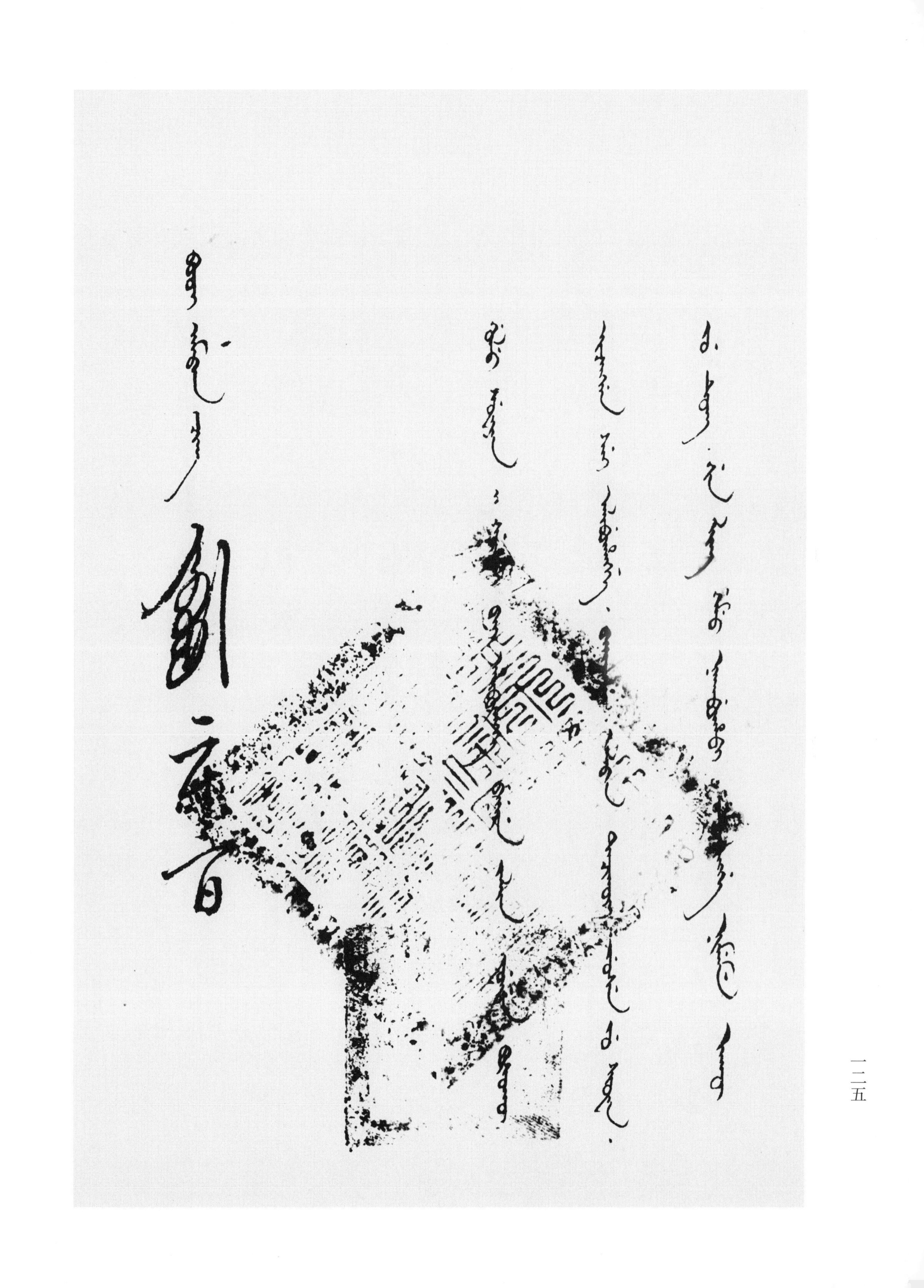

另有旨

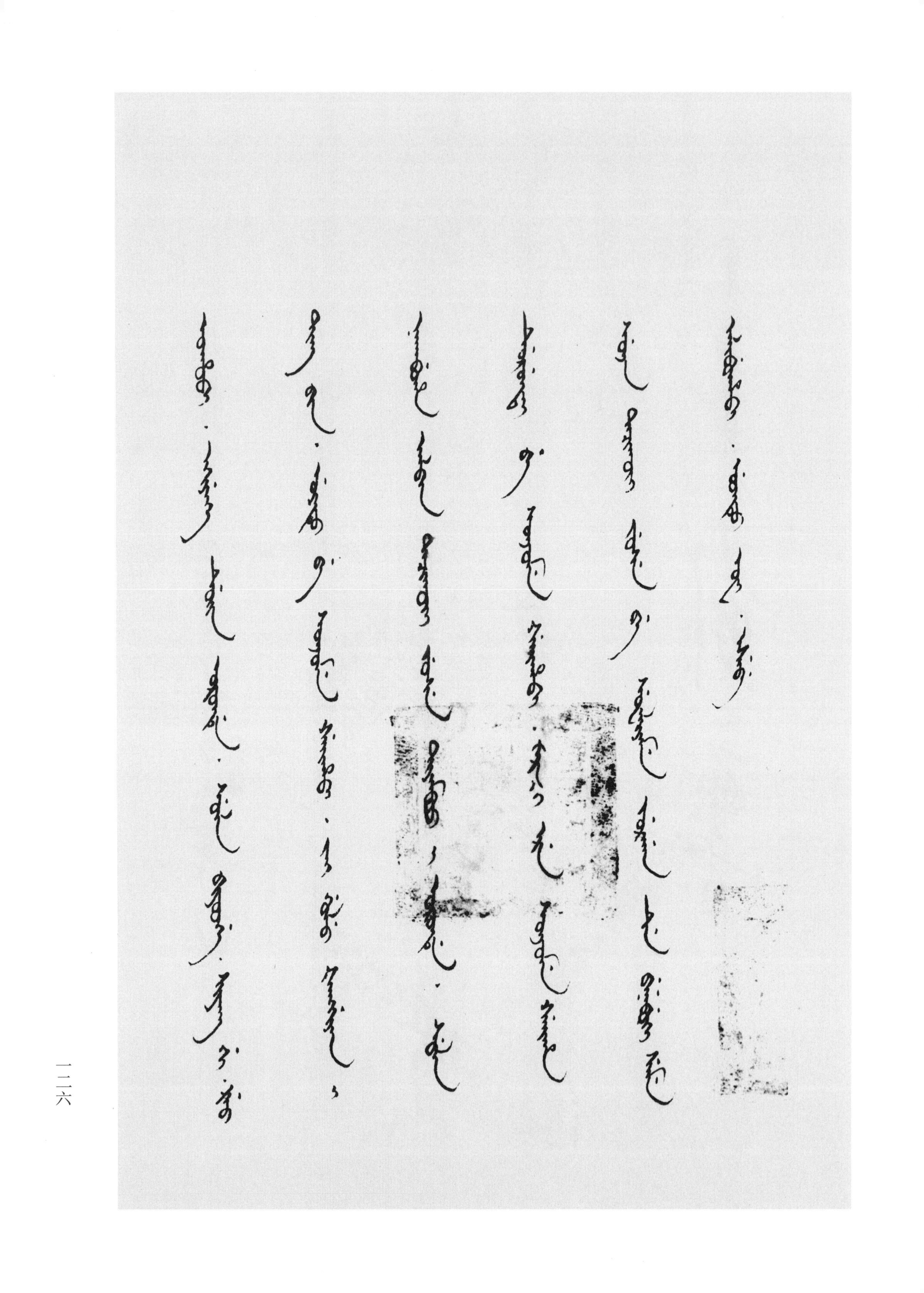

[illegible]

[illegible]

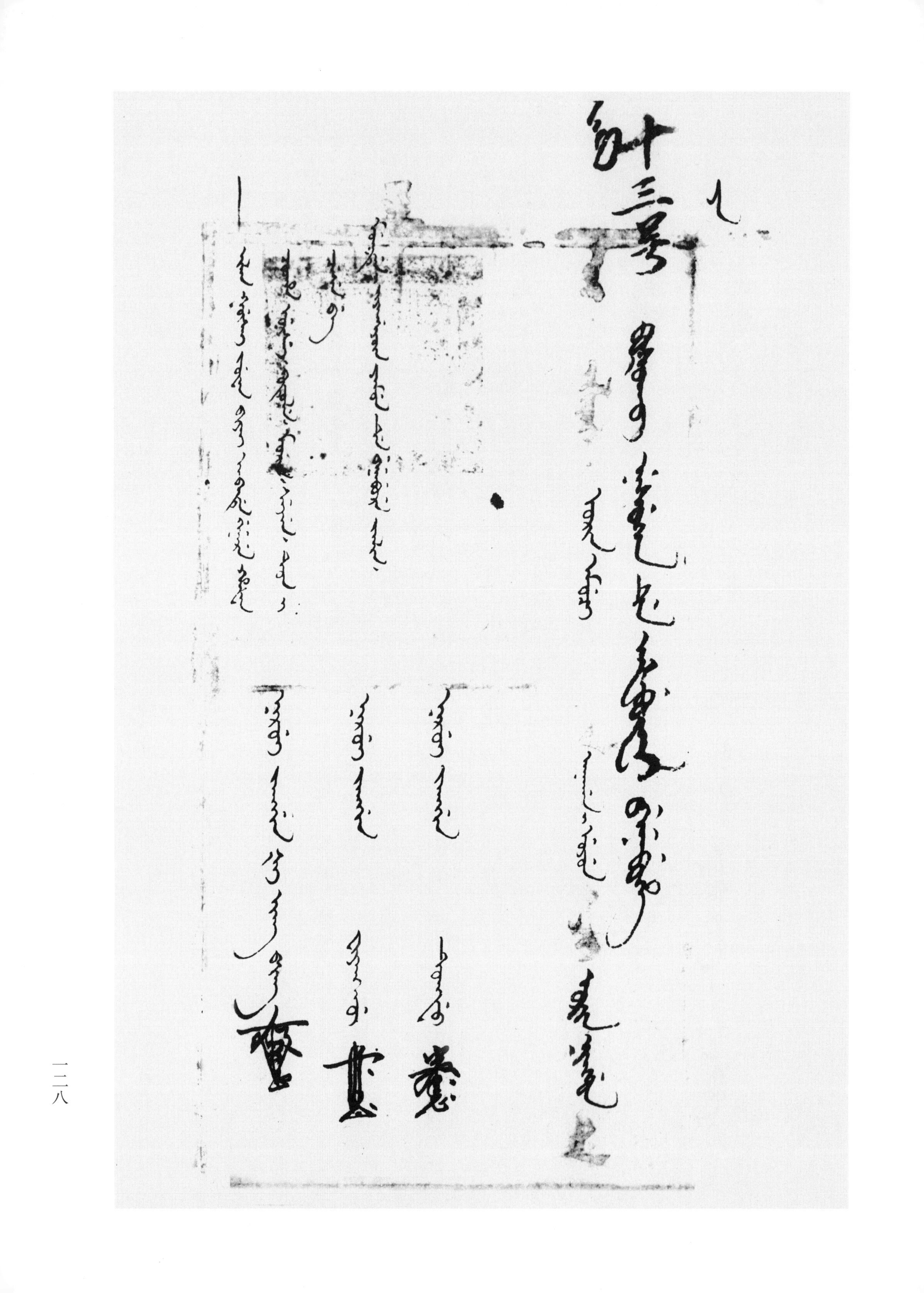

針三号 九

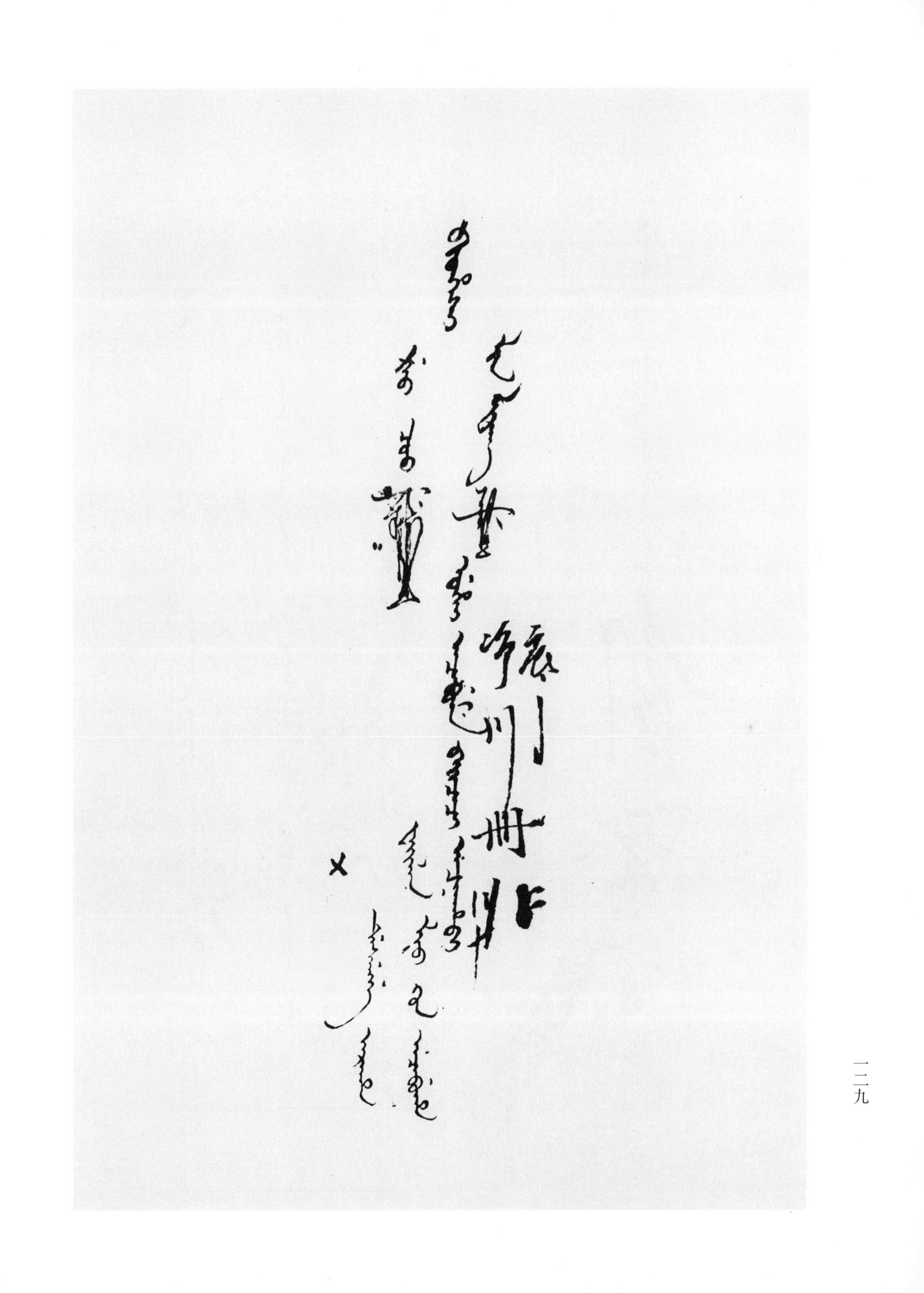

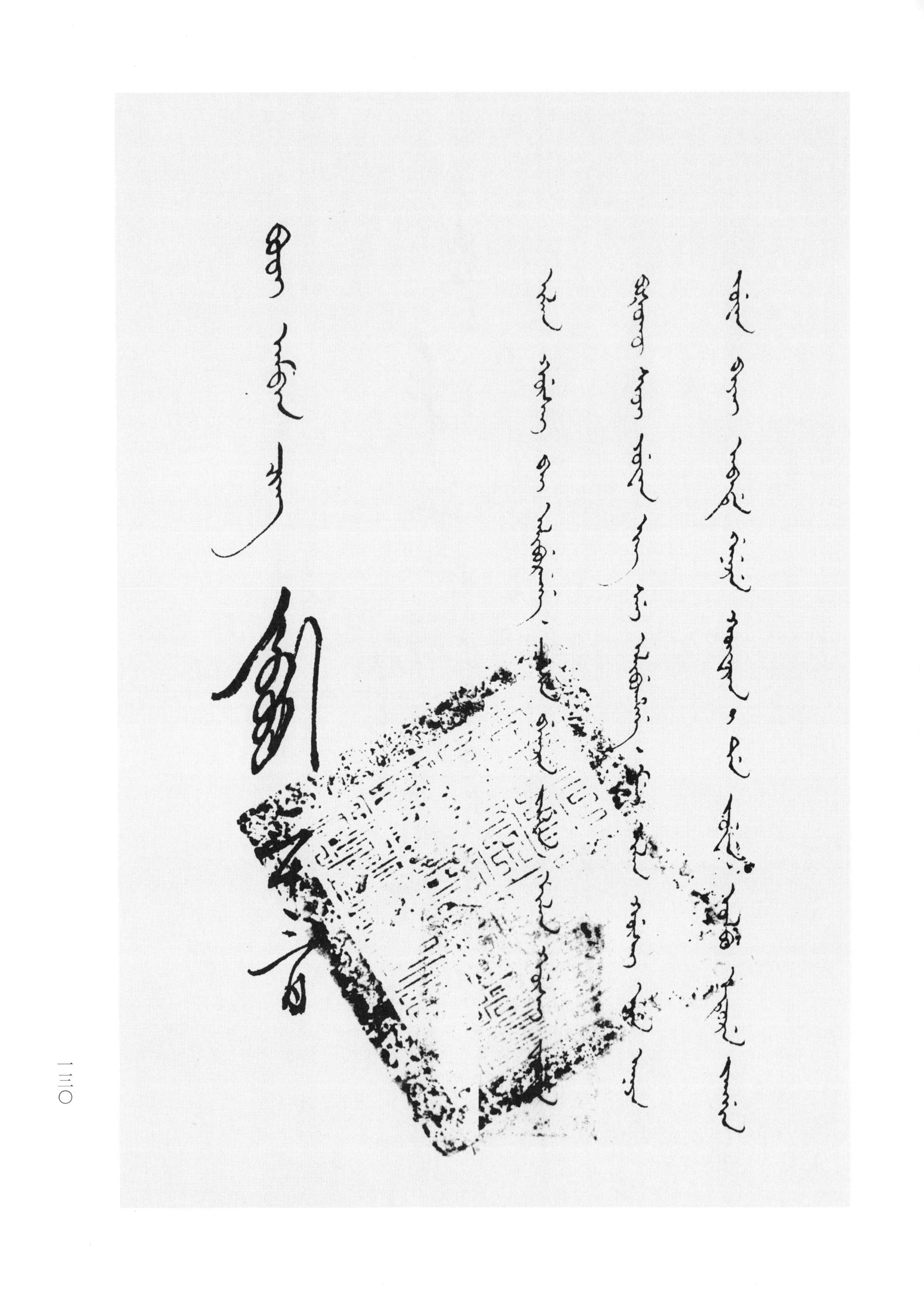

劉

奉旨

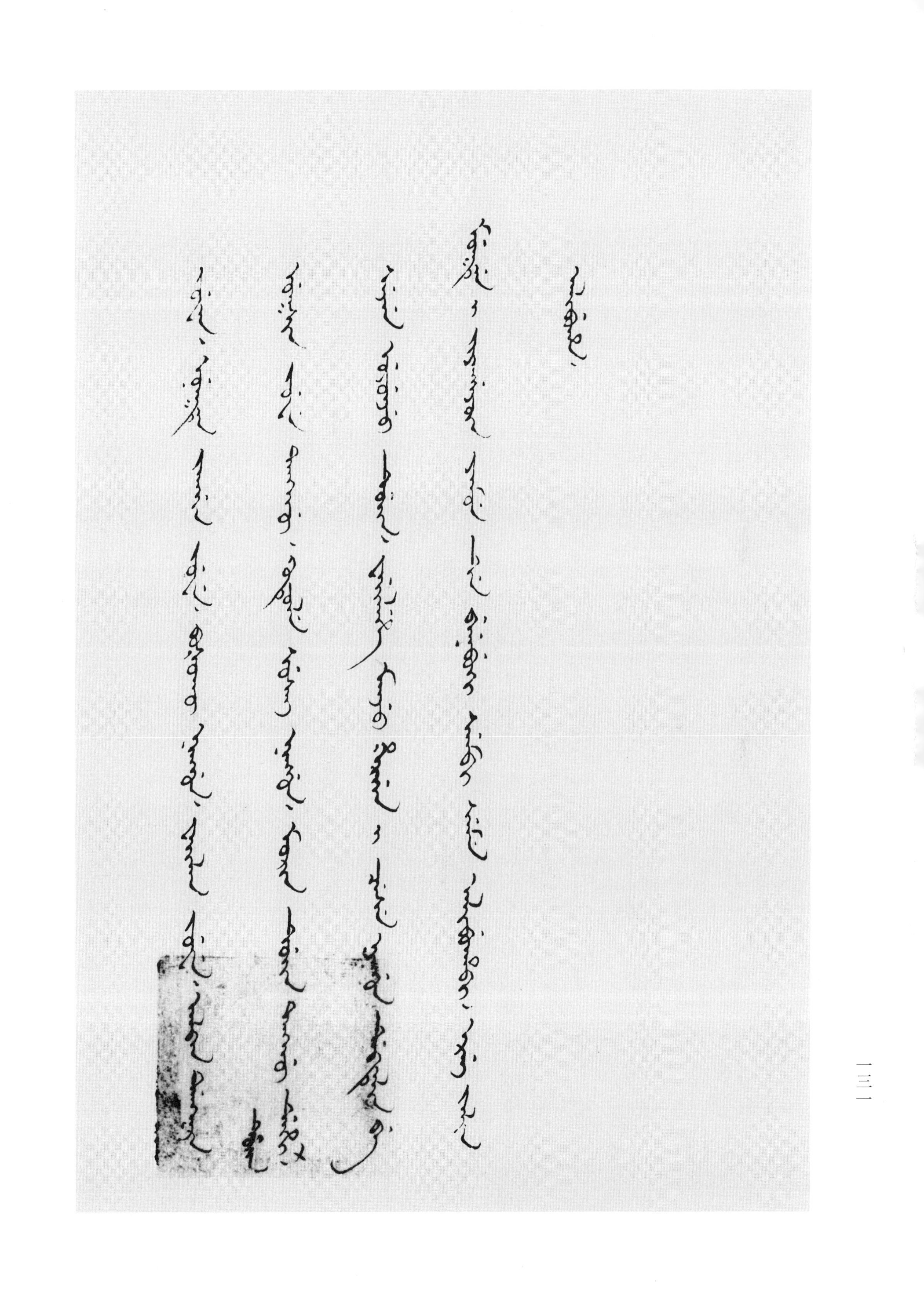

[illegible]

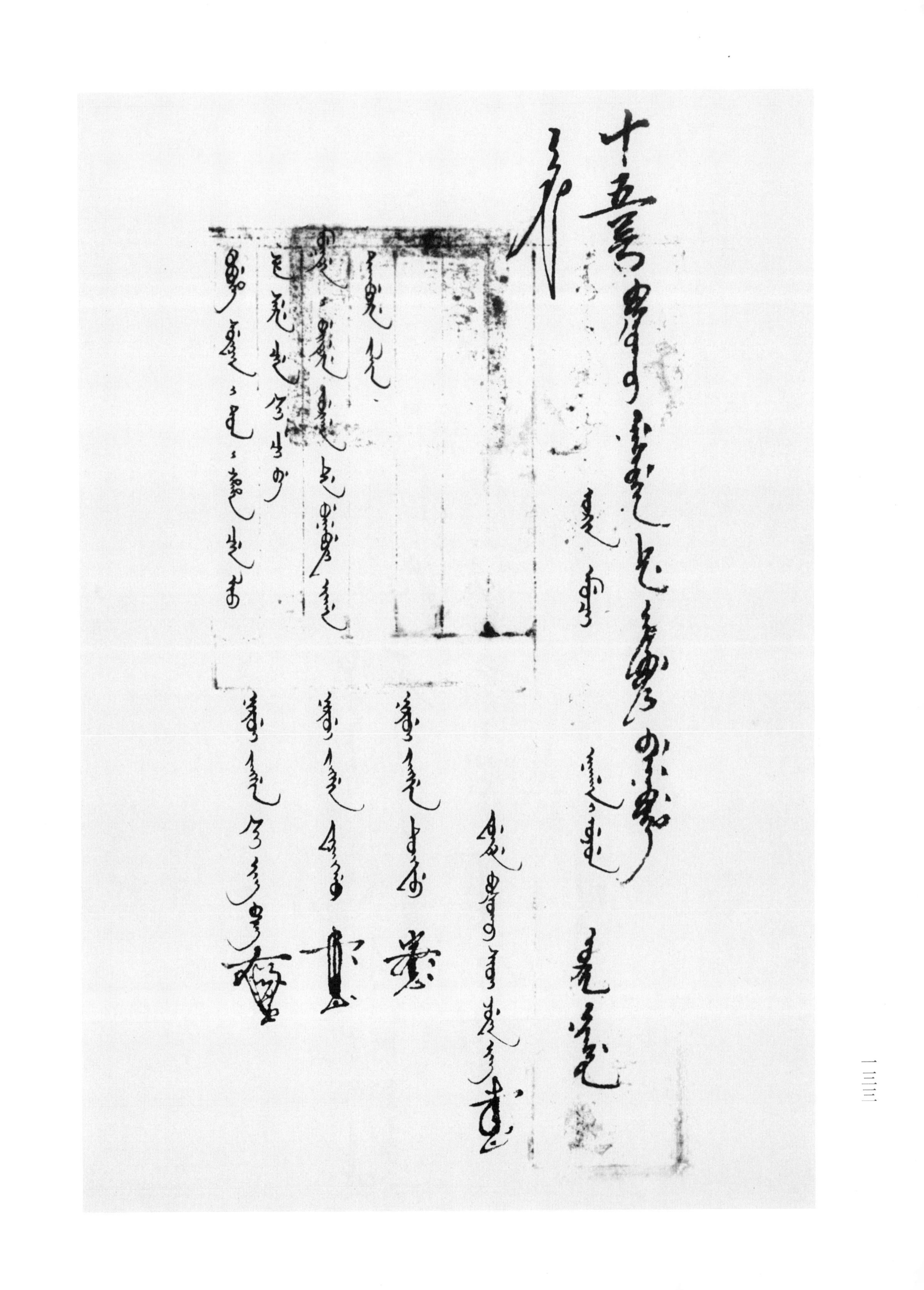

十五日

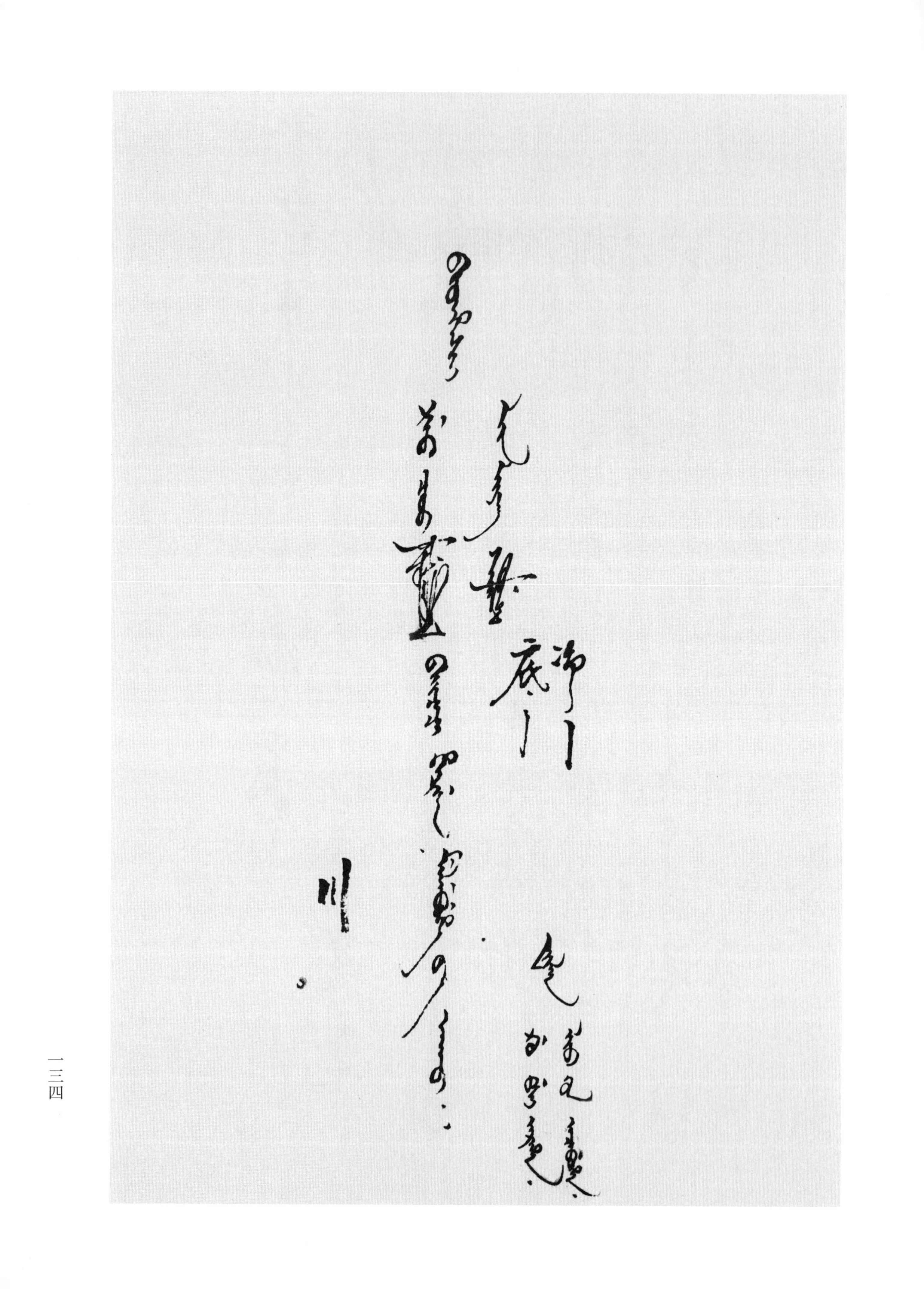

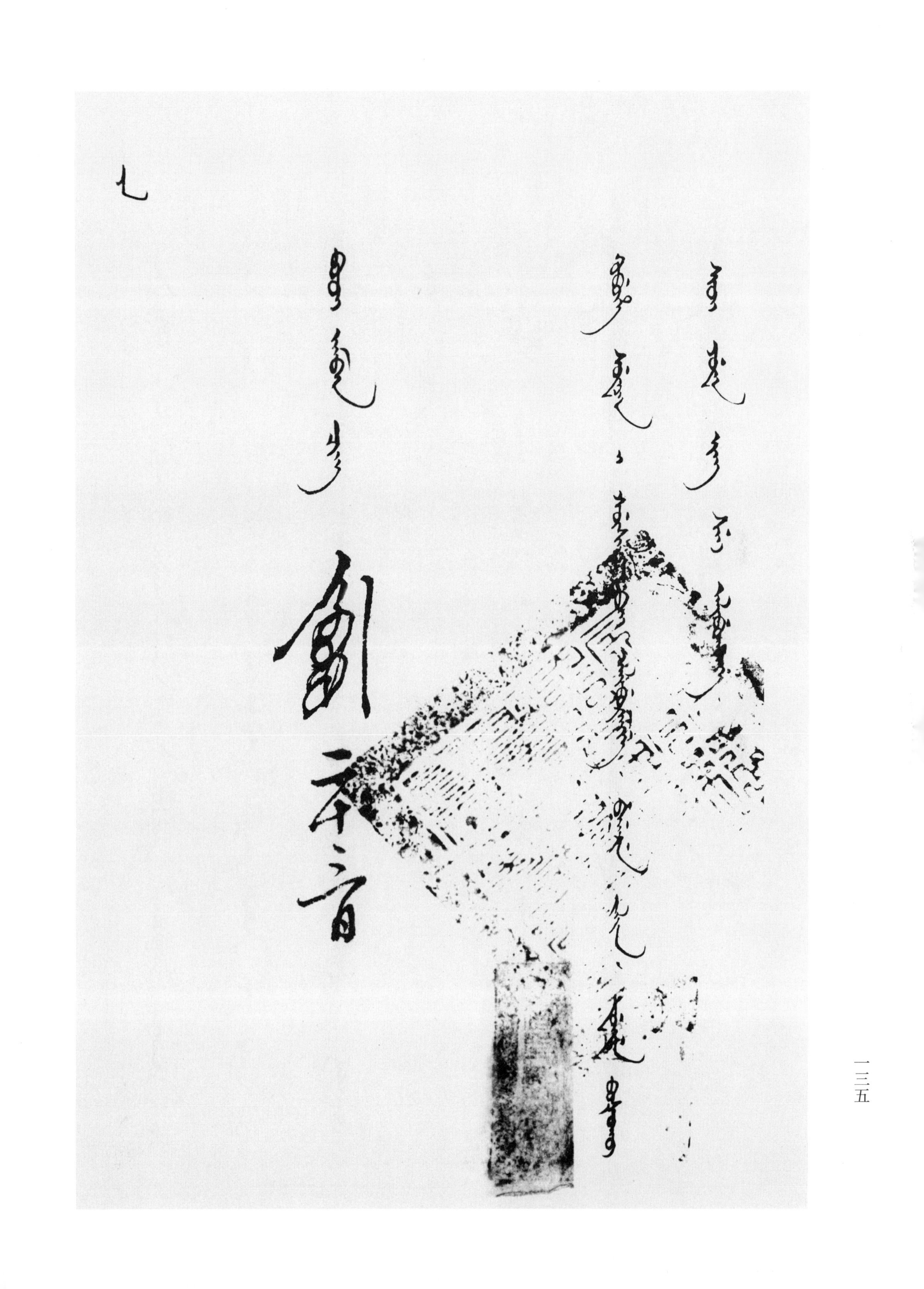

七

劉天首

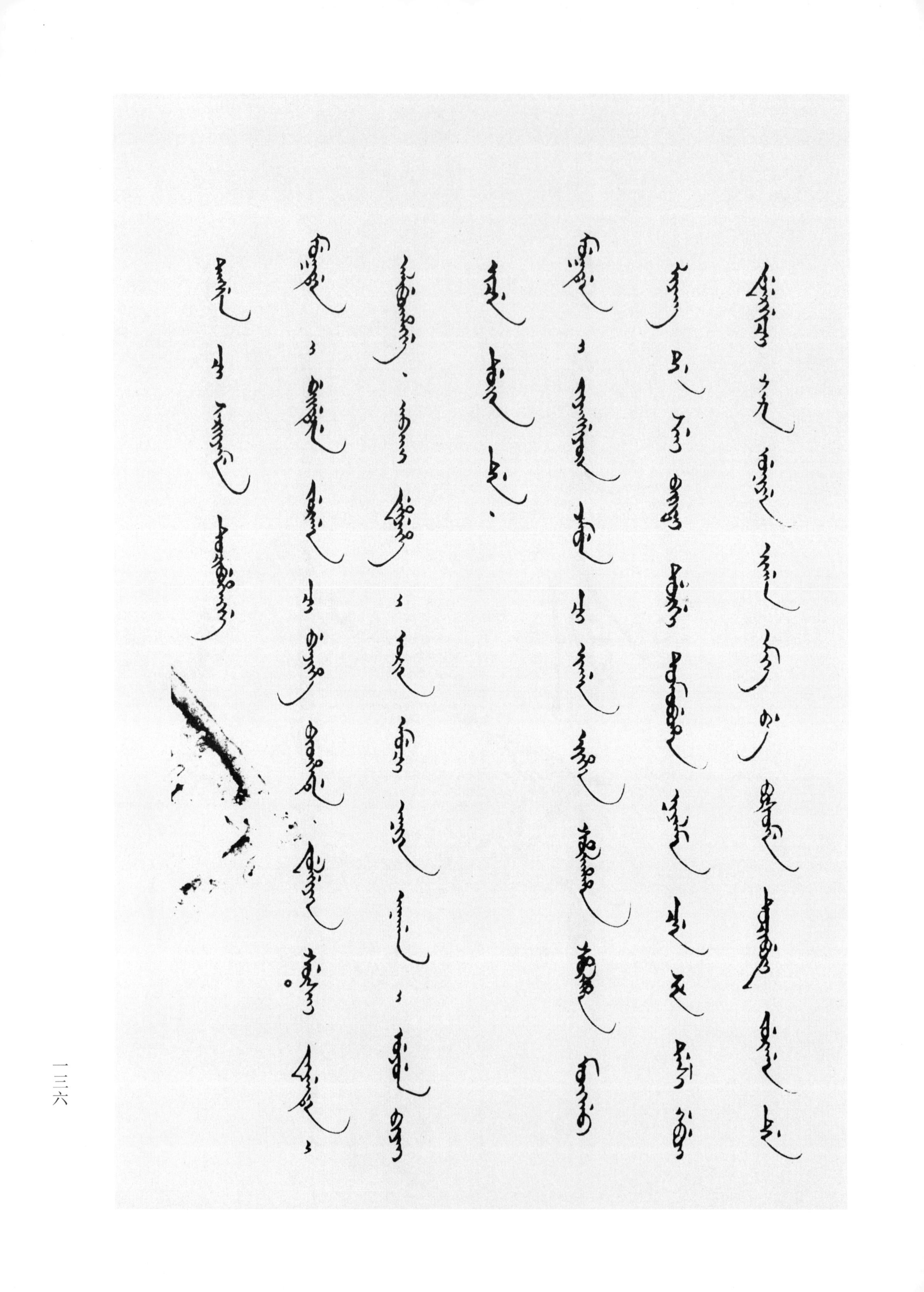

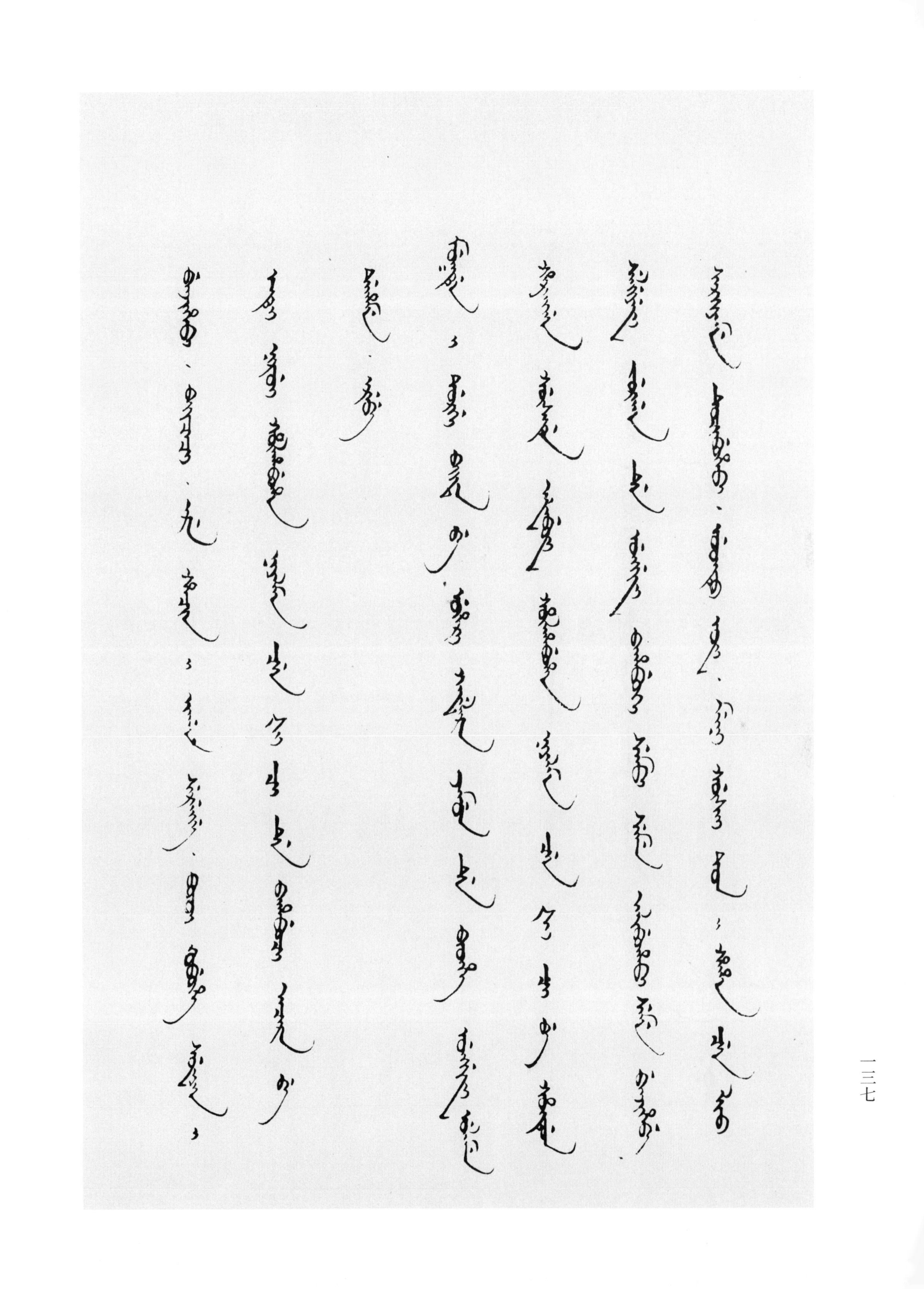

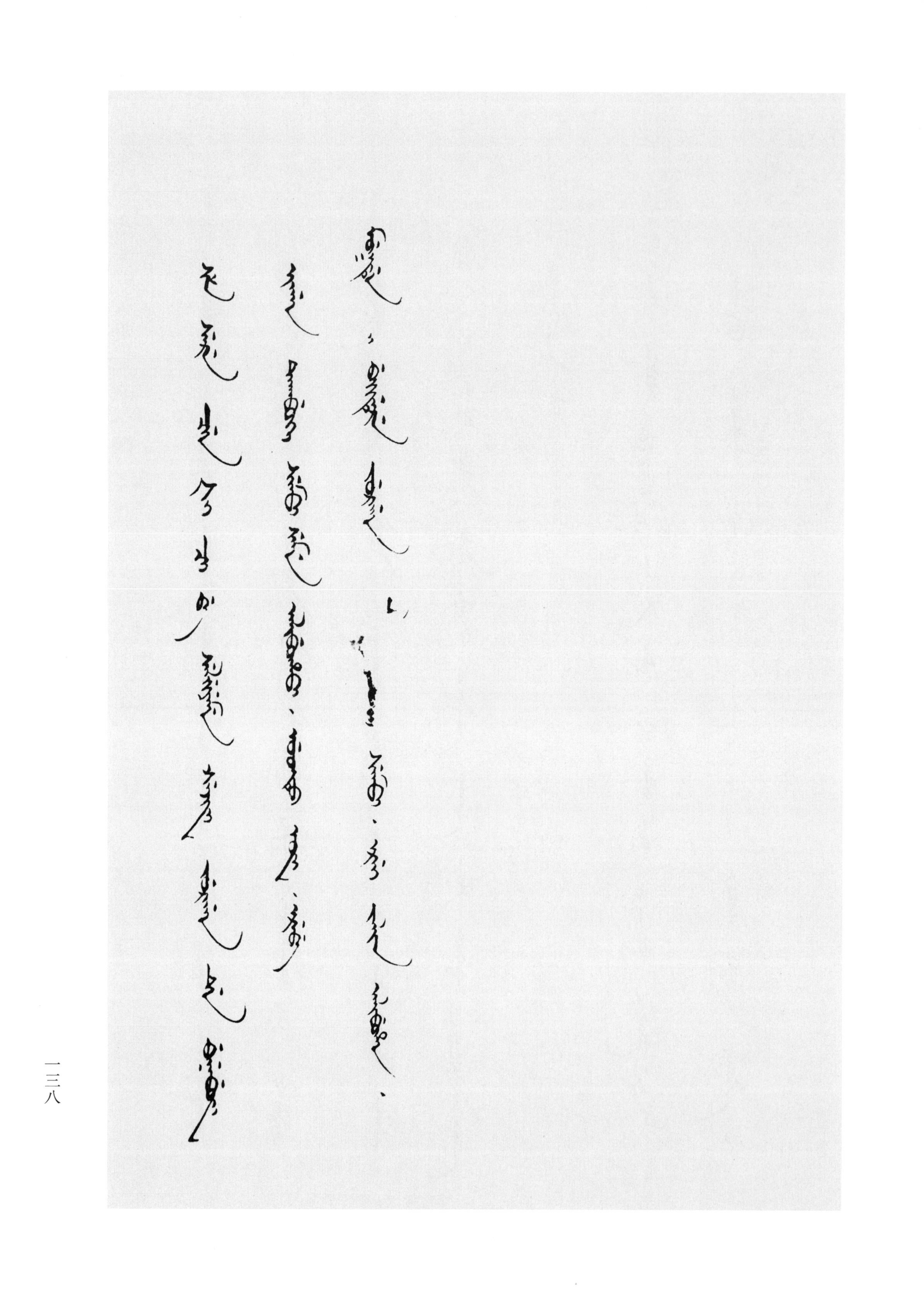

ᠠᠪᡴᠠᡳ ᠸᡝᡥᡳᠶᡝᡥᡝ ᡳ ᠵᡠᠸᠠᠨ ᠵᠠᡴᡡᠴᡳ ᠠᠨᡳᠶᠠ ᠨᡳᠶᠠᠩᠨᡳᠶᠠ ᡳ ᠪᡳᠶᠠ ᡳᠴᡝ ᡳ ᠠᠪᡴᠠᡳ

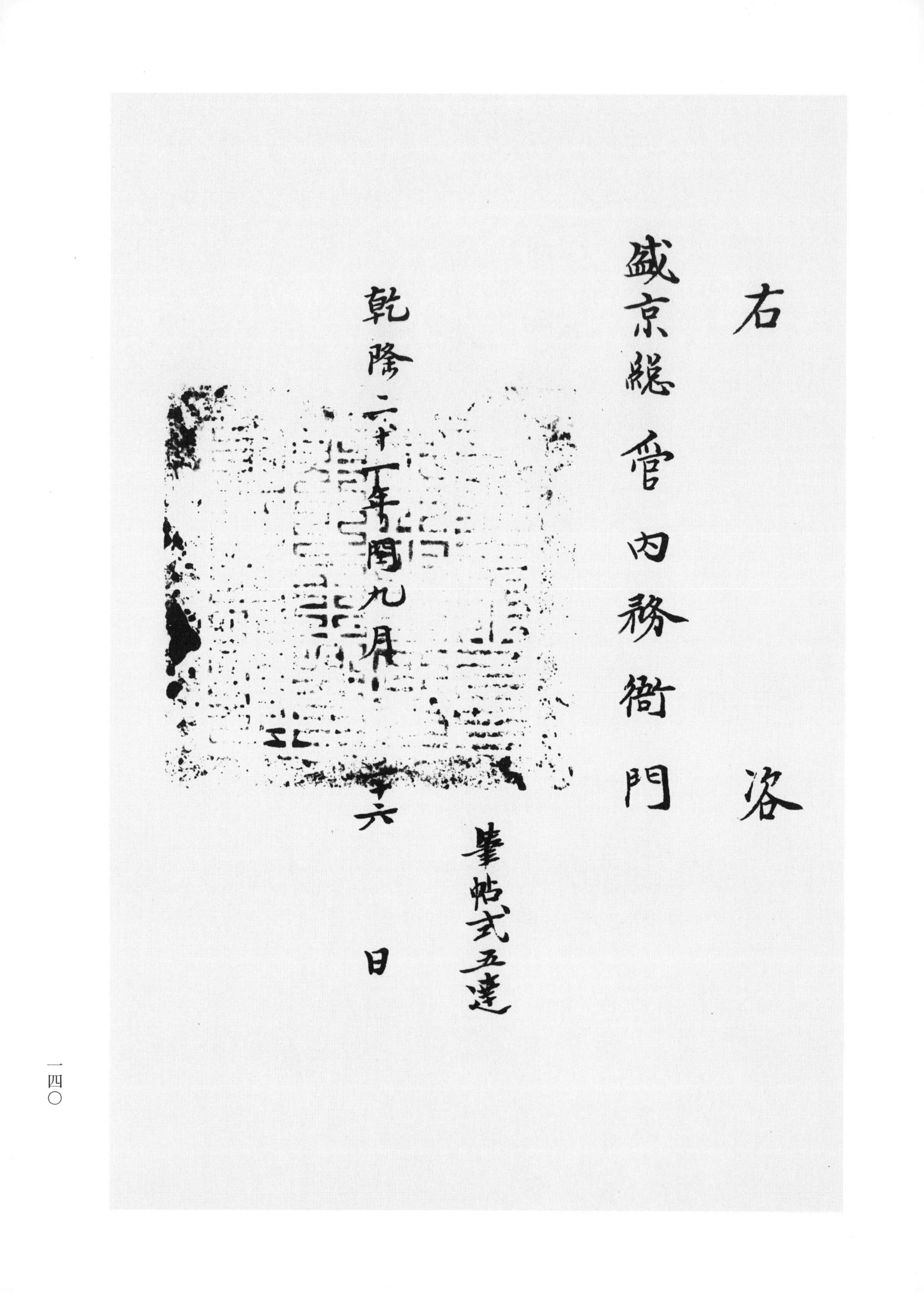

右　　咨

盛京總管內務衙門

筆帖式五達

乾隆二十一年閏九月十六日

两五钱五分今除咨交

盛京户部收過銀七十五兩外下欠銀六十九兩五

钱五分尚未交納相應仍咨

盛京總管内務府衙門希將未完銀兩作速

照数催交以憑報部可也為此合咨須至

咨者

盛京工部將內務府衙門乾隆八年
筵宴辦造食盒等項應繳工料銀共一百四十四
兩五錢五分內現交銀七十五兩前來本部劄
庫查收去後今據該庫呈稱前項銀兩照
數收訖等情據此相應知照
盛京工部等因前來查前項應賠銀一百四十四

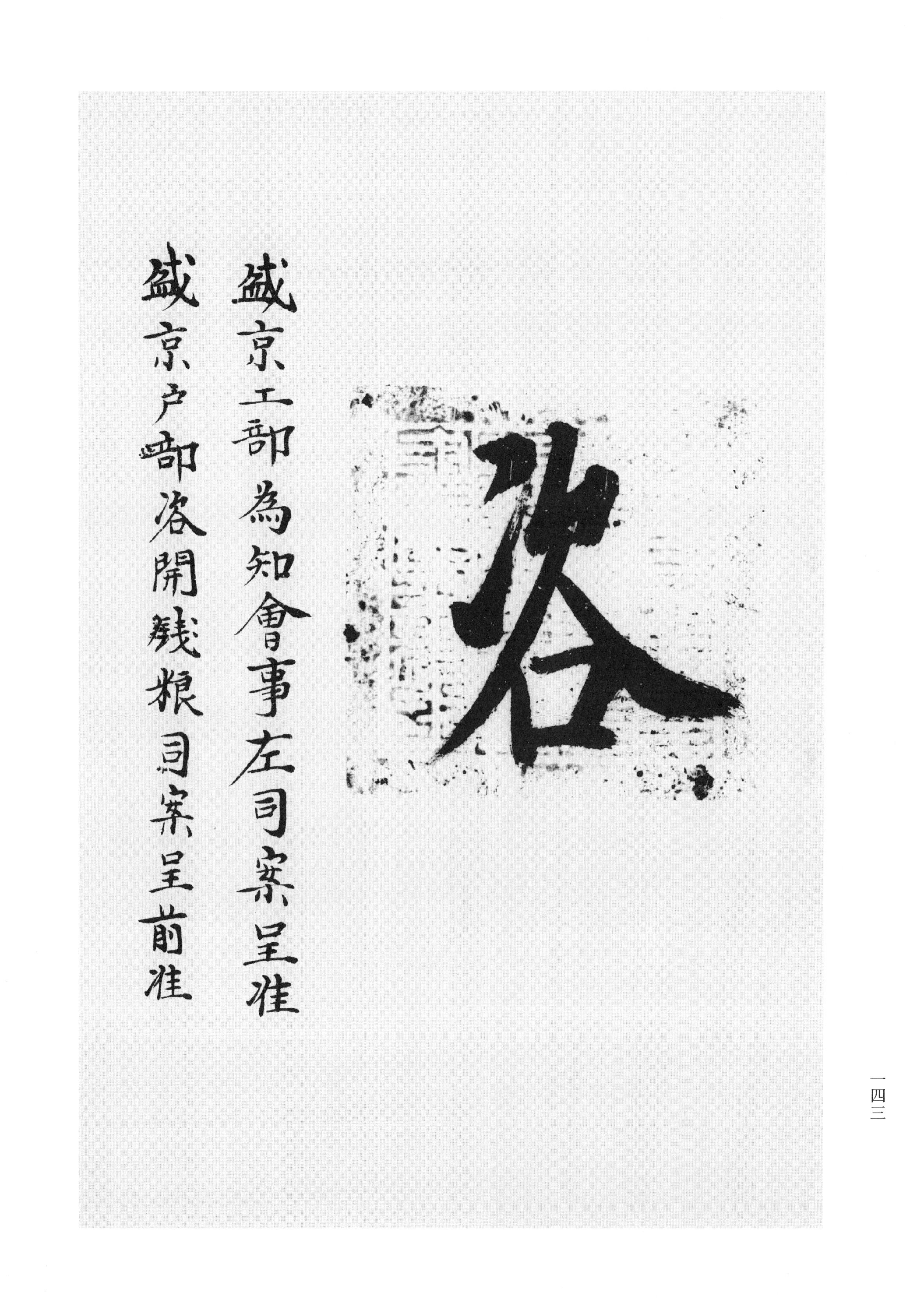

咨

盛京工部為知會事左司案呈准

盛京户部咨開錢粮司案呈前准

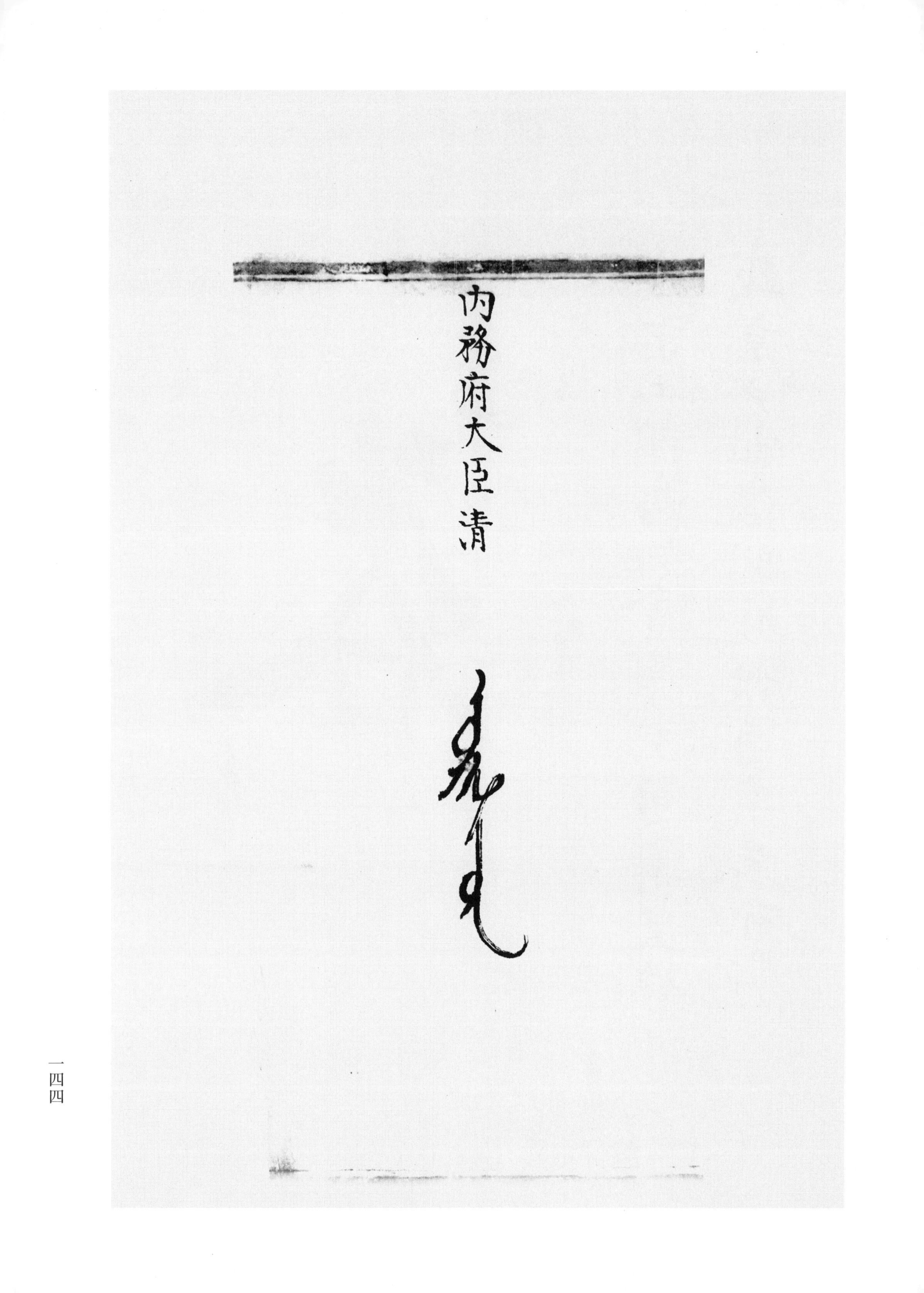

内務府大臣清

呈

二十号

盛京工部文開爲應賠八年倉
盒等項未完銀兩作速照數催
交以憑報部事

堂主事托金

值月筆帖式林亮接收

乾隆二十一年閏九月　二十六

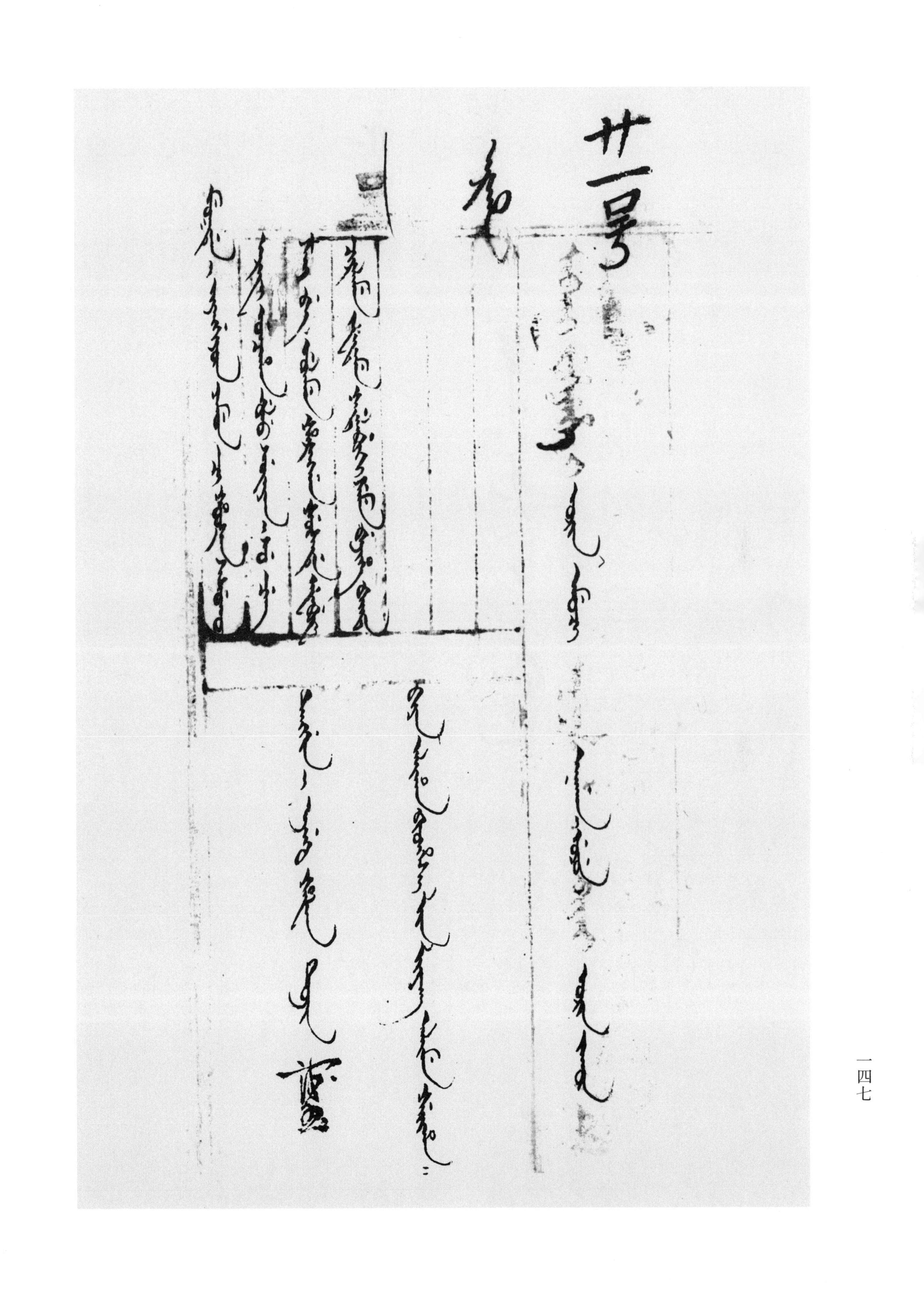

廿一号

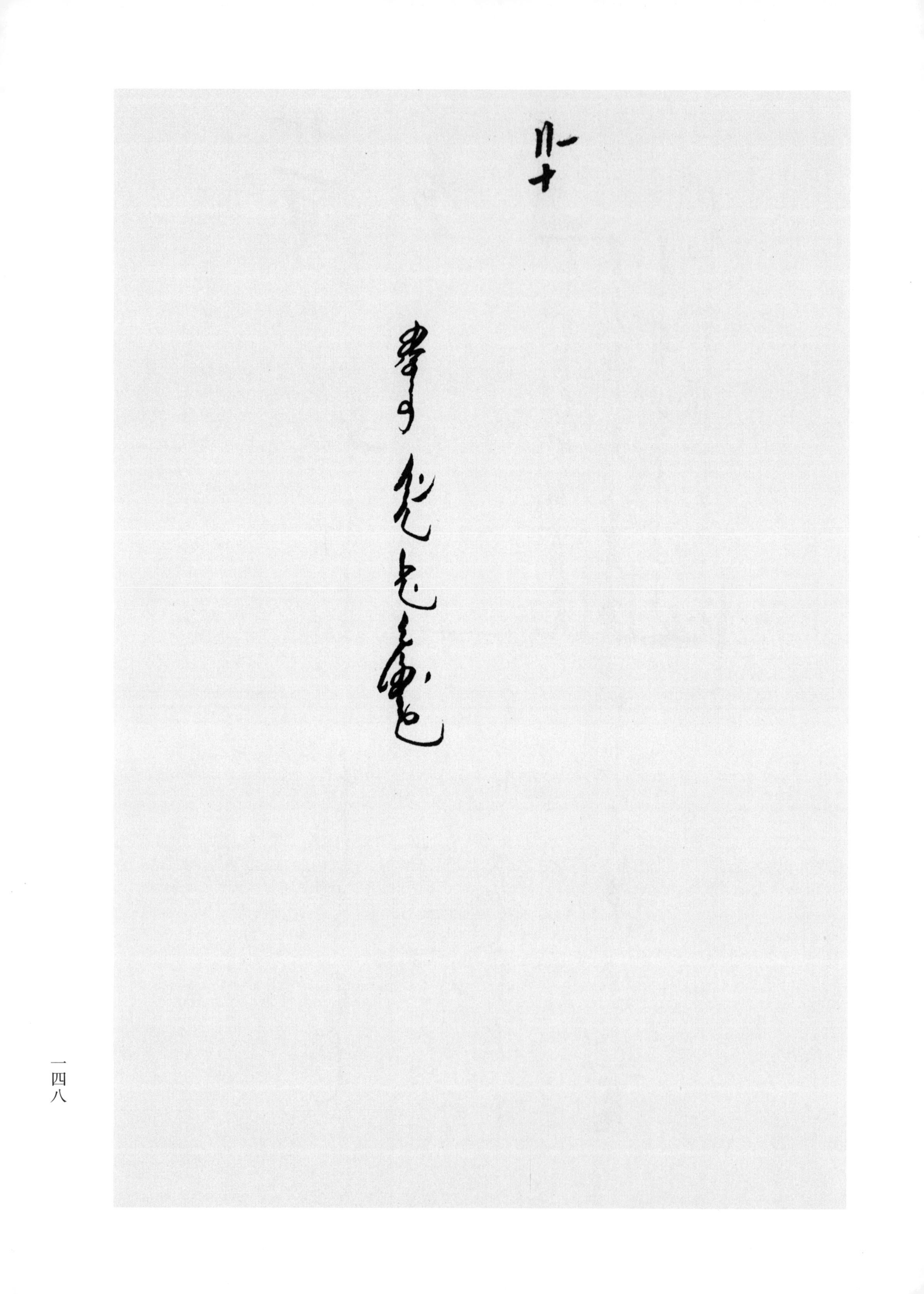

八十

[illegible]

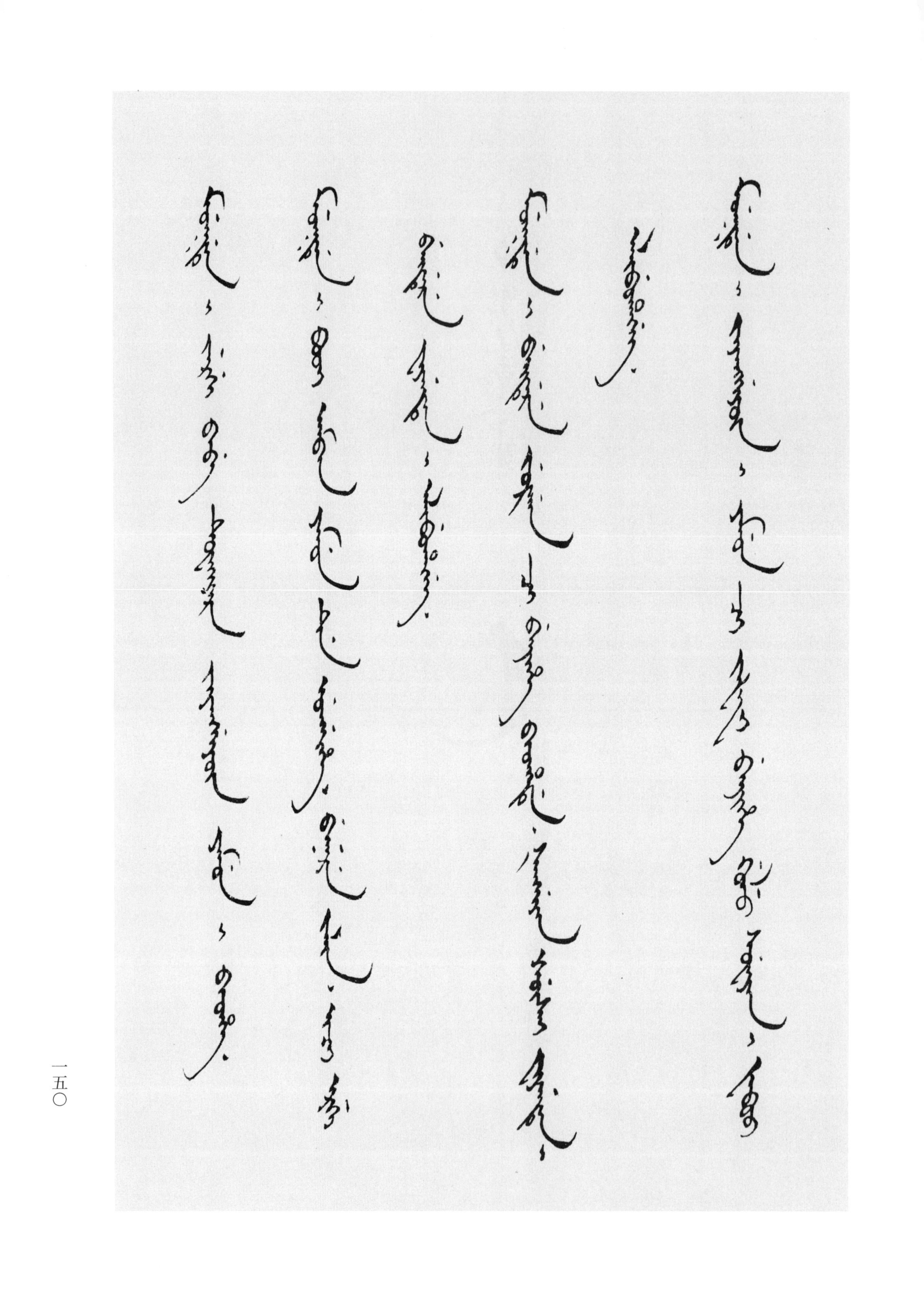

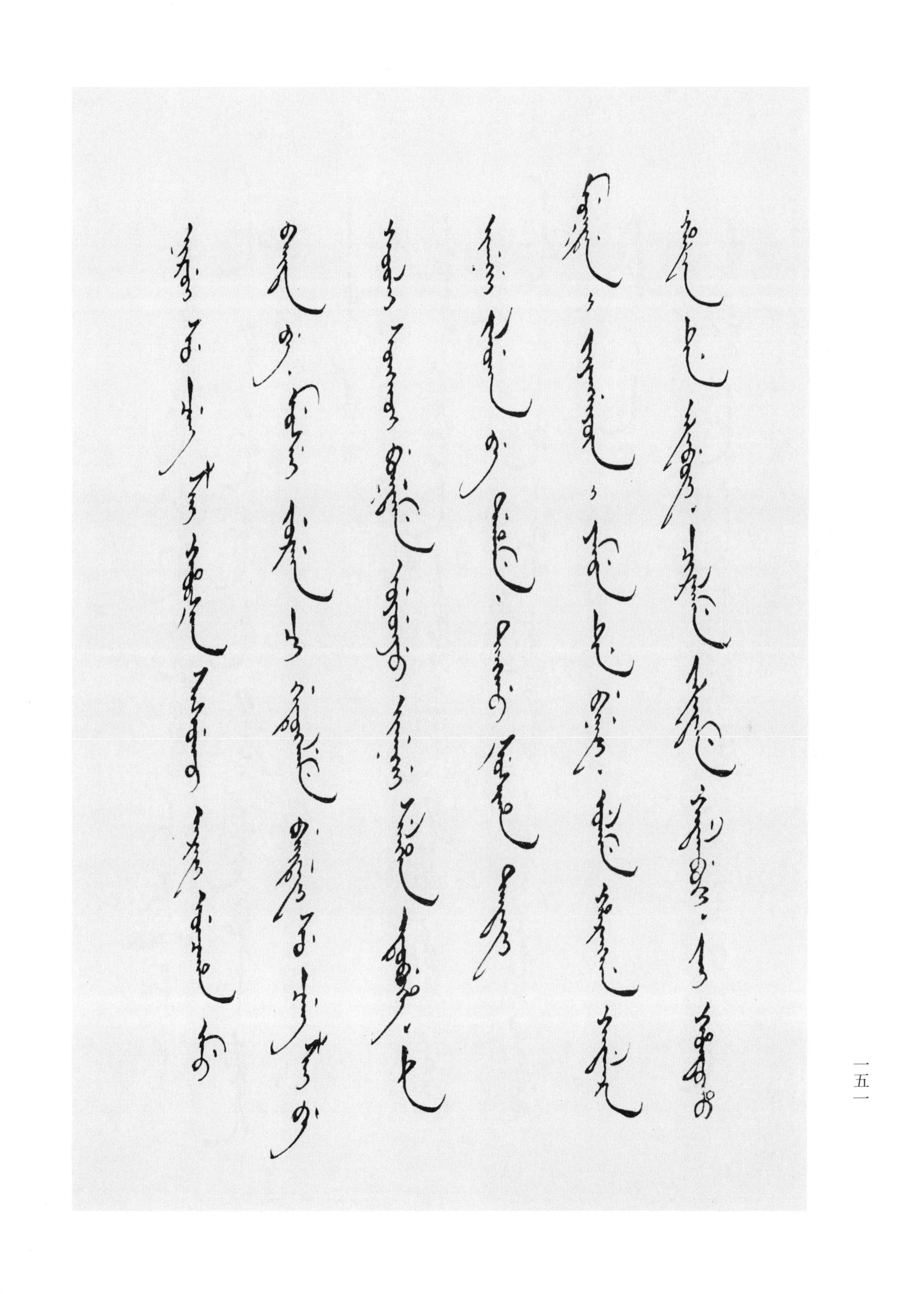

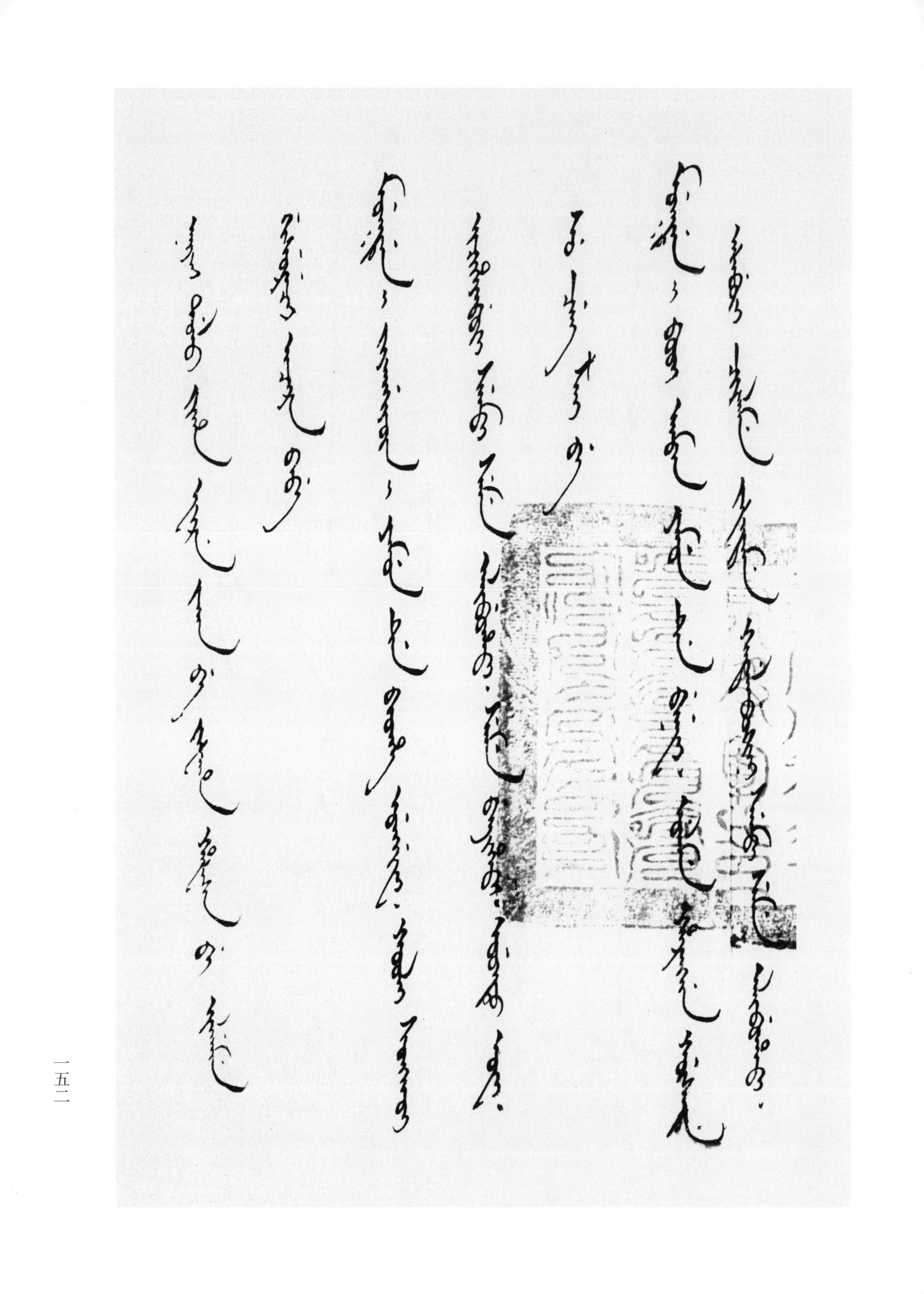

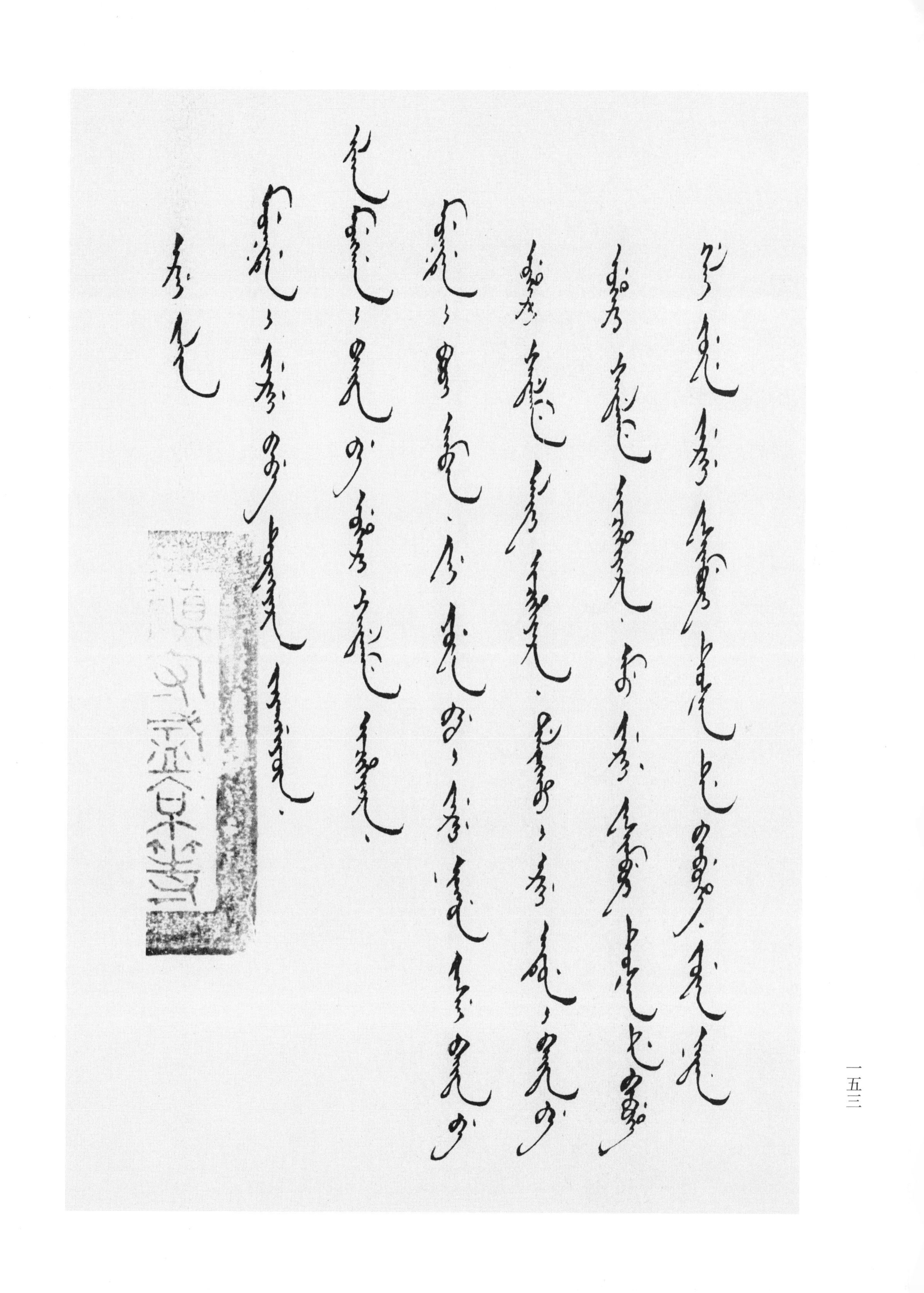

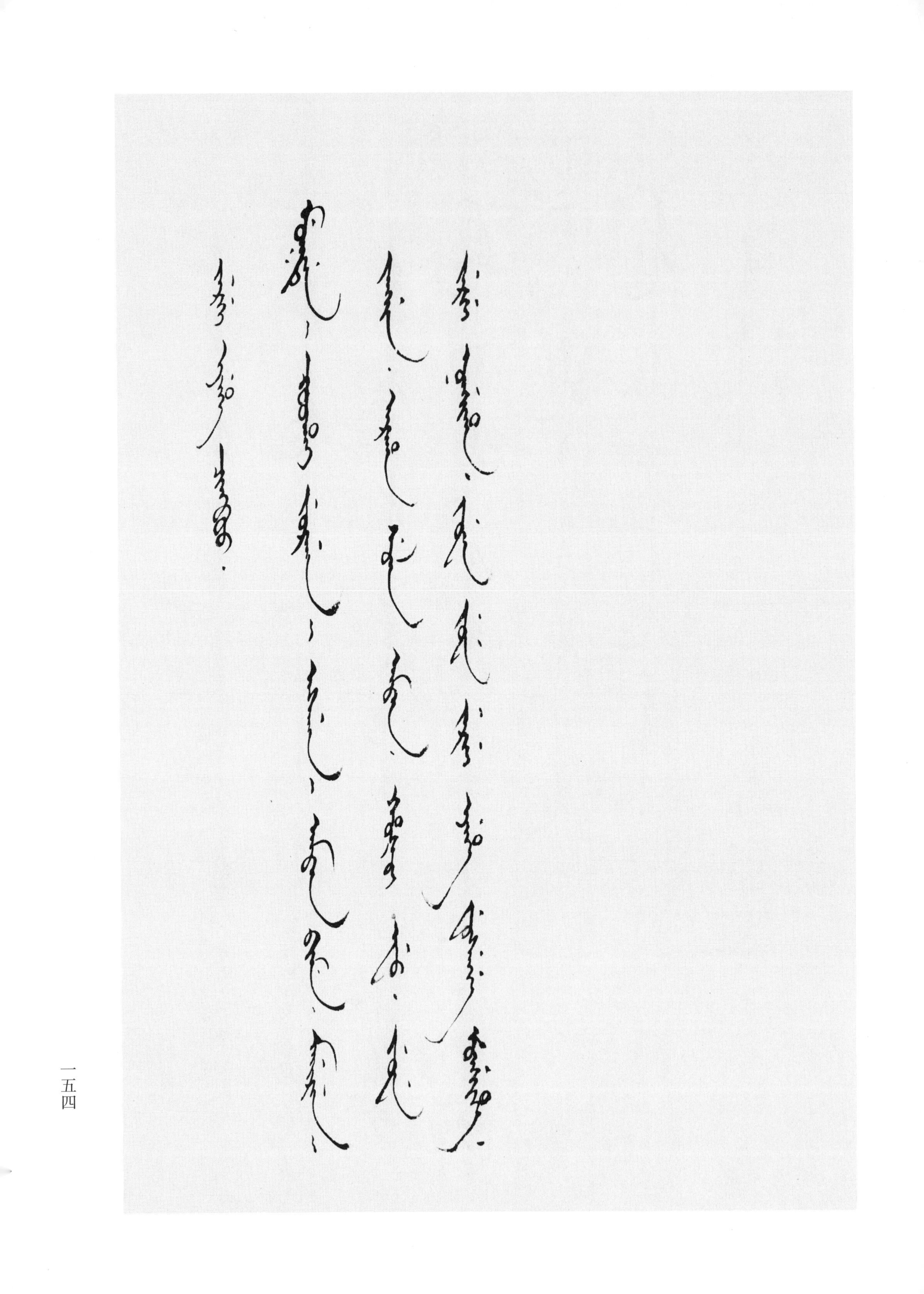

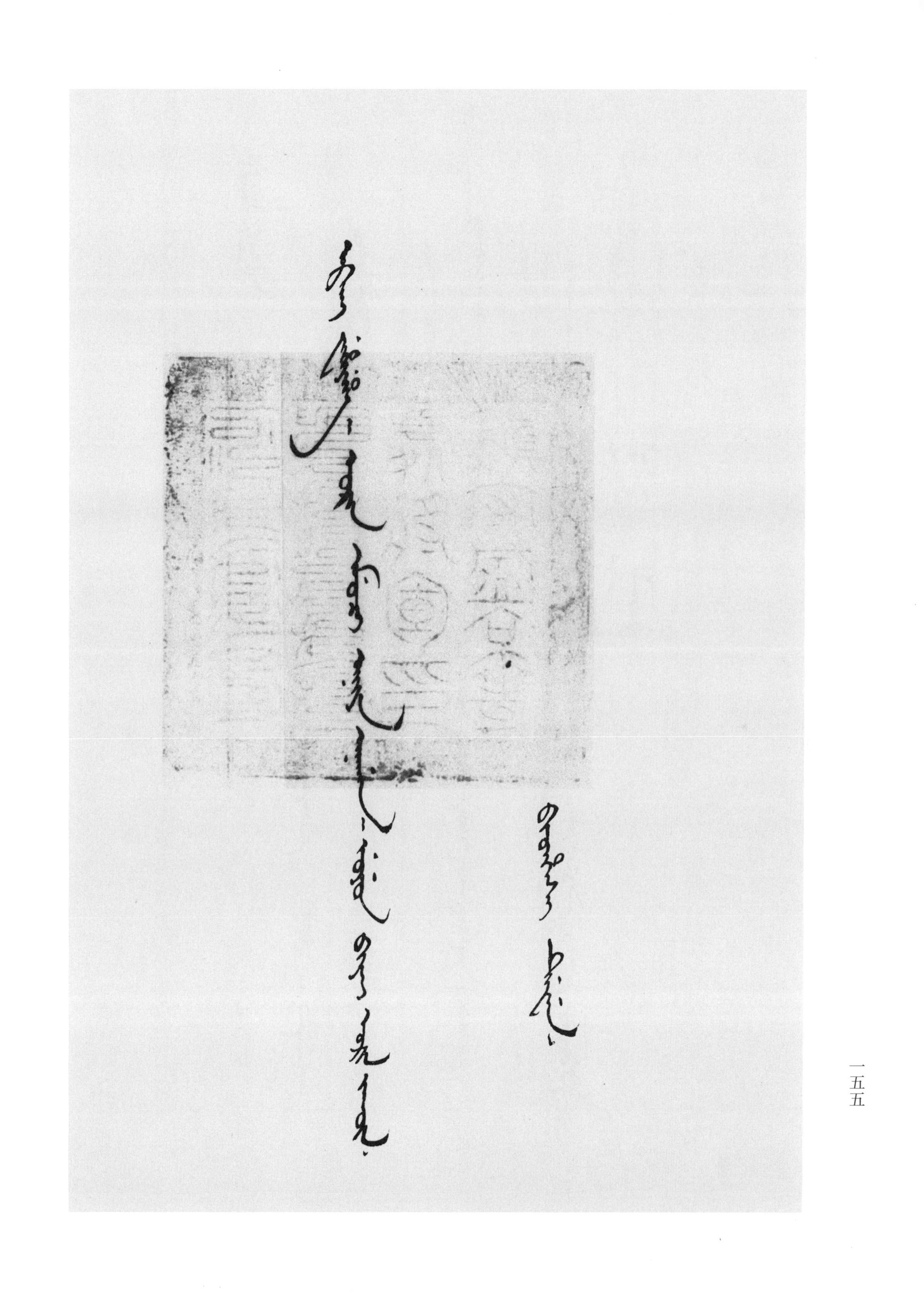

ᡝᡵᡝ [illegible]

[illegible]

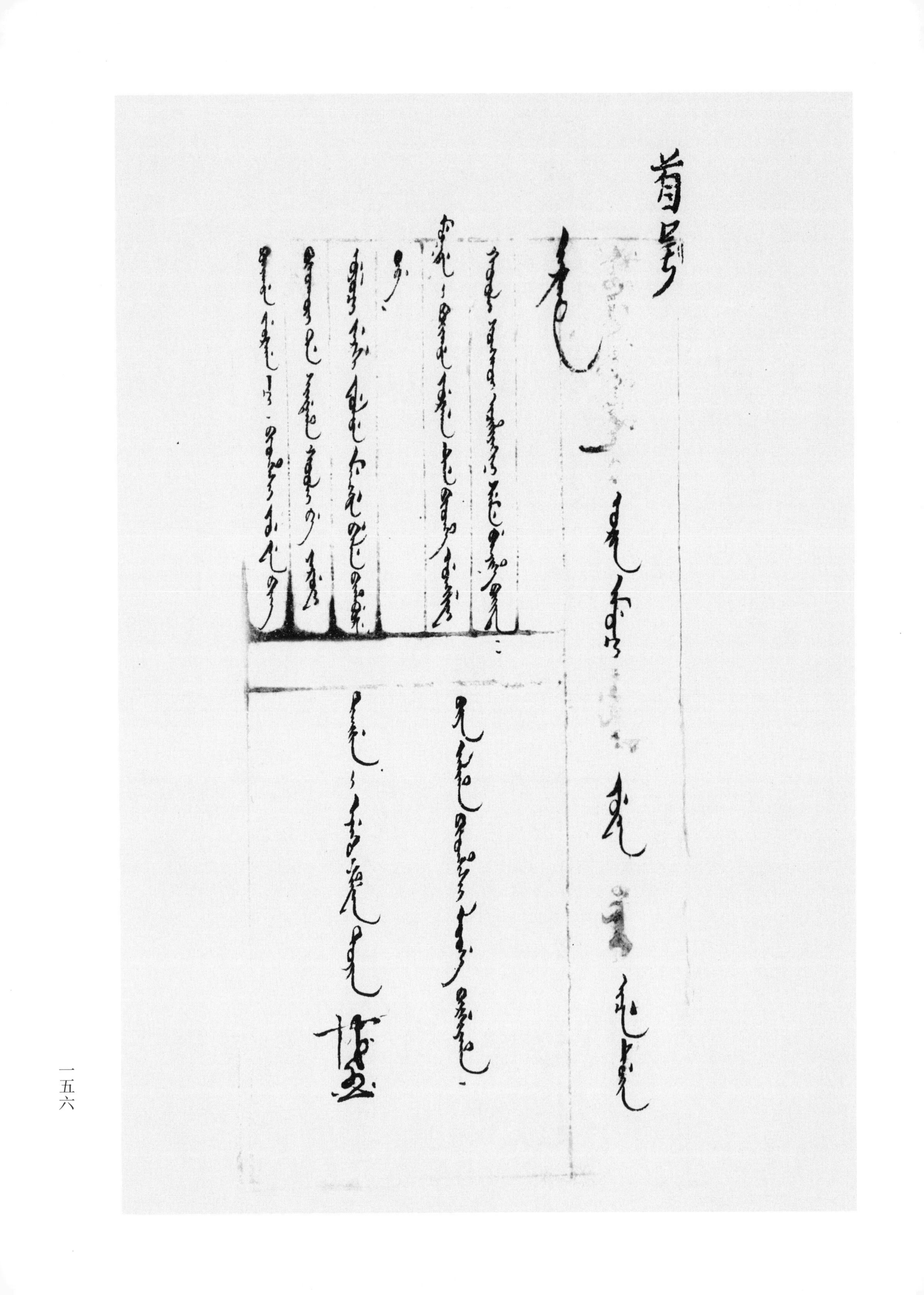

首號

[illegible]

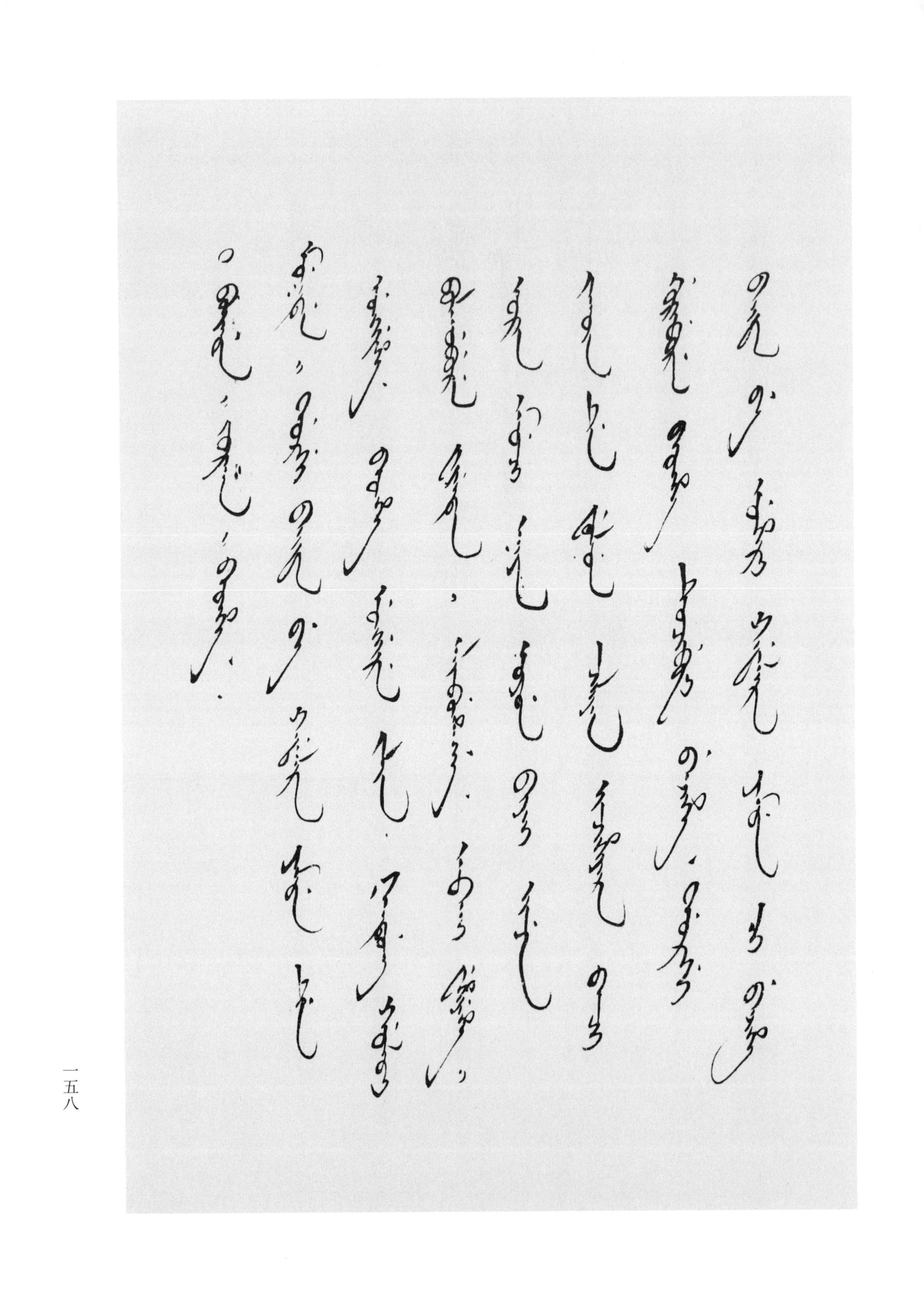

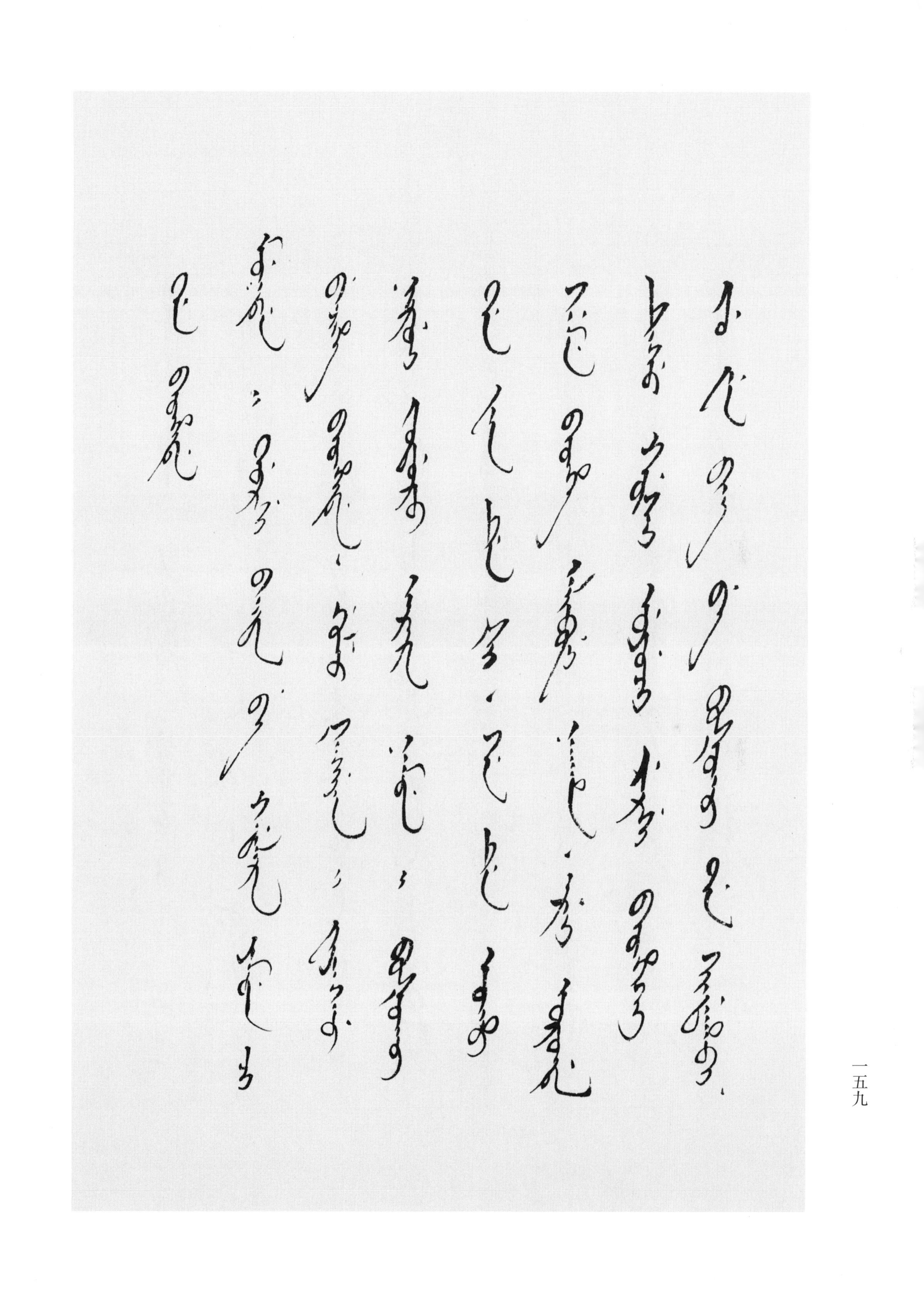

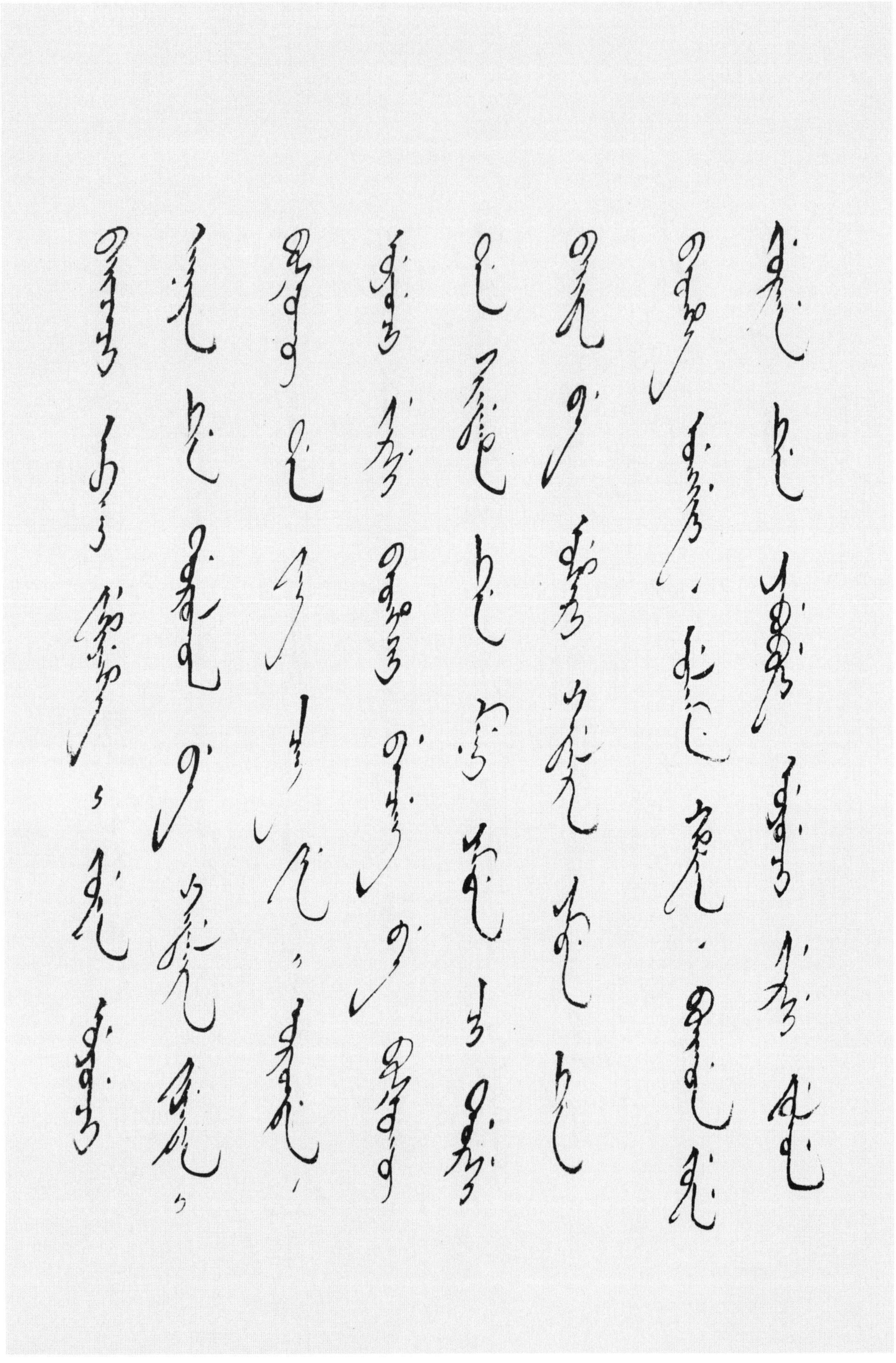

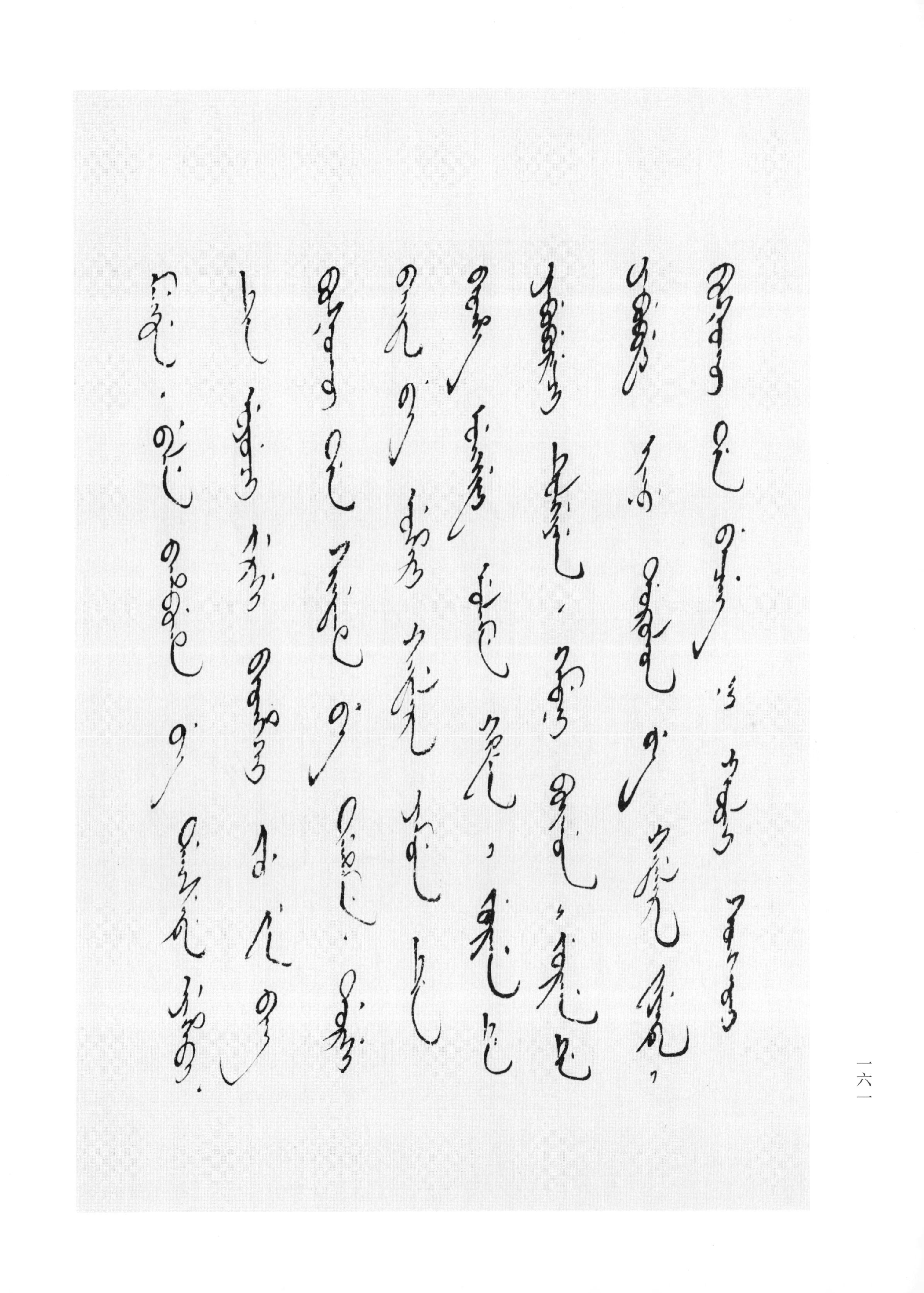

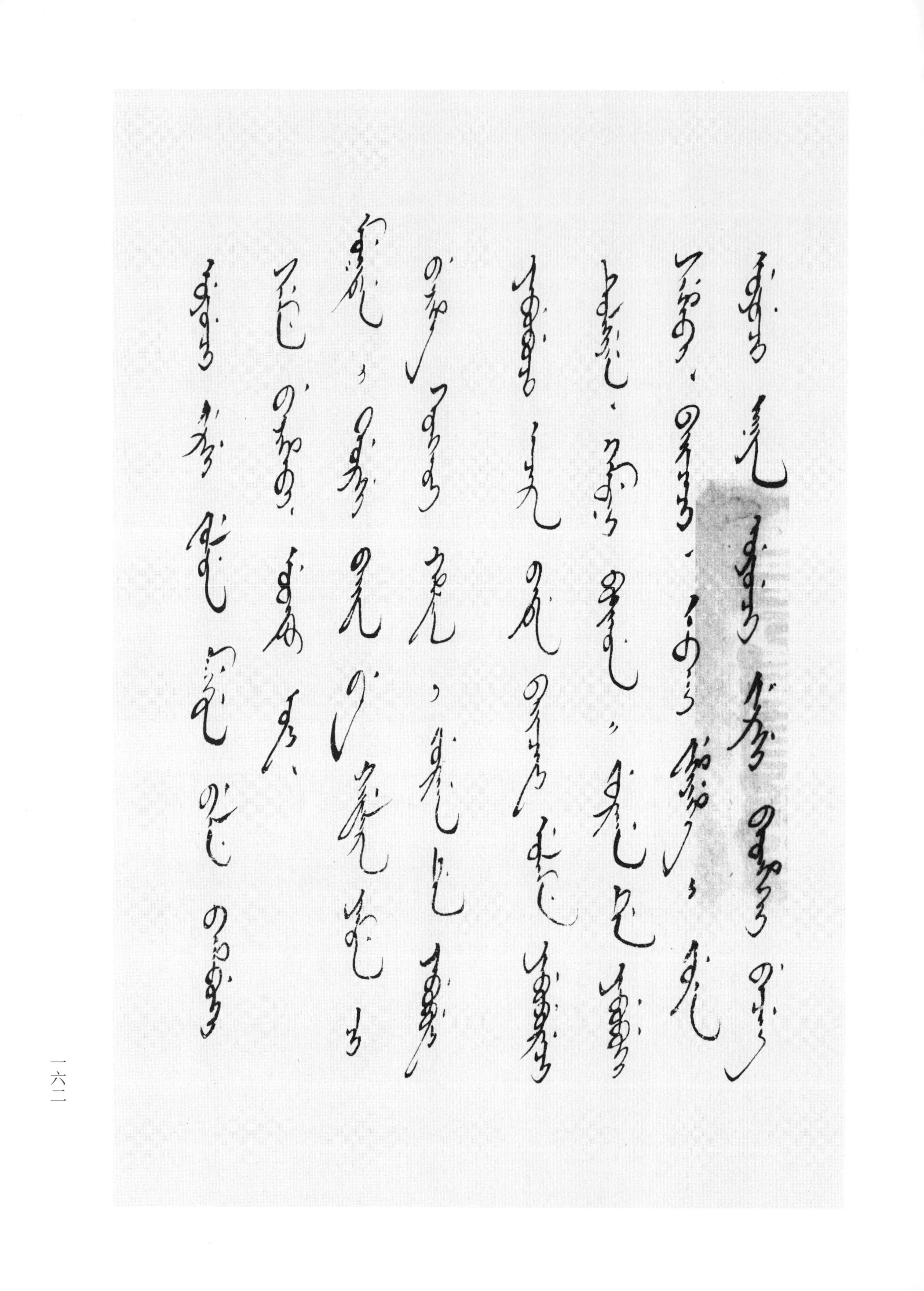

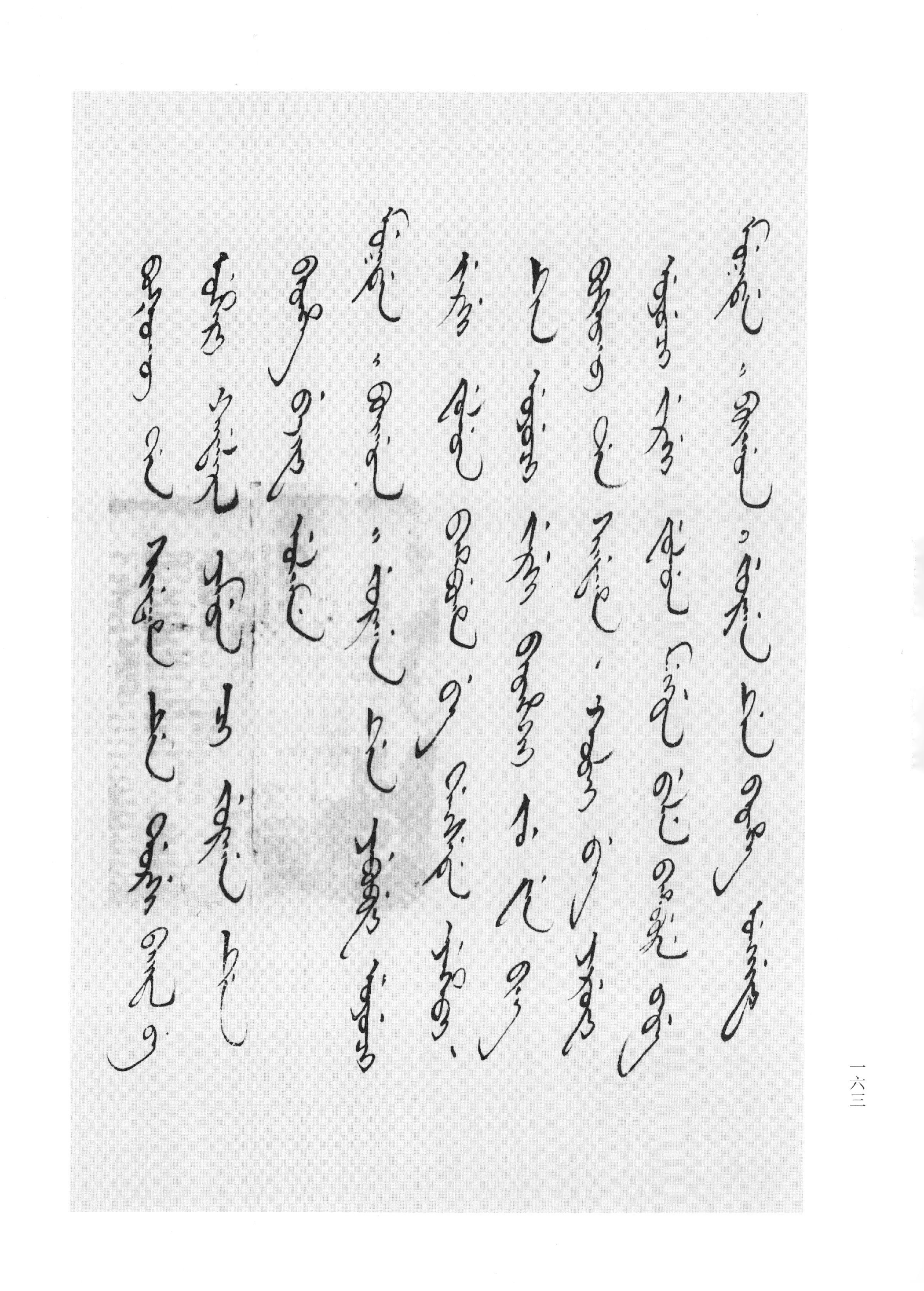

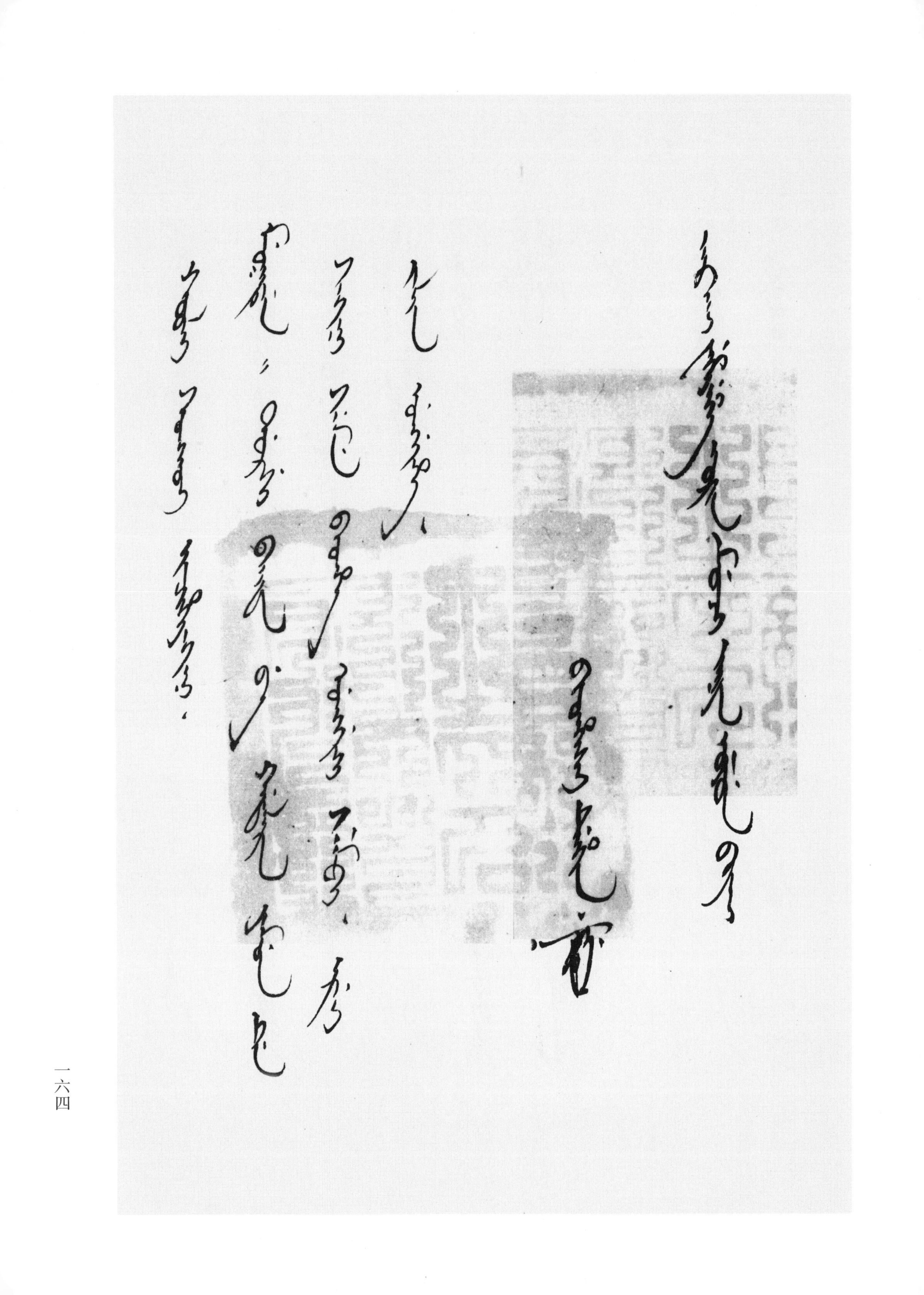

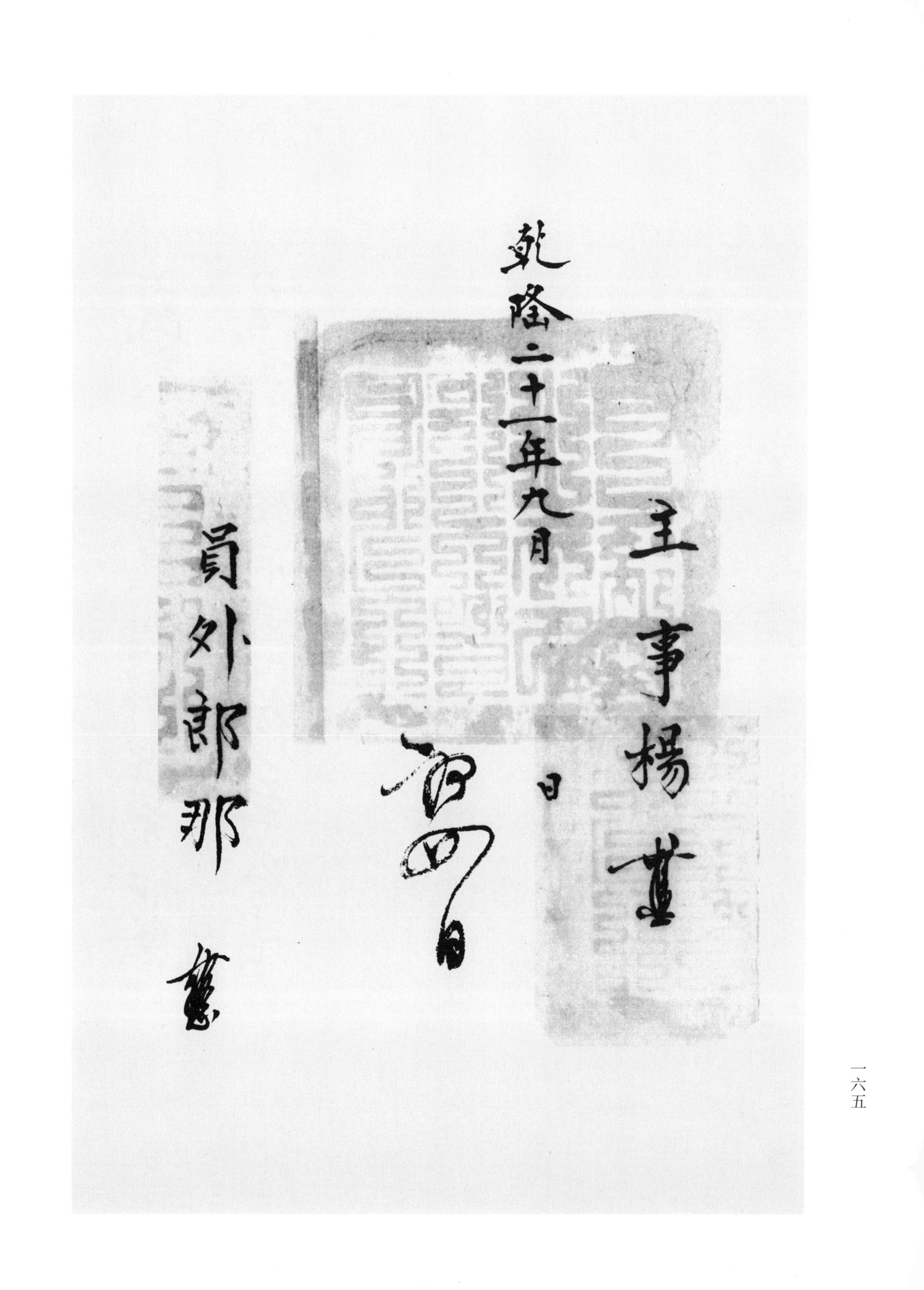

主事楊　[illegible]

乾隆二十一年九月　日

[illegible]

員外郎那　[illegible]

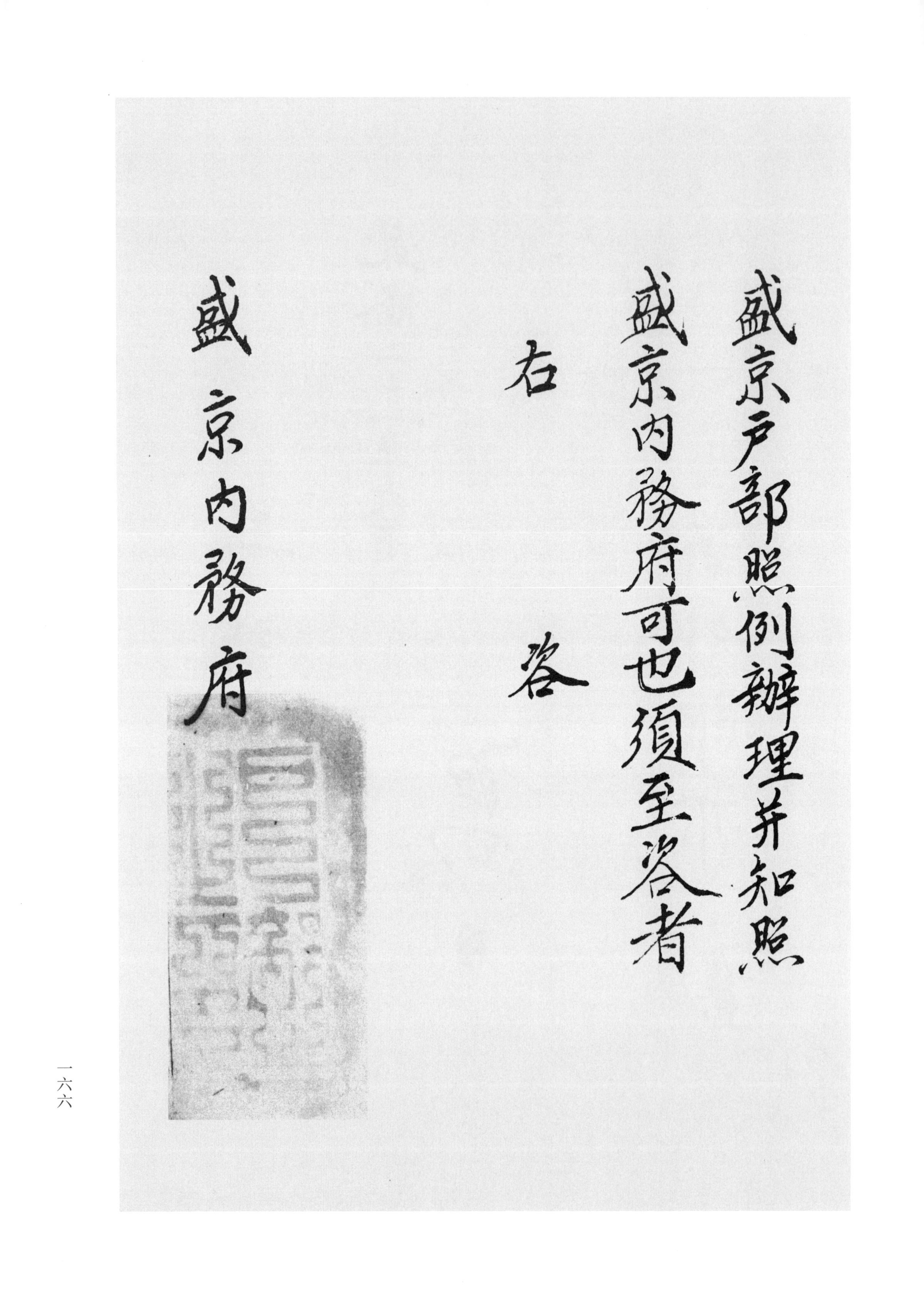

盛京户部照例辦理并知照

盛京内務府可也須至咨者

右 咨

盛京内務府

前來查乾隆十九年九品筆帖式百
成補放催總經內務府咨部轉行
盛京戶部支給九品俸祿在案今九
品筆帖式朱文炳補放催總援例支
給九品俸祿銀米石相應移咨

筆帖式朱文炳補放催總應咨內
務府轉行知照吏部外仍移咨戶
部亦照掌儀司催總百成之例支給
九品俸銀米石等因應照
盛京內務府所咨行文吏部于應行之
處查照轉行外仍行文戶部等因

老具呈告退其員缺將本衙九品
筆帖式朱文炳補放催總查乾
隆十九年掌儀司催總王承文員
缺將九品筆帖式百成補放催總
經本府移咨内務府轉行吏户二
部支給九品俸銀米石在案今九品

戶部爲咨行事山東清吏司案呈
乾隆二十一年九月初八日准俸餉處
付送內務府原文內稱准
盛京內務府咨稱正白旗費揚武佐
領下織造庫催總范德時已經年

聖內府

咨

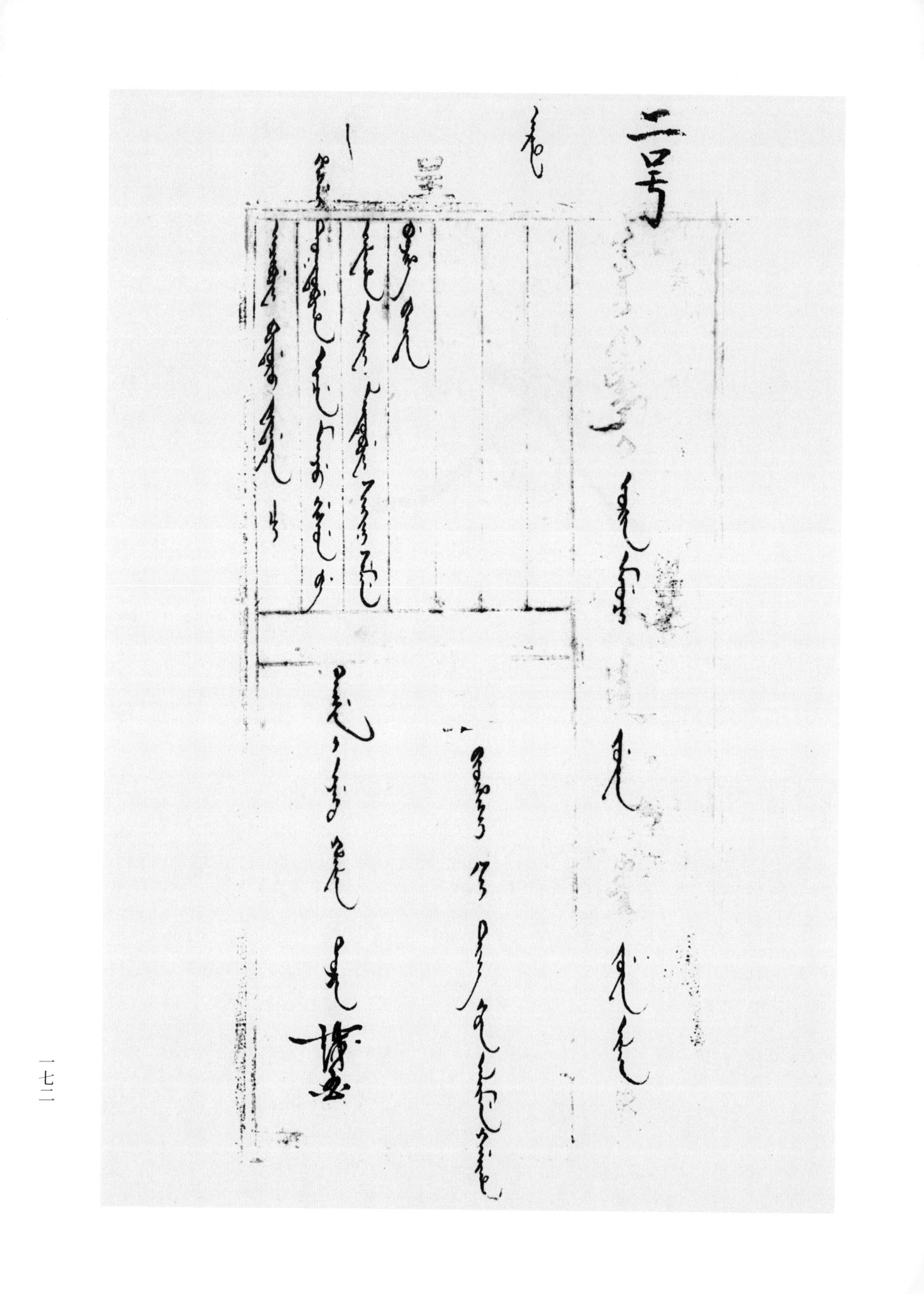

二号

[illegible]

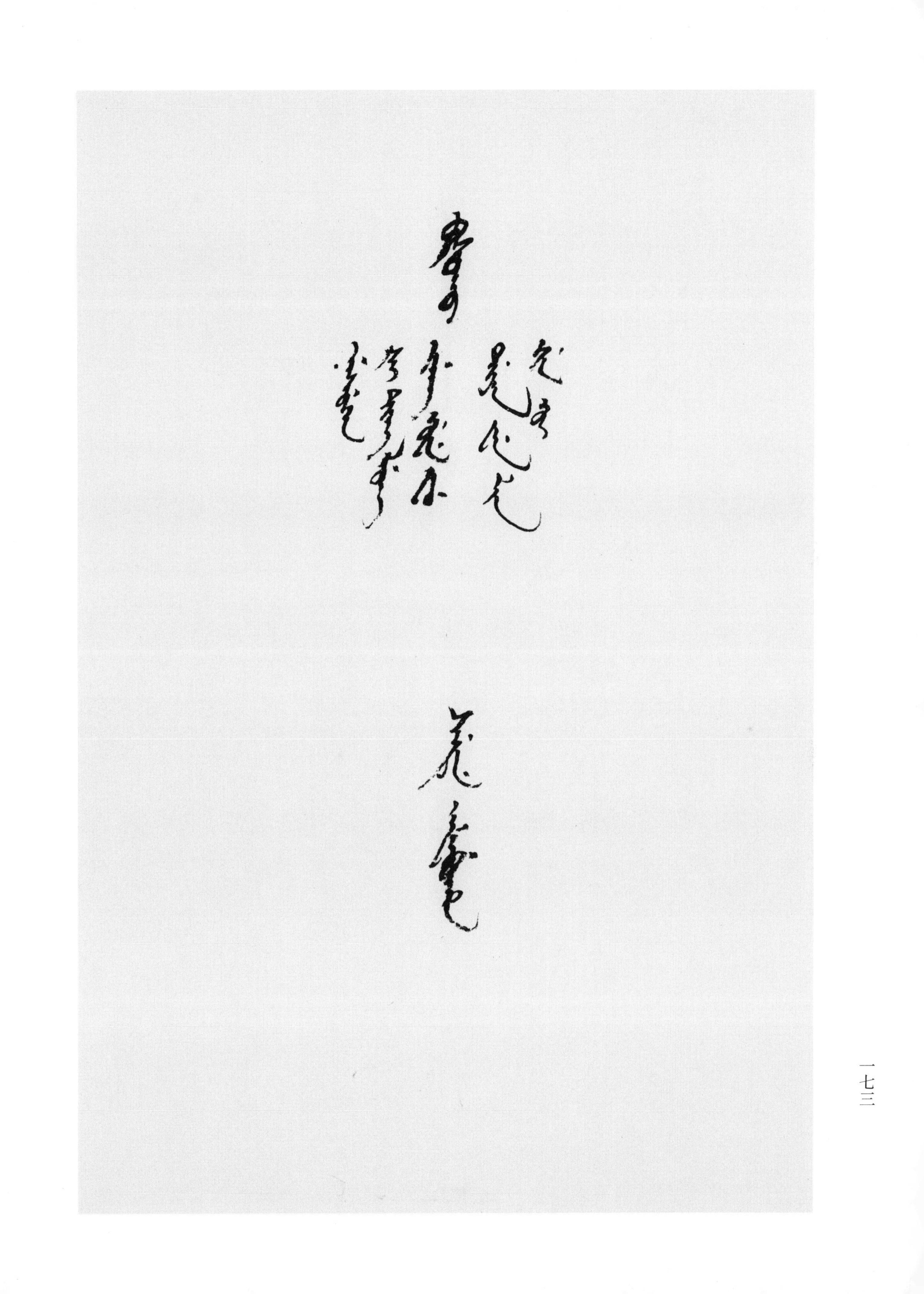

[illegible]

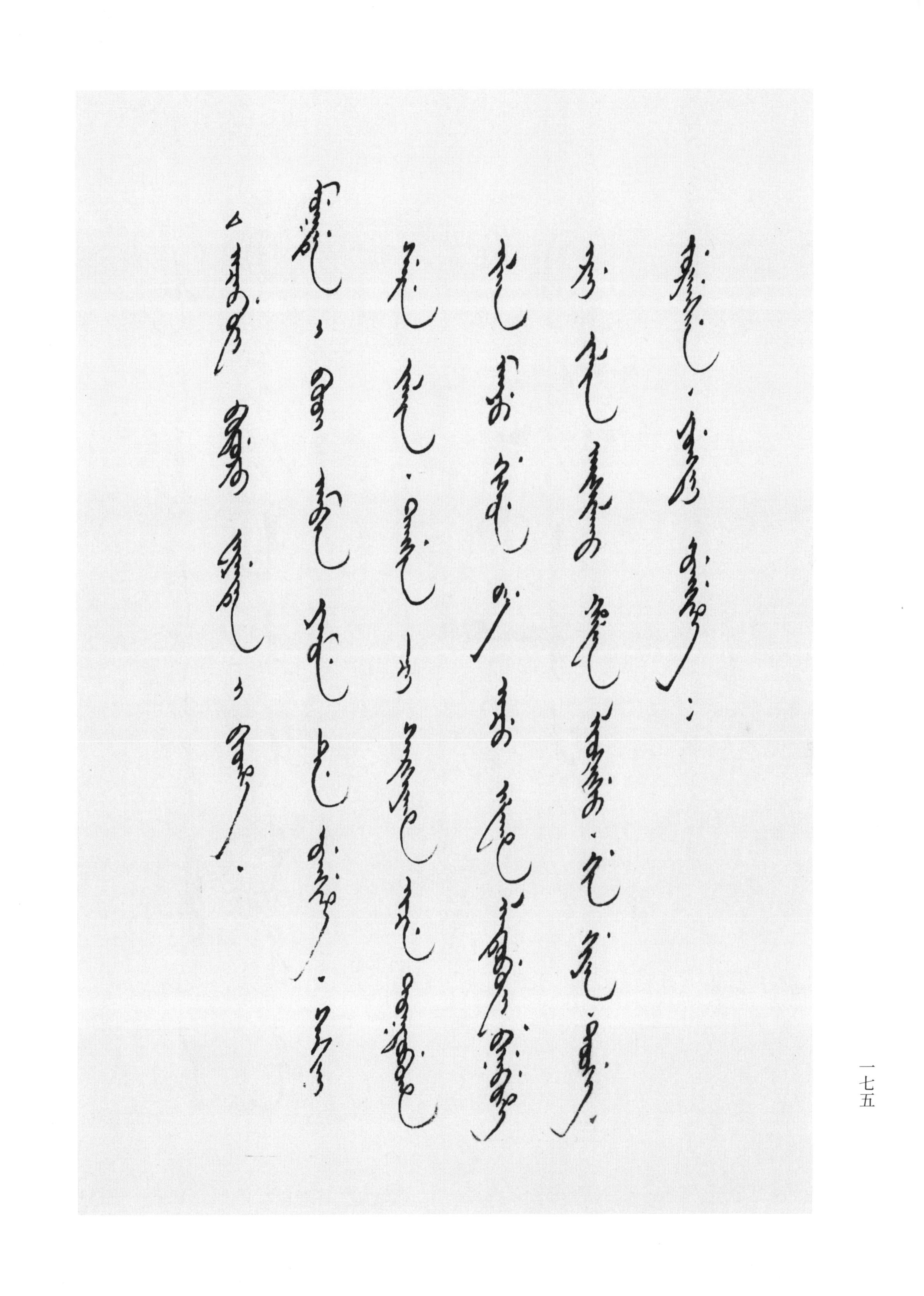

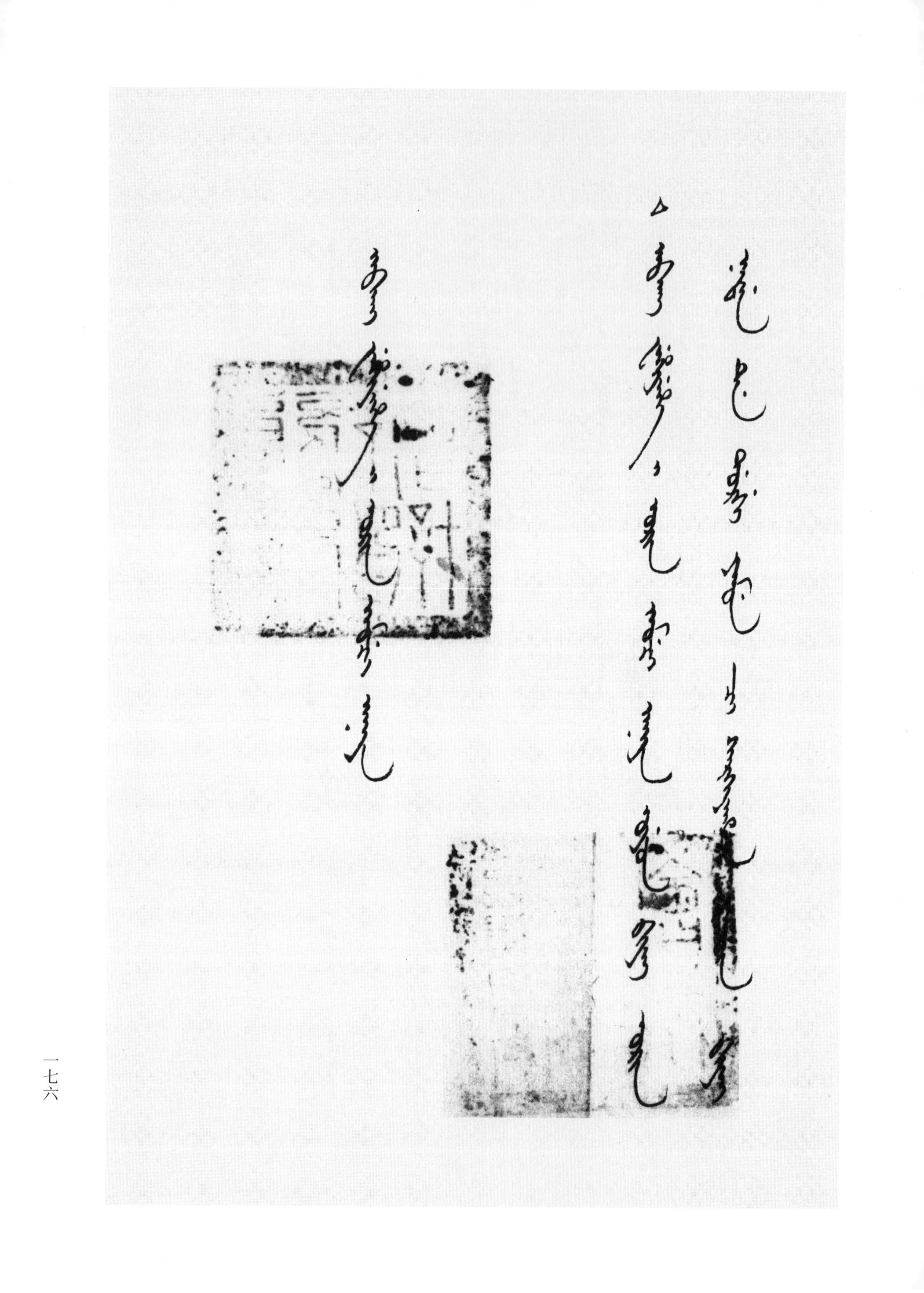

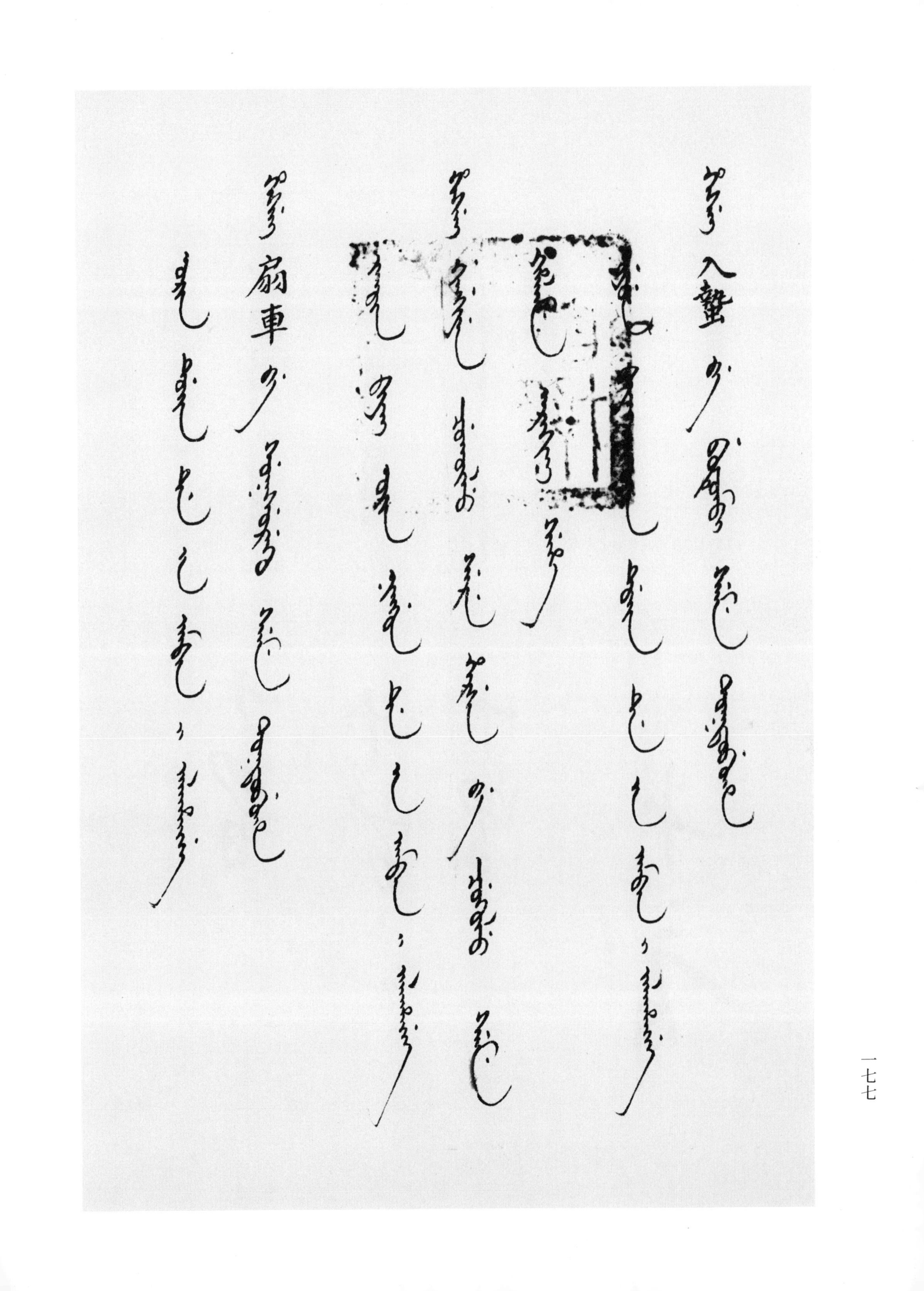

入蠻

扇車

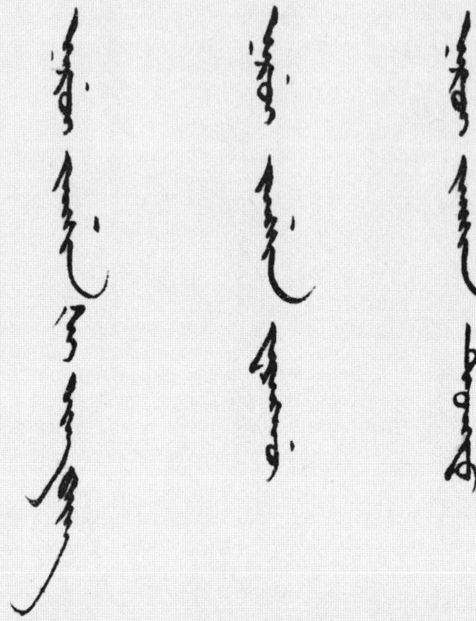

十四日

十四日

十四日

十二日

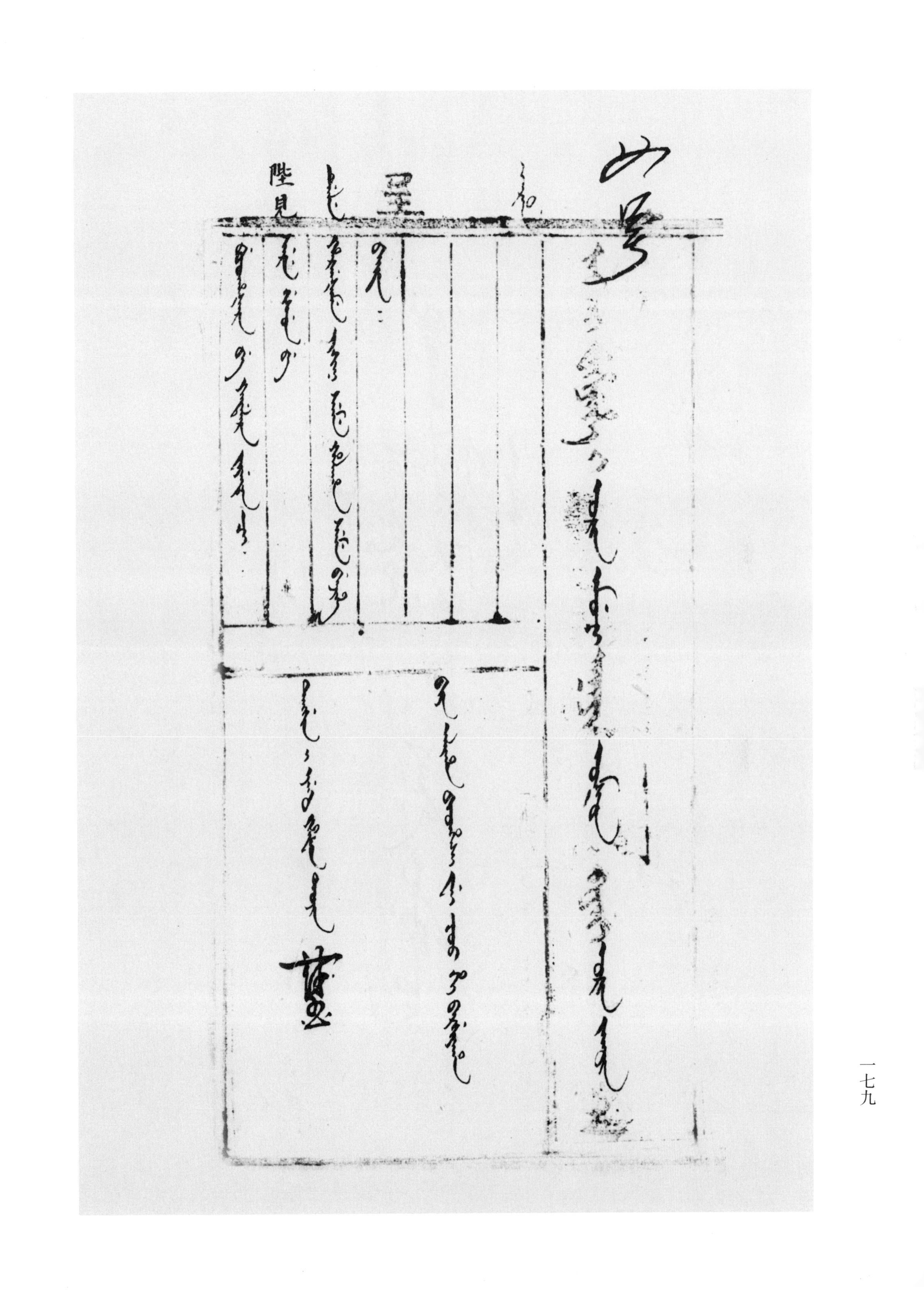

陛見

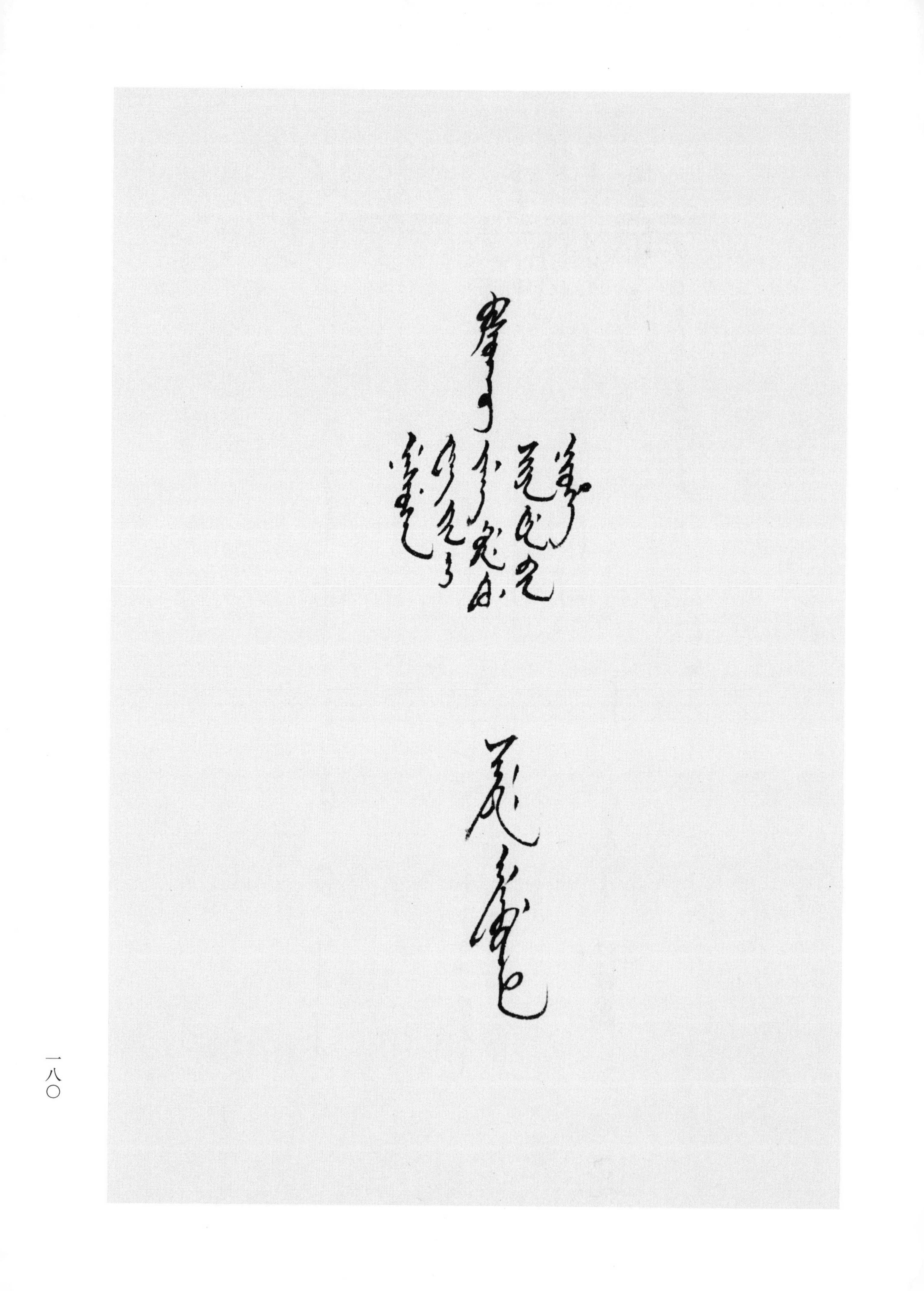

[illegible]

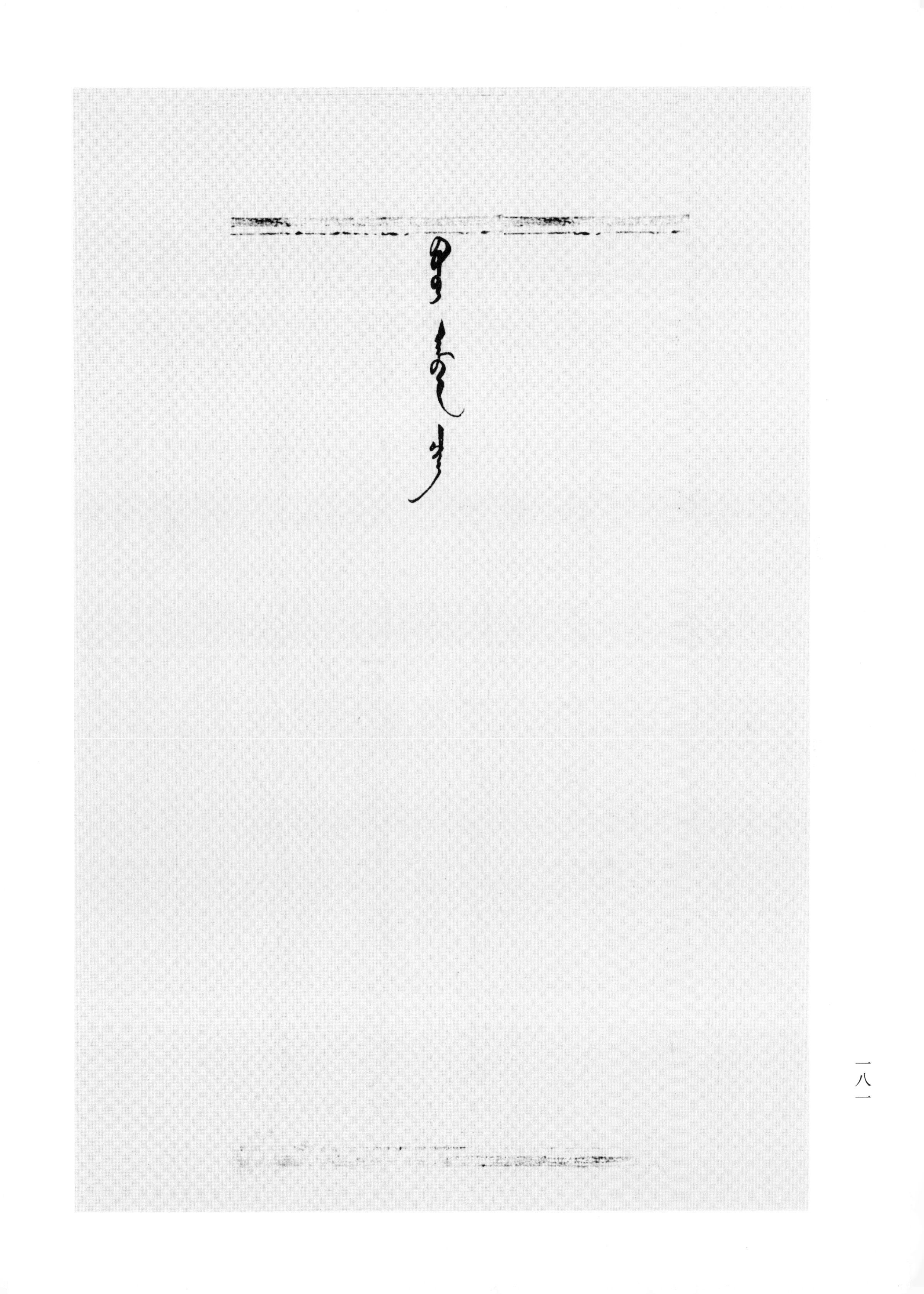

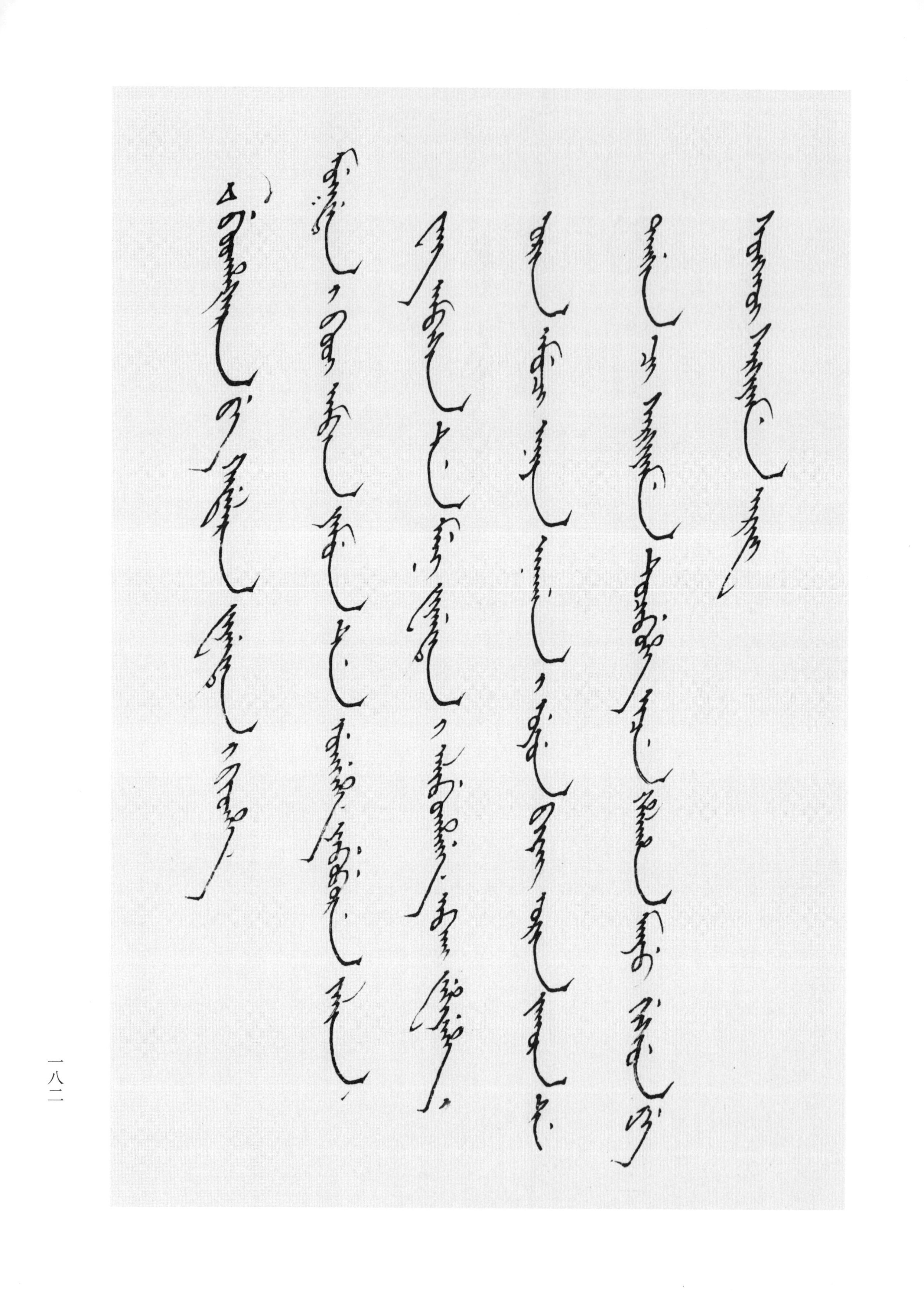

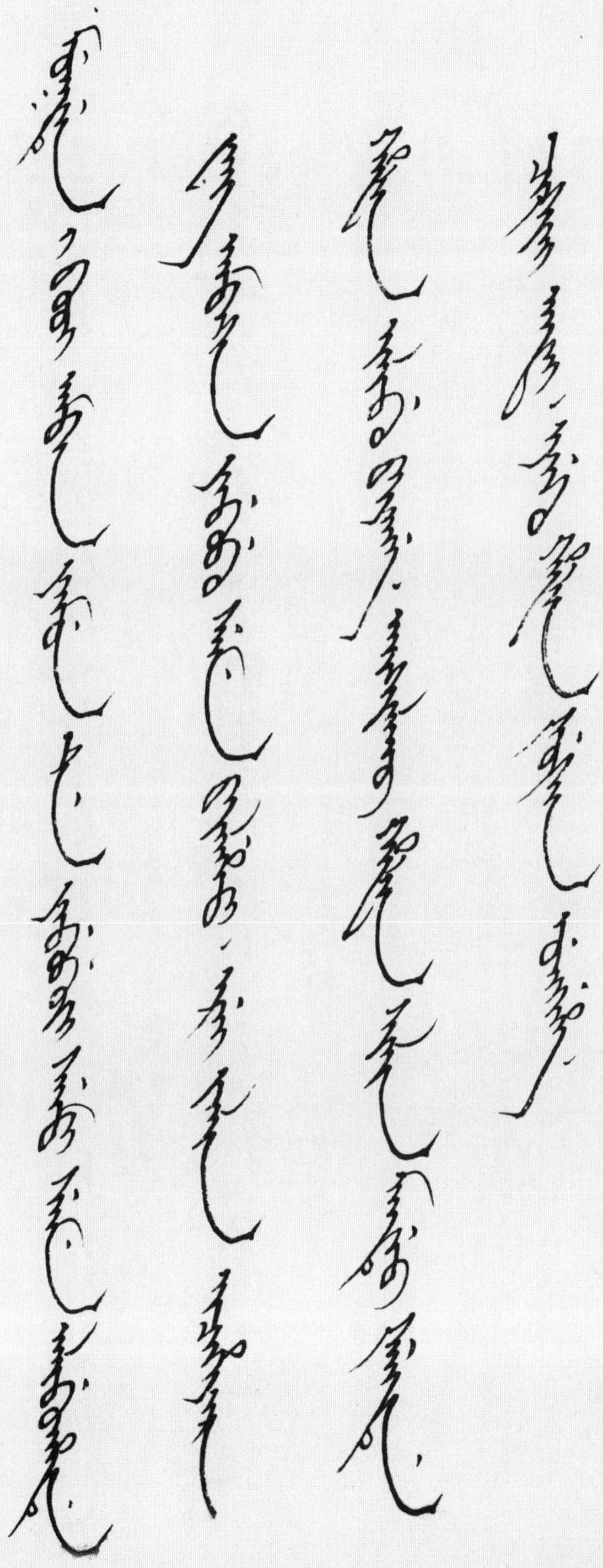

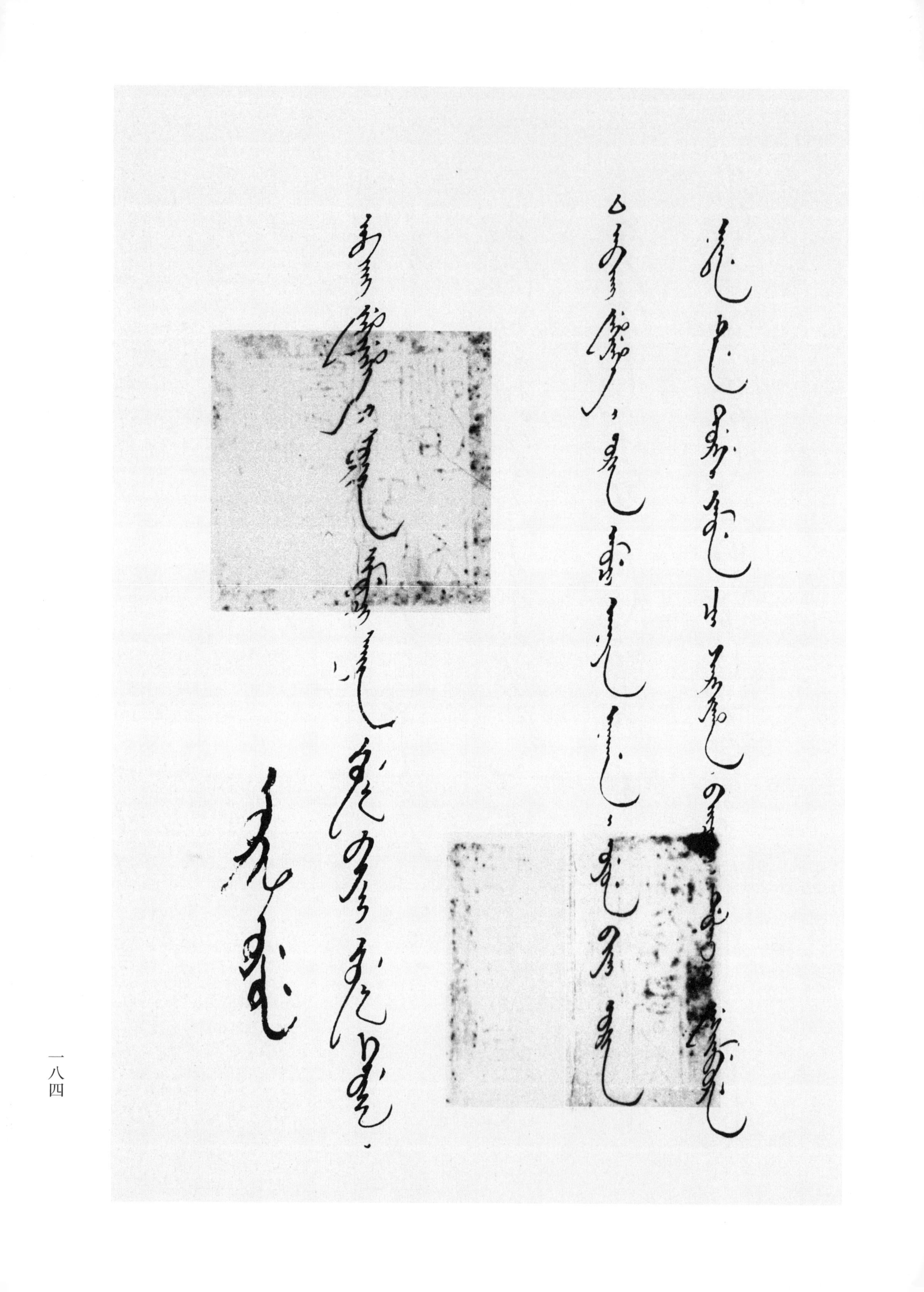

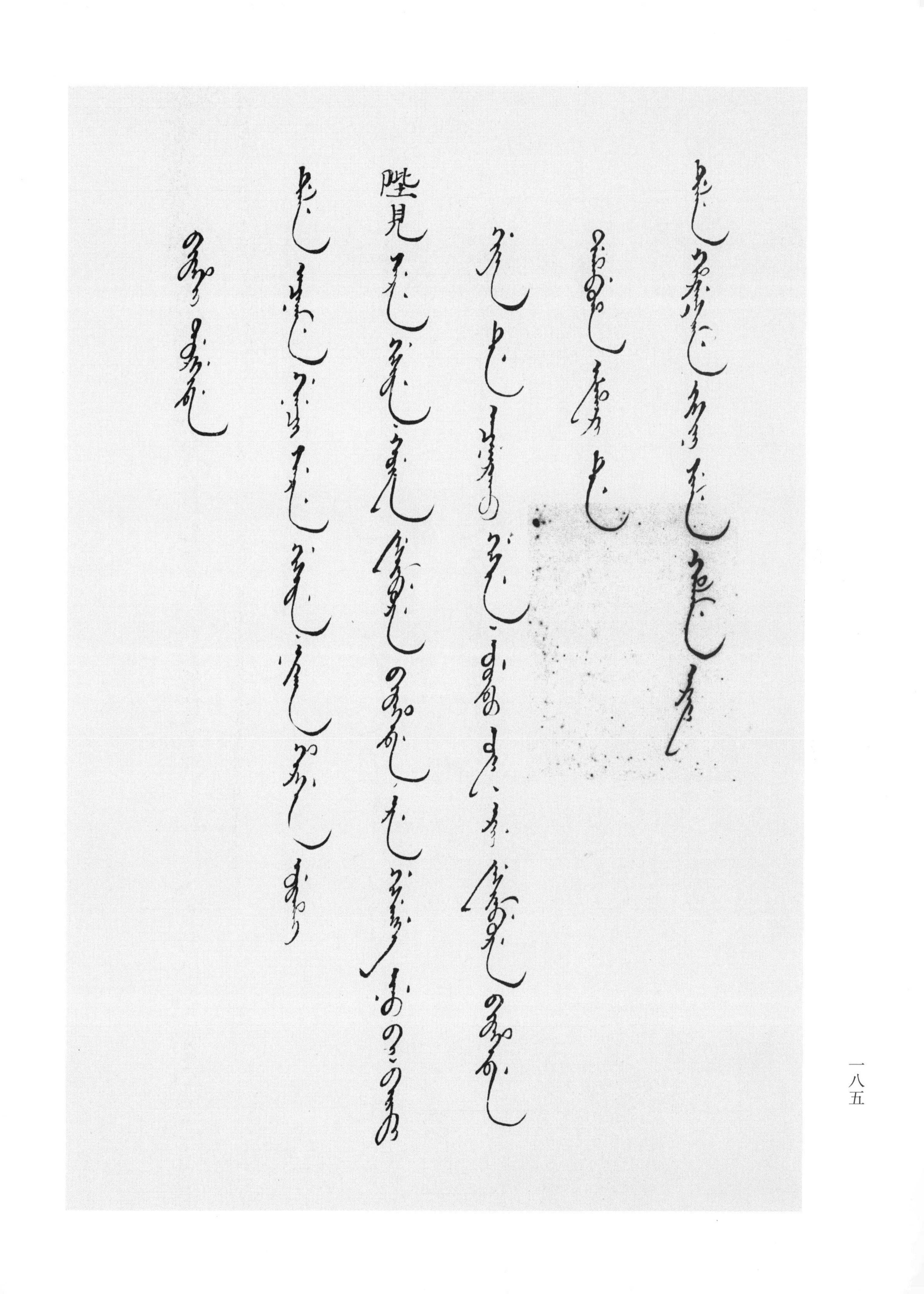

[illegible]

陛見 [illegible]

[illegible]

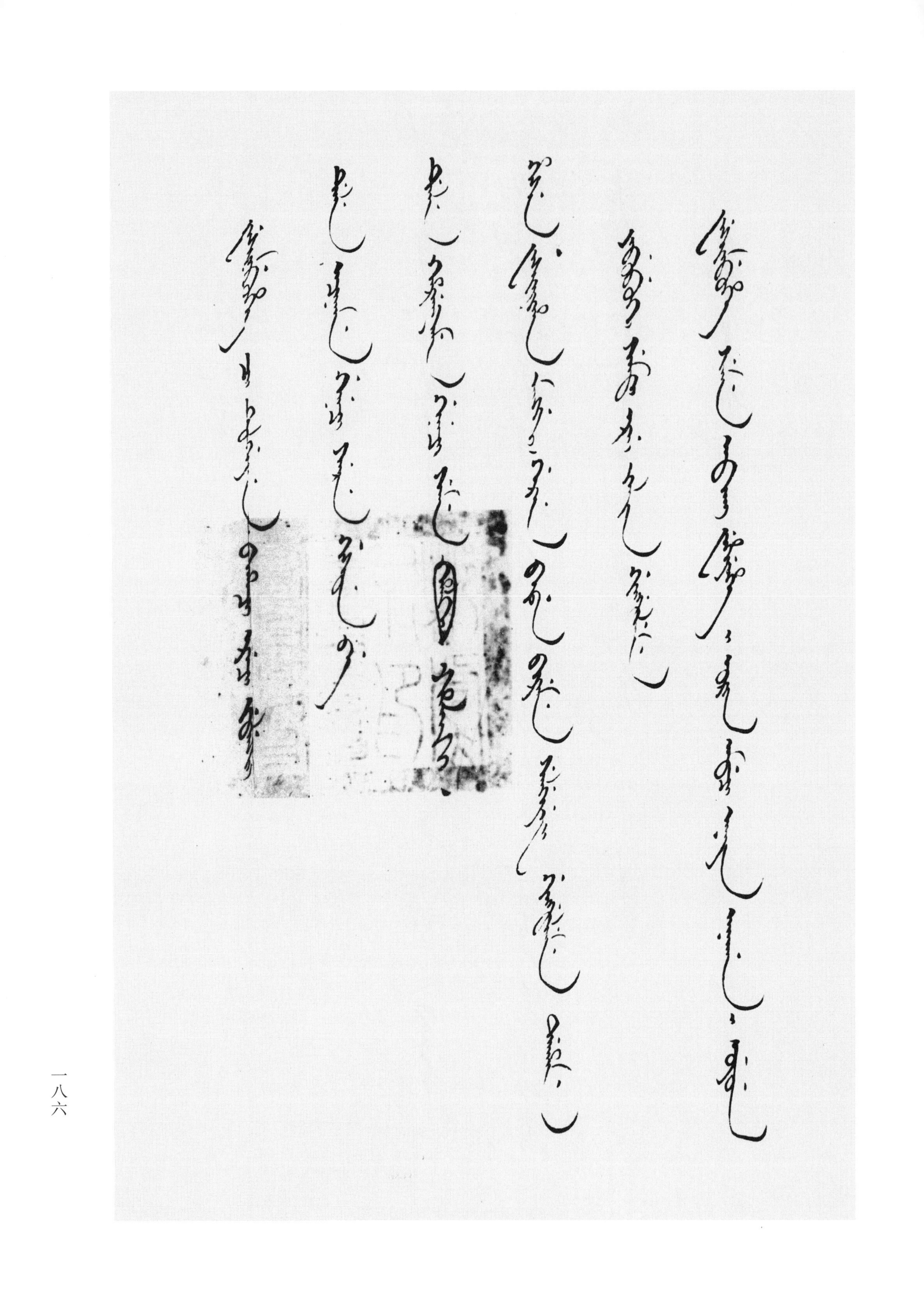

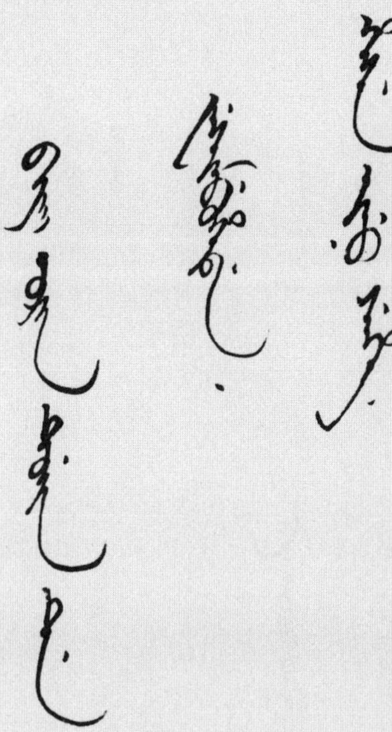

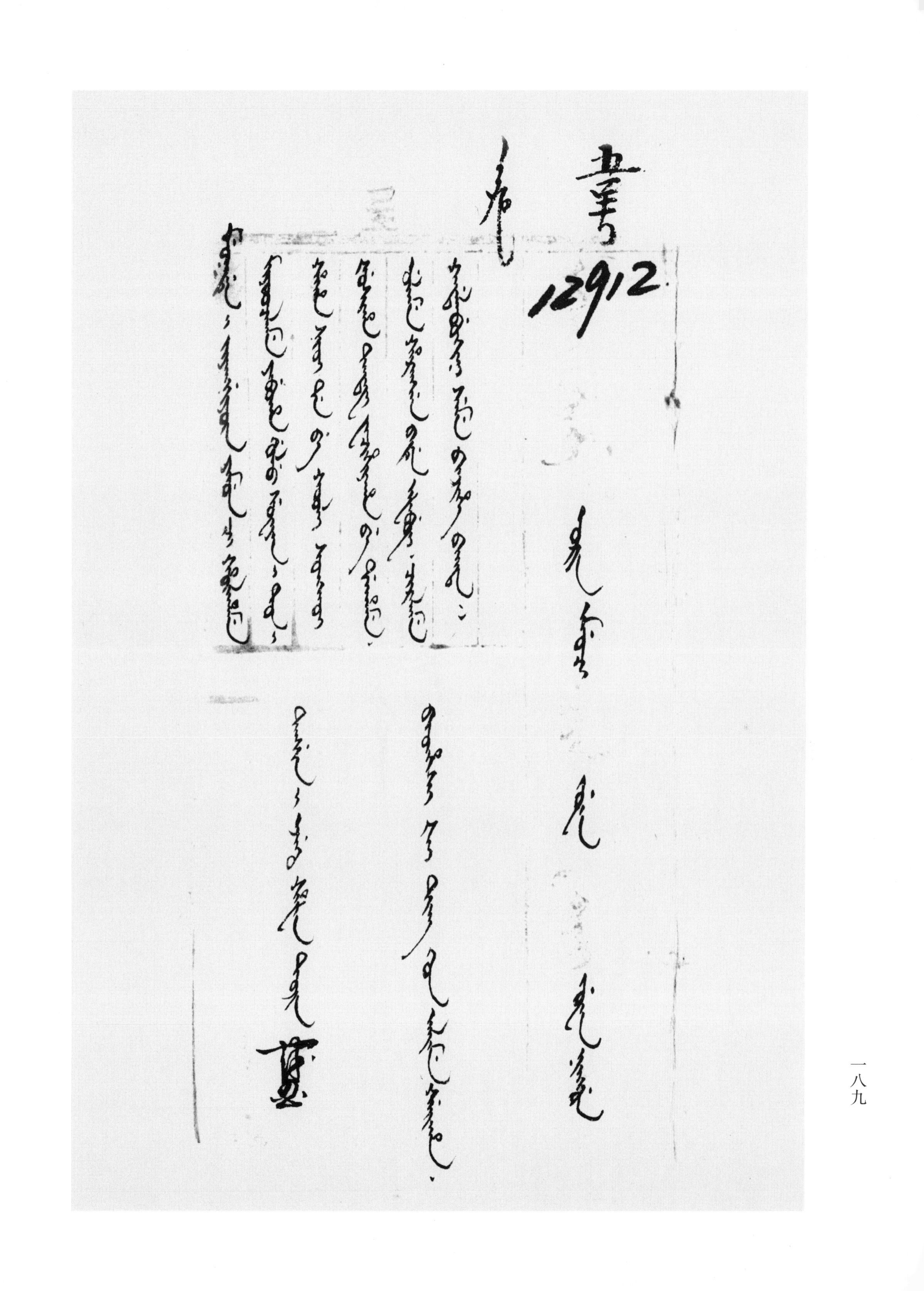

12912

五号

[illegible]

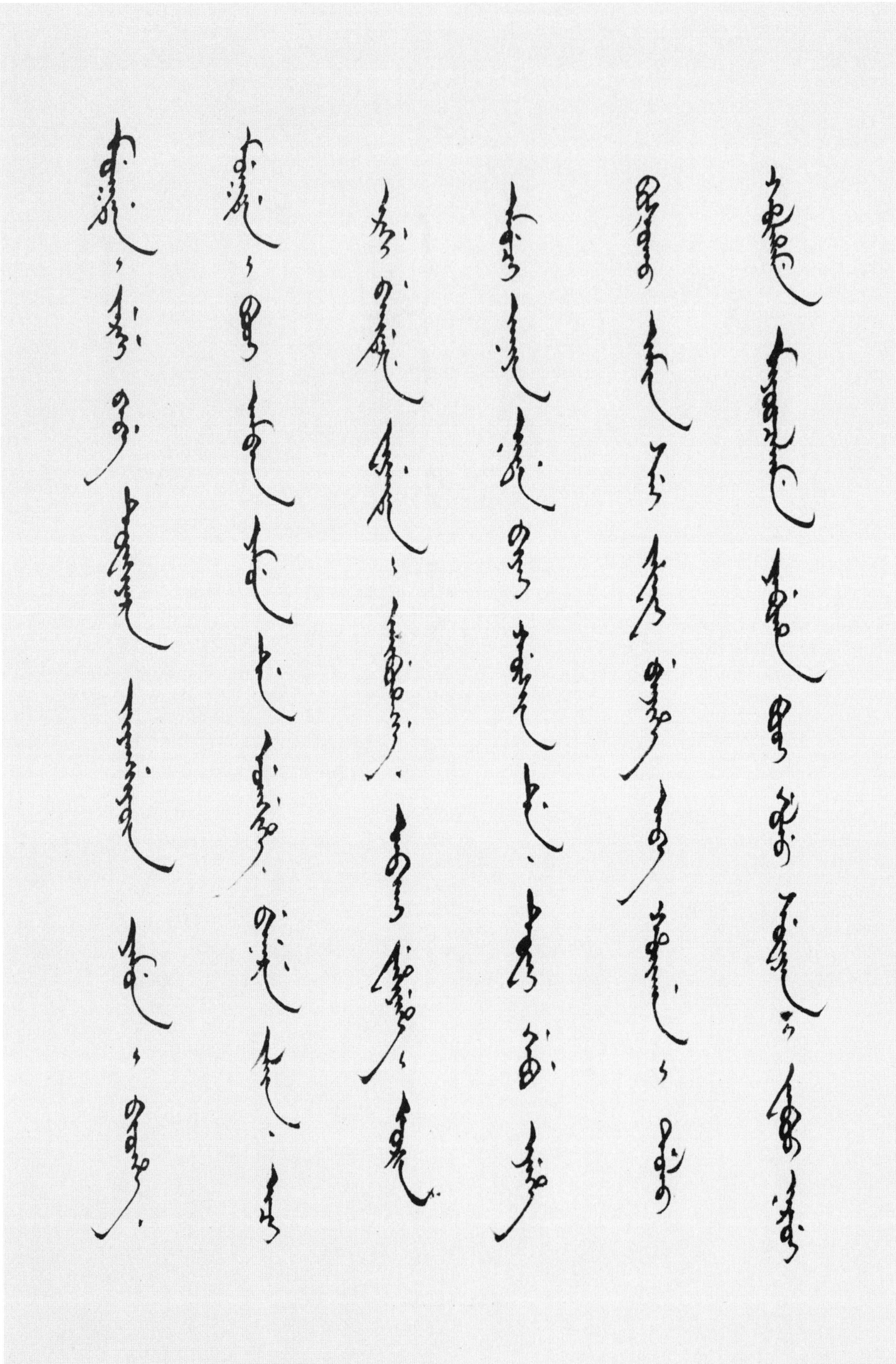

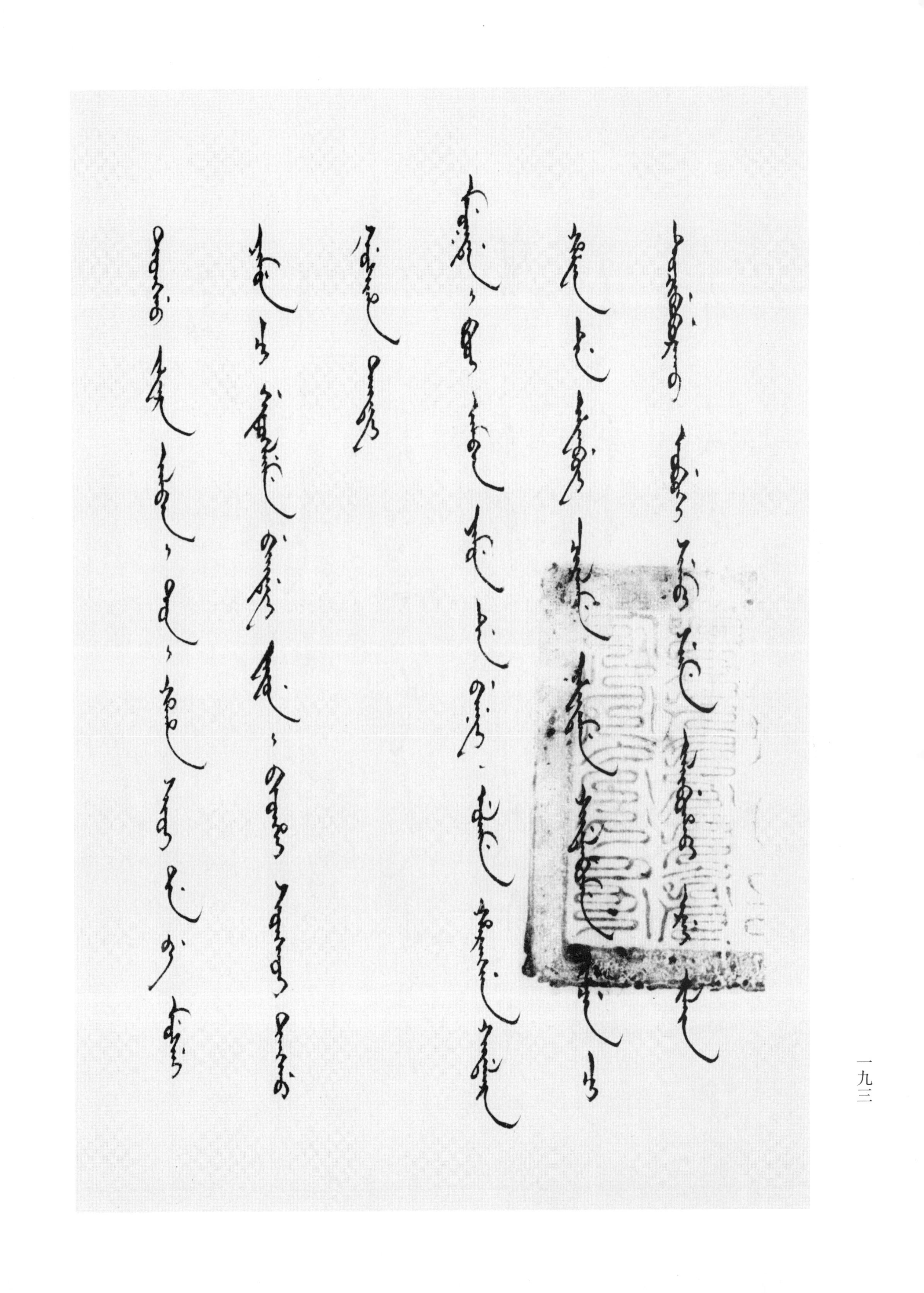

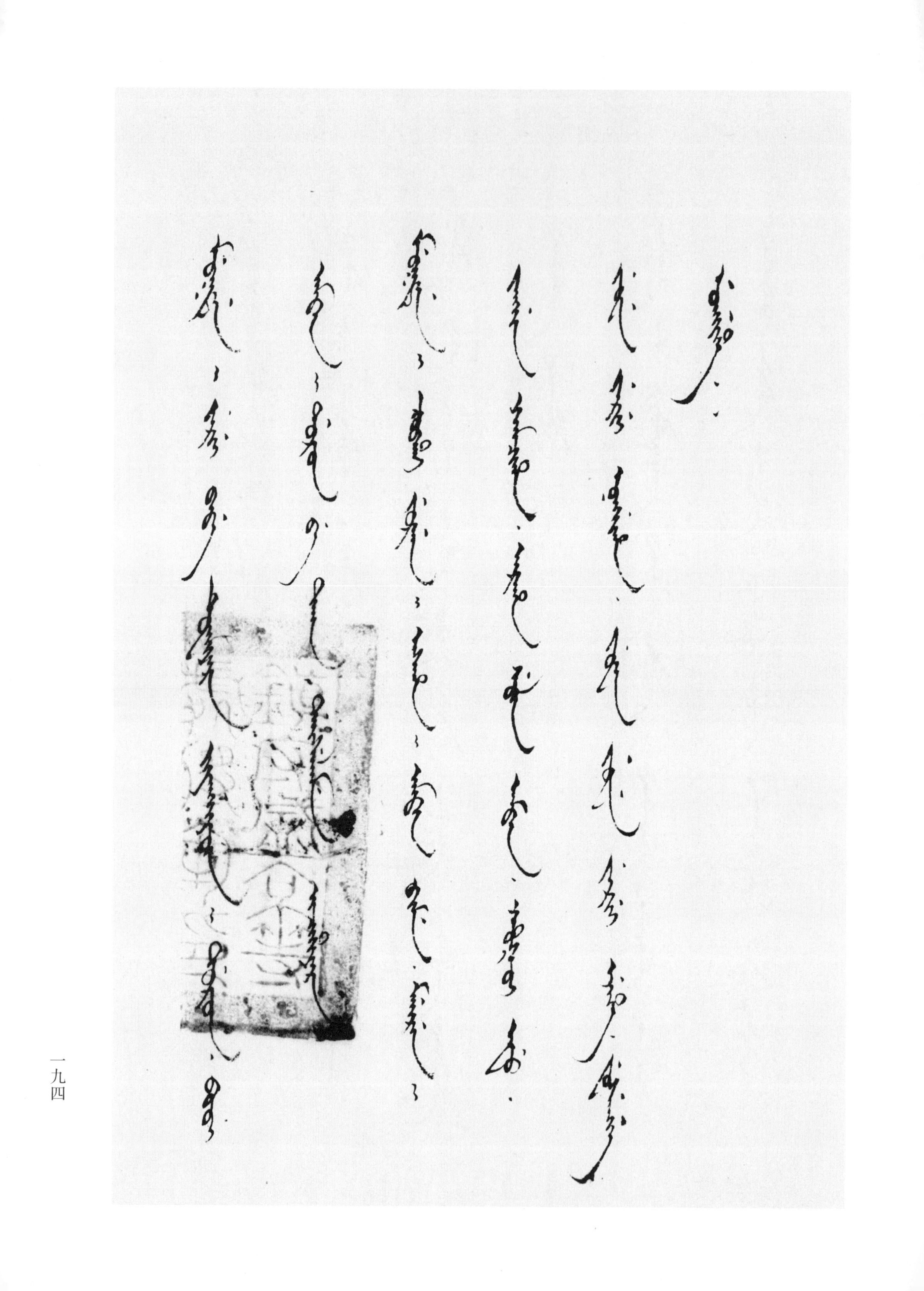

[illegible]

ᠵᡠᠸᠠᠨ ᠨᠠᡩᠠᠨ ᡳᠨᡝᠩᡤᡳ

ᠵᡠᠸᠠᠨ ᠨᠠᡩᠠᠨ ᡳᠨᡝᠩᡤᡳ

ᠵᡠᠸᠠᠨ ᠨᠠᡩᠠᠨ ᡳᠨᡝᠩᡤᡳ

十七日

十七日

十七日

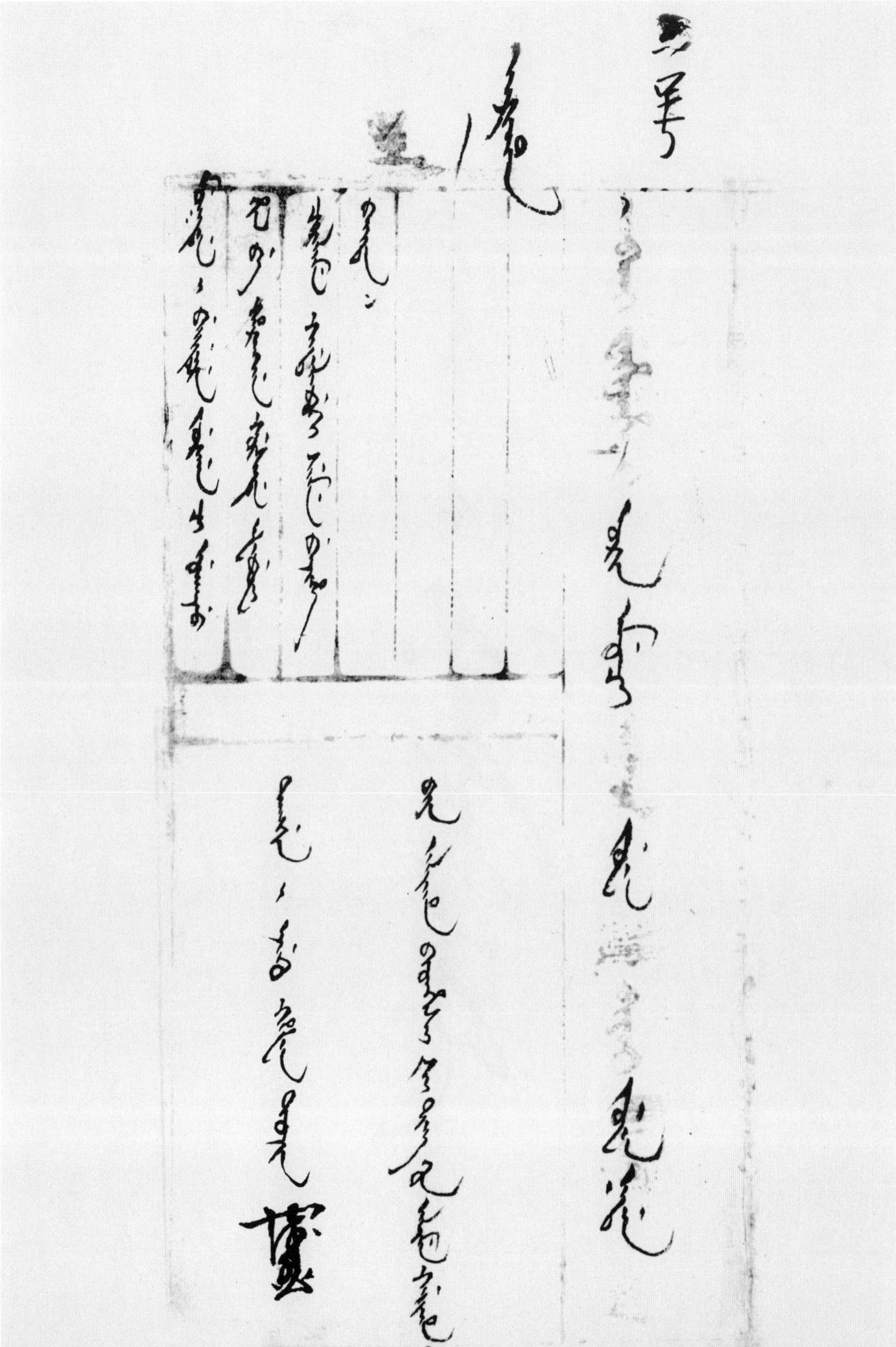

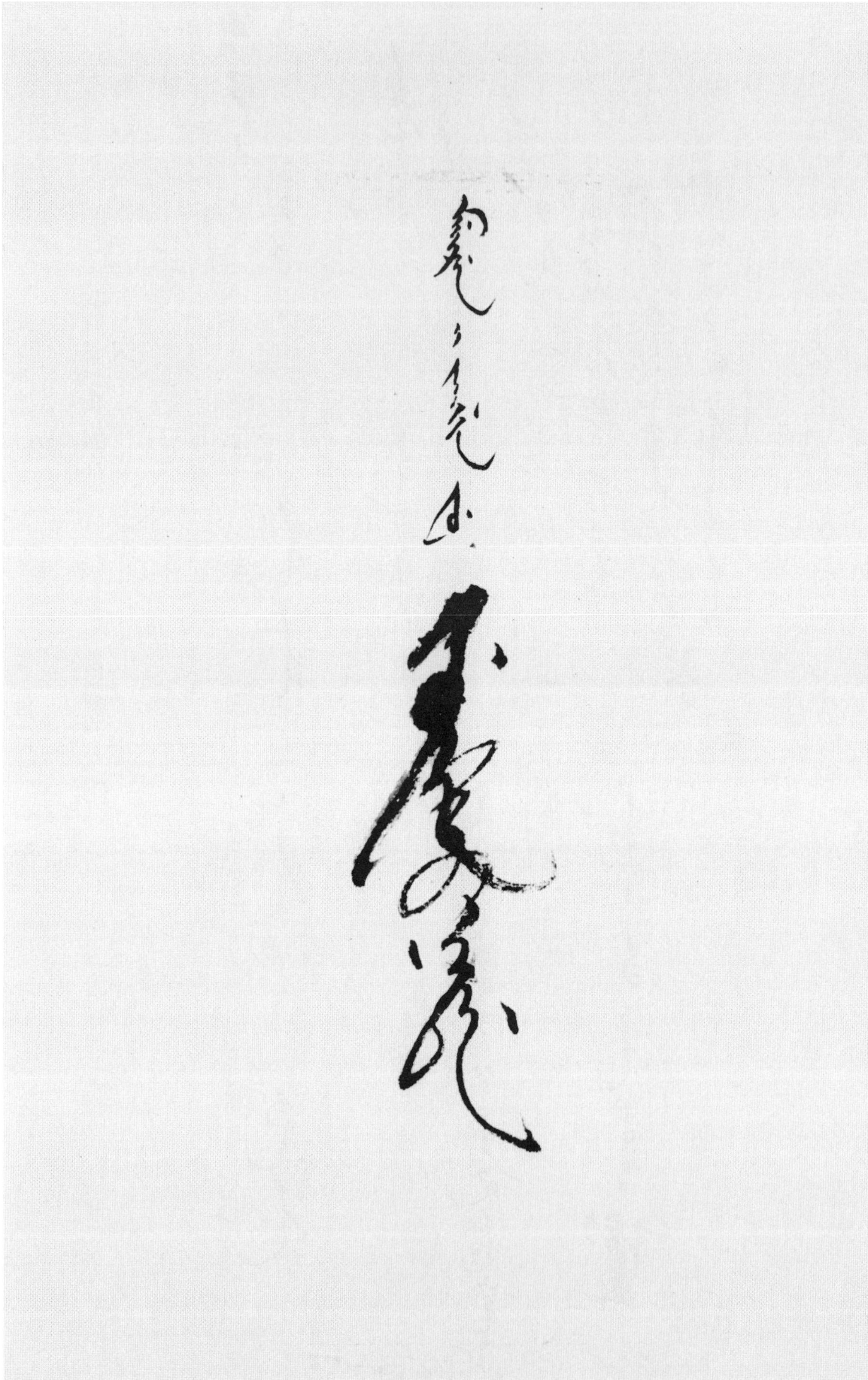

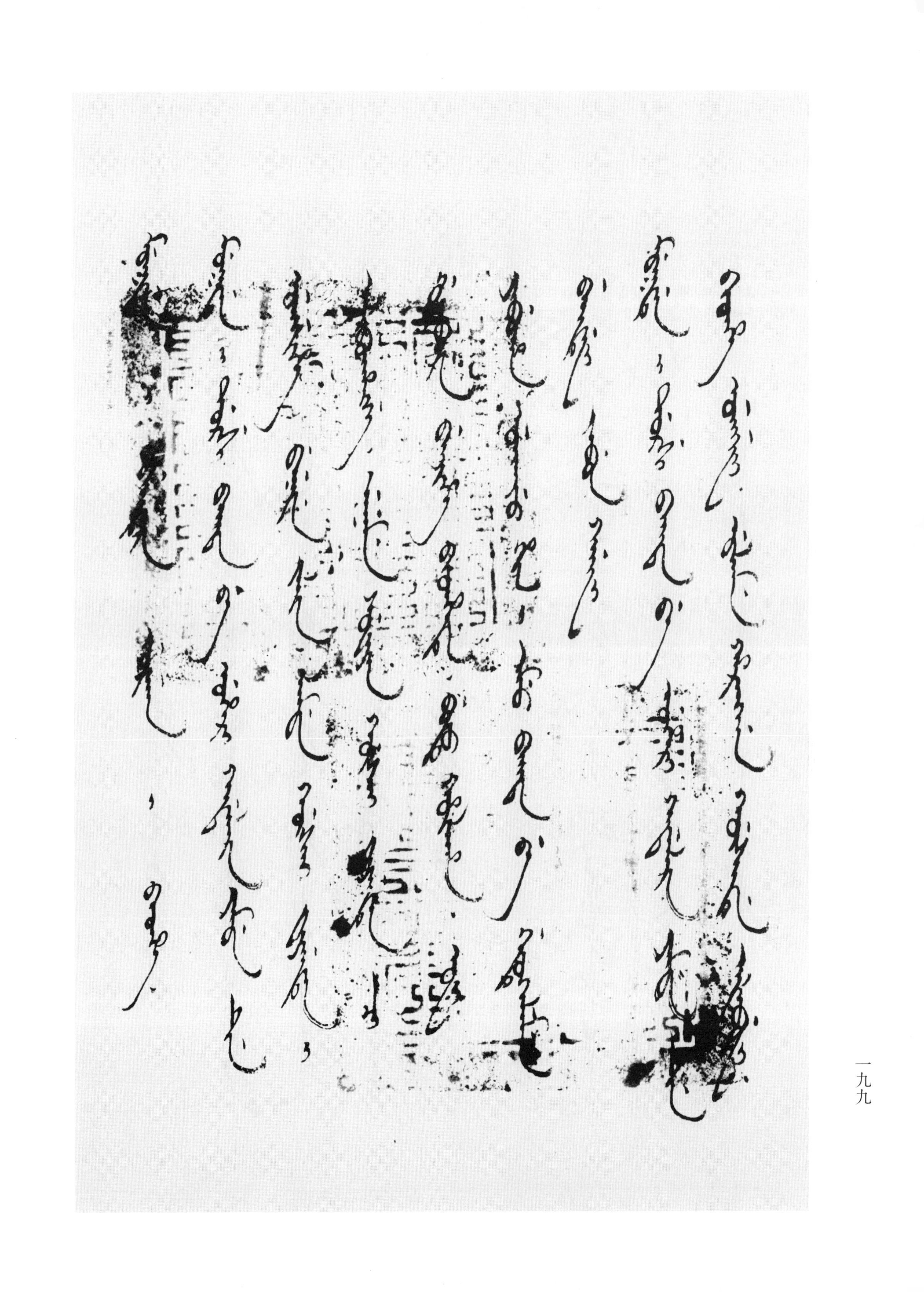

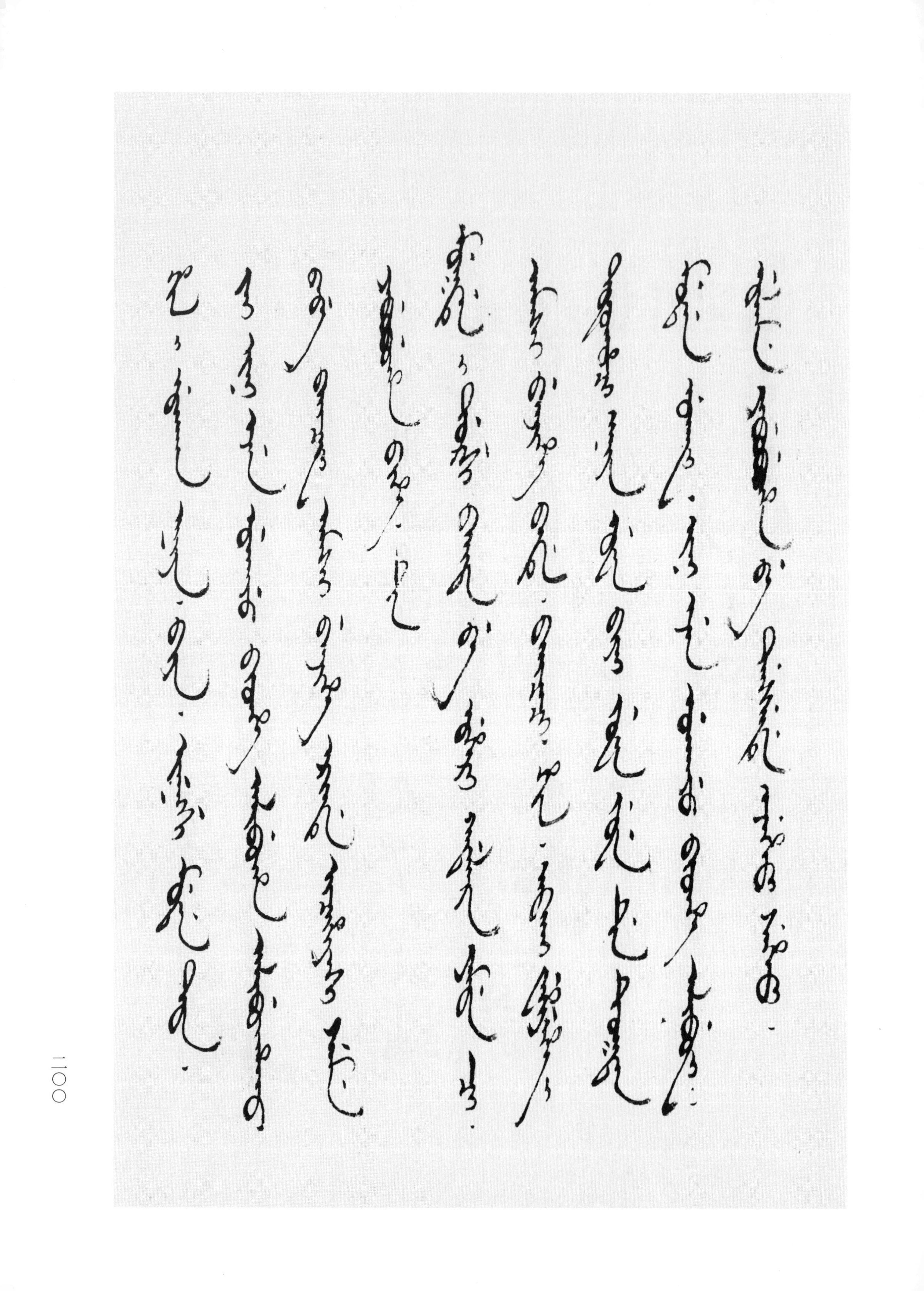

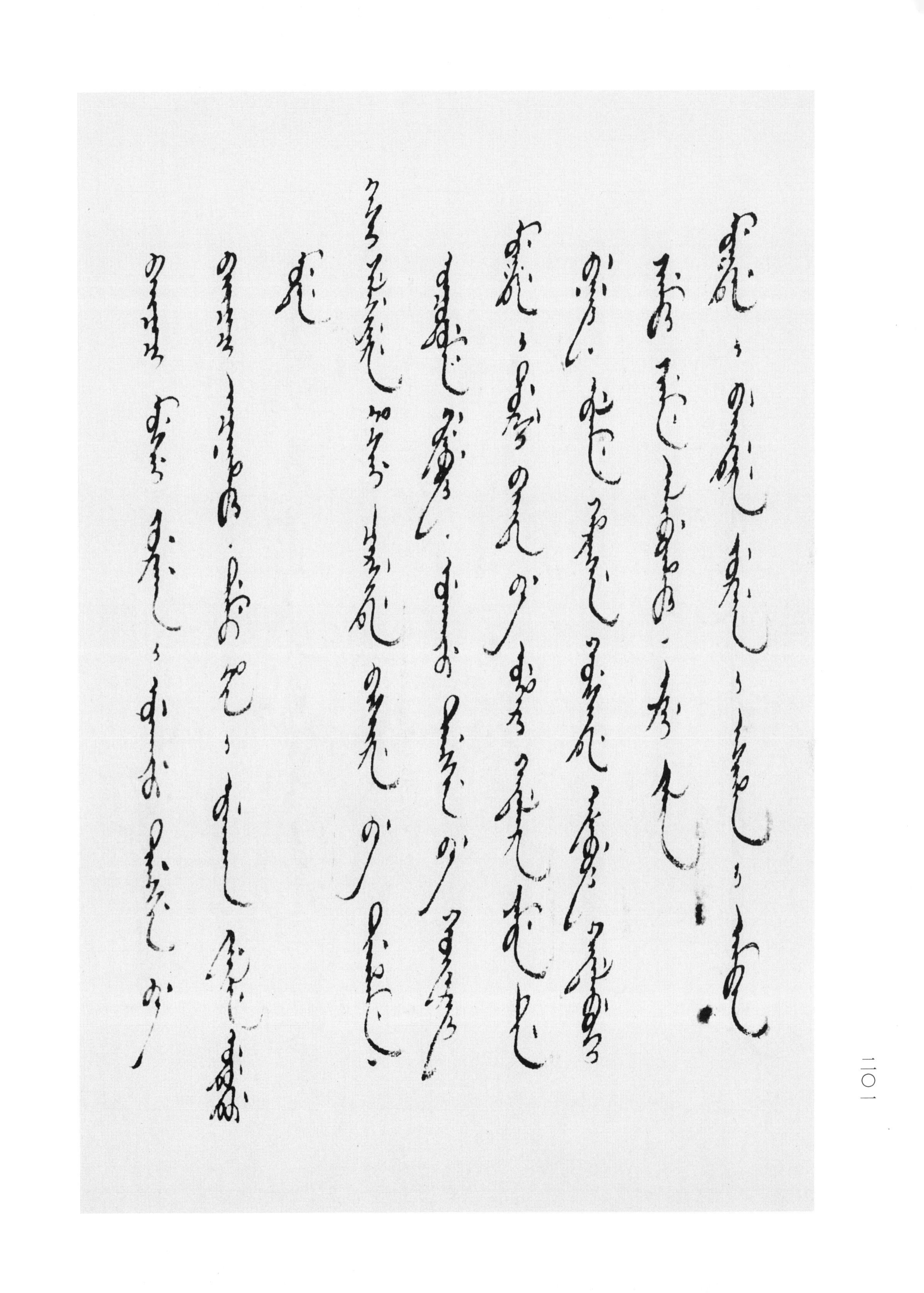

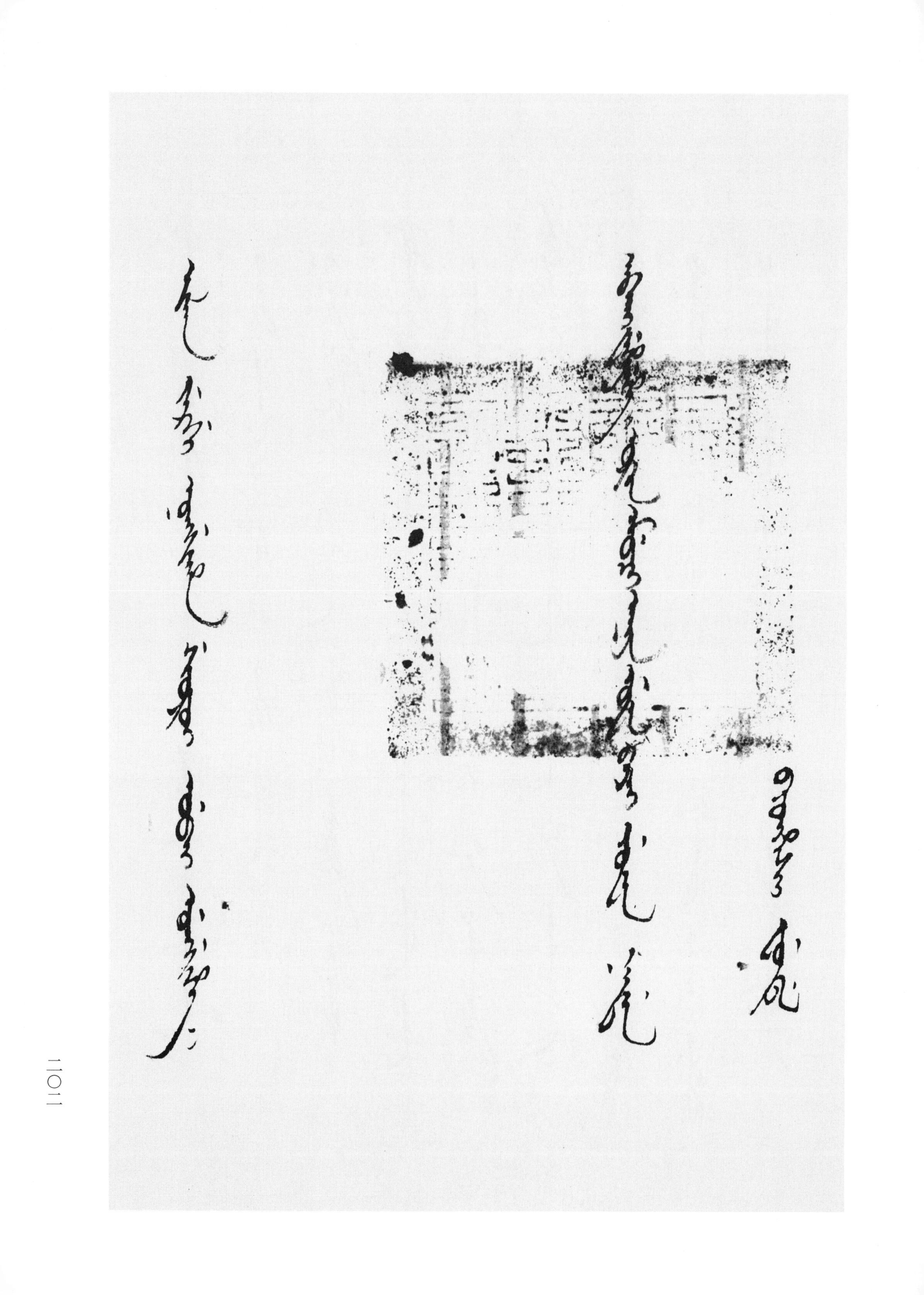

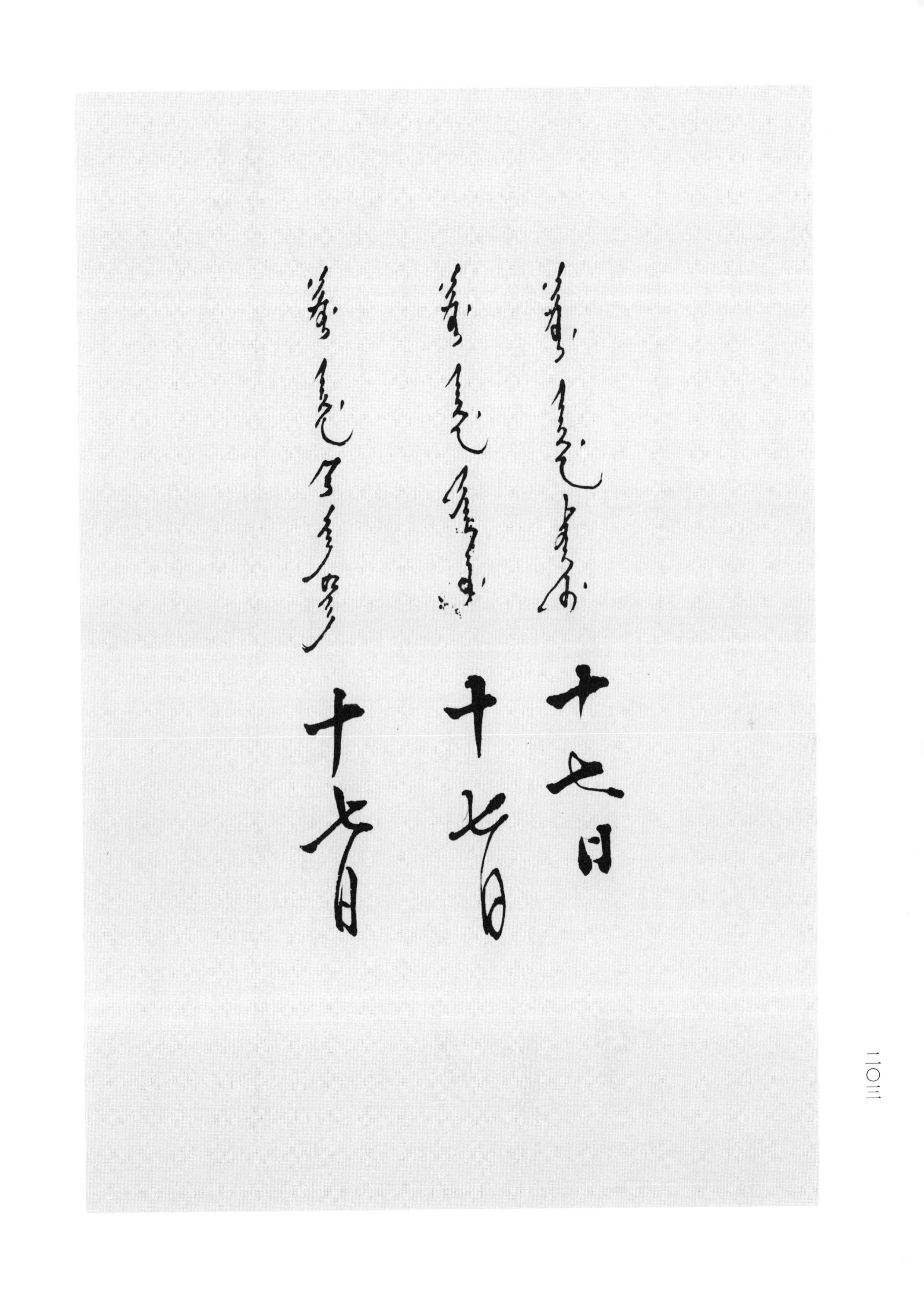

十七日

十七日

十七日

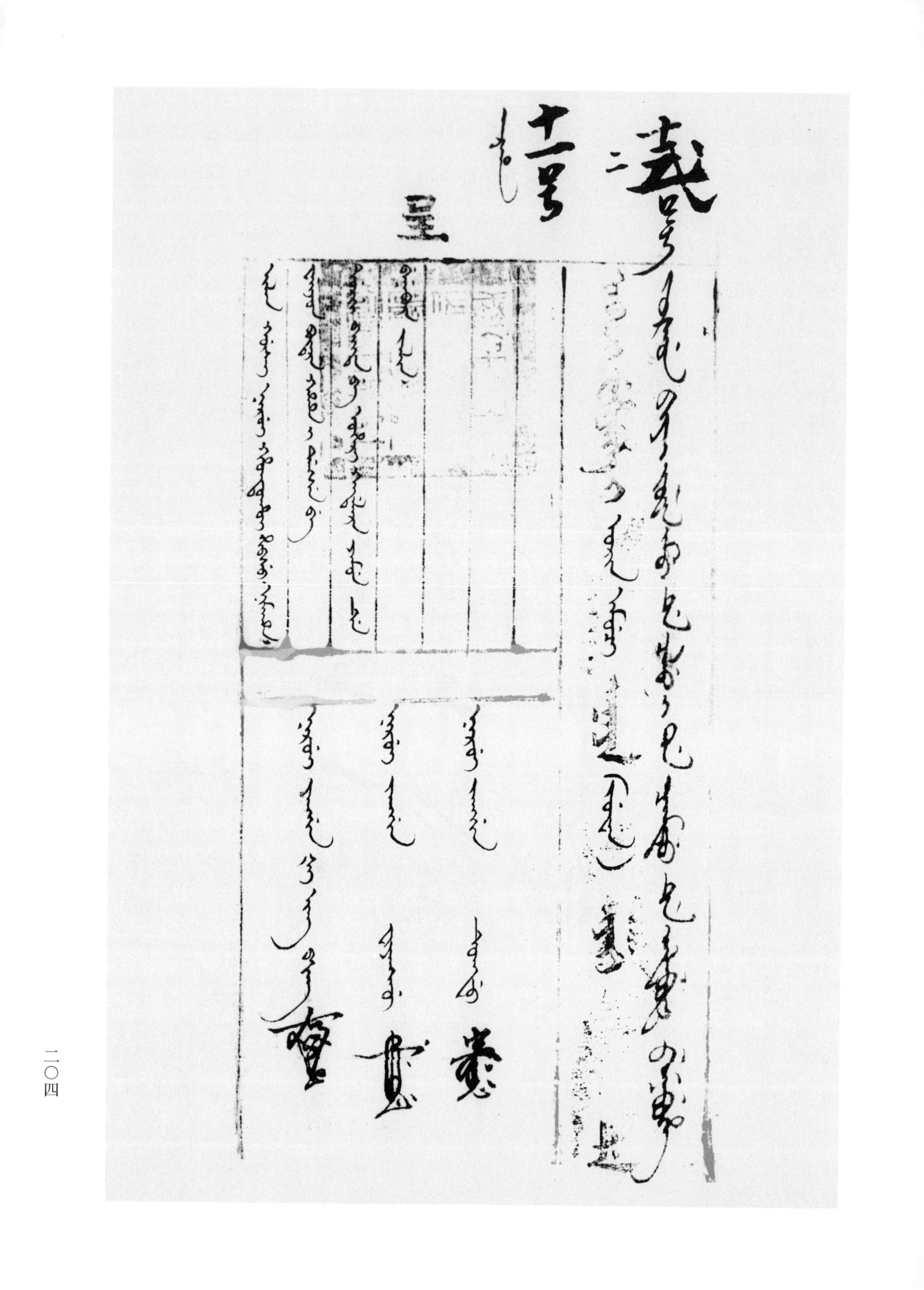

呈

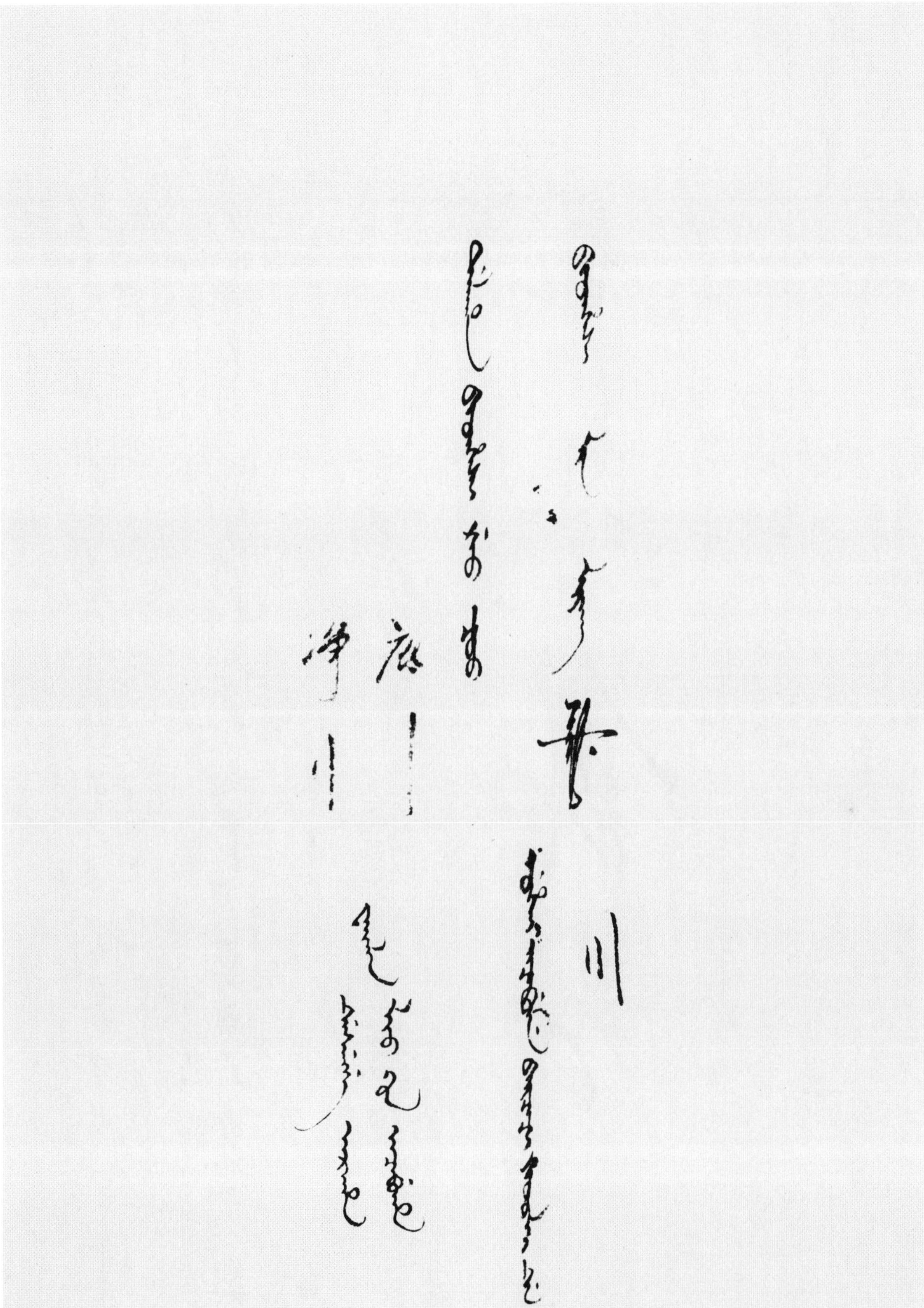

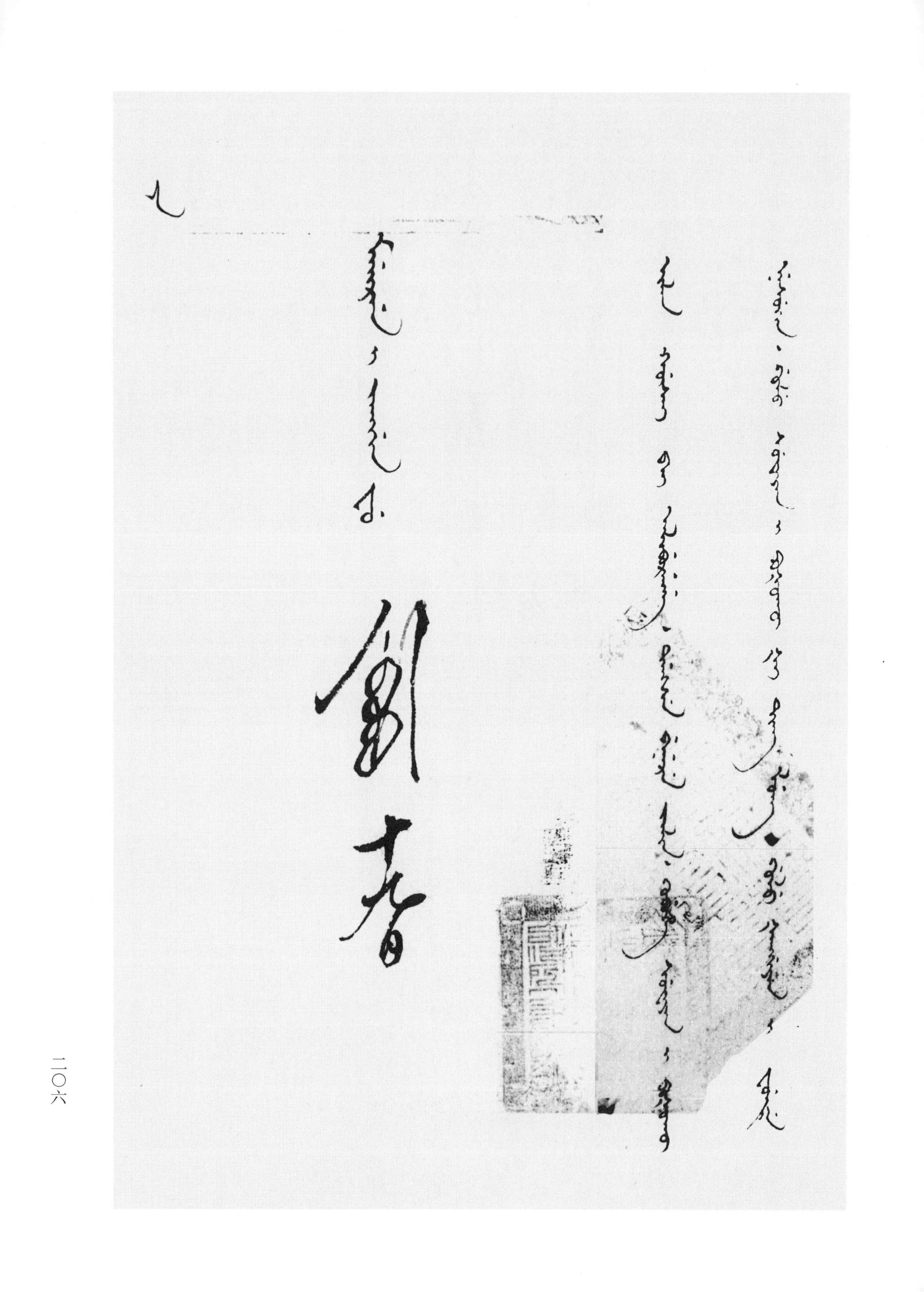

劉看

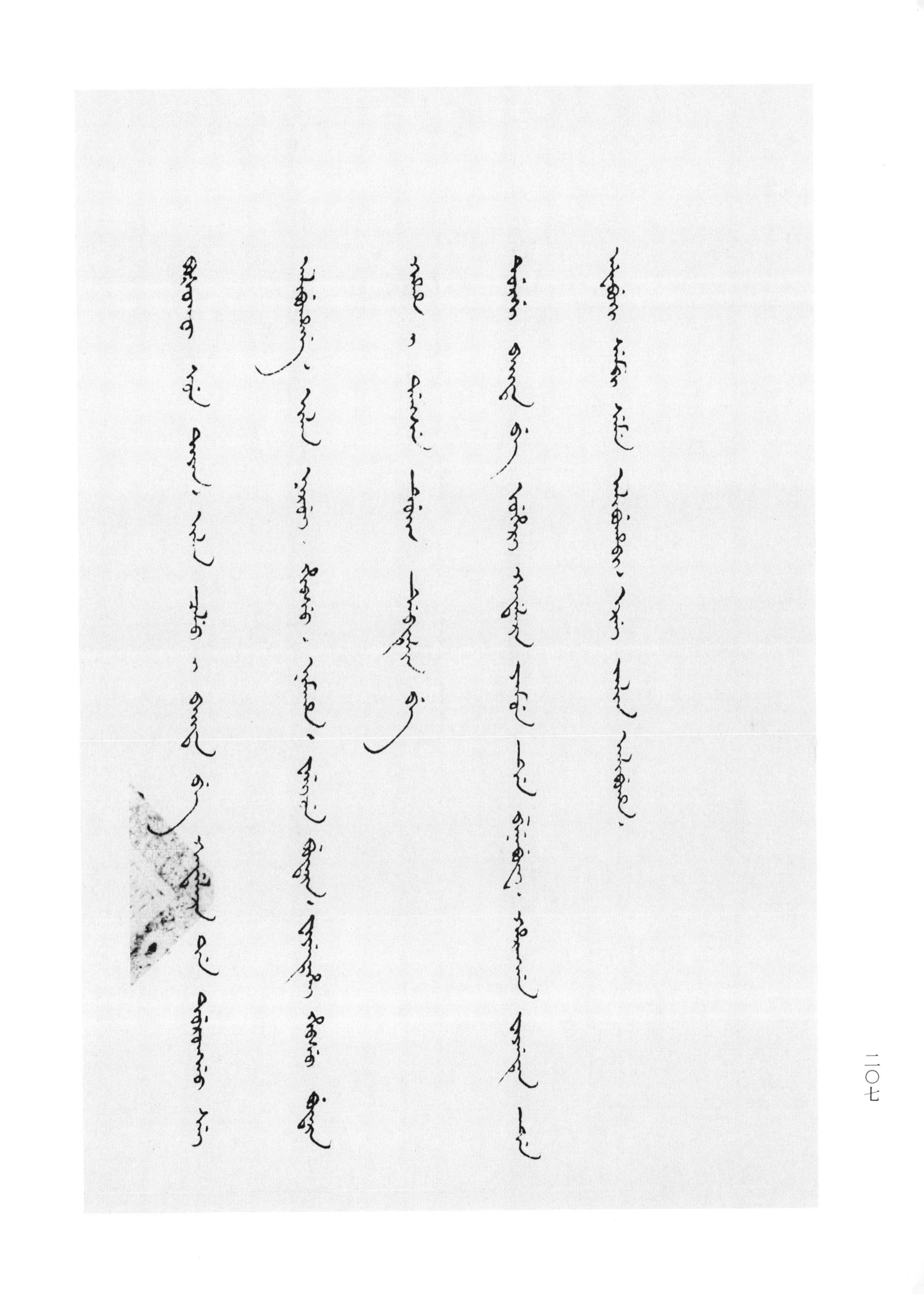

ᠠᠪᡴᠠᡳ ᠸᡝᡥᡳᠶᡝᡥᡝ ᡳ ᠰᡠᠰᠠᡳ ᡩᡠᡳᠴᡳ ᠠᠨᡳᠶᠠ ᠵᡠᠸᠠᠨ ᠪᡳᠶᠠ

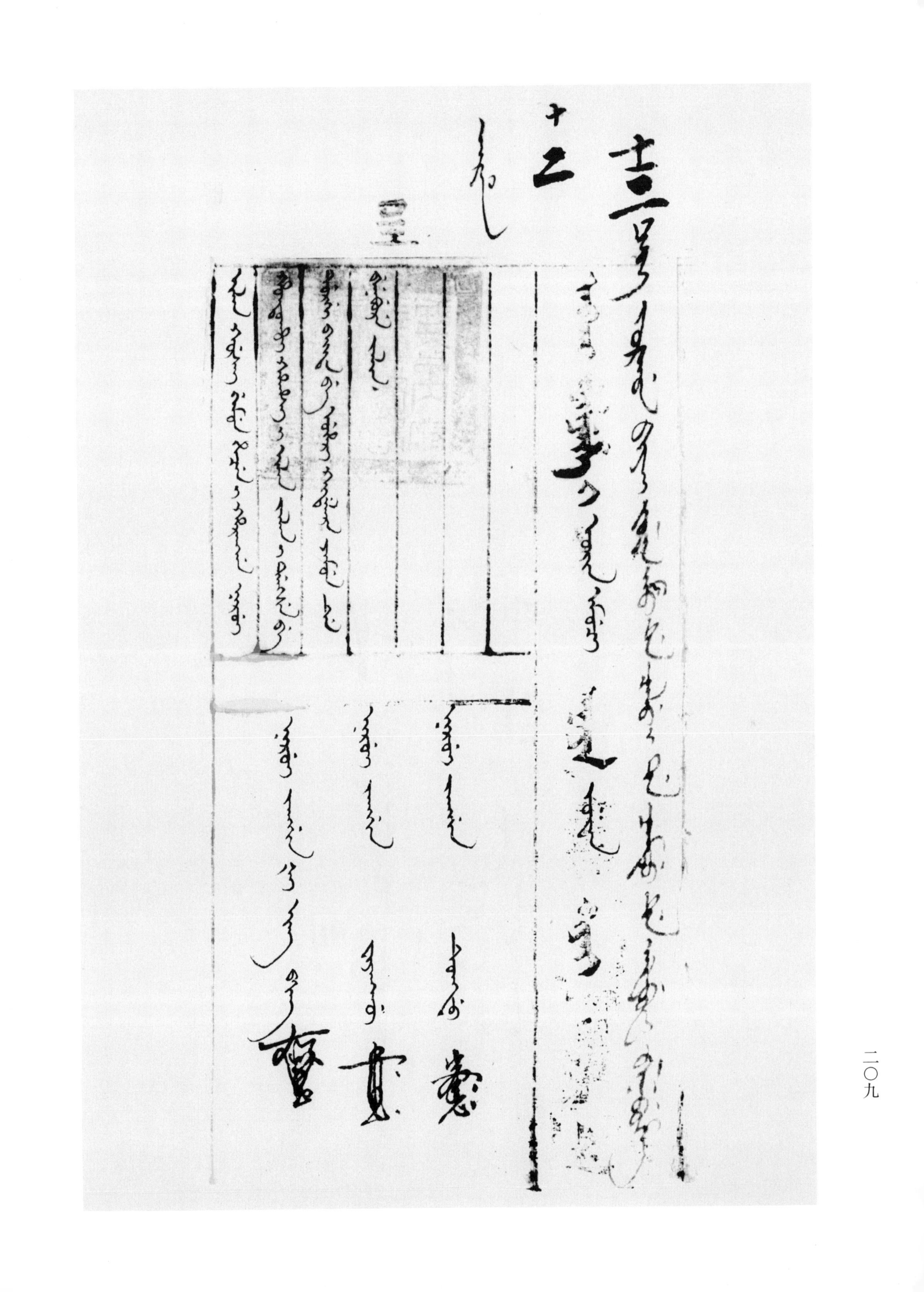

十二

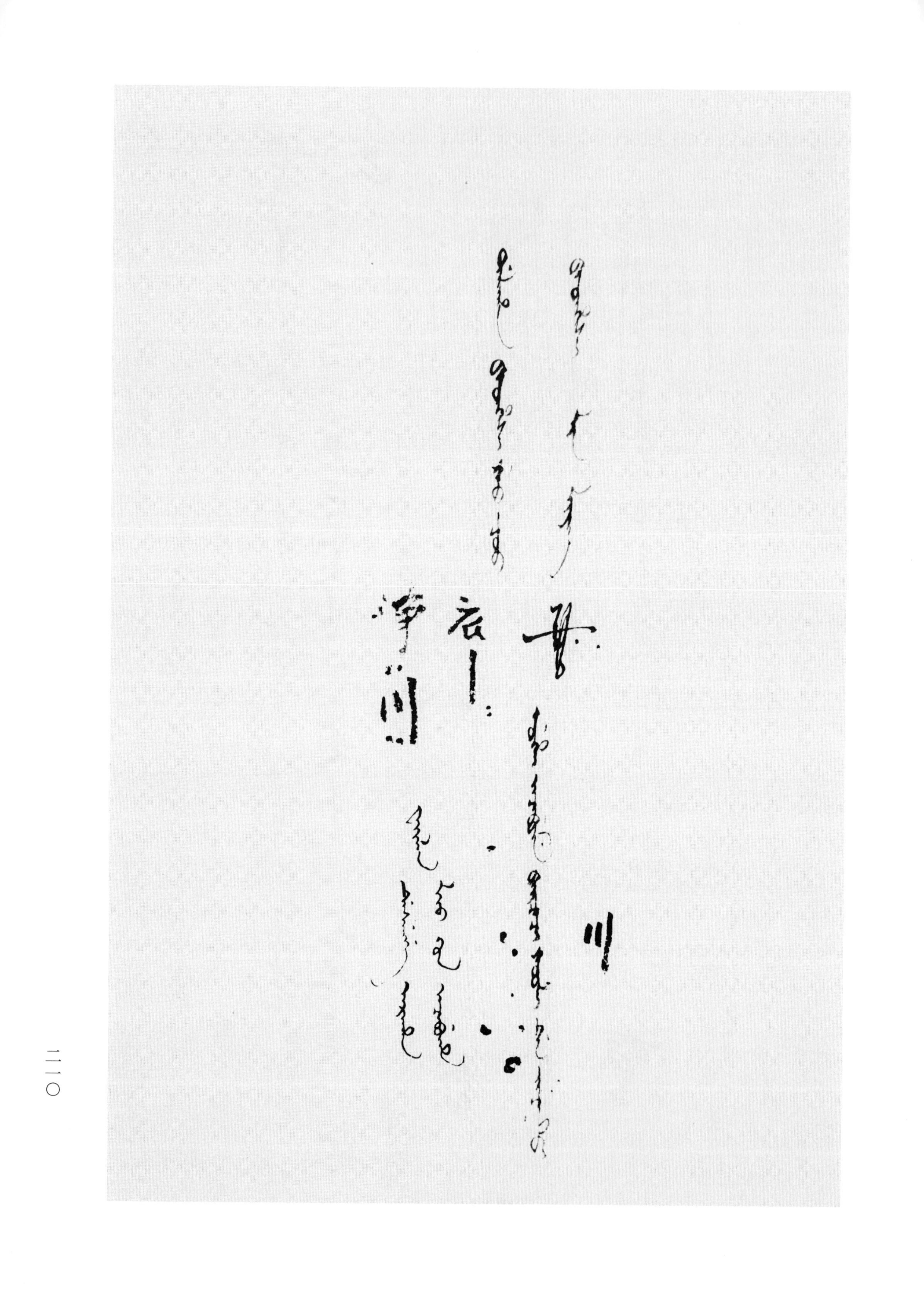

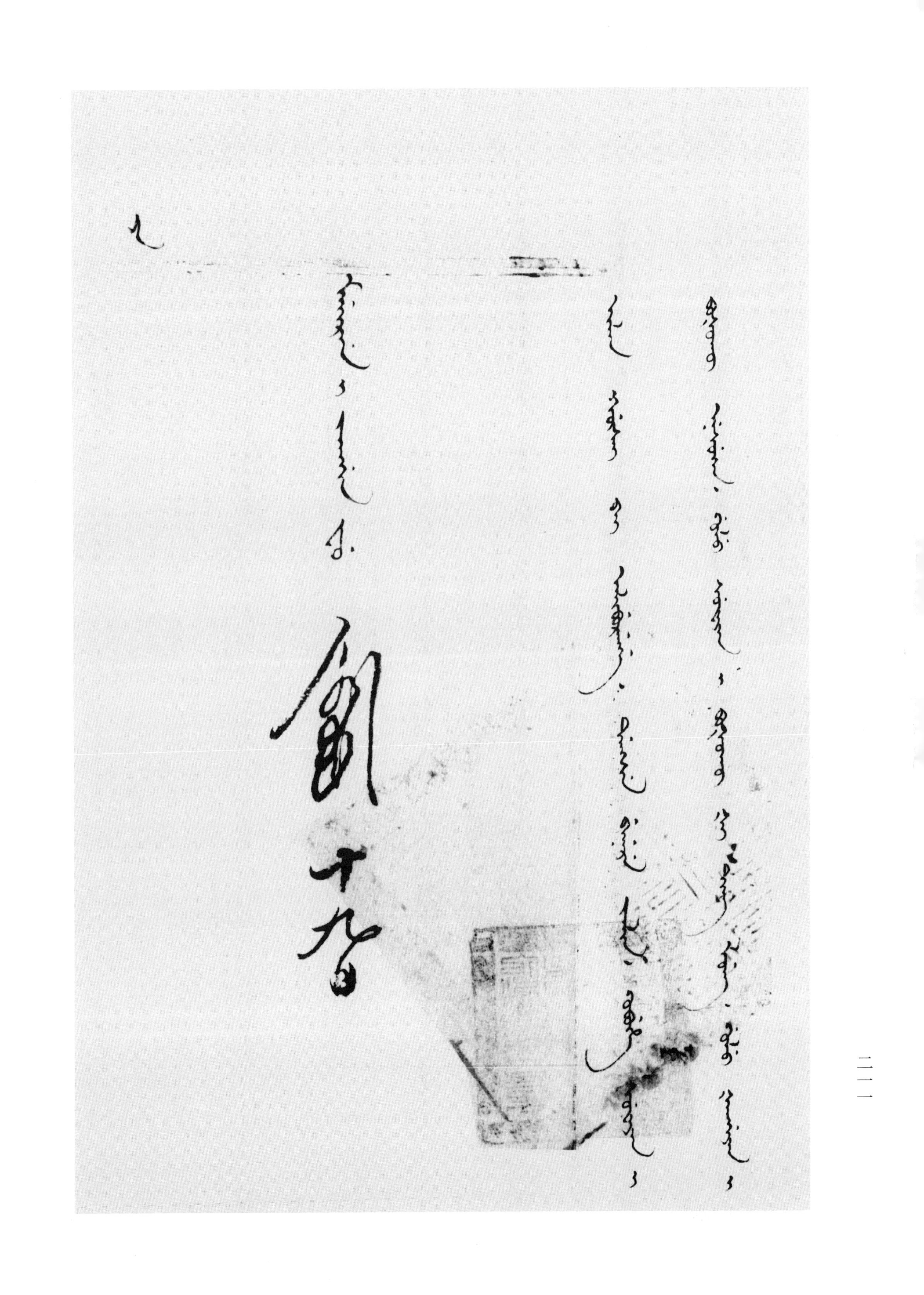

劉于義

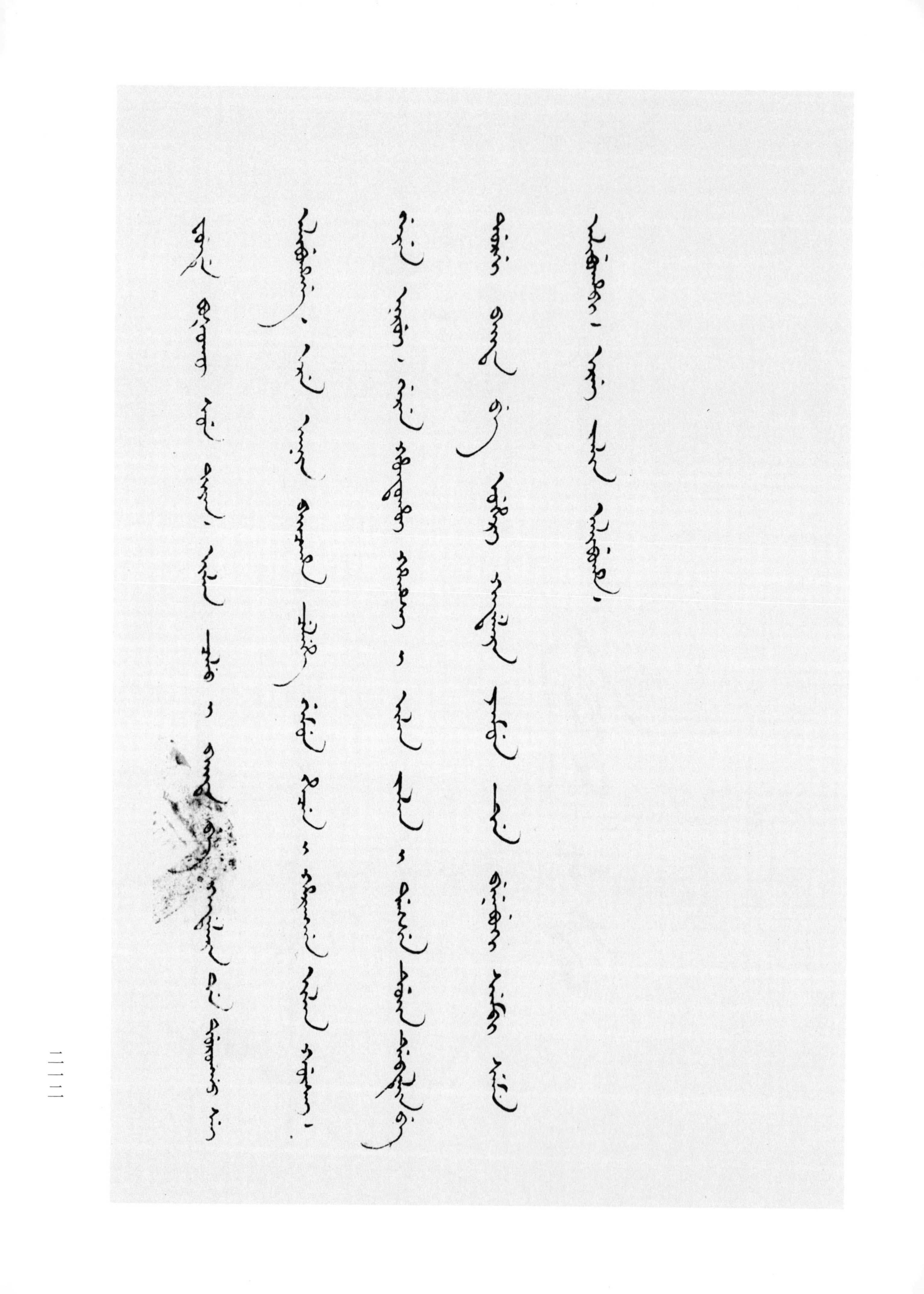

ᠠᠪᡴᠠᡳ ᠸᡝᡥᡳᠶᡝᡥᡝ ᡳ [illegible] [illegible] ᠠᠨᡳᠶᠠ [illegible] [illegible] ᠪᡳᠶᠠ

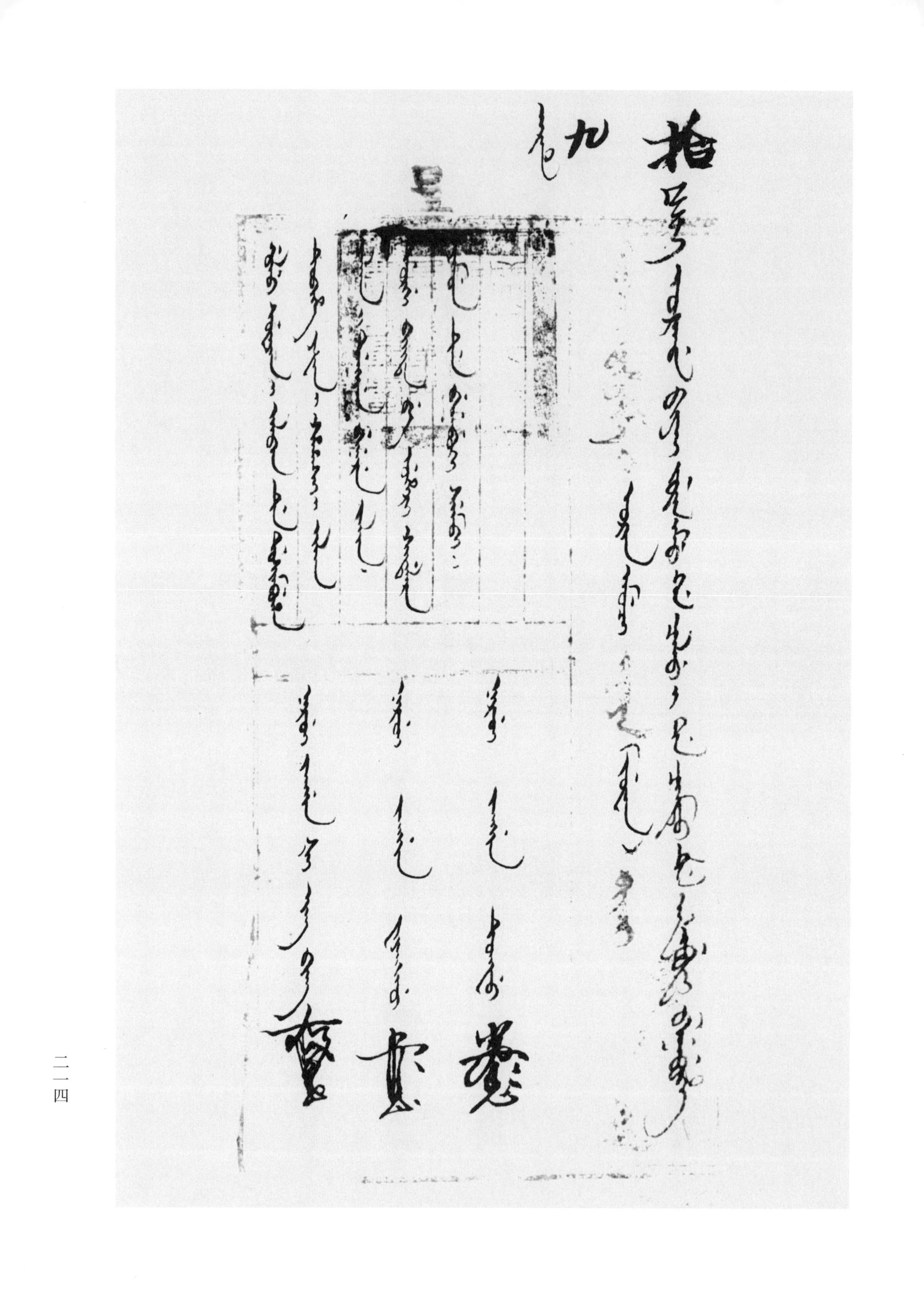

拾九

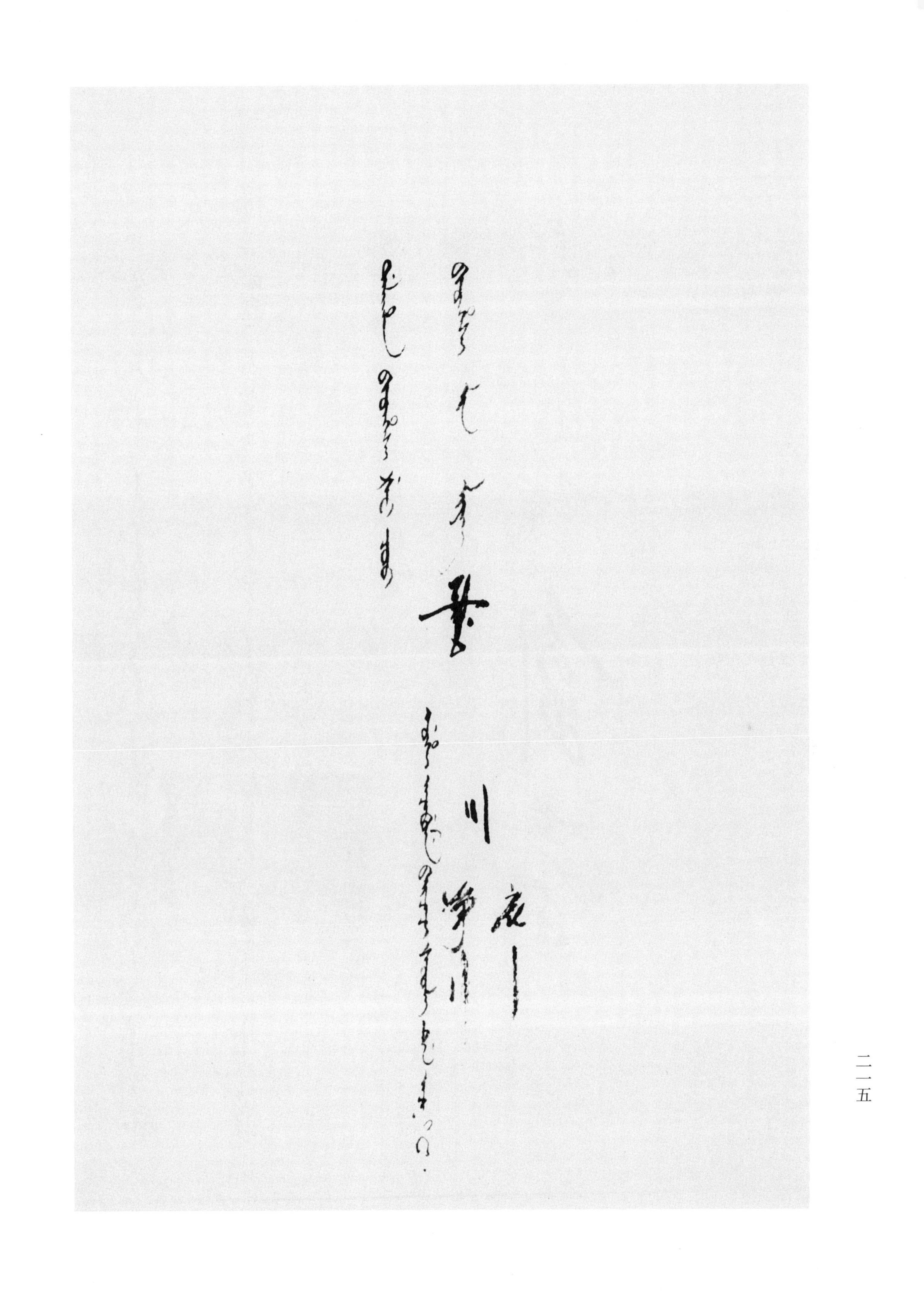

[illegible]

[illegible]

ᠰᠠᡥᠠ

[illegible]

[illegible]

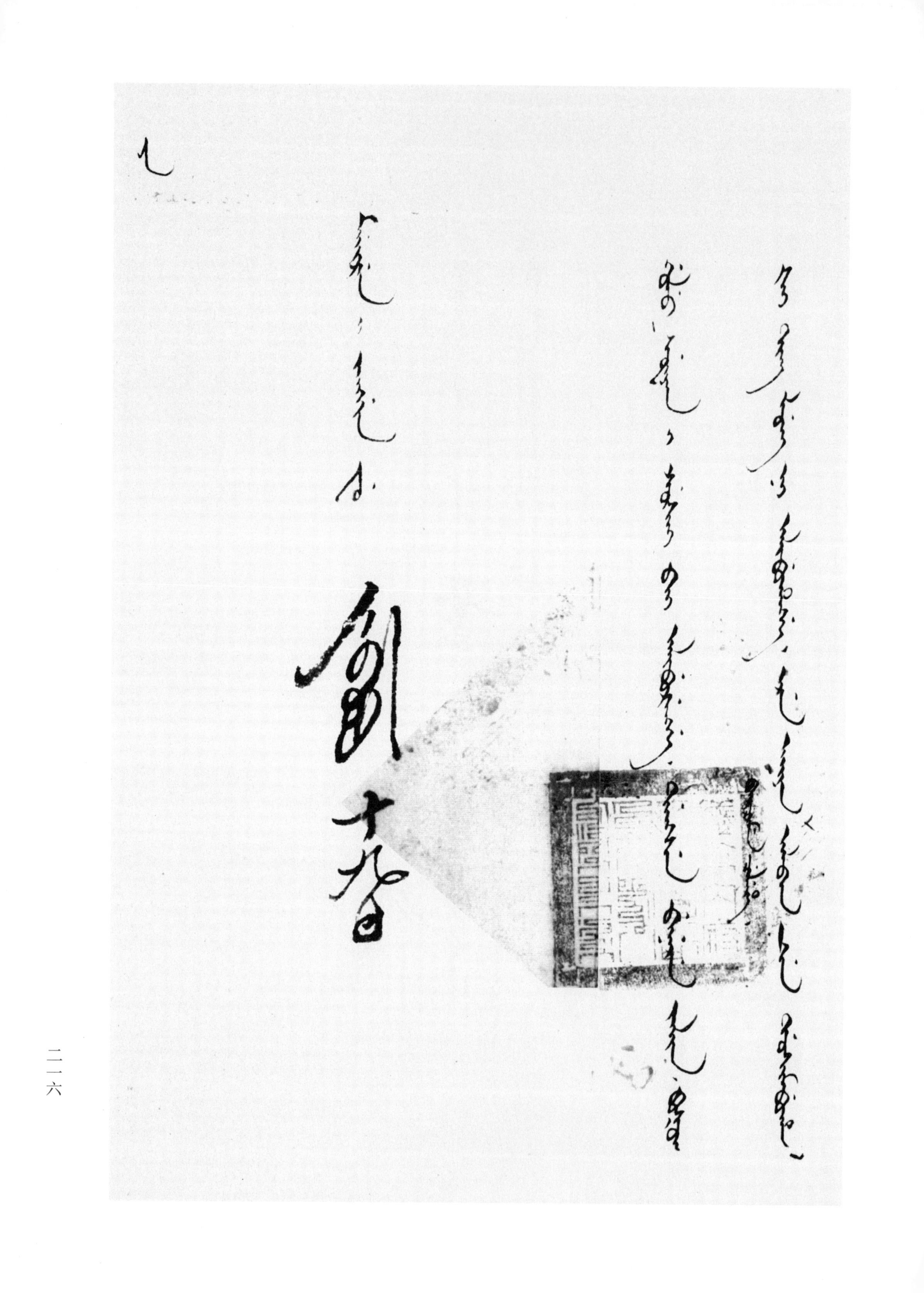

劉

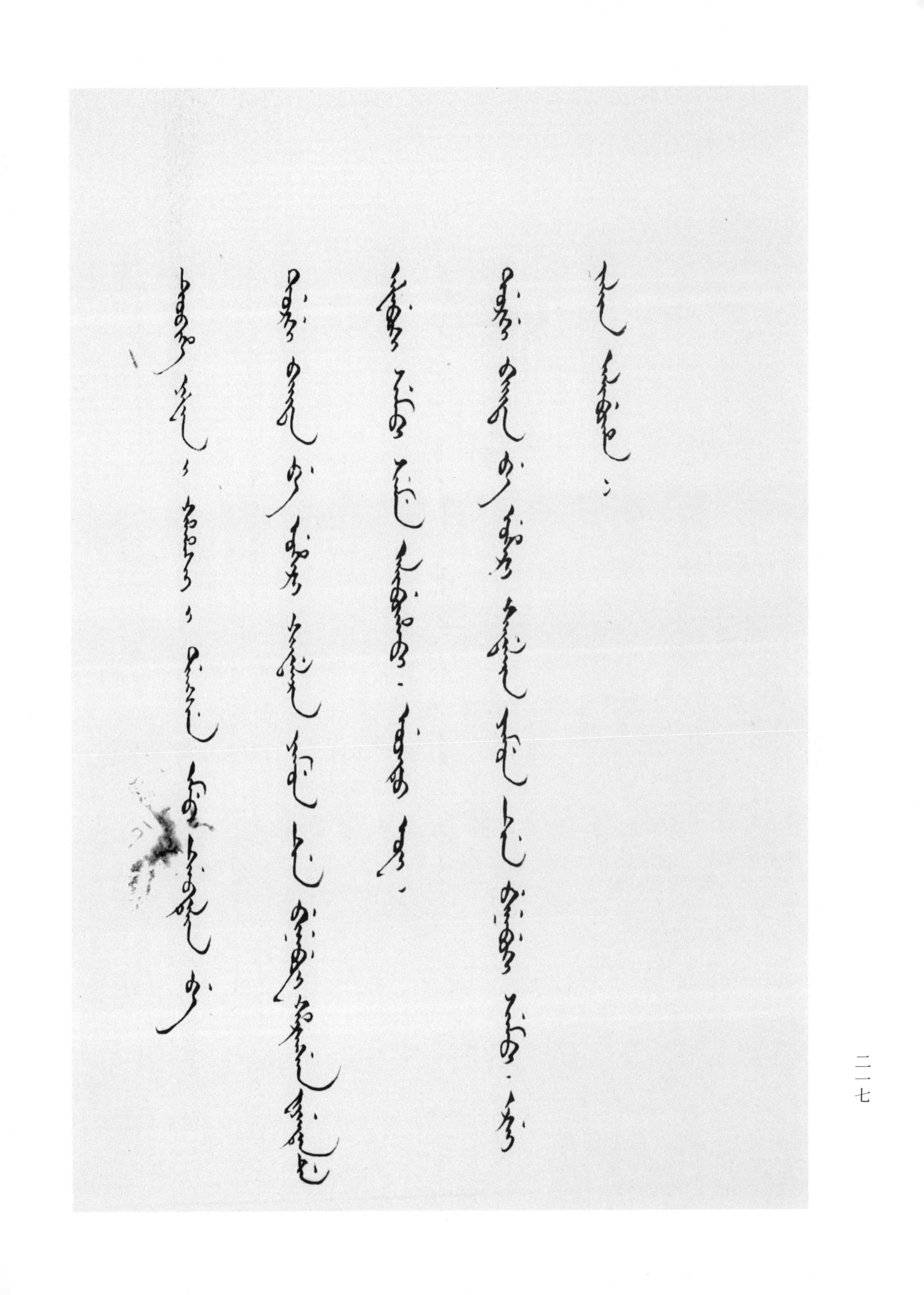

[illegible]

[illegible]

[illegible]

[illegible]

[illegible]

[illegible]

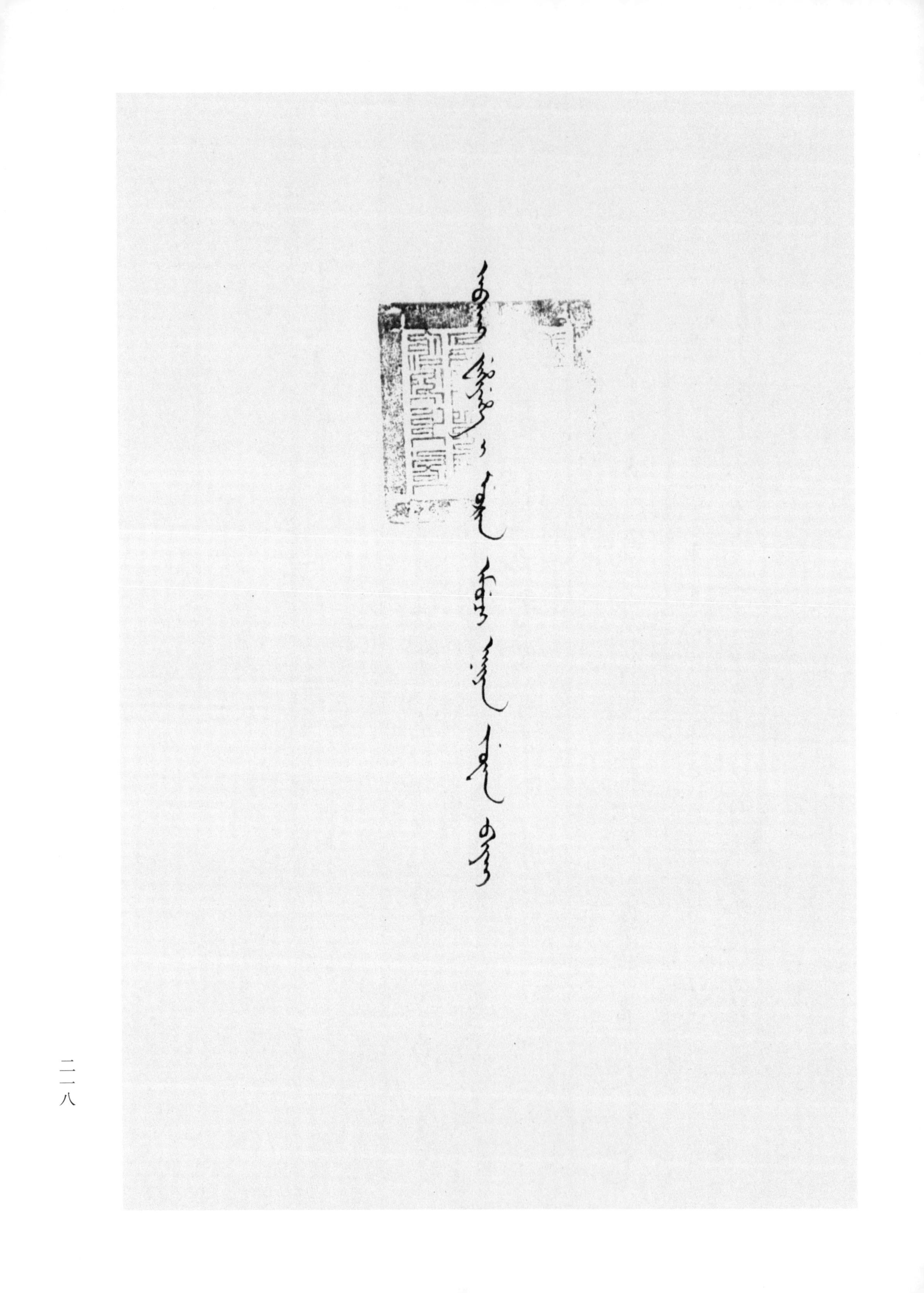

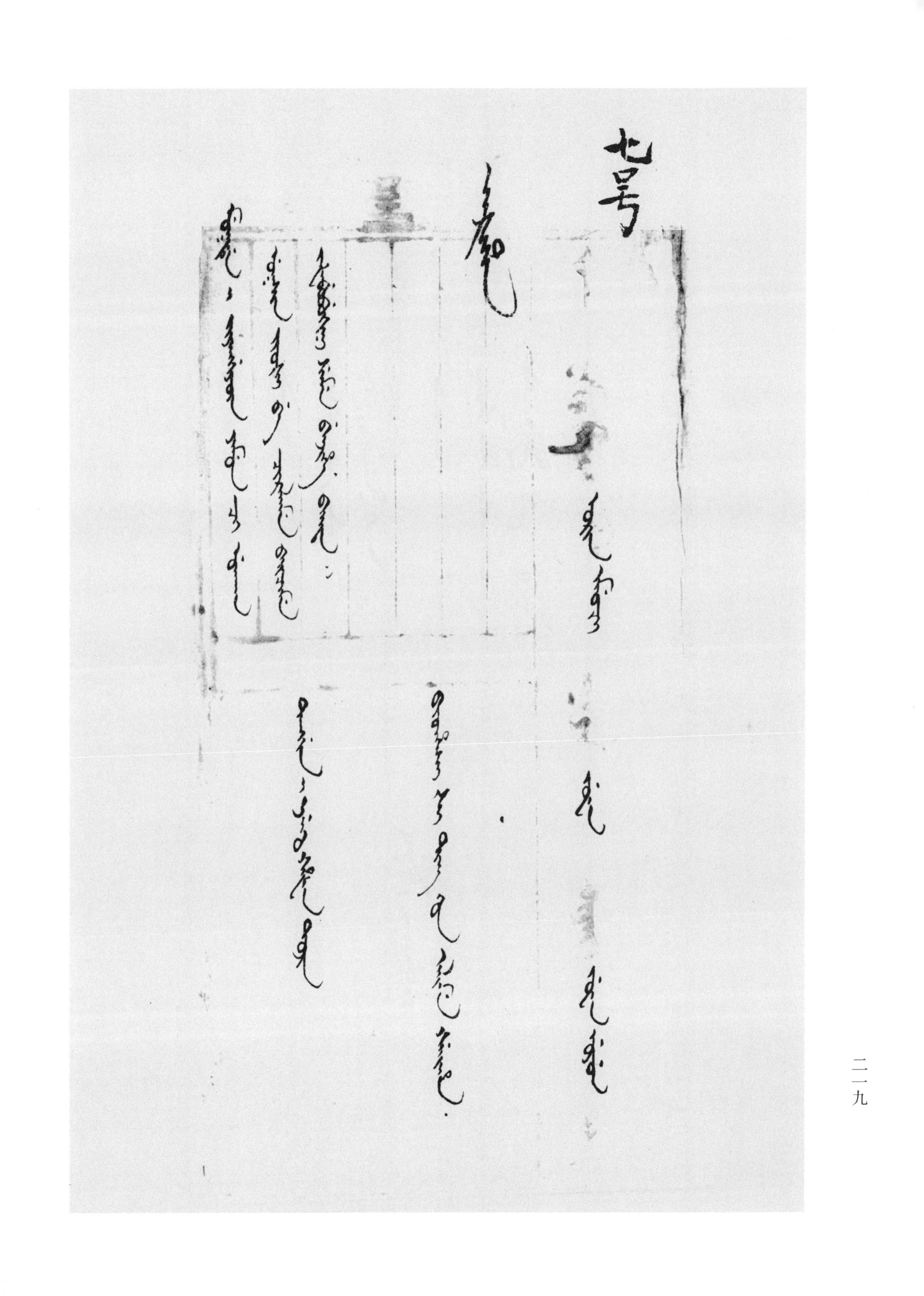

七号

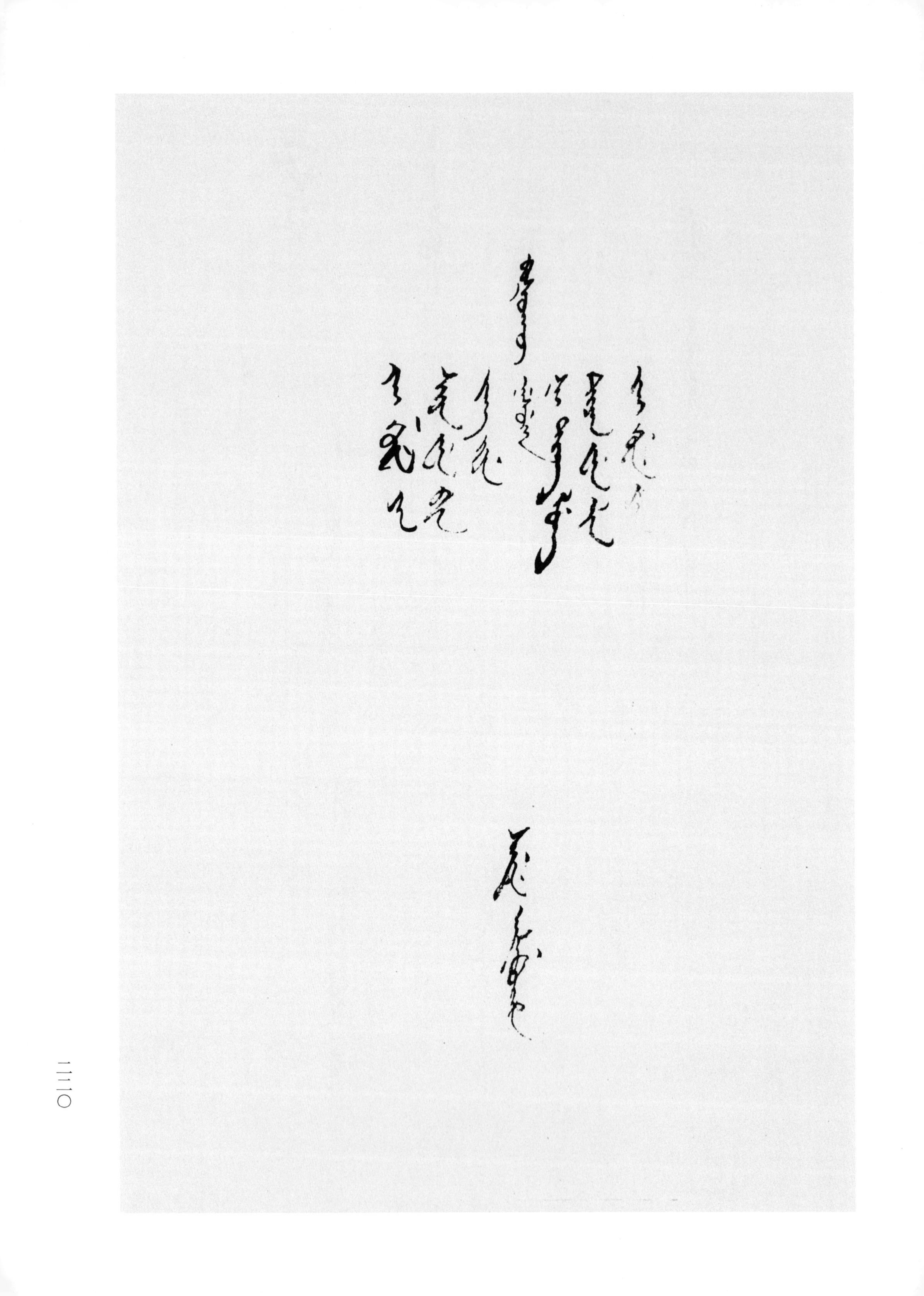

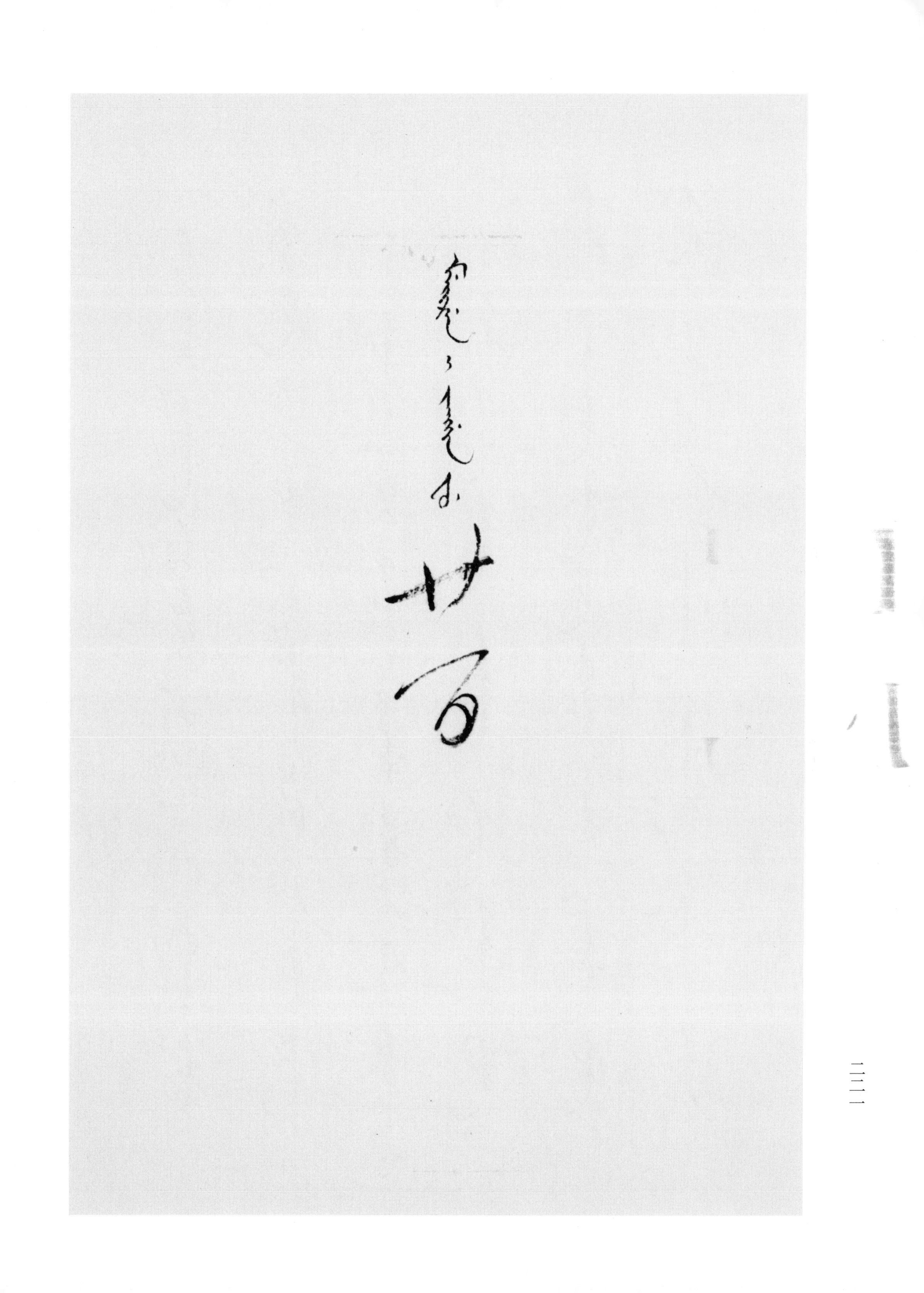

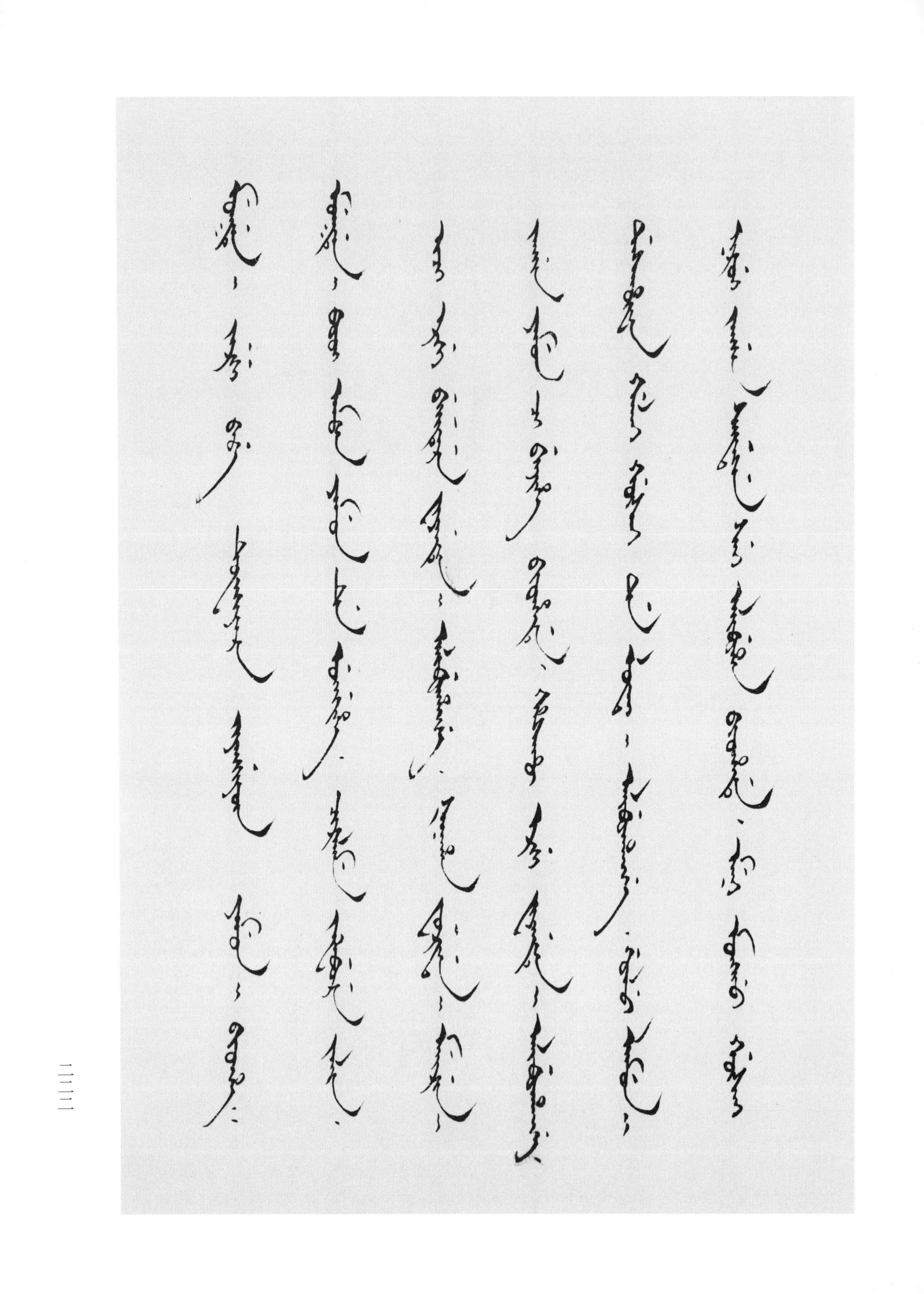

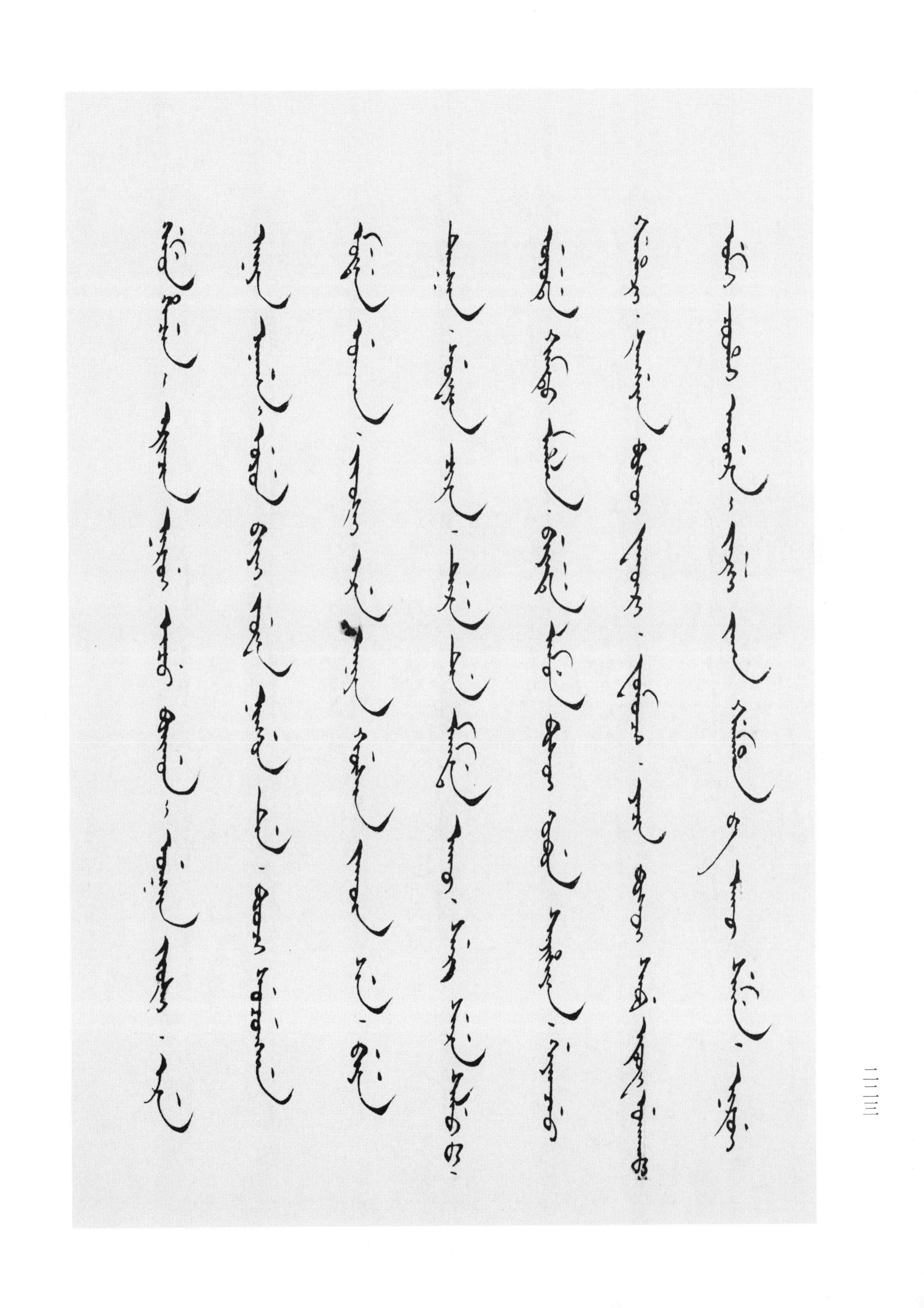

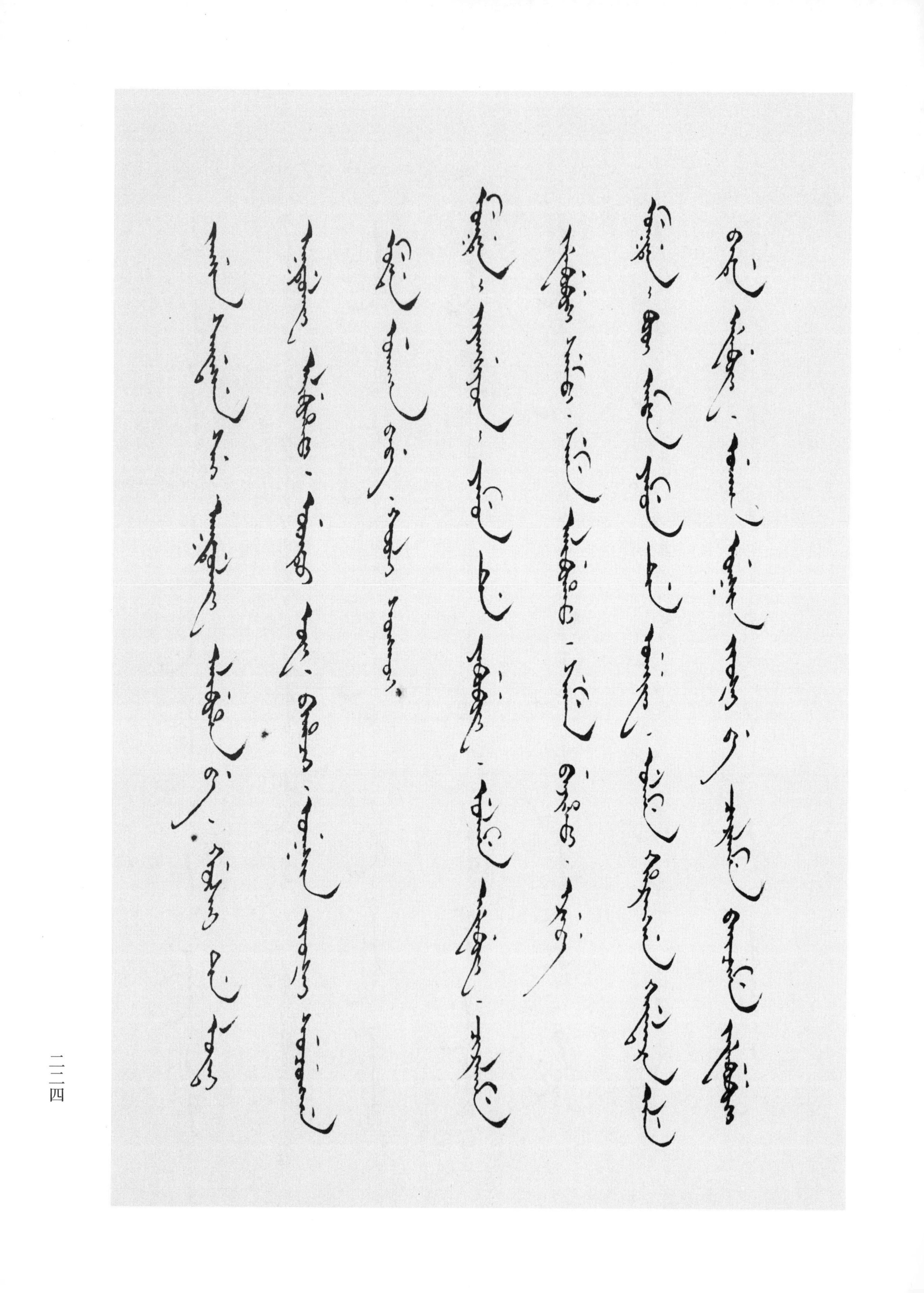

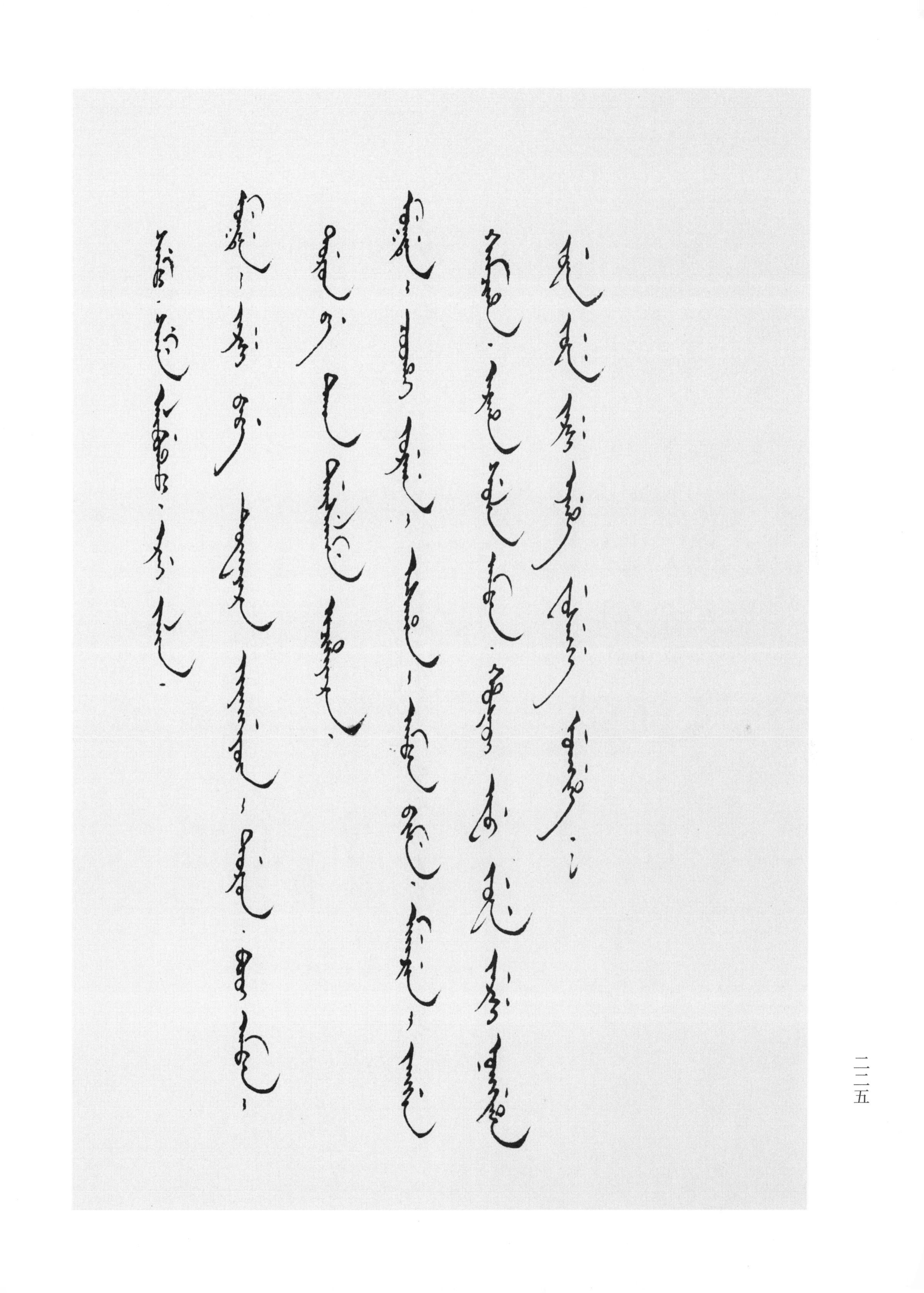

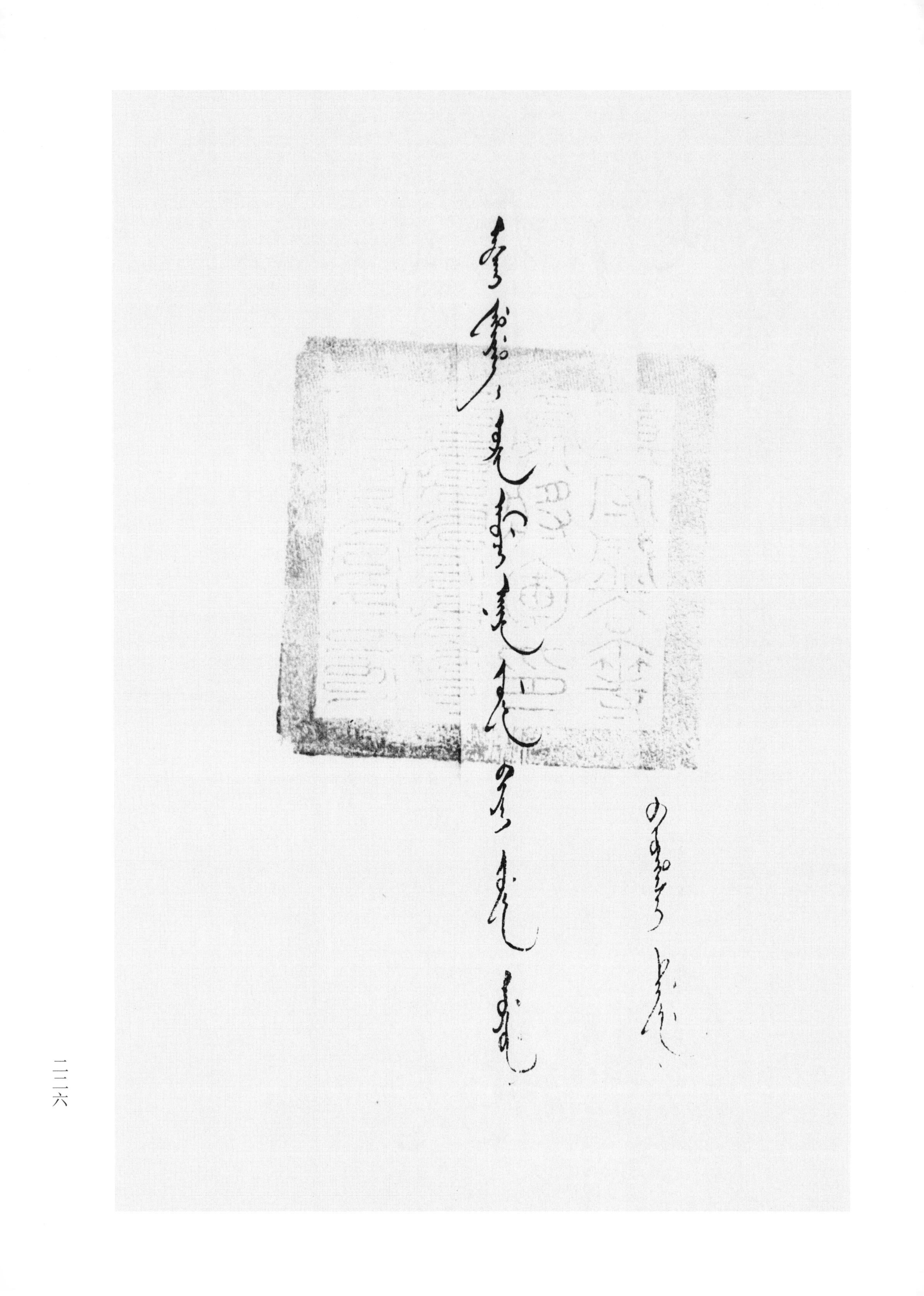

廿日

廿日

廿日

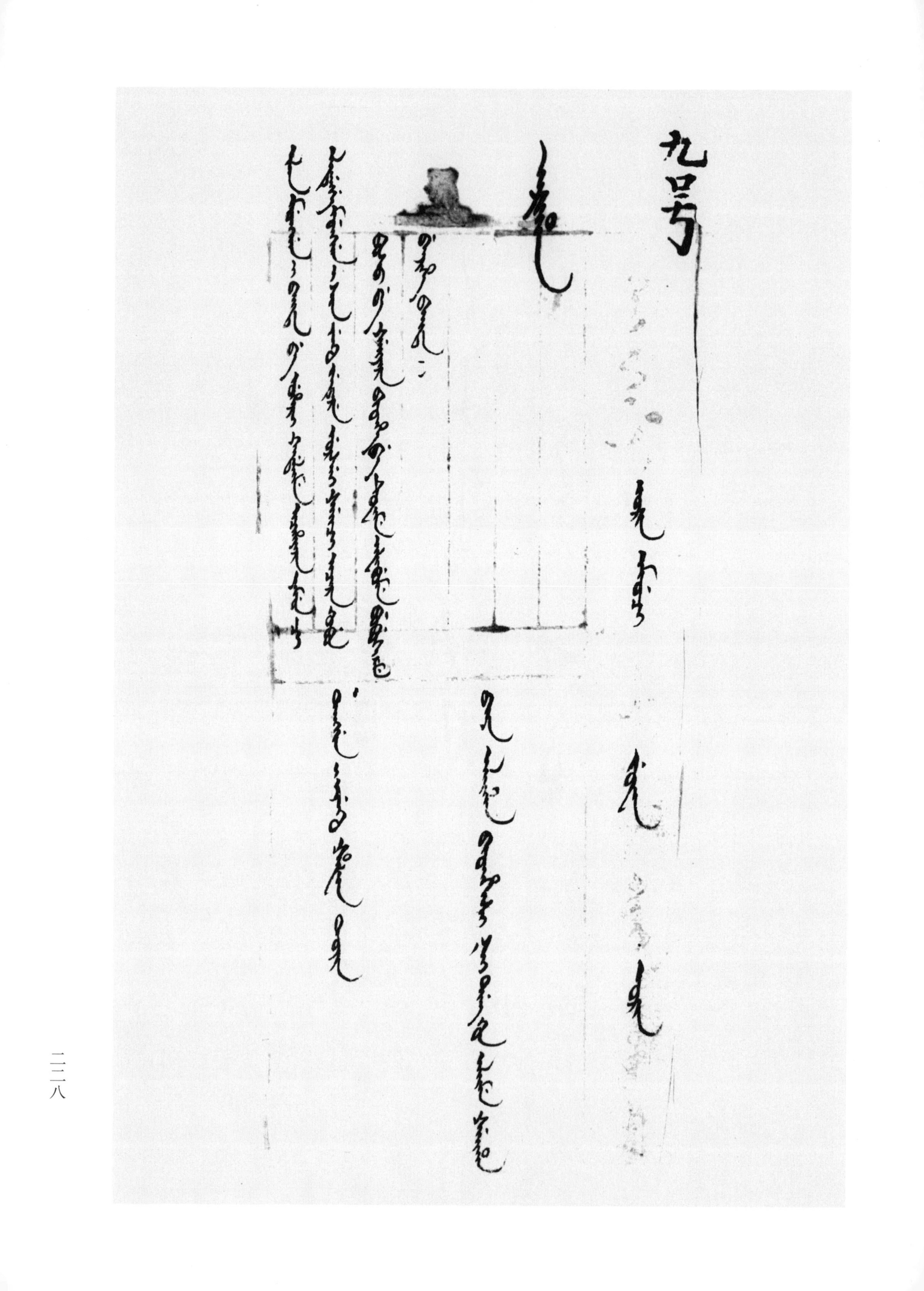

九号

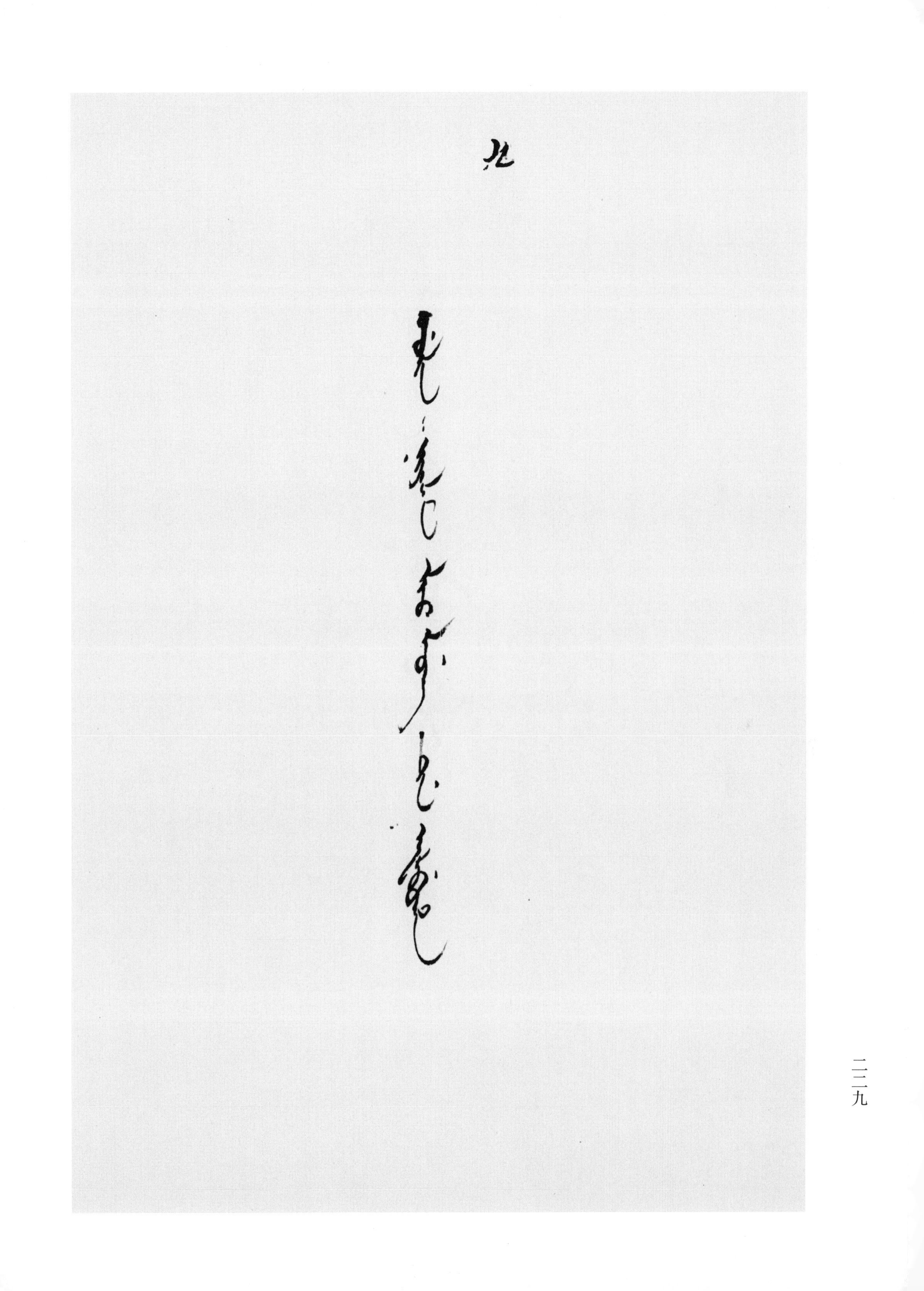

廿日

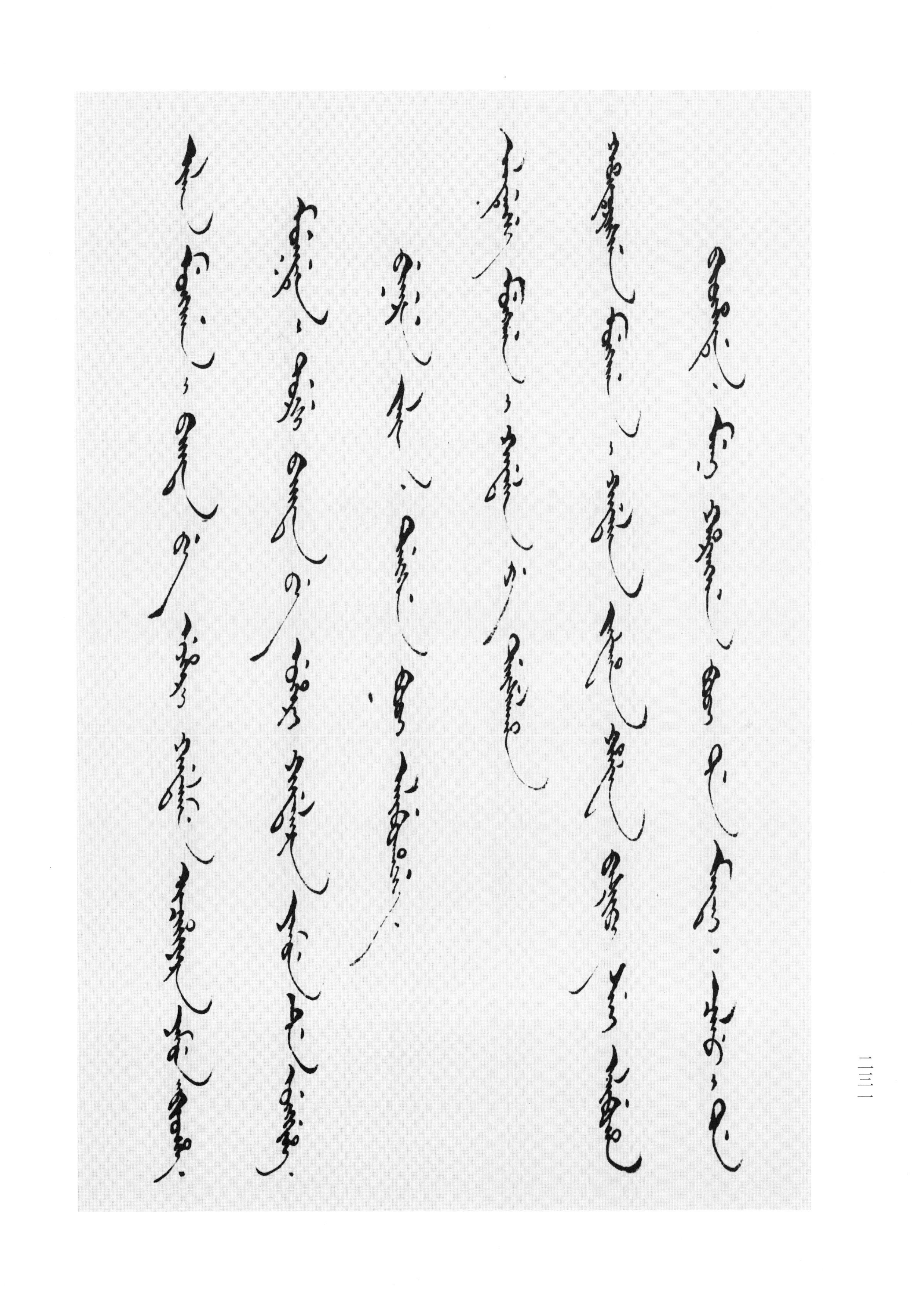

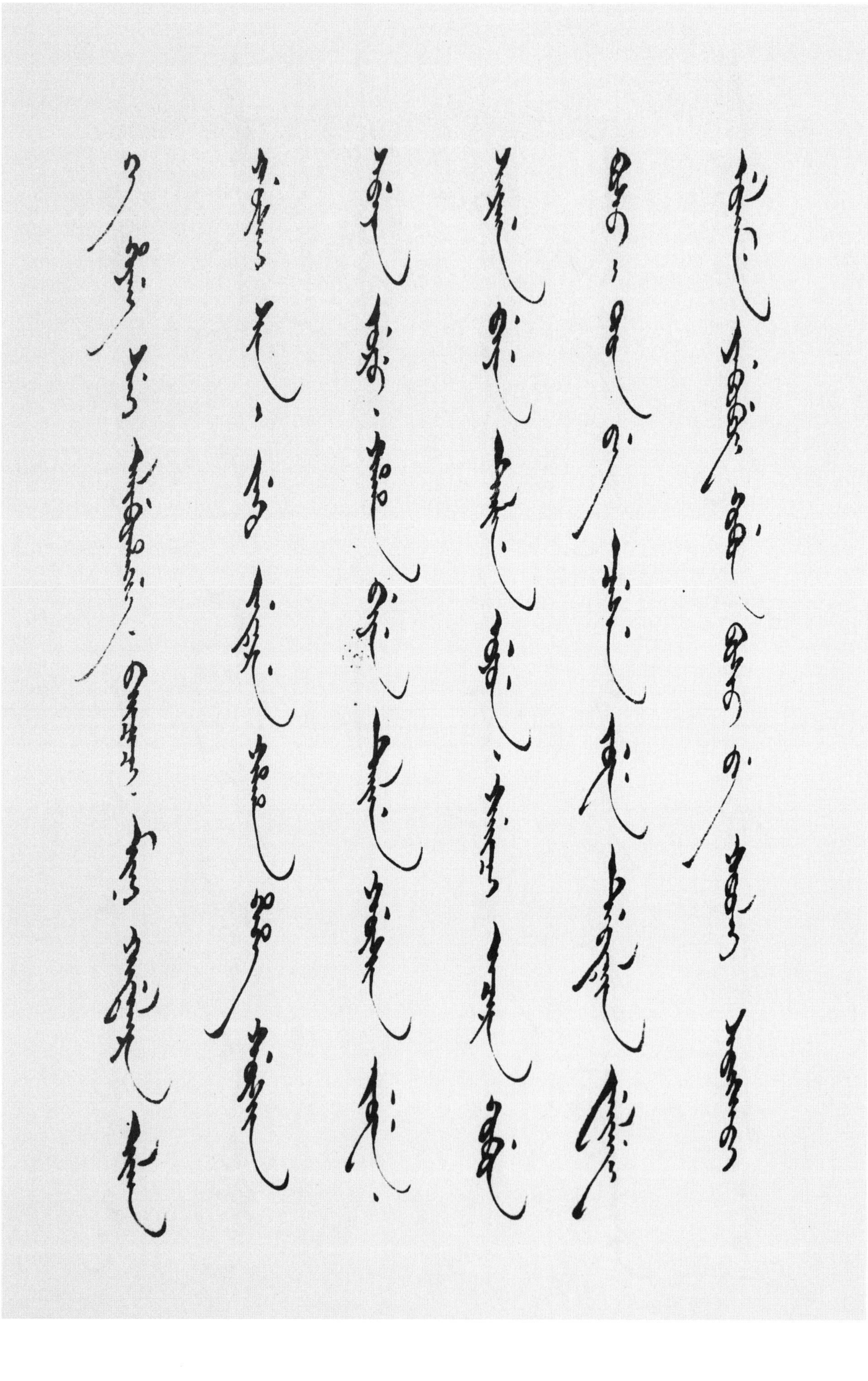

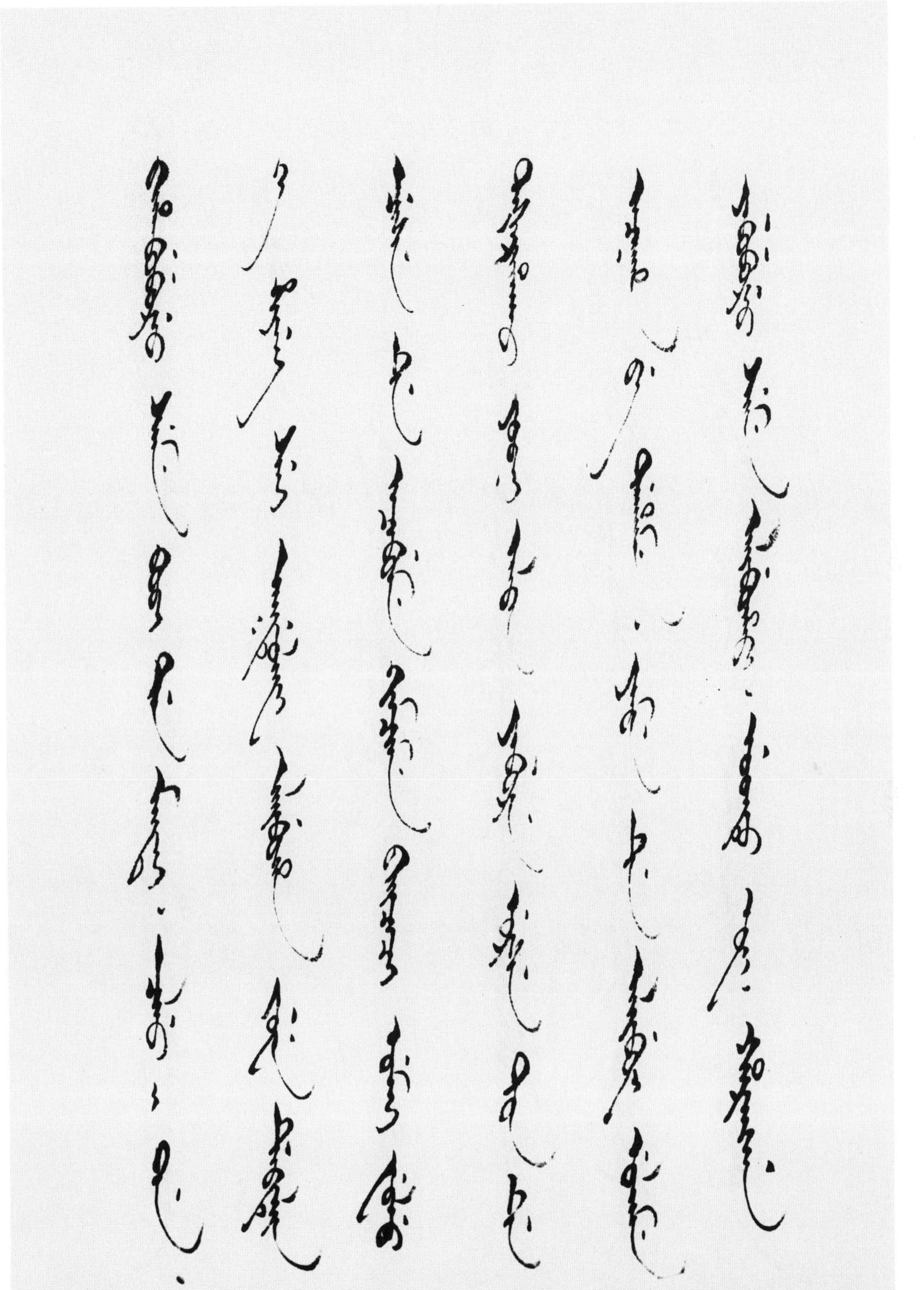

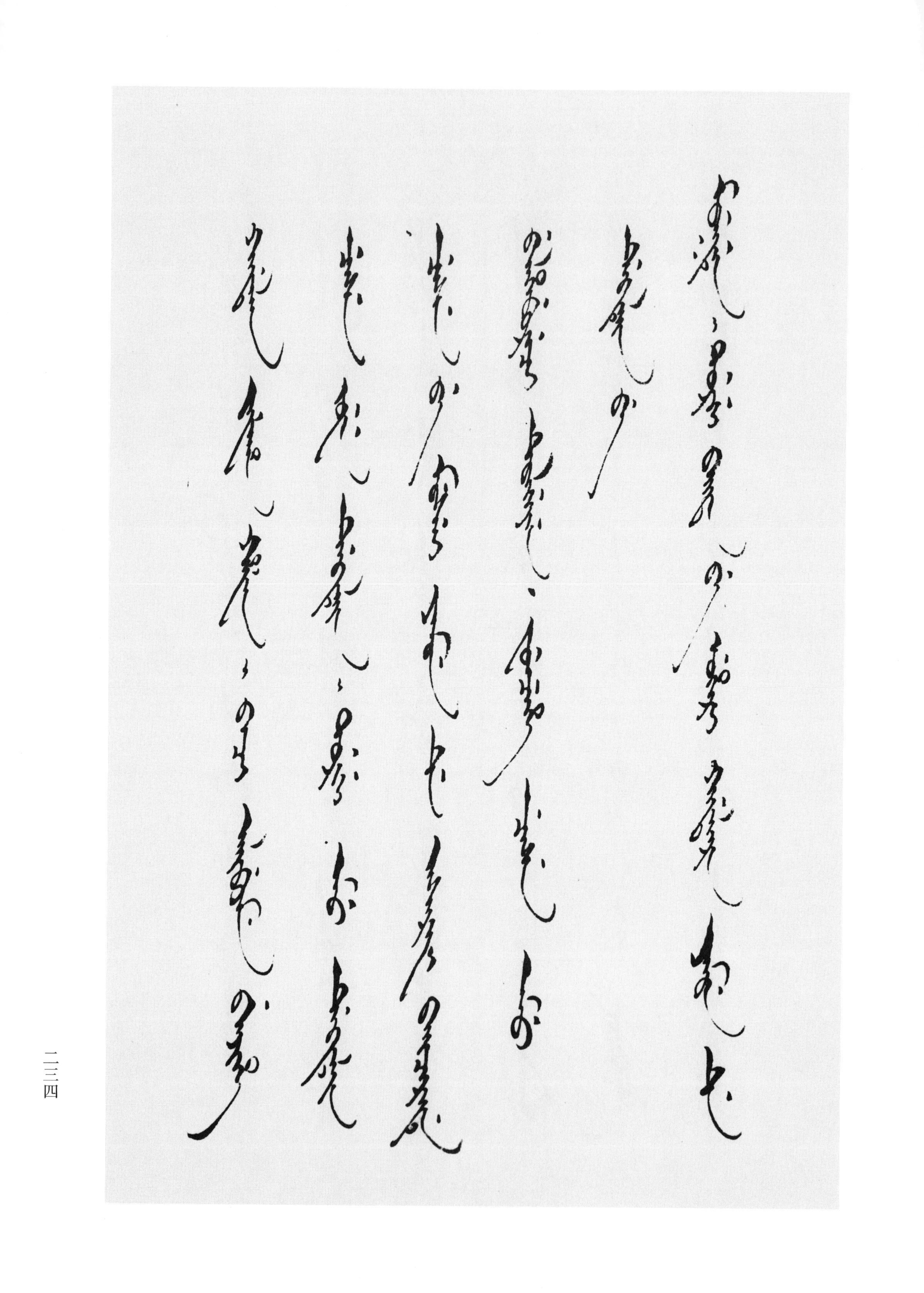

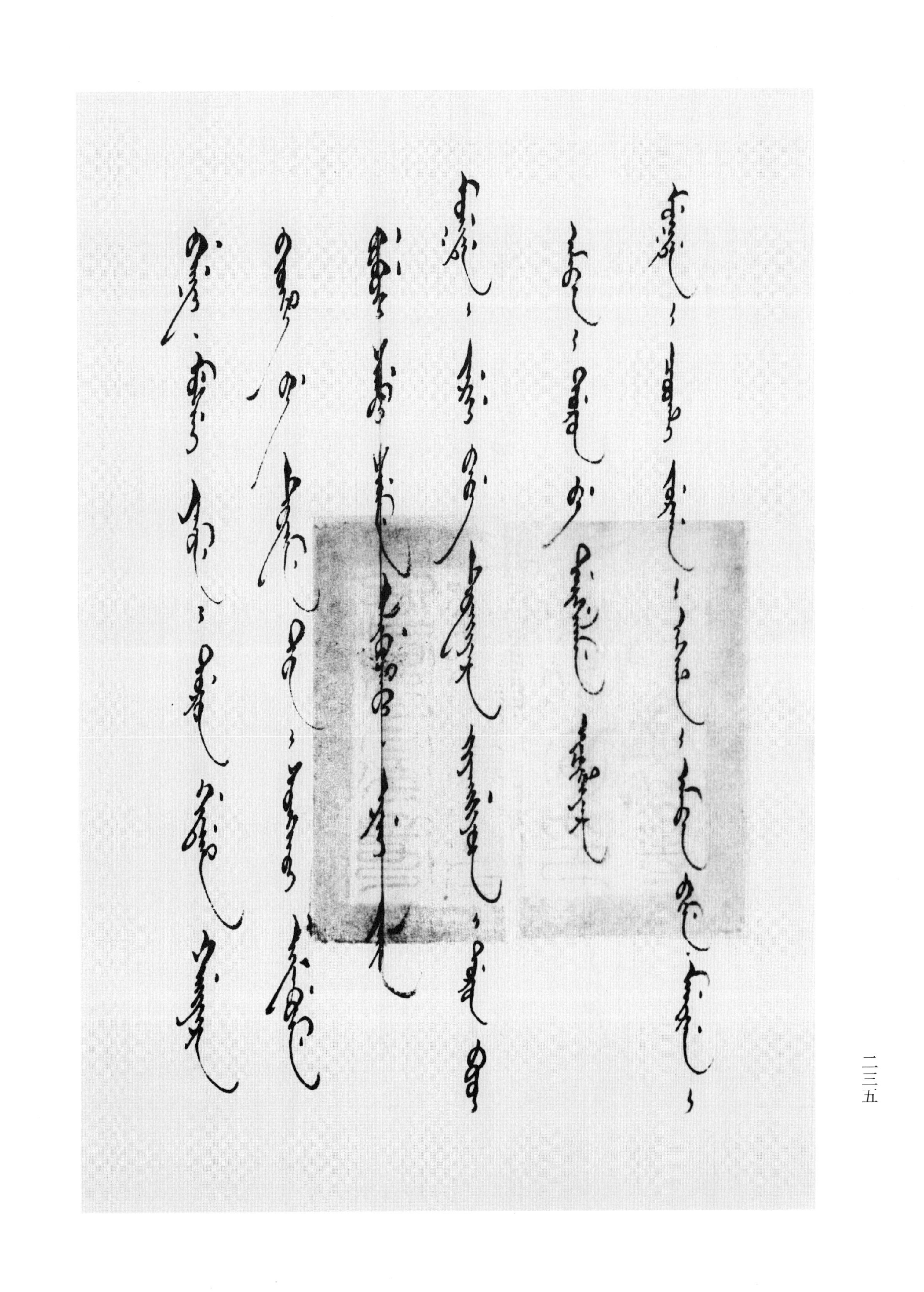

[illegible]

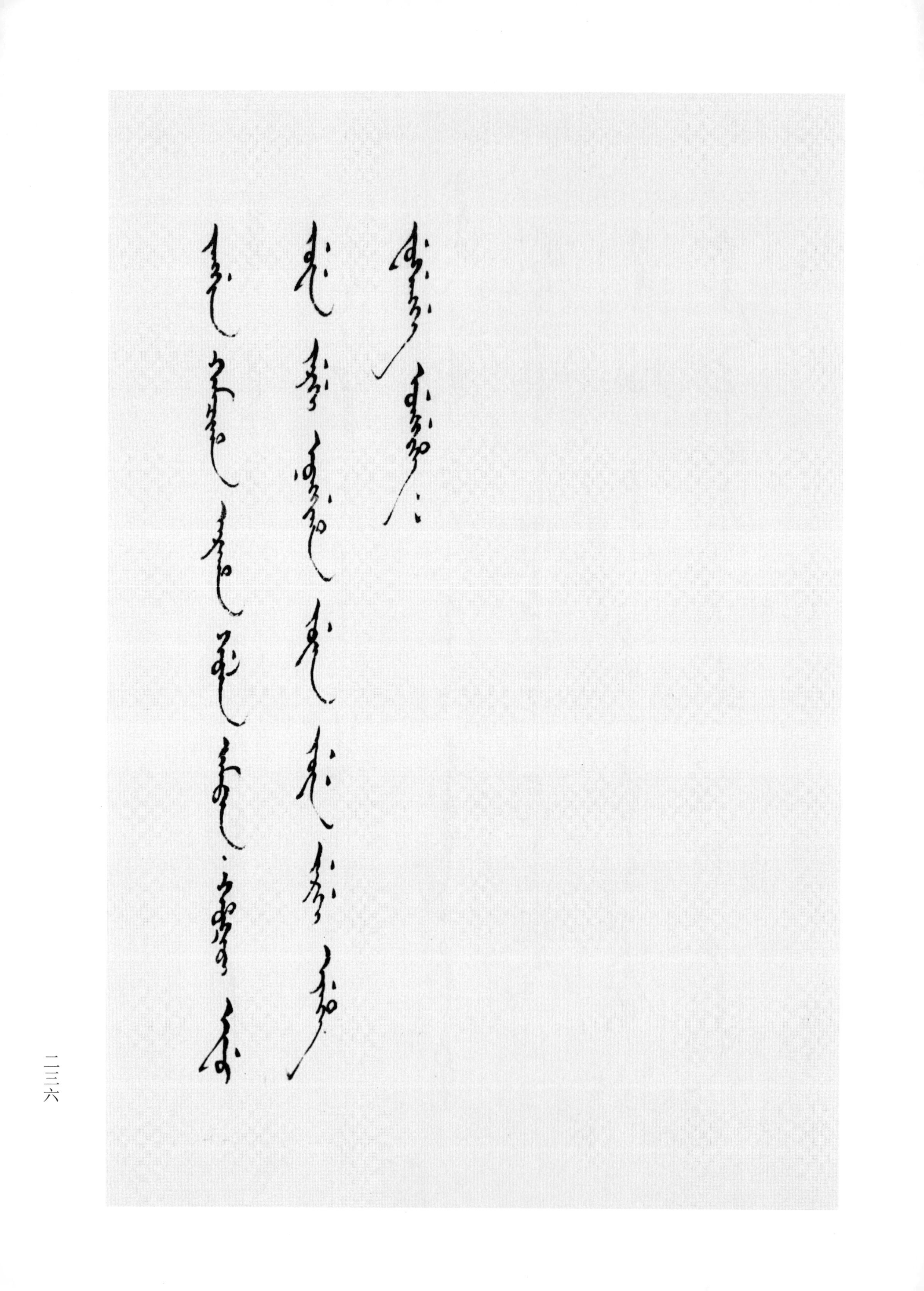

[illegible]

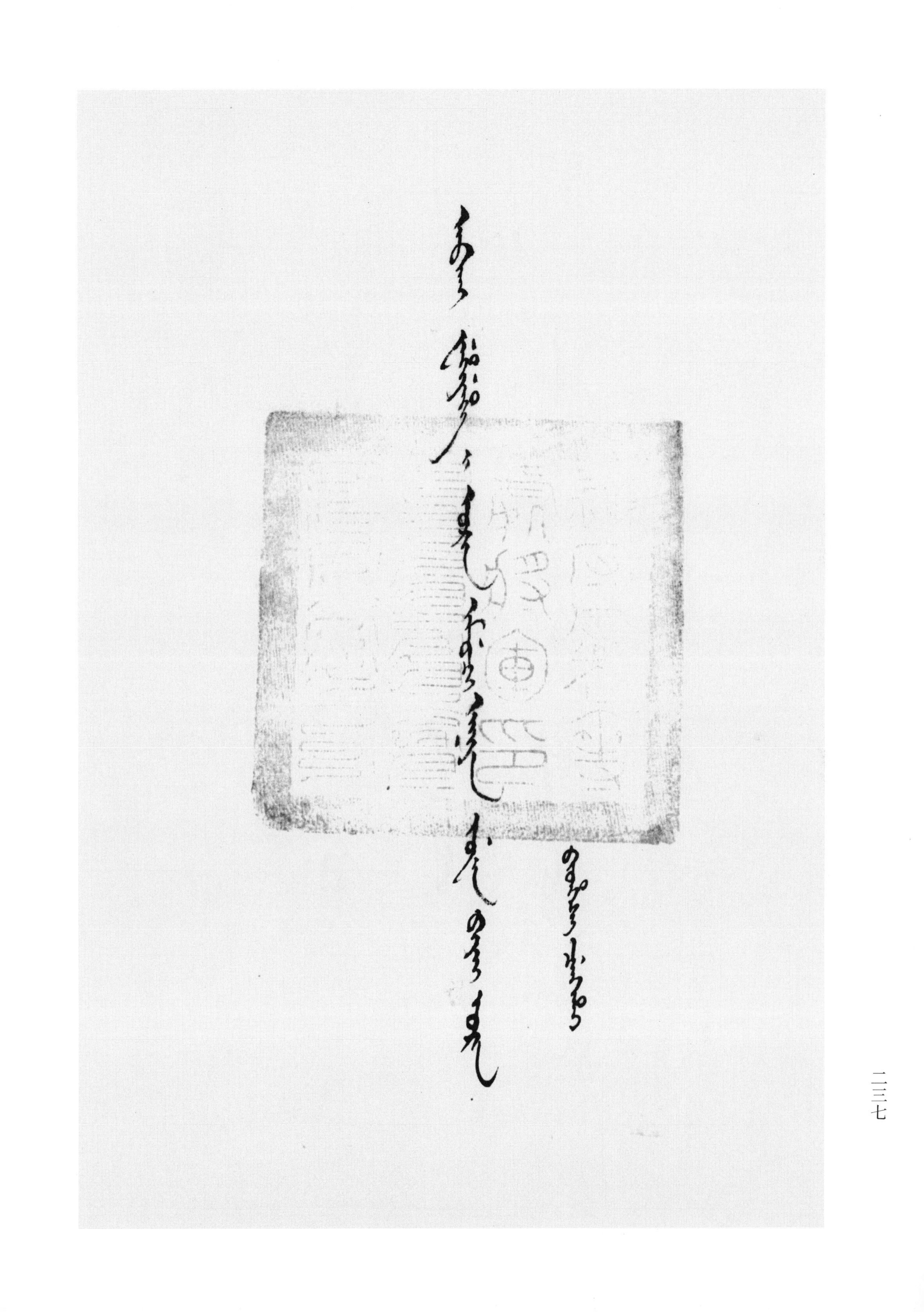

[illegible]

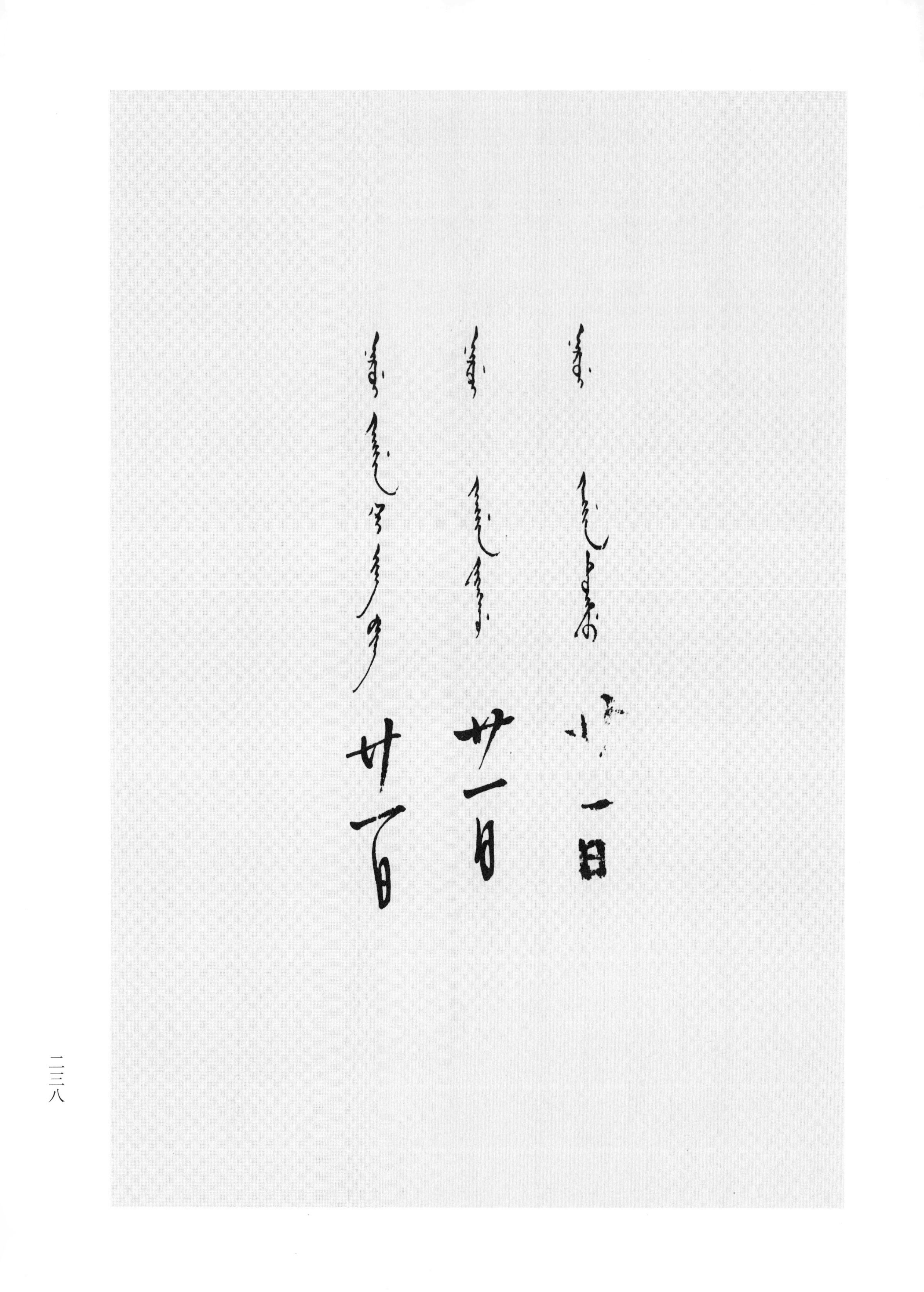

廿一日

廿一日

廿一日

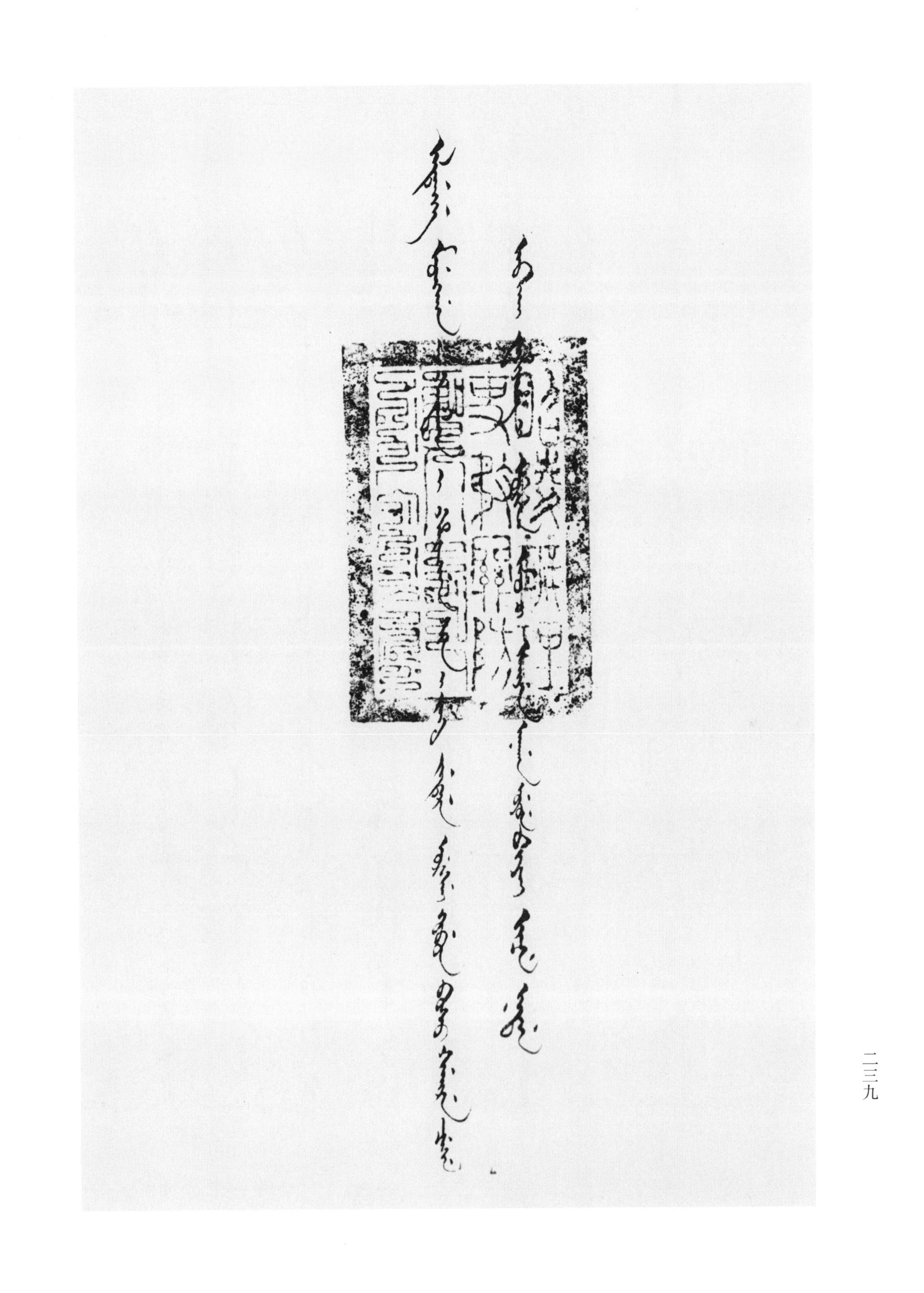

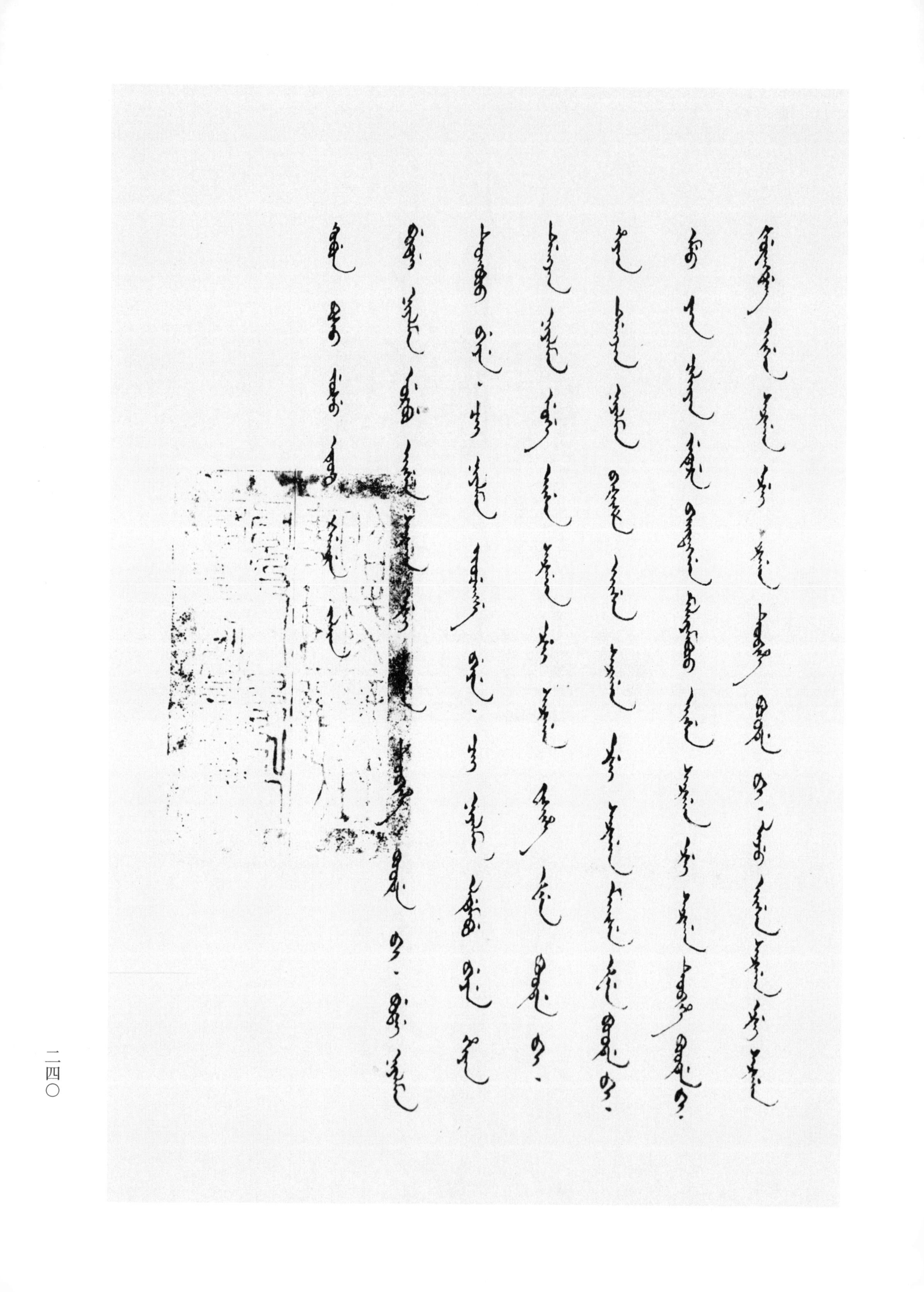

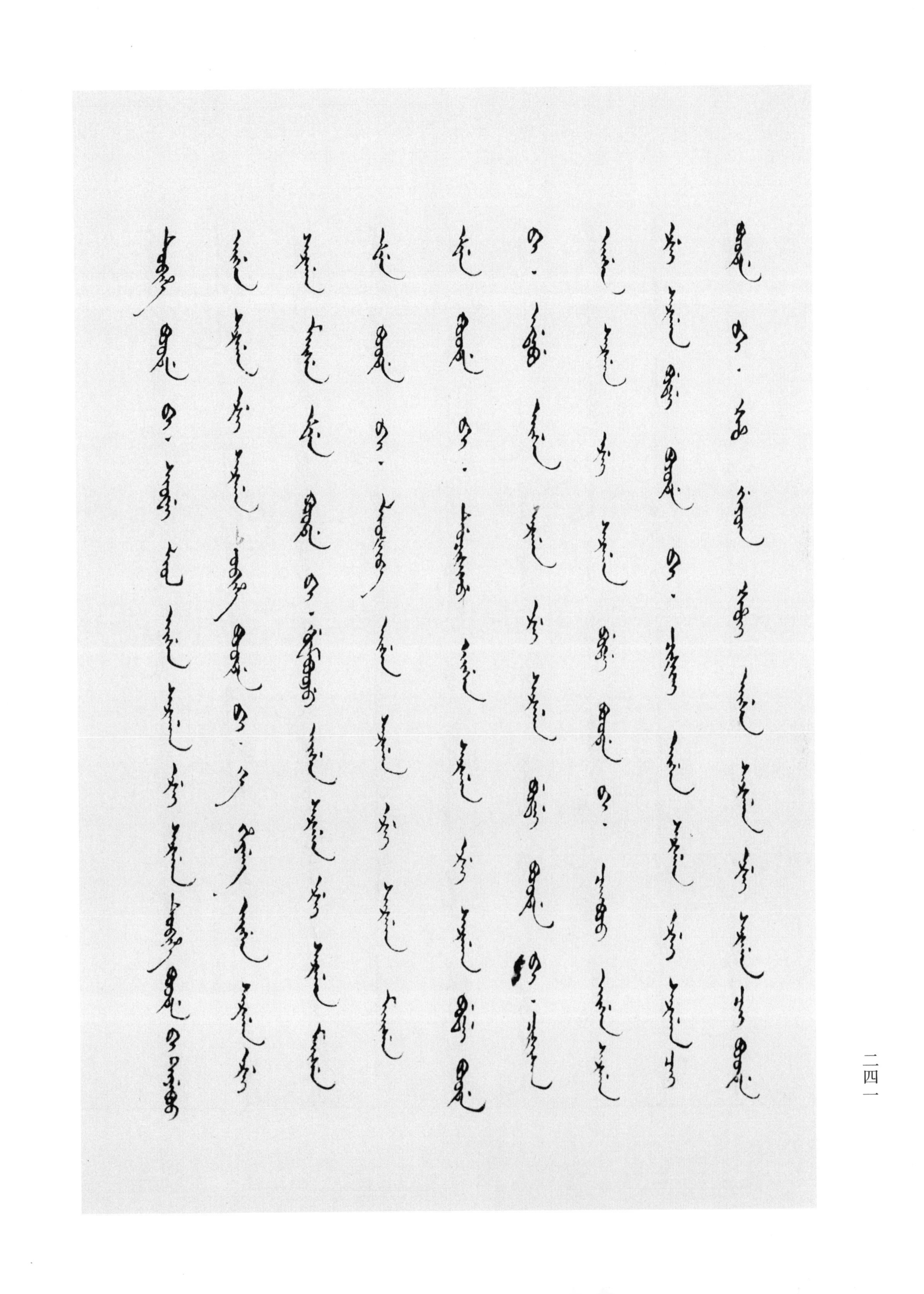

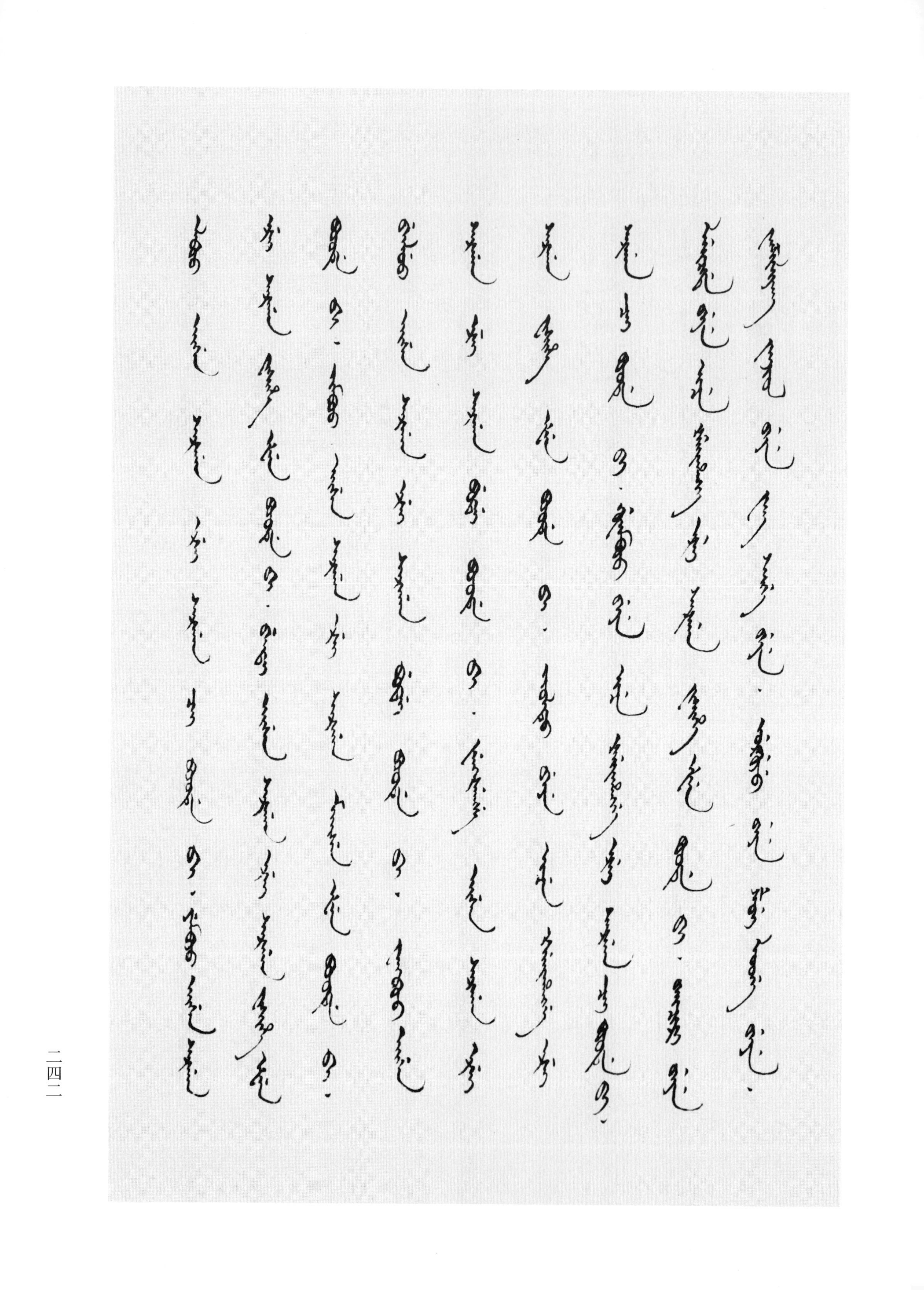

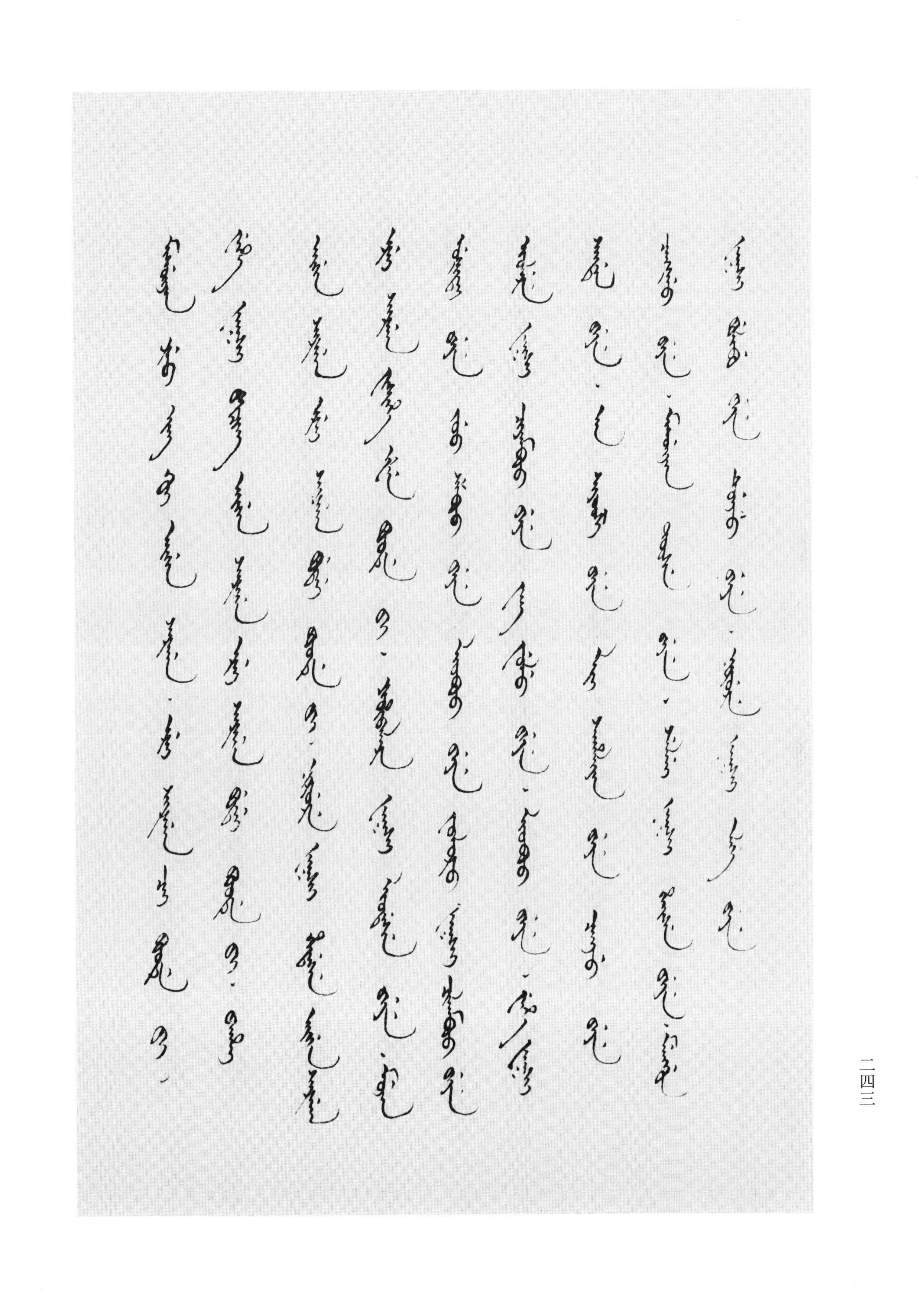

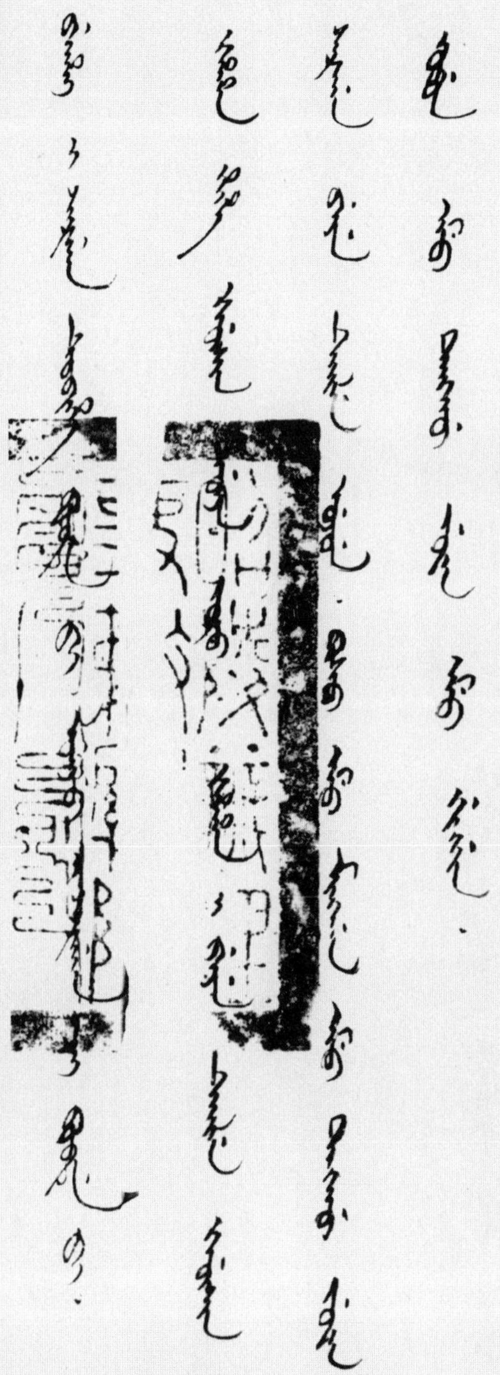

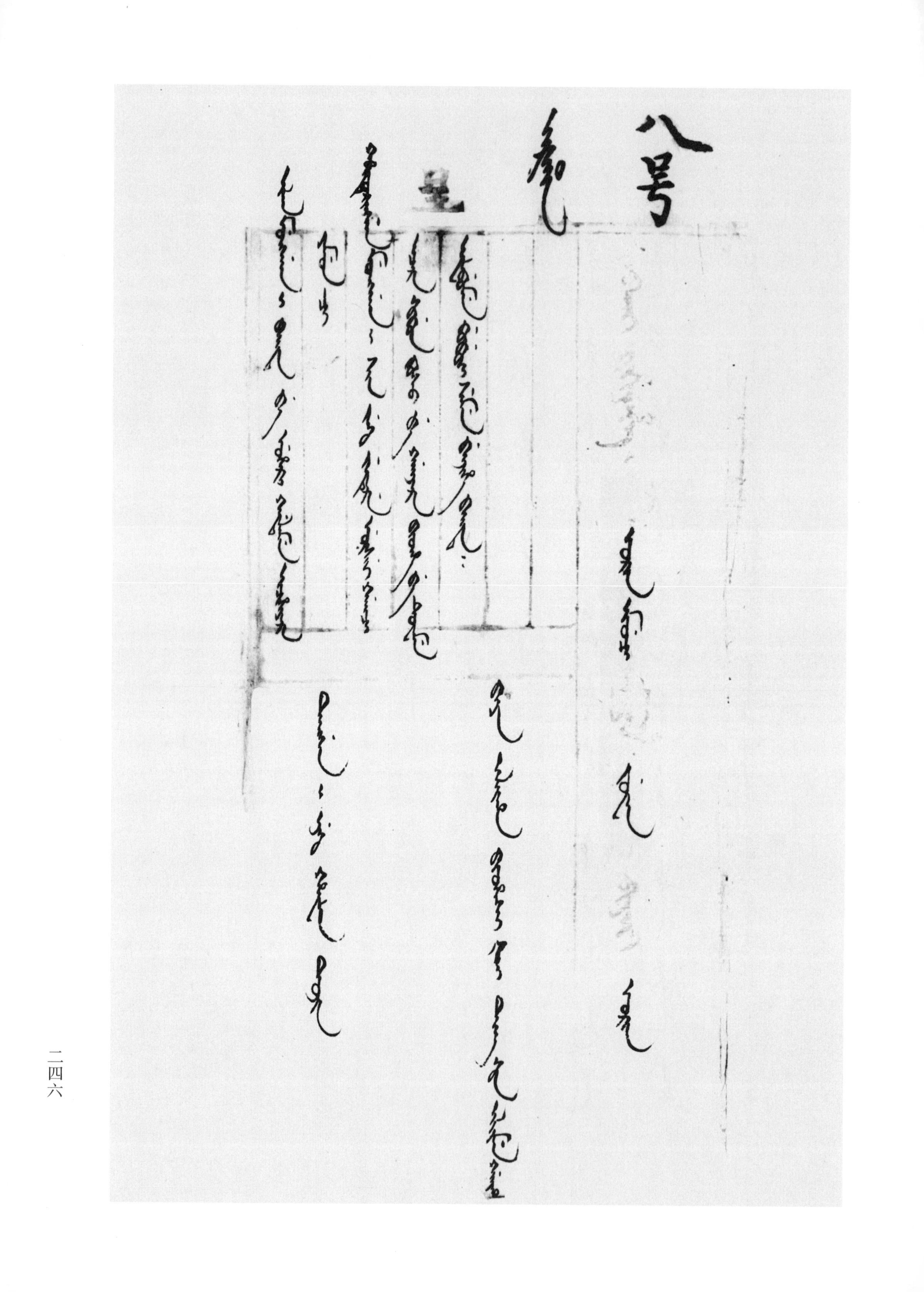

八号

八

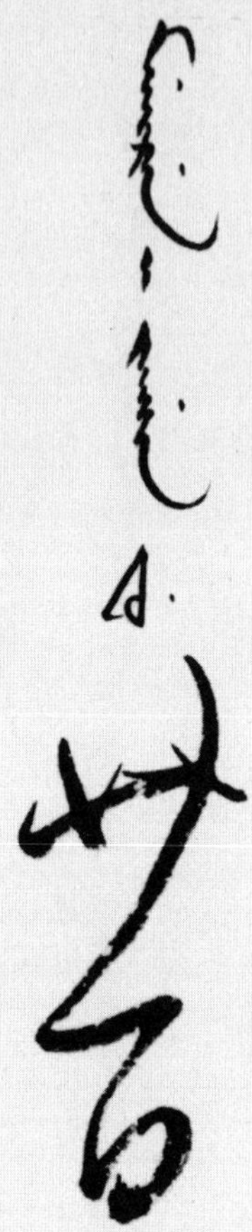

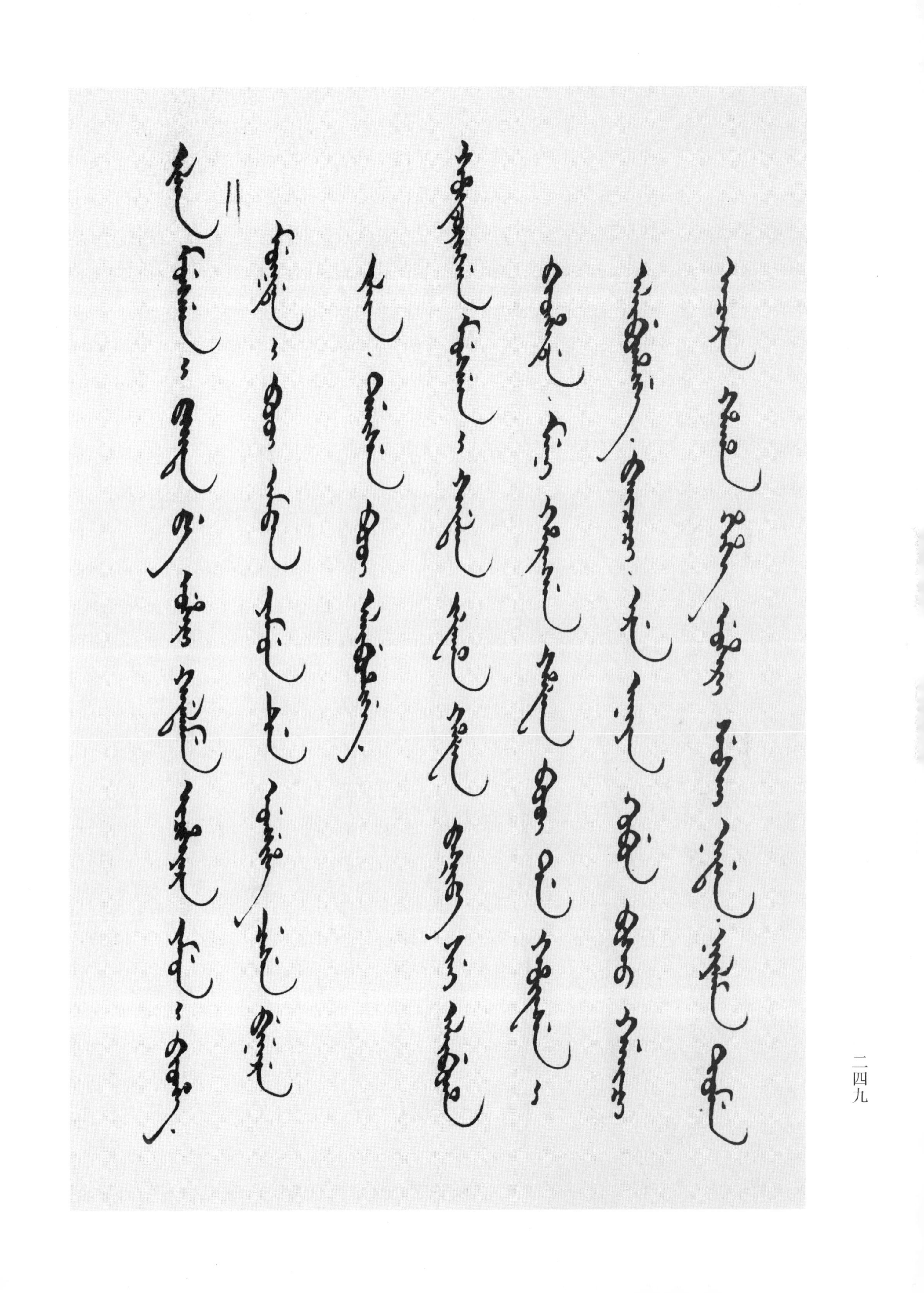

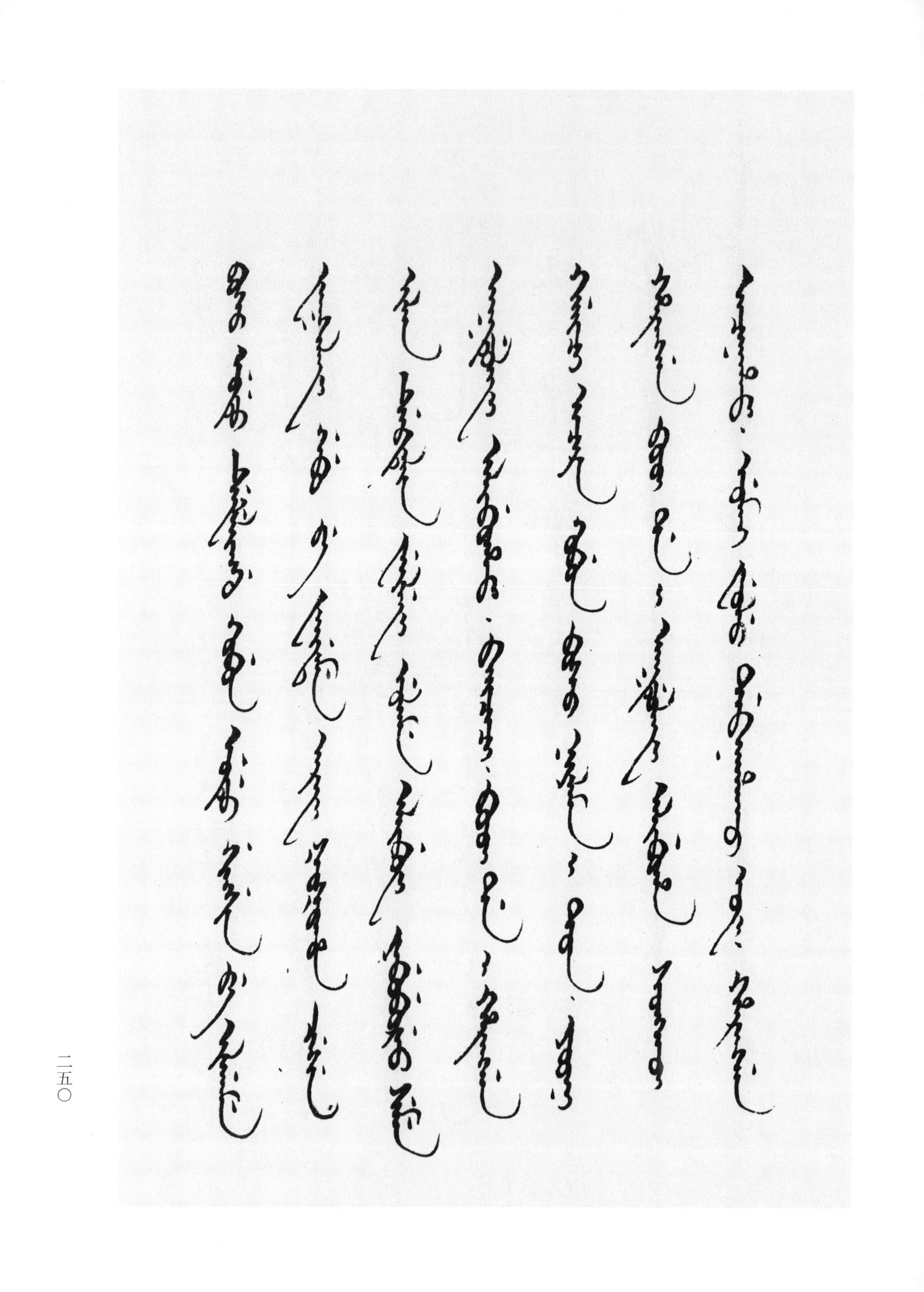

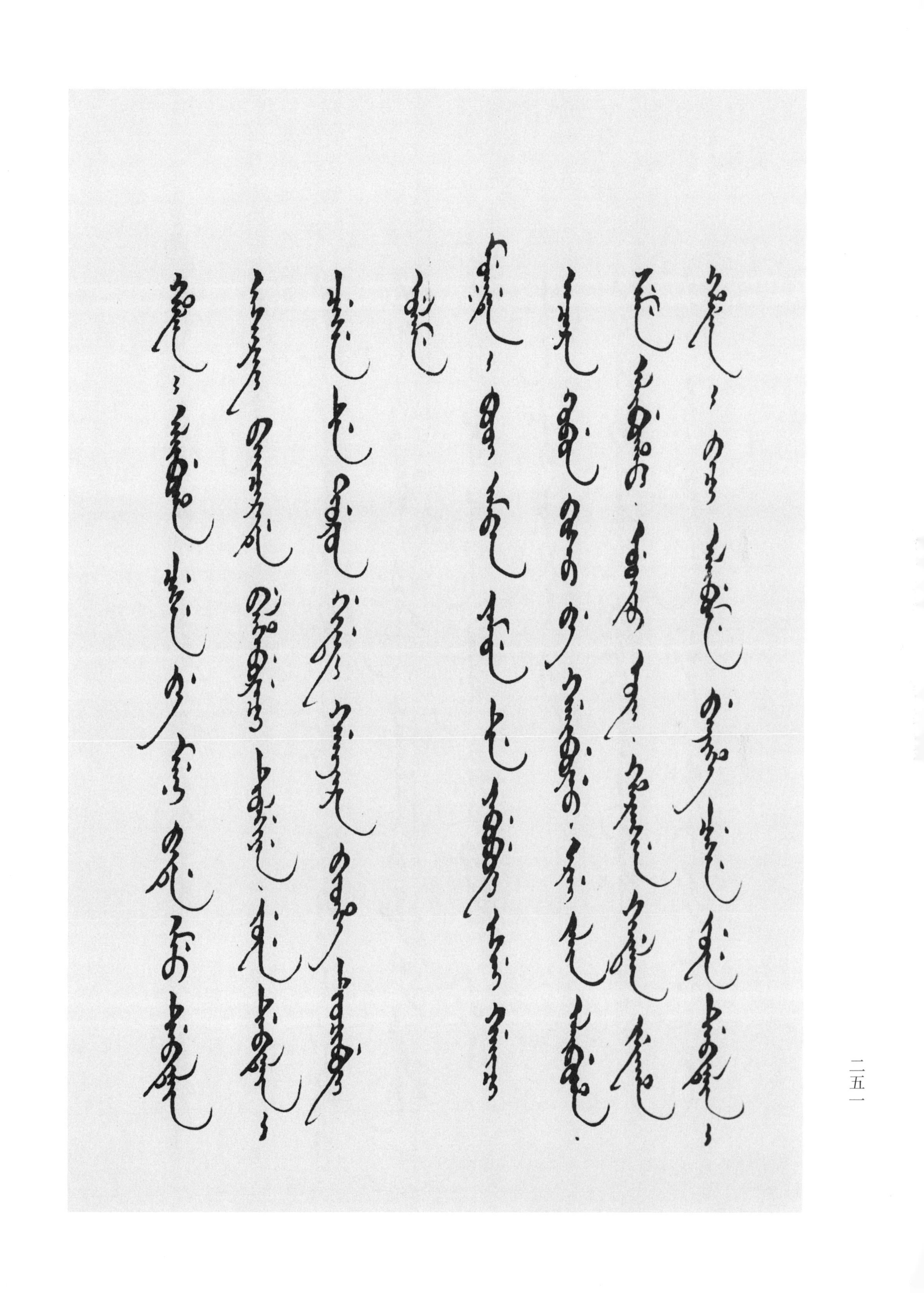

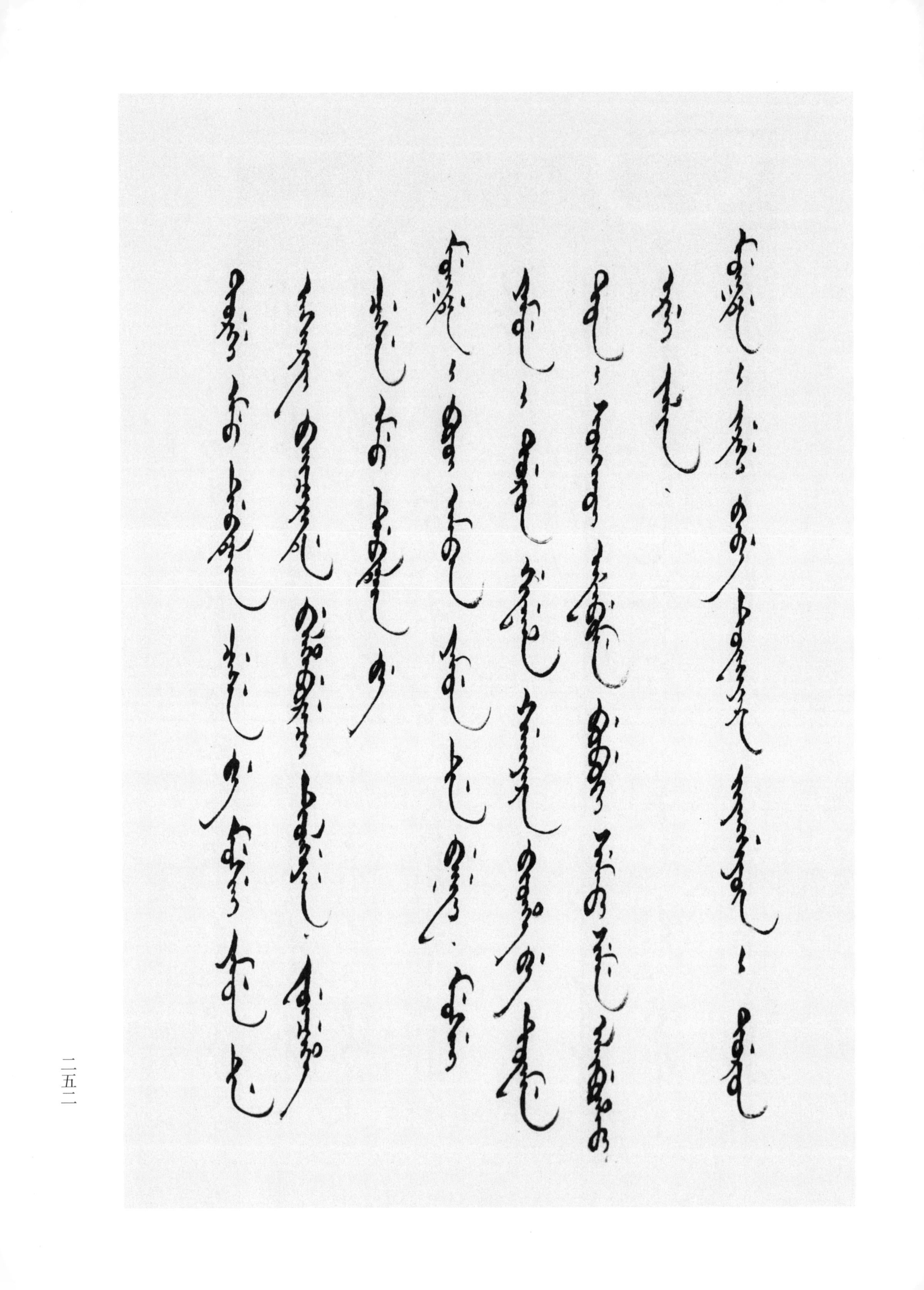

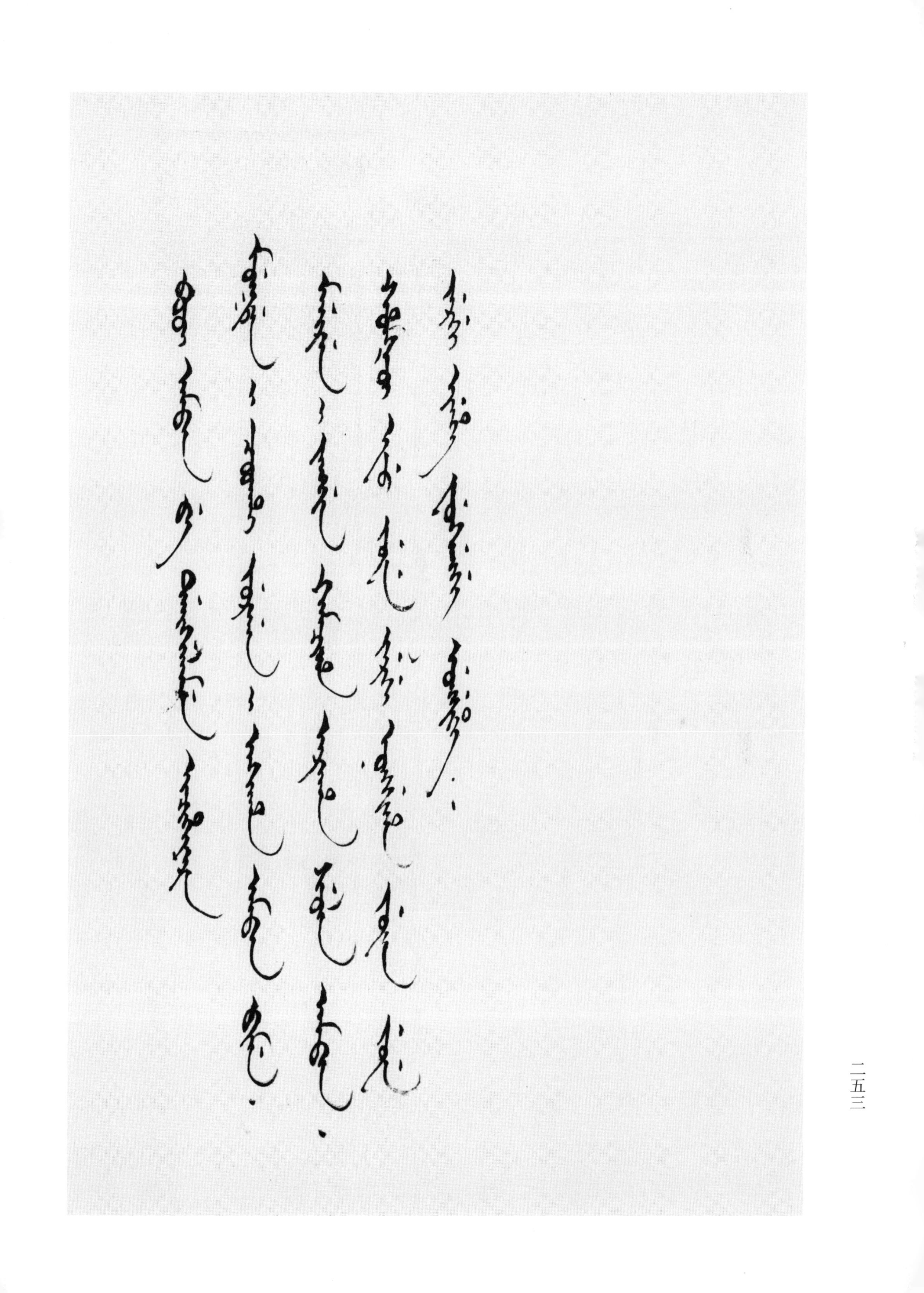

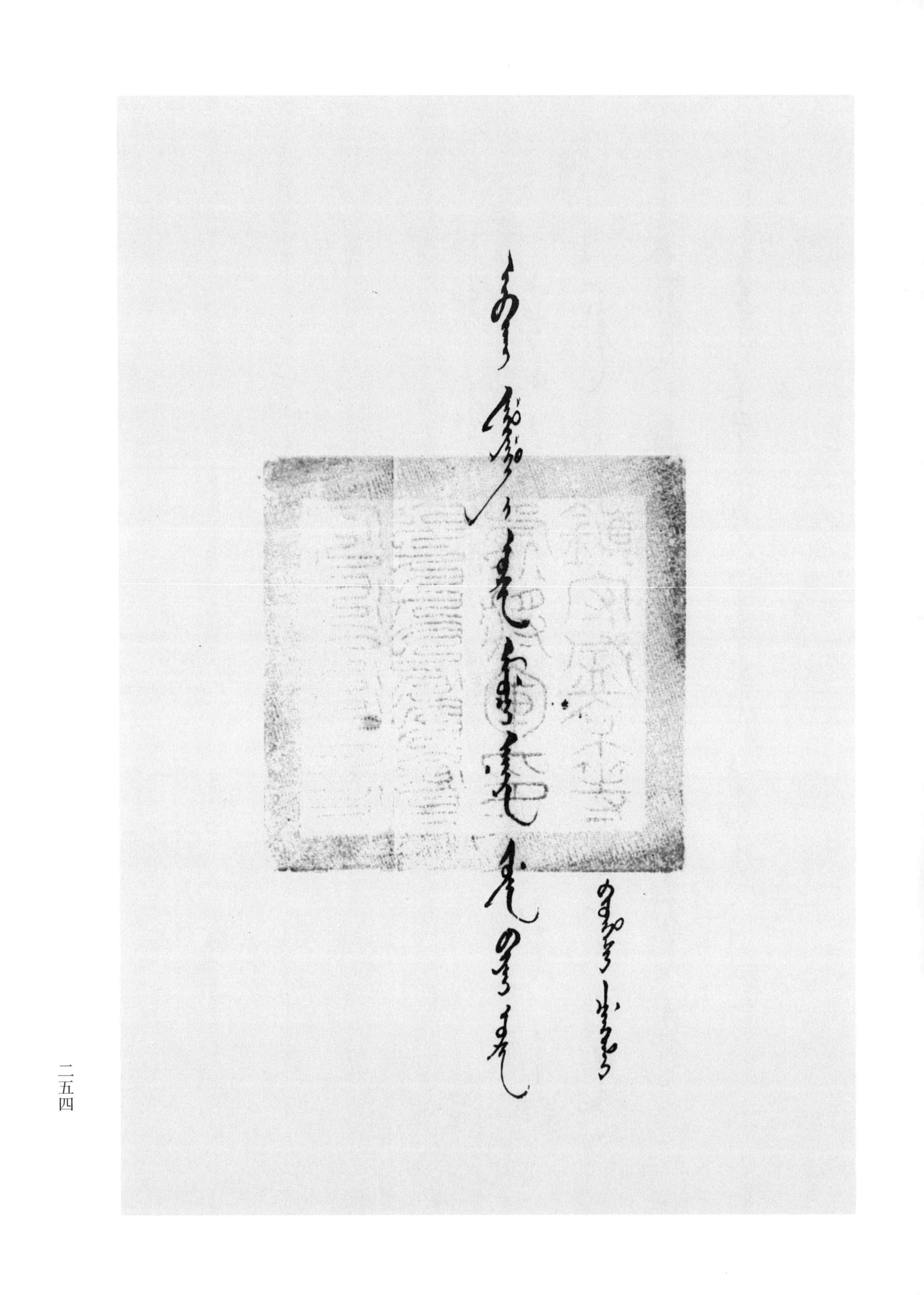

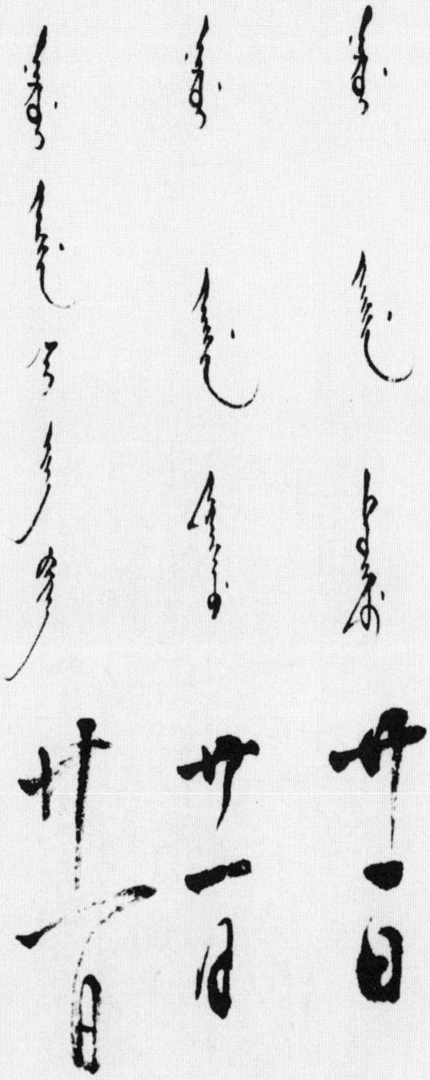

ᠣᡵᡳᠨ ᡝᠮᡠ ᡳᠨᡝᠩᡤᡳ 廿一日

ᠣᡵᡳᠨ ᡝᠮᡠ ᡳᠨᡝᠩᡤᡳ 廿一日

ᠣᡵᡳᠨ ᡝᠮᡠ ᡳᠨᡝᠩᡤᡳ 廿一日

以上現領布棉男婦共五十七名每名各
領布十庹棉花一觔共領布五百七十
庹棉花五十七觔
此係内管領花色首領神保領催二

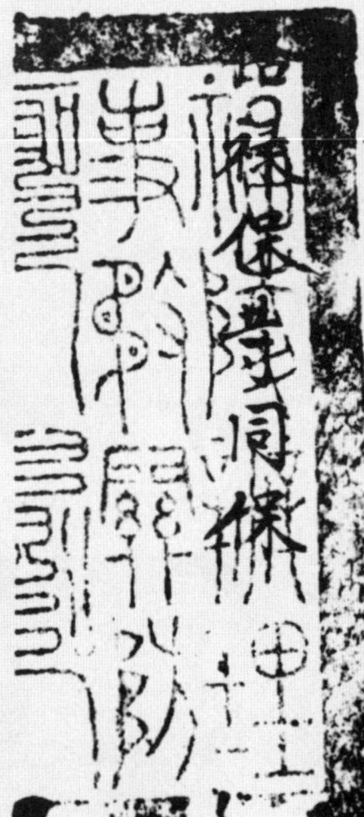

正白旗明玉渾陀活下牧役金剛保之妻

壽康太妃園寢

正白旗諾穫肯渾陀活下和尚夫婦

正白旗諾穫肯渾陀活下富德本身

正白旗諾穫肯渾陀活下依清額夫婦

正白旗諾穫肯渾陀活下狗爾夫婦

正白旗諾穫肯渾陀活下鉄住夫婦

正白旗諾穫肯渾陀活下牧役兆保之妻

正白旗明玉渾陀活下李保夫婦

正白旗明玉渾陀活下諾特夫婦

正白旗長春渾陀活下牧役五格之妻

正白旗長春渾陀活下牧役六十三之妻

正白旗長春渾陀活下牧役八尔之妻

正白旗長春渾陀活下牧役德福之妻

正白旗諾穫肯渾陀活下伊蘭太本身 伊蘭太之妻因眼疾革退此缺尚未補放

正白旗諾穫肯渾陀活下牧役哈達之妻

正白旗諾穫肯渾陀活下牧役三格之妻

正白旗諾穫肯渾陀活下牧役妞爾太之妻

正白旗明玉渾陀活下七爾夫婦

正白旗明玉渾陀活下常安保夫婦

正黄旗海成渾陀活下永貴夫婦

正黄旗海成渾陀活下韓六 于今年正月内病故韓六之妻 因残疾革退此二缺尚未補放

正黄旗海成渾陀活下牧役乞格之妻

正黄旗松厄圖渾陀活下乞太本身

正白旗年咯渾陀活下勤德夫婦

正白旗那尔布渾陀活下官德本身

正白旗那尔布渾陀活下天保夫婦

正白旗那尔布渾陀活下恭保住夫婦

正白旗張保良渾陀活下閑散八尔之妻

正白旗長春渾陀活下雅尔太本身

廂黄旗刘保住渾陀活下五十四夫婦

廂黄旗刘保住渾陀活下禄保夫婦

廂黄旗刘保住渾陀活下八爾太于今年正月内病故此缺補放伊子五保五保夫婦

廂黄旗刘保住渾陀活下八十一夫婦

廂黄旗刘保住渾陀活下牧役五十七之妻

正黄旗伊蘭太渾陀活下二格夫婦

正黄旗伊蘭太渾陀活下八十三夲身

正黄旗和尚渾陀活下存住夲身

正黄旗和尚渾陀活下張五夫婦

正黄旗海成渾陀活下德保夫婦

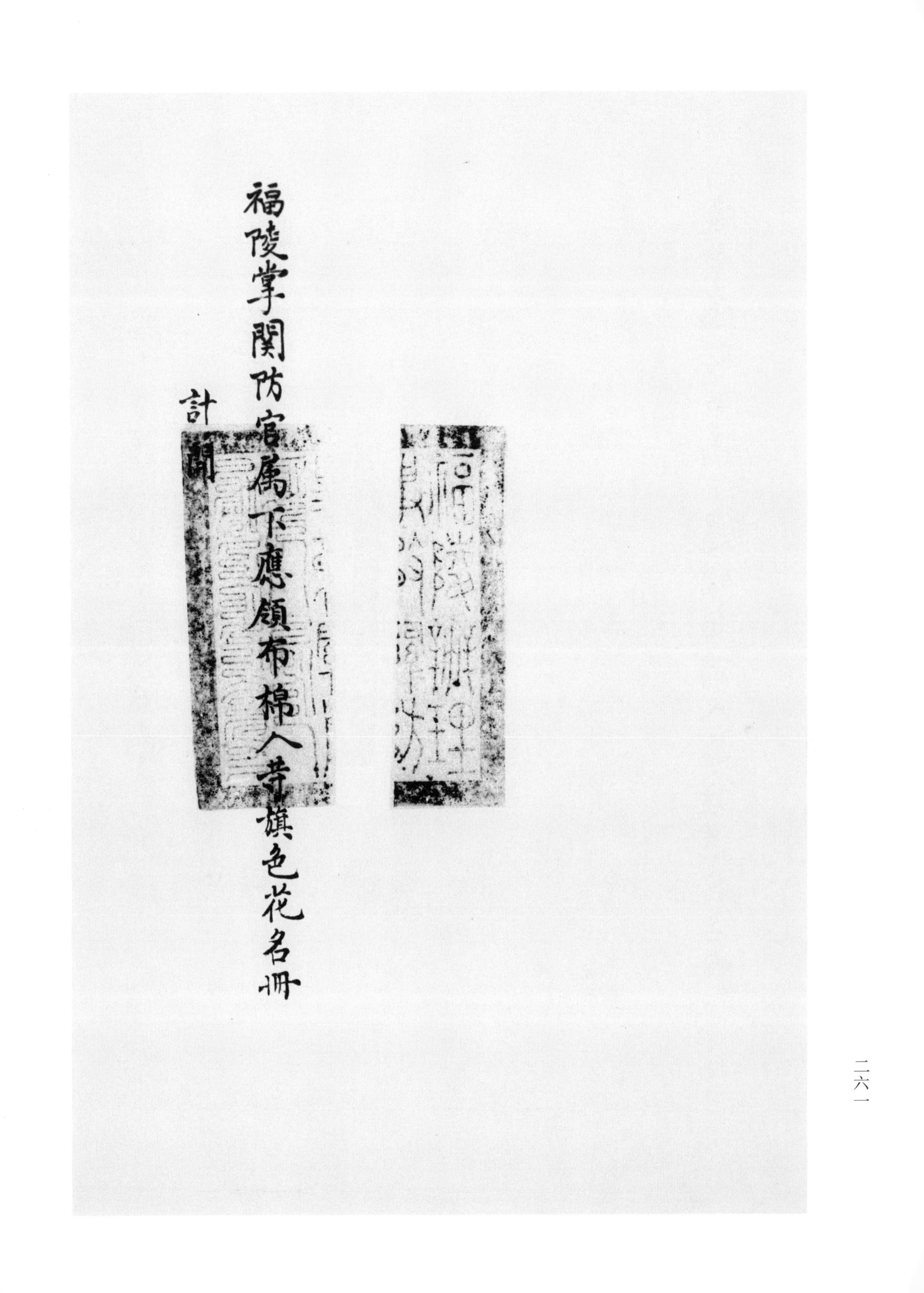

福陵掌關防官屬下應領布棉人等旗色花名冊

計開

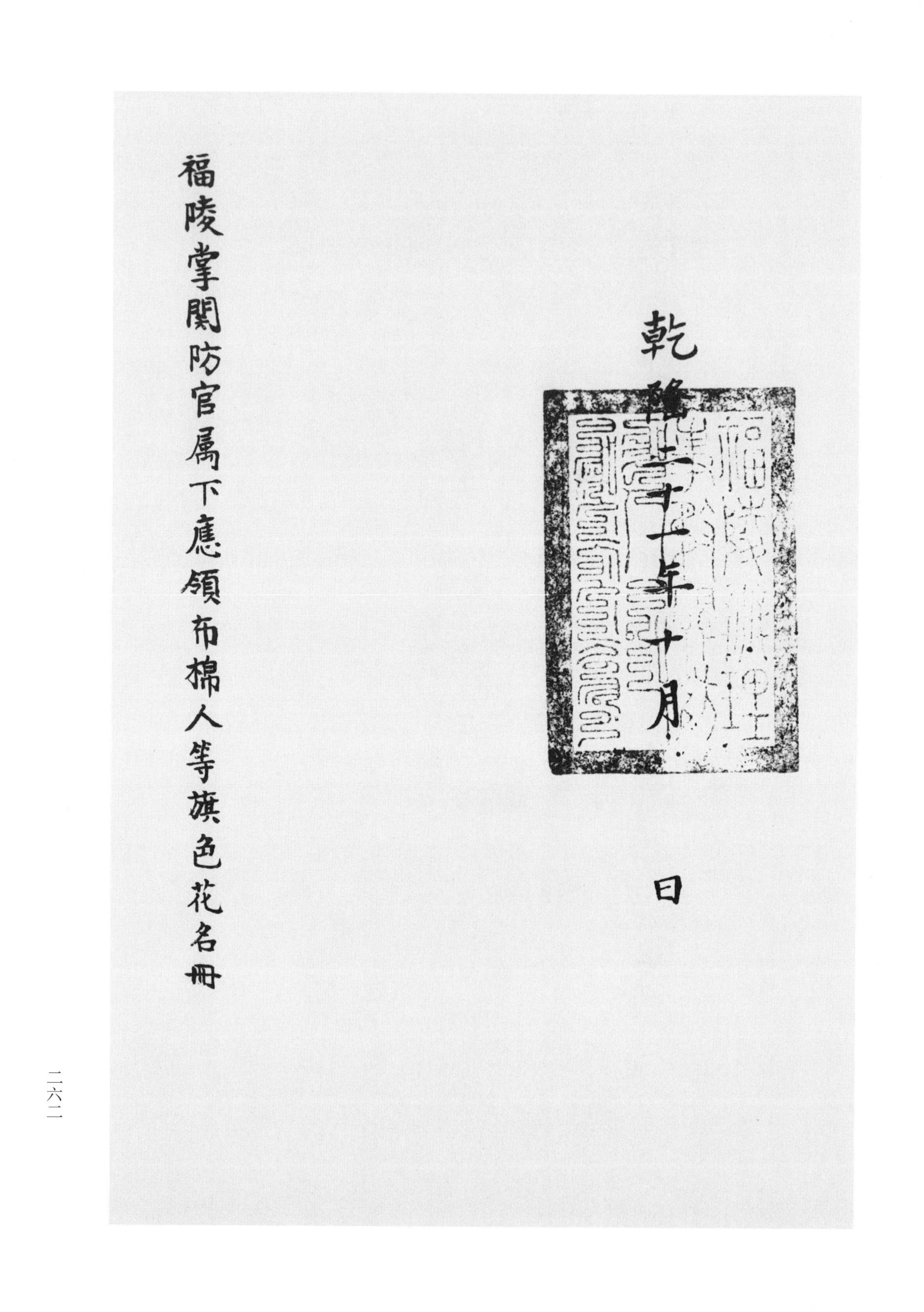

乾隆十七年十月　日

福陵掌關防官屬下應領布棉人等旗色花名冊

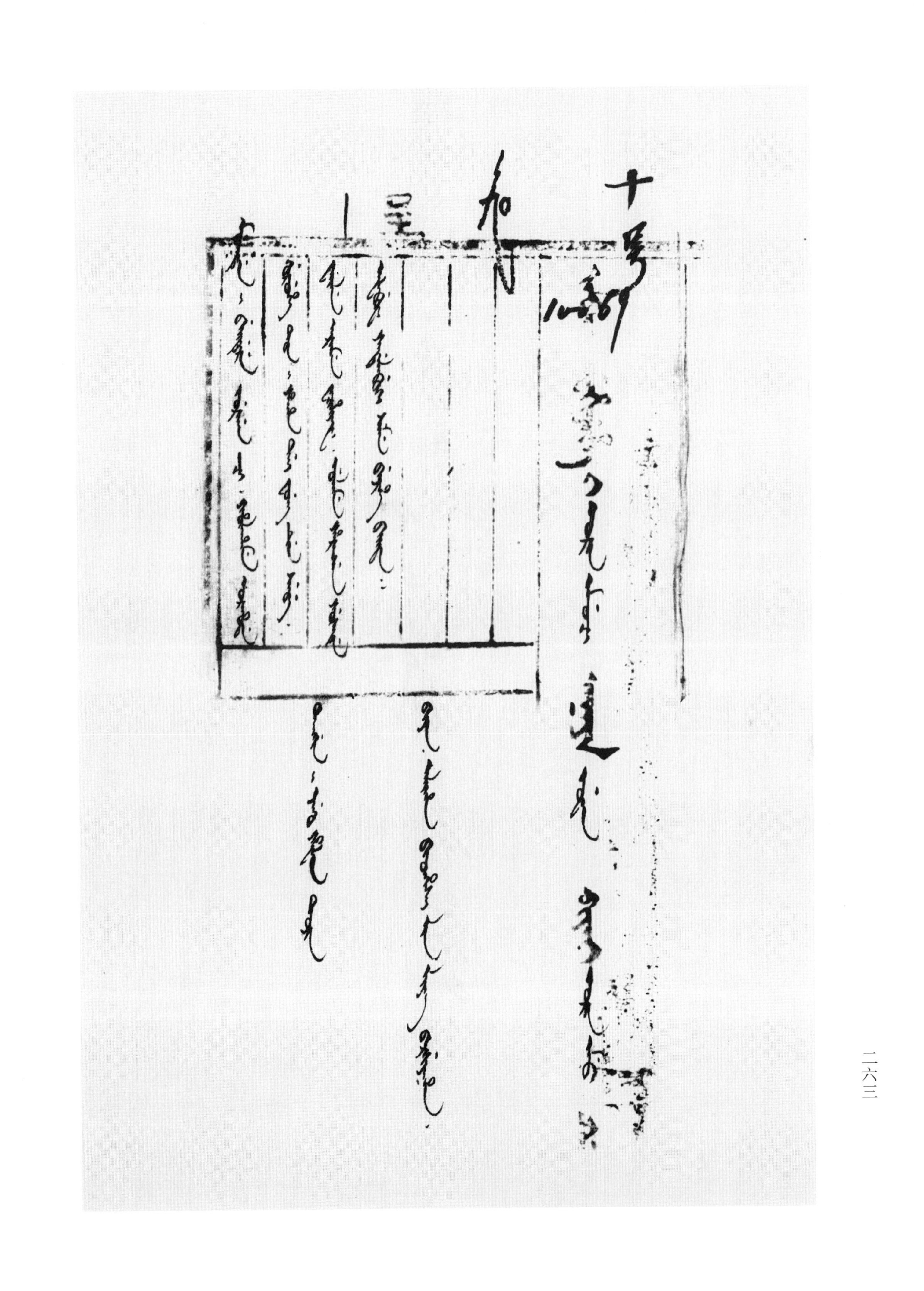

十

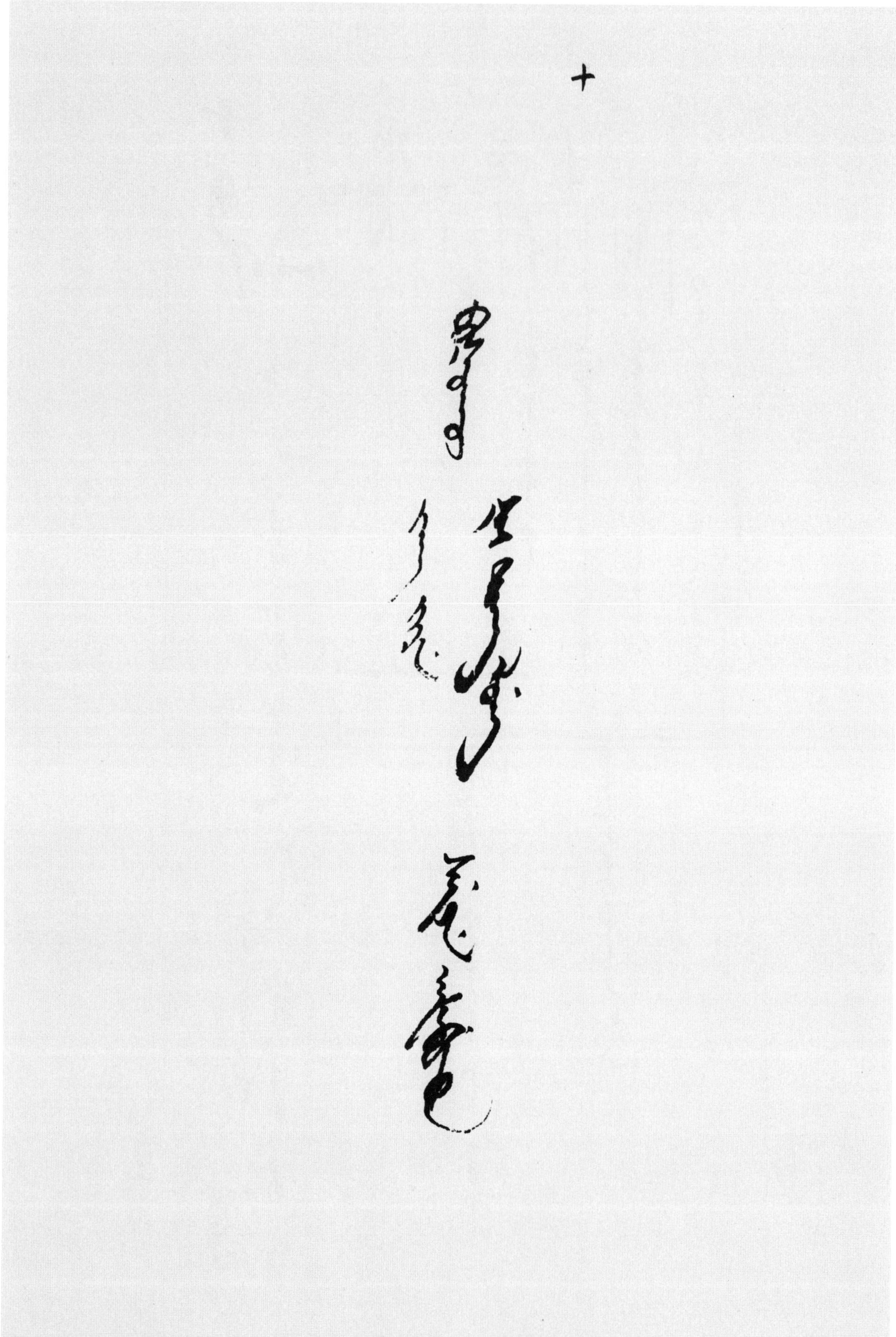

十

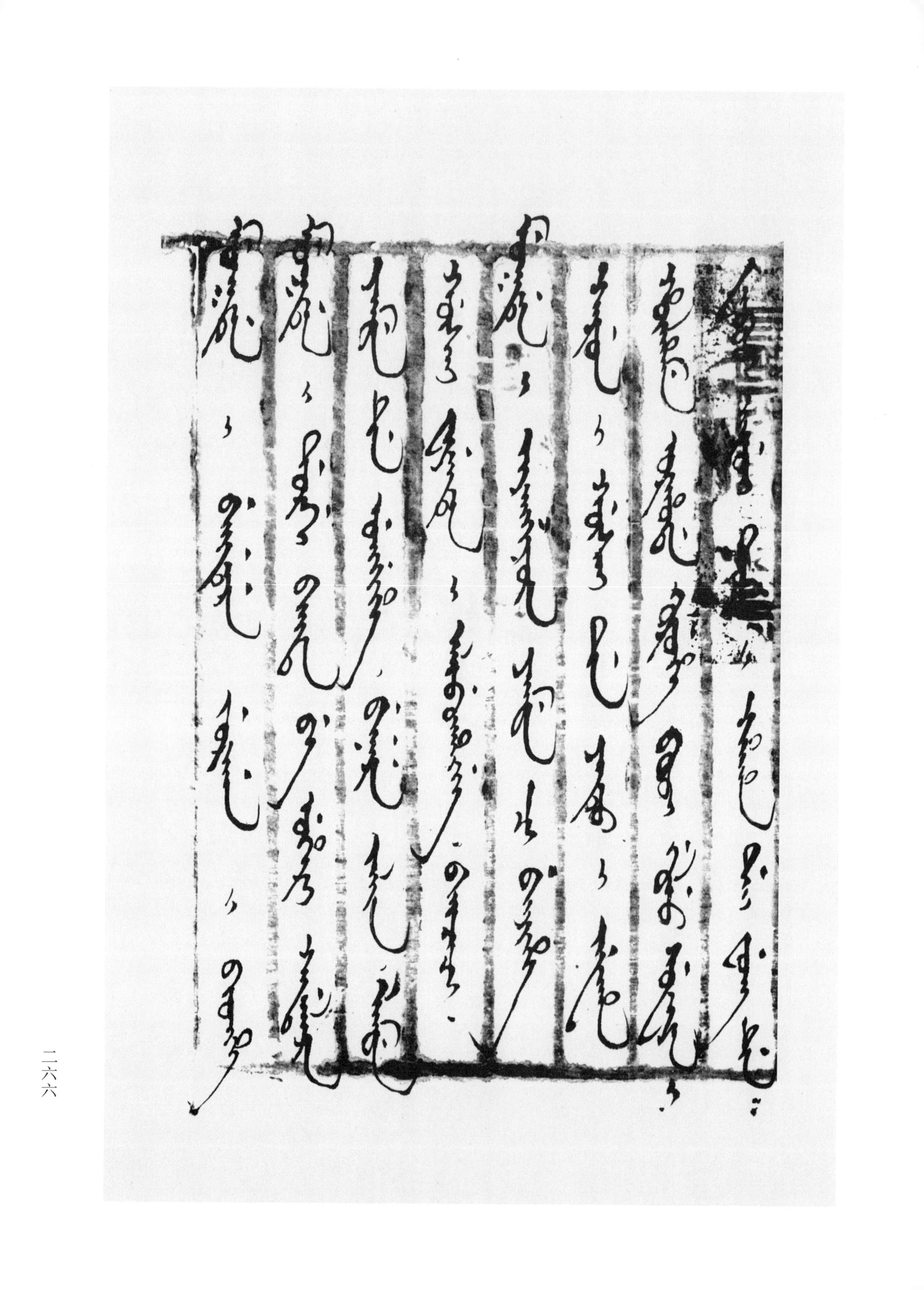

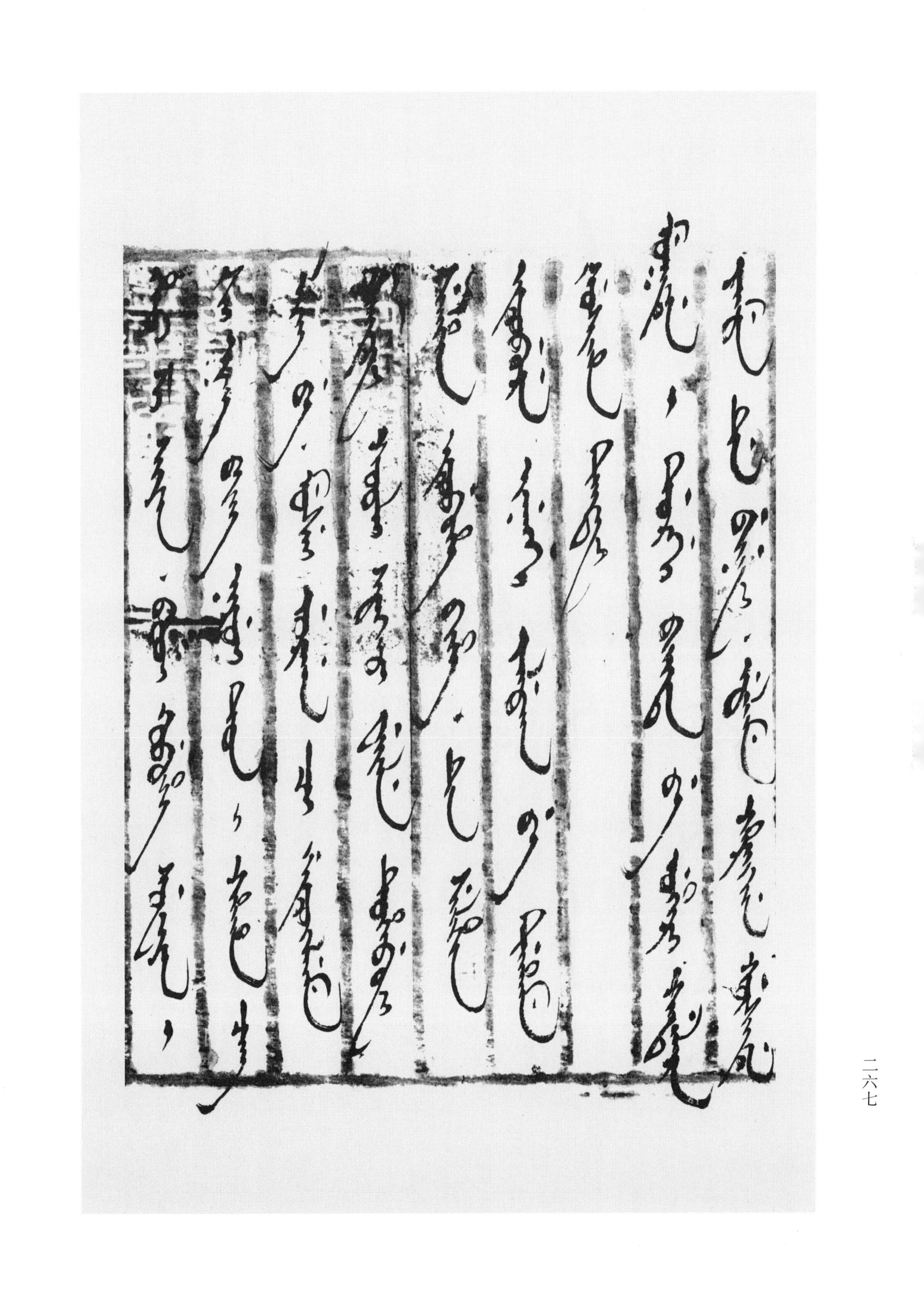

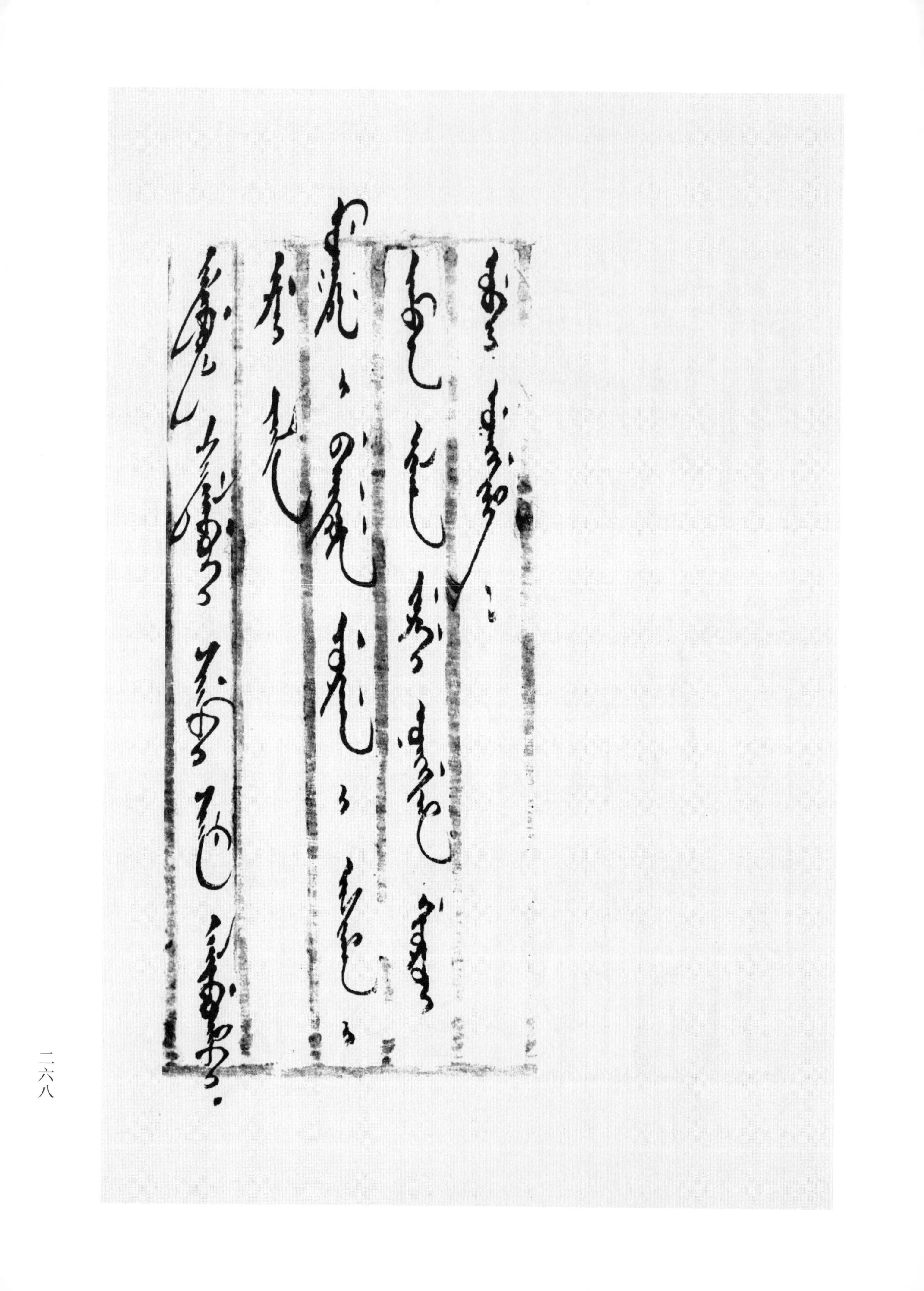

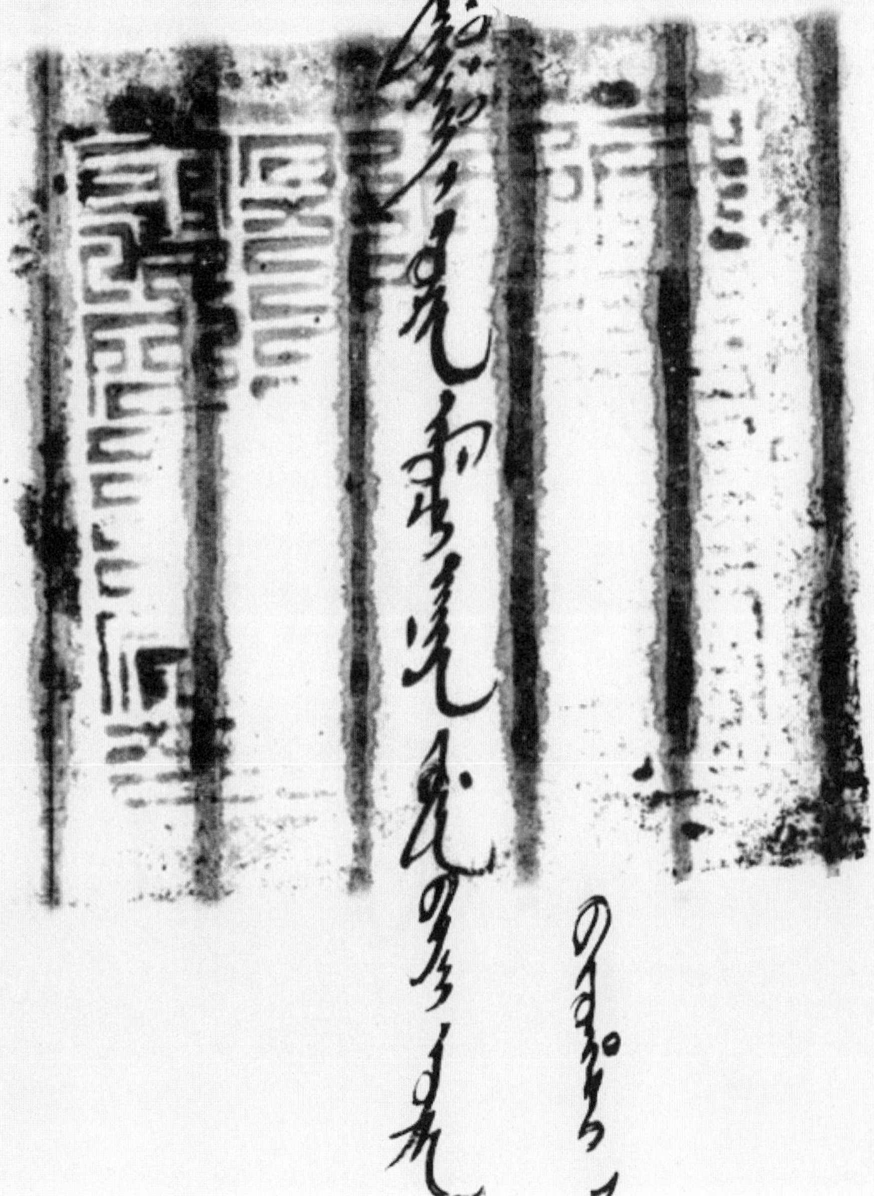

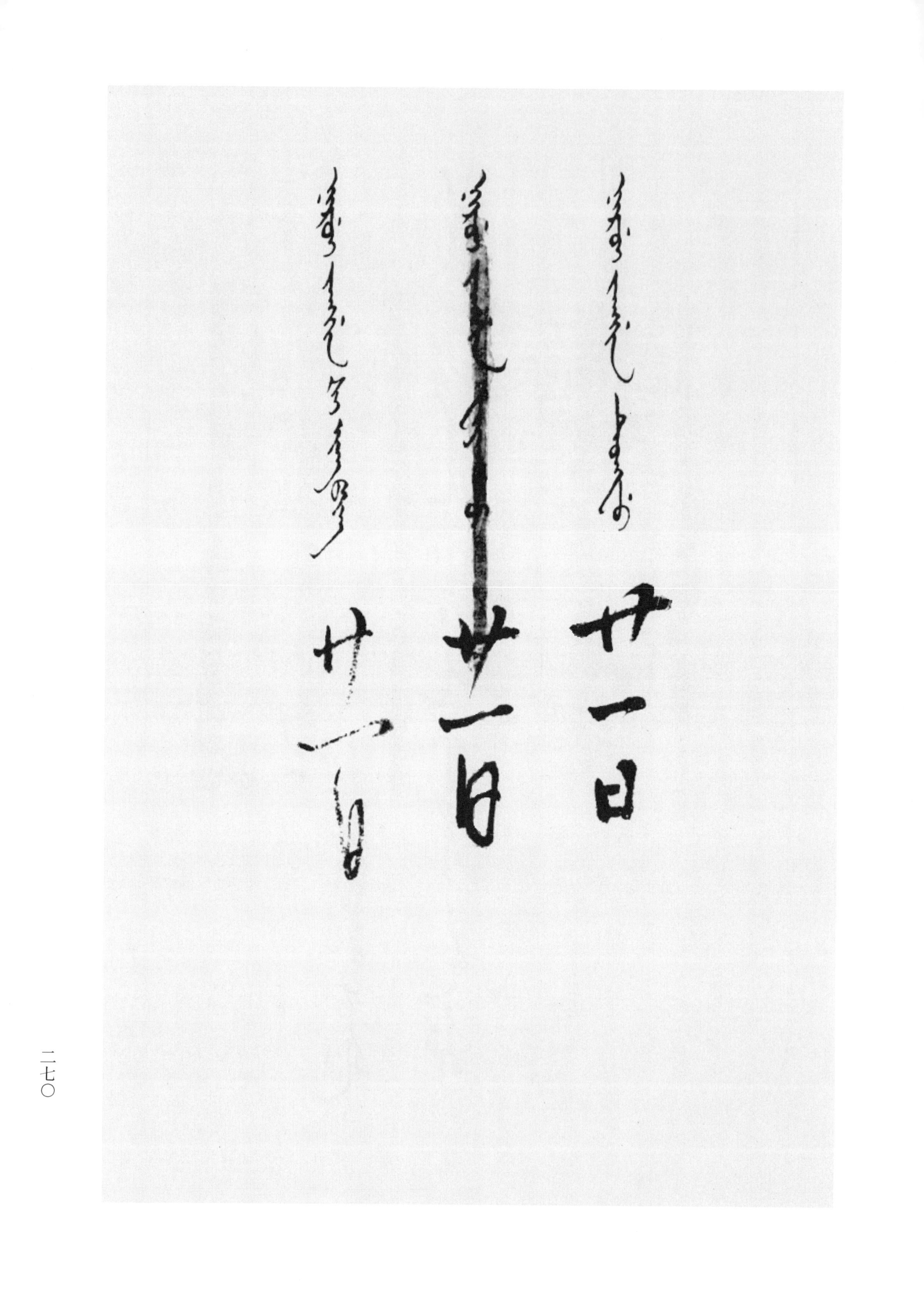

廿一日

廿一日

廿一日

十二号

下

[illegible]

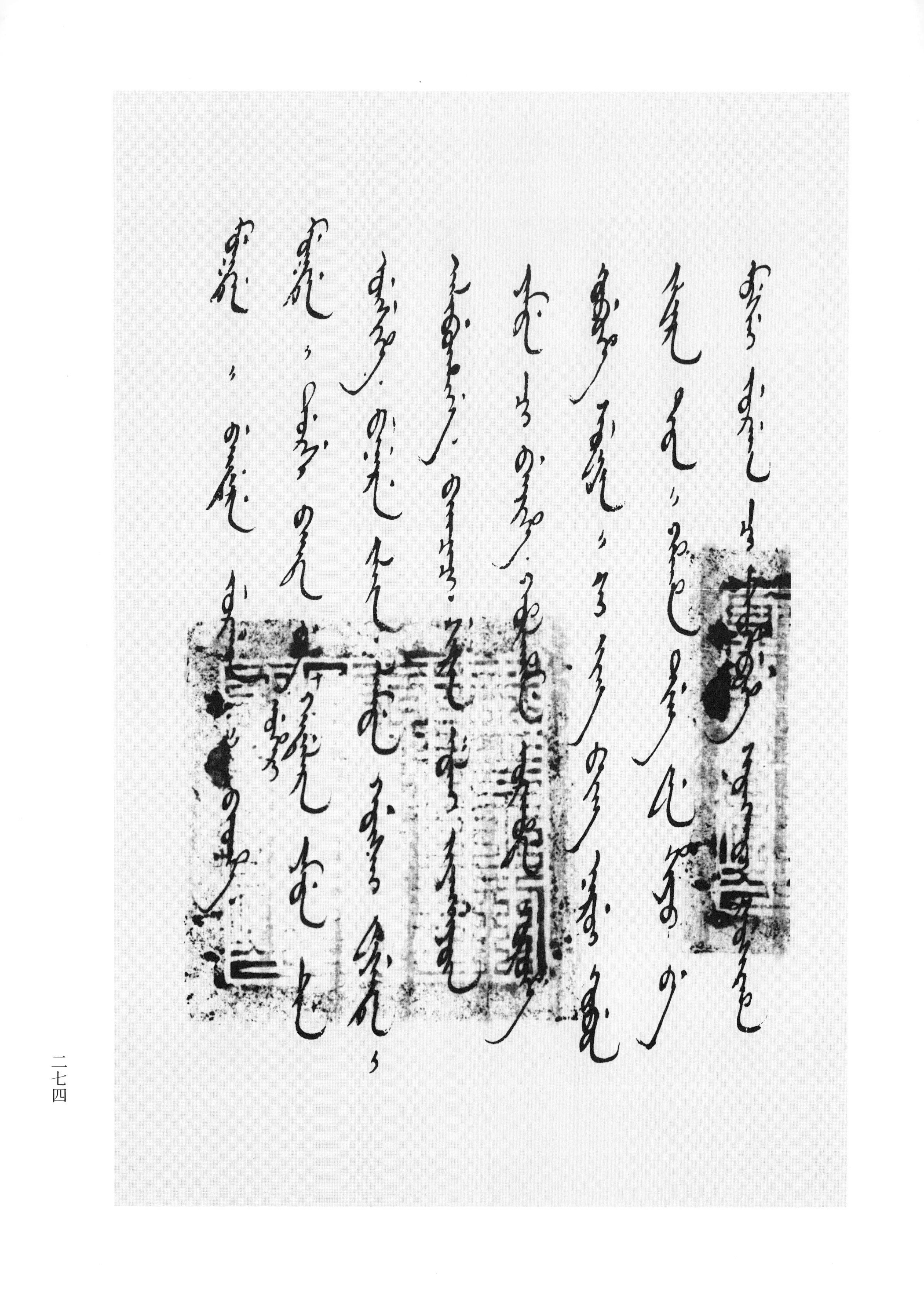

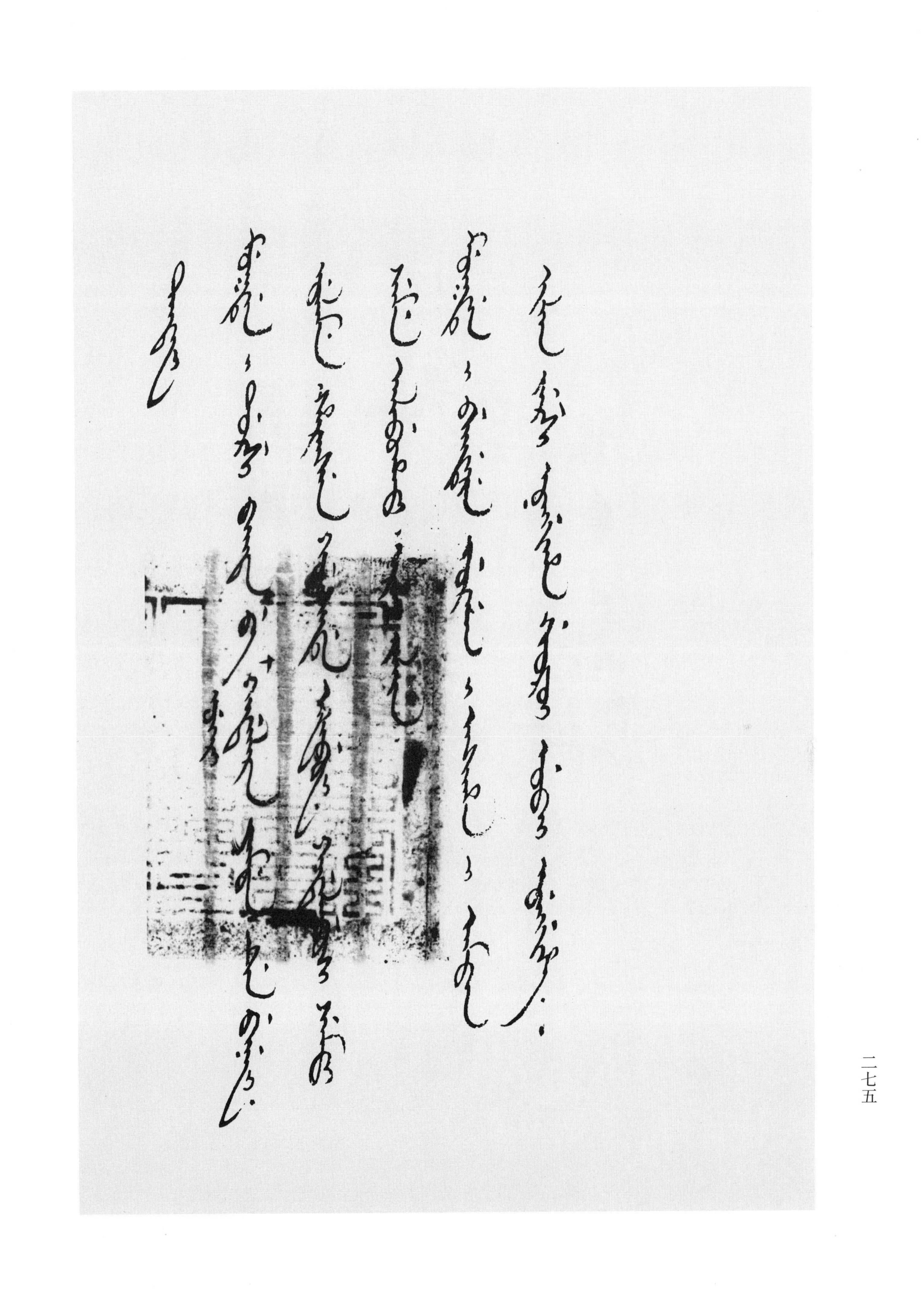

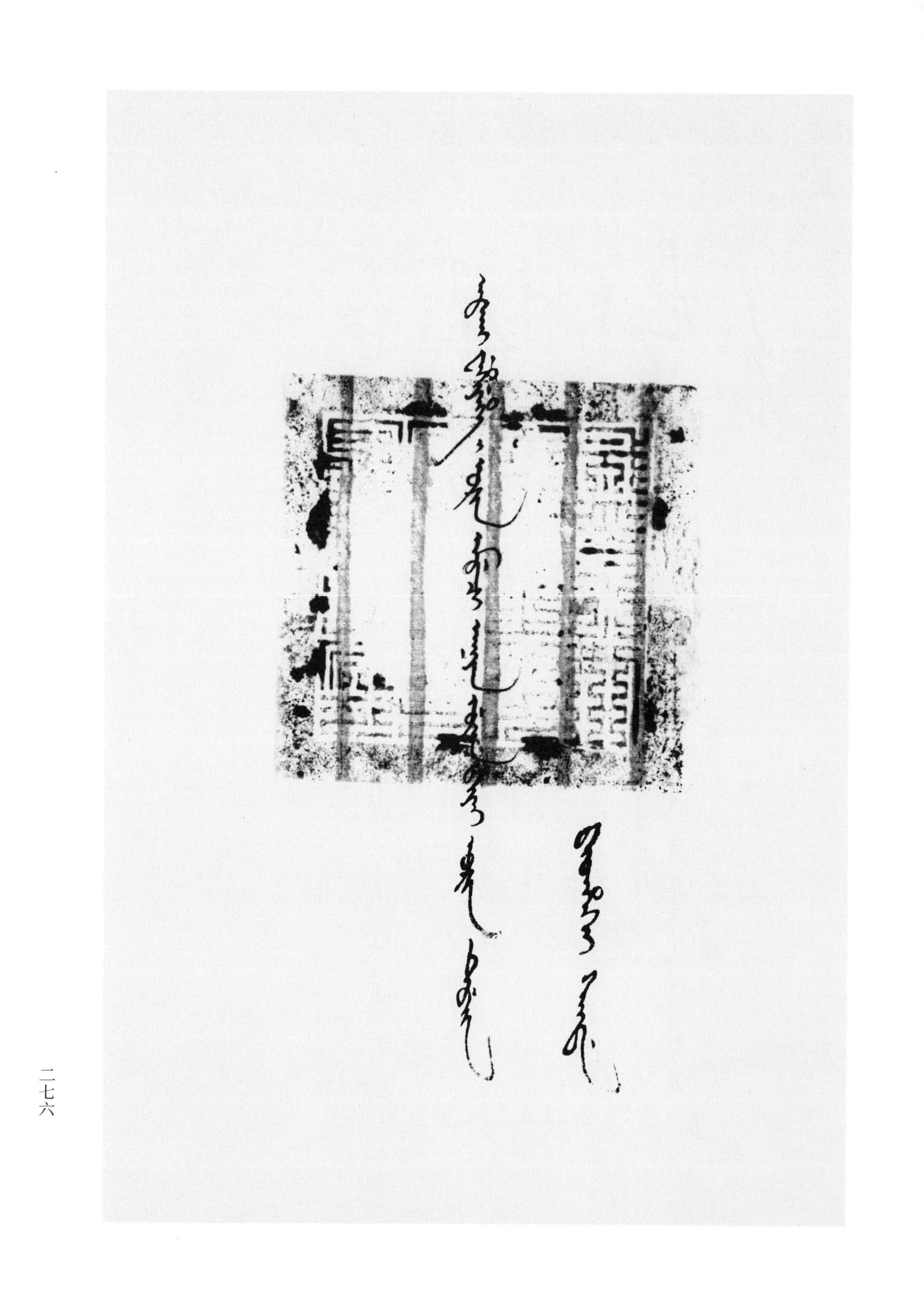

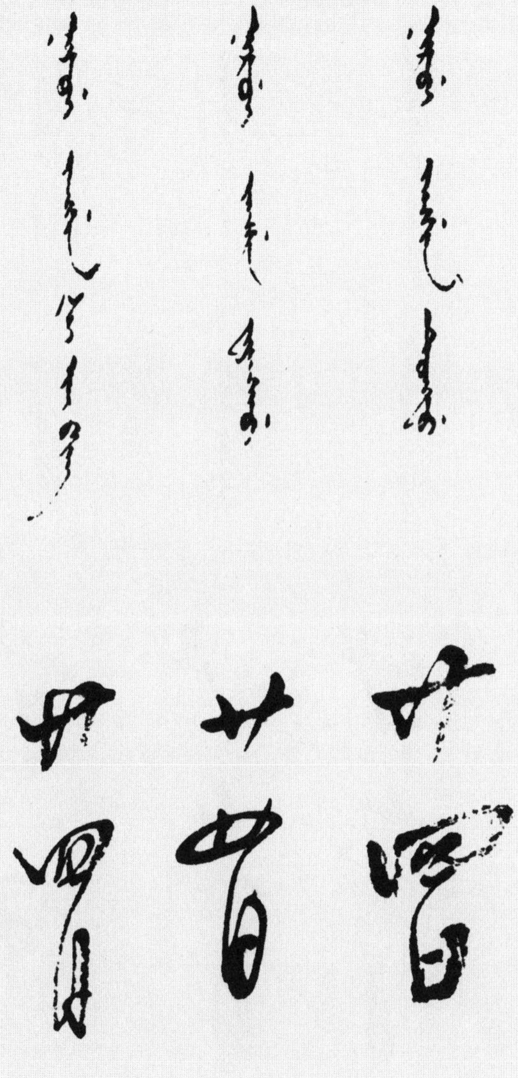

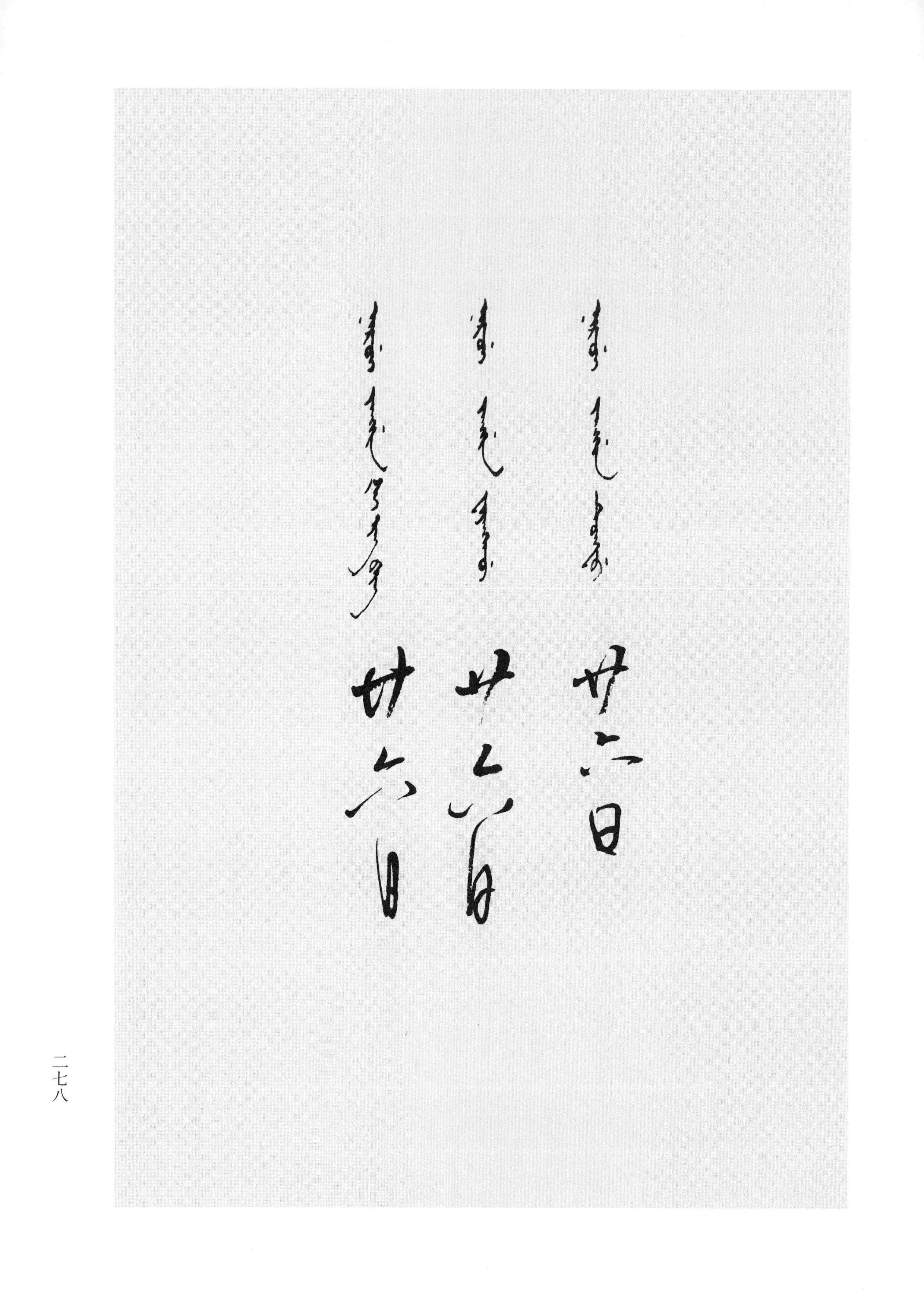

廿六日

廿六日

廿六日

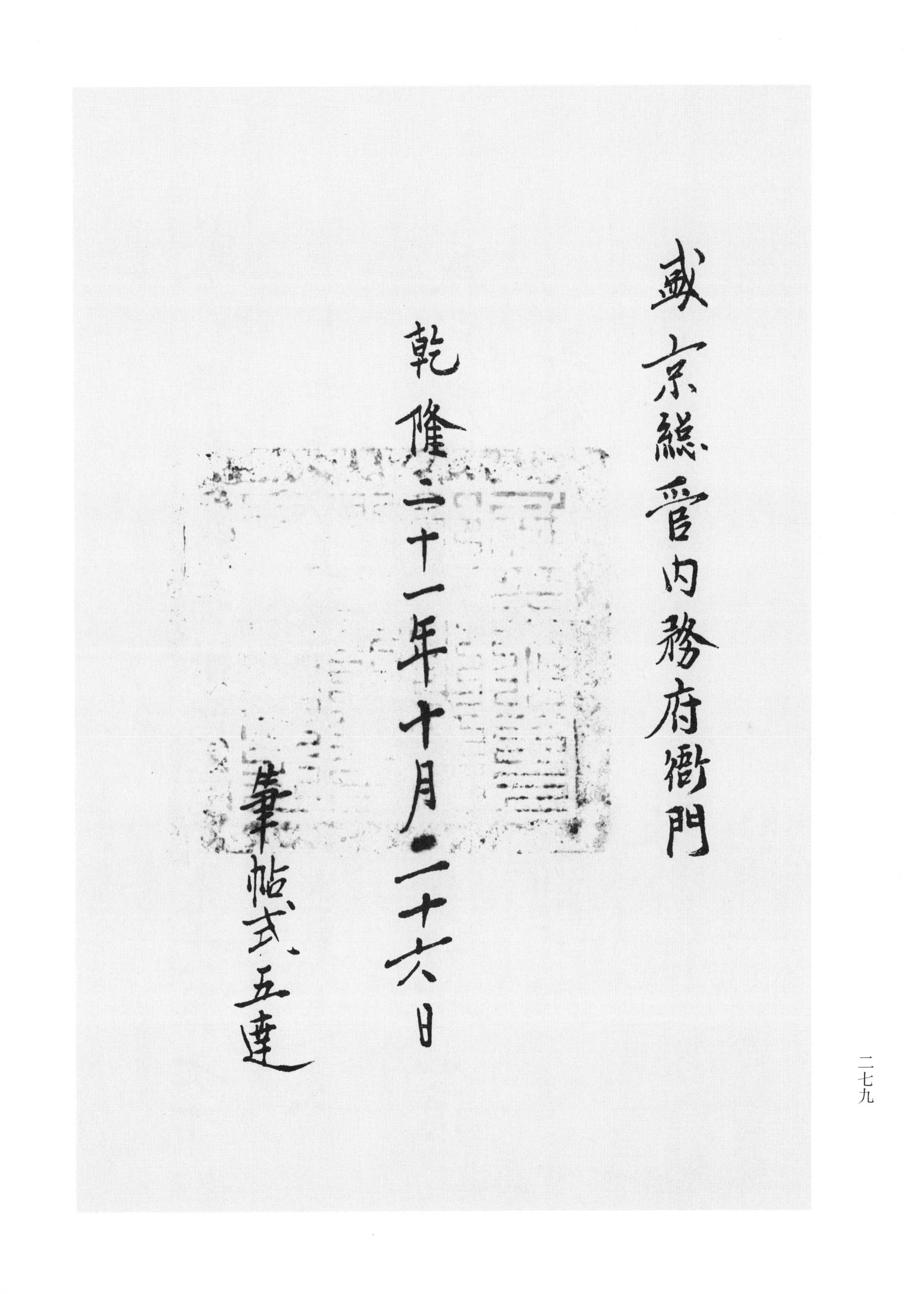

盛京總管内務府衙門

乾隆二十一年十月二十六日

筆帖式五達

盛京總管內務府衙門希將未完銀六十

九兩五錢五分務於限內照數追交

盛京戶部歸款以憑報部查核可也須

至咨者

右　　咨

補交完項䒭因前來查承追一應拖欠
䒭項銀兩數在三百兩以下者定限六
個月追完〻前項應賠銀兩於本年八
月初三日接准工部咨到起限扣至
二十二年正月初三日限滿相應仍咨

盛京總管內務府布將未完銀兩作速
照數催交以憑報部可也等因前來即
向已故承辦官員子侄名下嚴行催
追但伊等家業艱窘僅有朽房數
間尚未出賣俟得價之日即行照數

相應知照

盛京工部并同前來查前項應賠銀一百

四十四兩五錢五分今除咨送

盛京戶部收過銀七十五兩外下欠銀六十九

兩五錢五分尚未交納相應仍咨

盛京工部將內務府衙門乾隆八年
進宴辦造食盒等項應繳工料銀共一百
四十四兩五錢五分內現交銀七十五兩前
來本部劄庫查收去後今據該庫
呈稱前項銀兩照數收訖等情據此

盛京總管內務府衙門咨開三旗井录處

案呈據驍騎校孫恬普呈稱奉堂批

出准

盛京工部咨開左司案呈准

盛京戶部咨開錢糧司案呈前准

盛京工部為咨覆事左司案呈准

副都統福

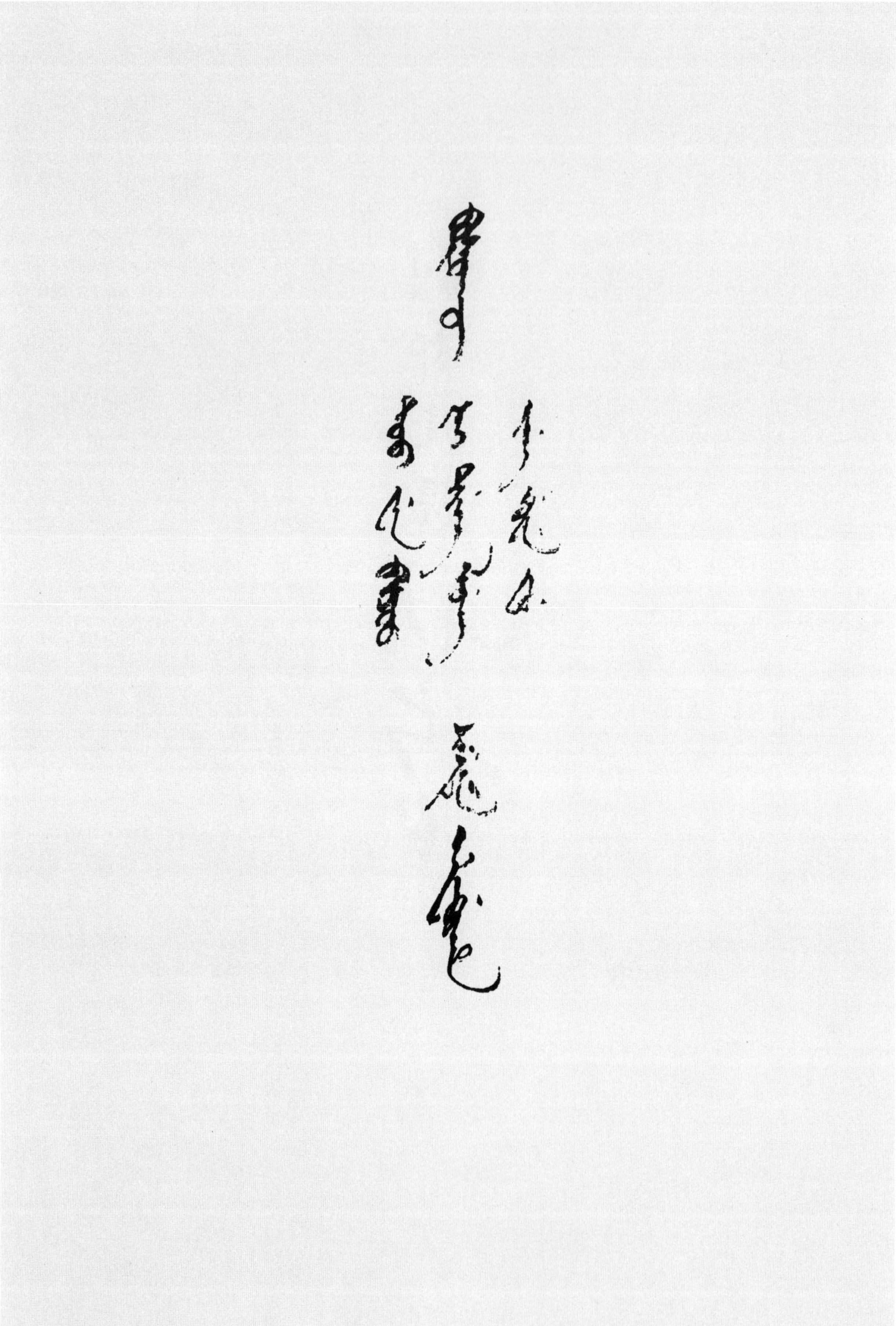

十四簽 應

盛京工部馬應賠食盒等項未完

銀兩務於限内照数追交送部事

堂主事托 全

值月筆帖式林亮接狀

乾隆二十一年 十 月 二十六

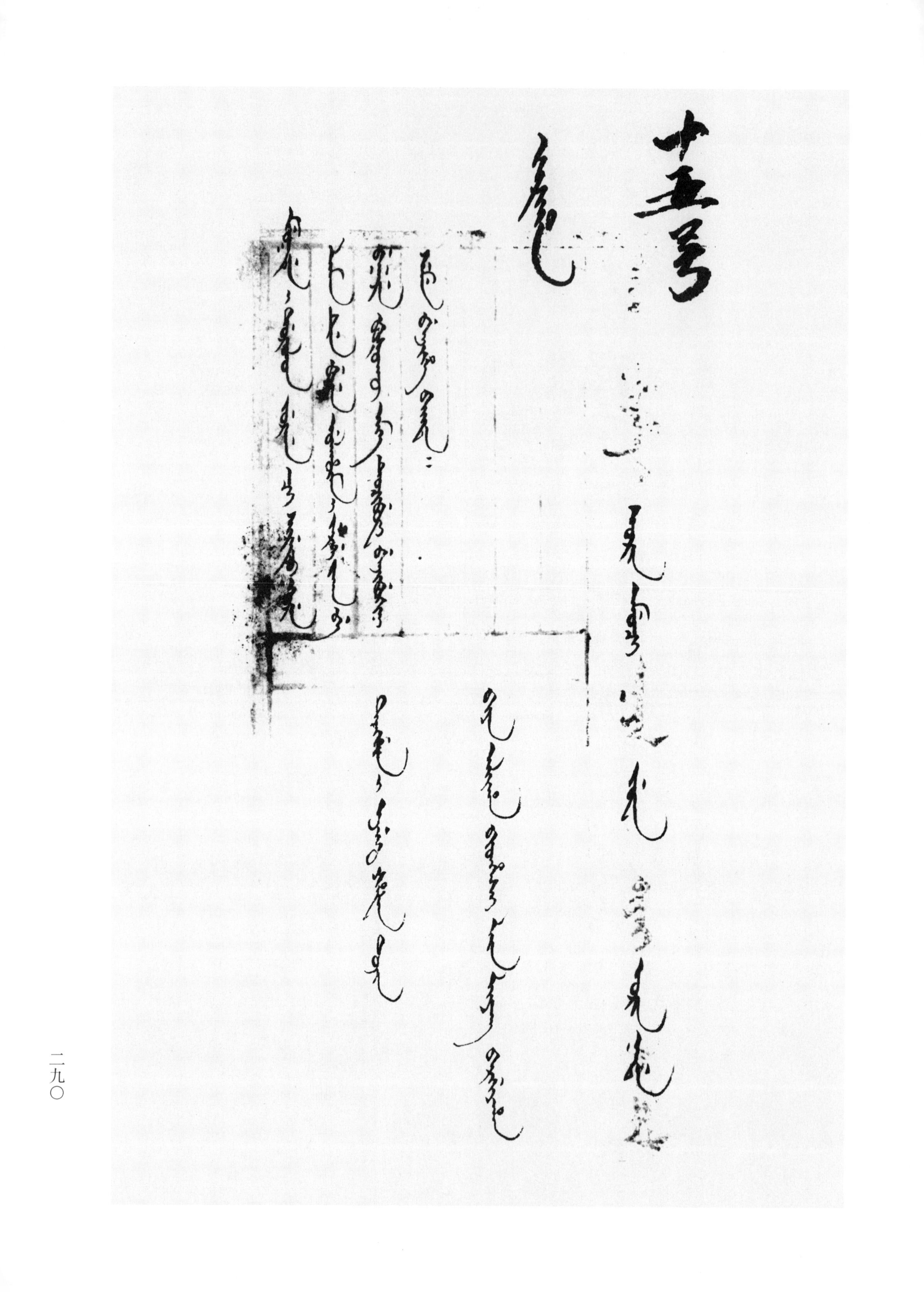

十五號

15

[illegible]

ᠣᡵᡳᠨ ᡳᠨᡝᠩᡤᡳ ᡩᡝ

廿日

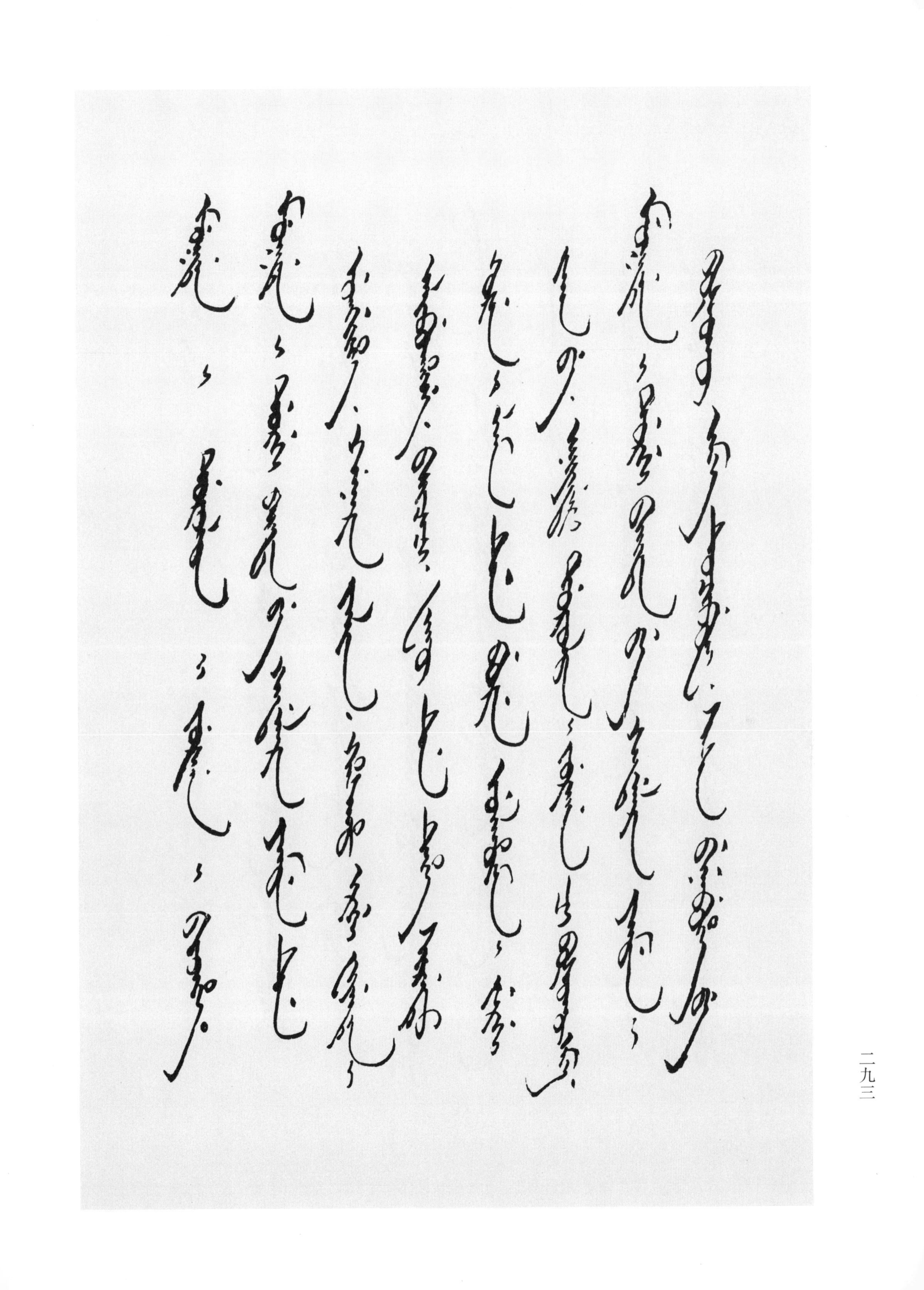

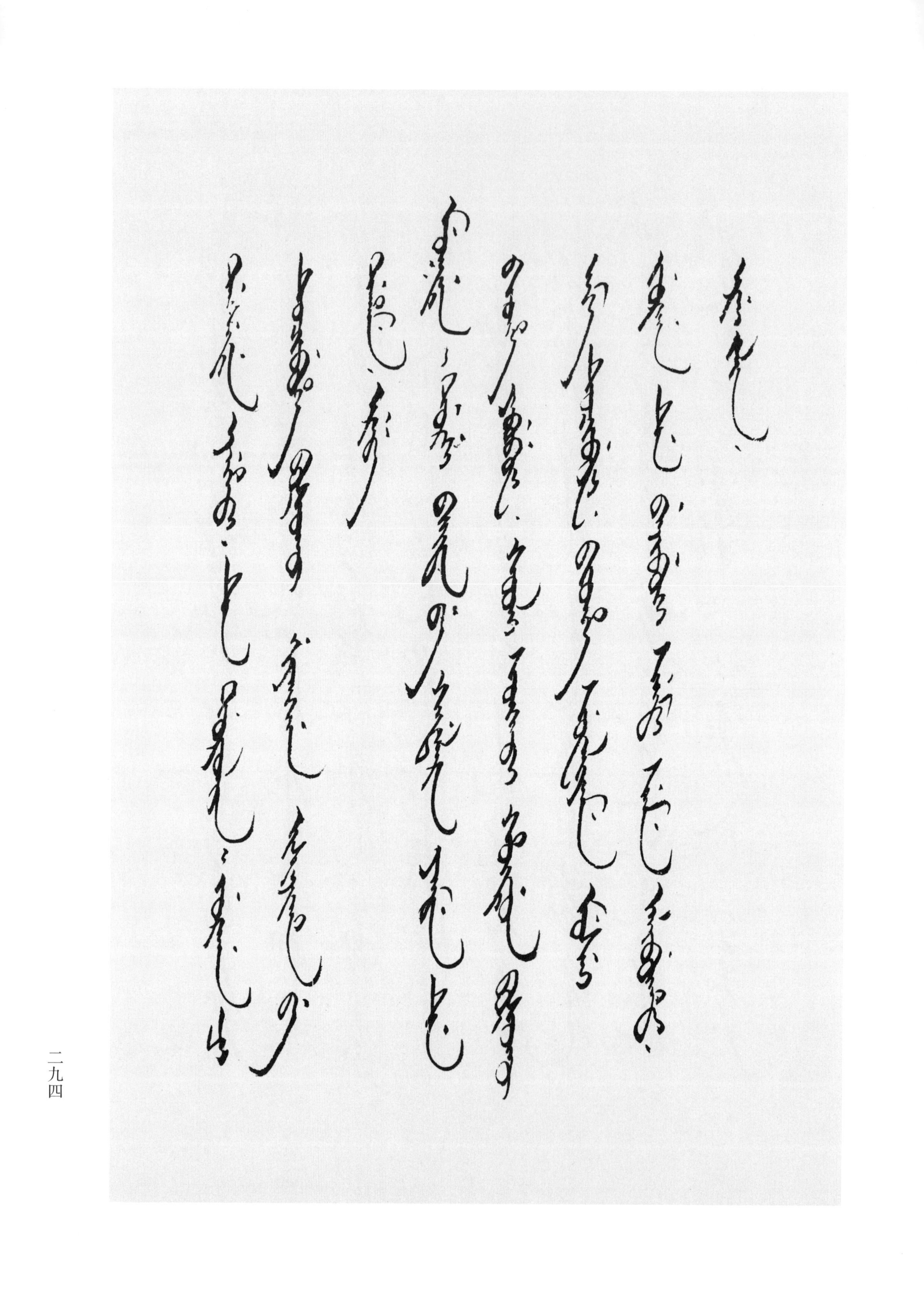

[illegible]

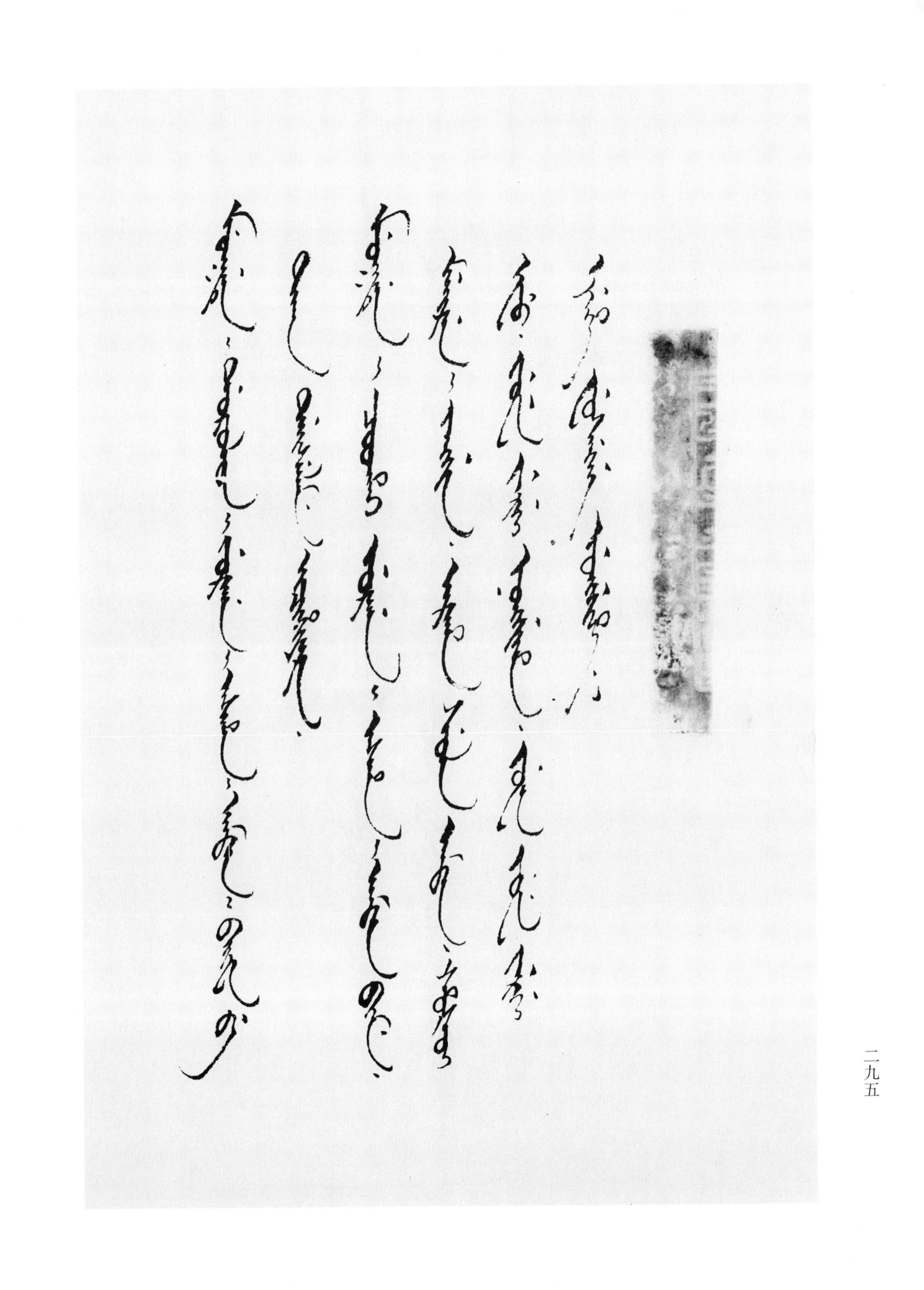

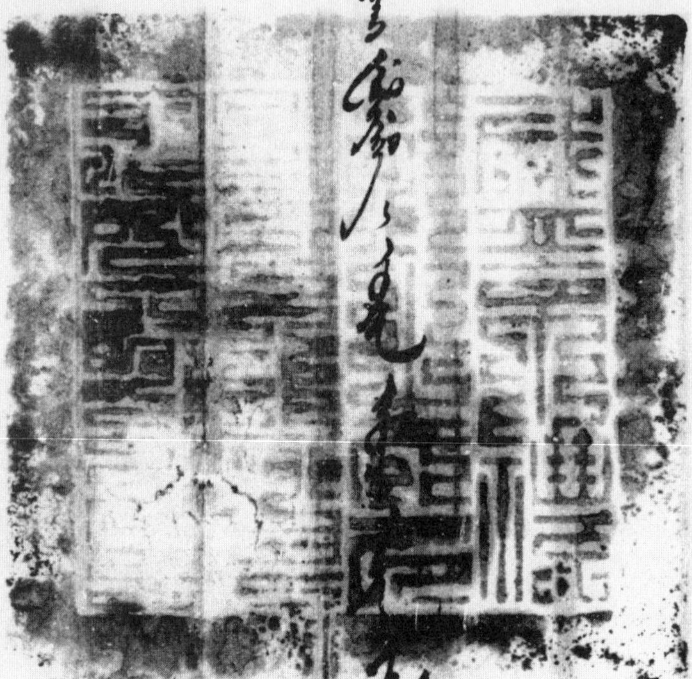

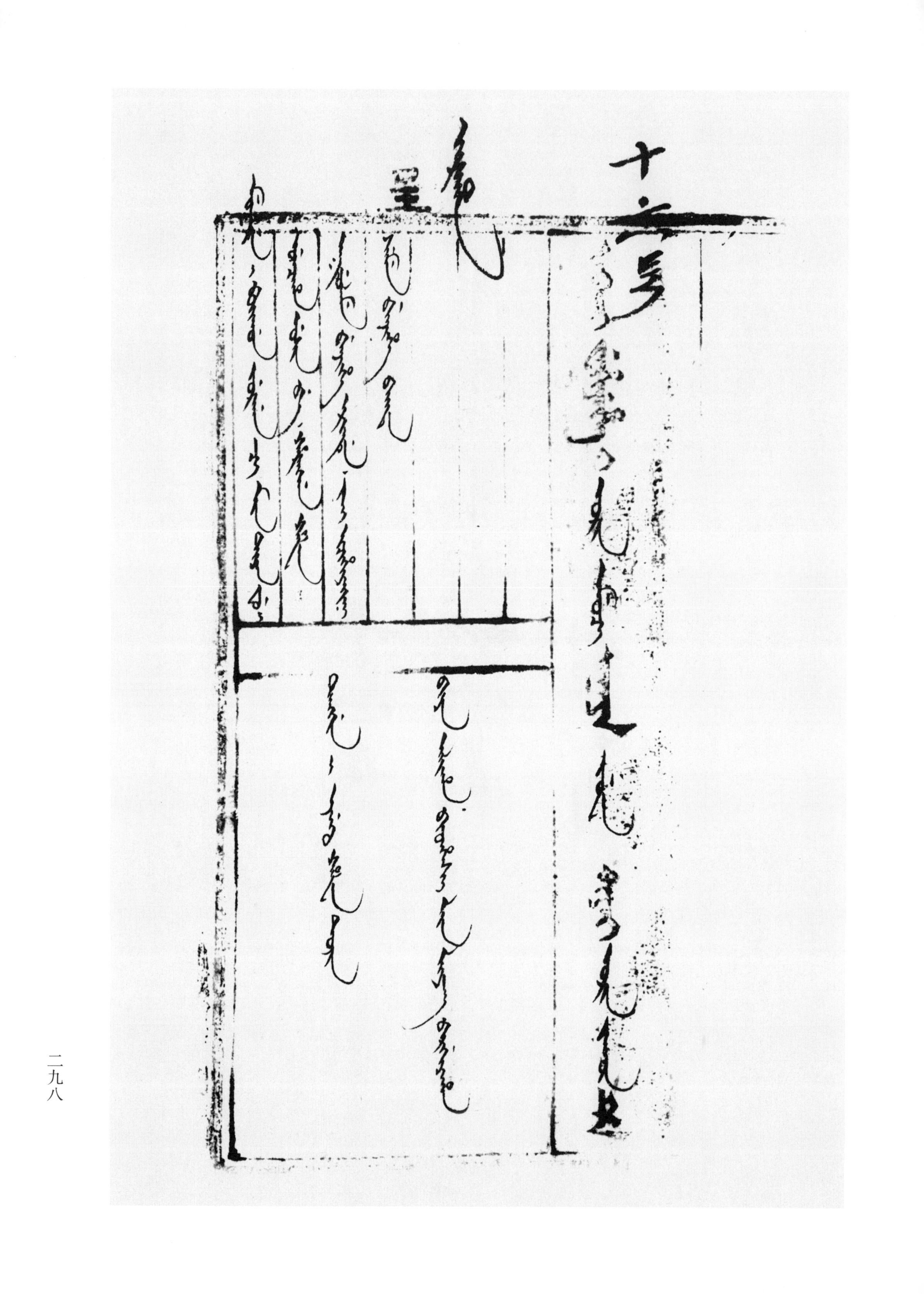

十六号

呈

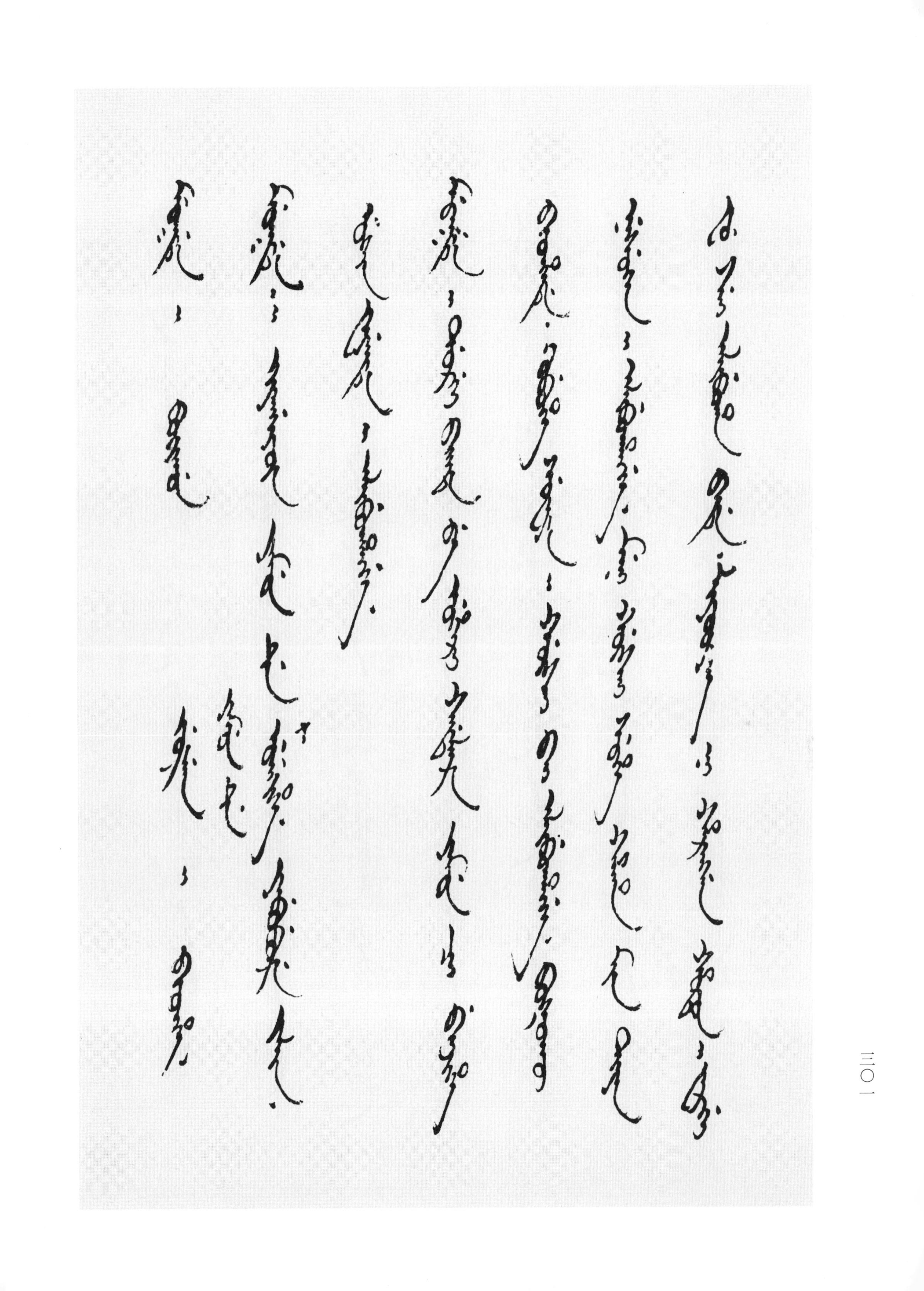

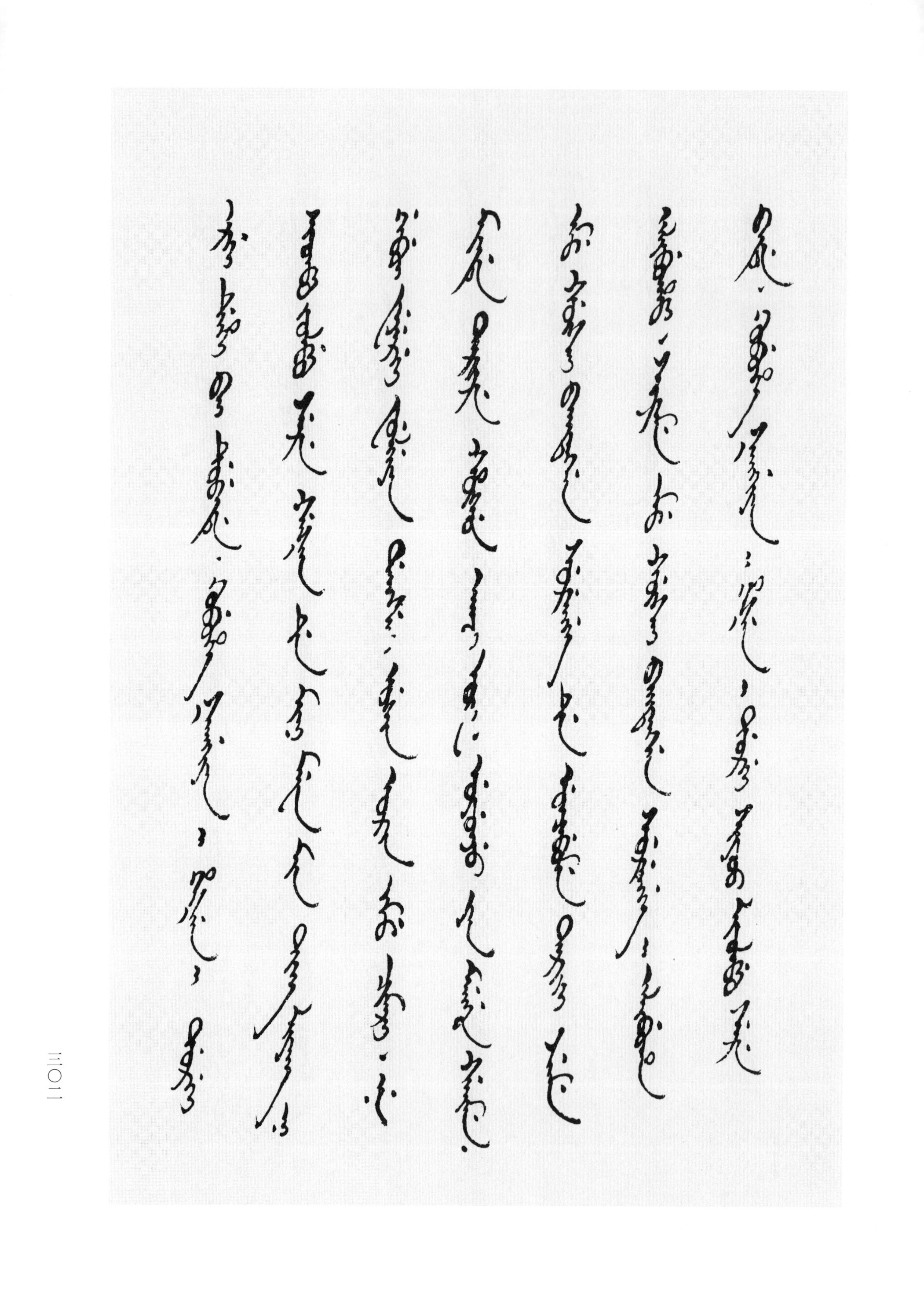

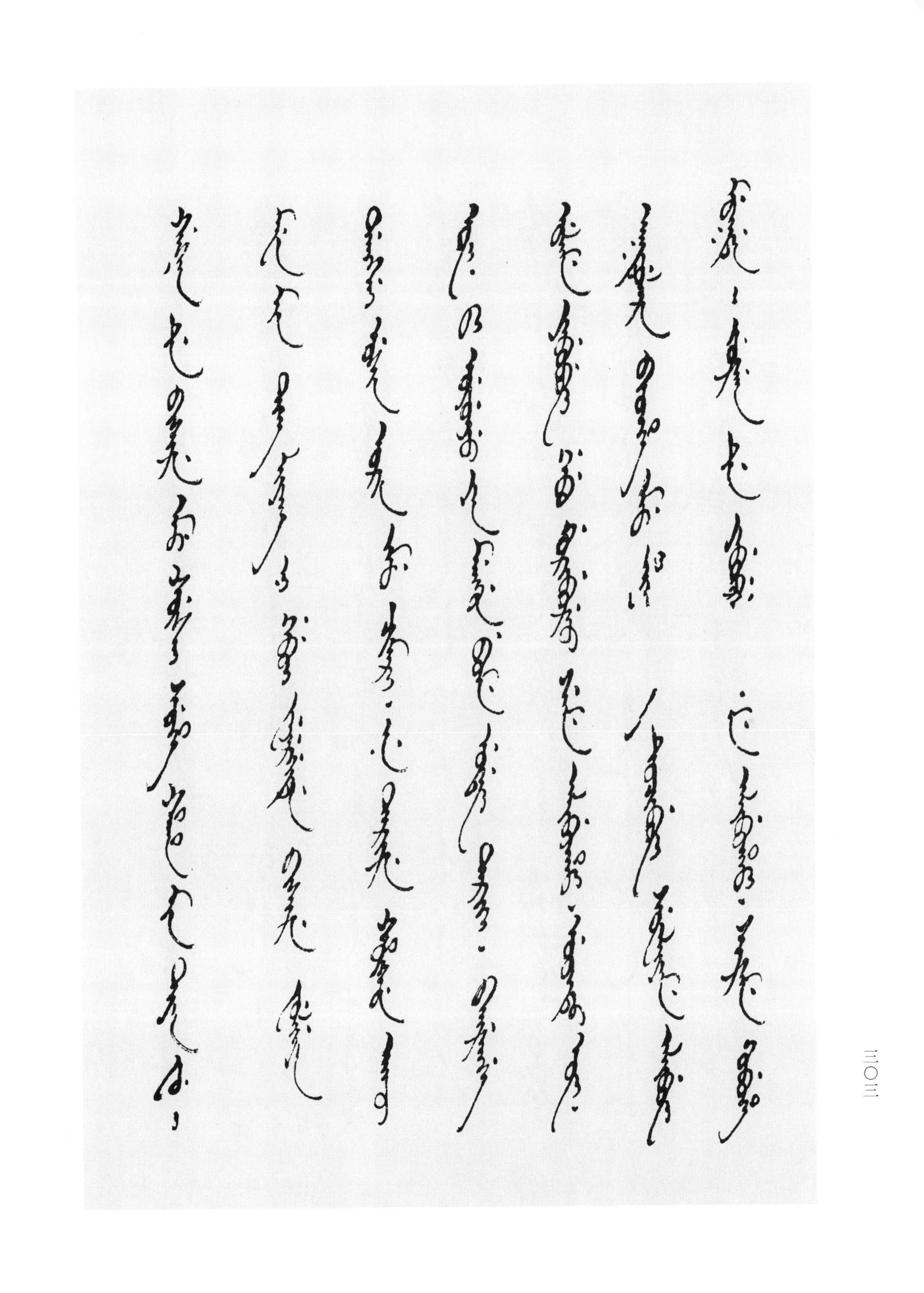

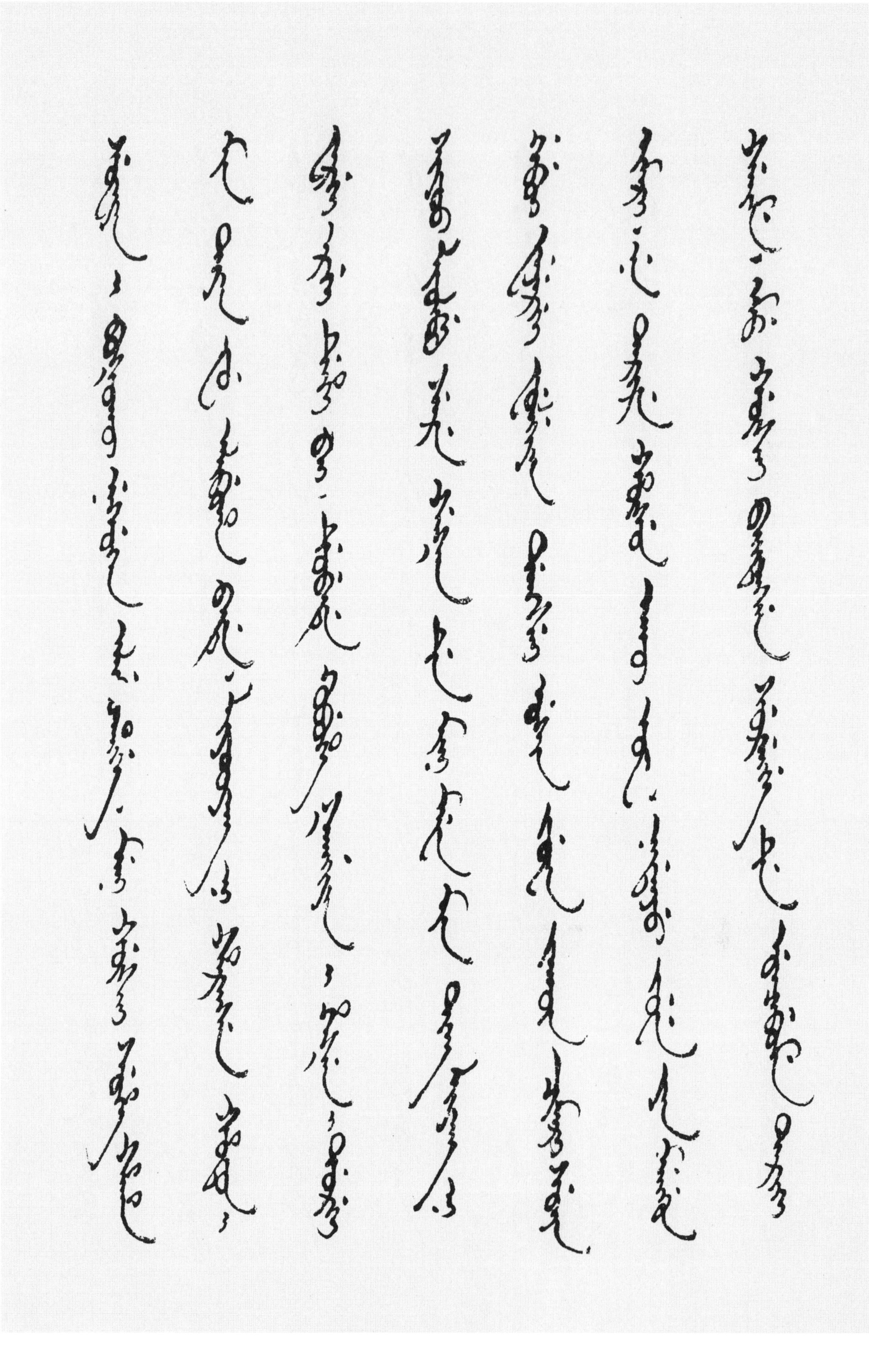

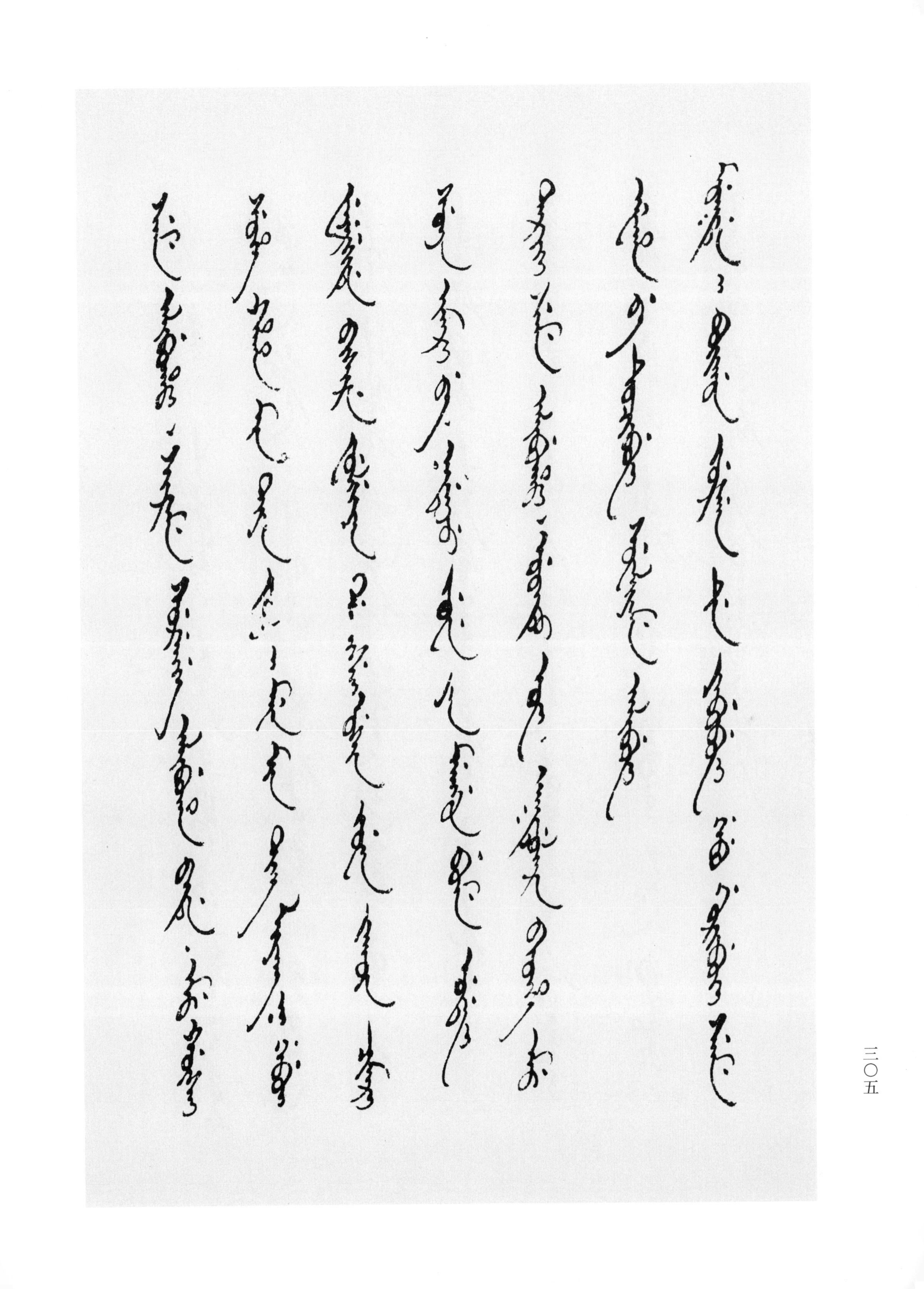

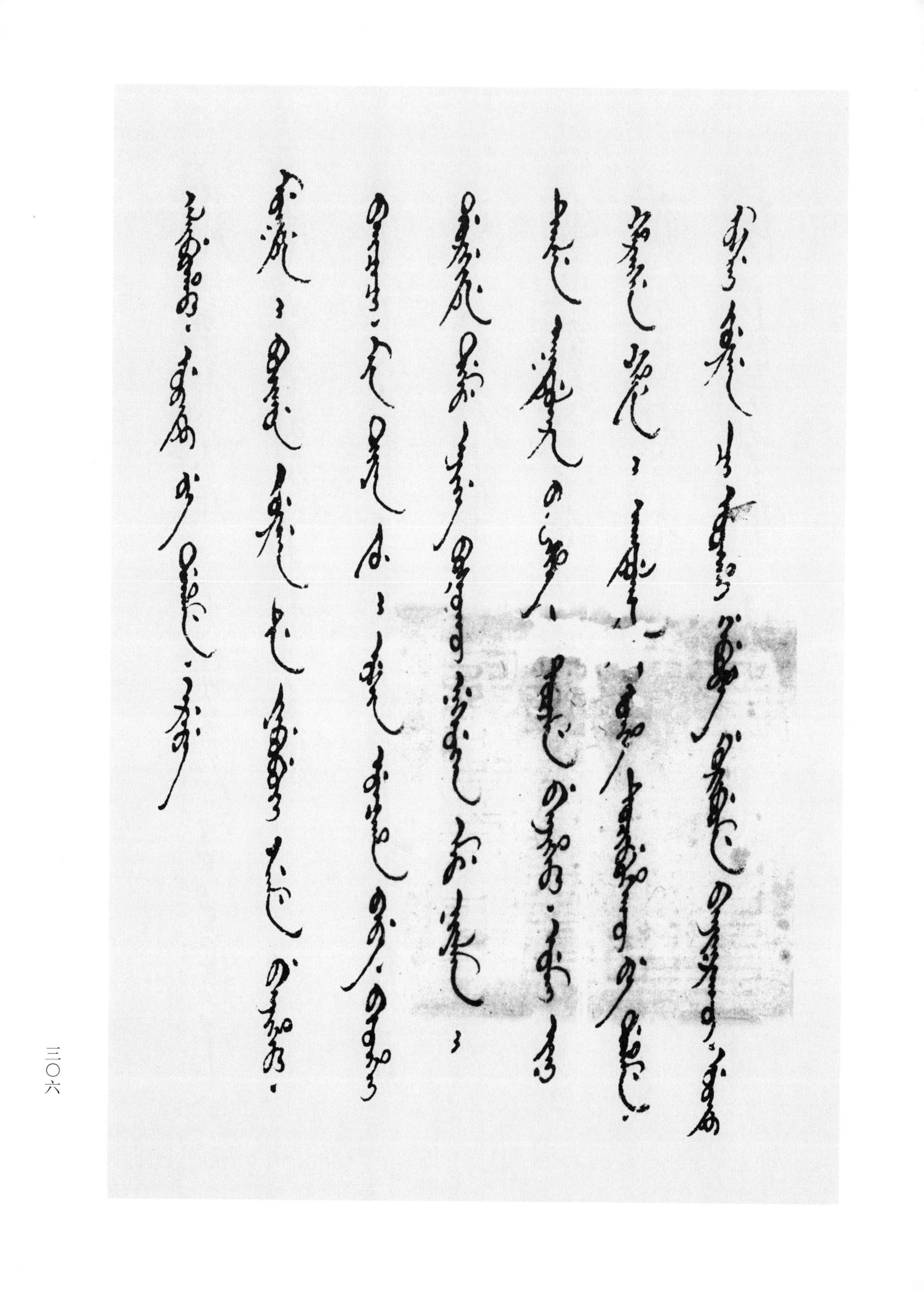

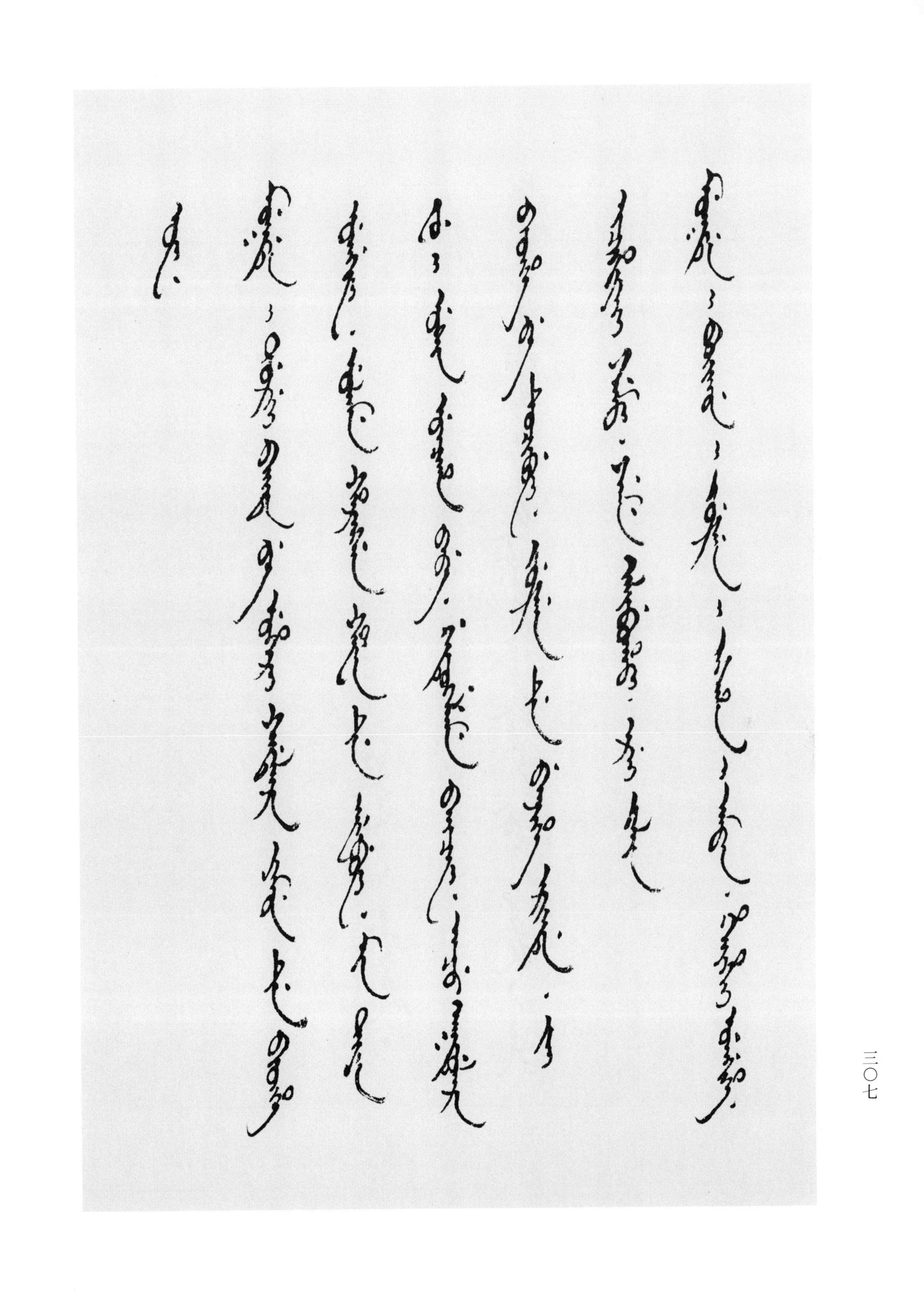

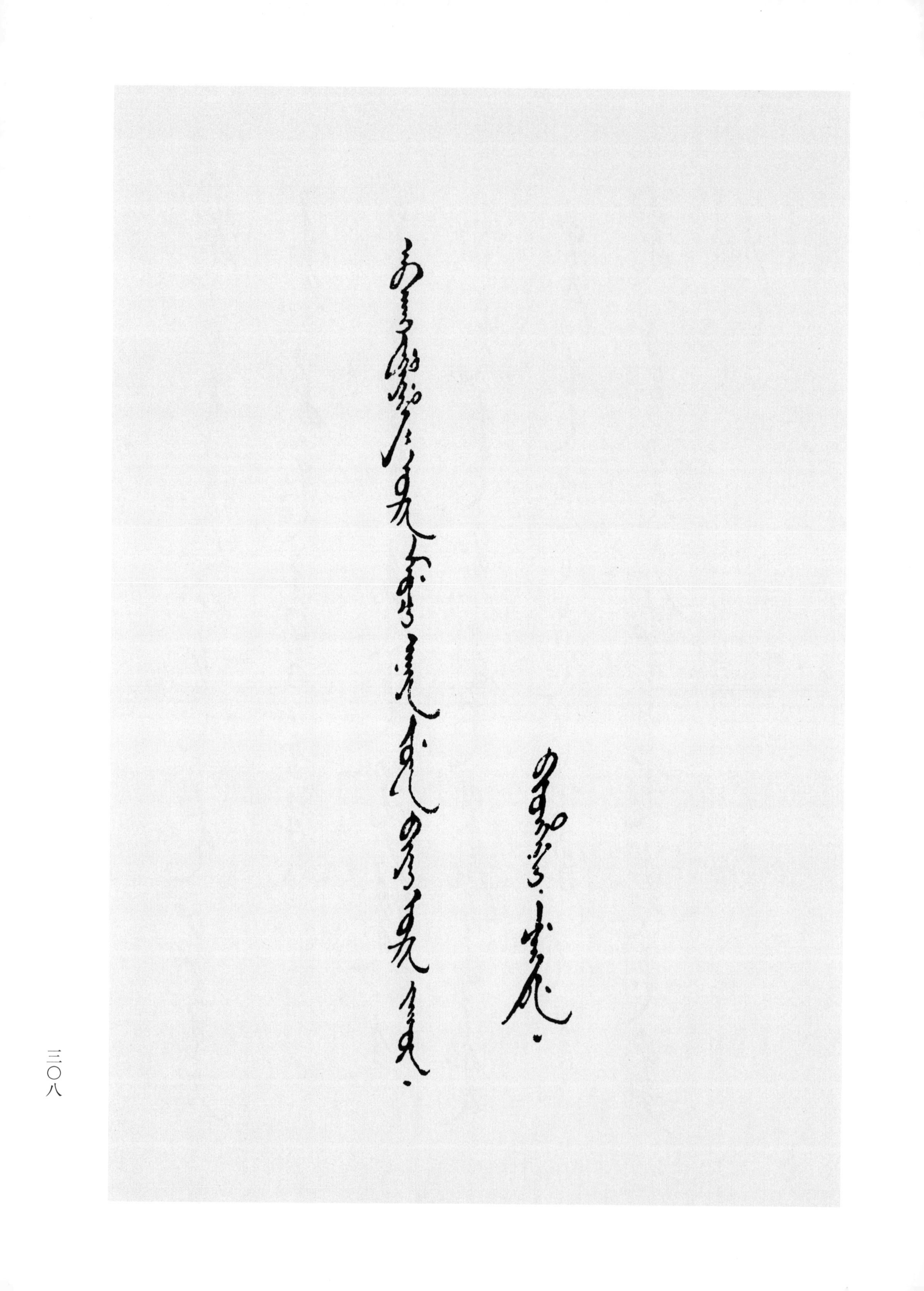

[illegible]

[illegible]

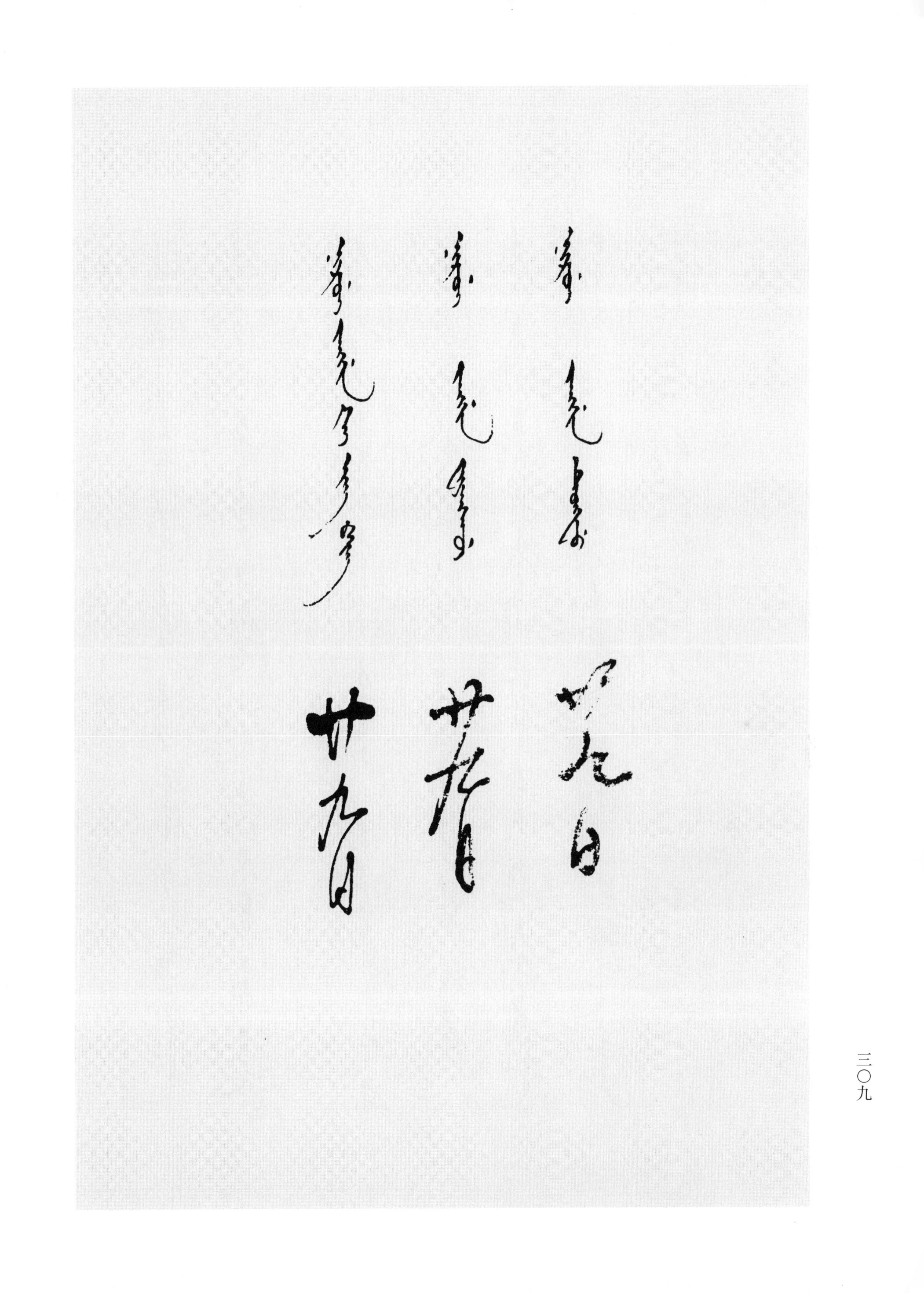

廿七日

廿八日

廿九日

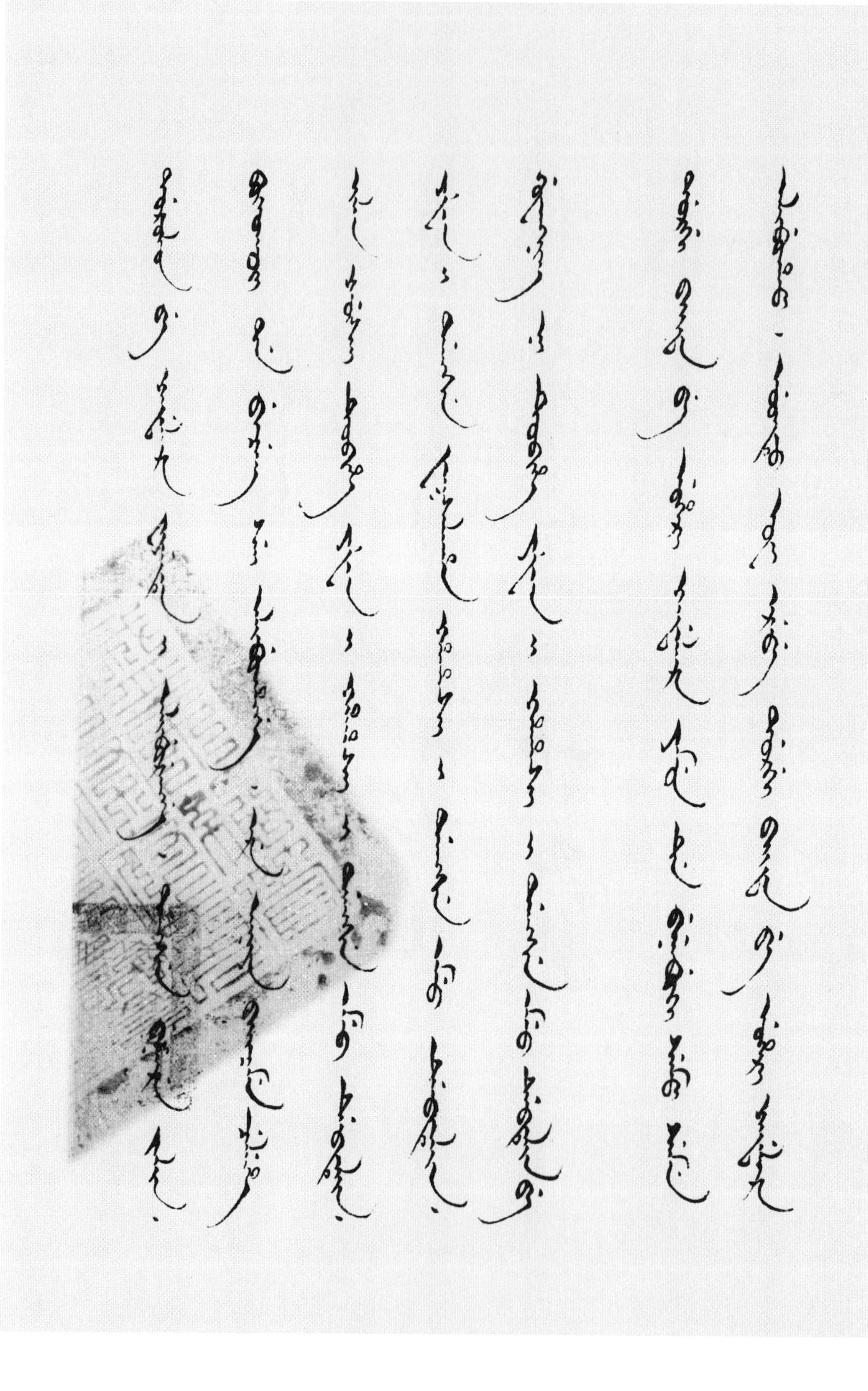

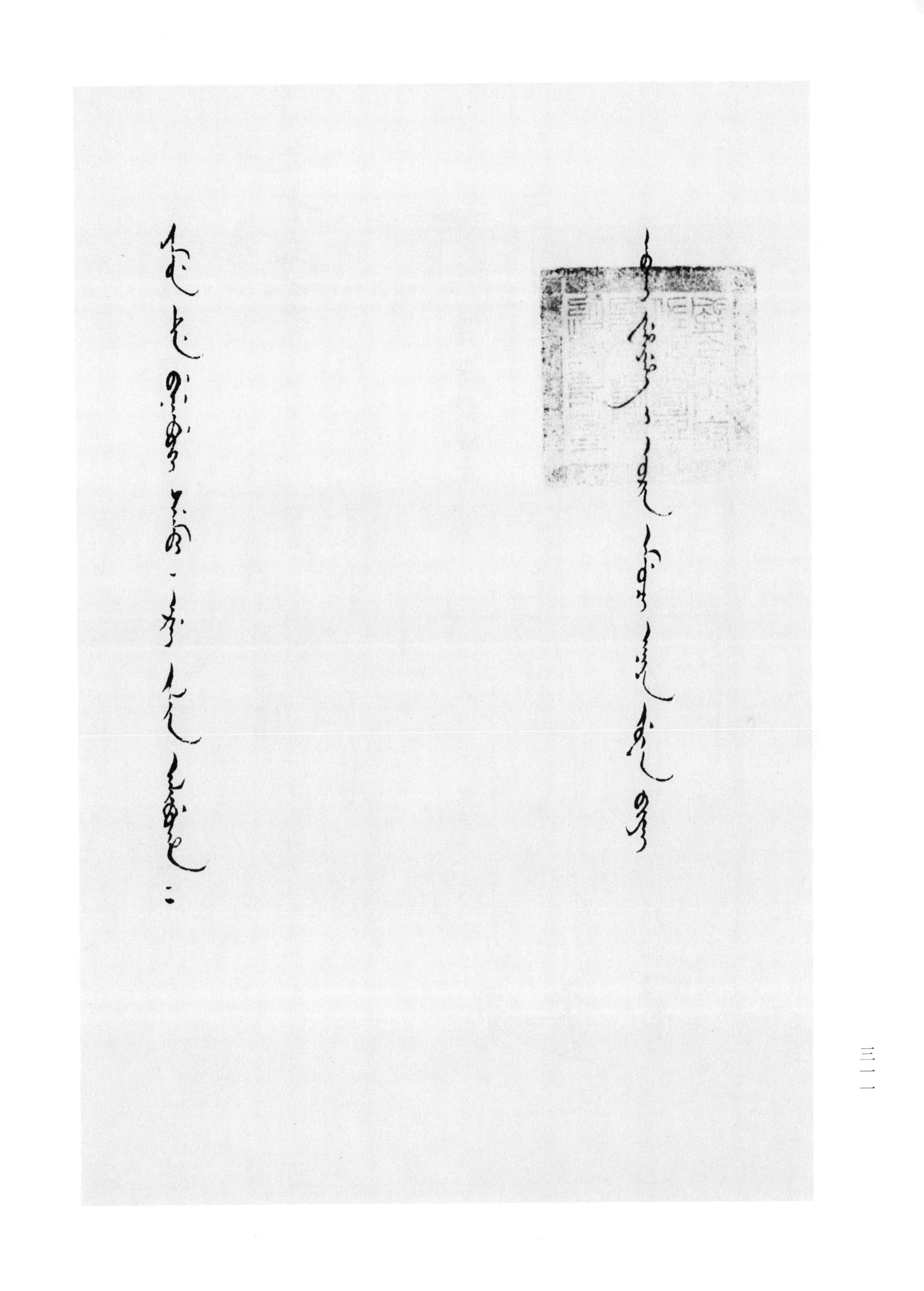

[illegible]

[illegible]

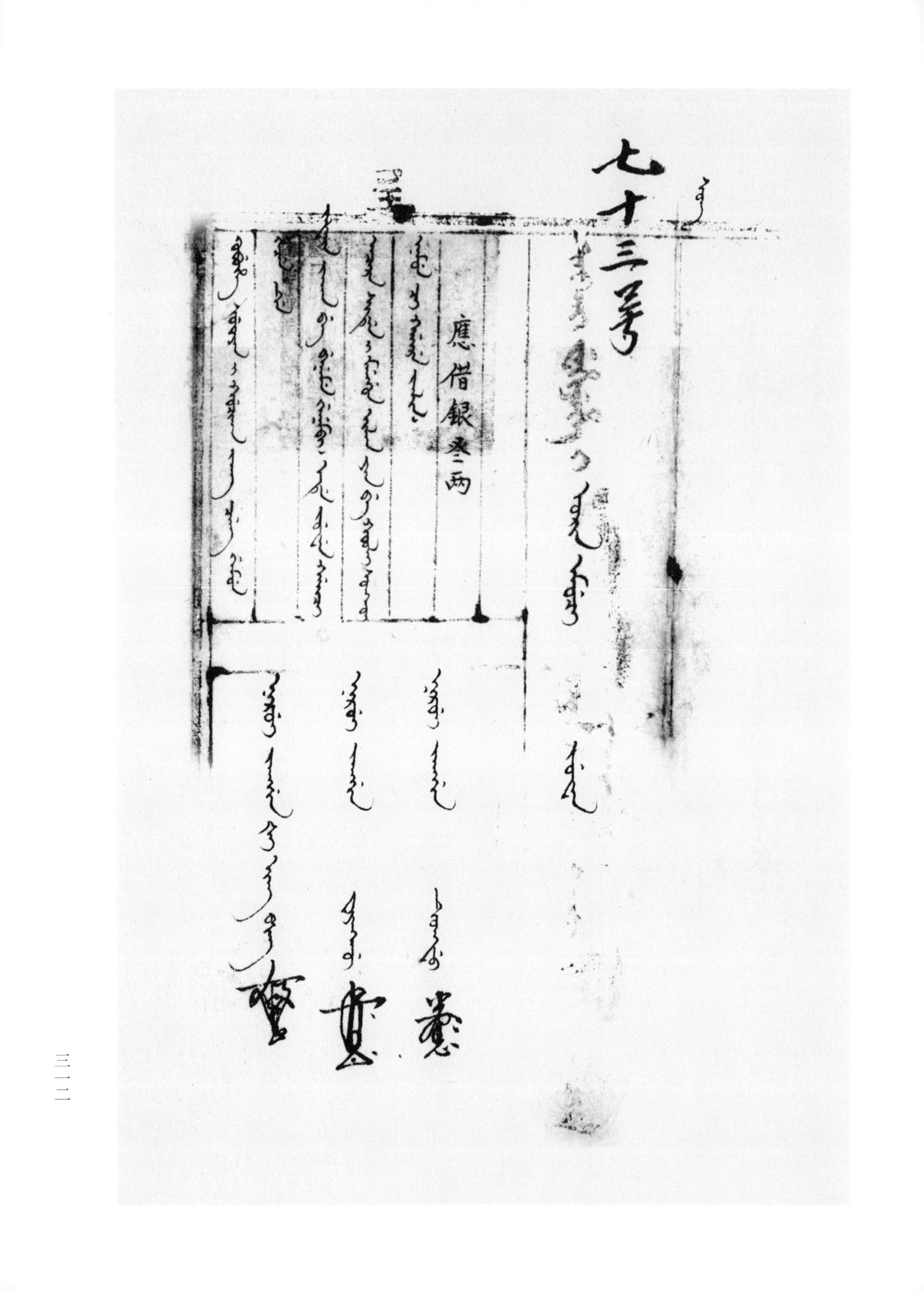

七十三號

應借銀叁兩

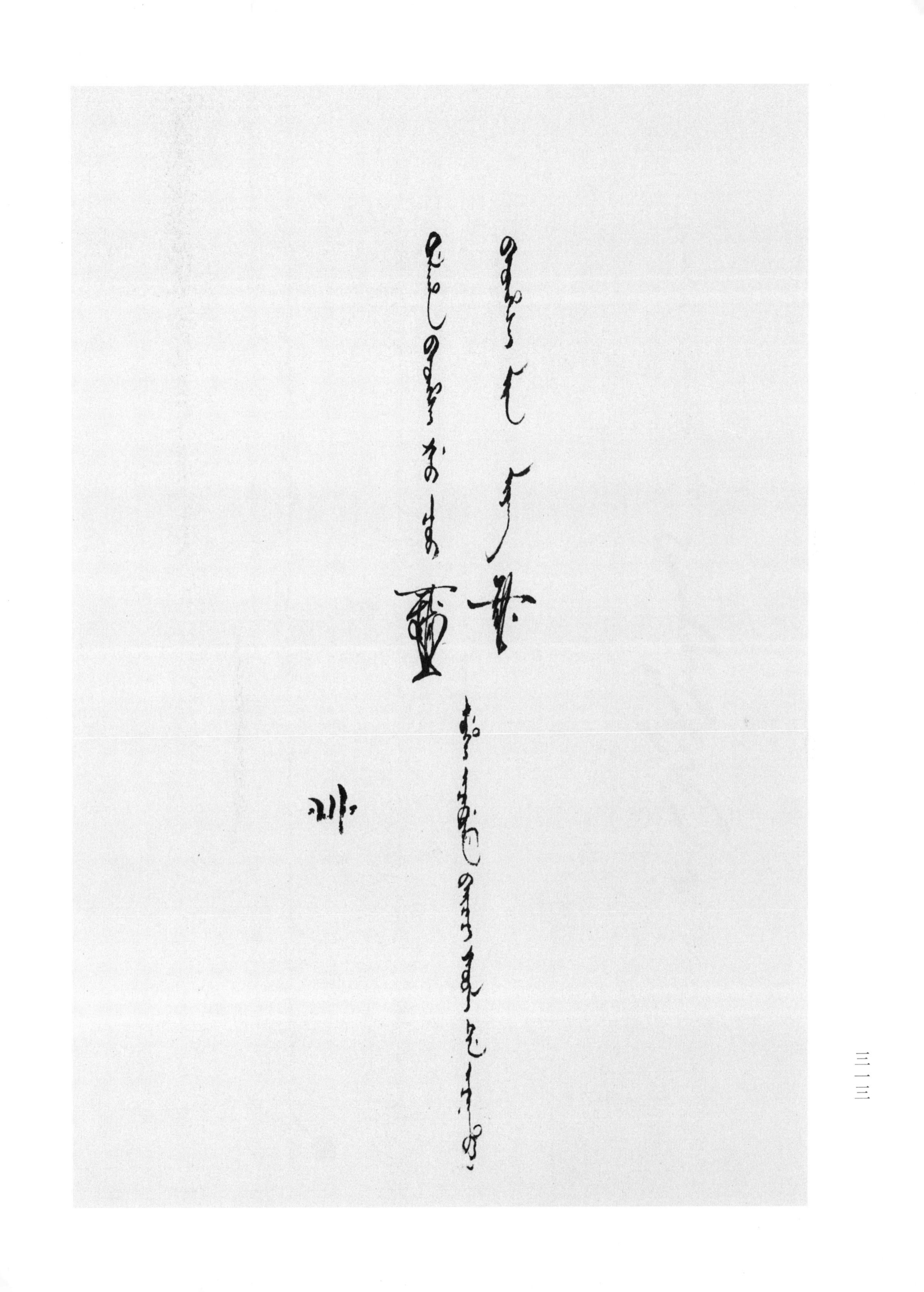

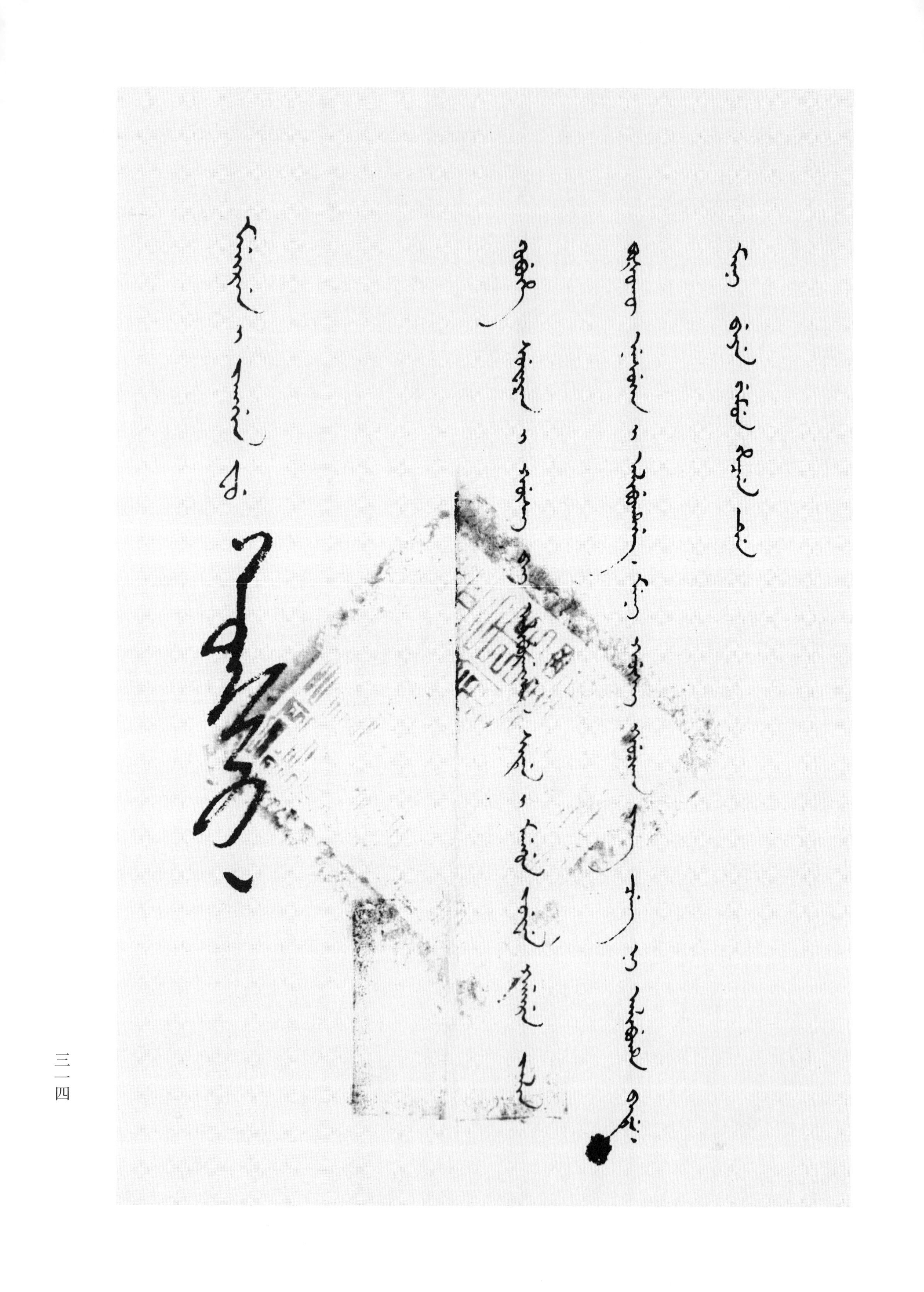

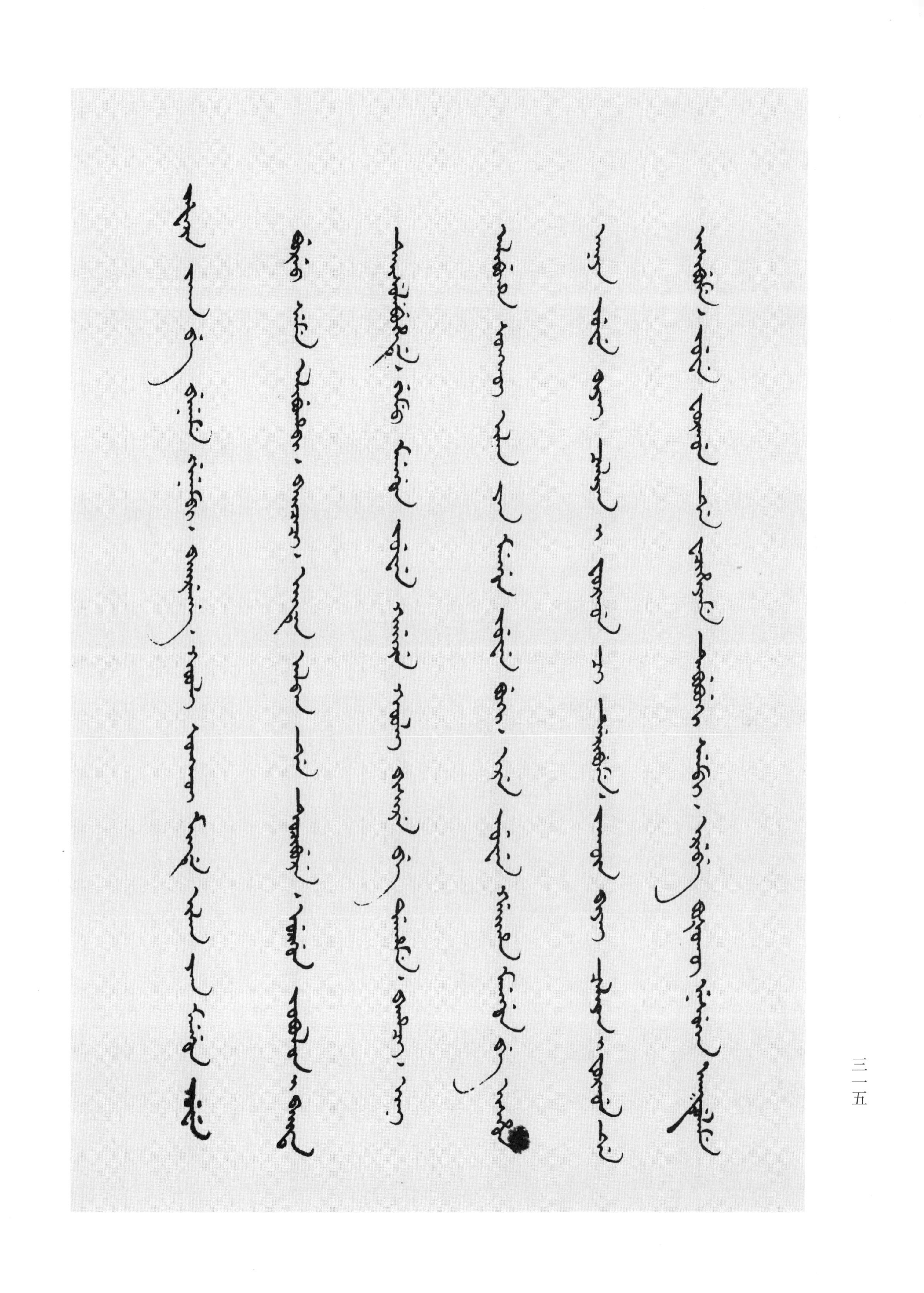

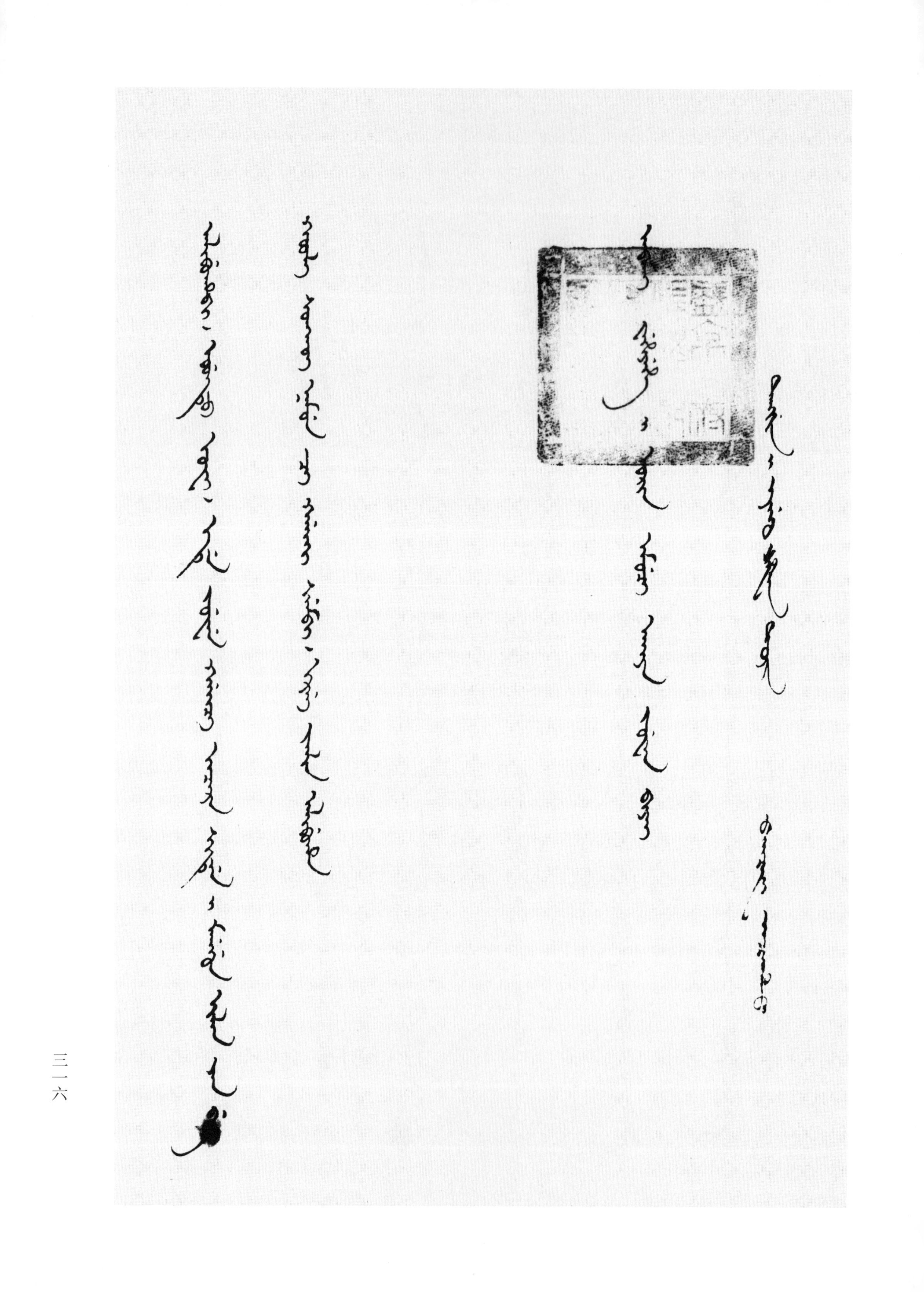

[illegible]

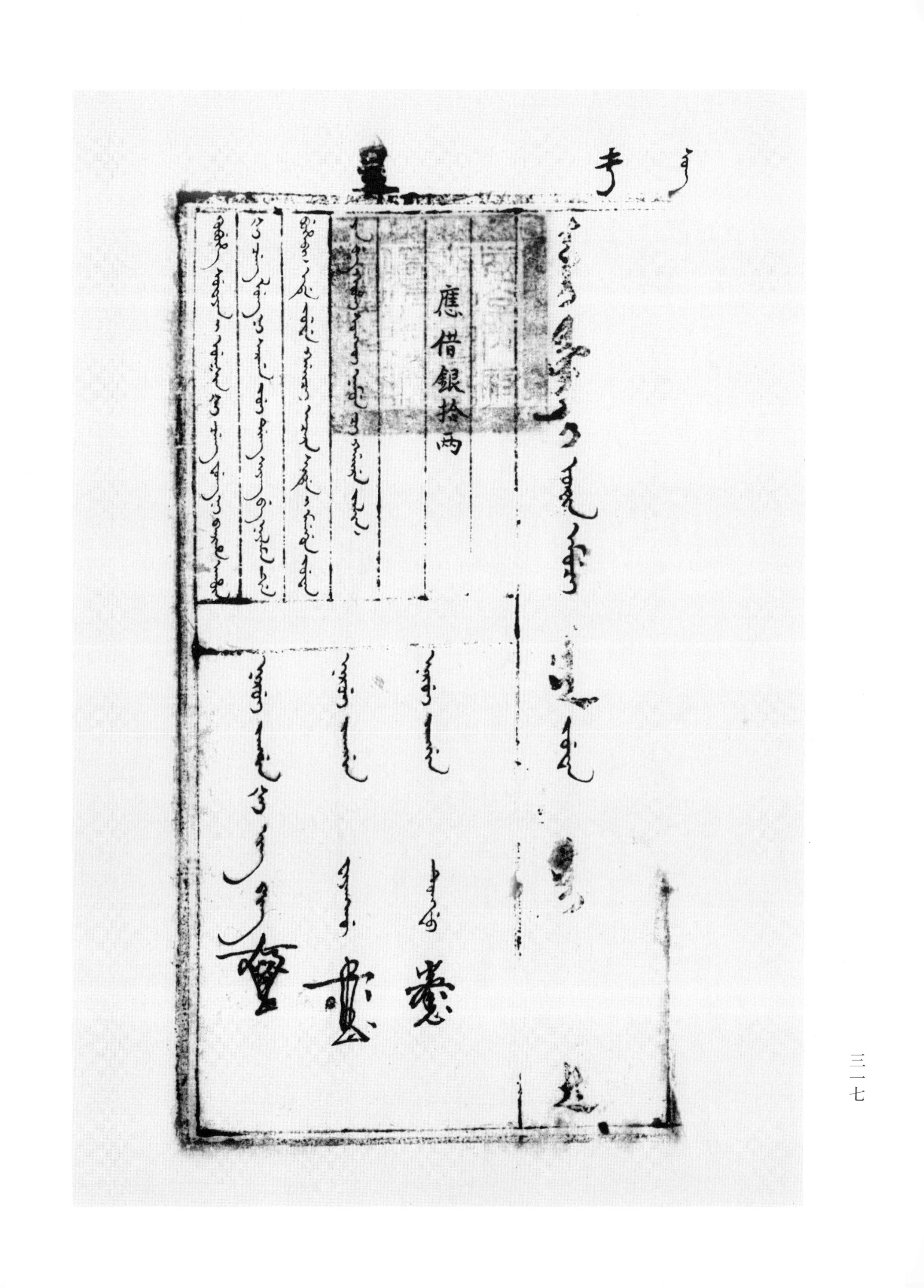

應借銀拾兩

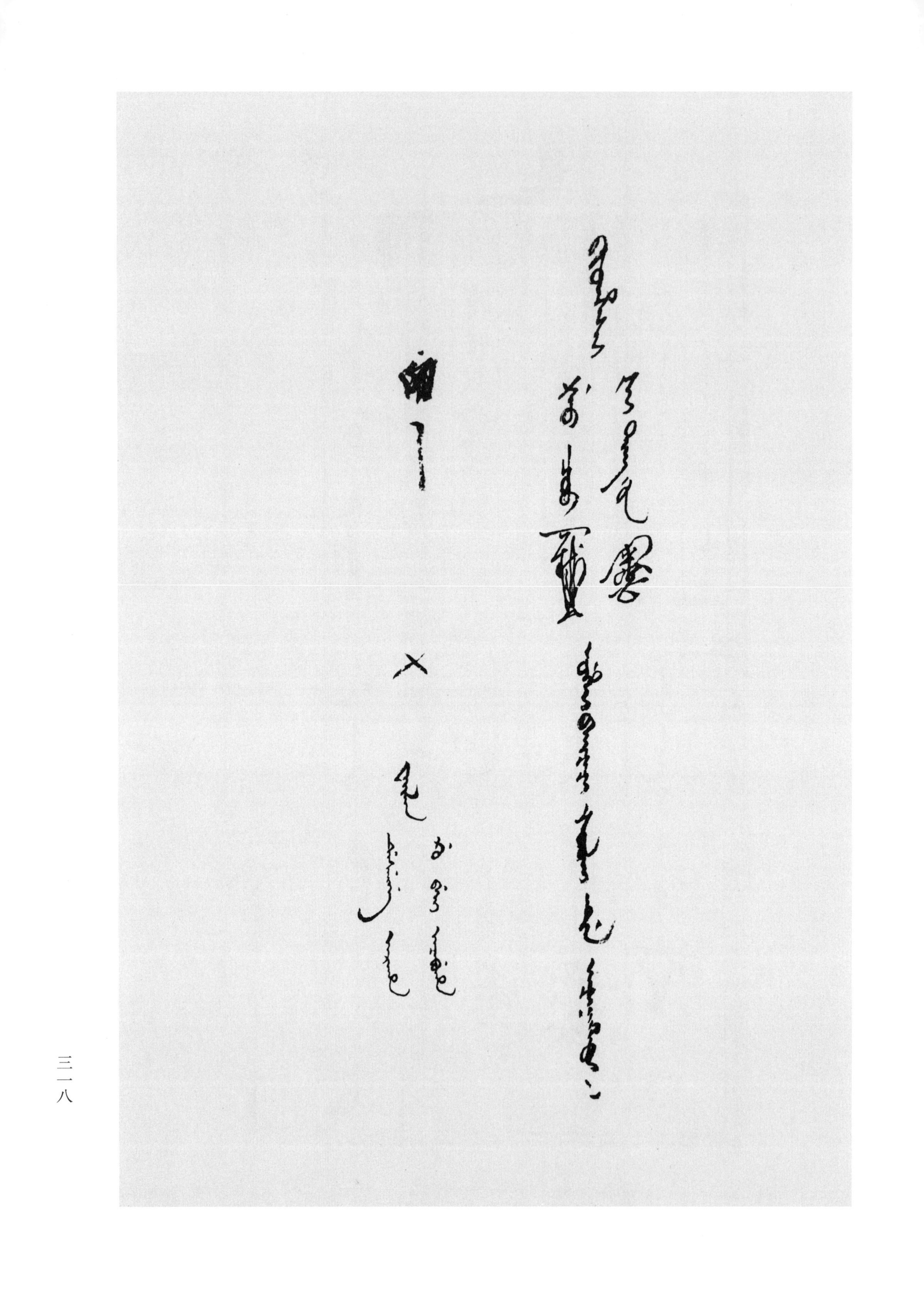

[illegible]

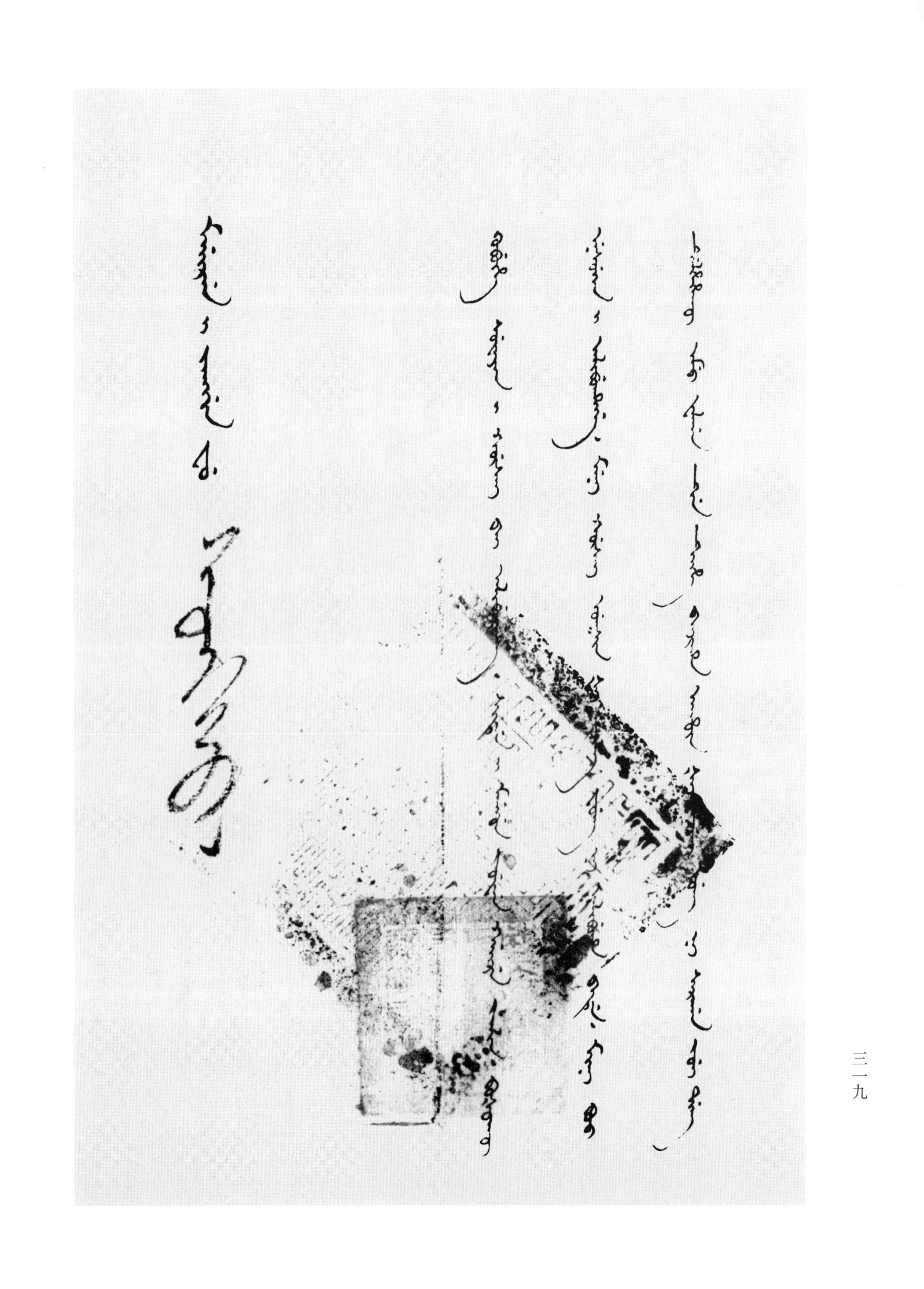

三一九

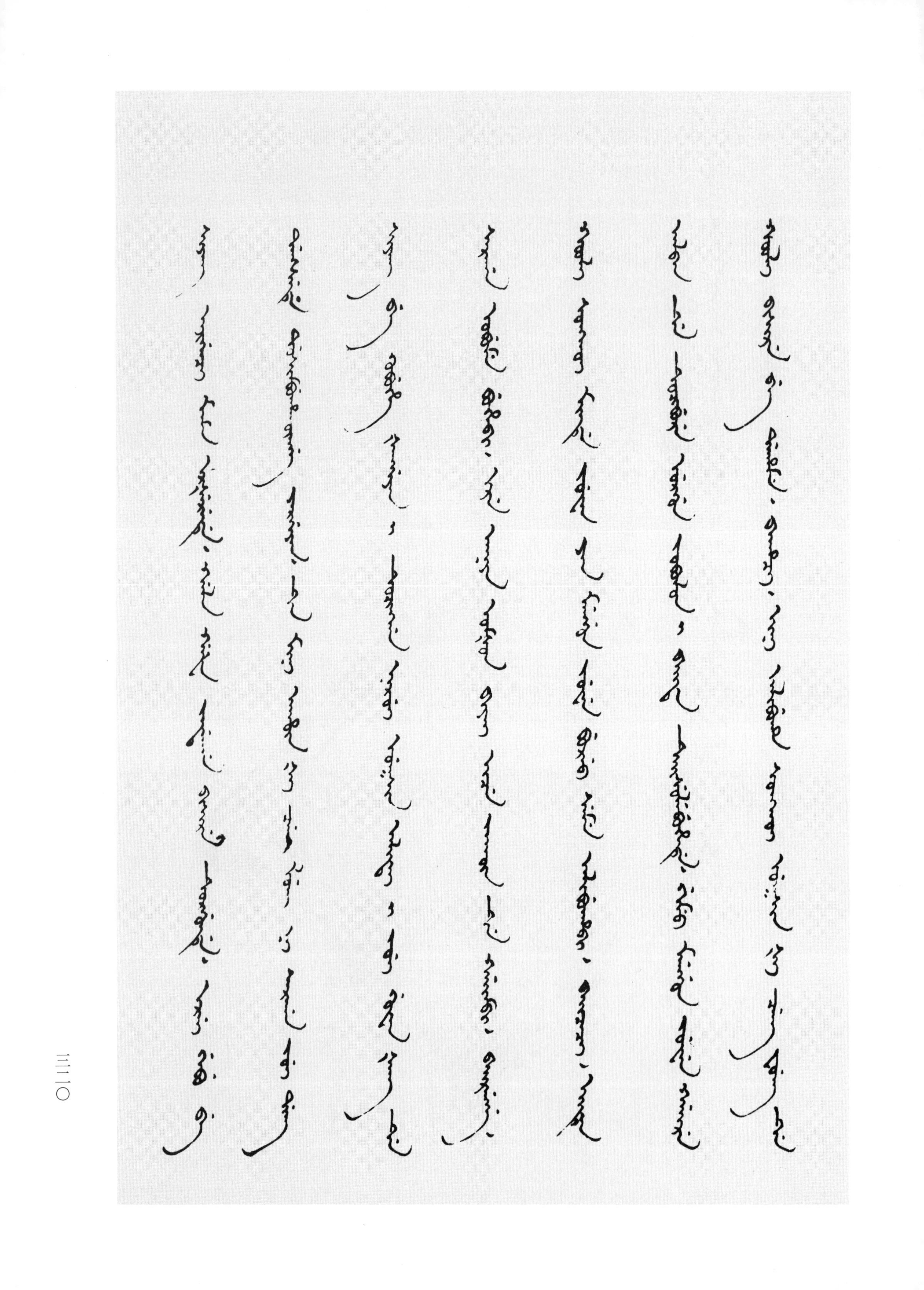

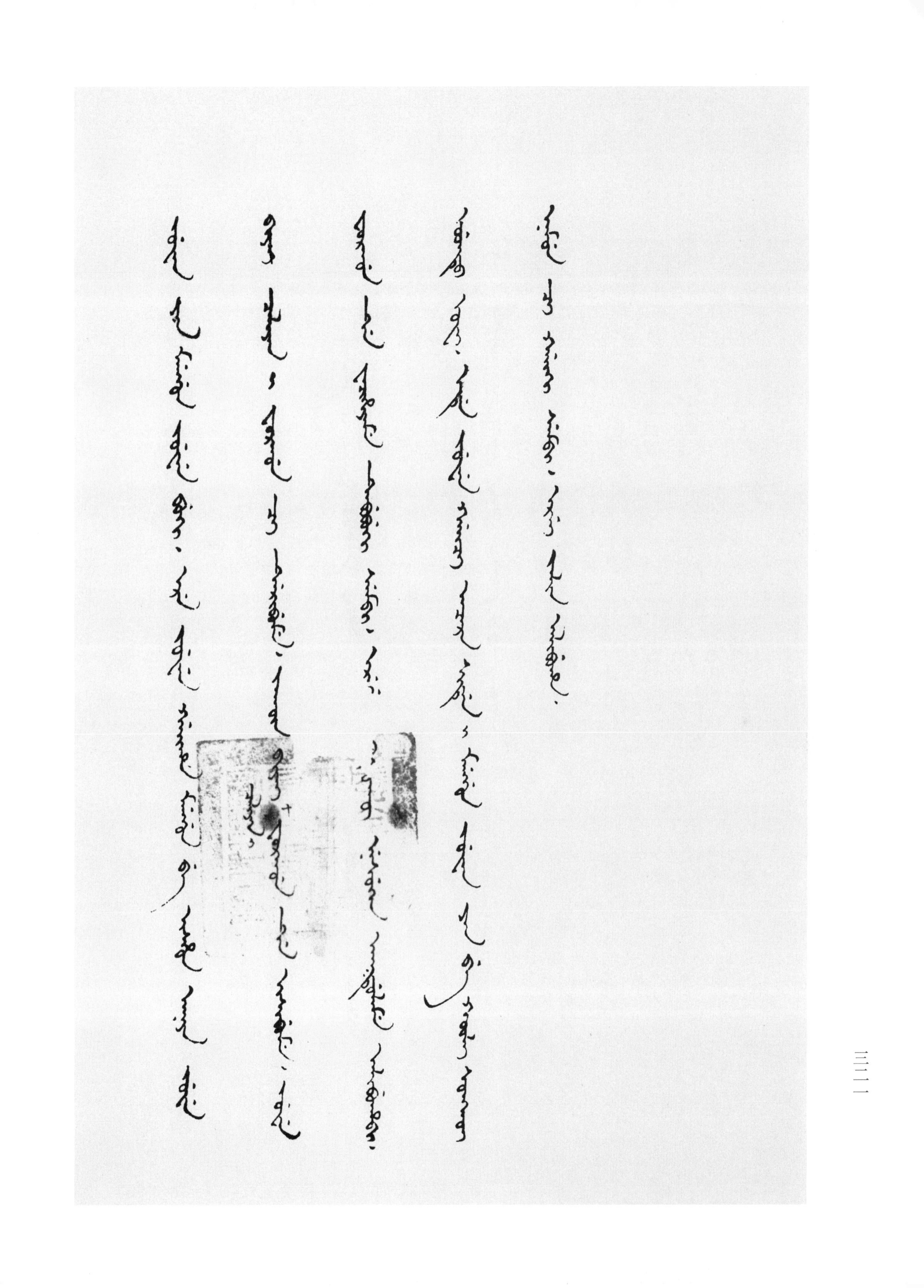

[illegible]

[illegible]

[illegible]

[illegible]

[illegible]

[illegible]

[illegible]

[illegible]

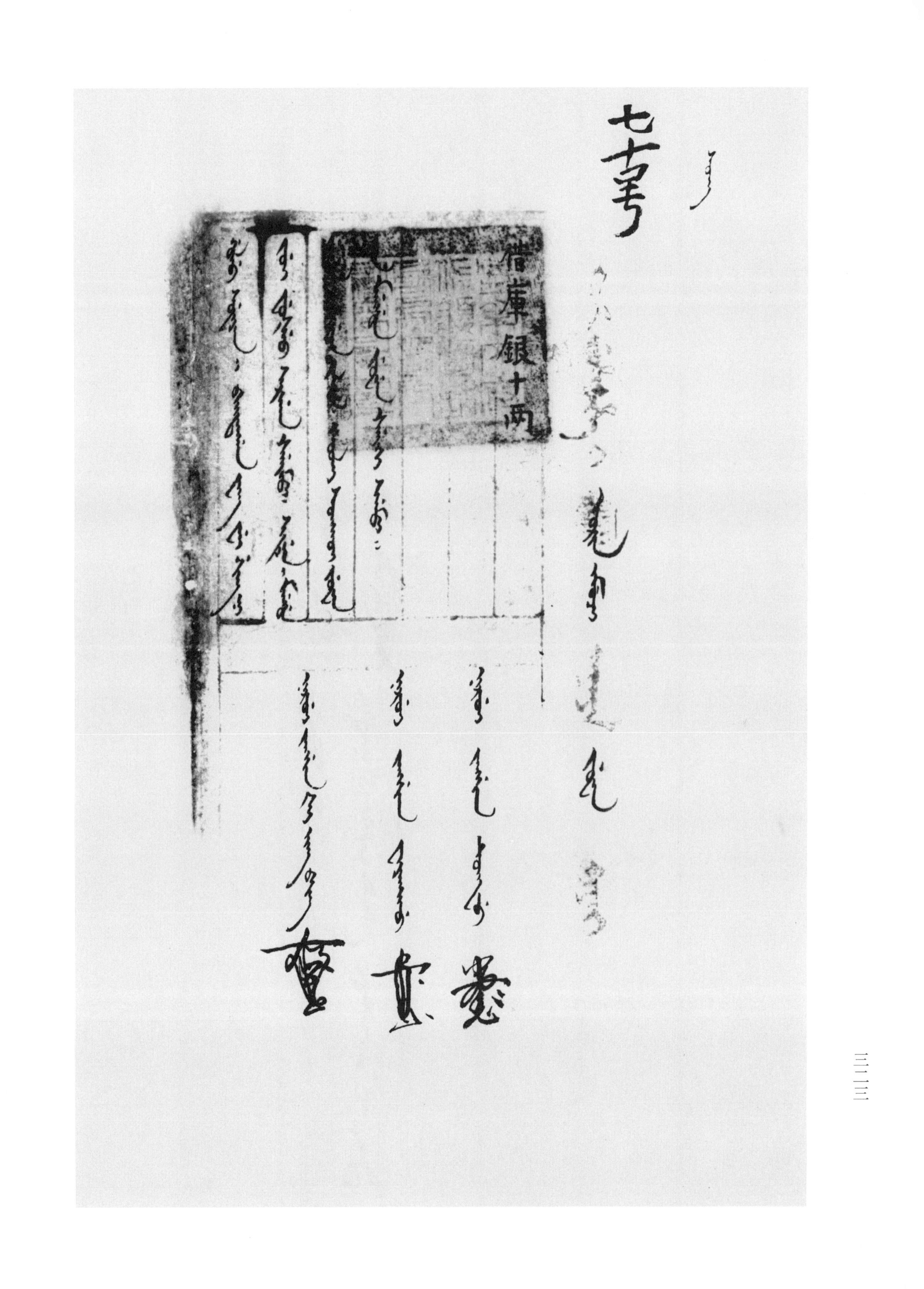

七十号

借庫銀十兩

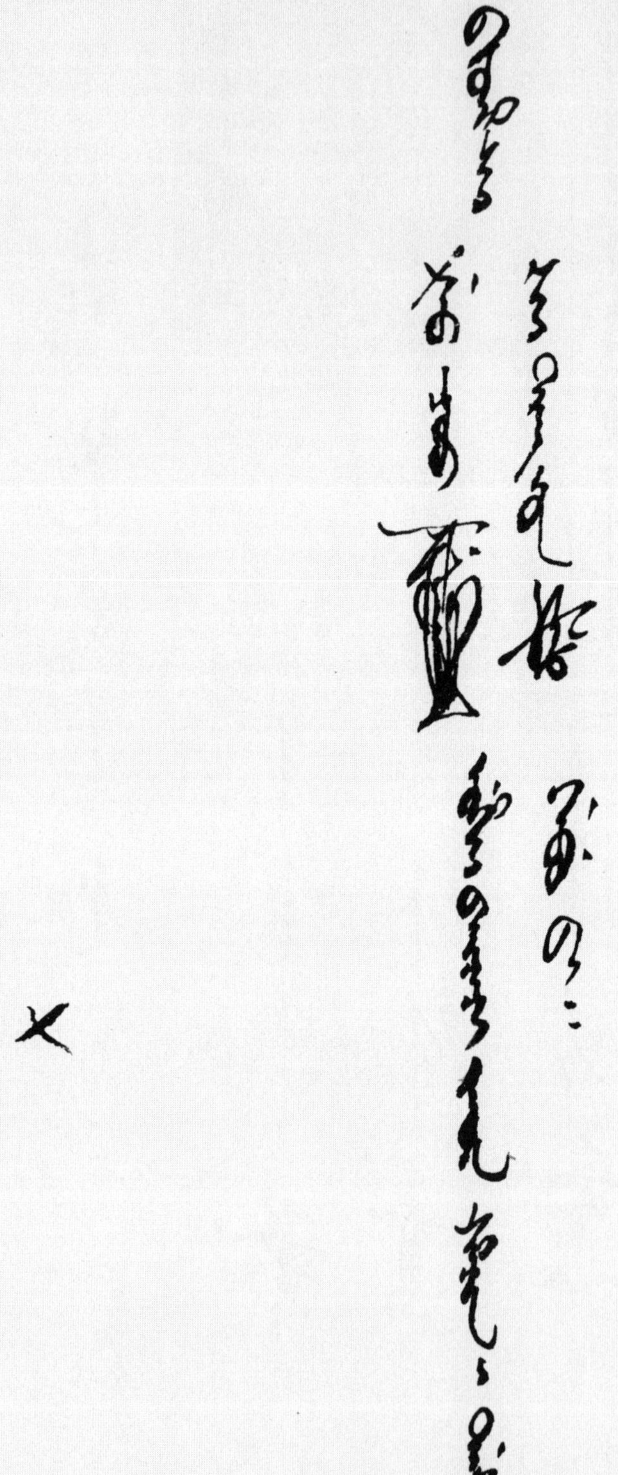

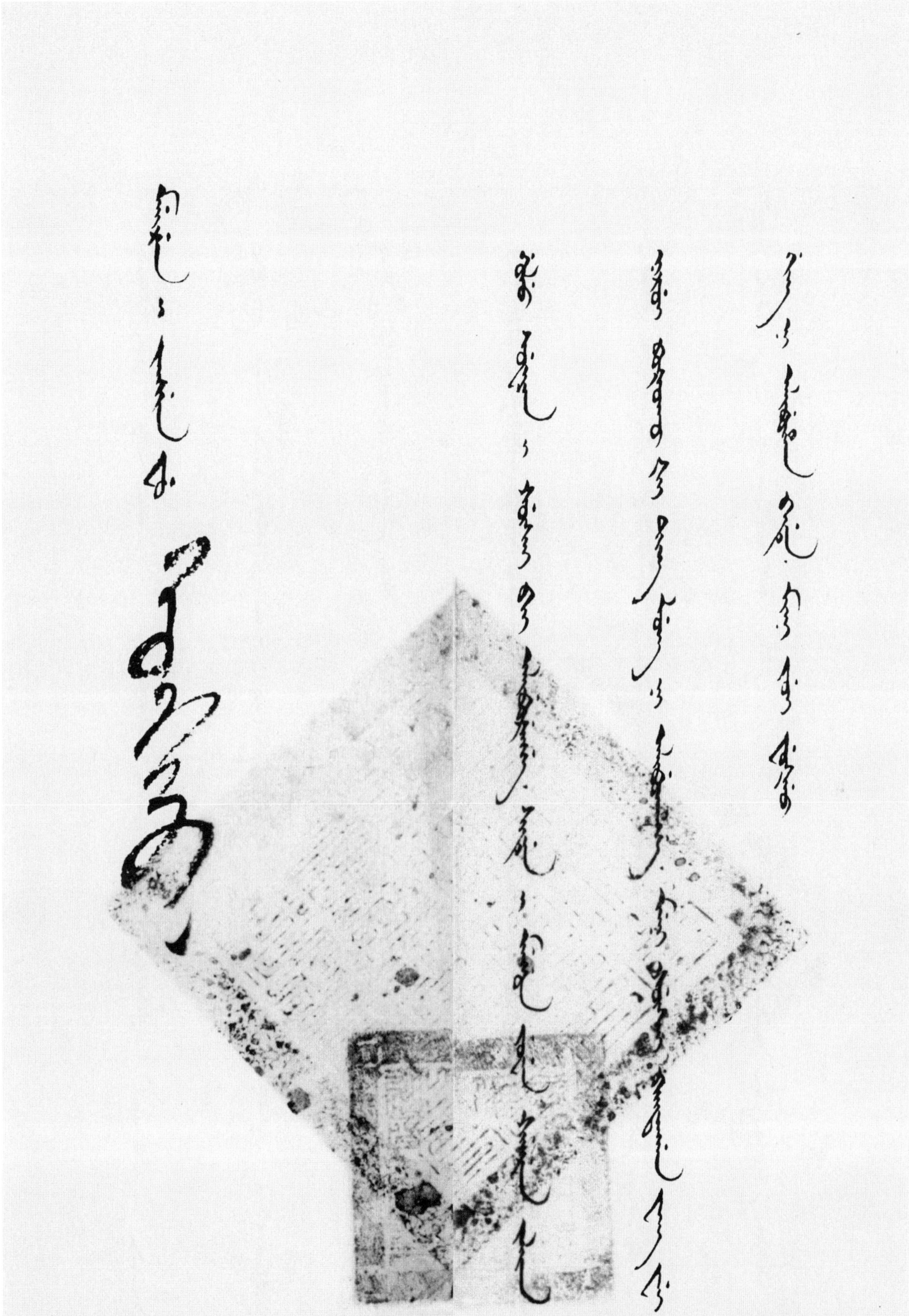

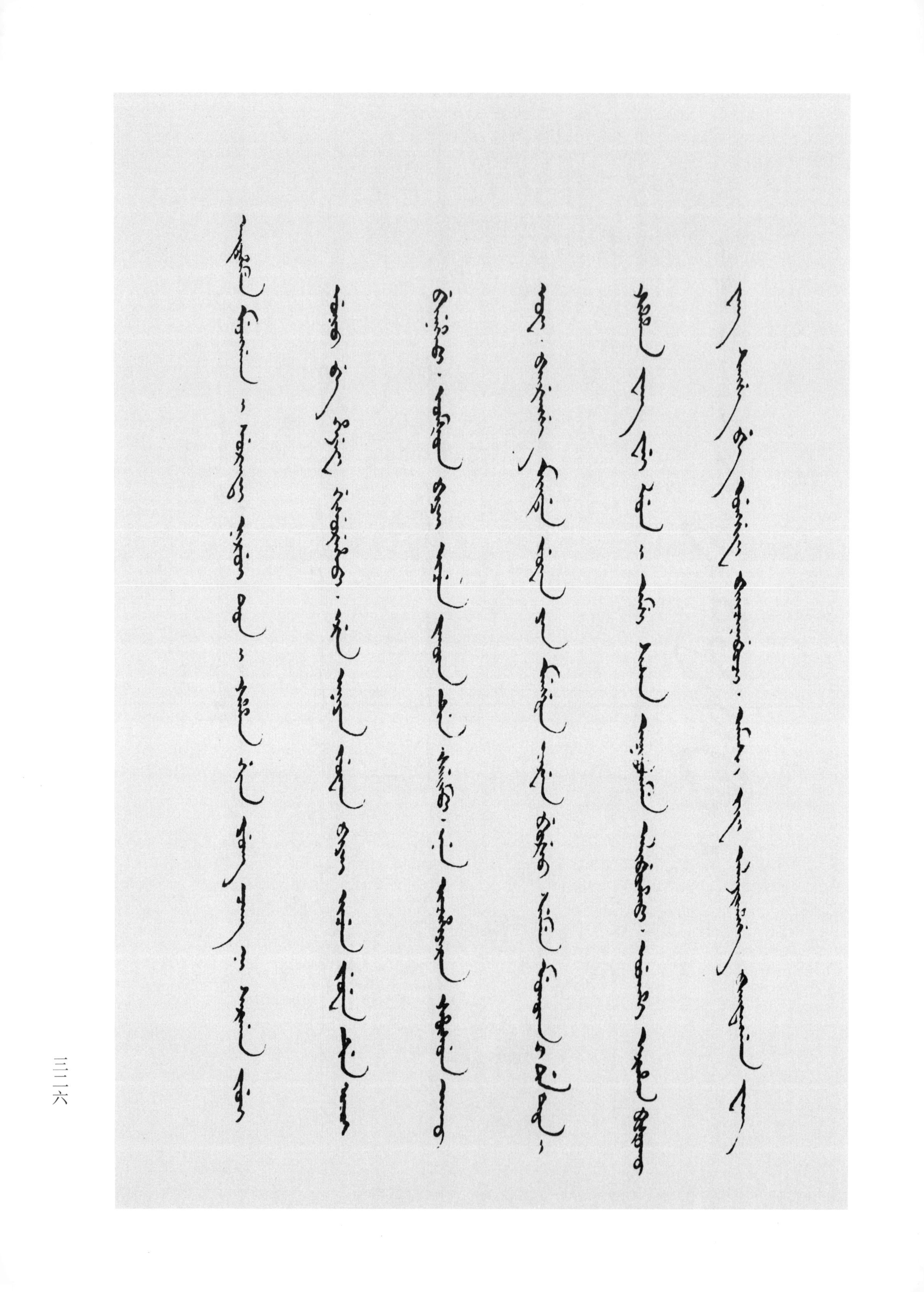

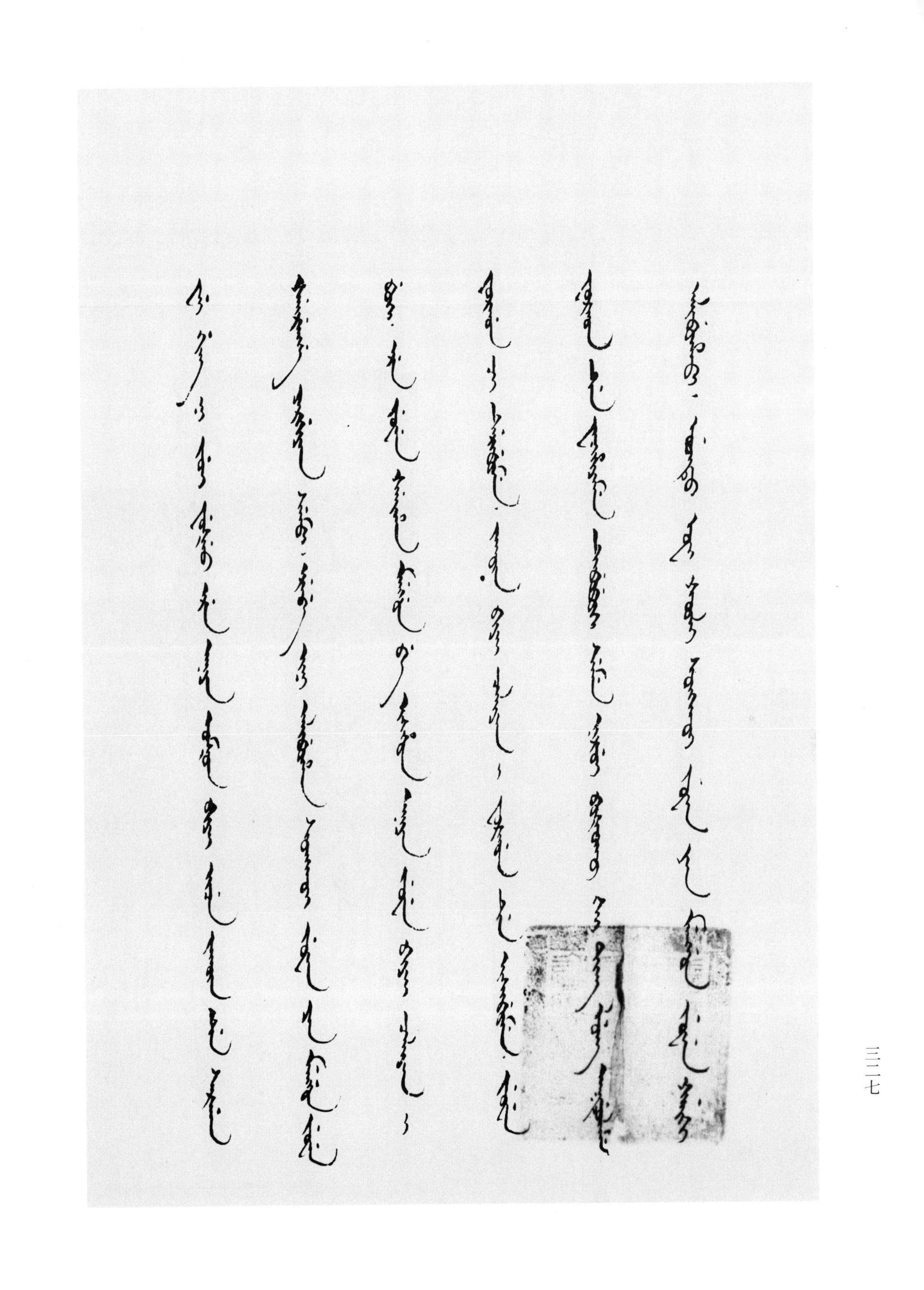

三二七

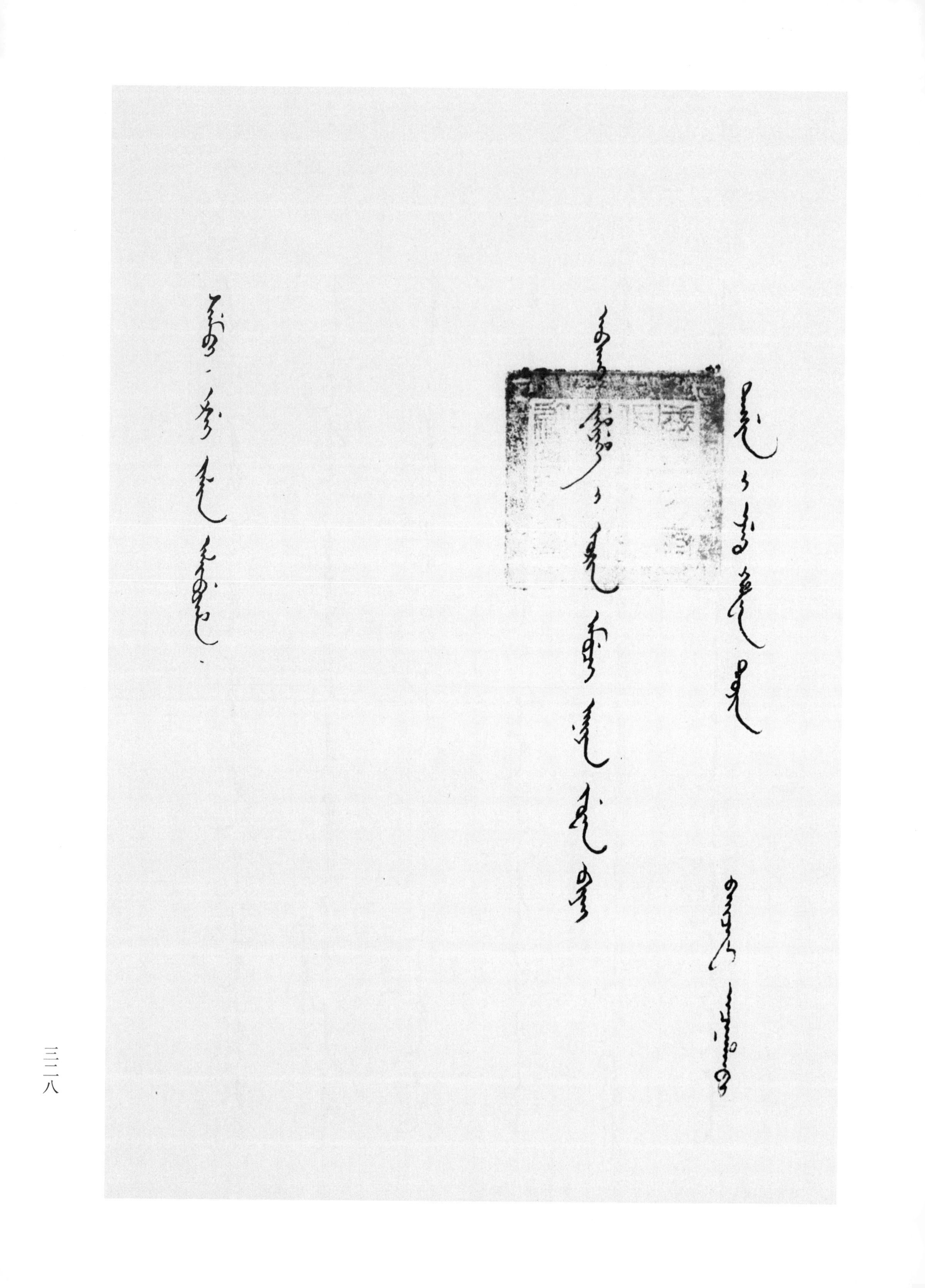

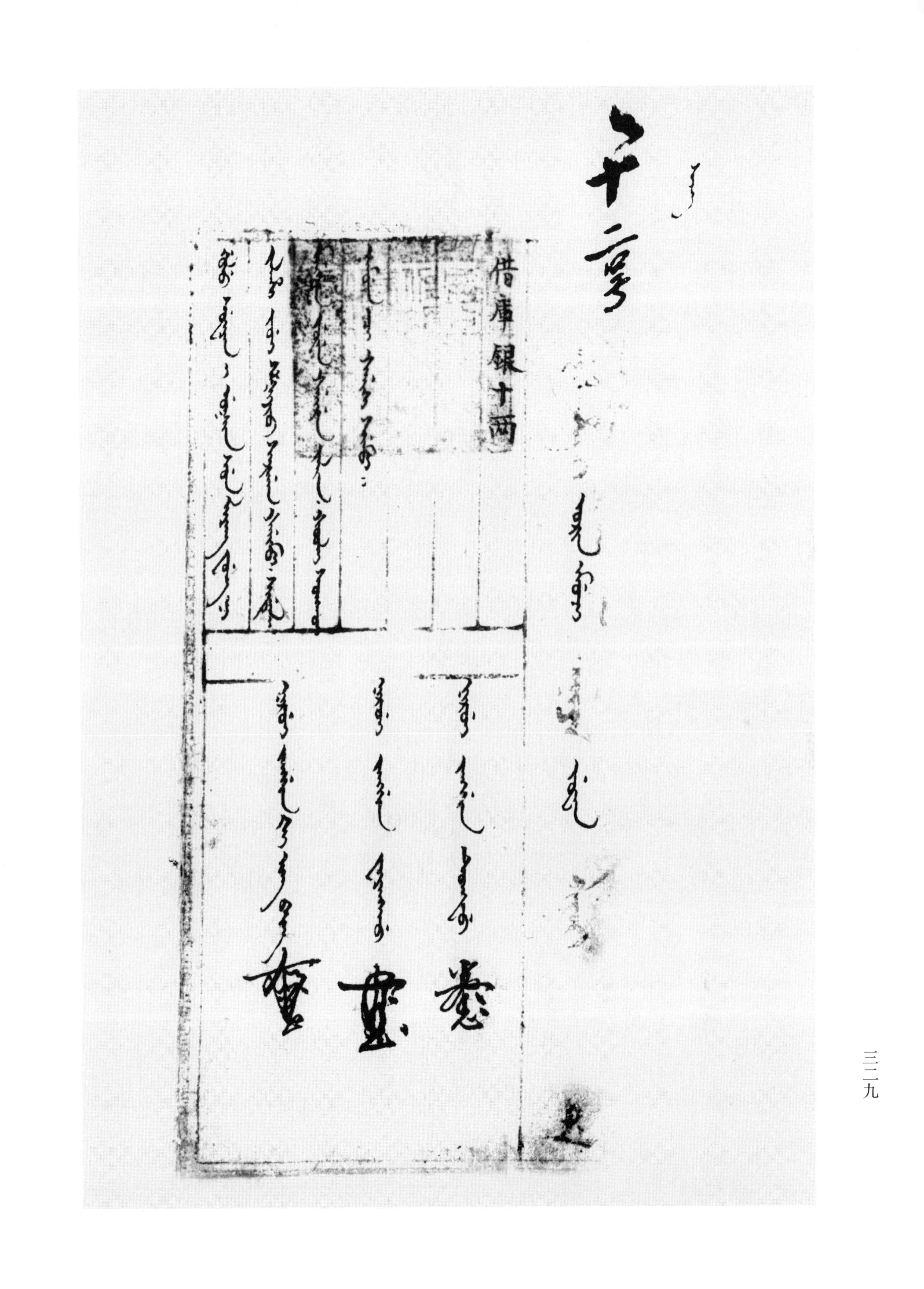

借庫銀十兩

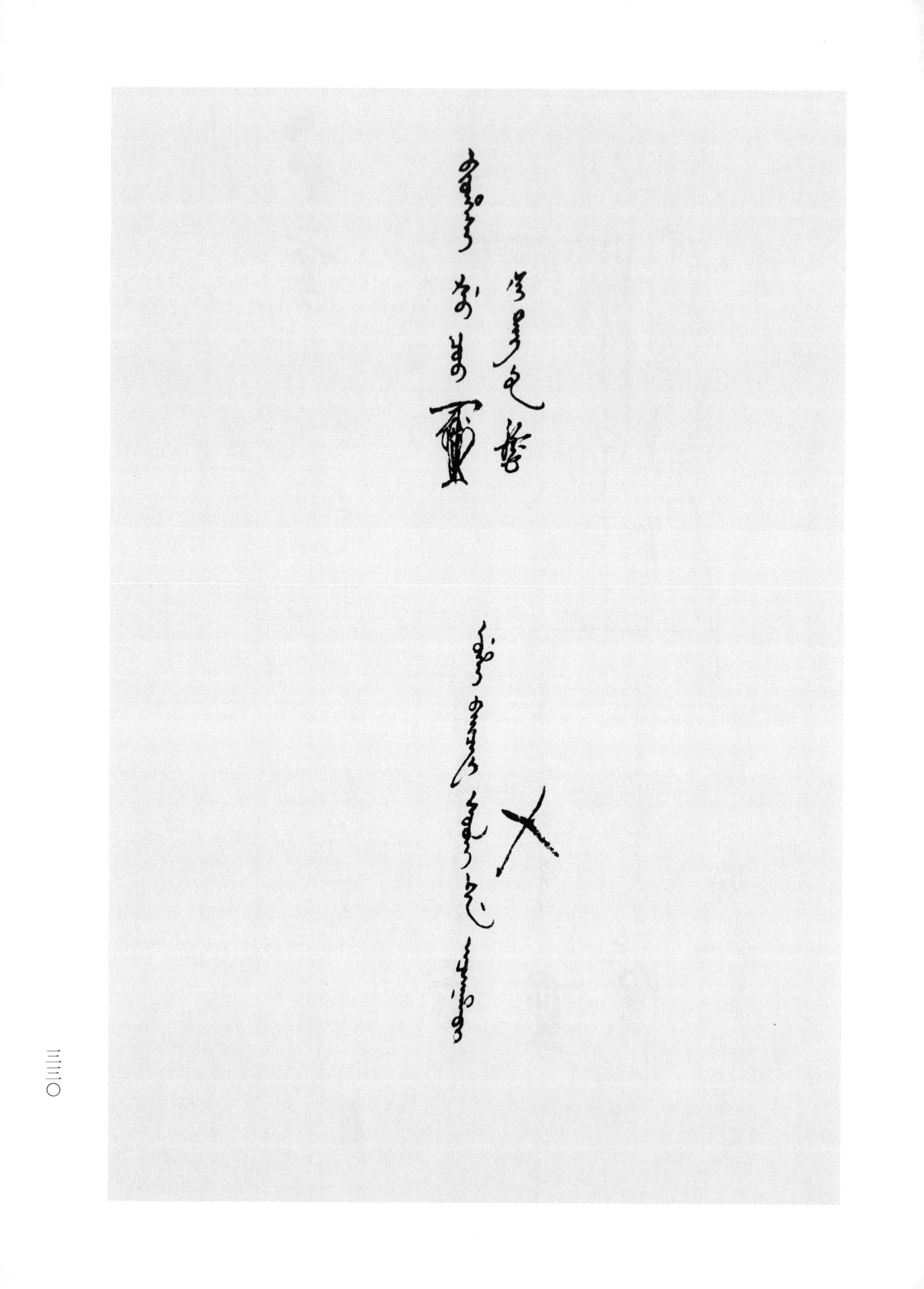

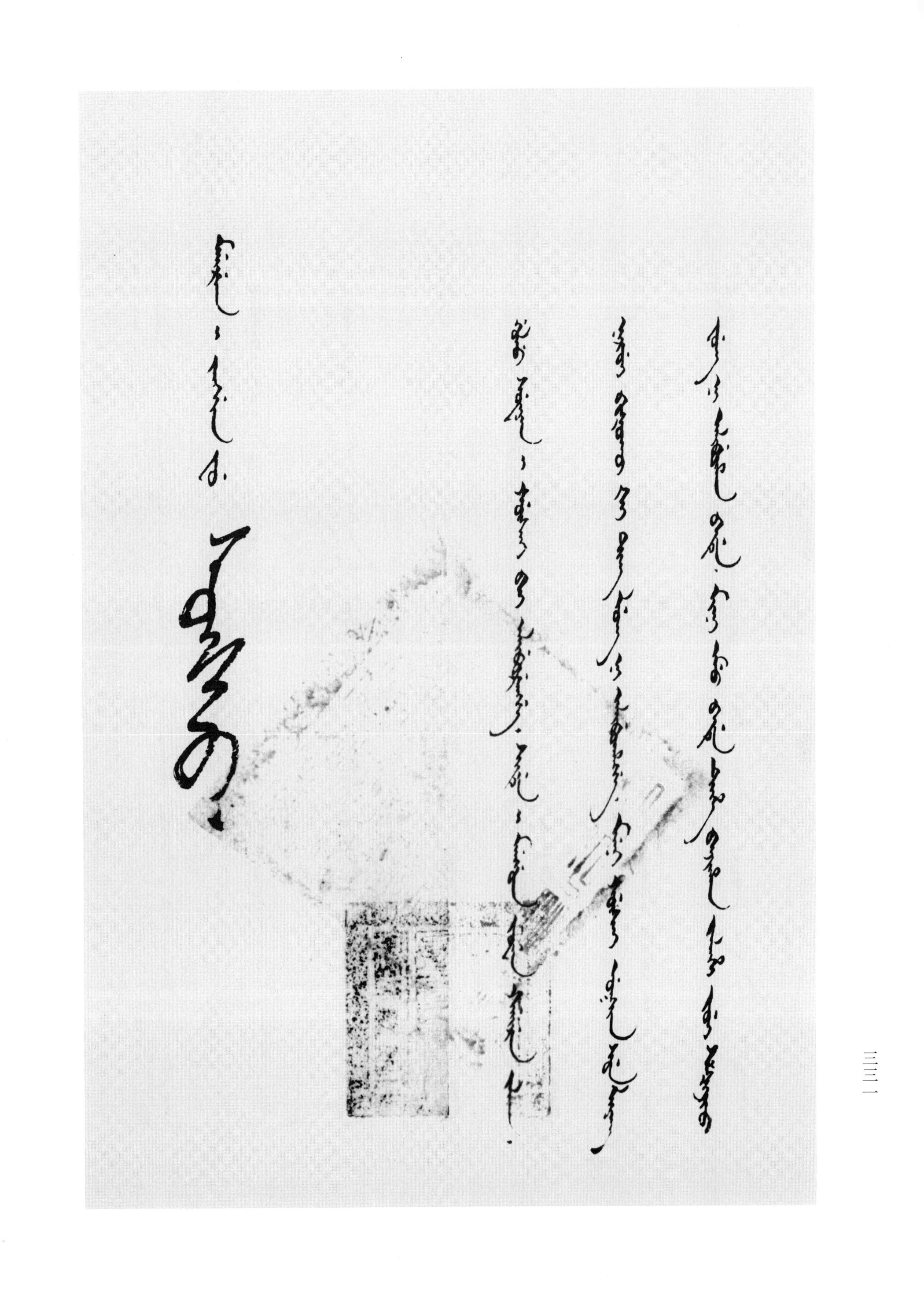

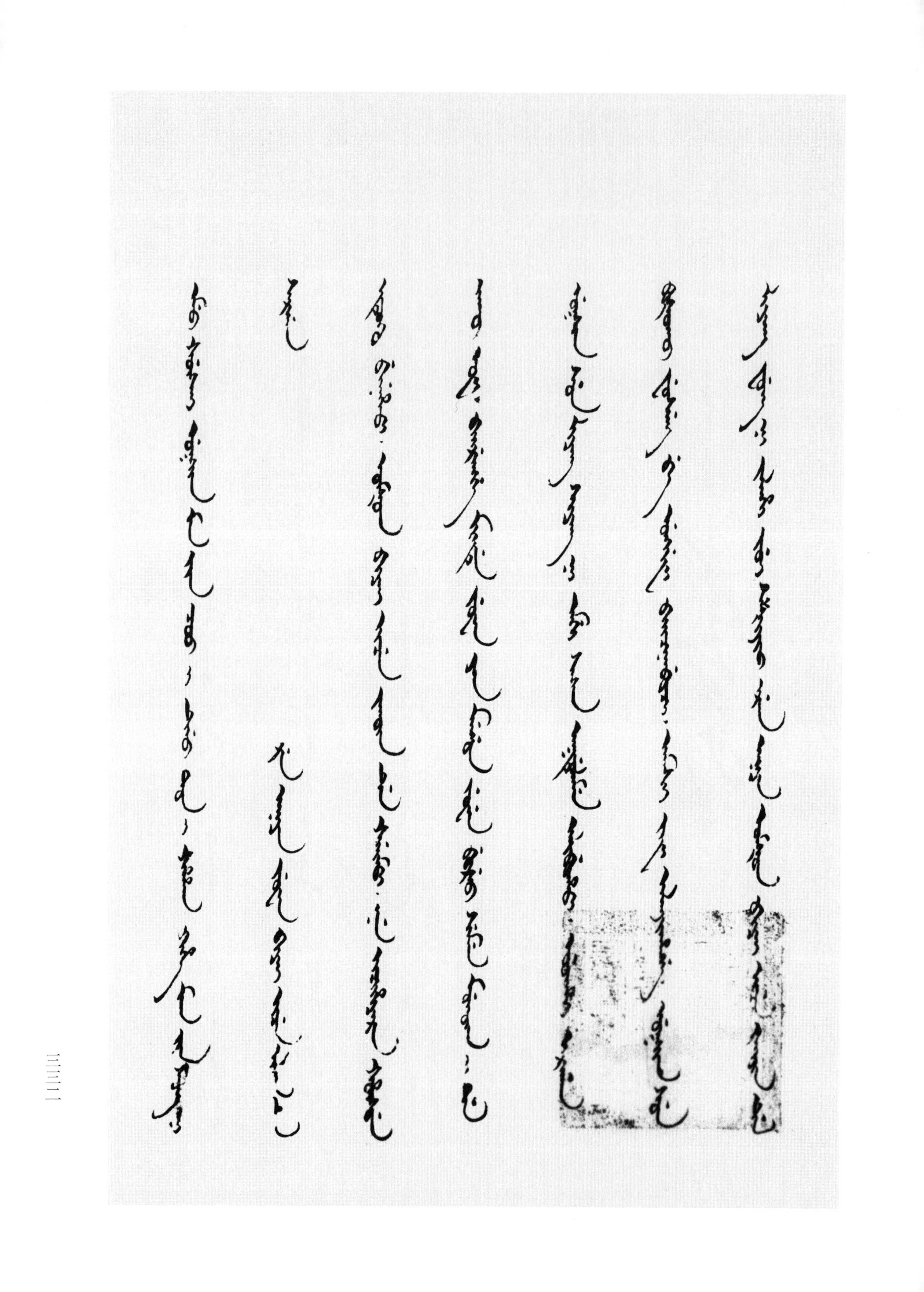

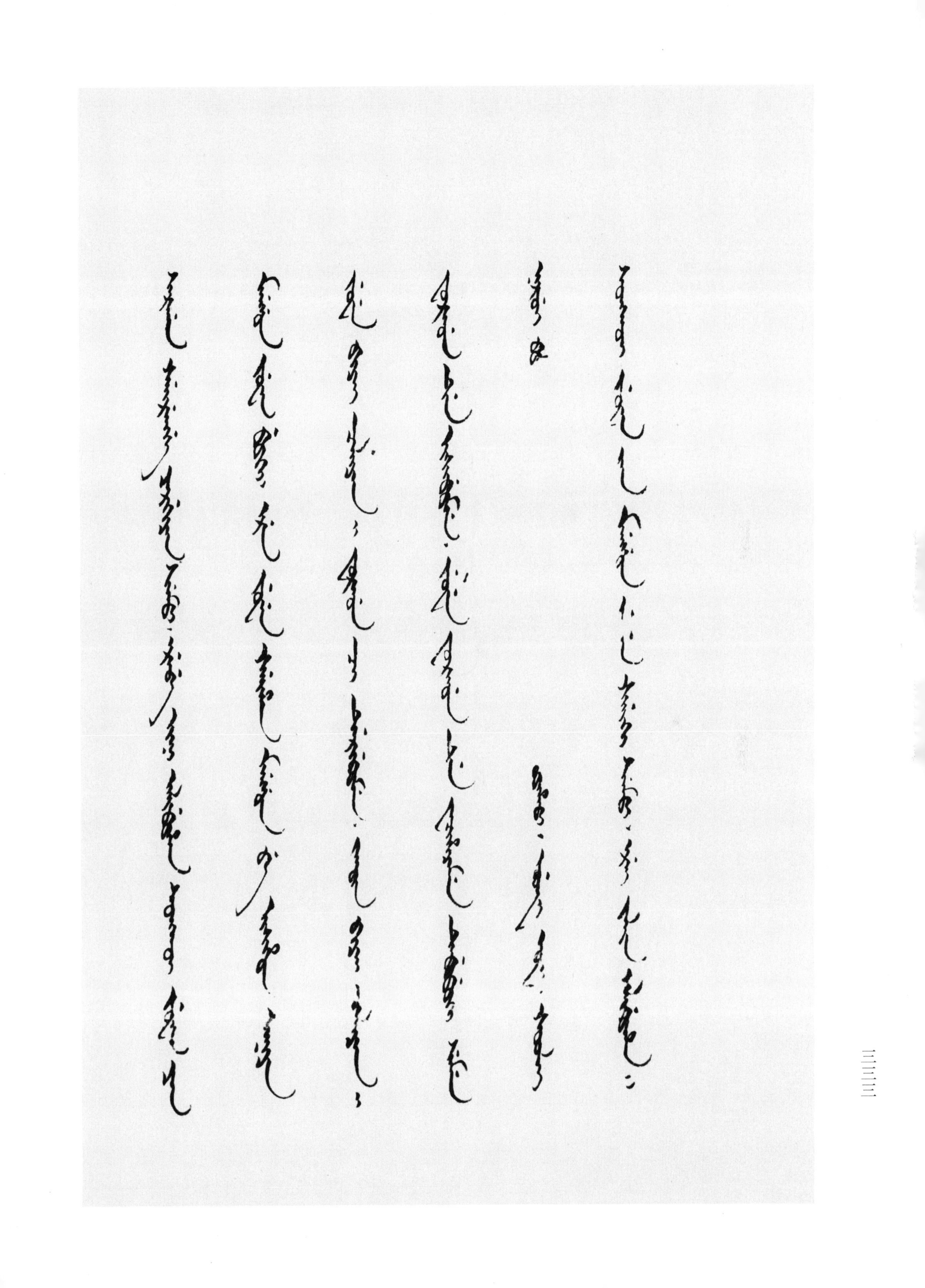

[illegible]

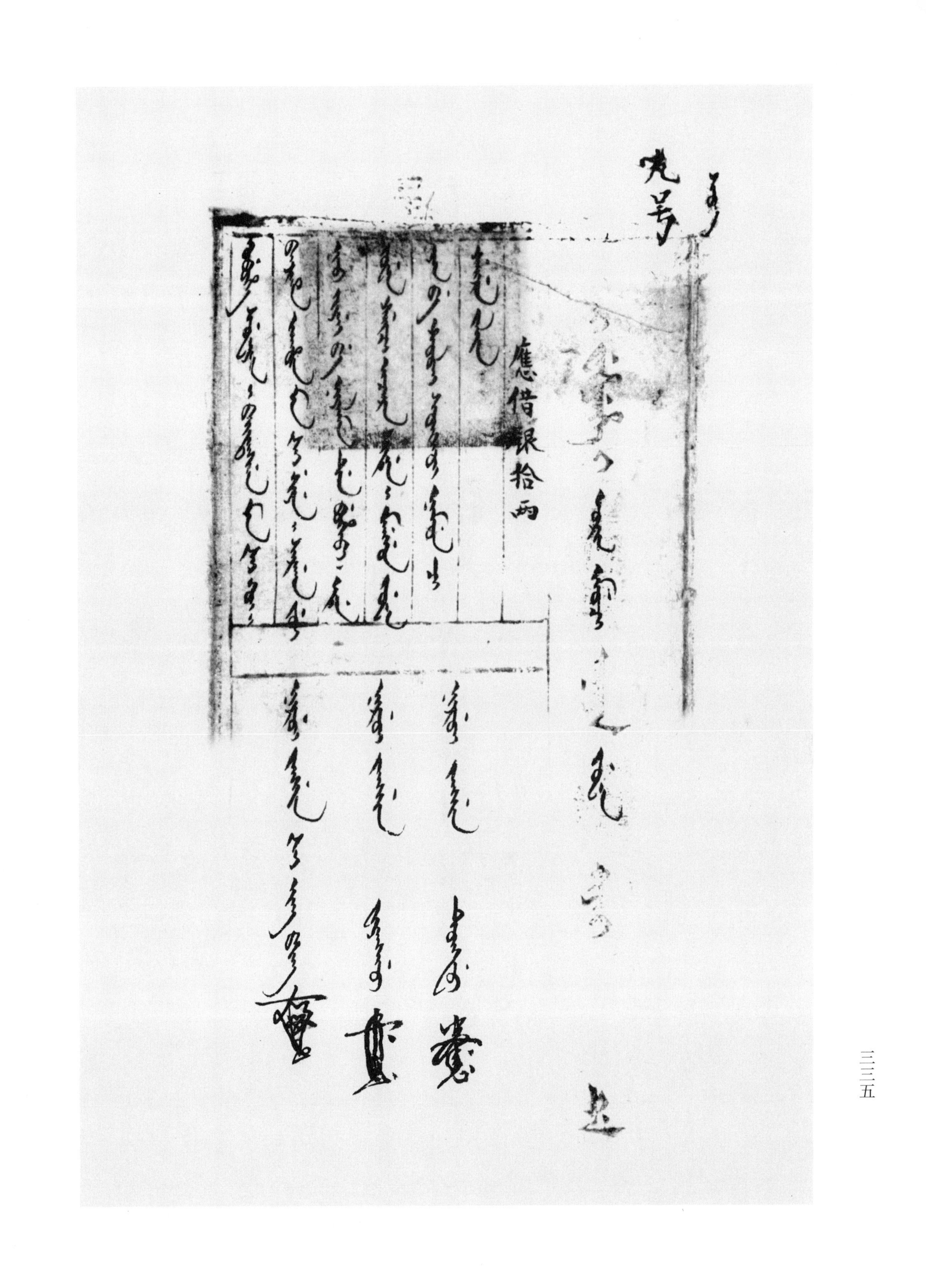

應借銀拾兩

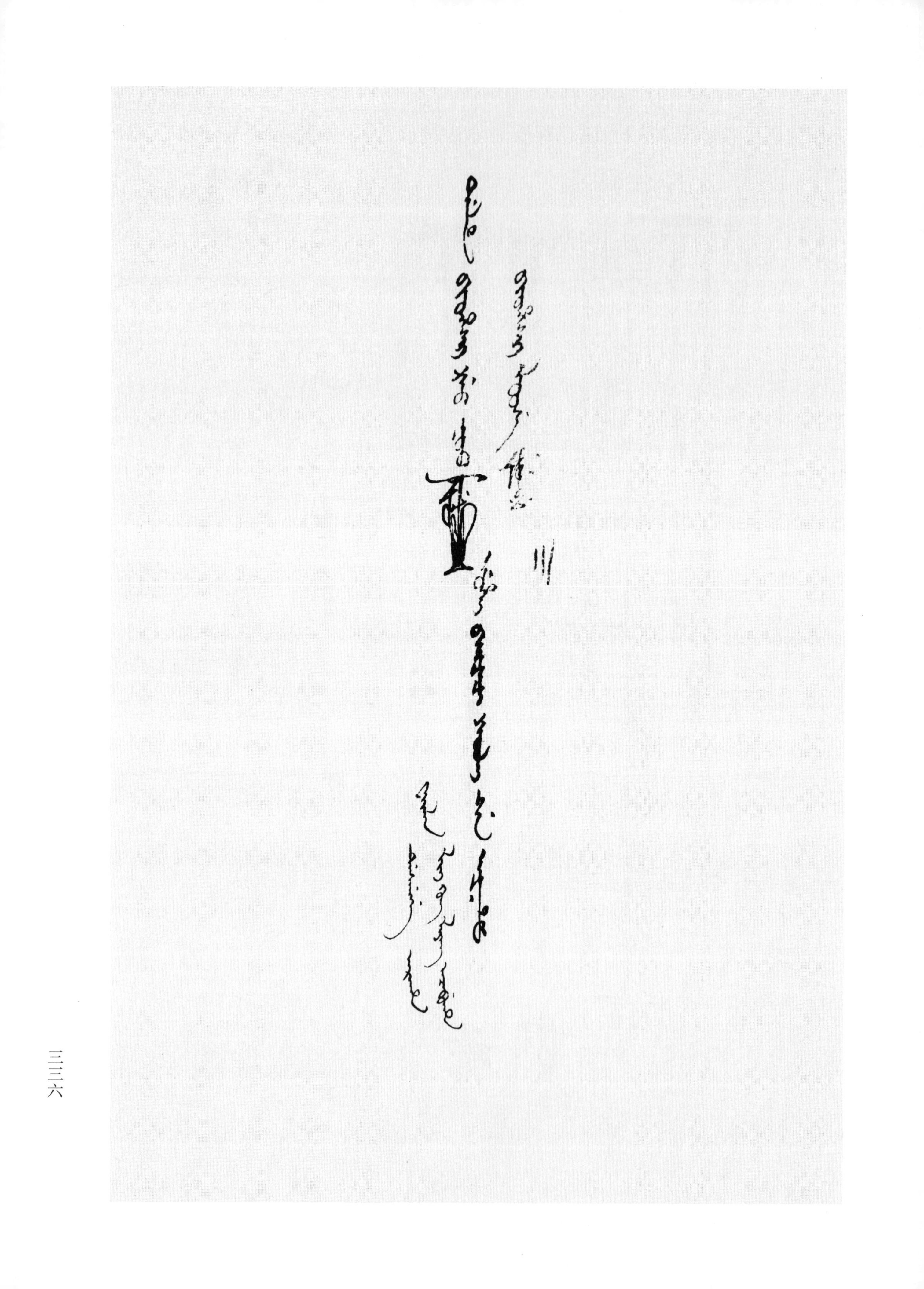

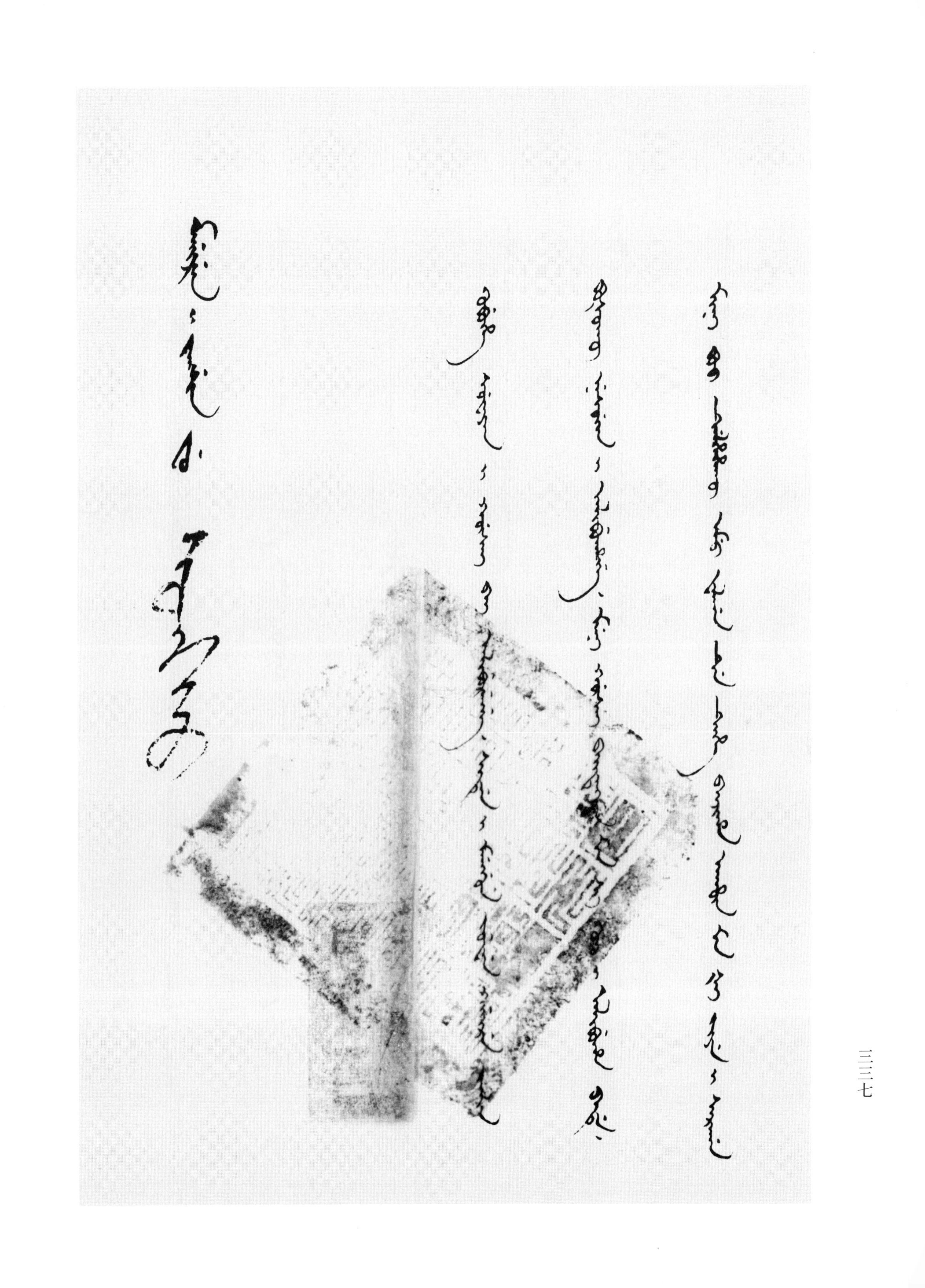

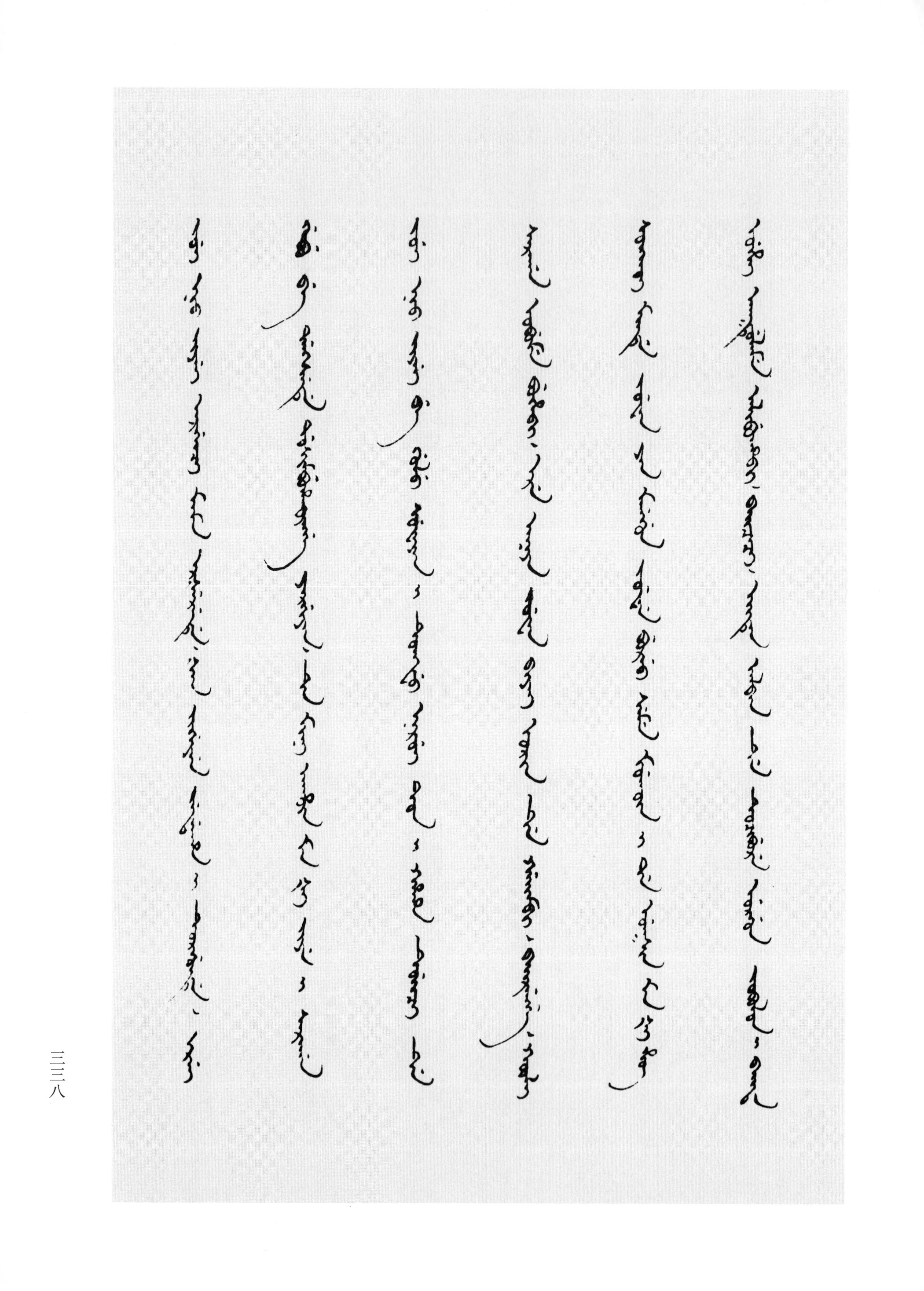

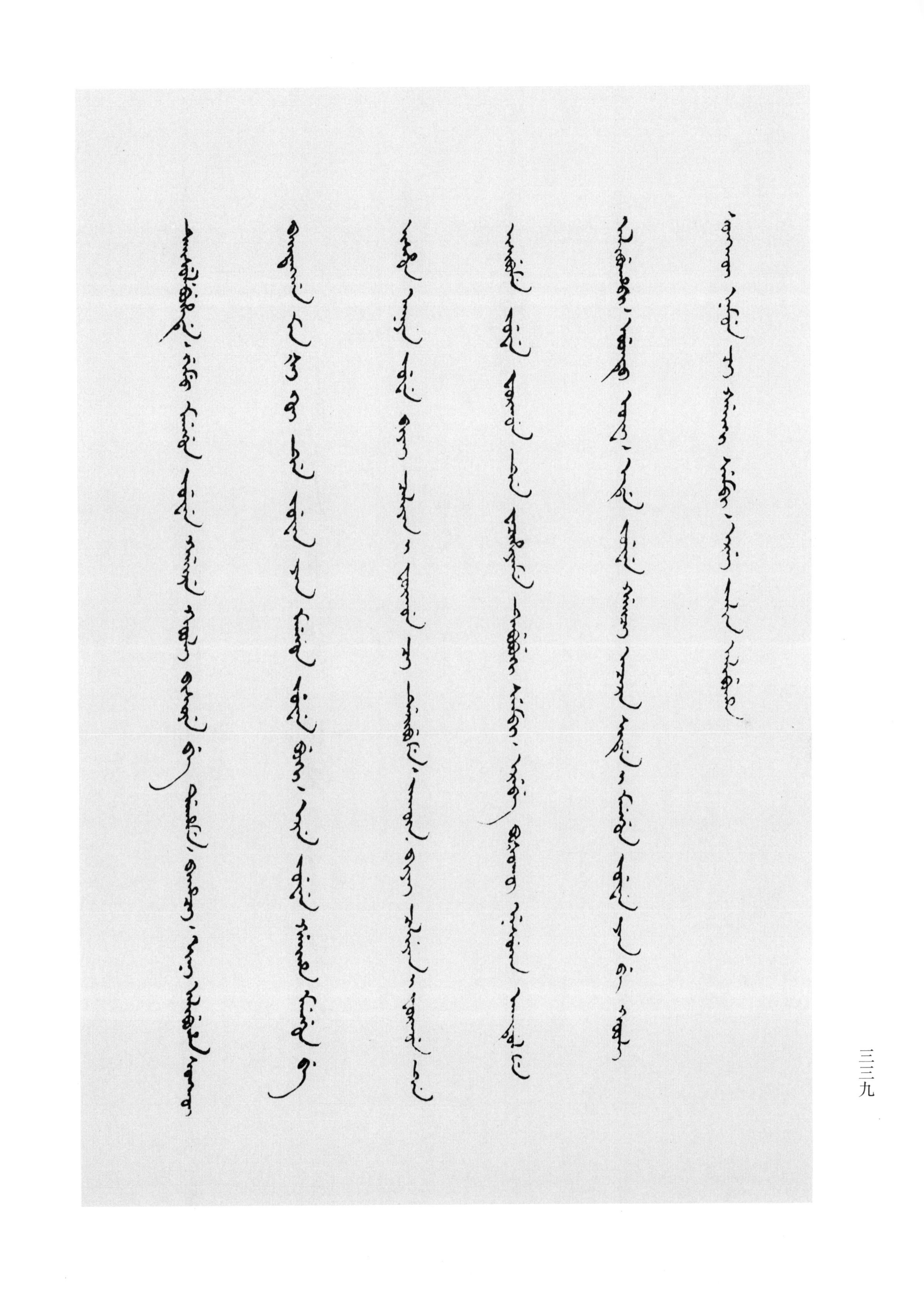

三三九

[illegible]

[illegible]

一百〇一号

應領銀六兩

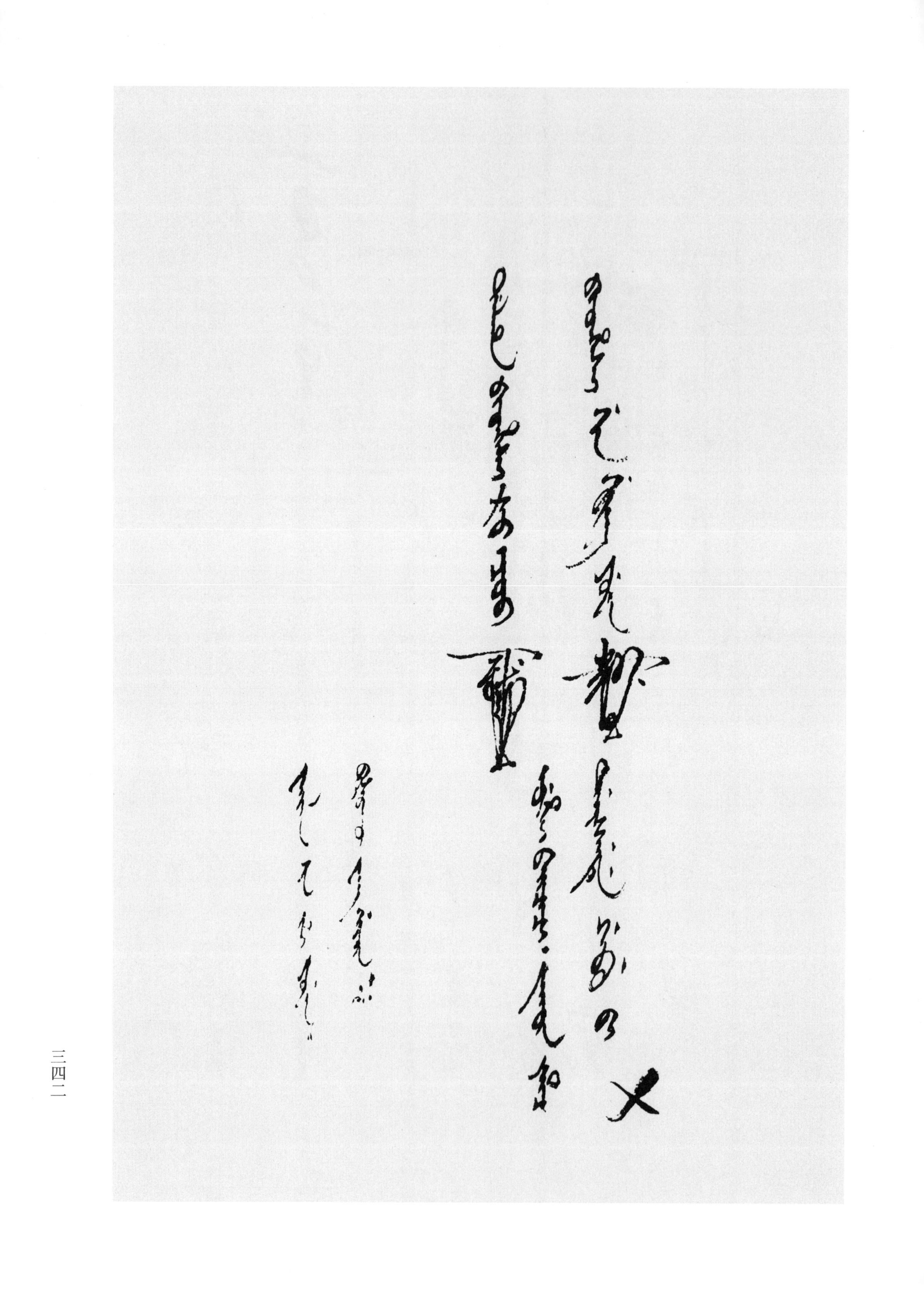

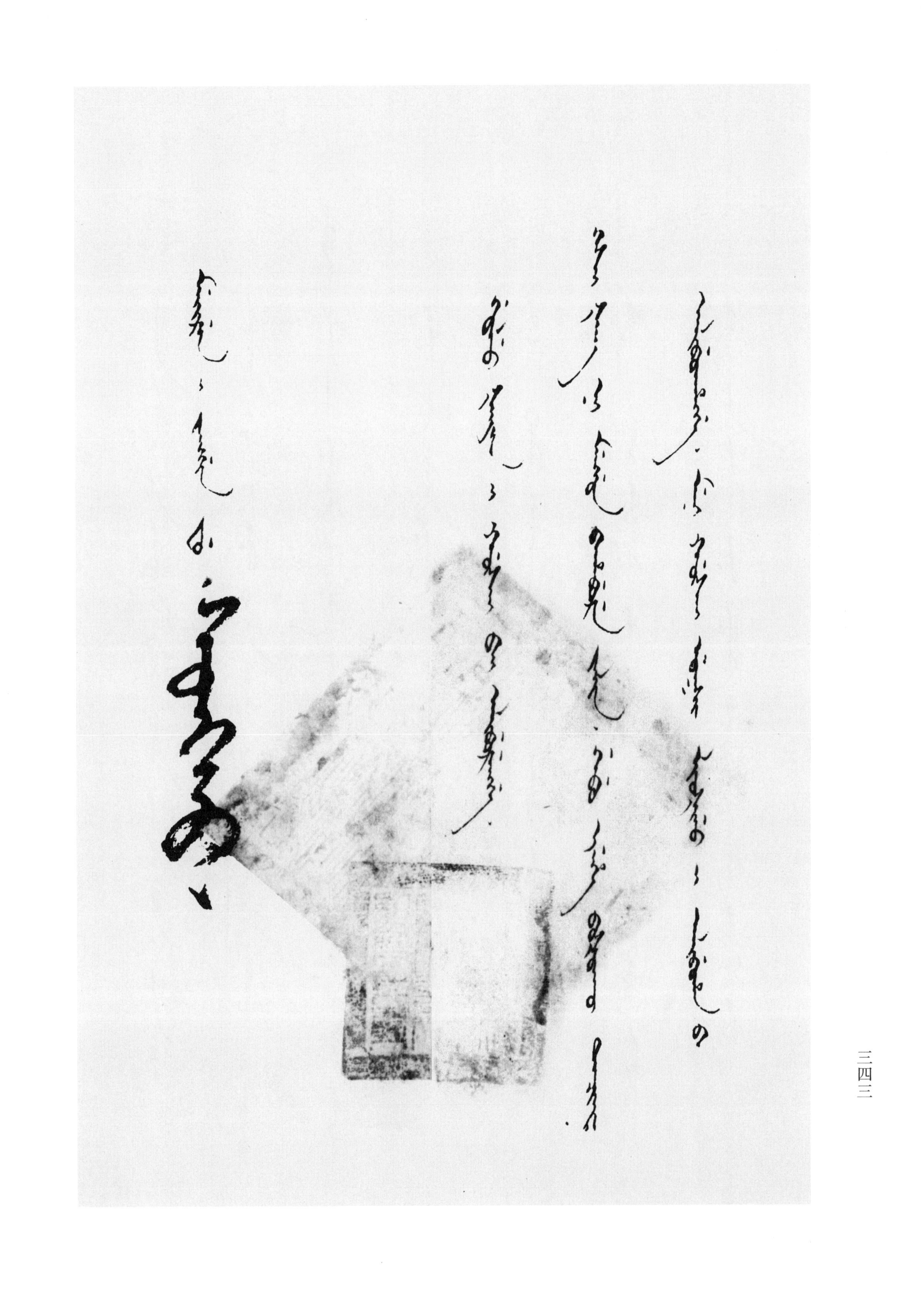

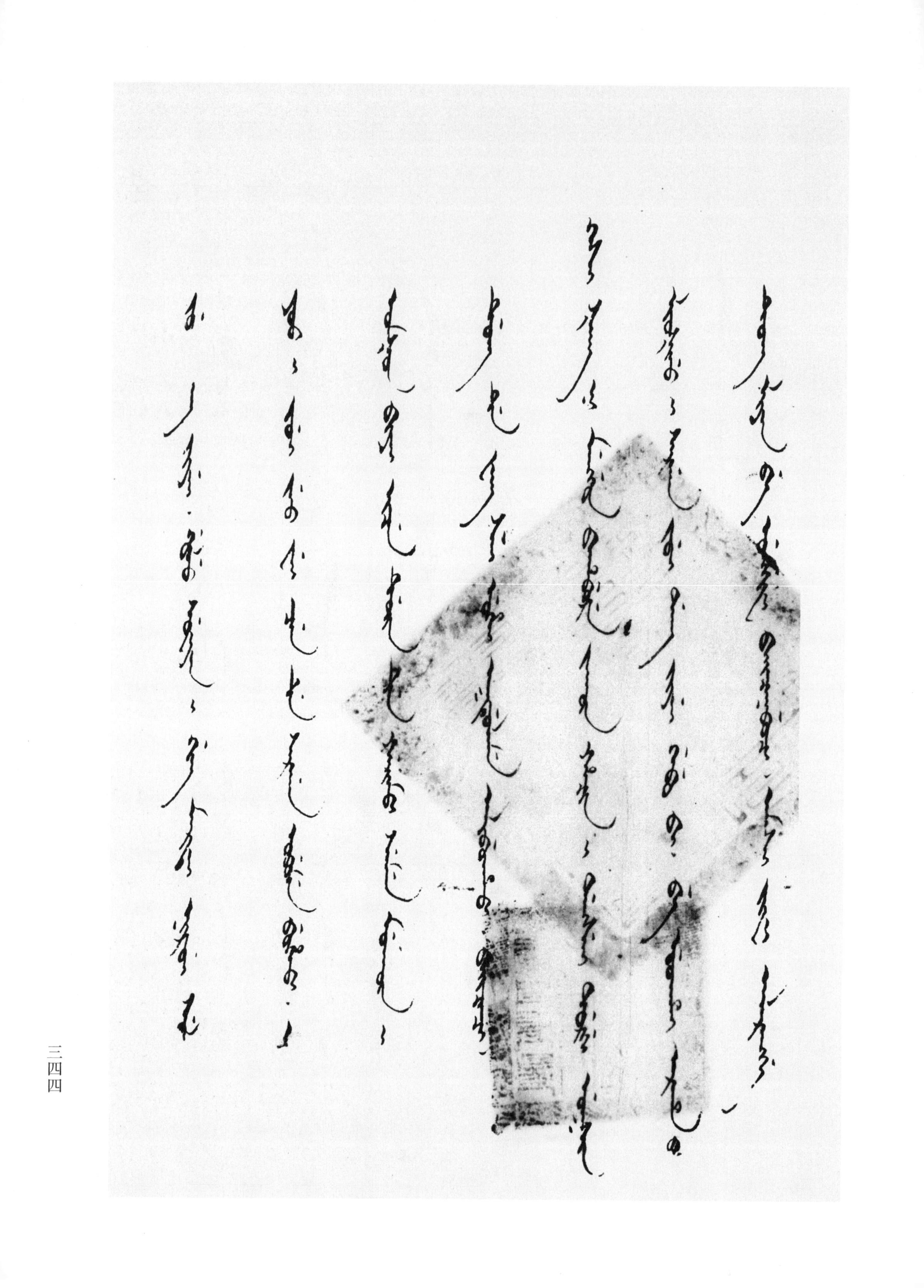

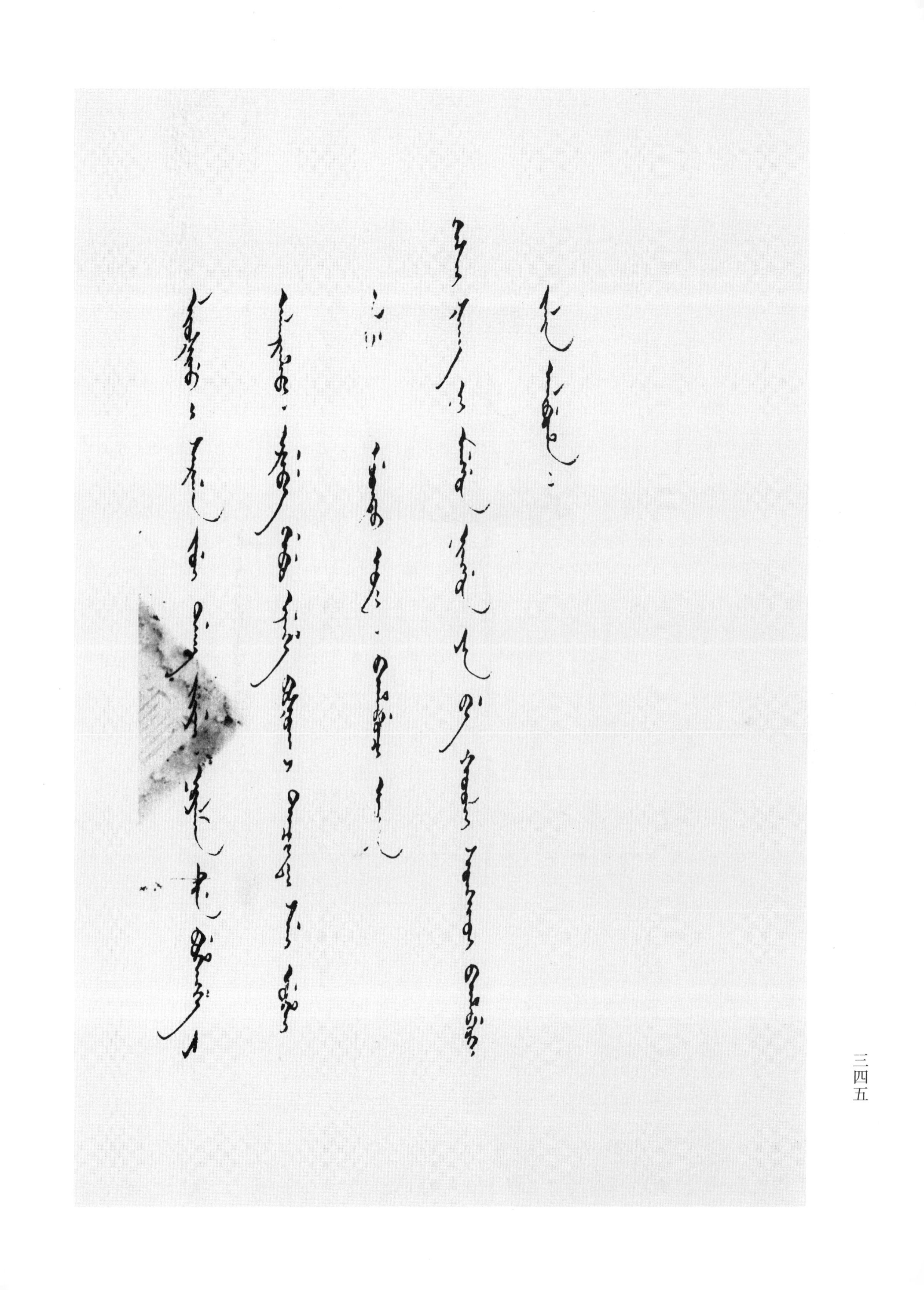

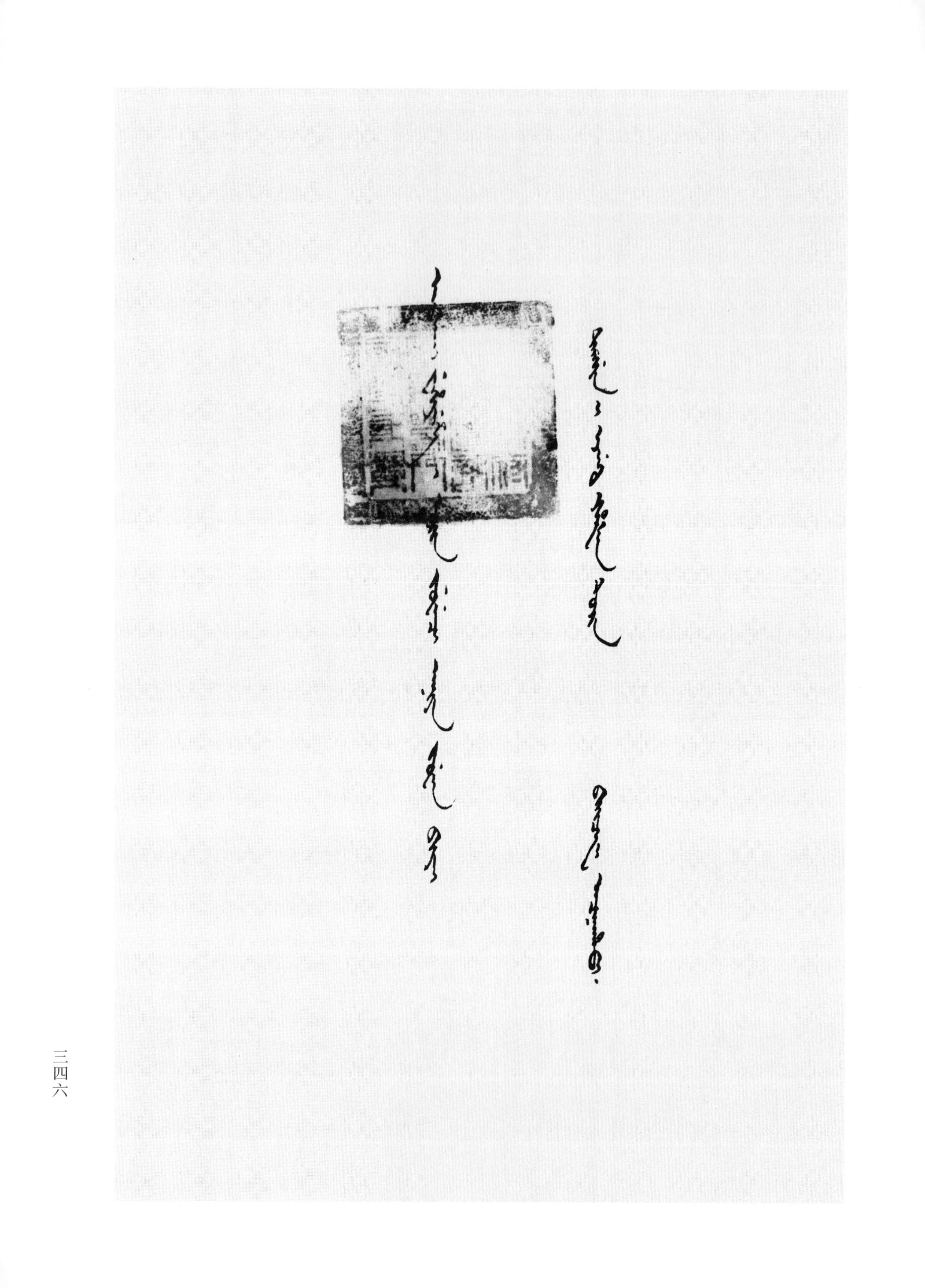

[illegible]

[illegible]

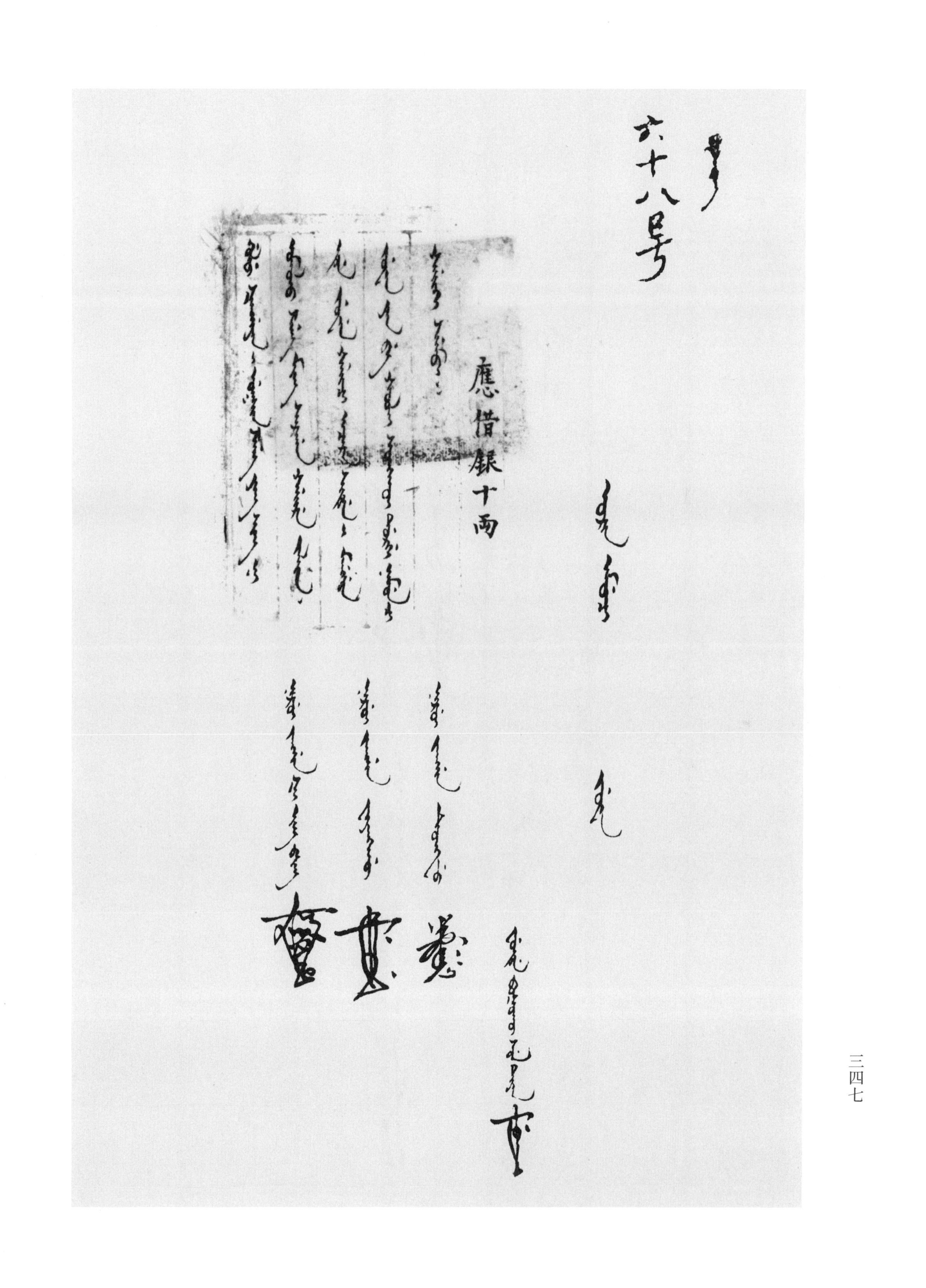

六十八号

應借銀十兩

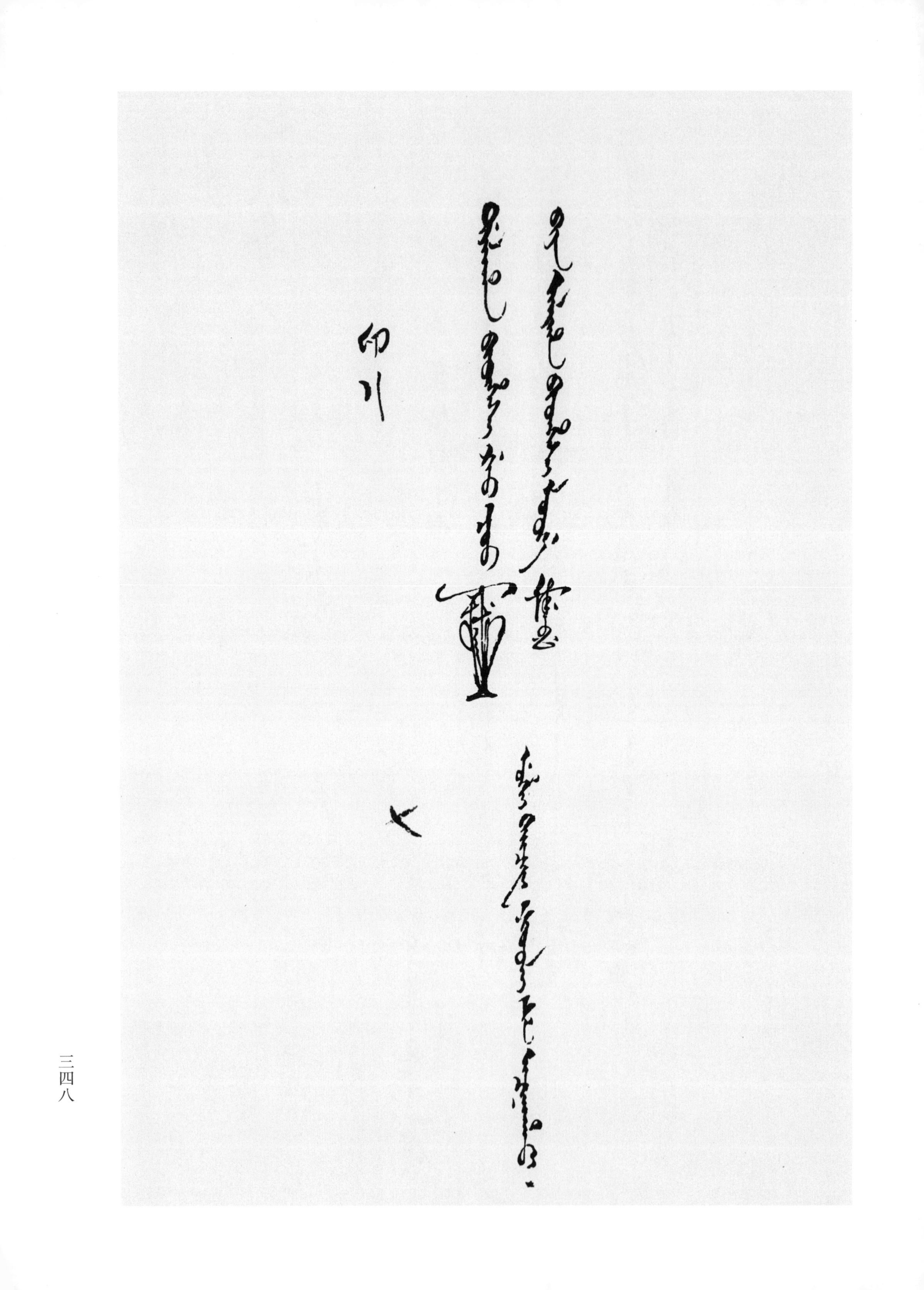

印川

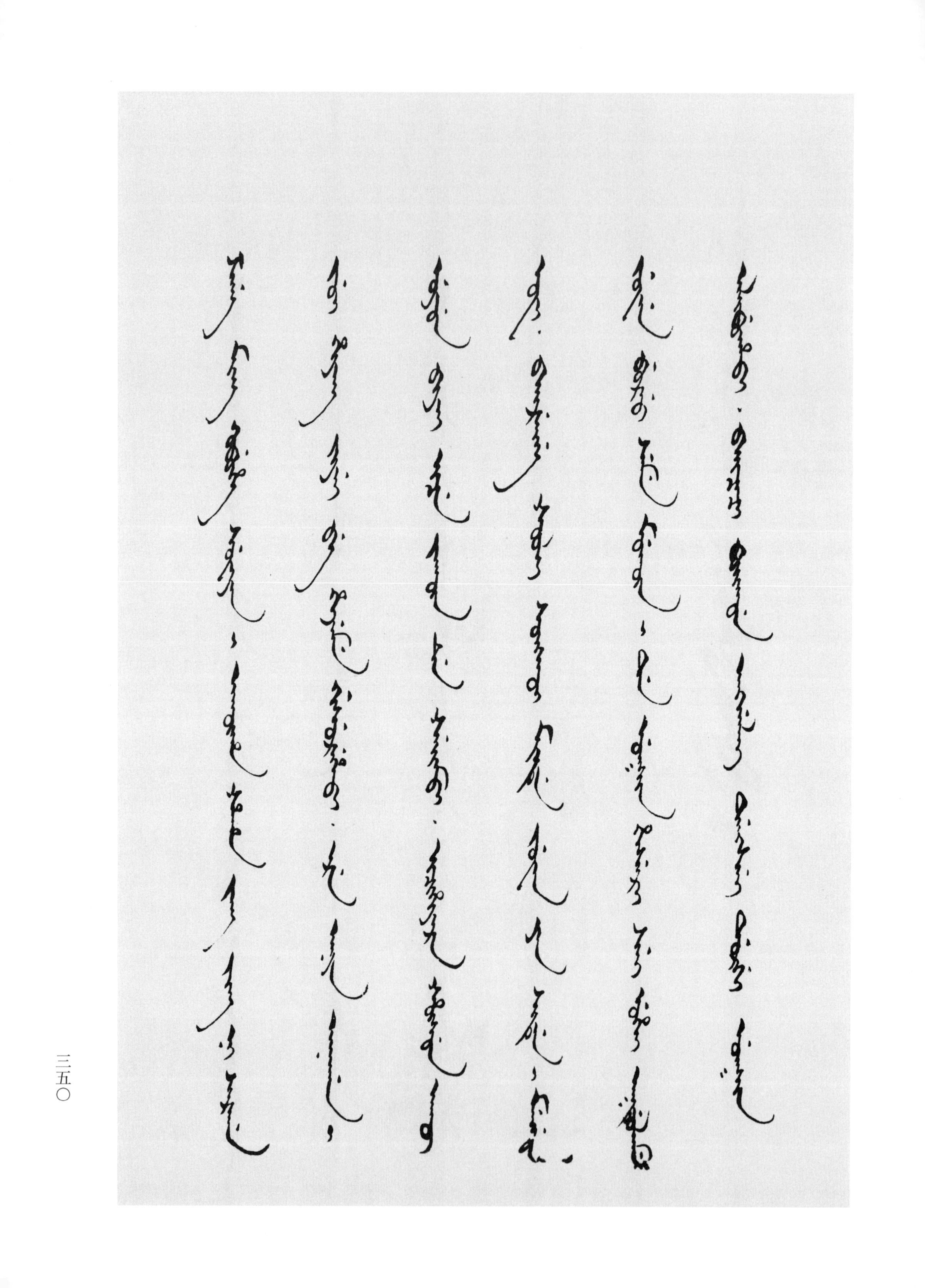

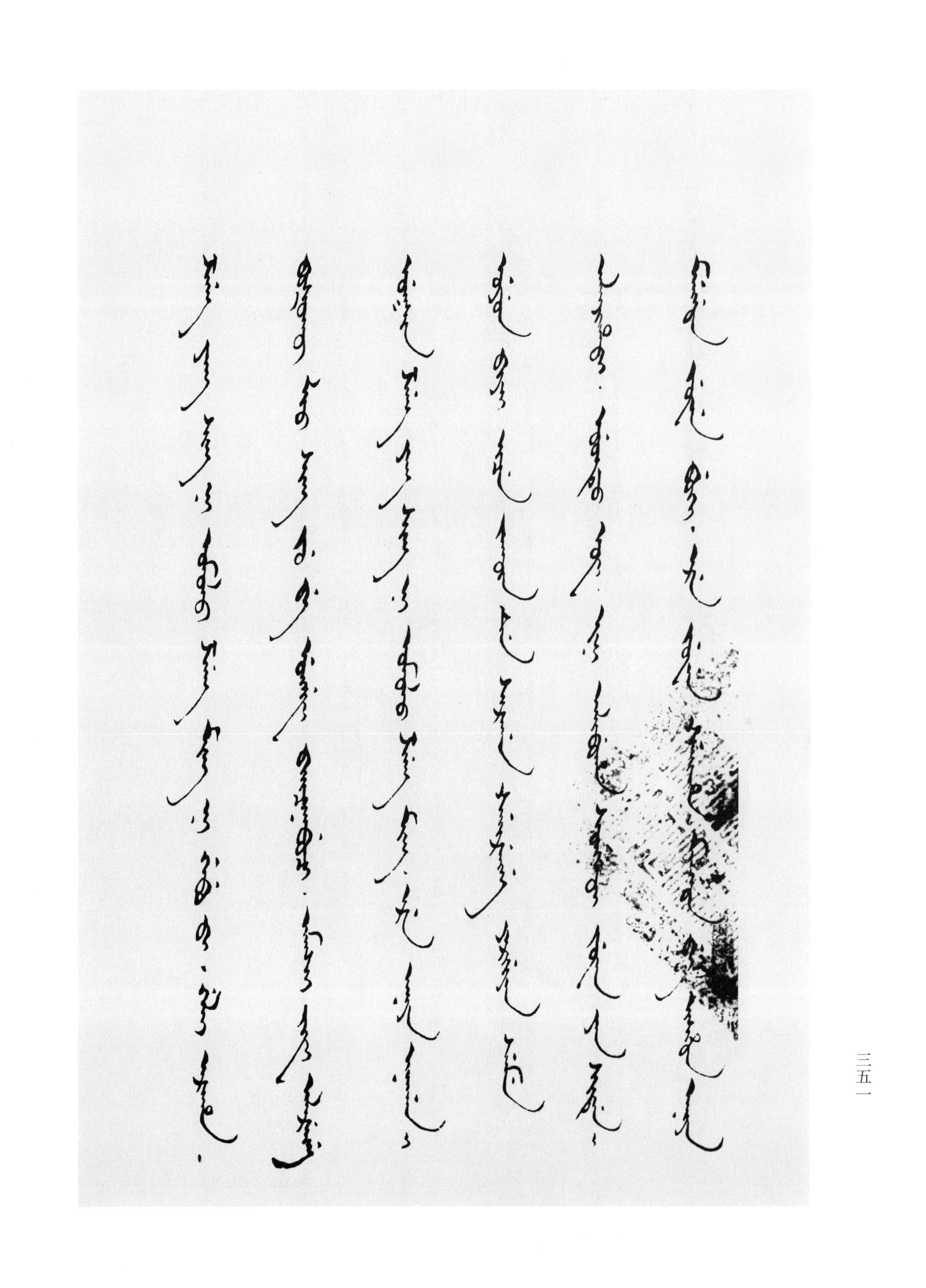

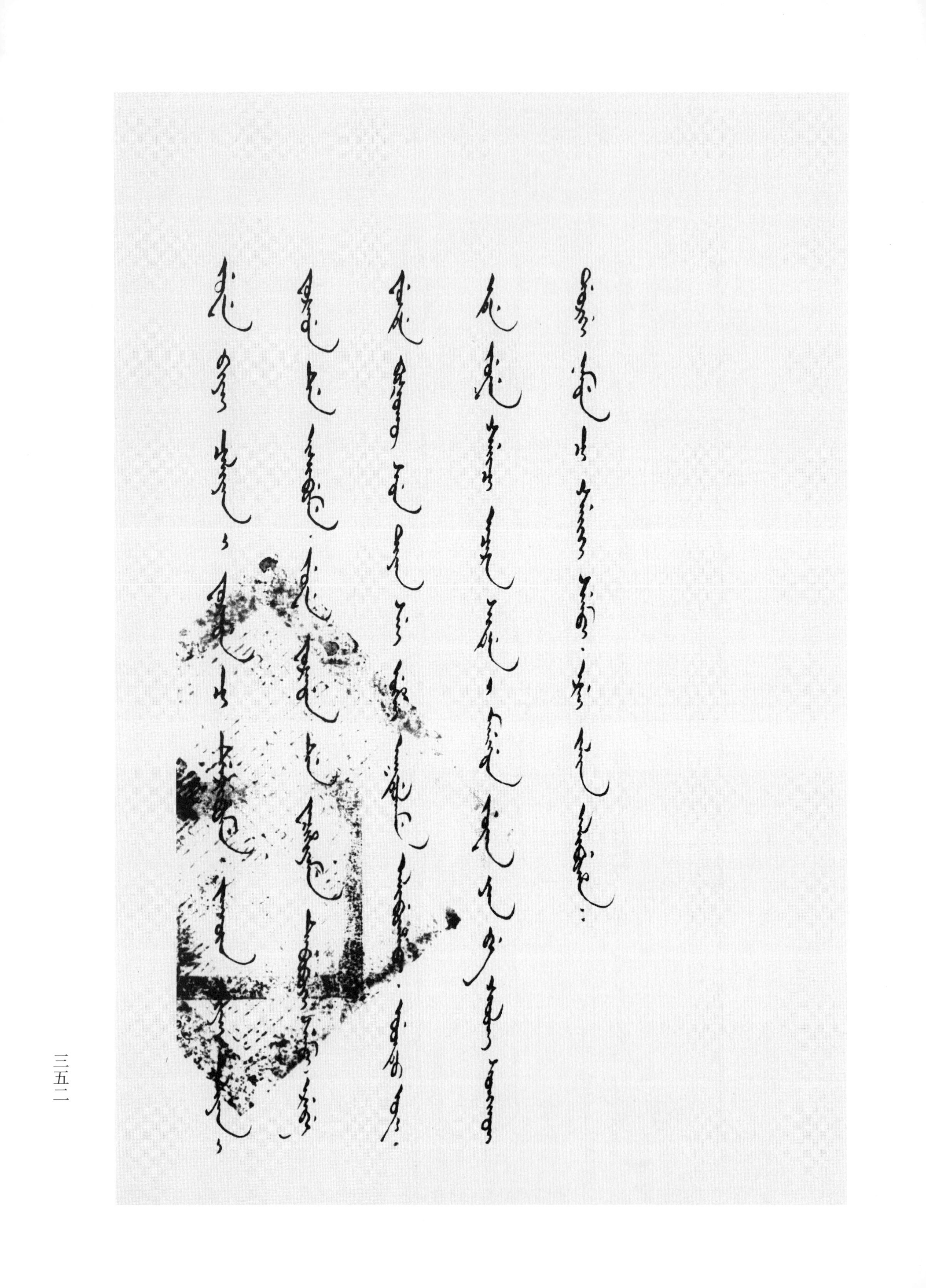

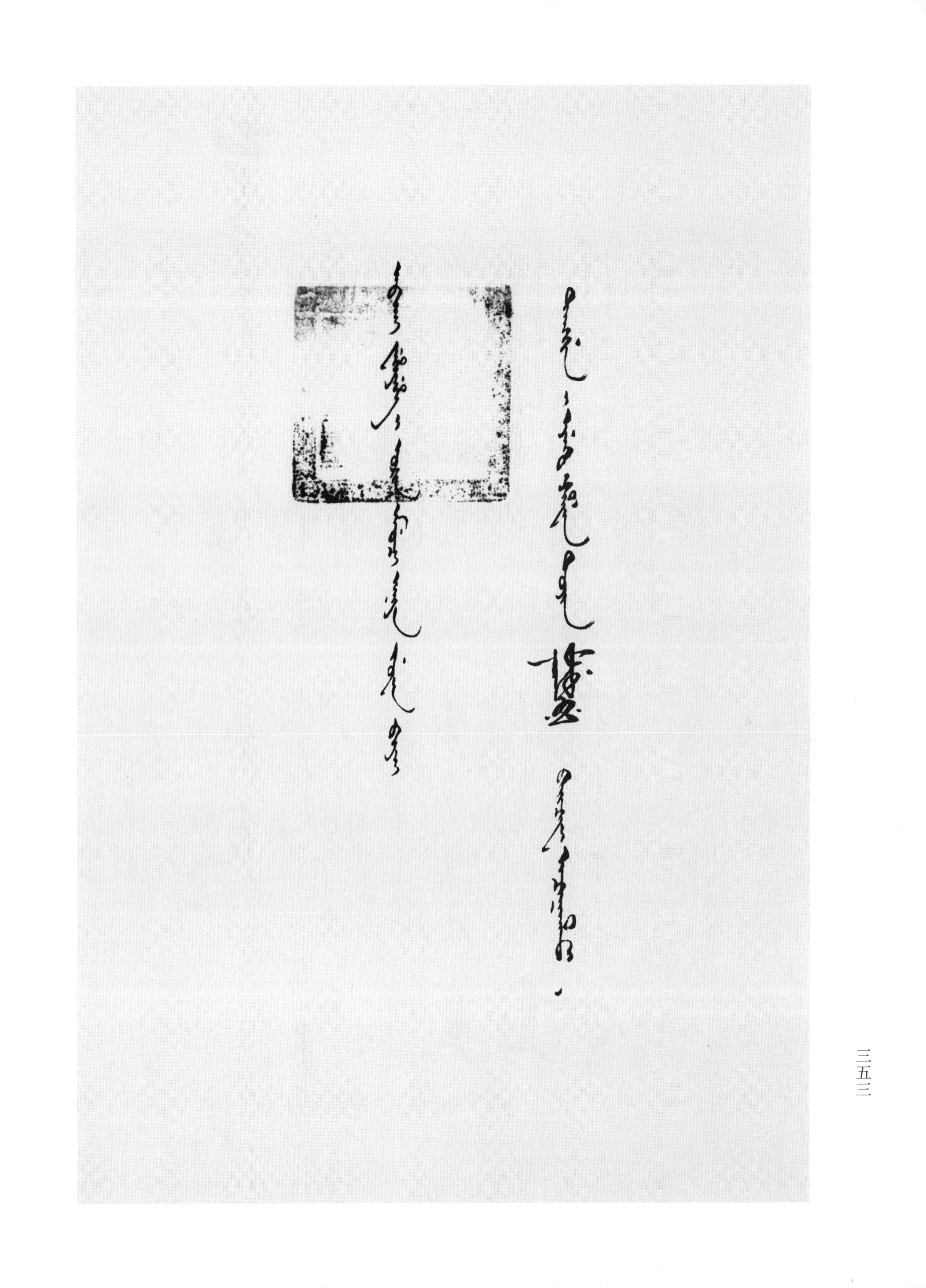

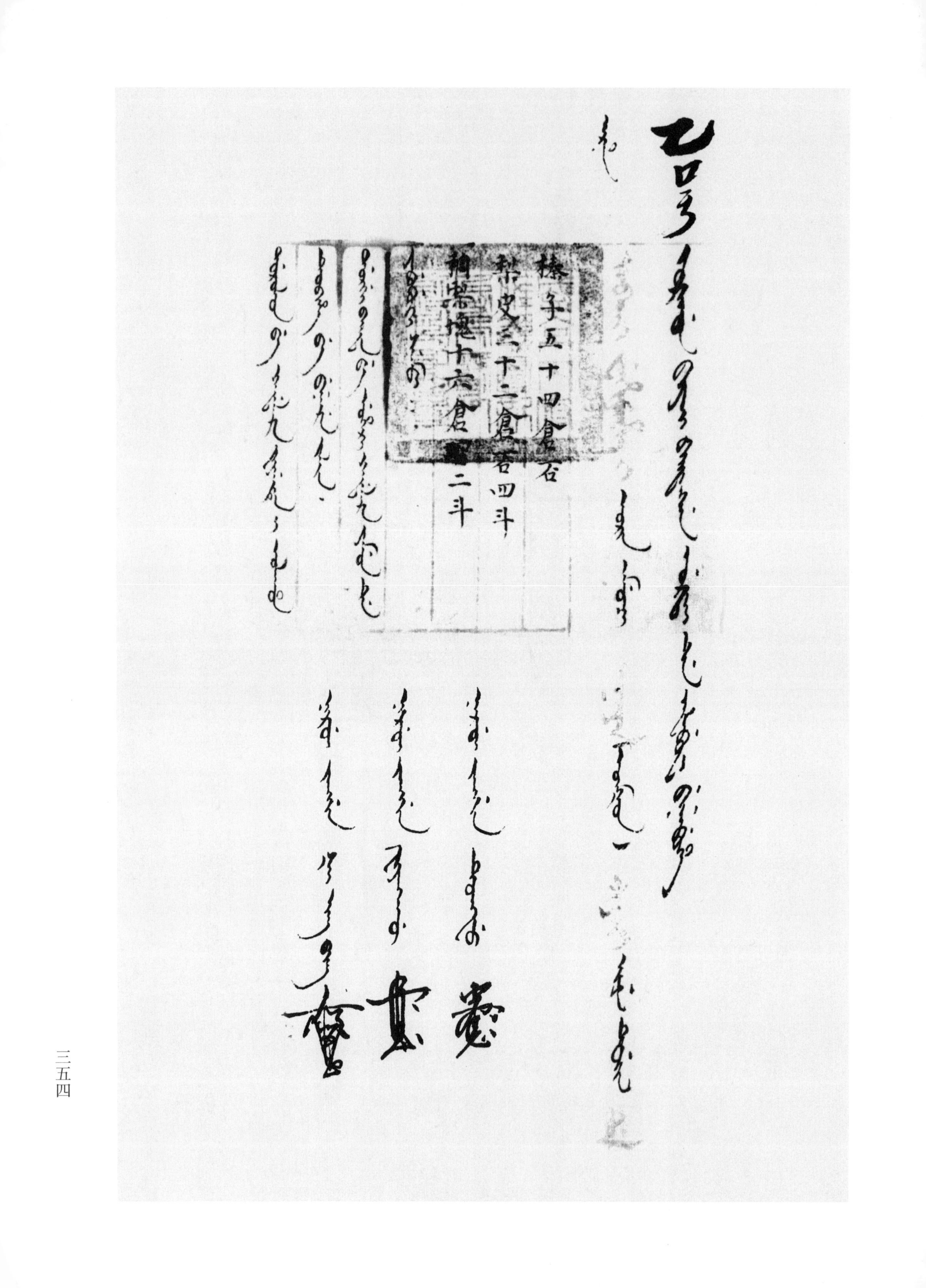

榛子五十四倉石

梨皮三十二倉石四斗

[illegible][illegible]穗十六倉石二斗

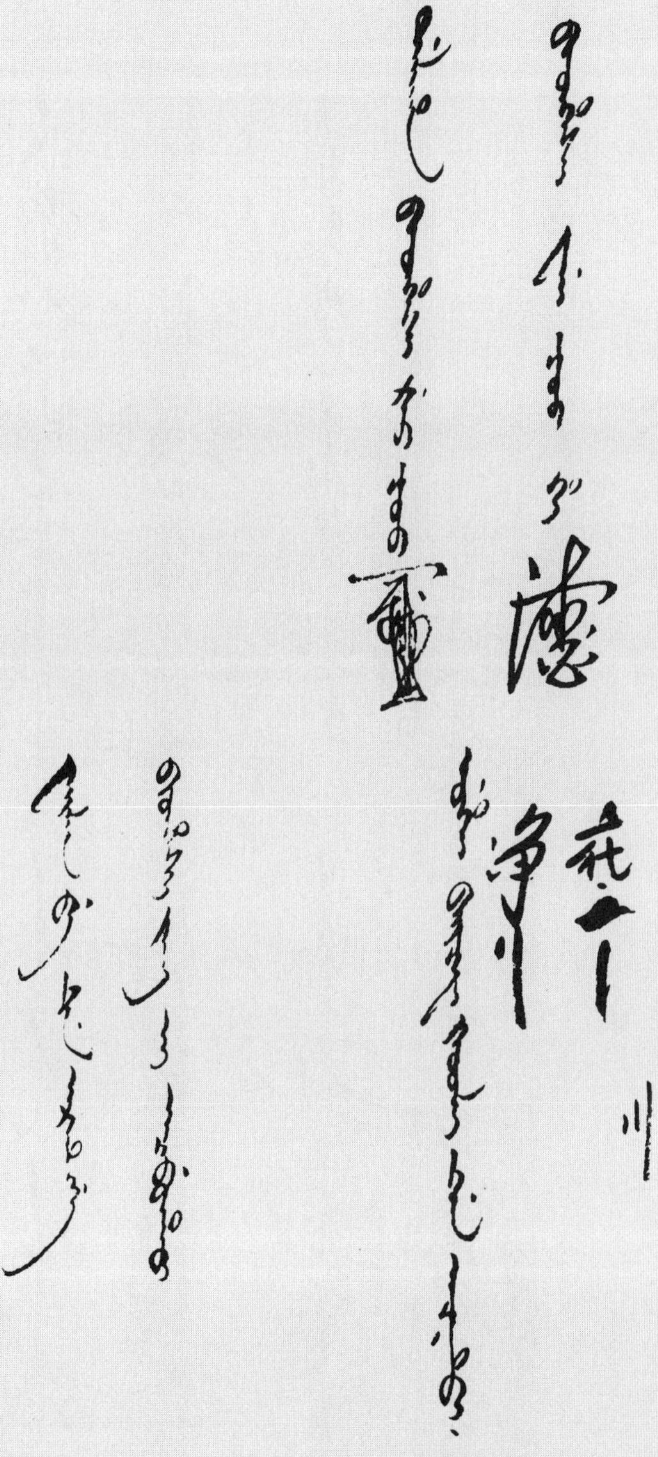

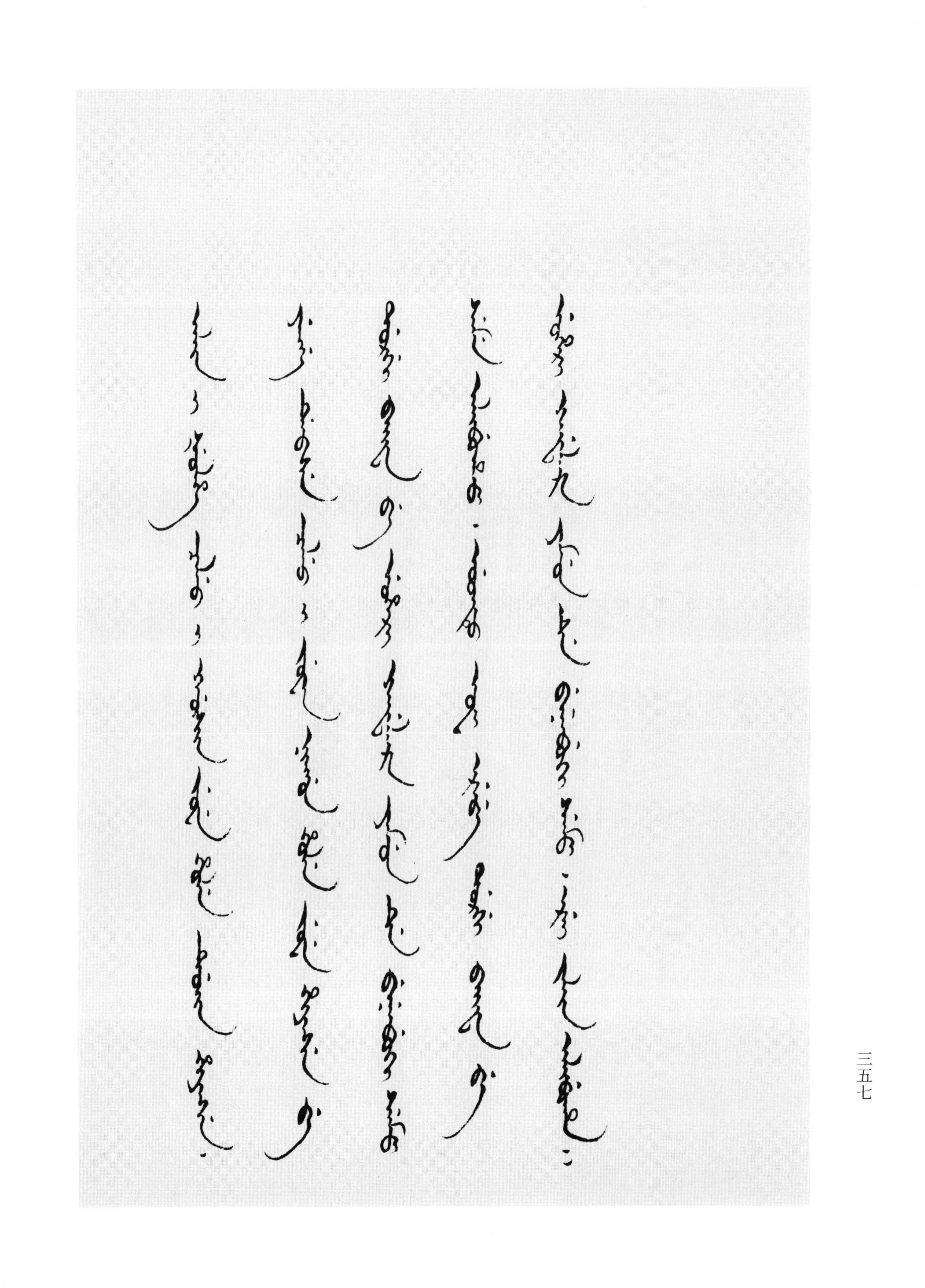

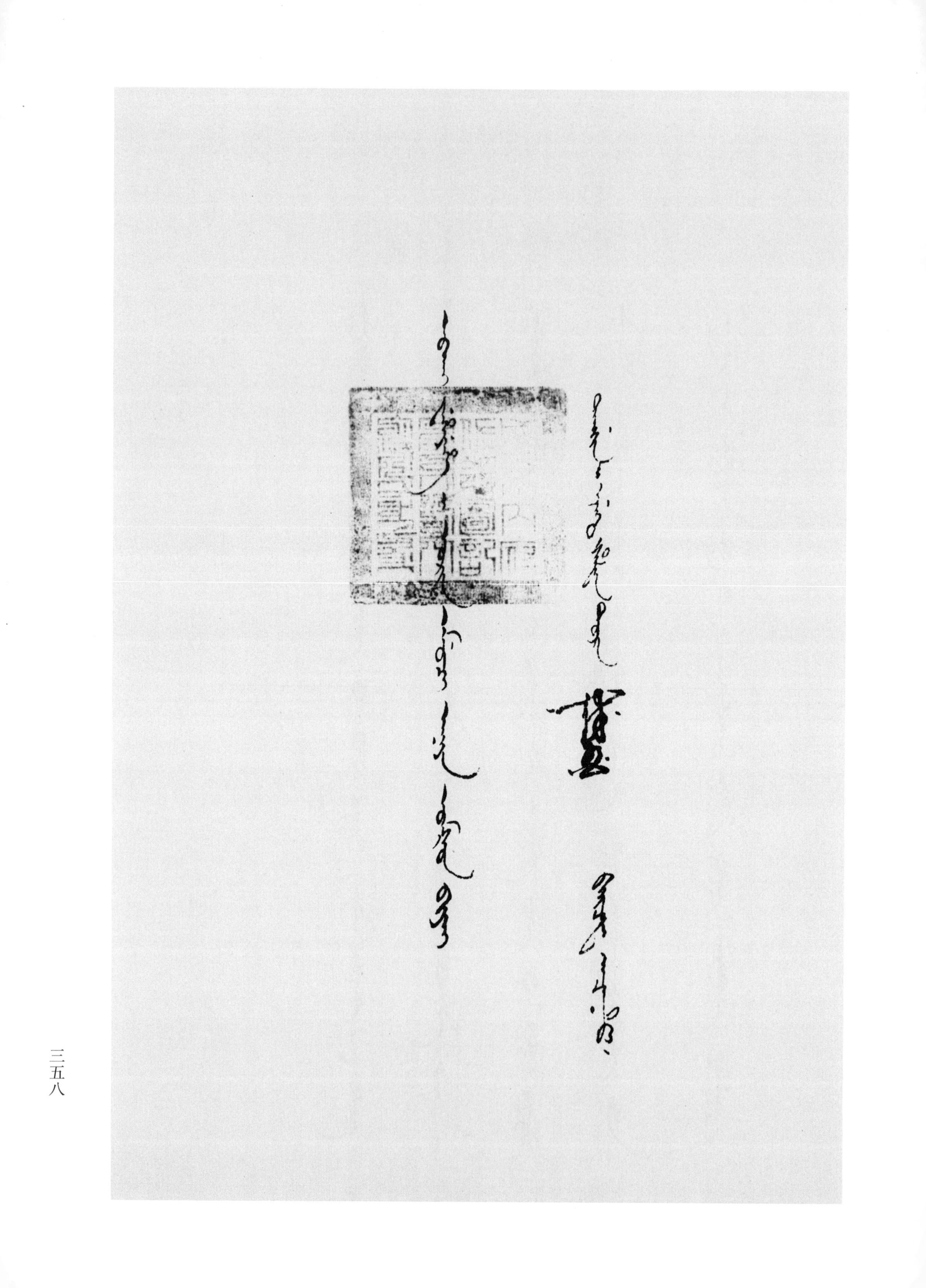

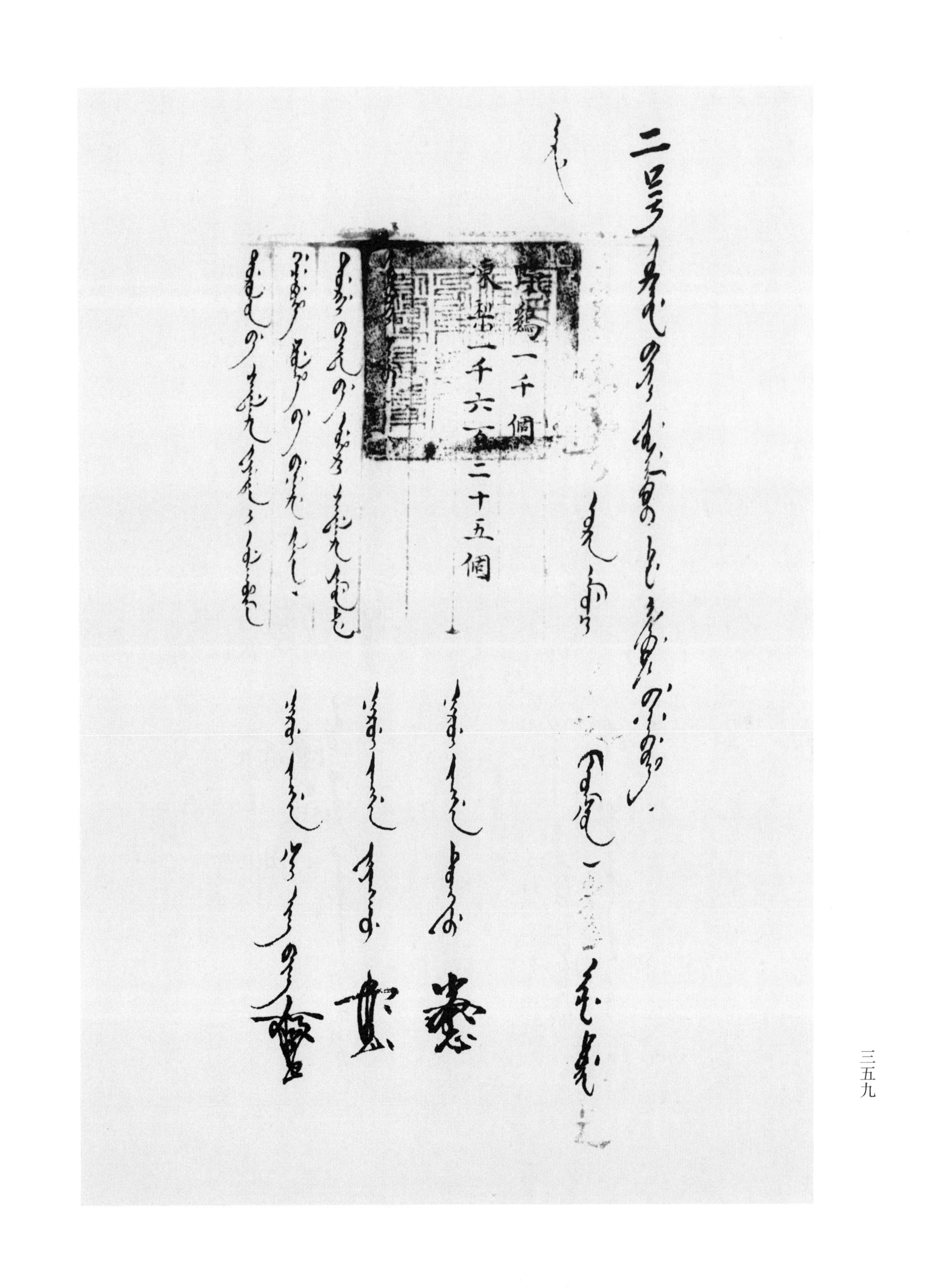

二

鷄一千個

凍梨一千六百二十五個

三五九

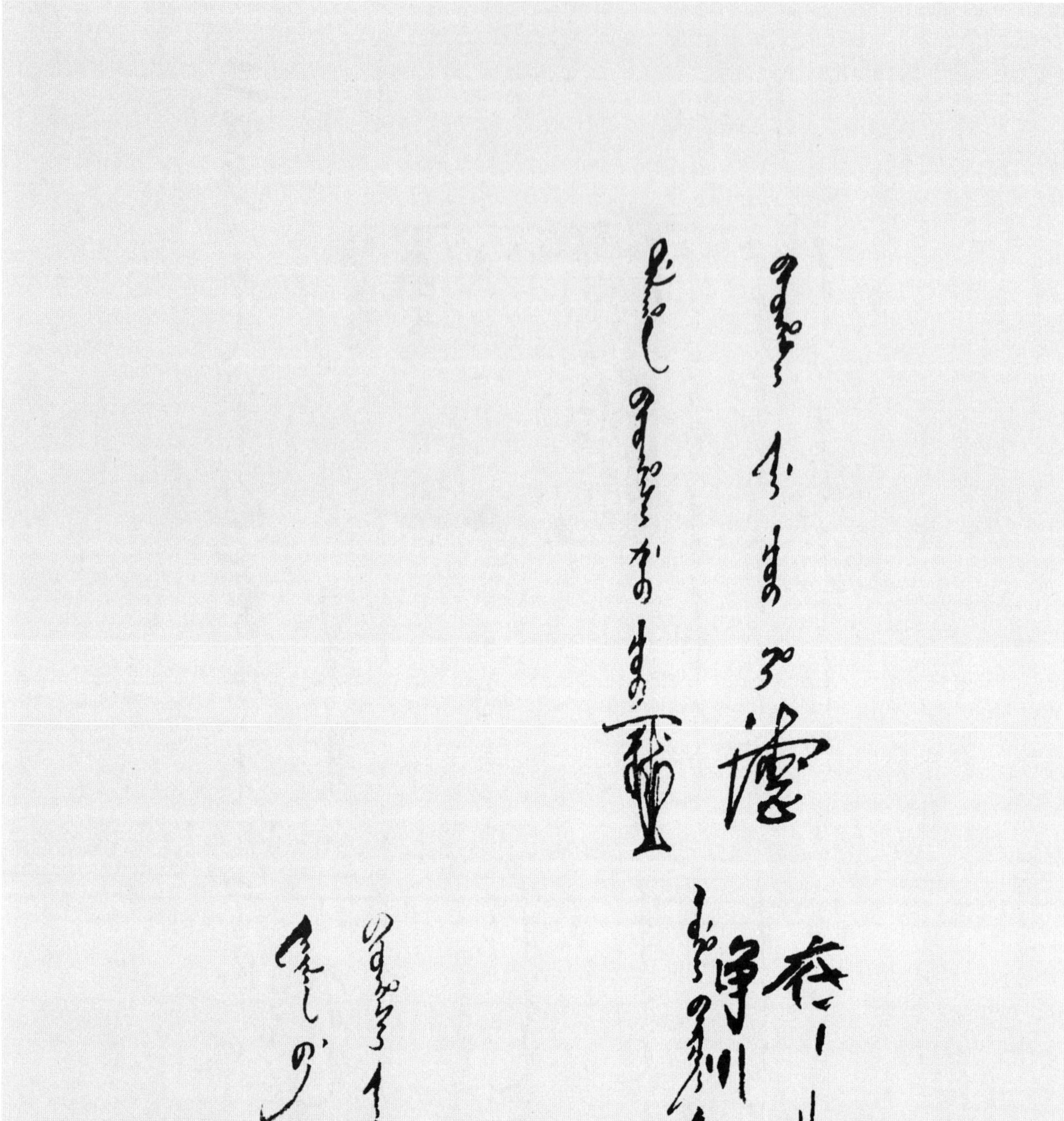

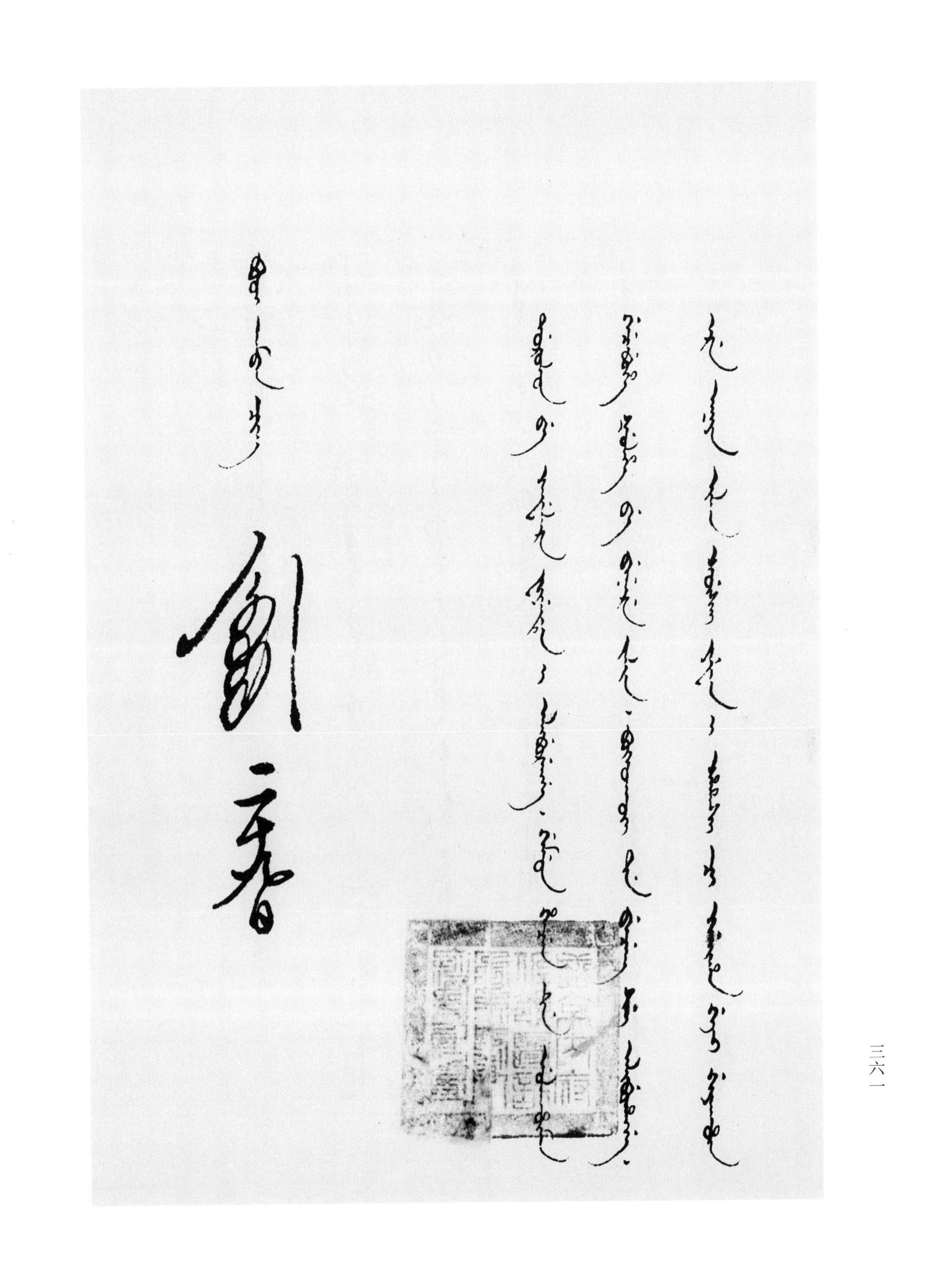

劉
春

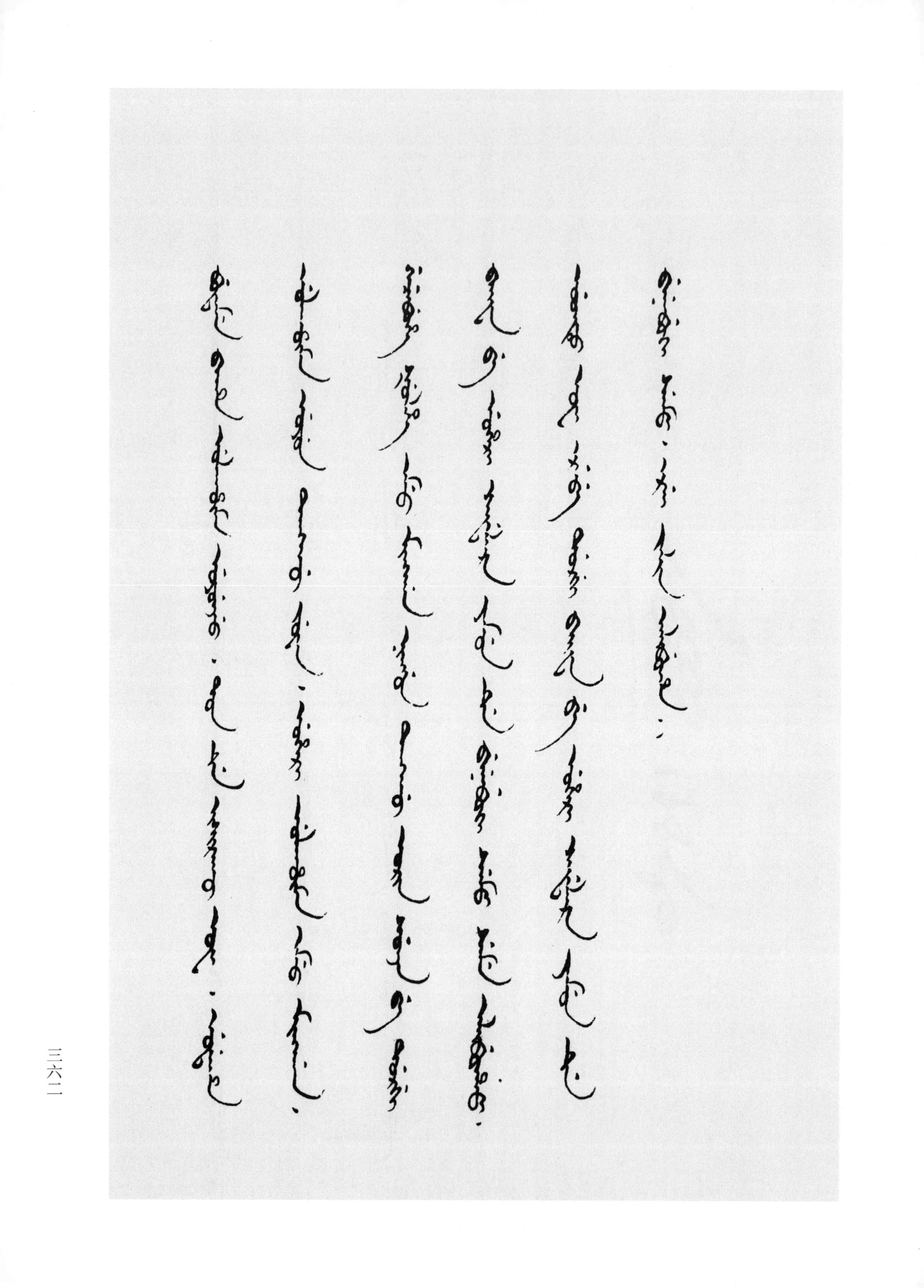

[illegible]

[illegible]

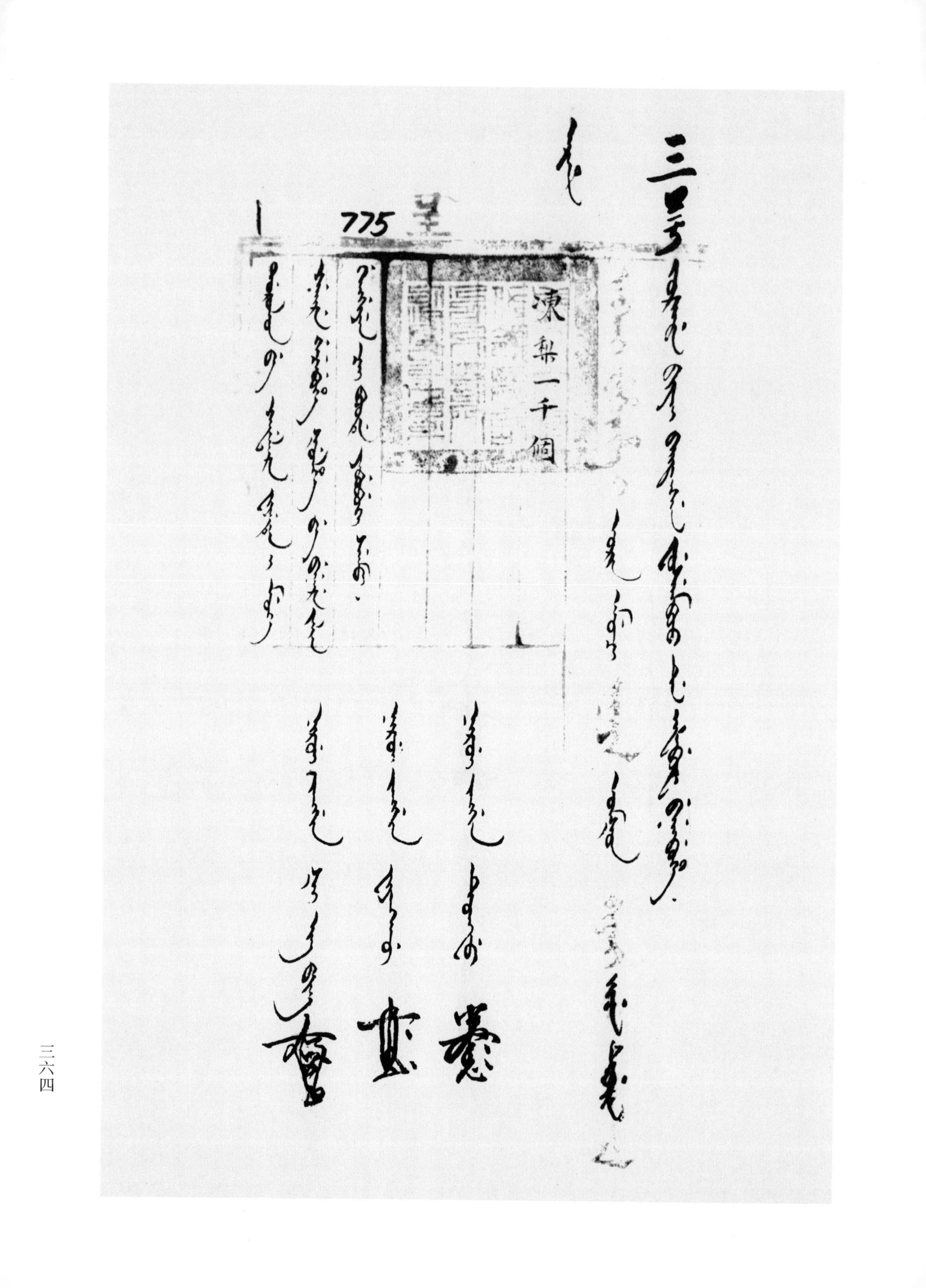

三号

775

凍梨一千個

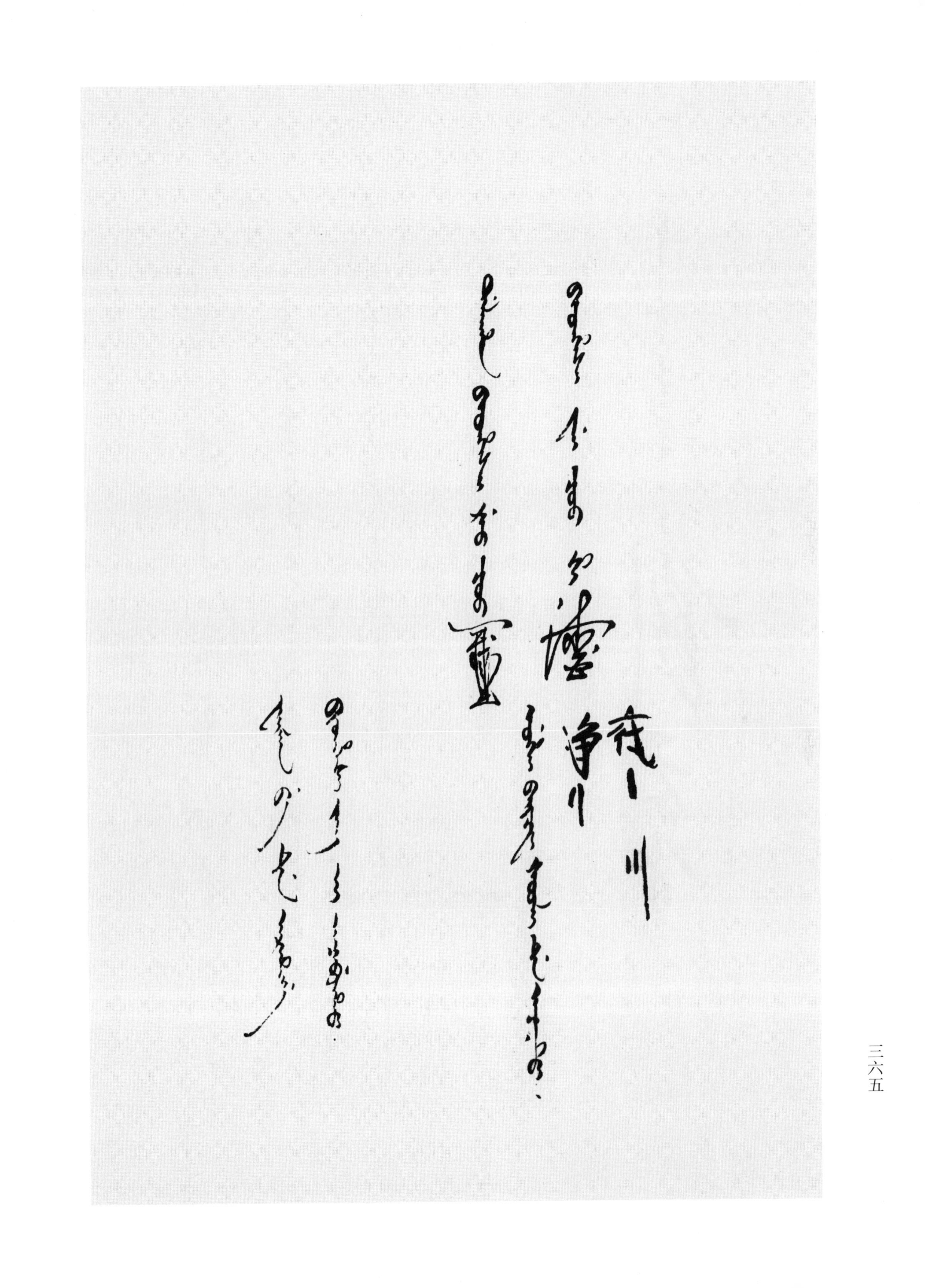

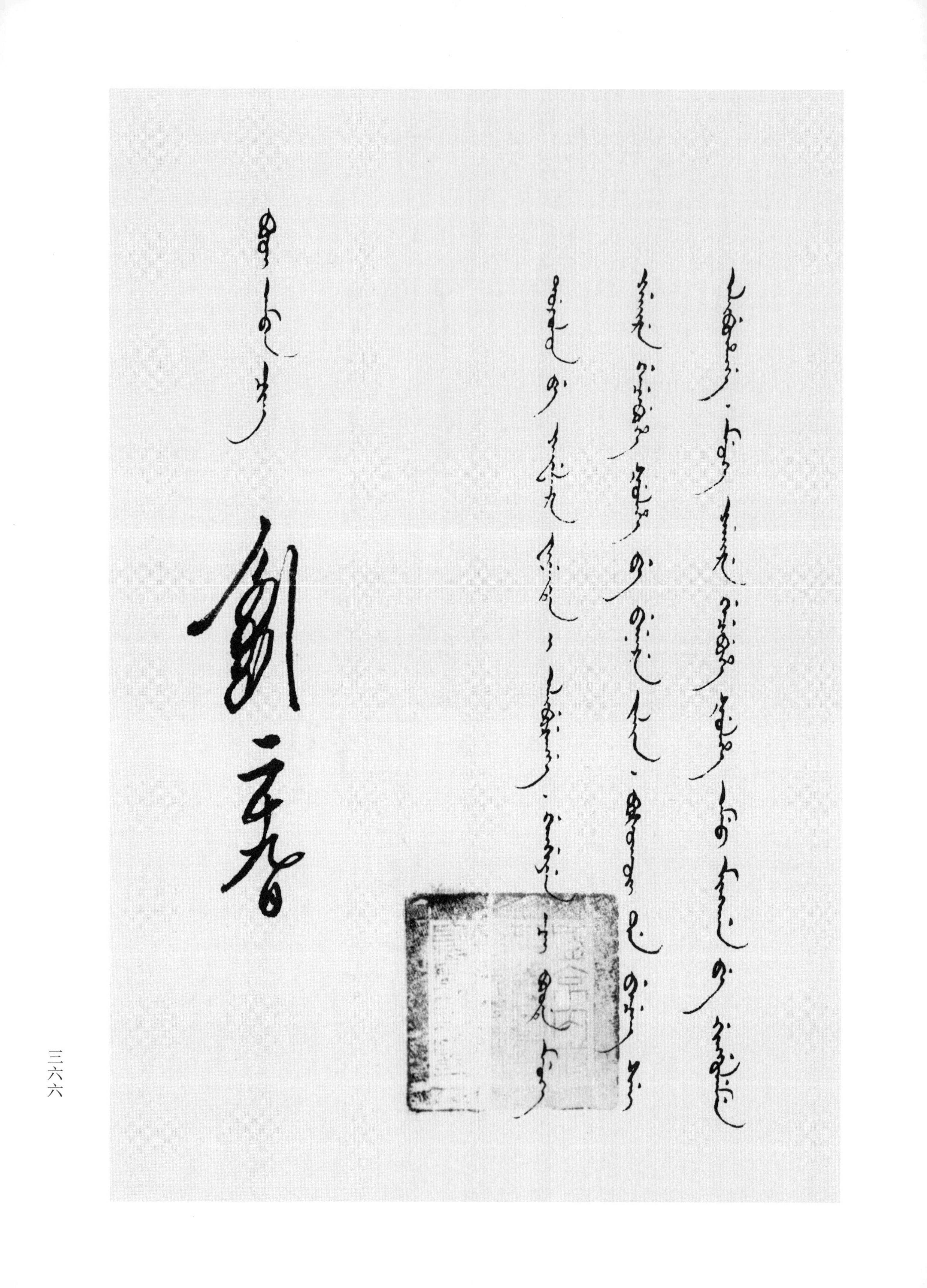

劉春

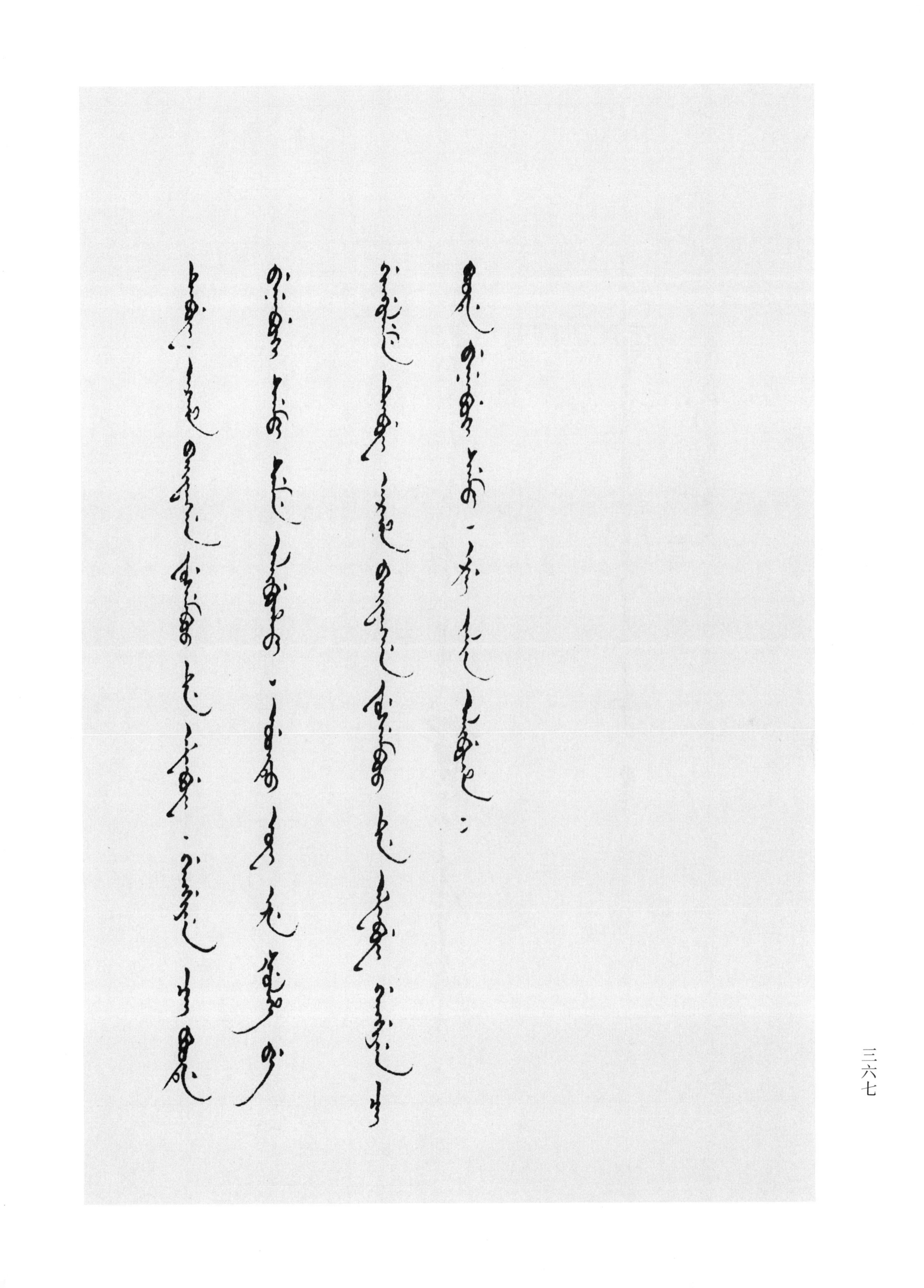

[illegible]

[illegible]

[illegible]

[illegible]

[illegible]

[illegible]

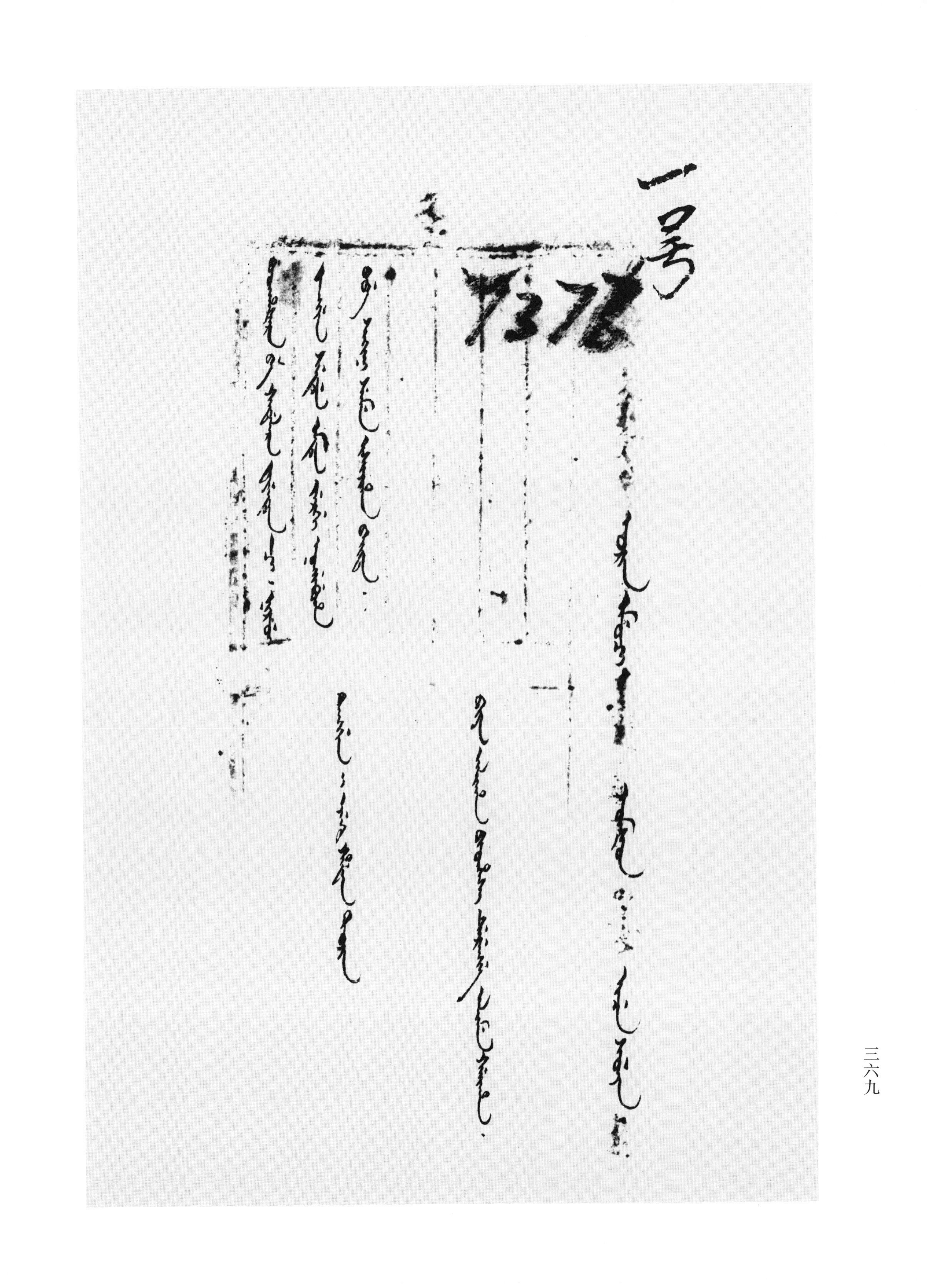

一号

7378

ᡥᡝᡵᡤᡝᠨ ᡳ ᡝᡵᡤᡝᠨ ᠪᡝ

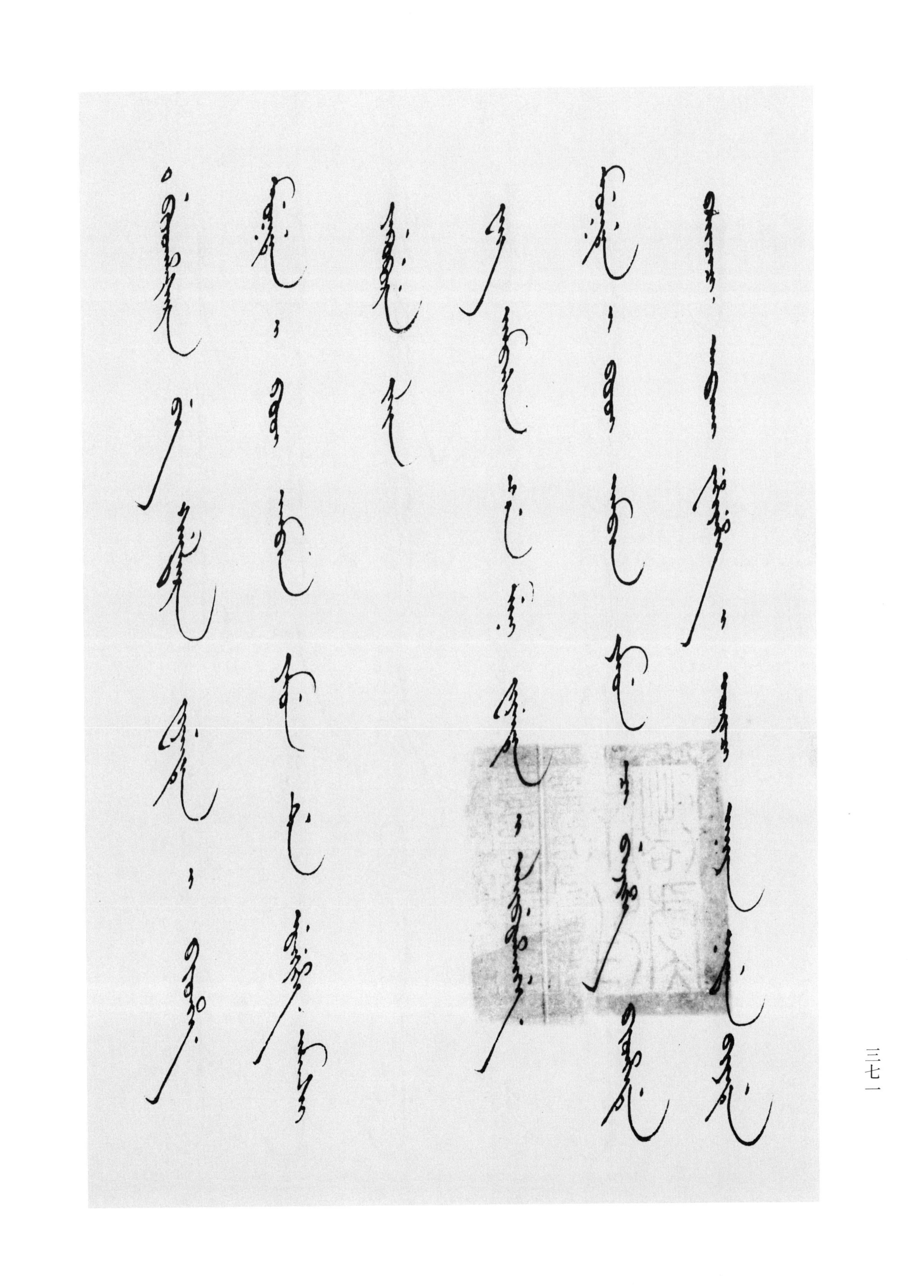

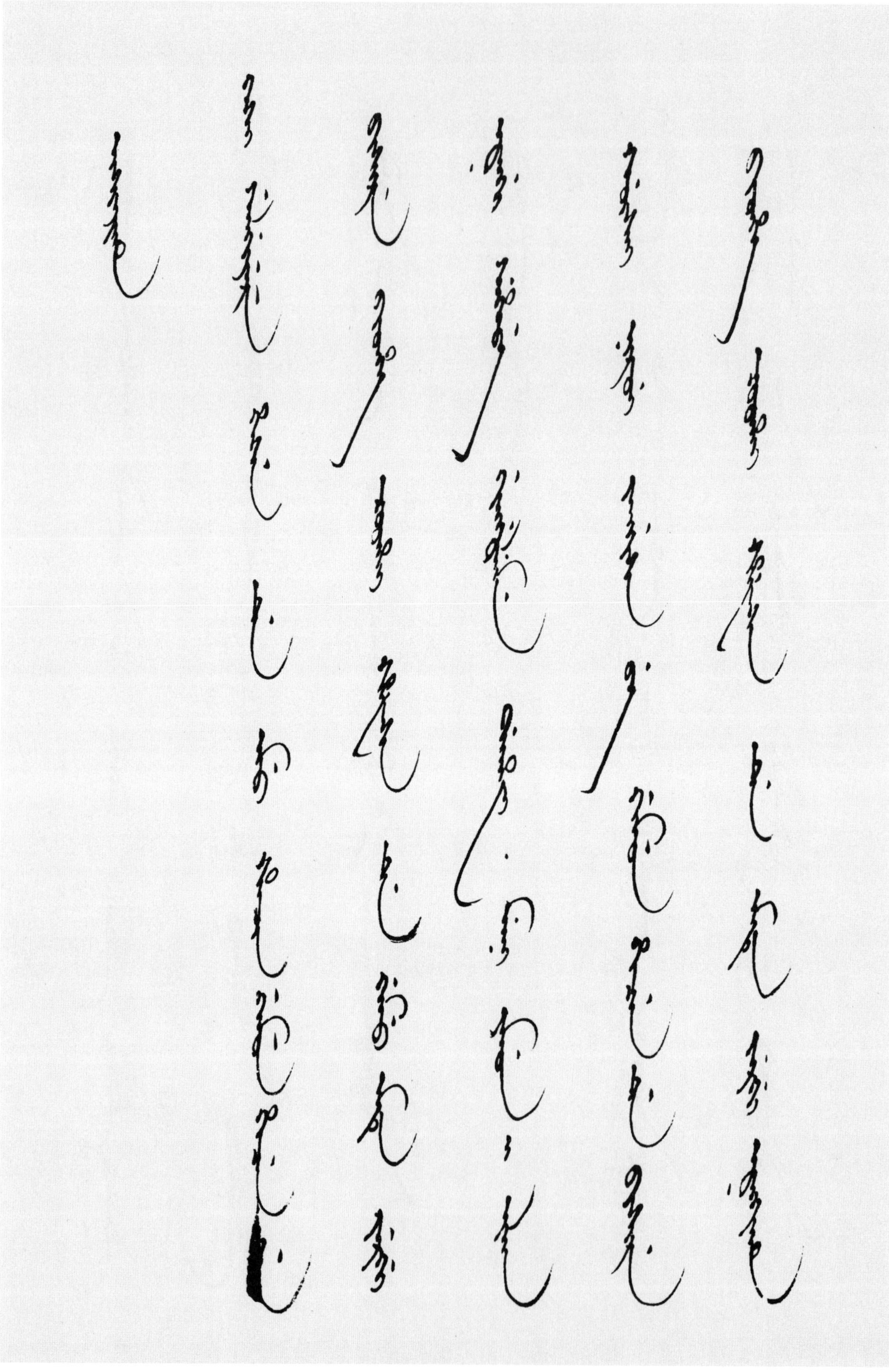

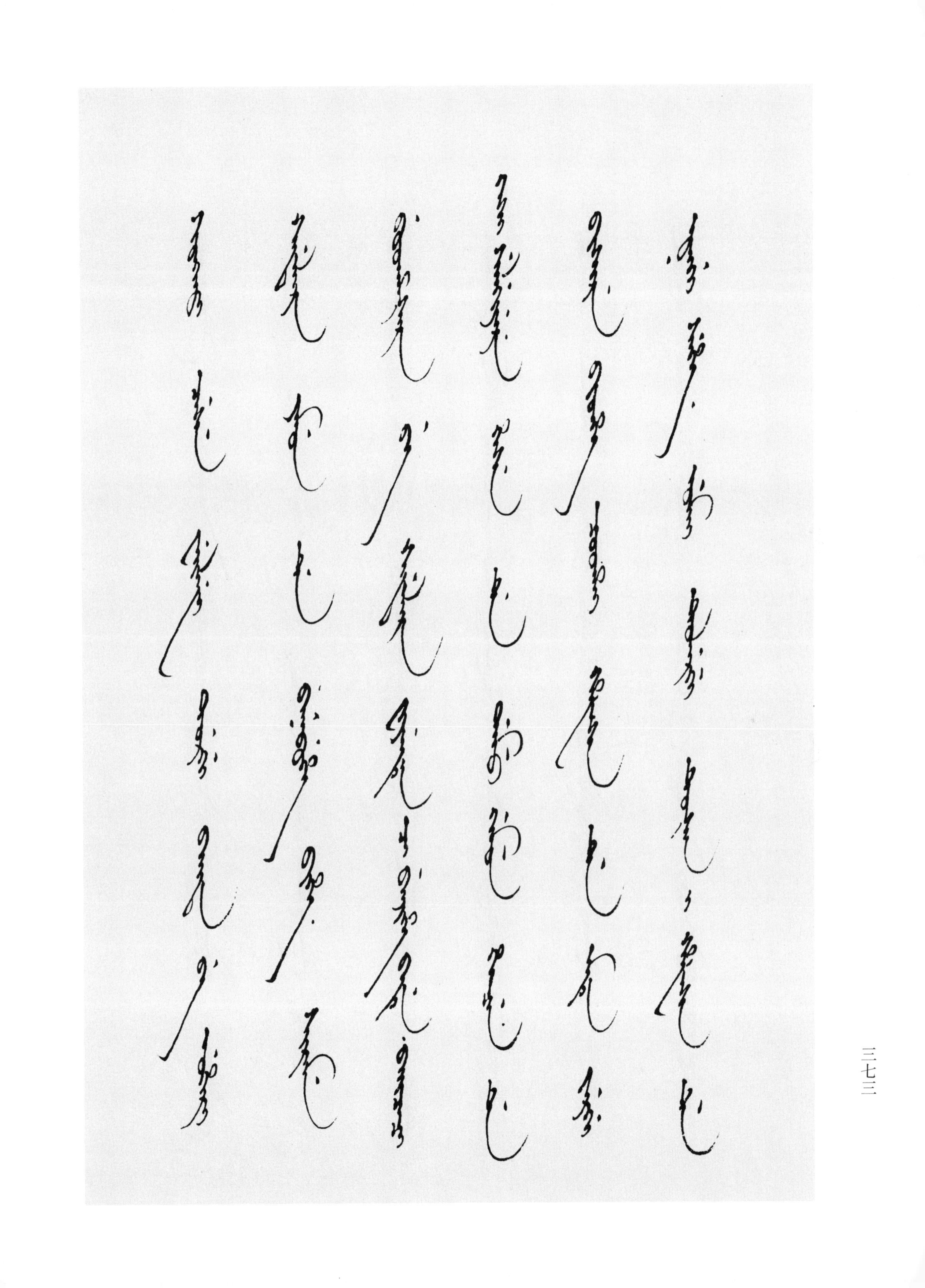

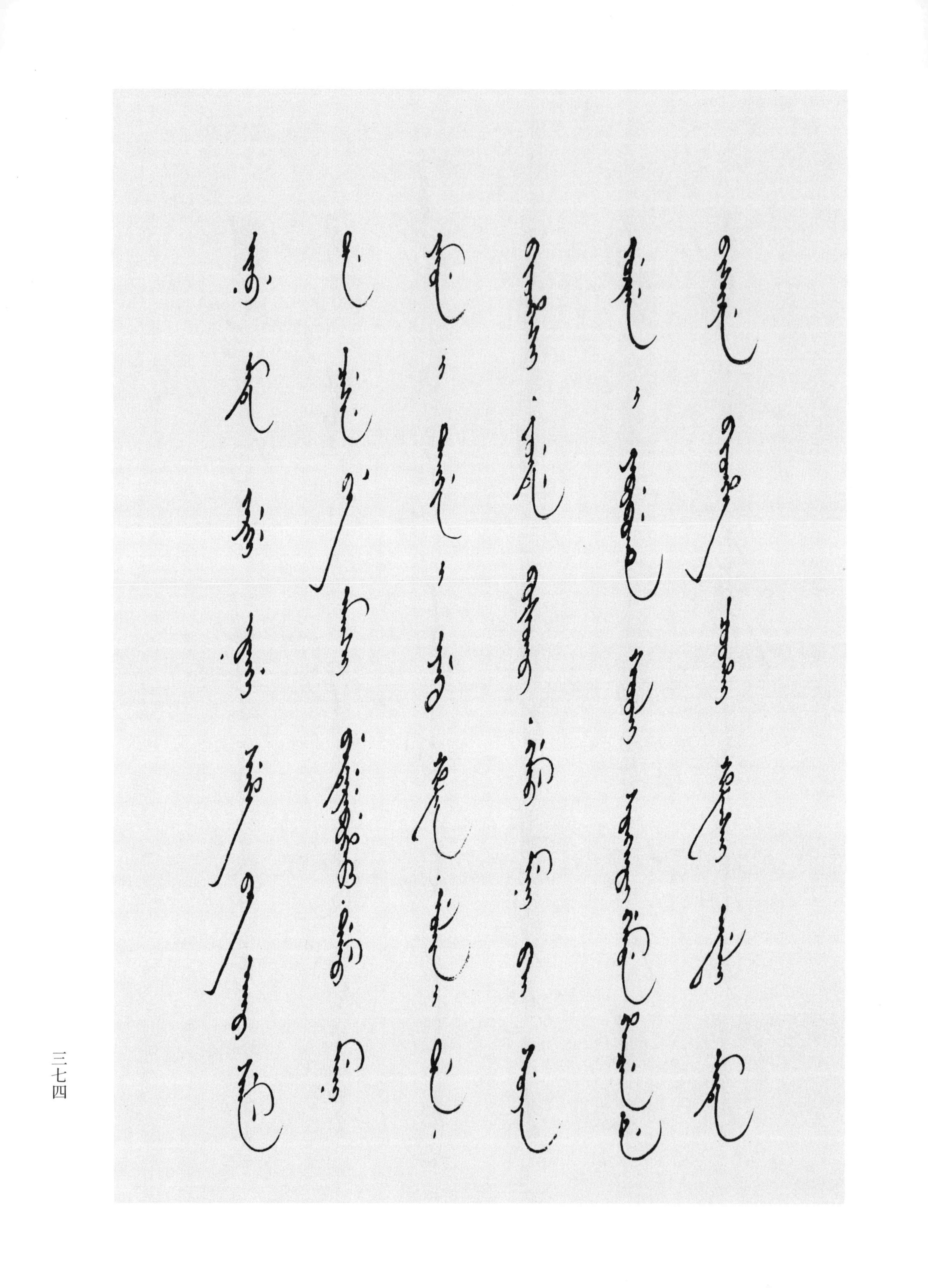

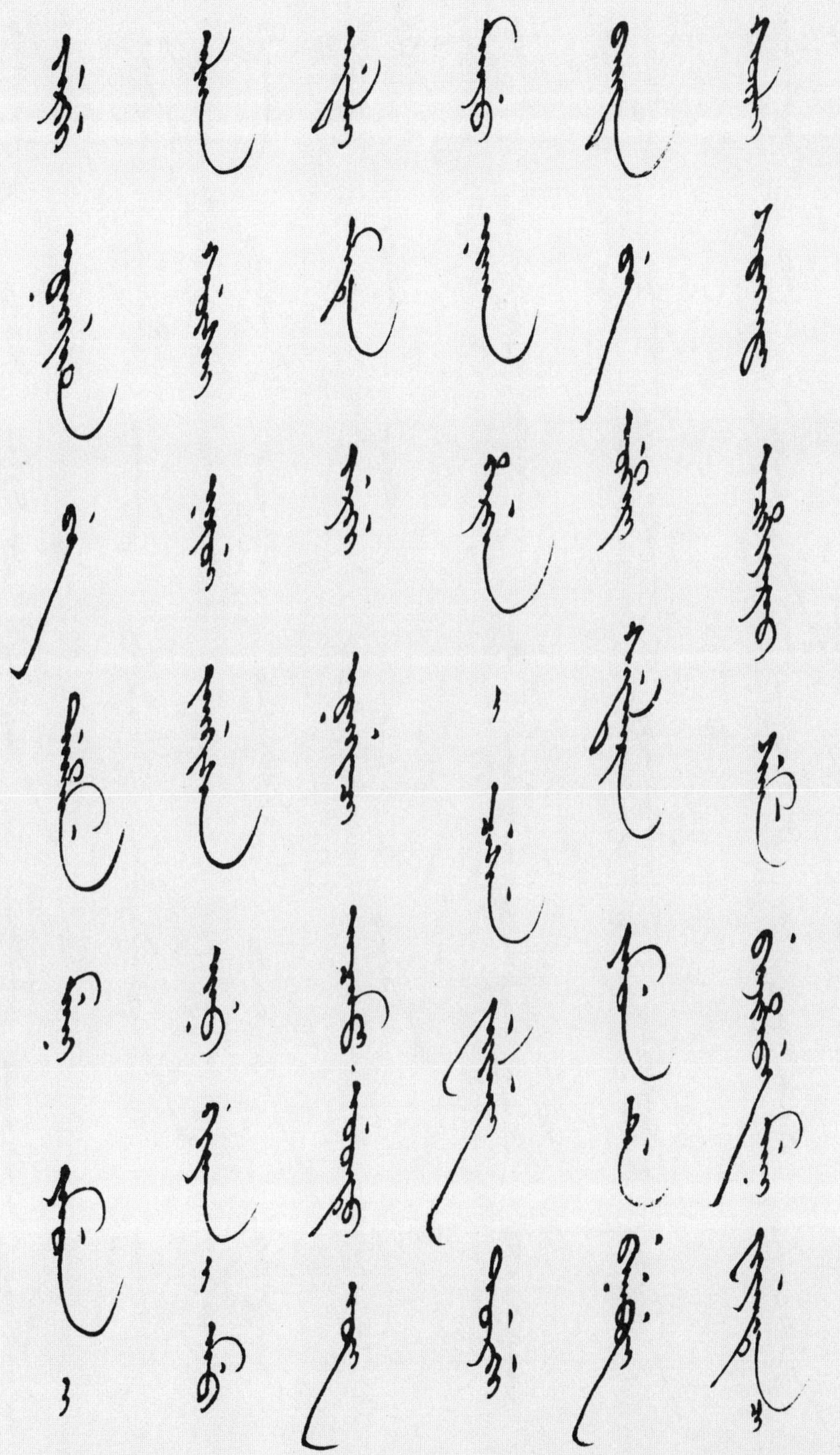

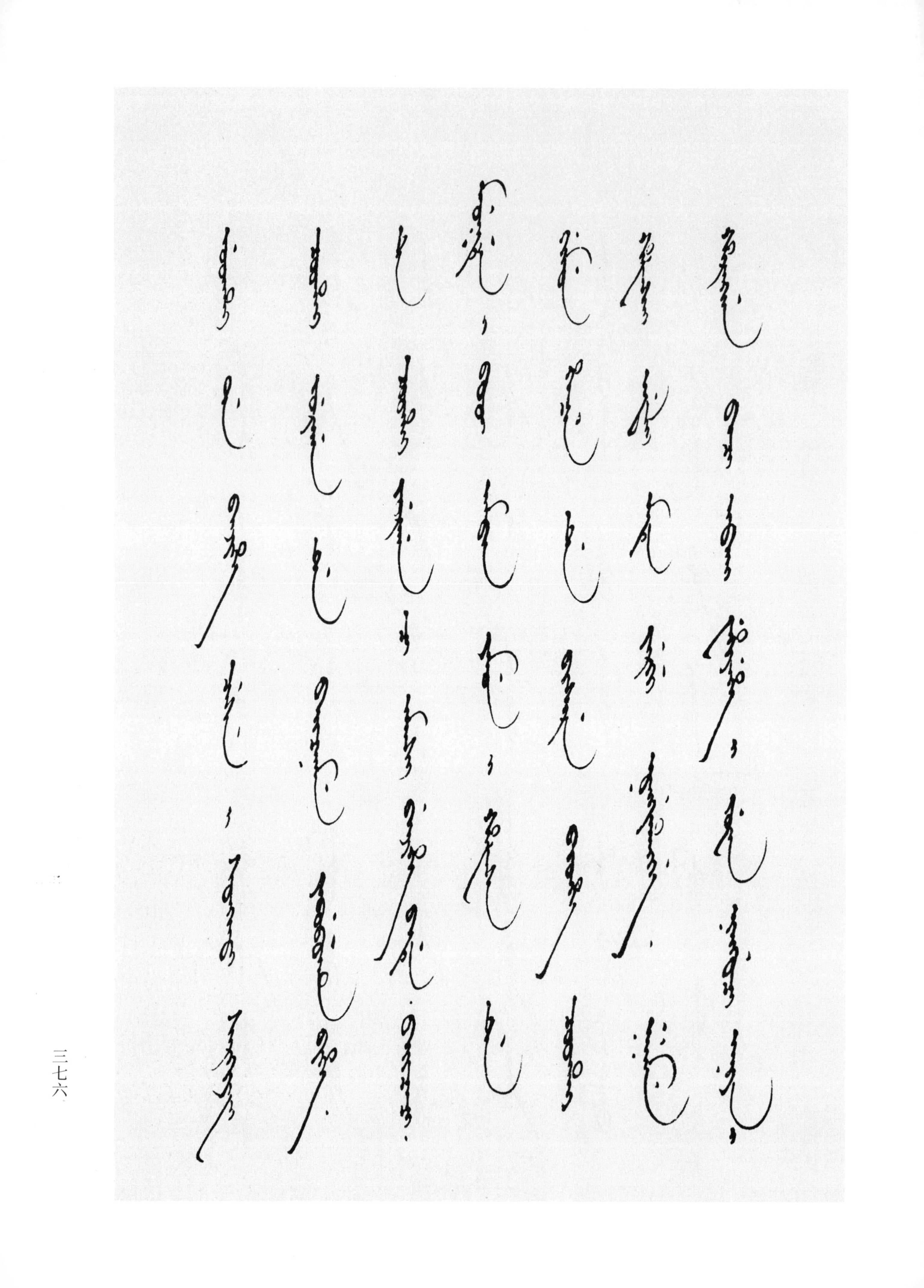

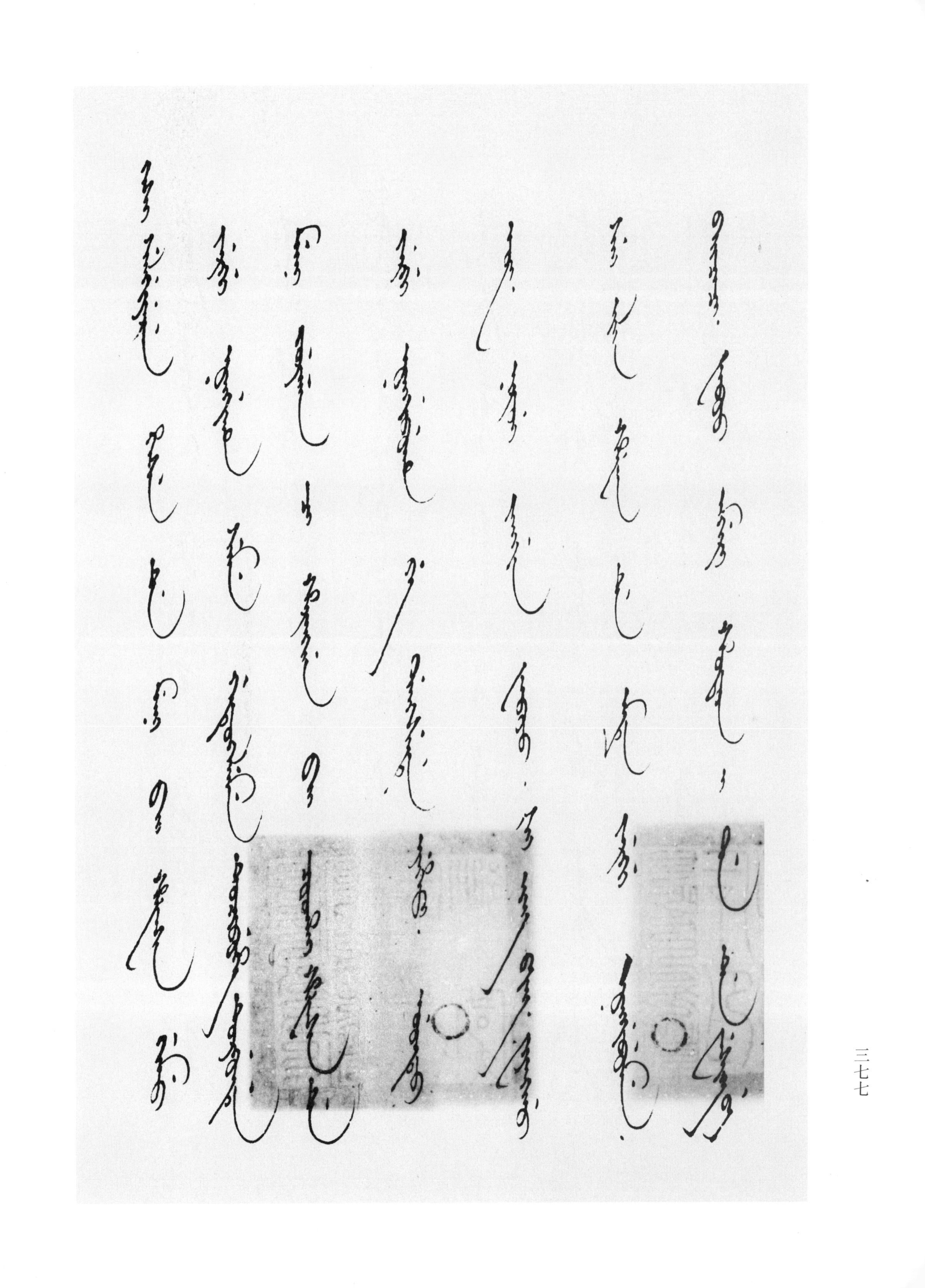

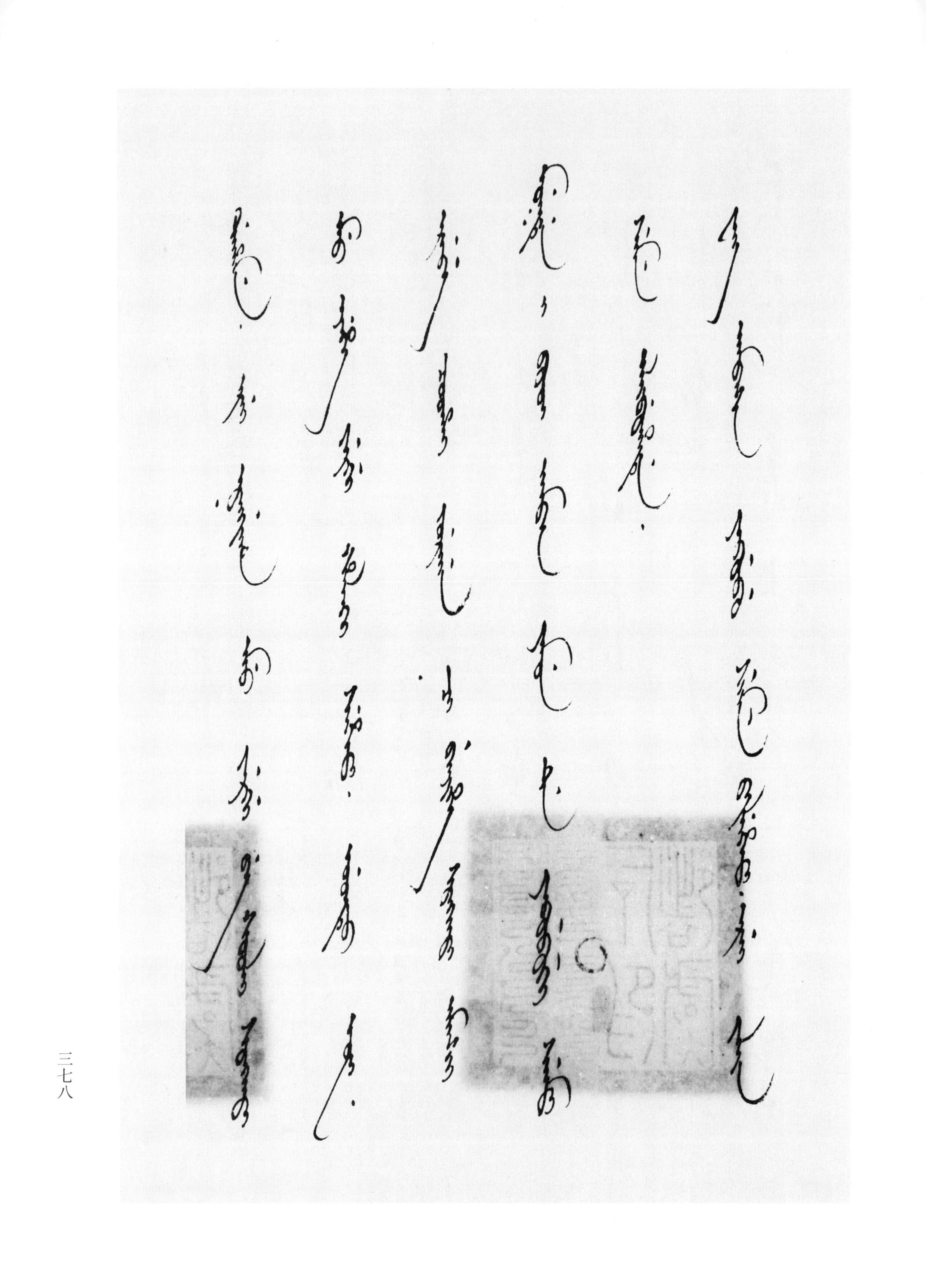

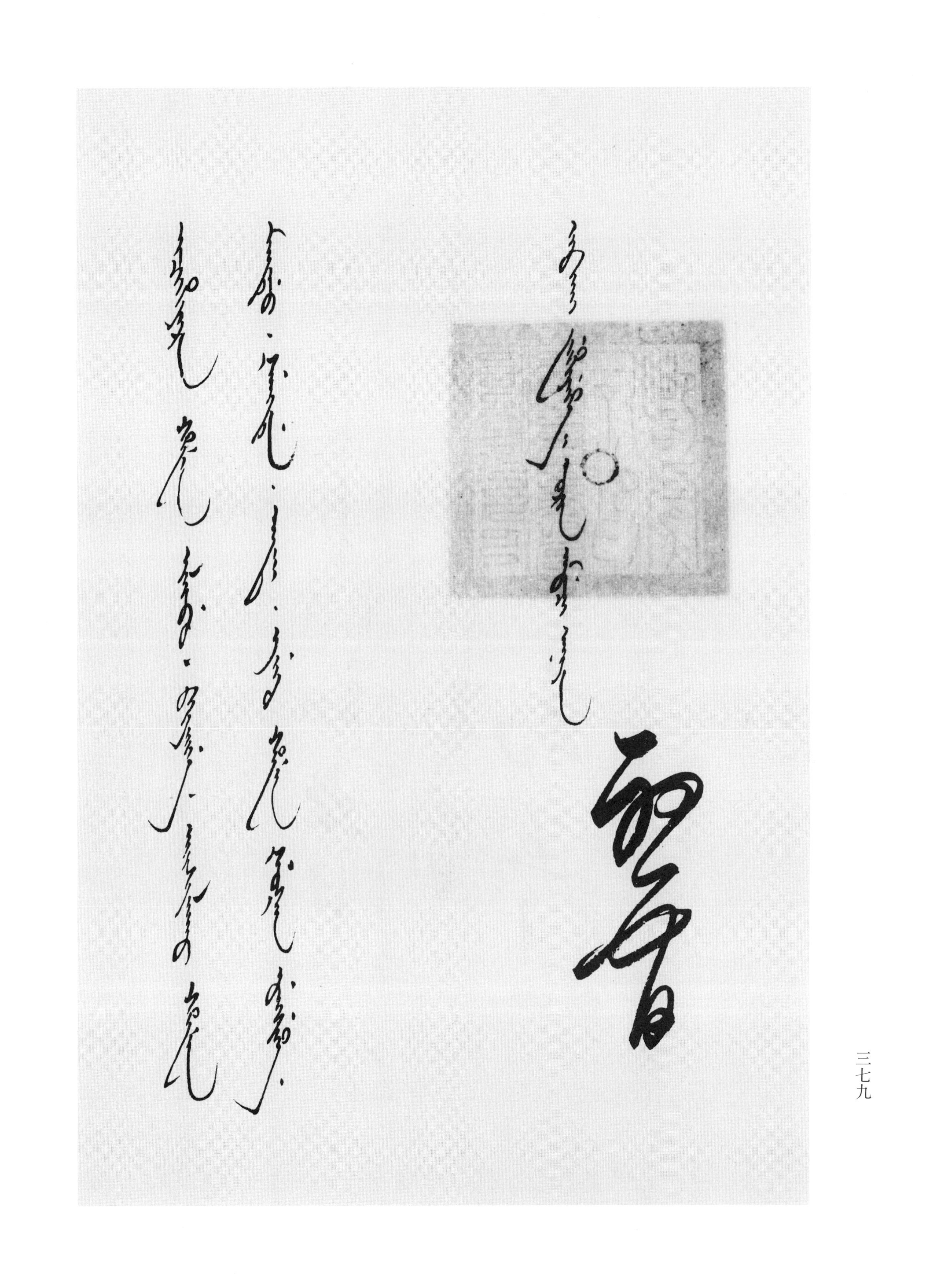

三七九

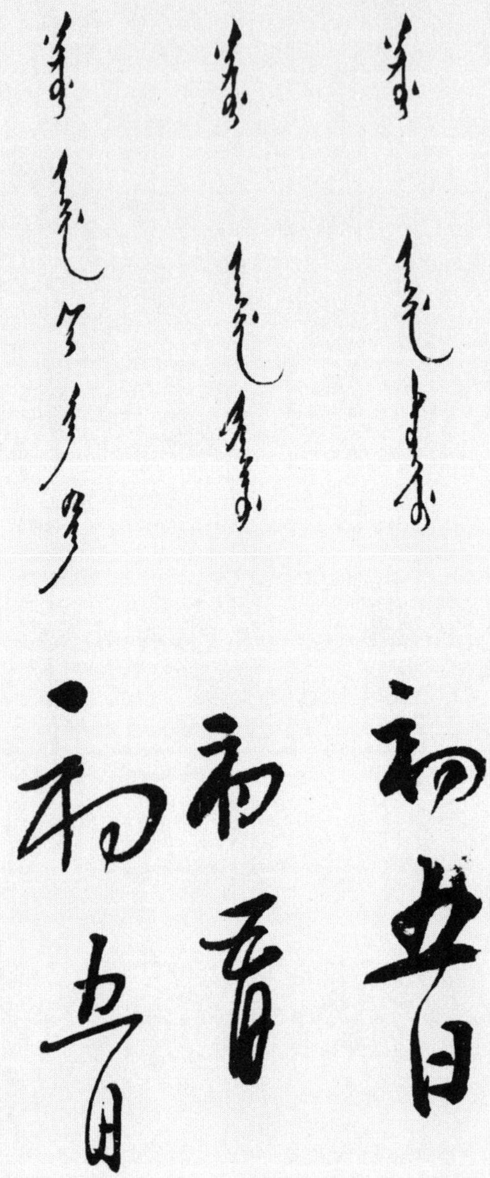

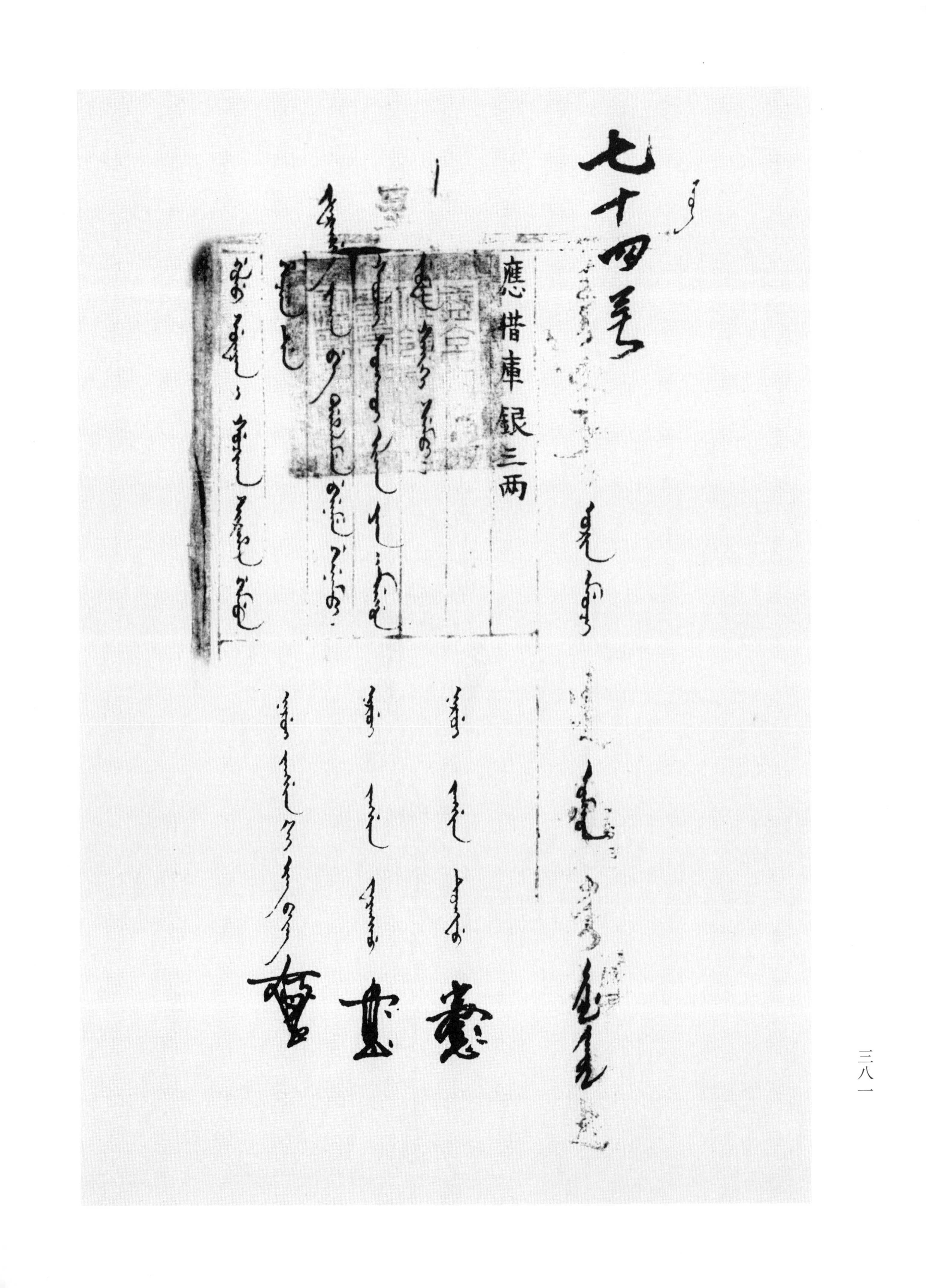

七十四號

應措庫銀三兩

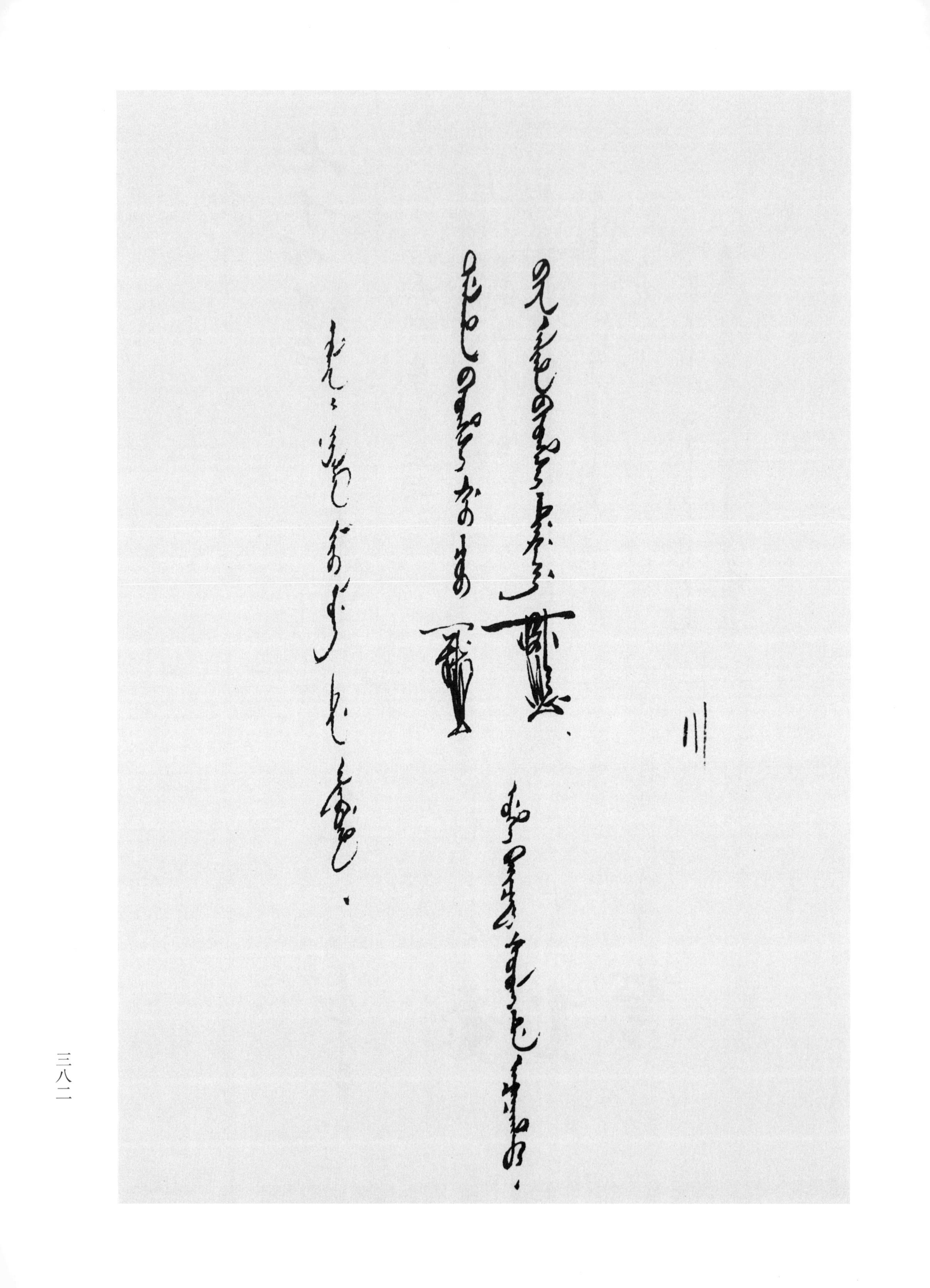

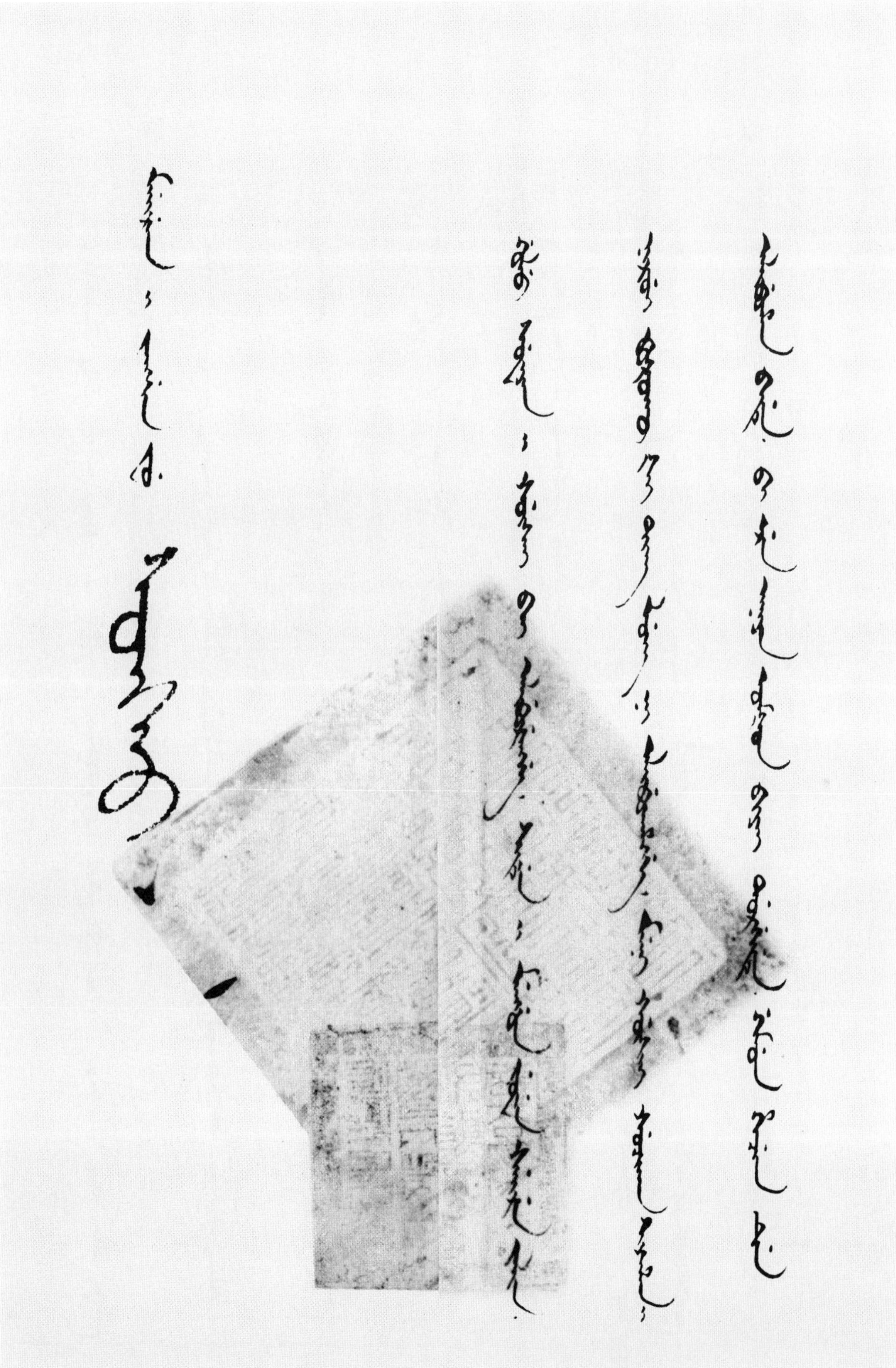

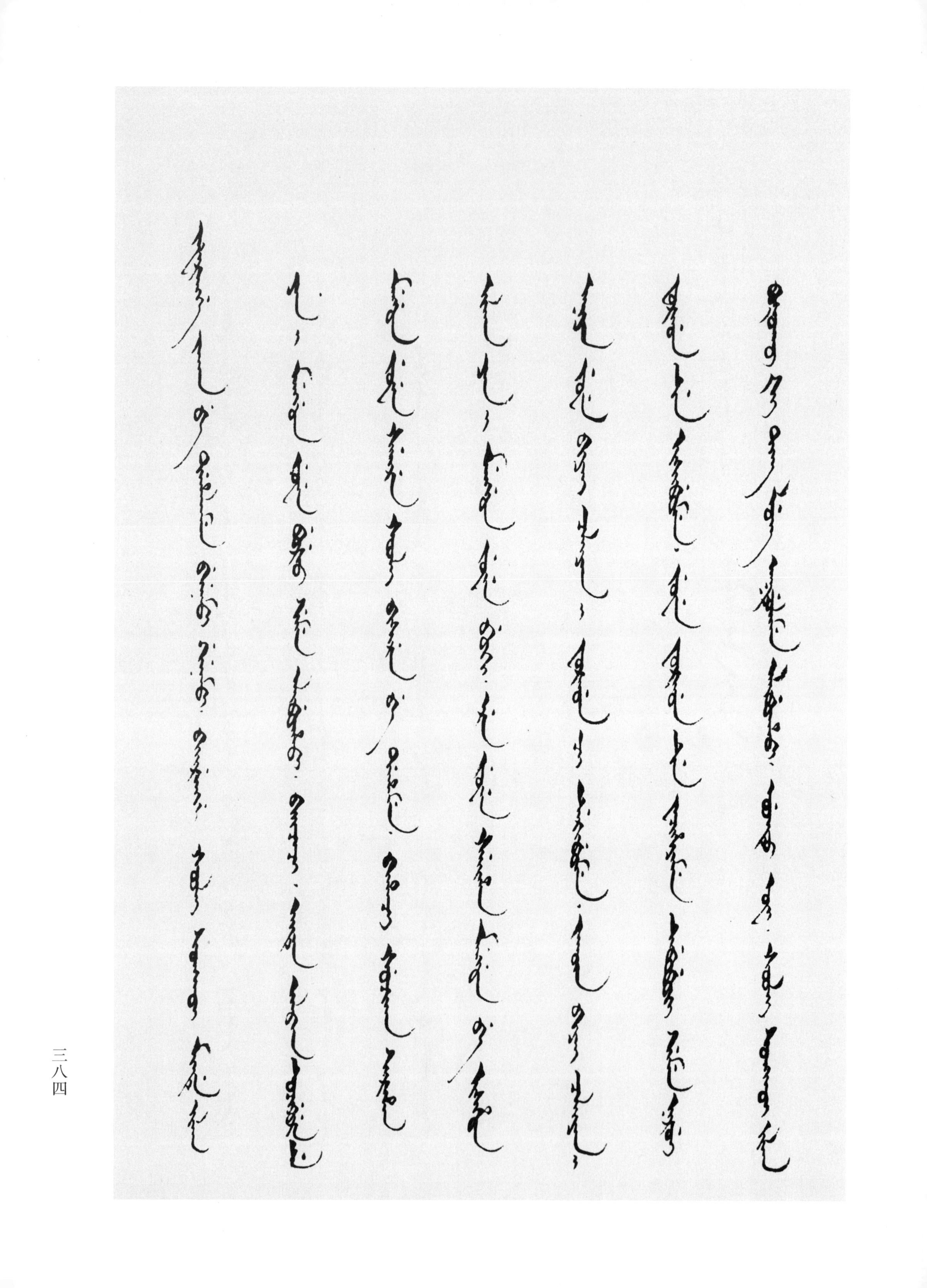

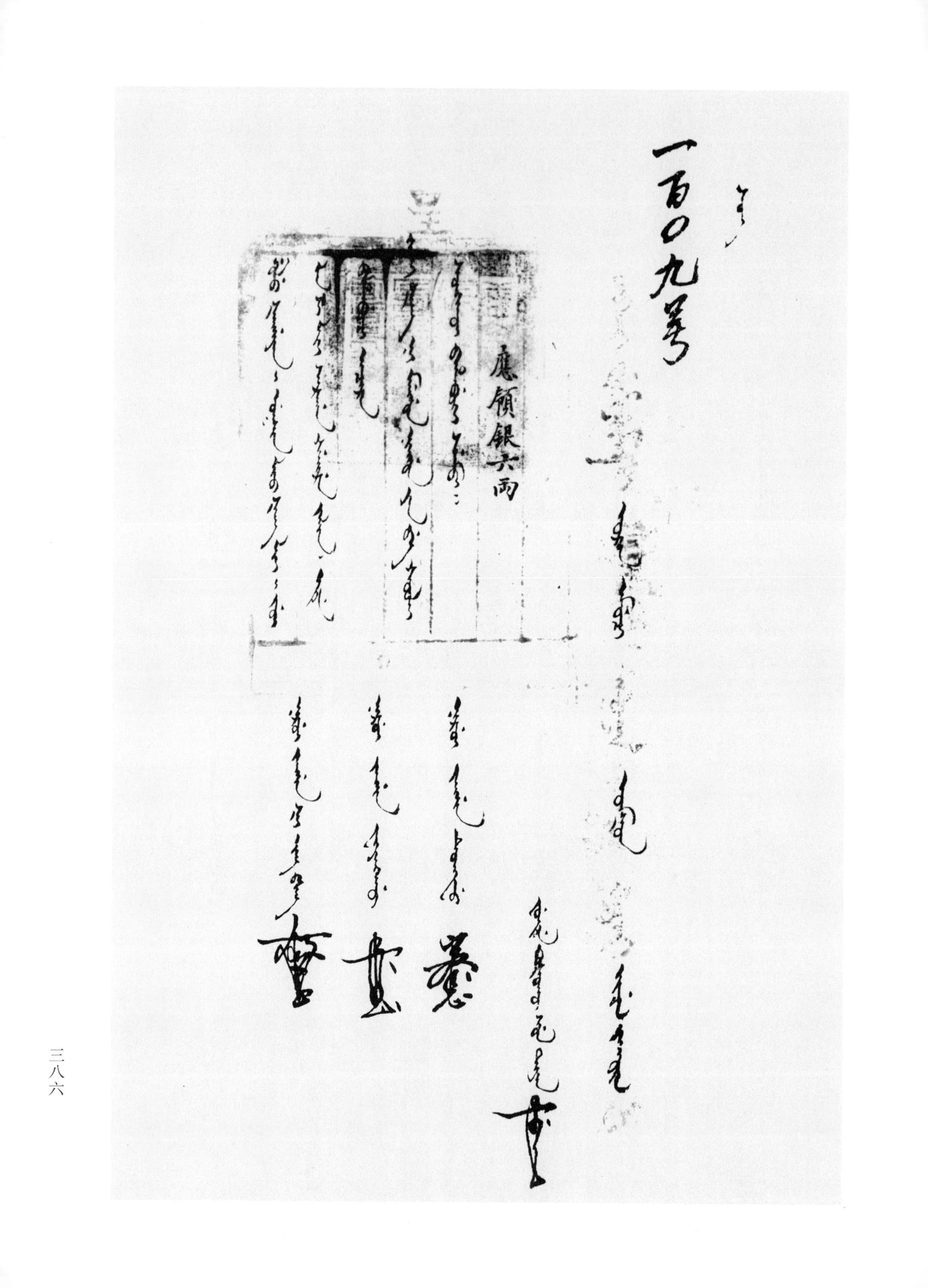

一百〇九号

應領銀六兩

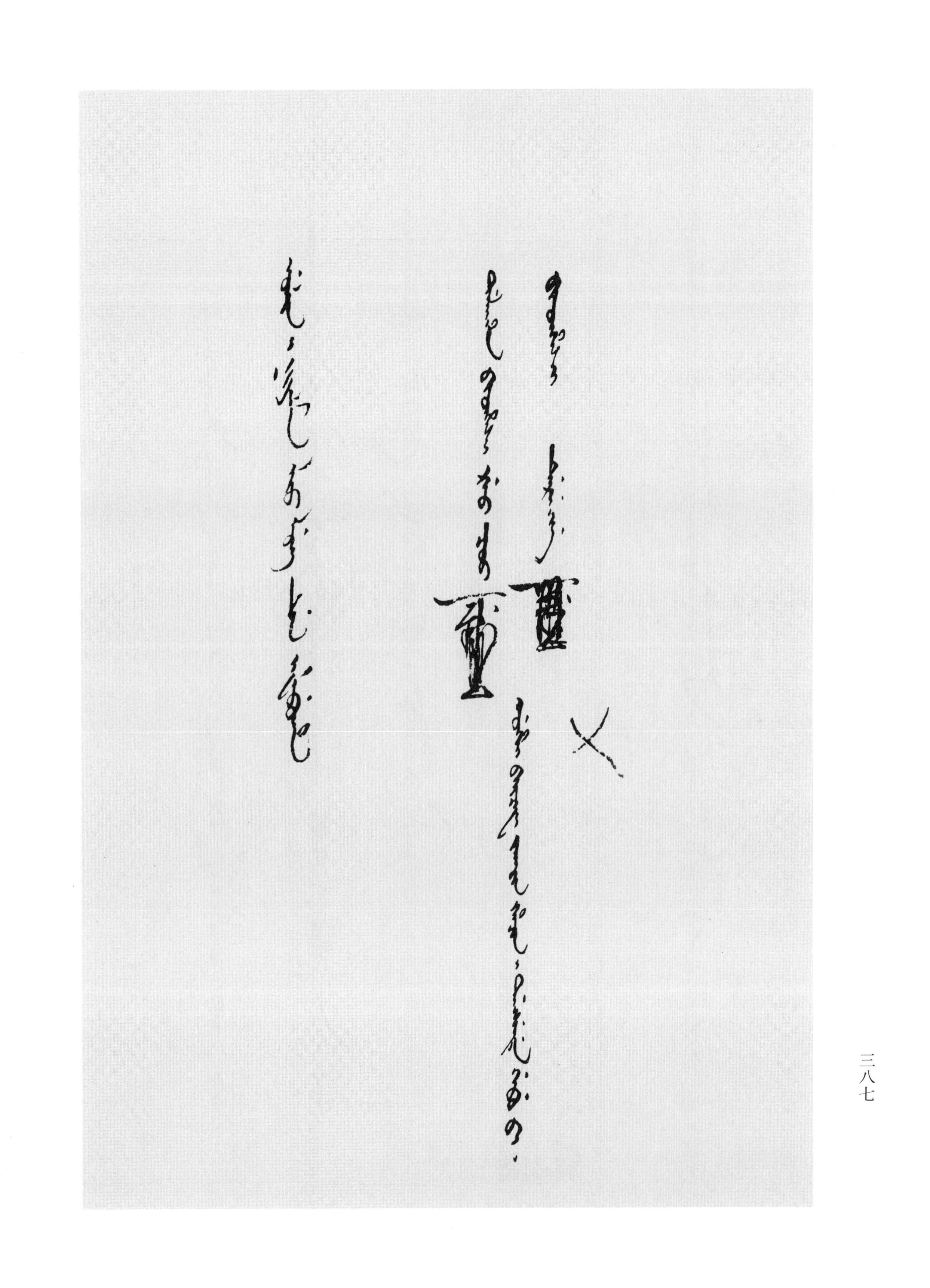

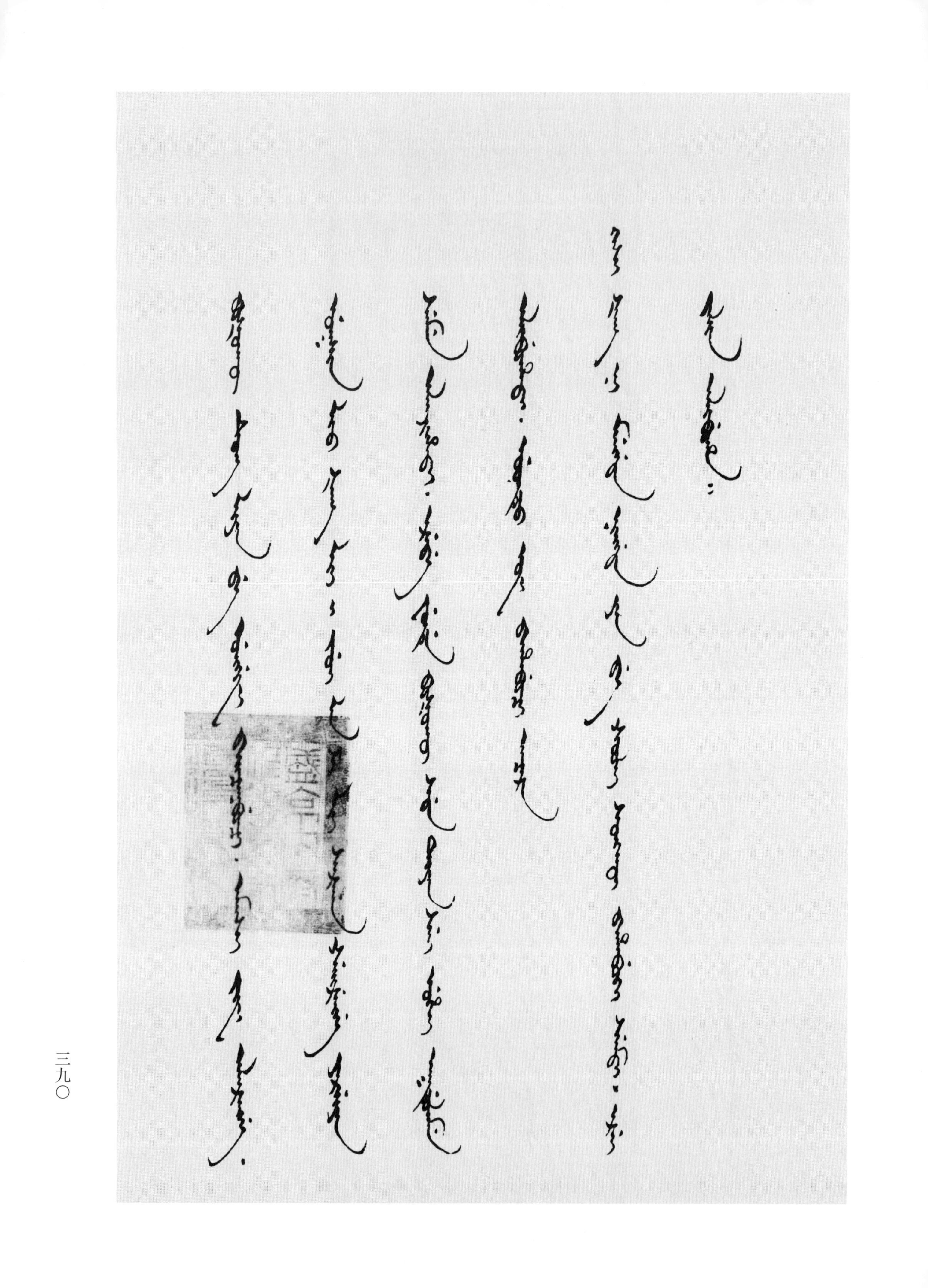

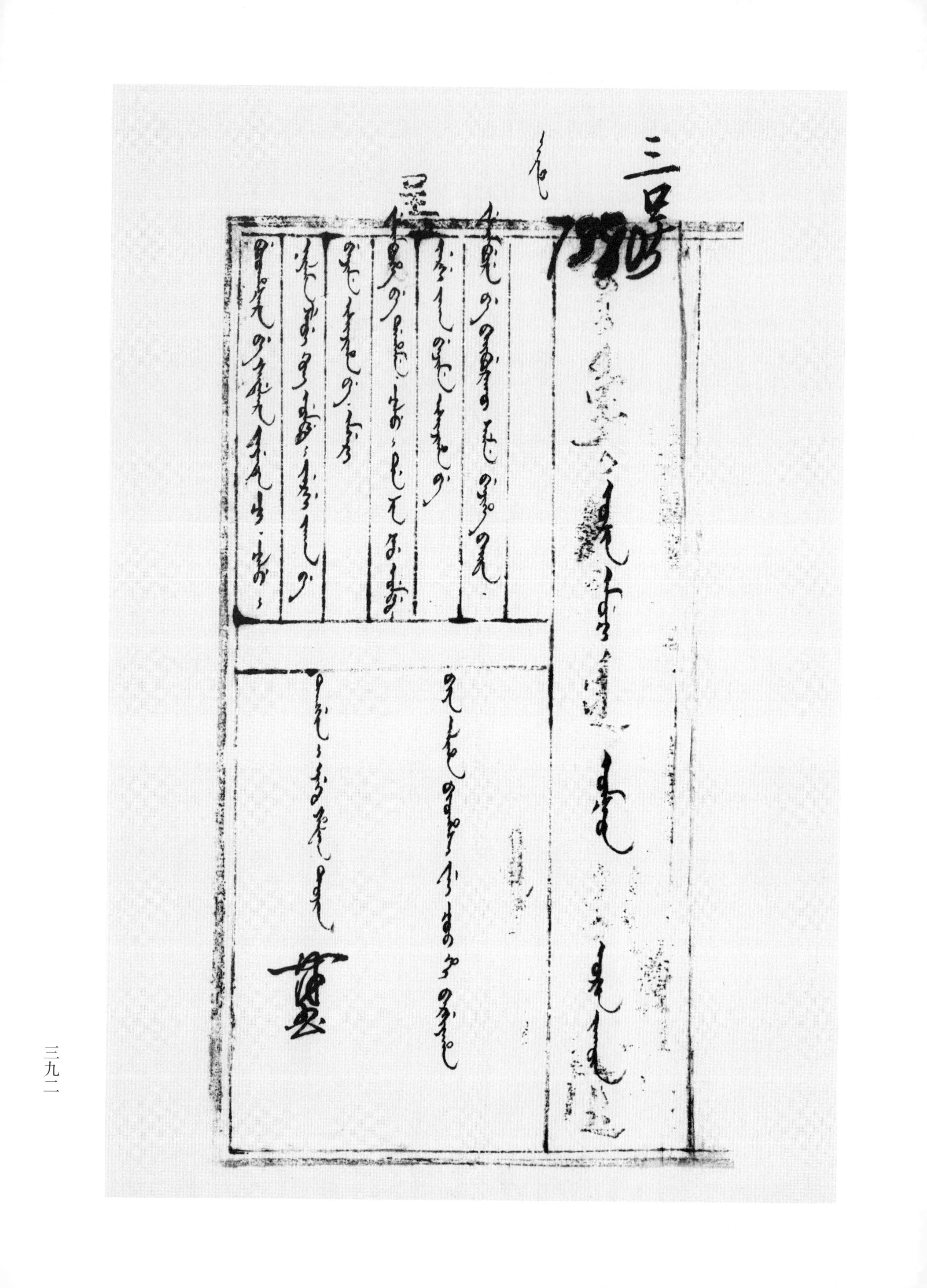

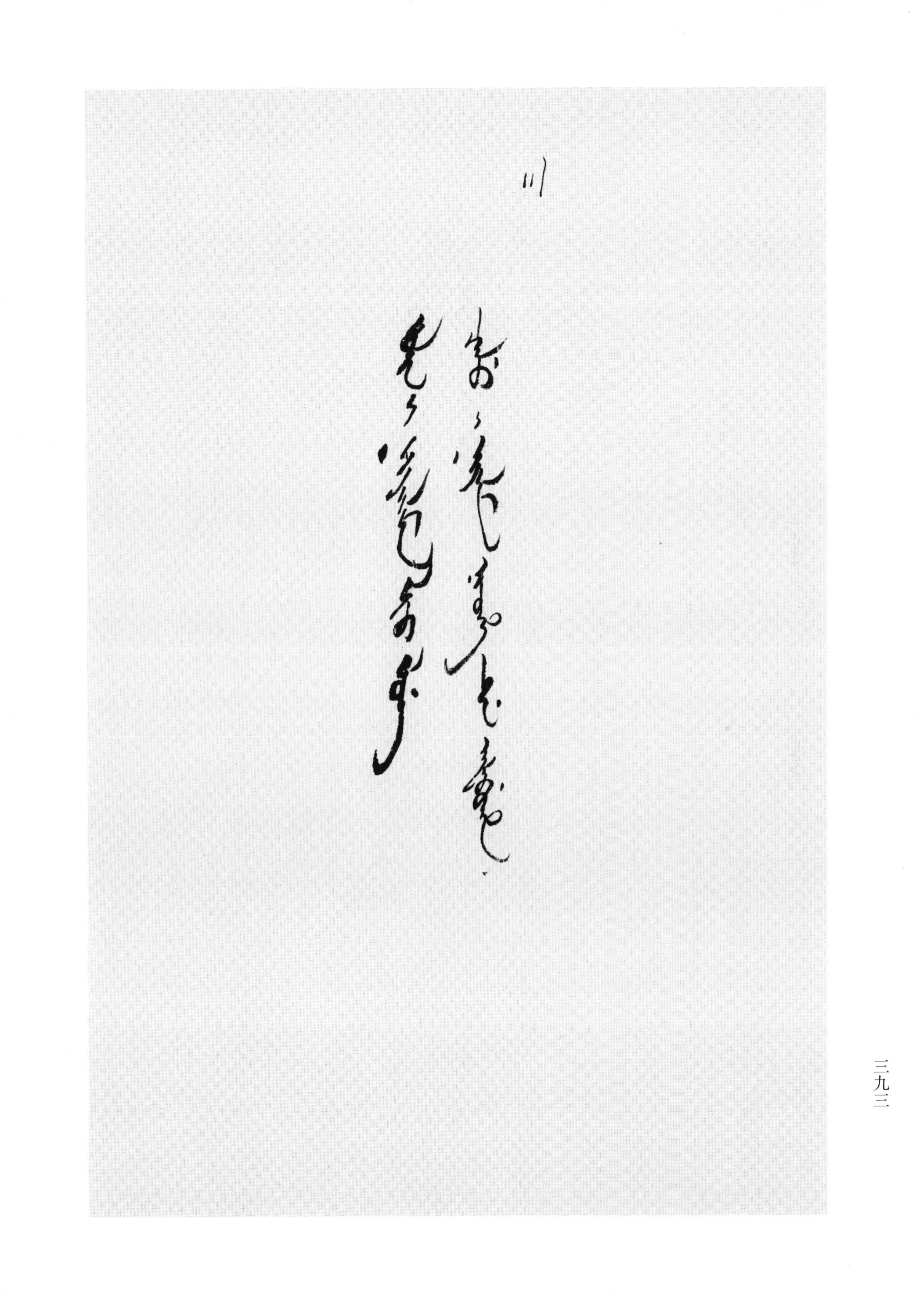

三

[illegible]

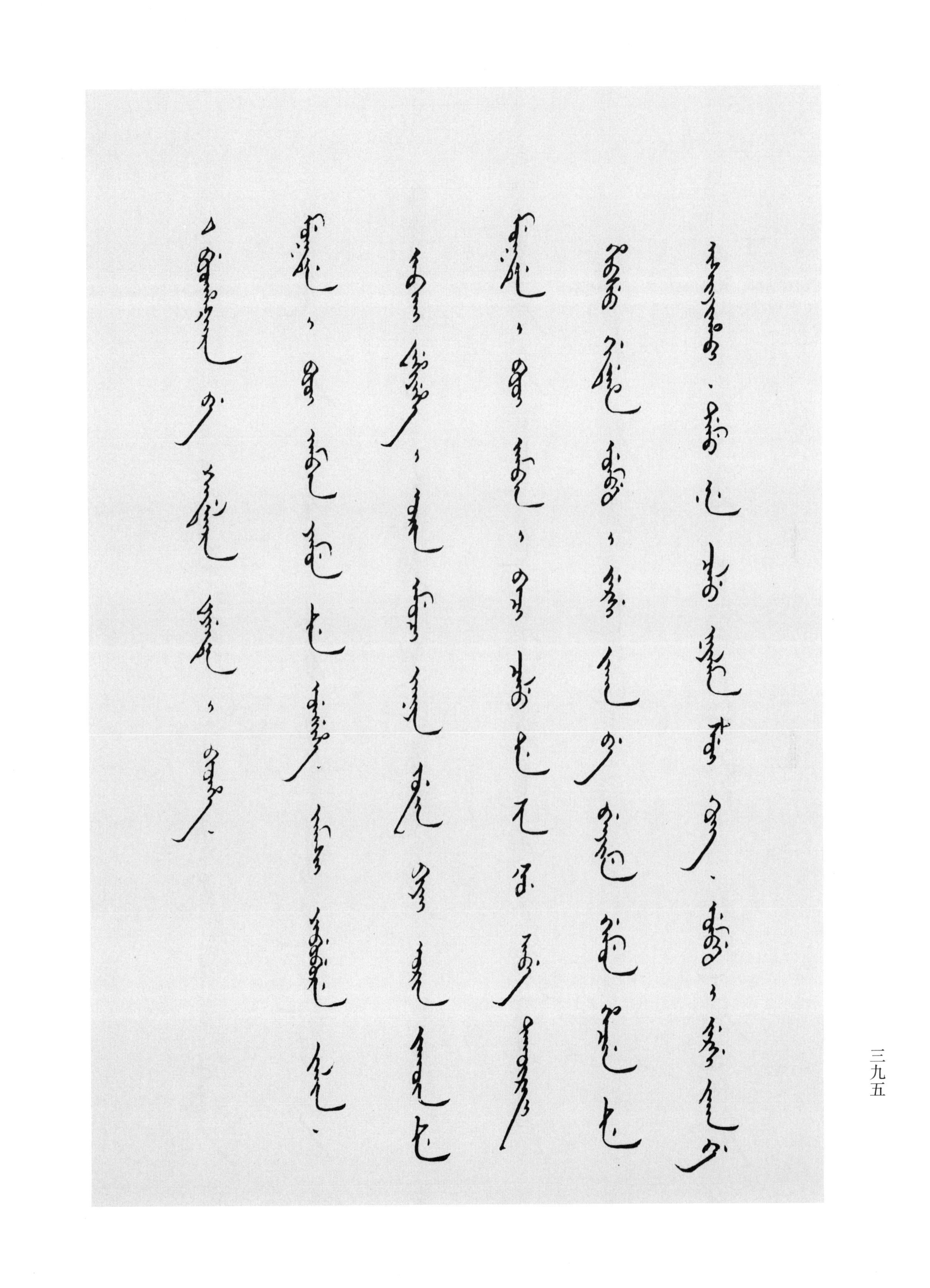

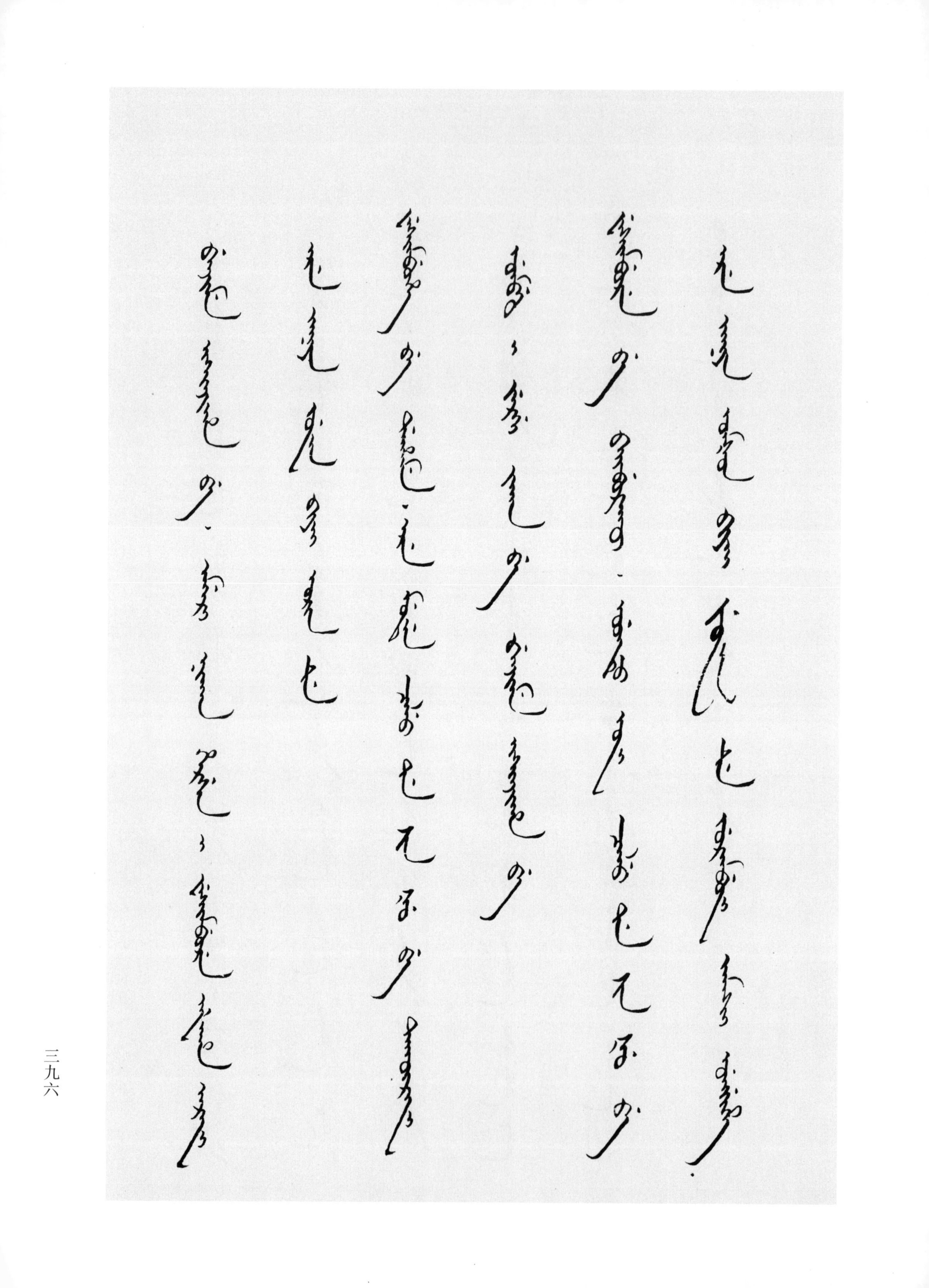

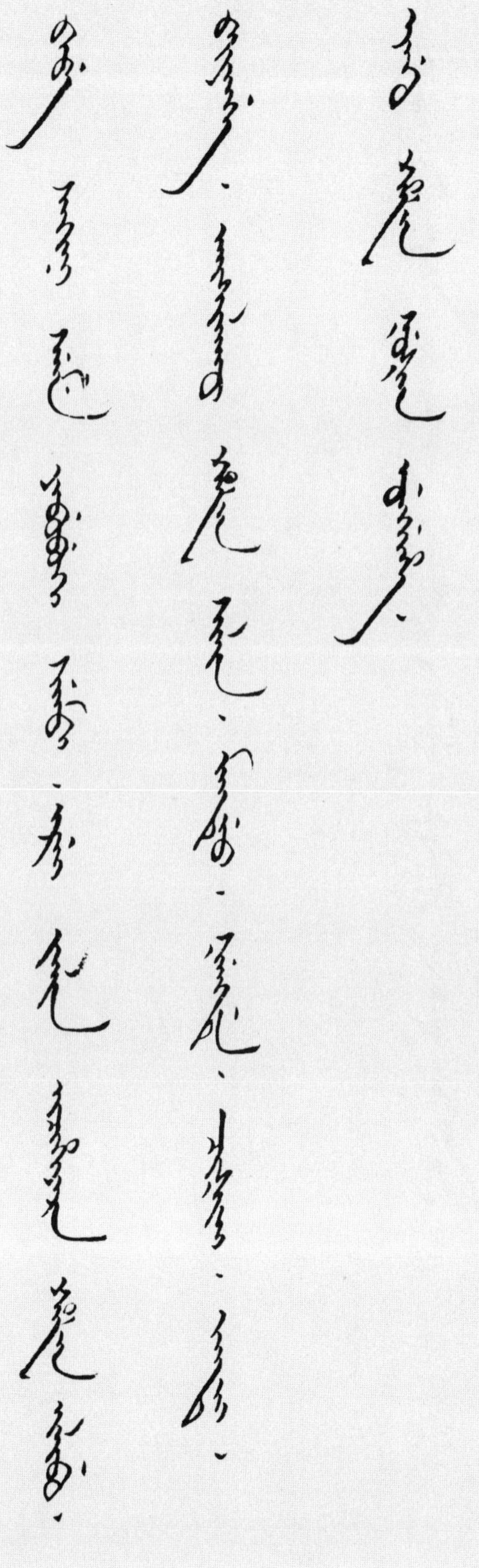

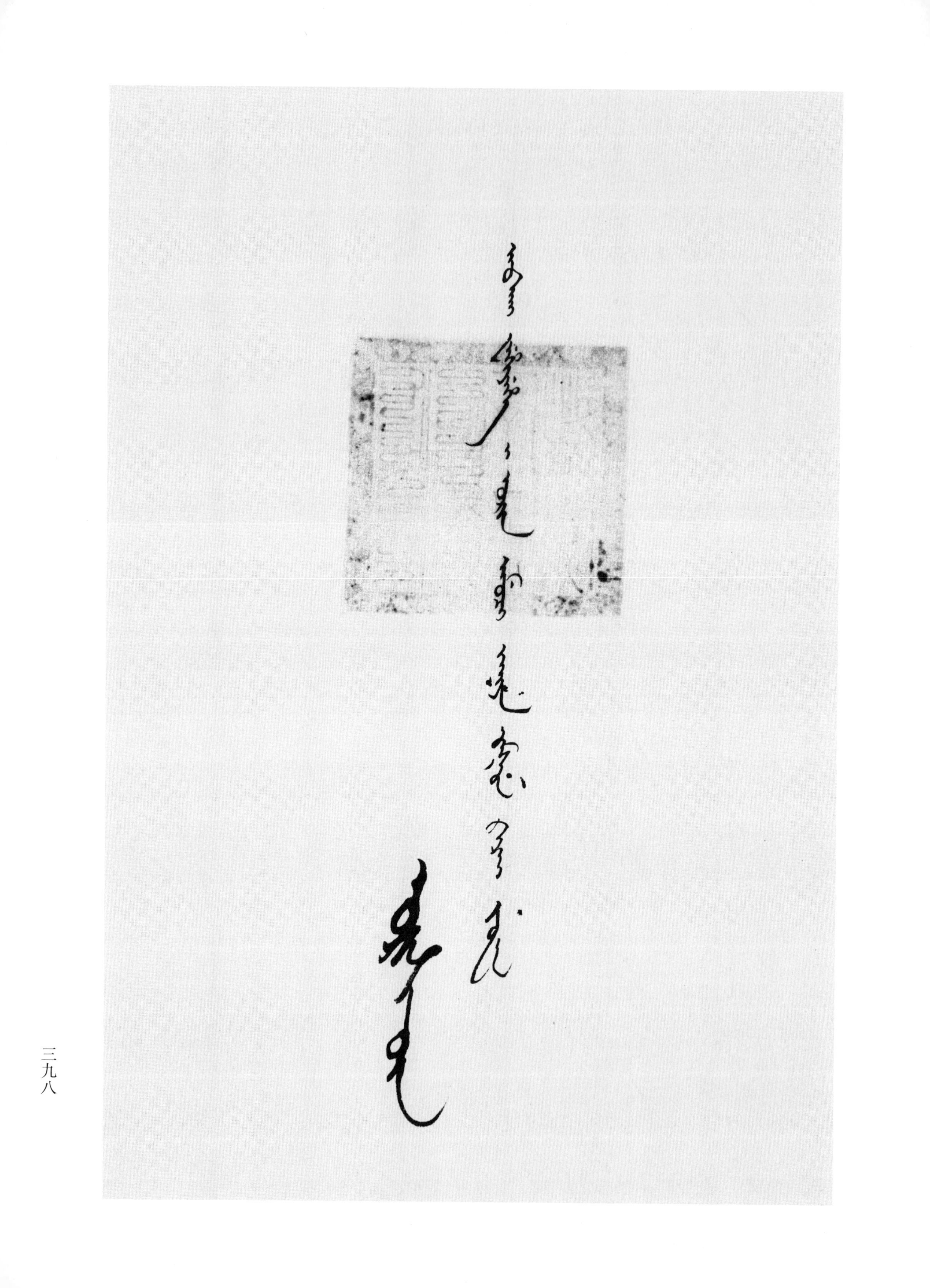

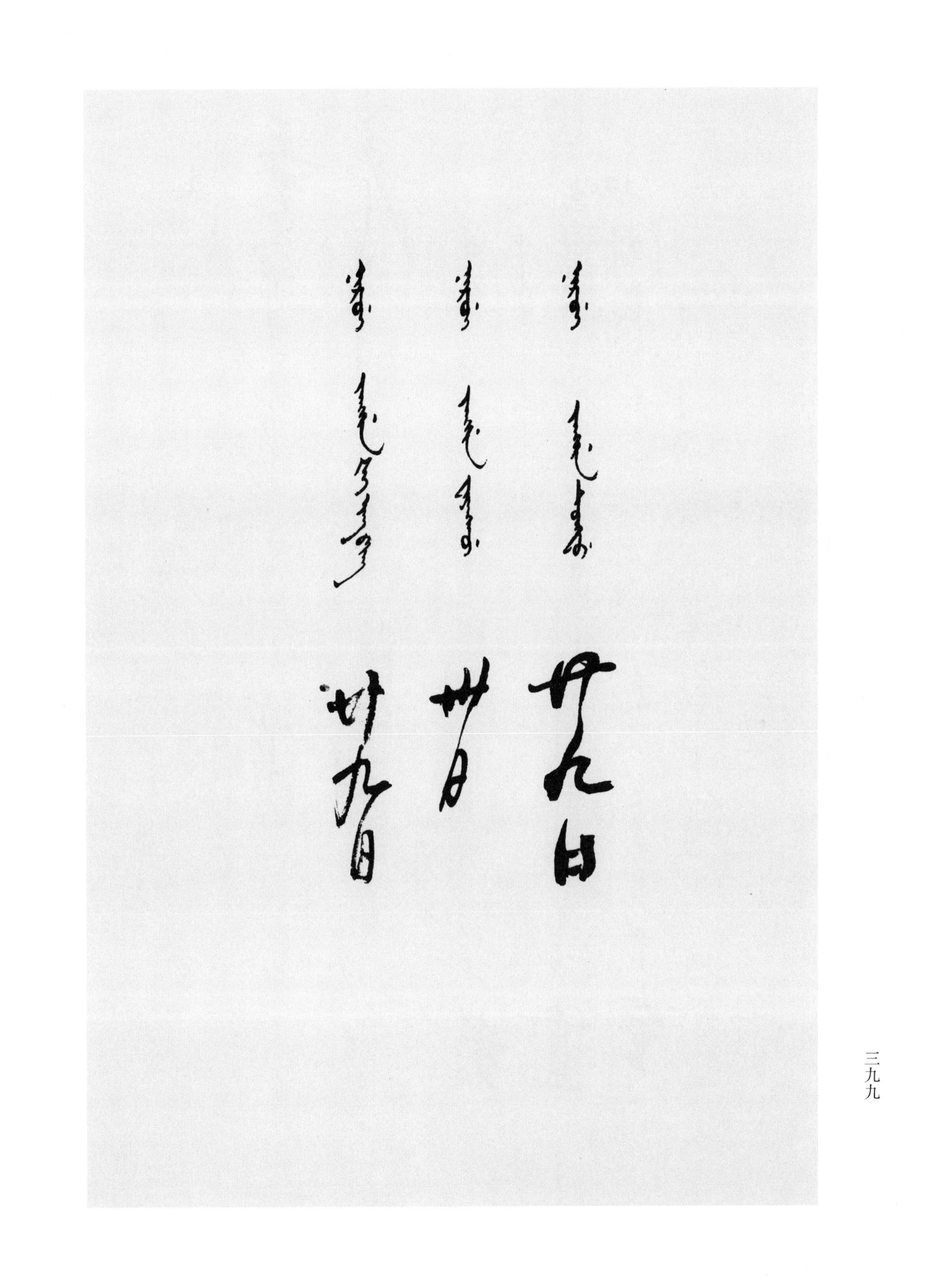

廿九日

卅日

廿九日

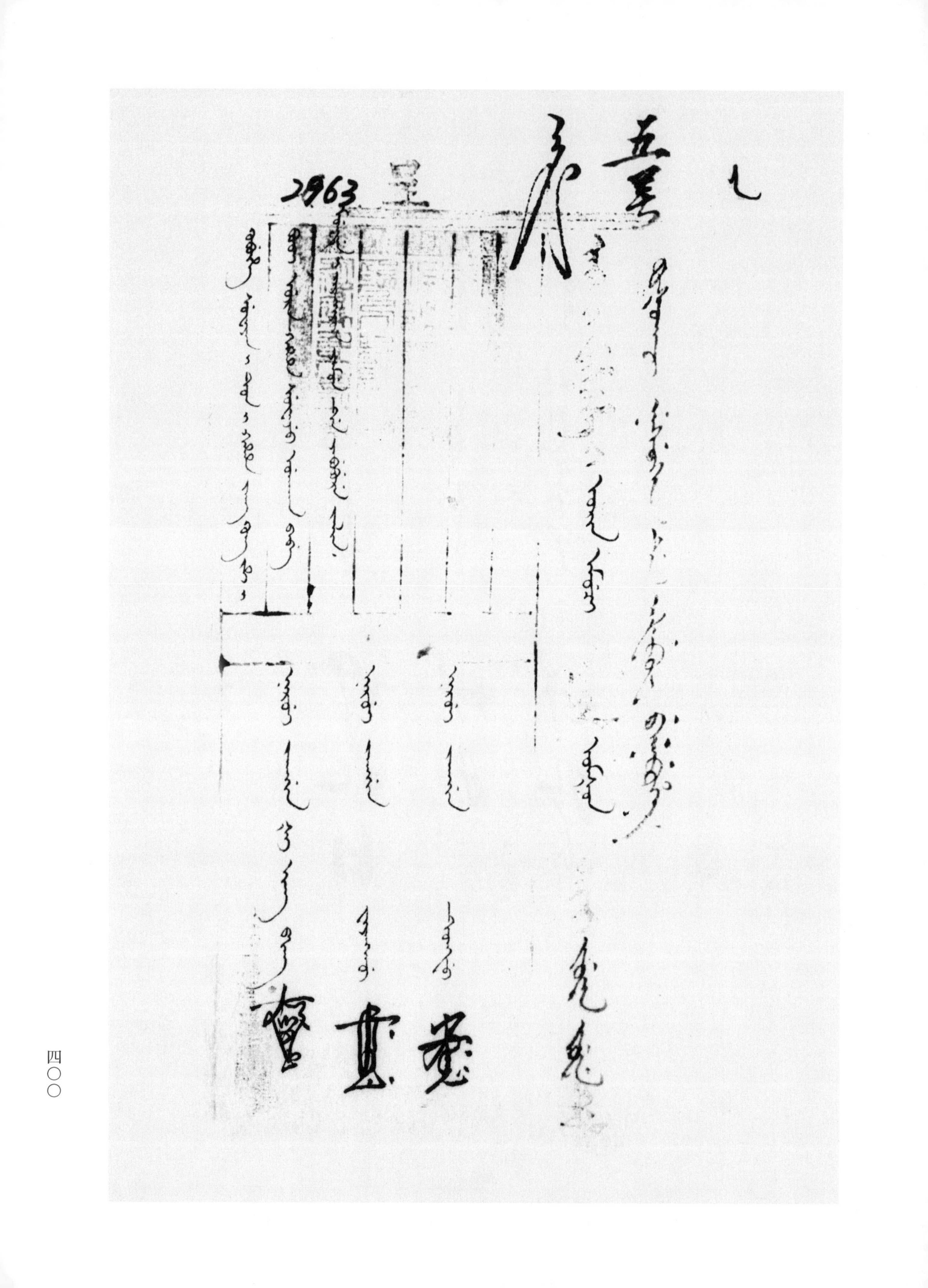

七

2963

呈

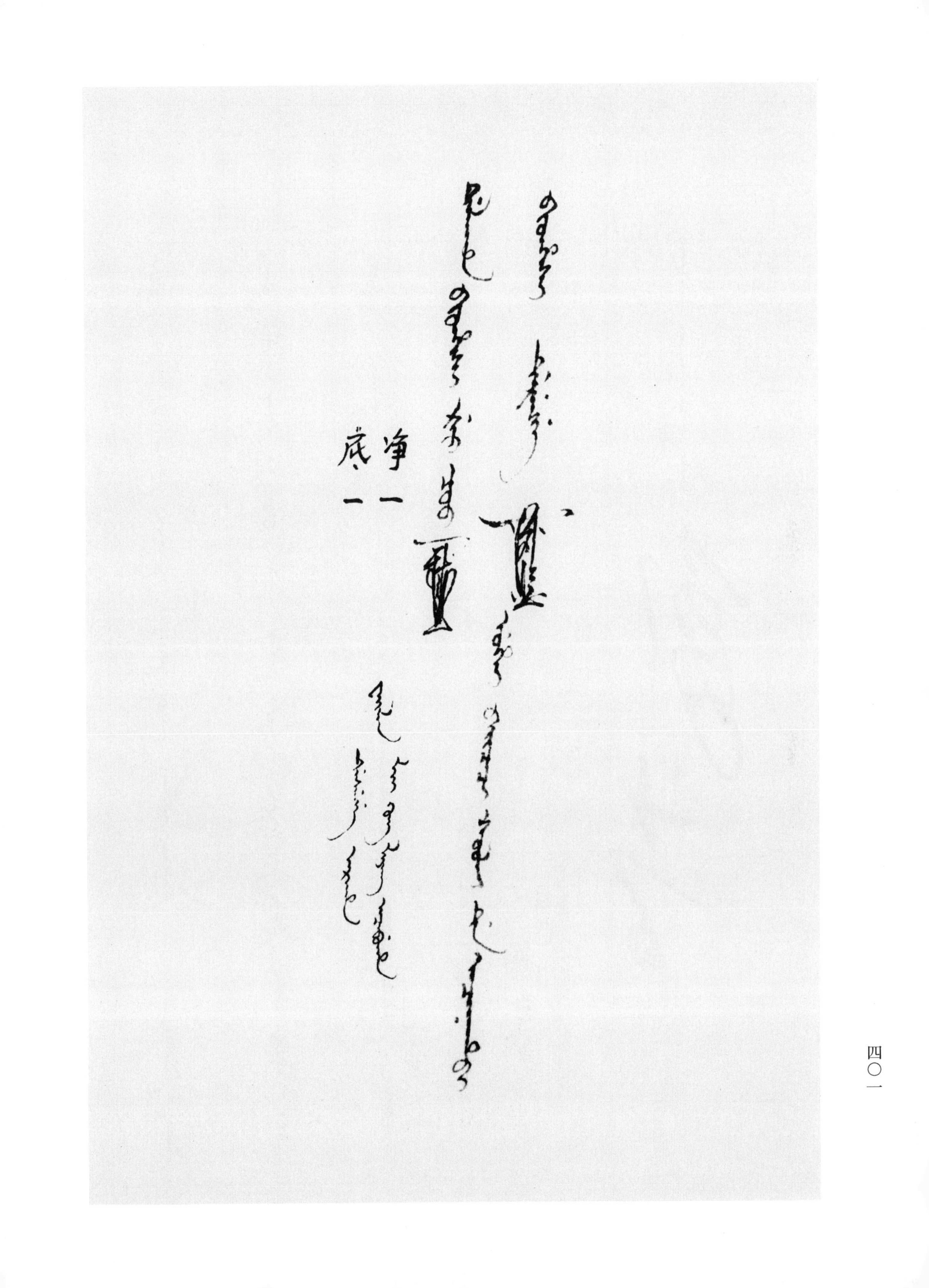

净一

底一

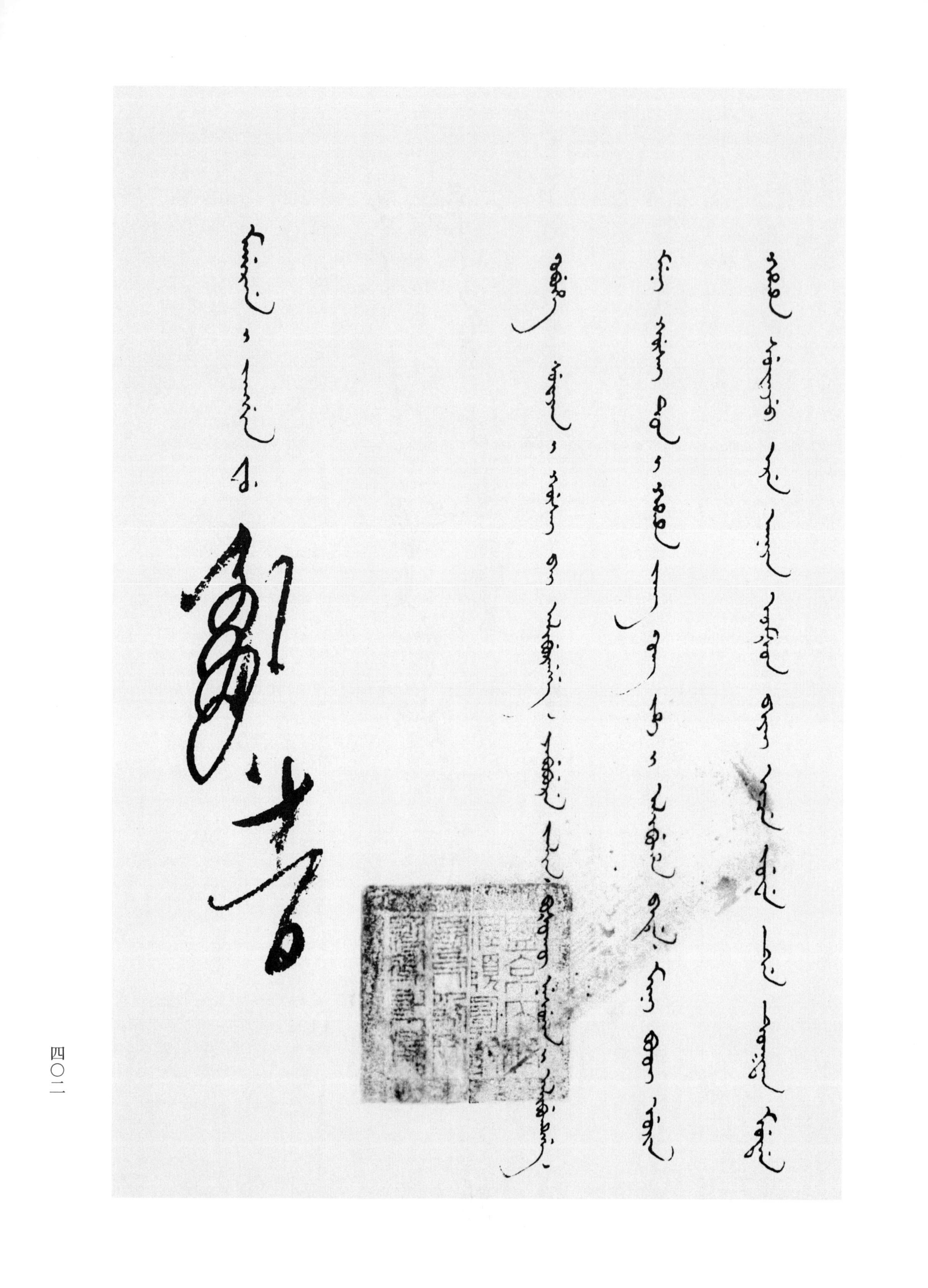

劉吉

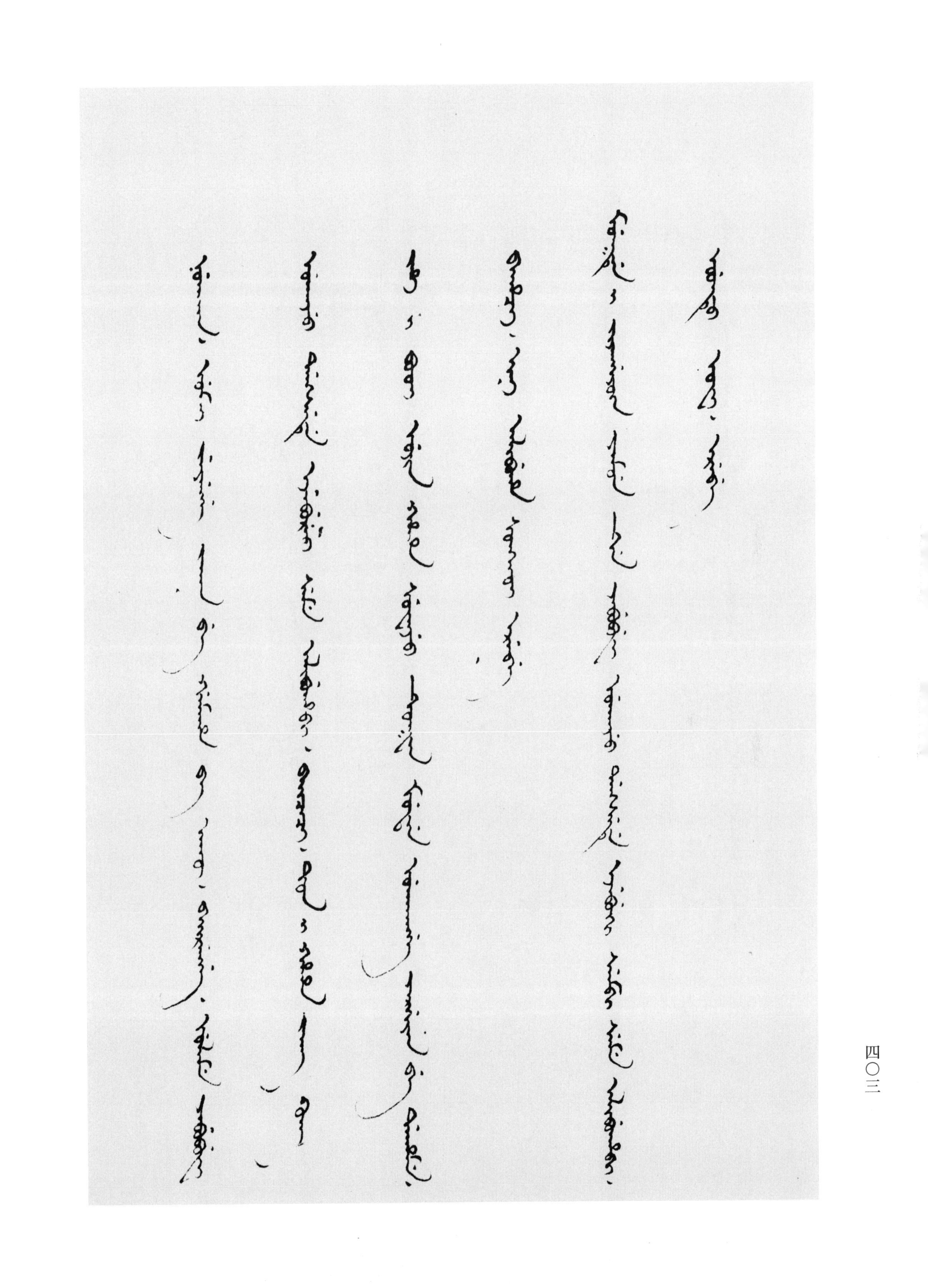

[illegible]

[illegible]

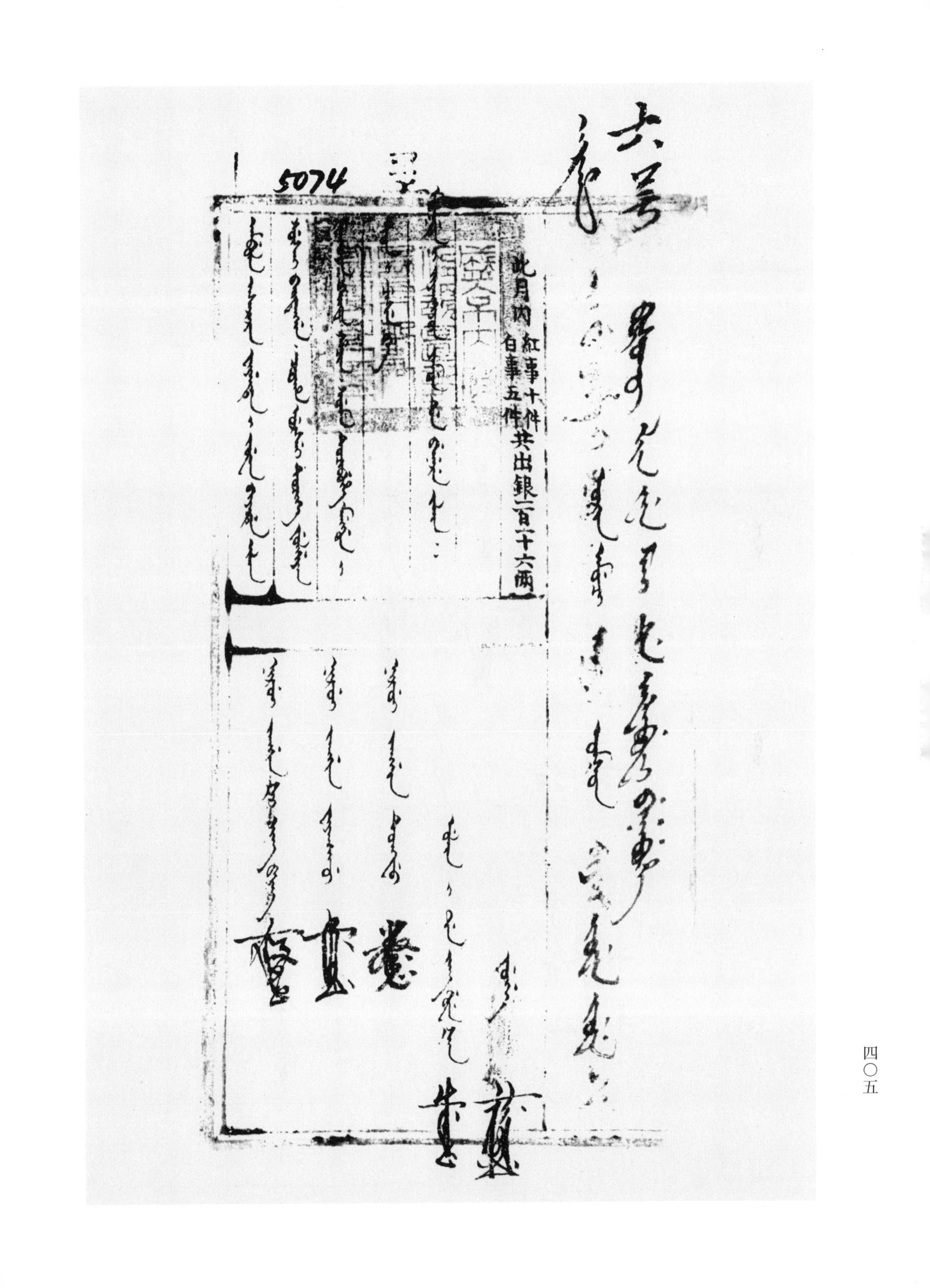

六号

5074

此月内 紅事十件 白事五件 共出銀一百一十六兩

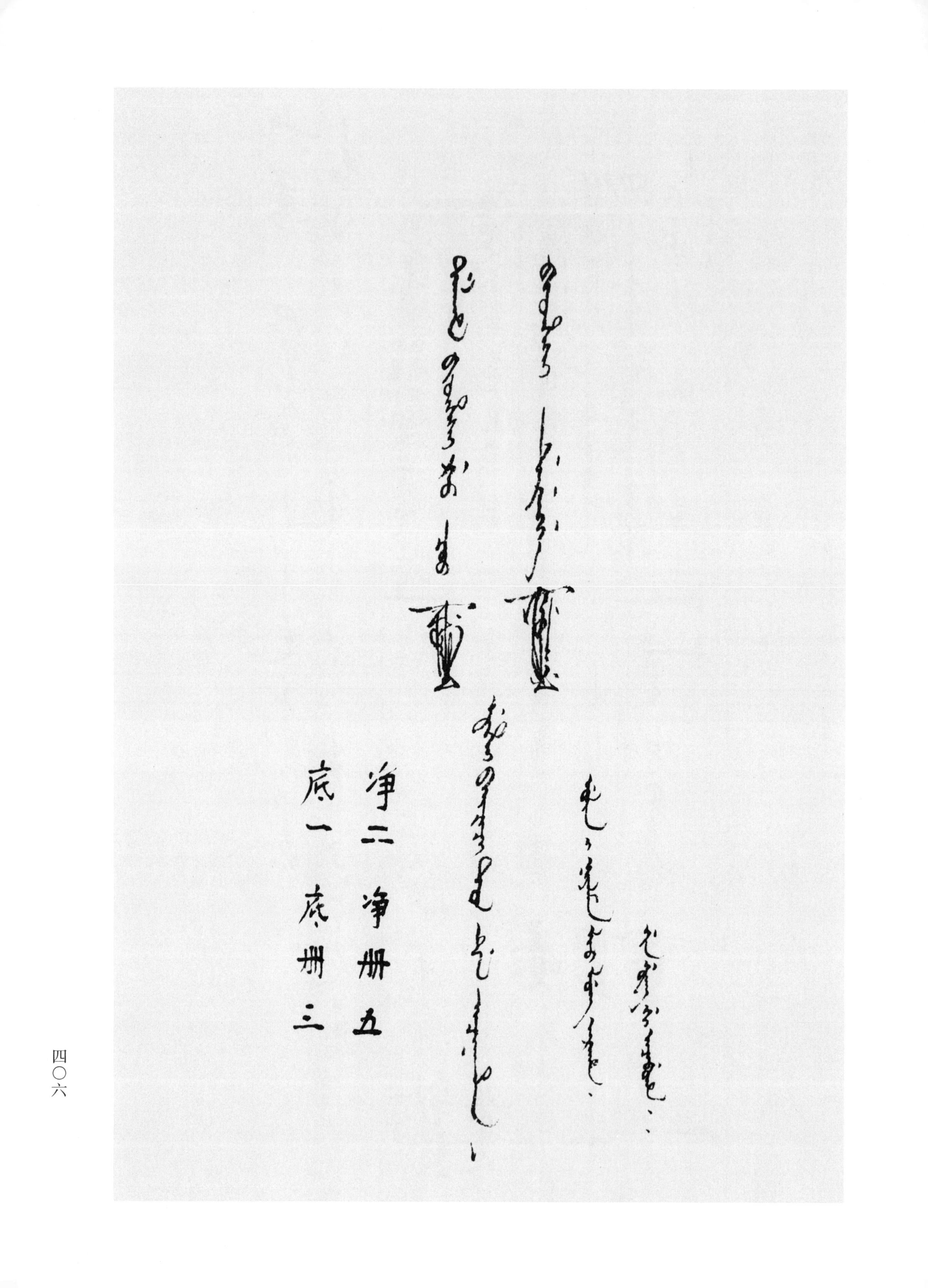

淨二　淨册五

底一　底册三

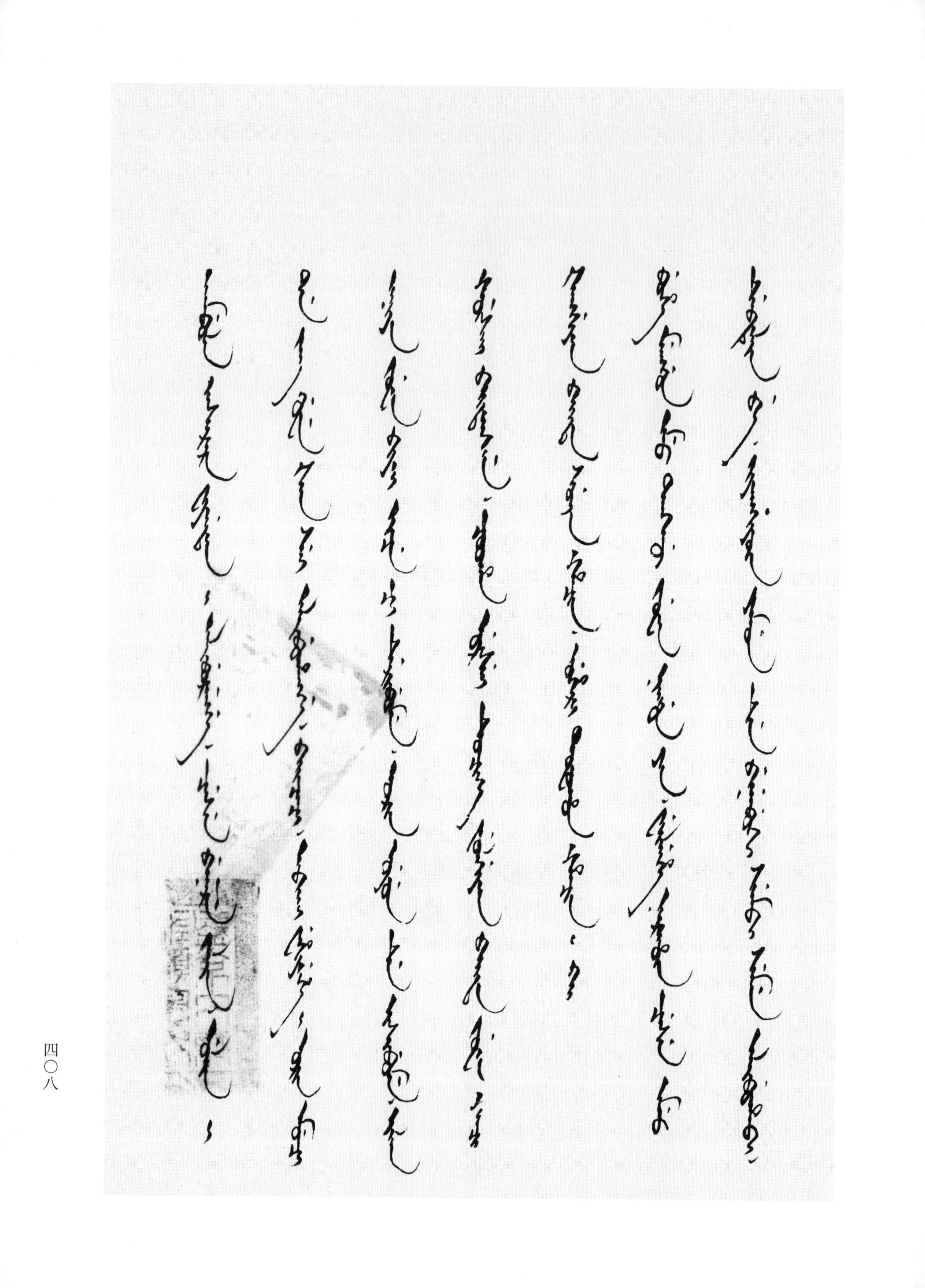

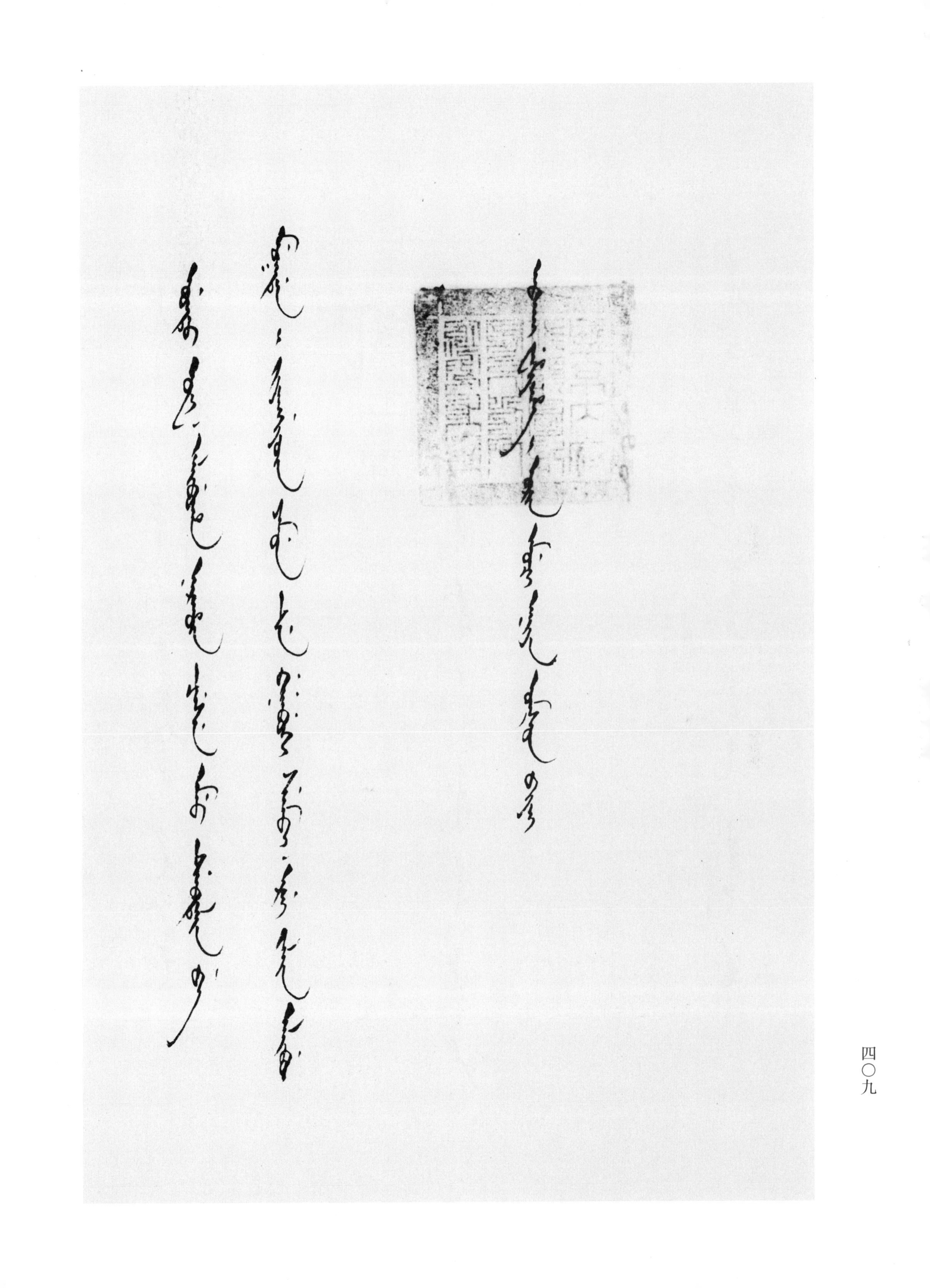

[illegible]

[illegible]

[illegible]

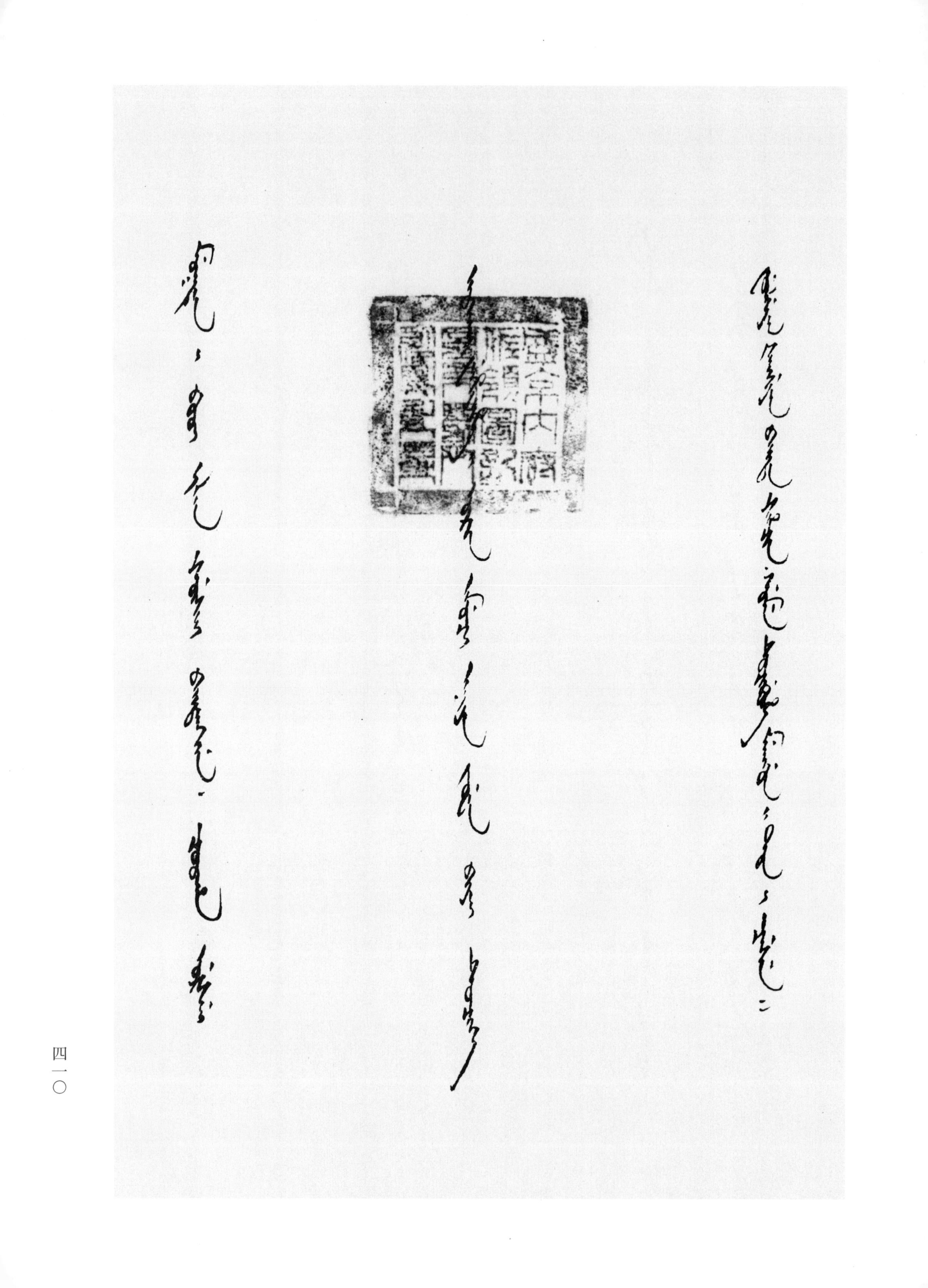

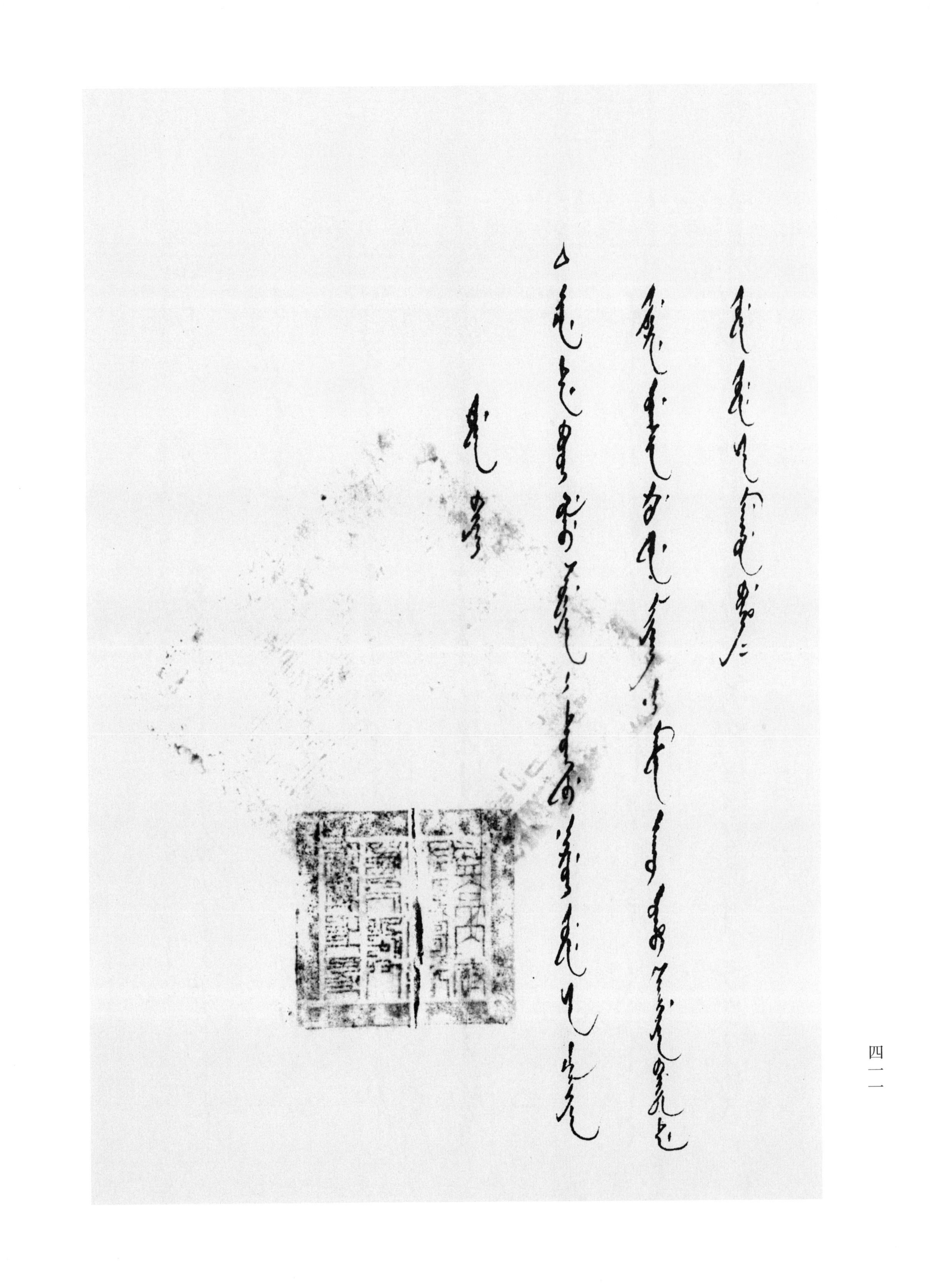

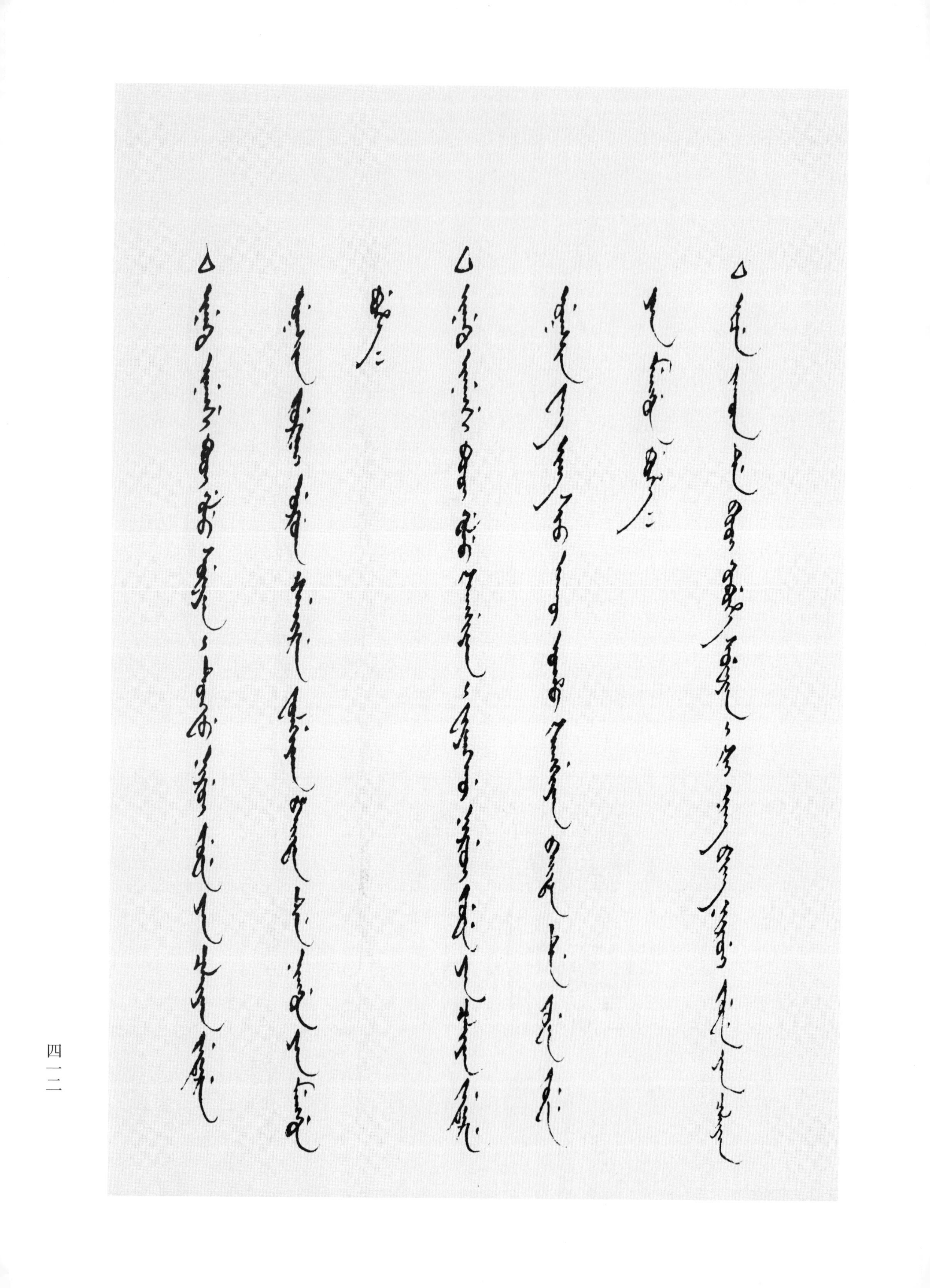

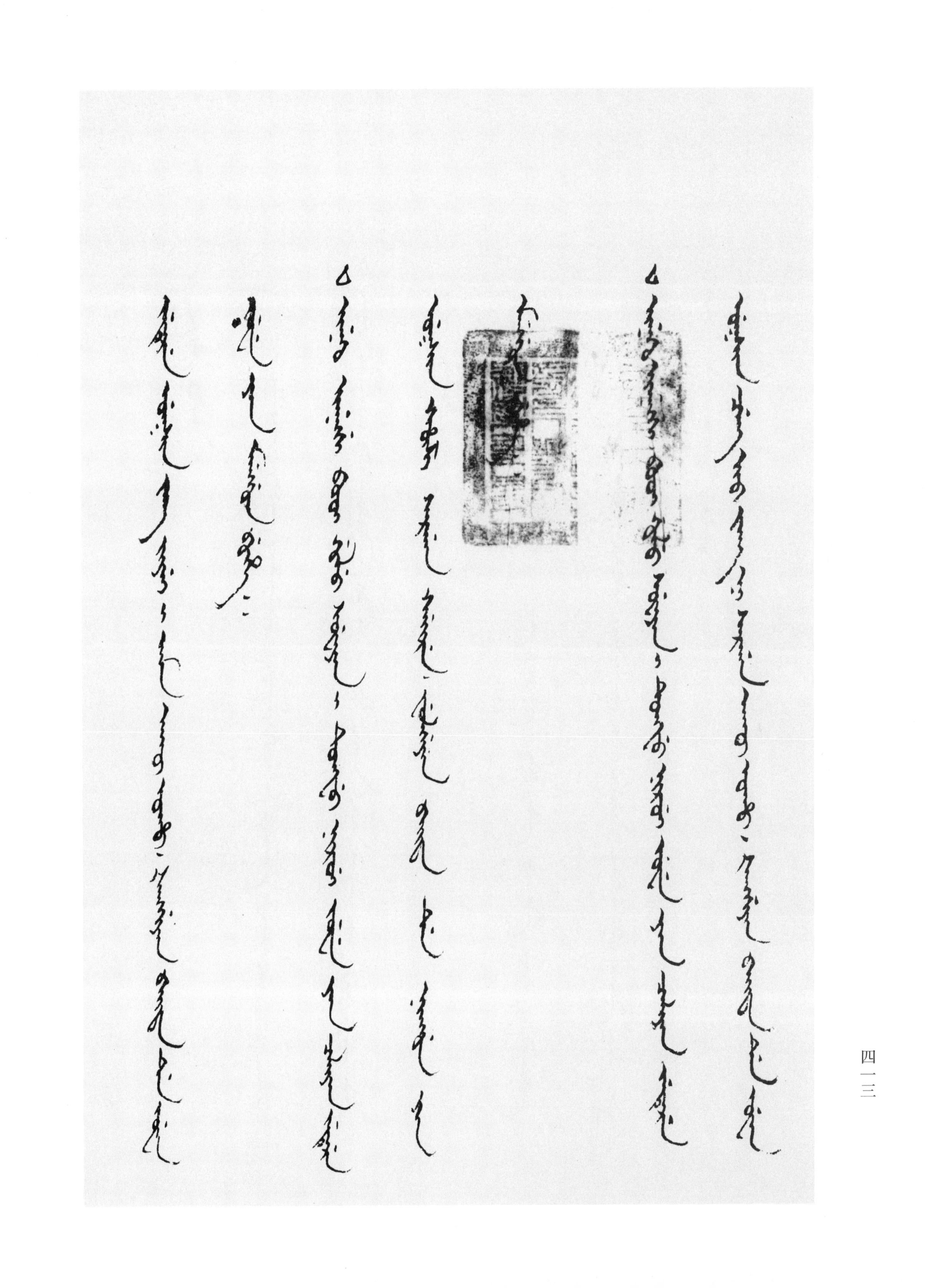

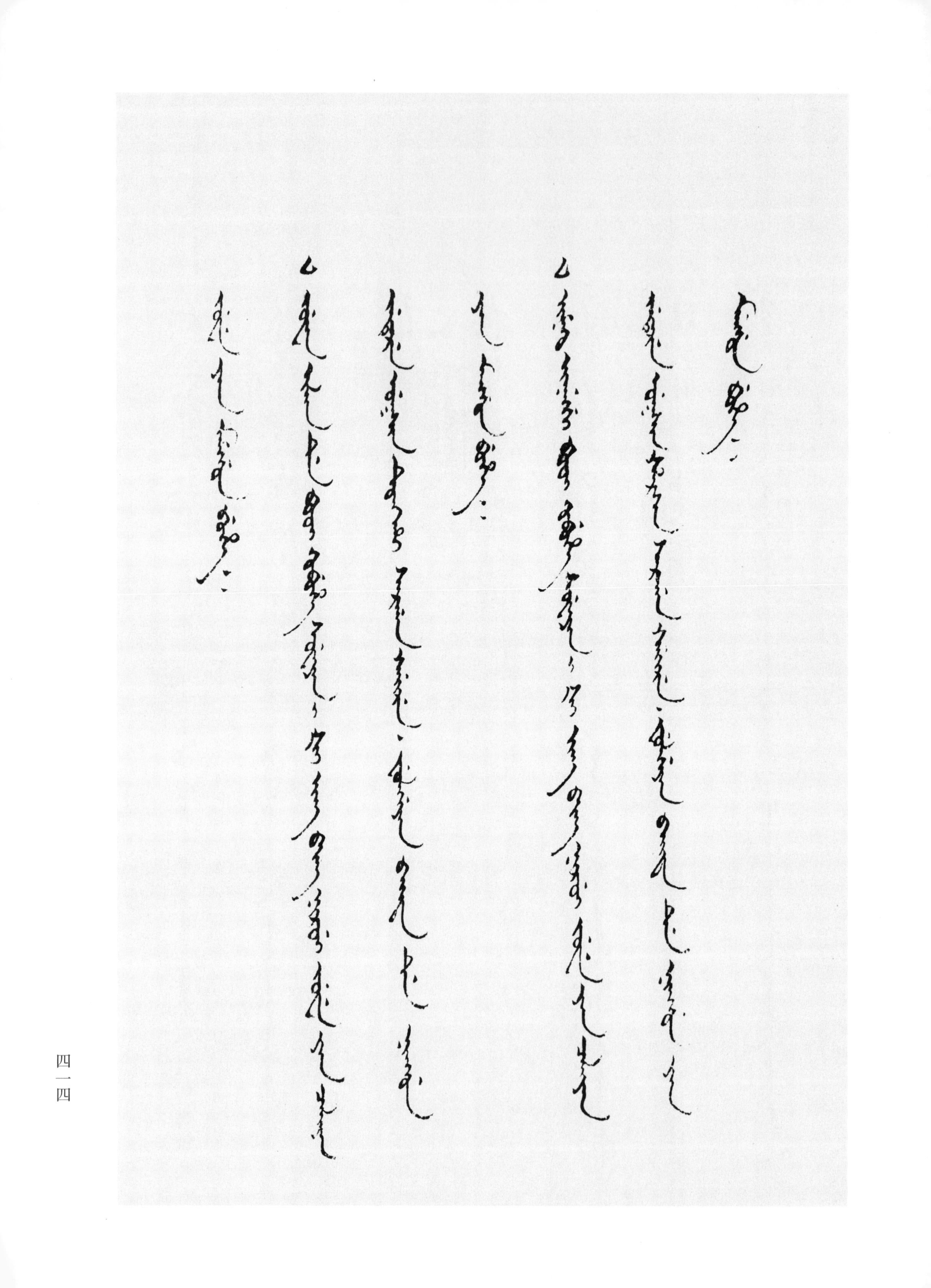

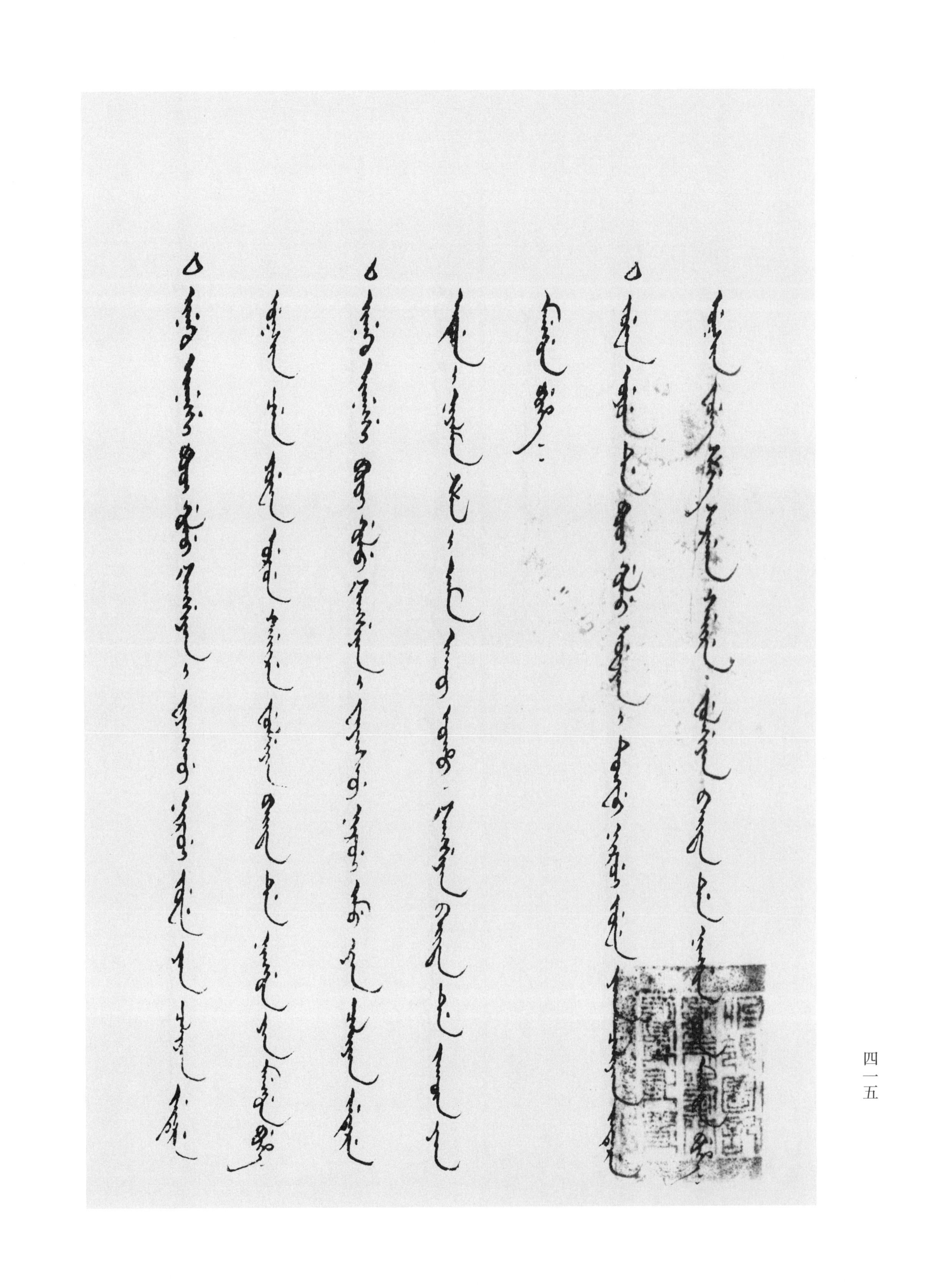

[illegible]

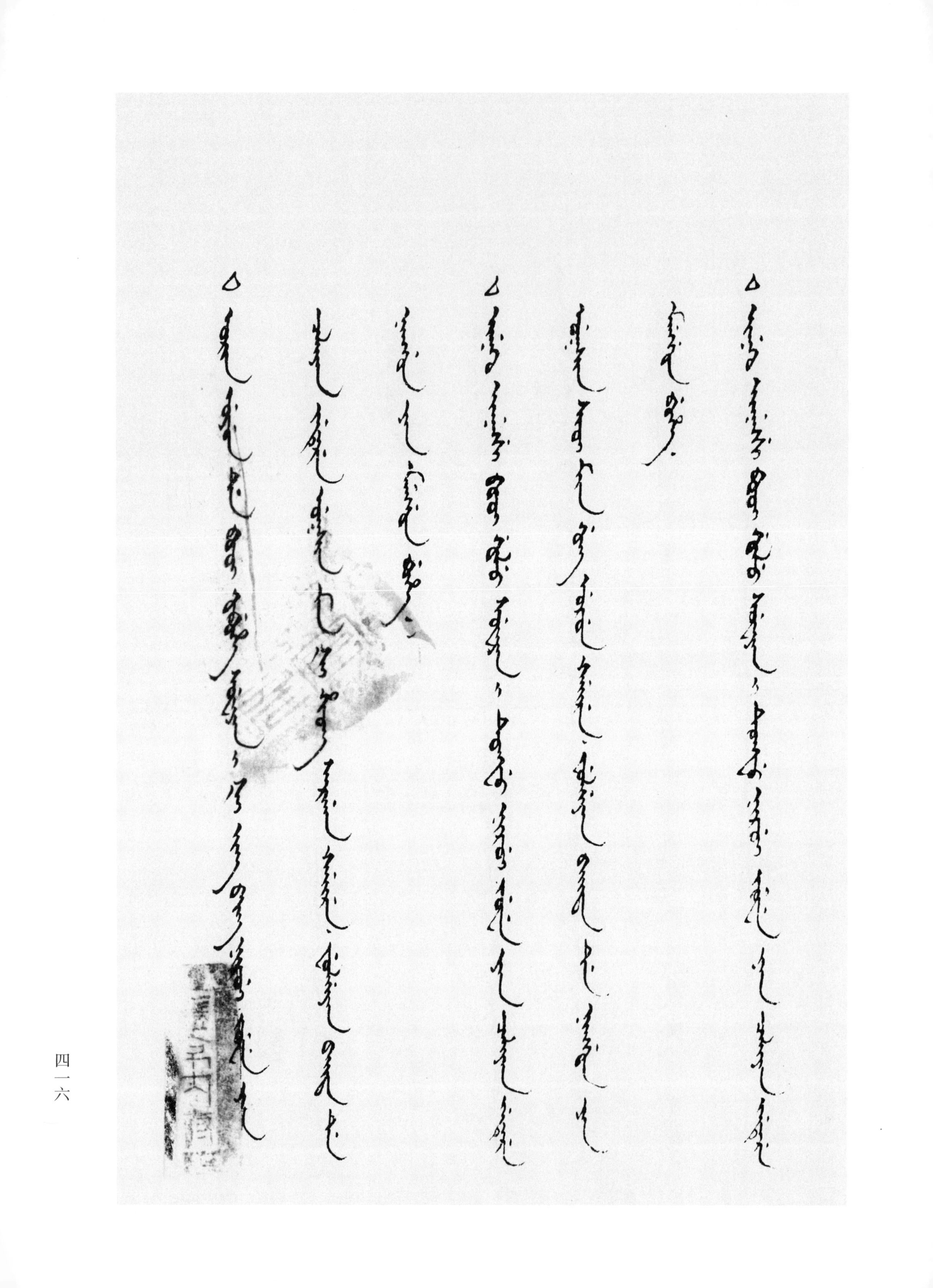

△ [illegible]

[illegible]

[illegible]

△ [illegible]

[illegible]

[illegible]

△ [illegible]

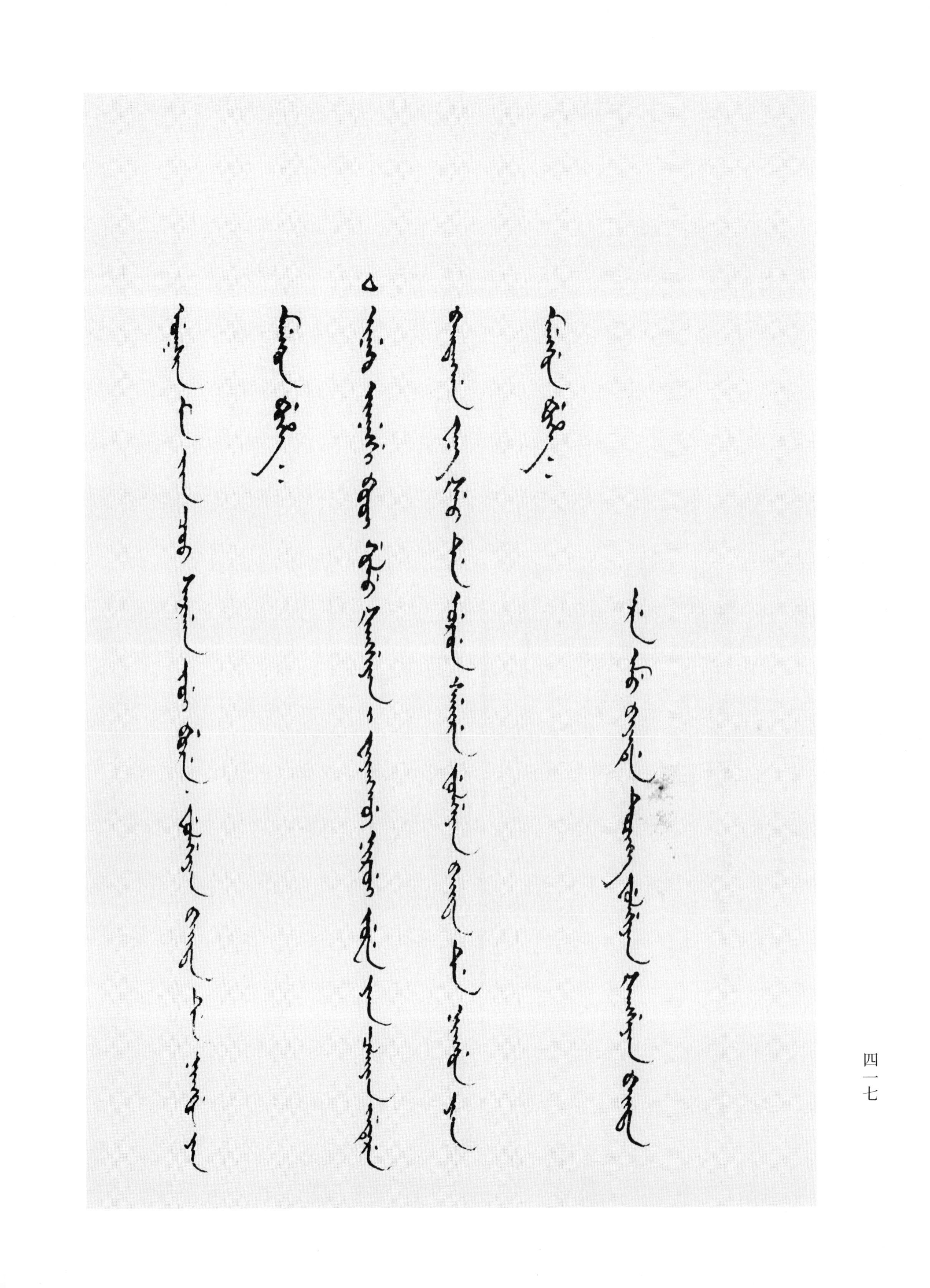

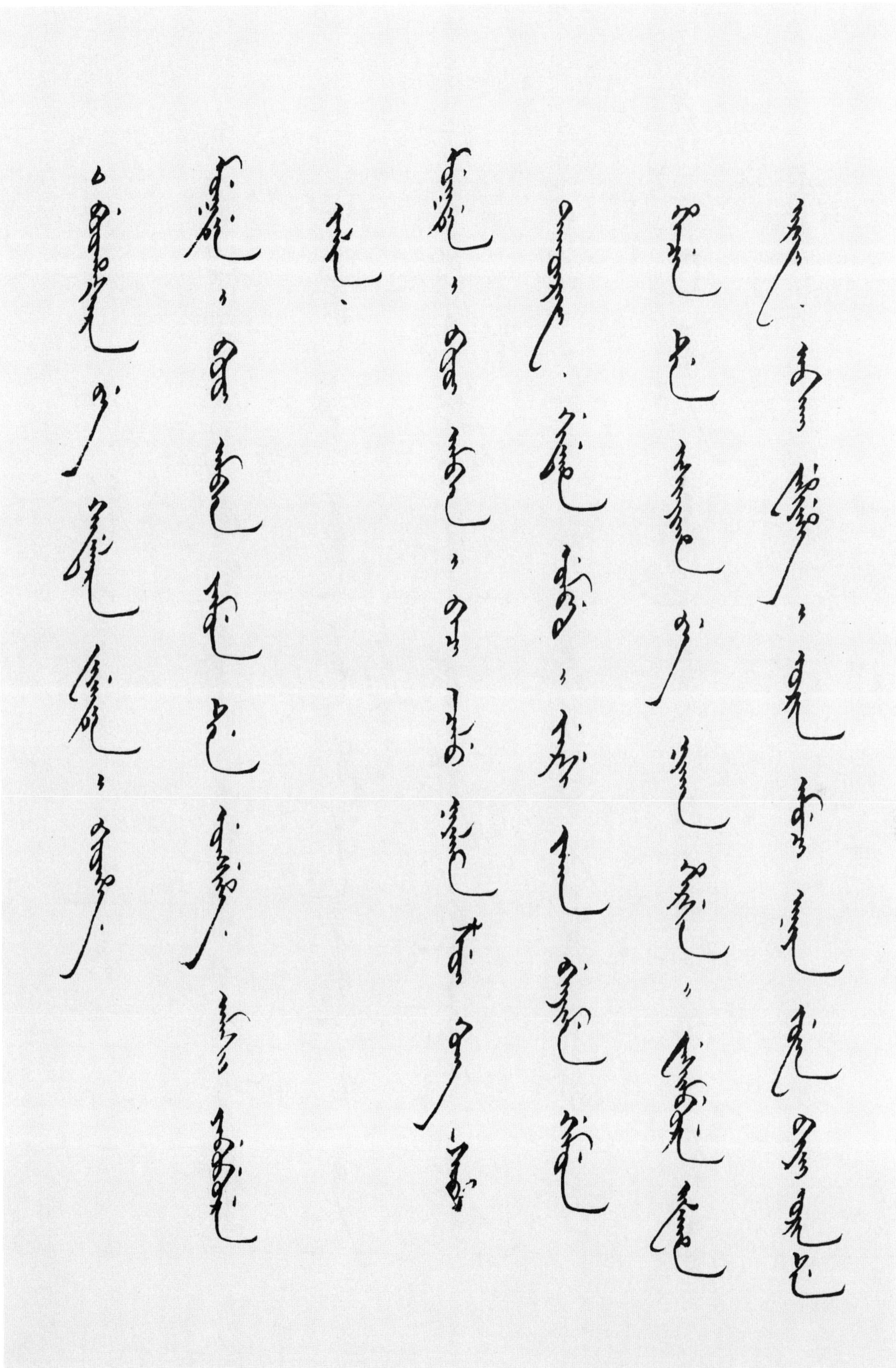

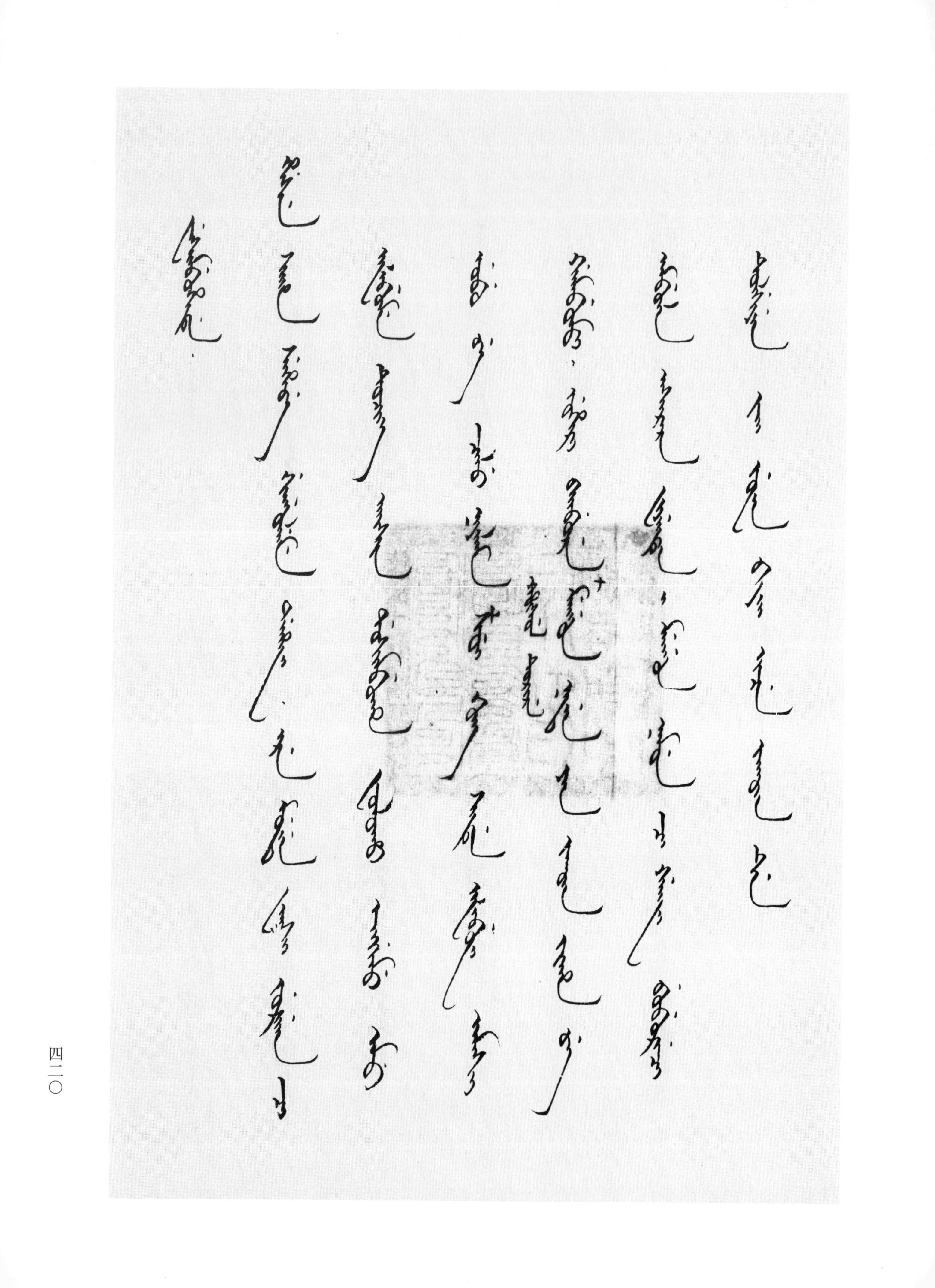

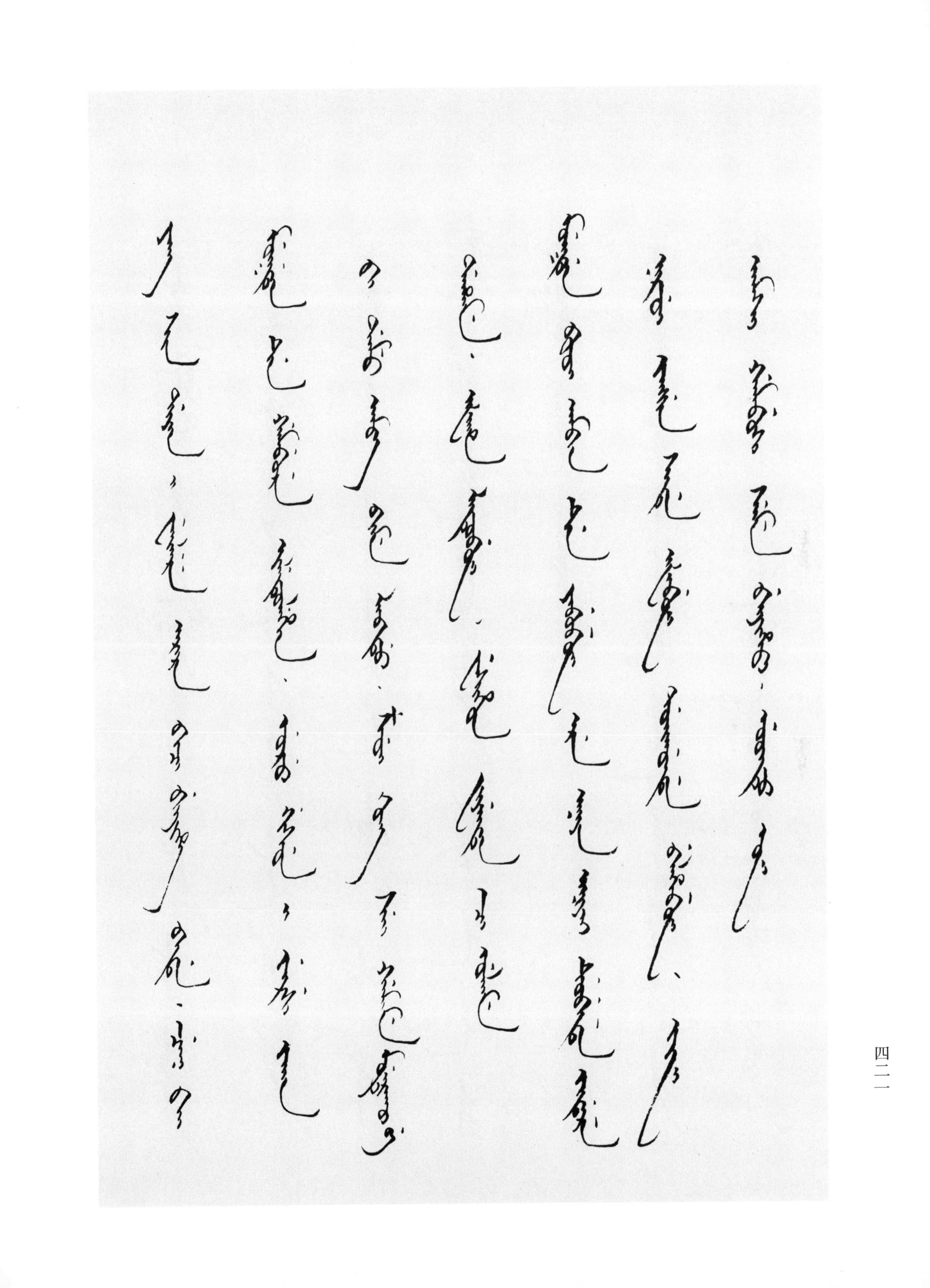

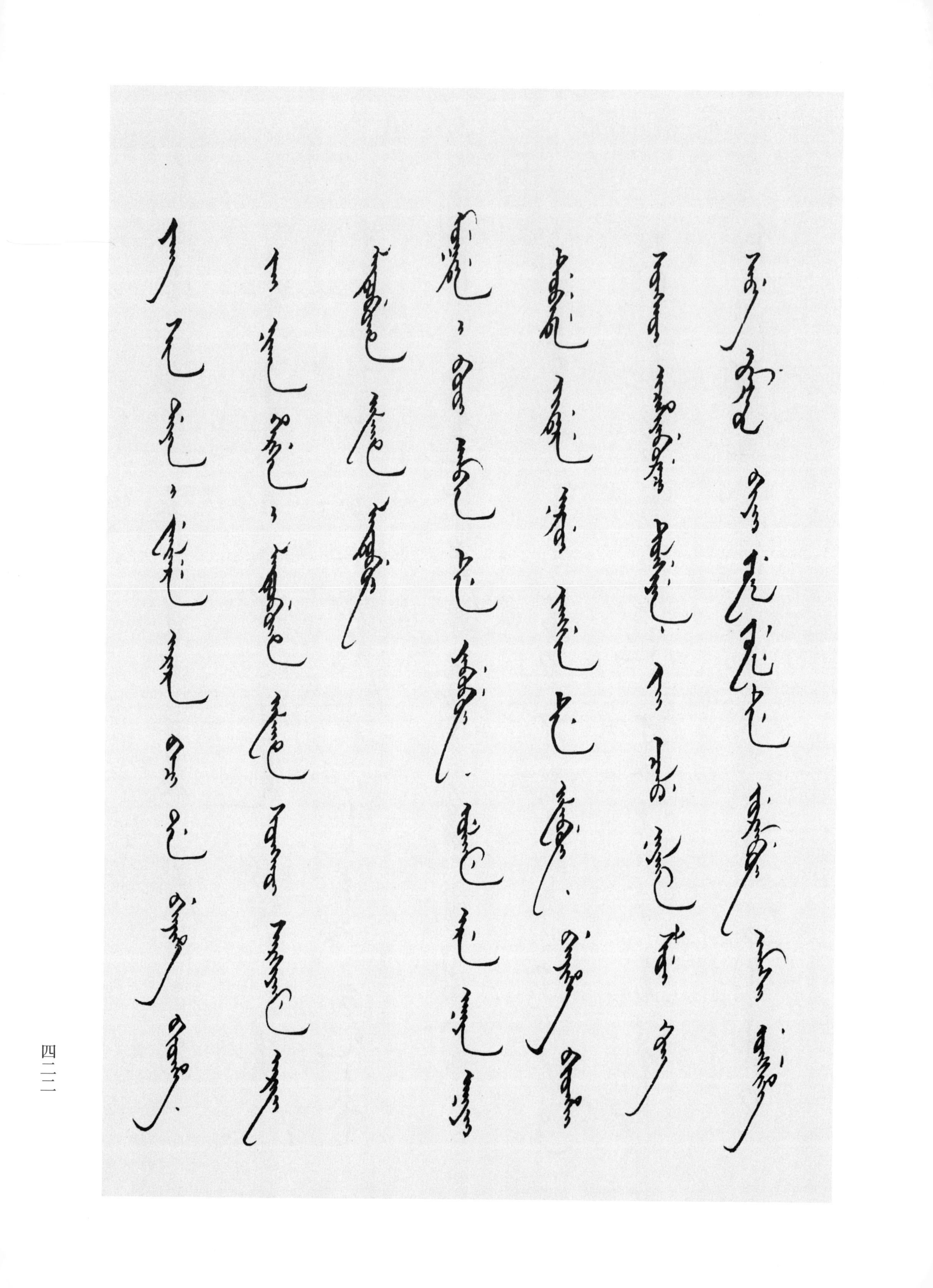

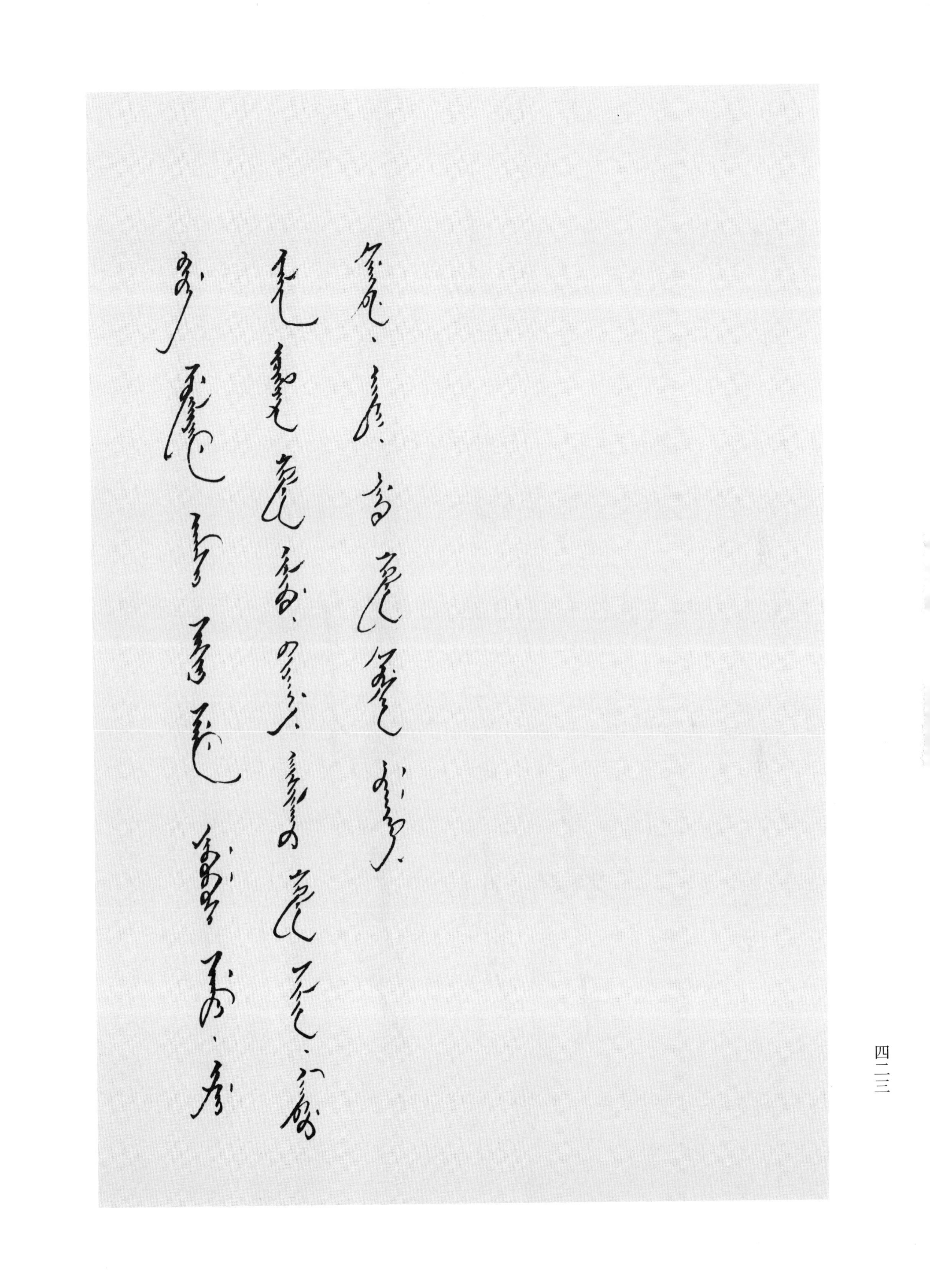

[illegible]

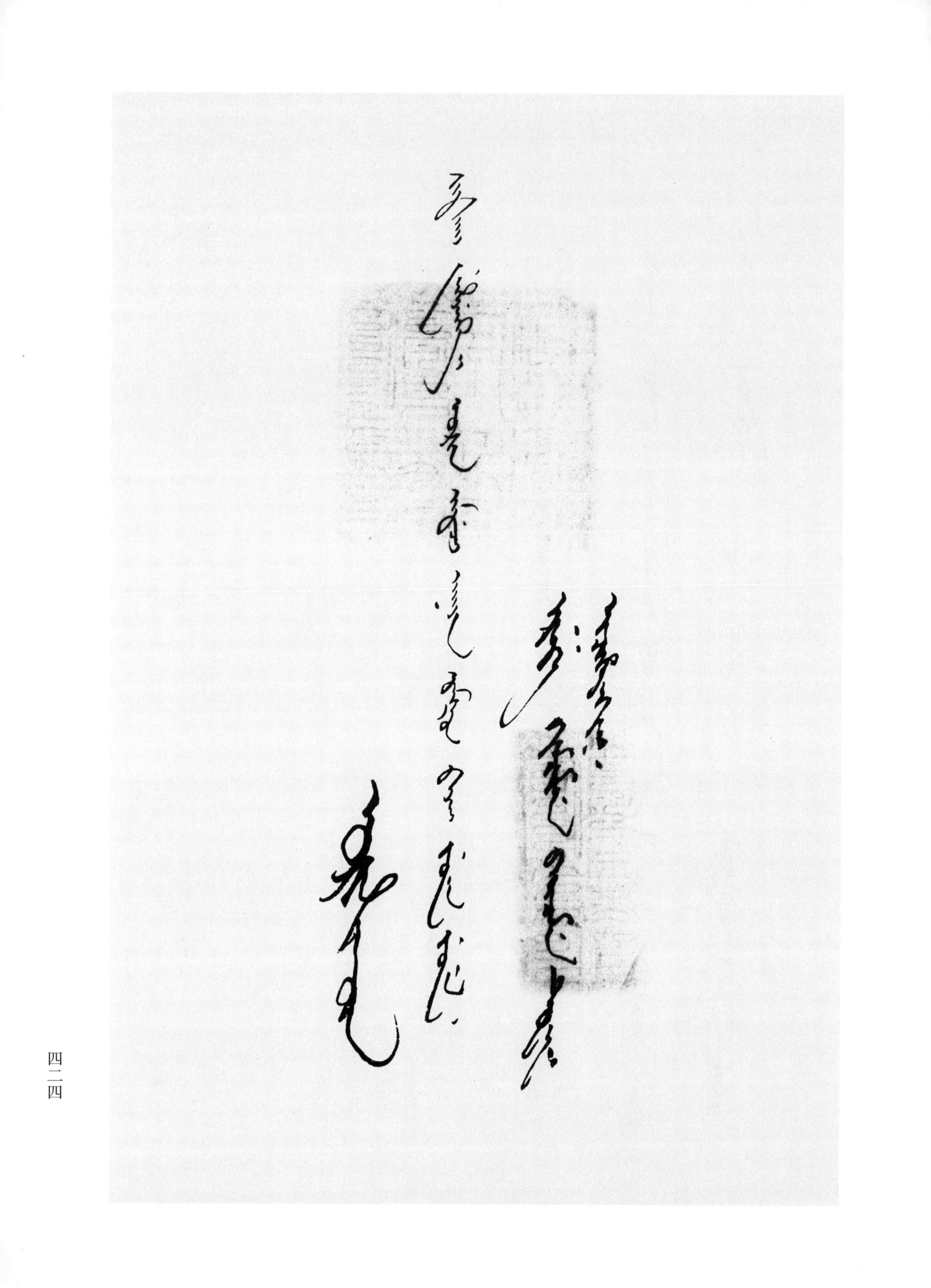

乾隆二十一年十二月　　日

本部於閏九月二十六日業經發催在案今工部既稱將應
繳工料銀兩行令追解歸款報部等語應再行移咨
盛京內務府作速催追還項可也等因前來查前咨內稱應繳
未完工料銀兩務于限內追解報部等因在案今來咨既稱前
項工料銀兩作速催追解部歸款等語理合將今催得未完
工料銀六十九兩五錢五分照數咨交
盛京工部歸款可也為此上呈等情據此相應移咨
盛京工部可也為此上呈

皇差案內
盛京內務府衙門應繳辦造
筵宴食盒桌張等項工料銀一百四十四兩五錢五分催追交还
盛京戶部查收歸款報部查核等因前來查
盛京內務府應賠造過桌張等項工料銀一百四十四兩五錢五分除
交過
盛京戶部庫銀七十五兩外尚有未完銀六十九兩五錢五分經

副都統福

三旗牛彔處呈爲咨送事據驍騎校孫悟筭呈稱奉

堂批出准

盛京工部咨開左司案呈准工部咨開查

盛京工部乾隆十九年辦理

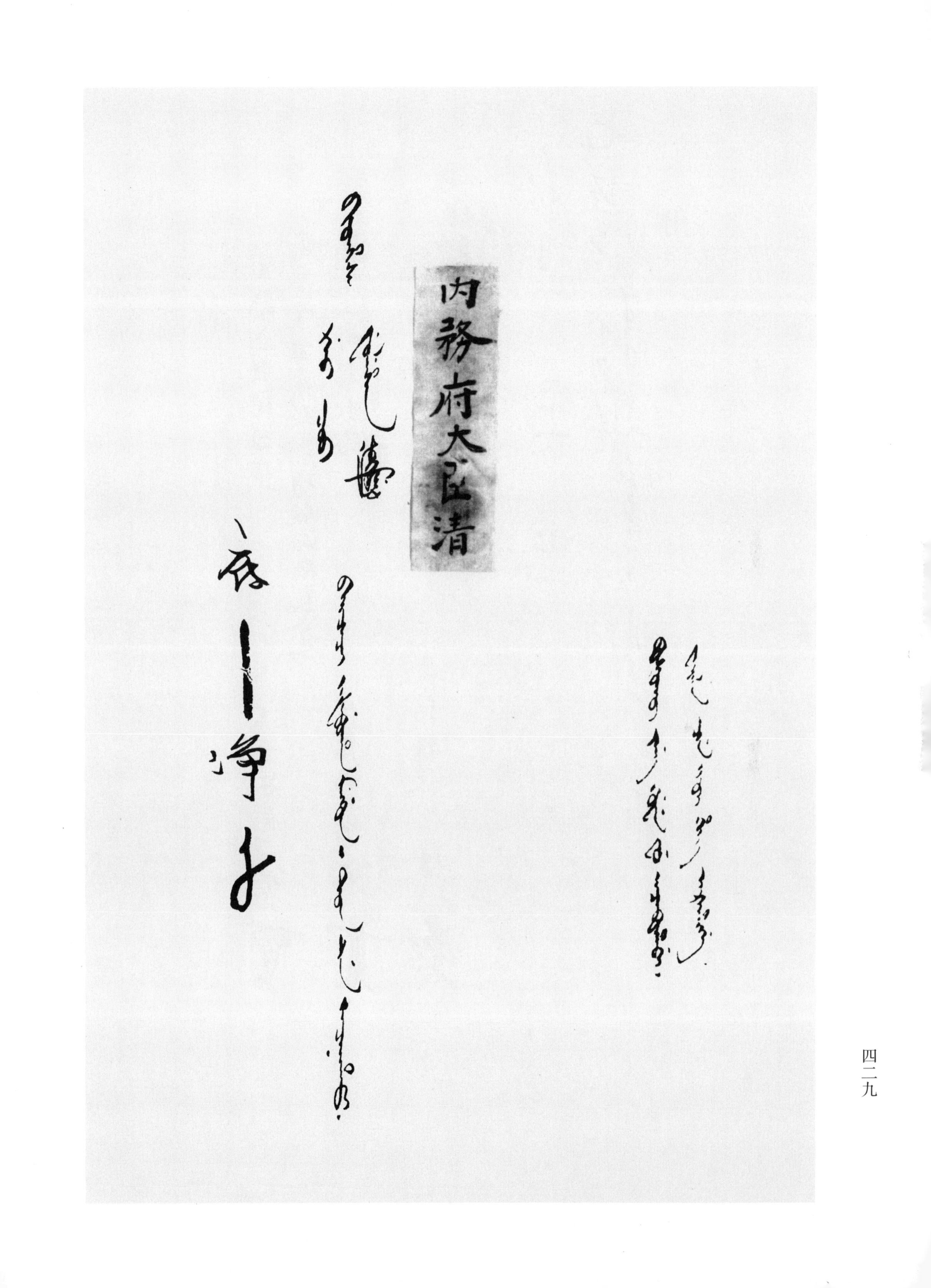

内務府大臣清

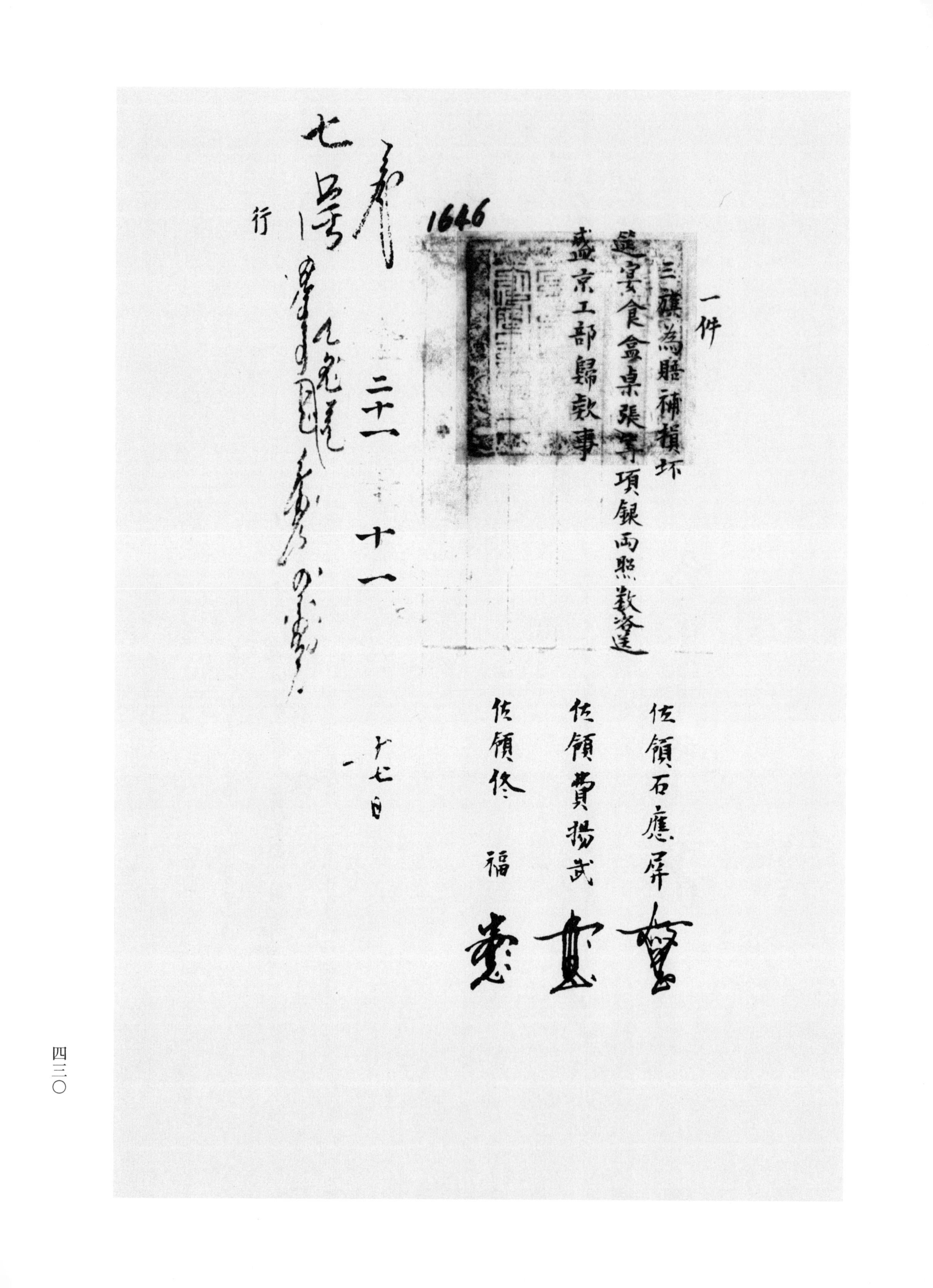

1646

一件

三旗為賠補損坏

筵宴食盒桌張等項銀兩照數咨送

盛京工部歸款事

佐領石應屛

佐領費揚武

佐領佟福

二十一　十一　十七日

行

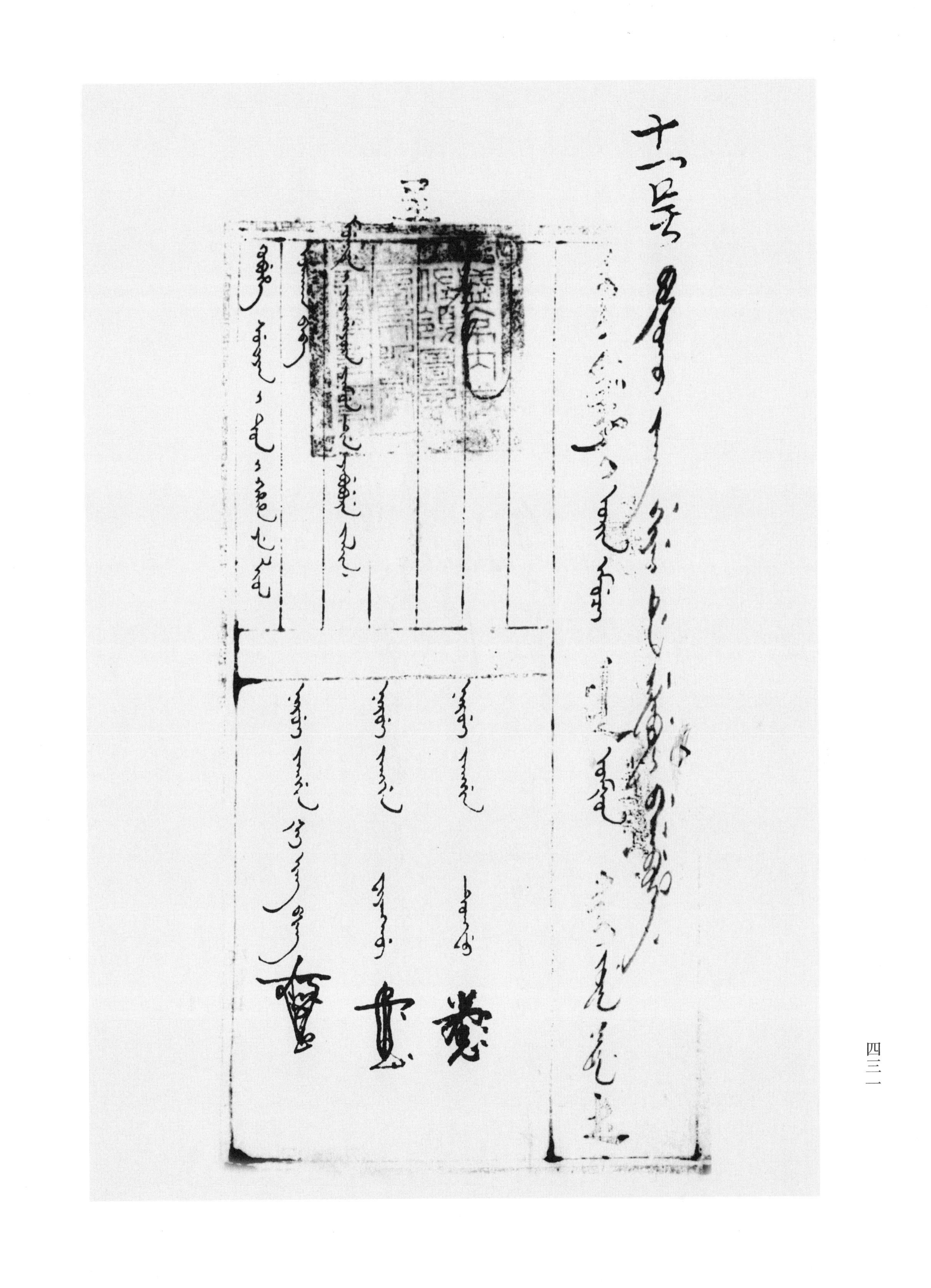

十六号

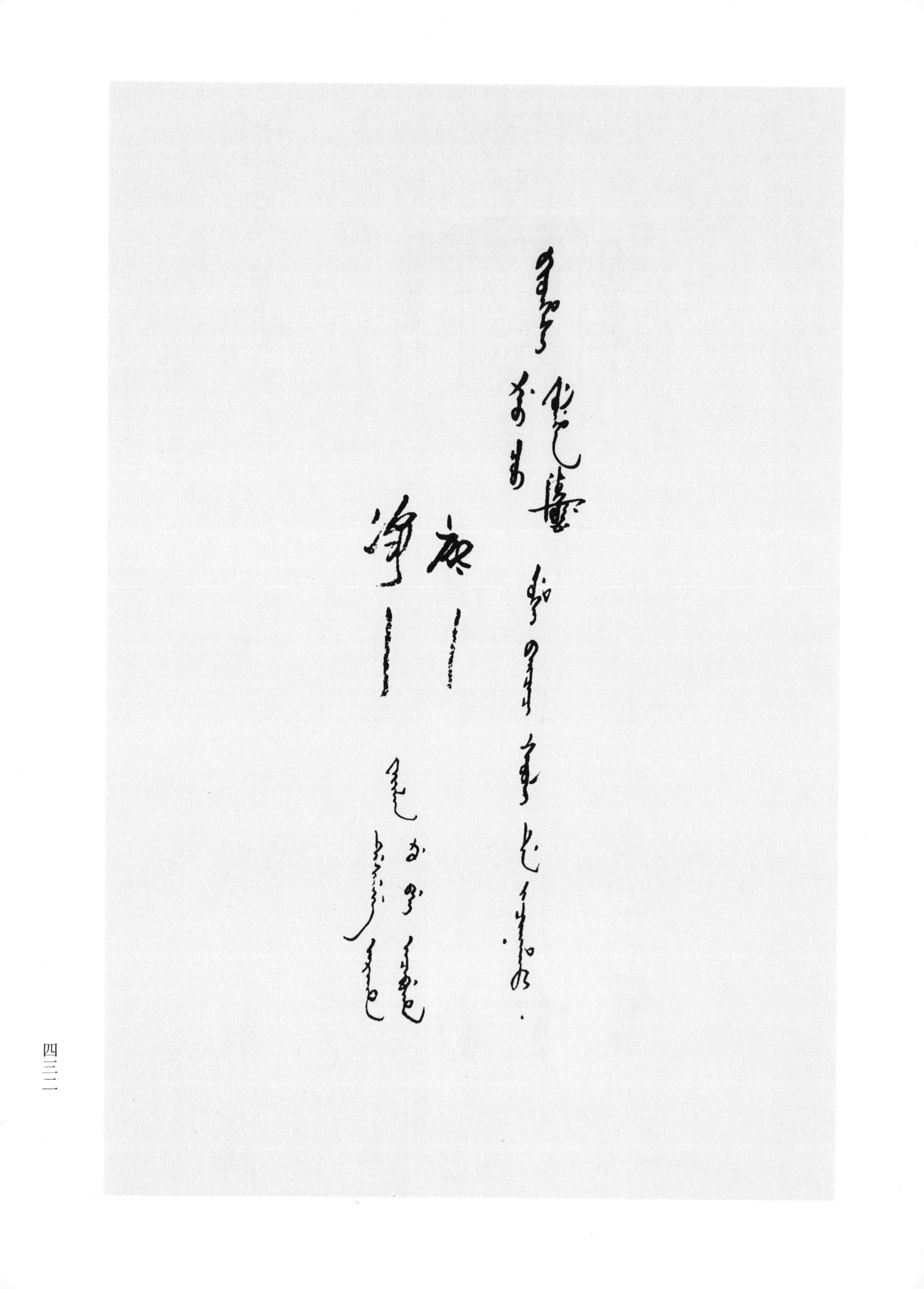

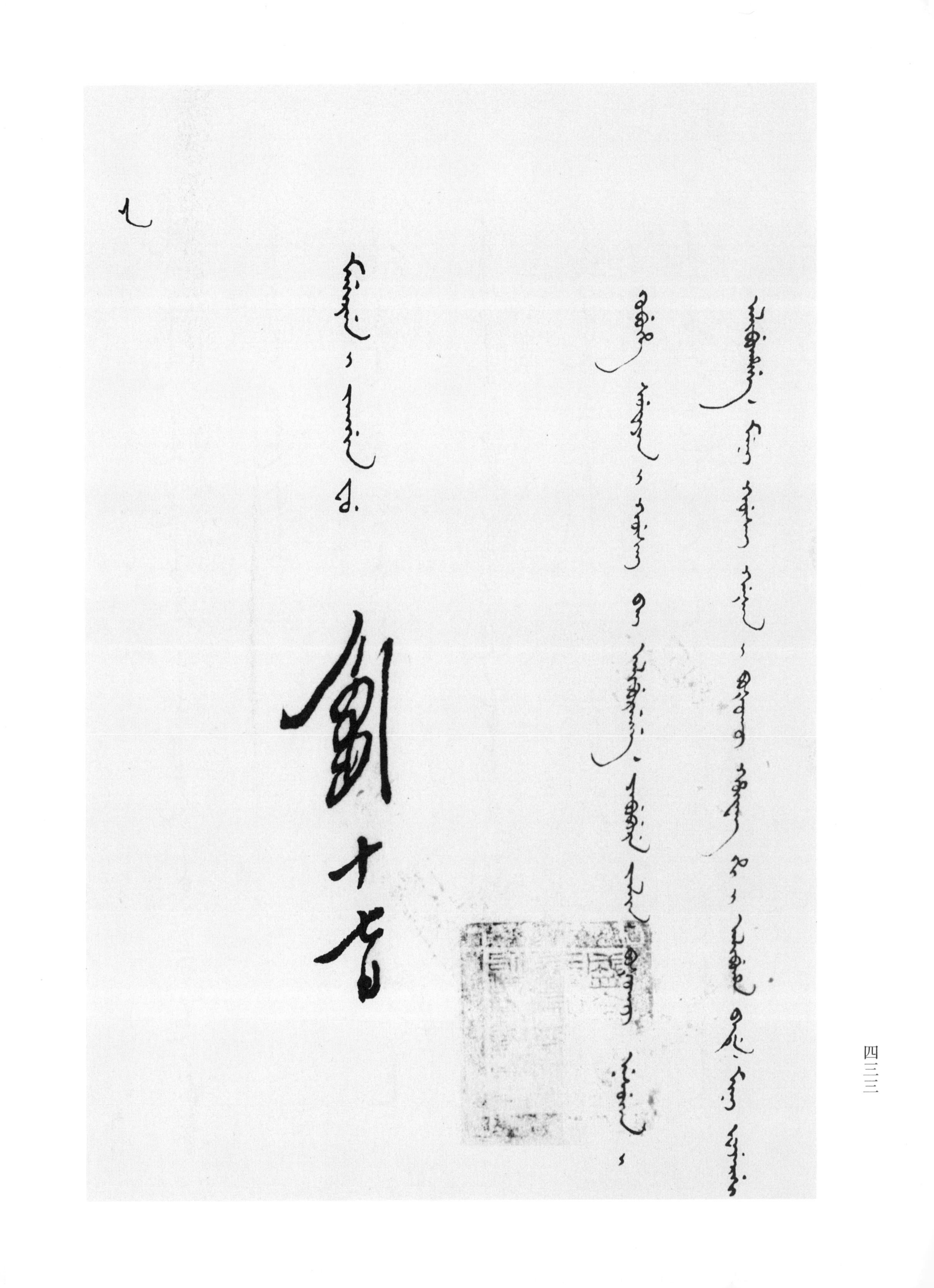

劉十書

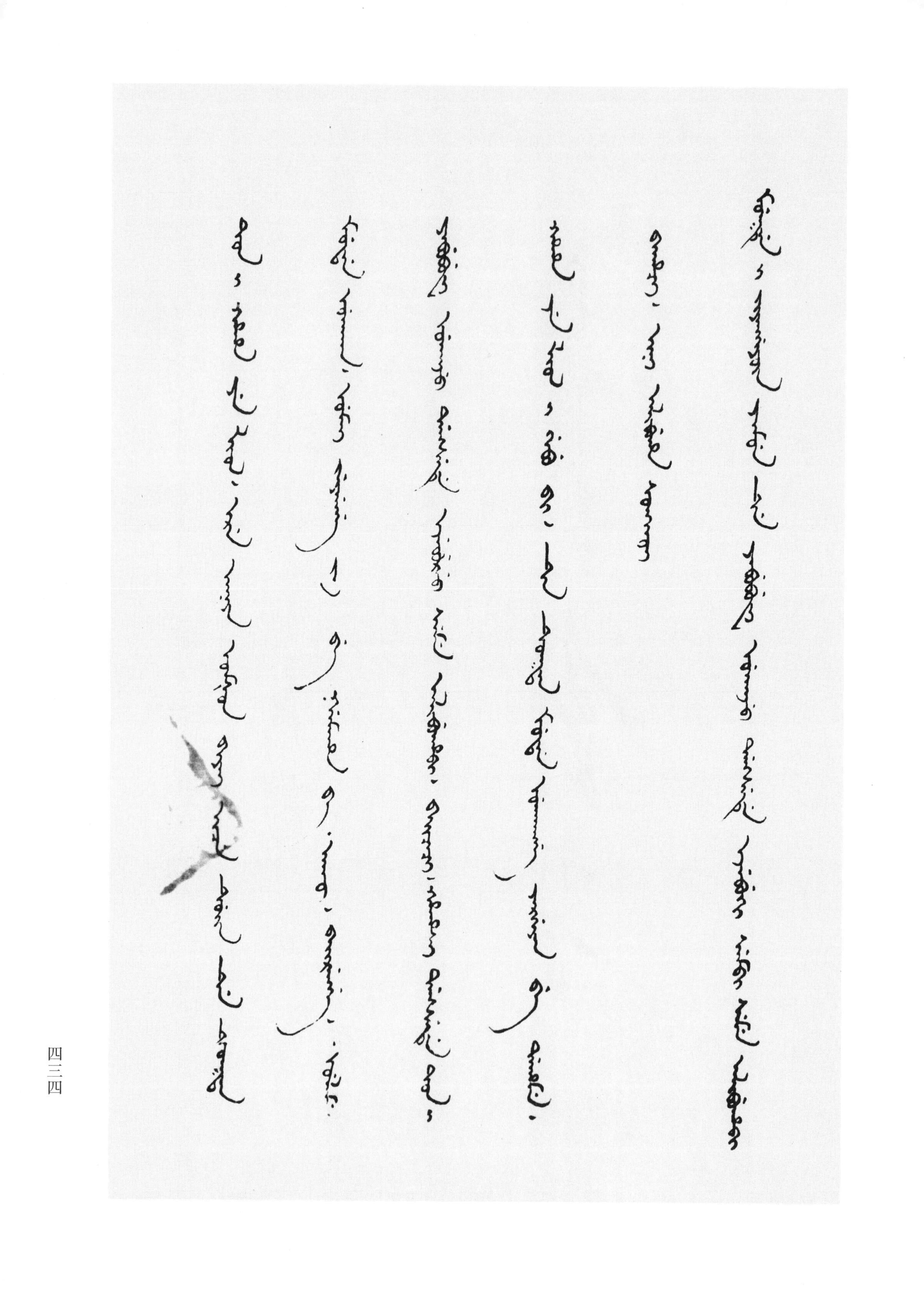

[illegible]

[illegible]

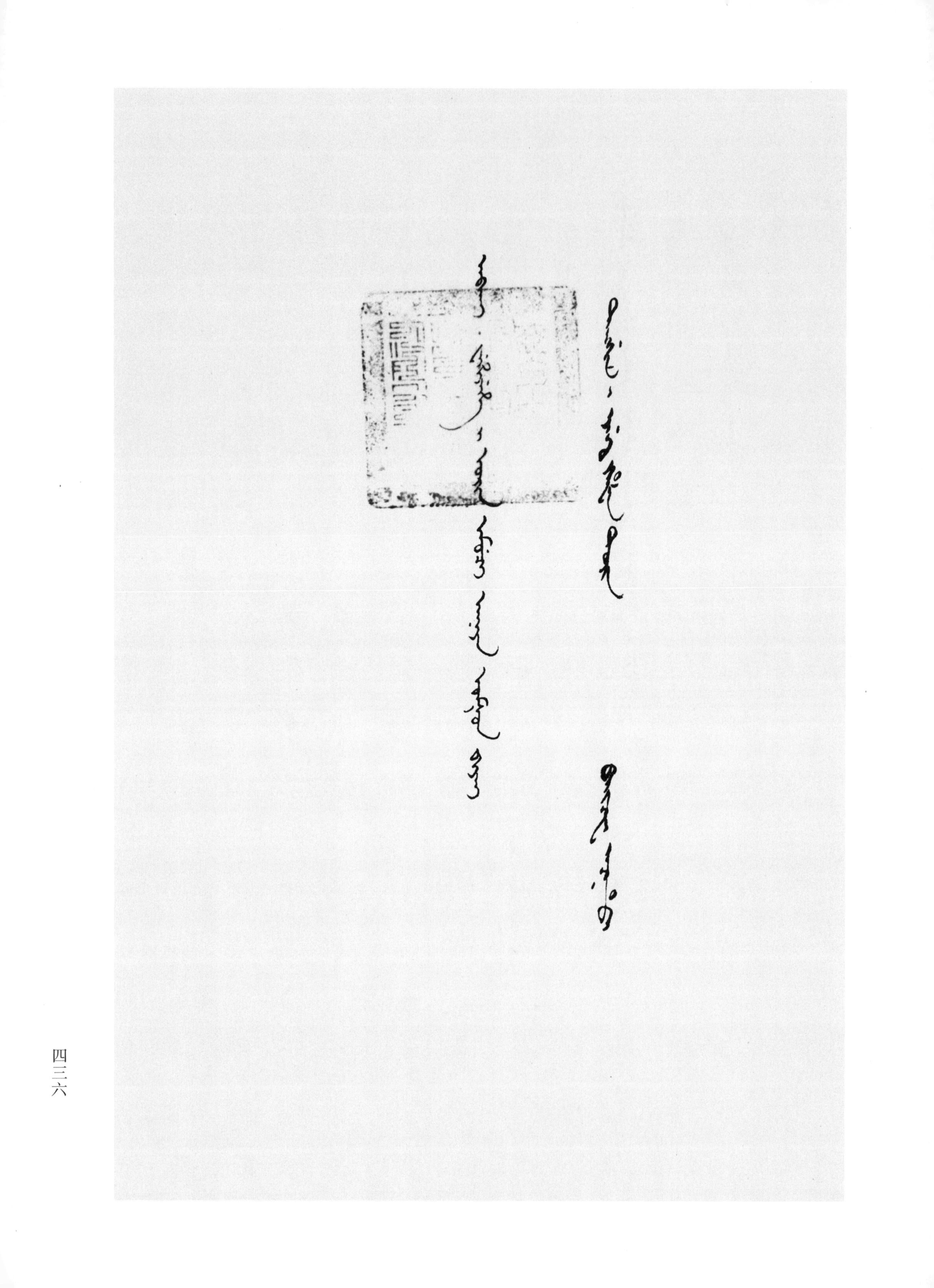

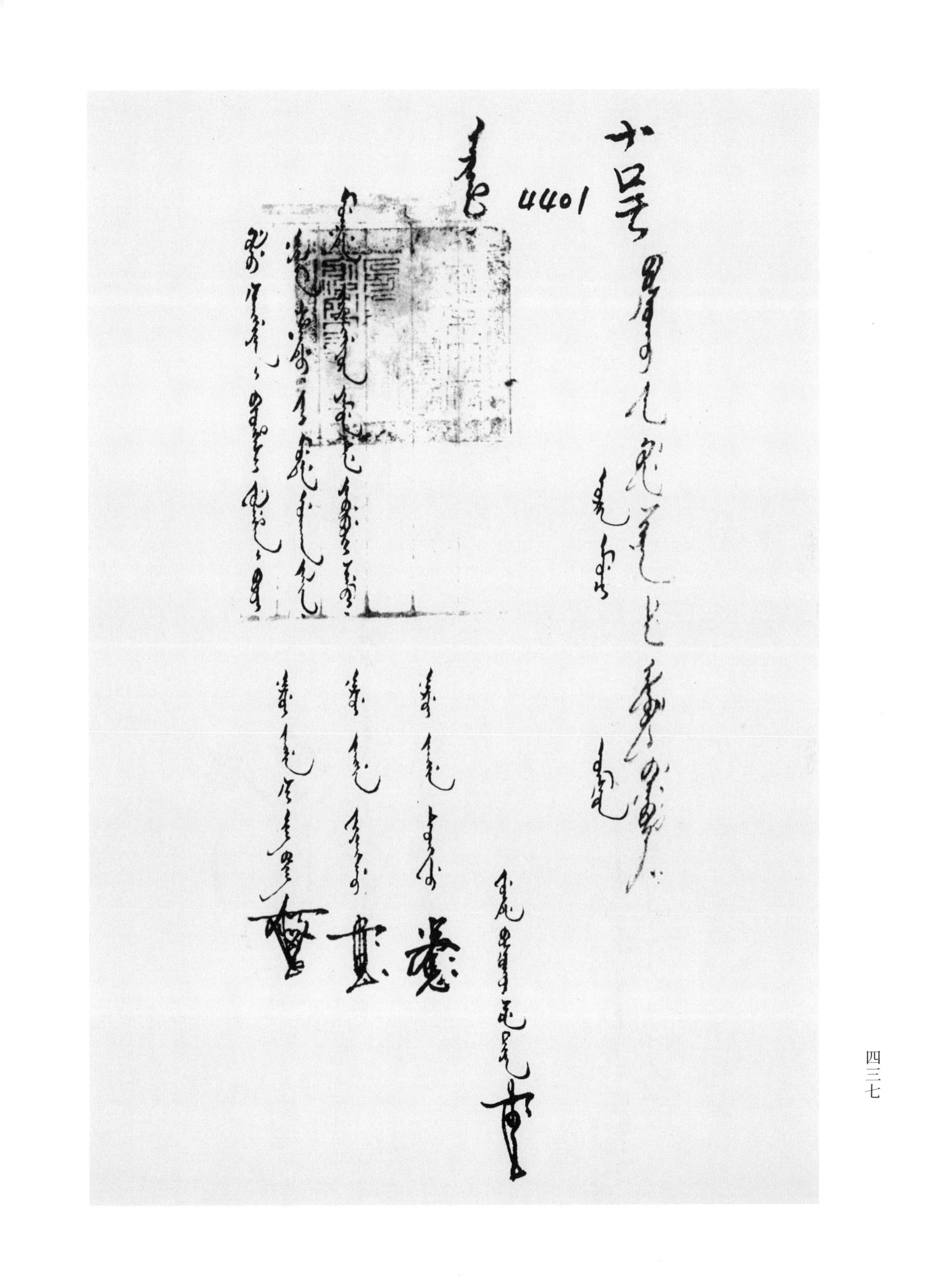

4401

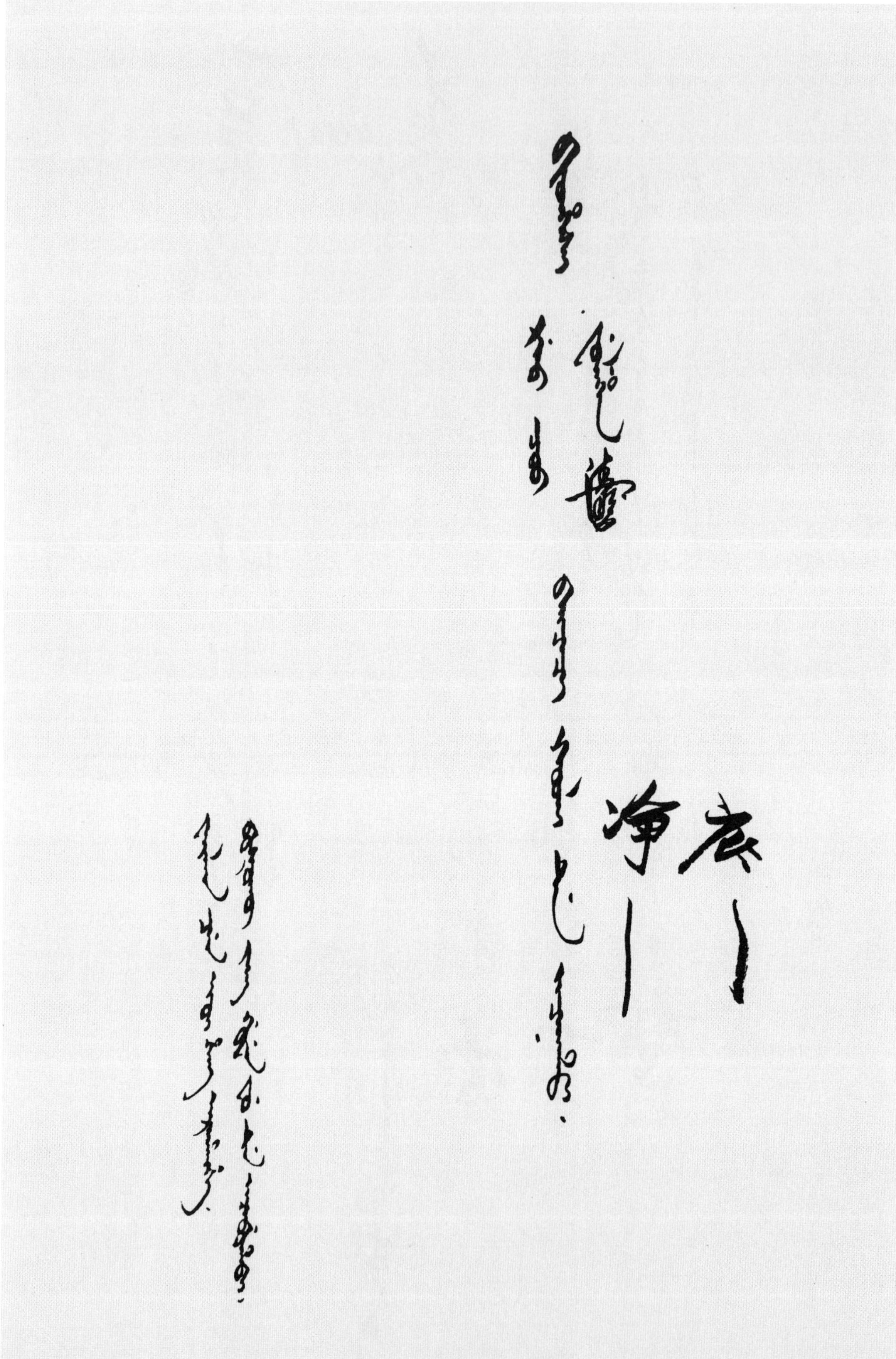

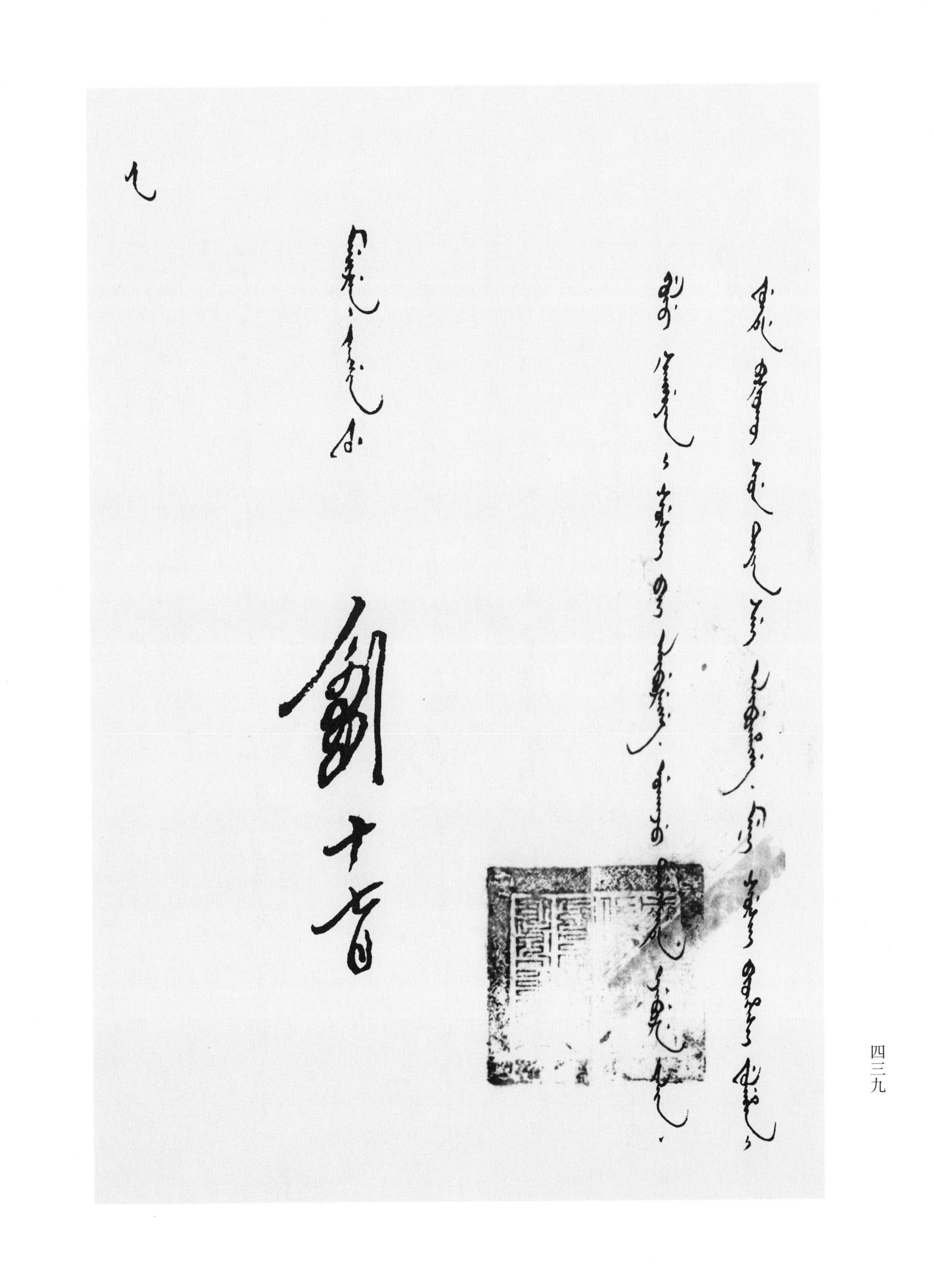

劉十旨

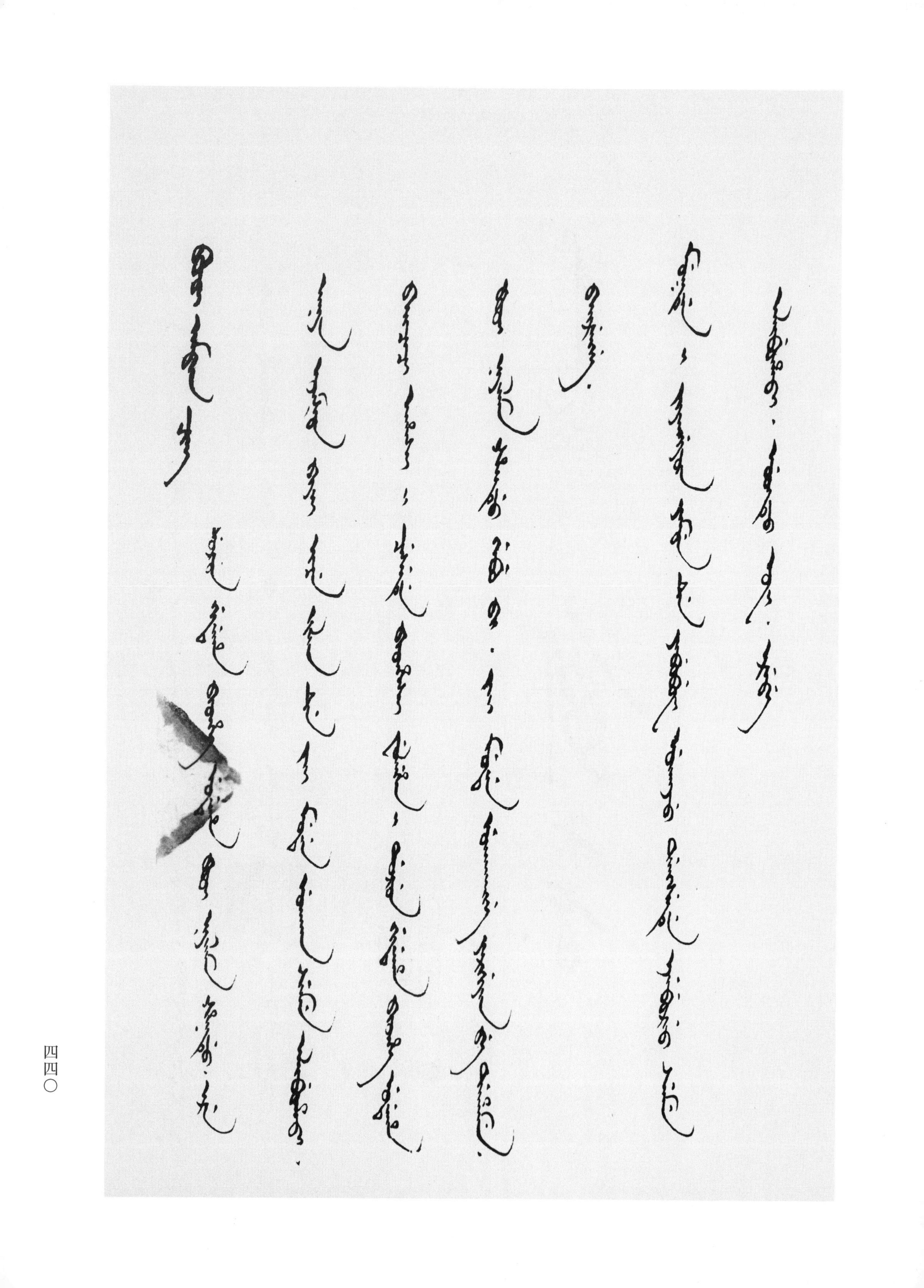

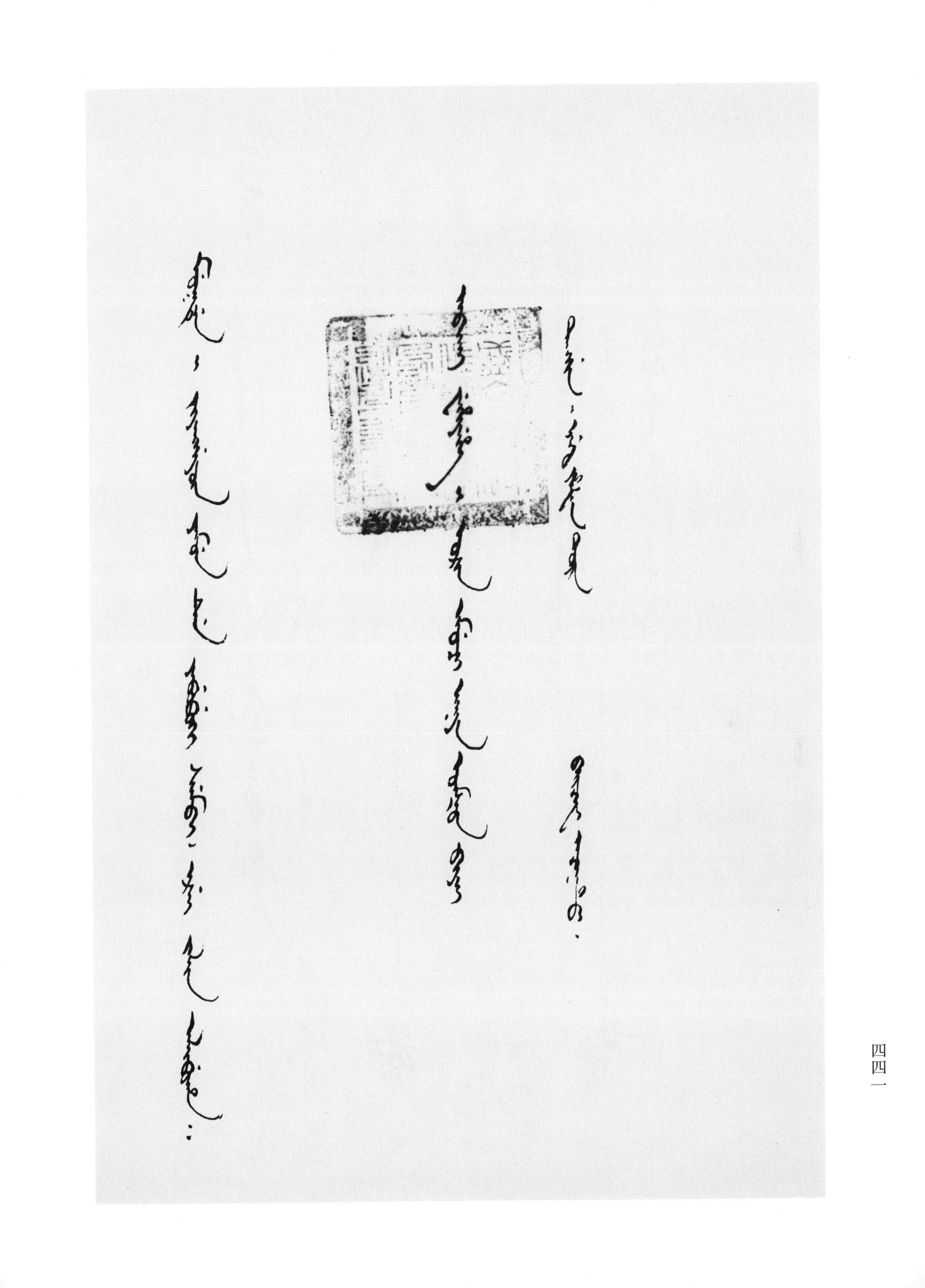

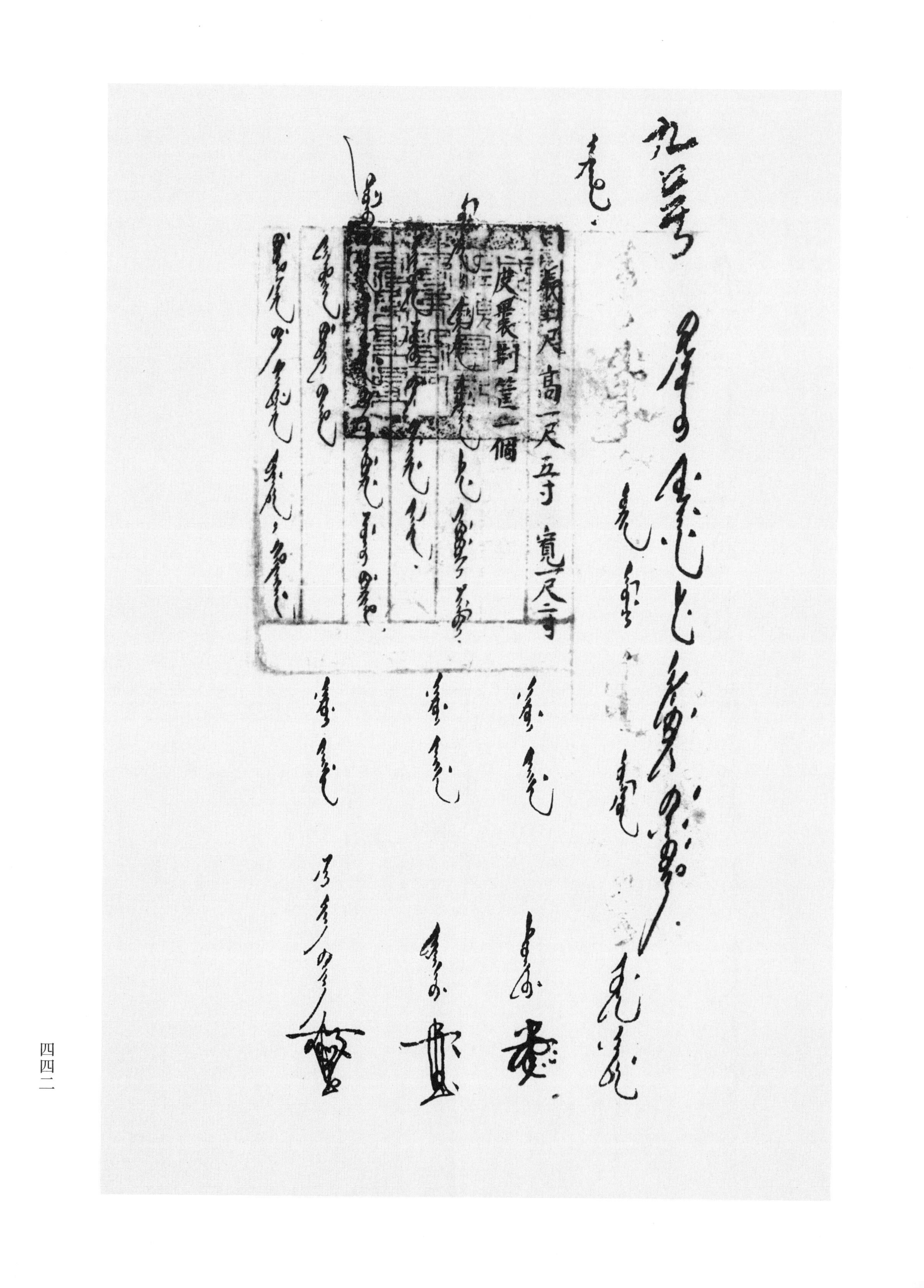

長二尺 高一尺五寸 寬一尺二寸
皮囊劄筐一個

[illegible]

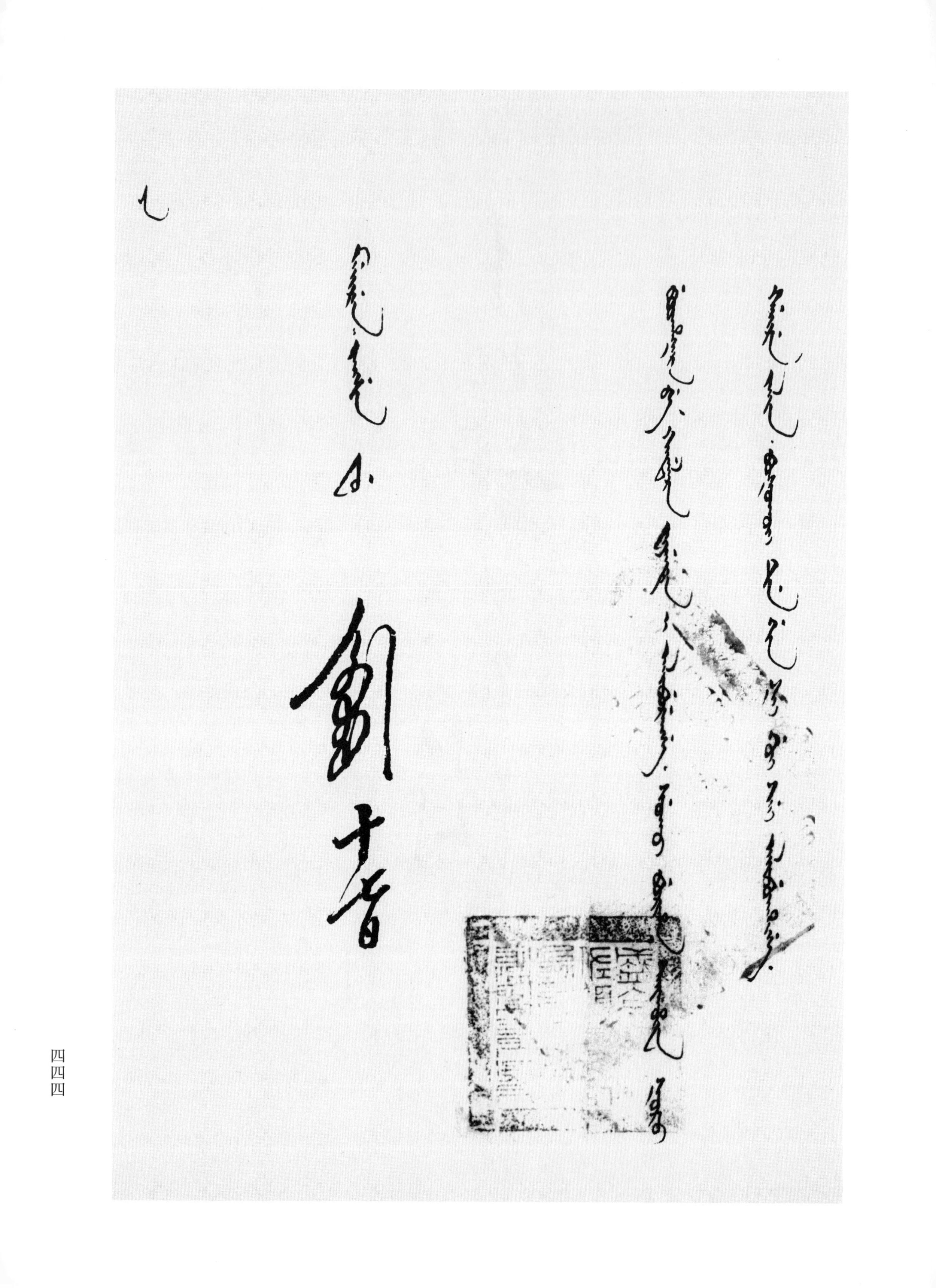

劉者

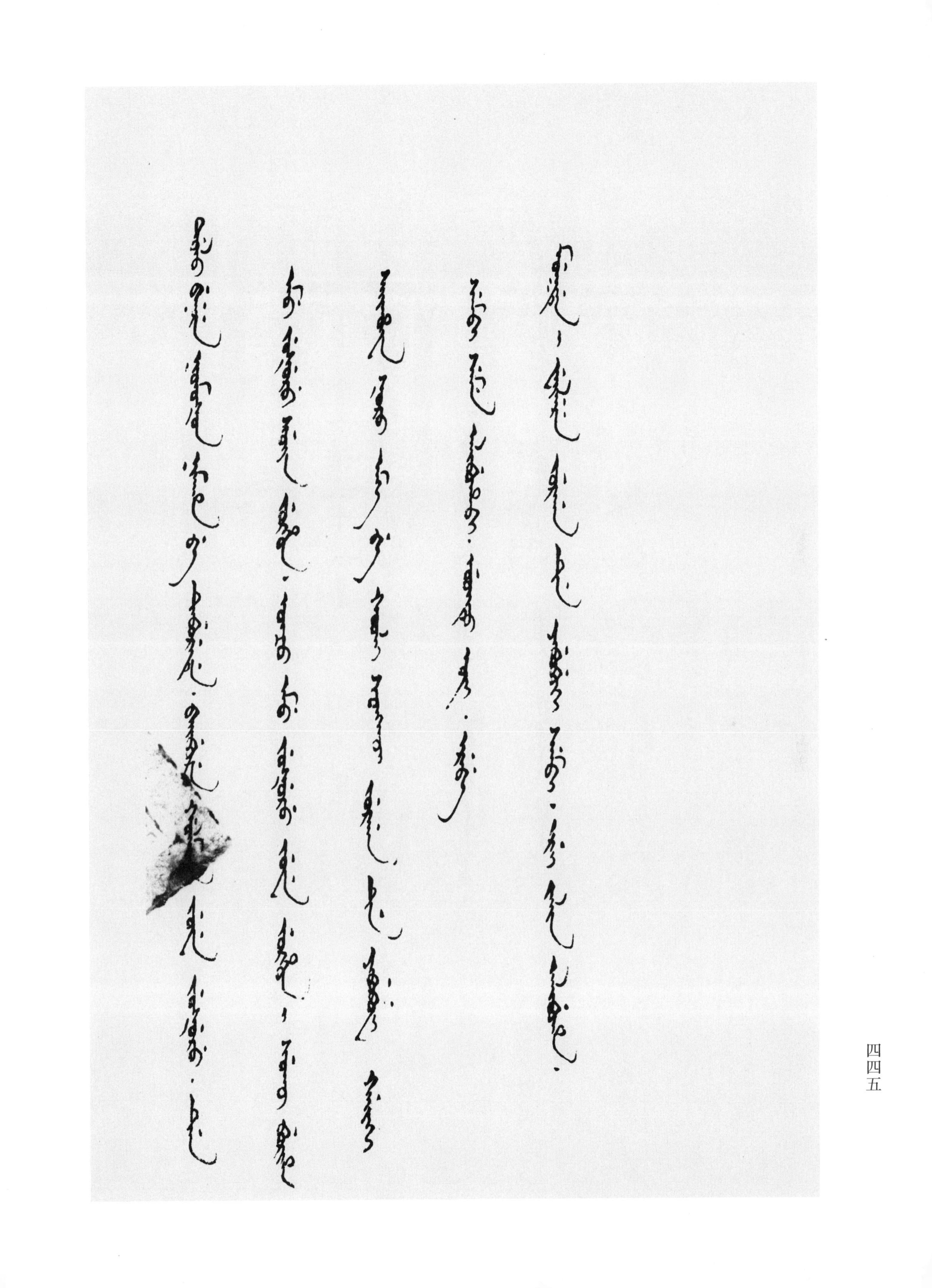

[illegible]

[illegible]

[illegible]

[illegible]

[illegible]

乾隆十一年十一月　　日

都虞司呈爲咨取皮㚇荆筐事據催總金世貴等呈

稱盛裝

上用細鱗魚需用長二尺高一尺五寸寬一尺二寸皮㚇

荆筐一個照例咨部顧取等情據此相應咨行

盛京工部可也爲此上呈

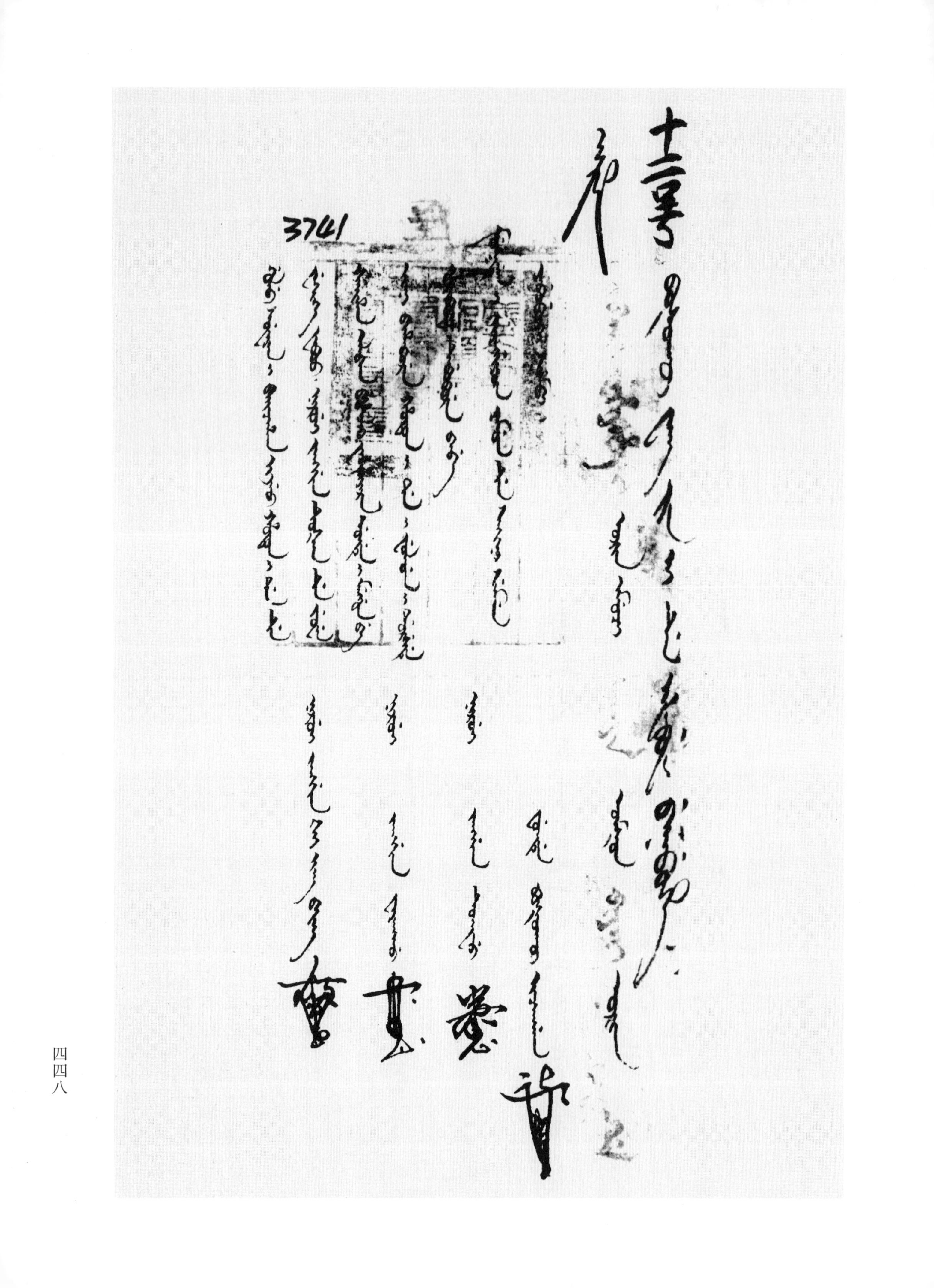

十二号

3741

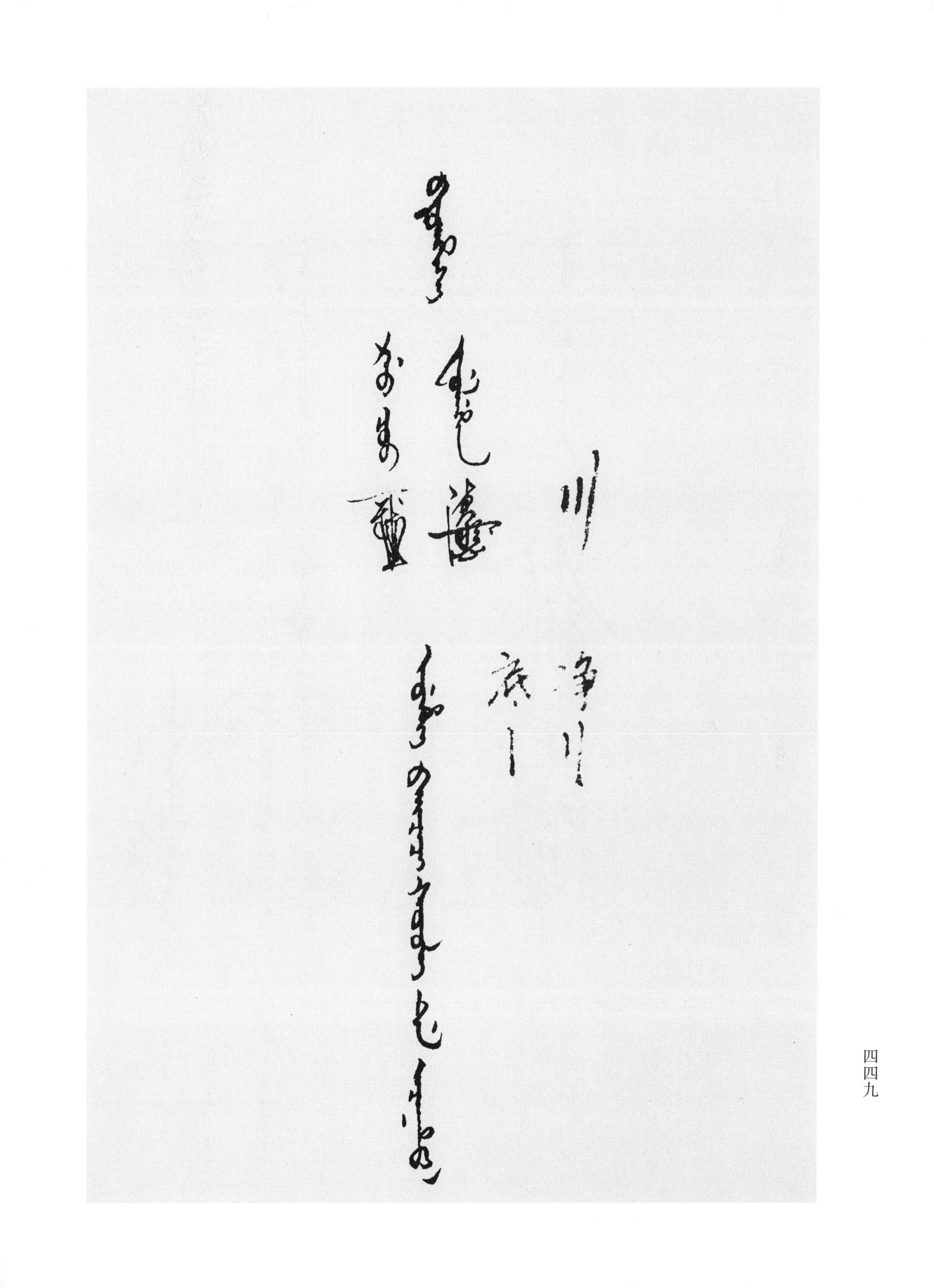

川

渾川

底

邊

鐵

四四九

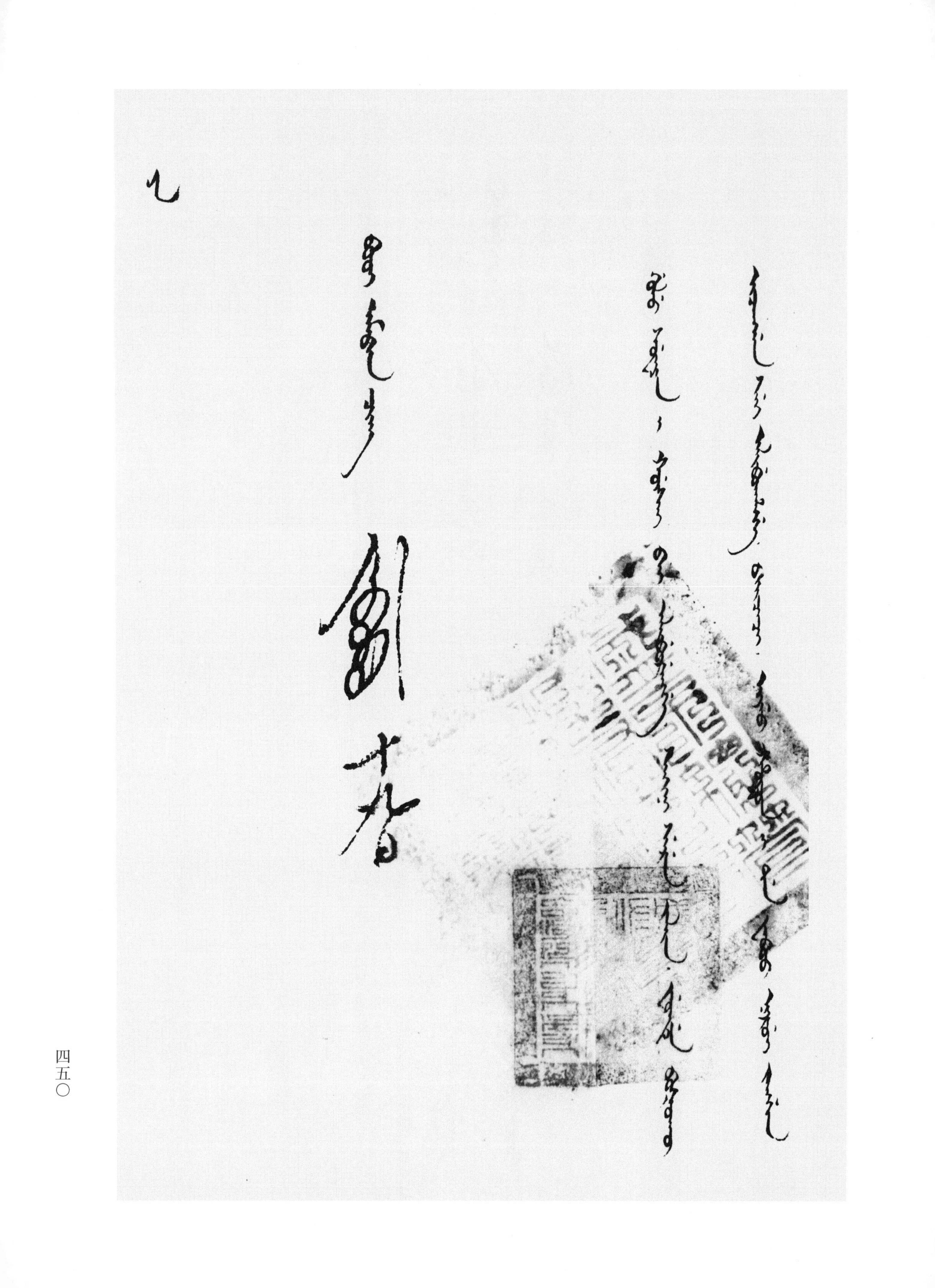

乙

[illegible]

[illegible]

劉着

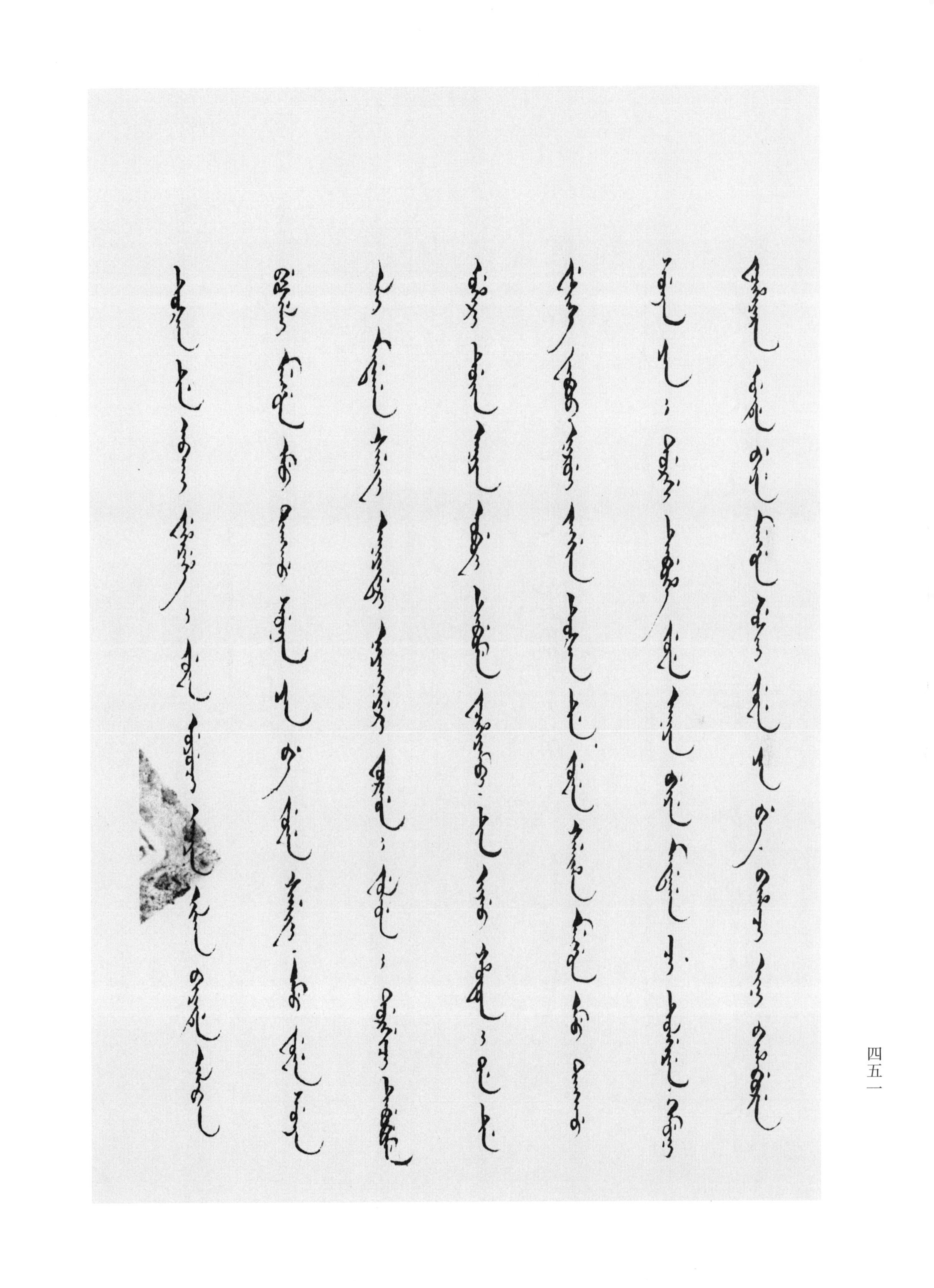

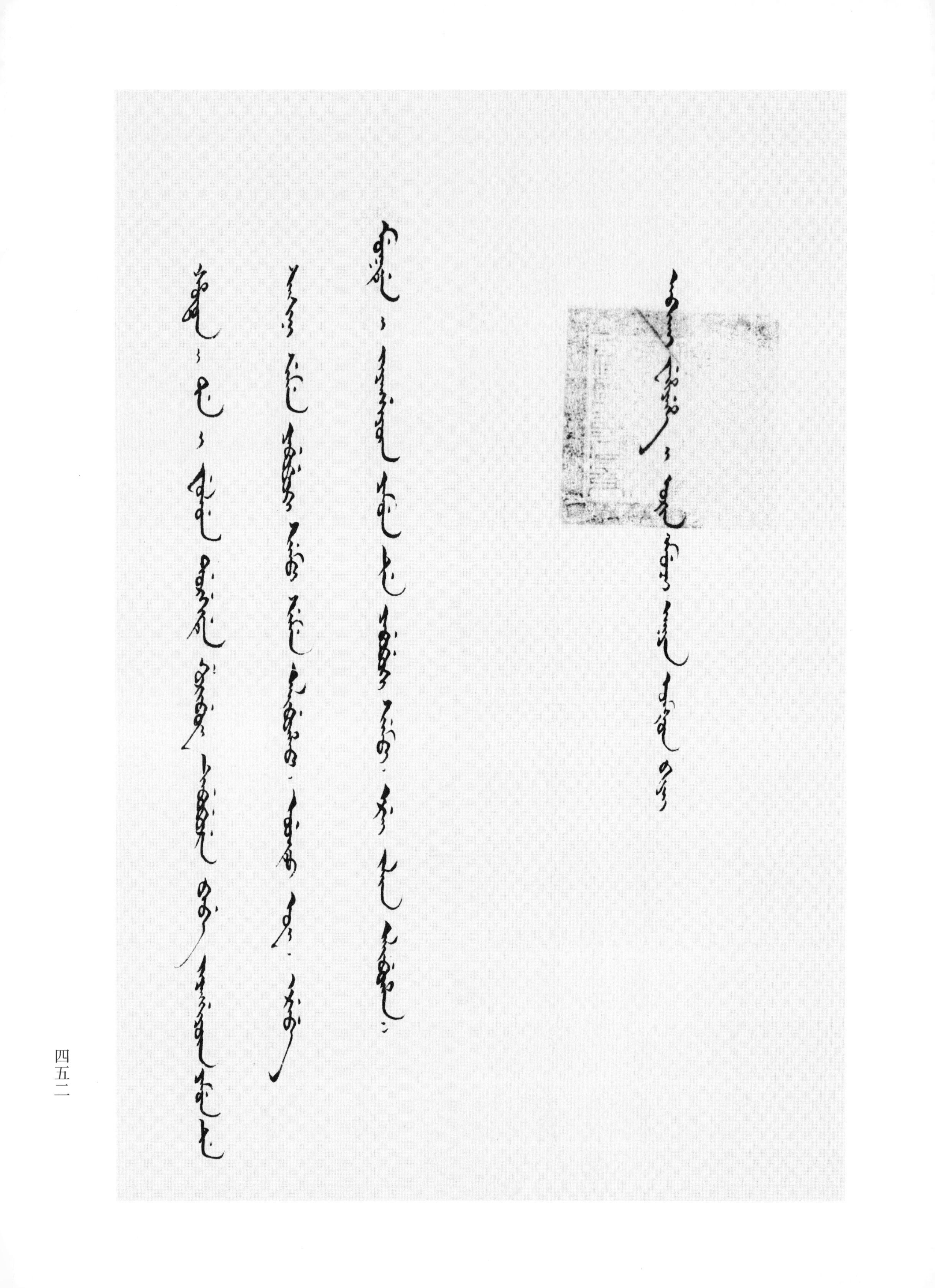

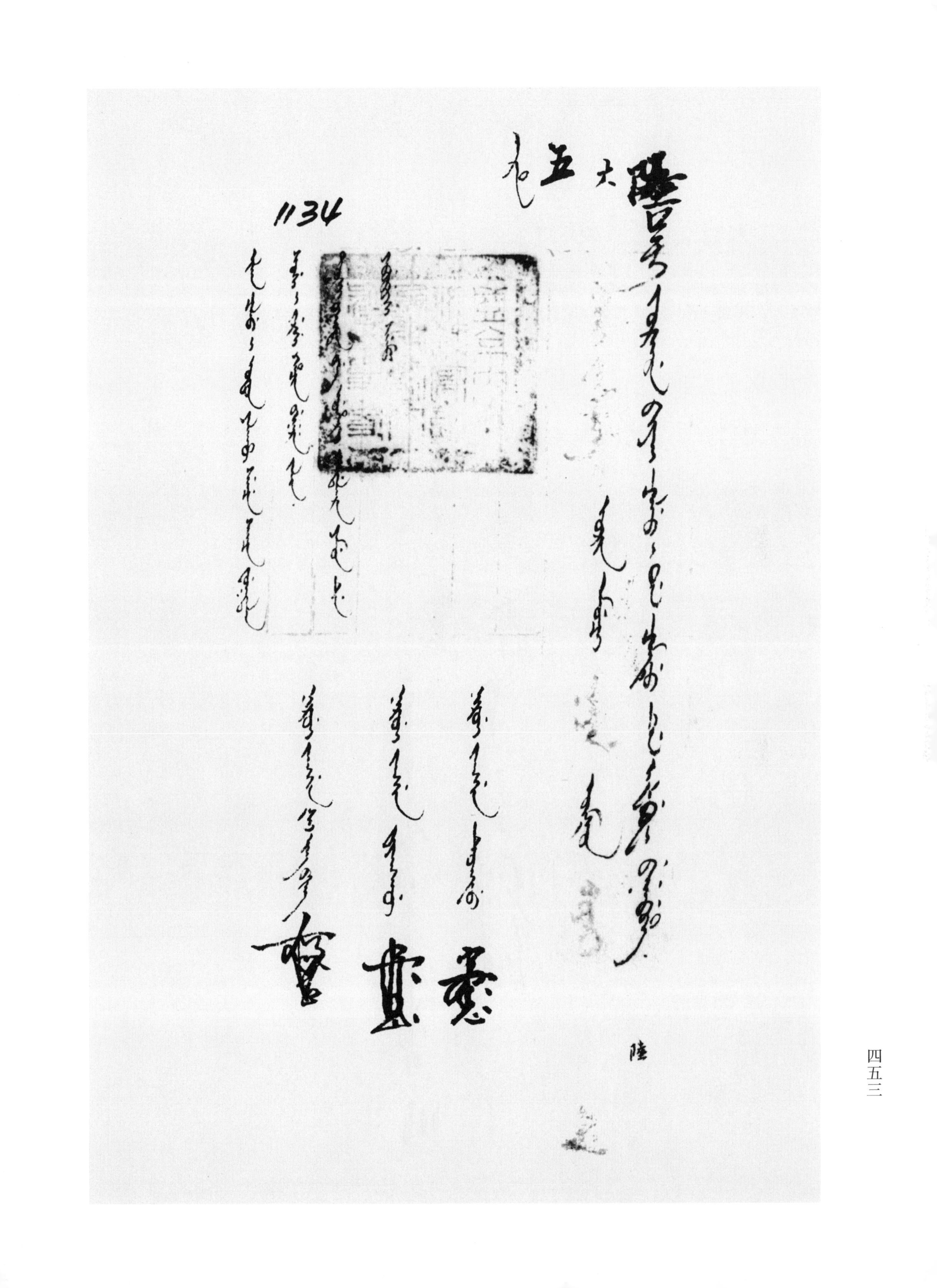

大 五

1134

陸

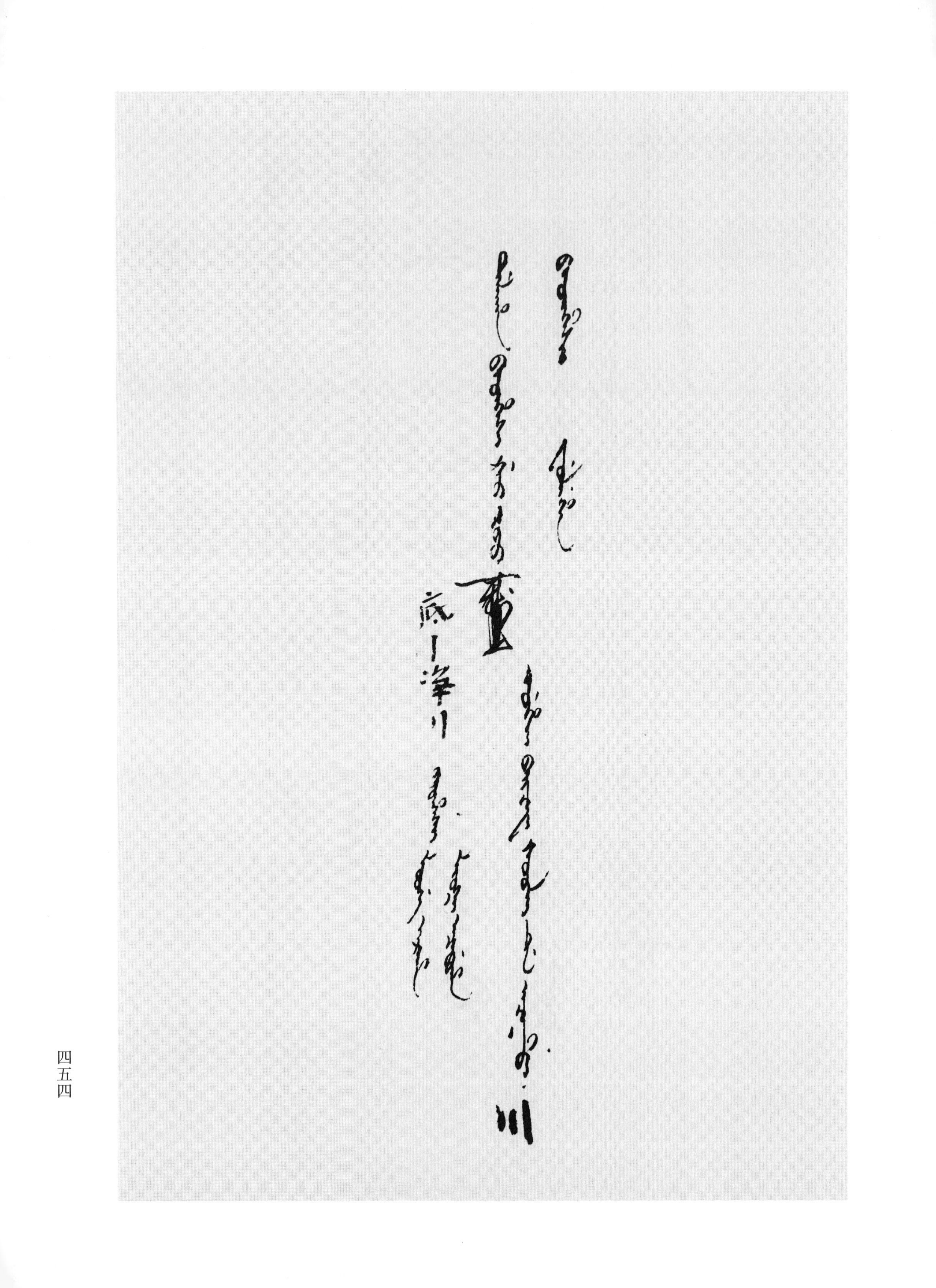

底一簿川

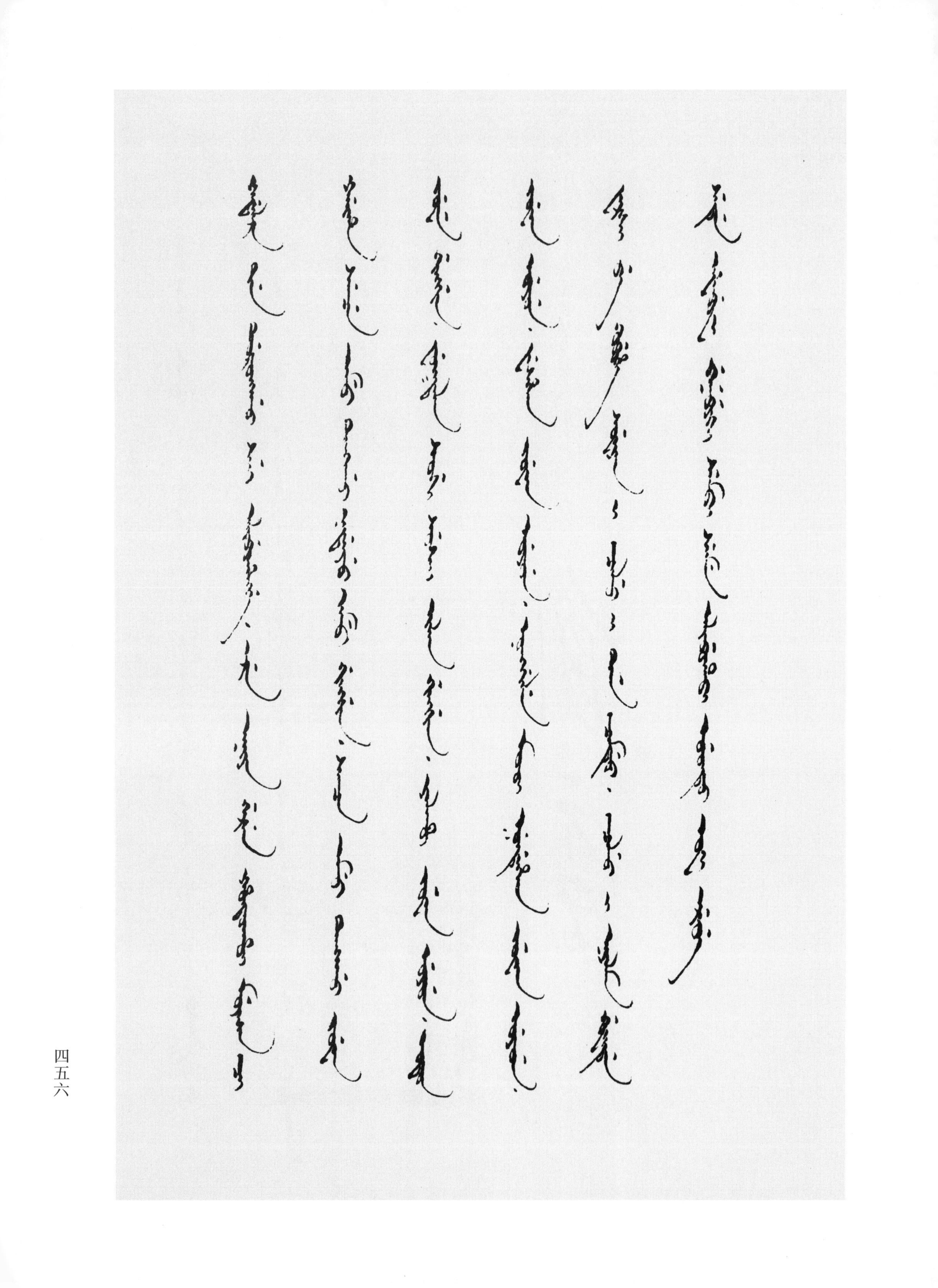

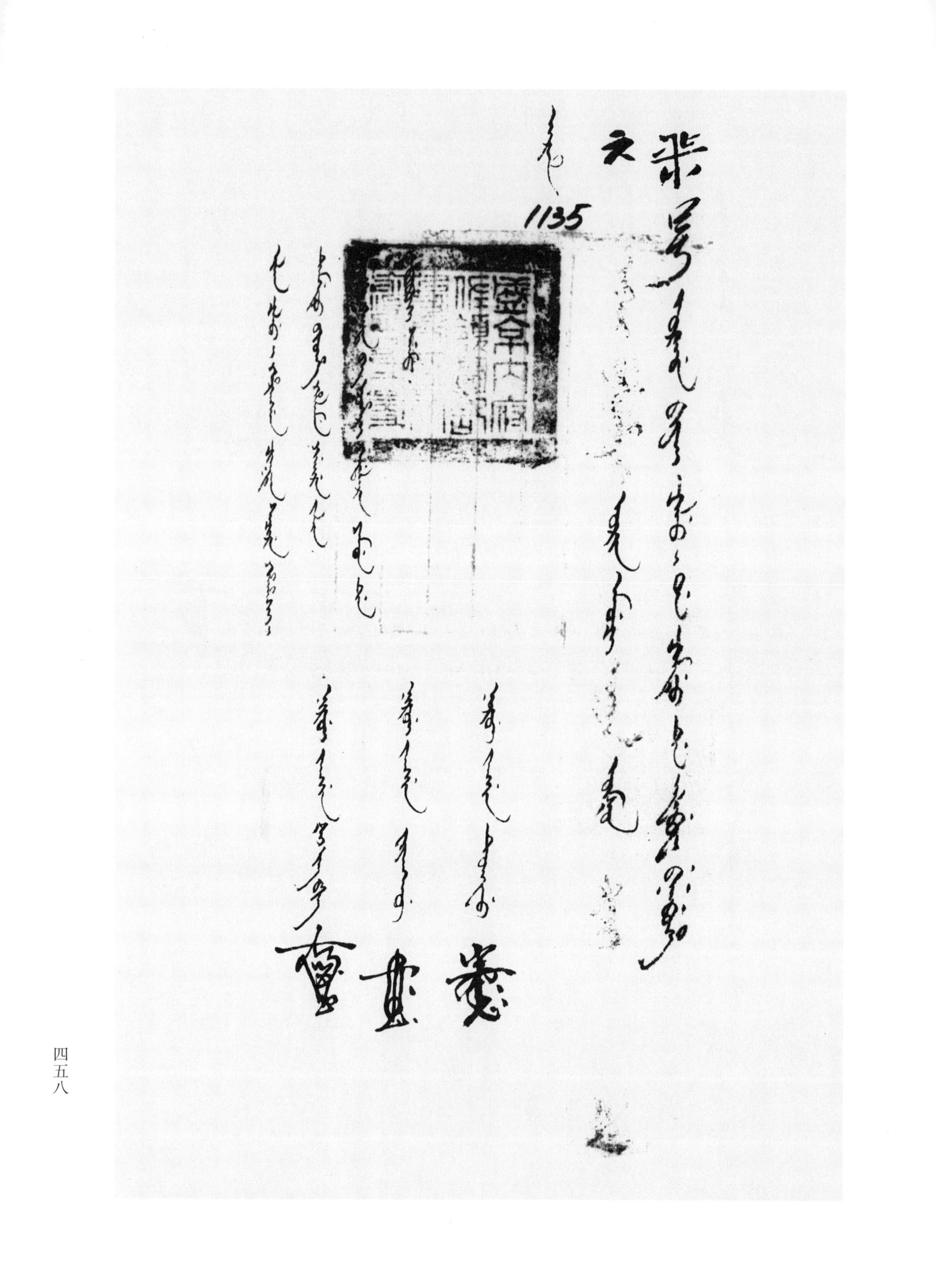

1135

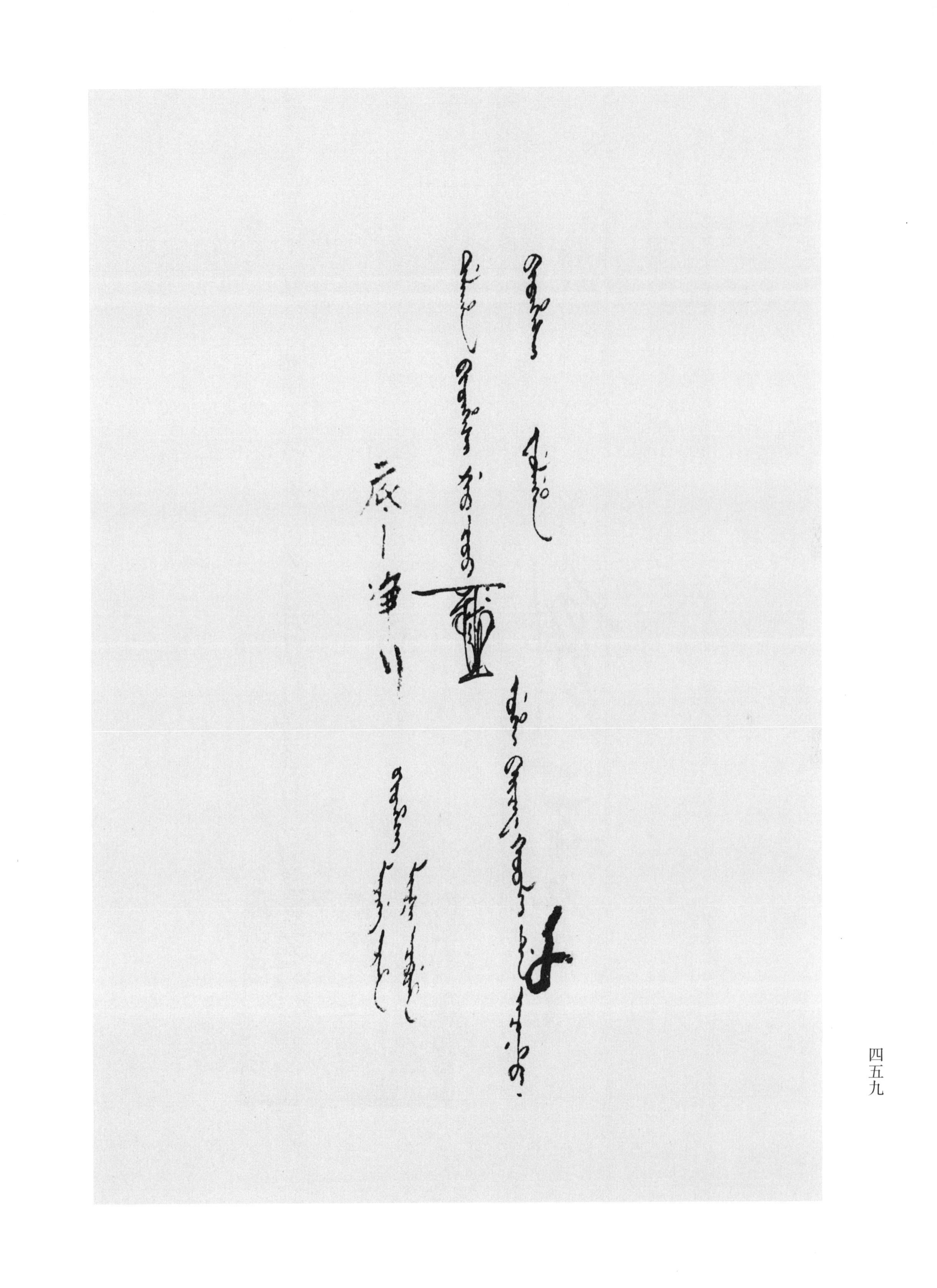

底一海三

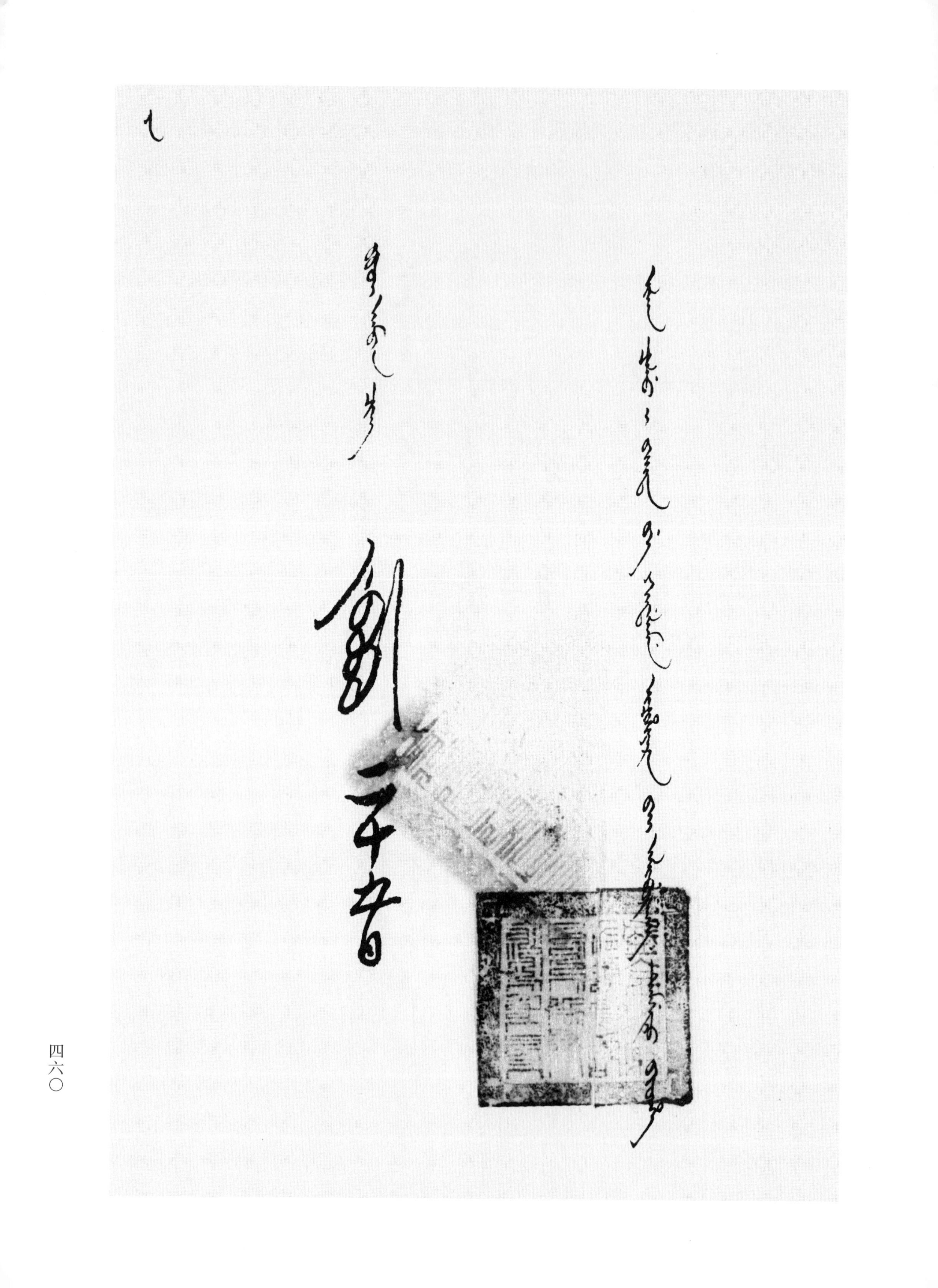

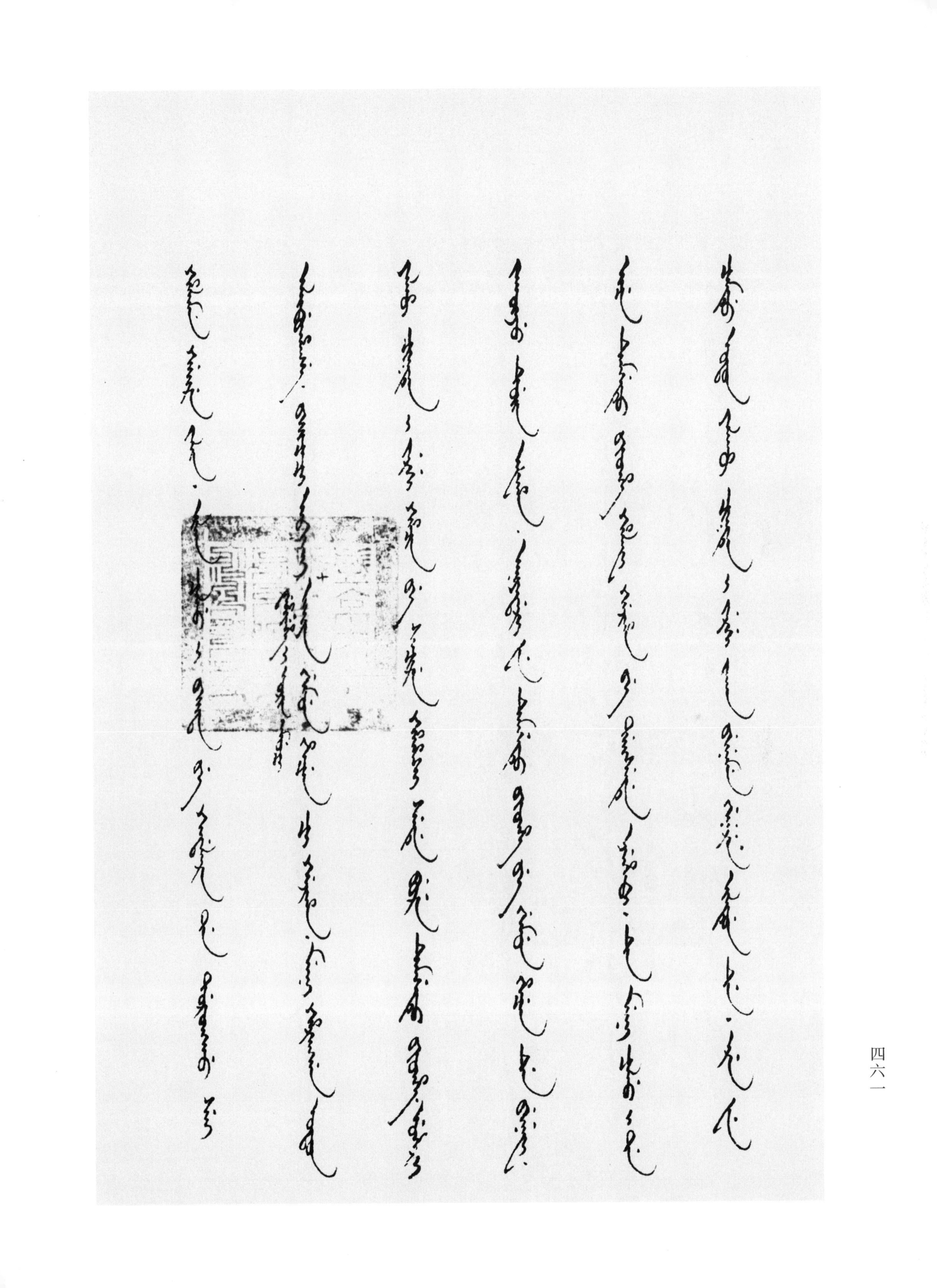

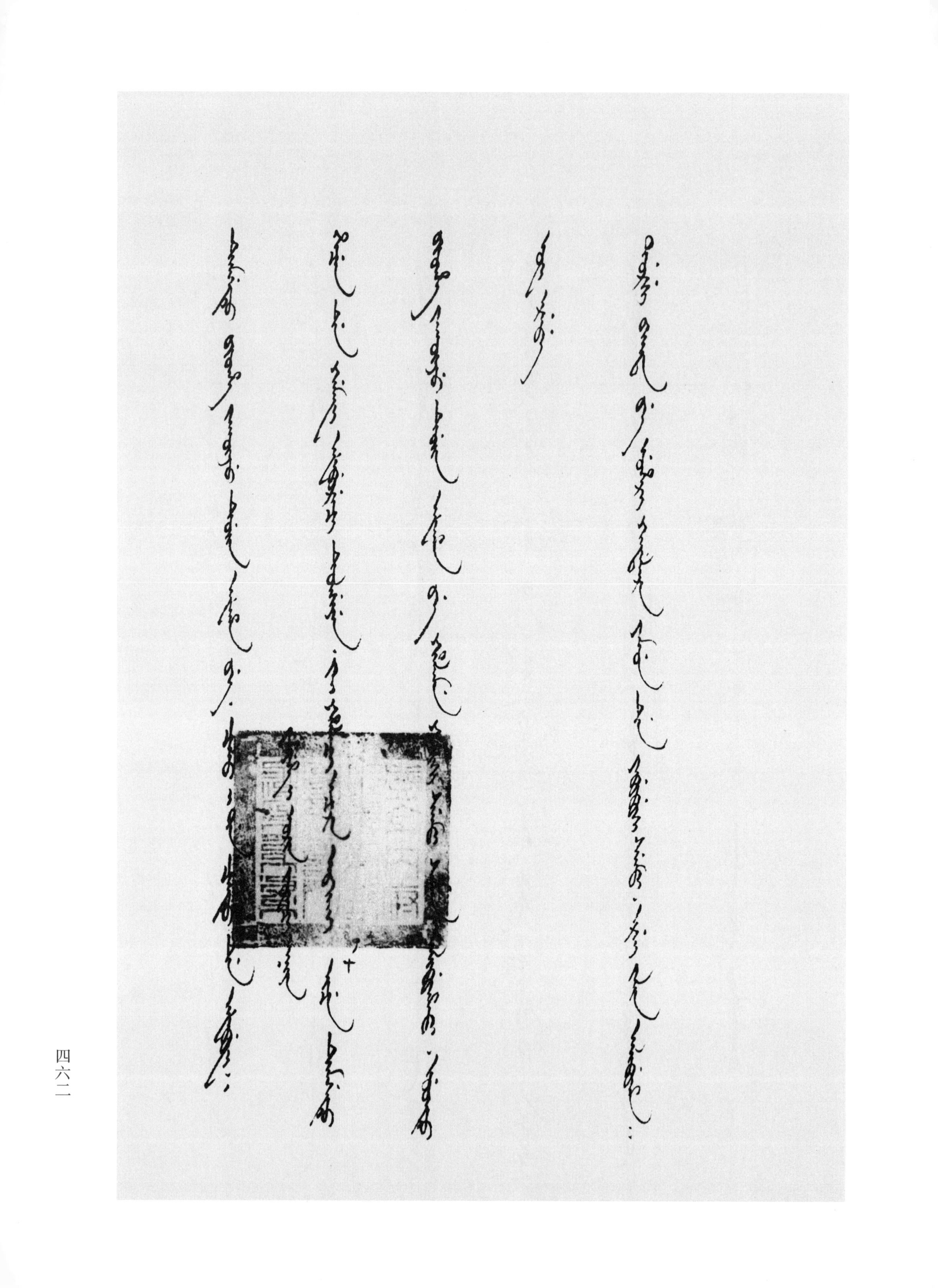

覽

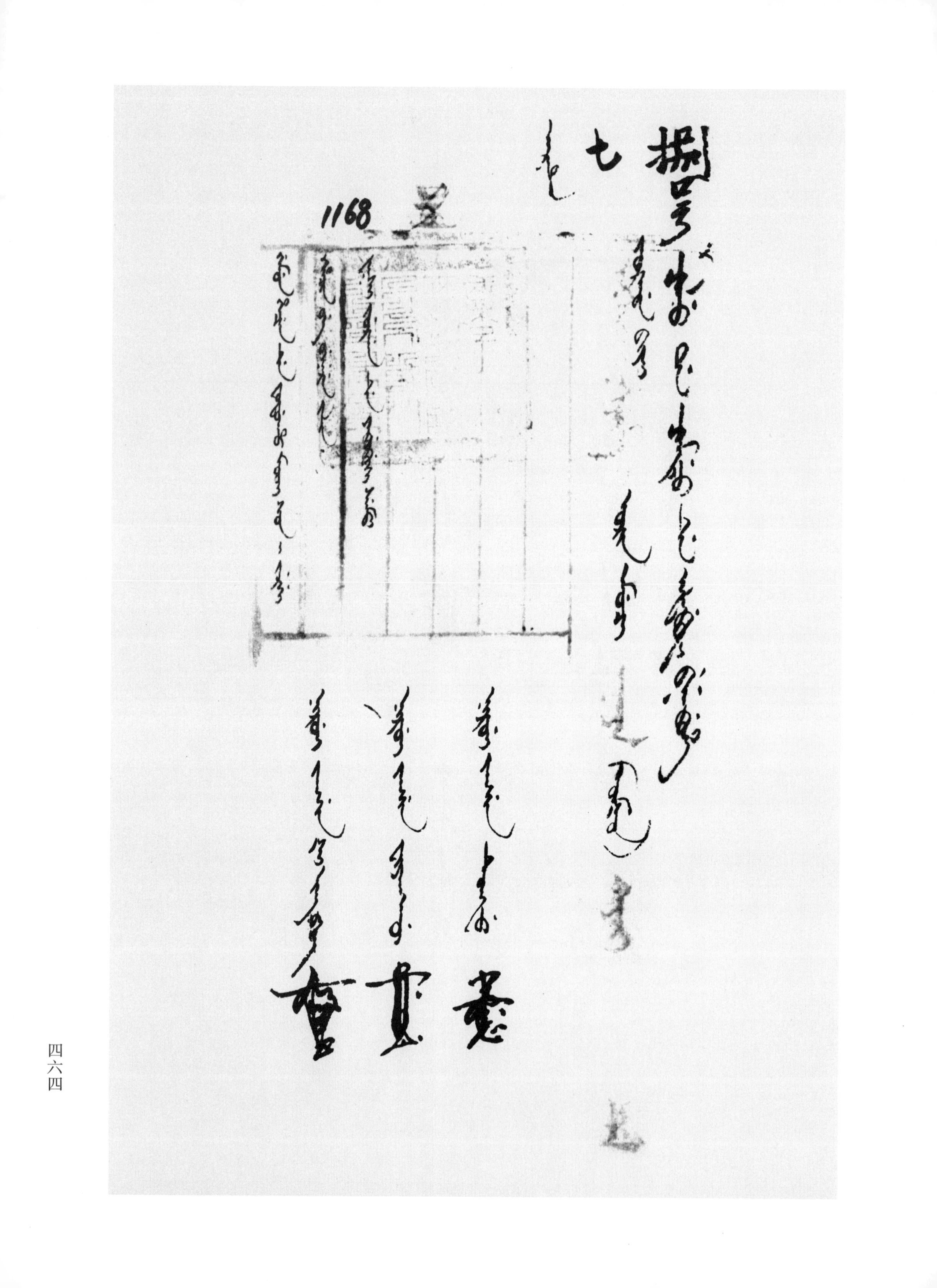

七

1168

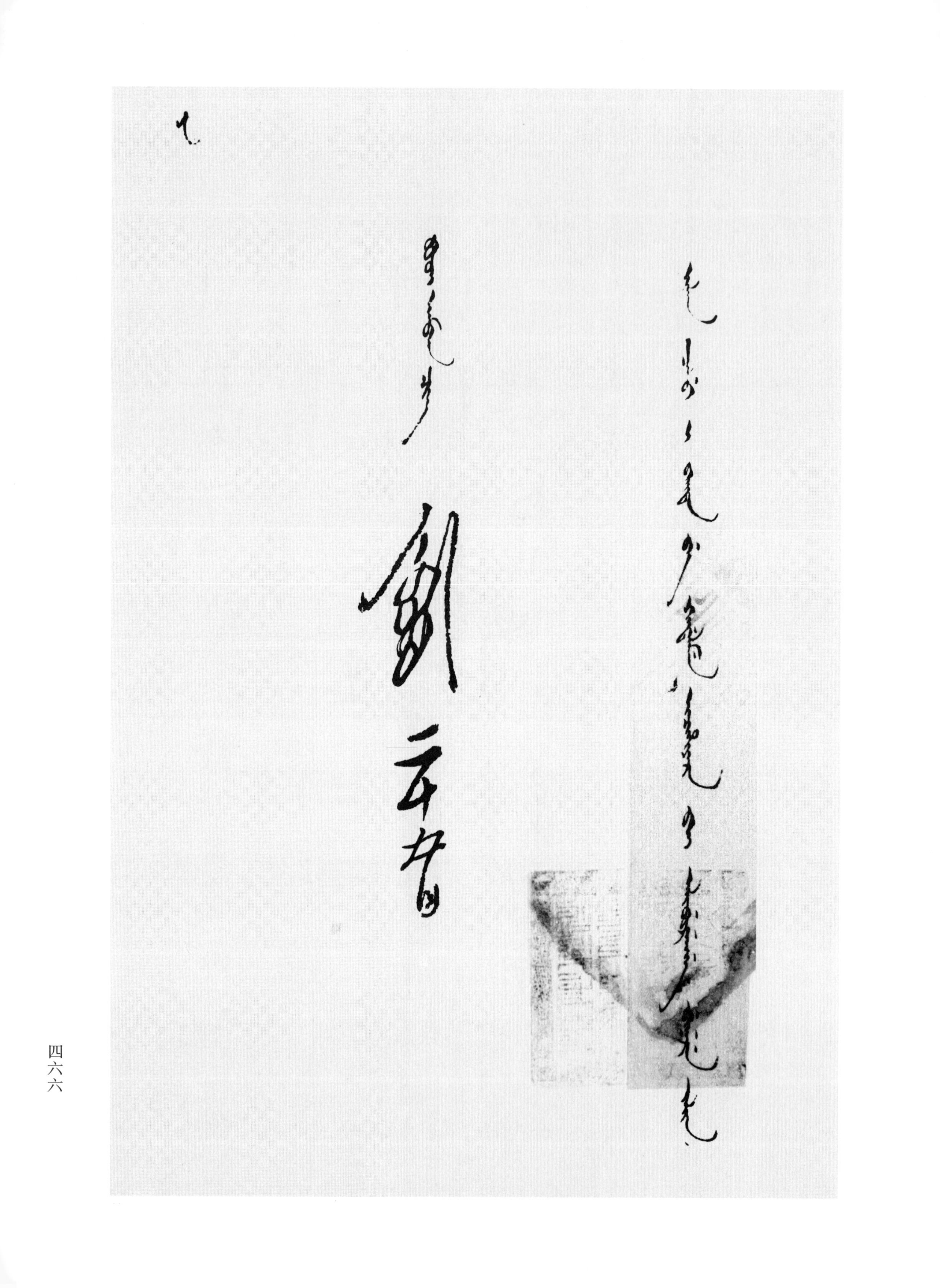

[illegible]

[illegible]

劉 [illegible]

[illegible]

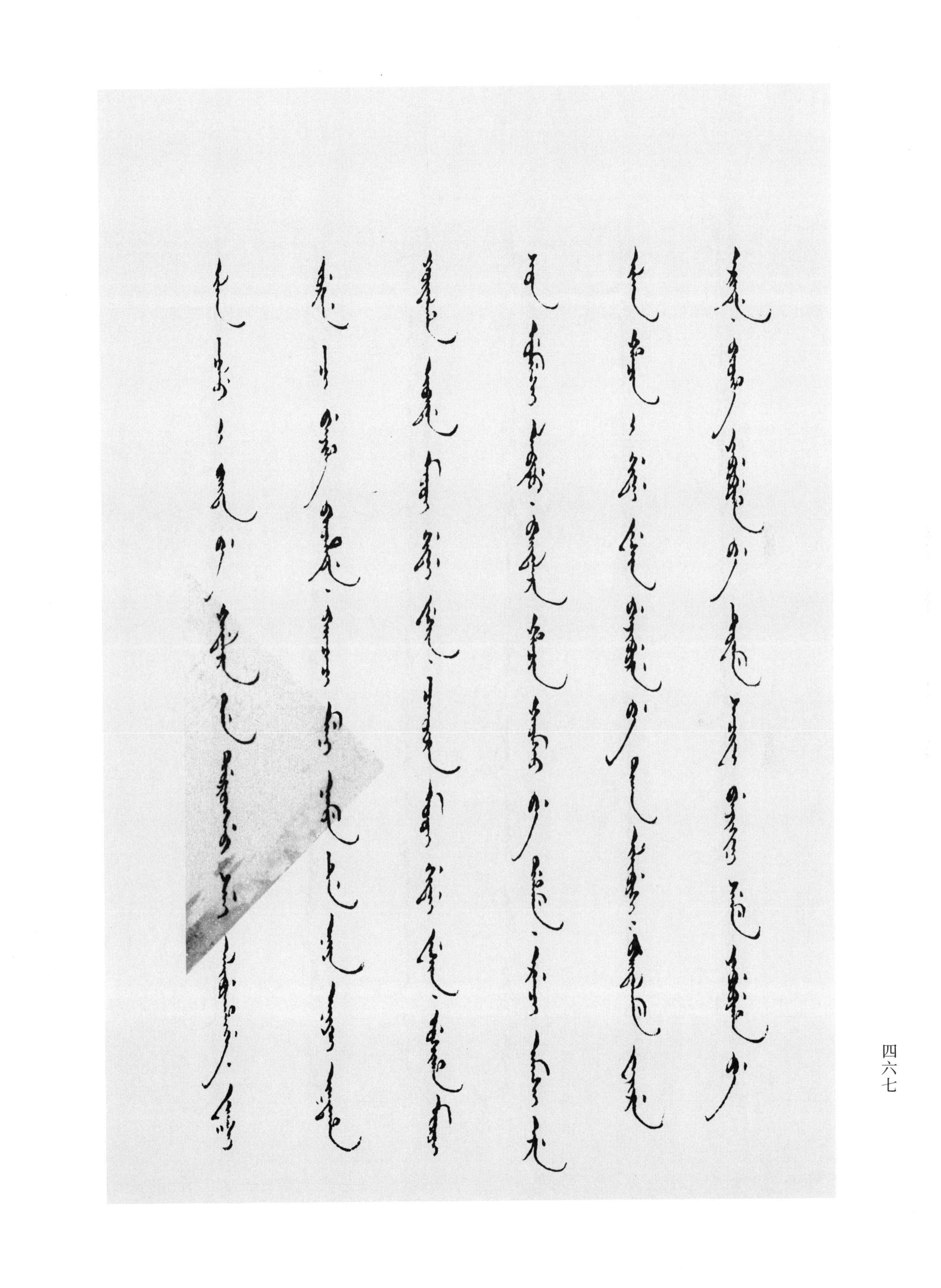

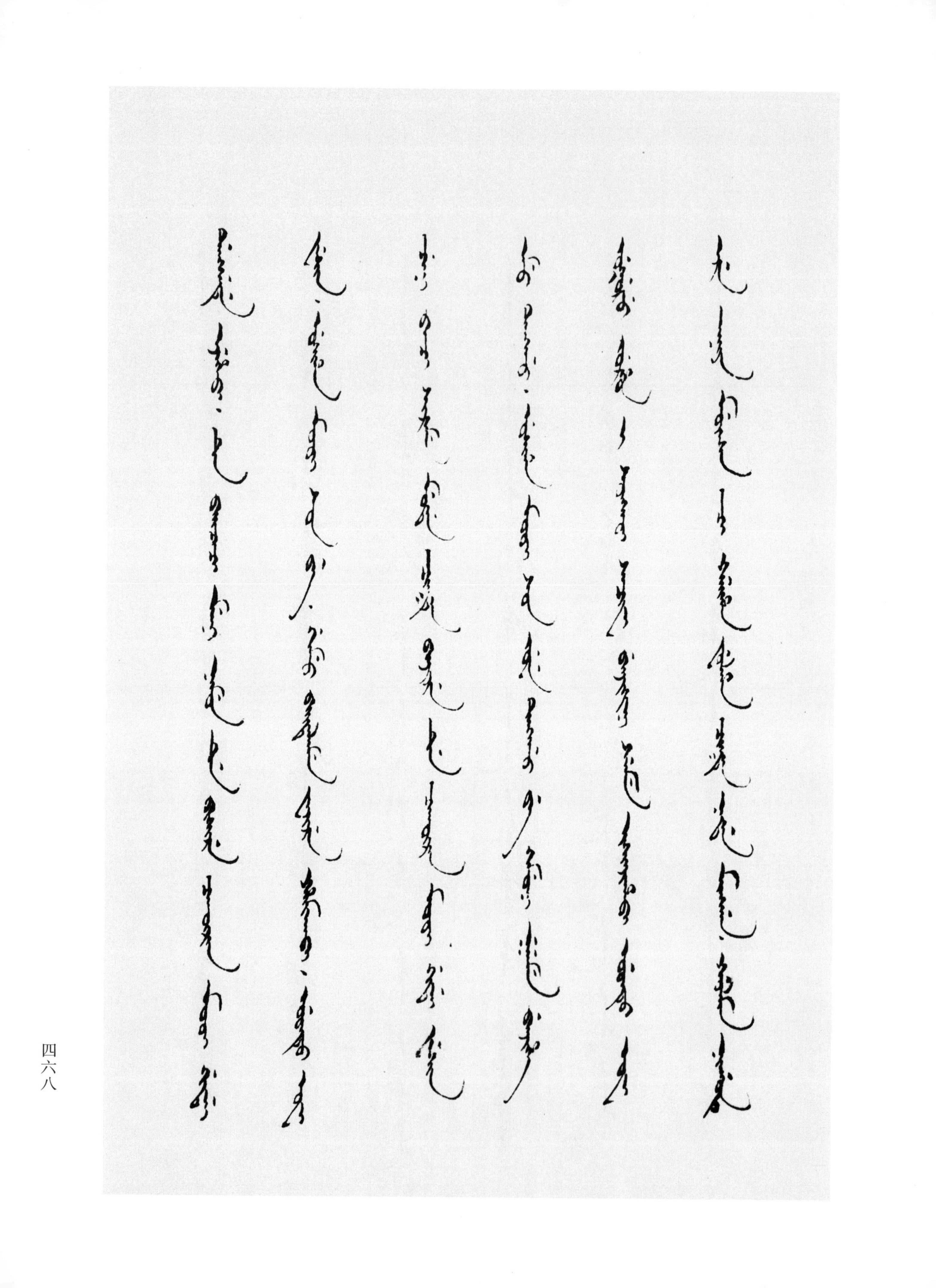

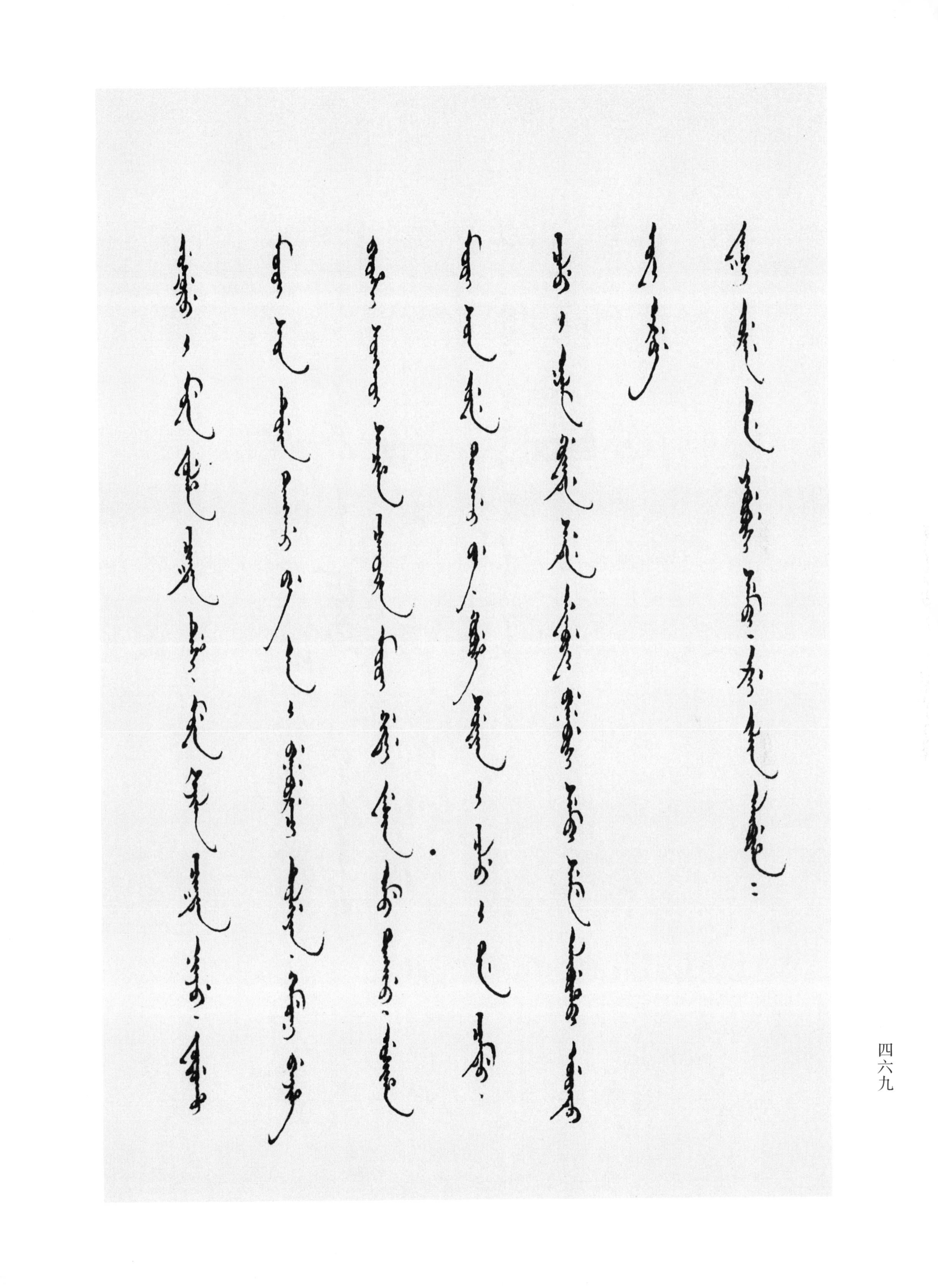

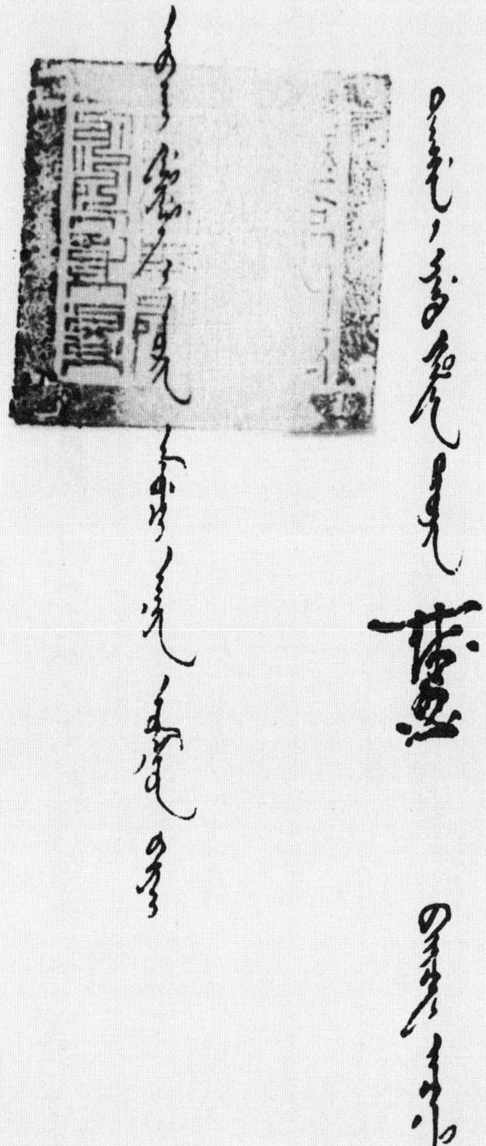

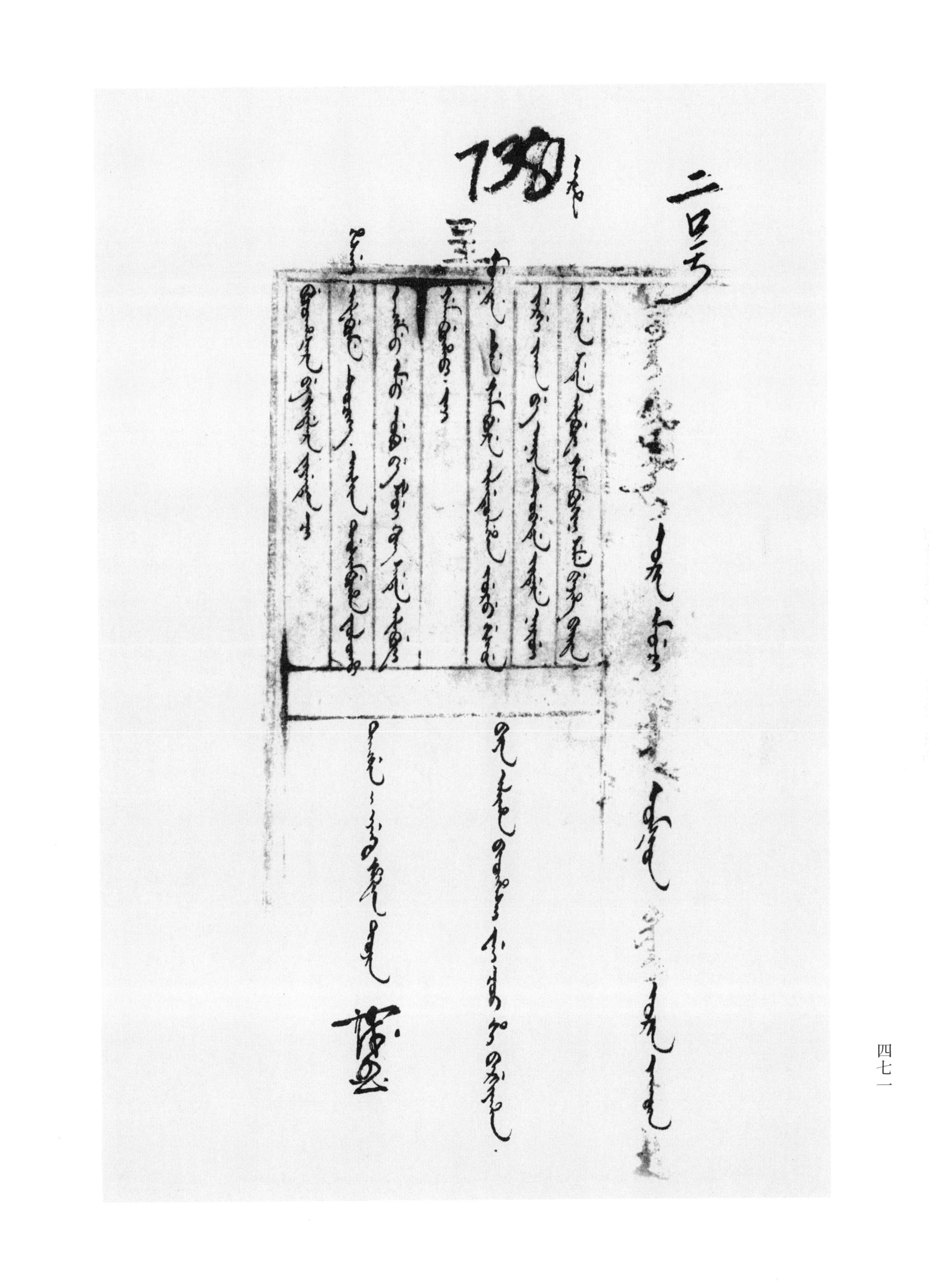

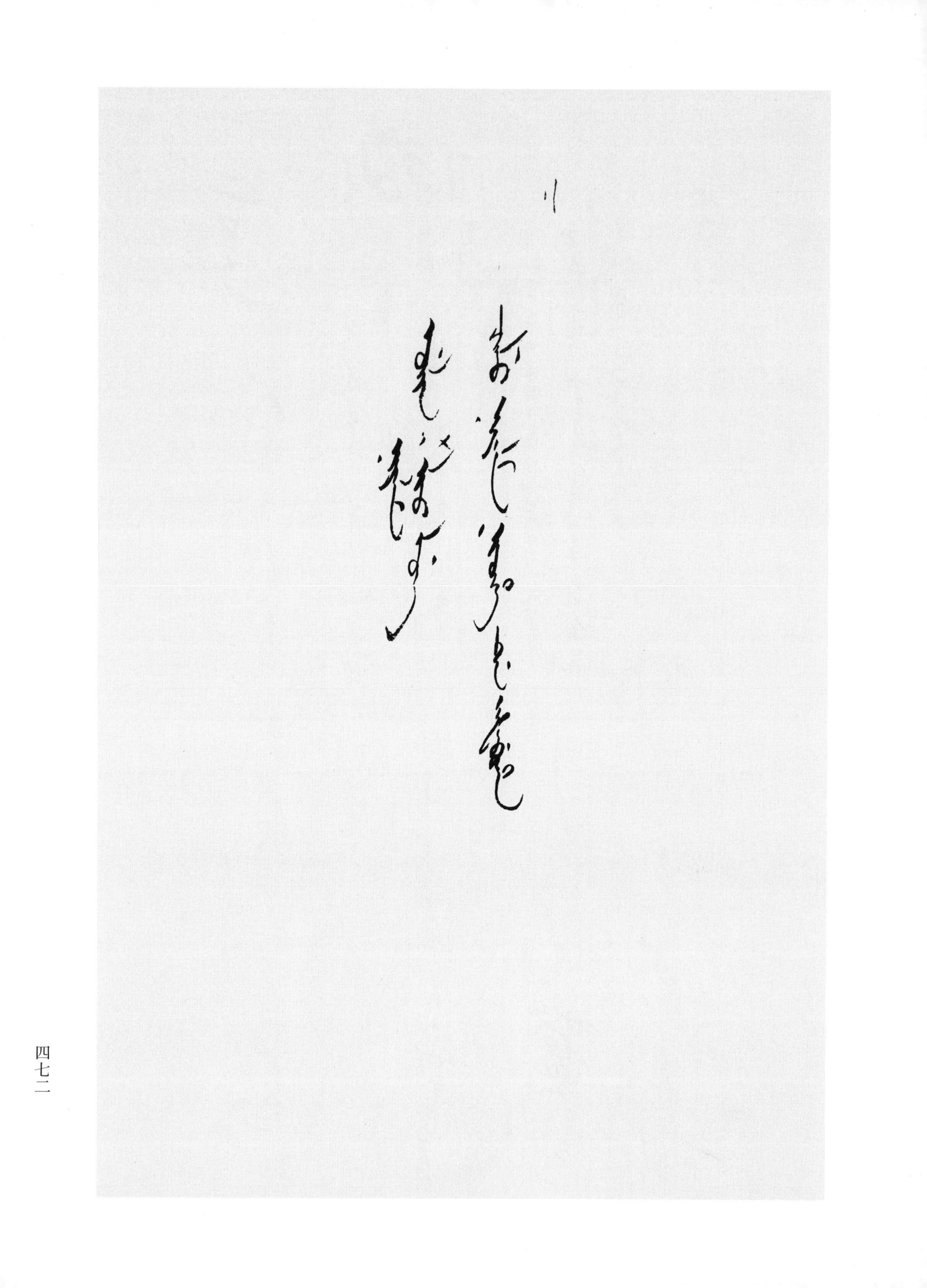

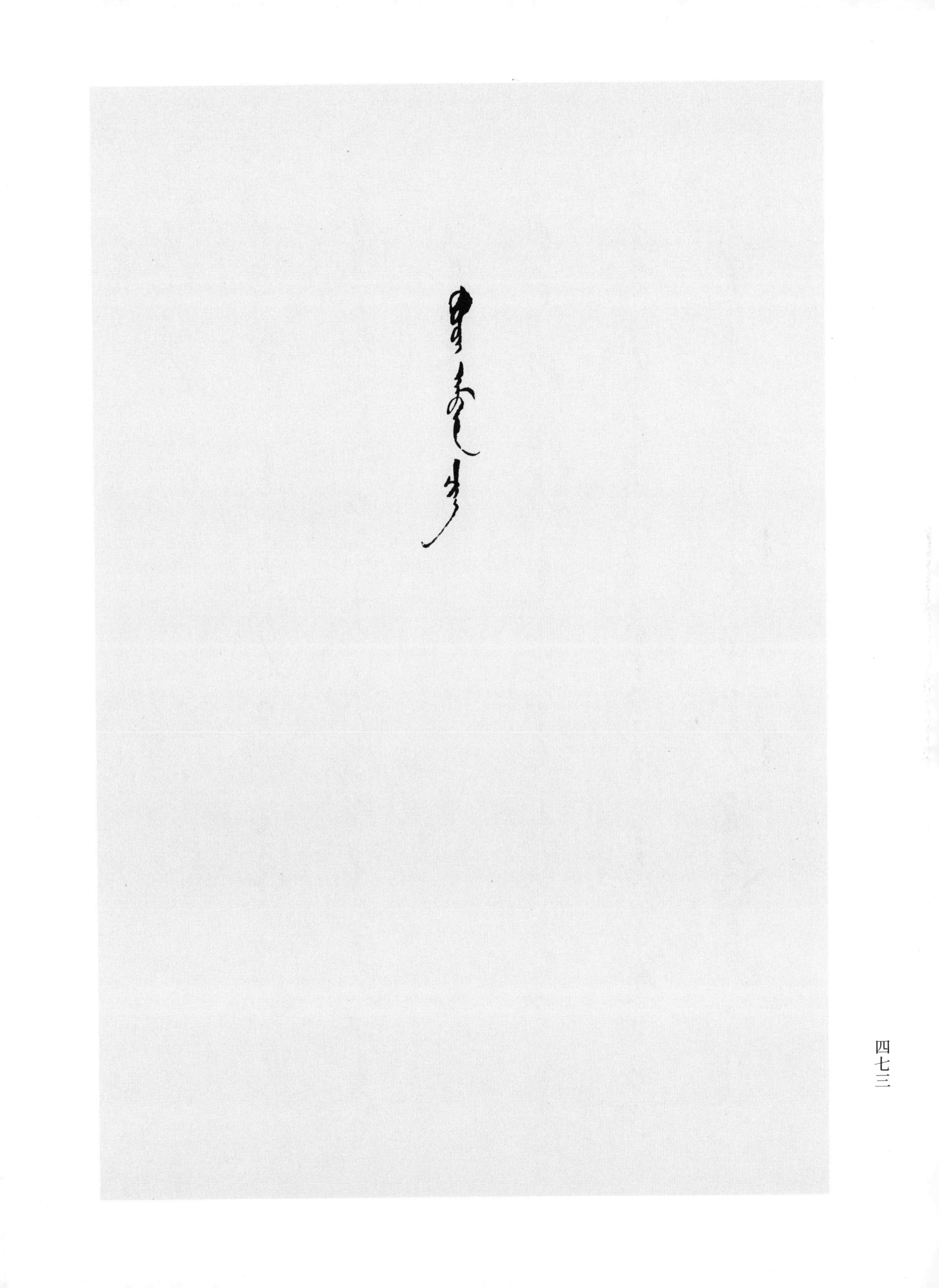

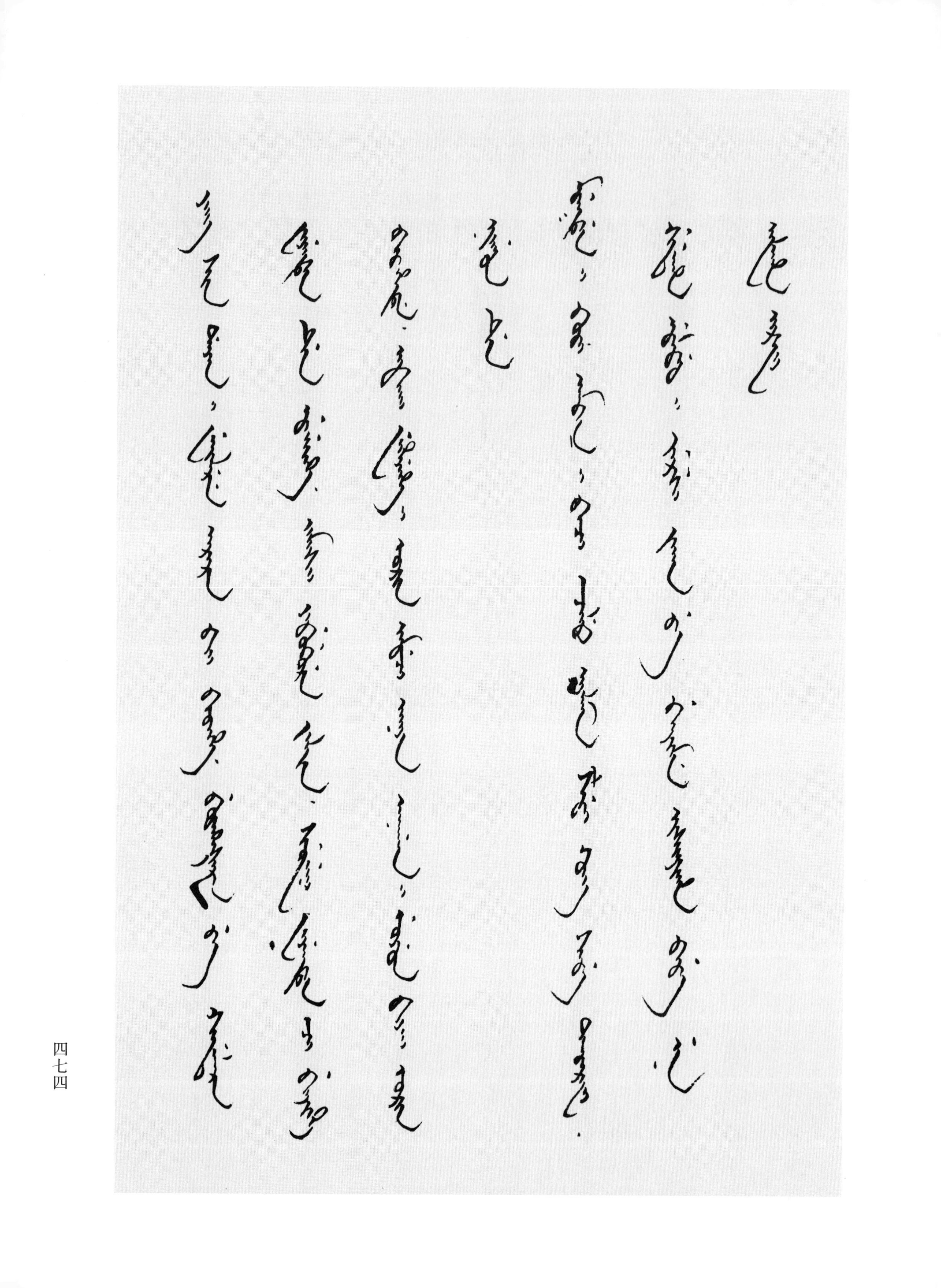

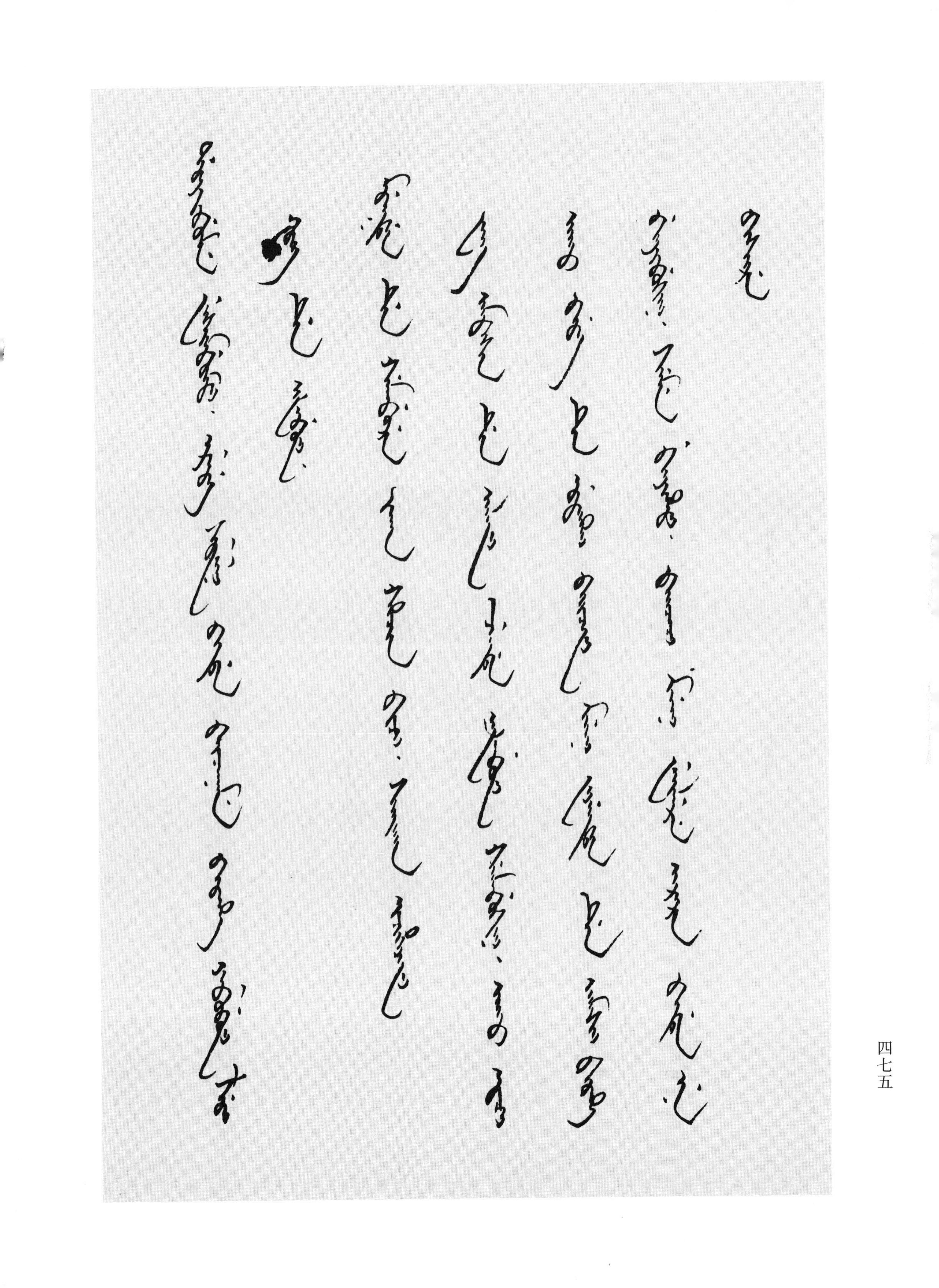

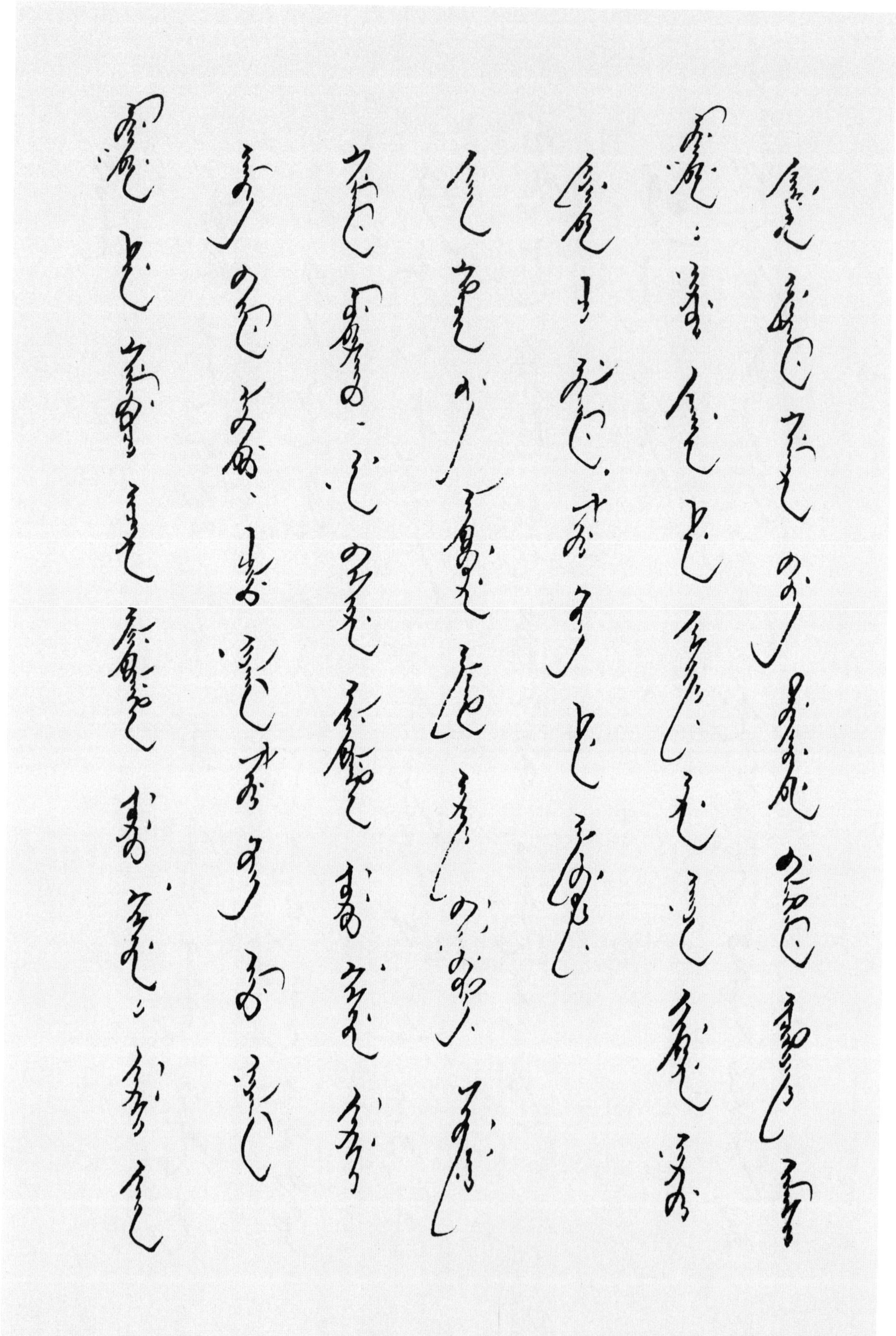

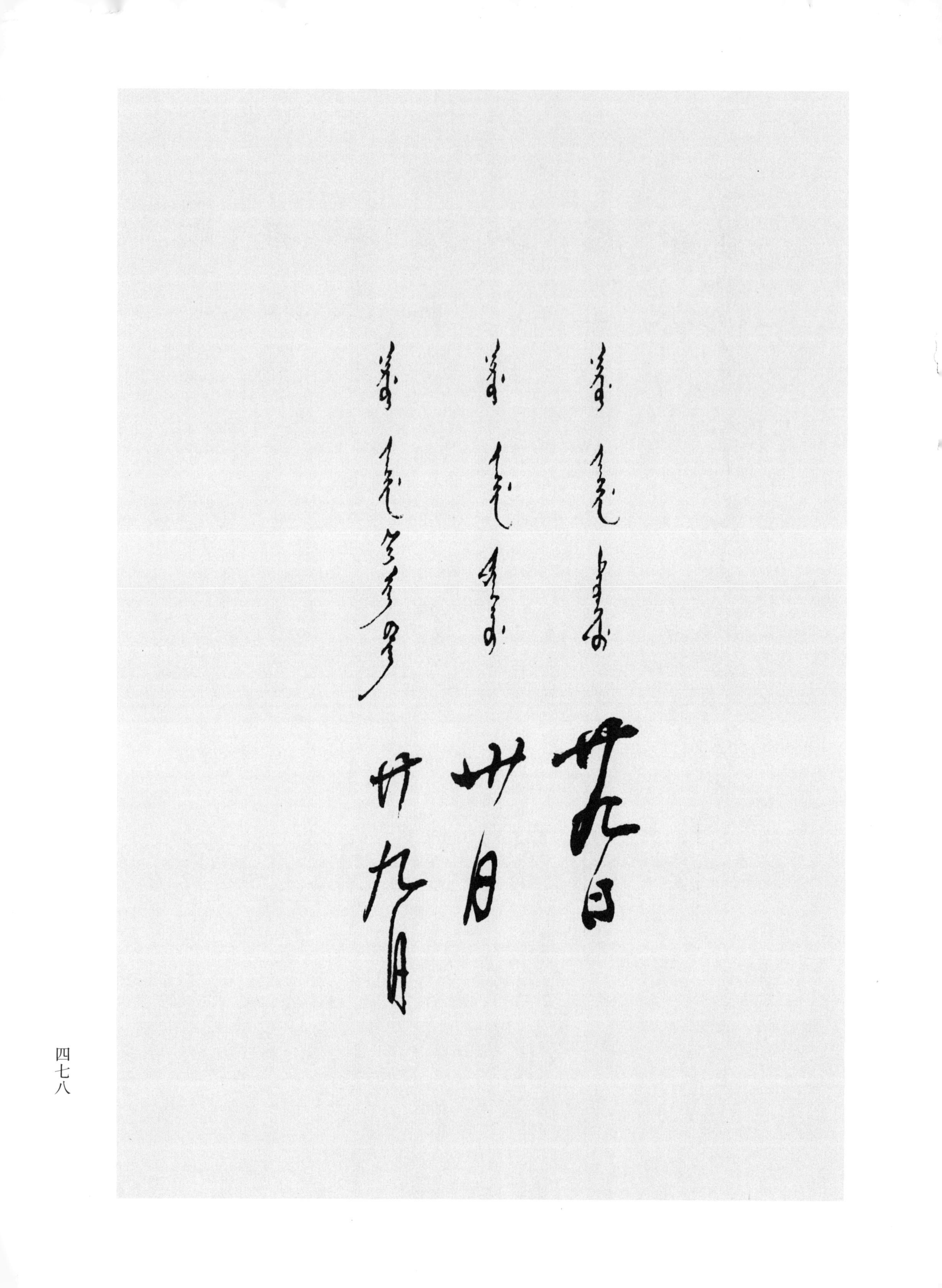

廿九日

卅日

廿九日

紫氣東來雕龍邊銅字匾一面長六尺六寸寬二尺七寸厚五寸

乾始神區雕龍邊銅字匾一面長八尺寬二尺九寸厚五寸

靈護神京黑洋漆陰紋金字匾一面長六尺寬一尺七寸厚一寸三分

福田無量黑洋漆陰紋金字匾一面長六尺寬一尺八寸厚一寸三分

甘露香林黑洋漆陰紋金字匾一面長六尺寬三尺六寸厚一寸二分

曠觀亭黑洋漆陰紋金字匾一面長五尺寬二尺一寸厚一寸八分

聖水盆黑洋漆陰紋金字匾一面長五尺寬二尺厚一寸二分

帝命天心對一副長七尺二寸寬一尺厚一寸三分

計開

掃金雕龍銅字扁四面雕龍對二副黑洋漆陰紋金字扁五面內

黑漆對一副

泰交景運雕龍邊銅字扁一面長一丈五尺寬五尺五寸厚六寸

神聖子孫雕龍邊對一副各長一丈五尺寬二尺五寸厚四寸

正大光明雕龍邊銅字扁一面長八尺九寸寬三尺九寸厚五寸

念茲甚乃周雕龍邊對一副各長八尺二寸寬一尺三寸厚二寸